Suma
teológica
VII
Tomás de Aquino

Tomás de Aquino

Suma
teológica

Volume VII
II Seção da II Parte – Questões 123-189

**A FORÇA
A TEMPERANÇA
OS CARISMAS A SERVIÇO DA REVELAÇÃO
A VIDA HUMANA**

Edições Loyola

© Introdução e notas:
Thomas d'Aquin – Somme théologique,
Les Éditions du Cerf, Paris, 1984
ISBN 2-204-02-229-2

Texto latino de *Editio Leonina*, reproduzido na Edição Marietti (ed. Cl. Suermondt, OP), Marietti, Turim, Roma, 1948ss.

Dados Internacionais de Catalogação na Publicação (CIP)
(Câmara Brasileira do Livro, SP, Brasil)

Tomás de Aquino, Santo, 1225-1274.
    Suma teológica : II seção da II parte - questões 123-189 : volume 7 / Santo Tomás de Aquino. -- 4. ed. -- São Paulo : Edições Loyola, 2021.

    ISBN 978-85-15-03169-6

    1. Igreja Católica - Doutrinas - Obras anteriores a 1800 2. Tomás de Aquino, Santo, 1225?-1274. Suma de teologia I. Título.

15-05559   CDD-230.2

Índices para catálogo sistemático:
1. Igreja Católica : Doutrina   230.2

Edições Loyola Jesuítas
Rua 1822, 341 – Ipiranga
04216-000 São Paulo, SP
T 55 11 3385 8500/8501 • 2063 4275
editorial@loyola.com.br
vendas@loyola.com.br
www.loyola.com.br

Todos os direitos reservados. Nenhuma parte desta obra pode ser reproduzida ou transmitida por qualquer forma e/ou quaisquer meios (eletrônico ou mecânico, incluindo fotocópia e gravação) ou arquivada em qualquer sistema ou banco de dados sem permissão escrita da Editora.

ISBN 978-85-15-03169-6
4ª edição: 2021
© EDIÇÕES LOYOLA, São Paulo, Brasil, 2005

PLANO GERAL DA OBRA

Volume I **I Parte – Questões 1-43**
Teologia como ciência
O Deus único
Os três que são o Deus único

Volume II **I Parte – Questões 44-119**
O Deus criador
O anjo
A obra dos seis dias
O homem
A origem do homem
O governo divino

Volume III **I Seção da II Parte – Questões 1-48**
A bem-aventurança
Os atos humanos
As paixões da alma

Volume IV **I Seção da II Parte – Questões 49-114**
Os hábitos e as virtudes
Os dons do Espírito Santo
Os vícios e os pecados
A pedagogia divina pela lei
A lei antiga e a lei nova
A graça

Volume V **II Seção da II Parte – Questões 1-56**
A fé – A esperança – A caridade
A prudência

Volume VI **II Seção da II Parte – Questões 57-122**
A justiça
A religião
As virtudes sociais

Volume VII **II Seção da II Parte – Questões 123-189**
A fortaleza
A temperança
Os carismas a serviço da Revelação
A vida humana

Volume VIII **III Parte – Questões 1-59**
O mistério da encarnação

Volume IX **III Parte – Questões 60-90**
Os sacramentos da fé
O batismo
A confirmação
A eucaristia
A penitência

COLABORADORES DA EDIÇÃO BRASILEIRA

Direção:
Pe. Gabriel C. Galache, SJ
Pe. Danilo Mondoni, SJ

Coordenação geral:
Carlos-Josaphat Pinto de Oliveira, OP

Colaboraram nas traduções:

Aldo Vannucchi
Bernardino Schreiber
Bruno Palma
Carlos-Josaphat Pinto de Oliveira
Carlos Palacio
Celso Pedro da Silva
Domingos Zamagna
Eduardo Quirino
Francisco Taborda
Gilberto Gorgulho
Henrique C. de Lima Vaz
Irineu Guimarães
João B. Libanio

José de Ávila
José de Souza Mendes
Luiz Paulo Rouanet
Marcio Couto
Marcos Marcionilo
Maurílio J. Camello
Maurilo Donato Sampaio
Odilon Moura
Orlando Soares Moreira
Oscar Lustosa
Romeu Dale
Yvone Maria de Campos Teixeira da Silva
Waldemar Valle Martins

Diagramação:
So Wai Tam

Editor:
Joaquim Pereira

SIGLAS E ABREVIATURAS

Chamadas de notas, no rodapé

Formuladas em letras, referem-se às notas da tradução e das introduções.
Formuladas em algarismos, referem-se ao texto latino.

Referências bíblicas

Aparecem no texto com as siglas da Tradução Ecumênica da Bíblia — TEB.
As referências dadas por Sto. Tomás ou por seus editores foram adaptadas às bíblias traduzidas do hebraico e do grego que todos temos em mãos, hoje. A numeração dos salmos é, portanto, a do hebraico.

Após uma referência bíblica, a sigla Vg (Vulgata) não concerne à referência, mas assinala que Sto. Tomás funda-se em uma tradução cujo sentido não se encontra exatamente em nossas bíblias traduzidas do hebraico ou do grego.

Referência à *Suma teológica*

Seu título não é chamado. Suas partes são designadas por algarismos romanos.
— I, q. 1, a. 2, obj. 1 lê-se: *Suma teológica*, primeira parte, questão 1, artigo 2, objeção 1.
— I-II, q. 3, a. 1, s.c. lê-se: *Suma teológica*, primeira seção da segunda parte, questão 3, artigo 1, argumento em sentido contrário.
— II-II, q. 5, a. 2, rep, lê-se: *Suma teológica*, segunda seção da segunda parte, questão 5, artigo 2, resposta (ou "corpo do artigo").
— III, q. 10, a. 4, sol. 3 lê-se: *Suma teológica*, terceira parte, questão 10, artigo 4, solução (da objeção) 3.

Principais obras de Sto. Tomás

Com. = comentários sobre...
— IV Sent. d. 2, q. 3 lê-se: *Livro das sentenças*, de Pedro Lombardo, quarto livro, distinção 2, questão 3.
— III CG, 12 lê-se: *Suma contra os gentios*, terceiro livro, capítulo 12.

Referências aos Padres da Igreja

— PL 12, 480 significa: MIGNE, *Patrologia latina*, tomo 12, coluna 480.
— PG 80, 311 significa: MIGNE, *Patrologia grega*, tomo 80, coluna 311.
Com frequência, deu-se a referência a edições contendo uma tradução francesa dos textos citados por Sto. Tomás:
— SC 90, 13 significa: Coleção *Sources Chrétiennes*, n. 90, p. 13.
— BA 10, 201 significa: *Bibliothèque Augustinienne*, tomo 10, p. 201.
— BL 7, 55 significa: *Correspondance de S. Jérôme*, por J. Labourt, aux éditions des Belles-Lettres, tomo 7, p. 55.

Referências ao magistério da Igreja

— DS 2044 significa: DENZINGER-SCHÖNMETZER, *Enchiridion Symbolorum*... n. 2044 (em latim)
— DUMEIGE 267 significa: GERVAIS DUMEIGE, *La Foi Catholique*... n. 267 (em francês).

AUTORES E OBRAS CITADOS NA SUMA TEOLÓGICA

II Seção da II Parte – Questões 123-189

ABELARDO (1079-1142) – Teólogo e filósofo francês, natural de Pallet, perto de Nantes, célebre por sua paixão por Heloísa. Ensinou teologia escolástica e lógica. Condenado no Concílio de Soissons e no de Sens, por proposição de S. Bernardo. Na controvérsia sobre os universais, defendeu o conceitualismo. Suas obras principais são, além de tratados teológicos, *Dialética* e *Glosas sobre Porfírio*, e uma obra autobiográfica *Historia calamitatum*.

ADRIANO I – Papa de 772 a 795. Durante seu pontificado, em 787, houve o II Concílio de Niceia (VII ecumênico) que reconhece o direito de venerar as imagens sacras e, com isso, restabeleceu a paz entre Oriente e Ocidente. Sto. Tomás cita um dos decretos disciplinares de Adriano.

AGOSTINHO (354-431) – Agostinho é universalmente conhecido. Africano de nascimento e inicialmente seduzido pelo maniqueísmo, contou, em suas *Confissões*, sua longa caminhada interior até a conversão e seu batismo, por Sto. Ambrósio, em 387.

Descobriu, atuando em sua vida, o amor gratuito de Deus e essa experiência da graça iluminou toda a sua obra. Ordenado sacerdote, quase sem o querer, em 391, e bispo de Hipona, em 395, permaneceu sempre atraído pela experiência interior da união a Deus.

Sua obra é imensa. Excetuando Orígenes, nenhum autor cristão procurou a verdade em tantos campos: teologia, exegese, música etc. Combateu todas as heresias de seu tempo: maniqueísmo, donatismo, pelagianismo, procurando definir a doutrina cristã com força e precisão. Sua luta contra o pelagianismo levou-o demasiadamente longe no caminho da restrição à liberdade humana. Sua concepção do homem, marcada por um pessimismo latente, é transfigurada por seu amor a Cristo, o Verbo encarnado e salvador, e por sua ardente procura de Deus, fonte da vida bem-aventurada.

Agostinho não elaborou um sistema. Mas encontrou em Platão o que convinha a seu pensamento: "Nenhuma doutrina está mais próxima da nossa" (*Cidade de Deus* VIII, 5). Todavia, repensa essa doutrina como cristão. É em Deus que as Ideias subsistem, não existem em si.

Nada faz parar seu desejo de conhecer, e pesquisa longamente o mistério da Trindade (tratado sobre a Trindade). Os acontecimentos trágicos de seu tempo ditam-lhe uma grandiosa visão da história, síntese da história universal e divina, em que as duas Cidades se enfrentam (*A Cidade de Deus*).

Agostinho exerce essa atividade espantosa concomitantemente ao exercício de um cargo pastoral extenuante. Dá-se inteiramente a seu povo de Hipona. Quer comunicar-lhe a chama que devora seu coração.

De todas as partes, é consultado. É a autoridade de numerosos concílios regionais, até a morte, momento em que os vândalos sitiam sua cidade de Hipona.

Agostinho lançou inúmeras ideias fecundas e novas. A Igreja do Ocidente o escolheu por guia, julgando-o infalível. Admirou nele o doutor do amor, da unidade da Igreja na caridade de Cristo, o doutor da graça. Essa riqueza de pensamento possibilitou a quase todas as heresias do Ocidente referir-se a uma ou outra de sua obras.

Depois de Aristóteles — e quase tanto como ele —, Agostinho é, de longe, o autor mais citado por Sto. Tomás que, também, atribui a ele muitas obras de outros autores.

ALBERTO MAGNO (c. 1193-1280) – Frade dominicano, teólogo e filósofo, natural de Lauingen na Suábia. Profundamente influenciado pelo pensamento de Aristóteles, foi mestre de Sto. Tomás de Aquino. Além da filosofia e da teologia, dedicou-se ao estudo positivo da natureza. Foi declarado santo e doutor da Igreja em 1931.

ALCUINO (735-804) – Nascido perto de York, recebeu na escola episcopal dessa cidade uma sólida escolarização, fruto dos trabalhos dos monges ingleses e, sobretudo, de Beda, o Venerável. Carlos Magno chamou-o a seu serviço e o colocou na direção da escola do palácio. Alcuíno foi o mestre e o guia da reforma do ensino empreendida por Carlos Magno.

Espírito enciclopédico, escreveu numerosas obras: comentários da Escritura, tratados teológicos, vidas de santos, livros litúrgicos. Sua influência foi imensa. Morreu abade de Saint-Martin de Tours.

ALEXANDRE DE HALES († 1245) – Teólogo franciscano, inglês de nascimento e professor na universidade de Paris. Sua obra mais conhecida é uma *Summa theologica* ou *Summa universae theologiae*. Serve-se da filosofia aristotélica no estudo da teologia.

AMBRÓSIO – Nascido provavelmente em 339, morreu em 397. Filho de um prefeito do pretório das Gálias, Ambrósio seguiu a carreira dos filhos das grandes famílias. Era prefeito consular de Ligúria e de Emília, em 374, quando morreu Auxêncio, o bispo ariano de Milão. Eleito bispo da cidade, então capital do Império no Ocidente, em oito dias foi batizado e ordenado sacerdote.

Consciente de sua falta de preparo, Ambrósio iniciou-se na leitura das Escrituras, leu cuidadosamente os autores do Oriente cristão e, principalmente, Orígenes.

Conselheiro dos imperadores, administrador e homem de ação, soube utilizar as circunstâncias, às vezes difíceis, para assegurar a vitória da Igreja sobre o arianismo e os velhos cultos pagãos. Mas era, antes de tudo, um pastor, vigoroso defensor dos fracos e dos pobres. Seus sermões atraíam as massas: "A suavidade de seu discurso encantava", afirmou Sto. Agostinho, seduzido.

Ambrósio pregou muito o Antigo Testamento, comentou longamente o evangelho de são Lucas. Tinha o senso da Escritura: não era um exegeta, mas abordava a palavra de Deus com a inteligência de seu coração, como espiritual, tomado de amor por Cristo. Escreveu numerosos tratados ascéticos e sua correspondência foi abundante.

AMBROSIASTER – Nome dado, desde o Renascimento, a um autor anônimo do século IV. Escreveu um comentário das Epístolas de S. Paulo que chegou a nós, erradamente, entre os escritos de Sto. Ambrósio.

ANDRÔNICO DE RODES (morto por volta de 59 a.C.) – Filósofo grego que vivia em Roma no tempo de Cícero. Sob ordem de Sila, publicou as obras de Aristóteles e de Teofrastes, levadas por Sila à Itália depois da tomada de Atenas. Foi ele quem deu nome aos doze livros de Aristóteles, conhecidos pelo título de *Metafísica*, isto é, "depois dos tratados de *Física*".

ANSELMO (1033-1109) – Monge em Bec, aos 27 anos é aluno de Lanfranco. Torna-se abade de Bec em 1078 e, em 1093, sucede a Lanfranco como bispo de Canterbury. Não tarda a entrar em conflito com o rei da Inglaterra a respeito dos direitos e das prerrogativas da Igreja. Precisa deixar a Inglaterra e vai morar em Roma; esse exílio dura praticamente até 1106.

Sua obra é considerável e seu pensamento possante domina a segunda metade do século XI. Sua grande originalidade é o método: "A fé que procura a inteligência". Aplica a razão, com todos os seus recursos, ao estudo da revelação. Já está em germe o método escolástico e a influência da obra de Anselmo sobre Sto. Tomás é importante. Anselmo quer dar ao dogma seu estatuto racional, não por preocupação apologética, mas com objetivo contemplativo. Crer para compreender e compreender para amar (*Proslogion*, cap. 1).

Suas principais obras teológicas são o *Monologion*, o *Proslogion* e o *Por que Deus fez-se homem*. Nesta última obra, particularmente, elaborou uma interpretação do mistério da redenção que influenciou toda a teologia ocidental (até as novas abordagens contemporâneas, mais fundamentadas na Escritura).

APULEIO (125-180) – Escritor latino, da província da África. Espírito curioso, é discípulo de Platão, apaixonado por filosofia, ciência e mesmo magia. Sto. Tomás conheceu dele o opúsculo *De Deo Socratis*.

ÁRIO (± 256-336) – Sacerdote de Alexandria, orador brilhante, começou, por volta de 318, a levantar numerosas discussões por seus sermões em que desenvolvia uma teologia pessoal que pretendia ser a fé da Igreja.

Com objetivo apostólico, quis adaptar a fé da Igreja ao helenismo ambiente. Partia da convicção neoplatônica de que a divindade é "incriada" e "não gerada". Há, portanto, na Trindade, três substâncias absolutamente heterogêneas e distintas: o Pai, Deus, sem começo; o Logos, que teve começo. É o primogênito das criaturas. Deus o criou antes do tempo a fim de servir-lhe de instrumento para a criação. Difere essencialmente do Pai e ocupa um lugar intermediário entre Deus e o mundo. Quanto ao Espírito Santo, é a primeira das criaturas do Logos, é ainda menos divino que o Logos. No momento da Encarnação, o Logos fez-se carne, cumprindo em Cristo a função de princípio vital. Ário foi condenado pelo Sínodo de Alexandria em 321, e pelo Concílio de Niceia, em 325.

ARISTÓTELES (384-322 a.C.) – Nascido em Estagira, chega em 367 a Atenas, onde se torna aluno de Isócrates e, depois, de Platão, durante cerca de vinte anos, até a morte deste em 347.

Preceptor de Alexandre durante dois anos, volta a Atenas em 335 e funda a escola do Liceu. Durante treze anos, forma numerosos discípulos. Graças ao apoio de Alexandre, reúne uma biblioteca e uma documentação consideráveis. É nessa época que compõe a maior parte de suas obras. Sua inteligência vastíssima possibilita-lhe trabalhar em todas as áreas: filosofia, anatomia, história, política.

Suas obras — cerca de mil, diz a tradição, das quais 162 chegaram até nós —, repartem-se em três grupos que constituem, segundo Aristóteles, o sistema das ciências:

Ciências poiéticas, que estudam as obras da inteligência enquanto a inteligência "faz" algo com materiais preexistentes: poética, retórica e lógica.

Ciências práticas, que estudam as diversas formas da atividade humana, segundo três principais direções: ética, política, econômica.

Ciências teóricas, as mais altas: ciências matemáticas, ciências físicas, ciência primeira (a metafísica), incidindo sobre o ser eterno e imutável, concreto e individual, substância e causa verdadeira, Deus.

Aquele que Sto. Tomás chama de "o Filósofo" estabeleceu as regras da arte da demonstração e do silogismo.

Separa-se completamente do sistema platônico; seu senso do concreto, do real, obriga-o a afirmar que as Ideias não existem fora dos indivíduos.

Segundo ele, tudo na natureza é composto de matéria e de forma. Toda matéria exige uma forma, e uma matéria não pode existir sem ser determinada por uma forma. A matéria e a forma estão entre si na relação da potência e do ato.

A mais alta atividade é o pensamento. Portanto, Deus é essencialmente inteligência e pensamento. É "pensamento de pensamento", ato puro, totalidade de ser e de existir.

ATANÁSIO (± 295-373) – Era diácono em 325 quando acompanhou seu bispo, Alexandre, ao Concílio de Niceia. Sucedeu-lhe na sé episcopal de Alexandria, em 328, e tornou-se o campeão da luta contra o arianismo. Por serem os imperadores desse tempo quase todos arianos, Atanásio foi exilado cinco vezes. Mas permaneceu inabalavelmente fiel à fé de Niceia, o que lhe deu o título de "coluna da Igreja" (S. Gregório de Nazianzo).

Apesar de sua vida errante, escreveu numerosas obras, quase todas dirigidas contra os arianos, e numerosas cartas aos bispos. Amigo dos monges, é o autor da *Vida de Sto. Antão*, que teve enorme sucesso. Compôs, também, tratados sobre a virgindade.

Atribuiu-se a ele, erradamente, o Símbolo *Quicumque* (assim chamado de acordo com a primeira palavra dessa forma de Credo) que é, provavelmente, de origem galicana e data do século V.

AVERRÓIS (Ibn Roschd) (1126-1198) – Nascido em Córdoba e morto em Marraquesh. Grande admirador de Aristóteles, decidiu consagrar a vida ao comentário de suas obras. Tanto o fez que foi chamado, na Idade Média, de "O Comentador".

Reprova a Avicena ter deformado o pensamento de Aristóteles. Mas ele próprio mistura suas concepções com as do mestre. Segundo ele, as inteligências não emanam umas das outras, como acreditava Avicena: foram criadas de toda a eternidade por Deus, Ato puro, Motor primeiro.

Desde toda a eternidade, a matéria existe ao lado de Deus. É uma potência universal que contém em germe as formas substanciais que o Primeiro Motor dela extrai. Os medievais compreenderam, frequentemente, sua psicologia (provavelmente sem razão), da seguinte maneira: o intelecto material (ou intelecto possível), assim como o intelecto agente, é numericamente único e idêntico para todos os homens dentro da humanidade. Sua união com cada indivíduo é acidental, embora tudo morra com a morte do homem, exceto a Inteligência, comum à humanidade inteira.

As teorias de Averróis mereceram-lhe a condenação por parte das autoridades muçulmanas. Mas foi reabilitado antes de morrer. O averroísmo foi condenado pelo bispo de Paris, em 1270 e em 1277.

AVICENA (980-1037) – Filósofo e médico árabe da escola de Bagdá, muito envolvido na política de seu tempo. Foi para os escolásticos um dos grandes iniciadores ao pensamento de Aristóteles; mas introduziu no aristotelismo temas neoplatônicos, o que suscitou, mais tarde, viva reação de Averróis.

Definiu a metafísica como ciência do ser, reconheceu os limites da inteligência humana,

incapaz de conhecer a essência das coisas em si mesmas e capaz, apenas, de concluí-la a partir das qualidades que lhe são inseparáveis.

Seu *Cânon da Medicina* permaneceu a base dos estudos de medicina no Oriente como no Ocidente, até o século XVIII.

BASÍLIO (319-379) – Nascido em Cesareia da Capadócia, Basílio fez sólidos estudos em Constantinopla e em Atenas, onde estabeleceu amizade com Gregório de Nazianzo. Concluídos os estudos, retirou-se, em 357, a uma propriedade às margens do Íris, a fim de levar uma vida monástica. Essa vida tranquila não durou. Em 362, Eusébio, bispo de Cesareia de Capadócia, ordenou-o sacerdote e Basílio lhe sucedeu no bispado.

Trava combates incessantes. O imperador Valente esforça-se por impor o arianismo no Oriente e exila os bispos ortodoxos. Vai mesmo a Cesareia com a certeza de fazer Basílio ceder. Mas este resiste respeitosa e resolutamente. Sua coragem faz o imperador desistir sem tomar medida alguma contra ele. Basílio passa a ser o líder da resistência antiariana.

Ao lado desse combate para a "fé católica", Basílio desenvolve uma obra social eficaz. É homem de governo, constrói hospital e hospícios. É severo com os ricos, atencioso com os fracos e os pobres. A paz da Igreja volta, enfim, em 378, com a morte de Valente, mas Basílio aproveita pouco: morre de esgotamento em 1º de janeiro de 379. Logo depois de sua morte, todas as suas ideias triunfam. Recebe logo o título de "Magno".

Sua obra importante é comandada por sua atividade prática. Suas *Regras*, compostas antes de sua ordenação sacerdotal, ainda estão na base do monaquismo no Oriente. Suas homilias fazem conhecer sua obra de pastor: sobre o *Hexameron*, sobre os Salmos etc. Enfim, sua luta contra os arianos lhe deu a ocasião de fazer duas obras importantes: o *Tratado contra Eunômio* e o *Tratado do Espírito Santo*.

BEDA, O VENERÁVEL (673-735) – Entregue muito jovem ao bispo Bento Biscop, abade do mosteiro de Wearmouth, na Inglaterra, Beda acompanha os monges que vão fundar o novo mosteiro de Jarrow, em 682. Fica aí até a morte. É o tipo de monge estudioso, erudito. Seu prazer, diz ele, é "aprender, ensinar e escrever". Durante toda a sua vida, pesquisa manuscritos para transmitir o saber das gerações passadas. Conhece os autores da antiguidade quase tão bem como os da cristandade. Interessa-se por astronomia, matemática, retórica, gramática, música.

Sua obra é vasta e lhe valeu a admiração de seus contemporâneos e da Idade Média. Apoia-se na tradição dos Padres para comentar quase toda a Escritura, transmite todo o saber científico e literário da antiguidade, procurando fazer-lhe a síntese.

BENTO (± 480-547) – Pai e legislador dos monges do Ocidente, Bento compôs para seus monges uma *Regra* que são Gregório, seu biógrafo, afirma ser notável pela discreção e clareza da linguagem. Bento reúne toda a tradição dos antigos sobre a obediência, a humildade, no quadro de uma vida de oração, de trabalho e de caridade mútua. A obrigação da estabilidade faz da comunidade beneditina uma comunidade familiar. Devido a sua sabedoria, a *Regra de S. Bento* suplantou, pouco a pouco, todas as outras regras monásticas no Ocidente.

BERNARDO DE CLARAVAL (1091-1153) – Ingressa em Cister com 21 anos, em 1112, acompanhado de trinta jovens nobres, seus amigos. Quer fugir do mundo, encontrar Deus na solidão. Mas três anos depois, em 1115, seu abade o encarrega de ir fundar um novo mosteiro em Claraval. Bernardo fica dividido entre seu desejo de contemplação e seu zelo em fazer seus irmãos avançarem no caminho de Deus. Seus dons excepcionais não demoram em torná-lo conhecido.

Esse místico, que falou tão bem de Deus, dá um novo impulso a sua Ordem; foi pregador da Segunda Cruzada, conselheiro do papa Eugênio III, campeão da ortodoxia em todas as querelas de seu tempo. Sua forte personalidade domina toda a primeira metade do século XII. Representa, diante da escolástica nascente, o último clarão da teologia monástica. Sua contribuição resoluta na condenação de Abelardo mostra sua desconfiança diante de um uso muito amplo da razão para explicar o que é do domínio da fé.

Sua vasta correspondência revela suas preocupações, seu desejo de viver sozinho com Deus. Seus sermões dirigidos a seus monges não envelheceram, particularmente seus Sermões sobre o *Cântico dos Cânticos*. Escreveu, também,

muitos "tratados", sendo o mais importante o *Tratado da Consideração* (isto, é da Busca da Verdade) dirigido ao papa Eugênio III.

BOAVENTURA (1221-1274) – Teólogo franciscano, natural de Bagnoregio, na Toscana. Tornou-se superior geral dos franciscanos, cardial-bispo de Albano e legado pontifício no concílio de Lyon. Escreveu numerosas obras de teologia e filosofia, inspiradas na doutrina de Agostinho. Uniu a razão com a mística. É conhecido como Doutor Seráfico.

BOÉCIO (480-524) – Herdeiro da cultura antiga, filósofo, Boécio veio a ser mestre do palácio do rei godo Teodorico, em 520. Mas, acusado de cumplicidade com Bizâncio e de alta traição, o que era falso, foi condenado, sem mesmo poder defender-se, à prisão e à morte.

Boécio está na junção de duas civilizações. Num mundo em que a cultura se perdia, pôde fazer sólidos estudos no Oriente, sobretudo em Atenas, e transmitir aos romanos a sabedoria antiga, mostra o acordo fundamental entre Platão e Aristóteles. Além disso, Boécio é um cristão familiarizado com o pensamento de Sto. Agostinho e com o dos filósofos gregos. Tenta uma síntese que a Idade Média estudou com admiração.

Sua obra é importante. Tratados de Teologia como *Sobre a Trindade*; tradução e comentário de diversos tratados de Aristóteles, tratado sobre a música, a matemática etc; a mais célebre de suas obras, a *Consolação Filosófica*, escrita na prisão, foi lida e recopiada ao longo da Idade Média.

BUCARDO DE WORMS, bispo († 1025) – Autor de um *Collectarium* dos cânones eclesiásticos. Denunciou o culto dos espíritos promovido pelas bruxas.

CALIXTO I – Papa em 217, morto mártir em 222. Provavelmente, publicou um decreto tornando menos rigorosa a disciplina relativa à penitência. Mas as duas "decretais" que lhe são atribuídas são inautênticas. Sto. Tomás cita a segunda dessas decretais: a carta aos bispos das Gálias, que atribui, aliás, a Gelásio.

CASSIANO, JOÃO (± 360-435) – Entra muito jovem num mosteiro cenobítico em Belém. Após dois anos, obtém a permissão de ir consultar os grandes monges do Egito. Durante quase vinte anos, vive no deserto, pondo-se na escola dos grandes abades e impregnando-se da doutrina de Evágrio. Obrigado a fugir do Egito quando Teófilo, bispo de Alexandria, persegue origenistas e evagrianos, Cassiano refugia-se junto a S. João Crisóstomo, em Constantinopla; e, depois do segundo exílio deste último, parte para Roma, junto ao papa Inocêncio I. Durante dez anos permanece a serviço da Igreja de Roma.

Em 415, chega na Provença, funda em Marselha dois mosteiros, um de monges e outro de monjas. Põe, então, por escrito, os ensinamentos recolhidos durante sua vida no deserto, para formar seus monges e os da região. Publica, primeiro, as *Instituições Cenobíticas*, e as *Conferências* em que se esforça por transmitir ao Ocidente toda a tradição espiritual do Egito. Essas obras exerceram influência considerável na vida religiosa do Ocidente.

Chocado pelo rigor das posições de Agostinho a respeito da graça, Cassiano procura manter certo poder ao livre-arbítrio, ao menos no "início da fé"; todavia, tem cuidado em manter distância em relação a Pelágio. É um dos mais notórios representantes do que se chamou, muito mais tarde, o semipelagianismo.

CASSIODORO (± 485-580) – Discípulo e amigo de Boécio, é, como ele, ministro e conselheiro dos reis godos ao mesmo tempo que amigo das letras. Por volta de 540, retira-se à sua propriedade de Vivarium, onde funda um mosteiro. Aí, esforça-se por conservar a herança antiga, tanto grega como latina, dispersa e destruída, parcialmente, pelas invasões bárbaras. Quer utilizar essa herança para a fé. É ajudado nessa tarefa por seus monges, ardentes copistas. Graças ao trabalho deles, muitas obras antigas foram conhecidas durante a Idade Média.

Cassiodoro escreveu obras históricas, comentários da Escritura e tratados sobre as ciências profanas.

CAUSIS (*De*) – Tratado árabe (não necessariamente muçulmano) que adapta ao monoteísmo, resumindo-os, os *Elementos de Teologia* do filósofo neoplatônico Proclo (412-485). Foi traduzido para o latim em meados do século XII, com o título de *Livro da Bondade Pura*, mas foi conhecido, principalmente, como *Livro das Causas* e atribuído quer a Aristóteles, quer a autores árabes ou judeus. A tradução, em 1268, dos próprios *Elementos*, por Guilherme

de Moerbecke, possibilitou aos latinos conhecer a verdadeira origem do *Livro das Causas*.

CÍCERO, TÚLIO (106-43 a.C.) – O maior dos oradores romanos. Faz estudos para advocacia no ano 80. Eleito questor na Sicília, defende os sicilianos contra o antigo governador Verres e, pelo fato, torna-se célebre. Cônsul em 63, frustra a conjuração de Catilina. Tem a ambição de desempenhar grande papel político, mas é exilado e reabilitado. Nesse período de perturbações e guerra civil, morre assassinado por ordem de Antônio.

Para Cícero, a atividade intelectual está a serviço da política. Mas foi seu talento oratório que lhe valeu renome durável. Elaborou uma teoria da eloquência: "Provar, agradar, comover", que formou gerações de retóricos.

Formado no contato com os filósofos gregos, Cícero procurou, em seus tratados filosóficos, conciliar as diversas escolas (estoicos, epicuristas, acadêmicos) para chegar a uma moral prática (*Dos Deveres, Tusculanas*). Foi criador de uma prosa filosófica.

CIPRIANO (± 200-258) – Africano, nasce numa família pagã, torna-se advogado de renome e converte-se ao cristianismo. Em 248 é bispo de Cartago. Homem de governo e pastor, sua vida identifica-se com a de sua comunidade. Durante a perseguição de Décio, Cipriano afasta-se da cidade e essa "fuga" é mal-interpretada. Encontra-se, depois, enfrentando o problema dos *lapsi*, os cristãos "caídos", durante a perseguição. Seus últimos anos ficam encobertos por seu conflito com o papa Estêvão a respeito da validez do batismo conferido pelos heréticos, Em 257, Valeriano promulga nova perseguição. Cipriano, que viu a provação chegar, sustenta seu povo. É preso e condenado. Os Atos de seu martírio foram conservados e testemunham de sua dignidade serena diante da morte.

Cipriano é um pastor. Isso se percebe através de toda a sua obra, desde sua abundante correspondência até seus numerosos tratados dos quais os mais célebres são a *Unidade da Igreja* e a *Oração dominical*.

CIRILO DE ALEXANDRIA (± 380-444) – Sobrinho e colaborador de Teófilo, patriarca de Alexandria, Cirilo o acompanha a Constantinopla e toma parte, em 404, do Sínodo do Carvalho, que destituiu João Crisóstomo. Em 412, sucede a Teófilo de quem herda preconceitos e rancores.

Aprende, em 428, que Nestório, o novo patriarca de Constantinopla, sustenta em seus sermões que há duas pessoas em Cristo, uma pessoa divina, o *Logos*, e uma pessoa humana: o homem-Jesus; daí a impossibilidade de chamar a Virgem Maria: *Theotokos*, Mãe de Deus. A partir de 429, Cirilo intervém junto a Roma, como campeão da ortodoxia contra essa Igreja de Constantinopla, rival de Alexandria. Então, o imperador convoca um Concílio em Éfeso (431). O concílio depõe Nestório e proclama Maria *theotokos*. Mas a terminologia usada, muito diferente da dos orientais, leva-os a protestar. Após muitas concessões, chega-se, em 433, ao Ato de União. Todas essas querelas colocaram as diversas Igrejas umas contra as outras e abriram caminho para novos conflitos sempre mais sutis.

Se a personalidade de Cirilo é fortemente contestada, a pureza de sua fé está fora de dúvida. Deixou uma obra importante: obras exegéticas sobre o Antigo Testamento, comentário dos evangelhos de Lucas e de João, obras dogmáticas e apologéticas.

CLEMENTE DE ROMA – Quarto bispo de Roma de acordo com a lista de Sto. Ireneu. Papa de 97 a 101, aproximadamente, escreveu uma Carta à Igreja de Corinto onde alguns membros se tinham sublevado contra os presbíteros. Essa Carta era tão venerada na antiguidade cristã que fazia parte, às vezes, do Cânon das Escrituras. Não é esta carta que Sto. Tomás cita, mas apócrifas.

CÓDIGO JUSTINIANO – O imperador Justiniano I (527-565), homem de vastas ambições, empreende uma grande obra legislativa. Encarrega Triboniano e outros jurisconsultos de reunir e harmonizar as leis imperiais feitas desde Adriano. De toda essa legislação acumulada, quer fazer um todo coeso. O Código é concluído em 529. Uma nova edição aparece em 534 com o título de *Código Justiniano*: incorpora as leis promulgadas pelo imperador de 527 a 532.

De 530 a 533, Triboniano e seus ajudantes reunem no Digesto ou Pandectas extratos dos 39 jurisconsultos mais célebres, enquanto os Institutos formam uma espécie de manual resumindo os princípios do direito para os estudantes.

Todas essas obras são redigidas em latim, por fidelidade à Roma antiga.

A essa gigantesca coletânea juntam-se as Novelas, ordenanças publicadas pelo próprio Justiniano durante seu reinado, em aplicação dos princípios do Código. As Novelas são redigidas em grego.

O Código começa pelas palavras: "Em nome de Nosso Senhor Jesus Cristo", segue-se uma profissão de fé.

→ TRIBONIANO, jurisconsulto bizantino, falecido em 546. Foi o principal conselheiro do Imperador Justiniano.

COMENTADOR – Na maioria das vezes, designa AVERRÓIS. Para a Ética, trata-se de Eustrates e outros comentadores gregos.

CRISIPO (± 281-208 a.C.) – Filho de Apolônio, de Soli (Cilícia), foi discípulo de Zenão de Cítio e sucessor de Cleantes. São poucos os fragmentos que se conservam de sua imensa produção (705 obras segundo Diógenes Laércio). Dialético, por formação e temperamento, deve-se a ele a fundamentação das teorias debatidas no antigo estoicismo.

DECRETAIS – Ordenanças dos papas, de alcance geral para a Igreja inteira, ou destinadas quer a uma província eclesiástica, quer a muitas. A primeira utilização desse termo remonta ao papa Sirício (384-399).

Não se demorou em reunir essas decretais em compêndios. As primeiras coleções são cronológicas. Depois, são sistematizadas por matéria. As diversas coleções são do século IX e foram substituídas pelo famoso *Decreto* de Graciano.

Em 1234, Gregório IX promulga um novo compêndio de Decretais. É uma compilação de todos os compêndios anteriores, preparados, por ordem do papa, por Raimundo de Peñafort.

Por volta de 850, surge, na região do Mans, uma coleção de "falsas" decretais, publicadas sob o nome de Sto. Isidoro de Sevilha. O patrocínio desse suposto autor valeu-lhes ser inseridas no Decreto de Graciano.

DECRETO DE GRACIANO – Na Idade Média, a palavra "Decreto" designa uma coletânea de textos canônicos. A mais célebre é a de Graciano, morto, provavelmente, por volta de 1178. Graciano deu à obra o título de *Concordância dos Cânones Discordantes*, título modificado, depois, por *Decreto*. Teve o imenso mérito de não se contentar em juntar, como fizeram seus antecessores, textos, às vezes, contraditórios sobre um mesmo assunto. Esforçou-se por fazê-los concordar, por encontrar soluções.

Durante muito tempo, o *Decreto* serviu de base ao ensino nas escolas, sem ter, contudo, valor oficial. É uma das "autoridades" de Sto. Tomás.

DIONÍSIO AREOPAGITA – Pseudônimo de um autor do Oriente do final do século V e início de século VI. Suas obras *A Hierarquia celeste*, a *Hierarquia eclesiástica*, os *Nomes divinos* (comentados por Sto. Tomás), a *Teologia mística* exerceram uma influência considerável no Oriente como no Ocidente, sem contar que, até o século XVI, acredita-se que esse autor seja realmente o Areopagita, discípulo de S. Paulo, o que deu a seus escritos imensa autoridade.

O Pseudo-Dionísio é um místico. Afirma que para conhecer Deus temos duas vias: a positiva, pela causalidade, que atribui a Deus, ao máximo, todas as perfeições; e a negativa, que é não conhecimento, ignorância diante desse excesso de plenitude, pois Deus, o Transcendente, está além do cognoscível.

Além das processões internas que constituem as Pessoas da Trindade, há as processões externas: a criação. Deus, em sua condescendência, penetra os seres de sua bondade e os atrai para uni-los a si.

A síntese dionisiana, centrada na transcendência divina e na participação dos seres a Deus, fascinou verdadeiramente o pensamento medieval.

DIONÍSIO CATÃO (± 3º ou 4º séc.) – Nada se conhece realmente do autor ou data da *Dist??ha de Moribus ad Filium*. Atribui-se a Dionísio Catão. Catão, pelo caráter sapiencial das máximas, e Dionísio, por constar num manuscrito de grande antiguidade. Trata-se de uma pequena coleção de máximas morais, redigidas cada uma em dois hexâmetros e divididas em quatro livros. Revelam uma mentalidade monoteísta mas não necessariamente cristã. Na Idade Média foram traduzidas em muitas línguas.

EADMERO (1064-1124) – Chantre de Canterbury e historiador inglês. Confrade de Sto. Anselmo, arcebispo de Canterbury, depois da morte deste, reúne e publica ampla documentação sobre o arcebispo em *Historia Novorum* e na *Vita Sti Anselmi*. Sua obra *De Conceptione Sanctae Mariae* teve influência no desenvolvimento da doutrina sobre a Imaculada Concepção.

ENÓDIO, MAGNO FELIX (474-521) – Escritor em prosa e verso, reitor em Milão e bispo de Pavia (Ticinum). Suas obras são fontes valiosas para os historiadores desse período. Entre elas destacam-se uma biografia de Epifânio, seu predecessor, em Milão, e o peregrino do rei Teodorico, escrito a pedido do Papa. *Dictiones* são uma coleção de discursos retóricos que ilustram a grande influência exercida pela tradição antiga e pagã sobre os ambientes cristãos. Participou de duas embaixadas a Constantinopla para tentar, sem êxito, a reconciliação entre a Igreja de Roma e a Igreja grega (cisma de Acacio).

EUSÉBIO DE CESAREIA (± 263-337) – Aprisionado durante a perseguição, torna-se bispo de Cesareia da Palestina, em 313. Participa das querelas cristológicas de seu tempo, procura desempenhar um papel conciliador que lhe vale ser acusado de arianismo. Com efeito, receia o termo "consubstancial", vendo nele um risco de confusão das pessoas divinas, de sabelianismo. No Concílio de Niceia (325), faz parte do partido do meio, a igual distância de Ário e de Alexandre de Alexandria. Acaba subscrevendo as decisões do Concílio e do Sínodo.
Eusébio é, antes de tudo, um erudito. Escreveu numerosas obras e, sobretudo, uma *História eclesiástica* que conserva preciosos documentos dos primeiros séculos da Igreja.

FELIPE, CHANCELER (1160-1236) – Teólogo francês. Mestre em teologia e chanceler da Universidade de Paris. Escreveu a *Summa de Bono* sobre o bem inspirando-se no neoplatonismo de Agostinho, e um Tratado sobre a sindérese.

FRONTINO (± 30-103) – General romano, procônsul de Bretanha, escreveu uma obra sobre a arte militar: *Stratagemata*.

FULGÊNCIO DE RUSPE (467-532) – Monge e abade, veio a ser bispo de Ruspe (África). Foi exilado duas vezes na Sardenha pelos vândalos arianos. Suas obras são numerosas; algumas são dirigidas contra os arianos: o tratado *Sobre a Trindade* e o célebre tratado *A Pedro, sobre a fé*, resumo da teologia cristã. Suas outras obras são dirigidas contra os semipelagianos, sobretudo Fausto de Riez. A doutrina que ele desenvolve sobre a predestinação é um eco da doutrina de Sto. Agostinho.

GLOSA – Compilação do século XII cujo plano foi concebido por Anselmo de Laon (1050-1117). A obra foi realizada, em parte, por Anselmo, em parte por pessoas que o cercavam. Os versículos da Bíblia são acompanhados, na margem, de excertos de comentários patrísticos.
→ GLOSA LOMBARDI, ver Pedro Lombardo*.

GREGÓRIO I MAGNO – Nascido por volta de 540, papa (de 590 a 604). Oriundo de uma grande família romana foi, por volta de 570, prefeito de Roma, o mais alto cargo da cidade. Em breve, renuncia ao mundo para tornar-se monge. É enviado a Constantinopla como apocrisiário (núncio) de 579 a 585. Em 590, após sete meses de resistência, torna-se bispo de Roma num momento particularmente infeliz: invasão lombarda, peste. Grande administrador, reorganiza o patrimônio da Igreja e a assistência aos pobres, procura defender a Itália, luta contra a simonia e a imoralidade do clero, envia missionários à Inglaterra, afirma os direitos da primazia romana.
Esse homem de ação é, também, um pastor. Escreve e prega. Sua correspondência é abundante. *As Morais sobre Jó* e as *Homilias sobre Ezequiel*, conferências para um círculo monástico, são uma exposição da teologia moral penetrada por um grande desejo de Deus; suas *Homilias sobre o Evangelho*, seus Diálogos dirigem-se, principalmente, ao povo de Deus, e sua Pastoral destina-se a quem tem responsabilidade na Igreja. São Gregório foi lido, copiado, meditado durante toda a Idade Média, que encontrou nele seu mestre espiritual.

GREGÓRIO VII – Papa de 1073 a 1085. Serve eficazmente a cinco papas antes de tornar-se também papa. É um reformador. Quis libertar o papado da tutela imperial, livrar a Igreja de todo controle leigo. Centraliza fortemente a Igreja e, no Concílio de Roma, em 1074, ataca a simonia e a incontinência dos padres.

GREGÓRIO DE NISSA (± 335-394) – Irmão de S. Basílio que o consagra, em 371, bispo de Nissa, na Capadócia. Gregório é um filósofo, um teólogo, um místico. Desempenhou um grande papel no Concílio de Constantinopla (381), ao lado de Gregório Nazianzeno.
Sua obra é vasta. Escreveu tratados dogmáticos para refutar as numerosas heresias de seu tempo, uma longa Catequese, exposição sistemática da fé cristã e comentários da Escritura.

Consagra seus últimos anos a obras para os meios monásticos organizados por S. Basílio e empenha-se em dar uma "mística" a esse fervoroso movimento: *Vida de Moisés, Comentário do Cântico dos Cânticos*.

Sto. Tomás atribui-lhe o tratado *Sobre a natureza do homem*, muito apreciado durante a Idade Média, composto, na realidade, por NEMÉSIO, bispo de Emesa, nos últimos anos do século IV.

GUILHERME DE ALVÉRNIA, ou de Paris (1180-1249) – Bispo. Filósofo e teólogo. Entre suas muitas obras, salienta-se *Magisterium Divinale ac Sapientiale* uma verdadeira enciclopédia filosófico-teológica. Conheceu Aristóteles pelos comentários de Avicena. Defendendo os métodos racionais no estudo da fé, foi um dos precursores dos futuros "escolásticos".

GUILHERME DE AUXERRE († 1231) – Teólogo. Ensinou em Paris. Fez parte de uma comissão, que examinou os escritos de Aristóteles sobre as ciências naturais, proibidos desde 1210. Sua obra principal *Summa Aurea*, no uso dos argumentos aristotélicos, é devedora de Pedro Lombardo e de Sto. Anselmo.

GUILHERME DE SÃO TEODORICO (De S. Thierry) (± 1080-1149) – Monge benedictino, depois cisterciense. Amigo e biógrafo de S. Bernardo de Claraval, participou da controvérsia que levou à condenação de Abelardo. Escreveu dois tratados sobre a fé e entre as suas obras espirituais destacou-se *De contemplando Deo* e *De natura et dignitate amoris*.

HAIMO VON HALBERSTADT († 853) – Bispo. Discípulo de Alcuino de Nortúmbria. Reconhecido como exegeta bíblico e historiador eclesiástico.

HENRIQUE DE SEGÚSIO (Mostiense) (1200-1287) – Canonista. Formou-se em leis em Bologna e ensinou direito canônico em Paris. Foi nomeado bispo de Sisteron e mais tarde cardeal bispo de Óstia por Urbano IV. Sua obra sistemática foi a Suma, que gozou de enorme popularidade. E a mais importante, talvez, o *Commentum super decretalibus* ou *Lectura*. É considerado o mais importante e brilhante canonista do século XIII.

HORÁCIO (Quintus Horatius Flaccus) (65-8 a.C.) – Poeta latino. Em suas *Sátiras* e *Epístolas* reflete sobre os costumes de seu tempo e os problemas da vida moral. É o poeta do amor, de vida rústica simples e também poeta nacional. Com Virgílio é o maior nome da poesia latina.

HUGO DE SAINT-CHER (nascido no final do século XII e morto em 1263) – Dominicano, mestre em Paris a partir de 1230, cardeal em 1244. Exerceu grande influência doutrinal. Escreveu um *Comentário sobre as Sentenças* e diversos tratados teológicos, assim como comentários à Escritura. Dirigiu os trabalhos para a primeira Concordância verbal da Bíblia latina.

HUGO DE SÃO VITOR († 1141) – Nada se sabe de suas origens. Por volta de 1127, está na abadia de São Vítor, em Paris e torna-se, em 1133, mestre da escola pública da abadia. Dá-lhe grande impulso. É um dos espíritos mais cultivados da Idade Média, um homem cheio de curiosidade intelectual e do zelo de tudo aprender.

Sua obra é imensa, desde a gramática (pois todas as artes são servas da divina Sabedoria) até a teologia. Suas obras mais conhecidas são: *A Escritura e os escritores sacros*, os *Sacramentos da fé cristã*, sem contar numerosos comentários da Escritura.

A *Suma das Sentenças* a que se refere Sto. Tomás não é, propriamente falando, de Hugo de São Vitor, mas recebeu sua influência.

INOCÊNCIO I – Papa de 402 a 417. Seu pontificado coincide com o sítio de Roma por Alarico e a tomada da cidade. Tenta impor os usos romanos às Igrejas do Ocidente e fazer reconhecer a primazia da Igreja de Roma. Confirma as condenações dos Concílios da África contra Pelágio.

IRENEU (± 140-202) – Provavelmente originário de Esmirna. Conheceu Policarpo, o qual, por sua vez, conhecera em sua juventude o apóstolo S. João, muito idoso. Não se sabe como chegou a Lyon. Sucedeu ao bispo Potino, mártir em 177.

Pode ser considerado o primeiro teólogo da Igreja, mas seu pensamento, muito rico, foi ignorado durante a Idade Média.

ISIDORO (± 570-636) – Sucessor de seu irmão Leandro como bispo de Sevilha, de 599 a 636, Isidoro é o mais célebre escritor do século VII. É um dos elos que unem a Antiguidade à Idade Média.

Menos profundamente perturbada pelas invasões que a Gália e a Itália, a Espanha conservou parte da herança da cultura antiga. Isidoro escreveu tratados exegéticos, teológicos e litúrgicos. Sua obra mais célebre é o *Livro das origens ou das etimologias*, verdadeira suma do saber humano de seu tempo, em todas as áreas. Seus conhecimentos enciclopédicos valeram-lhe uma admiração toda particular na Idade Média.

ISIDORO (Pseudo-) – Ver DECRETAIS.

IVO DE CHARTRES, bispo (1040-1117) – Canonista conciliador participou nas controvérsias sobre as relações entre a Igreja e o Estado, a questão das investiduras, a legislação sobre o casamento, a competência da jurisdição espiritual e outras.

JACOBO DE VORAGINE (1228-1298) – Dominicano, arcebispo de Gênova, autor da *Legenda Sanctorum* conhecida como Legenda áurea. Teve uma difusão extraordinária.

JERÔNIMO (± 347-420) – Temperamento impetuoso, Jerônimo passou a juventude viajando para instruir-se junto aos melhores mestres, antes de fazer um estágio no deserto onde procura dominar seu rude temperamento. "Trilíngue (sabe o grego e o hebraico), volta a Roma onde, devido a sua ciência, o papa Dâmaso* o escolhe por secretário. Depois da morte de Dâmaso, Jerônimo deve deixar a cidade em que conta com muitos amigos e, também, com numerosos inimigos. Acaba instalando-se em Belém com um grupo de "fiéis". Funda dois mosteiros e leva uma vida de trabalho assíduo e de oração. Empreende a grande obra de sua vida: a tradução da Bíblia, do hebraico para o latim. Sempre muito ativo e atento, impressionável e excessivo, imiscui-se em todas as controvérsias e sua pena ágil escreve alternadamente comentários sobre as Escrituras, cartas e panfletos.

JOÃO CRISÓSTOMO (± 347-407) – João, a quem a posteridade deu o título de "Crisóstomo" ou "Boca de Ouro", nasceu em Antioquia onde fez excelentes estudos profanos e exegéticos. A seguir, retirou-se às montanhas vizinhas e viveu entre os monges, depois, solitário. Doente, devido a excesso de austeridades, volta a Antioquia e põe-se a serviço da Igreja. Durante doze anos, atrai a cidade pelos sermões cheios de eloquência, comenta as Escrituras, defende os direitos dos pobres, lembra a grande tradição da Igreja de que está impregnado.

Sua fama é tão grande que, com a morte de Nectário, patriarca de Constantinopla, é praticamente "sequestrado" (397) para suceder-lhe. Na capital, João enfrenta o luxo desenfreado, intrigas e rivalidades. Empreende reformas, denuncia severamente os abusos e as injustiças sociais, em nome de Cristo. Mas ele incomoda. Sua liberdade de palavra e sua intransigência unem em oposição a ele bispos ciumentos e a imperadora Eudóxia. É o exílio, de curta duração, uma primeira vez, e definitiva, uma segunda vez. Em consequência de nova ordem de exílio mandando-o sempre mais longe, João morre de esgotamento.

De sua obra considerável (tratados sobre diversos temas, mas sobretudo homilias sobre a Escritura: Antigo Testamento, Evangelho e, particularmente, Epístolas de seu querido S. Paulo), os latinos tiveram pequena parte (alguns tratados e homilias, *Comentários sobre Mateus, João e Hebreus*).

JOÃO DAMASCENO (± 675-749) – Nascido em Damasco, daí o sobrenome, João faz-se monge de S. Sabas, perto de Jerusalém. É, antes de tudo, um teólogo. Seu nome está ligado à reação contra os iconoclastas. Ocupou-se, também, de exegese, de ascese, de moral.

Sua mais importante obra é a *Fonte do Conhecimento*, suma do pensamento oriental, em que quer "unificar as vozes múltiplas" dos séculos anteriores. A obra divide-se em três partes: 1) os capítulos filosóficos, espécie de introdução filosófica à exposição do dogma, 2) um catálogo das heresias, 3) a exposição da fé ortodoxa.

Esta última parte, a mais conhecida, foi dividida por João em cem capítulos. Mas seu tradutor latino, em 1150, apresentou-a em quatro partes. Essa tradução foi uma das fontes de Pedro Lombardo. João estabelece sua síntese teológica a partir do Padres gregos; ignora os Padres latinos. Essa Exposição da fé ortodoxa influenciou, com certeza, os teólogos do período escolástico.

Quanto ao livro citado igualmente por Sto. Tomás: *Sobre os que adormeceram na fé*, ele provavelmente não é de João Damasceno.

JOÃO DE ANTIOQUIA († 442) – Bispo, na questão cristológica liderou o grupo que se opunha a Cirilo de Alexandria. O papa Sixto III con-

seguiu que retomasse o diálogo e chegasse a um acordo. Assumiu o Símbolo de Éfeso e fez com que fosse aceito por um grande número de cristãos.

JOÃO DE SALISBURY (1115-1180) – Secretário de Teobaldo e S. Thomas Becket, arcebispo de Canterbury, foi nomeado bispo de Chartres em 1176. Fez estudos nas escolas catedrais da França, sendo discípulo de Pedro Abelardo. Escreveu uma *Historia Pontificalis* em que faz uma boa descrição de sua época. *Policraticus e Metalogicon* apresentou uma crítica às administrações reais e pontifícia e às universidades. Em 29 de dezembro de 1170 estava na Catedral de Canterbury quando Becket foi assassinado.

JOSEFO FLÁVIO (± 37-100) – Historiador judeu, deixou duas obras: *A História da Guerra dos Judeus* e as *Antiguidades Judaicas*.

JULIANO POMÉRIO († 498) – Presbítero galileu oriundo da Mauritânia. Exercendo a atividade de presbítero no sul da França foi mestre de Cesário de Arles. Escreveu *De animae natura* em oito livros e *De vita contemplativa* ou *De contemptu mundi* em três livros, muito influenciados por Agostinho. O primeiro, sobre o valor da vida contemplativa; o segundo, sobre a vida ativa; o terceiro, sobre as virtudes e os vícios.

JURISPERITUS = Jurisconsulto – Título dado por Sto. Tomás à coleção de extratos dos jurisconsultos romanos compilada por ordens de Justiniano.

JUSTINIANO – Imperador do Oriente de 527 a 565. Ele tem ideia muito alta de suas obrigações de imperador cristão e permite-se intervir, não sem cometer imensos erros, nas controversas teológicas. Sua obra mais durável é seu empreendimento de legislação eclesiástica e civil: *Código Justiniano, Digesto, Institutas e Novelas*.

LEÃO IV (800-855) – Papa. Restaurou a cidade de Roma depois de ter sido saqueada pelos sarracenos e construiu os muros que cercam a basílica de S. Pedro e parte da colina do Vaticano. Foi um disciplinador severo em questões eclesiásticas e agiu com independência da corte imperial. Em 850, ungiu em Roma o filho do Imperador Lotário, Luís II.

LEÃO MAGNO – Papa de 440 a 461. Antes de tornar-se papa, Leão ajudou os papas, seus predecessores, na chancelaria pontifícia. Numa época muito perturbada (invasão dos hunos, dos vândalos), mantém, no meio das angústias de seus contemporâneos, atitude serena. Em seus sermões, esse homem de fé inquebrantável, não se cansa de admirar o mistério de Deus e de tentar comunicar seu maravilhamento aos fiéis, mostrando-lhes, contudo, os perigos das heresias numerosas em seu tempo.

Muito particularmente, S. Leão teve de examinar, e refutar, o monofisismo de Êutiques, sustentado pela corte imperial de Constantinopla. Nessa ocasião, redigiu o *Tomus ad Flavianum* em que precisa a doutrina da encarnação do Verbo. Uma pessoa, o Verbo de Deus, em duas naturezas, a natureza divina e a natureza humana. Essa doutrina foi reconhecida e definida no Concílio de Calcedônia de 451.

LOMBARDO – Ver PEDRO.

MACRÓBIO – Escritor e gramático latino morto no começo do século V. Escreveu um comentário do sonho de Cipião, de Cícero. Inspira-se em Platão e nos neoplatônicos.

MAIMÔNIDES (Rabino Moisés) (1135-1204) – Nascido em Córdoba, célebre rabino judeu, filósofo e médico, viveu no Marrocos, na Palestina e no Egito. Numa das suas numerosas obras e, principalmente, no seu *Guia dos Indecisos*, que teve difusão considerável, tenta um primeiro acordo entre a filosofia de Aristóteles e a revelação mosaica. Como o filósofo muçulmano Avicena e muitos filósofos judeus da Espanha, prova a existência de Deus pelo primeiro Motor eterno do mundo (quer seja este mundo eterno, quer seja criado no tempo), pela existência de seres contingentes, supondo um Ser necessário pela causalidade que exige uma Causa primeira.

Nega que, fora da revelação, se possa afirmar algo da essência divina. A razão só pode conhecer o que Deus não é. Sto. Tomás corrigiu o que essa posição tem de excessivo por sua doutrina dos *Nomes Divinos*, tirada dos escritos do Pseudo-Dionísio.

MANIQUEUS – Seguidores do maniqueísmo, religião fundada por *Mani*, sacerdote de Ecbátana na Pérsia, em 250 d.C. É uma síntese de doutrinas iranianas e babilônicas com elementos budistas e cristãos. Afirma a oposição entre o Bem, a luz, a alma e o Mal, as trevas, o cor-

po. Assim como o universo, o homem é uma mistura do bem e do mal, a saber, da alma e do corpo. Por isso é necessário libertar as almas da prisão do corpo. Sto. Agostinho o condenou frequentemente em seus escritos.

MARTINHO DE BRAGA (520-580) – Fez-se monge na Palestina onde conheceu muitos peregrinos espanhóis. Induzido por eles viaja para a Galileia com a intenção de converter os suevos, em parte pagãos ou arianos. Fundou vários mosteiros e em 561 foi nomeado bispo de Dumio e mais tarde arcebispo de Braga. Sua obra mais conhecida é a *Formula honestae vitae*, em que expõe a vida cristã a partir das quatro virtudes capitais. Outras obras abrangem temas de liturgia, de ascese e de moral e de direito.

MÁXIMO DE TURIM – Bispo de Turim no século V. Suas homilias revelam um pastor ardoroso no estudo da Escritura e em prevenir os fiéis contra o paganismo e a heresia.

NEMÉSIO DE EMESA (séc. V) – Bispo, sucedeu a Eusébio de Cesareia. Entre suas muitas obras, cerca de 400, uma *Sobre a natureza do homem*, de tendência neoplatônica, teve grande divulgação na Idade Média.

NESTÓRIO (± 380-451) – Nestório é de origem síria. Ingressa num mosteiro perto de Antioquia. Logo adquire fama de orador. Em 428, a corte o chama para ser patriarca de Constantinopla. Não demora a insurgir-se, em seus sermões, contra o termo *theotokos* e a expressão "Deus sofreu". Vê nisso vestígios de apolinarismo. Orador demais, teólogo de menos, pensa poder resolver um problema difícil com discursos eloquentes. No momento em que a teologia das duas naturezas está se definindo, acaba por comprometê-la, deixando de insistir na união íntima das duas naturezas na Pessoa do Verbo. Os monges de Constantinopla inquietam-se. Cirilo de Alexandria avisa Roma e se demonstra incomodado. Em 431, o Concílio de Éfeso, concílio tempestuoso, condena Nestório, depõe-no e envia-o para seu mosteiro de Antioquia. De exílio em exílio, acaba no Grande Oásis do deserto líbio, de onde as incursões bárbaras o expulsam, mais uma vez.

NICOLAU I – Papa de 858 a 867. Enérgico e, às vezes, intransigente, recusa-se a reconhecer a eleição de Fócio para a sé de Constantinopla, após a deposição de Inácio. Essa decisão provoca a primeira ruptura com a Igreja do Oriente. Procura subtrair a Igreja búlgara à influência de Constantinopla a fim de ligá-la a Roma. Exige que os bispos lhe submetam as "causas maiores".

ORÍGENES (± 185-253) – É iniciado nas Escrituras pelo pai (que acabou morrendo mártir). Clemente de Alexandria forma-o, a seguir, nos conhecimentos humanos e cristãos. Demonstra inteligência tão brilhante que o bispo de Alexandria confia-lhe a direção da escola catequética quando está com apenas 18 anos. Dá imenso brilho à escola, tanto pelo valor de seus ensinamentos como pelo exemplo de sua vida austera. Completa sua formação filosófica pelas lições de Amônio Saccas, a leitura de Platão e de Aristóteles; estuda o hebraico para ler o texto do Antigo Testamento no original. Crente ardoroso e apaixonado, "tinha recebido o dom de pesquisar e de descobrir" (Gregório Taumaturgo, seu aluno). Procura a verdade em todas as fontes mas, antes de tudo, na Escritura. Em consequência de atrito com seu bispo, parte, em 231, para Cesareia de Palestina, onde funda uma escola, que passou a ser tão próspera quanto a primeira. De todos os lugares, consultam-no sobre questões difíceis, pois não há, ainda, nem concílios nem definição de fé. É a partir da Escritura que os problemas se colocam e que se procura resolvê-los. Durante a perseguição de Décio, Orígenes é longamente torturado e morre pouco depois, em consequência das torturas.

Orígenes deixou obra imensa: 2.000 títulos. Seu pensamento ousado e novo exerceu profunda influência sobre os séculos seguintes. Foi o primeiro a fazer exegese científica sobre todos os livros da Escritura; comentários profundos, escólios sobre as passagens difíceis, homilias calorosas para os fiéis. Compôs escritos ascéticos, apologéticos (*Contra Celso*) e, sobretudo, o tratado *Dos Princípios*, a primeira *Suma Teológica* da antiguidade cristã. Numa grande síntese, Orígenes parte da natureza íntima de Deus para terminar na consumação do universo.

Quase todas as obras de Orígenes desapareceram nas querelas levantadas por seu pensamento audacioso, muitas vezes deformado por seus discípulos. Esse homem que tanto amou a Igreja e que testemunhou fidelidade à sua fé, foi condenado por seus erros sobre a pré-

existência das almas, a existência de vários mundos sucessivos, a salvação final universal (incluindo os demônios). Mas seus erros não podem fazer esquecer todas as descobertas e os aprofundamentos que enriqueceram o pensamento cristão.
→ AMÔNIO SACCAS, mestre grego em Alexandria. Cristão de nascimento, passou ao paganismo.

PAULO DIÁCONO (séc. XII) – Monge de Montecassino. Fazia parte do grupo de sábios na corte de Carlos Magno. Sua obra mais conhecida e apreciada foi *Homiliarium*.

PEDRO CANTOR (séc. XII) – Professor de teologia da escola episcopal de Paris. Escreveu *Summa de sacramentis et animae consiliis* e *Verbum abbreviatum*.

PEDRO COMESTOR († 1178) – Teólogo. Professor em Paris, aí escreveu sua obra maior *Historia Scholastica*, em 20 volumes. Começa com a criação do mundo e termina com os Atos dos Apóstolos. Todos os livros da Bíblia são apresentados e parafraseados. A obra teve grande sucesso entre os estudantes. O apelido "Comestor" foi-lhe dado em vida pela grande estima em que seu ensino era tido. Várias vezes o comenta em seus sermões. Significa, aplicado a ele, o *que se alimenta* de livros.

PEDRO LOMBARDO (± 1100-1160) – De origem lombarda, chega a Paris em 1136 para completar seus estudos. A partir de 1142, é mestre afamado na escola de Notre-Dame. Acompanha de perto todas as correntes de ideias de seu tempo, faz parte do corpo de jurados que, no concílio de Reims, condena Gilberto de la Porrée. Em 1159, é escolhido para bispo de Paris. Morre no ano seguinte.

Todas as suas obras são fruto de seu ensino: *Glosa-Comentário das Salmos*, espécie de compilação patrística que deve servir de complemento à brevidade da obra de Anselmo de Laon, *Glosa sobre as Epístolas de S. Paulo*, ainda mais famosa que a anterior. Mas uma obra, em especial, valeu a Pedro o título de "Mestre das Sentenças", os quatro *Livros das Sentenças*: 1) Deus trino e uno; 2) Deus criador, graça e pecado; 3) Verbo encarnado e Cristo redentor, virtudes e decálogo; 4) Sacramentos e fins derradeiros. Esse plano marca um progresso real sobre os compêndios teológicos desse tempo.

Na efervescência do século XII em que os mestres enveredam, às vezes, em teorias arriscadas, Pedro Lombardo é um moderado. Não quer contentar-se com uma atitude meramente defensiva, e multiplicadora das condenações; sente a necessidade de pesquisar seus contemporâneos e quer mantê-los na ortodoxia. Fiel à tradição dos Padres e com uma clara preocupação pedagógica, une uns aos outros, formando como que um mosaico de sábios. Também empresta ideias de seus contemporâneos, mas não quer elaborar teorias pessoais. Não é um filósofo e não tem, provavelmente, a envergadura de seus grandes predecessores. Sua obra, contudo, apesar de algumas oposições tenazes, é logo apreciada. No Concílio de Latrão, em 1215, os *Livros das Sentenças*, atacados por Joaquim de Fiore, recebem um solene elogio pela sua ortodoxia. A partir desse momento, passam a ser o manual para o ensino da teologia. São comentados, adaptados. É só a partir do século XVII que a Suma de Sto. Tomás os substitui.

PELÁGIO (± 370-432) – Originário da Grã-Bretanha, é um monge austero. Fixa-se em Roma no tempo do papa Anastásio (399-402) e dá conselhos de ascetismo muito apreciados. Defensor da vontade humana, pensa que ela é capaz, sem a graça redentora, de querer e executar o bem; o livre-arbítrio do homem é todo-poderoso, a graça é simplesmente uma ajuda que torna a virtude mais fácil. Não existe pecado original e pode haver homens que vivem sem pecado. Pelágio esforça-se por difundir sua doutrina por todas as regiões do Império.

Sto. Agostinho, que tinha tão profundamente o senso da impotência da natureza humana entregue a suas próprias forças, luta energicamente contra as ideias de Pelágio e de seus partidários. Fá-los condenar nos Concílios de Cartago (415), de Milevi (416) e pelo papa Inocêncio I (417). O Concílio de Éfeso (431) anatematiza solenemente o pelagianismo.

PELÁGIO I – Papa de 556 a 561. Nasceu numa grande família romana. Sabe grego. Ainda diácono, traduz as Sentenças dos Padres do deserto para o público latino. A partir de 536, está na chancelaria pontifícia e encarregado de missões diplomáticas no Oriente. Sucede ao papa Vigílio.

Sto. Tomás cita duas de suas cartas.

PLATÃO (± 428-347 a.C.) – Ateniense, por volta dos vinte anos, liga-se a Sócrates; priva de sua intimidade por oito anos. Depois da morte de seu mestre, viaja para se instruir, e volta a Atenas onde funda uma escola de filosofia nos jardins de Academos. Aí, durante quarenta anos, ajuda seus discípulos a descobrir a verdade que trazem em si mesmos, e da qual devem tomar consciência.

Podemos conhecer o pensamento de Platão graças a seus escritos. Inicialmente fiel ao método socrático, reelabora, pouco a pouco, a doutrina das Ideias e a dialética. A Dialética é o meio que possibilita à alma elevar-se, por degraus, das aparências múltiplas e mutantes até as Ideias (essências), modelos imutáveis, das quais o mundo sensível é imagem. Assim, a alma passa do devir ao ser, da opinião à ciência, pois é "irmã das Ideias", tem parentesco com elas. Conheceu-as numa existência anterior; mas essas Ideias permanecem latentes, adormecidas no seio do pensamento, até o choque ocasional transmitido ao espírito pelo corpo (a sensação) que desperta sua potência. Portanto, todo conhecimento é reminiscência, conversão graças à qual a alma reorienta seu olhar para as realidades verdadeiras. O conhecimento discursivo é importante, mas a forma superior do saber é uma visão, uma intuição intelectual das Essências. As Ideias relacionam-se entre si. Seu princípio é a Ideia do Bem, Deus, "medida de todas as coisas", princípio de toda existência, causa universal e causa de cada ser. Deus é Providência e dará, numa outra vida, recompensa ou castigo à alma que é imortal.

Platão quer pôr a alma em busca da verdade. Para isso não basta raciocinar corretamente, é preciso a pureza de uma vida reta. Não se alcança a verdade seguindo ilusões vãs.

Embora durante a Idade Média os latinos só conhecessem o Timeu, Platão exerceu uma verdadeira atração sobre o pensamento cristão tanto no Oriente como no Ocidente. Os cristãos dos primeiros séculos viram nele "o maior teólogo de todos os gregos", aquele que convida a ver com o olho da alma a luz imutável e eterna, a procurar a verdade além do mundo dos corpos, a descobrir as perfeições invisíveis de Deus através das coisas criadas que são Ideias de Deus projetadas no ser, a reconhecer que Deus é o Bem supremo.

→ ESPEUSIPO, cunhado de Platão.

PLAUTO (Titus Maccius Plautus) (254-184 a.C.) – Dramaturgo cônico romano.

PLOTINO – Filósofo neoplatônico, discípulo da escola de Alexandria e interessado nas filosofias persas e indianas. Ensinou em Roma uma doutrina que procurava conciliar a racionalidade da filosofia grega com a mística de inspiração cristã. Porfírio, seu discípulo, publicou suas obras com o título de *Enéadas*.

PLUTARCO (± 45-120) – Autor grego. Escreveu *Vidas Paralelas* e *Moralia*. Afirmava a unidade das religiões embora fossem diversas as suas formas.

POSSÍDIO (séc. V) – Viveu durante uns quarenta anos na intimidade de Sto. Agostinho, como monge, como sacerdote de Hipona e, enfim, como bispo da sede episcopal mais importante da Numídia, Calama (397). Mantém-se ao lado do amigo em todas as lutas e concílios. Genserico o expulsou de seu bispado em 437.

Possídio escreveu uma *Vida de Agostinho* e deu o catálogo de todas as suas obras.

PREPOSITINO DE CREMONA (séc. XII-XIII) – Chanceler da Universidade de Paris entre 1206 e 1210. Autor de uma *Summa Theologiae*.

PRÓSPERO DE AQUITÂNIA (± 390-455/463) – Nascido na Aquitânia, mora em Marselha em 426. Apavorado pelas doutrinas semipelagianas dos monges da região, escreve a Agostinho para assinalar-lhe o perigo. Pouco antes de morrer, Agostinho responde por *A Predestinação dos Santos* e *O Dom da Perseverança*. Sempre mais isolado em Marselha, Próspero vai a Roma, esperando obter uma condenação. O papa prega a paz aos dois partidos. Mas nenhum o leva em conta e Próspero escreve suas *Respostas* às objeções caluniosas dos Gauleses e outros tratados. Pouco a pouco, volta a sentimentos mais pacíficos e vê que é preciso abandonar certas posições intransigentes de Agostinho. Desempenha funções importantes na chancelaria pontifícia, junto a S. Leão. Escreveu um *Comentário dos Salmos*, um tratado sobre *A Vocação de todos os Povos*, um *Livro das Sentenças* tiradas das obras de Sto. Agostinho, assim como uma vasta Crônica que vai até 455.

O tratado sobre *A vida contemplativa*, que Sto. Tomás lhe atribui, é obra de Juliano Pomère, sacerdote de Arles, morto em 498.

RABANO MAURO (Hrabanus Maurus) (± 780-856) – Monge de Fulda (Alemanha), Rabano Mauro vai seguir em Tours os curso de Alcuíno. De volta, nomeado diretor de escola e abade de Fulda, torna-se, enfim, bispo da Mogúncia. Recebeu o título de "preceptor da Germânia". Espírito enciclopédico, como seu mestre ALCUINO, comentou quase todo o Antigo e o Novo Testamento. Escreveu, também, um livro sobre *A Instituição dos Clérigos* e um *De universo*, espécie de Suma onde reúne todo o saber de seu tempo.

RAIMUNDO DE PEÑAFORT – Jurista, professor e mestre geral dos dominicanos, publicou em 1234, em cinco livros, as *Decretais de Gregório IX*.

RICARDO DE SÃO VÍTOR († 1173) – Aluno e sucessor de Hugo na escola de São Vítor, escreveu muito: tratados teológicos, exegéticos, ascéticos e místicos. Preocupou-se, principalmente, em "encontrar razões necessárias" às verdades da fé. Seu tratado *Sobre a Trindade* é característico a esse respeito: procura elevar a razão até seus limites extremos, embora sabendo-se diante do mistério.

Suas obras místicas tiveram grande repercussão entre seus contemporâneos. Descreveu a preparação da alma para a contemplação e a própria contemplação.

RUFINO (345-410) – Monge, amigo de são Jerônimo, com quem se desentendeu por ocasião da controvérsia origenista. Traduziu para o latim *A História eclesiástica* de Eusébio, assim como obras de Orígenes e uma *História dos monges do Egito*.

RUPERTO (± 1075-1129/30) – Monge beneditino de Saint-Laurent de Liège e abade do mosteiro de Deutz, perto de Colônia. Não quer ser teólogo, mas sim, monge. É um comentador incansável dos livros santos.

SALÚSTIO (86-35 a.C.) – Historiador latino. Começa pela carreira política: senador no tempo de César, governador da Numídia, onde enriquece sem escrúpulo. Depois da morte de César, retira-se da política e dedica-se à história. Escreveu *A Conjuração de Catilina*, *A Guerra de Jugurta* e *Histórias* de que só temos fragmentos.

SÊNECA (4 a.C.-65 d.C.) – Nascido em Córdoba, chega a Roma e inicia-se na filosofia estoica. Advogado e questor, é exilado durante oito anos. Agripina o chama de volta para confiar-lhe, e a Burro, a educação de Nero. Quando Nero se torna imperador, Sêneca procura contê-lo em suas paixões. Nero o implica na conjuração de Pisão e lhe envia a ordem de matar-se.

A obra de Sêneca é variada: tragédias, tratados de filosofia dos quais alguns são muito conhecidos: *A Clemência, Os Benefícios, A Constância do sábio, A tranquilidade da alma, Cartas a Lucílio*. Sua filosofia é exclusivamente moral. Propõe o domínio de si. Os Padres da Igreja acharam que o pensamento dele estava de acordo com a moral cristã.

SIBILA (A) – Desde o século II antes de Cristo, os judeus helenísticos têm utilizado o nome místico da Sibila, profetiza inspirada, para propagar a religião judaica nos meios pagãos. É possível que tenham incorporado a seus escritos oráculos pagãos como os da Sibila de Eritreia. Os cristãos do século II, por sua vez, compuseram oráculos sibilinos. A obra, na sua forma atual, é uma mescla de materiais pagãos, judeus e cristãos: maldições, profecias apocalípticas etc.

O conjunto não teria interesse algum não fossem os escritos dos séculos III e IV encontrados nesses livros. Argumentos, segundo eles, irrefutáveis, sobre a verdade do cristianismo, pois a própria Sibila teria "escrito sobre Cristo profecias evidentes" (Sto. Agostinho, *Cidade de Deus* 18, 23, 1).

SÍMACO – Papa de 498 a 514. Luta contra o antipapa Lourenço, até a expulsão deste por Teodorico, em 506. Sto. Tomás o cita por intermédio do Decreto.

SIRÍCIO (384-399) – Papa da Igreja Católica. Santo. Nascido em Roma, sucedeu a S. Dâmaso. Combateu o priscilianismo com várias cartas aos bispos de Espanha e com as primeiras Decretais pontifícias.

TEÓFANES (750-817) – Monge e cronista bizantino. Sua obra principal *Chronographea*. Participou da luta contra os iconoclastas.

TERTULIANO (160-230) – Advogado cartaginês, depois de se converter dedicou-se como catequista à Igreja de Cartago. Posteriormente deixou a Igreja tornando-se montanista.

TÚLIO – Sobrenome de Cícero* pelo qual é geralmente designado na Idade Média.

VALÉRIO MÁXIMO – Historiador latino do primeiro século a.C. e d.C., autor de nove livros de *Fatos e Ditos Memoráveis*, compêndio de relatos extraídos de diversos autores. Essa compilação conheceu vivo sucesso na Antiguidade e na Idade Média.

VEGÉCIO – Escritor latino do final do século IV, autor de um *Tratado da Arte Militar*.

VITAE PATRUM = As Vidas dos Padres – Uma vasta literatura desenvolveu-se nos desertos do Egito. Recolheram-se as "Palavras" dos Padres ou apofitegmas. Escreveram-se relatos de suas vidas. O primeiro foi a *Vida de Antão* por Atanásio.

Sto. Tomás conheceu uma vasta compilação feita no século VI, contendo, principalmente, *A história dos monges do Egito*, traduzida por Rufino de Aquileia, *A história lausíaca* de Paládio, traduzida, esta também, para o latim, assim como as *Sentenças dos Padres, traduzidas pelos diáconos (futuros papas), Pelágio e João*.

ADRIANO I
—— *Capitula*: Mansi 12, 903-914 (*Capitula*).

STO. AGOSTINHO
—— *Obras completas de S. Agustin*, 41 vols. (Madrid, BAC).
—— *Ad Episcopos Eutropium et Paulum Epistola, sive Liber de Perfectione iustitiae hominis*: ML 44,291-318 (*De Perfect. Iust.*).
—— *Ad Marcellinum De Civitate Dei contra paganos Libri viginti duo*: ML 41,13-804 (*De Civit. Dei*).
—— *Confessionum Libri tredecim*: ML 32,659-868 (*Confess.*).
—— *Contra Adimantum Manichaei discipulum Liber unus*: ML 42,129-172 (*Contra Adimant.*).
—— *Contra Cresconium Grammaticum Partis Donati Libri quatuor*: ML 43,445-594 (*Contra Crescon.*).
—— *Contra Epistolam Parmeniani Libri tres*: ML 43,33-108 (*Contra Epist. Parmen.*).
—— *Contra Faustum Manichaeum Libri triginta tres*: ML 42,207-518 (*Contra Faust.*).
—— *Contra Iulianum haeresis pelagianae defensorem Libri sex*: ML 44,641-874 (*Contra Iulian.*).
—— *Contra Maximinum haereticum arianorum episcopum Libri duo*: ML 42,743-814 (*Contra Maximin. Haeret.*).
—— *Contra Mendacium ad Consentium Liber unus*: ML 40,517-548 (*Contra Mendac.*).
—— *De Baptismo contra Donatistas Libri septem*: ML 43,107-244 (*De bapt. contra Donatistas*).
—— *De Bono Coniugali Liber unus*: ML 40,473-396 (*De Bono Coniug.*).
—— *De Catechizandis Rudibus Liber unus*: ML 40,309-348 (*De Catechiz. Rud.*).
—— *De Coniugiis adulterinis ad Pollentium Libri duo*: ML 40,451-486 (*De Adulterinis Coniug.*).
—— *De Consensu Evangelistarum Libri quatuor*: ML 34,1041-1230 (*De Consensu Evangelist.*).
—— *De Continentia Liber unus*: ML 40,349-372 (*De Continentia*).
—— *De Correptione et Gratia ad Valentinum et cum illo Monachos Adrumetinos Liber unus*: ML 44,915-946 (*De Corrept. et Grat.*).
—— *De Cura pro Mortuis Gerenda ad Paulinum Liber unus*: ML 40,591-610 (*De Cura pro Mort.*).
—— *De Diversis Quaestionibus ad Simplicianum Liber duo*: ML 40,101-148 (*De Divers. Quaest. ad Simplic.*).
—— *De Diversis Quaestionibus LXXXIII Liber unus*: ML 40,11-100 (*Octog. Trium Quaest.*).
—— *De Divinatione Daemonum Liber unus*: ML 40,581-592 (*De Divinat. Daemon.*).
—— *De Doctrina Christiana Libri quatuor*: ML 34,15-122 (*De Doctr. Christ.*).
—— *De Dono Perseverantiae Liber ad Prosperum et Hilarium secundus*: ML 45,993-1034 (*De Dono Persev.*).
—— *De Duabus Animabus contra Manichaeos Liber unus*: ML 42,93-112 (*De Duobus An.*).
—— *De Fide et Operibus Liber unus*: ML 40,197-230 (*De Fide et Oper.*).
—— *De Genesi ad Litteram Libri duodecim*: ML 34,245-286 (*De Genesi contra Manich.*).
—— *De Gratia et Libero Arbitrio ad Valentinum et cum illo Monachos Liber unus*: ML 44,881-912 (*De Grat. et Lib. Arb.*).
—— *De Haeresibus ad Quodvultdeus Liber unus*: ML 42,21-50 (*De Haeres.*).
—— *De Libero Arbitrio Libri tres*: ML 32,1221-1310 (*De Lib. Arb.*).
—— *De Mendacio Liber unus*: ML 40,487-518 (*De Mendac.*).
—— *De Moribus Ecclesiae Catholicae et de Moribus Manichaeorum Libri duo*: ML 32,1309-1378 (*De Mor. Eccl. Cathol.*).
—— *De Musica Libri sex*: ML 32,1081-1194 (*De Musica*).
—— *De Natura Boni contra Manichaeos Liber unus*: ML 42,551-572 (*De Nat. Boni*).
—— *De Natura et Gratia ad Timasium et Iacobum contra Pelagium Liber unus*: ML 44,247-290 (*De Nat. et Grat.*).
—— *De Nuptiis et Concupiscentiis ad Valerium Comitem Libri duo*: ML 44,413-474 (*De Nupt. et Concupisc.*).
—— *De Opere Monachorum Liber unus*: ML 40,547-582 (*De Oper. Monach.*).
—— *De Ordine Libri duo*: ML 32,977-1020 (*De Ord.*).
—— *De Patientia Liber unus*: ML 40,611-626 (*De Patientia*).
—— *De Peccatorum Meritis et Remissione et de Baptismo Parvulorum, ad Marcellinum Libri tres*: ML 44,109-200 (*De Pecc. Remiss. et Bapt. Parv.*).
—— *De Praedestinatione Sanctorum Liber ad Prosperum et Hilarium primus*: ML 44,959-992 (*De Praedest. Sanct.*).

—— *De Sancta Virginitate Liber unus*: ML 40,395-428 (*De Virginit.*).
—— *De Sermone Domini in Monte secundum Matthaeum Libri duo*: ML 34,1229-1308 (*De Serm. Dom.*).
—— *De Trinitate Libri quindecim*: ML 42,819-1098 (*De Trin.*).
—— *De Utilitate Credendi ad Honoratum Liber unus*: ML 42,65-92 (*De Util. Cred.*).
—— *De Vera Religione Liber unus*: ML 34,121-172 (*De Vera Relig.*).
—— *Enarrationes in Psalmos*, ps. I-LXXIX: ML 36,67-1028; ps. LXXX-CL: ML 37,1033-1968 (*Enarr. in Psalm.*).
—— *Enchiridion ad Laurentium, sive de Fide, Spe et Caritate Liber unus*: ML 40,231-290 (*Enchir.*).
—— Epistola XXI *Ad Valerium Episcopum*: ML 33,88-90 (Epist. XXI *Ad Valerium*).
—— Epistola XXII *Ad Aurelium Carthaginensem Episcopum*: ML 33,90-94 (Epist. XXII *Ad Aurelium Episc.*).
—— Epistola XXVIII *Ad Hieronymum*: ML 33,111-114 (Epist. XXVIII *Ad Hieron.*).
—— Epistola XXXI *Ad Paulinum et Therasiam*: ML 33,121-125 (Epist. XXXI *Ad Paulinum et Therasiam*).
—— Epistola XXXVI *Ad Casulanum*: ML 33,136-151 (Epist. XXXVI *Ad Casulanum*).
—— Epistola XL *Ad Hieronymum*: ML 33,154-158 (Epist. XL *Ad Hieron.*).
—— Epistola XLIII *Ad Glorium, Eleusium, Felices, Grammaticos et caeteros*: ML 33,159-173 (Epist. XLIII *Ad Glorium, Eleusium*, etc.).
—— Epistola XLVII *Ad Publicolam*: ML 33,184-187 (Epist. XLVII *Ad Publicolam*).
—— Epistola XLVIII *Ad Eudoxium Abbatem*: ML 33,187-189 (Epist. XLVIII *Ad Eudoxium*).
—— Epistola LIV-LV *Ad Inquisitiones Ianuarii*: ML 33,199-223 (Epist. LIV *Ad Inquis. Ianuarii*).
—— Epistola LX *Ad Aurelium*: ML 33,227-228 (Epist. LX *Ad Aurelium*).
—— Epistola LXXVIII *Ad Universam Plebem Ecclesiae Hipponensis*: ML 33,267-272 (Epist. LXXVIII *Ad Pleb. Hippon.*).
—— Epistola LXXXII *Ad Hieronymum*: ML 33,275-297 (Epist. LXXXII *Ad Hieron.*).
—— Epistola XCIII *Ad Vincentium*: ML 33,321-347 (Epist. XCIII *Ad Vincent.*).
—— Epistola CXVIII *Ad Dioscorum*: ML 33,431-449 (Epist. CXVIII *Ad Diosc.*).
—— Epistola CXXVII *Ad Armentarium et huius uxorem Paulinam*: ML 33,483-487 (Epist. CXXVII *Ad Arment. et Paulinam*).
—— Epistola CXXX *Ad Probam Viduam*: ML 33,494-507 (Epist. CXXX *Ad Probam*).
—— Epistola CXXXVIII *Ad Marcellinum*: ML 33,525-535 (Epist. CXXXVIII *Ad Marcellinum*).
—— Epistola CXL *Ad Honoratum* seu *De gratia Novi Testamenti Liber*: ML 33,538-577 (Epist. CXL *De Gratia Novi Test.*).
—— Epistola CXLVII *De Videndo Deo, Ad Paulinam*: ML 33,596-622 (Epist. CXLVII *Ad Paulinam*).
—— Epistola CXLIX *Ad Paulinum Episcopum*: ML 33,630-645 (Epist. CXLIX *Ad Paulinum*).
—— Epistola CLIII *Ad Macedonium*: ML 33,653-665 (Epist. CLIII *Ad Macedonium*).
—— Epistola CLXVII *Ad Hieronymum* seu *De Sententia Iacobi*: ML 33,733-741 (Epist. CLXVII *De Sent. Iac.*).
—— Epistola CLXXXV *Ad Bonifacium Comitem* seu *De Correctione Donatistarum Liber*: ML 33,792-815 (Epist. CLXXXV *Ad Bonifacium Comitem*).
—— Epistola CLXXXVI *Ad Paulinum Episcopum*: ML 33,815-832 (Epist. CLXXXVI *Ad Paulinum*).
—— Epistola CLXXXIX *Ad Bonifacium*: ML 33,854-857 (Epist. CLXXXIX *Ad Bonifacium*).
—— Epistola CXC *Ad Optatum Episcopum*: ML 33,857-867 (Epist. CXC *Ad Optatum*).
—— Epistola CXCIV *Ad Syxtum Romanum Presbyterum*: ML 33,874-891 (Epist. CXCIV *Ad Syxtum*).
—— Epistola CCXI *Ad Monachas*: ML 33,958-965 (Epist. CCXI *De Monachas*).
—— Epistola CCXXVIII *Ad Honoratum Episcopum*: ML 33,1013-1019 (Epist. CCXXVIII *Ad Honorat.*).
—— Epistola CCXLIII *Ad Laetum*: ML 33,1055-1059 (Epist. CCXLIII *Ad Laetum*).
—— Epistola CCXLV *Ad Possidium*: ML 33,1060-1061 (Epist. CCXLV *Ad Possidium*).
—— *In Epistolam Ioannis ad Parthos Tractatus decem*: ML 35,1977-2062 (*In I Ioann.*).
—— *In Ioannis Evangelium Tractatus centum viginti et quatuor*: ML 35,1379-1976 (*In Ioann.*).
—— *Quaestionum Evangeliorum Libri duo*: ML 35,1321-1364 (*Quaest. Evang.*).
—— *Quaestionum in Heptateuchum Libri septem*: ML 34,547-824 (*Quaest. in Heptat.*).
—— *Quaestionum septemdecim in Evangelium secundum Matthaeum Liber unus*: ML 35,1365-1376 (*Quaest. septemdecim in Matth.*).
—— *Retractationum Libri duo*: ML 32,583-656 (*Retract.*).
—— *Sermo de Disciplina Christiana*: ML 40,669-678 (*De Disciplina Christ.*).
—— *Sermones ad Populum*, sermo I-CCCXL: ML 38,23-1484; sermo CCCXLI-CCCXLVI: ML 39,1493-1718 (*Serm. ad Popul.*).
—— *Soliloquiorum Libri duo*: ML 32,869-904 (*Solil.*).

STO. ALBERTO MAGNO
—— *Opera Omnia*, edidit A. BORGNET, 38 vols. (Parisiis, Vivès, 1890-1899) (BO).
—— *S. Alberti Magni... Opera Omnia* (Institutum Alberti Magni Coloniense) (Aschendorff 1951ss) (CO).
—— *Commentarii in Setentiarum Libros quatuor* (BO XXV-XXX) (*In Sent.*).
—— *Summa Theologiae* (BO XXXI-XXXIII) (*Summa Theol.*).

ALCUINO
—— *Epistola XLI Ad Paulinum Patriarcham*: ML 100,202-203 (Epist. XLI *Ad Paulinum*).
—— *Interrogationes et Responsiones in Genesin*: ML 100,516-566 (*Interrog. et Resp. in Genesin*).

ALEXANDRE DE HALES
—— *Summa Theologica*, edita studio et cura PP. Collegii S. Bonaventurae (Quaracchi 1924-1930), 3 vols. (*Summa Theol.*).

AMBROSIASTER (PSEUDO-AGOSTINHO)
—— *Quaestiones Veteris et Novi Testamenti*: ML 35,2215-2422 (*Quaest. Vet. et Nov. Test.*).

AMBROSIASTER (PSEUDO-AMBRÓSIO)
—— *Commentaria in XII Epistolas Beati Pauli*: ML 17,47-536 (*In Rom.*).

STO. AMBRÓSIO
—— *De Abraham Libri duo*: ML 14,441-524 (*De Abraham*).
—— *De Elia et Ieiunio Liber unus*: ML 14,731-764 (*De Elia et Ieiunio*).
—— *De Officiis Ministrorum Libri tres*: ML 16,25-194 (*De Off. Ministr.*).
—— *De Paradiso Liber unus*: ML 14,291-332 (*De Parad.*).
—— *De Spiritu Sancto Libri tres. Ad Gratianum Augustum*: ML 16,731-850 (*De Spir. Sancto*).
—— *De Virginibus ad Marcellinam Sororem suam Libri tres*: ML 16,197-244 (*De Virg.*).
—— *Expositio Evangelii secundum Lucam Libris X comprehensa*: ML 15,1607-1944; SC 45,52 (*In Luc.*).
—— *In Psalmum David CXVII Expositio*: ML 15,1261-1604 (*In Psalm. CXVIII*).
—— *Sermones Sancto Ambrosio hactenus adscripti*: ML 17,625-758 (*Serm. de Temp.*).

ANDRÓNICO DE RODES
—— *Fragmenta Philosophorum Graecorum*, 3 vols., edid. G. A. MULLACHIUS (Parisiis, Firmin-Didot, 1867-1879) (DD).
—— *Ethicorum Nicomacheorum Paraphrasis* III p. 303-569 (*In Eth.*).
—— *De Affectibus Liber* III p. 570-577 (*De Affect.*).

STO. ANSELMO
—— *Obras completas de S. Anselmo*. Edición bilingue, 2 vols. (Madrid, BAC).
—— *Dialogus De Veritate*: ML 158,467-486 (*De Ver.*).

APULEYO
—— *Pétrone, Apulée, Aulu-Gelle* (Paris, Dubochet, postea Firmin-Didot, 1842) (DD).
—— *De Deo Socratis Liber*: DD 135-147 (*Lib. De Deo Socratis*).
—— *De Dogmate Platonis*: DD 149-158 (*De Dogm. Platonis*).

ARISTÓTELES
—— *Analyticorum Posteriorum* (BK 71a1-100b17) (*Post.*).
—— *Aristoteles Graece*, 2 vols. ex recensione I. BEKKERI (Academia Regia Borussica, Berolini 1831). (se cita: BK añadiendo página, columna y línea).
—— *Aristotelis Opera Omnia Graece et Latine cum Indice*, 5 vols., edid. A. FIRMIN-DIDOT (Parisiis 1848-1878). (cuando se cita esta edición, se da sólo el libro, capitulo y número si los hubiere).
—— *Ars Rhetorica* (BK 1354a1-1420b4) (*Rhet.*).
—— *Categoriae sive Praedicamenta* (BK 1a1-15b33) (*Cat.*).
—— *De Anima* (BK 402a1-435b25) (*De An.*).
—— *De Caelo* (BK 268a1-313b23) (*De Caelo*).
—— *De Divinatione per Somnum* (BK 462b12-464b18) (*De Divinat.*).
—— *De Generatione Animalium* (BK 715a1-789b20) (*De Gen. Anim.*).

—— *De Generatione et Corruptione* (Bk 314a1-338b19) (*De Gener.*).
—— *De Interpretatione sive Perihermeneias* (Bk 16a1-24b9) (*Perih.*).
—— *De Memoria et Reminiscentia* (Bk 449b1-453b7) (*De Mem. et Rem.*).
—— *De Partibus Animalium* (Bk 639a1-697b30) (*De Part. Anim.*).
—— *De Poetica* (Bk 1447a8-1462b18) (*Poet.*).
—— *De Re Publica sive Politica* (Bk 1252a1-1342b34) (*Pol.*).
—— *De Somno et Vigilia* (Bk 453b8-458a33) (*De Somno*).
—— *De Sophisticis Elenchis* (Bk 164a20-184b9) (*De Soph.*).
—— *Ethica Nicomachea* (Bk 1094a1-1181b23) (*Eth.*).
—— *Historiae Animalium* (Bk 486a5-638b37) (*Hist. Anim.*).
—— *Metaphysica* (Bk 980a21-1093b29) (*Metaph.*).
—— *Physica Auscultatio* (Bk 184a10-267b26) (*Phys.*).
—— *Topicorum* (Bk 100a18-164b19) (*Top.*).

STO. ATANÁSIO
—— Epistola IV *Ad Serapionem De Spiritu Sancto*: MG 26,637-676 (*Epist. IV Ad Serapionem*).
—— *Ex Commentariis in Lucam*: MG 27,1391-1404 (*Fragm. in Luc.*).
—— *Fragmenta in Matthaeum*: MG 27,1363-1390 (*Frag. in Matth.*).

AVERRÓIS
—— *Commentaria in opera Aristotelis*, 12 vols. (Venetiis 1562-1576) (*In De An.*).

AVICENA
—— *Opera in lucem redacta ac nuper quantum ars niti potuit per canonicos emendata*, translata a DOMINICO GUNDISSALINO (Venetiis 1508) (*Metaph.*) (*Suffic.*).

S. BASÍLIO MAGNO
—— *Constitutiones Asceticae ad eos qui simul aut solitarie vivunt*: MG 31,1321-1428 (*Const. Monast.*).
—— *Homilia in illud dictum Evangelii secundum Lucam "Destruam horrea mea et maiora aedificabo" itemque De Avaritia*: MG 31,261-278 (Hom. VI *In Luc.*).
—— *Homiliae S. Basilii quas transtulit Rufinus de graeco in latinum*: MG 31,1723-1794 (Hom. III *In Luc*. XII, interprete Rufino).

S. BEDA
—— *Hexaëmeron, sive Libri quatuor in Principium Genesis, usque ad Nativitatem Isaac et Electionem Ismaëlis*: ML 91,9-190 (*Hexaëm.*).
—— *Homiliae genuinae*: ML 94,9-268 (*Homiliae*).
—— *In Lucae Evangelium Expositio*: ML 92,301-634 (*In Luc.*).
—— *In Marci Evangelium Expositio*: ML 92,131-302 (*In Marc.*).
—— *In Primam Epistolam S. Ioannis*: ML 93,85-120 (*In I Ioann.*).
—— *Super Acta Apostolorum Expositio. Ad Accam Episcopum Bedae Epistola*: ML 92,937-1032 (*In Act.*).

S. BENTO
—— *Regula, cum Commentariis*: ML 66,215-932 (*Reg. ad Mon.*).
—— *San Benito. Su vida. Su regla* (Madrid, BAC).

S. BERNARDO
—— *De Consideratione Libri quinque ad Eugenium tertium*: ML 182,727-808 (*De Consider.*).
—— *De Diligendo Deo Liber seu Tractatus ad Haimericum S. R. E. Cardinalem et Cancellarium*: ML 182,973-1000 (*De Dilig. Deo*).
—— *De Gradibus Humilitatis et Superbiae Tractatus*: ML 182,941-972 (*De Gradibus Humilitatis et Superbiae*).
—— *De Praecepto et Dispensatione Liber*: ML 182-859-894 (*De Dispensat. et Praecept.*).
—— *Obras completas de S. Bernardo*. Ed. bilingue, 9 vols. (Madrid, BAC).
—— *Sermones de Sanctis*: ML 183-359-536 (*Serm. de Sanct.*).
—— *Sermones in Cantica Canticorum*: ML 183,785-1198 (*In Cant.*).

S. BOAVENTURA
—— *Obras de S. Buenaventura*, 6 vols. (Madrid, BAC).

—— *Opera Omnia*, 10 vols. (Quaracchi, 1882-1902) (QR).
—— *Commentarii in quatuor Libros Sententiarum Petri Lombardi* I-IV (*In Sent.*).
—— *Collationes in Hexaëmeron* p. 327-454 (*In Hexaëm.*).

BOÉCIO
—— *De Consolatione Philosophiae Libri quinque*: ML 63,579-862 (*De Consol.*).
—— *De Musica Libri quinque*: ML 63,1167-1300 (*De Musica*).
—— *In Categorias Aristotelis Libri quatuor*: ML 64,159-294 (*In Cat. Arist.*).

BUCARDO DE WORMS
—— *Decretorum Libri viginti*: ML 140,537-1058.

CALIXTO I
—— *Epistola II Ad Omnes Galliarum Episcopos*: MANSI, 1,740-746 (Epist. Papae Callixti *Ad Omnes Galliae Episcopos*).

CASSIANO
—— *Collationum XXIV Collectio in tres partes divisa*: ML 49,477-1328 (*Collationes*).
—— *De Coenobiorum Institutis Libri duodecim*: ML 49,53-476 (*De Institut. Coenob.*).

CASSIODORO
—— *In Psalterium Expositio*: ML 70,25-1056 (*Expos. in Psalt.*)

CÍCERO
—— *Ciceronis Opera*, ed. C. F. W. MUELLER (Leipzig 1880-1886) (EL).
—— *Cicéron* (Collection des Universités de France, ed. BUDÉ, "Les Belles Lettres") (BU).
—— *De Divinatione* (DD 4,185-252) (*De Divinat.*).
—— *De Natura Deorum* (DD 4,79-169) (*De Nat. Deor.*).
—— *De Officiis* (DD 4,425-516) (*De Off.*).
—— *De Re Publica* (DD 4,279-348) (*De Republica*).
—— *De Tusculanis Quaestionibus* (DD 3,621-670; 4,1-74) (*Tuscul.*).
—— *Laelius, sive De Amicitia Dialogus* (DD 4,547-570) (*De Amicitia*).
—— *Oeuvres Complètes de Cicéron*, 5 vols. (Paris, Firmin-Didot, 1881). (Collection des Auteurs Latins avec la traduction en français, publiée sous la direction de M. Nisard) (DD).
—— *Rhetorica ad Herennium* (DD 1,3-84) (*Rhetor. ad Herenn.*).
—— *Rhetorica seu De Inventione Oratoria* (DD 1,88-169) (*Rhetor.*).
—— *Topica* (DD 1,489-507) (*Top.*).

S. CIPRIANO
—— *Epistola VIII Ad Martyres et Confessores*: ML 4,251-256 (Epist. VIII *Ad Martyres et Confessores*).
—— *Epistola LXII Ad Pomponium. De Virginibus*: ML 4,375-383 (Epist. LXII *Ad Pomponium*).
—— *Obras de S. Cipriano. Tratados. Cartas*. Edición bilingue (Madrid, BAC).
—— *Liber De Habitu Virginum*: ML 4,451-478 (*De Habitu Virg.*).

S. CIRILO DE ALEXANDRIA
—— *Explanatio in Lucae Evangelium*: MG 72,475-950 (*In Luc.*).

PSEUDO-CLEMENTE ROMANO
—— *Epistola I Ad Iacobum Fratrem Domini*: MANSI, 1,91-108 (Epist. Decretal. I *Ad Iac.*).

CORPUS IURIS CANONICI
—— *Decretum Magistri Gratiani* (GRACIANO, *Decretum*).

CORPUS IURIS CIVILIS
—— *Iustiniani Digesta*, recognovit T. MOMMSEN, retractavit P. KRUEGER, p. 29-926 (*Dig.*).

CRISIPO
—— *Fragmenta Philosophorum Graecorum*, 3 vols., edidit G. A. MULLACHIUS (Parisiis, Firmin-Didot, 1867-1879) (DD).
—— *Secundum Chrysippum* III p. 577-578 (*Definitiones*).

S. DÂMASO I
—— *Decreta Damasi Papae* I: MANSI, 3,446-448 (*Decreta Damasi Papae I*).

PSEUDO-DIONÍSIO AREOPAGITA
—— *De caelesti Hierarchia*: MG 3,119-370 (*De Cael. Hier.*).
—— *De Divinis Nominibus*: MG 3,585-996 (*De Div. Nom.*).
—— *De Ecclesiastica Hierarchia*: MG 3,369-584 (*De Ecclesiast. Hier.*).
—— Epistola I *Ad Caium Monachum*: MG 3,1065-1066 (Epist. I *Ad Caium Mon.*).
—— Epistola VII *Ad Polycarpum Antistitum*: MG 3,1077-1082 (Epist. VII *Ad Polyc.*).
—— Epistola VIII *Ad Demophilum Monachum*: MG 3,1083-1100 (Epist. VIII *Ad Demophil.*).

DIONÍSIO CATO
—— *Disticha De Moribus ad Filium*, recensuit et adnotationibus instruxit O. ARNTZENIUS (Amstelaedami 1754) (*Breves Sent.*).

EADMERO
—— *Liber de Sancti Anselmi Similitudinibus*: ML 159,605-708 (*De Similit.*).

ENODIO TICINENSE (MAGNO FELIX)
—— *Dictiones*: ML 63,263-308 (*Dictiones*).

EUSÉBIO DE CESAREIA
—— *Historia Ecclesiastica*: MG 20,45-906 (*Hist. Ecclesiast.*).

FABRÍCIO
—— *Codex Apocryphus Novi Testamenti Selectus, castigatus testimoniisque, censuris et animadversionibus illustratus*, a T. A. FABRICIO (Hamburgi, B. Schiller, 1703) (*Hist. Certaminis Apostolici*).

FELIPE O CHANCELER
—— *Summa Quaestionum Theologicarum (Summa De Bono)*, MS. Tolosae 192, 171 ff. Incipit: *Vadam in agrum et colligam spicas... Explicit liber cancellarii parisiensis: Summa Cancellari parisiensis (Summa de bono)*.

FRONTINUS
—— *Ammien Marcellin, Jornandès Frontin, Végèce, Modestus* (Paris, Firmin-Didot, 1878) (Collection des Auteurs Latins, avec la traduction en français, publiée sous la direction de M. NISARD) (DD).
—— *Strategemation Libri quatuor* p. 503-581 (*Strategem.*).

S. FULGÊNCIO DE RUSPE
—— *De Fide, seu de Regula Verae Fidei, ad Petrum, Liber unus*: ML 65,671-708 (*De Fide*).

GLOSA
—— *Glossa Ordinaria, cum Expositione Lyre Litterali et Morali, necnon Additionibus et Relicis*, 6 vols. (Basileae, Iohanni Petri de Langedorff et Iohanni Frobenio de Hammelburg, 1506-1508) (*Glossa ordin.*) (*Glossa interl.*).

S. GREGÓRIO MAGNO
—— *Dialogorum Libri IV. De Vita et Miraculis Patrum Italicorum et de Aeternitate Animarum*: ML 77,149-430; SC 251, 260, 265 (*Dial.*).
—— *Homiliarum in Ezechielem Prophetam Libri duo*: ML 76,786-1072 (*In Ezech.*).
—— *Moralium Libri sive Expositio in Librum B. Iob* I-XVI: ML 75,509-1162; XVII-XXXV: ML 76,9-782; CC 143, 143a, 143b (*Moral.*).
—— *Obras de S. Gregorio Magno* (Madrid, BAC).
—— *XL Homiliarum in Evangelia Libri duo*: ML 76,1075-1312 (*In Evang.*).
—— *Registri Epistolarum Libri quatuordecim*: ML 77,441-1352 (*Registrum*).
—— *Regulae Pastoralis Liber, ad Ioannem Episcopum Civitatis Ravennae*: ML 77,13-128 (*Reg. Pastor.*).

S. GREGÓRIO NICENO
—— *De Hominis Opificio*: MG 44,123-256 (*De Hom. Opif.*).
—— *Oratio Funebris de Placilla Imperatrice*: MG 46,877-892 (*Orat. Funebris de Placilla Imperatrice*).

GUILHERME ALTISIODORENSE (DE AUXERRE)
—— *Summa Aurea in quattuor Libros Sententiarum* (Parisiis, P. Pigouchet, 1500) (*Suma Aurea*).

GUILHERME DE ALVÉRNIA, O PARISIENSE
—— *Opera Omnia*, 2 vols., edidit I. D. TRAIANUM NEAPOLITANUM (Venetiis, D. Zenari, 1592).
—— *De Virtutibus Liber unus* I p. 99-184 (*De Virt.*).

GUILHERME DE SANTO TEODORICO
—— *Tractatus De Natura et Dignitate Amoris*: ML 184,379-408 (*De Nat. et Dign. Amoris*).

HAIMON VON HALBERSTAD
—— *In Divini Pauli Epistolas Expositio*: ML 117,359-938 (*In I Tim.*).
—— *In omnes Psalmos Pia, Brevis ac Dilucida Explanatio*: ML 116,191-696 (*In Psalm.*).

HENRIQUE DE SEGUSIO (EL HOSTIENSE)
—— *Summa Hostiensis super Titulis Decretalium Compilata* (Venetiis 1480) (*Summa*).

HERVEO
—— *Commentaria in Epistolas Divi Pauli*: ML 181,591-1692 (*In I Tim.*).

HORÁCIO
—— *Epîtres*, texte établi et traduit par F. VILLENEUVE (Paris 1934) (Collection des Universités de France, éditions BUDÉ, "Les Belles Lettres") (BU) (*Epist.*).

HUGO DE SAINT-CHER (SÃO-CARO)
—— *Opera omnia in Universum Vetus et Novum Testamentum*, 8 vols. (Venetiis, N. Pezzana, 1754) (*In Univ. Test.*).

HUGO DE SÃO VÍTOR
—— *Allegoriae in Novum Testamentum Libros novem (octo) complectentes*: ML 175,749-922 (*Allegor. in Nov. Test.*).
—— *De Modo Orandi*: ML 176,977-988 (*De Modo Orandi*).
—— *De Sacramentis Christianae Fidei*: ML 176,173-618 (*De Sacram.*).
—— *Expositio in Regulam Beati Augustini*: ML 176,881-924 (*Expos. in Reg. S. Augustini*).

INOCÊNCIO I
—— Epistola II *Ad Victricium Episcopum Rothomagensem*: MANSI 20,469-481 (Epist. II *Ad Victricium Episc.*).

ISAAC LINGONENSE
—— *Canones, sive Selecta Capitula ex tribus postremis Capitularium Libri*: MANSI, 17b,1233-1284 (*Canones*).

STO. ISIDORO
—— *Differentiarum, sive De Proprietate Sermonum Libri duo*: ML 83,9-98 (*De Diff.*).
—— *Etymologiarum Libri XX*: ML 82,73-728; *Etimologías*. Ed. bilingue, 2 vols. (Madrid, BAC) (*Etymol.*).
—— *Mysticorum Expositiones Sacramentorum seu Quaestiones in Vetus Testamentum*: ML 83,207-424 (*Quaest. in Vet. Test.*).
—— *Sententiarum Libri tres*: ML 83,537-738 (*Sent.*)
—— *Synonyma De Lamentatione Animae Peccatricis*: ML 83,825-868 (*Synon.*).

ISIDORO MERCATOR
—— *Collectio Decretalium*: ML 130,1-1178 (Decretal. *Collectio*).

IVO DE CHARTRES
—— *Decretum Partibus seu Libris septem ad decem Digestum*: ML 161,47-1022 (*Decretum*).

JACOBO DE VORÁGINE
—— *Legenda Aurea*, recensuit T. GRAESSE, 2ª ed. (Lipsiae, Impensis Librariae Arnoldianae, 1850) (*Legenda Aurea*).

S. JERÔNIMO
—— *Adversus Iovinianum Libri duo*: ML 23,221-352 (*Adv. Iovin.*).

—— *Cartas de S. Jerónimo*. Edición bilingue, 2 vols. (Madrid, BAC).
—— *Commentariorum in Amos Prophetam Libri tres*: ML 25,1037-1150 (*In Amos*).
—— *Commentariorum in Danielem Prophetam ad Pammachium et Marcellam Liber unus*: ML 25,491-584 (*In Dan.*).
—— *Commentariorum in Epistolam ad Ephesios Libri tres*: ML 26,467-590 (*In Ephes.*).
—— *Commentariorum in Epistolam ad Galatas Libri tres*: ML 26,331-468 (*In Gal.*).
—— *Commentariorum in Epistolam ad Titum Libri unus*: ML 26,589-636 (*In Tit.*).
—— *Commentariorum in Evangelium Matthaei ad Eusebium Libri quatuor*: ML 26,15-228 (*In Matth.*).
—— *Commentariorum in Ezechielem Prophetam Libri quatuordecim*: ML 25,15-490 (*In Ezech.*).
—— *Commentariorum in Ieremiam Prophetam Libri sex*: ML 24,705-936 (*In Ierem.*).
—— *Commentariorum in Isaiam Prophetam Libri duodeviginti*: ML 24,17-704 (*In Isaiam*).
—— *Commentariorum in Michaeam Prophetam Libri duo*: ML 25,1151-1230 (*In Mich.*).
—— *Commentariorum in Osee Prophetam Libri tres ad Pammachium*: ML 25,815-946 (*In Osee*).
—— *Contra Vigilantium Liber unus*: ML 23,353-368 (*Contra Vigilant.*).
—— Epistola III *Ad Ruffinum Monachum*: ML 22,332-335 (Epist. III *Ad Rufinum*).
—— Epistola IX *Ad Paulam et Eustochium De Assumptione Beatae Mariae Virginis*: ML 30,122-143 (Epist. IX *Ad Paulam et Eustoch.*).
—— Epistola XII *Ad Antonium Monachum*: ML 22,345-346 (Epist. XII *Ad Anton. Mon.*).
—— Epistola XIV *Ad Heliodorum Monachum*: ML 22,347-355 (Epist. XIV *Ad Heliod. Mon.*).
—— Epistola XXI *Ad Damasum Papam*: ML 22,379-394 (Epist. XXI *Ad Damasum*).
—— Epistola XXII *Ad Eustochium Paulae Filium. De Custodia Virginitatis*: ML 22,394-425 (Epist. XXII *Ad Eustoch.*).
—— Epistola XXXIII *Ad Paulam Pars Quaedam*: ML 22,446-447 (Epist. XXXIII *Ad Paulam*).
—— Epistola LII *Ad Nepotianum. De Vita Clericorum et Monachorum*: ML 22,527-540 (Epist. LII *Ad Nepotianum*).
—— Epistola LIII *Ad Paulinum. De Studio Scripturarum*: ML 22,540-549 (Epist. LIII *Ad Paulinum*).
—— Epistola LV *Ad Amandum Presbyterum*: ML 22,560-565 (Epist. LV *Ad Amandum*).
—— Epistola LVIII *Ad Paulinum*: ML 22,579-586 (Epist. LVIII *Ad Paulinum*).
—— Epistola LX *Ad Heliodorum. Epitaphium Nepotiani*: ML 22,589-602 (Epist. LX *Ad Heliodorum*).
—— Epistola LXXI *Ad Lucinium*: ML 22,668-672 (Epist. LXXI *Ad Lucinium*).
—— Epistola LXXVII *Ad Oceanum. De Morte Fabiolae*: ML 22,690-698 (Epist. LXXVII *Ad Oceanum*).
—— Epistola CVII *Ad Laetam. De Institutione Filiae*: ML 22,867-878 (Epist. CVII *Ad Laetam*).
—— Epistola CXII *Ad Augustinum*: ML 22,916-931 (Epist. CXII *Ad August.*).
—— Epistola CXXIII *Ad Ageruchiam De Monogamia*: ML 22,1046-1059 (Epist. CXXIII *Ad Ageruch.*).
—— Epistola CXXV *Ad Rusticum Monachum*: ML 22,1072-1085 (Epist. CXXV *Ad Rusticum Mon.*).
—— Epistola CXLVI *Ad Evangelum*: ML 22,1192-1195 (Epist. CXLVI *Ad Evangelum*).
—— Epistola CXLVIII *Ad Celantiam Matronam. De Ratione Pie Vivendi*: ML 22,1204-1220 (Epist. CXLVIII *Ad Celantiam Matronam*).
—— *Liber Psalmorum iuxta Hebraicam Veritatem*: ML 28,1183-1306 (*Psalt. Hebr.*).
—— *Praefatio in Danielem Prophetam*: ML 28,1183-1306 (*Praefatio in Dan.*).
—— *Praefatio in Libros Samuel et Malachim*: ML 28,593-604 (*Praefatio in Lib. Sam. et Malach.*).

S. JOÃO CRISÓSTOMO
—— *Ad Demetrium Monachum De Compunctione Liber duo*: MG 47,393-422 (*De Compunct.*).
—— *Commentarius in Epistolam ad Romanos*: MG 60,391-682 (*In Rom.*).
—— *Commentarius in Sanctum Matthaeum Evangelistam*, hom. I-XLIV: MG 57,13-472; hom. XLV-XC: MG 58,471-794 (*In Matth.*).
—— *De Incomprehensibili, Contra Anomaeos, Absente Episcopo*: MG 48,701-812 (*De Incompreh.*).
—— *De Sacerdotio Libri sex*: MG 48,623-692 (*De Sacerdotio*).
—— *Eclogae ex Diversis Homiliis*: MG 63,567-902 (*Eclogae*).
—— *Enarratio in Epistolam ad Hebraeos*: MG 63,9-236 (*In Hebr.*).
—— *Homiliae De Lazaro*: PG 48,963-1064 (*De Lazaro*).
—— *Homiliae duae in illud "Salutate Priscillam et Aquilam"* (Rom. 16,3): MG 51,187-208 (*Hom. II in Rom. 16*).
—— *Homiliae in Sanctum Ioannem Apostolum et Evangelistam*: MG 59,23-482 (*In Ioann.*).
—— *Obras de S. Juan Crisóstomo*. Ed. bilingue, 3 vols. (Madrid, BAC).

S. JOÃO DAMASCENO
—— *Expositio accurata Fidei Orthodoxae*: MG 94,789-1228 (*De fide orth.*).

João de Salisbury
—— *Polycraticus sive De Nugis Curialium et Vestigiis Philosophorum*: ML 199,385-822 (*Polycraticus*).
—— *Vita Sancti Thomae Cantuariensis Archiepiscopi et Martyris*: ML 190,195-208 (*Vita S. Thomae*).

Josefo
—— *Iosephys*. Opera translata ab H. THACKERAY et R. MARCUS, 9 vols. (Harvard University Press 1926) (The Loeb Classical Library) (TK).
—— *The Jewish War* II-III (*De Bello Iudaico*).

Juliano Pomerio
—— *De Vita Contemplativa Libri tres*: ML 59,415-520 (*De Vita Contempl.*).

Leão IV
—— *Leonis Papae IV. Epistolae*: MANSI, 14,881-890 (Epist. *Ad Ludovicum Augustum*).

S. Leão Magno
—— *Homilías sobre el año litúrgico* (Madrid, BAC).
—— Epistola CXX *Ad Theodoritum Episcopum Cyri. De Fidei Perseverantia*: ML 54,1046-1055 (Epist. CXX *Ad Theodoritum*).
—— Epistola CXXIX *Ad Proterium Episcopum Alexandrinum*: ML 54,1075-1078 (Epist. CXXIX *Ad Proterium*).
—— *Sermones in Praecipuis Totius Anni Festivitatibus ad Romanam Plebem Habiti*: ML 54,137-468 (*Sermones*).

Liber "de Causis"
—— *S. Thomae in Librum De Causis expositio*, cura et studio C. Pera (Taurini 1955) (*De Causis*).

Macróbio
—— *Macrobe, Varron, Pomponius Méla* (Paris, Firmin-Didot, 1875) (Collection des Auteurs Latins, avec la traduction en français, publiée sous la direction de M. Nissard) (DD).
—— *Commentarius ex Cicerone in Somnum Scipionis* (*In Somn. Scipion.*).

Maimónides o Rabi Moisés
—— *Guía de Perplejos*. Ed. preparada por David Gonzalo MAESO (Madrid, Editora Nacional, 1984) (*Doct. Perplex.*).

S. Martinho de Braga
—— *Formula Honestae Vitae. Ad Mironem Regem Galliciae*: ML 72,21-28 (*Formula Honestae Vitae*).

S. Máximo de Turim
—— *Sermones*: ML 57,529-760 (*Sermones*).

Mombritius, B.
—— *Sanctuarium seu Vitae Sanctorum*, 2 vols. nova editio (Parisiis, Fontemoing et Sociis, 1910) (*Sanctuarium*).

Nemésio Emeseno (Pseudo-Gregório Niceno)
—— *De Natura Hominis*: MG 40,503-818 (*De Nat. Hom.*).

Nicolau I
—— Fragmentum Epistolae *Ad Huntfridum Moriensem Episcopum*: MANSI, 15,399-400 (*Ad Huntfridum Episc.*).

Orígenes
—— *Commentaria in Evangelium secundum Matthaeum*: MG 13,829-1600 (*In Matth.*).
—— *Commentarii in Epistolam B. Pauli ad Romanos*: MG 14,837-1292 (*In Rom.*).
—— *Commentarii in Psalmos*: MG 12,1053-1686 (*In Psalm.*).
—— *Fragmenta e Parvo Tomo in Canticum, quem invenis scripserat Origenes*: MG 13,35-216; SC 37 (*In Cant.*).
—— *Homiliae in Exodum*: MG 12,297-396; SC 321 (*In Exod.*).
—— *Homiliae in Leviticum*: MG 12,405-574; SC 286-287 (*In Lev.*).
—— *Homiliae in Librum Iesu Nave*: MG 12,825-948 (*In Lib. Iesu Nave*).
—— *Homiliae in Numeros*: MG 12,583-806; SC 29 (*In Num.*).
—— *In Librum Iudicum Homiliae*: MG 12,951-990 (*In Iudic.*).

—— *In Lucam Homiliae*, interprete S. Hieronymo: MG 13,1801-1902; SC 87 (*In Luc.*, interprete Hieronymo).
—— *Peri Archon Libri quatuor Interprete Rufino Aquileiensi Presbytero*: MG 11,115-414; SC 252, 253, 268, 269, 312 (*Peri Archon*).
—— *Series Veteris Interpretationis Commentariorum Origenis in Matthaeum*: MG 13,1599-1800 (*In Matth.*).

PAULO DIÁCONO
—— *Homiliarius*: ML 95,1159-1566 (*Homiliarius*).

PEDRO CANTOR
—— *Verbum Abbreviatum. Opus Morale*: ML 205,21-370 (*Verbum Abbreviatum*).

PEDRO COMESTOR
—— *Historia Scholastica*: ML 198,1053-1722 (*Hist. Scholast.*).

PEDRO LOMBARDO
—— *Collectanea in omnes D. Pauli Apostoli Epistolas*: ML 191,1297-1696 y ML 192,9-520 (*Glossa de* PEDRO LOMBARDO).

PEDRO PICTAVIENSE
—— *Sententiarum Libri quinque*: ML 211,783-1280 (*Sent.*).

PELÁGIO
—— Epistola I *Ad Demetriadem*: ML 30,16-45 (Epist. I *Ad Demetr.*).
—— *Libellus Fidei Pelagii ad Innocentium ab ipso missus, Zozimo redditus*: ML 45,1716-1718; ML 48,488-491 (*Libellus Fidei ad Innocentium*).

PELÁGIO I
—— Epistola *Victori et Pancratio illustribus*: MANSI, 9,731-732 (Fragm. epist. *Ad Victorem et Pancratium*).

PLATÃO
—— *Platonis Opera*, ex recensione R. B. Hirchigii graece et latine, 2 vols. (Parisiis, A. Firmin-Didot, 1856) (DD) (*Leges*) (*Phaedo*) (*Phaedr.*) (*Res Publica*) (*Timaeus*).

PLAUTO
—— *Théâtre complet des Latins, comprenant Plante, Térence et Sénèque le Tragique* (Paris, Firmin-Didot, 1879) (Collection des Auteurs Latins, avec la traduction en français, publiée sous la direction de M. Nisard) (DD).
—— *Cistellaria*, p. 154-165 (*Cistellaria*).

PLOTINO
—— *Ennéades*, texte établi et traduit par E. BRÉHIER, 6 t. (Paris 1924-1938) (Collection des Universités de France, édition BUDÉ, "Les Belles Lettres") (*Ennead.*)

PLUTARCO
—— *Plutarchi Chaeronensis Scripta Moralia*, graece et latine, 2 vols. (Parisiis, Firmin-Didot, 1868-1877) (DD).
—— *De Fato* I p. 686-694 (*De Fato*).

POSSÍDIO
—— *Vita S. Aurelii Augustini Hipponensis Episcopi*: ML 32,33-66 (*Vita S. Augustini*).

PREPOSITINO
—— *Summa*, MS Turone 142, ff. 53-127. Incipit: *Qui producit ventos... Dominus ille magnus qui imperat ventis*. Explicit: *infirmantes sepe solo timore recipiunt* (*Summa*).

PRÓSPERO DE AQUITÂNIA
—— *Sententiarum ex operibus S. Augustini Delibetarum Liber unus*: ML 51,427-496 (*Sent.*).

RABANO MAURO
—— *De Ecclesiastica Disciplina Libri tres Ad Reginbaldum Episcopum*: ML 112,1191-1262 (*De Ecclesiast. Discipl.*).
—— *De Universo Libri viginti duo*: ML 111,9-614 (*De Univ.*).

—— *Enarrationum in Epistolas Beati Pauli Libri triginta* (viginti novem): ML 111,1273-1616; ML 112,9-834 (*Enarr. in epist. S. Pauli*).
—— *Enarrationum in Librum Numerorum Libri quatuor*: ML 108,587-838 (*Enarr. in Num.*).
—— *Expositio in Proverbia Salomonis*: ML 111,679-792 (*In Prov.*).

S. Raimundo de Peñafort
—— *Summa Sancti Raymundi de Pennafort Textu Sacrorum Canonum, Quos laudat, Aucta et Locupletata*, iuxta editionem 1720 quam Parisiis et Lugduni procuravit H. V. Laget (Veronae, a. Carattonium, 1744) (*Summa*).

Ricardo de São Vítor
—— *De Gratia Contemplationis Libri quinque Occasione Accepta ab Arca Moysis et ob eam Rem hactenus Dictum Beniamin Maior*: ML 196,63-202 (*De Grat. Contemplationis*).
—— *Tractatus de Spiritu Blasphemiae*: ML 196,1185-1192 (*De Spir. Blasphemiae*).

Roberto
—— *Hymni et Responsoria*: ML 141,939-946 (*Hymni et Responsoria*).

Rufino
—— *Commentarius in Symbolum Apostolorum Auctore tyranno Rufino Aquileiensi Presbytero*: ML 21,335-386 (*In Symb. Apost.*).

Ruperto
—— *De Trinitate et Operibus Eius Libri XLII*: ML 167,199-1828 (*De Trin.*).

Salústio
—— *Conjuration de Catilina, Guerre de Jugurtha*, texte établi et traduit par J. Roman (Paris 1924) (Collection des Universités de France, éditions Budé, "Les Belles Lettres") (BU).
—— *Conjuration de Catilina* p. 1-69 (*In Coniurat.*).
—— *Guerre de Jugurtha* p. 75-220 (*Iugurth.*).

Sêneca
—— *Oeuvres Complètes de Sénèque* (Paris, Firmin-Didot, 1877) (Collection des Auteurs Latins, avec la traduction en français, publiée sous la direction de M. Nisard) (DD).
—— *De la Colère* p. 1-64 (*De ira*).
—— *Des Bienfaits* p. 137-263 (*De Benef.*).
—— *De la Clémence* p. 329-352 (*De Clem.*).
—— *De Vita Beata* p. 353-374 (*De Vita Beata*).

Sexto Pitagórico
—— *Fragmenta Philosophorum Graecorum*, 3 vols., edidit G. A. Mullachius (Parisiis, Firmin-Didot, 1867-1879) (DD).
—— *Enchiridion Latine Versum a Rufino* I p. 522-531 (*Enchir.*).

Símaco
—— *Epistola V Ad Caesarium Episcopum Arelatensem*: Mansi, 8,211-213 (*Epist. V Ad Caesarium Episc.*).

Simeão Logoteta
—— *Sermones viginti quatuor De Moribus per Symeonem Magistrum et Logothetam selecti ex omnibus operibus S. Patris nostri Basilii Archiepiscopi Caesareae Capadociae*: MG 32,1115-1382 (*Sermo VI De Avaritia*).

Sirício
—— *Epistola VII Ad Diversos Episcopos Missa Adversus Iovinianum Haereticum eiusque Socios ab Ecclesiae Unitate Removendo*: ML 13,1168-1172 (*Epist. VII Ad Divers. Episc. adv. Iovin. eiusque Socios*).

Teodulfo
—— *Capitulare Theodulfi Episcopi Aurelianensis ad Parochiae Suae Sacerdote*: Mansi, 13,993-1006 (*Capitulare*).

TEÓFANES
—— *Chronographia Annorum DXXVIII, ab anno Diocletiani Primo ad Michaëlis et Theophylacti eius F. Annum Secundum*: MG 108,55-1164 (*Chronographia*).

TERÊNCIO
—— *Théâtre complet des Latins, comprenant Plaute, Térence et Sénèque le Tragique* (Paris, Firmin-Didot, 1879) (Collection des Auteurs Latin avec la traduction en français, publiée sous la direction de M. Nisard) (DD).
—— *Eunuchus* p. 30-58 (*Eunuch.*).

TERTULIANO
—— *Liber de Ieiuniis*: ML 2,1003-1030 (*De Ieiuniis*).

THIEL, A.
—— *Epistolae Romanorum Pontificum Genuinae et Quae ad Eos Scriptae sunt a S. Hilario usque ad Pelagium II*, ex schedis Clar. P. CONSTANTII aliique editis, adhibitis praestantissimis codicibus Italiae et Germaniae, recensuit et edidit A. THIEL. (Brunsbergae, E. Peter) (TL).
—— *A S. Hilario usque ad S. Hormisdam I* (*Epist. Fragmenta*).

TITO LÍVIO
—— *Oeuvres de Tite-Live (Histoire Romaine)*, 2 vols. (Paris, Firmin-Didot, 1877) (Collection des Auteurs Latins, avec la traduction en français, publiée sous la direction de M. NISARD) (DD) (*Hist. Rom.*).

VALÉRIO MÁXIMO
—— *Cornélius Népos, Quinte-Curce, Justin, Valère Maximo, Julius Obsequens*. Oeuvres complètes (Paris, Dudochet, postea Firmin-Didot, 1841) (Collection des Auteurs Latins, avec la traduction en français, publiée sous la direction de M. Nisard) (DD).
—— *Factorum et Dictorum Memorabilium Libri novem, ad Tiberium Caesarem Augustun* p. 562-807 (*Factor. Dictor. Memorab.*).

VEGÉCIO RENATO
—— *Ammien Marcellin, Jornandès, Frontin, Végèce, Modestus* (Paris, Firmin-Didot, 1878) (Collection des Auteurs Latins, avec la traduction en français, publiée sous la direction de M. Nisard) (DD).
—— *Ad Valentinianum Augustum Institutorum Rei Militaris ex Commentariis Catonis, Celsi, Traiani, Hadriani et Frontini* p. 639-734 (*Instit. Rei Militar.*).

VITAE PATRUM
—— *Vitae Patrum sive Historiae Eremiticae Libri decem*: ML 73,89-1234; ML 74,9-240 (*Vitae Patrum*).

A FORTALEZA

Introdução e notas por Albert Raulin

INTRODUÇÃO

Uma ética não pode, sob pena de negligenciar um aspecto essencial da vida humana, deixar de tratar da força da alma. Isto vale quer se trate de uma moral profana (racional, pagã, filosófica), quer religiosa (cristã ou não cristã). Nenhuma vida humana pode realizar-se sem resistência mais ou menos heroica às pressões que a desviam, e sem a mobilização corajosa das forças vivas da natureza. Nem a moral deixa de se inscrever nesse quadro, pois quem quer que pretenda saber viver deve também saber morrer. A fortaleza é uma das quatro virtudes cardeais.

Sto. Tomás é o herdeiro da ética greco-latina. Ele encontra nos autores profanos com os quais está familiarizado (Aristóteles, Cícero, e outros ainda) toda uma teoria da força de alma, da magnanimidade, da magnificência, etc. Mas Sto. Tomás reconhece igualmente uma tradição cristã, que concede ao martírio um lugar privilegiado (celebrações litúrgicas, por exemplo), e proclama a importância tanto da paciência como da perseverança final.

O tratado da fortaleza é, por assim dizer, tecido com os fios fornecidos por essas diferentes tradições. Muitas vezes, as doutrinas convergem, o herói e o santo tendo traços comuns; e Sto. Tomás passará com facilidade do profano ao sagrado.

Em outros casos, haverá uma tensão entre espiritualidade cristã e filosofia pagã. Conforme a seu hábito, Sto. Tomás dissimulará tais tensões, mas elas continuarão sempre evidentes. O santo não é um herói pagão, e muito menos um aristocrata; e a conciliação entre a humildade cristã e a magnanimidade segundo Aristóteles não se dará sem suscitar problemas.

Sto. Tomás parecerá às vezes sancionar atitudes algo arrogantes, uma vez que Aristóteles as encoraja. Mas nós o veremos afirmar que só é virtuosa a paciência sobrenatural, infundida, animada pela graça santificante, o que implica que a paciência natural só produz resultados bastante imperfeitos.

Tudo bem considerado, o tratado sem dúvida põe em relevo as virtudes cristãs, e orienta-se francamente para a felicidade sobrenatural. É de santidade que se trata. Nessa caminhada, o teólogo terá tirado proveito de muitas das concepções profanas, ou mesmo pagãs, terá talvez cedido à sedução da ética magnânime de Aristóteles, mas afinal a força de alma será julgada em relação ao que é o destino comum de todos os homens: a morte. Pequenos e grandes, ricos e pobres, temos de viver cotidianamente na expectativa da morte e do mistério para o qual nos encaminha.

QUAESTIO CXXIII
DE FORTITUDINE
in duodecim articulos divisa

Consequenter, post iustitiam, considerandum est de fortitudine. Et primo, de ipsa virtute fortitudinis; secundo, de partibus eius; tertio, de dono ei correspondente; quarto, de praeceptis ad ipsam pertinentibus.

Circa fortitudinem autem consideranda sunt tria: primo quidem, de ipsa fortitudine; secundo, de actu praecipuo eius, scilicet de martyrio; tertio, de vitiis oppositis.

Circa primum quaeruntur duodecim.

Primo: utrum fortitudo sit virtus.
Secundo: utrum sit virtus specialis.
Tertio: utrum sit circa timores et audacias.
Quarto: utrum sit solum circa timorem mortis.
Quinto: utrum sit solum in rebus bellicis.
Sexto: utrum sustinere sit praecipuus actus eius.
Septimo: utrum operetur propter proprium bonum.
Octavo: utrum habeat delectationem in suo actu.
Nono: utrum fortitudo maxime consistat in repentinis.
Decimo: utrum utatur ira in sua operatione.
Undecimo: utrum sit virtus cardinalis.
Duodecimo: de comparatione eius ad alias virtutes cardinales.

Articulus 1
Utrum fortitudo sit virtus

Ad primum sic proceditur. Videtur quod fortitudo non sit virtus.

1. Dicit enim Apostolus, 2Cor 12,9: *Virtus in infirmitate perficitur.* Sed fortitudo infirmitati opponitur. Ergo fortitudo non est virtus.

QUESTÃO 123
A FORTALEZA
em doze artigos

Depois do estudo da justiça, deve-se considerar a fortaleza[a]: 1º A virtude da fortaleza; 2º As partes da fortaleza; 3º O dom que corresponde a ela; 4º Os preceitos que a ela se relacionam.

A respeito da fortaleza, três aspectos a considerar: 1º A fortaleza em si mesma; 2º Seu ato principal, que é o martírio; 3º Os vícios que lhe são contrários.

A respeito do primeiro, doze questões.

1. A fortaleza é uma virtude?
2. É uma virtude especial?
3. Tem por objeto o medo e a audácia?
4. Diz respeito só ao medo da morte?
5. Só se exercita nas guerras?
6. Seu ato principal será resistir?
7. Ela age em vista de seu próprio bem?
8. Encontra prazer em sua ação?
9. Ela se afirma principalmente nos casos súbitos?
10. Emprega a cólera?
11. É uma virtude cardeal?
12. Comparação entre ela e as outras virtudes cardinais.

Artigo 1
A fortaleza é uma virtude?[b]

Quanto ao primeiro artigo, assim se procede: parece que a fortaleza **não** é uma virtude.

1. Com efeito, Paulo afirma: "A virtude se aprimora na fraqueza". Ora, a fortaleza se opõe à fraqueza. Logo, não é uma virtude[c].

---

1 Parall.: I-II, q. 61, a. 2; *de Virtut.*, q. 1, a. 12.

a. O plano do tratado da fortaleza, em especial de sua primeira questão, não apresenta característica notável. A divisão mais geral do tratado retoma a que foi utilizada para a virtude de justiça, ainda que os dois tratados difiram enormemente tanto pela abundância quanto pela complexidades dos assuntos. Prudência e temperança são estruturadas de maneira um pouco diversa, mas os mesmos elementos estão presentes no estudo das quatro virtudes cardeais. É a mesma forma de abordar os problemas, mas sem que o autor se deixe encerrar na camisa-de-força de uma apresentação estereotipada.

No estudo da virtude de fortaleza propriamente dita, no início do tratado, observamos que, de saída, o "mártir" é posto em evidência. É que a história da Igreja, com suas mais gloriosas páginas, não poderia deixar insensível um teólogo moralista: ele trabalha a partir de exemplos vivos.

A questão 123 suscita em essência problemas que se apresentam em relação a toda virtude. Mas, o sistema não abrindo mão de seus direitos de observação, questões mais específicas são postas; por exemplo: o forte desfruta de sua força, a exemplo de todo virtuoso exercendo sua virtude, quando é confrontado a pesadas provas físicas ou psíquicas?

b. A lista tradicional das virtudes cardeais é justificada por Sto. Tomás na I-II, q. 61, a. 2. Note-se a constância da doutrina, ao mesmo tempo que a grande liberdade com a qual ela é apresentada.

c. É frequente que a primeira objeção do primeiro artigo de um tratado aborde a questão de fundo sem elevar o tom, nem mesmo dar a impressão de ser especialmente importante.

2. Praeterea, si est virtus, aut est theologica, aut intellectualis, aut moralis. Sed fortitudo neque continetur inter virtutes theologicas, neque inter intellectuales, ut ex supra[1] dictis patet. Neque etiam videtur esse virtus moralis. Quia, ut Philosophus dicit, in III *Ethic*.[2], videntur aliqui esse fortes propter ignorantiam, aut etiam propter experientiam, sicut milites, quae magis pertinent ad artem quam ad virtutem moralem: quidam etiam dicuntur esse fortes propter aliquas passiones, puta propter timorem comminationum vel dehonorationis, aut etiam propter tristitiam vel iram, seu spem; virtus autem moralis non operatur ex passione, sed ex electione, ut supra[3] habitum est. Ergo fortitudo non est virtus.

3. Praeterea, virtus humana maxime consistit in anima: est enim *bona qualitas mentis*, ut supra[4] iam dictum est. Sed fortitudo videtur consistere in corpore: vel saltem corporis complexionem sequi. Ergo videtur quod fortitudo non sit virtus.

Sed contra est quod Augustinus, in libro *de Moribus Eccle*.[5], fortitudinem inter virtutes numerat.

Respondeo dicendum quod, secundum Philosophum, in II *Ethic*.[6], *virtus est quae bonum facit habentem, et opus eius bonum reddit*: unde *virtus hominis*, de qua loquimur, est *quae bonum facit hominem, et opus eius bonum reddit*. Bonum autem hominis est secundum rationem esse, secundum Dionysium, 4 cap. *de Div. Nom*.[7]. Et ideo ad virtutem humanam pertinet ut faciat hominem et opus eius secundum rationem esse. — Quod quidem tripliciter. Uno modo, secundum

2. Além disso, se é uma virtude, a fortaleza ou é uma virtude teologal, ou intelectual ou moral. Mas ela não se inclui nem entre as virtudes teologais, nem entre as intelectuais. E também não parece ser uma virtude moral, porque, segundo Aristóteles, alguns parecem corajosos por ignorância, ou por experiência, como os soldados, e isto pertence muito mais ao domínio da arte do que da virtude moral; outros são chamados de fortes por causa de suas paixões, como por exemplo, pelo medo das ameaças ou da desonra, ou ainda por tristeza, por cólera ou esperança. Ora, a virtude moral não age por paixão, mas por escolha. Logo, a fortaleza não é uma virtude.

3. Ademais, a virtude humana reside principalmente na alma; porque ela é "uma boa qualidade da *alma*", como foi dito acima. Ora, a fortaleza parece residir no corpo; ou pelo menos ela acompanha a compleição física. Logo, parece que a fortaleza não é uma virtude.

Em sentido contrário, Agostinho enumera a fortaleza entre as virtudes.

Respondo. Aristóteles diz que "a virtude torna bom aquele que a possui e torna boa a sua ação". Por conseguinte, a virtude do homem, que é aquela que nos interessa aqui, *é aquilo que faz um homem bom e que torna boa a ação dele*. Ora, como diz Dionísio, o bem do homem consiste em se orientar pela razão. Cabe assim à virtude fazer o homem bom e levar sua ação a ser segundo a razão. — Isto ocorre de três maneiras. 1º A própria razão está retificada: é obra das virtudes intelectuais. 2º Esta

---

1. I-II, q. 57, a. 2; q. 62, a. 3.
2. C. 11: 1116, a, 16-21.
3. I-II, q. 59, a. 1.
4. I-II, q. 55, a. 4.
5. L. I, c. 15: ML 32, 1322.
6. C. 5: 1106, a, 15-23.
7. MG 733 A.

"A virtude se desenvolve na fraqueza", escreve São Paulo. Se tal é a experiência do cristão, não há um grave desconhecimento do Evangelho, que exalta os fracos, ao fazer da força uma virtude? Conflito entre a linguagem existencial e paradoxal do discípulo de Jesus e a racionalidade do filósofo, conflito que encontramos particularmente na teologia de Sto. Tomás, mas que assume uma importância especial no tratado da fortaleza. É a fortaleza que aproxima o homem de Deus em Jesus Cristo? Ou é a fraqueza?

A resposta de Sto. Tomás é firme. Haverá contradição em pretender que a virtude da alma (hoje diríamos, do espírito) se desenvolva na fraqueza espiritual. Existe no centro da força cristã uma fraqueza que é preciso humildemente saber reconhecer, e que se deve aprender a suportar. Mas essa fraqueza não é nem a do espírito nem a do corpo, é a da carne. Deliberadamente, Sto. Tomás introduz um conceito bíblico. É nessa fraqueza que a força de Deus e aquela que ele comunica aos que creem nele se desenvolve. Aquele que se acreditar ao abrigo da fraqueza da carne não será jamais um forte. O que não significa que Deus não comunique sua força aos que se renovaram pela graça. A fortaleza é portanto uma virtude, a fraqueza não. E, no entanto, ao querer ignorar sua fraqueza, o homem impede a si mesmo de experimentar a força de Deus.

A experiência cristã é integralmente mantida, sem que a razão filosófica seja ludibriada.

quod ipsa ratio rectificatur: quod fit per virtutes intellectuales. Alio modo, secundum quod ipsa rectitudo rationis in rebus humanis instituitur: quod pertinet ad iustitiam. Tertio, secundum quod tolluntur impedimenta huius rectitudinis in rebus humanis ponendae. — Dupliciter autem impeditur voluntas humana ne rectitudinem rationis sequatur. Uno modo, per hoc quod attrahitur ab aliquo delectabili ad aliud quam rectitudo rationis requirat: et hoc impedimentum tollit virtus temperantiae. Alio modo, per hoc quod voluntatem repellit ab eo quod est secundum rationem, propter aliquid difficile quod incumbit. Et ad hoc impedimentum tollendum requiritur fortitudo mentis, qua scilicet huiusmodi difficultatibus resistat: sicut et homo per fortitudinem corporalem impedimenta corporalia superat et repellit. Unde manifestum est quod fortitudo est virtus, inquantum facit hominem secundum rationem esse.

AD PRIMUM ergo dicendum quod virtus animae non perficitur in infirmitate animae, sed in infirmitate carnis, de qua Apostolus loquebatur. Hoc autem ad fortitudinem mentis pertinet, quod infirmitatem carnis fortiter ferat: quod pertinet ad virtutem patientiae vel fortitudinis. Et quod homo propriam infirmitatem recognoscat, pertinet ad perfectionem quae dicitur humilitas.

AD SECUNDUM dicendum quod exteriorem virtutis actum quandoque aliqui efficiunt non habentes virtutem, ex aliqua alia causa quam ex virtute. Et ideo Philosophus, in III *Ethic*.[8], ponit quinque modos eorum qui similitudinarie dicuntur fortes, quasi exercentes actum fortitudinis praeter virtutem. Quod quidem contingit tripliciter. Primo quidem, quia feruntur in id quod est difficile ac si non esset difficile. Quod in tres modos dividitur. Quandoque enim hoc accidit propter ignorantiam: quia scilicet homo non percipit magnitudinem periculi. Quandoque autem hoc accidit propter hoc quod homo est bonae spei ad pericula vincenda:

retidão da razão está estabelecida nas relações humanas: é o papel da justiça. 3º São eliminados os obstáculos desta reta razão nas relações humanas. — Ora, a vontade humana é impedida de seguir a retidão da razão de duas maneiras. 1º Quando um bem deleitável a atrai para fora do domínio da reta razão, e quem suprime este impedimento é a virtude da temperança. 2º Quando sobrevém uma dificuldade que afasta a vontade do campo da racionalidade. Para eliminar este impedimento é necessária a fortaleza da alma que resista a este tipo de dificuldades, da mesma maneira que, pela força corporal, o homem domina e remove os obstáculos físicos que aparecem à sua frente. Fica assim evidente que a fortaleza é uma virtude, enquanto faz que o homem se comporte em conformidade com a razão.

QUANTO AO 1º, portanto, deve-se dizer que a virtude da alma não se afirma na fraqueza da alma, mas na fraqueza da carne, de que estava falando São Paulo. Cabe à fortaleza da alma suportar corajosamente a fraqueza da carne, e isto é obra da virtude da paciência e da virtude da fortaleza. E que o homem reconheça sua própria fraqueza, isto é obra daquela perfeição que se chama humildade.

QUANTO AO 2º, deve-se dizer que há pessoas que executam às vezes o ato exterior de uma virtude, sem ter esta virtude, e por uma causa que não é a virtude. Aristóteles chega a apontar cinco casos em que estes chamados fortes praticam um ato da virtude da fortaleza, sem possuir esta virtude[d]. E isto ocorre de três maneiras. Primeiro porque eles resolvem enfrentar uma tarefa difícil como se não fosse nada difícil. E aqui há três possibilidades. Às vezes isto acontece por pura ignorância; a pessoa não tem a menor noção da grandeza do perigo. Outras vezes isto ocorre porque a pessoa tem bons motivos para esperar dominar o perigo,

---

8. C. 11: 1116, a, 16-21.

d. Uma apresentação sintética da argumentação facilitará a leitura do texto:
Age como forte sem ter a virtude:
A) aquele que faz pouco da dificuldade da tarefa
   a) por ignorância
   b) devido a experiências bem sucedidas
   c) por competência técnica
B) aquele que é movido por uma paixão.
C) aquele que persegue a satisfação de seu interesse (sob forma de vantagem a buscar ou desvantagem a evitar).
Existem portanto cinco modos pelos quais alguns serão chamados de fortes sem ter a virtude de fortaleza: Aa, Ab, Ac, B e C. Eles não fazem mais do que realizar atos exteriores que cabem habitualmente à virtude de fortaleza; sua motivação está alhures. Mas todos esses casos marginais não impedem que outros possam ser fortes, e sê-lo virtuosamente.

puta cum expertus est se saepe pericula evasisse. Quandoque autem hoc accidit propter scientiam et artem quandam: sicut contingit in militibus, qui propter peritiam armorum et exercitium non reputant gravia pericula belli, aestimantes se per suam artem posse contra ea defendi; sicut Vegetius dicit, in libro *De Re Militari*[9]: *Nemo facere metuit quod se bene didicisse confidit.* — Alio modo agit aliquis actum fortitudinis sine virtute, propter impulsum passionis: vel tristitiae, quam vult repellere; vel etiam irae. — Tertio modo, propter electionem, non quidem finis debiti, sed alicuius temporalis commodi acquirendi, puta honoris, voluptatis vel lucri; vel alicuius incommodi vitandi, puta vituperii, afflictionis vel damni.

AD TERTIUM dicendum quod ad similitudinem corporalis fortitudinis dicitur fortitudo animae, quae ponitur virtus, ut dictum est[10]. Nec tamen est contra rationem virtutis quod ex naturali complexione aliquis habeat naturalem inclinationem ad virtutem, ut supra[11] dictum est.

ARTICULUS 2
Utrum fortitudo sit specialis virtus

AD SECUNDUM SIC PROCEDITUR. Videtur quod fortitudo non sit specialis virtus.

1. Dicitur enim Sap 8,7, quod sapientia *sobrietatem et prudentiam docet, iustitiam et virtutem*: et ponitur ibi *virtus* pro fortitudine. Cum ergo nomen *virtutis* sit commune omnibus virtutibus, videtur quod fortitudo sit generalis virtus.

2. PRAETEREA, Ambrosius dicit, in I *de Offic.*[1]: *Non mediocris animi est fortitudo, quae sola defendit ornamenta virtutum omnium, et iudicia*

quando, por exemplo, sabe por experiência que já escapou muitas vezes de situações semelhantes. E finalmente isto ocorre porque a pessoa tem uma certa experiência e uma certa prática de situações deste tipo, como ocorre com militares, que dados os conhecimentos que têm das armas e das experiências passadas consideram os perigos da guerra menos graves do que parecem e acreditam deles poder escapar com sua perícia. Vale a frase de Vegécio: "Ninguém tem medo de fazer aquilo que tem plena consciência de ter aprendido muito bem". — Mas há ainda o caso daqueles que executam um ato da virtude da fortaleza sem ter a virtude, quando são impulsionados por uma paixão, como a tristeza que querem afastar de si, ou a cólera. — Finalmente, a última maneira, que comporta uma escolha, não a escolha do fim razoável, mas de uma vantagem temporal, como a honra, o prazer ou o ganho; ou o desejo de evitar uma desvantagem, como uma repreensão, um sofrimento ou um prejuízo.

QUANTO AO 3º, deve-se dizer que a fortaleza da alma se chama assim, por analogia com a força física do corpo, e é uma virtude. E não é contrário à razão de virtude que alguém tenha, por sua própria compleição natural, uma inclinação natural para a virtude[e].

ARTIGO 2
A fortaleza é uma virtude especial?

QUANTO AO SEGUNDO, ASSIM SE PROCEDE: parece que a fortaleza **não** é uma virtude especial.

1. Com efeito, a Escritura diz que a Sabedoria ensina temperança e prudência, justiça e virtude; este termo de virtude designa aqui a fortaleza. Por conseguinte, uma vez que o nome de virtude é comum a todas as virtudes, parece que a fortaleza é um virtude geral.

2. ALÉM DISSO, Ambrósio escreve: "A fortaleza não é para aqueles que tem a alma medíocre, ela que, sozinha, defende a beleza de todas as virtu-

---
9. L. I, c. 1: ed. C. Lang, Lipsiae 1885, p. 6, ll. 4-5.
10. In corp.
11. I-II, q. 63, a. 1.

2 PARALL.: Infra, q. 137, a. 1; I-II, q. 61, a. 3, 4; III *Sent.*, dist. 33, q. 1, a. 1, q.la 3; *de Virtut.*, q. 1, a. 12, ad 23.
1. C. 39, n. 192: ML 16, 80 BC.

e. Sto. Tomás não confunde de modo algum a força psicossomática do temperamento com a virtude de fortaleza, e todavia ele aponta sua convergência. Não é prejudicial à virtude contar com uma compleição vigorosa. O corpo e a alma são aqui percebidos em sua unidade, ao mesmo tempo em que são claramente distinguidos. E retemos aqui que, contrariamente ao que alguns imaginam, o que nos é natural e decorre de nosso temperamento, não deixa por isso de ser virtuoso.

custodit; et quae inexpiabili praelio adversus omnia vitia decertat. Invicta ad labores, fortis ad pericula, regidior adversus voluptates, avaritiam fugat tanquam labem quandam quae virtutem effeminet. Et idem postea subdit de aliis vitiis. Hoc autem non potest convenire alicui speciali virtuti. Ergo fortitudo non est specialis virtus.

3. PRAETEREA, nomen fortitudinis a firmitate sumptum esse videtur. Sed *firmiter se habere* pertinet ad omnem virtutem, ut dicitur in II *Ethic*.[2]. Ergo fortitudo est generalis virtus.

SED CONTRA est quod in XXII *Moral*.[3], Gregorius connumerat eam aliis virtutibus.

RESPONDEO dicendum quod, sicut supra[4] dictum est, nomen fortitudinis dupliciter accipi potest. Uno modo, secundum quod absolute importat quandam animi firmitatem. Et secundum hoc est generalis virtus, vel potius conditio cuiuslibet virtutis: quia sicut Philosophus dicit, in II *Ethic*.[5], ad virtutem requiritur *firmiter et immobiliter operari*. — Alio modo potest accipi fortitudo secundum quod importat firmitatem animi in sustinendis et repellendis his in quibus maxime difficile est firmitatem habere, scilicet in aliquibus periculis gravibus. Unde Tullius dicit, in sua *Rhetorica*[6], quod *fortitudo est considerata periculorum susceptio et laborum perpessio*. Et sic fortitudo ponitur specialis virtus, utpote materiam determinatam habens.

AD PRIMUM ergo dicendum quod secundum Philosophum, in I *de Caelo*[7], nomen *virtutis* refertur ad *ultimum potentiae*. Dicitur autem uno modo potentia naturalis secundum quam aliquis potest resistere corrumpentibus, alio modo secundum quod est principium agendi: ut patet in V *Metaphys*.[8]. Et ideo, quia haec acceptio est communior, nomen virtutis secundum quod importat ultimum talis potentiae, est commune: nam virtus communiter sumpta nihil est aliud quam *habitus quo quis potest bene operari*. Secundum autem quod importat ultimum potentiae primo modo dictae, qui quidem est modus magis specialis, attribuitur speciali virtuti, scilicet fortitudini, ad

des e garante a justiça; e que sustenta uma luta encarniçada contra todos os vícios. Invencível nos trabalhos, corajosa nos perigos, duríssima contra as volúpias, ela afugenta a avareza como uma nódoa capaz de efeminar a virtude". E Ambrósio cita a seguir uma longa lista de vícios que a fortaleza combate. Ora isto não pode convir a uma virtude especial. Por conseguinte a fortaleza não é uma virtude especial.

3. ADEMAIS, o nome fortaleza parece derivar de "firmeza". Mas, como diz Aristóteles, toda virtude tem de ser firme. Logo, a fortaleza é uma virtude geral.

EM SENTIDO CONTRÁRIO, Gregório a considera uma virtude entre as outras.

RESPONDO. Como foi dito anteriormente, a palavra fortaleza pode ser tomada em dois sentidos. Primeiro, segundo implica em si mesma uma certa firmeza de alma. Neste sentido, ela é uma virtude geral, ou antes uma condição de qualquer virtude, porque, segundo Aristóteles, a virtude tem de "agir de maneira firme e inabalável". — Mas se pode também falar de fortaleza enquanto ela implica firmeza de alma para suportar e afastar as mais terríveis dificuldades, especialmente perigos graves. Por isso Cícero diz que "a fortaleza "é a aceitação consciente dos perigos e a capacidade de suportar os perigos". E assim a fortaleza se apresenta como uma virtude especial, que tem uma matéria determinada.

QUANTO AO 1º, portanto, deve-se dizer que Aristóteles diz que a palavra virtude se refere sempre "ao máximo de uma potência". Chama-se esta virtude de potência natural porque por ela pode-se resistir às forças de corrupção; mas esta potência natural chama-se ainda de outra maneira, enquanto princípio de ação, como o mostra muito bem Aristóteles. Como esta acepção é a mais corrente, a palavra virtude, enquanto designa o máximo de uma determinada potência, é comum, pois, na sua acepção normal, a virtude não é nada mais que um "hábito que faz alguém agir bem". Mas, tomada naquele primeiro sentido mais especial, segundo implica o máximo de potência,

---

2. C. 3: 1105, a, 32 — b, 5.
3. C. 1, n. 2: ML 76, 212 C.
4. I-II, q. 61, a. 3, 4.
5. C. 3: 1105, a, 32 — b, 5.
6. L. II, c. 54: ed. G. Friedrich, Lipsiae 1908, p. 231, ll. 5-6.
7. C. 11: 281, a, 14-19.
8. C. 12: 1019, a, 15-20.

quam pertinet firmiter stare contra quaecumque impugnantia.

AD SECUNDUM dicendum quod Ambrosius accipit fortitudinem large, secundum quod importat animi firmitatem respectu quorumcumque impugnantium. — Et tamen etiam secundum quod est specialis virtus habens determinatam materiam, coadiuvat ad resistendum impugnationibus omnium vitiorum. Qui enim potest firmiter stare in his quae sunt difficillima ad sustinendum, consequens est quod sit idoneus ad resistendum aliis quae sunt minus difficilia.

AD TERTIUM dicendum quod obiectio illa procedit de fortitudine primo modo dicta[9].

ARTICULUS 3
Utrum fortitudo sit circa timores et audacias

AD TERTIUM SIC PROCEDITUR. Videtur quod fortitudo non sit circa timores et audacias.

1. Dicit enim Gregorius, VII *Moral.*[1]: *Iustorum fortitudo est carnem vincere, propriis voluptatibus contraire, delectationem vitae praesentis extinguere*. Ergo fortitudo magis videtur esse circa delectationes quam circa timores et audacias.

2. PRAETEREA, Tullius dicit, in sua *Rhetorica*[2], quod ad fortitudinem pertinet *susceptio periculorum et perpessio laborum*. Sed hoc non videtur pertinere ad passionem timoris vel audaciae, sed magis ad actiones hominis laboriosas, vel ad exteriores res periculosas. Ergo fortitudo non est circa timores et audacias.

3. PRAETEREA, timori non solum opponitur audacia, sed etiam spes: ut supra[3] habitum est, cum de passionibus ageretur. Ergo fortitudo non magis debet esse circa audaciam quam circa spem.

SED CONTRA est quod Philosophus dicit, in II[4] et in III[5] *Ethic.*, quod *fortitudo est circa timorem et audaciam.*

RESPONDEO dicendum quod, sicut dictum est[6], ad virtutem fortitudinis pertinet removere

o nome de virtude é atribuído a uma virtude especial, à fortaleza, cuja propriedade específica é resistir firmemente a todos os ataques.

QUANTO AO 2º, deve-se dizer que Ambrósio entende a fortaleza no sentido amplo, segundo implica firmeza de alma diante de qualquer assaltante. — Entretanto, mesmo enquanto virtude especial que tem uma matéria determinada, ela ajuda todas as outras virtudes a resistir aos ataques de todos os vícios. Porque se uma pessoa é capaz de resistir com firmeza aos ataques mais duros, é de se supor que esta pessoa tenha capacidade de resistir a dificuldades menores.

QUANTO AO 3º, deve-se dizer que a objeção procede da fortaleza tomada no primeiro sentido.

ARTIGO 3
A fortaleza tem por objeto o medo e a audácia?

QUANTO AO TERCEIRO, ASSIM SE PROCEDE: parece que a força **não** tem por objeto o medo e a audácia.

1. Com efeito, Gregório ensina: "A fortaleza dos justos consiste em vencer a carne, em combater a sensualidade, em eliminar os prazeres da vida presente". Por conseguinte, a fortaleza tem como objeto os prazeres muito mais que o medo ou a audácia.

2. ALÉM DISSO, Cícero diz que compete à fortaleza "enfrentar os perigos e suportar os labores". Ora, isto não parece se referir às paixões do medo ou da audácia, mas muito mais às ações laboriosas ou aos perigos externos. Logo, o objeto da fortaleza não é o medo ou a audácia.

3. ADEMAIS, o medo não se opõe apenas à audácia, mas também à esperança. Logo, a fortaleza tem tanto a ver com a coragem quanto com a esperança.

EM SENTIDO CONTRÁRIO, Aristóteles diz: "A fortaleza concerne ao medo e à audácia".

RESPONDO. Cabe à virtude da fortaleza remover o impedimento que coíbe a vontade de seguir a

---

9. Cfr. corp. art.

3 PARALL.: III *Ethic.*, lect. 14.

1. C. 21, al. 8, in vet. 9.
2. L. II, c. 54: ed. G. Friedrich, Lipsiae 1908, p. 231, ll. 5-6.
3. I-II, q. 23, a. 2; q. 45, a. 1, ad 2.
4. C. 7: 1107, a, 33 — b, 4.
5. Cc. 9, 12: 1115, a, 6-7; 1117, a, 29-32.
6. Art. 1.

impedimentum quo retrahitur voluntas a sequela rationis. Quod autem aliquis retrahatur ab aliquo difficili, pertinet ad rationem timoris, qui importat recessum quendam a malo difficultatem habente: ut supra[7] habitum est, cum de passionibus ageretur. Et ideo fortitudo principaliter est circa timores rerum difficilium, quae retrahere possunt voluntatem a sequela rationis. — Oportet autem huiusmodi rerum difficilium impulsum non solum firmiter tolerare cohibendo timorem, sed etiam moderate aggredi: quando scilicet oportet ea exterminare, ad securitatem in posterum habendam. Quod videtur pertinere ad rationem audaciae. Et ideo fortitudo est circa timores et audacias, quasi cohibitiva timorum, et moderativa audaciarum.

AD PRIMUM ergo dicendum quod Gregorius ibi loquitur de fortitudine iustorum secundum quod communiter se habet ad omnem virtutem. Unde praemittit quaedam pertinentia ad temperantiam, ut dictum est[8]: et subdit de his quae pertinent proprie ad fortitudinem secundum quod est specialis virtus, dicens: *huius mundi aspera pro aeternis praemiis amare.*

AD SECUNDUM dicendum quod res periculosae et actus laboriosi non retrahunt voluntatem a via rationis nisi inquantum timentur. Et ideo oportet quod fortitudo sit immediate circa timores et audacias: mediate autem circa pericula et labores, sicut circa obiecta praedictarum passionum.

AD TERTIUM dicendum quod spes opponitur timori ex parte obiecti: quia spes est de bono, timor de malo. Audacia autem est circa idem obiectum, et opponitur timori secundum accessum et recessum, ut supra[9] dictum est. Et quia fortitudo proprie respicit temporalia mala retrahentia a virtute, ut patet per definitionem Tullii[10]; inde est quod fortitudo proprie est circa timorem et audaciam: non autem circa spem, nisi inquantum connectitur audaciae, ut supra[11] habitum est.

razão. Quando alguém se retrai diante de algo difícil, isto pertence à razão de medo, que faz o homem recuar diante de um mal que comporta dificuldades. E assim, a virtude da fortaleza se refere principalmente ao medo das coisas difíceis que podem coibir a vontade de seguir a razão. — Ora, não basta resistir firmemente aos ataques das dificuldades, reprimindo o medo, mas também passar ao ataque, quando necessário para exterminar estas dificuldades e garantir a segurança no futuro. Isto parece pertencer à razão de audácia. Portanto, a fortaleza diz respeito ao medo e à audácia na medida em que coibe o temor e modera a coragem[f].

QUANTO AO 1º, portanto, deve-se dizer que Gregório fala aqui da fortaleza dos justos no sentido que se refere indistintamente a todas as virtudes. Por isso, ele fala primeiro do que diz respeito à temperança, e acrescenta o que concerne particularmente à fortaleza como virtude especial, quando diz: "amar as provações deste mundo em vista das recompensas eternas".

QUANTO AO 2º, deve-se dizer que os acontecimentos perigosos e as ações difíceis só afastam a vontade do caminho da razão na medida em que elas provocam medo. Por isso é obrigatório que a fortaleza tenha por objeto imediato o medo e a audácia, e, mediato, os perigos e as missões árduas, objeto dessas paixões.

QUANTO AO 3º, deve-se dizer que a esperança se opõe ao medo por parte do objeto, porque a esperança se refere ao bem, e o medo ao mal. A audácia, no entanto, tem sempre o mesmo objeto e se opõe ao medo como o enfrentamento se opõe à fuga. A fortaleza se relaciona principalmente aos males temporais que afastam da virtude, como se vê da própria definição de Cícero. Daí se conclui que a fortaleza tem por objeto próprio o medo e a audácia, mas não a esperança, se não enquanto ligada à coragem.

---

7. I-II, q. 41, a. 2.
8. In arg.
9. Loc. cit. in arg.
10. Cfr. 2 a.
11. I-II, q. 45, a. 2.

f. Espontaneamente, diríamos que o papel da virtude de fortaleza em relação à audácia é de suscitá-la do mesmo modo que a fortaleza reprime o temor. A virtude não tem de suscitar as paixões, pois elas fazem parte do equipamento do homem normalmente constituído. Mesmo concedendo que o ataque audacioso é muitas vezes necessário, e que a virtude deve favorecê-lo, Sto. Tomás sustenta que o papel da virtude é de nos fazer "guardar a razão".

Articulus 4
Utrum fortitudo solum sit circa pericula mortis

AD QUARTUM SIC PROCEDITUR. Videtur quod fortitudo non solum sit circa pericula mortis.

1. Dicit enim Augustinus, in libro *de Moribus Eccle.*[1], quod fortitudo est *amor facile tolerans omnia propter id quod amatur*. Et in VI *Musicae*[2] dicit quod fortitudo est *affectio quae nullas adversitates mortemve formidat*. Ergo fortitudo non est solum circa pericula mortis, sed circa omnia alia adversa.

2. PRAETEREA, oportet omnes passiones animae per aliquam virtutem ad medium reduci. Sed non est dare aliquam aliam virtutem reducentem ad medium alios timores. Ergo fortitudo non solum est circa timores mortis, sed etiam circa alios timores.

3. PRAETEREA, nulla virtus est in extremis. Sed timor mortis est in extremo: quia est maximus timorum, ut dicitur in III *Ethic.*[3]. Ergo virtus fortitudinis non est circa timores mortis.

SED CONTRA est quod Andronicus dicit[4], quod *fortitudo est virtus irascibilis non facile obstupescibilis a timoribus qui sunt circa mortem*.

RESPONDEO dicendum quod, sicut supra[5] dictum est, ad virtutem fortitudinis pertinet ut voluntatem hominis tueatur ne retrahatur a bono rationis propter timorem mali corporalis. Oportet autem bonum rationis firmiter tenere contra quodcumque malum: quia nullum bonum corporale aequivalet bono rationis. Et ideo oportet quod fortitudo animi dicatur quae firmiter retinet voluntatem hominis in bono rationis contra maxima mala: quia qui stat firmus contra maiora, consequens est quod stet firmus contra minora, sed non convertitur; et hoc etiam ad rationem virtutis pertinet, ut respiciat ultimum. Maxime autem terribile inter omnia corporalia mala est mors, quae tollit omnia corporalia bona: unde Augustinus dicit, in libro

Artigo 4
A fortaleza tem por objeto apenas o medo da morte?

QUANTO AO QUARTO, ASSIM SE PROCEDE: parece que a fortaleza **não** tem por objeto apenas o medo da morte.

1. Com efeito, Agostinho diz que a fortaleza "é um amor que suporta facilmente tudo por causa daquilo que se ama". E acrescenta: "É um sentimento que não teme nenhuma adversidade, nem mesmo a morte". Por conseguinte, a fortaleza não tem por objeto apenas o medo da morte, mas o medo de todas as adversidades.

2. ALÉM DISSO, todas as paixões da alma têm de ser reduzidas ao meio-termo por uma virtude. Ora, não se pode atribuir a nenhuma outra virtude, esta tarefa de reduzir todos os temores a um meio-termo. Logo, a fortaleza não tem por objeto apenas o medo da morte.

3. ADEMAIS, nenhuma virtude se situa em algum extremo. Ora, Aristóteles diz que, por ser o maior medo que existe, o medo da morte está situado no extremo. Logo, a virtude da fortaleza não tem por objeto o medo da morte.

EM SENTIDO CONTRÁRIO, Andrônico dá a seguinte definição da fortaleza: "Uma virtude do apetite irascível que não se deixa facilmente aterrorizar pelo medo que a morte inspira".

RESPONDO. Cabe à virtude da fortaleza proteger a vontade do homem para que ela não recue diante de um bem da razão por medo de um mal físico. É preciso, na realidade, aderir solidamente ao bem da razão contra qualquer espécie de mal, porque nenhum bem físico vale o bem da razão. Por isso convém que se chame de fortaleza da alma aquela que mantém firmemente a vontade do homem no bem da razão, contra os maiores males; porque aquele que se mantém firme diante dos males maiores, há de guardar esta firmeza diante dos menores. Mas a recíproca não é verdadeira. Além disto, é da própria razão da virtude visar sempre o ponto mais alto. Entre todos os males corporais, o maior é certamente a morte, que elimina todos os

---

4 PARALL.: Infra, a. 11; III *Sent.*, dist. 33, q. 2, a. 3, ad 6; q. 3, a. 3, q.la 1; *de Virtut.*, q. 1, a. 12, ad 23; II *Ethic.*, lect. 8; III, lect. 14.

1. L. I, c. 15: ML 32, 1322.
2. C. 15, n. 50: ML 32, 1189.
3. C. 9: 1115, a, 26-27.
4. *De affectibus*, de Fortitudine: inter *Fragm. Phil. Graec.*, ed. G. A. Mullachius, Parisiis 1867-1879, t. III, p. 575.
5. Art. praec.

*de Moribus Eccle.*⁶, quod *vinculum corporis, ne concutiatur atque vexetur, laboris et doloris; ne auferatur autem atque perimatur, mortis terrore animam quatit.* Et ideo virtus fortitudinis est circa timores periculorum mortis.

AD PRIMUM ergo dicendum quod fortitudo bene se habet in omnibus adversis tolerandis. Non tamen ex toleratione quorumlibet adversorum reputatur homo simpliciter fortis, sed solum ex hoc quod bene tolerat etiam maxima mala. Ex aliis autem dicitur aliquis fortis secundum quid.

AD SECUNDUM dicendum quod quia timor ex amore nascitur, quaecumque virtus moderatur amorem aliquorum bonorum, consequens est ut moderetur timorem contrariorum malorum. Sicut liberalitas, quae moderatur amorem pecuniarum, per consequens etiam moderatur timorem amissionis earum. Et idem apparet in temperantia et in aliis virtutibus. Sed amare propriam vitam est naturale. Et ideo oportuit esse specialem virtutem quae moderaretur timores mortis.

AD TERTIUM dicendum quod extremum in virtutibus attenditur secundum excessum rationis rectae. Et ideo si aliquis maxima pericula subeat secundum rationem, non est virtuti contrarium.

ARTICULUS 5
Utrum fortitudo proprie consistat circa pericula mortis quae sunt in bello

AD QUINTUM SIC PROCEDITUR. Videtur quod fortitudo non consistat proprie circa pericula mortis quae sunt in bello.

bens corporais. Por isso Agostinho diz "que a morte move o vínculo corporal com o medo dos trabalhos e da dor para não ser ferido e atormentado e move a alma com o medo da morte para não ser separada e destruída". E assim, a virtude da fortaleza tem por objeto o medo dos perigos da morte.

QUANTO AO 1º, portanto, deve-se dizer que a fortaleza se comporta bem quando se trata de suportar as adversidades. No entanto, não é o fato de suportar qualquer adversidade que faz o homem merecer o nome de forte, no sentido absoluto, mas, é preciso que ele resista bem diante dos maiores males. No que se refere ao males menores ele é chamado forte num sentido relativo.

QUANTO AO 2º, deve-se dizer que, como o medo nasce do amor, assim, toda virtude que modera o amor de certos bens, modera também necessariamente o medo dos males contrários. Assim, por exemplo, a liberalidade, que modera o amor do dinheiro, modera também, por via de consequência, o medo de perder o dinheiro. E encontramos isto na esperança e em outras virtudes. Mas amar sua própria vida é natural. Por isso era preciso uma virtude especial para moderar o medo da morte.

QUANTO AO 3º, deve-se dizer que o extremo nas virtudes se considera em relação ao que excede o limite da reta razão. Por isso, se alguém enfrenta os maiores perigos de acordo com a razão, não se opõe à virtude.

ARTIGO 5
O objeto próprio da fortaleza é o medo de morrer em combate?ᵍ

QUANTO AO QUINTO, ASSIM SE PROCEDE: parece que o objeto próprio da fortaleza **não** é o medo de morrer em combate.

---

6. L. I, c. 22, n. 40: ML 32, 1328.

5 PARALL.: III *Ethic.*, lect. 14.

g. O tema da guerra é abordado por Sto. Tomás no tratado da caridade. Remetemos o leitor, portanto, à II-II, q. 40. Nosso artigo 5 traz um complemento interessante e bastante significativo da mentalidade de Sto. Tomás à exposição oficial sobre a guerra. Trata-se da fortaleza do guerreiro.
Aristóteles não é original ao exaltar o heroísmo guerreiro; é um lugar-comum da humanidade. Sto. Tomás não o contradiz, mas atenua seriamente sua posição pondo em relevo outras formas de coragem orientadas para a santidade. Ele pensa no mártir, naquele que está em perigo de morte devido à sua integridade moral, no que arrisca sua vida para auxiliar ao próximo. Esses homens, a seu modo, também estão na linha de frente. Nada impede, por conseguinte, que, para falar desses heróis que não são soldados, se utilize um vocabulário militar: as formas de coragem são conexas.
Na objeção 2, Cícero já relativizava a importância da guerra como escola de coragem. Sto. Tomás se estende bastante nesse sentido. A escala habitual dos valores exaltando a "morte no campo de honra" não é falsa. Mas não caiamos na armadilha de desconfiar da paz sob pretexto de que ela corre o risco de relaxar os costumes. Ninguém é obrigado a utilizar tão mal um bem tão grande, infinitamente preferível à guerra (r. 3).

1. Martyres enim praecipue de fortitudine commendantur. Sed martyres non commendantur de rebus bellicis. Ergo fortitudo non proprie consistit circa pericula mortis quae sunt in bellicis.
2. PRAETEREA, Ambrosius dicit, in I *de Offic.*[1], quod *fortitudo dividitur in res bellicas et domesticas*. Tullius etiam dicit, in I *de Offic.*[2], quod *cum plerique arbitrentur res bellicas maiores esse quam urbanas, minuenda est haec opinio: sed si vere volumus iudicare, multae res extiterunt urbanae maiores clarioresque quam bellicae*. Sed circa maiora maior fortitudo consistit. Ergo non proprie consistit fortitudo circa mortem quae est in bello.

3. PRAETEREA, bella ordinantur ad pacem temporalem reipublicae conservandam: dicit enim Augustinus, XIX *de Civ. Dei*[3], quod *intentione pacis bella aguntur*. Sed pro pace temporali reipublicae non videtur quod aliquis debeat se periculo mortis exponere: cum talis pax sit multarum lasciviarum occasio. Ergo videtur quod virtus fortitudinis non consistat circa mortis bellicae pericula.

SED CONTRA est quod Philosophus dicit, in III *Ethic.*[4], quod maxime est fortitudo circa mortem quae est in bello.

RESPONDEO dicendum quod, sicut dictum est[5], fortitudo confirmat animum hominis contra maxima pericula, quae sunt pericula mortis. Sed quia fortitudo virtus est, ad cuius rationem pertinet quod semper tendat in bonum, consequens est ut homo pericula mortis non refugiat propter aliquod bonum prosequendum. Pericula autem mortis quae est ex aegritudine, vel ex tempestate maris, vel ex incursu latronum, vel si qua alia sunt huiusmodi, non videntur directe alicui imminere ex hoc quod prosequatur aliquod bonum. Sed pericula mortis quae est in bellicis directe imminent homini propter aliquod bonum: inquantum scilicet defendit bonum commune per iustum bellum. — Potest autem aliquod esse iustum bellum dupliciter. Uno modo, generale: sicut cum aliqui decertant in acie. Alio modo, particulare: puta cum aliquis iudex, vel etiam privata persona, non recedit a iusto iudicio, timore gladii imminentis vel cuiuscumque periculi, etiam si sit mortiferum. Pertinet ergo ad

1. Com efeito, os mártires são louvados principalmente por sua fortaleza, e não por uma atividade guerreira. Portanto, a fortaleza não se refere aos perigos de morte em combate.
2. ALÉM DISSO, Ambrósio diz que a fortaleza se divide segundo os "assuntos da guerra", e "os negócios domésticos". Cícero diz também: "Muitas pessoas julgam que os assuntos bélicos são mais importantes do que os da vida civil. Esta opinião tem que ser minimizada, pois a julgar com verdade, muitas das atividades civis são mais importantes e mais nobres do que as coisas da guerra". Ora, as coisas mais importantes exigem uma assistência muito maior da virtude da fortaleza. Logo, ela não tem por objeto próprio os perigos da morte em combate.

3. ADEMAIS, as guerras têm por objetivo garantir a paz temporal do Estado. Agostinho diz que "as guerras se travam na intenção da paz". Ora, não parece que alguém deva se expor a um perigo mortal em prol da paz temporal do Estado, pois esta paz é ocasião de muitos relaxamentos. Logo, o objeto da fortaleza não são os perigos da morte em combate.

EM SENTIDO CONTRÁRIO, Aristóteles diz que a fortaleza se realiza ao máximo no que se refere à morte em combate.

RESPONDO. A fortaleza firma o espírito humano contra os maiores perigos, que são os perigos de morte. Mas a fortaleza é uma virtude; e por sua própria razão tende sempre para um bem. Daí se conclui que se o homem não foge diante de um perigo mortal, é por causa de algum bem que quer conseguir. Ora, os perigos de morte que provêm da doença, das tempestades, dos mares, dos assaltos dos bandidos e de outras coisas deste gênero, não parecem ameaçar diretamente um indivíduo pelo fato de ele estar procurando um bem. Mas os perigos de mortes oriundos da guerra ameaçam diretamente o homem por causa de um bem: pois ele está defendendo o bem comum numa guerra justa. — Ora, a guerra pode ser justa de duas maneiras: Primeiro, em um sentido geral: por exemplo, para aqueles que lutam no exército. Segundo, em um sentido mais individual: por exemplo, quando um juiz, ou mesmo uma pessoa particular não deixa de emitir um julgamento justo por medo de uma

---

1. C. 35, n. 175: ML 16, 74 B.
2. C. 22: ed. C. F. W. Mueller, Lipsiae 1910, p. 26, ll. 22-23, 27-29.
3. C. 12, n. 1: ML 41, 637.
4. C. 9: 1115, a, 34-35.
5. Art. praec.

fortitudinem firmitatem animi praebere contra pericula mortis non solum quae imminent in bello communi, sed etiam quae imminent in particulari impugnatione, quae communi nomine bellum dici potest. Et secundum hoc, concedendum est quod fortitudo proprie est circa pericula mortis quae est in bello.

Sed et circa pericula cuiuscumque alterius mortis fortis bene se habet: praesertim quia et cuiuslibet mortis homo potest periculum subire propter virtutem; puta cum aliquis non refugit amico infirmanti obsequi propter timorem mortiferae infectionis; vel cum non refugit itinerari ad aliquod pium negotium prosequendum propter timorem naufragii vel latronum.

AD PRIMUM ergo dicendum quod martyres sustinent personales impugnationes propter summum bonum, quod est Deus. Ideo eorum fortitudo praecipue commendatur. Nec est extra genus fortitudinis quae est circa bellica. Unde dicuntur *fortes facti in bello*.

AD SECUNDUM dicendum quod res domesticae vel urbanae distinguuntur contra res bellicas, quae scilicet pertinent ad bella communia. In ipsis tamen rebus domesticis vel urbanis possunt imminere pericula mortis ex impugnationibus quibusdam, quae sunt quaedam particularia bella. Et ita etiam circa huiusmodi potest esse proprie dicta fortitudo.

AD TERTIUM dicendum quod pax reipublicae est secundum se bona, nec redditur mala ex hoc quod aliqui male ea utuntur. Nam et multi alii sunt qui bene ea utuntur: et multo peiora mala per eam prohibentur, scilicet homicidia, sacrilegia, quam ex ea occasionentur, quae praecipue pertinent ad vitia carnis.

arma que o ameaça ou de qualquer outro perigo, seja até mesmo perigo de morte. Cabe pois à fortaleza mostrar aquela firmeza de alma diante dos perigos de morte que podem provir não apenas de uma guerra comum, mas até mesmo de conflitos individuais que se podem qualificar de guerra num sentido mais amplo. E, neste sentido, se pode dizer que a fortaleza se refere propriamente aos perigos de morte que se enfrentam na guerra.

Mas o homem forte se comporta bem diante dos perigos mortais de qualquer espécie, principalmente porque a virtude pode expor a muitos perigos, por exemplo, quando alguém, apesar do medo de contágio mortal, não se recusa a prestar assistência a um amigo doente; ou quando não se recusa, por medo de naufrágio ou de assaltantes, a empreender uma longa viagem por uma causa de caridade.

QUANTO AO 1º, portanto, deve-se dizer que os mártires suportam ataques pessoais por causa do bem supremo, que é Deus. Por isto, a fortaleza deles merece os maiores louvores. E não é muito diferente da fortaleza que se refere à guerra. Por isso é que se diz que "eles se mostraram fortes na guerra".

QUANTO AO 2º, deve-se dizer que os negócios domésticos ou urbanos se distinguem das coisas bélicas, ou seja, dos assuntos que pertencem às guerras comuns. Mas, até mesmo nos negócios domésticos ou urbanos, podem surgir perigos de morte que vêm de alguns conflitos que são algumas guerras particulares. E assim, mesmo isso pode ser objeto próprio da fortaleza.

QUANTO AO 3º, deve-se dizer que a paz do Estado é boa em si mesma, e não se torna má nem mesmo quando alguns a usam mal. Porque há muitos outros que dela fazem bom uso e porque ela impede muitos males como os homicídios, sacrilégios, etc. que são piores que os males que ela eventualmente ocasiona, e que são sobretudo os vícios da carne.

ARTICULUS 6

Utrum sustinere sit
principalis actus fortitudinis

AD SEXTUM SIC PROCEDITUR. Videtur quod sustinere non sit principalis actus fortitudinis.

1. *Virtus enim est circa difficile et bonum*, ut dicitur in II *Ethic.*[1]. Sed difficilius est aggredi

ARTIGO 6

Resistir, será o ato
principal da fortaleza?

QUANTO AO SEXTO, ASSIM SE PROCEDE: parece que resistir, **não** será o ato principal da fortaleza.

1. Com efeito, Aristóteles diz que à virtude concerne o difícil e o bom. Ora, é mais difícil

---

6 PARALL.: Infra, a. 11, ad 1; q. 141, a. 3; III *Sent*., dist. 33, q. 2, a. 3, ad 6; dist. 34, q. 3, a. 1, q.la 2; *de Virtut*., q. 1, a. 12; III *Ethic*., lect. 18.

1. C. 2: 1105, a, 9-13.

quam sustinere. Ergo sustinere non est praecipuus fortitudinis actus.

2. PRAETEREA, maioris potentiae esse videntur quod aliquid possit in aliud agere quam quod ipsum ab alio non immutetur. Sed aggredi est in aliud agere, sustinere autem est immobile perseverare. Cum ergo fortitudo perfectionem potentiae nominet, videtur quod magis ad fortitudinem pertineat aggredi quam sustinere.

3. PRAETEREA, magis distat ab uno contrariorum aliud contrarium quam simplex eius negatio. Sed ille qui sustinet hoc solum habet quod non timet: ille autem qui aggreditur contrarie movetur timenti, quia insequitur. Ergo videtur quod, cum fortitudo maxime retrahat animum a timore, quod magis pertineat ad eam aggredi quam sustinere.

SED CONTRA est quod Philosophus dicit, in III *Ethic.*[2], quod *in sustinendo tristia maxime aliqui fortes dicuntur.*

RESPONDEO dicendum quod, sicut supra[3] dictum est, et Philosophus dicit, in III *Ethic.*[4], fortitudo magis est circa timores reprimendos quam circa audacias moderandas. Difficilius enim est timorem reprimere quam audaciam moderari: eo quod ipsum periculum, quod est obiectum audaciae et timoris, de se confert aliquid ad repressionem audaciae, sed operatur ad augmentum timoris. Aggredi autem pertinet ad fortitudinem secundum quod moderatur audaciam: sed sustinere sequitur repressionem timoris. Et ideo principalior actus est fortitudinis sustinere, idest immobiliter sistere in periculis, quam aggredi.

AD PRIMUM ergo dicendum quod sustinere est difficilius quam aggredi, triplici ratione. Primo quidem, quia sustinere videtur aliquis ab aliquo fortiori invadente: qui autem aggreditur invadit per modum fortioris. Difficilius autem est pugnare cum fortiori quam cum debiliori. — Secundo,

atacar do que resistir. Logo, resistir não é o ato principal da fortaleza.

2. ALÉM DISSO, parece que uma coisa precisa de maior potência para agir sobre outra do que para não ser modificada pela outra. Ora, atacar é agir sobre outro, ao passo que resistir, é permanecer imóvel. Logo, como a fortaleza é uma perfeição da potência, parece que cabe mais à fortaleza atacar do que resistir.

3. ADEMAIS, um dos contrários está sempre mais afastado do outro, do que a simples negação. Ora, aquele que resiste, se limita a não ter medo. Aquele que ataca se move ao contrário daquele que tem medo, porque vai em frente. Logo, dado que a fortaleza afasta o ânimo ao máximo do medo, cabe-lhe muito mais atacar do que resistir.

EM SENTIDO CONTRÁRIO, Aristóteles diz que "alguns são chamados fortes principalmente porque conseguem resistir às mais terríveis provações".

RESPONDO[h]. Aristóteles diz que a fortaleza consiste muito mais em reprimir o medo do que em moderar a audácia. Na realidade, é muito mais difícil reprimir o medo do que moderar a audácia, porque o próprio perigo, que é objeto da audácia e do medo, contribui diretamente para reprimir a audácia e para aumentar o medo. Ora, o ataque requer aquela força que tempera a audácia enquanto que resistir emana da repressão do medo. Isto vem mostrar que o ato principal da fortaleza é resistir, ou seja, se firmar imóvel diante dos perigos, muito mais que agredir.

QUANTO AO 1º, portanto, deve-se dizer que resistir é mais difícil do que atacar, por três razões. 1º Resistir coloca alguém à frente de um atacante. Ora, quem ataca sempre se supõe em posição de mais forte. Ora, é muito mais difícil lutar contra um mais forte do que contra um mais

---

2. C. 12: 1117, a, 32-35.
3. Art. 3.
4. C. 12: 1117, a, 30-32.

h. Toda uma antropologia se oculta por trás da prioridade concedida aqui ao "suportar", de preferência ao "atacar", antropologia que não é especificamente cristã, mas que está em harmonia com a vida de Cristo e com o exemplo dos santos.
Sto. Tomás reconhece que o atacante está "em posição de fortaleza", o que, para o comum dos mortais, basta para designá-lo como o homem forte. O que é um erro, pois a virtude de fortaleza se desenvolve melhor precisamente naquele que está em posição de fraqueza. O objetivo da fortaleza é vencer as dificuldades que impediriam a vontade de fazer o que está em conformidade com a razão, e quanto mais as dificuldades a superar são grandes, mais requerem fortaleza.
Moralizar uma resistência é combater um temor que o aumento do perigo só faz desenvolver. Moralizar um ataque é moderar sua audácia; para tanto, ao se desenvolver, o perigo contribui enormemente. Quanto maior for o perigo e mais ele se desenvolver, maior também a dificuldade de suportar, enquanto que a audácia se moderará por si mesma. Quanto maior é o perigo, tanto mais a dificuldade de suportar prevalece sobre a dificuldade de atacar virtuosamente. O paradoxo é apenas aparente. Para utilizar uma metáfora, a bigorna necessita de mais força do que o martelo. Deve ter sido notado que essa posição supõe aquela que especificamos na nota 6: o papel da fortaleza não é de suscitar, mas de moderar a audácia.

quia ille qui sustinet iam sentit pericula imminentia: ille autem qui aggreditur habet ea ut futura. Difficilius autem est non moveri a praesentibus quam a futuris. — Tertio, quia sustinere importat diuturnitatem temporis: sed aggredi potest aliquis ex subito motu. Difficilius autem est diu manere immobilem quam subito motu moveri ad aliquid arduum. Unde Philosophus dicit, in III *Ethic.*[5], quod quidam *sunt praevolantes ante pericula, in ipsis autem discedunt: fortes autem e contrario se habent.*

AD SECUNDUM dicendum quod sustinere importat quidem passionem corporis, sed actum animae fortissime inhaerentis bono, ex quo sequitur quod non cedat passioni corporali iam imminenti. Virtus autem magis attenditur circa animam quam circa corpus.

AD TERTIUM dicendum quod ille qui sustinet non timet, praesente iam causa timoris: quam non habet praesentem ille qui aggreditur.

ARTICULUS 7
Utrum fortis operetur propter bonum proprii habitus

AD SEPTIMUM SIC PROCEDITUR. Videtur quod fortis non operetur propter bonum proprii habitus.

1. Finis enim in rebus agendis, etsi sit prior in intentione, est tamen posterior in executione. Sed actus fortitudinis in executione est posterior quam ipse fortitudinis habitus. Non ergo potest esse quod fortis agat propter bonum proprii habitus.

2. PRAETEREA, Augustinus dicit, XIII *de Trin.*[1]: *Virtutes, quas propter solam beatitudinem amamus, sic persuadere quidam nobis audent*, scilicet dicendo eas propter se appetendas, *ut ipsam beatitudinem non amemus. Quod si faciunt, etiam ipsas utique amare desistemus, quando illam propter quam solam istas amavimus, non amamus*. Sed fortitudo est virtus quaedam. Ergo actus

fraco. 2º Aquele que resiste já está vivenciando os perigos como presentes e atuais; aquele que ataca espera os perigos como futuros. Ora, é muito mais difícil não se deixar perturbar por um mal atual do que por um mal ainda por acontecer. 3º Resistir exige um tempo de espera muito prolongado, ao passo que o atacante pode passar à ação por um movimento súbito, a qualquer momento. Ora, é muito mais difícil permanecer imóvel durante muito tempo do que se mover subitamente para alguma ação mais árdua. Daí a reflexão de Aristóteles: "Alguns avançam ao encontro do perigo mas fogem quando ele se apresenta; os fortes se comportam ao contrário".

QUANTO AO 2º, deve-se dizer que resistir implica uma paixão no corpo, mas implica também um ato da alma fortemente apegada ao bem, que a leva a não ceder à paixão do corpo, por forte que seja. Ora, a virtude diz muito mais respeito à alma que ao corpo.

QUANTO AO 3º, deve-se dizer que aquele que resiste não tem mais medo, apesar de a causa do medo estar ali presente à sua frente. Isto não ocorre com quem ataca.

ARTIGO 7
O forte age em vista de seu próprio bem?

QUANTO AO SÉTIMO, ASSIM SE PROCEDE: parece que o forte **não** opera tendo em vista o bem de seu próprio hábito.

1. Com efeito, com referência às coisas que vão se fazer, o fim é sempre o primeiro na intenção, embora seja sempre o último na execução. Ora, o ato da fortaleza, em sua execução, é posterior ao próprio hábito da fortaleza em si mesmo. Logo, não é possível que o forte aja para o bem de seu próprio hábito.

2. ALÉM DISSO, Agostinho diz: "Alguns ousam sustentar que nós amamos as virtudes unicamente por causa da bem-aventurança", isto é, dizendo que as virtudes são desejáveis por si mesmas, de tal maneira que não amamos a bem-aventurança em si mesma. Se isto fosse verdade, deixaríamos de amar até mesmo as próprias virtudes, uma vez que não amaríamos mais aquilo por amor do

---

5. C. 10: 1116, a, 7-9.

7 Parall.: III Ethic., lect. 15.

1. C. 8: ML 42, 1022-1023.

fortitudinis non est ad ipsam fortitudinem, sed ad beatitudinem referendus.

3. PRAETEREA, Augustinus dicit, in libro *de Moribus Eccle.*², quod fortitudo est *amor omnia propter Deum facile perferens*. Deus autem non est ipse habitus fortitudinis, sed aliquid melius sicut oportet finem esse meliorem his quae sunt ad finem. Non ergo fortis agit propter bonum proprii habitus.

SED CONTRA est quod Philosophus dicit, in III *Ethic.*³, quod *forti fortitudo est bonum: talis autem et finis.*

RESPONDEO dicendum quod duplex est finis: scilicet proximus, et ultimus. Finis autem proximus uniuscuiusque agentis est ut similitudinem suae formae in alterum inducat: sicut finis ignis calefacientis est ut inducat similitudinem sui caloris in patiente, et finis aedificatoris est ut inducat similitudinem suae artis in materia. Quodcumque autem bonum ex hoc sequitur, si sit intentum, potest dici finis remotus agentis. Sicut autem in factibilibus materia exterior disponitur per artem, ita etiam in agibilibus per prudentiam disponuntur actus humani. Sic ergo dicendum est quod fortis sicut finem proximum intendit ut similitudinem sui habitus exprimat in actu: intendit enim agere secundum convenientiam sui habitus. Finis autem remotus est beatitudo, vel Deus.

Et per hoc patet responsio AD OBIECTA. Nam prima ratio procedebat ac si ipsa essentia habitus esset finis, non autem similitudo eius in actu, ut dictum est. — Alia vero duo procedunt de fine ultimo.

qual nós as amávamos". Ora, a fortaleza é uma virtude. Logo, o ato da fortaleza não se deve referir à própria fortaleza em si mesma, mas à bem-aventurança.

3. ADEMAIS, para Agostinho, a fortaleza "é o amor que suporta facilmente todas as dificuldades em consideração a Deus". Ora, Deus não é o hábito da fortaleza, mas um ser muito superior, uma vez que o fim é forçosamente melhor que os meios que a ele conduzem. Logo, o forte não age para o bem de seu próprio hábito.

EM SENTIDO CONTRÁRIO, Aristóteles diz que "para o forte, a fortaleza é um bem", e portanto, um fim.

RESPONDO. Há dois fins: o fim próximo e o fim último. O fim próximo de todo agente é introduzir em outro a semelhança de sua própria forma; assim o fim do fogo que aquece é introduzir a semelhança de seu calor na coisa que é seu paciente, e o fim do arquiteto é introduzir na matéria a semelhança de seu projeto de arte. Qualquer que seja o bem que disto resulte, se este bem é querido, pode ser chamado de fim remoto do agente. Assim como numa fabricação, a matéria exterior é organizada pela arte, assim também, na ação, os atos humanos são organizados pela prudência. Daí se pode concluir que o forte quer, como fim próximo, exprimir em ato uma semelhança de seu hábito, porque ele quer agir em harmonia com ele. Mas seu fim remoto é a bem-aventurança, ou Deus.

E pela solução ficam respondidas AS OBJEÇÕES. O primeiro argumento procedia como se a própria essência do hábito fosse seu fim, enquanto que este fim é a semelhança do hábito em ato. — As duas outras objeções procedem do fim último.

ARTICULUS 8
Utrum fortis delectetur in suo actu

AD OCTAVUM SIC PROCEDITUR. Videtur quod fortis delectetur in suo actu.

1. Delectatio enim est *operatio connaturalis habitus non impedita*, ut dicitur in X *Ethic.*¹. Sed operatio fortis procedit ex habitu, qui agit in modum naturae. Ergo fortis habet delectationem in suo actu.

ARTIGO 8
O forte encontra prazer no seu ato?

QUANTO AO OITAVO, ASSIM SE PROCEDE: parece que o forte se **deleita** no seu ato.

1. Com efeito, Aristóteles diz que a "deleitação é uma ação conatural do hábito, livre de impedimento". Ora, a ação do forte procede de um hábito que age à maneira de uma natureza. Logo, o forte encontra prazer no seu ato.

---

2. L. I, c. 15: ML 32, 1322.
3. C. 10: 1115, b, 21-24.

8 PARALL.: III *Ethic.*, lect. 18.

1. L. VII, c. 13: 1153, a, 14-17.

2. Praeterea, Gl 5, super illud, v. 22, *Fructus autem Spiritus caritas, gaudium, pax*, dicit Ambrosius[2] quod opera virtutum dicuntur fructus *quia mentem hominis sancta et sincera delectatione reficiunt*. Sed fortis agit opera virtutis. Ergo habet delectationem in suo actu.

3. Praeterea, debilius vincitur a fortiori. Sed fortis plus amat bonum virtutis quam proprium corpus, quod periculis mortis exponit. Ergo delectatio de bono virtutis evacuat dolorem corporalem. Et ita delectabiliter omnino operatur.

Sed contra est quod Philosophus dicit, in III *Ethic*.[3], quod fortis in suo actu *nihil delectabile videtur habere*.

Respondeo dicendum quod, sicut supra[4] dictum est, cum de passionibus ageretur, duplex est delectatio: una quidem corporalis, quae consequitur tactum corporalem; alia autem animalis, quae consequitur apprehensionem animae. Et haec proprie consequitur opera virtutum: quia in eis consideratur bonum rationis. Principalis vero actus fortitudinis est sustinere aliqua tristia secundum apprehensionem animae, puta quod homo amittit corporalem vitam (quam virtuosus amat, non solum inquantum est quoddam bonum naturale, sed etiam inquantum est necessaria ad opera virtutum) et quae ad eam pertinent: et iterum sustinere aliqua dolorosa secundum tactum corporis, puta vulnera et flagella. Et ideo fortis ex una parte habet unde delectetur, scilicet secundum delectationem animalem, scilicet de ipso actu virtutis et de fine eius: ex alia vero parte habet unde doleat, et animaliter, dum considerat amissionem propriae vitae, et corporaliter. Unde, ut legitur 2Mac 6,30, Eleazarus dixit: *Diros corporis sustineo dolores: secundum animam vero, propter timorem tuum, libenter haec patior*.

Sensibilis autem dolor corporis facit non sentiri animalem delectationem virtutis: nisi forte propter superabundantem Dei gratiam, quae fortius elevat animam ad divina, in quibus delectatur, quam a corporalibus poenis afficiatur; sicut beatus Tiburtius, cum super carbones incensos nudis plantis incederet, dixit quod *videbatur sibi super roseos flores ambulare*. Facit tamen virtus fortitudinis ut ratio non absorbeatur a corporalibus doloribus.

2. Além disso, a propósito do texto da Escritura, "Os frutos do Espírito são caridade, alegria e paz", Ambrósio diz que "as obras das virtudes são chamadas de "frutos" porque elas reconfortam o espírito do homem por uma deleitação santa e pura". Ora, o forte executa atos de virtude. Logo, ele encontra deleitação em seu ato.

3. Ademais, o mais fraco é vencido pelo mais forte. Ora, o forte ama o bem da virtude mais que seu próprio corpo, que ele expõe a perigos mortais. Logo, o prazer proporcionado pelo bem da virtude apaga a dor física. E desta forma age com pleno prazer.

Em sentido contrário, Aristóteles afirma: "Parece que o forte não encontra em seu ato nada de deleitável".

Respondo. Há duas sortes de prazer: um corpóreo, produzido pelo sentido do tato corporal; outro psíquico, produzido pela apreensão da alma. Esta última é precisamente o resultado das ações virtuosas, porque nessas ações o que se considera é o bem da razão. Ora, o ato primordial da fortaleza consiste em suportar as provações, conforme a apreensão da alma, que podem eventualmente chegar até à perda da vida corporal, (vida que o virtuoso ama, não apenas enquanto é um bem natural, mas também enquanto necessária para as obras virtuosas) e de coisas que pertencem à vida, ou a suportar ações mais desagradáveis, como feridas e açoites. Por tudo isso, o forte tem de que se deleitar segundo o prazer psíquico, a saber, o ato da virtude em si mesmo e de seu fim. De outra parte, ele tem também de que sofrer, tanto no plano psíquico, quando, por exemplo, contempla a possibilidade de perder a própria vida, como no plano corpóreo. Daí, aquela expressão de Eleazar: "Sofro em meu corpo dores cruéis; mas em minha alma eu as suporto de boa vontade por temor a Deus".

Ora, a dor sensível do corpo impede de sentir o prazer psíquico da virtude, a não ser que uma superabundante graça de Deus venha elevar mais fortemente a alma para as coisas divinas nas quais encontra um prazer do que os sofrimentos físicos que afetam o corpo. Por exemplo, são Tibúrcio, enquanto andava de pés descalços sobre brasas, dizia "que parecia estar andando sobre um tapete de flores cor-de-rosa". A virtude da fortaleza faz

---

2. Vide Petrum Lomb., I *Sent*., dist. 1.
3. C. 12: 1117, b, 6-9.
4. I-II, q. 31, a. 3.

Tristitiam autem animalem superat delectatio virtutis: inquantum homo praefert bonum virtutis corporali vitae et quibuscumque ad eam pertinentibus. Et ideo Philosophus dicit, in III *Ethic.*[5], quod a forti non requiritur ut delectetur, quasi delectationem sentiens, sed sufficit quod *non tristetur*.

AD PRIMUM ergo dicendum quod vehementia actus vel passionis unius potentiae impedit aliam potentiam in suo actu. Et ideo per dolorem sensus impeditur mens fortis ne in propria operatione delectationem sentiat.

AD SECUNDUM dicendum quod opera virtutum sunt delectabilia praecipue propter finem: possunt autem ex sui natura esse tristia. Et praecipue hoc contingit in fortitudine. Unde Philosophus, dicit, in III *Ethic.*[6], quod *non in omnibus virtutibus operari delectabiliter existit, praeter inquantum finem attingit*.

AD TERTIUM dicendum quod tristitia animalis vincitur in forti a delectatione virtutis. Sed quia dolor corporalis est sensibilior, et apprehensio sensitiva magis est homini in manifesto, inde est quod a magnitudine corporalis doloris *quasi evanescit* delectatio spiritualis, quae est de fine virtutis.

com que a razão não se deixe absorver pela dor física. O prazer da virtude supera a tristeza da alma, porquanto o homem prefere o bem da virtude à vida corporal e a tudo o que ela se refere. Por isso, Aristóteles diz que não se exige do forte "que ele se deleite, como se estivesse sentindo o prazer; basta que não ceda à tristeza"[i].

QUANTO AO 1º, portanto, deve-se dizer que a veemência do ato ou da paixão de uma potência impede o ato de outra potência. Por esta razão, a dor sensível impede a mente do forte de sentir prazer na sua própria ação.

QUANTO AO 2º, deve-se dizer que as obras das virtudes são deleitáveis principalmente em razão do fim; entretanto, podem ser, tristes por natureza. E isto ocorre principalmente com a virtude da fortaleza. Daí a reflexão de Aristóteles: "Não é em todas as virtudes que existe prazer no agir, a não ser quando esta virtude atinge seu fim".

QUANTO AO 3º, deve-se dizer que no forte é o prazer da virtude que vence a tristeza da alma. Mas como a dor física é mais sensível, e o conhecimento sensível é mais direto para o homem, daí se explica porque a magnitude da dor corporal "como que dissipa" o prazer espiritual proporcionado pela conquista do fim da virtude.

ARTICULUS 9
Utrum fortitudo maxime consistat in repentinis

AD NONUM SIC PROCEDITUR. Videtur quod fortitudo non maxime consistat in repentinis.

ARTIGO 9
A fortaleza se manifesta principalmente nos casos repentinos?

QUANTO AO NONO, ASSIM SE PROCEDE: parece que a fortaleza **não** se manifesta principalmente nos casos repentinos.

---

5. C. 12: 1117, a, 35.
6. C. 12: 1117, b, 15-16.

9 PARALL.: III *Ethic.*, lect. 14.

i. No tratado da temperança, Sto. Tomás não se põe a questão de saber se aquele que se modera se deleita no uso dessa moderação. É claro que ele o faz se possui a virtude de temperança. O problema é mais espinhoso quando se trata da fortaleza. Podemos experimentar algum prazer em não sucumbir quando enfrentamos dificuldades que podem atingir até um perigo mortal? Podemos usufruir do que quer que seja numa tal situação?

O humanismo de Sto. Tomás se revela aqui bastante fino e matizado. Ele sabe que uma abundante graça de Deus pode fazer experimentar deleite até nas maiores provações físicas. Ele sabe que os bens da alma possuem mais valor que os do corpo. Mas sabe também que tanto a alma quanto o corpo têm excelentes razões para esquivar-se à dor, mais ainda, à morte: é preciso estar vivo para exercer a virtude. Sto. Tomás sabe enfim que a dor física e as provas sensíveis atingem o homem mais violentamente do que podem fazê-lo os deleites espirituais.

Ele conclui que já é bastante não ceder à tristeza quando se enfrenta um perigo grave. A acuidade da dor física pode tornar impossível todo deleite espiritual, exceto graças excepcionais. Ele constata então que a teoria geral segundo a qual todo virtuoso tem prazer em seu ato vai de encontro às condições específicas e especialmente desgastantes nas quais se exerce a virtude de fortaleza.

1. Illud enim videtur esse in repentinis quod ex inopinato provenit. Sed Tullius dicit, in sua *Rhetorica*¹, quod *fortitudo est considerata periculorum susceptio et laborum perpessio*. Ergo fortitudo non consistit maxime in repentinis.

2. PRAETEREA, Ambrosius dicit, in I *de Offic.*²: *Fortis viri est non dissimulare cum aliquid immineat, sed praetendere, et tanquam de specula quadam mentis obviare cogitatione provida rebus futuris, ne forte dicat postea: Ideo ista incidi, quia non arbitrabar posse evenire*. Sed ubi est aliquid repentinum, ibi non potest provideri in futuro. Ergo operatio fortitudinis non est circa repentina.

3. PRAETEREA, Philosophus dicit, in III *Ethic.*³, quod fortis est *bonae spei*. Sed spes expectat aliquid in futurum: quod repugnat repentino. Ergo operatio fortitudinis non consistit circa repentina.

SED CONTRA est quod Philosophus dicit, in III *Ethic.*⁴, quod fortitudo *maxime est circa quaecumque mortem inferunt, repentina existentia*.

RESPONDEO dicendum quod in operatione fortitudinis duo sunt consideranda. Unum quidem, quantum ad electionem ipsius. Et sic fortitudo non est circa repentina. Eligit enim fortis praemeditari pericula quae possunt imminere, ut eis resistere possit, aut facilius ea ferre: quia, ut Gregorius dicit, in quadam homilia⁵, *iacula quae praevidentur minus feriunt: et nos mala mundi facilius ferimus, si contra ea clipeo praescientiae praemunimur*.

Aliud vero est considerandum in operatione fortitudinis quantum ad manifestationem virtuosi habitus. Et sic fortitudo maxime est circa repentina: quia secundum Philosophum, in III *Ethic.*⁶, in repentinis periculis maxime manifestatur fortitudinis habitus. Habitus enim agit in modum naturae. Unde quod aliquis absque praemeditatione faciat ea quae sunt virtutis, cum necessitas imminet propter repentina pericula, hoc maxime manifestat quod sit fortitudo habitualiter in anima confirmata.

1. Com efeito, chamamos de repentino aquilo que sobrevém de maneira inopinada. Ora, Cícero define a fortaleza como "a maneira consciente de afrontar os perigos e suportar os labores". Logo, a fortaleza não consiste principalmente nos casos repentinos.

2. ALÉM DISSO, Ambrósio diz: "Cabe ao homem forte não dissimular o perigo que ameaça, mas enfrentá-lo e, como que a partir de um observatório espiritual, se antecipar aos acontecimentos futuros por uma reflexão preventiva, para não ter que dizer mais tarde: caí nesta dificuldade porque não julgava que isto pudesse acontecer". Ora, onde ocorre algo de repentino, não se pode ter esta antevisão do futuro. Logo, a atividade da fortaleza não concerne a casos repentinos.

3. ADEMAIS, Aristóteles diz que o forte tem a esperança boa. Ora, a esperança aguarda sempre um acontecimento futuro, o que repugna ao repentino. Logo, a atividade da fortaleza não concerne a casos repentinos.

EM SENTIDO CONTRÁRIO, Aristóteles diz que à virtude da fortaleza competem especialmente "todos os perigos mortais que se apresentam de modo súbito".

RESPONDO. Na ação da fortaleza devem-se considerar dois elementos. O primeiro se refere à escolha que ela faz, e, deste ponto de vista, o objeto da fortaleza não são os casos inesperados. O forte prefere, por escolha, prever os perigos que podem surgir, a fim de poder mais facilmente a eles resistir. Como diz Gregório: "Os dardos que se podem prever ferem menos, e suportamos mais facilmente os males do mundo se estivermos premunidos contra eles pelo escudo do conhecimento prévio".

O segundo elemento a ser considerado na ação da fortaleza se refere à manifestação do hábito virtuoso. Sob este ponto de vista, o objeto da fortaleza são principalmente os casos repentinos, porque, segundo Aristóteles, o hábito da fortaleza se manifesta sobretudo nos perigos súbitos. O hábito age à maneira da natureza. Se uma pessoa, sem premeditação, faz tudo o que manda a virtude, quando surge um perigo repentino, isto é uma das maiores provas de que a fortaleza está confirmada

---

1. *De invent. rhet.*, l. II, c. 53: ed. G. Friedrich, Lipsiae 1908, p. 231, ll. 5-6.
2. C. 38, n. 189: ML 16, 79 C.
3. C. 10: 1116, a, 3-4.
4. C. 9: 1115, a, 32-35.
5. Homil. 35 *in Evang.*, n. 1: ML 76, 1259 C.
6. C. 11: 1117, a, 17-22.

Potest autem aliquis etiam qui habitu fortitudinis caret, ex diuturna praemeditatione animum suum contra pericula praeparare. Qua praeparatione etiam fortis utitur, cum tempus adest.

Et per hoc patet responsio AD OBIECTA.

ARTICULUS 10
Utrum fortis utatur ira in suo actu

AD DECIMUM SIC PROCEDITUR. Videtur quod fortis non utatur ira in suo actu.

1. Nullus enim debet assumere quasi instrumentum suae actionis illud quo non potest uti pro suo arbitrio. Sed homo non potest uti ira pro suo arbitrio, ut scilicet possit eam assumere cum velit et deponere cum velit: ut enim Philosophus dicit, in libro *de Memoria*[1], quando passio corporalis mota est, non statim quiescit ut homo vult. Ergo fortis non debet assumere iram ad suam operationem.

2. PRAETEREA, ille qui per seipsum sufficit ad aliquid agendum, non debet in auxilium suit assumere illud quod est infirmius et imperfectius. Sed ratio per seipsam sufficit ad opus fortitudinis exequendum, in quo iracundia deficit. Unde Seneca dicit, in libro *de Ira*[2]: *Non ad providendum tantum, sed ad res gerendas satis est per se ipsa ratio. Et quid stultius est quam hanc ab iracundia petere praesidium, rem stabilem ab incerta, fidelem ab infida, sanam ab aegra?* Ergo fortitudo non debet iram assumere.

3. PRAETEREA, sicut propter iram aliqui vehementius opera fortitudinis exequuntur, ita etiam et propter tristitiam vel concupiscentiam: unde Philosophus dicit, in III *Ethic.*[3], quod *ferae propter tristitiam seu dolorem incitantur ad pericula, et adulteri propter concupiscentiam multa audacia operantur.* Sed fortitudo non assumit ad suum actum neque tristitiam neque concupiscentiam. Ergo, pari ratione, non debet assumere iram.

como um hábito na sua alma. Mas alguém que não tem o hábito da fortaleza pode, por uma premeditação prolongada, preparar seu espírito contra os perigos. E o forte se serve também desta preparação, quando dispõe de tempo[j].

E assim ficam claras as respostas ÀS OBJEÇÕES.

ARTIGO 10
O forte emprega a ira em seu ato?

QUANTO AO DÉCIMO, ASSIM SE PROCEDE: parece que o forte **não** emprega a ira no seu ato.

1. Com efeito, ninguém pode tomar como instrumento para sua ação uma coisa da qual não pode fazer uso como bem lhe aprouver. Ora, o homem não pode usar à vontade da ira, podendo, por exemplo, recorrer a ela quando quiser, ou abandoná-la quando quiser. Aristóteles diz que "quando uma paixão corporal entra em movimento, ela não se acalma tão logo o homem queira". Logo, o forte não pode usar da ira para sua ação.

2. ALÉM DISSO, quando alguém se basta para levar a cabo uma tarefa, não deve procurar ajuda do que é mais fraco ou mais imperfeito. Ora, a razão por si própria é suficiente para levar a cabo a obra da fortaleza, enquanto a ira não o é. Por isso Séneca diz: "A razão é por si mesma capaz não somente de prever, mas também de gerir os negócios. Existirá para ela algo de mais insensato do que pedir reforço à cólera, ou seja, que a estabilidade recorra à incerteza, a confiança à mentira, a fidelidade ao infiel, a saúde à doença?" Logo, a fortaleza não deve assumir a ira.

3. ADEMAIS, se alguns executam as obras da fortaleza com mais veemência, por causa da ira, a tristeza ou a concupiscência podem fazer a mesma coisa. Por isso, Aristóteles diz: "Os animais ferozes, por causa da tristeza ou da dor são excitados a enfrentar quaisquer perigos, e a concupiscência leva os adúlteros às maiores audácias". Ora, a fortaleza não recorre para agir nem à tristeza nem à concupiscência. Logo, pela mesma razão, não deve recorrer à ira.

---

10 Parall.: Infra, a. 11, ad 1; de Verit., q. 26, a. 7; III Ethic., lect. 17.
 1. C. 2: 453, a, 24-28.
 2. L. I, c. 17: ed. E. Hermes, Lipsiae 1905, p. 64, ll. 27-31.
 3. C. 11: 1116, b, 32-1117, a, 5.

---

j. O artigo, que se resume em poucas palavras, ilustra bem a natureza do que os escolásticos chamam de "habitus". Enfrenta bem a um perigo repentino, tu me provas que a fortaleza é em ti uma segunda natureza, possuis o habitus. Mas não é porque a fortaleza é em ti uma segunda natureza que estás dispensado de utilizar bem os intervalos que te são concedidos para que melhor te prepares para enfrentá-los.

SED CONTRA est quod Philosophus dicit, in III *Ethic.*⁴, quod *furor cooperatur fortibus*.

RESPONDEO dicendum quod de ira et ceteris animae passionibus, sicut supra⁵ dictum est, aliter sunt locuti Peripatetici, et aliter Stoici. Stoici enim et iram et omnes alias animae passiones ab animo sapientis, sive virtuosi, excludebant. Peripatetici vero, quorum princeps fuit Aristoteles, iram et alias animae passiones attribuebant virtuosis, sed moderatas ratione. Et forte quantum ad rem non differebant, sed solum quantum ad modum loquendi. Nam Peripatetici omnes motus appetitus sensitivi, qualitercumque se habentes, passiones animae nominabant, ut supra⁶ habitum est: et quia appetitus sensitivus movetur per imperium rationis ad hoc quod cooperetur ad promptius agendum, idcirco ponebant et iram et alias passiones animae assumendas esse a virtuosis, moderatas secundum imperium rationis. Stoici vero vocabant passiones animae immoderatos quosdam affectus appetitus sensitivi (unde nominabant eos *aegritudines* vel *morbos*): et ideo penitus eos a virtute separabant. — Sic ergo iram moderatam assumit fortis ad suum actum, non autem iram immoderatam.

AD PRIMUM ergo dicendum quod ira moderata secundum rationem subiicitur imperio rationis. Unde consequens est ut homo ea utatur pro suo arbitrio: non autem si esset immoderata.

AD SECUNDUM dicendum quod ratio non assumit iram ad sui actum quasi auxilium ab ea accipiens: sed quia utitur appetitu sensitivo ut instrumento, sicut et membris corporis. Nec est inconveniens si instrumentum sit imperfectius principali agente: ut martellus fabro. — Seneca autem sectator fuit Stoicorum, et directe contra Aristotelem verba praemissa proponit.

AD TERTIUM dicendum quod, cum fortitudo, sicut dictum est⁷, habeat duos actus, scilicet sustinere et aggredi, non assumit iram ad actum sustinendi, quia hunc actum sola ratio per se facit: sed ad actum aggrediendi. Ad quem magis assumit iram quam alias passiones, quia ad iram pertinet insilire in rem contristantem, et sic directe coo-

EM SENTIDO CONTRÁRIO, Aristóteles diz que "a cólera vem em auxílio dos fortes".

RESPONDO. No que diz respeito à cólera e às outras paixões da alma, os peripatéticos e os estoicos tinham posições diferentes. Os estoicos excluíam da alma do sábio ou do virtuoso, a ira e todas as outras paixões. Os peripatéticos, cujo chefe foi Aristóteles, atribuíam aos virtuosos a cólera e as outras paixões, mas moderadas pela razão. Talvez nem diferissem realmente, mas apenas sobre a maneira de falar. Porque os peripatéticos chamavam de paixões da alma todos os movimentos do apetite sensível, qualquer que fosse a qualidade deles; e porque o apetite sensível é movido pelo comando da razão, para cooperar para uma ação mais pronta, a cólera e as outras paixões deviam ser utilizadas pelos virtuosos, e moderadas pelo comando da razão. Os estoicos, pelo contrário, chamavam de paixões os movimentos imoderados do apetite sensível, a tal ponto que os qualificavam de dores ou doenças; e por esta razão eles os separavam totalmente da virtude. — Destas forma, portanto, o forte utiliza em seu ato uma ira contida, mas não uma ira imoderada.

QUANTO AO 1º, portanto, deve-se dizer que uma ira moderada segundo a razão se submete ao império da razão. O homem pode por conseguinte fazer uso dela como lhe aprouver, mas não se for imoderada.

QUANTO AO 2º, deve-se dizer que a razão não emprega a ira em seu ato como para receber dela socorro, mas porque emprega o apetite sensível como um instrumento, do mesmo modo que os membros do corpo. E não é anormal que o instrumento seja mais imperfeito que o agente principal, como o martelo com relação ao ferreiro. — Mas, Séneca era um seguidor dos estoicos, e por isso afirmou as palavras citadas diretamente contra Aristóteles.

QUANTO AO 3º, deve-se dizer que a fortaleza tem dois atos: resistir e atacar. Ora, ela não se serve da ira para resistir, porque a razão executa este ato por si própria; mas para atacar, ela se serve da ira mais do que das outras paixões, porque é próprio da ira se atirar de vez sobre aquilo que causa o sofrimento, e desta forma ela coopera

---

4. C. 11: 1116, b, 31.
5. I-II, q. 24, a. 2.
6. Ibid.
7. Art. 3, 6.

peratur fortitudini in aggrediendo. Tristitia autem, secundum propriam rationem, succumbit nocivo: sed per accidens coadiuvat ad aggrediendum; vel inquantum tristitia est causa irae, ut supra[8] dictum est; vel inquantum aliquis periculo se exponit ut tristitiam fugiat. Similiter etiam concupiscentia, secundum propriam rationem, tendit in bonum delectabile, cui per se repugnat aggressio periculorum: sed per accidens quandoque coadiuvat ad aggrediendum, inquantum scilicet aliquis potius vult pericula incidere quam delectabili carere. Et ideo Philosophus dicit, in III *Ethic*.[9], quod inter fortitudines quae sunt ex passione, *naturalissima esse videtur quae est per iram: et accipiens electionem et cuius gratia* (scilicet debitum finem), *fortitudo* (scilicet, *fuit vera*).

com a fortaleza diretamente em seus ataques. A tristeza, no entanto, segundo sua própria razão de ser, sucumbe diante daquilo que é nocivo; mas, por acidente, ela pode cooperar no ataque, seja porque a tristeza causa a ira; ou enquanto alguém se expõe ao perigo para se ver livre dela. De modo semelhante, a concupiscência, segundo sua razão própria, tende ao bem deleitável, ao qual o enfrentamento dos perigos se opõe por si mesmo. Mas, por acidente, coopera no ataque, enquanto o homem prefere enfrentar o perigo a renunciar ao prazer. Por esta razão Aristóteles diz que, entre as forças que nos vêm da paixão, "a mais natural parece ser a que nos vem da ira, e quando se submete a uma escolha racional e a um fim necessário, fica sendo de fato a virtude da fortaleza.

Articulus 11
Utrum fortitudo sit virtus cardinalis

Ad undecimum sic proceditur. Videtur quod fortitudo non sit virtus cardinalis.

1. Ira enim, ut dictum est[1], maximam affinitatem habet ad fortitudinem. Sed ira non ponitur passio principalis: nec etiam audacia, quae ad fortitudinem pertinet. Ergo nec fortitudo debet poni virtus cardinalis.

2. Praeterea, virtus ordinatur ad bonum. Sed fortitudo non directe ordinatur ad bonum, sed magis ad malum, scilicet *ad sustinendum pericula et labores*, ut Tullius dicit[2]. Ergo fortitudo non est virtus cardinalis.

3. Praeterea, virtus cardinalis est circa ea in quibus praecipue versatur vita humana: sicut ostium in cardine vertitur. Sed fortitudo est circa pericula mortis, quae raro occurrunt in vita humana. Ergo fortitudo non debet poni virtus cardinalis sive principalis.

Sed contra est quod Gregorius, XXII *Moral*.[3], et Ambrosius, *super Luc*.[4], et Augustinus, in libro

Artigo 11
A fortaleza é uma virtude cardeal?

Quanto ao décimo primeiro, assim se procede: parece que a fortaleza **não** é uma virtude cardeal.

1. Com efeito, a ira apresenta uma grande afinidade com a fortaleza. Ora, a ira não é uma paixão principal, nem a audácia, que está ligada à fortaleza. Logo, a fortaleza não é uma virtude cardeal.

2. Além disso, a virtude se ordena para o bem. Ora, a fortaleza não se ordena diretamente para o bem, e mais para o mal, a saber, a resistir aos perigos e labutas, como diz Cícero. Logo, não é uma virtude cardeal.

3. Ademais, a virtude cardeal diz respeito aos problemas em volta dos quais a vida humana gira, como uma porta gira em torno das dobradiças. Ora, a fortaleza lida com os perigos mortais, que aparecem raramente no decurso de uma vida humana. Logo, a fortaleza não deve ser classificada como uma virtude cardeal, ou primordial.

Em sentido contrário, Gregório, Ambrósio e Agostinho incluem a fortaleza entre as quatro virtudes cardeais, ou primordiais.

---

8. I-II, q. 47, a. 3.
9. C. 11: 1117, a, 4-5.

11 Parall.: I-II, q. 61, a. 2, 3; III Sent., dist. 33, q. 2, a. 1, q.la 3, 4; de Virtut., q. 1, a. 12, ad 26; q. 5, a. 1.

1. A. praec., ad 3.
2. *De invent. rhet.*, l. II, c. 54: ed. G. Friedrich, Lipsiae 1908, p. 231, ll. 5-6.
3. C. 1, n. 2: ML 76, 212 C; l. II, c. 49, al. 27, in vet. 36, n. 76: ML 75, 592 B.
4. L. V, super 6, 20 sqq.: ML 15, 1649 C.

*de Moribus Eccle.*⁵, numerant fortitudinem inter quatuor virtutes cardinales seu principales.

RESPONDEO dicendum quod, sicut supra⁶ dictum est, virtutes cardinales seu principales dicuntur quae praecipue sibi vindicant id quod pertinet communiter ad virtutes. Inter alias autem communes virtutis conditiones, una ponitur *firmiter operari*, ut patet in II *Ethic*.⁷. Laudem autem firmitatis potissime sibi vindicat fortitudo. Tanto enim magis laudatur qui firmiter stat, quanto habet gravius impellens ad cadendum vel retrocedendum. Impellit autem hominem ad discedendum ab eo quod est secundum rationem et bonum delectans et malum affligens, sed gravius impellit dolor corporis quam voluptas: dicit enim Augustinus, in libro *Octoginta trium Quaest*.⁸: *Nemo est qui non magis dolorem fugiat quam affectat voluptatem: quandoquidem videmus et immanissimas bestias a maximis voluptatibus exterreri dolorum metu.* Et inter dolores animi et pericula maxime timentur ea quae ducunt ad mortem, contra quae firmiter stat fortis. Unde fortitudo est virtus cardinalis.

AD PRIMUM ergo dicendum quod audacia et ira non cooperantur fortitudini ad actum eius qui est sustinere, in quo praecipue commendatur firmitas eius. Per hunc enim actum fortis cohibet timorem, qui est passio principalis, ut supra⁹ habitum est.

AD SECUNDUM dicendum quod virtus ordinatur ad bonum rationis, quod conservari oportet contra impulsus malorum. Fortitudo autem ordinatur ad mala corporalia sicut ad contraria, quibus resistit: ad bonum autem rationis sicut ad finem, quem intendit conservare.

AD TERTIUM dicendum quod quamvis pericula mortis raro immineant, tamen occasiones horum periculorum frequenter occurrunt: dum scilicet homini adversarii mortales suscitantur propter iustitiam quam sequitur, et propter alia bona quae facit.

RESPONDO. Chamam-se virtudes cardeais ou primordiais, aquelas que reivindicam de modo todo especial para elas o que pertence em geral às virtudes. Entre muitas outras condições comuns à virtude, há uma que consiste em "agir com firmeza", segundo Aristóteles. Ora, a fortaleza reivindica com muito vigor para si o mérito da firmeza. Com efeito, quem resiste com firmeza é tanto mais louvado quanto mais compelido for para a queda ou o recuo. Ora, o que leva o homem a se afastar daquilo que é conforme à razão é o bem que deleita e o mal que aflige. Mas a dor física compele mais energicamente que o prazer, como nota Agostinho: "Não há ninguém que não se mostre mais disposto a fugir da dor do que a se deixar seduzir pelo prazer. Pois vemos até os animais mais selvagens se afastar dos maiores prazeres por medo da dor". E entre as dores da alma e os perigos, são temidos sobretudo aqueles que conduzem à morte, contra os quais o forte fica firme. Por conseguinte, a fortaleza é uma virtude cardeal.

QUANTO AO 1º, portanto, deve-se dizer que a audácia e a ira não cooperam com a fortaleza para o ato próprio dela, que é o resistir, e que constitui o mérito principal de sua firmeza. Com efeito, por este ato o forte coíbe o temor, que é uma paixão principal.

QUANTO AO 2º, deve-se dizer que a virtude se ordena para o bem da razão que convém preservar contra os ataques dos maus. Ora, a fortaleza se ordena aos males físicos como a contrários aos quais ela resiste. Mas também se ordena ao bem da razão, como a seu fim, que ela entende conservar.

QUANTO AO 3º, deve-se dizer que, embora os perigos de morte pareçam raros, frequentemente surgem as ocasiões de os suscitar, por exemplo quando um homem vê se levantarem contra si seus inimigos, por causa da justiça que observa e de outras boas ações que pratica.

---

5. L. I, c. 15: ML 32, 1322.
6. I-II, q. 61, a. 3, 4.
7. C. 3: 1105, a, 32 — b, 5.
8. Q. 36, n. 1: ML 40, 25.
9. I-II, q. 25, a. 4.

ARTICULUS 12
Utrum fortitudo praecellat inter omnes virtutes

AD DUODECIMUM SIC PROCEDITUR. Videtur quod fortitudo praecellat inter omnes virtutes.

1. Dicit enim Ambrosius, in I *de Offic.*[1]: *Est fortitudo velut ceteris excelsior.*

2. PRAETEREA, *virtus est circa difficile et bonum.* Sed fortitudo est circa difficillima. Ergo est maxima virtutum.

3. PRAETEREA, dignior est persona hominis quam res eius. Sed fortitudo est circa personam hominis, quam aliquis periculo mortis exponit propter bonum virtutis: iustitia autem et aliae virtutes morales sunt circa alias res exteriores. Ergo fortitudo est praecipua inter virtutes morales.

SED CONTRA est quod Tullius dicit, in I *de Offic.*[2]: *In iustitia virtutis splendor est maximus, ex qua viri boni nominantur.*

PRAETEREA, Philosophus dicit, in I *Rhet.*[3]: *Necesse est maximas esse virtutes que maxime aliis utiles sunt.* Sed liberalitas videtur magis utilis quam fortitudo. Ergo est maior virtus.

RESPONDEO dicendum quod, sicut Augustinus dicit, in VI *de Trin.*[4], *in his quae non mole magna sunt, idem est esse maius quod melius.* Unde tanto aliqua virtus maior est quanto melior est. Bonum autem rationis est hominis bonum, secundum Dionysium, 4 cap. *de Div. Nom.*[5]. Hoc autem bonum essentialiter quidem habet prudentia, quae est perfectio rationis. Iustitia autem est huius boni factiva: inquantum scilicet ad ipsam pertinet ordinem rationis ponere in omnibus rebus humanis. Aliae autem virtutes sunt conservativae huius boni: inquantum scilicet moderantur passiones, ne abducant hominem a bono rationis. Et in ordine harum fortitudo tenet locum praecipuum: quia timor periculorum mortis maxime est efficax ad

ARTIGO 12
A fortaleza é a mais excelente de todas as virtudes?

QUANTO AO DÉCIMO SEGUNDO, ASSIM SE PROCEDE: parece que a fortaleza é a mais excelente de todas as virtudes.

1. Com efeito, Ambrósio diz que "a fortaleza é, por assim dizer, mais elevada que as outras virtudes".

2. ALÉM DISSO, a virtude diz respeito ao que é difícil e bom. Ora, a fortaleza concerne ao que há de mais difícil. Logo, é a maior das virtudes.

3. ADEMAIS, a pessoa do homem é mais digna que seus bens[k]. Ora, a fortaleza concerne à pessoa do homem que se expõe ao perigo de morte para preservar o bem da virtude. Ao passo que a justiça e as outras virtudes morais dizem respeito aos bens externos. Logo, a fortaleza é a principal de todas as virtudes morais.

EM SENTIDO CONTRÁRIO, Cícero diz: "O esplendor das virtudes brilha ao máximo na justiça que dá seu nome ao homem de bem".

ADEMAIS, Aristóteles: "As virtudes que são mais úteis aos outros são obrigatoriamente as maiores". Ora, a liberalidade parece mais útil que a fortaleza. Logo, é uma virtude maior.

RESPONDO. Como diz Agostinho, "nas coisas que não se medem pelo volume, o maior é a mesma coisa que o melhor". De onde se conclui que um virtude será tanto maior quanto melhor ela for. Ora, o bem da razão é o bem do homem, como diz Dionísio. Este bem da razão é possuído essencialmente pela prudência, que é a perfeição da razão. Quanto à justiça, ela realiza o bem enquanto a ela cabe pôr a ordem da razão em todas as coisas humanas. As outras virtudes conservam este bem, enquanto moderam as paixões a fim de que não desviem o homem do bem da razão. E, nesta ordem, a fortaleza ocupa o primeiro lugar, porque o medo do perigo de morte é particularmente eficaz para desviar o homem do bem da

---

12 PARALL.: I-II, q. 66, a. 3, 4; IV *Sent.*, dist. 33, q. 3, a. 3; *de Virtut.*, q. 5, a. 3.

1. C. 35, n. 176: ML 16, 75 A.
2. C. 7: ed. C. F. W. Mueller, Lipsiae 1910, p. 8, ll. 35-37.
3. C. 9: 1366, b, 3-4.
4. C. 8: ML 42, 929.
5. MG 3, 733 A.

k. A terceira objeção e sua solução dizem mais sobre a justiça e os direitos da pessoa humana do que sobre sua fortaleza. Mas são importantes. Desconfiemos daqueles que "dão corajosamente de sua pessoa", mas não são tão cuidadosos em matéria de justiça!

hoc quod hominem faciat recedere a bono rationis. Post quam ordinatur temperantia: quia etiam delectationes tactus maxime inter cetera impediunt bonum rationis. — Id autem quod essentialiter dicitur, potius est eo quod dicitur effective: et hoc etiam potius est eo quod dicitur conservative, secundum remotionem impedimenti. Unde inter virtutes cardinales prudentia est potior; secunda, iustitia; tertia, fortitudo; quarta, temperantia. Et post has, ceterae virtutes.

AD PRIMUM ergo dicendum quod Ambrosius fortitudinem aliis virtutibus praefert secundum quandam generalem utilitatem: prout scilicet et in rebus bellicis et in rebus civilibus seu domesticis utilis est. Unde ipse ibidem[6] praemittit: *Nunc de fortitudine tractemus: quae, velut excelsior ceteris, dividitur in res bellicas et domesticas.*

AD SECUNDUM dicendum quod ratio virtutis magis consistit in bono quam in difficili. Unde magis est mensuranda magnitudo virtutis secundum rationem boni quam secundum rationem difficilis.

AD TERTIUM dicendum quod homo non exponit personam suam mortis periculis nisi propter iustitiam conservandam. Et ideo laus fortitudinis dependet quodammodo ex iustitia. Unde dicit Ambrosius, in I *de Offic.*[7], quod *fortitudo sine iustitia iniquitatis est materia: quo enim validior est, eo promptior ut inferiorem opprimat.*

QUARTUM[8] concedimus.

AD QUINTUM[9] dicendum quod liberalitas utilis est in quibusdam particularibus beneficiis. Sed fortitudo habet utilitatem generalem ad conservandum totum iustitiae ordinem. Et ideo Philosophus dicit, in I *Rhet.*[10], quod *iusti et fortes maxime amantur, quia sunt maxime utiles et in bello et in pace.*

razão. Depois dela vem a temperança, porque os prazeres do tato são, mais que os outros, os que fazem obstáculo ao bem da razão. — Ora, aquilo que é atribuído essencialmente é mais importante do que é atribuído a título de realização; e isto, é mais importante do que aquilo que é atribuído a título de conservação, no sentido que remove os impedimentos. Daí a seguinte classificação das virtudes cardeais: primeiro, a prudência; segundo, a justiça; terceiro, a fortaleza; quarto, a temperança. Depois vêm as outras virtudes.

QUANTO AO 1º, portanto, deve-se dizer que Ambrósio coloca a fortaleza acima das outras virtudes segundo uma espécie de utilidade geral que ela apresenta nos assuntos da guerra e nas coisas civis ou domésticas. Na mesma passagem ele começa dizendo: "Tratemos agora da fortaleza, que, como mais excelsa que as outras virtudes, se divide entre a guerra e os negócios domésticos".

QUANTO AO 2º, deve-se dizer que a razão da virtude consiste muito mais no bem do que no difícil. Por isso, a grandeza de uma virtude se mede muito mais pela razão de bem do que pela razão de difícil.

QUANTO AO 3º, deve-se dizer que o homem só expõe sua vida aos perigos de morte para salvaguardar a justiça. E é por isso que o mérito da fortaleza depende, numa certa medida, da justiça. De onde esta observação de Ambrósio: "A fortaleza sem a justiça favorece a iniquidade. Quanto mais vigorosa ela for, mais pronta estará para oprimir os inferiores".

QUANTO AO 4º, (Em sentido contrário) deve-se dizer que aceitamos o argumento.

QUANTO AO 5º, (Ademais) deve-se dizer que a liberalidade é útil em alguns benefícios particulares. Mas a força tem uma utilidade geral na salvaguarda de toda a ordem da justiça. Por isso, Aristóteles afirma: "Os homens justos e fortes são os mais amados porque são os mais úteis na guerra e na paz".

---

6. C. 35, n. 175: ML 16, 74 B.
7. C. 35, n. 176: ML 16, 75 A.
8. Arg. *sed c.*
9. Arg. *sed c* 2.
10. C. 9: 1366, b, 5-7.

QUESTÃO 124
O MARTÍRIO
em cinco artigos

Em seguida, deve-se tratar do martírio. A esse respeito, cinco questões.
1. O martírio é um ato de virtude?
2. O martírio é ato de qual virtude?
3. A perfeição deste ato.
4. A pena do martírio.
5. Sua causa.

Artigo 1
O martírio é um ato de virtude?[a]

Quanto ao artigo primeiro, assim se procede: parece que o martírio **não** é um ato de virtude.

1. Com efeito, todo ato de virtude é um ato voluntário. Ora, o martírio nem sempre é voluntário, como se vê pelos santos inocentes assassinados por causa do Cristo, a respeito dos quais Hilário escreve: "Foram levados ao ápice das alegrias eternas pela glória do martírio". Logo, o martírio não é um ato de virtude.

2. Além disso, nenhum ilícito pode ser ato de virtude. Ora, matar a si próprio é ilícito. Entretanto, alguns martírios foram consumados desta maneira, conforme o relato de Agostinho: "No tempo das perseguições, algumas santas mulheres, para evitar os perseguidores de seu pudor, se lançaram ao rio e assim morreram; e seu martírio é celebrado na Igreja Católica com grande veneração". Logo, o martírio não é um ato de virtude.

3. Ademais, é louvável que alguém se ofereça espontaneamente para cumprir um ato de virtude. Ora, não é louvável que alguém se apresente para o martírio, pois isto pode parecer presunçoso e perigoso. Logo, o martírio não é um ato de virtude.

Em sentido contrário, somente um ato de virtude pode merecer a recompensa da bem-aventurança eterna. Ora, esta recompensa se deve ao martírio, conforme a palavra do Evangelho: "Fe-

---

a. O martírio ocupa um lugar considerável na história do cristianismo para justificar a elaboração de uma "teologia do martírio", por sucinta que seja. O cristão não tem dúvida de que o martírio seja digno de elogio. Mas isso não significa que ele não apresente problemas para o teólogo.

ipsorum est regnum caelorum. Ergo martyrium est actus virtutis.

RESPONDEO dicendum quod, sicut dictum est[4], ad virtutem pertinet quod aliquis in bono rationis conservetur. Consistit autem bonum rationis in veritate, sicut in proprio obiecto; et in iustitia, sicut in proprio effectu, sicut ex supra[5] dictis patet. Pertinet autem ad rationem martyrii ut aliquis firmiter stet in veritate et iustitia contra persequentium impetus. Unde manifestum est quod martyrium est actus virtutis.

AD PRIMUM ergo dicendum quod quidam dixerunt quod in Innocentibus acceleratus est miraculose usus liberi arbitrii, ita quod etiam voluntarie martyrium passi sunt. — Sed quia hoc per auctoritatem Scripturae non comprobatur, ideo melius dicendum est quod martyrii gloriam, quam in aliis propria voluntas meretur, illi parvuli occisi per Dei gratiam sunt assecuti. Nam effusio sanguinis propter Christum vicem gerit baptismi. Unde sicut pueris baptizatis per gratiam baptismalem meritum Christi operatur ad gloriam obtinendam, ita in occisis propter Christum meritum martyrii Christi operatur ad palmam martyrii consequendam. Unde Augustinus dicit, in quodam sermone *de Epiphania*[6], quasi eos alloquens: *Ille de vestra corona dubitabit in passione pro Christo, qui etiam parvulis baptismum prodesse non aestimat Christi. Non habebatis aetatem qua in passurum Christum crederetis: sed habebatis carnem in qua pro Christo passuro passionem sustineretis.*

AD SECUNDUM dicendum quod, sicut Augustinus ibidem[7] dicit, esset possibile quod *aliquibus fide dignis testificationibus divina persuasit auctoritas Ecclesiae ut dictarum Sanctarum memoriam honoraret.*

AD TERTIUM dicendum quod praecepta legis dantur de actibus virtutis. Dictum autem est supra[8] quaedam praecepta legis divinae tradita esse secundum praeparationem animi, ut scilicet homo sit paratus hoc vel illud faciendi cum fuerit oppor-

lizes aqueles que sofrem perseguição pelo amor da justiça porque deles é o Rei dos céus". Logo, o martírio é um ato de virtude.

RESPONDO. Cabe à virtude conservar alguém no bem da razão. Mas o bem da razão consiste na verdade, como em seu objeto próprio; e na justiça, como sendo seu efeito próprio. Ora, pertence à razão do martírio que o mártir se mantenha firme na verdade e na justiça contra os assaltos dos perseguidores. E fica assim claro que o martírio é um ato de virtude.

QUANTO AO 1º, portanto, deve-se dizer que alguns autores sustentaram que o uso do livre-arbítrio se tinha desenvolvido milagrosamente entre os santos Inocentes, de tal maneira que eles teriam sofrido o martírio voluntariamente. — Mas, como isso não é confirmado por nenhum texto da Escritura Sagrada, é melhor dizer que a glória do martírio, que outros mereceram por sua própria vontade, aquelas crianças assassinadas conseguiram pela graça de Deus. Porque a efusão de sangue pelo Cristo faz as vezes do batismo. Portanto, assim como, para as crianças batizadas, o mérito de Cristo age, pelo batismo, para obter a glória, assim também, no caso das crianças sacrificadas pelo nome do Cristo, o mérito de Cristo é suficientemente eficaz para lhes alcançar a palma do martírio. É por isso que Agostinho diz, como que interpelando estas crianças: "Aquele que duvidar que recebestes a coroa porque sofrestes pelo Cristo, deve pensar também que o batismo do Cristo não tem nenhum proveito para as crianças. Não tínheis ainda idade para crer no Cristo que iria sofrer; mas já tínheis a carne na qual iríeis sofrer vossa paixão pelo Cristo que seria sacrificado".

QUANTO AO 2º, deve-se dizer que na mesma passagem Agostinho admite como possível que "a autoridade divina tenha persuadido a Igreja, por testemunhos dignos de fé, que ela devia honrar a memória destas santas".

QUANTO AO 3º, deve-se dizer que os preceitos da lei têm por objeto os atos das virtudes. Ora, certos preceitos da lei divina foram dados aos homens para preparar as almas deles, isto é, para que eles estejam prontos a agir de tal ou tal maneira quan-

---

4. Q. 123, a. 12.
5. Q. 109, a. 1, 2; q. 123, a. 12.
6. Serm. 373, al. *de Divers*. 66, c. 3: ML 39, 1665.
7. Loc. cit. in arg.
8. I-II, q. 108, a. 4, ad 4.

tunum. Ita etiam et aliqua pertinent ad actum virtutis secundum animi praeparationem, ut scilicet, superveniente tali casu, homo secundum rationem agat. Et hoc praecipue videtur observandum in martyrio, quod consistit in debita sustinentia passionum iniuste inflictarum: non autem debet homo occasionem dare alteri iniuste agendi, sed si alius iniuste egerit, ipse debet moderate tolerare.

do chegar a ocasião oportuna. Desta forma, certos preceitos se ligam ao ato de virtude segundo a razão desta preparação, de tal sorte que, quando for o caso, o homem assim preparado agirá de conformidade com a razão. E isto deve ser observado principalmente a respeito do martírio que consiste em suportar devidamente os sofrimentos infligidos injustamente. Um homem nunca deve oferecer a outro uma ocasião de agir injustamente. Mas se o outro agir injustamente o primeiro deve suportá-lo na medida do que sente.

ARTICULUS 2
Utrum martyrium sit actus fortitudinis

AD SECUNDUM SIC PROCEDITUR. Videtur quod martyrium non sit actus fortitudinis.
1. Dicitur enim *martyr* in graeco quasi *testis*. Testimonium autem redditur fidei Christi: secundum illud Act 1,8: *Eritis mihi testes in Ierusalem*, etc. Et Maximus[1] dicit, in quodam sermone[2]: *Mater martyrii fides Catholica est, in qua ergo illustres athletae suo sanguine subscripserunt*. Martyrium est potius actus fidei quam fortitudinis.

2. PRAETEREA, actus laudabilis ad illam virtutem praecipue pertinet quae ad ipsum inclinat, et quae ab ipso manifestatur, et sine qua ipse non valet. Sed ad martyrium praecipue inclinat caritas: unde

ARTIGO 2
O martírio é um ato da fortaleza?[b]

QUANTO AO SEGUNDO, ASSIM SE PROCEDE: parece que o martírio **não** é um ato da fortaleza.
1. Com efeito, em grego a palavra *mártir*, significa testemunho. Ora, o testemunho se dá à fé em Cristo, conforme a palavra dos Atos: Sereis minhas testemunhas em Jerusalém etc. Máximo diz: "A mãe do martírio é a fé católica, a qual ilustres atletas subscreveram com o próprio sangue". Logo, o martírio é um ato da fé mais que um ato da fortaleza.

2. Além disso, um ato louvável pertence principalmente àquela virtude que inclina para ele, é manifestada por esse ato e sem a qual o ato não teria valor. Ora, é principalmente a caridade

---

1. Taurinensis.
2. *De Natali SS. Mart.* 3, al. serm. 88: ML 57, 708 B.
3. Serm. 16 (inter opp.): ML 57, 875 B.

b. "Distinguir para unir" é um movimento do espírito habitual em Sto. Tomás. Sua teologia moral distingue entre diferentes virtudes com um tal espírito de análise que muitos se enganam a respeito, e pensam que ele trata as virtudes como realidades autônomas. Na verdade, ele não esquece jamais a unidade fundamental de todo ato humano. Por si só, o ato do martírio já implica todo um jogo de virtudes funcionando como princípios e dando ao ato sua rica coloração.
  A fé está envolvida, mas igualmente a caridade, a fortaleza e a paciência. Cada virtude tem seu objeto próprio e sua parte a executar. A harmonia entre elas concorre para a única ação virtuosa.
  A fé se apresenta aqui sob uma forma bem objetiva: não como uma convicção especialmente tenaz, um fanatismo, mas como uma adesão à verdade. Não é de modo algum a obstinação que torna o martírio virtuoso. O artigo 5 desta questão 124 volta a tratar do lugar da fé como causa do martírio.
  O papel da caridade é finamente analisado: o amor inclina ao sacrifício da vida, manifesta-se por meio dele e, quando se trata da virtude teologal de caridade, torna-o meritório. Um martírio sem amor é portanto perfeitamente em vão.
  Entretanto, estritamente falando, o ato do martírio se deve à fortaleza, uma fortaleza animada pelas virtudes teologais, mas que pode ser reconhecida enquanto tal.
  Não é acidental o vínculo entre a fortaleza paciente que habita o mártir e as virtudes teologais, uma vez que a fortaleza de que se trata aqui é a *fortitudo gratuita* (proveniente da graça), que se assemelha à *fortitudo civilis*, mas com diferenças. Remetemos ao estudo que faz Sto. Tomás das chamadas virtudes "infundidas" e ligadas com a graça santificante, em oposição às virtudes adquiridas cujo regime é diferente (Cf. I-II, q. 63, a. 2-3).
  O ato do martírio é essencialmente um ato de fortaleza, mas dessa fortaleza que, infundida pelo Espírito Santo, já está penetrada de fé, de esperança e de amor. Fé e amor são decisivos, mas só constituem o mártir na medida em que o sujeito se torna forte interiormente, e tem "habitualmente" as sadias reações que caracterizam o homem forte diante de perigos mortais.

in quodam sermone Maximi³ dicitur: *Caritas Christi in Martyribus suis vicit*. Maxime etiam caritas per actum martyrii manifestatur: secundum illud Io 15,13: *Maiorem dilectionem nemo habet quam ut animam suam ponat quis pro amicis suis*. Sine caritate etiam martyrium nihil valet: secundum illud 1Cor 13,3: *Si tradidero corpus meum ita ut ardeam, caritatem autem non habuero, nihil mihi prodest*. Ergo martyrium magis est actus caritatis quam fortitudinis.

3. PRAETEREA, Augustinus dicit, in quodam sermone de sancto Cypriano⁴: *Facile est martyrem celebrando venerari: magnum vero fidem eius et patientiam imitari*. Sed in unoquoque actu virtutis praecipue laudabilis redditur virtus cuius est actus. Ergo martyrium magis est actus patientiae quam fortitudinis.

SED CONTRA est quod Cyprianus dicit, in epistola *ad Martyres et Confessores*⁵: *O beati martyres, quibus vos laudibus praedicem? O milites fortissimi, robur corporis vestri quo praeconio vocis explicem?* Quilibet autem laudatur de virtute cuius actum exercet. Ergo martyrium est actus fortitudinis.

RESPONDEO dicendum quod, sicut ex supra⁶ dictis patet, ad fortitudinem pertinet ut confirmet hominem in bono virtutis contra pericula, et praecipue contra pericula mortis, et maxime eius quae est in bello. Manifestum est autem quod in martyrio homo firmiter confirmatur in bono virtutis, dum fidem et iustitiam non deserit propter imminentia pericula mortis, quae etiam in quodam certamine particulari a persecutoribus imminent. Unde Cyprianus dicit, in quodam sermone⁷: *Vidit admirans praesentium multitudo caeleste certamen, et in praelio stetisse servos Christi voce libera, mente incorrupta, virtute divina*. Unde manifestum est quod martyrium est fortitudinis actus. Et propter hoc de martyribus legit Ecclesia: *Fortes facti sunt in bello*⁸.

AD PRIMUM ergo dicendum quod in actu fortitudinis duo sunt consideranda. Quorum unum est bonum in quo fortis firmatur: et hoc est fortitudinis finis. Aliud est ipsa firmitas, qua quis non cedit contrariis prohibentibus ab illo bono: et in hoc consistit essentia fortitudinis. Sicut autem

que inclina ao martírio. É o que diz Máximo: "A caridade do Cristo é vitoriosa em seus mártires". A caridade se manifesta de maneira toda especial pelo ato do martírio, de acordo com a palavra o Evangelho de João: "Não existe amor maior no mundo do que dar a vida por seus amigos". Finalmente, Paulo diz que sem a caridade o martírio nada vale: "Se entregasse meu corpo às chamas e não tivesse a caridade, de nada serviria". Logo, o martírio é muito mais um ato da caridade, que da fortaleza.

3. ADEMAIS, Agostinho diz: "É fácil venerar um mártir celebrando sua festa; é difícil imitar-lhe a fé e a paciência". Ora, em todo ato de virtude, o que merece mais elogios é exatamente a virtude da qual ele emana. Logo, o martírio é mais um ato da paciência, que da fortaleza.

EM SENTIDO CONTRÁRIO, estão as palavras de Cipriano: "Oh! Bem-aventurados mártires, com que louvores hei eu de vos celebrar? Oh! Soldados repletos de forças, com quais brilhantes palavras hei eu de cantar o vigor de vossos corpos?" Cada um é louvado pela virtude cujo ato pratica. Logo, o martírio é um ato da fortaleza.

RESPONDO. Cabe à virtude da fortaleza confirmar o homem no bem da virtude contra os perigos, sobretudo contra os perigos de morte, principalmente dos que se encontram na guerra. É evidente que no martírio o homem fica solidamente confirmado no bem da virtude, quando não abandona a fé nem a justiça por causa dos perigos mortais que o ameaçam, por parte dos perseguidores, numa sorte de combate singular. Por isso Cipriano diz: "A multidão assiste com admiração a este combate celeste, e vê que os servos de Cristo se mantiveram firmes na batalha, com voz livre, a alma intacta e força divina". Fica assim evidente que o martírio é um ato da fortaleza, e é a razão pela qual a Igreja aplica aos mártires esta palavra: "Eles foram fortes no combate".

QUANTO AO 1º, portanto, deve-se dizer que duas coisas devem ser consideradas no ato da fortaleza. A primeira, é o bem ao qual o homem forte adere de maneira inabalável e isto constitui propriamente o fim da fortaleza. A segunda é a própria firmeza em si mesma, que impede de ceder aos adversários

---

4. Serm. 311, al. *de Div.* 115, c. 1: ML 38, 1414.
5. Epist. 8, al. l. II, c. 6: ML 4, 246 B.
6. Q. 123, a. 1 sqq.
7. Epist. 8: ML 4, 252 BC.
8. In Epist. Missae SS. Fabiani et Sebastiani Mart., die 20 ianuarii.

fortitudo civilis firmat animum hominis in iustitia humana, propter cuius conservationem mortis pericula sustinet; ita etiam fortitudo gratuita firmat animum hominis in bono *iustitiae Dei, quae est per fidem Iesu Christi*, ut dicitur Rm 3,22. Et sic martyrium comparatur ad fidem sicut ad finem in quo aliquis firmatur: ad fortitudinem autem sicut ad habitum elicientem.

AD SECUNDUM dicendum quod ad actum martyrii inclinat quidem caritas sicut primum et principale motivum, per modum virtutis imperantis: fortitudo autem sicut motivum proprium, per modum virtutis elicientis. Et inde etiam est quod martyrium est actus caritatis ut imperantis, fortitudinis autem ut elicientis. Et inde est quod utramque virtutem manifestat. Quod autem sit meritorium, habet ex caritate: sicut et quilibet virtutis actus. Et ideo sine caritate non valet.

AD TERTIUM dicendum quod, sicut dictum est[9], principalior actus fortitudinis est sustinere, ad quem pertinet martyrium; non autem ad secundarium actum eius, qui est aggredi. Et quia patientia deservit fortitudini ex parte actus principalis, qui est sustinere, inde est etiam quod concomitanter in martyribus patientia commendatur.

ARTICULUS 3
Utrum martyrium sit actus maximae perfectionis

AD TERTIUM SIC PROCEDITUR. Videtur quod martyrium non sit actus maximae perfectionis.

1. Illud enim ad perfectionem vitae videtur pertinere quod cadit sub consilio, non sub praecepto, quia scilicet non est de necessitate salutis. Sed martyrium videtur esse de necessitate salutis:

deste bem, e é exatamente nisto que consiste a essência da fortaleza. A força cívica robustece na alma do homem sua adesão à justiça humana cuja preservação o leva a suportar perigos mortais. Da mesma maneira, a fortaleza que vem da graça confirma o coração do homem "no bem da justiça de Deus que é pela fé em Cristo Jesus". Assim o martírio se refere à fé como ao fim no qual se é confirmado; e se refere à fortaleza, como à virtude que o produz.

QUANTO AO 2º, deve-se dizer que sem dúvida a caridade inclina ao ato do martírio como seu motivo primeiro e principal, pelo modo de virtude imperante; mas a fortaleza inclina ao martírio como sendo seu motivo próprio, sendo a virtude que o produz. E por aí se vê que o martírio é ato da caridade, como a que o impera, e da fortaleza, como a que o realiza. Portanto, o martírio manifesta essas duas virtudes. É pela caridade que este ato fica sendo meritório, como todo ato de virtude. Por isso, sem a caridade nada valeria.

QUANTO AO 3º, deve-se dizer que o ato principal da fortaleza é resistir. O martírio pertence a este ato, e não ao ato secundário que é atacar. Ora, como a paciência assiste à fortaleza em seu ato principal que é resistir, assim também, se louva a paciência dos mártires.

ARTIGO 3
O martírio é um ato de perfeição máxima?[c]

QUANTO AO TERCEIRO, ASSIM SE PROCEDE: parece que o martírio **não** é o ato da mais alta perfeição.

1. Com efeito, o que pertence à perfeição da vida é objeto de um conselho, e não de um preceito, até porque não é absolutamente necessário à salvação. Ora, o martírio parece ser necessário

---

9. Q. 123, a. 6.
3   PARALL.: *Ad Heb.*, c. 11, lect. 8.

c. O martírio, como é fácil perceber, é suspeito quando assume ares de suicídio. Mas, mesmo sem esses ares, ele suscita as críticas que lemos nas três objeções do artigo: o martírio é às vezes imposto (e portanto não livre) como a única saída para quem não quer apostatar; é sempre e unicamente o sacrifício do corpo (enquanto que a obediência sacrifica a vontade própria); e, sobretudo, assegura àquele que o sofre uma salvação egoísta, enquanto os sobreviventes são deixados à sua triste sorte.
   Sto. Tomás é inteiramente sensível a seus críticos. O único martírio que obtém sua adesão é aquele que satisfaz à condição fundamental de pôr em prática a palavra de Cristo: não existe amor maior do que dar sua vida por aqueles a quem amamos. Se o martírio atende a essa característica, as objeções perdem sua força. O mártir, nesse caso, é a imagem viva de Cristo: livre, obediente, tomado de amor por todos aqueles em prol dos quais ele oferece sua vida. Somente na medida em que a morte violenta sofrida, ou mesmo aceita, deixar de ser o sinal do amor a Deus e ao próximo, é que os críticos voltarão a ter razão. Nem admiração beata, nem desconfiança mesquinha, tal é portanto a linha adotada por Sto. Tomás em relação aos mártires.

dicit enim Apostolus, Rm 10,10: *Corde creditur ad iustitiam, ore autem fit confessio ad salutem*; et 1Io 3,16 dicitur quod *nos debemus pro fratribus animam ponere*. Ergo martyrium non pertinet ad perfectionem.

2. PRAETEREA, ad maiorem perfectionem pertinere videtur quod aliquis det Deo animam, quod fit per obedientiam, quam quod det Deo proprium corpus, quod fit per martyrium: unde Gregorius dicit, ult. *Moral.*[1], quod *obedientia cunctis victimis praefertu*. Ergo martyrium non est actus maximae perfectionis.

3. PRAETEREA, melius esse videtur aliis prodesse quam seipsum in bono conservare: quia *bonum gentis melius est quam bonum unius hominis*, secundum Philosophum, in I *Ethic*.[2]. Sed ille qui martyrium sustinet, sibi soli prodest: ille autem qui docet, proficit multis. Ergo actus docendi et gubernandi subditos est perfectior quam actus martyrii.

SED CONTRA est quod Augustinus, in libro *de Sancta Virginit*.[3], praefert martyrium virginitati, quae ad perfectionem pertinet. Ergo videtur martyrium maxime ad perfectionem pertinere.

RESPONDEO dicendum quod de aliquo actu virtutis dupliciter loqui possumus. Uno modo, secundum speciem ipsius actus, prout comparatur ad virtutem proxime elicientem ipsum. Et sic non potest esse quod martyrium, quod consistit in debita tolerantia mortis, sit perfectissimus inter virtutis actus. Quia tolerare mortem non est laudabile secundum se, sed solum secundum quod ordinatur ad aliquod bonum quod consistit in actu virtutis, puta ad fidem et dilectionem Dei. Unde ille actus virtutis, cum sit finis, melior est.

Alio modo potest considerari actus virtutis secundum quod comparatur ad primum motivum, quod est amor caritatis. Et ex hac parte praecipue aliquis actus habet quod ad perfectionem vitae pertineat: quia, ut Apostolus dicit, Cl 3,14, *caritas est vinculum perfectionis*. Martyrium autem, inter omnes actus virtuosos, maxime demonstrat perfectionem caritatis. Quia tanto magis ostenditur aliquis aliquam rem amare, quanto pro ea rem magis amatam contemnit, et rem magis odiosam eligit pati. Manifestum est autem quod inter omnia alia bona praesentis vitae, maxime amat homo ipsam vitam, et e contrario maxime odit ipsam

para salvação; diz Paulo: "A fé do coração obtêm a justiça e a confissão dos lábios obtém a salvação". E a primeira Carta de João acrescenta: "Devemos dar a vida por nossos irmãos". Logo, o martírio não pertence à perfeição.

2. ALÉM DISSO, parece mais perfeito dar a Deus sua alma, o que se faz pela obediência, do que lhe dar o corpo, o que se faz pelo martírio. Por isso Gregório diz: "A obediência vale mais que todas as vítimas". Logo, o martírio não é o ato da mais alta perfeição.

3. ADEMAIS, parece melhor socorrer os outros do que se manter a si próprio no bem, por que, como diz Aristóteles, "o bem da nação vale mais que o bem de um único homem". Ora, aquele que sofre o martírio serve apenas a si mesmo, aquele que ensina presta serviço a muitos. Logo, ensinar ou governar é mais perfeito que o martírio.

EM SENTIDO CONTRÁRIO, Agostinho afirma o martírio acima da virgindade, que é um ato de perfeição. Logo, parece que o martírio pertence ao grau supremo da perfeição.

RESPONDO. Podemos falar de um ato de virtude de duas maneiras. Primeiro, segundo a espécie deste ato, enquanto relacionado à virtude do qual ele emana imediatamente. Deste ponto de vista não se pode dizer que o martírio, que consiste em aceitar devidamente a morte, seja o mais perfeito dos atos de virtude. Porque tolerar a morte não é louvável em si mesmo, mas somente enquanto se ordena a um bem que consiste num ato de virtude, como por exemplo a fé ou o amor de Deus. Nestes casos, este ato, por ser um fim, é melhor.

Segundo, enquanto relacionado com o primeiro motivo, isto é o amor de caridade. É sobretudo deste ponto de vista que um ato de virtude pertence à ordem da perfeição da vida, porque, como diz Paulo, "a caridade é o vínculo da perfeição". Ora, entre todos os atos de virtude, o martírio é aquele que manifesta no mais alto grau a perfeição da caridade. Porque, tanto mais se manifesta que alguém ama alguma coisa, quanto por ela despreza uma coisa amada e abraça um sofrimento. É evidente que entre todos os bens da vida presente aquele que o homem mais preza é a vida e, ao contrário, aquilo que ele mais odeia é a morte,

---

1. L. XXXV, c. 14, al. 10, in vet. 12, n. 28: ML 76, 765 B.
2. C. 1: 1094, b, 8-11.
3. C. 46, n. 47: ML 40, 424.

mortem: et praecipue cum doloribus corporalium tormentorum, quorum metu etiam bruta animalia *a maximis voluptatibus absterrentur*, ut Augustinus dicit, in libro *Octoginta trium Quaest*.[4]. Et secundum hoc patet quod martyrium inter ceteros actus humanos est perfectior secundum suum genus, quasi maximae caritatis signum: secundum illud Io 15,13: *Maiorem caritatem nemo habet quam ut animam suam ponat quis pro amicis suis*.

AD PRIMUM ergo dicendum quod nullus est actus perfectionis sub consilio cadens qui in aliquo eventu non cadat sub praecepto, quasi de necessitate salutis existens: sicut Augustinus dicit, in libro *de Adulterinis Coniugiis*[5], quod aliquis incidit in necessitatem continentiae servandae propter absentiam vel infirmitatem uxoris. Et ideo non est contra perfectionem martyrii si in aliquo casu sit de necessitate salutis. Est enim aliquis casus in quo martyrium perferre non est de necessitate salutis: puta cum ex zelo fidei et caritate fraterna multoties leguntur sancti martyres sponte se obtulisse martyrio. — Illa autem praecepta sunt intelligenda secundum praeparationem animi.

AD SECUNDUM dicendum quod martyrium complectitur id quod summum in obedientia esse potest, ut scilicet aliquis sit obediens usque ad mortem: sicut de Christo legitur, Philp 2,8, quod *factus est obediens usque ad mortem*. Unde patet quod martyrium secundum se est perfectius quam obedientia absolute dicta.

AD TERTIUM dicendum quod ratio illa procedit de martyrio secundum propriam speciem actus, ex qua non habet excellentiam inter omnes actus virtutum: sicut nec fortitudo est excellentior inter omnes virtutes.

principalmente quando vem acompanhada de torturas e suplícios por medo dos quais "até os próprios animais ferozes se afastam dos prazeres mais desejáveis", como diz Agostinho. Deste ponto de vista, é evidente que o martírio é, por natureza, o mais perfeito dos atos humanos, enquanto sinal do mais alto grau de amor, segundo a palavra da Escritura: "Não existe maior prova de amor do que dar a vida por seus amigos".

QUANTO AO 1º, portanto, deve-se dizer que não há ato de perfeição incluído num conselho que não possa ser objeto de um preceito, dependendo do caso, tornando-se assim necessário à salvação. Agostinho cita o exemplo de um homem que pode ficar rigorosamente obrigado a observar o preceito da continência em consequência da ausência ou de uma doença de sua esposa. Por esta razão, não é contrário à perfeição do martírio que, em certos casos, seja necessário para a salvação. Há realmente casos em que o martírio não é necessário para a salvação. Por exemplo, o caso de muitos santos mártires que se apresentaram espontaneamente ao martírio por puro zelo da fé e da caridade fraterna. — Trata-se, nesses casos, de preceitos que devem ser entendidos enquanto uma preparação da alma.

QUANTO AO 2º, deve-se dizer que o martírio pode ser o máximo da obediência: "ser obediente até à morte", como diz a Escritura, falando do Cristo. É claro que, em si mesmo, o martírio é mais perfeito do que a simples obediência.

QUANTO AO 3º, deve-se dizer que este argumento vale para o martírio considerado segundo a própria espécie de seu ato, que não lhe confere nenhuma superioridade sobre os outros atos de virtude, da mesma maneira que a fortaleza não é superior a todas as virtudes.

ARTICULUS 4

Utrum mors sit
de ratione martyrii

AD QUARTUM SIC PROCEDITUR. Videtur quod mors non sit de ratione martyrii.

ARTIGO 4

A morte pertence à
razão de martírio?

QUANTO AO QUARTO, ASSIM SE PROCEDE: parece que a morte **não** pertence à razão de martírio.

---

4. Q. 36, n. 1: ML 40, 25.
5. L. II, c. 19: ML 40, 485.

Parall.: IV Sent., dist. 49, q. 5, a. 3, q.la 2, ad 8.

1. Dicit enim Hieronymus, in sermone *de Assumptione*[1]: *Recte dixerim quod Dei Genitrix Virgo et Martyr fuit, quamvis in pace vitam finierit*. Et Gregorius dicit[2]: *Quamvis occasio persecutionis desit, habet tamen pax suum martyrium: quia etsi carnis colla ferro non subiicimus, spirituali tamen gladio carnalia desideria in mente trucidamus*. Ergo absque passione mortis potest esse martyrium.

2. Praeterea, pro integritate carnis servanda aliquae mulieres leguntur laudabiliter vitam suam contempsisse: et ita videtur quod corporalis integritas castitatis praeferatur vitae corporali. Sed quandoque ipsa integritas carnis aufertur, vel auferri intentatur, pro confessione fidei Christianae: ut patet de Agnete et Lucia. Ergo videtur quod martyrium magis debeat dici si aliqua mulier pro fide Christi integritatem carnis perdat, quam si etiam vitam perderet corporalem. Unde et Lucia dixit: *Si me invitam feceris violari, castitas mihi duplicabitur ad caronam*[3].

3. Praeterea, martyrium est fortitudinis actus. Ad fortitudinem autem pertinet non solum mortem non formidare, sed nec alias adversitates: ut Augustinus dicit, in VI *Musicae*[4]. Sed multae sunt aliae adversitates praeter mortem, quas aliqui possunt sustinere pro fide Christi: sicut carcerem, exilium, rapinam bonorum, ut patet Hb 10,34. Unde et sancti Marcelli Papae martyrium celebratur, qui tamen fuit in carcere mortuus. Ergo non est de necessitate martyrii quod aliquis sustineat poenam mortis.

4. Praeterea, martyrium est actus meritorius, ut dictum est[5]. Sed actus meritorius non potest esse post mortem. Ergo ante mortem. Et ita mors non est de ratione martyrii.

Sed contra est quod Maximus dicit, in quodam sermone[6], de martyre, quod *vincit pro fide moriendo qui vinceretur sine fide vivendo*.

Respondeo dicendum quod, sicut dictum est[7], martyr dicitur quasi testis fidei Christianae, per quam nobis visibilia pro invisibilibus contemnenda proponuntur, ut dicitur Hb 11. Ad martyrium

1. Com efeito, Jerônimo escreve: "Direi com muita propriedade que a mãe de Deus é virgem e mártir, embora tenha terminado seus dias na paz". E Gregório: "Embora não ofereça muitas oportunidades de perseguições, a paz tem também seu martírio, porque embora não submetamos nossos pescoços ao grilhão, contudo, trucidamos na mente os desejos carnais com a espada espiritual. Logo, pode haver martírio sem sofrer a morte.

2. Ademais, lemos que algumas mulheres, para conservar a integridade do corpo, louvavelmente, desprezaram a própria vida; assim parece que a integridade corporal é preferida à vida corporal. Ora, às vezes, a integridade do corpo é subtraída, ou se ameaça subtrair, pela confissão da fé cristã. Como se vê no caso de Inez e de Luzia. Logo, parece que se deveria falar de martírio quando uma mulher perde a integridade de seu corpo pela fé em Cristo, mais do que quando perde também a própria vida. Daí esta palavra de Luzia: "se tu me fazes violência contra minha vontade, minha castidade vai me valer uma coroa dupla".

3. Além disso, o martírio é um ato da fortaleza. Como diz Agostinho, cabe a fortaleza não apenas não ter medo da morte, como também não ter medo de nenhuma outra adversidade. Ora, existem muitas outras adversidades, afora a morte, que se podem suportar pela fé no Cristo: a prisão, o exílio, espoliação dos bens, como mostra a Carta aos Hebreus. É assim que a Igreja celebra o martírio do papa Marcelo, que no entanto morreu na cadeia. Logo, não é necessário sofrer a pena de morte para ser mártir.

4. Ademais, o martírio é um ato meritório. Ora, não existe ato meritório após a morte. Logo, este ato precede a morte. E como tal não pertence à razão do martírio.

Em sentido contrário, Máximo diz, em um panegírico de mártir: "Ele é vencedor, morrendo pela fé e seria vencido se sem fé continuasse vivendo".

Respondo. Chama-se de mártir aquele que é como que uma testemunha da fé cristã que nos propõe desprezar o mundo visível pelas realidades invisíveis, segundo a Carta aos Hebreus. Pertence,

---

1. Epist. 9 *ad Paul. et Eustoch*., n. 14: ML 30, 138 A.
2. Homil. 3 *in Evang*., n. 4: ML 76, 1089 A.
3. Cfr. *Breviar. Rom*., die 13 dec., ad Matut., lect. 6.
4. C. 15, n. 50: ML 32, 1189.
5. A. 2, ad 2; a. 3.
6. Inter opp. Maximi Taurinen., serm. 16: ML 57, 875 CD.
7. A. 2, 1 a.

ergo pertinet ut homo testificetur fidem, se opere ostendens cuncta praesentia contemnere, ut ad futura et ad invisibilia bona perveniat. Quandiu autem homini remanet vita corporalis, nondum opere se ostendit temporalia cuncta despicere: consueverunt enim homines et consanguineos et omnia bona possessa contemnere, et etiam dolores corporis pati, ut vitam conservent. Unde et Satan contra Iob induxit: *Pellem pro pelle: et cuncta quae habet homo, dabit pro anima sua*, idest pro vita corporali. Et ideo ad perfectam rationem martyrii requiritur quod aliquis mortem sustineat propter Christum.

AD PRIMUM ergo dicendum quod illae auctoritates, et si quae similes inveniuntur, loquuntur de martyrio per quandam similitudinem.

AD SECUNDUM dicendum quod in muliere quae integritatem carnis perdit, vel ad perdendum eam damnatur, occasione fidei Christianae, non est apud homines manifestum utrum hoc mulier patiatur propter amorem fidei Christianae, vel magis pro contemptu castitatis. Et ideo apud homines non redditur per hoc testimonium sufficiens. Unde hoc non proprie habet rationem martyrii. Sed apud Deum, *qui corda scrutatur*, potest hoc ad praemium deputari, sicut Lucia dixit.

AD TERTIUM dicendum quod, sicut supra[8] dictum est, fortitudo principaliter consistit circa pericula mortis, circa alia autem consequenter. Et ideo nec martyrium proprie dicitur pro sola tolerantia carceris vel exilii vel rapinae divitiarum: nisi forte secundum quod ex his sequitur mors.

AD QUARTUM dicendum quod meritum martyrii non est post mortem, sed in ipsa voluntaria sustinentia mortis: prout scilicet aliquis voluntarie patitur inflictionem mortis. Contingit tamen quandoque quod aliquis post mortalia vulnera suscepta pro Christo, vel quascumque alias tribulationes continuatas usque ad mortem, quas a persecutoribus patitur pro fide Christi, diu aliquis vivat. In quo statu actus martyrii meritorius est: et etiam ipso eodem tempore quo huiusmodi afflictiones patitur.

pois, ao martírio que o homem dê testemunho de sua fé, mostrando por fatos que despreza as coisas presentes para alcançar os bens futuros invisíveis. Ora, enquanto o homem conserva a vida do corpo, não mostra ainda, pelos fatos, que despreza todas as realidades corporais, pois os homens costumam, para conservarem a vida, menosprezar os parentes e as riquezas, e até mesmo a suportar os sofrimentos físicos. De onde aquela insinuação de Satanás contra Jó: "Pele por pele! E tudo aquilo que o homem possui, ele o dará por sua alma", quer dizer, por sua vida corporal. Portanto, para a perfeição da razão de martírio é necessário morrer por Cristo.

QUANTO AO 1º, portanto, deve-se dizer que os textos citados, e outros semelhantes, empregam a palavra martírio no sentido metafórico.

QUANTO AO 2º, deve-se dizer que no caso das mulheres que perdem sua integridade física, ou que são condenadas à violação por causa de sua fé cristã, não fica automaticamente evidente aos olhos humanos, se ela é vítima de seu amor à fé cristã, ou se pode haver desprezo da castidade. E por isso, aos olhos dos homens, não há nisto um testemunho suficiente e este ato não tem razão suficiente de martírio. Ora, para Deus, que penetra nos corações, isto pode credenciá-las para uma recompensa, segundo a palavra de Luzia.

QUANTO AO 3º, deve-se dizer que a fortaleza se manifesta principalmente frente aos perigos de morte, e, por consequência, frente a outros perigos. É por isso que não se pode falar de martírio propriamente dito no caso daqueles que sofreram apenas a prisão, o exílio ou a espoliação dos bens, a menos que estas penas tenham resultado em morte.

QUANTO AO 4º, deve-se dizer que o mérito do martírio não se situa depois da morte, mas na própria aceitação voluntária da morte. Ocorre às vezes que, após ter recebido por causa do Cristo, feridas mortais e outras violências prolongadas até quase à morte, o mártir tenha conseguido sobreviver ainda por muito tempo. Nesse estado, o ato do martírio é meritório e também no momento mesmo em que se suportam os suplícios.

---

8. Q. 123, a. 4.

Articulus 5
Utrum sola fides sit causa martyrii

AD QUINTUM SIC PROCEDITUR. Videtur quod sola fides sit causa martyrii.

1. Dicitur enim 1Pe 4,15-16: *Nemo vestrum patiatur quasi homicida aut fur*, aut aliquid huiusmodi: *si autem ut Christianus, non erubescat, glorificet autem Deum in isto nomine*. Sed ex hoc dicitur aliquis Christianus quod tenet fidem Christi. Ergo sola fides Christi dat patientibus martyrii gloriam.

2. PRAETEREA, *martyr* dicitur quasi *testis*. Testimonium autem non redditur nisi veritati. Non autem aliquis dicitur martyr ex testimonio cuiuslibet veritatis, sed solum ex testimonio veritatis divinae. Alioquin, si quis moreretur pro confessione veritatis geometriae, vel alterius scientiae speculativae, esset martyr: quod videtur ridiculum. Ergo sola fides est martyrii causa.

3. PRAETEREA, inter alia virtutum opera illa videntur esse potiora quae ordinantur ad bonum commune: quia *bonum gentis melius est quam bonum unius hominis*, secundum Philosophum in I *Ethic.*[1]. Si ergo aliquod aliud bonum esset causa martyrii, maxime videretur quod illi martyres essent qui pro defensione reipublicae moriuntur. Quod Ecclesiae observatio non habet: non enim militum qui in bello iusto moriuntur martyria celebrantur. Ergo sola fides videtur esse martyrii causa.

SED CONTRA est quod dicitur Mt 5,10: *Beati qui persecutionem patiuntur propter iustitiam*: quod pertinet ad martyrium, ut Glossa[2] ibidem dicit. Ad iustitiam autem pertinet non solum fides, sed etiam

Artigo 5
Só a fé é causa do martírio?[d]

QUANTO AO QUINTO, ASSIM SE PROCEDE: parece que só a fé é causa do martírio.

1. Com efeito, a Escritura diz: "Que nenhum dentre vós tenha a sofrer como homicida ou ladrão, ou algo de semelhante. Mas, se é como cristão que tem de sofrer, que então não se envergonhe. Pelo contrário: que renda glórias a Deus por usar este nome". Ora, o nome de cristão vem da fé que se tem no Cristo. Logo, só a fé no Cristo confere a glória do martírio às suas vítimas.

2. ALÉM DISSO, *Mártir* significa *testemunha*. Ora, só se presta testemunho à verdade. Ninguém é chamado de mártir por ter prestado testemunho de uma verdade qualquer, mas somente por ter dado testemunho da verdade divina. Do contrário, se alguém morresse por ter confessado uma verdade da geometria ou de qualquer outra ciência especulativa, seria mártir, o que parece ridículo. Logo, só a fé é causa do martírio.

3. ADEMAIS, entre as outras obras de virtude as que parecem mais importantes são as que se ordenam para o bem comum, porque "o bem da nação é melhor que o bem do indivíduo", como diz Aristóteles. Por conseguinte, se um outro bem fosse causa de martírio, o título de mártir teria que ser atribuído antes de tudo àqueles que morrem pela defesa do Estado. Ora, isso não faz parte dos costumes da igreja, porque não se celebra a memória daqueles que morreram numa guerra justa. Logo, só a fé é causa do martírio.

EM SENTIDO CONTRÁRIO, a Escritura diz: "Bem-aventurados aqueles que sofrem perseguição por amor à justiça", e isto, segundo a Glosa, se refere ao martírio. Ora, a fé não é a única virtude que se

---

5 PARALL.: IV *Sent.*, dist. 49, q. 5, a. 3, q.la 2, ad 9 sqq.; *ad Rom.*, c. 8, lect. 7.

1. C. 1: 1094, b, 8-11.
2. Ordin.: ML 114, 90 D.

---

d. Assim como o artigo 3 especificou a importância da caridade no ato do martírio, o artigo 5 examina o papel desempenhado pela fé. A fé é a única causa possível do martírio? Seria de se esperar que Sto. Tomás construísse seu artigo em direção a uma resposta afirmativa. Na verdade, ele prefere acentuar o fato de que professar sua fé por meio das obras é tão essencial quanto professá-la em palavras. Fé e costumes são inseparáveis. É por isso que João Batista, que morreu por ter censurado a Herodes o seu adultério, é verdadeiramente um mártir.

As forças do mal solicitam nossa renegação não só em palavras, mas também em atos. Tanto em um caso como em outro pode haver ameaça de morte. É sempre a nossa fé que somos pressionados a renegar, mas fé significa então: adesão à verdade divina na totalidade de suas exigências. Ao resolver a segunda objeção, Sto. Tomás examina até a possibilidade de um estudioso que, ameaçado de morte se não travestir mentirosamente as verdades científicas, poderia tornar-se um mártir, não só da ciência, mas também de Cristo, se é para não fazer um ultraje à lei divina que ele se recusa a mentir.

É por toda a nossa vida que prestamos homenagem a Cristo, e é toda a nossa vida que é ameaçada de morte pelas forças do ódio, da mentira e da destruição. A fé não se deixa confinar a um setor especializado e restrito da existência. Ela diz respeito a tudo.

aliae virtutes. Ergo etiam aliae virtutes possunt esse martyrii causa.

RESPONDEO dicendum quod, sicut dictum est[3], *martyres* dicuntur quasi *testes*: quia scilicet corporalibus suis passionibus usque ad mortem testimonium perhibent veritati, non cuicumque, sed *veritati quae secundum pietatem est*, quae per Christum nobis innotuit; unde et *martyres Christi* dicuntur, quasi testes ipsius. Huiusmodi autem est veritas fidei. Et ideo cuiuslibet martyrii causa est fidei veritas. — Sed ad fidei veritatem non solum pertinet ipsa credulitas cordis, sed etiam exterior protestatio. Quae quidem fit non solum per verba quibus aliquis confitetur fidem, sed etiam per facta quibus aliquis fidem se habere ostendit: secundum illud Iac 2,18: *Ego ostendam tibi ex operibus fidem meam*. Unde et de quibusdam dicitur Tt 1,16: *Confitentur se nosse Deum, factis autem negant*. Et ideo omnium virtutum opera, secundum quod referuntur in Deum, sunt quaedam protestationes fidei, per quam nobis innotescit quod Deus huiusmodi opera a nobis requirit, et nos pro eis remunerat. Et secundum hoc possunt esse martyrii causa. Unde et beati Ioannis Baptistae martyrium in Ecclesia celebratur, qui non pro neganda fide, sed pro reprehensione adulterii mortem sustinuit.

AD PRIMUM ergo dicendum quod Christianus dicitur qui Christi est. Dicitur autem aliquis esse Christi non solum ex eo quod habet fidem Christi, sed etiam ex eo quod Spiritu Christi ad opera virtuosa procedit, secundum illud Rm 8,9: *Si quis Spiritum Christi non habet, hic non est eius*; et etiam ex hoc quod, ad imitationem Christi, peccatis moritur, secundum illud Gl 5,24: *Qui Christi sunt, carnem suam crucifixerunt, cum vitiis et concupiscentiis*. Et ideo ut Christianus patitur non solum qui patitur pro fidei confessione quae fit per verba, sed etiam quicumque patitur pro quocumque bono opere faciendo, vel pro quocumque peccato vitando, propter Christum: quia totum hoc pertinet ad fidei protestationem.

AD SECUNDUM dicendum quod veritas aliarum scientiarum non pertinet ad cultum divinitatis. Et ideo non dicitur esse *secundum pietatem*. Unde nec eius confessio potest esse directe martyrii causa. — Sed quia omne mendacium peccatum est, ut supra[4] habitum est, vitatio mendacii, contra

liga à justiça, porque as outras virtudes também guardam referência a ela. Logo, as outras virtudes também podem ser causa de martírio.

RESPONDO. "Mártires" é a mesma coisa que testemunhas porque, com seus sofrimentos até à morte, dão testemunho da verdade, não qualquer mas daquela que é conforme à piedade, que se manifestou a nós por Cristo. Por isso são chamados mártires de Cristo, ou seja, testemunhas dele. E isso é a verdade da fé. Portanto, a verdade da fé é causa de todo martírio. — Mas para a verdade da fé não basta a crença do coração; exige-se também a manifestação exterior, que se faz, não só pelas palavras pelas quais alguém confessa a fé, mas também pelos atos com os quais alguém demonstra ter fé. De acordo com a palavra de Tiago: "É pelas obras que te mostrarei minha fé". E Paulo critica alguns, dizendo: "Eles fazem profissão de conhecer Deus, mas negam com seus atos. É esta a razão pela qual as obras de todas as virtudes, enquanto se referem a Deus, são protestações de fé que nos levam a entender que Deus exige de nós estas obras, e por causa delas nos recompensa. A este título, elas podem ser causa de martírio. Por isso a Igreja celebra o martírio de João Batista, condenado à morte por ter censurado o adultério de Herodes, e não por defender sua fé.

QUANTO AO 1º, portanto, deve-se dizer que se chama cristão quem é de Cristo. Diz-se de alguém que ele é de Cristo não somente porque crê em Cristo, mas também porque pratica ações virtuosas guiado pelo espírito de Cristo, segundo a palavra de Paulo: "Se alguém não tem o espírito de Cristo, não pertence a Ele". Diz-se ainda que alguém é de Cristo porque, a exemplo d'Ele, está morto para o pecado, de acordo com esta palavra: "Aqueles que pertencem a Cristo crucificam sua carne, com suas paixões e concupiscências". Por isto, o cristão sofre não apenas sofrendo por uma confissão de fé em palavras, mas também cada vez que sofre para realizar um bem qualquer, ou para evitar um pecado qualquer por causa de Cristo, pois tudo isto faz parte da protestação da fé.

QUANTO AO 2º, deve-se dizer que a verdade das outras ciências não tem nada a ver com o culto divino. Por isso não se diz dela que é "segundo a piedade". Desta forma a confissão não pode ser diretamente causa do martírio. — Mas, uma vez que todo pecado é mentira, evitar a mentira

---

3. Arg. 2; a. 4.
4. Q. 110, a. 1.

quamcumque veritatem sit, inquantum mendacium est peccatum divinae legi contrarium, potest esse martyrii causa.

AD TERTIUM dicendum quod bonum reipublicae est praecipuum inter bona humana. Sed bonum divinum, quod est propria causa martyrii, est potius quam humanum. — Quia tamen bonum humanum potest effici divinum, ut si referatur in Deum; potest esse quodcumque bonum humanum martyrii causa secundum quod in Deum refertur.

contra qualquer verdade seja ela qual for, enquanto a mentira é contrária à lei divina, pode ser causa de martírio.

QUANTO AO 3º, deve-se dizer que o bem do Estado ocupa o primeiro lugar entre os bens humanos. Mas o bem divino, que é a causa própria do martírio, se sobrepõe ao bem humano. — Entretanto, como o bem humano pode se tornar divino quando se refere a Deus, pode ocorrer que qualquer bem humano seja causa de martírio segunda a referência que tem a Deus.

QUAESTIO CXXV
DE TIMORE
in quatuor articulos divisa

Deinde considerandum est de vitiis oppositis fortitudini. Et primo, de timore; secundo, de intimiditate; tertio, de audacia.
Circa primum quaeruntur quatuor.
Primo: utrum timor sit peccatum.
Secundo: utrum opponatur fortitudini.
Tertio: utrum sit peccatum mortale.
Quarto: utrum excuset vel diminuat peccatum.

QUESTÃO 125
O TEMOR
em quatro artigos

Em seguida, deve-se tratar dos vícios contrários à virtude da fortaleza: O temor, a intrepidez e a audácia.
A respeito do temor, quatro questões.
1. O temor é pecado?
2. O temor se opõe á fortaleza?
3. É pecado mortal?
4. Diminui ou desculpa o pecado?

ARTICULUS 1
Utrum timor sit peccatum

AD PRIMUM SIC PROCEDITUR. Videtur quod timor non sit peccatum.
1. Timor enim est passio quaedam, ut supra[1] habitum est. Sed *passionibus nec laudamur nec vituperamur*, ut dicitur in II *Ethic.*[2]. Cum igitur omne peccatum sit vituperabile, videtur quod timor non sit peccatum.
2. PRAETEREA, nihil quod in lege divina mandatur est peccatum: quia *lex Domini est immaculata*, ut dicitur in Ps 18,8. Sed timor mandatur in lege Dei: dicitur enim Eph 6,5: *Servi, obedite dominis carnalibus, cum timore et tremore*. Timor ergo non est peccatum.
3. PRAETEREA, nihil quod naturaliter inest homini est peccatum: quia peccatum est *contra naturam*, ut Damascenus dicit, II libro[3]. Sed timere

ARTIGO 1
O temor é pecado?

QUANTO AO PRIMEIRO ARTIGO, ASSIM SE PROCEDE: parece que o temor **não** é pecado.
1. Com efeito, o temor é uma paixão. Ora, Aristóteles mostra que "não merecemos nem louvor nem vitupério pelo fato de nossas paixões". Logo, como todo pecado é censurável, parece que o temor não é pecado.
2. ALÉM DISSO, nada daquilo que está prescrito na lei divina pode ser pecado, porque "a lei do Senhor é sem mácula". Ora, o temor está prescrito na lei de Deus, como diz Paulo: "Escravos, obedecei a vossos senhores terrenos com temor e tremor". Logo, o temor não é pecado.
3. ADEMAIS, nada daquilo que é por natureza inato ao homem é pecado. Porque, segundo Damasceno, o pecado é contra a natureza. Ora, o

---

1 PARALL.: III *Ethic.*, lect. 15.

1. I-II, q. 23, a. 4; q. 41, a. 1.
2. C. 4: 1105, b, 31-1106, a, 2.
3. *De fide orth.*, l. II, cc. 4, 30: MG 94, 876 A, 976 A.

est homini naturale: unde Philosophus dicit, in III *Ethic*.[4], quod *erit aliquis insanus, vel sine sensu doloris, si nihil timeat, neque terraemotum neque inundationes*. Ergo timor non est peccatum.

SED CONTRA est quod Dominus dicit, Mt 10,28: *Nolite timere eos qui occidunt corpus*. Et Ez 2,6 dicitur: *Ne timeas eos, neque sermones eorum metuas*.

RESPONDEO dicendum quod aliquid dicitur esse peccatum in actibus humanis propter inordinationem: nam bonum humani actus in ordine quodam existit, ut ex supra[5] dictis patet. Est autem hic debitus ordo, ut appetitus regimini rationis subdatur. Ratio autem dictat aliqua esse fugienda, et aliqua esse prosequenda; et inter fugienda, quaedam dictat magis esse fugienda quam alia; et similiter inter prosequenda, quaedam dictat esse magis prosequenda quam alia; et quantum est bonum prosequendum, tantum est aliquod oppositum malum fugiendum. Inde est quod ratio dictat quaedam bona magis esse prosequenda quam quaedam mala fugienda. Quando ergo appetitus fugit ea quae ratio dictat esse sustinenda ne desistat ab aliis quae magis prosequi debet, timor inordinatus est, et habet rationem peccati. Quando vero appetitus timendo refugit id quod est secundum rationem fugiendum, tunc appetitus non est inordinatus, nec peccatum.

AD PRIMUM ergo dicendum quod timor communiter dictus secundum suam rationem importat universaliter fugam: unde quantum ad hoc non importat rationem boni vel mali. Et similiter est de qualibet alia passione. Et ideo Philosophus dicit quod passiones non sunt laudabiles neque vituperabiles: quia scilicet non laudantur neque vituperantur qui irascuntur vel timent, sed qui circa hoc aut ordinate aut inordinate se habent.

AD SECUNDUM dicendum quod timor ille ad quem inducit Apostolus, est conveniens rationi: ut scilicet servus timeat ne deficiat ab obsequiis quae domino debet impendere.

AD TERTIUM dicendum quod mala quibus homo resistere non potest, et ex quorum sustinentia nihil

temor é natural ao homem, o que leva Aristóteles a dizer: "É preciso ser louco ou insensível à dor para nada temer nem terremotos nem inundações". Logo, o temor não é pecado.

EM SENTIDO CONTRÁRIO, a palavra do Senhor: "Não temais aqueles que matam o corpo". No livro de Ezequiel se lê: "Não os temas, e nem tenhas medo das palavras deles".

RESPONDO. Chamava-se pecado aquilo que, nos atos humanos, é contrário à ordem, porque o ato humano bom consiste numa certa ordem. Ora, aqui, a ordem requerida é que o apetite se submeta ao governo da razão. A razão manda que certos atos sejam evitados e outros procurados. Entre os atos que devem ser evitados, a razão manda que uns sejam mais evitados que outros. Da mesma forma, entre os atos que devem ser procurados, ela manda que uns sejam mais procurados que outros. E quanto mais almejado deve ser um determinado bem, tanto mais evitado deve ser o mal que a ele se opõe. Daí este preceito da razão: o homem deve procurar certos bens com um afinco muito maior do que aquele que deve pôr em evitar certos males. Por conseguinte, quando o apetite foge diante de certas coisas que a razão manda perseguir para não abandonar aquilo que deve conquistar acima de tudo, o temor é contrário à ordem, e neste caso, tem razão de pecado. Mas quando o apetite foge, por medo de uma coisa da qual a própria razão manda fugir, então o apetite não está desordenado e aí não existe pecado.

QUANTO AO 1º, portanto, deve-se dizer que o temor, no sentido geral da palavra, implica em sua razão, e em todos os casos, a fuga. Deste ponto de vista, não implica nenhuma razão de bem ou de mal. E a mesma coisa ocorre com relação a todas as outras paixões. Por isso Aristóteles diz que as paixões não são nem louváveis nem censuráveis. Pois não censuramos nem louvamos uma pessoa pelo simples fato de ela ter medo ou entrar em cólera. Nós a louvamos ou censuramos pelo fato de ela ter medo ou entrar em cólera de maneira regulada pela razão ou não.

QUANTO AO 2º, deve-se dizer que este temor, ao qual Paulo nos convida, está em harmonia com a razão porque o servo deve ter medo de faltar aos serviços que deve prestar ao seu senhor.

QUANTO AO 3º, deve-se dizer que os males aos quais o homem não pode resistir, ou cujo controle

---

4. C. 10: 1115, b, 26-28.
5. Q. 109, a. 2; q. 114, a. 1.

boni provenit homini, ratio dictat esse fugienda. Et ideo timor talium non est peccatum.

Articulus 2
Utrum peccatum timoris opponatur fortitudini

Ad secundum sic proceditur. Videtur quod peccatum timoris non opponatur fortitudini.
1. Fortitudo enim est circa pericula mortis, ut supra[1] habitum est. Sed peccatum timoris non semper pertinet ad pericula mortis. Quia super illud Ps 127,1, *Beati omnes qui timent Dominum*, dicit Glossa[2] quod *humanus timor est quo timentus pati pericula carnis, vel perdere mundi bona*. Et super illud Mt 26,44, *Oravit tertio eundem sermonem* etc., dicit Glossa[3], quod triplex est malus timor, scilicet *timor mortis, timor vilitatis, et timor doloris*. Non ergo peccatum timoris opponitur fortitudini.

2. Praeterea, praecipuum quod commendatur in fortitudine est quod exponit se periculis mortis. Sed quandoque aliquis ex timore servitutis vel ignominiae exponit se morti: sicut Augustinus, in I *de Civ. Dei*[4], narrat de Catone, qui, ut non incurreret Caesaris servitutem, morti se tradidit. Ergo peccatum timoris non opponitur fortitudini, sed magis habet similitudinem cum ipsa.

3. Praeterea, omnis desperatio ex aliquo timore procedit. Sed desperatio non opponitur fortitudini, sed magis spei, ut supra[5] habitum est. Ergo neque timoris peccatum opponitur fortitudini.

Sed contra est quod Philosophus, in II[6] et III[7] *Ethic.*, timiditatem ponit fortitudini oppositam.

Respondeo dicendum quod, sicut supra[8] habitum est, omnis timor ex amore procedit: nullus enim timet nisi contrarium eius quod amat. Amor autem non determinatur ad aliquod genus virtutis vel vitii, sed amor ordinatus includitur in qualibet virtute, quilibet enim virtuosus amat proprium bonum virtutis; amor autem inordinatus includitur

Artigo 2
O pecado de temor se opõe à fortaleza?

Quanto ao segundo, assim se procede: parece que o temor **não** se opõe à fortaleza.
1. Com efeito, a fortaleza concerne aos perigos mortais. Ora, o pecado do temor nem sempre diz respeito aos perigos de morte. Sobre este texto do Salmo: "Felizes aqueles que temem o Senhor...", a Glosa comenta: "O temor humano nos leva a ter medo dos perigos da carne ou de perder os bens deste mundo". E sobre o texto de Mateus "Ele rezou uma terceira vez com as mesmas palavras", a Glosa diz que "o mau temor é triplo: medo da morte, medo da dor, e medo de ser lesado em seus interesses". Logo, o pecado do temor não é contrário à fortaleza.

2. Além disso, o que mais merece admiração na fortaleza é que ela enfrenta perigos mortais. Ora, às vezes, o homem se expõe à morte por medo da escravidão ou da vergonha, como Agostinho diz, falando de Catão, que se matou para não se tornar escravo de César. Logo, o pecado do temor não se opõe à fortaleza. Pelo contrário, apresenta uma certa semelhança com ela.

3. Ademais, todo desespero procede de um medo. Ora, o desespero não se opõe à fortaleza. Mas à esperança. Logo, o pecado do temor não é contrário à fortaleza.

Em sentido contrário, Aristóteles opõe à fortaleza o medo.

Respondo. Todo temor procede do amor, porque só temos medo daquilo que se opõe àquilo que amamos. Ora, o amor não é reservado a um gênero determinado de virtude ou de vício. O amor bem ordenado esta incluso em qualquer virtude, porque todo homem virtuoso ama o bem próprio de sua virtude. No extremo oposto, o amor mal

---

2
1. Q. 123, a. 4.
2. Ordin.: ML 113, 1048 A; Lombardi: ML 191, 1161 D.
3. Ordin.: ML 114, 170 CD.
4. C. 24: ML 41, 37.
5. Q. 20, a. 1; I-II, q. 40, a. 4.
6. C. 7: 1107, b, 3-4.
7. C. 10: 1115, b, 34-1116, a, 7.
8. Q. 19, a. 3; I-II, q. 43, a. 1.

in quolibet peccato, ex amore enim inordinato procedit inordinata cupiditas. Unde similiter inordinatus timor includitur in quolibet peccato: sicut avarus timet amissionem pecuniae, intemperatus amissionem voluptatis, et sic de aliis. Sed timor praecipuus est periculorum mortis, ut probatur in III *Ethic*.[9]. Et ideo talis timoris inordinatio opponitur fortitudini, quae est circa pericula mortis. Et propter hoc antonomastice dicitur timiditas fortitudini opponi.

AD PRIMUM ergo dicendum quod auctoritates illae loquuntur de timore inordinato communiter sumpto, qui diversis virtutibus opponi potest.

AD SECUNDUM dicendum quod actus humani praecipue diiudicantur ex fine, ut ex supra[10] dictis patet. Ad fortem autem pertinet ut se exponat periculis mortis propter bonum: sed ille qui se periculis mortis exponit ut fugiat servitutem vel aliquid laboriosum, a timore vincitur, quod est fortitudini contrarium. Unde Philosophus dicit, in III *Ethic*.[11], quod *mori fugientem inopiam vel cupidinem vel aliquid triste, non est fortis, sed magis timidi: mollities enim est fugere laboriosa*.

AD TERTIUM dicendum quod, sicut supra[12] dictum est, sicut spes est principium audaciae, ita timor est principium desperationis. Unde sicut ad fortem, qui utitur audacia moderate, praeexigitur spes, ita e converso desperatio ex aliquo timore procedit. Non autem oportet quod quaelibet desperatio procedat ex quolibet timore, sed ex eo qui est sui generis. Desperatio autem quae opponitur spei, ad aliud genus refertur, scilicet ad res divinas, quam timor qui opponitur fortitudini, qui pertinet ad pericula mortis. Unde ratio non sequitur.

regulado está incluído em todo pecado. Porque é do amor desordenado que procede a concupiscência desregrada. Desta forma, o temor desordenado também está incluso em todo pecado: o avarento tem medo de perder seu dinheiro, o intemperante tem medo de ser privado de seu prazer, e assim por diante. Mas o medo maior que se tem, é o de morrer, como prova Aristóteles. O caráter desordenado deste medo é contrário à fortaleza, que se refere aos perigos mortais. É por isso que se diz, por antonomásia, que o medo é contrário à fortaleza.

QUANTO AO 1º, portanto, deve-se dizer que estes textos falam do medo desordenado em geral, o qual pode se opor a diversas virtudes.

QUANTO AO 2º, deve-se dizer que os atos humanos se julgam sobretudo por seu fim. Ora, cabe ao forte se expor a perigos mortais em vista do bem. Mas aquele que se expõe a estes perigos para fugir da escravidão, ou de uma condição penosa qualquer, é vencido pelo medo, que é contrário à fortaleza. Por isso Aristóteles diz que "morrer para fugir da pobreza, por desespero amoroso, ou por excesso de tristeza, não é próprio do forte, porque fugir das situações difíceis é debilidade."

QUANTO AO 3º, deve-se dizer que assim como a esperança é o princípio da audácia, assim também o medo é o princípio do desespero. Da mesma maneira que o forte, que é audacioso com a devida moderação, tem em si um como que pré-requisito de esperança, assim, por inversão, o desespero provém de alguma espécie de medo. Não de qualquer tipo de medo, mas de um temor que seja do mesmo gênero. Ora, o desespero que se opõe à virtude da esperança pertence ao gênero das coisas divinas, ao passo que o medo que se opõe à virtude da fortaleza pertence a um gênero diferente, o dos perigos mortais. Por isso, o argumento não procede.

ARTICULUS 3
Utrum timor sit peccatum mortale

AD TERTIUM SIC PROCEDITUR. Videtur quod timor non sit peccatum mortale.

ARTIGO 3
O temor é pecado mortal?

QUANTO AO TERCEIRO, ASSIM SE PROCEDE: parece que o temor **não** é pecado mortal.

---

9. C. 9: 1115, a, 26-27.
10. I-II, q. 1, a. 3; q. 18, a. 6.
11. C. 11: 1116, a, 12-16.
12. I-II, q. 45, a. 2.

1. Timor enim, ut supra¹ dictum est, est in irascibili, quae est pars sensualitatis. Sed in sensualitate est tantum peccatum veniale, ut supra² habitum est. Ergo timor non est peccatum mortale.

2. PRAETEREA, omne peccatum mortale totaliter cor avertit a Deo. Hoc autem non facit timor: quia super illud Idc 7,3, *Qui formidolosus est* etc., dicit Glossa³ quod *timidus est qui primo aspectu congressum trepidat, non tamen corde terretur, sed reparari et animari potest*. Ergo timor non est peccatum mortale.

3. PRAETEREA, peccatum mortale non solum retrahit a perfectione, sed etiam a praecepto. Sed timor non retrahit a praecepto, sed solum a perfectione: quia super illud Dt 20,8: *Qui est homo formidolosus et corde pavido* etc., dicit Glossa⁴: *Docet non posse quemquam perfectionem contemplationis vel militiae spiritualis accipere qui adhuc nudari terrenis opibus pertimescit*. Ergo timor non est peccatum mortale.

SED CONTRA, pro solo peccato mortali debetur poena inferni. Quae tamen debetur timidis: secundum illud Ap 21,8: *Timidis et incredulis et execratis*, etc., *pars erit in stagno ignis et sulphuris: quod est mors secunda*. Ergo timiditas est peccatum mortale.

RESPONDEO dicendum quod, sicut dictum est⁵, timor peccatum est secundum quod est inordinatus: prout scilicet refugit quod non est secundum rationem refugiendum. Haec autem inordinatio timoris quandoque quidem consistit in solo appetitu sensitivo, non superveniente consensu rationalis appetitus: et sic non potest esse peccatum mortale, sed solum veniale. — Quandoque vero huiusmodi inordinatio timoris pertingit usque ad appetitum rationalem, qui dicitur voluntas, quae ex libero arbitrio refugit aliquid non secundum rationem. Et talis inordinatio timoris quandoque est peccatum mortale, quandoque veniale. Si enim quis propter timorem quo refugit periculum mortis, vel quodcumque aliud temporale malum, sic dispositus est ut faciat aliquid prohibitum, vel praetermittat aliquid quod est praeceptum in lege divina, talis timor est peccatum mortale. Alioquin erit peccatum veniale.

1. Com efeito, o temor está no apetite irascível, que faz parte da sensualidade. Ora, na sensualidade só há pecado venial. Logo, o temor não é pecado mortal.

2. ALÉM DISSO, todo pecado mortal afasta coração de Deus. Ora, o temor não faz isto. Sobre o texto "Aquele que é medroso...", a Glosa comenta: "O medroso é aquele que treme à aproximação de um encontro, mas que não fica assim tão aterrorizado em seu coração, pois pode perfeitamente se recuperar e retomar coragem". Logo, o temor não é pecado mortal.

3. ADEMAIS, o pecado mortal afasta não somente da perfeição, mas também do preceito. Ora, o temor não afasta do preceito, mas apenas da perfeição. Sobre o texto do Deuteronômio "Quem tem medo e sente sua coragem fugir?" a Glosa diz: "Isto ensina que quem ainda tem medo de ser despojado dos bens terrestres não pode chegar à perfeição da contemplação ou do combate espiritual". Logo, o temor não é pecado mortal.

EM SENTIDO CONTRÁRIO, somente o pecado mortal merece a pena do inferno. Ora, segundo o Apocalipse, esta pena é devida aos medrosos: "Os medrosos, os renegados, os depravados... parte deles está no tanque ardente de fogo e de enxofre. É a segunda morte." Por conseguinte, o medo é pecado mortal.

RESPONDO. O temor é pecado, enquanto é desordenado, ou seja, enquanto se afasta daquilo de que, segundo a norma da razão, não deveria se afastar. Ora, este desregramento do temor reside às vezes apenas no apetite sensível, sem que se consume o consentimento do apetite racional. Desta maneira, não pode ser um pecado mortal, mas apenas venial. — Mas, outras vezes, este desregramento do temor chega a atingir o próprio apetite racional, ou seja, a vontade, a qual, por seu livre-arbítrio, foge de alguma coisa que não é conforme à razão. Uma desordem deste tipo às vezes é pecado mortal, às vezes venial. Pois se, por medo, alguém foge de um perigo mortal ou de qualquer outro mal temporal, dispondo-se assim a fazer algo de proibido, ou a omitir um dever prescrito pela lei divina, este medo será pecado mortal. Do contrário, será venial.

---

1. I-II, q. 23, a. 1, 4.
2. I-II, q. 74, a. 3, ad 3; a. 4.
3. Ordin.: ML 113, 527 C.
4. Ordin.: ML 113, 472 D.
5. Art. 1.

AD PRIMUM ergo dicendum quod ratio illa procedit de timore secundum quod sistit infra sensualitatem.

AD SECUNDUM dicendum quod etiam glossa illa potest intelligi de timore in sensualitate existente. — Vel potest melius dici quod ille toto corde terretur cuius animum timor vincit irreparabiliter. Potest autem contingere quod, etiam si timor sit peccatum mortale, non tamen aliquis ita obstinate terretur quin persuasionibus revocari possit: sicut quandoque aliquis mortaliter peccans concupiscentiae consentiendo, revocatur, ne opere impleat quod proposuit facere.

AD TERTIUM dicendum quod glossa illa loquitur de timore revocante hominem a bono quod non est de necessitate praecepti, sed de perfectione consilii. Talis autem timor non est peccatum mortale: sed quandoque veniale; quandoque etiam non est peccatum, puta cum aliquis habet rationabilem causam timoris.

QUANTO AO 1º, portanto, deve-se dizer que o argumento procede do temor enquanto não ultrapassa a sensualidade.

QUANTO AO 2º, deve-se dizer que esta glosa também pode ser entendida do medo que existe na sensualidade. — Ou, melhor dizendo, aquele cujo coração fica dominado irremediavelmente pelo medo, se encontra aterrorizado no fundo de si mesmo. Mas, mesmo quando o temor é pecado mortal, pode acontecer que a vítima deste medo não esteja de tal maneira aterrorizada que não possa se recuperar. Assim, às vezes um homem que peca mortalmente consentindo na sensualidade, reconsidera, para não praticar o ato que havia decido fazer.

QUANTO AO 3º, deve-se dizer que esta glosa fala de um temor que afasta de um bem não necessário por preceito, mas aconselhado pela perfeição. Ora um tal temor não é pecado mortal, mas às vezes simplesmente venial. Outras vezes não chega nem a ser pecado, quando existe uma causa racional para o temor.

ARTICULUS 4
Utrum timor excuset a peccato

AD QUARTUM SIC PROCEDITUR. Videtur quod timor non excuset a peccato.

1. Timor enim est peccatum, ut dictum est[1]. Sed peccatum non excusat a peccato, sed magis aggravat ipsum. Ergo timor non excusat a peccato.

2. PRAETEREA, si aliquis timor excusat a peccato, maxime excusaret timor mortis, qui dicitur *cadere in constantem virum*. Sed hic timor non videtur excusare: quia cum mors ex necessitate immineat omnibus, non videtur esse timenda. Ergo timor non excusat a peccato.

3. PRAETEREA, timor omnis aut est mali temporalis, aut spiritualis. Sed timor mali spiritualis non potest excusare peccatum: quia non inducit ad peccandum, sed magis retrahit a peccato. Timor etiam mali temporalis non excusat a peccato: quia sicut Philosophus dicit, in III *Ethic.*[2], *inopiam non oportet timere, neque aegritudinem, neque quaecumque non a propria malitia procedunt*. Ergo videtur quod timor nullo modo excusat a peccato.

ARTIGO 4
O temor escusa o pecado?

QUANTO AO QUARTO, ASSIM SE PROCEDE: parece que o temor **não** escusa o pecado.

1. Com efeito, o temor é um pecado. Ora, um pecado não desculpa outro pecado. Pelo contrário, o agrava. Logo, o temor não escusa o pecado.

2. ALÉM DISSO, se algum tipo de temor pudesse desculpar o pecado, seria no mais alto grau o medo da morte, que, como se diz, "atinge os varões mais seguros". Ora, este medo não pode servir de desculpa porque a morte, ameaçando necessariamente todos os homens, não deveria ser temida. Logo, o medo não escusa o pecado.

3. ADEMAIS, todo temor tem por objeto um mal, seja ele temporal ou espiritual. Ora, o temor do mal espiritual não pode desculpar o pecado porque longe de induzir ao pecado, pelo contrário, o afasta. O medo de um mal temporal tampouco desculpa o pecado porque, como diz Aristóteles: "Não se deve temer nem a indigência, nem a doença, nem o que quer que seja que não proceda de nossa própria malícia". Logo, parece que o temor de nenhum modo escusa o pecado.

---

4 PARALL.: III *Ethic.*, lect. 2.

1. Art. 1, 3.
2. C. 9: 1115, a, 17-22.

SED CONTRA est quod in Decretis, qu. 1[3], dicitur: *Vim passus et invitus ab haereticis ordinatus colorem habet excusationis.*

RESPONDEO dicendum quod, sicut supra[4] dictum est, timor intantum habet rationem peccati inquantum est contra ordinem rationis. Ratio autem iudicat quaedam mala esse magis aliis fugienda. Et ideo quicumque, ut fugiat mala quae sunt secundum rationem magis fugienda, non refugit mala quae sunt minus fugienda, non est peccatum. Sicut magis est fugienda mors corporalis quam amissio rerum: unde si quis, propter timorem mortis, latronibus aliquid promitteret aut daret, excusaretur a peccato quod incurreret si sine causa legitima, praetermissis bonis, quibus esset magis dandum, peccatoribus largiretur.

Si autem aliquis per timorem fugiens mala quae secundum rationem sunt minus fugienda, incurrat mala quae secundum rationem sunt magis fugienda, non posset totaliter a peccato excusari: quia timor talis inordinatus esset. Sunt autem magis timenda mala animae quam mala corporis; et mala corporis quam mala exteriorum rerum. Et ideo si quis incurrat mala animae, idest peccata, fugiens mala corporis, puta flagella vel mortem, aut mala exteriorum rerum, puta damnum pecuniae; aut si sustineat mala corporis ut vitet damnum pecuniae; non excusatur totaliter a peccato. Diminuitur tamen aliquid eius peccatum: quia minus voluntarium est quod ex timore agitur; imponitur enim homini quaedam necessitas aliquid faciendi propter imminentem timorem. Unde Philosophus[5] huiusmodi quae ex timore fiunt, dicit esse non simpliciter voluntaria, sed mixta ex voluntario et involuntario.

EM SENTIDO CONTRÁRIO, nos *Decretos* está escrito: "Aquele que sofreu violência física e que foi ordenado sem querer pelos heréticos parece ter desculpa".

RESPONDO. O temor é qualificado de pecado na medida em que contradiz a ordem da razão. Ora, a razão julga que se deve fugir de certos males, mais que de outros. Se, para fugir dos males que, segundo a razão, se devem evitar mais, alguém deixa de fugir daqueles que se devem evitar menos, não estará pecando. Assim, o homem deve evitar mais a morte corporal do que a perda de seus bens materiais. Portanto quando alguém, com medo de morrer, promete ou dá alguma coisa aos assaltantes, fica desculpado do pecado no qual incorreria se, sem justa causa, desse aos pecadores esquecendo os homens virtuosos que mereciam muito mais receber suas dádivas.

Mas se uma pessoa se deixa levar pelo medo para fugir dos males que a razão julga menores, para cair em males que a mesma razão julga maiores, não será totalmente desculpado de pecado, uma vez que este medo seria desordenado. Os males da alma devem ser mais temidos que os males do corpo; e os males do corpo, mais que os males que afetam os bens exteriores. E assim, quando alguém incorrer em males da alma, ou seja, em pecado, fugindo dos males corporais, por exemplo, da tortura ou da morte, ou dos males exteriores, por exemplo, os prejuízos pecuniários; ou quando aceita os males corporais para evitar as perdas financeiras, nestes casos não estará totalmente desculpado de pecado[a].

Entretanto, o pecado poderá ficar atenuado, numa certa medida, porque um ato praticado sob a influência do medo é menos voluntário, pois a ameaça do medo impõe uma certa necessidade. Assim, a respeito destas ações praticadas sob a influência do medo, Aristóteles diz que elas não

---

3. GRATIANUS, *Decretum*, p. II, causa 1, q. 1, can. 111: ed. Richter-Friedberg, t. I, p. 401.
4. Art. 1, 3.
5. *Ethic.*, l. III, c. 1: 1110, a, 4-19.

a. Nosso artigo 4 não traz elementos inéditos sobre o papel que desempenha o temor para atenuar a responsabilidade daquele que age sob seu domínio: o temor introduz um elemento involuntário que diminui o caráter humano do ato.
  Mas inesperado é o panorama que nos fornece Sto. Tomás do pouco de estima que ele nutre pelo dinheiro. Dar a bandidos os bens dos quais poderíamos fazer bom uso é pecaminoso. Mas, sob ameaça de morte, seremos desculpados por ter cedido aos criminosos. É melhor sobreviver do que garantir o uso razoável do dinheiro. Nosso autor não examina o problema moderno que é o do progresso do banditismo se as vítimas aceitam pagar os resgates exigidos para salvar a vida dos reféns. Questão delicada a juntar ao dossiê, e cuja atualidade não escapará a ninguém.
  Um pouco adiante no texto, Sto. Tomás não surpreende efetivamente ao sustentar que quem quer que suporte males corporais para evitar uma perda de dinheiro não está totalmente isento de pecado. Essa pessoa seria sempre um pouco culpada por arriscar-se a ser molestada para proteger sua bolsa? Os bens temporais têm realmente tão pouco valor?
  Seria preciso aqui fazer uma "teologia do assalto a mão armada".

AD PRIMUM ergo dicendum quod timor non excusat ex ea parte qua est peccatum, sed ex ea parte qua est involuntarium.

AD SECUNDUM dicendum quod, licet mors omnibus immineat ex necessitate, tamen ipsa diminutio temporis vitae est quoddam malum, et per consequens timendum.

AD TERTIUM dicendum quod secundum Stoicos, qui ponebant bona temporalia non esse hominis bona, sequitur ex consequenti quod mala temporalia non sint hominis mala, et per consequens nullo modo timenda. Sed secundum Augustinum, in libro *de Lib. Arbit.*[6], huiusmodi temporalia sunt minima bona. Quod etiam Peripatetici senserunt. Et ideo contraria eorum sunt quidem timenda: non tamen multum, ut pro eis recedatur ab eo quod est bonum secundum virtutem.

QUANTO AO 1º, portanto, deve-se dizer que o medo não desculpa a ação naquilo que ela comporta de pecado, mas naquilo que ela comporta de involuntário.

QUANTO AO 2º, deve-se dizer que embora a morte ameace necessariamente todos os homens, o abreviamento da vida terrestre é um mal, e portanto deve ser evitado.

QUANTO AO 3º, deve-se dizer que os estoicos sustentavam que os bens temporais não deviam ser considerados como bens do homem. Por via de consequência, para eles, os males temporais também não eram considerados como males do homem, e por isso não deviam inspirar nenhum temor. Mas, de acordo com Agostinho, estes bens temporais, são de ordem inferior. E esta era também a opinião dos peripatéticos. Por esta razão o homem deve temer o contrário deles, mas não a ponto de, por medo destes contrários, se desviar daquilo que é bom segundo a virtude.

---

6. L. II, c. 19, n. 50: ML 32, 1267.

QUAESTIO CXXVI
DE VITIO INTIMIDITATIS
in duos articulos divisa

Deinde considerandum est de vitio intimiditatis. Et circa hoc quaeruntur duo.
Primo: utrum intimidum esse sit peccatum.
Secundo: utrum opponatur fortitudini.

ARTICULUS 1
Utrum intimiditas sit peccatum

AD PRIMUM SIC PROCEDITUR. Videtur quod intimiditas non sit peccatum.
1. Quod enim ponitur pro commendatione viri iusti, non est peccatum. Sed in commendationem viri iusti dicitur, Pr 28,1: *Iustus, quasi leo confidens, absque terrore erit.* Ergo esse impavidum non est peccatum.

QUESTÃO 126
A INTREPIDEZ
em dois artigos

Em seguida, deve-se tratar do vício da intrepidez. A esse respeito, duas questões.
1. A intrepidez é pecado?
2. Ela se opõe à fortaleza?

ARTIGO 1
A intrepidez é pecado?

QUANTO AO PRIMEIRO ARTIGO, ASSIM SE PROCEDE: parece que a intrepidez **não** é pecado.
1. Com efeito, aquilo que se diz como elogio a um homem justo não é pecado. Ora, no livro dos Provérbios, num elogio ao justo, se lê: "O justo tem a segurança do leão, e não tem absolutamente medo de nada". Logo, ser intrépido não é pecado.

2. Praeterea, *maxime terribilis est mors*, secundum Philosophum, in III *Ethic*.[1]. Sed nec mortem oportet timere, secundum illud Mt 10,28: *Nolite timere, eos qui occidunt corpus*: nec etiam aliquid quod ab homine possit inferri, secundum illud Is 51,12: *Quis tu, ut timeas ab homine mortali?* Ergo impavidum esse non est peccatum.

3. Praeterea, timor ex amore nascitur, ut supra[2] dictum est. Sed nihil mundanum amare pertinet ad perfectionem virtutis: quia, ut Augustinus dicit, in XIV *de Civ. Dei*[3], *amor Dei usque ad contemptum sui, facit cives civitatis caelestis*. Ergo nihil humanum formidare videtur non esse peccatum.

Sed contra est quod de iudice iniquo dicitur, Lc 18,2, quod *nec Deum timebat, nec hominem reverebatur*.

Respondeo dicendum quod, quia timor ex amore nascitur, idem iudicium videtur esse de amore et de timore. Agitur autem nunc de timore quo mala temporalia timentur, qui provenit ex temporalium bonorum amore. Inditum autem est unicuique naturaliter ut propriam vitam amet, et ea quae ad ipsam ordinantur, tamen debito modo: ut scilicet amentur huiusmodi non quasi finis constituatur in eis, sed secundum quod eis utendum est propter ultimum finem. Unde quod aliquis deficiat a debito modo amoris ipsorum, est contra naturalem inclinationem: et per consequens est peccatum. Nunquam tamen a tali amore totaliter aliquis decidit: quia id quod est naturae totaliter perdi non potest. Propter quod Apostolus dicit, Eph 5,29, quod *nemo unquam carnem suam odio habuit*. Unde etiam illi qui seipsos interimunt, ex amore carnis suae hoc faciunt, quam volunt a praesentibus angustiis liberari.

Unde contingere potest quod aliquis minus quam debeat, timeat mortem et alia temporalia mala, propter hoc quod minus debito amet ea. Sed quod nihil horum timeat, non potest ex totali defectu amoris contingere: sed ex eo quod aestimat mala opposita bonis quae amat, sibi supervenire non posse. Quod quandoque contingit ex superbia animi de se praesumentis et alios contemnentis: secundum quod dicitur Iob 41,24-25: *Factus est ut nullum timeret: omne sublime videt*. Quan-

2. Além disso, Aristóteles diz que "de todos os males, o mais terrível é a morte". Ora, de acordo com o Evangelho de Mateus, não se deve temer nem mesmo a morte: "Não temais aqueles que matam o corpo, etc...". E, segundo Isaías, não se deve temer tampouco nada que venha do homem: "Quem és tu para teres medo de um homem mortal?" Logo, ser intrépido não é pecado.

3. Ademais, o temor nasce do amor. Ora, segundo Agostinho, cabe à virtude perfeita não amar nada de mundano: "O amor de Deus até o desprezo de si mesmo faz os cidadãos da cidade celeste". Logo, nada temer de humano parece não ser pecado.

Em sentido contrário, o juiz iníquo é censurado por que "não temia a Deus nem respeitava os homens".

Respondo. Porque o medo nasce do amor, se deve fazer o mesmo julgamento do amor e do medo. Mas aqui se trata do medo dos males temporais, que provêm do amor aos bens temporais. Ora, o amor à própria vida está inserido na natureza de cada um de nós, assim como o amor às coisas que são ordenadas para a vida, mas no modo requerido; ou seja, devemos amar tudo isso, não como se aí puséssemos nosso fim, mas na medida em que usamos de tudo isso tendo em vista o fim último. Desta forma, o fato de alguém faltar à ordem requerida no que se refere ao amor destes bens é contrário à inclinação de sua natureza, e, por consequência, é pecado. Entretanto, ninguém jamais ficará totalmente despojado deste amor, porque o que é da natureza nunca se perde totalmente. É a razão pela qual Aristóteles diz: "Ninguém jamais nutriu ódio contra a sua própria carne". Desta forma, mesmo aqueles que se matam, o fazem por amor à sua própria carne que querem libertar das angústias atuais.

E sendo assim, pode ocorrer que um homem tema menos do que convém a morte e os outros males temporais, porque ama menos do que deve os bens aos quais estes males se opõem. No entanto, o fato de ele não temer nada disso não pode provir de uma falta total de amor, mas do fato que ele não acredita ser possível que lhe aconteçam os males opostos aos bens que ama. Muitas vezes esta atitude vem do orgulho da alma que presume de si mesmo e despreza os outros, conforme está dito

---

1. C. 9: 1115, a, 26-27.
2. Q. 125, a. 2.
3. C. 28: ML 41, 436.

doque autem contingit ex defectu rationis: sicut Philosophus dicit, in III *Ethic*.[4], quod Celtae propter stultitiam nihil timent. Unde patet quod esse impavidum est vitiosum: sive causetur ex defectu amoris, sive causetur ex elatione animi, sive causetur ex stoliditate; quae tamen excusat a peccato si sit invincibilis.

AD PRIMUM ergo dicendum quod iustus commendatur a timore retrahente eum a bono: non quod sit absque omni timore. Dicitur enim Eccli 1,28: *Qui sine timore est, non poterit iustificari*.

AD SECUNDUM dicendum quod mors, vel quidquid aliud ab homine mortali potest inferri, non est ea ratione timendum ut a iustitia recedatur. Est tamen timendum inquantum per hoc homo potest impediri ab operibus virtuosis, vel quantum ad se, vel quantum ad profectum quem in aliis facit. Unde dicitur Pr 14,16: *Sapiens timet, et declinat a malo*.

AD TERTIUM dicendum quod bona temporalia debent contemni quantum nos impediunt ab amore et timore Dei. Et secundum hoc etiam non debent timeri: unde dicitur Eccli 34,16: *Qui timet Deum nihil trepidabit*. Non autem debent contemni bona temporalia inquantum instrumentaliter nos iuvant ad ea quae sunt divini amoris et timoris.

ARTICULUS 2
Utrum esse impavidum opponatur fortitudini

AD SECUNDUM SIC PROCEDITUR. Videtur quod esse impavidum non opponatur fortitudini.

1. De habitibus enim iudicamus per actus. Sed nullus actus fortitudinis impeditur per hoc quod aliquis est impavidus: remoto enim timore, aliquis et fortiter sustinet et audacter aggreditur. Ergo esse impavidum non opponitur fortitudini.

2. PRAETEREA, esse impavidum est vitiosum vel propter defectum debiti amoris, vel propter

na Escritura: "Tornou-se intrépido e olha tudo de cima". Mas, muitas vezes também a falta de medo provém da falta de inteligência. Aristóteles dizia que "a estultice fazia com que os celtas não tivessem medo de coisíssima nenhuma". De onde se vê que ser intrépido é vicioso, seja por uma falta de amor, por orgulho ou por estupidez. Mas quando a estultice é invencível, ela exime de pecado.

QUANTO AO 1º, portanto, deve-se dizer que o que se aprova no justo é o fato de o medo não desviá-lo do bem, e não o fato de que ele não tem nenhum medo. Pois no livro do Eclesiástico está escrito: "O homem desprovido de medo não poderá se justificar".

QUANTO AO 2º, deve-se dizer que a morte, ou qualquer outro tipo de violência que se pode sofrer, não deve ser temida a ponto de afastar da justiça. Mas estas coisas devem ser temidas enquanto podem impedir um homem de praticar obras virtuosas, seja em proveito próprio ou alheio. Por isso diz o livro dos Provérbios: "O sábio teme o mal e dele se desvia".

QUANTO AO 3º, deve-se dizer que os bens temporais devem ser desprezados enquanto nos impedem de amar a Deus e de o temer. E, deste ponto de vista, não devem ser temidos, de acordo com o Eclesiástico: "Quem teme a Deus não tem medo de nada". Mas não se deve desprezar os bens temporais enquanto nos ajudam como instrumentos, a praticar o temor e o amor de Deus[a].

ARTIGO 2
A intrepidez se opõe à fortaleza?

QUANTO AO SEGUNDO, ASSIM SE PROCEDE: parece que a intrepidez **não** se opõe à fortaleza.

1. Com efeito, julgamos os hábitos pelos seus atos. Ora, nenhum ato da fortaleza é impedido pelo fato de alguém ser intrépido: removido o medo, a pessoa resiste fortemente e ataca com audácia. Logo, a intrepidez não se opõe à fortaleza.

2. ALÉM DISSO, a intrepidez é viciosa por falta do amor devido, por causa do orgulho ou da

---
4. C. 10: 1125, b, 28-33.

---
a. Eis o ponto de vista de Sto. Tomás sobre o que os autores espirituais chamam de "desprezo pelos bens deste mundo". Não é um desprezo sistemático, mas um discernimento espiritual. Em muitos casos, os bens deste mundo podem nos afastar do amor e do temor a Deus; precisamos então superar nossos temores e desprezá-los. Os mesmo bens, porém, podem igualmente apresentar-se como o meio para que cresçamos no amor e no temor a Deus; precisamos evitar desprezá-los.

Sto. Tomás é o teólogo do bom uso e não do desprezo; a não ser onde o desprezo é requerido e, nesses casos, Sto. Tomás será tão exigente quanto o mais radical dos autores espirituais.

superbiam, vel propter stultitiam. Sed defectus debiti amoris opponitur caritati; superbia autem humilitati; stultitia autem prudentiae, sive sapientiae. Ergo vitium impaviditatis non opponitur fortitudini.

3. Praeterea, virtuti opponuntur vitia sicut extrema medio. Sed unum medium ex una parte non habet nisi unum extremum. Cum ergo fortitudini ex una parte opponatur timor, ex alia vero parte opponatur ei audacia, videtur quod impaviditas ei non opponatur.

Sed contra est quod Philosophus, in III *Ethic.*[1], ponit impaviditatem fortitudini oppositam.

Respondeo dicendum quod, sicut supra[2] dictum est, fortitudo est circa timores et audacias. Omnis autem virtus moralis ponit modum rationis in materia circa quam est. Unde ad fortitudinem pertinet timor moderatus secundum rationem: ut scilicet homo timeat quod oportet, et quando oportet, et similiter de aliis. Hic autem modus rationis corrumpi potest, sicut per excessum, ita et per defectum. Unde sicut timiditas opponitur fortitudini per excessum timoris, inquantum scilicet homo timet quod non oportet, vel secundum quod non oportet; ita etiam impaviditas opponitur ei per defectum timoris, inquantum scilicet non timet aliquis quod oportet timere.

Ad primum ergo dicendum quod actus fortitudinis est timorem sustinere et aggredi non qualitercumque, sed secundum rationem. Quod non facit impavidus.

Ad secundum dicendum quod impaviditas ex sua specie corrumpit medium fortitudinis: et ideo directe fortitudini opponitur. Sed secundum suas causas, nihil prohibet quin opponatur aliis virtutibus.

Ad tertium dicendum quod vitium audaciae opponitur fortitudini secundum excessum audaciae: impaviditas autem secundum defectum timoris. Fortitudo autem in utraque passione medium ponit. Unde non est inconveniens quod secundum diversa habeat diversa extrema.

---
1. C. 10: 1115, b, 24-33.
2. Q. 123, a. 3.

estupidez. Ora, a falta do amor devido se opõe à caridade; o orgulho à humildade; a estultice, à prudência ou à sabedoria. Logo, o vício da intrepidez não se opõe à fortaleza.

3. Ademais, os vícios se opõem às virtudes como os extremos se opõem ao meio. Mas este meio tem apenas um extremo de um lado. Ora, opõem-se à virtude da fortaleza, de um lado o medo, do outro, a audácia. Logo, parece que a intrepidez não se opõe a ela.

Em sentido contrário, Aristóteles opõe a intrepidez à fortaleza.

Respondo. A fortaleza tem por objeto o temor e a audácia. Ora, toda virtude moral impõe a medida da razão à matéria que lhe concerne. Deste modo, à fortaleza compete o temor moderado pela razão: o homem deve temer o que é conveniente temer, na hora que convém, e assim por diante. Esta medida da razão pode ser corrompida seja pelo excesso ou pela carência. Da mesma maneira que o medo é contrário à fortaleza por excesso de temor, porque se teme o que não se deve temer, assim também a intrepidez se opõe à fortaleza por falta, porque não se teme o que é necessário temer.

Quanto ao 1º, portanto, deve-se dizer que o ato da fortaleza consiste em resistir ao medo e em atacar segundo a razão, e não de qualquer maneira. Não é assim que age o intrépido.

Quanto ao 2º, deve-se dizer que por natureza a intrepidez destrói o meio-termo da fortaleza e assim se opõe diretamente a esta virtude. Mas, em razão de suas causas, nada impede que se oponha também a outras virtudes.

Quanto ao 3º, deve-se dizer que o vício da audácia se opõe à fortaleza por excesso de audácia, e a intrepidez, por falta de medo. Ora, a fortaleza estabelece um meio-termo entre estas duas paixões. E assim não deve surpreender que, partindo de pontos de vista diferentes, ela possa ter dois extremos diferentes.

QUAESTIO CXXVII
DE AUDACIA
in duos articulos divisa
Deinde considerandum est de audacia.

QUESTÃO 127
A AUDÁCIA
em dois artigos
Em seguida, deve-se tratar da audácia.

Et circa hoc quaeruntur duo.
Primo: utrum audacia sit peccatum.
Secundo: utrum opponatur fortitudini.

ARTICULUS 1
Utrum audacia sit peccatum

AD PRIMUM SIC PROCEDITUR. Videtur quod audacia non sit peccatum.
1. Dicitur enim Iob 39,21, de equo, per quem significatur bonus praedicator, secundum Gregorium in *Moral.*[1], quod *audacter in occursum pergit armatis*. Sed nullum vitium cedit in commendationem alicuius. Ergo esse audacem non est peccatum.
2. PRAETEREA, sicut Philosophus dicit, in VI *Ethic.*[2], *oportet consiliari quidem tarde, operari autem velociter consiliata*. Sed ad hanc velocitatem operandi iuvat audacia. Ergo audacia non est peccatum, sed magis aliquid laudabile.

3. PRAETEREA, audacia est quaedam passio quae causatur a spe, ut supra[3] habitum est, cum de passionibus ageretur. Sed spes non ponitur peccatum, sed magis virtus. Ergo nec audacia debet poni peccatum.

SED CONTRA est quod dicitur Eccli 8,18: *Cum audace non eas in via: ne forte gravet mala sua in te*. Nullius autem societas est declinanda nisi propter peccatum. Ergo audacia est peccatum.

RESPONDEO dicendum quod audacia, sicut supra[4] dictum est, est passio quaedam. Passio autem quandoque quidem est moderata secundum rationem: quandoque autem caret modo rationis, vel per excessum vel per defectum; et secundum hoc est passio vitiosa. Sumuntur autem quandoque nomina passionum a superabundanti: sicut ira dicitur non quaecumque, sed superabundans, prout scilicet est vitiosa. Et hoc etiam modo audacia, per superabundantiam dicta, ponitur esse peccatum.

AD PRIMUM ergo dicendum quod audacia ibi sumitur secundum quod est moderata ratione. Sic enim pertinet ad virtutem fortitudinis.

AD SECUNDUM dicendum quod operatio festina commendabilis est post consilium, quod est actus

ARTIGO 1
A audácia é pecado?

QUANTO AO PRIMEIRO ARTIGO, ASSIM SE PROCEDE: parece que a audácia **não** é pecado.
1. Com efeito, Gregório aplica ao bom pregador o que Jó diz do cavalo: "Com audácia ele se lança ao combate". Ora, ninguém é elogiado por causa de um vício. Logo, ser audaz não é pecado.

2. ALÉM DISSO, Aristóteles diz: "É preciso levar o tempo necessário para tomar uma decisão, mas depois da decisão tomada é necessário agir com rapidez". Ora, a audácia favorece esta rapidez da ação. Logo, a audácia não somente não é pecado, como constitui algo louvável.

3. ADEMAIS, a audácia é uma paixão que nasce da esperança. Ora, a esperança é uma virtude, não um pecado. Logo, nem a audácia é pecado.

EM SENTIDO CONTRÁRIO, o Eclesiástico diz: "Não tomes a estrada com um audacioso para que não faças seus males pesar sobre ti". Ora, só se deve evitar a companhia de outra pessoa por causa de um pecado. Portanto, a audácia é pecado.

RESPONDO. A audácia é uma paixão. Ora, a paixão às vezes é moderada pela razão, outras vezes carece desta moderação, seja por excesso, seja por falta, e é aí que ela se torna viciosa. Mas, pode ocorrer que o próprio nome da paixão seja tomado para designar o excesso dela: é assim que se fala da "ira" para designar esta paixão no seu excesso, isto é, enquanto é viciosa. E é assim também que a audácia, entendida enquanto excessiva, é considerada pecado.

QUANTO AO 1º, portanto, deve-se dizer que se trata aqui da audácia moderada pela razão, e que se refere à virtude da fortaleza.

QUANTO AO 2º, deve-se dizer que a ação rápida, é um ato da razão depois de tomada a decisão,

---

1. L. XXXI, c. 24, al. 11, in vet. 19, n. 43: ML 76, 597 B.
2. C. 10: 1142, b, 4-5.
3. I-II, q. 45, a. 2.
4. I-II, q. 23, a. 1, 4; q. 45.

rationis. Sed si quis ante consilium vellet festine agere, non esset hoc laudabile, sed vitiosum: esset enim quaedam praecipitatio actionis, quod est vitium prudentiae oppositum, ut supra[5] dictum est. Et ideo audacia, quae operatur ad velocitatem operandi, intantum laudabilis est inquantum a ratione ordinatur.

AD TERTIUM dicendum quod quaedam vitia innominata sunt, et similiter quaedam virtutes: ut patet per Philosophum, in IV *Ethic*.[6] Et ideo oportuit quibusdam passionibus uti nomine virtutum et vitiorum. Praecipue autem illis passionibus utimur ad vitia designanda quarum obiectum est malum: sicut patet de odio, timore et ira, et etiam audacia. Spes autem et amor habent bonum pro obiecto. Et ideo magis eis utimur ad designanda nomina virtutum.

Mas, quando alguém procura agir rapidamente sem ter antes deliberado, isso não é louvável mas vicioso. Trata-se do vício da precipitação, que se opõe à prudência. A audácia que contribui para a rapidez da ação é louvável na medida em que é regulada pela razão.

QUANTO AO 3º, deve-se dizer que há vícios e também virtudes, que não têm nomes, como nota Aristóteles. E assim é necessário designá-los por nomes de virtudes ou vícios. Recorremos a nomes de paixões para designar os vícios, que têm por objeto o mal, como o ódio, o medo, a cólera e a audácia. Ao passo que a esperança e o amor têm por objeto o bem e é por isso que empregamos seus nomes para designar as virtudes.

ARTICULUS 2
Utrum audacia opponatur fortitudini

AD SECUNDUM SIC PROCEDITUR. Videtur quod audacia non opponatur fortitudini.
1. Superfluitas enim audaciae videtur ex animi praesumptione procedere. Sed praesumptio pertinet ad superbiam, quae opponitur humilitati. Ergo audacia magis opponitur humilitati quam fortitudini.
2. PRAETEREA, audacia non videtur esse vituperabilis nisi inquantum ex ea provenit vel nocumentum aliquod ipsi audaci, qui se periculis inordinate ingerit; vel etiam aliis, quos per audaciam aggreditur vel in pericula praecipitat. Sed hoc videtur ad iniustitiam pertinere. Ergo audacia, secundum quod est peccatum, non opponitur fortitudini, sed iustitiae.
3. PRAETEREA, fortitudo est et circa timores et circa audacias, ut supra[1] habitum est. Sed quia timiditas opponitur fortitudini secundum excessum timoris, habet aliud vitium oppositum timiditati secundum defectum timoris. Si ergo audacia opponatur fortitudini propter excessum audaciae, pari ratione opponetur ei aliquod vitium propter audaciae defectum. Sed hoc non invenitur. Ergo nec audacia debet poni vitium oppositum fortitudini.

ARTIGO 2
A audácia é contrária à fortaleza?

QUANTO AO SEGUNDO, ASSIM SE PROCEDE: parece que a audácia **não** é contrária à fortaleza.
1. Com efeito, o excesso que caracteriza a audácia parece vir da presunção do espírito. Ora, a presunção está ligada ao orgulho, que se opõe à humildade. Logo, a audácia se opõe à humildade, e não à fortaleza.
2. ALÉM DISSO, a audácia só merece ser censurável enquanto é prejudicial ao próprio audacioso que enfrenta perigos de modo desordenado; ou enquanto pode também prejudicar outras pessoas que são agredidas ou precipitadas em perigos. Ora, isso parece ser da ordem da injustiça. Logo, a audácia que é um pecado não se opõe à fortaleza, mas à justiça.
3. ADEMAIS, a fortaleza tem a ver com o temor e a audácia. Ora, porque a timidez se opõe à fortaleza por causa de excesso de temor, há outro vício oposto à timidez, por defeito do temor. Por conseguinte, se a audácia se opusesse à fortaleza pelo excesso, a fortaleza deveria ter um vício a ela oposto por falta de audácia. Mas, não encontramos este vício. Logo, a audácia também não deve ser considerada como um vício oposto à fortaleza.

---

5. Q. 53, a. 3.
6. Cc. 10, 11: 1125, b, 21-24; 26-29.

1. Q. 123, a. 3.

SED CONTRA est quod Philosophus, in II² et III³ *Ethic.*, ponit audaciam fortitudini oppositam.

RESPONDEO dicendum quod, sicut supra⁴ dictum est, ad virtutem moralem pertinet modum rationis observare in materia circa quam est. Et ideo omne vitium quod importat immoderantiam circa materiam alicuius virtutis moralis, opponitur illi virtuti morali sicut immoderatum moderato. Audacia autem, secundum quod sonat in vitium, importat excessum passionis quae audacia dicitur. Unde manifestum est quod opponitur virtuti fortitudinis, quae est circa timores et audacias, ut supra⁵ dictum est.

AD PRIMUM ergo dicendum quod oppositio vitii ad virtutem non attenditur principaliter secundum causam vitii, sed secundum ipsam vitii speciem. Et ideo non oportet quod audacia opponatur eidem virtuti cui opponitur praesumptio, quae est causa ipsius.

AD SECUNDUM dicendum quod sicut directa oppositio vitii non attenditur circa eius causam, ita etiam non attenditur secundum eius effectum. Nocumentum autem quod provenit ex audacia est effectus ipsius. Unde nec etiam secundum hoc attenditur oppositio audaciae.

AD TERTIUM dicendum quod motus audaciae consistit in invadendo id quod est homini contrarium: ad quod natura inclinat, nisi inquantum talis inclinatio impeditur per timorem patiendi nocumentum ab eo. Et ideo vitium quod excedit in audacia non habet contrarium defectum nisi timiditatem tantum. — Sed audacia non semper concomitatur tantum defectum timiditatis. Quia sicut Philosophus dicit, in III *Ethic.*⁶, *audaces sunt praevolantes et volentes ante pericula, sed in ipsis discedunt*, scilicet prae timore.

EM SENTIDO CONTRÁRIO, Aristóteles considera a audácia oposta à fortaleza.

RESPONDO. Pertence à virtude moral guardar a medida da razão na matéria a que se refere. Por isso, todo vício que indica uma falta de medida quanto à matéria de uma virtude moral, se opõe a esta virtude moral como o imoderado ao moderado. Ora a audácia, se este termo designar um vício, implica um excesso daquela paixão que chamamos de audácia. E desta forma fica evidente que se opõe à fortaleza, a qual se refere aos temores e às audácias.

QUANTO AO 1º, portanto, deve-se dizer que a oposição de um vício a uma virtude não se toma, a título principal, da causa deste vício, mas de sua espécie. Por esta razão não se deve opor a audácia à mesma virtude a que se opõe à presunção, que é causa da audácia.

QUANTO AO 2º, deve-se dizer que da mesma forma que a oposição direta de um vício não se toma de sua causa, também não pode ser tomada de seu efeito. Ora, o conjunto de danos que provem da audácia é o efeito dela. Por conseguinte, o que opõe a audácia à virtude não pode se fundar sobre estes danos.

QUANTO AO 3º, deve-se dizer que o movimento da audácia consiste em atacar o que é contrário ao homem; é a própria natureza humana que inclina o homem a isto, a menos que esta inclinação seja controlada pelo medo de sofrer algum dano. É por esta razão que o vício por excesso que se chama audácia só pode ter um oposto por carência, que se chama timidez. — Segundo Aristóteles, "os audaciosos correm ao encontro do perigo, mas quando este se apresenta, eles recuam", e recuam por medo.

---

2. C. 7: 1107, b, 2-4.
3. C. 10: 1115, b, 28-33.
4. Q. 126, a. 2.
5. Q. 123, a. 3.
6. C. 10: 1116, a, 7-9.

QUAESTIO CXXVIII
DE PARTIBUS FORTITUDINIS
in articulus unicus

Deinde considerandum est de partibus fortitudinis. Et primo considerandum est quae sint fortitudinis partes; secundo, de singulis partibus est agendum.

QUESTÃO 128
AS PARTES DA FORTALEZA
artigo único

Em seguida, deve-se tratar das partes da fortaleza. Primeiro, quais são elas? Depois, cada uma delas em particular.

Articulus Unicus
Utrum convenienter partes fortitudinis enumerentur

AD PRIMUM SIC PROCEDITUR. Videtur quod inconvenienter partes fortitudinis enumerentur.

1. Tullius enim, in sua *Rhetorica*[1], ponit fortitudinis quatuor partes: scilicet *magnificentiam, fiduciam, patientiam* et *perseverantiam*. Et videtur quod inconvenienter. Magnificentia enim videtur ad liberalitatem pertinere: quia utraque est circa pecunias, et *necesse est magnificum liberalem esse*, ut Philosophus dicit, in IV *Ethic*.[2]. Sed liberalitas est pars iustitiae, ut supra[3] habitum est. Ergo magnificentia non debet poni pars fortitudinis.
2. PRAETEREA, fiducia nihil aliud esse videtur quam spes. Sed spes non videtur ad fortitudinem pertinere, sed ponitur per se virtus. Ergo fiducia non debet poni pars fortitudinis.
3. PRAETEREA, fortitudo facit hominem bene se habere circa pericula. Sed magnificentia et fiducia non important in sui ratione aliquam habitudinem ad pericula. Ergo non ponuntur convenienter partes fortitudinis.
4. PRAETEREA, patientia, secundum Tullium[4], importat *difficilium perpessionem*: quod etiam ipse attribuit fortitudini. Ergo patientia est idem fortitudini, et non est pars eius.
5. PRAETEREA, illud quod requiritur in qualibet virtute, non debet poni pars alicuius specialis virtutis. Sed perseverantia requiritur in qualibet virtute: dicitur enim Mt 24,13: *Qui perseveraverit usque in finem, hic salvus erit*. Ergo perseverantia non debet poni pars fortitudinis.
6. PRAETEREA, Macrobius[5] ponit septem partes fortitudinis: scilicet *magnanimitatem, fiduciam,*

Artigo Único
As partes da fortaleza são convenientemente enumeradas?[a]

QUANTO AO ARTIGO ÚNICO, ASSIM SE PROCEDE: parece que as partes da fortaleza **não** estão convenientemente enumeradas.

1. Com efeito, Cícero enumera quatro delas: "magnificência, confiança, paciência e perseverança". Parece que não procede. De fato, a magnificência se liga à liberalidade, porque as duas concernem ao dinheiro e o "magnífico é necessariamente liberal", como diz Aristóteles. Ora, a liberalidade é uma parte da justiça. Logo, a magnificência não faz parte da fortaleza.
2. ALÉM DISSO, a confiança parece ser a mesma coisa que a esperança. Ora, a esperança não pertence à fortaleza, pois é uma virtude por si mesma. Logo, a confiança não faz parte da fortaleza.
3. ADEMAIS, a fortaleza faz o homem se comportar bem diante dos perigos. Ora, a confiança e a magnificência não implicam em sua razão nenhuma relação com os perigos. Logo, não é conveniente afirmá-las entre as partes da fortaleza.
4. ADEMAIS, Cícero diz que a paciência implica suportar as dificuldades, que ele atribui também à fortaleza. Logo, a paciência não é uma parte da fortaleza, mas com ela se identifica.
5. ADEMAIS, o que é requerido em qualquer virtude, não deve ser dado como parte de uma virtude especial. Ora, a perseverança é requerida em qualquer virtude, de acordo com o Evangelho: "Aquele que perseverar até o fim, este será salvo". Logo, a perseverança não deve figurar como parte da fortaleza.
6. ADEMAIS, Macróbio apresenta sete partes da fortaleza: "magnanimidade, confiança, segurança,

---

1 PARALL.: III *Sent*., dist. 33, q. 3, a. 3.

1. *De invent. rhet*., l. II, c. 54: ed. G. Friedrich, Lipsiae 1908, p. 231, ll. 6-7.
2. C. 4: 1122, b, 10-13.
3. Q. 117, a. 5.
4. Loc. cit.: ed. cit., p. 231, ll. 13-14.
5. *In Somn. Scip*., l. I, c. 8: ed. Fr. Eyssenhardt, Lipsiae 1868, p. 507, ll. 18-20.

a. O artigo único sobre as partes da fortaleza fornece uma espécie de panorama do campo coberto por essa virtude. Esse panorama é bastante pobre.
Sto. Tomás considera a virtude de fortaleza como tão pouco complexa que ele renuncia a atribuir-lhe partes subjetivas: ela possui, diz ele, um objeto bem especial.
Sua importância se deve ao fato de moderar temores e audácias aos quais o homem se submete o tempo todo. Logo, recorremos a ela constantemente. Mas o duplo mecanismo do temor e da audácia se desenrola numa certa monotonia.
Os estudos modernos de psicologia se inclinam sobre as angústias e as agressividades numa perspectiva bem diversa, mas os mecanismos que eles revelam também são bastante limitados.
As outras virtudes cardeais utilizam elementos menos simples, mas seriam paralisadas se a fortaleza não desempenhasse seu papel no equilíbrio da vida moral.

securitatem, magnificentiam, constantiam, tolerantiam, firmitatem. Andronicus[6] etiam ponit septem virtutes annexas fortitudini, quae sunt *eupsychia, lema, magnanimitas, virilitas, perseverantia, magnificentia, andragathia*. Ergo videtur quod insufficienter Tullius partes fortitudinis enumeraverat.

7. PRAETEREA, Aristoteles, in III *Ethic.*[7], ponit quinque modos fortitudinis. Quorum prima est politica, quae fortiter operatur propter timorem exhonorationis vel poenae; secunda militaris, quae fortiter operatur propter artem et experientiam rei bellicae; tertia est fortitudo quae fortiter operatur ex passione, praecipue irae; quarta est fortitudo quae fortiter operatur propter consuetudinem victoriae; quinta autem est quae fortiter operatur propter ignorantiam periculorum. Has autem fortitudines nulla praedictarum divisionum continet. Ergo praedictae enumerationes partium fortitudinis videntur esse inconvenientes.

RESPONDEO dicendum quod, sicut supra[8] dictum est, alicuius virtutis possunt esse triplices partes, scilicet subiectivae, integrales et potentiales. Fortitudini autem, secundum quod est specialis virtus, non possunt assignari partes subiectivae: eo quod non dividitur in multas virtutes specie differentes, quia est circa materiam valde specialem. Assignantur autem ei partes quasi integrales, et potentiales: integrales quidem secundum ea quae oportet concurrere ad actum fortitudinis; potentiales autem secundum quod ea quae fortitudo observat circa difficillima, scilicet circa pericula mortis, aliquae aliae virtutes observant circa quasdam alias materias minus difficiles; quae quidem virtutes adiunguntur fortitudini sicut secundariae principali.

Est autem, sicut supra[9] dictum est, duplex fortitudinis actus: scilicet aggredi, et sustinere. Ad actum autem aggrediendi duo requiruntur. Quorum primum pertinet ad animi praeparationem: ut scilicet aliquis promptum animum habeat ad aggrediendum. Et quantum ad hoc ponit Tullius fiduciam. Unde dicit[10] quod *fiducia est per quam magnis et honestis rebus multum ipse animus in se fiduciae cum spe collocavit*. — Secundum autem pertinet ad operis executionem: ne scilicet aliquis deficiat in executione illorum quae fidu-

magnificência, constância, tolerância, firmeza". Andrônico, por sua vez, admite sete virtudes anexas à fortaleza: *"eupsiquia"*, *"lema"*, magnanimidade, virilidade, perseverança, magnificência, *"andragacia"*. Por conseguinte, a enumeração de Cícero é insuficiente.

7. ADEMAIS, Aristóteles enumera cinco modalidades da fortaleza: 1º a política, que opera corajosamente por medo da desonra ou do castigo; 2º a militar, que se torna corajosa pela prática ou experiência da guerra; 3º aquela que opera corajosamente sob o império de uma paixão, e em particular da ira; 4º aquela que opera corajosamente pelo costume da vitória; 5º a que age corajosamente pela falta de experiência do perigo. Ora, nenhuma das enumerações precedentes inclui esta. Logo, parece que a enumeração das partes da fortaleza é inadequada.

RESPONDO. Uma virtude pode ter três espécies de partes: subjetivas, integrantes e potenciais. Não se podem atribuir à fortaleza, enquanto virtude especial, partes subjetivas, posto que não se divide em várias virtudes especificamente diferentes, uma vez que tem uma matéria muito especial. Mas podem ser atribuídas a ela partes integrantes e potenciais. Integrantes, porque são partes que concorrem para a execução do ato da fortaleza. Potenciais, porque assim como a fortaleza observa algumas situações bem difíceis, a saber, o perigo da morte, assim também outras virtudes as observam a respeito de situações menos difíceis. Essas virtudes se anexam à fortaleza como o secundário ao principal.

Ora, o ato da fortaleza é duplo: atacar e resistir. Para o ataque são necessárias duas condições. Primeiro, que o espírito esteja preparado, quer dizer, pronto para atacar. Aqui, Cícero introduz a confiança, "pela qual, diz ele, a alma se coloca na esperança e na certeza de realizar com segurança grandes e gloriosos feitos". — A segunda condição vale para a execução: não se pode desistir no meio de uma ação iniciada com o máximo de confiança. Aqui, Cícero nomeia a magnificência. Diz ele: "A magnificência consiste na invenção

---

6. *De Affect.*, de Fortitudine: inter *Fragm. Phil. Graec.*, ed. G. A. Mullachius, Parisiis 1867-1879, t. III, p. 575.
7. C. 11: 1116, a, 16 — 1117, a, 28.
8. Q. 48.
9. Q. 123, a. 3, 6.
10. Loc. cit.: ed. cit., p. 231, ll. 10-12.

cialiter inchoavit. Et quantum ad hoc ponit Tullius magnificentiam. Unde dicit[11] quod *magnificentia est rerum magnarum et excelsarum cum animi ampla quadam et splendida propositione cogitatio atque administratio*, idest executio, ut scilicet amplo proposito administratio non desit. — Haec ergo duo, si coarctentur ad propriam materiam fortitudinis, scilicet ad pericula mortis, erunt quasi partes integrales ipsius, sine quibus fortitudo esse non potest. Si autem referantur ad aliquas alias materias in quibus est minus difficultatis, erunt virtutes distinctae a fortitudine secundum speciem, tamen adiungentur ei sicut secundarium principali: sicut magnificentia a Philosopho, in IV *Ethic.*[12], ponitur circa magnos sumptus; magnanimitas autem, quae videtur idem esse fiduciae, circa magnos honores.

Ad alium autem actum fortitudinis, qui est sustinere, duo requiruntur. Quorum primum est ne difficultate imminentium malorum animus frangatur per tristitiam, et decidat a sua magnitudine. Et quantum ad hoc ponit patientiam. Unde dicit[13] quod *patientia est honestatis aut utilitatis causa rerum arduarum ac difficilium voluntaria ac diuturna perpessio.* — Aliud autem est ut ex diuturna difficilium passione homo non fatigetur usque ad hoc quod desistat: secundum illud Hb 12,3: *Non fatigemini, animis vestris deficientes.* Et quantum ad hoc ponit perseverantiam. Unde dicit[14] quod *perseverantia est in ratione bene considerata stabilis et perpetua permansio.* — Haec etiam duo, si coarctentur ad propriam materiam fortitudinis, erunt partes quasi integrales ipsius. Si autem ad quascumque materias difficiles referantur, erunt virtutes a fortitudine distinctae, et tamen ei adiungentur sicut secundariae principali.

AD PRIMUM ergo dicendum quod magnificentia circa materiam liberalitatis addit quandam magnitudinem, quae pertinet ad rationem ardui, quod est obiectum irascibilis, quam principaliter perficit fortitudo. Et ex hac parte pertinet ad fortitudinem.

AD SECUNDUM dicendum quod spes qua quis de Deo confidit, ponitur virtus theologica, ut supra[15]

e administração de um projeto relativo a coisas grandiosas e sublimes que o espírito do homem propõe a si mesmo com esplendor e grandeza". É preciso não desistir durante a execução de um projeto desses. — Estas duas condições, quando aplicadas à matéria própria da fortaleza, a saber, aos perigos de morte, serão partes integrantes dela, sem as quais a fortaleza não pode existir. Mas, se se referem a matérias menos árduas, serão virtudes especificamente distintas da fortaleza, mas que a ela se agregam como o secundário ao principal, assim como, segundo Aristóteles, a magnificência se associa aos grandes gastos, e a magnanimidade, que parece ser a mesma coisa que a confiança, ao esplendor das grandes honras.

Para o segundo ato da fortaleza, que é resistir, são requeridas duas condições. Primeiro que, diante da ameaça dos males, o coração não se deixe quebrar pela tristeza nem desista da grandeza. E aqui, Cícero coloca a paciência, que ele define como sendo "o suportar voluntário e prolongado de passos árduos e difíceis, que tem por motivo a honestidade ou a utilidade". — A outra condição é que, sustentando o embate prolongado das dificuldades, o homem não venha a se cansar e desistir, como se lê na Carta aos Hebreus: "Não vos deixeis fatigar pelo desânimo". É a função que Cícero reserva à virtude da perseverança, que ele define como sendo "uma permanência estável e perpétua numa decisão adotada com deliberação" — Quando estas duas condições estiverem relacionadas à própria matéria da fortaleza, elas ficam sendo como que partes integrantes dela. Mas quando se referem apenas a matérias difíceis, mas não essenciais, serão virtudes distintas da fortaleza, mas a ela ajuntas, como virtudes secundárias anexadas à principal.

QUANTO AO 1º, portanto, deve-se dizer que a magnificência acrescenta à matéria da liberalidade uma certa grandeza, que pertence à ordem do árduo, objeto do apetite irascível que a virtude da fortaleza vem aperfeiçoar em primeiro lugar. Por aí, ela pode pertencer à fortaleza.

QUANTO AO 2º, deve-se dizer que a esperança que confia em Deus é uma virtude teologal. Mas

---

11. Loc. cit.: ed. cit., p. 231, ll. 7-10.
12. C. 4: 1122, a, 21-23; b, 2-6.
13. Loc. cit.: ed. cit., p. 231, ll. 12-14.
14. Loc. cit.: ed. cit., p. 231, ll. 14-15.
15. Q. 17, a. 5; I-II, q. 62, a. 3.

habitum est. Sed per fiduciam quae nunc ponitur fortitudinis pars, homo habet spem in seipso: tamen sub Deo.

AD TERTIUM dicendum quod quascumque magnas res aggredi videtur esse periculosum, quia in his deficere est valde nocivum. Unde etiam si magnificentia et fiducia circa quaecumque alia magna operanda vel aggredienda ponantur, habent quandam affinitatem cum fortitudine, ratione periculi imminentis.

AD QUARTUM dicendum quod patientia non solum perpetitur pericula mortis, circa quae est fortitudo, absque superabundanti tristitia, sed etiam quaecumque alia difficilia seu periculosa. Et secundum hoc ponitur virtus adiuncta fortitudini. — Inquantum autem est circa pericula mortis, est pars integralis ipsius.

AD QUINTUM dicendum quod perseverantia secundum quod dicit continuitatem boni operis usque in finem, circumstantia omnis virtutis esse potest. Ponitur autem pars fortitudinis secundum quod dictum est[16].

AD SEXTUM dicendum quod Macrobius ponit quatuor praedicta a Tullio posita, scilicet *fiduciam, magnificentiam, tolerantiam*, quam ponit loco *patientiae*, et *firmitatem*, quam ponit loco *perseverantiae*. Superaddit autem tria. Quorum duo, scilicet *magnanimitas* et *securitas*, a Tullio sub *fiducia* comprehenduntur: sed Macrobius magis per specialis distinguit. Nam fiducia importat spem hominis ad magna. Spes autem cuiuslibet rei praesupponit appetitum in magna protensum per desiderium, quod pertinet ad *magnanimitatem*: dictum est enim supra[17] quod spes praesupponit amorem et desiderium rei speratae. Vel melius potest dici quod fiducia pertinet ad spei certitudinem; magnanimitas autem ad magnitudinem rei speratae. — Spes autem firma esse non potest nisi amoveatur contrarium: quandoque enim aliquis, quantum ex seipso est, speraret aliquid, sed spes tollitur propter impedimentum timoris; timor enim quodammodo spei contrariatur, ut supra[18] habitum est. Et ideo Macrobius addit *securitatem*, quae excludit timorem. — Tertium autem addit, scilicet *constantiam*, quae sub *magnificentia* comprehendi

pela confiança, que figura entre as partes da fortaleza, o homem põe sua esperança em si mesmo, embora se subordinando a Deus[b].

QUANTO AO 3º, deve-se dizer que parece perigoso querer atacar grandes empreitadas, porque o fracasso seria nocivo demais. Assim, mesmo que a magnificência e a confiança se realizem sobretudo na decisão de partir para grandes empreitadas, elas têm alguma afinidade com a fortaleza, em razão da ameaça dos perigos.

QUANTO AO 4º, deve-se dizer que a paciência não apenas atura perigos mortais, sem tristeza exagerada, que pertencem à fortaleza, como atura ainda outros tipos de dificuldades e situações penosas. Por aí, ela pode ser considerada como virtude anexa da fortaleza. — Mas quando participa de passos relativos a perigos de morte, ela constitui parte integrante daquela virtude.

QUANTO AO 5º, deve-se dizer que a perseverança, enquanto significa a continuação de uma obra boa até o fim, pode ser uma circunstância de qualquer virtude. Mas ela faz parte da fortaleza.

QUANTO AO 6º, deve-se dizer que Macróbio cita as quatro virtudes já nomeadas por Cícero: confiança, magnificência, tolerância (em lugar da paciência) e firmeza (em lugar da perseverança). Mas acrescenta mais três partes da fortaleza. Duas delas, a magnanimidade e a segurança, Cícero as engloba na confiança, enquanto Macróbio as distingue, dando-lhes a condição de espécies. Porque a confiança implica esperança de grandes feitos. Ora, a esperança do que quer que seja pressupõe um apetite movido pelo desejo de grandes coisas, o que se liga com a magnanimidade; a esperança pressupõe o amor e o desejo de seu objeto. Seria melhor dizer que a confiança se liga à certeza da esperança, enquanto a magnanimidade diz respeito à grandeza da coisa esperada. — A esperança não pode ser firme se não afastar dela seu contrário. Ocorre às vezes que uma pessoa, por si mesma, seria até capaz de esperar alguma coisa, mas sua esperança é escorraçada pelo medo, pois o medo é, de certa forma, oposto à esperança. É a razão pela qual Macróbio acrescenta a segurança, que exclui o medo. — E adiciona ainda uma terceira

---

16. In corp.
17. I-II, q. 40, a. 7.
18. Ibid., a. 4, ad 1.

b. Não é imoral, por conseguinte, mas razoável, depositar esperança em si mesmo. Existe uma confiança necessária em si que é legítima se essa esperança se subordina a Deus.

potest: oportet enim in his quae magnifice aliquis facit, constantem animum habere. Et ideo Tullius ad magnificentiam pertinere dicit non solum *administrationem rerum magnarum*, sed etiam *animi amplam excogitationem ipsarum*. Potest etiam constantia ad *perseverantiam* pertinere: ut *perseverans* dicatur aliquis ex eo quod non desistit propter diuturnitatem; *constans* autem ex eo quod non desistit propter quaecumque alia repugnantia.

Illa etiam quae Andronicus ponit ad eadem pertinere videntur. Ponit enim *perseverantiam* et *magnificentiam* cum Tullio et Macrobio; *magnanimitatem* autem cum Macrobio. — Lema autem est idem quod *patientia* vel *tolerantia*: dicit enim[19] quod *lema est habitus promptus tribuens ad conari qualia oportet, et sustinere quae ratio dicit*. — *Eupsychia* autem, idest *bona animositas*, idem videtur esse quod *securitas*: dicit enim[20] quod est *robur animae ad perficiendum opera ipsius*. — *Virilitas* autem idem esse videtur quod *fiducia*: dicit enim[21] quod *virilitas est habitus per se sufficiens tributus in his quae secundum virtutem*. — *Magnificentiae* autem addit *andragathiam*, quasi *virilem bonitatem*, quae apud nos *strenuitas* potest dici. Ad magnificentiam enim pertinet non solum quod homo consistat in executione magnorum operum, quod pertinet ad *constantiam*: sed etiam cum quadam virili prudentia et sollicitudine ea exequatur, quod pertinet ad *andragathiam* sive *strenuitatem*. Unde dicit[22] quod *andragathia est viri virtus adinventiva communicabilium operum*. Et sic patet quod omnes huiusmodi partes ad quatuor principales reducuntur quas Tullius ponit.

AD SEPTIMUM dicendum quod illa quinque quae ponit Aristoteles, deficiunt a vera ratione virtutis: quia etsi conveniant in actu fortitudinis, differunt tamen in motivo, ut supra[23] habitum est. Et ideo non ponuntur partes fortitudinis, sed quidam fortitudinis modi.

virtude: a *constância*, que se pode englobar na *magnificência*, porque, para ser magnificente é preciso ter uma coração constante. Isto leva Cícero a dizer que cabe à magnificência não apenas organizar grandes empreitadas, mas também idealizá-las com amplidão de espírito. A constância pode ainda entrar no âmbito da *perseverança*, porque a perseverança se atribui àquele que não se deixa desanimar pela duração temporal da ação, enquanto que se chama de constante aquele que não se deixa desencorajar por nenhuma outra resistência.

As virtudes enumeradas por Andrônico parecem dar no mesmo. Como Cícero e Macróbio, ele aceita a perseverança e a magnificência. A magnanimidade na sua teoria se identifica com a de Macróbio. — O que ele chama de *lema* equivale à paciência ou tolerância; porque para ele, "*lema*, ou resolução, é um hábito que torna o homem preparado para tomar uma iniciativa conveniente e resistir como exige a razão". — A "*eupsichia*", ("boa alma") parece se identificar com a segurança, porque, para Andrônico, "ela constitui a força da alma para cumprir suas tarefas". — A *virilidade* parece se confundir com a confiança, porque ele a define como "um hábito que se basta a si próprio, concedido aos homens corajosos". — Macróbio acrescenta à magnificência, o que ele chama de "*andragathia*", (que vem a ser bondade viril), que poderíamos traduzir por *bravura*. Ora, cabe à magnificência não apenas perseverar na realização de obras grandiosas, o que é da alçada da constância, mas também executar estas obras com prudência e zelo viril, o que é da alçada da "andragacia" ou da bravura. Por isto Andrônico diz que "a *andragathia* é uma virtude viril descobridora de obras comunicáveis". Assim, é evidente que todas as partes da fortaleza se resumem na lista elaborada por Cícero.

QUANTO AO 7º, deve-se dizer que estas cinco partes enumeradas por Aristóteles não atingem a verdadeira razão de virtude porque, mesmo reencontrando-se todas no ato da fortaleza, são diferentes entre si por seu motivo. Portanto, podem ser consideradas muito mais como modos da fortaleza do que como partes dela.

---

19. Loc. cit.
20. Loc. cit.
21. Loc. cit.
22. Loc. cit.
23. Q. 123, a. 1, ad 2.

QUAESTIO CXXIX
DE MAGNANIMITATE
in octo articulos divisa

Deinde considerandum est de singulis fortitudinis partibus: ita tamen ut sub quatuor principalibus quas Tullius ponit[1], alias comprehendamus; nisi quod magnanimitatem, de qua etiam Aristoteles tractat[2], loco fiduciae ponemus. Primo ergo considerandum erit de magnanimitate; secundo, de magnificentia; tertio, de patientia; quarto, de perseverantia.

Circa primum, primo considerandum est de magnanimitate; secundo, de vitiis oppositis.

Circa primum quaeruntur octo.

Primo: utrum magnanimitas sit circa honores.
Secundo: utrum magnanimitas sit solum circa magnos honores.
Tertio: utrum sit virtus.
Quarto: utrum sit virtus specialis.
Quinto: utrum sit pars fortitudinis.
Sexto: quomodo se habeat ad fiduciam.
Septimo: quomodo se habeat ad securitatem.
Octavo: quomodo se habeat ad bona fortunae.

Articulus 1
Utrum magnanimitas sit circa honores

Ad primum sic proceditur. Videtur quod magnanimitas non sit circa honores.

1. Magnanimitas enim est in irascibili. Quod ex ipso nomine patet: nam magnanimitas dicitur quasi *magnitudo animi; animus* autem pro vi irascibili ponitur, ut patet in III *de Anima*[1], ubi Philosophus dicit quod in sensitivo appetitu est *desiderium* et *animus*, idest concupiscibilis et irascibilis. Sed honor est quoddam bonum concupiscibile: cum sit *praemium virtutis*. Ergo videtur quod magnanimitas non sit circa honores.

QUESTÃO 129
A MAGNANIMIDADE[a]
em oito artigos

Em seguida, deve-se tratar das partes da fortaleza, de tal modo que às quatro principais apresentadas por Cícero, incluamos outras, exceto a confiança em cujo lugar colocaremos a magnanimidade de que trata Aristóteles. Trataremos pois: 1º da magnanimidade; 2º da magnificência; 3º da paciência; 4º da perseverança.

A respeito da primeira, consideraremos a magnanimidade; e a seguir, os vícios opostos a ela.

Sobre a magnanimidade, oito questões:

1. Tem ela as honras por objeto?
2. Somente as grandes honras?
3. É uma virtude?
4. É uma virtude especial?
5. Faz parte da virtude da fortaleza?
6. Quais são suas relações com a confiança?
7. Com a segurança?
8. Com os bens da fortuna?

Artigo 1
A magnanimidade tem as honras como objeto?

Quanto ao primeiro artigo, assim se procede: parece que a magnanimidade **não** tem as honras como objeto.

1. Com efeito, a magnanimidade reside no apetite irascível, como o próprio nome indica, pois magnanimidade significa magnitude de ânimo; o termo "ânimo" aqui significa força irascível, de acordo com Aristóteles, que diz: "No apetite sensível se encontram o desejo e o ânimo, ou seja, o concupiscível e o irascível. Ora, a honra é um bem concupiscível, uma vez que é uma *prêmio da virtude*. Logo, parece que a magnanimidade não tem as honras como objeto.

---

1. *De invent. rhet.*, l. II, c. 54: ed. G. Friedrich, Lipsiae 1908, p. 231, ll. 6-7.
2. *Eth.*, l. IV, cc. 7-9: 1123, a, 34-1125, a, 17.

Parall.: II *Sent.*, dist. 42, q. 2, a. 4; III, dist. 26, q. 2, a. 2, ad 4; dist. 33, q. 3, a. 3, q.la 1, ad 2; IV *Ethic.*, lect. 8, 9.
1. C. 9: 432, b, 6-7.

a. Esta questão constitui uma espécie de pequeno tratado no interior do tratado da fortaleza. A razão disso é que Aristóteles, em sua *Ética a Nicômaco*, desenhou um quadro especialmente sugestivo do magnânimo. Sto. Tomás se preocupa em valorizar as reflexões do Filósofo, o que o conduz a desenvolver um tema que poderia ter sido tratado de modo mais sucinto.

Digamos que a tradição aristotélica o convida a desenvolver o tema do magnânimo do mesmo modo que a tradição cristã o havia levado a consagrar uma importante questão ao martírio.

2. Praeterea magnanimitas, cum sit virtus moralis, oportet quod sit circa passiones vel operationes. Non est autem circa operationes: quia sic esset pars iustitiae. Et sic relinquitur quod sit circa passiones. Honor autem non est passio. Ergo magnanimitas non est circa honores.

3. Praeterea, magnanimitas videtur pertinere magis ad prosecutionem quam ad fugam: dicitur enim *magnanimus* quia ad *magna* tendit. Sed virtuosi non laudantur ex hoc quod cupiunt honores, sed magis ex hoc quod eos fugiunt. Ergo magnanimitas non est circa honores.

Sed contra est quod Philosophus dicit, in IV *Ethic*.[2], quod *magnanimus est circa honores et inhonorationes*.

Respondeo dicendum quod *magnanimitas* ex suo nomine importat quandam extensionem *animi* ad *magna*. Consideratur autem habitudo virtutis ad duo: uno quidem modo, ad materiam circa quam operatur; alio modo, ad actum proprium, qui consistit in debito usu talis materiae. Et quia habitus virtutis principaliter ex actu determinatur, ex hoc principaliter dicitur aliquis magnanimus quod animum habet ad aliquem magnum actum. Aliquis autem actus potest dici dupliciter magnus: uno modo, secundum proportionem; alio modo, absolute. Magnus quidem potest dici actus secundum proportionem etiam qui consistit in usu alicuius rei parvae vel mediocris: puta si aliquis illa re optime utatur. Sed simpliciter et absolute magnus actus est qui consistit in optimo usu rei maximae. Res autem quae in usum hominis veniunt sunt res exteriores. Inter quae simpliciter maximum est honor: tum quia propinquissimum est virtuti, utpote testificatio quaedam existens de virtute alicuius, ut supra[3] habitum est; tum etiam quia Deo et optimis exhibetur; tum etiam quia homines propter honorem consequendum et vituperium vitandum omnia alia postponunt. Sic autem dicitur aliquis magnanimus ex his quae sunt magna simpliciter et absolute, sicut dicitur aliquis fortis ex his quae sunt simpliciter difficilia. Et ideo consequens est quod magnanimitas consistat circa honores.

2. Além disso, sendo uma virtude moral, a magnanimidade deve se referir ou às paixões ou às ações. Ora, ela não se refere às ações, porque neste caso seria uma parte da justiça. Sobram-lhe pois apenas as paixões. Mas a honra não é uma paixão. Logo, a magnanimidade não tem as honras como objeto.

3. Ademais, a magnanimidade parece pertencer muito mais à procura que à fuga, posto que se chama de magnânimo aquele que tende à grandeza. Ora, ninguém louva as pessoas virtuosas porque elas desejam as honras, mas, ao contrário, porque delas fogem. Logo, a magnanimidade não tem as honras como objeto.

Em sentido contrário, Aristóteles diz: A magnanimidade diz respeito às honras e à desonra".

Respondo. A *magnanimidade*, como o próprio nome indica, significa uma alma que tende à grandeza. Ora, considera-se a relação de uma virtude por duas coisas: a primeira, pela matéria que concerne à sua ação; depois, pelo seu ato próprio, que consiste em tratar esta matéria segundo o modo adequado. E como o hábito da virtude se determina principalmente por seu ato, chama-se de magnânimo a um homem porque a alma dele é orientada para um grande ato. Ora, um ato pode se chamar grande de duas maneiras: primeiro, segundo a proporção; depois, de modo absoluto. Segundo a proporção, um ato pode ser chamado de grande até mesmo quando lida com coisas pequenas ou medíocres, por exemplo, se usa de uma coisa de modo excelente. Mas o ato grande, de modo absoluto, é aquele que consiste no emprego excelente de um bem superior. Ora, as coisas que estão disponíveis para o uso do homem, são os bens exteriores, dos quais certamente o mais elevado absolutamente é a honra. Seja porque está muito próxima da virtude, enquanto pode testificar a virtude de alguém; seja porque se presta a Deus e aos mais perfeitos, e porque os homens consideram acima de tudo a conquista da honra e o evitar a vergonha. Desta maneira, chama-se a alguém de magnânimo por causa das coisas que são grandes de modo absoluto, como se chama alguém de forte pelas coisas que são absolutamente difíceis. Segue-se, portanto, que a magnanimidade tem por objeto as honras.

---

2. C. 7: 1124, a, 5.
3. Q. 103, a. 1.

AD PRIMUM ergo dicendum quod bonum vel malum, absolute quidem considerata, pertinent ad concupiscibilem: sed inquantum additur ratio ardui, sic pertinet ad irascibilem. Et hoc modo honorem respicit magnanimitas: inquantum scilicet habet rationem magni vel ardui.

AD SECUNDUM dicendum quod honor, etsi non sit passio vel operatio, est tamen alicuius passionis obiectum: scilicet spei, quae tendit in bonum arduum. Et ideo magnanimitas est quidem immediate circa passionem spei, mediate autem circa honorem, sicut circa obiectum spei: sicut et de fortitudine supra[4] dictum est quod est circa pericula mortis inquantum sunt obiectum timoris et audaciae.

AD TERTIUM dicendum quod illi qui contemnunt honores hoc modo quod pro eis adipiscendis nihil inconveniens faciunt, nec eos nimis appretiantur, laudabiles sunt. Si quis autem hoc modo contemneret honores quod non curaret facere ea quae sunt digna honore, hoc vituperabile esset. Et hoc modo magnanimitas est circa honorem: ut videlicet studeat facere ea quae sunt honore digna, non tamen sic ut pro magno aestimet humanum honorem.

QUANTO AO 1º, portanto, deve-se dizer que o bem ou o mal considerados absolutamente são da ordem do apetite concupiscível; mas se a isto se acrescentar a razão da dificuldade, eles passam para a ordem do apetite irascível. E é desta maneira que a magnanimidade tem como objeto a honra, a saber, enquanto tem razão de grande ou de difícil.

QUANTO AO 2º, deve-se dizer que a honra, mesmo não sendo nem paixão nem operação, é no entanto objeto de uma paixão, a esperança, que tende para um bem árduo. E desta forma a magnanimidade concerne imediatamente à paixão da esperança, e mediatamente, à honra, como a um objeto da esperança. Da mesma forma, a fortaleza concerne aos perigos mortais enquanto estes são objetos do temor e da audácia.

QUANTO AO 3º, deve-se dizer que são dignos de louvor aqueles que desprezam as honras a ponto de nada fazerem de inconveniente para as conquistar e de não lhes atribuir nenhum valor excessivo. Mas quem despreza a honra no sentido que não se preocupa em fazer nada daquilo que é digno de honra, este merece censura. E é desta maneira que a magnanimidade diz respeito às honras: contando que se faça tudo o que é digno de honra, mas sem atribuir nenhuma estima exagerada às honras deste mundo[b].

ARTICULUS 2
Utrum magnanimitas de sui ratione habeat quod sit circa magnum honorem

AD SECUNDUM SIC PROCEDITUR. Videtur quod magnanimitas de sui ratione non habeat quod sit circa magnum honorem.
1. Propria enim materia magnanimitatis est honor, ut dictum est[1]. Sed magnum et parvum accidunt honori. Ergo de ratione magnanimitatis non est quod sit circa magnum honorem.
2. PRAETEREA, sicut magnanimitas est circa honores, ita mansuetudo est circa iras. Sed non est de ratione mansuetudinis quod sit circa magnas iras, vel circa parvas. Ergo etiam non est de

ARTIGO 2
A razão da magnanimidade tem por objeto as honras consideráveis?

QUANTO AO SEGUNDO, ASSIM SE PROCEDE: parece que a razão da magnanimidade **não** tem por objeto as honras consideráveis.
1. Com efeito, a matéria da magnanimidade é a honra. Ora, é acidental que a honra seja grande ou pequena. Logo, não é da razão da magnanimidade que o objeto seja uma grande honra.
2. ALÉM DISSO, da mesma forma que a magnanimidade tem por objeto as honras, assim a mansidão a respeito da cólera. Ora, à razão da mansidão não interessa que a cólera seja grande ou

---

4. Q. 123, a. 3, ad 2; a. 4.
PARALL.: Infra, a. 4, ad 1; I-II, q. 60, a. 5; II *Ethic*., lect. 9; IV, lect. 9.
1. Art. praec.

b. As últimas linhas do artigo 1 dizem o essencial sobre a relação entre o magnânime e as honrarias. Fazer o que é digno de honra é sinal de grandeza de alma; estimar muito as honrarias humanas se deve mais ao orgulho ou à vaidade do que à magnanimidade. Pressentimos que, nessa perspectiva, não será impossível conciliar humildade e magnanimidade.

ratione magnanimitatis quod sit circa magnos honores.

3. PRAETEREA, parvus honor minus distat a magno honore quam exhonoratio. Sed magnanimus bene se habet circa exhonorationes. Ergo etiam et circa parvos honores. Non ergo est solum circa honores magnos.

SED CONTRA est quod Philosophus dicit, in II *Ethic*.[2], quod *magnanimitas est circa magnos honores*.

RESPONDEO dicendum quod, secundum Philosophum, in VII *Physic*.[3], *virtus est perfectio quaedam*. Et intelligitur esse perfectio potentiae, ad cuius *ultimum* pertinet, ut patet in I *de Caelo*[4]. Perfectio autem potentiae non attenditur in qualicumque operatione, sed in operatione quae habet aliquam magnitudinem aut difficultatem: quaelibet enim potentia, quantumcumque imperfecta, potest in aliquam operationem modicam et debilem. Et ideo ad rationem virtutis pertinet ut sit *circa difficile et bonum*, ut dicitur, in II *Ethic*.[5]. Difficile autem et magnum, quae ad idem pertinent, in actu virtutis potest attendi dupliciter. Uno modo, ex parte rationis: inquantum scilicet difficile est medium rationis adinvenire et in aliqua materia statuere. Et ista difficultas sola invenitur in actu virtutum intellectualium, et etiam in actu iustitiae. Alia autem est difficultas ex parte materiae, quae de se repugnantiam habere potest ad modum rationis qui est circa eam ponendus. Et ista difficultas praecipue attenditur in aliis virtutibus moralibus, quae sunt circa passiones: quia *passiones pugnant contra rationem*, ut Dionysius dicit, 4 cap. *de Div. Nom*.[6].

Circa quas considerandum est quod quaedam passiones sunt quae habent magnam vim resistendi rationi principaliter ex parte passionis: quaedam vero principaliter ex parte rerum quae sunt obiecta passionum. Passiones autem non habent magnam vim repugnandi rationi nisi fuerint vehementes: eo quod appetitus sensitivus, in quo sunt passiones, naturaliter subditur rationi. Et ideo virtutes quae sunt circa huiusmodi passiones non ponuntur nisi circa id quod est magnum in ipsis passionibus: sicut fortitudo est circa maximos timores et audacias, temperantia est circa maximarum delecta-

pequena. Logo, não é da razão da magnanimidade que tenha por objetos grandes honras.

3. ADEMAIS, uma pequena honra está menos afastada de uma grande honra do que a desonra. Ora, o magnânimo se comporta bem diante da desonra. Por conseguinte, igualmente diante das honras menores. Logo, não se ocupa apenas das honras mais altas.

EM SENTIDO CONTRÁRIO, Aristóteles diz que "a magnanimidade diz respeito às grandes honras".

RESPONDO. Aristóteles diz que "a virtude é uma certa perfeição". E se deve entender que é uma perfeição da potência elevada à sua capacidade máxima. A perfeição da potência não deve ser avaliada em uma atividade qualquer, mas em uma atividade que comporte alguma grandeza ou dificuldade. Porque toda potência, por mais imperfeita que seja, é sempre capaz de atividade, mesmo medíocre ou fraca. E, segundo Aristóteles, isto ocorre porque é da razão da virtude esta relação com "o difícil e o bom". Ora, o difícil e o grande (o que vem a dar no mesmo) podem ser considerados no ato virtuoso de duas maneiras. Primeiro, do lado da razão, enquanto é difícil encontrar o meio-termo da razão e o definir de modo exato numa matéria dada. Esta dificuldade só se encontra no ato das virtudes intelectuais e também no ato da justiça. A segunda dificuldade vem do lado da matéria, que, em si mesma, pode resistir à medida da razão que queremos lhe impor. Esta dificuldade se observa principalmente nas outras virtudes morais que dizem respeito às paixões, porque "as paixões lutam contra a razão", como observa Dionísio.

A respeito delas convém considerar que existem paixões que apresentam uma grande força de resistência à razão, principalmente pelo fato de serem paixões; existem outras que tiram este poder de resistência da parte de seus objetos. Ora, as paixões só encontram força para lutar contra a razão se forem violentas, porque o apetite sensível, no qual residem as paixões, fica por natureza submisso à razão. É por este motivo que as virtudes referentes a estas paixões só se exercem relativamente ao que nelas é grande, como a fortaleza tem como objeto os grandes temores e as grandes audácias; a tem-

---

2. C. 7: 1107, b, 26 — 1108, a, 4.
3. C. 3: 246, b, 27-28; a, 13; 247, a, 2.
4. C. 11: 281, a, 14-19.
5. C. 2: 1105, a, 9-13.
6. MG 3, 717 A.

tionum concupiscentias, et similiter mansuetudo est circa maximas iras.

Passiones autem quaedam habent magnam vim repugnandi rationi ex ipsis rebus exterioribus quae sunt passionum obiecta: sicut amor vel cupiditas pecuniae seu honoris. Et in istis oportet esse virtutem non solum circa id quod est maximum in eis, sed etiam circa mediocria vel minora: quia res exterius existentes, etiam si sint parvae, sunt multum appetibiles, utpote necessariae ad hominis vitam. Et ideo circa appetitum pecuniarum sunt duae virtutes: una quidem circa mediocres et moderatas, scilicet liberalitas; alia autem circa magnas pecunias, scilicet magnificentia. Similiter etiam et circa honores sunt duae virtutes. Una quidem circa mediocres honores, quae innominata est: nominatur tamen ex suis extremis, quae sunt *philotimia*, idest *amor honoris*, et *aphilotimia*, idest *sine amore honoris*; laudatur enim quandoque qui amat honorem, quandoque autem qui non curat de honore, prout scilicet utrumque moderate fieri potest. Circa magnos autem honores est magnanimitas. Et ideo dicendum est quod propria materia magnanimitatis est magnus honor: et ad ea tendit magnanimus quae sunt magno honore digna.

AD PRIMUM ergo dicendum quod magnum et parvum per accidens se habent ad honorem secundum se consideratum: sed magnam differentiam faciunt secundum quod comparantur ad rationem, cuius modum in usu honoris observari oportet, qui multo difficilius observatur in magnis honoribus quam in parvis.

AD SECUNDUM dicendum quod in ira et in aliis materiis non habet difficultatem notabilem nisi illud quod est maximum, circa quod solum oportet esse virtutem. Alia autem ratio est de divitiis et honoribus, quae sunt res extra animam existentes.

AD TERTIUM dicendum quod ille qui bene utitur magnis, multo magis potest bene uti parvis. Magnanimitas ergo attendit magnos honores sicut quibus est dignus: vel etiam sicut minores his quibus est dignus, quia scilicet virtus non potest sufficienter honorari ab homine, cui debetur honor a Deo. Et ideo non extollitur ex magnis hono-

perança, a concupiscência dos grandes prazeres; e a mansidão, as cóleras mais violentas.

Mas outras paixões se opõem à razão com uma força muito grande que lhes vem das realidades exteriores que são seus objetos, como o amor ou a concupiscência do dinheiro ou da honra. Nestes domínios é necessária uma ação da virtude não apenas no que se refere a objetos grandes e importantes, mas até mesmo quando se trata de objetos medíocres ou menores, porque as realidades exteriores, mesmo pequenas, são muito desejáveis como necessárias à vida. E é por esta razão que no que diz respeito ao apetite do dinheiro, contamos com duas virtudes: uma se refere às riquezas medíocres ou moderadas, é a liberalidade; outra, que se refere às grandes fortunas, e que se chama magnificência. Da mesma maneira, no que se refere às honras, temos também duas virtudes: aquela que se refere às honras médias não tem nome definido, mas alguma vezes se nomeia pelos extremos, chamando-se *philotimia* (amor da honra), ou *aphilolitimia* (ausência de amor à honra). De fato, às vezes louvamos aquele que ama as honras, e outras vezes louvamos aquele que dela não faz o menor empenho, na medida em que os dois se comportam com a devida moderação. Mas, quando estão em jogo as grandes honras, temos então a virtude da magnanimidade. Por isto pode-se dizer que a matéria própria da magnanimidade são as grandes honras; e o magnânimo é aquele que tende para aquilo que merece uma grande honra.

QUANTO AO 1º, portanto, deve-se dizer que os qualificativos grande e pequeno sobrevêm por acidente à honra considerada em si mesma. Mas criam uma enorme diferença com relação à razão, cuja medida tem de ser rigorosamente observada no trato das honras, o que é muito mais difícil quando se trata de grandes honras.

QUANTO AO 2º, deve-se dizer que a ira e as outras matérias só apresentam dificuldades maiores quando atingem o máximo, quando então se faz necessária a ação da virtude. Mas no que diz respeito às honras e às riquezas a razão é diferente, porque se trata de realidades que existem fora da alma.

QUANTO AO 3º, deve-se dizer que aquele que sabe se servir bem das coisas grandes, sabe se servir ainda melhor das pequenas. O magnânimo atende às grandes honras como merecedor delas. Ou, eventualmente, às menores do que o devido, uma vez que a virtude não pode ser suficientemente honorificada pelo homem, mas somente

ribus: quia non reputat eos supra se, sed magis eos contemnit. Et multo magis moderatos aut parvos. Et similiter etiam dehonorationibus non frangitur, sed eas contemnit: utpote quas reputat sibi indigne afferri.

por Deus. Por isso, não se deixa exaltar pelas grandes honras; porque, além de não as considerar superiores a si mesmo, ainda as despreza. E muito mais ainda as honras medíocres ou pequenas. Da mesma maneira, não se deixa abater pelas desonras, mas as despreza como indignas dele[c].

Articulus 3
Utrum magnanimitas sit virtus

Ad tertium sic proceditur. Videtur quod magnanimitas non sit virtus.
1. Omnis enim virtus moralis in medio consistit. Sed magnanimitas non consistit in medio, sed in maximo: quia *maximis dignificat seipsum*, ut dicitur in IV *Ethic.*[1]. Ergo magnanimitas non est virtus.
2. Praeterea, qui habet unam virtutem, habet omnes, ut supra[2] habitum est. Sed aliquis potest habere aliquam virtutem non habens magnanimitatem: dicit enim Philosophus, in IV *Ethic.*[3], quod *qui est parvis dignus, et his dignificat seipsum, temperatus est, magnanimus autem non*. Ergo magnanimitas non est virtus.
3. Praeterea, virtus est *bona qualitas mentis*, ut supra[4] habitum est. Sed magnanimitas habet quasdam corporales dispositiones: dicit enim Philosophus, in IV *Ethic.*[5], quod *motus lentus magnanimi videtur, et vox gravis, et locutio stabilis*. Ergo magnanimitas non est virtus.
4. Praeterea, nulla virtus opponitur alteri virtuti. Sed magnanimitas opponitur humilitati: nam magnanimus *dignum se reputat magnis*, et *alios contemnit*, ut dicitur in IV *Ethic.*[6]. Ergo magnanimitas non est virtus.
5. Praeterea, cuiuslibet virtutis proprietates sunt laudabiles. Sed magnanimitas habet quasdam proprietates vituperabiles: primo quidem, quod

Artigo 3
A magnanimidade é uma virtude?

Quanto ao terceiro, assim se procede: parece que a magnanimidade **não** é uma virtude.
1. Com efeito, toda virtude moral consiste em um meio-termo. Ora, a magnanimidade não se situa num meio-termo, mas no máximo, porque ela "se honra daquilo que é o maior", segundo Aristóteles. Logo, não é uma virtude.
2. Além disso, quem tem uma virtude tem todas as virtudes. Ora, alguém pode ter uma virtude e não ter a magnanimidade. Aristóteles diz que "aquele que é digno de uma honra modesta e que se considera satisfeito com ela, é um modesto, não um magnânimo". Logo, a magnanimidade não é uma virtude.
3. Ademais, a virtude é uma boa qualidade da alma. Ora, a magnanimidade comporta algumas disposições físicas, pois Aristóteles diz que "o magnânimo se desloca lentamente, sua voz é grave, a elocução pausada". Logo, a magnanimidade não é uma virtude.
4. Ademais, nenhuma virtude se opõe a outra. Ora, a magnanimidade se opõe à humildade, porque, segundo Aristóteles, "o magnânimo se julga maior e menospreza os outros". Logo, a magnanimidade não é uma virtude.
5. Ademais, as propriedades de todas as virtudes são louváveis. Ora, a magnanimidade tem algumas propriedades censuráveis: esquecimento dos bene-

---

3 Parall.: *De Malo*, q. 8, a. 2; IV *Ethic.*, lect. 8.

1. C. 7: 1123, b, 16-22.
2. I-II, q. 65.
3. C. 7: 1123, b, 5-8.
4. I-II, q. 55, a. 4.
5. C. 8: 1125, a, 12-17.
6. C. 7: 1123, b, 2; 1124, b, 29.

c. Lendo a solução da terceira objeção, nós nos perguntamos se Sto. Tomás não defende aqui uma atitude mais farisaica do que cristã. Essa mistura de busca de honrarias (a começar pelas maiores) e de desprezo pelas mesmas (pois só Deus pode realmente recompensar a virtude) choca fortemente nossa sensibilidade. É preciso de fato que o magnânime esteja bem certo de sua virtude e de seus méritos; preferiríamos que as afrontas que lhe são feitas lhe façam cair em si em lugar de confortá-lo em sua própria segurança.
Quem sabe o irmão mendicante Tomás de Aquino não havia ainda perdido toda a sensibilidade da classe social à qual ele pertencera em sua infância.

non est memor benefactorum; secundo, quod est *otiosus et tardus*; tertio, quod *utitur ironia ad multos*; quarto, quod *non potest alii convivere*, quinto, quod *magis possidet infructuosa quam fructuosa*. Ergo magnanimitas non est virtus.

SED CONTRA est quod in laudem quorundam dicitur, 2Mac 14,18: *Nicanor audiens virtutem comitum Iudae, et animi magnitudinem quam pro patriae certaminibus habebant*, etc. Laudabilia autem sunt solum virtutum opera. Ergo magnanimitas, ad quam pertinet magnum animum habere, est virtus.

RESPONDEO dicendum quod ad rationem virtutis humanae pertinet ut in rebus humanis bonum rationis servetur, quod est proprium hominis bonum. Inter ceteras autem res humanas exteriores, honores praecipuum locum tenent, sicut dictum est[7]. Et inde magnanimitas, quae modum rationis ponit circa magnos honores, est virtus.

AD PRIMUM ergo dicendum quod, sicut Philosophus dicit, in IV *Ethic.*[8], *magnanimus est quidem magnitudine extremus*, inquantum scilicet ad maxima tendit: *eo autem quod ut oportet, medius*, quia videlicet ad ea quae sunt maxima, secundum rationem tendit; *eo enim quod secundum dignitatem seipsum dignificat*, ut ibidem dicitur, quia scilicet se non extendit ad maiora quam dignus est.

AD SECUNDUM dicendum quod connexio virtutum non est intelligenda secundum actus, ut scilicet cuilibet competat habere actus omnium virtutum. Unde actus magnanimitatis non competit cuilibet virtuoso, sed solum magnis. Sed secundum principia virtutum, quae sunt prudentia et gratia, omnes virtutes sunt connexae secundum habitus simul in anima existentes, vel in actu vel in propinqua dispositione. Et sic potest aliquis cui non competit actus magnanimitatis, habere magnanimitatis habitum: per quem scilicet disponitur ad talem actum exequendum si sibi secundum statum suum competeret.

AD TERTIUM dicendum quod corporales motus diversificantur secundum diversas animae apprehensiones et affectiones. Et secundum hoc contingit quod ad magnanimitatem consequuntur

fícios recebidos, indolência e lentidão, ironia para com outros, convivência difícil, interesse pelas coisas inúteis mais do que pelas coisas úteis. Logo, a magnanimidade não é uma virtude.

EM SENTIDO CONTRÁRIO, o livro dos Macabeus louva os guerreiros com as seguintes palavras: "Nicanor, ouvindo a descrição do valor dos companheiros de Judas e de sua grandeza da alma nos combates pela pátria etc." Ora, só as obras virtuosas são louváveis; logo a magnanimidade, à qual se liga a grandeza da alma, é uma virtude.

RESPONDO. Cabe à razão da virtude humana observar, nas obras humanas, o bem da razão, que é o bem próprio do homem. Ora, entre os bens humanos exteriores, as honras ocupam o primeiro lugar. Logo, a magnanimidade, que estabelece a medida da razão nas grandes honras, é uma virtude[d].

QUANTO AO 1º, deve-se dizer que Aristóteles diz o seguinte: "O magnânimo está no extremo da grandeza", porquanto tende ao máximo; "mas está no meio-termo, porque tende para o máximo obedecendo sempre a regra da razão. "Ele se estima exatamente à medida de seu próprio valor", porque não tem nenhuma pretensão de ser maior do que é.

QUANTO AO 2º, deve-se dizer que a conexão das virtudes não deve ser entendida com relação aos atos, no sentido que cada virtuoso deveria ter os atos de todas as outras virtudes. Desta forma, o ato da magnanimidade não convém a todos os homens virtuosos, mas apenas aos maiores. Mas, as virtudes são conexas entre si de acordo com princípios da prudência e da graça, ou seja, pela coexistência de seus hábitos na alma, seja em ato seja em disposição próxima. E assim, alguém a quem não convém o ato da magnanimidade, pode ter o hábito da magnanimidade que o dispõe a cumprir tal ato quando for o caso.

QUANTO AO 3º, deve-se dizer que os movimentos corporais se diversificam segundo os conhecimentos e as diferentes afeições da alma. É por isso que a magnanimidade pode produzir determinados

---

7. Art. 1.
8. C. 7: 1123, b, 13-15.

d. Sto. Tomás torna as coisas fáceis para si, neste ponto. Se ele define a magnanimidade como o fator que instaura a medida da razão nas grandes honrarias, é claro que a magnanimidade é virtuosa. Mas permanecemos livres de prestar atenção à 5ª objeção, e de julgar dignas de censura algumas das atitudes que Aristóteles atribui ao magnânimo. É razoável, por exemplo, ter prazer nos presentes somente na medida em que estamos nós mesmos em condições de dar presentes ainda mais belos? Raciocinar como aristocrata nem sempre é uma garantia de que se raciocina corretamente.

quaedam determinata accidentia circa motus corporales. Velocitas enim motus provenit ex eo quod homo ad multa intendit, quae explere festinat: sed magnanimus intendit solum ad magna, quae pauca sunt, quae etiam indigent magna attentione; et ideo habet motum tardum. Similiter etiam acuitas vocis, et velocitas, praecipue competit his qui de quibuslibet contendere volunt: quod non pertinet ad magnanimos, qui non intromittunt se nisi de magnis. Et sicut praedictae dispositiones corporalium motuum conveniunt magnanimis secundum modum affectionis eorum, ita etiam in his qui sunt naturaliter dispositi ad magnanimitatem tales conditiones naturaliter inveniuntur.

AD QUARTUM dicendum quod in homine invenitur aliquid magnum, quod ex dono Dei possidet: et aliquis defectus, qui competit ei ex infirmitate naturae. Magnanimitas igitur facit quod homo *se magnis dignificet* secundum considerationem donorum quae possidet ex Deo: sicut, si habet magnam virtutem animi, magnanimitas facit quod ad perfecta opera virtutis tendat. Et similiter est dicendum de usu cuiuslibet alterius boni, puta scientiae vel exterioris fortunae. Humilitas autem facit quod homo seipsum parvipendat secundum considerationem proprii defectus. — Similiter etiam magnanimitas contemnit alios secundum quod deficiunt a donis Dei: non enim tantum alios appretiatur quod pro eis aliquid indecens faciat. Sed humilitas alios honorat, et superiores aestimat, inquantum in eis aliquid inspicit de donis Dei. Unde in Ps 14,4 dicitur de viro iusto: *Ad nihilum deductus est in conspectu eius malignus*, quod pertinet ad contemptum magnanimi; *timentes autem Dominum glorificat*, quod pertinet ad honorationem humilis. — Et sic patet quod magnanimitas et humilitas non sunt contraria, quamvis in contraria tendere videantur: quia procedunt secundum diversas considerationes.

AD QUINTUM dicendum quod proprietates illae, secundum quod ad magnanimum pertinent, non sunt vituperabiles, sed superexcedenter laudabiles. Quod enim primo dicitur, quod magnanimus *non habet in memoria a quibus beneficia recipit*, intelligendum est quantum ad hoc quod non est

fatos acidentais relacionados com o movimento do corpo. De fato, a rapidez provém do fato que um homem procura muitas coisas e tem pressa em fazer; mas o magnânimo procura apenas as grandes coisas, que são poucas e que exigem uma grande atenção; por isso seus movimentos são lentos. Da mesma forma, o tom agudo da voz e a rapidez da palavra convém principalmente àqueles que estão sempre dispostos a discutir a propósito de qualquer coisa; mas isto não cabe aos magnânimos, que só se ocupam das coisas importantes. Como as posturas corporais convêm aos magnânimos em harmonia com os sentimentos deles, elas parecem inatas àqueles que, por natureza, nasceram dispostas à magnanimidade.

QUANTO AO 4º, deve-se dizer que no homem se encontram ao mesmo tempo a grandeza, que é um dom de Deus, e uma certa insuficiência, que lhe vem da fraqueza de sua natureza. Assim, a magnanimidade permite ao homem perceber sua dignidade levando em consideração os dons que recebeu de Deus. E se ele tiver uma grande virtude, esta virtude o fará tender para as obras da perfeição. O mesmo ocorre com qualquer outro bem, como a ciência ou a fortuna. Mas a humildade obriga o homem a se julgar pouca coisa em consideração de sua própria insuficiência. — De maneira semelhante, a magnanimidade menospreza os outros na medida em que lhes faltam os dons de Deus, porque não os preza tanto que faça por eles algo inconveniente. Mas a humildade honra os outros e os estima superiores, descobre neles alguma coisa dos dons de Deus. É por isso que o Salmo diz, falando do homem justo: "A seus olhos o homem mau é reduzido a nada", o que corresponde ao desprezo do magnânimo. "Mas ele glorifica aqueles que temem o Senhor" o que corresponde à honra prestada pelo humilde. — Desta forma, fica claro que a magnanimidade e a humildade não se contradizem, embora pareçam agir em sentido contrário, porque procedem segundo considerações diferentes[e].

QUANTO AO 5º, deve-se dizer que estas propriedades ligadas à magnanimidade não são censuráveis, mas altamente louváveis. Que o magnânimo *não se lembre daqueles de quem recebeu benefícios*, isto se deve entender no sentido de que ele não sente o menor prazer em receber benefícios quando não

---

[e]. Nesta questão, na qual Sto. Tomás parece fortemente inclinado a seguir os passos de Aristóteles, a solução da objeção 4 apresenta um interesse especial: aborda um problema mais especificamente cristão, a saber, a contradição aparente entre humildade e grandeza de alma.

sibi delectabile quod ab aliquibus beneficia recipiat, quin sibi maiora recompenset. Quod pertinet ad perfectionem gratitudinis, in cuius actu vult superexcellere, sicut et in actibus aliarum virtutum. — Similiter etiam secundo dicitur quod est *otiosus et tardus*, non quia deficiat ab operando ea quae sibi conveniunt: sed quia non ingerit se quibuscumque operibus sibi convenientibus, sed solum magnis, qualia decent eum. — Dicitur etiam tertio quod *utitur ironia*, non secundum quod opponitur veritati, ut scilicet dicat de se aliqua vilia quae non sunt, vel neget aliqua magna quae sunt: sed quia non totam magnitudinem suam monstrat, maxime quantum ad inferiorum multitudinem; quia sicut Philosophus ibidem[9] dicit, ad magnanimum pertinet *magnum esse ad eos qui in dignitate et bonis fortunis sunt, ad medios autem moderatum*. — Quarto etiam dicitur quod *ad alios non potest convivere*, scilicet familiariter, *nisi ad amicos*: quia omnino vitat adulationem et simulationem, quae pertinent ad animi parvitatem. Convivit tamen omnibus, et magnis et parvis, *secundum quod oportet*, ut dictum est[10]. — Quinto etiam dicitur quod *vult habere magis infructuosa*, non quaecumque, sed *bona*, idest honesta. Nam in omnibus praeponit honesta utilibus, tanquam maiora: utilia enim quaeruntur ad subveniendum alicui defectui, qui magnanimitati repugnat.

pode oferecer benefícios maiores em retribuição aos que recebeu. Isto pertence ao reconhecimento perfeito, que ele quer exercer por um ato supereminente, como deseja exercer os atos de todas as virtudes. — Está dito a seguir que ele é indolente e lento, não que ele não cumpra seu dever, mas porque não se ocupa de todas as espécies de assuntos, reservando-se apenas para os maiores, que lhe convêm. — Está dito ainda que ele *recorre à ironia*[f]. Mas não por falta de sinceridade, como se ele atribuísse a si próprio, com falsidade, atos mais baixos, ou negasse ações nobres praticadas. É porque não quer mostrar toda a sua grandeza, especialmente à multidão de inferiores a ele. Aristóteles diz na mesma passagem que cabe ao magnânimo "ser grande para com aqueles que possuem as honras e os bens da fortuna, mas moderado com as pessoas de condição média". — Está dito ainda que *ele não pode viver com os outros*, num convívio familiar, "se não forem amigos", por que evita a adulação e a hipocrisia que são marcas de almas pequenas. Mas vive com todo mundo, grandes e pequenos, de maneira conveniente. — Está dito finalmente que ele *prefere as coisas inúteis*: mas não quaisquer, mas somente as boas, isto é, as honestas. Pois em tudo antepõe a honestidade à utilidade, como algo maior. O útil serve para remediar uma insuficiência, o que é contrário à magnanimidade.

---

9. C. 8: 1124, b, 18-20.
10. Ad 1.

A solução de Sto. Tomás é bastante esclarecedora: existe uma espécie de quebra-cabeças entre duas virtudes que se completam.

Em todo homem existe grandeza, que é um dom de Deus, e miséria, que é congênita ao homem caído.

O humilde é incontestavelmente aquele que, pondo-se diante de Deus, reconhece sua insuficiência, mas que, além disso, ao considerar seu próximo, busca nele o dom de Deus.

Por oposição, o orgulhoso é aquele que, preocupado em ser o melhor, hipnotiza-se sobre seus próprios dons e procura as fraquezas dos outros. O pusilânime é aquele que, assustado pelas exigências de Deus, refugia-se na miséria e deixa-se ofuscar pelos talentos dos outros.

O magnânimo, enfim, é aquele que, consciente da grandeza do apelo e da generosidade divinas, só se preocupa com o objetivo a atingir e tende a ele com todas as suas forças.

Sto. Tomás não o diz aqui, mas seria fácil mostrar que, na vida dos santos, humildade e magnanimidade combinam bastante bem, enquanto que os orgulhosos são em geral pusilânimes, contentando-se em se preferir a si próprios em detrimento dos outros, e muitas vezes por um baixo preço, sem ter verdadeiramente um grande fim em vista.

f. O termo ironia corre o risco de ser mal interpretado. Tem aqui o mesmo sentido que na II-II, q. 113. A ironia é o contrário da jactância ou da gabolice; consiste em atribuir-se defeitos que não se possuem, ou pretender carecer de qualidades que se possuem. Sto. Tomás considera que essa forma de ironia é mentirosa, e portanto condenável. Mas existe uma atitude próxima da ironia e que conserva o respeito pela verdade; é a que é aqui atribuída ao magnânimo, preocupado em não dar mostras de toda sua grandeza quando está em presença de pessoas de condição mediana.

Articulus 4
Utrum magnanimitas sit virtus specialis

Ad quartum sic proceditur. Videtur quod magnanimitas non sit specialis virtus.

1. Nulla enim specialis virtus operatur in omnibus virtutibus. Sed Philosophus dicit, in IV *Ethic.*[1], quod ad magnanimum pertinet *quod est in unaquaque virtute magnum*. Ergo magnanimitas non est specialis virtus.

2. Praeterea, nulli speciali virtuti attribuuntur actus virtutum diversarum. Sed magnanimo attribuuntur diversarum virtutum actus: dicitur enim in IV *Ethic.*[2], quod ad magnanimum pertinet *non fugere commonentem*, quod est actus prudentiae; *neque facere iniusta*, quod est actus iustitiae; et quod est *promptus ad benefaciendum*, quod est actus caritatis; et quod *ministrat prompte*, quod est actus liberalitatis; et quod est *veridicus*, quod est actus veritatis; et quod *non est planctivus*, quod est actus patientiae. Ergo magnanimitas non est virtus specialis.

3. Praeterea, quaelibet virtus est quidam spiritualis ornatus animae: secundum illud Is 61,10: *Induit me Dominus vestimentis salutis*; et postea subdit, *quasi sponsam ornatam monilibus suis*. Sed magnanimitas est *ornatus omnium virtutum*, ut dicitur in IV *Ethic.*[3]. Ergo magnanimitas est generalis virtus.

Sed contra est quod Philosophus, in II *Ethic.*[4], distinguit eam contra alias virtutes.

Respondeo dicendum quod, sicut supra[5] dictum est, ad specialem virtutem pertinet quod modum rationis in aliqua determinata materia ponat. Magnanimitas autem ponit modum rationis circa determinatam materiam, scilicet circa honores, ut supra[6] dictum est. Honor autem, secundum se consideratus, est quoddam bonum speciale. Et secundum hoc magnanimitas, secundum se considerata, est quaedam specialis virtus. Sed quia honor est cuiuslibet virtutis praemium, ut ex

Artigo 4
A magnanimidade é uma virtude especial?

Quanto ao quarto, assim se procede: parece que a magnanimidade **não** é uma virtude especial.

1. Com efeito, nenhuma virtude especial opera em todas as virtudes. Ora, Aristóteles diz que "... ao magnânimo pertence tudo que há de grande em cada virtude." Logo, a magnanimidade não é uma virtude especial.

2. Além disso, não se atribuem a nenhuma virtude especial atos de virtudes diferentes. Ora, ao magnânimo se atribuem atos de diversas virtudes. Aristóteles diz que cabe ao magnânimo "não fugir diante de quem faz uma advertência", o que é um ato de prudência; "não cometer injustiça, o que é um ato da justiça; "estar pronto para praticar atos de beneficência", o que é ato da caridade; "estar sempre pronto para servir", o que é ato da liberalidade; "ser sempre verídico", o que é um ato da verdade; e "não viver se queixando de tudo", o que é da ordem da paciência. Logo, a magnanimidade não é uma virtude especial.

3. Ademais, toda virtude é um ornamento especial da alma, segundo o livro de Isaías: "O Senhor me revestiu com os ornamentos da salvação", e acrescenta a seguir: "como uma esposa ornada de suas joias". Ora, como diz Aristóteles, "a magnanimidade é o ornamento de todas as virtudes". Logo, ela é uma virtude geral.

Em sentido contrário, Aristóteles a distingue das outras virtudes.

Respondo. Cabe a uma virtude especial estabelecer a medida da razão numa determinada matéria. Para a magnanimidade, esta matéria são as honras. Ora, a honra, considerada em si mesma, é um bem especial. Assim, a magnanimidade, considerada em si mesma, é uma virtude especial. Mas como a honra é a recompensa de toda virtude, por via de consequência, em razão de sua matéria, ela está em relação com todas as outras virtudes.

---

4 Parall.: Infra, q. 134, a. 2, ad 2; II *Sent.*, dist. 42, q. 2, a. 4; III, dist. 9, q. 1, a. 1, q.la 2; dist. 33, q. 3, a. 3, q.la 4; IV, dist. 14, q. 1, a. 1, q.la 3, ad 2; dist. 16, q. 4, a. 1, q.la 2, ad 2; *De Malo*, q. 8, a. 2, ad 3; IV *Ethic.*, lect. 8.

1. C. 7: 1123, b, 30.
2. C. 7: 1123, b, 31-32.
3. C. 7: 1124, a, 1-4.
4. C. 7: 1107, b, 22-23.
5. Art. 2.
6. Art. 1, 2.

supra⁷ dictis patet; ideo ex consequenti, ratione suae materiae, respicit omnes virtutes.

AD PRIMUM ergo dicendum quod magnanimitas non est circa honorem quemcumque, sed circa magnum honorem. Sicut autem honor debetur virtuti, ita etiam magnus honor debetur magno operi virtutis. Et inde est quod magnanimus intendit magna operari in qualibet virtute: inquantum scilicet tendit ad ea quae sunt digna magno honore.

AD SECUNDUM dicendum quod quia magnanimus tendit ad magna, consequens est quod ad illa praecipue tendat quae important aliquam excellentiam, et illa fugiat quae pertinent ad defectum. Pertinet autem ad quandam excellentiam quod aliquis bene faciat, et quod sit communicativus, et plurium retributivus. Et ideo ad ista promptum se exhibet, inquantum habent rationem cuiusdam excellentiae: non autem secundum eam rationem qua sunt actus aliarum virtutum.

Ad defectum autem pertinet quod aliquis intantum magnipendat aliqua exteriora bona vel mala quod pro eis a iustitia vel quacumque virtute declinet. Similiter etiam ad defectum pertinet omnis occultatio veritatis: quia videtur ex timore procedere. Quod etiam aliquis sit planctivus, ad defectum pertinet: quia per hoc videtur animus exterioribus malis succumbere. Et ideo haec et similia vitat magnanimus secundum quandam specialem rationem, scilicet tanquam contraria excellentiae vel magnitudini.

AD TERTIUM dicendum quod quaelibet virtus habet quendam decorem sive ornatum ex sua specie, qui est proprius unicuique virtuti. Sed superadditur alius ornatus ex ipsa magnitudine operis virtuosi per magnanimitatem, quae omnes virtutes *maiores facit*, ut dicitur in IV *Ethic*.⁸

ARTICULUS 5
Utrum magnanimitas sit pars fortitudinis

AD QUINTUM SIC PROCEDITUR. Videtur quod magnanimitas non sit pars fortitudinis.

QUANTO AO 1º, portanto, deve-se dizer que a magnanimidade não se refere a uma honra qualquer, mas a uma honra grande. Do mesmo modo que a honra é devida à virtude, uma grande honra é devida a uma grande obra de virtude. E daí vem que o magnânimo deseja realizar grandes obras em todas as virtudes, na medida em que tende para o que merece uma grande honra.

QUANTO AO 2º, deve-se dizer que como o magnânimo tende para as grandes coisas, segue-se daí que ele tende sobretudo para aquelas que implicam uma certa excelência, e foge de tudo o que diz respeito à deficiência. Ora, pertence à uma certa excelência que alguém faça o bem, que saiba comunicar este bem aos outros e que saiba retribuir o bem a muitos. É a razão pela qual o magnânimo sempre se mostra disposto a fazer tudo isto, mas enquanto tudo isto comporta uma certa razão de excelência, e não segundo a razão pela qual são atos de outras virtudes.

Pertence à deficiência, por exemplo, superestimar os bens ou os males exteriores a ponto de se desviar da justiça ou de qualquer outra virtude, por causa deles. Igualmente, qualquer ocultação da verdade, que seria então causada pelo medo. Que alguém viva se queixando, também pertence à deficiência, porque a pessoa estaria mostrando com isso que seu espírito se deixou abater pelas dificuldades exteriores. O magnânimo pois o evita estas e outras coisa do gênero, mas segundo uma certa razão muito especial, a saber, enquanto isto é contrário à excelência ou à grandeza.

QUANTO AO 3º, deve-se dizer que toda virtude tem um brilho ou um ornato próprio. Mas há um outro ornamento que a magnanimidade acrescenta por causa da grandeza da obra virtuosa, que, segundo Aristóteles "faz todas as virtudes ficarem maiores".

ARTIGO 5
A magnanimidade é parte da fortaleza?

QUANTO AO QUINTO, ASSIM SE PROCEDE: parece que a magnanimidade **não** é parte da fortaleza.

---

7. Q. 103, a. 1, ad 2.
8. C. 7: 1124, a, 2-4.

PARALL.: Supra, q. 128.

1. Idem enim non est pars sui ipsius. Sed magnanimitas videtur idem esse fortitudini. Dicit enim Seneca, in libro *de Quatuor Virtut*.[1]: *Magnanimitas, quae et fortitudo dicitur, si insit animo tuo, cum magna fiducia vives*. Et Tullius dicit, in I *de Offic*.[2]: *Viros fortes magnanimos esse eosdem volumus, veritatis amicos, minimeque fallaces*. Ergo magnanimitas non est pars fortitudinis.

2. PRAETEREA, Philosophus dicit, in IV *Ethic*.[3], quod *magnanimus non est philokindynus*, idest *amator periculi*. Ad fortem autem pertinet exponere se periculis. Ergo magnanimitas non convenit cum fortitudine, ut possit dici pars eius.

3. PRAETEREA, magnanimitas respicit magnum in bonis sperandis: fortitudo autem respicit magnum in malis timendis vel audendis. Sed bonum est principalius quam malum. Ergo magnanimitas est principalior virtus quam fortitudo. Non ergo est pars eius.

SED CONTRA est quod Macrobius[4] et Andronicus[5] ponunt magnanimitatem fortitudinis partem.

RESPONDEO dicendum quod, sicut supra[6] dictum est, principalis virtus est ad quam pertinet aliquem generalem modum virtutis constituere in aliqua materia principali. Inter alios autem generales modos virtutis unus est firmitas animi: quia *firmiter se habere* requiritur in omni virtute, ut dicitur in II *Ethic*.[7]. Praecipue tamen hoc laudatur in virtutibus quae in aliquod arduum tendunt, in quibus difficillimum est firmitatem servare. Et ideo quanto difficilius est in aliquo arduo firmiter se habere, tanto principalior est virtus quae circa illud firmitatem praestat animo. Difficilius autem est firmiter se habere in periculis mortis, in quibus confirmat animum fortitudo, quam in maximis bonis sperandis vel adipiscendis, ad quae confirmat animum magnanimitas: quia sicut homo maxime diligit vitam suam, ita maxime refugit mortis pericula. Sic ergo patet quod magnanimitas convenit cum fortitudine inquantum confirmat animum circa aliquid arduum: deficit autem ab ea in hoc quod firmat animum in eo circa quod facilius est firmitatem servare. Unde magnanimitas

1. Com efeito, não se é parte de si mesmo. Ora, a magnanimidade parece ser idêntica à fortaleza. Séneca diz: "A magnanimidade, que se chama também fortaleza, se estiver no teu espírito te fará viver em grande confiança". E Cícero diz: "Os homens fortes, nós os queremos magnânimos, amigos da verdade, indenes à mentira". Logo, a magnanimidade não é parte da fortaleza.

2. ALÉM DISSO, Aristóteles diz que o magnânimo não é *philokindynus*, ou seja, "amigo do perigo". Ora, cabe ao forte se expor ao perigo. Logo, a magnanimidade nada tem a ver com fortaleza, e não pode ser parte dela.

3. ADEMAIS, a magnanimidade visa a grandeza nos bens que se esperam; a fortaleza visa a grandeza nos males que se têm de enfrentar ou evitar. Ora, o bem é mais principal do que o mal. Logo, a magnanimidade é uma virtude mais principal que a fortaleza. Não é, pois, parte dela.

EM SENTIDO CONTRÁRIO, Macróbio e Andrônico consideram a magnanimidade como parte da fortaleza.

RESPONDO. Uma virtude principal é aquela à qual cabe estabelecer um modo geral de virtude numa matéria principal. Ora, entre os modos gerais de virtude figura a firmeza da alma, porque "manter-se com firmeza" é requerido por toda virtude, como diz o Filósofo. No entanto, louva-se esta firmeza sobretudo nas virtudes que tendem a algo difícil, quando é mais difícil "manter a firmeza". Por isso, quanto mais difícil for manter a firmeza em um dever árduo, tanto mais principal será a virtude que fornece à alma essa firmeza. Ora, é mais difícil manter-se firme diante de perigos mortais, nos quais a fortaleza confirma a alma, do que na esperança da conquista de grandes bens, quando a alma é confirmada pela magnanimidade. Porque, da mesma forma que o homem ama ao máximo sua própria vida, ele foge ao máximo dos perigos de morte. E assim fica claro que a magnanimidade tem algo em comum com a fortaleza, enquanto confirma a alma para algo árduo. Mas ela se afasta da fortaleza em que fortifica a alma naquilo em que é mais fácil manter-se firme.

---

1. Cfr. MARTINUM DE BRACARA, *Formula honestae vitae*, c. 2: ML 72, 25 A.
2. C. 19: ed. C. F. W. Mueller, Lipsiae 1910, p. 23, ll. 3-5.
3. C. 8: 1124, b, 7-8.
4. *In somn. Scip*., l. I, c. 8: ed. Fr. Eysenhardt, Lipsiae 1868, p. 507, ll. 18-19.
5. *De affectibus*, de Fortitudine: inter *Fragm. Phil. Graec*., ed. G. A. Mullachius, Parisiis 1867-1879, t. III, p. 575.
6. Q. 61, a. 3, 4.
7. C. 3: 1105, a, 32 — b, 5.

ponitur pars fortitudinis, quia adiungitur ei sicut secundaria principali.

AD PRIMUM ergo dicendum quod, sicut Philosophus dicit, in V *Ethic.*[8], *carere malo accipitur in ratione boni*. Unde et non superari ab aliquo gravi malo, puta a periculis mortis, accipitur quodammodo pro eo quod est attingere ad magnum bonum: quorum primum pertinet ad fortitudinem, secundum ad magnanimitatem. Et secundum hoc fortitudo et magnanimitas pro eodem accipi possunt. Quia tamen alia ratio difficultatis est in utroque praedictorum, ideo, proprie loquendo, magnanimitas ab Aristotele[9] ponitur alia virtus a fortitudine.

AD SECUNDUM dicendum quod amator periculi dicitur qui indifferenter se periculis exponit. Quod videtur pertinere ad eum qui indifferenter multa quasi magna existimat, quod est contra rationem magnanimi: nullus enim videtur pro aliquo se periculis exponere nisi illud magnum existimet. Sed pro his quae vere sunt magna, magnanimus promptissime periculis se exponit: quia operatur magnum in actu fortitudinis, sicut et in actibus aliarum virtutum. Unde et Philosophus ibidem[10] dicit quod magnanimus *non est microkindynus*, idest *pro parvis periclitans*, sed *megalokindynus*, idest *pro magnis periclitans*. Et Seneca dicit, in libro *de Quatuor Virtut.*[11]: *Eris magnanimus, si pericula nec appetas ut temerarius, nec formides ut timidus: nam nihil timidum facit animum nisi reprehensibilis vitae conscientia*.

AD TERTIUM dicendum quod malum, inquantum huiusmodi, fugiendum est: quod autem sit contra ipsum persistendum, est per accidens, inquantum scilicet oportet sustinere mala ad conservationem bonorum. Sed bonum de se est appetendum: et quod ab eo refugiatur, non est nisi per accidens, inquantum scilicet existimatur excedere facultatem

Desta forma se pode dizer que a magnanimidade faz parte da fortaleza porque se anexa a ela como uma virtude secundária à principal[g].

QUANTO AO 1º, portanto, deve-se dizer que segundo Aristóteles: "A ausência do mal se considera como um bem". Desta forma, não ser vencido por um grande mal, como um perigo de morte, equivale à aquisição de um grande bem, o que pertence, primeiramente à fortaleza, e, secundariamente, à magnanimidade. Assim pode haver uma equivalência entre estas duas virtudes. Mas, porque a razão da dificuldade é diferente nos dois casos, falando rigorosamente, Aristóteles vê a magnanimidade como uma virtude diferente da virtude da fortaleza.

QUANTO AO 2º, deve-se dizer que se chama amador do perigo aquele que se expõe indiferentemente a qualquer tipo de perigo. Isto parece ser próprio de quem julga grandes muitas coisas indiferentemente, o que é contrário à razão de magnanimidade, segundo a qual ninguém deve se expor a um perigo a não ser por um motivo considerado muito importante. E por motivos realmente importantes o magnânimo se expõe de bom grado ao perigo, porque ele age com grandeza nos atos da virtude da fortaleza como nos atos de qualquer outra virtude. Isto leva Aristóteles a dizer, na mesma passagem, que "o magnânimo não é *microkindymus*, ou seja, não se expõe por coisas pequenas, mas *megalokindymus*, isto é, se expõe a perigos por coisas muito grandes". E Séneca diz, por sua vez: "Tu serás magnânimo se não procurares os perigos como o temerário, nem os temeres como o tímido. Porque só uma coisa pode intimidar a alma: a consciência de uma vida repreensível".

QUANTO AO 3º, deve-se dizer que é preciso fugir do mal enquanto tal, mas que se deva resistir ao mal é por acidente, na medida em que é preciso aturar o mal para salvaguardar o bem. Mas o bem, como tal, é apetecível, e o fato de se fugir dele só pode ocorrer por acidente, por exemplo, enquanto julga que esse bem está acima da capacidade

---

8. Cc. 2, 7: 1129, b, 8-11; 1131, b, 21-24.
9. *Eth.*, l. II, c. 7: 1107, a, 33 — b, 4; 21-23.
10. C. 8: 1124, b, 7-8.
11. Cfr. MARTINUM DE BRACARA, *Formula honestae vitae*, c. 2: ML 72, 25 B.

g. O fato de que Sto. Tomás (apesar da objeção 3) faça da magnanimidade uma parte da fortaleza, e não o inverso, corrige um pouco o caráter aristocrático de sua doutrina na presente questão. Todo homem, quaisquer que sejam seus talentos, mais cedo ou mais tarde encontra a morte. É portanto a título de sua humanidade que a fortaleza é requerida de todos. A magnanimidade, que se especializa na busca dos bens e honrarias mais elevados, é mais limitada, reservada a uma elite. É bom que se saiba que, na grande família das virtudes, ela é secundária em relação à virtude mais fundamental e mais democrática da fortaleza.

desiderantis. Semper autem quod est per se potius est quam id quod est per accidens. Et ideo magis repugnat firmitati animi arduum in malis quam arduum in bonis. Et ideo principalior est virtus fortitudinis quam magnanimitatis: licet enim bonum sit simpliciter principalius quam malum, malum tamen est principalius quantum ad hoc.

Articulus 6
Utrum fiducia pertineat ad magnanimitatem

Ad sextum sic proceditur. Videtur quod fiducia non pertineat ad magnanimitatem.

1. Potest enim aliquis habere fiduciam non solum de seipso, sed etiam de alio: secundum illud 2Cor 3,4-5: *Fiduciam autem habemus per Iesum Christum ad Deum: non quod sumus sufficientes cogitare aliquid a nobis, quasi ex nobis.* Sed hoc videtur esse contra rationem magnanimitatis. Ergo fiducia ad magnanimitatem non pertinet.

2. Praeterea, fiducia videtur timori esse opposita: secundum illud Is 12,2: *Fiducialiter agam, et non timebo.* Sed carere timore magis pertinet ad fortitudinem. Ergo et fiducia magis ad fortitudinem pertinet quam ad magnanimitatem.

3. Praeterea, praemium non debetur nisi virtuti. Sed fiduciae debetur praemium: dicitur enim Hb 3,6, quod *nos sumus domus Christi, si fiduciam et gloriam spei usque in finem firmam retineamus.* Ergo fiducia est quaedam virtus distincta a magnanimitate. — Quod etiam videtur per hoc quod Macrobius eam magnanimitati condividit[1].

Sed contra est quod Tullius, in sua *Rhetorica*[2], videtur ponere fiduciam loco magnanimitas, ut supra[3] dictum est.

Respondeo dicendum quod nomen *fiduciae* ex *fide* assumptum esse videtur. Ad fidem autem pertinet aliquid et alicui credere. Pertinet autem fiducia ad spem: secundum illud Iob 11,18: *Habebis fiduciam, proposita tibi spe.* Et ideo nomen fiduciae hoc principaliter significare videtur, quod

Artigo 6
A confiança pertence à magnanimidade?

Quanto ao sexto, assim se procede: parece que a confiança **não** pertence magnanimidade.

1. Com efeito, pode-se ter confiança não somente em si mesmo, mas também em outra pessoa, como diz Paulo: "Mas esta confiança, nós a temos por Jesus Cristo junto a Deus. Não que tenhamos de reivindicar o que quer que seja, como partindo de nós mesmos". Ora, isso parece ser contra a razão do magnanimidade. Logo, a confiança não tem nada a ver com a magnanimidade.

2. Além disso, a confiança parece se opor ao temor, de acordo com Isaías: "Agirei com confiança, não hei de ter medo". Ora, não ter medo diz respeito mais à fortaleza. Logo, a confiança tem mais a ver com a fortaleza do que com a magnanimidade.

3. Ademais, só a virtude merece recompensa. Ora, segundo se lê em Paulo, a confiança merece recompensa: "A casa de Cristo somos nós, contanto que guardemos até o fim a confiança e a glória da esperança". Logo, a confiança é uma virtude distinta da magnanimidade. — E isto se vê também pelo fato de Macróbio a ter separado na sua enumeração.

Em sentido contrário, Cícero parece afirmar a confiança no lugar da magnanimidade.

Respondo. O termo confiança parece vir da palavra fé. Cabe à fé crer em alguma coisa ou em alguém. E a confiança diz respeito à esperança, segundo o texto: "Terás confiança na esperança que lhe foi proposta". Por isso o nome de confiança parece significar, antes de mais nada, que

---

6 Parall.: III *Sent.* dist. 33, q. 3, a. 3, q.la 1.

1. *In somn. Scip.*, l. I, c. 8: ed. Fr. Eyssenhardt, Lipsiae 1868, p. 507, ll. 18-19.
2. *De invent. rhet.*, l. II, c. 54: ed. G. Friedrich, Lipsiae 1908, p. 231, ll. 10-12.
3. Q. 128, a. un., ad 6.

aliquis spem concipiat ex hoc quod credit verbis alicuius auxilium promittentis. — Sed quia fides dicitur etiam opinio vehemens; contingit autem aliquid vehementer opinari non solum ex eo quod est ab alio dictum, sed etiam ex eo quod in alio consideratur: inde est quod fiducia etiam potest dici qua aliquis spem alicuius rei concipit ex aliquo considerato; quandoque quidem in seipso, puta cum aliquis, videns se sanum, confidit se diu victurum; quandoque autem in alio, puta cum aliquis, considerans alium amicum suum esse et potentem, fiduciam habet adiuvari ab eo. — Dictum est autem supra[4] quod magnanimitas proprie est circa spem alicuius ardui. Et ideo, quia fiducia importat quoddam robur spei proveniens ex aliqua consideratione quae facit vehementem opinionem de bono assequendo, inde est quod fiducia ad magnanimitatem pertinet.

AD PRIMUM ergo dicendum quod, sicut Philosophus dicit, in IV *Ethic.*[5], ad magnanimum pertinet *nullo indigere*, quia hoc deficientis est: hoc tamen debet intelligi secundum modum humanum; unde addit, *vel vix*. Hoc enim est supra hominem, ut omnino nullo indigeat. Indiget enim omnis homo, primo quidem, divino auxilio: secundario autem etiam auxilio humano, quia homo est naturaliter animal sociale, eo quod sibi non sufficit ad vitam. Inquantum ergo indiget aliis, sic ad magnanimum pertinet ut habeat fiduciam de aliis: quia hoc etiam ad excellentiam hominis pertinet, quod habeat alios in promptu qui eum possint iuvare. Inquantum autem ipse aliquid potest, intantum ad magnanimitatem pertinet fiducia quam habet de seipso.

AD SECUNDUM dicendum quod, sicut supra[6] dictum est, cum de passionibus ageretur, spes quidem directe opponitur desperationi, quae est circa idem obiectum, scilicet circa bonum: sed secundum contrarietatem obiectorum opponitur timori, cuius obiectum est malum. Fiducia autem quoddam robur spei importat. Et ideo opponitur timori, sicut et spes. Sed quia fortitudo proprie firmat hominem contra mala, magnanimitas au-

alguém concebe esperança por acreditar na palavra daquele que promete socorro. — Mas, como fé designa também uma opinião veemente, pode ocorrer também que alguém tenha uma convicção forte, e por conseguinte uma esperança, não somente por causa daquilo que o outro disse, mas também por causa daquilo que se observa nele. Por isso pode-se chamar confiança aquela pela qual alguém concebe uma esperança pela consideração de alguma coisa. Às vezes, em si mesmo, por exemplo, quando alguém, sentindo-se com saúde, confia que vai viver muito tempo; outras vezes, em outros, por exemplo, quando alguém, vê um amigo rico e poderoso, tem confiança que vai ser ajudado por ele. — A magnanimidade se refere sobretudo à esperança de um bem árduo. Por outro lado, a confiança implica uma esperança muito forte, proveniente de alguma consideração que justifica uma espécie de certeza que se vai conseguir o bem desejado. Sendo assim, a confiança tem algo a ver com a magnanimidade.

QUANTO AO 1º, portanto, deve-se dizer que, segundo diz Aristóteles, cabe ao magnânimo "não precisar de nada", o que é próprio do deficiente. Mas, isto se deve entender dentro de uma medida humana. E é a razão pela qual Aristóteles acrescenta logo: "ou de quase nada". Seria sobrehumano não ter realmente necessidade de absolutamente nada. Todo homem tem necessidade, em primeiro lugar, da assistência de Deus, e depois também do socorro do homem, porque o homem é, por natureza, um animal social que não se basta para garantir sua sobrevivência. Assim, na medida em que tem necessidade dos outros, o magnânimo tem confiança em outra pessoa, porque contribui à excelência de um homem ter à sua disposição outros homens que possam ajudá-lo. Mas, na medida em que ele pode agir por si próprio, a confiança em si mesmo faz parte da magnanimidade.

QUANTO AO 2º, deve-se dizer que a esperança se opõe diretamente ao desespero, que se refere ao mesmo objeto, a saber o bem. Mas em razão da contrariedade dos objetos, a esperança se opõe ao medo, cujo objeto é o mal. Ora a confiança implica um certo vigor da esperança. E assim ela se opõe ao temor, como a própria esperança. Ora, a fortaleza, propriamente robustece o homem contra os males enquanto a magnanimidade para a

---

4. A. 1, ad 2.
5. C. 8: 1124, b, 17-18.
6. I-II, q. 23, a. 2; q. 40, a. 4.

tem circa prosecutionem bonorum; inde est quod fiducia magis proprie pertinet ad magnanimitatem quam ad fortitudinem. Sed quia spes causat audaciam, quae pertinet ad fortitudinem, inde est quod fiducia ad fortitudinem ex consequenti pertinet.

AD TERTIUM dicendum quod fiducia, sicut dictum est[7], importat quendam modum spei: est enim fiducia spes roborata ex aliqua firma opinione. Modus autem adhibitus alicui affectioni potest pertinere ad commendationem ipsius actus, ut ex hoc sit meritorius: non tamen ex hoc determinatur ad speciem virtutis, sed ex materia. Et ideo fiducia non potest, proprie loquendo, nominare aliquam virtutem, sed potest nominare conditionem virtutis. Et propter hoc numeratur inter partes fortitudinis, non quasi virtus adiuncta (nisi secundum quod accipitur pro magnanimitate a Tullio)[8], sed sicut pars integralis, ut dictum est[9].

conquista dos bens. Segue-se daí que a confiança tem mais a ver com a magnanimidade que com a fortaleza. Mas, porque a esperança causa a audácia, que pertence à fortaleza, a confiança acaba tendo a ver com a fortaleza.

QUANTO AO 3º, deve-se dizer que a confiança implica uma certa esperança, porque é, na realidade, uma esperança fortificada por uma opinião firme. Mas a qualidade de um sentimento, embora podendo tornar o ato mais louvável e por isso mesmo mais meritório, não determina a espécie da virtude, que depende unicamente da matéria dela. E assim a confiança não pode, falando com propriedade, dar nome a uma virtude, mas pode dar nome a uma condição da virtude. E é por isso que a confiança pode ser relacionada entre as partes da fortaleza, não como uma virtude anexa (a menos que, como fez Cícero, passemos a considerá-la como um equivalente da magnanimidade), mas como parte integrante.

ARTICULUS 7
Utrum securitas ad magnanimitatem pertineat

AD SEPTIMUM SIC PROCEDITUR. Videtur quod securitas ad magnanimitatem non pertineat.

1. Securitas enim, ut supra[1] habitum est, importat quietem quandam a perturbatione timoris. Sed hoc maxime facit fortitudo. Ergo securitas videtur idem esse quod fortitudo. Sed fortitudo non pertinet ad magnanimitatem, sed potius e converso. Ergo neque securitas ad magnanimitatem pertinet.

2. PRAETEREA, Isidorus dicit, in libro *Etymol.*[2], quod *securus dicitur quasi sine cura*. Sed hoc videtur esse contra virtutem, quae curam habet de rebus honestis: secundum illud Apostoli, 2Ti 2,15: *Sollicite cura teipsum probabilem exhibere Deo*. Ergo securitas non pertinet ad magnanimitatem, quae operatur magnum in omnibus virtutibus.

3. PRAETEREA, non est idem virtus et virtutis praemium. Sed securitas ponitur praemium virtutis: ut patet Iob 11,14-18: *Si iniquitatem quae est*

ARTIGO 7
A segurança diz respeito à magnanimidade?

QUANTO AO SÉTIMO, ASSIM SE PROCEDE: parece que a segurança **não** diz respeito à magnanimidade.

1. Com efeito, a segurança implica uma certa tranquilidade, livre da perturbação do medo. Ora, isto é sobretudo obra da fortaleza. Logo, a segurança e a fortaleza parecem ser a mesma coisa. Mas, a fortaleza não diz respeito à magnanimidade, antes pelo contrário. Logo, a segurança não diz respeito à magnanimidade.

2. ALÉM DISSO, Isidoro diz que é seguro vem de (sine cura) sem preocupações. Ora, isto parece ir contra a virtude que se preocupa de cuidar dos bens honestos, segundo a palavra de Paulo: "Cuida de ti solicitamente para te apresentares a Deus como um homem experimentado". Logo, a segurança não diz respeito à magnanimidade, que opera grandes coisas em todas as virtudes.

3. ADEMAIS, a virtude não é a mesma coisa que o prêmio da virtude. Ora, a segurança aparece como recompensa da virtude, como esta dito na

---

7. In corp.
8. Loc. cit. in arg. *sed c*.
9. Q. 128.

1. Q. 128, a. un., ad 6.
2. L. X, ad litt. *S*, n. 247: ML 82, 393 C.

in manu tua abstuleris, defossus securus dormies. Ergo securitas non pertinet ad magnanimitatem neque ad aliam virtutem, sicut pars eius.

SED CONTRA est quod Tullius dicit, in I *de Offic*.³, quod ad magnanimum pertinet *neque perturbationi animi, neque homini, neque fortunae succumbere*. Sed in hoc consistit hominis securitas. Ergo securitas ad magnanimitatem pertinet.

RESPONDEO dicendum quod, sicut Philosophus dicit, in II suae *Rhetoricae*⁴, *timor facit homines consiliativos*: inquantum scilicet curam habent qualiter possint ea evadere quae timent. Securitas autem dicitur per remotionem huius curae quam timor ingerit. Et ideo securitas importat quandam perfectam quietem animi a timore: sicut fiducia importat quoddam robur spei. Sicut autem spes directe pertinet ad magnanimitatem, ita timor directe pertinet ad fortitudinem. Et ideo, sicut fiducia immediate pertinet ad magnanimitatem, ita securitas immediate pertinet ad fortitudinem. — Considerandum tamen est quod, sicut spes est causa audaciae, ita timor est causa desperationis, ut supra⁵ habitum est, cum de passionibus ageretur. Et ideo, sicut fiducia ex consequenti pertinet ad fortitudinem, inquantum utitur audacia; ita et securitas ex consequenti pertinet ad magnanimitatem, inquantum repellit desperationem.

AD PRIMUM ergo dicendum quod fortitudo non praecipue laudatur ex hoc quod non timeat, quod pertinet ad securitatem: sed inquantum importat firmitatem quandam in passionibus. Unde securitas non est idem quod fortitudo, sed est quaedam conditio eius.

AD SECUNDUM dicendum quod non quaelibet securitas est laudabilis, sed quando deponit aliquis curam prout debet, et in quibus timere non oportet. Et hoc modo est conditio fortitudinis et magnanimitatis.

AD TERTIUM dicendum quod in virtutibus est quaedam similitudo et participatio futurae beatitudinis, ut supra⁶ habitum est. Et ideo nihil prohibet securitatem quandam esse conditionem alicuius

Escritura: "Se repudiares o mal que está em ti, tu dormirás em segurança". Logo, a segurança não diz respeito à magnanimidade nem a nenhuma outra virtude, como sua parte.

EM SENTIDO CONTRÁRIO, Cícero diz que cabe ao magnânimo "não se deixar abater pelas perturbações que vêm da alma, nem pelas que vêm do homem, nem pelas que vêm do acaso". Ora, nisto consiste exatamente a segurança. Por conseguinte, a segurança diz respeito à magnanimidade.

RESPONDO. Aristóteles diz que "o medo torna os homens reflexivos", na medida em que cuidam de escapar daquilo que temem. Ora, a segurança se define pela remoção daquela preocupação que o medo cria. Por isso a segurança implica uma certa tranquilidade perfeita na alma libertada do medo, do mesmo modo que a confiança implica um certo vigor da esperança. Pois assim como a esperança diz respeito diretamente à magnanimidade, assim também o medo diz respeito diretamente à fortaleza. Por isso, assim como a confiança diz respeito imediatamente à magnanimidade, assim também a segurança diz respeito imediatamente à fortaleza. — Mas é preciso lembrar que assim como a esperança é a causa da audácia, assim também o medo é a causa do desespero, como foi demonstrado acima. Do mesmo modo, assim como, por força de consequência, a confiança diz respeito à fortaleza, enquanto usa a audácia, assim também, por via de consequência, a segurança diz respeito à magnanimidade enquanto afugenta o desespero.

QUANTO AO 1º, portanto, deve-se dizer que a fortaleza não merece elogios pelo fato de não temer, o que diz respeito à segurança, enquanto demonstra firmeza ante as paixões. Assim se pode ver que a segurança não é a mesma coisa que a fortaleza, mas uma certa condição dela.

QUANTO AO 2º, deve-se dizer que nem toda segurança é louvável, mas quando alguém perde o medo quando deve, e naquilo em que é preciso não ter medo. Deste modo, ela é uma condição da fortaleza e da magnanimidade.

QUANTO AO 3º, deve-se dizer que nas virtudes existe uma certa semelhança e participação da bem-aventurança futura, como já foi demonstrado. Por isso, nada impede que a segurança seja

---

3. C. 20: ed. C. F. W. Mueller, Lipsiae 1910, p. 24, ll. 1-3.
4. C. 5: 1383, a, 6-7.
5. I-II, q. 45, a. 2.
6. I-II, q. 69, a. 3.

virtutis, quamvis perfecta securitas ad praemium virtutis pertineat.

Articulus 8
Utrum bona fortunae conferant ad magnanimitatem

AD OCTAVUM SIC PROCEDITUR. Videtur quod bona fortunae non conferant ad magnanimitatem.

1. Quia ut Seneca dicit, in libro *de Ira*[1], *virtus sibi sufficiens est*. Sed magnanimitas facit omnes virtutes magnas, ut dictum est[2]. Ergo bona fortunae non conferunt ad magnanimitatem.

2. PRAETEREA, nullus virtuosus contemnit ea quibus iuvatur. Sed magnanimus contemnit ea quae pertinent ad exteriorem fortunam: dicit enim Tullius, in I *de Offic*.[3], quod *magnus animus in externarum rerum despicientia commendatur*. Ergo magnanimitas non adiuvatur a bonis fortunae.

3. PRAETEREA, ibidem[4] Tullius subdit quod ad magnum animum pertinet *ea quae videntur acerba ita ferre ut nihil a statu naturae discedat, nihil a dignitate sapientis*. Et Aristoteles dicit, in IV *Ethic*.[5], quod *magnanimus in infortuniis non est tristis*. Sed acerba et infortunia opponuntur bonis fortunae: quilibet autem tristatur de subtractione eorum quibus iuvatur. Ergo exteriora bona fortunae non conferunt ad magnanimitatem.

SED CONTRA est quod Philosophus dicit, in IV *Ethic*.[6] quod *bonae fortunae videntur conferre ad magnanimitatem*.

RESPONDEO dicendum quod, sicut ex supra[7] dictis patet, magnanimitas ad duo respicit: ad honorem quidem sicut ad materiam; sed ad aliquid magnum operandum sicut ad finem. Ad utrumque autem istorum bona fortunae cooperantur. Quia enim honor virtuosis non solum a sapientibus, sed etiam a multitudine exhibetur, quae maxima reputat huiusmodi exteriora bona fortunae; fit ex consequenti ut ab eis maior honor exhibeatur his

Artigo 8
As riquezas contribuem para a magnanimidade?

QUANTO AO OITAVO, ASSIM SE PROCEDE: parece que as riquezas **não** contribuem para a magnanimidade.

1. Com efeito, Séneca diz: "A virtude se basta a si própria". Ora, foi dito que a magnanimidade torna grandes todas as virtudes. Logo, as riquezas não contribuem para magnanimidade.

2. ALÉM DISSO, nenhum homem virtuoso despreza o que lhe é útil. Ora, o magnânimo despreza o que está relacionado com a riqueza exterior, porque, como diz Cícero: "uma grande alma se assinala pelo desprezo das coisas exteriores". Logo, a magnanimidade não é auxiliada pelas riquezas.

3. ADEMAIS, o próprio Cícero diz ainda: "Cabe a uma grande alma aturar as provas mais duras sem decair em nada do status de sua natureza de homem, nem de sua dignidade de sábio". Aristóteles, por sua vez, diz que "o magnânimo não fica triste nos infortúnios". Ora, as provações e os azares se opõem às riquezas, e todo mundo se entristece ao perder o que o ajuda a viver. Logo, as riquezas exteriores não contribuem para a magnanimidade.

EM SENTIDO CONTRÁRIO, Aristóteles diz que "as riquezas parecem contribuir para a magnanimidade".

RESPONDO. A magnanimidade diz respeito a duas coisas: à honra, como à sua matéria, e ao cumprimento de um grande feito, como a seu fim. Ora, as riquezas contribuem para ambos. Pois a honra aos virtuosos não é atribuída apenas pelos sábios, mas também pela multidão, que atribui a maior importância às riquezas exteriores, e que acaba tributando honras maiores àqueles que mostram ter mais. De forma semelhante, as

---

8 PARALL.: IV *Ethic*., lect. 9.
1. L. I, c. 9: ed. E. Hermes, Lipsiae 1905, p. 56, l. 7.
2. A. 4, ad 3.
3. C. 20: ed. C. F. W. Mueller, Lipsiae 1910, p. 23, ll. 34-36.
4. C. 20: ed. cit., p. 24, ll. 17-20.
5. C. 7: 1124, a, 16-20.
6. C. 8: 1124, a, 20-26.
7. Art. 1.

quibus adsunt exteriora bona fortunae. Similiter etiam ad actus virtutum organice bona fortunae deserviunt: quia per divitias et potentiam et amicos datur nobis facultas operandi. Et ideo manifestum est quod bona fortunae conferunt ad magnanimitatem.

AD PRIMUM ergo dicendum quod virtus sibi sufficiens esse dicitur, quia sine his etiam exterioribus bonis esse potest. Indiget tamen his exterioribus bonis ad hoc quod expeditius operetur.

AD SECUNDUM dicendum quod magnanimus exteriora bona contemnit, inquantum non reputat ea magna bona, pro quibus debeat aliquid indecens facere. Non tamen quantum ad hoc contemnit ea, quin reputet ea utilia ad opus virtutis exequendum.

AD TERTIUM dicendum quod quicumque non reputat aliquid magnum, neque multum gaudet si illud obtineat, neque multum tristatur si illud amittat. Et ideo, quia magnanimus non aestimat exteriora bona fortunae quasi aliqua magna, inde est quod nec de eis multum extollitur si adsint, neque in eorum amissione multum deiicitur.

riquezas servem, como instrumentos, até mesmo aos atos das virtudes, porque a riqueza, o poder e as amizades nos proporcionam a capacidade de fazer alguma coisa. E por tudo isto podemos dizer que as riquezas da fortuna contribuem para a magnanimidade.

QUANTO AO 1º, portanto, deve-se dizer que a virtude se basta a si própria porque ela pode existir até mesmo sem estes bens exteriores. Mas precisa deles para operar de maneira mais expedita[h].

QUANTO AO 2º, deve-se dizer que o magnânimo despreza os bens exteriores na medida em que não os julga grandes o suficiente para levá-lo a por eles se rebaixar. Mas não os despreza na medida em que os considera úteis à prática das obras de virtude.

QUANTO AO 3º, deve-se dizer que uma coisa que não consideramos muito importante nem nos alegra demais quando a conquistamos, nem nos deixa triste demais quando a perdemos Assim, como o magnânimo não considera grandes os bens exteriores, nem muito se orgulha de os possuir, nem se deixa abater quando os perde.

---

h. Eis-nos novamente na perspectiva do bom uso dos bens deste mundo (q. 126, a. 1, r. 3 e nossa nota explicativa). Trata-se aqui do magnânimo. Notemos que Sto. Tomás (r. 1) deseja que o virtuoso não ande às turras consigo mesmo, ainda que fosse sob o falacioso pretexto de que assim sua obra seria mais meritória. A virtude não se contentará em ir vivendo de qualquer jeito. Ela há de desabrochar plenamente à vontade.

QUAESTIO CXXX
DE PRAESUMPTIONE
in duos articulos divisa

Deinde considerandum est de vitiis oppositis magnanimitati. Et primo, de illis quae opponuntur sibi per excessum: quae sunt tria, scilicet praesumptio, ambitio, inanis gloria. Secundo, de pusillanimitate, quae opponitur ei per modum defectus.

Circa primum queruntur duo.
Primo: utrum praesumptio sit peccatum.
Secundo: utrum opponatur magnanimitati per excessum.

QUESTÃO 130
A PRESUNÇÃO
em dois artigos

Em seguida deve-se tratar dos vícios opostos à magnanimidade. Primeiro, os que a ela se opõem por excesso: a presunção, a ambição e a vanglória. Depois, a pusilanimidade que a ela se opõe por falta.

A respeito do primeiro, duas questões:
1. É pecado?
2. Opõe-se à magnanimidade por excesso?

Articulus 1
Utrum praesumptio sit peccatum

Ad primum sic proceditur. Videtur quod praesumptio non sit peccatum.
1. Dicit enim Apostolus, Philp 3,13: *Quae retro sunt obliviscens, ad anteriora me extendo.* Sed hoc videtur ad praesumptionem pertinere quod aliquis tendat in ea quae sunt supra seipsum. Ergo praesumptio non est peccatum.
2. Praeterea, Philosophus dicit, in X *Ethic.*[1], quod *oportet non secundum suadentes humana sapere hominem entem, neque mortalia mortalem: sed inquantum contingit immortale facere.* Et in I *Metaphys.*[2] dicit quod homo habet debet se trahere ad divina inquantum potest. Sed divina et immortalia maxime videntur esse supra hominem. Cum ergo de ratione praesumptionis sit quod aliquis tendat in ea quae sunt supra seipsum, videtur quod praesumptio non sit peccatum, sed magis sit aliquid laudabile.

3. Praeterea, Apostolus dicit, 2Cor 3,5: *Non sumus sufficientes cogitare aliquid a nobis, quasi ex nobis.* Si ergo praesumptio, secundum quam aliquis nititur in ea ad quae non sufficit, sit peccatum, videtur quod homo nec cogitare aliquod bonum licite possit. Quod est inconveniens. Non ergo praesumptio est peccatum.

Sed contra est quod dicitur Eccli 37,3: *O praesumptio nequissima, unde creata es?* Ubi respondet Glossa[3]: *De mala scilicet voluntate creaturae.* Sed omne quod procedit ex radice malae voluntatis est peccatum. Ergo praesumptio est peccatum.

Respondeo dicendum quod, cum ea quae sunt secundum naturam sint ordinata ratione divina, quam humana ratio debet imitari, quidquid secundum rationem humanam fit quod est contra ordinem communiter in naturalibus rebus inventum, est vitiosum et peccatum. Hoc autem communiter in omnibus rebus naturalibus invenitur, quod quaelibet actio commensuratur virtuti agentis, nec aliquod agens naturale nititur ad agendum id quod excedit suam facultatem. Et ideo vitiosum est et peccatum, quasi contra ordinem naturalem

Artigo 1
A presunção é pecado?

Quanto ao primeiro artigo, assim se procede: parece que a presunção **não** é pecado.
1. Com efeito, Paulo escreve: "Esquecendo o que fica atrás, vou em frente...". Ora, parece pretensão tender para aquilo que nos ultrapassa. Logo, a pretensão não é pecado.
2. Além disso, Aristóteles diz: "Não se deve acreditar naqueles que querem nos convencer de que, por sermos homens, devemos procurar apenas as coisas humanas, e sendo mortais, apenas bens mortais. Pelo contrário, na medida do possível devemos procurar a imortalidade". Em outra passagem ele diz que o homem deve se elevar ao plano divino na medida do possível. Ora, o que é divino, como o que é imortal, parece estar muito acima do homem. Logo, como é da razão da presunção tender para aquelas coisas que estão acima de si próprio, parece que a presunção, longe de ser pecado, é algo louvável.
3. Ademais, Paulo escreve: "Não somos capazes de pensar algo por nós, como se partisse de nós". Se a presunção leva alguém a tender para aquilo que parece estar acima de suas capacidades e se isto é pecado, então o homem não tem o direito de pensar em algo que seja bom. O que é inadmissível. Logo, a presunção não é pecado.

Em sentido contrário, o livro do Eclesiástico diz: "Oh! Presunção perversa! Quem foi que te criou?" E a Glosa responde: "Foi a vontade má da criatura". Ora, tudo o que tem raiz na vontade má é pecado. Logo, a presunção é pecado.

Respondo. Tudo o que é conforme à natureza foi organizado por um plano divino que a razão humana deve seguir. Por este motivo, tudo o que a razão humana faz contra a ordem habitual que se descobre na natureza, é vicioso e pecado. Ora, encontra-se habitualmente em todos os seres da natureza, que toda ação é proporcional à virtude do agente, e que nenhum agente natural tenta ir além de sua própria capacidade. Desta forma, é vicioso e pecado, quase contra a ordem natural existente, que alguém procure fazer algo que ultrapasse sua

---

1 Parall.: Infra, q. 133, a. 1; IV *Ethic.*, lect. 11.

  1. C. 11: 1177, b, 31; 1178, a, 8.
  2. C. 2: 982, b, 28; 983, a, 4.
  3. Interlin.

existens, quod aliquis assumat ad agendum ea quae praeferuntur suae virtuti. Quod pertinet ad rationem praesumptionis: sicut et ipsum nomen manifestat. Unde manifestum est quod praesumptio est peccatum.

AD PRIMUM ergo dicendum quod nihil prohibet aliquid esse supra potentiam activam alicuius rei naturalis quod non est supra potentiam passivam eiusdem: inest enim aeri potentia passiva per quam potest transmutari in hoc quod habeat actionem et motum ignis, quae excedunt potentiam activam aeris. Sic etiam vitiosum esset et praesumptuosum quod aliquis in statu imperfectae virtutis existens attentaret statim assequi ea quae sunt perfectae virtutis: sed si quis ad hoc tendat ut proficiat in virtutem perfectam, hoc non est praesumptuosum nec vitiosum. Et hoc modo Apostolus in anteriora se extendebat, scilicet per continuum profectum.

AD SECUNDUM dicendum quod divina et immortalia secundum ordinem naturae sunt supra hominem: homini tamen inest quaedam naturalis potentia, scilicet intellectus, per quam potest coniungi immortalibus et divinis. Et secundum hoc Philosophus dicit quod oportet hominem se attrahere ad immortalia et divina: non quidem ut ea operetur quae decet Deum facere, sed ut ei uniatur per intellectum et voluntatem.

AD TERTIUM dicendum quod, sicut Philosophus dicit, in III *Ethic.*[4], *quae per alios possumus, ali-*

própria capacidade. E isso pertence à razão da presunção, como a palavra indica[a]. De onde se vê claramente que a presunção é pecado.

QUANTO AO 1º, portanto, deve-se dizer que nada impede que algo ultrapasse a potência ativa de uma coisa natural, sem ultrapassar sua potência passiva. Na realidade, existe no ar uma potência passiva pela qual pode ser transmudado em algo que tenha a ação e o movimento do fogo, o que ultrapassa a potência ativa do ar. Assim, seria presunçoso e vicioso que um homem em estado de virtude imperfeita se esforçasse para obter imediatamente uma virtude perfeita. Mas quando se tende a progredir na direção da perfeição da virtude, isto não é nem presunçoso nem vicioso. E é assim que Paulo quer ir sempre em frente, numa progressão continuada.

QUANTO AO 2º, deve-se dizer que de acordo com a ordem da natureza, as realidades divinas e imortais estão acima do homem; mas o homem tem entretanto uma potência natural, a saber, o intelecto, pelo qual ele pode alcançar as realidades imortais e divinas. É neste sentido que, segundo Aristóteles, o homem deve se elevar ao plano divino, não para fazer o que convém só a Deus, mas para se unir a ele pelo intelecto e pela vontade.

QUANTO AO 3º, deve-se dizer que como diz Aristóteles: "O que podemos por outros, de certa

---

4. C. 5: 1112, b, 27-28.

a. Tender ao que está fora de nosso alcance é considerado aqui, corretamente, como característica da presunção. No âmbito de uma moral estritamente racional ("nenhum agente natural tenta ir além de sua capacidade"), constitui um sinal de desregramento. Uma ética evolucionista dificilmente pode compartilhar de tal juízo, o motor da evolução sendo sempre precisamente a aspiração à superação, a uma evolução criadora.
Sto. Tomás não é evolucionista. Ele não desenvolve doutrina sobre os recursos dinâmicos da ética cristã que possam fazer recuar suas fronteiras. Ele não deixa contudo de esboçar algumas indicações a respeito nas respostas do presente artigo.
Resp. 1 Todo ser natural tem potencialidades que não podem tornar-se ato imediatamente. Mas tudo pode ocorrer a contento a quem sabe esperar. É natural nos seres sujeitos a crescimento procurar superar-se constantemente. A vontade de progresso é inerente ao homem e à sociedade humana. O mito do progresso pode recender a presunção desregrada; mas a vontade de progresso, levando em conta as circunstâncias, é conatural ao ser humano, tomado individual e coletivamente.
Resp. 2 De forma bastante curiosa, Sto. Tomás se atém aqui ao divino "pagão" de Aristóteles. Mesmo nesse nível natural, constata ele, existe no homem, a título de sua natureza espiritual, uma abertura para o infinito (inteligência do ser, vontade do bem). Logo, tender às realidades divinas não constitui presunção. Sto. Tomás não aborda neste ponto a potencialidade inscrita no homem, segundo a fé cristã (potência denominada de "obediencial"), e que lhe permite tornar-se filho de Deus por meio de uma graça totalmente gratuita. Ao invés de certos teólogos contemporâneos, que, estimulados pelas pesquisas da psicologia, vislumbram nessas aspirações uma megalomania algo patológica, Sto. Tomás não considera uma presunção aspirar à "divinização", no sentido em que a entendem os Padres gregos, na medida em que esse dom é considerado como gratuito.
Resp. 3 A presunção é evitada, mesmo que nutramos grandes ambições (naturais ou sobrenaturais), enquanto nos apoiarmos sobre aquele que pode nos conduzir ao objetivo, essencialmente Deus (no domínio das virtudes adquiridas, mas muito mais ainda no domínio da graça, da caridade e das virtudes infusas).
Enfim, é considerável o campo no qual podemos com intensidade aspirar ao que nos supera sem a mínima presunção: basta que tenhamos uma potencialidade natural ou sobrenatural que nos disponha a tal crescimento, e que aceitemos nossa dependência radical tanto no plano da natureza como no da graça.

qualiter per nos possumus. Et ideo, quia cogitare et facere bonum possumus cum auxilio divino, non totaliter hoc excedit facultatem nostram. Et ideo non est praesumptuosum si aliquis ad aliquod opus virtuosum faciendum intendat. Esset autem praesumptuosum si ad hoc aliquis tenderet absque fiducia divini auxilii.

Articulus 2
Utrum praesumptio opponatur magnanimitati per excessum

Ad secundum sic proceditur. Videtur quod praesumptio non opponatur magnanimitati per excessum.

1. Praesumptio enim ponitur species peccati in Spiritum Sanctum, ut supra[1] habitum est. Sed peccatum in Spiritum Sanctum non opponitur magnanimitati sed magis caritati. Ergo etiam neque praesumptio opponitur magnanimitati.

2. Praeterea, ad magnanimitatem pertinet quod aliquis *se magnis dignificet*. Sed aliquis dicitur praesumptuosus etiam si se parvis dignificet, dummodo hoc excedat propriam facultatem. Non ergo directe praesumptio magnanimitati opponitur.

3. Praeterea, magnanimus exteriora bona reputat quasi parva. Sed secundum Philosophum, in IV *Ethic*.[2], praesumptuosi propter exteriorem fortunam *fiunt despectores et iniuriatores aliorum*, quasi magnum aliquid aestimantes exteriora bona. Ergo praesumptio non opponitur magnanimitati per excessum, sed solum per defectum.

Sed contra est quod Philosophus, in II[3] et IV[4] *Ethic*., dicit quod magnanimo per excessum opponitur *chaunus*, idest furiosus vel ventosus, quem nos dicimus *praesumptuosum*.

Respondeo dicendum quod, sicut supra[5] dictum est, magnanimitas consistit in medio, non quidem secundum quantitatem eius in quod tendit, quia tendit in maximum: sed constituitur in medio secundum proportionem ad propriam facultatem; non enim in maiora tendit quam sibi conveniant. Praesumptuosus autem, quantum ad id in quod

forma o podemos por nós mesmos". Ora, com o auxílio divino nós podemos fazer o bem e pensar no bem. Por conseguinte, isto não ultrapassa totalmente nossa capacidade. Assim, não é presunçoso querer praticar uma obra virtuosa. Mas seria presunçoso querer fazer isto sem a confiança no auxílio divino.

Artigo 2
A presunção se opõe à magnanimidade por excesso?

Quanto ao segundo, assim se procede: parece que a presunção **não** se opõe à magnanimidade por excesso.

1. Com efeito, como foi estabelecido acima, a presunção é uma espécie de pecado contra o Espírito Santo. Ora, o pecado contra o Espirito Santo não se opõe à magnanimidade, mas muito mais à caridade. Logo, a presunção não se opõe à magnanimidade.

2. Além disso, a magnanimidade leva alguém a se dignificar pela grandeza. Ora, quando alguém consegue se fazer valer por pequenas coisas, se estas pequenas coisas ultrapassam sua capacidade, ele será então presunçoso. Logo, a presunção não se opõe diretamente à magnanimidade.

3. Ademais, o magnânimo considera pequenos os bens exteriores. Ora, segundo Aristóteles, as riquezas exteriores levam os presunçosos a menosprezar e injuriar os outros, o que prova que eles atribuem grande valor a estes bens. Logo, a presunção não se opõe à magnanimidade por excesso, mas por carência.

Em sentido contrário, Aristóteles diz que aquele que se opõe por excesso ao magnânimo é o "*khaunos*", isto é, um homem inchado de vaidade, que nós chamamos de *presunçoso*.

Respondo. Como foi dito, a magnanimidade consiste em um meio-termo, não no que se refere à quantidade daquilo que ela persegue, uma vez que ela procura o máximo, mas no que se refere à proporção da capacidade de cada um. Com efeito, a magnanimidade não tende a coisas maiores que a capacidade de cada um. O presunçoso

---

2 Parall.: Supra, q. 21, a. 1; II *Ethic*., lect. 9; IV *Ethic*., lect. 8, 11.

1. Q. 14, a. 1; q. 21, a. 1.
2. C. 8: 1124, a, 29 — b, 6.
3. C. 7: 1107, b, 23.
4. C. 9: 1125, a, 17-19.
5. Q. 129, a, 3, ad 1.

tendit, non excedit magnanimum: sed multum quandoque ab eo deficit. Excedit autem secundum proportionem suae facultatis, quam magnanimus non transcendit. Et hoc modo praesumptio opponitur magnanimitati per excessum.

AD PRIMUM ergo dicendum quod non quaelibet praesumptio ponitur peccatum in Spiritum Sanctum, sed illa qua quis divinam iustitiam contemnit ex inordinata confidentia divinae misericordiae. Et talis praesumptio, ratione materiae, inquantum scilicet per eam contemnitur aliquid divinum, opponitur caritati, vel potius dono timoris, cuius est Deum revereri. Inquantum tamen talis contemptus excedit proportionem propriae facultatis, potest opponi magnanimitati.

AD SECUNDUM dicendum quod sicut magnanimitas, ita et praesumptio in aliquid magnum tendere videtur: non enim multum consuevit dici aliquis praesumptuosus si in aliquo modico vires proprias transcendat. Si tamen praesumptuosus talis dicatur, haec praesumptio non opponitur magnanimitati: sed illi virtuti quae est circa mediocres honores, ut dictum est[6].

AD TERTIUM dicendum quod nullus attentat aliquid supra suam facultatem nisi inquantum facultatem suam aestimat maiorem quam sit. Circa quod potest esse error dupliciter. Uno modo, secundum solam quantitatem: puta cum aliquis aestimat se habere maiorem virtutem vel scientiam, vel aliquid aliud huiusmodi, quam habeat. — Alio modo, secundum genus rei: puta cum aliquis ex hoc aestimat se magnum et magnis dignum ex quo non est, puta propter divitias vel propter aliqua bona fortunae; ut enim Philosophus dicit, in IV *Ethic.*[7], *qui sine virtute talia bona habent, neque iuste magnis seipsos dignificant, neque recte magnanimi dicuntur.*

Similiter etiam illud ad quod aliquis tendit supra vires suas, quandoque quidem secundum rei veritatem est magnum simpliciter: sicut patet de Petro, qui tendebat ad hoc quod pro Christo pateretur, quod erat supra virtutem suam. Quandoque vero non est aliquid magnum simpliciter, sed solum secundum stultorum opinionem: sicut pretiosis vestibus indui, despicere et iniuriari aliis. Quod quidem pertinet ad excessum magnanimi-não ultrapassa o magnânimo quanto àquilo para o qual tende, mas, às vezes, muito lhe é inferior. Ultrapassa, porém, no que se refere à avaliação de sua própria capacidade, coisa que não ocorre com o magnânimo. E é neste sentido que a presunção se opõe à magnanimidade por excesso.

QUANTO AO 1º, portanto, deve-se dizer que nem toda presunção é pecado contra o Espírito Santo. Mas somente aquela que despreza a justiça de Deus por uma confiança desordenada em sua misericórdia. E esta presunção, em razão do seu objeto, que a leva a desprezar algo de divino, se opõe à caridade, ou antes ao dom do temor, que nos faz reverenciar a Deus. Na medida em que este desprezo excede a proporção da capacidade de seu autor, é possível que se oponha à magnanimidade.

QUANTO AO 2º, deve-se dizer que como a magnanimidade, a presunção também parece tender à grandeza, uma vez que não chamamos de presunçoso quem vai além de sua capacidade própria em matérias de menor monta. Mas se, apesar de tudo, o qualificarmos de presunçoso, sua presunção não se oporá à magnanimidade, mas àquela virtude de que falamos acima, e que se refere às pequenas honras.

QUANTO AO 3º, deve-se dizer que ninguém tenta algo que ultrapassa sua capacidade a não ser porque julga esta capacidade maior do que na realidade é. Isto pode ocorrer num plano quantitativo, por exemplo, quando alguém se atribui uma quantidade de saber ou de virtude que de fato não tem. — Mas isto pode ocorrer também por causa do gênero da coisa, quando, por exemplo, alguém se estima maior e mais digno do que é, por causa das riquezas ou de qualquer outro bem da fortuna. Como diz Aristóteles "aqueles que, sem virtude, possuem tais vantagens, não podem se atribuir com justiça a grandeza, nem têm o direito de serem qualificados de magnânimos".

Mas pode ocorrer que aquilo a que alguém tende acima de suas forças e que queremos alcançar seja de fato algo simplesmente grandioso em termos absolutos. É o caso por exemplo de Pedro, que queria sofrer pelo Cristo o que estava acima de suas forças. Outras vezes não se trata de coisas absolutamente grandes, mas que são consideradas tais na opinião dos tolos, como por exemplo usar roupas caras, menosprezar e humilhar os outros.

---

6. Ibid., a. 2.
7. C. 8: 1124, a, 26 — b, 6.

tatis non secundum rei veritatem, sed secundum opinionem. Unde Seneca dicit, in libro *de Quatuor Virtut.*[8], quod *magnanimitas, si se extra modum suum extollat, faciet virum minacem, inflatum, turbidum, inquietum, et in quascumque excellentias dictorum factorumque, neglecta honestate, festinum.* Et sic patet quod praesumptuosus secundum rei veritatem quandoque deficit a magnanimo: sed secundum apparentiam in excessu se habet.

Isto é da ordem do excesso na magnanimidade, não segundo a realidade, mas segundo a opinião. O que leva Séneca a dizer: "A magnanimidade, quando ela se eleva acima de seus limites, torna o homem irascível, inchado de orgulho, agitado, inquieto, procurando impacientemente todas as superioridades em palavras e atos, sem respeitar a virtude". Vê-se por aí que, na realidade, o presunçoso se opõe ao magnânimo por carência, mas na aparência é por excesso[b].

---

8. Cfr. MARTINUM DE BRACARA, *Formula honestae vitae*, c. 6: ML 72, 28 A.

---

b. A última frase do artigo resume bem sua significação. A presunção se dará sempre ares de levar a melhor sobre a magnanimidade. É a comédia que ela representa para si mesma e para nós. Na realidade, porém, e qualquer que seja a forma que assuma, a presunção vem acompanhada de pusilanimidade. Presumir suas forças ou vangloriar-se de bens falaciosos é aparentemente visar muito alto; na verdade é ter uma visão demasiado mesquinha das coisas. A magnanimidade se situa num meio-termo, no sentido de uma linha demarcatória que se situa entre duas vertentes.

QUAESTIO CXXXI
DE AMBITIONE
in duos articulos divisa
Deinde considerandum est de ambitione.
Et circa hoc quaeruntur duo.
Primo: utrum ambitio sit peccatum.
Secundo: utrum opponatur magnanimitati per excessum.

QUESTÃO 131
A AMBIÇÃO
em dois artigos
Em seguida, deve-se tratar da ambição.
A esse respeito, duas questões:
1. A ambição é pecado?
2. A ambição se opõe à magnanimidade por excesso?

ARTICULUS 1
Utrum ambitio sit peccatum

AD PRIMUM SIC PROCEDITUR. Videtur quod ambitio non sit peccatum.
1. Importat enim ambitio cupiditatem honoris. Honor autem de se quoddam bonum est, et maximum inter exteriora bona: unde et illi qui de honore non curant, vituperantur. Ergo ambitio non est peccatum, sed magis aliquid laudabile, secundum quod bonum laudabiliter appetitur.

ARTIGO 1
A ambição é pecado?

QUANTO AO PRIMEIRO ARTIGO, ASSIM SE PROCEDE: parece que a ambição **não** é pecado.
1. Com efeito, a ambição comporta o apetite da honra. Ora, a honra em si mesma é algo de bom, e considerada o maior de todos os bens exteriores. Por isso são censurados aqueles que não dão importância à honra. Logo, a ambição, longe de ser um pecado, é algo de louvável, porque é louvável que um bem seja desejado.

---

1 PARALL.: I *ad Cor.*, c. 13, lect. 2.

2. Praeterea, quilibet absque vitio potest appetere id quod sibi debetur pro praemio. Sed *honor est praemium virtutis*, ut Philosophus dicit, in I[1] et VIII[2] *Ethic*. Ergo ambitio honoris non est peccatum.

3. Praeterea, illud per quod homo provocatur ad bonum et revocatur a malo, non est peccatum. Sed per honorem homines provocantur ad bona facienda et mala vitanda: sicut Philosophus dicit, in III *Ethic*.[3], quod *fortissimi videntur esse apud quos timidi sunt inhonorati, fortes autem honorati*; et Tullius dicit, in libro *de Tusculan. Quaest*.[4] quod *honor alit artes*. Ergo ambitio non est peccatum.

Sed contra est quod dicitur 1Cor 13,5, quod *caritas non est ambitiosa, non quaerit quae sua sunt*. Nihil autem repugnat caritati nisi peccatum. Ergo ambitio est peccatum.

Respondeo dicendum quod, sicut supra[5] dictum est, honor importat quandam reverentiam alicui exhibitam in testimonium excellentiae eius. Circa excellentiam autem hominis duo sunt attendenda. Primo quidem, quod id secundum quod homo excellit, non habet homo a seipso, sed est quasi quiddam divinum in eo. Et ideo ex hoc non debetur principaliter sibi honor, sed Deo. — Secundo considerandum est quod id in quo homo excellit, datur homini a Deo ut ex eo aliis prosit. Unde intantum debet homini placere testimonium suae excellentiae quod ab aliis exhibetur, inquantum ex hoc paratur sibi via ad hoc quod aliis prosit.

Tripliciter ergo appetitum honoris contingit esse inordinatum. Uno modo, per hoc quod aliquis appetit testimonium de excellentia quam non habet: quod est appetere honorem supra suam proportionem. Alio modo, per hoc quod honorem sibi cupit non referendo in Deum. Tertio modo, per hoc quod appetitus eius in ipso honore quiescit, non referens honorem ad utilitatem aliorum. Ambitio autem importat inordinatum appetitum honoris. Unde manifestum est quod ambitio semper est peccatum.

2. Além disso, cada um pode desejar sem vício uma coisa que lhe é devida como recompensa. Ora, Aristóteles diz que a honra é a recompensa da virtude. Logo, a ambição da honra não é pecado.

3. Ademais, o que incita o homem para o bem e o afasta do mal, não pode ser pecado. Ora, a honra incita os homens a fazer o bem e a evitar o mal. Aristóteles diz: "Parecem muito fortes aqueles para os quais os covardes são humilhados e os fortes são honrados". E Cícero diz que "a honra alimenta as artes". Logo, a ambição não é pecado.

Em sentido contrário, Paulo diz "que a caridade não é ambiciosa nem interesseira". Ora, nada se opõe à caridade a não ser o pecado. Logo, a ambição é pecado.

Respondo. Como já foi dito, a honra implica uma veneração prestada a alguém em reconhecimento de sua excelência. Ora, a respeito da excelência de um homem devem-se levar em conta duas coisas. Primeiro; aquela coisa pela qual o homem é excelente, ele não a possui por si próprio, mas é quase como um dom divino nele. Por este motivo, a honra não é devida principalmente a ele, mas a Deus. — Depois, é preciso notar que esta excelência é concedida por Deus ao homem para que ele faça com que os outros dela tirem proveito também. Desta maneira, o reconhecimento pelos outros desta superioridade lhe deve ser agradável na medida em que lhe serve para ser útil a outros.

Desta forma, o desejo de receber honras pode ser contrário à ordem de três maneiras. 1º Alguém deseja ver reconhecida uma superioridade que não tem, o que equivale ao desejo de uma honra imerecida. 2º Alguém deseja a honra para si próprio, sem se referir a Deus. 3º O desejo da honra repousa na própria honra, sem a menor disposição de colocá-la ao serviço dos outros. Ora, a ambição implica um desejo desordenado da honra. Fica pois claro que ela é sempre pecado[a].

---

1. C. 12: 1101, b, 31 — 1102, a, 1.
2. C. 16: 1163, b, 3-5.
3. C. 11: 1116, a, 20-21.
4. L. I, c. 2: ed. C. F. W. Mueller, Lipsiae 1908, p. 279, l. 27.
5. Q. 103, a. 1, 2.

a. Sto. Tomás define a ambição "como um desejo *desordenado* de honra". Perguntar-se se ela é pecaminosa é uma questão puramente retórica. O interesse do artigo consiste em que ele nos mostra por que razões o desejo de honra, que em si é um bem, encontra-se desregrado.

AD PRIMUM ergo dicendum quod appetitus boni debet regulari secundum rationem: cuius regulam si transcendat, erit vitiosus. Et hoc modo vitiosum est quod aliquis honorem appetat non secundum ordinem rationis. Vituperantur autem qui non curant de honore secundum quod ratio dictat, ut scilicet vitent ea quae sunt contraria honori.

AD SECUNDUM dicendum quod honor non est praemium virtutis quoad ipsum virtuosum, ut scilicet hoc pro praemio expetere debeat: sed pro praemio expetit beatitudinem, quae est finis virtutis. Dicitur autem esse praemium virtutis ex parte aliorum, qui non habent aliquid maius quod virtuoso retribuant quam honorem, qui ex hoc ipso magnitudinem habet quod perhibet testimonium virtuti. Unde patet quod *non est sufficiens praemium*, ut dicitur in IV *Ethic*.[6]

AD TERTIUM dicendum quod sicut per appetitum honoris, quando debito modo appetitur, aliqui provocantur ad bonum et revocantur a malo; ita etiam, si inordinate appetatur, potest esse homini occasio multa mala faciendi, dum scilicet non curat qualitercumque honorem consequi possit. Unde Sallustius dicit, in *Catilinario*[7], quod *gloriam, honorem et imperium bonus et ignavus aeque sibi exoptat: sed ille*, scilicet bonus, *vera via nititur; huic*, scilicet ignavo, *quia bonae artes desunt, dolis atque fallaciis contendit*. — Et tamen illi qui solum propter honorem vel bona faciunt vel mala vitant, non sunt virtuosi: ut patet per Philosophum, in III *Ethic*.[8], ubi dicit quod non sunt vere fortes qui propter honorem fortia faciunt.

QUANTO AO 1º, portanto, deve-se dizer que o desejo do bem deve se regular segundo a razão, e, se ultrapassar esta regra, será vicioso. Assim é vicioso quem deseja a honra sem se regular pela razão. Quando se censuram aqueles que não dão a importância devida à honra, segundo as regras da razão, é para fazê-los evitar o que é contrário à honra.

QUANTO AO 2º, deve-se dizer que a honra não é o prêmio da virtude para o próprio virtuoso, neste sentido que ele deva procurá-la à guisa de recompensa. A recompensa que ele deve procurar é a bem-aventurança, que é o verdadeiro fim da virtude. A honra é a recompensa da virtude por parte dos outros, porque não há nada melhor que a honra para recompensar o homem virtuoso. E esta honra tira sua grandeza do fato que ela acaba sendo um testemunho prestado à virtude. Isto mostra, segundo Aristóteles, que a honra não é uma recompensa suficiente.

QUANTO AO 3º, deve-se dizer que é verdade que, pelo desejo da honra, quando bem regulado, alguns são provocados para o bem e afastados do mal. Do mesmo modo, quando este desejo é desordenado, pode fornecer ocasião para muitos males, enquanto não se toma cuidado com a maneira de obter a honra. O que faz dizer a Salústio: "A glória, a honra e o mando são cobiçados igualmente pelo bravo e pelo covarde. Mas o bravo toma o caminho certo. O covarde, à falta de meios honestos, tenta obtê-la pelo dolo e a mentira". — Aqueles que fazem o bem e evitam mal unicamente por causa da honra, não são virtuosos como se vê em Aristóteles, quando diz que aqueles que realizam atos de bravura por causa da honra, não são verdadeiros bravos...

---

6. C. 7: 1124, a, 7-9.
7. C. 11: ed. R. Dietsch, Lipsiae 1884, p. 6, ll. 12-14.
8. C. 11: 1116, a, 16-21; 27-29.

A honra é um bem, mas afinal é um bem muito relativo. A honra deve caber primeiramente a Deus, deve ser posta a serviço do próximo e, em relação a nós mesmos, subordina-se à felicidade. Conferir à honra um lugar que não é o seu, em relação a Deus, ao próximo ou a si mesmo e é uma fronteira fácil de ultrapassar, é ceder à ambição, e pecar.

Não é necessário ser cristão para compreender que a honra é um bem apenas relativo (r. 3). Mas como é mais fácil à luz de um texto como o hino de São Paulo ao amor (1Cor 13), onde é dito que a caridade não é de modo algum ambiciosa! A honra conferida pelos homens não poderia ter tanto peso nas balanças do Reino anunciado no Sermão da montanha.

Articulus 2
Utrum ambitio opponatur magnanimitati per excessum

AD SECUNDUM SIC PROCEDITUR. Videtur quod ambitio non opponatur magnanimitati per excessum.

1. Uni enim medio non opponitur ex una parte nisi unum extremum. Sed magnanimitati per excessum opponitur praesumptio ut dictum est[1]. Ergo non opponitur ei ambitio per excessum.

2. PRAETEREA, magnanimitas est circa honores. Sed ambitio videtur pertinere ad dignitates: dicitur enim 2Mac 4,7, quod *Iason ambiebat summum sacerdotium*. Ergo ambitio non opponitur magnanimitati.

3. PRAETEREA, ambitio videtur ad exteriorem apparatum pertinere: dicitur enim Act 25,23, quod Agrippa et Berenice *cum multa ambitione introierunt praetorium*; et 2Par 16,14, quod super corpus Asa mortui combusserunt aromata et unguenta *ambitione nimia*. Sed magnanimitas non est circa exteriorem apparatum. Ergo ambitio non opponitur magnanimitati.

SED CONTRA est quod Tullius dicit, in I *de Offic.*[2], quod *sicut quisque magnitudine animi excellit, ita maxime vult princeps omnium solus esse*. Sed hoc pertinet ad ambitionem. Ergo ambitio pertinet ad excessum magnanimitatis.

RESPONDEO dicendum quod, sicut dictum est[3], ambitio importat inordinatum appetitum honoris. Magnanimitas autem est circa honores, et utitur eis secundum quod oportet. Unde manifestum est quod ambitio opponitur magnanimitati sicut inordinatum ordinato.

AD PRIMUM ergo dicendum quod magnanimitas ad duo respicit. Ad unum quidem sicut ad finem intentum: quod est aliquod magnum opus, quod magnanimus attentat secundum suam facultatem. Et quantum ad hoc opponitur magnanimitati per excessum praesumptio, quae attentat aliquod magnum opus supra suam facultatem. Ad aliud autem respicit magnanimitas sicut ad materiam qua debite utitur, scilicet ad honorem. Et quantum

Artigo 2
A ambição se opõe à magnanimidade por excesso?

QUANTO AO SEGUNDO, ASSIM SE PROCEDE: parece que a ambição **não** se opõe à magnanimidade por excesso.

1. Com efeito, a um meio-termo só pode se opor de um lado um único extremo. Ora, a presunção se opõe à magnanimidade por excesso, como já foi dito. Logo, a ambição não pode a ela se opor por excesso.

2. ALÉM DISSO, a magnanimidade visa as honras. Ora, a ambição diz respeito às dignidades. Está escrito na Escritura: "Jasão ambicionava o pontificado". Logo, a ambição não se opõe à magnanimidade.

3. ADEMAIS, a ambição parece se reportar ao aparato exterior. Está dito nos Atos que Agrippa e Berenice entraram no pretório "em grande pompa", e, em outro lugar da Escritura, que, sobre o cadáver do rei Asa, se queimaram plantas aromáticas e perfumes "com desmedida ambição". Ora, a magnanimidade não tem nada a ver com o aparato exterior. Logo, a ambição não se opõe à magnanimidade.

EM SENTIDO CONTRÁRIO, Cícero diz: "A partir do instante em que um homem se sente superior por alguma grandeza da alma, ele começa então a querer ser o único primeiro em tudo". Mas, isto diz respeito à ambição. Logo, a ambição diz respeito ao excesso de magnanimidade.

RESPONDO. A ambição comporta um apetite de honra desordenado, como já foi dito. A magnanimidade visa as honras e delas usa de modo conveniente. Fica pois evidente que a ambição se opõe à magnanimidade como o que é desordenado ao ordenado.

QUANTO AO 1º, portanto, deve-se dizer que a magnanimidade visa duas coisas. Uma delas é o fim que ela procura, a saber, uma obra grande que o magnânimo quer realizar segundo sua capacidade. No que diz respeito a este ponto, a presunção se opõe à magnanimidade por excesso, porque a presunção visa uma grande obra que ultrapassa sua capacidade. Em segundo lugar, a magnanimidade visa uma matéria que trata de maneira correta, e

---

2

1. Q. 130, a. 2.
2. C. 19: ed. C. F. W. Mueller, Lipsiae 1908, p. 23, ll. 11-13.
3. Art. praec.

ad hoc opponitur magnanimitati per excessum ambitio. Non est autem inconveniens secundum diversa esse plures excessus unius medii.

AD SECUNDUM dicendum quod illis qui sunt in dignitate constituti, propter quandam excellentiam status, debetur honor. Et secundum hoc inordinatus appetitus dignitatum pertinet ad ambitionem. Si quis enim inordinate appeteret dignitatem non ratione honoris, sed propter debitum dignitatis usum suam facultatem excedentem, non esset ambitiosus, sed magis praesumptuosus.

AD TERTIUM dicendum quod ipsa solemnitas exterioris cultus ad quendam honorem pertinet: unde et talibus consuevit honor exhiberi. Quod significatur Iac 2,2-3: *Si introierit in conventum vestrum vir anulum habens aureum, in veste candida, et dixeritis ei: Tu sede hic bene*, etc. Unde ambitio non est circa exteriorem cultum nisi secundum quod pertinet ad honorem.

que é a honra. A este respeito é a ambição que se opõe por excesso à magnanimidade. Ora, não é contraditório que, a partir de pontos de vista diferentes, possam existir vários extremos para um único meio-termo.

QUANTO AO 2º, deve-se dizer que aqueles que são constituídos em dignidade por alguma excelência de estado têm direito a honras. Sob este ponto de vista, o apetite desordenado das dignidades pertence à ambição. Se alguém desejasse de maneira desregrada uma dignidade, não para ser honrado, mas para exercer um cargo que ultrapassasse sua capacidade, não seria ambicioso, mas presunçoso.

QUANTO AO 3º, deve-se dizer que até mesmo a solenidade do fausto exterior de um culto faz parte da honra, pois é assim que se costuma prestar grandes honras a alguém. É o que diz a Carta de Tiago: "Se no meio da assembleia entrar um homem usando anel de ouro, em trajes brancos, e se a ele se disser: "Tu, toma assento aqui... etc.". A ambição não diz respeito ao fausto exterior, senão naquilo que concerne às honras tributadas.

QUAESTIO CXXXII
DE INANI GLORIA
in quinque articulos divisa
Deinde considerandum est de inani gloria.
Et circa hoc quaeruntur quinque.
Primo: utrum appetitus gloriae sit peccatum.
Secundo: utrum inanis gloria magnanimitati opponatur.
Tertio: utrum sit peccatum mortale.
Quarto: utrum sit vitium capitale.
Quinto: de filiabus eius.

QUESTÃO 132
A VANGLÓRIA[a]
em cinco artigos
Em seguida, deve-se tratar da vanglória.
A esse respeito, cinco questões:
1. O desejo da glória é pecado?
2. A vanglória se opõe à magnanimidade?
3. É pecado mortal?
4. É um vício capital?
5. As suas filhas.

ARTICULUS 1
Utrum appetitus gloriae sit peccatum

AD PRIMUM SIC PROCEDITUR. Videtur quod appetitus gloriae non sit peccatum.
1. Nullus enim peccat in hoc quod Deo assimilatur: quinimmo mandatur, Eph 5,1: *Estote imitatores Dei, sicut filii carissimi*. Sed in hoc

ARTIGO 1
O desejo da glória é pecado?

QUANTO AO PRIMEIRO ARTIGO, ASSIM SE PROCEDE: parece que o desejo da glória **não** é pecado.
1. Com efeito, ninguém peca imitando Deus. Pelo contrário. Está recomendado na Escritura: "Sede imitadores de Deus como filhos muito que-

---

1 PARALL.: *De Malo*, q. 9, a. 1; *ad Galat.*, c. 5, lect. 7.

a. A questão comportaria sem dúvida dois artigos como os dois precedentes se a tradição cristã não tivesse situado a vanglória entre os chamados pecados capitais. Essa atenção dedicada pelos espirituais aos perigos da vanglória explica que esse tema mereça três artigos suplementares.

quod homo quaerit gloriam, videtur Deum imitari, qui ab hominibus gloriam quaerit: unde dicitur Is 43,7: *Omnem qui invocat nomen meum, in gloriam meam creavi eum.* Ergo appetitus gloriae non est peccatum.

2. PRAETEREA, illud per quod aliquis provocatur ad bonum, non videtur esse peccatum. Sed per appetitum gloriae homines provocantur ad bonum: dicit enim Tullius, in libro *de Tusculan. Quaest.*[1], quod *omnes ad studia impelluntur gloria.* In sacra etiam Scriptura promittitur gloria pro bonis operibus: secundum illud Rm 2,7: *His qui sunt secundum patientiam boni operis, gloriam et honorem.* Ergo appetitus gloriae non est peccatum.

3. PRAETEREA, Tullius dicit, in sua *Rhetorica*[2], quod *gloria est frequens de aliquo fama cum laude*: et ad idem pertinet quod Ambrosius dicit[3], quod gloria est *clara cum laude notitia.* Sed appetere laudabilem famam non est peccatum, quinimmo videtur esse laudabile: secundum illud Eccli 41,15: *Curam habe de bono nomine*; et Rm 12,17: *Providentes bona non solum coram Deo, sed etiam coram omnibus hominibus.* Ergo appetitus inanis gloriae non est peccatum.

SED CONTRA est quod Augustinus dicit, V *de Civ. Dei*[4]: *Sanius videt qui et amorem laudis vitium esse cognoscit.*

RESPONDEO dicendum quod gloria claritatem quandam significat: unde *glorificari* idem est quod *clarificari*, ut Augustinus dicit, *super Ioan.*[5]. Claritas autem et decorem quendam habet, et manifestationem. Et ideo nomen gloriae proprie importat manifestationem alicuius de hoc quod apud homines decorum videtur, sive illud sit bonum aliquod corporale, sive spirituale. Quia vero illud quod simpliciter clarum est, a multis conspici potest et a remotis, ideo proprie per nomen gloriae designatur quod bonum alicuius deveniat in multorum notitiam et approbationem: secundum quem modum dicitur in Tito Livio[6]: *Gloriari ad unum non est.* Largius tamen accepto nomine gloriae, non solum consistit in multitudinis cognitione, sed etiam paucorum vel unius, aut sui solius, dum scilicet aliquis proprium bonum considerat ut dignum laude.

ridos". Ora, o homem que procura a glória parece querer imitar Deus que, segundo Isaías, procura sua glória entre os homens: "Todos aqueles que invocam meu nome, eu os criei para minha glória". Logo, o desejo da glória não é pecado.

2. ALÉM DISSO, aquilo que provoca para o bem não pode ser pecado. Ora, o desejo da glória provoca para o bem, como diz Cícero: "A glória incita os homens ao zelo". Até na Sagrada Escritura a glória é prometida às boas obras: "Para aqueles que, pela constância no bem, procuram glória e honra..." Logo, o desejo da glória não é pecado.

3. ADEMAIS, Cícero define a glória nos seguintes termos: "A reputação frequente e elogiosa do nome de alguém"; que Ambrósio completa: "uma reputação brilhante e elogiosa". Ora, o fato de desejar uma reputação louvável não é pecado, pelo contrário, parece digna de louvor segundo o livro do Eclesiástico: "Toma cuidado com o teu bom nome"; e Paulo: "Tendo o cuidado do que é bem não apenas diante de Deus mas também diante dos homens". Logo, o desejo da vanglória não é pecado.

EM SENTIDO CONTRÁRIO, diz Agostinho: "Vê melhor aquele que reconhece um vício no amor do elogio".

RESPONDO. A glória significa um certo brilho. De onde Agostinho diz que ser glorificado é receber um brilho. O brilho tem um certa beleza que se manifesta diante de todos. É a razão pela qual a palavra glória implica manifestação de alguma coisa que os homens acham bonita, quer se trate de um bem corporal ou espiritual. Aquilo que é brilhante em si mesmo pode ser visto por muitos e de muito longe. Por isto mesmo, se usa o termo glória para indicar que o bem de alguém se torna conhecido de muitos e recebe aprovação geral. Como diz Tito Lívio: "Não existe glória de um indivíduo só". Mas, tomando o termo glória num sentido mais amplo, o importante não é a quantidade de gente que toma conhecimento do bem praticado; pode ser uma multidão, poucas pessoas, ou uma pessoa só, ou então a própria pessoa, quando, por exemplo, alguém considera que sua obra boa merece um reconhecimento.

---

1. L. I, c. 2: ed. C. F. W. Mueller, Lipsiae 1908, p. 279, ll. 27-28.
2. *De invent. rhet.*, l. II, c. 55: ed. G. Friedrich, Lipsiae 1908, p. 232, ll. 9-10.
3. Cfr. AUG., *Contra Maximin. Haer.*, l. II, c. 13, n. 2: ML 42, 770.
4. C. 13: ML 41, 158.
5. Tract. 82, n. 1 (super 15, 8); ML 35, 1842-1843, 1891, 1903.
6. *Hist.*, l. XXII, c. 39: ed. M. Mueller, Lipsiae 1909, p. 331, 9.

Quod autem aliquis bonum suum cognoscat et approbet, non est peccatum: dicitur enim 1Cor 2,12: *Nos autem non spiritum huius mundi accepimus, sed Spiritum qui ex Deo est, ut sciamus quae a Deo donata sunt nobis.* Similiter etiam non est peccatum quod aliquis velit bona sua ab aliis approbari: dicitur enim Mt 5,16: *Luceat lux vestra coram hominibus.* Et ideo appetitus gloriae de se non nominat aliquid vitiosum.

Sed appetitus inanis vel vanae gloriae vitium importat: nam quodlibet vanum appetere vitiosum est, secundum illud Ps 4,3: *Ut quid diligitis vanitatem, et quaeritis mendacium?* Potest autem gloria dici vana, uno modo, ex parte rei de qua quis gloriam quaerit: puta cum quis quaerit gloriam de eo quod non est, vel de eo quod non est gloria dignum, sicut de aliqua re fragili et caduca. — Alio modo, ex parte eius a quo quis gloriam quaerit: puta hominis, cuius iudicium non est certum. — Tertio modo, ex parte ipsius qui gloriam appetit, qui videlicet appetitum gloriae suae non refert in debitum finem, puta ad honorem Dei vel proximi salutem.

AD PRIMUM ergo dicendum quod, sicut dicit Augustinus[7], super illud Io 13,13, "Vos vocatis me, Magister et Domine, et bene dicitis", *periculosum est sibi placere cui cavendum est superbire. Ille autem qui super omnia est, quantumcumque se laudet, non se extollit. Nobis namque expedit Deum nosse, non illi: nec eum quisque cognoscit, si non se indicet ipse qui novit.* Unde patet quod Deus suam gloriam non quaerit propter se, sed propter nos. Et similiter etiam homo laudabiliter potest ad aliorum utilitatem gloriam suam appetere: secundum illud Mt 5,16: *Videant opera vestra bona, et glorificent Patrem vestrum qui in caelis est.*

Que alguém conheça e aprove seu próprio bem, não é pecado. Paulo diz: "Nós não recebemos o espírito do mundo, mas o Espírito que vem de Deus, para conhecer os dons gratuitos que Deus nos fez". De modo semelhante, não é pecado desejar que suas boas obras sejam aprovadas pelos outros, porque se lê em Mateus: "Que vossa luz brilhe diante dos homens". Por esta razão o desejo da glória, de si mesmo, não designa nada de vicioso[b].

Mas o apetite da glória vã, ou vazia, implica um vício, porque é vicioso desejar algo de vão, segundo o Salmo: "Por que amais a vaidade e procurais a mentira?" Ora, a glória pode ser qualificada de vã, por três razões: 1º No que se refere à realidade da qual se quer tirar glória, quando por exemplo se procura glória por algo que não existe, ou por uma coisa que não é digna dela, por ser frágil e caduca. — 2º Por parte daquele junto a quem se procura a glória, por exemplo, um homem cujo julgamento não seja seguro. — 3º Por parte da própria pessoa que deseja a gloria, quando, por exemplo, esta pessoa não orienta seu desejo de glória para o fim devido, qual seja a honra de Deus ou a salvação de próximo.

QUANTO AO 1º, portanto, deve-se dizer que sobre aquela passagem de João "Vós me chamais de Mestre e Senhor, e fazeis bem", Agostinho faz o seguinte comentário: "É perigoso se comprazer em si mesmo quando se tem o dever de se precaver do orgulho. Mas aquele que está acima de todas as coisas, por mais que se atribua louvores, jamais se exaltará orgulho. Porque somos nós que temos de conhecer Deus, e não Ele: e ninguém jamais o conhecerá se ele, que se conhece a si próprio, não se revelar". De onde fica patente que Deus não procura sua glória para si próprio, mas para nós[c]. De modo semelhante, o homem também pode desejar sua própria glória para o serviço dos outros, como consta no Evangelho: "Para que vejam vossas boas obras e glorifiquem vosso Pai que está nos céus".

---

7. Tract. 58, n. 3, super 13, 13: ML 35, 1793.

b. Na Escritura, a glória é essencialmente prerrogativa de Deus, e exprime, como tal, algo de eminentemente positivo. Deus, aliás, não tem ciúme de sua glória, ele quer comunicá-la aos homens (r. 2), o que é igualmente positivo.
Porém, quanto mais uma coisa é bela, mais sua falsificação é odiosa e temível. Se "glória" não é jamais um termo pejorativo, não é o caso de "vanglória", glória vazia, gloríola. O artigo nos explica em que a glória pode ser uma mera caricatura de si mesma, ao esvaziar-se de todo conteúdo. Os três motivos assinalados aqui por Sto. Tomás dizem o essencial a respeito.
  c. A formulação de Sto. Tomás é audaciosa. Em sua busca de glória, Deus não pensa em si mesmo, mas em nós: "Ele não busca sua glória para si, mas para nós". Não nos enganemos. O que é dito é que Deus tem em vista o nosso bem quando nos pede que o glorifiquemos, pois ele mesmo não é enriquecido com isso. Não se afirma que Deus subordine sua glória essencial à vantagem que ele retira da criatura. Deus de fato nos criou para sua glória, como o diz Isaías em um texto citado aqui (obj. 1 do artigo), e que Sto. Tomás não contradiz.

AD SECUNDUM dicendum quod gloria quae habetur a Deo, non est gloria vana, sed vera. Et talis gloria bonis operibus in praemium repromittitur. De qua dicitur, 2Cor 10,17-18: *Qui gloriatur, in Domino glorietur: non enim qui seipsum commendat, ille probatus est; sed quem Deus commendat.* — Provocantur etiam aliqui ad virtutum opera ex appetitu gloriae humanae, sicut etiam ex appetitu aliorum terrenorum bonorum: non tamen est vere virtuosus qui propter humanam gloriam opera virtutis operatur, ut Augustinus probat, in V *de Civ. Dei*[8].

AD TERTIUM dicendum quod ad perfectionem hominis pertinet quod ipse cognoscat: sed quod ipse ab aliis cognoscatur non pertinet ad eius perfectionem, et ideo non est per se appetendum. Potest tamen appeti inquantum est utile ad aliquid: vel ad hoc quod Deus ab hominibus glorificetur; vel ad hoc quod homines proficiant ex bono quod in alio cognoscunt, vel ex hoc quod ipse homo ex bonis quae in se cognoscit per testimonium laudis alienae, studeat in eis perseverare et ad meliora proficere. Et secundum hoc laudabile est quod *curam habeat aliquis de bono nomine*, et quod *provideat bona coram hominibus*: non tamen quod in hominum laude inaniter delectetur.

QUANTO AO 2º, deve-se dizer que a glória que vem de Deus não é vã, mas verdadeira. E é esta a glória que está prometida como recompensa das boas obras. É dela que Paulo fala: "Aquele que se glorifica, se glorifique no Senhor. Não é aquele que se recomenda a si mesmo que é um homem experimentado, mas aquele que o Senhor recomenda". — Alguns são provocados à ação virtuosa pelo desejo da glória humana, ou até mesmo pelo apetite de outros bens. Mas aquele que age virtuosamente por apetite da glória humana, não é verdadeiramente virtuoso, como mostra Agostinho.

QUANTO AO 3º, deve-se dizer que a perfeição do homem exige que ele conheça. Mas que ele mesmo seja conhecido dos outros, isto não faz parte de sua perfeição, e, por conseguinte, não é, por si mesmo, desejável. Mas pode ser uma coisa desejada, enquanto útil a alguma coisa, ou para que Deus seja glorificado pelos homens, ou para que os homens tirem proveito do bem que acaso vierem a descobrir em outro, ou até mesmo para que o próprio indivíduo, conhecendo pelo testemunho do elogio alheio o bem que tem em si mesmo, continue seu esforço para perseverar no bem e progredir mais ainda. Desta maneira, é recomendável que alguém cuide de preservar seu bom nome, e de se fazer ver como bom diante de Deus e dos homens. Mas jamais deleitar-se de maneira vã nos elogios humanos.

ARTICULUS 2
Utrum inanis gloria magnanimitati opponatur

AD SECUNDUM SIC PROCEDITUR. Videtur quod inanis gloria magnanimitati non opponatur.

1. Pertinet enim ad inanem gloriam, ut dictum est[1], quod aliquis glorietur in his quae non sunt, quod pertinet ad falsitatem; vel in rebus terrenis vel caducis, quod pertinet ad cupiditatem; vel in testimonio hominum, quorum iudicium non est certum, quod pertinet ad imprudentiam. Huiusmodi autem vitia non opponuntur magnanimitati. Ergo inanis gloria non opponitur magnanimitati.

2. PRAETEREA, inanis gloria non opponitur magnanimitati per defectum, sicut pusillanimitas, quae

ARTIGO 2
A vanglória se opõe à magnanimidade?

QUANTO AO SEGUNDO, ASSIM SE PROCEDE: parece que a vanglória **não** se opõe à magnanimidade.

1. Com efeito, como foi dito, o que caracteriza a vanglória é se glorificar daquilo que não existe, e isto diz respeito à falsidade; ou então se glorificar de coisas terrenas e caducas, o que diz respeito à cobiça; ou ainda se glorificar do testemunho dos homens cujo julgamento não parece seguro, e isto diz respeito à imprudência. Ora, nenhum destes vícios se opõe à magnanimidade. Logo, a vanglória não se opõe à magnanimidade.

2. ALÉM DISSO, a vanglória não se opõe à magnanimidade por defeito, como a pusilanimidade,

---

8. C. 12, n. 4: ML 41, 156.

2 PARALL.: II *Sent.*, dist. 42, q. 2, a. 4.

1. Art. praec.

inani gloriae repugnans videtur. Similiter etiam nec per excessum: sic enim opponitur magnanimitati praesumptio et ambitio, ut dictum est², a quibus inanis gloria differt. Ergo inanis gloria non opponitur magnanimitati.

3. Praeterea, Philp 2, super illud v. 3, *Nihil per contentionem aut inanem gloriam*, dicit Glossa³: *Erant aliqui inter eos dissentientes, inquieti, inanis gloriae causa contendentes*. Contentio autem non opponitur magnanimitati. Ergo neque inanis gloria.

Sed contra est quod Tullius dicit, in I *de Offic*.⁴: *Cavenda est gloriae cupiditas: eripit enim animi libertatem, pro qua magnanimis viris omnis debet esse contentio*. Ergo opponitur magnanimitati.

Respondeo dicendum quod, sicut supra⁵ dictum est, gloria est quidam effectus honoris et laudis: ex hoc enim quod aliquis laudatur, vel quaecumque reverentia ei exhibetur, redditur clarus in notitia aliorum. Et quia magnanimitas est circa honorem, ut supra⁶ dictum est, consequens est etiam ut sit circa gloriam: ut scilicet sicut moderate utitur honore, ita moderate utatur gloria. Et ideo inordinatus appetitus gloriae directe magnanimitati opponitur.

Ad primum ergo dicendum quod hoc ipsum magnitudini animi repugnat, quod aliquis res modicas tantum appretietur quod de eis glorietur: unde in IV *Ethic*.⁷ dicitur de magnanimo quod sibi sit honor *parvum*. Similiter etiam et alia quae propter honorem quaeruntur, puta potentatus et divitiae, parva reputantur ab eo. — Similiter etiam magnitudini animi repugnat quod aliquis de his quae non sunt glorietur. Unde de magnanimo dicitur in IV *Ethic*.⁸, quod *magis curat veritatem quam opinionem*. — Similiter etiam et magnitudini animi repugnat quod aliquis glorietur in testimonio laudis humanae, quasi hoc magnum aliquid aestimetur. Unde de magnanimo dicitur in IV *Ethic*.⁹, quod *non est ei cura ut laudetur*. — Et sic ea quae aliis virtutibus opponuntur nihil prohibet opponi magnanimitati, secundum quod habent pro magnis quae parva sunt.

que parece se opor de fato à vanglória. Nem tampouco por excesso, pois esta é a forma da presunção e da ambição se oporem à magnanimidade, e a vanglória é diferente delas. Logo, a vanglória não se opõe à magnanimidade.

3. Ademais, a respeito daquela passagem de Paulo, "Não concedei nada ao espírito de disputa, nada à vanglória", a Glosa diz: "Havia entre eles grupos divididos e inquietos que se disputavam por vanglória". Ora, a disputa não se opõe à magnanimidade. Logo, nem a vanglória.

Em sentido contrário, Cícero escreve: "É preciso se precaver contra o desejo da glória, porque ele tira a liberdade da alma pela qual os homens magnânimos devem lutar com todas suas forças". Logo, a vanglória se opõe à magnanimidade.

Respondo. Como já foi dito, a glória é um efeito da honra e do louvor. Porque quando alguém é louvado, ou recebe alguma demonstração de reverência e admiração, se torna brilhante e conhecido dos outros. E como a magnanimidade concerne às honras, como também já foi dito, por via de consequência concerne também à glória. E como ela usa a honra com moderação, deve aplicar a mesma moderação no uso da glória. Assim, o apetite desordenado da glória se opõe diretamente à magnanimidade.

Quanto ao 1º, portanto, deve-se dizer que repugna à grandeza da alma o fato de alguém manifestar um apego tal às coisas medíocres que delas consiga se orgulhar. Por isso Aristóteles diz do magnânimo: "As honras para ele são pouca coisa". Da mesma maneira, ele reserva pouca estima àquelas coisas que em geral são procuradas porque trazem consigo as honras, ou seja, o poder e as riquezas. — Da mesma maneira, repugna à grandeza da alma que alguém possa tirar glória de coisas que não existem. E por isso Aristóteles diz que o magnânimo "se preocupa mais com a verdade que com a opinião". — Repugna também à grandeza da alma se glorificar do testemunho do elogio humano, como se isto tivesse realmente grande valor. Aristóteles diz ainda que o magnânimo "não se preocupa com o louvor". — Desta forma, nada impede que aquilo que se opõe a ou-

---

2. Q. 130, a. 2; q. 131, a. 2.
3. Ordin.: ML 114, 603 B; Lombardi: ML 192, 232 D.
4. C. 20: ed. C. F. W. Mueller, Lipsiae 1910, p. 24, ll. 28-31.
5. Q. 103, a. 1, ad 3.
6. Q. 129, a. 1, 2.
7. C. 7: 1124, a, 19-20.
8. C. 8: 1124, b, 27-28.
9. C. 8: 1125, a, 6-9.

AD SECUNDUM dicendum quod inanis gloriae cupidus, secundum rei veritatem, deficit a magnanimo: quia videlicet gloriatur in his quae magnanimus parva aestimat, ut dictum est[10]. Sed considerando aestimationem eius, opponitur magnanimo per excessum: quia videlicet gloriam quam appetit, reputat aliquid magnum, et ad eam tendit supra suam dignitatem.

AD TERTIUM dicendum quod, sicut supra[11] dictum est, oppositio vitiorum non attenditur secundum effectum. Et tamen hoc ipsum magnitudini animi opponitur, quod aliquis contentionem intendat: nullus enim contendit nisi pro re quam aestimat magnam. Unde Philosophus dicit, in IV *Ethic.*,[12] quod magnanimus *non est contentiosus, qui nihil aestimat magnum*.

tras virtudes se oponha também à magnanimidade, na medida em que se superestima aquilo que de fato não tem importância.

QUANTO AO 2º, deve-se dizer que aquele que, sem mentira, deseja a vanglória, se opõe, por deficiência, ao magnânimo. Porque parece tirar glória de coisas que o magnânimo considera sem o menor valor, como foi dito. Mas quando se leva em conta sua apreciação, ele se opõe ao magnânimo por excesso, porque considera a glória que procura como algo de muito grande e porque tende para ela acima de sua dignidade.

QUANTO AO 3º, deve-se dizer que como foi dito, a oposição entre os vícios não leva em conta os efeitos deles. Contudo, o tender à disputa opõe-se à oposição à grandeza da alma: porque ninguém disputa a não ser por uma coisa que valha a pena, ou que se considera como grande. Por isso Aristóteles diz "O magnânimo não é contencioso porque nada para ele é grande".

ARTICULUS 3
Utrum inanis gloria sit peccatum mortale

AD TERTIUM SIC PROCEDITUR. Videtur quod inanis gloria sit peccatum mortale.
1. Nihil enim excludit mercedem aeternam nisi peccatum mortale. Sed inanis gloria excludit mercedem aeternam: dicitur enim Mt 6,1: *Attendite ne iustitiam vestram faciatis coram hominibus, ut videamini ab eis*. Ergo inanis gloria est peccatum mortale.

2. PRAETEREA, quicumque subripit sibi quod est Dei proprium, mortaliter peccat. Sed per appetitum inanis gloriae aliquis sibi attribuit quod est proprium Dei: dicitur enim Is 42,8: *Gloriam meam alteri non dabo*; et 1Ti 1,17: *Soli Deo honor et gloria*. Ergo inanis gloria est peccatum mortale.

ARTIGO 3
A vanglória é pecado mortal?

QUANTO AO TERCEIRO, ASSIM SE PROCEDE: parece que a vanglória é pecado mortal.
1. Com efeito, nada exclui a recompensa eterna, a não ser o pecado mortal. Ora, a vanglória exclui a recompensa eterna, segundo se lê em Mateus: "Guardai-vos de praticar vossa justiça diante dos homens, para vos fazerdes notar por eles, pois não tereis a recompensa de meu Pai que está nos céus". Logo, a vanglória é pecado mortal.

2. ALÉM DISSO, todo aquele que toma para si o que é próprio de Deus, comete pecado mortal. Ora, pelo apetite da glória vã, o homem atribui a si mesmo o que é próprio de Deus, como diz Isaías: "Minha glória, eu não a darei a outro". E Paulo reforça: "Somente a Deus honra e glória"[d]. Logo, a vanglória é pecado mortal.

---

10. Resp. ad 1.
11. Q. 127, a. 2, ad 2.
12. C. 8: 1125, a, 15-17.

3 PARALL.: *De Malo*, q. 9, a. 2.

---

d. As duas primeiras objeções, principalmente a segunda, enfatizam o alcance religioso do pecado de vanglória. A honra de Deus está envolvida. Atribuir-se algo que é próprio de Deus é de extrema gravidade na perspectiva da Escritura; não se trata apenas de um desregramento em relação às leis da razão. É verdade que, em sua resposta, Sto. Tomás mostrará que a honra de Deus não está necessariamente envolvida, mas ele não subestima por isso o alcance e a pertinência da objeção. O que está em jogo no artigo é de importância considerável em uma perspectiva teológica.

3. PRAETEREA, illud peccatum quod est maxime periculosum et nocivum, videtur esse mortale. Sed peccatum inanis gloriae est huiusmodi: quia super illud 1Ti 2,4, *Deo qui probat corda nostra*, dicit Glossa[1] Augustini: *Quas vires nocendi habeat humanae gloriae amor, non sentit nisi qui ei bellum indixerit: quia etsi cuiquam facile est laudem non cupere dum negatur, difficile tamen est ea non delectari cum offertur*. Chrysostomus etiam dicit, Mt 6[2], quod *inanis gloria occulte ingreditur, et omnia quae intus sunt insensibiliter aufert*. Ergo inanis gloria est peccatum mortale.

SED CONTRA est quod Chrysostomus dicit, *super Matth.*[3], quod *cum cetera vitia locum habeant in servis diaboli, inanis gloria locum habet etiam in servis Christi*. In quibus tamen nullum est peccatum mortale. Ergo inanis gloria non est peccatum mortale.

RESPONDEO dicendum quod, sicut supra[4] dictum est, ex hoc aliquod peccatum est mortale quod caritati contrariatur. Peccatum autem inanis gloriae, secundum se consideratum, non videtur contrariari caritati quantum ad dilectionem proximi. Quantum autem ad dilectionem Dei, potest contrariari caritati dupliciter. Uno modo, ratione materiae de qua quis gloriatur. Puta cum quis gloriatur de aliquo falso quod contrariatur divinae reverentiae: secundum illud Ez 28,2: *Elevatum est cor tuum, et dixisti: Deus ego sum*; et 1Cor 4,7: *Quid habes quod non accepisti? Si autem accepisti, quare gloriaris quasi non acceperis?* Vel etiam cum quis bonum temporale de quo gloriatur, praefert Deo: quod prohibetur Ier 9,23-24: *Non glorietur sapiens in sapientia sua, nec fortis in fortitudine sua, nec dives in divitiis suis: sed in hoc glorietur qui gloriatur, scire et nosse me*. Aut etiam cum quis praefert testimonium hominum testimonio Dei: sicut contra quosdam dicitur Io 12,43: *Qui dilexerunt magis gloriam hominum quam Dei*. Alio modo, ex parte ipsius gloriantis, qui intentionem suam refert ad gloriam tanquam ad ultimum finem: ad quem scilicet ordinet etiam virtutis opera, et pro quo consequendo non praetermittat facere etiam ea quae sunt contra Deum. Et sic est peccatum mortale. Unde Augustinus dicit, in V *de Civ. Dei*[5], quod *hoc vitium*, scilicet amor humanae laudis,

3. ADEMAIS, o pecado que é mais perigoso e mais nocivo parece ser mortal. Ora, o pecado da vanglória é desse tipo, pois, sobre o texto de Paulo "... a Deus que prova nossos corações", a Glosa comenta: "Somente quem declarou guerra à glória humana pode ter uma ideia da força de destruição que ela tem, porque, se é fácil não desejar a glória quando ela nos é recusada, é difícil nela não se deleitar quando nos é oferecida". E Crisóstomo diz ainda: "A vanglória entra de mansinho e vai tirando insensivelmente tudo de dentro da alma". Logo, a vanglória é pecado mortal.

EM SENTIDO CONTRÁRIO, Crisóstomo diz que "enquanto os outros vícios arranjam um lugar entre os servos do diabo, a vanglória arruma lugar mesmo entre os servos de Cristo". Mas entre estes não se encontra pecado mortal. Logo, a vanglória não é pecado mortal.

RESPONDO. Como já foi dito, um pecado é mortal enquanto é contrário à caridade. Ora, o pecado de vanglória, considerado em si mesmo, não parece se opor à caridade no que se refere ao amor do próximo. Com relação ao amor de Deus, ele pode se opor à caridade de dois modos. Primeiro, em razão da matéria da qual alguém se gloria; por exemplo, se uma pessoa se glorifica de uma coisa falsa que se opõe ao respeito devido a Deus, como consta em Ezequiel: "Teu coração se encheu de orgulho e tu disseste: Eu sou Deus". E Paulo: "Que tens tu que não tenhas recebido? E se o recebeste por que te gloriar como se não tivesses recebido?" Ou ainda, quando alguém prefere a Deus um bem temporal do qual se gloria, o que Jeremias proíbe: "Que o sábio não se glorifique de sua sabedoria, nem o forte de sua força, nem o rico de suas riquezas, mas quem quer se gloriar, que encontre glória nisto: ter inteligência e me conhecer". Ou ainda, quando alguém coloca o testemunho dos homens acima do testemunho de Deus, como aqueles que são condenados em João: "Eles amaram a glória dos homens mais que a glória de Deus". Mas o pecado de vanglória pode se opor à caridade de uma segunda maneira, ou seja, da parte do próprio vaidoso, que projeta sua intenção sobre a glória como sobre seu fim último, orientando para ela todas as suas obras de virtude

---

1. Ordin.: ML 114, 616 C; LOMBARDI: ML 192, 293 A.
2. Homil. 19, ad v. 1: MG 57, 273.
3. *Opus imperf. in Matth.*, hom. 13, super 4, 1, n. 4: MG 57, 212.
4. Q. 35, a. 3; I-II, q. 72, a. 5.
5. C. 14: ML 41, 159.

tam inimicum est piae fidei, si maior in corde sit cupiditas gloriae quam Dei timor vel amor, ut Dominus diceret Io 5,44: *Quomodo potestis, credere, gloriam ab invicem expectantes, et gloriam quae a solo Deo est non quaerentes?*

Si autem amor humanae gloriae, quamvis sit inanis, non tamen repugnet caritati, neque quantum ad id de quo est gloria, neque quantum ad intentionem gloriam quaerentis, non est peccatum mortale, sed veniale.

AD PRIMUM ergo dicendum quod nullus peccando meretur vitam aeternam. Unde opus virtuosum amittit vim merendi vitam aeternam si propter inanem gloriam fiat, etiam si illa inanis gloria non sit peccatum mortale. Sed quando aliquis simpliciter amittit aeternam mercedem propter inanem gloriam, et non solum quantum ad unum actum, tunc inanis gloria est peccatum mortale.

AD SECUNDUM dicendum quod non omnis qui est inanis gloriae cupidus, appetit sibi illam excellentiam quae competit soli Deo. Alia enim est gloria quae debetur soli Deo, et alia quae debetur homini virtuoso vel diviti.

AD TERTIUM dicendum quod inanis gloria dicitur esse periculosum peccatum non tam propter gravitatem sui, quam etiam propter hoc quod est dispositio ad gravia peccata: inquantum scilicet per inanem gloriam redditur homo praesumptuosus et nimis de se ipso confidens. Et sic etiam paulatim disponit ad hoc quod homo privetur interioribus bonis.

chegando até a cometer ações contra Deus. Neste caso, o pecado de vanglória é pecado mortal. Por isso Agostinho escreve: "Quando a cupidez da glória supera no coração o amor e o temor de Deus, este vício (o amor do louvor humano) é tão inimigo da fé piedosa, que leva o Senhor a dizer: Como podeis ter fé, vós que esperais vossa glória uns dos outros, e que não procurais a glória que vem de Deus, e só dele"?

Se, porém, o amor da glória humana, embora vã, não se opuser à caridade nem quanto ao motivo da glória, nem quanto à intenção daquele que a procura não é um pecado mortal, mas venial.

QUANTO AO 1º, portanto, deve-se dizer que nenhum pecado merece a vida eterna. A obra virtuosa perde assim seu poder de mérito para a vida eterna quando é feita por vanglória, mesmo não sendo pecado mortal. Mas quando alguém perde de maneira absoluta a recompensa eterna por causa da vanglória, e não relativamente a um simples ato isolado, então a vanglória é pecado mortal[e].

QUANTO AO 2º, deve-se dizer que nem todo aquele que deseja a vanglória quer para si aquela excelência que convém só a Deus. Pois a glória que é devida somente a Deus é diferente daquela que se deve ao homem virtuoso ou ao rico.

QUANTO AO 3º, deve-se dizer que costuma-se dizer que a vanglória é um pecado perigoso, não tanto por causa de sua gravidade, mas também porque ela dispõe a outros pecados graves, enquanto torna o homem presunçoso e confiante demais em si mesmo. E é assim que aos poucos ela vai dispondo o homem a ficar privado de todos os seus bens interiores.

---

e. Essa solução a muitos parecerá obscura. Necessita de um breve comentário.

Não posso, ao pecar, merecer a vida eterna, mesmo sendo um pecado venial. Para merecer a vida eterna minha ação deve ser verdadeiramente boa. Se vem se misturar a meu ato virtuoso uma motivação de glória vã, gloríola de caráter venial, o meu ato não é meritório. O que não significa que eu tenha cometido um pecado mortal. É o caso, ao que parece, se jejuo, rezo ou dou esmola com o pensamento oculto de que sou visto pelos homens. Não será isso que me fará entrar no Reino (recebi minha recompensa), mas não perco por isso a graça santificante.

Quando, ao invés, a vanglória responde aos critérios enumerados por Sto. Tomás no corpo do presente artigo, quando a vanglória é tão acusada que se torna incompatível com a caridade, ela constitui um pecado mortal. Nesse caso, não só, como todo pecado venial, ela priva de seu caráter meritório o ato que ela parasita; ela prejudica a relação fundamental entre o homem e Deus, que chamamos de graça santificante. Com efeito, ela erige a glória do homem em fim último da ação, e é nisso que ela é mortal.

Articulus 4
Utrum inanis gloria sit vitium capitale

AD QUARTUM SIC PROCEDITUR. Videtur quod inanis gloria non sit vitium capitale.
1. Vitium enim quod semper ex altero oritur, non videtur esse capitale. Sed inanis gloria semper ex superbia nascitur. Ergo inanis gloria non est vitium capitale.
2. PRAETEREA, honor videtur esse aliquid principalius quam gloria, quae est eius effectus. Sed ambitio, quae est inordinatus appetitus honoris, non est vitium capitale. Ergo etiam neque appetitus inanis gloriae.
3. PRAETEREA, vitium capitale habet aliquam principalitatem. Sed inanis gloria non videtur habere aliquam principalitatem: neque quantum ad rationem peccati, quia non semper est peccatum mortale; neque etiam quantum ad rationem boni appetibilis, quia gloria humana videtur esse quiddam fragile et extra hominem existens. Ergo inanis gloria non est vitium capitale.

SED CONTRA est quod Gregorius, XXXI *Moral.*[1], numerat inanem gloriam inter septem vitia capitalia.

RESPONDEO dicendum quod de vitiis capitalibus dupliciter aliqui loquuntur. Quidam enim ponunt superbiam unum de vitiis capitalibus. Et hi non ponunt inanem gloriam inter vitia capitalia.

Gregorius autem, in XXXI *Moral.*[2], superbiam ponit *reginam omnium vitiorum*: et inanem gloriam, quae immediate ab ipsa oritur, ponit vitium capitale. Et hoc rationabiliter. Superbia enim, ut infra[3] dicetur, importat inordinatum appetitum excellentiae. Ex omni autem bono quod quis appetit, quandam perfectionem et excellentiam consequitur. Et ideo fines omnium vitiorum ordinantur in finem superbiae. Et propter hoc videtur quod habeat quandam generalem causalitatem super alia vitia, et non debeat computari inter specialia vitiorum principia, quae sunt vitia capitalia. — Inter bona autem per quae excellentiam homo consequitur, praecipue ad hoc operari videtur gloria, inquantum importat manifestationem bonitatis alicuius: nam bonum naturaliter amatur et honoratur ab omnibus. Et ideo sicut per *gloriam quae est apud Deum*, consequitur homo excellentiam

Artigo 4
A vanglória é um vício capital?

QUANTO AO QUARTO, ASSIM SE PROCEDE: parece que a vanglória **não** é um vício capital.
1. Com efeito, um vício que nasce de outro vício não pode ser capital. Ora, a vanglória nasce sempre do orgulho. Logo, a vanglória não é um vício capital.
2. ALÉM DISSO, a honra parece mais principal do que a glória, que é efeito dela. Ora, a ambição, que é o apetite desordenado da glória, não é um vício capital. Logo, a vanglória também não.
3. ADEMAIS, o vício capital tem uma certa primazia. Ora, a vanglória não parece ter nenhuma primazia: nem quanto à razão de pecado, porque nem sempre é pecado; nem mesmo quanto à razão de bem apetecível, porque a glória humana parece ser algo de frágil e é externo ao homem. Logo, a vanglória não é um vício capital.

EM SENTIDO CONTRÁRIO, Gregório inclui a vanglória entre os sete vícios capitais.

RESPONDO. Há duas maneiras de se falar dos vícios capitais. Alguns incluem entre eles a soberba, e deixam de incluir a vanglória.

Gregório faz da soberba, "a rainha de todos os vícios" e apresenta a vanglória, que nasce diretamente da soberba, como um vício capital. E isto parece razoável. A soberba, como veremos mais adiante, implica um apetite desordenado de excelência. Todo bem apetecível é causa de alguma perfeição e excelência. É a razão pela qual os fins de todos os vícios se ordenam para o fim da soberba. Por este motivo se vê que a soberba exerce uma espécie de causalidade geral sobre os outros vícios, e não deve ser incluída entre os princípios específicos dos vícios, que são os vícios capitais. — Ora, entre os bens que conferem ao homem uma excelência, o mais eficaz parece ser a glória, enquanto implica manifestação da bondade de alguém, pois o bem é, por sua natureza, amado e honrado por todos. Desta forma, assim como pela glória que se encontra em Deus

---

4 PARALL.: I-II, q. 84, a. 4; II *Sent.*, dist. 42, q. 2, a. 3; Expos. litt., part. 2; *de Malo*, q. 8, a. 1; q. 13, art. 3.

1. C. 45, al. 17, in vet. 31, n. 87: ML 76, 621 A.
2. Loc. cit.: ML 76, 620 D.
3. Q. 162, a. 1, 2.

in rebus divinis; ita etiam per *gloriam hominum* consequitur homo excellentiam in rebus humanis. Et ideo, propter propinquitatem ad excellentiam, quam homines maxime desiderant, consequens est quod sit multum appetibilis: et quod ex eius inordinato appetitu multa vitia oriantur. Et ita inanis gloria est vitium capitale.

AD PRIMUM ergo dicendum quod aliquod vitium oriri ex superbia non repugnat ei quod est esse vitium capitale: eo quod, sicut supra[4] dictum est, superbia est *regina et mater omnium vitiorum.*

AD SECUNDUM dicendum quod laus et honor comparantur ad gloriam, ut supra[5] dictum est, sicut causae ex quibus gloria sequitur. Unde gloria comparatur ad ea sicut finis: propter hoc enim aliquis amat honorari et laudari, inquantum per hoc aliquis aestimat se in aliorum notitia fore praeclarum.

AD TERTIUM dicendum quod inanis gloria habet principalem rationem appetibilis, ratione iam dicta[6]: et hoc sufficit ad rationem vitii capitalis. Non autem requiritur quod vitium capitale semper sit peccatum mortale: quia etiam ex veniali peccato potest mortale oriri, inquantum scilicet veniale disponit ad mortale.

se obtém uma excelência no plano divino, assim também, pela glória dos homens, se obtém uma excelência no plano humano. E assim sendo, por causa desta proximidade com a excelência que os homens desejam ao máximo, se segue que ela é vivamente desejável e que o desejo desregrado dela dá origem a muitos vícios. É a razão pela qual a vanglória é um vício capital.

QUANTO AO 1º, portanto, deve-se dizer que um vício pode muito bem nascer da soberba e ser, apesar disso, um vício capital, especialmente porque, como foi dito, a soberba, é "rainha e mãe de todos os vícios".

QUANTO AO 2º, deve-se dizer que o louvor e a honra são a causa da glória. Assim, a glória está ligada a eles como sendo seu fim, porque o homem gosta de ser honrado e louvado enquanto julga desta maneira se tornar ilustre aos olhos dos outros.

QUANTO AO 3º, deve-se dizer que pela razão já dita, a vanglória tem uma certa primazia apetecível, e isto já basta para a razão de vício capital. Pois não é obrigatório que o vício capital seja sempre pecado mortal. Porque, mesmo do pecado venial pode se originar um pecado mortal, a saber, enquanto o venial dispõe para o mortal.

ARTICULUS 5
Utrum convenienter assignentur filiae inanis gloriae

AD QUINTUM SIC PROCEDITUR. Videtur quod inconvenienter dicantur filiae inanis gloriae esse *inobedientia, iactantia, hypocrisis, contentio, pertinacia, discordia, novitatum praesumptio.*
1. Iactantia enim, secundum Gregorium, XXIII *Moral.*[1], ponitur inter species superbiae. Superbia autem non oritur ex inani gloria, sed potius e converso, ut Gregorius dicit, XXXI *Moral.*[2]. Ergo iactantia non debet poni filia inanis gloriae.
2. PRAETEREA, contentiones et discordiae videntur ex ira maxime provenire. Sed ira est capitale

ARTIGO 5
É correta a enumeração das filhas da vanglória?

QUANTO AO QUINTO, ASSIM SE PROCEDE: parece que **não** é correta a lista das filhas da vanglória: desobediência, jactância, hipocrisia, disputa, teimosia, discórdia e ânsia de novidades.
1. Com efeito, a jactância, segundo Gregório, é uma espécie da soberba. Ora, a soberba não nasce da vanglória, pois é exatamente o inverso que ocorre. Logo, não se pode incluir a jactância como filha da vanglória.
2. ALÉM DISSO, é claro que as disputas e discórdias provêm principalmente da ira. Ora, a ira

---

4. In corp.; I-II, q. 84, a. 4, ad 4.
5. A. 2; q. 103, a. 1, ad 3.
6. In corp.

5 PARALL.: Supra, q. 21, a. 4; q. 37, a. 2; q. 38, a. 2; q. 105, a. 1, ad 2; q. 112, a. 1, ad 2; infra, q. 138, a. 2, ad 1; *de Malo*, q. 9, a. 3.
1. C. 6, al. 4, in vet. 7, n. 13: ML 76, 258 C.
2. C. 45, al. 17, in vet. 31, n. 89: ML 76, 621 C.

vitium inani gloriae condivisum. Ergo videtur quod non sint filiae inanis gloriae.

3. PRAETEREA, Chrysostomus dicit, *super Matth*.³, quod *ubique vana gloria malum est, sed maxime in philanthropia*, idest in misericordia. Quae tamen non est aliquid novum, sed in consuetudine hominum existit. Ergo praesumptio novitatum non debet specialiter poni filia inanis gloriae.

SED CONTRA est auctoritas Gregorii, in XXXI *Moral*.⁴, ubi praedictas filias inani gloriae assignat.

RESPONDEO dicendum quod, sicut supra⁵ dictum est, illa vitia quae de se nata sunt ordinari ad finem alicuius vitii capitalis, dicuntur filiae eius. Finis autem inanis gloriae est manifestatio propriae excellentiae, ut ex supra⁶ dictis patet. Ad quod potest homo tendere dupliciter. Uno modo, directe: sive per verba, et sic est iactantia; sive per facta, et sic, si sint vera, habentia aliquam admirationem, est praesumptio novitatum, quas homines solent magis admirari; si autem per ficta sit, sic est hypocrisis. — Alio autem modo nititur aliquis manifestare suam excellentiam indirecte, ostendendo se non esse alio minorem. Et hoc quadrupliciter. Primo quidem, quantum ad intellectum: et sic est pertinacia, per quam homo nimis innititur suae sententiae, nolens credere sententiae meliori. Secundo, quantum ad voluntatem: et sic est discordia, dum non vult a propria voluntate discedere ut aliis concordet. Tertio, quantum ad locutionem: et sic est contentio, dum aliquis verbis clamose contra alium litigat. Quarto, quantum ad factum: et sic est inobedientia, dum scilicet aliquis non vult exequi superioris praeceptum.

AD PRIMUM ergo dicendum quod, sicut supra⁷ dictum est, iactantia ponitur species superbiae quantum ad interiorem causam eius, quae est arrogantia. Ipsa autem iactantia exterior, ut dicitur in IV *Ethic*.⁸, ordinatur quandoque quidem ad lucrum, sed frequentius ad gloriam vel honorem. Et sic oritur ex inani gloria.

AD SECUNDUM dicendum quod ira non causat discordiam et contentionem nisi cum adiunctione figura entre os vícios capitais ao lado da vanglória. Logo, as discórdias e disputas não são filhas da vanglória.

3. ADEMAIS, Crisóstomo diz que "a vanglória é sempre um mal, mas principalmente na filantropia", quer dizer, na misericórdia. Ora, isto não constitui novidade nenhuma e é comum entre os homens. Logo, a ânsia de novidades não deve especialmente figurar entre as filhas da vanglória.

EM SENTIDO CONTRÁRIO, a autoridade de Gregório que estabeleceu a lista das filhas da vanglória.

RESPONDO. Os vícios que, de si próprios, têm como fim aquilo que é o fim de um vício capital são chamados de filhas deste vício ᶠ. Ora, o fim da vanglória é a manifestação da própria excelência. A isto o homem pode tender de duas maneiras. 1º Diretamente, por palavras, e temos a jactância; por atos; se forem verdadeiros e de natureza a causar admiração e espanto, teremos a ânsia das novidades que sempre provocam admiração. Se forem falsos, teremos a hipocrisia. — 2º Indiretamente, quando alguém quer manifestar sua superioridade mostrando que não é inferior aos outros. E isto de quatro modos: a) quanto à inteligência, e é a teimosia, que nos leva a nos apegar demais à nossa própria opinião, de modo a não aceitar nenhuma opinião melhor. b) quanto à vontade, e é a discórdia, quando alguém não quer abandonar sua vontade para concordar com outros. c) quanto à linguagem, e é a disputa, quando alguém briga com outros, entre gestos e gritos. d) Quanto à ação, temos a desobediência, quando alguém não quer executar o preceito do superior.

QUANTO AO 1º, portanto, deve-se dizer que a jactância faz parte da soberba quanto à sua causa interior que é a arrogância. Quanto à jactância exterior, segundo Aristóteles, ela é ordenada por vezes para o lucro, mas mais frequentemente para a glória e a honra, e é aí que ela nasce da vanglória.

QUANTO AO 2º, deve-se dizer que a ira só causa discórdia e disputas quando a vanglória se jun-

---

3. Homil. 71, al. 72, n. 3: MG 58, 665.
4. Loc. cit.
5. Q. 118, a. 8.
6. Art. 1, 4.
7. Q. 112, a. 1, ad 2.
8. C. 13: 1127, b, 11-13; 17-22.

---

f. O mérito da enumeração cabe ao papa São Gregório Magno, que elaborou a teoria dos pecados capitais e de suas respectivas "famílias". Mas a contribuição de Sto. Tomás não é desprezível. Por meio de sua sistematização, ele fornece uma sólida estrutura à doutrina, e desmonta os mecanismos dessa vanglória que, afinal, constitui um verdadeiro personagem.

inanis gloriae: per hoc scilicet quod aliquis sibi gloriosum reputat quod non cedat voluntati vel verbis aliorum.

AD TERTIUM dicendum quod inanis gloria vituperatur circa eleemosynam propter defectum caritatis, qui videtur esse in eo qui praefert inanem gloriam utilitati proximi, dum hoc propter illud facit. Non autem vituperatur aliquis ex hoc quod praesumat eleemosynam facere quasi aliquid novum.

ta a ela, porque então ela faz com que alguém considere uma glória não acatar a vontade e as palavras de outros.

QUANTO AO 3º, deve-se dizer que se censura a vanglória no que se refere à esmola, por causa da falta de caridade que se nota naquele que coloca a vaidade acima do serviço a ser prestado ao próximo enquanto faz caridade por causa da vanglória. Mas não se censura pelo fato de ele achar que dar esmolas é algo de novo.

QUAESTIO CXXXIII
DE PUSILLANIMITATE
in duos articulos divisa
Deinde considerandum est de pusillanimitate. Et circa hoc quaeruntur duo.
Primo: utrum pusillanimitas sit peccatum.
Secundo: cui virtuti opponatur.

QUESTÃO 133
A PUSILANIMIDADE
em dois artigos
A seguir, deve-se tratar da pusilanimidade. A esse respeito, duas questões:
1. A pusilanimidade é pecado?
2. A qual virtude se opõe?

ARTICULUS 1
Utrum pusillanimitas sit peccatum

AD PRIMUM SIC PROCEDITUR. Videtur quod pusillanimitas non sit peccatum.

1. Ex omni enim peccato aliquis efficitur malus: sicut ex omni virtute aliquis efficitur bonus. Sed *pusillanimus non est malus*, ut Philosophus dicit, in IV *Ethic.*[1]. Ergo pusillanimitas non est peccatum.

2. PRAETEREA, Philosophus dicit, ibidem[2], quod *maxime videtur pusillanimus esse qui magnis bonis dignus existit, et tamen his non dignificat seipsum*. Sed nullus est dignus magnis bonis nisi virtuosus: quia, ut ibidem[3] Philosophus dicit, *secundum veritatem solus bonus est honorandus*. Ergo pusillanimus vel virtuosus. Non ergo pusillanimitas est peccatum.

3. PRAETEREA, *initium omnis peccati est superbia*, ut dicitur Eccli 10,15. Sed pusillanimitas non procedit ex superbia: quia superbus extollit se supra id quod est; pusillanimus autem subtrahit se ab his quibus est dignus. Ergo pusillanimitas non est peccatum.

ARTIGO 1
A pusilanimidade é pecado?

QUANTO AO PRIMEIRO ARTIGO, ASSIM SE PROCEDE: parece que a pusilanimidade **não** é pecado.

1. Com efeito, todo pecado torna o homem mau, assim como toda virtude torna o homem bom. Ora, como diz Aristóteles, "o pusilânime não é mau". Logo, a pusilanimidade não é pecado.

2. ALÉM DISSO, Aristóteles diz ainda, na mesma passagem, "que é especialmente pusilânime quem é digno de grandes bens mas com eles não se dignifica". Ora, ninguém é digno de grandes bens, a não ser o virtuoso. Quem o diz é ainda Aristóteles: "Só o homem bom merece realmente a honra". Logo, o pusilânime é virtuoso e a pusilanimidade não é pecado.

3. ADEMAIS, está escrito que "a raiz de todo pecado é a soberba". Ora, a pusilanimidade não procede da soberba, porque o orgulhoso se eleva acima de si mesmo, enquanto o pusilânime se furta às honras que merece. Logo, a pusilanimidade não é pecado.

---

1 PARALL.: IV *Ethic.*, lect. 11.

1. C. 9: 1125, a, 18-19.
2. C. 7: 1123, b, 12-13.
3. C. 8: 1124, a, 25-26.

4. PRAETEREA, Philosophus dicit, in IV *Ethic*.⁴, quod *qui dignificat se minoribus quam sit dignus*, dicitur pusillanimus. Sed quandoque sancti viri dignificant seipsos minoribus quam sint digni: sicut patet de Moyse et Ieremia, qui digni erant officio ad quod assumebantur a Deo, quod tamen uterque eorum humiliter recusabat, ut habetur Ex 3,11 et Ier 1,6. Non ergo pusillanimitas est peccatum.

SED CONTRA, nihil in moribus hominum est vitandum nisi peccatum. Sed pusillanimitas est vitanda: dicitur enim Cl 3,21: *Patres, nolite ad indignationem provocare filios vestros: ut non pusillo animo fiant*. Ergo pusillanimitas est peccatum.

RESPONDEO dicendum quod omne illud quod contrariatur naturali inclinationi est peccatum, quia contrariatur legi naturae. Inest autem unicuique rei naturalis inclinatio ad exequendam actionem commensuratam suae potentiae: ut patet in omnibus rebus naturalibus, tam animatis quam inanimatis. Sicut autem per praesumptionem aliquis excedit proportionem suae potentiae, dum nititur ad maiora quam possit; ita etiam pusillanimus deficit a proportione suae potentiae, dum recusat in id tendere quod est suae potentiae commensuratum. Et ideo, sicut praesumptio est peccatum, ita et pusillanimitas. Et inde est quod servus qui acceptam pecuniam domini sui fodit in terram, nec est operatus ex ea, propter quendam pusillanimitatis timorem, punitur a domino: ut habetur Mt 25,14sqq. et Lc 19,12sqq.

AD PRIMUM ergo dicendum quod Philosophus illos nominat malos qui proximis inferunt nocumenta. Et secundum hoc, pusillanimus dicitur non esse malus, quia nulli infert nocumentum, nisi per accidens: inquantum scilicet deficit ab operationibus quibus posset alios iuvare. Dicit enim Gregorius, in *Pastorali*⁵, quod *illi qui prodesse utilitati proximorum in praedicatione refugiunt, si districte iudicentur, ex tantis rei sunt ex quantis venientes ad publicum prodesse potuerunt*.

AD SECUNDUM dicendum quod nihil prohibet aliquem habentem habitum virtutis peccare:

4. ADEMAIS, Aristóteles diz que o pusilânime é "aquele que julga menos do que merece". Ora, há certos santos homens que julgam merecer menos do que realmente merecem, como nos exemplos de Moisés e Jeremias: eram realmente dignos da tarefa que Deus lhes reservara mas que ambos recusavam com humildade[a]. Logo, a pusilanimidade não é pecado.

EM SENTIDO CONTRÁRIO, no plano moral a única coisa que deve ser evitada é o pecado. Mas, segundo Paulo, a pusilanimidade deve ser evitada: "Pais, não exaspereis vossos filhos para que não se tornem pusilânimes". Logo a pusilanimidade é pecado.

RESPONDO. Tudo o que contraria uma inclinação natural é pecado porque contraria a lei da natureza. Ora, toda realidade tem uma inclinação natural para exercer uma atividade proporcionada à sua potência, como se vê em todos os seres animados ou inanimados. Assim como a presunção leva uma pessoa a exceder a capacidade de sua potência visando alvos grandes demais, assim também o pusilânime permanece abaixo da capacidade de sua potência, porquanto se recusa a visar o que é proporcionado a ela. E assim como a presunção é pecado, a pusilanimidade também é. É a razão pela qual o servo que enterrou o dinheiro que seu senhor lhe confiou e que não quis fazer render por uma espécie de temor pusilânime, é por ele punido.

QUANTO AO 1º, portanto, deve-se dizer que Aristóteles chama de "maus" aqueles que causam danos ao próximo. Neste sentido se diz que o pusilânime não é uma pessoa má, uma vez que não causa dano a ninguém, a não ser por acidente, isto é, enquanto omite ações pelas quais poderia prestar serviço aos outros. Gregório diz que "aqueles que se descuidam da pregação, abstendo-se desta forma de ajudar o próximo são, em estrita justiça, culpados de todo o bem que podiam ter feito à comunidade".

QUANTO AO 2º, deve-se dizer que nada impede alguém que tem o hábito da virtude, de pecar,

---

4. C. 7: 1123, b, 9-13.
5. P. I, c. 5: ML 77, 19 C.

a. As quatro objeções do artigo 1 constituem uma excelente defesa do pusilânime: ele não faz mal a ninguém, está isento de orgulho e de ambição, apesar dos dons reais com os quais foi beneficiado. Muitos estariam prontos a inocentá-lo, e a depreciar o magnânimo que, segundo a descrição de Aristóteles, possui aspectos antipáticos (ver q. 129, a. 3). Não é o que pensa Sto. Tomás.

venialiter quidem, etiam ipso habitu remanente; mortaliter autem, cum corruptione ipsius habitus virtutis gratuitae. Et ideo potest contingere quod aliquis ex virtute quam habet sit dignus ad aliqua magna facienda, quae sunt digna magno honore; et tamen, per hoc quod ipse non attentat sua virtute uti, peccat, quandoque quidem venialiter, quandoque autem mortaliter.

Vel potest dici quod pusillanimus est dignus magnis secundum habilitatem ad virtutem quae inest ei, vel ex bona dispositione naturae, vel ex scientia, vel ex exteriori fortuna: quibus dum recusat uti ad virtutem, pusillanimus redditur.

AD TERTIUM dicendum quod etiam pusillanimitas aliquo modo ex superbia potest oriri: dum scilicet aliquis nimis proprio sensui innititur, quo reputat se insufficientem ad ea respectu quorum sufficientiam habet. Unde dicitur Pr 26,16: *Sapientior sibi piger videtur septem viris loquentibus sententias*. Nihil enim prohibet quod se quantum ad aliqua deiiciat, et quantum ad alia se in sublime extollat. Unde Gregorius, in *Pastorali*[6], de Moyse dicit quod *superbus fortasse esset si ducatum plebis suae sine trepidatione susciperet: et rursum superbus existeret si Auctoris imperio obedire recusaret*.

AD QUARTUM dicendum quod Moyses et Ieremias digni erant officio ad quod divinitus eligebantur, ex divina gratia. Sed ipsi considerantes propriae infirmitatis insufficientiam, recusabant: non tamen pertinaciter, ne in superbiam laberentur.

ARTICULUS 2
Utrum pusillanimitas opponatur magnanimitati

AD SECUNDUM SIC PROCEDITUR. Videtur quod pusillanimitas non opponatur magnanimitati.

1. Dicit enim Philosophus, in IV *Ethic.*[1], quod *pusillanimus ignorat seipsum: appeteret enim*

venialmente, conservando o mesmo hábito; ou mortalmente, o que destrói totalmente o hábito da virtude infusa. E assim pode ocorrer que alguém, em razão da virtude que possui, seja digno de realizar grandes coisas, dignas de uma grande honra, mas como não procura exercer sua virtude, acaba caindo em pecado, venial às vezes, outras vezes mortal.

Ou, pode-se dizer que o pusilânime é capaz de grandes coisas segundo a disposição para a virtude que se encontra nele, seja pelo bom temperamento, seja pela ciência, seja pelas vantagens exteriores. Mas quando se recusa a pôr isso a serviço da virtude, torna-se pusilânime.

QUANTO AO 3º, deve-se dizer que também a pusilanimidade pode, de uma certa maneira, provir da soberba: por exemplo, quando alguém, se apoiando demais na própria opinião, se julga incapaz de certas ações para as quais se encontra capacitado[b]. Daí dizer o livro dos Provérbios: "O preguiçoso é mais sábio a seus próprios olhos do que sete homens que dizem coisas sensatas". Nada impede que uma mesma pessoa se rebaixe diante de certas coisas e se exalte demais diante de outras. Como diz Gregório, a respeito de Moisés: "Ele se mostraria orgulhoso se recebesse sem tremer a missão de guiar seu povo; mas se mostraria igualmente orgulhoso se, por outro lado, se recusasse a obedecer às ordens do Senhor".

QUANTO AO 4º, deve-se dizer que a graça divina havia tornado Moisés e Jeremias dignos da missão para a qual haviam sido escolhidos. Eles porém, levando em consideração a insuficiência da própria fraqueza, recusavam. Mas sem obstinação, para não cair no orgulho.

ARTIGO 2
A pusilanimidade se opõe à magnanimidade?

QUANTO AO SEGUNDO, ASSIM SE PROCEDE: parece que a pusilanimidade **não** se opõe à magnanimidade.

1. Com efeito, Aristóteles diz que "o pusilânime se ignora a si mesmo: porque, se ele se conhecesse,

---

6. P. I, c. 7: ML 77, 20 D.

PARALL.: Infra, q. 162, a. 1, ad 3; IV *Ethic.*, lect. 11.

1. C. 9: 1125, a, 22-24.

b. Tivemos a ocasião (q. 129, nota 5) de apontar o parentesco entre magnanimidade e humildade, por um lado, e orgulho e pusilanimidade, por outro. Sto. Tomás retoma essa perspectiva. O orgulho não se preocupa efetivamente com as causas a servir: só se preocupa em exaltar o "eu". E, como o "eu" é geralmente medíocre e mesquinho, o orgulhoso se engaja com mais gosto na pusilanimidade, do que aceita jogar o jogo da magnanimidade, implacável com nossas fraquezas.

bona quibus dignus est, si se cognosceret. Sed ignorantia sui videtur opponi prudentiae. Ergo pusillanimitas opponitur prudentiae.

2. PRAETEREA, Mt 25,26, servum qui propter pusillanimitatem pecunia uti recusavit, vocat Dominus *malum et pigrum*. Philosophus etiam dicit, in IV *Ethic.*², quod pusillanimi *videntur pigri*. Sed pigritia opponitur sollicitudini, quae est actus prudentiae, ut supra³ habitum est. Ergo pusillanimitas non opponitur magnanimitati.

3. PRAETEREA, pusillanimitas videtur ex inordinato timore procedere: unde dicitur Is 35,4: *Dicite: Pusillanimes, confortamini et nolite timere*. Videtur etiam procedere ex inordinata ira: secundum illud Cl 3,21: *Patres, nolite ad indignationem provocare filios vestros: ut non pusillo animo fiant*. Sed inordinatio timoris opponitur fortitudini, inordinatio autem irae mansuetudini. Ergo pusillanimitas non opponitur magnanimitati.

4. PRAETEREA, vitium quod opponitur alicui virtuti, tanto gravius est quanto magis est virtuti dissimile. Sed pusillanimitas magis est dissimilis magnanimitati quam praesumptio. Ergo, si pusillanimitas opponeretur magnanimitati, sequeretur quod esset gravius peccatum quam praesumptio. Quod est contra id quod dicitur Eccli 37,3: *O praesumptio nequissima, unde creata es?* Non ergo pusillanimitas magnanimitati opponitur.

SED CONTRA est quod pusillanimitas et magnanimitas differunt secundum *magnitudinem* et *parvitatem* animi, ut ex ipsis nominibus apparet. Sed magnum et parvum sunt opposita. Ergo pusillanimitas opponitur magnanimitati.

RESPONDEO dicendum quod pusillanimitas potest tripliciter considerari. Uno modo, secundum seipsam. Et sic manifestum est quod secundum propriam rationem opponitur magnanimitati, a qua differt secundum differentiam magnitudinis et parvitatis circa idem: nam sicut magnanimus ex animi magnitudine tendit ad magna, ita pusillanimus ex animi parvitate se retrahit a magnis. Alio modo potest considerari ex parte suae causae: quae ex parte intellectus, est ignorantia propriae conditionis; ex parte autem appetitus, est timor deficiendi in his quae falso aestimat excedere suam facultatem. Tertio modo potest considerari quantum ad effectum, qui est retrahere se a mag-

desejaria os bens dos quais é digno". Ora, a ignorância de si próprio parece se opor à prudência. Logo, a pusilanimidade se opõe à prudência.

2. ALÉM DISSO, em Mateus, o Senhor trata aquele servo que, por pusilanimidade, se recusou a fazer render o dinheiro, de "mau e preguiçoso". Aristóteles também diz que os pusilânimes parecem preguiçosos. Ora, a preguiça se opõe à solicitude, que é um ato da prudência. Logo, a pusilanimidade não se opõe à magnanimidade.

3. ADEMAIS, a pusilanimidade parece proceder de um medo desordenado. Donde dizer Isaías: "Dizei aos pusilânimes: Sede fortes e não temais". E parece proceder também da ira desordenada, segundo Paulo: "Pais, não exaspereis vossos filhos para que não se tornem pusilânimes". Ora, o desregramento do medo se opõe à virtude da fortaleza, e o desregramento da ira se opõe à mansidão. Logo, a pusilanimidade não se opõe à magnanimidade.

4. ADEMAIS, o vício que se opõe a uma virtude é tanto mais grave quanto mais diferente for daquela virtude. Ora, a pusilanimidade é muito mais diferente da magnanimidade que a presunção. Por conseguinte, se a pusilanimidade se opusesse à magnanimidade, seguir-se-ia que ela é um pecado maior que a própria presunção. Mas isto vai contra a Escritura: "Oh! presunção perversa, onde é que foste criada? Logo, pusilanimidade e magnanimidade não se opõem.

EM SENTIDO CONTRÁRIO, pusilanimidade e magnanimidade diferem entre si em razão da grandeza ou pequenez da alma, como os próprios nomes indicam. Mas o grande e o pequeno se opõem. Logo pusilanimidade e magnanimidade também.

RESPONDO. A pusilanimidade pode ser considerada de três maneiras: 1º Em si mesma. Aqui fica evidente que, segundo sua razão, ela se opõe à magnanimidade da qual difere segundo a diferença que existe entre grandeza e pequenez na mesma matéria. Assim como o magnânimo, por grandeza da alma, tende para as coisas grandes, assim o pusilânime, por pequenez de espírito, se retrai das grandes. 2º Pode-se considerar a pusilanimidade segundo sua causa, que, no que se refere ao intelecto, é a ignorância da própria condição, e, no que se refere ao apetite, é o medo de falhar naquilo que alguém considera indevidamente estar acima de sua própria capacidade. 3º Podemos

---

2. Loc. cit.
3. Q. 47, a. 9.

nis quibus est dignus. Sed sicut supra⁴ dictum est, oppositio vitii ad virtutem attenditur magis secundum propriam speciem quam secundum causam vel effectum. Et ideo pusillanimitas directe magnanimitati opponitur.

AD PRIMUM ergo dicendum quod ratio illa procedit de pusillanimitate ex parte causae quam habet in intellectu. Et tamen non proprie potest dici quod opponatur prudentiae etiam secundum causam suam: quia talis ignorantia non procedit ex insipientia, sed magis ex pigritia considerandi suam facultatem, ut dicitur in IV *Ethic*.⁵, vel exequendi quod suae subiacet potestati.

AD SECUNDUM dicendum quod ratio illa procedit de pusillanimitate ex parte effectus.

AD TERTIUM dicendum quod ratio illa procedit ex parte causae. Nec tamen timor causans pusillanimitatem semper est timor periculorum mortis. Unde etiam ex hac parte non oportet quod opponatur fortitudini. — Ira autem, secundum rationem proprii motus, quo quis extollitur in vindictam, non causat pusillanimitatem, quae deiicit animum, sed magis tollit eam. Inducit autem ad pusillanimitatem ratione causarum irae, quae sunt iniuriae illatae, ex quibus deiicitur animus patientis.

AD QUARTUM dicendum quod pusillanimitas est gravius peccatum, secundum propriam speciem, quam praesumptio: quia per ipsam recedit homo a bonis, quod est pessimum, ut dicitur in IV *Ethic*.⁶. Sed praesumptio dicitur esse nequissima ratione superbiae, ex qua procedit.

ainda considerar a pusilanimidade quanto a seu efeito, que é a recusa diante das coisas grandes das quais é digno. Mas, a oposição entre um vício e uma virtude se mede muito mais segundo a sua espécie própria do que segundo a sua causa ou seu efeito. E é por isto que a pusilanimidade se opõe diretamente à magnanimidade.

QUANTO AO 1º, portanto, deve-se dizer que este argumento procede da pusilanimidade vista do lado de sua causa no intelecto. Pode-se dizer, no entanto, impropriamente, que ela se opõe à prudência, mesmo segundo a sua causa, porque tal ignorância não procede da tolice, mas da preguiça de avaliar sua capacidade, ou de executar uma coisa que está dentro do próprio alcance, como mostra Aristóteles.

QUANTO AO 2º, deve-se dizer que este argumento procede da pusilanimidade vista do lado de seu efeito.

QUANTO AO 3º, deve-se dizer que este argumento procede vista do lado da causa. Mas o temor que causa a pusilanimidade nem sempre é o medo dos perigos de morte. Por conseguinte, deste ponto de vista, não é necessário que se oponha à fortaleza. — Quanto à ira, segundo a razão de seu movimento próprio, que leva à vingança, não causa a pusilanimidade, que abate o espírito, pelo contrário, a levanta. No entanto ela leva à pusilanimidade em razão das causas da ira, que são as injustiças sofridas, as quais abatem o espírito daquele que as sofreu.

QUANTO AO 4º, deve-se dizer que a pusilanimidade, segundo sua própria espécie, é um pecado mais grave que a presunção porque por ela se afasta do bem, e isso é péssimo, conforme diz Aristóteles. Mas a presunção é considerada péssima em razão da soberba, da qual procede[c].

---

4. Q. 127, a. 2, ad 2.
5. C. 9: 1125, a, 23-24.
6. C. 9: 1125, a, 20.

c. Não é sua própria magnanimidade que Sto. Tomás manifesta ao considerar que a presunção (tendência desregrada ao que está fora de nosso alcance) é, tomada em si mesma, menos grave do que a pusilanimidade, que nos faz negligenciar nossos talentos? Não fazer o bem para o qual possuímos os meios é pior do que pensar possuir, para fazer o bem, meios dos quais se está, na verdade desprovido. Mas nada é simples. E, uma vez que o parentesco entre orgulho e presunção é mais evidente do que o parentesco real mas sutil que une o orgulho à pusilanimidade, será prudente precaver-se contra os ataques da presunção.

QUAESTIO CXXXIV
DE MAGNIFICENTIA
in quatuor articulos divisa

Deinde considerandum est de magnificentia et vitiis oppositis.
Circa magnificentiam autem quaeruntur quatuor.
Primo: utrum magnificentia sit virtus.
Secundo: utrum sit virtus specialis.
Tertio: quae sit materia eius.
Quarto: utrum sit pars fortitudinis.

Articulus 1
Utrum magnificentia sit virtus

Ad primum sic proceditur. Videtur quod magnificentia non sit virtus.
1. Qui enim habet unam virtutem, habet omnes, ut supra[1] habitum est. Sed aliquis potest habere alias virtutes sine magnificentia: dicit enim Philosophus, in IV *Ethic.*[2], quod *non omnis liberalis est magnificus*. Ergo magnificentia non est virtus.
2. Praeterea, virtus moralis consistit in medio, ut in II *Ethic.*[3] dicitur. Sed magnificentia non videtur consistere in medio. *Superexcellit* enim *liberalitatem magnitudine*. Magnum autem opponitur parvo sicut extremum, quorum medium est aequale, ut dicitur X *Metaphys.*[4]. Et sic magnificentia non est in medio, sed in extremo. Ergo non est virtus.
3. Praeterea, nulla virtus contrariatur inclinationi naturali, sed magis perficit ipsam, ut supra[5] habitum est. Sed sicut Philosophus dicit, in IV *Ethic.*[6], *magnificus non est sumptuosus in seipsum*: quod est contra inclinationem naturalem, per quam aliquis maxime providet sibi. Ergo magnificentia non est virtus.
4. Praeterea, secundum Philosophum, in VI *Ethic.*[7], ars est *recta ratio factibilium*. Sed magnificentia est circa factibilia: ut ex ipso nomine apparet. Ergo magis est ars quam virtus.

Sed contra, virtus humana est participatio quaedam virtutis divinae. Sed magnificentia pertinet

QUESTÃO 134
A MAGNIFICÊNCIA
em quatro artigos

Em seguida, deve-se tratar da magnificência e dos vícios a ela opostos.
A esse respeito, quatro questões.
1. A magnificência é uma virtude?
2. É uma virtude especial?
3. Qual é sua matéria?
4. É parte da fortaleza?

Artigo 1
A magnificência é uma virtude?

Quanto ao primeiro artigo, assim se procede: parece que a magnificência **não** é uma virtude.
1. Com efeito, quem tem uma virtude, tem todas as virtudes. Ora, uma pessoa pode ter as outras virtudes, sem ter a magnificência. Aristóteles diz que "nem todo liberal é magnificente". Logo, a magnificência não é uma virtude.
2. Além disso, a virtude moral consiste no meio-termo, como prova Aristóteles. Ora, não é o caso da magnificência, posto que ela ultrapassa de muito a grandeza da liberalidade. Com efeito, o grande se opõe ao pequeno como o extremo, cujo meio é o igual, como diz Aristóteles. Desse modo, a magnificência não está no meio, mas num dos extremos. Logo, não é uma virtude.
3. Ademais, nenhuma virtude contraria uma inclinação natural, mas a aperfeiçoa. Ora, Aristóteles diz que "o magnificente não é suntuoso consigo próprio", o que é contrário à inclinação natural que sempre leva alguém principalmente a se prover a si mesmo. Logo, a magnificência não é uma virtude.
4. Ademais, Aristóteles diz que "a arte é a regra reta das coisas que devem ser feitas". Ora, a magnificência trata das coisas factíveis, como o próprio nome dá a entender. Logo, é mais arte do que virtude.

Em sentido contrário, a virtude humana é uma certa participação da virtude divina. Ora, a magni-

---

1 Parall.: Supra, q. 129, a. 2; IV *Ethic.*, lect. 6.

1. I-II, q. 65, a. 1.
2. C. 4: 1122, a, 29.
3. C. 6: 1106, b, 36 — 1107, a, 2.
4. C. 5: 1055, b, 30-32.
5. Q. 108, a. 2; q. 117, a. 1, 1 a.
6. C. 5: 1123, a, 4-5.
7. C. 4: 1140, a, 10.

ad virtutem divinam: secundum illud Ps 67,35: *Magnificentia eius et virtus eius in nubibus*. Ergo magnificentia est virtus.

RESPONDEO dicendum quod, sicut dicitur in I *de Caelo*[8], *virtus dicitur per comparationem ad ultimum in quod potentia potest*: non quidem ad ultimum ex parte defectus; sed ex parte excessus, cuius ratio consistit in magnitudine. Et ideo operari aliquid magnum, ex quo sumitur nomen *magnificentiae*, proprie pertinet ad rationem virtutis. Unde magnificentia nominat virtutem.

AD PRIMUM ergo dicendum quod non omnis liberalis est magnificus quantum ad actum: quia desunt sibi ea quibus uti necesse est ad actum magnificum. Tamen omnis liberalis habet habitum magnificentiae, vel actu vel in propinqua dispositione: ut supra[9] dictum est, cum de connexione virtutum ageretur.

AD SECUNDUM dicendum quod magnificentia consistit quidem in extremo, considerata quantitate eius quod facit. Sed tamen in medio consistit, considerata regula rationis, a qua non deficit nec eam excedit: sicut et de magnanimitate dictum est[10].

AD TERTIUM dicendum quod ad magnificentiam pertinet facere aliquid magnum. Quod autem pertinet ad personam uniuscuiusque, est aliquid parvum in comparatione ad id quod convenit rebus divinis vel rebus communibus. Et ideo magnificus non principaliter intendit sumptus facere in his quae pertinent ad personam propriam: non quia bonum suum non quaerat, sed quia non est magnum. — Si quid tamen in his quae ad ipsum pertinent magnitudinem habeat, hoc etiam magnifice magnificus prosequitur: sicut *ea quae semel fiunt, ut nuptiae vel aliquid aliud huiusmodi*; vel etiam ea quae permanentia sunt, sicut ad magnificum pertinet *praeparare convenientem habitationem*, ut dicitur in IV *Ethic*.[11]

AD QUARTUM dicendum quod, sicut Philosophus dicit, in VI *Ethic*.[12], *oportet artis esse quandam virtutem*, scilicet moralem: per quam scilicet appetitus inclinetur ad recte utendum ratione artis.

ficência pertence à virtude divina, de acordo com o Salmo: "No alto das nuvens, a magnificência e a virtude! Assim, a magnificência é uma virtude.

RESPONDO. Aristóteles diz que "a virtude se refere ao último grau da potência", entendendo este último não da parte da deficiência, mas da parte do excesso, cuja razão consiste exatamente na grandeza. Por isso, agir grandemente, de onde se origina o termo "magnificência", se refere precisamente à própria razão de virtude. Por isto, "magnificência" é o nome de uma virtude.

QUANTO AO 1º, portanto, deve-se dizer que nem todo liberal é magnificente quanto ao ato, porque lhe faltam os meios necessários para agir de maneira magnificente. Mas todo liberal tem o hábito da magnificência, seja em ato, seja em disposição próxima, como foi dito ao tratar das conexões das virtudes.

QUANTO AO 2º, deve-se dizer que a magnificência se situa de fato em um extremo, considerada a quantidade do que é feito. Mas consiste em um meio-termo, se considerada a regra da razão, da qual ela não se desvia nem por excesso nem por defeito. Assim como se disse da magnanimidade.

QUANTO AO 3º, deve-se dizer que cabe à magnificência fazer algo de grande. Mas aquilo que convém à pessoa de cada um, é pouca coisa quando comparado ao que convém às coisas divinas ou aos interesses da comunidade humana. Por isso o magnificente não visa, em prioridade, aquilo que diz respeito à sua própria pessoa, não porque não cuide de seu próprio bem, mas porque este bem não é grande. — Mas quando quer demonstrar grandeza naquilo que diz respeito à sua pessoa, então o magnificente se comporta de maneira realmente magnífica, tanto no plano das coisas que se fazem uma só vez, como as bodas ou eventos análogos, como naquelas que, em princípio são feitas para permanecer, como na construção de uma habitação apropriada[a].

QUANTO AO 4º, deve-se dizer que como diz Aristóteles "é necessário à arte um pouco de virtude". Entenda-se virtude moral pela qual o apetite se inclina para se servir de maneira adequada da

---

8. C. 11: 281, a, 14-19.
9. I-II, q. 65, a. 1, ad 1.
10. Q. 129, a. 3, ad 1.
11. C. 5: 1122, b, 35 — 1123, a, 1, 6-9.
12. C. 5: 1140, b, 22.

a. De maneira perfeitamente consciente, pois outras vias se abriam diante dele, Tomás de Aquino escolhera a pobreza do irmão mendicante e pregador. Não perdeu por isso o sentido da magnificência principesca, sobre a qual se erraria pensando que esperou a Renascença para se manifestar.

Et hoc pertinet ad magnificentiam. Unde non est ars, sed virtus.

ARTICULUS 2
Utrum magnificentia sit specialis virtus

AD SECUNDUM SIC PROCEDITUR. Videtur quod magnificentia non sit specialis virtus.
1. Ad magnificentiam enim videtur pertinere facere aliquid magnum. Sed facere aliquid magnum potest convenire cuilibet virtuti, si sit magna: sicut qui habet magnam virtutem temperantiae, facit magnum temperantiae opus. Ergo magnificentia non est aliqua specialis virtus, sed significat statum perfectum cuiuslibet virtutis.
2. PRAETEREA, eiusdem videtur facere aliquid et tendere in illud. Sed tendere in aliquid magnum pertinet ad magnanimitatem, ut supra[1] dictum est. Ergo et facere aliquid magnum pertinet ad magnanimitatem. Non ergo magnificentia est virtus distincta a magnanimitate.
3. PRAETEREA, magnificentia videtur ad sanctitatem pertinere: dicitur enim Ex 15,11: *Magnificus in sanctitate*; et in Ps 95,6: *Sanctitas et magnificentia in sanctificatione eius*. Sed sanctitas idem est religioni, ut supra[2] habitum est. Ergo magnificentia videtur esse idem religioni. Non ergo est virtus specialis ab aliis distincta.

SED CONTRA est quod Philosophus connumerat eam aliis virtutibus specialibus[3].

RESPONDEO dicendum quod ad magnificentiam pertinet *facere* aliquid *magnum*: sicut ex ipso nomine apparet. Facere autem dupliciter potest accipi: uno modo proprie; alio modo, communiter. Proprie autem facere dicitur operari aliquid in exteriori materia: sicut facere domum vel aliquid aliud huiusmodi. Communiter autem dicitur facere pro quacumque actione: sive transeat in exteriorem materiam, sicut urere et secare; sive maneat in ipso agente, sicut intelligere et velle. Si igitur magnificentia accipiatur secundum quod importat factionem alicuius magni prout factio proprie dicitur, sic magnificentia est specialis virtus. Opus

ARTIGO 2
A magnificência é uma virtude especial?

razão da arte. E isto se refere à magnificência. Portanto, ela não é uma arte, mas uma virtude.

QUANTO AO SEGUNDO, ASSIM SE PROCEDE: parece que a magnificência **não** é uma virtude especial.
1. Com efeito, cabe à magnificência fazer algo de grande. Ora, fazer algo de grande cabe a qualquer virtude, contanto que seja grande. Por exemplo, quem tem uma grande virtude da temperança faz grandes obras de temperança. Logo, a magnificência não é uma virtude especial, mas designa o estado perfeito de toda virtude.
2. ALÉM DISSO, parece que fazer algo e tender para esta ação são a mesma coisa. Ora, tender a alguma coisa de grande, é próprio da magnanimidade. Portanto, também fazer alguma coisa de grande pertence à magnanimidade. Logo, a magnificência não é uma virtude diferente da magnanimidade.
3. ADEMAIS, a magnificência parece se referir à santidade. No livro do Êxodo está escrito: "Magnificente em santidade". E no Salmo: "Santidade e magnificência em seu santuário!". Ora, a santidade é idêntica à religião. Logo, a magnificência parece idêntica à religião, e assim não é uma virtude especial, distinta das outras.

EM SENTIDO CONTRÁRIO, Aristóteles a enumera entre as outras virtudes especiais.

RESPONDO. Cabe à magnificência fazer algo de grande, como seu nome já indica. Mas fazer pode ser tomado em dois sentidos: no próprio e no comum. No sentido próprio, fazer significa operar alguma coisa numa materia exterior, como fazer uma casa ou algo do mesmo gênero. No sentido comum, fazer indica qualquer ação, quer ele passe para uma matéria exterior, como queimar e cortar, quer permaneça no próprio agente, como pensar ou querer. Por conseguinte, se tomarmos a magnificência enquanto ela implica fazer uma grande coisa, no sentido próprio, neste caso a magnificência é uma virtude especial. Porque a

---

2 PARALL.: Infra, q. 152, a. 3; IV *Sent*., dist. 17, q. 3, a. 2, q.la 3.
1. Q. 129, a. 1.
2. Q. 81, a. 8.
3. *Eth*., l. II, c. 7: 1107, b, 17-21.

O príncipe "magnificente" saberá assumir pesados encargos tendo como prioridade honrar a Deus e servir ao bem comum. Mas sua virtude se exprimirá igualmente na edificação de belas residências e na organização de festas memoráveis. Nada de puritano em tudo isso.

enim factibile producitur ab arte. In cuius quidem usu potest attendi una specialis ratio bonitatis quod ipsum opus factum per artem sit magnum, scilicet in quantitate, pretiositate vel dignitate: quod facit magnificentia. Et secundum hoc magnificentia est specialis virtus. — Si vero nomen magnificentiae accipiatur ab eo quod est facere magnum secundum quod facere communiter sumitur, sic magnificentia non est specialis virtus.

AD PRIMUM ergo dicendum quod ad quamlibet virtutem perfectam pertinet magnum facere in suo genere, secundum quod facere communiter sumitur: non autem secundum quod sumitur proprie, sed hoc est proprium magnificentiae.

AD SECUNDUM dicendum quod ad magnanimitatem pertinet non solum tendere in magnum, sed etiam *in omnibus virtutibus magnum operari*, vel faciendo vel qualitercumque agendo, ut dicitur in IV *Ethic.*[4]: ita tamen quod magnanimitas circa hoc respicit solam rationem magni. Aliae autem virtutes, quae, si sint perfectae, magnum operantur, non principaliter dirigunt intentionem suam ad magnum, sed ad id quod est proprium unicuique virtuti: magnitudo autem consequitur ex quantitate virtutis. Ad magnificentiam vero pertinet non solum facere magnum secundum quod facere proprie sumitur, sed etiam ad magnum faciendum tendere animo: unde Tullius dicit, in sua *Rhetorica*[5], quod *magnificentia est rerum magnarum et excelsarum, cum animi quadam ampla et splendida propositione, cogitatio atque administratio*; ut *cogitatio* referatur ad interiorem intentionem, *administratio* ad exteriorem executionem. Unde oportet quod sicut magnanimitas intendit aliquod magnum in omni materia, ita magnificentia in aliquo opere factibili.

AD TERTIUM dicendum quod magnificentia intendit opus magnum facere. Opera autem ab hominibus facta ad aliquem finem ordinantur. Nullus autem finis humanorum operum est adeo magnus sicut honor Dei. Et ideo magnificentia praecipue magnum opus facit in ordine ad honorem Dei. Unde Philosophus dicit, in IV *Ethic.*[6], quod *honorabiles sumptus sunt maxime qui pertinent ad divina sacrificia: et circa hoc maxime studet magnificus*. Et ideo magnificentia coniungitur sanctitati: quia praecipue eius effectus ad religionem, sive ad sanctitatem, ordinatur.

obra factível é produzida pela arte em cujo uso podemos destacar diferentes razões especiais de bondade: ela pode ser grande em quantidade, em valor, em dignidade. Isso o faz a magnificência. E nesse sentido, a magnificência é uma virtude especial. — Mas se se toma o nome de magnificência no sentido de fazer algo de grande, na acepção comum, neste caso a magnificência não é uma virtude especial.

QUANTO AO 1º, portanto, deve-se dizer que cabe a toda virtude perfeita fazer algo de grande em seu gênero, mas tomando aqui o verbo fazer no sentido comum, não no sentido próprio, que é próprio da magnificência.

QUANTO AO 2º, deve-se dizer que cabe à magnanimidade não apenas tender ao grande, mas ainda "agir com grandeza em todas as virtudes", seja fazendo uma coisa, seja agindo, mas de tal sorte que a magnanimidade diga respeito apenas à razão da grandeza. As outras virtudes, se forem perfeitas, farão algo de grande, sem dirigir sua intenção principalmente para o grande, mas para aquilo que é próprio de cada virtude, a grandeza advindo como consequência da quantidade de virtude. Mas à magnificência cabe não apenas fazer grande segundo o sentido próprio do verbo fazer, mas também tender no espírito a fazer grande. É por isso que Cícero define a magnificência nos seguintes termos: "concepção e gestão de grandes e sublimes coisas, com uma intenção de espírito vasta e brilhante". O termo *concepção* se refere à intenção interior, e *gestão*, à execução. Como a magnanimidade visa algo de grande em qualquer matéria, a magnificência visa a grandeza na obra a ser produzida.

QUANTO AO 3º, deve-se dizer que a magnificência deseja fazer uma obra grande. Ora, as obras produzidas pelo homem são ordenadas para um fim. Mas nenhum dos fins das obras humanas será tão grande quanto a honra que se deve a Deus. Dessa forma, a magnificência faz principalmente obras grandes dirigidas para a honra de Deus. E é por isso que Aristóteles acrescenta: "Os gastos mais louváveis são aqueles que acompanham os sacrifícios oferecidos a Deus, e são aliás os que o magnificente mais pratica". É por esta razão que a magnificência se une à santidade, uma vez que

---

4. C. 7: 1123, b, 30.
5. *De invent. rhet.*, l. II, c. 54: ed. G. Friedrich, Lipsiae 1908, p. 231, ll. 7-10.
6. C. 5: 1122, b, 19-23; 33-35.

Articulus 3
Utrum materia magnificentiae sint sumptus magni

AD TERTIUM SIC PROCEDITUR. Videtur quod materia magnificentiae non sint sumptus magni.

1. Circa eandem enim materiam non sunt duae virtutes. Sed circa sumptus est liberalitas, ut supra[1] habitum est. Ergo magnificentia non est circa sumptus.

2. PRAETEREA, *omnis magnificus est liberalis*, ut dicitur in IV *Ethic*.[2]. Sed liberalitas magis est circa dona quam circa sumptus. Ergo etiam magnificentia non praecipue est circa sumptus, sed magis circa dona.

3. PRAETEREA, ad magnificentiam pertinet aliquod opus exterius facere. Non autem quibuslibet sumptibus fit aliquod exterius opus, etiam si sint sumptus magni: puta cum aliquis multa expendit in exenniis mittendis. Ergo sumptus non sunt propria materia magnificentiae.

4. PRAETEREA, magnos sumptus non possunt facere nisi divites. Sed omnes virtutes possunt habere etiam pauperes: quia virtutes non ex necessitate indigent exteriori fortuna, sed sibi ipsis sufficiunt, ut Seneca dicit, in libro *de Ira*[3]. Ergo magnificentia non est circa magnos sumptus.

SED CONTRA est quod Philosophus dicit, in IV *Ethic*.[4], quod *magnificentia non extenditur circa omnes operationes quae sunt in pecuniis, sicut liberalitas: sed circa sumptuosas solum, in quibus excellit liberalitatem magnitudine*. Ergo est solum circa magnos sumptus.

RESPONDEO dicendum quod ad magnificentiam, sicut dictum est[5], pertinet intendere, ad aliquod

seu efeito se ordena principalmente para a religião, ou para santidade[b].

Artigo 3
A matéria da magnificência são as grandes despesas?

QUANTO AO TERCEIRO, ASSIM SE PROCEDE: parece que a matéria da magnificência **não** são as grandes despesas.

1. Com efeito, não há duas virtudes para a mesma matéria. Ora, para o que diz respeito às grandes despesas, já existe a liberalidade. Logo, a magnificência não se ocupa destas despesas.

2. ALÉM DISSO, Aristóteles diz que "todo magnificente é liberal". Ora, a liberalidade trata mais dos dons do que das despesas. Logo, a magnificência também tem mais a ver com os dons que com as despesas.

3. ADEMAIS, cabe à magnificência realizar exteriormente uma obra exterior. Ora, nem todas as despesas bastam para realizar certas obras exteriores, mesmo se são despesas consideráveis, como por exemplo, se alguém deseja investir muito dinheiro em presentes. Logo, as despesas não são a matéria própria da magnificência.

4. ADEMAIS, somente os ricos podem fazer grandes despesas. Ora, também os pobres podem ter todas as virtudes. Porque as virtudes não precisam da fortuna exterior para existir, uma vez que se bastam a si mesmas, segundo Séneca. Logo, a da magnificência não diz respeito às grandes despesas.

EM SENTIDO CONTRÁRIO, Aristóteles diz: "A magnificência não se estende a todas as atividades que envolvem dinheiro, como a liberalidade; mas somente às despesas muito grandes, e nisto ela ultrapassa em grandeza a liberalidade".

RESPONDO. Cabe à magnificência tender a uma grande obra. Para conseguir isto, são necessárias

---

3 PARALL.: IV *Sent*., dist. 33, q. 3, a. 2; IV *Ethic*., lect. 6.
1. Q. 117, a. 2.
2. C. 4: 1122, a, 29.
3. C. 9: ed. E. Hermes, Lipsiae 1905, p. 56, l. 7.
4. C. 4: 1122, a, 20-23.
5. Art. 2.

b. O termo magnificência pertence tanto à linguagem bíblica (a magnificência de Deus) quanto ao vocabulário do filósofo. Os contextos são diferentes, mas a percepção fundamental é comum ao sagrado (cristão ou não) e ao profano. Compreende-se que Sto. Tomás tenha se interessado pelos edifícios do culto: as catedrais góticas se edificavam sob seus olhos. Mas constatamos com prazer que ele compreende a necessidade que têm os príncipes não cristãos de honrar à divindade por meio de obras-primas.

magnum opus faciendum. Ad hoc autem quod aliquod magnum opus convenienter fiat, requiruntur proportionati sumptus: non enim possunt magna opera fieri nisi cum magnis expensis. Unde ad magnificentiam pertinet magnos sumptus facere ad hoc quod opus magnum convenienter fiat: unde et Philosophus dicit, in IV *Ethic.*⁶, quod *magnificus ab aequali*, idest proportionato, *sumptu, opus faciet magis magnificum*. Sumptus autem est quaedam pecuniae emissio, a qua potest aliquis prohiberi per superfluum amorem pecuniae. Et ideo materia magnificentiae possunt dici et ipsi sumptus, quibus utitur magnificus ad opus magnum faciendum; et ipsa pecunia, qua utitur ad sumptus magnos faciendos; et amor pecuniae, quem moderatur magnificus, ne sumptus magni impediantur.

AD PRIMUM ergo dicendum quod, sicut supra⁷ dictum est, virtutes illae quae sunt circa res exteriores habent aliquam difficultatem ex ipso genere rei circa quam est virtus, et aliam difficultatem ex magnitudine ipsius rei. Et ideo oportet circa pecuniam et usum eius esse duas virtutes: scilicet liberalitatem, quae respicit communiter usum pecuniae; et magnificentiam, quae respicit magnum in pecuniae usu.

AD SECUNDUM dicendum quod usus pecuniae aliter pertinet ad liberalem, et aliter ad magnificum. Ad liberalem enim pertinet secundum quod procedit ex ordinato affectu circa pecunias. Et ideo omnis usus debitus pecuniae, cuius impedimentum tollit moderatio amoris pecuniae, pertinet ad liberalitatem: scilicet et dona et sumptus. Sed usus pecuniae pertinet ad magnificum in ordine ad aliquod opus magnum quod faciendum est. Et talis usus non potest esse nisi sumptus sive expensa.

AD TERTIUM dicendum quod magnificus etiam dat dona vel exennia, ut dicitur in IV *Ethic.*⁸: non tamen sub ratione doni, sed potius sub ratione sumptus ordinati ad aliquod opus faciendum, puta ad honorandum aliquem, vel ad faciendum aliquid unde proveniat honor toti civitati, sicut cum facit aliquid *ad quod tota civitas studet*.

AD QUARTUM dicendum quod principalis actus virtutis est interior electio, quam virtus potest ha-

despesas em proporção condizente com o vulto da obra, porque grandes obras exigem sempre grandes despesas. Portanto, cabe à magnificência fazer grandes despesas para fazer convenientemente uma obra grande. Por isso o Filósofo diz: "O magnificente, com despesas iguais, isto é proporcionadas, faz uma obra mais magnífica". Ora, as despesas são uma espécie de gasto vultoso que se poderia evitar por amor desordenado ao dinheiro. Por esta razão matéria da magnificência, poderiam ser: as despesas que o magnificente tem de fazer para realizar uma grande obra; o dinheiro necessário para estas grandes despesas; e o amor do dinheiro, que o magnificente tem de moderar para que as grandes despesas não sejam impedidas.

QUANTO AO 1º, portanto, deve-se dizer que aquelas virtudes que se referem a realidades exteriores conhecem uma dificuldade decorrente do gênero da realidade a que se refere tal virtude, e outra dificuldade que vem da grandeza da realidade. É a razão pela qual são necessárias duas virtudes relativas ao dinheiro e a seu uso: a liberalidade, que lida com elas de modo geral, e a magnificência, que se refere à grandeza no uso do dinheiro.

QUANTO AO 2º, deve-se dizer que o uso do dinheiro pertence diferentemente ao liberal e ao magnificente. Pertence ao liberal enquanto procede de uma amor pelo dinheiro muito bem ordenado. E aí está a razão pela qual todo uso correto do dinheiro, que não conhece obstáculos graças à moderação do amor a ele, é da responsabilidade da liberalidade: são os dons e as despesas. Mas o uso do dinheiro como meio para realizar uma grande obra, é da alçada do magnificente. E tal uso não é possível sem grandes despesas.

QUANTO AO 3º, deve-se dizer que segundo Aristóteles, o magnificente também faz dons e dá presentes não sob a razão de dom propriamente dito, mas sob a razão de despesa ordenada à realização de uma grande obra tal como honrar alguém, ou fazer algo cuja honra possa ressaltar sobre toda a comunidade, quando, por exemplo, ele realiza uma obra com a participação de toda a cidade.

QUANTO AO 4º, deve-se dizer que o ato principal da virtude é aquela escolha interior que a virtude

---

6. C. 4: 1122, b, 13-18.
7. Q. 129, a. 2.
8. C. 5: 1123, a, 3-5.

bere absque exteriori fortuna. Et sic etiam pauper potest esse magnificus. Sed ad exteriores actus virtutum requiruntur bona fortunae sicut quaedam instrumenta. Et secundum hoc, pauper non potest actum magnificentiae exteriorem exercere in his quae sunt magna simpliciter: sed forte in his quae sunt magna per comparationem ad aliquod opus quod, etsi in se sit parvum, tamen potest magnifice fieri secundum proportionem illius generis; nam *parvum* et *magnum* dicuntur relative, ut Philosophus dicit, in *Praedicamentis*[9].

pode comportar sem que se tenha fortuna exterior. E desta maneira até um pobre pode ser magnificente. Mas para os atos exteriores da virtude os bens da fortuna são necessários, como instrumentos. Desta forma, o pobre não pode exercer o ato exterior da magnificência naquilo que é absolutamente grande. Mas pode exercê-lo talvez naquilo que é grande relativamente a uma determinada obra que, embora pequena em si mesma, pode ser feita magnificamente, de acordo com a medida que comporta. Porque, para Aristóteles, o *pequeno* e o *grande* são coisas muito relativas[c].

Articulus 4
Utrum magnificentia sit pars fortitudinis

AD QUARTUM SIC PROCEDITUR. Videtur quod magnificentia non sit pars fortitudinis.
1. Magnificentia enim convenit in materia cum liberalitate, ut dictum est[1]. Sed liberalitas non est pars fortitudinis, sed iustitiae. Ergo magnificentia non est pars fortitudinis.
2. PRAETEREA, fortitudo est circa timores et audacias. Magnificentia autem in nullo videtur respicere timorem, sed solum sumptus, qui sunt operationes quaedam. Ergo magnificentia magis videtur pertinere ad iustitiam, quae est circa operationes, quam ad fortitudinem.
3. PRAETEREA, Philosophus dicit, in IV *Ethic.*[2], quod *magnificus scienti assimilatur*. Sed scientia magis convenit cum prudentia quam cum fortitudine. Ergo magnificentia non debet poni pars fortitudinis.
SED CONTRA est quod Tullius et Macrobius et Andronicus magnificentiam partem fortitudinis ponunt[3].
RESPONDEO dicendum quod magnificentia, secundum quod est specialis virtus, non potest poni pars subiectiva fortitudinis, quia non convenit cum ea in materia: sed ponitur pars eius inquantum adiungitur ei sicut virtus secundaria

Artigo 4
A magnificência faz parte da fortaleza?

QUANTO AO QUARTO, ASSIM SE PROCEDE: parece que a magnificência **não** faz parte da fortaleza.
1. Com efeito, a magnificência tem a mesma matéria que a liberalidade. Ora, a liberalidade não faz parte da fortaleza, mas da justiça. Logo, a magnificência não é parte da fortaleza.
2. ALÉM DISSO, a fortaleza diz respeito ao medo e à audácia. Ora, a magnificência não tem nada a ver com temor, mas apenas com despesas, que são um tipo de atividade. Logo, a magnificência parece mais parte da justiça, que diz respeito às atividades, do que da fortaleza.
3. ADEMAIS, segundo Aristóteles, "o magnificente é comparado ao sábio". Ora, a ciência tem mais a ver com a prudência do que com a fortaleza. Logo, não se deve afirmar a magnificência como parte da fortaleza.
EM SENTIDO CONTRÁRIO, Cícero, Macróbio e Andrônico consideram que a magnificência é parte da fortaleza.
RESPONDO. A magnificência, enquanto virtude especial, não pode ser parte subjetiva da fortaleza, porque as duas não têm a mesma matéria. Mas pode fazer parte da fortaleza enquanto é a ela anexada como um virtude secundária a uma

---

9. C. 7: 6, a, 38-39.

4 PARALL.: Supra, q. 128.
1. A. 3, ad 1, 2; q. 117, a. 3, ad 1; q. 128, ad 1.
2. C. 4: 1122, a, 34 — b, 6.
3. Cfr. q. 128, arg. 1, 6.

c. Sto. Tomás não pretende apenas que o pobre, o miserável, o deserdado traga em si o germe da virtude de magnificência. Se ele tivesse apenas os meios! Há mais. Uma pequena obra pode ser realizada magnificamente, mais talvez do que uma outra que suscitará a admiração das massas. Será temerário pretender que o óbolo da viúva (Lc 21,1-4) tinha não só a marca da liberalidade, mas também da magnificência?

principali. Ad hoc autem quod aliqua virtus adiungatur alicui principali, duo requiruntur, ut supra[4] dictum est: quorum unum est ut secundaria conveniat cum principali; aliud autem est ut in aliquo excedatur ab ea. Magnificentia autem convenit cum fortitudine in hoc quod, sicut fortitudo tendit in aliquod arduum et difficile, ita etiam et magnificentia: unde etiam videtur esse in irascibili, sicut et fortitudo. Sed magnificentia deficit a fortitudine in hoc quod illud arduum in quod tendit fortitudo, habet difficultatem propter periculum quod imminet personae: arduum autem in quod tendit magnificentia, habet difficultatem propter dispendium rerum; quod est multo minus quam periculum personae. Et ideo magnificentia ponitur pars fortitudinis.

AD PRIMUM ergo dicendum quod iustitia respicit operationes secundum se, prout in eis consideratur ratio debiti. Sed liberalitas et magnificentia considerant operationes sumptuum secundum quod comparantur ad passiones animae: diversimode tamen. Nam liberalitas respicit sumptus per comparationem ad amorem et concupiscentiam pecuniarum, quae sunt passiones concupiscibilis, quibus non impeditur liberalis a dationibus et sumptibus faciendis: unde est in concupiscibili. Sed magnificentia respicit sumptus per comparationem ad spem, attingendo ad aliquid arduum, non simpliciter, sicut magnanimitas, sed in determinata materia, scilicet in sumptibus. Unde magnificentia videtur esse in irascibili: sicut et magnanimitas.

AD SECUNDUM dicendum quod magnificentia, etsi non conveniat cum fortitudine in materia, convenit tamen cum ea in conditione materiae: inquantum scilicet tendit in aliquid arduum circa sumptus, sicut fortitudo in aliquid arduum circa timores.

AD TERTIUM dicendum quod magnificentia ordinat usum artis ad aliquid magnum, ut dictum est[5]. Ars autem est in ratione. Et ideo ad magnificum pertinet bene uti ratione in attendendo proportionem sumptus ad opus quod faciendum est. Et hoc praecipue necessarium est propter magnitudinem utriusque: quia nisi diligens consideratio adhiberetur, immineret periculum magni damni.

principal. Para que uma virtude fique anexada à outra como a uma virtude principal, são requeridas duas condições, a saber: que a virtude secundária tenha algo em comum com a principal, e que seja de alguma forma ultrapassada pela primeira. Ora, a magnificência tem em comum com a fortaleza o fato de tender para algo árduo e difícil, tanto assim que, como a fortaleza, a magnificência parece estar no irascível. Mas a magnificência é inferior à fortaleza com respeito a este árduo e difícil que, no caso da fortaleza são perigos que ameaçam a pessoa, e no caso da magnificência, são dificuldades que provêm de gastos materiais o que realmente é muito menos grave que um perigo pessoal[d]. E assim, a magnificência é afirmada como parte da fortaleza.

QUANTO AO 1º, portanto, deve-se dizer que a justiça se refere às operações em si mesmas, enquanto nelas considera a razão de débito. Mas a liberalidade e a magnificência consideram as operações de despesas enquanto relacionadas às paixões da alma, embora de modo diverso. Pois a liberalidade considera as despesas em relação ao amor e à concupiscência do dinheiro, que são paixões do concupiscível, e não impedem o liberal de fazer despesas e doações. Já a magnificência considera os gastos por referência à esperança, chegando a algo árduo, não absolutamente, como a magnanimidade, mas numa matéria determinada que são as despesas. E por isso a magnificência parece residir no irascível, como a magnanimidade.

QUANTO AO 2º, deve-se dizer que a magnificência, emboras não tendo uma matéria comum com a fortaleza, pelo menos tem em comum com ela a condição da matéria, enquanto se aplica a algo árduo no plano das despesas, como a fortaleza, no plano dos temores.

QUANTO AO 3º, deve-se dizer que a magnificência regula a utilização da arte a algo grande. Ora, a arte está na razão. Cabe assim ao magnificente usar muito bem de sua razão para manter a proporção da despesa com a obra a ser feita. E isto é de importância decisiva, por causa do vulto da obra e das despesas. Se não houver uma atenção diligente, pode sobrevir o perigo de um grande dano.

---

4. Q. 80.
5. Art. 2.

d. Tanto no caso da magnificência como no da magnanimidade, a virtude "aristocrática", que supõe riqueza e poder, se subordina à virtude mais comum e "democrática" da fortaleza, requerida de toda pessoa humana que se dirige para a morte. O *custo* da vida, que tem seu papel no comportamento moral, é secundário em relação ao *preço* da vida, que não se avalia em dinheiro.

QUAESTIO CXXXV
DE VITIIS OPPOSITIS MAGNIFICENTIAE
in duos articulos divisa

Deinde considerandum est de vitiis oppositis magnificentiae.
Et circa hoc quaeruntur duo.
Primo: utrum parvificentia sit vitium.
Secundo: de vitio ei opposito.

ARTICULUS 1
Utrum parvificentia sit vitium

AD PRIMUM SIC PROCEDITUR. Videtur quod parvificentia non sit vitium.
1. Virtus enim, sicut est moderativa magnorum, ita etiam est moderativa parvorum: unde et liberales et magnifici aliqua parva faciunt. Sed magnificentia est virtus. Ergo similiter parvificentia magis est virtus quam vitium.

2. PRAETEREA, Philosophus dicit, in IV *Ethic.*[1], quod *diligentia ratiocinii est parvifica.* Sed diligentia ratiocinii videtur esse laudabilis: quia *bonum hominis est secundum rationem esse,* ut Dionysius dicit, 4 cap. *de Div. Nom.*[2]. Ergo parvificentia non est vitium.

3. PRAETEREA, Philosophus dicit, in IV *Ethic.*[3] quod parvificus consumit pecuniam *tristatus.* Sed hoc pertinet ad avaritiam, sive ad illiberalitatem. Ergo parvificentia non est vitium ab aliis distinctum.

SED CONTRA est quod Philosophus, in II[4] et IV[5] *Ethic.*, ponit parvificentiam speciale vitium magnificentiae oppositum.

RESPONDEO dicendum quod, sicut supra[6] dictum est, moralia speciem a fine sortiuntur. Unde et a fine ut pluries nominantur. Ex hoc ergo dicitur aliquis parvificus quod intendit ad aliquid parvum faciendum. *Parvum* autem et *magnum,* secundum Philosophum, in *Praedicamentis*[7], relative dicun-

QUESTÃO 135
VÍCIOS OPOSTOS À MAGNIFICÊNCIA
em dois artigos

Em seguida, deve-se tratar dos vícios opostos à magnificência.
A esse respeito, duas questões:
1. A parcimônia é um vício?
2. O vício que se opõe a ela.

ARTIGO 1
A parcimônia é um vício?

QUANTO AO PRIMEIRO ARTIGO, ASSIM SE PROCEDE: parece que a parcimônia **não** é um vício.
1. Com efeito, assim como a virtude governa as coisas grandes, governa também as coisas pequenas, porque tanto os liberais como os magnificentes fazem também algumas coisas pequenas. Ora, a magnificência é uma virtude. Logo, a parcimônia também é mais uma virtude que um vício.

2. ALÉM DISSO, Aristóteles afirma que "a diligência da razão é parcimoniosa". Ora, esta diligência da razão parece louvável, porque, como diz Dionísio, "o bem do homem consiste em se conduzir segundo a razão". Logo, a parcimônia não é um vício.

3. ADEMAIS, Aristóteles diz que o parcimonioso gasta seu dinheiro com tristeza. Ora, isso se refere à avareza ou à iliberalidade. Logo, a parcimônia não é um vício distinto dos outros.

EM SENTIDO CONTRÁRIO, Aristóteles considera a parcimônia como um vício especial oposto à magnificência.

RESPONDO. Os atos morais são especificados por seu fim. Assim, frequentemente recebem o nome desses fins. Por isso chama-se alguém de parcimonioso porque ele tende a agir de modo pequeno. Ora, segundo Aristóteles, *o pequeno* e *o grande* são coisas relativas. Assim, quando se diz que

---
1 PARALL.: IV *Ethic.*, lect. 7.

1. C. 4: 1122, b, 8-9.
2. MG 3, 733 A.
3. C. 6: 1123, a, 30-31.
4. C. 7: 1107, b, 20-21.
5. C. 4: 1122, a, 30-34.
6. I-II, q. 1, a. 3; q. 18, a. 6.
7. C. 7: 6, a, 38-39.

tur. Unde cum dicitur quod parvificus intendit aliquid parvum faciendum, facere parvum intelligendum est in comparatione ad genus operis quod facit. In quo quidem parvum et magnum potest attendi dupliciter: uno modo, ex parte operis fiendi; alio modo, ex parte sumptus. Magnificus igitur principaliter intendit magnitudinem operis, secundario intendit magnitudinem sumptus, quam non vitat, ut faciat magnum opus: unde Philosophus dicit, in IV *Ethic*.[8], quod magnificus *ab aequali sumptu opus facit magis magnificum*. Parvificus autem e converso principaliter quidem intendit parvitatem sumptus, unde Philosophus dicit, in IV *Ethic*.[9], quod *intendit qualiter minimum consumat*: ex consequenti autem intendit parvitatem operis, quam scilicet non recusat, dummodo parvum sumptum faciat. Unde Philosophus dicit, ibidem[10], quod *parvificus, maxima consumens in parvo*, quod scilicet non vult expendere, *bonum perdit*, scilicet magnifici operis. Sic ergo patet quod parvificus deficit a proportione quae debet esse secundum rationem inter sumptum et opus. Defectus autem ab eo quod est secundum rationem, causat rationem vitii. Unde manifestum est quod parvificentia vitium est.

AD PRIMUM ergo dicendum quod virtus moderatur parva secundum regulam rationis: a qua deficit parvificus, ut dictum est[11]. Non enim dicitur parvificus qui parva moderatur: sed qui in moderando magna vel parva deficit a regula rationis. Et ideo habet vitii rationem.

AD SECUNDUM dicendum quod, sicut dicit Philosophus, in II *Rhet*.[12], *timor facit consiliativos*. Et ideo parvificus diligenter ratiociniis intendit: quia inordinate timet bonorum suorum consumptionem, etiam in minimis. Unde hoc non est laudabile, sed vitiosum et vituperabile: quia non dirigit affectum suum secundum rationem, sed

o parcimonioso quer fazer algo pequeno, temos que compreender isto com referência ao gênero da obra que vai empreender. E aí, pode-se considerar o *grande* e o *pequeno* de duas maneiras: de uma parte, do lado da obra a ser feita; de outra parte, do lado da despesa. O magnificente visa, em primeiríssimo lugar, a grandiosidade da obra, e, secundariamente, o tamanho da despesa, que ele não se preocupa em reduzir para realizar seu empreendimento grandioso. Por isso Aristóteles diz que "por despesa igual o magnificente faz uma obra mais magnífica". O parcimonioso, ao contrário, procura sempre uma pequena despesa, o que leva Aristóteles a dizer, na mesma passagem, "que ele procura gastar o mínimo". Por consequência, procura a pequenez da obra, obra que ele não se recusa a fazer, contanto que envolva uma despesa pequena. E nesta mesma passagem Aristóteles diz que o parcimonioso, por não querer despender, "acaba gastando o máximo com uma cousa mínima", e perde o bem, a saber, o de uma obra magnífica. É, pois, evidente que o parcimonioso se situa abaixo da proporção que a razão estabelece entre a despesa e o empreendimento. E esta deficiência, concernente àquela norma da razão, causa a razão de vício. Fica pois patente que a parcimônia é um vício.

QUANTO AO 1º, portanto, deve-se dizer que a virtude administra as pequenas coisas segundo a regra da razão, da qual se desvia o parcimonioso. Porque ninguém qualifica de parcimonioso aquele que administra as pequenas coisas, mas aquele que, administrando coisas pequenas e grandes, se desvia da norma da razão. Portanto, tem razão de vício.

QUANTO AO 2º, deve-se dizer que Aristóteles diz que "o medo faz pedir conselho". Por isso o parcimonioso tem em vista diligentemente as razões, porque tem um medo desordenado de gastar seu dinheiro, mesmo em pequenas quantias[a]. Por isso ele não merece louvor, pelo contrário, censura e vitupério por não dirigir segundo a razão o seu

---

8. C. 4: 1122, b, 13-18.
9. C. 6: 1123, a, 30-31.
10. C. 6: 1123, a, 28-31.
11. In corp.
12. C. 5: 1383, a, 6-7.

a. É louvável controlar suas contas, mas tudo depende em que espírito se faz isso. Não é virtuoso apegar-se demais a seu dinheiro, quando grandes e belas coisas poderiam ser realizadas com os meios de que se dispõe. Tal é o obstáculo que o parcimonioso não sabe evitar.

potius rationis usum applicat ad inordinationem sui affectus.

AD TERTIUM dicendum quod sicut magnificus convenit cum liberali in hoc quod prompte et delectabiliter pecunias emittit, ita etiam parvificus convenit cum illiberali sive avaro in hoc quod cum tristitia et tarditate expensas facit. Differt autem in hoc quod illiberalitas attenditur circa communes sumptus: parvificentia autem circa magnos sumptus, quos difficilius est facere. Et ideo minus vitium est parvificentia quam illiberalitas. Unde Philosophus dicit, in IV *Ethic*.[13], quod quamvis parvificentia et oppositum vitium sint malitiae, *non tamen opprobria inferunt: quia neque sunt nociva proximo, neque sunt valde turpes.*

afeto, mas a aplicar o uso da razão à desordem de seu afeto.

QUANTO AO 3º, deve-se dizer que da mesma forma que o magnificente e o liberal estão acordes no que diz respeito a gastar o dinheiro com presteza e prazer, assim também o parcimonioso e o iliberal, ou avarento, estão de acordo para gastar pouco e de má vontade. Mas o comportamento dos últimos difere um pouco nisto que a iliberalidade trata sobretudo das despesas comuns, enquanto que a parcimônia lida com as grandes despesas que são bem mais difíceis de realizar. E assim Aristóteles embora considerando que a parcimônia e o vício oposto sejam coisas más, afirma no entanto que "não se trata de vícios desonradores porque não causam dano ao próximo e nem são ignóbeis".

ARTICULUS 2
Utrum parvificentiae aliquod vitium opponatur

AD SECUNDUM SIC PROCEDITUR. Videtur quod parvificentiae nullum vitium opponatur.

1. Parvo enim opponitur magnum. Sed magnificentia non est vitium, sed virtus. Ergo parvificentiae non opponitur vitium.

2. PRAETEREA, cum parvificentia sit vitium ex defectu, ut dictum est[1], videtur quod, si aliquod vitium esset parvificentiae oppositum, quod consisteret solum in superabundanti consumptione. Sed *illi qui consumunt multa ubi pauca oporteret consumere, consumunt pauca ubi multa oporteret consumere*, ut dicitur in IV *Ethic*.[2], et sic habent aliquid de parvificentia. Non ergo est aliquod vitium parvificentiae oppositum.

3. PRAETEREA, moralia sortiuntur speciem ex fine, ut dictum est[3]. Sed illi qui superflue consumunt, hoc faciunt causa ostentationis divitiarum, ut dicitur in IV *Ethic*.[4]. Hoc autem pertinet ad inanem gloriam, quae opponitur magnanimitati, ut dictum est[5]. Ergo nullum vitium parvificentiae opponitur.

ARTIGO 2
Algum vício se opõe à parcimônia?

QUANTO AO SEGUNDO, ASSIM SE PROCEDE: parece que **nenhum** vício se opõe à parcimônia.

1. Com efeito, o pequeno se opõe ao grande. Ora, a magnificência não é um vício, mas uma virtude. Logo, nenhum vício se opõe à parcimônia.

2. ALÉM DISSO, uma vez que a parcimônia é um vício por falta, parece que se houvesse um vício oposto a ela, este vício deveria consistir apenas em gastar em excesso. Ora, Aristóteles diz: "Aqueles que gastam muito onde deviam gastar pouco, gastam pouco onde deviam gastar muito", e mostram assim, seu lado parcimonioso. Logo, não existe vício oposto à parcimônia.

3. ADEMAIS, os atos morais são especificados por seu fim. Ora, Aristóteles diz que aqueles que desperdiçam seu dinheiro, o fazem para exibir sua riqueza. Isto tem a ver com a vanglória, que se opõe à magnanimidade. Logo, nenhum vício se opõe à parcimônia.

---

13. C. 6: 1123, a, 32-33.

PARALL.: II *Ethic*., lect. 8; IV, lect. 7.

1. Art. praec.
2. C. 6: 1123, a, 26-27.
3. Art. praec.
4. C. 6: 1123, a, 25-27.
5. Q. 132, a. 2.

SED CONTRA est auctoritas Philosophi, qui, in II[6] et IV[7] *Ethic.*, ponit magnificentiam medium duorum oppositorum vitiorum.

RESPONDEO dicendum quod parvo opponitur magnum. *Parvum* autem et *magnum*, ut dictum est[8], relative dicuntur. Sicut autem contingit sumptum esse parvum per comparationem ad opus, ita etiam contingit sumptum esse magnum in comparatione ad opus: ut scilicet excedat proportionem quae esse debet sumptus ad opus secundum regulam rationis. Unde manifestum est quod vitio parvificentiae, qua aliquis deficit a proportione debita expensarum ad opus, intendens minus expendere quam dignitas operis requirat, opponitur vitium quo aliquis dictam proportionem excedit, ut scilicet plus expendat quam sit operi proportionatum. Et hoc vitium graece quidem dicitur *banausia*, a *furno* dicta, quia videlicet ad modum ignis qui est in furno, omnia consumit: vel dicitur *apyrocalia*, idest *sine bono igne*, quia ad motum ignis consumit non propter bonum. Unde latine hoc vitium nominari potest consumptio.

AD PRIMUM ergo dicendum quod magnificentia dicitur esse eo quod facit magnum opus: non autem ex eo quod in sumptu excedat proportionem operis. Hoc enim pertinet ad vitium quod opponitur parvificentiae.

AD SECUNDUM dicendum quod idem vitium contrariatur virtuti quae est in medio, et contrario vitio. Sic igitur vitium consumptionis opponitur parvificentiae in eo quod excedit in sumptu operis dignitatem, *expendens multa ubi pauca oporteret expendere*. Opponitur autem magnificentiae ex parte operis magni, quod praecipue intendit magnificus: inquantum scilicet, *ubi oportet multa expendere*, nihil aut *parum expendit*.

AD TERTIUM dicendum quod consumptor ex ipsa specie actus opponitur parvifico, inquantum transcendit regulam rationis, a qua parvificus deficit. Nihil tamen prohibet quin hoc ad finem alterius vitii ordinetur: puta inanis gloria, vel cuiuscumque alterius.

EM SENTIDO CONTRÁRIO, a autoridade de Aristóteles que afirma a magnificência entre dois vícios opostos.

RESPONDO. Deve-se dizer que o pequeno se opõe ao grande. E que "pequeno" e "grande" são coisas relativas. Como pode ocorrer que a despesa seja pequena em relação à obra, pode ocorrer também que ela seja considerada grande sob a mesma relação, a saber, que ultrapasse a proporção que a regra da razão exige entre despesa e obra. O vício da parcimônia consiste em ser deficiente na proporção justa que deve existir entre a despesa e a obra tendo em vista gastar menos que aquilo que a dignidade da obra requer. O vício oposto excede esta proporção, ou seja, gasta demais para a obra. Este vício se chama em grego *banausia*, palavra que deriva de forno, porque, à maneira do fogo da fornalha, ele devora tudo. Chamam-no ainda de *apyrokalia*, ou seja, "sem bom fogo", porque, à maneira do fogo, consome em vão. Em latim este vício poderia se chamar *consumptio,* isto é, dilapidação ou desperdício.

QUANTO AO 1º, portanto, deve-se dizer que "magnificência" se diz levando em conta a obra grandiosa, e não a despesa desproporcionada. Pois isso diz respeito ao vício oposto à parcimônia.

QUANTO AO 2º, deve-se dizer que o mesmo vício se opõe á virtude que ocupa o meio-termo, e ao vício contrário. Assim, por exemplo, o vício do desperdício se opõe à parcimônia nisto que ele excede na despesa a dignidade da obra, gastando muito onde deveria gastar pouco. Mas ele se opõe à magnificência, com relação à grandeza da obra, que é o que tem em vista o magnificente, na medida em que gasta pouco ou quase nada onde deveria gastar mito.

QUANTO AO 3º, deve-se dizer que o dissipador se opõe ao parcimonioso pela espécie de seu ato, enquanto ultrapassa a regra da razão, da qual o parcimonioso se desvia por falta. Mas nada impede que isso se ordene ao fim de um outro vício, como a vanglória ou um outro qualquer.

---

6. C. 7: 1107, b, 17-21.
7. C. 4: 1122, a, 30-34.
8. Art. praec.

QUAESTIO CXXXVI
DE PATIENTIA
in quinque articulos divisa

Deinde considerandum est de patientia. Et circa hoc quaeruntur quinque.
Primo: utrum patientia sit virtus.
Secundo: utrum sit maxima virtutum.
Tertio: utrum possit haberi sine gratia.
Quarto: utrum sit pars fortitudinis.
Quinto: utrum sit idem cum longanimitate.

Articulus 1
Utrum patientia sit virtus

AD PRIMUM SIC PROCEDITUR. Videtur quod patientia non sit virtus.

1. Virtutes enim perfectissime sunt in patria, ut dicit Augustinus, XIV *de Trin.*[1]. Sed ibi non est patientia: quia nulla sunt ibi mala toleranda, secundum illud Is 49,10 et Ap 7,16: *Non esurient neque sitient, et non percutiet eos aestus neque sol.* Ergo patientia non est virtus.

2. PRAETEREA, nulla virtus in malis potest inveniri: quia *virtus est quae bonum facit habentem.* Sed patientia quandoque in malis hominibus invenitur: sicut patet in avaris, qui multa mala patienter tolerant ut pecunias congregent, secundum illud Eccle 5,16: *Cunctis diebus vitae suae comedit in tenebris, et in curis multis, et in aerumna atque tristitia.* Ergo patientia non est virtus.

3. PRAETEREA, fructus a virtutibus differunt, ut supra[2] habitum est. Sed patientia ponitur inter fructus, ut patet Gl 5,22. Ergo patientia non est virtus.

SED CONTRA est quod Augustinus dicit, in libro *de Patientia*[3]: *Virtus animi quae patientia dicitur, tam magnum Dei donum est ut etiam ipsius qui nobis eam largitur patientia praedicetur.*

RESPONDEO dicendum quod, sicut dictum est supra[4], virtutes morales ordinantur ad bonum inquantum conservant bonum rationis contra impetus passionum. Inter alias autem passio-

QUESTÃO 136
A PACIÊNCIA
em cinco artigos

Em seguida, deve-se tratar da paciência. A esse respeito, cinco questões:
1. A paciência é uma virtude?
2. É a maior das virtudes?
3. Pode existir sem a graça?
4. É parte da fortaleza?
5. É a mesma coisa que a longanimidade?

Artigo 1
A paciência é uma virtude?

QUANTO AO PRIMEIRO ARTIGO, ASSIM SE PROCEDE: parece que a paciência **não** é uma virtude.

1. Com efeito, Agostinho diz que as virtudes existem em estado de perfeição absoluta na pátria. Ora, lá não haverá a paciência, porque não haverá males a suportar, como dizem Isaías e o Apocalipse: "Eles não terão fome nem sede e não sofrerão do vento quente nem do sol". Logo, a paciência não é uma virtude.

2. ALÉM DISSO, não se pode encontrar nenhuma virtude numa pessoa má, porque a virtude torna bom aquele que a possui. Ora, de vez em quando, se encontra a paciência em pessoas más, como se vê no caso dos avarentos que suportam pacientemente muitas coisas para juntar dinheiro, como diz o livro do Eclesiástico: "Ele passa todos os dias de sua vida no escuro, em preocupações de todos os gêneros, na miséria e na tristeza". Logo, a paciência não é uma virtude.

3. ADEMAIS, os frutos diferem das virtudes. Ora, a paciência figura entre os frutos, como mostra Paulo. Logo, a paciência não é uma virtude.

EM SENTIDO CONTRÁRIO, Agostinho escreve: "A virtude do espírito chamada paciência é um dom de Deus tão grande a ponto de proclamar a paciência do próprio Deus que no-la concede".

RESPONDO. As virtudes morais são ordenadas para o bem enquanto conservam o bem da razão contra o assalto das paixões. Ora, entre as outras paixões, a tristeza é suficientemente eficaz para

---

1 PARALL.: Supra, q. 128; *ad Heb.*, c. 10, lect. 4.

1. C. 9: ML 42, 1046.
2. I-II, q. 70, a. 1, ad 3.
3. C. 1: ML 40, 611.
4. Q. 123, a. 12.

nes, tristitia efficax est ad impediendum bonum rationis: secundum illud 2Cor 7,10: *Saeculi tristitia mortem operatur*; et Eccli 30,25: *Multos occidit tristitia, et non est utilitas in illa*. Unde necesse est habere aliquam virtutem per quam bonum rationis conservetur contra tristitiam, ne scilicet ratio tristitiae succumbat. Hoc autem facit patientia. Unde Augustinus dicit, in libro *de Patientia*[5], quod *patientia hominis est qua mala aequo animo toleramus*, idest sine perturbatione tristitiae, *ne animo iniquo bona deseramus per quae ad meliora perveniamus*. Unde manifestum est patientiam esse virtutem.

AD PRIMUM ergo dicendum quod virtutes morales non remanent secundum eundem actum in patria quem habent in via, scilicet per comparationem ad bona praesentis vitae, quae non remanebunt in patria: sed per comparationem ad finem, qui erit in patria. Sicut iustitia non erit in patria circa emptiones et venditiones, et alia quae pertinent ad vitam praesentem: sed in hoc quod est subditum esse Deo. Similiter actus patientiae in patria non erit in sustinendo aliqua: sed in fruitione bonorum in quae pervenire volebamus patiendo. Unde Augustinus dicit, in XIV *de Civ. Dei*[6], quod *in patria non erit ipsa patientia, quae necessaria non est nisi ubi toleranda sunt mala: sed aeternum erit id quo per patientiam pervenitur*.

AD SECUNDUM dicendum quod, sicut Augustinus dicit, in libro *de Patientia*[7], *patientes proprie dicuntur qui mala malunt non committendo ferre, quam non ferendo committere. In illis autem qui mala sustinent ut mala faciant, nec miranda nec laudanda est patientia, quae nulla est: sed miranda duritia, neganda patientia*.

AD TERTIUM dicendum quod, sicut supra[8] dictum est, fructus in sui ratione importat quandam delectationem. Sunt autem *operationes virtutum delectabiles secundum seipsas*, ut dicitur in I *Ethic.*[9]. Consuetum est autem ut nomine virtutum etiam virtutum actus significentur. Et ideo patientia, quantum ad habitum, ponitur virtus:

impedir o bem da razão, como diz Paulo: "A tristeza do mundo produz a morte". E o livro do Eclesiástico: "A tristeza matou muita gente e não existe nela nenhuma utilidade". Por isso é necessário que haja uma virtude que proteja o bem da razão contra a tristeza, para que ela não abata a razão. É isto que a paciência faz, segundo Agostinho: "A paciência do homem é aquilo que nos faz suportar os males com igualdade de ânimo", quer dizer, sem nos deixarmos perturbar pela tristeza, evitando assim que "abandonemos, por um espírito mau, os bens que podem nos conduzir a bens melhores". Fica evidente então que a paciência é uma virtude.

QUANTO AO 1º, portanto, deve-se dizer que as virtudes morais não existem na pátria com o mesmo ato que têm nesta vida, quer dizer, por comparação com os bens da vida presente que não subsistirão na pátria, mas por comparação com o fim que lá existirá. Assim, por exemplo, a justiça não existirá mais na pátria sobre questões de compra e venda e outros negócios que pertencem à vida presente. Mas ela existirá naquilo que concerne à submissão a Deus. Da mesma forma, na pátria, o ato da paciência não consistirá em suportar os males, mas em fruir dos bens que procuramos conquistar aqui pela paciência. Agostinho diz que na pátria "a paciência não existirá mais, por que ela só é necessária onde há males a suportar; mas o que se alcança pela paciência durará eternamente".

QUANTO AO 2º, deve-se dizer que como diz Agostinho, "chamam-se propriamente pacientes aqueles que preferem suportar o mal sem praticar, a praticá-lo sem o tolerar. Mas entre aqueles que suportam os males para fazer o mal, a paciência não merece louvor nem admiração, porque ela é nula; pode-se admirar a dureza, mas deve-se negar que seja a paciência".

QUANTO AO 3º, deve-se dizer que o fruto na sua razão de fruto, comporta um certo deleite. Aristóteles diz: "as operações da virtude são deleitáveis em si mesmas". Ora, habitualmente o nome das virtudes designa também os atos das virtudes. Assim a paciência, enquanto hábito, é considerada uma virtude; mas quanto ao prazer

---

5. C. 2: ML 40, 611.
6. C. 9, n. 5: ML 41, 416.
7. Cc. 2, 5: ML 40, 611, 613.
8. I-II, q. 11, a. 1; q. 70, a. 1.
9. C. 9: 1099, a, 7.

quantum autem ad delectationem quam habet in actu, ponitur fructus. Et praecipue quantum ad hoc quod per patientiam animus praeservatur ne obruatur tristitia.

Articulus 2
Utrum patientia sit potissima virtutum

AD SECUNDUM SIC PROCEDITUR. Videtur quod patientia sit potissima virtutum.

1. Id enim quod est perfectum est potissimum in unoquoque genere. Sed *patientia habet opus perfectum*, ut dicitur Iac 1,4. Ergo patientia est potissima virtutum.

2. PRAETEREA, omnes virtutes ad bonum animae ordinantur. Sed hoc praecipue videtur pertinere ad patientiam: dicitur enim Lc 21,19: *In patientia vestra possidebitis animas vestras*. Ergo patientia est maxima virtutum.

3. PRAETEREA, illud quod est conservativum et causa aliorum, videtur potius esse. Sed sicut Gregorius dicit, in quadam homilia[1], *patientia est radix et custos omnium virtutum*. Ergo patientia est maxima virtutum.

SED CONTRA est quod non enumeratur inter quatuor virtutes quas Gregorius, XXII *Moral.*[2], et Augustinus, in libro de *Moribus Eccle.*[3], vocat principales.

RESPONDEO dicendum quod virtutes secundum suam rationem ordinantur ad bonum: est enim virtus *quae bonum facit habentem et opus eius bonum reddit*, ut dicitur in II *Ethic.*[4]. Unde oportet quod tanto principalior sit virtus et potior, quanto magis et directius ordinat in bonum. Directius autem ad bonum ordinant hominem virtutes quae sunt constitutivae boni, quam illae quae sunt impeditivae eorum quae abducunt a bono. Et sicut inter illas quae sunt constitutivae boni tanto aliqua potior est quanto in maiori bono statuit hominem, sicut fides, spes et caritas quam prudentia et iustitia; ita etiam inter illas quae sunt impeditivae retrahentium a bono, tanto aliqua est potior quanto id quod ab ea impeditur magis a bono retrahit. Plus autem a bono retrahunt pericula

que seu ato proporciona, é considerada como um fruto da virtude. E isto principalmente pelo fato de a paciência impedir que a alma se deixe abater pela tristeza.

Artigo 2
A paciência é a maior das virtudes?

QUANTO AO SEGUNDO, ASSIM SE PROCEDE: parece que a paciência é a maior das virtudes.

1. Com efeito, tudo o que é perfeito é sempre o maior em cada gênero. Ora, Tiago diz que "paciência faz um obra perfeita". Logo, ela é a maior das virtudes.

2. ALÉM DISSO, todas as virtudes são ordenadas ao bem da alma. Ora, isto parece especialmente verdadeiro no que se refere à paciência, porque, como diz o Evangelho de Lucas: "É pela vossa paciência que possuireis vossas almas". Logo, a paciência é a maior das virtudes.

3. ADEMAIS, aquilo que produz e conserva outras coisas parecer ser o melhor. Ora, como diz Gregório "a paciência é raiz e guardiã de todas as virtudes". Logo, ela é a maior das virtudes.

EM SENTIDO CONTRÁRIO, a paciência não figura entre as quatro virtudes que Gregório e Agostinho qualificam como principais.

RESPONDO. As virtudes, segundo sua razão, se ordenam para o bem pois, como foi dito, "a virtude é aquilo que torna bom quem a possui e torna boa a sua obra". Assim a virtude será tanto maior e mais poderosa quanto mais ela ordenar para o bem e de modo mais forte e mais direto. É o caso daquelas virtudes são constitutivas do bem, porque eles ordenam o homem para o bem de maneira muito mais direta do que as virtudes que são impeditivas de tudo o que afasta do bem. E entre estas verdades constitutivas do bem, uma pode ser mais poderosa que outra, enquanto estabelece o homem em um bem maior, como por exemplo a fé, a esperança e a caridade, por comparação com a justiça e a prudência. Do mesmo modo, entre as virtudes impeditivas daquilo que afasta do bem, a

---

2 PARALL.: I-II, q. 66, a. 4, ad 2.
1. Homil. 35 *in Evang.*, n. 4: ML 76, 1261 D.
2. C. 1, n. 2: ML 76, 212 C.
3. C. 15: ML 32, 1322.
4. C. 5: 1106, a, 15-23.

mortis, circa quae est fortitudo, vel delectationes tactus, circa quae est temperantia, quam quaevis adversa, circa quae est patientia. Et ideo patientia non est potissima virtutum: sed deficit non solum a virtutibus theologicis et prudentia et iustitia, quae directe statuunt hominem in bono; sed etiam a fortitudine et temperantia, quae retrahunt a maioribus impedimentis.

AD PRIMUM ergo dicendum quod patientia dicitur habere opus perfectum in adversis tolerandis: ex quibus primo procedit tristitia, quam moderatur patientia; secundo ira, quam moderatur mansuetudo; tertio odium, quod tollit caritas; quarto iniustum nocumentum, quod prohibet iustitia. Tollere enim principium uniuscuiusque est perfectius. Nec tamen sequitur, si in hoc patientia est perfectior, quod sit perfectior simpliciter.

AD SECUNDUM dicendum quod possessio importat quietum dominium. Et ideo per patientiam dicitur homo suam animam possidere, inquantum radicitus evellit passiones adversitatum, quibus anima inquietatur.

AD TERTIUM dicendum quod patientia dicitur esse radix et custos omnium virtutum, non quasi directe eas causando et conservando, sed solum removendo prohibens.

mais poderosa será aquela que remove o que mais desvia do bem. Ora, os perigos de morte, objeto da fortaleza, ou os prazeres do tato, objeto da temperança, desviam mais do bem que as adversidades que são da alçada da paciência. Por esta razão, a paciência não é a mais poderosa das virtudes, e é inferior às virtudes teologais, à prudência e à justiça, que estabelecem o homem diretamente no bem, e também à fortaleza e à temperança, que removem obstáculos maiores[a].

QUANTO AO 1º, portanto, deve-se dizer que a paciência realiza uma obra perfeita no que concerne a suportar as adversidades que produzem os seguintes males: a) a tristeza, administrada pela paciência; b) a ira, administrada pela mansidão; c) o ódio, eliminando pela caridade; d) o dano injusto, pela justiça. Remover o princípio do mal é sempre o que há de mais perfeito. Entretanto, se a paciência é a mais perfeita neste particular, isto não significa que ela o seja absolutamente[b].

QUANTO AO 2º, deve-se dizer que a posse indica uma dominação tranquila. É a razão pela qual se diz que o homem possui sua própria alma pela paciência, querendo significar com isto que ela arranca pela raiz as paixões levantadas pelas adversidades que produzem na alma inquietação e tumulto.

QUANTO AO 3º, deve-se dizer que chama-se a paciência de raiz e guardiã de todas as virtudes, não porque elas as cause ou as mantenha diretamente, mas porque ela afasta aquilo que às virtudes se opõe.

ARTICULUS 3
Utrum patientia possit haberi sine gratia

AD TERTIUM SIC PROCEDITUR. Videtur quod patientia possit haberi sine gratia.

ARTIGO 3
É possível ter a paciência sem a graça?

QUANTO AO TERCEIRO, ASSIM SE PROCEDE: parece que sem a graça é possível ter a paciência.

3

a. A despeito dos argumentos apresentados pelas três objeções, Sto. Tomás cuida para que a paciência não seja mais valorizada do que merece. Certos temperamentos contemporizadores fariam da paciência, sem dificuldade, o próprio modelo da virtude. É verdade que aquele que é paciente torna a vida bastante fácil para os que o cercam. Mas tal não é o primeiro critério da moralidade para um Sto. Tomás, que prioriza uma busca ativa e eficaz dos bens mais desejáveis.

b. Permitimo-nos citar a nota redigida sobre esse ponto por H.-D. Noble, na edição da Suma teológica conhecida como *Revue des Jeunes* ("La Force", II-II, q. 123-140, p. 296, n. 33): "Eis uma descrição de conjunto de um estado de alma diante de um obstáculo que se ergue como uma ameaça. A ameaça se declara: surge então a tristeza, que a paciência pode moderar. Vem em seguida a cólera, ou insurreição contra o invasor: pode ser moderada pela mansidão. Vem depois o ódio contra o que é causa do mal: a caridade é chamada a moderar essa paixão. Enfim, vem a vingança efetiva, que a justiça pode moderar. Assim se apresenta essa alternância dos movimentos passionais e das virtudes que, em cada etapa, vêm moderar os primeiros. A paciência vem à frente dessas virtudes; é o princípio da reação virtuosa, inaugura a mansidão, a caridade, a justiça. É a mais perfeita unicamente no sentido de que é psicologicamente a primeira".

1. Illud enim ad quod ratio magis inclinat, magis potest implere rationalis creatura. Sed magis est rationabile quod aliquis patiatur mala propter bonum quam propter malum. Aliqui autem patiuntur mala propter malum ex propria virtute, sine auxilio gratiae: dicit enim Augustinus, in libro *de Patientia*[1], quod *multa in laboribus et doloribus sustinent homines propter ea quae vitiose diligunt*. Ergo multo magis homo potest mala sustinere propter bonum, quod est vere patientem esse, praeter auxilium gratiae.

2. Praeterea, aliqui non existentes in statu gratiae magis abhorrent mala vitiorum quam corporalia mala: unde quidam gentilium leguntur multa mala tolerasse ne patriam proderent, aut aliquid aliud inhonestum committerent. Sed hoc est vere patientem esse. Ergo videtur quod patientia possit haberi absque auxilio gratiae.

3. Praeterea, manifeste apparet quod aliqui propter sanitatem corporis recuperandam gravia quaedam et amara patiuntur. Salus autem animae non est minus appetibilis quam sanitas corporis. Ergo, pari ratione, pro salute animae potest aliquis multa mala sustinere, quod est vere patientem esse, absque auxilio gratiae.

Sed contra est quod dicitur in Ps 61,6: *Ab ipso*, scilicet Deo, *patientia mea*.

Respondeo dicendum quod, sicut Augustinus dicit, in libro *de Patientia*[2], *vis desideriorum facit tolerantiam laborum et dolorum: et nemo nisi pro eo quod delectat, sponte suscipit ferre quod cruciat*. Et huius ratio est quia tristitiam et dolorem secundum se abhorret animus: unde nunquam eligeret eam pati propter se, sed solum propter finem. Ergo oportet quod illud bonum propter quod aliquis vult pati mala, sit magis volitum et amatum quam illud bonum cuius privatio ingerit dolorem quem patienter toleramus. Quod autem aliquis praeferat bonum gratiae omnibus naturalibus bonis ex quorum amissione potest dolor causari, pertinet ad caritatem, quae diligit Deum super omnia. Unde manifestum est quod patientia, secundum quod est virtus, a caritate causatur: secundum illud 1Cor 13,4: *Caritas patiens est*. Manifestum est autem quod caritas non potest haberi nisi per gratiam: secundum illud Rm 5,5: *Caritas Dei diffusa est in cordibus nostris per Spiritum Sanctum, qui datus*

1. Com efeito, a criatura racional pode realizar melhor aquilo para o qual a razão mais a inclina. Ora, é mais racional suportar as adversidades tendo em vista o bem, do que tendo em vista o mal. Há quem suporte os males pelo mal por seu próprio esforço, sem o auxílio da graça. Com efeito, Agostinho diz que "os homens aturam grandes sofrimentos e trabalhos por causa de coisas que amam de maneira viciosa". Logo, o homem pode aturar os males muito mais por causa do bem, isto é, ser verdadeiramente paciente sem o socorro da graça.

2. Além disso, há pessoas que, mesmo sem o estado de graça, têm mais horror aos males dos vícios do que aos males do corpo. A história cita o exemplo de muitos pagãos que aturaram grandes males para não trair a pátria ou cometer uma ação desonesta. Ora, isto é ser verdadeiramente paciente. Logo, a paciência pode existir sem a graça.

3. Ademais, parece evidente que muitos suportam graves e difíceis males pela saúde do corpo. Ora, a saúde da alma não é menos desejável do que a saúde do corpo. Logo, com igualdade de motivos, alguém pode suportar grandes sofrimentos pela salvação de sua alma, o que é ser verdadeiramente paciente, sem o socorro da graça.

Em sentido contrário, o Salmo diz: "É d'Ele (de Deus) que vem minha paciência".

Respondo. Agostinho diz: "A violência dos desejos leva o homem a suportar sofrimentos e trabalhos; e ninguém atura de bom grado nenhum tipo de tormento a não ser por algo que lhe dê prazer". A razão disto está em que alma, por si mesma, tem horror à tristeza e à dor, tanto assim que jamais escolheria a dor e o tristeza por si próprias, mas unicamente por causa de um fim. Desta forma é preciso que este bem pelo qual aceitamos os sofrimentos, seja mais amado e desejado do que o bem cuja privação nos inflige a dor que suportamos pacientemente. Ora, preferir o bem da graça a todos os outros bens naturais cuja perda nos incomoda é da ordem da caridade que ama Deus sobre todas as coisas. Fica assim evidente que a paciência, enquanto virtude, tem por causa a caridade, segundo a palavra de Paulo: "A caridade é paciente". E é também evidente que só se pode ter a caridade pela graça. "A caridade de Deus foi difundida em nossos corações pelo

---

1. C. 3: ML 40, 612.
2. C. 4: ML 40, 613.

est nobis. Unde patet quod patientia non potest haberi sine auxilio gratiae.

AD PRIMUM ergo dicendum quod in natura humana, si esset integra, praevaleret inclinatio rationis: sed in natura corrupta praevalet inclinatio concupiscentiae, quae in homine dominatur. Et ideo pronior est homo ad sustinendum mala in quibus concupiscentia delectatur praesentialiter, quam tolerare mala propter bona futura quae secundum rationem appetuntur, quod tamen pertinet ad veram patientiam.

AD SECUNDUM dicendum quod bonum politicae virtutis est commensuratum naturae humanae. Et ideo absque auxilio gratiae gratum facientis potest voluntas humana in illud tendere, licet non absque auxilio Dei. Sed bonum gratiae est supernaturale. Unde in illud non potest tendere homo per virtutem suae naturae. Et ideo non est similis ratio.

AD TERTIUM dicendum quod tolerantia etiam malorum quae quis sustinet propter corporis sanitatem, procedit ex amore quo homo naturaliter diligit suam carnem. Et ideo non est similis ratio de patientia, quae procedit ex amore supernaturali.

Espírito Santo que nos foi dado". Logo não pode haver paciência sem o auxílio da graça[c].

QUANTO AO 1º, portanto, deve-se dizer que se a natureza humana tivesse permanecido íntegra, prevaleceria nela a inclinação da razão. Mas, na natureza corrompida, o que prevalece é a inclinação da concupiscência, que domina no homem. Por esta razão o homem é mais inclinado a suportar sofrimentos por causa daquilo em que a concupiscência encontra seu prazer desde agora, do que a aturar adversidades em vista de bens futuros desejados segundo a razão. No entanto isto diz respeito à verdadeira paciência.

QUANTO AO 2º, deve-se dizer que o bem da virtude política é a medida da natureza humana. É a razão pela qual a vontade do homem pode tender para isto sem o socorro da graça santificante, mas não sem o socorro de Deus. Ora, o bem da graça é sobrenatural. Logo, o homem não pode tender para ele apenas pela força de sua própria natureza. Por isso, a comparação não vale.

QUANTO AO 3º, deve-se dizer que suportar sofrimentos pela saúde do corpo procede do amor que o homem dedica, por natureza, à sua própria carne. E por esta razão a comparação não vale para a paciência, que procede do amor sobrenatural.

ARTICULUS 4
Utrum patientia sit pars fortitudinis

AD QUARTUM SIC PROCEDITUR. Videtur quod patientia non sit pars fortitudinis.
1. Idem enim non est pars sui ipsius. Sed patientia videtur idem esse fortitudini: quia sicut supra[1] dictum est, proprius actus fortitudinis est sustinere; et hoc etiam pertinet ad patientiam, dicitur enim in libro *Sententiarum Prosperi*[2] quod patientia consistit *in alienis malis tolerandis*. Ergo patientia non est pars fortitudinis.

ARTIGO 4
A paciência faz parte da fortaleza?

QUANTO AO QUARTO, ASSIM SE PROCEDE: parece que a paciência **não** faz parte da fortaleza.
1. Com efeito, a mesma coisa não pode ser parte de si própria. Ora, a paciência e a fortaleza parecem ser a mesma coisa, porque resistir é o ato próprio da fortaleza, e pertence também à paciência, conforme consta nas "Sentenças" de Próspero: "A paciência consiste em suportar os males que vêm de fora". Logo, a paciência não é parte da fortaleza.

---

4 PARALL.: Supra, q. 128; III *Sent.*, dist. 33, q. 3, a. 3, q.la 1, ad 3.

1. Q. 123, a. 6.
2. Cfr. GREG. M., Hom. 35 *in Evang.*, n. 4: ML 76, 1261 D.

---

c. A paciência só se realiza verdadeiramente quando é exercida em favor do bem supremo, preferido a todo outro bem. Uma paciência que suportasse tudo, exceto o que impõe a obtenção do mais elevado bem, simplesmente estaria fora de questão; não seria uma verdadeira paciência. Somente a paciência infundida, sobrenatural, ditada pela caridade se realiza plenamente. O que não exclui que ela possua todas as formas adquiridas de paciência: sobre um leito de hospital, nas provações da pátria, etc. Mas a paciência adquirida conserva uma imperfeição radical, considerando-se a própria noção de paciência.
É desse modo, ao que parece, que se deve interpretar esse artigo, que aparenta ignorar a que ponto se exerce a paciência em assuntos profanos. De nada serve ser paciente até quase o final: em seu coroamento, a paciência exige uma subordinação efetiva ao fim último do homem.

2. PRAETEREA, fortitudo est circa timores et audacias, ut supra[3] habitum est: et ita est in irascibili. Sed patientia videtur esse circa tristitias: et ita videtur esse in concupiscibili. Ergo patientia non est pars fortitudinis, sed magis temperantiae.

3. PRAETEREA, totum non potest esse sine parte. Si ergo patientia sit pars fortitudinis, fortitudo nunquam posset esse sine patientia: cum tamen fortis quandoque non toleret patienter mala, sed etiam aggrediatur eum qui mala facit. Ergo patientia non est pars fortitudinis.

SED CONTRA est quod Tullius, in sua *Rhetorica*[4], ponit eam fortitudinis partem.

RESPONDEO dicendum quod patientia est pars fortitudinis quasi potentialis, quia adiungitur fortitudini sicut virtus secundaria principali. Ad patientiam enim pertinet *aliena mala aequanimiter perpeti*, ut Gregorius dicit, in quadam homilia[5]. In malis autem quae ab aliis inferuntur, praecipua sunt, et difficillima ad sustinendum, illa quae pertinent ad pericula mortis, circa quae est fortitudo. Unde patet quod in ista materia principalitatem tenet fortitudo, quasi vindicans sibi id quod principalius est in hac materia. Et ideo patientia adiungitur ei sicut secundaria virtus principali.

AD PRIMUM ergo dicendum quod ad fortitudinem pertinet non qualiacumque sustinere: sed illud quod est summe difficile in sustinendo, scilicet sustinere pericula mortis. Ad patientiam autem pertinere potest sustinentia quorumcumque malorum.

AD SECUNDUM dicendum quod actus fortitudinis non solum consistit in hoc quod aliquis in bono persistat contra timores futurorum periculorum, sed etiam ut non deficiat propter praesentium tristitiam sive dolorem: et ex hac parte habet affinitatem cum fortitudine patientia. Et tamen fortitudo est principaliter circa timores, ad quorum rationem pertinet fugere, quod vitat fortitudo. Patientia vero principalius est circa tristitias: nam patiens aliquis dicitur non ex hoc quod non fugit, sed ex hoc quod laudabiliter se habet in patiendo quae praesentialiter nocent, ut scilicet non inordinate ex eis tristetur. Et ideo fortitudo proprie est in irascibili, patientia autem in concupiscibili. Nec hoc impedit quin patientia sit pars fortitudinis:

2. ALÉM DISSO, a fortaleza lida com os temores e as audácias e por isto reside no irascível. Ora, a paciência parece lidar mais com as tristezas, e assim parece residir no concupiscível. Logo, não faz parte da fortaleza, mas antes da temperança.

3. ADEMAIS, o todo não pode existir sem a partes. Ora, se a paciência fosse parte da fortaleza, esta nunca poderia existir sem aquela. Entretanto, pode ocorrer que o forte não ature os males com paciência e passe a agredir o responsável por este mal. Logo, a paciência não é parte da fortaleza.

EM SENTIDO CONTRÁRIO, Cícero considera a paciência como parte da fortaleza.

RESPONDO. A paciência faz parte da fortaleza como parte potencial, porque a ela está anexa como uma virtude secundária a uma virtude principal. Com efeito, "cabe à paciência aturar, com igualdade de alma, os males que vêm de fora", segundo diz Gregório. Ora, entre os males que os outros nos infligem, os principais e mais difíceis de suportar são aqueles que se referem aos perigos mortais, que são do domínio da fortaleza. De onde se pode ver que, neste campo, é a fortaleza que detém a principalidade, como que reivindicando para si o que é primordial nesta matéria. Por isto, a paciência vem se anexar a ela como uma virtude secundária se anexa à principal.

QUANTO AO 1º, portanto, deve-se dizer que cabe à fortaleza suportar não quaisquer males, mas aqueles que são os mais duros, ou seja, os perigos mortais. Ao passo que a paciência pode aturar males de qualquer espécie.

QUANTO AO 2º, deve-se dizer que o ato da fortaleza não consiste apenas em perseverar no bem, apesar do medo dos perigos futuros, mas também em não se deixar abater pela tristeza ou pelo sofrimento atual, e a este respeito, a paciência tem afinidades com a fortaleza. Mas a fortaleza se ocupa principalmente dos grandes temores; enquanto a razão nos manda fugir deles, a fortaleza nos leva a enfrentá-los. Quanto à paciência, ela se ocupa de maneira mais especial das tristezas. Diz-se que é paciente, não aquele que se recusa a fugir das dificuldades, mas aquele que se comporta corretamente, aturando o que atualmente aflige, de modo a não cair na tristeza desordenada. É por esta razão que a fortaleza reside propriamente no

---
3. Q. 123, a. 3.
4. *De invent. rhet.*, l. II, c. 54: ed. G. Friedrich, Lipsiae 1908, p. 231, l. 7.
5. Homil. 35 *in Evang.*, n. 4: ML 76, 1261 D.

quia adiunctio virtutis ad virtutem non attenditur secundum subiectum, sed secundum materiam vel formam.

Nec tamen patientia ponitur pars temperantiae, quamvis utraque sit in concupiscibili. Quia temperantia est solum circa tristitias quae opponuntur delectationibus tactus, puta quae sunt ex abstinentia ciborum vel venereorum: sed patientia praecipue est circa tristitias quae ab aliis inferuntur. Et iterum ad temperantiam pertinet refrenare huiusmodi tristitias, sicut et delectationes contrarias: ad patientiam autem pertinet ut propter huiusmodi tristitias, quantaecumque sint, homo non recedat a bono virtutis.

AD TERTIUM dicendum quod patientia potest, quantum ad aliquid sui, poni pars integralis fortitudinis, de qua parte obiectio procedit: prout scilicet aliquis patienter sustinet mala quae pertinent ad pericula mortis. Nec est contra rationem patientiae quod aliquis, quando opus fuerit, insiliat in eum qui mala facit: quia, ut Chrysostomus[6] dicit, super illud Mt 4,10, "Vade Satanas", *in iniuriis propriis patientem esse laudabile est: iniurias autem Dei patienter sustinere nimis est impium.* Et Augustinus dicit, in quadam epistola *contra Marcellinum*[7], quod praecepta patientiae non contrariantur bono reipublicae, pro quo conservando contra inimicos compugnatur. — Secundum vero quod patientia se habet circa quaecumque alia mala, adiungitur fortitudini ut virtus secundaria principali.

irascível e a paciência no concupiscível. O que não impede que a paciência faça parte da fortaleza, pois a adjunção de uma virtude a outra não se julga segundo a potência em que residem, mas segundo a matéria ou a forma.

No entanto ninguém diz que a paciência é parte da temperança, embora as duas virtudes tenham sua sede no concupiscível. Porque a temperança diz respeito apenas às tristezas que se opõem aos prazeres do tato, como aquelas tristezas que vêm da abstinência de alimentos ou da abstinência dos prazeres sexuais. Mas a paciência se ocupa principalmente das tristezas que os outros infligem. Além disso, cabe à temperança refrear estas tristezas e os prazeres que a elas se opõem enquanto que, à paciência cabe impedir que o homem se desvie do bem da virtude por causa deste gênero de tristezas, por maiores que elas possam ser.

QUANTO AO 3º, deve-se dizer que sob um certo aspecto, a paciência pode ser considerada como parte integrante da fortaleza, (este foi o ponto de partida da objeção) enquanto, por exemplo, alguém resiste pacientemente aos males acarretados pelos perigos mortais. E não é contrário à razão da paciência que alguém ataque, quando necessário, aquele que faz o mal. Como diz Crisóstomo sobre aquele famoso "Afasta-te de mim Satanás", "é louvável ser paciente diante das injúrias que nos são dirigidas, mas tolerar pacientemente as injúrias proferidas contra Deus, é por demais ímpio". E Agostinho sustenta que os preceitos da paciência não são contrários ao bem do Estado uma vez que, para preservar este bem, se devem combater os inimigos do Estado. — Mas, de acordo com o modo como ela se comporta com relação a todos as outras espécies de mal, a paciência se agrega à fortaleza como uma virtude secundária à virtude principal.

ARTICULUS 5
Utrum patientia
sit idem quod longanimitas

AD QUINTUM SIC PROCEDITUR. Videtur quod patientia sit idem quod longanimitas.

ARTIGO 5
A paciência é a mesma coisa
que a longanimidade?

QUANTO AO QUINTO, ASSIM SE PROCEDE: parece que a paciência é a mesma coisa que a longanimidade.

---

6. *Opus imperf. in Matth.*, hom. 5, super 4, 10: MG 56, 668.
7. Epist. 138, al. 5, c. 2, n. 14: ML 33, 531.

5 PARALL.: I-II, q. 70, a. 3; *ad Rom.*, c. 8, lect. 5; *ad Heb.*, c. 10, lect. 4.

1. Dicit enim Augustinus, in libro *de Patientia*[1], quod patientia Dei praedicatur non in hoc quod aliquod malum patiatur, sed in hoc quod *expectat malos ut convertantur*: unde Eccli 5,4 dicitur: *Altissimus patiens redditor est*. Ergo videtur quod patientia sit idem quod longanimitas.

2. Praeterea, idem non est oppositum duobus. Sed impatientia opponitur longanimitati, per quam aliquis moram expectat: dicitur enim aliquis *impatiens morae*, sicut et aliorum malorum. Ergo videtur quod patientia sit idem longanimitati.

3. Praeterea, sicut tempus est quaedam circumstantia malorum quae sustinentur, ita etiam locus. Sed ex parte loci non sumitur aliqua virtus quae distinguatur a patientia. Ergo similiter nec longanimitas, quae sumitur ex parte temporis, inquantum scilicet aliquis diu expectat, distinguitur a patientia.

Sed contra est quod Rm 2, super illud v. 4, *An divitias bonitatis eius et patientiae et longanimitatis contemnis*, dicit Glossa[2]: *Videtur longanimitas a patientia differre, quia qui infirmitate magis quam proposito delinquunt, sustentari per longanimitatem dicuntur: qui vero pertinaci mente exultant in delictis suis, ferri patienter dicendi sunt*.

Respondeo dicendum quod sicut magnanimitas dicitur per quam aliquis habet animum tendendi in magna, ita etiam longanimitas dicitur per quam aliquis habet animum tendendi in aliquid quod in longinquum distat. Et ideo sicut magnanimitas magis respicit spem tendentem in bonum, quam audaciam vel timorem sive tristitiam, quae respiciunt malum, ita etiam et longanimitas. Unde longanimitas maiorem convenientiam videtur habere cum magnanimitate quam cum patientia.

Potest tamen convenire cum patientia duplici ratione. Primo quidem, quia patientia, sicut et fortitudo, sustinet aliqua mala propter aliquod bonum. Quod si ex propinquo expectetur, facilius est sustinere: si autem in longinquum differatur, mala autem oportet in praesenti sustinere, difficilius est. — Secundo, quia hoc ipsum quod est differri bonum speratum, natum est causare tristitiam: secundum illud Pr 13,12: *Spes quae differtur affligit animam*. Unde et in sustinendo

1. Com efeito, Agostinho diz que a paciência de Deus, não significa que ele sofra qualquer espécie de mal, mas que ele "espera que os perversos se convertam". Daí a frase do Eclesiástico: "O Senhor sabe esperar". Logo, parece que a paciência é o mesmo que longanimidade.

2. Além disso, uma mesma coisa não se opõe a duas. Ora, a impaciência se opõe à longanimidade visto que o longânime aceita um atraso. Diz-se que alguém é impaciente de atraso, como também de outros males. Logo, parece que a paciência e a longanimidade são a mesma coisa.

3. Ademais, o tempo é uma circunstância dos males que se aturam. Assim como o lugar. Ora, quanto ao lugar, não se entende uma virtude que se distinga da paciência. Nem a longanimidade, que se refere ao aspecto temporal, enquanto alguém espera durante longo tempo, se distingue da paciência.

Em sentido contrário, sobre este texto de Paulo: "Tu desprezas as riquezas de sua bondade, de sua paciência, de sua longanimidade?", a Glosa diz: "A longanimidade parece diferir da paciência, porque aqueles que pecam por fraqueza mais do que por má vontade, é pela longanimidade que são tolerados; mas quanto àqueles que, com obstinação, se comprazem em suas voluptuosidades, convém dizer que é a paciência que os tolera".

Respondo. Chama-se de magnanimidade a virtude que confere a coragem de tender para as coisas grandes. Chama-se longanimidade a virtude que confere a coragem de tender para algo que está ainda distante no tempo. A magnanimidade diz respeito muito mais à esperança, que procura um bem, do que à audácia, ao temor ou à tristeza, que lidam com um mal, assim como a longanimidade. Portanto, esta última parece ter maior afinidade com a magnanimidade do que com a paciência.

Mas a longanimidade pode convir à paciência por duas razões. Primeiro, porque a paciência, como aliás a fortaleza, tolera certos males tendo em vista um bem. Se este bem estiver perto, a tolerância será mais fácil. Quando este bem é afastado para longe, e os sofrimentos a serem tolerados são atuais, então se torna muito mais difícil. — Segundo, porque o próprio fato de diferir o bem esperado causa, por si mesmo, uma certa tristeza, segundo diz o livro dos Pro-

---

1. C. 1: ML 40, 611.
2. Lombardi: ML 191, 1338 C; cfr. Ordin.: ML 114, 474 D.

huiusmodi afflictionem potest esse patientia, sicut et in sustinendo quascumque alias tristitias.

Sic igitur secundum quod sub ratione mali contristantis potest comprehendi et dilatio boni sperati, quae pertinet ad longanimitatem; et labor quem homo sustinet in continuata executione boni operis, quod pertinet ad constantiam; tam longanimitas quam etiam constantia sub patientia comprehenduntur. Unde et Tullius, definiens patientiam, dicit[3] quod *patientia est, honestatis ac utilitatis causa, voluntaria ac diuturna perpessio rerum arduarum ac difficilium*. Quod dicit *arduarum*, pertinet ad constantiam in bono; quod dicit *difficilium*, pertinet ad gravitatem mali, quam proprie respicit patientia; quod vero addit *ac diuturna*, pertinet ad longanimitatem secundum quod convenit cum patientia.

Et per hoc patet responsio AD PRIMUM et SECUNDUM.

AD TERTIUM dicendum quod illud quod est longinquum loco, quamvis sit remotum a nobis, tamen non est similiter remotum a natura rerum sicut illud quod est longinquum tempore. Et ideo non est similis ratio. — Et praeterea quod est longinquum loco non affert difficultatem nisi ratione temporis, quia quod est longinquum loco a nobis tardius tempore ad nos potest pervenire.

QUARTUM concedimus. Tamen consideranda est ratio illius differentiae quam Glossa assignat. Quia in his qui ex infirmitate peccant hoc solum videtur importabile, quod diu perseverant in malo: et ideo dicitur quod ex longanimitate supportantur. Sed hoc ipsum quod aliquis ex superbia peccat, importabile videtur: et ideo per patientiam dicuntur sustineri illi qui ex superbia peccant.

vérbios: "Uma esperança diferida aflige a alma". Desta maneira, suportar esta aflição pode convir à paciência, como convém à paciência aturar quaisquer tristezas.

Assim pois, pode-se englobar sob a mesma razão de mal que causa tristeza, tanto o bem diferido, que diz respeito à longanimidade, quanto o esforço que se tem de fazer para perseverar no cumprimento de uma boa obra, o que diz respeito à constância. Desta forma, tanto a longanimidade quanto a constância ficam englobadas na paciência. Tanto assim que Cícero define a paciência como "a tolerância voluntária e prolongada de provas árduas e difíceis, por um motivo de serviço ou de honestidade". Dizendo "árduas" ele quer aludir à constância no bem. Quando diz "difíceis" se refere à gravidade do mal que diz respeito especialmente à paciência. O adjetivo "prolongado" se refere à longanimidade, pelo que coincide com a paciência.

QUANTO AO 1º e 2º, portanto, deve-se dizer que o que precede responde às objeções.

QUANTO AO 3º, deve-se dizer que aquilo que é distante localmente, embora fique afastado de nós, não fica no entanto tão afastado pela natureza das coisas, quanto aquilo que é distante no tempo. Por isso a comparação não vale. — Além disto, o que está distante localmente só comporta dificuldade em razão do tempo, porque leva muito mais tempo para chegar até nós.

QUANTO AO 4º, deve-se dizer que concedemos. Mas é preciso levar em conta o motivo da diferença assinalada pela Glosa. Por que, entre aqueles que pecam por fraqueza, o que existe de mais desagradável é a longa perseverança deles no mal, e é a razão pela qual se diz que são tolerados por longanimidade. Mas o fato de se pecar por orgulho, parece insuportável. E é por isso que se diz que aqueles que pecam por orgulho são tolerados pela paciência.

---

3. *De invent. rhet.*, l. II, c. 54: ed. G. Friedrich, Lipsiae 1908, p. 231, ll. 12-14.

QUAESTIO CXXXVII
DE PERSEVERANTIA
in quatuor articulos divisa

Deinde considerandum est de perseverantia, et de vitiis oppositis.
Circa perseverantiam autem quaeruntur quatuor.
Primo: utrum perseverantia sit virtus.
Secundo: utrum sit pars fortitudinis.
Tertio: quomodo se habet ad constantiam.
Quarto: utrum indigeat auxilio gratiae.

Articulus 1
Utrum perseverantia sit virtus

AD PRIMUM SIC PROCEDITUR. Videtur quod perseverantia non sit virtus.
1. Quia, ut Philosophus dicit, in VII *Ethic.*[1], *continentia est potior quam perseverantia*. Sed *continentia non est virtus*, ut dicitur in IV *Ethic.*[2]. Ergo perseverantia non est virtus.
2. PRAETEREA, *virtus est qua recte vivitur*, secundum Augustinum, in libro de *Lib. Arbit.*[3]. Sed sicut ipse dicit in libro *de Perseverantia*[4], *nullus potest dici perseverantiam habere quandiu vivit, nisi perseveret usque ad mortem*. Ergo perseverantia non est virtus.
3. PRAETEREA, *immobiliter persistere* in opere virtutis requiritur ad omnem virtutem, ut patet in II *Ethic.*[5]. Sed hoc pertinet ad rationem perseverantiae: dicit enim Tullius, in sua *Rhetorica*[6], quod *perseverantia est in ratione bene considerata stabilis et perpetua permansio*. Ergo perseverantia non est specialis virtus, sed conditio omnis virtutis.

SED CONTRA est quod Andronicus[7] dicit, quod *perseverantia est habitus eorum quibus immanendum est et non immanendum, et neutrorum*. Sed habitus ordinans nos ad bene faciendum aliquid vel omittendum est virtus. Ergo perseverantia est virtus.

QUESTÃO 137
A PERSEVERANÇA
em quatro artigos

Em seguida deve-se tratar da perseverança.

A esse respeito, quatro questões:
1. A perseverança é uma virtude?
2. E parte da fortaleza?
3. Qual sua relação com a constância?
4. Precisa do auxílio da graça?

Artigo 1
A perseverança é uma virtude?

QUANTO AO PRIMEIRO ARTIGO, ASSIM SE PROCEDE: parece que a perseverança **não** é uma virtude.
1. Com efeito, Aristóteles diz: "A continência é mais importante que a perseverança". Ora, ele acrescenta logo a seguir: "Mas a continência não é uma virtude". Logo, nem a perseverança.
2. ALÉM DISSO, segundo Agostinho, "a virtude é aquilo que nos faz viver de modo reto". Ora, ele acrescenta: "Não se pode dizer que alguém tem a perseverança enquanto estiver vivo, e não tiver perseverado até o fim". Logo, a perseverança não é uma virtude.
3. ADEMAIS, persistir firme e inabalável na obra da virtude é um requisito de qualquer virtude, como diz Aristóteles. Ora, isto diz respeito à razão da perseverança, pois Cícero diz que a perseverança consiste em "permanecer firme e constante numa razão bem deliberada". Logo, a perseverança não é uma virtude, mas uma condição de qualquer virtude.

EM SENTIDO CONTRÁRIO, Andrônico afirma que a perseverança é o hábito que diz respeito àquelas coisas diante das quais deve-se aderir a elas, ou não aderir, ou permanecer indiferentes. Mas, um hábito que nos ordena a fazer bem uma coisa, ou não fazer, é uma virtude. Logo, a perseverança é uma virtude.

---

1 PARALL.: III *Sent.*, dist. 33, q. 3, a. 3, q.la 1, ad 4.

   1. C. 8: 1150, a, 36 — b, 1.
   2. C. 15: 1128, b, 33-35.
   3. L. II, c. 19, n. 50: ML 32, 1268.
   4. Cc. 1, 6: ML 45, 995, 999.
   5. C. 2: 1105, a, 32 — b, 5.
   6. *De invent. rhet.*, l. II, c. 54: ed. G. Friedrich, Lipsiae 1908, p. 231, ll. 14-15.
   7. Chrysippus, in *Definit.* adiunctis libro *de Affectibus: inter Fragm. Phil. Graec.*, ed. G. A. Mullachius, Parisiis 1867-1879, t. III, p. 578.

RESPONDEO dicendum quod, secundum Philosophum, in II *Ethic*.[8], *virtus est circa difficile et bonum*. Et ideo ubi occurrit specialis ratio difficultatis vel boni, ibi est specialis virtus. Opus autem virtutis potest habere bonitatem et difficultatem ex duobus. Uno quidem modo, ex specie ipsa actus, quae accipitur secundum rationem proprii obiecti. Alio modo, ex ipsa diuturnitate temporis: nam hoc ipsum quod est diu insistere alicui difficili, specialem difficultatem habet. Et ideo diu persistere in aliquo bono usque ad consummationem pertinet ad specialem virtutem. Sicut ergo temperantia et fortitudo sunt speciales virtutes eo quod altera earum moderatur delectationes tactus, quod de se difficultatem habet, altera autem moderatur timores et audacias circa pericula mortis, quod etiam secundum se difficile est; ita etiam perseverantia est quaedam specialis virtus ad quam pertinet in his vel in aliis virtuosis operibus diuturnitatem sustinere prout necesse est.

AD PRIMUM ergo dicendum quod Philosophus accipit ibi perseverantiam secundum quod aliquis perseverat in his in quibus difficillimum est diu sustinere. Non est autem difficile sustinere bona, sed mala. Mala autem quae sunt pericula mortis, ut plurimum non diu sustinentur: quia ut frequentius cito transeunt. Unde respectu illorum non est praecipua laus perseverantiae. Inter alia autem mala, praecipua sunt illa quae opponuntur delectationibus tactus: quia huiusmodi mala attenduntur circa necessaria vitae, puta circa defectum ciborum et aliorum huiusmodi, quae quandoque imminent diu sustinenda. Non est autem difficile hoc diu sustinere illi qui circa hoc non multum tristatur, nec in oppositis bonis multum delectatur: sicut patet in temperato, in quo huiusmodi passiones non sunt vehementes. Sed maxime hoc difficile est in eo qui circa hoc vehementer afficitur, utpote non habens perfectam virtutem modificantem has passiones. Et ideo, si accipiatur hoc modo perseverantia, non est virtus perfecta, sed est quoddam imperfectum in genere virtutis.

RESPONDO. Segundo Aristóteles, "a virtude se refere àquilo que é difícil e bom". Por isso, onde aparecer uma razão especial de bondade ou de dificuldade, haverá uma virtude especial. Ora, a obra da virtude pode comportar bondade ou dificuldade por duas razões: primeiro, por causa da espécie do ato que se realiza segundo a razão de seu objeto próprio. Segundo, por causa da própria duração temporal, porque o simples fato de alguém se obstinar durante muito tempo numa tarefa difícil tem em si mesmo, uma dificuldade especial. Por isso, persistir em um bem até que ele atinja sua consumação diz respeito a uma virtude especial. Por conseguinte, assim como a temperança e a fortaleza são virtudes especiais, uma delas moderando os prazeres do tato, o que é de si mesmo difícil, a outra governando os temores e as audácias que concernem aos perigos mortais, o que também é em si mesmo bastante difícil, de igual maneira a perseverança é uma virtude especial à qual compete, nestas como em outras obras da virtude, resistir longamente quando necessário.

QUANTO AO 1º, portanto, deve-se dizer que Aristóteles entende aqui a perseverança no sentido em que um homem persevera naquelas ações nas quais é bastante difícil resistir por um tempo muito prolongado. Ora, não é muito difícil aturar os acontecimentos felizes, mas é difícil aturar os ruins. Os males que são os perigos de morte geralmente não têm de ser aturados durante longo tempo seguido, porque frequentemente eles passam logo. Por isso, não é com relação a eles que a perseverança recebe os maiores louvores. Entre os outros males, os principais são aqueles que dizem respeito aos prazeres do tato, porque se trata de coisas que interessam às necessidades da vida, por exemplo a falta de alimentos ou de outros recursos que às vezes precisam ser aturados por muito tempo. Pode não ser uma dificuldade grande para quem não se entristece muito com isso, ou quem não aprecia muito os prazeres opostos àqueles bens, como se vê muito claramente no homem que pratica a temperança e que não tem paixões violentas. Mas é extremamente difícil para aquele em quem estas paixões são muito acesas e que não dispõe de uma virtude perfeita para as moderar. Desta forma, se se toma a perseverança nestes termos, ela não é uma virtude perfeita, mas, no gênero das virtudes, será algo de imperfeito.

---

8. C. 2: 1105, a, 9-13.

Si autem accipiamus perseverantiam secundum quod aliquis in quocumque bono difficili diu persistit, hoc potest convenire etiam habenti perfectam virtutem. Cui etiam si persistere sit minus difficile, persistit tamen in bono magis perfecto. Unde talis perseverantia potest esse virtus: quia perfectio virtutis magis attenditur secundum rationem boni quam secundum rationem difficilis.

AD SECUNDUM dicendum quod eodem nomine quandoque nominatur et virtus, et actus virtutis: sicut Augustinus dicit, *super Ioan.*[9]: *Fides est credere quod non vides*. Potest tamen contingere quod aliquis habet habitum virtutis qui tamen non exercet actum: sicut aliquis pauper habet habitum magnificentiae, cum tamen actum non exerceat. Quandoque vero aliquis habens habitum incipit quidem exercere actum, sed non perficit: puta si aedificator incipiat aedificare et non compleat domum.
Sic ergo dicendum est quod nomen perseverantiae quandoque sumitur pro habitu quo quis eligit perseverare: quandoque autem pro actu quo quis perseverat. Et quandoque quidem habens habitum perseverantiae eligit quidem perseverare, et incipit exequi aliquandiu persistendo; non tamen complet actum, quia non persistit usque in finem. Est autem duplex finis: unus quidem qui est finis operis; alius autem qui est finis humanae vitae. Per se autem ad perseverantiam pertinet ut aliquis perseveret usque ad terminum virtuosi operis: sicut quod miles perseveret usque ad finem certaminis, et magnificus usque ad consummationem operis. Sunt autem quaedam virtutes quarum actus per totam vitam debet durare, sicut fidei, spei et caritatis: quia respiciunt ultimum finem totius vitae humanae. Et ideo respectu harum virtutum, quae sunt principales, non consummatur actus perseverantiae usque ad finem vitae. Et secundum

Mas se se toma a perseverança no sentido de um indivíduo que persiste longamente a perseguir um bem difícil, isto pode convir também àquele que possui uma virtude perfeita. E se, para ele, é menos difícil persistir, persiste entretanto num bem mais perfeito. Por este motivo, uma tal perseverança pode ser virtude, porque a perfeição se atribui a uma virtude muito mais segundo a razão de bondade do que segundo a razão de dificuldade[a].

QUANTO AO 2º, deve-se dizer que às vezes se dá o mesmo nome à virtude e a seu ato. É assim que, para Agostinho, "a fé consiste em crer naquilo que não se vê". Pode também ocorrer que alguém tenha o hábito da virtude sem a exercer em ato. Um pobre, por exemplo, pode ter o hábito da magnificência sem no entanto exercê-la. Outras vezes, alguém que tem o hábito, começa a exercer o ato, mas não chega a termo, por exemplo, o construtor que começa a edificar o prédio mas não termina.
Desta forma, pode-se dizer que o nome perseverança é muitas vezes tomado no sentido do hábito pelo qual alguém escolhe perseverar, e outras vezes, é tomado no sentido do ato mesmo pelo qual se persevera. Às vezes aquele que possui o hábito da perseverança escolhe perseverar, começa a execução de alguma coisa, e persiste durante algum tempo, mas não consuma o ato porque não persevera até o fim. Ora, o fim é duplo: o da obra e o da vida humana. Cabe à perseverança em si mesma persistir até o termo da obra virtuosa; o soldado, por exemplo, tem de perseverar até o fim do combate, e o magnificente até o acabamento de sua obra. Há virtudes cujos atos têm de durar durante toda a vida, como a fé, a esperança e a caridade, porque elas dizem respeito ao fim último da vida humana. E eis assim a razão pela qual, no que se refere a estas virtudes ditas principais, o ato de perseverança

---

9. Tract. 79, super 14, 29, n. 1: ML 35, 1837.

a. Às vezes a mentalidade de Sto. Tomás vem ao encontro da nossa. Às vezes difere, e sua argumentação nos desconcerta.
Não temos dificuldade em compreender que a tenacidade exige uma qualidade particular. A perseverança é portanto uma virtude especial (Solução do artigo).
Em contrapartida, ficamos desconcertados com a solução 1. Com efeito, parece que, aos olhos de Sto. Tomás, a perseverança é menos virtuosa quando os obstáculos em seu caminho se multiplicam. O que é pelo menos paradoxal. Diríamos que vencer sem perigo é triunfar sem glória.
A mentalidade de Sto. Tomás está impregnada de uma convicção fundamental: é o signo de uma virtude medíocre chocar-se com muitos obstáculos. O mais virtuoso é aquele que realiza o bem com maior facilidade. É o que exprime com clareza a última fase da r. 1: "A perfeição da virtude é atribuída mais em razão da bondade mais do que em razão da dificuldade".

hoc, Augustinus accipit perseverantiam pro actu perseverantiae consummato.

AD TERTIUM dicendum quod virtuti potest aliquid convenire dupliciter. Uno modo, ex propria intentione finis. Et sic diu persistere usque ad finem in bono pertinet ad specialem virtutem quae dicitur perseverantia, quae hoc intendit sicut specialem finem. — Alio modo, ex comparatione habitus ad subiectum. Et sic immobiliter persistere consequitur quamlibet virtutem, inquantum est *qualitas difficile mobilis*.

não se completa antes do fim da vida. É neste sentido que Agostinho fala de perseverança, para designar um ato consumado[b].

QUANTO AO 3º, deve-se dizer que uma coisa pode convir à virtude de duas maneiras. Primeiro, em razão da intenção de buscar o fim. Assim, persistir no bem até o fim diz respeito a uma virtude especial que se chama perseverança, a qual tende para isso como para um fim especial. — Segundo, pela relação entre o hábito e o sujeito. Desta forma, persistir imutavelmente é um atributo de toda virtude, enquanto é, uma qualidade dificilmente mutável.

ARTICULUS 2
Utrum perseverantia sit pars fortitudinis

AD SECUNDUM SIC PROCEDITUR. Videtur quod perseverantia non sit pars fortitudinis.

1. Quia, ut Philosophus dicit, in VII *Ethic.*[1], perseverantia est circa *tristitias tactus*. Sed huiusmodi pertinent ad temperantiam. Ergo perseverantia magis est pars temperantiae quam fortitudinis.

2. PRAETEREA, omnis pars virtutis moralis est circa aliquas passiones, quas virtus moralis moderatur. Sed perseverantia non importat moderantiam passionum: quia quanto vehementiores fuerint passiones, tanto aliquis secundum rationem perseverans laudabilior videtur. Ergo videtur quod perseverantia non sit pars alicuius virtutis moralis: sed magis prudentiae, quae perficit rationem.

3. PRAETEREA, Augustinus dicit, in libro *de Perseverantia*[2], quod *perseverantiam nullus potest amittere*. Alias autem virtutes potest homo amittere. Ergo perseverantia est potior omnibus aliis virtutibus. Sed virtus principalis est potior quam pars eius. Ergo perseverantia non est pars alicuius virtutis, sed magis ipsa est virtus principalis.

ARTIGO 2
A perseverança é parte da fortaleza?

QUANTO AO SEGUNDO, ASSIM SE PROCEDE: parece que a perseverança **não** é parte da fortaleza.

1. Com efeito, Aristóteles diz que a perseverança se refere às tristezas do tato. Ora, isto se refere à temperança. Logo, a perseverança é muito mais parte da temperança que da fortaleza.

2. ALÉM DISSO, toda parte de uma virtude moral se refere a determinadas paixões que esta virtude governa. Ora, a perseverança não tem a ver com a moderação das paixões; pois quanto mais violentas forem estas paixões, mais aquele que persevera segundo a razão será digno de elogios. Logo, parece que a perseverança não é parte de uma virtude moral, mas antes da prudência, que aperfeiçoa a razão.

3. ADEMAIS, Agostinho diz que "ninguém pode perder a perseverança". Mas, o homem pode perder as outras virtudes. Por conseguinte, a perseverança é a mais forte de todas as virtudes. Ora, a virtude principal é mais importante do que uma de suas partes. Logo, a perseverança não é parte de uma virtude, mas, pelo contrário, ela é a virtude principal.

---

2 PARALL.: Supra, q. 128; III *Sent.*, dist. 33, q. 3, a. 3, q.la 1, 2, 4.
 1. C. 8: 1150, a, 14-16.
 2. C. 6, n. 10: ML 45, 999.

   b. A perseverança denominada de "final", que consiste em permanecer em estado de graça até a morte, apresenta problemas específicos, como veremos no artigo 4 de nossa questão (ver I-II, q. 109, a. 10 e q. 114, a. 9 no tratado da graça). Sto. Tomás poderia fazer dela o modelo de toda perseverança, uma vez que é o seu ato consumado. Ele prefere considerá-la como um caso particular neste tratado da fortaleza, mesmo que fosse apenas porque a perseverança final não é um *habitus* (logo, tampouco uma virtude): é a permanência em ato no bem.

SED CONTRA est quod Tullius ponit[3] perseverantiam partem fortitudinis.

RESPONDEO dicendum quod, sicut supra[4] dictum est, virtus principalis est cui principaliter adscribitur aliquid quod pertinet ad laudem virtutis: inquantum scilicet exercet illud circa propriam materiam in qua difficillimum et optimum est illud observare. Et secundum hoc dictum est[5] quod fortitudo est principalis virtus: quia firmitatem servat in his in quibus difficillimum est firmiter persistere, scilicet in periculis mortis. Et ideo necesse est quod fortitudini adiungatur sicut secundaria virtus principali, omnis virtus cuius laus consistit in sustinendo firmiter aliquod difficile. Sustinere autem difficultatem quae provenit ex diuturnitate boni operis, dat laudem perseverantiae: nec hoc est ita difficile sicut sustinere pericula mortis. Et ideo perseverantia adiungitur fortitudini sicut virtus secundaria principali.

AD PRIMUM ergo dicendum quod annexio secundariae virtutis ad principalem non solum attenditur secundum materiam, sed magis secundum modum: quia forma in unoquoque potior est quam materia. Unde licet perseverantia magis videatur convenire in materia cum temperantia quam cum fortitudine, tamen in modo magis convenit cum fortitudine, inquantum firmitatem servat contra difficultatem diuturnitatis.

AD SECUNDUM dicendum quod illa perseverantia de qua Philosophus loquitur[6], non moderatur aliquas passiones, sed consistit solum in quadam firmitate rationis et voluntatis. Sed perseverantia secundum quod ponitur virtus, moderatur aliquas passiones: scilicet timorem fatigationis aut defectus propter diuturnitatem. Unde haec virtus est in irascibili, sicut et fortitudo.

AD TERTIUM dicendum quod Augustinus ibi loquitur de perseverantia non secundum quod nominat habitum virtutis, sed secundum quod nominat actum virtutis continuatum usque in finem: secundum illud Mt 24,13: *Qui perseveraverit usque in finem, hic salvus erit*. Et ideo contra rationem perseverantiae sic acceptae esset quod amitteretur: quia iam non duraret usque in finem.

EM SENTIDO CONTRÁRIO, Cícero afirma a perseverança como parte da fortaleza.

RESPONDO. A virtude principal é aquela à qual se atribui principalmente algo que diz respeito ao louvor da virtude, na medida em que o realiza na matéria que lhe própria, na qual observá-lo é dificílimo e ótimo. Assim, a fortaleza é uma virtude principal porque guarda a firmeza naqueles domínios onde é muito difícil resistir firme, quais sejam os perigos mortais. É a razão pela qual se faz necessário acrescentar à fortaleza, como virtude secundária, toda virtude cujo mérito consiste em garantir a firmeza diante do difícil. Resistir firmemente à dificuldade que provém da longa duração da obra boa, faz o mérito da perseverança. E isto não é tão difícil como enfrentar perigos mortais. É a razão pela qual a perseverança se anexa à fortaleza como uma virtude secundária a uma principal.

QUANTO AO 1º, portanto, deve-se dizer que a anexação de uma virtude secundária a uma virtude principal leva em conta não somente a própria matéria da virtude, mas principalmente o modo como ela é anexada, porque em toda coisa a forma sobrepuja a matéria. Deste modo, embora a perseverança pareça convir muito mais à temperança do que à fortaleza, no tocante à matéria, naquilo que se refere ao modo de agir, ela convém mais à fortaleza enquanto garante a firmeza contra as dificuldades que provêm da duração.

QUANTO AO 2º, deve-se dizer que a perseverança de que fala Aristóteles não modera paixões, mas consiste apenas numa certa firmeza da razão e da vontade. Mas a perseverança, enquanto virtude, governa certas paixões, por exemplo, o medo do cansaço ou do fracasso, proveniente da longa duração. É por isso que esta virtude reside no irascível, como a fortaleza.

QUANTO AO 3º, deve-se dizer que Agostinho fala da perseverança, não enquanto ela designa um hábito virtuoso, mas enquanto designa o ato de virtude continuada até o fim, de acordo com aquela palavra do Evangelho: "Porque perseverou até o fim, será salvo". É a razão pela qual a eventualidade de perder a perseverança parece contrária à própria razão de perseverança, porque então não duraria até o fim.

---

3. *De invent. rhet.*, l. II, c. 54: ed. G. Friedrich, Lipsiae 1908, p. 231, l. 7.
4. Q. 123, a. 11; I-II, q. 61, a. 3, 4.
5. Q. 123, a. 11.
6. *Eth.*, l. VII, c. 4: 1147, b, 22-23; 1150, a, 14-16.

Articulus 3
Utrum constantia pertineat ad perseverantiam

AD TERTIUM SIC PROCEDITUR. Videtur quod constantia non pertineat ad perseverantiam.
1. Constantia enim pertinet ad patientiam, ut supra[1] dictum est. Sed patientia differt a perseverantia. Ergo constantia non pertinet ad perseverantiam.
2. PRAETEREA, *virtus est circa difficile et bonum*. Sed in parvis operibus constantem esse non videtur esse difficile, sed solum in operibus magnis, quae pertinent ad magnificentiam. Ergo constantia magis pertinet ad magnificentiam quam ad perseverantiam.
3. PRAETEREA, si ad perseverantiam pertineret constantia, in nullo videretur a perseverantia differre: quia utrumque immobilitatem quandam importat. Differunt autem: nam Macrobius[2] condividit constantiam firmitati, per quam intelligitur perseverantia, ut supra[3] dictum est. Ergo constantia non pertinet ad perseverantiam.

SED CONTRA est quod aliquis dicitur esse constans ex eo quod *in aliquo stat*. Sed *immanere aliquibus* pertinet ad perseverantiam: ut patet ex definitione quam Andronicus ponit[4]. Ergo constantia pertinet ad perseverantiam.

RESPONDEO dicendum quod perseverantia et constantia conveniunt quidem in fine, quia ad utramque pertinet firmiter persistere in aliquo bono: differunt autem secundum ea quae difficultatem afferunt ad persistendum in bono. Nam virtus perseverantiae proprie facit firmiter persistere hominem in bono contra difficultatem quae provenit ex ipsa diuturnitate actus: constantia autem facit firmiter persistere in bono contra difficultatem quae provenit ex quibuscumque aliis exterioribus impedimentis. Et ideo principalior pars fortitudinis est perseverantia quam constantia: quia difficultas quae est ex diuturnitate actus, est essentialior actui virtutis quam illa quae est ex exterioribus impedimentis.

AD PRIMUM ergo dicendum quod exteriora impedimenta persistendi in bono praecipue sunt

Artigo 3
A constância pertence à perseverança?

QUANTO AO TERCEIRO, ASSIM SE PROCEDE: parece que a constância **não** pertence à perseverança.
1. Com efeito, a constância se refere à paciência. Ora, a paciência difere da perseverança. Logo, a constância não diz respeito à perseverança.
2. ALÉM DISSO, a virtude concerne ao bem difícil. Ora, não parece tão difícil ser constante em assuntos menores, quanto nos grandes empreendimentos que dizem respeito à magnificência. Logo, a constância parece pertencer mais à magnificência do que à perseverança.
3. ADEMAIS, se a constância pertencesse à perseverança, uma praticamente não se diferenciaria da outra, porquanto ambas implicam uma certa imobilidade. Ora, elas diferem, porque Macróbio estabelece uma distinção entre constância e firmeza, que seria a perseverança. Logo, a constância não pertence à perseverança.

EM SENTIDO CONTRÁRIO, diz-se de alguém que ele é constante porque permanece firme em alguma coisa. Ora, ficar firme em alguma coisa, pertence à perseverança, no sentido em que a define Andrônico. Logo, a constância pertence à perseverança.

RESPONDO. Não há dúvida que perseverança e constância se encontram pelo seu fim que é, para ambas, persistir firmemente num certo bem. Mas diferem no que respeita às causas que tornam difícil esta persistência. Porque a virtude da perseverança tem por função própria fazer persistir firmemente no bem contra a dificuldade que provém da longa duração do ato; ao passo que a constância leva a persistir firmemente no bem contra a dificuldade que provém de qualquer obstáculo externo. Por isso, a perseverança é uma parte da fortaleza mais importante que a constância, pois a dificuldade que nasce da duração do ato é mais essencial ao ato da virtude do que aquela que provém de obstáculos externos.

QUANTO AO 1º, portanto, deve-se dizer que estes obstáculos exteriores são sobretudo aqueles que

---

3
1. Q. 136, a. 5.
2. *In somn. Scip.*, l. I, c. 8: ed. Fr. Eyssenhardt, Lipsiae 1868, p. 507, ll. 19-20.
3. Q. 128, ad 6.
4. Cfr. a. 1, *sed c*.

illa quae tristitiam inferunt. Circa tristitiam autem est patientia, ut dictum est⁵. Et ideo constantia secundum finem convenit cum perseverantia: secundum autem ea quae difficultatem inferunt, convenit cum patientia. Finis autem potior est. Et ideo constantia magis pertinet ad perseverantiam quam ad patientiam.

AD SECUNDUM dicendum quod in magnis operibus persistere difficilius est: sed in parvis vel mediocribus diu persistere habet difficultatem, etsi non ex magnitudine actus, quam respicit magnificentia, saltem ex ipsa diuturnitate, quam respicit perseverantia. Et ideo constantia potest ad utrumque pertinere.

AD TERTIUM dicendum quod constantia pertinet quidem ad perseverantiam, inquantum convenit cum ea: non tamen est idem ei, inquantum differt ab ea ut dictum est⁶.

ARTICULUS 4
Utrum perseverantia indigeat auxilio gratiae

AD QUARTUM SIC PROCEDITUR. Videtur quod perseverantia non indigeat auxilio gratiae.
1. Perseverantia enim est quaedam virtus, ut dictum est¹. Sed virtus, ut Tullius dicit, in sua *Rhetorica*², agit in modum naturae. Ergo sola inclinatio virtutis sufficit ad perseverandum. Non ergo ad hoc requiritur aliud auxilium gratiae.

2. PRAETEREA, donum gratiae Christi est maius quam nocumentum quod Adam intulit: ut patet Rm 5,15sqq. Sed ante peccatum h-omo sic conditus fuit *ut posset perseverare per id quod acceperat*: sicut Augustinus dicit, in libro *de Corrept. et Gra-*

provocam tristeza. E a tristeza diz respeito à paciência, como foi dito. E é por isso que, segundo o fim, a constância coincide com a perseverança, e, segundo as dificuldades que têm de enfrentar, coincide com a paciência. Ora, o mais importante nisto tudo é o fim, e por isso a constância convém muito mais à perseverança do que à paciênciaᶜ.

QUANTO AO 2º, deve-se dizer que é mais difícil perseverar nos grandes empreendimentos, mas nas obras pequenas e médias há também dificuldade em persistir por muito tempo, embora não pela grandeza da ação, que diz respeito à magnificência, mas ao menos por causa da longa duração, que diz respeito à perseverança. E é por isso que a constância pode se referir a ambas.

QUANTO AO 3º, deve-se dizer que é verdade que a constância se refere à perseverança em virtude daquilo que ambas têm em comum. Mas elas não são idênticas, por causa das diferenças que foram ditas.

ARTIGO 4
A perseverança precisa do auxílio da graça?

QUANTO AO QUARTO, ASSIM SE PROCEDE: parece que a perseverança **não** precisa do auxílio da graça.
1. Com efeito, a perseverança é uma virtude. Ora, a virtude, como diz Cícero, age à maneira da natureza. Logo, a inclinação à virtude deve bastar por sim mesma para produzir a perseverança. Por conseguinte, a perseverança não precisa do auxílio da graça.

2. ALÉM DISSO, o dom da graça do Cristo é maior do que o dano produzido pela pecado de Adão, como diz Paulo. Ora, antes do pecado o homem havia sido criado "com tudo o que lhe era necessário para perseverar", como diz Agostinho.

---

5. Q. 136, a. 1.
6. In corp.

PARALL.: I-II, q. 109, a. 10; II *Sent.*, dist. 29, Expos. Litt.; *Cont. Gent.* III, 155; *de Verit.*, q. 24, a. 13; q. 27, a. 5, ad 3, 4; *in Psalm.* 31.

1. Art. 1.
2. *De invent. rhet.*, l. II, c. 53: ed. G. Friedrich, Lipsiae 1908, p. 230, ll. 2-3.

---

c. Esses matizes de vocabulário (paciência, perseverança, constância) interessam ao moralista, devido às perspectivas que elas abrem em todas as línguas. Mas não se aplicam de maneira idêntica a todas as línguas, nem mesmo necessariamente a uma mesma língua tomada nas diferentes etapas de sua evolução. Ainda que derive imediatamente do latim, uma palavra constitui para si uma história própria, que muitas vezes a afasta de sua etimologia.
  Não deveríamos nos surpreender, portanto, se as considerações de Sto. Tomás não se aplicarem à nossa língua. Na verdade, elas se aplicam bastante bem aqui: ser paciente consiste em não se deixar abater pela tristeza, ser constante consiste em não se deixar dobrar pelos obstáculos exteriores, ser perseverante consiste em não se deixar desencorajar pela extensão dos adiamentos impostos.

*tia*³. Ergo multo magis homo per gratiam Christi reparatus, potest perseverare absque auxilio novae gratiae.

3. PRAETEREA, opera peccati quandoque sunt difficiliora quam opera virtutis: unde ex persona impiorum dicitur Sap 5,7: *Ambulavimus vias difficiles*. Sed aliqui perseverant in operibus peccati absque alterius auxilio. Ergo etiam in operibus virtutum potest homo perseverare absque auxilio gratiae.

SED CONTRA est quod Augustinus dicit, in libro *de Perseverantia*⁴: *Asserimus donum Dei esse perseverantiam, qua usque in finem perseveratur in Christo*.

RESPONDEO dicendum quod, sicut ex dictis⁵ patet, perseverantia dupliciter dicitur. Uno modo, pro ipso habitu perseverantiae, secundum quod est virtus. Et hoc modo indiget dono habitualis gratiae, sicut et ceterae virtutes infusae. — Alio modo potest accipi pro actu perseverantiae durante usque ad mortem. Et secundum hoc indiget non solum gratia habituali, sed etiam gratuito Dei auxilio conservantis hominem in bono usque ad finem vitae: sicut supra⁶ dictum est, cum de gratia ageretur. Quia cum liberum arbitrium de se sit vertibile, et hoc ei non tollatur per habitualem gratiam praesentis vitae; non subest potestati liberi arbitrii, etiam per gratiam reparati, ut se immobiliter in bono statuat, licet sit in potestate eius quod hoc eligat: plerumque enim cadit in potestate nostra electio, non autem executio.

AD PRIMUM ergo dicendum quod virtus perseverantiae, quantum est de se, inclinat ad perseverandum. Quia tamen habitus est *quo quis utitur cum voluerit*, non est necessarium quod habens habitum virtutis immobiliter utatur eo usque ad mortem.

AD SECUNDUM dicendum quod, sicut Augustinus dicit, in libro de *Corrept. et Gratia*⁷, *primo homini datum est, non ut perseveraret, sed ut perseverare posset, per liberum arbitrium*: quia nulla corruptio tunc erat in natura humana quae perseverandi difficultatem praeberet. *Sed nunc praedestinatis per gratiam Christi non solum datur ut perseverare possint, sed ut perseverent*. Unde primus homo, nullo terrente, contra Dei terrentis imperium libe-

Logo, o homem restaurado pela graça do Cristo pode muito mais perseverar sem o auxílio de uma nova graça.

3. ADEMAIS, as obras do pecado são por vezes mais difíceis que as obras da virtude. É por isso que o livro da Sabedoria põe nos lábios dos ímpios: "Nós temos caminhado por estradas difíceis". Ora, muitos perseveram nas obras do pecado sem o socorro de ninguém. Logo, mesmo nas obras da virtude. é possível perseverar sem o auxílio da graça.

EM SENTIDO CONTRÁRIO, Agostinho escreve: "Nós afirmamos que a perseverança é um dom de Deus, que faz perseverar no Cristo até o fim".

RESPONDO. O termo perseverança pode ser entendido em dois sentidos. Primeiro, como designando o hábito da perseverança; e neste caso é uma virtude. E desse modo, ela tem necessidade do dom da graça habitual, como as outras virtudes infusas. — Segundo, como designando o ato da perseverança, que dura até a morte. Neste sentido, ela precisa não somente da graça habitual, mas ainda do socorro gratuito pelo qual Deus guarda o homem no bem até o fim de sua vida, como foi dito ao estudar o tratado da graça. Como o livre-arbítrio é por si volúvel, e isso não é corrigido pela graça habitual, nesta vida, não está no poder do livre-arbítrio, mesmo restaurado pela graça, ficar imutavelmente no bem, embora esteja em seu poder fazer esta escolha. Ocorre frequentemente, com efeito, que a escolha está em nosso poder, mas não a execução.

QUANTO AO 1º, portanto, deve-se dizer que a virtude da perseverança, por si mesma, inclina a perseverar. Mas, pelo fato de alguém poder usar deste hábito quando quiser, não é necessário que o que tem o hábito da virtude, use dele sem interrupção até a morte.

QUANTO AO 2º, deve-se dizer que como diz Agostinho, "o que foi dado ao primeiro homem, não foi o perseverar, mas o poder perseverar pelo livre-arbítrio"; pois não havia então na natureza humana nenhuma corrupção que tornasse a perseverança difícil. Mas agora, o que é dado pela graça de Cristo aos homens predestinados, não é apenas o poder de perseverar, mas perseverar. Assim, o primeiro homem, sem sofrer nenhuma ameaça,

---

3. C. 11: ML 44, 936.
4. C. 1: ML 45, 993.
5. A. 1, ad 2; a. 2, ad 3.
6. I-II, q. 109, a. 10.
7. C. 12, nn. 34, 35: ML 44, 937.

ro usus arbitrio, non stetit in tanta felicitate, cum tanta non peccandi facilitate. Isti autem, saeviente mundo ne starent, steterunt in fide.

AD TERTIUM dicendum quod homo per se potest cadere in peccatum, sed non potest per se resurgere a peccato sine auxilio gratiae. Et ideo ex hoc ipso quod homo cadit in peccatum, inquantum est de se, facit se in peccato perseverantem, nisi gratia Dei liberetur. Non autem ex hoc quod facit bonum facit se perseverantem in bono: quia de se potens est peccare. Et ideo ad hoc indiget auxilio gratiae.

usou de seu livre-arbítrio para desobedecer a Deus, apesar das ameaças d'Ele, e não se manteve naquela felicidade quando era tão fácil não pecar. Ao passo que os predestinados, cuja firmeza o mundo atacava, permaneceram firmes na fé".

QUANTO AO 3º, deve-se dizer que o homem por si mesmo pode cair em pecado, mas não pode, sem o auxílio da graça, ressurgir do pecado por si mesmo. Por isso, pelo simples fato de cair em pecado, o homem, naquilo que dele depende, acaba se tornando perseverante no pecado, a não ser que a graça de Deus o liberte. Mas o simples fato de fazer o bem não garante a perseverança no bem. Para isto ele tem necessidade do socorro da graça.

QUAESTIO CXXXVIII
DE VITIIS OPPOSITIS PERSEVERANTIAE

in duos articulos divisa

Deinde considerandum est de vitiis oppositis perseverantiae.
Et circa hoc quaeruntur duo.
Primo: de mollitie.
Secundo: de pertinacia.

QUESTÃO 138
OS VÍCIOS OPOSTOS À PERSEVERANÇA

em dois artigos

Em seguida, deve-se tratar dos vícios opostos à perseverança.
A esse respeito, duas questões:
1. A moleza.
2. A teimosia.

ARTICULUS 1
Utrum mollities opponatur perseverantiae

AD PRIMUM SIC PROCEDITUR. Videtur quod mollities non opponatur perseverantiae.

1. Quia super illud 1Cor 6,9-10, *Neque adulteri neque molles neque masculorum concubitores*, Glossa[1] exponit *molles, idest pathici*, hoc est muliebria patientes. Sed hoc opponitur castitati. Ergo mollities non est vitium oppositum perseverantiae.

2. PRAETEREA, Philosophus dicit, in VII *Ethic.*[2], quod *delicia mollities quaedam est*. Sed esse deliciosum videtur pertinere ad intemperantiam. Ergo mollities non opponitur perseverantiae, sed magis temperantiae.

3. PRAETEREA, Philosophus, ibidem[3], dicit quod *lusivus est mollis*. Sed esse immoderate lusivum

ARTIGO 1
A moleza se opõe à perseverança?

QUANTO AO PRIMEIRO ARTIGO, ASSIM SE PROCEDE: parece que a moleza **não** se opõe à perseverança.

1. Com efeito, a propósito do texto de Paulo "Nem os adúlteros, nem os efeminados, nem os sodomitas ..." a Glosa interpreta efeminados no sentido de depravados com tendências femininas. Ora, isto se opõe à castidade. Logo, a moleza não se opõe à perseverança.

2. ALÉM DISSO, segundo Aristóteles, "a *delicadeza* é uma espécie de moleza". Ora, a *delicadeza* parece dizer respeito à intemperança. Logo, a moleza não se opõe à perseverança, mas à temperança.

3. ADEMAIS, Aristóteles diz ainda que "o jogador é um mole". Ora, o amor imoderado do jogo se

---

1 PARALL.: Infra, a. 2; VII *Ethic.*, lect. 7.

1. Interlin.; LOMBARDI: ML 191, 1579 A.
2. C. 8: 1150, b, 3-16.
3. C. 8: 1150, b, 16-19.

opponitur eutrapeliae, quae est virtus circa *delectationes ludorum*, ut dicitur in IV *Ethic*.[4]. Ergo mollities non opponitur perseverantiae.

SED CONTRA est quod Philosophus dicit, in VII *Ethic*.[5], quod *molli opponitur perseverativus*.

RESPONDEO dicendum quod, sicut supra[6] dictum est, laus perseverantiae in hoc consistit quod aliquis non recedit a bono propter diuturnam tolerantiam difficilium et laboriosorum. Cui directe opponi videtur quod aliquis de facili recedat a bono propter aliqua difficilia, quae sustinere non potest. Et hoc pertinet ad rationem mollitiei: nam molle dicitur quod facile cedit tangenti.

Non autem iudicatur aliquid molle ex hoc quod cedit fortiter impellenti: nam et parietes cedunt machinae percutienti. Et ideo non reputatur aliquis mollis si cedat aliquibus valde graviter impellentibus: unde Philosophus dicit, in VII *Ethic*.[7], quod *si quis a fortibus et superexcellentibus delectationibus vincitur vel tristitiis, non est admirabile, sed condonabile, si contra tendat*.

Manifestum est autem quod gravius impellit metus periculorum quam cupiditas delectationum: unde Tullius dicit, in I *de Offic*.[8]: *Non est consentaneum qui metu non frangatur, eum frangi cupiditate; nec qui invictum se a labore praestiterit, vinci a voluptate*. Ipsa etiam voluptas fortius movet attrahendo quam tristitia de carentia voluptatis retrahendo: quia carentia voluptatis est purus defectus. Et ideo secundum Philosophum[9], proprie mollis dicitur qui recedit a bono propter tristitias causatas ex defectu delectationum, quasi cedens debili moventi.

AD PRIMUM ergo dicendum quod praedicta mollities causatur dupliciter. Uno modo, ex consuetudine: cum enim aliquis consuetus est voluptatibus frui, difficilius potest earum absentiam sustinere. Alio modo, ex naturali dispositione: quia videlicet habent animum minus constantem, propter fragilitatem complexionis. Et hoc modo comparantur feminae ad masculos, ut Philosophus dicit, in VII *Ethic*.[10]. Et ideo illi qui muliebria patiuntur molles dicuntur, quasi muliebres effecti.

opõe à *eutrapelia*, virtude concernente aos prazeres do jogo, segundo Aristóteles. Logo, a moleza não se opõe à perseverança.

EM SENTIDO CONTRÁRIO, Aristóteles diz que o homem mole se opõe ao perseverante.

RESPONDO. O mérito da perseverança consiste em não se afastar do bem, mesmo que para isso tenha que suportar dificuldades e trabalhos durante muito tempo. A isso se opõe diretamente o fato de um homem renunciar facilmente ao bem por causa das dificuldades às quais não pode resistir. E isto diz respeito à moleza, porque o mole se define como aquele que cede facilmente à pressão.

Não é taxado de moleza quem cede a um assalto violento, posto que até as muralhas desmoronam sob os golpes dos aríetes. E ninguém será qualificado de mole por ceder diante de assaltos muito violentos. Isto leva Aristóteles a dizer que "se um homem é vencido por prazeres ou tristezas fora do comum, isto não tem nada de espantoso, mas antes de perdoável, se ele tentar alguma reação contra".

É evidente que o medo do perigo tem muito mais força do que a concupiscência dos prazeres. Cícero diz: "Não é aceitável que aquele que não se deixou quebrar pelo medo, seja quebrado pela concupiscência; nem que aquele que conseguiu sair invicto do sofrimento seja vencido pela volúpia". Mas o poder de atração da voluptuosidade é bem maior que o poder da tristeza resultante da supressão do prazer voluptuoso, uma vez que a carência de voluptuosidade é puro defeito. Por isto, segundo Aristóteles, "o homem mole é aquele que se afasta do bem por causa das tristezas causadas pela falta de deleites, como quem cede diante de uma pressão fraca".

QUANTO AO 1º, portanto, deve-se dizer que esta moleza pode ter duas causas. Primeiro, o costume: quando alguém está acostumado a fruir das volúpias é mais difícil para ele suportar a ausência delas. Segundo, a disposição natural: alguém têm o espírito menos constante por causa da fraqueza da compleição. E assim é comum se estabelecer, a este propósito, uma comparação entre homens e mulheres, como lembra Aristóteles. Aqueles que se comportam como mulheres são chamados de moles, no sentido de efeminados.

---

4. C. 14: 1128, a, 9-10.
5. C. 8: 1150, a, 33 — b, 1.
6. Q. 137, a. 1, 2.
7. C. 8: 1150, b, 6-16.
8. C. 20: ed. C. F. W. Mueller, Lipsiae 1910, p. 24, ll. 21-23.
9. C. 8: 1150, b, 1-16.
10. C. 8: 1150, b, 15-16.

AD SECUNDUM dicendum quod voluptati corporali opponitur labor: et ideo res laboriosae tantum impediunt voluptates. Deliciosi autem dicuntur qui non possunt sustinere aliquos labores, nec aliquid quod voluptatem diminuat: unde dicitur Dt 28,56: *Tenera mulier et delicata, quae super terram ingredi non valebat, nec pedis vestigium figere, propter mollitiem.* Et ideo delicia quaedam mollities est. Sed mollities proprie respicit defectum delectationum: deliciae autem causam impeditivam delectationis, puta laborem vel aliquid huiusmodi.

AD TERTIUM dicendum quod in ludo duo est considerare. Uno quidem modo, delectationem: et sic inordinate lusivus opponitur eutrapeliae. Alio modo in ludo consideratur quaedam remissio sive quies, quae opponitur labori. Et ideo sicut non posse sustinere laboriosa pertinet ad mollitiem, ita etiam nimis appetere remissionem ludi, vel quamcumque aliam quietem.

ARTICULUS 2
Utrum pertinacia opponatur perseverantiae

AD SECUNDUM SIC PROCEDITUR. Videtur quod pertinacia non opponatur perseverantiae.
1. Dicit enim Gregorius, XXXI *Moral.*[1], quod pertinacia oritur ex inani gloria. Sed inanis gloria non opponitur perseverantiae, sed magis magnanimitati, ut supra[2] dictum est. Ergo pertinacia non opponitur perseverantiae.
2. PRAETEREA, si opponitur perseverantiae, aut opponitur ei per excessum, aut per defectum. Sed non opponitur ei per excessum: quia etiam pertinax cedit alicui delectationi et tristitiae; quia, ut dicit Philosophus, in VII *Ethic.*[3], *gaudent vincentes, et tristantur si sententiae eorum infirmae appareant.* Si autem per defectum, erit idem quod mollities: quod patet esse falsum. Nullo ergo modo pertinacia opponitur perseverantiae.
3. PRAETEREA, sicut perseverans persistit in bono contra tristitias, ita continens et temperatus contra delectationes, et fortis contra timores, et

QUANTO AO 2º, deve-se dizer que à volúpia do corpo se opõe o esforço físico. É por isso que o esforço físico contraria tanto a voluptuosidade. Ora, chamam-se de delicados aqueles que não podem suportar certos esforços, nem qualquer coisa que diminua seu prazer. Daí a frase da Escritura, sobre "a mulher terna e delicada, que não queria nem mesmo pôr a planta do pé no chão, por moleza..." Assim, a *delicadeza* é uma espécie de moleza. Mas a moleza diz respeito muito mais à falta de deleites, enquanto a delicadeza se refere mais à causa que impede as deleitações, como o esforço físico ou algo semelhante.

QUANTO AO 3º, deve-se dizer que há dois elementos a considerar no jogo. Primeiro o prazer, e é assim que o jogador imoderado se opõe à "eutrapelia". Segundo, o jogo é considerado como um alívio, um repouso que se opõe ao esforço. E como ser incapaz de suportar um esforço é algo que se refere à moleza, também diz respeito à moleza o desejo demasiado do alívio do jogo ou de qualquer outro repouso.

ARTIGO 2
A teimosia se opõe à perseverança?

QUANTO AO SEGUNDO, ASSIM SE PROCEDE: parece que a teimosia **não** se opõe à perseverança.
1. Com efeito, Gregório diz que a teimosia nasce da vanglória. Ora, a vanglória não se opõe à perseverança, mas muito mais à magnanimidade. Logo, a teimosia não se opõe à perseverança.
2. ALÉM DISSO, a teimosia só pode ser opor à perseverança por excesso ou por carência. Ora, não se opõe a ela por excesso, porque mesmo o teimoso cede diante do prazer ou da tristeza, uma vez que, segundo Aristóteles, "ele se regozija quando triunfa e se entristece quando sua opinião não é aceita". E se a teimosia a ela se opõe por carência, ela será o mesmo que a moleza, o que evidentemente é falso. Logo, a teimosia não se opõe de nenhuma maneira à perseverança.
3. ADEMAIS, assim como o perseverante permanece fiel ao bem, apesar das tristezas, assim também permanecem fiéis aqueles que praticam a

---

1. C. 45, al. 17, in vet. 31, n. 88: ML 76, 621 A.
2. Q. 132, a. 2.
3. C. 10: 1151, b, 14-17.

mansuetus contra iras. Sed pertinax dicitur aliquis ex eo quod nimis in aliquo persistit. Ergo pertinacia non magis opponitur perseverantiae quam aliis virtutibus.

SED CONTRA est quod Tullius dicit, in sua *Rhetorica*[4], quod ita se habet pertinacia ad perseverantiam sicut superstitio ad religionem. Sed superstitio opponitur religioni, ut supra[5] dictum est. Ergo et pertinacia perseverantiae.

RESPONDEO dicendum quod, sicut Isidorus dicit, in libro *Etymol.*[6], *pertinax* dicitur aliquis qui est *impudenter tenens*, quasi *omnia tenax*. Et hic idem dicitur *pervicax*: eo quod *in proposito suo ad victoriam perseverat: antiqui enim dicebant viciam quam nos victoriam*. Et hos Philosophus vocat, in VII *Ethic.*[7], *ischrognomones*, idest *fortis sententiae*, vel *idiognomones*, idest *propriae sententiae*: quia scilicet perseverant in propria sententia plus quam oportet; mollis autem minus quam oportet; perseverans autem secundum quod oportet. Unde patet quod perseverantia laudatur sicut in medio existens; pertinax autem vituperatur sicut secundum excessum medii; mollis autem secundum defectum.

AD PRIMUM ergo dicendum quod ideo aliquis nimis persistit in propria sententia, quia per hoc vult suam excellentiam manifestare. Et ideo oritur ex inani gloria sicut ex causa. Dictum est autem supra[8] quod oppositio vitiorum ad virtutes non attenditur secundum causam, sed secundum propriam speciem.

AD SECUNDUM dicendum quod pertinax excedit quidem in hoc quod inordinate persistit in aliquo contra multas difficultates: habet tamen aliquam delectationem in fine, sicut et fortis et etiam perseverans. Quia tamen illa delectatio est vitiosa, ex hoc quod nimis eam appetit et contrariam tristitiam fugit, assimilatur incontinenti vel molli.

AD TERTIUM dicendum quod aliae virtutes, etsi persistant contra impetus passionum, non tamen proprie laus earum est ex persistendo, sicut laus perseverantiae. Laus vero continentiae magis videtur ex vincendo delectationes. Et ideo pertinacia directe opponitur perseverantiae.

continência ou a temperança, apesar dos prazeres, o forte, apesar dos temores, o manso apesar da ira. Ora, chama-se teimoso aquele que persiste com excesso em sua posição. Logo, a teimosia não se opõe mais à perseverança do que às outras virtudes.

EM SENTIDO CONTRÁRIO, Cícero diz que entre a teimosia e a perseverança existe a mesma relação que entre a superstição e a religião. Ora, ficou provado acima que a superstição se opõe à religião. Logo, a teimosia se opõe à perseverança.

RESPONDO. Segundo Isidoro, chama-se pertinaz alguém que é atrevidamente seguro e por assim dizer tenaz em tudo. Chamam-no também de pervicaz porque ele se obstina em sua busca da vitória. A palavra pervicaz vem da palavra latina antiga "vicia", que usavam para significar vitória. E Aristóteles chama estas pessoas de *ischrognomones*, ou seja, fortes nas sentenças, ou de *idiognomones*, o que quer dizer, apegados às suas próprias opiniões, porque elas perseveram em seus pontos de vista mais que o conveniente. O mole se obstina menos do que devia, o perseverante, na medida exata. Assim pois a perseverança merece elogio por ficar no meio-termo; o teimoso merece censura porque ultrapassa o meio-termo e o mole porque não chega a ele.

QUANTO AO 1º, portanto, deve-se dizer que quando alguém se obstina de modo exagerado em sua própria opinião, é sinal de que quer com isso mostrar sua superioridade, e é por isso que a teimosia é causada pela vanglória. Ora, a oposição entre vícios e virtudes não se julga segundo sua causa, mas segundo sua espécie própria.

QUANTO AO 2º, deve-se dizer que o teimoso peca por excesso nisto que se obstina de maneira desregrada contra numerosas dificuldades. Mas acaba encontrando nisto um certo prazer, como o homem forte e o perseverante. Este prazer, porém, é vicioso, porque desejado demais e procurando imoderadamente fugir da tristeza contrária. Por isso, o teimoso acaba igual ao incontinente e ao mole.

QUANTO AO 3º, deve-se dizer que as outras virtudes resistem contra o assalto das paixões, mas o mérito próprio delas não reside nisto, como na perseverança. O mérito da continência consiste principalmente em sua vitória sobre os prazeres. Por esta razão a teimosia se opõe diretamente à perseverança.

---

4. *De invent. rhet.*, l. II, c. 54: ed. G. Friedrich, Lipsiae 1908, p. 231, ll. 35-37.
5. Q. 92, a. 1.
6. L. X, ad litt. *P*, nn. 213, 211: ML 82, 390 A, 389 C.
7. C. 10: 1151, b, 12-17.
8. Q. 127, a. 2, ad 1; q. 133, a. 2.

QUAESTIO CXXXIX
DE DONO FORTITUDINIS
in duos articulos divisa

Deinde considerandum est de dono quod respondet fortitudini, quod est fortitudinis donum. Et circa hoc quaeruntur duo.
Primo: utrum fortitudo sit donum.
Secundo: quid respondeat ei in beatitudinibus et fructibus.

ARTICULUS 1
Utrum fortitudo sit donum

AD PRIMUM SIC PROCEDITUR. Videtur quod fortitudo non sit donum.

1. Virtutes enim a donis differunt. Sed fortitudo est virtus. Ergo non debet poni donum.

2. PRAETEREA, actus donorum manent in patria, ut supra[1] habitum est. Sed actus fortitudinis non manent in patria: dicit enim Gregorius, in I *Moral.*[2] quod *fortitudo dat fiduciam trepidanti contra adversa*; quae nulla erunt in patria. Ergo fortitudo non est donum.

3. PRAETEREA, Augustinus dicit, in II *de Doctr. Christ.*[3], quod fortitudinis est *ab omni transeuntium mortifera iucunditate seipsum sequestrare*. Sed circa noxias iucunditates seu delectationes magis consistit temperantia quam fortitudo. Ergo videtur quod fortitudo non sit donum respondens virtuti fortitudinis.

SED CONTRA est quod Is 11,2 fortitudo inter alia dona Spiritus Sancti computatur.

RESPONDEO dicendum quod fortitudo importat quandam animi firmitatem, ut supra[4] dictum est: et haec quidem firmitas animi requiritur et in bonis faciendis et in malis perferendis, et praecipue in arduis bonis vel malis. Homo autem secundum proprium et connaturalem sibi modum hanc firmitatem in utroque potest habere, ut non deficiat a bono propter difficultatem vel alicuius ardui operis implendi vel alicuius gravis mali perferendi: et secundum hoc fortitudo ponitur virtus

QUESTÃO 139
O DOM DA FORTALEZA
em dois artigos

Em seguida, deve-se tratar do dom que corresponde à fortaleza, a saber, do dom da fortaleza. A esse respeito, duas questões:
1. A fortaleza é um dom?
2. A que bem-aventurança ou fruto corresponde?

ARTIGO 1
A fortaleza é um dom?[a]

QUANTO AO PRIMEIRO ARTIGO, ASSIM SE PROCEDE: parece que a fortaleza **não** é um dom.

1. Com efeito, as virtudes diferem dos dons. Ora, a fortaleza é uma virtude. Logo, não se deve chamá-la de dom.

2. ALÉM DISSO, os atos dos dons permanecem na pátria. Ora, não o ato da fortaleza, pois, segundo Gregório, "a fortaleza dá confiança àquele que treme diante das adversidades" que não existirão mais na pátria. Logo, a fortaleza não é um dom.

3. ADEMAIS, para Agostinho, cabe à fortaleza "nos separar de todo gozo mortal proporcionado por aquilo que é passageiro". Ora, as alegrias ou os deleites sensíveis dizem respeito à temperança mais que à fortaleza. Logo, parece que a fortaleza não é um dom correspondente à virtude do mesmo nome.

EM SENTIDO CONTRÁRIO, Isaías enumera a fortaleza entre os dons do Espírito Santo.

RESPONDO. A fortaleza implica uma certa firmeza da alma. E esta firmeza da alma é requerida tanto para praticar o bem quanto para resistir ao mal, e principalmente quando se trata de males e bens que são difíceis. Ora o homem, segundo o modo que lhe é próprio e conatural, pode possuir esta firmeza para os dois objetivos seguintes: não abandonar o bem por causa da dificuldade de cumprir uma obra árdua, ou de suportar um mal cruel. Neste sentido, a fortaleza é dita uma virtude

---

1 PARALL.: III *Sent.*, dist. 34, q. 1, a. 2; q. 3, a. 1, q.la 1.
  1. I-II, q. 68, a. 6.
  2. C. 32, al. 15, n. 44: ML 75, 547 B.
  3. C. 7, n. 10: ML 34, 39-40.
  4. Q. 123, a. 2; I-II, q. 61, a. 3.

  a. No âmbito geral do estudo feito por Sto. Tomás sobre os dons do Espírito Santo, este artigo não apresenta dificuldade alguma. Pode ser melhor compreendido comparando-se com a I-II, q. 68.

specialis vel generalis, ut supra[5] dictum est. Sed ulterius a Spiritu Sancto movetur animus hominis ad hoc quod perveniat ad finem cuiuslibet operis inchoati, et evadat quaecumque pericula imminentia. Quod quidem excedit naturam humanam: quandoque enim non subest potestati hominis ut consequatur finem sui operis, vel evadat mala seu pericula, cum quandoque opprimatur ab eis in mortem. Sed hoc operatur Spiritus Sanctus in homine, dum perducit eum ad vitam aeternam, quae est finis omnium bonorum operum et evasio omnium periculorum. Et huius rei infundit quandam fiduciam menti Spiritus Sanctus, contrarium timorem excludens. Et secundum hoc fortitudo donum Spiritus Sancti ponitur: dictum est enim supra[6] quod dona respiciunt motionem animae a Spiritu Sancto.

AD PRIMUM ergo dicendum quod fortitudo quae est virtus perficit animam ad sustinendum quaecumque pericula, sed non sufficit dare fiduciam evadendi quaecumque pericula: sed hoc pertinet ad fortitudinem quae est donum Spiritus Sancti.

AD SECUNDUM dicendum quod dona non habent eosdem actus in patria quos habent in via, sed ibi habent actus circa perfruitionem finis. Unde actus fortitudinis ibi est perfrui plena securitate a laboribus et malis.

AD TERTIUM dicendum quod donum fortitudinis respicit virtutem fortitudinis non solum secundum quod consistit in sustinendo pericula, sed etiam secundum quod consistit in quocumque arduo opere faciendo. Et ideo donum fortitudinis dirigitur a dono consilii, quod videtur praecipue esse de melioribus bonis.

especial ou geral. Mas a alma do homem é levada mais longe ainda pelo Espírito Santo para poder chegar ao fim de toda obra iniciada e de escapar de todo perigo que a ameace. Mas isto ultrapassa as forças da natureza humana, porque muitas vezes fica acima do poder do homem conseguir chegar à consumação de sua obra ou escapar dos perigos dos males ou dos perigos que por vezes lhe infligem a morte. Mas é o Espírito Santo que opera tudo isto no homem, quando o conduz até à vida eterna, que é o fim de todas as obras boas, e a incolumidade frente a todo perigo. O Espírito Santo infunde na alma uma certa confiança que exclui o temor oposto. É assim que se considera a fortaleza um dom do Espírito Santo. Acima foi dito que os dons designam uma moção transmitida à alma pelo Espírito Santo.

QUANTO AO 1º, portanto, deve-se dizer que a virtude da fortaleza aperfeiçoa a alma no sentido de resistir a todos os perigos, mas não é suficiente para lhe dar a confiança absoluta de escapar de todos eles; isto é da alçada da fortaleza que é dom do Espírito Santo.

QUANTO AO 2º, deve-se dizer que os dons não têm na pátria os mesmos atos que têm durante a nossa peregrinação. Lá, são atos que têm por objeto o gozo pleno do fim e os atos de fortaleza permitem fruir no céu a segurança absoluta, livre de todos os males e sofrimentos.

QUANTO AO 3º, deve-se dizer que o dom da fortaleza se refere à virtude da fortaleza não apenas pelo fato de suportar os perigos, mas também no cumprimento de toda e qualquer obra árdua. É a razão pela qual o dom da fortaleza é guiado pelo dom do conselho, que leva a escolher os melhores bens.

ARTICULUS 2
Utrum quarta beatitudo, scilicet, *Beati qui esuriunt et sitiunt iustitiam*, respondeat dono fortitudinis

AD SECUNDUM SIC PROCEDITUR. Videtur quod quarta beatitudo, scilicet, *Beati qui esuriunt et sitiunt iustitiam*, non respondeat dono fortitudinis.

ARTIGO 2
A quarta bem-aventurança, bem-aventurados os que têm fome e sede de justiça, corresponde ao dom da fortaleza?

QUANTO AO SEGUNDO, ASSIM SE PROCEDE: parece que a quarta bem-aventurança, bem-aventurados os que têm fome e sede de justiça, **não** corresponde ao dom da fortaleza.

---

5. Q. 123, a. 2.
6. I-II, q. 68, a. 1, 2.

PARALL.: I-II, q. 69, a. 3, ad 3; III *Sent.*, dist. 34, q. 1, a. 4; *in Matth.*, c. 5.

1. Donum enim fortitudinis non respondet virtuti iustitiae, sed potius donum pietatis. Sed esurire, et sitire iustitiam pertinet ad actum iustitiae. Ergo ista beatitudo magis pertinet ad donum pietatis quam ad donum fortitudinis.

2. PRAETEREA, esuries et sitis iustitiae importat desiderium boni. Sed hoc proprie pertinet ad caritatem: cui non respondet donum fortitudinis, sed magis donum sapientiae, ut supra[1] habitum est. Ergo ista beatitudo non respondet dono fortitudinis, sed dono sapientiae.

3. PRAETEREA, fructus consequuntur ad beatitudines: quia de ratione beatitudinis est delectatio, ut dicitur in I *Ethic*.[2]. Sed in fructibus non videtur aliquid poni quod pertineat ad fortitudinem. Ergo neque aliqua beatitudo ei respondet.

SED CONTRA est quod Augustinus dicit, in libro *de Serm. Dom. in Monte*[3]: *Fortitudo congruit esurientibus: laborant enim, desiderantes gaudium de veris bonis, amorem a terrenis avertere cupientes.*

RESPONDEO dicendum quod, sicut supra[4] dictum est, Augustinus attribuit beatitudines donis secundum ordinem enumerationis, considerata tamen aliqua convenientia. Et ideo quartam beatitudinem, scilicet de esurie et siti iustitiae, attribuit quarto dono, scilicet dono fortitudinis. Est tamen ibi aliqua convenientia. Quia sicut dictum est[5], fortitudo in arduis consistit. Est autem valde arduum quod aliquis non solum opera virtuosa faciat, quae communiter dicuntur opera iustitiae; sed quod faciat ea cum insatiabili quodam desiderio, quod potest significari per famem et sitim iustitiae.

AD PRIMUM ergo dicendum quod, sicut Chrysostomus dicit, *super Matth*.[6], iustitia hic potest accipi non solum particularis, sed etiam universalis; quae se habet ad omnium virtutum opera, ut dicitur in V *Ethic*.[7]. In quibus arduum intendit fortitudo quae est donum.

AD SECUNDUM dicendum quod caritas est radix omnium donorum et virtutum, ut supra[8] dictum

1. Com efeito, o dom da fortaleza não corresponde à virtude da justiça, mas antes à da piedade. Ora, ter fome e sede de justiça diz respeito à justiça. Logo, esta bem-aventurança pertence mais ao dom da piedade que ao da fortaleza.

2. ALÉM DISSO, fome e sede de justiça implicam o desejo do bem. Ora, isto diz respeito propriamente à caridade, à qual não corresponde o dom da fortaleza, mas principalmente o dom da sabedoria. Logo, esta bem-aventurança não corresponde ao dom da fortaleza mas ao dom da sabedoria.

3. ADEMAIS, os frutos decorrem das bem-aventuranças, porque, como diz Aristóteles, da razão de bem-aventurança provém o deleite. Ora, no concernente aos frutos não parece que se afirme algo que se refira à fortaleza. Logo, não há tampouco uma bem-aventurança que corresponda exatamente a este dom.

EM SENTIDO CONTRÁRIO, Agostinho diz: "A fortaleza convém aos famintos porque eles sofrem em seu desejo de chegar ao gozo dos bens verdadeiros e de renunciar ao amor aos bens terrestres".

RESPONDO. Agostinho atribui as bem-aventuranças aos dons, segundo uma ordem de enumeração que leva em conta uma certa conveniência. Assim, ele atribui a quarta bem-aventurança, a saber, ter fome e sede de justiça, ao quarto dom, que é o da fortaleza. Nisto existe de fato uma certa conveniência[b]. Porque a fortaleza se aplica às tarefas árduas. Ora, é sem dúvida bastante árduo não somente ter que praticar obras virtuosas, comumente chamadas de obras de justiça, mas ainda ter de cumpri-las com um desejo insaciável, que pode ser significado pela fome e sede de justiça.

QUANTO AO 1º, portanto, deve-se dizer que, como diz Crisóstomo, pode-se tomar esta justiça não somente no sentido particular, mas também no sentido universal que abrange todas as obras de justiça, segundo Aristóteles. Entre estas obras, o que é árduo é visado pelo dom da fortaleza.

QUANTO AO 2º, deve-se dizer que a caridade é a raiz de todos os dons e de todas as virtudes.

---

1. Q. 45, Introd.; cfr. ibid., a. 2, 4.
2. C. 9: 1099, a, 7.
3. L. I, c. 4: ML 34, 1234.
4. Q. 121, a. 2.
5. Art. praec.
6. Hom. 15, n. 4: MG 57, 227.
7. C. 3: 1129, b, 14-19.
8. Q. 23, a. 8, ad 2; I-II, q. 68, a. 4, ad 3.

b. Sto. Tomás não nutre ilusão alguma e está perfeitamente consciente do arbitrário que existe em tais correspondências. Mas toda ocasião lhe serve para afinar suas noções.

est. Et ideo quidquid pertinet ad fortitudinem potest etiam ad caritatem pertinere.

AD TERTIUM dicendum quod inter fructus ponuntur duo quae sufficienter correspondent dono fortitudinis: scilicet *patientia*, quae respicit sustinentiam malorum; et *longanimitas*, quae respicere potest diuturnam expectationem et operationem bonorum.

Por isso, tudo o que pertence à fortaleza pode pertencer também à caridade.

QUANTO AO 3º, deve-se dizer que entre os frutos, se podem nomear dois que correspondem perfeitamente ao dom da fortaleza: a paciência, que concerne à tolerância dos males, e a longanimidade que pode ter por objeto a longa duração para esperar a consumação do bem.

QUAESTIO CXL
DE PRAECEPTIS FORTITUDINIS

in duos articulos divisa

Deinde considerandum est de praeceptis fortitudinis.
Et *primo:* de praeceptis ipsius fortitudinis.
Secundo: de praeceptis partium eius.

QUESTÃO 140
OS PRECEITOS DA FORTALEZA

em dois artigos

Em seguida, deve-se tratar dos preceitos da fortaleza.
1. Os preceitos da própria fortaleza.
2. Os preceitos das partes dela.

ARTICULUS 1
Utrum convenienter in lege divina praecepta fortitudinis tradantur

AD PRIMUM SIC PROCEDITUR. Videtur quod non convenienter in lege divina praecepta fortitudinis tradantur.
1. Lex enim nova perfectior est veteri lege. Sed in veteri lege ponuntur aliqua praecepta fortitudinis, ut patet Dt 20,1sqq. Ergo et in nova lege aliqua praecepta fortitudinis danda fuerunt.

2. PRAETEREA, praecepta affirmativa videntur esse potiora praeceptis negativis: quia affirmativa includunt negativa, sed non e converso. Inconvenienter igitur in lege divina ponuntur praecepta fortitudinis solum negativa, timorem prohibentia.

3. PRAETEREA, fortitudo est una de virtutibus principalibus, ut supra[1] habitum est. Sed praecepta ordinantur ad virtutes sicut ad fines: unde debent eis proportionari. Ergo et praecepta fortitudinis debuerunt poni inter praecepta decalogi, quae sunt principalia legis praecepta.

ARTIGO 1
Na lei divina os preceitos da fortaleza estão apresentados de modo conveniente?

QUANTO AO PRIMEIRO ARTIGO, ASSIM SE PROCEDE: parece que na lei divina estes preceitos **não** estão apresentados de modo conveniente.
1. Com efeito, a lei nova é mais perfeita que a lei antiga. Ora, na lei antiga se encontram certos preceitos concernentes à fortaleza, por exemplo, no livro do Deuteronômio. Logo, a nova lei também deveria listar alguns preceitos relativos à fortaleza.

2. ALÉM DISSO, os preceitos afirmativos parecem ter um alcance maior que os preceitos negativos, porque os afirmativos abrangem os negativos, mas o contrário não é verdade. Portanto, é falho que a lei divina contenha sobre a fortaleza apenas preceitos negativos, ou seja, preceitos que combatem o medo.

3. ADEMAIS, a fortaleza é uma das virtudes principais. Ora, os preceitos se ordenam às virtudes como a seus fins, e assim, devem ser proporcionados a elas. Logo, os preceitos relativos à fortaleza deveriam figurar entre os preceitos do decálogo, que são os principais da lei.

1

[1]. Q. 123, a. 11; I-II, q. 61, a. 2.

SED CONTRARIUM apparet ex traditione sacrae Scripturae.

RESPONDEO dicendum quod praecepta legis ordinantur ad intentionem legislatoris. Unde secundum diversos fines quos intendit legislator, oportet diversimode praecepta legis institui. Unde et in rebus humanis alia sunt praecepta democratica, alia regia, alia tyrannica. Finis autem legis divinae est ut homo inhaereat Deo. Et ideo praecepta legis divinae, tam de fortitudine quam de aliis virtutibus, dantur secundum quod convenit ordinationi mentis in Deum. Et propter hoc Dt 20,3-4 dicitur: *Non formidetis eos: quia Dominus Deus vester in medio vestri est, et pro vobis contra adversarios dimicabit.* — Leges autem humanae ordinantur ad aliqua mundana bona. Secundum quorum conditionem praecepta fortitudinis in humanis legibus inveniuntur.

AD PRIMUM ergo dicendum quod vetus Testamentum habebat temporalia promissa, novum autem spiritualia et aeterna: ut Augustinus dicit, *contra Faust.*[2]. Et ideo necessarium fuit ut in veteri lege populus instrueretur qualiter pugnare deberet etiam corporaliter, pro terrena possessione acquirenda. In novo autem instruendi fuerunt homines qualiter, spiritualiter certando, ad possessionem vitae aeternae pervenirent: secundum illud Mt 11,12: *Regnum caelorum vim patitur, et violenti diripiunt illud.* Unde et Petrus praecipit, 1Pe 5,8-9: *Adversarius vester diabolus tanquam leo rugiens circuit, quaerens quem devoret: cui resistite fortes in fide*; et Iac 4,7: *Resistite diabolo, et fugiet a vobis.* — Quia tamen homines ad spiritualia bona tendentes ab eis retrahi possent per corporalia pericula, fuerunt etiam in lege divina danda fortitudinis praecepta ad sustinenda fortiter temporalia mala: secundum illud Mt 10,28: *Nolite timere eos qui occidunt corpus.*

AD SECUNDUM dicendum quod lex suis praeceptis habet communem instructionem. Ea vero quae sunt agenda in periculis non possunt ad aliquid

EM SENTIDO CONTRÁRIO, está o que aparece no ensinamento da Sagrada Escritura.

RESPONDO. Os preceitos da lei divina estão subordinados à intenção do legislador. Assim sendo, de acordo com os diferentes fins que visa o legislador se devem estabelecer diferentes preceitos da lei. Nos assuntos humanos os preceitos são diferentes segundo emanam da democracia, do rei ou do tirano. Ora, o fim da lei divina é que o homem se una a Deus. É por isso que os preceitos da lei divina, sejam eles concernentes à fortaleza ou às outras virtudes, são dados segundo convêm à ordenação da alma para Deus. De onde estas palavras do livro do Deuteronômio: "Não tendes medo deles porque o Senhor vosso Deus está no meio de vós e combaterá por vós contra vossos inimigos". — As leis humanas, ao contrário, são ordenadas para os bens terrestres, e os preceitos que elas emitem no tocante à fortaleza, dizem sempre respeito a estes bens.

QUANTO AO 1º, portanto, deve-se dizer que o Antigo Testamento tinha promessas temporais. O Novo tem promessas de ordem espiritual e eterna, como diz Agostinho. Era pois necessário que a lei antiga ensinasse ao povo como combater, até mesmo fisicamente, para adquirir a terra prometida. Mas na nova aliança era necessário ensinar aos homens como, pelo combate espiritual, eles poderão possuir a vida eterna, de acordo com o texto do Evangelho de Mateus: "O Reino dos céus sofre violência e os violentos o arrebatarão". Pedro adverte: "Vosso adversário, o diabo, fica rondando em torno de vós, rugindo como um leão à procura de quem devorar". E Tiago: "Resisti ao diabo ele fugirá de vós". — Entretanto, porque os homens que tendem aos bens espirituais podem deles ser desviados por causa de perigos corporais, era necessário dar também, na lei divina, preceitos de fortaleza, para resistir corajosamente aos males temporais, de acordo com a palavra do Evangelho de Mateus: "Não temais aqueles que matam o corpo!"[a].

QUANTO AO 2º, deve-se dizer que a lei deve instruir todos os homens pelo instrumento de seus preceitos. Mas as diretivas sobre aquilo que deve

---

2. L. IV, c. 2: ML 42, 217-218.

a. Esta solução, proposta para a primeira objeção, fornece alguns exemplos de preceitos relativos à virtude sobrenatural da força. Mas são tão negativos quanto a objeção 2 o pretendia. E a lista não é exaustiva. A bem da verdade, não estão inscritos no decálogo; mas essa não era tampouco a perspectiva das tábuas da lei (r. 3).
Uma leitura assídua da Escritura nos põe incessantemente diante de nossa obrigação de sermos fortes para servir ao Senhor tanto na vida como na morte.

commune reduci, sicut ea quae sunt vitanda. Et ideo praecepta fortitudinis magis dantur negative quam affirmative.

AD TERTIUM dicendum quod, sicut dictum est[3], praecepta decalogi ponuntur in lege sicut prima principia, quae statim debent esse omnibus nota. Et ideo praecepta decalogi debuerunt esse principaliter de actibus iustitiae, in quibus manifeste invenitur ratio debiti: non autem de actibus fortitudinis, quia non ita manifeste videtur esse debitum quod aliquis mortis pericula non reformidet.

ser feito nos perigos não podem ser reduzidas a uma espécie de regra comum, como as diretivas sobre aquilo que é preciso evitar. É esta a razão pela qual os preceitos concernentes à fortaleza são dados mais na forma negativa que na afirmativa.

QUANTO AO 3º, deve-se dizer que como já dissemos, os preceitos do decálogo foram postos na lei à maneira dos primeiros princípios, que têm obrigatoriamente de ser conhecidos imediatamente, e por todos. É por esta razão que estes preceitos primeiros dizem respeito, antes de tudo, aos atos da justiça, onde se manifesta de maneira evidente a razão de dívida; mas não aos atos da fortaleza, porque não parece tão evidente assim que não ter medo dos perigos mortais seja uma dívida.

ARTICULUS 2
Utrum convenienter tradantur praecepta in lege divina de partibus fortitudinis

AD SECUNDUM SIC PROCEDITUR. Videtur quod inconvenienter tradantur praecepta in lege divina de partibus fortitudinis.
1. Sicut enim patientia et perseverantia sunt partes fortitudinis, ita etiam magnificentia et magnanimitas sive fiducia, ut ex supra[1] dictis patet. Sed de patientia inveniuntur aliqua praecepta tradita in lege divina: similiter autem et de perseverantia. Ergo, pari ratione, de magnificentia et magnanimitate aliqua praecepta tradi debuerunt.
2. PRAETEREA, patientia est virtus maxime necessaria: cum sit *custos aliarum virtutum*, ut Gregorius dicit[2]. Sed de aliis virtutibus dantur praecepta absolute. Non ergo de patientia fuerunt danda praecepta quae intelligantur solum *secundum praeparationem animi*, ut Augustinus dicit, in libro *Serm. Dom. in Monte*[3].
3. PRAETEREA, patientia et perseverantia sunt partes fortitudinis, ut dictum est[4]. Sed de fortitudine non dantur praecepta affirmativa, sed solum negativa, ut supra[5] habitum est. Ergo etiam neque de patientia et perseverantia fuerunt danda praecepta affirmativa, sed solum negativa.

ARTIGO 2
Os preceitos concernentes às partes da fortaleza são apresentados de modo conveniente na lei divina?

QUANTO AO SEGUNDO, ASSIM SE PROCEDE: parece que estes preceitos **não** são apresentados de modo conveniente na lei divina.

1. Com efeito, a paciência, a esperança, a magnificência, e a magnanimidade ou confiança fazem parte da virtude da fortaleza. Ora, sobre a paciência, encontramos na lei divina alguns preceitos, assim como sobre a perseverança. Logo, deveriam estar lá também os preceitos sobre a magnificência e a magnanimidade.
2. ALÉM DISSO, a paciência é uma virtude particularmente necessária, uma vez que Gregório diz que "ela é a guardiã das outras virtudes". Ora, para estas outras virtudes são formulados preceitos absolutos. Logo, não era suficiente ter dado para a paciência preceitos que se referem somente "à preparação da alma", como diz Agostinho.
3. ADEMAIS, a paciência e a perseverança fazem parte da fortaleza. Ora, sobre a fortaleza só existem preceitos negativos. Logo, para a paciência e a perseverança os preceitos dados deveriam ser negativos também.

---

3. Q. 122, a. 1.

1. Q. 128.
2. Homil. 35 *in Evang.*, n. 4: ML 76, 1261 D.
3. L. I, c. 19, n. 59: ML 34, 1260.
4. Q. 128; q. 136, a. 4; q. 137, a. 2.
5. A. praec., ad 2.

SED CONTRARIUM habetur ex traditione sacrae Scripturae.

RESPONDEO dicendum quod lex divina perfecte informat hominem de his quae sunt necessaria ad recte vivendum. Indiget autem homo ad recte vivendum non solum virtutibus principalibus, sed etiam virtutibus secundariis et adiunctis. Et ideo in lege divina, sicut dantur convenientia praecepta de actibus virtutum principalium, ita etiam dantur convenientia praecepta de actibus secundariarum virtutum et adiunctarum.

AD PRIMUM ergo dicendum quod magnificentia et magnanimitas non pertinent ad genus fortitudinis nisi secundum quandam magnitudinis excellentiam quam circa propriam materiam considerant. Ea autem quae pertinent ad excellentiam magis cadunt sub consiliis perfectionis quam sub praeceptis necessitatis. Et ideo de magnificentia et magnanimitate non fuerunt danda praecepta, sed magis consilia. Afflictiones autem et labores praesentis vitae pertinent ad patientiam et perseverantiam non ratione alicuius magnitudinis in eis consideratae, sed ratione ipsius generis. Et ideo de patientia et perseverantia fuerunt danda praecepta.

AD SECUNDUM dicendum quod, sicut supra[6] dictum est, praecepta affirmativa, etsi semper obligent, non tamen obligant ad semper, sed pro loco et tempore. Et ideo sicut praecepta affirmativa quae de patientia dantur, sunt accipienda secundum praeparationem animi, ut scilicet homo sit paratus ea adimplere cum opus fuerit, ita etiam et praecepta patientiae.

AD TERTIUM dicendum quod fortitudo, secundum quod distinguitur a patientia et perseverantia, est circa maxima pericula: in quibus cautius est agendum, nec oportet aliquid determinari in particulari quid sit faciendum. Sed patientia et perseverantia sunt circa minores afflictiones et labores. Et ideo magis sine periculo potest in eis determinari quid sit agendum: maxime in universali.

EM SENTIDO CONTRÁRIO, está o ensinamento das Escrituras.

RESPONDO. A lei divina instrui perfeitamente o homem sobre aquilo que é necessário para viver bem. Ora, para tanto, o homem tem necessidade não somente das virtudes principais, mas também das virtudes secundárias e das anexas, É por isso que, assim como a lei divina dá preceitos adequados sobre os atos das virtudes principais, da mesma forma dá também preceitos adequados sobre os atos das virtudes secundárias e anexas.

QUANTO AO 1º, portanto, deve-se dizer que a magnanimidade e a magnificência não pertencem ao gênero da fortaleza, a não ser segundo uma certa excelência de grandeza que as duas contemplam no concernente a suas próprias matérias. Ora, tudo aquilo que pertence à excelência fica muito mais sujeito aos conselhos de perfeição do que aos preceitos necessários para a salvação. Por isso, no que se refere à magnificência e à magnanimidade, não cabia formular preceitos, e era mais conveniente ficar no nível dos conselhos. As aflições e os trabalhos da presente vida pertencem muito mais à perseverança e à paciência, não em razão de uma eventual grandeza que nelas se poderia observar, mas em razão do próprio gênero. É por isso que foi necessário dar preceitos sobre a paciência e a perseverança.

QUANTO AO 2º, deve-se dizer que os preceitos afirmativos obrigam sempre, mas dependendo do lugar e do tempo. Por isso, assim como os preceitos afirmativos sobre a paciência devem ser entendidos quanto à preparação da alma, no sentido que o homem deve estar pronto para os cumprir quando for necessário, assim também o mesmo deve ocorrer com os preceitos relativos à paciência.

QUANTO AO 3º, deve-se dizer que a fortaleza, enquanto distinta da paciência e da perseverança, diz respeito aos perigos mais graves, nos quais é preciso agir com muita precaução e sem precisar determinar o detalhe daquilo que se deve fazer. Mas a paciência e a perseverança se referem a aflições e esforços menores. E por isso é possível determinar com menos perigo o que se deve fazer, pelo menos de maneira geral.

---

6. Q. 3, a. 2; I-II, q. 71, a. 5, ad 3; q. 100, a. 10.

A TEMPERANÇA

Introdução e notas por Albert Raulin

INTRODUÇÃO

Não é por acaso que o estudo da temperança vem somente após os da prudência, da justiça e da fortaleza. Aos olhos de Sto. Tomás, a temperança é a menos digna das virtudes cardeais.

Prevalece todavia sobre uma ou outra virtude sob um ângulo particular. É assim que ela é às vezes considerada a "bela" virtude, pois carecer dela é especialmente indigno e vergonhoso.

Ela é onerosa pelas renúncias que exige de nós e, no entanto, recorremos constantemente a ela.

Responde a uma atitude comum de comedimento, da qual necessitamos quase sempre. É por isso que ela encabeça uma numerosa família (partes subjetivas, potenciais e integrantes). Orienta especialmente os prazeres do sexo, da bebida e da comida, mas as disposições que ela favorece são requeridas em um bom número de outros domínios. Assim, encontraremos em nosso tratado um estudo da humildade e um da estudiosidade. Chegaremos até a abordar, de passagem, o caso do pecado original, não, como alguns poderiam pensar, porque o pecado de Adão teria sido um pecado da carne, mas porque nossos primeiros pais incorreram no orgulho.

Não observaremos neste tratado a mesma tensão existente naquele da fortaleza, entre elementos pagãos (culto do herói) e a espiritualidade cristã (santidade). Encontraremos, sem dúvida, temas caros aos autores espirituais (jejum, virgindade, humildade), e serão tratados com fervor especial. Mas jamais a intemperança foi proposta como modelo, como o é, às vezes, fora da tradição cristã, a atitude arrogante do super-homem.

Sto. Tomás não considera nem o prazer nem o deleite como inimigos, simplesmente, às vezes, como obstáculos. O prazer é o resultado normal da virtude, mas pode igualmente nos afastar da regra. É por isso que será sempre preciso "guardar a razão." Certas vocações acarretam renúncias mais radicais, mas não se tratará jamais de realizar proezas.

A indiferença aos bens naturais é viciosa. Mesmo a embriaguez possui um vício que lhe é contrário, raro na verdade, e que consistiria em comprometer sua saúde de preferência a beber vinho. Com mais forte razão, existe um vício oposto à luxúria; consiste em ser inimigo da volúpia a ponto, por exemplo, de recusar-se a cumprir o dever conjugal.

Em matéria de sexualidade, Sto. Tomás opera a partir de princípios que permaneceram determinantes para toda a moralidade católica posterior. No domínio do permitido e do proibido, suas posições podem ser chamadas de tradicionais. Se Sto. Tomás difere de Agostinho é pelo favor que ele concede ao prazer legítimo. Mas a doutrina católica mais estrita pode apoiar-se nele no que concerne à finalidade das relações sexuais e à necessidade de respeitar a natureza tal como foi estabelecida por Deus. Os moralistas que desejem provocar a evolução da posição católica em matéria de sexualidade terão interesse em estudar bem a posição de Sto. Tomás, cuja influência permanece considerável.

QUAESTIO CXLI
DE TEMPERANTIA
in octo articulos divisa

Consequenter considerandum est de temperantia. Et primo quidem, de ipsa temperantia; secundo, de partibus eius; tertio, de praeceptis ipsius.

Circa temperantiam autem, primo considerare oportet de ipsa temperantia; secundo, de vitiis oppositis.

Circa primum quaeruntur octo.

Primo: utrum temperantia sit virtus.
Secundo: utrum sit virtus specialis.
Tertio: utrum sit solum circa concupiscentias et delectationes.
Quarto: utrum sit solum circa delectationes tactus.
Quinto: utrum sit circa delectationes gustus inquantum est gustus, vel solum inquantum est tactus quidam.
Sexto: quae sit regula temperantiae.
Septimo: utrum sit virtus cardinalis seu principalis.
Octavo: utrum sit potissima virtutum.

Articulus 1
Utrum temperantia sit virtus

AD PRIMUM SIC PROCEDITUR. Videtur quod temperantia non sit virtus.

1. Nulla enim virtus repugnat inclinationi naturae: eo quod *in nobis est naturalis aptitudo ad virtutem,* ut dicitur in II *Ethic.*[1]. Sed temperantia retrahit a delectationibus, ad quas natura inclinat, ut dicitur in II *Ethic.*[2]. Ergo temperantia non est virtus.

2. PRAETEREA, virtutes sunt connexae ad invicem, ut supra[3] habitum est. Sed aliqui habent temperantiam qui non habent alias virtutes: multi

QUESTÃO 141
A TEMPERANÇA
em oito artigos

Em seguida, deve-se tratar da temperança. Primeiramente, da temperança em si mesma; depois, das suas partes; e, por fim, dos seus preceitos.

Quanto à temperança, vamos estudá-la, primeiro, em si mesma e depois, os vícios a ela opostos.

A respeito do primeiro, oito questões:

1. A temperança é uma virtude?
2. Uma virtude especial?
3. Ocupa-se apenas com os desejos e os prazeres?
4. Ocupa-se apenas com os prazeres do tato?
5. Ocupa-se com os prazeres do gosto como tal, ou só enquanto é uma forma de tato?
6. Qual é a norma da temperança?
7. É a temperança uma virtude cardeal ou principal?
8. É a mais importante das virtudes?

Artigo 1
A temperança é uma virtude?

QUANTO AO PRIMEIRO ARTIGO, ASSIM SE PROCEDE: parece que a temperança **não** é uma virtude.

1. Com efeito, nenhuma virtude se opõe a uma inclinação natural, dado que "há em nós uma aptidão natural para a virtude", como diz Aristóteles. Ora, a temperança afasta-nos dos prazeres aos quais a natureza nos inclina, segundo o mesmo Aristóteles. Logo, a temperança não é uma virtude[a].

2. ALÉM DISSO, existe conexão entre as virtudes. Ora, pessoas há que têm temperança e não têm outras virtudes, pois muitos são sóbrios e, ao

---

1 PARALL.: *De Virtut.*, q. 1, a. 12.
1. C. 1: 1103, a, 25-26.
2. Cc. 2, 8: 1104, b, 5-9; 1109, a, 14-19.
3. I-II, q. 65, a. 1.

---

a. Sto. Tomás tem o dom de abordar seus tratados, desde a primeira objeção do primeiro artigo da primeira questão, destacando a dificuldade específica da matéria. O tratado da temperança não foge à regra.
  Pode-se considerar a temperança como virtuosa, quando ela contraria as inclinações naturais? Tal é a questão essencial que, desde sempre, tornou a temperança suspeita.
  A resposta de Sto. Tomás não é difícil de prever para qualquer um que o tenha frequentado um pouco. O objetante perguntava: o que existe de *menos natural* do que a temperança? Sto. Tomás responde: o que existe de *mais razoável* do que a temperança? Para harmonizar os pontos de vista, basta (r. 1) lembrar-se que a natureza do homem é racional. Só a natureza bestial se vê contrariada pela virtude de temperança.

enim inveniuntur temperati qui tamen sunt avari vel timidi. Ergo temperantia non est virtus.

3. PRAETEREA, cuilibet virtuti respondet aliquod donum, ut ex supra[4] dictis patet. Sed temperantiae non videtur aliquod donum respondere: quia iam in superioribus dona omnia sunt aliis virtutibus attributa. Ergo temperantia non est virtus.

SED CONTRA est quod Augustinus dicit, in VI *Musicae*[5]: *Ea est virtus quae temperantia nominatur*.

RESPONDEO dicendum quod, sicut supra[6] dictum est, de ratione virtutis est ut inclinet hominem ad bonum. Bonum autem hominis est *secundum rationem esse*: ut Dionysius dicit, 4 cap. *de Div. Nom.*[7]. Et ideo virtus humana est quae inclinat ad id quod est secundum rationem. Manifeste autem ad hoc inclinat temperantia: nam in ipso eius nomine importatur quaedam moderatio seu *temperies*, quam ratio facit. Et ideo temperantia est virtus.

AD PRIMUM ergo dicendum quod natura inclinat in id quod est conveniens unicuique. Unde homo naturaliter appetit delectationem sibi convenientem. Quia vero homo, inquantum huiusmodi, est rationalis, consequens est quod delectationes sunt homini convenientes quae sunt secundum rationem. Et ab his non retrahit temperantia: sed potius ab his quae sunt contra rationem. Unde patet quod temperantia non contrariatur inclinationi naturae humana, sed convenit cum ea. Contrariatur tamen inclinationi naturae bestialis non subiectae rationi.

AD SECUNDUM dicendum quod temperantia, secundum quod perfecte habet rationem virtutis, non est sine prudentia, qua carent quicumque vitiosi. Et ideo illi qui carent aliis virtutibus, oppositis vitiis subditi, non habent temperantiam quae est virtus: sed operantur actus temperantiae ex quadam naturali dispositione, prout virtutes quaedam imperfectae sunt hominibus naturales, ut supra[8]

mesmo tempo, avarentos ou medrosos. Logo, a temperança não é uma virtude.

3. ADEMAIS, a cada virtude corresponde um dom. Ora, parece que não há nenhum dom correspondente à temperança, pois todos os dons foram atribuídos, antes, às outras virtudes[b]. Logo, a temperança não é uma virtude.

EM SENTIDO CONTRÁRIO, diz Agostinho: "É uma virtude o que se chama de temperança".

RESPONDO. É próprio da virtude inclinar o homem ao bem. Ora, o bem do homem consiste em "viver conforme a razão", como diz Dionísio. Portanto, virtude humana é a que inclina ao que está de acordo com a razão. Ora, a temperança, manifestamente, inclina a isso, pois o seu próprio nome indica certa moderação ou comedimento introduzido pela razão. Logo, a temperança é uma virtude.

QUANTO AO 1º, portanto, deve-se dizer que a natureza inclina cada um ao que lhe convém. Por isso, o homem naturalmente deseja o prazer que lhe é conveniente. Mas o homem, como tal, é um ser racional e, consequentemente, os prazeres que lhe convêm são os conformes à razão. E desses a temperança não o priva, mas sim dos que a contrariam. É claro, pois, que a temperança, longe de se opor à tendência natural do homem, age de acordo com ela. Sua oposição é, sem dúvida, à inclinação de natureza animal, não subordinada à razão.

QUANTO AO 2º, deve-se dizer que por realizar perfeitamente a razão de virtude, a temperança não existe sem a prudência, da qual carecem todos os viciosos. Por isso, os que não possuem as outras virtudes, porque entregues aos vícios opostos, também não têm a virtude da temperança. Apenas praticam atos de temperança, por mera inclinação da natureza, conforme algumas virtudes imper-

---

4. I-II, q. 68, a. 4.
5. C. 15.
6. I-II, q. 55, a. 3.
7. MG 3, 733 A.
8. I-II, q. 63, a. 1.

---

b. O leitor terá notado, na apresentação feita pelo autor dos temas a estudar neste tratado, que nenhum dom do Espírito Santo é mencionado. É uma exceção digna de nota. Isso não ocorre com nenhuma outra virtude, seja ela teologal (fé, esperança, caridade), ou cardeal (prudência, justiça, fortaleza). A exceção é tanto mais surpreendente que sete virtudes pareciam invocar sete dons. Por mais sistemático que seja, Sto. Tomás não sacrifica o movimento de seu pensamento ou o fruto da experiência cristã à mera simetria. Convencido de que o dom de inteligência assim como o de ciência estão intimamente ligados à vida de fé, ele não hesita em fazer corresponder dois dons do Espírito Santo à primeira das virtudes teologais. Tanto pior para a temperança, que se vê reduzida a partilhar com a esperança e ainda a título secundário o parentesco com o dom do temor (r. 3 deste artigo).

dictum est; vel per consuetudinem acquisita, quae sine prudentia non habet perfectionem rationis, ut supra[9] dictum est.

AD TERTIUM dicendum quod temperantiae etiam respondet aliquod donum, scilicet timoris, quo aliquis refrenatur a delectationibus carnis: secundum illud Ps 118,120: *Confige timore tuo carnes meas.* Donum autem timoris principaliter quidem respicit Deum, cuius offensam vitat: et secundum hoc correspondet virtuti spei, ut supra[10] dictum est. Secundario autem potest respicere quaecumque aliquis refugit ad vitandam Dei offensam. Maxime autem homo indiget timore divino ad fugiendum ea quae maxime alliciunt, circa quae est temperantia. Et ideo temperantiae etiam respondet donum timoris.

feitas são naturais ao homem, ou devido a uma disposição adquirida pelo costume.

QUANTO AO 3º, deve-se dizer que à temperança corresponde também um dom, o dom do temor, com o qual se refreiam os prazeres da carne, conforme o Salmo: "Minha carne treme de temor diante de ti". Ora, o dom do temor refere-se, primordialmente, a Deus, a quem se evita ofender, e nisso corresponde à virtude da esperança, mas pode, secundariamente, referir-se também a tudo o que se evita, para não ofender a Deus. Precisamos principalmente do temor de Deus para evitar o que mais nos atrai, e sobre isso é que versa a temperança. Segue-se que a ela também corresponde o dom do temor.

ARTICULUS 2
Utrum temperantia sit specialis virtus

AD SECUNDUM SIC PROCEDITUR. Videtur quod temperantia non sit specialis virtus.
1. Dicit enim Augustinus, in libro *de Moribus Eccle.*[1], quod ad temperantiam pertinet *Deo sese integrum incorruptumque servare.* Sed hoc convenit omni virtuti. Ergo temperantia est virtus generalis.
2. PRAETEREA, Ambrosius dicit, in I *de Offic.*[2], quod *in temperantia maxime tranquilitas animi spectatur et quaeritur.* Sed hoc pertinet ad omnem virtutem. Ergo temperantia est generalis virtus.
3. PRAETEREA, Tullius dicit, in I *de Offic.*[3], quod *decorum ab honesto nequit separari*, et quod *iusta omnia decora sunt.* Sed decorum proprie consideratur in temperantia, ut ibidem dicitur. Ergo temperantia non est specialis virtus.

SED CONTRA est quod Philosophus, in II[4] et III[5] *Ethic.*, ponit eam specialem virtutem.

RESPONDEO dicendum quod, secundum consuetudinem humanae locutionis, aliqua nomina communia restringuntur ad ea quae sunt praecipua inter illa quae sub tali communitate continentur:

ARTIGO 2
A temperança é uma virtude especial?

QUANTO AO SEGUNDO, ASSIM SE PROCEDE: parece que a temperança **não** é uma virtude especial.
1. Com efeito, Agostinho diz que é próprio da temperança "conservar o homem íntegro e perfeito para Deus". Ora, isso é comum a todas as virtudes. Logo, a temperança é uma virtude geral.
2. ALÉM DISSO, Ambrósio diz que "com a temperança se busca e se espera, acima de tudo, a serenidade da alma". Ora, isso cabe a qualquer virtude. Logo, a temperança é uma virtude geral.
3. ADEMAIS, Cícero afirma que "o belo é inseparável do honesto" e que "todas as coisas justas são belas". Ora, é propriamente o belo que se visa na temperança, como ele diz, no mesmo lugar. Logo, a temperança não é uma virtude especial.

EM SENTIDO CONTRÁRIO, o Filósofo a considera uma virtude especial.

RESPONDO. É corrente no linguajar humano restringir certos nomes comuns à designação daquilo que é mais importante no conjunto definido por eles. Assim "Urbis" (cidade) designa, por antono-

---

9. I-II, q. 58, a. 4; q. 65, a. 1.
10. Q. 19, a. 9, ad 1.

2 PARALL.: Supra, q. 137, a. 1; infra, a. 4, ad 1; I-II, q. 61, a. 3, 4; III *Sent.*, dist. 33, q. 1, a. 1, q.la 3; *de Virtut.*, q. 1, a. 12, ad 23.

1. C. 15: ML 32, 1322.
2. C. 43, n. 209: ML 16, 80 B.
3. C. 27: ed. C. F. W. Mueller, Lipsiae 1910, p. 33, ll. 2-3, 14.
4. C. 7: 1107, b, 4-8.
5. C. 13: 1117, b, 23-24.

sicut nomen *Urbis* accipitur antonomastice pro Roma. Sic igitur nomen temperantiae dupliciter accipi potest. Uno modo, secundum communitatem suae significationis. Et sic temperantia non est virtus specialis, sed generalis: quia nomen temperantiae significat quandam *temperiem*, idest moderationem, quam ratio ponit in humanis operationibus et passionibus; quod est commune in omni virtute morali. — Differt tamen ratione temperantia a fortitudine etiam secundum quod utraque sumitur ut virtus communis. Nam temperantia retrahit ab his quae contra rationem appetitum alliciunt: fortitudo autem impellit ad ea sustinenda vel aggredienda propter quae homo refugit bonum rationis.

Si vero consideretur antonomastice temperantia, secundum quod refrenat appetitum ab his quae maxime alliciunt hominem, sic est specialis virtus, utpote habens specialem materiam: sicut et fortitudo.

AD PRIMUM ergo dicendum quod appetitus hominis maxime corrumpitur per ea quibus allicitur homo ad recedendum a regula rationis et legis divinae. Et ideo, sicut ipsum temperantiae nomen dupliciter potest sumi, uno modo communiter, alio modo excellenter; ita et integritas, quam temperantiae Augustinus attribuit.

AD SECUNDUM dicendum quod ea circa quae est temperantia maxime possunt animum inquietare, propter hoc quod sunt homini essentialia, ut infra[6] dicetur. Et ideo tranquilitas animi per quandam excellentiam attribuitur temperantiae, quamvis communiter conveniat omnibus virtutibus.

AD TERTIUM dicendum quod quamvis pulchritudo conveniat cuilibet virtuti, excellenter tamen attribuitur temperantiae, duplici ratione. Primo quidem, secundum communem rationem temperantiae, ad quam pertinet quaedam moderata et conveniens proportio, in qua consistit ratio pulchritudinis, ut patet per Dionysium, 4 cap. de Div. Nom.[7]. — Alio modo, quia ea a quibus refrenat temperantia sunt infima in homine, convenientia sibi secundum naturam bestialem, ut infra[8] dicetur: et ideo ex eis maxime natus est homo deturpari. Et per consequens pulchritudo maxime attribuitur temperantiae, quae praecipue turpitudinem hominis tollit.

másia, Roma. Do mesmo modo, o termo "temperança" pode ter dois sentidos. Primeiro, a acepção mais comum. Nesse caso, a temperança não é uma virtude especial, mas geral, pois a palavra "temperança" indica certa moderação ou comedimento imposto pela razão às ações e paixões humanas, o que é comum a todas as virtudes morais. — No entanto, a noção de temperança difere da noção de fortaleza, mesmo que ambas sejam consideradas virtudes comuns. A temperança, com efeito, afasta o homem do que o atrai irracionalmente, enquanto a fortaleza o leva a suportar e enfrentar o que o afasta do bem da razão.

Se, porém, considerarmos a temperança por antonomásia, enquanto nos refreia o desejo do que mais fortemente nos atrai, então ela é uma virtude especial, por ter matéria especial, como a fortaleza.

QUANTO AO 1º, portanto, deve-se dizer que o apetite humano se deteriora sobretudo por aquilo que incita o homem a se afastar da norma racional e da lei divina. Por isso, assim como se pode entender de dois modos o vocábulo "temperança", num sentido geral e num sentido eminente, assim também a integridade, que Agostinho atribui à temperança.

QUANTO AO 2º, deve-se dizer que as coisas com que a temperança se ocupa podem perturbar demasiado a alma, por dizerem respeito ao que lhe é essencial, como a seguir se dirá. Por isso, a tranquilidade do espírito é atribuída, por excelência, à temperança, embora convenha, de forma geral, a todas as virtudes.

QUANTO AO 3º, deve-se dizer que malgrado a beleza seja atributo de todas as virtudes, pertence, porém, eminentemente, à temperança e por duplo motivo. Em primeiro lugar, na sua razão geral, à qual pertence uma moderada e conveniente proporção, o que caracteriza, precisamente, a beleza, como demonstra Dionísio. — Em segundo lugar, porque a temperança refreia as tendências mais baixas do homem, próprias de sua natureza animal, como se verá depois. E por isso é que levam o homem a se degradar. Portanto, a beleza é, por excelência, atribuída à temperança, cujo efeito precípuo é livrar o homem dessa vergonha.

---

6. Art. 4, 5.
7. MG 3, 701 C.
8. A. 7, 1 a; a. 8, ad 1; q. 142, a. 4.

Et ex eadem etiam ratione honestum maxime attribuitur temperantiae. Dicit enim Isidorus, in libro *Etymol.*[9]: *Honestus dicitur quod nihil habeat turpitudinis: nam honestas dicitur quasi honoris status*: qui maxime consideratur in temperantia, quae repellit vitia maxime opprobriosa, ut infra[10] dicetur.

ARTICULUS 3
Utrum temperantia sit solum circa concupiscentias et delectationes

AD TERTIUM SIC PROCEDITUR. Videtur quod temperantia non sit solum circa concupiscentias et delectationes.

1. Dicit enim Tullius, in sua *Rhetorica*[1], quod *temperantia est rationis in libidinem atque in alios non rectos impetus animi firma et moderata dominatio*. Sed impetus animi dicuntur omnes animae passiones. Ergo videtur quod temperantia non sit solum circa concupiscentias et delectationes.

2. PRAETEREA, *virtus est circa difficile et bonum*. Sed difficilius videtur esse temperare timorem, maxime circa pericula mortis, quam moderari concupiscentias et delectationes, quae propter dolores et pericula mortis contemnuntur, ut Augustinus dicit, in libro *Octoginta trium Quaest.*[2]. Ergo videtur quod virtus temperantiae non sit praecipue circa concupiscentias et delectationes.

3. PRAETEREA, ad temperantiam pertinet *moderationis gratia*, ut Ambrosius dicit, in I *de Offic.*[3]. Et Tullius dicit, in I *de Offic.*[4], quod ad temperantiam pertinet *omnis sedatio perturbationum animi, et rerum modus*. Oportet autem modum ponere non solum in concupiscentiis et delectationibus, sed etiam in exterioribus actibus et quibuslibet exterioribus. Ergo temperantia non est solum circa concupiscentias et delectationes.

SED CONTRA est quod Isidorus dicit, in libro *Etymol.*[5], quod temperantia est qua *libido concupiscentiaque refrenatur*.

RESPONDEO dicendum quod, sicut supra[6] dictum est, ad virtutem moralem pertinet conservatio

ARTIGO 3
A temperança envolve somente os desejos e prazeres?

QUANTO AO TERCEIRO, ASSIM SE PROCEDE: parece que a temperança **não** envolve somente os desejos e prazeres.

1. Com efeito, diz Cícero, "a temperança é o domínio firme e moderado da razão sobre o apetite sexual e os outros movimentos desordenados da alma". Ora, todas as paixões são movimentos da alma. Logo, parece que a temperança não se limita aos desejos e prazeres.

2. ALÉM DISSO, "a virtude visa ao que é difícil e bom". Ora, parece mais difícil controlar o temor, sobretudo em caso de perigos mortais, do que moderar os desejos e os prazeres, que, no sofrimento e nos perigos de morte, são menosprezados, segundo Agostinho. Logo, a virtude da temperança parece não se ocupar, prioritariamente, com os desejos e os prazeres.

3. ADEMAIS, como declara Ambrósio, à temperança pertence "a graça da moderação". E Cícero afirma: "É próprio da temperança serenar todas as perturbações do espírito e dar medida às coisas". Ora, é necessário moderar não só os desejos e os prazeres, mas também as ações e tudo o que é exterior. Logo, a temperança não versa apenas sobre os desejos e os prazeres.

EM SENTIDO CONTRÁRIO, diz Isidoro que a temperança "freia o desejo sexual e o prazer".

RESPONDO. Cabe à virtude moral conservar o bem da razão contra as paixões que se opõem

---

9. L. X, ad litt. *H*, n. 117: ML 82, 379 B.
10. Q. 142, a. 4.

3 PARALL.: III *Sent.*, dist. 33, q. 2, a. 2, q.la 2; II *Ethic.*, lect. 8; III, lect. 19, 21.

1. *De invent. rhet.*, l. II, c. 54: ed. G. Friedrich, Lipsiae 1908, p. 231, ll. 15-17.
2. Q. 36, n. 1: ML 40, 25.
3. C. 43, n. 209: ML 16, 80 B.
4. C. 27: ed. C. F. W. Mueller, Lipsiae 1910, p. 32, ll. 36-37.
5. Cfr. II *Sent.*, al. *de Summo Bono*, c. 37, n. 3; c. 42, n. 10: ML 83, 638 C, 648 C.
6. Q. 123, a. 12; q. 136, a. 1.

boni rationis contra passiones rationi repugnantes. Motus autem passionum animae est duplex, ut supra[7] dictum est, cum de passionibus ageretur: unus quidem secundum quod appetitus sensitivus prosequitur sensibilia et corporalia bona; alius autem secundum quod refugit sensibilia et corporalia mala. Primus autem motus appetitus sensitivi praecipue repugnat rationi per immoderantiam. Nam bona sensibilia et corporalia, secundum suam speciem considerata, non repugnant rationi, sed magis serviunt ei, sicut instrumenta quibus ratio utitur ad consecutionem proprii finis. Repugnant autem ei praecipue secundum quod appetitus sensitivus in ea tendit non secundum modum rationis. Et ideo ad virtutem moralem proprie pertinet moderari huiusmodi passiones quae important prosecutionem boni. — Motus autem appetitus sensitivi refugientis mala sensibilia, praecipue contrariatur rationi non quidem secundum suam immoderantiam, sed maxime secundum suum effectum: prout scilicet aliquis, refugiendo mala sensibilia et corporalia, quae interdum concomitantur bonum rationis, per consequens discedit ab ipso bono rationis. Et ideo ad virtutem moralem pertinet in huiusmodi firmitatem praestare in bono rationis.

Sicut ergo virtus fortitudinis, de cuius ratione est firmitatem praestare, praecipue consistit circa passionem pertinentem ad fugam corporalium malorum, scilicet circa timorem; ex consequenti autem circa audaciam, quae aggreditur terribilia sub spe alicuius boni: ita etiam temperantia, quae importat moderationem quandam, praecipue consistit circa passiones tendentes in bona sensibilia, scilicet circa concupiscentiam et delectationem; consequenter autem circa tristitias quae contingunt ex absentia talium delectationum. Nam sicut audacia praesupponit terribilia, ita etiam tristitia talis provenit ex absentia praedictarum delectationum.

AD PRIMUM ergo dicendum quod, sicut supra[8] dictum est, cum de passionibus ageretur, passiones quae pertinent ad fugam mali praesupponunt passiones quae pertinent ad prosecutionem boni, et passiones irascibilis praesupponunt passiones concupiscibilis. Et sic, dum temperantia directe

a ela. Mas, segundo se expôs ao se tratar delas, o movimento das paixões da alma é duplo: por um, o apetite sensitivo busca os bens dos sentidos e do corpo; por outro, foge do mal sensível e corporal. Ora, o primeiro movimento do apetite sensitivo opõe-se à razão, sobretudo, por falta de moderação, pois os bens sensíveis e corporais, considerados especificamente, não se opõem à razão, antes servem a ela, como instrumentos que a razão usa para alcançar seu próprio fim. Opõem-se, porém, a ela, sobretudo, quando o apetite sensitivo não os busca de modo racional. Por isso, compete, propriamente, à virtude moral moderar esses impulsos que se ordenam à procura do bem. — Quanto ao movimento pelo qual o apetite sensitivo foge aos males sensíveis, ele contraria, sobremaneira, a razão, não pela sua falta de moderação, mas, principalmente, pelo seu efeito, pois quem foge aos males sensíveis e corporais que acompanham, às vezes, o bem racional, por isso mesmo o evita. Razão por quê, cabe à virtude moral, nessa matéria, dar firmeza ao bem da razão.

Por conseguinte, como a virtude da fortaleza, cujo papel é dar-nos força, ocupa-se, principalmente, com a paixão que nos leva a fugir dos males do corpo, ou seja, com o temor, e, portanto, com a audácia, que enfrenta os perigos na esperança de obter algum bem, assim também a temperança, que implica certa moderação, ocupa-se, prioritariamente, com as paixões tendentes aos bens sensíveis, a saber, os desejos e os prazeres e, consequentemente, com as tristezas decorrentes de ausência desses bens. Com efeito, como a audácia pressupõe a superação de terríveis dificuldades, assim também essa tristeza provém da falta daqueles prazeres[c].

QUANTO AO 1º, portanto, deve-se dizer que como foi explicado, ao se tratar das paixões, as que se referem à fuga do mal pressupõem as que visam à busca do bem; e as paixões do apetite irascível pressupõem as do concupiscível. E, assim, a temperança, regulando diretamente as paixões do

---

7. I-II, q. 23, a. 2.
8. I-II, q. 25, a. 1, 2.

c. A partir deste artigo, percebemos que o estudo da temperança não poderá ser levado a bom termo a não ser em ligação com o tratado da fortaleza. Essas duas virtudes cardinais constituem um par, ao mesmo título que a concupiscível e o irascível, que se completam opondo-se entre si.

modificat passiones concupiscibilis tendentes in bonum, per quandam consequentiam modificat omnes alias passiones, inquantum ad moderantiam priorum sequitur moderantia posteriorum. Qui enim non immoderate concupiscit, consequens est ut moderate speret, et moderate de absentia concupiscibilium tristetur.

AD SECUNDUM dicendum quod concupiscentia importat impetum quendam appetitus in delectabile, qui indiget refrenatione, quod pertinet ad temperantiam. Sed timor importat retractionem quandam animi ab aliquibus malis: contra quod indiget homo animi firmitate, quam praestat fortitudo. Et ideo temperantia proprie est circa concupiscentias, fortitudo circa timores.

AD TERTIUM dicendum quod exteriores actus procedunt ab interioribus animae passionibus. Et ideo moderatio eorum dependet a moderatione interiorum passionum.

concupiscível tendentes ao bem, acaba regulando todas as outras, na medida em que a moderação daquelas leva à moderação destas. Na verdade, quem tem desejos moderados, sabe esperar com moderação, e com moderação se entristece, quando não alcança o desejado.

QUANTO AO 2º, deve-se dizer que a concupiscência implica certo impulso do apetite para o bem deleitável, impulso que deve ser refreado, e é o que a temperança faz. O temor, por outro lado, induz o espírito a se retrair diante de certos males e, por isso, precisa o homem da firmeza interior, que a fortaleza lhe proporciona. Portanto, a temperança versa, realmente, sobre os desejos e a fortaleza, sobre os temores.

QUANTO AO 3º, deve-se dizer que os atos externos procedem das paixões internas da alma. Por isso, o controle deles depende da moderação dessas paixões interiores.

ARTICULUS 4

Utrum temperantia solum sit circa concupiscentias et delectationes tactus

AD QUARTUM SIC PROCEDITUR. Videtur quod temperantia non solum sit circa concupiscentias et delectationes tactus.
1. Dicit enim Augustinus, in libro *de Moribus Eccle.*[1], quod *munus temperantiae est in coercendis sedandisque cupiditatibus, quibus inhiamus in ea quae nos avertunt a legibus Dei et a fructu bonitatis eius*. Et post pauca subdit quod *officium temperantiae est contemnere omnes corporeas illecebras, laudemque popularem*. Sed non solum cupiditates delectationum tactus avertunt nos a legibus Dei, sed etiam concupiscentiae delectationum aliorum sensuum, quae etiam pertinent ad illecebras corporales: et similiter cupiditates divitiarum, vel etiam mundanae gloriae, unde dicitur, 1Ti 6,10, quod *radix omnium malorum est cupiditas*. Ergo temperantia non est solum circa concupiscentias delectationum tactus.
2. PRAETEREA, Philosophus dicit, in IV *Ethic.*[2], quod *ille qui est parvis dignus et his dignificat seipsum, est temperatus, non autem magnanimus*. Sed honores parvi vel magni, de quibus ibi loquitur, non sunt delectabiles secundum tactum,

ARTIGO 4

A temperança ocupa-se somente com os desejos e os prazeres do tato?

QUANTO AO QUARTO, ASSIM SE PROCEDE: parece que a temperança **não** se ocupa somente com os desejos e os prazeres do tato.
1. Com efeito, diz Agostinho, "é papel da temperança reprimir e aquietar as concupiscências que nos fazem desejar, avidamente, o que nos aparta das leis de Deus e dos bens que sua bondade nos concede". E, logo depois, acrescenta: "cabe à temperança desprezar todas as seduções sensíveis e os aplausos populares". Ora, não são os desejos dos prazeres do tato os únicos que nos distanciam das leis de Deus, mas também os desejos dos prazeres dos outros sentidos, que também implicam seduções sensíveis. E o mesmo vale da cobiça das riquezas ou ainda da glória mundana. Daí o que se diz Paulo: "A raiz de todos os males é a cupidez". Logo, a temperança não se ocupa apenas com os desejos dos prazeres do tato.
2. ALÉM DISSO, declara o Filósofo: "Quem conserva a dignidade nas coisas pequenas e com elas se dignifica, possui a virtude da temperança, mas não a da magnanimidade. Ora, essas honras pequenas ou grandes a que ele se refere não são

4 PARALL.: I-II, q. 60, a. 5; III *Ethic.*, lect. 19, 20.
1. C. 19.
2. C. 7: 1123, b, 5-8.

sed secundum apprehensionem animalem. Ergo temperantia non est solum circa concupiscentias delectationum tactus.

3. Praeterea, ea quae sunt unius generis, videntur eadem ratione pertinere ad materiam alicuius virtutis. Sed omnes delectationes sensuum videntur esse unius generis. Ergo pari ratione pertinent ad materiam temperantiae.

4. Praeterea, delectationes spirituales sunt maiores quam corporales: ut supra[3] habitum est, cum de passionibus ageretur. Sed quandoque propter concupiscentias delectationum spiritualium aliqui discedunt a legibus Dei et a statu virtutis: sicut propter curiositatem scientiae. Unde et primo homini diabolus scientiam promisit, Gn 3,5, dicens: *Eritis sicut dii, scientes bonum et malum*. Ergo non solum est temperantia circa delectationes tactus.

5. Praeterea, si delectationes tactus essent propria materia temperantiae, oporteret quod circa omnes delectationes tactus temperantia esset. Non autem est circa omnes: puta circa eas quae sunt in ludis. Ergo delectationes tactus non sunt propria materia temperantiae.

Sed contra est quod Philosophus dicit, in III *Ethic.*[4], quod temperantia proprie est circa concupiscentias et delectationes tactus.

Respondeo dicendum quod, sicut dictum est[5], ita est temperantia circa concupiscentias et delectationes sicut fortitudo circa timores et audacias. Fortitudo autem est circa timores et audacias respectu maximorum malorum, quibus ipsa natura extinguitur, quae sunt pericula mortis. Unde similiter temperantia oportet quod sit circa concupiscentias maximarum delectationum. Et quia delectatio consequitur operationem connaturalem, tanto aliquae delectationes sunt vehementiores quanto consequuntur operationes magis naturales. Maxime autem naturales animalibus sunt operationes quibus conservatur natura individui per cibum et potum, et natura speciei per coniunctionem maris et feminae. Et ideo circa delectationes ciborum et potuum, et circa delectationes venereorum, est proprie temperantia. Huiusmodi autem delectationes consequuntur sensum tactus. Unde relinquitur quod temperantia sit circa delectationes tactus.

agradáveis ao tato, mas à alma que os percebe. Logo, a temperança não se ocupa só com as concupiscências dos prazeres do tato.

3. Ademais, parece natural constituam a matéria de uma virtude coisas que pertencem ao mesmo gênero. Ora, todos os prazeres dos sentidos parecem pertencer ao mesmo gênero. Logo, por igual razão, pertencem à matéria da temperança.

4. Ademais, os prazeres espirituais são mais intensos que os do corpo, como se expôs antes, tratando das paixões. Mas, às vezes, pelo desejo de prazeres espirituais, alguns se afastam das leis de Deus e da virtude, como no caso da curiosidade do saber. Por isso, o demônio prometeu a ciência ao primeiro homem, dizendo-lhe: "Sereis como deuses, possuindo o conhecimento do que seja bom ou mau". Logo, a temperança não se ocupa unicamente com os prazeres do tato.

5. Ademais, se os prazeres do tato fossem a matéria própria da temperança, deveria ele se ocupar com todos esses prazeres. Ora, ela não se ocupa com todos, pois os prazeres do jogo, por exemplo, a temperança não abrange. Logo, os prazeres do tato não são a matéria própria da temperança.

Em sentido contrário, o Filósofo afirma que a temperança se ocupa propriamente com os desejos e os prazeres do tato.

Respondo. A temperança está para os desejos e os prazeres como a fortaleza, para os temores e as audácias. Ora, a fortaleza ocupa-se com os temores e as audácias referentes aos males máximos, que acabam com a natureza humana, ou seja, os perigos de morte. Assim, de igual modo, deve a temperança ocupar-se com os desejos dos prazeres máximos. E como o prazer provém de uma operação conatural, tanto mais fortes serão certos prazeres quanto mais naturais forem as operações de que eles brotam. Ora, o que é, acima de tudo, mais natural aos seres vivos são as atividades pelas quais se conserva a natureza do indivíduo, ou seja, o comer e o beber, e a natureza da espécie, pela união sexual. Por isso é que os prazeres da comida e da bebida e os prazeres sexuais constituem a matéria própria da temperança. Ora, esses prazeres resultam do sentido do tato. Logo, é de se concluir que a temperança tem por objeto próprio esses prazeres.

---

3. I-II, q. 31, a. 5.
4. C. 13: 1118, a, 26-32.
5. Art. praec.

AD PRIMUM ergo dicendum quod Augustinus ibi videtur accipere temperantiam non secundum quod est specialis virtus habens determinatam materiam, sed secundum quod ad eam pertinet moderatio rationis in quacumque materia, quod pertinet ad generalem conditionem virtutis. — Quamvis etiam dici possit quod ille qui potest refrenare maximas delectationes, multo etiam magis potest refrenare minores delectationes. Et ideo ad temperantiam principaliter quidem et proprie pertinet moderari concupiscentiae delectationum tactus: secundario autem, alias concupiscentias.

AD SECUNDUM dicendum quod Philosophus ibi refert nomen temperantiae ad moderationem exteriorum rerum, dum scilicet aliquis tendit in aliqua sibi commensurata: non autem prout refertur ad moderationem affectionum animae, quae pertinet ad virtutem temperantiae.

AD TERTIUM dicendum quod delectationes aliorum sensuum aliter se habent in hominibus, et aliter in aliis animalibus. In aliis enim animalibus ex aliis sensibus non causantur delectationes nisi in ordine ad sensibilia tactus: sicut leo delectatur videns cervum vel audiens vocem eius, propter cibum. Homo autem delectatur secundum alios sensus non solum propter hoc, sed etiam propter convenientiam sensibilium. Et sic circa delectationes aliorum sensuum, inquantum referuntur ad delectationes tactus, est temperantia, non principaliter, sed ex consequenti. Inquantum autem sensibilia aliorum sensuum sunt delectabilia propter sui convenientiam, sicut cum delectatur homo in sono bene harmonizato, ista delectatio non pertinet ad conservationem naturae. Unde non habent huiusmodi passiones illam principalitatem ut circa eas antonomastice temperantia dicatur.

AD QUARTUM dicendum quod delectationes spirituales, etsi secundum suam naturam sint maiores delectationibus corporalibus, tamen non ita percipiuntur sensu. Et per consequens non ita vehementer afficiunt appetitum sensitivum, contra cuius impetum bonum rationis conservatur per moralem virtutem.

QUANTO AO 1º, portanto, deve-se dizer que Agostinho parece considerar a temperança não como uma virtude especial, voltada para um objeto específico, mas como uma virtude capaz de moderação racional, em qualquer matéria, o que caracteriza o conceito geral de virtude. — Por outro lado, pode-se dizer também que quem pode reprimir os prazeres maiores, pode, com mais razão, refrear os menores. Por isso, cabe à temperança, própria e principalmente, moderar as concupiscências dos prazeres do tato e, secundariamente, os demais desejos.

QUANTO AO 2º, deve-se dizer que no lugar citado, o Filósofo aplica a palavra "temperança" à moderação das coisas exteriores, ou seja, quando aspiramos a coisas que nos são proporcionais. Não está, porém, se referindo à moderação dos movimentos da alma, que são objeto dessa virtude.

QUANTO AO 3º, deve-se dizer que os prazeres dos outros sentidos se manifestam diferentemente nos homens e nos demais animais[d], pois nestes os outros sentidos só produzem prazeres relacionados com o sentido do tato. O leão, por exemplo, sente prazer, avistando um veado ou ouvindo-lhe a voz, mas só porque lhe pode servir de comida. O homem, ao contrário, goza prazeres dos outros sentidos não só referentes à alimentação, mas também pelas sensações agradáveis que encontra no seu objeto. E, assim, a temperança ocupa-se com os prazeres dos outros sentidos, enquanto se referem aos prazeres do tato, não de modo essencial, mas apenas como algo que deles decorre. E enquanto as impressões dos outros sentidos são agradáveis por sua própria excelência, como acontece quando o homem se deleita com um som harmonioso, esse prazer não é essencial à conservação da natureza. Por isso, tais paixões não possuem esse caráter prioritário que permita falar de temperança, por antonomásia, a propósito delas.

QUANTO AO 4º, deve-se dizer que embora sejam, por natureza, superiores aos prazeres corporais, os prazeres espirituais não são assim percebidos pelos sentidos e, consequentemente, não atingem tão fortemente o apetite sensitivo, cujo ímpeto é moderado pela virtude moral, a bem da razão.

---

d. Faríamos mal em ler superficialmente a resposta 3 deste artigo. Ela abre perspectivas interessantes sobre o uso que o homem faz de seus sentidos, diferentemente dos animais. Nestes últimos, tudo se polariza entre a conservação do indivíduo e da espécie, logo entre a alimentação e a reprodução, ambas vinculadas ao tato; nem a visão nem a audição possuem atividade desinteressada, o que é o caso no homem. O sentido estético se torna possível mediante esse distanciamento, característico do ser humano, entre o uso dos sentidos e as necessidades da vida.

Vel dicendum quod delectationes spirituales, per se loquendo, sunt secundum rationem. Unde non sunt refrenandae, nisi per accidens: inquantum scilicet una delectatio spiritualis retrahit ab alia potiori et magis debita.

AD QUINTUM dicendum quod non omnes delectationes tactus pertinent ad naturae conservationem. Et ideo non oportet quod circa omnes delectationes tactus sit temperantia.

ARTICULUS 5
Utrum circa proprias delectationes gustus sit temperantia

AD QUINTUM SIC PROCEDITUR. Videtur quod circa proprias delectationes gustus sit temperantia.

1. Delectationes enim gustus sunt in cibis et potibus, qui sunt magis necessarii ad vitam hominis quam delectationes venereorum, quae pertinent ad tactum. Sed secundum praedicta[1], temperantia est circa delectationes eorum quae sunt necessaria ad vitam hominis. Ergo temperantia est magis circa proprias delectationes gustus quam circa proprias delectationes tactus.

2. PRAETEREA, temperantia est circa passiones magis quam circa res ipsas. Sed sicut dicitur in II *de Anima*[2], *tactus videtur esse sensus alimenti*, quantum ad ipsam substantiam alimenti: *sapor autem*, qui est proprie obiectum gustus, *est sicut delectamentum alimentorum*. Ergo temperantia magis est circa gustum quam circa tactum.

3. PRAETEREA, sicut dicitur in VII *Ethic.*[3], *circa eadem sunt temperantia et intemperantia, continentia et incontinentia, perseverantia et mollities*, ad quam pertinent deliciae. Sed ad delicias videtur pertinere delectatio quae est in saporibus, qui pertinent ad gustum. Ergo temperantia est circa delectationes proprias gustus.

Mas também se pode dizer que os prazeres espirituais obedecem, por si mesmos, às normas da razão e não precisam, pois, ser reprimidos, a não ser por uma razão acidental, quando, por exemplo, um prazer espiritual nos afasta de outro mais elevado e mais legítimo[e].

QUANTO AO 5º, deve-se dizer que nem todos os prazeres do tato dizem respeito à conservação da natureza. Não é necessário, portanto, que a temperança se ocupe com todos eles.

ARTIGO 5
A temperança ocupa-se com os prazeres próprios do gosto?

QUANTO AO QUINTO, ASSIM SE PROCEDE: parece que a temperança se **ocupa** com os prazeres próprios do gosto.

1. Com efeito, os prazeres do gosto estão no comer e no beber, que são mais necessárias à vida humana que os prazeres sexuais, próprios do tato. Ora, conforme o artigo anterior, a temperança visa aos prazeres necessários à vida humana. Logo, a temperança é uma virtude mais própria dos prazeres do gosto do que dos prazeres do tato.

2. ADEMAIS, a temperança trata das paixões mais do que das coisas. Ora, como diz o Filósofo, parece que o tato é o sentido do alimento, considerado em sua natureza de alimento, enquanto que o sabor, que é propriamente o objeto do gosto, é como o prazer dos alimentos. Logo, a temperança é mais relacionada com o gosto do que com o tato.

3. ALÉM DISSO, ensina o livro VIII da *Ética*, "têm o mesmo objeto a temperança e a intemperança, a continência e a incontinência, a perseverança e a frouxidão, buscando esta os prazeres refinados. Ora, nestes parece se incluir o prazer do sabor, próprio do gosto. Logo, a temperança tem a ver com os prazeres próprios do gosto.

---

5   PARALL.: III *Ethic.*, lect. 20.

1. Art. praec.
2. C. 3: 414, b, 7.
3. Cc. 4, 8: 1147, b, 22-23; 1148, a, 17; 1150, a, 9-16.

e. Sto. Tomás é em princípio favorável aos bens sensíveis e corporais, o que não o impede de atribuir à razão a função *essencial* de moderá-los, sem o que eles nos levariam ao desregramento.
Em matéria de prazeres espirituais, o juízo é ainda mais favorável. Eles são por si conformes à razão, e é apenas *acidentalmente* que convém às vezes refreá-los, tendo em vista o respeito pela ordem de valores.
O humanismo de Sto. Tomás se revela extremamente matizado.

SED CONTRA est quod Philosophus dicit[4] quod temperantia et intemperantia *videntur gustu parum vel nihil uti*.

RESPONDEO dicendum quod, sicut dictum est[5], temperantia consistit circa praecipuas delectationes, quae maxime pertinent ad conservationem humanae vitae, vel in specie vel in individuo. In quibus aliquid consideratur principaliter, aliquid autem secundario. Principaliter quidem ipse usus rei necessariae: puta vel feminae, quae est necessaria ad conservationem speciei; vel cibi vel potus, quae sunt necessaria ad conservationem individui. Et ipse usus horum necessariorum habet quandam essentialem delectationem adiunctam. Secundario autem consideratur circa utrumque usum aliquid quod facit ad hoc quod usus sit magis delectabilis: sicut pulchritudo et ornatus feminae, et sapor delectabilis in cibo, et etiam odor. Et ideo principaliter temperantia est circa delectationem tactus, quae per se consequitur ipsum usum rerum necessariarum, quarum omnis usus est in tangendo. Circa delectationes autem vel gustus vel olfactus vel visus, est temperantia et intemperantia secundario: inquantum sensibilia horum sensuum conferunt ad delectabilem usum rerum necessariarum, qui pertinet ad tactum. Quia tamen gustus propinquior est tactui quam alii sensus, ideo temperantia magis est circa gustum quam circa alios sensus.

AD PRIMUM ergo dicendum quod etiam ipse usus ciborum, et delectatio essentialiter ipsum consequens, ad tactum pertinet: unde Philosophus dicit, in II *de Anima*[6], quod *tactus est sensus alimenti, nutrimur enim calido et frigido, humido et sicco*. Sed ad gustum pertinet discretio saporum, qui conferunt ad delectationem alimenti, inquantum sunt signa convenientis nutrimenti.

AD SECUNDUM dicendum quod delectatio saporis est quasi superveniens: sed delectatio tactus per se consequitur usum cibi et potus.

AD TERTIUM dicendum quod deliciae principaliter quidem consistunt in ipsa substantia alimenti: sed secundario in exquisito sapore et praeparatione ciborum.

EM SENTIDO CONTRÁRIO, Aristóteles afirma que a temperança e a intemperança "parecem fazer pouco ou nenhum uso do gosto".

RESPONDO. A temperança versa sobre os prazeres mais intensos, que estão, precipuamente, relacionados à conservação da vida humana, na espécie ou no indivíduo. Nesses prazeres, pode-se enfocar um elemento principal e outro, secundário. O principal é, sem dúvida, o próprio uso do que é necessário, como, por exemplo, a mulher, necessária à conservação da espécie, ou a comida e a bebida, necessárias à conservação do indivíduo. E mesmo esse uso de tais realidades necessárias comporta algum prazer essencial. Mas o elemento secundário, nesses dois casos é tudo, que os torna mais agradáveis. Assim são a beleza e os enfeites da mulher ou o bom sabor e o cheiro do alimento. Essa a razão por que a temperança visa, antes de mais nada, aos prazeres do tato, resultantes, por si mesmos, do próprio uso das coisas necessárias, uso esse sempre feito por contato. Secundariamente, porém, a temperança e a intemperança se ocupam com os prazeres do gosto, do olfato ou da vista, na medida em que o prazer desses sentidos contribui para aumentar o uso agradável das coisas necessárias, próprias do tato. Mas como o gosto está mais próximo do tato do que dos outros sentidos, pode-se dizer que a temperança diz respeito mais a ele do que aos demais sentidos.

QUANTO AO 1º, portanto, deve-se dizer que também o próprio uso dos alimentos e o prazer dele essencialmente resultante pertencem ao tato. Por isso, o Filósofo diz que "o tato é o sentido da alimentação, pois nós nos nutrimos com coisas quentes e frias, úmidas e secas". Ao gosto, porém, cabe discernir os sabores que estimulam o prazer da comida, enquanto eles são o sinal de um bom alimento.

QUANTO AO 2º, deve-se dizer que o prazer produzido pelo sabor é algo a mais, ao passo que o prazer do tato vem, necessariamente, do simples uso da comida e da bebida.

QUANTO AO 3º, deve-se dizer que na verdade, os prazeres refinados fundam-se, principalmente, na substância mesma da comida e só secundariamente no sabor especial e na preparação.

---

4. *Eth.*, l. III, c. 13: 1118, a, 26-32.
5. Art. praec.
6. C. 3: 414, b, 7-10.

Articulus 6
Utrum regula temperantiae sit sumenda secundum necessitatem praesentis vitae

AD SEXTUM SIC PROCEDITUR. Videtur quod regula temperantiae non sit sumenda secundum necessitatem praesentis vitae.
1. Superius enim non regulatur ab inferiori. Sed temperantia, cum sit virtus animae, est superior quam necessitas corporalis. Ergo regula temperantiae non debet sumi secundum necessitatem corporalem.
2. PRAETEREA, quicumque excedit regulam, peccat. Si ergo necessitas corporalis esset regula temperantiae, quicumque aliqua delectatione uteretur supra necessitatem naturae, quae valde modicis contenta est, peccaret contra temperantiam. Quod videtur esse inconveniens.
3. PRAETEREA, nullus attingens regulam peccat. Si ergo necessitas corporalis esset regula temperantiae, quicumque uteretur aliqua delectatione propter necessitatem corporalem, puta propter sanitatem, esset immunis a peccato. Hoc autem videtur esse falsum. Ergo necessitas corporalis non est regula temperantiae.

SED CONTRA est quod Augustinus dicit, in libro *de Moribus Eccle*.[1]: *Habet vir temperans in rebus huius vitae regulam utroque Testamento firmatam, ut eorum nihil diligat, nihil per se appetendum putet; sed ad vitae huius atque officiorum necessitatem, quantum sat est usurpet, utentis modestia, non amantis affectu.*

RESPONDEO dicendum quod, sicut ex praedictis[2] patet, bonum virtutis moralis praecipue consistit in ordine rationis: nam *bonum hominis est secundum rationem esse*, ut Dionysius dicit, 4 cap. *de Div. Nom.*[3]. Praecipuus autem ordo rationis consistit ex hoc quod aliqua in finem ordinat, et in hoc ordine maxime consistit bonum rationis: nam bonum habet rationem finis, et ipse finis est regula eorum quae sunt ad finem. Omnia autem delectabilia quae in usum hominis veniunt, ordinantur ad aliquam vitae huius necessitatem sicut ad finem.

Artigo 6
A temperança deve nortear-se pelas necessidades da vida presente?

QUANTO AO SEXTO, ASSIM SE PROCEDE: parece que a temperança **não** deve nortear-se pelas necessidades da vida presente.
1. Com efeito, nunca um princípio superior há de ser regulado por outro inferior. Ora, a temperança, como virtude da alma, é superior às necessidades corporais. Logo, a norma da temperança não deve ser tirada dessas necessidades.
2. ALÉM DISSO, quem não segue a norma, peca. Se, pois, a necessidade corporal fosse a norma da temperança, todo aquele que buscasse outros prazeres, além das necessidades da natureza, que se satisfaz com bem pouca coisa, pecaria contra a temperança[f]. E isso parece inadmissível.
3. ADEMAIS, quem obedece à norma, não peca. Se, pois, a necessidade corporal fosse a norma da temperança, quem gozasse de algum prazer em função de uma necessidade corporal, como a saúde, estaria isento de pecado. Ora, isso parece falso. Logo, as necessidades do corpo não são a regra da temperança.

EM SENTIDO CONTRÁRIO, diz Agostinho: "Quem pratica a temperança, encontra nos dois Testamentos a seguinte norma a seguir nas realidades deste mundo: não amar nem considerar nenhuma delas como desejável por si mesma, mas lançar mão delas conforme as necessidades e obrigações desta vida, com a moderação de um usuário e não com a paixão de um amante".

RESPONDO. O bem da virtude moral, como atrás se demonstrou, reside, sobretudo, na ordem da razão, pois "o bem do homem consiste em viver segundo a razão", no dizer de Dionísio. Ora, a ordem principal da razão está em orientar as coisas a um fim e nessa ordem está, essencialmente, o bem racional, pois o bem possui a natureza de fim, e este é em si mesmo a regra das coisas que se ordenam a ele. No entanto, todas as coisas prazerosas de que o homem se serve estão dirigidas, como ao seu fim próprio, a alguma necessidade

---

6 PARALL.: Infra, q. 142, a. 1; I-II, q. 63, a. 4; *De Malo*, q. 14, a. 1, ad 1; III *Ethic.*, lect. 21.
1. C. 21.
2. Q. 123, a. 12.
3. MG 3, 733 A.

f. Essa lógica é a do puritano, de um puritano plenamente convicto. Sto. Tomás não cede a essa lógica implacável do "antiprazer" que é, de resto, recusada tanto por Aristóteles quanto por Sto. Agostinho (r. 3). Complete-se o que é dito aqui com a q. 142, a. 1.

Et ideo temperantia accipit necessitatem huius vitae sicut regulam delectabilium quibus utitur: ut scilicet tantum eis utatur quantum necessitas huius vitae requirit.

AD PRIMUM ergo dicendum quod, sicut dictum est[4], necessitas huius vitae habet rationem regulae inquantum est finis. Considerandum est autem quod quandoque aliud est finis operantis, et aliud finis operis: sicut patet quod aedificationis finis est domus, sed aedificatoris finis quandoque est lucrum. Sic igitur temperantiae ipsius finis et regula est beatitudo: sed eius rei qua utitur, finis et regula est necessitas humanae vitae, infra quam est id quod in usum vitae venit.

AD SECUNDUM dicendum quod necessitas humanae vitae potest attendi dupliciter: uno modo, secundum quod dicitur necessarium *id sine quo res nullo modo potest esse*, sicut cibus est necessarius animali; alio modo, secundum quod necessarium dicitur *id sine quo res non potest convenienter esse*. Temperantia autem non solum attendit primam necessitatem, sed etiam secundam: unde Philosophus dicit, in III *Ethic.*[5], quod *temperatus appetit delectabilia propter sanitatem, vel propter bonam habitudinem*. Alia vero quae ad hoc non sunt necessaria, possunt dupliciter se habere. Quaedam enim sunt impedimenta sanitatis vel bonae habitudinis. Et his nullo modo temperatus utitur: hoc enim esset peccatum contra temperantiam. Quaedam vero sunt quae non sunt his impedimenta. Et his moderate utitur, pro loco et tempore et congruentia eorum quibus convivit. Et ideo ibidem Philosophus dicit quod et temperatus appetit *alia delectabilia*, quae scilicet non sunt necessaria ad sanitatem vel ad bonam habitudinem, *non impedimenta his existentia*.

AD TERTIUM dicendum quod, sicut dictum est[6], temperantia respicit necessitatem quantum ad convenientiam vitae. Quae quidem attenditur non solum secundum convenientiam corporis: sed etiam secundum convenientiam exteriorum rerum, puta divitiarum et officiorum; et multo magis secundum convenientiam honestatis. Et ideo Philosophus ibidem[7] subdit quod in delectabilibus quibus temperatus utitur, non solum considerat ut non sint impeditiva sanitatis et bonae habitudinis

desta vida. Por isso, a temperança assume as necessidades desta vida como norma, para avaliar as coisas prazerosas, propondo-se utilizá-las tanto quanto o exijam as necessidades.

QUANTO AO 1º, portanto, deve-se dizer que, as necessidades desta vida têm a razão de norma, enquanto são fins. Ora, importa notar que, às vezes, o fim do agente não é o mesmo da obra. Assim, por exemplo, o fim de uma construção é a casa, mas o fim do construtor é, por vezes, o lucro. De modo semelhante, pois, o fim e a regra da temperança em si mesma é a felicidade, mas as realidades de que ela se serve têm por fim e por regra as necessidades da vida humana, abaixo das quais se coloca o que está a serviço da vida.

QUANTO AO 2º, deve-se dizer que as necessidades da vida humana admitem dupla apreciação: uma, toma como necessário aquilo sem o que uma coisa de nenhum modo pode existir, como o alimento para o animal; outra, julga necessário aquilo sem o que uma coisa não pode existir adequadamente. Ora, a temperança leva em conta ambos os critérios. Por isso, segundo o Filósofo, "quem cultiva a temperança, busca os prazeres em vista da sua saúde ou do seu bem-estar". Quanto a outras coisas, porém, não necessárias, podem elas se apresentar de duas maneiras: algumas são contra a saúde ou o bem-estar e, nesse caso, quem pratica a temperança não as utiliza, absolutamente, porque seria um pecado de intemperança; outras, porém, não se opõem à saúde nem ao bem-estar, podendo-se, pois, usá-las, moderadamente, de acordo com as circunstâncias de lugar, tempo e costumes. Daí a observação do Filósofo, no mesmo passo, de que o temperante também deseja "os outros prazeres" não necessários à saúde nem ao bem-estar, "desde que não lhes sejam contrários".

QUANTO AO 3º, deve-se dizer que como já se disse, a temperança pondera a necessidade relativa às conveniências da vida, que não dizem respeito só às conveniências do corpo, mas também às de coisas exteriores, como as riquezas, os cargos e, muito mais, a honorabilidade pessoal. Por isso, Aristóteles acrescenta, no mesmo lugar, que, nos prazeres que busca, o homem temperante leva em conta não só que eles não se oponham à saúde e ao bem-estar físico, mas também que, não

---

4. In corp.
5. C. 14: 1119, a, 16-20.
6. Resp. ad 2.
7. Loc. cit. in resp. ad 2.

corporalis, sed etiam ut non sint *praeter bonum*, idest contra honestatem; et quod non sint *supra substantiam*, idest supra facultatem divitiarum. Et Augustinus dicit, in libro *de Moribus Eccle.*[8], quod temperatus respicit non solum *necessitatem huius vitae*, sed etiam *officiorum*.

Articulus 7
Utrum temperantia sit virtus cardinalis

AD SEPTIMUM SIC PROCEDITUR. Videtur quod temperantia non sit virtus cardinalis.
1. Bonum enim virtutis moralis a ratione dependet. Sed temperantia est circa ea quae magis distant a ratione, scilicet circa delectationes quae sunt nobis et brutis communes, ut dicitur in III *Ethic.*[1]. Ergo temperantia non videtur esse principalis virtus.
2. PRAETEREA, quanto aliquid est magis impetuosum, tanto difficilius videtur esse ad refrenandum. Sed ira, quam refrenat mansuetudo, videtur esse impetuosior quam concupiscentia, quam refrenat temperantia: dicitur enim Pr 27,4: *Ira non habet misericordiam, nec erumpens furor: et impetum concitati spiritus ferre quis poterit?* Ergo mansuetudo est principalior virtus quam temperantia.
3. PRAETEREA, spes est principalior motus animae quam desiderium seu concupiscentia, ut supra[2] habitum est. Sed humilitas refrenat praesumptionem immoderatae spei. Ergo humilitas videtur esse principalior virtus quam temperantia, quae refrenat concupiscentiam.

SED CONTRA est quod Gregorius, in II *Moral.*[3], ponit temperantiam inter virtutes principales.

RESPONDEO dicendum quod, sicut supra[4] dictum est, virtus principalis seu cardinalis dicitur quae principalius laudatur ex aliquo eorum quae communiter requiruntur ad rationem virtutis. Moderatio autem, quae in omni virtute requiritur, praecipue laudabilis est in delectationibus tactus, circa quae est temperantia: tum quia tales delectationes sunt magis nobis naturales, et ideo difficilius est ab eis abstinere et concupiscentias earum refrenare; tum etiam quia earum obiecta

sejam "contra o bem", isto é, contra a honradez humana, e não superem o próprio estado, ou seja, não excedam as suas possibilidades econômicas. E Agostinho diz que esse homem não vê apenas "as necessidades desta vida, mas também das suas funções sociais".

Artigo 7
A temperança é uma virtude cardeal?

QUANTO AO SÉTIMO, ASSIM SE PROCEDE: parece que a temperança **não** é uma virtude cardeal.
1. Com efeito, o bem da virtude moral depende da razão. Ora, a temperança trata do que está mais distante da razão, a saber, os prazeres que temos em comum com os animais, como se diz no livro da *Ética*. Logo, a temperança não parece ser virtude cardeal.
2. ALÉM DISSO, parece que quanto mais impetuosa é uma coisa, tanto mais difícil é contê-la. Ora, a ira, que é moderada pela mansidão, parece mais impetuosa que a concupiscência, moderada pela temperança, pois diz a Escritura: "A ira não tem piedade e nem o furor que a provoca; mas quem pode suportar o ardor de um espírito encolerizado?" Logo, a mansidão parece ser virtude mais excelente que a temperança.
3. ADEMAIS, a esperança é um movimento da alma superior ao desejo e à concupiscência. Ora, a humildade refreia a presunção de uma esperança desmedida. Logo, a humildade parece ser virtude superior à temperança, que refreia a concupiscência.

EM SENTIDO CONTRÁRIO, Gregório classifica a temperança entre as virtudes principais.

RESPONDO. Uma virtude principal ou cardeal, como anteriormente se disse, é aquela que possui, de modo eminente, alguma das características comumente atribuídas à razão de virtude. Ora, a moderação, necessária a qualquer virtude, é digna de especial elogio, quando se manifesta nos prazeres do tato, regulados pela temperança, ou porque tais prazeres, com efeito, nos são mais naturais e, portanto, é mais difícil nos abstermos deles e lhes conter o desejo, ou ainda porque seus

---

8. Cfr. arg. *sed c*.

7 PARALL.: I-II, q. 61, a. 2, 3; III *Sent.*, dist. 33, q. 2, a. 1, q.la 3, 4; *de Virtut.*, q. 1, a. 12, ad 26; q. 5, a. 1.

1. C. 13: 1118, a, 23-26.
2. I-II, q. 25, a. 4.
3. C. 49, al. 27, in vet. 36, n. 76: ML 75, 592 B.
4. Q. 123, a. 11; I-II, q. 61, a. 3, 4.

magis sunt necessaria praesenti vitae, ut ex dictis[5] patet. Et ideo temperantia ponitur virtus principalis seu cardinalis.

AD PRIMUM ergo dicendum quod tanto maior ostenditur agentis virtus, quanto in ea quae sunt magis distantia potest suam operationem extendere. Et ideo ex hoc ipso ostenditur maior virtus rationis quod potest etiam concupiscentias et delectationes maxime distantes moderari. Unde hoc pertinet ad principalitatem temperantiae.

AD SECUNDUM dicendum quod impetus irae causatur ex quodam accidente, puta ex aliqua laesione contristante: et ideo cito transit, quamvis magnum impetum habeat. Sed impetus concupiscentiae delectabilium tactus procedit ex causa naturali: unde est diuturnior et communior. Et ideo ad principaliorem virtutem pertinet ipsum refrenare.

AD TERTIUM dicendum quod ea quorum est spes, sunt altiora his quorum est concupiscentia: et propter hoc spes ponitur passio principalis in irascibili. Sed ea quorum est concupiscentia et delectatio tactus, vehementius movent appetitum, quia sunt magis naturalia. Et ideo temperantia, quae in his modum statuit, est virtus principalis.

objetos são mais necessários à vida presente. Por isso é que se põe a temperança entre as virtudes principais ou cardeais.

QUANTO AO 1º, portanto, deve-se dizer que a força de uma causa tanto mais se manifesta quanto mais longe pode estender sua ação. Por isso mesmo, a força da razão se revela maior pelo fato de poder moderar até os desejos e os prazeres mais distantes[g]. Aí está a principal característica da temperança.

QUANTO AO 2º, deve-se dizer que o arrebatamento da ira é provocado por algo acidental, como, por exemplo, uma ofensa revoltante. Por isso, ela é passageira, embora de grande impetuosidade. Já os movimentos produzidos pelo desejo dos prazeres do tato vêm de uma causa natural e, por isso, são mais frequentes e duradouros. Daí por que só uma virtude superior sabe refreá-los.

QUANTO AO 3º, deve-se dizer que os objetos da esperança são mais nobres que os da concupiscência e, por isso, a esperança é a principal paixão do apetite irascível. Mas o objeto da concupiscência e do prazer do tato movem o apetite de modo mais violento, porque são mais naturais. Por isso, a temperança, moderadora desse movimento, é uma virtude principal.

ARTICULUS 8
Utrum temperantia sit maxima virtutum

AD OCTAVUM SIC PROCEDITUR. Videtur quod temperantia sit maxima virtutum.
1. Dicit enim Ambrosius, in I *de Offic*.[1], quod *in temperantia maxime honesti cura, decoris consideratio spectatur et quaeritur*. Sed virtus laudabilis est inquantum est honesta et decora. Ergo temperantia est maxima virtutum.

ARTIGO 8
A temperança é a maior das virtudes?[h]

QUANTO AO OITAVO, ASSIM SE PROCEDE: parece que a temperança é a maior das virtudes.
1. Com efeito, diz Ambrósio que ela "mira e busca mais que qualquer outra virtude o que é honesto e decente". Ora, uma virtude merece louvor, enquanto honesta e decente. Logo, a temperança é a maior das virtudes.

---

5. Art. 4, 5.

8   PARALL.: Supra, q. 123, a. 12; I-II, q. 66, a. 4; IV *Sent*., dist. 33, q. 3, a. 3; *de Virtut*., q. 5, a. 3.
1. C. 43, n. 209: ML 16, 80 B.

g. A razão, segundo Sto. Tomás, não se refugia nas teorias e nas obras do espírito. Não tem preconceito espiritualista, ou mesmo idealista. Ela afirma seu império no domínio dos prazeres que são comuns a nós e aos animais (temperança), ao mesmo título em que se envolve na complexidade das situações mais concretas (prudência). Outras tantas modalidades segundo as quais a razão manifesta sua virtude em pontos estratégicos.

h. Quando aborda uma virtude específica, Sto. Tomás se pergunta muitas vezes se ela não seria a melhor de todas, mesmo que isso seja pouco verossímil. É uma maneira cômoda de valorizar os elementos mais positivos da virtude em questão. O julgamento efetuado sobre a temperança pode parecer severo: ela é declarada inferior tanto às outras virtudes cardeais quanto às virtudes teologais. É relegada ao último posto.

Mas não deixamos de observar seus poucos títulos de glória: ela se opõe ao que há de mais grosseiro (obj. 1), é bastante difícil (obj. 2), e de um uso particularmente comum (obj. 3). Outros tantos elementos que contribuem para valorizá-la e lhe conferem uma superioridade bem relativa sobre a fortaleza e mesmo sobre a justiça.

2. Praeterea, maioris virtutis est operari id quod est difficilius. Sed difficilius est refrenare concupiscentias et delectationes tactus quam rectificare actiones exteriores: quorum primum pertinet ad temperantiam, secundum ad iustitiam. Ergo temperantia est maior virtus quam iustitia.

3. Praeterea, quanto aliquid est communius, tanto magis necessarium videtur esse et melius. Sed fortitudo est circa pericula mortis, quae rarius occurrunt quam delectabilia tactus, quae quotidie occurrunt: et sic usus temperantiae est communior quam fortitudinis. Ergo temperantia est nobilior virtus quam fortitudo.

Sed contra est quod Philosophus dicit, in I Rhet.², quod *maximae virtutes sunt quae aliis maxime sunt utiles: et propter hoc, fortes et iustos maxime honoramus*.

Respondeo dicendum quod, sicut Philosophus dicit, in I Ethic.³, *bonum multitudinis divinius est quam bonum unius*. Et ideo quanto aliqua virtus magis pertinet ad bonum multitudinis, tanto melior est. Iustitia autem et fortitudo magis pertinent ad bonum multitudinis quam temperantia: quia iustitia consistit in communicationibus, quae sunt ad alterum; fortitudo autem in periculis bellorum, quae sustinentur pro salute communi; temperantia autem moderatur solum concupiscentias et delectationes eorum quae pertinent ad ipsum hominem. Unde manifestum est quod iustitia et fortitudo sunt excellentiores virtutes quam temperantia: quibus prudentia et virtutes theologicae sunt potiores.

Ad primum ergo dicendum quod honestas et decor maxime attribuuntur temperantiae, non propter principalitatem proprii boni, sed propter turpitudinem contrarii mali, a quo retrahit: inquantum scilicet moderatur delectationes quae sunt nobis et brutis communes.

Ad secundum dicendum quod, cum virtus sit *circa difficile et bonum*, dignitas virtutis magis attenditur circa rationem boni, in quo excedit iustitia, quam secundum rationem difficilis, in quo excedit temperantia.

Ad tertium dicendum quod illa communitas qua aliquid pertinet ad multitudinem hominum,

2. Além disso, é próprio de uma virtude superior realizar o que é mais difícil. Ora, é mais difícil controlar os desejos e prazeres do tato que retificar as ações exteriores, sendo que o controle daqueles cabe à temperança e a retificação destes cabe à justiça. Logo, a temperança é virtude maior que a justiça.

3. Ademais, uma coisa parece tanto mais necessária e melhor quanto mais frequente o seu uso. Ora, a fortaleza prende-se aos perigos mortais, menos frequentes que os prazeres do tato, que ocorrem todos os dias e, assim, a prática da temperança é mais frequente que a da fortaleza. Logo, a temperança é virtude mais nobre que a fortaleza.

Em sentido contrário, diz o Filósofo: "As virtudes maiores são as mais úteis aos outros e por isso é que honramos, sobretudo, os fortes e os justos".

Respondo. Segundo o Filósofo, "o bem da multidão é mais divino que o bem do indivíduo". Razão por que tanto melhor será uma virtude, quanto mais contribuir ao bem da multidão. Ora, a justiça e a fortaleza estão mais ligadas ao bem da multidão do que a temperança, porque a justiça visa às relações com o outro, e a fortaleza tem por objeto os perigos da guerra, que são afrontados pelo bem comum. A temperança, ao contrário, modera apenas as concupiscências e os prazeres de realidades pertencentes ao homem, individualmente. É claro, pois, que a justiça e a fortaleza são virtudes mais excelentes que a temperança. E superiores a elas são a prudência e as virtudes teologais.

Quanto ao 1º, portanto, deve-se dizer que a honestidade e o decoro são atribuídos, sobretudo, à temperança, não pela excelência do seu próprio bem, mas por causa da indignidade do mal oposto, de que ela nos afasta, na medida em que nos modera os prazeres pelos quais nos assemelhamos aos animais.

Quanto ao 2º, deve-se dizer que como a virtude tem como objeto o que é difícil e bom, a dignidade de uma virtude mede-se mais pela ideia do bem, no que a justiça é superior, do que pela razão da dificuldade, no que prevalece a temperança.

Quanto ao 3º, deve-se dizer que o sentido comunitárioⁱ de uma coisa pertencente a uma mul-

---

2. C. 9: 1366, b, 3-6.
3. C. 1: 1094, b, 10-11.

i. Qual é esse "valor comunitário" que confere uma bondade eminente à virtude de fortaleza? É aquele que dá à ação virtuosa o fato de dizer respeito a muitos homens, sempre que estiver em jogo o bem comum e a salvação pública.

magis facit ad excellentiam bonitatis quam illa quae consideratur secundum quod aliquid frequenter occurrit: in quarum prima excedit fortitudo, in secunda temperantia. Unde simpliciter fortitudo est potior: licet quoad aliquid possit dici temperantia potior non solum fortitudine, sed etiam iustitia.

tidão de homens confere-lhe uma bondade maior do que daquela que é considerada pela frequência com que ocorre. No aspecto de comunidade, a fortaleza é superior; no aspecto de frequência, a temperança. Assim, absolutamente falando, a fortaleza é mais importante, embora, de certo modo, se possa dizer que a temperança é superior não só à fortaleza, mas também à justiça.

QUAESTIO CXLII
DE VITIIS OPPOSITIS TEMPERANTIAE

in quatuor articulos divisa
Deinde considerandum est de vitiis oppositis temperantiae.
Et circa hoc quaeruntur quatuor.
Primo: utrum insensibilitas sit peccatum.
Secundo: utrum intemperantia sit vitium puerile.
Tertio: de comparatione intemperantiae ad timiditatem.
Quarto: utrum vitium intemperantiae sit maxime opprobriosum.

QUESTÃO 142
OS VÍCIOS CONTRÁRIOS À TEMPERANÇA

em quatro artigos
Em seguida, deve-se tratar dos vícios contrários à temperança.
A esse respeito, quatro questões:
1. A insensibilidade é um pecado?
2. A intemperança é um vício infantil?
3. Comparação entre intemperança e timidez.
4. O vício da intemperança é o mais vergonhoso de todos?

ARTICULUS 1
Utrum insensibilitas sit vitium

AD PRIMUM SIC PROCEDITUR. Videtur quod insensibilitas non sit vitium.
1. Dicuntur enim insensibiles qui deficiunt circa delectationes tactus. Sed in his penitus deficere videtur esse laudabile et virtuosum: dicitur enim Dn 10,2-3: *In diebus illis ego, Daniel, lugebam trium hebdomadarum tempus: panem desiderabilem non comedi, et caro et vinum non introierunt in os meum, sed neque unguento unctus sum.* Ergo insensibilitas non est peccatum.
2. PRAETEREA, *bonum hominis est secundum rationem esse*, secundum Dionysium, 4 cap. *de Div. Nom.*[1]. Sed abstinere ab omnibus delectabilibus tactus maxime promovet hominem in bono rationis: dicitur enim Dn 1,17, quod pueris qui utebantur leguminibus *dedit Deus scientiam et disciplinam in omni libro et sapientia.* Ergo insensibilitas, quae universaliter repellit huiusmodi delectationes, non est vitiosa.
3. PRAETEREA, illud per quod maxime receditur a peccato, non videtur esse vitiosum. Sed hoc est

ARTIGO 1
A insensibilidade é um vício?

QUANTO AO PRIMEIRO ARTIGO, ASSIM SE PROCEDE: parece que a insensibilidade **não** é um vício.
1. Com efeito, chamam-se insensíveis os que não gozam dos prazeres do tato. Ora, essa privação parece elogiável e virtuosa, à luz do que vem em Daniel: "Naqueles dias, eu, Daniel, estive de luto durante três semanas: não comi nenhum alimento fino, nem carne nem vinho entraram em minha boca e não me perfumei". Logo, a insensibilidade não é pecado.
2. ALÉM DISSO, "O bem do homem está em viver de acordo com a razão", segundo Dionísio. Ora, abster-se de todos os prazeres do tato promove, sobremaneira, em nós o bem da razão, pois, como diz a Escritura, aos jovens que comiam legumes Deus deu "a ciência e os instruiu em toda literatura e sabedoria". Logo, a insensibilidade, que rejeita todos os prazeres do tato, não é viciosa.
3. ADEMAIS, não parece vicioso aquilo que nos afasta, decididamente, do pecado. Ora, o melhor

---
1 PARALL.: II *Ethic.*, lect. 8; III, lect. 21.
1. MG 3, 733 A.

potissimum remedium abstinendi a peccato, quod aliquis fugiat delectationes, quod pertinet ad insensibilitatem: dicit enim Philosophus, in II *Ethic.*[2], quod *abiicientes delectationem minus peccabimus*. Ergo insensibilitas non est aliquid vitiosum.

SED CONTRA, nihil opponitur virtuti nisi vitium. Sed insensibilitas virtuti temperantiae opponitur: ut patet per Philosophum, in II[3] et III[4] *Ethic*. Ergo insensibilitas est vitium.

RESPONDEO dicendum quod omne illud quod contrariatur ordini naturali, est vitiosum. Natura autem delectationem apposuit operationibus necessariis ad vitam hominis. Et ideo naturalis ordo requirit ut homo intantum huiusmodi delectationibus utatur, quantum necessarium est saluti humanae, vel quantum ad conservationem individui vel quantum ad conservationem speciei. Si quis ergo intantum delectationem refugeret quod praetermitteret ea quae sunt necessaria ad conservationem naturae, peccaret, quasi ordini naturali repugnans. Et hoc pertinet ad vitium insensibilitatis.

Sciendum tamen quod ab huiusmodi delectationibus consequentibus huiusmodi operationes, quandoque laudabile, vel etiam necessarium est abstinere, propter aliquem finem. Sicut propter sanitatem corporalem, aliqui abstinent a quibusdam delectationibus, cibis et potibus et venereis. Et etiam propter alicuius officii executionem: sicut athletas et milites necesse est a multis delectationibus abstinere, ut officium proprium exequantur. Et similiter poenitentes, ad recuperandam animae sanitatem, abstinentia delectabilium quasi quadam diaeta utuntur. Et homines volentes contemplationi et rebus divinis vacare, oportet quod se magis a carnalibus abstrahant. Nec aliquid praedictorum ad insensibilitatis vitium pertinet: quia sunt secundum rationem rectam.

AD PRIMUM ergo dicendum quod Daniel illa abstinentia a delectabilibus utebatur, non quasi propter se abhorrens delectationes, ut secundum se malas: sed propter aliquem finem laudabilem, ut scilicet idoneum se ad altitudinem contemplationis redderet, abstinendo scilicet a corporalibus delectationibus. Unde et statim ibi subditur v. 4sqq. de revelatione facta.

AD SECUNDUM dicendum quod, quia ratione homo uti non potest sine sensitivis potentiis, quae

para a abstenção do pecado é fugir dos prazeres, o que é próprio da insensibilidade, visto que, no dizer do Filósofo, "pecaremos menos se renunciarmos ao prazer". Logo, a insensibilidade não é algo vicioso.

EM SENTIDO CONTRÁRIO, só o vício se opõe à virtude. Ora, a insensibilidade opõe-se à virtude da temperança, como está claro em Aristóteles. Logo, a insensibilidade é um vício.

RESPONDO. Tudo o que contraria a ordem natural é vicioso. Ora, a natureza ajuntou o prazer às atividades necessárias à vida do homem. Por isso, a ordem natural exige que ele desfrute esses prazeres, enquanto indispensáveis à sua saúde, quer quanto à conservação individual, quer quanto à da espécie. Portanto, pecaria quem evitasse os prazeres sensíveis a ponto de desprezar o que é necessário à conservação da natureza, contrariando assim a ordem natural. Nisso consiste o vício da insensibilidade.

Entretanto, é preciso levar em conta que, às vezes, é louvável e até necessário abstermo-nos, em vista de algum fim, dos prazeres oriundos dessas atividades. Alguns, por isso, privam-se de certos prazeres da comida, da bebida e do sexo, atendendo à saúde física. Outros assim agem também em função de alguma tarefa, como atletas e soldados, que precisam privar-se de muitos prazeres, para alcançarem melhor desempenho. Da mesma forma, os penitentes, para recuperarem a saúde da alma, praticam a abstinência de tais prazeres, como se estivessem fazendo regime. E os que almejam dedicar-se à contemplação e às coisas de Deus devem abster-se, sobretudo, dos prazeres carnais. Nenhum desses procedimentos, porém, implica o vício da insensibilidade, porque estão de acordo com a razão.

QUANTO AO 1º, portanto, deve-se dizer que abstinha-se Daniel daqueles prazeres não por desprezá-los, como se fossem nocivos, mas por um fim louvável, ou seja, para se preparar adequadamente à mais alta contemplação, privando-se dos prazeres corporais. Essa a razão por que a Escritura, nessa passagem, logo menciona a revelação que lhe foi feita.

QUANTO AO 2º, deve-se dizer que como não pode o homem usar a razão sem recorrer às potên-

---

2. C. 9: 1109, b, 11-13.
3. C. 7: 1107, b, 8.
4. C. 14: 1119, a, 5-11.

indigent organo corporali, ut in Primo[5] habitum est; necesse est quod homo sustentet corpus, ad hoc quod ratione utatur. Sustentatio autem corporis fit per operationes delectabiles. Unde non potest esse bonum rationis in homine si abstineat ab omnibus delectabilibus. Secundum tamen quod homo in exequendo actum rationis plus vel minus indiget corporali virtute, secundum hoc plus vel minus necesse habet delectabilibus corporalibus uti. Et ideo homines qui hoc officium assumpserunt ut contemplationi vacent, et bonum spirituale quasi quadam spirituali propagatione in alios transmittant, a multis delectabilibus laudabiliter abstinent, a quibus illi quibus ex officio competit operibus corporalibus et generationi carnali vacare, laudabiliter non abstinerent.

AD TERTIUM dicendum quod delectatio fugienda est ad vitandum peccatum, non totaliter, sed ut non ultra quaeratur quam necessitas requirat.

cias sensitivas, que precisam de órgãos corpóreos, conforme se estabeleceu na I Parte, segue-se daí a necessidade de que ele sustente o seu corpo, para poder se servir da razão. Ora, esse sustento realiza-se mediante ações que proporcionam prazer. Não pode então existir o bem da razão no homem, se ele se abstiver de todos os prazeres. Contudo, já que ele não precisa, para executar atos racionais, fazer uso, sempre na mesma medida, de todas as faculdades corporais, então deverá também desfrutar, em maior ou menor medida, os prazeres corporais. Por isso, os que assumiram o compromisso de se dar à contemplação e de transmitir aos outros o bem do espírito, por uma como propagação espiritual, se abstêm de muitos prazeres e nisso merecem aplauso. Ao contrário, tal atitude não seria elogiável naqueles cujo dever é dedicar-se às atividades corporais e à procriação.

QUANTO AO 3º, deve-se dizer que para evitar o pecado, é preciso fugir do prazer, não de forma absoluta, mas de modo que não se busque mais do que a necessidade exige.

ARTICULUS 2
Utrum intemperantia sit puerile peccatum

AD SECUNDUM SIC PROCEDITUR. Videtur quod intemperantia non sit puerile peccatum.
1. Quia super illud Mt 18,3, *Nisi conversi fueritis sicut parvuli* etc., dicit Hieronymus[1] quod *parvulus non perseverat in iracundia, laesus non meminit, videns pulchram mulierem non delectatur*: quod contrariatur intemperantiae. Ergo intemperantia non est puerile peccatum.

2. PRAETEREA, pueri non habent nisi concupiscentias naturales. Sed circa naturales concupiscentias parum aliqui peccant per intemperantiam: ut Philosophus dicit, in III *Ethic.*[2]. Ergo intemperantia non est peccatum puerile.

3. PRAETEREA, pueri sunt nutriendi et fovendi. Sed concupiscentia et delectatio, circa quae est intemperantia, est semper diminuenda et extirpanda: secundum illud Cl 3,5: *Mortificate membra vestra super terram, quae sunt concupiscentia*, etc. Ergo intemperantia non est puerile peccatum.

ARTIGO 2
A intemperança é um pecado infantil?

QUANTO AO SEGUNDO, ASSIM SE PROCEDE: parece que a intemperança **não** é um pecado infantil.
1. Com efeito, comentando o Evangelho de Mateus "se não vos tornardes como as crianças", diz Jerônimo que "a criança não se fixa na ira; ofendida, não guarda rancor e também não se deleita à vista de uma bela mulher", o que é contrário à intemperança. Logo, esta não é um pecado de crianças.

2. ALÉM DISSO, as crianças têm apenas a concupiscência natural. Ora, poucos pecam por intemperança no tocante a essa concupiscência, segundo o Filósofo. Logo, a intemperança não é um pecado infantil.

3. ADEMAIS, as crianças devem ser criadas e nutridas. Ora, a concupiscência e o prazer que constituem o objeto próprio da intemperança, precisam ser sempre diminuídos e suprimidos, conforme se recomenda: "Fazei morrer o que em vós pertence

---

5. Q. 84, a. 7, 8.

PARALL.: III *Ethic.*, lect. 22.

1. *Comment.*, l. III, ad 1, c., v. 4: ML 26, 128 C.
2. C. 13: 1118, b, 15-21.

SED CONTRA est quod Philosophus dicit, in III *Ethic*.³, quod *nomen intemperantiae ferimus ad puerilia peccata*.
RESPONDEO dicendum quod aliquid dicitur esse puerile dupliciter. Uno modo, quia convenit pueris. Et sic non intendit Philosophus⁴ dicere quod peccatum intemperantiae sit puerile. — Alio modo, secundum quandam similitudinem. Et hoc modo peccata intemperantiae puerilia dicuntur. Peccatum enim intemperantiae est peccatum superfluae concupiscentiae: quae assimilatur puero quantum ad tria.
Primo quidem, quantum ad id quod uterque appetit. Sicut enim puer, ita et concupiscentia appetit aliquid turpe. Cuius ratio est quia pulchrum in rebus humanis attenditur prout aliquid est ordinatum secundum rationem: unde Tullius dicit, in I *de Offic*.⁵, quod *pulchrum est quod consentaneum est hominis excellentiae in eo in quo natura eius a reliquis animantibus differt*. Puer autem non attendit ad ordinem rationis. Et similiter *concupiscentia non audit rationem*, ut dicitur in VII *Ethic*.⁶
Secundo conveniunt quantum ad eventum. Puer enim, si suae voluntati dimittatur, crescit in propria voluntate: unde dicitur Eccli 30,8: *Equus indomitus evadit durus: et filius remissus evadit praeceps*. Ita etiam et concupiscentia, si ei satisfiat, maius robur accipit: unde Augustinus dicit, in VIII *Confess*.⁷: *Dum servitur libidini, facta est consuetudo: et dum consuetudini non resistitur, facta est necessitas*.

Tertio, quantum ad remedium quod utrique praebetur. Puer enim emendatur per hoc quod coercetur: unde dicitur Pr 23,13-14: *Noli subtrahere a puero disciplinam: tu virga percuties eum, et animam eius de inferno liberabis*. Et similiter, dum concupiscentiae resistitur, reducitur ad debitum honestatis modum. Et hoc est quod Augustinus dicit, in VI *Musicae*⁸, quod, *mente in spiritualia suspensa atque ibi fixa et manente, consuetudinis*, scilicet carnalis concupiscentiae, *impetus frangitur, et paulatim repressus extinguitur. Maior enim erat

à terra, como a devassidão etc." Logo, a intemperança não é um pecado pueril.
EM SENTIDO CONTRÁRIO, diz o Filósofo: "Entendemos por intemperança os pecados infantis".

RESPONDO. Por duas razões pode uma coisa ser considerada infantil. Ou porque própria de crianças, e não é nesse sentido que Aristóteles chama a intemperança de pecado infantil. — Ou por alguma analogia, e nesse sentido é que se tacham de infantis os pecados de intemperança, pois esse pecado é um pecado de concupiscência excessiva, que pode ser comparada à criança de três maneiras.
Primeiramente, quanto ao objeto desejado por ambas, pois a criança, tal qual a concupiscência, deseja algo que não é bonito. Nas coisas humanas, é belo o que é conforme à razão. Por isso, diz Túlio que "é belo o que combina com a excelência do homem, no que a sua natureza se distingue da natureza do resto dos animais". Ora, a criança não atende à ordem da razão, como tampouco o faz a concupiscência, como se diz no livro VII da *Ética*.

Em segundo lugar, assemelham-se quanto às consequências, pois as crianças, quando se cede às suas vontades, querem sempre mais, como se diz no livro do Eclesiástico: "Cavalo indomado torna-se recalcitrante; da mesma forma, um filho entregue a si mesmo torna-se impossível". Assim acontece com a concupiscência: uma vez satisfeita, mais força ganha, como observa Agostinho: "Sujeitar-se à paixão é criar o costume; e não resistir ao costume é criar a necessidade".
Em terceiro lugar, assemelham-se a criança e a concupiscência quanto ao remédio que se aplica às duas. A criança, com efeito, emenda-se, se corrigida, conforme lemos no livro dos Provérbios: "Não poupes correção aos jovens! Se os baterdes com vara tu os livrarás da morada dos mortos". Da mesma forma, resistindo à concupiscência, reduzimo-la aos devidos limites da honestidade. É o que diz Agostinho: "Quando a mente se prende às coisas espirituais e nelas se fixa, permanentemente, quebra-se a força do costume, isto é, da

---

3. C. 15: 1119, a, 30 — b, 3.
4. Vide arg. *sed c*.
5. C. 27: ed. C. F. W. Mueller, Lipsiae 1910, p. 33, ll. 31-33.
6. C. 7: 1149, b, 2-3.
7. C. 5, n. 10: ML 32, 753.
8. C. 11, n. 33: ML 32, 1181.

cum sequeremur: non omnino nullus, sed certe minor, cum refrenamus. Et ideo Philosophus dicit, in III *Ethic*.[9], quod *quemadmodum puerum oportet secundum praeceptum paedagogi vivere, sic et concupiscibile consonare rationi*.

AD PRIMUM ergo dicendum quod ratio illa procedit secundum illum modum quo puerile dicitur id quod in pueris invenitur. Sic autem non dicitur peccatum intemperantiae puerile, sed secundum similitudinem, ut dictum est[10].

AD SECUNDUM dicendum quod concupiscentia aliqua potest dici naturalis dupliciter. Uno modo, secundum suum genus. Et sic temperantia et intemperantia sunt circa concupiscentias naturales: sunt enim circa concupiscentias ciborum et venereorum, quae ordinantur ad conservationem naturae. — Alio modo potest dici concupiscentia naturalis quantum ad speciem eius quod natura ad sui conservationem requirit. Et sic non multum contingit peccare circa naturales concupiscentias. Natura enim non requirit nisi id per quod subvenitur necessitati naturae: in cuius desiderio non contingit esse peccatum, nisi solum secundum quantitatis excessum; et secundum hoc solum peccatur circa naturalem concupiscentiam, ut Philosophus dicit, in III *Ethic*.[11]. Alia vero, circa quae plurimum peccatur, sunt quaedam concupiscentiae incitamenta, quae hominum curiositas adinvenit: sicut cibi curiose praeparati, et mulieres ornatae. Et quamvis ista non multum requirant pueri, nihilominus tamen intemperantia dicitur puerile peccatum ratione iam[12] dicta.

AD TERTIUM dicendum quod id quod ad naturam pertinet in pueris est augmentandum et fovendum. Quod autem pertinet ad defectum rationis in eis non est fovendum, sed emendandum, ut dictum est[13].

concupiscência carnal, que, reprimida, pouco a pouco se extingue, pois era mais forte quando lhe obedecíamos e certamente menor, embora não de todo anulada, quando a refreamos". Daí a palavra do Filósofo: "Assim como a criança deve viver sob as ordens do seu mestre, assim o concupiscível precisa estar sujeito à razão".

QUANTO AO 1º, portanto, deve-se dizer que a objeção entende como pueril o que acontece com as crianças. Ora, visto assim o pecado da intemperança não é pueril, e sim por semelhança.

QUANTO AO 2º, deve-se dizer que uma concupiscência pode chamar-se natural de dois modos. Em primeiro lugar, quanto ao seu gênero. Nesse sentido, a temperança e a intemperança têm por objeto as concupiscências naturais, pois regulam os desejos da comida e do sexo, voltados à conservação da natureza. — Em segundo lugar, a concupiscência pode ser considerada natural quanto à espécie daquilo que a natureza exige para a sua conservação. Sob esse aspecto, não é frequente o pecado em matéria de concupiscência natural, porque a natureza não requer senão o necessário à sua conservação. E não há pecado nesse tipo de desejo, salvo se houver excesso na quantidade. E só nisso é que se peca, em termos de concupiscência natural, diz o Filósofo. Mas outras matérias em que se peca o mais das vezes são certos incitamentos à concupiscência, despertados pela engenhosidade humana, como alimentos refinados e mulheres adornadas. E embora as crianças, em geral, não busquem tais coisas, no entanto se diz que a intemperança é um pecado infantil, pela razão já assinalada.

QUANTO AO 3º, deve-se dizer que o que é da natureza deve ser desenvolvido e cultivado nas crianças. Mas o que nelas não é razoável, isso não se deve favorecer, senão corrigir.

ARTICULUS 3

Utrum timiditas sit maius vitium quam intemperantia

AD TERTIUM SIC PROCEDITUR. Videtur quod timiditas sit maius vitium quam intemperantia.

ARTIGO 3

A timidez é vício maior que a intemperança?

QUANTO AO TERCEIRO, ASSIM SE PROCEDE: parece que a timidez é vício maior que a intemperança.

---

9. C. 15: 1119, b, 13-18.
10. In corp.
11. C. 13: 1118, b, 15-21.
12. In corp.
13. Ibid.

PARALL.: III *Ethic*., lect. 22.

1. Ex hoc enim aliquod vitium vituperatur quod opponitur bono virtutis. Sed timiditas opponitur fortitudini, quae est nobilior virtus quam temperantia, cui opponitur intemperantia: ut ex supra[1] dictis patet. Ergo timiditas est maius vitium quam intemperantia.
2. PRAETEREA, quanto aliquis deficit in eo quod difficilius vincitur, tanto minus vituperatur: unde Philosophus dicit, in VII *Ethic*.[2], quod *si quis a fortibus et superexcellentibus delectationibus vincitur vel tristitiis, non est admirabile, sed condonabile*. Sed difficilius videtur vincere delectationes quam alias passiones: unde in II *Ethic*.[3] dicitur quod *difficilius est contra voluptatem pugnare quam contra iram*, quae videtur esse fortior quam timor. Ergo intemperantia, quae vincitur a delectatione, minus peccatum est quam timiditas, quae vincitur a timore.
3. PRAETEREA, de ratione peccati est quod sit voluntarium. Sed timiditas est magis voluntaria quam intemperantia: nullus enim concupiscit intemperatus esse; aliqui autem concupiscunt fugere mortis pericula, quod pertinet ad timiditatem. Ergo timiditas est gravius peccatum quam intemperantia.

SED CONTRA est quod Philosophus dicit, in III *Ethic*.[4], quod *intemperantia assimilatur magis voluntario quam timiditas*. Ergo plus habet de ratione peccati.

RESPONDEO dicendum quod unum vitium potest alteri comparari dupliciter: uno modo, ex parte materiae vel obiecti; alio modo, ex parte ipsius hominis peccantis. Et utroque modo intemperantia est gravius vitium quam timiditas. Primo namque ex parte materiae. Nam timiditas refugit pericula mortis, ad quae vitanda inducit maxima necessitas conservandae vitae. Intemperantia autem est circa delectationes, quarum appetitus non est adeo necessarius ad vitae conservationem: quia, ut dictum est[5], intemperantia magis est circa quasdam *appositas* delectationes seu concupiscentias quam circa concupiscentias seu delectationes naturales. Quanto autem illud quod commovet ad peccandum videtur esse magis necessarium, tanto peccatum levius est. Et ideo intemperantia est gravius vitium quam timiditas ex parte obiecti sive materiae moventis.

1. Com efeito, quanto mais um vício contraria a virtude, tanto mais ele é reprovado. Ora, a timidez opõe-se à fortaleza, virtude mais nobre que a temperança, à qual se opõe a intemperança. Logo, a timidez é vício maior que a intemperança.

2. ALÉM DISSO, menos censura merece quem sucumbe ao que é mais difícil de vencer. Daí afirmar o Filósofo: "Não é digno de admiração, mas de perdão, quem é vencido por prazeres ou por sofrimento fortes e intensos demais". Ora, parece que é mais difícil vencer os prazeres que as outras paixões e por isso se diz no livro II da *Ética*: "É mais difícil resistir ao prazer do que conter a cólera" que é mais forte que o temor. Logo, a intemperança, que sucumbe ao prazer, é pecado menor que a timidez, que sucumbe ao temor.

3. ADEMAIS, é essencial ao pecado que ele seja voluntário. Ora, a timidez é mais voluntária que a intemperança, porque ninguém deseja ser intemperante, enquanto que alguns desejam fugir aos perigos de morte, o que é próprio da timidez. Logo, esta é pecado mais grave que a intemperança.

EM SENTIDO CONTRÁRIO, o Filósofo diz que a "intemperança parece mais voluntária que a timidez". Logo, tem maior carga de pecado.

RESPONDO. Pode-se comparar um vício com outro de dois modos: ou considerando a sua matéria, o seu objeto; ou considerando a própria pessoa que peca. Nos dois casos a intemperança é vício mais grave que a timidez. Primeiro, quanto à matéria, porque a timidez evita os perigos de morte, levada pela necessidade suprema de se conservar a vida, ao passo que a intemperança tem por objeto os prazeres, cujo desejo não é tão necessário à sobrevivência, pois, como foi dito, a intemperança tem por objeto alguns prazeres ou concupiscências forjadas, mais do que as concupiscências e os prazeres naturais. Ora, quanto mais necessário parece aquilo que incita ao pecado, tanto mais leve é o pecado. Portanto, do ponto de vista do objeto ou matéria que a provoca, a intemperança é vício mais grave que a timidez.

---

1. Q. 123, a. 12; q. 141, a. 8.
2. C. 8: 1150, b, 6-16.
3. C. 2: 1105, a, 7-13.
4. C. 15: 1119, a, 21-23.
5. A. 2, ad 2.

Similiter etiam et ex parte ipsius hominis peccantis. Et hoc triplici ratione. Primo quidem, quia quanto ille qui peccat magis est compos suae mentis, tanto gravius peccat: unde alienatis non imputantur peccata. Timores autem et tristitiae graves, et maxime in periculis mortis, stupefaciunt mentem hominis. Quod non facit delectatio, quae movet ad intemperantiam.

Secundo, quia quanto aliquod peccatum est magis voluntarium, tanto est gravius. Intemperantia autem habet plus de voluntario quam timiditas. Et hoc duplici ratione. Uno modo, quia ea quae per timorem fiunt principium habent ab exteriori impellente: unde non sunt simpliciter voluntaria, sed mixta, ut dicitur in III *Ethic*.[6]. Ea autem quae per delectationem fiunt sunt simpliciter voluntaria. — Alio modo, quia ea quae sunt intemperati sunt magis voluntaria in particulari, minus autem voluntaria in universali: nullus enim vellet intemperatus esse; allicitur tamen homo a singularibus delectabilibus, quae intemperatum faciunt hominem. Propter quod, ad vitandum intemperantiam maximum remedium est ut non immoretur homo circa singularium considerationem. Sed in his quae pertinent ad timiditatem est e converso. Nam singula quae imminent sunt minus voluntaria, ut abiicere clipeum et alia huiusmodi: sed ipsum commune est magis voluntarium, puta fugiendo salvari. Hoc autem est simpliciter magis voluntarium quod est magis voluntarium in singularibus, in quibus est actus. Et ideo intemperantia, cum sit simpliciter magis voluntarium quam timiditas, est maius vitium.

Tertio, quia contra intemperantiam potest magis de facili remedium adhiberi quam contra timiditatem: eo quod delectationes ciborum et venereorum, circa quas est intemperantia, per totam vitam occurrunt, et sine periculo potest homo circa ea exercitari ad hoc quod sit temperatus; sed pericula mortis et rarius occurrunt, et periculosius in his homo exercitatur ad timiditatem fugiendam.

O mesmo ocorre se considerarmos o pecador. E isso por três razões. Antes de mais nada, porque, quanto mais consciente o pecador está do seu pecado, tanto mais gravemente peca e, por isso, não se imputam pecados aos dementes. Ora, os temores e os grandes sofrimentos, máxime em risco de morte, paralisam a mente humana, coisa que o prazer, caminho para a intemperança, não causa.

Em segundo lugar[a], porque, quanto mais voluntário um pecado, tanto mais grave é. Ora, a intemperança é mais voluntária que a timidez por dois motivos. Primeiro, porque as ações realizadas por temor vêm de um impulso exterior e, por isso, não são de todo voluntárias, mas só em parte, como diz o livro da *Ética*, ao passo que as executadas por prazer são, pura e simplesmente, voluntárias. — Depois, porque os atos de intemperança são mais voluntários no particular e menos voluntários no geral, pois ninguém quer ser intemperante, mas o homem é atraído por prazeres particulares que o fazem intemperante. Assim, para evitar a intemperança, o melhor remédio é não nos fixarmos na consideração de particularidades. Mas com a timidez acontece o contrário: fatos concretos e repentinos, como lançar fora o escudo e outros semelhantes são menos voluntários, enquanto que o comum, como, por exemplo, fugir para salvar-se, é mais voluntário. É simplesmente mais voluntário o que é mais voluntário nas situações particulares em que se dá o ato. Logo, a intemperança, sendo absolutamente mais voluntária que a timidez, é um vício maior.

Em terceiro lugar, porque é mais fácil encontrar remédio à intemperança do que à timidez, pois os prazeres da mesa e do sexo, objeto da intemperança, ocorrem a vida inteira e o homem pode, sem perigo, exercitar-se na temperança para vencê-los; ao contrário, os perigos mortais apresentam-se com menos frequência e, para fugirmos à timidez, é mais perigoso nos exercitarmos neles.

---

6. C. 1: 1110, a, 4-19.

a. A timidez é, sim ou não, mais voluntária que a intemperança? A resposta de Sto. Tomás corre o risco de parecer sutil ao leitor. Requer algumas explicações, pelo menos no que concerne a esse "em segundo lugar" e à resposta 3.

O intemperante não tem a intenção de se tornar intemperante, assim, em geral. Não, ele possui desejos bem concretos; ele busca o que lhe dá prazer. Tanto pior se isso o conduz a ser qualificado, e com razão, de intemperante. É um inconveniente que ele endossa. Mas aquilo que, a seus olhos, é afetado de um sinal positivo, o que ele busca voluntariamente, é o prazer bem concreto. Em comparação, a qualificação de intemperante é bastante geral.

No caso do homem tímido, as ações concretas que são as suas (fugir ou render-se ao inimigo) são um último recurso; ele as dispensaria se pudesse, realiza-as a contragosto e nenhuma delas exerce atração sobre ele. O seu objetivo é de ordem mais geral: escapar ao perigo mortal.

Em matéria de moral, são as ações concretas que prevalecem. O que constitui o intemperante está mais de acordo com sua vontade do que o que constitui o tímido. Moralmente, o intemperante está mais comprometido com sua ação do que o tímido. A bem considerar as coisas, a intemperança é mais voluntária do que a timidez.

Et ideo intemperantia est simpliciter maius peccatum quam timiditas.

AD PRIMUM ergo dicendum quod excellentia fortitudinis supra temperantiam potest considerari dupliciter. Uno modo, ex parte finis, quod pertinet ad rationem boni: quia scilicet fortitudo magis ordinatur ad bonum commune quam temperantia. Ex hac etiam parte timiditas habet quandam excellentiam supra intemperantiam: inquantum scilicet per timiditatem aliqui desistunt a defensione boni communis. — Alio modo, ex parte difficultatis: inquantum scilicet difficilius est subire pericula mortis quam abstinere a quibusdam delectabilibus. Et quantum ad hoc, non oportet quod timiditas praecellat intemperantiam. Sicut enim maioris virtutis est non vinci a fortiori, ita etiam e contrario minoris vitii est a fortiori vinci, et maioris vitii a debiliori superari.

AD SECUNDUM dicendum quod amor conservationis vitae, propter quam vitantur pericula mortis, est multo magis connaturalis quam quaecumque delectationes ciborum vel venereorum, quae ad conservationem vitae ordinantur. Et ideo difficilius est vincere timorem periculorum mortis quam concupiscentiam delectationum, quae est in cibis et venereis. Cui tamen difficilius est resistere quam irae, tristitiae et timori quorundam aliorum malorum.

AD TERTIUM dicendum quod in timiditate consideratur magis voluntarium in universali, minus tamen in particulari. Et ideo in ea est magis voluntarium secundum quid, sed non simpliciter.

Logo, a intemperança é, em si mesma, um pecado maior que a timidez.

QUANTO AO 1º, portanto, deve-se dizer que a superioridade da fortaleza sobre a temperança pode merecer dupla consideração[b]. Primeiro, quanto ao fim, que implica a razão de bem, pois a fortaleza se ordena ao bem comum de modo mais adequado que a temperança. Sob esse ponto de vista também, a timidez tem certa superioridade sobre a intemperança, porque a timidez leva algumas pessoas a renunciarem à defesa do bem comum. — Em segundo lugar, quanto à dificuldade, por ser mais difícil enfrentar os perigos de morte do que abster-se de determinados prazeres. E, por esse lado, não é necessário que a timidez supere a intemperança, porque como se precisa de mais virtude para não se deixar abater pelo mais forte, assim também, inversamente, é um vício menor ser vencido pelo mais forte e um vício maior sucumbir ao mais fraco.

QUANTO AO 2º, deve-se dizer que o amor à preservação da vida, que nos faz evitar perigos mortais, é-nos muito mais conatural que todos os prazeres da mesa e do sexo, ordenados a essa conservação. Por isso, é mais difícil vencer o temor dos perigos mortais do que o desejo dos prazeres proporcionados pela comida e pelo sexo. No entanto, é mais difícil resistir a estes últimos do que à cólera, à tristeza e ao temor de quaisquer outros males.

QUANTO AO 3º, deve-se dizer que na timidez considera-se o ato como mais voluntário no geral, e menos no particular. Razão por que nela acontece maior voluntariedade relativa, não absoluta.

ARTICULUS 4

Utrum peccatum intemperantiae sit maxime exprobrabile

AD QUARTUM SIC PROCEDITUR. Videtur quod peccatum intemperantiae non sit maxime exprobrabile.
1. Sicut enim honor debetur virtuti, ita exprobratio debetur peccato. Sed quaedam peccata sunt graviora quam intemperantia: sicut homicidium, blasphemia et alia huiusmodi. Ergo peccatum intemperantiae non est maxime exprobrabile.

ARTIGO 4

O pecado da intemperança é o mais reprovável?

QUANTO AO QUARTO, ASSIM SE PROCEDE: parece que o pecado da intemperança **não** é o mais reprovável.
1. Com efeito, se é preciso honrar a virtude, é igualmente necessário repudiar o pecado. Ora, certos pecados há que são mais graves que a intemperança, como o homicídio e a blasfêmia e outros iguais. Logo, o pecado da intemperança não é o mais reprovável.

4 PARALL.: III *Ethic.*, lect. 20.

b. Os dois motivos que fazem preferir a virtude de fortaleza à de temperança são claramente expostos aqui, em um artigo cujo objeto é a comparação dos vícios que lhe são contrários.

2. PRAETEREA, peccata quae sunt magis communia videntur esse minus exprobrabilia: eo quod de his homines minus verecundantur. Sed peccata intemperantiae sunt maxime communia: quia sunt circa ea quae communiter in usum humanae vitae veniunt, in quibus etiam plurimi peccant. Ergo peccata intemperantiae non videntur esse maxime exprobrabilia.

3. PRAETEREA, Philosophus dicit, in VII *Ethic.*[1], quod *temperantia et intemperantia sunt circa concupiscentias et delectationes humanas*. Sunt autem quaedam concupiscentiae et delectationes turpiores concupiscentiis et delectationibus humanis, quae dicuntur *bestiales* et *aegritudinales*, ut in eodem libro Philosophus dicit. Ergo intemperantia non est maxime exprobrabilis.

SED CONTRA est quod Philosophus dicit, in III *Ethic.*[2], quod intemperantia inter alia vitia *videtur iuste exprobabilis esse*.

RESPONDEO dicendum quod exprobratio opponi videtur honori et gloriae. Honor autem excellentiae debetur, ut supra[3] habitum est: gloria autem claritatem importat. Est igitur intemperantia maxime exprobrabilis, propter duo. Primo quidem, quia maxime repugnat excellentiae hominis: est enim circa delectationes communes nobis et brutis, ut supra[4] habitum est. Unde et in Ps 48,21 dicitur: *Homo, cum in honore esset, non intellexit: comparatus est iumentis insipientibus, et similis factus est illis*. — Secundo, quia maxime repugnat eius claritati vel pulchritudini: inquantum scilicet in delectationibus circa quas est intemperantia, minus apparet de lumine rationis, ex qua est tota claritas et pulchritudo virtutis. Unde et huiusmodi delectationes dicuntur maxime serviles.

AD PRIMUM ergo dicendum quod, sicut Gregorius dicit[5], vitia carnalia, quae sub intemperantia continentur, etsi sint minoris culpae, sunt tamen maioris infamiae. Nam magnitudo culpae respicit deordinationem a fine: infamia autem respicit turpitudinem, quae maxime consideratur secundum indecentiam peccantis.

AD SECUNDUM dicendum quod consuetudo peccandi diminuit turpitudinem et infamiam peccati secundum opinionem hominum: non autem secundum naturam ipsorum vitiorum.

2. ALÉM DISSO, pecados mais comuns parecem ser menos censuráveis, porque os homens se envergonham menos deles. Ora, os pecados da intemperança são os mais comuns, porque envolvem matéria de uso bastante comum na vida humana e na qual a maioria dos homens peca. Logo, os pecados da intemperança não parecem ser os mais condenáveis.

3. ADEMAIS, diz o Filósofo que "a temperança e a intemperança têm por objeto as concupiscências e os prazeres humanos. Ora, há certas concupiscências e prazeres mais vergonhosos que os desejos e prazeres humanos. São, segundo Aristóteles diz no mesmo livro, os "bestiais e mórbidos". Logo, a intemperança não é o pecado mais censurável.

EM SENTIDO CONTRÁRIO, temos o Filósofo afirmando que, entre os outros vícios, a intemperança "parece justamente censurável".

RESPONDO. A reprovação parece opor-se à honra e à glória. Ora, a honra é devida à excelência, e a glória implica o brilho. Portanto, a intemperança é o vício mais censurável, por duas razões. Primeiro, porque é sumamente contrária à excelência humana, pois seu objeto são os prazeres que temos em comum com os brutos, como já foi dito. Daí aquilo do Salmo: "O homem em sua dignidade, não compreendeu. Comparou-se com um jumento sem conhecimento e assemelhou-se a ele". — Em segundo lugar, porque é o que mais se opõe ao brilho e à beleza do homem, pois é nos prazeres, que constituem o objeto da intemperança, que menos aparece a luz da razão, donde vem toda a beleza e esplendor da virtude. Por isso, tais prazeres são considerados os mais servis.

QUANTO AO 1º, portanto, deve-se dizer que segundo Gregório, os vícios carnais envolvidos na intemperança, embora de menor culpa, encerram, contudo, maior infâmia, porque a grandeza da culpa depende do desvio do fim, ao passo que a infâmia depende da desonestidade, que se mede, sobretudo, pela indecência de quem peca.

QUANTO AO 2º, deve-se dizer que o costume de pecar habitualmente diminui a desonestidade e a infâmia do pecado, conforme a opinião dos homens mas não conforme à própria natureza do pecado.

---

1. C. 7: 1149, b, 27-1150, a, 1.
2. C. 13: 1118, b, 2-8.
3. Q. 102, a. 2; q. 103, a. 1.
4. Q. 141, a. 2, ad 3; a. 7, 1 a; a. 8, ad 1.
5. *Moral.*, l. XXXIII, c. 12, al. 11, in vet. 16, n. 25: ML 76, 688 C.

AD TERTIUM dicendum quod cum dicitur intemperantia maxime esse exprobrabilis, est intelligendum inter vitia humana, quae scilicet attenduntur secundum passiones humanae naturae aliqualiter conformes. Sed illa vitia quae excedunt modum humanae naturae, sunt magis exprobrabilia. Et tamen illa etiam videntur reduci ad genus intemperantiae secundum quendam excessum: sicut si aliquis delectaretur in comestione carnium humanarum, aut in coitu bestiarum aut masculorum.

QUANTO AO 3º, deve-se dizer que quando se afirma que a intemperança é sumamente censurável, entende-se que o é entre os vícios humanos, vistos em relação às paixões conformes, de certa forma, à natureza humana. Mas os vícios que ultrapassam a medida da natureza humana são mais condenáveis. Assim mesmo esses vícios parece que podem ser reduzidos ao gênero da intemperança por excesso, como no caso de alguém encontrar prazer em comer carne humana ou em ter relação sexual com animais ou pessoas do mesmo sexo.

QUAESTIO CXLIII
DE PARTIBUS TEMPERANTIAE IN GENERALI
in articulus unicus

Deinde considerandum est de partibus temperantiae. Et primo, de ipsis partibus in generali; secundo, de singulis earum in speciali.

QUESTÃO 143
AS PARTES DA TEMPERANÇA EM GERAL
em único artigo

Em seguida, deve-se tratar das partes da temperança. E, primeiro, dessas mesmas partes em geral. Depois, de cada uma em particular.

ARTICULUS UNICUS
Utrum convenienter assignentur partes temperantiae

AD PRIMUM SIC PROCEDITUR. Videtur quod Tullius, in sua *Rhetorica*[1], inconvenienter assignet partes temperantiae, quas dicit esse *continentiam clementiam, modestiam*.

ARTIGO ÚNICO[a]
As partes da temperança foram estabelecidas de modo correto?

QUANTO AO PRIMEIRO ARTIGO, ASSIM SE PROCEDE: parece que a distinção de Túlio **não** é correta, ao indicar como partes da temperança a continência, a clemência e a modéstia.

---

1 PARALL.: III *Sent.*, dist. 33, q. 3, a. 2.
   1. *De inv. rhet.*, l. II, c. 54: ed. G. Friedrich, Lipsiae 1908, p. 231, l. 18.

a. Como a virtude de fortaleza lançava mãos de elementos simples (q. 128), assim a de temperança se cerca de fatores complexos. As partes da temperança, sejam elas integrantes, subjetivas ou potenciais, são em número de 14. A elaboração delas não é obra de Sto. Tomás. Ele não acrescenta nada ao que observaram três de seus antecessores (Cícero, Macróbio e Andrônico). Ele não suprime nada, tampouco. Sua obra consiste em sistematizar o conjunto, em encontrar a sua ordem. Ele organiza mais todo um universo da temperança, que se estende, graças às partes potenciais, a vastos domínios aparentemente bastante distanciados da temperança propriamente dita. Basta que uma atitude espiritual comum reúna todas essas virtudes em uma vasta família, cuja marca é o comedimento e a moderação. A rede engloba zonas inteiras da moralidade. E cada um dos elementos será estudado em detalhes ao longo de nosso tratado.
Nestas questões, o tradutor enfrenta problemas quase insolúveis. Nada permite, *a priori*, pensar que exista uma tradução unívoca para cada um dos termos latinos empregados, como nada nos assegura tampouco que o sentido atribuído por Sto. Tomás aos vocábulos latinos seja exatamente o mesmo do pensamento de Cícero, de Andrônico ou de Macróbio. Cada termo possui numa língua e numa dada época conotações que não podem ser transpostas.
Não precisamos ir além de Sto. Tomás; o seu pensamento não perde o seu valor, mesmo que ele modifique o sentido das palavras que ele toma de suas fontes. Mas, para nos passar o pensamento de Sto. Tomás, o tradutor tem de propor equivalências que correm o risco de serem apenas aproximativas. Não nos iludamos; certos termos são intraduzíveis, pois não existe correspondente capaz de reunir todos os matizes do vocábulo e somente estas. Voltaremos na notas, à medida que se fizer necessário, a tratar de certas dificuldades dessa ordem. Contentemo-nos aqui com um exemplo: *Verecundia* é traduzido por "vergonha", *pudicitia* por "pudor". Não é evidente que vergomha e pudor não sejam equivalentes, e muito menos que a distinção de que se poderia eventualmente estabelecer entre os dois termos seja idêntica a que Sto. Tomás discernia entre *verecundia* e *pudicitia*. O tradutor poderia agir de outro modo? Parece que não. É a leitura atenta do texto que nos possibilita apreender o pensamento exato de Sto. Tomás, tal como ele o exprime com os vocábulos por ele herdados.

QUESTÃO 143: AS PARTES DA TEMPERANÇA EM GERAL, ARTIGO ÚNICO

1. Continentia enim contra virtutem dividitur, in VII *Ethic*.[2]. Sed temperantia continetur sub virtute. Ergo continentia non est pars temperantiae.

2. PRAETEREA, clementia videtur esse mitigativa odii vel irae. Temperantia autem non est circa huiusmodi, sed circa delectationes tactus, ut dictum est[3]. Ergo clementia non est pars temperantiae.

3. PRAETEREA, modestia consistit in exterioribus actibus: unde et Apostolus dicit, Philp 4,5: *Modestia vestra nota sit omnibus hominibus*. Sed actus exteriores sunt materia iustitiae, ut supra[4] habitum est. Ergo modestia magis est pars iustitiae quam temperantiae.

4. PRAETEREA, Macrobius, *super Somnium Scipionis*[5], ponit multo plures temperantiae partes: dicit enim quod temperantiam sequitur *modestia, verecundia, abstinentia, castitas, honestas, moderatio, parcitas, sobrietas, pudicitia*. Andronicus etiam dicit[6] quod familiares temperantiae sunt *austeritas, continentia, humilitas, simplicitas, ornatus, bona ordinatio, per se sufficientia*. Videtur igitur insufficienter Tullius enumerasse temperantiae partes.

RESPONDEO dicendum quod, sicut supra[7] dictum est, alicuius virtutis cardinalis triplices partes esse possunt: scilicet integrales, subiectivae et potentiales. Et dicuntur partes integrales alicuius virtutis conditiones quas necesse est concurrere ad virtutem. Et secundum hoc, sunt duae partes integrales temperantiae: scilicet verecundia, per quam aliquis refugit turpitudinem temperantiae contrariam; et honestas, per quam scilicet aliquis amat pulchritudinem temperantiae. Nam sicut ex dictis[8] patet, praecipue temperantia inter virtutes vindicat sibi quendam decorem, et vitia intemperantiae maxime turpitudinem habent.

Partes autem subiectivae alicuius virtutis dicuntur species eius. Oportet autem diversificare species virtutum secundum diversitatem materiae vel obiecti. Est autem temperantia circa delectationes tactus, quae dividuntur in duo genera. Nam quaedam ordinantur ad nutrimentum. Et in his, quantum ad cibum, est abstinentia; quantum autem ad potum, proprie sobrietas. — Quaedam

1. Com efeito, a continência distingue-se da virtude por oposição, segundo Aristóteles. Ora, a temperança é uma virtude. Logo, a continência não é uma parte da temperança.

2. ALÉM DISSO, parece que a clemência acalma o ódio ou a ira. Ora, a temperança não se ocupa com isso, mas com os prazeres do tato. Logo, a clemência não é parte da temperança.

3. ADEMAIS, a modéstia funda-se em atos exteriores. Por isso, diz o Apóstolo: "Seja a vossa modéstia reconhecida por todos os homens". Ora, os atos exteriores são matéria da justiça, como foi dito antes. Logo, a modéstia é antes parte da justiça do que da temperança.

4. ADEMAIS, Macróbio atribui muito mais partes à temperança, dizendo-a acompanhada pela "modéstia, vergonha, abstinência, castidade, honestidade, moderação, parcimônia, sobriedade, pudor". Também Andrônico diz que são parentes da temperança "a austeridade, a continência, a humildade, a simplicidade, a distinção, a boa ordem e a satisfação com o suficiente". Logo, Túlio parece não ter citado todas as partes da temperança.

RESPONDO. Uma virtude cardeal pode ter três partes: integrantes, subjetivas e potenciais. Partes integrantes de uma virtude são as condições necessárias à existência dela. Sob esse ponto de vista, há duas partes integrantes da temperança: a vergonha, que nos faz evitar a desonestidade contrária a ela, e a honestidade, que nos faz amar a beleza da temperança. Foi dito, com efeito, que a temperança é uma virtude que pede para si, principalmente, um brilho especial, ao passo que os vícios da intemperança são particularmente vergonhosos.

As partes subjetivas de uma virtude são suas espécies. É preciso distinguir as espécies das virtudes pela diversidade da sua matéria ou objeto. Ora, o objeto da temperança são os prazeres do tato, que se dividem em dois gêneros. Uns visam à alimentação e, entre eles, a abstinência tem por objeto a comida e a sobriedade, a bebida. — Outros referem-se à potência geradora e destes

---

2. C. 1: 1145, a, 17-18; a, 36 — b, 2.
3. Q. 141, a. 4.
4. Q. 58, a. 8.
5. L. I, c. 8: ed. Fr. Eyssenhardt, Lipsiae 1868, p. 507, ll. 23-25.
6. *De affectibus*, de Temperantia: inter *Fragm. Phil. Graec.*, ed. G. A. Mullachius, Parisiis 1867-1879, t. III, p. 576.
7. Qq. 48, 128.
8. Q. 141, a. 2, ad 3; a. 8, ad 1; q. 142, a. 4.

vero ordinantur ad vim generativam. Et in his, quantum ad delectationem principalem ipsius coitus, est castitas; quantum autem ad delectationes circumstantes, puta quae sunt in osculis, tactibus et amplexibus, attenditur pudicitia.

Partes autem potentiales alicuius virtutis principalis dicuntur virtutes secundariae, quae modum quem principalis virtus observat circa aliquam principalem materiam, eundem observant in quibusdam aliis materiis, in quibus non est ita difficile. Pertinet autem ad temperantiam moderari delectationes tactus, quas difficillimum est moderari. Unde quaecumque virtus moderationem quandam operatur in aliqua materia et refrenationem appetitus in aliquid tendentis, poni potest pars temperantiae sicut virtus ei adiuncta. Quod quidem contingit tripliciter: uno modo, in interioribus motibus animi; alio modo, in exterioribus motibus et actibus corporis; tertio modo, in exterioribus rebus. Praeter motum autem concupiscentiae, quem moderatur et refrenat temperantia, tres motus inveniuntur in anima tendentes in aliquid. Primus quidem est motus voluntatis commotae ex impetu passionis: et hunc motum refrenat continentia, ex qua fit ut, licet homo immoderatas concupiscentias patiatur, voluntas tamen non vincitur. Alius autem motus interior in aliquid tendens est motus spei, et audaciae, quae ipsam consequitur: et hunc motum moderatur sive refrenat humilitas. Tertius autem motus est irae tendentis in vindictam: quem refrenat mansuetudo sive clementia. — Circa motus autem et actus corporales moderationem et refrenationem facit modestia. Quam Andronicus[9] in tria dividit. Ad quorum primum pertinet dicernere quid sit faciendum et quid dimittendum, et quid quo ordine sit agendum, et in hoc firmum persistere: et quantum ad hoc ponit bonam ordinationem. Aliud autem est quod homo in eo quod agit decentiam observet: et quantum ad hoc ponit ornatum. Tertium autem est in colloquiis amicorum, vel quibuscumque aliis: et quantum ad hoc ponitur austeritas. — Circa exteriora vero duplex moderatio est adhibenda. Primo quidem, ut superflua non requirantur: et quantum ad hoc ponitur a Macrobio[10] parcitas, et ab Andronico per se sufficientia. Secundo vero, ut homo non nimis exquisita requirat: et quantum ad hoc ponit Macrobius moderationem, Andronicus vero simplicitatem.

a castidade tem por objeto principal o prazer da união carnal, enquanto que o pudor se liga aos prazeres concomitantes, como os beijos, os toques e os abraços.

As partes potenciais de uma virtude principal são as virtudes secundárias, que, em outras matérias sem maiores dificuldades, exercem um papel moderador semelhante ao que a virtude principal desempenha numa matéria principal. Ora, compete à temperança moderar os prazeres do tato, tão difíceis de serem controlados. Por isso, qualquer virtude que regule alguma matéria e refreie o desejo de alguma coisa pode ser considerada parte da temperança, como virtude a ela associada. Isso pode acontecer de três modos: primeiro, nos movimentos interiores da alma; segundo, nos movimentos e nos atos exteriores do corpo; terceiro, nas coisas exteriores. Mas, além do movimento da concupiscência, refreado e moderado pela temperança, há na alma três movimentos que tendem a algum objeto. O primeiro é o movimento da vontade, movida pelo impulso da paixão. Esse movimento é contido pela continência, graças à qual, embora o homem sofra desejos imoderados, sua vontade não se dobra. O outro movimento interior que tende a um objeto é o movimento da esperança, seguida pela audácia. Esse movimento é controlado pela humildade. O terceiro movimento é o da ira, que tende para a vingança e é moderado pela mansidão ou pela clemência. — Quanto aos movimentos e atos corporais é a modéstia que os refreia e modera. Andrônico divide-a em três elementos. Ao primeiro cabe discernir o que deve e o que não deve ser feito e em que ordem agir e perseverar firmemente nisso. É o que ele chama de boa ordem. O segundo elemento visa a que o homem observe a decência naquilo que faz. É a distinção. Por fim, o terceiro elemento são as relações com os amigos e as demais pessoas. É a austeridade. — No que se refere às coisas exteriores, há de se observar uma dupla moderação. Antes de mais nada, não procurar o supérfluo, o que Macróbio chama de parcimônia e Andrônico, satisfação com o suficiente; depois, não buscar coisas muito raras, o que Macróbio chama de moderação e Andrônico, simplicidade.

---

9. Cfr. 4 a.
10. Cfr. ibid.

AD PRIMUM ergo dicendum quod continentia differt quidem a virtute sicut imperfectum a perfecto, ut infra[11] dicetur: et hoc modo condividitur virtuti. Convenit tamen cum temperantia et in materia, quia est circa delectationes tactus; et in modo, quia in quadam refrenatione consistit. Et ideo convenienter ponitur pars temperantiae.

AD SECUNDUM dicendum quod clementia, sive mansuetudo, non ponitur pars temperantiae propter convenientiam materiae: sed quia convenit cum ea in modo refrenandi et moderandi, ut dictum est[12].

AD TERTIUM dicendum quod circa actus exteriores iustitia attendit id quod est debitum alteri. Hoc autem modestia non attendit, sed solum moderationem quandam. Et ideo non ponitur pars iustitiae, sed temperantiae.

AD QUARTUM dicendum quod Tullius sub modestia comprehendit omnia illa quae pertinent ad moderationem corporalium motuum et exteriorum rerum; et etiam moderationem spei, quam diximus ad humilitatem pertinere.

QUANTO AO 1º, portanto, deve-se dizer que a continência difere da virtude como o imperfeito do perfeito, como se verá depois. E desse modo entra na mesma divisão que a virtude. Mas coincide com a temperança pela sua matéria, porque versa sobre os prazeres do tato, e pela sua forma, porque consiste num jeito de refreá-los. É correto, portanto, considerá-la como parte da temperança.

QUANTO AO 2º, deve-se dizer que a clemência ou a mansidão não são consideradas parte da temperança por terem a mesma matéria, mas por convirem com ela no modo de refrear e moderar, como foi dito.

QUANTO AO 3º, deve-se dizer que nos atos exteriores, a justiça pondera o que se deve aos outros. A modéstia, ao contrário, visa apenas a uma moderação. Por isso, não é parte da justiça, mas da temperança.

QUANTO AO 4º, deve-se dizer que Túlio entende por modéstia tudo o que concerne à moderação dos movimentos corporais e das coisas exteriores e também a moderação da esperança, que dissemos pertencer à humildade.

---

11. Q. 155, a. 1.
12. In corp.

QUAESTIO CXLIV
DE VERECUNDIA

in quatuor articulos divisa

Deinde considerandum est de partibus temperantiae in speciali. Et primo, de partibus quasi integralibus: quae sunt verecundia et honestas.

Circa verecundiam autem quaeruntur quatuor.
Primo: utrum verecundia sit virtus.
Secundo: de quibus sit verecundia.
Tertio: a quibus homo verecundetur.
Quarto: quorum sit verecundari.

QUESTÃO 144
A VERGONHA

em quatro artigos

Em seguida, deve-se tratar das partes da temperança em particular, começando pelas partes que podemos chamar de integrantes, a saber, a vergonha e a honestidade.
A respeito da vergonha, quatro questões:
1. A vergonha é uma virtude?
2. De que se tem vergonha?
3. De quem se sente vergonha?
4. Quem é que a sente?

ARTICULUS 1
Utrum verecundia sit virtus

AD PRIMUM SIC PROCEDITUR. Videtur quod verecundia sit virtus.

ARTIGO 1
A vergonha é uma virtude?

QUANTO AO PRIMEIRO ARTIGO, ASSIM SE PROCEDE: parece que a vergonha é uma virtude[a].

---

1 PARALL.: Part. III, q. 85, a. 1, ad 2; III *Sent.*, dist. 33, q. 1, a. 3, q.la 2, ad 2; IV, dist. 14, q. 1, a. 1, q.la 2, ad 5; dist. 15, q. 2, a. 1, q.la 1, ad 4; *De Verit.*, q. 26, a. 6, ad 16; IV *Ethic.*, lect. 17.

a. Não é inútil ter estudado toda a questão 144 para ter uma ideia precisa do que Sto. Tomás entende por *verecundia*, aqui traduzido por "vergonha". Evitaremos ao leitor muitos tropeços ao explicá-lo desde logo.

1. *Esse* enim *in medio secundum determinationem rationis* est proprium virtutis: ut patet ex definitione virtutis quae ponitur in II *Ethic*.[1]. Sed verecundia consistit in tali medio: ut patet per Philosophum, in II *Ethic*.[2]. Ergo verecundia est virtus.

2. Praeterea, omne laudabile vel est virtus, vel ad virtutem pertinet. Sed verecundia est quiddam laudabile. Non est autem pars alicuius virtutis. Non enim est pars prudentiae: quia non est in ratione, sed in appetitu. Neque etiam est pars iustitiae: quia verecundia passionem quandam importat, iustitia autem non est circa passiones. Similiter etiam non est pars fortitudinis: quia ad fortitudinem pertinet persistere et aggredi, ad verecundiam autem refugere aliquid. Neque etiam est pars temperantiae: quia temperantia est circa concupiscentias, verecundia autem est timor quidam, ut patet per Philosophum, in IV *Ethic*.[3], et per Damascenum, in II libro[4]. Ergo relinquitur quod verecundia sit virtus.

3. Praeterea, honestum cum virtute convertitur: ut patet per Tullium, in I *de Offic*.[5]. Sed verecundia est quaedam pars honestatis: dicit enim Ambrosius, in I *de Offic*.[6], quod *verecundia socia ac familiaris est mentis placiditati: proterviam fugitans, ab omni luxu aliena, sobrietatem diligit, et honestatem fovet, et decorem requirit*. Ergo verecundia est virtus.

4. Praeterea, omne vitium opponitur alicui virtuti. Sed quaedam vitia opponuntur verecundiae: scilicet inverecundia et inordinatus stupor. Ergo verecundia est virtus.

5. Praeterea, *ex actibus similes habitus generantur*, ut dicitur in II *Ethic*.[7]. Sed verecundia importat actum laudabilem. Ergo ex multis talibus actibus causatur habitus. Sed habitus laudabilium

1. Com efeito, é próprio da virtude "manter-se num meio-termo determinado pela razão", como resulta da definição de virtude dada por Aristóteles. Ora, segundo o Filósofo, a vergonha mantém-se nesse meio-termo. Logo, a vergonha é uma virtude.

2. Além disso, tudo o que é louvável ou é virtude ou diz respeito à virtude. Ora, a vergonha é algo louvável mas não faz parte de nenhuma virtude. Não faz parte da prudência, porque não está na razão e sim no apetite. Também não faz parte da justiça, porque envolve alguma paixão e a justiça não diz respeito a paixões. Do mesmo modo, não faz parte também da fortaleza, porque é próprio desta resistir e atacar, enquanto que à vergonha cabe fugir de alguma coisa. Enfim, não faz parte também da temperança, porque esta possui por objeto os desejos, ao passo que a vergonha é uma espécie de temor, como está claro no Filósofo e no Damasceno. Logo, resta que a vergonha seja uma virtude.

3. Ademais, o honesto coincide com a virtude, segundo Túlio. Ora, a vergonha é uma parte da honestidade, pois, como diz Ambrósio, "a vergonha é companheira e amiga da tranquilidade interior; ao evitar a arrogância e prescindir de todo luxo, ama a sobriedade, promove a honestidade e impõe o decoro". Logo, a vergonha é uma virtude.

4. Ademais, todo vício opõe-se a alguma virtude. Ora, certos vícios, como a falta de vergonha e a insensibilidade excessiva, opõem-se à vergonha. Logo, a vergonha é uma virtude.

5. Ademais, "Os atos engendram hábitos que lhes são semelhantes", ensina o Filósofo. Mas, a vergonha implica atos louváveis. Portanto, a multiplicação de tais atos engendra um hábito.

---

1. C. 6: 1106, b, 36-1107, a, 2.
2. C. 7: 1108, a, 32-35.
3. C. 15: 1128, b, 11-12.
4. *De fide orth*., l. II, c. 15: MG 94, 932 C.
5. C. 27: ed. C. F. W. Mueller, Lipsiae 1910, p. 33, ll. 2-4.
6. C. 43, n. 210: ML 16, 86 B.
7. C. 1: 1103, b, 21-22.

Trata-se de um temor, o de dar uma má opinião de si, ou de atrair censuras por eventuais maus passos. Esse temor, essa apreensão constitui um elemento integrante da temperança, pois me retém na escarpa que se inclina para o mal, me modera, tempera meus ardores.

Esse temor possui um nome moderno? Sto. Tomás o chama de *verecundia*, que coresponde à "vergonha". Esse termo tem uma acepção mais ampla e menos precisa, em nossa língua, sobretudo em expressões vulgares tais como "sem-vergonha".

Não parece que exista solução satisfatória ao problema que representa a tradução dos vocábulos utilizados nesta questão: *verecundia, verecundor, verecundabilia*. Deve tomar-se o cuidado, simplesmente, de não esquecer que as mesmas palavras em nossa língua: "vergonha, pejo; vergonhoso," podem traduzir vocábulos latinos de origem diversa, uns relacionando-se ao temor da vergonha (*verecundia* e termos da mesma raiz), outros ao que é "torpe" (*turpitudo* e termos de mesma raiz).

operum est virtus: ut patet per Philosophum, in I *Ethic*.⁸. Ergo verecundia est virtus.

SED CONTRA est quod Philosophus, in II⁹ et IV¹⁰ *Ethic*., dicit verecundiam non esse virtutem.

RESPONDEO dicendum quod virtus dupliciter accipitur: proprie scilicet, et communiter. Proprie quidem *virtus perfectio quaedam est*, ut dicitur in VII *Physic*.¹¹. Et ideo omne illud quod repugnat perfectioni, etiam si sit bonum, deficit a ratione virtutis. Verecundia autem repugnat perfectioni. Est enim timor alicuius turpis, quod scilicet est exprobrabile: unde Damascenus dicit¹² quod *verecundia est timor de turpi actu*. Sicut autem spes est de bono possibili et arduo, ita etiam timor est de malo possibili et arduo: ut supra¹³ habitum est, cum de passionibus ageretur. Ille autem qui est perfectus secundum habitum virtutis, non apprehendit aliquod exprobrabile et turpe ad faciendum ut possibile et arduum, idest difficile ad vitandum: neque etiam actu facit aliquid turpe, unde opprobrium timeat. Unde verecundia, proprie loquendo, non est virtus: deficit enim a perfectione virtutis.

Communiter autem virtus dicitur omne quod est bonum et laudabile in humanis actibus vel passionibus. Et secundum hoc, verecundia quandoque dicitur virtus: cum sit quaedam laudabilis passio.

AD PRIMUM ergo dicendum quod *esse in medio* non sufficit ad rationem virtutis, quamvis sit una particula posita in virtutis definitione: sed requiritur ulterius quod sit *habitus electivus*, idest ex electione operans. Verecundia autem non nominat habitum, sed passionem. Neque motus eius est ex electione, sed ex impetu quodam passionis. Unde deficit a ratione virtutis.

AD SECUNDUM dicendum quod, sicut dictum est¹⁴, verecundia est timor turpitudinis et exprobrationis. Dictum est autem supra¹⁵ quod vitium

Ora, o hábito de obras louváveis é uma virtude, como está claro no Filósofo. Logo, a vergonha é uma virtude.

EM SENTIDO CONTRÁRIO, diz o Filósofo que a vergonha não é uma virtude.

RESPONDO. Pode-se entender a virtude de dois modos: no sentido próprio ou no sentido genérico. No sentido próprio, "a virtude é uma perfeição", como diz Aristóteles. Por isso, tudo o que se opõe à perfeição, mesmo que seja um bem, não realiza a razão de virtude. Ora, a vergonha opõe-se à perfeição, porque é o temor de algo vergonhoso, ou seja, censurável. Para Damasceno ela "é o temor de cometer um ato desonesto". Ora, assim como a esperança tem por objeto um bem possível e difícil, assim também o objeto do temor é um mal possível e difícil de evitar, como foi dito ao falar das paixões. Mas quem é perfeito, por ter o hábito da virtude, não concebe que algo reprovável e torpe seja possível e árduo, isto é, difícil de evitarᵇ, porque não faz nada de torpe de que tenha de se envergonhar. Por isso, a vergonha, propriamente falando, não é uma virtude, já que lhe falta a perfeição exigida para tanto.

Num sentido genérico, porém, considera-se virtude tudo o que há de bom e louvável nas ações e paixões humanas. E, nesse sentido, a vergonha, às vezes, se chama virtude, por ser uma paixão louvável.

QUANTO AO 1º, portanto, deve-se dizer que manter-se no meio-termo não é bastante para constituir a virtude, embora seja algo próprio dela. É necessário, além disso, que ela seja um hábito eletivo, isto é, que atua por escolha. Ora, a vergonha não designa nenhum hábito, mas uma paixão e o seu movimento não provém de uma opção, mas de um ímpeto passional. Portanto, não realiza a definição de virtude.

QUANTO AO 2º, deve-se dizer que a vergonha é um temor da desonestidade e da reprovação. Mas foi dito antes, que o vício da intemperança

---

8. C. 12: 1101, b, 15-18; b, 31 — 1102, a, 1.
9. C. 7: 1108, a, 32-35.
10. C. 15: 1128, b, 10-11.
11. C. 3: 246, b, 27-28; 246, a, 13; 247, a, 2.
12. Loc. cit. in 2 a.
13. I-II, q. 41, a. 2; q. 42, a. 3.
14. In corp.
15. Q. 142, a. 4.

---

b. Nossa educação, chamada de "clássica", fez-nos pensar que era "virtuoso" ter de efetuar grandes esforços para agir bem, a virtude residindo no esforço e a facilidade sendo suspeita. Aristóteles e Sto. Tomás, já o dissemos e reiteramos, tinha uma concepção bem diferente: a virtude torna fácil a prática do bem, e os esforços se tornam supérfluos, na medida mesma em que a virtude se fortalece. O que não significa que seja fácil tornar-se virtuoso!

intemperantiae est turpissimum et maxime exprobrabile. Et ideo verecundia principalius pertinet ad temperantiam quam ad aliquam aliam virtutem, ratione motivi, quod est turpe: non autem secundum speciem passionis, quae est timor. Secundum tamen quod vitia aliis virtutibus opposita sunt turpia et exprobrabilia, potest etiam verecundia ad alias virtutes pertinere.

AD TERTIUM dicendum quod verecundia fovet honestatem removendo ea quae sunt honestati contraria: non ita quod pertingat ad perfectam rationem honestatis.

AD QUARTUM dicendum quod quilibet defectus causat vitium: non autem quodlibet bonum sufficit ad rationem virtutis. Et ideo non oportet quod omne illud cui directe opponitur vitium, sit virtus. — Quamvis omne vitium opponatur alicui virtuti secundum suam originem. Et sic inverecundia, inquantum provenit ex nimio amore turpitudinum, opponitur temperantiae.

AD QUINTUM dicendum quod ex multoties verecundari causatur habitus virtutis acquisitae per quam aliquis turpia vitet, de quibus est verecundia: non autem ut aliquis ulterius verecundetur. Sed ex illo habitu virtutis acquisitae sic se habet aliquis quod magis verecundaretur si materia verecundiae adesset.

é sumamente torpe e censurável. Por isso, a vergonha refere-se à temperança muito mais que a qualquer outra virtude, em razão do seu motivo, que é o desonesto, mas não por causa de sua espécie como paixão, que é o temor. Contudo, como os vícios opostos às demais virtudes são torpes e condenáveis, pode a vergonha também fazer parte de outras virtudes.

QUANTO AO 3º, deve-se dizer que a vergonha promove a honestidade, afastando o que lhe é contrário, mas não a ponto de alcançar a ideia perfeita da honestidade.

QUANTO AO 4º, deve-se dizer que qualquer defeito cria um vício, mas nem todo bem é suficiente para constituir uma virtude. Razão por que nem tudo o que se opõe, diretamente, a um vício é, necessariamente, uma virtude, ainda que todo vício, pela sua origem, se oponha a alguma virtude. E, assim, a falta de vergonha, enquanto proveniente de um amor exagerado às coisas desonestas, se opõe à temperança.

QUANTO AO 5º, deve-se dizer que a experiência repetida da vergonha causa o hábito da virtude adquirida, pelo qual evitamos as coisas torpes, objeto da vergonha, mas esse hábito não garante que continuemos a nos envergonhar[c]. No entanto, esse hábito da virtude adquirida faz com que se tenha ainda mais vergonha, quando houver matéria para isso.

ARTICULUS 2
Utrum verecundia sit de turpi actu

AD SECUNDUM SIC PROCEDITUR. Videtur quod verecundia non sit de turpi actu.

1. Dicit enim Philosophus, in IV *Ethic.*[1] quod verecundia est *timor ingloriationis*. Sed quandoque illi qui nihil turpe operantur, ingloriationem sustinent: secundum illud Ps 68,8: *Propter te sustinui opprobrium, operuit confusio faciem meam.* Ergo verecundia non est proprie de turpi actu.

ARTIGO 2
O ato desonesto é o objeto da vergonha?

QUANTO AO SEGUNDO, ASSIM SE PROCEDE: parece que o objeto da vergonha **não** é o ato desonesto.

1. Com efeito[d], diz o Filósofo que a vergonha é "o temor da humilhação". Ora, às vezes, os que nada cometeram de vergonhoso sofrem humilhação, conforme diz o Salmo: "É por causa de ti que suporto o insulto, que a desonra cobre o meu rosto". Logo, a vergonha não tem por objeto, propriamente, o ato desonesto.

---

2 PARALL.: I-II, q. 41, a. 4, ad 2, 3; *De Verit.*, q. 26, a. 4, ad 7; *in Psalm.* 43; IV *Ethic.*, lect. 17.
   1. C. 15: 1128, b, 11-12.

   c. Haveria contradição em considerar um *hábito* de vergonha (no sentido de nossa questão, pois seria diferente se tomássemos o termo no sentido corrente). *Hábito* significa disposição estável e durável. Ora, o temor que sinto de ter de corar irá progressivamente, ao me refrear, eliminar os motivos que eu teria de alimentar esse temor. Por sua eficácia, o pudor se torna supérfluo, o que não é o caso de nenhum *hábito*, e muito menos de uma virtude.

   d. É particularmente neste artigo que se nota a ambiguidade neste contexto do emprego do termo "vergonha" (nota 1).

2. Praeterea, illa solum videntur esse turpia quae habent rationem peccati. Sed de quibusdam homo verecundatur quae non sunt peccata: puta si aliquis exerceat servilia opera. Ergo videtur quod verecundia non sit proprie de turpi actu.

3. Praeterea, operationes virtutum non sunt turpes, sed *pulcherrimae*, ut dicitur in I *Ethic*.[2]. Sed quandoque aliqui verecundantur aliqua opera virtutis facere: ut dicitur Lc 9,26: *Qui erubuerit me et meos sermones, hunc Filius hominis erubescet*, etc. Ergo verecundia non est de turpi actu.

4. Praeterea, si verecundia proprie esset de turpi actu, oporteret quod de magis turpibus homo magis verecundaretur. Sed quandoque homo plus verecundatur de his quae sunt minus peccata: cum tamen de gravissimis quibusdam peccatis glorientur, secundum illud Ps 51,3: *Quid gloriaris in malitia?* Ergo verecundia non proprie est de turpi actu.

Sed contra est quod Damascenus dicit, in II libro[3], et Gregorius Nyssenus[4], quod *verecundia est timor in turpi actu*, vel *in turpi perpetrato*.

Respondeo dicendum quod, sicut supra[5] dictum est, cum de passione timoris ageretur, timor proprie est de malo arduo, quod scilicet difficile vitatur. Est autem duplex turpitudo. Una quidem vitiosa: quae scilicet consistit in deformitate actus voluntarii. Et haec, proprie loquendo, non habet rationem mali ardui: quod enim in sola voluntate consistit, non videtur esse arduum et elevatum supra hominis potestatem, et propter hoc non apprehenditur sub ratione terribilis. Et propter hoc Philosophus dicit, in II *Rhet*.[6], quod horum malorum non est timor.

Alia autem est turpitudo quasi poenalis: quae quidem consistit in vituperatione alicuius, sicut quaedam claritas gloriae consistit in honoratione alicuius. Et quia huiusmodi vituperium habet rationem mali ardui, sicut honor habet rationem boni ardui; verecundia, quae est timor turpitudinis, primo et principaliter respicit vituperium seu opprobrium. Et quia vituperium proprie debetur vitio, sicut honor virtuti, ideo etiam ex consequenti

2. Além disso, parece que só se considera desonesto aquilo que encerra pecado. Ora, envergonha-se o homem de certas coisas que não são pecados, como, por exemplo, fazer trabalhos servis. Logo, parece que a vergonha não tem por objeto, propriamente, o ato desonesto.

3. Ademais, as ações virtuosas não são vergonhosas, antes "belíssimas", como diz o Filósofo. Ora, às vezes, há quem sinta vergonha de praticar atos virtuosos, como se lê no Evangelho de Lucas: "Se alguém se envergonhar de mim e das minhas palavras, o filho do Homem se envergonhará dele..." Logo, a vergonha não tem por objeto o ato desonesto.

4. Ademais, se o objeto próprio da vergonha fosse o ato desonesto, deveríamos nos envergonhar mais dos atos mais desonestos. Ora, às vezes, envergonhamo-nos mais de coisas menos pecaminosos e nos vangloriamos de pecados gravíssimos, conforme está no Salmo: "Por que gloriar-te de praticar o mal?" Logo, a vergonha não tem, propriamente, por objeto o ato desonesto.

Em sentido contrário, dizem Damasceno e Gregório Nisseno que "a vergonha é o temor causado por um ato desonesto ou algo de desonesto que se cometeu".

Respondo. Ao tratar da paixão do temor, vimos que o temor tem por objeto um mal árduo, ou seja, difícil de evitar. Ora, há duas classes de desonestidade. Uma, viciosa, consiste na deformidade do ato voluntário e não é, propriamente falando, um mal difícil de evitar, pois o que só depende da vontade não parece ser difícil nem superior ao poder humano e, por isso, não é considerado como algo de temível. Por essa razão, diz Aristóteles, esses males não são objeto de temor.

Outra classe, porém, existe de desonestidade, de caráter, por assim dizer, penal; consiste na reprovação dos outros, assim como o brilho da glória consiste na honra recebida de outros. E, como essa reprovação é um mal difícil de suportar, tanto quanto a honra é um bem difícil de conquistar, a vergonha, que é o temor da desonestidade, tem por objeto primeiro e principal a censura ou a desonra. E como o vício é o que merece, propriamente,

---
2. C. 9: 1099, a, 22-25.
3. *De fide orth.*, l. II, c. 15: MG 94, 932 C.
4. Nemesius, *De nat. hom.*, c. 20, al. IV, c. 14 vel 13: MG 40, 689 A.
5. I-II, q. 41, a. 2; q. 42, a. 3.
6. C. 5: 1382, a, 22-25.

verecundia respicit turpitudinem vitiosam. Unde, sicut Philosophus dicit, in II *Rhet*.[7], minus homo verecundatur de defectibus qui non ex eius culpa proveniunt.

Respicit autem verecundia culpam dupliciter. Uno modo, ut aliquis desinat vitiosa agere, propter timorem vituperii. Alio modo, ut homo in turpibus quae agit vitet publicos conspectus, propter timorem vituperii. Quorum primum, secundum Gregorium Nyssenum[8], pertinet ad *erubescentiam*, secundum ad *verecundiam*. Unde ipse dicit quod *qui verecundatur, occultat se in his quae agit: qui vero erubescit, timet incidere in ingloriationem*.

AD PRIMUM ergo dicendum quod verecundia proprie respicit ingloriationem secundum quod debetur culpae, quae est defectus voluntarius. Unde Philosophus dicit, in II *Rhet*.[9], quod *omnia illa homo magis verecundatur quorum ipse est causa*. Opprobria autem quae inferuntur alicui propter virtutem, virtuosus quidem contemnit, quia indigne sibi irrogantur: sicut de magnanimis Philosophus dicit, in IV *Ethic*.[10]; et de Apostolis dicitur Act 5,41, quod *ibant Apostoli gaudentes a conspectu Concilii, quoniam digni habiti sunt pro nomine Iesu contumeliam pati*. Ex imperfectione autem virtutis contingit quod aliquis verecundetur de opprobriis quae sibi inferuntur propter virtutem: quia quanto aliquis est magis virtuosus, tanto magis contemnit exteriora bona vel mala. Unde dicitur Is 51,7: *Noli timere opprobrium hominum*.

AD SECUNDUM dicendum quod sicut honor, ut supra[11] habitum est, quamvis non debeatur vere nisi soli virtuti, respicit tamen quandam excellentiam; ita etiam vituperium, quamvis debeatur proprie soli culpae, respicit tamen, ad minus secundum opinionem hominum, quemcumque defectum. Et ideo de paupertate et ignobilitate et servitute, et aliis huiusmodi, aliquis verecundatur.

AD TERTIUM dicendum quod de operibus virtuosis in se consideratis non est verecundia. Contingit tamen per accidens quod aliquis de eis verecundetur: vel inquantum habentur ut vitiosa

censura, da mesma forma que a virtude merece a honra, segue-se que a vergonha se relaciona à desonestidade viciosa. Por isso, diz o Filósofo, o homem se envergonha menos dos defeitos que tem sem culpa sua.

Por outro lado, a vergonha se relaciona com a culpa de dois modos. Primeiramente, enquanto o homem deixa de agir viciosamente, por temor a reprovação. Em segundo lugar, enquanto o homem, ao fazer coisas desonestas, evita ser visto pelos outros, por temor à censura. Segundo Gregório de Nissa, trata-se, no primeiro caso, do enrubescimento; no segundo, da vergonha. Por isso, esse mesmo autor diz: "Quem se envergonha esconde-se para agir; mas quem enrubesce teme cair na humilhação".

QUANTO AO 1º, portanto, deve-se dizer que a vergonha diz respeito, propriamente, à humilhação merecida por uma culpa, que é uma falta voluntária. Por isso, o Filósofo diz que "o homem sente mais vergonha das coisas de que é causa". Mas as críticas feitas a alguém pela sua virtude, ele as despreza, pois lhes são imputadas indignamente. É o que afirma o mesmo Filósofo, a respeito dos magnânimos e também a Escritura, a respeito dos Apóstolos: "Os apóstolos deixaram o Sinédrio, felizes por terem sido achados dignos de sofrer ultrajes pelo Nome". Acontece, porém, que um homem virtuoso passa vergonha pelas ofensas que lhe dirigem por causa da sua virtude, mas isso vem da sua imperfeição, pois quanto mais virtuoso for alguém, tanto mais desprezará os bens e os males exteriores. Daí a palavra do livro de Isaías: "Não tenhais medo do opróbrio dos homens".

QUANTO AO 2º, deve-se dizer que conforme foi dito, como a honra, embora não seja verdadeiramente devida senão à virtude, implica certa excelência, assim também o vitupério, embora devido, propriamente, só à culpa, diz respeito, ao menos na opinião dos homens, a algum defeito. Por isso, há os que se envergonham da pobreza, da origem modesta, da subordinação e de outras situações parecidas.

QUANTO AO 3º, deve-se dizer que das obras virtuosas, em si mesmas consideradas, não existe vergonha. Isso, porém, pode acontecer, por acidente, a alguém ou porque os homens as consideravam

---

7. C. 6: 1384, a, 14-19.
8. Loc. cit. in arg. *sed c*.
9. C. 6: 1384, a, 14-16.
10. C. 7: 1124, a, 11-13.
11. Q. 63, a. 3.

secundum hominum opinionem; vel inquantum homo refugit in operibus virtutis notam de praesumptione, aut etiam de simulatione.

AD QUARTUM dicendum quod quandoque contingit aliqua graviora peccata minus esse verecundabilia, vel quia habent minus de ratione turpitudinis, sicut peccata spiritualia quam carnalia: vel quia in quodam excessu temporalis boni se habent, sicut magis verecundatur homo de timiditate quam de audacia, et de furto quam de rapina, propter quandam speciem potestatis. Et simile est in aliis.

viciosas, ou porque se teme, ao praticar a virtude, a pecha da presunção ou mesmo da hipocrisia.

QUANTO AO 4º, deve-se dizer que às vezes, certos pecados mais graves causam menos vergonha, ou porque são, por natureza, menos desonestos, como, por exemplo, os pecados espirituais em comparação com os carnais; ou porque revelam alguma superioridade de algum bem temporal e assim se experimenta mais vergonha da própria timidez do que da própria audácia e de um pequeno furto, mais do que de um roubo, porque isso dá uma imagem de poder. E o mesmo se dá em casos semelhantes.

ARTICULUS 3
Utrum homo magis verecundetur a personis coniunctis

AD TERTIUM SIC PROCEDITUR. Videtur quod homo non magis verecundetur a personis coniunctis.

1. Dicitur enim in II *Rhet.*[1] quod *homines magis erubescunt ab illis a quibus volunt in admiratione haberi*. Sed hoc maxime appetit homo a melioribus, qui quandoque non sunt magis coniuncti. Ergo homo non magis erubescit de magis coniunctis.
2. PRAETEREA, illi videntur esse magis coniuncti qui sunt similium operum. Sed homo non erubescit de suo peccato ab his quos scit simili peccato subiacere: quia sicut dicitur in II *Rhet.*[2], *quae quis ipse facit, haec proximis non vetat*. Ergo homo non magis verecundatur a maxime coniunctis.
3. PRAETEREA, Philosophus dicit, in II *Rhet.*[3], quod *homo magis verecundatur ab his qui propalant multis quod sciunt, sicut sunt irrisores et fabularum fictores*. Sed illi qui sunt magis coniuncti non solent vitia propalare. Ergo ab eis non maxime est verecundandum.
4. PRAETEREA, Philosophus, ibidem[4], dicit quod *homines maxime verecundantur ab eis in-*

ARTIGO 3
O homem envergonha-se mais das pessoas que lhe são mais próximas?

QUANTO AO TERCEIRO, ASSIM SE PROCEDE: parece que o homem **não** se envergonha mais das pessoas que lhe são próximas.

1. Com efeito, diz Aristóteles que "os homens se envergonham mais daqueles por quem desejam ser admirados". Ora, o homem quer ser admirado, sobretudo, pelos melhores, que, às vezes, não são os mais chegados. Logo, o homem não sente mais vergonha diante dos mais próximos a ele.
2. ALÉM DISSO, parecem mais próximos os que realizam atividades semelhantes. Ora, o homem não se envergonha de seus pecados diante dos que ele sabe viverem em pecado semelhante, já que, como diz o Filósofo, "o que nós mesmos fazemos, não o proibimos aos outros". Logo, não é diante dos mais próximos que o homem mais se envergonha.
3. ADEMAIS, diz também o Filósofo que "o homem sente mais vergonha é diante dos que propalam aos quatro ventos o que sabem, como são os bufões e os inventores de história."[e] Ora, os que nos são mais próximos não costumam propalar vícios. Logo, não é deles que devemos, especialmente, nos envergonhar.
4. ADEMAIS, na mesma passagem, diz ainda o Filósofo que "os homens passam vergonha, prin-

---

3
1. C. 6: 1384, b, 30.
2. C. 6: 1384, b, 4-5.
3. C. 6: 1384, b, 5.
4. C. 6: 1384, b, 11-15.

---

e. A escolha de "vergonha" para traduzir *verecundia* é especialmente infeliz aqui: não sentimos vergonha em relação aos maldizentes e caluniadores. Mas tememos que eles prejudiquem nossa reputação, dando de nós uma má opinião.

ter quos in nullo defecerunt; et ab eis a quibus primo aliquid postulant; et quorum nunc primo volunt esse amici. Huiusmodi autem sunt minus coniuncti. Ergo non magis verecundatur homo de magis coniunctis.

SED CONTRA est quod dicitur in II *Rhet.*[5], quod *eos qui semper aderunt, homines magis erubescunt.*

RESPONDEO dicendum quod, cum vituperium opponatur honori, sicut honor importat testimonium quoddam de excellentia alicuius, et praecipue quae est secundum virtutem; ita etiam opprobrium, cuius timor est verecundia, importat testimonium de defectu alicuius, et praecipue secundum aliquam culpam. Et ideo quanto testimonium alicuius reputatur maioris ponderis, tanto ab eo aliquis magis verecundatur. Potest autem testimonium aliquod maioris ponderis reputari vel propter eius certitudinem veritatis; vel propter effectum. Certitudo autem veritatis adest testimonio alicuius propter duo. Uno quidem modo, propter rectitudinem iudicii: sicut patet de sapientibus et virtuosis, a quibus homo et magis desiderat honorari, et magis verecundatur. Unde a pueris et bestiis nullus verecundatur, propter defectum recti iudicii qui est in eis. — Alio modo, propter cognitionem eorum de quibus est testimonium: quia *unusquisque bene iudicat quae cognoscit.* Et sic magis verecundamur a personis coniunctis, quae magis facta nostra considerant. A peregrinis autem et omnino ignotis, ad quos facta nostra non perveniunt, nullo modo verecundamur.

Ex effectu autem est aliquod testimonium magni ponderis propter iuvamentum vel nocumentum ab eo proveniens. Et ideo magis desiderant homines honorari ab his qui possunt eos iuvare: et magis verecundatur ab eis qui possunt nocere. Et inde est etiam quod quantum ad aliquid, magis verecundamur a personis coniunctis, cum quibus semper sumus conversaturi: quasi ex hoc nobis perpetuum proveniat detrimentum. Quod autem provenit a peregrinis et transeuntibus, quasi cito pertransit.

AD PRIMUM ergo dicendum quod similis ratio est propter quam verecundamur de melioribus, et de magis coniunctis. Quia sicut meliorum testimonium reputatur magis efficax propter universalem

cipalmente, diante daqueles que nunca os viram fraquejar, diante daqueles aos quais pedem algo pela primeira vez e diante daqueles cuja amizade desejam encetar". Ora, todas essas pessoas não são as mais chegadas. Logo, não é dos mais próximos que o homem mais se envergonha.

EM SENTIDO CONTRÁRIO, Aristóteles diz que "os homens sentem mais vergonha diante daqueles que lhes estão sempre presentes".

RESPONDO. O vitupério é o contrário da honra. Como a honra é o testemunho da excelência de alguém, principalmente em questão de virtude, assim também o vitupério, cujo temor é a vergonha, implica o testemunho de uma falta de alguém, sobretudo em relação a alguma culpa. Por isso, quanto maior for o peso do testemunho de outrem, tanto mais nos envergonhamos dele. Ora, um testemunho pode ser relevante quer pela certeza da sua verdade, quer pelas suas consequências. Por sua vez, a certeza de sua verdade está unida ao testemunho de alguém de duas maneiras. Primeiramente, pela retidão do juízo, como bem o mostram os sábios e os virtuosos, dos quais queremos, especialmente, receber respeito e diante dos quais sentimos vergonha maior. Por isso, ninguém sente vergonha diante das crianças e dos animais, porque carecem de julgamento reto. — Em segundo lugar, pelo conhecimento dos que dão o testemunho, visto que cada um julga bem o que conhece. E, assim, nos envergonhamos mais das pessoas ligadas a nós, que melhor conhecem nosso dia a dia. Ao contrário, não sentimos vergonha de estranhos e desconhecidos, que ignoram nosso tipo de vida.

Quanto às suas consequências, um testemunho é importante pelo apoio ou pelo prejuízo que pode nos proporcionar. Por isso, desejamos ser honrados, sobretudo, pelos que podem nos ajudar e nos envergonhamos mais do que nos podem causar maior dano. Daí decorre também que, em certo sentido, nos envergonhamos mais dos que nos são mais próximos, com os quais deveremos conviver sempre, como se disso nos proviesse um mal permanente. Ao contrário, o que nos vem de estranhos e de pessoas eventualmente encontradas por nós, isso passa rapidamente.

QUANTO AO 1º, portanto, deve-se dizer que é por razão parecida que nos envergonhamos diante dos melhores e dos que são mais chegados a nós, pois como reputamos mais eficaz o testemunho

---

5. C. 6: 1384, a, 36-37.

cognitionem quam habent de rebus, et immutabilem sententiam a veritate; ita etiam familiarium personarum testimonium videtur magis efficax propter hoc quia magis cognoscunt particularia quae circa nos sunt.

AD SECUNDUM dicendum quod testimonium eorum qui sunt nobis coniuncti in similitudine peccati, non reformidamus, quia non aestimamus quod defectum nostrum apprehendant ut aliquid turpe.

AD TERTIUM dicendum quod a propalantibus verecundamur propter nocumentum inde proveniens, quod est diffamatio apud multos.

AD QUARTUM dicendum quod etiam ab illis inter quos nihil mali fecimus, magis verecundamur, propter nocumentum sequens: quia scilicet per hoc amittimus bonam opinionem quam de nobis habebant. Et etiam quia contraria, iuxta se posita, maiora videntur: unde cum aliquis subito de aliquo quem bonum aestimavit, aliquid turpe percipit, apprehendit hoc ut turpius. — Ab illis autem a quibus aliquid de novo postulamus, vel quorum nunc primo volumus esse amici, magis verecundamur, propter nocumentum inde proveniens, quod est impedimentum implendae petitionis et amicitiae consummandae.

dos melhores, pelo conhecimento global que têm da realidade, e por estarem firmemente apoiados na verdade, assim também parece mais eficaz o testemunho dos que nos são familiares, porque conhecem melhor as particularidades todas que nos tocam.

QUANTO AO 2º, deve-se dizer que não receamos o testemunho dos que estão ligados a nós na semelhança do pecado, porque não pensamos que nosso defeito lhes pareça algo de desonesto.

QUANTO AO 3º, deve-se dizer que temos vergonha diante dos tagarelas, pelo dano que nos causam, a saber, a nossa difamação perante muitos.

QUANTO AO 4º, deve-se dizer que sentimos também uma vergonha maior diante daqueles entre os quais nenhum mal fizemos, por causa do mal ulterior, ou seja, por perdermos a boa fama que desfrutávamos. E ainda porque as coisas contrárias parecem maiores quando cotejadas. Por isso, quando, de repente, se percebe algo de vergonhoso numa pessoa que se estima, julga-se isso mais vergonhoso ainda. — Quanto àqueles aos quais pedimos algo pela primeira vez ou cuja amizade procuramos encetar, passamos mais vergonha diante deles, por causa do dano daí proveniente, que é não ver atendido o nosso pedido ou não conseguir selar essa nova amizade.

ARTICULUS 4
Utrum etiam in virtuosis hominibus possit esse verecundia

AD QUARTUM SIC PROCEDITUR. Videtur quod etiam in virtuosis hominibus possit esse verecundia.

1. Contrariorum enim contrarii sunt effectus. Sed illi qui sunt superabundantis malitiae non verecundatur: secundum illud Ier 3,3: *Species meretricis facta est tibi: nescisti erubescere*. Ergo illi qui sunt virtuosi magis verecundantur.

2. PRAETEREA, Philosophus dicit, in II *Rhet.*[1]; quod *homines non solum erubescunt vitia, sed etiam signa vitiorum*. Quae quidem contingit etiam esse in virtuosis. Ergo in virtuosis potest esse verecundia.

3. PRAETEREA, verecundia est *timor ingloriationis*. Sed contingit aliquos virtuosos ingloriosos

ARTIGO 4
A vergonha pode existir também nos virtuosos?

QUANTO AO QUARTO, ASSIM SE PROCEDE: parece que nos virtuosos, a vergonha também **pode** existir.

1. Com efeito, os contrários produzem efeitos contrários. Ora, os que têm excesso de malícia não se envergonham, conforme o livro de Jeremias: "Tornaste semelhante a uma meretriz: não soubeste envergonhar-te". Logo, os virtuosos são os que mais vergonha sentem.

2. ALÉM DISSO, diz o Filósofo que "os homens se envergonham não só dos vícios, mas também das aparências de vícios". Ora, isso acontece também com os virtuosos. Logo, nos virtuosos pode haver vergonha.

3. ADEMAIS, a vergonha "é o temor da humilhação". Ora, uma pessoa virtuosa pode sofrer

---

4 PARALL.: *In Psalm.* 43; IV *Ethic.*, lect. 17.

1. C. 6: 1384, b, 17-18.

esse: puta si falso infamantur, vel etiam indigne opprobria patiantur. Ergo verecundia potest esse in homine virtuoso.

4. PRAETEREA, verecundia est pars temperantiae, ut dictum est[2]. Pars autem non separatur a toto. Cum igitur temperantia sit in homine virtuoso, videtur quod etiam verecundia.

SED CONTRA est quod Philosophus dicit, in IV *Ethic.*[3], quod *verecundia non est hominis studiosi*.

RESPONDEO dicendum quod, sicut dictum est[4], verecundia est timor alicuius turpitudinis. Quod autem aliquod malum non timeatur, potest duplici ratione contingere: uno modo, quia non aestimatur ut malum; alio modo, quia non aestimatur ut possibile, vel ut difficile vitari. Et secundum hoc, verecundia in aliquo deficit dupliciter. Uno modo, quia ea quae sunt erubescibilia, non apprehenduntur ut turpia. Et hoc modo carent verecundia homines in peccatis profundati, quibus sua peccata non displicent, sed magis de eis gloriantur. — Alio modo, quia non apprehendunt turpitudinem ut possibilem sibi, vel quasi non facile vitabilem. Et hoc modo senes et virtuosi verecundia carent. Sunt tamen sic dispositi ut, si in eis esset aliquid turpe, de hoc verecundarentur: unde Philosophus dicit, in IV *Ethic.*[5], quod *verecundia est ex suppositione studiosi*.

AD PRIMUM ergo dicendum quod defectus verecundiae contingit in pessimis et optimis viris ex diversis causis, ut dictum est[6]. Invenitur autem in his qui mediocriter se habent, secundum quod est in eis aliquid de amore boni, et tamen non totaliter sunt immunes a malo.

AD SECUNDUM dicendum quod ad virtuosum pertinet non solum vitare vitia, sed etiam ea quae habent speciem vitiorum: secundum illud 1Thess 5,22: *Ab omni specie mala abstinete vos*. Et Philosophus dicit, in IV *Ethic.*[7], quod vitanda sunt virtuoso tam ea quae sunt mala *secundum veritatem*, quam ea quae sunt mala *secundum opinionem*.

AD TERTIUM dicendum quod infamationes et opprobria virtuosus, ut dictum est[8], contemnit, quasi ea quibus ipse non est dignus. Et ideo de

humilhação, como difamações e ofensas injustas. Logo, a vergonha pode existir também no homem virtuoso.

4. ADEMAIS, a vergonha é uma parte da temperança, como foi dito. Ora, uma parte não se separa do todo. Logo, havendo temperança no homem virtuoso, parece que também há vergonha.

EM SENTIDO CONTRÁRIO, temos a afirmação do Filósofo: "A vergonha não é própria do homem virtuoso".

RESPONDO. A vergonha é o temor de algo desonesto. Mas por duas razões pode-se não temer um mal: ou porque não é percebido como mal, ou porque não é visto como possível ou como difícil de evitar. Por isso, pode alguém não sentir vergonha por uma dessas razões. Primeiro, por não apreender como torpes coisas que podem nos enrubescer. Assim é que pessoas mergulhadas no vício não demonstram vergonha. Não provam nenhum desprazer nos seus pecados e até se vangloriam deles. — Em segundo lugar, porque não acham possível cair em desonestidade ou supõem que podem facilmente evitá-la. É o caso dos anciãos e dos virtuosos. Mas estão eles de tal modo dispostos que, se cometerem alguma desonestidade, certamente se envergonharão disso. Razão por que diz Aristóteles que "podemos supor que existe vergonha no homem virtuoso".

QUANTO AO 1º, portanto, deve-se dizer que a falta de vergonha verifica-se nos piores e nos melhores homens, por diferentes motivos. Pode, porém, acontecer também nos medíocres, enquanto há neles algum amor ao bem, sem serem inteiramente imunes ao mal.

QUANTO AO 2º, deve-se dizer que é próprio do homem virtuoso não só evitar o vício, senão também tudo o que tem a aparência dele, como diz Paulo: "Apartai-vos de todo tipo de mal". E Aristóteles diz que o virtuoso deve evitar não só o efetivamente mau, mas também o que o é aos olhos dos outros.

QUANTO AO 3º, deve-se dizer que o virtuoso despreza as difamações e as injúrias, como algo que não merece e, por isso, mal se envergonha

---

2. Q. 143.
3. C. 15: 1128, b, 21-23.
4. Art. 1, 2.
5. C. 15: 1128, b, 29-31.
6. In corp.
7. C. 15: 1128, b, 22-26.
8. A. 2, ad 1.

his nemo multum verecundatur. Est tamen aliquis motus verecundiae praeveniens rationem, sicut et ceterarum passionum.

AD QUARTUM dicendum quod verecundia non est pars temperantiae quasi intrans essentiam eius, sed quasi dispositive se habens ad ipsam. Unde Ambrosius dicit, in I *de Offic.*[9], quod *verecundia iacit prima temperantiae fundamenta*, inquantum scilicet incutit horrorem turpitudinis.

delas. Pode, entretanto, experimentar algum surto de vergonha, que surpreenda a razão, como acontece também com outras paixões.

QUANTO AO 4º, deve-se dizer que a vergonha não é parte da temperança no sentido de entrar na essência dela, mas entra como uma disposição para ela. Daí a frase de Ambrósio: "A vergonha lança os primeiros fundamentos da temperança", enquanto inculca o horror da torpeza.

---

9. C. 43, n. 210: ML 16, 86 B.

QUAESTIO CXLV
DE HONESTATE
in quatuor articulos divisa

Deinde considerandum est de honestate.
Et circa hoc quaeruntur quatuor.
Primo: quomodo honestum se habeat ad virtutem.
Secundo: quomodo se habeat ad decorem.
Tertio: quomodo se habeat ad utile et delectabile.
Quarto: utrum honestas sit pars temperantiae.

QUESTÃO 145
A HONESTIDADE[a]
em quatro artigos

Em seguida, deve-se tratar da honestidade.
A esse respeito, quatro questões:
1. Qual a relação entre a honestidade e a virtude?
2. Entre a honestidade e o belo?
3. Entre a honestidade e o útil e deleitável?
4. É a honestidade parte da temperança?

ARTICULUS 1
Utrum honestum sit idem virtuti

AD PRIMUM SIC PROCEDITUR. Videtur quod honestum non sit idem virtuti.

1. Dicit enim Tullius, in sua *Rhetorica*[1], honestum esse *quod propter se petitur*. Virtus autem non petitur propter seipsam, sed propter felicitatem:

ARTIGO 1
A honestidade e a virtude são a mesma coisa?

QUANTO AO PRIMEIRO ARTIGO, ASSIM SE PROCEDE: parece que honestidade e virtude **não** são a mesma coisa.

1. Com efeito, diz Túlio que "honesto é o que se busca por si mesmo". Ora, a virtude não é desejada por si mesma, mas pela felicidade. No

---

1. *De invent. rhet.*, l. II, c. 53: ed. G. Friedrich, Lipsiae 1908, p. 229, ll. 34-35.

---

a. Os três termos empregados com mais frequência por Sto. Tomás nesta questão possuem todos, aparentemente, um correspondente em nossa língua. *Honestas* evoca honestidade, *honestum*, honesto e *honor*, honra. Ora, fiar-se nessa correspondência não seria traduzir, mas trair. Ainda aqui, deve-se admitir que não dispomos em nossa língua de termos que vertam exatamente os vocábulos latinos, com as associações que eles veiculavam.

Mais do que à correspondência verbal, é ao sentido que devemos nos ater. De que trata esta questão? De algo que possui o mesmo campo de aplicação que a virtude (a. 1), que resplandece de beleza intelectual, ou, melhor dizendo, espiritual (a. 2), que é útil e agradável, mas como uma espécie de acréscimo, pois possui sua beleza própria (a. 3), algo de que a temperança, tomada em sentido amplo, é apenas um exemplo, mas que é uma condição da temperança tomada em sentido estrito (a. 4).

É talvez mais na noção de "qualidade" que essa descrição nos faz pensar: uma certa qualidade da pessoa que merece estima, pois exerce uma certa influência.

Na fortaleza e na justiça, essa nobreza é especialmente evidente (a. 4, r. 3). Mas é à temperança que Sto. Tomás, em sua sistematização, escolhe ligar essa qualidade. Ele estava influenciado nesse sentido por Macróbio e por Sto. Ambrósio (a. 4, s.c.). Mas o fato de que ele se associe a essa opinião prova que ele vê na temperança algo diferente de um poderoso freio para reprimir os excessos. Discerne nela uma qualidade da vida, um "sentido de honra" que facilmente evocaria o *gentleman* britânico, o "homem honrado" do Grande Século francês. A temperança é isso também!

dicit enim Philosophus, in I *Ethic*.[2], quod felicitas est *praemium virtutis et finis*. Ergo honestum non est idem virtuti.

2. Praeterea, secundum Isidorum[3], honestas dicitur *quasi honoris status*. Sed multis aliis debetur honor quam virtuti: nam *virtuti proprie debetur laus*, ut dicitur in I *Ethic*.[4]. Ergo honestas non est idem virtuti.

3. Praeterea, *principale virtutis consistit in interiori electione*, ut Philosophus dicit, in VIII *Ethic*.[5]. Honestas autem magis videtur ad exteriorem conversationem pertinere: secundum illud 1Cor 14,40: *Omnia honeste et secundum ordinem fiant* in vobis. Ergo honestas non est idem virtuti.

4. Praeterea, honestas videtur consistere in exterioribus divitiis: secundum illud Eccli 11,14: *Bona et mala, vita et mors, utraque a Deo sunt*. Sed in exterioribus divitiis non consistit virtus. Ergo honestas non est idem virtuti.

Sed contra est quod Tullius, in I *de Offic*.[6] et in II *Rhet*.[7], dividit honestum in quatuor virtutes principales, in quas etiam dividitur virtus. Ergo honestum est idem virtuti.

Respondeo dicendum quod, sicut Isidorus dicit[8], honestas dicitur *quasi honoris status*. Unde ex hoc videtur aliquid dici honestum, quod est honore dignum. Honor autem, ut supra[9] dictum est, excellentiae debetur. Excellentia autem hominis maxime consideratur secundum virtutem: quia est *dispositio perfecti ad optimum*, ut dicitur in VII *Physic*.[10]. Et ideo honestum, proprie loquendo, in idem refertur cum virtute.

Ad primum ergo dicendum quod, sicut Philosophus dicit, in I *Ethic*.[11], eorum quae propter se appetuntur, quaedam appetuntur solum propter se, et nunquam propter aliud: sicut felicitas, quae est ultimus finis. Quaedam vero appetuntur et propter se, inquantum habent in seipsis aliquam rationem bonitatis, etiam si nihil aliud boni per ea nobis accideret: et tamen sunt appetibilia propter aliud,

dizer do Filósofo, a felicidade é "o prêmio e o fim da virtude". Logo, a honestidade não se identifica com a virtude.

2. Além disso, segundo Isidoro, "a honestidade é como um estado de honra". Ora, a honra é devida a muito mais coisas que à virtude, pois "à virtude se deve, propriamente, louvor", diz Aristóteles. Logo, a honestidade não é o mesmo que a virtude.

3. Ademais, "O essencial da virtude consiste numa escolha interior", conforme o Filósofo. Ora, parece que a honestidade pertence, sobretudo, ao comportamento exterior, segundo Paulo: "Tudo se faça convenientemente e ordenadamente". Logo, a honestidade não é o mesmo que a virtude.

4. Ademais, parece que a honestidade se identifica com as riquezas exteriores, conforme o livro do Eclesiástico: "Os bens e os males, a vida e a morte, ambas vêm do Senhor". Ora, a virtude não está nos bens exteriores. Logo, a honestidade e a virtude não são a mesma coisa.

Em sentido contrário, Túlio divide o honesto em quatro virtudes principais, em que também se divide a virtude. Portanto, o honesto coincide com a virtude.

Respondo. Como escreveu Isidoro, a honestidade é "como um estado de honra" e, por isso, chama-se honesto o que é digno de honra. Ora, a honra é devida à excelência, e esta se considera no homem, sobretudo, em relação à virtude, que, como diz o Filósofo, "é a disposição do perfeito para o ótimo". Por conseguinte, a honestidade, propriamente falando, coincide com a virtude.

Quanto ao 1º, portanto, deve-se dizer que, como diz o Filósofo, dentre as coisas desejadas por si mesmas, umas são desejadas só por si mesmas e nunca por causa de outras. É o caso da felicidade, que é o fim último. Outras, porém, são desejadas por si mesmas, enquanto possuem em si certa razão de bondade, embora nenhum outro bem nos possam oferecer e, contudo, são

---
2. C. 10: 1099, b, 16-18.
3. *Etymol*., l. X, ad litt. *H*, n. 117: ML 82, 379 B.
4. C. 12: 1101, b, 31 — 1102, a, 1.
5. C. 15: 1163, a, 22-24.
6. C. 5: ed. C. F. W. Mueller, Lipsiae 1910, p. 7, ll. 11-18.
7. *De invent. rhet*., l. II, c. 53: ed. G. Friedrich, Lipsiae 1908, p. 230, l. 5.
8. Loc. cit. in 2 a.
9. Q. 103, a. 2; q. 144, a. 2, ad 2.
10. C. 3: 246, b, 23-24; a, 13-16.
11. C. 5: 1097, a, 30 — b, 6.

inquantum scilicet perducunt nos in aliquod bonum perfectius. Et hoc modo virtutes sunt propter se appetendae. Unde Tullius dicit, in II *Rhet*.[12], quod *quiddam est quod sua vi nos allicit, et sua dignitate trahit*, ut virtus, veritas, scientia. Et hoc sufficit ad rationem honesti.

AD SECUNDUM dicendum quod eorum quae honorantur praeter virtutem, aliquid est virtute excellentius: scilicet Deus et beatitudo. Et huiusmodi non sunt ita nobis per experientiam nota sicut virtutes, secundum quas quotidie operamur. Et ideo virtus magis sibi vindicat nomen honesti. — Alia vero, quae sunt infra virtutem, honorantur inquantum coadiuvant ad operationem virtutis: sicut nobilitas, potentia et divitiae. Ut enim Philosophus dicit, in IV *Ethic*.[13], huiusmodi *honorantur a quibusdam: sed secundum veritatem, solus bonus est honorandus*. Bonus autem est aliquis secundum virtutem. Et ideo virtuti quidem debetur laus, secundum quod est appetibilis propter aliud: honor autem, prout est appetibilis propter seipsam. Et secundum hoc habet rationem honesti.

AD TERTIUM dicendum quod, sicut dictum est[14], honestum importat debitum honoris. Honor autem est contestatio quaedam de excellentia alicuius, ut supra[15] dictum est. Testimonium autem non profertur nisi de rebus notis. Interior autem electio non innotescit homini nisi per exteriores actus. Et ideo exterior conversatio habet rationem honesti secundum quod est demonstrativa interioris rectitudinis. Et propter hoc, radicaliter honestas consistit in interiori electione: significative autem in exteriori conversatione.

AD QUARTUM dicendum quod quia secundum vulgarem opinionem excellentia divitiarum facit hominem dignum honore, inde est quod quandoque nomen honestatis ad exteriorem prosperitatem transfertur.

desejadas também por causa de outros bens, por nos conduzirem a um bem mais perfeito. É nesse sentido que as virtudes devem ser desejadas por si mesmas. Por isso, Túlio diz que "há coisas que nos seduzem por sua própria força e nos atraem pela sua própria dignidade, como a virtude, a verdade e a ciência". Isso basta para definir a honestidade.

QUANTO AO 2º, deve-se dizer que entre os bens que são honrados, além das virtudes, alguns há mais sublimes que a própria virtude, a saber, Deus e a bem-aventurança. E estes não os conhecemos pela experiência como as virtudes, de acordo com as quais agimos todos os dias. Por isso, cabe melhor à virtude a designação de honesto. — Quanto aos outros bens, inferiores à virtude, são honrados enquanto colaboram no cumprimento das obras virtuosas, como a nobreza, o poder e as riquezas. Diz, com efeito, o Filósofo que "esses bens são por alguns honrados, mas, na verdade, só merece honra o homem bom". Ora, é pela virtude que se é bom. Portanto, a virtude merece louvor, enquanto é desejável por causa de outro bem e merece ser honrada, enquanto é desejável em si mesma. E, sob esse respeito, ela realiza a razão de bem honesto.

QUANTO AO 3º, deve-se dizer que o bem honesto faz jus à honra. Mas a honra é um testemunho da excelência de alguém. Ora, o testemunho só se dá sobre o que é conhecido, enquanto que a escolha interior não chega ao conhecimento a não ser pelos atos exteriores. Por isso, o procedimento exterior é de natureza honesta na medida em que revela a retidão interior. Assim, pois, a honra tem seu fundamento na escolha interior e tem seu sinal na conduta externa.

QUANTO AO 4º, deve-se dizer que segundo a opinião comum, a excelência das riquezas torna o homem merecedor de honra. Vem daí que, às vezes, a palavra "honestidade" é empregada para designar a prosperidade exterior.

---

12. *De inv. rhet.*, l. II, c. 52: ed. cit., p. 229, ll. 9-12.
13. C. 8: 1124, a, 24-26.
14. In corp.
15. Q. 103, a. 1, 2.

Articulus 2
Utrum honestum sit idem quod decorum

AD SECUNDUM SIC PROCEDITUR. Videtur quod honestum non sit idem quod decorum.
1. Ratio enim honesti sumitur ex appetitu: nam honestum est *quod per se appetitur*. Sed decorum magis respicit aspectum, cui placet. Ergo decorum non est idem quod honestum.

2. PRAETEREA, decor quandam claritatem requirit: quae pertinet ad rationem gloriae. Honestum autem respicit honorem. Cum igitur honor et gloria differant, ut supra[1] dictum est, videtur quod etiam honestum differat a decoro.

3. PRAETEREA, honestum est idem virtuti, ut supra[2] dictum est. Sed aliquis decor contrariatur virtuti: unde dicitur Ez 16,15: *Habens fiduciam in pulchritudine tua, fornicata es in nomine tuo*. Ergo honestum non est idem decoro.

SED CONTRA est quod Apostolus dicit, 1Cor 12,23-24: *Quae inhonesta sunt nostra, abundantiorem honestatem habent: honesta autem nostra nullius egent*. Vocat autem ibi inhonesta, membra turpia; honesta autem, membra pulchra. Ergo honestum et decorum idem esse videntur.

RESPONDEO dicendum quod, sicut accipi potest ex verbis Dionysii, 4 cap. *de Div. Nom.*,[3] ad rationem pulchri, sive decori, concurrit et claritas et debita proportio: dicit enim quod Deus dicitur pulcher *sicut universorum consonantiae et claritatis causa*. Unde pulchritudo corporis in hoc consistit quod homo habeat membra corporis bene proportionata, cum quadam debiti coloris claritate. Et similiter pulchritudo spiritualis in hoc consistit quod conversatio hominis, sive actio eius, sit bene proportionata secundum spiritualem rationis claritatem. Hoc autem pertinet ad rationem honesti, quod diximus idem esse virtuti, quae secundum rationem moderatur omnes res humanas. Et ideo honestum est idem spirituali decori. Unde Augustinus dicit, in libro *Octoginta trium Quaest.*[4]: *Honestatem voco intelligibilem pulchritudinem*,

Artigo 2
O honesto é o mesmo que o belo?

QUANTO AO SEGUNDO, ASSIM SE PROCEDE: parece que o honesto **não** é o mesmo que belo.
1. Com efeito, a ideia de honesto é tirada do apetite, já que o honesto é o desejado por si mesmo. Ora, o belo relaciona-se antes com a vista, à qual agrada. Logo, o belo não é o mesmo que o honesto.

2. ALÉM DISSO, o belo exige algum brilho, o que pertence à razão de glória, ao passo que o honesto concerne à honra. Logo, como a honra e a glória diferem entre si, conforme se viu, parece que também o honesto difere do belo.

3. ADEMAIS, o honesto coincide com a virtude, como foi fito. Ora, há uma beleza que se opõe à virtude, como diz o livro de Ezequiel: "Tu te fiaste na tua beleza e, valendo-te do teu renome, te prostituíste". Logo, o honesto não é o mesmo que o belo.

EM SENTIDO CONTRÁRIO, há as palavras do Apóstolo: "Quanto menos decentes (os nossos membros), mais decentemente os tratamos: os que são decentes não precisam dessas atenções". Nesse texto, os membros vis são considerados menos decentes e os honestos são chamados de belos. Portanto, parece que o honesto e o belo são a mesma coisa.

RESPONDO. Como se pode deduzir das palavras de Dionísio, à razão de belo ou decoroso concorrem o brilho e a proporção devida". Segundo ele, Deus é belo como "causa da harmonia e do brilho do universo". A beleza do corpo consiste, pois, em ter o homem membros bem proporcionados, com certo brilho harmonioso de cor. Do mesmo modo, a beleza espiritual consiste em ter o homem comportamento e atividade bem equilibrados pelo esplendor espiritual da razão. Mas isso diz respeito à razão de honesto, que acabamos de declarar idêntico à virtude, a qual regula todas as coisas humanas de acordo com a razão. Por isso, o honesto é o mesmo que a beleza espiritual, o que levou Agostinho a escrever: "Chamo honestidade a beleza intelectual, a que damos, propriamente, o nome de espiritual", acrescentando depois: "Há

---

1. Q. 103, a. 1, ad 3.
2. Art. 1.
3. MG 3, 701 C.
4. Q. 30: ML 40, 19.

quam spiritualem nos proprie dicimus. Et postea subdit quod *sunt multa pulchra visibilia, quae minus proprie honesta appellantur*.

AD PRIMUM ergo dicendum quod obiectum movens appetitum est bonum apprehensum. Quod autem in ipsa apprehensione apparet decorum, accipitur ut conveniens et bonum: et ideo dicit Dionysius, 4 cap. *de Div. Nom.*[5], quod *omnibus est pulchrum et bonum amabile*. Unde et ipsum honestum, secundum quod habet spiritualem decorem, appetibile redditur. Unde et Tullius dicit, in I *de Offic.*[6]: *Formam ipsam, et tanquam faciem honesti vides: quae si oculis cerneretur, mirabiles amores, ut ait Plato*[7], *excitaret sapientiae*.

AD SECUNDUM dicendum quod, sicut supra[8] dictum est, gloria est effectus honoris: ex hoc enim quod aliquis honoratur vel laudatur, redditur clarus in oculis aliorum. Et ideo, sicut idem est honorificum et gloriosum, ita etiam idem est honestum et decorum.

AD TERTIUM dicendum quod obiectio illa procedit de pulchritudine corporali. — Quamvis possit dici quod etiam propter pulchritudinem spiritualem aliquis spiritualiter fornicatur, inquantum de ipsa honestate superbit: secundum illud Ez 28,17: *Elevatum est cor tuum in decore tuo: perdidisti sapientiam tuam in decore tuo*.

muitas belezas visíveis, às quais cabe menos apropriadamente a denominação de honestas".

QUANTO AO 1º, portanto, deve-se dizer que o objeto que move o apetite é o bem percebido. Ora, o que na percepção mesma aparece como belo é tido por conveniente e bom. Por isso, Dionísio diz que "para todos o belo e o bom são dignos de ser amados". Daí por que o honesto mesmo torna-se desejável, enquanto dotado de beleza espiritual. Por isso, diz Túlio: "Vês a forma e, por assim dizer, a figura da honestidade, que, se fosse vista com os olhos, excitaria, como diz Platão, o amor maravilhoso da sabedoria".

QUANTO AO 2º, deve-se dizer que a glória é efeito da honra, pois, por ser honrado ou louvado, torna-se alguém famoso aos olhos dos outros. Razão por que, como coincidem o honorífico e o glorioso, assim também se identificam o honesto e o belo.

QUANTO AO 3º, deve-se dizer que a objeção baseia-se na beleza física. Embora também se possa admitir uma espécie de fornicação espiritual a propósito da beleza espiritual, quando alguém se ensoberbece com a própria honestidade, conforme diz Ezequiel: "Tu te orgulhaste de tua beleza, deixaste o esplendor corromper tua sabedoria".

ARTICULUS 3
Utrum honestum differat ab utili et delectabili

AD TERTIUM SIC PROCEDITUR. Videtur quod honestum non differat ab utili et delectabili.

1. Dicitur enim honestum quod *propter se appetitur*. Sed delectatio propter se appetitur: *ridiculum enim videtur quaerere propter quid aliquis velit delectari*, ut Philosophus dicit, in X *Ethic.*[1]. Ergo honestum non differt a delectabili.

2. PRAETEREA, divitiae sub bono utili continentur: dicit enim Tullius, in II *Rhet.*[2]: *Est aliquid non propter suam vim et naturam, sed propter fructum et utilitatem petendum, quod pecunia est*.

ARTIGO 3
O honesto difere do útil e deleitável?

QUANTO AO TERCEIRO, ASSIM SE PROCEDE: parece que do útil e deleitável **não** difere o honesto.

1. Com efeito, chama-se honesto o que se deseja por si mesmo. Ora, o prazer é desejado por si mesmo, "porque parece ridículo perguntar a alguém por que deseja ter prazer", como observa o Filósofo. Logo, o honesto não difere do deleitável.

2. ALÉM DISSO, as riquezas são vistas como um bem útil, pois Túlio diz: "Uma coisa existe que é apetecível, não por sua própria força e natureza, mas pelo seu fruto e pela sua utilidade, e

---

5. MG 3, 708 A.
6. C. 5: ed. C. F. W. Mueller, Lipsiae 1910, p. 7, ll. 8-11.
7. *In Phaedro*, c. 29: 250 D.
8. Loc. cit. in arg.

1. C. 2: 1172, b, 22-23.
2. *De inv. rhet.*, l. II, c. 52: ed. cit., p. 229, ll. 12-15.

Sed divitiae habent rationem honestatis: dicitur enim Eccli 11,14: *Paupertas et honestas* (idest divitiae) *a Deo sunt*; et 13,2: *Pondus super se tollit qui honestiori* (idest *ditiori*) *se communicat*. Ergo honestum non differt ab utili.

3. Praeterea, Tullius probat, in libro *de Offic*.[3], quod nihil potest esse utile quod non sit honestum. Et hoc idem habetur per Ambrosium, in libro *de Offic*.[4]. Ergo utile non differt ab honesto.

Sed contra est quod Augustinus dicit, in libro *Octoginta trium Quaest*.[5]: *Honestum dicitur quod propter seipsum petendum est: utile autem quod ad aliquod aliud referundum est*.

Respondeo dicendum quod honestum concurrit in idem subiectum cum utili et delectabili, a quibus tamen differt ratione. Dicitur enim aliquid honestum, sicut dictum est[6], inquantum habet quendam decorem ex ordinatione rationis. Hoc autem quod est secundum rationem ordinatum, est naturaliter conveniens homini. Unumquodque autem naturaliter delectatur in suo convenienti. Et ideo honestum est naturaliter homini delectabile: sicut de operatione virtutis Philosophus probat, in I *Ethic*.[7]. Non tamen omne delectabile est honestum: quia potest etiam aliquid esse conveniens secundum sensum, non secundum rationem; sed hoc delectabile est praeter hominis rationem, quae perficit naturam ipsius. — Ipsa etiam virtus, quae secundum se honesta est, refertur ad aliud sicut ad finem, scilicet ad felicitatem.

Et secundum hoc, idem subiecto est et honestum et utile et delectabile: sed ratione differunt. Nam honestum dicitur secundum quod aliquid habet quandam excellentiam dignam honore propter spiritualem pulchritudinem; delectabile autem, inquantum quietat appetitum; utile autem, inquantum refertur ad aliud. In pluribus tamen est delectabile quam utile et honestum: quia omne utile et honestum est aliqualiter delectabile, sed non convertitur, ut dicitur in II *Ethic*.[8].

Ad primum ergo dicendum quod honestum dicitur quod propter se appetitur appetitu rationali, qui tendit in id quod est conveniens rationi.

é o dinheiro". Ora, as riquezas correspondem ao conceito de honestidade, porque está no livro do Eclesiástico: "A pobreza e a honestidade (isto é, as riquezas) vêm do Senhor" e: "Tira um peso de cima de si, quem se confia a outro mais honesto (isto é mais rico)". Logo, o útil não difere do honesto.

3. Ademais, Túlio demonstra que nada pode haver de útil que não seja honesto. E Ambrósio confirma. Logo, o útil não difere do honesto.

Em sentido contrário, afirma Agostinho: "O bem honesto é o que deve ser desejado por si mesmo, enquanto que o útil deve ser referido a outro bem".

Respondo. O honesto tem o mesmo objeto que o útil e deleitável, mas se distingue deles pela razão, pois uma coisa é dita honesta quando possui certo brilho, por estar de acordo com os princípios da razão. Ora, o que está conforme à razão é, por natureza, conveniente ao homem. E todo ser, naturalmente, se compraz com o que lhe convém. Assim, o honesto é, naturalmente, prazeroso para o homem, como o prova o Filósofo, a propósito dos atos virtuosos. No entanto, nem tudo o que é deleitável é honesto, porque pode um bem ser conveniente aos sentidos e não à razão. Nesse caso, porém, é deleitável contra a ordem da razão, a qual aperfeiçoa a natureza humana. — Também a própria virtude, que é, por si, honesta, tem como fim algo distinto dela mesma, a saber, a felicidade.

Assim pois, o honesto, o útil e o deleitável têm o mesmo objeto, mas se distinguem pela razão. Chama-se, com efeito, honesto ao que tem uma excelência digna de honra, pela sua beleza espiritual; considera-se deleitável aquilo em que o desejo repousa, e útil, o que se refere a outro bem. Note-se, porém, que deleitável é conceito mais extenso que útil e honesto, porque tudo o que é útil e honesto é, de certa forma, deleitável, mas o inverso não, como observa Aristóteles.

Quanto ao 1º, portanto, deve-se dizer que considera-se honesto o que é desejado por si mesmo pelo apetite racional, que tende ao que

---

3. L. II, c. 3: ed. C. F. W. Mueller, Lipsiae 1910, pp. 59-60.
4. L. II, c. 6, n. 25: ML 16, 110 A.
5. Q. 30: ML 40, 19.
6. Art. 2.
7. C. 9: 1099, a, 7.
8. C. 2: 1105, a, 1.

Delectabile autem propter se appetitur appetitu sensitivo.

AD SECUNDUM dicendum quod divitiae vocantur nomine honestatis secundum opinionem multorum, qui divitias honorant: vel inquantum ordinantur organice ad actus virtutum, ut dictum est[9].

AD TERTIUM dicendum quod intentio Tullii et Ambrosii dicere est quod nihil potest esse simpliciter et vere utile quod repugnat honestati, quia oportet quod repugnet ultimo fini hominis, quod est bonum secundum rationem: quamvis forte possit esse utile secundum quid, respectu alicuius finis particularis. Non autem intendunt dicere quod omne utile, in se consideratum, pertingat ad rationem honesti.

convém à razão. Já o deleitável é desejado como tal pelo apetite sensitivo.

QUANTO AO 2º, deve-se dizer que as riquezas são tidas por honestas, de acordo com a opinião de muita gente que as honra; ou porque se ordenam, instrumentalmente, aos atos virtuosos, como já foi dito.

QUANTO AO 3º, deve-se dizer que a intenção de Túlio e Ambrósio é declarar que nada pode ser real e essencialmente útil, se não for honesto, porque, nesse caso, iria contra, necessariamente, o fim último do homem, que é o bem racional, embora talvez possa ser útil de alguma forma, em relação a um fim particular. Eles não querem, porém, dizer que tudo o que é útil, em si mesmo considerado, seja, naturalmente, honesto.

ARTICULUS 4
Utrum honestas debeat poni pars temperantiae

AD QUARTUM SIC PROCEDITUR. Videtur quod honestas non debeat poni pars temperantiae.

1. Non enim est possibile quod idem, respectu eiusdem, sit pars et totum. Sed temperantia est pars honesti, ut Tullius dicit, in II *Rhet.*[1]. Ergo honestas non est pars temperantiae.
2. PRAETEREA, III *Esdrae* dicitur quod *vinum praecordia facit honesta*. Sed usus vini, praecipue superfluus, de quo ibi loqui videtur, magis pertinet ad intemperantiam quam ad temperantiam. Ergo honestas non est pars temperantiae.

3. PRAETEREA, honestum dicitur quod est honore dignum. Sed *iusti et fortes maxime honorantur*, ut dicit Philosophus, in I *Rhet.*[2]. Ergo honestas non pertinet ad temperantiam, sed magis ad iustitiam vel fortitudinem. Unde et Eleazarus dixit, ut dicitur 2Mac 6,28: *Fortiter pro gravissimis ac santissimis legibus honesta morte perfungor*.

SED CONTRA est quod Macrobius[3] honestatem ponit partem temperantiae. Ambrosius etiam, in I *de Offic.*[4], temperantiae specialiter honestalem attribuit.

ARTIGO 4
A honestidade deve ser considerada como parte da temperança?

QUANTO AO QUARTO, ASSIM SE PROCEDE: parece que **não** se deve considerar a honestidade como parte da temperança.

1. Com efeito, não é possível uma coisa ser, sob o mesmo ponto de vista, parte e todo. Ora, a temperança é parte da honestidade, diz Túlio. Logo, a honestidade não é parte da temperança.
2. ALÉM DISSO, diz a Escritura: "O vinho torna todos os corações honestos". Ora, o uso do vinho, especialmente o excessivo, como parece ser o caso, constitui antes intemperança que temperança. Logo, a honestidade não é parte da temperança.
3. ADEMAIS, considera-se honesto o que é digno de honra. Ora, diz o Filósofo que "os justos e os fortes são os que mais honra recebem". Logo, a honestidade não é parte da temperança e sim da justiça ou da fortaleza e é por isso que Eleazar disse: "Sofro com valor uma honrosa morte pelas veneráveis e santas leis".

EM SENTIDO CONTRÁRIO, Macróbio considera a honestidade como parte da temperança. E Ambrósio também atribui especialmente a honestidade à temperança.

---

9. A. 1, ad 2.

4 PARALL.: Supra, q. 143.
1. *De invent. rhet.*, l. II, c. 53: ed. G. Friedrich, Lipsiae 1908, p. 230, ll. 5-6.
2. C. 9: 1366, b, 5.
3. *In somn. Scip.*, l. I, c. 8: ed. Fr. Eyssenhardt, Lipsiae 1868, p. 507, l. 24.
4. C. 43, n. 209; ML 16, 86 B.

RESPONDEO dicendum quod, sicut supra[5] dictum est, honestas est quaedam spiritualis pulchritudo. Pulchro autem opponitur turpe. Opposita autem maxime se invicem manifestant. Et ideo ad temperantiam specialiter honestas pertinere videtur, quae id quod est homini turpissimum et indecentissimum repellit, scilicet brutales voluptates. Unde et in ipso nomine temperantiae maxime intelligitur bonum rationis, cuius est moderari et *temperare* concupiscentias pravas. Sic igitur honestas, prout speciali quadam ratione temperantiae attribuitur, ponitur pars eius non quidem subiectiva, vel sicut virtus adiuncta, sed pars integralis ipsius, sicut quaedam eius conditio.

AD PRIMUM ergo dicendum quod temperantia ponitur pars subiectiva honesti prout sumitur in sua communitate. Sic autem non ponitur temperantiae pars.

AD SECUNDUM dicendum quod vinum in ebriis *facit praecordia honesta* secundum eorum reputationem: quia videtur eis quod sint magni et honorandi.

AD TERTIUM dicendum quod iustitiae et fortitudini debetur maior honor quam temperantiae propter maioris boni excellentiam. Sed temperantiae debetur maior honor propter cohibitionem vitiorum magis exprobrabilium, ut ex dictis patet. Et sic honestas magis attribuitur temperantiae: secundum regulam Apostoli, 1Cor 12,23, quod *inhonesta nostra maiorem habent honestatem*, scilicet removentem quod inhonestum est.

RESPONDO. A honestidade é uma beleza espiritual. Ora, ao belo opõe-se o que é feio. E os opostos se revelam ao máximo pelo seu contraste. Por isso, a honestidade parece pertencer, especialmente, à temperança, que repele o que há de mais feio e desonroso para o homem, a saber, os prazeres próprios dos animais. Segue-se daí que a própria denominação de temperança designa, de forma eminente, o bem próprio da razão, cujo papel é moderar e temperar os maus instintos. Assim, pois, a honestidade, enquanto atribuída à temperança por uma razão especial, é considerada parte integrante dela; não, porém, parte subjetiva nem como virtude anexa, mas como parte integrante, sendo uma condição dela.

QUANTO AO 1º, portanto, deve-se dizer que a temperança é vista como parte subjetiva da honestidade, quando esta é tomada na sua generalidade. Nesse sentido, não é considerada parte da temperança.

QUANTO AO 2º, deve-se dizer que o vinho torna honestos os corações dos ébrios, na opinião deles mesmos, porque se julgam importantes e dignos de honra.

QUANTO AO 3º, deve-se dizer que se deve à justiça e à fortaleza honra maior do que à temperança, porque possuem um bem maior. Mas à temperança é devida honra maior, porque reprime vícios mais censuráveis, como se deduz do exposto. E assim, a honestidade é atribuída mais apropriadamente à temperança, segundo a regra do Apóstolo: "Os membros que consideramos menos dignos de honra, são os que mais honramos", descartando o que é desonesto.

---

5. Art. 2.

QUAESTIO CXLVI
DE ABSTINENTIA
in duos articulos divisa

Deinde considerandum est de partibus subiectivis temperantiae. Et primo, de his quae sunt circa delectationes ciborum; secundo, de his quae sunt circa delectationes venereorum. Circa primum, considerandum est de abstinentia, quae est circa cibos et potus; et de sobrietate, quae est specialiter circa potum. Circa abstinentiam autem

QUESTÃO 146
A ABSTINÊNCIA
em dois artigos

Em seguida, deve-se tratar das partes subjetivas da temperança. E, primeiro, das que se ocupam com os prazeres do comer; depois, das que tratam dos prazeres sexuais.

No primeiro ponto, vamos ver a abstinência, relativa à comida e à bebida; e a sobriedade, que tem a ver, especialmente, com a bebida.

consideranda sunt tria: primo, de ipsa abstinentia; secundo, de actu eius, qui est ieiunium; tertio, de vitio opposito, quod est gula.

Circa abstinentiam autem quaeruntur duo.
Primo: utrum abstinentia sit virtus.
Secundo: utrum sit virtus specialis.

Articulus 1
Utrum abstinentia sit virtus

Ad primum sic proceditur. Videtur quod abstinentia non sit virtus.

1. Dicit enim Apostolus, 1Cor 4,20: *Non est regnum Dei in sermone, sed in virtute.* In abstinentia autem non consistit regnum Dei: dicit enim Apostolus, Rm 14,17: *Non est regnum Dei esca et potus*; ubi dicit Glossa[1] *nec in abstinendo nec in manducando esse iustitiam.* Ergo abstinentia non est virtus.

2. Praeterea, Augustinus dicit, in X *Confess.*[2], ad Deum loquens: *Hoc me docuisti, ut quemadmodum medicamenta, sic alimenta sumpturus accedam.* Sed medicamenta moderari non pertinet ad virtutem, sed ad artem medicinae. Ergo, pari ratione, moderari alimenta, quod pertinet ad abstinentiam, non est actus virtutis, sed artis.

3. Praeterea, omnis virtus *in medio consistit*, ut habetur in II *Ethic.*[3]. Abstinentia autem non videtur in medio consistere, sed in defectu: cum ex subtractione nominetur. Ergo abstinentia non est virtus.

4. Praeterea, nulla virtus excludit aliam. Sed abstinentia excludit patientiam: dicit enim Gregorius, in *Pastorali*[4], quod *mentes abstinentium plerumque impatientia excutit a sinu tranquillitatis.* Ibidem etiam dicit quod *cogitationes abstinentium nonnunquam superbiae culpa transfigit*: et ita excludit humilitatem. Ergo abstinentia non est virtus.

Sed contra est quod dicitur 2Pe 1,5-6: *Ministrate in fide vestra virtutem, in virtute autem scientiam, in scientia autem abstinentiam*: ubi

Quanto à abstinência, devem-se considerar três pontos: primeiro, a abstinência em si mesma; segundo, o ato próprio da abstinência, a saber, o jejum; terceiro, o vício oposto a ele, isto é, a gula.
Sobre a abstinência, duas questões:
1. É a abstinência uma virtude?
2. É uma virtude especial?

Artigo 1
A abstinência é uma virtude?

Quanto ao primeiro artigo, assim se procede: parece que a abstinência **não** é uma virtude.

1. Com efeito, o Apóstolo diz: "O Reino de Deus não consiste em palavras, mas em virtude". Ora, o reino de Deus não está na abstinência, pois, ensina o Apóstolo, "o reino de Deus não é questão de comida ou bebida". E a Glosa acrescenta: "A justiça não está nem em comer nem em não comer". Logo, a abstinência não é uma virtude.

2. Além disso, dirigindo-se a Deus, Agostinho escreve: "Vós me ensinastes a tomar os alimentos como se fossem remédios". Ora, moderar o uso de remédios não é coisa de virtude, mas da arte médica. Logo, por igual razão, controlar a alimentação, coisa própria da abstinência, não é ato de uma virtude, mas de uma arte[a].

3. Ademais, segundo se ensina na *Ética*, toda virtude está no meio-termo. Ora, a abstinência não consiste no meio-termo, mas numa carência, como seu próprio nome indica. Logo, a abstinência não é uma virtude.

4. Ademais, nenhuma virtude exclui outra. Ora, a abstinência exclui a paciência, pois, diz Gregório, "muitas vezes, a impaciência tira do seio da tranquilidade o espírito dos abstinentes". E, no mesmo lugar, acrescenta: "Por vezes, o vício da soberba se imiscui pela mente dos que praticam a abstinência" e, portanto, exclui a humildade. Logo, a abstinência não é uma virtude.

Em sentido contrário, diz a Carta de Pedro: "Uni à vossa fé a virtude, à virtude o conhecimento, ao conhecimento a abstinência". A

---

1 Parall.: Supra, q. 143; *ad Rom.*, c. 14, lect. 2.

1. Lombardi: ML 191, 1517 D.
2. C. 31, n. 44: ML 32, 797.
3. C. 6: 1106, b, 36 — 1107, a, 2.
4. P. III, c. 19, al. 1, admon. 20: ML 77, 81 CD.

a. O objetante faz de um uso dos alimentos conforme à razão uma questão de dietética. É um ponto de vista surpreendentemente moderno, mas que não leva em consideração todos os dados do problema.

abstinentia aliis virtutibus connumeratur. Ergo abstinentia est virtus.

RESPONDEO dicendum quod abstinentia ex suo nomine importat subtractionem ciborum. Dupliciter ergo nomen abstinentiae accipi potest. Uno modo, secundum quod absolute ciborum subtractionem designat. Et hoc modo abstinentia non designat neque virtutem neque actum virtutis, sed quiddam indifferens. — Alio modo potest accipi secundum quod est ratione regulata. Et tunc significat vel habitum virtutis, vel actum. Et hoc significatur in praemissa auctoritate Petri, ubi dicitur *in scientia abstinentiam ministrandam*: ut scilicet homo a cibis abstineat prout oportet, *pro congruentia hominum cum quibus vivit et personae suae, et pro valetudinis suae necessitate*.

AD PRIMUM ergo dicendum quod et usus ciborum et eorum abstinentia, secundum se considerata, non pertinent ad regnum Dei: dicit enim Apostolus, 1Cor 8,8: *Esca nos non commendat Deo. Neque enim, si non manducaverimus, deficiemus: neque, si manducabimus, abundabimus*, scilicet spiritualiter. Utrumque autem eorum secundum quod fit rationabiliter ex fide et dilectione Dei, pertinet ad regnum Dei.

AD SECUNDUM dicendum quod moderatio ciborum secundum quantitatem et qualitatem pertinet ad artem medicinae in comparatione ad valetudinem corporis: sed secundum interiores affectiones, in comparatione ad bonum rationis, pertinet ad abstinentiam. Unde Augustinus dicit, in libro *de Quaest. Evang.*[5]: *Non interest omnino*, scilicet ad virtutem, *quid alimentorum vel quantum quis accipiat, dummodo id faciat pro congruentia hominum cum quibus vivit et personae suae, et pro valetudinis suae necessitate: sed quanta facilitate et serenitate animi his valeat, cum oportet vel necesse est, carere*.

AD TERTIUM dicendum quod ad temperantiam pertinet refrenare delectationes quae nimis animum ad se alliciunt: sicut ad fortitudinem pertinet firmare animum contra timores a bono rationis repellentes. Et ideo sicut laus fortitudinis consistit in quodam excessu, et ex hoc denominantur omnes partes fortitudinis; ita etiam laus temperantiae consistit in quodam defectu, et ex hoc ipsa et omnes partes eius denominantur. Unde et abstinentia, quia pars est temperantiae, denominatur a defectu. Et tamen consistit in medio, inquantum est secundum rationem rectam.

abstinência é citada entre as virtudes. Logo, é uma virtude.

RESPONDO. A própria palavra "abstinência" indica privação de alimentos. Mas é palavra que pode ser tomada em dois sentidos: ou no sentido de privação pura e simples de alimentos e, nesse caso, não designa nem virtude nem ato virtuoso, mas algo indiferente. — Ou enquanto regulada pela razão e então significa o hábito ou o ato da virtude. Isso é o que sugere o texto de Pedro, onde se diz que a abstinência venha unida ao conhecimento, isto é, que se deve abster de comer, quando necessário, "conforme as exigências das pessoas com quem convive e da própria pessoa e segundo as necessidades da saúde".

QUANTO AO 1º, portanto, deve-se dizer que em si mesmos considerados, nem o uso dos alimentos nem a sua abstinência concernem ao Reino de Deus, porque diz o Apóstolo: "Não é um alimento que nos aproximará de Deus: se dele não comermos, nada nos faltará; se comermos, nada teremos a mais". Ambos, porém, relacionam-se ao Reino de Deus, quando praticados, racionalmente, na fé e no amor de Deus.

QUANTO AO 2º, deve-se dizer que a moderação no comer, na quantidade como na qualidade, cabe à medicina, no caso da saúde física, mas vista nas suas disposições interiores, em relação ao bem racional, ela pertence à abstinência. Por isso, diz Agostinho que, em questão de virtude, "não importa, absolutamente, o que ou quanto de alimento alguém toma, se procede de acordo com as exigências das pessoas com quem convive e com as da própria pessoa, segundo as necessidades da saúde. O que importa é a facilidade e a serenidade com que sabe o homem privar-se da comida, quando for necessário ou conveniente".

QUANTO AO 3º, deve-se dizer que é próprio da temperança frear os prazeres que seduzem demais o espírito, assim como à fortaleza pertence revigorar a alma contra os temores que desviam do bem racional. Por isso, assim como o mérito da fortaleza consiste em algum excesso, donde derivam os nomes de todas as suas partes, assim também o mérito da temperança consiste numa certa falta, donde vêm seu nome e os das suas partes todas. Assim a abstinência, que é uma parte da temperança, recebe esse nome de uma falta e, no entanto, consiste num correto meio-termo, porque regulada pela razão reta.

---

5. L. II, q. 11: ML 35, 1338.

AD QUARTUM dicendum quod illa vitia proveniunt ex abstinentia prout non est secundum rationem rectam. Ratio enim recta facit abstinere *sicut oportet*, scilicet cum hilaritate mentis; et *propter quod oportet*, scilicet propter gloriam Dei, non propter gloriam suam.

QUANTO AO 4º, deve-se dizer que esses vícios provêm da abstinência, quando esta obedece à reta razão, pois esta manda praticar a abstinência como é necessário, ou seja, com alegria interior e por motivação conveniente, isto é, pela glória de Deus e não por sua glória pessoal.

ARTICULUS 2
Utrum abstinentia sit specialis virtus

AD SECUNDUM SIC PROCEDITUR. Videtur quod abstinentia non sit specialis virtus.
1. Omnis enim virtus secundum seipsam est laudabilis. Sed abstinentia non est secundum se laudabilis: dicit enim Gregorius, in *Pastorali*[1], quod *virtus abstinentiae non nisi ex aliis virtutibus commendatur*. Ergo abstinentia non est specialis virtus.
2. PRAETEREA, Augustinus[2] dicit, *de fide ad Petrum*[3], quod abstinentia sanctorum est a cibo et potu, non quia aliqua creatura Dei sit mala, sed *pro sola corporis castigatione*. Hoc autem pertinet ad castitatem: ut ex ipso nomine apparet. Ergo abstinentia non est virtus specialis a castitate distincta.
3. PRAETEREA, sicut homo debet esse contentus moderato cibo, ita et moderata veste: secundum illud 1Ti 6,8: *Habentes alimenta et quibus tegamur, his contenti simus*. In moderatione autem vestium non est aliqua specialis virtus. Ergo neque abstinentia, quae est moderativa alimentorum.

SED CONTRA est quod Macrobius[4] ponit abstinentiam specialem partem temperantiae.

RESPONDEO dicendum quod, sicut supra[5] dictum est, virtus moralis conservat bonum rationis contra impetus passionum: et ideo ubi invenitur specialis ratio qua passio abstrahat a bono rationis, ibi necesse est esse specialem virtutem. Delectationes autem ciborum natae sunt abstrahere hominem a bono rationis: tum propter earum magnitudinem; tum etiam propter necessitatem ciborum, quibus homo indiget ad vitae conservationem, quam

ARTIGO 2
A abstinência é uma virtude especial?

QUANTO AO SEGUNDO, ASSIM SE PROCEDE: parece que a abstinência **não** é uma virtude especial.
1. Com efeito, toda virtude é louvável em si mesma. Ora, a abstinência não é louvável em si mesma, visto que, no dizer de Gregório, "ela não é estimável senão pelas outras virtudes". Logo, a abstinência não é uma virtude especial.
2. ALÉM DISSO, diz Agostinho que os santos praticam a abstinência da comida e da bebida, não porque alguma criatura de Deus seja má e sim "unicamente para castigar o corpo". Ora, isso constitui a castidade, como o próprio nome indica. Logo, a abstinência não é uma virtude especial, distinta da castidade.
3. ADEMAIS, assim como o homem deve contentar-se com uma alimentação moderada, assim também há de ter equilíbrio no vestir-se, seguindo o conselho do Apóstolo: "Se temos alimento e vestuário, contentar-nos-emos com isso". Ora, a moderação no vestir-se não é uma virtude especial. Logo, a abstinência, que modera os alimentos, também não o é.

EM SENTIDO CONTRÁRIO, Macróbio considera a abstinência como parte especial da temperança.

RESPONDO. A virtude moral garante o bem da razão contra os assaltos das paixões. Portanto, sempre que, por uma razão especial, a paixão nos afastar do bem racional, será necessária uma virtude especial. Ora, os prazeres da mesa podem, naturalmente, nos desviar do bem da razão, tanto pela sua intensidade quanto pela necessidade que temos dos alimentos, indispensáveis para sobre-

---

2
1. P. III, c. 19, al. 1, admon. 20: ML 77, 82 C.
2. Fulgentius.
3. C. 42, al. Reg. 39: ML 65, 704 D.
4. *In somn. Scip.*, l. 1, c. 8: ed. Fr. Eyssenhardt, Lipsiae 1888, p. 507, ll. 23-24.
5. Q. 123, a. 12; q. 136, a. 1; q. 141, a. 3.

maxime homo desiderat. Et ideo abstinentia est specialis virtus.

AD PRIMUM ergo dicendum quod virtutes oportet esse connexas, ut supra[6] dictum est. Et ideo una virtus adiuvatur et commendatur ex alia: sicut iustitia a fortitudine. Et per hunc etiam modum virtus abstinentiae commendatur ex aliis virtutibus.

AD SECUNDUM dicendum quod per abstinentiam corpus castigatur non solum contra illecebram luxuriae, sed etiam contra illecebras gulae: quia dum homo abstinet, magis redditur fortis ad impugnationes gulae vincendas, quae tanto fortiores sunt quanto homo eis magis cedit. Et tamen non prohibetur abstinentiam esse specialem virtutem per hoc quod ad castitatem valet: quia una virtus ad aliam iuvat.

AD TERTIUM dicendum quod usus vestimentorum est introductus ab arte: usus autem ciborum a natura. Et ideo magis debet esse virtus specialis circa moderationem ciborum quam circa moderationem vestimentorum.

vivermos, que é o nosso desejo maior. Logo, a abstinência é uma virtude especial[b].

QUANTO AO 1º, portanto, deve-se dizer que as virtudes são, necessariamente, conexas. Por isso, uma virtude é ajudada e valorizada pela outra, como a justiça o é pela fortaleza. Assim também a abstinência é reforçada pelas demais virtudes.

QUANTO AO 2º, deve-se dizer que pela abstinência castiga-se o corpo não somente contra os atrativos da luxúria, mas também contra os da gula, pois, pela abstinência, o homem se torna mais forte para superar os ataques da gula, tanto mais intensos quanto mais o homem cede a eles. E a abstinência não deixa de ser virtude especial pelo fato de colaborar com a castidade, pois uma virtude apoia a outra.

QUANTO AO 3º, deve-se dizer que o uso de roupa foi introduzido pela arte, ao passo que o de alimentos é de ordem natural. Portanto, deve haver uma virtude especial para reger nossa alimentação, mais do que para regular nossos trajes.

---

6. I-II, q. 65, a. 1.

b. As partes integrantes da temperança (q. 144, 145) propunham delicados problemas de definição; a realidade evocada se deixava dificilmente delimitar, e a correspondência entre termos latinos e os de nossa língua se efetuava laboriosamente. Com as chamadas partes subjetivas da temperança (o que significa: as espécies da temperança), algo bem diferente ocorre; a virtude é especificada pela natureza do objeto cobiçado, aqui o alimento, o que é evidente para todos e fácil de apreender.

QUAESTIO CXLVII
DE IEIUNIO
in octo articulos divisa

Deinde considerandum est de ieiunio.
Et circa hoc quaeruntur octo.
Primo: utrum ieiunium sit actus virtutis.
Secundo: cuius virtutis sit actus.
Tertio: utrum cadat sub praecepto.
Quarto: utrum aliqui excusentur ab observatione huius praecepti.
Quinto: de tempore ieiunii.
Sexto: utrum semel comedere requiratur ad ieiunium.
Septimo: de hora comestionis ieiunantium.
Octavo: de cibis a quibus debent abstinere.

QUESTÃO 147
O JEJUM
em oito artigos

A seguir, deve-se tratar do jejum.
A esse respeito, oito questões:
1. O jejum é um ato de virtude?
2. De que virtude?
3. É objeto de preceito?
4. Há quem seja escusado de observar esse preceito?
5. Quando jejuar?
6. Exige o jejum que se coma uma só vez?
7. A que horas devem comer os jejuadores?
8. De que alimentos devem se abster?

Articulus 1
Utrum ieiunium sit actus virtutis

AD PRIMUM SIC PROCEDITUR. Videtur quod ieiunium non sit actus virtutis.

1. Omnis enim virtutis actus est Deo acceptus. Sed ieiunium non semper est Deo acceptum: secundum illud Is 58,3: *Quare ieiunavimus, et non aspexisti?* Ergo ieiunium non est actus virtutis.

2. PRAETEREA, nullus actus virtutis recedit a medio virtutis. Sed ieiunium recedit a medio virtutis: quod quidem in virtute abstinentiae accipitur secundum hoc, ut subveniatur necessitati naturae, cui per ieiunium aliquid subtrahitur; alioquin non ieiunantes non haberent virtutem abstinentiae. Ergo ieiunium non est actus virtutis.

3. PRAETEREA, illud quod communiter omnibus convenit, et bonis et malis, non est actus virtutis. Sed ieiunium est huiusmodi: quilibet enim, antequam comedat, ieiunus est. Ergo ieiunium non est actus virtutis.

SED CONTRA est quod connumeratur aliis virtutum actibus, 2Cor 6,5-6, ubi Apostolus dicit: *In ieiuniis, in scientia, in castitate*, etc.

RESPONDEO dicendum quod ex hoc aliquis actus est virtuosus, quod per rationem ordinatur ad aliquod bonum honestum. Hoc autem convenit ieiunio. Assumitur enim ieiunium principaliter ad tria. Primo quidem, ad concupiscentias carnis comprimendas. Unde Apostolus dicit, in auctoritate inducta: *In ieiuniis, in castitate*, quia per ieiunia castitas conservatur. Ut enim Hieronymus dicit[1], *sine Cerere et Baccho friget Venus*: idest, per abstinentiam cibi et potus tepescit luxuria. — Secundo, assumitur ad hoc quod mens liberius elevetur ad sublimia contemplanda. Unde dicitur Dn 10,3sqq., quod post ieiunium trium hebdomadarum, revelationem accepit a Deo. — Tertio, ad

Artigo 1
O jejum é ato de virtude?

QUANTO AO PRIMEIRO ARTIGO, ASSIM SE PROCEDE: parece que o jejum **não** é ato de virtude.

1. Com efeito, todo ato de virtude é agradável a Deus. Ora, o jejum nem sempre agrada a Deus, segundo se lê no livro de Isaías: "De que nos serve jejuar, se tu não vês?". Logo, o jejum não é ato de virtude[a].

2. ALÉM DISSO, nenhum ato de virtude se afasta do meio-termo. Ora, o jejum dele se afasta, porque o que se assume como meio-termo na virtude da abstinência é o atendimento de uma necessidade natural e o jejum subtrai algo a essa necessidade. Ou então seria preciso admitir que quem não jejua não pratica a virtude da abstinência. Logo, o jejum não é ato de virtude.

3. ADEMAIS, o que, normalmente, convém a todos, tanto aos bons como aos maus, não é ato de virtude. Ora, o jejum é assim, pois todos, antes de comer, estamos em jejum. Logo, o jejum não é ato de virtude.

EM SENTIDO CONTRÁRIO, o jejum é citado entre os atos de virtudes em Paulo: "... Nos jejuns, no conhecimento, na castidade, etc."

RESPONDO. Tem-se um ato por virtuoso quando ele se ordena pela razão a um bem honesto. Ora, isso acontece com o jejum, porque é praticado por três fins principais. Primeiro, para conter as concupiscências da carne. Por isso, diz o Apóstolo "nos jejuns, na castidade", visto que pelo jejum se conserva a castidade; e Jerônimo diz que "sem Ceres e Baco, Vênus esfria", isto é, na abstinência de comida e bebida, a luxúria arrefece. — Em segundo lugar, jejua-se para elevar mais livremente a alma à contemplação de realidades sublimes. Por isso, está no livro de Daniel que ele, após o jejum de três semanas, recebeu revelação de Deus. — Enfim, para satisfazer pelos nossos

---

1 PARALL.: Supra, q. 88, a. 2, ad 3; IV *Sent.*, dist. 15, q. 3, a. 1, q.la 2; *De Perfect. Vit. Spirit.*, c. 9; *Quodlib.* V, q. 9, a. 2.

1. *Contra Iovin.*, l. II: ML 23, 310.

a. O lugar ocupado por esta questão sobre o jejum no tratado da temperança faz pensar naquele que ocupa a questão do martírio no tratado da fortaleza. Numa exposição doutrinal, onde a elaboração racional obedece a suas leis próprias, o autor se depara com uma peça-chave da espiritualidade cristã. O jejum, e o martírio, são temas caros aos Padres da Igreja, aos pregadores, aos autores eclesiásticos em geral. Cabe portanto a elaboração de uma "teologia do jejum", assim como de uma "teologia do martírio".

Sto. Tomás se desincumbe dessa tarefa apresentando-nos oito artigos que reúnem elementos bíblicos, filosóficos, mas igualmente canônicos. A Igreja legislou em matéria de jejum. Daí a extensão da questão e sua tonalidade cristã. Como sempre, a primeira objeção vai direto ao ponto. Como o jejum seria por si uma ato de virtude, uma vez que Deus exprimiu, pelos profetas, que o jejum podia ser-lhe odioso? Há jejum e jejum, é o que elucida o artigo 1.

satisfaciendum pro peccatis. Unde dicitur Il 2,12: *Convertimini ad me in toto corde vestro: in ieiunio et fletu et planctu.*
Et hoc est quod Augustinus dicit, in quodam sermone *de Orat. et Ieiun.*[2]: *Ieiunium purgat mentem, sublevat sensum, carnem spiritui subiicit, cor facit contritum et humiliatum, concupiscentiae nebulas dispergit, libidinum ardores extinguit, castatits vero lumen accendit.* Unde patet quod ieiunium est actus virtutis.

AD PRIMUM ergo dicendum quod contingit quod aliquis actus qui ex genere suo est virtuosus, ex aliquibus circumstantiis adiunctis redditur vitiosus. Unde ibidem dicitur: *Ecce in diebus ieiunii vestri invenitur voluntas vestra*; et paulo post v. 4 subditur: *Ad lites et contentiones ieiunatis, et percutitis pugno impie.* Quod exponens Gregorius, in *Pastorali*[3], dicit: *Voluntas ad laetitiam pertinet, pugnus ad iram. Incassum ergo per abstinentiam corpus atteritur, si inordinatis motibus dimissa mens vitiis dissipatur.* Et Augustinus, in praedicto sermone, dicit quod *ieiunium verbositatem non amat, divitias superfluitatem iudicat, superbiam spernit, humilitatem commendat, praestat homini seipsum intelligere, quod est infirmum et fragile.*

AD SECUNDUM dicendum quod medium virtutis non accipitur secundum quantitatem, sed *secundum rationem rectam*, ut dicitur in II *Ethic.*[4]. Ratio autem iudicat quod propter aliquam specialem causam aliquis homo minus sumat de cibo quam sibi competeret secundum statum communem: sicut propter infirmitatem vitandam, aut aliqua opera corporalia expeditius agenda. Et multo magis ratio recta hoc ordinat ad spiritualia mala vitanda et bona prosequenda. Non tamen ratio recta tantum de cibo subtrahit ut natura conservari non possit: quia, ut Hieronymus dicit, *non differt utrum magno vel parvo tempore te interimas*; et quod *de rapina holocaustum offert qui vel ciborum nimia egestate, vel manducandi vel somni penuria, immoderate corpus affligit.* Similiter etiam ratio recta non tantum de cibo subtrahit ut homo reddatur impotens ad debita opera peragenda: unde dicit Hieronymus[5] quod *rationalis homo dignitatem amittit qui ieiunium caritati, vel vigilias sensus integritati praefert.*

pecados. Daí estar escrito em Joel: "Voltai a mim de todo o vosso coração, com jejuns, prantos e lamentações".

Isso é o que Agostinho acentua num sermão: "O jejum purifica a alma, eleva os sentidos, submete a carne ao espírito, torna o coração contrito e humilhado, dissipa as névoas da concupiscência, extingue os ardores das paixões e acende a verdadeira luz da castidade". Portanto, o jejum é, evidentemente, ato de virtude.

QUANTO AO 1º, portanto, deve-se dizer que pode acontecer que um ato em si mesmo virtuoso se torne, eventualmente, vicioso, devido a certas circunstâncias. Por isso, na mesma passagem da Escritura se lê: "no dia do vosso jejum, encontra-se a vossa vontade", e logo depois: "jejuais, mas procurando contenda e disputa e golpeando maldosamente com o punho!". Comentando isso, diz Gregório: "A vontade aspira à alegria, mas o punho traz a ira. Por isso, em vão se mortifica o corpo através da abstinência, se o espírito, dominado por movimentos descomedidos, é destruído pelos vícios". E Agostinho diz no sermão citado: "O jejum não é amigo da verbosidade, considera supérfluas as riquezas, despreza a soberba, exalta a humildade e faz-nos descobrir em nós o que temos de enfermidade e fraqueza".

QUANTO AO 2º, deve-se dizer que o meio-termo da virtude não se baseia na quantidade, mas na "reta razão", como ensina o Filósofo. Ora, a razão aconselha que, por um motivo especial, alguém tome menos alimento do que deveria, em circunstâncias normais, para evitar, por exemplo, uma doença, ou para realizar mais facilmente certas atividades físicas. Mais ainda, a reta razão assim ordena para que evitemos os males espirituais e pratiquemos o bem. No entanto, a reta razão não nos deixa suprimir tanto alimento que ponha em risco a nossa subsistência, pois, como adverte Jerônimo, "não há diferença entre te destruires em pouco ou em muito tempo", e: "oferece em holocausto bens roubados quem castiga desmedidamente seu corpo, privando-o demais de alimento ou de sono". Do mesmo modo, a reta razão também não tira o alimento a ponto de tornar o homem incapacitado para cumprir o próprio dever. Por isso, diz Jerônimo que "o homem racional perde a dignidade, quando prefere o jejum à caridade ou as vigílias à plena posse do seu espírito".

---

2. Append. serm. 73, al. *de Temp.* 230, n. 1: ML 39, 1887.
3. P. III, c. 19, al. 1, admon. 20: ML 77, 82 C.
4. C. 6: 1107, a, 1-2.
5. Cfr. ibid.

AD TERTIUM dicendum quod ieiunium naturae, quo quis dicitur ieiunus antequam comedat, consistit in pura negatione. Unde non potest poni actus virtutis: sed solum illud ieiunium quo quis, ex rationabili proposito, a cibis aliqualiter abstinet. Unde primum dicitur *ieiunium ieiuni*: secundum vero *ieiunium ieiunantis*, quasi ex proposito aliquid agentis.

Articulus 2
Utrum ieiunium sit actus abstinentiae

AD SECUNDUM SIC PROCEDITUR. Videtur quod ieiunium non sit actus abstinentiae.

1. Quia super illud Mt 17,20, *Hoc genus daemoniorum* etc., dicit Hieronymus[1]: *Ieiunium est non solum ab escis, sed a cunctis illecebris abstinere*. Sed hoc pertinet ad omnem virtutem. Ergo ieiunium non est actus specialiter abstinentiae.

2. PRAETEREA, Gregorius dicit, in *Homilia Quadragesimae*[2], quod ieiunium quadragesimale est decima totius anni. Sed dare decimas est actus religionis, ut supra[3] habitum est. Ergo ieiunium est actus religionis, et non abstinentiae.

3. PRAETEREA, abstinentia est pars temperantiae, ut dictum est[4]. Temperantia autem contra fortitudinem dividitur, ad quam pertinet molestias sustinere: quod maxime videtur esse in ieiunio. Ergo ieiunium non est actus abstinentiae.

SED CONTRA est quod Isidorus dicit[5] quod *ieiunium est parsimonia victus, abstinentiaque ciborum*.

RESPONDEO dicendum quod eadem est materia habitus et actus. Unde omnis actus virtuosus qui est circa aliquam materiam, ad illam virtutem pertinet quae medium in illa materia constituit. Ieiunium autem attenditur in cibis, in quibus medium adinvenit abstinentia. Unde manifestum est quod ieiunium est abstinentiae actus.

AD PRIMUM ergo dicendum quod ieiunium proprie dictum consistit in abstinendo a cibis. Sed metaphorice dictum consistit in abstinendo a quibuslibet nocivis, quae maxime sunt peccata.

QUANTO AO 3º, deve-se dizer que o jejum natural em que estamos antes de comer é pura negação. Não pode, assim, ser considerado ato de virtude, como o é, unicamente, o jejum pelo qual alguém se priva de comer por um objetivo racional. Razão por que o primeiro se chama "jejum de quem está em jejum" e o segundo, "jejum de quem jejua", ou seja, de quem está agindo intencionalmente.

Artigo 2
O jejum é ato de abstinência?

QUANTO AO SEGUNDO, ASSIM SE PROCEDE: parece que o jejum **não** é ato de abstinência.

1. Com efeito, comentando o Evangelho de Mateus: "esta espécie de demônios...", diz Jerônimo que "jejuar não é só abstenção de comida, mas de todo prazer proibido". Ora, isso caracteriza todas as virtudes. Logo, o jejum não é ato da abstinência apenas.

2. ALÉM DISSO, segundo Gregório, o jejum quaresmal é o dízimo do ano inteiro. Ora, pagar o dízimo é um ato de religião, como acima se estabeleceu. Logo, o jejum é ato de religião e não de abstinência.

3. ADEMAIS, a abstinência é parte da temperança. Ora, a temperança distingue-se da fortaleza, à qual pertence suportar as dificuldades, o que parece se realizar particularmente no jejum. Logo, o jejum não é ato de abstinência.

EM SENTIDO CONTRÁRIO, diz Isidoro que "o jejum consiste em viver parcimoniosamente e em abster-se de comida".

RESPONDO. O ato e o hábito têm a mesma matéria. Por isso, todo ato virtuoso que tem determinada matéria, pertence à virtude que constitui o meio-termo nessa matéria. Ora, o jejum tem por matéria a comida, cujo meio-termo a abstinência estabelece. É evidente, portanto, que o jejum é um ato de abstinência.

QUANTO AO 1º, portanto, deve-se dizer que o jejum propriamente dito está em nos privarmos de alimentos. Metaforicamente, porém, consiste em nos abstermos de tudo o que é nocivo, como é, em grau máximo, o pecado.

---

2 PARALL.: Supra, q. 3, a. 1; IV *Sent.*, dist. 15, q. 3, a. 1, q.la 3.
  1. Glossa ordin. super Matth. 17, 20: ML 114, 145 BC.
  2. Hom. 16 *in Evang.*, n. 5: ML 76, 1137 C.
  3. Q. 85, Introd.
  4. Q. 143; q. 146, a. 1, ad 3.
  5. *Etymol.*, l. VI, c. 19, n. 65: ML 82, 258 A.

Vel potest dici quod etiam ieiunium proprie dictum est abstinentia ab omnibus illecebris: quia per quaelibet vitia adiuncta desinit esse actus virtuosus, ut dictum est[6].

AD SECUNDUM dicendum quod nihil prohibet actum unius virtutis pertinere ad aliam virtutem, secundum quod ad eius finem ordinatur, ut ex supra[7] dictis patet. Et secundum hoc, nihil prohibet ieiunium pertinere ad religionem vel ad castitatem, vel ad quamcumque aliam virtutem.

AD TERTIUM dicendum quod ad fortitudinem, secundum quod est specialis virtus, non pertinet perferre quascumque molestias, sed solum illas quae sunt circa pericula mortis. Sufferre autem molestias quae sunt ex defectu delectabilium tactus, pertinet ad temperantiam et ad partes eius. Et tales sunt molestiae ieiunii.

Pode-se dizer que o jejum propriamente dito também reside na abstenção de todos os prazeres ilícitos, porque, sobrevindo algum vício, deixa ele de ser ato de virtude, como já foi dito.

QUANTO AO 2º, deve-se dizer que nada impede que o ato de uma virtude pertença a outra, se ele estiver ordenado ao seu fim, como se deduz do anteriormente dito. E assim, não há dificuldade em admitir que o jejum pertence à religião, à castidade ou a qualquer outra virtude[b].

QUANTO AO 3º, deve-se dizer que à fortaleza, como virtude especial, não pertence suportar todo tipo de dificuldade, mas só as que envolvem risco de morte. Sofrer, porém, o mal-estar decorrente da falta dos prazeres sensíveis pertence à temperança e às suas partes. E esse é o sofrimento resultante do jejum.

ARTICULUS 3
Utrum ieiunium sit in praecepto

AD TERTIUM SIC PROCEDITUR. Videtur quod ieiunium non sit in praecepto.

1. Praecepta enim non dantur de operibus supererogationum, quae cadunt sub consilio. Sed ieiunium est opus supererogationis: alioquin, ubique et semper aequaliter esset observandum. Ergo ieiunium non cadit sub praecepto.

2. PRAETEREA, quicumque transgreditur praeceptum peccat mortaliter. Si ergo ieiunium esset in praecepto, omnes non ieiunantes mortaliter peccarent. Per quod videretur magnus laqueus hominibus esse iniectus.

3. PRAETEREA, Augustinus dicit, in libro *de Vera Relig.*[1], quod *ab ipsa Dei sapientia, homine assumpto, a quo in libertatem vocati sumus, pauca sacramenta saluberrima constituta sunt, quae societatem Christiani populi, hoc est sub uno Deo liberae multitudinis, continerent.* Sed non minus videtur libertas populi Christiani impediri per multitudinem observantiarum quam per mul-

ARTIGO 3
O jejum é objeto de preceito?

QUANTO AO TERCEIRO, ASSIM SE PROCEDE: parece que o jejum **não** é objeto de preceito.

1. Com efeito, não se impõem preceitos para obras supererrogatórias; apenas se dão conselhos. Ora, o jejum é obra supererrogatória; do contrário, deveria ser observado em todo e qualquer lugar, do mesmo modo. Logo, o jejum não é objeto de preceito.

2. ALÉM DISSO, quem transgride um preceito, peca mortalmente. Por isso, se o jejum fosse objeto de preceito, todos os que não jejuassem pecariam mortalmente, o que pareceria uma grande armadilha lançada contra os homens.

3. ADEMAIS, diz Agostinho que "a sabedoria divina, encarnada num homem que nos chamou à liberdade, instituiu um pequeno número de sacramentos extremamente salutares, para manter unido o povo cristão, ou seja, uma multidão livre sob um único Deus". Ora, a liberdade do povo cristão não pareceria menos travada pela multi-plicidade de preceitos do que pela multiplicidade

---

6. A. praec., ad 1.
7. Q. 32, a. 1, ad 2; q. 85, a. 3.

3 PARALL.: IV *Sent.*, dist. 15, q. 3, a. 1, q.la 4.

1. C. 17, n. 33: ML 34, 136.

b. O jejum não é essencialmente um ato de religião. Outras virtudes podem utilizá-lo para seus próprios fins. Mas é um fato que o jejum assume com facilidade um caráter religioso, tanto no cristianismo como em outras religiões. O fato de se abster de alimento não tem em si nenhuma relação evidente com a vida de fé, pode ser uma mera questão de temperança. Mas aquilo por que a teologia cristã se interessa prioritariamente é o jejum-ato-de-religião.

titudinem sacramentorum: dicit enim Augustinus, in libro *ad Inquisitiones Ianuarii*², quod *quidam ipsam religionem nostram, quam manifestissimis et paucissimis celebrationum sacramentis Dei misericordia voluit esse liberam, servilibus premunt oneribus*. Ergo videtur quod non debuit per Ecclesiam ieiunium sub praecepto institui.

SED CONTRA est quod Hieronymus, *ad Lucinum*³, dicit, de ieiuniis loquens: *Unaquaeque provincia abundet in suo sensu, et praecepta maiorum leges apostolicas arbitretur*. Ergo ieiunium est in praecepto.

RESPONDEO dicendum quod sicut ad saeculares principes pertinet praecepta legalia, iuris naturalis determinativa, tradere de his quae pertinent ad utilitatem communem in temporalibus rebus; ita etiam ad praelatos ecclesiasticos pertinet ea statutis praecipere quae ad utilitatem communem fidelium pertinent in spiritualibus bonis. Dictum est autem⁴ quod ieiunium utile est et ad delectionem et cohibitionem culpae, et ad elevationem mentis in spiritualia. Unusquisque autem ex naturali ratione tenetur tantum ieiuniis uti quantum sibi necessarium est ad praedicta. Et ideo ieiunium in communi cadit sub praecepto legis naturae. Sed determinatio temporis et modi ieiunandi secundum convenientiam et utilitatem populi Christiani, cadit sub praecepto iuris positivi quod est a praelatis Ecclesiae institutum. Et hoc est ieiunium Ecclesiae: aliud, naturae.

AD PRIMUM ergo dicendum quod ieiunium, secundum se consideratum, non nominat aliquid eligibile, sed quiddam poenale. Redditur autem eligibile secundum quod est utile ad finem aliquem. Et ideo, absolute consideratum, non est de necessitate praecepti: sed est de necessitate praecepti unicuique tali remedio indigenti. Et quia multitudo hominum ut plurimum indiget tali remedio, tum quia *in multis omnes offendimus*, ut dicitur Iac 3,2; tum etiam quia *caro concupiscit*

dos sacramentos^c, pois o mesmo Agostinho diz que "alguns oneram com encargos servis a nossa religião, que Deus, na sua misericórdia, quis que fosse livre, com a celebração de sacramentos muito visíveis e bem pouco numerosos". Logo, parece que o jejum não deveria ser objeto de preceito por parte da Igreja.

EM SENTIDO CONTRÁRIO, há o seguinte comentário de Jerônimo, a respeito do jejum: "Proceda cada província generosamente e observe os preceitos dos seus antepassados como leis apostólicas". Logo, o jejum pode ser objeto de preceito.

RESPONDO. Às autoridades públicas cabe estabelecer preceitos legais que fixem o direito natural sobre matéria do bem comum nas coisas temporais. Assim também aos prelados eclesiásticos pertence prescrever e legislar sobre o que serve ao bem comum dos fiéis na ordem espiritual. Ora, foi já explicado, que o jejum é útil para apagar e coibir nossas culpas e elevar nossa mente às coisas espirituais. Cada um, então, pela razão natural, está obrigado a jejuar tanto quanto for necessário para conseguir tal fim. Por isso, o jejum, na sua razão geral, inclui-se entre os preceitos da lei natural. Definir, porém, o tempo e o modo do jejum, segundo as conveniências e a utilidade do povo cristão, constitui preceito de direito positivo, instituído pelas autoridades eclesiásticas. Esse é o jejum da Igreja, diferente do natural.

QUANTO AO 1º, portanto, deve-se dizer que em si mesmo, o jejum não significa algo opcional, mas uma determinação penal, que se impõe à livre opção, se for útil para algum fim. Por isso, considerado de modo absoluto, não é de necessidade preceptiva, mas o é para quem precisa de tal remédio. E como esse é o caso da maioria dos homens, seja porque "todos pecamos muito", seja porque "a carne, em seus desejos, opõe-se ao Espírito", foi bom que a Igreja estatuísse a obser-

---

2. L. II, seu Epist. 55, al. 119, c. 19.
3. Epist. 71, al. 28, n. 6: ML 22, 672.
4. Art. 1.

c. O grave problema do cristianismo como lei de liberdade é relacionado aqui com os preceitos canônicos concernentes ao jejum. A posição de Sto. Tomás nesse domínio é equilibrada, acima das facilidades e dos rigores.
Ele não diviniza as medidas editadas por homens; ele estabelece bem a diferença entre direito natural e direito positivo, mesmo que este último seja eclesiástico. Ele não quer que a religião se transforme em servidão.
Mas o uso universal (conciliar) da Igreja não deve ser questionado. E por que o seria? Supõe-se que favoreça à liberdade do povo fiel, em lugar de entravá-la. Esse *a priori* benévolo, constante na obra de Sto. Tomás, implica que as autoridades eclesiásticas não caiam na armadilha de legislar cada vez mais em detrimento da lei de liberdade. É isso que seria preciso verificar, e sem *a priori*.
O pecado grave começa, para Sto. Tomás, onde existe desprezo pela autoridade legítima, ou se faz obstrução consciente ao fim por ela prosseguido.

adversus spiritum, ut dicitur Gl 5,17: conveniens fuit ut Ecclesia aliqua ieiunia statueret communiter ab omnibus observanda, non quasi praecepto subiiciens id quod simpliciter ad supererogationem pertinet, sed quasi in speciali determinans id quod est necessarium in communi.

AD SECUNDUM dicendum quod praecepta quae per modum communis statui proponuntur, non eodem modo obligant omnes, sed secundum quod requiritur ad finem quem legislator intendit. Cuius auctoritatem si aliquis transgrediendo statutum contemnat; vel hoc modo transgrediatur quod impediatur finis quem intendit: peccat mortaliter talis transgressor. Si autem ex aliqua rationabili causa quis statutum non servet, praecipue in casu in quo etiam, si legislator adesset, non decerneret esse servandum: talis transgressio non constituit peccatum mortale. Et inde est quod non omnes qui omnino non servant ieiunia Ecclesiae, mortaliter peccant.

AD TERTIUM dicendum quod Augustinus ibi loquitur de his *quae neque sanctarum Scripturarum auctoritatibus continentur, nec in conciliis episcoporum statuta inveniuntur, nec consuetudine universalis Ecclesiae roborata sunt.* Ieiunia vero quae sunt in praecepto, sunt in conciliis episcoporum statuta, et consuetudine universalis Ecclesiae roborata. Nec sunt contra libertatem populi fidelis: sed magis sunt utilia ad impediendum servitutem peccati, quae repugnat libertati spirituali; de qua dicitur, Gl 5,13: *Vos autem, fratres, in libertatem vocati estis: tantum, ne libertatem detis in occasionem carnis.*

vância geral de alguns jejuns, não para transformar em preceito o que, em si, é supererrogatório, mas para determinar, no particular, o que é, comumente, necessário.

QUANTO AO 2º, deve-se dizer que os preceitos impostos por lei geral não obrigam, igualmente, a todos, mas só enquanto necessários ao fim que o legislador tem em mente. Peca mortalmente quem, não guardando uma ordem, despreza a autoridade que a deu, ou se a transgride de maneira tal que impossibilite o fim visado pelo legislador. Mas se, por motivo razoável, alguém não respeitar o estabelecido, sobretudo no caso em que o próprio legislador, estando presente, julgasse não haver obrigação de cumpri-lo, tal transgressão não seria pecado grave. Por isso é que nem todos os que não observam os jejuns mandados pela Igreja pecam mortalmente.

QUANTO AO 3º, deve-se dizer que no lugar citado, Agostinho fala de coisas "que não estão nos textos da Sagrada Escritura, nem se encontram determinadas nos concílios episcopais, nem foram sancionadas pelo costume da Igreja universal". Ora, os jejuns de preceito foram estabelecidos nesses concílios e corroborados pelo costume de toda a Igreja. Além disso, não vão contra a liberdade dos fiéis; antes, servem para impedir a servidão do pecado, que contraria a liberdade espiritual, sobre a qual diz Paulo: "Vós, irmãos, é para a liberdade que fostes chamados. Contanto que esta liberdade não dê nenhuma oportunidade à carne!"

ARTICULUS 4

Utrum omnes ad ieiunia Ecclesiae teneantur

AD QUARTUM SIC PROCEDITUR. Videtur quod omnes ad ieiunia Ecclesiae teneantur.

1. Praecepta enim Ecclesiae obligant sicut Dei praecepta: secundum illud Lc 10,16: *Qui vos audit, me audit.* Sed ad praecepta Dei servanda omnes tenentur. Ergo similiter omnes tenentur ad servanda ieiunia quae sunt ad Ecclesiae instituta.

ARTIGO 4

Os jejuns prescritos pela Igreja obrigam a todos?[d]

QUANTO AO QUARTO, ASSIM SE PROCEDE: parece que todos **estão** obrigados aos jejuns prescritos pela Igreja.

1. Com efeito, os preceitos eclesiásticos obrigam como os mandamentos de Deus, segundo o Evangelho de Lucas: "Quem vos ouve a mim ouve". Ora, todos devem cumprir os mandamentos de Deus. Logo, todos devem, igualmente, observar os jejuns determinados pela Igreja.

---

4 PARALL.: IV *Sent.*, dist. 15, q. 3, a. 2.

d. Os artigos 4 e 5 são longos. Isso não se deve à importância doutrinal dos assuntos tratados, mas ao caráter casuístico de uma matéria canônica a qual, mais do que outras, resiste ao caráter sintético do espírito de Sto. Tomás. O fenômeno é constante na Suma teológica.

2. Praeterea, maxime videtur excusari pueri a ieiunio, propter aetatem. Sed pueri non excusantur: dicitur enim Il 2,15: *Sanctificate ieiunium,* et postea 16 sequitur: *Congregate parvulos et sugentes ubera.* Ergo multo magis omnes alii ad ieiunia tenentur.

3. Praeterea, spiritualia sunt temporalibus praeferenda, et necessaria non necessariis. Sed opera corporalia ordinantur ad lucrum temporale: peregrinatio etiam, etsi ad spiritualia ordinetur, non est necessitatis. Cum ergo ieiunium ordinetur ad spiritualem utilitatem, et necessitatem habeat ex statuto Ecclesiae, videtur quod non sint ieiunia Ecclesiae praetermittenda propter peregrinationem vel corporalia opera.

4. Praeterea, magis est aliquid faciendum ex propria voluntate quam ex necessitate: ut patet per Apostolum, 2Cor 9,7. Sed pauperes solent ex necessitate ieiunare, propter defectum alimentorum. Ergo multo magis debent ex propria voluntate ieiunare.

Sed contra, videtur quod nullus iustus teneatur ieiunare. Praecepta enim Ecclesiae non obligant contra doctrinam Christi. Sed Dominus dixit, Lc 5,34, quod *non possunt filii Sponsi ieiunare quandiu cum ipsis est Sponsus.* Et autem cum omnibus iustis, spiritualiter eos inhabitans: unde Dominus dicit, Mt 28,20: *Ecce, ego vobiscum sum usque ad consummationem saeculi.* Ergo iusti ex statuto Ecclesiae non obligantur ad ieiunandum.

Respondeo dicendum quod, sicut supra[1] dictum est, statuta communia proponuntur secundum quod multitudini conveniunt. Et ideo legislator in eis statuendis attendit id quod communiter et in pluribus accidit. Si quid autem ex speciali causa in aliquo inveniatur quod observantiae statuti repugnet, non intendit talem legislator ad statuti observantiam obligare. In quo tamen est distinctio adhibenda. Nam si causa sit evidens, per seipsum licite potest homo statuti observantiam praeterire: praesertim consuetudine interveniente; vel si non posset de facili recursus ad superiorem haberi. Si vero causa sit dubia, debet aliquis ad superiorem recurrere qui habet potestatem in talibus dispensandi. Et hoc est observandum in ieiuniis ab Ecclesia institutis, ad quae omnes communiter

2. Além disso, parece que as crianças, pela idade, estão, mais que ninguém, dispensados do jejum. Ora, as crianças, na realidade, não estão dispensadas, porque no livro de Joel se diz: "Santificai-vos pelo jejum". E, na sequência: "Reuni os adolescentes e as crianças de peito". Logo, todos os demais estão, com muito mais razão, obrigados ao jejum.

3. Ademais, o espiritual deve ser proferido ao temporal, e o necessário ao não necessário. Ora, as obras corporais visam ao lucro temporal, e uma peregrinação, mesmo que voltada ao bem espiritual, não é necessária. Por isso, dado que o jejum se ordena à utilidade espiritual e é necessário por disposição eclesiástica, parece que o jejum não deve ser omitido por causa de uma peregrinação ou de alguma obra material.

4. Ademais, deve-se agir antes por vontade própria do que por necessidade, como claramente diz o Apóstolo. Ora, os pobres, por falta de alimento, costumam jejuar por necessidade. Logo, com maior razão, devem jejuar por vontade própria.

Em sentido contrário, parece que nenhum justo é obrigado a jejuar, pois os preceitos da Igreja não obrigam de forma a contrariar a doutrina de Cristo, que no Evangelho de Lucas diz: "Acaso podem fazer jejuar os convidados às núpcias, enquanto o esposo está com eles?". Ora, ele está com todos os justos, neles habitando espiritualmente, conforme o Evangelho de Mateus: "Eu estou convosco todos os dias, até a consumação dos tempos". Logo, os justos, pelos preceitos da Igreja não estão obrigados a jejuar.

Respondo. Os preceitos comuns são estabelecidos para o bem da comunidade. Por isso, o legislador, ao decretá-los, leva em consideração o que se dá em geral e na maioria dos casos. Se, porém, por motivo especial, alguém tiver algum impedimento para observar o prescrito, a intenção do legislador não é obrigá-lo a obedecer. Entretanto, cumpre fazer uma distinção. Se o motivo for evidente, pode a pessoa, por si mesma, licitamente, deixar de cumprir a determinação, sobretudo se existir algum costume nesse sentido ou se não for possível recorrer com facilidade ao superior. Mas se o motivo for duvidoso, deve-se recorrer ao superior, que é quem pode dispensar em tais casos. Nos jejuns instituídos pela Igreja, o procedimento é este: todos estão, geralmente,

---
1. I-II, q. 96, a. 6.

obligantur, nisi in eis fuerit aliquod speciale impedimentum.

AD PRIMUM ergo dicendum quod praecepta Dei sunt praecepta iuris naturalis, quae secundum se sunt de necessitate salutis. Sed statuta Ecclesiae sunt de his quae non per se sunt de necessitate salutis, sed solum ex institutione Ecclesiae. Et ideo possunt esse aliqua impedimenta propter quae aliqui ad observanda ieiunia huiusmodi non tenentur.

AD SECUNDUM dicendum quod in pueris est maxime evidens causa non ieiunandi: tum propter debilitatem naturae, ex qua provenit quod indigent frequenti cibo, et non multo simul assumpto; tum etiam quia indigent multo nutrimento propter necessitatem augmenti, quod fit de residuo alimenti. Et ideo quandiu sunt in statu augmenti, quod est ut in pluribus usque ad finem tertii septennii, non tenentur ad ecclesiastica ieiunia observanda. Conveniens tamen est ut etiam in hoc tempore se ad ieiunandum exerceant, plus vel minus, secundum modum suae aetatis.

Quandoque tamen, magna tribulatione imminente, in signum poenitentiae arctioris, etiam pueris ieiunia indicuntur: sicut etiam de iumentis legitur Ion 3,7: *Homines et iumenta non gustent quidquam, nec aquam bibant.*

AD TERTIUM dicendum quod circa peregrinos et operarios distinguendum videtur. Quia si peregrinatio et operis labor commode differri possit aut diminui, absque detrimento corporalis salutis et exterioris status, qui requiritur ad conservationem corporalis vel spiritualis vitae, non sunt propter hoc Ecclesiae ieiunia praetermittenda. Si autem immineat necessitas statim peregrinandi et magnas diaetas faciendi; vel etiam multum laborandi, vel propter conservationem vitae corporalis, vel propter aliquid necessarium ad vitam spiritualem; et simul cum hoc non possunt Ecclesiae ieiunia observari: non obligatur homo ad ieiunandum; quia non videtur fuisse intentio Ecclesiae statuentis ieiunia, ut per hoc impediret alias pias et magis necessarias causas. Videtur tamen in talibus recurrendum esse ad superioris dispensationem: nisi forte ubi ita est consuetum; quia ex hoc ipso quod praelati dissimulant, videntur annuere.

AD QUARTUM dicendum quod pauperes qui possunt sufficienter habere quod eis sufficiat ad unam comestionem, non excusantur propter paupertatem a ieiuniis Ecclesiae. A quibus tamen excusari videntur illi qui frustatim eleemosynas

obrigados a eles, salvo se houver algum impedimento especial.

QUANTO AO 1º, portanto, deve-se dizer que os mandamentos de Deus são preceitos de direito natural, essencialmente necessários à salvação, ao passo que os preceitos da Igreja não são essencialmente necessários à salvação, senão só por disposição dela. Consequentemente, pode haver impedimentos que eximam algumas pessoas de observá-los.

QUANTO AO 2º, deve-se dizer que é de toda evidência que há razão para as crianças não jejuarem, quer pela debilidade de sua natureza que reclama alimentação frequente e não tomada em grande quantidade de uma vez só, quer também pela necessidade de muita comida para se desenvolverem. Por isso, enquanto estão em fase de crescimento, o que em geral acontece até os vinte e um anos, não estão obrigados a guardar os jejuns eclesiásticos. Mas é conveniente que, também, nesse período, se empenhem por jejuar, mais ou menos, de acordo com a sua idade.

Às vezes, porém, diante de uma calamidade iminente e em sinal de penitência mais profunda, o jejum é indicado até para as crianças como no livro de Jonas se lê a respeito dos animais: "Proíbe-se às pessoas e aos animais... comer seja o que for e a beber água".

QUANTO AO 3º, deve-se dizer que quanto aos peregrinos e trabalhadores, parece necessário distinguir. Se a peregrinação ou o trabalho puderem ser facilmente adiados ou diminuídos, sem detrimento da saúde corporal ou da situação exterior, indispensáveis à conservação da vida material e espiritual, então os jejuns prescritos pela Igreja não hão de ser postergados. Ao contrário, se houver necessidade urgente e imediata de peregrinar, de vencer grandes etapas ou de trabalhar muito, seja para conservar a vida corporal, seja por algo necessário à vida espiritual, sem que se possa observar, ao mesmo tempo, o jejum da Igreja, não há obrigação de jejuar. Ao estabelecer o jejum, não é intenção da Igreja impedir outras obras pias e mais necessárias. Mas, nesse caso, deve-se recorrer à dispensa pelo superior, a menos que exista um costume contrário, pois se a autoridade se cala, é lícito supor que consente.

QUANTO AO 4º, deve-se dizer que os pobres que podem ter meios suficientes para uma refeição não ficam, pela sua pobreza, dispensados do jejum eclesiástico. Parece, porém, que ficam dele dispensados os que vivem mendigando sem muito

mendicant, qui non possunt simul habere quod eis ad victum sufficiat.

AD QUINTUM dicendum quod illud verbum Domini tripliciter potest exponi. Uno modo, secundum Chrysostomum[2], qui dicit quod discipuli, qui *filii Sponsi* dicuntur, *adhuc imbecillius dispositi erant*, unde *vestimento veteri* comparantur: et ideo, in praesentia corporali Christi, erant magis fovendi in quadam dulcedine quam in austeritate ieiunii exercendi. Et secundum hoc, magis convenit ut cum imperfectis et novitiis in ieiuniis dispensetur quam cum antiquioribus et perfectis: ut patet in Glossa[3], super illud Ps 130,2, *Sicut ablactatus super matre sua*.

Alio modo potest dici, secundum Hieronymum[4], quod Dominus ibi loquitur de ieiunio veterum observantiarum. Unde per hoc significat Dominus quod Apostoli non erant in veteribus observantiis detinendi, quos oportebat gratiae novitate perfundi.

Tertio modo, secundum Augustinum[5], qui distinguit duplex ieiunium. Quorum unum pertinet ad *humilitatem tribulationis*. Et hoc non competit viris perfectis, qui dicuntur *filii Sponsi*: unde ubi Lucas dicit, *Non possunt filii Sponsi ieiunare*, Matthaeus dicit, *Non possunt filii Sponsi lugere*. — Aliud autem est quod pertinet ad *gaudium mentis in spiritualia suspensae*. Et tale ieiunium convenit perfectis.

resultado, e não podem ter ao mesmo tempo o suficiente ao próprio sustento.

QUANTO AO 5º, deve-se dizer que podem ser tomados em três sentidos aquelas palavras do Senhor. Um é o de Crisóstomo, entendendo que os discípulos, os chamados "amigos do esposo", por serem ainda de espírito fraco, são comparados a uma roupa velha e, por isso, enquanto Cristo convivia fisicamente com eles, deviam antes com certa suavidade e não com austeridade ser encorajados ao jejum. Dentro dessa interpretação, convém dispensar do jejum os imperfeitos e os iniciantes e não os mais velhos e perfeitos, como aparece claramente na Glosa, a propósito do versículo: "como uma criança carregada pela mãe".

Jerônimo dá outra explicação. Para ele, Jesus se refere aí ao jejum das antigas observâncias, ou seja, o Senhor quer dar a entender que os Apóstolos, revestidos logo mais com a novidade da graça, não deveriam ficar presos às regras antigas.

Num terceiro entendimento, Agostinho distingue dois jejuns: um é o da "humildade da tribulação", que não quadra com os perfeitos, os chamados "amigos do esposo", e por isso onde Lucas diz: "Não podem jejuar os amigos do esposo?" Mateus diz: "Os amigos do esposo não podem chorar"; outro jejum é "o da alegria da alma enlevada nas coisas espirituais" e esse convém aos perfeitos.

ARTICULUS 5

Utrum convenienter determinentur tempora ieiunii ecclesiastici

AD QUINTUM SIC PROCEDITUR. Videtur quod non determinentur convenienter tempora ieiunii ecclesiastici.

1. Christus enim legitur, Mt 4,1-2, statim post baptismum ieiunium inchoasse. Sed nos Christum imitari debemus: secundum illud 1Cor 4,16: *Imitatores mei estote, sicut et ego Christi*. Ergo et nos debemus ieiunium peragere statim post Epiphaniam, in qua baptismus Christi celebratur.

2. PRAETEREA, caeremonialia veteris legis non licet in nova lege observare. Sed ieiunia in

ARTIGO 5

Os tempos do jejum da Igreja estão convenientemente determinados?

QUANTO AO QUINTO, ASSIM SE PROCEDE: parece que os tempos do jejum da Igreja **não** estão convenientemente determinados.

1. Com efeito, lê-se no Evangelho de Mateus que Cristo começou a jejuar logo após o seu batismo. Ora, devemos imitá-lo, como diz Paulo: "Sede meus imitadores, como eu o sou de Cristo". Logo, também nós devemos praticar o jejum logo após a Epifania, comemoração do batismo de Jesus.

2. ALÉM DISSO, as celebrações rituais da antiga lei não devem ser observadas na lei nova. Ora,

---

2. Homil. 30, al. 31, *in Matth.*, n. 4: MG 57, 367.
3. Ordin.: ML 113, 1050 B; LOMBARDI: ML 191, 1172 C.
4. Cfr. BEDAM, *Comment. in Luc.*, l. II, c. 5: ML 92, 391 AB.
5. *De consensu Evangelist.*, l. II, c. 27, n. 63: ML 34, 1109.

5   PARALL.: III, q. 40, a. 2, ad 3; IV *Sent.*, dist. 15, q. 3, a. 3.

quibusdam determinatis mensibus pertinent ad solemnitates veteris legis: dicitur enim Zc 8,19: *Ieiunium quarti, et ieiunium quinti, et ieiunium septimi, et ieiunium decimi erit domui Iudae in gaudium et laetitiam, et in solemnitates praeclaras*. Ergo ieiunia specialium mensium, quae dicuntur *Quatuor Temporum*, inconvenienter in Ecclesia observantur.

3. PRAETEREA, secundum Augustinum, in libro *de Consensu Evang*.[1], sicut est ieiunium *afflictionis*, ita est ieiunium *exultationis*. Sed maxime exultatio spiritualis fidelibus imminet ex Christi resurrectione. Ergo in tempore Quinquagesimae, in quo Ecclesia solemnizat propter dominicam resurrectionem, in diebus dominicalibus, in quibus memoria resurrectionis agitur, debent aliqua ieiunia indici.

SED CONTRA est communis Ecclesiae consuetudo.

RESPONDEO dicendum quod, sicut supra[2] dictum est, ieiunium ad duo ordinatur: scilicet ad deletionem culpae, et ad elevationem mentis in superna. Et ideo illis temporibus specialiter fuerunt ieiunia indicenda in quibus oportebat homines a peccato purgari, et mentem fidelium elevari in Deum per devotionem. Quod quidem praecipue imminet ante Paschalem solemnitatem. In qua et culpae per baptismum relaxantur, qui solemniter in vigilia Paschae celebratur, quando recolitur dominica sepultura: quia *per baptismum consepelimur Christo in mortem*, ut dicitur Rm 6,4. In festo etiam Paschae maxime oportet mentem hominis per devotionem elevari ad aeternitatis gloriam, quam Christus resurgendo inchoavit. Et ideo immediate ante solemnitatem Paschalem Ecclesia statuit esse ieiunandum: et eadem ratione, in vigiliis praecipuarum festivitatum, in quibus praeparari nos oportet ad festa futura devote celebranda.

Similiter etiam consuetudo ecclesiastica habet ut in singulis quartis anni sacri ordines conferantur [in quibus signum, Dominus quatuor millia hominum de septem panibus satiavit, per quos significatur *annus novi Testamenti*, ut Hieronymus dicit ibidem[3]], ad quorum susceptionem oportet per ieiunium praeparari et eos qui ordinant, et illos qui ordinandi sunt, et etiam totum populum, pro cuius utilitate ordinantur. Unde et legitur, Lc 6,12, quod Dominus, ante discipulorum elec-

jejuar em determinados meses é cerimônia da lei antiga, como se vê no livro de Zacarias: "O jejum do quarto mês, o jejum do quinto, o jejum do sétimo e o jejum do décimo mês passarão a ser, para a casa de Judá, dias de júbilo, de regozijo e alegres festejos". Logo, os jejuns previstos em certos meses, os das quatro têmporas, não estão convenientemente estabelecidos pela Igreja.

3. ADEMAIS, segundo Agostinho, assim como há "o jejum da aflição", há também "o jejum da alegria". Ora, para os fiéis a alegria espiritual máxima é a que vem da ressurreição de Cristo. Logo, no tempo da quinquagésima, em que a Igreja celebra a ressurreição do Senhor, como também nos domingos, dias também em que se comemora a ressurreição, deve a Igreja ordenar algum jejum.

EM SENTIDO CONTRÁRIO, está o costume comum da Igreja.

RESPONDO. Presta-se o jejum a duas finalidades: expiar a culpa e elevar a mente às coisas divinas. Razão por que foi particularmente necessário estabelecer jejuns nas ocasiões em que os fiéis devem se purificar dos seus pecados e elevar a alma, devotamente, a Deus. Ora, isso é, sobremaneira indicado antes da solenidade da Páscoa, quando os pecados são perdoados pelo batismo, solenemente celebrado na vigília pascoal, em memória do sepultamento do Senhor, pois, pelo batismo, fomos sepultados com Cristo "em sua morte", como diz Paulo. Também na festa da Páscoa é de toda conveniência que a mente humana se eleve, pela devoção, até a glória da eternidade, que Jesus ressuscitado inaugurou. Por isso, decidiu a Igreja que se deve jejuar imediatamente antes da festa da Páscoa e, por igual razão, na vigília das principais festividades, afim de nos preparamos para celebrá-las piedosamente.

Costuma também a Igreja conferir ordens sacras nos quatro trimestres do ano, o que recorda a multiplicação por Jesus dos sete pães, para alimentar quatro mil homens, símbolo do "ano do Novo Testamento", segundo Jerônimo. E para receberem essas ordens é necessário que se preparem, com o jejum, os que ordenam, os que são ordenados e também todo o povo a cujo serviço se ordenam. Por isso, lê-se no Evangelho de Lucas que o Senhor, antes de escolher os discípulos, "foi

---

1. L. II, c. 27, n. 63: ML 34, 1109.
2. Art. 1, 3.
3. *Comment. in Marc.* (inter supposit. Hier.), super 8, 1: ML 30, 613 B.

tionem, *exivit in montem orare*: quod exponens Ambrosius, dicit[4]: *Quid te facere convenit cum vis aliquod officium pietatis adoriri, quando Christus, missurus Apostolos, prius oravit?*

Ratio autem numeri, quantum ad quadragesimale ieiunium, est triplex, secundum Gregorium[5]. Prima quidem, *quia virtus decalogi per libros quatuor sancti Evangelii impletur: denarius autem quater ductus in quadragenarium surgit.* — Vel *quia in hoc mortali corpore ex quatuor elementis subsistimus, per cuius voluntatem praeceptis Dominicis contraimus, quae per decalogum sunt accepta. Unde dignum est ut eandem carnem quaterdecies affligamus.* — Vel *quia ita offerre contendimus Deo decimas dierum. Dum enim per trecentos et sexaginta dies annus ducitur, nos autem per triginta sex dies affligimur*, qui sunt ieiunabiles in sex septimanis quadragesimae, *quasi anni nostri decimas Deo danus*. — Secundum autem Augustinum[6], additur quarta ratio. Nam Creator est Trinitas, Pater et Filius et Spiritus Sanctus. Creaturae vero invisibili debetur ternarius numerus: diligere enim iubemur Deum *ex toto corde, ex tota anima, ex tota mente*. Creaturae vero visibili debetur quaternarius: propter calidum et frigidum, humidum et siccum. Sic ergo per denarium significantur omnes res: qui si ducatur per quaternarium, qui competit corpori, per quod administratio geritur, quadragesimum numerum conficit.

Singula vero ieiunia quatuor temporum tribus diebus continentur, propter numerum mensium qui competit cuilibet tempori. — Vel propter numerum sacrorum ordinum, qui in his temporibus conferuntur.

AD PRIMUM ergo dicendum quod Christus baptismo non indiguit propter seipsum, sed ut nobis baptismum commendaret. Et ideo sibi non competebat ut ante baptismum suum ieiunaret, sed post baptismum, ut nos invitaret ad ieiunandum ante nostrum baptismum.

à montanha para orar". Ambrósio assim comenta esse passo: "O que há de fazer quando queres iniciar um ministério santo, se Cristo, para enviar os Apóstolos, primeiro orou?"

Quanto ao número de dias do jejum quaresmal, Gregório dá três justificativas. A primeira é que a força do Decálogo se completa com os quatro Evangelhos, e dez multiplicado por quatro dá quarenta. — A segunda é que "quatro elementos compõem o nosso corpo mortal, cujos prazeres nos incitam a transgredir os dez mandamentos do Senhor. Por isso, é justo que castiguemos essa mesma carne durante quarenta dias". — A terceira justificativa é que "nos esforçamos para oferecer, assim, a Deus a décima parte dos nossos dias, pois, como o ano tem trezentos e sessenta e cinco dias, nós nos mortificamos durante trinta e seis dias", que são os dias de jejum nas seis semanas da quaresma, "dando assim a Deus o dízimo do nosso ano". — Agostinho, porém, ajunta uma quarta razão[e]. O Criador é a Trindade, Pai, Filho e Espírito Santo. Mas, o número três convém à criatura espiritual, porque devemos amar a Deus "de todo coração, de toda a alma e de toda a mente". E o número quatro convém à criatura visível, por causa do quente e do frio, do úmido e do seco. Assim, o número dez significa tudo o que existe e se o multiplicarmos por quatro, correspondente ao corpo que pratica o jejum, obtemos o número quarenta.

Quanto ao jejum das quatro têmporas, dura três dias, devido ao número de meses que cada uma delas compreende, ou devido ao número das ordens sacras, conferidas nesses tempos.

QUANTO AO 1º, portanto, deve-se dizer que Cristo não precisou do batismo para si mesmo, mas para recomendá-lo a nós. Por isso, não precisava jejuar antes dele mas depois, a fim de nos convidar ao jejum, antes do nosso batismo.

---

4. L. V, n. 43: ML 15, 1648 A.
5. Homil. 16 *in Evang.*, n. 5: ML 76, 1137 AC.
6. *De Doctr. Christ.*, l. II, c. 16, n. 25: ML 34, 48.

e. Essa quarta razão, de Sto. Agostinho, é um tanto quanto cabalística, mas a matemática é bem simples.
A Trindade conta por três, como deve ser. A criatura espiritual também conta por três, e Sto. Tomás nos dá a razão disso. A criatura visível conta por quatro (frio e quente, úmido e seco). Todo o universo conta portanto por dez (3 + 3 + 4 = 10).
Por que multiplicar por quatro? Por causa do corpo encarregado da execução, diz Sto. Tomás, o que é bastante hermético. Talvez se deva compreender que é o corpo que deve jejuar, e que ele conta por quatro em virtude dos quatro elementos que o compõem. Talvez seja essa a intenção de Sto. Tomás. Mas, consultando o texto de Sto. Agostinho, constatamos que se tratava para este último da "revolução dos tempos", as quatro partes do dia (manhã, meio-dia, tarde e noite), assim como as quatro estações. Isso confere um sentido aceitável, mesmo que essa justificação de um jejum de quarenta dias nos pareça algo forçada.

AD SECUNDUM dicendum quod Ecclesia non servat ieiunia quatuor temporum nec omnino eisdem temporibus quibus Iudaei, nec etiam propter causas easdem. Illi enim ieiunabant in Iulio, qui est quartus mensis ab Aprili, quem primum habent: quia tunc Moyses, descendens de monte Sina, tabulas legis confregit; et iuxta Ieremiam, muri primum rupti sunt civitatis. In quinto autem mense, qui apud nos vocatur Augustus, cum propter exploratores seditio esset orta in populo, iussi sunt in montem non ascendere: et in hoc mense a Nabuchodonosor, et post a Tito[7], templum Hierosolymis est incensum. In septimo vero, qui appellatur October, Godolias occisus est, et reliquiae populi dissipatae. In decimo vero mense, qui apud nos Ianuarius dicitur, populus cum Ezechiele in captivitate positus, audivit templum esse subversum.

AD TERTIUM dicendum quod *ieiunium exultationis* ex instinctu Spiritus Sancti procedit, qui est Spiritus libertatis. Et ideo hoc ieiunium sub praecepto cadere non debet. Ieiunia ergo quae praecepto Ecclesiae instituuntur, sunt magis *ieiunia afflictionis*, quae non conveniunt in diebus laetitiae. Propter quod, non est ieiunium ab Ecclesia institutum in toto Paschali tempore, nec etiam in diebus dominicis. In quibus si quis ieiunaret, contra consuetudinem populi Christiani, quae, ut Augustinus dicit[8], *est pro lege habenda*; vel etiam ex aliquo errore, sicut Manichaei ieiunant quasi necessarium tale ieiunium arbitrantes, non essent a peccato immunes: quamvis ipsum ieiunium secundum se consideratum omni tempore sit laudabile, secundum quod Hieronymus dicit, *ad Lucinum*[9]: *Utinam omni tempore ieiunare possimus!*

QUANTO AO 2º, deve-se dizer que a Igreja, na verdade, não observa o jejum das quatro têmporas nos mesmos dias que os judeus, nem pelas mesmas razões[f]. Eles jejuavam em julho, quarto mês a partir de abril, que para eles era o primeiro mês, porque foi quando Moisés, descendo do monte Sinai, quebrou as tábuas da Lei, e quando, segundo Jeremias, se destruíram as primeiras muralhas de Jerusalém. Jejuavam também no quinto mês, o nosso agosto, mês em que, havendo uma sedição do povo, por causa dos que tinham ido reconhecer a terra prometida, foram os judeus proibidos de subir ao monte. Nesse mesmo mês, o templo de Jerusalém foi incendiado, primeiro por Nabucodonosor e depois por Tito. No sétimo mês, que chamamos de outubro, Godolias foi morto e o resto do povo dispersado. Enfim, no décimo mês, a que chamamos janeiro, o povo, lançado no cativeiro com Ezequiel, ficou sabendo que o templo havia sido destruído.

QUANTO AO 3º, deve-se dizer que "O jejum por alegria" é inspirado pelo Espírito Santo, que é Espírito de liberdade. Por isso, tal jejum não deve ser objeto de preceito. Os jejuns instituídos pela Igreja são antes "jejuns de aflição", impróprios para os dias de festa. Assim se explica porque não há jejum ordenado pela Igreja no tempo pascal nem nos domingos. E não estaria isento de pecado quem jejuasse nesses dias, contrariando o costume do povo cristão, que, conforme Agostinho, deve ser tido como lei; ou quem o fizesse por algum erro, como o praticam os maniqueus, que julgam necessário esse jejum. A bem da verdade, porém, o jejum, em si mesmo, é louvável em qualquer tempo, como escreve Jerônimo: "Oxalá pudéssemos jejuar sempre!"[g]

---

7. Cfr. FL. IOSEPHUM, *De bello iudaico*, l. VI, c. 2, § 9: ed. Thackeray-Marcus, t. III, p. 422.
8. Epist. 36, al. 86, *ad Casulan.*, c. 1, n. 2: ML 33, 136.
9. Epist. 71, al. 28, n. 6: ML 22, 672.

f. Pergunta-se com franqueza se basta que a Igreja não jejue ao mesmo tempo que os judeus e escolha suas datas segundo outros critérios para não pairar sobre ela nenhuma suspeita de judaísmo, algo de que a acusava o segundo objetante.

g. Jejuar, quando o costume da Igreja se opõe a isso, é portanto repreensível, a menos que se trate desses "jejuns de exultação", que escapam a todas as regras, dependendo apenas do Espírito.

Articulus 6
Utrum requiratur ad ieiunium quod homo semel tantum comedat

AD SEXTUM SIC PROCEDITUR. Videtur quod non requiratur ad ieiunium quod homo semel tantum comedat.

1. Ieiunium enim, ut dictum est[1], est actus virtutis abstinentiae: quae quidem non minus observat debitam quantitatem cibi quam comestionis numerum. Non autem taxatur ieiunantibus quantitas cibi. Ergo nec numerus comestionis taxari debet.

2. PRAETEREA, sicut homo nutritur cibo, ita et potu. Unde et potus ieiunium solvit: propter quod, post potum non possumus eucharistiam accipere. Sed non est prohibitum quin pluries bibamus, diversis horis diei. Ergo etiam non debet esse prohibitum ieiunantibus quin pluries comedant.

3. PRAETEREA, electuaria quidam cibi sunt. Quae tamen a multis in diebus ieiunii post comestionem sumuntur. Ergo unitas comestionis non est de ratione ieiunii.

SED IN CONTRARIUM est communis consuetudo populi Christiani.

RESPONDEO dicendum quod ieiunium ab Ecclesia instituitur ad concupiscentiam refrenandam, ita tamen quod natura salvetur. Ad hoc autem sufficere videtur unica comestio, per quam homo potest et naturae satisfacere, et tamen concupiscentiae aliquid detrahit, diminuendo comestionum vices. Et ideo Ecclesiae moderatione statutum est ut semel in die a ieiunantibus comedatur.

AD PRIMUM ergo dicendum quod quantitas cibi non potuit eadem omnibus taxari, propter diversas corporum complexiones, ex quibus contingit quod unus maiori, alter minori indiget cibo. Sed ut plurimum omnes possunt naturae satisfacere per unicam comestionem.

AD SECUNDUM dicendum quod duplex est ieiunium. Unum quidem naturae, quod requiritur ad eucharistiae sumptionem. Et hoc solvitur per quemlibet potum, etiam aquae: post quem non licet eucharistiam sumere.

Est autem aliud ieiunium Ecclesiae, quod dicitur ieiunium *ieiunantis*. Et istud non solvitur nisi per ea quae Ecclesia interdicere intendit ins-

Artigo 6
O jejum exige que se coma uma só vez?

QUANTO AO SEXTO, ASSIM SE PROCEDE: parece que o jejum **não** exige que se coma uma só vez.

1. Com efeito, o jejum é um ato da virtude da abstinência, que leva em conta tanto a devida quantidade de alimento como o número de refeições. Ora, a quantidade de comida não é fixada para os que jejuam. Logo, o número de refeições também não deve ser fixado.

2. ALÉM DISSO, nós nos nutrimos tanto de comida como de bebida e, por isso, esta quebra também o jejum. Daí a proibição de receber a Eucaristia, depois de termos bebido. Ora, não é proibido beber várias vezes ao dia. Logo, também não se há de proibir que se façam várias refeições, quando se jejua.

3. ADEMAIS, remédios há que servem também de alimento e muitos os tomam, em dias de jejum, após a refeição. Logo, a refeição única não é essencial ao jejum.

EM SENTIDO CONTRÁRIO, está o costume geral do povo cristão.

RESPONDO. A Igreja instituiu o jejum para refrear a concupiscência, mas salvaguardando a natureza. Para tanto, parece suficiente uma única refeição. Com ela, pode o homem, a um só tempo, satisfazer à natureza e reduzir a concupiscência, diminuindo o número de refeições. Sabidamente, pois, a Igreja decidiu que os jejuadores comam uma só vez.

QUANTO AO 1º, portanto, deve-se dizer que a quantidade de comida não pode ser definida igualmente para todos, porque são diferentes os organismos: uns precisam de mais alimento; outros, de menos. Mas, como norma geral, todos podem satisfazer à natureza, comendo uma só vez ao dia.

QUANTO AO 2º, deve-se dizer que há duas espécies de jejum: o jejum natural, exigido na recepção da Eucaristia e quebrado por qualquer quantidade de líquido, de modo que, tendo bebido, não se pode mais comungar; e o jejum da Igreja, o chamado "jejum de quem jejua", que se quebra só com aquilo que a Igreja teve a intenção de proibir ao instituí-lo. Ora, ela não quer proibir o uso da

---

6 PARALL.: IV *Sent.*, dist. 8, q. 1, a. 4, q.la 2, ad 2; dist. 15, q. 3, a. 4, q.la 1.

1. Art. 2.

tituendo ieiunium. Non autem intendit Ecclesia interdicere abstinentiam potus, qui magis sumitur ad alterationem corporis et digestionem ciborum assumptorum quam ad nutritionem, licet aliquo modo nutriat. Et ideo licet pluries ieiunantibus bibere. — Si autem quis immoderate potu utatur, potest peccare et meritum ieiunii perdere: sicut etiam si immoderate cibum in una comestione assumat.

Ad tertium dicendum quod electuaria, etsi aliquo modo nutriant, non tamen principaliter assumuntur ad nutrimentum, sed ad digestionem ciborum. Unde non solvunt ieiunium, sicut nec aliarum medicinarum assumptio: nisi forte aliquis in fraudem electuaria in magna quantitate assumat per modum cibi.

bebida, que tomamos mais para alterar as disposições do nosso corpo e facilitar a digestão dos alimentos ingeridos, do que para nos nutrirmos, ainda que também, de alguma forma, alimente. Por isso, é lícito aos que jejuam beber mais vezes. — Mas quem o fizer exageradamente, pode pecar e perder o mérito do jejum, como também o perderia se comesse demais numa só refeição.

Quanto ao 3º, deve-se dizer que esses medicamentos, ainda que nutritivos, não são tomados precisamente como alimentos, mas para ajudar a digestão. Por isso, não quebram o jejum, como aliás os outros remédios também não, a menos que se tomem em grande quantidade, maliciosamente, como se fossem alimento.

Articulus 7
Utrum hora nona convenienter taxetur ad comedendum, his qui ieiunant

Ad septimum sic proceditur. Videtur quod hora nona non convenienter taxetur ad comedendum, his qui ieiunant.

1. Status enim novi Testamenti est perfectior quam status veteris Testamenti. Sed in veteri Testamento ieiunabant usque ad vesperam: dicitur enim Lv 23,32: *Sabbatum est: affligetis animas vestras*; et postea sequitur: *A vespere usque ad vesperam celebrabitis sabbata vestra*. Ergo multo magis in novo Testamento ieiunium debet indici usque ad vesperam.

2. Praeterea, ieiunium ab Ecclesia institutum omnibus imponitur. Sed non omnes possunt determinate cognoscere horam nonam. Ergo videtur quod taxatio horae nonae non debeat cadere sub statuto ieiunii.

3. Praeterea, ieiunium est actus virtutis abstinentiae, ut supra[1] dictum est. Sed virtus moralis non eodem modo accipit medium quoad omnes: quia *quod est multum uni, est parum alteri*, ut dicitur in II *Ethic.*[2]. Ergo non debet ieiunantibus taxari hora nona.

Sed contra est quod Concilium Cabillonense dicit[3]: *In quadragesima nullatenus credendi sunt ieiunare qui ante manducaverint quam vespertinum celebretur officium*, quod quadragesimali

Artigo 7
A hora nona para a refeição de quem jejua está convenientemente fixada?

Quanto ao sétimo, assim se procede: parece que **não** é convenientemente fixada a hora nona para a refeição de quem jejua.

1. Com efeito, o regime de vida no Novo Testamento é mais perfeito que o do Antigo. Ora, no Velho Testamento, o jejum ia até a tarde, como se lê no livro do Levítico: "É sábado: mortificareis vossas almas" Em seguida diz: "Celebrareis vossos sábados da tarde até à tarde". Logo, com muito mais razão, o jejum, no Novo Testamento, deve ser prescrito até a tarde.

2. Além disso, o jejum criado pela Igreja a todos obriga. Ora, nem todos podem saber, com precisão, a hora nona. Logo, parece que a fixação da hora nona não deveria constar desse preceito.

3. Ademais, o jejum é um ato de virtude de abstinência. Ora, a virtude moral não determina o meio-termo, da mesma maneira, para todos, porque, diz o Filósofo: "o que é muito para um, é pouco para outro". Logo, não se deve impor a hora nona aos que jejuam.

Em sentido contrário, o Concílio de Calcedônia declara: "Na quaresma, não se considera, de modo algum, como tendo jejuado, quem comer antes da celebração do ofício vespertino", que

---

7 Parall.: IV *Sent.*, dist. 15, q. 3, a. 3, q.la 3.
1. Art. 2.
2. C. 5: 1106, a, 36 — b, 7.
3. Vide Theodulphum Aurelian., *Capitulare*, c. 39: ed. Mansi, t. XIII, p. 1005.

tempore post nonam dicitur. Ergo usque ad nonam est ieiunandum.

RESPONDEO dicendum quod, sicut dictum est[4], ieiunium ordinatur ad deletionem et cohibitionem culpae. Unde oportet quod aliquid addat supra communem consuetudinem: ita tamen quod per hoc non multum natura gravetur. Est autem debita et communis consuetudo comedendi hominibus circa horam sextam: tum quia iam videtur esse completa digestio, nocturno tempore naturali calore interius revocato propter frigus noctis circumstans, et diffusio humoris per membra, cooperante ad hoc calore diei usque ad summum solis ascensum; tum etiam quia tunc praecipue natura corporis humani indiget iuvari contra exteriorem aeris calorem, nec humores interius adurantur. Et ideo, ut ieiunans aliquam afflictionem sentiat pro culpae satisfactione, conveniens hora comedendi taxatur ieiunantibus circa nonam.

Convenit etiam ista hora mysterio passionis Christi, quae completa fuit hora nona, quando, *inclinato capite, tradidit spiritum*. Ieiunantes enim, dum suam carnem affligunt, passioni Christi conformantur: secundum illud Gl 5,24: *Qui Christi sunt, carnem suam crucifixerunt, cum vitiis et concupiscentiis*.

AD PRIMUM ergo dicendum quod status veteris Testamenti comparatur nocti, status vero novi Testamenti diei: secundum illud Rm 13,12: *Nox praecessit, dies autem appropinquavit*. Et ideo in veteri Testamento ieiunabant usque ad noctem: non autem in novo Testamento.

AD SECUNDUM dicendum quod ad ieiunium requiritur hora determinata non secundum subtilem examinationem, sed secundum grossam aestimationem: sufficit enim quod sit circa horam nonam. Et hoc de facili quilibet cognoscere potest.

AD TERTIUM dicendum quod modicum augmentum, vel etiam modicus defectus, non multum potest nocere. Non est autem magnum temporis spatium quod est ab hora sexta, in qua communiter homines comedere consueverunt, usque ad horam nonam, quae ieiunantibus determinatur. Et ideo talis taxatio temporis non multum potest alicui nocere, cuiuscumque conditionis existat. Vel, si forte propter infirmitatem vel aetatem aut aliquid huiusmodi, hoc eis in magnum gravamen cederet, esset cum eis in ieiunio dispensandum, vel ut aliquantulum praevenirent horam.

acontece, no tempo quaresmal, depois da hora nona. Logo, deve-se jejuar até essa hora

RESPONDO. A finalidade do jejum é expiar e prevenir a culpa. É preciso, então, que acrescente alguma coisa ao costume geral, mas sem forçar demais a natureza. Pois bem, o costume geral e normal é que se coma na hora sexta. E isso porque parece já estar completa a digestão, com o calor natural, durante a noite, concentrado interiormente pelo frio da noite e a difusão do humor pelos membros, com a ajuda do calor do dia, até que o sol fique a pino. Ou também porque a natureza do organismo carece, sobretudo, de ser auxiliada contra o calor externo do ar, para evitar que os humores internos se ressequem. E assim, para que, ao jejuar, se sinta algum desconforto em expiação do pecado, é que se fixou a hora nona como a hora de comer.

Essa hora é coerente com da paixão de Cristo, que se consumou na hora nona, quando, "inclinando a cabeça, entregou o espírito", pois os que jejuam, mortificando a carne, conformam-se à paixão de Jesus, como se diz na Carta aos Gálatas: "Os que pertencem ao Cristo crucificaram a carne com suas paixões e desejos".

QUANTO AO 1º, portanto, deve-se dizer que o regime do Antigo Testamento é comparado com a noite e o do Novo, com o dia, conforme se diz na Carta aos Romanos: "A noite vai adiantada, o dia está bem próximo". Por isso, no Antigo Testamento se jejuava até a noite, mas não se age assim no Novo.

QUANTO AO 2º, deve-se dizer que para o jejum não se exige uma hora rigorosamente exata, mas aproximada, ou seja, por volta da hora nona. E isso qualquer pessoa é capaz de saber.

QUANTO AO 3º, deve-se dizer que um pequeno aumento ou uma pequena diminuição não podem prejudicar muito. Assim, não é grande o espaço de tempo entre a hora sexta, quando, geralmente, todos costumam comer, e a hora nona, prescrito para o jejum. Por isso, esse tempo pré-fixado não pode prejudicar ninguém, seja qual for a sua condição. Se, porém, por doença, idade ou qualquer outra razão, isso trouxesse grave inconveniente, estariam dispensados do jejum ou poderiam adiantar um pouco a hora da refeição.

---

4. Art. 1, 3.

Articulus 8
Utrum convenienter ieiunantibus indicetur abstinentia a carnibus et ovis et lacticiniis

AD OCTAVUM SIC PROCEDITUR. Videtur quod inconvenienter ieiunantibus indicatur abstinentia a carnibus et ovis et lacticiniis.

1. Dictum est enim supra[1] quod ieiunium est institutum ad concupiscentias carnis refrenandas. Sed magis concupiscentiam provocat potus vini quam esus carnium: secundum illud Pr 20,1: *Luxuriosa res est vinum*; et Eph 5,18: *Nolite inebriari vino, in quo est luxuria*. Cum ergo non interdicatur ieiunantibus potus vini, videtur quod non debeat interdici esus carnium.

2. PRAETEREA, aliqui pisces ita delectabiliter comeduntur sicut quaedam animalium carnes. Sed concupiscentia est *appetitus delectabilis*, ut supra[2] habitum est. Ergo in ieiunio, quod est institutum ad concupiscentiam refrenandam, sicut non interdicitur usus piscium, ita non debet interdici usus carnium.

3. PRAETEREA, in quibusdam ieiuniorum diebus aliqui ovis et caseo utuntur. Ergo, pari ratione, in ieiunio quadragesimali talibus homo uti potest.

SED CONTRA est communis fidelium consuetudo.

RESPONDEO dicendum quod, sicut supra[3] dictum est, ieiunium ab Ecclesia est institutum ad reprimendas concupiscentias carnis. Quae quidem sunt delectabilium secundum tactum, quae consistunt in cibis et venereis. Et ideo illos cibos Ecclesia ieiunantibus interdixit qui et in comedendo maxime habent delectationem, et iterum maxime hominem ad venerea provocant. Huiusmodi autem sunt carnes animalium in terra quiescentium et respirantium, et quae ex eis procedunt, sicut lacticinia ex gressibilibus, et ova ex avibus. Quia enim huiusmodi magis conformantur humano corpori, plus delectant et magis conferunt ad humani corporis nutrimentum: et sic ex eorum comestione plus superfluit ut vertatur in materiam seminis, cuius multiplicatio est maximum incitamentum luxuriae. Et ideo ab his cibis praecipue ieiunantibus Ecclesia statuit esse abstinendum.

Artigo 8
A abstinência de carne, ovos e laticínios para os que jejuam está convenientemente indicada?

QUANTO AO OITAVO, ASSIM SE PROCEDE: parece que **não** é conveniente indicar para os que jejuam a abstinência de carne, ovos e laticínios.

1. Com efeito, já vimos que o jejum foi instituído para reprimir a concupiscência da carne. Ora, beber vinho excita mais a concupiscência que comer carne, consoante aquilo da Escritura: "O vinho é uma coisa luxuriosa" e: "Não vos embriagueis com o vinho, no qual está a luxúria". Logo, como não se proíbe o vinho aos que jejuam, parece que tampouco se há de proibir comer carne.

2. ALÉM DISSO, comem-se certos tipos de peixe com tanto gosto como algumas carnes. Ora, a concupiscência é "o apetite do deleitável". Logo, no jejum, instituído para moderar a concupiscência, assim como não é proibido comer peixe, assim também não se deve proibir comer carne.

3. ADEMAIS, em certos dias de jejum, há quem faça uso de ovos e de queijo. Logo, pode-se, igualmente, se servir deles no jejum quaresmal.

EM SENTIDO CONTRÁRIO, há o costume generalizado dos fiéis.

RESPONDO. O jejum foi estabelecido pela Igreja para reprimir as concupiscências da carne, cujo objeto são os prazeres sensíveis da mesa e das relações sexuais. Por isso, ela proibiu, com o jejum, tanto os alimentos que produzem o prazer máximo como os que mais incitam ao prazer sexual. Ora, tais são as carnes dos animais que vivem e respiram sobre a terra e os derivados deles, como os laticínios, que provêm dos quadrúpedes, e os ovos, que provêm das aves. Com efeito, como esses alimentos são os melhores assimilados pelo corpo humano, agradam-lhe mais e contribuem mais à sua nutrição. Assim, o seu consumo produz mais sobra, que se transforma em matéria seminal, cujo aumento é um estímulo máximo à luxúria. É por isso que a Igreja estabeleceu que devem se abster desses alimentos especialmente os que jejuam.

---

8 PARALL.: IV *Sent*., dist. 15, q. 3, a. 4, q.la 2.

1. Art. 6.
2. I-II, q. 30, a. 1.
3. Cfr. 1 a.

AD PRIMUM ergo dicendum quod ad actum generationis tria concurrunt: scilicet calor, spiritus et humor. Ad calorem quidem maxime cooperatur vinum, et alia calefacientia corpus; ad spiritus autem videntur cooperari inflativa; sed ad humorem maxime cooperatur usus carnium ex quibus multum de alimento generatur. Alteratio autem caloris et multiplicatio spirituum cito transit, sed substantia humoris diu manet. Et ideo magis interdicitur ieiunantibus usus carnium quam vini, vel leguminum, quae sunt inflativa.

AD SECUNDUM dicendum quod Ecclesia, ieiunium instituens, intendit ad id quod communius accidit. Esus autem carnium est magis delectabilis communiter quam esus piscium: quamvis in quibusdam aliter se habeat. Et ideo Ecclesia magis ieiunantibus prohibuit esum carnium quam esum piscium.

AD TERTIUM dicendum quod ova et lacticinia ieiunantibus interdicuntur inquantum sunt animalibus exorta carnes habentibus. Unde principalius interdicuntur quam ova vel lacticinia. Similiter etiam inter alia ieiunia, solemnius est quadragesimale ieiunium: tum quia observatur ad imitationem Christi; tum etiam quia per ipsum disponimur ad redemptionis nostrae mysteria devote celebranda. Et ideo in quolibet ieiunio interdicitur esus carnium: in ieiuno autem quadragesimali interdicuntur universaliter etiam ova et lacticinia. Circa quorum abstinentiam in aliis ieiuniis diversae consuetudines existunt apud diversos, quas quisque observare debet, secundum morem eorum inter quos conversatur. Unde Hieronymus dicit[4], de ieiuniis loquens: *Unaquaeque provincia abundet in suo sensu, et praecepta maiorum leges Apostolicas arbitretur.*

QUANTO AO 1º, portanto, deve-se dizer que ao ato da geração concorrem três fatores: o calor, o elemento gasoso e o elemento líquido. À produção do calor influem, sobretudo, o vinho e outros elementos que aquecem o corpo; para produzir o elemento gasoso parece contribuir o que provoca dilatação; mas à produção do elemento líquido coopera, principalmente, o consumo da carne, dotada de alto poder nutritivo. Ora, a alteração do calor e a abundância do elemento gasoso passam rapidamente, enquanto que a substância do elemento líquido permanece por longo tempo. Por isso, proíbe-se a quem jejua o uso de carnes mais do que o do vinho ou dos legumes, que são inflatórios[h].

QUANTO AO 2º, deve-se dizer que ao instituir o jejum, a Igreja se ateve ao que mais comumente acontece. Ora, a carne é, em geral, alimento mais agradável que o peixe, embora certas pessoas achem o contrário. Por isso, a Igreja proíbe aos que jejuam antes comer carne do que peixe.

QUANTO AO 3º, deve-se dizer que os ovos e os laticínios são proibidos a quem jejua, porque procedem de animais que têm carne. Com maior razão, pois, a própria carne é proibida. Do mesmo modo, dentre os jejuns, o mais solene é o quaresmal, porque é respeitado por imitação de Cristo e porque nos prepara à celebração piedosa dos mistérios da nossa redenção. Por isso, em qualquer jejum, é proibido comer carne, mas no quaresmal são universalmente proibidos também os ovos e os laticínios. No que concerne à abstinência de ovos e laticínios, os costumes, nos outros jejuns, variam conforme os lugares. Cabe a cada um observá-los, de acordo com o ambiente em que está. Por isso, Jerônimo, falando dos jejuns, diz: "Proceda cada província generosamente e observe os preceitos dos seus antepassados, como leis apostólicas".

---

4. Epist. 71, al. 28, *ad Lucinium*, n. 6: ML 22, 672.

h. Sto. Tomás lança mão de uma fisiologia medieval. Podemos pensar, a partir de nossa experiência, que em matéria de luxúria, o uso do vinho apresenta pelo menos tantos inconvenientes quanto o da carne, dos ovos... ou dos derivados de leite! Mas como sempre nosso teólogo justifica, sem questionar, o uso da Igreja.

QUAESTIO CXLVIII
DE GULA
in sex articulos divisa
Deinde considerandum est de gula.
Et circa hoc quaeruntur sex.
Primo: utrum gula sit peccatum.
Secundo: utrum sit peccatum mortale.

QUESTÃO 148
A GULA
em seis artigos
Em seguida, deve-se tratar da gula.
A esse respeito, seis questões:
1. A gula é um pecado?
2. É pecado mortal?

Tertio: utrum sit maximum peccatorum.
Quarto: de speciebus eius.
Quinto: utrum sit vitium capitale.
Sexto: de filiabus eius.

Articulus 1
Utrum gula sit peccatum

AD PRIMUM SIC PROCEDITUR. Videtur quod gula non sit peccatum.
1. Dicit enim Dominus, Mt 15,11: *Quod intrat in os, non coinquinat hominem.* Sed gula est circa cibos, qui intrant in hominem. Cum ergo omne peccatum coinquinet hominem, videtur quod gula non sit peccatum.

2. PRAETEREA, *nullus peccat in eo quod vitare non potest.* Sed gula consistit in immoderantia cibi, quam non potest homo vitare: dicit enim Gregorius, XXX *Moral.*[1]: *Quia per esum voluptas necessitati miscetur, quid necessitas petat, et quid voluptas suppetat, ignoratur*; et Augustinus dicit, X *Confess.*[2]: *Quis est, Domine, qui aliquantulum extra metas necessitatis cibum non sumit?* Ergo gula non est peccatum.

3. PRAETEREA, in quolibet genere peccati primus motus est peccatum. Sed primus motus sumendi cibum non est peccatum: alioquin fames et sitis essent peccata. Ergo gula non est peccatum.

SED CONTRA est quod Gregorius dicit, XXX *Moral.*[3], quod *ad conflictum spiritualis agonis non assurgitur, si non prius intra nosmetipsos hostis positus, gulae videlicet appetitus, edomatur.* Sed interior hostis hominis est peccatum. Ergo gula est peccatum.

RESPONDEO dicendum quod gula non nominat quemlibet appetitum edendi et bibendi, sed inordinatum. Dicitur autem appetitus inordinatus ex eo quod recedit ab ordine rationis, in quo bonum virtutis moralis consistit. Ex hoc autem dicitur aliquid esse peccatum quod virtuti contrariatur. Unde manifestum est quod gula est peccatum.

Artigo 1
A gula é um pecado?[a]

QUANTO AO PRIMEIRO ARTIGO, ASSIM SE PROCEDE: parece que a gula **não** é um pecado.
1. Com efeito, diz o Senhor no Evangelho de Mateus: "Não é o que entra na boca que torna o homem impuro". Ora, a gula tem por objeto os alimentos que nos entram pela boca. Logo, como todo pecado mancha o homem, parece que a gula não é pecado.

2. ALÉM DISSO, "ninguém peca em coisas que não pode evitar". Ora, a gula é uma falta de moderação no comer, que o homem não pode evitar, pois Gregório diz: "No comer, está o prazer tão mesclado à necessidade, que não se sabe o que a necessidade pede e o que o prazer sugere". E Agostinho pergunta: "Quem há, Senhor, que não coma um pouco mais do que o necessário?". Logo, a gula não é pecado.

3. ADEMAIS, em todo gênero de pecado, o primeiro movimento é um pecado. Ora, o primeiro movimento que nos leva a tomar a comida não é pecado; do contrário, a fome e a sede seriam também pecado. Logo, a gula não é pecado.

EM SENTIDO CONTRÁRIO, Gregório recomenda que "não nos entreguemos ao combate espiritual sem antes domarmos o inimigo interior, que é o apetite da gula". Ora, o nosso inimigo interior é o pecado. Logo, a gula é pecado.

RESPONDO. Não é gula todo e qualquer desejo de comer e de beber, senão o desejo desordenado. Ora, diz-se que é desordenado um desejo, quando se afasta da ordem racional, na qual consiste o bem da virtude moral. Por isso, chama-se pecado o que se opõe à virtude. É claro, portanto, que a gula é pecado.

---

1 PARALL.: *De Malo*, q. 14, a. 1.

1. C. 18, al. 14, in vet. 28, n. 62: ML 76, 558 B.
2. C. 31, n. 47: ML 32, 799.
3. C. 18, al. 13, in vet. 26.

a. A gulodice é um hábito definido e bem delimitado por seu objeto. É conhecida, faz parte do repertório e não é preciso ser filósofo para notá-la. Nenhuma dificuldade do latim à nossa língua. Pertence ao catálogo dos vícios tão claramente quanto a abstinência ao catálogo das virtudes.

AD PRIMUM ergo dicendum quod id quod intrat in hominem per modum cibi, secundum suam substantiam et naturam, non coinquinat hominem spiritualiter: sed Iudaei, contra quos Dominus loquitur, et Manichaei opinabantur quod aliqui cibi immundos facerent, non propter figuram, sed secundum propriam naturam. Inordinata tamen ciborum concupiscentia hominem spiritualiter coinquinat.

AD SECUNDUM dicendum quod, sicut dictum est[4], vitium gulae non consistit in substantia cibi, sed in concupiscentia non regulata ratione. Et ideo si aliquis excedat in quantitate cibi non propter cibi concupiscentiam, sed aestimans id sibi necessarium esse, non pertinet hoc ad gulam, sed ad aliquam imperitiam. Sed hoc solum pertinet ad gulam, quod aliquis, propter concupiscentiam cibi delectabilis, scienter excedat mensuram in edendo.

AD TERTIUM dicendum quod duplex est appetitus. Unus quidem naturalis, qui pertinet ad vires animae vegetabilis: in quibus non potest esse virtus et vitium, eo quod non possunt subiici rationi. Unde et vis appetitiva dividitur contra retentivam, digestivam, expulsivam. Et ad talem appetitum pertinet esuries et sitis. — Est autem et alius appetitus sensitivus, in cuius concupiscentia vitium gulae consistit. Unde primus motus gulae importat inordinationem in appetitu sensitivo: quae non est sine peccato.

QUANTO AO 1º, portanto, deve-se dizer que o que entra no homem como alimento não o mancha espiritualmente, por sua substância e natureza. Mas os judeus, contra quem está o Senhor falando, como também os maniqueus, sustentavam que certos alimentos nos tornam impuros, não em caráter figurativo, mas pela sua natureza mesma. Por outro lado, a concupiscência desordenada de comer mancha espiritualmente o homem.

QUANTO AO 2º, deve-se dizer que o vício da gula não está na substância do alimento, mas no desejo dele não controlado pela razão. Daí, se alguém se exceder na quantidade da comida, não por concupiscência dela, mas por achar que isso lhe é necessário, não será por gula, mas por certa inexperiência. Só comete pecado de gula quem, sabidamente exceda as medidas do comer, levado pelo prazer produzido pelos alimentos.

QUANTO AO 3º, deve-se dizer que há duas classes de apetite. Um é natural, próprio das potências da alma vegetativa, nas quais não pode haver virtude nem vício, porque não são reguláveis pela razão. Por isso é que a potência apetitiva se distingue da retentiva, digestiva e expulsiva. E a esse apetite pertencem a fome e a sede. — Há, porém, outro apetite, o sensitivo e é no desejo desordenado deste que consiste o vício da gula. O primeiro movimento da gula implica, pois, um desregramento no apetite sensitivo, que não está isento de pecado.

ARTICULUS 2
Utrum gula sit peccatum mortale

AD SECUNDUM SIC PROCEDITUR. Videtur quod gula non sit peccatum mortale.

1. Omne enim peccatum mortale contrariatur alicui praecepto decalogi. Quod de gula non videtur. Ergo gula non est peccatum mortale.

2. PRAETEREA, omne peccatum mortale contrariatur caritati, ut ex supra[1] dictis patet. Sed gula non opponitur caritati: neque quantum ad dilectionem Dei, neque quantum ad dilectionem proximi. Ergo gula nunquam est peccatum mortale.

3. PRAETEREA, Augustinus dicit, in sermone de Purgatorio[2]: Quoties aliquis in cibo aut potu plus accipit quam necesse est, ad minuta pecca-

ARTIGO 2
A gula é pecado mortal?

QUANTO AO SEGUNDO, ASSIM SE PROCEDE: parece que a gula **não** é pecado mortal.

1. Com efeito, todo pecado mortal contraria algum preceito do decálogo, o que não se dá com a gula. Logo, a gula não é pecado mortal.

2. ALÉM DISSO, todo pecado mortal contraria a caridade. Ora, a gula não se opõe à caridade, nem quanto ao amor de Deus, nem quanto ao do próximo. Logo, a gula não é pecado mortal.

3. ADEMAIS, diz Agostinho: "Todas as vezes que alguém toma, no comer e no beber, mais do que o necessário, saiba ele que isso ficará entre os

---

4. In corp.

2   PARALL.: Infra, q. 154, a. 2, ad 6; *De Malo*, q. 14, a. 2; *ad Rom.*, c. 13, lect. 3; *ad Galat.*, c. 5, lect. 5.

1. Q. 35, a. 3; I-II, q. 72, a. 5.
2. In Append. ad opp. Aug., Serm. 104, al. 41, *de Sanctis*, n. 3: ML 39, 1946.

ta noverit pertinere. Sed hoc pertinet ad gulam. Ergo gula computatur inter minuta, idest inter venialia peccata.

SED CONTRA est quod Gregorius dicit, in XXX *Moral.*[3]: *Dominante gulae vitio, omne quod homines fortiter egerunt, perdunt: et dum venter non restringitur, simul cunctae virtutes obruuntur.* Sed virtus non tollitur nisi per peccatum mortale. Ergo gula est peccatum mortale.

RESPONDEO dicendum quod, sicut dictum est[4], vitium gulae proprie consistit in concupiscentia inordinata. Ordo autem rationis concupiscentiam ordinantis dupliciter tolli potest. Uno modo, quantum ad ea quae sunt ad finem: prout scilicet non sunt ita commensurata ut sint proportionata fini. Alio modo, quantum ad ipsum finem: prout scilicet concupiscentia hominem avertit a fine debito. Si ergo inordinatio concupiscentiae accipiatur in gula secundum aversionem a fine ultimo, sic gula erit peccatum mortale. Quod quidem contingit quando delectationi gulae inhaeret homo tanquam fini propter quem Deum contemnit, paratus scilicet contra praecepta Dei agere ut delectationes huiusmodi assequatur. — Si vero in vitio gulae intelligatur inordinatio concupiscentiae tantum secundum ea quae sunt ad finem, utpote quia nimis concupiscit delectationes ciborum, non tamen ita quod propter hoc aliquid faceret contra legem Dei, est peccatum veniale.

AD PRIMUM ergo dicendum quod vitium gulae habet quod sit peccatum mortale inquantum avertit a fine ultimo. Et secundum hoc, per quandam reductionem, opponitur praecepto de sanctificatione sabbati, in quo praecipitur quies in fine ultimo. Non enim omnia peccata mortalia directe contrariantur praeceptis decalogi, sed solum illa quae iniustitiam continent: quia praecepta decalogi specialiter pertinent ad iustitiam et partes eius, ut supra[5] habitum est.

AD SECUNDUM dicendum quod, inquantum avertit a fine ultimo, contrariatur gula dilectioni Dei, qui est super omnia sicut finis ultimus diligendus. Et secundum hoc solum gula est peccatum mortale.

AD TERTIUM dicendum quod illud verbum Augustini intelligitur de gula prout importat inordinationem concupiscentiae solum circa ea quae sunt ad finem.

pequenos pecados". Ora, trata-se aí da gula. Logo, ela está classificada entre os pequenos pecados, ou seja, entre os pecados veniais.

EM SENTIDO CONTRÁRIO, diz Gregório: "Quando impera o vício da gula, perdem os homens tudo o que fizeram de grande e quando o ventre não é dominado, todas as virtudes são simultaneamente liquidadas". Ora, só o pecado mortal destrói a virtude. Logo, a gula é pecado mortal.

RESPONDO. O vício da gula consiste, propriamente, num desejo desordenado. Ora, a ordem da razão, que rege a concupiscência, pode ser subvertido de dois modos: primeiramente, quanto aos meios, quando estes não são medidos de modo que sejam proporcionados ao fim; depois, quanto ao próprio fim, quando a concupiscência afasta o homem do fim devido. Por isso, se considerarmos a desordem do desejo na gula como algo que afasta do fim último, então a gula será pecado mortal. Acontece isso quando o homem assume os prazeres da gula como fim que o faz desprezar a Deus, dispondo-se a agir contra os mandamentos divinos, para se entregar a tais prazeres. — Mas se, pelo vício da gula, entendermos a desordem da concupiscência apenas quanto aos meios, fazendo-nos desejar demasiado os prazeres da mesa, sem agir, porém, contra as leis de Deus, então a gula será pecado venial.

QUANTO AO 1º, portanto, deve-se dizer que o vício da gula constitui pecado mortal, quando nos desvia do fim último. Sob esse aspecto, opõe-se, de certa forma, ao preceito da guarda do sábado, que nos prescreve o repouso no fim último. Nem todos os pecados mortais, na verdade, contrariam, diretamente, os preceitos do decálogo, mas só os que encerram injustiça, pois eles dizem respeito, especialmente, à justiça e às suas partes.

QUANTO AO 2º, deve-se dizer que na medida em que nos desvia do fim último, a gula se opõe ao amor de Deus que, sendo nosso fim último, deve ser amado acima de todas as coisas. E aí a gula só pode ser pecado mortal.

QUANTO AO 3º, deve-se dizer que as palavras alegadas de Agostinho referem-se à gula enquanto implica uma desordem da concupiscência somente em relação aos meios.

---

3. C. 18, al. 13, in vet. 26, n. 59: ML 76, 556 AP.
4. Art. praec.
5. Q. 122, a. 1.

AD QUARTUM dicendum quod gula dicitur virtutes auferre non tam propter se, quam etiam propter vitia quae ex ea oriuntur. Dicit enim Gregorius, in *Pastorali*[6]: *Dum venter ingluvie tenditur, virtutes animae per luxuriam destruuntur.*

ARTICULUS 3
Utrum gula sit maximum peccatorum

AD TERTIUM SIC PROCEDITUR. Videtur quod gula sit maximum peccatorum.

1. Magnitudo enim peccati ex magnitudine poenae consideratur. Sed peccatum gulae est gravissime punitum: dicit enim Chrysostomus[1]: *Adam incontinentia ventris expulit a Paradiso; diluvium quod fuit tempore Noe, ipsa fecit*; secundum illud Ez 16,49: *Haec fuit iniquitas Sodomae, sororis tuae, saturitas panis*, etc. Ergo peccatum gulae est maximum.

2. PRAETEREA, causa in quolibet genere est potior. Sed gula videtur esse causa aliorum peccatorum: quia super illud Ps 135,10, *Qui percussit Aegyptum cum primogenitis eorum*, dicit Glossa[2]: *Luxuria, concupiscentia, superbia sunt ea quae venter generat*. Ergo gula est gravissimum peccatorum.

3. PRAETEREA, post Deum, homo debet seipsum maxime diligere, ut supra[3] habitum est. Sed per vitium gulae homo infert sibi ipsi nocumentum: dicitur enim Eccli 37,34: *Propter crapulam multi obierunt*. Ergo gula est maximum peccatorum: ad minus praeter peccata quae sunt contra Deum.

SED CONTRA est quod vitia carnalia, inter quae computatur gula, secundum Gregorium[4], sunt minoris culpae.

RESPONDEO dicendum quod gravitas alicuius peccati potest considerari tripliciter. Primo quidem, et principaliter, secundum materiam in qua peccatur. Et secundum hoc, peccata quae sunt circa res divinas sunt maxima. Unde secundum hoc, vitium gulae non erit maximum: est enim circa ea quae ad sustentationem corporis spectant.
— Secundo autem, ex parte peccantis. Et secun-

QUANTO AO 4º, deve-se dizer que a gula extermina as virtudes não tanto por ela mesma, mas pelos vícios que dela derivam, pois Gregório diz: "Quando o estômago está dominado pela gula, todas as virtudes da alma são destruídas pela luxúria".

ARTIGO 3
A gula é o maior dos pecados?

QUANTO AO TERCEIRO, ASSIM SE PROCEDE: parece que a gula é o maior dos pecados.

1. Com efeito, o tamanho do pecado se mede pelo tamanho do castigo. Ora, o pecado da gula merece o mais severo castigo. Diz Crisóstomo, "a intemperança do ventre expulsou Adão do paraíso e causou também o dilúvio, nos tempos de Noé", segundo o livro de Ezequiel: "Eis em que consistiu o crime de tua irmã Sodoma: a fartura de pão." Logo, o pecado da gula é o maior dos pecados.

2. ALÉM DISSO, em toda ordem de coisas, o mais importante é a causa. Ora, a gula parece ser a causa dos outros pecados, pois, sobre o Salmo: "Ferindo o Egito nos seus primogênitos...", diz a Glosa: "A luxúria, a concupiscência, o orgulho são o primeiro produto do ventre". Logo, a gula é o mais grave dos pecados.

3. ADEMAIS, depois de Deus, deve o homem amar-se a si mesmo mais que tudo. Ora, pelo vício da gula, o homem faz mal a si próprio, conforme o livro do Eclesiástico: "Muitos morreram das consequências de sua gula". Logo, a gula é o maior dos pecados, ao menos depois dos pecados contra Deus.

EM SENTIDO CONTRÁRIO, os vícios carnais, entre os quais se inclui a gula, são os de menor culpa, no parecer de Gregório.

RESPONDO. Pode-se considerar a gravidade de um pecado por três aspectos. O primeiro e principal é o da matéria do pecado. Nesse sentido, os pecados mais graves são os cometidos contra as coisas divinas, pelo que a gula não é o pecado maior, pois sua matéria é o que diz respeito ao sustento do corpo. — Outro aspecto é o do pecador e, nesse caso, o pecado da gula é antes diminuído

---

6. P. III, c. 19, al. 1, admon. 20: ML 77, 81 B.

1. Homil. 13 *in Matth.*, n. 1: MG 57, 209.
2. Ordin.: ML 113: 1056 B; LOMBARDI: ML 191, 1197 D.
3. Q. 26, a. 4.
4. *Moral.*, l. XXXIII, c. 12, al. 11, in vet. 15, n. 25: ML 76, 688 B.

dum hoc, peccatum gulae magis alleviatur quam aggravatur. Tum propter necessitatem sumptionis ciborum. Tum etiam propter difficultatem discernendi et moderandi id quod in talibus convenit. — Tertio vero modo, ex parte effectus consequentis. Et secundum hoc, vitium gulae habet quandam magnitudinem, inquantum ex ea occasionantur diversa peccata.

AD PRIMUM ergo dicendum quod illae poenae magis referuntur ad vitia quae sunt consecuta ex gula, vel ad gulae radicem, quam ad ipsam gulam. Nam primus homo expulsus est de paradiso propter superbiam, ex qua processit ad actum gulae. Diluvium autem et poena Sodomorum sunt inducta propter peccata luxuriae praecedentia, ex gula occasionata.

AD SECUNDUM dicendum quod ratio illa procedit ex parte peccatorum quae ex gula oriuntur. Non autem oportet quod causa sit potior, nisi in causis per se. Gula autem non est causa illorum vitiorum per se, sed quasi per accidens et per occasionem.

AD TERTIUM dicendum quod gulosus non intendit suo corpori nocumentum inferre, sed in cibo delectari: si autem nocumentum corporis sequatur, hoc est per accidens. Unde hoc non directe pertinet ad gravitatem gulae. Cuius tamen culpa aggravatur si quis corporale detrimentum incurrat propter immoderatam cibi sumptionem.

que agravado, quer pela necessidade que temos dos alimentos, quer pela dificuldade em discernir e moderar o que nos convém, nessa questão. — Enfim, o terceiro aspecto é o das consequências e por aí o vício da gula ganha certa importância, enquanto dela provêm diversos pecados.

QUANTO AO 1º, portanto, deve-se dizer que aqueles castigos referem-se mais aos vícios decorrentes da gula ou à sua raiz do que à própria gula, pois o primeiro homem foi expulso do paraíso por causa da soberba, que o levou a um ato de gula. E quanto ao dilúvio e ao castigo de Sodoma, foram eles provocados por pecados anteriores de luxúria, ocasionados pela gula.

QUANTO AO 2º, deve-se dizer que a objeção vale quanto aos pecados oriundos da gula. Não é preciso, porém, que a causa seja o mais importante, a não ser que se trate de causas essenciais. E a gula não é causa essencial desses vícios, mas causa, por assim dizer, acidental e ocasional.

QUANTO AO 3º, deve-se dizer que a intenção do guloso não é prejudicar seu organismo, mas ter prazer na comida. Se, porém, lhe advier dano corporal, será por acidente, sem ligação direta com a gravidade da gula. Contudo, a sua culpa se agrava, quando há dano corporal, por excessos no comer.

ARTICULUS 4
Utrum convenienter gulae species distinguantur

AD QUARTUM SIC PROCEDITUR. Videtur quod inconvenienter species gulae distinguantur a Gregorio, qui, XXX *Moral.*[1], dicit: *Quinque modis nos gulae vitium tentat: aliquando namque indigentiae tempora praevenit; aliquando lautiores cibos quaerit; aliquando quae sumenda sunt praeparari accuratius appetit; aliquando in ipsa quantitate sumendi mensuram refectionis excedit; aliquando ipso aestu immensi desiderii aliquis peccat.* Et continentur in hoc versu[2]: *Praepropere, laute, nimis, ardenter, studiose.*

1. Praedicta enim diversificantur secundum diversas circumstantias. Sed circumstantiae, cum

ARTIGO 4
As espécies da gula se distinguem convenientemente?

QUANTO AO QUARTO, ASSIM SE PROCEDE: parece que Gregório **não** distinguiu convenientemente as espécies de gula, quando declara: "O vício da gula nos tenta de cinco maneiras: às vezes, adiantamos a hora de comer, antecipando a necessidade; outras vezes, buscamos pratos mais refinados; outras vezes, desejamos alimentos preparados com mais esmero; outras ainda, exageramos na quantidade da comida; outras vezes, enfim, pecamos pela própria voracidade de um apetite sem limite". Todos esses modos ele resume assim: "apressadamente, refinadamente, excessivamente, avidamente, meticulosamente".

1. Como se vê, essas formas de gula se diversificam pelas circunstâncias. Ora, as circunstâncias,

---

4 PARALL.: I-II, q. 72, a. 9; *De Malo*, q. 14, a. 3.
 1. C. 18, al. 13, in vet. 27, n. 60: ML 76, 556 D — 557 A.
 2. Vide ALEXANDRUM HALENS., *Summ. Theol.*, IIa IIi, n. 591: Ad Claras Aquas, t. III, p. 579.

sint accidentia actuum, non diversificant speciem. Ergo secundum praedicta non diversificantur species gulae.

2. Praeterea, sicut tempus est quaedam circumstantia, ita et locus. Si ergo secundum tempus una species gulae accipitur, videtur quod, pari ratione, secundum locum et alias circumstantias.

3. Praeterea, sicut temperantia observat debitas circumstantias, ita etiam et aliae virtutes morales. Sed in vitiis quae opponuntur aliis virtutibus moralibus non distinguuntur species secundum diversas circumstantias. Ergo nec in gula.

Sed contra est verbum Gregorii inductum[3].

Respondeo dicendum quod, sicut dictum est[4], gula importat inordinatam concupiscentiam edendi. In esu autem duo considerantur: scilicet ipse cibus qui comeditur, et eius comestio. Potest ergo inordinatio concupiscentiae attendi dupliciter. Uno quidem modo, quantum ad ipsum cibum qui sumitur. Et sic, quantum ad substantiam vel speciem cibi, quaerit aliquis cibos lautos, idest pretiosos; quantum ad qualitatem, quaerit cibos nimis accurate praeparatos, quod est studiose; quantum autem ad quantitatem, excedit in nimis edendo. — Alio vero modo attenditur inordinatio concupiscentiae quantum ad ipsam sumptionem cibi: vel quia praevenit tempus debitum comedendi, quod est praepropere; vel quia non servat modum debitum in edendo, quod est ardenter. — Isidorus vero comprehendit primum et secundum sub uno, dicens[5] quod gulosus excedit in cibo secundum quid, quantum, quomodo et quando.

Ad primum ergo dicendum quod corruptio diversarum circumstantiarum facit diversas species gulae propter diversa motiva, ex quibus moralium species diversificantur. In eo enim qui quaerit lautos cibos, excitatur concupiscentia ex ipsa specie cibi; in eo vero qui praeoccupat tempus, deordinatur concupiscentia propter impatientiam morae; et idem patet in aliis.

Ad secundum dicendum quod in loco et in aliis circumstantiis non invenitur aliud differens motivum pertinens ad usum cibi, quod faciat aliam speciem gulae.

como acidentes das ações, não mudam a espécie. Logo, as espécies de gula não se diferenciam assim.

2. Além disso, o lugar, como o tempo, é uma circunstância. Logo, se distinguimos espécies de gula pelo tempo, parece que devemos fazê-lo também pelo lugar e por outras circunstâncias.

3. Ademais, como a temperança, as outras virtudes morais também levam em conta as circunstâncias devidas. Ora, nos vícios opostos às outras virtudes mortais, as espécies não se distinguem pelas diversas circunstâncias. Logo, nem na gula.

Em sentido contrário, as palavras citadas são de Gregório.

Respondo. A gula implica um desordenado desejo para comer. Ora, no comer duas coisas devem ser consideradas: o alimento que se come e a ação de comer. Daí os dois modos de entender essa concupiscência desordenada. Primeiro, quanto ao alimento que comemos. Assim, quanto à substância ou a espécie de comida, há quem procure alimentos refinados, isto é, caros; quanto à qualidade, há quem busque alimentos acuradamente preparados, isto é, meticulosamente; e quanto à quantidade, há os que exageram, comendo em excesso. — Em segundo lugar, considera-se a desordem da concupiscência, quanto ao ato de comer, ou por antecipar o tempo próprio para isso, isto é, apressadamente; ou por não observar a maneira conveniente de comer, isto é, avidamente. — Isidoro, por sua vez, une as duas circunstâncias numa só, dizendo que o guloso se excede "na substância, na quantidade, no modo e no tempo".

Quanto ao 1º, portanto, deve-se dizer que o descaso pelas diversas circunstâncias cria as diferentes espécies de gula, por causa dos diversos motivos que especificam os atos morais. Na verdade, para quem procura alimentos refinados é a própria natureza da comida que excita a concupiscência, ao passo que a impaciência pela espera é que gera a desordem do desejo de quem antecipa a hora de comer e o mesmo acontece com as demais circunstâncias.

Quanto ao 2º, deve-se dizer que não há no lugar e nas outras circunstâncias nenhum outro motivo especial, relacionado com a comida, que possa criar uma nova espécie de gula.

---

3. Arg. 1.
4. Art. 1.
5. *Sent.*, al. *de Summo Bono*, l. II, c. 42, n. 13: ML 83, 649 B.

AD TERTIUM dicendum quod in quibuscumque aliis vitiis diversae circumstantiae habent diversa motiva, oportet accipi diversas species vitiorum secundum diversas circumstantias. Sed hoc non contingit in omnibus, ut dictum est[6].

QUANTO AO 3º, deve-se dizer que quando, nos vícios, as circunstâncias diversas implicam motivos diversos, essas diversas circunstâncias dão lugar, necessariamente, a espécies diversas de vícios. Isso, porém, não acontece com todos.

ARTICULUS 5
Utrum gula sit vitium capitale

AD QUINTUM SIC PROCEDITUR. Videtur quod gula non sit vitium capitale.

1. Vitia enim capitalia dicuntur ex quibus alia oriuntur secundum rationem causae finalis. Sed cibus, circa quem est gula, non habet rationem finis: non enim propter se quaeritur, sed propter corporis nutritionem. Ergo gula non est vitium capitale.

2. PRAETEREA, vitium capitale aliquam principalitatem habere videtur in ratione peccati. Sed hoc non competit gulae, quae videtur esse secundum suum genus minimum peccatorum, utpote plus appropinquans ad id quod est secundum naturam. Ergo gula non videtur esse vitium capitale.

3. PRAETEREA, peccatum contingit ex hoc quod aliquis recedit a bono honesto propter aliquid utile praesenti vitae, vel delectabile sensui. Sed circa bona quae habent rationem utilis, ponitur unum tantum vitium capitale, scilicet avaritia. Ergo et circa delectationes videtur esse ponendum unum tantum vitium capitale. Ponitur autem luxuria: quae est maius vitium quam gula, et circa maiores delectationes. Ergo gula non est vitium capitale.

SED CONTRA est quod Gregorius, XXXI *Moral*.[1], computat gulam inter vitia capitalia.

RESPONDEO dicendum quod, sicut supra[2] dictum est, vitium capitale dicitur ex quo alia vitia oriuntur secundum rationem causae finalis: inquantum scilicet habet finem multum appetibilem, unde ex eius appetitu homines provocantur multipliciter ad peccatum. Ex hoc autem aliquis finis redditur multum appetibilis quod habet aliquam de conditionibus felicitatis, quae est naturaliter appetibilis. Pertinet autem ad rationem felicitatis delectatio: ut patet in I[3] et X[4] *Ethic*. Et ideo vitium gulae,

ARTIGO 5
A gula é um vício capital?

QUANTO AO QUINTO, ASSIM SE PROCEDE: parece que a gula **não** é um vício capital.

1. Com efeito, consideram-se vícios capitais os que, na qualidade de causa final, dão origem a outros vícios. Ora, a comida, que é o objeto da gula, não é um fim, porque não é procurada por ele mesma, mas pela nutrição do corpo. Logo, a gula não é um vício capital.

2. ALÉM DISSO, um vício capital parece possuir certa primazia dentro do gênero de pecado. Ora, isso não se verifica na gula, pois ela parece que é, no seu gênero, o menor dos pecados, por estar mais próxima das exigências da natureza. Logo, a gula não parece ser um vício capital.

3. ADEMAIS, existe pecado quando alguém se afasta do bem honesto, para conseguir alguma coisa útil à vida presente ou prazerosa para os sentidos. Ora, no que tange aos bens úteis, aponta-se um único vício capital, a avareza. Logo, parece que, quanto aos prazeres, também se deve indicar um único vício capital, a saber, a luxúria, vício mais grave que a gula e que tem por objeto prazeres maiores. Logo, a gula não é um vício capital.

EM SENTIDO CONTRÁRIO, Gregório classifica a gula como vício capital.

RESPONDO. Chama-se vício capital aquele que dá origem a outros vícios, como causa final dos mesmos, isto é, aquele cujo fim é muito desejável e cujo desejo provoca os homens a pecarem de muitos modos. Um fim, porém, se torna muito desejável quando possui algumas das condições da felicidade, que naturalmente se desejam. Ora, como diz Aristóteles, o prazer pertence à razão de felicidade. Portanto, está corretamente enumerado entre os vícios capitais o vício da gula, cujo objeto

---

6. I-II, q. 72, a. 9.

5 PARALL.: *De Malo*, q. 8, a. 1; q. 13, a. 3; q. 14, a. 4.

1. C. 45, al. 17, in vet. 31, n. 87: ML 76, 621 A.
2. I-II, q. 84, a. 3, 4.
3. C. 9: 1099, a, 7.
4. C. 7: 1177, a, 22-27.

quod est circa delectationes tactus, quae sunt praecipuae inter alias, convenienter ponitur inter vitia capitalia.

AD PRIMUM ergo dicendum quod ipse cibus ordinatur quidem ad aliquid sicut ad finem: sed quia ille finis, scilicet conservatio vitae, est maxime appetibilis, quae sine cibo conservari non potest, inde etiam est quod ipse cibus est maxime appetibilis; et ad hoc fere totus labor humanae vitae ordinatur, secundum illud Eccle 6,7: *Omnis labor hominis in ore eius.* — Et tamen gula magis videtur esse circa delectationes cibi quam circa cibos. Propter quod, ut Augustinus dicit, in libro *de Vera Relig.*[5], *quibus vilis est corporis salus, malunt vesci,* in quo scilicet est delectatio, *quam saturari: cum omnis finis illius voluptatis sit non sitire atque esurire.*

AD SECUNDUM dicendum quod finis in peccato accipitur ex parte conversionis, sed gravitas peccati accipitur ex parte aversionis. Et ideo non oportet vitium capitale, quod habet finem maxime appetibilem, habere magnam gravitatem.

AD TERTIUM dicendum quod delectabile est appetibile secundum se. Et ideo secundum eius diversitatem ponuntur duo vitia capitalia, scilicet gula et luxuria. — Utile autem non habet ex se rationem appetibilis, sed secundum quod ad aliud ordinatur. Et ideo in omnibus utilibus videtur esse una ratio appetibilitatis. Et propter hoc circa huiusmodi non ponitur nisi unum vitium capitale.

são os prazeres do tato, que são os mais relevantes entre os prazeres.

QUANTO AO 1º, portanto, deve-se dizer que o alimento, em si mesmo, ordena-se a outra coisa como ao seu fim, a saber, à conservação da vida. Como, porém, esse fim é sumamente desejável e a vida não pode ser conservada sem a comida, segue-se que esta também é sumamente desejável e a ela se ordena quase todo o trabalho da vida humana, como diz o livro do Eclesiastes: "Todo trabalho do homem é para a sua boca". — Parece, todavia, que a gula tem por objeto antes os prazeres da comida do que a própria comida. Por isso, como diz Agostinho, "os que não prezam a saúde do corpo preferem comer" (e nisso se acha o prazer) "a saciar-se, pois o fim de todo esse prazer é não termos fome nem sede".

QUANTO AO 2º, deve-se dizer que no pecado, o fim se funda no bem para o qual ele se volta, ao passo que a gravidade do pecado se baseia no bem do qual ele se afasta. Por isso, um vício capital que visa a um fim sumamente apetecível pode não ter grande gravidade[b].

QUANTO AO 3º, deve-se dizer que o que pode agradar é desejável por si mesmo. Por isso, dada a sua diversidade, ele dá lugar a dois vícios capitais: a gula e a luxúria. — O útil, ao contrário, não é desejável por si mesmo, mas só como meio para outro fim. Por isso, parece que em todas as coisas úteis existe uma única razão para que sejam desejáveis. Consequentemente, com relação a elas, afirma-se apenas um vício capital.

ARTICULUS 6
Utrum convenienter assignentur gulae quinque filiae

AD SEXTUM SIC PROCEDITUR. Videtur quod inconvenienter assignentur gulae quinque filiae: scilicet *inepta laetitia, scurrilitas, immunditia, multiloquium, hebetudo mentis circa intelligentiam.*

ARTIGO 6
Cinco filhas são convenientemente atribuídas à gula?

QUANTO AO SEXTO, ASSIM SE PROCEDE: parece **não** ser conveniente atribuir cinco filhas à gula, a saber: "a alegria tola, a palhaçada, a imundície, a loquacidade e o embotamento mental".

---

5. C. 53, n. 102: ML 34, 167.

6 PARALL.: *De Malo*, q. 14, a. 4.

---

b. No caso da gulodice, fica especialmente claro que um vício pode ser "capital" sem por isso ser da maior gravidade. É capital porque traz consigo outros pecados, o que não prejulga sua gravidade intrínseca. Sto. Tomás mostra por que os dois pontos de vista não coincidem necessariamente. Ele se apoia nos dois aspectos de todo pecado: desviar-se de Deus e voltar-se para a criatura.

Usualmente, a gulodice não desvia gravemente de Deus, mas nos vincula a uma criatura, o alimento desejável, que está no centro de muitas de nossas preocupações, e com o qual nos inquietamos bastante.

1. Inepta enim laetitia consequitur omne peccatum: secundum illud Pr 2,14: *Qui laetantur cum male fecerint, et exultant in rebus pessimis*. Similiter etiam hebetudo mentis invenitur in omni peccato: secundum illud Pr 14,22: *Errant qui operantur malum*. Ergo inconvenienter ponuntur filiae gulae.

2. PRAETEREA, immunditia, quae maxime consequitur gulam, videtur ad vomitum pertinere: secundum illud Is 28,8: *Omnes mensae repletae sunt vomitu sordium*. Sed hoc non videtur esse peccatum, sed poena: vel etiam aliquid utile sub consilio cadens, secundum illud Eccli 31,25: *Si coactus fueris in edendo multum, surge e medio et vome, et refrigerabit te*. Ergo non debet poni inter filias gulae.

3. PRAETEREA, Isidorus[1] ponit scurrilitatem filiam luxuriae. Non ergo debet poni inter filias gulae.

SED CONTRA est quod Gregorius, XXXI *Moral*.[2], has filias gulae assignat.

RESPONDEO dicendum quod, sicut dictum est[3], gula proprie consistit circa immoderatam delectationem quae est in cibis et potibus. Et ideo illa vitia inter filias gulae computantur quae ex immoderata delectatione cibi et potus consequuntur. Quae quidem possunt accipi vel ex parte animae, vel ex parte corporis. Ex parte autem animae, quadrupliciter. Primo quidem, quantum ad rationem, cuius acies hebetatur ex immoderantia cibi et potus. Et quantum ad hoc, ponitur filia gulae hebetudo sensus circa intelligentiam, propter fumositates ciborum perturbantes caput. Sicut et e contrario abstinentia confert ad sapientiae perceptionem: secundum illud Eccle 2,3: *Cogitavi in corde meo abstrahere a vino carnem meam, ut animum meum transferrem ad sapientiam*. — Secundo, quantum ad appetitum, qui multipliciter deordinatur per immoderantiam cibi et potus, quasi sopito gubernaculo rationis. Et quantum ad hoc, ponitur inepta laetitia: quia omnes aliae inordinatae passiones ad laetitiam et tristitiam ordinantur, ut dicitur in II *Ethic*.[4]. Et hoc est quod dicitur III Esd 3,20, quod *vinum omnem mentem convertit in securitatem et iucunditatem*. — Tertio, quantum ad inordinatum verbum. Et sic ponitur multiloquium:

1. Com efeito, a alegria tola é fruto de qualquer pecado, conforme a Escritura: "Os que se alegram em fazer o mal e se comprazem com as piores perversões". Da mesma forma, de todos os pecados resulta o embotamento mental, segundo o livro dos Provérbios: "Extraviam se os que tramam o mal." Logo, não é correto considerá-los filhos da gula.

2. ALÉM DISSO, a imundície, consequência maior da gula, parece reduzir-se ao vômito, segundo o livro de Isaías: "Todas as mesas estão cobertas de vômitos infectos". Ora, ela não parece ser pecado, mas pena do pecado ou até uma coisa útil e aconselhável, conforme o livro do Eclesiástico: "Se foste constrangido a comer muito, levanta-te, vai vomitar e ficarás aliviado". Logo, não deve ser considerada filha da gula.

3. ADEMAIS, Isidoro classifica a palhaçada como filha da luxúria. Logo, não deve ser tida como filha da gula.

EM SENTIDO CONTRÁRIO, Gregório enumera essas filhas da gula.

RESPONDO. A gula consiste, propriamente, no prazer imoderado no comer e no beber. Portanto, hão de ser considerados filhas dela os vícios resultantes desse prazer descontrolado. Ora, esses vícios podem ser entendidos da parte da alma e do corpo. Da alma, de quatro maneiras. Em primeiro lugar, quanto à razão, cuja acuidade se embota com os excessos da comida e da bebida. Nesse sentido, considera-se como filha da gula o embotamento intelectual, causado pelos vapores dos alimentos que perturbam a mente. A abstinência, ao contrário, facilita a aquisição da sabedoria, conforme a Escritura: "Deliberei em meu coração arrancar do vinho minha carne para votar o espírito à sabedoria". — Em segundo lugar, quanto ao apetite, que se desregula de muitos modos, pelos excessos no comer e no beber, porque a razão fica adormecida e travada. E, nesse sentido, fala-se de alegria tola, pois todas as outras paixões desordenadas conduzem, segundo Aristóteles, à alegria e à tristeza. E a isso se refere a Escritura, ao dizer: "O vinho faz crer que tudo é segurança e alegria". — Em terceiro lugar, quanto ao destempero verbal. E aí entra a loquacidade, pois, como diz Gregório, "se os escravos da gula não

---

1. *Quaest. in Deut.*, c. 16, super 7, 1, n. 3: ML 83, 366 C.
2. C. 45, al. 17, in vet. 31, n. 88: ML 76, 621 C.
3. Art. 1.
4. C. 4: 1105, b, 23.

quia, ut Gregorius dicit, in *Pastorali*[5], *nisi gulae deditos immoderata loquacitas raperet, dives ille qui epulatus quotidie splendide dicitur, in lingua gravius non arderet*. — Quarto, quantum ad inordinatum actum. Et sic ponitur scurrilitas, idest iocularitas quaedam proveniens ex defectu rationis, quae, sicut non potest cohibere verba, ita non potest cohibere exteriores gestus. Unde Eph 5, super illud v. 4, *Aut stultiloquium aut scurrilitas*, dicit Glossa[6]: *Quae a stultis curialitas dicitur, idest iocularitas, quae risum movere solet*. — Quamvis possit utrumque horum referri ad verba in quibus contingit peccare vel ratione superfluitatis, quod pertinet ad *multiloquium*: vel ratione inhonestatis, quod pertinet ad *scurrilitatem*.

Ex parte autem corporis, ponitur immunditia. Quae potest attendi sive secundum inordinatam emissionem quarumcumque superfluitatum: vel specialiter quantum ad emissionem seminis. Unde super illud Eph 5,3, *Fornicatio autem et omnis immunditia* etc., dicit Glossa[7]: *Idest incontinentia pertinens ad libidinem quocumque modo*.

AD PRIMUM ergo dicendum quod laetitia quae est de actu peccati vel fine, consequitur omne peccatum, maxime quod procedit ex habitu. Sed laetitia vaga incomposita, quae hic dicitur inepta, praecipue oritur ex immoderata sumptione cibi vel potus.
Similiter etiam dicendum quod hebetudo sensus quantum ad eligibilia communiter invenitur in omni peccato. Sed hebetudo sensus circa speculabilia maxime procedit ex gula, ratione iam dicta.
AD SECUNDUM dicendum quod, licet utilis sit vomitus post superfluam comestionem, tamen vitiosum est quod aliquis huic necessitati se subdat per immoderantiam cibi vel potus. — Potest tamen absque culpa vomitus procurari ex consilio medicinae in remedium alicuius languoris.
AD TERTIUM dicendum quod scurrilitas procedit quidem ex actu gulae: non autem ex actu luxuriae, sed ex eius voluntate. Et ideo ad utrumque vitium potest pertinere.

fossem tão loquazes, o rico do Evangelho, que comia todos os dias esplendidamente, não teria que sofrer duramente na língua". — Em quarto lugar, quanto ao ato desordenado, o que dá lugar à palhaçada, isto é, a uma jocosidade proveniente de uma fraqueza mental, que não domina nem as palavras nem os gestos exteriores. Por isso, a propósito das palavras da Carta aos Efésios: "Nada de palavras grosseiras, estúpidas ou obscenas", a Glosa acrescenta: "Trata-se da palhaçada, ou seja, de uma jocosidade que provoca risadas". — Vale notar que esses dois vícios, a loquacidade e a palhaçada, podem referir-se às palavras com as quais podemos pecar ou porque são supérfluas e é o caso da primeira, ou porque são desonrosas, é o caso da segunda.
Da parte do corpo, afirma-se a imundície, tanto no sentido de emissão desordenada de qualquer coisa supérflua, como no sentido particular de emissão do sêmen. Por isso, temos a palavra da Carta aos Efésios: "A devassidão, a impureza...", assim comentada pela Glosa: "trata-se da incontinência, ligada, de alguma maneira, ao desejo carnal".
QUANTO AO 1º, portanto, deve-se dizer que a alegria, que é fruto do pecado ou do seu fim, acompanha todo pecado, sobretudo o pecado habitual. Mas a alegria vaga e indefinida, aqui chamada de tola, provém, principalmente, do exagero à mesa.
Deve-se dizer também que o embotamento dos sentidos para deliberar, resulta comumente de todos os pecados; mas o embotamento de sentido, relativo às verdades especulativas, procede, principalmente, da gula, pela razão já apontada.
QUANTO AO 2º, deve-se dizer que embora seja bom vomitar, após uma refeição exagerada, é um vício estar sujeito a isso por ter comido desenfreadamente. — Por outro lado, o vômito é necessário, às vezes, por indicação médica, para sanar alguma indisposição.
QUANTO AO 3º, deve-se dizer que a palhaçada procede, certamente, do ato da gula, mas não do ato de luxúria e sim da vontade dele. Por isso, pode resultar de um ou de outro vício.

---

5. P. III, c. 19, al. 1, admon. 20: ML 77, 81 A.
6. Interlin.; LOMBARDI: ML 192, 209 C.
7. Interlin.; LOMBARDI: ML 192, 209 B.

QUAESTIO CXLIX
DE SOBRIETATE
in quatuor articulos divisa

Deinde considerandum est de sobrietate, et vitio opposito, scilicet ebrietate.
Et circa sobrietatem quaeruntur quatuor.
Primo: quae sit materia sobrietatis.
Secundo: utrum sit specialis virtus.
Tertio: utrum usus vini sit licitus.
Quarto: quibus praecipue competat sobrietas.

Articulus 1
Utrum materia propria sobrietatis sit potus

AD PRIMUM SIC PROCEDITUR. Videtur quod materia propria sobrietatis non sit potus.

1. Dicitur enim Rm 12,3: *Non plus sapere quam oportet sapere, sed sapere ad sobrietatem*. Ergo sobrietas est etiam circa sapientiam: et non solum circa potum.

2. PRAETEREA, Sap 8,7 dicitur de Dei sapientia quod *sobrietatem et prudentiam docet, iustitiam et virtutem*, ubi sobrietatem ponit pro temperantia. Sed temperantia non solum est circa potus, sed etiam circa cibos et venerea. Ergo sobrietas non solum est circa potus.

3. PRAETEREA, nomen sobrietatis a mensura sumptum esse videtur. Sed in omnibus quae ad nos pertinent debemus mensuram servare: unde dicitur Tt 2,12: *Sobrie et iuste et pie vivamus*, ubi dicit Glossa[1]: *Sobrie, in nobis*. Et 1Ti 2,9 dicitur: *Mulieres in habitu ornato, cum verecundia et sobrietate ornantes se*: et sic videtur sobrietas esse non solum in interioribus, sed etiam in his quae pertinent ad exteriorem habitum. Non ergo propria materia sobrietatis est potus.

SED CONTRA est quod dicitur Eccli 31,32: *Aequa vita hominis vinum in sobrietate potatum*.

RESPONDEO dicendum quod virtutes quae ab aliqua generali conditione virtutis nominantur, illam materiam specialiter sibi vindicant in qua

QUESTÃO 149
A SOBRIEDADE
em quatro artigos

Em seguida, deve-se tratar da sobriedade e de seu vício oposto, a embriaguez.
A respeito da sobriedade, quatro questões:
1. Qual a matéria da sobriedade?
2. É uma virtude especial?
3. É lícito o uso do vinho?
4. A quem, sobretudo, convém a sobriedade?

Artigo 1
A bebida é a matéria própria da sobriedade?

QUANTO AO PRIMEIRO ARTIGO, ASSIM SE PROCEDE: parece que a bebida **não** é a matéria própria da sobriedade.

1. Com efeito, na Carta aos Romanos, se diz: "Não tenhais pretensões além do que é razoável, mas sede sábios com sobriedade". Logo, a sobriedade também possui, como matéria própria, a sabedoria e não apenas a bebida.

2. ALÉM DISSO, diz a Escritura que a sabedoria de Deus "ensina sobriedade e prudência, justiça e virtude". A sobriedade é tomada aí pela temperança. Ora, a temperança não tem como matéria somente a bebida, mas também a comida e a prática sexual. Logo, a sobriedade não tem como matéria só a bebida.

3. ADEMAIS, a palavra "sobriedade" parece derivar de medida. Ora, em tudo o que nos diz respeito, devemos observar a medida, como se recomenda na Carta a Tito, vivendo "sobriamente, com justiça e piedade", e a Glosa comenta: "sobriamente, em nós mesmos". E, em outro lugar, se diz também: "Quanto às mulheres, tenham um traje decente, adornem-se com pudor e sobriedade". Assim, parece que a sobriedade se refere não só ao nosso interior, mas também à apresentação exterior. Logo, a bebida não é a matéria própria da sobriedade.

EM SENTIDO CONTRÁRIO, segundo o livro do Eclesiástico, "o vinho é como a vida se se toma com sobriedade".

RESPONDO. As virtudes que recebem o nome de uma qualidade comum a toda virtude reclamam para si, de modo específico, aquela matéria na

---

[1] PARALL.: Supra, q. 143; II *Sent.*, dist. 44, q. 2, a. 1, ad 3.
 1. Interlin.; LOMBARDI: ML 192, 391 C.

difficillimum et optimum est conditionem huiusmodi observare: sicut fortitudo pericula mortis, et temperantia delectationes tactus. Nomen autem sobrietatis sumitur a mensura: dicitur enim aliquis *sobrius* quasi *briam*, idest mensuram, *servans*. Et ideo illam materiam specialiter sibi sobrietas adscribit in qua maxime laudabile est mensuram servare. Huiusmodi autem est potus inebriare valens: quia eius usus mensuratus multum confert, et modicus excessus multum laedit, quia impedit usum rationis, magis etiam quam excessus cibi. Unde dicitur Eccli 31,37-38: *Sanitas est animae et corporis sobrius potus: vinum multum potatum irritationem et iram et ruinas multas facit.* Et ideo specialiter sobrietas attenditur circa potum, non quemcumque, sed eum qui sua fumositate natus est caput conturbare, sicut vinum et omne quod inebriare potest. — Communiter autem sumendo nomen sobrietatis, potest in quacumque materia dici: sicut et supra[2] dictum est de fortitudine et temperantia.

AD PRIMUM ergo dicendum quod, sicut vinum materiae corporaliter inebriat, ita etiam metaphorice consideratio sapientiae dicitur potus inebrians, propter hoc quod sua delectatione animum allicit: secundum illud Ps 22,5: *Calix meus inebrians quam praeclarus est!* Et ideo circa contemplationem sapientiae per similitudinem quandam sobrietas dicitur.

AD SECUNDUM dicendum quod omnia quae ad temperantiam proprie pertinent, necessaria sunt praesenti vitae, et eorum excessus nocet. Et ideo in omnibus necessarium est adhibere mensuram, quod pertinet ad officium sobrietatis. Propter quod nomine sobrietatis temperantia significatur. Sed modicus excessus in potu plus nocet quam in aliis. Et ideo sobrietas specialiter est circa potum.

AD TERTIUM dicendum quod, quamvis mensura in omnibus requiratur, non tamen sobrietas proprie in omnibus dicitur: sed in quibus mensura est maxime necessaria.

qual é mais difícil e mais perfeito preencher essa qualidade. É assim que a fortaleza encara os perigos mortais e a temperança, os prazeres do tato. Ora, a palavra "sobriedade" vem de medida, pois chama-se sóbrio quem respeita a medida. Por isso, a sobriedade se apropria, especificamente, de uma matéria em que é sumamente louvável observar a medida, como é o caso das bebidas que podem embriagar. Na verdade, o uso moderado da bebida é bastante benéfico, mas um pequeno excesso já é muito nocivo, porque impede o uso da razão, mais até do que o comer exagerado. Daí a palavra do livro do Eclesiástico: "O vinho bebido sabiamente é a saúde da alma e do corpo, bebido em demasia causa irritação e ira e muitas ruínas". Essa a razão por que a sobriedade tem como objeto, especialmente, a bebida, não qualquer bebida, mas aquela que, por seus vapores, pode perturbar a mente, como são o vinho e todas as demais bebidas embriagadoras. — Se tomarmos, porém, o termo "sobriedade" em sentido genérico, pode ser aplicado a qualquer matéria, como acima se disse, ao se tratar da fortaleza e da temperança.

QUANTO AO 1º, portanto, deve-se dizer que assim como o vinho, materialmente falando, embriaga o corpo, assim também, metaforicamente, a contemplação da sabedoria é uma bebida inebriante, porque cativa a alma com o prazer que lhe dá, conforme a Escritura: "Como é bela a minha taça embriagadora!" Por isso é que se fala, comparativamente, da sobriedade na contemplação da sabedoria.

QUANTO AO 2º, deve-se dizer que tudo o que é propriamente relacionado à temperança é necessário à vida presente e todo excesso é prejudicial. Assim, é necessário o comedimento em tudo e esse é o papel da sobriedade. É nesse sentido que se dá à temperança o nome da sobriedade. Mas um pequeno exagero na bebida prejudica mais do que em outras matérias e, por isso, a sobriedade refere-se, especialmente, à bebida.

QUANTO AO 3º, deve-se dizer que embora em tudo a medida seja necessária, não se fala, propriamente, de sobriedade em relação a todas as coisas, mas só em matéria na qual a medida é eminentemente necessária.

---

2. Q. 123, a. 2; q. 141, a. 2.

Articulus 2
Utrum sobrietas sit per se quaedam specialis virtus

AD SECUNDUM SIC PROCEDITUR. Videtur quod sobrietas non sit per se quaedam specialis virtus.

1. Abstinentia enim attenditur et circa cibos et potus. Sed circa cibos specialiter non est aliqua specialis virtus. Ergo nec sobrietas, quae est circa potus, est specialis virtus.

2. PRAETEREA, abstinentia et gula sunt circa delectationes tactus inquantum est sensus alimenti. Sed cibus et potus simul cedunt in alimentum: simul enim indiget animal nutriri humido et sicco. Ergo sobrietas, quae est circa potum, non est specialis virtus.

3. PRAETEREA, sicut in his quae ad nutritionem pertinent distinguitur potus a cibo, ita etiam distinguuntur diversa genera ciborum et diversa genera potuum. Si ergo sobrietas esset per se quaedam specialis virtus, videtur quod circa quamlibet differentiam potus vel cibi sit quaedam specialis virtus: quod est inconveniens. Non ergo videtur quod sobrietas sit specialis virtus.

SED CONTRA est quod Macrobius[1] ponit sobrietatem specialem partem temperantiae.

RESPONDEO dicendum quod, sicut supra[2] dictum est, ad virtutem moralem pertinet conservare bonum rationis contra ea quibus potest impediri: et ideo, ubi invenitur speciale impedimentum rationis, ibi necesse est esse specialem virtutem ad illud removendum. Potus autem inebrians habet specialem rationem impediendi rationis usum: inquantum scilicet perturbat cerebrum sua fumositate. Et ideo, ad removendum hoc impedimentum rationis, requiritur specialis virtus, quae est sobrietas.

AD PRIMUM ergo dicendum quod cibus et potus communiter impedire possunt bonum rationis absorbendo eam per immoderantiam delectationis. Et quantum ad hoc, communiter circa cibum et potum est abstinentia. Sed potus inebriare valens impedit speciali ratione, ut dictum est[3]. Et ideo requirit specialem virtutem.

Artigo 2
A sobriedade, é, em si mesma, uma virtude especial?

QUANTO AO SEGUNDO, ASSIM SE PROCEDE: parece que a sobriedade, em si mesma, **não** é uma virtude especial.

1. Com efeito, a abstinência inclui a comida e a bebida. Ora, não existe virtude especialmente ligada à comida. Logo, a sobriedade, cujo objeto é a bebida, não é uma virtude especial.

2. ALÉM DISSO, a abstinência e a gula referem-se aos prazeres do tato, enquanto sensação do alimento. Ora, a comida e a bebida constituem, simultaneamente, nossa alimentação, pois a vida animal precisa tanto das coisas úmidas como das secas. Logo, a sobriedade, cujo objeto é a bebida, não é uma virtude especial.

3. ADEMAIS, assim como no campo da nutrição distinguimos a comida da bebida, assim também distinguimos diferentes gêneros de comida e de bebidas. Portanto, se a sobriedade fosse, em si mesma, uma virtude especial, parece que seria preciso existir uma virtude especial para toda diferença de bebida e de comida, o que é inadmissível. Logo, a sobriedade não parece ser uma virtude especial.

EM SENTIDO CONTRÁRIO, Macróbio apresenta a sobriedade como parte especial da temperança.

RESPONDO. É próprio de toda virtude moral preservar o bem da razão contra as coisas que podem impedi-lo. Por isso, onde houver algum impedimento especial à razão, aí, necessariamente, deve haver uma virtude especial para eliminá-lo. Ora, a bebida inebriante impede, de modo especial, o uso da razão, porque altera o cérebro com seus vapores. Daí a necessidade de uma virtude especial, que extinga esse obstáculo e essa é a sobriedade.

QUANTO AO 1º, portanto, deve-se dizer que tanto a comida quanto a bebida podem, de modo geral, impedir o bem da razão, envolvendo-a no excesso de prazer e aí entra a virtude geral da abstinência. Mas as bebidas inebriantes criam um impedimento peculiar, como foi dito. Por isso, exigem uma virtude especial.

---

1. *In somn. Scip.*, l. I, c. 8: ed. Fr. Eyssenhardt, Lipsiae 1868, p. 507, l. 24.
2. Q. 146, a. 2.
3. In corp.

AD SECUNDUM dicendum quod virtus abstinentiae non est circa cibos et potus inquantum sunt nutritiva, sed inquantum impediunt rationem. Et ideo non oportet quod specialitas virtutis attendatur secundum rationem nutritionis.

AD TERTIUM dicendum quod in omnibus potibus inebriare valentibus est una et eadem ratio impediendi usum rationis. Et sic illa potuum diversitas per accidens se habet ad virtutem. Et propter hoc, secundum huiusmodi diversitatem virtutes non diversificantur. Et eadem ratio est de diversitate ciborum.

QUANTO AO 2º, deve-se dizer que a virtude da abstinência não se ocupa com a comida e a bebida enquanto nutritivas, mas enquanto podem criar obstáculos à razão. Por isso, não há por que estabelecer uma virtude especial, que trate delas segundo a razão de nutrição.

QUANTO AO 3º, deve-se dizer que todas as bebidas que causam embriaguez impedem, pelo mesmo motivo, o uso da razão. A diversidade de bebidas, portanto, tem relação apenas acidental com a virtude. Por isso, dada essa diversidade, as virtudes não se diferenciam. E o mesmo argumento vale para diversidade das comidas.

ARTICULUS 3
Utrum usus vini totaliter sit illicitus

AD TERTIUM SIC PROCEDITUR. Videtur quod usus vini totaliter sit illicitus.

1. Sine sapientia enim non potest aliquis esse in statu salutis: dicitur enim Sap 7,28: *Neminem diligit Deus nisi qui cum sapientia inhabitat*; et infra, 9,19: *Per sapientiam sanati sunt quicumque placuerunt tibi a principio*. Sed usus vini impedit sapientiam: dicitur enim Eccle 2,3: *Cogitavi abstrahere a vino carnem meam, ut transferrem animam meam ad sapientiam*. Ergo potus vini est universaliter illicitus.

2. PRAETEREA, Apostolus dicit, Rm 14,21: *Bonum est non manducare carnem et non bibere vinum, neque in quo frater tuus offenditur aut scandalizatur aut infirmatur*. Sed cessare a bono virtutis est vitiosum: et similiter fratribus scandalum ponere. Ergo uti vino est illicitum.

3. PRAETEREA, Hieronymus dicit[1] quod *vinum cum carnibus post diluvium est dedicatum: Christus autem venit in fine saeculorum, et extremitatem retraxit ad principium*. Ergo, tempore Christianae legis, videtur esse illicitum vino uti.

SED CONTRA est quod Apostolus dicit, 1Ti 5,23: *Noli adhuc aquam bibere, sed modico vino utere, propter stomachum tuum et frequentes infirmitates*. Et Eccli 31,36 dicitur: *Exultatio animae est cordis vinum moderate potatum*.

RESPONDEO dicendum quod nullus cibus vel potus, secundum se consideratus, est illicitus: secundum sententiam Domini dicentis, Mt 15,11:

ARTIGO 3
O uso do vinho é totalmente ilícito?

QUANTO AO TERCEIRO, ASSIM SE PROCEDE: parece que o uso do vinho é totalmente ilícito.

1. Com efeito, sem sabedoria, ninguém pode estar em condições de salvação, como diz a Escritura: "São amados de Deus somente os que privam da intimidade da Sabedoria", e mais abaixo: "Os homens que te agradaram desde o princípio foram salvos pela sabedoria". Ora, o uso do vinho impede a sabedoria, segundo o livro do Eclesiastes: "Deliberei em meu coração arrancar do vinho a minha carne, para dedicar minha alma à sabedoria". Logo, é absolutamente ilícito beber vinho.

2. ALÉM DISSO, declara o Apóstolo: "É bom não comer carne, nem beber vinho, e nada fazer que ofenda, escandalize ou enfraqueça teu irmão". Ora, deixar de praticar o bem da virtude é escandalizar os irmãos, é fazer o mal. Logo, o uso do vinho é ilícito.

3. ADEMAIS, diz Jerônimo: "O uso do vinho com a carne começou após o dilúvio; Cristo, porém, veio no fim dos tempos e restabeleceu as coisas como eram no princípio". Logo, na lei cristã, parece que é ilícito beber vinho.

EM SENTIDO CONTRÁRIO, a Timóteo recomenda Paulo: "Cessa de beber só água. Toma um pouco de vinho, por causa do teu estômago e de tuas repetidas fraquezas". E o livro do Eclesiástico diz: "O vinho bebido moderadamente é alegria da alma e do coração".

RESPONDO. Nenhuma comida ou bebida, considerada em si mesma, é ilícita, conforme a palavra do Senhor: "Não é o que entra na boca que torna

---

3 PARALL.: I *ad Tim.*, c. 5, lect 3.
   1. *Contra Iovin.*, l. I, n. 18: ML 23, 237 A.

Nihil quod intrat in os, coinquinat hominem. Et ideo bibere vinum, secundum se loquendo, non est illicitum. Potest tamen illicitum reddi per accidens. Quandoque quidem ex conditione bibentis, qui a vino de facili laeditur, vel qui ex speciali voto obligatur ad vinum non bibendum. Quandoque autem ex modo bibendi: quia scilicet mensuram in bibendo excedit. Quandoque autem ex parte aliorum, qui ex hoc scandalizarentur.

AD PRIMUM ergo dicendum quod sapientia potest haberi dupliciter. Uno modo, secundum modum communem, prout sufficit ad salutem. Et sic non requiritur ad sapientiam habendam quod aliquis a vino omnino abstineat, sed quod abstineat ab immoderato usu vini. — Alio modo, secundum quendam perfectionis gradum. Et sic requiritur in aliquibus, ad perfecte sapientiam percipiendam, quod omnino a vino abstineant: secundum conditiones quarundam personarum et locorum.

AD SECUNDUM dicendum quod Apostolus non simpliciter dicit bonum esse abstinere a vino: sed in casu in quo ex hoc aliqui scandalizantur.

AD TERTIUM dicendum quod Christus retrahit nos a quibusdam sicut omnino illicitis: a quibusdam vero sicut ab impedimentis perfectionis. Et hoc modo retrahit aliquos a vino studio perfectionis, sicut et a divitiis et aliis huiusmodi.

o homem impuro". Portanto, beber vinho não é, de si, ilícito. Pode, porém, tornar-se ilícito, acidentalmente, para quem se deixa alterar com facilidade por ele, ou para quem fez voto de não bebê-lo; outras vezes, pelo modo de beber, quando se passa das medidas; e outras vezes, ainda, por causa dos outros, pelo escândalo que se pode dar.

QUANTO AO 1º, portanto, deve-se dizer que há duas formas de possuir a sabedoria. Primeiramente, na acepção comum, enquanto suficiente para a salvação e, nesse nível, não é preciso abster-se inteiramente de vinho, mas apenas do seu uso exagerado. — Pode-se, porém, possuir a sabedoria em certo nível de perfeição e, nesse sentido, há os que, para atingir a sabedoria perfeita, se abstêm totalmente de vinho, segundo as condições das pessoas e dos lugares.

QUANTO AO 2º, deve-se dizer que o Apóstolo não diz simplesmente que é bom não beber vinho. Ele apenas aconselha que se evite escândalo no uso dele.

QUANTO AO 3º, deve-se dizer que Cristo nos proíbe algumas coisas, como absolutamente ilícitas e outras, como impedimentos da perfeição. É nesse sentido que ele veta o vinho, como também as riquezas e outras coisas semelhantes aos que buscam a perfeição.

ARTICULUS 4
Utrum sobrietas magis requiratur in maioribus personis

AD QUARTUM SIC PROCEDITUR. Videtur quod sobrietas magis requiratur in maioribus personis.

1. Senectus enim excellentiam quandam homini praestat: unde et senibus reverentia et honor debetur, secundum illud Lv 19,32: *Coram cano capite consurge, et honora personam senis*. Sed Apostolus specialiter senes dicit esse ad sobrietatem exhortandos: secundum illud Tt 2,2: *Senes, ut sobrii sint*. Ergo sobrietas maxime requiritur in excellentioribus personis.

2. PRAETEREA, episcopus in Ecclesia excellentissimum gradum habet. Cui per Apostolum indicitur sobrietas: secundum illud 1Ti 3,2: *Oportet episcopum irreprehensibilem esse, unius uxoris virum,*

ARTIGO 4
A sobriedade é mais necessária nas pessoas mais dignas?

QUANTO AO QUARTO, ASSIM SE PROCEDE: parece que a sobriedade é mais necessária nas pessoas mais dignas.

1. Com efeito, a velhice confere ao homem certa preeminência, recomendando, por isso, o livro do Levítico que se dê aos velhos honra e reverência: "Levanta-te diante de cabelos brancos e sê cheio de respeito por um ancião". Ora, o Apóstolo diz que a sobriedade deve ser especialmente indicada aos velhos: "Que os homens idosos sejam sóbrios". Logo, a sobriedade é necessária sobretudo às pessoas mais dignas.

2. ALÉM DISSO, o bispo ocupa na Igreja o mais alto grau de dignidade e a ele o Apóstolo recomenda a sobriedade: "O bispo deve ser irrepreensível, esposo de uma só mulher, sóbrio, ponderado..."

---

4 PARALL.: I *ad Tim.*, c. 2, lect. 2.

sobrium, prudentem, etc. Ergo sobrietas maxime requiritur in personis excellentibus.

3. PRAETEREA, sobrietas importat abstinentiam a vino. Sed vinum interdicitur regibus, qui tenent summum locum in rebus humanis, conceditur autem his qui sunt in statu deiectionis: secundum illud Pr 31,4: *Noli regibus dare vinum*; et postea v. 6 subdit: *Date siceram moerentibus, et vinum his qui amaro animo sunt*. Ergo sobrietas magis requiritur in excellentioribus personis.

SED CONTRA est quod Apostolus, 1Ti 3,11, dicit: *Mulieres similiter pudicas, sobrias*, etc. Et Tt 2,6 dicitur: *Iuvenes similiter hortare ut sobrii sint*.

RESPONDEO dicendum quod virtus habet habitum ad duo: uno quidem modo, ad contraria vitia quae excludit, et concupiscentias quas refrenat; alio modo, ad finem in quem perducit. Sic igitur aliqua virtus magis requiritur in aliquibus duplici ratione. Uno modo, quia in eis est maior pronitas ad concupiscentias quas oportet per virtutem refrenari, et ad vitia quae per virtutem tolluntur. Et secundum hoc, sobrietas maxime requiritur in iuvenibus et mulieribus: quia in iuvenibus viget concupiscentia delectabilis, propter fervorem aetatis; in mulieribus autem non est sufficiens robur mentis ad hoc quod concupiscentiis resistant. Unde, secundum Maximum Valerium[1], mulieres apud Romanos antiquitus non bibebant vinum.

Alio vero modo sobrietas magis requiritur in aliquibus utpote magis necessaria ad propriam operationem ipsorum. Vinum autem immoderate sumptum praecipue impedit usum rationis. Et ideo senibus, in quibus ratio debet vigere ad aliorum eruditionem; et episcopis, seu quibuslibet Ecclesiae ministris, qui mente devota debent spiritualibus oficiis insistere; et regibus, qui per sapientiam debent populum subditum gubernare, specialiter sobrietas indicitur.

Et per hoc patet responsio AD OBIECTA.

Logo, a sobriedade é exigida, de modo especial, às pessoas mais dignas.

3. ADEMAIS, a sobriedade implica a abstenção de vinho. Ora, o vinho é proibido aos reis, que ocupam o lugar mais alto na escala social, mas é permitido aos que estão em estado de inferioridade, segundo o livro dos Provérbios: "Aos reis não convém o vinho", e, logo depois: "Que se dê, antes, álcool ao que está triste e vinho a quem está imerso na aflição". Logo, a sobriedade é exigida sobretudo das pessoas mais dignas.

EM SENTIDO CONTRÁRIO, diz o Apóstolo: "As mulheres, igualmente, devem ser honradas, sóbrias" e ainda: "Exorta, outrossim, os jovens a serem sóbrios".

RESPONDO. A virtude tem dupla relação: de um lado, com os vícios contrários, excluindo-os, e com as concupiscências, refreando-as; de outro lado, com o fim a que ela conduz. Assim, pois, uma virtude pode ser necessária a certas pessoas por duas razões. Primeiro, por terem maior queda para a concupiscência, que devem dominar pela virtude, e para os vícios, que a virtude deve extirpar. Nesse sentido, a sobriedade é extremamente necessária aos jovens e às mulheres. Aos jovens, porque, no ardor da idade, o desejo dos prazeres está neles em pleno vigor; às mulheres, porque não têm força mental suficiente para resistirem às concupiscências. Por isso, segundo Valério Máximo, na Roma antiga, as mulheres não bebiam vinho[a].

Em segundo lugar, a sobriedade se torna necessária, sobretudo, para certas pessoas cuja atividade não pode ser cumprida sem ela. O vinho, com efeito, tomado exageradamente, trava o uso da razão. Por isso, a sobriedade é, particularmente, necessária, aos velhos, que devem ter a mente desperta para ensinar os demais; aos bispos e a todos os ministros da Igreja, que devem realizar seu múnus pastoral com espírito devotado e aos reis, que devem governar os súditos com sabedoria.

Assim, fica patente a resposta às OBJEÇÕES.

---

1. *Dictorum Factorumque Memorab.*, l. II, c. 1: ed. C. Kempf, Lipsiae 1888, p. 58, l. 22.

a. Para os romanos, para São Paulo e para Sto. Tomás, parece bem estabelecido que as mulheres são especialmente incapazes de resistir aos apelos da concupiscência. Que se há de concluir senão que uma tradição tão impressionante pode veicular preconceitos?

QUAESTIO CL
DE EBRIETATE

in quatuor articulos divisa
Deinde considerandum est de ebrietate.
Et circa hoc quaeruntur quatuor.
Primo: utrum ebrietas sit peccatum.
Secundo: utrum sit peccatum mortale.
Tertio: utrum sit gravissimum peccatorum.
Quarto: utrum excuset a peccato.

Articulus 1
Utrum ebrietas sit peccatum

AD PRIMUM SIC PROCEDITUR. Videtur quod ebrietas non sit peccatum.
1. Omne enim peccatum habet aliud peccatum sibi oppositum: sicut timiditati audacia, et pusillanimitati praesumptio opponitur. Sed ebrietati nullum peccatum opponitur. Ergo ebrietas non est peccatum.
2. PRAETEREA, omne peccatum est voluntarium. Sed nullus vult esse ebrius: quia nullus vult privari usu rationis. Ergo ebrietas non est peccatum.
3. PRAETEREA, quicumque est alteri causa peccandi, peccat. Si ergo ebrietas esset peccatum, sequeretur quod illi qui alios invitant ad potum quo inebriantur, peccarent. Quod videtur esse valde durum.
4. PRAETEREA, omnibus peccatis correctio debetur. Sed ebriis non adhibetur correctio: dicit enim Gregorius[1] quod *cum venia suo ingenio sunt relinquendi, ne deteriores fiant si a tali consuetudine evellantur.* Ergo ebrietas non est peccatum.

SED CONTRA est quod Apostolus dicit, *Rom.* 13,13: *Non in comessationibus et ebrietatibus.*
RESPONDEO dicendum quod ebrietas dupliciter accipi potest. Uno modo, prout significat ipsum defectum hominis qui accidit ex multo vino potato, ex quo fit ut non sit compos rationis. Et secundum hoc, ebrietas non nominat culpam, sed defectum poenalem consequentem ex culpa.
Alio modo ebrietas potest nominare actum quo quis in hunc defectum incidit. Qui potest causare ebrietatem dupliciter. Uno modo, ex nimia vini fortitudine, praeter opinionem bibentis. Et sic etiam ebrietas potest accidere sine peccato, prae-

QUESTÃO 150
A EMBRIAGUEZ

em quatro artigos
Em seguida, deve-se tratar da embriaguez.
A esse respeito, quatro questões:
1. A embriaguez é um pecado?
2. É pecado mortal?
3. É o maior dos pecados?
4. Exime de pecado?

Artigo 1
A embriaguez é um pecado?

QUANTO AO PRIMEIRO ARTIGO, ASSIM SE PROCEDE: parece que a embriaguez **não** é um pecado.
1. Com efeito, a todo pecado se opõe outro: à timidez se opõe a audácia; à pusilanimidade, a presunção. Ora, nenhum pecado se opõe à embriaguez. Logo, a embriaguez não é pecado.

2. ALÉM DISSO, todo pecado é voluntário. Ora, ninguém quer ficar bêbado, pois ninguém deseja se ver privado do uso da razão. Logo, a embriaguez não é pecado.

3. ADEMAIS, peca todo aquele que é causa do pecado para alguém. Logo, se a embriaguez fosse pecado, pecariam todos os que convidam outros a tomar uma bebida que os embriaga. Isso, porém, parece duro demais.
4. ADEMAIS, todo pecado pede correção. Ora, não se dá nenhum corretivo a quem está embriagado, pois diz Gregório: "É preciso ter indulgência com eles e deixá-los seguir sua inclinação, para que não se tornem piores, se lhes arrancar esse costume". Logo, a embriaguez não é pecado.

EM SENTIDO CONTRÁRIO, diz o Apóstolo: "Vivamos... sem comezainas nem bebedeiras".
RESPONDO. A embriaguez pode ser vista sob duplo aspecto. Primeiro, ela representa a degradação do homem que bebeu demais, a ponto de não mais ser senhor de si e, nesse caso, a embriaguez não implica uma culpa, mas um castigo decorrente de uma culpa.
Segundo, a embriaguez pode designar o ato pelo qual se cai nesse estado, que pode causar a embriaguez de duas maneiras. Primeiro, pela excessiva força do vinho, não obstante a opinião de quem o bebe. E aí a embriaguez pode

---

1. Cfr. GRATIANUM, *Decretum,* P. I, dist. 4, can. 6: ed. Richter-Friedberg, t. I, p. 6.

cipue si non ex negligentia hominis contingat: et sic creditur Noe inebriatus fuisse, ut legitur Gen 9,21. — Alio modo, ex inordinata concupiscentia et usu vini. Et sic ebrietas ponitur esse peccatum. Et continetur sub gula sicut species sub genere: dividitur enim gula in comessationem et ebrietatem, quae prohibet Apostolus in auctoritate inducta.

AD PRIMUM ergo dicendum quod, sicut Philosophus dicit, in III *Ethic*.[2], insensibilitas, quae opponitur temperantiae, *non multum contingit*. Et ideo tam ipsa quam omnes eius species, quae opponuntur diversis speciebus intemperantiae, nomine carent. Unde et vitium quod opponitur ebrietati innominatum est. Et tamen si quis scienter in tantum a vino abstineret ut naturam multum gravaret, a culpa immunis non esset.

AD SECUNDUM dicendum quod obiectio illa procedit de defectu consequente, qui est involuntarius. Sed immoderatus usus vini est voluntarius, in quo consistit ratio peccati.

AD TERTIUM dicendum quod, sicut ille qui inebriatur excusatur a peccato si ignorat fortitudinem vini, ita etiam ille qui invitat aliquem ad bibendum excusatur a peccato si ignoret talem esse conditionem bibentis ut ex hoc potu inebrietur. Sed si ignorantia desit, neuter a peccato excusatur.

AD QUARTUM dicendum quod aliquando correctio peccatoris est intermittenda, ne fiat inde deterior, ut supra[3] dictum est. Unde Augustinus dicit, in epistola *ad Aurelium Episcopum*[4], de comessationibus et ebrietatibus loquens: *Non aspere, quantum aestimo, non dure, non imperiose ista tolluntur: sed magis docendo quam iubendo, magis monendo quam minando. Sic enim agendum est cum multitudine peccantium: severitas autem exercenda est in peccato paucorum.*

acontecer sem pecado, máxime se não for por negligência humana, como parece ter acontecido a Noé, conforme se lê no livro do Gênesis. — Em segundo lugar, pode sobrevir a embriaguez como consequência de um desejo e de um uso desordenados do vinho. E então a embriaguez é pecado. E é parte da gula, como a espécie está contido no gênero, porque a gula se divide em comezainas e em bebedeiras, todas proibidas pelo Apóstolo, no texto citado.

QUANTO AO 1º, portanto, deve-se dizer que como diz o Filósofo, a insensibilidade que se opõe à temperança, "não é muito frequente". Por isso, tanto ela como todas as suas espécies que se opõem às diversas espécies de temperança, não têm denominação. E também carece de nome o vício que se opõe à embriaguez. Não obstante, se alguém se abstivesse, conscientemente, do vinho, a ponto de prejudicar a própria saúde, não estaria isento de pecado[a].

QUANTO AO 2º, deve-se dizer que aquela objeção procede relativamente ao efeito derivado, que é involuntário. Mas o uso imoderado do vinho é voluntário e nisso reside a razão do pecado.

QUANTO AO 3º, deve-se dizer que assim como quem se embriaga fica isento de pecado, caso desconheça a força do vinho, assim também quem convida alguém a beber, fica isento do pecado se ignora que esse convidado é de condição tal que irá se embebedar. Mas, se não houver essa ignorância, ambos terão pecado.

QUANTO AO 4º, deve-se dizer que às vezes, como foi dito, não é bom corrigir o pecado, para que ele não fique pior. Por isso, Agostinho, falando dos excessos no comer e no beber, escreveu: "A meu juízo, não é com o rigor, a dureza e a força que se eliminam esses vícios, mas ensinando, mais do que mandando; aconselhando, mais do que ameaçando. Assim é que se deve agir com a maior parte dos pecadores, procedendo com severidade com poucos deles"[b].

---

2. C. 14: 1119, a, 5-11.
3. Q. 33, a. 6.
4. Epist. 22, al. 64, c. 1, n. 5: ML 33, 92.

a. Sto. Tomás não duvida que haja, por falta do uso de vinho, um vício contrário à embriaguez. Deve-se buscar a razão disso num desejo de simetria a qualquer custo? O motivo não seria antes que nosso autor, de cultura mediterrânea, considera o vinho como um alimento natural, que pode pregar peças nos não acostumados, mas que, *a priori*, goza de simpatia? O exame de um mapa indicando as fronteiras do cultivo de videiras no século XIII (Paris também tinha suas vinhas!) mostra que Sto. Tomás sempre viveu em regiões vinícolas.

b. A experiência dos antigos com os alcoólatras os haviam conduzido a concepções afinal bastante modernas. Não é de "correções" que os alcoólatras necessitam, mas de uma saudável terapia.

Artigo 2
A embriaguez é pecado mortal?

Quanto ao segundo, assim se procede: parece que a embriaguez **não** é pecado mortal.

1. Com efeito, Agostinho diz que a embriaguez é pecado mortal "se for frequente". Ora, a frequência é uma circunstância que não leva a outra espécie de pecado e, assim, não pode agravar ao infinito, a ponto de transformar um pecado venial em pecado mortal, como se deduz do anteriormente dito. Logo, se a embriaguez não é pecado mortal por outras vias, tampouco o será por essa circunstância.

2. Além disso, no mesmo sermão, Agostinho adverte: "Fique claro que incorre sempre em pequenos pecados quem, comendo ou bebendo, ultrapassa o necessário". Ora, os pequenos pecados são os veniais. Logo, a embriaguez, causada por excesso no beber, é pecado venial.

3. Ademais, nenhum pecado mortal pode ser cometido por motivos médicos. Ora, há quem beba demais, por conselho médico, para depois se aliviar, vomitando, e dessa bebida excessiva vem a embriaguez. Logo, a embriaguez não é pecado mortal.

Em sentido contrário, nos *Cânones dos Apóstolos* está escrito: "O bispo, o presbítero ou o diácono que se entregarem ao jogo ou à embriaguez, corrijam-se ou sejam depostos. O subdiácono, o leitor ou o cantor que fizerem o mesmo, corrijam-se ou sejam privados da comunhão. E com o leigo se faça o mesmo". Ora, essas penas só se aplicam em caso de pecado mortal. Logo, a embriaguez é pecado mortal.

Respondo. O pecado da embriaguez consiste no uso e no desejo imoderados do vinho. Isso pode acontecer de três maneiras. Primeiro, quando não se sabe que a bebida é excessiva e que pode embriagar. Nesse caso, a embriaguez pode acontecer sem pecado, como foi dito. — Em segundo lugar, quando se sabe que a bebida é excessiva, mas não se sabe que pode embriagar e então a embriaguez pode envolver pecado venial. — E, em terceiro

---

2 Parall.: I-II, q. 88, a. 5, ad 1; II *Sent.*, dist. 24, q. 3, a. 6; *De Malo*, q. 2, a. 8, ad 3; q. 7, a. 4, ad 1; *ad Rom.*, c. 13, lect. 3; I *ad Cor.*, c. 5, lect. 3; *ad Galat.*, c. 5, lect. 5.

1. In Append., Serm. 104, al. 41 *de Sanctis*, n. 2: ML 39, 1946.
2. I-II, q. 88, a. 5.
3. Loc. cit.
4. Can. 42, 43: ed. Mansi, t. I, p. 56; sive can. 41, 42: ibid., t. I, p. 38.
5. Art. praec.
6. Ibid.

esse cum peccato veniali. — Tertio modo, potest contingere quod aliquis bene advertat potum esse immoderatum et inebriantem, et tamen magis vult ebrietatem incurrere quam a potu abstinere. Et talis proprie dicitur ebrius: quia moralia recipiunt speciem non ab his quae per accidens eveniunt praeter intentionem, sed ab eo quod est per se intentum. Et sic ebrietas est peccatum mortale. Quia secundum hoc, homo volens et sciens privat se usu rationis, quo secundum virtutem operatur et peccata declinat: et sic peccat mortaliter, periculo peccandi se committens. Dicit enim Ambrosius, in libro *de Patriarchis*[7]: *Vitandam dicimus ebrietatem, per quam crimina cavere non possumus: nam quae sobrii cavemus; per ebrietatem ignorantes committimus*. Unde ebrietas, per se loquendo, est peccatum mortale.

AD PRIMUM ergo dicendum quod assiduitas facit ebrietatem esse peccatum mortale, non propter solam intentionem actus, sed quia non potest esse quod homo assidue inebrietur quin sciens et volens ebrietatem incurrat, dum multoties experitur fortitudinem vini, et suam habilitatem ad ebrietatem.

AD SECUNDUM dicendum quod plus sumere in cibo vel potu quam necesse sit, pertinet ad vitium gulae, quae non semper est peccatum mortale. Sed plus sumere in potu scienter usque ad ebrietatem, hoc est peccatum mortale. Unde Augustinus dicit, in X *Confess.*[8]: *Ebrietas longe est a me, misereberis ne appropinquet mihi: crapula autem nonnumquam subrepsit servo tuo*.

AD TERTIUM dicendum quod, sicut dictum est[9], cibus et potus est moderandus secundum quod competit corporis valetudini. Et ideo sicut quandoque contingit ut cibus vel potus qui est moderatus sano, sit superfluus infirmo; ita etiam potest e converso contingere ut ille qui est superfluus sano, sit moderatus infirmo. Et hoc modo, cum aliquis multum comedit vel bibit secundum consilium medicinae ad vomitum provocandum, non est reputandus superfluus cibus vel potus. Nec tamen requiritur ad vomitum provocandum quod sit potus inebrians: quia etiam potus aquae tepidae vomitum causat. Et ideo propter hanc causam non excusaretur aliquis ab ebrietate.

lugar, quando se sabe muito bem que a bebida é demasiada e embriagadora e, contudo, prefere-se o risco da embriaguez à abstenção do beber. Temos assim a embriaguez propriamente dita, porque os atos morais se especificam não pelo que sucede acidentalmente e sem intenção, mas pelo que se busca, direta e intencionalmente. Dessa forma, a embriaguez é pecado mortal, porque voluntária e cientemente, a pessoa se priva do uso da razão, que nos faz agir de acordo com a virtude, evitando o pecado. Peca, pois, mortalmente, ao se expor ao perigo de pecar. Ambrósio, com efeito, diz: "Afirmamos que é preciso fugir da embriaguez, que nos faz incapazes de evitar os pecados, pois o que evitamos, estando sóbrios, nós o cometemos na embriaguez, sem nos darmos conta". Portanto, a embriaguez, estritamente falando, é pecado mortal.

QUANTO AO 1º, portanto, deve-se dizer que a frequência torna a embriaguez um pecado mortal, não pela mera repetição do ato, mas porque é impossível alguém se embebedar continuamente sem que saiba e queira incorrer na embriaguez, pois experimentou, muitas vezes, a força do vinho e a própria inclinação a embriagar-se.

QUANTO AO 2º, deve-se dizer que comer ou beber além do necessário é coisa da gula, que nem sempre constitui pecado mortal. Mas exagerar na bebida, conscientemente, até à embriaguez, é pecado mortal. Daí a palavra de Agostinho: "A embriaguez está longe de mim; na tua misericórdia, Senhor, não permitas que ela de mim se aproxime, embora a intemperança tenha, algumas vezes, dominado o teu servo".

QUANTO AO 3º, deve-se dizer que a comida e a bebida devem seguir as exigências da saúde corporal. Por conseguinte, assim como, às vezes, uma comida ou uma bebida normais para um homem são, podem ser excessivas para um doente, assim também pode acontecer o contrário: o que é demais para uma pessoa sadia é normal para um enfermo. Desse modo, quando se come ou se bebe muito, por recomendação médica, para provocar vômito, não se pode ver aí nenhum excesso. No entanto, não é necessário, para causar vômito, que a bebida seja embriagadora, porque a água morna também poderia provocá-lo. Portanto, o motivo invocado não bastaria para justificar a embriaguez.

---

7. *De Abraham*, l. I, c. 6, n. 57: ML 14, 441 D.
8. C. 31, n. 45: ML 32, 798.
9. Q. 141, a. 6.

Articulus 3
Utrum ebrietas sit gravissimum peccatorum

AD TERTIUM SIC PROCEDITUR. Videtur quod ebrietas sit gravissimum peccatorum.

1. Dicit enim Chrysostomus[1] quod *nihil ita est daemoni amicum sicut ebrietas et lascivia, quae est mater omnium vitiorum*. Et in Decretis dicitur, dist. XXXV[2]: *Ante omnia clericis vitetur ebrietas, quae omnium vitiorum radix et nutrix est.*

2. PRAETEREA, ex hoc dicitur aliquid esse peccatum quod bonum rationis excludit. Sed hoc maxime facit ebrietas. Ergo ebrietas est maximum peccatorum.

2. PRAETEREA, magnitudo culpae ex magnitudine poenae ostenditur. Sed ebrietas videtur esse maxime punita: dicit enim Ambrosius[3] quod *non esset in homine servitus, si non fuisset ebrietas*. Ergo ebrietas est maximum peccatorum.

SED CONTRA est quod, secundum Gregorium[4], vitia spiritualia sunt maiora quam carnalia. Sed ebrietas continetur inter vitia carnalia. Ergo non est maximum peccatorum.

RESPONDEO dicendum quod ex hoc dicitur aliquid esse malum, quod privat bonum. Unde quanto maius est bonum quod privatar per malum, tanto malum gravius est. Manifestum est autem quod bonum divinum est maius quam bonum humanum. Et ideo peccata quae sunt directe contra Deum, sunt graviora peccato ebrietatis, quod directe opponitur bono rationis humanae.

AD PRIMUM ergo dicendum quod ad peccata intemperantiae maxime homo habet pronitatem, propter hoc quod huiusmodi concupiscentiae et delectationes sunt nobis connaturales. Et secundum hoc, dicuntur huiusmodi peccata esse maxime amica diabolo: non quia sint aliis graviora, sed quia sunt apud homines frequentiora.

AD SECUNDUM dicendum quod bonum rationis impeditur dupliciter: uno modo, per id quod est contrarium rationi; alio modo, per id quod aufert usum rationis. Plus autem habet de ratione mali id quod contrariatur rationi, quam quod ad horam usum rationis aufert: usus enim rationis potest esse

Artigo 3
A embriaguez é o maior dos pecados?

QUANTO AO TERCEIRO, ASSIM SE PROCEDE: parece que a embriaguez é o maior dos pecados.

1. Com efeito, Crisóstomo diz que "nada é tão estimado pelo demônio como a embriaguez e a lascívia, mães de todos os vícios". E nas Decretais se prescreve: "Evitem os clérigos, sobretudo, a embriaguez, que é a raiz e mãe de todos os vícios".

2. ALÉM DISSO, uma coisa é pecado quando impede o bem da razão. Ora, isso a embriaguez realiza, em altíssimo grau. Logo, a embriaguez é o maior dos pecados.

3. ADEMAIS, revela-se a gravidade de um pecado pela gravidade da punição. Ora, parece que a embriaguez recebe a maior das punições, porque Ambrósio diz: "não haveria escravidão humana, se não houvesse embriaguez". Logo, a embriaguez é o maior dos pecados.

EM SENTIDO CONTRÁRIO, segundo Gregório, os vícios espirituais são maiores que os carnais. Ora, a embriaguez está entre os vícios carnais. Logo, não é o maior dos pecados.

RESPONDO. Considera-se mal aquilo que priva do bem. Por isso, quanto maior for o bem de que o mal priva, tanto mais grave será este. Ora, é evidente que o bem divino é maior que o bem humano. Portanto, os pecados que vão diretamente contra Deus são mais graves que a embriaguez, que se opõe diretamente ao bem da razão humana.

QUANTO AO 1º, portanto, deve-se dizer que tem o homem a maior tendência para os pecados da intemperança, porque esses desejos e prazeres lhe são conaturais. Essa a razão por que esses pecados são considerados como os mais agradáveis ao demônio. Não por serem maiores que os outros, mas porque são mais frequentes entre os homens.

QUANTO AO 2º, deve-se dizer que o bem da razão pode ser impedido de dois modos: ou por algo que é contrário à razão, ou por algo que a suprime. Ora, o que se opõe à razão é mais grave do que aquilo que, momentaneamente, priva do uso dele, pois o uso da razão, que a embriaguez

---

1. Homil. 57, al. 58, *in Matth.*, n. 4: MG 58, 564.
2. GRATIANUS, *Decretum*, P. I, dist. 35, can. 9: ed. Richter-Friedberg, t. I, p. 133.
3. *De Elia et ieiunio*, c. 5, n. 11: ML 14, 702 A.
4. *Moral.*, l. XXXIII, c. 12, al. 11, in vet. 15: ML 76, 688 BC.

et bonus et malus, qui tollitur per ebrietatem; sed bona virtutum, quae tolluntur per ea quae contrariantur rationi, sunt semper bona.

AD TERTIUM dicendum quod servitus est consecuta ex ebrietate occasionaliter, inquantum Cham maledictionem servitutis in sua posteritate accepit propter hoc quod irrisit patrem inebriatum. Non autem servitus fuit directe poena ebrietatis.

ARTICULUS 4
Utrum ebrietas excuset a peccato

AD QUARTUM SIC PROCEDITUR. Videtur quod ebrietas non excuset a peccato.
1. Dicit enim Philosophus, in III *Ethic.*[1], quod *ebrius meretur duplices maledictiones*. Ergo ebrietas magis aggravat peccatum quam excuset.
2. PRAETEREA, peccatum non excusatur per peccatum, sed magis augetur. Ebrietas autem est peccatum. Ergo non excusat a peccato.
3. PRAETEREA, Philosophus dicit, in VII *Ethic.*[2], quod sicut ratio hominis ligatur per ebrietatem, ita etiam ligatur per concupiscentiam. Sed concupiscentia non excusat a peccato. Ergo etiam neque ebrietas.

SED CONTRA est quod Lot excusatur ab incestu propter ebrietatem: ut dicit Augustinus, *contra Faustum*[3].

RESPONDEO dicendum quod in ebrietate duo attenduntur, sicut dictum est[4]: scilicet defectus consequens, et actus praecedens. Ex parte autem defectus consequentis, in quo ligatur usus rationis, ebrietas habet excusare peccatum, inquantum causat involuntarium per ignorantiam. — Sed ex parte actus praecedentis, videtur esse distinguendum. Quia si ex actu illo praecedente subsecuta est ebrietas sine peccato, tunc peccatum sequens

suprime, pode ser bom ou mau, ao passo que os bens das virtudes, que são eliminados pelo que contraria a razão, são sempre bons[c].

QUANTO AO 3º, deve-se dizer que a escravidão foi efeito ocasional da embriaguez, quando sua maldição recaiu sobre Cam e seus descendentes, porque ele ridicularizara o pai embriagado. Mas a escravidão não foi castigo diretamente derivado da embriaguez.

ARTIGO 4
A embriaguez exime de pecado?[d]

QUANTO AO QUARTO, ASSIM SE PROCEDE: parece que a embriaguez **não** exime de pecado.
1. Com efeito, o Filósofo diz que "o ébrio merece dupla maldição". Logo, a embriaguez não só não exime de pecado, como o agrava.
2. ALÉM DISSO, um pecado não escusa, antes, aumenta outro. Ora, a embriaguez é um pecado. Logo, não exime de pecado.
3. ADEMAIS, diz também o Filósofo que, assim como a mente humana se sente travada pela embriaguez, assim também se sente presa pela concupiscência. Ora, a concupiscência não exime de pecado. Logo, a embriaguez também não.

EM SENTIDO CONTRÁRIO, diz Agostinho que Lot foi isentado da culpa do incesto, pelo seu estado de embriaguez.

RESPONDO. Devem-se ter presentes duas coisas na embriaguez: a degradação consequente e o ato precedente. No primeiro aspecto, com o impedimento do uso da razão, a embriaguez pode eximir de pecado, enquanto é motivo para se agir involuntariamente, por ignorância. — Mas, no segundo aspecto, parece que se deve distinguir: se do ato precedente resultou a embriaguez sem pecado, então o pecado subsequente fica total-

---

4 PARALL.: I-II, q. 76, a. 4, ad 2, 4; q. 77, a. 7; II *Sent.*, dist. 22, q. 2, a. 2, ad 2; *De Malo*, q. 15, a. 2, ad 9; III *Ethic.*, lect. 11.

1. C. 7: 1113, b, 31-33.
2. C. 5: 1147, a, 11-18.
3. L. XXII, c. 44: ML 42, 427.
4. Art. 1.

---

c. O alcoólatra que perdeu momentaneamente o uso da razão poderá consolar-se graças a Sto. Tomás, dizendo-se que talvez fizesse um mau uso da razão se não a tivesse perdido por sua embriaguez? Sto. Tomás diz com efeito que é melhor perder o uso da razão do que usá-la mal.

O argumento talvez baste para estabelecer que a embriaguez não é o maior dos pecados; pode-se fazer pior do que isso. Mas não pode ser uma desculpa para os que sucumbiram à tentação de embriagar-se.

d. Certas questões se põem a respeito de todos os vícios. Outras são específicas, e é o caso de nosso artigo 4. Existem razões próprias da embriaguez que fazem com que nos perguntemos se ela não desculpa o pecado ao atenuar a responsabilidade.

O tratamento escolhido por Sto. Tomás para cada matéria não é jamais estereotipado, cada tema é tratado no plano de sua especificidade.

totaliter excusatur a culpa: sicut forte accidit de Lot. Si autem actus praecedens fuit culpabilis, sic non totaliter aliquis excusatur a peccato sequenti, quod scilicet redditur voluntarium ex voluntate praecedentis actus; inquantum scilicet aliquis, dans operam rei illicitae, incidit in sequens peccatum. Diminuitur tamen peccatum sequens, sicut et diminuitur ratio voluntarii. Unde Augustinus dicit, *contra Faustum*[5], quod *Lot culpandus est non quantum ille incestus, sed quantum ebrietas meruit*.

AD PRIMUM ergo dicendum quod Philosophus non dicit quod mereatur graviorem maledictionem ebrius: sed quod mereatur *duplices maledictiones*, propter duplex peccatum.

Vel potest dici quod loquitur secundum legem cuiusdam Pittaci, qui, ut dicitur in II *Polit.*[6], statuit quod *ebrii, si percuterent, plus punirentur quam sobrii, quia pluries iniuriantur. In quo*, ut ibidem Aristoteles dicit, *videtur magis respexisse ad utilitatem*, ut scilicet cohiberentur iniuriae, *quam ad veniam quam oportet habere de ebriis*, propter hoc quod non sunt sui compotes.

AD SECUNDUM dicendum quod ebrietas habet excusare peccatum non ex ea parte qua est peccatum, sed ex parte defectus consequentis, ut dictum est[7].

AD TERTIUM dicendum quod concupiscentia non totaliter ligat rationem, sicu ebrietas: nisi forte sit tanta quod faciat hominem insanire. Et tamen passio concupiscentiae diminuit peccatum: quia levius est ex infirmitate quam ex malitia peccare.

mente escusado de culpa, como aconteceu, provavelmente, com Lot; se, porém, o ato precedente foi culposo, então a pessoa não fica totalmente isenta do pecado subsequente, o qual se torna voluntário, em razão da vontade do ato anterior, pois foi cometendo um ato ilícito que a pessoa incorreu no pecado seguinte. Esse pecado, porém, se atenua, na medida em que fica atenuado o elemento voluntário. Por isso, diz Agostinho que "Lot deve ser julgado pecador não pelo incesto, mas pela embriaguez".

QUANTO AO 1º, portanto, deve-se dizer que não diz o Filósofo que o ébrio merece maldição mais grave, mas "uma dupla maldição", por causa do seu duplo pecado.

Também se poderia dizer que ele se exprime segundo a lei de um tal Pítaco, pela qual "os bêbados, se ofendessem alguém, deveriam ser mais castigados que os sóbrios, porque cometem esses atos com mais frequência". Nisso, observa Aristóteles, "parece que se pensou mais na utilidade", ou seja, coibir violências, "do que na indulgência que se deve ter com os ébrios", porque não são senhores de si.

QUANTO AO 2º, deve-se dizer que a embriaguez pode eximir de pecado, não enquanto ela mesma é um pecado, mas pela degradação consequente.

QUANTO AO 3º, deve-se dizer que a concupiscência não escraviza totalmente a razão, como a embriaguez, salvo se for tão forte que venha a enlouquecer a pessoa. E, contudo, a paixão da concupiscência diminui a gravidade do pecado, porque é menos grave pecar por fraqueza do que por malícia.

---

5. Loc. cit., c. 44: ML 42, 427.
6. C. 12: 1274, b, 18-23.
7. In corp.

QUAESTIO CLI
DE CASTITATE
in quatuor articulos divisa

Deinde considerandum est de castitate. Et primo, de ipsa virtute castitatis; secundo, de virginitate, quae est pars castitatis; tertio, de luxuria, quae est vitium oppositum.

QUESTÃO 151
A CASTIDADE
em quatro artigos

Em seguida, deve-se tratar da castidade. 1º) a virtude da castidade; 2º) a virgindade, que é parte da castidade; 3º) a luxúria, que é o vício oposto.

Circa primum quaeruntur quatuor.
Primo: utrum castitas sit virtus.
Secundo: utrum sit virtus generalis.
Tertio: utrum sit virtus distincta ab abstinentia.
Quarto: quomodo se habeat ad pudicitiam.

A respeito do primeiro, quatro questões:
1. A castidade é uma virtude?
2. É uma virtude geral?
3. É distinta da abstinência?
4. Quais as suas relações com a pudicícia?

Articulus 1
Utrum castitas sit virtus

AD PRIMUM SIC PROCEDITUR. Videtur quod castitas non sit virtus.
1. Loquimur enim nunc de virtute animae. Sed castitas videtur ad corpus pertinere: dicitur enim aliquis castus ex eo quod aliqualiter se habet ad usum quarundam corporis partium. Ergo castitas non est virtus.

2. PRAETEREA, virtus est *habitus voluntarius*, ut dicitur in II *Ethic.*[1]. Sed castitas non videtur esse aliquid voluntarium: cum per violentiam auferri videatur mulieribus violenter oppressis. Ergo videtur quod castitas non sit virtus.

3. PRAETEREA, nulla virtus est in infidelibus. Sed aliqui infideles sunt casti. Non ergo castitas est virtus.

4. PRAETEREA, fructus a virtutibus distinguuntur. Sed castitas ponitur inter fructus, ut patet Gl 5,23. Ergo castitas non est virtus.

SED CONTRA est quod Augustinus dicit, in libro *de Decem Chordis*[2]: *Cum debeas in virtute praecedere uxorem, quoniam castitas est virtus, tu sub uno impetu libidinis cadis, et vis uxorem tuam esse victricem.*

RESPONDEO dicendum quod nomen *castitatis* sumitur ex hoc quod per rationem concupiscentia *castigatur*, quae ad modum pueri est refrenanda, ut patet per Philosophum, in III *Ethic.*[3]. In hoc autem ratio virtutis humanae consistit quod sit aliquid secundum rationem modificatum, ut ex supra[4] dictis patet. Unde manifestum est castitatem esse virtutem.

AD PRIMUM ergo dicendum quod castitas consistit quidem sicut in subiecto, in anima: sed materiam habet in corpore. Pertinet enim ad castitatem ut secundum iudicium rationis et

Artigo 1
A castidade é uma virtude?

QUANTO AO PRIMEIRO ARTIGO, ASSIM SE PROCEDE: parece que a castidade **não** é uma virtude.
1. Com efeito, estamos falando, agora, de virtude da alma. Ora, parece que a castidade diz respeito ao corpo, porque casto se chama quem tem um determinado modo de agir no uso de certas partes do corpo. Logo, a castidade não é uma virtude.

2. ALÉM DISSO, como define Aristóteles, a virtude "é um hábito voluntário". Ora, a castidade não parece ser algo voluntário, pois é à força que ela parece ser tirada das mulheres violentadas. Logo, parece que a castidade não é virtude.

3. ADEMAIS, nos infiéis não há nenhuma virtude. Ora, certos infiéis são castos. Logo, a castidade não é virtude.

4. ADEMAIS, os frutos distinguem-se das virtudes. Ora, um dos frutos enumerados na Carta aos Gálatas é a castidade. Logo, a castidade não é virtude.

EM SENTIDO CONTRÁRIO, Agostinho diz: "Deverias superar tua esposa em virtude, pois a castidade é uma virtude e, na realidade, cedes ao primeiro assalto da sensualidade e ainda queres que tua esposa seja vencedora".

RESPONDO. O termo "castidade" deriva do fato de a razão "castigar" a concupiscência, que precisa ser corrigida como uma criança, diz Aristóteles. Ora, a virtude humana consiste, essencialmente, em ser regulada pela razão, como ficou claro anteriormente. Logo, é evidente que a castidade é uma virtude.

QUANTO AO 1º, portanto, deve-se dizer que realmente, a castidade tem sua sede na alma, mas sua matéria é o corpo, pois ela tem como função fazer que se use moderadamente dos membros

---

1 PARALL.: *Ad Heb.*, c. 12, lect. 2; III *Ethic.*, lect. 22.
  1. C. 6: 1106, b, 36 — 1107, b, 2.
  2. Serm. 9, al. 96, *de Temp.*, c. 3: ML 38, 77.
  3. C. 15: 1119, a, 33 — b, 3.
  4. I-II, q. 64, a. 1.

electionem voluntatis, aliquis moderate utatur corporalibus membris.

AD SECUNDUM dicendum quod, sicut Augustinus dicit, in I *de Civ. Dei*⁵, *proposito animi permanente, per quod etiam corpus sanctificari meruit, nec ipsi corpori aufert sanctitatem violentia libidinis alienae, quam servat perseverantia continentiae suae*. Et ibidem dicit quod est *virtus animi, quae comitem habet fortitudinem, qua potius quaelibet mala tolerare quam malo consentire decernit*.

AD TERTIUM dicendum quod, sicut Augustinus dicit, in IV *contra Iulian.*⁶: *Absit ut sit in aliquo vera virtus, nisi fuerit iustus. Absit autem ut sit iustus vere, nisi vivat ex fide*. Et ideo concludit quod in infidelibus neque est vera castitas, neque aliqua alia virtus: quia scilicet non referuntur ad debitum finem. Et sicut ibidem subdit, *non officiis*, idest actibus, *sed finibus a vitiis discernuntur virtutes*.

AD QUARTUM dicendum quod castitas, inquantum est quidem secundum rationem operans, habet rationem virtutis: inquantum autem habet delectationem in suo actu, connumeratur inter fructus.

ARTICULUS 2
Utrum castitas sit virtus generalis

AD SECUNDUM SIC PROCEDITUR. Videtur quod castitas sit virtus generalis.
1. Dicit enim Augustinus, in libro *de Mendacio*¹, quod *castitas animi est ordinatus animi motus, non subdens maiora minoribus*. Sed hoc pertinet ad quamlibet virtutem. Ergo castitas est generalis virtus.
2. PRAETEREA, nomen *castitatis* a *castigatione* sumitur. Sed quilibet motus appetitivae partis debet castigari a ratione. Cum ergo per quamlibet virtutem moralem refrenetur aliquis appetitivus motus, videtur quod quaelibet virtus moralis sit castitas.

do corpo, segundo o juízo da razão e a decisão da vontade.

QUANTO AO 2º, deve-se dizer que, como diz Agostinho, "enquanto perdurar a resolução da alma, mediante a qual o corpo também mereceu ser santificado, a violência da paixão alheia não subtrai ao corpo essa santidade, que se conserva pela perseverança da sua continência". E, aí mesmo, ele acrescenta: "A virtude da alma, que se faz acompanhada pela fortaleza, está decidida a tolerar qualquer mal antes que consentir no pecado".

QUANTO AO 3º, deve-se dizer que, segundo Agostinho, "é impossível existir verdadeira virtude em alguém que não é justo e é impossível que seja justo quem não vive da fé". Daí, conclui ele, nos infiéis não há verdadeira castidade nem qualquer outra virtude, porque não se ordenam ao fim devido. E, no mesmo lugar, ele acrescenta: "As virtudes não se distinguem dos vícios por suas funções", isto é, por seus atos, "mas pelos seus fins".

QUANTO AO 4º, deve-se dizer que a castidade, enquanto nos faz proceder de acordo com a razão, é uma verdadeira virtude; mas, enquanto nos traz prazer pelo seu ato, é enumerada entre os frutos.

ARTIGO 2
A castidade é uma virtude geral?ª

QUANTO AO SEGUNDO, ASSIM SE PROCEDE: parece que a castidade é uma virtude geral.
1. Com efeito, diz Agostinho: "A castidade é um movimento ordenado da alma, que não submete os bens maiores aos menores". Ora, isso é próprio de qualquer virtude. Logo, a castidade é uma virtude geral.
2. ALÉM DISSO, a palavra "castidade" vem de "castigo". Ora, todo movimento do apetite deve ser castigado pela razão. Logo, como toda virtude moral refreia algum movimento apetitivo, parece que qualquer virtude moral é castidade.

---

5. C. 18, n. 2: ML 41, 32.
6. C. 3, n. 17: ML 44, 745.

1. C. 20: ML 40, 515.

a. Note-se que Sto. Tomás, que usualmente se pergunta se tal ou tal virtude é especial, pergunta-se aqui se a castidade é uma virtude geral. É tanto mais digno de nota que ele faz da castidade uma virtude especial.
Por que essa mudança de perspectiva? Não seria um indício de que o termo *castitas*, na época de Sto. Tomás, se restringia muito menos ao domínio sexual do que a nossa atual "castidade"? O sentido metafórico (e bíblico), tão admiravelmente exposto por Sto. Tomás em seu artigo, a castidade espiritual, devia estar ainda extremamente vivo.

3. PRAETEREA, castitati fornicatio opponitur. Sed fornicatio videtur pertinere ad omne genus peccati: dicitur enim in Psalmo 72,27: *Perdes omnes qui fornicantur abs te*. Ergo castitas est virtus generalis.

SED CONTRA est quod Macrobius[2] ponit eam partem temperantiae.

RESPONDEO dicendum quod nomen castitatis dupliciter accipitur. Uno modo, proprie. Et sic est quaedam specialis virtus, habens specialem materiam, scilicet concupiscentias delectabilium quae sunt in venereis.

Alio modo nomen castitatis accipitur metaphorice. Sicut enim in corporis commixtione consistit delectatio venereorum, circa quam proprie est castitas et oppositum vitium, scilicet luxuria; ita etiam in quadam spirituali coniunctione mentis ad res aliquas consistit quaedam delectatio, circa quam est quaedam spiritualis castitas metaphorice dicta, vel etiam spiritualis fornicatio, similiter metaphorice dicta. Si enim mens hominis delectetur in spirituali coniunctione ad id cui debet coniungi, scilicet ad Deum; et abstinet se ne delectabiliter aliis coniungatur contra debitum divini ordinis: dicetur castitas spiritualis, secundum illud 2Cor 11,2: *Despondi vos uni viro, virginem castam exhibere Christo*. Si autem delectabiliter, contra debitum divini ordinis, coniungatur mens quibuscumque aliis rebus, dicetur fornicatio spiritualis: secundum illud Ier 3,1: *Tu autem fornicata es cum amatoribus multis*. Et hoc modo accipiendo castitatem, castitas est generalis virtus: quia per quamlibet virtutem retrahitur mens humana ne rebus illicitis delectabiliter coniungatur. Principaliter tamen ratio huius castitatis consistit in caritate et in aliis virtutibus theologicis, quibus mens hominis coniungitur Deo.

AD PRIMUM ergo dicendum quod ratio illa procedit de castitate metaphorice dicta.

AD SECUNDUM dicendum quod, sicut supra[3] dictum est, concupiscentia delectabilis maxime assimilatur puero: eo quod appetitus delectabilis est nobis connaturalis, et praecipue delectabilium secundum tactum, quae ordinantur ad conservationem naturae; et inde est quod, si nutriatur horum delectabilium concupiscentia per hoc quod ei consentiatur, maxime augebitur, sicut puer qui suae voluntati relinquitur. Et sic concupiscentia horum

3. ADEMAIS, a fornicação opõe-se à castidade. Ora, parece que a fornicação está presente em todo gênero de pecado, conforme o Salmo: "Destróis quem te deixa e se prostitui". Logo, a castidade é uma virtude geral.

EM SENTIDO CONTRÁRIO, Macróbio classifica a castidade entre as partes da temperança.

RESPONDO. A palavra "castidade" pode ser usada em dois sentidos: próprio ou metafórico. No primeiro sentido, é uma virtude especial, com matéria específica, a saber, as concupiscências dos prazeres venéreos.

No sentido metafórico, assim como o prazer venéreo é fruto da união carnal, objeto próprio da castidade e do vício oposto a ela, que é a luxúria, assim também uma união espiritual da alma com determinadas coisas produz um prazer, matéria da castidade espiritual, assim chamada metaforicamente, e também produz, igualmente, uma fornicação espiritual, metafórica. Desse modo, quando a mente humana se deleita numa união espiritual com quem deve se unir, ou seja, Deus, e quando ela deixa de se unir com prazer aos outros bens, opostos à lei divina, então teremos a castidade espiritual, segundo lemos na Carta aos Coríntios: "Eu vos desposei com um esposo único, para vos apresentar ao Cristo, qual virgem pura". Quando, porém, contrariando a ordem divina, a mente se une prazerosamente com qualquer outra coisa, então se fala de fornicação espiritual, conforme estas palavras de Jeremias: "Tu te prostituíste com tantos parceiros". Assim entendida, a castidade é uma virtude geral, pois toda virtude impede o espírito humano de se unir com prazer ao que é ilícito. A razão, porém, dessa castidade consiste, principalmente, na caridade e nas outras virtudes teologais, pelas quais nossa alma se une a Deus.

QUANTO AO 1º, portanto, deve-se dizer que o argumento vale se aplicado à castidade metaforicamente tomada.

QUANTO AO 2º, deve-se dizer que como se disse, a concupiscência do prazer assemelha-se bastante a uma criança, porque o apetite do prazer nos é conatural, sobretudo o dos prazeres do tato, ordenados à conservação da natureza. Daí vem que, se a concupiscência se alimenta com o desejo desses objetos, consentindo neles, ela crescerá ao máximo, como a criança a quem se deixa fazer o que quiser. Por isso, a concupiscência desses

---

2. *In Somnum Scip.*, l. I, c. 8: ed. Fr. Eyssenhardt, Lipsiae 1868, p. 507, l. 24.
3. Q. 142, a. 2.

delectabilium maxime indiget castigari. Et ideo circa huiusmodi concupiscentias antonomastice dicitur castitas: sicut et fortitudo est circa ea in quibus maxime indigemus animi firmitate.

AD TERTIUM dicendum quod obiectio illa procedit de fornicatione spirituali metaphorice dicta, quae opponitur spirituali castitati, ut dictum est[4].

ARTICULUS 3
Utrum castitas sit virtus distincta ab abstinentia

AD TERTIUM SIC PROCEDITUR. Videtur quod castitas non sit virtus distinta ab abstinentia.

1. Quia circa materiam unius generis sufficit una virtus. Sed unius generis esse videtur quae pertinet ad unum sensum. Cum igitur delectatio ciborum, circa quam est abstinentia, et delectatio venereorum, circa quam est castitas, pertineant ad tactum, videtur quod castitas non sit alia virtus ab abstinentia.

2. PRAETEREA, Philosophus, in III *Ethic.*[1], omnia vitia intemperantiae assimilat puerilibus peccatis, quae castigatione indigent. Sed *castitas* nominatur a *castigatione* vitiorum oppositorum. Ergo, cum per abstinentiam cohibeantur quaedam vitia intemperantiae, videtur quod abstinentia sit castitas.

3. PRAETEREA, delectationes aliorum sensuum pertinent ad temperantiam inquantum ordinantur ad delectationes tactus, circa quas est temperantia. Sed delectationes ciborum, circa quas est abstinentia, ordinantur ad delectationes venereorum, circa quas est castitas: unde Hieronymus dicit[2]: *Venter et genitalia sibimetipsis vicina sunt, ut ex vicinitate membrorum confederatio intelligatur vitiorum.* Ergo abstinentia et castitas non sunt virtutes ab invicem distinctae.

SED CONTRA est quod Apostolus, 2Cor 6,5-6, connumerat castitatem eiuniis, quae ad abstinentiam pertinent.

RESPONDEO dicendum quod, sicut dictum est[3], temperantia proprie est circa concupiscentias de-

prazeres precisa ser contida com todo rigor. E essa é a razão por que a castidade se ocupa, principalmente, com tais desejos, como a fortaleza se ocupa com o que nos é mais necessário, para nossa firmeza de espírito.

QUANTO AO 3º, deve-se dizer que essa objeção procede se tomarmos a fornicação espiritual no sentido metafórico, oposta à castidade espiritual.

ARTIGO 3
A castidade é uma virtude distinta da abstinência?

QUANTO AO TERCEIRO, ASSIM SE PROCEDE: parece que a castidade **não** é uma virtude distinta da abstinência.

1. Com efeito, para matérias do mesmo gênero, basta uma mesma virtude. Ora, as matérias pertencentes a um mesmo sentido parece que são matérias do mesmo gênero. Logo, como os prazeres da mesa, objeto da abstinência, e os prazeres sexuais, objeto da castidade, pertencem ao tato, parece que a castidade não é uma virtude diferente da abstinência.

2. ALÉM DISSO, o Filósofo compara todos os vícios da intemperança com os pecados das crianças que precisam de castigo. Ora, a castidade toma o seu nome do castigo dos vícios opostos. Logo, dado que a abstinência refreia alguns vícios de intemperança, parece que a abstinência é a castidade.

3. ADEMAIS, os prazeres dos outros sentidos são objetos da temperança, enquanto estão ordenados aos prazeres do tato, matéria da temperança. Ora, os prazeres da mesa, objeto da abstinência, ordenam-se aos prazeres sexuais, matéria da castidade. Por isso, diz Jerônimo: "O ventre e as partes genitais estão muito próximos entre si, para que se compreenda, por essa proximidade, quão associados são os seus vícios". Logo, a abstinência e a castidade não se distinguem uma da outra.

EM SENTIDO CONTRÁRIO, o Apóstolo distingue a castidade dos jejuns, que são matéria da abstinência.

RESPONDO. A temperança propriamente dita versa sobre os desejos dos prazeres do tato. Por

---

4. In corp.
3 PARALL.: II *Sent.*, dist. 44, q. 2, a. 1, ad 3.
   1. C. 15: 1119, a, 33 — b, 3.
   2. Cfr. GRATIANUM, *Decretum*, P. I, dist. 44, prol.: ed. Richter-Friedberg, t. I, p. 156.
   3. Q. 141, a. 4.

lectationum tactus. Et ideo oportet ut ubi sunt diversae rationes delectationis, ibi sint diversae virtutes sub temperantia comprehensae. Delectationes autem proportionantur operationibus, quarum sunt perfectiones, ut dicitur X *Ethic.*[4]. Manifestum est autem quod alterius generis sunt operationes pertinentes ad usum ciborum, quibus natura individui conservatur; et operationes pertinentes ad usum venereorum, quibus conservatur natura speciei. Et ideo castitas, quae est circa delectationes venereorum, est virtus distincta ab abstinentia, quae est circa delectationes ciborum.

AD PRIMUM ergo dicendum quod temperantia non consistit principaliter circa delectationes tactus quantum ad iudicium sensus de tangibilibus, quod est eiusdem rationis in omnibus: sed quantum ad ipsum usum tangibilium, ut dicitur in III *Ethic.*[5]. Est autem alia ratio utendi cibis et potibus, et venereis. Et ideo oportet esse diversas virtutes, licet sint unius sensus.

AD SECUNDUM dicendum quod delectationes venereae sunt vehementiores et magis opprimentes rationem quam delectationes ciborum. Et propter hoc magis indigent castigatione et refrenatione: quia si eis consentiatur, magis ex hoc increscit vis concupiscentiae, et deiicitur virtus mentis. Unde dicit Augustinus, in I *Soliloq.*[6]: *Nihil esse sentio quod magis ex arce deiiciat animum virilem quam blandimenta feminae, corporumque ille contactus sine quo uxor haberi non potest.*

AD TERTIUM dicendum quod delectationes aliorum sensuum non pertinet ad naturam hominis conservandam, nisi prout ordinantur ad delectabilia tactus. Et ideo circa huiusmodi delectationes non est aliqua alia virtus sub temperantia comprehensa. Sed delectationes ciborum, quamvis aliqualiter ordinentur ad delectationes venereorum, tamen etiam per se ordinantur ad vitam hominis conservandam. Et ideo etiam per se habent specialem virtutem: quamvis illa virtus, quae abstinentia dicitur, ordinet actum suum ad finem castitatis.

isso, convém que, onde houver diversas espécies de prazer, haja diferentes virtudes, subordinadas à temperança. Ora, os prazeres são proporcionais aos atos de que são as perfeições, como diz o Filósofo; e é evidente que os atos concernentes ao uso dos alimentos, pelos quais a natureza individual se conserva, são de outro gênero que os concernentes ao uso das coisas sexuais, pelas quais se conserva a natureza da espécie. Portanto, a castidade, que se ocupa com os prazeres sexuais, é uma virtude distinta da abstinência, que se atém aos prazeres da comida.

QUANTO AO 1º, portanto, deve-se dizer que a temperança não versa, principalmente, sobre os prazeres do tato, quanto à percepção que o sentido tem dos objetos sensíveis, e que é da mesma natureza em todos, mas quanto ao uso mesmo dos objetos tangíveis, como diz Aristóteles. Não é, porém, pela mesma razão que se come e se bebe ou se procura o prazer sexual. Por isso, precisa haver virtudes diferentes, embora digam respeito a um mesmo sentido.

QUANTO AO 2º, deve-se dizer que os prazeres sexuais são mais fortes e assediam a razão mais que os prazeres da mesa. Por isso, devem ser mais repreendidos e freados, pois se se consente neles, tanto cresce a força da concupiscência quanto diminui o vigor do espírito. Daí a palavra de Agostinho: "Penso que nada enfraquece tanto o espírito do homem quanto as carícias de uma mulher e as intimidades sem as quais não se pode possuir a esposa".

QUANTO AO 3º, deve-se dizer que os prazeres dos outros sentidos não visam à conservação da natureza do homem, senão enquanto ordenados aos prazeres do tato. Por isso, não existe nenhuma virtude, como parte da temperança, que se ocupe com esses prazeres. Já os prazeres da mesa, malgrado se ordenem, de certo modo, aos prazeres sexuais, contudo, em si mesmos, visam à conservação da vida do homem. Por isso é que há uma virtude que se ocupa, especialmente, com eles, a abstinência, embora esta ordene seus atos ao fim da castidade.

---

4. Cc. 4, 5: 1174, b, 23-26; 31-33; 1175, a, 21-28.
5. C. 13: 1118, a, 29-32.
6. C. 10, n. 17: ML 32, 878.

Articulus 4
Utrum pudicitia pertineat specialiter ad castitatem

AD QUARTUM SIC PROCEDITUR. Videtur quod pudicitia non pertineat specialiter ad castitatem.

1. Dicit enim Augustinus, in I *de Civ. Dei*[1], quod *pudicitia est quaedam virtus animae*. Non ergo est aliquid ad castitatem pertinens, sed est per seipsam virtus a castitate distincta.
2. PRAETEREA, *pudicitia* a *pudore* dicitur, qui videtur idem esse verecundiae. Sed yerecundia, secundum Damascenum[2], est *de turpi actu*: quod convenit omni actui vitioso. Ergo pudicitia non magis pertinet ad castitatem quam ad alias virtutes.
3. PRAETEREA, Philosophus dicit, in III *Ethic.*[3], quod omnis intemperantia generaliter est maxime *exprobrabilis*. Sed ad pudicitiam pertinere videtur fugere ea quae exprobrabilia sunt. Ergo pudicitia pertinet ad omnes partes temperantiae, non autem specialiter ad castitatem.

SED CONTRA est quod Augustinus dicit, in libro *de Perseverantia*[4]: *Praedicanda est pudicitia: ut ab eo qui habet aures audiendi, nihil genitalibus membris illicitum perpetretur*. Sed usus genitalium membrorum proprie pertinet ad castitatem. Ergo pudicitia proprie ad castitatem pertinet.

RESPONDEO dicendum quod, sicut dictum est[5], nomen *pudicitiae* a *pudore* sumitur, in quo verecundia significatur. Et ideo oportet quod pudicitia proprie sit circa illa de quibus homines magis verecundantur. Maxime autem verecundantur homines de actibus venereis, ut Augustinus dicit, in XIV *de Civ. Dei*[6]: in tantum quod etiam concubitus coniugalis, qui honestate nuptiarum decoratur, verecundia non careat. Et hoc ideo quia motus genitalium membrorum non subditur imperio rationis, sicut motus aliorum exteriorum membrorum. Verecundatur autem homo non solum de illa mixtione venerea, sed etiam de quibuscumque signis eius: ut Philosophus dicit, in II *Rhet.*[7]. Et ideo pudicitia attenditur proprie circa venerea:

Artigo 4
A pudicícia pertence de um modo especial à castidade?

QUANTO AO QUARTO, ASSIM SE PROCEDE: parece que a pudicícia **não** pertence de um modo especial à castidade.

1. Com efeito, diz Agostinho, "a pudicícia é uma virtude da alma". Logo, não é algo concernente à castidade, mas uma virtude essencialmente distinta dela.
2. ALÉM DISSO, "pudicícia" vem de "pudor", que parece coincidir com vergonha. Ora, esta, segundo Damasceno, refere-se "ao ato torpe", que se pode dizer de todo ato vicioso. Logo, a pudicícia não está relacionada à castidade mais que às outras virtudes.
3. ADEMAIS, diz o Filósofo que toda intemperança é, geralmente, o que há de mais digno de reprovação. Ora, parece que é próprio da pudicícia fugir a tudo o que é reprovável. Logo, a pudicícia se prende a todas as partes da temperança e não especialmente à castidade.

EM SENTIDO CONTRÁRIO, declara Agostinho: "Deve-se enaltecer a pudicícia, para que todos os que têm ouvidos de ouvir se abstenham de qualquer ação ilícita com os membros genitais". Ora, o uso desses membros é regulado pela castidade. Logo, a pudicícia pertence, propriamente, à castidade.

RESPONDO. "Pudicícia" vem de "pudor", ou seja, vergonha. Por essa razão, deve a pudicícia, propriamente, ocupar-se com aquilo que mais vergonha causa nos homens. Ora, eles se envergonham, sobretudo, dos atos sexuais, a tal ponto que, como diz Agostinho, o próprio ato conjugal, que se reveste da honorabilidade do matrimônio, não está isento desse sentimento de vergonha. E isso porque o movimento dos órgãos genitais não se sujeita ao comando da razão, como o movimento dos demais membros externos. Envergonha-se, porém, o homem não só da relação sexual, mas também de tudo o que é sinal dela, como diz o Filósofo. Por isso, a pudicícia tem, propriamente, como matéria, as coisas sexuais e todos os sinais

---

4 PARALL.: Supra, q. 143.

1. C. 18, n. 1: ML 41, 31.
2. *De fide orth.*, l. II, c. 15: MG 94, 932 C.
3. C. 15: 1119, a, 25-27.
4. C. 20, n. 51: ML 45, 1025.
5. Arg. 2.
6. C. 18: ML 41, 426.
7. C. 6: 1384, b, 19.

et praecipue circa signa venereorum, sicut sunt aspectus impudici, oscula et tactus. Et quia haec magis solent deprehendi, ideo pudicitia magis respicit huiusmodi exteriora signa: castitas autem magis ipsam veneream commixtionem. Et ideo pudicitia ad castitatem ordinatur, non quasi virtus ab ipsa distincta, sed sicut exprimens castitatis circumstantiam quandam. Interdum tamen unum pro alio ponitur.

AD PRIMUM ergo dicendum quod Augustinus ibi accipit pudicitiam pro castitate.

AD SECUNDUM dicendum quod, quamvis omnia vitia habeant turpitudinem quandam, specialiter tamen vitia intemperantiae, ut ex supra⁸ dictis patet.

AD TERTIUM dicendum quod inter vitia intemperantiae praecipue sunt exprobabilia peccata venerea. Tum propter inobedientiam genitalium membrorum. Tum propter hoc quod ratio ab huiusmodi maxime absorbetur.

delas, como os olhares impudicos, os beijos e os toques. E como esses sinais são os que mais facilmente se percebem, por isso e pudicícia se ordena, principalmente, a eles, ao passo que a castidade tem, antes, como objeto, a união sexual propriamente dita. Assim, pois, a pudicícia se ordena à castidade, não como uma virtude dela distinta, mas como expressão de uma circunstância dela. Não raro, porém, toma-se uma pela outra.

QUANTO AO 1º, portanto, deve-se dizer que Agostinho, nesse texto, toma pudicícia por castidade.

QUANTO AO 2º, deve-se dizer que ainda que todos os vícios envolvam algum caráter vergonhoso, isso é verdade, particularmente, no caso dos vícios da intemperança, como se pode concluir do que foi dito antes.

QUANTO AO 3º, deve-se dizer que entre os vícios da intemperança merecem censura, sobretudo, os pecados da carne, seja pela insubordinação dos membros genitais, seja porque são os vícios que mais subjugam a razão.

---

8. Q. 142, a. 4.

QUAESTIO CLII
DE VIRGINITATE

in quinque articulos divisa
Deinde considerandum est de virginitate.
Et circa hoc quaeruntur quinque.
Primo: in quo consistit virginitas.
Secundo: utrum sit licita.
Tertio: utrum sit virtus.
Quarto: de excellentia eius respectu matrimonii.
Quinto: de excellentia eius respectu aliarum virtutum.

QUESTÃO 152
A VIRGINDADE

em cinco artigos
Em seguida, deve-se tratar da virgindade.
A esse respeito, cinco questões:
1. Em que consiste a virgindade?
2. É lícita?
3. É uma virtude?
4. É superior ao matrimônio?
5. É superior às demais virtudes?

ARTICULUS 1
Utrum virginitas consistat in integritate carnis

AD PRIMUM SIC PROCEDITUR. Videtur quod virginitas non consistat in integritate carnis.

ARTIGO 1
A virgindade consiste na integridade física?[a]

QUANTO AO PRIMEIRO ARTIGO, ASSIM SE PROCEDE: parece que a virgindade **não** consiste na integridade física.

---

1 PARALL.: IV *Sent.*, dist. 33, q. 3, a. 1; *Quodlib.* VI, q. 10, a. 18.

a. Como o martírio (tratado da fortaleza) e o jejum (*supra*), a virgindade é uma noção ricamente elaborada em terras cristãs, e bastante desenvolvida pelos Padres da Igreja e por outros autores eclesiásticos. Cabe falar portanto de uma "teologia da virgindade". É a isso que se aplica Sto. Tomás neste ponto.

1. Dicit enim Augustinus, in libro *de Nupt. et Concup.*¹, quod virginitas est *in carne corruptibili incorruptionis perpetua meditatio*. Sed meditatio non pertinet ad carnem. Ergo virginitas non consistit in carne.

2. PRAETEREA, virginitas pudicitiam quandam importat. Sed Augustinus dicit, in I *de Civ. Dei*², quod pudicitia consistit in anima. Ergo virginitas non consistit in carnis incorruptione.

3. PRAETEREA, carnis integritas videtur consistere in signaculo virginitas pudoris. Sed quandoque absque virginitas praeiudicio frangitur illud signaculum. Dicit enim Augustinus, in I *de Civ. Dei*³, quod *membra illa possunt diversis casibus vulnerata vim perpeti; et medici aliquando, saluti opitulantes, haec tibi faciunt quae horret aspectus; obstetrix etiam virginis cuiusdam integritatem manu velut explorans, dum inspicit, perdidit*. Et subdit: *Non opinor quemquam tam stulte sapere ut huic periisse aliquid existimet etiam de ipsius corporis sanctitate, quamvis membri illius integritate iam perdita*. Ergo virginitas non consistit in carnis incorruptione.

4. PRAETEREA, corruptio carnis maxime in seminis resolutione consistit: quae potest fieri sine concubitu, vel in dormiendo vel in vigilando. Sed sine concubitu non videtur perdi virginitas: dicit enim Augustinus, in libro *de Virginit.*⁴, quod *virginalis integritas, et per piam continentiam ab omni concubitu immunitas, angelica portio est*. Ergo virginitas non consistit in carnis incorruptione.

SED CONTRA est quod Augustinus, in eodem libro⁵, dicit quod virginitas est *continentia qua integritas carnis ipsi Creatori animae et carnis vovetur, consecratur, servatur*.

RESPONDEO dicendum quod nomen *virginitatis* a *virore* sumptum videtur. Et sicut illud dicitur virens in suo virore persistere quod non est ex superabundantia caloris adustionem expertum, ita etiam virginitas hoc importat, quod persona cui inest immunis sit a concupiscentiae adustione,

1. Com efeito, Agostinho diz que a virgindade "é uma decisão perpétua de nos mantermos incorruptos num corpo corruptível". Ora, essa decisão não pertence ao corpo. Logo, a virgindade não se fundamenta no corpo.

2. ALÉM DISSO, a virgindade implica alguma pudicícia. Ora, Agostinho diz que a pudicícia está na alma. Logo, a virgindade não consiste na integridade física.

3. ADEMAIS, a integridade da carne parece constituir o selo do pudor virginal. Ora, às vezes, esse selo é rompido, sem prejuízo da virgindade. Diz, com efeito, Agostinho que "esses membros podem, em diversas situações, ser forçados, e, às vezes, o médico, por razões de saúde, faz coisas muito desagradáveis de se ver, como também uma parteira, para examinar com a mão a integridade de uma virgem, acaba rompendo-a, nessa operação". E ele acrescenta: "Não penso que haja alguém tão tolo que acredite que com isso se perca também algo da santidade do corpo, ainda que se tenha perdido a integridade desse membro". Logo, a virgindade não consiste na integridade da carne.

4. ADEMAIS, a corrupção da carne acontece sobretudo na emissão do esperma, que pode se produzir sem união carnal, durante o sono ou mesmo em estado de vigília. Ora, parece que não se perde a virgindade sem o coito, pois, como diz Agostinho, "a integridade virginal e a abstenção de toda relação carnal, por piedosa continência, é um estado angelical". Logo, a virgindade não consiste na integridade da carne.

EM SENTIDO CONTRÁRIO, Agostinho declara, na mesma obra, que a virgindade é "a continência com que a integridade da carne se devota, se consagra e se conserva ao Criador do corpo e da alma".

RESPONDO. "Virgindade" parece derivar da palavra que significa "verdor". E assim como se diz que está verde e conservando o seu verdor o vegetal que não se crestou no calor excessivo, assim também a virgindade implica, na pessoa que a tem, estar imune ao calor da concupiscên-

---

1. *De sancta virginitate*, c. 13, n. 12: ML 40, 401.
2. C. 18, n. 1: ML 41, 31.
3. Ibid.
4. C. 13, n. 12: ML 40, 401.
5. C. 8: ML 40, 400.

Observe-se a extensão do artigo 1, cujo objetivo é especificar de que se trata. Poderíamos pensar que o termo é unívoco ou pelo menos fácil de definir. Constatamos que as coisas não são tão simples, se quisermos evitar que uma concepção exclusivamente material quando não acidental da virgindade.

quae esse videtur in consummatione maximae delectationis corporalis, qualis est venereorum delectatio. Unde Ambrosius dicit, in libro *de Virginitate*[6], quod *castitas virginalis est expers contagionis integritas*.

In delectatione autem venereorum tria est considerare. Unum quidem quod est ex parte corporis: scilicet violatio signaculi virginalis. Aliud autem est in quo coniungitur id quod est animae cum eo quod est corporis: scilicet ipsa resolutio seminis delectationem sensibilem causans. Tertium autem est solum ex parte animae: scilicet propositum perveniendi ad talem delectationem. In quibus tribus, id quod primo positum est, per accidens se habet ad moralem actum, qui non consideratur per se nisi secundum ea quae sunt animae. Secundum vero materialiter se habet ad actum moralem: nam sensibiles passiones sunt materia moralium actuum. Tertium vero se habet formaliter et completive: quia ratio moralium in eo quod est rationis completur.

Quia igitur virginitas dicitur per remotionem praedictae corruptionis, consequens est quod integritas membri corporalis per accidens se habeat ad virginitatem. Ipsa autem immunitas a delectatione quae consistit in seminis resolutione, se habet materialiter. Ipsum autem propositum perpetuo abstinendi a tali delectatione se habet formaliter et completive in virginitate.

AD PRIMUM ergo dicendum quod illa definitio Augustini tangit quidem in recto id quod est formale in virginitate: nam per *meditationem* intelligitur propositum rationis. Quod autem additur, *perpetua*, non sic intelligitur quod oportet virginem semper actu talem meditationem habere: sed quia hoc debet in proposito gerere, ut perpetuo in hoc perseveret. Id vero quod est materiale, tangitur in obliquo, cum dicitur, *incorruptionis in carne corruptibili*. Quod additur ad ostendendam virginitatis difficultatem: nam si caro corrumpi non posset, non esset difficile perpetuam incorruptionis meditationem habere.

AD SECUNDUM dicendum quod pudicitia est quidem essentialiter in anima, materialiter autem in carne: et similiter virginitas. Unde Augustinus dicit, in libro de *Virginit*.[7], quod *licet virginitas in carne servetur*, ac per hoc corporalis sit, *tamen spiritualis est quam vovet et servat continentia pietatis*.

cia, que parece haver na consumação do mais intenso prazer corporal, ou seja, o prazer sexual. Por isso, diz Ambrósio que "a castidade virginal é a integridade isenta de todo contato".

No prazer sexual, porém, temos de considerar três elementos. O primeiro, por parte do corpo, é a violação do selo virginal. O segundo é aquele em que se juntam o que é da alma e o que é do corpo, ou seja, a própria emissão do sêmen, causa do prazer sensível. O terceiro, enfim, só diz respeito à alma, a saber, a decisão de chegar a esse prazer. Ora, desses três elementos, o primeiro tem relação acidental com o ato moral que, em si mesmo, só se refere à alma. O segundo tem relação material com o ato moral, pois as paixões sensíveis são matéria das virtudes morais. E o terceiro tem o papel de forma e perfeição, porque a essência da moralidade se realiza completamente no fato de ser racional.

Assim pois, como a virgindade importa a ausência da corrupção referida, segue-se que a integridade do membro corporal tem relação acidental com a virgindade, ao passo que a isenção do prazer na emissão do esperma tem apenas relação material. Mas o elemento que dá forma e perfeição à virgindade é o propósito de se abster, para sempre, desse prazer.

QUANTO AO 1º, portanto, deve-se dizer que realmente, a definição de Agostinho expressa, diretamente, o que há de formal na virgindade, pois a decisão de que ele fala indica um propósito racional. E o adjetivo "perpétua" que ele acrescenta, não significa que a virgem esteja sempre pensando nessa decisão, mas que deve ter a intenção de nela perseverar para sempre. Quanto ao elemento material, ele o exprime só indiretamente, ao se referir à "incorrupção na carne corruptível". E isso é acrescentado para mostrar que a virgindade é difícil, pois se a carne fosse incorruptível, seria fácil o propósito de mantê-la sempre.

QUANTO AO 2º, deve-se dizer que a pudicícia está, essencialmente, na alma e, materialmente, no corpo, tal como a virgindade. Por essa razão, Agostinho diz que, embora "a virgindade seja conservada na carne", e seja então corporal, "no entanto, ela é espiritual, porque jurada e conservada pela piedade e pela continência".

---

6. Al. *De virginibus*, l. I, c. 5, n. 21: ML 16, 194 C.
7. C. 8: ML 40, 400.

AD TERTIUM dicendum quod, sicut dictum est[8], integritas corporalis membri per accidens se habet ad virginitatem: inquantum scilicet per hoc quod ex proposito voluntatis abstinet quis a delectatione venerea, remanet integritas in membro corporeo. Unde si contingat quod per alium modum aliquo casu membri integritas corrumpatur, non magis praeiudicat virginitati quam si corrumpatur manus aut pes.

AD QUARTUM dicendum quod delectatio quae est ex seminis resolutione dupliciter potest contingere. Uno modo, ut procedat ex mentis proposito. Et sic tollit virginitatem, sive fiat per concubitum sive absque concubitu. Facit autem mentionem Augustinus de concubitu, quia huiusmodi resolutio communiter et naturaliter ex concubitu causatur. — Alio modo potest provenire praeter propositum mentis, vel in dormiendo; vel per violentiam illatam, cui mens non consentit, quamvis caro delectationem experiatur; vel etiam ex infirmitate naturae, ut patet in his qui fluxum seminis patiuntur. Et sic non perditur virginitas: quia talis pollutio non accidit per impudicitiam, quam virginitas excludit.

QUANTO AO 3º, deve-se dizer que a integridade física tem relação acidental com a virgindade, porque a integridade do membro permanece quando alguém, por determinação da vontade, se abstém do prazer sexual. Portanto, se acontecer de alguém, eventualmente, perder a integridade do corpo, de algum outro modo, isso não prejudica a virgindade mais do que o ferimento de uma das mãos ou de um pé.

QUANTO AO 4º, deve-se dizer que o prazer gerado pela emissão seminal pode se dar de dois modos. Primeiro, pode ser produto de uma decisão da mente. E, nesse caso, destrói a virgindade, quer se dê na cópula, quer fora dela. Agostinho menciona a cópula porque esta causa, habitual e naturalmente, a emissão. — Em segundo lugar, o prazer pode surgir sem a intenção da mente, seja no sono, seja por alguma violência sofrida, sem consentimento, embora a carne experimente prazer nisso, seja ainda por uma fraqueza natural, como no caso dos que sofrem perda de sêmen. Nesses casos, não se perde a virgindade, porque essa poluição não é devida à impudicícia, que a virgindade exclui.

ARTICULUS 2
Utrum virginitas sit illicita

AD SECUNDUM SIC PROCEDITUR. Videtur quod virginitas sit illicita.

1. Omne enim quod contrariatur praecepto legis naturae est illicitum. Sed sicut praeceptum legis naturae ad conservationem individui est quod tangitur Gn 2,16, *De omni ligno quod est in Paradiso, comede*; ita etiam praeceptum legis naturae est ad conservationem speciei, quod ponitur Gn 1,28: *Crescite et multiplicamini, et replete terram*. Ergo, sicut peccaret qui abstineret ab omni cibo, utpote faciens contra bonum individui; ita etiam peccat qui omnino abstinet ab actu generationis, utpote faciens contra bonum speciei.

ARTIGO 2
A virgindade é ilícita?[b]

QUANTO AO SEGUNDO, ASSIM SE PROCEDE: parece que a virgindade é ilícita.

1. Com efeito, tudo o que vai contra um preceito da lei natural é ilícito. Ora, assim como há um preceito da lei natural que visa à conservação do indivíduo, segundo o livro do Gênesis: "Poderás comer de toda árvore do jardim", assim também há um preceito da lei natural que visa à conservação da espécie, de acordo também com o Gênesis: "Sede fecundos e prolíficos e enchei a terra". Logo, assim como pecaria quem se abstivesse de todo alimento, por agir contra o seu bem individual, assim também peca quem se abstiver totalmente do ato sexual, porque agiria contra o bem da espécie.

---

8. In corp.

2 PARALL.: IV *Sent.*, dist. 26, q. 1, a. 2; dist. 33, q. 3, a. 2, ad 1, 2; *Cont. Gent.* III, 136; *De Malo*, q. 15, a. 2, ad 13; *De Virtut.*, q. 1, a. 13, ad 6; II *Ethic.*, lect. 2.

b. Eis uma maneira abrupta e bastante surpreendente por parte de uma teólogo de abordar a apreciação moral da virgindade. A presunção lhe parece ser desfavorável, o que não é comum nas obras de espiritualidade cristã.
Entretanto, não se trata de um "lapso" de Sto. Tomás. Ele tem plena consciência do caráter pouco natural da virgindade, tanto na perspectiva do Antigo Testamento (obj. 1) quanto na dos pagãos (obj. 2 e 3). Não se trata de objeções meramente formais, devem ser levadas a sério. É por isso que Sto. Tomás formula conscientemente sua questão no sentido em que não esperávamos: a virgindade não seria ilícita, proibida?

2. Praeterea, omne id quod recedit a medio virtutis videtur esse vitiosum. Sed virginitas recedit a medio virtutis ab omnibus delectationibus venereis abstinens: dicit enim Philosophus, in II *Ethic.*[1], quod *qui omni voluptate potitur, neque ab una recedit, intemperatus est; qui autem omnes fugit, agrestis est et insensibilis.* Ergo virginitas est aliquid vitiosum.

3. Praeterea, poena non debetur nisi vitio. Sed apud antiquos puniebantur secundum leges illi qui semper caelibem vitam ducebant, ut Maximus Valerius dicit[2]. Unde et Plato, secundum Augustinum, in libro *de Vera Relig.*[3], *sacrificasse dicitur ut perpetua eius continentia tanquam peccatum aboleretur.* Ergo virginitas est peccatum.

Sed contra, nullum peccatum recte cadit sub consilio. Sed virginitas recte cadit sub consilio: dicitur enim 1Cor 7,25: *De virginibus autem praeceptum Domini non habeo, consilium autem do.* Ergo virginitas non est aliquid illicitum.

Respondeo dicendum quod in humanis actibus illud est vitiosum quod est praeter rationem rectam. Habet autem hoc ratio recta, ut his quae sunt ad finem utatur aliquis secundum eam mensuram qua congruit fini. Est autem triplex hominis bonum, ut dicitur in I *Ethic.*[4]: unum quidem quod consistit in exterioribus rebus, puta divitiis; aliud autem quod consistit in bonis corporis; tertium autem quod consistit in bonis animae, inter quae et bona contemplativae vitae sunt potiora bonis vitae activae, ut Philosophus probat, in X *Ethic.*[5], et Dominus dicit, Lucae 10,42: *Maria optimam partem elegit.* Quorum bonorum exteriora quidem ordinantur ad ea quae sunt corporis; ea vero quae sunt corporis, ad ea quae sunt animae; et ulterius ea quae sunt vitae activae, ad ea quae sunt vitae contemplativae. Pertinet igitur ad rectitudinem rationis ut aliquis utatur exterioribus bonis secundum eam mensuram qua competit corpori: et similiter de aliis. Unde si quis abstineat ab aliquibus possidendis, quae alias esset bonum possidere, ut consulat saluti corporali, vel etiam contemplationi veritatis, non esset hoc vitiosum, sed secundum rationem rectam. Et similiter si quis abstineat a delectationibus corporalibus ut

2. Além disso, tudo o que se afasta do meio-termo da virtude parece vicioso. Ora, a virgindade se afasta do meio-termo da virtude, ao se abster de todos os prazeres sexuais, pois o Filósofo diz: "Quem goza de todos os apetites, sem exceção, é intemperante; mas quem foge de todos é rude e insensível". Logo, a virgindade é algo vicioso.

3. Ademais, só o vício merece castigo. Ora, entre os antigos, castigava-se os que viviam em celibato perpétuo, segundo conta Valério Máximo. E, por isso, refere Agostinho que Platão "ofereceu sacrifícios à natureza, para eximir-se, como de um pecado, da sua continência perpétua". Logo, a virgindade é um pecado.

Em sentido contrário, nenhum pecado pode ser, diretamente, objeto de conselho. Ora, a virgindade apresenta-se, expressamente, como um conselho, na Carta aos Coríntios: "A respeito de quem é virgem, eu não tenho ordem do Senhor; é um conselho que dou". Logo, a virgindade não é algo ilícito.

Respondo. Nos atos humanos é vicioso o que se desvia da reta razão. Mas cabe à reta razão utilizar os meios na medida em que convêm ao fim. Ora, existem três classes de bens para o homem, como ensina Aristóteles: os bens exteriores, como as riquezas; os bens do corpo e, por fim, os bens da alma, entre os quais os da vida contemplativa são melhores que os bens da vida ativa, segundo o demonstra o Filósofo e o Senhor o declara: "Maria escolheu a melhor parte". Ora, os bens exteriores se ordenam aos bens corporais; os bens corporais, aos bens da alma; e os bens da vida ativa, aos da vida contemplativa. Portanto, cabe à razão reta utilizar os bens exteriores na medida conveniente ao corpo e assim por diante. Conclui-se daí que, se alguém se abstiver de possuir coisas (que, aliás, seria bom possuir) para se dedicar à saúde física ou para a contemplação da verdade, isso não seria vicioso, mas de acordo com a reta razão. Da mesma forma, se alguém se abstiver dos prazeres corporais, para se dedicar mais livremente à contemplação da verdade, estará agindo conforme a retidão racional.

---

1. C. 22: 1104, a, 22-27.
2. *Factor. et dictor. memor.*, l. II, c. 9: ed. C. Kempf, Lipsiae 1888, p. 98, ll. 7-19.
3. C. 3, n. 5: ML 34, 125.
4. C. 8: 1098, b, 12-18.
5. C. 7: 1177, a, 12-17; 1178, a, 9-23.

liberius vacet contemplationi veritatis, pertinet hoc ad rectitudinem rationis.

Ad hoc autem pia virginitas ab omni delectatione venerea abstinet, ut liberius divinae contemplationi vacet: dicit enim Apostolus, 1Cor 7,34: *Mulier innupta et virgo cogitat quae Domini sunt, ut sit sancta et corpore et spiritu: quae autem nupta est, cogitat quae sunt mundi, quomodo placeat viro.* Unde relinquitur quod virginitas non est aliquid vitiosum, sed potius laudabile.

AD PRIMUM ergo dicendum quod praeceptum habet rationem debiti, ut supra dictum est[6]. Dupliciter autem est aliquid debitum. Uno modo, ut impleatur ab uno: et hoc debitum sine peccato praeteriri non potest. Aliud autem est debitum implendum a multitudine. Et ad tale debitum implendum non tenetur quilibet de multitudine: multa enim sunt multitudini necessaria ad quae implenda unus non sufficit, sed implentur a multitudine dum unus hoc, alius illud facit. — Praeceptum igitur legis naturae homini datum de comestione, necesse est quod ab unoquoque impleatur: aliter enim individuum conservari non posset. Sed praeceptum datum de generatione respicit totam multitudinem hominum: cui necessarium est non solum quod multiplicetur corporaliter, sed etiam quod spiritualiter proficiat. Et ideo sufficienter providetur humanae multitudini si quidam carnali generationi operam dent: quidam vero, ab hac abstinentes, contemplationi divinorum vacent, ad totius humani generis pulchritudinem et salutem. Sicut etiam in exercitu quidam castra custodiunt, quidam signa deferunt, quidam gladiis decertant: quae tamen omnia debita sunt multitudini, sed per unum impleri non possunt.

AD SECUNDUM dicendum quod ille qui abstinet ab omnibus delectationibus praeter rationem rectam, quasi delectationes secundum se abhorrens, est insensibilis, sicut agricola. Virgo autem non abstinet ab omni delectatione, sed solum a delectatione venerea: et ab hac abstinet secundum rationem rectam, ut dictum est[7]. Medium autem

Ora, a virgindade religiosa[c] se abstém de todo prazer sexual, para se entregar mais livremente à contemplação divina, segundo diz o Apóstolo: "A mulher sem marido e a virgem preocupam-se com as coisas do Senhor, afim de serem santas de corpo e de espírito. Mas a mulher casada preocupa-se com as coisas do mundo: ela procura como agradar ao marido". Donde se conclui que a virgindade, longe de ser viciosa, merece louvor.

QUANTO AO 1º, portanto, deve-se dizer que preceito implica ideia de obrigação, como antes foi dito. Ora, algo pode ser obrigatório de dois modos: ou enquanto incumbe a cada indivíduo e então não pode ser omitido sem pecado; ou enquanto incumbe à sociedade como um todo e, nesse caso, a obrigação não se impõe a cada um dos seus membros em particular, pois há muitas coisas que são necessárias à coletividade e que um só não basta para cumprir, e a coletividade as realiza; enquanto um membro faz uma coisa e outro faz outra. É necessário, pois, que o preceito de comer, imposto pela lei natural ao homem, seja observado por cada um; do contrário, ninguém poderia sobreviver. Mas o preceito da procriação diz respeito à sociedade como um todo e inclui não só a multiplicação física, mas também o progresso espiritual. Fica, assim, suficientemente garantida a sociedade humana, se alguns dos seus membros cumprirem o dever da geração carnal, enquanto os outros, abstendo-se dela, se dedicarão à contemplação das coisas divinas, para a beleza e salvação de todo o gênero humano. Isso, aliás, é o que se vê num exército: uns vigiam o acampamento, outros carregam estandartes e outros ainda combatem com espadas. Tudo isso é obrigação do conjunto, mas não pode ser realizado por um só.

QUANTO AO 2º, deve-se dizer que quem se abstém de todos os prazeres, sem seguir a reta razão, como os eles, por si mesmos, lhe incutissem horror, é insensível e rude. Quem é virgem, porém, não se abstém de todo prazer, mas só do prazer sexual[d] e de acordo com a reta razão. Ora, o meio-termo da virtude não se ganha pela quantidade,

---

6. Q. 44, a. 1; q. 100, a. 5, ad 1; q. 122, a. 1.
7. In corp.

c. Não é por inadvertência, ou para ceder a um lugar-comum, que Sto. Tomás fala aqui de "santa virgindade" (*pia virginitas*). Ele pretende de fato evocar todo o contexto religioso da virgindade cristã, embora ele se permita, elegantemente, citar Aristóteles em paralelo com São Lucas para estabelecer a superioridade da vida contemplativa.

d. Deve-se concluir deste texto que a prática da virgindade cristã não se vincula a uma espécie de complexo "antiprazer", como se o prazer em si mesmo fosse suspeito. Uma tal concepção estaria nos antípodas da de Sto. Tomás, que vê no prazer

virtutis non secundum quantitatem, sed secundum rationem rectam determinatur, ut dicitur in II *Ethic.*[8]. Unde de magnanimo dicitur, in IV *Ethic.*[9], quod est *magnitudine extremus: eo autem quod ut oportet, medius.*

AD TERTIUM dicendum quod leges feruntur secundum ea quae ut in pluribus accidunt. Hoc autem rarum erat apud antiquos, ut aliquis amore veritatis contemplandae ab omni delectatione venerea abstineret: quod solus Plato legitur fecisse. Unde non sacrificavit quasi hoc peccatum reputaret, sed *perversae opinioni civium cedens*, ut ibidem Augustinus dicit.

mas se baseia na razão reta, como diz Aristóteles. Por isso, aí se ensina que o magnânimo vai "ao extremo na sua grandeza, mas se mantém no meio-termo no que é conveniente".

QUANTO AO 3º, deve-se dizer que as leis são feitas de acordo com o que acontece na maioria dos casos. Ora, na antiguidade, era raro alguém se privar de todo prazer carnal, por amor à contemplação da verdade, como foi o caso isolado de Platão. Por isso, não ofereceu ele sacrifícios porque o considerasse pecado, mas "para condescender com a opinião perversa dos concidadãos", como observa Agostinho, no mesmo lugar.

ARTICULUS 3
Utrum virginitas sit virtus

AD TERTIUM SIC PROCEDITUR. Videtur quod virginitas non sit virtus.

1. *Nulla* enim *virtus inest nobis a natura*, ut Philosophus dicit, in II *Ethic.*[1]. Sed virginitas inest a natura: quilibet enim mox natus virgo est. Ergo virginitas non est virtus.

2. PRAETEREA, quicumque habet unam virtutem, habet omnes, ut supra[2] habitum est. Sed aliqui habent alias virtutes qui non habent virginitatem: alioquin, cum sine virtute nullus ad regnum caelorum perveniat, nullus sine virginitate ad ipsum posset pervenire; quod esset matrimonium damnare. Ergo virginitas non est virtus.

3. PRAETEREA, omnis virtus restituitur per poenitentiam. Sed virginitas non reparatur per poenitentiam: unde Hieronymus dicit[3]: *Cum cetera Deus possit, non potest virginem post ruinam reparare.* Ergo videtur quod virginitas non sit virtus.

ARTIGO 3
A virgindade é uma virtude?

QUANTO AO TERCEIRO, ASSIM SE PROCEDE: parece que a virgindade **não** é uma virtude.

1. Com efeito, "nenhuma virtude existe em nós naturalmente", diz Aristóteles. Ora, a virgindade está em nós por natureza, desde que todos somos virgens ao nascer. Logo, a virgindade não é virtude.

2. ALÉM DISSO, quem possui uma virtude, possui todas, como acima foi dito. Ora, há quem possua outras virtudes e não possui a virgindade. Do contrário, se ninguém chega ao reino dos céus sem praticar a virtude, ninguém poderia chegar a ele sem a virgindade, o que equivaleria à condenação do matrimônio. Logo, a virgindade não é uma virtude.

3. ADEMAIS, toda virtude se restabelece pela penitência. Ora, a virgindade não se recupera pela penitência; tanto que Jerônimo diz: "Deus, que tudo pode, não pode restaurar a virgindade na virgem que a perdeu". Logo, parece que a virgindade não é uma virtude.

---

8. C. 6: 1107, a, 1-2.
9. C. 7: 1123, b, 13-15.

3 PARALL.: I-II, q. 64, a. 1, ad 3; IV *Sent.*, dist. 33, q. 3, a. 2; *Cont. Gent.* III, 136; *De Virtut.*, q. 5, a. 2, ad 7; II *Ethic.*, lect. 2.

1. C. 1: 1103, a, 19-26.
2. I-II, q. 65, a. 1.
3. Epist. 22, *ad Eustoch.*, n. 5: ML 22, 397.

e no deleite o resultado normal da virtude. O prazer não deve jamais "causar horror", mas pode ser razoável a ele renunciar em benefício de valores superiores. A relação que o cristão mantém com o prazer e a sexualidade é um tema de grande atualidade em nossa época, e nossos contemporâneos nem sempre sabem evitar os obstáculos indicados por Sto. Tomás há mais de sete séculos.

4. Praeterea, nulla virtus perditur sine peccato. Sed virginitas perditur sine peccato, scilicet per matrimonium. Ergo virginitas non est virtus.

5. Praeterea, virginitas condividitur viduitati et pudicitiae coniugali. Sed neutrum illorum ponitur virtus. Ergo virginitas non est virtus.

Sed contra est quod Ambrosius dicit, in libro *de Virginit.*[4]: *Invitat virginitatis amor ut aliquid de virginitate dicamus: ne veluti transitu quodam perstricta videatur quae principalis est virtus.*

Respondeo dicendum quod, sicut supra[5] dictum est, in virginitate est sicut formale et completivum propositum perpetuo abstinendi a delectatione venerea: quod quidem propositum laudabile redditur ex fine, inquantum scilicet hoc fit ad vacandum rebus divinis. Materiale autem in virginitate est integritas carnis absque omni experimento venereae delectationis. Manifestum est autem quod ubi est specialis materia habens specialem excellentiam, ibi invenitur specialis ratio virtutis: sicut patet in magnificentia, quae est circa magnos sumptus, et ex hoc est specialis virtus a liberalitate distincta, quae communiter se habet circa omnem pecuniarum usum. Hoc autem quod est conservare se immunem ab experimento venereae voluptatis, habet quandam excellentiam laudis supra hoc quod est conservare se immunem ab inordinatione venereae voluptatis. Et ideo virginitas est quaedam specialis virtus, habens se ad castitatem sicut magnificentia ad liberalitatem.

Ad primum ergo dicendum quod homines ex sua nativitate habent id quod est materiale in virginitate, scilicet integritatem, carnis immunem ab experimento venereorum. Non tamen habent id quod est formale in virginitate: ut scilicet habeant propositum servandi huiusmodi integritatem propter Deum. Et ex hoc habet rationem virtutis. Unde Augustinus dicit, in libro *de Virginit.*[6]: *Nec nos in virginibus praedicamus quod virgines sunt: sed quod Deo dicatae pia continentia virgines.*

Ad secundum dicendum quod connexio virtutum accipitur secundum id quod est formale in virtutibus, idest secundum caritatem vel secundum prudentiam, ut supra[7] habitum est: non autem se-

4. Ademais, nenhuma virtude se perde sem a prática do pecado. Ora, a virgindade se perde sem pecado, a saber, pelo matrimônio. Logo, a virgindade não é uma virtude.

5. Ademais, a virgindade está entre a castidade conjugal e a viuvez. Ora, nenhuma dessas duas é uma virtude. Logo, a virgindade não é uma virtude.

Em sentido contrário, diz Ambrósio: "O amor à virgindade convida-nos a falar alguma coisa sobre ela, para que não se tenha a impressão de que tratamos apenas de passagem de uma virtude primordial".

Respondo. O que dá forma e perfeição à virgindade é o propósito perpétuo de se abster do prazer sexual e esse propósito torna-se louvável pelo seu fim, que é a dedicação às coisas de Deus. O elemento material da virgindade é a integridade física, excluindo qualquer experiência daquele prazer. Ora, é manifesto que, onde há uma matéria de especial bondade, com especial excelência, aí há lugar para uma virtude de natureza especial, como acontece com a magnificência, que se caracteriza pelos grandes dispêndios e que, por essa razão, é uma virtude especial, distinta de liberalidade, que tem a ver, em geral, com todo uso de dinheiro. Mas o conservar-se livre do prazer sexual implica uma excelência meritória, superior ao conservar-se livre de desordem desse prazer. Portanto, a virgindade é uma virtude especial, cuja relação com a castidade é a mesma que a da magnificência com a liberalidade.

Quanto ao 1º, portanto, deve-se dizer que têm os homens, desde o nascer, o elemento material da virgindade, isto é, a integridade da carne, ainda sem a experiência sexual. Mas não têm o elemento formal da virgindade, a saber, o propósito de manter essa integridade por amor a Deus. E nisso é que a virgindade se constitui como virtude. Daí a afirmação de Agostinho: "O que louvamos nas virgens não é o fato de serem virgens, mas o estarem consagradas a Deus por uma santa continência".

Quanto ao 2º, deve-se dizer que a conexão das virtudes baseia-se no que elas têm de formal, ou seja, na caridade ou na prudência, como já foi dito, e não no que têm de material. Nada impede, com

---

4. Al. *de Virginibus*, l. I, c. 3, n. 10: ML 16, 191 B.
5. Art. 1, 2.
6. C. 11: ML 40, 401.
7. Q. 129, a. 3, ad 2.

cundum id quod est materiale in virtutibus. Nihil enim prohibet alicui virtuoso suppetere materiam unius virtutis, non autem materiam alterius: sicut pauper habet materiam temperantiae, non autem materiam magnificentiae. Et hoc modo alicui habenti alias virtutes deest materia virginitatis, idest praedicta integritas carnis. Tamen potest id quod est formale in virginitate habere: ut scilicet in praeparatione mentis praedictae integritatis conservandae propositum, si hoc sibi competeret. Sicut pauper potest in praeparatione animi habere propositum magnificos sumptus faciendi, si sibi competeret: et similiter ille qui est in prosperitate habet in praeparatione animi propositum adversa aequanimiter tolerandi. Et sine hac praeparatione animi non potest esse aliquis virtuosus.

AD TERTIUM dicendum quod virtus per poenitentiam reparari potest quandam ad id quod est formale in virtute: non autem quantum ad id quod est materiale in ipsa. Non enim si quis magnificus consumpsit suas divitias, per poenitentiam peccati restituuntur ei divitiae. Et similiter ille qui peccando virginitatem amisit, per poenitentiam non recuperat virginitatis materiam, sed recuperat virginitatis propositum.

Circa materiam autem virginitatis est aliquid quod miraculose reparari poterit divinitus, scilicet integritas membri, quam diximus accidentaliter se ad virginitatem habere. Aliud autem est quod nec miraculo reparari potest, ut scilicet qui expertus est voluptatem veneream, fiat non expertus: non enim Deus potest facere ut ea quae facta sunt non sint facta, ut in Primo⁸ habitum est.

AD QUARTUM dicendum quod virginitas, secundum quod est virtus, importat propositum voto firmatum integritatis perpetuo servandae: dicit enim Augustinus, in libro *de Virginit.*⁹, quod per virginitatem *integritas carnis ipsi Creatori animae et carnis vovetur, consecratur, servatur.* Unde virginitas, secundum quod est virtus, nunquam amittitur nisi per peccatum.

AD QUINTUM dicendum quod castitas coniugalis ex hoc solo laudem habet quod abstinet ab illicitis

efeito, que no homem virtuoso exista a matéria de uma virtude e não a de outra. O pobre, por exemplo, tem a matéria da temperança e não a da magnificência. Assim é que alguém pode possuir várias virtudes e lhe faltar a matéria da virgindade, a saber, a referida integridade física e, contudo, pode ter o que é formal na virgindade, isto é, aquela disposição interior, definida, de conservar essa integridade, se lhe for preciso. Do mesmo modo, o pobre pode, por disposição íntima, nutrir a ideia de fazer magníficos dispêndios, se lhe for dado fazê-lo, como também quem goza de prosperidade pode ter em mente o propósito de suportar bravamente uma situação adversa. Sem essa disposição da alma, ninguém pode ser virtuoso.

QUANTO AO 3º, deve-se dizer que a virtude pode ser restabelecida pela penitência, no seu aspecto formal, não no aspecto material. Assim, quem, na sua magnificência, gasta toda a sua riqueza, não irá recuperá-la pela penitência dos seus pecados. Igualmente, quem perdeu a virgindade pelo pecado, não conseguirá reavê-la, materialmente, pela penitência, mas pode recuperar o propósito da virgindade^e.

No entanto, por intervenção divina, o aspecto material da virgindade é algo que pode, miraculosamente, ser reparado, a saber, a integridade do membro corporal, que dissemos se relacionar acidentalmente com a virgindade. O que, porém, nem por milagre, pode sobrevir é que se declare não ter experimentado o prazer carnal quem já o provou, porque Deus não pode fazer com que não tenha acontecido algo que já aconteceu, como foi demonstrado na I Parte.

QUANTO AO 4º, deve-se dizer que a virgindade, como virtude que é, implica o propósito, confirmado pelo voto, de conservar sempre a integridade corporal, pois, segundo Agostinho, "pela virgindade devotamos, consagramos e conservamos a integridade da carne ao próprio Criador de alma e da carne". Portanto, a virgindade, como virtude, só é perdida pelo pecado^f.

QUANTO AO 5º, deve-se dizer que a castidade conjugal merece louvor só quando se abstém do

---

8. Q. 25, a. 4.
9. C. 8: ML 40, 400.

e. É a virgindade que é virtude, que se pode recuperar fazendo penitência. E contra ela as objeções não têm valor. Os demais aspectos são apenas materiais ou acidentais.

f. Se nos referirmos à objeção 4, precisaremos concluir desta última proposição que o casamento seria pecaminoso caso houvesse voto de virgindade.

voluptatibus: unde non habet aliquam excellentiam supra communem castitatem. Viduitas autem addit quidem aliquid supra communem castitatem: non tamen pervenit ad id quod est perfectum in materia ista, scilicet ad omnimodam immunitatem venereae voluptatis, sed sola virginitas. Et ideo sola virginitas ponitur virtus specialis, sicut supra castitatem sicut magnificentia supra liberalitatem.

Articulus 4
Utrum virginitas sit excellentior matrimonio

AD QUARTUM SIC PROCEDITUR. Videtur quod virginitas non sit excellentior matrimonio.

1. Dicit enim Augustinus, in libro *de Bono Coniugali*[1]: *Non impar meritum continentiae est in Ioanne, qui nullas expertus est nuptias, et in Abraham, qui filios generavit*. Sed maioris virtutis maius est meritum. Ergo virginitas non est potior virtus quam castitas coniugalis.

2. PRAETEREA, ex virtute dependet laus virtuosi. Si ergo virginitas praeferretur continentiae coniugali, videtur esse consequens quod quaelibet virgo esset laudabilior qualibet coniugata. Hoc autem est falsum. Ergo virginitas non praefertur coniugio.

3. PRAETEREA, bonum commune potius est bono privato: ut patet per Philosophum, in I *Ethic*.[2]. Sed coniugium ordinatur ad bonum commune: dicit enim Augustinus, in libro *de Bono Coniugali*[3]: *Quod est cibus ad salutem hominis, hoc est concubitus ad salutem humani generis*. Virginitas autem ordinatur ad bonum speciale: ut scilicet vitent *tribulationem carnis*, quam sustinet coniugati, sicut patet per Apostolum, 1Cor 7,28. Ergo virginitas non est potior continentia coniugali.

SED CONTRA est quod dicit Augustinus, in libro *de Virginit.*[4]: *Certa ratione, et sanctarum Scripturarum auctoritate, nec peccatum esse nuptias invenimus, nec eas bono vel virginalis continentiae, vel etiam vidualis, aequamus*.

RESPONDEO dicendum quod, sicut patet in libro Hieronymi *contra Iovin*.[5], hic error fuit Ioviniani, qui possuit virginitatem non esse matrimonio prae-

prazer ilícito, não tendo, pois, nenhuma superioridade sobre a castidade comum. Já a viuvez acrescenta algo à castidade comum, mas não chega à perfeição nessa matéria, que seria a isenção total do prazer venéreo. Só a virgindade atinge esse ponto. Por isso, somente ela é considerada uma virtude especial, superior à castidade, como a magnificência é superior à liberalidade.

Artigo 4
A virgindade é superior ao matrimônio?

QUANTO AO QUARTO, ASSIM SE PROCEDE: parece que a virgindade **não** é superior ao matrimônio.

1. Com efeito, Agostinho diz: "O mérito da continência de João, que não se casou, não é inferior ao de Abraão, que gerou filhos". Ora, a uma virtude maior corresponde um mérito também maior. Logo, a virgindade não é virtude superior à castidade conjugal.

2. ALÉM DISSO, o elogio feito ao virtuoso depende da virtude. Se, pois, a virgindade fosse superior à continência conjugal, parece normal que toda virgem seja mais digna de louvor que qualquer mulher casada. Ora, isso não é verdade. Logo, a virgindade não é superior ao casamento.

3. ADEMAIS, o bem comum é superior ao particular, como esclarece o Filósofo. Ora, o casamento se ordena ao bem comum, pois Agostinho diz: "O que o alimento é para a subsistência do homem, é a união sexual para a vida do gênero humano". Mas a virgindade visa a um bem particular, pois, segundo o Apóstolo, evitam-se com ela "pesadas provações", enfrentadas pelos casados. Logo, a virgindade não é melhor que a contingência conjugal.

EM SENTIDO CONTRÁRIO, conforme Agostinho, "com a certeza da razão e com a autoridade das Sagradas Escrituras, achamos que nem o casamento é pecado nem o equiparamos à continência das virgens nem mesmo à das viúvas?

RESPONDO. Como diz Jerônimo, errou Joviniano ao defender que a virgindade não deve ser preferida ao matrimônio. Seu erro, antes de mais nada, é

---

4 PARALL.: Infra, q. 153, a. 2, ad 1; *Cont. Gent.* III, 136, 137.

1. C. 21, n. 26: ML 40, 391.
2. C. 1: 1094, b, 8-11.
3. C. 16: ML 40, 385.
4. C. 19: ML 40, 405.
5. L. I, n. 5: ML 23, 217 C.

ferendam. Qui quidem error praecipue destruitur et exemplo Christi, qui et matrem Virginem elegit, et ipse virginitatem servavit; et ex doctrina Apostoli, qui, 1Cor 7,25 sqq., virginitatem consuluit tanquam melius bonum; et etiam ratione. Tum quia bonum divinum est potius bono humano. Tum quia bonum animae praefertur bono corporis. Tum etiam quia bonum contemplativae vitae praefertur bono activae. Virginitas autem ordinatur ad bonum animae secundum vitam contemplativam, quod est *cogitare ea quae sunt Dei*. Coniugium autem ordinatur ad bonum corporis, quod est corporalis multiplicatio generis humani; et pertinet ad vitam activam, quia vir et mulier in matrimonio viventes necesse habent *cogitare quae sunt mundi*, ut patet per Apostolum, 1Cor 7,33-34. Unde indubitanter virginitas praeferenda est continentiae coniugali.

AD PRIMUM ergo dicendum quod meritum non solum pensatur ex genere actus, sed magis ex animo operantis. Habuit autem Abraham animum sic dispositum ut paratus esset virginitatem servare si esset tempus congruum. Ex quo meritum continentiae coniugalis in ipso aequatur merito continentiae virginalis in Ioanne respectu praemii substantialis: non autem respectu praemii accidentalis. Unde Augustinus dicit, in libro *de Bono Coniugali*[6], quod *Ioannis caelibatus et Abrahae connubium pro temporum distributione Christo militaverunt: sed continentiam Ioannes etiam in opere, Abraham vero in solo habitu habebat*.

AD SECUNDUM dicendum quod, licet virginitas sit melior quam continentia coniugalis, potest tamen coniugatus esse melior quam virgo, duplici ratione. Primo quidem, ex parte ipsius castitatis: si scilicet ille qui est coniugatus, habeat animum magis paratum ad virginitatem servandam, si oporteret, quam ille qui est virgo actu. Unde Augustinus instruit virginem, in libro *de Bono Coniugali*[7], ut dicat: *Ego non sum melior quam Abraham: sed melior est castitas caelibum quam castitas nuptiarum*. Et rationem postea subdit, dicens: *Quod enim ego nunc ago, melius illi egissent, si tunc agendum esset: quod autem illi egerunt, sic ego non agerem, etiam si nunc agendum esset*. — Secundo, quia forte ille qui non est virgo, habet aliquam excellentiorem virtutem. Unde Augustinus dicit, in libro *de Virginit.*[8]: *Unde*

refutado pelo exemplo de Cristo, que escolheu mãe virgem e que conservou, ele próprio, a virgindade. É rechaçado também pelo ensinamento do Apóstolo que aconselhou a virgindade como um bem superior. Mas a razão também rechaça esse erro. Em primeiro lugar, porque o bem divino é superior ao bem humano. Em segundo lugar, porque o bem da alma é mais excelente que o do corpo. Em terceiro lugar, porque o bem da vida contemplativa é preferível ao bem da vida ativa. Ora, a virgindade se ordena ao bem da alma na sua vida contemplativa, que é "pensar nas coisas de Deus". O casamento, ao contrário, está voltado ao bem do corpo, que é a multiplicação corporal do gênero humano e pertence à vida ativa, dado que os casados devem "pensar nas coisas que são do mundo", segundo o Apóstolo. Portanto, sem dúvida alguma, a virgindade é melhor que a continência conjugal.

QUANTO AO 1º, portanto, deve-se dizer que não se mede o mérito só pelo ato, mas sobretudo pelas disposições de quem o realiza. Ora, Abraão tinha disposição de conservar a virgindade no tempo devido e, por isso, o mérito da continência conjugal dele se equipara à de João, quanto ao prêmio substancial, mas não quanto ao acidental. "O celibato de João, diz Agostinho e o casamento de Abraão serviram, em tempos diferentes, a Cristo, mas João praticou, efetivamente, a continência, que em Abraão foi apenas uma disposição interior".

QUANTO AO 2º, deve-se dizer que embora a virgindade seja superior à continência conjugal, pode, contudo, a pessoa casada ser melhor que a virgem, por dois motivos. Primeiro, considerando-se a castidade mesma, ou seja, se o casado está mais disposto a guardar a virgindade, se for necessário, do que aquele que é, na realidade, virgem. Agostinho aconselha essa pessoa virgem a dizer: "Não sou melhor que Abraão, mas a castidade do celibatário é melhor que a do casado". E dá a razão, logo depois: "Na verdade, o que agora faço, ele o faria melhor, se tivesse de o fazer; e o que eles fizeram, não o faria agora tão bem como eles, se eu devesse fazer". — Em segundo lugar, quem não é virgem pode, talvez, ter outra virtude mais excelente. Por isso, diz Agostinho: "Como sabe uma virgem, dedicada embora às coisas de Deus,

---

6. C. 21, n. 26: ML 40, 391.
7. C. 22: ML 40, 392.
8. C. 44: ML 40, 422.

scit virgo, quamvis sollicita quae sunt Domini, ne forte, propter aliquam sibi incognitam infirmitatem, non sit matura martyrio: illa vero mulier cui se praeferre gestiebat, iam possit bibere calicem Dominicae passionis?

Ad tertium dicendum quod bonum commune potius est bono privatio si sit eiusdem generis: sed potest esse quod bonum privatum sit melius secundum suum genus. Et hoc modo virginitas Deo dicata praefertur fecunditati carnali. Unde Augustinus dicit, in libro *de Virginit.*[9], quod *fecunditas carnis, etiam illarum quae in hoc tempore nihil aliud in coniugio quam prolem requirunt quam mancipent Christo, pro amissa virginitate compensari non posse credenda est.*

se, talvez por alguma deficiência que ela mesma ignore, está pronta para sofrer o martírio, ao passo que outra mulher, que ela julgava inferior, já pode beber o cálice da paixão do Senhor?".

Quanto ao 3º, deve-se dizer que o bem comum é preferível ao bem particular, se forem do mesmo gênero. Pode, porém, o bem privado ser preferível, no seu gênero. Nesse sentido, a virgindade consagrada a Deus é preferível à fecundidade carnal. Por isso é que Agostinho declara: "Não se deve crer que a fecundidade carnal, mesmo a daqueles que, neste mundo, não têm outro fim, no casamento, senão o de dar filhos a Cristo, possa compensar a perda da sua virgindade".

Articulus 5
Utrum virginitas sit maxima virtutum

Ad quintum sic proceditur. Videtur quod virginitas sit maxima virtutum.

1. Dicit enim Cyprianus, in libro *de Virginit.*[1]: *Nunc nobis ad virgines sermo est. Quarum quo sublimior gloria est, maior et cura. Flos est ille ecclesiastici germinis, decus atque ornamentum gratiae spiritualis, illustrior portio gregis Christi.*

2. Praeterea, maius praemium debetur maiori virtuti. Sed virginitati debetur maximum praemium, scilicet fructus centesimus: ut patet Mt 13,23, in Glossa[2]. Ergo virginitas est maxima virtutum.

3. Praeterea, tanto aliqua virtus est maior, quanto per eam magis aliquis Christo conformatur. Sed maxime aliquis conformatur Christo per virginitatem: dicitur enim Ap 14,3-4 de virginibus, quod *sequuntur Agnum quocumque ierit*, et quod *cantant canticum novum, quod nemo alius poterat dicere*. Ergo virginitas est maxima virtutum.

Sed contra est quod Augustinus dicit, in libro *de Virginit.*[3]: *Nemo, quantum puto, ausus fuit virginitatem praeferre monasterio*. Et in eodem libro dicit: *Praeclarissimum testimonium perhibet ecclesiastica auctoritas, in qua fidelibus notum est quo loco martyres, et quo defunctae sanctimoniales ad altaris sacramenta recitentur.* Per

Artigo 5
A virgindade é a maior das virtudes?

Quanto ao quinto, assim se procede: parece que a virgindade é a maior das virtudes.

1. Com efeito, diz Cipriano: "Agora, dirijo-me às virgens, que merecem tanto mais cuidados nossos, quanto maior é a sua glória. Elas são a flor da Igreja, honra e ornato da graça espiritual, a parte mais ilustre do rebanho de Cristo".

2. Além disso, quanto mais excelente a virtude, maior recompensa lhe é devida. Ora, à virgindade se deve a recompensa máxima, o cem por um de que fala a Glosa, à luz do Evangelho. Logo, a virgindade é a maior de todas as virtudes.

3. Ademais, tanto maior é uma virtude quanto mais nos torna semelhantes a Cristo. Ora, é pela virgindade que nos tornamos mais semelhantes a ele, pois diz o Apocalipse que as virgens "seguem o Cordeiro por onde quer que vá", e "cantam um cântico novo que ninguém podia recitar". Logo, a virgindade é a maior das virtudes.

Em sentido contrário, diz Agostinho: "Que eu saiba, ninguém ousou pôr a virgindade acima da vida monástica". E diz também, no mesmo livro: "A autoridade religiosa oferece um valiosíssimo testemunho, fazendo os fiéis saberem em que lugar do sacrifício da missa se traz a memória dos mártires e das religiosas falecidas". E isso dá a

---

9. C. 9: ML 40, 400.

5 Parall.: IV *Sent.*, dist. 33, q. 3, a. 3.

1. Al. *de Habitu Virgin.*, n. III: ML 4, 443 A.
2. Ordin.: ML 114, 131 D.
3. C. 46, n. 47: ML 40, 424.

quod datur intelligi quod martyrium virginitati praefertur, et similiter monasterii status.

Respondeo dicendum quod aliquid potest dici excellentissimum dupliciter. Uno modo, in aliquo genere. Et sic virginitas est excellentissima, scilicet in genere castitatis: transcendit enim et castitatem vidualem et coniugalem. Et quia castitati antonomastice attribuitur decor, ideo virginitati per consequens attribuitur excellentissima pulchritudo. Unde et Ambrosius dicit, in libro *de Virginit.*[4]: *Pulchritudinem quis potest maiorem aestimare decore virginis, quae amatur a Rege, probatur a Iudice, dedicatur Domino, consecratur Deo?*

Alio modo potest dici aliquid excellentissimum simpliciter. Et sic virginitas non est excellentissima virtutum. Semper enim finis excellit id quod est ad finem: et quanto aliquid efficacius ordinatur ad finem, tanto melius est. Finis autem ex quo virginitas laudabilis redditur, est vacare rebus divinis, ut dictum est[5]. Unde ipsae virtutes theologicae, et etiam virtus religionis, quarum actus est ipsa occupatio circa res divinas, praeferuntur virginitati. — Similiter etiam vehementius operantur ad hoc quod inhaereant Deo martyres, qui ad hoc postponunt propriam vitam; et viventes in monasteriis, qui ad hoc postponunt propriam voluntatem et omnia quae possunt habere; quam virgines, quae ad hoc postponunt venereas voluptates. Et ideo virginitas non simpliciter ext maxima virtutum.

Ad primum ergo dicendum quod virgines sunt *illustrior portio gregis Christi*, et est earum *sublimior gloria*, per comparationem ad viduas et coniugatas.

Ad secundum dicendum quod centesimus fructus attribuitur virginitati, secundum Hieronymum[6], propter excellentiam quam habet ad virduitatem, cui attribuitur sexagesimus, et ad matrimonium, cui attribuitur tricesimus. Sed sicut Augustinus dicit, in libro *de Quaest. Evang.*[7], *centesimus fructus est martyrum, sexagesimus virginum, et tricesimus coniugatorum.* Unde ex hoc non sequitur quod vir-

entender que o martírio e o estado monástico são superiores à virgindade[g].

Respondo. De dois modos podemos considerar uma coisa como mais excelente. Primeiro, em algum gênero. E assim, a virgindade, no gênero da castidade, é absolutamente superior, sobrepujando a castidade dos viúvos e dos casados. E como, por antonomásia, se atribui a beleza à castidade, segue-se que a beleza máxima será atribuída à virgindade. Por isso, diz Ambrósio: "Quem pode imaginar beleza maior que a de uma virgem, que é amada pelo Rei, aprovada pelo Juiz, dedicada ao Senhor e consagrada a Deus?"

Segundo, em si mesma. Desse modo, a virgindade não é a maior de todas as virtudes, pois o fim sempre é mais excelente que os meios e tanto melhor é uma coisa, quanto mais eficazmente se ordena para o fim. Ora, o fim que faz a virgindade louvável é a dedicação às coisas divinas. Portanto, as virtudes teologais e também a virtude da religião, cujo ato consiste em ocupar-se com as coisas de Deus, são superiores à virgindade. — Da mesma forma, também os mártires, que sacrificam a vida para se unirem mais a Deus, e os que vivem em mosteiros, sacrificando a própria vontade e tudo quanto podem possuir, para se unirem mais fielmente a Deus, são superiores às virgens que, para o mesmo fim, se privam dos prazeres carnais. Por conseguinte, a virgindade não é, em si mesma, a maior de todas as virtudes.

Quanto ao 1º, portanto, deve-se dizer que as virgens são "a parte mais ilustre do rebanho de Cristo" e têm uma glória mais sublime, em comparação com as viúvas e as casadas.

Quanto ao 2º, deve-se dizer que atribui-se o cem por um à virgindade, segundo Jerônimo, por causa da excelência que tem sobre a viuvez, à qual se atribui o sessenta por um, e sobre o matrimônio, a que se atribui o trinta por um. Ora, como diz Agostinho, "o cem por um é dos mártires; o sessenta, das virgens; o trinta, dos casados". Logo, não se segue daí que a virgindade seja, em

---

4. Al. *De Virgin.*, l. I, c. 7, n. 37: ML 16, 199 BC.
5. Art. 2, 3.
6. Epist. 123, al. 11, *ad Ageruch.*, n. 9: ML 22, 1052.
7. L. I, c. 9, super Matth. 13, 23: ML 35, 1325-1326.

g. Ali onde Sto. Tomás, na citação de Sto. Agostinho, lê "monastério", as edições críticas leem "martírio". Se seguirmos as edições críticas, ambas as citações aqui mencionadas se harmonizam perfeitamente: trata-se em ambos os casos de comparar a virgindade com o martírio. A versão "monastério" traz um elemento adicional, e dissocia as duas citações. Sto. Tomás, que toma o texto tal como o lê, conclui que o estado monástico é também ele, em seu nível, superior à virgindade, o que ele justifica muito bem no corpo do artigo.

ginitas sit simpliciter maxima omnium virtutum, sed solum aliis gradibus castitatis.

AD TERTIUM dicendum quod virgines *sequuntur Agnum quocumque ierit*, quia imitantur Christum non solum in integritate mentis, sed etiam in integritate carnis, ut Augustinus dicit, in libro *de Virginit.*⁸: et ideo in pluribus sequuntur Agnum. Non tamen oportet quod magis de propinquo: quia aliae virtutes faciunt propinquius inhaerere Deo per imitationem mentis. — *Canticum* autem *novum* quod solae virgines cantant, est gaudium quod habent de integritate carnis servata.

---
8. C. 27: ML 40, 411.

si mesma, a maior das virtudes, mas o é somente em relação aos outros graus de castidade.

QUANTO AO 3º, deve-se dizer que as virgens "seguem o Cordeiro para onde quer que vá", porque imitam a Cristo não só na integridade do espírito, mas também na integridade da carne, diz Agostinho, e, por isso, em mais coisas seguem o Cordeiro. Isso, porém, não implica que estejam mais perto dele, porque outras virtudes nos unem a Deus mais estreitamente, pela imitação interior. — Quanto ao "cântico novo" que só as virgens cantam, significa ele a alegria que sentem pela conservação da integridade do seu corpo.

QUAESTIO CLIII
DE VITIO LUXURIAE
in quinque articulos divisa

Deinde considerandum est de vitio luxuriae, quod opponitur castitati. Et primo, de ipsa in generali; secundo, de speciebus eius.

Circa primum quaeruntur quinque.
Primo: quid sit materia luxuriae.
Secundo: utrum omnis concubitus sit illicitus.
Tertio: utrum luxuria sit peccatum mortale.
Quarto: utrum luxuria sit vitium capitale.
Quinto: de filiabus eius.

ARTICULUS 1
Utrum materia luxuriae sint solum concupiscentiae et delectationes venereae

AD PRIMUM SIC PROCEDITUR. Videtur quod materia luxuriae non sint solum concupiscentiae et delectationes venereae.

1. Dicit enim Augustinus, in libro *Confess.*¹, quod *luxuria ad satietatem atque abundantiam se cupit vocari*. Sed satietas pertinet ad cibos et potus, abundantia autem ad divitias. Ergo luxuria non est proprie circa concupiscentias et voluptates venereas.

2. PRAETEREA, Pr 20,1 dicitur: *Luxuriosa res est vinum.* Sed vinum pertinet ad delectationem

QUESTÃO 153
O VÍCIO DA LUXÚRIA
em cinco artigos

Em seguida, deve-se tratar do vício da luxúria, que se opõe à castidade. E, primeiramente, a luxúria em geral; depois, as suas espécies.

A respeito do primeiro ponto, cinco questões:
1. Qual é a matéria da luxúria?
2. É ilícito todo comércio carnal?
3. A luxúria é pecado mortal?
4. É vício capital?
5. Quais as suas espécies?

ARTIGO 1
A matéria da luxúria são apenas os desejos e os prazeres sexuais?

QUANTO AO PRIMEIRO ARTIGO, ASSIM SE PROCEDE: parece que a matéria da luxúria **não** são apenas os desejos e os prazeres sexuais.

1. Com efeito, diz Agostinho, "a luxúria quer ser chamada de saciedade e abundância". Ora, saciedade diz respeito à comida e à bebida, e abundância, às riquezas. Logo, a luxúria não tem como matéria própria os desejos e os prazeres sexuais.

2. ALÉM DISSO, está no livro dos Provérbios que "o vinho é uma coisa luxuriosa". Ora, o vi-

---
1 PARALL.: I *ad Tim.*, c. 5, lect. 2.
1. L. II, c. 6, n. 13: ML 32, 680.

cibi et potus. Ergo circa has maxime videtur esse luxuria.

3. Praeterea, luxuria esse dicitur *libidinosae voluptatis appetitus*. Sed libidinosa voluptas non solum est in venereis, sed etiam in multis aliis. Ergo luxuria non solum est circa concupiscentias et voluptates venereas.

Sed contra est quod dicitur in libro *de Vera Relig.*[2]: *Dicitur luxuriosis: Qui seminat in carne, de carne metet corruptionem*. Sed seminatio carnis fit per voluptates venereas. Ergo ad has pertinet luxuria.

Respondeo dicendum quod, sicut Isidorus dicit, in libro *Etymol.*[3], *luxuriosus* aliquis dicitur *quasi solutus in voluptates*. Maxime autem voluptates venereae animum hominis solvunt. Et ideo circa voluptates venereas maxime luxuria consideratur.

Ad primum ergo dicendum quod, sicut temperantia principaliter quidem et proprie est circa delectationes tactus, dicitur autem ex consequenti et per similitudinem quandam in quibusdam aliis materiis; ita etiam luxuria principaliter quidem est in voluptatibus venereis, quae maxime et praecipue animum hominis resolvunt; secundario aut dicitur in quibuscumque aliis ad excessum pertinentibus. Unde Gl 5,19, dicit Glossa[4] quod luxuria est *quaelibet superfluitas*.

Ad secundum dicendum quod vinum dicitur esse res luxuriosa, vel secundum hunc modum quo in qualibet materia abundantia ad luxuriam refertur. Vel inquantum superfluus usus vini incentivum voluptati venereae praebet.

Ad tertium dicendum quod libidinosa voluptas etsi in aliis materiis dicatur, tamen specialiter hoc nomen sibi vindicant venereae delectationes: in quibus etiam specialiter libido dicitur, ut Augustinus dicit, XIV *de Civ. Dei*[5].

Articulus 2

Utrum aliquis actus venereus possit esse sine peccato

Ad secundum sic proceditur. Videtur quod nullus actus venereus possit esse sine peccato.

nho se inclui nos prazeres do comer e do beber. Logo, parece que estes são a matéria principal da luxúria.

3. Ademais, diz-se que a luxúria é o desejo do prazer sensual. Ora, o prazer sensual não reside apenas nos prazeres do sexo, mas também em muitas outras matérias. Logo, a luxúria não versa apenas sobre os desejos e os prazeres sexuais.

Em sentido contrário, segundo Agostinho, "Foi dito aos luxuriosos: Quem semeia na carne, colherá o que produz a carne: a corrupção". Ora, semear na carne é obra dos prazeres sexuais. Logo, estes são o objeto da luxúria.

Respondo. Como afirma Isidoro, o luxurioso é, por assim dizer, alguém "entregue aos prazeres". Ora, os prazeres sexuais são os que mais degradam a mente humana. Portanto, a principal matéria da luxúria são esses prazeres.

Quanto ao 1º, portanto, deve-se dizer que assim como a temperança possui como objeto principal e próprio os prazeres do tato e, por consequência e por certa semelhança, algumas outras matérias, assim também a luxúria tem por matéria principal os prazeres sexuais que, acima de tudo e muito especialmente, tornam dissoluta a alma humana e, por matéria secundária, tudo o mais que se relaciona com excessos. Por isso, diz a Glosa que "todo excesso" é luxúria.

Quanto ao 2º, deve-se dizer que olha-se o vinho como algo luxurioso, ou porque, em qualquer matéria, a abundância se enlaça com a luxúria; ou porque o uso exagerado do vinho estimula o prazer sexual.

Quanto ao 3º, deve-se dizer que embora se fale de prazer sensual em outras áreas, é particularmente dos prazeres sexuais que ele se aplica. É em referência a eles que se fala também, especialmente, de "libido", como se vê em Agostinho.

Artigo 2

O ato sexual pode existir sem pecado?

Quanto ao segundo, assim se procede: parece que **não** pode haver ato sexual sem pecado.

---

2. (Augustini), c. 3, n. 4: ML 34, 125.
3. L. X, ad litt. *L*, n. 161: ML 82, 384 A.
4. Interl.; Lombardi: ML 192, 159 B.
5. C. 15, 16: ML 41, 424.

Parall.: IV *Sent.*, dist. 26, q. 1, a. 3; *Cont. Gent.* III, 126; *De Malo*, q. 15, a. 1.

1. Nihil enim videtur impedire virtutem nisi peccatum. Sed omnis actus venereus maxime impedit virtutem: dicit enim Augustinus, in I *Soliloq.*[1]: *Nihil esse sentio quod magis ex arce deiiciat animum virilem quam blandimenta feminae, corporumque ille contactus.* Ergo nullus actus venereus videtur esse sine peccato.

2. PRAETEREA, ubicumque invenitur aliquid superfluum per quod a bono rationis receditur, hoc est vitiosum: quia virtus corrumpitur per *superfluum* et *diminutum*, ut dicitur in II *Ethic.*[2]. Sed in quolibet actu venereo est superfluitas delectationis, quae in tantum absorbet rationem quod *impossibile est aliquid intelligere in ipsa*, ut Philosophus dicit, in VII *Ethic.*[3]: et sicut Hieronymus dicit[4], in illo actu spiritus prophetiae non tangebat corda prophetarum. Ergo nullus actus venereus potest esse sine peccato.

3. PRAETEREA, causa potior est quam effectus. Sed peccatum originale in parvulis trahitur a concupiscentia, sine qua actus venereus esse non potest: ut patet per Augustinum, in libro *de Nuptiis et Concup.*[5]. Ergo nullus actus venereus potest esse sine peccato.

SED CONTRA est quod Augustinus dicit, in libro *de Bono Coniug.*[6]: *Satis responsum est haereticis, si tamen capiunt, non esse peccatum quod neque contra naturam committitur, neque contra morem, neque contra praeceptu.* Et loquitur de actu venereo quo antiqui Patres pluribus coniugibus utebantur. Ergo non omnis actus venereus est peccatum.

RESPONDEO dicendum quod peccatum in humanis actibus est quod est contra ordinem rationis. Habet autem hoc rationis ordo, ut quaelibet convenienter ordinet in suum finem. Et ideo non est peccatum si per rationem homo utatur rebus aliquibus ad finem ad quem sunt, modo et ordine convenienti, dummodo ille finis sit aliquod vere bonum. Sicut autem est vere bonum quod conservetur corporalis natura unius individui, ita etiam est quoddam bonum excellens quod conservetur natura speciei humanae. Sicut autem ad conservationem vitae unius hominis ordinatur usus ciborum, ita etiam ad conservationem totius humani generis usus venereorum: unde Augustinus

1. Com efeito, nada parece ser obstáculo à virtude como o pecado. Ora, todo ato sexual é um obstáculo máximo à virtude, pois Agostinho diz: "Creio que nada derruba tanto o ânimo varonil como as carícias femininas e as intimidades corporais". Logo, parece que não há ato sexual sem pecado.

2. ALÉM DISSO, onde houver algo excessivo que nos aparte do bem racional, aí haverá algo vicioso, pois tanto o excesso como a falta destroem a virtude, ensina o Filósofo. Ora, em todo ato sexual há um excesso de prazer, que absorve a razão de tal forma que "ela não consegue refletir sobre coisa alguma nesse momento", diz o Filósofo e, adverte Jerônimo, nesse ato o espírito de profecia não tocava o coração dos profetas. Logo, nenhum ato sexual pode ocorrer sem pecado.

3. ADEMAIS, a causa é mais importante que o efeito. Ora, o pecado original é transmitida às crianças pela concupiscência, sem a qual não pode existir o ato sexual, como demonstra Agostinho. Logo, nenhum ato sexual pode realizar-se sem pecado.

EM SENTIDO CONTRÁRIO, diz Agostinho: "Já foi bastante explicado aos hereges, se é que eles querem compreender: não existe pecado no que não contraria a natureza, nem os costumes, nem a lei". E ele está falando do ato carnal, que os antigos patriarcas praticavam com várias esposas. Logo, nem todo ato sexual é pecado.

RESPONDO. Nos atos humanos, o pecado consiste naquilo que contraria a ordem racional e essa ordem exige que se oriente cada coisa ao seu fim. Não há pecado, portanto, quando o homem usa de certas coisas respeitando o fim para o qual existem, na medida e na ordem convenientes, desde que esse fim seja, realmente, bom. Ora, como é realmente um bem conservar a natureza corpórea do indivíduo, assim também é um bem excelente conservar a natureza da espécie. E como o alimento está destinado à conservação da vida individual, assim também a atividade sexual está dirigida à conservação de todo o gênero humano. Razão por quê, Agostinho pode dizer: "O que é a

---

1. C. 10, n. 17: ML 32, 878.
2. C. 2: 1104, a, 18-27.
3. C. 12: 1152, b, 18.
4. ORIGEN., *Homil. VI in Num.*, n. 3: MG 12, 610 C.
5. L. I, c. 24: ML 44, 429.
6. C. 25: ML 40, 395.

dicit, in libro *de Bono Coniug.*[7]: *Quod est cibus ad salutem hominis, hoc est concubitus ad salutem generis.* Et ideo, sicut usus ciborum potest esse absque peccato, si fiat debito modo et ordine, secundum quod competit saluti corporis; ita etiam et usus venereorum potest esse absque omni peccato, si fiat debito modo et ordine, secundum quod est conveniens ad finem generationis humanae.

AD PRIMUM ergo dicendum quod aliquid potest impedire virtutem dupliciter. Uno modo, quantum ad communem statum virtutis: et sic non impeditur virtus nisi per peccatum. Alio modo, quantum ad perfectum virtutis statum: et sic potest impediri virtus per aliquid quod non est peccatum, sed est minus bonum. Et hoc modo usus feminae deiicit animum, non a virtute, sed *ab arce*, idest perfectione virtutis. Unde Augustinus dicit, in libro *de Bono Coniug.*[8]: *Sicut bonum erat quod Martha faciebat occupata circa ministerium sanctorum, sed melius quod Maria audiens verbum Dei; ita etiam bonum Susannae in castitate coniugali laudamus, sed bonum viduae Annae, et magis Mariae Virginis, anteponimus.*

AD SECUNDUM dicendum quod, sicut supra[9] dictum est, medium virtutis non attenditur secundum quantitatem, sed secundum quod convenit rationi rectae. Et ideo abundantia delectationis quae est in actu venereo secundum rationem ordinato, non contrariatur medio virtutis. — Et praeterea ad virtutem non pertinet quantum sensus exterior delectetur, quod consequitur corporis dispositionem: sed quantum appetitus interior ad huiusmodi delectationes afficiatur. — Nec hoc etiam quod ratio non potest liberum actum rationis ad spiritualia consideranda simul cum illa delectatione habere, ostendit quod actus ille sit contrarius virtuti. Non enim est contrarium virtuti si rationis actus aliquando intermittatur aliquo quod secundum rationem fit: alioquin, quod aliquis se somno tradit, esset contra virtutem.

Hoc tamen quod concupiscentia et delectatio venereorum non subiacet imperio et moderationi rationis, provenit ex poena primi peccati: inquantum scilicet ratio rebellis Deo meruit habere suam carnem rebellem, ut patet per Augustinum, XIII *de Civ. Dei*[10].

comida para a vida individual é a relação sexual para o bem da espécie". Portanto, como pode a alimentação ser sem pecado, feita na ordem e medida devidas, como o requer a saúde do corpo, também pode não haver pecado na atividade sexual, realizada dentro da medida e da ordem devidas, de acordo com o que convém à finalidade da geração humana.

QUANTO AO 1º, portanto, deve-se dizer que uma coisa pode criar obstáculo à virtude de dois modos. Ou quanto ao estado comum da virtude e então só o pecado constitui obstáculo a ela; ou quanto ao estado perfeito da virtude e nesse caso a virtude pode ser impedida por algo que não é pecado, mas um bem menor. Nesse sentido é que o uso da mulher derruba o ânimo não da virtude, mas do mais alto, isto é, da perfeição da virtude. Por isso, Agostinho diz: "Era bom o que Marta fazia, entregue ao serviço dos santos; mas era melhor o que Maria, ouvindo a palavra de Deus, fazia. Assim também nós apreciamos a virtude de Susana, em sua castidade conjugal, mas preferimos a virtude da viúva Ana e muito mais a da Virgem Maria".

QUANTO AO 2º, deve-se dizer que não se mede o meio-termo da virtude quantitativamente, mas pelo seu ajustamento com a reta razão. Por isso, o intenso prazer gozado no ato sexual, feito segundo a reta razão, não contraria o meio-termo da virtude. — Além do mais, não é o quanto de prazer experimentam os sentidos exteriores, resultantes da disposição do corpo, que interessa à virtude, mas o quanto o apetite interior é sensível a tal prazer. — E o fato de a razão não poder produzir, junto com esse prazer, um ato livre sobre as coisas espirituais, também não prova que ele se oponha à virtude. Na verdade, não é contra a virtude que o ato da razão seja, às vezes, interrompida por algo razoável; do contrário, não seria conforme à razão entregar-se ao sono.

No entanto, se a concupiscência e os prazeres sexuais não obedecem ao comando moderador da razão, isso provém da pena do primeiro pecado, porque, rebelando-se contra Deus, a razão mereceu que a carne se rebelasse contra ela, como expõe Agostinho claramente[a].

---

7. C. 16: ML 40, 385.
8. C. 8, n. 8: ML 40, 379.
9. Q. 152, a. 2, ad 2; I-II, q. 64, a. 2.
10. C. 13: ML 41, 386.

a. Sto. Tomás é perfeitamente claro: se, em certas circunstâncias, é razoável ter relações carnais, é igualmente razoável aceitar a natureza das mesmas e suas consequências. É preciso aceitar especialmente que o gozo possa ser extremo e que outras ati-

AD TERTIUM dicendum quod, sicut Augustinus ibidem[11] dicit, quod *ex concupiscentia carnis, quae regeneratis non imputatur in peccatum, tanquam ex filia peccati, proles nascitur originali obligata peccato*. Unde non sequitur quod actus ille sit peccatum: sed quod in illo actu sit aliquid poenale a peccato primo derivatum.

QUANTO AO 3º, deve-se dizer que como diz, no mesmo lugar, Agostinho, "da concupiscência da carne, filha do pecado, mas que não se imputa aos regenerados como pecado, nasce a criança sujeita ao pecado original". Não se deduz daí que esse ato seja um pecado, mas que há nele algo de pena, derivada do primeiro pecado.

ARTICULUS 3
Utrum luxuria quae est circa actus venereos possit esse peccatum

ARTIGO 3
A luxúria, que se ocupa com os atos sexuais, pode ser pecado?

AD TERTIUM SIC PROCEDITUR. Videtur quod luxuria quae est circa actus venereos, non possit esse aliquod peccatum.
1. Per actum enim venereum semen emittitur, quod est *superfluum alimenti*, ut patet per Philosophum, in libro *de Generat. Animal.*[1]. Sed in emissione aliarum superfluitatum non attenditur aliquod peccatum. Ergo neque circa actus venereos potest esse aliquod peccatum.
2. PRAETEREA, quilibet potest licite uti ut libet, eo quod suum est. Sed in actu venereo homo non utitur nisi eo quod suum est: nisi forte in adulterio vel raptu. Ergo in usu venereo non potest esse peccatum. Et ita luxuria non erit peccatum.
3. PRAETEREA, omne peccatum habet vitium oppositum. Sed luxuriae nullum vitium videtur esse oppositum. Ergo luxuria non est peccatum.

SED CONTRA est quod causa est potior effectu. Sed vinum prohibetur propter luxuriam: secundum illud Apostoli, Eph 5,18: *Nolite inebriari vino, in quo est luxuria*. Ergo luxuria est prohibita.
2. PRAETEREA, Gl 5,19, enumeratur inter opera carnis.

QUANTO AO TERCEIRO, ASSIM SE PROCEDE: parece que a luxúria, que se ocupa com os atos sexuais **não** pode ser pecado.
1. Com efeito, pelo ato sexual emite-se o esperma que é "um excedente do alimento", como afirma o Filósofo. Ora, não há nenhum pecado na emissão dos outros excedentes. Logo, também não pode haver pecado algum no ato sexual[b].
2. ALÉM DISSO, pode cada um se servir, como quiser, do que lhe pertence, contanto que o faça licitamente. Ora, no ato sexual, o homem não se serve senão do que é seu, salvo no adultério e no rapto. Logo, na prática sexual não pode haver pecado e, assim, a luxúria não é pecado.
3. ADEMAIS, todo pecado tem um vício oposto. Ora, não parece haver vício algum oposto à luxúria. Logo, a luxúria não é pecado.

EM SENTIDO CONTRÁRIO, a causa é mais importante que o seu efeito. Ora, o vinho é proibido por causa da luxúria, segundo o Apóstolo: "Não vos embriagueis com vinho, que conduz à luxúria". Logo, a luxúria é proibida. Além disso, ela vem citada, na Carta aos Gálatas, entre as obras da carne.

---

11. L. I, c. 24: ML 44, 429.

3 PARALL.: *Cont. Gent.* III, 122; *De Malo*, q. 15, a. 1; I *ad Cor.*, c. 6, lect. 3.

1. L. I, c. 18: 726, a, 26-28.

vidades fiquem totalmente inibidas. Não se deve dar com uma mão e reter com a outra; não seria virtuoso fazer as coisas pela metade, e não é possível fazer tudo ao mesmo tempo.

b. Note-se um deslocamento entre o título do artigo (retomado do prólogo da questão 153) e seu conteúdo. O título traz: é a luxúria pecado mortal? Na verdade, o artigo examina se a luxúria é, sim ou não, um pecado, sem examinar o problema de sua gravidade.
A resposta estabelece que, num domínio tão essencial, é possível seguir a razão ou contrariá-la. O que significa que cabe falar de pecado. Mas as duas primeiras objeções, que tentam provar que não poderia de modo algum tratar-se de pecado, nesse domínio considerado como moralmente neutro (a não ser no caso de uma injustiça: adultério ou rapto), são fortes: o esperma não é secreção puramente fisiológica? O homem (e a mulher) não dispõem de seus corpos?
Sto. Tomás deverá afastar as objeções, que não deixam de ter valor, e que em nada perderam sua atualidade nos dias de hoje. O esperma não pode ser considerado como neutro, não porque sua ejaculação proporcione prazer, mas porque ele contribui para a reprodução, que deve estar submetida à razão. Quanto a nosso corpo, é Deus antes de todos o seu senhor. O objeto do artigo é então mais radical do que o título levaria a pensar. Não: esse pecado é grave?, mas: esse pecado é concebível?

RESPONDEO dicendum quod quanto aliquid est magis necessarium, tanto magis oportet ut circa illud rationis ordo servetur. Unde per consequens magis est vitiosum si ordo rationis praetermittatur. Usus autem venereorum, sicut dictum est[2], est valde necessarius ad bonum commune, quod est conservatio humani generis. Et ideo circa hoc maxime attendi debet rationis ordo. Et per consequens, si quid circa hoc fiat praeter id quod ordo rationis habet, vitiosum erit. Hoc autem pertinet ad rationem luxuriae, ut ordinem et modum rationis excedat circa venerea. Et ideo absque dubio luxuria est peccatum.

AD PRIMUM ergo dicendum quod, sicut Philosophus, in eodem libro, dicit, *semen est superfluum quo indigetur*: dicitur enim superfluum ex eo quod residuum est operationis virtutis nutritivae, tamen indigetur eo ad opus virtutis generativae. Sed aliae superfluitates humani corporis sunt quibus non indigetur. Et ideo non refert qualitercumque emittantur, salva decentia convictus humani. Sed non est simile in seminis emissione, quae taliter debet fieri ut conveniat fini ad quem eo indigetur.

AD SECUNDUM dicendum, sicut Apostolus dicit, 1Cor 6,20, contra luxuriam loquens: *Empti estis pretio magno: glorificate ergo et portate Deum in corpore vestro*. Ex eo ergo quod aliquis inordinate suo corpore utitur per luxuriam, iniuriam facit Domino, qui est principalis dominus corporis nostri. Unde et Augustinus dicit, in libro *de Decem Chordis*[3]: *Dominus, qui gubernat servos suos ad utilitatem illorum, non suam, hoc praecepit, ne per illicitas voluptates corruat templum eius, quod esse coepisti*.

AD TERTIUM dicendum quod oppositum luxuriae non contingit in multis: eo quod homines magis sint proni ad delectationes. Et tamen oppositum vitium continetur sub *insensibilitate*. Et accidit hoc vitium in eo qui in tantum detestatur mulierum usum quod etiam uxori debitum non reddit.

RESPONDO. Quanto mais necessária for uma coisa, tanto mais necessário é que a ordem da razão seja observada a seu respeito. Portanto, será tanto mais viciosa, quanto mais se esquecer a ordem racional. Ora, a atividade sexual é extremamente necessária ao bem comum, que é a conservação da espécie. Por isso, deve ser muito especialmente respeitada, nessa matéria, a ordem da razão e, consequentemente, será vicioso o que se fizer contra tal ordem. Ora, é próprio da luxúria exceder a medida e a ordem da razão nos atos sexuais. Logo, sem dúvida alguma, a luxúria é pecado.

QUANTO AO 1º, portanto, deve-se dizer que o Filósofo diz que "o sêmen é um excedente de que necessitamos", pois é considerado como tal por ser resíduo da atividade da função nutritiva, mas é necessário para os fins da função geradora. Por certo, outros excedentes há do corpo humano que não são necessários e, por isso, não importa como sejam expelidos, desde que se salvaguarde a decência do convívio humano. Não se pode, porém, dizer o mesmo da emissão do esperma, que deve se adequar ao fim para o qual é necessário.

QUANTO AO 2º, deve-se dizer que reprovando a luxúria, declara o Apóstolo: "Alguém pagou o preço do vosso resgate. Glorificai, portanto, e levai a Deus em vosso corpo". Por isso, quem, pela luxúria, usa desordenadamente do próprio corpo, ofende a Deus, senhor principal do nosso corpo. Daí também a palavra de Agostinho: "O Senhor que governa seus servos, visando ao bem deles e não ao seu próprio bem, ordenou que não se destrua, através dos prazeres ilícitos, o seu templo que começaste a ser".

QUANTO AO 3º, deve-se dizer que o vício oposto à luxúria não é comum, porque os homens são mais inclinados à luxúria mesmo. Entretanto, esse vício oposto existe. É a insensibilidade que está presente naqueles que rejeitam de tal modo unir-se a uma mulher que não cumprem sequer o débito conjugal.

ARTICULUS 4
Utrum luxuria sit vitium capitale

AD QUARTUM SIC PROCEDITUR. Videtur quod luxuria non sit vitium capitale.

ARTIGO 4
A luxúria é um vício capital?

QUANTO AO QUARTO, ASSIM SE PROCEDE: parece que a luxúria **não** é um vício capital.

---

2. A. praec.
3. Serm. 9, al. *de Temp.* 96, c. 10, n. 15: ML 38, 86.

4 PARALL.: I-II, q. 84, a. 4; II *Sent.*, dist. 42, q. 2, a. 3; *De Malo*, q. 8, a. 1; q. 15, a. 4.

1. Luxuria enim videtur idem esse *immunditiae*: ut patet per Glossam[1], Eph 5,3. Sed immunditia est filia gulae: ut patet per Gregorium, XXXI *Moral.*[2]. Ergo luxuria non est vitium capitale.

2. PRAETEREA, Isidorus dicit, in libro *de Summo Bono*[3], quod *sicut per superbiam mentis itur in prostitutionem libidinis, ita per humilitatem mentis salva fit castitas carnis*. Sed contra rationem capitalis vitii esse videtur quod ex alio vitio oriatur. Ergo luxuria non est vitium capitale.

3. PRAETEREA, luxuria causatur ex desperatione: secundum illud Eph 4,19: *Qui, desperantes, seipsos tradiderunt impudicitiae*. Sed desperatio non est vitium capitale: quinimmo ponitur filia acediae, ut supra[4] habitum est. Ergo multo minus luxuria est vitium capitale.

SED CONTRA est quod Gregorius, XXXI *Moral.*[5], ponit luxuriam inter vitia capitalia.

RESPONDEO dicendum quod, sicut ex dictis[6] patet, vitium capitale est quod habet finem multum appetibilem, ita quod ex eius appetitu homo procedit ad multa peccata perpetranda, quae omnia ex illo vitio tanquam ex principali oriri dicuntur. Finis autem luxuriae est delectatio venereorum, quae est maxima. Unde huiusmodi delectatio est maxime appetibilis secundum appetitum sensitivum: tum propter vehementiam delectationis; tum etiam propter connaturalitatem huius concupiscentiae. Unde manifestum est quod luxuria est vitium capitale.

AD PRIMUM ergo dicendum quod immunditia, secundum quosdam, quae ponitur filia gulae, est quaedam immunditia corporalis, ut supra[7] dictum est. Et sic obiectio non est ad propositum.

Si vero accipiatur pro immunditia luxuriae, sic dicendum quod ex gula causatur materialiter, inquantum scilicet gula ministrat materiam corporalem luxuriae: non autem secundum rationem causae finalis, secundum quam potissime attenditur origo aliorum vitiorum ex vitiis capitalibus.

AD SECUNDUM dicendum quod, sicut supra[8] dictum est, cum de inani gloria ageretur, superbia

1. Com efeito, ela parece ser idêntica à imundície, conforme a Glosa a um texto da Carta aos Efésios. Ora, a imundície é filha da gula, como o prova Gregório. Logo, a luxúria não é um vício capital.

2. ALÉM DISSO, diz Isidoro que "assim como, pela soberba do espírito, se chega à prostituição do prazer, assim também, pela humildade do espírito, se salva a castidade do corpo". Ora, contradiz a razão de vício capital que ele se origine de outro vício. Logo, a luxúria não é um vício capital.

2. ADEMAIS, a luxúria é causada pelo desespero, segundo a palavra: "No seu desespero, eles se abandonaram à devassidão". Ora, o desespero não é um vício capital; antes, é considerado filha da acídia, como já se esclareceu. Logo, com muito menos razão é a luxúria um vício capital.

EM SENTIDO CONTRÁRIO, Gregório enumera a luxúria entre os vícios capitais.

RESPONDO. Vício capital é o que se propõe um fim bastante desejável, a ponto de tal desejo levar o homem a cometer muitos pecados, todos oriundos desse vício como de um vício principal. Ora, o fim da luxúria é o prazer sexual, que é o mais forte de todos os prazeres. Por essa razão, esse prazer é sumamente desejável ao apetite sensitivo, quer pela sua intensidade, quer ainda pelo caráter conatural dessa concupiscência. É evidente, pois, que a luxúria é um vício capital.

QUANTO AO 1º, portanto, deve-se dizer que para alguns autores a imundície que é filha da gula, é a imundície corporal. Nesse sentido, a objeção não vem a propósito.

Se, porém, é tomado no sentido de imundície da luxúria, então é preciso dizer que ela é provocada materialmente pela gula, porque esta lhe oferece a matéria corporal. Mas não se trata aqui da causa final, segundo a qual se indica, principalmente, a origem dos outros vícios, a partir dos vícios capitais.

QUANTO AO 2º, deve-se dizer que ao se tratar da vanglória, a soberba é tida, comumente, como a

---

1. Interl.; LOMBARDI: ML 192, 209 B.
2. C. 45, al. 17, in vet. 31, n. 88: ML 76, 621 B.
3. Al. *Sentent.*, l. II, c. 39, n. 1: ML 83, 640 B.
4. Q. 35, a. 4, ad 2.
5. Loc. cit., n. 87: ML 76, 621 A.
6. Q. 148, a. 5; I-II, q. 84, a. 3, 4.
7. Q. 148, a. 6.
8. Q. 132, a. 4, ad 1.

ponitur communis mater omnium peccatorum: et ideo etiam vitia capitalia ex superbia oriuntur.

AD TERTIUM dicendum quod a delectationibus luxuriae praecipue aliqui abstinent propter spem futurae gloriae, quam desperatio subtrahit. Et ideo causat luxuriam sicut removens prohibens: non sicut per se causa, quod videtur requiri ad vitia capitalia.

ARTICULUS 5
Utrum convenienter assignentur filiae luxuriae

AD QUINTUM SIC PROCEDITUR. Videtur quod inconvenienter dicantur esse filiae luxuriae *caecitas mentis, inconsideratio, inconstantia, praecipitatio, amor sui, odium Dei, affectus praesentis saeculi, horror vel desperatio futuri.*

1. Quia caecitas mentis et inconsideratio et praecipitatio pertinent ad imprudentiam, quae invenitur in omni peccato, sicut et prudentia in omni virtute. Ergo non debent poni speciales filiae luxuriae.
2. PRAETEREA, constantia ponitur pars fortitudinis, ut supra[1] habitum est. Sed luxuria non opponitur fortitudini, sed temperantiae. Ergo inconstantia non est filia luxuriae.
3. PRAETEREA, *amor sui usque ad contemptum Dei* est principium omnis peccati: ut patet per Augustinum, XIV *de Civ. Dei*[2]. Non ergo debet poni filia luxuriae.
4. PRAETEREA, Isidorus[3] ponit quatuor: scilicet *turpiloquia, scurrilia, ludicra, stultiloquia.* Ergo praedicta enumeratio videtur esse superflua.

SED CONTRA est auctoritas Gregorii, XXXI *Moral.*[4].

RESPONDEO dicendum quod quando inferiores potentiae vehementer afficiuntur ad sua obiecta, consequens est quod superiores vires impediantur et deordinentur in suis actibus. Per vitium autem luxuriae maxime appetitus inferior, scilicet concupiscibilis, vehementer intendit suo obiecto, scilicet delectabili, propter vehementiam delecta-

mãe de todos os pecados e, por isso, também os vícios capitais nascem dela.

QUANTO AO 3º, deve-se dizer que alguns se abstêm dos prazeres luxuriosos sobretudo pela esperança da glória futura, que o desespero faz perder. É assim que o desespero causa a luxúria, removendo-lhe o obstáculo. Mas ele não é causa direta e isso se exige para constituir um vício capital.

ARTIGO 5
As filhas da luxúria estão corretamente enumeradas?

QUANTO AO QUINTO, ASSIM SE PROCEDE: parece que **não** devem ser consideradas filhas especiais da luxúria, a cegueira mental, a irreflexão, a inconstância, a precipitação, o egoísmo, o ódio a Deus, o apego à vida presente, o horror ou desesperança da vida futura.

1. Porque, a cegueira mental, a irreflexão e a precipitação se referem à imprudência, que está presente em todos os pecados, como a prudência está presente em todas as virtudes. Logo, não devem ser consideradas filhas especiais da luxúria.
2. ALÉM DISSO, a constância é considerada parte da fortaleza, como acima se explanou. Ora, a luxúria não se opõe à fortaleza, mas à temperança. Logo, a inconstância não é filha da luxúria.
3. ADEMAIS, "o amor de si mesmo até o ponto de desprezar a Deus" é o princípio de todo pecado, para Agostinho. Logo, não deve ser considerado filho da luxúria.
4. ADEMAIS, Isidoro aponta quatro filhas da luxúria, a saber: as palavras desonestas, as palavras néscias, as palavras devassas e as palavras tolas. Logo, a enumeração acima parece excessiva.

EM SENTIDO CONTRÁRIO, está a palavra de Gregório.

RESPONDO. Quando as potências inferiores são fortemente tomadas por seus objetos, é natural que as potências superiores se vejam tolhidas e desordenadas na sua ação. Ora, pelo vício da luxúria, sobretudo o apetite inferior, isto é, o concupiscível, se volta de forma veemente para o seu objeto próprio, o desejável, por causa da

---

5 PARALL.: Supra, q. 15, a. 3; q. 20, a. 4; q. 53, a. 6; *De Malo*, q. 15, a. 4.

1. Q. 128, a. un., ad 6.
2. C. 28: ML 41, 436.
3. *Quaest. in Deut.*, c. 16, n. 3: ML 83, 366 C.
4. C. 45, al. 17, in vet. 31, n. 88: ML 76, 621 B.

tionis. Et ideo consequens est quod per luxuriam maxime superiores vires deordinentur, scilicet ratio et voluntas.

Sunt autem rationis quatuor actus in agendis. Primo quidem, simplex intelligentia, quae apprehendit aliquem finem ut bonum. Et hic actus impeditur per luxuriam: secundum illud Dn 13,56: *Species decepit te, et concupiscentia subvertit cor tuum*. Et quantum ad hoc, ponitur caecitas mentis. — Secundus actus est consilium de his quae sunt agenda propter finem. Et hoc etiam impeditur per concupiscentiam luxuriae: unde Terentius dicit, in *Eunucho*[5], loquens de amore libidinoso: *Quae res in se neque consilium neque modum habet ullum, eam consilio regere non potes*. Et quantum ad hoc, ponitur praecipitatio, quae importat subtractionem consilii, ut supra[6] habitum est. — Tertius autem actus est iudicium de agendis. Et hoc etiam impeditur per luxuriam: dicitur enim Dn 13,9, de senibus luxuriosis: *Averterunt sensum suum, ut non recordarentur iudiciorum iustorum*. Et quantum ad hoc, ponitur inconsideratio. — Quartus autem actus est praeceptum rationis de agendo. Quod etiam impeditur per luxuriam: inquantum scilicet homo impeditur ex impetu concupiscentiae ne exequatur id quod decrevit esse faciendum. Unde Terentius dicit, in *Eunucho*[7], de quodam qui dicebat se recessurum ab amica: *Haec verba una falsa lacrimula restringet*.

Ex parte autem voluntatis, consequitur duplex actus inordinatus. Quorum unus est appetitus finis. Et quantum ad hoc, ponitur amor sui, quantum scilicet ad delectationem quam inordinate appetit: et per oppositum ponitur odium Dei, inquantum scilicet prohibet delectationem concupitam. — Alius autem est appetitus eorum quae sunt ad finem. Et quantum ad hoc, ponitur affectus praesentis saeculi, in quo scilicet aliquis vult frui voluptate: et per oppositum ponitur desperatio futuri saeculi, quia dum nimis detinetur carnalibus delectationibus, non curat pervenire ad spirituales, sed fastidit eas.

AD PRIMUM ergo dicendum quod, sicut Philosophus dicit, in VI *Ethic.*[8], intemperantia maxime corrumpit prudentiam. Et ideo vitia opposita prudentiae maxime oriuntur ex luxuria, quae est praecipua intemperantiae species.

violência do prazer. E vem daí que, pela luxúria, sobretudo as potências superiores, ou seja, a razão e a vontade, ficam desordenadas.

No agir humano, são quatro os atos da razão. O primeiro é a simples inteligência, que apreende um fim como bem. Esse ato fica impedido pela luxúria, como diz a Escritura: "A beleza te seduziu e o desejo perverteu o teu coração". É isso a cegueira mental.

O segundo ato é a deliberação dos meios que devemos aplicar para atingir o fim. E isso também é impedido pela concupiscência da luxúria. Como diz Terêncio, a propósito de um amor licencioso, "não se pode regular pela reflexão o que não admite nem deliberação nem medida". A isso corresponde a precipitação que traz consigo a anulação do conselho, como se disse antes.

O terceiro ato é o julgar o que se há de fazer, que também fica impedido pela luxúria, pois diz o livro de Daniel, a respeito dos anciãos luxuriosos: "Perverteram seu pensamento ... para não se lembrar dos justos julgamentos". É o que se chama aqui de irreflexão.

Enfim, o quarto ato é o preceito racional do que se deve fazer, que também fica impedido pela luxúria, porque o ataque da concupiscência impede o homem de cumprir o que decidira realizar. Isso é aqui denominado inconstância. Por essa razão, Terêncio diz, referindo-se a alguém que prometia abandonar a amante: "Uma única e falsa lagrimazinha apagará essas palavras".

Por parte da vontade, a desordem se introduz em dois atos. O primeiro é o desejo do fim. E desse ponto de vista, temos o egoísmo, que busca o prazer de forma desordenada. E, como vício oposto, o desprezo de Deus, por ele vetar o prazer desejado. — O segundo ato é o desejo dos meios. E a esse se refere o apego à vida presente, durante a qual queremos gozar do prazer e, como vício contraposto, o descaso da vida futura, porque, ao nos determos demais nos prazeres da carne, não nos preocupamos com os do espírito e nos aborrecemos com eles.

QUANTO AO 1º, portanto, deve-se dizer que como diz o Filósofo, a intemperança corrói, no mais alto grau, a prudência. Por isso, os vícios opostos à prudência nascem, sobretudo, da luxúria, que é a principal espécie de intemperança.

---

5. Act. 1, sc. 1: ed. A. Fleckeisen, Lipsiae 1910, p. 109, ll. 12-13.
6. Q. 53, a. 3.
7. Loc. cit.: ed. cit., p. 109, ll. 22-24.
8. C. 5: 1140, b, 13-21.

AD SECUNDUM dicendum quod constantia in arduis et terribilibus ponitur pars fortitudinis. Sed constantiam habere in abstinendo a delectationibus pertinet ad continentiam, quae ponitur pars temperantiae, ut supra[9] dictum est. Et ideo inconstantia quae ei opponitur, ponitur filia luxuriae.

Et tamen etiam prima inconstantia ex luxuria causatur: inquantum emollit cor hominis et effeminatum reddit, secundum illud Os 4,11: *Fornicatio, et vinum et ebrietas, aufert cor.* Et Vegetius dicit, in libro *de Re Militari*[10], quod *minus mortem metuit qui minus deliciarum novit in vita.* Nec oportet, sicut saepe dictum est[11], quod filiae vitii capitalis cum eo in materia conveniant.

AD TERTIUM dicendum quod amor sui quantum ad quaecumque bona quae sibi aliquis appetit, est commune principium peccatorum. Sed quantum ad hoc specialiter quod aliquis appetit sibi delectabilia carnis, ponitur amor sui filia luxuriae.

AD QUARTUM dicendum quod illa quae Isidorus ponit, sunt quidam inordinati actus exteriores, et praecipue ad locutionem pertinentes. In qua est aliquid inordinatum quadrupliciter. Uno modo, propter materiam. Et sic ponuntur *turpiloquia*. Quia enim *ex abundantia cordis os loquitur*, ut dicitur Mt 12,34, luxuriosi, quorum cor est turpibus concupiscentis plenum, de facili ad turpia verba prorumpunt. — Secundo, ex parte causae. Quia enim luxuria inconsiderationem et praecipitationem causat, consequens est quod faciat prorumpere in verba leviter et inconsiderate dicta, quae dicuntur *scurrilia*. — Tertio, quantum ad finem. Quia enim luxuriosus delectationem quaerit, etiam verba sua ad delectationem ordinat: et sic prorumpit in verba *ludicra*. — Quarto, quantum ad sententiam verborum, quam pervertit luxuria, propter caecitatem mentis quam causat. Et sic prorumpit in *stultiloquia*: utpote cum suis verbis praefert delectationes quas appetit, quibuscumque aliis rebus.

QUANTO AO 2º, deve-se dizer que a constância nas coisas árduas e temíveis é considerada parte da fortaleza. Mas a constância em nos abstermos dos prazeres faz parte da continência, que integra a temperança, como foi dito. Por isso, considera-se como filha da luxúria a inconstância, que é oposta a ela.

No entanto, a primeira inconstância também é causada pela luxúria, porque amolece o coração do homem e o torna efeminado, conforme o livro de Oseias: "A orgia e a embriaguez fazem perder o juízo". E Vegécio diz que "teme a morte menos quem menos prazeres conheceu na vida". Nem é necessário, como muitas vezes foi dito, que os vícios nascidos de um vício capital tenham a mesma matéria que ele.

QUANTO AO 3º, deve-se dizer que o egoísmo, em relação a todos os bens que desejamos, é o princípio comum dos pecados. Mas, em relação ao desejo específico do prazer carnal, é considerado filho da luxúria.

QUANTO AO 4º, deve-se dizer que os vícios citados por Isidoro são atos exteriores desordenados, ligados sobretudo à comunicação oral. Nesta desordem se apresentam de quatro maneiras. Primeiro, pela matéria. Por isso, fala-se de palavras desonestas. Com efeito, como "a boca fala o que transborda do coração", os luxuriosos, de coração cheio de torpes desejos, facilmente prorrompem em desonestidades. — Em segundo lugar, pela causa, pois, como a luxúria provoca a irreflexão e a precipitação, leva, naturalmente, a palavras levianas e desvairadas, que se classificam como néscias. — Em terceiro lugar, pelo fim, pois os luxuriosos, ao buscar os prazeres, ordenam para eles até as suas palavras e, assim, se derramam em devassidões. — Em quarto lugar, pelo sentido das palavras, que a luxúria perverte, por causa da cegueira mental que produz. E aí o luxurioso facilmente se entrega a proferir tolices, preferindo assim, ao falar, a qualquer outra coisa os prazeres cobiçados.

---

9. Q. 143.
10. L. I, c. 3: ed. C. Lang, Lipsiae 1885, p. 8, ll. 6-7.
11. Cfr. q. 118, a. 8, ad 1.

QUAESTIO CLIV
DE SPECIEBUS LUXURIAE
in duodecim articulos divisa

Deinde considerandum est de luxuriae partibus.
Et circa hoc quaeruntur duodecim.
Primo: de divisione partium luxuriae.
Secundo: utrum fornicatio simplex sit peccatum mortale.
Tertio: utrum sit maximum peccatorum.
Quarto: utrum in tactibus et osculis et aliis huiusmodi illecebris consistat peccatum mortale.
Quinto: utrum nocturna pollutio sit peccatum.
Sexto: de stupro.
Septimo: de raptu.
Octavo: de adulterio.
Nono: de incestu.
Decimo: de sacrilegio.
Undecimo: de peccato contra naturam.
Duodecimo: de ordine gravitatis in praedictis speciebus.

ARTICULUS 1
Utrum convenienter assignentur sex species luxuriae

AD PRIMUM SIC PROCEDITUR. Videtur quod inconvenienter assignentur sex species luxuriae, scilicet, *fornicatio simplex, adulterium, incestus, stupro, raptus* et *vitium contra naturam.*

1. Diversitas enim materiae non diversificat speciem. Sed praedicta divisio sumitur secundum materiae diversitatem: prout scilicet aliquis commiscetur coniugatae, vel virgini, vel alterius conditionis mulieri. Ergo videtur quod per hoc species luxuriae non diversificentur.

2. PRAETEREA, species vitii unius non videntur diversificari per ea quae pertinent ad aliud vitium. Sed adulterium non differt a simplici fornicatione nisi in hoc quod aliquis accedit ad eam quae

QUESTÃO 154
AS ESPÉCIES DA LUXÚRIA
em doze artigos

Em seguida, deve-se tratar das espécies da luxúria.
A esse respeito, doze questões:
1. Como se dividem as partes da luxúria?
2. A simples fornicação é um pecado mortal?
3. É o maior dos pecados?
4. Nos toques, beijos e intimidades semelhantes há pecado mortal?
5. É pecado a poluição noturna?
6. O estupro.
7. O rapto.
8. O adultério.
9. O incesto.
10. O sacrilégio.
11. O pecado contra a natureza.
12. A ordem de gravidade nessas espécies de pecado[a].

ARTIGO 1
A divisão da luxúria em seis espécies é correta?

QUANTO AO PRIMEIRO ARTIGO, ASSIM SE PROCEDE: parece que **não** é correta a divisão da luxúria nas seis espécies seguintes: simples fornicação, adultério, incesto, estupro, rapto e o vício contra a natureza.

1. Com efeito, a diversidade de matéria não constitui uma diversidade específica. Ora, a divisão acima baseia-se na diversidade de matéria, ou seja, se o comércio carnal foi com mulher casada, com virgem ou com mulher de outra condição. Logo, por esse critério parece que não se podem diversificar as espécies de luxúria.

2. ALÉM DISSO, as espécies de um mesmo vício não se diversificam, ao que parece, pelo que pertence a outro vício. Ora, o adultério não difere da simples fornicação, a não ser porque o adúlte-

---

1 PARALL.: IV *Sent.*, dist. 41, a. 4, q.la 1, 2; *De Malo*, q. 15, a. 3.

a. A questão que abordamos é bastante desenvolvida: doze artigos, dos quais alguns são bem longos. Extensão não significa necessariamente assunto mais importante, pois Sto. Tomás não concede aos vícios, mas às virtudes o lugar proeminente em seu estudo. O que constatamos é que os artigos mais longos da Suma teológica são quase sempre os que dizem respeito a questões canônicas. É o caso aqui (ver as referências aos *Decretos* de Graciano).
O espírito sintético de Sto. Tomás é perfeitamente capaz de reduzir um problema especulativo a alguns pontos essenciais. As questões jurídicas, de direito positivo, não permitem uma tal redução. É preciso expô-las de modo detalhado, sob pena de deformá-las. Sto. Tomás soube curvar-se a essa necessidade, ainda que não fosse canonista de formação.

est alterius, et sic iniustitiam committit. Ergo videtur quod adulterium non debet poni species luxuriae.

3. Praeterea, sicut contingit quod aliquis commiscetur mulieri quae est alteri viro per matrimonium obligata, ita etiam contingit quod aliquis commiscetur mulieri quae est obligata Deo per votum. Sicut ergo adulterium ponitur species luxuriae, ita et *sacrilegium* species luxuriae poni debet.

4. Praeterea, ille qui est matrimonio iunctus non solum peccat si ad aliam mulierem accedat, sed etiam si sua coniuge inordinate utatur. Sed hoc peccatum sub luxuria continetur. Ergo deberet inter species luxuriae computari.

5. Praeterea, Apostolus, 2Cor 12,21, dicit: *Ne iterum, cum venero, humiliet me Deus apud vos, et lugeam multos ex his qui ante peccaverunt, et non egerunt poenitentiam super immunditia et fornicatione et impudicita quam gesserunt.* Ergo videtur quod etiam *immunditia* et *impudicitia* debeant poni species luxuriae, sicut et fornicatio.

6. Praeterea, divisum non condividitur dividentibus. Sed luxuria condividitur praedictis: dicitur enim Gl 5,19: *Manifesta sunt opera carnis: quae sunt fornicatio immunditia, impudicitia, luxuria.* Ergo videtur quod inconvenienter fornicatio ponatur species luxuriae.

Sed contra est quod praedicta divisio ponitur in Decretis, XXXVI Caus., qu. 1[1].

Respondeo dicendum quod, sicut dictum est[2], peccatum luxuriae consistit in hoc quod aliquis non secundum rectam rationem delectatione venerea utitur. Quod quidem contingit dupliciter: uno modo, secundum materiam in qua huiusmodi delectationem quaerit; alio modo, secundum quod, materia debita existente, non observantur aliae debitae conditiones. Et quia circumstantia, inquantum huiusmodi, non dat speciem actui morali, sed eius species sumitur ab obiecto, quod est materia actus; ideo oportuit species luxuriae assignari ex parte materiae vel obiecti.

Quae quidem potest non convenire rationi rectae dupliciter. Uno modo, quia habet repugnantiam ad finem venerei actus. Et sic, inquantum impeditur generatio prolis, est vitium contra naturam, quod est in omni actu venereo ex quo generatio

ro, tendo relações com mulher casada com outro, comete injustiça. Logo, parece que o adultério não deve ser considerado uma espécie de luxúria.

3. Ademais, assim como pode alguém ter relação com mulher casada, assim também pode tê-la com mulher consagrada a Deus pelo voto. Logo, se o adultério é visto como espécie de luxúria, o mesmo se há de dizer do sacrilégio.

4. Ademais, o casado não peca só pelo contato carnal com outra mulher, mas também se praticar o ato sexual, de modo indevido, com a própria esposa. Ora, esse pecado está compreendido na luxúria. Logo, deve ser tido como uma espécie dela.

5. Ademais, o Apóstolo diz: "Receio que, à minha próxima passagem, o meu Deus me humilhe diante de vós e eu tenha de chorar por muitos daqueles que pecaram anteriormente e não se converteram de sua impureza, de seu desregramento e de sua devassidão!" Logo, parece que também a impureza e a devassidão devem ser consideradas partes da luxúria, como a fornicação.

6. Ademais, o dividido não pode figurar no mesmo grupo, como parte da divisão. Ora, isso acontece com a luxúria, pois Paulo diz: "As obras da carne são bem conhecidas: fornicação, impureza, devassidão, luxúria…" Logo, não é correto afirmar a fornicação como uma espécie de luxúria.

Em sentido contrário, a citada divisão está nas Decretais.

Respondo. O pecado da luxúria consiste no gozo do prazer sexual em desacordo com a reta razão. E isso acontece de dois modos: ou quanto à matéria em que se busca esse prazer; ou quanto à não observância das outras condições relativas ao uso da matéria devida. E como a circunstância, enquanto tal, não especifica um ato moral, que só tira sua classificação de espécie do objeto, isto é, da matéria do ato, é necessário que as espécies da luxúria sejam fixadas a partir da sua matéria ou objeto.

Por outro lado, essa matéria pode não convir com a reta razão duplamente. Primeiro, quando ela se opõe ao fim do ato sexual. E aí, se obstruir a procriação, tem-se o vício contrário à natureza, como em toda relação sexual de que não resulte

---

1. Gratianus, *Decretum*, P. II, causa 36, q. 1, append. ad can. 2: ed. Richter-Friedberg, t. I, p. 1288.
2. Q. 153, a. 3.

sequi non potest. — Inquantum autem impeditur debita educatio et promotio prolis natae, est fornicatio simplex, quae est soluti cum soluta.

Alio modo materia in qua exercetur actus venereus, potest esse non conveniens rationi rectae per comparationem ad alios homines. Et hoc dupliciter. Primo quidem, ex parte ipsius feminae cui aliquis commiscetur, quia ei debitus honor non servatur. Et sic est incestus, qui consistit in abusu mulierum consanguinitate vel affinitate iunctarum. — Secundo, ex parte eius in cuius potestate est femina. Quia si est in potestate viri, est adulterium: si autem est in potestate patris, est stuprum, si non inferatur violentia; raptus autem, si inferatur.

Diversificantur autem istae species magis ex parte feminae quam viri. Quia in actu venereo femina se habet sicut patiens et per modum materiae, vir autem per modum agentis. Dictum est autem quod praedictae species secundum differentiam materiae assignantur.

AD PRIMUM ergo dicendum quod praedicta diversitas materiae habet annexam diversitatem formalem obiecti, quae accipitur secundum diversos modos repugnantiae ad rationem rectam, ut dictum est[3].

AD SECUNDUM dicendum quod nihil prohibet in eodem actu diversorum vitiorum deformitates concurrere, ut supra[4] dictum est. Et hoc modo adulterium continetur sub luxuria et sub iniustitia. — Nec deformitas iniustitiae omnino per accidens se habet ad luxuriam. Ostenditur enim luxuria gravior quae in tantum concupiscentiam sequitur quod etiam in iniustitiam ducat.

AD TERTIUM dicendum quod mulier vovens continentiam quoddam spirituale matrimonium facit cum Deo. Et ideo sacrilegium quod committitur in violatione talis mulieris, est quoddam adulterium spirituale. Et similiter alii modi sacrilegii reducuntur ad alias species luxuriae.

AD QUARTUM dicendum quod peccatum coniugati cum sua uxore non est secundum indebitam materiam, sed secundum alias circumstantias. Quae non constituunt speciem moralis actus, ut dictum est[5].

geração. — Mas quando apenas fica impedida a necessária criação e educação da prole, tem-se a simples fornicação, de solteiro com solteira.

Outra forma de desrespeitar a reta razão é quanto à matéria do ato sexual em relação às outras pessoas, seja por parte da própria mulher com quem se consumou o ato, não lhe dando o devido respeito e então é o caso do incesto, isto é, do abuso de uma mulher consanguínea ou afim. — Seja por parte da pessoa de quem a mulher depende e aí se tem o adultério, quando ela tem marido; se está em poder do pai, é o estupro, quando não há violência; rapto, se houver violência.

Essas espécies se diversificam, porém, mais pelo lado da mulher do que pelo do homem, porque, no ato sexual, a mulher se comporta passivamente, como matéria, e o homem como elemento ativo. E já foi dito que as referidas espécies se diferenciam pela diversidade de matéria.

QUANTO AO 1º, portanto, deve-se dizer que essa diversidade de matéria implica uma diversidade formal do objeto, fundada nos diferentes modos de oposição à reta razão.

QUANTO AO 2º, deve-se dizer que nada obsta que num mesmo ato se juntem as deformidades de diferentes vícios, como acima se explicou. Por isso, o adultério está incluído na luxúria e na injustiça. — E não é, em absoluto, de modo acidental que a deformidade da injustiça se relaciona com a luxúria, porque esta se mostra mais grave quando segue de tal modo a concupiscência, que a leve também à injustiça.

QUANTO AO 3º, deve-se dizer que a mulher que fez voto de continência contraiu, de certa forma, um matrimônio espiritual com Deus. Por isso, o sacrilégio cometido ao se violar uma mulher nessa condição é um adultério espiritual. De modo semelhante, os outros tipos de sacrilégio com matéria libidinosa reduzem-se às outras espécies de luxúria.

QUANTO AO 4º, deve-se dizer que o pecado de um homem casado com sua mulher não é por causa de matéria indevida, mas por outras circunstâncias, que não constituem uma espécie moral do ato.

---

3. In corp.
4. I-II, q. 18, a. 7.
5. In corp.; cfr. I-II, q. 18, a. 11.

AD QUINTUM dicendum quod, sicut dicit Glossa⁶ ibidem, *immunditia* ponitur pro *luxuria contra naturam*. *Impudicitia* autem est *quae fit cum liberis a viro*: unde videtur ad stuprum pertinere.

Vel potest dici quod *impudicitia* pertinet ad quosdam actus circumstantes actum venereum, sicut sunt oscula, tactus et alia huiusmodi.

AD SEXTUM dicendum quod luxuria sumitur ibidem pro *quacumque superfluitate*, ut Glossa⁷ ibidem dicit.

QUANTO AO 5º, deve-se dizer que como diz a Glosa, no lugar citado, a impureza equivale à luxúria contra a natureza. E a devassidão é a luxúria cometida com mulheres solteiras, o que parece se reduzir ao estupro.

Pode-se dizer também que a impureza compreende certos atos que envolvem a união carnal, como os beijos, os toques e outras coisas semelhantes.

QUANTO AO 6º, deve-se dizer que a luxúria é tomada, nesse mesmo lugar, como diz a Glosa, no sentido de qualquer excesso.

ARTICULUS 2
Utrum fornicatio simplex sit peccatum mortale

AD SECUNDUM SIC PROCEDITUR. Videtur quod fornicatio simplex non sit peccatum mortale.

1. Ea enim quae simul connumerantur, videntur esse unius rationis. Sed fornicatio connumeratur quibusdam quae non sunt peccata mortalia: dicitur enim Act 15,29: *Abstineatis vos ab immolatis simulacrorum, et sanguine et suffocato, et fornicatione*; illorum autem usus non est peccatum mortale, secundum illud 1Ti 4,4: *Nihil reiiciendum quod cum gratiarum actione percipitur*. Ergo fornicatio non est peccatum mortale.

2. PRAETEREA, nullum peccatum mortale cadit sub praecepto divino. Sed Os 1,2 praecipitur a Domino: *Vade, sume tibi uxorem fornicationum, et fac filios fornicationum*. Ergo fornicatio non est peccatum mortale.

3. PRAETEREA, nullum peccatum mortale in Scriptura sacra absque reprehensione commemoratur. Sed fornicatio simplex commemoratur in Scriptura in antiquis Patribus sine reprehensione: sicut legitur Gn 16,4 de Abraham quod accessit ad Agar, ancillam suam; et infra, 30, [vv. 5,9], legitur de Iacob quod accessit ad ancillas uxorum suarum Balam et Zelpham; et infra, 38, [15 sqq.], legitur quod Iudas accessit ad Thamar, quam aestimavit meretricem. Ergo fornicatio simplex non est peccatum mortale.

ARTIGO 2
A simples fornicação é um pecado mortal?

QUANTO AO SEGUNDO, ASSIM SE PROCEDE: parece que a simples fornicação **não** é um pecado mortal.

1. Com efeito, as coisas enumeradas juntamente com outras parecem ser da mesma natureza. Ora, a fornicação é enumerada junto com outras práticas que não são pecado mortal, pois nos Atos está escrito: "Que se abstenham das impurezas da idolatria, da fornicação, da carne asfixiada e do sangue". Ora, a prática desses atos não é pecado mortal, segundo vem na Carta a Timóteo: "Nada deve ser rejeitado se se toma com ação de graças". Logo, a fornicação não é pecado mortal.

2. ALÉM DISSO, nenhum pecado mortal pode ser objeto de preceito divino. Ora, Oseias recebeu do Senhor esta ordem: "Vai, toma para ti uma mulher que se entrega à prostituição, e gera filhos de prostituição". Logo, a fornicação não é pecado mortal.

3. ADEMAIS, nenhum pecado mortal é mencionado sem reprovação na Sagrada Escritura. Ora, a fornicação aparece na Escritura sem recriminação, a propósito dos antigos patriarcas. Assim, lê-se que Abraão teve relações com sua escrava Agar; Jacó fez o mesmo com as escravas de suas mulheres, Bilá e Zelfa; e Judá coabitou com Tamar, que ele supôs ser meretriz. Logo, a simples fornicação não é pecado mortal.

---

6. LOMBARDI: ML 192, 89 C.
7. Interl.; LOMBARDI: ML 192, 159 B.

2 PARALL.: IV *Sent.*, dist. 33, q. 1, a. 3, q.la 2; *Cont. Gent.* III, 122; *De Malo*, q. 15, a. 2, ad 11 sqq.; *De Dec. Praecept.*, c. *de VI Praecept.*; *Quodlib.* III, q. 5, a. 2; VIII, q. 6, a. 5.

4. Praeterea, omne peccatum mortale contrariatur caritati. Sed fornicatio simplex non contrariatur caritati: neque quantum ad dilectionem Dei, quia non est directe peccatum contra Deum; nec etiam quantum ad dilectionem proximi, quia per hoc homo nulli homini facit iniuriam. Ergo fornicatio simplex non est peccatum mortale.

5. Praeterea, omne peccatum mortale ducit in perditionem aeternam. Hoc autem non facit fornicatio simplex: quia super illud 1Ti 4,8, *Pietas ad omnia utilis est*, dicit Glossa Ambrosii[1]: *Omnis summa disciplinae Christianae in misericordia et pietate est. Quam aliquis sequens, si lubricum carnis patitur, sine dubio vapulabit, sed non peribit*. Ergo fornicatio simplex non est peccatum mortale.

6. Praeterea, sicut Augustinus dicit, in libro *de Bon. Coniug.*[2], *quod est cibus ad salutem corporis, hoc est concubitus ad salutem generis*. Sed non omnis inordinatus usus ciborum est peccatum mortale. Ergo nec omnis inordinatus concubitus. Quod maxime videtur de fornicatione simplici, quae minima est inter species enumeratas.

Sed contra est quod dicitur Tb 4,13: *Attende tibi ab omni fornicatione, et praeter uxorem tuam, non patiaris crimen scire*. Crimen autem importat peccatum mortale. Ergo fornicatio, et omnis concubitus qui est praeter uxorem, est peccatum mortale.

2. Praeterea, nihil excludit a regno Dei nisi peccatum mortale. Fornicatio autem excludit: ut patet per Apostolum, Gl 5,19 sqq., ubi, praemissa fornicatione, et quibusdam aliis vitiis, subdit: *Qui talia agunt, regnum Dei non possidebunt*. Ergo fornicatio simplex est peccatum mortale.

3. Praeterea, in Decretis dicitur, XXII Caus., qu. 1[3]: *Nosse debent talem de periurio poenitentiam imponi debere qualem de adulterio et fornicatione, et de homicidio sponte commisso, et de ceteris criminalibus vitiis*. Ergo fornicatio simplex est peccatum criminale, sive mortale.

Respondeo dicendum quod absque omni dubio tenendum est quod fornicatio simplex sit peccatum mortale: non obstante quod Dt 23, super illud, *Non erit meretrix* etc. [v. 17], dicit Glossa[4]: *Ad eas prohibet accedere quarum est venialis turpitudo*.

4. Ademais, todo pecado mortal opõe-se à caridade. Ora, a simples fornicação não se opõe à caridade, nem quanto ao amor de Deus, porque não é um pecado diretamente contra Deus; nem quanto ao amor do próximo, porque, ao cometê-lo, não se faz injustiça a ninguém. Logo, a simples fornicação não é pecado mortal.

5. Ademais, todo pecado mortal conduz à perdição eterna. Ora, isso a simples fornicação não o faz, pois, comentando o texto paulino: "A piedade é útil para tudo", diz a Glosa de Ambrósio: "A síntese de toda a disciplina cristã consiste na misericórdia e na piedade. Quem cumpre, ainda que caia no prazer carnal, poderá, sem dúvida, ser punido, mas não perecerá". Logo, a simples fornicação não é pecado mortal.

6. Ademais, segundo Agostinho, "o que é o alimento para a saúde do corpo, é a união sexual para a conservação do gênero humano". Ora, o uso exagerado dos alimentos nem sempre é pecado mortal. Logo, nem toda relação sexual desordenada. E isso parece verdade particularmente na simples fornicação, que é a menos importante das espécies acima citadas.

Em sentido contrário, diz a Escritura: "Abstém-te, filho, de toda união ilegal e não cometas o crime de conhecer outra mulher que não a tua". Ora, crime é pecado mortal. Logo, a fornicação e toda união carnal com outra mulher que não a própria esposa, é pecado mortal.

2. Ademais, só o pecado mortal exclui do reino de Deus. Ora, a fornicação exclui dele, pois o Apóstolo, após ter citado a fornicação e alguns outros vícios, conclui: "os autores dessas coisas... não herdarão o reino de Deus". Logo, a simples fornicação é pecado mortal.

3. Por fim, numa das Decretais se diz: "É preciso saber que se há de impor ao perjúrio a mesma penitência que ao adultério, à fornicação, ao homicídio voluntário e aos demais vícios criminosos". Logo, a simples fornicação é um pecado criminal ou mortal.

Respondo. Sem sombra de dúvida, a simples fornicação é pecado mortal, embora à palavra da Escritura: "Não haverá meretriz", diga a Glosa: "Proíbe ter relações com prostituta, cuja desonestidade é venial", pois não é para

---

1. Lombardi: ML 192, 348 D-349 A.
2. C. 16: ML 40, 385.
3. Gratianus, *Decretum*, P. II, causa 22, q. 1, can. 17: ed. Richter-Friedberg, t. I, p. 866.
4. Ordin.: ML 113, 478 D.

Non enim debet dici *venialis*, sed *venalis*, quod est proprium meretricium.

Ad huius autem evidentiam, considerandum est quod peccatum mortale est omne peccatum quod committitur directe contra vitam hominis. Fornicatio autem simplex importat inordinationem quae vergit in nocumentum vitae eius qui est ex tali concubitu nasciturus. Videmus enim in omnibus animalibus in quibus ad educationem prolis requiritur cura maris et feminae, quod in eis non est vagus concubitus, sed maris ad certam feminam, unam vel plures: sicut patet in omnibus avibus. Secus autem est in animalibus in quibus sola femina sufficit ad educationem fetus, in quibus est vagus concubitus: ut patet in canibus et aliis huiusmodi animalibus. Manifestum est autem quod ad educationem hominis non solum requiritur cura matris, a qua nutritur, sed multo magis cura patris, a quo est instruendus et defendendus, et in bonis tam interioribus quam exterioribus promovendus. Et ideo contra naturam hominis est quod utatur vago concubitu, sed oportet quod sit maris ad determinatam feminam, cum qua permaneat, non per modicum tempus, sed diu, vel etiam per totam vitam. Et inde est quod naturaliter est maribus in specie humana sollicitudo de certitudine prolis, quia eis imminet educatio prolis. Haec autem certitudo tolleretur si esset vagus concubitus. — Haec autem determinatio certae feminae *matrimonium* vocatur. Et ideo dicitur esse de iure naturali. Sed quia concubitus ordinatur ad bonum commune totius humani generis; bona autem communia cadunt sub determinatione legis, ut supra[5] habitum est: consequens est quod ista coniunctio maris ad feminam, quae matrimonium dicitur, lege aliqua determinetur. Qualiter autem sit apud nos determinatum, in Tertia Parte huius operis agetur, cum de matrimonii sacramento tractabitur. — Unde, cum fornicatio sit concubitus vagus, utpote praeter matrimonium existens, est contra bonum prolis educandae. Et ideo est peccatum mortale.

Nec obstat si aliquis fornicando aliquam cognoscens, sufficienter provideat proli de educatione. Quia id quod cadit sub legis determinatione, iudicatur secundum id quod communiter accidit, et non secundum id quod in aliquo casu potest accidere.

se dizer venial, mas venal, o que é próprio das meretrizes.

Para bem entender isso, cumpre ter presente que pecado mortal é todo pecado cometido, diretamente, contra a vida do homem. Ora, a simples fornicação envolve uma desordem que reverte em prejuízo da vida de quem vai nascer dessa união carnal. Vemos, com efeito, que todos os animais que precisam dos cuidados do macho e da fêmea, para desenvolvimento das crias, não praticam o coito indiscriminadamente, mas o de um macho com determinada fêmea, uma ou várias, como bem o mostram todas as aves. O contrário acontece com certos animais que praticam o coito indiscriminadamente, como os cães e outros, cujas fêmeas são capazes de, sozinhas, cuidar dos filhotes. Ora, é manifesto que, para a educação do homem, precisa-se não só o desvelo da mãe, que o amamenta, mas muito mais, o do pai, que deve educá-lo, defendê-lo e fazê-lo crescer, tanto nos bens interiores como nos exteriores. É, portanto, contra a natureza, o homem praticar o sexo livre. Ao contrário, deve a união ser entre marido e mulher, em convivência não de pouco tempo, mas diuturna e até por toda a vida. Vem daí a solicitude natural do varão pela certeza da sua paternidade, porque lhe incumbe a educação da prole. Ora, essa certeza desapareceria, se o relacionamento sexual fosse livre. — E essa vida com uma mulher determinada é o que se denomina matrimônio, o qual, por isso, é considerado de direito natural. Como, porém, a união carnal é ordenada ao bem comum de toda a humanidade e os bens comuns estão sujeitos à decisão legal, como já se viu, é lógico que essa união do homem e da mulher, chamada matrimônio, tenha que ser regulada por alguma lei. Como essa matéria está estabelecida entre nós, ver-se-á na III Parte, ao tratar do sacramento do matrimônio. — Conclui-se, pois, que, sendo a fornicação uma união sexual livre, fora das regras do matrimônio, vai contra o bem da prole a ser educada e, consequentemente, constitui pecado mortal.

Essa conclusão é válida mesmo que alguém pratique a fornicação sem descurar da educação da prole, porque uma coisa determinada por lei é julgada pelo que acontece em geral e não pelo que pode acontecer em casos particulares.

---

5. I-II, q. 90, a. 2.

AD PRIMUM ergo dicendum quod fornicatio illis connumeratur, non quia habet eandem rationem culpae cum aliis: sed quantum ad hoc, quod ex his quae ibi ponuntur similiter poterat dissidium generari inter Iudaeos et Gentiles, et eorum unanimis consensus impediri. Quia apud Gentiles fornicatio simplex non reputabatur illicita, propter corruptionem naturalis rationis: Iudaei autem, ex lege divina instructi, eam illicitam reputabant. Alia vero quae ibi ponuntur, Iudaei abominabantur propter consuetudinem legalis conversationis. Unde Apostoli ea Gentilibus interdixerunt, non quasi secundum se illicita, sed quasi Iudaeis abominabilia: ut etiam supra[6] dictum est.

AD SECUNDUM dicendum quod fornicatio dicitur esse peccatum, inquantum est contra rationem rectam. Ratio autem hominis recta est secundum quod regulatur voluntate divina, quae est prima et summa regula. Et ideo quod homo facit ex voluntate Dei, eius praecepto obediens, non est contra rationem rectam, quamvis videatur esse contra communem ordinem rationis: sicut etiam non est contra naturam quod miraculose fit virtute divina, quamvis sit contra communem cursum naturae. Et ideo, sicut Abraham non peccavit filium innocentem volendo occidere, propter hoc quod obedivit Deo, quamvis hoc, secundum se consideratum, sit communiter contra rectitudinem rationis humanae; ita etiam Osee non peccavit fornicando ex praecepto divino. Nec talis concubitus proprie fornicatio debet dici: quamvis fornicatio nominetur referendo ad cursum communem. Unde Augustinus dicit, III *Confess.*[7]: *Cum Deus aliquid contra morem aut pactum quorumlibet iubet, etsi nunquam ibi factum est, faciendum est.* Et postea subdit: *Sicut enim in potestatibus societatis humanae maior potestas minori ad obediendum praeponitur, ita Deus omnibus.*

AD TERTIUM dicendum quod Abraham et Iacob ad ancillas accesserunt non quasi fornicario concubitu: ut infra patebit, cum de matrimonio agetur. — Iudam autem non est necessarium a peccato excusare, qui etiam auctor fuit venditionis Ioseph.

AD QUARTUM dicendum quod fornicatio simplex contrariatur dilectioni proximi quantum ad hoc, quod repugnat bono prolis nasciturae, ut ostensum

QUANTO AO 1º, portanto, deve-se dizer que nesse texto, a fornicação vem citada com aqueles outros pecados, não porque tenha a mesma gravidade deles, mas porque, como eles, podia gerar dissídios entre judeus e gentios, quebrando a harmonia em que deveriam viver. Entre os pagãos, com efeito, não era considerada ilícita, por causa da corrupção da sua razão natural, ao passo que os judeus, instruídos por lei divina, consideravam-na ilícita. Quanto aos outros vícios elencados ali, os judeus os abominavam, devido à sua formação de acordo com a lei. Essa a razão por que os Apóstolos proibiram essas práticas aos pagãos, não por serem em si mesmas ilícitas, mas por serem abomináveis para os judeus, como acima foi dito.

QUANTO AO 2º, deve-se dizer que a fornicação é tida como pecado enquanto se opõe à reta razão. Ora, a razão do homem é reta, quando regulada pela lei divina, que é a norma primordial e suprema. Portanto, o que o homem faz por vontade de Deus, obedecendo aos seus mandamentos, não é contra a reta razão, embora possa, aparentemente, contrariar a ordem comum da razão, assim como também não é contra a natureza o que é feito miraculosamente, pelo poder divino, ainda que contrarie o curso ordinário da natureza. Por isso é que Abraão não pecou ao querer sacrificar o filho inocente, por obediência a Deus, malgrado esse ato, em si, vá normalmente contra a retidão da razão humana. E o mesmo se diga de Oseias, fornicando por ordem divina. Aliás, essa união carnal não deve ser chamada, propriamente, de fornicação, embora seja o modo comum de denominá-la. Por isso, diz Agostinho: "Quando Deus ordena algo contrário aos costumes ou às leis, devemos cumpri-lo, ainda que nunca se tenha feito isso antes". E depois, acrescenta: "Assim como, na sociedade humana, o poder superior deve ser obedecido pelo inferior, assim Deus deve ser obedecido por todos".

QUANTO AO 3º, deve-se dizer que Abraão e Jacó, nas suas relações com escravas, não cometeram fornicação, como se dirá depois, tratando do matrimônio. — E, quanto a Judá, não é preciso escusá-lo de pecado, visto que também foi responsável pela venda de José.

QUANTO AO 4º, deve-se dizer que a simples fornicação opõe-se ao amor do próximo, porque se opõe ao bem da prole, como já foi dito, ou

---

6. I-II, q. 103, a. 4, ad 3.
7. C. 8, n. 15: ML 32, 689.

est: dum scilicet dat operam generationi non secundum quod convenit proli nasciturae.

AD QUINTUM dicendum quod per opera pietatis ille qui lubricum carnis patitur liberatur a perditione aeterna, inquantum per huiusmodi opera disponitur ad hoc quod gratiam consequatur per quam poeniteat, et inquantum per huiusmodi opera satisfacit de lubrico carnis commisso. Non autem ita quod, si in lubrico carnis perseveret impoenitens usque ad mortem, per pietatis opera liberetur.

AD SEXTUM dicendum quod ex uno concubitu potest unus homo generari. Et ideo inordinatio concubitus, quae impedit bonum prolis nasciturae, ex ipso genere actus est peccatum mortale: et non solum ex inordinatione concupiscentiae. Ex una autem comestione non impeditur bonum totius vitae unius hominis: et ideo actus gulae ex suo genere non est peccatum mortale. Esset tamen si quis scienter cibum comederet qui totam conditionem vitae eius immutaret: sicut patet de Adam. — Nec tamen fornicatio est minimum peccatorum quae sub luxuria continentur. Minus enim est concubitus cum uxore qui fit ex libidine.

seja, leva à procriação, mas não atende ao que convém à prole[b].

QUANTO AO 5º, deve-se dizer que as obras pias livram da perdição eterna quem cometeu pecado mortal, na medida em que o homem se dispõe a conseguir a graça da conversão e a reparar seus pecados carnais. Não se pense, porém, que essas obras pias venham a libertá-lo, se ele persistir no pecado, até a morte, sem se converter.

QUANTO AO 6º, deve-se dizer que uma única relação sexual já pode gerar um ser humano[c]. Por isso, a relação carnal desordenada, que impede o bem da prole nascitura, é pecado mortal em si mesma e não só pela desordem da paixão. Mas uma única refeição não impede o bem da vida total de alguém. Por isso, um ato de gula não é, em si mesmo, pecado mortal. Ele o seria, porém, se alguém tomasse, inconscientemente, um alimento que viesse a mudar toda a condição de sua vida, como no caso de Adão. — Mas não se segue daí que a fornicação seja o menor dos pecados de luxúria, pois o contacto carnal com a esposa, feito irregularmente, é menos grave.

ARTICULUS 3
Utrum fornicatio sit gravissimum peccatum

AD TERTIUM SIC PROCEDITUR. Videtur quod fornicatio sit gravissimum peccatum.

1. Tanto enim videtur peccatum gravius, quanto ex maiori libidine procedit. Sed maxima libido est in fornicatione: dicitur enim in Glossa[1], 1Cor 6,18, quod ardor libidinis in luxuria est maximus. Ergo videtur quod fornicatio sit gravissimum peccatum.

2. PRAETEREA, tanto aliquis gravius peccat, quanto in rem sibi magis coniunctam delinquit: sicut gravius peccat qui percutit patrem quam qui percutit extraneum. Sed sicut dicitur 1Cor 6,18,

ARTIGO 3
A fornicação é o mais grave dos pecados?

QUANTO AO TERCEIRO, ASSIM SE PROCEDE: parece que a fornicação é o mais grave dos pecados.

1. Com efeito, um pecado é tanto mais grave quanto maior a sensualidade de que procede. Ora, é na fornicação que se dá essa sensualidade, como diz a Glosa, comentando Paulo: "O ardor da sensualidade é o máximo na luxúria". Logo, parece que a fornicação é o mais grave dos pecados.

2. ALÉM DISSO, tanto mais gravemente alguém peca, quanto mais próxima a ele é a matéria em que peca. Assim, quem bate no próprio pai peca mais gravemente do que aquele que atinge um

---

3 PARALL.: *Cont. Gent.* III, 122; *De Malo*, q. 2, a. 10; q. 15, a. 2, ad 6.
  1. Ordin.: ML 114, 529 A; LOMBARDI: ML 191, 1584 A.

  b. É sobre esse ponto que nossos contemporâneos terão maior dificuldade em se deixar convencer. Eles contestarão que a fornicação simples se oponha em si ao bem de uma eventual progenitura, ou mesmo que ela se oponha a ele em geral, salvo exceções que não podem ser levadas em conta pela lei. O uso dos procedimentos contraceptivos modificou radicalmente os dados do problema. Hoje seria apresentar outros motivos que não o bem da progenitura, enquanto que para Sto. Tomás este é sem dúvida o argumento decisivo.
  c. Tal é a razão pela qual os teólogos moralistas sempre exigiram, sob pena de pecado mortal, a retidão de todo ato carnal. A comparação com o pecado de Adão, o qual, ao aceitar o fruto proibido, comprometeu o futuro de uma descendência, é sugestivo. Aceitar a contracepção consiste em relativizar a importância de cada ato singular em benefício de uma consideração mais global do comportamento sexual.

qui fornicatur, in corpus suum peccat, quod est homini coniunctissimum. Ergo videtur quod fornicatio sit gravissimum peccatum.

3. PRAETEREA, quanto aliquod bonum est maius, tanto peccatum quod contra illud committitur videtur esse gravius. Sed peccatum fornicationis videtur esse contra bonum totius humani generis, ut ex praedictis[2] patet. Est etiam contra Christum: secundum illud 1Cor 6,15: *Tollens membra Christi, faciam membra meretricis?* Ergo fornicatio est gravissimum peccatum.

SED CONTRA est quod Gregorius dicit[3] quod peccata carnalia sunt minoris culpae quam peccata spiritualia.

RESPONDEO dicendum quod gravitas peccati alicuius attendi potest dupliciter: uno modo, secundum se; alio modo, secundum accidens. Secundum se quidem attenditur gravitas peccati ex ratione suae speciei quae consideratur secundum bonum cui peccatum opponitur. Fornicatio autem est contra bonum hominis nascituri. Et ideo est gravius peccatum secundum speciem suam peccatis quae sunt contra bona exteriora, sicut est furtum et alia huiusmodi: minus autem peccatis quae sunt directe contra Deum, et peccato quod est contra vitam hominis iam nati, sicut est homicidium.

AD PRIMUM ergo dicendum quod libido quae aggravat peccatum est quae consistit in inclinatione voluntatis. Libido autem quae est in appetitu sensitivo diminuit peccatum: quia quanto aliquis ex maiori passione impulsus peccat, tanto levius est peccatum. Et hoc modo in fornicatione libido est maxima. Et inde est quod Augustinus dicit, in libro *de Agone Christiano*[4], quod *inter omnia Christianorum certamina, duriora sunt praelia castitatis, ubi est quotidiana pugna, sed rara victoria*. Et Isidorus dicit, in libro *de Summo Bono*[5], quod *magis per carnis luxuriam humanum genus subditur diabolo quam per aliquod aliud*: quia scilicet difficilius est vincere vehementiam huius passionis.

AD SECUNDUM dicendum quod ille qui fornicatur dicitur peccare in corpus suum, non solum quia fornicationis delectatio consummatur in carne, quod etiam in gula accidit: sed etiam quia contra bonum proprii corporis agit qui fornicatur, inquantum scilicet indebite illud resolvit et inquinat, et

estranho. Ora, como diz o Apóstolo, "o devasso peca contra o seu próprio corpo", que é a realidade mais chegada ao homem. Logo, parece que a fornicação é o mais grave dos pecados.

3. Ademais, quanto maior é um bem, tanto mais grave parece ser o pecado cometido contra ele. Ora, o pecado da fornicação parece ir contra o bem de todo o gênero humano, como se deduz do artigo anterior e vai também contra Cristo, segundo o Apóstolo: "Tomaria eu os membros de Cristo para transformá-los em membros de prostituta?" Logo, a fornicação é o maior dos pecados.

EM SENTIDO CONTRÁRIO, Gregório diz que os pecados da carne têm culpa menor que os pecados do espírito.

RESPONDO. A gravidade de um pecado pode ser medida por dois aspectos: em si mesmo ou por alguma consideração acidental. Visto em si mesmo, mede-se a sua gravidade pela sua espécie, que depende do bem a que ele se opõe. Ora, a fornicação vai contra o bem do ser que irá nascer. Por isso, ela, na sua espécie, é um pecado mais grave do que os pecados contra os bens exteriores, como são o furto e similares; é, porém, menos grave que os pecados voltados diretamente contra Deus e contra a vida de alguém já nascido, como é o homicídio.

QUANTO AO 1º, portanto, deve-se dizer que a sensualidade que agrava o pecado é a que ocorre na inclinação da vontade. Ao contrário, a sensualidade que se dá no apetite sensitivo torna o pecado mais leve, porque quanto maior o ímpeto da paixão que nos faz pecar, tanto mais leve é o pecado. Assim é que a sensualidade na fornicação é a mais grave de todas. Por isso, diz Agostinho: "Dentre todos os combates do cristão, os mais duros são os da castidade, onde a luta é de todos os dias e rara a vitória". E Isidoro afirma: "O gênero humano se faz presa do demônio mais pela luxúria da carne do que por qualquer outro pecado", porque é mais difícil vencer a veemência dessa paixão.

QUANTO AO 2º, deve-se dizer que peca contra o próprio corpo quem comete fornicação, não só porque o prazer dela se consuma na carne, o que acontece também na gula, mas ainda porque age contra o bem do próprio corpo, satisfazendo-o indevidamente, maculando-o nessa conjunção

---

2. A. 2.
3. *Moral.*, l. XXXIII, c. 12, al. 11, in vet. 15, n. 25: ML 76, 688 B.
4. In Append., Serm. 293, al. *de Tempore* 250, c. 2: ML 39, 2302.
5. Al. *Sentent.*, l. II, c. 39, n. 21: ML 83, 642 D.

alteri commiscet. Nec tamen propter hoc sequitur quod fornicatio sit peccatum gravissimum: quia ratio in homine praevalet corpori; unde, si sit peccatum magis repugnans rationi, gravius erit.

AD TERTIUM dicendum quod peccatum fornicationis est contra bonum speciei humanae inquantum impedit generationem singularem unius hominis nascituri. Magis autem pertingit ad rationem speciei qui actu iam participat speciem quam qui est potentia homo. Et secundum hoc etiam homicidium est gravius quam fornicatio et omnes luxuriae species, tanquam magis bono speciei humanae repugnans. — Bonum etiam divinum est maius bono speciei humanae. Et ideo etiam peccata quae sunt contra Deum, sunt maiora. — Nec fornicatio est directe peccatum in Deum, quasi fornicator Dei offensam intendat: sed ex consequenti, sicut et omnia peccata mortalia. Sicut enim membra corporis nostri sunt membra Christi, ita etiam et spiritus noster est unum cum Christo: secundum illud 1Cor 6,17: *Qui adhaeret Deo, unus spiritus est*. Unde etiam peccata spiritualia sunt magis contra Christum quam fornicatio.

carnal. Nem por isso, contudo, se há de concluir que a fornicação seja o mais grave dos pecados, pois, no homem, a razão prevalece sobre o corpo e, portanto, maior pecado será o que se opuser à razão.

QUANTO AO 3º, deve-se dizer que o pecado da fornicação opõe-se ao bem da espécie humana, porque impede a geração individual de determinado ser humano a nascer. Ora, realiza mais a razão da espécie humana quem dela já participa em ato, do que o ser humano apenas potencial. E, por isso, o homicídio é mais grave que a fornicação e que todas as espécies de luxúria, por contrariar mais ao bem da espécie humana. — Mas o bem divino também é maior que o bem da espécie humana e, por isso, são mais graves os pecados contra Deus. — Ora, a fornicação não é um pecado diretamente contra Deus, como se o fornicador visasse ofendê-lo. Ela o é apenas por consequência, como todos os pecados mortais. Na verdade, assim como os membros do nosso corpo são membros de Cristo, assim também nosso espírito se identifica com Cristo, como declara o Apóstolo: "Aquele que se une ao Senhor é com ele um só espírito". Donde, também os pecados do espírito são contra Cristo mais do que a fornicação.

ARTICULUS 4
Utrum in tactibus et osculis consistat peccatum mortale

AD QUARTUM SIC PROCEDITUR. Videtur quod in tactibus et osculis non consistat peccatum mortale.
1. Apostolus enim, Eph 5,3, dicit: *Fornicatio autem et omnis immunditia, aut avaritia, ne nominetur in vobis: sicut decet sanctos*. Subdit autem [v. 4]: *aut turpitudo*, — Glossa[1]: *"ut in osculis et amplexibus"; aut stultiloquium, "ut blanda verba"; aut scurrilitas, "quae a stultis curialitas dicitur, idest iocularitas"*. Postea autem subdit [v. 5]: *Hoc enim scitote, intelligentes, quod omnis fornicator aut immundus aut avarus, quod est idolorum servitus, non habet haereditatem in regno Christi et Dei*: ubi non replicat de turpitudine, sicut nec de stultiloquio aut scurrilitate. Ergo ista non sunt peccata mortalia.
2. PRAETEREA, fornicatio dicitur esse peccatum mortale ex hoc quod per eam impeditur bonum

ARTIGO 4
Nos toques e beijos há pecado mortal?

QUANTO AO QUARTO, ASSIM SE PROCEDE: parece que nos toques e beijos **não** há pecado mortal.
1. Com efeito, o Apóstolo diz: "A devassidão, a impureza, seja ela qual for, a cupidez, nem sequer se mencionem entre vós, como convém a santos". E acrescenta: "Nem palavras obscenas". E a Glosa interpreta tudo isso como "beijos e abraços e palavras insinuantes e obscenas e o que os néscios chamam de gracejos atrevidos. E, continuando, diz o Apóstolo: "Sabei-o bem, o devasso, o impuro, o ganancioso, que são idólatras, são excluídos da herança no reino de Cristo e de Deus", e aí não se refere mais às obscenidades, nem às palavras grosseiras e aos gracejos atrevidos. Logo, não são pecados mortais.
2. ALÉM DISSO, a fornicação é qualificada como pecado mortal, porque impede o bem da prole

---

4 PARALL.: *De Verit.*, q. 15, a. 4; *De Malo*, q. 15, a. 2, ad 18; *ad Ephes.*, c. 5, lect. 2.
1. Interl.; LOMBARDI: ML 192, 209 B.

prolis generandae et educandae. Sed ad hoc nihil operantur oscula et tactus, sive amplexus. Ergo in his non contingit esse peccatum mortale.

3. Praeterea, illa quae sunt secundum se peccata mortalia, nunquam possunt bene fieri. Sed oscula et tactus et huiusmodi possunt quandoque fieri absque peccato. Ergo non sunt secundum se peccata mortalia.

Sed contra, minus est aspectus libidinosus quam tactus, amplexus vel osculum. Sed aspectus libidinosus est peccatum mortale: secundum illud Mt 5,28: *Qui viderit mulierem ad concupiscendum eam, iam moechatus est eam in corde suo*. Ergo multo magis osculum libidinosum, et alia huiusmodi, sunt peccata mortalia.

2. Praeterea, Cyprianus, *ad Pomponium de Virginitate*[2], dicit: *Certe ipse concubitus, ipse amplexus, ipsa confabulatio et osculatio, et coniacentium duorum turpis et foeda dormitio, quantum dedecoris et criminis confitentur!* Ergo per praedicta homo fit reus criminis, idest peccati mortalis.

Respondeo dicendum quod aliquid dicitur esse peccatum mortale dupliciter. Uno modo, secundum speciem suam. Et hoc modo osculum, amplexus vel tactus, secundum suam rationem non nominant peccatum mortale. Possunt enim haec absque libidine fieri: vel propter consuetudinem patriae, val propter aliquam necessitatem aut rationabilem causam.

Alio modo dicitur aliquid esse peccatum mortale ex sua causa: sicut ille qui dat eleemosynam ut aliquem inducat ad haeresim, mortaliter peccat propter intentionem corruptam. Dictum est autem supra[3] quod consensus in delectationem peccati mortalis est peccatum mortale, et non solum consensus in actum. Et ideo, cum fornicatio sit peccatum mortale, et multo magis aliae luxuriae species, consequens est quod consensus in delectationem talis peccati sit peccatum mortale, et non solum consensus in actum. Et ideo, cum oscula et amplexus et huiusmodi propter delectationem huiusmodi fiant, consequens est quod sint peccata mortalia. Et sic solum dicuntur libidinosa. Unde huiusmodi, secundum quod libidinosa sunt, sunt peccata mortalia.

Ad primum ergo dicendum quod Apostolus ideo non resumit illa tria, quia non habet rationem peccati nisi secundum quod ordinantur ad praecedentia.

a ser gerada e educada. Ora, a isso não levam, absolutamente, os beijos, os toques e os abraços. Logo, não constituem pecado mortal.

3. Ademais, coisas que são, em si mesmas, pecado mortal não podem nunca ser feitas licitamente. Ora, os beijos, os toques e coisas semelhantes podem ser praticados, às vezes, sem pecado. Logo, não são, em si mesmos, pecados mortais.

Em sentido contrário, há menos lascívia num olhar que num toque, num abraço ou num beijo. Ora, o olhar lascivo é pecado mortal, segundo o Evangelho de Mateus: "Qualquer um que olhe para uma mulher cobiçando-a, já cometeu adultério com ela, em seu coração". Logo, com muito mais razão, o beijo lascivo e outros atos semelhantes são pecados mortais.

2. Ademais, Cipriano diz: "Certamente, o contacto carnal, os abraços, as conversas, os beijos, o fato de dormirem, vergonhosamente, na mesma cama, que desonestidade e que crime não encerram!"

Respondo. De dois modos pode uma coisa ser pecado mortal. Em primeiro lugar, pela sua espécie. Assim considerados, beijos, abraços e toques não implicam, por sua razão, pecado mortal, pois podem ser praticados sem lascívia, como costume do país ou por qualquer necessidade ou motivo razoável.

Em segundo lugar, pode algo ser pecado mortal em razão da sua causa. Quem, por exemplo, dá esmola para induzir alguém ao desvio na fé, peca mortalmente, pela má intenção. Ora, consentir no prazer do pecado mortal é pecado mortal e não só o consentimento no ato. Portanto, como a fornicação é pecado mortal e mais ainda as outras espécies de luxúria, segue-se que não só o consentir no ato, mas também o consentir no prazer desse pecado é pecado mortal. Essa a razão por quê, sendo os beijos, os abraços e outros atos parecidos praticados em vista do prazer sexual, constituem pecados mortais. E somente nesse sentido são libidinosos e, como tais, pecados graves.

Quanto ao 1º, portanto, deve-se dizer que o Apóstolo não mencionou os três últimos atos, porque não assumem o caráter de pecado senão enquanto relacionados com os anteriores.

---

2. Epist. 62, n. III: ML 4, 368 A.
3. I-II, q. 74, a. 8.

AD SECUNDUM dicendum quod oscula et tactus, quamvis secundum se non impediant bonum prolis humanae, procedunt tamen ex libidine, quae est radix huius impedimenti. Et ex hoc habent rationem peccati mortalis.

AD TERTIUM dicendum quod ratio illa concludit quod huiusmodi non sunt peccata secundum suam speciem.

QUANTO AO 2º, deve-se dizer que os beijos e os toques, embora, de si, não impeçam o bem da prole humana, constituem fruto da sensualidade, que é a raiz desse impedimento. Por isso é que são pecado mortal.

QUANTO AO 3º, deve-se dizer que a objeção leva a concluir que tais atos não são, pela sua própria espécie, pecados mortais.

ARTICULUS 5
Utrum nocturna pollutio sit peccatum

AD QUINTUM SIC PROCEDITUR. Videtur quod nocturna pollutio sit peccatum.

1. Meritum enim et demeritum habent fieri circa idem. Sed dormiens potest mereri: sicut patet de Salomone, qui dormiens a Domino donum sapientiae impetravit, ut dicitur 3Reg 3,5 sqq., et 2 *Paralip.* 1,7 sqq. Ergo in dormiendo potest aliquis demereri. Et ita videtur quod nocturna pollutio sit peccatum.

2. PRAETEREA, quicumque habet usum rationis, potest peccare. Sed in dormiendo aliquis habet usum rationis: quia frequenter aliquis in somnis ratiocinatur, et praeeligit unum alteri, consentiens vel dissentiens. Ergo in dormiendo potest aliquis peccare. Et ita propter somnum nocturna pollutio non impeditur quin sit peccatum: cum ex genere actus sit peccatum.

3. PRAETEREA, frustra increpatur et instruitur qui non potest vel agere secundum rationem vel contra rationem. Sed homo in somnis instruitur a Deo et increpatur: secundum illud Iob 33,15-16: *Per somnium, in visione nocturna, quando sopor solet occupare homines, tunc aperit aures virorum, et erudiens eos instruit disciplina*. Ergo in somnis potest aliquis agere secundum rationem vel contra rationem: quod est bene agere vel peccare. Et sic videtur quod pollutio nocturna sit peccatum.

SED CONTRA est quod Augustinus dicit, XII super *Gen. ad litt*.[1]: *Ipsa phantasia quae fit in cogitatione sermocinantis, cum expressa fuerit in visione somniantis, ut inter illam et veram coniunctionem corporum non discernatur, continue movetur caro et sequitur quod eum motum sequi solet: cum hoc tam sine peccato fiat, quam sine peccato a vigilantibus dicitur quod, ut diceretur, sine dubio cogitatum est.*

ARTIGO 5
A polução noturna é pecado?

QUANTO AO QUINTO, ASSIM SE PROCEDE: parece que a polução noturna é pecado.

1. Com efeito, o mérito e o demérito referem-se ao mesmo objeto. Ora, pode-se, dormindo, adquirir méritos, como foi com Salomão, que pediu a Deus o dom da sabedoria, enquanto dormia, conforme se lê na Escritura. Logo, também se pode perder méritos, dormindo. Portanto, parece que a polução noturna é pecado.

2. ALÉM DISSO, todo aquele que tem uso da razão pode pecar. Ora, dormindo tem-se o uso da razão, pois, frequentemente, se raciocina nesse estado, prefere-se uma coisa a outra, concordando ou discordando. Logo, pode-se pecar dormindo e assim o sono não impede que a polução noturna seja pecado, pois, genericamente, ela é um ato pecaminoso.

3. ADEMAIS, inutilmente censuramos ou instruímos a quem não pode agir nem de acordo nem em desacordo com a razão. Ora, durante o sono, Deus instrui e censura o homem, como se vê em Jó: "No sonho, na visão noturna, quando o torpor abala o ser humano adormecido sobre o seu leito, então abre os ouvidos dos humanos, sela as advertências que lhes dirige". Logo, no sono, pode-se proceder de acordo com a razão ou contra ela, vale dizer, pode-se agir bem ou pecar; e assim parece que a polução noturna é um pecado.

EM SENTIDO CONTRÁRIO, eis o que diz Agostinho: "A imagem que se cria no pensamento de quem conversa sobre essas coisas aparece no sonho com tal relevo que não é possível distingui-la de uma união real dos corpos e então a carne logo se vê excitada e seguem-se os efeitos costumeiros. Tudo isso acontece sem pecado, do mesmo modo que, em estado de vigília, não é pecado dizer uma coisa que foi pensada sem dúvida para se dizer".

5 PARALL.: Part. III, q. 80, a. 7; IV *Sent*., dist. 9, a. 4, q.la 1, 2; *De Verit*., q. 28, a. 3, ad 7.
1. C. 15: ML 34, 466.

RESPONDEO dicendum quod nocturna pollutio dupliciter potest considerari. Uno modo, secundum se. Et hoc modo non habet rationem peccati. Omne enim peccatum dependet ex iudicio rationis: quia etiam primus motus sensualitatis non habet quod sit peccatum nisi inquantum iudicio rationis reprimi potest. Et ideo, sublato iudicio rationis, tollitur ratio peccati. In dormiendo autem ratio non habet liberum iudicium: nullus enim est dormiens qui non intendat aliquibus similitudinibus phantasmatum velut rebus ipsis, ut patet ex his quae in Primo[2] dicta sunt. Et ideo id quod agit homo dormiens, qui non habet liberum iudicium rationis, non imputatur ei ad culpam: sicut nec illud quod agit furiosus aut amens.

Alio modo potest considerari nocturna pollutio per comparationem ad suam causam. Quae potest esse triplex. Una quidem corporalis. Cum enim humor seminalis superabundat in corpore; vel cum facta est humoris resolutio, vel per nimiam calefactionem corporis, vel per quamcumque aliam commotionem; somniat dormiens ea quae pertinent ad expulsionem huiusmodi humoris abundantis vel resoluti, sicut etiam accidit quando natura gravatur ex aliqua alia superfluitate; ita quod quandoque formantur in imaginatione phantasmata pertinentia ad emissionem talium superfluitatum. Si igitur superabundantia talis humoris sit ex causa culpabili, puta cum est ex superfluitate cibi vel potus; tunc nocturna pollutio habet rationem culpae ex sua causa. Si autem superabundantia vel resolutio talis humoris non sit ex aliqua causa culpabili, tunc nocturna pollutio non est culpabilis, nec in se nec in causa sua.

Alia vero causa nocturnae pollutionis potest esse animalis interior: puta cum ex cogitatione praecedenti contingit aliquem dormientem pollui. Cogitatio autem quae in vigilia praecessit, quandoque est pure speculativa, puta cum aliquis causa disputationis cogitat de peccatis carnalibus: quandoque autem est cum aliqua affectione vel concupiscentiae vel horroris. Contingit autem magis pollutio nocturna ex cogitatione carnalium vitiorum quae fuit cum concupiscentia talium delectationum: quia ex hoc remanet quoddam vestigium et inclinatio in anima, ita quod dormiens facilius inducitur in sua imaginatione ad assentiendum actibus ex quibus sequitur pollutio. Secundum hoc Philosophus dicit, in I *Ethic.*[3],

RESPONDO. Pode-se analisar a poluição noturna de duas maneiras. Primeiro, em si mesma. Nesse caso, não é pecado, pois todo pecado depende do juízo da razão e assim o primeiro movimento da sensualidade só é pecado na medida em que pode ser reprimido pelo julgamento da razão. Portanto, faltando esse julgamento, não existe pecado. Ora, durante o sono, a razão não tem um julgamento livre. Não há, com efeito, quem, dormindo, não tome certas fantasias como reais, conforme ficou patente antes. Assim, não se imputa a ninguém como pecado o que se faz dormindo, sem o livre juízo da razão, como não é imputável também o que se faz enfurecido ou fora de si.

Mas a poluição noturna pode também ser considerada quanto à sua causa, que pode ser tríplice. Antes de mais nada, a causa corporal. Na verdade, quando o líquido seminal está sobrando no organismo ou está sendo ejaculado pelo excessivo calor do corpo ou por qualquer outro movimento, o homem adormecido sonha que está expulsando esse líquido abundante ou secretado, o que também acontece quando a natureza está sobrecarregada de qualquer outro elemento supérfluo, de modo que, às vezes, se formam na fantasia imagens que provocam essa emissão. Portanto, se a superabundância de tal líquido provém de uma causa culposa, como o exagero na comida ou na bebida, então a poluição noturna é culpável na sua causa. Se, porém, a superabundância ou a ejaculação desse líquido não tiver nenhuma razão de culpa, aí a poluição noturna não será pecado, nem em si mesma nem na sua causa.

Outra fonte da poluição noturna pode ser interior, da alma, como um pensamento havido antes de dormir. Tal pensamento, elaborado em estado de vigília, é, às vezes, puramente especulativo, como, por exemplo, quando se cogita nos pecados da carne, por causa de uma discussão sobre o assunto; outras vezes, ao contrário, é um pensamento revestido de certa paixão positiva ou negativa. Na verdade, a poluição noturna mais comum procede dos pensamentos sobre vícios carnais, junto com o desejo desses prazeres, pois tais pensamentos marcam e envolvem a alma de tal forma que, dormindo, o homem é mais facilmente levado, na sua imaginação, a consentir em atos que provocam a poluição. É nesse sentido que o Filósofo diz: "Dado

---
2. Q. 84, a. 8, ad 2.
3. C. 13: 1102, b, 9-12.

quod *inquantum paulatim pertranseunt quidam motus* a vigilantibus ad dormientes, *meliora fiunt phantasmata studiosorum quam quorumlibet*: et Augustinus dicit, XII *super Gen. ad litt.*[4], quod *propter bonam animae affectionem, quaedam eius merita etiam in somnis clarent*. Et sic patet quod nocturna pollutio habet rationem culpae ex parte suae carne. — Quandoque tamen contingit quod ex praecedenti cogitatione carnalium actuum etiam speculativa, vel si sit cum horrore, sequitur in somnis pollutio. Et tunc non habet rationem culpae, nec in se nec in sua causa.

Tertia vero causa est spiritualis extrinseca: puta cum ex operatione daemonis commoventur phantasmata dormientis in ordine ad talem effectum. Et hoc quidem quandoque est cum peccato praecedenti, scilicet negligentia praeparandi se contra daemonis illusiones: unde et in sero cantatur, *Hostemque nostrum comprime, Ne polluantur corpora*. — Quandoque vero est absque omni culpa hominis, ex sola nequita daemonis: sicut in *Collationibus Patrum*[5] legitur de quodam quod semper in diebus festis pollutionem nocturnam patiebatur, hoc diabolo procurante, ut impediretur a sacra communione.

Sic igitur patet quod nocturna pollutio nunquam est peccatum: quandoque tamen est sequela peccati praecedentis.

AD PRIMUM ergo dicendum quod Salomon non meruit in dormiendo sapientiam a Deo: sed fuit signum praecedentis desiderii, propter quod dicitur talis petitio Deo placuisse, ut Augustinus dicit, XII *super Gen. ad litt.*[6].

AD SECUNDUM dicendum quod, secundum quod vires sensitivae interiores magis vel minus opprimuntur a somno, propter vaporis turbulentiam vel puritatem, secundum hoc usus rationis magis vel minus impeditur in dormiendo. Semper tamen quantum ad aliquid impeditur, ut non possit omnino liberum iudicium habere, ut in Prima Parte[7] dictum est. Et ideo non imputatur ei ad culpam quod tunc agit.

AD TERTIUM dicendum quod apprehensio rationis non ita impeditur in somno sicut eius iudicium,

que certos movimentos passam, gradualmente, do estado de vigília para o sono, os sonhos dos virtuosos são melhores que os de qualquer outra pessoa". E Agostinho também diz: "Devido à boa disposição da alma, alguns dos seus méritos podem brilhar até no sono". E assim fica patente que a poluição noturna pode ser culposa pela causa que a produz. — Contudo, às vezes, ela, durante o sono, decorre de um pensamento antes havido sobre atos carnais, como simples especulação ou acompanhado de repulsa por eles. E, nesse caso, não tem razão de culpa nem em si mesma nem na sua causa.

A terceira causa, enfim, da poluição noturna é espiritual, mas extrínseca. É o que acontece, por exemplo, quando, por influência do demônio, as representações da imaginação de quem dorme se alteram de tal forma que aquele efeito se produz. E isso, às vezes, é pecaminoso pela negligência em se premunir contra as ilusões do demônio. Por isso é que se canta no hino do completório: "Reprime o nosso inimigo, para que os nossos corpos não se manchem". — Outras vezes, porém, é sem falta alguma do homem e só pela maldade do demônio, como se lê em Cassiano de alguém que, em dias festivos, sempre sofria essas poluções, por provocação do tentador, para que ele não se aproximasse da santa comunhão.

Fica, assim, demonstrado que a poluição noturna nunca é pecado, mas é, às vezes, consequência de um pecado anterior.

QUANTO AO 1º, portanto, deve-se dizer que não foi pelo seu sono que Salomão mereceu de Deus a sabedoria; recebeu-a como sinal de um desejo precedente e, por isso, Agostinho diz que esse pedido agradou ao Senhor.

QUANTO AO 2º, deve-se dizer que na medida em que as potências sensitivas interiores são mais ou menos dominadas pelo sono, por causa da turbulência ou da pureza dos vapores, nessa mesma medida o uso da razão fica mais ou menos impedido, durante o sono. Algum impedimento, porém, sempre haverá, impossibilitando a quem está dormindo de ter um julgamento totalmente livre, como já foi dito na I Parte. Logo, não é considerado culpável o que se faz então.

QUANTO AO 3º, deve-se dizer que a apreensão da razão não se vê tão impedida, durante o

---

4. Loc. cit.
5. CASSIANI. — Collat. 22, c. 6: ML 49, 1225 A.
6. Loc. cit.
7. Loc. cit. in c.

quod perficitur per conversionem ad sensibilia, quae sunt prima principia cognitionis humanae. Et ideo nihil prohibet hominem secundum rationem apprehendere aliquid de novo in dormiendo: vel ex ipsis reliquiis praecedentium cogitationum et phantasmatibus oblatis, vel etiam ex revelatione divina, aut immissione angeli boni vel mali.

Articulus 6
Utrum stuprum debeat poni una species luxuriae

AD SEXTUM SIC PROCEDITUR. Videtur quod stuprum non debeat poni una species luxuriae.

1. Stuprum enim importat *illicitam virginum deflorationem*; ut habetur in Decretis, XXXVI Caus., qu. 1[1]. Sed hoc potest esse soluti cum soluta, quod pertinet ad fornicationem. Ergo stuprum non debet poni species luxuriae a fornicatione distincta.

2. PRAETEREA, Ambrosius dicit, in libro *de Patriarchis*[2]: *Nemo sibi blandiatur de legibus hominum: omne stuprum adulterium est*. Sed specierum ex opposito divisarum una non continetur sub alia. Cum ergo adulterium ponatur species luxuriae, videtur quod stuprum species luxuriae poni non debet.

3. PRAETEREA, inferre alicui iniuriam videtur magis ad iniustitiam quam ad luxuriam pertinere. Sed ille qui stuprum committi, iniuriam facit alteri, scilicet patri puellae quam corrumpit, qui potest *ad animum suam iniuriam revocare*, et agere actione iniuriarum contra stupratorem. Ergo stuprum non debet poni species luxuriae.

SED CONTRA est quod stuprum proprie consistit in actu venereo quo virgo defloratur. Cum igitur luxuria proprie sit circa venerea, videtur quod stuprum sit species luxuriae.

sono, quanto o julgamento, porque este se perfaz convertendo-se às coisas sensíveis, que são os primeiros princípios do conhecimento humano. Não há, portanto, nenhum inconveniente em admitir que o homem, pela sua razão, apreenda algum conceito novo, durante o sono, seja a partir de resíduos de pensamentos anteriores, seja a partir de uma revelação divina ou de influência de um anjo bom ou mau[d].

Artigo 6
O estupro deve ser afirmado como uma espécie de luxúria?[e]

QUANTO AO SEXTO, ASSIM SE PROCEDE: parece que o estupro **não** deve ser afirmado como uma espécie de luxúria.

1. Com efeito, ele é "defloramento ilícito de uma virgem", segundo as Decretais. Ora, isso pode acontecer entre homem e mulher solteiros, o que constitui fornicação. Logo, o estupro não deve ser visto como uma espécie de luxúria, distinta da fornicação.

2. ALÉM DISSO, Ambrósio diz: "Que ninguém se engane com as leis dos homens: todo estupro é adultério". Ora, entre espécies que se opõem mutuamente, uma não se inclui na outra. Logo, como o adultério é uma espécie de luxúria, o estupro não deve ser considerado também uma espécie dela.

3. ADEMAIS, causar mal a alguém parece mais relacionado à injustiça do que à luxúria. Ora, quem comete estupro causa mal a outra pessoa, como por exemplo, ao pai da virgem, o qual pode considerar o mal como feito contra si próprio e agir judicialmente contra o estuprador. Logo, o estupro não deve ser considerado como uma espécie de luxúria.

EM SENTIDO CONTRÁRIO, o estupro consiste, propriamente, no ato sexual de defloramento de uma virgem. Tendo a luxúria como objeto, precisamente, os atos sexuais, parece que o estupro é uma espécie de luxúria.

---

6 PARALL.: Supra, a. 1; IV *Sent.*, dist. 41, a. 4, q.la 1, 2; *De Malo*, q. 15, a. 3.

1. GRATIANUS, *Decretum*, P. II, causa 36, q. 1, append. ad can. 2: ed. Richter-Friedberg, t. I, p. 1288.
2. *De Abraham*, l. I, c. 4, n. 25: ML 14, 431 A.

d. A solução da objeção 3 é bastante esclarecedora. A lógica praticada por Sto. Tomás distingue a mera apreensão do juízo. O sono inibe a possibilidade de efetuar um juízo, isto é, de afirmar ou negar. Mas nada impede aquele que dorme de apreender uma noção, o que constatamos com frequência.

e. Em português como em outras línguas modernas, a palavra estupro é suscetível de um sentido geral, enquanto que Sto. Tomás a utiliza em sua significação precisa e *canônica*: defloração ilícita de uma virgem que vive sob a guarda de seus pais. A objeção 2 e sua resposta mostram-nos todavia que o sentido geral já existia nos Padres da Igreja.

RESPONDEO dicendum quod ubi circa materiam alicuius vitii occurrit aliqua specialis deformitas, ibi debet poni determinata species illius vitii. Luxuria autem est peccatum circa venerea existens, ut supra[3] dictum est. In virgine autem sub custodia partis existente quaedam deformitas specialis occurrit si corrumpatur. Tum ex parte puellae, quae, ex hoc quod violatur, nulla pactione coniugali praecedente, impeditur a legitimo matrimonio consequendo, et ponitur in via meretricandi, a quo retrahebatur ne signaculum virginitatis amitteret. Tum etiam ex parte patris, qui de eius custodia sollicitudinem gerit: secundum illud Ecli 42,11: *Super filiam luxuriosam confirma custodiam, nequando faciat te in opprobrium venire inimicis.* Et ideo manifestum est quod stuprum, quod importat illicitam virginum deflorationem sub cura parentum existentium, est determinate luxuriae species.

AD PRIMUM ergo dicendum quod, quamvis virgo sit soluta a vinculo matrimoniali, non tamen est soluta a patria potestate. Habet etiam speciale impedimentum fornicarii concubitus virginitatis signum, quod non debet nisi per matrimonium auferri. Unde stuprum non est fornicatio simplex, sed concubitus *qui fit cum meretricibus*, idest mulieribus iam corruptis: ut patet per Glossam[4], 2Cor 12, super illud [v. 21], *Qui non egerunt poenitentiam super immunditia et fornicatione* etc.

AD SECUNDUM dicendum quod Ambrosius ibi aliter accipit stuprum, prout scilicet communiter sumitur pro omni peccato luxuriae. Unde stuprum ibi nominat concubitum viri coniugati cum quacumque alia muliere praeter uxorem. Quod patet ex hoc quod subdit: *Nec viro licet quod mulieri non licet.* Et hoc modo etiam accipitur Nm 5,13, ubi dicitur: *Si latet adulterium, et testibus argui non potest, quia non est inventa in stupro,* etc.

AD TERTIUM dicendum quod nihi prohibet unum peccatum ex adiunctione alterius deformius fieri. Fit autem deformius peccatum luxuriae ex pecato iniustitiae: quia videtur concupiscentia esse inordinatior quae a delectabili non abstinet ut iniuriam vitet. Habet autem duplicem iniuriam annexam. Unam quidem ex parte virginis: quam

RESPONDO. Sempre que aparece uma deformidade peculiar na matéria de determinado vício, deve-se ver aí uma espécie particular desse vício. Ora, a luxúria é um pecado cuja matéria são os atos sexuais, como antes foi dito. Mas, quando uma virgem, sob guarda paterna, é deflorada, ocorre uma deformidade peculiar. Primeiro, por parte da própria virgem que, tendo sido violentada sem nenhum contrato matrimonial prévio, fica impedida de consegui-lo legitimamente, expondo-se à prostituição, da qual se retraía, para não perder o selo da sua virgindade. Em segundo lugar, por parte do pai, sob cuja tutela cuidadosa vivia, conforme o livro do Eclesiástico: "Em torno da filha sem modos monta uma guarda reforçada, para que ela não faça de ti o escárneo dos teus inimigos". É evidente, pois, que o estupro, como defloramento ilícito de virgens postas sob guarda paterna, é uma espécie particular de luxúria.

QUANTO AO 1º, portanto, deve-se dizer que uma virgem está livre do vínculo matrimonial, mas não do pátrio poder. Ademais, o selo da virgindade, que não se deve romper senão no matrimônio, é um impedimento especial ao pecado da fornicação. Portanto, o estupro não é uma simples fornicação, como a união carnal "com meretrizes", isto é, com mulheres já defloradas, como ensina a Glosa, a propósito do texto da Carta aos Coríntios: "Aqueles que não se converteram de sua impureza, de seu desregramento..."

QUANTO AO 2º, deve-se dizer que nessa passagem, Ambrósio toma a palavra "estupro" em sentido mais geral, como todo e qualquer pecado de luxúria. E assim designou aí a união carnal de um homem casado com qualquer mulher casada, que não a sua esposa. Tanto que ele acrescenta: "Não é permitido ao homem o que não é permitido à mulher". E nesse sentido é que se toma também o texto do livro dos Números: "Se está oculto o adultério e ela não pode ser convencida por testemunhas, porque não foi apanhada no estupro..."

QUANTO AO 3º, deve-se dizer que nada impede que um pecado se torne ainda pior pelo acréscimo de um outro. Ora, o pecado da luxúria se torna ainda mais grave se unido ao da injustiça, porque parece mais desordenada a concupiscência que não se priva do prazer nem sequer para evitar injustiça. Ora, o estupro implica dupla injustiça.

---

3. Q. 153, a. 1.
4. Interl.; LOMBARDI: ML 192, 89 C.

etsi non vi corrumpat, tamen eam seducit; et sic tenetur ei satisfacere. Unde dicitur Ex 22,16-17: *Si seduxerit quis virginem nondum desponsatam, dormieritque cum ea, dotabit eam, et habebit uxorem. Si autem pater virginis dare noluerit, reddet pecuniam iuxta modum dotis quam virgines accipere consueverunt.* — Aliam vero iniuriam facit patri puellae. Unde et ei secundum legem tenetur ad poenam. Dicitur enim Dt 22,28-29: *Si invenerit vir puellam virginem, quae non habet sponsum, et apprehendens concubuerit cum illa, et res ad iudicium venerit, dabit qui dormivit cum ea patri puellae quinquaginta siclos argenti, et habebit eam uxorem: et quia humiliavit illam, non poterit dimittere eam cunctis diebus vitae suae.* Et hoc ideo, *ne videatur ludibrium fecisse,* ut Augustinus dicit[5].

Uma, quanto à virgem, mesmo que o sedutor não a viole, contudo a seduz e fica obrigado a reparar o mal. E por isso se diz no livro do Êxodo: "Quando um homem seduzir uma virgem não prometida em casamento e se deitar com ela, deverá pagar o dote para tomá-la como esposa. Se o pai se recusar a dá-la, o homem pagará em dinheiro, como se costuma pagar pelo dote das virgens". — Outra injustiça é contra o pai da virgem e, por isso, a lei impõe uma pena a ser cumprida pelo sedutor, como se lê no livro do Deuteronômio: "Se um homem encontra uma jovem virgem, que não é noiva, dela se apodera e a possui, e se são pegos em flagrante, então, o homem que deitou com a jovem dará ao pai dela cinquenta siclos de prata e a tomará como sua esposa; não poderá mandá-la embora enquanto viver porque a humilhou". E isso "para que não pareça que ludibriou", diz Agostinho.

Articulus 7
Utrum raptus sit species luxuriae distincta a stupro

Ad septimum sic proceditur. Videtur quod raptus non sit species luxuriae distincta a stupro.

1. Dicit enim Isidorus, in libro *Etymol.*[1], quod *stuprum, idest raptus, proprie est illicitus coitus, a corrumpendo dictus: unde et qui raptu potitur, stupro fruitur.* Ergo videtur quod raptus non debeat poni species luxuriae distincta a stupro.

2. Praeterea, raptus videtur quandam violentiam importare: dicitur enim in Decretis, XXXVI Caus., qu. 1[2], quod *raptus committitur cum puella violenter a domo patris abducitur, ut, corrupta, in uxorem habeatur.* Sed hoc quod violentia alicui inferatur, per accidens se habet ad luxuriam, quae per se respicit delectationem concubitus. Ergo videtur quod raptus non debeat poni determinata species luxuriae.

3. Praeterea, peccatum luxuriae per matrimonium cohibetur: dicitur enim 1Cor 7,2: *Propter fornicationem, unusquisque suam habeat.* Sed raptus impedit matrimonium sequens: dicitur enim in Concilio Meldensi[3]: *Placuit ut hi qui rapiunt*

Artigo 7
O rapto é uma espécie de luxúria distinta do estupro?

Quanto ao sétimo, assim se procede: parece que o rapto **não** é uma espécie de luxúria distinta do estupro.

1. Com efeito, Isidoro diz que "o estupro, isto é, o rapto é, propriamente, um coito ilícito, derivado da palavra "corromper". Por isso, quem comete rapto, também goza do estupro". Logo, parece que o rapto não deve ser considerado uma espécie de luxúria distinta do estupro.

2. Além disso, o rapto parece implicar violência, pois está nas Decretais que "o rapto se pratica quando uma jovem é arrebatada à força da casa paterna, para, uma vez violada, ser tomada como esposa". Ora, usar a violência contra alguém é acidental à luxúria que, essencialmente, visa aos prazeres sexuais. Logo, parece que o rapto não deve ser considerado como uma espécie determinada de luxúria.

3. Ademais, o pecado da luxúria é tolhido pelo matrimônio, pois se recomenda: "Para evitar todo desregramento, tenha cada homem a sua mulher". Ora, o rapto impede, na sua sequência, o matrimônio, pelo que decretou o Concílio de Meaux:

---

5. *Quaest. in Deut.*, q. 34: ML 34, 762.

7 Parall.: Supra, a. 1; IV *Sent.*, dist. 41, a. 4, q.la 1, 2; *De Malo*, q. 15, a. 3.

1. L. V, c. 26: ML 82, 210 A.
2. Gratianus, *Decretum*, P. II, causa 36, q. 1, can. 2, append.: ed. cit., t. I, p. 1288.
3. Vide Benedictum Levitam, *Capitularium*, l. VII, c. 395: ed. I. D. Mansi, t. XVIIB, p. 1111.

feminas, vel furantur vel seducunt, eas nullatenus habeant uxores, quamvis eas postmodum nuptialiter cum consensu parentum suorum susceperint. Ergo raptus non est determinata species luxuriae a stupro distincta.

4. PRAETEREA, aliquis potest cognoscere suam sponsam absque peccato luxuriae. Sed raptus potest committi si aliquis violenter sponsam suam auferat de domo parentum et eam carnaliter cognoscat. Ergo raptus non debet poni determinata species luxuriae.

SED CONTRA est quod *raptus est illicitus coitus*, ut Isidorus dicit[4]. Sed hoc pertinet ad peccatum luxuriae. Ergo raptus est species luxuriae.

RESPONDEO dicendum quod raptus, prout nunc de eo loquimur, est species luxuriae. Et quandoque quidem in idem concurrit cum stupro; quandoque autem invenitur raptus sine stupro; quandoque vero stuprum sine raptu. Concurrunt quidem in idem, quando aliquis violentiam infert ad virginem illicite deflorandam. Quae quidem violentia quandoque infertur tam ipsi virgini quam patri: quandoque autem infertur patri, sed non virgini, puta cum ipsa consentit ut per violentiam de domo patris abstrahatur. Differt etiam violentia raptus alio modo: quia quandoque puella violenter abducitur a domo parentum et violenter corrumpitur; quandoque autem, etsi violenter abducatur, non tamen violenter corrumpitur, sed de voluntate virginis, sive corrumpatur fornicario concubitu, sive matrimoniali. Qualitercumque enim violentia adsit, salvatur ratio raptus. — Invenitur autem raptus sine stupro: puta si aliquis rapiat viduam vel puellam corruptam. Unde Symmachus Papa dicit[5]: *Raptores viduarum vel virginum, ob immanitatem facinoris tanti, detestamur.* — Stuprum vero sine raptu invenitur, quando aliquis absque violentiae illatione virginem illicite deflorat.

AD PRIMUM ergo dicendum quod, quia raptus plerumque cum stupro in idem concurrit, ideo quandoque unum pro alio ponitur.

AD SECUNDUM dicendum quod illatio violentiae videtur procedere ex magnitudine concupiscentiae, ex qua aliquis non refugit periculo se iniicere violentiae inferendae.

AD TERTIUM dicendum quod aliter est dicendum in raptu puellarum quae sunt aliis desponsatae,

"Pareceu-nos bem decidir que não podem, de modo algum, os que raptam, furtam ou seduzem mulheres, tê-las por esposas, embora possam vir a se casar depois com elas, com o consentimento dos pais delas". Logo, o rapto não é uma espécie determinada de luxúria, distinta do estupro.

4. ADEMAIS, pode um homem ter relação com a esposa, sem pecado de luxúria. Ora, o rapto pode ser cometido se alguém arrebata à força sua esposa da casa dos pais e tem com ela relação carnal. Logo, o rapto não deve ser afirmado como uma espécie determinada de luxúria.

EM SENTIDO CONTRÁRIO, está a palavra de Isidoro: "O rapto é um coito ilícito", vale dizer, um pecado de luxúria. Logo, o rapto é uma espécie de luxúria.

RESPONDO. O rapto, como aqui o entendemos, é uma espécie de luxúria que, às vezes, coexiste com o estupro; outras vezes, acontece sem ele e, em outras ocasiões ainda, tem-se estupro sem rapto. Eles coincidem, quando se usa de violência para deflorar uma virgem ilicitamente. Essa violência é praticada, às vezes, tanto contra a virgem como contra o seu pai; outras vezes, contra o pai, mas não contra a virgem, quando, por exemplo, ela consente em ser raptada da casa paterna. Mas a violência e o rapto diferem de outro modo: umas vezes, a donzela é arrebatada, à força, da casa dos pais e violada; outras vezes, porém, é tirada à força, e não é deflorada violentamente, mas o é por vontade própria, ou num ato de fornicação ou num ato de união matrimonial. Seja qual for, com efeito, a força empregada, realiza-se o conceito de rapto. — Quanto ao rapto sem estupro, ele ocorre, por exemplo, no caso de viúvas ou de moças já defloradas. Por isso, diz o papa Símaco: "Detestemos os que raptam viúvas ou virgens, pela monstruosidade de tal crime". — Por fim, o caso inverso de estupro sem rapto se dá quando se deflora ilicitamente uma virgem, sem empregar violência.

QUANTO AO 1º, portanto, deve-se dizer que, como quase sempre rapto e estupro acontecem juntos, não raro se toma um pelo outro.

QUANTO AO 2º, deve-se dizer que o uso da violência parece provir da intensidade do desejo, que arrasta o homem a afrontar o perigo da ação violenta.

QUANTO AO 3º, deve-se dizer que é preciso distinguir o rapto de mulher casada e o rapto da

---

4. Cfr. 1 a.
5. Epist. V *ad Caesarium episc.*: ed. I. D. Mansi, t. VIII, p. 212.

et aliter raptu illarum quae non sunt aliis desponsatae. Illae enim quae sunt aliis desponsatae, restituendae sunt sponsis, qui in eis ex ipsa desponsatione ius habent. Illae autem quae non sunt aliis desponsatae, restituendae sunt primo patriae potestati: et tunc, de voluntate parentum, licite possunt eas in uxores accipere. Si tamen aliter fiat, illicite matrimonium contrahitur: tenetur enim quicumque rem rapit, ad eius restitutionem. Nec tamen raptus dirimit matrimonium iam contractum, etsi impediat contrahendum.

Quod autem dicitur in praedicto Concilio, dictum est in detestationem illius criminis, et est abrogatum. Unde Hieronymus[6] contrarium dicit. *Tria*, inquit, *legitima coniugia in Scripturis leguntur. Primum est, virgo casta in virginitate viro data legitime. Secundum est, virgo in civitate deprehensa a viro et illi per vim copulata: si voluerit pater eius, dotabit eam iste vir quantum iudicaverit pater, et dabit pretium pudicitiae eius. Tertium autem est, quando aufertur ei et alteri traditur de voluntate patris.* — Vel potest intelligi de illis quae sunt aliis desponsatae: et maxime per verba de praesenti.

AD QUARTUM dicendum quod sponsus ex ipsa desponsatione habet aliquod ius in sua sponsa. Et ideo, quamvis peccet violentiam inferendo, excusatur tamen a crimine raptus. Unde Gelasius Papa dicit[7]: *Lex illa praeteritorum Principum ibi raptum dixit esse commissum, ubi puella de cuius nuptiis nihil actum fuerat, videbatur abducta.*

ARTICULUS 8
Utrum adulterium sit determinata species luxuriae ab aliis distincta

AD OCTAVUM SIC PROCEDITUR. Videtur quod adulterium non sit determinata species luxuriae ab aliis distincta.

1. Dicitur enim *adulterium* ex eo quod aliquis *ad alteram* accedit praeter suam, sicut dicit quaedam glossa super *Exodum*[1]. Sed alia mulier praeter suam potest esse diversarum conditionum: scilicet vel virgo in potestate patris existens, vel meretrix,

que não o é. A casada tem que ser restituída ao marido, pelo direito que o casamento confere a ele. Já a não casada deve ser, primeiro, devolvida ao poder do pai, para depois, se os pais consentirem, ser recebida, licitamente, como esposa. Se, porém, não consentirem, o casamento será ilícito, pois quem rouba algo tem obrigação de restituir. No entanto, o rapto não anula o matrimônio já contraído, embora impeça de ser contraído.

Quanto ao texto conciliar alegado, seu objetivo foi reprovar esse crime e já está abrogado. Por isso, em sentido contrário, Jerônimo afirma: "Veem-se nas Escrituras três espécies de casamento legítimo. O primeiro, quando uma virgem, casta na sua virgindade, é dada legitimamente a um homem. O segundo, quando uma virgem é raptada na cidade por um homem e forçada à união carnal com ele: se o pai dela quiser, o raptor a dotará conforme a exigência paterna, pagando o preço da sua virgindade. O terceiro, quando o pai da jovem não quer entregá-la ao raptor e cede-a a outro homem". — Mas pode-se entender também aquele texto do Concílio como referente às mulheres casadas, sobretudo em razão dos verbos no presente.

QUANTO AO 4º, deve-se dizer que o esposo, em virtude do próprio casamento, tem direitos sobre a esposa. Portanto, embora peque usando a força, não comete o crime do rapto. Por isso, diz o papa Gelásio: "A lei das antigas autoridades ordenava que se configurava o rapto, quando uma jovem não desposada era arrebatada com violência".

ARTIGO 8
O adultério é uma espécie determinada de luxúria, distinta das outras?

QUANTO AO OITAVO, ASSIM SE PROCEDE: parece que o adultério **não** é uma espécie determinada de luxúria, distinta das outras.

1. Com efeito, chama-se adultério porque o marido se une a outra mulher que não a sua, como diz uma Glosa ao livro do Êxodo. Ora, essa outra mulher pode ser de diferentes estados: uma virgem, dependente ainda da autoridade paterna;

---

6. Cfr. GRATIANUM, *Decretum*, P. II, c. 36, q. 2, can. 8: ed. cit., t. I, p. 1291.
7. GRATIANUS, *Decretum*, P. II, causa 27, q. 2, can. 49; causa 36, q. 1, can. 2: ed. cit., t. I, pp. 1077, 1288.

8 PARALL.: Supra, a. 1; IV *Sent.*, dist. 41, a. 4, q.la 1, 2; *De Malo*, q. 15, a. 3; *De Dec. Praecept.*, c. *de VI Praecept.*

1. Ordin. super *Exod.* 20, 14: ML 113, 255 A.

vel cuiuscumque alterius conditionis. Ergo videtur quod adulterium non sit species luxuriae ab aliis distincta.

2. PRAETEREA, Hieronymus dicit[2] quod *nihil interest ex qua causa quis insaniat. Unde Sixtus Pythagoricus*[3]: *"Adulter", inquit, "est amator ardentior in suam uxorem".* Et pari ratione, in quamlibet aliam mulierem. Sed in omni luxuria est amor ardentior debito. Ergo adulterium invenitur in omni luxuria. Non ergo debet poni luxuriae species.

3. PRAETEREA, ubi est eadem ratio deformitatis, ibi non videtur esse alia species peccati. Sed in stupro et adulterio videtur esse eadem ratio deformitatis: quia utrobique violatur mulier alienae potestati subiecta. Ergo adulterium non est determinata species luxuriae ab aliis distincta.

SED CONTRA est quod Leo Papa[4] dicit quod *adulterium committitur cum, propriae libidinis instinctu vel alienae consensu, cum altero vel altera contra pactum coniugale concumbitur.* Sed hoc importat specialem deformitatem luxuriae. Ergo adulterium est determinata species luxuriae.

RESPONDEO dicendum quod adulterium, sicut ipsum nomen sonat, est *accessus ad alienum torum.* In quo quidem dupliciter contra castitatem et humanae generationis bonum aliquis delinquit: primo quidem, inquantum accedit ad mulierem non sibi matrimonio copulatam, quod requiritur ad bonum prolis propriae educandae; alio modo, quia accedit ad mulierem alteri per matrimonium copulatam, et sic impedit bonum prolis alienae. Eadem ratio est de muliere coniugata quae per adulterium corrumpitur. Unde dicitur Eccli 23,32-33: *Omnis mulier relinquens virum suum, peccabit: primo enim, in lege Altissimi incredibilis fuit,* in qua scilicet praecipitur, "Non moechaberis"; *et secundo, virum suum derelinquit,* in quo facit contra certitudinem prolis eius; *tertio, in adulterio fornicata est, et ex alio viro filios statuit sibi,* quod est contra bonum propriae prolis. Sed primum est commune in omnibus peccatis mortalibus: alia vero duo specialiter pertinent ad deformitatem adulterii. Unde manifestum est quod adulterium

uma prostituta; ou uma mulher de qualquer outra condição. Logo, parece que o adultério não é uma espécie de luxúria distinta das outras.

2. ALÉM DISSO, diz Jerônimo: "Pouco importa quão honesta seja a causa por que alguém enlouqueceu". Pelo que Sixto Pitagórico diz: "Adúltero é o que ama desregradamente a própria esposa" e, pela mesma razão, qualquer outra mulher. Ora, em toda luxúria há esse amor desregrado. Logo, o adultério ocorre em todo tipo de luxúria e não deve ser considerado como uma espécie particular de luxúria.

3. ADEMAIS, onde reside a mesma razão de deformidade não parece ser preciso existir uma nova espécie de pecado. Ora, no estupro e no adultério parece que existe a mesma razão de deformidade, pois em ambos uma mulher sujeita ao poder de outrem é violada. Logo, o adultério não é uma determinada espécie de luxúria, distinta das outras.

EM SENTIDO CONTRÁRIO, o papa Leão diz que "o adultério é cometido, quando, por instigação da própria concupiscência ou do consentimento da outra pessoa, tem-se relação carnal contrária ao pacto conjugal". Ora, aí está uma deformidade especial de luxúria. Logo, o adultério é uma espécie determinada de luxúria.

RESPONDO. Como o próprio vocábulo sugere, adultério é "acesso ao leito alheio". Nisso peca-se duplamente contra a castidade e contra o bem da geração humana. Primeiro, pelo comércio carnal com uma mulher com quem não se está unido pelo matrimônio, como seria necessário, para o bem da educação da própria prole. Segundo, pelo comércio carnal com uma mulher unida a outro em matrimônio, impedindo assim o bem da prole alheia. E o mesmo se diga da mulher casada que se corrompe pelo adultério. Por isso, está escrito no livro do Eclesiástico: "Toda mulher que deixa seu marido pecará, porque, primeiro, foi desobediente à lei do Altíssimo", que determinou: "Não fornicarás"; e, "em segundo lugar, porque pecou contra o seu marido, dando insegurança à sua prole; e, em terceiro lugar, porque cometeu adultério e se deu si filhos de outro", o que vai contra o bem da própria prole. Ora, o primeiro ponto é comum a todos os pecados mortais e os outros dois pertencem, de modo especial, à defor-

---

2. *Cont. Iovin.,* l. I, n. 49: ML 23, 281 A.
3. *Enchiridion,* n. 222: ed. G. A. Mullachius (in op. *Fragmenta Philosophorum Graecorum*), t. I, p. 527.
4. Vide AUG., *De bono coniugii,* c. 4: ML 40, 376.

est determinata species luxuriae, utpote specialem deformitatem habens circa actus venereos.

AD PRIMUM ergo dicendum quod ille qui habet uxorem, si ad aliam accedit, peccatum eius potest denominari vel ex parte sua, et sic semper est adulterium, quia contra fidem matrimonii agit: vel ex parte mulieris ad quam accedit. Et sic quandoque est adulterium, puta cum coniugatus accedit ad uxorem alterius: quandoque autem habet rationem stupri, vel alicuius alterius, secundum diversas conditiones mulierum ad quas accedit. Dictum est autem supra[5] quod species luxuriae accipiuntur secundum diversas mulierum conditiones.

AD SECUNDUM dicendum quod matrimonium specialiter est ordinatum ad bonum humanae prolis, sicut dictum est[6]. Adulterium autem specialiter matrimonio contrariatur: inquantum violat matrimonii fidem, quam quis coniugi debet. Et quia ille qui est ardentior amator uxoris, facit contra bonum matrimonii, inhoneste eo utens, licet fidem non violet; ideo aliqualiter potest adulter nominari; et magis quam ille qui est ardentior amator alterius mulieris.

AD TERTIUM dicendum quod uxor est in potestate viri sicut ei matrimonio copulata: puella autem est sub potestate patris sicut per eum matrimonio copulanda. Et ideo alio modo contra bonum matrimonii est peccatum adulterii, et alio modo peccatum stupri. Et propter hoc ponuntur diversae luxuriae species.

De aliis autem ad adulterium pertinentibus dicetur in Tertia Parte, cum de matrimonio tractatibur.

midade do adultério. Fica, pois, manifesto que o adultério é uma determinada espécie de luxúria, porque encerra em si mesmo uma deformação peculiar em relação aos atos sexuais.

QUANTO AO 1º, portanto, deve-se dizer que se o homem casado tem relações com outra mulher, seu pecado pode ser considerado em relação a ele mesmo e então é sempre adultério, porque contrário à fidelidade matrimonial. Considerado em relação à mulher com quem tem relações, será, às vezes, adultério, quando o casado peca com mulher de outro; outras vezes será estupro ou outro tipo de pecado, conforme as diversas condições das mulheres contactadas. Ora, já foi explicado que as espécies de luxúria se tomam segundo as diferentes condições da mulher.

QUANTO AO 2º, deve-se dizer que o matrimônio visa, especialmente, ao bem da prole humana. Ora, o adultério é, particularmente, contrário ao matrimônio, porque quebra a fidelidade matrimonial que um cônjuge deve ao outro. E, como quem ama desregradamente a sua mulher age contra o bem do matrimônio, usando-o desonestamente, embora não viole o pacto conjugal, pode ele ser chamado, de certa forma, adúltero, e mais ainda o que ama desregradamente a mulher de outro.

QUANTO AO 3º, deve-se dizer que a esposa está sob a autoridade do esposo, enquanto unida a ele matrimonialmente. A moça solteira, porém, está sob a autoridade do pai, como pessoa que será unida em matrimônio por ele. Por conseguinte, o pecado do adultério atenta contra o bem do matrimônio de modo diferente do pecado do estupro. E por isso são considerados como espécies diferentes de luxúria.

Quanto às outras questões concernentes ao adultério, falaremos delas na III Parte, ao tratar do matrimônio.

ARTICULUS 9
Utrum incestus sit species determinata luxuriae

AD NONUM SIC PROCEDITUR. Videtur quod incestus non sit species determinata luxuriae.

1. *Incestus* enim dicitur per privationem castitatis. Sed castitati universaliter opponitur luxuria.

ARTIGO 9
O incesto é uma espécie determinada de luxúria?

QUANTO AO NONO, ASSIM SE PROCEDE: parece que o incesto **não** é uma espécie determinada de luxúria.

1. Com efeito, incesto significa não casto. Ora, à castidade se opõe toda luxúria. Logo, parece que

---
5. A. 1.
6. A. 2.

9 PARALL.: Supra, a. 1; IV *Sent.*, dist. 41, a. 4, q.la 1, 2; *De Malo*, q. 15, a. 3.

Ergo videtur quod incestus non sit species luxuriae, sed sit universaliter ipsa luxuria.

2. PRAETEREA, in Decretis dicitur, XXXVI, qu. 1[1], quod *incestus est consanguinearum vel affinium abusus*. Sed affinitas differt a consanguinitate. Ergo incestus non est una species luxuriae, sed plures.

3. PRAETEREA, illud quod de se non importat aliquam deformitatem, non constituit aliquam determinatam speciem vitii. Sed accedere ad consanguineas vel affines non est secundum se deforme: alias, nullo tempore licuisset. Ergo incestus non est determinata species luxuriae.

SED CONTRA est quod species luxuriae distinguuntur secundum conditiones mulierum quibus aliqui abutuntur. Sed incestu importatur specialis conditio mulierum: quia est *abusus consanguinearum vel affinium*, ut dictum est[2]. Ergo incestus est determinata species luxuriae.

RESPONDEO dicendum quod, sicut dictum est[3], ibi necesse est inveniri determinatam speciem luxuriae, ubi invenitur aliquid repugnans debito usui venereorum. In usu autem consanguinearum vel affinium invenitur aliquid incongruum commixtioni venereae, triplici ratione. Primo quidem, quia naturaliter homo debet quandam honorificentiam parentibus, et per consequens aliis consanguineis, qui ex eisdem parentibus de propinquo originem trahunt: in tantum quod apud antiquos, ut Maximus Valerius refert[4], non erat fas filium simul cum patre balneari, ne scilicet se invicem nudos conspicerent. Manifestum est autem secundum praedicta quod in actibus venereis maxime consistit quaedam turpitudo honorificentiae contraria: unde de his homines verecundantur. Et ideo incongruum est quod commixtio venerea fiat talium personarum ad invicem. Et haec causa videtur exprimi Lv 18,7, ubi dicitur: *Mater tua est: non revelabis turpitudinem eius*. Et idem postea dicit in aliis.

Secunda ratio est quia personas sanguine coniunctas necesse est ad invicem simul conversari. Unde si homines non arcerentur a commixtione venerea, nimia opportunitas daretur hominibus venereae commixtionis: et sic animi hominum nimis emollescerent per luxuriam. Et ideo in veteri lege

o incesto não é uma espécie de luxúria, mas é a própria luxúria, num sentido global.

2. ALÉM DISSO, as Decretais dizem que "incesto é o abuso de mulheres consanguíneas ou afins". Ora, a afinidade difere da consaguinidade. Logo, o incesto não é uma só espécie de luxúria, mas várias.

3. ADEMAIS, o que, de si mesmo, não implica nenhuma deformação, não constitui nenhuma espécie determinada de vício. Ora, ter relações com mulher consaguínea ou afim não implica, de si, nenhuma deformação; do contrário, isso nunca teria sido permitido. Logo, o incesto não é uma determinada espécie de luxúria.

EM SENTIDO CONTRÁRIO, as espécies de luxúria distinguem-se segundo a condição das mulheres de quem se abusou. Ora, no incesto ressalta-se uma condição feminina peculiar, ou seja, é o abuso de uma mulher consanguínea ou afim. Logo, o incesto é uma espécie definida de luxúria.

RESPONDO. Onde houver algo contrário ao uso devido dos prazeres sexuais, aí haverá, necessariamente, uma determinada espécie de luxúria. Ora, na relação sexual com consanguíneas ou afins, existe algo que não convém à relação carnal, por três razões. Primeiramente, porque devemos respeitar os pais de modo especial e, por consequência, os outros consanguíneos, que têm com eles parentesco próximo. Tanto é assim que, entre os antigos, como refere Valério Máximo, não podia um filho tomar banho com o pai, para não se verem nus. Ora, pelo que foi dito, é evidente que, especialmente nos atos sexuais, algo de torpe existe que se opõe ao respeito e, por isso, os homens se envergonham deles. Não é conveniente, portanto, que haja relacionamento sexual entre tais pessoas. E essa mesma ideia parece expressa no livro do Levítico: "Ela é tua mãe, não descobrirás a sua nudez". E depois, diz a mesma coisa com respeito a outros.

Em segundo lugar, é necessário que as pessoas unidas pelo sangue tenham convivência. Portanto, se os homens não forem dissuadidos desse relacionamento sexual, muitas oportunidades teriam de consumá-lo e acabariam espiritualmente enfraquecidos pela luxúria. Por isso, na lei antiga, as

---

1. GRATIANUS, *Decretum*, P. II, causa 36, q. 1, can. 2, append.: ed. Richter-Friedberg, t. I, p. 1288.
2. Arg. 2.
3. A. 1, 6.
4. *Dictorum factorumque memorab.*, l. II, c. 1: ed. C. Kempf, Lipsiae 1888, p. 59, ll. 23-24.

illae personae specialiter videntur esse prohibitae quas necesse est simul commorari.

Tertia ratio est quia per hoc impediretur multiplicatio amicorum: dum enim homo uxorem extraneam accipit, iunguntur sibi quadam speciali amicitia omnes consanguinei uxoris, ac si essent consanguinei sui. Unde Augustinus dicit, XV *de Civ. Dei*[5]: *Habita est ratio rectissima caritatis ut homines, quibus esset utilis atque honesta concordia, diversarum vicissitudinum vinculis necterentur, nec unus in uno multas haberet, sed singulae spargerentur in singulos.*

Addit autem Aristoteles quartam rationem, in II *Politic.*[6]: quia cum naturaliter homo consanguineam diligat, si adderetur amor qui est ex commixtione venerea, fieret nimius ardor amoris, et maximum libidinis incentivum; quod castitati repugnat.

Unde manifestum est quod incestus est determinata luxuriae species.

AD PRIMUM ergo dicendum quod abusus coniunctarum personarum maxime induceret corruptelam castitate: tum propter opportunitatem; tum etiam propter nimium ardorem amoris, ut dictum est[7]. Et ideo antonomastice abusus talium personarum vocatur *incestus*.

AD SECUNDUM dicendum quod persona affinis coniungitur alicui propter personam consanguinitate coniunctam. Et ideo, quia unum est propter alterum, eiusdem rationis inconvenientiam facit consanguinitas et affinitas.

AD TERTIUM dicendum quod in commixtione personarum coniunctarum aliquid est quod est secundum se indecens et repugnans naturali rationi, sicut quod commixtio fiat inter parentes et filios, quorum est per se et immediata cognatio: nam filii naturaliter honorem debent parentibus. Unde Philosophus dicit, in IX *de Animal.*[8], quod quidam equus, quia deceptus fuit ut matri commisceretur, seipsum praecipitavit, quasi prae horrore, eo quod etiam animalibus aliquibus inest naturalis reverentia ad parentes.

Aliae vero personae quae non coniunguntur secundum seipsas, sed per ordinem ad parentes,

pessoas obrigadas a viver junto parece que foram objeto especial dessa interdição.

Em terceiro lugar, o casamento entre consanguíneos e afins impediria a multiplicação dos amigos. Na verdade, quando o homem toma uma esposa fora da sua parentela, todos os parentes de sua esposa unem-se a ele numa amizade nova, como se fossem consanguíneos seus. Daí a palavra de Agostinho: "Há uma norma muito justa de caridade pela qual os homens, a quem é útil e honrosa a boa convivência, se unam pelos laços das diferentes relações e, por isso, um só não tenha, ao mesmo tempo, muitas mulheres, mas cada um a sua".

Aristóteles acrescenta uma quarta razão, a saber: como o homem ama, naturalmente, a mulher do mesmo sangue, se a esse amor se ajuntasse o amor derivado do comércio carnal, sobreviria um amor exagerado e um enorme estímulo à sensualidade, o que é contrário à castidade.

Portanto, é evidente que o incesto é uma espécie definida de luxúria.

QUANTO AO 1º, portanto, deve-se dizer que esse uso indevido das pessoas ligadas por parentesco contribuiria ao máximo para a destruição da castidade, tanto pela facilidade das ocasiões, como também pelo excessivo fogo do amor. É por isso que o uso indevido de tais pessoas se chama, por excelência, incesto.

QUANTO AO 2º, deve-se dizer que uma pessoa se liga a alguém por afinidade, por causa de outra que lhe está unida pelo sangue. Por isso, como um se ordena ao outro, vale para a afinidade e para a consaguinidade a mesma razão de inconveniência.

QUANTO AO 3º, deve-se dizer que na união carnal de parentes algo existe indecoroso em si mesmo e que repugna à razão natural, como, por exemplo, na união entre pais e filhos, cuja relação de consanguinidade é essencial e imediata, pois os filhos têm o dever natural de respeitar os pais. Por isso, conta o Filósofo que um cavalo, induzido a copular com a própria mãe, se jogou num precipício, como que horrorizado do que havia feito, pois até entre alguns animais existe reverência natural para com os pais.

Quanto às outras pessoas não ligadas diretamente entre si, mas só por intermédio dos pais,

---

5. C. 16, n. 1: ML 41, 458.
6. C. 4: 1262, a, 37-40.
7. In corp.
8. C. 47: 631, a, 1.

non habent ita ex seipsis indecentiam: sed variatur circa hoc decentia vel indecentia secundum consuetudinem et legem humanam vel divinam. Quia, ut dictum est[9], usus venereorum, quia ordinatur ad bonum commune, subiacet legi. Et ideo, sicut Augustinus dicit, XV *de Civ. Dei*[10], *commixtio sororum et fratrum, quanto fuit antiquior, compellente necessitate, tanto postea facta est damnabilior, religione prohibente*.

ARTICULUS 10
Utrum sacrilegium possit esse species luxuriae

AD DECIMUM SIC PROCEDITUR. Videtur quod sacrilegium non possit esse species luxuriae.

1. Eadem enim species non invenitur sub diversis generibus non subalternatim positis. Sed sacrilegium est species irreligiositatis, ut supra[1] habitum est. Ergo sacrilegium non potest poni species luxuriae.

2. PRAETEREA, in Decretis, XXXVI Caus., qu. 1[2], sacrilegium non ponitur inter alia quae ponuntur species luxuriae. Ergo videtur quod non sit luxuriae species.

3. PRAETEREA, sicut per luxuriam contingit aliquid fieri contra aliquam rem sacram, ita etiam per alia vitiorum genera. Sed sacrilegium non ponitur species gulae, aut alterius alicuius huiusmodi vitii. Ergo etiam non debet poni species luxuriae.

SED CONTRA est quod Augustinus dicit, XV *de Civ. Dei*[3], quod *sicut iniquum est aviditate possidendi transgredi limitem agrorum, ita etiam iniquum est libidine concumbendi subvertere limitem morum*. Sed transgredi limitem agrorum in rebus sacris est peccatum sacrilegii. Ergo, pari ratione, subvertere limitem morum libidine concumbendi in rebus sacris, facit sacrilegii vitium. Sed libido concumbendi pertinet ad luxuriam. Ergo sacrilegium est luxuriae species.

RESPONDEO dicendum quod, sicut supra[4] dictum est, actus unius virtutis vel vitii ordinatus ad finem

não ocorre aí inconveniência essencial em que se casem. Haverá conveniência ou não, conforme os costumes e a lei, seja esta divina ou humana, porque, como foi dito, a prática sexual, enquanto ordenada ao bem comum, está subordinada à lei. Por isso, Jerônimo escreveu que "se a união carnal entre irmãos e irmãs foi praticada antigamente, pela pressão da necessidade, depois, por proibição religiosa, passou a ser condenável".

ARTIGO 10
O sacrilégio pode ser uma espécie de luxúria?

QUANTO AO DÉCIMO, ASSIM SE PROCEDE: parece que o sacrilégio **não** pode ser uma espécie de luxúria.

1. Com efeito, uma mesma espécie não pode figurar em diversos gêneros não subalternos. Ora, o sacrilégio é uma espécie de irreligiosidade, como se explicou anteriormente. Logo, o sacrilégio não pode ser tido como uma espécie de luxúria.

2. ALÉM DISSO, nas Decretais não é citado o sacrilégio entre as espécies de luxúria. Logo, parece que não é uma espécie dela.

3. ADEMAIS, como pela luxúria é possível cometer algo contra uma coisa santa, também é possível fazê-lo por outros vícios. Ora, o sacrilégio não é afirmado entre as espécies de gula ou de qualquer outro vício semelhante. Logo, também não deve ser afirmado como espécie de luxúria.

EM SENTIDO CONTRÁRIO, Agostinho diz: "Assim como é injusto ultrapassar os limites dos próprios campos, pela ganância de possuir, assim também o é subverter a norma dos costumes, pela sensualidade da relação carnal". Ora, ultrapassar os limites dos campos em coisas sagradas é pecado de sacrilégio. Logo, por igual razão, também constitui sacrilégio subverter a barreira dos costumes pelo apetite do prazer carnal, em coisas sagradas. E, como o apetite desse prazer pertence à luxúria, o sacrilégio é uma espécie dela.

RESPONDO. O ato de uma virtude ou de um vício, ordenado ao fim de outra virtude ou de outro

---

9. A. 2.
10. C. 16, n. 1: ML 41, 457-458.

10 Parall.: Supra, a. 1, ad 3; IV Sent., dist. 41, a. 4, q.la 2, ad 7.

1. Q. 99, a. 2.
2. GRATIANUS, *Decretum*, P. II, causa 36, q. 1, can. 2, append.: ed. Richter-Friedberg, t. I, p. 1288.
3. C. 16, n. 2: ML 41, 459.
4. Q. 85, a. 3; q. 99, a. 2, ad 2; I-II, q. 18, a. 6, 7.

alterius, assumit speciem illius: sicut furtum quod propter adulterium committitur, transit in speciem adulterii. Manifestum est autem quod observatio castitatis secundum quod ordinatur ad cultum Dei, sit actus religionis: ut patet in iliis qui vovent et servant virginitatem, ut patet per Augustinum, in libro *de Virginitate*[5]. Unde manifestum est quod etiam luxuria, secundum quod violat aliquid ad divinum cultum pertinens, pertinet ad speciem sacrilegii. Et secundum hoc, sacrilegium potest poni species luxuriae.

AD PRIMUM ergo dicendum quod luxuria secundum quod ordinatur ad finem alterius vitii, efficitur illius vitii species. Et sic aliqua luxuriae species potest etiam esse species irreligiositatis, sicut cuiusdam superioris generis.

AD SECUNDUM dicendum quod ibi enumerantur illa quae sunt species luxuriae secundum seipsa: sacrilegium autem est species luxuriae secundum quod ordinatur ad finem alterius vitii. Et potest concurrere cum diversis speciebus luxuriae. Si enim aliquis abutatur persona coniuncta sibi secundum spiritualem cognationem, committit sacrilegium ad modum incestus. Si autem abutatur virgine Deo sacrata: inquantum est sponsa Christi, est sacrilegium per modum adulterii; inquantum vero est sub spiritualis patris cura constituta, erit quoddam spirituale stuprum; et si violentia inferatur, erit spiritualis raptus, qui etiam secundum leges civiles gravius punitur quam alius raptus. Unde Iustinianus Imperator dicit[6]: *Si quis, non dicam rapere, sed attentare tantummodo, matrimonii iungendi causa, sacratissimas virgines ausus fuerit, capitali poena feriatur.*

AD TERTIUM dicendum quod sacrilegium committitur in re sacrata. Res autem sacrata est vel persona sacrata quae concupiscitur ad concubitum: et sic pertinet ad luxuriam. Vel quae concupiscitur ad possidendum: et sic pertinet ad iniustitiam. Potest etiam ad iram pertinere sacrilegium: puta si aliquis ex ira iniuriam inferat personae sacrae. Vel, si gulose cibum sacratum assumat, sacrilegium committit. Specialius tamen sacrilegium attribuitur luxuriae, quae opponitur castitati, ad cuius observantiam aliquae personae specialiter consecrantur.

vício, assume-lhe a espécie. Assim é que o furto cometido para praticar um adultério, passa a ser adultério. Ora, é claro que observar a castidade em vista do culto a Deus, torna-se um ato de religião, como se vê nos que fazem voto de guardar a virgindade, segundo mostra Agostinho. Fica, assim, patente que também a luxúria, enquanto profana alguma coisa pertencente ao culto divino, constitui uma espécie de sacrilégio. E, nesse sentido, pode o sacrilégio ser considerado uma espécie de luxúria.

QUANTO AO 1º, portanto, deve-se dizer que a luxúria, enquanto voltado ao fim de outro vício, torna-se espécie deste. Assim, alguma espécie de luxúria pode ser também uma espécie de irreligiosidade, como de gênero superior.

QUANTO AO 2º, deve-se dizer que na objeção enumeram-se as espécies da luxúria em si mesma, mas o sacrilégio é uma espécie de luxúria, enquanto ordenada ao fim de outro vício. E pode, aliás, coexistir com diversas espécies de luxúria, pois se alguém abusar de uma pessoa afim por laços espirituais, cometerá sacrilégio semelhante ao incesto; se, porém, abusar de uma virgem consagrada a Deus e como tal, esposa de Cristo, cometerá sacrilégio semelhante ao adultério. Mas se abusar de uma virgem confiada à guarda de um pai espiritual, cometerá um tipo de estupro de ordem espiritual e se empregar a violência, será um rapto espiritual, que até na lei civil é punido com mais severidade que outra espécie de rapto. Por isso, diz o imperador Justiniano: "Se alguém tiver a ousadia, não digo de raptar, mas de apenas atentar contra as virgens sacratíssimas, para desposá-las, seja punido de pena capital".

QUANTO AO 3º, deve-se dizer que sacrilégio comete-se com realidade sagrada. Ora, realidade sagrada é ou uma pessoa consagrada, com quem se deseja ter relação sexual, o que é luxúria; ou uma coisa que se deseja possuir, o que constitui injustiça. Mas o sacrilégio também pode implicar a ira, quando, por exemplo, alguém, encolerizado, injuriar uma pessoa sagrada; ou ainda pode implicar a gula, quando alguém tomar, gulosamente, uma comida consagrada. No entanto, é à luxúria que se atribui, mais especialmente, o sacrilégio, porque ela se opõe à castidade, a cuja observância certas pessoas são, particularmente, consagradas.

---

5. C. 8, n. 8: ML 40, 379.
6. Cfr. GRATIANUM, *Decretum*, P. II, causa 33, q. 3, dist. 1, can. 6: ed. cit., t. I, p. 1159.

Articulus 11
Utrum vitium contra naturam sit species luxuriae

AD UNDECIMUM SIC PROCEDITUR. Videtur quod vitium contra naturam non sit species luxuriae.

1. Quia in praedicta enumeratione specierum luxuriae nulla fit mentio de vitio contra naturam. Ergo non est species luxuriae.

2. PRAETEREA, luxuria opponitur virtuti: et ita sub malitia continetur. Sed vitium contra naturam non continetur sub malitia, sed sub bestialitate: ut patet per Philosophum, in VII *Ethic.*[1]. Ergo vitium contra naturam non est species luxuriae.

3. PRAETEREA, luxuria consistit circa actus ad generationem humanam ordinatos, ut ex supra[2] dictis patet. Sed vitium contra naturam consistit circa actus ex quibus non potest generatio sequi. Ergo vitium contra naturam non est species luxuriae.

SED CONTRA est quod, 2Cor 12,21, connumeratur aliis luxuriae speciebus, ubi dicitur: *Non egerunt poenitentiam super immunditia et fornicatione et impudicitia*: ubi dicit Glossa[3]: *Immunditia: idest, luxuria contra naturam.*

RESPONDEO dicendum quod, sicut supra[4] dictum est, ibi est determinata luxuriae species ubi specialis ratio deformitatis occurrit quae facit indecentem actum venereum. Quod quidem potest esse dupliciter. Uno quidem modo, quia repugnat rationi rectae: quod est commune in omni vitio luxuriae. Alio modo, quia etiam, super hoc, repugnat ipsi ordini naturali venerei actus qui convenit humanae speciei: quod dicitur vitium contra naturam. Quod quidem potest pluribus modis contingere. Uno quidem modo, si absque omni concubitu, causa delectationis vereneae, pollutio procuretur: quod pertinet ad peccatum *immunditiae*, quam quidam *mollitiem* vocant. — Alio modo, si fiat per concubitum ad rem non eiusdem speciei: quod vocatur *bestialitas*. — Tertio modo, si fiat per concubitum ad non debitum sexum, puta masculi ad

Artigo 11
O pecado contra a natureza é uma espécie de luxúria?

QUANTO AO DÉCIMO PRIMEIRO, ASSIM SE PROCEDE: parece que o pecado contra a natureza **não** é uma espécie de luxúria.

1. Com efeito, na lista das espécies de luxúria apresentada no artigo anterior, não se menciona esse vício. Logo, o vício contra a natureza não é uma espécie de luxúria.

2. ALÉM DISSO, a luxúria opõe-se a uma virtude e, como tal, está incluída na malícia. Ora, o vício contra a natureza não está contido na malícia, mas na bestialidade, como está claro no Filósofo. Logo, o vício contra a natureza não é uma espécie de luxúria.

3. ADEMAIS, a luxúria tem como matéria os atos dirigidos à geração humana, como se viu acima. Ora, o vício contra a natureza consiste em atos dos quais não decorre geração. Logo, o vício contra a natureza não é uma espécie de luxúria.

EM SENTIDO CONTRÁRIO, enumera-se o vício contra a natureza, entre as outras espécies de luxúria, quando se diz: "E não se converteram de sua impureza, de seu desregramento e de sua devassidão". E a Glosa comenta: "Impureza, isto é, luxúria contra a natureza".

RESPONDO. Há sempre uma espécie determinada de luxúria onde houver uma razão especial de deformidades, que torne o ato sexual indecente. Isso pode ocorrer de dois modos: primeiro, quando choca com a reta razão, como é o caso de todos os vícios de luxúria; depois, quando, além disso, se opõe à própria ordem natural do ato sexual próprio da espécie humana, o que constitui o chamado vício contra a natureza. Isso pode se dar de muitas formas. Primeiramente, se se procura a ejaculação, sem conjunção carnal, só pelo prazer sexual, o que constitui o pecado da impureza, que outros chamam de masturbação. — Em segundo lugar, se se realiza o coito com um ser que não é da espécie humana, e se chama de bestialidade. — Em terceiro lugar, se se mantém relação com o sexo indevido, por exemplo, homem com

---

11 PARALL.: IV *Sent.*, dist. 41, a. 4, q.la 2; *De Malo*, q. 15, a. 1, ad 7; a. 3.
1. C. 4: 1148, b, 29-31; b, 34-1149, a, 1.
2. Q. 153, a. 2.
3. Interl.; LOMBARDI: ML 192, 89 C.
4. A. 6, 9.

masculum vel feminae ad feminam, ut Apostolus dicit, *ad* Rm 1,26-27: quod dicitur *sodomiticum vitium*. — Quarto, si non servetur naturalis modus concumbendi: aut quantum ad instrumentum non debitum; aut quantum ad alios monstruosos et bestiales concumbendi modos.

AD PRIMUM ergo dicendum quod ibi enumerantur species luxuriae quae non repugnant humanae naturae. Et ideo praetermittitur vitium contra naturam.

AD SECUNDUM dicendum quod bestialitas differt a malitia, quae humanae virtuti opponitur, per quendam excessum circa eandem materiam. Et ideo ad idem genus reduci potest.

AD TERTIUM dicendum quod luxuriosus non intendit generationem humanam, sed delectationem veneream: quam potest aliquis experiri sine actibus ex quibus sequitur humana generatio. Et hoc est quod quaeritur in vitio contra naturam.

ARTICULUS 12
Utrum vitium contra naturam sit maximum peccatum inter species luxuriae

AD DUODECIMUM SIC PROCEDITUR. Videtur quod vitium contra naturam non sit maximum peccatum inter species luxuriae.

1. Tanto enim aliquod peccatum est gravius, quanto magis contrariatur caritati. Sed magis videntur contrariari caritati proximi adulterium et stuprum et raptus, quae vergunt in iniuriam proximi, quam peccata contra naturam, per quae nullus alteri iniuriatur. Ergo peccatum contra naturam non est maximum inter species luxuriae.

2. PRAETEREA, illa peccata videntur esse gravissima quae contra Deum committuntur. Sed sacrilegium directe committitur contra Deum: quia vergit in iniuriam divini cultus. Ergo sacrilegium est gravius peccatum quam vitium contra naturam.

3. PRAETEREA, tanto aliquod peccatum videtur esse gravius, quanto exercetur in personam quam magis diligere debemus. Sed secundum ordinem caritatis magis debemus diligere personas nobis coniunctas, quae polluuntur per incestum, quam personas extraneas, quae interdum polluuntur per vitium contra naturam. Ergo incestus est gravius peccatum quam vitium contra naturam.

4. PRAETEREA, si vitium contra naturam est gravissimum, videtur quod tanto est gravius quanto

homem, ou mulher com mulher, como lembra o Apóstolo e se chama sodomia. — Em quarto lugar, quando não se respeita o jeito natural da cópula, seja utilizando um instrumento não devido, seja empregando outras formas monstruosas e bestiais de relacionamento carnal.

QUANTO AO 1º, portanto, deve-se dizer que na objeção enumeram-se as espécies de luxúria que não se opõem à natureza humana. Por isso, omite-se aí o vício contra a natureza.

QUANTO AO 2º, deve-se dizer que a bestialidade difere da malícia, que se opõe à virtude humana, por certo excesso referente à mesma matéria. Pode, portanto, ser incluída no mesmo gênero.

QUANTO AO 3º, deve-se dizer que o luxurioso não busca a procriação e sim o prazer sexual, que pode ser gozado sem os atos conducentes à geração humana. E a isso visa o vício contra a natureza.

ARTIGO 12
O vício contra a natureza é o pecado maior nas espécies de luxúria?

QUANTO AO DÉCIMO SEGUNDO, ASSIM SE PROCEDE: parece que o vício contra a natureza **não** é o pecado maior nas espécies de luxúria.

1. Com efeito, qualquer pecado é tanto mais grave quanto mais se opõe à caridade. Ora, o adultério, o estupro e o rapto parecem opor-se mais à caridade para com o próximo pelo mal que lhe trazem, do que os pecados contra a natureza, que a ninguém prejudicam. Logo, o pecado contra a natureza não é o maior nas espécies de luxúria.

2. ALÉM DISSO, os pecados mais graves parecem ser os cometidos contra Deus. Ora, o sacrilégio é cometido, diretamente, contra Deus, porque envolve desrespeito ao culto divino. Logo, o sacrilégio é um pecado mais grave que o vício contra a natureza.

3. ADEMAIS, parece que um pecado é tanto mais grave quanto atinge pessoas a quem mais devemos amar. Ora, pela ordem da caridade, devemos amar mais as pessoas mais próximas que as estranhas, sendo que aquelas, se maculadas, seria por incesto, enquanto estas são maculadas, às vezes, pelo vício contra a natureza. Logo, o incesto é pecado mais grave que o vício contra a natureza.

4. ADEMAIS, se o vício contra a natureza for o mais grave de todos, parece que será tanto mais

---

12 PARALL.: Infra, q. 170, a. 1, ad 2; I-II, q. 73, a. 7; IV *Sent.*, dist. 41, a. 4, q.la 3; *ad Rom.*, c. 1, lect. 8.

est magis contra naturam. Sed maxime videtur esse contra naturam peccatum immunditiae seu mollitiei: quia hoc maxime videtur esse secundum naturam, ut alterum sit agens et alterum patiens. Ergo, secundum hoc, immunditia esset gravissimum inter vitia contra naturam. Hoc autem est falsum. Non ergo vitia contra naturam sunt gravissima inter peccata luxuriae.

SED CONTRA est quod Augustinus dicit, in libro de Adulterin. Coniugiis[1], quod *omnium horum*, peccatorum scilicet quae ad luxuriam pertinent, *pessimum est quod contra naturam fit*.

RESPONDEO dicendum quod in quolibet genere pessima est principii corruptio, ex quo alia dependent. Principia autem rationis sunt ea quae sunt secundum naturam: nam ratio, praesuppositis his quae sunt a natura determinata, disponit alia secundum quod convenit. Et hoc apparet tam in speculativis quam in operativis. Et ideo, sicut in speculativis error circa ea quorum cognitio est homini naturaliter indita, est gravissimus et turpissimus; ita in agendis agere contra ea quae sunt secundum naturam determinata, est gravissimum et turpissimum. Quia ergo in vitiis quae sunt contra naturam transgreditur homo id quod est secundum naturam determinatum circa usum venereum, inde est quod in tali materia hoc peccatum est gravissimum. — Post quod est incestus, qui, sicut dictum est[2], est contra naturalem reverentiam quam personis coniunctis debemus.

Per alias autem luxuriae species praeteritur solum id quod est secundum rationem rectam determinatum: ex praesuppositione tamen naturalium principiorum. Magis autem repugnat rationi quod aliquis venereis utatur non solum contra id quod convenit proli generandae, sed etiam cum iniuria alterius. Et ideo fornicatio simplex, quae committitur sine iniuria alterius personae, est minima inter species luxuriae. — Maior autem iniuria est si quis abutatur muliere alterius potestati subiecta ad usum generationis, quam ad solam custodiam.

grave quanto mais contrariar a natureza. Ora, a impureza, isto é, a masturbação parece contrariar ao máximo a natureza, pois o que parece estar mais conforme à natureza é que haja um ativo e outro passivo. Por aí, então, a impureza seria o maior dos vícios contra a natureza, mas isso é falso. Logo, os vícios contra a natureza são os mais graves entre os pecados de luxúria.

EM SENTIDO CONTRÁRIO, Agostinho diz que "de todos esses vícios vinculados à luxúria, o pior de todos é o que vai contra a natureza"[f].

RESPONDO. Em qualquer situação, a pior corrupção é a do princípio, do qual tudo o mais depende. Ora, os princípios da razão são os naturais, pois a razão, pressupostos os princípios definidos pela natureza, dispõe o resto de maneira a mais conveniente. O mesmo se dá tanto na ordem especulativa como na prática. Por isso, assim como, na ordem especulativa, um erro em matéria que o homem naturalmente conhece é sumamente grave e vergonhoso, assim também, na ordem prática, é muito grave e vergonhoso agir contra o que está determinado pela natureza. Assim, pois, como pelos vícios contra a natureza o homem transgride o que a própria natureza estabeleceu quanto à prática dos atos sexuais, segue-se daí que em tal matéria esse pecado é gravíssimo. — Depois dele vem o incesto que, como foi dito, é contra o respeito natural devido aos próprios parentes.

Pelas outras espécies de luxúria, apenas se contraria o que está determinado pela reta razão, resguardando-se os princípios naturais. Ora, o que mais contraria a razão é não só uma atividade sexual infensa à geração da prole, mas também danosa ao próximo. Por isso, a simples fornicação, cometida sem prejuízo de ninguém, é a menos grave de todas as espécies de luxúria. — Se, porém, se abusar de uma mulher dependente de outrem, em vista da geração, haverá aí injustiça maior do que se ela estivesse apenas sob proteção. Portan-

---

1. GRATIANUS, *Decretum*, P. II, causa 32, q. 7, can. 11: ed. Richter-Friedberg, t. I, p. 1143.
2. A. 9.

f. A posição de Sto. Agostinho, tal como apresentada aqui, teve uma influência determinante sobre a teologia moral em matéria de sexualidade. A noção de "natureza" se vê privilegiada. Discernimos as consequências disso no artigo 12 de Sto. Tomás. Os vícios contra a natureza, que são, recordemos, a masturbação, a bestialidade, a relação homossexual e certas práticas aberrantes no acasalamento, parecem ser mais condenáveis do que todos os outros, incluindo o incesto e o adultério, a violação e o rapto. Os vícios contra a natureza seriam mais sacrílegos do que o próprio sacrilégio (r. 2). A "natureza" estaria mais próxima de mim do que do meu próximo (r. 3). O homossexualismo ocupa apenas a segunda posição entre os vícios contra a natureza, a masturbação, a quarta; mas não é conferir um lugar demasiado alto a esses dois vícios na hierarquia dos atos de luxúria, em nome de uma noção de natureza que é bem mais biológica do que social? Não é enfim desconhecer a verdadeira natureza do homem, que é igualmente social?

Et ideo adulterium est gravius quam stuprum. — Et utrumque aggravatur per violentiam. Propter quod, raptus virginis est gravius quam stuprum: et raptus uxoris quam adulterium. — Et haec etiam omnia aggravantur secundum rationem sacrilegii, ut supra[3] dictum est.

AD PRIMUM ergo dicendum quod, sicut ordo rationis rectae est ab homine, ita ordo naturae est ab ipso Deo. Et ideo in peccatis contra naturam, in quibus ipse ordo naturae violatur, fit iniuria ipsi Deo, Ordinatori naturae. Unde Augustinus dicit, III *Confess.*[4]: *Flagitia quae sunt contra naturam, ubique ac semper detestanda atque punienda sunt, qualia Sodomitarum fuerunt: quae si omnes gentes facerent, eodem criminis reatu divina lege tenerentur, quae non sic fecit homines ut se illo uterentur modo. Violatur quippe ipsa societas quae cum Deo nobis esse debet, cum eadem natura cuius ille Auctor est, libidinis perversitate polluitur.*

AD SECUNDUM dicendum quod etiam vitia contra naturam sunt contra Deum, ut dictum est[5]. Et tanto sunt graviora quam sacrilegii corruptela, quanto ordo naturae humanae inditus est prior et stabilior quam quilibet alius ordo superadditus.

AD TERTIUM dicendum quod unicuique individuo magis est coniuncta natura speciei quam quodcumque aliud individuum. Et ideo peccata quae fiunt contra naturam speciei, sunt graviora.

AD QUARTUM dicendum quod gravitas in peccato magis attenditur ex abusu alicuius rei quam ex omissione debiti usus. Et ideo inter vitia contra naturam infimum locum tenet peccatum immunditiae, quod consistit in sola omissione concubitus ad alterum. — Gravissimum autem est peccatum bestialitatis, ubi non servatur debita species. Unde super illud Gn 37,2, *Accusavit fratres suos crimine pessimo*, dicit Glossa[6]: *quod cum pecoribus miscebantur*. — Post hoc autem est vitium sodomiticum, ubi non servatur debitus sexus. — Post hoc autem est peccatum ex eo quod non servatur debitus modus concumbendi. Magis autem si non

to, o adultério é mais grave que o estupro. — E ambos se agravam pela violência. Por isso, o rapto de uma virgem é mais grave que o estupro; e o rapto de uma esposa, mais grave que o adultério. — E todos esses pecados se agravam, quando há também o sacrilégio, como já foi dito.

QUANTO AO 1º, portanto, deve-se dizer que assim como a ordem da reta razão procede do homem, assim também a ordem da natureza provém de Deus mesmo. Por isso, nos pecados contra a natureza, onde a própria ordem natural é violada, comete-se ofensa contra o próprio Deus, ordenador da natureza. Donde as seguintes palavras de Agostinho: "Os delitos contra a natureza devem ser sempre reprovados e punidos, como o foram os dos sodomitas. Mesmo que todos os homens os praticassem, incorreriam todos na mesma culpabilidade, por força da lei divina, que não os criou para agirem assim uns com os outros, pois desse modo rompe-se a comunhão que devemos ter com Deus, já que a mesma natureza, de que ele é o autor, fica poluída pela depravação da sensualidade".

QUANTO AO 2º, deve-se dizer que os vícios contra a natureza também são contra Deus, como se acabou de dizer. E são tanto mais graves do que a corrupção do sacrilégio, quanto a ordem inscrita na natureza humana é anterior e mais estável que qualquer outra ordem superveniente.

QUANTO AO 3º, deve-se dizer que a cada indivíduo mais chegada lhe é a natureza específica do que qualquer outro indivíduo. Razão por que são mais graves os pecados cometidos contra a natureza específica.

QUANTO AO 4º, deve-se dizer que mede-se a gravidade de um pecado mais pelo abuso de alguma coisa do que pela omissão do bom uso. Por isso, entre os vícios contra a natureza o menos grave é o pecado da impureza, que consiste, unicamente, na omissão da união carnal com outra pessoa. — Gravíssimo, porém, é o pecado da bestialidade, que não respeita a espécie devida. Por isso, ao comentar aquela passagem da Escritura: "Acusou seus irmãos de um enorme crime", diz a Glosa: "tinham relações com os animais".

Depois desse pecado, vem a sodomia, em que não se observa o sexo normal. — E, por fim, vem

---

3. A. 10, ad 2.
4. C. 8, n. 15: ML 32, 689.
5. Resp. ad 1.
6. Interl.

sit debitum vas, quam si sit inordinatio secundum aliqua alia pertinentia ad modum concubitus.

o pecado pelo qual não se respeita o modo conveniente da união carnal. E se não se utiliza o órgão sexual apropriado, o vício é mais grave do que uma união irregular apenas quanto ao modo.

QUAESTIO CLV
DE CONTINENTIA
in quatuor articulos divisa

Deinde considerandum est de partibus potentialibus temperantiae. Et primo, de continentia; secundo, de clementia; tertio, de modestia.

Circa primum, considerandum est de continentia, et de incontinentia.

Circa continentiam quaeruntur quatuor.
Primo: utrum continentia sit virtus.
Secundo: quae sit materia eius.
Tertio: quid sit eius subiectum.
Quarto: de comparatione eius ad temperantiam.

Articulus 1
Utrum continentia sit virtus

Ad primum sic proceditur. Videtur quod continentia non sit virtus.

1. Species enim non condividitur generi. Sed continentia condividitur virtuti: ut patet per Philosophum, in VII *Ethic.*[1]. Ergo continentia non est virtus.

2. Praeterea, nullus utendo virtute peccat: quia secundum Augustinum, in libro *de Lib. Arbit.*[2], *virtus est qua nemo male utitur.* Sed aliquis continendo potest peccare: puta si desideret aliquod bonum facere et ab eo se contineat. Ergo continentia non est virtus.

3. Praeterea, nulla virtus retrahit hominem a licitis, sed solum ab illicitis. Sed continentia retrahit hominem a licitis: dicit enim Glossa[3] Gl 5,23, quod per continentiam aliquis *se etiam a licitis abstinet.* Ergo continentia non est virtus.

QUESTÃO 155
A CONTINÊNCIA
em quatro artigos

Em seguida, deve-se tratar das partes potenciais da temperança. Primeiro, a continência; depois, a clemência; por último, a modéstia.

A respeito do primeiro, deve-se considerar a continência e a incontinência. Quanto à continência, quatro questões:
1. A continência é uma virtude?
2. Qual a sua matéria?
3. Qual o seu sujeito?
4. Comparação da continência com a temperança.

Artigo 1
A continência é uma virtude?

Quanto ao primeiro artigo, assim se procede: parece que a continência **não** é uma virtude.

1. Com efeito, a espécie não se contrapõe ao gênero. Ora, a continência contrapõe-se à virtude, como está claro no Filósofo. Logo, a continência não é uma virtude.

2. Além disso, ninguém peca praticando a virtude, porque, segundo Agostinho, "a virtude é algo de que ninguém faz mau uso". Ora, é possível pecar sendo continente, como, por exemplo, quando alguém deseja fazer o bem, mas se contém. Logo, a continência não é uma virtude.

3. Ademais, nenhuma virtude afasta as pessoas do que é lícito, mas só do ilícito. Ora, a continência nos afasta de coisas lícitas, pois, como diz a Glosa, a propósito de um texto da Carta aos Gálatas, pela continência o homem "se abstém também de coisas lícitas". Logo, a continência não é uma virtude.

---

1 Parall.: I-II, q. 58, a. 3, ad 2; Part. III, q. 7, a. 2, ad 3; III *Sent.*, dist. 33, q. 3, a. 2, q.la 1, ad 1; *De Verit.*, q. 14, a. 4.

1. C. 1: 1145, a, 17-18; a, 36-b, 2.
2. L. II, c. 19, n. 50: ML 32, 1268.
3. Interl.; Lombardi: ML 192, 160 B.

SED CONTRA, omnis habitus laudabilis videtur esse virtus. Sed continentia est huiusmodi: dicit enim Andronicus[4] quod *continentia est habitus invictus a delectatione*. Ergo continentia est virtus.

RESPONDEO dicendum quod nomen continentiae dupliciter sumitur a diversis. Quidam enim continentiam nominant per quam aliquis ab omni delectatione venerea abstinet: unde et Apostolus, Gl 5,23, continentiam castitati coniungit. Et sic continentia perfecta principalis quidem est virginitas, secundaria vero viduitas. Unde secundum hoc, eadem ratio est de continentia quae de virginitate, quam supra[5] diximus virtutem.

Alii vero dicunt continentiam esse per quam aliquis resistit concupiscentiis pravis, quae in eo vehementes existunt. Et hoc modo accipit Philosophus continentiam, VII *Ethic.*[6]. Et hoc etiam modo accipitur continentia in *Collationibus Patrum*[7]. Hoc autem modo continentia habet aliquid de ratione virtutis, inquantum scilicet ratio firmata est contra passiones, ne ab eis deducatur: non tamen attingit ad perfectam rationem virtutis moralis, secundum quam etiam appetitus sensitivus subditur rationi sic ut in eo non insurgant vehementes passiones rationi contrariae. Et ideo Philosophus dicit, in IV *Ethic.*[8], quod *continentia non est virtus, sed quaedam mixta*, inquantum scilicet aliquid habet de virtute et in aliquo deficit a virtute. — Largius tamen accipiendo nomen virtutis pro quolibet principio laudabilium operum, possumus dicere continentiam esse virtutem.

AD PRIMUM ergo dicendum quod Philosophus condividit continentiam virtuti quantum ad hoc in quo deficit a virtute.

AD SECUNDUM dicendum quod homo proprie est id quod est secundum rationem. Et ideo ex hoc dicitur aliquis in seipso *se tenere*, quod tenet se in eo quod convenit rationi. Quod autem pertinet ad perversitatem rationis, non est conveniens rationi.

EM SENTIDO CONTRÁRIO, todo hábito louvável parece ser virtude. Ora, esse é o caso da continência, já que, conforme Andrônico, "a continência é o hábito de não se deixar dominar pelo prazer". Logo, a continência é uma virtude.

RESPONDO. Muitos empregam a palavra "continência" em dois sentidos. Para alguns, continência é a abstenção de todo prazer sexual; por isso o Apóstolo também a liga com a castidade e, assim, a continência perfeita é, primordialmente, a virgindade; secundariamente, a viuvez. Nessa acepção, a continência coincide com a virgindade que, como mostramos acima, é uma virtude.

Outros, porém, veem a continência como a resistência que opomos às más e veementes paixões. É nesse sentido que o Filósofo e também Cassiano entendem a continência. Vista assim, ela tem alguma coisa da virtude, enquanto fortalece a razão contra as paixões, para não ser arrastada por elas. Não atinge, porém, a perfeição da virtude moral, que submete à razão até o apetite sensitivo, para que nele não surjam paixões veementes, contrárias à razão. Por isso, diz o Filósofo: "A continência não é uma virtude, mas algo mesclado", ou seja, tem alguma coisa da virtude, mas lhe falta também alguma coisa dela.

Tomando, porém, a palavra "virtude" em sentido mais amplo, como todo princípio de obras louváveis, podemos afirmar que a continência é uma virtude[a].

QUANTO AO 1º, portanto, deve-se dizer que o Filósofo contrapõe a continência à virtude, enfocando o que lhe falta em relação a esta.

QUANTO AO 2º, deve-se dizer que o homem é, propriamente, o que é pela razão. E por isso se diz que alguém se contém, quando se restringe ao que é racional. Ora, o que implica perversão da razão não convém a ela. Portanto, só se chama

---

4. *De affectibus*, de Temperantia: inter *Fragm. Phil. Graec.*, ed. G. A. Mullachius, Parisiis 1867-1879, t. III, p. 576.
5. Q. 152, a. 3.
6. Cc. 2, 11: 1145, b, 8-14; 1151, b, 25-28.
7. CASSIANUS, *Collat.* XII, c. 10: ML 49, 888 B.
8. C. 15: 1128, b, 33-35.

a. A resposta de Sto. Tomás estabelece que "continência", assim como "virtude", podem ser entendidas em dois sentidos, o que permite a mais de um título associar esses dois conceitos. Mas o problema que interessa Sto. Tomás aqui é bem específico. A continência, que, como a define Aristóteles, implica a presença de fortes impulsos maus , é uma virtude no sentido completo do termo? A resposta é negativa, pois a virtude completa supõe que o apetite sensível seja submetido à razão, o que, por definição, não é o caso da continência. A continência pode ser uma coisa muito boa, e mesmo necessária, mas não atinge a perfeição implícita na noção de virtude. Nós a compreenderemos ainda melhor quando tivermos estudado os artigos 3 e 4 desta questão.

Unde ille solus continens vere dicitur qui tenet se in eo quod est secundum rationem rectam: non autem in eo quod est secundum rationem perversam. Rationi autem rectae opponuntur concupiscentiae pravae: sicut et rationi perversae opponuntur concupiscentiae bonae. Et ideo proprie et vere continens est qui persistit in ratione recta abstinens a concupiscentiis pravis: non autem qui persistit in ratione perversa abstinens a concupiscentiis bonis, sed hic magis potest dici obstinatus in malo.

AD TERTIUM dicendum quod Glossa ibi loquitur de continentia secundum primum modum, secundum quem continentia nominat quandam virtutem perfectam, quae non solum abstinet ab illicitis bonis, sed etiam a quibusdam licitis minus bonis, ut totaliter intendatur perfectioribus bonis.

ARTICULUS 2
Utrum materia continentiae sint concupiscentiae delectationum tactus

AD SECUNDUM SIC PROCEDITUR. Videtur quod materia continentiae non sint concupiscentiae delectationum tactus.
1. Dicit enim Ambrosius, in I *de Offic*.[1], quod *generale decorum ita est ac si aequabilem formam atque universitatem honestatis habeat in omni actu suo continentem*. Sed non omnis actus humanus pertinet ad delectationes tactus. Ergo continentia non est solum circa concupiscentias delectationum tactus.
2. PRAETEREA, nomen *continentiae* ex hoc sumitur quod aliquis *tenet* se in bono rationis rectae, sicut dictum est[2]. Sed quaedam aliae passiones vehementius abducunt hominem a ratione recta quam concupiscentiae delectabilium tactus: sicut timor periculorum mortis, qui stupefacit hominem; et ira, quae est insaniae similis, ut Seneca dicit[3]. Ergo continentia non dicitur proprie circa concupiscentias delectationum tactus.
3. PRAETEREA, Tullius dicit, in II *Rhet*.[4], quod *continentia est per quam cupiditas consilii gubernatione regitur*. Cupiditas autem magis consuevit dici divitiarum quam delectabilium tactus: secundum illud 1Ti 6,10: *Radix omnium malorum*

continente, de verdade, quem se contém, segundo a reta razão e não quem segue uma razão viciada. Ora, as más concupiscências opõem-se à razão reta, assim como os bons desejos se opõem à razão perversa. Consequentemente, diz-se continente, com propriedade e verdade, aquele que segue constantemente a reta razão, abstendo-se das más concupiscências; não, porém, o que segue sempre a razão pervertida e se abstém dos bons desejos. Esse último, aliás, melhor se classificaria como obstinado no mal.

QUANTO AO 3º, deve-se dizer que a Glosa aí fala da continência no primeiro sentido, como uma virtude perfeita, que se priva não só dos bens ilícitos, mas ainda de certos bens lícitos, porém menos bons, a fim de se voltar totalmente para os bens mais perfeitos.

ARTIGO 2
A matéria da continência são os desejos dos prazeres do tato?

QUANTO AO SEGUNDO, ASSIM SE PROCEDE: parece que **não** são os desejos dos prazeres do tato a matéria da continência.
1. Com efeito, Ambrósio diz: "O que o continente pretende em todos os seus atos é a beleza geral, como forma constante e integral de honestidade". Ora, nem todos os atos humanos dizem respeito aos prazeres do tato. Logo, a continência não tem por matéria só os prazeres do tato.

2. ALÉM DISSO, a continência significa o homem conter-se nos limites do bem racional. Ora, há outras paixões que afastam o homem desse bem com mais violências que os desejos dos prazeres do tato. Tais são o temor paralisante dos perigos mortais e a ira que, na expressão de Sêneca, se assemelha à loucura. Logo, a continência não se ocupa, propriamente, com os desejos dos prazeres do tato.

3. ADEMAIS, Túlio escreve que "é pela continência que a cobiça se deixa guiar pela orientação do conselho". Ora, costuma-se falar mais de cobiça em relação às riquezas do que em relação aos prazeres do tato, conforme se diz em: "A raiz de

---

2 PARALL.: VII *Ethic*., lect. 4.

  1. C. 46, n. 221: ML 16, 89 C.
  2. A. praec., ad 2.
  3. *De ira*, l. I, c. 1: ed. E. Hermes, Lipsiae 1905, p. 46, l. 10.
  4. *De invent. rhet*., l. II, c. 54: ed. G. Friedrich, Lipsiae 1908, p. 231, ll. 18-20.

cupiditas. Ergo continentia non est proprie circa concupiscentias delectationum tactus.

4. PRAETEREA, delectationes tactus non solum sunt in rebus venereis, sed etiam in esu. Sed continentia solum circa usum venereorum consuevit dici. Ergo non est propria materia eius concupiscentia delectationum tactus.

5. PRAETEREA, inter delectationes tactus quaedam sunt, non humanae, sed bestiales: tam in cibis, utpote si quis delectaretur in esu carnium humanarum; quam etiam in venereis, puta in abusu bestiarum vel puerorum. Sed circa huiusmodi non est continentia, ut dicitur in VII *Ethic*.[5] Non ergo propria materia continentiae sunt concupiscentiae delectationum tactus.

SED CONTRA est quod Philosophus dicit, in VII *Ethic*.[6], quod *continentia et incontinentia sunt circa eadem circa quae temperantia et intemperantia*. Sed temperantia et intemperantia sunt circa concupiscentias delectationum tactus, ut supra[7] habitum est. Ergo etiam continentia et incontinentia sunt circa eandem materiam.

RESPONDEO dicendum quod nomen *continentiae* refrenationem quandam importat: inquantum scilicet *tenet* se aliquis ne passiones sequatur. Et ideo proprie continentia dicitur circa illas passiones quae impellunt ad aliquid prosequendum, in quibus laudabile est ut ratio retrahat hominem a prosequendo: non autem proprie est circa illas passiones quae important retractionem quandam, sicut timor et alia huiusmodi; in his enim laudabile est firmitatem servare in prosequendo quod ratio dictat, ut supra[8] dictum est. Est autem considerandum quod naturales inclinationes principia sunt omnium supervenientium, ut supra[9] dictum est. Et ideo passiones tanto vehementius impellunt ad aliquid prosequendum, quanto magis sequuntur inclinationem naturae. Quae praecipue inclinat ad ea quae sunt sibi necessaria, vel ad conservationem individui, sicut sunt cibi; vel ad conservationem speciei, sicut sunt actus venerei. Quorum delectationes ad tactum pertinent. Et ideo continentia et incontinentia proprie dicuntur circa concupiscentias delectationum tactus.

todos os males é a cobiça". Logo, a continência não tem como matéria, propriamente, os desejos dos prazeres do tato.

4. ADEMAIS, os prazeres do tato ocorrem não só nas atividades sexuais, mas também na alimentação. Ora, costuma-se falar de continência só a propósito de atividade sexual. Logo, a matéria própria da continência não é o desejo dos prazeres do tato.

5. ADEMAIS, entre os prazeres do tato, alguns não são humanos, mas bestiais, tanto na alimentação, como seria o prazer de comer carne humana, quanto na vida sexual, como seria abusar de animais e de crianças. Ora, segundo Aristóteles, esses abusos não constituem matéria da continência. Logo, os desejos dos prazeres do tato não são a matéria própria da continência.

EM SENTIDO CONTRÁRIO, diz o Filósofo que "a continência e a incontinência têm a mesma matéria que a temperança e a intemperança". Ora, a temperança e a intemperança têm como matéria os desejos dos prazeres do tato, segundo já se provou. Logo, a continência e a incontinência ocupam-se também com essa mesma matéria.

RESPONDO. A palavra "continência" implica certa moderação, no sentido de que alguém se contém, para não se deixar levar pelas paixões. Fala-se, por isso, com propriedade, de continência em relação às paixões que arrastam o homem à busca de certas coisas, as quais louvavelmente a razão deveria impedir o homem de buscar. Mas não se ocupa, propriamente, com paixões que envolvem algum retraimento, como o temor e outras semelhantes, pois nestas é louvável manter a firmeza no que a razão prescreve. Ora, é preciso refletir que as inclinações naturais são a origem de todos os demais movimentos subsequentes, como foi dito. Por isso, tanto mais fortemente as paixões nos arrastam a alguma coisa, quanto mais obedecem à inclinação natural. A natureza, porém, inclina àquilo que lhe é necessário, a saber, à conservação do indivíduo, pela alimentação, ou à conservação da espécie, pela atividade sexual. E esses prazeres pertencem ao tato. Portanto, a continência e a incontinência versam, propriamente, sobre os desejos dos prazeres do tato.

---

5. C. 6: 1148, b, 31-34.
6. C. 4: 1148, b, 10-14.
7. Q. 141, a. 4.
8. Q. 123, a. 1, 3, 4; q. 141, a. 3.
9. I, q. 60, a. 2.

AD PRIMUM ergo dicendum quod, sicut nomen temperantiae potest communiter accipi in quacumque materia, proprie tamen dicitur in illa materia in qua est optimum hominem refrenari; ita etiam continentia proprie dicitur in materia in qua est optimum et difficillimum continere, scilicet in concupiscentis delectationum tactus. Communiter autem et secundum quid potest dici in quacumque alia materia. Et hoc modo utitur Ambrosius nomine continentiae.

AD SECUNDUM dicendum quod circa timorem non proprie laudatur continentia, sed magis firmitas animi, quam fortitudo importat.

Ira autem impetum quidem facit ad aliquid prosequendum: iste tamen impetus magis sequitur apprehensionem animalem, prout scilicet aliquis apprehendit se esse ab alio laesum, quam inclinationem naturalem. Et ideo dicitur quidem aliquis secundum quid continens irae, non tamen simpliciter.

AD TERTIUM dicendum quod huiusmodi exteriora bona, sicut honores, divitiae et huiusmodi, ut Philosophus dicit, in VII *Ethic*.[10], videntur quidem *secundum se esse eligibilia, non autem quasi necessaria* ad conservationem naturae. Et ideo circa ea *non dicimus simpliciter aliquos continentes vel incontinentes*, sed secundum quid, *apponendo quod sint continentes vel incontinentes vel lucri, vel honoris*, vel alicuius huiusmodi. Et ideo vel Tullius communiter usus est nomine *continentiae*, prout comprehendit sub se etiam continentiam secundum quid: vel accipit *cupiditatem* stricte pro concupiscentia delectabilium tactus.

AD QUARTUM dicendum quod delectationes venereorum sunt vehementiores quam delectationes ciborum. Et ideo circa venerea magis consuevimus continentiam et incontinentiam dicere quam circa cibos: licet, secundum Philosophum[11], circa utrumque possit dici.

AD QUINTUM dicendum quod continentia est bonum rationis humanae: et ideo attenditur circa passiones quae possunt esse homini connaturales. Unde Philosophus dicit, in VII *Ethic*.[12], quod *si aliquis tenens puerum concupiscat eum vel comedere, vel ad venereorum inconvenientem*

QUANTO AO 1º, portanto, deve-se dizer que assim como a palavra "temperança" pode ser aplicada, em sentido genérico, a qualquer matéria, embora tenha como matéria própria aquilo em que é sumamente bom que o homem se modere, assim também a continência trata, propriamente, de matéria na qual é excelente e dificílimo o homem se conter, ou seja, os desejos dos prazeres do tato. Mas, num sentido geral e relativo, pode ser aplicada a qualquer matéria e é nessa acepção que a usa Ambrósio.

QUANTO AO 2º, deve-se dizer que em matéria de temor, não se elogia, propriamente, a continência, mas a firmeza de ânimo, própria da fortaleza.

Quanto à ira, é verdade que ela nos impele a buscar alguma coisa, mas esse ímpeto, mais que uma inclinação natural, é efeito da apreensão interior de que fomos lesados por outra pessoa. Por isso, chama-se contido quem se controla na ira, mas é em sentido relativo e não absolutamente falando.

QUANTO AO 3º, deve-se dizer que bens exteriores, como honrarias, riquezas e outros semelhantes, parecem, como diz o Filósofo, "dignos, em si mesmos, de serem escolhidos, não, porém, como necessários" à conservação da natureza. Por isso, em referência a eles, "não dizemos, absolutamente, que alguém é continente ou não, mas sim num sentido relativo", precisando que ele é continente ou não nas questões de lucro, de honrarias e de outras coisas do gênero. Vê-se, por aí, que Túlio usou o termo "continência" em sentido geral, na medida em que essa palavra inclui também a continência vista a partir de um ponto particular; ou então tomou o vocábulo "cobiça" em sentido estrito, como o desejo dos prazeres do tato.

QUANTO AO 4º, deve-se dizer que os prazeres sexuais são mais intensos que os da mesa. Por isso, temos o hábito de falar mais de continência e incontinência a propósito de sexo do que de comida, embora, segundo o Filósofo, possam ser aplicadas a ambas as matérias.

QUANTO AO 5º, deve-se dizer que a continência é um bem da razão humana e, por isso, ocupa-se com paixões que podem ser conaturais ao homem. Por essa razão, diz o Filósofo que "não se considera continente, falando com propriedade, mas só em sentido relativo, quem, tendo em seu

---

10. C. 4: 1147, b, 29-31.
11. Loc. cit. in arg. *sed c*.
12. C. 6: 1149, a, 1-4; a, 12-16.

delectationem, sive sequatur concupiscentiam sive non, non dicetur simpliciter continens, sed secundum quid.

Articulus 3
Utrum subiectum continentiae sit vis concupiscibilis

AD TERTIUM SIC PROCEDITUR. Videtur quod subiectum continentiae sit vis concupiscibilis.

1. Subiectum enim alicuius virtutis oportet esse proportionatum materiae. Sed materia continentiae, sicut dictum est[1], sunt concupiscentiae delectabilium tactus, quae pertinent ad vim concupiscibilem. Ergo continentia est in vi concupiscibili.

2. PRAETEREA, *opposita sunt circa idem*. Sed incontinentia est in concupiscibili, cuius passiones superant rationem: dicit enim Andronicus[2] quod incontinentia est *malitia concupiscibilis, secundum quam eligit pravas delectationes, prohibente rationali*. Ergo et continentia, pari ratione, est in concupiscibili.

3. PRAETEREA, subiectum virtutis humanae vel est ratio, vel vis appetitiva, quae dividitur in voluntatem, concupiscibilem et irascibilem. Sed continentia non est in ratione: quia sic esset virtus intellectualis. Neque etiam est in voluntate: quia continentia est circa passiones, quae non sunt in voluntate. Nec etiam est in irascibili: quia non est proprie circa passiones irascibilis, ut dictum est[3]. Ergo relinquitur quod sit in concupiscibili.

SED CONTRA, omnis virtus in aliqua potentis existens aufert malum actum illius potentiae. Sed continentia non aufert malum actum concupiscibilis: *habet* enim *continens concupiscentias pravas*, ut Philosophus dicit, in VII *Ethic.*[4]. Ergo continentia non est in concupiscibili.

RESPONDEO dicendum quod omnis virtus in aliquo subiecto existens facit illud differre a dispositione quam habet dum subiicitur opposito vitio. Concupiscibilis autem eodem modo se habet in eo qui est continens, et in eo qui est incontinens: quia in utroque prorumpit ad concupiscentias pravas

Artigo 3
O sujeito da continência é a potência concupiscível?

QUANTO AO TERCEIRO, ASSIM SE PROCEDE: parece que o apetite concupiscível **é** o sujeito da continência.

1. Com efeito, convém que o sujeito de uma virtude seja proporcional à sua matéria. Ora, a matéria da continência, como foi dito, são os desejos dos prazeres do tato, que pertencem ao apetite concupiscível. Logo, a continência reside nesse apetite.

2. ALÉM DISSO, coisas opostas têm o mesmo objeto. Ora, a incontinência está no concupiscível, cujas paixões superam a razão. Na verdade, segundo Andronico, a incontinência é "a malícia do concupiscível, que elege os maus prazeres, proibidos pela razão". Logo, pelo mesmo motivo, a continência tem a sua sede no concupiscível.

3. ADEMAIS, o sujeito da virtude humana é ou a razão ou a potência apetitiva, que se divide em: vontade, concupiscível e irascível. Ora, a continência não está na razão, porque, nesse caso, seria uma virtude intelectual. Nem está na vontade, porque a continência tem por matéria as paixões, que não estão na vontade. Nem também no irascível, porque ela não tem como matéria própria as paixões do irascível, como foi dito. Logo, só pode ter como sujeito o concupiscível.

EM SENTIDO CONTRÁRIO, toda virtude existente numa potência impede que desta provenham maus atos. Ora, a continência não priva o concupiscível do mau ato, pois, como diz o Filósofo, "o continente tem maus desejos". Logo, a continência não está no concupiscível.

RESPONDO. Toda virtude presente num sujeito faz com que este se distinga da disposição que tenha quando dominado pelo vício oposto. Ora, o concupiscível atua do mesmo modo, seja no continente, seja no incontinente, porque num como no outro provoca concupiscências más e violentas. É

---

3   PARALL.: Supra, q. 53, a. 5, ad 3; I-II, q. 58, a. 3, ad 2; III *Sent.*, dist. 33, q. 2, a. 4, q.la 2; VII *Ethic.*, lect. 10.

1. A. praec.
2. *De affectibus*, de Continentia: inter *Fragm. Phil. Graec.*, ed. G. A. Mullachius, Parisiis 1867-1879, t. III, p. 576.
3. A. praec., ad 2.
4. C. 11: 1152, a, 1-3.

vehementes. Unde manifestum est quod continentia non est in concupiscibili sicut in subiecto. — Similiter etiam ratio eodem modo se habet in utroque: quia tam continens quam incontinens habet rationem rectam; et uterque, extra passionem existens, gerit in proposito concupiscentias illicitas non sequi. — Prima autem differentia eorum invenitur in electione: quia continens, quamvis patiatur vehementes concupiscentias, tamen eligit non sequi eas, propter rationem; incontinens autem eligit sequi eas, non obstante contradictione rationis. Et ideo oportet quod continentia sit, sicut in subiecto, in illa vi animae cuius actus est electio. Et haec est voluntas, ut supra[5] habitum est.

AD PRIMUM ergo dicendum quod continentia habet materiam concupiscentias delectationum tactus, non sicut quas moderetur, quod pertinet ad temperantiam, quae est in concupiscibili: sed est circa eas quasi eis resistens. Unde oportet quod sit in alia vi: quia resistentia est alterius ad alterum.

AD SECUNDUM dicendum quod voluntas media est inter rationem et concupiscibilem, et potest ab utroque moveri. In eo autem qui est continens, movetur a ratione: in eo autem qui est incontinens, movetur a concupiscibili. Et ideo continentia potest attribui rationi sicut primo moventi, et incontinentia concupiscibili: quamvis utrumque immediate pertineat ad voluntatem sicut ad proprium subiectum.

AD TERTIUM dicendum quod, licet passiones non sint in voluntate sicut in subiecto, est tamen in potestate voluntatis eis resistere. Et hoc modo voluntas continentis resistit concupiscentis.

evidente, portanto, que a continência não reside no concupiscível. — Diga-se o mesmo da razão, que se comporta de forma igual em ambos os casos, pois o continente e o incontinente têm uma razão reta e ambos, quando livres da paixão, nutrem o propósito de não seguir os maus desejos. — Mas uma primeira diferença entre eles está na escolha: o continente, embora sofra intensas concupiscências, opta, racionalmente, por não segui-las; o incontinente, ao contrário, decide segui-las, não obstante a oposição da razão. Cumpre, pois, que a continência tenha a sua sede na potência da alma cujo ato é a escolha. Essa é a vontade[b].

QUANTO AO 1º, portanto, deve-se dizer que a continência tem por matéria os desejos dos prazeres do tato, não no sentido de refreá-los, o que é papel da temperança, que reside no concupiscível, mas no sentido de resistir a eles. Portanto, é necessário que a continência tenha a sua sede em outra potência, porque resistência implica ação de um contra outro.

QUANTO AO 2º, deve-se dizer que a vontade é intermediária entre a razão e a concupiscência e pode ser movida por uma e outra. No continente, a vontade segue a razão; no incontinente, segue, o concupiscível. E assim a continência pode ser atribuída à razão, como ao seu motor primeiro; e a incontinência, ao concupiscível, ainda que ambas tenham na vontade e seu sujeito próprio.

QUANTO AO 3º, deve-se dizer que embora as paixões não tenham por sujeito a vontade, cabe a esta o poder de resistir àquelas. E, desse modo, a vontade do continente resiste às concupiscências.

---

5. I-II, q. 13, a. 1.

b. O aspecto técnico desta resposta não deve dissimular sua importância. Trata-se de toda uma concepção de vida moral que está em jogo aqui.
    Uma moral voluntarista ficaria muita satisfeita de ver o sujeito levado a mobilizar enfaticamente sua vontade para seguir as indicações da razão. Nessa perspectiva, e precisamente porque tem sua sede na vontade, a continência seria formalmente mais ética do que a temperança, que acalma as paixões e modera os desejos.
    A posição de Sto. Tomás é bem diferente. É para a vontade uma situação anormal, violenta e infeliz estar desprovida e exposta, carecendo da proteção que a moralização do apetite sensível asseguraria. Esse antagonismo entre vontade e apetite sensível (r. 1) é um defeito que não existe naquele que é realmente virtuoso. É na falta de resistência na linha de frente (onde as paixões atuam) que a vontade, graças à continência, é invocada a garantir uma assistência supletiva. É obrigar a vontade, que é uma faculdade mais digna, a intervir ali onde ela deveria poder exercer seu império mediante boas disposições. Longe de poder gabar-se de dar prova de vontade em tal caso, o sujeito deve lamentar não ter submetido o seu apetite sensível, melhor e de maneira estável, às ordens da razão.

ARTICULUS 4
Utrum continentia sit melior quam temperantia

AD QUARTUM SIC PROCEDITUR. Videtur quod continentia sit melior quam temperantia.

1. Dicitur enim Eccli 26,20: *Omnis autem ponderatio non est digna continentis animae.* Ergo nulla virtus potest continentiae adaequari.

2. PRAETEREA, quanto aliqua virtus meretur maius praemium, tanto potior est. Sed continentia videtur mereri maius praemium: dicitur enim 2Ti 2,5: *Non coronabitur nisi qui legitime certaverit*; magis autem certat continens, qui patitur vehementes concupiscentias pravas, quam temperatus, qui non habet eas vehementes. Ergo continentia est potior virtus quam temperantia.

3. PRAETEREA, voluntas est dignior potentia quam vis concupiscibilis. Sed continentia est in voluntate, temperantia autem in vi concupiscibili, ut ex dictis[1] patet. Ergo continentia est potius virtus quam temperantia.

SED CONTRA est quod Tullius[2] et Andronicus[3] ponunt continentiam adiunctam temperantiae sicut principali virtuti.

RESPONDEO dicendum quod, sicut supra[4] dictum est, nomen continentiae dupliciter accipitur. Uno modo, secundum quod importat cessationem ab omnibus delectationibus venereis. Et sic sumendo nomen continentiae, continentia est potior temperantia simpliciter dicta: ut patet ex his quae supra[5] dicta sunt de praeeminentia virginitatis ad castitatem simpliciter dictam.

Alio modo potest accipi nomen continentiae secundum quod importat resistentiam rationis ad concupiscentias pravas quae sunt in homine vehementes. Et secundum hoc, temperantia est multo potior quam continentia. Quia bonum virtutis laudabile est ex eo quod est secundum rationem. Plus autem viget bonum rationis in eo

ARTIGO 4
A continência é superior à temperança?[c]

QUANTO AO QUARTO, ASSIM SE PROCEDE: parece que a continência é superior à temperança.

1. Com efeito, diz o livro do Eclesiástico: "Não há peso para pesar o valor de uma alma continente". Logo, virtude alguma é comparável à continência.

2. ALÉM DISSO, quanto maior o prêmio que uma virtude merece, tanto melhor ela é. Ora, a continência parece merecer o prêmio maior, pois diz o Apóstolo: "O atleta só recebe a coroa se lutou conforme as regras". Mas o continente, que enfrenta a violência das paixões e das más concupiscências, luta mais que o temperante, que não as tem. Logo, a continência é uma virtude superior à temperança.

3. ADEMAIS, a vontade é uma potência mais nobre que o concupiscível. Ora, a continência está na vontade, ao passo que a temperança reside no concupiscível, como se viu no artigo anterior. Logo, a continência é uma virtude melhor que a temperança.

EM SENTIDO CONTRÁRIO, Túlio e Andronico ligam a continência à temperança, como à virtude principal.

RESPONDO. A palavra "continência" tem dupla acepção. Numa, significa a abstenção de todos os prazeres sexuais. E, nesse sentido, supera a temperança em si mesma, como se deduz do que foi dito da vantagem da virgindade sobre a castidade propriamente dita.

Noutra acepção, continência significa a resistência da razão à intensidade dos maus desejos. E aí a temperança é muito melhor que a continência, porque o bem da virtude vem da subordinação à razão. Ora, o bem racional tem vigor maior no temperante, no qual o próprio apetite sensitivo está sujeito à razão e é como que dominado por ela,

---

4 PARALL.: III *Sent.*, dist. 33, q. 3, a. 2, q.la 1, ad 1.

1. A. 1.
2. *De invent. rhet.*, l. II, c. 54: ed. G. Friedrich, Lipsiae 1908, p. 231, l. 18.
3. *De affectibus*, de Temperantia: inter *Fragm. Phil. Graec.*, ed. G. A. Mullachius, Parisiis 1867-1879, t. III, p. 576.
4. A. 1.
5. Q. 152, a. 5.

c. Este artigo retoma e desenvolve os pensamentos que o artigo precedente nos havia permitido esboçar (nota 2). Sto. Tomás não hesita em considerar a temperança como muito melhor (*multo potior*) do que a continência.

qui est temperatus, in quo etiam ipse appetitus sensitivus est subiectus rationi et quasi a ratione edomitus, quam in eo qui est continens, in quo appetitus sensitivus vehementer resistit rationi per concupiscentias pravas. Unde continentia comparatur ad temperantiam sicut imperfectum ad perfectum.

AD PRIMUM ergo dicendum quod auctoritas illa potest dupliciter intelligi. Uno modo, secundum quod accipitur concupiscentia prout abstinet ab omnibus venereis. Et hoc modo dicitur quod *omnis ponderatio non est digna animae continentis*, in genere castitatis: quia nec etiam fecunditas carnis, quae quaeritur in matrimonio, adaequatur continentiae virginali vel viduali, ut supra[6] dictum est.

Alio modo potest intelligi secundum quod nomen concupiscentiae accipitur communiter pro omni abstinentia a rebus illicitis. Et sic dicitur quod *omnis ponderatio non est digna animae continentis*, quia non respicit aestimationem auri vel argenti, quae commutantur ad pondus.

AD SECUNDUM dicendum quod magnitudo concupiscentiae, seu debilitas eius, ex duplici causa procedere potest. Quandoque enim procedit ex causa corporali. Quidam enim ex naturali complexione sunt magis proni ad concupiscendum quam alii. Et iterum quidam habent opportunitates delectationum, concupiscentiam inflammantes, magis paratas quam alii. Et talis debilitas concupiscentiae diminuit meritum: magnitudo vero auget. — Quandoque vero debilitas vel magnitudo concupiscentiae provenit ex causa spirituali laudabili: puta ex vehementia caritatis vel fortitudine rationis, sicut est in homine temperato. Et hoc modo debilitas concupiscentiae auget meritum, ratione suae causae: magnitudo vero minuit.

AD TERTIUM dicendum quod voluntas propinquior est rationi quam vis concupiscibilis. Unde bonum rationis, ex quo virtus laudatur, maius esse ostenditur ex hoc quod pertingit non solum usque ad voluntatem, sed etiam usque ad vim concupiscibilem, quod accidit in eo qui est temperatus, quam si pertingat solum ad voluntatem, ut accidit in eo qui est continens.

do que no continente, no qual o apetite sensitivo resiste fortemente à razão, através dos maus desejos. Portanto, a continência está para a temperança como o imperfeito para o perfeito.

QUANTO AO 1º, portanto, deve-se dizer que a citação feita pode ser entendida de dois modos. Primeiro, tomando-se a continência como a abstenção de todo prazer sexual. E, nesse sentido, se diz que "não há peso para pesar o valor de uma alma continente", no terreno da castidade, pois nem mesmo a fecundidade da carne, finalidade do matrimônio, se equipara à continência das virgens ou das viúvas, como antes se disse.

Mas o termo "continência" pode ser compreendido também em sentido geral, como abstenção de tudo o que é ilícito. Nesse caso, afirma-se que "não há peso para pesar o valor de uma alma continente", porque não é suscetível de avaliação nem em ouro nem em prata, que se medem pelo peso.

QUANTO AO 2º, deve-se dizer que a força ou a fraqueza da concupiscência pode vir de dupla causa. Às vezes, vem de uma causa corporal, porque certas pessoas são, por natureza, mais inclinados à concupiscência que outras. Há também pessoas às quais se apresentam mais prontamente as ocasiões dos prazeres que inflamam a concupiscência. E essa fraqueza da concupiscência diminui o mérito, enquanto que a força dela o aumenta[d]. — Outras vezes, porém, a fraqueza ou a força da concupiscência procede de uma causa espiritual louvável, como uma caridade muito grande ou o vigor da razão, como se dá com o homem temperante. E, desse modo, a fraqueza da concupiscência aumenta o mérito, em razão de sua causa, enquanto que a grandeza dela o diminui.

QUANTO AO 3º, deve-se dizer que a vontade está mais próxima da razão que a potência concupiscível. Por isso, o bem da razão, que torna louvável a virtude, por atingir não só a vontade, mas também a potência concupiscível, como acontece com o temperante, mostra-se maior do que quando só atinge a vontade, como é o caso do que pratica a continência.

---

6. Q. 152, a. 4, 5.

d. Essas poucas observações moderam o que podia haver de demasiado abstrato na apresentação que Sto. Tomás fez da virtude. O temperamento ou o ambiente (hoje diríamos, a hereditariedade e o meio) podem opor tais obstáculos a um temperança que a continência adquire um brilho reforçado.

QUAESTIO CLVI
DE INCONTINENTIA
in quatuor articulos divisa

Deinde considerandum est de incontinentia. Et circa hoc quaeruntur quatuor.

Primo: utrum incontinentia pertineat ad animam, vel ad corpus.
Secundo: utrum incontinentia sit peccatum.
Tertio: de comparatione incontinentiae ad intemperantiam.
Quarto: quis sit turpior, utrum incontinens irae, vel incontinens concupiscentiae.

Articulus 1
Utrum incontinentia pertineat ad animam, an ad corpus

AD PRIMUM SIC PROCEDITUR. Videtur quod incontinentia non pertineat ad animam, sed ad corpus.

1. Diversitas enim sexuum non est ex parte animae, sed ex parte corporis. Sed diversitas sexuum facit diversitatem circa incontinentiam: dicit enim Philosophus, in VII *Ethic.*[1], quod mulieres non dicuntur neque continentes neque incontinentes. Ergo incontinentia non pertinet ad animam, sed ad corpus.
2. PRAETEREA, illud quod pertinet ad animam, non sequitur corporis complexiones. Sed incontinentia sequitur corporis complexionem: dicit enim Philosophus, in VII *Ethic.*[2], quod *maxime acuti*, idest cholerici, *et melancholici secundum irrefrenatam concupiscentiam sunt incontinentes*. Ergo incontinentia pertinet ad corpus.
3. PRAETEREA, victoria magis pertinet ad eum qui vincit quam ad eum qui vincitur. Sed ex hoc dicitur aliquis esse incontinens quod *caro concupiscens adversus spiritum* superat ipsum. Ergo incontinentia magis pertinet ad carnem quam ad animam.

SED CONTRA est quod homo differt a bestiis principaliter secundum animam. Differt autem secundum rationem continentiae et incontinentiae: bestias autem dicimus neque continentes neque incontinentes, ut patet per Philosophum, in VII *Ethic.*[3]. Ergo incontinentia maxime est ex parte animae.

QUESTÃO 156
A INCONTINÊNCIA
em quatro artigos

Em seguida, deve-se tratar da incontinência. A esse respeito, quatro questões:

1. A incontinência pertence à alma ou ao corpo?
2. A incontinência é um pecado?
3. Comparação entre a incontinência e a intemperança.
4. O que é pior: o incontinente quanto à ira ou o incontinente quanto à concupiscência?

Artigo 1
A incontinência pertence à alma ou ao corpo?

QUANTO AO PRIMEIRO ARTIGO, ASSIM SE PROCEDE: parece que a incontinência **não** pertence à alma, mas ao corpo.

1. Com efeito, a diferença de sexos não é da alma, mas do corpo. Ora, essa diferença acarreta uma diferença quanto à continência, porque, no dizer do Filósofo, as mulheres não são nem continentes nem incontinentes. Logo, a incontinência não pertence à alma, mas ao corpo.
2. ALÉM DISSO, o que é próprio da alma não decorre da compleição corporal. Ora, a incontinência decorre da compleição corporal, pois o Filósofo diz que "os mais agudos, isto é, os coléricos e os melancólicos são, pela sua desenfreada concupiscência, incontinentes". Logo, a incontinência pertence ao corpo.
3. ADEMAIS, a vitória pertence ao vencedor mais que ao vencido. Ora, considera-se incontinente quem se deixa vencer pela carne, que trama contra o espírito. Logo, a incontinência pertence mais à carne do que à alma.

EM SENTIDO CONTRÁRIO, é sabido que o homem difere dos animais, sobretudo, pela alma. Ora, difere pela razão da continência e da incontinência, porque, como ensina o Filósofo, não dizemos dos animais que sejam continentes ou incontinentes. Logo, a incontinência pertence, principalmente, à alma.

1

1. C. 4: 1148, b, 32-34.
2. C. 8: 1150, b, 25-28.
3. C. 5: 1147, b, 3-5.

RESPONDEO dicendum quod unumquodque attribuitur magis ei quod est causa per se, quam ei quod solam occasionem praestat. Id autem quod est ex parte corporis, solum occasionem incontinentiae praestat. Ex dispositione enim corporis potest contingere quod insurgant passiones vehementes in appetitu sensitivo, qui est virtus corporei organi: sed huiusmodi passiones, quantumcumque vehementes, non sunt sufficiens causa incontinentiae, sed occasio sola; eo quod, durante usu rationis, semper homo potest passionibus resistere. Si vero passiones adeo increscant quod totaliter auferant usum rationis, sicut accidit in his qui propter vehementiam passionum amentiam incurrunt, non remanebit ratio continentiae neque incontinentiae: quia non salvatur in eis iudicium rationis, quod continens servat et incontinens deserit. Et sic relinquitur quod per se causa incontinentiae sit ex parte animae, quae ratione passioni non resistit. Quod quidem fit duobus modis, ut Philosophus dicit, in VII *Ethic*.[4]. Uno modo, quando anima passionibus cedit antequam ratio consilietur: quae quidem vocatur *irrefrenata incontinentia*, vel *praevolatio*. Alio modo, quando non permanet homo in his quae consiliata sunt, eo quod debiliter est firmatus in eo quod ratio iudicavit: unde et haec incontinentia vocatur *debilitas*. Et sic patet quod incontinentia principaliter ad animam pertinet.

AD PRIMUM ergo dicendum quod anima humana est corporis forma, et habet quasdam vires corporeis organis utentes, quarum operationes aliquid conferunt etiam ad illa opera animae quae sunt sine corporeis instrumentis, idest ad actum intellectus et voluntatis: inquantum scilicet intellectus a sensu accipit, et voluntas impellitur a passione appetitus sensitivi. Et secundum hoc, quia femina secundum corpus habet quandam debilem complexionem, fit ut in pluribus quod etiam debiliter inhaereat quibuscumque inhaeret, etsi raro in aliquibus aliter accidat: secundum illud Pr 31,10: *Mulierem fortem quis inveniet?* Et quia id quod est parvum vel debile *reputatur quasi nullum*, inde est quod Philosophus loquitur de mulieribus quasi non habentibus iudicium rationis firmum: quamvis in aliquibus mulieribus contrarium accidat. Et propter hoc dicit[5] quod *mulieres non dicimus continentes, quia non ducunt*, quasi

RESPONDO. Atribui-se um efeito mais à sua causa própria do que à sua causa ocasional. Ora, o que é do corpo constitui mera ocasião para a incontinência, pois, pela disposição corporal, pode acontecer que surjam paixões veementes no apetite sensitivo, que é uma potência do corpo orgânico. Mas essas paixões, por muito fortes que sejam, não são causa suficiente da incontinência, mas apenas uma ocasião para elas, pois, estando no uso da razão, pode o homem resistir sempre às paixões. Caso, porém, sejam elas tão fortes que suprimam totalmente o uso da razão, como ocorre com aqueles que enlouquecem pela força das paixões, não haverá mais motivos de continência nem de incontinência, por não conservarem mais essas pessoas o juízo racional, que o continente observa e o incontinente transgride. Donde se conclui que a causa direta da incontinência é a alma, ao não resistir às paixões pela razão. E isso se dá de dois modos, segundo o Filósofo. Primeiro, quando a alma cede às paixões, antes de consultar a razão. É a "incontinência irreprimida" ou a "impetuosidade". Em segundo lugar, quando o homem não se atém ao que lhe foi aconselhado, porque fracamente apoiado no juízo da razão. É a incontinência denominada "fraqueza". E assim fica patente que a incontinência pertence, sobretudo, à alma.

QUANTO AO 1º, portanto, deve-se dizer que a alma humana, como forma do corpo, tem potências que se servem de órgãos corporais, cujas operações colaboram também com os atos da alma que não dependem desses órgãos, a saber, os atos do intelecto e da vontade, enquanto o intelecto recebe suas imagens dos sentidos e a vontade é impelida pela paixão do apetite sensitivo. Dessa forma e por ter a mulher, corporalmente, uma frágil compleição, são fracas, em geral, suas escolhas, embora, em alguns poucos casos, se dê o contrário, como se lê no livro dos Provérbios: "Uma mulher de valor, quem a encontrará?" E, como o pequeno ou fraco é visto como quase nada, daí vem que o Filósofo fala das mulheres como se não tivessem julgamento racional firme, ainda que se veja o contrário em algumas mulheres. Por essa razão, diz ele que "as esposas não são consideradas continentes, porque não mandam", como

---

4. C. 8: 1150, b, 19.
5. Loc. cit. in 1 a.

habentes solidam rationem, *sed ducuntur*, quasi de facili sequentes passiones.

AD SECUNDUM dicendum quod ex impetu passionis contingit quod aliquis statim passionem sequatur, ante consilium rationis. Impetus autem passionis provenire potest vel ex velocitate, sicut in cholericis; vel ex vehementia, sicut in melancholicis, qui propter terrestrem complexionem vehementissime inflammantur. Sicut et e contrario contingit quod aliquis non persistat in eo quod consiliatum est, ex eo quod debiliter inhaeret, propter mollitiem complexionis: ut de mulieribus dictum est[6]. Quod etiam videtur in phlegmaticis contingere, propter eandem causam sicut etiam in mulieribus. Haec autem accidunt inquantum ex complexione corporis datur aliqua incontinentiae occasio: non autem causa sufficiens, ut dictum est[7].

AD TERTIUM dicendum quod concupiscentia carnis in eo qui est incontinens, superat spiritum non ex necessitate, sed per quandam negligentiam spiritus non resistentis fortiter.

ARTICULUS 2
Utrum incontinentia sit peccatum

AD SECUNDUM SIC PROCEDITUR. Videtur quod incontinentia non sit peccatum.

1. Quia, ut Augustinus dicit, in libro *de Lib. Arbit.*[1], *nullus peccat in eo quod vitare non potest*. Sed incontinentiam nullus potest ex seipso vitare: secundum illud Sap 8,21: *Scio quod non possum esse continens nisi Deus det*. Ergo incontinentia non est peccatum.

2. PRAETEREA, omne peccatum in ratione videtur consistere. Sed in eo qui est incontinens, vincitur iudicium rationis. Ergo incontinentia non est peccatum.

3. PRAETEREA, nullus peccat ex eo quod vehementer Deum amat. Sed ex vehementia divini amoris aliquis fit incontinens: dicit enim Dionysius, 4 cap. *de Div. Nom.*[2], quod *Paulus per*

quem tem razão sólida, "mas são mandadas", como quem segue docilmente as paixões[a].

QUANTO AO 2º, deve-se dizer que sob o impulso da paixão, alguns se deixam levar por ele imediatamente, antes do conselho da razão. Ora, esse impulso costuma brotar ou instantaneamente, como nos coléricos; ou veementemente, como nos melancólicos, que se inflamam de forma bastante violenta, por causa do seu pendor natural. Mas ocorre também o contrário, quando alguém não persevera numa decisão tomada, porque sua adesão foi muito débil, pela fragilidade de sua natureza, como foi dito das mulheres. Isso parece que se dá também com os fleugmáticos, pela mesma causa que nas mulheres. Ora, tudo isso acontece porque a estrutura corporal é simples ocasião para a incontinência e não causa suficiente, como foi dito.

QUANTO AO 3º, deve-se dizer que no incontinente a concupiscência da carne supera o espírito não necessariamente, mas pela negligência dele em não resistir com firmeza.

ARTIGO 2
A incontinência é um pecado?

QUANTO AO SEGUNDO, ASSIM SE PROCEDE: parece que a incontinência **não** é um pecado.

1. Com efeito, como diz Agostinho, "ninguém peca naquilo que não pode evitar". Ora, ninguém, por si mesmo, pode evitar a incontinência, conforme está na Escritura: "Sei que só posso ser continente por dom de Deus". Logo, a incontinência não é pecado.

2. ALÉM DISSO, todo pecado, parece, tem fundamento na razão. Ora, no incontinente o juízo da razão é eliminado. Logo, a incontinência não é pecado.

3. ADEMAIS, ninguém peca por amar intensamente a Deus. Ora, pode alguém tornar-se incontinente pela intensidade do seu amor a Deus, pois, segundo Dionísio, "Paulo, por incontinência do

---

6. In resp. ad 1.
7. In corp.

2 PARALL.: VII *Ethic.*, lect. 4.

1. L. III, c. 18, n. 50: ML 32, 1295. Cfr. *Retract.*, l. I, c. 9, n. 3: ML 32, 596.
2. MG 3, 712 A.

a. O protesto de Sto. Tomás contra os juízos desdenhosos de Aristóteles a respeito da mulher pode parecer bem tímido quando se pensa nos exemplos fornecidos pela história da Igreja. Como ocorre por vezes na Suma teológica, o respeito professado pelo Filósofo prejudica a experiência cristã. As mulheres não souberam sempre manifestar que a continência, assim como o martírio, era-lhes tão acessível quanto aos homens, e não só em casos excepcionais? De um mero ponto de vista natural, a tese de Aristóteles já seria bastante contestável!

incontinentiam divini amoris dixit: Vivo ego, iam non ego. Ergo incontinentia non est peccatum.

SED CONTRA est quod connumeratur aliis peccatis, 2Ti 3,3, ubi dicitur: *criminatores incontinentes, immites*, etc. Ergo incontinentia est peccatum.

RESPONDEO dicendum quod incontinentia potest attendi circa aliquid tripliciter. Uno modo, proprie et simpliciter. Et sic incontinentia attenditur circa concupiscentias delectationum tactus, sicut et temperantia, ut supra[3] dictum est de continentia. Et hoc modo incontinentia est peccatum, duplici ratione: uno modo, ex eo quod incontinens recedit ab eo quod est secundum rationem; alio modo, ex eo quod se immergit quibusdam turpibus delectationibus. Et ideo Philosophus dicit, in VII *Ethic*.[4], quod *incontinentia vituperatur non solum sicut peccatum*, quod scilicet est per recessum a ratione, *sed sicut malitia quaedam*, inquantum scilicet pravas concupiscentias sequitur.

Alio modo incontinentia dicitur circa aliquid, proprie quidem, inquantum homo recedit ab eo quod est secundum rationem, sed non simpliciter: puta cum aliquis non servat modum rationis in concupiscentia honoris, divitiarum et aliorum huiusmodi, quae secundum se videntur esse bona; circa quae non est incontinentia simpliciter, sed secundum quid, sicut supra de continentia dictum est[5]. Et sic incontinentia est peccatum, non ex eo quod aliquis ingerat se pravis concupiscentiis, sed ex eo quod non servat modum debitum rationis, etiam in concupiscentia rerum per se appetendarum.

Tertio modo incontinentia dicitur esse circa aliquid non proprie, sed secundum similitudinem: puta circa concupiscentias eorum quibus non potest aliquis male uti, puta circa concupiscentias virtutum. Circa quas potest dici aliquis esse incontinens per similitudinem: quia sicut ille qui est incontinens totaliter ducitur per concupiscentiam malam, ita aliquis totaliter ducitur per concupiscentiam bonam, quae est secundum rationem. Et talis incontinentia non est peccatum, sed pertinet ad perfectionem virtutis.

AD PRIMUM ergo dicendum quod homo potest vitare peccatum et facere bonum, non tamen sine divino auxilio: secundum illud Io 15,5: *Sine me*

seu amor a Deus, disse: — Vivo eu, mas já não eu". Logo, a incontinência não é pecado.

EM SENTIDO CONTRÁRIO, na Carta a Timóteo, enumera-se a incontinência entre outros pecados: "Caluniadores, incontinentes, desumanos..." Logo, a incontinência é pecado.

RESPONDO. A incontinência pode ser entendida de três modos. Primeiro, em sentido próprio e absoluto. Nesse sentido, ela tem como matéria o desejo dos prazeres do tato, como a temperança, conforme foi dito antes, ao falar da continência. Nesse caso, a incontinência é pecado por duas razões: primeiramente, porque o incontinente se afasta do que é racional; depois, porque se afunda em torpes prazeres. Por isso é que o Filósofo diz: "A incontinência é censurável não só como pecado", enquanto se afasta da razão, "mas também pela sua malícia", na medida em que se deixa levar pelas más concupiscências.

Em segundo lugar, fala-se de incontinência relativa, ainda em sentido próprio, com o homem se distanciando da razão, mas não de modo absoluto. Assim é, por exemplo, quando não se observa a medida racional no desejo das honras, das riquezas e de outras coisas semelhantes, que parecem boas em si mesmas e que não constituem a matéria da incontinência, senão relativamente, como ficou dito ao se tratar da continência. Nesse caso, a incontinência é pecado, não porque leve a pessoa a submergir nas concupiscências perversas, mas porque nos faz desprezar a devida ordem racional, mesmo quando desejamos coisas de si mesmas desejáveis.

Em terceiro lugar, fala-se de incontinência relativa não no sentido próprio, mas por analogia, como acontece, por exemplo, com o desejo de coisas que não se pode usar mal, como o desejo das virtudes. Em relação a estas, pode-se dizer, por analogia, que alguém é incontinente, pois como o incontinente se deixa levar totalmente pelo meu desejo, assim pode alguém ser totalmente empolgado pelos bons desejos, de acordo com a razão. Essa incontinência não é pecado, antes pertence à perfeição da virtude.

QUANTO AO 1º, portanto, deve-se dizer que pode-se evitar o pecado e praticar o bem, não, porém, sem a ajuda divina, conforme o Evangelho:

---

3. Q. 155, a. 2.
4. C. 4: 1148, a, 2-4.
5. Q. 155, a. 2, ad 3.

nihil potestis facere. Unde per hoc quod homo indiget divino auxilio ad hoc quod sit continens, non excluditur quin incontinentia sit peccatum: quia, ut dicitur in III *Ethic.*[6], *quae per amicos possumus, aliqualiter per nos possumus*.

AD SECUNDUM dicendum quod in eo qui est incontinens vincitur iudicium rationis, non quidem ex necessitate, quod auferret rationem peccati: sed ex negligentia quadam hominis non firmiter intendentis ad resistendum passioni per iudicium rationis quod habet.

AD TERTIUM dicendum quod ratio illa procedit de incontinentia per similitudinem dicta, et non proprie.

"Separados de mim, nada podeis fazer". Portanto, do fato de se precisar do auxílio divino para ser continente não se deduz que a incontinência não seja pecado, pois, como se diz no livro III da *Ética*, "o que podemos com a ajuda dos amigos, podemos, de certo modo, por nós mesmos".

QUANTO AO 2º, deve-se dizer que no incontinente o juízo da razão é eliminado não por necessidade, o que escusaria de pecado, mas por certa negligência e falta de empenho em resistir, racionalmente, à paixão.

QUANTO AO 3º, deve-se dizer que o argumento vale para a incontinência tomada no sentido metafórico e não no sentido próprio.

ARTICULUS 3
Utrum incontinens plus peccet quam intemperatus

AD TERTIUM SIC PROCEDITUR. Videtur quod incontinens plus peccet quam intemperatus.

1. Tanto enim aliquis videtur gravius peccare, quanto magis contra conscientiam agit: secundum illud Lc 12,47-48: *Servus sciens voluntatem domini sui et faciens digna plagis, vapulabit multis*. Sed incontinens magis videtur agere contra conscientiam quam intemperatus: quia, ut dicitur in VII *Ethic.*[1], incontinens, sciens quoniam prava sunt quae concupiscit, nihilominus agit, propter passionem; intemperatus autem iudicat ea quae concupiscit esse bona. Ergo incontinens gravius peccat quam intemperatus.

2. PRAETEREA, quanto aliquod peccatum gravius est, tanto videtur esse minus sanabile: unde et peccata in Spiritum Sanctum, quae sunt gravissima, dicuntur esse irremissibilia. Sed peccatum incontinentiae videtur esse insanabilius quam peccatum intemperantiae. Sanatur enim peccatum alicuius per admonitionem et correctionem, quae

ARTIGO 3
O pecado do incontinente é mais grave que o do intemperante?[b]

QUANTO AO TERCEIRO, ASSIM SE PROCEDE: parece que o incontinente **peca** mais gravemente que o intemperante.

1. Com efeito, peca-se tanto mais gravemente quanto mais se age contra a consciência, segundo o Evangelho: "O servo que, conhecendo a vontade do seu senhor, não preparou nada, nem agiu segundo essa vontade, receberá muitos golpes de açoite". Ora, parece que o incontinente age contra a sua consciência mais que o intemperante, porque, como diz Aristóteles, o incontinente, apesar de saber que é mau o que deseja, não deixa de fazê-lo, levado pela paixão, ao passo que o intemperante julga que o que deseja é bom. Logo, o incontinente peca mais gravemente que o intemperante.

2. ALÉM DISSO, quanto mais grave um pecado, tanto mais insanável parece. Por isso, os pecados contra o Espírito Santo, que são gravíssimos, constam como imperdoáveis. Ora, o pecado da incontinência parece mais incurável que o da intemperança, pois o pecado de alguém se repara pela advertência e pela correção. Estas, porém,

---

6. C. 5: 1112, b, 27-28.

3 PARALL.: I-II, q. 78, a. 4; II *Sent.*, dist. 43, a. 4; *De Malo*, q. 3, a. 13; I *Ethic.*, lect. 3; VII, lect. 4, 7, 8.

1. C. 4: 1146, b, 22-24.

b. Uma comparação entre incontinência e intemperança poderia parecer supérflua, dado que já comparamos seus contrários: a continência e a temperança. Mas seria esquecer que vícios e virtudes, bem e mal, não são nunca meramente simétricos.

O artigo 3 retrata dois caráteres marcadamente viciosos. Não só vemos em que pecam o incontinente e o intemperante, como (r. 2) discernimos que a cura de um e de outro apresenta problemas específicos. É como o caso de duas doenças, das quais uma se assemelha a um excesso febril, a outra a um mal crônico.

nihil videtur conferre incontinenti, qui scit se male agere, et nihilominus male agit: intemperato autem videtur quod bene agat, et sic aliquid ei conferre posset admonitio. Ergo videtur quod incontinens gravius peccet quam intemperatus.

3. PRAETEREA, quanto aliquis ex maiori libidine peccat, tanto gravius peccat. Sed incontinens peccat ex maiori libidine quam intemperatus: quia incontinens habet vehementes concupiscentias, quas non semper habet intemperatus. Ergo incontinens magis peccat quam intemperatus.

SED CONTRA est quod impoenitentia aggravat omne peccatum: unde Augustinus, in libro *de Verb. Dom.*[2], dicit quod impoenitentia est peccatum in Spiritum Sanctum. Sed sicut Philosophus dicit, in VII *Ethic.*[3], *intemperatus non est poenitivus, immanet enim electioni: incontinens autem omnis est poenitivus*. Ergo intemperatus gravius peccat quam incontinens.

RESPONDEO dicendum quod peccatum, secundum Augustinum[4], praecipue in voluntate consistit: *voluntas* enim *est qua peccatur et recte vivitur*[5]. Et ideo ubi est maior inclinatio voluntatis ad peccandum, ibi est gravius peccatum. In eo autem qui est intemperatus, voluntas inclinatur ad peccandum ex propria electione, quae procedit ex habitu per consuetudinem acquisito. In eo autem qui est incontinens, voluntas inclinatur ad peccandum ex aliqua passione. Et quia passio cito transit, habitus autem est *qualitas difficile mobilis*, inde est quod incontinens statim poenitet, transeunte passione: quod non accidit de intemperato, quinimmo gaudet se peccasse, eo quod operatio peccati est sibi facta connaturalis secundum habitum. Unde de his dicitur Pr 2,14, quod *laetantur cum male fecerint, et exultant in rebus pessimis*. Unde patet quod intemperatus est multo peior quam incontinens: ut etiam Philosophus dicit, in VII *Ethic.*[6].

AD PRIMUM ergo dicendum quod ignorantia intellectus quandoque quidem praecedit inclinationem appetitus, et causat eam. Et sic, quanto est maior ignorantia, tanto magis peccatum diminuit, vel totaliter excusat, inquantum causat involuntarium. Alio modo e converso ignorantia rationis sequitur inclinationem appetitus. Et talis

não adiantam ao incontinente que, apesar de saber que está agindo mal, continua a fazê-lo, enquanto que o intemperante julga estar agindo bem e assim a advertência lhe poderia ser proveitosa. Logo, parece que o incontinente peca mais gravemente que o intemperante.

3. ADEMAIS, quanto maior a paixão com que alguém peca, tanto mais gravemente terá pecado. Ora, o incontinente peca por uma paixão maior que a do intemperante, porque nutre fortes concupiscências, ausentes no intemperante. Logo, o incontinente peca mais que o intemperante.

EM SENTIDO CONTRÁRIO, há o fato de que a impenitência agrava todos os pecados, a ponto de Agostinho afirmar que ela é um pecado contra o Espírito Santo. Ora, "o intemperante, diz o Filósofo, não é capaz de se arrepender, porque se aferra à sua opção, ao passo que todo incontinente está pronto para o arrependimento". Logo, o intemperante peca mais gravemente que o incontinente.

RESPONDO. Como ensina Agostinho, o pecado depende, sobretudo, da vontade: "pela vontade é que se peca e por ela é que se vive retamente". Assim, onde houver maior inclinação da vontade para pecar, aí haverá mais grave pecado. Ora, no intemperante a vontade se inclina ao pecado por própria escolha, resultante de um hábito adquirido pelo costume, enquanto que, no incontinente a vontade se inclina ao pecado pela paixão. E como esta passa rápido e o hábito, ao contrário, é qualidade dificilmente removível, segue-se daí que o incontinente, desvanecida a paixão, logo se arrepende. Isso não acontece com o intemperante que até se regozija com o pecado, pois a prática deste se lhe tornou conatural pelo hábito adquirido. Por isso, dos intemperantes fala a Escritura: "Alegram-se em fazer o mal e se comprazem com as piores perversões". É evidente, portanto, que "o intemperante é muito pior que o incontinente", como diz o Filósofo.

QUANTO AO 1º, portanto, deve-se dizer que na verdade, a ignorância intelectual precede, às vezes, a inclinação do apetite e lhe é causa. Assim, quanto maior a ignorância, tanto mais diminui o pecado ou até o escusa por inteiro, na medida em que é involuntário. Outras vezes, ao contrário, a ignorância da razão é posterior à inclinação do

---

2. Serm. 71, al. 11 *de Verbis Domini*, c. 12, n. 20: ML 38, 455; c. 13, n. 21: ML 38, 457.
3. C. 9: 1150, b, 29-32.
4. *De duabus animabus*, c. 10, n. 12: ML 42, 103; c. 11, n. 15: ML 42, 105.
5. *Retract.*, l. I, c. 9, n. 4: ML 32, 596.
6. C. 8: 1150, a, 30-32.

ignorantia quanto est maior, tanto peccatum est gravius: quia ostenditur inclinatio appetitus esse maior. Ignorantia autem tam incontinentis quam intemperati provenit ex eo quod appetitus est in aliquid inclinatus: sive per passionem, sicut in incontinente; sive per habitum, sicut in intemperato. Maior autem ignorantia causatur ex hoc in intemperato quam in incontinente. Et uno quidem modo, quantum ad durationem. Quia in incontinente durat illa ignorantia solum passione durante: sicut accessio febris tertianne durat, durante commotione humoris. Ignorantia autem intemperati durat assidue, propter permanentiam habitus: unde *assimilatur phtisicae*, vel cuicumque morbo continuo, ut Philosophus dicit, in VII *Ethic.*[7]. — Alio autem modo est maior ignorantia intemperati, quantum ad id quod ignoratur. Nam ignorantia incontinentis attenditur quantum ad aliquod particulare eligibile, prout scilicet aestimat hoc nunc esse eligendum: sed intemperatus habet ignorantiam circa ipsum finem, inquantum scilicet iudicat hoc esse bonum, ut irrefrenate concupiscentias sequatur. Unde Philosophus, in VII *Ethic.*[8], dicit quod *incontinens est melior intemperato, quia salvatur in eo optimum principium*, scilicet recta existimatio de fine.

AD SECUNDUM dicendum quod ad sanationem incontinentis non sufficit sola cognitio, sed requiritur interius auxilium gratiae concupiscentiam mitigantis, et adhibetur etiam exterius remedium admonitionis et correctionis, ex quibus aliquis incipit concupiscentiis resistere, ex quo concupiscentia debilitatur, ut supra[9] dictum est. Et iisdem etiam modis potest sanari intemperatus: sed difficilior est eius sanatio, propter duo. Quorum primum est ex parte rationis, quae corrupta est circa aestimationem ultimi finis, quod se habet sicut principium in demonstrativis: difficilius autem reducitur ad veritatem ille qui errat circa principium, et similiter in operativis ille qui errat circa finem. Aliud autem est ex parte inclinationis appetitus, quae in intemperato est ex habitu, qui difficile tollitur: inclinatio autem incontinentis est ex passione, quae facilius reprimi potest.

apetite e, nesse caso, quanto maior a ignorância, mais grave é o pecado, porque é sinal de mais forte inclinação do apetite. Ora, tanto a ignorância do incontinente como a do intemperante provêm da inclinação do apetite para algum objeto, quer por paixão, como no incontinente; quer por hábito, como no intemperante. Mas isso causa no intemperante uma ignorância maior do que no incontinente. Primeiro, quanto à duração, porque no incontinente essa ignorância só dura enquanto dura a paixão, como o acesso da febre terçã dura enquanto permanece a alteração dos humores. Já a ignorância do intemperante persiste mais tempo, por causa da permanência do hábito, parecendo assim com a tísica ou qualquer outra doença crônica, na comparação de Aristóteles. — Por outro lado, a ignorância do intemperante é maior também quanto àquilo que ele ignora. Com efeito, a ignorância do incontinente recai sobre um objeto particular, conforme ele julga que pode, no momento, escolher, ao passo que a ignorância do intemperante é sobre o fim mesmo, porque julga um bem deixar-se levar pelas paixões desenfreadamente. Razão por que o Filósofo diz que "o incontinente é melhor que o intemperante, pois nele se preserva o princípio mais excelente", a saber, a correta consideração do fim.

QUANTO AO 2º, deve-se dizer que para a emenda do incontinente, não basta só o conhecimento, mas se requer o auxílio interior da graça, que amaina a concupiscência, mais o remédio exterior da advertência e da correção, pelas quais o incontinente começa a resistir às concupiscências, tornando-as assim mais fracas, como acima foi dito. É também por esses mesmos meios que se pode emendar o intemperante, embora a sua cura seja mais difícil, por dois motivos. Primeiro, por parte da sua razão, que está desenfocada quanto à estimação do fim último, que é como o princípio nas demonstrações. É mais difícil, com efeito, fazer chegar à verdade quem erra quanto ao princípio e, semelhantemente, em termos de ação, quem erra relativamente ao fim. A cura do intemperante é mais difícil também por parte da inclinação do apetite, que, no intemperante, vem de um hábito difícil de eliminar, ao passo que a inclinação do incontinente nasce da paixão, mais fácil de reprimir.

---

7. C. 9: 1150, b, 32-35.
8. C. 9: 1151, a, 24-27.
9. Q. 142, a. 2.

AD TERTIUM dicendum quod libido voluntatis, quae auget peccatum, maior est in intemperato, quam in incontinente, ut ex dictis[10] patet. Sed libido concupiscentiae appetitus sensitivi quandoque maior est in incontinente: quia incontinens non peccat nisi a gravi concupiscentia; sed intemperatus etiam ex levi concupiscentia peccat, et quandoque eam praevenit. Et ideo Philosophus dicit, in VII *Ethic.*[11], quod magis intemperatum vituperamus, quia *non concupiscens, vel quiete*, idest remisse concupiscens, persequitur delectationes. *Quid enim faceret si adesset concupiscentia iuvenilis?*

ARTICULUS 4
Utrum incontinens irae sit peior quam incontinens concupiscentiae

AD QUARTUM SIC PROCEDITUR. Videtur quod incontinens irae sit peior quam incontinens concupiscentiae.

1. Quanto enim difficilius est resistere passioni, tanto incontinentia videtur esse levior: unde Philosophus dicit, in VII *Ethic.*[1]: *Non enim, si quis a fortibus et superexcellentibus delectationibus vincitur vel tristitiis, est admirabile, sed condonabile.* Sed, *sicut Heraclitus dixit, difficilius est pugnare contra concupiscentiam quam contra iram.* Ergo levior est incontinentia concupiscentiae quam incontinentia irae.

2. PRAETEREA, si passio per suam vehementiam totaliter auferat iudicium rationis, omnino excusatur aliquis a peccato: sicut patet in eo qui incidit ex passione in furiam. Sed plus remanet de iudicio rationis in eo qui est incontinens irae, quam in eo qui est incontinens concupiscentiae: *iratus* enim *aliqualiter audit rationem, non autem concupiscens*, ut patet per Philosophum, in VII *Ethic.*[2]. Ergo incontinens irae est peior quam incontinens concupiscentiae.

3. PRAETEREA, tanto aliquod peccatum videtur esse gravius, quanto est periculosius. Sed incontinentia irae videtur esse periculosior: quia perducit hominem ad maius peccatum, scilicet ad homicidium, quod est gravius peccatum quam

QUANTO AO 3º, deve-se dizer que a sensualidade da vontade, que aumenta o pecado, é maior no intemperante do que no incontinente. Mas a sensualidade da concupiscência do apetite sensitivo é, às vezes, maior no incontinente, pois este só peca se movido por intensa concupiscência, enquanto que o intemperante peca também levado por uma débil concupiscência e, às vezes, até a prepara. Por isso, o Filósofo diz que mais reprovável é o intemperante, que "sem concupiscência e calmamente", ou seja, sem sofrer nenhum estímulo mais forte, corre atrás dos prazeres. "O que não faria ele se tomado de concupiscência juvenil?"

ARTIGO 4
O incontinente pela ira é pior do que o incontinente pela concupiscência?

QUANTO AO QUARTO, ASSIM SE PROCEDE: parece que o incontinente levado pela ira é pior que o incontinente levado pela concupiscência.

1. Com efeito, quanto mais difícil é resistir a uma paixão, tanto menos grave é a incontinência. Por isso, diz o Filósofo: "Não há por que admirar que alguém se deixe dominar por fortes e excepcionais prazeres ou tristezas; antes, devemos perdoá-lo. Ora, segundo Heráclito, é mais difícil lutar contra a concupiscência do que contra a ira". Logo, a incontinência da concupiscência é menos grave que a incontinência da ira.

2. ALÉM DISSO, quando a paixão, pela sua veemência, apaga totalmente o juízo da razão, fica-se plenamente escusado de culpa, como é o caso de quem se torna enfurecido pela paixão. Ora, o juízo da razão permanece mais no incontinente levado pela ira do que no incontinente pela concupiscência, porque, conforme o Filósofo, "o irado obedece, de certa forma, à razão, mas o dominado pela concupiscência, não". Logo, o incontinente da ira é pior que o incontinente da concupiscência.

3. ADEMAIS, quanto mais perigoso é um pecado, tanto mais grave é. Ora, a incontinência da ira parece ser mais perigosa, porque induz o homem a um pecado maior, como o homicídio, que é mais grave que o adultério, ao qual a incontinência da

---

10. In corp.
11. C. 8: 1150, a, 27-32.

4 PARALL.: Infra, q. 158, a. 4; III *Sent.*, dist. 26, q. 1, a. 2; *De Verit.*, q. 25, a. 2; *De Malo*, q. 12, a. 4; VII *Ethic.*, lect. 6.
1. C. 8: 1150, b, 6-16.
2. C. 7: 1149, b, 1-3.

adulterium, ad quod perducit incontinentia concupiscentiae. Ergo incontinentia irae est gravior quam incontinentia concupiscentiae.

SED CONTRA est quod Philosophus dicit, in VII *Ethic*.[3], quod *minus turpis est incontinentia irae quam incontinentia concupiscentiae*.

RESPONDEO dicendum quod peccatum incontinentiae potest dupliciter considerari. Uno modo ex parte passionis ex qua ratio superatur. Et sic incontinentia concupiscentiae est turpior quam incontinentia irae: quia motus concupiscentiae habet maiorem inordinationem quam motus irae. Et hoc propter quatuor, quae Philosophus tangit in VII *Ethic*.[4]. Primo, quidem, quia motus irae participat aliqualiter ratione, inquantum scilicet iratus tendit ad vindicandum iniuriam sibi factam, quod aliqualiter ratio dictat: sed non perfecte, quia non intendit debitum modum vindictae. Sed motus concupiscentiae totaliter est secundum sensum, et nullo modo secundum rationem. — Secundo, quia motus irae magis consequitur corporis complexionem: propter velocitatem motus cholerae, quae intendit ad iram. Unde magis est in promptu quod ille qui est secundum complexionem corporis dispositus ad irascendum, irascatur, quam quod ille qui est dispositus ad concupiscendum, concupiscat. Unde etiam frequentius ex iracundis nascuntur iracundi quam ex concupiscentibus concupiscentes. Quod autem provenit ex naturali corporis dispositione, reputatur magis venia dignum. — Tertio, quia ira quaerit manifeste operari. Sed concupiscentia quaerit latebras, et dolose subintrat. — Quarto, quia concupiscens delectabiliter operatur: sed iratus quasi quadam tristitia praecedente coactus.

Alio modo potest considerari peccatum incontinentiae quantum ad malum in quod quis incidit a ratione discedens. Et sic incontinentia irae est, ut plurimum, gravior: quia ducit in ea quae pertinent ad proximi nocumentum.

AD PRIMUM ergo dicendum quod difficilius est assidue pugnare contra delectationem quam contra iram, quia concupiscentia est magis continua: sed ad horam difficilius est resistere irae, propter eius impetum.

AD SECUNDUM dicendum quod concupiscentia dicitur esse sine ratione, non quia totaliter auferat concupiscência conduz. Logo, a incontinência da ira é mais grave que a da concupiscência.

EM SENTIDO CONTRÁRIO, segundo o Filósofo, "a incontinência da ira é menos vergonhosa que a incontinência da concupiscência".

RESPONDO. Por dois ângulos podemos analisar o pecado da incontinência. Primeiro, pela paixão que vence a razão. E, nesse caso, a incontinência da concupiscência é pior que a da ira, porque o movimento da concupiscência é mais desordenado que o da ira. E isso por quatro motivos lembrados pelo Filósofo. Primeiro, porque o movimento da ira participa da razão de alguma forma, na medida em que o irado tende a vingar-se da injúria que lhe foi feita, atitude essa ditada, até certo ponto, pela razão, mas não de modo perfeito, porque não a toma na maneira devida. Ao contrário, o movimento da concupiscência obedece totalmente aos sentidos e em nada, à razão. — Segundo, porque o movimento da ira resulta mais da estrutura corporal, dada a rapidez do movimento da bilis, que se transforma em ira. Por isso, é mais fácil irar-se quem está fisicamente predisposto à cólera, do que ceder à concupiscência quem está predisposto a esta. Assim também é mais comum nascerem iracundos de ascendentes do mesmo tipo, do que luxuriosos nascerem de luxuriosos. Ora, o que vem de uma disposição natural do corpo considera-se mais digno de perdão. — O terceiro motivo é que a ira busca agir às claras, enquanto que a concupiscência trabalha às escondidas e subrepticiamente. — Por fim, o quarto motivo é que o escravo da concupiscência goza de ser assim, ao passo que o irado é como que coagido por uma tristeza anterior.

Pode-se considerar o pecado da incontinência também pelo mal em que cai quem se afasta da razão. E aí a incontinência da ira é, quase sempre, mais grave, porque leva a ações prejudiciais ao próximo.

QUANTO AO 1º, portanto, deve-se dizer que é mais difícil combater, constantemente, a concupiscência do que a ira, porque aquela é mais contínua, embora, num determinado momento, seja mais difícil resistir à ira, devido à sua impetuosidade.

QUANTO AO 2º, deve-se dizer que a concupiscência é vista como irracional, não por nos privar

---

3. C. 9: 1149, b, 2-3.
4. C. 7: 1149, a, 24 — b, 26.

iudicium rationis: sed quia in nullo procedit secundum iudicium rationis. Et ex hoc est turpior.

AD TERTIUM dicendum quod ratio illa procedit ex parte eorum in quae incontinens deducitur.

totalmente da razão, mas porque nunca age de acordo com o juízo da razão. E por isso é mais vergonhosa.

QUANTO AO 3º, deve-se dizer que a objeção procede se se considerarem os efeitos da incontinência.

QUAESTIO CLVII
DE CLEMENTIA ET MASUETUDINE
in quatuor articulos divisa

Deinde considerandum est de clementia et mansuetudine, et vitiis oppositis.
Circa ipsas autem virtutes quaeruntur quatuor.
Primo: utrum clementia et mansuetudo sint idem.
Secundo: utrum utraque earum sit virtus.
Tertio: utrum utraque earum sit pars temperantiae.
Quarto: de comparatione earum ad alias virtutes.

QUESTÃO 157
A CLEMÊNCIA E A MANSIDÃO
em quatro artigos

Em seguida, deve-se tratar da clemência e da mansidão bem como dos vícios contrários a elas.
Sobre essas duas virtudes, quatro questões:
1. Clemência e mansidão são a mesma coisa?

2. São virtudes?

3. É cada uma delas parte da temperança?

4. Comparação delas com as demais virtudes.

ARTICULUS 1
Utrum clementia et mansuetudo sint penitus idem

Ad primum sic proceditur. Videtur quod elementia et mansuetudo sint penitus idem.

1. Mansuetudo enim est moderativa irarum: ut Philosophus dicit, in IV *Ethic.*¹. Ira autem est *appetitus vindictae*. Cum ergo clementia sit *lenitas superioris adversus inferiorem in constituendis poenis*, ut Seneca dicit, in II *de Clementia*²; per poenas autem fit vindicta: videtur quod clementia et mansuetudo sint idem.
2. PRAETEREA, Tullius dicit, in II *Rhet.*³, quod *clementia est virtus per quam animus concitatus in odium alicuius, benignitate retinetur*: et sic videtur quod clementia sit moderativa odii. Sed odium, ut Augustinus dicit⁴, causatur ab ira, circa quam est mansuetudo. Ergo videtur quod mansuetudo et clementia sint idem.

ARTIGO 1
Clemência e mansidão são, exatamente, a mesma coisa?

QUANTO AO PRIMEIRO ARTIGO, ASSIM SE PROCEDE: parece que clemência e mansidão **são** a mesma coisa.

1. Com efeito, a mansidão modera a ira, diz o Filósofo. Ora, a ira é um desejo de vingança. Logo, sendo a clemência "a benignidade do superior no aplicar castigo ao inferior", como escreve Sêneca, e exercendo-se a vingança pelo castigo, parece que a clemência e mansidão são a mesma coisa.
2. ALÉM DISSO, segundo Túlio, "a clemência é a virtude pela qual a alma, eventualmente incitada ao ódio contra alguém, deixa-se conter pela benignidade", ou seja, a clemência modera o ódio. Ora, o ódio, como diz Agostinho, é causado pela ira, que é objeto próprio da mansidão. Logo, parece que clemência e mansidão são a mesma coisa.

---

1 PARALL.: III *Sent.*, dist. 33, q. 3, a. 2, q.la 1, ad 2.
  1. C. 11: 1125, b, 26-1126, a, 1.
  2. C. 3: ed. C. Hosius, Lipsiae 1910, p. 253, ll. 15-16.
  3. *De invent. rhet.*, l. II, c. 54: ed. C. F. W. Mueller, Lipsiae 1893, p. 231, ll. 20-21.
  4. In Regula, *Epist.* 211, al. 209, n. 14: ML 33, 964.

3. PRAETEREA, idem vitium non contrariatur diversis virtutibus. Sed idem vitium opponitur mansuetudini et clementiae, scilicet *crudelitas*. Ergo videtur quod mansuetudo et clementia sint penitus idem.

SED CONTRA est quod secundum praedictam definitionem Senecae, clementia est *lenitas superioris adversus inferiorem*. Mansuetudo autem non solum est superioris ad inferiorem, sed cuiuslibet ad quemlibet. Ergo mansuetudo et clementia non sunt penitus idem.

RESPONDEO dicendum quod, sicut dicitur in II *Ethic.*[5], virtus moralis consistit *circa passiones et actiones*. Passiones autem interiores sunt actionum exteriorum principia, aut etiam impedimenta. Et ideo virtutes quae moderantur passiones quodammodo concurrunt in eundem effectum cum virtutibus quae moderantur actiones, licet specie differant. Sicut ad iustitiam proprie pertinet cohibere hominem a furto, ad quod aliquis inclinatur per inordinatum amorem vel concupiscentiam pecuniae, quae moderantur per liberalitatem: et ideo liberalitas concurrit cum iustitia in hoc effectu qui est abstinere a furto. Et hoc etiam considerandum est in proposito. Nam ex passione irae provocatur aliquis ad hoc quod graviorem inferat poenam. Ad clementiam autem pertinet directe quod sit diminutiva poenarum: quod quidem impediri posset per excessum irae. Et ideo mansuetudo, inquantum refrenat impetum irae, concurrit in eundem effectum cum clementia. Differunt tamen ab invicem, inquantum clementia est moderativa exterioris punitionis: mansuetudo autem proprie diminuit passionem irae.

AD PRIMUM ergo dicendum quod mansuetudo proprie respicit ipsum vindictae appetitum. Sed clementia respicit ipsas poenas quae exterius adhibentur ad vindictam.

AD SECUNDUM dicendum quod affectus hominis inclinatur ad minorationem eorum quae homini per se non placent. Ex hoc autem quod aliquis amat aliquem, contingit quod non placet ei per se poena eius, sed solum in ordine ad aliud, puta ad iustitiam, vel ad correctionem eius qui punitur. Et ideo ex amore provenit quod aliquis sit promptus ad diminuendum poenas, quod pertinet ad clementiam: et ex odio impeditur talis diminutio. Et propter hoc Tullius dicit quod *animus concitatus*

3. ADEMAIS, um mesmo vício não se opõe a diversas virtudes. Ora, um mesmo vício, a crueldade, opõe-se à mansidão e à clemência. Logo, parece que elas são, exatamente, a mesma coisa.

EM SENTIDO CONTRÁRIO, na referida definição de Sêneca, clemência é "a benignidade do superior para com o inferior". Ora, a mansidão não é só do superior para com o inferior, mas é também de qualquer pessoa para com outra. Logo, mansidão e clemência não são, exatamente, a mesma coisa.

RESPONDO. Como diz Aristóteles, a virtude moral tem por objeto as paixões e as ações. Ora, as paixões interiores são o princípio ou o impedimento das ações exteriores. Por isso, as virtudes que moderam as paixões colaboram, de certa forma, em relação ao mesmo efeito, com as virtudes que moderam as ações, embora sejam especificamente diferentes. Assim é que a justiça tem por objeto coibir o homem do furto, ao qual ele se inclina pelo amor e desejo desordenados do dinheiro, que são sofreados pela liberalidade. Esta, pois, colabora com a justiça nesse efeito que é o abster-se do furto. É preciso levar isso em conta, neste nosso caso, porque é a paixão da ira que nos leva a aplicar um castigo mais forte. À clemência, ao contrário, cabe, diretamente, amenizar os castigos, o que poderia ser impedido pela cólera excessiva. Portanto, a mansidão, refreando o ímpeto da ira, colabora com a clemência, para produzir o mesmo efeito. No entanto, elas são virtudes distintas, pois a clemência modera o castigo exterior e a mansidão tem por função própria amainar a paixão da ira[a].

QUANTO AO 1º, portanto, deve-se dizer que a mansidão refere-se, propriamente, ao desejo mesmo de vingança, ao passo que a clemência visa às penas impostas exteriormente, a título de vingança.

QUANTO AO 2º, deve-se dizer que a afetividade humana tende a diminuir aquilo que não nos agrada. Ora, o amor que nutrimos por alguém faz com que o seu castigo, em si mesmo, não nos agrade e só o admitimos em vista de outra coisa, como a justiça ou a correção do culpado. Por isso, o amor nos torna dispostos a minorar as penas, o que constitui a clemência; e o ódio, ao contrário, veta essa diminuição. Tal a razão por que Túlio diz que "a alma incitada pelo ódio",

---

5. C. 2: 1104, b, 13-16.

a. Parece que a distinção aqui proposta responde bem ao uso corrente dos termos clemência e mansidão;embora os utilizemos muitas vezes como sinônimos.

in odium, scilicet ad gravius puniendum, *per clementiam retinetur*, ne scilicet acriorem poenam inferat: non quod clementia sit directe odii moderativa, sed poenae.

AD TERTIUM dicendum quod mansuetudini, quae est directe circa iras, proprie opponitur vitium *iracundiae*, quod importat excessum irae. Sed *crudelitas* importat excessum in puniendo. Unde dicit Seneca, in II *de Clem.*[6], quod *crudeles vocantur qui puniendi causam habent, modum non habent*. — Qui autem in poenis hominum propter se delectantur, etiam sine causa, possunt dici *saevi* vel *feri*, quasi affectum humanum non habentes, ex quo naturaliter homo diligit hominem.

isto é, incitada a punir com dureza, "deixa-se conter pela clemência", para não afligir uma pena por demais severa; não que a clemência modere, diretamente, o ódio, mas a pena.

QUANTO AO 3º, deve-se dizer que à mansidão, cujo objeto direto é a ira, opõe-se, propriamente, o vício da iracúndia, que implica excesso de ira. A crueldade, ao invés, implica desmando no castigar. Por isso, diz Sêneca, "chamam-se cruéis os que têm motivo para punir, mas não têm medidas no fazê-lo". E quanto aos que gostam de castigar os outros, mesmo sem motivo, pode-se chamá-los de selvagens ou ferozes, por não terem aquele sentimento humano pelo qual o homem ama naturalmente o homem.

ARTICULUS 2
Utrum tam clementia quam mansuetudo sit virtus

AD SECUNDUM SIC PROCEDITUR. Videtur quod neque clementia neque mansuetudo sit virtus.

1. Nulla enim virtus alteri virtuti opponitur. Sed utraque videtur opponi *severitati*, quae est quaedam virtus. Ergo neque clementia neque mansuetudo est virtus.

2. PRAETEREA, *virtus corrumpitur per superfluum et diminutum*. Sed tam clementia quam mansuetudo in diminutione quadam consistunt: nam clementia est diminutiva poenarum, mansuetudo autem est diminutiva irae. Ergo neque clementia neque mansuetudo est virtus.

3. PRAETEREA, mansuetudo, sive mititas, ponitur, Mt 5,4, inter beatitudines; et inter fructus, Gl 5,23. Sed virtutes differunt et a beatitudinibus et a fructibus. Ergo non continetur sub virtute.

SED CONTRA est quod Seneca dicit, in II *de Clem.*[1]: *Clementiam et mansuetudinem omnes boni viri praestabunt*. Sed virtus est proprie quae pertinet ad bonos viros: nam *virtus est quae bonum facit habentem, et opus eius bonum reddit*, ut dicitur in II *Ethic.*[2]. Ergo clementia et mansuetudo sunt virtutes.

RESPONDEO dicendum quod ratio virtutis moralis consistit in hoc quod appetitus rationi subdatur:

ARTIGO 2
A clemência e a mansidão são virtudes?

QUANTO AO SEGUNDO, ASSIM SE PROCEDE: parece que a clemência e a mansidão **não** são virtudes.

1. Com efeito, nenhuma virtude se opõe a outra. Ora, essas duas virtudes parecem se opor à virtude da severidade. Logo, nem a clemência nem a mansidão são virtudes.

2. ALÉM DISSO, a virtude se destrói pelo que é demais e pelo que é de menos. Ora, tanto a clemência como a mansidão implicam certa diminuição, porque aquela diminui a pena e esta diminui a ira. Logo, nem uma nem outra são virtudes.

3. ADEMAIS, a mansidão, ou a doçura, é afirmada no Evangelho entre as bem-aventuranças, e entre os frutos, na Carta aos Gálatas. Ora, as virtudes diferem das bem-aventuranças e dos frutos. Logo, a mansidão não está entre as virtudes.

EM SENTIDO CONTRÁRIO, afirma Sêneca: "Todos os homens de bem primam pela clemência e pela mansidão". Ora, a virtude é a característica dos homens de bem, pois, Aristóteles ensina que "a virtude torna bom quem a tem e boas as suas obras". Logo, a clemência e a mansidão são virtudes.

RESPONDO. A essência da virtude moral está na subordinação do apetite à razão, como demonstra o

---

6. C. 4: ed. cit., p. 254, ll. 15-16.

PARALL.: *In Matth.*, c. 5; IV *Ethic.*, lect. 13.

1. C. 5: ed. C. Hosius, Lipsiae 1910, p. 255, ll. 6-7.
2. C. 5: 1106, a, 15-23.

ut patet per Philosophum, in I *Ethic.*³. Hoc autem servatur tam in clementia quam in mansuetudine: nam clementia in diminuendo poenas *aspicit ad rationem*, ut Seneca dicit, in II *de Clem.*⁴; similiter etiam mansuetudo secundum rationem rectam moderatur iras, ut dicitur in IV *Ethic.*⁵. Unde manifestum est quod tam clementia quam mansuetudo est virtus.

AD PRIMUM ergo dicendum quod mansuetudo non directe opponitur severitati: nam mansuetudo est circa iras, severitas autem attenditur circa exteriorem inflictionem poenarum. Unde secundum hoc, videretur magis opponi clementiae, quae etiam circa exteriorem punitionem consideratur, ut dictum est⁶. Non tamen opponitur: eo quod utrumque est secundum rationem rectam. Nam severitas inflexibilis est circa inflictionem poenarum quando hoc recta ratio requirit: clementia autem diminutiva est poenarum etiam secundum rationem rectam, quando scilicet oportet, et in quibus oportet. Et ideo non sunt opposita: quia non sunt circa idem.

AD SECUNDUM dicendum quod, secundum Philosophum, in IV *Ethic.*⁷, *habitus qui medium tenet in ira, est innominatus; et ideo virtus nominatur a diminutione irae, quae significatur nomine mansuetudinis*: eo quod virtus propinquior est diminutioni quam superabundantiae, propter hoc quod naturalius est homini appetere, vindictam iniuriarum illatarum quam ab hoc deficere; quia *vix alicui nimis parvae videntur iniuriae sibi illatae*, ut dicit Sallustius⁸.

Clementia autem est diminutiva poenarum, non quidem in respectu ad id quod est secundum rationem rectam, sed in respectu ad id quod est secundum legem communem, quam respicit iustitia legalis: sed propter aliqua particularia considerata, clementia diminuit poenas, quasi decernens hominem non esse magis puniendum. Unde dicit Seneca, in II *de Clem.*⁹: *Clementia hoc primum praestat, ut quos dimittit, nihil aliud*

Filósofo. Ora, isso acontece tanto com a clemência quanto com a mansidão. A clemência, com efeito, ao suavizar os castigos, "inspira-se na razão", como diz Sêneca e, da mesma forma, a mansidão controla a ira, de acordo com a reta razão, se diz no livro IV da *Ética*. Conclui-se, portanto, que a clemência e a mansidão são virtudes.

QUANTO AO 1º, portanto, deve-se dizer que a mansidão não se opõe, diretamente, à severidade, pois o seu objeto é a ira, enquanto que o objeto da severidade é a aplicação externa do castigo. Nesse sentido, pareceria opor-se mais à clemência, que também se ocupa com o castigo exterior, como foi dito. Mas não se opõe a ela, porque ambas se inspiram na reta razão. De fato, a severidade é inflexível no infligir castigos, quando assim o exige a reta razão. A clemência, ao contrário, tende a minimizá-los, também segundo a reta razão, quando e para quem é necessário. Portanto, elas não são opostas, já que não têm o mesmo objeto ᵇ.

QUANTO AO 2º, deve-se dizer que segundo o Filósofo, "não tem nome o hábito que faz manter o meio-termo na ira e, por isso, a virtude é denominada pela diminuição da ira, chamada pelo nome de mansidão", visto que a virtude está mais próxima da diminuição do que do excesso, por ser mais natural ao homem desejar a vingança das injúrias sofridas do que deixar de o fazer. Com efeito, diz Salústio, "não há pessoa que julgue muito pequenas as ofensas que lhe forem feitas".

A clemência, por sua vez, suaviza os castigos, não, propriamente, em relação ao que dita a reta razão, mas a lei comum, objeto da justiça legal. Mas ela diminui as penas, levada pela consideração de algumas particularidades, percebendo, por assim dizer, que a pessoa não deve ser mais punida. Daí o dizer de Sêneca: "A primeira marca da clemência é deixar claro que aqueles a quem perdoa não devem continuar sofrendo, pois o perdão

---

3. C. 13: 1103, a, 1-3.
4. C. 5: ed. cit., p. 255, ll. 12-13.
5. C. 11: 1125, b, 31-1126, a, 1.
6. A. praec.
7. C. 11: 1125, b, 26-29. Cfr. l. II, c. 7: 1108, a, 4-9.
8. *De Catilinae Coniur.*, c. 51: ed. R. Dietsch, Lipsiae 1884, p. 26, l. 25.
9. C. 7: ed. cit., p. 258, ll. 23-25.

b. Se a expressão "severo mas justo" nos parece plena de sentido, teríamos dificuldade em dizer "severo mas cheio de clemência". Não haveria casos nos quais a reta razão dite a severidade e outros casos nos quais essa mesma razão recomende a clemência? É sem dúvida nesse sentido que se deve interpretar Sto. Tomás; seria menos uma questão de pontos de vista complementares do que de oportunidades contingentes.

illos pati debuisse pronuntiat: venia vero debitae poenae remissio est. Ex quo patet quod clementia comparatur ad severitatem sicut epieikeia ad iustitiam legalem, cuius pars est severitas quantum ad inflictionem poenarum secundum legem. Differt tamen clementia ab epieikeia, ut infra dicetur.

AD TERTIUM dicendum quod beatitudines sunt actus virtutum, fructus autem sunt delectationes de actibus virtutum. Et ideo nihil prohibet mansuetudinem poni et virtutem et beatitudinem et fructum.

ARTICULUS 3
Utrum clementia et mansuetudo sint partes temperantiae

AD TERTIUM SIC PROCEDITUR. Videtur quod praedictae virtutes non sint partes temperantiae.

1. Clementia enim est diminutiva poenarum, ut dictum est[1]. Hoc autem Philosophus, in V *Ethic.*[2], attribuit epieikeiae, quae pertinet ad iustitiam, ut supra[3] habitum est. Ergo videtur quod clementia non sit pars temperantiae.

2. PRAETEREA, temperantia est circa concupiscentias. Mansuetudo autem et clementia non respiciunt concupiscentias, sed magis iram et vindictam. Non ergo debent poni partes temperantiae.

3. PRAETEREA, Seneca dicit, in II *de Clem.*[4]: *Cui voluptati saevitia est, possumus insaniam vocare.* Hoc autem opponitur clementiae et mansuetudini. Cum ergo insania opponatur prudentiae, videtur quod clementia et mansuetudo sint partes prudentiae, magis quam temperantiae.

SED CONTRA est quod Seneca dicit, in II *de Clem.*[5], quod *clementia est temperantia animi in potestate ulciscendi.* Tullius etiam[6] ponit clementiam partem temperantiae.

RESPONDEO dicendum quod partes assignantur virtutibus principalibus secundum quod imitantur ipsas in aliquibus materiis secundariis, quantum ad modum ex quo principaliter dependet laus virtutis, unde et nomen accipit: sicut modus et nomen iustitiae in quadam *aequalitate* consistit; fortitudinis

da pena devida é a remissão dela". Fica, assim, patente que a clemência está para a severidade como a epiqueia está para a justiça legal, sendo a severidade uma parte desta, quanto à aplicação da pena prevista em lei. Mas a clemência difere da epiqueia, como a seguir se verá.

QUANTO AO 3º, deve-se dizer que as bem-aventuranças são atos de virtude; os frutos, prazeres decorrentes desses atos. Não há, pois, inconveniente em classificar a mansidão como virtude, como bem-aventurança e como fruto.

ARTIGO 3
A clemência e a mansidão são partes da temperança?

QUANTO AO TERCEIRO, ASSIM SE PROCEDE: parece que a clemência e a mansidão **não** são partes da temperança.

1. Com efeito, a clemência visa diminuir as penas, como foi dito. Ora, isso o Filósofo atribui à epiqueia, que faz parte da justiça, como já se viu. Logo, parece que a clemência não é parte da temperança.

2. ALÉM DISSO, a temperança tem por matéria as concupiscências. Ora, a mansidão e a clemência não têm como matéria as concupiscências, mas a ira e a vingança. Logo, não devem ser consideradas partes da temperança.

3. ADEMAIS, segundo Sêneca, "podemos chamar de insânia assumir a crueldade como um prazer". Ora, isso se opõe à clemência e à mansidão. Logo, sendo a insânia o oposto da prudência, parece que a clemência e a mansidão fazem parte antes da prudência do que da temperança.

EM SENTIDO CONTRÁRIO, o próprio Sêneca diz que "a clemência é a temperança da alma no praticar a vingança". E Túlio também vê a clemência como parte da temperança.

RESPONDO. Consideram-se como partes das virtudes principais aquelas que as imitam em algumas matérias secundárias, quanto ao modo do qual depende principalmente sua dignidade de virtude e do qual, por isso, recebem o nome. Assim, o modo e o nome da justiça designam certa

---

3 PARALL.: Supra, q. 143; infra, q. 161, a. 4; II *Sent.*, dist. 44, q. 2, a. 1, ad 3; III, dist. 33, q. 3, a. 2, q.la 1, ad 2.

1. Art. 1, 2.
2. C. 14: 1138, a, 3.
3. Q. 120, a. 2.
4. C. 4: ed. C. Hosius, Lipsiae 1910, p. 254, ll. 12-13.
5. C. 3: ed. cit., p. 253, ll. 14-15.
6. *De invent. rhet.*, l. II, c. 54: ed. C. F. W. Mueller, Lipsiae 1893, p. 231, l. 18.

autem in quadam *firmitate*; temperantiae autem in quadam *refrenatione*, inquantum scilicet refrenat concupiscentias vehementissimas delectationum tactus. Clementia autem et mansuetudo similiter in quadam refrenatione consistit: quia scilicet clementia est diminutiva poenarum, mansuetudo vero est mitigativa irae, ut ex dictis[7] patet. Et ideo tam clementia quam mansuetudo adiunguntur temperantiae sicut virtuti principali. Et secundum hoc ponuntur partes ipsius.

AD PRIMUM ergo dicendum quod in diminutione poenarum duo sunt consideranda. Quorum unum est quod diminutio poenarum fiat secundum intentionem legislatoris, licet non secundum verba legis. Et secundum hoc, pertinet ad epieikeiam. — Aliud autem est quaedam moderatio affectus, ut homo non utatur sua potestate in inflictione poenarum. Et hoc proprie pertinet ad clementiam: propter quod Seneca dicit[8] quod est *temperantia animi in potestate ulciscendi*. Et haec quidem moderatio animi provenit ex quadam dulcedine affectus, qua quis abhorret omne illud quod potest alium tristare. Et ideo dicit Seneca[9] quod clementia est quaedam *lenitas* animi. Nam e contrario austeritas animi videtur esse in eo qui non veretur alios contristare.

AD SECUNDUM dicendum quod adiunctio virtutum secundariarum ad principalis magis attenditur secundum modum virtutis, qui est quasi quaedam forma eius, quam secundum materiam. Mansuetudo autem et clementia conveniunt cum temperantia in modo, ut dictum est[10], licet non conveniant in materia.

AD TERTIUM dicendum quod *insania* dicitur per corruptionem *sanitatis*. Sicut autem sanitas corporalis corrumpitur per hoc quod corpus recedit a debita complexione humanae speciei, ita etiam

igualdade; os da fortaleza, alguma firmeza; os da temperança, algo como um freio, na medida em que ela reprime as concupiscências tão fortes dos prazeres do tato. Ora, a clemência e a mansidão implicam também esse tipo de repressão, pois a clemência diminui as penas e a mansidão abranda a cólera, como já foi dito. Por isso, tanto uma como outra ligam-se à temperança como à virtude principal e, sob esse aspecto, são partes dela.

QUANTO AO 1º, portanto, deve-se dizer que na diminuição das penas importa analisar duas coisas. Primeiro, ela deve ser praticada segundo a intenção do legislador, mesmo a despeito dos termos da lei. E nesse sentido, essa diminuição se refere à epiqueia. — Em segundo lugar, deve haver algum sentimento de moderação ao se utilizar o poder de infligir as penas. E isso é que é a clemência, definida por Sêneca como "a temperança da alma no praticar a vingança"[c]. Na verdade, essa moderação da alma provém de certa doçura afetiva, pela qual se aborrece tudo o que pode entristecer a outrem. Por isso, diz Sêneca que a clemência é uma brandura interior, enquanto que a dureza da alma é o que caracteriza os que não receiam contristar os outros.

QUANTO AO 2º, deve-se dizer que a ligação das virtudes secundárias com as principais funda-se mais no modo de virtude, que é, por assim dizer, a sua forma, do que na sua matéria. Ora, a mansidão e a clemência coincidem com a temperança no modo, como foi dito, embora não coincidam na matéria.

QUANTO AO 3º, deve-se dizer que se fala de insânia como a ruína da sanidade. Ora, assim como a sanidade corporal se destrói quando foge à compleição própria da espécie humana, assim

---

7. Art. 1, 2.
8. C. 3: ed. cit., p. 253, ll. 14-15.
9. C. 3: ed. cit., p. 253, l. 15.
10. In corp.

c. A intervenção da noção de *epikia* (equidade) permite voltarmos a tratar das relações entre clemência e severidade, expressas na nota precedente, e de esboçar um quadro mais completo das virtudes envolvidas na justa determinação de uma pena.

Usualmente, e em primeira análise, é a severidade que é invocada para que, em conformidade à reta razão, a justiça seja feita.

Pode ocorrer todavia que uma aplicação "severa" das penas vá de encontro à intenção do legislador. Nesse caso, intervirá essa forma eminente da justiça que é a *epikia* (ver o tratado da justiça, II-II, q. 120); e o objetivo do legislador prevalecerá sobre a letra da lei e sua severidade.

O que não impede que uma certa suavidade de alma seja encorajada pela razão, suavidade que, sem prejuízo da lei, moderará os rigores da justiça e fará afirmar: neste caso preciso, não seria razoável castigar ainda mais este réu, seria desproporcional à sua culpa. É então a clemência que se exerce.

O perdão é outra coisa ainda. Supõe que a pena seja inteiramente merecida em seu rigor, mas que essa pena seja comutada. O perdão pode igualmente ser ditado pela razão.

insania secundum animam accipitur per hoc quod anima humana recedit a debita dispositione humanae speciei. Quod quidem contingit et secundum rationem, puta cum aliquis usum rationis amittit: et quantum ad vim appetitivam, puta cum aliquis amittit affectum humanum, secundum quem *homo naturaliter est omni homini amicus*, ut dicitur in VIII *Ethic*.[11]. Insania autem quae excludit usum rationis, opponitur prudentiae. Sed quod aliquis delectetur in poenis hominum dicitur esse insania, quia per hoc videtur homo privatus affectu humano, quem sequitur clementia.

Articulus 4
Utrum clementia et mansuetudo sint potissimae virtutes

AD QUARTUM SIC PROCEDITUR. Videtur quod clementia et mansuetudo sint potissimae virtutes.

1. Laus enim virtutis praecipue consistit ex hoc quod ordinat hominem ad beatitudinem, quae in Dei cognitione consistit. Sed mansuetudo maxime ordinat hominem ad Dei cognitionem: dicitur enim Iac 1,21: *In mansuetudine suscipite insitum verbum*; et Eccli 5,13: *Esto mansuetus ad audiendum verbum Dei*; et Dionysius dicit, in epistola *ad Demophil.*[1], *Moysen propter multam mansuetudinem Dei apparitione dignum habitum*. Ergo mansuetudo est potissima virtutum.

2. PRAETEREA, tanto virtus aliqua potior esse videtur, quanto magis acceptatur a Deo et ab hominibus. Sed mansuetudo maxime videtur acceptari a Deo: dicitur enim Eccli 1,34-35, quod *beneplacitum est Deo fides et mansuetudo*. Unde et specialiter ad suae mansuetudinis imitationem Christus nos invitat, dicens: *Discite a me, quia mitis sum et humilis corde*: et Hilarius dicit[2] quod *per mansuetudinem mentis nostrae habitat Christus in nobis*. Est etiam hominibus acceptissima:

também a saúde mental se desfaz quando a alma humana se afasta da disposição normal da espécie humana. Isso, aliás, acontece relativamente à razão, quando, por exemplo, alguém perde o uso dela e também relativamente à potência apetitiva, quando, por exemplo, alguém perde os sentimentos humanos que tornam o homem naturalmente amigo do homem, como Aristóteles diz. Ora, a insânia que elimina o uso da razão, se opõe à prudência; e diz-se que é insânia deleitar-se alguém com os castigos alheios, pois nisso parece estar privado dos sentimentos humanos, que inspiram a clemência[d].

Artigo 4
A clemência e a mansidão são as virtudes mais importantes?

QUANTO AO QUARTO, ASSIM SE PROCEDE: parece que a clemência e a mansidão **são** as virtudes mais importantes[e].

1. Com efeito, o mérito da virtude está, acima de tudo, em ordenar o homem à felicidade, que consiste no conhecimento de Deus. Ora, é a mansidão, sobretudo, que o leva a esses conhecimentos, conforme diz a Escritura: "Acolhei com mansidão a palavra plantada em vós" e, noutro lugar: "Sêde mansos para ouvir a palavra de Deus". E Dionísio declara: "Foi pela sua grande mansidão que Moisés mereceu a aparição de Deus". Logo, a mansidão é a mais importante das virtudes.

2. ALÉM DISSO, parece que uma virtude é tanto mais importante quanto mais aceita é de Deus e dos homens. Ora, a mansidão parece ser o que há de mais agradável a Deus, pois se diz no livro do Eclesiástico que "o seu beneplácito é a fidelidade e a mansidão". Por isso, Cristo nos convida, especialmente, a imitar sua mansidão, dizendo: "Sede discípulos meus, porque eu sou manso e humilde de coração". E Hilário proclama que "é pela mansidão do nosso coração que o Cristo

---

11. C. 1: 1155, a, 22.

1. Epist. 8: MG 3, 1084 A.
2. Comment. in Matth., super 4, 3, n. 3: ML 9, 932 C.

d. É interessante constatar que Sto. Tomás, que pode ser considerado como o tipo do "intelectual", e que com certeza situa a loucura no oposto da razão, também admita um tipo de insanidade que atinge a vontade e perverte os sentimentos. A saúde da razão não é tudo. É preciso também que sejam sadios os sentimentos e a vontade.

e. O número das virtudes que Sto. Tomás considera como podendo ser as mais importantes, é muito elevado. É que toda virtude é bela! O elogio que faz a Escritura da mansidão é particularmente impressionante. Por que não se perguntar se ela não seria a mais bela de todas as virtudes?

unde dicitur Eccli 3,19: *Fili, in mansuetudine perfice opera tua, et super hominum gloria diligeris*. Propter quod et Pr 20,28 dicitur quod *clementia thronus regius roboratur*. Ergo mansuetudo et clementia sunt potissimae virtutes.

3. PRAETEREA, Augustinus dicit, in libro *de Serm. Domini in Monte*[3], quod *mites sunt qui cedunt improbitatibus, et non resistunt in malo, sed vincunt in bono malum*. Hoc autem videtur pertinere ad misericordiam vel pietatem, quae videtur esse potissima virtutum: quia super illud 1Ti 4,8, *Pietas ad omnia utilis est*, dicit Glossa Ambrosii[4] quod *omnis summa religionis Christianae in pietate consistit*. Ergo mansuetudo et clementia sunt maxime virtutes.

SED CONTRA est, quia non ponuntur virtutes principales, sed adiunguntur alteri virtuti quasi principaliori.

RESPONDEO dicendum quod nihil prohibet aliquas virtutes non esse potissimas simpliciter nec quoad omnia, sed secundum quid et in aliquo genere. Non est autem possibile quod clementia et mansuetudo sint potissimae virtutes simpliciter. Quia laus earum attenditur in hoc quod retrahunt a malo, inquantum scilicet diminuunt iram vel poenam. Perfectius autem est consequi bonum quam carere malo. Et ideo virtutes quae simpliciter ordinant in bonum, sicut fides, spes, caritas, et etiam prudentia et iustitia, sunt simpliciter maiores virtutes quam clementia et mansuetudo.

Sed secundum quid, nihil prohibet mansuetudinem et clementiam habere quandam excellentiam inter virtutes quae resistunt affectionibus pravis. Nam ira, quam mitigat mansuetudo, propter suum impetum maxime impedit animum hominis ne libere iudicet veritatem. Et propter hoc, mansuetudo maxime facit hominem esse compotem sui: unde dicitur Eccli 10,31: *Fili, in mansuetudine serva animam tuam*. Quamvis concupiscentiae delectationem tactus, sint turpiores, et magis continue infestent: propter quod temperantia magis ponitur virtus principalis, ut ex dictis[5] patet. — Clementia vero, in hoc quod diminuit poenas, maxime videtur accedere ad caritatem, quae est potissima virtutum, per quam bona operamur ad proximos et eorum mala impedimus.

habita em nós". Ela é também plenamente aceita pelos homens, como se lê no livro do Eclesiástico: "Filho, age com mansidão em tudo o que fazes e será amado acima da glória dos homens". Por isso, se diz no livro dos Provérbios: "O trono do rei é fortificado pela clemência". Logo, a mansidão e a clemência são as virtudes mais excelentes.

3. ADEMAIS, diz Agostinho que "mansos são os que se resignam diante das maldades e não resistem ao mal, mas o vencem com o bem". Ora, isso parece próprio da misericórdia ou da piedade, que parece ser a mais importante das virtudes, pois ao comentar a primeira Carta a Timóteo: "A piedade é útil para tudo", diz a Glosa de Ambrósio: "A suma de toda a religião cristã está na piedade". Logo, a mansidão e a clemência são as virtudes maiores.

EM SENTIDO CONTRÁRIO, elas não são consideradas como virtudes principais, mas como anexas a outra virtude mais excelentes que elas.

RESPONDO. Nada impede que algumas virtudes, que não são as mais importantes, de modo absoluto e universal, venham a sê-lo, de certa maneira e em determinado gênero. Ora, não é possível que a clemência e a mansidão sejam, absolutamente falando, as virtudes mais importantes, porque o seu mérito consiste em afastar o mal, na medida em que atenuam a ira ou o castigo. Mas é mais perfeito buscar o bem do que se abster do mal. Essa a razão por que as virtudes que nos orientam, diretamente, para o bem, como a fé, a esperança, a caridade e também a prudência e a justiça são, absolutamente falando, virtudes maiores que a clemência e a mansidão.

Consideradas relativamente, porém, nada impede que a mansidão e a clemência tenham certa excelência entre as virtudes de resistência às afeições más. Assim, a ira, que a mansidão amaina, impede, ao máximo, pelo seu impulso, que o espírito humano julgue livremente a verdade. E, por isso, a mansidão é a virtude ideal para tornar o homem senhor de si próprio. Donde a recomendação do livro do Eclesiástico: "Filho, conserva tua alma com mansidão". Apesar disso, visto que os desejos dos prazeres sensíveis são mais torpes e frequentes, por isso a temperança é considerada virtude principal, como foi dito.

Quanto à clemência, pelo fato de diminuir as penas, parece aproximar-se mais da caridade, a

---

3. L. I, c. 2, n. 4: ML 34, 1232.
4. LOMBARDI: ML 192, 348 D.
5. Q. 141, a. 7, ad 2.

AD PRIMUM ergo dicendum quod mansuetudo praeparat hominem ad Dei cognitionem removendo impedimentum. Et hoc dupliciter. Primo quidem, faciendo hominem compotem sui per diminutionem irae, ut dictum est[6]. Alio modo, quia ad mansuetudinem pertinet quod homo non contradicat verbis veritatis, quod plerumque aliqui faciunt ex commotione irae. Et ideo Augustinus dicit, in II *de Doct. Christ.*[7], quod *mitescere est non contradicere divinae Scripturae: sive intellectae, si aliqua vitia nostra percutit; sive non intellectae, quasi nos melius et verius sapere et praecipere possemus.*

AD SECUNDUM dicendum quod mansuetudo et clementia reddunt hominem Deo et hominibus acceptum, secundum quod concurrunt in eundem effectum cum caritate, quae est maxima virtutum: scilicet in subtrahendo mala proximorum.

AD TERTIUM dicendum quod misericordia et pietas conveniunt quidem cum mansuetudine et clementia, inquantum concurrunt in eundem effectum, qui est prohibere mala proximorum. Differunt tamen quantum ad motivum. Nam pietas removet mala proximorum ex reverentia quam habet ad aliquem superiorem, puta Deum vel parentem. Misericordia vero removet mala proximorum ex hoc quod in eis aliquis contristatur inquantum aestimat eas ad se pertinere, ut supra[8] dictum est: quod provenit ex amicitia, quae facit amicos de eisdem gaudere et tristari. Mansuetudo vero hoc facit inquantum removet iram incitantem ad vindictam. Clementia vero hoc facit ex animi lenitte, inquantum iudicat esse aequum ut aliquis non amplius puniatur.

maior de todas as virtudes, pela qual fazemos o bem ao próximo e lhe evitamos o mal.

QUANTO AO 1º, portanto, deve-se dizer que a mansidão predispõe o homem ao conhecimento de Deus, removendo-lhe os obstáculos, de duas maneiras: primeiro, tornando-o, pela diminuição da ira, senhor de si mesmo; depois, porque é próprio da mansidão impedir o homem de se opor às palavras da verdade, o que alguns, muitas vezes, fazem, arrebatados pela raiva. Por isso, diz Agostinho: "Ser manso é não contradizer a sagrada Escritura, seja quando, entendendo-a, ela fustiga certos vícios nossos, seja quando não a entendendo, como se pudéssemos ser mais sábios e mandar melhor"[f].

QUANTO AO 2º, deve-se dizer que a mansidão e a clemência tornam o homem agradável a Deus e aos homens, porque produzem o mesmo efeito que a caridade, a maior de todas as virtudes, a saber, livrar o próximo do mal.

QUANTO AO 3º, deve-se dizer que realmente, a misericórdia e a piedade coincidem com a mansidão e a clemência, enquanto geram o mesmo efeito que elas, ou seja, livrar o próximo do mal. Diferem, porém, pela motivação, pois a piedade remove os males do próximo, pela reverência que tem por um superior, como Deus ou os pais, ao passo que a misericórdia afasta os males do próximo, porque sente tristeza por eles, como se fossem seus, segundo foi dito, e isso provém da amizade que faz os amigos se alegrarem e se entristecerem com as mesmas coisas. A mansidão produz isso, removendo a ira, que leva à vingança. E a clemência o faz, pela doçura interior, julgando razoável que alguém não seja tão castigado.

---

6. In corp.
7. C. 7, n. 9: ML 34, 39.
8. Q. 30, a. 2.

f. Resulta desse texto que a Palavra de Deus tem o dom de irritar o homem pecador, e isto por duas razões: ela o julga e o provoca por seu caráter paradoxal.

QUAESTIO CLVIII
DE IRACUNDIA
in octo articulos divisa

Deinde considerandum est de vitiis oppositis. Et primo, de iracundia, quae opponitur mansuetudini; secundo, de crudelitate, quae opponitur clementiae.

QUESTÃO 158
A IRA
em oito artigos

Em seguida, deve-se tratar dos vícios opostos à clemência e à mansidão. Primeiro, da ira, que se opõe à mansidão. Depois, da crueldade, que se opõe à clemência.

Circa iracundiam quaeruntur octo.
Primo: utrum irasci possit aliquando esse licitum.
Secundo: utrum ira sit peccatum.
Tertio: utrum sit peccatum mortale.
Quarto: utrum sit gravissimum peccatorum.
Quinto: de speciebus irae.
Sexto: utrum ira sit vitium capitale.
Septimo: quae sint filiae eius.
Octavum: utrum habeat vitium oppositum.

Sobre a ira, oito questões:
1. É lícito irar-se, às vezes?
2. A ira é pecado?
3. É pecado mortal?
4. É o maior dos pecados?
5. Quais as espécies de ira?
6. É a ira um pecado capital?
7. Quais são suas filhas?
8. Há algum vício oposto à ira?[a]

Articulus 1
Utrum irasci possit esse licitum

AD PRIMUM SIC PROCEDITUR. Videtur quod irasci non possit esse licitum.

1. Hieronymus enim[1], exponens illud Mt 5,22, *Qui irascitur fratri suo* etc., dicit: *In quibusdam codicibus additur, "sine causa": ceterum in veris definita sententia est, et ira penitus tollitur.* Ergo irasci nullo modo est licitum.

2. PRAETEREA, secundum Dionysium, 4 cap. *de Div. Nom.*[2], *malum animae est sine ratione esse.* Sed ira semper est sine ratione. Dicit enim Philosophus, in VII *Ethic.*[3], quod *ira non perfecte audit rationem.* Et Gregorius dicit, V *Moral.*[4], quod *cum tranquilitatem mentis ira diverberat, dilaniatam quodammodo scissamque perturbat.* Et Cassianus dicit, in libro *de Institutis Coenobiorum*[5]: *Qualibet ex causa iracundiae motus effervens, excaecat oculum cordis.* Ergo irasci semper est malum.

3. PRAETEREA, ira est *appetitus vindictae,* ut dicit Glossa[6] super Lv 19,17, *Non oderis fratrem tuum in corde tuo.* Sed appetere ultionem non videtur esse licitum, sed hoc Deo est reservandum: secundum illud Dt 32,35: *Mea est ultio.* Ergo videtur quod irasci semper sit malum.

4. PRAETEREA, omne illud quod abducit nos a divina similitudine, est malum. Sed irasci semper abducit nos a divina similitudine: quia Deus *cum*

Artigo 1
Pode ser lícito irar-se?

QUANTO AO PRIMEIRO ARTIGO, ASSIM SE PROCEDE: parece que irar-se **não** pode ser lícito.

1. Com efeito, Jerônimo, expondo o texto do Evangelho de Mateus: "Todo aquele que se encolerizar contra seu irmão", diz: "Certos manuscritos acrescentam: sem causa, mas nos melhores esse acréscimo não existe, sendo a ira totalmente excluída". Logo, de nenhum modo é lícito irar-se.

2. ALÉM DISSO, segundo Dionísio, "o mal da alma é agir sem razão". Ora, a ira é sempre sem razão, pois o Filósofo diz que "a ira não obedece perfeitamente à razão". E Gregório afirma: "Quando a ira anula a tranquilidade da mente, ela, de certa forma, a dilacera e desorienta". E Cassiano ajunta: "Seja qual for a sua causa, o movimento efervescente da ira cega os olhos do coração". Logo, é sempre mau irar-se.

3. ADEMAIS, a ira é "o desejo de punição", como diz a Glosa a respeito do livro do Levítico: "Não tenhas nenhum pensamento de ódio contra o teu irmão". Ora, desejar punição não parece ser lícito, pois ela deve ser privativa de Deus, conforme o livro do Deuteronômio: "A mim pertence a vingança". Logo, parece que irar-se é sempre mau.

4. ADEMAIS, é mau tudo o que nos distancia da semelhança com Deus. Ora, a ira sempre nos afasta dessa semelhança, pois Deus "julga com

---

1   PARALL.: Part. III, q. 15, a. 9; III *Sent.*, dist. 15, q. 2, a. 2, q.la 2; *De Malo*, q. 12, a. 1; *De Dec. Praecept.*, c. de V Praecept.; *in Iob*, c. 17, lect. 1; *ad Ephes.*, c. 4, lect. 8.

1. *Comment. in Matth.*, l. I: ML 26, 36 C.
2. MG 3, 733 A.
3. C. 7: 1149, a, 26 — b, 3.
4. C. 45, al. 30, n. 78: ML 75, 723 D.
5. L. VIII, c. 6: ML 49, 333 A.
6. Ordin.: ML 113, 350 D.

a. Cada vez que encontramos um vício capital, a cólera, por exemplo, a lista dos artigos se estende. Com efeito, é preciso dar conta dos pecados que decorrem desse vício específico.

tranquilitate iudicat, ut habetur Sap 12,18. Ergo irasci semper est malum.

SED CONTRA est quod Chrysostomus dicit, *super Matth.*[7]: *Qui sine causa irascitur, reus erit: qui vero cum causa, non erit reus. Nam si ira non fuerit, nec doctrina proficit, nec iudicia stant, nec crimina compescuntur.* Ergo irasci non semper est malum.

RESPONDEO dicendum quod ira, proprie loquendo, est passio quaedam appetitus sensitivi, a qua vis *irascibilis* denominatur: ut supra[8] habitum est, cum de passionibus ageretur. Est autem hoc considerandum circa passiones animae, quod dupliciter in eis potest malum inveniri. Uno modo, ex ipsa specie passionis. Quae quidem consideratur secundum obiectum passionis. Sicut invidia secundum suam speciem importat quoddam malum: est enim tristitia de bono aliorum, quod secundum se rationi repugnat. Et ideo invidia, *max nominata, sonat aliquid mali*: ut Philosophus dicit, in II *Ethic.*[9]. Hoc autem non convenit irae, quae est appetitus vindictae: potest enim vindicta et bene et male appeti.

Alio modo invenitur malum in aliqua passione secundum quantitatem ipsius, idest secundum superabundantiam vel defectum ipsius. Et sic potest malum in vira inveniri: quando scilicet aliquis irascitur plus vel minus, praeter rationem rectam. Si autem aliquis irascatur secundum rationem rectam, tunc irasci est laudabile.

AD PRIMUM ergo dicendum quod Stoici iram et omnes alias passiones nominabant affectus quosdam praeter ordinem rationis existentes, et secundum hoc, ponebant iram et omnes alias passiones esse malas: ut supra[10] dictum est, cum de passionibus ageretur. Et secundum hoc accipit iram Hieronymus: loquitur enim de ira qua quis irascitur contra proximum quasi malum eius intendens. — Sed secundum Peripateticos, quorum sententiam magis approbat Augustinus, in IX *de*

serenidade", diz o livro da Sabedoria. Logo, irar-se é sempre mau.

EM SENTIDO CONTRÁRIO, Jerônimo, comentando o Evangelho de Mateus: "Quem se ira sem razão, será culpado; mas quem se ira com razão, não o será, pois sem a ira, a doutrina não aproveita, os tribunais não subsistem e não se reprimem os crimes". Logo, irar-se nem sempre é coisa má.

RESPONDO. A ira, propriamente falando, é uma paixão do apetite sensitivo. Dela vem o nome da potência irascível, como se viu antes, ao tratar das paixões. Ora, quanto às paixões da alma, é preciso observar que o mal pode residir nelas de dois modos. Em primeiro lugar, em razão da espécie mesma da paixão, que se determina pelo seu objeto. Assim, algum mal é da espécie da inveja, porque esta é a tristeza causada pelo bem dos outros, o que, por si mesmo, contraria a razão. Por isso, a inveja, segundo Aristóteles, basta nomeá-la e já nos desperta a lembrança de algo de mau. Isso, porém, não se aplica à ira, que é um desejo de punição e desejar punição pode ser bom e pode ser mau.

Em segundo lugar, o mal pode estar numa paixão quantitativamente, isto é, por excesso ou por deficiência. Assim, pode haver mal na ira, quando, por exemplo, a pessoa se encoleriza mais ou menos do que o exigiria a reta razão. Caso, porém, se irasse dentro do razoável, mereceria elogio.

QUANTO AO 1º, portanto, deve-se dizer que os estoicos, nomeavam a ira e as demais paixões como emoções que escapam à ordem da razão[b] e, por isso, as reputavam más, como foi dito tratando das paixões. É nesse sentido também que Jerônimo tomou a ira, pois se refere àquela raiva com que nos voltamos contra o próximo, desejando-lhe o mal. — Mas, segundo os peripatéticos, cuja opinião agrada mais a Agostinho, a ira e as outras paixões da alma são movimentos do apetite

---

7. *Opus imperf. in Matth.*, homil. 11, super 5, 22: MG 56, 690 A.
8. I-II, q. 25, a. 3, ad 1; q. 46, a. 1.
9. C. 6: 1107, a, 9-17.
10. I-II, q. 24, a. 2.

b. Literalmente, seria preciso traduzir: "Os estoicos davam o nome de cólera, ou em geral de paixão, a emoções que escapam à ordem da razão". Eles "davam o nome"; poderíamos com toda justiça perguntar se a oposição aqui assinalada entre estoicos e aristotélicos não é uma mera questão de palavras definidas diferentemente.
Não é o que parece. Estamos deveras na presença de duas antropologias divergentes. Ao definir as paixões como escapando à razão, os estoicos se pronunciam a favor de uma razão sem ressonâncias emotivas e passionais. A escolha de Aristóteles e de Sto. Tomás é igualmente fundamental: as paixões devem ser integradas, sob certas condições, na esfera da razão, logo é preciso dar-lhes uma definição moralmente neutra.

Civ. Dei[11], ira et aliae passiones animae dicuntur motus appetitus sensitivi, sive sint moderatae secundum rationem sive non. Et secundum hoc, ira non semper est mala.

AD SECUNDUM dicendum quod ira dupliciter se potest habet ad rationem. Uno quidem modo, antecedenter. Et sic trahit rationem a sua rectitudine: unde habet rationem mali. Alio modo, consequenter: prout scilicet appetitus sensitivus movetur contra vitia secundum ordinem rationis. Et haec ira est bona: quae dicitur *ira per zelum*. Unde Gregorius dicit, in V *Moral.*[12]: *Curandum summopere est ne ira, quae ut instrumentum virtutis assumitur, menti dominetur: ne quasi domina praeeat, sed velut ancilla ad obsequium parata, a rationis tergo nunquam recedat*. Haec autem ira, etsi in ipsa executione actus iudicium rationis aliqualiter impediat, non tamen rectitudinem rationis tollit. Unde Gregorius, ibidem, dicit quod *ira per zelum turbat rationis oculum: sed ira per vitium excaecat*. Non autem est contra rationem virtutis ut intermittatur deliberatio rationis in executione eius quod est a ratione deliberatum. Quia etiam ars impediretur in suo actu si, dum debet agere, deliberaret de agendis.

AD TERTIUM dicendum quod appetere vindictam propter malum eius qui puniendus est, illicitum est. Sed appetere vindictam propter vitiorum correctionem et bonum iustitiae conservandum, laudabile est. Et in hoc potest tendere appetitus sensitivus inquantum movetur a ratione. Et dum vindicta secundum ordinem iudicii fit, a Deo fit, cuius minister est potestas puniens, ut dicitur Rm 13,4.

AD QUARTUM dicendum quod Deo assimilari possumus et debemus in appetitu boni: sed in modo appetendi ei omnino assimilari non possumus; quia in Deo non est appetitus sensitivus, sicut in nobis, cuius motus debet rationi deservire. Unde Gregorius dicit, in V *Moral.*[13], quod *tunc* sensitivo, sejam ou não moderados pela razão. E, nesse sentido, nem sempre a ira é má.

QUANTO AO 2º, deve-se dizer que pode a ira relacionar-se de dois modos com a razão: primeiro, precedendo-a, e então a desvia da sua retidão e é um mal; em segundo lugar, vindo depois dela, quando o apetite sensitivo se põe contra os vícios opostos à razão, e aí se tem a ira boa, chamada "ira por zelo". Gregório fala assim dela: "Cumpre ter o máximo cuidado para que a ira, tomada como instrumento da virtude, não prevaleça sobre a inteligência, nem tome a dianteira como senhora, mas que seja como uma escrava disposta a servir e sem se afastar jamais da razão". Essa ira não suprime a retidão da razão, embora lhe acarrete, no momento da ação, algum impedimento. Por isso, Gregório, no mesmo lugar, diz que "a ira por zelo turva os olhos da razão, ao passo que a ira provocada por vício, cega-os". Não vai, porém, contra a essência da virtude que se suspenda, momentaneamente, a deliberação da razão, na execução do que foi por ela determinado[c], pois também a atividade artística ficaria impedida na sua execução se, quando deve agir, se pusesse a deliberar sobre o que deve fazer.

QUANTO AO 3º, deve-se dizer que não é lícito desejar a vingança buscando o mal de quem deve ser castigado. Mas é louvável desejar punição, para que se corrijam os vícios e se preserve o bem da justiça e para tanto pode tender o apetite sensitivo, enquanto movido pela razão. E quando a punição é praticada num julgamento correto, ela vem de Deus, cujo instrumento é o poder punitivo, como diz a Carta aos Romanos.

QUANTO AO 4º, deve-se dizer que devemos e podemos assemelhar-nos a Deus, pelo desejo do bem. Não podemos, contudo, de modo algum, assemelhar-nos a ele pelo modo de desejar, posto que em Deus não há, como há em nós, o apetite sensitivo, cujos movimentos precisam obedecer

---

11. C. 4: ML 41, 258.
12. C. 45, al. 30, in vet. 33, n. 83: ML 75, 727 B.
13. Loc. proxime cit., n. 83: ML 75, 727 B.

c. Essa asserção confirma a opção que fazíamos na nota precedente. É razoável, em certos casos, deixar a paixão agir, mesmo que a deliberação racional fique em suspenso. Sto. Tomás vai bem longe na consideração da paixão como moralmente aceitável.
  O leitor poderá remeter-se à questão 153, a. 2 desta mesma parte da Suma (questão sobre a luxúria). A posição é análoga: nem todo ato voluptuoso é necessariamente um pecado, mesmo que ele impeça momentaneamente a inteligência de considerar as realidades espirituais (r. 2).

robustius ratio contra vitia erigitur, cum ira subdita rationi famulatur.

Articulus 2
Utrum ira sit peccatum

AD SECUNDUM SIC PROCEDITUR. Videtur quod ira non sit peccatum.
1. Peccando enim demeremur. Sed *passionibus non demeremur, sicut neque vituperamur*, ut dicitur in II *Ethic*.[1]. Ergo nulla passio est peccatum. Ira autem est passio: ut supra[2] habitum est, cum de passionibus ageretur. Ergo ira non est peccatum.

2. PRAETEREA, in omni peccato est conversio ad aliquod commutabile bonum. Sed per iram non convertitur aliquis ad aliquod bonum commutabile, sed in malum alicuius. Ergo ira non est peccatum.

3. PRAETEREA, *nullus peccat in eo quod vitare non potest*, ut Augustinus dicit[3]. Sed iram homo vitare non potest: quia super illud Psalmi [Ps 4,5], *Irascimini et nolite peccare*, dicit Glossa[4] quod *motus irae non est in potestate nostra*. Philosophus etiam dicit, in VII *Ethic*.[5], quod *iratus cum tristitia operatur*: tristitia autem est contraria voluntati. Ergo ira non est peccatum.

4. PRAETEREA, peccatum est *contra naturam*, ut Damascenus dicit, in II libro[6]. Sed irasci non est contra naturam hominis: cum sit actus naturalis potentiae quae est irascibilis. Unde et Hieronymus dicit, in quadam epistola[7], quod *irasci est hominis*. Ergo ira non est peccatum.

SED CONTRA est quod Apostolus dicit, Eph 4,31: *Omnis indignatio et ira tollatur a vobis*.

Artigo 2
A ira é pecado?[d]

QUANTO AO SEGUNDO, ASSIM SE PROCEDE: parece que a ira **não** é pecado.
1. Com efeito, ao pecar perdemos os méritos. Ora, "com as paixões não perdemos os méritos nem somos reprovados", segundo se diz Aristóteles. Logo, nenhuma paixão é pecado e, se a ira é uma paixão, como foi dito, então não é pecado.

2. ALÉM DISSO, em todo pecado há a orientação a um bem passageiro. Ora, na ira não nos voltamos a um bem passageiro, mas ao mal de outrem. Logo, a ira não é pecado.

3. ADEMAIS, "Ninguém peca naquilo que não pode evitar", diz Agostinho. Mas o homem não pode evitar a ira, pois, a propósito do Salmo; "Irai-vos e não pequeis", a Glosa diz que "o movimento da ira não está em nosso poder". E o Filósofo também diz que "o irado age com tristeza". Ora, a tristeza é contrária à vontade. Logo, a ira não é pecado.

4. ADEMAIS, o pecado é "contra natureza", diz Damasceno. Ora, irar-se não é contra a natureza, porque ato de uma potência natural, a irascível. Por isso, também Jerônimo diz que "irar-se é próprio do homem". Logo, irar-se não é pecado.

EM SENTIDO CONTRÁRIO, diz o Apóstolo: "Qualquer cólera, gritaria, deve desaparecer do meio de vós".

---

2 PARALL.: Part. III, q. 15, a. 9; III *Sent.*, dist. 15, q. 2, a. 2, q.la 2; *De Malo*, q. 12, a. 2; *De Decem Praecept.*, c. *de V Praecept.*; *ad Ephes.*, c. 4, lect. 8.

1. C. 4: 1105, b, 31 — 1106, a, 2.
2. I-II, q. 46, a. 1.
3. *De lib. arb.*, l. III, c. 18, n. 50: ML 32, 1295.
4. Ordin.: ML 113, 349 B; LOMBARDI: ML 191, 86 C.
5. C. 7: 1149, b, 20-26.
6. *De fide orth.*, l. II, cc. 4, 30: MG 94, 876 A, 976 A.
7. Epist. 12, al. 45, *ad Anton. Monach.*: ML 22, 346.

d. Os artigos 1 e 2 estão estreitamente vinculados. O primeiro tem por objeto estabelecer que nem toda manifestação de cólera é necessariamente condenável; é com esse objetivo que Sto. Tomás põe em questão o verbo encolerizar-se. Não devemos por isso ignorar os desregramentos provocados por essa paixão a que chamamos de cólera; é ainda deliberadamente que Sto. Tomás, neste artigo 2, substitui o verbo ativo pelo substantivo *ira*. O ato nem sempre é condenável, a paixão tem uma incômoda propensão a escapar ao controle da razão, qualitativa e quantitativamente. É então um pecado.

RESPONDEO dicendum quod ira, sicut dictum est[8], proprie nominat quandam passionem. Passio autem appetitus sensitivi intantum est bona inquantum ratione regulatur: si autem ordinem rationis excludat, est mala. Ordo autem rationis in ira potest attendi quantum ad duo. Primo quidem, quantum ad appetibile in quod tendit, quod est vindicta. Unde si aliquis appetat quod secundum ordinem rationis fiat vindicta, est laudabilis irae appetitus, et vocatur *ira per zelum*. — Si autem aliquis appetat quod fiat vindicta qualitercumque contra ordinem rationis; puta si appetat puniri eum qui non meruit, vel ultra quam meruit, vel etiam non secundum legitimum ordinem, vel non propter debitum finem, qui est conservatio iustitiae et correctio culpae: erit appetitus irae vitiosus. Et nominatur *ira per vitium*.

Alio modo attenditur ordo rationis circa iram quantum ad modum irascendi: ut scilicet motus irae non immoderate fervescat, nec interius nec exterius. Quod quidem si praetermittatur, non erit ira absque peccato, etiam si aliquis appetat iustam vindictam.

AD PRIMUM ergo dicendum quod, quia passio potest esse regulata ratione vel non regulata, ideo secundum passionem absolute consideratam non importatur ratio meriti vel demeriti, seu laudis vel vituperii. Secundum tamen quod est regulata ratione, potest habere rationem meritorii et laudabilis: et e contrario, secundum quod non est regulata ratione, potest habere rationem demeriti et vituperabilis. Unde et Philosophus ibidem[9] dicit quod *laudatur vel vituperatur qui aliqualiter irascitur.*

AD SECUNDUM dicendum quod iratus non appetit malum alterius propter se, sed propter vindictam, in quam convertitur appetitus eius sicut in quoddam commutabile bonum.

AD TERTIUM dicendum quod homo est dominus suorum actuum per arbitrium rationis. Et ideo motus qui praeveniunt iudicium rationis, non sunt in potestate hominis in generali, ut scilicet nullus eorum insurgat: quamvis ratio possit quemlibet singulariter impedire ne insurgat. Et secundum hoc dicitur quod motus irae non est in potestate hominis: ita scilicet quod nullus insurgat. Quia tamen aliqualiter est in hominis potestate, non totaliter perdit rationem peccati, si sit inordinatus. — Quod autem Philosophus dicit, *iratum cum tristitia operari*, non est sic intelligendum quasi

RESPONDO. Com o termo "ira" designa-se, propriamente, uma paixão. Ora, uma paixão do apetite sensitivo é boa, quando regulada pela razão e má, em caso contrário. Mas a ordem racional na ira admite dupla consideração. Primeiro, quanto ao objeto apetecível a que ela tende, ou seja, a punição. Então, se se deseja que a punição se concretize dentro da ordem racional, esse apetite da ira é louvável e se chama ira por zelo. — Será, porém, um apetite viciado, se se deseja punir de qualquer modo, contra a ordem racional. Por exemplo, desejando castigar alguém que não o merece, ou além do que merece, ou ainda contra a ordem devida, ou enfim, não em vista da finalidade justa que é o cumprimento da justiça e a correção da culpa.

Em segundo lugar, a ordem racional na ira refere-se ao modo de irar-se, ou seja, que o movimento da cólera não assuma proporções exageradas, nem em nosso íntimo nem em nosso exterior. Faltando isso, a nossa ira não estará isenta de pecado, até mesmo em caso de justa punição.

QUANTO AO 1º, portanto, deve-se dizer que como a paixão pode ser regulada ou não pela razão, não é essencial a ela, absolutamente falando, a razão de mérito ou demérito, de louvor ou censura. Mas, quando regulada pela razão, pode apresentar-se como meritória ou elogiável e, ao contrário, quando não regulada pela razão, pode implicar demérito ou censura. Daí a palavra de Aristóteles, no mesmo lugar: "Quem, de alguma forma, é tomado pela ira, merece louvor ou censura".

QUANTO AO 2º, deve-se dizer que o irado não deseja o mal do outro em si mesmo, mas pela punição à qual tende o seu desejo como a um bem passageiro.

QUANTO AO 3º, deve-se dizer que o homem é senhor dos seus atos pelo arbítrio da razão. Por isso, os movimentos que antecedem o julgamento da razão não estão, geralmente, em seu poder, de tal sorte que nenhum deles apareça, embora a razão consiga impedir que apareça algum desses movimentos, em particular. E, nesse sentido, diz-se que não está no poder do homem impedir todo e qualquer movimento da ira. Mas como, de certo modo, ele depende do homem, não perde totalmente seu caráter pecaminoso, quando desordenado. — Quanto à palavra do Filósofo:

---

8. Art. praec.
9. C. 4: 1106, a, 1-2.

tristetur de eo quod irascitur: sed quia tristatur de iniuria quam aestimat sibi illatam, et ex hac tristitia movetur ad appetendum vindictam.

AD QUARTUM dicendum quod irascibilis in homine naturaliter subiicitur rationi. Et ideo actus eius intantum est homini naturalis inquantum est secundum rationem: inquantum vero est praeter ordinem rationis, est contra hominis naturam.

ARTICULUS 3
Utrum omnis ira sit peccatum mortale

AD TERTIUM SIC PROCEDITUR. Videtur quod omnis ira sit peccatum mortale.

1. Dicitur enim Iob 5,2: *Virum stultum interficit iracundia*: et loquitur de interfectione spirituali, a qua peccatum mortale denominatur. Ergo ira est peccatum mortale.

2. PRAETEREA, nihil meretur damnationem aeternam nisi peccatum mortale. Sed ira meretur damnationem aeternam: dicit enim Dominus, Mt 5,22: *Omnis qui irascitur fratri suo, reus erit iudicio*; ubi dicit Glossa[1] quod *per illa tria*, quae ibi tanguntur, scilicet, *iudicium, concilium* et *gehennam, diversae mansiones in aeterna damnatione, pro modo peccati, singulariter exprimuntur*. Ergo ira est peccatum mortale.

3. PRAETEREA, quidquid contrariatur caritati est peccatum mortale. Sed ira de se contrariatur caritati: ut patet per Hieronymum[2], super illud Mt 5,22, *Qui irascitur fratri suo* etc., ubi dicit quod hoc est contra proximi dilectionem. Ergo ira est peccatum mortale.

SED CONTRA est quod super illud Psalmi [Ps 4,5], *Irascimini et nolite peccare*, dicit Glossa[3]: *Venialis est ira quae non perducitur ad effectum*.

RESPONDEO dicendum quod motus irae potest esse inordinatus et peccatum dupliciter, sicut dictum est[4]. Uno modo, ex parte appetibilis: utpote cum aliquis appetit iniustam vindictam. Et sic ex genere suo ira est peccatum mortale: quia contrariatur caritati et iustitiae. Potest tamen contingere

"O homem irado age com tristeza", não se há de entendê-la no sentido de que ele se entristece por irar-se, mas que se entristece pela injúria que acredita ter-lhe sido feita e essa tristeza força-o a desejar punição.

QUANTO AO 4º, deve-se dizer que a irascível no homem subordina-se, por natureza, à razão. Por isso, seu ato é natural ao homem, na medida em que é segundo a razão, como é contrário à sua natureza, quando desobedece à ordem da razão.

ARTIGO 3
Toda ira é pecado mortal?

QUANTO AO TERCEIRO, ASSIM SE PROCEDE: parece que toda ira é pecado mortal.

1. Com efeito, está escrito: "A ira leva o tolo à morte", referindo-se à morte espiritual, donde o pecado mortal tira o seu nome. Logo, a ira é pecado mortal.

2. ALÉM DISSO, só o pecado mortal merece a condenação eterna. Ora, a ira merece a condenação eterna, pois o Senhor diz: "Todo aquele que se encolerizar contra seu irmão responderá por isso no tribunal" e a Glosa explica que os três pontos citados nesse texto, a saber, "tribunal, sinédrio e geena, significam as diferentes moradas de castigo eterno para os diversos gêneros de pecado". Logo, a ira é pecado mortal.

3. ADEMAIS, tudo o que se opõe à caridade é pecado mortal. Ora, a ira, se opõe, essencialmente, à caridade, como esclarece Jerônimo, comentando o Evangelho: "Todo aquele que se encolerizar contra o seu irmão...", onde afirma que isso é contrário ao amor do próximo. Logo, a ira é pecado mortal.

EM SENTIDO CONTRÁRIO, a propósito do Salmo: "Irai-vos e não pequeis", diz a Glosa: "É venial a ira que não se consuma".

RESPONDO. Pode o movimento da ira ser desordenado e constituir pecado de dois modos, como antes foi dito. O primeiro modo é por parte do que é desejado, quando, por exemplo, se almeja uma punição injusta. Nesse caso, a ira é pecado mortal em si mesma, por ferir a caridade e a

---

3 PARALL.: I-II, q. 88, a. 5, ad 1; *De Malo*, q. 7, a. 4, ad 1; q. 12, a. 3; *De Decem Praecept.*, c. *de V Praecept.*; *ad Galat.*, c. 5, lect. 5.

1. Cfr. Glossam ordin.: ML 114, 93 BC.
2. L. I: ML 26, 36 D.
3. Ordin.: ML 113, 349 C; LOMBARDI: ML 191, 86 C.
4. Art. praec.

quod talis appetitus sit peccatum veniale propter imperfectionem actus. Quae quidem imperfectio attenditur vel ex parte appetentis, puta cum motus irae praevenit iudicium rationis: vel etiam ex parte appetibilis, puta cum aliquis appetit in aliquo modico se vindicare, quod quasi nihil est reputandum, ita quod etiam si actu inferatur, non esset peccatum mortale; puta si aliquis parum trahat aliquem puerum per capillos, vel aliquid huiusmodi.

Alio modo potest esse motus irae inordinatus quantum ad modum irascendi: utpote si nimis ardenter irascatur interius, vel si nimis exterius manifestet signa irae. Et sic ira secundum se non habet ex suo genere rationem peccati mortalis. Potest tamen contingere quod sit peccatum mortale: puta si ex vehementia irae aliquis excidat a dilectione Dei et proximi.

AD PRIMUM ergo dicendum quod ex illa auctoritate non habetur quod omnis ira sit peccatum mortale, sed quod stulti per iracundiam spiritualiter occiduntur: inquantum scilicet, non refrenando per rationem motum irae, dilabuntur in aliqua peccata mortalia, puta in blasphemiam Dei vel in iniuriam proximi.

AD SECUNDUM dicendum quod Dominus verbum illud dixit de ira, quasi superaddens ad illud verbum legis, *Qui occiderit, reus erit iudicio*. Unde loquitur ibi Dominus de motu irae quo quis appetit proximi occisionem, aut quamcumque gravem laesionem: cui appetitui si consensus rationis superveniat, absque dubio erit peccatum mortale.

AD TERTIUM dicendum quod in illo casu in quo ira contrariatur caritati, est peccatum mortale: sed hoc non semper accidit, ut ex dictis[5] patet.

ARTICULUS 4
Utrum ira sit gravissimum peccatum

AD QUARTUM SIC PROCEDITUR. Videtur quod ira sit gravissimum peccatum.

justiça. Mas esse desejo pode ser pecado venial, pela imperfeição do ato. Tal imperfeição pode vir ou do sujeito que deseja, quando, por exemplo, o movimento da ira precede o juízo da razão, ou do objeto desejado, quando se tem vontade de punir de uma forma insignificante ou quase nula, de forma que essa vontade, malgrado concretizada, não seja pecado mortal, por exemplo, quando se puxam os cabelos de uma criança ou coisa parecida.

Em segundo lugar, o movimento da ira pode ser desordenado pelo modo com que nos iramos. Assim, por exemplo, quando interiormente nos encolerizamos demais ou quando manifestamos exteriormente exagerados sinais de raiva. Então, a ira não é em si mesma, por natureza, pecado mortal. Pode sê-lo, porém, se, por exemplo, pela impetuosidade dela, venhamos a nos afastar do amor de Deus e do próximo[e].

QUANTO AO 1º, portanto, deve-se dizer que do texto citado não se conclui que toda ira é pecado, mas que conduz à morte espiritual os tolos que, não refreando com a razão o movimento da ira, caem em certos pecados mortais, como a blasfêmia contra Deus ou a ofensa do próximo.

QUANTO AO 2º, deve-se dizer que o Senhor assim falou da ira como que completando o seguinte texto da lei: "Aquele que cometer um homicídio responderá por ele no tribunal". Portanto, ele aí se refere ao movimento da ira, pelo qual o homem deseja a morte ou uma lesão grave do próximo. E esse desejo, se contar com o consentimento da razão, será, sem dúvida, pecado mortal.

QUANTO AO 3º, deve-se dizer que no caso em que contraria a caridade, a ira é pecado mortal. Isso, porém, não acontece sempre, como antes se verificou.

ARTIGO 4
A ira é o pecado mais grave?

QUANTO AO TERCEIRO, ASSIM SE PROCEDE: parece que a ira é o pecado mais grave.

---

5. In corp.
PARALL.: I-II, q. 46, a. 6; *De Malo*, q. 12, a. 4.

e. Observemos bem a posição de Sto. Tomás. Se a cólera é injusta (objetivamente desregrada), ela é, salvo exceção, pecado mortal. Se a cólera é excessivamente violenta, ela é apenas, salvo exceção, um pecado venial. O que significa que Sto. Tomás considera como muito mais imoral a falta de caridade e de justiça do que a violência e a perda da razão. Um moderno teria com certeza mais remorso por se ter descontrolado (falta subjetiva) do que por ter violado a justiça (falta objetiva).

1. Dicit enim Chrysostomus[1] quod *nihil est turpius visu furentis, et nihil deformius severo visu: et multo magis, anima*. Ergo ira est gravissimum peccatum.

2. PRAETEREA, quanto aliquod peccatum est magis nocivum, tanto videtur esse peius: quia sicut Augustinus dicit, in *Enchirid.*[2], *malum dicitur aliquid quod nocet*. Ira autem maxime nocet: quia aufert homini rationem, per quam est dominus sui ipsius; dicit enim Chrysostomus[3] quod *irae et insaniae nihil est medium, sed ira temporaneus est quidam daemon, magis autem et daemonium habente difficilius*. Ergo ira est gravissimum peccatum.

3. PRAETEREA, interiores motus diiudicantur secundum exteriores effectus. Sed effectus irae est homicidium, quod est gravissimum peccatum. Ergo ira est gravissimum peccatum.

SED CONTRA est quod ira comparatur ad odium sicut festuca ad trabem: dicit enim Augustinus, in *Regula*[4]: *Ne ira crescat in odium, et trabem faciat de festuca*. Non ergo ira est gravissimum peccatum.

RESPONDEO dicendum quod, sicut dictum est[5], inordinatio irae secundum duo attenditur: scilicet secundum indebitum appetibile, et secundum indebitum modum irascendi. Quantum igitur ad appetibile quod iratus appetit, videtur esse ira minimum peccatorum. Appetit enim ira malum poenae alicuius sub ratione boni quod est vindicta. Et ideo ex parte mali quod appetit, convenit peccatum irae cum illis peccatis quae appetunt malum proximi, puta cum invidia et odio: sed odium appetit absolute malum alicuius, inquantum huiusmodi; invidus autem appetit malum alterius propter appetitum propriae gloriae; sed iratus appetit malum alterius sub ratione iustae vindictae. Ex quo patet quod odium est gravius quam invidia, et invidia quam ira: quia peius est appetere malum sub ratione mali quam sub ratione boni; et peius est appetere malum sub ratione boni exterioris, quod est honor vel gloria, quam sub ratione rectitudinis iustitiae.

Sed ex parte boni sub cuius ratione appetit iratus malum, convenit ira cum peccato concupis-

1. Com efeito, Crisóstomo diz: "Nada mais horrível de se ver que um homem enfurecido; nada mais disforme que um rosto irritado e, pior ainda, uma alma". Logo, a ira é o mais grave dos pecados.

2. ALÉM DISSO, parece que quanto mais nocivo um pecado, mais grave é, pois, como diz Agostinho, "chama-se mal aquilo que é nocivo". Ora, a ira é nociva em grau máximo, porque priva o homem do uso da razão, que o faz senhor de si próprio. Crisóstomo, com efeito, diz: "Não há meio-termo entre a ira e a loucura; a ira é um demônio passageiro, mas bem pior que uma possessão verdadeira". Logo, a ira é o mais grave dos pecados.

3. ADEMAIS, os movimentos interiores são julgados pelos seus efeitos exteriores. Ora, um dos efeitos da ira é o homicídio, que é um pecado gravíssimo. Logo, a ira é o mais grave dos pecados.

EM SENTIDO CONTRÁRIO, a ira é comparada ao ódio, como uma vara a uma viga, pois Agostinho diz: "Não se converta a ira em ódio e não se transforme em viga uma vara". Logo, a ira não é o mais grave dos pecados.

RESPONDO. Na desordem da ira se consideram dois aspectos: o objeto indevidamente desejado e o modo indevido de se irar. Quanto ao objeto que o irado deseja, a ira parece ser o menor dos pecados, porque deseja o mal da pena de alguém sob a forma do bem, que é a punição. Por isso, por parte do mal desejado, o pecado da ira é semelhante aos outros pecados que visam ao mal do próximo, como a inveja e o ódio. Mas o ódio quer o mal de alguém absolutamente e o invejoso quer o mal do outro pelo desejo pessoal de glória, ao passo que o irado quer o mal de outrem sob a forma de castigo justo. Daí se conclui que o ódio é mais grave que a inveja e a inveja, mais grave que a ira, pois é pior desejar o mal sob a forma de mal do que sob a forma de bem e é pior desejar o mal sob a forma de um bem exterior, como são a honra e a glória, do que sob a forma da retidão da justiça.

Mas quanto ao bem, sob cuja forma o irado deseja o mal, a ira coincide com o pecado da

---

1. Homil. 48, al. 47, *in Ioan.*, n. 3: MG 59, 272.
2. C. 12: ML 40, 237.
3. Loc. cit.: MG 59, 273.
4. Epist. 211, al. 109, n. 14: ML 33, 964.
5. Art. 2, 3.

centiae, quod tendit in aliquod bonum. Et quantum ad hoc etiam, absolute loquendo, peccatum irae videtur esse minus quam concupiscentiae: quanto melius est bonum iustitiae, quod appetit iratus, quam bonum delectabile vel utile, quod appetit concupiscens. Unde Philosophus dicit, in VII *Ethic.*[6], quod *incontinens concupiscentiae est turpior quam incontinens irae.*

Sed quantum ad inordinationem quae est secundum modum irascendi, ira habet quandam excellentiam, propter vehementiam et velocitatem sui motus: secundum illud Pr 27,4: *Ira non habet misericordiam, nec erumpens furor: et impetum concitati spiritus ferre quis poterit?* Unde Gregorius dicit, in V *Moral.*[7]: *Irae suae stimulis accensum cor palpitat, corpus tremit, lingua se praepedit, facies ignescit, exasperantur oculi, et nequaquam recognoscuntur noti: ore quidem clamorem format, sed sensus quid loquitur, ignorat.*

AD PRIMUM ergo dicendum quod Chrysostomus loquitur de turpitudine quantum ad gestus exteriores, qui proveniunt ex impetu irae.

AD SECUNDUM dicendum quod ratio illa procedit secundum inordinatum motum irae, qui provenit ex eius impetu, ut dictum est[8].

AD TERTIUM dicendum quod homicidium non minus provenit ex odio vel invidia quam ex ira. Ira tamen levior est, inquantum attendit rationem iustitiae, ut dictum est[9].

ARTICULUS 5
Utrum species iracundiae convenienter determinentur a Philosopho

AD QUINTUM SIC PROCEDITUR. Videtur quod inconvenienter determinentur species iracundiae a Philosopho, in IV *Ethic.*[1], ubi dicit quod iracundorum quidam sunt *acuti*, quidam *amari*, quidam *difficiles* sive *graves.*

1. Quia secundum ipsum[2], *amari* dicuntur *quorum ira difficile solvitur et multo tempore manet.* Sed hoc videtur pertinere ad circumstantiam

concupiscência, que tende para um objeto bom. Nesse aspecto, absolutamente falando, parece que o pecado da ira é menor que o da concupiscência, pois é melhor o bem da justiça, que o irado procura, do que o bem deleitável ou útil buscado pelo concupiscente. Por essa razão, diz o Filósofo: "O incontinente por concupiscência é pior que o incontinente pela ira".

Quanto à desordem, porém, no modo de alguém se irar, a ira tem certa primazia, por causa da veemência e rapidez do seu impulso[f], conforme se diz no livro dos Provérbios: "A ira não tem misericórdia, nem a cólera, quem pode suportar o ímpeto de um espírito encolerizado?". Por isso, diz Gregório: "Pela excitação da ira, o coração palpita, o corpo estremece, a língua fica travada, inflama-se a face, os olhos se arregalam, não se conhece mais ninguém e a boca emite sons incompreensíveis".

QUANTO AO 1º, portanto, deve-se dizer que Crisóstomo está falando da feiura dos gestos exteriores, provocada pelos acessos da ira.

QUANTO AO 2º, deve-se dizer que a objeção vale quanto aos movimentos desordenados da ira, provenientes da sua impetuosidade, como dissemos.

QUANTO AO 3º, deve-se dizer que o homicídio tem origem no ódio e na inveja tanto quanto na ira. Mas a ira é mais leve, porque inspirada em sentimento de justiça, como foi dito.

ARTIGO 5
As espécies de ira foram convenientemente definidas pelo Filósofo?

QUANTO AO QUINTO, ASSIM SE PROCEDE: parece que o Filósofo **não** definiu corretamente as espécies de ira, quando, entre os iracundos, distinguiu os "agudos", os "amargos" e os "difíceis" ou "graves".

1. Com efeito, segundo ele, os "amargos" são "aqueles cuja ira permanece durante muito tempo e dificilmente se dissipa". Ora, isso parece que é

---

6. C. 7: 1149, b, 2-3; 23-26.
7. C. 45, al. 30, in vet. 31, n. 79: ML 75, 724 C.
8. In corp.
9. Ibid.

5 PARALL.: I-II, q. 46, a. 8; IV *Ethic.*, lect. 13.

1. C. 11: 1126, a, 18-28.
2. C. 11: 1126, a, 19-26.

f. Completando a nota anterior, assinalemos que Sto. Tomás não é insensível ao que as explosões de cólera possam ter de perigoso, mesmo que permaneçam veniais.

temporis. Ergo videtur quod etiam secundum alias circumstantias possunt accipi aliae species irae.

2. PRAETEREA, *difficiles*, sive *graves*, dicit[3] esse *quorum ira non commutatur sine cruciatu vel punitione*. Sed hoc etiam pertinet ad insolubilitatem irae. Ergo videtur quod idem sint *difficiles* et *amari*.

3. PRAETEREA, Dominus, Mt 5,22, ponit tres gradus irae, cum dicit, *Qui irascitur fratri suo*; et, *qui dixerit fratri suo, Raca*; et, *qui dixerit fratri suo, Fatue*. Qui quidem gradus ad praedictas species non referuntur. Ergo videtur quod praedicta divisio irae non sit conveniens.

SED CONTRA est quod Gregorius Nyssenus dicit[4] quod *tres sunt irascibilitatis species*: scilicet *ira quae vocatur fellea*; et *mania*, quae dicitur insania; et *furor*. Quae tria videntur esse eadem tribus praemissis: nam *iram felleam* dicit esse *quae principium et modum habet*, quod Philosophus[5] attribuit *acutis; maniam* vero dicit esse *iram quae permanet et in vetustatem devenit*, quod Philosophus attribuit *amaris; furorem* autem dicit esse *iram quae observat tempus in supplicium*, quod Philosophus attribuit *difficilibus*. Et eandem etiam divisionem ponit Damascenus, in II libro[6]. Ergo praedicta Philosophi distinctio est conveniens.

RESPONDEO dicendum quod praedicta distinctio potest referri vel ad passionem irae, vel etiam ad ipsum peccatum irae. Quomodo autem referatur ad passionem irae, supra[7] habitum est, cum de passione irae ageretur. Et sic praecipue videtur poni a Gregorio Nysseno et Damasceno[8]. Nunc autem oportet accipere distinctionem harum specierum secundum quod pertinent ad peccatum irae, prout ponitur a Philosopho.

Potest enim inordinatio irae ex duobus attendi. Primo quidem, ex ipsa irae origine. Et hoc pertinet ad *acutos*, qui nimis cito irascuntur, et ex qualibet levi causa. — Alio modo, ex ipsa irae duratione, eo scilicet quod ira nimis perseverat. Quod quidem potest esse dupliciter. Uno modo, quia causa irae, scilicet iniuria illata, nimis manet in memoria hominis: unde ex hoc homo diutinam tristitiam concipit; et ideo sunt sibi ipsis graves

uma circunstância de tempo. Logo, parece que, considerando outras circunstâncias, outras espécies de ira também poderão ser identificadas.

2. ALÉM DISSO, "difíceis" ou "graves", para o Filósofo, são "aqueles cuja ira não se desfaz senão afligindo ou castigando outrem". Ora, isso também tem a ver com a inflexibilidade da ira. Logo, parece que os "difíceis" são os mesmos "amargos".

3. ADEMAIS, estabeleceu o Senhor três graus de ira, ao dizer: "Todo aquele que se encolerizar contra seu irmão...; que disser a seu irmão, Imbecil!; que disser, Louco!" Ora, esses graus não se referem às espécies mencionadas acima. Logo, parece que essa classificação não é adequada.

EM SENTIDO CONTRÁRIO, Gregório diz que "há três espécies de irascibilidade: a ira amarga como fel; a maníaca, chamada loucura, e a furiosa". Essas três parecem ser as mesmas indicadas por Aristóteles, pois Gregório diz que a ira amarga como fel é a que tem princípio e modo, o que o Filósofo atribui aos "agudos"; a maníaca é a permanente e duradoura, que ele atribui aos "amargos"; e a furiosa é a que leva em conta o tempo na aplicação do castigo, o que atribui aos "difíceis". Esta é também a divisão abraçada por Damasceno. Logo, a distinção feita pelo Filósofo é acertada.

RESPONDO. A referida distinção pode valer quanto à paixão da ira ou quanto ao próprio pecado da ira. Foi visto acima como, ao se tratar das paixões, essa distinção se refere à paixão da ira. E é nesse sentido, principalmente, que a consideram Damasceno e Gregório Nisseno. Agora, porém, é preciso examinar a distinção dessas espécies, enquanto relacionadas com o pecado da ira, como faz o Filósofo.

Na verdade, é possível enfocar a desordem da ira por dois ângulos: ou pela sua própria origem, e aí se encaixam os "agudos", que se enraivecem muito depressa e por qualquer motivo. — Ou pela sua duração, isto é, por que ela perdura demasiadamente. E isso pode ser de dois modos. Primeiro, porque a causa da ira, a ofensa recebida, permanece demais na memória do homem levando-o a conceber uma prolongada tristeza e assim se

---

3. C. 11: 1126, a, 28.
4. NEMESIUS, *De nat. hom.*, c. 21; al. l. IV, c. 14: MG 40, 692 A.
5. C. 11: 1126, a, 18-19.
6. *De fide orth.*, l. II, c. 16: MG 94, 933 A.
7. I-II, q. 46, a. 8.
8. Cfr. arg. *sed c*.

et *amari*. — Alio modo contingit ex parte ipsius vindictae, quam aliquis obstinato appetitu quaerit. Et hoc pertinet ad *difficiles* sive *graves*, qui non dimittunt iram quousque puniant.

AD PRIMUM ergo dicendum quod in speciebus praedictis non principaliter consideratur tempus: sed facilitas hominis ad iram, vel firmitas in ira.

AD SECUNDUM dicendum quod utrique, scilicet *amari* et *difficiles*, habent iram diuturnam, sed propter aliam causam. Nam *amari* habent iram permanentem propter permanentiam tristitiae, quam interius tenent clausam: et quia non prorumpunt ad exteriora iracundiae signa, non possunt persuaderi ab aliis; nec ex seipsis recedunt ab ira, nisi prout diuturnitate temporis tristitia aboletur, et sic deficit ira. — Sed in *difficilibus* est ira diuturna propter vehemens desiderium vindictae. Et ideo tempore non digeritur, sed per solam punitionem quiescit.

AD TERTIUM dicendum quod gradus irae quos Dominus ponit, non pertinent ad diversas irae species, sed accipiuntur secundum processum humani actus. In quibus primo aliquid in corde concipitur. Et quantum ad hoc dicit: *Qui irascitur fratri suo*. — Secundum autem est cum per aliqua signa exteriora manifestatur exterius, etiam antequam prorumpat in effectum. Et quantum ad hoc dicit: *Qui dixerit fratri suo, Raca*, quod est interiectio irascentis. — Tertius gradus est quando peccatum interius conceptum ad effectum perducitur. Est autem effectus irae nocumentum alterius sub ratione vindictae. Minimum autem nocumentorum est quod fit solo verbo. Et ideo quantum ad hoc dicit: *Qui dixerit fratri suo, Fatue*.

Et sic patet quod secundum addit supra primum, et tertium supra utrumque. Unde si primum est peccatum mortale, in casu in quo Dominus loquitur, sicut dictum est[9], multi magis alia. Et ideo singulis eorum ponuntur correspondentia aliqua pertinentia ad condemnationem. Sed in primo ponitur *iudicium*, quod minus est: quia, ut Augustinus dicit[10], *iu iudicio adhuc defensionis locus datur*. In secundo vero ponit *concilium*: in quo *iudices inter se conferunt quo supplicio damnari oporteat*. In tertio ponit *gehennam ignis*: quae est *certa damnatio*.

torna pesado a si mesmo e amargo. — De outro modo isso pode acontecer, da parte da própria punição, obstinadamente desejada. Isso se refere aos "difíceis" ou "graves", que não arrefecem a ira enquanto não aplicarem algum castigo.

QUANTO AO 1º, portanto, deve-se dizer que nas citadas espécies de ira não se considera, principalmente, o tempo, mas a facilidade do homem em irar-se ou a sua obstinação na ira.

QUANTO AO 2º, deve-se dizer que tanto os "amargos" como os "difíceis" mantêm ira diuturna, mas por causas diferentes. Os "amargos" nutrem ira permanente, devido à persistência da tristeza que trazem no coração e, como não exteriorizam os sinais dela, não podem ser acalmados pelos outros e nem por si mesmo abandonam a própria ira, a não ser que, com o tempo, desapareça a tristeza e assim se desanuvie a ira. — Quanto aos "difíceis", a ira deles é persistente por causa do seu veemente desejo de vingança. Por isso, ela não se desfaz com o tempo e só se aquieta com a punição aplicada.

QUANTO AO 3º, deve-se dizer que os graus da ira enumerados pelo Senhor não pertencem às diversas espécies de ira, mas são tomados conforme o processo do ato humano. Há neles, primeiramente, algo que nasce do coração e por isso diz o Senhor: "Todo aquele que se encoleriza contra o seu irmão". — Depois, a ira aflora por alguns sinais, antes de se consumar e por isso ele diz: "O que disser a seu irmão, Imbecil!", exclamação típica do homem irado. — O terceiro grau acontece quando o pecado interiormente cometido é levado à prática. Ora, o efeito da ira é o dano causado a alguém em forma de punição. Mas o menor dos danos é o provocado apenas por palavras e por isso ele diz: "O que disser a seu irmão, Louco!"

Fica bem claro, assim, que o segundo grau acrescenta algo ao primeiro e o terceiro aos dois anteriores. Por conseguinte, se o primeiro é pecado mortal, no caso a que o Senhor se refere, como foi dito, muito mais o são os outros dois. Por isso, a cada um deles correspondem as diversas condenações. Ao primeiro corresponde o "tribunal", que é o menos grave, pois Agostinho diz: "No tribunal ainda há lugar para a defesa". Ao segundo corresponde o "sinédrio", onde os juízes discutem a pena a ser aplicada. E ao terceiro corresponde a "geena do fogo", ou seja, a condenação decidida.

---

9. A. 3, ad 2.
10. *De serm. Domini in monte*, l. I, c. 9, n. 24: ML 34, 1241.

Articulus 6
Utrum ira debeat qui inter vitia capitalia

AD SEXTUM SIC PROCEDITUR. Videtur quod ira non debeat poni inter vitia capitalia.

1. Ira enim ex tristitia nascitur. Sed tristitia est vitium capitale, quod dicitur acedia. Ergo ira non debet poni vitium capitale.

2. PRAETEREA, odium est gravius peccatum quam ira. Ergo magis debet poni vitium capitale quam ira.

3. PRAETEREA, super illud Pr 29,22, *Vir iracundus provocat rixas*, dicit Glossa[1]: *Ianua est omnium vitiorum iracundia: qua clausa, virtutibus intrinsecus dabitur quies; aperta, ad omne facinus armabitur animus.* Nullum autem vitium capitale est principium omnium peccatorum, sed quorundam determinate. Ergo ira non debet poni inter vitia capitalia.

SED CONTRA est quod Gregorius, XXXI *Moral.*[2], ponit iram inter vitia capitalia.

RESPONDEO dicendum quod, sicut ex praemissis patet, vitium capitale dicitur ex quo multa vitia oriuntur. Habet autem hoc ira, quod ex ea multa vitia oriri possint, duplici ratione. Primo, ex parte sui obiecti, quod multum habet de ratione appetibilitatis: inquantum scilicet vindicta appetitur sub ratione iusti et honesti, quod sua dignitate allicit, ut supra[3] habitum est. Alio modo, ex suo impetu, quo mentem praecipitat ad inordinata quaecumque agenda. Unde manifestum est quod ira est vitium capitale.

AD PRIMUM ergo dicendum quod illa tristitia ex qua oritur ira, ut plurimum, non est acediae vitium, sed passio tristitiae, quae consequitur ex iniuria illata.

AD SECUNDUM dicendum quod, sicut ex supra[4] dictis patet, ad rationem vitii capitalis pertinet quod habeat finem multum appetibilem, ut sic propter appetitum eius multa peccata committantur. Ira autem, quae appetit malum sub ratione boni, habet finem magis appetibilem quam odium, quod appetit malum sub ratione mali. Et ideo magis est vitium capitale ira quam odium.

Artigo 6
A ira deve figurar entre os vícios capitais?

QUANTO AO SEXTO, ASSIM SE PROCEDE: parece que a ira **não** deve figurar entre os vícios capitais.

1. Com efeito, ela nasce da tristeza. Ora, a tristeza é um vício capital, chamado acídia. Logo, a ira não deve estar entre os vícios capitais.

2. ALÉM DISSO, o ódio é um pecado mais grave que a ira. Logo, não a ira mas o ódio é que deve ser considerado vício capital.

3. ADEMAIS, comentando o livro dos Provérbios, diz a Glosa: "A ira é a porta de todos os vícios; fechada, proporcionará repouso interior às virtudes; aberta, o espírito estará armado para todo tipo de crime". Ora, nenhum vício capital é princípio de todos os pecados, mas só de algum em particular. Logo, a ira não deve ser alinhada entre os vícios capitais.

EM SENTIDO CONTRÁRIO, Gregório afirma a ira entre os vícios capitais.

RESPONDO. Chama-se vício capital aquele de que nascem muitos vícios. Ora, da ira podem nascer muitos vícios, por duas razões. Primeiro, em virtude do seu objeto, que é sumamente apetecível, pois a punição é desejada sob a forma de justiça ou honestidade, o que nos atrai pela sua dignidade. Em segundo lugar, por causa da sua impetuosidade, que impela a mente a praticar toda sorte de desordem. Fica patente, assim, que a ira é um vício capital.

QUANTO AO 1º, portanto, deve-se dizer que essa tristeza de que nasce a ira não é, em geral, o vício da acídia, mas a paixão da tristeza, proveniente da ofensa cometida.

QUANTO AO 2º, deve-se dizer que, como antes se esclareceu, é da razão do vício capital possuir um fim muito apetecível, de modo que assim se cometam muitos pecados, por causa do desejo dele. Ora, a ira, que deseja o mal sob a forma de bem, possui um fim mais apetecível que o ódio, que deseja o mal sob a forma de mal. Logo, a ira é um vício capital com mais razão que o ódio[g].

---

6 PARALL.: I-II, q. 84, a. 4; *De Malo*, q. 8, a. 1; q. 12, a. 5.

1. Ordin.: ML 113, 1112 A.
2. C. 45, al. 17, in vet. 31, n. 87: ML 76, 621 A.
3. Art. 4.
4. Q. 118, a. 7; q. 148, a. 5; q. 153, a. 4; I-II, q. 84, a. 4.

g. Digamos que a cólera tem "melhor aparência" do que o ódio, cuja aparência inspira repugnância. É por esse motivo que a cólera tem mais "sucesso", e conduz a outros pecados de maneira mais insidiosa do que o ódio. Mas o ódio é mais grave (a. 4).

AD TERTIUM dicendum quod ira dicitur esse *ianua vitiorum* per accidens, scilicet removendo prohibens, idest impediendo iudicium rationis, per quod homo retrahitur a malis. Directe autem et per se est causa aliquorum specialium peccatorum, quae dicuntur filiae eius.

QUANTO AO 3º, deve-se dizer que a ira é chamada de porta dos vícios, por razão acidental, dado que ela lhes suprime os obstáculos, vale dizer, impede o juízo da razão, pelo qual o homem se afasta do mal. Mas, de modo direto e essencial, ela é causa de alguns pecados específicos, que se dizem filhos dela.

ARTICULUS 7
Utrum convenienter assignentur sex filiae irae

AD SEPTIMUM SIC PROCEDITUR. Videtur quod inconvenienter assignentur sex filiae irae, quae sunt *rixa, tumor mentis, contumelia, clamor, indignatio, blasphemia*.

1. Blasphemia enim ponitur ab Isidoro[1] filia superbiae. Non ergo debet poni filia irae.

2. PRAETEREA, odium nascitur ex ira: ut Augustinus dicit, in *Regula*[2]. Ergo deberet numerari inter filias irae.

3. PRAETEREA, *tumor mentis* videtur idem esse quod superbia. Superbia autem non est filia alicuius vitii, sed *mater omnium vitiorum*, ut Gregorius dicit, XXXI *Moral*.[3]. Ergo tumor mentis non debet numerari inter filias irae.

SED CONTRA est quod Gregorius, XXXI *Moral*.[4], assignat has filias irae.

RESPONDEO dicendum quod ira potest tripliciter considerari. Uno modo, secundum quod est in corde. Et sic ex ira nascuntur duo vitia. Unum quidem ex parte eius contra quem homo irascitur, quem reputat indignum ut sibi tale quid fecerit. Et sic ponitur indignatio. — Aliud autem vitium est ex parte sui ipsius: inquantum scilicet excogitat diversas vias vindictae, et talibus cogitationibus animum suum replet, secundum illud Iob 15,2: *Nunquid sapiens implebit ardore stomachum suum*. Et sic ponitur tumor mentis.

Alio modo consideratur ira secundum quod est in ore. Et sic ex ira duplex inordinatio procedit. Una quidem secundum hoc quod homo in modo loquendi iram suam demonstrat: sicut dictum est[5] de eo *qui dicit fratri suo, Raca*. Et sic ponitur clamor: per quem intelligitur inordinata et confusa

ARTIGO 7
Seis filhas são convenientemente atribuídas à ira?

QUANTO AO SÉTIMO, ASSIM SE PROCEDE: parece que **não** é correto atribuir seis filhas à ira, a saber: a rixa, a arrogância, a injúria, a gritaria, a indignação e a blasfêmia.

1. Com efeito, a blasfêmia é vista por Isidoro como filha da soberba. Logo, não deve ser incluída entre as filhas da ira.

2. ALÉM DISSO, o ódio nasce da ira, segundo Agostinho. Logo, deve ser contado entre as filhas da ira.

3. ADEMAIS, a arrogância parece ser o mesmo que a soberba. Ora, a soberba não é filha de nenhum vício, antes é a mãe de todos os vícios, como diz Gregório. Logo, a arrogância não deve ser citada como filha da ira.

EM SENTIDO CONTRÁRIO, Gregório atribui tais filhas à ira.

RESPONDO. Pode-se considerar a ira de três modos. Em primeiro lugar, enquanto está no coração. Desse modo, ela engendra dois vícios. Um é relativo àquele contra quem nos iramos e que reputamos indigno de nos ter feito alguma ofensa. Daí a "indignação". — O outro é relativo a nós mesmos, enquanto ficamos excogitando meios vários de vingança, enchendo assim a alma desses pensamentos, conforme o que diz a Escritura: "Por ventura o sábio encherá de ardor o seu ventre?". E assim aparece a "arrogância".

Em segundo lugar, a ira é considerada enquanto está na boca. Desse modo, ela produz uma dupla desordem. A primeira consiste na sua manifestação verbal, como antes foi dito de quem diz a seu irmão: Imbecil! Daí a gritaria, isto é, uma vociferação desordenada e confusa. — A outra desordem

---

7 PARALL.: Supra, q. 37, a. 2, ad 1; q. 41, a. 2; *De Malo*, q. 12, a. 5.
  1. *Quaest. in Deut*., c. 16, n. 4, super 7, 1: ML 83, 366 D — 367 A.
  2. Epist. 211, al. 109, n. 14: ML 33, 964.
  3. C. 45, al. 17, in vet. 31, n. 87: ML 76, 621 A.
  4. Ibid., n. 88: ML 76, 621 B.
  5. A. 5, ad 3.

locutio. — Alia autem est inordinatio secundum quod aliquis prorumpit in verba iniuriosa. Quae quidem si sint contra Deum, erit blasphemia; si autem contra proximum, contumelia.

Tertio modo consideratur ira secundum quod procedit usque ad factum. Et sic ex ira oriuntur rixae: per quas intelliguntur omnia nocumenta quae facto proximis inferuntur ex ira.

AD PRIMUM ergo dicendum quod blasphemia in quam aliquis prorumpit deliberata mente, procedit ex superbia hominis contra Deum se erigentis: quia, ut dicitur Eccli 10,14, *initium superbiae hominis apostatare a Deo*; idest, recedere a veneratione eius est prima superbiae pars, et ex hoc oritur blasphemia. Sed blasphemia in quam aliquis prorumpit ex commotione animi, procedit ex ira.

AD SECUNDUM dicendum quod odium, etsi aliquando nascatur ex ira, tamen habet aliquam priorem causam ex qua directius oritur, scilicet tristitiam: sicut e contrario amor nascitur ex delectatione. Ex tristitia autem illata quandoque in iram, quandoque in odium aliquis movetur. Unde convenientius fuit quod odium poneretur oriri ex acedia quam ex ira.

AD TERTIUM dicendum quod tumor mentis non accipitur hic pro superbia: sed pro quodam conatu sive audacia hominis intentantis vindictam. Audacia autem est vitium fortitudini oppositum.

é aquela pela qual se rompe em palavras ofensivas. Se forem contra Deus, será a "blasfêmia"; se forem contra o próximo, a "injúria".

Em terceiro lugar, considera-se a ira enquanto concretizada em atos. E, desse modo, dela nascem as "rixas", pelas quais se entendem todos os males que, de fato, são causados ao próximo por causa dela.

QUANTO AO 1º, portanto, deve-se dizer que a blasfêmia deliberadamente proferida procede do orgulho do homem revoltado contra Deus, pois, como diz o livro do Eclesiástico, "o começo do orgulho do homem é seu afastamento do Senhor", ou seja, perder o respeito a Deus é o primeiro passo do orgulho e daí nasce a blasfêmia. Mas a blasfêmia, que alguém de espírito alterado pronuncia, vem da ira.

QUANTO AO 2º, deve-se dizer que embora o ódio nasça, às vezes, da ira, a sua causa primeira, da qual provêm diretamente, é a tristeza, da mesma forma como, inversamente, o amor nasce do prazer. Ora, da tristeza sofrida passa-se, às vezes, à ira e, outras vezes, ao ódio. Por isso, é melhor dizer que o ódio nasce da acídia do que da ira.

QUANTO AO 3º, deve-se dizer que não se toma aqui a arrogância pela soberba, mas pela tentativa ou audácia de quem busca a vingança. Ora, a audácia é um vício oposto à fortaleza.

ARTICULUS 8
Utrum sit aliquod vitium oppositum iracundiae, proveniens ex defectu irae

AD OCTAVUM SIC PROCEDITUR. Videtur quod non sit aliquod vitium oppositum iracundiae, proveniens ex defectu irae.

1. Nihil enim est vitiosum per quod homo Deo similatur. Sed per hoc quod homo omnino est sine ira, similatur Deo, qui *cum tranquilitate iudicat*. Ergo non videtur quod sit vitiosum omnino ira carere.

2. PRAETEREA, defectus eius quod ad nihil est utile, non est vitiosus. Sed motus irae ad nihil est utilis: ut probat Seneca in libro quem fecit *de Ira*[1]. Ergo videtur quod defectus irae non sit vitiosus.

3. PRAETEREA, malum hominis, secundum Dionysium[2], est *praeter rationem esse*. Sed, subtracto

ARTIGO 8
Algum vício oposto à ira é proveniente da falta de ira?

QUANTO AO OITAVO, ASSIM SE PROCEDE: parece que **não** existe algum vício oposto à ira, proveniente da falta de ira.

1. Com efeito, não é por nenhum vício que o homem se assemelha a Deus. Ora, quando o homem está inteiramente livre da ira, ele se assemelha a Deus, "que julga com serenidade". Logo, não parece ser viciosa a carência total da ira.

2. ALÉM DISSO, não é vício a falta daquilo que para nada serve. Ora, o movimento da ira não serve para nada, como ensina Sêneca. Logo, parece que a falta de ira não é um vício.

3. ADEMAIS, segundo Dionísio, o mal do homem consiste em "ficar em desacordo com a razão".

---

8 PARALL.: *De Malo*, q. 12, a. 5, ad 3; IV *Ethic.*, lect. 13.

1. L. I, c. 9: ed. E. Hermes, Lipsiae 1905, p. 56, ll. 5 sqq.
2. MG 3, 733 A.

omni motu irae, adhuc remanet integrum iudicium rationis. Ergo nullus defectus irae vitium causat.

SED CONTRA est quod Chrysostomus dicit, *super Matth.*[3]: *Qui cum causa non irascitur, peccat. Patientia enim irrationabilis vitia seminat, negligentiam nutrit, et non solum malos, sed etiam bonos invitat ad malum.*

RESPONDEO dicendum quod ira dupliciter potest intelligi. Uno modo, simplex motus voluntatis quo aliquis non ex passione, sed ex iudicio rationis poenam infligit. Et sic defectus irae absque dubio est peccatum. Et hoc modo ira accipitur in verbis Chrysostomi, qui dicit ibidem[4]: *Iracundia quae cum causa est, non est iracundia, sed iudicium. Iracundia enim proprie intelligitur commotio passionis: qui autem cum causa irascitur, ira illius non est ex passione. Ideo iudicare dicitur, non irasci.*

Alio modo accipitur ira pro motu appetitus sensitivi, qui est cum passione et transmutatione corporali. Et hic quidem motus ex necessitate consequitur in homine ad simplicem motum voluntatis: quia naturaliter appetitus inferior sequitur motum appetitus superioris, nisi aliquid repugnet. Et ideo non potest totaliter deficere motus irae in appetitu sensitivo, nisi per subtractionem vel debilitatem voluntarii motus. Et ideo ex consequenti etiam defectus passionis irae vitiosus est: sicut et defectus voluntarii motus ad puniendum secundum iudicium rationis.

AD PRIMUM ergo dicendum quod ille qui totaliter non irascitur cum debet irasci, imitatur quidem Deum quantum ad carentiam passionis: non autem quantum ad hoc quod Deus ex iudicio punit.

AD SECUNDUM dicendum quod passio irae utilis est, sicut et omnes alii motus appetitus sensitivi, ad hoc quod homo promptius exequatur id quod ratio dictat. Alioquin, frustra esset in homine appetitus sensitivus: cum tamen *natura nihil faciat frustra.*

AD TERTIUM dicendum quod in eo qui ordinate agit, iudicium rationis non solum est causa simplicis motus voluntatis, sed etiam passionis

Ora, ainda que se elimine todo movimento da ira, sempre permanece íntegro o uso da razão. Logo, a falta de ira não é causa de nenhum vício.

EM SENTIDO CONTRÁRIO, Crisóstomo declara: "Quem não se ira, quando há causa para isso, peca, pois a paciência irracional semeia vícios, alimenta a negligência e convida ao mal, não apenas os maus mas também os bons".

RESPONDO. Pode-se entender a ira de dois modos. Primeiro, como um simples movimento da vontade, que leva alguém a infligir uma pena, não por paixão, mas por um juízo da razão. Nesse sentido, a falta de ira é pecado, sem dúvida alguma. E é assim que Crisóstomo fala nessa mesma passagem: "A ira motivada não é ira, mas julgamento, pois a ira, propriamente dita, é uma comoção passional. Ora, quem se enraivece com razão, não o faz por paixão. Por isso, se diz que está julgando e não que está irado".

Outro modo de entender a ira é tomá-la como movimento do apetite sensitivo, acompanhado de paixão e alteração corporal. No homem, esse movimento resulta, necessariamente, de um simples movimento da vontade, porque o apetite inferior segue, naturalmente, o movimento do apetite superior, se nenhum obstáculo houver. Por essa razão, não pode faltar, totalmente, o movimento da ira no apetite sensitivo, a não ser por carência ou fraqueza do movimento da vontade. Assim, como consequência, a falta da paixão da ira também é viciosa, como o é também a falta de movimento voluntário para punir, de acordo com o juízo da razão.

QUANTO AO 1º, portanto, deve-se dizer que quem não se irrita de forma alguma, quando deveria fazê-lo, assemelha-se realmente a Deus, quanto à ausência da paixão; não, porém, quanto ao fato de punir, coisa que Deus, no seu juízo, realiza.

QUANTO AO 2º, deve-se dizer que a paixão da ira, como todos os demais movimentos sensitivos, é útil para fazer cumprir mais prontamente o que a razão dita. Do contrário, o apetite sensitivo seria de todo inútil no homem. Entretanto, a natureza nada faz inutilmente[h].

QUANTO AO 3º, deve-se dizer que em quem age ordenadamente, o juízo da razão é não só causa do simples movimento da vontade, mas também

---

3. *Opus imperf. in Matth.*, hom. 11: MG 56, 690.
4. Loc. cit.

h. A cólera faz parte do equipamento útil ao homem; é funcional. Seria pouco razoável sermos tão calmos a ponto de nos tornarmos incapazes de punir rápido e bem.

appetitus sensitivi, ut dictum est[5]. Et ideo, sicut remotio effectus est signum remotionis causae, ita etiam remotio irae est signum remotionis iudicii rationis.

5. In corp.

da paixão do apetite sensitivo, como antes foi dito. Portanto, assim como a supressão do efeito é sinal da supressão da causa, assim também a supressão da ira é sinal da supressão do julgamento da razão.

QUAESTIO CLIX
DE CRUDELITATE
in duos articulos divisa
Deinde considerandum est de crudelitate.
Et circa hoc quaeruntur duo.
Primo: utrum crudelitas opponatur clementiae.
Secundo: de comparatione eius ad saevitiam vel feritatem.

Articulus 1
Utrum crudelitas opponatur clementiae

AD PRIMUM SIC PROCEDITUR. Videtur quod crudelitas non opponatur clementiae.

1. Dicit enim Seneca, in II *de Clement*.[1], quod *illi vocantur crudeles qui excedunt modum in puniendo*: quod contrariatur iustitiae. Clementia autem non ponitur pars iustitiae, sed temperantiae. Ergo crudelitas non videtur opponi clementiae.

2. PRAETEREA, Ier 6,23 dicitur: *Crudelis est, et non miserebitur*: et sic videtur quod crudelitas opponatur misericordiae. Sed misericordia non est idem clementiae, ut supra[2] dictum est. Ergo crudelitas non opponitur clementiae.

3. PRAETEREA, clementia consideratur circa inflictionem poenarum, ut dictum est[3]. Sed crudelitas consideratur etiam in subtractione beneficiorum: secundum illud Pr 11,17: *Qui crudelis est, propinquos abiicit*. Ergo crudelitas non opponitur clementiae.

SED CONTRA est quod dicit Seneca, in II *de Clement*.[4], quod *opponitur clementiae crudelitas, quae nihil aliud est quam atrocitas animi in exigendis poenis*.

QUESTÃO 159
A CRUELDADE
em dois artigos
Em seguida, deve-se tratar da crueldade.
A esse respeito, duas questões:
 1. A crueldade opõe-se à clemência?
 2. Qual a sua relação com a sevícia ou ferocidade?

Artigo 1
A crueldade opõe-se à clemência?

QUANTO AO PRIMEIRO ARTIGO, ASSIM SE PROCEDE: parece que a crueldade **não** se opõe à clemência.

1. Com efeito, Sêneca diz: "Chamam-se cruéis os que passam da medida nos castigos", o que é contra a justiça. Ora, a clemência não é considerada parte da justiça, mas da temperança. Logo, a crueldade não parece se opor à clemência.

2. ALÉM DISSO, está na Escritura: "Eles são cruéis e sem compaixão" e assim parece que a crueldade se opõe à misericórdia. Ora, a misericórdia não é o mesmo que a clemência, como foi dito acima. Logo, a crueldade não se opõe à clemência.

3. ADEMAIS, a clemência pondera a aplicação de castigos. Ora, a crueldade visa à supressão de benefícios, segundo o livro dos Provérbios: "O homem cruel rechaça o seu próximo". Logo, a crueldade não se opõe à clemência.

EM SENTIDO CONTRÁRIO, Sêneca afirma: "À clemência opõe-se a crueldade, que outra coisa não é senão a atrocidade da alma na imposição de penas".

1 PARALL.: A. seq., ad 1; supra, q. 108, a. 2, ad 3.
 1. Cap. 4: ed. C. Hosius, Lipsiae 1900, p. 254, ll. 15-16.
 2. Q. 157, a. 4, ad 3.
 3. Ibid., a. 1.
 4. Loc. cit.: ed. cit., p. 253, l. 27 — p. 254, l. 1.

RESPONDEO dicendum quod nomen crudelitas a *cruditate* sumptum esse videtur. Sicut autem ea quae sunt decocta et digesta, solent habere suavem et dulcem saporem; ita illa quae sunt cruda, habent horribilem et asperum saporem. Dictum est autem supra[5] quod clementia importat quandam animi lenitatem sive dulcedinem, per quam aliquis est diminutivus poenarum. Unde directe crudelitas clementiae opponitur.

AD PRIMUM ergo dicendum quod, sicut diminutio poenarum quae est secundum rationem, pertinet ad epieikeiam, sed ipsa dulcedo affectus ex qua homo ad hoc inclinatur, pertinet ad clementiam; ita etiam superexcessus poenarum, quantum ad id quod exterius agitur, pertinet ad iniustitiam; sed quantum ad austeritatem animi per quam aliquis fit promptus ad poenas augendas, pertinet ad crudelitatem.

AD SECUNDUM dicendum quod misericordia et clementia conveniunt in hoc quod utraque refugit et abhorret miseriam alienam: aliter tamen et aliter. Nam ad misericordiam pertinet miseriae subvenire per beneficii collationem: ad clementiam autem pertinet miseriam diminuere per subtractionem poenarum. Et quia crudelitas superabundantiam in exigendis poenis importat, directius opponitur clementiae quam misericordiae. Tamen, propter similitudinem harum virtutum, accipitur quandoque crudelitas pro immisericordia.

AD TERTIUM dicendum quod crudelitas ibi accipitur pro immisericordia, ad quam pertinet beneficia non largiri. — Quamvis etiam dici possit quod ipsa beneficii subtractio quaedam poena est.

RESPONDO. Crueldade é palavra que parece derivada de crueza. Ora, assim como os alimentos cozidos e temperados costumam ser de sabor suave e agradável, assim também os que estão crus têm sabor repugnante e desagradável. Mas foi dito acima que a clemência implica certa doçura e suavidade de ânimo, que levam o homem a minorar as penas. Portanto, a crueldade se opõe, diretamente, à clemência.

QUANTO AO 1º, portanto, deve-se dizer que a diminuição racional das penas é objeto da epiqueia, mas a doçura de sentimento que induz alguém a isso é própria da clemência. Da mesma forma, os excessos na imposição das penas, do ponto de vista da ação exterior, são próprios da injustiça. Considerando-se, porém, a dureza da alma que leva alguém a aumentar as penas, são próprios da crueldade.

QUANTO AO 2º, deve-se dizer que tanto a misericórdia como a clemência repelem e detestam a miséria alheia, mas de modos diferentes. A misericórdia, com efeito, timbra em socorrer a miséria mediante benefícios, enquanto a clemência busca diminuir a miséria atenuando as penas. E como a crueldade envolve excessos no impor as penas, ela se opõe mais diretamente à clemência do que à misericórdia. Todavia, pela semelhança entre as duas, considera-se, às vezes, a crueldade por uma falta de misericórdia.

QUANTO AO 3º, deve-se dizer que nessa objeção, a crueldade é entendida como uma falta de misericórdia, caracterizada pela negação de benefícios. — Pode-se, porém, dizer que a supressão do benefício já é, em si mesma, uma pena.

ARTICULUS 2
Utrum crudelitas a saevitia sive feritate differat

AD SECUNDUM SIC PROCEDITUR. Videtur quod crudelitas a saevitia sive feritate non differat.

1. Uni enim virtuti, ex una parte, unum vitium videtur esse oppositum. Sed clementiae per superabundantiam opponitur et crudelitas et saevitia. Ergo videtur quod saevitia et crudelitas sint idem.

ARTIGO 2
A crueldade distingue-se da sevícia ou ferocidade?

QUANTO AO SEGUNDO, ASSIM SE PROCEDE: parece que a crueldade **não** se distingue da sevícia ou ferocidade.

1. Com efeito, parece que, sob um determinado aspecto, a uma mesma virtude se opõe um só vício. Ora, à clemência se opõem, por excesso, tanto a sevícia como a crueldade. Logo, parece que a sevícia e a crueldade se identificam.

---

5. Q. 157, a. 3, ad 1; a. 4, ad 3.
2 PARALL.: Supra, q. 157, a. 1, ad 3.

2. Praeterea, Isidorus dicit, in libro *Etymol.*[1], quod *severus dicitur quasi saevus et verus, quia sine pietate tenet iustitiam*: et sic saevitia videtur excludere remissionem poenarum in iudiciis, quod pertinet ad pietatem. Hoc autem dictum est[2] ad crudelitatem pertinere. Ergo crudelitas est idem quod saevitia.

3. Praeterea, sicut virtuti opponitur aliquod vitium in excessu, ita etiam et in defectu: quod quidem contrariatur et virtuti, quae est in medio, et vitio quod est in excessu. Sed idem vitium ad defectum pertinens opponitur et crudelitati et saevitiae, videlicet remissio vel dissolutio: dicit enim Gregorius, XX *Moral.*[3]: *Sit amor, sed non emolliens: sit rigor, sed non exasperans. Sit zelus, sed non immoderate saeviens: sit pietas, sed non plus quam expediat parcens*. Ergo saevitia est idem crudelitati.

Sed contra est quod Seneca dicit, in II *de Clement.*[4], quod *ille qui non laesus, nec peccatori irascitur, non dicitur crudelis, sed ferus sive saevus*.

Respondeo dicendum quod nomen *saevitiae* et *feritatis* a similitudine *ferarum* accipitur, quae etiam *saevae* dicuntur. Huiusmodi enim animalia nocent hominibus ut ex eorum corporibus pascantur: non ex aliqua iustitiae causa, cuius consideratio pertinet ad solam rationem. Et ideo, proprie loquendo, feritas vel saevitia dicitur secundum quam aliquis in poenis inferendis non considerat aliquam culpam eius qui punitur, sed solum hoc quod delectatur in hominum cruciatu. Et sic patet quod continetur sub bestialitate: nam talis delectatio non est humana, sed bestialis, proveniens vel ex mala consuetudine vel ex corruptione naturae, sicut et aliae huiusmodi bestiales affectiones. Sed crudelitas attendit culpam in eo qui punitur, sed excedit modum in puniendo. Et ideo crudelitas differt a saevitia sive feritate sicut malitia humana a bestialitate, ut dicitur in VII *Ethic.*[5].

Ad primum ergo dicendum quod clementia est virtus humana; unde directe sibi opponitur crudelitas, quae est malitia humana. Sed saevitia vel feritas continetur sub bestialitate. Unde non directe opponitur clementiae, sed superexcellen-

2. Além disso, Isidoro explica que "severo equivale a sevo e vero, porque aplica a justiça sem piedade". Parece, então, que a sevícia exclui o que é próprio da piedade, a saber, a remissão das penas nos julgamentos. Ora, esse procedimento consiste na crueldade, como foi dito. Logo, a crueldade é o mesmo que a sevícia.

3. Ademais, assim como à virtude se opõe um vício por excesso, assim também lhe corresponde outro, por deficiência, o que contraria tanto à virtude, que está no meio-termo, como ao vício, que está no excesso. Ora, um mesmo vício por deficiência se opõe tanto à crueldade como à sevícia, a saber, o vício do relaxamento ou fraqueza, pois Gregório declara: "Haja amor, mas sem moleza; haja rigor, mas sem exasperar a ninguém; haja zelo, mas sem severidade desmedida; haja piedade, mas sem perdoar mais do que convém". Logo, a sevícia é o mesmo que a crueldade.

Em sentido contrário, vem a afirmação de Sêneca: "Quem, sem ter sido ofendido, se irrita contra alguém que não é pecador, não é cruel, mas feroz ou selvagem".

Respondo. Os termos "sevícia" e "ferocidade" vêm da semelhança com as feras, também chamadas sevas, pois esses animais atacam os homens para se alimentarem com sua carne e não o fazem por alguma causa justa, cuja consideração se refere unicamente à razão. Por isso, falando com propriedade, a ferocidade ou sevícia é atribuída ao que, ao punirem alguém, não visam à culpa da pessoa, mas só ao próprio prazer do sofrimento alheio. Trata-se, é claro, de uma bestialidade, pois esse prazer não é humano, mas de feras. Resulta de um mau hábito ou da corrupção da natureza, como outras tendências bestiais desse tipo. A crueldade, ao contrário, visa à culpa daquele que é castigado, mas se excede no modo de punir. Por isso, ela se distingue da sevícia ou ferocidade, como a maldade humana difere da bestialidade, conforme se diz no livro VII da *Ética*.

Quanto ao 1º, portanto, deve-se dizer que a clemência é uma virtude humana. Opõe-se, por isso, diretamente, à crueldade, que é uma perversidade humana. A sevícia ou ferocidade, ao contrário, inclui-se na bestialidade. Não se opõe, diretamen-

---

1. L. X, ad litt. *S*, n. 250: ML 82, 394 A.
2. A. praec., ad 1.
3. C. 5, al. 8, in vet. 6, n. 14: ML 76, 144 A.
4. Cap. 4: ed. C. Hosius, Lipsiae 1900, p. 254, ll. 7-12.
5. C. 6: 1149, a, 16-20.

tiori virtuti, quam Philosophus⁶ vocat *heroicam vel divinam*, quae secundum nos videtur pertinere ad dona Spiritus Sancti. Unde potest dici quod saevitia directe opponitur dono pietatis.

AD SECUNDUM dicendum quod severus non dicitur simpliciter saevus, quia hoc sonat in vitium: sed dicitur *saevus circa veritatem*, propter aliquam similitudinem saevitiae, quae non est diminutiva poenarum.

AD TERTIUM dicendum quod remissio in puniendo non est vitium nisi inquantum praetermittitur ordo iustitiae, quo aliquis debet puniri propter culpam, quam excedit crudelitas. Saevitia autem penitus hunc ordinem non attendit. Unde remissio punitionis directe opponitur crudelitati, non autem saevitiae.

---

6. *Eth.*, l. VII, c. 1: 1145, a, 20.

te, à clemência, mas a uma virtude mais excelente, denominada pelo Filósofo "heroica ou divina", que, a nosso ver, parece pertencer aos dons do Espírito Santo. Logo, pode-se dizer que a sevícia se opõe, diretamente, ao dom da piedade.

QUANTO AO 2º, deve-se dizer que severo não equivale, simplesmente, a sevo, termo que lembra um vício, mas "a sevo em relação à verdade", por causa de certa semelhança com a sevícia, que não diminui as penas.

QUANTO AO 3º, deve-se dizer que a remissão das penas não é um vício, a não ser quando posterga a ordem da justiça, pela qual o culpado deve ser punido por uma culpa que a crueldade excede. Mas a sevícia não respeita, absolutamente, a ordem da justiça. Portanto, a remissão da pena opõe-se, diretamente, à crueldade e não à sevícia.

QUAESTIO CLX
DE MODESTIA
in duos articulos divisa

Deinde considerandum est de modestia. Et primo, de ipsa in communi; secundo, de singulis quae sub ea continentur.

Circa primum quaeruntur duo.
Primo: utrum modestia sit pars temperantiae.
Secundo: quae sit materia modestiae.

ARTICULUS 1
Utrum modestia sit pars temperantiae

AD PRIMUM SIC PROCEDITUR. Videtur quod modestia non sit pars temperantiae.

1. Modestia enim a *modo* dicitur. Sed in omnibus virtutibus requiritur modus: nam virtus ordinatur ad bonum; bonum autem, ut Augustinus dicit, in libro *de Natura Boni*¹, consistit in *modo, specie et ordine*. Ergo modestia est generalis virtus. Non ergo debet poni pars temperantiae.

2. PRAETEREA, laus temperantiae praecipue videtur consistere ex quadam *moderatione*. Ab hac autem sumitur nomen modestiae. Ergo modestia est idem quod temperantia, et non pars eius.

QUESTÃO 160
A MODÉSTIA
em dois artigos

Em seguida, deve-se tratar da modéstia. Primeiro, da modéstia em geral. Depois, das suas espécies, em particular.

A respeito do primeiro, duas questões:
1. A modéstia é parte da temperança?
2. Qual a matéria da modéstia?

ARTIGO 1
A modéstia é parte da temperança?

QUANTO AO PRIMEIRO ARTIGO, ASSIM SE PROCEDE: parece que a modéstia **não** é parte da temperança.

1. Com efeito, "modéstia" vem de "modo". Ora, toda virtude tem seu modo, porque se ordena ao bem e o bem, segundo Agostinho, "consiste em modo, espécie e ordem". Logo, a modéstia é uma virtude geral e não deve ser vista como parte da temperança.

2. ALÉM DISSO, o mérito da temperança parece residir, sobretudo, em certa "moderação". Ora, daí vem a palavra "modéstia". Logo, a modéstia é idêntica à temperança e não parte dela.

---

1 PARALL.: Supra, q. 143; II *Sent.*, dist. 44, q. 2, a. 1, ad 3; III, dist. 33, q. 3, a. 2, q.la 1.
  1. C. 3: ML 42, 553.

3. PRAETEREA, modestia videtur consistere circa proximorum correctionem: secundum illud 2Ti 2,24-25: *Servum Dei non oportet litigare, sed mansuetum esse ad omnes, cum modestia corripientem eos qui resistunt veritati.* Sed correctio delinquentium est actus iustitiae vel caritatis, ut supra[2] habitum est. Ergo videtur quod modestia magis sit pars iustitiae quam temperantiae.

SED CONTRA est quod Tullius[3] ponit modestiam partem temperantiae.

RESPONDEO dicendum quod, sicut supra[4] dictum est, temperantia moderationem adhibet circa ea in quibus difficillimum est moderari, scilicet circa concupiscentiae delectationum tactus. Ubicumque autem est aliqua virtus specialiter circa aliquod maximum, oportet esse aliam virtutem circa ea quae mediocriter se habent, eo quod oportet quantum ad omnia vitam hominis secundum virtutes regulatam esse: sicut supra[5] dictum est quod magnificentia est circa magnos sumptus pecuniarum, praeter quam est necessaria liberalitas, quae fit circa mediocres sumptus. Unde necessarium est quod sit quaedam virtus moderativa in aliis mediocribus, in quibus non est ita difficile moderari. Et haec virtus vocatur modestia, et adiungitur temperantiae sicut principali.

AD PRIMUM ergo dicendum quod nomen commune quandoque appropriatur his quae sunt infima: sicut nomen commune *angelorum* appropriatur infimo ordini angelorum. Ita etiam et *modus*, qui communiter observatur in qualibet virtute, appropriatur specialiter virtuti quae in minimis modum ponit.

AD SECUNDUM dicendum quod aliqua temperatione indigent propter suam vehementiam, sicut vinum forte temperatur: sed moderatio requiritur in omnibus. Et ideo temperantia magis se habet ad passiones vehementes: modestia vero ad mediocres.

AD TERTIUM dicendum quod modestia ibi accipitur a modo communiter sumpto, prout requiritur in omnibus virtutibus.

3. ADEMAIS, a modéstia ocupa-se com a correção do próximo, conforme se diz na segunda Carta a Timóteo: "Um servo do Senhor não deve se alterar, mas ser afável para com todos, com modéstia é que ele deve corrigir os que resistem à verdade". Ora, corrigir os que falham é ato de justiça ou de caridade, como antes se explicou. Logo, parece que a modéstia é, antes, parte da justiça e não da temperança.

EM SENTIDO CONTRÁRIO, Túlio considera a modéstia parte da temperança.

RESPONDO. A temperança estabelece a moderação na mais difícil das matérias, a saber, nos desejos dos prazeres do tato. Ora, onde quer que haja determinada virtude voltada ao que é mais importante, aí haverá outra envolvida com o que é menos importante, pois é necessário que a vida humana seja, em todos os seus aspectos, regulada pela virtude. É assim que, como acima foi dito, a magnificência regula os grandes gastos de dinheiro e, ao lado dela, é necessária a liberalidade que controla os gastos medianos. Deve haver, portanto, uma virtude que nos modere nessas coisas não tão difíceis de serem moderadas. E essa virtude se chama modéstia e está anexa à temperança, como à sua virtude principal.

QUANTO AO 1º, portanto, deve-se dizer que às vezes, um nome comum é atribuído às partes menores, como, por exemplo, o nome geral "anjos" é próprio da classe inferior dos anjos. Assim também o "modo", comumente observado em todas as virtudes, é próprio, especialmente, da virtude que o introduz nas pequenas coisas.

QUANTO AO 2º, deve-se dizer que certas coisas precisam ser temperadas, como um vinho forte, por causa da sua veemência. Todas as coisas, porém, carecem de moderação. Portanto, a temperança é necessária nas paixões veementes e a modéstia, nas paixões médias.

QUANTO AO 3º, deve-se dizer que nesse lugar, a modéstia é tomada em sentido geral, enquanto necessária a todas as virtudes.

---

2. Q. 33, a. 1.
3. *De invent. rhet.*, l. II, c. 54: ed. G. Friedrich, Lipsiae 1893, p. 231, l. 18.
4. Q. 141, a. 4; q. 157, a. 3.
5. Q. 129, a. 2; q. 134, a. 3, ad 1.

Articulus 2
Utrum modestia sit solum circa exteriores actiones

AD SECUNDUM SIC PROCEDITUR. Videtur quod modestia sit solum circa exteriores actiones.

1. Interiores enim motus passionum aliis noti esse non possunt. Sed Apostolus, Philp 4,5, mandat ut *modestia* nostra *nota sit omnibus hominibus*. Ergo modestia est solum circa exteriores actiones.
2. PRAETEREA, virtutes quae sunt circa passiones, distinguuntur a virtute iustitiae, quae est circa operationes. Sed modestia videtur esse una virtus. Si ergo est circa operationes exteriores, non erit circa aliquas interiores passiones.
3. PRAETEREA, nulla virtus una et eadem est circa ea quae pertinent ad appetitum, quod est proprium virtutum moralium; et circa ea quae pertinent ad cognitionem, quae est proprie virtutum intellectualium; neque etiam circa ea quae pertinent ad irascibilem, et concupiscibilem. Si ergo modestia est una virtus, non potest esse circa omnia praedicta.

SED CONTRA, in omnibus praedictis oportet observari *modum*, a quo modestia dicitur. Ergo circa omnia praedicta est modestia.

RESPONDEO dicendum quod, sicut dictum est[1], modestia differt a temperantia in hoc quod temperantia est moderativa eorum quae difficillimum est refrenare, modestia autem est moderativa eorum quae in hoc mediocriter se habent. Diversimode autem aliqui de modestia videntur esse locuti. Ubicumque enim consideraverunt aliquam specialem rationem boni vel difficultatis in moderando, illud subtraxerunt modestiae, relinquentes modestiam circa minora. Manifestum est autem omnibus quod refrenatio delectationum tactus specialem quandam difficultatem habet. Unde omnes temperantiam a modestia distinxerunt. — Sed praeter hoc, Tullius[2] consideravit quoddam speciale bonum esse in moderatione poenarum. Et ideo etiam clementiam subtraxit modestiae, ponens modestiam circa omnia quae relinquuntur moderanda.

Artigo 2
O objeto da modéstia são apenas as ações exteriores?[a]

QUANTO AO SEGUNDO, ASSIM SE PROCEDE: parece que o objeto da modéstia **são** apenas as ações exteriores.

1. Com efeito, os movimentos internos das paixões não podem ser conhecidos pelos outros. Ora, o Apóstolo determina: "Seja a vossa modéstia conhecida por todos os homens". Logo, o objeto da modéstia são apenas às ações exteriores.
2. ALÉM DISSO, as virtudes que versam sobre as paixões distinguem-se da virtude da justiça, que versa sobre as ações. Ora, a modéstia é uma virtude una. Logo, se versa sobre as ações exteriores, não se ocupará com nenhuma paixão interior.
3. ADEMAIS, uma mesma virtude não tem por objeto, simultaneamente, coisas do apetite, próprias das virtudes morais; coisas do conhecimento, regulado pelas virtudes intelectuais, e coisas do irascível e do concupiscível. Logo, se a modéstia é uma virtude una, não pode ter por objeto tudo o que foi mencionado.

EM SENTIDO CONTRÁRIO, em tudo isso que se mencionou é preciso observar um modo, donde vem o termo "modéstia". Logo, ela se aplica em todos os casos citados.

RESPONDO. A modéstia se distingue da temperança em que esta modera o que é mais difícil de se moderar, ao passo que aquela modera o que é menos difícil. Entretanto, os autores parecem ter discorrido sobre a modéstia de diferentes maneiras. Sempre que descobrem uma razão especial no moderar um bem ou uma dificuldade, eles excluem a modéstia, aplicando-a somente às coisas menores. Ora, é de todos sabido que o controle dos prazeres do tato representa uma dificuldade singular e, por isso, todos distinguem a temperança da modéstia. — Além disso, Túlio notou que há um bem peculiar na moderação das penas e, por isso, também separou a clemência da modéstia, reservando a esta as demais coisas que precisam ser moderadas.

---

2 PARALL.: III *Sent.*, dist. 33, q. 3, a. 2, q.la 1, ad 3.

1. Art. praec.
2. *De invent. rhet.*, l. II, c. 54: ed. G. Friedrich, Lipsiae 1893, p. 231, ll. 20-21.

a. Mesmo permanecendo extremamente sistemático, Sto. Tomás não fica alheio a uma certa flutuação no emprego dos termos. Pode-se constatá-lo comparando este artigo com a questão 143. "Modéstia" é um termo bastante vago, suscetível de definições variadas. Há vantagens em não reduzir tais termos à perfeita univocidade.

Quae quidem videntur esse quatuor. Quorum unum est motus animi ad aliquam excellentiam: quem moderatur *humilitas*. Secundum autem est desiderium eorum quae pertinent ad cognitionem: et in hoc moderatur *studiositas*, quae opponitur *curiositati*. Tertium autem, quod pertinet ad corporales motus et actiones: ut scilicet decenter et honeste fiant, tam in his quae serio, quam in his quae ludo aguntur. Quartum autem est quod pertinet ad exteriorem apparatum, puta in vestibus et aliis huiusmodi. Sed circa quaedam eorum alii posuerunt quasdam speciales virtutes: sicut Andronicus[3] *mansuetudinem, simplicitatem* et *humilitatem*, et alia huiusmodi, de quibus supra[4] dictum est. Aristoteles etiam circa delectationes ludorum posuit *eutrapeliam*[5]. Quae omnia continentur sub modestia, secundum quod a Tullio accipitur. Et hoc modo modestia se habet non solum circa exteriores actiones, sed etiam circa interiores.

AD PRIMUM ergo dicendum quod Apostolus loquitur de modestia prout est circa exteriora. — Et tamen etiam interiorum moderatio manifestari potest per quaedam exteriora signa.

AD SECUNDUM dicendum quod sub modestia continentur diversae virtutes, quae a diversis assignantur. Unde nihil prohibet modestiam esse circa ea quae requirunt diversas virtutes. — Et tamen non est tanta diversitas inter partes modestiae ad invicem, quanta est iustitiae, quae est circa operationes, ad temperantiam, quae est circa passiones quia in actionibus et passionibus in quibus non est aliqua excellens difficultas ex parte materiae, sed solum ex parte moderationis, non attenditur virtus nisi una, scilicet secundum rationem moderationis.

Et per hoc etiam patet responsio AD TERTIUM.

Essas coisas parece que se reduzem a quatro. A primeira é o movimento da alma em busca de alguma superioridade e é moderado pela humildade. Outra é a aspiração pelas coisas do saber, moderada pela estudiosidade, oposta à curiosidade. A terceira refere-se aos movimentos e atividades corporais, que hão de ser realizados com decência e honestidade, tanto em situações sérias como nas brincadeiras. A quarta, enfim, concerne à nossa apresentação externa, como o modo de vestir e outras coisas similares. Outros autores, porém, apontam algumas virtudes específicas para alguns desses objetos. Andronico, por exemplo, fala na mansidão, na simplicidade, na humildade e em outras virtudes semelhantes, de que já tratamos. Aristóteles, por sua vez, destaca a eutrapelia, para regular o prazer dos divertimentos. É tudo isso que a modéstia engloba, no sentido em que Túlio a considera. E assim, ela abrange não só as ações exteriores, mas também as interiores.

QUANTO AO 1º, portanto, deve-se dizer que o Apóstolo está falando da modéstia relacionada às coisas exteriores. — Contudo, a moderação das atitudes interiores também pode se manifestar por alguns sinais exteriores.

QUANTO AO 2º, deve-se dizer que a modéstia abarca diversas virtudes, assinaladas por vários autores. Consequentemente, nada impede tenha ela por matéria coisas que exigem diferentes virtudes. — Mas não há entre as partes da modéstia diferença tão grande de umas para com outras, como há entre a justiça, que se ocupa com ações, e a temperança, que versa sobre paixões. Nas ações e nas paixões, com efeito, que não implicam nenhuma dificuldade maior, quanto à matéria delas, mas só quanto à moderação, não há mais que uma virtude, baseada na ideia de moderação.

QUANTO AO 3º, deve-se dizer que com a resposta à segunda objeção, fica esclarecida também a terceira.

---

3. *De affectibus*, de Temperantia: inter *Fragm. Phil. Graec.*, ed. G. A. Mullachius, Parisiis 1867-1879, t. III, p. 576.
4. Q. 143.
5. *Eth.*, l. II, c. 7: 1108, a, 24-26.

QUAESTIO CLXI
DE HUMILITATE
in sex articulos divisa

Deinde considerandum est de speciebus modestiae. Et primo, de humilitate, et superbia, quae ei

QUESTÃO 161
A HUMILDADE
em seis artigos

Em seguida, deve-se tratar das espécies de modéstia. Primeiro, da humildade e da soberba

opponitur: secundo, de studiositate, et curiositate sibi opposita; tertio, de modestia secundum quod est in verbis vel factis; quarto, de modestia secundum quod est circa exteriorem cultum.
Circa humilitatem quaeruntur sex.
Primo: utrum humilitas sit virtus.
Secundo: utrum consistat in appetitu, vel in iudicio rationis.
Tertio: utrum aliquis per humilitatem se debeat omnibus subiicere.
Quarto: utrum sit pars modestiae vel temperantiae.
Quinto: de comparatione eius ad alius virtutes.
Sexto: de gradibus humilitatis.

que lhe é oposta; segundo, da estudiosidade e da curiosidade que lhe é oposta; terceiro, da modéstia nas palavras e nos gestos e da modéstia em nossa apresentação exterior.
Sobre a humildade, seis artigos:
1. A humildade é uma virtude?
2. Está no apetite ou no juízo da razão?
3. Deve-se, por humildade, estar sujeito a todos?
4. É parte da modéstia ou da temperança?
5. Quais as suas relações com as outras virtudes?
6. Quais os seus graus?

Articulus 1
Utrum humilitas sit virtus

Ad primum sic proceditur. Videtur quod humilitas non sit virtus.
1. Virtus enim importat rationem boni. Sed humilitas videtur importare rationem mali poenalis: secundum illud Psalmi [Ps 104,18]: *Humiliaverunt in compedibus pedes eius.* Ergo humilitas non est virtus.
2. Praeterea, virtus et vitium opponuntur. Sed humilita quandoque sonat in vitium: dicitur enim Eccli 19,23: *Est qui nequiter se humiliat.* Ergo humilitas non est virtus.
3. Praeterea, nulla virtus opponitur alii virtuti. Sed humilitas videtur opponi virtuti magnanimitatis, quae tendit in magna: humilitas autem ipsa refugit. Ergo videtur quod humilitas non sit virtus.
4. Praeterea, virtus est *dispositio perfecti*, ut dicitur in VII *Physic*.[1]. Sed humilitas videtur esse imperfectorum: unde et Deo non convenit humiliari, qui nulli subiici potest. Ergo videtur quod humilitas non sit virtus.
5. Praeterea, *omnis virtus moralis est circa actiones vel passiones*, ut dicitur in II *Ethic*.[2]. Sed humilitas non connumeratur a Philosopho inter virtutes quae sunt circa passiones: nec etiam continetur sub iustitia, quae est circa actiones. Ergo videtur quod non sit virtus.

Artigo 1
A humildade é uma virtude?

Quanto ao primeiro artigo, assim se procede: parece que a humildade **não** é uma virtude.
1. Com efeito, a virtude implica a ideia do bem. Ora, a humildade parece implicar a ideia do castigo, como diz o Salmo: "Humilharam-lhe os pés entre grilhões". Logo, a humildade não é uma virtude.
2. Além disso, a virtude e o vício são opostos. Ora, a humildade, às vezes, aparenta um vício, pois no livro do Eclesiástico se lê: "Há quem se humilha fraudulentamente". Logo, a humildade não é uma virtude.
3. Ademais, nenhuma virtude se opõe a outra virtude. Ora, parece que a humildade se opõe à virtude da magnanimidade, que visa a grandes coisas, enquanto que a humildade as evita. Logo, parece que a humildade não é uma virtude.
4. Ademais, a virtude, como diz Aristóteles, é "a disposição do ser perfeito". Ora, a humildade parece própria dos imperfeitos, tanto que não convém a Deus, que a ninguém pode estar sujeito. Logo, parece que a humildade não é uma virtude.
5. Ademais, "Toda virtude moral tem por objeto as ações ou as paixões", como ensina o Filósofo. Ora, a humildade não é citada por ele entre as virtudes que tratam das paixões, nem está incluída na justiça, que trata das ações. Logo, parece que não é uma virtude.

---
1. C. 3: 246, b, 23-24; a, 13-16.
2. C. 2: 1104, b, 13-16.

SED CONTRA est quod Origenes dicit³, exponens illud Lc 1,48, *Respexit humilitatem ancillae suae: Proprie in Scripturis una de virtutibus humilitas praedicatur: ait quippe Salvator, "Discite a me, quia mitis sum et humilis corde"*.

RESPONDEO dicendum quod, sicut supra⁴ dictum est, cum de passionibus ageretur, bonum arduum habet aliquid unde attrahit appetitum, scilicet ipsam rationem boni, et habet aliquid retrahens, scilicet ipsam difficultatem adipiscendi: secundum quorum primum insurgit motus spei, et secundum aliud motus desperationis. Dictum est autem supra⁵ quod circa motus appetitivos qui se habent per modum impulsionis, oportet esse virtutem moralem moderantem et refrenantem: circa illos autem qui se habent per modum retractionis, oportet esse virtutem moralem firmantem et impellentem. Et ideo circa appetitum boni ardui necessaria est duplex virtus. Una quidem quae temperet et refrenet animum, ne immoderate tendat in excelsa: et hoc pertinet ad virtutem humilitatis. Alia vero quae firmat animum contra desperationem, et impellit ipsum ad prosecutionem magnorum secundum rationem rectam: et haec est magnanimitas. Et sic patet quod humilitas est quaedam virtus.

AD PRIMUM ergo dicendum quod, sicut Isidorus dicit, in libro *Etymol.*⁶, *humilis dicitur quasi humi acclinis*, idest, imis inhaerens. Quod quidem contingit dupliciter. Uno modo, ex principio extrinseco: puta cum aliquis ab alio deiicitur. Et sic humilitas est poena. — Alio modo, a principio intrinseco. Et hoc potest fieri quandoque quidem bene: puta cum aliquis, considerans suum defectum, tenet se in infimis secundum suum modum; sicut Abraham dixit ad Dominum, Gn 18,27: *Loquar ad Dominum meum, cum sim pulvis et cinis*. Et hoc modo humilitas ponitur virtus. Quandoque

EM SENTIDO CONTRÁRIO, temos a afirmação de Orígenes que, ao explicar o Evangelho de Lucas: "Pôs os olhos sobre a sua humilde serva", diz: "Na Escritura, a humildade é expressamente declarada uma virtude, pois o Salvador disse: Sede discípulos meus, porque eu sou manso e humilde de coração"[a].

RESPONDO. O bem árduo possui algo que atrai o apetite, a saber, a sua própria razão de bem, mas possui também algo que retrai o apetite, ou seja, a própria dificuldade de conquistá-lo. Desses elementos, o primeiro faz surgir o movimento da esperança e o segundo, o movimento do desânimo. Mas os movimentos apetitivos de caráter impulsivo requerem uma virtude que os modere e os refreie; e os que causam retração precisam de uma virtude moral que os reforce e estimule. Portanto, relativamente ao bem árduo, duas virtudes são necessárias. Uma, que tempere e refreie a alma, para que não aspire, imoderadamente, a coisas elevadas, e aí entra a humildade; outra, que fortaleça o espírito contra o desânimo e o incentive a desejar grandes feitos, segundo a reta razão, e aí aparece a magnanimidade. Fica, assim, patente que a humildade é uma virtude[b].

QUANTO AO 1º, portanto, deve-se dizer que como diz Isidoro, "humilde equivale a próximo ao húmus", ou seja, preso ao que é mais baixo. Isso acontece de dois modos[c]. Em primeiro lugar, por um princípio extrínseco, quando, por exemplo, alguém é rebaixado por outrem, e então a humildade tem caráter de castigo. — Em segundo lugar, por um princípio intrínseco. E isso pode ocorrer, às vezes, em bom sentido, quando, por exemplo, alguém, à vista dos próprios defeitos, se considera pequeno, como Abraão, ao confessar a Deus: "Vou ousar falar ao meu Senhor, eu que não

---

3. Hom. 8 *in Luc*.: MG 13, 1821 A.
4. I-II, q. 23, a. 2.
5. I-II, q. 61, a. 2.
6. L. X, ad litt. *H*, n. 116: ML 82, 379 B.

a. Eis que ficamos sabendo de uma vez só que estamos novamente lidando com uma questão profundamente enraizada na tradição cristã (ver martírio, jejum, virgindade). A humildade será apresentada por Sto. Tomás de modo filosófico, e mesmo aristotélico, mas ele terá o cuidado de servir-se da herança dos grandes espirituais que, a exemplo da Escritura, exaltaram a humildade.

b. Convém consultar o que foi dito no tratado da fortaleza sobre a profunda compatibilidade entre magnanimidade e humildade (II-II, q. 129, a. 3). Mesma doutrina no tratado da temperança: as duas virtudes são necessárias, e seriam incompletas uma sem a outra (ver também r. 3).

c. É toda a diferença entre humilhação e humildade. Nesta questão, Sto. Tomás só trata da humildade, forma de modéstia e de temperança. O tema da "humilhação" mereceria igualmente um tratamento não apenas espiritual, mas teológico; de fato, ele aparece o tempo todo no Evangelho.

autem potest fieri male: puta cum *homo, honorem suum non intelligens, comparat se iumentis insipientibus, et fit similis illis.*

AD SECUNDUM dicendum quod, sicut dictum est[7], humilitas, secundum quod est virtus, in sui ratione importat quandam laudabilem delectionem ad ima. Hoc autem quandoque fit solum secundum signa exteriora, secundum fictionem. Unde haec est *falsa humilitas*: de qua Augustinus dicit, in quadam epistola[8], quod est *magna superbia*, quia scilicet videtur tendere ad excellentiam gloriae. — Quandoque autem fit secundum interiorem motum animae. Et secundum hoc humilitas proprie ponitur virtus: quia virtus non consistit in exterioribus, sed principaliter in interiori electione mentis, ut patet per Philosophum, in libro *Ethicorum*[9].

AD TERTIUM dicendum quod humilitas reprimit appetitum, ne tendat in magna praeter rationem rectam. Magnanimitas autem animum ad magna impellit secundum rationem rectam. Unde patet quod magnanimitas non opponitur humilitati, sed conveniunt in hoc quod utraque est secundum rationem rectam.

AD QUARTUM dicendum quod perfectum dicitur aliquid dupliciter. Uno modo, simpliciter: in quo scilicet nullus defectus invenitur, nec secundum suam naturam, nec per respectum ad aliquid aliud. Et sic solus Deus est perfectus: cui secundum naturam divinam non competit humilitas, sed solum secundum naturam assumptam. — Alio modo potest dici aliquid perfectum secundum quid: puta secundum suam naturam, vel secundum statum aut tempus. Et hoc modo homo virtuosis est perfectus. Cuius tamen perfectio in comparatione ad Deum deficiens invenitur: secundum illud Is 40,17: *Omnes gentes, quasi non sint, sic sunt coram eo.* Et sic cuilibet homini potest convenire humilitas.

AD QUINTUM dicendum quod Philosophus intendebat agere de virtutibus secundum quod ordinantur ad vitam civilem, in qua subiectio

passo de pó e cinza". E, nesse caso, a humildade é uma virtude. Mas, outras vezes, pode ser em mau sentido, quando, por exemplo, "o homem não entende sua dignidade e se compara aos animais insensatos e a eles se assemelha".

QUANTO AO 2º, deve-se dizer que a humildade, como virtude, implica, essencialmente, certo louvável rebaixamento de si mesmo. Isso, porém, acontece, às vezes, só por sinais externos, por fingimento, constituindo a "falsa humildade", cognominada por Agostinho de "grande soberba", porque, na verdade, pretende uma glória superior. — Outras vezes, contudo, esse rebaixamento se funda no íntimo do coração e, desse modo, temos a verdadeira virtude da humildade, posto que a virtude não está em coisas exteriores, mas, principalmente, na decisão interior do espírito, como o mostra o Filósofo.

QUANTO AO 3º, deve-se dizer que a humildade reprime o apetite, para que ele não busque grandezas além da reta razão, ao passo que a magnanimidade o estimula para o que é grande, segundo a reta razão. Fica claro, portanto, que a magnanimidade não se opõe à humildade, mas, ao contrário, ambas coincidem em que agem segundo a reta razão.

QUANTO AO 4º, deve-se dizer que de duas maneiras se atesta que um ser é perfeito. Primeiro, absolutamente, quando nele nenhum defeito existe, nem em si mesmo nem em relação a outros seres. Nesse sentido, perfeito é só Deus, a cuja natureza divina não cabe a humildade, mas só pela natureza assumida. — Segundo, em sentido relativo, por exemplo, quanto à sua natureza, ou quanto à sua condição, ou ainda quanto ao tempo. Nesse sentido, o homem virtuoso é perfeito, malgrado sua perfeição seja deficiente, comparada com Deus, conforme diz Isaías: "Todas as nações são diante dele como nada". E, assim, a humildade pode convir a todos os homens[d].

QUANTO AO 5º, deve-se dizer que a intenção do Filósofo era tratar das virtudes enquanto ordenadas à vida civil, na qual a subordinação de uma pes-

---

7. In resp. ad 1.
8. Epist. 149, al. 59, c. 2, n. 28: ML 33, 642.
9. L. II, c. 4: 1106, a, 3-4.

d. Vimos que a continência não é uma virtude, devido à imperfeição que ela supõe (a existência de paixões violentas) (II-II, q. 155). Uma vez que a humildade, para ser verdadeira, supõe uma imperfeição, poderíamos crer que tampouco ela é uma virtude. Mas se trata de um outro tipo de imperfeição, uma imperfeição de natureza tão pouco pecaminosa que a humildade é atribuída a Cristo, segundo sua natureza humana. A continência não poderia ser-lhe atribuída, nem mesmo segundo sua natureza humana, pois ele era perfeitamente temperante.

unius hominis ad alterum secundum legis ordinem determinatur, et ideo continetur sub iustitia legali. Humilitas autem, secundum quod est specialis virtus, praecipue respicit subiectionem hominis ad Deum, propter quem etiam aliis humiliando se subiicit.

Articulus 2
Utrum humilitas consistat circa appetitum

AD SECUNDUM SIC PROCEDITUR. Videtur quod humilitas non consistat circa appetitum, sed magis circa iudicium rationis.

1. Humilitas enim superbiae opponitur. Sed superbia maxime consistit in his quae pertinent ad cognitionem. Dicit enim Gregorius, XXXIV *Moral*.[1], quod *superbia, cum exterius usque ad corpus extenditur, prius per oculos indicatur*; unde etiam in Psalmo [Ps 130,1] dicitur: *Domine, non est exaltatum cor meum, neque elati sunt oculi mei*: oculi autem maxime deserviunt cognitioni. Ergo videtur quod humilitas maxime sit circa cognitionem, quam de se aliquis aestimat parvam.

2. PRAETEREA, Augustinus dicit, in libro *de Virginit*.[2], quod *humilitas pene tota disciplina Christiana est*. Nihil ergo quod in disciplina Christiana continetur, repugnat humilitati. Sed in disciplina Christiana admonemur ad appetendum meliora: secundum illud 1Cor 12,31: *Aemulamini charismata meliora*. Ergo ad humilitatem non pertinet reprimere appetitum arduorum, sed magis aestimationem.

3. PRAETEREA, ad eandem virtutem pertinet refrenare superfluum motum, et firmare animum contra superfluam retractionem: sicut eadem fortitudo est quae refrenat audaciam, et quae firmat animum contra timorem. Sed magnanimitas firmat animum contra difficultates quae accidunt in prosecutione magnorum. Si ergo humilitas refrenaret appetitum magnorum, sequeretur quod

Artigo 2
A humildade está no apetite?

QUANTO AO SEGUNDO, ASSIM SE PROCEDE: parece que a humildade **não** está no apetite, mas sim no juízo da razão.

1. Com efeito, a humildade se opõe à soberba. Ora, a soberba se ocupa, principalmente, com coisas ligadas ao conhecimento, pois Gregório diz que "a soberba, estendendo-se visivelmente por todo o corpo, revela-se primeiramente pelos olhos". Daí também a palavra do salmista: "Senhor, meu coração está sem pretensões; meus olhos não miram metas altas demais". Ora, é para o conhecimento, sobretudo, que os nossos olhos servem. Logo, parece que a humildade tem como objeto primordial o conhecimento pelo qual alguém se julga pequeno.

2. ALÉM DISSO, segundo Agostinho, "a humildade é, praticamente, toda a doutrina cristã". Portanto, nada há nessa doutrina inconciliável com a humildade. Ora, a doutrina cristã nos exorta a desejar o que há de melhor, conforme se diz: "Ambicionai os dons melhores". Logo, não é próprio da humildade reprimir o desejo das coisas difíceis, mas estimulá-lo[f].

3. ADEMAIS, incumbe à mesma virtude refrear aspirações exageradas e também fortalecer o ânimo contra um retraimento excessivo. Assim, é a mesma virtude da fortaleza que refreia a audácia e fortifica a alma contra o temor. Ora, a magnanimidade corrobora a alma contra as dificuldades surgidas na busca de grandes coisas. Portanto, se a humildade refreasse o desejo do que é grande,

---

1. C. 22, al. 18, in vet. 17, n. 46: ML 76, 743 D.
2. C. 31: ML 40, 413.

e. Aristóteles não encontrava a humildade em seu percurso. Ela envolve uma relação com Deus que era estranha às concepções do Filósofo. A humildade é virtude cristã, ou pelo menos religiosa.

f. O objetante gostaria de limitar o campo de aplicação da humildade à apreciação, e portanto excluí-la do domínio do desejo e da aspiração a ser mais. A resposta 2 estabelece que, elevar-se a Deus, sob condição de que seja sem presumir de suas próprias forças, é um processo efetivamente humilde. A humildade encontra seu terreno de aplicação até em nossas aspirações mais audaciosas em elevar-nos até Deus. Ela não envolve unicamente uma apreciação modesta de nós mesmos; ela está no centro da promoção do cristão e de seu dinamismo.

humilitas non esset virtus distincta a magnanimitate. Quod patet esse falsum. Non ergo humilitas consistit circa appetitum magnorum, sed magis circa aestimationem.

4. PRAETEREA, Andronicus ponit humilitatem circa exteriorem cultum: dicit enim[3] quod humilitas est *habitus non superabundans sumptibus et praeparationibus*. Ergo non est circa motum appetitus.

SED CONTRA est quod Augustinus dicit, in libro de Poenit.[4], quod humilitas est *qui eligit abiici in domo Domini, magis quam habitare in tabernaculis peccatorum*. Sed electio pertinet ad appetitum. Ergo humilitas consistit circa appetitum, magis quam circa aestimationem.

RESPONDEO dicendum quod, sicut dictum est[5], ad humilitatem proprie pertinet ut aliquis reprimat seipsum, ne feratur in ea quae sunt supra se. Ad hoc autem necessarium est ut aliquis cognoscat id in quo deficit a proportione eius quod suam virtutem excedit. Et ideo cognitio proprii defectus pertinet ad humilitatem sicut regula quaedam directiva appetitus. Sed in ipso appetitu consistit humilitas essentialiter. Et ideo dicendum est quod humilitas proprie est moderativa motus appetitus.

AD PRIMUM ergo dicendum quod extollentia oculorum est quoddam signum superbiae, inquantum excludit reverentiam et timorem. Consueverunt enim timentes et verecundati maxime oculos deprimere, quasi non audentes se aliis comparare. Non autem ex hoc sequitur quod humilitas essentialiter circa cognitionem consistat.

AD SECUNDUM dicendum quod tendere in aliqua maiora ex propriarum virium confidentia, humilitati contrariatur. Sed quod aliquis ex confidentia divini auxilii in maiora tendat, hoc non est contra humilitatem: praesertim cum ex hoc aliquis magis apud Deum exaltetur quod ei se magis per humilitatem subiicit. Unde Augustinus dicit, in libro de Poenit.[6]: *Aliud est levare se ad Deum: aliud est levare se contra Deum. Qui aute illum se proiicit, ab illo erigitur: qui adversus illum se erigit, ab illo proiicitur*.

AD TERTIUM dicendum quod in fortitudine invenitur eadem ratio refrenandi audaciam et firmandi animum contra timorem: utriusque enim ratio est ex hoc quod homo debet bonum rationis periculis

resultaria não ser ela uma virtude distinta da magnanimidade, o que é, evidentemente, falso. Logo, a humildade não se ocupa com o desejo de grandes coisas, mas com a estimação delas.

4. ADEMAIS, Andronico situa a humildade na aparência exterior, pois diz que a humildade "é o hábito de não exagerar em gastos e exterioridades". Logo, a humildade não se ocupa com o movimento do apetite.

EM SENTIDO CONTRÁRIO, diz Agostinho, definindo como humilde "quem escolhe ser pequeno na casa do Senhor mais que habitar a morada dos pecadores". Logo, a escolha pertence ao apetite. Logo, a humildade está antes no apetite que na estimação.

RESPONDO. É função própria da humildade refrear-nos para que não nos elevemos a coisas superiores a nós. Para tanto, importa que conheçamos o que nos falta, em comparação com o que excede a nossa capacidade. É próprio, pois, da humildade, como norma e diretriz do apetite, conhecer as próprias deficiências. Mas é no apetite mesmo que ela, essencialmente, reside. Por isso, deve-se dizer que a humildade tem como função própria dirigir e moderar os movimentos do apetite.

QUANTO AO 1º, portanto, deve-se dizer que a altivez do olhar é um sinal de soberba, por excluir o respeito e o temor, pois são, especialmente, os tímidos e os envergonhados que costumam baixar os olhos, quase não ousando comparar-se aos outros. Não se segue daí que a humildade esteja, essencialmente, no conhecimento.

QUANTO AO 2º, deve-se dizer que desejar coisas mais altas, confiando nas próprias forças, é contra a humildade. Não o é, porém, confiando no auxílio divino, sobretudo porque tanto mais o homem se eleva diante de Deus, quanto mais se submete a ele na humildade. Por isso, diz Agostinho: "Uma coisa é nos elevarmos até Deus; outra coisa, nos elevarmos contra Deus. Quem se humilha diante dele, é exaltado por ele; quem contra ele se ergue, por ele é abatido".

QUANTO AO 3º, deve-se dizer que para refrear a audácia e para fortalecer a alma contra o temor, a fortaleza tem uma mesma e única razão, qual seja, antepor o bem da razão aos perigos de morte. Ao

---

3. *De affectibus*, de Temperantia: inter *Fragm. Phil. Graec.*, ed. G. A. Mullachius, Parisiis 1867-1879, t. III, p. 576.
4. Al. Serm. 351, c. 1: ML 39, 1536.
5. Art. praec.
6. Loc. cit. in arg. *sed c*.

mortis praestare. Sed in refrenando praesumptionem spei, quod pertinet ad humilitatem, et in firmando animum contra desperationem, quod pertinent ad magnanimitatem, est alia et alia ratio. Nam ratio firmandi animum contra desperationem est adeptio proprii boni: ne scilicet, desperando, homo se indignum reddat bono quod sibi competebat. Sed in reprimendo praesumptionem spei, ratio praecipua sumitur ex reverentia divina, ex qua contingit ut homo non plus sibi attribuat quam sibi competat secundum gradum quem est a Deo sortitus. Unde humilitas praecipue videtur importare subiectionem hominis ad Deum. Et propter hoc Augustinus, in libro *de Serm. Dom. in Monte*[7], humilitatem, quam intelligit per paupertatem spiritus, attribuit dono timoris, quo homo Deum reveretur. Et inde est quod fortitudo aliter se habet ad audaciam quam humilitas ad spem. Nam fortitudo plus utitur audacia quam eam reprimat: unde superabundantia est ei similior quam defectus. Humilitas autem plus reprimit spem vel fiduciam de seipso quam ea utatur: unde magis opponitur sibi superabundantia quam defectus.

AD QUARTUM dicendum quod superabundantia in exterioribus sumptibus et praeparationibus solet ad quandam iactantiam fieri, quae per humilitatem reprimitur. Et quantum ad hoc, secundario consistit in exterioribus, prout sunt signa interioris appetitivi motus.

ARTICULUS 3
Utrum homo debeat se omnibus per humilitatem subiicere

AD TERTIUM SIC PROCEDITUR. Videtur quod homo non debeat se omnibus per humilitatem subiicere.

contrário, uma é a razão para refrear a presunção da esperança, coisa própria da humildade, e outra para fortificar o espírito contra o desespero, coisa própria da magnanimidade. Na verdade, a razão de fortalecer o ânimo contra o desespero é a conquista do bem próprio, ou seja, não se tornar, pelo desespero, indigno do bem que é devido. Por outro lado, a razão primordial de reprimir a presunção da esperança se funda na reverência devida a Deus, que leva a não se atribuir mais do que aquilo que lhe cabe, conforme a posição que Deus lhe outorgou. Parece, pois, que a humildade implica, sobretudo, a sujeição do homem a Deus[g]. E, por isso, Agostinho aproxima a humildade, que ele entende como pobreza espiritual, do dom do temor, pelo qual se reverencia a Deus. Vem daí o que diferencia a relação entre a fortaleza e a audácia e a relação entre a humildade e a esperança. A fortaleza serve-se da audácia mais do que a reprime e, por isso, o exagero da audácia se lhe assemelha mais do que o seu defeito. A humildade, ao contrário, mais do que utilizar a esperança ou a confiança em si mesmo, reprime-a e, por isso, o excesso de confiança se opõe a ela mais do que a sua falta.

QUANTO AO 4º, deve-se dizer que o exagero nos gastos e nas exterioridades costuma ser feito, em geral, por jactância, que se reprime pela humildade. E, nesse sentido, a humildade está, secundariamente, no regular essas demonstrações, enquanto são sinais do movimento do apetite interior.

ARTIGO 3
O homem deve, por humildade, sujeitar-se a todos?

QUANTO AO TERCEIRO, ASSIM SE PROCEDE: parece que o homem, por humildade, **não** deve sujeitar-se a todos.

---

7. L. I, c. 4, n. 11: ML 34, 1234.

3   PARALL.: Infra, a. 6, ad 1; *ad Philipp.*, c. 2, lect. 1.

---

g. O caráter essencialmente religioso da humildade é aqui bastante enfatizado. Usualmente, no exercício da virtude, é o mesmo pé que aciona o freio e o acelerador: a fortaleza fortalece contra o medo, e reprime a audácia, guiada em um caso como no outro pela razão. Exclusivamente no nível racional, a magnanimidade poderia agir do mesmo modo: fortalecer a alma na busca das grandes coisas, e preservá-la das ilusões. Existe uma perfeita analogia entre fortaleza e magnanimidade.
  A humildade, porém, traz uma consideração de outra ordem: que o homem não se atribua mais do que lhe cabe segundo o lugar recebido de Deus! Essa referência religiosa assegura à humildade sua especificidade. Virtude cristã, ela não se deixa diluir na virtude aristotélica da magnanimidade, apta todavia a subordinar os sonhos por demais ambiciosos às exigências da razão. A humildade não é apenas um bom uso da magnanimidade, ela utiliza um recurso específico para moderar as ambições desregradas: a relação com Deus.

1. Quia, sicut dictum est[1], humilitas praecipue consistit in subiectione hominis ad Deum. Sed id quod debetur Deo, non est homini exhibendum: ut patet in omnibus actibus latriae. Ergo homo per humilitatem non debet se homini subiicere.

2. PRAETEREA, Augustinus dicit, in libro *de Nat. et Gratia*[2]: *Humilitas collocanda est in parte veritatis, non in parte falsitatis*. Sed aliqui sunt in supremo statu: qui si se inferioribus subiicerent, absque falsitate hoc fieri non posset. Ergo homo non debet se omnibus per humilitatem subiicere.

3. PRAETEREA, nullus debet facere id quod vergat in detrimentum salutis alterius. Sed si aliquis per humilitatem se alteri subiiciat, quandoque hoc verget in detrimentum illius cui se subiicit, qui ex hoc superbiret vel contemneret: unde Augustinus dicit, in *Regula*[3]: *Ne, dum nimium servatur humilitas, regendi frangatur auctoritas*. Ergo homo non debet se per humilitatem omnibus subiicere.

SED CONTRA est quod dicitur Philp 2,3: *In humilitate superiores sibi invicem arbitrantes*.

RESPONDEO dicendum quod in homine duo possunt considerari: scilicet id quod est Dei, et id quod est hominis. Hominis autem est quidquid pertinet ad defectum, sed Dei est quidquid pertinet ad salutem et perfectionem: secundum illud Os 13,9: *Perditio tua, Israel: ex me tantum auxilium tuum*. Humilitas autem, sicut dictum est[4], proprie respicit reverentiam qua homo Deo subiicitur. Et ideo quilibet homo, secundum id quod suum est, debet se cuilibet proximo subiicere quantum ad id quod est Dei in ipso.

Non autem hoc requirit humilitas, ut aliquis id quod est Dei in seipso, subiiciat ei quod apparet esse Dei in altero. Nam illi qui dona Dei participant, cognoscunt se ea habere: secundum illud 1Cor 2,12: *Ut sciamus quae a Deo donata sunt nobis*. Et ideo absque praeiudicio humilitatis possunt dona quae ipsi acceperunt, praeferre donis Dei quae aliis apparent collata: sicut Apostolus, Eph 3,5, dicit: *Aliis generationibus non est agnitum*

1. Com efeito, a humildade consiste, principalmente, na sujeição do homem a Deus. Ora, o que se deve a Deus, não se há de dar aos homens, como é evidente em todos os atos de adoração. Logo, não deve o homem, por humildade, sujeitar-se a outro homem.

2. ALÉM DISSO, diz Agostinho que "a humildade deve ser posta ao lado da verdade e não ao lado da falsidade". Ora, há homens em situação elevadíssima que não poderiam, sem falsidade, sujeitar-se aos que lhe são inferiores. Logo, não deve o homem, por humildade, sujeitar-se a todos.

3. ADEMAIS, ninguém deve fazer o que pode vir em detrimento da salvação de outra pessoa. Ora, sujeitar-se a outrem, por humildade, isso pode redundar em detrimento dessa pessoa, porque poderá ela se ensorbebecer com isso ou desprezar. Daí a advertência de Agostinho: "Não se exagere na prática da humildade, a ponto de se perder a autoridade de governo". Logo, não deve a humildade levar o homem a se sujeitar a todos.

EM SENTIDO CONTRÁRIO, está a Carta aos Filipenses: "Com humildade, considerai os outros superiores a vós".

RESPONDO. Duas coisas podem ser consideradas no homem: o que é de Deus e o que é do homem. É do homem, certamente, tudo o que é falho e é de Deus tudo o que é de salvação e perfeição, conforme está no livro de Oseias: "Tua perdição é obra tua, Israel; tua força é somente minha". Ora, a humildade, como se viu, visa, propriamente, à reverência com que o homem se submete a Deus. E, por isso, todo homem, por aquilo que é seu, deve sujeitar-se ao próximo, quem quer que seja, por causa daquilo que é de Deus nessa pessoa.

Não exige, porém, a humildade que o homem submeta o que há de Deus nele ao que aparece no outro, como sendo de Deus[h], pois os que participam dos dons de Deus sabem que os têm, segundo diz o Apóstolo: "a fim de conhecermos os dons da graça de Deus". Assim, sem faltar à humildade, pode-se preferir os dons que recebe de Deus aos dons que ele parece ter conferido aos outros. Esse mistério, diz o Apóstolo, "Deus não

---
1. A. 2, ad 3.
2. C. 34, n. 38: ML 44, 265.
3. Epist. 211, al. 109, n. 14: ML 33, 964.
4. A. 1, ad 5; a. 2, ad 3.

h. A palavra "aparece" tem aqui sua importância. Não tenho de julgar, posso enganar-me; no que concerne aos outros, tenho de limitar-me às aparências. Não serei categórico, portanto, mas estarei sempre pronto a reformar minha apreciação.

No que me diz respeito, não devo ser ingrato em relação a Deus; devo reconhecer as graças que manifestamente ele me outorgou.

filiis hominum, sicut nunc revelatum est sanctis Apostolis eius.

Similiter etiam non hoc requirit humilitas, ut aliquis id quod est suum in seipso, subiiciat ei quod est hominis in proximo. Alioquin, oporteret ut quilibet reputaret se magis peccatorem quolibet alio: cum tamen Apostolus absque praeiudicio humilitatis dicat, Gl 2,15: *Nos natura Iudaei, et non ex gentibus peccatores*.

Potest tamen aliquis reputare aliquid boni esse in proximo quod ipse non habet, vel aliquid mali in se esse quod in alio non est: ex quo potest ei se subiicere per humilitatem.

AD PRIMUM ergo dicendum quod non solum debemus Deum revereri in seipso, sed etiam id quod est eius debemus revereri in quolibet: non tamen eodem modo reverentiae quo reveremur Deum. Et ideo per humilitatem debemus nos subiicere omnibus proximis propter Deum, secundum illud 1Pe 2,13: *Subiecti estote omni humanae creaturae propter Deum*: latriam tamen soli Deo debemus exhibere.

AD SECUNDUM dicendum quod, si nos praeferamus id quod est Dei in proximo, ei quod est proprium in nobis, non possumus incurrere falsitatem. Unde super illud Philp 2,3, *Superiores invicem arbitrantes*, dicit Glossa[5]: *Non hoc ita debemus aestimare ut nos aestimare fingamus: sed vere aestimemus posse aliquid esse occultum in alio quo nobis superior sit, etiam si bonum nostrum quo illo videmur superiores esse, non sit occultum*.

AD TERTIUM dicendum quod humilitas, sicut et ceterae virtutes, praecipue interius in anima consistit. Et ideo potest homo secundum interiorem actum animae alteri se subiicere, sine hoc quod occasionem habeat alicuius quod pertineat ad detrimentum suae salutis. Et hoc est quod Augustinus dicit, in *Regula*[6]: *Timore coram Deo praelatus substratus sit pedibus vestris*. Sed in exterioribus humilitatis actibus, sicut et in actibus ceterarum virtutum, est debita moderatio adhibenda, ne possint vergere in detrimentum alterius. Si autem aliquis quod debet faciat, et alii ex hoc occasionem sumant peccati, non imputatur hu-

o deu a conhecer aos homens das gerações passadas, como acaba de revelar agora pelo Espírito aos seus santos apóstolos".

Do mesmo modo, a humildade também não exige que o homem submeta o que tem de seu ao que é humano no próximo. Do contrário, seria preciso que cada um se considerasse mais pecador do que qualquer outra pessoa, apesar de o Apóstolo dizer, sem faltar à humildade, "nós somos judeus de nascença e não pagãos, esses pecadores".

Pode, contudo, alguém crer que haja no próximo algo de bom que ele próprio não possui ou pode ver nele próprio algo de mau que o outro não tem e, quanto a isso, pode sujeitar-se a ele, por humildade.

QUANTO AO 1º, portanto, deve-se dizer que devemos não só reverenciar a Deus em si mesmo, mas também o que é de Deus, em toda e qualquer pessoa, embora não com a mesma reverência prestada a Deus. Por essa razão, devemos, com humildade, sujeitar-nos a todos por Deus, cumprindo o que se aconselha na primeira Carta de Pedro: "Sede submissos a toda criatura humana, por causa do Senhor". Mas só a Deus devemos prestar culto de adoração.

QUANTO AO 2º, deve-se dizer que, se preferimos o que há de divino no próximo ao que há de humano em nós mesmos, não podemos incorrer em falsidades. Por isso, comentando o que diz o Apóstolo: "Considerai os outros superiores e vós", diz a Glosa: "Não devemos entender essas palavras, fingidamente; pelo contrário, pensemos que pode haver no outro um bem oculto que o faz superior a nós, mesmo que o nosso bem, pelo qual nos achamos superiores a ele, não esteja oculto".

QUANTO AO 3º, deve-se dizer que como as demais virtudes, a humildade reside, principalmente, no íntimo do coração. Por isso, pode o homem, por um ato interior da alma, sujeitar-se a outro, sem com isso contribuir para o seu dano espiritual. É nesse sentido que Agostinho diz: "Que o superior, por um sentimento de temor de Deus, se ponha aos vossos pés". No entanto, nas manifestações externas de humildade, como nas das outras virtudes, é necessário ter a devida moderação, para não redundarem em detrimento alheio. Se, porém, alguém faz o que deve e outros tiram daí ocasião de pecado, isso não poderá ser imputado a quem

---

5. Ordin.: ML 114, 603 B; LOMBARDI: ML 192, 232 D — 233 A.
6. Epist. 211, al. 109, in 15: ML 33, 964.

militer agenti: quia ille non scandalizat, quamvis alter scandalizetur.

ARTICULUS 4
Utrum humilitas sit pars modestiae vel temperantiae

AD QUARTUM SIC PROCEDITUR. Videtur quod humilitas non sit pars modestiae vel temperantiae.

1. Humilitas enim praecipue respicit reverentiam qua quis subiicitur Deo, ut dictum est[1]. Sed ad virtutem theologicam pertinet quod habeat Deum pro obiecto. Ergo humilitas magis debet poni virtus theologica quam pars temperantiae seu modestiae.

2. PRAETEREA, temperantia est in concupiscibili. Humilitas autem videtur esse in irascibili: sicut et superbia, quae ei opponitur, cuius obiectum est arduum. Ergo videtur quod humilitas non sit pars temperantiae vel modestiae.

3. PRAETEREA, humilitas et magnanimitas circa eadem sunt, ut ex supra[2] dictis patet. Sed magnanimitas non ponitur pars temperantiae, sed magis fortitudinis, ut supra[3] habitum est. Ergo videtur quod humilitas non sit pars temperantiae vel modestiae.

SED CONTRA est quod Origenes dicit, *super Lucam*[4]: *Si vis nomen huius audire virtutis, quomodo etiam a philosophis appelletur, ausculta eandem esse humilitatem quam respicit Deus, quae ab illis metriotes dicitur*, idest mensuratio sive moderatio: quae manifeste pertinet ad modestiam et temperantiam. Ergo humilitas est pars modestiae et temperantiae.

RESPONDEO dicendum quod, sicut supra[5] dictum est, in assignando partes virtutibus praecipue attenditur similitudo quantum ad modum virtutis. Modus autem temperantiae, ex quo maxime laudem habet, est refrenatio vel repressio impetus

age com humildade, porque este não está causando escândalo, embora alguém se escandalize.

ARTIGO 4
A humildade é parte da modéstia ou da temperança?

QUANTO AO QUARTO, ASSIM SE PROCEDE: parece que a humildade **não** é parte da modéstia nem da temperança.

1. Com efeito, ela visa, sobretudo, à reverência com que alguém se sujeita a Deus, como foi dito. Ora, é próprio da virtude teologal ter a Deus por objeto. Logo, a humildade antes deve ser considerada teologal do que parte da temperança ou da modéstia[i].

2. ALÉM DISSO, a temperança está no concupiscível. Ora, a humildade parece estar no irascível, como a soberba, que lhe é oposta e tem por objeto o que é difícil de ser alcançado. Logo, parece que a humildade não faz parte da temperança nem da modéstia.

3. ADEMAIS, a humildade e a magnanimidade tratam dos mesmos objetos, como se deduz do sobredito. Ora, a magnanimidade não é parte da temperança, mas da fortaleza, conforme se definiu anteriormente. Logo, parece que a humildade não é parte de temperança nem da modéstia.

EM SENTIDO CONTRÁRIO, diz Orígenes: "Se quereis saber o nome dessa virtude e como os filósofos a chamam, ficai sabendo que é a mesma humildade, querida de Deus e chamada por eles de "metriotes", isto é, medida ou moderação", a qual, manifestamente, se inclui na moderação ou temperança. Logo, a humildade é parte da modéstia ou temperança.

RESPONDO. Ao determinar as partes das virtudes visa-se, sobretudo, à semelhança quanto ao modo de agir de cada uma. Ora, o modo de agir da temperança, que a faz extremamente meritória, consiste em refrear ou reprimir os arroubos de

---

4 PARALL.: Supra, q. 160, a. 2; III *Sent*., dist. 33, q. 3, a. 2, q.la 3.
  1. Art. 3.
  2. A. 1, ad 3.
  3. Q. 129, a. 5.
  4. Hom. 8: MG 13, 1821 B. Cfr. ML 26, 236 C.
  5. Q. 137, a. 2, ad 1; q. 157, a. 3, ad 2.

  i. A questão não é puramente acadêmica. Vimos que é impossível diluir a humildade na virtude moral de magnanimidade, pois a humildade se volta para Deus. Vale a pena propor a questão: a humildade não seria, por esse motivo, teologal? Dessa forma, o seu caráter cristão ficaria claramente estabelecido.
  Sto. Tomás se contentará em afirmar que a humildade é impulsionada pelas virtudes teologais, sem ser por isso uma delas. O seu lugar entre as virtudes é especificado no artigo 5 da presente questão.

alicuius passionis. Et ideo omnes virtutes refrenantes sive reprimentes impetus aliquarum affectionum, vel actiones moderantes, ponuntur partes temperantia. Sicut autem mansuetudo reprimit motum irae, ita etiam humilitas reprimit motum spei, qui est motus spiritus in magna tendentis. Et ideo, sicut mansuetudo ponitur pars temperantiae, ita etiam humilitas. Unde et Philosophus, in IV *Ethic.*[6], eum qui tendit in parva secundum suum modum, dicit non esse magnanimum, sed *temperatum*: quem nos humilem dicere possumus. — Et inter alias partes temperantiae, ratione superius dicta, continetur sub modestia, prout Tullius de ea loquitur[7]: inquantum scilicet humilitas nihil est aliud quam quaedam moderatio spiritus. Unde et 1Pe 3,4 dicitur: *In incorruptibilitate quieti ac modesti spiritus*.

AD PRIMUM ergo dicendum quod virtutes theologicae, quae sunt circa ultimum finem, qui est primum principium in appetibilibus, sunt causae omnium aliarum virtutum. Unde ex hoc quod humilitas causatur ex reverentia divina, non excluditur quin humilitas sit pars modestiae vel temperantiae.

AD SECUNDUM dicendum quod partes principalibus virtutibus assignantur, non secundum convenientiam in subiecto vel in materia, sed secundum convenientiam in modo formali, ut dictum est[8]. Et ideo, licet humilitas sit in irascibili sicut in subiecto, ponitur tamen pars modestiae et temperantiae propter modum.

AD TERTIUM dicendum quod, licet magnanimitas et humilitas in materia conveniant, differunt tamen in modo: ratione cuius magnanimitas ponitur pars fortitudinis, humilitas autem pars temperantiae.

determinada paixão. Por isso, todas as virtudes que refreiam ou reprimem os impulsos de certos sentimentos ou ações são consideradas partes da temperança. Ora, assim como a mansidão reprime o movimento da ira, assim também a humildade contém o movimento da esperança, que é o movimento do espírito para grandes coisas. E assim, tal como a mansidão é considerada parte de temperança, a humildade também o é. Por essa razão é que o Filósofo afirma não ser magnânimo, mas temperante, diríamos humilde, quem, dentro de suas possibilidades, aspira a pequenas coisas[j]. — E entre as outras partes da temperança, pela razão já apresentada, a humildade está inserida na modéstia, no sentido em que Túlio fala dela, quer dizer, na medida em que a humildade nada mais é do que uma certa moderação do espírito. Por isso, se recomenda na primeira Carta de Pedro: "Tende como ornato o adorno incorruptível de um espírito tranquilo e modesto".

QUANTO AO 1º, portanto, deve-se dizer que as virtudes teologais, cujo objeto é o fim último, primeiro princípio na ordem do desejável, são a causa de todas as demais virtudes. Portanto, o fato de a humildade ter por causa a reverência que prestamos a Deus não exclui que ela seja parte da modéstia ou da temperança.

QUANTO AO 2º, deve-se dizer que atribuem-se partes às virtudes principais não por terem o mesmo sujeito ou a mesma matéria, mas porque têm o mesmo modo de agir, como foi dito antes. Por isso, embora o sujeito da humildade seja o irascível[k], ela é considerada parte da modéstia e da temperança pelo seu modo de agir.

QUANTO AO 3º, deve-se dizer que embora a magnanimidade e a humildade tenham matéria idêntica, distinguem-se, porém, pelo modo de atuar, razão por quê a magnanimidade é considerada parte da fortaleza e a humildade, parte da temperança.

---

6. C. 7: 1123, b, 5-8.
7. *De invent. rhet.*, l. II, c. 54: ed. G. Friedrich, Lipsiae 1893, p. 231, ll. 22-23.
8. Q. 137, a. 2, ad 1; q. 157, a. 3, ad 2.

j. Sto. Tomás não renuncia totalmente a encontrar em Aristóteles algo que faça pensar no que nós, cristãos, chamamos de humildade.
k. Sto. Tomás está de acordo com o objetante: a humildade tem sua sede no irascível. É à primeira vista desconcertante, mas tem sua lógica: o que modera a humildade é a busca de algo árduo, e que supõe audácia e capacidade de luta.

Articulus 5
Utrum humilitas sit potissima virtutum

AD QUINTUM SIC PROCEDITUR. Videtur quod humilitas sit potissima virtutum.

1. Dicit enim Chrysostomus[1], exponens illud quod dicitur Lc 18,14, de pharisaeo et publicano, quod, *si mixta delictis humilitas tam facile currit ut iustitiam superbiae coniunctam transeat, si iustitiae coniunxeris eam, quo non ibit? Assistet ipsi tribunali divino in medio angelorum*. Et sic patet quod humilitas praefertur iustitiae. Sed iustitia vel est praeclarissima virtutum, vel includit in se omnes virtutes: ut patet per Philosophum, in V *Ethic.*[2]. Ergo humilitas est maxima virtutum.

2. PRAETEREA, Augustinus dicit, in libro *de Verb. Dom.*[3]: *Cogitas magnam fabricam construere celsitudinis? De fundamento prius cogita humilitatis*. Ex quo videtur quod humilitas sit fundamentum omnium virtutum. Ergo videtur esse potior aliis.

3. PRAETEREA, maiori virtuti maius debetur praemium. Sed humilitati debetur maximum praemium: quia *qui se humiliat, exaltabitur*, ut dicitur Lc 14,11. Ergo humilitas est maxima virtutum.

4. PRAETEREA, sicut Augustinus dicit, in libro *de Vera Relig.*[4], *tota vita Christi in terris, per hominem quem suscipere dignatus est, disciplina morum fuit*. Praecipue humilitatem suam imitandam proposuit, dicens, Mt 11,29: *Discite a me, quia mitis sum et humilis corde*. Et Gregorius dicit, in *Pastoral.*[5], quod *argumentum redemptionis nostrae inventa est humilitas Dei*. Ergo humilitas videtur esse maxima virtutum.

SED CONTRA est quod caritas praefertur omnibus virtutibus: secundum illud Cl 3,14: *Super omnia, caritatem habete*. Non ergo humilitas est maxima virtutum.

RESPONDEO dicendum quod bonum humanae virtutis in ordine rationis consistit. Qui quidem principaliter attenditur respectu finis. Unde virtu-

Artigo 5
A humildade é a mais importante das virtudes?

QUANTO AO QUINTO, ASSIM SE PROCEDE: parece que a humildade é a mais importante das virtudes.

1. Com efeito, comentando a parábola do fariseu e do publicano, Crisóstomo diz: "Se a humildade, até quando mesclada com o pecado, corre tão velozmente que sobrepuja a justiça unida ao orgulho, até onde não irá ela se acompanhada pela justiça? Irá se assentar no próprio tribunal de Deus, no meio dos anjos?". É claro, portanto, que a humildade tem prioridade sobre a justiça. Ora, a justiça, de todas as virtudes, é a mais notável e a todas abrange, como afirma o Filósofo. Logo, a humildade é a maior das virtudes.

2. ALÉM DISSO, diz Agostinho: "Planejas construir um edifício bem alto? Pensa, primeiro, em alicerçá-lo na humildade". Daí se conclui que a humildade é o fundamento de todas as virtudes. Logo, parece que é mais importante que as demais virtudes.

3. ADEMAIS, uma virtude maior, maior prêmio merece. Ora, a humildade merece o prêmio máximo, pois, segundo o Evangelho, "quem se rebaixa será elevado". Logo, a humildade é a maior das virtudes.

4. ADEMAIS, como diz Agostinho, "toda a vida de Cristo na terra, que ele se dignou assumir por amor do homem, foi uma lição de vida". Ora, ele nos propõe que imitássemos, sobretudo, a sua humildade, ao dizer: "Sede discípulos meus, porque eu sou manso e humilde de coração". E Gregório nos adverte que "é na humildade divina que se descobre a prova da nossa redenção". Logo, a humildade parece ser a mais excelente das virtudes.

EM SENTIDO CONTRÁRIO, a caridade é superior a todas as virtudes, segundo diz a Carta aos Colossenses: "Acima de tudo, revesti-vos do amor". Logo, não é a humildade a maior das virtudes.

RESPONDO. O bem da virtude humana está na ordem da razão. E essa ordem visa, principalmente, ao fim. Consequentemente, as virtudes teologais,

---

5 PARALL.: IV *Sent.*, dist. 33, q. 3, a. 3, ad 6.

1. *Eclog.*, hom. 7: MG 63, 615 A.
2. C. 3: 1129, b, 27-31.
3. Serm. 69, al. 10, *de Verbis Domini*, c. 1, n. 2: ML 38, 441.
4. C. 16, n. 32: ML 34, 135.
5. P. III, c. 1, admon. 18: ML 77, 78 B.

tes theologicae, quae habent ultimum finem pro obiecto, sunt potissimae.

Secundario autem attenditur prout secundum rationem finis ordinantur ea quae sunt ad finem. Et haec quidem ordinatio essentialiter consistit in ipsa ratione ordinante: participative autem in appetitu per rationem ordinato. Quam quidem ordinationem universaliter facit iustitia, praesertim legalis. Ordinationi autem facit hominem bene subiectum humilitas in universali quantum ad omnia: quaelibet autem alia virtus quantum ad aliquam materiam specialem. Et ideo post virtutes theologicas; et virtutes intellectuales, quae respiciunt ipsam rationem; et post iustitiam, praesertim legalem; potior ceteris est humilitas.

AD PRIMUM ergo dicendum quod humilitas iustitiae non praefertur, sed *iustitiae cui superbia coniungitur*, quae iam desinit esse virtus. Sicut e contrario peccatum per humilitatem remittitur: nam et de publicano dicitur, Lc 18,14, quod meriot humilitatis *descendit iustificatus in domum suam*. Unde et Chrysostomus dicit[6]: *Geminas bigas mihi accommodes: alteram quidem iustitiae et superbiae; alteram vero peccati et humilitatis. Et videbis peccatum praevertens iustitiam, non propriis, sed humilitatis coniugae viribus: aliud vero par videbis devictum, non fragilitate iustitiae, sed mole et tumore superbiae*.

AD SECUNDUM dicendum quod, sicut ordinata virtutum congregatio per quandam similitudinem aedificio comparatur, ita etiam illud quod est primum in acquisitione virtutum, fundamento comparatur, quod primum in aedificio iacitur. Virtutes autem verae infunduntur a Deo. Unde primum in acquisitione virtutum potest accipi dupliciter. Uno modo, per modum removentis prohibens. Et sic humilitas primum locum tenet: inquantum scilicet expellit superbiam, cui Deus resistit, et praebet hominem subditum et semper patulum ad suscipiendum influxum divinae gratiae, inquantum evacuat inflationem superbiae; ut dicitur Iac 4,6, quod *Deus superbis resistit, humilibus autem dat gratiam*. Et secundum hoc, humilitas dicitur spiritualis aedificii fundamentum.

Alio modo est aliquid primum in virtutibus directe: per quod scilicet iam ad Deum acceditur. Primus autem accessus ad Deum est per fidem:

cujo objeto é o fim último, são as virtudes mais importantes.

Secundariamente, porém, leva-se em conta o modo como os meios estão voltados ao fim último. Essa ordenação consiste, essencialmente, na própria razão ordenadora e, por participação, no apetite ordenado pela razão. E essa ordenação é feita, de maneira universal, pela justiça, máxime a justiça legal. Ora, é a humildade que faz o homem bem submisso, em todas coisas, à ordem, de maneira universal, ao passo que qualquer outra virtude o faz em relação a uma matéria particular. Portanto, depois das virtudes teologais, depois também das virtudes intelectuais que visam à própria razão, e depois da justiça, sobretudo a legal, vem a humildade, superior às outras virtudes.

QUANTO AO 1º, portanto, deve-se dizer que a humildade não se antepõe à justiça, mas à "justiça unida ao orgulho", que já não é mais virtude. Do mesmo modo, em sentido inverso, o pecado é perdoado pela humildade, pois o publicano, mercê da sua humildade, "desceu para casa justificado". Por isso, Crisóstomo diz: "Prepara-me dois carros: um conduzido pelo orgulho e pela justiça; outro, pelo pecado e pela humildade, e verás que o do pecado ultrapassará o da justiça, não por suas próprias forças, mas pelas da humildade; e verás o outro superado, não pela fragilidade da justiça, mas pelo peso e intumescência do orgulho".

QUANTO AO 2º, deve-se dizer que assim como o conjunto harmonioso das virtudes se assemelha, de certa forma, a um edifício, assim também o que é prioritário na aquisição das virtudes é comparado ao alicerce, primeira obra de uma construção. Na verdade, porém, as virtudes são infundidas por Deus. Portanto, o que é prioritário na aquisição delas pode ser entendido de duas maneiras. Em primeiro lugar, como algo que remove os obstáculos e, nesse sentido, temos a humildade, porque ela elimina a soberba, à qual Deus resiste, e torna o homem dócil e sempre aberto para receber o influxo da graça divina, à medida que o esvazia da petulância do orgulho. Por isso, se diz na Carta de Tiago: "Aos orgulhosos Deus resiste, mas aos humildes mostra-se favorável". É desse modo que a humildade é considerada a base do edifício espiritual.

Outra maneira de se entender o que é prioritário na aquisição das virtudes é ver o que, diretamente, aproxima de Deus. Ora, alguém se aproxima dele,

---

6. *De incomprehensib. Nat. Dei*, hom. 5, n. 6: MG 48, 745.

secundum illud Hb 11,6: *Accedentem ad Deum oportet credere*. Et secundum hoc, fides ponitur fundamentum, nobiliori modo quam humilitas.

AD TERTIUM dicendum quod contemnenti terrena promittuntur caelestia; sicut contemnentibus divitias terrenas promittuntur caelestes thesauri, secundum illud Mt 6,19-20: *Nolite thesaurizare vobis thesauros in terra, sed thesaurizate vobis thesauros in caelo*; et similiter contemnentibus mundi gaudia promittuntur consolationes caelestes, secundum illud Mt 5,5: *Beati qui lugent, quoniam ipsi consolabuntur*. Et eodem modo humilitati promittitur spiritualis exaltatio, non quia ipsa sola eam mereatur, sed quia eius est proprium contemnere sublimitatem terrenam. Unde Augustinus dicit, in libro *de Poenitentia*[7]: *Ne putes eum qui se humiliat, semper iacere: cum dictum sit, "Exaltabitur". Et ne opineris eius exaltationem in oculis hominum per sublimitates fieri corporales*.

AD QUARTUM dicendum quod ideo Christus praecipue humilitatem nobis commendavit, quia per hoc maxime removetur impedimentum humanae salutis, quae consistit in hoc quod homo ad caelestia et spiritualia tendat, a quibus homo impeditur dum in terrenis magnificari studet. Et ideo Dominus, ut impedimentum salutis auferret, exteriorem celsitudinem contemnendam monstravit per humilitatis exempla. Et sic humilitas est quasi quaedam dispositio ad liberum accessum hominis in spiritualia et divina bona. Sicut ergo perfectio est potior dispositione, ita etiam caritas et aliae virtutes quibus homo directe movetur in Deum, sunt potiores humilitate.

primeiro, pela fé, segundo a Carta aos Hebreus: "Quem se aproxima de Deus deve crer". E assim a fé se apresenta como fundamento superior à humildade.

QUANTO AO 3º, deve-se dizer que a quem desprezar os bens da terra prometem-se os celestiais, assim como aos que desprezam as riquezas terrenas, são prometidos os tesouros do céu, conforme o Evangelho: "Não acumuleis para vós tesouros na terra mas acumulai para vós tesouros no céu". Da mesma forma, aos que desprezam as alegrias do mundo, promete-se a consolação celeste: "Felizes os que choram: eles serão consolados". E também, à humildade se promete a elevação espiritual, não porque ela, por si só, a mereça, mas porque lhe é próprio desprezar a grandeza terrena. Por isso, diz Agostinho: "Não penses que está sempre abatido quem se humilha, pois lhe foi dito: "Será exaltado. Nem julgues tratar-se de uma exaltação aos olhos dos homens, mediante grandezas materiais".

QUANTO AO 4º, deve-se dizer que Cristo nos recomendou, sobretudo, a humildade, porque ela é o grande meio para se remover o obstáculo à nossa salvação, que consiste na busca dos bens celestiais e espirituais, de que ficamos privados, quando nos enredamos em grandezas terrenas. Por isso, o Senhor, para eliminar esse impedimento à nossa salvação, mostrou, com exemplos de humildade, que é preciso desprezar a exaltação exterior. Assim, a humildade é como uma disposição para o livre acesso do homem aos bens espirituais e divinos. Portanto, tal como a perfeição é superior à disposição, assim também a caridade e as outras virtudes que movem o homem, diretamente, para Deus são superiores à humildade.

ARTICULUS 6

Utrum convenienter distinguantur duodecim gradus humilitatis qui in regula beati Benedicti ponuntur

AD SEXTUM SIC PROCEDITUR. Videtur quod inconvenienter distinguantur duodecim gradus humilitatis qui in Regula beati Benedicti[1] ponuntur: quorum primum est, *corde et corpore semper humilitatem ostendere, defixis in terram aspectibus*; secundus, *ut pauca verba, et rationabilia loquatur*

ARTIGO 6

É correta a classificação da humildade nos doze graus discriminados na Regra de S. Bento?

QUANTO AO SEXTO, ASSIM SE PROCEDE: parece que **não** é correta a classificação estabelecida na Regra de S. Bento, com doze graus, na seguinte ordem: 1º) "ter os olhos sempre baixos, manifestando humildade interior e exterior"; 2º) "falar pouco e sensatamente, em voz baixa"; 3º) "não

---

7. Serm. 351, al. Hom. 50, c. 1: ML 39, 1536.

1. C. 7: ML 66, 371 B — 374 C.

aliquis, non clamosa voce; tertius, *ut non sit facilis aut promptus in risum*; quartus, *taciturnitas usque ad interrogationem*; quintus, *tenere quod habet communis monasterii regula*; sextus, *credere et pronuntiare se omnibus viliorem*; septimus, *ad omnia indignum et inutilem se confiteri et credere*; octavus, *confessio peccatorum*; nonus, *pro obedientia in duris et asperis patientiam amplecti*; decimus, *ut cum obedientia se subdat maiori*; undecimus, *ut voluntatem propriam non delectetur implere*; duodecimus, *ut Deum timeat, et memor sit omnium quae praecepit*.

1. Enumerantur enim hic quaedam quae ad alias virtutes pertinent: sicut obedientia et patientia. Enumerantur etiam aliqua quae ad falsam opinionem pertinere videntur, quae nulli virtuti potest competere: scilicet quod aliquis *pronuntiet se omnibus viliorem*, quod *ad omnia indignum et inutilem se confiteatur et credat*. Ergo inconvenienter ista ponuntur inter gradus humilitatis.

2. Praeterea, humilitas ab interioribus ad exteriora procedit: sicut et ceterae virtutes. Inconvenienter igitur praemittuntur in praemissis gradibus illa quae pertinent ad exteriores actus, his quae pertinent ad interiores.

3. Praeterea, Anselmus, in libro *de Similitudinibus*[2], ponit septem humilitatis gradus: quorum primus est, *contemptibilem se esse cognoscere*; secundus, *de hoc dolere*; tertius, *hoc confiteri*; quartus, *hoc persuadere*, ut scilicet velit hoc credi; quintus, *ut patienter sustineat hoc dici*; sextus, *ut patiatur contemptibiliter se tractari*; septimus, *ut hoc amet*. Ergo videntur praemissi gradus esse superflui.

4. Praeterea, Mt 3,15 dicit Glossa[3]: *Perfecta humilitas tres habet gradus. Primus est subdere se maiori, et non praeferre se aequali: qui est sufficiens. Secundus est subdere se aequali, nec praeferre se minori: et hic dicitur abundans. Tertius gradus est subesse minori: in quo est omnis iustitia*. Ergo praemissi gradus videntur esse superflui.

5. Praeterea, Augustinus dicit, in libro *de Virginit.*[4]: *Mensura humilitatis cuique ex mensura ipsius magnitudinis data est: cui est periculosa superbia, quae amplius amplioribus insidiatur*.

ser de riso pronto e fácil"; 4º) "manter-se calado, enquanto não for interrogado"; 5º) "observar o que prescreve a regra comum do mosteiro"; 6º) "reconhecer-se e mostrar-se o mais indigno de todos"; 7º) "julgar-se, sinceramente, indigno e inútil em tudo"; 8º) "confessar os próprios pecados"; 9º) "por obediência, suportar, pacientemente, o que é duro e difícil"; 10º) "submeter-se, obedientemente, aos superiores"; 11º) "não se comprazer na vontade própria"; 12º) "temer a Deus e ter presente tudo o que ele mandou".

1. Com efeito, na verdade, enumeram-se aí certos pontos que pertencem a outras virtudes, como a obediência e a paciência; e também se afirmam elementos que parecem um modo errado de pensar, impróprio de qualquer virtude, como "mostrar-se o mais indigno de todos" e "julgar-se, sinceramente, indigno e inútil em tudo". Não é correto, pois, incluir esses dados entre os graus de humildade.

2. Além disso, a humildade, como qualquer outra virtude, vem do interior para o exterior. Logo, não é correta essa classificação que põe o que pertence aos atos exteriores antes do que é dos atos interiores.

3. Ademais, Anselmo distingue este graus de humildade, a saber: 1º) "reconhecer-se desprezível"; 2º) "afligir-se por isso"; 3º) "confessá-lo"; 4º) "persuadir-se disso", ou seja, querer que os outros o creiam; 5º) "suportar, pacientemente, que os outros o digam"; 6º) "suportar ser tratado com desprezo"; 7º) "gostar disso". Logo, parece excessivo o número de doze graus de humildade.

4. Ademais, a propósito do Evangelho de Mateus, diz a Glosa: "A humildade perfeita tem três graus. O primeiro é submeter-se aos superiores e não se preferir aos iguais, o que é suficiente. O segundo é submeter-se aos iguais e não se preferir ao inferior, o que é melhor. O terceiro é submeter-se a um inferior, o que é a perfeição". Logo, os referidos graus da Regra de S. Bento parecem demais.

5. Ademais, diz Agostinho: "A medida da humildade é dada a cada um conforme a sua grandeza. Quanto maior for ele, tanto mais perigosas serão as insídias do orgulho". Ora, a medida da

---

2. Eadmerus, cc. 101-109: ML 159, 665 B — 669 A.
3. Cfr. Glossam ordin.: ML 114, 82 D.
4. C. 31: ML 40, 413.

Sed mensura magnitudinis humanae non potest sub certo numero graduum determinari. Ergo videtur quod non possint determinati gradus humilitatis assignari.

Respondeo dicendum quod, sicut ex supra[5] dictis patet, humilitas essentialiter in appetitu consistit, secundum quod aliquis refrenat impetum animi sui, ne inordinate tendat in magna: sed regulam habet in cognitione, ut scilicet aliquis non se existimet esse supra id quod est. Et utriusque principium et radix est reverentia quam quis habet ad Deum. Ex interiori autem dispositione humilitatis procedunt quaedam exteriora signa in verbis et factis et gestibus, quibus id quod interius latet manifestatur, sicut et in ceteris virtutibus accidit: nam *ex visu cognoscitur vir, et ab occursu faciei sensatus*, ut dicitur Eccli 19,26.

Et ideo in praedictis gradibus humilitatis ponitur aliquid quod pertinet ad humilitatis radicem: scilicet duodecimus gradus, qui est, *ut homo Deum timeat, et memor sit omnium quae praecepit*.

Ponitur etiam aliquid pertinens ad appetitum: ne scilicet in propriam excellentiam inordinate tendat. Quod quidem fit tripliciter. Uno modo, ut non sequatur homo propriam voluntatem: quod pertinet ad undecimum gradum. — Alio modo, ut regulet eam secundum superioris arbitrium: quod pertinet ad gradum decimum. — Tertio modo, ut ab hoc non desistat propter dura et aspera quae occurrunt: et hoc pertinet ad nonum.

Ponuntur etiam quaedam pertinentia ad existimationem hominis recognoscentis suum defectum. Et hoc tripliciter. Uno quidem modo, per hoc quod proprios defectus recognoscat et confiteatur: quod pertinet ad octavum gradum. — Secundo, ut ex consideratione sui defectus aliquis insufficientem se existimet ad maiora: quod pertinet ad septimum. — Tertio, ut quantum ad hoc sibi alios praeferat: quod pertinet ad sextum.

Ponuntur etiam quaedam quae pertinent ad exteriora signa. Quorum unum est in factis, ut scilicet homo non recedat in suis operibus a via communi: quod pertinet ad quintum. — Alia duo sunt in verbis: ut scilicet homo non praeripiat tempus loquendi, quod pertinet ad quartum; nec excedat modum in loquendo, quod pertinet ad secundum. — Alia vero consistunt in exterioribus gestibus: puta in reprimendo extollentiam oculorum, quod pertinet ad primum; et in cohibendo

grandeza humana não pode ser fixada por certo número de graus. Logo, parece que não se podem assinalar graus determinados à humildade.

Respondo. A humildade está, essencialmente, no apetite, na medida em que alguém refreia os impulsos do seu ânimo, para que não busque, desordenadamente, as coisas grandes. Mas a regra da humildade está no conhecimento que impede que alguém se superestime. E o princípio e raiz dessas duas atitudes é a reverência que se presta a Deus. Por outro lado, da disposição interior do homem procedem alguns sinais exteriores de palavras, atos e gestos, que revelam o que está oculto no íntimo, como também ocorre com as outras virtudes, pois, "pelo semblante se reconhece o homem; pelo aspecto do rosto, a pessoa sensata", diz a Escritura.

Por isso, nos alegados graus de humildade figura um que pertence à raiz dela, a saber, o décimo segundo: "temer a Deus e ter presente tudo o que ele nos mandou".

Mas nesses graus há também algo que pertence ao apetite, como o não buscar, desordenadamente, a própria superioridade, o que se dá de três modos. Primeiro, não seguindo a própria vontade (11º); depois, regulando-a pelo juízo do superior (10º) e, em terceiro lugar, não desistindo em face de situações duras e difíceis (9º).

Aparecem também graus relativos à estima em que alguém deve ter ao reconhecer os próprios defeitos. E isso de três modos; primeiro, reconhecendo e confessando os próprios defeitos (8º). — Depois, em vista desses defeitos, julgando-se indigno de coisas maiores (7º). — Em terceiro lugar, considerando os outros, sob esse aspecto, superiores a si (6º).

Finalmente, nessa enumeração há também graus relativos à manifestação externa. Um deles, quanto às ações, de modo que, em suas obras, não se afaste do caminho comum (5º). Outros dois referem-se às palavras, quer dizer, que não se fale fora de tempo (4º), nem se exceda no falar (2º). — Por fim, há os graus ligados aos gestos exteriores, como, por exemplo, reprimir o olhar sobranceiro (1º) e coibir risadas e outras manifestações impróprias de alegria (3º).

---

5. Art. 2.

exterius risum et alia ineptae laetitiae signa, quod pertinet ad tertium.

AD PRIMUM ergo dicendum quod aliquis absque falsitate potest *se credere et pronuntiare omnibus viliorem*, secundum defectus occultos quos in se recognoscit, et dona Dei quae in aliis latent. Unde Augustinus dicit, in libro *de Virginit.*⁶: *Existimate aliquos in occulto superiores, quibus estis in manifesto meliores*.

Similiter etiam absque falsitate potest aliquis *confiteri et credere ad omnia se inutilem et indignum*, secundum proprias vires, ut sufficientiam suam totam in Deum referat; secundum illud 2Cor 3,5: *Non quod sufficientes simus cogitare aliquid a nobis, quasi ex nobis: sed sufficientia nostra ex Deo est*.

Non est autem inconveniens quod ea quae ad alias virtutes pertinent, humilitati adscribantur. Quia sicut unum vitium oritur ex alio, ita naturali ordine actus unius virtutis procedit ex actu alterius.

AD SECUNDUM dicendum quod homo ad humilitatem pervenit per duo. Primo quidem et principaliter, per gratiae donum. Et quantum ad hoc, interiora praecedunt exteriora. — Aliud autem est humanum studium: per quod homo prius exteriora cohibet, et postmodum pertingit ad extirpandum interiorem radicem. Et secundum hunc ordinem assignantur hic humilitatis gradus.

AD TERTIUM dicendum quod omnes gradus quos Anselmus ponit, reducuntur ad opinionem et manifestationem et voluntatem propriae abiectionis. Nam primus gradus pertinet ad cognitionem proprii defectus. — Sed quia vituperabile esset si quis proprium defectum amaret, hoc per secundum gradum excluditur. — Sed ad manifestationem sui defectus pertinent tertius et quartus gradus: ut scilicet aliquis non solum simpliciter suum defectum enuntiet, sed etiam persuadeat. — Alii autem tres gradus pertinent ad appetitum. Qui excellentiam exteriorem non quaerit, sed exteriorem abiectionem vel aequanimiter patitur, sive in verbis sive in factis: quia, sicut Gregorius dicit, in *Registro*⁷, *non grande est his nos esse humiles a quibus honoramur, quia et hoc saeculares quilibet faciunt: sed illis maxime humiles esse debemus a quibus aliqua patimur*. Et hoc pertinet ad quintum et sextum gradum. — Vel etiam desideranter exteriorem abiectionem amplectitur: quod perti-

QUANTO AO 1º, portanto, deve-se dizer que pode alguém, sem falsidade, "reconhecer-se e mostrar-se como o mais indigno de todos", levando em conta os defeitos ocultos que traz em si mesmo e os dons de Deus ocultos nos outros. Por isso, Agostinho diz: "Estimai, interiormente, superiores os que vos são, exteriormente, inferiores".

Do mesmo modo, sem fingimento, pode alguém se confessar e se acreditar indigno e inútil para tudo, pelas forças próprias, atribuindo a Deus toda a sua capacidade, conforme se diz: "Não é por causa de uma capacidade pessoal, que poderíamos atribuir a nós mesmos, que somos capazes de pensar; é de Deus que vem a nossa capacidade".

Não há também inconveniente em atribuir à humildade elementos pertencentes a outras virtudes, pois assim como um vício nasce de outro, assim também, naturalmente, o ato de uma virtude pode vir de outra.

QUANTO AO 2º, deve-se dizer que tem o homem dois caminhos para chegar à humildade. O primeiro e principal é pelo dom da graça e, nesse caminho, o interior precede o exterior. — O outro é pelo esforço humano, pelo qual o homem, primeiro, coibe o exterior, e depois chega a raiz interior. Essa é a ordem sugerida pelos graus de humildade.

QUANTO AO 3º, deve-se dizer que todos os graus elencados por Anselmo reduzem-se a conhecer, expressar e querer a própria abjeção. Com efeito, o primeiro grau é o conhecimento das próprias falhas. — Como, porém, seria condenável amar esses defeitos, isso se exclui no segundo grau. — Da manifestação dos próprios defeitos ocupam-se o terceiro e o quarto graus, mandando não só que sejam declarados, de modo absoluto, mas ainda que se convença os outros deles. — Os três graus seguintes pertencem ao apetite, que não busca a honra, mas a abjeção exterior ou a suporta com equanimidade, por palavras e por obras, pois, como diz Gregório, "nada tem de grandeza sermos humildes diante dos que nos honram; assim procede qualquer pessoa do mundo. O mais importante é sermos humildes, sobretudo, perante os que nos fazem sofrer". E isso é próprio do quinto e do sexto graus. — Ou ainda, no sétimo grau, abraçam-se, voluntariamente, as humilhações exteriores. — E

---

6. C. 52: ML 40, 427.
7. L. II, indict. 10, c. 36, al. 24: ML 77, 574 B C.

net ad septimum gradum. — Et sic omnes isti gradus continentur sub sexto et septimo superius enumeratis.

AD QUARTUM dicendum quod illi gradus accipiuntur non ex parte ipsius rei, idest secundum naturam humilitatis: sed per comparationem ad gradus hominum, qui sunt vel maiores vel minores vel aequales.

AD QUINTUM dicendum quod etiam illa ratio procedit ex grandibus humilitatis non secundum ipsam naturam rei, secundum quam assignantur praemissi gradus: sed secundum diversas hominum conditiones.

assim todos esses graus estão incluídos no sexto e sétimo graus da citada lista.

QUANTO AO 4º, deve-se dizer que esses três graus são tomados não em vista da realidade mesma, isto é, da natureza da humildade, mas em comparação com os níveis das pessoas, que são superiores, inferiores ou iguais.

QUANTO AO 5º, deve-se dizer que essa objeção também procede dos graus de humildade considerados não de acordo com a própria natureza dela, como faz a enumeração citada, mas conforme as diversas situações humanas.

QUAESTIO CLXII
DE SUPERBIA
in octo articulos divisa

Deinde considerandum est de superbia. Et primo, de superbia in communi; secundo, de peccato primi hominis, quod ponitur esse superbia.
Circa primum quaeruntur octo.
Primo: utrum superbia sit peccatum.
Secundo: utrum sit vitium speciale.
Tertio: in quo sit sicut in subiecto.
Quarto: de speciebus eius.
Quinto: utrum sit peccatum mortale.
Sexto: utrum sit gravissimum omnium peccatorum.
Septimo: de ordine eius ad alia peccata.

Octavo: utrum debeat poni vitium capitale.

QUESTÃO 162
A SOBERBA
em oito artigos

Em seguida, deve-se tratar da soberba. Primeiro, a soberba em geral, depois o pecado do primeiro homem, que se considera como de soberba.
Sobre o primeiro ponto, oito questões:
1. A soberba é um pecado?
2. É um vício especial?
3. Qual o seu sujeito?
4. Quais as suas espécies?
5. É um pecado mortal?
6. É o mais grave de todos os pecados?
7. Quais as suas relações com os outros pecados?
8. Deve a soberba ser vista como pecado capital?

ARTICULUS 1
Utrum superbia sit peccatum

AD PRIMUM SIC PROCEDITUR. Videtur quod superbia non sit peccatum.
1. Nullum enim peccatum est repromissum a Deo: promittit enim Deus quod ipse facturus est; non est autem auctor peccati. Sed superbia connumeratur inter repromissiones divinas: dicitur enim Is 60,15: *Ponam te in superbiam saeculorum,*

ARTIGO 1
A soberba é um pecado?

QUANTO AO PRIMEIRO ARTIGO, ASSIM SE PROCEDE: parece que a soberba **não** é um pecado.
1. Com efeito, nenhum pecado pode constituir objeto de uma promessa de Deus, porque Deus promete o que ele próprio vai fazer, mas não é autor de nenhum pecado. Ora, a soberba vem citada como uma das promessas divinas: "Eu

---

1 PARALL.: II *Sent.*, dist. 42, q. 2, a. 3, ad 1.

gaudium in generatione et generationem. Ergo superbia non est peccatum.

2. PRAETEREA, appetere divinam similitudinem non est peccatum: hoc enim naturaliter, appetit quaelibet creatura, et in hoc optimum eius consistit. Et praecipue hoc convenit rationali creaturae, quae facta est *ad imaginem et similitudinem Dei*. Sed sicut dicitur in libro *Sententiarum* Prosperi[1], superbia est *amor propriae excellentiae*, per quam homo Deo similatur, qui est excellentissimus: unde dicit Augustinus, in II *Confess.*[2]: *Superbia celsitudinem imitatur: cum tu sis unus super omnia Deus excelsus*. Ergo superbia non est peccatum.

3. PRAETEREA, peccatum non solum contrariatur virtuti, sed etiam opposito vitio: ut patet per Philosophum, in II *Ethic.*[3]. Sed nullum vitium invenitur oppositum esse superbiae. Ergo superbia non est peccatum.

SED CONTRA est quod dicitur Tb 4,14: *Superbiam nunquam in tuo sensu aut in tuo verbo dominari permittas.*

RESPONDEO dicendum quod superbia nominatur ex hoc quod aliquis per voluntatem tendit *supra id quod est*: unde dicit Isidorus, in libro *Etymol.*[4]: *Superbus dictus est quia super vult videri quam est: qui enim vult supergredi quod est, superbus est*. Habet autem hoc ratio recta, ut voluntas uniuscuiusque feratur in id quod est proportionatum sibi. Et ideo manifestum est quod superbia importat aliquid quod adversatur rationi rectae. Hoc autem facit rationem peccati: quia secundum Dionysium, 4 cap. *de Div. Nom.*[5], malum animae est *praeter rationem esse*. Unde manifestum est quod superbia est peccatum.

AD PRIMUM ergo dicendum quod superbia dupliciter accipi potest. Uno modo, ex eo quod supergreditur regulam rationis. Et sic dicimus eam esse peccatum. — Alio modo potest superbia nominari simpliciter a superexcessu. Et secundum hoc, omne superexcedens potest nominari superbia. Et ita repromittitur a Deo superbia, quasi quidam superexcessus bonorum. Unde et glossa Hieronymi[6] dicit, ibidem, quod est superbia bona, et mala. — Quamvis etiam dici possit quod super-

farei de ti o orgulho dos séculos, o entusiasmo das gerações e gerações". Logo, a soberba não é pecado.

2. ALÉM DISSO, não é pecado desejar ser semelhante a Deus, pois, naturalmente, todas as criaturas o desejam e está nisso o seu bem máximo. Aliás, isso convém, particularmente, à criatura racional, criada à imagem e semelhança dele. Ora, segundo Próspero, a soberba é "o amor da própria excelência", pela qual nos assemelhamos a Deus, que é o mais excelente dos seres. O que levou Agostinho a afirmar: "A soberba simula a vossa grandeza, pois só vós, Senhor, estais acima de todas as coisas". Logo, a soberba não é pecado.

3. ADEMAIS, o pecado é contrário não só à virtude, mas também ao vício oposto, como esclarece o Filósofo. Ora, não existe vício oposto à soberba. Logo, a soberba não é pecado.

EM SENTIDO CONTRÁRIO, está no livro de Tobias: "Nunca permitas que o orgulho domine o teu espírito ou as tuas palavras".

RESPONDO. A palavra "soberba" vem de alguém pretender, por vontade própria, pôr-se *sobre* aquilo que é, conforme explica Isidoro: "O soberbo é assim chamado por desejar parecer superior ao que realmente é; pois, quem quer ir acima do que é, é "soberbo". Ora, pela reta razão, deve a vontade de cada um buscar o que lhe é proporcional. E assim, evidentemente, a soberba implica algo que contraria a reta razão e aí está a razão do pecado, pois, segundo Dionísio, o mal da alma consiste em "preterir a razão". Logo, é claro que a soberba é pecado.

QUANTO AO 1º, portanto, deve-se dizer que pode-se tomar a soberba em dois sentidos: num, enquanto ela transgride a norma da razão e, então, é considerada pecado; noutro, enquanto pode significar, simplesmente, superabundância e, nesse sentido, tudo o que é superabundante pode ser chamado de soberba. É nessa acepção que o Senhor promete a soberba, como uma superabundância de bens. Por isso, a Glosa de Jerônimo, comentando essa passagem, diz haver uma soberba boa e uma

---

1. *Sent.* 294, al. 292: ML 51, 471 B.
2. C. 6, n. 13: ML 32, 680.
3. C. 8: 1108, b, 13-15.
4. L. X, ad litt. *S*, n. 248: ML 82, 393 C.
5. MG 3, 733 A.
6. Glossa ordin., super *Is.* 60, 15: ML 113, 1304 A.

bia ibi accipitur materialiter pro abundantia rerum de quibus possunt homines superbire.

AD SECUNDUM dicendum quod eorum quae naturaliter homo appetit, ratio est ordinatrix: et ita, si aliquis a regula rationis recedit, vel in plus vel in minus, erit talis appetitus vitiosus; sicut patet de appetitu cibi, qui naturaliter desieratur. Superbia autem appetit excellentiam in excessu ad rationem rectam: unde Augustinus dicit, in XIV *de Civ. Dei*[7], quod superbia est *perversae celsitudinis appetitus*. Et inde est etiam quod, sicut Augustinus dicit, XIX *de Civ. Dei*[8], *superbia perverse imitatur Deum. Odit namque cum sociis aequalitatem sub illo, sed imponere vult sociis dominationem suam pro illo*.

AD TERTIUM dicendum quod superbia directe opponitur virtuti humilitatis, quae quodammodo circa eadem magnanimitati existit, ut supra[9] dictum est. Unde et vitium quod opponitur superbiae in defectum vergens, propinquum est vitio pusillanimitatis, quae opponitur magnanimitati secundum defectum. Nam sicut ad magnanimitatem pertinet impellere animum ad magna, contra desperationem; ita ad humilitatem pertinet retrahere animum ab inordinato appetitu magnorum, contra praesumptionem. Pusillanimitas autem, si importet defectum a prosecutione magnorum, proprie opponitur magnanimitati per modum defectus; si autem importet applicationem animi ad aliqua viliora quam hominem deceant, opponetur humilitati secundum defectum: utrumque enim ex animi parvitate procedit. Sicut et e contrario superbia potest secundum superexcessum et magnanimitati et humilitati opponi, secundum rationes diversas: humilitati quidem, secundum quod subiectionem aspernatur; magnanimitati autem, secundum quod inordinate ad magna se extendit. Sed quia superbia superioritatem quandam importat, directius opponitur humilitati: sicut et pusillanimitas, quae importat parvitatem animi in magna tendentis, directius opponitur magnanimitati.

soberba má. — Mas se poderia dizer também que a soberba, nesse lugar, é tomada em sentido material, como a superabundância das coisas com que podem os homens se ensoberbecer.

QUANTO AO 2º, deve-se dizer que a razão é a ordenadora das coisas que o homem, por natureza, deseja. Assim, será vicioso o apetite de quem se afasta da regra da razão, seja para mais, seja para menos, como o demonstra o apetite da comida, que é, naturalmente, desejada. Ora, a soberba busca a excelência, excedendo aquilo que é da reta razão. Por isso, diz Agostinho que ela é "o desejo de uma grandeza desmedida". E ele mesmo escreve que "a soberba imita a Deus, de maneira perversa, pois odeia ser igual aos outros, querendo impor-lhe o seu domínio e não o do Senhor".

QUANTO AO 3º, deve-se dizer que a soberba opõe-se, diretamente, à virtude da humildade que, em certo sentido, se ocupa com o mesmo objeto que a magnanimidade, como acima se disse. Por isso, o vício oposto à soberba, por deficiência, está próximo da pusilanimidade, que se opõe, por deficiência, à magnanimidade. Na verdade, assim como é próprio da magnanimidade levar o espírito a grandes coisas, em oposição ao desespero, assim também cabe à humildade coibir a alma do desejo desordenado de grandes coisas, contrariando a presunção. Ora, a pusilanimidade, quando implica deficiência na busca de grandes coisas, opõe-se, propriamente, à magnanimidade, por deficiência; mas, quando implica a aplicação da alma a coisas mais vis e inconvenientes, opõe-se à humildade, por deficiência, pois em ambos os casos, procede da pequenez da alma. Assim também, inversamente, a soberba pode, por superabundância, opor-se tanto à magnanimidade como à humildade, por diferentes motivos. Opõe-se à humildade, enquanto despreza a submissão; à magnanimidade, enquanto busca, desordenadamente, as coisas grandes. Como, porém, a soberba implica certa superioridade, opõe-se mais diretamente à humildade; tal como a pusilanimidade, que envolve pequenez de espírito na busca das grandes coisas, contraria mais diretamente a magnanimidade[a].

---

7. C. 13, n. 1: ML 41, 420.
8. C. 12, n. 2: ML 41, 639.
9. Q. 161, a. 1, ad 3.

a. Esta solução também deve ser incluída no dossiê das relações entre humildade e magnanimidade. Observe-se que o orgulho se contrapõe tanto à humildade quanto à magnanimidade, ainda que sob aspectos diferentes.

Articulus 2
Utrum superbia sit speciale peccatum

Ad secundum sic proceditur. Videtur quod superbia non sit speciale peccatum.
1. Dicit enim Augustinus, in libro *de Nat. et Gratia*[1], quod *sine superbiae appellatione, mullum peccatum invenies*. Et Prosper dicit, in libro *de Vita Contemplat.*[2], quod *nullum peccatum absque superbia potest, vel potuit esse, aut poterit*. Ergo superbia est generale peccatum.
2. Praeterea, Iob 33,17, *Ut avertat hominem ab iniquitate*, dicit Glossa[3] quod *contra Conditorem superbire est eius praecepta peccando transcendere*. Sed secundum Ambrosium[4], omne peccatum est *transgressio legis divinae et caelestium inobedientia mandatorum*. Ergo omne peccatum est superbia.
3. Praeterea, omne peccatum speciale alicui speciali virtuti opponitur. Sed superbia opponitur omnibus virtutibus: dicit enim Gregorius, XXXIV *Moral.*[5]: *Superbia nequaquam est unius virtutis extinctione contenta: per cuncta animae membra se erigit, et quasi generalis ac pestifer morbus, corpus omne corrumpit*. Et Isidorus dicit, in libro *Etymol.*[6], quod *est ruina omnium virtutum*. Ergo superbia non est speciale peccatum.
4. Praeterea, omne peccatum speciale habet specialem materiam. Sed superbia habet generalem materiam: dicit enim Gregorius, XXXIV *Moral.*[7], quod *alter intumescit auro, alter eloquio, alter infimis et terrenis rebus, alter summis caelestibusque virtutibus*. Ergo superbia non est speciale peccatum, sed generale.
Sed contra est quod Augustinus dicit, in libro *de Nat. et Gratia*[8]: *Quaerat: et inveniet, secundum legem Dei, superbiam esse peccatum multum discretum ab aliis vitiis*. Genus autem non distinguitur a suis speciebus. Ergo superbia non est generale peccatum, sed speciale.
Respondeo dicendum quod peccatum superbiae dupliciter potest considerari. Uno modo, secundum propriam speciem, quam habet ex ratione

Artigo 2
A soberba é um pecado especial?

Quanto ao segundo, assim se procede: parece que a soberba **não** é um pecado especial.
1. Com efeito, Agostinho diz que "não se encontrará nenhum pecado sem a marca da soberba". E Próspero afirma: "Não pode, não pôde e não poderá existir pecado sem soberba". Logo, a soberba é um pecado geral.
2. Além disso, sobre este trecho do livro de Jó: "a fim de afastar o homem do mal", comenta a Glosa que ensoberbecer-se contra o Criador é transgredir seus preceitos pelo pecado". Ora, segundo Ambrósio, todo pecado é "uma transgressão da lei divina e uma desobediência aos preceitos celestes". Logo, todo pecado é soberba.
3. Ademais, todo pecado especial opõe-se a uma virtude especial. Ora, a soberba opõe-se a todas as virtudes, pois Gregório diz: "A soberba não se contenta, de maneira alguma, com a destruição de uma virtude apenas. Ela avança em todas as partes da alma e, como doença generalizada e pestilenta, corrompe o corpo inteiro". E Isidoro diz que ela é "a ruína de todas as virtudes". Logo, a soberba não é um pecado especial.
4. Ademais, todo pecado especial tem matéria especial. Ora, a soberba tem matéria geral, pois Gregório declara que "uns se ensoberbecem com o ouro; outros, com a eloquência; outros, com coisas ínfimas e terrenas; outros, com virtudes sublimes e celestiais". Logo, a soberba não é um pecado especial, mas geral.
Em sentido contrário, há a sentença de Agostinho: "Investiga e verás que, segundo a lei de Deus, a soberba é um pecado inteiramente distinto dos demais pecados". Ora, o gênero não se distingue das suas espécies. Logo, a soberba não é um pecado geral, mas especial.
Respondo. O pecado da soberba pode ser considerado por dois ângulos. Primeiro, pelo seu caráter específico, que vem do seu objeto próprio; e, nesse

---

2   Parall.: I-II, q. 84, a. 2; II *Sent.*, dist. 5, q. 1, a. 3; dist. 42, q. 2, a. 3, ad 1; *De Malo*, q. 1, a. 1, ad 1, 16; q. 8, a. 2.
1. C. 29: ML 44, 263.
2. Iulianus Pomerius, *De vita contempl.*, l. III, c. 2, n. 1: ML 59, 476 B.
3. Ordin.: ML 113, 840 D.
4. *De Paradiso*, c. 8, n. 39: ML 14, 292 D.
5. C. 23, al. 18. n. 48: ML 76, 744 D.
6. *De Summo Bono*, al. *Sent.*, l. II, c. 38, n. 7: ML 83, 639 C.
7. C. 23, al. 18, in vet. 19, n. 49: ML 76, 745 C.
8. Loc. cit.

proprii obiecti. Et hoc modo superbia est speciale peccatum, quia habet speciale obiectum: est enim inordinatus appetitus propriae excellentiae, ut dictum est[9].

Alio modo potest considerari secundum redundantiam quandam in alia peccata. Et secundum hoc, habet quandam generalitatem: inquantum scilicet ex superbia oriri possunt omnia peccata, duplici ratione. Uno modo, per se: inquantum scilicet alia peccata ordinantur ad finem superbiae, qui est propria excellentia, ad quam potest ordinari omne id quod quis inordinate appetit. — Alio modo, indirecte et quasi per accidens, scilicet removendo prohibens: inquantum scilicet per superbiam homo contemnit divinam legem, per quam prohibetur a peccando; secundum illud Ier 2,20: *Confregisti iugum, rupisti vincula, dixisti: Non serviam.*

Sciendum tamen quod ad hanc generalitatem superbiae pertinet quod omnia vitia ex superbia interdum oriri possunt: non autem ad eam pertinet quod omnia vitia semper ex superbia oriantur. Quamvis enim omnia praecepta legis possit aliquis transgredi qualicumque peccato ex contemptu, qui pertinet ad superbiam; non tamen semper ex contemptu aliquis praecepta divina transgreditur, sed quandoque ex ignorantia, quandoque ex infirmitate. Et inde est quod, sicut Augustinus dicit, in libro *de Nat. et Gratia*[10], *multa perperam fiunt, quae non fiunt superbe.*

AD PRIMUM ergo dicendum quod Augustinus illa verba inducit, in libro *de Nat. et Gratia*, non ex persona sua: sed ex persona alterius, contra quem disputat. Unde est postmodum improbat ea, ostendens quod non semper ex superbia peccatur.

Potest tamen dici quod auctoritates illae intelliguntur quantum ad exteriorem effectum superbiae, qui est transgredi praecepta, qui est transgredi praecepta, quod invenitur in quolibet peccato: non autem quantum ad interiorem actum superbiae, qui est contemptus praecepti. Non enim semper peccatum fit ex contemptu: sed quandoque ex ignorantia, quandoque ex infirmitate, ut dictum est[11].

AD SECUNDUM dicendum quod quandoque aliquis committit aliquod peccatum secundum effectum, sed non secundum affectum: sicut ille qui ignoranter occidit patrem, committit parricidium secundum effectum, sed non secundum affectum,

caso, a soberba é um pecado especial, porque tem um objeto especial, enquanto desejo desordenado da própria excelência, como foi dito.

Segundo, pela influência que exerce sobre os outros pecados. Por esse ângulo, ele apresenta certa generalidade, porque dela podem surgir todos os pecados, por duas razões. Primeiramente, de um modo direto, ou seja, enquanto os outros pecados se ordenam ao fim da soberba, que é a própria excelência, à qual se pode ordenar tudo quanto, desordenadamente, se deseja. — Depois, indiretamente, e como que por acidente, pela supressão do obstáculo ao pecado, enquanto, pela soberba, o homem despreza a lei divina que proíbe pecar, segundo se lê em Jeremias: "Há muito quebraste teu jugo, rompeste teus laços, dizendo: "Não vou servir a ninguém".

Cumpre saber, porém, que, graças a esse caráter geral da soberba, podem nascer dela, às vezes, todos os vícios, o que não significa que todos nasçam sempre dela. Na verdade, pode alguém transgredir, por um pecado qualquer, todos os preceitos da lei, por causa do desprezo que ele implica e é próprio da soberba. Contudo, nem sempre se transgridem os preceitos divinos por desprezo, mas, às vezes, por ignorância e, outras vezes, por fraqueza. Daí a palavra de Agostinho: "Muita coisa má se pratica sem ser por soberba".

QUANTO AO 1º, portanto, deve-se dizer que Agostinho cita essas palavras não como suas, mas como de alguém com quem está discutindo. Tanto que depois as refuta, mostrando que nem sempre se peca por soberba.

Todavia, pode-se dizer que essas citações se entendem quanto ao efeito exterior da soberba, que é transgredir os preceitos, o que ocorre em todo pecado; mas não quanto ao ato interior da soberba, que é o desprezo do mandamento, visto que nem sempre se comete pecado por desprezo, pois pecamos, às vezes, por ignorância ou por fraqueza, como ficou dito.

QUANTO AO 2º, deve-se dizer que às vezes, comete-se um pecado, efetivamente, não, porém, afetivamente. É o caso de alguém que, sem saber, mata o pai. O efeito é o parricídio, mas não houve afeto. Nesse sentido, dizemos que desobedecer

---

9. Art. praec., ad 2.
10. Loc. cit.
11. In corp.

quia hoc non intendebat. Et secundum hoc, transgredi praeceptum Dei dicitur esse contra Deum superbire, secundum effectum quidem semper, non autem semper secundum affectum.

AD TERTIUM dicendum quod peccatum aliquod potest corrumpere virtutem dupliciter. Uno modo, per directam contrarietatem ad virtutem. Et hoc modo superbia non corrumpit quamlibet virtutem, sed sola humilitatem: sicut et quodlibet aliud speciale peccatum corrumpit specialem virtutem sibi oppositam, contrarium agendo.

Alio modo peccatum aliquod corrumpit virtutem abutendo ipsa virtute. Et sic superbia corrumpit quamlibet virtutem: inquantum scilicet ex ipsis virtutibus sumit occasionem superbiendi, sicut et quibuslibet aliis rebus ad excellentiam pertinentibus. Unde non sequitur quod sit generale peccatum.

AD QUARTUM dicendum quod superbia attendit specialem rationem obiecti, quae tamen inveniri potest in diversis materiis. Est enim inordinatus amor propriae excellentiae: excellentia autem potest in diversis rebus inveniri.

a um preceito de Deus é ensoberbecer-se contra ele sempre, efetivamente, mas nem sempre afetivamente.

QUANTO AO 3º, deve-se dizer que um pecado pode destruir a virtude de dois modos. Em primeiro lugar, contrariando-a, diretamente. E, desse modo, a soberba não destrói nenhuma virtude, mas só a humildade, assim como qualquer outro pecado especial destrói a virtude especial a ela oposta, atuando em sentido contrário.

Outra forma de um pecado destruir a virtude é usando mal dela. E assim a soberba destrói qualquer virtude, quando dela tira a ocasião para se orgulhar, como de qualquer outra coisa que implica excelência. E não se segue daí que a soberba seja um pecado geral.

QUANTO AO 4º, deve-se dizer que a soberba considera uma especial razão do objeto que pode ser encontrada em diversas matérias. Ela é, com efeito, um amor desordenado da própria excelência. E excelência é algo que se pode ter em diferentes domínios.

ARTICULUS 3
Utrum superbia sit in irascibili sicut in subiecto

AD TERTIUM SIC PROCEDITUR. Videtur quod superbia non sit in irascibili sicut in subiecto.

1. Dicit enim Gregorius, XXIII *Moral.*[1]: *Obstaculum veritatis tumor mentis est: quia, dum inflat, obnubilat*. Sed cognitio veritatis non pertinet ad irascibilem, sed ad vim rationalem. Ergo superbia non est in irascibili.

2. PRAETEREA, Gregorius dicit, XXIV *Moral.*[2], quod *superbi non eorum vitam considerant quibus se humiliando postponant, sed quibus superbiendo se praeferant*: et sic videtur superbia ex indebita consideratione procedere. Sed consideratio non pertinet ad irascibilem, sed potius ad rationalem. Ergo superbia non est in irascibili, se potius in rationali.

3. PRAETEREA, superbia non solum quaerit excellentiam in rebus sensibilibus, sed etiam in rebus spiritualibus et intelligibilibus. Ipsa etiam principaliter consistit in contemptu Dei: secundum

ARTIGO 3
A soberba tem como sujeito o irascível?

QUANTO AO TERCEIRO, ASSIM SE PROCEDE: parece que a soberba **não** tem como sujeito o irascível.

1. Com efeito, diz Gregório: "O obstáculo à verdade é a arrogância da mente, porque à medida que ela cresce, cega". Ora, o conhecimento da verdade não pertence ao irascível, mas à potência racional. Logo, a soberba não está no irascível.

2. ALÉM DISSO, diz Gregório: "Os soberbos não consideram a vida daqueles a quem, por humildade, se deveriam julgar inferiores, mas a daqueles a quem, por orgulho, se julgam superiores" e assim, parece que a soberba procede de uma consideração errada. Ora, consideração é coisa da razão e não do irascível. Logo, a soberba não está no irascível, mas na razão.

3. ADEMAIS, a soberba busca a excelência não só nas coisas sensíveis, mas também nas espirituais e inteligíveis. Ela mesma, precipuamente, consiste no desprezo de Deus, segundo a Escritura: "O

---

3 PARALL.: *De Malo*, q. 8, a. 3; *De Virtut.*, q. 1, a. 5, ad 10.

1. C. 17, al. 10, in vet. 16, n. 31: ML 76, 269 C.
2. C. 8, al. 6, in vet. 12, n. 21: ML 76, 298 B C.

illud Eccli 10,14: *Initium superbiae hominis est apostatare a Deo*. Sed irascibilis, cum sit pars appetitus sensitivi, non potest se extendere in Deum et in intelligibilia. Ergo superbia non potest esse in irascibili.

4. PRAETEREA, ut dicitur in libro *Sententiarum* Prosperi[3], *superbia est amor propriae excellentiae*. Sed amor non est in irascibili, sed in concupiscibili. Ergo superbia non est in irascibili.

SED CONTRA est quod Gregorius, in II *Moral*.[4], ponit contra superbiam donum timoris. Timor autem pertinet ad irascibilem. Ergo superbia est in irascibili.

RESPONDEO dicendum quod subiectum cuiuslibet virtutis vel vitii oportet inquirere ex proprio obiecto: non enim potest esse aliud obiectum habitus vel actus nisi quod est obiectum potentiae quae utrique subiicitur. Proprium autem obiectum superbiae est arduum: est enim appetitus propriae excellentiae, ut dictum est[5]. Unde oportet quod superbia aliquo modo ad vim irascibilem pertineat.

Sed irascibilis dupliciter accipi potest. Uno modo, proprie. Et sic est pars appetitus sensitivi: sicut et ira proprie sumpta est quaedam passio sensitivi appetitus. — Alio modo, potest accipi irascibilis largius, ut scilicet pertineat etiam ad appetitum intellectivum: cui etiam quandoque attribuitur ira, prout scilicet attribuimus iram Deo et angelis, non quidem secundum passionem, sed secundum iudicium iustitiae iudicantis. Et tamen irascibilis sic communiter dicta non est potentia distincta a concupiscibili, ut patet ex his quae in Primo[6] dicta sunt.

Si ergo arduum quod est obiectum superbiae, esset solum aliquid sensibile, in quod posset tendere appetitus sensitivus, oporteret quod superbia esset in irascibili quae est pars appetitus sensitivi. Sed quia arduum quod respicit superbia, communiter invenitur et in sensibilibus et in spiritualibus rebus, necesse est dicere quod subiectum superbiae sit irascibilis non solum proprie sumpta, prout est pars appetitus sensitivi, sed etiam communius accepta, prout invenitur in appetitu intellectivo. Unde et in daemonibus superbia ponitur.

começo do orgulho do homem é seu afastamento do Senhor". Ora, o irascível, como parte do apetite sensitivo, não pode abranger Deus e as realidades inteligíveis. Logo, a soberba não pode estar no irascível.

4. ADEMAIS, segundo Próspero, "a soberba é o amor da própria excelência". Ora, o amor não está no irascível, mas no concupiscível. Logo, a soberba não está no irascível.

EM SENTIDO CONTRÁRIO, Gregório opõe à soberba o dom do temor. Ora, o temor pertence ao irascível. Logo, a soberba está no irascível.

RESPONDO. É preciso procurar o sujeito de qualquer virtude ou vício no seu objeto próprio, pois um hábito ou um ato não pode ter outro objeto senão o da potência, que serve de sujeito a um e outro. Ora, o objeto próprio da soberba é alguma coisa difícil, pois é o desejo da própria excelência, como foi dito. É necessário, portanto, que a soberba pertença, de algum modo, à potência irascível.

O irascível, porém, pode ser entendido em dois sentidos. Primeiro, em sentido próprio e assim é parte do apetite sensitivo, tal como a ira, propriamente dita, é uma paixão do apetite sensitivo. — Tomado, porém, em sentido mais largo, o irascível pode ser atribuído também ao apetite intelectivo, ao qual também se atribui, às vezes, a ira, como, por exemplo, quando falamos da ira de Deus ou dos anjos, não como de uma paixão, mas como de um ato de justiça. Contudo, assim entendida, a potência irascível não é distinta da concupiscível, como fica evidente pelo exposto na I Parte.

Por conseguinte, se o difícil objeto da soberba fosse apenas alguma coisa sensível, a que poderia tender o apetite sensitivo, seria preciso que a soberba estivesse no irascível, que faz parte do apetite sensitivo. Mas como o difícil, visado pela soberba, existe, em geral, tanto nas coisas sensíveis como nas espirituais, deve-se, forçosamente, admitir que o sujeito da soberba é o irascível entendido não só no sentido próprio, como parte do apetite sensitivo, mas também num sentido genérico, enquanto existente no apetite intelectivo[b]. Por essa razão é que se atribui a soberba também aos demônios.

---

3. Sent. 294, al. 292: ML 51, 471 B.
4. C. 49, al. 27, in vet. 36, n. 77: ML 75, 593 A.
5. A. 1, ad 2; a. 2.
6. Q. 59, a. 4; q. 82, a. 5.

b. O caráter espiritual do pecado de orgulho é bastante valorizado aqui. O fato de que o orgulho como, de resto, a humildade tenha sua sede no irascível, poderia ter obscurecido esse aspecto das coisas. Trata-se sem dúvida do irascível, mas de um irascível que não se limita ao apetite sensível.

AD PRIMUM ergo dicendum quod cognitio veritatis est duplex. Una pure speculativa. Et hanc superbia indirecte impedit, subtrahendo causam. Superbus enim neque Deo suum intellectum subiicit, ut ab eo veritatis cognitionem percipiat: secundum illud Mt 11,25: *Abscondisti haec a sapientibus et prudentibus*, idest a superbis, qui sibi sapientes et prudentes videntur, *et revelasti ea parvulis*, idest humilibus. Neque etiam ab hominibus addiscere dignantur: cum tamen dicatur, Eccli 6,34: *Si inclinaveris aurem tuam*, scilicet humiliter audiendo, *excipies doctrinam*.

Alia autem est cognitio veritatis affectiva. Et talem cognitionem veritatis directe impedit superbia. Quia superbi, dum delectantur in propria excellentia, excellentiam veritatis fastidiunt: ut Gregorius dicit, XXIII *Moral*.[7], quod superbi *et secreta quaedam intelligendo percipiunt, et eorum dulcedinem experiri non possunt: et si noverint quomodo sunt, ignorant quomodo sapiunt*. Unde et Pr 11,2 dicitur: *Ubi humilitas, ibi sapientia*.

AD SECUNDUM dicendum quod, sicut supra[8] dictum est, humilitas attendit ad regulam rationis rectae, secundum quam aliquis veram existimationem de se habet. Hanc autem regulam rectae rationis non attendit superbia, sed de se maiora existimat quam sint. Quod contingit ex inordinato appetitu propriae excellentiae: quia quod quis vehementer desiderat, facile credit. Et ex hoc etiam eius appetitus in altiora fertur quam sibi conveniant. Et ideo quaecumque ad hoc conferant quod aliquis existimet se supra id quod est, inducunt hominem ad superbiam. Quorum unum est quod aliquis consideret defectus aliorum: sicut e contrario Gregorius, ibidem[9], dicit quod *sancti viri virtutum consideratione vicissim sibi alios praeferunt*. Ex hoc ergo non habetur quod superbia sit in rationali: sed quod aliqua causa eius in ratione existat.

AD TERTIUM dicendum quod superbia non est solum in irascibili secundum quod est pars appetitus sensitivi: sed prout communius irascibilis accipitur, ut dictum est[10].

AD QUARTUM dicendum quod, sicut Augustinus dicit, XIV *de Civ. Dei*[11], amor praecedit omnes alias animi affectiones, et est causa earum. Et ideo

QUANTO AO 1º, portanto, deve-se dizer que o conhecimento da verdade é duplo. Há o conhecimento puramente especulativo e esse a soberba impede, indiretamente, eliminando-lhe a causa, pois o soberbo não submete seu intelecto a Deus, para receber dele o conhecimento da verdade, conforme está no Evangelho: "Ocultaste isso aos sábios e aos inteligentes", isto é, aos orgulhosos que se têm por sábios e inteligentes, "e o revelaste aos pequeninos", ou seja, aos humildes. Nem dos homens o orgulhoso se digna aprender, não obstante o conselho da Escritura: "Se quiseres", ouvindo com humildade, "serás instruído".

Outro modo de conhecer a verdade é o afetivo e esse a soberba impede, diretamente, porque os orgulhosos, comprazando-se na própria excelência, não sentem gosto na excelência da verdade, como diz Gregório: "Os soberbos, embora tenham certa percepção dos mistérios, não chegam a lhes sentir o sabor e se os conhecem, ignoram que gosto têm". Daí a palavra da Escritura: "Com os humildes está a sabedoria".

QUANTO AO 2º, deve-se dizer que como antes foi visto, a humildade se pauta pela regra da reta razão, com a qual se possui a verdadeira estima de si próprio. Mas a soberba não obedece a essa regra da reta razão, antes julga-se mais do que realmente é. Isso acontece pelo apetite desordenado da própria excelência, pois o que, ardentemente, se deseja, facilmente se crê. Daí vêm também os arroubos do apetite para coisas mais altas, além do que é conveniente. E, por isso, todas coisas que levam alguém à superestima de si mesmo, levam-no à soberba. Uma delas é ficar reparando os defeitos dos outros, quando, em sentido inverso, "os santos, conforme observa Gregório, se dão preferência uns aos outros, atentando para as respectivas virtudes". Não se conclui daí, pois, que a soberba está no racional, mas sim que há na razão alguma coisa dela.

QUANTO AO 3º, deve-se dizer que a soberba não existe só no irascível, enquanto este é parte do apetite sensitivo; mas enquanto o irascível é entendido num sentido mais amplo, como se disse.

QUANTO AO 4º, deve-se dizer que o amor, diz Agostinho, precede todas as outras afeições da alma e é a causa delas. Por isso, pode ser tomado

---

7. Loc. cit. in arg.
8. Q. 161, a. 2, 6.
9. Loc. cit. in arg., n. 20: ML 76, 298 A.
10. In corp.
11. C. 7, n. 2: ML 41, 410; c. 9, n. 1: ML 41, 413.

potest poni pro qualibet aliarum affectionum. Et secundum hoc, superbia dicitur esse amor propriae excellentiae, inquantum ex amore causatur inordinata praesumptio alios superandi, quod proprie pertinet ad superbiam.

por qualquer dessas afeições. Assim considerada, a soberba se define como o amor da própria excelência, na medida em que do amor nasce a desordenada presunção de superar os outros, o que se refere, precisamente, à soberba.

Articulus 4
Utrum convenienter assignentur quatuor superbiae species quas Gregorius assignat

AD QUARTUM SIC PROCEDITUR. Videtur quod inconvenienter assignentur quatuor superbiae species quas Gregorius assignat, XXIII *Moral.*[1], dicens: *Quatuor quippe sunt species quibus omnis tumor arrogantium demonstratur: cum bonum aut a semetipsis habere se aestimant; aut, si sibi datum desuper credunt, pro suis hoc accepisse meritis putant; aut cum iactant se habere quod non habent; aut, despectis ceteris, singulariter videri appetunt habere quod habent.*

1. Superbia enim est vitium distinctum ab infidelitate: sicut etiam humilitas est virtus distincta a fide. Sed quod aliquos existimet bonum se non habere a Deo, vel quod bonum gratiae habeat ex meritis propriis, ad infidelitatem pertinet. Ergo non debent poni species superbiae.

2. PRAETEREA, idem non debet poni species diversorum generum. Sed iactantia ponitur species mendacii, ut supra[2] habitum est. Non ergo debet poni species superbiae.

3. PRAETEREA, quaedam alia videntur ad superbiam pertinere quae hic non connumerantur. Dicit enim Hieronymus[3] quod *nihil est tam superbum quam ingratum videri.* Et Augustinus dicit, XIV *de Civ. Dei*[4], quod excusare se de peccato commisso ad superbiam pertinet. Praesumptio etiam, qua quis tendit ad assequendum aliquid quod supra se est, maxime ad superbiam pertinere videtur. Non ergo sufficienter praedicta divisio comprehendit superbiae species.

Artigo 4
Estão corretamente apontadas as quatro espécies de soberba, propostas por Gregório?

QUANTO AO QUARTO, ASSIM SE PROCEDE: parece **não** ser conveniente atribuir à soberba as quatro espécies propostas por Gregório: "Quatro são as manifestações que denunciam toda auto-exaltação dos arrogantes: uma é quando pensam que o bem que possuem vem deles mesmos; outra, quando julgam ter recebido por méritos próprios o que lhes foi concedido, gratuitamente, por Deus; uma terceira, quando se gloriam de ter o que na realidade não têm; e, enfim, a quarta, quando, desprezando os outros, pretendem ostentar como exclusivamente seus os bens que possuem".

1. Com efeito, a soberba é um vício distinto da falta de fé, como a humildade é uma virtude distinta da fé. Ora, é por falta de fé que alguém pensa não vir de Deus o bem que possui, ou que obtém a graça divina por merecimento pessoal. Logo, esse procedimento não deve ser considerado uma espécie de soberba.

2. ALÉM DISSO, uma mesma coisa não deve ser vista como espécie de diferentes gêneros. Ora, a jactância é tida por uma espécie de mentira, como acima se estabeleceu. Logo, não deve ser tida como espécie de soberba.

3. ADEMAIS, parece que pertencem à soberba outros atos aqui não contemplados, pois Jerônimo declara que nada é tão soberba quanto parecer ingrato. E Agostinho diz que é soberba escusar-se de um pecado cometido. Por outro lado, a presunção, pela qual tentamos conquistar algo que nos supera, parece que pertence, plenamente, à soberba. Logo, a referida classificação não parece abarcar todas as espécies de soberba.

---

4 PARALL.: II *Sent.*, dist. 42, q. 2, a. 4; *De Malo*, q. 8, a. 4; I *ad Cor.*, c. 4, lect. 2.

1. C. 6, al. 4, in vet. 7, n. 13: ML 76, 258 C.
2. Q. 110, a. 2; q. 112.
3. Epist. 148 *ad Celantiam*, n. 4: ML 22, 1206.
4. C. 14: ML 41, 422.

4. Praeterea, inveniuntur aliae divisiones superbiae. Dividit enim Anselmus⁵ exaltationem superbiae, dicens quod quaedam est in *voluntate*, quaedam in *sermone*, quaedam in *operatione*. Bernardus etiam⁶ ponit duodecim gradus superbiae, qui sunt: *curiositas, mentis levitas, inepta laetitia, iactantia, singularitas, arrogantia, praesumptio, defensio peccatorum, simulata confessio, rebellio, libertas, peccandi consuetudo*. Quae non videntur comprehendi sub speciebus a Gregorio assignantis. Ergo videtur quod inconvenienter assignentur.

In contrarium sufficiat auctoritas Gregorii.

Respondeo dicendum quod, sicut dictum est⁷, superbia importat immoderatum excellentiae appetitum, qui scilicet non est secundum rationem rectam. Est autem considerandum quod quaelibet excellentia consequitur aliquod bonum habitum. Quod quidem potest considerari tripliciter. Uno modo, secundum se. Manifestum est enim quod quanto maius est bonum quod quis habet, tanto per hoc maiorem excellentiam consequitur. Et ideo cum aliquis attribuit sibi maius bonum quam habet, consequens est quod eius appetitus tendit in excellentiam propriam ultra modum sibi convenientem. Et sic est tertia superbiae species: *cum scilicet aliquis iactat se habere quod non habet*.

Alio modo, ex parte causae: prout excellentius est quod aliquod bonum insit alicui a seipso, quam quod insit ei ab alio. Et ideo cum aliquis aestimat bonum quod habet ab alio, ac si haberet a seipso, fertur per consequens appetitus eius in propriam excellentiam supra suum modum. Est autem dupliciter aliquis causa sui boni: uno modo, efficienter; alio modo, meritorie. Et secundum hoc sumuntur duae primae superbiae species: scilicet, *cum quis a semetipso habere aestimat quod a Deo habet*; vel, *cum propriis meritis sibi datum desuper credit*.

Tertio modo, ex parte modi habendi: prout excellentior aliquis redditur ex hoc quod aliquod bonum excellentius ceteris possidet. Unde et ex hoc etiam fertur inordinate appetitus in propriam excellentiam. Et secundum hoc sumitur quarta species superbiae, quae est *cum aliquis, despectis ceteris, singulariter vult videri*.

4. Ademais, há outras divisões da soberba. Anselmo, por exemplo, distingue três exaltações da soberba; a da vontade, a das palavras e a das ações. E Bernardo discorre sobre doze graus de soberba, a saber: "a curiosidade, a leviandade de espírito, a alegria tola, a jactância, a singularidade, a arrogância, a presunção, a defesa dos próprios pecados, a confissão fingida, a rebeldia, a liberdade e o hábito de pecar". Ora, essas espécies não parecem incluídas na classificação apresentada por Gregório. Logo, esta não parece correta.

Em sentido contrário, baste a palavra de Gregório.

Respondo. A soberba implica o desejo imoderado da própria excelência, isto é, o desacordo com a reta razão. Ora, deve-se observar que toda excelência decorre de algum bem realmente possuído, o que pode ser considerado de três maneiras. Primeiro, considerando o bem em si mesmo, porque é evidente: quanto maior é o bem que alguém possui, tanto maior é a excelência por ele gerada. Por isso, quando alguém se atribui um bem maior que o seu, é claro que o seu apetite tende a conseguir uma excelência própria além da medida conveniente. E assim está a terceira espécie de soberba: "gloriar-se de ter o que, realmente, não se tem".

Em segundo lugar, visto em sua causa, é mais excelente o bem possuído, quando provém de si mesmo do que quando é recebido de outro. Por essa razão, quando alguém considera um bem recebido de outro como conquista sua, seu apetite é levado a buscar a própria excelência além do que lhe é devido. Ora, de dois modos pode alguém ser causa do próprio bem: efetivamente ou meritoriamente. Daí vêm as duas primeiras espécies de soberba: "pensar que o bem recebido de Deus vem de si mesmo; ou julgar ter recebido por méritos próprios o que lhe foi concedido".

Em terceiro lugar, pode-se considerar o modo de possuir um bem. Assim, alguém adquire uma excelência superior, quando possui um bem de maneira mais excelente que os outros. Donde resulta também que seu apetite é levado a buscar, de forma desordenada, a própria excelência, dando lugar, então, à quarta espécie de soberba, que é, desprezando os outros, querer ser visto como o único.

---

5. Eadmerus, *de Similitud.*, c. 22: ML 159, 612 C.
6. *De gradibus humilitatis et superbiae*, cc. 10-21: ML 182, 957 B — 969 C.
7. A. 1, ad 2; aa. 2, 3.

AD PRIMUM ergo dicendum quod vera existimatio potest corrumpi dupliciter. Uno modo, in universali. Et sic, in his quae ad finem pertinent, corrumpitur vera existimatio per infidelitatem. — Alio modo, in aliquo particulari eligibili. Et hoc non facit infidelitatem. Sicut ille qui fornicatur, aestimat pro tempore illo bonum esse sibi fornicari: nec tamen est infidelis, sicut esset si in universali diceret fornicationem esse bonam. Et ita etiam est in proposito. Nam dicere in universali aliquod bonum esse quod non est a Deo, vel gratiam hominibus pro meritis dari, pertinet ad infidelitatem. Sed quod aliquis, ex inordinato appetitu propriae excellentiae, ita de bonis suis glorietur ac si ea a se haberet vel ex meritis propriis, pertinet ad superbiam, et non ad infidelitatem, proprie loquendo.

AD SECUNDUM dicendum quod iactantia ponitur species mendacii quantum ad exteriorem actum, quo quis falso sibi attribuit quod non habet. Sed quantum ad interiorem cordis arrogantiam, ponitur a Gregorio species superbiae.

AD TERTIUM dicendum quod ingratus est qui sibi attribuit quod ab alio habet. Unde duae primae superbiae species ad ingratitudinem pertinent. — Quod autem aliquis se excuset de peccato quod habet, pertinet ad tertiam speciem: quia per hoc aliquis sibi attribuit bonum innocentiae, quod non habet. — Quod autem aliquis praesumptuose tendit in id quod supra ipsum est, praecipue videtur ad quartam speciem pertinere, secundum quam aliquis vult aliis praeferri.

AD QUARTUM dicendum quod illa tria quae ponit Anselmus, accipiuntur secundum progressum peccati cuiuslibet: quod primo, corde concipitur; secundo, ore profertur; tertio, opere perficitur.

Illa autem duodecim quae ponit Bernardus, sumuntur per oppositum ad duodecim gradus humilitatis, de quibus supra[8] habitum est. Nam primus gradus humilitatis est, *corde et corpore semper humilitatem ostendere, defixis in terram aspectibus.* Cui opponitur *curiositas,* per quam aliquis curiose ubique et inordinate circumspicit. — Secundus gradus humilitatis est, *ut pauca verba et rationabilia loquatur aliquis, non clamosa voce.* Contra quem opponitur *levitas mentis,* per quam scilicet homo superbe se habet in verbo. — Tertius gradus humilitatis est, *ut non sit facilis aut*

QUANTO AO 1º, portanto, deve-se dizer que a verdadeira estima pode ser prejudicada de dois modos. Primeiro, de um modo universal e, nesse sentido, nas coisas que concernem ao fim, a justa estima é falseada pela falta de fé. — Depois, de um modo particular, quando se trata de um bem especial desejável, o que não constitui falta de fé. Assim, quem fornica julga que, praticando esse ato, está realizando o seu bem, sem faltar, porém, à fé, o que aconteceria se dissesse, de maneira geral, que fornicar é um bem. É o que se dá no nosso caso, pois dizer, de modo universal, que existem bens que não vêm de Deus ou que a graça lhe é outorgada por seus méritos, constitui falta de fé. Mas constitui soberba e não, propriamente, falta de fé, gloriar-se, por um apetite desordenado, da própria excelência, como se possuísse os bens por si mesmo, ou por seus méritos pessoais.

QUANTO AO 2º, deve-se dizer que considera-se a jactância uma espécie de mentira, quanto ao ato exterior, pelo qual alguém, falsamente, se arroga o que não possui. Pensando, porém, na arrogância interior do coração, Gregório a considera como uma espécie de soberba.

QUANTO AO 3º, deve-se dizer que ingrato é o que se atribui algo que de outro recebeu. Por isso, as duas primeiras espécies de soberba pertencem à ingratidão. — Mas escusar-se de um pecado cometido é a terceira espécie, pois, nessa hipótese, a pessoa se atribui algo que não tem, a saber, o dom da inocência. — Por outro lado, buscar, presunçosamente, algo que o ultrapassa, parece ser atitude incluída na quarta espécie, pela qual se pretende ser superior aos demais.

QUANTO AO 4º, deve-se dizer que as três espécies apresentadas por Anselmo baseiam-se no processo normal de qualquer pecado: primeiro, é concebido no coração; depois, é expresso por palavras e, por fim, consumado por obras. Já os doze graus indicados por Bernardo figuram em oposição aos doze graus de humildade, acima referidos. Com efeito, o primeiro grau de humildade consiste em "ter os olhos sempre baixos, manifestando humildade interior e exterior", a que se opõe a "curiosidade", que leva a olhar por toda a parte, com indiscrição e desordenadamente. — O segundo grau de humildade é "falar pouco e sensatamente, em voz baixa", a que se opõe a "leviandade de espírito", pela qual se fala de forma orgulhosa. — O terceiro grau de humilda-

---

8. Q. 161, a. 6.

promptus in risu. Cui opponitur *inepta laetitia.*
— Quartus gradus humilitatis est *taciturnitas usque ad interrogationem.* Cui opponitur *iactantia.*
— Quintus gradus humilitatis est, *tenere quod communis regula monasterii habet.* Cui opponitur *singularitas*: per quam scilicet aliquis sanctior vult apparere. — Sextus gradus humilitatis est, *credere et pronuntiare se omnibus viliorem.* Cui opponitur *arrogantis*: per quam scilicet homo se aliis praefert. — Septimus gradus humilitatis est, *ad omnia inutilem et indignum se confiteri et credere.* Cui opponitur *praesumptio*: per quam scilicet aliquis reputat se sufficientem ad maiora. — Octavus gradus humilitatis est *confessio peccatorum.* Cui opponitur *defensio peccatorum.*
— Nonus gradus est, *in duris et asperis patientiam amplecti.* Cui opponitur *simulata confessio*: per quam scilicet aliquis non vult subire poenam pro peccatis, quae simulate confitetur. — Decimus gradus humilitatis est *obedientia.* Cui opponitur *rebellio.* — Undecimus autem gradus est, *ut homo non delectetur facere propriam voluntatem.* Cui opponitur *libertas*: per quam scilicet homo delectatur libere facere quod vult. — Ultimus autem gradus humilitatis est *timor Dei.* Cui opponitur *peccandi consuetudo*, quae implicat Dei contemptum. — In his autem duodecim gradibus tanguntur non solum superbiae species, sed etiam quaedam antecedentia et consequentia: sicut etiam supra de humilitate dictum est.

de consiste em "não ser de riso pronto e fácil", a que se opõe a "alegria tola". — O quarto grau de humildade é "manter-se calado, enquanto não for interrogado", a que se opõe a "jactância". — O quinto grau de humildade é "observar o que prescreve a regra comum do mosteiro", a que se opõe a "singularidade", pela qual alguém julga parecer mais santo do que é. — O sexto grau de humildade é "reconhecer-se e mostrar-se o mais digno de todos", a que se opõe a "arrogância", pela qual alguém se julga superior aos outros. — O sétimo grau de humildade é "julgar-se, sinceramente, indigno e inútil em tudo", a que se opõe a "presunção", pela qual alguém se crê capaz das maiores coisas. — O oitavo grau de humildade é "confessar os próprios pecados", a que se opõe a "defesa dos próprios pecados". — O nono grau de humildade é "suportar, pacientemente, o que é duro e difícil", a que se opõe a "confissão fingida", pela qual alguém recusa assumir o castigo dos seus pecados, simuladamente confessados. — O décimo grau de humildade é a obediência, a que se opõe a "rebeldia". — O undécimo grau de humildade é "não se comprazer na vontade própria", a que se opõe a "liberdade" com que alguém se compraz em fazer, sem mais, o que quer. — Enfim, o duodécimo grau de humildade é "temer a Deus", a que se opõe o "hábito de pecar", que significa o desprezo de Deus.
Nesses doze graus de humildade contemplam-se não só as espécies de soberba, mas também suas causas e consequências, como foi dito acima, tratando da humildade.

Articulus 5
Utrum superbia sit peccatum mortale

AD QUINTUM SIC PROCEDITUR. Videtur quod superbia non sit peccatum mortale.
1. Quia super illud Psalmi [Ps 7,4], *Domine Deus meus si feci istud*, dicit Glossa[1]: *scilicet universale peccatum, quod est superbia.* Si igitur superbia esset peccatum mortale, omne peccatum esse mortale.
2. PRAETEREA, omne peccatum contrariatur caritati. Sed peccatum superbiae non videtur contrariari caritati, neque quantum ad dilectionem Dei, neque quantum ad dilectionem proximi: quia excellentia quam quis inordinate per superbiam appetit, non

Artigo 5
A soberba é um pecado mortal?

QUANTO AO QUINTO, ASSIM SE PROCEDE: parece que a soberba **não** é um pecado mortal.
1. Com efeito, àquilo do Salmo: "Senhor, meu Deus, se fiz isso...", a saber, "o pecado universal, que é a soberba", comenta a Glosa. Logo, se a soberba fosse pecado mortal, todo pecado seria mortal.
2. ALÉM DISSO, todo pecado vai contra a caridade. Ora, a soberba não parece contrariar a caridade, nem quanto ao amor a Deus nem quanto ao amor ao próximo, visto que a excelência buscada, desordenadamente, pela soberba, nem sempre

---

5 PARALL.: IV *Sent.*, dist. 33. q. 1, a. 3, q.la 2, ad 3.
1. Ordin.: ML 113, 853 C; LOMBARDI: ML 191, 112 D.

semper contrariatur honori Dei aut utilitati proximi. Ergo superbia non est peccatum mortale.

3. PRAETEREA, omne peccatum mortale contrariatur virtuti. Sed superbia non contrariatur virtuti, sed potius ex ea oritur: quia, ut Gregorius dicit, XXXIV *Moral*.[2], *aliquando homo ex summis caelestibusque virtutibus intumescit*. Ergo superbia non est peccatum mortale.

SED CONTRA est quod Gregorius, in eodem libro[3], dicit quod *evidentissimum reproborum signum superbia est: at contra, humilitas electorum*. Sed homines non fiunt reprobi pro peccatis venialibus. Ergo superbia non est peccatum veniale, sed mortale.

RESPONDEO dicendum quod superbia humilitati opponitur. Humilitas autem proprie respicit subiectionem hominis ad Deum, ut supra[4] dictum est. Unde e contrario superbia proprie respicit defectum huius subiectionis: secundum scilicet quod aliquis se extollit supra id quod est sibi praefixum secundum divinam regulam vel mensuram; contra id quod Apostolus dicit: *Nos autem non in immensum gloriamur: sed secundum mensuram qua mensus est nobis Deus*. Et ideo dicitur Eccli 10,14, quod *initium superbiae hominis est apostatare a Deo*: scilicet, in hoc radix superbiae consideratur, quod homo aliqualiter non subditur Deo et regulae ipsius. Manifestum est autem quod hoc ipsum quod est non subiici Deo, habet rationem peccati mortalis: hoc enim est averti a Deo. Unde consequens est quod superbia, secundum suum genus, sit peccatum mortale.

Sicut tamen in aliis quae ex suo genere sunt peccata mortalia, puta in fornicatione et adulterio, sunt aliqui motus qui sunt peccata venialia propter eorum imperfectionem, quia scilicet praeveniunt rationis iudicium et sunt praeter eius consensum; ita etiam et circa superbiam accidit quod aliqui motus superbiae sunt peccata venialia, dum eis ratio non consentit.

AD PRIMUM ergo dicendum quod, sicut supra[5] dictum est, superbia non est universale peccatum secundum suam essentiam, sed per quandam redundantiam: inquantum scilicet ex superbia omnia peccata oriri possunt. Unde non sequitur quod omnis peccata sint mortalia: sed solum quando oriuntur ex superbia completa, quam diximus esse peccatum mortale.

contraria a glória de Deus ou o bem do próximo. Logo, a soberba não é pecado mortal.

3. ADEMAIS, todo pecado mortal atenta contra a virtude. Ora, a soberba não atenta contra a virtude, antes nasce dela, pois, como diz Gregório, "o homem, às vezes, se orgulha de virtudes sublimes e celestiais". Logo, a soberba não é pecado mortal.

EM SENTIDO CONTRÁRIO, Gregório escreve, na mesma obra, que "a soberba é a marca mais evidente dos réprobos; e, ao contrário, a dos eleitos é a humildade". Ora, os homens não se tornam réprobos por pecados veniais. Logo, a soberba não é pecado venial, mas mortal.

RESPONDO. A soberba opõe-se à humildade. Propriamente ela diz respeito à submissão do homem a Deus. É por isso que, em sentido contrário, a soberba, propriamente diz respeito à falta dessa submissão, na medida em que alguém se exalta acima do que a regra ou a medida divina estabeleceram. Contra isso diz o Apóstolo: "Quanto a nós, não nos orgulharemos sem limite, mas servir-nos-emos, como medida, da própria norma que Deus nos atribuiu". E o livro do Eclesiástico: "O começo do orgulho do homem é seu afastamento do Senhor", ou seja, a raiz da soberba está em o homem, de alguma maneira, não se submeter a Deus e à sua regra. Ora, é claro que o não se submeter a Deus é pecado mortal, porque é afastar-se dele. Consequentemente, a soberba é, em si mesma, pecado mortal.

Entretanto, como em outras matérias que são, em si mesmas, pecado mortal, como a fornicação e o adultério, há movimentos que são pecados veniais, pela sua imperfeição, porque anteriores ao julgamento da razão e sem consentimento, o mesmo se dá com a soberba, cujos movimentos, às vezes, são pecados leves, porque praticados sem o consentimento da razão.

QUANTO AO 1º, portanto, deve-se dizer que a soberba não é um pecado universal, por essência, mas por certa redundância, ou seja, porque dela todos os pecados podem surgir. Não se segue daí que todos os pecados sejam mortais, mas apenas quando procedem da soberba completa, que já dissemos ser pecado mortal.

---

2. C. 23, al. 18, in vet. 19, n. 49: ML 76, 745 C.
3. C. 23, al. 18, n. 56: ML 76, 750 A.
4. Q. 161, a. 1, ad 5.
5. Art. 2.

AD SECUNDUM dicendum quod superbia semper quidem contrariatur dilectioni divinae: inquantum scilicet superbus non se subiicit divinae regulae prout debet. Et quandoque etiam contrariatur dilectioni proximi: inquantum scilicet aliquis inordinate se praefert proximo, aut ab eius subiectione se subtrahit. In quo etiam derogatur divinae regulae, ex qua sunt hominum ordines instituti: prout scilicet unus eorum sub alio esse debet.

AD TERTIUM dicendum quod superbia non oritur ex virtutibus sicut ex causa per se, sed sicut ex causa per accidens: inquantum scilicet aliquis ex virtutibus occasiones superbiae sumit. Nihil autem prohibet quin unum contrariorum sit alterius causa per accidens, ut dicitur in VIII *Physic*.[6]. Unde etiam et de ipsa humilitate aliqui superbiunt.

QUANTO AO 2º, deve-se dizer que a soberba sempre vai contra o amor a Deus, porque o soberbo não se sujeita à norma divina. Ela, por vezes, vai também contra o amor ao próximo, quando, por exemplo, alguém se põe, desordenadamente, acima do próximo ou se esquiva da submissão a ele, derrogando também assim a regra divina, que institui uma hierarquia entre os homens, em virtude da qual uns devem sujeitar-se a outros.

QUANTO AO 3º, deve-se dizer que a soberba não nasce das virtudes como de uma causa essencial, mas como de uma causa acidental, na medida em que se pode tirar delas ocasião de soberba. Nada impede, porém, que uma coisa seja causa acidental de outra que lhe é contrária, como diz o livro VIII da *Física*. Por isso, há quem se orgulhe até da própria humildade.

ARTICULUS 6
Utrum superbia sit gravissimum peccatorum

AD SEXTUM SIC PROCEDITUR. Videtur quod superbia non sit gravissimum peccatorum.

1. Quanto enim aliquod peccatum difficilius cavetur, tanto videtur esse levius. Sed superbia difficillime cavetur: quia sicut Augustinus dicit, in *Regula*[1], *cetera peccata in malis operibus exercentur, ut fiant: superbia vero bonis operibus insidiatur, ut pereant*. Ergo superbia non est gravissimum peccatum.

2. PRAETEREA, *maius malum maiori bono opponitur*, ut Philosophus dicit, in VIII *Ethic*.[2]. Sed humilitas, cui opponitur superbia, non est maxima virtutum, ut supra[3] habitum est. Ergo et vitia quae opponuntur maioribus virtutibus, puta infidelitas, desperatio, odium Dei, homicidium, et alia huiusmodi, sunt graviora peccata quam superbia.

3. PRAETEREA, maius malum non punitur per minus malum. Sed superbia interdum punitur per alia peccata: ut patet Rm 1,28, ubi dicitur quod

ARTIGO 6
A soberba é o mais grave dos pecados?

QUANTO AO SEXTO, ASSIM SE PROCEDE: parece que a soberba **não** é o mais grave dos pecados[c].

1. Com efeito, quanto mais leve parece um pecado, tanto mais difícil é de ser evitado. Ora, a soberba dificilmente se evita, pois, como diz Agostinho, "os outros pecados acontecem na execução de más obras, ao passo que a soberba se imiscui nas obras boas, para destruí-las". Logo, a soberba não é o mais grave dos pecados.

2. ALÉM DISSO, "a um bem maior opõe-se um mal maior", diz o Filósofo. Ora, a humildade, a que se opõe a soberba, não é a maior das virtudes, como já se explicou. Logo, vícios como a falta de fé, o desespero, o ódio a Deus, o homicídio e outros semelhantes, opostos a virtudes mais importantes, são mais graves que a soberba.

3. ADEMAIS, um mal maior não é punido por um mal menor. Ora, a soberba, às vezes, é punida por outros pecados, como se evidencia na Carta aos

---

6. C. 1: 251, a, 29 — b, 1.

6 PARALL.: Infra, a. 7, ad 4; *in Psalm*. 18; II *ad Cor*., c. 12, lect. 3.

1. Epist. 211, al. 109, n. 6: ML 33, 960.
2. C. 12: 1160, b, 9-12.
3. Q. 161, a. 5.

---

c. Quando Sto. Tomás se pergunta, o que ele faz com frequência, se tal ou qual vício não seria o mais grave de todos, ele escolhe objeções que mostrem a gravidade do vício, para estabelecer, em sua resposta, que não se trata, apesar de tudo, da gravidade suprema. Em matéria de orgulho, a perspectiva é invertida: as objeções tendem a provar que o orgulho não é o mais grave dos pecados. É introduzir uma resposta que provará que o orgulho, sob um aspecto efetivamente essencial, é de fato o que há de mais grave. O orgulho, portanto, é muito mal cotado.

philosophi propter elationem cordis *traditi sunt in reprobum sensum, ut faciant quae non conveniunt.* Ergo superbia non est gravissimum peccatorum.

SED CONTRA est quod super illud Psalmi [Ps 118,51], *Superbi inique agebant usquequaque,* dicit Glossa[4]: *Maximum peccatum in homine est superbia.*

RESPONDEO dicendum quod in peccato duo attenduntur: scilicet conversio ad commutabile bonum, quae materialiter se habet in peccato: et aversio a bono incommutabili, quae est formalis et completiva peccati. Ex parte autem conversionis, non habet superbia quod sit maximum peccatorum: quia celsitudo, quam superbus inordinate appetit, secundum suam rationem non habet maximam repugnantiam ad bonum virtutis. Sed ex parte aversionis, superbia habent maximam gravitatem: quia in aliis peccatis homo a Deo avertitur vel propter ignorantiam, vel propter infirmitatem, sive propter desiderium cuiuscumque alterius boni; sed superbia habet aversionem a Deo ex hoc ipso quod non vult Deo et eius regulae subiici. Unde Boetius[5] dicit quod *cum omnia vitia fugiant a Deo, sola superbia se Deo opponit.* Propter quod etiam specialiter dicitur Iac 4,6, quod *Deus superbis resistit.* Et ideo averti a Deo et eius praeceptis, quod est quasi consequens in aliis peccatis, per se ad superbiam pertinet, cuius actus est Dei contemptus. Et quia id quod est per se, semper est potius eo quod est per aliud, consequens est quod superbia sit gravissimum peccatorum secundum suum genus: quia excedit in aversione, quae formaliter complet peccatum.

AD PRIMUM ergo dicendum quod aliquod peccatum difficile cavetur dupliciter. Uno modo, propter vehementiam impugnationis: sicut ira vehementer impugnat propter suum impetum. Et *adhuc difficilius est resistere concupiscentiae,* propter eius connaturalitatem, ut dicitur in II *Ethic.*[6]. Et talis difficultas vitandi peccatum gravitatem peccati diminuit: quia quanto aliquis minoris tentationis impetu cadit, tanto gravius peccat, ut Augustinus dicit[7].

Alio modo difficile est vitare aliquod peccatum propter eius latentiam. Et hoc modo superbiam

Romanos, onde se afirma que os filósofos, pela arrogância de coração, "Deus os entregou à sua inteligência insensata: por isso fazem o que não deveriam fazer". Logo, a soberba não é o mais grave dos pecados.

EM SENTIDO CONTRÁRIO, a propósito do Salmo: "Os orgulhosos caçoaram muito de mim", a Glosa diz: "O maior pecado do homem é a soberba".

RESPONDO. Deve-se atentar para dois aspectos do pecado: a conversão a um bem efêmero, que é o aspecto material do pecado, e a aversão a um bem eterno, seu aspecto formal e acabado. Ora, na conversão, a soberba nada tem que a faça o maior dos pecados, porque a grandeza exageradamente desejada pelo soberbo não expressa, por si mesma, uma oposição maior ao bem da virtude. Na aversão, porém, a soberba encerra a gravidade máxima, pois nos outros pecados o homem se afasta de Deus por ignorância, fraqueza ou busca de outro bem, enquanto que a soberba se afasta de Deus, precisamente, porque não quer se submeter a ele e à sua lei. Por isso, diz Boécio: "Todos os vícios se afastam de Deus; só a soberba se opõe a ele". Razão por que vem enfatizado na Carta de Tiago: "Aos orgulhosos Deus resiste". Assim, pois, afastar-se de Deus e dos seus mandamentos, que nos outros pecados é como uma consequência, é essencial à soberba, cujo ato é o desprezo de Deus. E como o essencial é mais importante que o acidental, segue-se que a soberba é, em si mesma, o mais grave dos pecados, enquanto a todos supera pela aversão, elemento formal do pecado.

QUANTO AO 1º, portanto, deve-se dizer que por dois motivos é difícil de se evitar um pecado. Primeiramente, pela violência do seu ataque, como a ira, cujo impulso atinge tão fortemente. E "ainda mais difícil de resistir é a concupiscência", por sua conaturalidade, como se diz no livro II da *Ética.* Essa dificuldade de evitar o pecado diminui a sua gravidade, pois quanto menor o ímpeto da tentação em que se cai, mais gravemente se peca, diz Agostinho.

Outro motivo porque é difícil de se evitar um pecado é a sua existência latente. E, desse modo,

---

4. LOMBARDI: ML 191, 1069 C.
5. Vide CASSIANUM, *De Coenob. Instit.*, l. XII, c. 7: ML 49, 434 A.
6. C. 2: 1105, a, 7-13.
7. Cfr. *De Civ. Dei*, l. XIV, c. 12: ML 41, 420: c. 15, n. 1: ML 41, 423.

difficile est vitare: quia etiam ex ipsis bonis occasionem sumit, ut dictum est[8]. Et ideo signanter Augustinus dicit quod *bonis operibus insidiatur*: et in Psalmo[9] dicitur: *In via hac qua ambulabam, absconderunt superbi laqueum mihi*. Et ideo motus superbiae occulte subrepens non habet maximam gravitatem, antequam per iudicium rationis deprehendatur. Sed postquam deprehensus fuerit per rationem, tunc facile evitatur. Tum ex consideratione propriae infirmitatis: secundum illud Eccli 10,9: *Quid superbit terra et cinis?* Tum etiam ex consideratione magnitudinis divinae: secundum illud Iob 15,13: *Quid tumet contra Deus spiritus tuus?* Tum etiam ex imperfectione bonorum de quibus homo superbit: secundum illud Is 40,6: *Omnis caro faenum, et omnis gloria eius quasi flos agri*; et infra, 64,6: *Quasi pannus menstruatae universae iustitiae nostrae*.

AD SECUNDUM dicendum quod oppositio vitii ad virtutem attenditur secundum obiectum, quod consideratur ex parte conversionis. Et secundum hoc superbia non habet quod sit maximum peccatorem: sicut nec humilitas quod sit maxima virtutum. Sed ex parte aversionis est maximum, utpote aliis peccatis magnitudinem praestans. Nam per hoc ipsum infidelitatis peccatum gravius redditur, si ex superbiae contemptu procedat, quam si ex ignorantia vel infirmitate proveniat. Et idem dicendum est de desperatione et aliis huiusmodi.

AD TERTIUM dicendum quod, sicut in syllogismis ducentibus ad impossibile quandoque aliquis convincitur per hoc quod ducitur ad inconveniens magis manifestum; ita etiam, ad convincendum superbiam hominum, Deus aliquos punit permittens eos ruere in peccata carnalia, quae, etsi sint minora, tamen manifestiorem turpitudinem continent. Unde Isidorus dicit, in libro *de Summo Bono*[10], *omni vitio deteriorem esse superbiam: seu propter quod a summis personis et primis assumitur; seu quod de opere iustitiae et virtutis exoritur, minusque culpa eius sentitur. Luxuria vero carnis ideo notabilis omnibus est, quoniam*

é difícil evitar a soberba, porque ela se aproveita até dos mesmos bens, como foi dito. Por isso, Agostinho insiste em que a soberba "se imiscui em meio às boas obras". E o Salmo diz: "No caminho pelo qual eu ando, os soberbos armaram-me uma cilada". Portanto, um movimento subreptício de soberba não tem gravidade máxima, antes de captado pelo juízo da razão. Depois, porém, que a razão o percebeu, então facilmente é evitado, seja considerando a própria fragilidade, conforme fala o livro do Eclesiástico: "Por que se orgulha quem é terra e cinza?"; seja também considerando a grandeza divina, segundo Jó: "Por que, diz um amigo de Jó, se incha o teu espírito contra Deus?"; seja, enfim, considerando a imperfeição dos bens de que o homem se orgulha, de acordo com o livro de Isaías: "Toda carne é erva e toda a sua glória é como a flor dos campos", e mais adiante: "Todos os nossos atos de justiça são como panos manchados"[d].

QUANTO AO 2º, deve-se dizer que mede-se a oposição do vício à virtude pelo objeto considerado relativamente à conversão. E a essa luz a soberba não tem por que ser o maior dos pecados, como a humildade também nada tem para ser a maior das virtudes. Relativamente à aversão, porém, a soberba é o pecado maior, porque supera em grandeza os demais pecados. O próprio pecado da infidelidade torna-se mais grave, quando procede da arrogância da soberba, do que quando vem da ignorância ou da fraqueza. Diga-se o mesmo do desespero e de outros pecados análogos.

QUANTO AO 3º, deve-se dizer que assim como nos silogismos que levam ao absurdo, a pessoa, às vezes, se convence porque levada a uma conclusão mais claramente inadmissível, assim também, para vencer a soberba dos homens, Deus castiga, deixando que eles caiam em pecados carnais que, embora menos graves, contudo encerram uma torpeza mais manifesta. Por isso, diz Isidoro: "A soberba é pior que qualquer vício, ou porque é praticada por pessoas eminentes e principais, ou porque decorre das obras de justiça e de virtude, nas quais menos se sente a culpa. A luxúria da carne, ao contrário, é um pecado de todos mais

---

8. A. 5, ad 3.
9. *Ps.* 139, 6; 141, 4.
10. Al. *Sentent.*, l. II, c. 38, n. 1: ML 83, 639 A B.

d. Sto. Tomás muitas vezes nos desconcerta por sua placidez. A dar-lhe ouvidos aqui, o orgulho, uma vez desmascarado, seria fácil de desmontar pela mera consideração de nossa nulidade. A experiência comum diria, pelo contrário, que, mesmo descoberto, o orgulho será terrivelmente difícil de extirpar, e que considerações sobre a nossa própria nulidade não o alteram muito. Seria preciso ter a humildade de um Sto. Tomás para triunfar do orgulho pela simples limpidez do olhar.

statim per se turpis est. Et tamen, dispensante Deo, superbia minor est, sed qui detinetur superbia et non sentit, labitur in carnis luxuriam, ut per hanc humiliatus, a confusione exurgat. Ex quo etiam patet gravitas peccati superbiae. Sicut enim medicus sapiens in remedium maioris morbi patitur infirmum in leviorem morbum incidere, ita etiam peccatum superbiae gravius esse ostenditur ex hoc ipso quod pro eius remedio Deus permittit ruere hominem in alia peccata.

visível, porque aparece, imediatamente e por si mesma, vergonhosa. Deus, no entanto, a permite, às vezes, como menos grave que a soberba, para despertar a consciência do orgulhoso, a fim de que, humilhado e confuso, se reerga". Daí também se deduz a gravidade da soberba, pois, assim como o médico experiente deixa que o paciente caia em doença mais leve, como remédio de um mal maior, assim também o pecado da soberba revela-se mais grave e por isso mesmo Deus, para remediá-lo, permite que o homem caia em outros pecados.

Articulus 7
Utrum superbia sit primum omnium peccatorum

Ad septimum sic proceditur. Videtur quod superbia non sit primum omnium peccatorum.

1. Primum enim salvatur in omnibus consequentibus. Sed non omnia peccata sunt cum superbia, nec oriuntur ex superbia: dicit enim Augustinus, in libro *de Nat. et Gratia*[1], quod *multa perperam fiunt quae non fiunt superbe*. Ergo superbia non est primum omnium peccatorum.

2. Praeterea, Eccli 10,14 dicitur quod *initium superbiae est apostatare a Deo*. Ergo apostasia a Deo est prius quam superbia.

3. Praeterea, ordo peccatorum esse videtur secundum ordinem virtutum. Sed humilitas non est prima virtutum: sed magis fides. Ergo superbia non est primum peccatorum.

4. Praeterea, 2Ti 3,13, dicitur: *Mali homines et seductores proficiunt in peius*: et ita videtur quod principium malitiae hominis non sit a maximo peccatorum. Sed superbia est maximum peccatorum, ut dictum est[2]. Non est igitur primum peccatum.

5. Praeterea, id quod est secundum apparentiam et fictionem, est posterius eo quod est secundum veritatem. Sed Philosophus dicit, in III *Ethic.*[3], quod *superbus est fictor fortitudinis et audaciae*. Ergo vitium audaciae est prius vitio superbiae.

Artigo 7
A soberba é o primeiro de todos os pecados?

Quanto ao sétimo, assim se procede: parece que o primeiro de todos os pecados **não** é a soberba.

1. Com efeito, o que é primeiro deve ser encontrado em tudo o que se lhe segue. Ora, nem todos os pecados são acompanhados de soberba e nem dela nascem, pois, diz Agostinho, "são feitas muitas coisas más, que não são feitas por soberba". Logo, a soberba não é o primeiro de todos os pecados.

2. Além disso, diz o livro do Eclesiástico: "O começo do orgulho do homem é seu afastamento do Senhor". Logo, afastar-se de Deus é anterior à soberba.

3. Ademais, a ordem dos pecados parece seguir a ordem das virtudes. Ora, não é a humildade, mas a fé a primeira das virtudes. Logo, a soberba não é o primeiro dos pecados.

4. Ademais, na segunda Carta a Timóteo se diz: "Quanto aos homens maus e sedutores, eles progredirão no mal". E assim parece que o princípio da malícia humana não vem do maior dos pecados. Ora, a soberba é o maior dos pecados, como já se viu. Logo, não é o primeiro dos pecados.

5. Ademais, o que é aparente e fictício é posterior ao que é verdadeiro. Ora, o Filósofo diz que "o orgulhoso é um simulador de fortaleza e audácia". Logo, o vício da audácia é anterior ao vício da soberba.

---

7 Parall.: I-II, q. 84, a. 2; II *Sent.*, dist. 5, q. 1, a. 3; dist. 42, q. 2, a. 1, ad 7; a. 3, ad 1; I *ad Cor.*, c. 11, lect. 4.

1. C. 29: ML 44, 263.
2. Art. 6.
3. C. 10: 1115, b, 29 — 1116, a, 2.

SED CONTRA est quod dicitur Eccli 10,15: *Initium omnis peccati superbia*.

RESPONDEO dicendum quod illud quod est per se, est primum in quolibet genere. Dictum est autem supra[4] quod aversio a Deo, quae formaliter complet rationem peccati, pertinet ad superbiam per se, ad alia autem peccata ex consequenti. Et inde est quod superbia habet rationem primi; et est etiam principium omnium peccatorum, ut supra[5] dictum est, cum de causis peccati ageretur, ex parte aversionis, quae est principalior in peccato.

AD PRIMUM ergo dicendum quod superbia dicitur esse *omnis peccati initium*, non quia quodlibet peccatum singulariter ex superbia oriatur: sed quia quodlibet genus peccati natum est ex superbia oriri.

AD SECUNDUM dicendum quod apostatare a Deo dicitur esse superbiae humanae initium, non quasi aliquod aliud peccatum a superbia existens, sed quia est prima superbiae pars. Dictum est enim[6] quod superbia principaliter respicit subiectionem divinam, quam contemnit: ex consequenti autem contemnit subiici creaturae propter Deum.

AD TERTIUM dicendum quod non oportet esse eundem ordinem virtutum et vitiorum. Nam vitium est corrumptivum virtutis. Id autem quod est primum in generatione, est postremum in corruptione. Et ideo, sicut fides est prima virtutum, ita infidelitas est ultimum peccatorum, ad quam homo quandoque per alia peccata perducitur. Unde super illud Psalmi [Ps 136,7]: *Exinanite, exinanite usque ad fundamentum in ea*, dicit Glossa[7] quod *coacervatione vitiorum subrepit diffidentia*. Et Apostolus dicit, 1Ti 1,19, quod *quidam, repellentes conscientiam bonam, circa fidem naufragaverunt*.

AD QUARTUM dicendum quod superbia dicitur esse gravissimum peccatum ex eo quod per se competit peccato, ex quo attenditur gravitas in peccato. Et ideo superbia causat gravitatem aliorum peccatorum. Contingit ergo ante superbiam esse aliqua peccata leviora, quae scilicet ex ignorantia vel infirmitate committuntur. Sed inter gravia peccata primum est superbia: sicut causa per quam alia peccata aggravantur. Et quia id quod est primum in causando, est etiam ultimum

EM SENTIDO CONTRÁRIO, temos no livro do Eclesiástico: "começo de todo pecado é a soberba".

RESPONDO. Em todo gênero de coisas, o que é por si é o primeiro. Ora, como foi dito, a aversão a Deus, razão formal do pecado, pertence por si à soberba, e aos outros pecados, só por consequência. Conclui-se daí que a soberba tem a razão de primeiro, e é o princípio de todos os pecados, como foi dito ao tratar das causas do pecado, quanto à aversão, que é o elemento principal do pecado.

QUANTO AO 1º, portanto, deve-se dizer que considera-se a soberba "começo de todo pecado", não porque todo pecado, individualmente tomado, dela proceda, mas por ser natural a todo tipo de pecado nascer dela.

QUANTO AO 2º, deve-se dizer que afastar-se de Deus é o princípio da soberba humana, não por ser um pecado distinto da própria soberba, mas por ser a parte inicial dela, pois já foi dito que a soberba visa principalmente à sujeição a Deus, a qual ela despreza. E, por consequência, recusa também sujeitar-se a uma criatura, por causa de Deus.

QUANTO AO 3º, deve-se dizer que não é necessária a coincidência da ordem das virtudes com a ordem dos vícios, pois o vício destrói a virtude. Ora, o que é o primeiro a nascer é o último a desaparecer. Por isso, assim como a fé é a primeira das virtudes, assim também a infidelidade é o último dos pecados, a que nos conduzem, às vezes, os demais pecados. Assim, ao comentar o Salmo: "Arrasai, arrasai até os fundamentos", diz a Glosa: "No acúmulo de vícios se infiltra a infidelidade". E o Apóstolo diz: "Alguns rejeitaram a boa consciência e sua fé naufragou".

QUANTO AO 4º, deve-se dizer que a soberba é o mais grave dos pecados, considerando-se a essência mesma do pecado e o que gera a sua gravidade. Por isso, a soberba é a causa da gravidade dos demais pecados. Acontece, portanto, que antes da soberba, haja outros pecados mais leves, praticados por ignorância ou fraqueza. Mas, entre os pecados mais graves, o primeiro é a soberba, como causa agravante dos demais. E, como o primeiro na ordem da causalidade dos pecados é

---

4. Art. praec.
5. I-II, q. 84, a. 7.
6. Art. 5.
7. LOMBARDI: ML 191, 1204 C.

in recedendo; ideo super illud Psalmi [Ps 18,14], *Emundabor a delicto maximo*, dicit Glossa[8]: *Hoc est, a delicto superbiae, quod est ultimum redeuntibus ad Deum, et primum recedentibus*.

AD QUINTUM dicendum quod Philosophus ponit superbiam circa fictionem fortitudinis, non quia solum in hoc consistat: sed quia per hoc homo maxime reputat se posse excellentiam apud homines consequi, si audax vel fortis videatur.

o último a desaparecer, por isso, a propósito do Salmo: "Serei perfeito e inocente de um grande pecado", a Glosa comenta: "Trata-se do delito da soberba, que é o último dos que se voltam para Deus e o primeiro dos que dele se apartam"[e].

QUANTO AO 5º, deve-se dizer que o Filósofo afirma a soberba a respeito da falsa fortaleza, não porque a primeira seja só isso, mas porque o homem julga poder alcançar superioridade aos olhos dos outros, mostrando-se, sobretudo, audacioso e forte.

ARTICULUS 8
Utrum superbia debeat poni vitium capitale

AD OCTAVUM SIC PROCEDITUR. Videtur quod superbia debeat poni vitium capitale.

1. Isidorus enim[1], et etiam Cassianus[2], enumerant superbiam inter vitia capitalia.
2. PRAETEREA, superbia videtur esse idem inani gloriae: quia utraque excellentiam quaerit. Sed inanis gloria ponitur vitium capitale. Ergo etiam superbia debet poni vitium capitale.
3. PRAETEREA, Augustinus dicit, in libro *de Virginit.*[3], quod *superbia invidiam parit: nec unquam est sine tali comite*. Sed invidia ponitur vitium capitale, ut supra[4] habitum est. Ergo multo magis superbia.

SED CONTRA est quod Gregorius, XXXI *Moral.*[5], non enumerat superbiam inter vitia capitalia.

RESPONDEO dicendum quod, sicut ex supra[6] dictis patet, superbia dupliciter considerari potest: uno modo, secundum se, prout scilicet est quoddam speciale peccatum; alio modo, secundum quod habet quandam universalem influentiam in omnia peccata. Vitia autem capitalia ponuntur

ARTIGO 8
A soberba deve ser considerada como vício capital?

QUANTO AO OITAVO, ASSIM SE PROCEDE: parece que se **deve** considerar a soberba como vício capital.

1. Com efeito, Isidoro e também Cassiano a enumeram entre os vícios capitais.
2. ALÉM DISSO, parece que a soberba se identifica com a vanglória, pois ambas visam à excelência. Ora, a vanglória é considerada um vício capital. Logo, a soberba também deve ser considerada como tal.
3. ADEMAIS, diz Agostinho que "a soberba gera a inveja e não vive sem essa companheira". Ora, a inveja é um vício capital, conforme antes se viu. Logo, com muito mais razão, a soberba.

EM SENTIDO CONTRÁRIO, Gregório não classifica a soberba entre os vícios capitais.

RESPONDO. A soberba pode ser considerada de dois modos: primeiro, em si mesma, como pecado especial; depois, pela influência universal que exerce sobre todos os pecados. Ora, chamam-se vícios capitais certos pecados especiais de que nascem muitos gêneros de pecado. Por isso, al-

---

8. LOMBARDI: ML 191, 213 D.

8 PARALL.: I-II, q. 84, a. 4; II *Sent.*, dist. 42, q. 2, a. 3; *De Malo*, q. 8, a. 1.

1. *Comment. in Deut.*, c. 16, n. 4: ML 83, 366 D.
2. *De Instit. Coenob.*, l. V, c. 1: ML 49, 203 A; *Collat. Patr.*, collat. 5, c. 2; ML 49, 611 A.
3. C. 31: ML 40, 413.
4. Q. 36, a. 4.
5. C. 45, al. 17, in vet. 31, n. 87: ML 76, 621 A.
6. A. 2; a. 5, ad 1.

e. O que quer que tenha se passado com nossos primeiros maus passos, é com o surgimento do orgulho que nossa vida assume um caráter gravemente pecaminoso. Abordamos então um registro no qual se manifestam um desprezo por Deus e uma aversão em relação a ele que nos fazem dar um passo decisivo na direção do mal.

E, como encabeçou a marcha, o orgulho também a concluirá; tudo leva a pensar que o orgulho será o último a nos largar quando a dinâmica da conversão tiver reorientado nossas vidas.

esse quaedam specialia peccata, ex quibus multa genera peccatorum oriuntur. Et ideo quidam, considerantes superbiam secundum quod est quoddam speciale peccatum, connumeraverunt eam aliis vitiis capitalibus. Gregorius vero, considerans universalem eius influentiam quam habet in omnia vitia, ut dictum est[7], non connumeravit eam aliis capitalibus vitiis, sed posuit eam reginam omnium vitiorum et matrem. Unde Gregorius dicit, in XXXI *Moral.*[8]: *Ipsa vitiorum regina superbia, cum devictum plene cor ceperit, mox illud septem principalibus vitiis, quasi quibusdam sui ducibus, devastandum tradit, ex quibus vitiorum multitudines oriuntur.*
Et per hoc patet responsio AD PRIMUM.

AD SECUNDUM dicendum quod superbia non est idem inani gloriae, sed causa eius. Nam superbia inordinate excellentiam appetit: sed inanis gloria appetit excellentiae manifestationem.

AD TERTIUM dicendum quod ex hoc quod invidia, quae est vitium capitale, oritur ex superbia, non sequitur quod superbia sit vitium capitale: sed quod sit aliquid principatus capitalibus vitiis.

guns, considerando a soberba como um pecado especial, colocaram-na entre os vícios capitais. Gregório, porém, levando em conta o influxo universal dela sobre todos os vícios, não a enumera entre os vícios capitais, mas como rainha e mãe de todos os vícios, dizendo: "Quando a soberba, rainha dos vícios, se apodera do coração humano e o domina por completo, logo o entrega à devastação dos sete vícios capitais, que agem como seus comandantes, dos quais nascem muitos outros vícios".

QUANTO AO 1º, portanto, deve-se dizer que fica esclarecida a resposta pelo que se acabou de dizer.

QUANTO AO 2º, deve-se dizer que a soberba não é o mesmo que a vanglória, mas a sua causa, porque busca a excelência de forma desordenada, ao passo que a vanglória almeja a manifestação da excelência.

QUANTO AO 3º, deve-se dizer que do fato de a inveja, que é um vício capital, nascer da soberba, não se conclui que esta seja também vício capital, mas que é algo mais importante que os próprios vícios capitais.

---

7. Arg. *sed c.*
8. Loc. cit., n. 87: ML 76, 620 D.

QUAESTIO CLXIII
DE PECCATO PRIMI HOMINIS
in quatuor articulos divisa

Deinde considerandum est de peccato primi hominis, quod fuit per superbiam. Et primo, de peccato eius; secundo, de poena peccati; tertio, de tentatione qua inductus est ad peccandum.
Circa primum quaeruntur quatuor.
Primo: utrum primum peccatum hominis fuerit superbia.
Secundo: quid primus homo peccando appetierit.
Tertio: utrum eius peccatum fuerit gravius omnibus aliis peccatis.
Quarto: quis plus peccaverit, utrum vir vel mulier.

QUESTÃO 163
O PECADO DO PRIMEIRO HOMEM
em quatro artigos

Em seguida, deve-se tratar do pecado do primeiro homem, cometido por soberba[a]. 1º, do seu pecado; 2º, da pena do pecado; 3º, da tentação que o induziu a pecar.
A respeito do primeiro, quatro questões:
1. Foi de soberba o pecado do primeiro homem?
2. O que desejava, ao pecar, o primeiro homem?
3. Foi o seu pecado mais grave que todos os outros?
4. Quem pecou mais, o homem ou a mulher?

---

a. Em seu estudo do orgulho, Sto. Tomás trata do pecado de nossos primeiros pais. Já abordara o mesmo tema na I-II, q. 82 e 83, sob um ângulo diferente: o da transmissão do pecado à descendência de Adão e Eva. Embora os dois pontos de vista sejam bem diferentes o mais delicado sendo o da I-II, faríamos bem em comparar os dois estudos. Trata-se aqui da natureza do pecado de nossos primeiros pais, dos castigos que dele resultaram e do gênero de tentação que o precedeu.

Articulus 1
Utrum superbia fuerit primi hominis peccatum

Ad primum sic proceditur. Videtur quod superbia non fuerit primi hominis peccatum.

1. Dicit enim Apostolus, Rm 5,19, quod *per inobedientiam unius hominis peccatores constituti sunt multi.* Sed primi hominis peccatum est ex quo omnes peccatores constituti sunt originali peccato. Ergo inobedientia fuit primi hominis peccatum, et non superbia.

2. Praeterea, Ambrosius dicit, *super Luc.*[1], quod eo ordine diabolus Christum tentavit quo primum hominem deiecit. Sed Christus primo tentatus est de gula, ut patet Mt 4,3, cum ei dictum est: *Si Filius Dei es, dic ut lapides isti panes fiant.* Ergo primum peccatum primi hominis non fuit superbia, sed gula.

3. Praeterea, homo diabolo suggerente peccavit. Sed diabolus tentans hominem scientiam repromisit: ut patet Gn 3,5. Ergo prima inordinatio hominis fuit per appetitum scientiae: quod pertinet ad curiositatem. Ergo curiositas fuit peccatum primum, et non superbia.

4. Praeterea, super illud 1Ti 2,14, *Mulier seducta in praevaricatione fuit,* dicit Glossa[2]: *Hanc seductionem proprie appellavit Apostolus, per quam id quod suadebatur, cum falsum esset, verum putatum est: scilicet quod Deus lignum illud ideo tangere prohibuerit, quod sciebat eos, si tetigissent, velut deos futuros; tanquam eis divinitatem invideret qui eos homines fecerat.* Sed hoc credere pertinet ad infidelitatem. Ergo primum peccatum hominis fuit infidelitas, et non superbia.

Sed contra est quod dicitur Eccli 10,15: *Initium omnis peccati superbia.* Sed peccatum primi hominis est initium omnis peccati: secundum illud Rm 5,12: *Per unum hominem peccatum in hunc*

Artigo 1
A soberba foi o pecado do primeiro homem?

Quanto ao primeiro artigo, assim se procede: parece que o primeiro pecado do primeiro homem **não** foi a soberba.

1. Com efeito, diz o Apóstolo, "pela desobediência de um só homem, a multidão se tornou pecadora". Ora, foi pecado do primeiro homem pelo qual todos os homens foram constituídos pecadores do pecado original. Logo, a desobediência foi o primeiro pecado do primeiro homem e não a soberba.

2. Além disso, Ambrósio, comentando Lucas, diz que o demônio tentou a Cristo na mesma ordem em que fez cair o primeiro homem. Ora, Cristo foi primeiro tentado pela gula, como se vê no Evangelho de Mateus, quando o diabo lhe disse: "Se és o Filho de Deus, ordena que estas pedras se transformem em pães". Logo, o primeiro pecado do primeiro homem não foi a soberba, mas a gula.

3. Ademais, o homem pecou por sugestão do demônio. Ora, o demônio, ao tentá-lo, prometeu-lhe a ciência, como se lê no livro do Gênesis. Logo, a primeira desordem do homem veio do desejo da ciência, causado pela curiosidade. Logo, o primeiro pecado foi de curiosidade e não de soberba

4. Ademais, sobre aquela palavra da primeira Carta a Timóteo: "A mulher, seduzida, caiu na transgressão", diz a Glosa: "Fala o Apóstolo, corretamente, de sedução, porque a proposta feita, que era falsa, foi aceita como verdadeira, ou seja, que Deus tinha proibido tocassem a árvore, porque, se tocassem, seriam como deuses, como se, tendo-os feitos homens, lhes invejasse a divindade". Ora, acreditar nisso constitui falta de fé. Logo, o primeiro pecado do homem foi infidelidade e não soberba[b].

Em sentido contrário, diz o livro do Eclesiástico: "Começo do pecado é a soberba". Ora, o pecado do primeiro homem é o início de todos os pecados, segundo se diz na Carta aos Ro-

---

1 Parall.: Supra, q. 105, a. 2, ad 3; I-II, q. 89, a. 3, ad 2; II *Sent.*, dist. 22, q. 1, a. 1; *Compend. Theol.*, c. 191; *De Malo*, q. 7, a. 7, ad 12; q. 14, a. 2, ad 5; q. 15, a. 2, ad 7; *ad Rom.*, c. 5, lect. 5; I *ad Tim.*, c. 2, lect. 3.

1. *Comment.*, l. IV, n. 17, super 4, 3: ML 15, 1617 C.
2. Ordin.: ML 114, 628 AB; Lombardi: ML 192, 341 B.

b. Nenhuma das objeções aqui apresentadas tende a fazer do primeiro pecado um pecado da carne. É notável, quando se pensa nas ideias correntes de muitos cristãos e não cristãos a esse respeito.

mundum intravit. Ergo primum peccatum hominis fuit superbia.

RESPONDEO dicendum quod ad unum peccatum multi motus concurrere possunt: inter quos ille habet rationem primi peccati in quo primo inordinatio invenitur. Manifestum est autem quod primo invenitur inordinatio in motu interiori animae quam in actu exteriori corporis: quia, ut Augustinus dicit, in I *de Civ. Dei*[3], *non amittitur corporis sanctitas manente animae sanctitate.* Inter motus autem interiores, prius movetur appetitus in finem quam in id quod quaeritur propter finem. Et ideo ibi fuit primum peccatum hominis ubi potuit esse primus appetitus inordinati finis. Sic autem homo erat in statu innocentiae institutus ut nulla esset rebellio carnis ad spiritum. Unde non potuit esse prima inordinatio appetitus humani ex hoc quod appetierit aliquod sensibile bonum, in quod carnis concupiscentia tendit praeter ordinem rationis. Relinquitur igitur quod prima inordinatio appetitus humani fuit ex hoc quod aliquod bonum spirituale inordinate appetit. Non autem inordinate appetivisset, appetendo illud secundum suam mensuram ex divina regula praestitutam. Unde relinquitur quod primum peccatum eius fuit in hoc quod appetiit quoddam spirituale bonum supra suam mensuram. Quod pertinet ad superbiam. Unde manifestum est quod primum peccatum hominis fuit superbia.

AD PRIMUM ergo dicendum quod hoc quod homo divino praecepto non obediret, non fuit propter se ab eo volitum: quia hoc non posset contingere nisi praesupposita inordinatione voluntatis. Relinquitur ergo quod voluerit propter aliquid aliud. Primum autem quod inordinate voluit fuit propria excellentia. Et ideo inobedientia in eo causata fuit ex superbia. Et hoc est quod Augustinus dicit, *ad Orosium*[4], quod *homo elatus superbia, suasioni serpentis obediens, praecepta Dei contempsit.*

AD SECUNDUM dicendum quod in peccato primorum parentum etiam gula locum habuit: dicitur enim Gn 3,6: *Vidit mulier quod lignum esset bonum ad vescendum, et pulchrum oculis, aspectuque delectabile: et tulit de fructu eius, et comedit.* Non tamen ipsa bonitas et pulchritudo cibi fuit primum motivum ad peccandum: sed

manos: "Por um só homem o pecado entrou no mundo". Logo, o primeiro pecado do homem foi a soberba.

RESPONDO. Muitos movimentos podem concorrer para um mesmo pecado, entre os quais terá primazia o que tiver a desordem em primeiro lugar. Ora, é evidente que a desordem se dá, primeiro, no movimento interior da alma, antes que em ato exterior do corpo, porque, como explica Agostinho, "não se perde a santidade do corpo, enquanto a alma conservar a sua". Contudo, entre os movimentos interiores, o desejo se move, primeiro, para o fim e depois para os meios. Por isso, o primeiro pecado do homem ocorreu no primeiro desejo que pôde ter de um fim desordenado. Ora, o homem se achava em estado de inocência, sem sentir rebelião alguma da carne contra o espírito. Portanto, a primeira desordem do apetite humano não poderia consistir no desejo de um bem sensível, para o qual tendesse a concupiscência da carne, fora da ordem da razão. Conclui-se, então, que a primeira desordem do apetite humano consistiu em desejar, de forma desordenada, algum bem espiritual. Mas não o teria desejado desordenadamente, se o tivesse feito na medida estabelecida pela lei divina. Logo, o primeiro pecado do homem foi o desejo de um bem espiritual, fora da medida conveniente. E isso é próprio da soberba. Por conseguinte, o primeiro pecado do primeiro homem foi, manifestamente, a soberba.

QUANTO AO 1º, portanto, deve-se dizer que a desobediência ao preceito divino não foi querido, em si mesma, pelo homem, porque seria impossível, sem prévia desordem da vontade. Portanto, ele a quis por outra causa. Ora, a primeira coisa que o homem quis, de modo desordenado, foi a própria excelência. Logo, a desobediência foi causada pela soberba. E isso, aliás, é o que diz Agostinho: "O homem, arrebatado pela soberba, obedeceu à sugestão da serpente e desprezou a ordem divina".

QUANTO AO 2º, deve-se dizer que a gula também esteve presente no pecado dos nossos primeiros pais, pois está no livro do Gênesis: "A mulher viu que a árvore era boa de comer, bela ao olhar e de aparência agradável. Apanhou um fruto e dele comeu". Não foi, porém, a bondade do alimento e a sua beleza o primeiro motivo para pecar, mas

---

3. C. 18, n. 2: ML 41, 32.
4. *Dial.* 65 *quaest.*, q. 4: ML 40, 736.

potius suasio serpentis, qui dixit [v. 5]: *Aperientur oculi vestri, et eritis sicut dii*; quod appetendo, superbiam mulier incurrit. Et ideo peccatum gulae derivatum est ex peccato superbiae.

AD TERTIUM dicendum quod appetitus scientiae causatus fuit in primis parentibus ex inordinato appetitu excellentiae. Unde et in verbis serpentis praemittitur: *Eritis sicut dii*; et postea subditur: *scientes bonum et malum*.

AD QUARTUM dicendum quod, sicut Augustinus dicit, XI *super Gen. ad litt.*[5], *verbis serpentis mulier non crederet a bona atque utili re divinitus se fuisse prohibitos, nisi iam inesset menti amor ille propriae potestatis, et quaedam de se superba praesumptio*. Quod non est sic intelligendum quasi superbia praecesserit suasionem serpentis: sed quia statim post suasionem serpentis, invasit mentem eius elatio, ex qua consecutum est ut crederet verum esse quod daemon dicebat.

antes a insinuação da serpente, que disse: "Vossos olhos se abrirão e sereis como deuses". Cedendo a essa proposta, incorreu a mulher em soberba e assim o pecado da gula derivou do pecado da soberba.

QUANTO AO 3º, deve-se dizer que o desejo de ciência foi causado, em nossos primeiros pais, pelo desejo desordenado de excelência. Por isso, a serpente, primeiro, disse: "Sereis como deuses" e acrescentou: "possuindo o conhecimento do que seja bom e mau".

QUANTO AO 4º, deve-se dizer que, como diz Agostinho, "a mulher não acreditaria nas palavras da serpente, não acreditaria que Deus lhes tinha interditado uma coisa boa e útil, se já não palpitasse nela aquele desejo de poder pessoal e uma orgulhosa presunção de si mesma". Não quer isso dizer que a soberba fosse anterior à proposta da serpente, mas que, logo depois dessa proposta, viu-se a sua mente invadida pelo orgulho que a fez acreditar como verdadeiro o que lhe dizia o demônio.

ARTICULUS 2
Utrum superbia primi hominis fuerit in hoc quod appetierit divinam similitudinem

AD SECUNDUM SIC PROCEDITUR. Videtur quod superbia primi hominis non fuerit in hoc quod appetierit divinam similitudinem.
1. Nullus enim peccat appetendo id quod sibi competit secundum suam naturam. Sed similitudo Dei competit homini secundum suam naturam: dicitur enim Gn 1,26: *Faciamus hominem ad imaginem et similitudinem nostram*. Ergo non peccavit divinam similitudinem appetendo.
2. PRAETEREA, in hoc videtur primus homo divinam similitudinem appetiisse, ut scientia boni et mali potiretur: hoc enim ei a serpente suggerebatur: *Eritis sicut dii, scientes bonum et malum*. Sed appetitus scientiae est homini naturalis: secundum illud Philosophi, in principio *Metaphys.*[1]: *Omnes homines natura scire desiderant*. Ergo non peccavit appetendo divinam similitudinem.
3. PRAETEREA, nullus sapiens eligit id quod est impossibile. Primus autem homo sapientia

ARTIGO 2
A soberba do primeiro homem consistiu no desejo de ser semelhante a Deus?

QUANTO AO SEGUNDO, ASSIM SE PROCEDE: parece que a soberba do primeiro homem **não** constituiu no desejo de ser semelhante a Deus.
1. Com efeito, ninguém peca ao desejar aquilo que lhe é natural. Ora, assemelhar-se a Deus é natural ao homem, de acordo com o livro do Gênesis: "Façamos o homem à nossa imagem, segundo a nossa semelhança". Logo, ele não pecou desejando ser semelhante a Deus.
2. ALÉM DISSO, parece que o homem desejou a semelhança divina para adquirir a ciência do bem e do mal, pois foi isso que a serpente lhe propôs, ao sugerir: "sereis como deuses, possuindo o conhecimento do que seja bom e mau". Ora, o desejo da ciência é natural ao homem, segundo diz o Filósofo: "Todos os homens, por natureza, desejam saber". Logo, o homem não pecou por querer ser semelhante a Deus.
3. ADEMAIS, nenhum sábio escolhe o impossível. Ora, o primeiro homem era dotado de

---

5. C. 30, n. 39: ML 34, 445.
PARALL.: II *Sent.*, dist. 5, q. 1, a. 2, ad 1; dist. 22, q. 1, a. 2; *Compend. Theol.*, c. 191.
1. L. I, c. 1: 980, a, 21-27.

praeditus erat: secundum illud Eccli 17,5: *Disciplina intellectus replevit illos*. Cum ergo omne peccatum consistat in appetitu deliberato, qui est electio, videtur quod primus homo non peccaverit appetendo aliquid impossibile. Sed impossibile est esse hominem similem Deo: secundum illud Ex 15,11: *Quis similis tui in fortibus, Domine?* Ergo primus homo non peccavit appetendo divinam similitudinem.

SED CONTRA est quod super illud Psalmi [Ps 68,5], *Quae non rapui, tunc exsolvebam*, dicit Augustinus[2]: *Adam et Eva rapere voluerunt divinitatem, et perdiderunt felicitatem*.

RESPONDEO dicendum quod duplex est similitudo. Una omnimodae aequiparantiae. Et hanc similitudinem ad Deum primi parentes non appetierunt: quia talis similitudo ad Deum non cadit in apprehensione, praecipue sapientis. — Alia autem est similitudo imitationis, qualis possibilis est creaturae ad Deum: inquantum videlicet participat aliquid de similitudine ipsius secundum suum modum. Unde Dionysius dicit, in 9 cap. *de Div. Nom.*[3]: *Eadem similia sunt Deo, et dissimilia: hoc quidem secundum contingentem imitationem; hoc autem secundum quod causata minus habent a causa*. Quodlibet autem bonum in creatura existens est quaedam participata similitudo primi boni. Et ideo ex hoc ipso quod homo appetiit aliquod spirituale bonum supra suam mensuram, ut dictum est[4], consequens est quod appetierit divinam similitudinem inordinate.

Considerandum tamen est quod appetitus proprie est rei non habitae. Bonum autem spirituale secundum quod creatura rationalis participat divinam similitudinem, potest secundum tria attendi. Primo quidem, secundum ipsum esse naturae. Et talis similitudo ab ipso creationis principio fuit impressa et homini, de quo dicitur, Gn 1,26-27, quod *fecit Deus hominem ad imaginem et similitudinem suam*; et angelo, de quo dicitur, Ez 28,12: *Tu signaculum similitudinis*. — Secundo vero, inquantum ad cognitionem. Et hanc etiam similitudinem in sui creatione angelus accepit: unde in praemissis verbis, cum dictum esset, *Tu signaculum similitudinis*, statim subditur: *plenus sapientia*. Sed primus homo in sua creatione istam similitudinem nondum actu adeptus erat, sed so-

sabedoria, como está no livro do Eclesiástico: "Encheu-se de sabedoria e de inteligência". Sendo certo, então, que todo pecado consiste num desejo deliberado, ou seja, numa escolha, parece que o primeiro homem não pecou por ter desejado algo impossível. Mas é impossível ao homem ser semelhante a Deus, conforme a palavra do livro do Êxodo: "Quem é como tu entre os deuses, Senhor?". Logo, o primeiro homem não pecou por desejar ser semelhante a Deus.

EM SENTIDO CONTRÁRIO, Agostinho, comentando o Salmo: "O que não roubei, posso porventura restituí-lo?", diz: "Adão e Eva quiseram apossar-se da divindade e perderam a felicidade".

RESPONDO. Há dois tipos de semelhança. Uma, de igualdade total. E essa semelhança com Deus os primeiros pais não desejaram, porque tal semelhança não é sequer pensável, sobretudo por um sábio. — Outro tipo de semelhança é a de imitação. Essa a criatura pode desejar em relação a Deus, enquanto participa, de alguma forma e a seu modo, da semelhança com ele, pois diz Dionísio: "As mesmas coisas são, em relação a Deus, semelhantes e dissemelhantes. Semelhantes, porque imitam o ser divino; dissemelhantes, porque o causado é inferior à causa". Ora, todo bem existente nas criaturas é uma semelhança participada do primeiro bem e, por isso, ao desejar um bem espiritual acima de sua medida, como já foi dito, o homem deseja a semelhança divina, de forma desordenada.

Deve-se, contudo, considerar que o desejo tem por objeto próprio um bem que não se possui. E o bem espiritual, pelo qual a criatura racional participa da semelhança divina, pode ser entendido de três maneiras. Primeiramente, segundo o ser da natureza. Essa semelhança foi impressa, desde o princípio da criação, no homem, conforme está no livro do Gênesis: "Façamos o homem à nossa imagem, segundo a nossa semelhança", e também no anjo, como diz o livro de Ezequiel: "Tu, selo de semelhança". — Em segundo lugar, quanto ao conhecimento. Também essa semelhança o anjo recebeu ao ser criado; por isso, no texto citado, depois de dizer: "Tu, selo de semelhança", acrescenta: "cheio de sabedoria". Mas o homem, no momento da sua criação, não havia recebido ain-

---

2. Glossa Ordin.: ML 113, 946 C; LOMBARDI: ML 191, 629 C.
3. MG 3, 916 A.
4. Art. praec.

lum in potentia. — Tertio, quantum ad potestatem operandi. Et hanc similitudinem nondum erant in actu assecuti neque angelus neque homo in ipso creationis principio: quia utrique restabat aliquid agendum quod ad beatitudinem perveniret.

Et ideo cum uterque, scilicet diabolus et primus homo, inordinate divinam similitudinem appetierint, neuter eorum peccavit appetendo similitudinem naturae. Sed primus homo peccavit principaliter appetendo similitudinem Dei quantum ad scientiam boni et mali, sicut serpens ei suggessit: ut scilicet per virtutem propriae naturae determinaret sibi quid esset bonum et quid malum ad agendum; vel etiam ut per seipsum praecognosceret quid sibi boni vel mali esset futurum. Et secundario peccavit appetendo similitudinem Dei quantum ad propriam potestatem operandi, ut scilicet virtute propriae naturae operaretur ad beatitudinem consequendam: unde Augustinus dicit, XI *super Gen. ad litt.*[5], quod *menti mulieris inhaesit amor propriae potestatis.* — Sed diabolus peccavit appetendo similitudinem Deum quantum ad potestatem: unde Augustinus dicit, in libro *de Vera Relig.*[6], quod *magis voluit sua potentia frui quam Dei.* — Veruntamen quantum ad aliquid uterque Deo aequiparari appetiit: inquantum scilicet uterque sibi inniti voluit, contempto divinae regulae ordine.

AD PRIMUM ergo dicendum quod ratio illa procedit de similitudine naturae: ex cuius appetitu homo non peccavit, ut dictum est[7].

AD SECUNDUM dicendum quod appetere similitudinem Dei absolute quantum ad scientiam, non est peccatum. Sed appetere huiusmodi similitudinem inordinate, idest supra suam mensuram, peccatum est. Unde super illud Psalmi [Ps 70,19], *Deus quis similis erit tibi*, dicit Augustinus[8]: *Qui per se vult esse Deus, perverse vult esse similis Deo: ut diabolus, qui noluit sub eo esse; et homo, qui ut servus noluit tenere praecepta.*

AD TERTIUM dicendum quod ratio illa procedit de similitudine aequiparantiae.

da essa semelhança em ato, mas só em potência. — Em terceiro lugar, quanto ao poder de agir. E essa semelhança nem o anjo nem o homem tinham ainda alcançado em ato, no princípio mesmo da criação, pois restava a ambos alguma coisa por fazer, para chegarem à felicidade.

Assim, pois, dado que ambos, o diabo e o primeiro homem, desejaram desordenadamente a semelhança divina, nem um nem outro pecou desejando uma semelhança de natureza. Mas o primeiro homem pecou, principalmente, por desejar assemelhar-se a Deus na ciência do bem e do mal, como lhe propôs a serpente, ou seja, determinar para si mesmo, pela sua própria natureza, o que fosse bom e o mau no agir, ou ainda conhecer, por si mesmo, o que haveria de ser bom e mau. Mas o primeiro homem pecou também desejando assemelhar-se a Deus, no seu próprio poder de agir, de modo que, em virtude da própria natureza, pudesse conseguir a bem-aventurança. Por isso, diz Agostinho: "Instalou-se na mente da mulher o amor do próprio poder". — Quanto ao demônio, seu pecado foi desejar assemelhar-se a Deus pelo poder. Por isso, diz Agostinho: "Quis ele desfrutar mais do seu poder do que do poder de Deus". — De qualquer modo, tanto o homem como o diabo desejava equiparar-se a Deus, confiando nas próprias forças e desprezando a ordem do preceito divino.

QUANTO AO 1º, portanto, deve-se dizer que esse argumento procede quanto à semelhança de natureza. E não foi pelo desejo de tal semelhança que o homem pecou, como ficou dito.

QUANTO AO 2º, deve-se dizer que desejar semelhança com Deus pela ciência, sem mais, não é pecado. Pecado é desejar tal semelhança de modo desordenado, isto é, além do limite conveniente. Por isso, comentando o Salmo: "Ó Deus, quem como tu?", diz Agostinho: "Quem quer ser Deus pelas próprias forças, quer ser semelhante a Deus de forma errada, como o diabo que não quis se sujeitar a ele, e como o homem que não quis obedecer aos preceitos divinos".

QUANTO AO 3º, deve-se dizer que a objeção procede quanto à semelhança de igualdade total.

---

5. C. 30, n. 39: ML 34, 445.
6. C. 13: ML 34, 133.
7. In corp.
8. Glossa ordin.: ML 113, 953 D; LOMBARDI: ML 191, 655 A.

Articulus 3
Utrum peccatum primorum parentum fuerit ceteris gravius

AD TERTIUM SIC PROCEDITUR. Videtur quod peccatum primorum parentum fuerit ceteris gravius.

1. Dicit enim Augustinus, XIV *de Civ. Dei*[1]: *Magna fuit in peccando iniquitas, ubi tanta fuit in non peccando facilitas*. Sed primi parentes maximam habuerunt facilitatem ad non peccandum: quia nihil habebant intrinsecus quod eos ad peccandum impelleret. Ergo peccatum primorum parentum fuit ceteris gravius.

2. PRAETEREA, poena proportionatur culpae. Sed peccatum primorum parentum gravissime est punitum: quia ex ipso *mors introivit in hunc mundum*, ut Apostolus dicit, Rm 5,12. Ergo peccatum illud fuit gravius aliis peccatis.

3. PRAETEREA, primum in quolibet genere videtur esse maximum, ut dicitur in II *Metaphys*.[2]. Sed peccatum primorum parentum fuit primum inter alia peccata hominum. Ergo fuit maximum.

SED CONTRA est quod Origenes dicit[3]: *Non arbitror quod aliquis ex his qui in summo perfectoque constiterunt gradu, ad subitum evacuetur ac decidat: sed paulatim et per partes defluere eum necesse est*. Sed primi parentes in summo perfectoque gradu consistebant. Non ergo eorum primum peccatum fuit maximum omnium peccatorum.

RESPONDEO dicendum quod duplex gravitas in peccato attendi potest. Uno quidem, ex ipsa specie peccati: sicut dicimus adulterium esse gravius peccatum simplici fornicatione. Alia autem est gravitas peccati quae attenditur secundum aliquam circumstantiam loci, vel personae, aut temporis. Prima autem gravitas essentialior est peccato, et principalior. Unde secundum eam magis peccatum dicitur grave quam secundum aliam.

Dicendum est igitur quod peccatum primi hominis non fuit gravius omnibus aliis peccatis humanis secundum speciem peccati. Etsi enim superbia secundum suum genus habeat quandam excellentiam inter alia peccata, maior tamen est superbia qua quis Deum negat vel blasphemat,

Artigo 3
O pecado dos primeiros pais foi mais grave que os outros?

QUANTO AO TERCEIRO, ASSIM SE PROCEDE: parece que o pecado dos pais **foi** mais grave que os outros.

1. Com efeito, diz Agostinho: "Nesse pecado a malícia foi tão grande quanto era a facilidade para não pecar". Ora, os primeiros pais tiveram toda a felicidade para não pecar, porque nada havia dentro deles mesmos que os levasse ao pecado. Logo, o pecado deles foi mais grave que os outros.

2. ALÉM DISSO, a pena é proporcional à culpa. Ora, o pecado dos primeiros pais foi punido com a mais grave das penas, pois, como diz o Apóstolo, "por um só homem a morte entrou no mundo". Logo, esse pecado foi mais grave que os outros pecados.

3. ADEMAIS, o que é primeiro em qualquer gênero parece que é também o maior, ensina o Filósofo. Ora, o pecado dos primeiros pais foi o primeiro de todos os pecados dos homens. Logo, foi o maior.

EM SENTIDO CONTRÁRIO, diz Orígenes: "Penso que nenhum dos que se acham no mais alto grau de perfeição desce e cai repentinamente, mas que há de fazê-lo pouco a pouco e gradativamente". Ora, os primeiros pais estavam no mais alto grau de perfeição. Logo, o primeiro pecado deles não foi o maior de todos os pecados.

RESPONDO. Pode-se considerar no pecado dupla gravidade. Uma, fundada na própria espécie dele e assim dizemos que o adultério é um pecado mais grave que a simples fornicação. Outra gravidade do pecado é a baseada em circunstância de lugar, de pessoa ou de tempo. Ora, a primeira gravidade é mais essencial ao pecado e mais importante e, por isso, torna o pecado mais grave que os outros.

É preciso, então, dizer que o pecado do primeiro homem não foi mais grave do que todos os outros pecados humanos, quanto à espécie, porque, embora a soberba, pelo seu gênero, tenha certa primazia entre os demais pecados, contudo é maior a soberba pela qual negamos a Deus ou

---

3 PARALL.: II *Sent.*, dist. 21, q. 2, a. 2; dist. 33, Expos. litt.

1. C. 15, n. 1: ML 41, 423.
2. C. 1: 993, b, 24-31.
3. *Peri Archon*, l. I, c. 3, n. 8: MG 11, 155 C.

quam superbia qua quis inordinate divinam similitudinem appetit, qualis fuit superbia primorum parentum, ut dictum est[4]. Sed secundum conditionem personarum peccantium, peccatum illud habuit maximam gravitatem, propter perfectionem status ipsorum. Et ideo dicendum est quod illud peccatum fuit quidem secundum quid gravissimum, sed non simpliciter.

AD PRIMUM ergo dicendum quod ratio illa procedit de gravitate peccati ex circumstantia peccantis.

AD SECUNDUM dicendum quod magnitudo poenae quae consecuta est ad illud primum peccatum, non correspondet ei secundum quantitatem propriae speciei, sed inquantum fui primum: quia ex hoc interrupta est innocentia primi status; qua subtracta, deordinata est tota natura humana.

AD TERTIUM dicendum quod in his quae sunt per se ordinata, oportet id quod est primum esse maximum. Talis autem ordo non attenditur in peccatis, sed unum per accidens sequitur post aliud. Unde non sequitur quod primum peccatum sit maximum.

blasfemamos contra ele, do que a soberba pela qual se deseja desordenadamente a semelhança divina, como foi a dos primeiros pais, segundo foi dito. Mas, pela condição das pessoas que o cometeram, aquele pecado teve gravidade máxima, dada a perfeição do estado delas[c]. E, por isso, deve-se concluir que aquele pecado foi gravíssimo pelas circunstâncias, não, porém, absolutamente.

QUANTO AO 1º, portanto, deve-se dizer que a objeção procede quanto à gravidade do pecado relativa à circunstância do pecador.

QUANTO AO 2º, deve-se dizer que a grandeza da pena decorrente desse primeiro pecado não corresponde a ele pela quantidade da sua própria espécie, mas pelo fato de ter sido o primeiro, visto que, por ele, se rompeu a inocência do primeiro estado e, com isso, desordenou toda a natureza humana.

QUANTO AO 3º, deve-se dizer que nas coisas por si ordenadas é preciso que a primeira seja também a maior. Ora, essa não é a ordem que se encontra nos pecados, senão que um vem depois de outro, acidentalmente. Logo, não se conclui que o primeiro pecado tenha sido o maior de todos.

ARTICULUS 4
Utrum peccatum Adae fuerit gravius quam peccatum Evae

AD QUARTUM SIC PROCEDITUR. Videtur quod peccatum Adae fuit gravius quam peccatum Evae.

1. Dicitur enim 1Ti 2,14, quod *Adam non est seductus, mulier autem seducta in praevaricatione fuit*: et sic videtur quod peccatum mulieris fuerit ex ignorantia, peccatum autem viri ex certa scientia. Sed huiusmodi peccatum est gravius: secundum illud Lc 12,47-48: *Ille servus qui cognovit voluntatem domini sui et non fecit secundum voluntatem eius, vapulabit multis: qui autem non cognovit et fecit digna plagis, vapulabit paucis*. Ergo Adam gravius peccavit quam Eva.

ARTIGO 4
O pecado de Adão foi mais grave que o de Eva?

QUANTO AO QUARTO, ASSIM SE PROCEDE: parece que o pecado de Adão **foi** mais grave que o de Eva.

1. Com efeito, diz a primeira Carta a Timóteo: "Adão não foi seduzido, mas a mulher foi seduzida, para a transgressão"[d]. Parece, assim, que o pecado da mulher foi por ignorância e o do homem com conhecimento e, por isso, mais grave, segundo o que está no Evangelho de Lucas: "O servo que, conhecendo a verdade do seu senhor, não preparou nada, nem agiu segundo essa vontade, receberá muitos golpes de açoite; aquele que não a conhecia e fez algo que merecia açoites, receberá poucos". Logo, Adão pecou mais gravemente do que Eva.

---

4. Art. praec.

4   PARALL.: II *Sent.*, dist. 22, q. 1, a. 3.

---

c. Observemos que, segundo Sto. Tomás, o pecado de Adão e Eva, não fosse o seu estado o de perfeição, não seria dos mais graves. Fez-se pior depois! Mas nenhum pecado teve tais consequências, nem aboliu tais privilégios. Era apenas, apesar de tudo, um primeiro passo em falso, e foi aos poucos que os homens, a partir desse ponto, progrediram no mal.

d. Sob pena de não compreender a argumentação de Sto. Tomás, é preciso especificar o sentido que ele dá ao verbo "seduzir". É um sentido preciso e técnico, que já encontramos em Sto. Agostinho. Adão não foi enganado pela mentira da serpente, não acreditou nela. Já Eva teve essa ingenuidade; é nesse sentido que ela foi seduzida. Compreende-se então porque esse texto que, na epístola a Timóteo, possui mais um caráter misógino, seja utilizado aqui para diminuir a responsabilidade da mulher.

2. PRAETEREA, Augustinus dicit, in libro *de Decem Chordis*[1]: *Si caput est vir, melius debet vivere, et praecedere in omnibus bonis factis uxorem suam, ut illa imitetur virum.* Sed ille qui melius debet facere, si peccet, gravius peccat. Ergo Adam gravius peccavit quam Eva.

3. PRAETEREA, peccatum in Spiritum Sanctum videtur esse gravissimum. Sed Adam videtur in Spiritum Sanctum peccasse: quia peccavit cogitans de divina misericordia, quod pertinet ad peccatum praesumptionis. Ergo videtur quod Adam gravius peccavit quam Eva.

SED CONTRA est quod poena respondet culpae. Sed mulier gravius est punita quam vir: ut patet Gn 3,16 sqq. Ergo gravius peccavit quam vir.

RESPONDEO dicendum quod, sicut dictum est[2], gravitas peccati principalius attenditur secundum peccati speciem quam secundum personae circumstantiam. Dicendum est ergo quod, si consideremus conditionem personae utriusque, scilicet mulieris et viri, peccatum viri est gravius: quia erat perfectior muliere.

Sed quantum ad ipsum genus peccati, utriusque peccatum aequale dicitur: quia utriusque peccatum fuit superbia. Unde Augustinus dicit, XI *super Gen. ad litt.*[3], quod mulier excusavit peccatum suum *in impari sexu, sed pari fastu*.

Sed quantum ad speciem superbiae, gravius peccavit mulier, triplici ratione. Primo quidem, quia maior elatio fuit mulieris quam viri. Mulier enim credidit verum esse quod serpens suasit, scilicet quod Deus prohibuit ligni esum ne ad eius similitudinem pervenirent: et ita, dum per esum ligni vetiti Dei similitudinem consequi veluit, superbia eius ad hoc se erexit quod contra Dei voluntatem aliquid voluit obtinere. Sed vir non credidit hoc esse verum. Unde non voluit consequi divinam similitudinem contra Dei voluntatem: sed in hoc superbivit, quod voluit eam consequi per seipsum. — Secundo, quia mulier non solum ipsa peccavit, sed etiam viro peccatum suggessit. Unde peccavit et in Deum et in proximum. — Tertio, in hoc quod peccatum viri diminutum est ex hoc quod in peccatum consensit *amicabili quadam benevolentia, qua plerumque fit ut offendatur Deus ne homo ex amico fiat inimicus: quod eum facere*

2. ALÉM DISSO, "se o homem é a cabeça, deve viver melhor e dar à esposa o exemplo de todas as boas obras, para que ela o imite", diz Agostinho. Ora, é mais grave o pecado de quem deve agir melhor. Logo, Adão pecou mais gravemente do que Eva.

3. ADEMAIS, parece ser gravíssimo o pecado contra o Espírito Santo. Ora, Adão, parece, pecou contra o Espírito Santo, pois pecou ciente da misericórdia divina, o que constitui pecado de presunção. Logo, parece que Adão pecou mais gravemente do que Eva.

EM SENTIDO CONTRÁRIO, está o fato de que a pena corresponde à culpa. Ora, a mulher foi punida mais gravemente do que o homem, como se vê no livro do Gênesis. Logo, pecou mais gravemente do que o homem.

RESPONDO. A gravidade do pecado depende bem mais da espécie do pecado do que da sua circunstância. Consequentemente, vistas as condições de ambos, homem e mulher, o pecado do homem foi mais grave, porque era mais perfeito que a mulher.

Olhando-se, porém, para o gênero de pecado, o de ambos foi igual, porque ambos pecaram por soberba. Por isso, diz Agostinho que "a mulher teve desculpa para o seu pecado, porque de sexo mais fraco, mas pecou com orgulho igual".

Considerando-se a espécie de soberba, a mulher pecou mais gravemente, por tríplice razão. Primeiro, porque a sua soberba foi maior que a do homem, pois tomou como verdade o que a serpente lhe disse, a saber, que Deus proibira comer do fruto, para que não chegassem a ser semelhantes a ele; e assim, ao querer fazer-se semelhante a Deus, comendo do fruto proibido, seu orgulho foi tão grande que quis obter algo contrário à vontade de Deus. O homem, ao contrário, não acreditou que tal fosse verdade e, por isso, não pretendeu alcançar a semelhança divina, contra a vontade de Deus, mas pecou por soberba, pensando conquistá-la por si mesmo. — Em segundo lugar, a mulher pecou mais gravemente, porque não só pecou ela própria, como também induziu o homem a pecar, pecando assim contra Deus e contra o próximo. — Em terceiro lugar, o pecado do homem foi menor, por haver consentido

---

1. Serm. 9, al. *de Temp.* 96, c. 3 ML 38, 77.
2. Art. praec.
3. C. 35, n. 48: ML 34, 449.

non debuisse divinae sententiae exitus indicavit, ut Augustinus dicit, XI *sup. Gen. ad litteram*[4]. — Et sic patet quod peccatum mulieris fuit gravius quam peccatum viri.

AD PRIMUM ergo dicendum quod illa seductio mulieris ex praecedenti elevatione subsecuta est. Et ideo talis ignorantia non excusat, sed aggravat peccatum: inquantum scilicet ignorando in maiorem elationem erecta est.

AD SECUNDUM dicendum quod ratio illa procedit ex circumstantia conditionis personae: ex qua peccatum viri fuit gravius secundum quid.

AD TERTIUM dicendum quod vir non cogitavit de divina misericordia usque ad contemptum divinae iustitiae, quod facit peccatum in Spiritum Sanctum: sed quia, ut Augustinus dicit, XI *super Gen. ad litt.*[5], *inexpertus divinae severitatis, credidit illud peccatum esse veniale*, id est de facili remissibile.

nele "por essa espécie de benevolência amiga que, muita vez, nos leva a ofender a Deus para não perdermos um amigo; mas a justa determinação da sentença divina mostrou que ele não deveria ter agido assim", ensina Agostinho. — Fica então esclarecido que o pecado da mulher foi mais grave que o do homem[e].

QUANTO AO 1º, portanto, deve-se dizer que a sedução da mulher resultou da soberba precedente e, por isso, sua ignorância não desculpa, antes agrava o pecado, porque, por ignorância, elevou-se a maior soberba.

QUANTO AO 2º, deve-se dizer que a objeção parte de uma circunstância de condição pessoal, que tornou o pecado do homem mais grave, relativamente.

QUANTO AO 3º, deve-se dizer que o homem não pensou na misericórdia de Deus a ponto de desprezar a sua justiça, o que configura o pecado contra o Espírito Santo. Mas, diz Agostinho, "sem conhecer a severidade divina, pensou que esse pecado fosse venial", vale dizer, fácil de ser perdoado.

---

4. C. 42, n. 59: ML 34, 454.
5. *De Civ. Dei*, l. XIV, c. 11, n. 2: ML 41, 420.

e. O leitor julgará se Sto. Tomás se deixa levar por um preconceito desfavorável em relação às mulheres. O seu mais célebre comentador, o cardeal Cajetano, se sente pouco à vontade e tem o cuidado de especificar que, se Eva pecou mais gravemente, é no interior de uma mesma espécie de orgulho e não, como se poderia acreditar, após uma leitura superficial do artigo, por ter sucumbido a uma espécie mais grave de orgulho. Sto. Agostinho, do qual Sto. Tomás, aliás, tanto depende nestas questões, não atribuía uma gravidade maior à falta de Eva em razão de um maior orgulho.

QUAESTIO CLXIV
DE POENA PRIMI PECCATI
in duos articulos divisa

Deinde considerandum est de poena primi peccati.

Et circa hoc quaeruntur duo.

Primo: de morte, quae est poena communis.

Secundo: de aliis particularibus poenis quae in *Genesi* assignantur.

QUESTÃO 164
A PENA DO PRIMEIRO PECADO
em dois artigos

Em seguida, deve-se tratar da pena do primeiro pecado.

A esse respeito, duas questões:

1. A morte, que é a pena geral.
2. Outras penas particulares, indicadas no livro do Gênesis.

ARTICULUS 1
Utrum mors sit poena peccati primorum parentum

AD PRIMUM SIC PROCEDITUR. Videtur quod mors non sit poena peccati primorum parentum.

1. Illud enim quod est homini naturale, non potest dici poena peccati: quia peccatum non perficit naturam, sed vitiat. Mors autem est homini naturalis: quod patet ex hoc quod corpus eius ex contrariis componitur; et ex hoc etiam quod *mortale* ponitur in definitione hominis. Ergo mors non est poena peccati primorum parentum.

2. PRAETEREA, mors et alii corporales defectus similiter inveniuntur in homine sicut et in aliis animalibus: secundum illud Eccle 3,19: *Unus interitus est hominis et iumentorum, et aequa utriusque conditio*. Sed in animalibus brutis mors non est poena peccati. Ergo etiam neque in hominibus.

3. PRAETEREA, peccatum primorum parentum fuit specialium personarum. Sed mors consequitur totam humanam naturam. Ergo non videtur esse poena peccati primorum parentum.

4. PRAETEREA, omnes aequaliter derivantur a primis parentibus. Si igitur mors esset poena peccati primorum parentum, sequeretur quod omnes homines aequaliter mortem paterentur. Quod patet esse falsum: quia quidam citius aliis, et gravius moriuntur. Ergo mors non est poena primi peccati.

5. PRAETEREA, malum poenae est a Deo, ut supra[1] habitum est. Sed mors non videtur esse a Deo: dicitur enim Sap 1,13, quod *Deus mortem non fecit*. Ergo mors non est poena primi peccati.

6. PRAETEREA, poenae non videntur esse meritoriae: nam meritum continetur sub bono, poena autem sub malo. Sed mors quandoque est meritoria: sicut patet de morte martyrum. Ergo videtur quod mors non sit poena.

7. PRAETEREA, poena videtur esse afflictiva. Sed mors non potest esse afflictiva, ut videtur: quia quando mors est, homo non sentit; quando

ARTIGO 1
A morte é a pena do pecado dos primeiros pais?

QUANTO AO PRIMEIRO ARTIGO, ASSIM SE PROCEDE: parece que a morte **não** é a pena do pecado dos primeiros pais.

1. Com efeito, o que é natural ao homem não pode ser tido como pena do pecado, já que o pecado não aperfeiçoa a natureza, mas a vicia. Ora, a morte é natural ao homem, porque seu corpo é composto de elementos contrários e também porque o termo "mortal" integra a definição do homem. Logo, a morte não é a pena do pecado dos primeiros pais.

2. ALÉM DISSO, a morte e outros defeitos corporais encontram-se, igualmente, tanto no homem como nos outros animais, segundo o livro do Eclesiastes: "Uma mesma é a morte do homem e dos jumentos: e também a condição". Ora, nos irracionais a morte não é pena do pecado. Logo, nem nos homens.

3. ADEMAIS, o pecado dos primeiros pais foi de pessoas particulares. Ora, a morte atinge toda a natureza humana. Logo, não parece ser castigo do pecado dos primeiros pais.

4. ADEMAIS, todos os homens descendem, igualmente, dos primeiros pais. Portanto, se a morte fosse a pena do seu pecado, dever-se-ia concluir que todos os homens deveriam sofrer a morte nas mesmas circunstâncias, o que é, evidentemente, falso, pois uns morrem mais cedo ou com mais sofrimento que outros. Logo, a morte não é a pena do primeiro pecado.

5. ADEMAIS, o mal da pena vem de Deus. Ora, a morte não parece vir de Deus, pois, no dizer da Sabedoria, "Deus não fez a morte". Logo, a morte não é a pena do primeiro pecado.

6. ADEMAIS, parece que as penas não são meritórias, pois o mérito se classifica como um bem, ao passo que a pena entra na categoria do mal. Ora, a morte, às vezes, é meritória, como no caso dos mártires. Logo, parece que a morte não é uma pena.

7. ADEMAIS, pena parece ser algo doloroso. Ora, a morte, ao que parece não o é, pois quando chega, não a sentimos, e quando ainda não

---

[1] PARALL.: I-II, q. 85, a. 5; II *Sent.*, dist. 30, q. 1, a. 1; III, dist. 16, q. 1, a. 1; IV, Prolog.; dist. 4, q. 2, a. 1, q.la 3; *Cont. Gent.* IV, 52; *De Malo*, q. 5, a. 4; *Compend. Theol.*, c. 193; *ad Rom.*, c. 5, lect. 3; *ad Heb.*, c. 9, lect. 5.

1. Q. 19, a. 1, ad 3; I, q. 48, a. 6; q. 49, a. 2.

autem non est, sentiri non potest. Ergo mors non est poena peccati.

8. PRAETEREA, si mors esset poena peccati, statim fuisset ad peccatum consecuta. Sed hoc non est verum: nam primi parentes post peccatum diu vixerunt, ut patet Gn 4,25; 5,4-5. Ergo mors non videtur esse poena peccati.

SED CONTRA est quod Apostolus dicit, Rm 5,12: *Per unum hominem peccatum in hunc mundum intravit, et per peccatum mors*.

RESPONDEO dicendum quod, si aliquis propter culpam suam privetur aliquo beneficio sibi dato, carentia illius beneficii est poena culpae illius. Sicut autem in Primo[2] dictum est, homini in prima sui institutione hoc beneficium fuit collatum divinitus, ut quandiu mens eius esset Deo subiecta, inferiores vires animae subiicerentur rationali menti, et corpus animae subiiceretur. Sed quia mens hominis per peccatum a divina subiectione recessit, consecutum est ut nec inferiores vires totaliter rationi subiicerentur, unde tanta est rebellio carnalis appetitus ad rationem; nec etiam corpus totaliter subiiceretur animae, unde consequitur mors, et alii corporales defectus. Vita enim et incolumitas corporis consistit in hoc quod subiiciatur animae, sicut perfectibile suae perfectioni: unde, per oppositum, mors et aegritudo, et quilibet corporalis defectus, pertinet ad defectum subiectionis corporis ad animam. Unde patet quod, sicut rebellio carnalis appetitus ad spiritum est poena peccati primorum parentum, ita etiam et mors et omnes corporales defectus.

AD PRIMUM ergo dicendum quod naturale dicitur quod ex principiis naturae causatur. Naturae autem per se principia sunt forma et materia. Forma autem hominis est anima rationalis, quae de se est immortalis. Et ideo mors non est naturalis homini ex parte suae formae. Materia autem hominis est corpus tale quod est ex contrariis compositum: ad quod sequitur ex necessitate corruptibilitas. Et quantum ad hoc, mors est homini naturalis. Haec tamen conditio in materia humani corporis est consequens ex necessitate materiae: quia oportebat corpus humanum esse organum tactus, et per consequens medium inter tangibilia; et hoc non poterat esse nisi esset ex contrariis composi-

chegou, não a podemos sentir. Logo, a morte não é pena do pecado.

8. ADEMAIS, se a morte fosse a pena do pecado, surgiria logo depois dele. Ora, isso não é verdade, pois os primeiros pais viveram muito tempo depois do pecado, como se lê no livro do Gênesis. Logo, a morte não parece ser a pena do pecado.

EM SENTIDO CONTRÁRIO, diz o Apóstolo: "Por um só homem o pecado entrou no mundo e pelo pecado, a morte".

RESPONDO. Se alguém, por culpa própria, se vê privado de algum benefício que lhe tenha sido feito, a falta desse benefício será a pena da sua culpa. Ora, como foi dito na I Parte, o homem, no estado primitivo, recebera de Deus o dom de, enquanto seu espírito estivesse sujeito a Deus, ter as potências inferiores sujeitas à mente racional e o corpo, à alma. Porém, como, pelo pecado, o espírito do homem repudiou sujeitar-se a Deus, as potências inferiores não mais se sujeitaram, plenamente, à razão, provindo daí essa tão grande rebeldia do apetite carnal contra a razão. Como consequência também o corpo não mais se subordinou, totalmente, à alma, daí derivando a morte e outras fraquezas corporais. A vida, com efeito, e a integridade corporal consistem na sujeição do corpo à alma, assim como o perfectível se submete ao seu princípio de perfeição. Essa a razão por que, em sentido inverso, a morte, a doença e todas as debilidades corporais estão ligadas à insubordinação do corpo à alma. Portanto, é patente que, assim como a revolta do apetite carnal contra o espírito é a pena do pecado dos primeiros pais, assim também o são a morte e todas as deficiências corporais.

QUANTO AO 1º, portanto, deve-se dizer que chama-se natural o que é causado pelos princípios da natureza. Os princípios naturais essenciais são a forma e a matéria. A forma do homem é a alma racional, imortal por essência. Por isso, a morte não é natural ao homem, considerando-se a sua forma. Mas a matéria do homem é o seu corpo, composto de elementos opostos entre si, donde resulta, necessariamente, a corruptibilidade. E, nesse aspecto, a morte é natural ao homem. Contudo, essa condição do corpo humano é uma consequência necessária da matéria, porque ele deveria ser o instrumento do tato e, por isso, um intermediário entre as realidades tangíveis, o que

---

2. Q. 95, a. 1; q. 97, a. 1.

tum; ut patet per Philosophum, in II *de Anima*³. Non autem est conditio secundum quam materia adaptetur formae: quia, si esset possibile, cum forma sit incorruptibilis, potius oporteret materiam incorruptibilem esse. Sicut quod serra sit ferrea, competit formae et actioni ipsius, ut per duritiem sit apta ad secundum: sed quod sit potens rubiginem contrahere, consequitur ex necessitate talis materiae, et non secundum electionem agentis; nam si artifex posset, faceret ex ferro serram quae rubiginem non posset contrahere. Deus autem, qui est conditor hominis, omnipotens est. Unde ademit suo beneficio ab homine primitus instituto necessitatem moriendi ex tali materia consequentem. Quod tamen beneficium subtractum est per peccatum primorum parentum. Et sic mors et est naturalis, propter conditionem materiae: et est poenalis, propter amissionem divini beneficii praeservantis a morte.

AD SECUNDUM dicendum quod similitudo illa hominis ad alia animalia attenditur quantum ad conditionem materiae, idest quantum ad corpus ex contrariis compositum: non autem quantum ad formam. Nam anima hominis est immortalis: brutorum vero animalium animae sunt mortales.

AD TERTIUM dicendum quod primi parentes fuerunt instituti a Deo non solum sicut quaedam personae singulares, sed sicut quaedam principia totius humanae naturae ab eis in posteros derivandae simul cum beneficio divino praeservante a morte. Et ideo per eorum peccatum tota humana natura in posteris tali beneficio destituta, mortem incurrit.

AD QUARTUM dicendum quod aliquis defectus ex peccato consequitur dupliciter. Uno modo, per modum poenae taxatae a iudice. Et talis defectus aequalis debet esse in his ad quos aequaliter pertinet peccatum. — Alius autem defectus est qui ex huiusmodi poena per accidens consequitur: sicut

não poderia ocorrer se ele não fosse composto de elementos contrários entre si, como mostra o Filósofo. Essa condição, porém, não dispõe a matéria para a forma, porque, se fosse possível, como a forma é incorruptível, a matéria deveria ser incorruptível também. Assim acontece, por exemplo, com uma serra. Em razão da sua forma e da sua atividade, deve ela ser de ferro, pois precisa ter uma dureza tal que a torne apta para cortar. Agora, se ela se enferruja é, necessariamente, por causa da matéria de que é feita e não por decisão do agente, porque esse, se pudesse, faria a serra de ferro inoxidável. Ora, Deus, que é o criador do homem, é todo-poderoso e, na sua benevolência, libertou o homem ao criá-lo da necessidade de morrer, resultante da matéria que o constituía. Mas esse privilégio foi supresso pelo pecado dos primeiros pais. E, assim, a morte é natural pela condição da matéria e é um castigo, pela perda do favor divino, que dela nos preservavaª.

QUANTO AO 2º, deve-se dizer que a semelhança entre os homens e os animais prende-se à condição material, isto é, ao corpo enquanto composto de elementos contrários, e não à forma, visto que a alma humana é imortal e as dos animais, mortais.

QUANTO AO 3º, deve-se dizer que os primeiros pais foram estabelecidos por Deus não só como pessoas particulares, mas como os princípios de toda a natureza humana, que deles deveria derivar para os seus descendentes, junto com o dom divino da isenção da morte. Por isso, pelo pecado deles, toda a natureza humana se transmitiu aos pósteros sem aquele privilégio e sujeita à morte[b].

QUANTO AO 4º, deve-se dizer que uma privação pode ser consequência do pecado de dois modos. Primeiro, como pena baixada pelo juiz. E essa privação deve ser igual em todos que cometeram o mesmo pecado. — Outra privação é a que decorre, acidentalmente, daquela pena, como é o

---

3. C. 11: 423, b, 27 — 424, a, 10.

a. Tudo leva a crer que Sto. Tomás atribuía importância a todas as objeções deste artigo, uma vez que conservou um número tão grande delas (oito). Mas, entre essas objeções, é a primeira que é essencial: é natural ao homem morrer. Sto. Tomás o reconhece, e chega mesmo a enfatizar que o que é natural pode ter o papel de punição, se o estado natural melhorou no meio tempo por um favor divino.

O exemplo da serra é engenhoso. Seria excessivo se criasse em nós a ilusão de compreender o pecado original. Em que consiste esse exemplo? O fabricante de serras ficaria bem contente em fabricar uma serra que ficasse a salvo da ferrugem. Mas o ferro é o que existe de melhor para fazer serras, e o ferro enferruja, ele se resigna em ver seu instrumento enferrujar.

Atualizemos o argumento de Sto. Tomás. Hoje, podemos fabricar lâminas inoxidáveis, e não deixamos de fazê-lo. Em nossos dias, seria vexatório obrigar o lenhador a utilizar serras em ferro oxidável. No entanto, o ferro, ao enferrujar-se, não faria mais do que seguir suas leis naturais.

b. Consulte-se a esse respeito o estudo do pecado original, causa dos outros pecados, na I-II, q. 81-83.

quod aliquis pro sua culpa excaecatus, cadat in via. Et talis defectus culpae non proportionatur: nec ab homine iudice pensatur, qui non potest fortuitos eventus praecognoscere.

Sic igitur poena taxata pro primo peccato, proportionaliter ei respondens, fuit subtractio divini beneficii quo rectitudo et integritas humanae naturae conservabatur. Defectus autem consequentes subtractionem huius beneficii, sunt mors et aliae poenalitates praesentis vitae. Et ideo non oportet huiusmodi poenas aequales esse in his ad quos aequaliter pertinet primum peccatum.

Verum quia Deus praescius est omnium futurorum eventuum, ex dispensatione divinae providentiae huiusmodi poenalitates diversimode in diversis inveniuntur: non quidem propter aliqua merita praecedentia hanc vitam, ut Origenes posuit[4] (hoc enim est contra id quod dicitur Rm 9,11: *Cum nondum aliquid boni aut mali egissent*; est etiam contra hoc quod in Primo[5] ostensum est, quod anima non est creata ante corpus); sed vel in poenam paternorum peccatorum, inquantum filius est quaedam res patris, unde frequenter parentes puniuntur in prole; vel etiam propter remedium salutis eius qui huiusmodi poenalitatibus subditur, ut scilicet per hoc a peccatis arceatur, vel etiam de virtutibus non superbiat, et per patientiam coronetur.

AD QUINTUM dicendum quod mors dupliciter potest considerari. Uno modo, secundum quod est quoddam malum humanae naturae. Et sic non est ex Deo, sed est defectus quidam incidens ex culpa humana. — Alio modo potest considerari secundum quod habet quandam rationem boni, prout scilicet est quaedam iusta poena. Et sic est a Deo. Unde Augustinus dicit, in libro *Retractat*.[6], quod Deus non est auctor mortis, nisi inquantum est poena.

AD SEXTUM dicendum quod, sicut Augustinus dicit, XIII *de Civ. Dei*[7], *quemadmodum iniusti male utuntur non tantum malis, verum etiam bonis; ita iusti bene utuntur non tantum bonis, sed etiam malis. Hinc fit ut et mali male lege utantur, quamvis sit lex bonum: et boni bene moriantur,*

caso de alguém que ficou cego por culpa sua e, caminhando, sofre uma queda. Essa privação não é proporcional à culpa nem é levada em consideração pelo juiz, incapaz de prever acontecimentos casuais.

Assim, pois, a pena infligida ao primeiro pecado e proporcional a ela, foi a supressão do benefício divino, pelo qual se conservavam a retidão e a integridade da natureza humana. E os males consequentes à supressão desse favor são a morte e as demais penalidades da vida presente. Por isso, não é necessário que essas penas sejam iguais naqueles que foram igualmente atingidos pelo primeiro pecado.

Na verdade, como Deus conhece os acontecimentos futuros, essas penas, por disposição de sua presciência e providência, aplicam-se de diversas maneiras às diferentes pessoas. Certamente, não por méritos anteriores a esta vida, como pensava Orígenes, o que vai contra a palavra da Carta aos Romanos: "não haviam cometido nem o bem nem o mal", e também contra o que foi explicado na I Parte, a saber, que a alma não foi criada antes do corpo; mas ou como castigo dos pecados paternos, pois sendo o filho, de certa forma, parte do pai, muitas vezes, os pais são punidos nos filhos; ou também como remédio salutar para quem está sujeito a tais penalidades, vale dizer: para que se afaste do pecado ou para que não se orgulhe de suas virtudes e seja coroado pela paciência.

QUANTO AO 5º, deve-se dizer que pode-se considerar a morte de duas maneiras. Primeiramente, como um mal da natureza humana. E, como tal, não vem de Deus, mas é uma deficiência resultante da culpa do homem. — Em segundo lugar, pode-se considerá-la enquanto tem alguma razão de bem, ou seja, uma pena justa. E, nesse sentido, vem de Deus. Razão por que Agostinho diz que Deus não é o autor da morte, senão como pena.

QUANTO AO 6º, deve-se dizer que como afirma Agostinho, "assim como os maus usam mal não só dos males, mas também dos bens, assim também os bons usam bem não só dos bens, mas também dos males. Por isso é que os maus fazem mau uso da lei, embora a lei seja um bem, e os bons

---

4. *Peri Archon*, l. II, c. 9, n. 6: MG 11, 230 C.
5. Q. 90, a. 4; q. 118, a. 3.
6. L. I, c. 21, n. 2: ML 32, 618; c. 26: ML 32, 625.
7. C. 5: ML 41, 380.

quamvis sit mors malum. Inquantum igitur sancti bene morte utuntur, fit eis mors meritoria.

AD SEPTIMUM dicendum quod mors dupliciter accipi potest. Uno modo, pro ipsa privatione vitae. Et sic mors sentiri non potest: cum sit privatio sensus et vitae. Et sic non est poena sensus, sed poena damni.
Alio modo, secundum quod nominat ipsam corruptionem quae terminatur ad privationem praedictam. De corruptione autem, sicut et de generatione, dupliciter loqui possumus. Uno modo, secundum quod est terminus alterationis. Et sic in ipso instanti in quo primo privatur vita, dicitur inesse mors. Et secundum hoc etiam, mors non est poena sensus. — Alio modo corruptio potest accipi cum alteratione praecedente: prout dicitur aliquis mori dum movetur in mortem; sicut dicitur aliquid generari dum movetur in generatum esse. Et sic mors potest esse afflictiva.

AD OCTAVUM dicendum quod, sicut Augustinus dicit, *super Gen. ad litt.*[8], *quamvis annos multos primi parentes postea vixerint, illo tamen die mori coeperunt quo mortis legem, qua in senium veterascerent, acceperunt.*

morrem bem, ainda que a morte seja um mal". Portanto, na medida em que os santos usam bem da morte, ela se lhes torna meritória.

QUANTO AO 7º, deve-se dizer que pode-se ter da morte dupla visão: ou como privação da vida e, nesse caso, não pode ser sentida, por ser privação dos sentidos e da vida; e assim não é pena sensível, mas simplesmente castigo.
Ou como a própria corrupção que acaba na referida privação. Ora, da corrupção como da geração podemos falar de dois modos. Primeiro, enquanto termo da mudança e assim, no instante em que a vida cessa, diz-se que a morte está presente, e, nesse sentido, a morte também não é uma pena sensível. — Em segundo lugar, enquanto alteração que a precede; assim se diz que morre quem caminha para a morte; como também se diz que um ser é gerado, quando se encaminha para a sua geração e, nesse sentido, a morte pode ser causa de aflição.

QUANTO AO 8º, deve-se dizer que como diz Agostinho, "embora os primeiros pais tenham vivido muitos anos depois do pecado, começaram a morrer no dia em que sofreram a sentença de morte que os levou ao envelhecimento".

ARTICULUS 2
Utrum convenienter particulares poenae primorum parentum determinentur in Scriptura

AD SECUNDUM SIC PROCEDITUR. Videtur quod inconvenienter particulares poenae primorum parentum determinentur in Scriptura.
1. Non enim debet assignari ut poena peccati id quod etiam sine peccato esset. Sed *dolor in pariendo* esset, ut videtur, etiam sine peccato: hoc enim requirit dispositio feminei sexus, ut proles nasci non possit sine dolore parientis. Similiter etiam *subiectio mulieris ad virum* consequitur perfectionem virilis sexus et imperfectionem muliebris. *Germinatio* etiam *spinarum et tribulorum* ad naturam terrae pertinet, quae fuisset etiam sine peccato. Non ergo huiusmodi sunt convenientes poenae primi peccati.

ARTIGO 2
As penas particulares dos primeiros pais estão convenientemente indicadas na Escritura?[c]

QUANTO AO SEGUNDO, ASSIM SE PROCEDE: parece que na Escritura **não** estão bem indicadas as penas particulares dos primeiros pais.
1. Com efeito, não se deve assinalar como pena do pecado algo que existiria mesmo sem ele. Ora, as dores de parto parece que existiriam, mesmo sem o pecado, pois a disposição do sexo feminino impõe que a criança não possa nascer, sem o sofrimento da mãe. Da mesma forma, a sujeição da mulher ao homem é consequência da perfeição do sexo masculino e da imperfeição do sexo feminino. Também o aparecimento de espinhos e abrolhos faz parte da natureza da terra e existiria, ainda que não houvesse o pecado. Logo, não está bem apontar tudo isso como penas do primeiro pecado.

---

8. Cfr. *De Peccat. Merit. et Remiss.*, l. I, c. 16: ML 44, 120.

PARALL.: II *Sent.*, dist. 29, a. 5.

c. A maioria das objeções neste artigo 2 se deve menos à sua importância do que à quantidade de detalhes levantados no relato do Gênesis, e que nos pedem uma justificação.

2. PRAETEREA, illud quod pertinet ad dignitatem alicuius, non videtur ad poenam eius pertinere. Sed *multiplicatio conceptus* pertinet ad dignitatem mulieris. Ergo non debet poni quasi mulieris poena.

3. PRAETEREA, poena peccati primorum parentum ad omnes derivatur: sicut de morte dictum est[1]. Sed non omnium mulierum *multiplicantur conceptus*, nec omnes viri *in sudore vultus sui pane vescuntur*. Non ergo ista sunt convenientes poenae primi peccati.

4. PRAETEREA, locus Paradisi propter hominem factus erat. Sed nihil debet esse frustra in rerum ordine. Ergo videtur quod non fuerit conveniens hominis poena quod a Paradiso excluderetur.

5. PRAETEREA, locus ille Paradisi terrestris de se dicitur esse inaccessibilis. Frustra ergo apposita sunt alia impedimenta, ne homo illuc reverteretur: scilicet *Cherubin et gladius flammeus atque versatilis*.

6. PRAETEREA, homo post peccatum statim necessitati mortis fuit addictus: et ita beneficio ligni vitae non poterat ad immortalitatem reparari. Frustra ergo ei usus ligni vitae interdicitur, cum dicitur Gn 3,22: *Videte, ne forte sumat de ligno vitae, et vivat in aeternum*.

7. PRAETEREA, insultare misero videtur misericordiae et clementiae repugnare, quae maxime in Scriptura Deo attribuitur, secundum illud Psalmi [Ps 144,9]: *Miserationes eius super omnia opera eius*. Ergo inconvenienter ponitur Dominum insultasse primis parentibus per peccatum iam in miseriam deductis, ubi dicitur: *Ecce, Adam quasi unus ex nobis factus est, sciens bonum et malum*.

8. PRAETEREA, vestitus ad necessitatem hominis pertinet, sicut et cibus: secundum illud 1Ti 6,8: *Habentes alimenta et quibus tegamur, his contenti sumus*. Ergo, sicut cibus primis parentibus fuit attributus ante peccatum, ita etiam et vestitus attribui debuit. Inconvenienter ergo post peccatum dicitur eis Deus *tunicas pelliceas fecisse*.

9. PRAETEREA, poena quae peccato alicui adhibetur, debet plus habere in malo quam emolumentum quod quis ex peccato consequitur: alioquin, per poenam non deterreretur aliquis a peccato. Sed primi parentes ex peccato consecuti sunt

2. ALÉM DISSO, o que se refere à dignidade de alguém não pode ser castigo para ele. Ora, a multiplicação da maternidade é inerente à dignidade da mulher. Logo, não pode ser vista como um castigo.

3. ADEMAIS, a pena do pecado dos primeiros pais transmite-se a todos. Ora, nem todas as mulheres concebem filhos, como nem todos os homens "comem o pão com o suor do seu rosto". Logo, essas não são penas convenientes ao primeiro pecado.

4. ADEMAIS, o lugar do paraíso foi feito para o homem. Ora, nada deve ser inútil na realidade. Logo, não parece ter sido castigo conveniente ao homem sua exclusão do paraíso.

5. ADEMAIS, afirma-se que o lugar do paraíso terrestre era, de si, inacessível. Logo, foi inútil pôr outros obstáculos a que o homem voltasse para ele, como "os querubins com a chama da espada fulminante".

6. ADEMAIS, depois do pecado, o homem ficou logo sujeito à necessidade de morrer e, assim, não podia mais recuperar a imortalidade, pela força da árvore da vida, foi, pois, inutilmente que se lhe proibiu comer do fruto dessa árvore, como se lê no livro do Gênesis: "Que ele não estenda a mão para colher também da árvore da vida, dela comer e viver para sempre!"

7. ADEMAIS, insultar um miserável parece incompatível com a clemência e a misericórdia, que são atributos eminentemente a Deus, conforme está no Salmo: "O Senhor é cheio de ternura para todas as suas obras". Logo, parece inadequado afirmar que Deus insultou nossos primeiros pais, já reduzidos à miséria pelo pecado, quando diz: "Eis que o homem tornou-se como um de nós, pelo conhecimento do que seja bom e mau".

8. ADEMAIS, roupa e comida são necessidades humanas, como se diz na primeira Carta a Timóteo: "Se temos alimento e vestuário, contentar-nos-emos com isso". Logo, como foi dado alimento aos nossos primeiros pais, antes do pecado, também a roupa deveria ter-lhe sido dada. Logo, inconvenientemente se diz que, após o pecado, Deus lhes fez túnicas de pele.

9. ADEMAIS, a pena imposta a alguém pelo pecado deve ser maior que o proveito por ele auferido desse pecado; do contrário, pela pena ninguém deixaria de pecar. Ora, os primeiros pais conseguiram, pelo pecado, que "os seus olhos

---

1. A. 1, ad 3.

quod *eorum oculi aperirentur*, ut dicitur Gn 3,7. Hoc autem praeponderat in bono omnibus malis poenalibus quae ponuntur ex peccato consecuta. Inconvenienter igitur describuntur poenae peccatum primorum parentum consequentes.

IN CONTRARIUM est quod huiusmodi poenae sunt divinitus taxatae: qui *omnia facit in numero, pondere et mensura*, ut dicitur Sap 11,21.

RESPONDEO dicendum quod, sicut dictum est[2], primi parentes propter suum peccatum privati sunt beneficio divino quo humanae naturae integritas in eis conservabatur, per cuius subtractionem humana natura in defectus poenales incidit. Et ideo dupliciter puniti fuerunt. Primo quidem, quantum ad hoc quod subtractum fuit eis id quod integritatis statui competebat, scilicet locus terrestris Paradisi: quod significatur Gn 3,23, cum dicitur: *Et emisit eum Deus de Paradiso voluptatis*. Et quia ad illum statum primae innocentiae per seipsum redire non poterat, convenienter apposita sunt impedimenta ne rediret ad ea quae primo statui competebant: scilicet a cibo, *ne sumeret de ligno vitae*; et a loco: *Collocavit Deus ante Paradisum Cherubin et flammeum gladium*.

Secundo autem puniti fuerunt quantum ad hoc quod attributa sunt eis ea quae naturae conveniunt tali beneficio destitutae. Et hoc quidem et quantum ad corpus, et quantum ad animam. Quantum quidem ad corpus, ad quord pertinet differentia sexus, alia poena attributa est mulieri, alia viro. Mulieri quidem attributa est poena secundum duo propter quae viro coniungitur: quae sunt generatio prolis, et communicatio operum pertinentium ad domesticam conversationem. Quantum autem ad generationem prolis, punita fuit dupliciter. Primo quidem, quantum ad taedia quae sustinet portando prolem conceptam: et hoc significatur cum dicitur: *Multiplicabo aerumnas tuas et conceptus tuos*. Et quantum ad dolorem quem patitur in pariendo: et quantum ad hoc dicitur: *In dolore paries*. Quantum vero ad domesticam conversationem, punitur secundum hoc quod subiicitur dominationi viri, per hoc quod dicitur: *Sub viri potestate eris*. — Sicut autem ad mulierem pertinet ut subdatur viro in his quae ad domesticam conversationem pertinent, ita ad virum pertinet quod necessaria vitae procuret. Et circa hoc punitur tripliciter. Primo quidem, per terrae sterilitatem, cum dicitur: *Maledicta terra in*

se abrissem", como diz o livro do Gênesis. Ora, isso constitui um bem superior a todos os males infligidos a eles. Logo, não estão corretamente indicadas as penas resultantes do pecado dos primeiros pais.

EM SENTIDO CONTRÁRIO, está o fato de que essas penas foram impostas por Deus, que tudo faz "com medida, número e peso", como diz o livro da Sabedoria.

RESPONDO. Os primeiros pais, pelo seu pecado, ficaram privados da graça divina que lhes preservava a integridade da natureza humana e com essa privação ficou a natureza humana sujeita a deficiências penais. E, por isso, foram eles duplamente punidos. Em primeiro lugar, porque perderam o que cabia ao seu estado de integridade, a saber, o lugar do paraíso terrestre, indicados no livro do Gênesis: "O Senhor Deus o expulsou do jardim de Éden". E como o homem não podia, por ele próprio, retornar àquele estado da inocência primitiva, foram-lhe colocados impedimentos adequados para que não voltasse ao que lhe cabia no estado anterior, a saber, o alimento — "para não colher da árvore da vida" e o lugar "Deus postou querubins diante do jardim do Éden, com a espada chamejante".

Em segundo lugar, foram castigados por lhes terem sido atribuídas, tanto no corpo como na alma, características próprias da natureza destituída de tão grande dom divino. Quanto ao corpo, donde vem a diferença dos sexos, uma foi a pena dada à mulher, outra, ao homem. À mulher foi infligida a pena em dois pontos que a unem ao homem, a saber, a procriação e a participação nos cuidados da vida familiar. Na geração da prole, foi ela duplamente punida. Primeiro, pelas dificuldades que sofre na gestação, o que a Escritura registra assim: "Multiplicarei teus sofrimentos e tuas concepções". Depois, pelas dores do parto, a que se refere o texto: "É com dor que hás de gerar filhos". Na vida doméstica, foi ela punida pela sujeição ao poder do marido, o que assim se exprime: "Teu homem te dominará".

Mas, como é próprio da mulher submeter-se ao homem dentro do convívio do lar, também cabe ao homem providenciar o necessário à vida. Nisso ele é punido de três maneiras. Primeiro, pela esterilidade da terra: "O solo será maldito por tua causa". Segundo, pela agrura do trabalho, sem o qual não colherá os frutos da terra: "É com fadiga

---

2. Art. praec.

opere tuo. Secundo, per laboris anxietatem, sine qua fructus terrae non percipit: unde dicitur: *In labore comedes de ea cunctis diebus vitae tuae*. Tertio, quantum ad impedimenta quae proveniunt terram colentibus: unde dicitur: *Spinas et tribulos germinabit tibi*.

Similiter etiam ex parte animae triplex eorum poena describitur. Primo quidem, quantum ad confusionem quam passi sunt de rebellione carnis ad spiritum: unde dicitur: *Aperti sunt oculi amborum, et cognoverunt se esse nudos*. — Secundo, quantum ad increpationem propriae culpae: per hoc quod dicitur: *Ecce, Adam factus est quasi unus ex nobis*. — Tertio, quantum ad commemorationem futurae mortis: secundum quod ei dictum est: *Pulvis es, et in pulverem reverteris*. Ad quod etiam pertinet quod *Deus fecit eis tunicas pelliceas*, in signum mortalitatis eorum.

AD PRIMUM ergo dicendum quod in statu innocentiae fuisset partus absque dolore. Dicit enim Augustinus, XIV *de Civ. Dei*[3]: *Sic ad pariendum non doloris gemitus, sed maturitatis impulsus feminea viscera relaxaret, sicut ad concipiendum non libidinis appetitus, sed voluntarius usus naturam utramque coniungeret*.

Subiectio autem mulieris ad virum intelligenda est in poenam mulieris esse inducta, non quantum ad regimen, quia etiam ante peccatum vir *caput mulieris* fuisset et eius gubernator existeret: sed prout mulier, contra propriam voluntatem, necesse habet viri voluntati parere.

Spinas autem et tribulos terra germinasset, si homo non peccasset, in cibum animalium, non autem in hominis poenam: quia scilicet per eorum exortum nullus labor aut punctio homini operanti in terra accideret, ut Augustinus dicit, *super Gen. ad litt.*[4]. Quamvis Alcuinus dicat[5] quod ante peccatum terra omnino spinas et tribulos non germinasset. Sed primum melius est.

AD SECUNDUM dicendum quod multitudo conceptuum inducitur in poenam mulieris, non propter ipsam procreationem prolis, quae etiam ante peccatum fuisset: sed propter multitudinem que te alimentarás do solo todos os dias de tua vida". Enfim, pelos obstáculos que encontrarão os que cultivaram a terra: "Fará germinar para ti espinho e cardo".

Quanto à alma, da mesma forma, também se apontam três castigos recebidos pelos nossos primeiros pais. Primeiro, a confusão que sofreram, pela rebelião da carne contra o espírito, assim expressa: "Os olhos de ambos se abriram e souberam que estavam nus". — Segundo, o remorso da própria culpa: "Eis que o homem tornou-se como um de nós". — Terceiro, a percepção da morte futura: "És pó e ao pó voltarás". E a isso se acrescenta: "O Senhor lhes fez túnicas de pele", sinal da sua mortalidade.

QUANTO AO 1º, portanto, deve-se dizer que no estado de inocência, o parto deveria ter sido sem dores, pois Agostinho declara que "então, aproximando-se a hora, as entranhas da mulher se dilatariam não entre gemidos de dor, mas pelo impulso da maturidade, assim como, para a fecundação e a concepção, a união se realizaria pela consonância de vontade e não pela força da paixão".

Quanto à sujeição da mulher ao marido, deve-se entender que lhe foi infligida como pena, não no que diz respeito ao poder de mandar, pois mesmo antes do pecado, o homem seria a cabeça da mulher e seu chefe, mas no sentido de que mesmo contra a sua vontade, a mulher deve, agora, obedecer, necessariamente, à vontade do marido.

Quanto aos espinhos e cardos produzidos pela terra, se o homem não tivesse pecado, eles teriam servido de alimento para os animais e não de pena para os homens, porque do surgimento deles não adviria nenhuma fadiga e nenhum problema para quem trabalhasse a terra, como ensina Agostinho. Outro é o pensamento de Alcuíno, para quem a terra, antes do pecado, de modo algum produziria espinhos e abrolhos. Mas a primeira opinião é preferível.

QUANTO AO 2º, deve-se dizer que engravidar sucessivas vezes tornou-se um castigo para a mulher, não pela simples procriação de filhos, mas pelo acúmulo de aflições que a mulher sofre,

---

3. C. 26: ML 41, 434.
4. L. III, c. 18, n. 28: ML 34, 291.
5. *Interrog. et Resp. in Gen.*, interr. 79: ML 100, 524 D.

afflictionum, quae mulier patitur ex hoc quod portat fetum conceptum. Unde signanter coniungitur: *Multiplicabo aerumnas tuas et conceptus tuos*.

AD TERTIUM dicendum quod illae poenae aliqualiter ad omnes pertinent. Quaecumque enim mulier concipit, necesse est quod aerumnas patiatur et cum dolore pariat: praeter Beatam Virginem, quae *sine corruptione concepit et sine dolore peperit*, quia eius conceptio non fuit secundum legem naturae a primis parentibus derivata. Si autem aliqua non concipit neque parit, patitur sterilitatis defectum: qui praeponderat poenis praedictis.

Similiter etiam oportet ut quicumque terram operatur, in sudore vultus comedat panem. Et qui ipsi per se agriculturam non exercent, in aliis laboribus occupantur, *homo* enim *nascitur ad laborem*, ut dicitur Iob 5,7: et sic panem ab aliis in sudore vultus elaboratum manducant.

AD QUARTUM dicendum quod locus ille Paradisi terrestris, quamvis non serviat homini ad usum, servit tamen ei ad documentum: dum cognoscit propter peccatum se tali loco fuisse privatum; et dum per ea quae corporaliter in illo Paradiso sunt, instruuntur de his quae pertinent ad Paradisum caelestem, quo aditus homini praeparatur per Christum.

AD QUINTUM dicendum quod, salvis spiritualis sensus mysteriis, locus ille praecipue videtur esse inaccessibilis propter vehementiam aestus in locis intermediis ex propinquitate solis. Et hoc significatur per *flammeum gladium*: qui *versatilis* dicitur, propter proprietatem motus circularis huiusmodi aestum causantis. Et quia motus corporalis creaturae disponitur ministerio angelorum, ut patet per Augustinum, III *de Trin.*[6]; convenienter etiam simul cum gladio versatili *Cherubin* adiungitur, *ad custodiendam viam ligni vitae*. Unde Augustinus dicit, XI *super Gen. ad litt.*[7]: *Hoc per caelestes potestates etiam in Paradiso visibili factum esse credendum est, ut per angelicum ministerium esset illic quaedam ignea custodia*.

AD SEXTUM dicendum quod homo, si post peccatum de ligno vitae comedisset, non propter hoc immortalitatem recuperasset, sed beneficio illius cibi potuisset vitam magis prolongare. Unde quod dicitur, *et vivat in aeternum*, sumitur ibi *aeternum* pro *diuturno*. Hoc autem non expe-

quando carrega o feto consigo. Por isso, a Escritura, enfaticamente, acrescenta: "Multiplicarei teus sofrimentos e tuas concepções".

QUANTO AO 3º, deve-se dizer que a todas as mulheres cabem, de certo modo, essas penas, pois toda mulher que concebe há de, forçosamente, provar aflições e gerar em dores, com exceção da Virgem bem-aventurada, que "concebeu sem pecado e pariu sem dor", porque a sua conceição não seguia a lei natural, derivada dos primeiros pais. E se uma mulher não concebe nem dá à luz, acaba sofrendo a esterilidade, aflição ainda maior que as penas anteriores.

Da mesma forma, todo aquele que trabalha a terra há de, necessariamente, comer o seu pão com o suor da fronte e os que não se entregam a essas tarefas envolvem-se com outros problemas, pois, como diz o livro de Jó, "o homem nasce para a tribulação". E, assim, comem o pão preparado pelo suor da fronte alheia.

QUANTO AO 4º, deve-se dizer que esse lugar do paraíso terrestre, embora não servisse ao uso do homem, serve-lhe, porém, de ensinamento, pois assim ele aprendeu que fora privado de tal lugar por causa do pecado e que as realidades concretas desse espaço o remetem às que são próprias do paraíso celeste, cujo acesso Cristo nos preparou.

QUANTO AO 5º, deve-se dizer que ressalvados os mistérios de caráter espiritual, esse lugar parece inacessível, principalmente, pelo calor intenso proveniente da proximidade do sol, nas regiões intermediárias. E isso é simbolizado pela "chama da espada", apresentada como "fulminante", devido ao seu movimento circular, que produz esse calor. E como o movimento das realidades corporais é regido pelo ministério dos anjos, segundo esclarece Agostinho, com razão se ajuntaram à espada fulminante "querubins para guardar o caminho para a árvore da vida". Por isso, Agostinho escreveu: "Deve-se acreditar que foi pelo ministério das potestades celestes que houve, no paraíso visível, uma guarda de fogo".

QUANTO AO 6º, deve-se dizer que se o homem, depois do pecado, tivesse comido da árvore da vida, nem por isso teria recuperado a imortalidade, mas poderia ter prolongado mais a sua vida com aquele alimento. Daí, quando se diz: "viver para sempre", deve-se entender o "para sempre" como

---

6. C. 4, n. 9: ML 42, 873.
7. C. 40, n. 55: ML 34, 452.

diebat homini, ut in miseria huius vitae diutius permaneret.

AD SEPTIMUM dicendum quod, sicut Augustinus dicit, XI *super Gen. ad litt.*[8], *verba Dei non tam sunt primis parentibus insultantis, quam ceteros, ne ita superbiant, deterrentis, propter quos ista conscripta sunt: quia scilicet non solum Adam non fuit factus qualis fieri voluit, sed nec illud quod factus fuerat, conservavit.*

AD OCTAVUM dicendum quod vestitus necessarius est homini secundum statum praesentis miseriae, propter duo: primo quidem, propter defectum ab exterioribus nocumentis, puta intemperie caloris et frigoris; secundo, ad tegumentum ignominiae, ne turpitudo membrorum appareat in quibus praecipue manifestatur rebellio carnis ad spiritum. Haec autem duo in primo statu non erant. Quia in statu illo corpus hominis non poterat per aliquid extrinsecum laedi, ut in Primo[9] dictum est. Nec etiam erat in statu illo aliqua turpitudo in corpore hominis quae confusionem induceret: unde dicitur Gn 2,25: *Erat autem uterque nudus, Adam scilicet et uxor eius, et non erubescebant*. — Alia autem ratio est de cibo, qui est necessarius ad fomentum caloris naturalis et ad corporis augmentum.

AD NONUM dicendum quod, sicut Augustinus dicit, XI *super Gen. ad litt.*[10], non est credendum quod primi parentes essent producti *clausis oculis*: praecipue cum de muliere dicatur quod *"vidit lignum, quod esset pulchrum et bonum ad vescendum"*. *Aperti ergo sunt oculi amborum ad aliquid intuendum et cogitandum quod antea nunquam adverterant*: scilicet ad invicem concupiscendum, quod ante non fuerat.

"por muito tempo". A verdade, porém, é que não conviria ao homem permanecer mais tempo nesta vida miserável.

QUANTO AO 7º, deve-se dizer que como Agostinho afirma, "essas palavras de Deus não são tanto palavras que afrontam nossos primeiros pais, quanto de alguém que as escreveu para nos alertar contra a soberba, fazendo-nos ver que Adão não só não se tornou o que queria, como sequer se conservou como fora feito".

QUANTO AO 8º, deve-se dizer que vestir-se é uma necessidade humana, na condição da vida presente, por duas razões: primeiro, para nos protegermos de fatores nocivos do exterior, como as intempéries do calor e do frio; segundo, para cobrir nossa vergonha e não expor as partes pudendas do corpo, nas quais se revela mais a rebeldia da carne contra o espírito. Ora, esses dois pontos não ocorriam no estado primitivo, porque então o corpo humano não podia sofrer mal algum extrínseco, como ficou dito na I Parte. Naquele estado também nada havia de vergonhoso no corpo humano, que causasse confusão. Por isso, está escrito no livro do Gênesis: "Ambos estavam nus, o homem e sua mulher, sem sentirem vergonha um do outro". — Quanto à alimentação, outra é a razão que se dá, porque necessária ao fomento do calor natural e ao desenvolvimento do organismo.

QUANTO AO 9º, deve-se dizer que, como diz Agostinho, não se deve crer que os primeiros pais tenham sido criados "com os olhos fechados", sobretudo quando se diz que "a mulher viu que a árvore era boa de comer, sedutora de se olhar. Por isso, se abriram os olhos dos dois, para ver e pensar algo que não haviam antes advertido, a saber, a mútua concupiscência, que antes não acontecia"[d].

---

8. C. 39, n. 53: ML 34, 451.
9. Q. 97, a. 2.
10. C. 31, n. 41: ML 34, 446.

d. Tomando o mito da punição de nossos primeiros pais ao pé-da-letra, Sto. Tomás se depara com uma quantidade de problemas que só podem receber soluções artificiais. Todavia, por intermédio dessa exegese bastante literal, Sto. Tomás, seguindo bem à risca a tradição, volta a encontrar o sentido profundo do mito.

QUAESTIO CLXV
DE TENTATIONE PRIMORUM PARENTUM
in duos articulos divisa

Deinde considerandum est de tentatione primorum parentum.
Circa quam quaeruntur duo.
Primo: utrum fuerit conveniens quod homo a diabolo tentaretur.
Secundo: de modo et ordine illius tentationis.

Articulus 1
Utrum fuerit conveniens ut homo a diabolo tentaretur

Ad primum sic proceditur. Videtur quod non fuerit conveniens ut homo a diabolo tentaretur.

1. Eadem enim poena finalis debetur peccato angeli et peccato hominis: secundum illud Mt 25,41: *Ite, maledicti, in ignem aeternum, qui paratus est diabolo et angelis eius.* Sed primum peccatum angeli non fuit ex aliqua tentatione exteriori. Ergo nec primum peccatum hominis debuit esse ex aliqua tentatione exteriori.

2. Praeterea, Deus, praescius futurorum, sciebat quod homo per tentationem daemonis in peccatum deiiceretur: et sic bene sciebat quod non expediebat ei quod tentaretur. Ergo videtur quod non fuerit conveniens quod permitteret eum tentari.

3. Praeterea, quod aliquis impugnatorem habeat, ad poenam pertinere videtur: sicut et e contrario ad praemium pertinere videtur quod impugnatio subtrahatur, secundum illud Pr 16,7: *Cum placuerint Domino viae hominis, inimicos quoque eius convertet ad pacem.* Sed poena non debet praecedere culpam. Ergo inconveniens fuit quod homo ante peccatum tentaretur.

Sed contra est quod dicitur Eccli 34,9: *Qui non est tentatus, qualia scit?*

Respondeo dicendum quod divina sapientia *disponit omnia suaviter*, ut dicitur Sap 8,1: inquantum scilicet sua providentia singulis attribuit quae eis competunt secundum suam naturam: quia, ut Dionysius dicit, 4 cap. *de Div. Nom.*[1], *providentiae*

QUESTÃO 165
A TENTAÇÃO DOS PRIMEIROS PAIS
em dois artigos

Em seguida, deve-se tratar da tentação dos primeiros pais
A esse respeito, duas questões:
1. Foi conveniente o homem ter sido tentado pelo diabo?
2. Qual o modo e a ordem dessa tentação?

Artigo 1
Foi conveniente o homem ter sido tentado pelo diabo?

Quanto ao primeiro artigo, assim se procede: parece que **não** foi conveniente o homem ter sido tentado pelo diabo.

1. Com efeito, a mesma pena final é reservada ao pecado do anjo como ao pecado do homem, segundo o Evangelho: "Retirai-vos para longe de mim, malditos, para o fogo eterno que foi preparado para o diabo e para seus anjos". Ora, o primeiro pecado do anjo não foi causado por nenhuma tentação exterior. Logo, o primeiro pecado do homem também não devia ter sido causado por nenhuma tentação exterior.

2. Além disso, Deus, que conhece o futuro, sabia que o homem, tentado pelo demônio, cairia no pecado e, assim, sabia, perfeitamente, que não devia ele ser tentado. Logo, parece que também não era conveniente que Deus permitisse essa tentação.

3. Ademais, parece castigo estar alguém sujeito à agressão alheia, como também, parece prêmio ficar livre de tal agressão, conforme o livro dos Provérbios: "Quando o Senhor se compraz na conduta de alguém, ele reconcilia até seus inimigos com ele". Ora, o castigo não deve vir antes da culpa. Logo, foi inconveniente o homem ter sido tentado antes de pecar.

Em sentido contrário, diz o livro do Eclesiástico: "Que sabe quem não foi tentado?".

Respondo. A sabedoria divina "dispõe tudo com suavidade", diz o livro da Sabedoria, porque a sua providência atribui a cada um o que lhe é naturalmente necessário; pois, assevera Dionísio: "não é próprio da providência destruir a natureza,

---
1. MG 3, 733 B.

non est naturam corrumpere, sed salvare. Hoc autem pertinet ad conditionem humanae naturae, ut ab aliis creaturis iuvari vel impediri possit. Unde conveniens fuit ut Deus hominem in statu innocentiae et tentari permitteret per malos angelos, et iuvari eum faceret per bonos. Ex speciali autem beneficio gratiae hoc erat ei collatum, ut nulla creatura exterior ei posset nocere contra propriam voluntatem, per quam etiam tentationi daemonis resistere poterat.

AD PRIMUM ergo dicendum quod supra naturam humanam est aliqua natura in qua potest malum culpae inveniri: non autem supra naturam angelicam. Tentare autem inducendo ad malum, non est nisi iam depravati per culpam. Et ideo conveniens fuit ut homo per angelum malum tentaretur ad peccandum: sicut etiam, secundum naturae ordinem, per angelum bonum promovetur ad perfectionem. Angelus autem a suo superiori, scilicet a Deo, in bono perfici potuit, non autem ad peccandum induci: quia, sicut dicitur Iac 1,13, *Deus intentator malorum est.*

AD SECUNDUM dicendum quod, sicut Deus sciebat quod homo per tentationem in peccatum esset deiiciendus, ita etiam sciebat quod per liberum arbitrium resistere poterat tentatori. Hoc autem requirebat conditio naturae ipsius, ut propriae voluntati relinqueretur: secundum illud Eccli 15,14: *Deus reliquit hominem in manu consilii sui.* Unde Augustinus dicit, XI *super Gen. ad litt.*[2]: *Non mihi videtur magnae laudis futurum fuisse hominem, si propterea posset bene vivere quia nemo male vivere suaderet: cum et in natura posse, et in potestate haberet velle non consentire suadenti.*

AD TERTIUM dicendum quod impugnatio cui cum difficultate resistitur, poenalis est. Sed homo in statu innocentiae poterat absque omni difficultate tentationi resistere. Et ideo impugnatio tentatoris poenalis ei non fuit.

mas salvá-la". Ora, é inerente à condição da natureza humana poder ser ajudada ou prejudicada pelas outras criaturas[a]. Foi, por isso, conveniente que Deus permitisse ser o homem, no estado de inocência, tentado pelos anjos maus e auxiliado pelos bons. Por outro lado, por especial favor da graça, foi concedido ao homem que nenhuma criatura exterior lhe pudesse fazer mal, contra a sua própria vontade, podendo ele também, mercê desse benefício, resistir à tentação do demônio.

QUANTO AO 1º, portanto, deve-se dizer que superior à natureza humana, outra natureza existe em que se pode encontrar o mal da culpa, não, porém, superior à natureza angélica. Ora, tentar, induzindo ao mal, é coisa exclusiva de um ser já depravado pela culpa. Foi, portanto, conveniente que o homem fosse tentado ao pecado por um anjo mau, assim como também era da ordem natural fosse ele estimulado à perfeição pelo anjo bom. Quanto ao anjo, um ser superior a ele, ou seja, Deus podia fazê-lo progredir no bem; não podia, porém, induzi-lo a pecar, pois, como está escrito: "Deus a ninguém tenta".

QUANTO AO 2º, deve-se dizer que assim como Deus sabia que o homem, pela tentação, cairia no pecado, assim também sabia que ele poderia resistir ao tentador, pelo livre arbítrio. Ora, a sua condição natural exigia que ficasse à mercê da sua própria vontade, conforme diz a Escritura: "Deus entregou o homem ao seu próprio arbítrio". Por isso, diz Agostinho, "não me parece que seria de grande mérito para o homem, se pudesse viver bem apenas porque ninguém o incitasse ao mal, dado que estava em sua natureza e em seu poder não consentir ao tentador".

QUANTO AO 3º, deve-se dizer que o ataque a que se resiste com dificuldades constitui uma pena. Ora, o homem, no estado de inocência, podia resistir à tentação, sem nenhuma dificuldade[b]. Logo, o ataque do tentador não lhe constituiu uma pena.

---

2. C. 4: ML 34, 431.

    a. O fato de ser tentado situa o homem na hierarquia das criaturas. É o seu lugar próprio.
    b. Reencontramos aqui a propensão de Sto. Tomás a atenuar o drama do primeiro pecado cometido na humanidade (ver q. 163, nota 3). A tentação não era muito forte, dado que Deus situara Adão e Eva num notável estado de inocência; eles tinham condições de resistir. Em matéria de tentação, viu-se pior depois!

Articulus 2
Utrum fuerit conveniens modus et ordo primae tentationis

AD SECUNDUM SIC PROCEDITUR. Videtur quod non fuerit conveniens modus et ordo primae tentationis.

1. Sicut enim ordine naturae angelus erat superior homine, ita et vir erat perfectior muliere. Sed peccatum pervenit ab angelo ad hominem. Ergo, pari ratione, debuit pervenire a viro in mulierem, ut scilicet mulier per virum tentaretur: et non e converso.

2. PRAETEREA, tentatio primorum parentum fuit per suggestionem. Potest autem diabolus suggerere homini etiam absque aliqua exteriori sensibili creatura. Cum ergo primi parentes essent spirituali mente praediti, minus sensibilibus quam intelligibilibus inhaerentes, convenientius fuisset quod solum spirituali tentatione homo tentaretur quam exteriori.

3. PRAETEREA, non potest convenienter aliquis malum suggerere nisi per aliquid quod appareat bonum. Sed multa alia animalia habent maiorem apparentiam boni quam serpens. Non ergo convenienter tentatus fuit homo a diabolo per serpentem.

4. PRAETEREA, serpens est animal irrationale. Sed animali irrationali non competit sapientia nec locutio, nec poena. Ergo inconvenienter inducitur serpens esse *callidior cunctis animalibus*: vel *prudentissimus omnium bestiarum*, secundum aliam translationem[1]. Inconvenienter etiam inducitur fuisse mulieri locutus, et a Deo punitus.

SED CONTRA est quod id quod est primum in aliquo genere, debet esse proportionatum his quae in eodem genere consequuntur. Sed in quolibet peccato invenitur ordo primae tentationis: inquantum videlicet praecedit in sensualitate, quae per serpentem significatur, peccati concupiscentia; in ratione inferiori, quae significatur per mulierem, delectatio; in ratione superiori, quae significatur per virum, consensus peccati; ut Augustinus dicit, XII *de Trin.*[2]. Ergo congruus fuit ordo primae tentationis.

Artigo 2
O modo e a ordem da primeira tentação foram corretos?

QUANTO AO SEGUNDO, ASSIM SE PROCEDE: parece que **não** foram corretos o modo e a ordem da primeira tentação.

1. Com efeito, assim como, na ordem natural, era o anjo superior ao homem, assim também o homem era mais perfeito que a mulher. Ora, o pecado veio do anjo para o homem. Logo, por igual razão, deveria ter vindo do homem para a mulher, ou seja, deveria a mulher ser tentada pelo homem e não o contrário.

2. ALÉM DISSO, a tentação dos primeiros pais foi por uma sugestão. Ora, o diabo pode sugerir coisas ao homem, sem precisar recorrer a uma criatura exterior sensível. Logo, como eles eram dotados de uma inteligência espiritual e menos presos ao sensível do que ao inteligível, teria sido mais conveniente que o homem fosse tentado apenas por uma tentação espiritual e não por uma tentação exterior.

3. ADEMAIS, não se pode, convenientemente, sugerir um mal senão por meio de algo que pareça um bem. Ora, muitos outros animais têm mais aparência de bem do que a serpente. Logo, o homem não foi convenientemente tentado pelo diabo, mediante a serpente.

4. ADEMAIS, a serpente é animal irracional. Ora, o animal irracional não tem sabedoria, não fala, nem lhe cabe receber penas. Logo, não é conveniente apresentar a serpente como "o mais astuto de todos os animais, ou "o mais inteligente", segundo outra versão. E é também inconveniente apresentá-la conversando com a mulher e castigada por Deus.

EM SENTIDO CONTRÁRIO, o que é primeiro num gênero deve estar, proporcionalmente, nos que o seguem nesse mesmo gênero. Mas em todo gênero de pecado se encontra uma ordem de procedência da tentação, ou seja, primeiro aparece o desejo do pecado na sensualidade, representada pela serpente, depois, na razão inferior, representada pela mulher, aparece o prazer; por fim, na razão superior, representada pelo homem, aparece o consentimento no pecado, como diz Agostinho. Foi, portanto, conveniente a ordem da primeira tentação.

---

2 PARALL.: Part. III, q. 41, a. 4.

1. LXX Interpretum.
2. C. 12: ML 42, 1007.

RESPONDEO dicendum quod homo compositus est ex duplici natura, intellectiva scilicet et sensitiva. Et ideo diabolus in tentatione hominis usus est incitamento ad peccandum dupliciter. Uno quidem modo, ex parte intellectus: inquantum promisit divinitatis similitudinem per scientiae adeptionem, quam homo naturaliter desiderat. Alio modo, ex parte sensus. Et sic usus est his sensibilibus rebus quae maximam habent affinitatem ad hominem: partim quidem in eadem specie, tentans virum per mulierem; partim vero in eodem genere, tentans mulierem per serpentem; partim vero ex genere propinquo, proponens pomum ligni vetiti ad edendum.

AD PRIMUM ergo dicendum quod in actu tentationis diabolus erat sicut principale agens, sed mulier assumebatur quasi instrumentum tentationis ad deiiciendum virum. Tum quia mulier erat infirmior viro: unde magis seduci poterat. Tum etiam, propter coniunctionem eius ad virum, maxime per eam diabolus poterat virum seducere. Non autem est eadem ratio principalis agentis et instrumenti. Nam principale agens oportet esse potius: quod non requiritur in agente instrumentali.

AD SECUNDUM dicendum quod suggestio qua spiritualiter diabolus aliquid homini suggerit, ostendit diabolum plus habere potestatis in homine quam suggestio exterior: quia per suggestionem interiorem immutatur a diabolo saltem hominis phantasia, sed per suggestionem exteriorem immutatur sola exterior creatura. Diabolus autem minimum potestatis habebat in homine ante peccatum. Et ideo non potuit eum interiori suggestione, sed solum exteriori tentare.

AD TERTIUM dicendum quod, sicut Augustinus dicit, XI *super Gen. ad litt.*[3], *non debemus opinari quod serpentem sibi, per quem tentaret, diabolus eligeret. Sed, cum esset in illo decipiendi cupiditas, non nisi per illud animal potuit per quod posse permissus est.*

AD QUARTUM dicendum quod, sicut Augustinus dicit, XI *super Gen. ad litt.*[4], *serpens dictus est astutus*, vel callidus, *sive prudens, propter astutiam diaboli, quae in illo agebat dolum: sicut dicitur prudens vel astuta lingua quam prudens vel astutus movet ad aliquid prudenter vel astute suadendum. Neque etiam serpens verborum sonos intelligebat qui ex illo fiebant ad mulierem: neque enim conversa credenda est anima eius in naturam rationalem. Quandoquidem nec ipsi homines,*

RESPONDO. O homem é feito de dupla natureza, a intelectiva e a sensitiva. Por isso, o diabo, ao tentá-lo, instigou-o ao pecado de dois modos: primeiro, pelo intelecto, enquanto prometeu a semelhança com Deus, pela conquista da ciência, coisa que ele, naturalmente, deseja; segundo, pelos sentidos e, nesse caso, apelou para as coisas sensíveis mais afins ao homem, em parte na mesma espécie, tentando o homem pela mulher; em parte no mesmo gênero, tentando a mulher pela serpente; e em parte, afinal, num gênero próximo, propondo-lhe comer do fruto da árvore proibida.

QUANTO AO 1º, portanto, deve-se dizer que no ato da tentação, o diabo agiu como agente principal, mas a mulher foi usada como instrumento da tentação, para fazer o homem cair, ou porque a mulher era mais fraca que o homem e, portanto, mais fácil de ser seduzida; ou porque, pela sua união com o homem, era o instrumento melhor para o diabo seduzi-lo. Não são, porém, iguais o agente principal e o instrumento, pois aquele deve ser superior, o que não se exige do agente instrumental.

QUANTO AO 2º, deve-se dizer que a sugestão pela qual o diabo, espiritualmente, insinua alguma coisa ao homem mostra que tem mais poder sobre ele do que a sugestão exterior. Com efeito, pela sugestão interior, o diabo muda, pelo menos, a imaginação do homem, ao passo que, pela sugestão exterior, ele perturba a criatura só exteriormente. Ora, o diabo, antes do pecado, tinha o mínimo de poder sobre o homem. Por isso, não podia tentá-lo por uma sugestão interior, mas só por uma exterior.

QUANTO AO 3º, deve-se dizer como adverte Agostinho, "não devemos pensar que o diabo optou, livremente, pela mediação da serpente na tentação. Na realidade, tangido pelo desejo de enganar, só por meio desse animal pôde fazer o que lhe foi permitido".

QUANTO AO 4º, deve-se dizer que Agostinho escreveu: "A serpente é apresentada como astuta, inteligente ou prudente, por causa da astúcia do diabo, que preparava o ardil dentro dela, assim como se diz prudente ou astuta a língua que um homem prudente ou astuto mobiliza para persuadir alguma coisa, prudente ou astutamente. A serpente, aliás, não entendia o som das palavras que da sua boca se dirigiam à mulher, nem devemos crer que a sua alma tenha assumido natureza

---

3. C. 3: ML 34, 431.
4. C. 29, n. 36: ML 34, 444.

quorum rationalis natura est, cum daemon in eis loquitur, sciunt quid loquantur. Sic ergo locutus est serpens homini sicut asina in qua sedebat Balaam, locuta est homini: nisi quod illud fuit opus diabolicum, hoc angelicum. Unde serpens non est interrogatus cur hoc fecerit: quia non in sua natura ipse id fecerat, sed diabolus in illo, qui iam ex peccato suo igni destinatus fuerat sempiterno. Quod autem serpenti dicitur, ad eum qui per serpentem operatus est, refertur.

Et sicut Augustinus dicit, in libro *super Gen. contra Manichaeos*[5], *nunc quidem eius poena*, idest diaboli, *dicitur qua nobis cavendus est: non ea quae ultimo iudicio reservatur.* Per hoc enim quod ei dicitur, *"Maledictus es inter omnia animantia et bestias terrae", pecora illi praeponuntur, non in potestate, sed in conservatione naturae suae: quia pecora non amiserunt beatitudinem aliquam caelestem, quam nunquam habuerunt, sed in sua natura quam acceperunt, peragunt vitam.* — Dicitur etiam ei: *"Pectore et ventre repes"*, secundum aliam litteram[6]. *Ubi nomine pectoris significatur superbia, quia ibi dominatur impetus animae: nomine autem ventris significatur carnale desiderium, quia haec pars mollior sentitur in corpore. His autem rebus serpit ad eos quos vult decipere.* — Quod autem dicitur: *"Terram comedes cunctis diebus vitae tuae", duobus modis intelligi potest. Vel: Ad te pertinebunt quos terrena cupiditate deceperis, idest peccatores, qui terrae nomine significantur. Vel tertium genus tentationis his verbis figuratur, quod est curiositas: terram enim qui manducat, profunda et tenebrosa penetrat.* — Per hoc autem quod inimicitiae ponuntur inter ipsum et mulierem, *ostenditur non posse nos a diabolo tentari nisi per illam animalem partem quae quasi mulieris imaginem in homine ostendit. Semen autem diaboli est perversa suggestio: semen mulieris, fructus boni operis, quod perversae suggestioni resistit. Et ideo observat serpens plantam mulieris, ut, si quando in illicita illabitur, delectatio illam capiat: et illa observat caput eius, ut eum in ipso initio malae suasionis excludat.*

racional, pois, às vezes, até os homens, dotados que são de natureza racional, não compreendem o que dizem, quando o demônio fala por meio deles. Por isso, a serpente falou ao homem, como a burra em que Balaão montava também falou, com a diferença que, no primeiro caso, foi obra diabólica e, no segundo, foi obra angélica. Não foi, então, a serpente questionada por que assim procedera, pois não fizera por si mesma, mas o diabo nela, já destinado ao fogo eterno, pelo seu pecado. E o que se diz à serpente refere-se àquele que agiu por meio dela".

Como diz ainda Agostinho, "é do castigo da serpente, isto é, do diabo que, agora, devemos nos acautelar e não do que está reservado para o juízo final". Assim, quando a Escritura diz: "Serás maldita entre todas as feras e todos os animais do campo", isso indica que todos os animais da terra têm prioridade sobre ela, não de poder, mas de conservação da sua natureza, pois os animais não perderam uma felicidade celestial de que nunca usufruíram, mas continuam vivendo na natureza que receberam. — Foi dito também à serpente: "caminharás sobre o teu ventre e o teu peito", segundo outra versão. Aí, peito significa o orgulho, porque nele domina o ímpeto da alma; e ventre significa o desejo carnal, porque essa é a parte tida como a mais mole do corpo, e é com tais elementos que a serpente vai se insinuando naqueles que quer enganar. — Quanto às palavras: "comerás pó todos os dias da tua vida", podemos entendê-las de dois modos. Ou: a ti pertencerão os que enganares com a cobiça terrena, a saber, os pecadores, designados pela palavra terra. Ou por essas palavras se aponta um terceiro tipo de tentação, isto é, a curiosidade, pois quem come terra penetra lugares fundos e tenebrosos. — Quanto à inimizade posta entre a serpente e a mulher, fica demonstrado que só poderemos ser tentados pelo demônio pela parte animal, que, no homem, revela, por assim dizer, a imagem da mulher. Ora, a obra do diabo é a sugestão perversa e a obra da mulher é o fruto das boas obras, que resistem a essa sugestão. Por isso, a serpente fica observando o calcanhar da mulher, para se encher de prazer quando ela cair em pecado. E a mulher observa a cabeça da serpente, para rechaçar a tentação, desde o nascedouro"[c].

---

5. L. II, c. 17: ML 34, 209-210.
6. LXX Interpretum.

---

c. Como na questão precedente (q. 164), uma interpretação literal do mito conduz a soluções artificiais. Não obstante, o sentido profundo do relato do Gênesis é bastante valorizado.

QUESTÃO 166
A ESTUDIOSIDADE
em dois artigos

Em seguida, deve-se tratar da estudiosidade e do seu vício oposto, que é a curiosidade.
A respeito da primeira, duas questões:
1. Qual é a matéria da estudiosidade?
2. É ela parte da temperança?

Artigo 1
A matéria da estudiosidade é propriamente o conhecimento?

Quanto ao primeiro artigo, assim se procede: parece que a matéria da estudiosidade **não** é propriamente o conhecimento.

1. Com efeito, se considera estudioso quem se aplica a alguma coisa. Ora, em qualquer matéria, o homem deve ser aplicado, para fazer bem o que deve ser feito. Logo, parece que o conhecimento não é a matéria específica da estudiosidade.

2. Além disso, a estudiosidade opõe-se à curiosidade. Ora, a curiosidade, que vem do latim "cura", que significa cuidado, pode referir-se também ao vestir-se elegantemente e a outros cuidados com o corpo e, por isso, diz o Apóstolo: "Não tenhais cuidado demais com a carne, para lhe satisfazerdes as concupiscências". Logo, a estudiosidade não se refere apenas ao conhecimento.

3. Ademais, diz o livro de Jeremias: "Todos, pequenos e grandes, se aplicam à avareza". Ora, a avareza não visa, propriamente, à posse do conhecimento, mas à posse das riquezas. Logo, a estudiosidade, palavra que vem de *"studium"*, isto é, aplicação, não se refere, propriamente, ao conhecimento.

Em sentido contrário, há o seguinte conselho no livro dos Provérbios: "Meu filho, aplica-te ao estudo da sabedoria e alegra meu coração para que possas responder a quem me desprezar". Ora, a mesma estudiosidade que é louvada como virtude é aquela à qual a lei convida. Logo, a estudiosidade refere-se propriamente ao conhecimento.

Respondo. O estudo implica, principalmente, a aplicação intensa da mente a alguma coisa. Ora,

aliquid. Mens autem non applicatur ad aliquid nisi cognoscendo illud. Unde per prius mens applicatur ad cognitionem: secundario autem applicatur ad ea in quibus homo per cognitionem dirigitur. Et ideo studium per prius respicit cognitionem: et per posterius quaecumque alia ad quae operanda directione cognitionis indigemus. Virtutes autem proprie sibi attribuunt illam materiam circa quam primo et principaliter sunt: sicut fortitudo pericula mortis, et temperantia delectationem tactus. Et ideo studiositas proprie dicitur circa cognitionem.

AD PRIMUM ergo dicendum quod circa alias materias non potest aliquid recte fieri, nisi secundum quod est praeordinatum per rationem cognoscentem. Et ideo per prius studiositas cognitionem respicit, cuicumque materiae studium adhibeatur.

AD SECUNDUM dicendum quod ex affectu hominis trahitur mens eius ad intendendum his ad quae afficitur: secundum illud Mt 6,21: *Ubi est thesaurus tuus, ibi est et cor tuum*. Et quia ad ea quibus caro fovetur, maxime homo afficitur, consequens est quod cogitatio hominis versetur praecipue circa ea quibus caro fovetur: ut scilicet homo inquirat qualiter homo optime possit carni suae subvenire. Et secundum hoc, curiositas ponitur circa ea quae ad carnem pertinent, ratione eorum quae ad cognitionem pertinent.

AD TERTIUM dicendum quod avaritia inhiat ad lucra conquirenda, ad quod maxime necessaria est quaedam peritia terrenarum rerum. Et secundum hoc, studium attribuitur his quae ad avaritiam spectant.

a mente não se aplica a alguma coisa a não ser conhecendo-a. Por isso, primeiro o espírito se aplica a conhecer; depois, àquilo a que é levado pelo conhecimento. Assim, o estudo busca, primeiramente, o conhecimento; e, secundariamente, tudo o mais que, para ser executado, precisa ser dirigido pelo conhecimento. As virtudes, porém, têm como objeto próprio a matéria que lhes concerne de forma primordial e principal. A fortaleza, por exemplo, tem como sua matéria os perigos mortais, e a temperança, os prazeres do tato. Portanto, a estudiosidade refere-se propriamente ao conhecimento.

QUANTO AO 1º, portanto, deve-se dizer que em qualquer matéria, não é possível fazer bem uma coisa se não houver prévio conhecimento dela. Por isso, a estudiosidade visa, primeiro, ao conhecimento, qualquer que seja a matéria a que se aplique.

QUANTO AO 2º, deve-se dizer que o sentimento humano leva a mente a prestar atenção no que a atinge, conforme se diz no Evangelho de Mateus: "Onde estiver o teu tesouro, ali também estará o teu coração". E como o homem se afeiçoa, sobremaneira, ao que agrada à carne, é natural que o seu pensamento se dirija principalmente a isso, ou seja, que busque o melhor modo de a ela servir. E assim, a curiosidade tem como objeto as coisas que se referem à carne, em razão daquilo que pertence ao conhecimento.

QUANTO AO 3º, deve-se dizer que a avareza anseia por adquirir riquezas e isso exige, sobretudo, um conhecimento peculiar das coisas deste mundo. Nesse sentido é que se fala de aplicação àquilo que diz respeito à avareza.

ARTICULUS 2

**Utrum studiositas
sit temperantiae pars**

AD SECUNDUM SIC PROCEDITUR. Videtur quod studiositas non sit temperantiae pars.
1. *Studiosus* enim dicitur aliquis secundum studiositatem. Sed universaliter omnis virtuosus vocatur studiosus: ut patet per Philosophum, qui frequenter sic utitur nomine studiosi. Ergo studiositas est generalis virtus, et non est pars temperantiae.

ARTIGO 2

**A estudiosidade é
parte da temperança?**

QUANTO AO SEGUNDO, ASSIM SE PROCEDE: parece que a estudiosidade **não** é parte da temperança.
1. Com efeito, dizemos estudioso quem pratica a estudiosidade. Ora, de modo geral, todo homem virtuoso é estudioso, como se vê em Aristóteles, que, frequentemente, usa esse termo nesse sentido. Logo, a estudiosidade é uma virtude geral e não uma parte da temperança.

2 PARALL.: Supra, q. 160, a. 2.

2. Praeterea, studiositas, sicut dictum est[1], ad cognitionem pertinet. Sed cognitio non pertinet ad virtutes morales, quae sunt in appetitiva animae parte, sed magis ad intellectuales, quae sunt in parte cognoscitiva: unde et sollicitudo est actus prudentiae, ut supra[2] habitum est. Ergo studiositas non est pars temperantiae.

3. Praeterea, virtus quae ponitur pars alicuius principalis virtutis, assimilatur ei quantum ad modum. Sed studiositas non assimilatur temperantiae quantum ad modum. Quia temperantiae nomen sumitur ex quadam refrenatione: unde magis opponitur vitio quod est in excessu. Nomen autem studiositatis sumitur e contrario ex applicatione animae ad aliquid: unde magis videtur opponi vitio quod est in defectu, scilicet negligentiae studenti, quam vitio quod est in excessu, scilicet curiositati. Unde, propter horum similitudinem, dicit Isidorus, in libro *Etymol*.[3], quod *studiosus* dicitur *quasi studiis curiosus*. Ergo studiositas non est pars temperantiae.

Sed contra est quod Augustinus dicit, in libro *de Moribus Eccle*.[4]: *Curiosi esse prohibemur: quod magnae temperantiae munus est*. Sed curiositas prohibetur per studiositatem moderatam. Ergo studiositas est pars temperantiae.

Respondeo dicendum quod, sicut supra[5] dictum est, ad temperantiam pertinet moderari motum appetitus, ne superflue tendat in id quod naturaliter concupiscitur. Sicut autem naturaliter homo concupiscit delectationes ciborum et venereorum secundum naturam corporalem, ita secundum animam naturaliter desiderat cognoscere aliquid: unde et Philosophus dicit, in I *Metaphys*.[6], quod *omnes homines naturaliter scire desiderant*. Moderatio autem huius appetitus pertinet ad virtutem studiositatis. Unde consequens est quod studiositas sit pars potentialis temperantia, sicut virtus secundaria ei adiuncta ut principali virtuti. Et comprehenditur sub modestia, ratione superius dicta.

Ad primum ergo dicendum quod prudentia est completiva omnium virtutum moralium, ut dicitur in VI *Ethic*.[7]. Inquantum igitur cognitio pruden-

2. Além disso, como foi dito, a estudiosidade versa sobre o conhecimento. Ora, o conhecimento não é objeto das virtudes morais, sediadas na parte apetitiva da alma, mas das virtudes intelectuais, que se acham na parte cognoscitiva. Assim é que a solicitude é ato da prudência, segundo se viu antes. Logo, a estudiosidade não é parte da temperança.

3. Ademais, a virtude que se apresenta como parte de uma virtude principal assemelha-se a ela quanto ao modo. Ora, a estudiosidade não se assemelha à temperança quanto ao modo, pois temperança é algo que envolve a ideia de refreamento, opondo-se antes ao vício por excesso. Estudiosidade, ao contrário, designa aplicação da alma e alguma coisa, opondo-se, assim, mais ao vício por defeito, como, por exemplo, a negligência no estudo, do que ao vício por excesso, ou seja, à curiosidade. Por isso e por essas semelhanças, Isidoro diz que estudioso equivale a curioso nos estudos. Logo, a estudiosidade não é parte da temperança.

Em sentido contrário, Agostinho recomenda: "Moderar a nossa curiosidade, eis a grande função da temperança". Ora, modera-se a curiosidade pela estudiosidade moderada. Logo, a estudiosidade é parte da temperança.

Respondo. Cabe à temperança conter o movimento do apetite, para que não tenda, de maneira exagerada, ao que é, naturalmente, desejado. Como, porém, o homem deseja, naturalmente, os prazeres da mesa e do sexo, pela sua natureza corporal, assim também, pela sua natureza espiritual, deseja, naturalmente, conhecer. Daí a afirmação do Filósofo de que "todos os homens, naturalmente, desejam saber". Ora, a moderação desse desejo é própria da estudiosidade. Por conseguinte, a estudiosidade é parte potencial da temperança, como virtude secundária, anexa à principal. E está compreendida na modéstia, pela razão já exposta.

Quanto ao 1º, portanto, deve-se dizer que a prudência é uma virtude que complementa todas as virtudes morais, como se ensina no livro VI

---

1. Art. praec.
2. Q. 47, a. 9.
3. L. X, ad litt. *S*, n. 241: ML 82, 393 A.
4. C. 21, n. 38: ML 32, 1327.
5. Q. 141, a. 3, 4, 5.
6. C. 1: 980, a, 21-27.
7. C. 13: 1144, b, 30-32.

tiae ad omnes virtutes pertinet, intantum nomen studiositatis, quae proprie circa cognitionem est, ad omnes virtutes derivatur.

AD SECUNDUM dicendum quod actus cognoscitivae virtutis imperatur a vi appetitiva, quae est motiva omnium virium, ut supra[8] habitum est. Et ideo circa cognitionem duplex bonum potest attendi. Unum quidem, quantum ad ipsum actum cognitionis. Et tale bonum pertinet ad virtutes intellectuales: ut scilicet homo circa singula aestimet verum. — Aliud autem est bonum quod pertinet ad actum appetitivae virtutis: ut scilicet homo habeat appetitum rectum applicandi vim cognoscitivam sic vel aliter, ad hoc vel ad illud. Et hoc pertinet ad virtutem studiositatis. Unde computatur inter virtutes morales.

AD TERTIUM dicendum quod, sicut Philosophus dicit, in II *Ethic*.[9], ad hoc quod homo fiat virtuosus, oportet quod servet se ab his ad quae maxime inclinat natura. Et inde est quod, quia natura praecipue inclinat ad timendum mortis pericula et ad sectandum delectabilia carnis, quod laus virtutis fortitudinis praecipue consistit in quadam firmitate persistendi contra huiusmodi pericula, et laus virtutis temperantiae in quadam refrenatione a delectabilibus carnis. Sed quantum ad cognitionem, est in homine contraria inclinatio. Quia ex parte animae, inclinatur homo ad hoc quod cognitionem rerum desideret: et sic oportet ut homo laudabiliter huiusmodi appetitum refrenet, ne immoderate rerum cognitioni intendat. Ex parte vero naturae corporalis, homo inclinatur ad hoc ut laborem inquirendi scientiam vitet. Quantum igitur ad primum, studiositas in refrenatione consistit: et secundum hoc ponitur pars temperantiae. Sed quantum ad secundum, laus huius virtutis consistit in quadam vehementia intentionis ad scientiam rerum percipiendam: et ex hoc nominatur. Primum autem est essentialius huic virtuti quam secundum. Nam appetitus cognoscendi per se respicit cognitionem, ad quam ordinatur studiositas. Sed labor addiscendi est impedimentum quoddam cognitionis: unde respi-

da *Ética*. Por isso, na medida em que todas as virtudes devem ter o conhecimento da prudência, nessa mesma medida a estudiosidade, que se ocupa, propriamente, com o conhecimento, se aplica a todas as virtudes.

QUANTO AO 2º, deve-se dizer que o ato da potência cognoscitiva é comandado pela potência apetitiva, motora de todas as potências, como anteriormente se disse. Portanto, podem-se distinguir dois bens no conhecimento: um, quanto ao próprio ato de conhecer, e esse bem, próprio das potências intelectuais, permite ao homem avaliar a verdade em cada caso. — Outro, próprio da potência apetitiva, faz o homem ter a vontade de aplicar, retamente, a potência cognoscitiva, de um modo ou de outro, a este ou àquele objeto. E isso é próprio da virtude da estudiosidade que, por isso mesmo, está enumerada entre as virtudes morais.

QUANTO AO 3º, deve-se dizer que segundo o Filósofo, para ser virtuoso, deve o homem acautelar-se com as tendências mais fortes da sua natureza. Por isso, dado que a natureza nos inclina, sobretudo, a temer os perigos mortais e a buscar os prazeres da carne, o mérito da virtude da fortaleza consiste, precipuamente, em persistir, com firmeza, diante desses perigos; e o mérito da virtude da temperança, em refrear de algum jeito, os prazeres carnais. Mas, quanto ao conhecimento, há no homem uma inclinação contrária tanto por parte da alma, como por parte da natureza corporal. Por parte da alma, porque o homem, por ela, é levado a desejar o conhecimento das coisas e, por isso, é louvável que modere esse apetite, para não se exceder na busca desse conhecimento. Por parte do corpo, porém, o homem tem a tendência de fugir à fadiga dessa mesma busca. Portanto, relativamente à primeira tendência, a estudiosidade consiste em refrear, e faz parte da temperança; relativamente à segunda tendência, porém, o mérito da estudiosidade reside em fortalecer a intenção para adquirir a ciência, e daí é que vem o seu nome. Ora, a primeira inclinação é mais essencial a essa virtude do que a segunda, pois o desejo de conhecer vincula-se, diretamente, ao conhecimento, visado pela estudiosidade. Por

---

8. I, q. 82, a. 4; I-II, q. 9, a. 1.
9. C. 9: 1109, b, 1-7.

citur ab hac virtute per accidens, quasi removendo prohibens.

outro lado, o trabalho de aprender representa um impedimento ao conhecimento e, por isso, é objeto acidental da estudiosidade, como obstáculo a ser superado[a].

a. Esta resposta é de grande fineza psicológica. Diante de um perigo de morte, é da coragem que necessito. À concupiscência dos prazeres da carne, devo responder pela moderação. No campo do conhecimento, a ambivalência prevalece, pois fico dividido entre meu ardente desejo de saber e minha preguiça diante do esforço.
 Nós nos inclinaríamos para soluções individuais. Determinado aluno deverá ser estimulado para vencer a preguiça, outro deverá aplicar-se a refrear sua curiosidade. Mas Sto. Tomás não se contenta jamais com soluções individuais, ele sempre se volta para o lado da natureza universal. Ele toma um partido.
 E sua opinião é de que nosso apetite de saber está mais profundamente enraizado na natureza humana do que a repugnância preguiçosa por estudar. Na realidade, se deverá acentuar portanto a moderação da curiosidade.
 Inútil dizer que tal não é necessariamente a experiência dos educadores. Pouco importa! Para Sto. Tomás, o desejo de saber é mais natural ao homem do que a rejeição do esforço. Os desenvolvimentos recentes e espetaculares da ciência e da técnica poderiam trazer um apoio inesperado à tese de Sto. Tomás. O frenesi de saber supera em muito a inércia, em escala mundial.

QUAESTIO CLXVII
DE CURIOSITATE
in duos articulos divisa
Deinde considerandum est de curiositate.
Et circa hoc quaeruntur duo.
Primo: utrum vitium curiositatis possit esse in cognitione intellectiva.
Secundo: utrum sit in cognitione sensitiva.

Articulus 1
Utrum circa cognitionem intellectivam possit esse curiositas

Ad primum sic proceditur. Videtur quod circa cognitionem intellectivam non possit esse curiositas.
1. Quia secundum Philosophum, in II *Ethic.*[1], in his quae secundum se sunt bona vel mala, non possunt accipi medium et extrema. Sed cognitio intellectiva secundum se est bona: in hoc enim perfectio hominis videtur consistere, ut intellectus eius de potentia reducatur in actum, quod fit per cognitionem veritatis. Dionysius etiam dicit, 4 cap. de Div. Nom.[2], quod *bonum animae humanae est secundum rationem esse*: cuius perfectio in cognitione veritatis consistit. Ergo circa cognitionem intellectivam non potest esse vitium curiositatis.

QUESTÃO 167
A CURIOSIDADE
em dois artigos
Em seguida, deve-se tratar da curiosidade.
A esse respeito, duas questões:
1. O vício da curiosidade pode existir no conhecimento intelectual?
2. Pode ele existir no conhecimento sensitivo?

Artigo 1
A curiosidade pode existir no conhecimento intelectual?

Quanto ao primeiro artigo, assim se procede: parece que a curiosidade **não** pode existir no conhecimento intelectual.
1. Com efeito, de acordo com o Filósofo, nas coisas que são por si boas ou más não pode haver meio nem extremos. Ora, o conhecimento intelectual, em si mesmo, é bom, pois parece que a perfeição do homem está em que o intelecto passe da potência para o ato, o que se dá no conhecimento da verdade. Dionísio também diz que "o bem da alma humana é estar em conformidade com a razão". E a perfeição desta é o conhecimento da verdade. Logo, não pode ocorrer o vício da curiosidade no conhecimento intelectual.

---

1 Parall.: III *Sent.*, dist. 35, q. 2, a. 3, q.la 3.

1. C. 6: 1107, a, 8-27.
2. MG 3, 733 A.

2. PRAETEREA, illud per quod homo similatur Deo, et quod a Deo consequitur, non potest esse malum. Sed quaecumque abundantia cognitionis a Deo est: secundum illud Eccli 1,1: *Omnis sapientia a Domino Deo est*. Et Sap 7,17 dicitur: *Ipse dedit mihi horum quae sunt scientiam veram: ut sciam dispositionem orbis terrarum et virtutes elementorum*, etc. Per hoc etiam homo Deo assimilatur, quod veritatem cognoscit: quia *omnia nuda et aperta sunt oculis eius*, ut habetur Hb 4,13. Unde et 1Reg 2,3 dicitur quod *Deus scientiarum Dominus est*. Ergo, quantumcumque abundet cognitio veritatis, non est mala, sed bona. Appetitus autem boni non est vitiosus. Ergo circa intellectivam cognitionem veritatis non potest esse vitium curiositatis.

3. PRAETEREA, si circa aliquam intellectivam cognitionem posset esse curiositatis vitium, praecipue esset circa philosophicas scientias. Sed eis intendere non videtur esse vitiosum: dicit enim Hieronymus, *super Danielem* [1,8][3]: *Qui de mensa et vino regis noluerunt comedere ne polluantur, si sapientiam atque doctrinam Babyloniorum scirent esse peccatum, nunquam acquiescerent discere quod non licebat*. Et Augustinus dicit, in II *de Doctr. Christ.*[4], quod, *si qua vera philosophi dixerunt, ab eis sunt, tanquam ab iniustis possessoribus, in usum nostrum vindicanda*. Non ergo circa cognitionem intellectivam potest esse curiositas vitiosa.

SED CONTRA est quod Hieronymus dicit[5]: *Nonne vobis videtur in vanitate sensus et obscuritate mentis ingredi qui diebus ac noctibus in dialectica arte torquetur, qui physicus perscrutator oculos trans caelum levat?* Sed vanitas sensus et obscuritas mentis est vitiosa. Ergo circa intellectivas scientias potest esse curiositas vitiosa.

RESPONDEO dicendum quod, sicut dictum est[6], studiositas non est directe circa ipsam cognitio-

2. ALÉM DISSO, não pode ser um mal o que o homem recebeu de Deus e pelo qual se assemelha a ele. Ora, toda abundância de conhecimento vem de Deus, segundo o livro do Eclesiástico, "toda sabedoria vem do Senhor"; e, no livro da Sabedoria, "foi ele quem me deu conhecimento exato do real; ensinou-me a estrutura do universo e a atividade dos elementos". Também o conhecimento da verdade faz o homem semelhante a Deus, porque, conforme a Carta aos Hebreus, "a seus olhos, tudo está desnudo, tudo subjugado por seu olhar". Por isso, se diz ainda: "O Senhor é um Deus que sabe". Portanto, o conhecimento da verdade, por abundante que seja, não é um mal, mas um bem. Ora, o desejo do bem não é vicioso. Logo, não pode haver vício de curiosidade em matéria de conhecimento intelectual.

3. ADEMAIS, se o vício da curiosidade pudesse ter por matéria algum conhecimento intelectual, ele seria, sobretudo, o das ciências filosóficas. Ora, não parece vicioso aplicar-se a elas, pois Jerônimo diz: "Os que não quiseram se manchar, comendo e bebendo à mesa do rei, se soubessem que era pecado a sabedoria e a doutrina dos babilônios, jamais aquiesceriam em aprender o que não era lícito". E Agostinho afirma: "Se os filósofos ensinaram algumas verdades, devemos reivindicá-las ao nosso uso, como se eles fossem injustos proprietários delas". Logo, não pode haver curiosidade viciosa no conhecimento intelectual.

EM SENTIDO CONTRÁRIO, diz Jerônimo: "Não vos parece imersos na vaidade dos sentidos e na obscuridade mental os que, dia e noite, se atormentam com artifícios dialéticos ou os que perscrutam a natureza, querendo com os próprios olhos devassar os céus?" Ora, a vaidade dos sentidos e a obscuridade mental são vícios. Logo, pode haver curiosidade viciosa no conhecimento intelectual[a].

RESPONDO. A estudiosidade não tem relação direta com o conhecimento, mas com o desejo

---

3. *Super Dan.* 1, 8: ML 25, 497 A.
4. C. 40: ML 34, 63.
5. *Comment. in Epist. ad Eph.*, l. II, super 4, 7: ML 26, 504 C.
6. Q. 166, a. 2, ad 2.

---

a. Com as objeções deste artigo e o argumento em sentido contrário, abre-se o dossiê de um grande debate tradicional na cristandade. O cristão pode consagrar as forças vivas de seu intelecto a pesquisas científicas ou filosóficas? Não seria fazer pouco daquilo que Cristo considera como a única coisa necessária?
A resposta de Sto. Tomás é límpida. Alcançar a verdade é um bem em si. Mas nossos meios na busca da verdade são limitados. E é por isso que, na organização de nosso trabalho, não escapamos a certas opções, a certas prioridades; é aí que a desordem pode se insinuar, e os obstáculos são enormes.

nem, sed circa appetitum et studium cognitionis acquirendae. Aliter autem est iudicandum de ipsa cognitione veritatis: et aliter de appetitu et studio veritatis cognoscendae. Ipsa enim veritatis cognitio, per se loquendo, bona est. Potest autem per accidens esse mala, ratione scilicet alicuius consequentis: vel inquantum scilicet aliquis de cognitione veritatis superbit, secundum illud 1Cor 8,1, *Scientia inflat*; vel inquantum homo utitur cognitione veritatis ad peccandum.

Sed ipse appetitus vel studium cognoscendae veritatis potest habere, rectitudinem vel perversitatem. Uno quidem modo, prout aliquis tendit suo studio in cognitionem veritatis prout per accidens coniungitur ei malum: sicut illi qui student ad scientiam veritatis ut exinde superbiant. Unde Augustinus dicit, in libro *de Moribus Eccle.*[7]: *Sunt qui, desertis virtutibus, et nescientes quid sit Deus et quanta sit maiestas semper eodem modo manentis naturae, magnum aliquid se agere putant si universam istam corporis molem quam mundum nuncupamus, curiosissime intentissimeque perquirant. Unde etiam tanta superbia gignitur ut in ipso caelo, de quo saepe disputant, sibimet habitare videantur.* — Similiter etiam illi qui student addiscere aliquid ad peccandum, vitiosum studium habent: secundum illud Ier 9,5: *Docuerunt linguam suam loqui mendacium: ut inique agerent, laboraverunt.*

Alio autem modo potest esse vitium ex ipsa inordinatione appetitus et studii addiscendi veritatem. Et hoc quadrupliciter. Uno modo, inquantum per studium minus utile retrahuntur a studio quod eis ex necessitate incumbit. Unde Hieronymus dicit[8]: *Sacerdotes, dimissis Evangeliis et Prophetiis, videmus comoedias legere, et amatoria bucolicorum versuum verba cantare.* — Alio modo, inquantum studet aliquis addiscere ab eo a quo non licet: sicut patet de his qui aliqua futura a daemonibus perquirunt, quae est superstitiosa curiositas. De quo Augustinus dicit, in libro *de Vera Relig.*[9]: *Nescio an philosophi impedirentur a fide vitio curiositatis in percunctandis daemonibus.* — Tertio, quando homo appetit cognoscere veritatem circa creaturas non referendo ad debitum finem, scilicet ad cognitionem Dei. Unde Augus-

e o empenho por obtê-lo. Ora, é preciso analisar diferentemente o conhecimento da verdade e o desejo e o empenho por conquistá-la. Certamente, em si mesmo, o conhecimento da verdade, é bom. Pode, contudo, ser mau, acidentalmente, em razão de alguma consequência sua, por exemplo, quando alguém se orgulha com o conhecimento da verdade, e aí, segundo a primeira Carta aos Coríntios, "o conhecimento incha"; ou quando o homem se serve do conhecimento da verdade para pecar.

Quanto ao desejo e ao esforço no conhecimento da verdade, pode ser ele reto ou perverso. Assim é, no caso de alguém que tendendo aplicadamente ao conhecimento da verdade, junta a isso algum elemento mau, como seria aplicar-se ao conhecimento da verdade, para tirar daí motivo de orgulho. Por isso, diz Agostinho: "Pessoas há que, abandonando a virtude e ignorando quem é Deus e quão grande é a majestade da sua natureza imutável, imaginam realizar algo grandioso, quando estudam, no mais alto grau possível de curiosidade, essa massa material do universo a que chamamos mundo. Brota-lhes daí uma soberba tal que os leva a crer que vivem nesse mesmo céu que tanto discutem". — De igual modo, é vicioso o interesse com que alguns se empenham por aprender algo mais, com intenção pecaminosa, como diz o livro de Jeremias: "ensinaram mentiras às suas línguas, e se esforçaram para agir iniquamente".

Pode haver vício também na própria maneira desordenada de desejar e perseguir a aprendizagem da verdade. E isso, de quatro maneiras. Primeiro, quando, por um estudo menos útil, alguém desleixa outro ao qual deveria se aplicar, por obrigação. Donde a censura de Jerônimo: "Vemos sacerdotes esquecendo os Evangelhos e os Profetas, para lerem comédias e cantarem palavras de amor de versos bucólicos". — Segundo, quando alguém procura aprender de quem não se deve, como os que vão interrogar os demônios para conhecer o futuro, o que é curiosidade supersticiosa. Agostinho assim se refere a eles: "Não sei se os filósofos, pela curiosidade viciosa de consultar os demônios, não ficam impedidos de receber a fé". — Terceiro, quando o homem deseja conhecer a verdade sobre as criaturas, sem se reportar ao

---

7. C. 21, n. 38: ML 32, 1327.
8. Epist. 21, al. 146, *ad Damasum*, n. 13: ML 22, 386.
9. C. 4, n. 7: ML 34, 126.

tinus dicit, in libro *de Vera Relig*.¹⁰, quod *in consideratione creaturarum non est vana et peritura curiositas exercenda, sed gradus ad immortalia et semper manentia faciendus*. — Quarto modo, inquantum aliquis studet ad cognoscendam veritatem supra proprii ingenii facultatem: quia per hoc homines de facili in errores labuntur. Unde dicitur Eccli 3,22: *Altiora te ne quaesieris, et fortiora ne scrutatus fueris, et in pluribus operibus eius ne fueris curiosus*; et postea [v. 26] sequitur: *Multos enim supplantavit suspicio eorum, et in vanitate detinuit sensus eorum*.

AD PRIMUM ergo dicendum quod bonum hominis consistit in cognitione veri: non tamen summum hominis bonum consistit in cognitione cuiuslibet veri, sed in perfecta cognitione summae veritatis, ut patet per Philosophum, in X *Ethic*.¹¹. Et ideo potest esse vitium in cognitione aliquorum verorum, secundum quod talis appetitus non debito modo ordinatur ad cognitionem summae veritatis, in qua consistit summa felicitas.

AD SECUNDUM dicendum quod ratio illa ostendit quod cognitio veritatis secundum se sit bona: non tamen per hoc excluditur quin possit aliquis cognitione veritatis abuti ad malum, vel etiam inordinate cognitionem veritatis appetere; quia etiam oportet appetitum boni debito modo regulatum esse.

AD TERTIUM dicendum quod studium philosophiae secundum se est licitum et laudabile, propter veritatem quam philosophi perceperunt, Deo illis revelante, ut dicitur Rm 1,19. Sed quia quidam philosophi abutuntur ad fidei impugnationem, ideo Apostolus dicit, Cl 2,8: *Videte ne quis vos decipiat per philosophiam et inanem scientiam, secundum traditionem hominum, et non secundum Christum*. Et Dionysius dicit, in Epistola *ad Polycarpum*¹², de quibusdam philosophis, quod *divinis non sancte contra divina utuntur, per sapientiam Dei tentantes expellere divinam venerationem*.

fim devido, ou seja, ao conhecimento de Deus. Por isso, Agostinho diz que, "ao refletir sobre as criaturas, não devemos praticar uma vã e perecível curiosidade, mas utilizá-las como degraus para o que é imortal e permanente"ᵇ. — Quarto, quando alguém ambiciona conhecer uma verdade superior às suas possibilidades, pois assim cai, facilmente, em erros. Por isso, diz o livro do Eclesiástico: "O que é muito difícil para ti, não o procures; o que está acima de tuas forças, não o investigues nem sejas curioso a respeito das muitas obras dele". E depois acrescenta: "Muitos se transviaram por suas especulações; sua imaginação perversa falseou seus pensamentos".

QUANTO AO 1º, portanto, deve-se dizer que o bem do homem está em conhecer a verdade. Mas o seu bem máximo não está em conhecer toda e qualquer verdade e sim em conhecer, perfeitamente, a verdade suprema, como o mostra o Filósofo. Pode, então, haver vício no conhecimento de certas verdades, na medida em que essa busca não se ordena, devidamente, ao conhecimento da suma verdade, na qual se acha a suma felicidade.

QUANTO AO 2º, deve-se dizer que a objeção demonstra que o conhecimento da verdade é bom, em si mesmo; mas isso não impede que determinado conhecimento dela possa ser usado para o mal ou para desejá-la de forma desordenada, já que é preciso também que o desejo do bem seja, devidamente, regulado.

QUANTO AO 3º, deve-se dizer que em si, o estudo da filosofia é lícito e louvável, em razão da verdade que os filósofos encontraram por revelação divina, como diz a Carta aos Romanos. Como, porém, certos filósofos a usam para combater a fé, por isso o Apóstolo adverte: "Vigiai para que ninguém vos apanhe no laço da filosofia, esse vão embuste fundado na tradição dos homens, nos elementos do mundo e não mais em Cristo". E Dionísio, a respeito de certos filósofos, escreveu: "Usam as coisas divinas, impiamente, contra Deus, tentando destruir o respeito a ele devido, mediante essa própria sabedoria que vem de Deus".

---

10. C. 29, n. 52: ML 34, 145.
11. Cc. 7, 8: 1177, a, 19-21; 1178, b, 7-23.
12. Epist. 7: MG 3, 1080 AB.

b. Esse vício (numerado em 3º lugar) corre o risco de relançar o debate. Para Sto. Tomás, que todavia não é suspeito de recusar às ciências sua legítima autonomia, trata-se de uma curiosidade vã e perecível buscar a verdade relativa às criaturas, sem referir-se ao conhecimento de Deus. Até aí, ele segue a Sto. Agostinho. Mas muitos temerão essa influência do fim último sobre a pesquisa científica. Houve depois de Sto. Tomás abusos históricos nesse sentido.

O debate está longe de se encerrar, mesmo que Sto. Tomás pareça ter tomado partido no único sentido aceitável para quem quer que creia em Deus criador e fim último de todo o universo, incluindo das inteligências.

Articulus 2
Utrum vitium curiositatis sit circa sensitivam cognitionem

AD SECUNDUM SIC PROCEDITUR. Videtur quod vitium curiositatis non sit circa sensitivam cognitionem.

1. Sicut enim aliqua cognoscuntur per sensum visus, ita etiam aliqua cognoscuntur per sensum tactus et gustus. Sed circa tangibilia et gustabilia non ponitur vitium curiositatis: sed magis vitium luxuriae aut gulae. Ergo videtur quod nec circa ea quae cognoscuntur per visum, sit vitium curiositatis.

2. PRAETEREA, curiositas esse videtur in inspectione ludorum: unde Augustinus dicit, in VI *Confess.*[1], quod, *quodam pugnae casu, cum clamor ingens totius populi vehementer Alypium pulsasset, curiositate victus, aperuit oculos.* Sed inspectio ludorum non videtur esse vitiosa: quia huiusmodi inspectio delectabilis redditur propter repraesentationem, in qua homo naturaliter delectatur, ut Philosophus dicit, in sua *Poetria*[2]. Non ergo circa sensibilium cognitionem est vitium curiositas.

3. PRAETEREA, ad curiositatem pertinere videtur actus proximorum perquirere, ut dicit Beda[3]. Sed perquirere facta aliorum non videtur esse vitiosum: quia sicut dicitur Eccli 17,12, *unicuique mandavit Deus de proximo suo.* Ergo vitium curiositatis non est in huiusmodi particularibus sensibilibus cognoscendis.

SED CONTRA est quod Augustinus dicit, in libro *de Vera Relig.*[4], quod *concupiscentia oculorum reddit homines curiosos.* Ut autem dicit Beda[5], concupiscentia oculorum est non solum *in discendis magicis artibus*, sed etiam *in contemplandis spectaculis, et in dignoscendis et carpendis vitiis proximorum*: quae sunt quaedam particularia sensibilia. Cum ergo *concupiscentia oculorum* sit quoddam vitium, sicut etiam *superbia vitae* et *concupiscentia carnis*, contra quae dividitur, 1Io 2,16: videtur quod vitium curiositatis sit circa sensibilium cognitionem.

Artigo 2
O objeto do vício da curiosidade é o conhecimento sensível?

QUANTO AO SEGUNDO, ASSIM SE PROCEDE: parece que o objeto do vício da curiosidade **não** é o conhecimento sensível.

1. Com efeito, assim como se conhecem certas coisas pelo sentido da vista, outras se conhecem pelos sentidos do tato e do gosto. Ora, não se atribuem ao vício da curiosidade as coisas que são objeto do tato e do gosto, mas sim aos vícios da luxúria e da gula. Logo, parece que as coisas conhecidas pela vista também não são objeto do vício da curiosidade.

2. ALÉM DISSO, na assistência a jogos parece estar presente a curiosidade, tanto que Agostinho narra que "em certo momento da luta, o clamor forte e uníssono da multidão estremeceu Alípio, que, vencido pela curiosidade, abriu os olhos". Ora, assistir a jogos não parece vício, pois se trata de um espetáculo prazeroso, em que o homem, naturalmente, se compraz, como diz o Filósofo. Logo, não parece que o vício da curiosidade tenha por objeto o conhecimento das realidades sensíveis.

3. ADEMAIS, parece que é próprio da curiosidade investigar as ações do próximo, como diz Beda. Ora, isso não parece vicioso, pois, como diz o livro do Eclesiástico, "Deus a cada um deu mandamentos em relação a seu próximo". Logo, o vício da curiosidade não se dá no conhecimento dessas coisas sensíveis particulares.

EM SENTIDO CONTRÁRIO, diz Agostinho: "É a concupiscência dos olhos que torna os homens curiosos". E Beda, igualmente, afirma que a concupiscência dos olhos não está "só no aprendizado das artes mágicas", mas também "na assistência aos espetáculos e na investigação e na crítica dos vícios alheios", que são realidades sensíveis particulares. Portanto, como "a concupiscência dos olhos" é um vício, tal como "a soberba da vida" e "a concupiscência da carne", mas distinto destas últimas, segundo a primeira Carta de João, parece que o vício da curiosidade tem por objeto o conhecimento das coisas sensíveis.

2
1. C. 8: ML 32, 726.
2. C. 6: 1448, b, 9-14.
3. *Comment. in I Ioan.*, super 2, 16: ML 93, 92 D.
4. C. 38, n. 70: ML 34, 153.
5. Loc. cit.

RESPONDEO dicendum quod cognitio sensitiva ordinantur ad duo. Uno enim modo, tam in hominibus quam in aliis animalibus, ordinatur ad corporis sustentationem: quia per huiusmodi cognitionem homines et alia animalia vitant nociva, et conquirunt ea quae sunt necessaria ad corporis sustentationem. Alio modo, specialiter in homine ordinatur ad cognitionem intellectivam, vel speculativam vel practicam. Apponere ergo studium circa sensibilia cognoscentia, dupliciter potest esse vitiosum. Uno modo, inquantum cognitio sensitiva non ordinatur in aliquid utile, sed potius avertit hominem ab aliqua utili consideratione. Unde Augustinus dicit, in X *Confess.*[6]: *Canem currentem post leporem iam non specto cum in circo fit. At vero in agro, si casu transeam, avertit me fortassis ab aliqua magna cogitatione, atque ad se convertit illa venatio: et nisi iam mihi demonstrata infirmitate mea, cito admoneas, vanus hebesco.* — Alio modo, inquantum cognitio sensitiva ordinatur ad aliquod noxium: sicut inspectio mulieris ordinatur ad concupiscendum; et diligens inquisitio eorum quae ab aliis fiunt, ordinatur ad detrahendum.

Si quis autem cognitioni sensibilium intendit ordinate, propter necessitatem sustentandae naturae, vel propter studium intelligendae veritatis, est virtuosa studiositas circa sensibilem cognitionem.

AD PRIMUM ergo dicendum quod luxuria et gula sunt circa delectationes quae sunt in usu rerum tangibilium. Sed circa delectationem cognitionis omnium sensuum est curiositas. Et *vocatur concupiscentia oculorum, quia oculi sunt ad cognoscendum in sensibus principales, unde omnia sensibilia videri dicuntur*: ut Augustinus dicit, in X *Confess.*[7]. Et sicut Augustinus ibidem subdit, *ex hoc evidentius discernitur quid voluptatis, quid curiositatis agatur per sensus: quod voluptas pulchra, suavia, canora, sapida, lenia sectatur; curiositas autem etiam his contraria, tentandi causa, non ad subeundam molestiam, sed experiendi noscendique libidinem.*

AD SECUNDUM dicendum quod inspectio spectaculorum vitiosa redditur inquantum per hoc homo

RESPONDO. O conhecimento sensível tem duas finalidades. Em primeiro lugar, tanto nos homens como nos outros animais, ele está dirigido para o sustento do corpo, porque, por meio dele, o homem e os outros animais evitam o que lhes é nocivo e buscam o necessário à vida corporal. Em segundo lugar, o conhecimento sensível, particularmente no homem, ordena-se para o conhecimento intelectual, especulativo ou prático. Portanto, aplicar-se no estudo das coisas sensíveis pode ser vicioso de dois modos. Primeiramente, se o conhecimento sensível não se ordena a nada de útil, mas, ao contrário, desvia o homem de alguma reflexão útil. Por isso, Agostinho escreveu: "Não vou mais ao circo para ver cachorro correndo atrás de lebre. Mas se, por acaso, me ocorresse ver essa caçada no campo, ela me desviaria talvez de algum grande pensamento, atraindo-me a atenção, e se não me advertísseis e não me fizésseis logo ver a minha fraqueza, eu ficaria lá, vazio, de boca aberta". — Outro modo vicioso de aplicação às coisas sensíveis é orientar esse conhecimento para alguma coisa nociva, como fixar uma mulher para desejá-la ou interessar-se pela vida dos outros, para difamá-los.

Se, ao contrário, alguém busca, ordenadamente, o conhecimento sensível, pela necessidade de manter a própria natureza, ou pelo esforço de compreender a verdade, nesse caso estará praticando uma estudiosidade virtuosa, em matéria de conhecimento sensível.

QUANTO AO 1º, portanto, deve-se dizer que a luxúria e a gula têm como matéria os prazeres sentidos no trato de coisas sensíveis, ao passo que a curiosidade tem por matéria o prazer do conhecimento proporcionado por todos os sentidos. E essa curiosidade, diz Agostinho, "chama-se concupiscência dos olhos, por serem estes os mais importantes no conhecimento sensível e é por isso que se diz que todas as coisas sensíveis são visíveis". E ele prossegue, dizendo: "Por aí se discerne, com mais clareza, o que, na atividade dos sentidos, pertence à voluptuosidade e o que pertence à curiosidade. A primeira quer o belo, o sonoro, o saboroso, o agradável; a segunda, ao contrário, busca, precisamente, o oposto, não para sentir desprazer, mas pela paixão de experimentar e conhecer".

QUANTO AO 2º, deve-se dizer que o que torna perniciosa a assistência aos espetáculos é que,

---

6. C. 35, n. 57: ML 32, 803.
7. C. 35, nn. 54-55: ML 32, 802.

fit pronus ad vitia vel lasciviae vel crudelitatis, per ea quae ibi repraesentantur. Unde Chrysostomus dicit[8] quod *adulteros et inverecundos constituunt tales inspectiones.*

AD TERTIUM dicendum quod prospicere facta aliorum bono animo, vel ad utilitatem propriam, ut scilicet homo ex bonis operibus proximi provocetur ad melius, vel etiam ad utilitatem illius, ut scilicet corrigatur si quid ab eo agitur vitiose, secundum regulam caritatis et debitum officii, est laudabile: secundum illud Hb 10,24: *Considerate vos invicem in provocationem caritatis et bonorum operum.* Sed quod aliquis intendit ad consideranda vitia proximorum ad despiciendum vel detrahendum, vel saltem inutiliter inquietandum, est vitiosum. Unde dicitur Pr 24,15: *Ne insidieris et quaeras iniquitatem in domo iusti, neque vastes requiem eius.*

nas suas apresentações, eles inclinam o homem ao vício da lascívia ou da crueldade. Por isso, diz Crisóstomo, "esses espetáculos fazem os adúlteros e os impudicos".

QUANTO AO 3º, deve-se dizer que é louvável atentar, com boa intenção, para o que os outros fazem, se for para utilidade própria, vendo as boas ações alheias como estímulo a ser melhores, ou se for para a utilidade do próximo, para que este, seguindo as regras da caridade e do seu dever do ofício, se corrija no que estiver praticando de mal. Assim diz a Carta aos Hebreus: "Velemos uns pelos outros, para nos estimular à caridade e às boas obras". Ao contrário, é vicioso reparar nos erros do próximo para menosprezá-lo, difamá-lo ou, simplesmente, inquietá-lo, sem proveito algum. Por isso, está no livro dos Provérbios: "Não armes emboscada contra a casa do justo nem devastes seu lugar de repouso".

---

8. Homil. 6 *in Matth.*, n. 8: MG 57, 72.

QUAESTIO CLXVIII
DE MODESTIA SECUNDUM QUOD CONSISTIT IN EXTERIORIBUS MOTIBUS CORPORIS
in quatuor articulos divisa

Deinde considerandum est de modestia secundum quod consistit in exterioribus motibus corporis.

Et circa hoc quaeruntur quatuor.

Primo: utrum in exterioribus motibus corporis qui serio aguntur, possit esse virtus et vitium.

Secundo: utrum possit esse aliqua virtus circa actiones ludi.

Tertio: de peccato quod fit ex excessu ludi.

Quarto: de peccato ex defectu ludi.

ARTICULUS 1
Utrum in exterioribus motibus corporis sit aliqua virtus

AD PRIMUM SIC PROCEDITUR. Videtur quod in exterioribus motibus corporis non sit aliqua virtus.

QUESTÃO 168
A MODÉSTIA NOS MOVIMENTOS EXTERIORES DO CORPO
em quatro artigos

Em seguida, deve-se tratar da modéstia, no que se refere aos movimentos do corpo.

A esse respeito, quatro questões:
1. Pode haver virtude e vício nos movimentos exteriores do corpo, realizados com seriedade?
2. Pode haver alguma virtude nas atividades lúdicas?
3. Pode, nessas atividades, haver pecado por excesso?
4. Pode haver nelas pecado por falta?

ARTIGO 1
Há alguma virtude nos movimentos exteriores do corpo?

QUANTO AO PRIMEIRO ARTIGO, ASSIM SE PROCEDE: parece que nos movimentos exteriores do corpo **não** há virtude alguma.

---

1 PARALL.: Supra, q. 160, a. 2; III *Sent.*, dist. 33, q. 3, a. 2, q.la 1, ad 3.

1. Omnis enim virtus pertinet ad spiritualem animae decorem: secundum illud Psalmi [Ps 46,14], *Omnis gloria eius filiae regis ab intus*: Glossa[1]: *idest, in conscientia*. Sed motus corporales non sunt ab intus, sed exterius. Ergo circa huiusmodi motus non potest esse virtus.

2. Praeterea, *virtutes non sunt nobis a natura*: ut patet per Philosophum, in II *Ethic*.[2]. Sed motus corporales exteriores sunt hominibus a natura: secundum quam quidam sunt velocis motus et quidam tardi motus, et idem est de aliis differentiis exteriorum motuum. Ergo circa tales motus non attenditur aliqua virtus.

3. Praeterea, omnis virtus moralis est circa actiones quae sunt ad alterum, sicut iustitia: vel circa passiones, sicut temperantia et fortitudo. Sed exteriores motus corporales non sunt ad alterum usum: neque etiam sunt passiones. Ergo circa eos non est aliqua virtus.

4. Praeterea, in omni opere virtutis est studium adhibendum, ut supra[3] dictum est. Sed adhibere studium in dispositione exteriorum motuum est vituperabile: dicit enim Ambrosius, in I *de Offic*.[4]: *Est gressus probabilis in quo sit species auctoritatis, gravitatisque pondus, tranquilitatis vestigium: ita tamen si studium desit atque affectatio, sed motus sit purus ac simplex*. Ergo videtur quod circa compositionem exteriorum motuum non consistat virtus.

Sed contra est quod decor honestatis pertinet ad virtutem. Sed compositio exteriorum motuum pertinet ad decorem honestatis: dicit enim Ambrosius, in I *de Offic*.[5]: *Sicut molliculum et infractum aut vocis sonum aut gestum corporis non probo, ita neque agrestem aut rusticum. Naturam imitemur: effigies eius formula disciplinae, forma honestatis est*. Ergo circa compositionem exteriorum motuum est virtus.

Respondeo dicendum quod virtus moralis consistit in hoc quod ea quae sunt hominis per rationem ordinantur. Manifestum est autem quod exteriores motus hominis sunt per rationem ordinabiles: quia ad imperium rationis exteriora membra moventur. Unde manifestum est quod circa horum motuum ordinationem virtus moralis consistit.

1. Com efeito, toda virtude é um ornamento espiritual da alma, como diz o Salmo: "Toda a glória da filha do rei está no interior", e a Glosa comenta: "isto é, na consciência". Ora, os movimentos do corpo não são de dentro, mas exteriores. Logo, nesses movimentos não pode haver virtude.

2. Além disso, "as virtudes não existem em nós por natureza", como prova o Filósofo. Ora, os movimentos corporais exteriores estão no homem por natureza; e por ela alguns têm movimentos rápidos e outros, lentos, e o mesmo se dá com outras diferenças dos movimentos externos. Logo, nesses movimentos não há nenhuma virtude.

3. Ademais, todas as virtudes morais prendem-se a ações referentes aos outros, como a justiça, ou as paixões, como a temperança e a fortaleza. Ora, os movimentos corporais externos não se referem aos outros nem são paixões. Logo, neles não há nenhuma virtude.

4. Ademais, toda ação virtuosa requer esforço, como acima se explicou. Ora, é repreensível empregar esforços para harmonizar os movimentos exteriores, pois diz Ambrósio: "Merece aprovação o modo de andar que revele autoridade, seriedade, serenidade, num movimento natural e simples, sem nada de estudado, nada de afetado". Logo, parece que não existe virtude referente à ordem dos movimentos exteriores.

Em sentido contrário, deve-se lembrar que o decoro da honestidade pertence à virtude. Ora, a boa disposição dos movimentos externos pertence ao decoro da honestidade, pois Ambrósio diz: "Como não aprovo o tom de voz ou o gesto do corpo amaneirados e lânguidos, assim também não aprovo que sejam grosseiros e pesados. Imitemos a natureza: sua imagem é norma de comportamento e modelo de honestidade". Logo, há uma virtude ligada à harmonia dos nossos movimentos exteriores.

Respondo. Cabe à virtude moral ordenar, racionalmente, tudo o que é humano. Ora, é muito claro que os nossos movimentos externos podem ser ordenados pela razão, porque é pelo comando dela que os membros externos se movem. Fica, então, evidente que existe uma virtude moral ordenadora desses movimentos.

---

1. Interlin.; Lombardi: ML 191, 445 B.
2. C. 1: 1103, a, 23-26.
3. Q. 166, a. 1, 1 a; a. 2, ad 1.
4. C. 18, n. 75: ML 16, 45 B.
5. C. 19, n. 84: ML 16, 49 A.

Ordinatio autem horum motuum attenditur quantum ad duo: uno quidem modo, secundum convenientiam personae; alio modo, secundum convenientiam ad exteriores personas, negotia seu loca. Unde dicit Ambrosius, in I *de Offic.*[6]: *Hoc est pulchritudinem vivendi tenere, convenientia cuique sexui et personae reddere*: et hoc pertinet ad primum. Quantum autem ad secundum, subditur: *Hic ordo gestorum optimus, hic ornatus ad omnem actionem accommodus.*

Et ideo circa huiusmodi exteriores motus ponit Andronicus[7] duo. Scilicet *ornatum*, qui respicit convenientiam personae: unde dicit quod est *scientia circa decens in motu et habitudine*. Et *bonam ordinationem*, quae respicit convenientiam ad diversa negotia et ea quae circumstant: unde dicit quod est *experientia separationis*, idest distinctionis, *actionum*.

AD PRIMUM ergo dicendum quod motus exteriores sunt quaedam signa interioris dispositionis: secundum illud Eccli 19,27: *Amictus corporis, et risus dentium, et ingressus hominis, enuntiant de illo*. Et Ambrosius dicit, in I *de Offic.*[8], quod *habitus mentis in corporis statu cernitur*: et quod *vox quaedam animi est corporis motus.*

AD SECUNDUM dicendum quod, quamvis ex naturali dispositione habeat homo aptitudinem ad hanc vel illam dispositionem exteriorum motuum, tamen quod deest naturae, potest suppleri ex industria rationis. Unde Ambrosius dicit, in I *de Offic.*[9]: *Motum naturam informat: si quid sane in natura vitii est, industria emendet.*

AD TERTIUM dicendum quod, sicut dictum est[10], exteriores motus sunt quaedam signa interioris dispositionis, quae praecipue attenditur secundum animae passiones. Et ideo moderatio exteriorum motuum requirit moderationem interiorum passionum. Unde Ambrosius dicit, in I *de Offic.*[11], quod *hinc*, scilicet ex motibus exterioribus, *homo cordis nostri absconditus aut levior aut iactantior aut turbidior, aut gravior et constantior et purior et maturior aestinatur.*

Per motus etiam exteriores alii homines de nobis iudicium capiunt: secundum illud Eccli

Mas a ordenação deles pode ser considerada sob dois aspectos: segundo a conveniência da pessoa; ou segundo a conveniência de outras pessoas, negócios e lugares. Por isso, diz Ambrósio: "É garantir a beleza da vida respeitar o que convém a cada sexo e a cada pessoa". Isso, quanto ao primeiro aspecto. Quanto ao segundo, ele acrescenta: "Esta é a melhor ordem dos movimentos; este é o decoro de todas as ações".

Por isso, Andronico distingue duas coisas nesses movimentos exteriores: o "decoro", referente ao que convém à própria pessoa e que ele define como "a ciência do que cai bem nos gestos e nos costumes"; e "a boa ordem", referente aos diversos negócios e às suas circunstâncias e que ele define como "a prática do discernimento", ou seja, saber distinguir as ações.

QUANTO AO 1º, portanto, deve-se dizer que os movimentos exteriores são sinais da disposição interior, conforme diz o livro do Eclesiástico: "As vestes de um homem, o seu sorriso, seu modo de andar revelam quem ele é". E Ambrósio ajunta que "na atitude corporal se vê a disposição do espírito" e que "o movimento corporal é como uma voz da alma".

QUANTO AO 2º, deve-se dizer que, embora o homem por disposição natural tenha capacidade para ordenar desta ou daquela maneira os próprios movimentos externos, pode ele suprir, por empenho racional, o que lhe faltar por natureza. Por isso é que Ambrósio declara: "A natureza dá forma aos movimentos; mas, se alguma falha nela houver, que o engenho humano a corrija".

QUANTO AO 3º, deve-se dizer que os movimentos externos são sinais da disposição interior, que depende, sobretudo, das paixões da alma. Por essa razão, o controle dos movimentos exteriores exige o controle das paixões interiores. Daí a afirmação de Ambrósio: pelos movimentos exteriores é que "julgamos se um homem, no fundo do seu coração, é leviano, arrogante ou perturbado; ou se, pelo contrário, é ponderado, constante, puro e amadurecido".

É também pelos movimentos exteriores que os outros nos julgam, segundo ensina o livro do

---

6. C. 19, n. 84: ML 16, 49 A.
7. *De affectibus*, de Temperantia: inter *Fragm. Phil. Graec.*, ed. G. A. Mullachius, Parisiis 1867-1879, t. III, p. 576.
8. C. 18, n. 71: ML 16, 44 C.
9. C. 18, n. 75: ML 16, 45 C.
10. Resp. ad 1.
11. C. 18, n. 71: ML 16, 44 C.

19,26: *Ex visu cognoscitur vir, et ab occursu faciei cognoscitur sensatus*. Et ideo moderatio exteriorum motuum quodammodo ad alios ordinatur: secundum illud quod Augustinus dicit, in *Regula*[12]: *In omnibus motibus vestris nihil fiat quod cuiusquam offendat aspectum, sed quod vestram deceat sanctitatem*.

Et ideo moderatio exteriorum motuum potest reduci ad duas virtutes quas Philosophus tangit in IV *Ethic*.[13]. Inquantum enim per exteriores motus ordinamur ad alios, pertinet exteriorum motuum moderatio ad *amicitiam vel affabilitatem*, quae attenditur circa delectationes et tristitias quae sunt in verbis et factis in ordine ad alios quibus homo convivit. Inquantum vero exteriores motus sunt signa interioris dispositionis, pertinet eorum moderatio ad virtutem *veritatis*, secundum quam aliquis talem se exhibet in verbis et factis qualis est interius.

AD QUARTUM dicendum quod in compositione exteriorum motuum studium vituperatur per quod aliquis fictione quadam in exterioribus motibus utitur, ita quod interiori dispositioni non conveniant. Debet tamen tale studium adhiberi ut, si quid in eis inordinatum est, corrigatur. Unde Ambrosius dicit, in I *de Offic*.[14]: *Ars desit, non desit correctio*.

Eclesiástico: "Pelo semblante se reconhece o homem; pelo aspecto do rosto, a pessoa sensata". Por isso, a moderação desses movimentos se ordena, de certo modo, aos outros, como diz Agostinho: "Em todos os vossos movimentos, nada se faça que ofenda os olhos de quem quer que seja, mas só o que convém à vossa santidade".

Assim, a moderação desses movimentos pode reduzir-se a duas virtudes assinaladas por Aristóteles, pois, enquanto, pelos movimentos externos nos ordenamos aos outros, a moderação deles é operada pela amizade ou afabilidade, que demonstra, por palavras e por obras, nossa solidariedade com as alegrias e as tristezas dos que vivem conosco. Enquanto, porém, os movimentos exteriores são sinais de disposições interiores, a sua moderação é realizada pela virtude da verdade, com a qual se mostra, por palavras e por ações, o que se é intimamente.

QUANTO AO 4º, deve-se dizer que nessa questão dos movimentos exteriores, é censurável o esforço de alguns para demonstrar nos seus movimentos, afetadamente, o que não corresponde à sua disposição interior. Mas é necessário, por outro lado, corrigi-los, quando houver neles algo desordenado. Daí o dizer de Ambrósio: "Pode faltar o artifício, mas que não falte a correção".

ARTICULUS 2
Utrum in ludis possit esse aliqua virtus

AD SECUNDUM SIC PROCEDITUR. Videtur quod in ludis non possit esse aliqua virtus.

1. Dicit enim Ambrosius, in I *de Offic*.[1]: *Dominus ait: Vae vobis qui ridetis, quia flebitis. Non solum ergo profusos, sed etiam omnes iocos declinandos arbitror*. Sed illud quod potest virtuose fieri, non est totaliter declinandum. Non ergo circa ludos potest esse virtus.

2. PRAETEREA, virtus est *quam Deus in nobis sine nobis operatur*, ut supra[2] habitum est. Sed Chrysostomus dicit[3]: *Non dat Deus ludere, sed*

ARTIGO 2
Pode haver alguma virtude nas atividades lúdicas?

QUANTO AO SEGUNDO, ASSIM SE PROCEDE: parece que nas atividades lúdicas **não** pode haver alguma virtude.

1. Com efeito, afirma Ambrósio, "o Senhor diz: Ai de vós, os que rides, porque chorareis! Penso, então, que é preciso evitar não só os divertimentos exagerados, mas todos". Ora, o que pode ser praticado virtuosamente, não deve ser evitado de todo. Logo, não pode haver virtude alguma nos jogos.

2. ALÉM DISSO, "a virtude é algo pelo qual Deus age em nós, sem nós", como foi dito antes. Ora, Crisóstomo diz: "Não é Deus que nos inspira ao

---

12. Epist. 211, al. 109, n. 10: ML 33, 961.
13. Cc. 12, 13: 1126, b, 17-19; 1127, a, 13-14.
14. C. 18, n. 75: ML 16, 45 C.

PARALL.: IV *Sent*., dist. 16, q. 4, a. 2, q.la 1; *Cont. Gent*. III, 25; *in Isaiam*, c. 3; IV *Ethic*., lect. 16.

1. C. 23, n. 103: ML 16, 54 C.
2. I-II, q. 55, a. 4.
3. Homil. 6 *in Matth*., n. 6: MG 57, 70.

diabolus. Audi quid ludentes passi sunt: Sedit populus manducare et bibere, et surrexerunt ludere. Ergo circa ludos non potest esse virtus.

3. PRAETEREA, Philosophus dicit, in X *Ethic.*[4], quod *operationes ludi non ordinantur in aliquid aliud*. Sed ad virtutem requiritur *ut propter aliquid eligens operetur*: sicut patet per Philosophum, in II *Ethic*.[5]. Ergo circa ludos non potest esse aliqua virtus.

SED CONTRA est quod Augustinus dicit, in II *Musicae*[6]: *Volo tandem tibi parcas: nam sapientem decet interdum remittere aciem rebus agendis intentam*. Sed ista remissio animi a rebus agendis fit per ludicra verba et facta. Ergo his uti interdum ad sapientem et virtuosum pertinet. — Philosophus etiam[7] ponit virtutem *eutrapeliae* circa ludos: quam nos possumus dicere *iucunditatem*.

RESPONDEO dicendum quod, sicut homo indiget corporali quiete ad corporis refocillationem, quod non potest continue laborare, propter hoc quod habet finitam virtutem, quae determinatis laboribus proportionatur; ita etiam est ex parte animae, cuius etiam est virtus finita ad determinatas operationes proportionata, et ideo, quando ultra modum suum in aliquas operationes se extendit, laborat, et ex hoc fatigatur: praesertim quia in operationibus animae simul etiam laborat corpus, inquantum scilicet anima, etiam intellectiva, utitur viribus per organa corporea operantibus. Sunt autem bona sensibilia connaturalia homini. Et ideo, quando anima supra sensibilia elevatur operibus rationis intenta, nascitur exinde quaedam fatigatio animalis, sive homo intendat operibus rationis practicae, sive speculativae. Magis tamen si operibus contemplationis intendat, quia per hoc magis a sensibilibus elevatur: quamvis forte in aliquibus operibus exterioribus rationis practicae maior labor corporis consistat. In utrisque tamen tanto aliquis magis animaliter fatigatur, quanto vehementius operibus rationis intendat. Sicut autem fatigatio corporalis solvitur per corporis quietem, ita etiam oportet quod fatigatio animalis solvatur per animae quietem. Quies autem animae est delectatio: ut supra[8] habitum est, cum de passionibus ageretur. Et ideo oportet

jogo, mas o diabo. Ouve o que, certa feita, aconteceu com os que se divertiam: o povo sentou para comer e beber e levantou-se para jogar". Logo, não pode haver virtude nos jogos.

3. ADEMAIS, diz o Filósofo que "as atividades lúdicas não se ordenam a nenhum outro fim". Ora, para haver virtude é preciso que se aja por alguma finalidade, como ele mesmo o demonstra. Logo, não há virtude alguma nos jogos.

EM SENTIDO CONTRÁRIO, diz Agostinho: "Quero, enfim, que te poupes, pois convém ao sábio que afrouxe, de vez em quando, o rigor de sua aplicação ao dever". Ora, esse relaxamento mental em face das próprias obrigações acontece mediante palavras e atividades recreativas. Cabe, assim, ao sábio e ao virtuoso recorrer a elas, vez por outra. — O Filósofo, aliás, fala da eutrapelia, como uma virtude associada aos jogos, que poderíamos traduzir por jovialidade.

RESPONDO. Assim como o homem precisa de repouso para refazer as forças do corpo, que não pode trabalhar sem parar, pois tem resistência limitada, proporcional a determinadas tarefas, assim também a alma, cuja capacidade também é limitada e proporcional a determinadas operações. Portanto, quando realiza certas atividades superiores à sua capacidade, ela se desgasta e se cansa, sobretudo porque nessas atividades o corpo se consome juntamente, pois a própria alma intelectiva se serve de potências que operam por meio dos órgãos corporais. Ora, os bens sensíveis são conaturais ao homem. Por isso, quando a alma se eleva sobre o sensível para se dedicar a atividades racionais, gera-se aí certa fadiga psíquica, seja nas atividades da razão prática, seja nas da razão especulativa. Mas a fadiga é maior quando o homem se entrega à atividade contemplativa, porque é assim que ele se eleva ainda mais sobre as coisas sensíveis, embora em certas ações exteriores da razão prática possa haver, talvez, um cansaço físico maior. Em ambos os casos, porém, ocorre o cansaço da alma, tanto maior quanto mais se entrega às atividades da razão. Ora, assim como a fadiga corporal desaparece pelo repouso do corpo, assim também é preciso que o cansaço mental se dissipe pelo repouso mental. O repouso da mente

---

4. C. 6: 1176, b, 9-11.
5. C. 3: 1105, a, 31 — b, 5.
6. C. 15: ML 32, 1116.
7. *Eth.*, l. II, c. 7: 1108, a, 24-26.
8. I-II, q. 25, a. 2; q. 31, a. 1, ad 2.

remedium contra fatigationem animalem adhibere per aliquam delectationem, intermissa intentione ad insistendum studio rationis. Sicut in *Collationibus Patrum*[9] legitur quod beatus Evangelista Ioannes, cum quidam scandalizarentur quod cum cum suis discipulis ludentem invenerunt, dicitur mandasse uni eorum, qui arcum gerebat, ut sagittam traheret. Quod cum pluries fecisset, quaesivit utrum hoc continue facere posset. Qui respondit quod, si hoc continue faceret, arcus frangeretur. Unde beatus Ioannes subintulit quod similiter animus hominis frangeretur, si nunquam a sua intentione relaxaretur.

Huiusmodi autem dicta vel facta, in quibus non quaeritur nisi delectatio animalis, vocantur ludicra vel iocosa. Et ideo necesse est talibus interdum uti, quasi ad quandam animae quietem. Et hoc est quod Philosophus dicit, in IV *Ethic.*[10], quod *in huius vitae conversatione quaedam requies cum ludo habetur*: et ideo oportet interdum aliquibus talibus uti.

Circa quae tamen tria videntur praecipue esse cavenda. Quorum primum et principale est quod praedicta delectatio non quaeratur in aliquibus operationibus vel verbis turpibus vel nocivis. Unde Tullius dicit, in I *de Offic.*[11], quod *unum genus iocandi est illiberale, petulam, flagitiosum, obscenum*. — Aliud autem attendendum est, ne totaliter gravitas animae resolvatur. Unde Ambrosius dicit, in I *de Offic.*[12]: *Caveamus ne, dum relaxare animum volumus, solvamus omnem harmoniam, quasi concentum quendam bonorum operum*. Et Tullius dicit, in I *de Offic.*[13], quod *sicut pueris non omnem ludendi licentiam damus, sed eam quae ab honestatis actionibus non sit aliena; sic in ipso ioco aliquod probi ingenii lumen eluceat*. — Tertio autem est attendendum, sicut et in omnibus aliis humanis actibus, ut congruat personae et tempori et loco, et secundum alias circumstantias debite ordinetur: ut scilicet sit *et tempore et homine dignus*, ut Tullius dicit, ibidem[14].

Huiusmodi autem secundum regulam rationis ordinantur. Habitus autem secundum rationem

é o prazer, como acima se explanou ao se falar das paixões. Daí a necessidade de buscar remédio à fadiga da alma em algum prazer, afrouxando o esforço do labor mental. Nesse sentido, lê-se nas "Conferências dos Padres", que João Evangelista, quando alguém se escandalizou de o ver jogando com os discípulos, mandou um deles de arco na mão que disparasse uma seta. Depois que ele repetiu isso muitas vezes, perguntou-lhe se poderia fazê-lo sem parar, ao que o outro respondeu que, se assim procedesse, o arco se quebraria. Então, o santo observou que, da mesma forma, a alma se romperia se permanecesse sempre tensa.

Essas palavras e ações nas quais não se busca senão o prazer da alma chamam-se divertimentos ou recreações. Lançar mão delas, de quando em quando, é uma necessidade para o descanso da alma. E é o que diz o Filósofo, quando afirma que "em nosso dia a dia, é com os jogos que gozamos de algum repouso". Por isso, é preciso praticá-los, de vez em quando.

Três cuidados, porém, há de se ter nessa matéria. O primeiro e mais importante é que, em nossos divertimentos, não devem constar atos e palavras vergonhosos ou nocivos. Nesse sentido é que Túlio fala de "certas espécies de brincadeiras grosseiras, insolentes, indecentes e obscenas". — A segunda cautela a tomar é que não se perca totalmente a gravidade da alma. Por isso, recomenda Ambrósio: "Acautelemo-nos, ao querer relaxar mentalmente, para não perdermos toda a harmonia formada pelo concerto das boas obras". E Túlio declara ainda que, "assim como não permitimos às crianças qualquer tipo de jogo, senão os que constituem uma recreação honesta, assim também em nosso divertimento deve brilhar a luz de um espírito virtuoso". — Em terceiro lugar, importa atentar para que, como em todas as demais atividades humanas, os jogos se coadunem com as pessoas, com a ocasião e com o lugar e se organizem de acordo com as outras circunstâncias devidas, ou seja, que sejam "dignos do momento e do homem", na expressão de Túlio, na mesma obra supracitada.

Tudo isso se ordena pela regra da razão. Ora, o hábito que atua conforme a razão é uma virtude

---

9. Collat. 24, c. 21: ML 49, 1312-1315.
10. C. 14: 1127, b, 33 — 1128, a, 4.
11. Cap. 29: ed. C. F. W. Mueller, Lipsiae 1890, p. 36, ll. 10-11.
12. C. 20, n. 85: ML 16, 49 B.
13. Loc. cit.: ed. cit., p. 36, ll. 7-9.
14. Loc. cit.: ed. cit., p. 36, ll. 18-19.

operans est virtus moralis. Et ideo circa ludos potest esse aliqua virtus, quam Philosophus[15] eutrapeliam nominat. Et dicitur aliquis *eutrapelus* a *bona versione*: quia scilicet bene convertit aliqua dicta vel facta in solatium. Et inquantum per hanc virtutem homo refrenatur ab immoderantia ludorum, sub modestia continetur.

AD PRIMUM ergo dicendum quod, sicut dictum est[16], iocosa debent congruere negotiis et personis. Unde et Tullius dicit, in I *Rhet.*[17], quod quando auditores sunt defatigati, *non est inutile ab aliqua re nova aut ridicula oratorem incipere: si tamen rei dignitas non adimit iocandi facultatem.* Doctrina autem sacra maximis rebus intendit: secundum illud Pr 8,6: *Audite, quoniam de rebus magnis locutura sum.* Unde Ambrosius non excludit universaliter iocum a conversatione humana, sed a doctrina sacra. Unde praemittit: *Licet interdum honesta ioca ac suavia sint, tamen ab ecclesiastica abhorrent regula: quoniam quae in Scripturis sanctis non reperimus, ea quem ad modum usurpare possumus?*

AD SECUNDUM dicendum quod verbum illud Chrysostomi est intelligendum de illis qui inordinate ludis utuntur: et praecipue eorum qui finem in delectatione ludi constituunt, sicut de quibusdam dicitur Sap 15,12: *Aestimaverunt esse ludum vitam nostram.* Contra quod dicit Tullius, in I *de Offic.*[18]: *Non ita generati a natura sumus ut ad ludum et iocum facti esse videamur: sed ad severitatem potius, et ad quaedam studia graviora atque maiora.*

AD TERTIUM dicendum quod ipse operationes ludi, secundum suam speciem, non ordinantur ad aliquem finem. Sed delectatio quae in talibus actibus habetur, ordinatur ad quandam animae recreationem et quietem. Et secundum hoc, si moderate fiat, licet uti ludo. Unde Tullius dicit,

moral. Portanto, pode haver uma virtude que se ocupe com os jogos, virtude que o Filósofo denomina "eutrapelia". E quem a pratica é chamado de eutrapélico, ou "de jeito bom", porque facilmente ajeita palavras e atos em diversão repousante[a]. E essa virtude, por isso mesmo que refreia a pessoa para que evite excessos nos jogos, está incluída na modéstia.

QUANTO AO 1º, portanto, deve-se dizer que como foi exposto antes, qualquer brincadeira deve se adequar às pessoas e aos assuntos tratados. É o que Túlio sublinha, ao dizer que, para um auditório cansado, "não é inútil contar o orador algo de novidade ou de causar riso, a não ser que a seriedade do assunto tratado elimine a possibilidade de se brincar". Ora, a doutrina sagrada versa sobre matéria de extrema seriedade, conforme se diz no livro dos Provérbios: "Ouvi, é muito importante o que vou dizer". Por isso, Ambrósio não exclui sempre a brincadeira da vida humana, mas sim da doutrina sagrada e, antes do texto citado pela objeção, ele dissera: "Embora, às vezes, os jogos sejam honestos e agradáveis, contudo são incompatíveis com a norma eclesiástica, pois como poderemos admitir o que nas Escrituras não encontramos?"

QUANTO AO 2º, deve-se dizer que se deve interpretar essas palavras de Crisóstomo como alusão aos que se entregam aos jogos de forma desordenada e, principalmente, aos que não têm outro objetivo senão o prazer do jogo. Deles assim se diz no livro da Sabedoria: "A seus olhos, nossa vida é um jogo". Contra isso, escreveu Túlio: "Não fomos gerados pela natureza para sermos vistos como destinados aos divertimentos e aos jogos; mas, antes, à austeridade e a estudos mais sérios e mais importantes".

QUANTO AO 3º, deve-se dizer que as atividades lúdicas, em si mesmas, não se destinam a nenhum fim. Mas o prazer que se encontra nelas está voltado à recreação e ao repouso espiritual. Nesse sentido, é lícito praticá-las, desde que moderadamente. Donde estas palavras de Tú-

---

15. Cfr. arg. *sed c.*
16. In corp.
17. *De invent. rhet.*, l. I, c. 17: ed. Friedrich, Lipsiae 1893, p. 133, ll. 26-32.
18. Loc. cit.: ed. C. F. W. Mueller, Lipsiae 1890, p. 35, l. 36 — p. 36, l. 2.

a. A etimologia proposta por Sto. Tomás é perfeitamente exata. O adjetivo *eutrapelos* indica que o sujeito "se vira facilmente". O adjetivo é às vezes tomado em mau sentido, e significa então "versátil", ou "velhaco". Mas pode ser tomado em bom sentido, no sentido de "espírito flexível", "rápido nas respostas", "que brinca agradavelmente com as palavras", "de bom humor". O substantivo *eutrapelia* é raramente tomado no mau sentido, como "palhaçada"; em geral, designa o bom humor, a disposição a brincar prazerosa e espirituosamente.

in I *de Offic.*¹⁹: *Ludo et ioco uti quidem licet: sed, sicut somno et quietibus ceteris, tunc cum gravibus seriisque rebus satisfecerimus.*

lio: "Certamente, podemos nos entregar a jogos e brincadeiras, mas, como no sono e em outros descansos, só depois de satisfeitas as nossas obrigações graves e sérias".

Articulus 3
Utrum in superfluitate ludi possit esse peccatum

AD TERTIUM SIC PROCEDITUR. Videtur quod in superfluitate ludi non possit esse peccatum.

1. Illud enim quod excusat a peccato, non videtur esse peccatum. Sed ludus quandoque excusat a peccato: multa enim, si serio fierent, gravia peccata essent, quae quidem, ioco facta, vel nulla vel levia sunt. Ergo videtur quod in superabundantia ludi non sit peccatum.

2. PRAETEREA, omnia alia vitia reducuntur ad septem vitia capitalia: ut Gregorius dicit, XXXI *Moral.*¹. Sed superabundantia in ludis non videtur reduci ad aliquod capitalium vitiorum. Ergo videtur quod non sit peccatum.

3. PRAETEREA, maxime histriones in ludo videntur superabundare, qui totam vitam suam ordinant ad ludendum. Si ergo superabundantia ludi esset peccatum, tunc omnes histriones essent in statu peccati. Peccarent etiam omnes qui eorum ministerio uterentur, vel qui eis aliqua largirentur, tanquam peccati fautores. Quod videtur esse falsum. Legitur enim in *Vitis Patrum*², quod beato Paphnutio revelatum est quod quidam ioculator futurus erat sibi consors in vita futura.

SED CONTRA est quod, super illud Pr 14,13, *Risus dolori miscebitur et extrema gaudii luctus occupat*, dicit Glossa³: *luctus perpetuus.* Sed in superfluitate ludi est inordinatus risus et inordinatum gaudium. Ergo est ibi peccatum mortale, cui soli debetur luctus perpetuus.

RESPONDEO dicendum quod in omni eo quod est dirigibile secundum rationem, superfluum dicitur quod regulam rationis excedit, diminutum autem dicitur aliquid secundum quod deficit a regula rationis. Dictum est autem quod Iudicra sive iocosa

Artigo 3
Pode haver pecado no divertimento excessivo?

QUANTO AO TERCEIRO, ASSIM SE PROCEDE: parece que no divertimento excessivo **não** pode haver pecado.

1. Com efeito, o que escusa do pecado não parece ser pecado. Ora, o divertimento escusa, às vezes, do pecado, pois muitas coisas há que, feitas com seriedade, seriam pecados graves, mas feitas por brincadeira não são pecados ou são apenas pecados leves. Logo, parece que não há pecado no jogo excessivo.

2. ALÉM DISSO, todos os vícios se reduzem aos sete vícios capitais, como ensina Gregório. Ora, o excesso nos divertimentos não parece enquadrar-se em nenhum dos vícios capitais. Logo, parece que não é pecado.

3. ADEMAIS, os comediantes, cuja vida é inteiramente voltada à diversão, parecem entregar-se, mais que ninguém, a esses excessos. Logo, se o divertimento excessivo fosse pecado, estariam em pecado todos os comediantes, e também como colaboradores do pecado, todos os que contratam seus serviços ou os que os subsidiam. E isso parece falso, pois se lê na "Vida dos Padres", que foi revelado a Pafúncio que certo comediante seria seu companheiro na vida futura.

EM SENTIDO CONTRÁRIO, lê-se no livro dos Provérbios: "Até sorrindo o coração tem tristeza e a alegria termina em pesar". E a Glosa acrescenta: "pesar perpétuo". Ora, no divertimento exagerado há risos desordenados e alegrias desmedidas. Logo, há nele pecado mortal, ao qual corresponde seguramente um pesar perpétuo.

RESPONDO. Em tudo o que pode ser regulado pela razão, o excesso está em lhe ultrapassar as regras, como a falta está em ficar aquém dessas mesmas regras. Ora, os jogos e as brincadeiras, tanto de palavras como de ações, são reguláveis

---

19. Ibid.: ed. cit., p. 36, ll. 2-5.

3 PARALL.: IV *Ethic.*, lect. 16.

1. C. 45, al. 31, in vet. 17, n. 88: ML 76, 621 AC.
2. L. VIII, c. 63: ML 73, 1170 C.
3. Interlin.

verba vel facta sunt dirigibilia secundum rationem. Et ideo superfluum in ludo accipitur quod excedit regulam rationis. Quod quidem potest esse dupliciter. Uno modo, ex ipsa specie actionum quae assumuntur in ludum, quod quidem iocandi genus secundum Tullium[4] dicitur esse *illiberale, petulans, flagitiosum, obscenum*: quando scilicet utitur aliquis, causa ludi, turpibus verbis vel factis, vel etiam his quae vergunt in proximi nocumentum, quae de se sunt peccata mortalia. Et sic patet quod excessus in ludo est peccatum mortale.

Alio autem modo potest esse excessus in ludo secundum defectum debitarum circumstantiarum: puta cum aliqui utuntur ludo vel temporibus vel locis indebitis, aut etiam praeter convenientiam negotii seu personae. Et hoc quidem quandoque potest esse peccatum mortale, propter vehementiam affectus ad ludum, cuius delectationem praeponit aliquis dilectioni Dei, ita quod contra praeceptum Dei vel Ecclesiae talibus ludis uti non refugiat. Quandoque autem est peccatum veniale: puta cum aliquis non tantum afficitur ad ludum quod propter hoc vellet aliquid contra Deum committere.

AD PRIMUM ergo dicendum quod aliqua sunt peccata propter solam intentionem, quia scilicet in iniuriam alicuius fiunt: quam quidem intentionem excludit ludus, cuius intentio ad delectationem fertur, non ad iniuriam alicuius. Et in talibus ludus excusat a peccato, vel peccatum diminuit. — Quaedam vero sunt quae secundum suam speciem sunt peccata: sicut homicidium, fornicatio et similia. Et talia non excusantur per ludum: quinimmo ex his ludus redditur *flagitiosus* et *obscenus*.

AD SECUNDUM dicendum quod superfluitas in ludo pertinet ad *ineptam laetitiam*, quam Gregorius[5] dicit esse filiam gulae. Unde Ex 32,6 dicitur: *Sedit populus manducare et bibere, et surrexerunt ludere*.

AD TERTIUM dicendum quod, sicut dictum est[6], ludus est necessarius ad conversationem humanae vitae. Ad omnia autem quae sunt utilia conversationi humanae, deputari possunt aliqua officia licita. Et ideo etiam officium histrionum. Quod ordinatur ad solatium hominibus exhibendum, non est secundum se illicitum, nec sunt in statu

pela razão e, por isso, se considera divertimento excessivo o que ultrapassa a norma da razão. E isso pode ocorrer de dois modos. Primeiro, pela natureza mesma das ações praticadas nos jogos. É o caso da brincadeira chamada por Túlio de "grosseira, insolente, indecente e obscena"; que acontece quando se empregam, por divertimento, palavras ou atos vergonhosos ou prejudiciais ao próximo e são, em si mesmos, pecados mortais. E assim, o excesso nos jogos é pecado mortal.

Em segundo lugar, pode haver excesso no divertimento por falta das circunstâncias devidas, quando alguém, por exemplo, brinca em hora ou recinto impróprios ou fora da conveniência do assunto ou da pessoa. E isso pode, às vezes, ser pecado mortal, por causa da paixão exagerada pelo jogo, cujo amor se prefere ao amor de Deus, indo assim de encontro ao mandamentos de Deus ou da Igreja. Às vezes, contudo, é pecado venial, quando, por exemplo, o apego ao divertimento não é assim tão grande que possa levar alguém a cometer atos contrários a Deus, por causa dele.

QUANTO AO 1º, portanto, deve-se dizer que há coisas que são pecado só pela intenção, a saber, as que são feitas para prejudicar alguém. O jogo, por certo, exclui essa intenção, pois com ele se visa ao prazer e não ao mal alheio. Nesse caso, o jogo escusa do pecado ou o diminui. — Outras coisas há, porém, que são pecado pela sua própria espécie, como o homicídio, a fornicação e outras ações similares. Tudo isso não se justifica pelo jogo; antes, pelo contrário, a diversão proveniente deles torna-se indecente e obscena.

QUANTO AO 2º, deve-se dizer que o excesso nos divertimentos encaixa-se dentro da "alegria inepta", classificada por Gregório como filha da gula. Por isso, está no livro do Êxodo: "O povo sentou-se para comer e beber e levantou-se para jogar".

QUANTO AO 3º, deve-se dizer que na vida humana o jogo é uma necessidade. Ora, a tudo o que serve à existência humana correspondem algumas ocupações honestas, entre as quais a dos comediantes. Destinada a distrair as pessoas, essa profissão nada tem, em si, de ilícito, nem vivem em pecado os comediantes, se agirem com mo-

---

4. *De Offic.*, l. I, c. 29: ed. C. F. W. Mueller, Lipsiae 1890, p. 36, ll. 10-11.
5. Loc. cit. in arg. — Vide q. 148, a. 6.
6. Art. praec.

peccati: dummodo moderate ludo utantur, idest, non utendo aliquibus illicitis verbis vel factis ad ludum, et non adhibendo ludum negotiis et temporibus indebitis. Et quamvis in rebus humanis non utantur alio officio per comparationem ad alios homines, tamen per comparationem ad seipsos et ad Deum, alias habent seriosas et virtuosas operationes: puta dum orant, et suas passiones et operationes componunt, et quandoque etiam pauperibus eleemosynas largiuntur. Unde illi qui moderate eis subveniunt, non peccant, sed iusta faciunt, mercedem ministerii eorum eis attribuendo.

Si qui autem superflue sua in tales consumunt, vel etiam sustentant illos histriones qui illicitis ludis utuntur, peccant, quasi eos in peccato foventes. Unde Augustinus dicit, *super Ioan.*[7], quod *donare res suas histrionibus vitium est immane*. Nisi forte aliquis histrio esset in extrema necessitate: in qua esset ei subveniendum. Dicit enim Ambrosius, in libro *de Offic.*[8]: *Pasce fame morientem. Quisquis enim pascendo hominem servare poteris, si non paveris, occidisti.*

deração, ou seja, sem palavras ou ações ilícitas, nem levando na brincadeira assuntos e situações inadequadas para isso. E, embora na sociedade não desempenhem outro ofício em relação aos demais homens, contudo, no que diz respeito a eles próprios e a Deus, desenvolvem também outras atividades sérias e virtuosas, quando, por exemplo, oram, quando tratam de conciliar suas paixões e atividades e quando, às vezes, dão alguma esmola aos pobres. Por isso, os que os subsidiam, razoavelmente, não pecam, mas procedem com justiça, recompensando-lhes o serviço[b].

No entanto, os que dispendem os seus bens, exageradamente, com tais pessoas ou sustentam profissionais afeitos a divertimentos ilícitos, cometem pecados, porque, praticamente, estimulam-nos a pecar. Assim se entende por que Agostinho afirma ser "enorme vício dar seus bens aos comediantes". Tal coisa se permitiria, talvez, se um deles estivesse passando por extrema necessidade, devendo-se então socorrê-lo, pois Ambrósio recomenda: "Dá de comer ao que morre de fome, porque, se podes salvar a vida de alguém, dando-lhe de comer, e não o fazes, tu o matas".

ARTICULUS 4

Utrum in defectu ludi consistat aliquod peccatum

AD QUARTUM SIC PROCEDITUR. Videtur quod in defectu ludi non consistat aliquod peccatum.

1. Nullum enim peccatum indicitur poenitenti. Sed Augustinus dicit[1], de poenitente loquens: *Cohibeat se a ludis, a spectaculis saeculi, qui perfectam vult consequi remissionis gratiam.* Ergo in defectu ludi non est aliquod peccatum.

2. PRAETEREA, nullum peccatum ponitur in commendatione Sanctorum. Sed in commendatione quorundam ponitur quod a ludo abstinuerunt: dicitur enim Ier 15,17: *Non sedi in concilio ludentium*; et Tb 3,17 dicitur: *Nunquam cum ludentibus miscui me: neque cum his qui in levitate ambulant,*

ARTIGO 4

Pode ser pecado a falta de atividade lúdica?

QUANTO AO QUARTO, ASSIM SE PROCEDE: parece que a falta de atividade lúdica **não** pode ser pecado.

1. Com efeito, nenhum pecado pode ser imposto como penitência. Ora, Agostinho, referindo-se ao penitente, escreve: "Abstenha-se de divertimentos e espetáculos mundanos quem quiser obter a graça perfeita do perdão". Logo, não há pecado na falta de atividade lúdica.

2. ALÉM DISSO, nenhum pecado entra no elogio que se faz dos santos. Ora, alguns deles são elogiados por sua abstenção de brincadeiras, como se vê no livro de Jeremias: "Não procuro minha alegria frequentando a roda dos foliões", e no de Tobias: "Nunca frequentei lugares de divertimentos nem

---

7. Tract. 100, n. 2, super 16, 14: ML 35, 1891.
8. Cfr. *Sermon.*, serm. 81, al. 64, Dom. VIII post Pent., super Luc. 12, 18: ML 17, 593-594.

PARALL.: IV *Ethic.*, lect. 16.

1. *Liber de vera et falsa poenit.*, c. 15, n. 31: ML 40, 1126.

b. Sto. Tomás é claramente mais tolerante em relação aos atores do que muitos autores eclesiásticos antes e depois dele. A posição de Bossuet é célebre; não é única, pelo contrário!

participem me praebui. Ergo in defectu ludi non potest esse peccatum.

3. PRAETEREA, Andronicus[2] ponit *austeritatem*, quam inter virtutes numerat, esse *habitum secundum quem aliqui neque afferunt aliis delectationes collocutionum, neque ab aliis recipiunt*. Sed hoc pertinet ad defectum ludi. Ergo defectus ludi magis pertinet ad virtutem quam ad vitium.

SED CONTRA est quod Philosophus, in II[3] et IV[4] *Ethic*., ponit defectum in ludo esse vitiosum.

RESPONDEO dicendum quod omne quod est contra rationem in rebus humanis, vitiosum est. Est autem contra rationem ut aliquis se aliis onerosum exhibeat: puta dum nihil delectabile exhibet, et etiam delectationes aliorum impedit. Unde Seneca dicit[5]: *Sic te geras sapienter ut nullus te habeat tanquam asperum, nec contemnat quasi vilem*. Illi autem qui in ludo deficiunt, *neque ipsi dicunt aliquod ridiculum; et dicentibus molesti sunt*, quia scilicet moderatos aliorum ludos non recipiunt. Et ideo tales vitiosi sunt: et dicuntur *duri et agrestes*, ut Philosophus dicit, in IV *Ethic*.[6].

Sed quia ludus est utilis propter delectationem et quietem; delectatio autem et quies non propter se quaeruntur in humana vita, sed *propter operationem*, ut dicitur in X *Ethic*.[7]: defectus ludi minus est vitiosus quam ludi superexcessus. Unde Philosophus dicit, in IX *Ethic*.[8], quod *pauci amici propter delectationem sunt habendi*: quia parum de delectatione sufficit ad vitam, quasi pro condimento; sicut parum de sale sufficit in cibo.

AD PRIMUM ergo dicendum quod, quia poenitentibus luctus indicitur pro peccatis, ideo interdicitur eis ludus. Nec hoc pertinet ad vitium defectus: quia hoc ipsum est secundum rationem, quod in eis ludus diminuatur.

AD SECUNDUM dicendum quod Ieremias ibi loquitur secundum congruentiam temporis cuius status magis luctum requirebat. Unde subdit: *Solus sedebam: quoniam amaritudine replevisti me*.

tive comércio com pessoas levianas". Logo, não pode existir pecado na falta de atividade lúdica.

3. ADEMAIS, Andronico assim define a austeridade, que ele classifica como virtude: "Hábito pelo qual não oferecemos aos outros o prazer da nossa conversação nem deles o recebemos". Ora, isso significa falta de espírito lúdico. Logo, essa falta constitui antes uma virtude que um vício.

EM SENTIDO CONTRÁRIO, o Filósofo declara viciosa essa falta.

RESPONDO. Nas ações humanas, tudo o que vai contra a razão é vicioso. Ora, é contra a razão ser um peso para os outros, não lhes proporcionando, por exemplo, nenhum prazer e impedindo o prazer deles. Por isso, diz Sêneca: "Comporta-te sabiamente, de sorte que ninguém te considere intratável nem te menospreze como vulgar". Ora, os que se privam de toda diversão, nem eles dizem pilhérias e são molestos aos que as dizem não aceitando brincadeiras normais dos outros. E, por isso, tais pessoas são viciosas, "duras e mal educadas", como diz o Filósofo.

Como, porém, a atividade lúdica é útil pelo descanso e pelo prazer que causa e, por outro lado, como o prazer e o descanso não os buscamos, no dia a dia, por eles mesmos, mas sim pela ação, como ensina Aristóteles, por isso a falta dessa atividade é menos viciosa que o seu exagero. Daí a afirmação do Filósofo: "Para o nosso prazer, poucos amigos bastam", pois para tempero da vida basta um pouco de prazer, como uma pitada de sal é suficiente para a comida[c].

QUANTO AO 1º, portanto, deve-se dizer que assim como se impõe aos penitentes que lamentem seus pecados, assim também se proíbe que se entreguem aos divertimentos. E não se trata aí de um vício por defeito, porque, realmente, está de acordo com a razão que diminuam seus divertimentos.

QUANTO AO 2º, deve-se dizer que nessa passagem, Jeremias exprime-se de forma adequada a um tempo em que se impunha, preferentemente, o pranto. Por isso, acrescenta: "fico sozinho à mar-

---

2. *De affectibus*, de Temperantia: inter *Fragm. Phil. Graec.*, ed. G. A. Mullachius, Parisiis 1867-1879, t. III, p. 576.
3. C. 7: 1108, a, 25-26.
4. C. 14: 1128, b, 2-4.
5. Vide MARTINUM DE BRACARA, *Formula hon. vitae*, c. 3: ML 72, 26 A.
6. C. 14: 1128, a, 4-7.
7. C. 6: 1176, b, 34-1177, a, 1.
8. C. 10: 1170, b, 28-29.

---

c. A metáfora do tempero é divertida sem dúvida, uma forma da eutrapelia e explica bastante bem o ponto de vista de Sto. Tomás sobre este assunto.

— Quod autem dicitur Tb 3, pertinet ad ludum superfluum. Quod patet ex eo quod sequitur: *neque cum his qui in levitate ambulant participem me praebui.*

AD TERTIUM dicendum quod *austeritas*, secundum quod est virtus, non excludit omnes delectationes, sed superfluas et inordinatas. Unde videtur pertinere ad *affabilitatem*, quam Philosophus *amicitiam* nominat[9]: vel ad *eutrapeliam*, sive *iucunditatem*. Et tamen nominat et definit eam sic secundum convenientiam ad temperantiam, cuius est delectationes reprimere.

9. *Eth.*, l. IV, c. 12: 1126, b, 20-22.

gem, pois me encheste de amargura". — Quanto ao texto de Tobias, ele se refere aos divertimentos exagerados, como se vê claramente na sequência: "nem tive comércio com pessoas levianas".

QUANTO AO 3º, deve-se dizer que como virtude, a austeridade não exclui todos os prazeres, senão só os excessivos e desordenados. Por isso, parece pertencer à afabilidade, que o Filósofo chama de amizade, ou à eutrapelia ou à alegria. Mas Andronico cita e define assim a austeridade, pela sua ligação com a temperança, à qual compete reprimir os prazeres.

QUAESTIO CLXIX
DE MODESTIA SECUNDUM QUOD CONSISTIT IN EXTERIORI APPARATU

in duos articulos divisa

Deinde considerandum est de modestia secundum quod consistit in exteriori apparatu.
Et circa hoc quaeruntur duo.
Primo: utrum circa exteriorem apparatum possit esse virtus et vitium.
Secundo: utrum mulieres mortaliter peccent in superfluo ornatu.

ARTICULUS 1
Utrum circa exteriorem ornatum possit esse virtus et vitium

AD PRIMUM SIC PROCEDITUR. Videtur quod circa exteriorem ornatum non possit esse virtus et vitium.
1. Exterior enim ornatus non est in nobis a natura: unde et secundum diversitatem temporum et locorum variantur. Unde Augustinus dicit, in III *de Doct. Christ.*[1], quod *talares et manicatas tunicas habere apud veteres Romanos flagitium erat: nunc autem honesto loco natis non eas habere flagitium est.* Sed sicut Philosophus dicit, in II *Ethic.*[2], *naturalis inest nobis aptitudo ad virtutes*. Ergo circa huiusmodi non est virtus et vitium.
2. PRAETEREA, si circa exteriorem cultum esset virtus et vitium, oporteret quod superfluitas in talibus esset vitiosa, et etiam defectus vitiosus.

QUESTÃO 169
A MODÉSTIA NA APRESENTAÇÃO EXTERIOR

em dois artigos

Em seguida, deve-se tratar da modéstia, no que diz respeito à apresentação exterior.
A esse respeito, duas questões:
1. Pode haver virtude e vício na apresentação exterior?
2. Pecam mortalmente as mulheres que exageram nessa apresentação?

ARTIGO 1
Pode haver virtude e vício na apresentação exterior?

QUANTO AO PRIMEIRO ARTIGO, ASSIM SE PROCEDE: parece que na apresentação exterior **não** pode haver virtude e vício.
1. Com efeito, essa aparência não a temos por natureza, tanto que varia conforme o tempo e o lugar. Por isso, Agostinho escreveu: "Entre os antigos romanos era vergonhoso trajar túnicas talares e de mangas largas. Hoje, ao contrário, seria vergonhoso homens bem nascidos não as trajarem". Ora, como diz o Filósofo, "há em nós uma aptidão natural para a virtude". Logo, nessa matéria não há vício nem virtude.
2. ALÉM DISSO, se existisse virtude e vício no aparato exterior, o exagero e a deficiência quanto a isso seriam, necessariamente, viciosos. Ora, o

[1] PARALL.: Infra, q. 187, a. 6; *Quodlib.* X, q. 6, a. 3; *in Matth.*, c. 11; I *ad Tim.*, c. 2, lect. 2.

1. C. 12, n. 20: ML 34, 74.
2. C. 1: 1103, a, 25-26.

Sed superfluitas in cultu exteriori non videtur esse vitiosa: quia etiam sacerdotes et ministri altaris in sacro ministerio pretiosissimis vestibus utuntur. Similiter etiam defectus in talibus non videtur esse vitiosus: quia in laudem quorundam dicitur, Hb 11,37: *Circuierunt in melotis et in pellibus caprinis*. Non ergo videtur quod in talibus possit esse virtus et vitium.

3. PRAETEREA, omnis virtus aut est theologica, aut moralis, aut intellectualis. Sed circa huiusmodi non consistit virtus intellectualis, quae perficit in aliqua cognitione veritatis. Similiter etiam nec est ibi virtus theologica, quae habet Deum pro obiecto. Nec etiam est ibi aliqua virtutum moralium quas Philosophus tangit[3]. Ergo videtur quod circa huiusmodi cultum non possit esse virtus et vitium.

SED CONTRA, honestas ad virtutem pertinet. Sed in exteriori cultu consideratur quaedam honestas: dicit enim Ambrosius, in I *de Offic.*[4]: *Decor corporis non sit affectatus, sed naturalis; simplex, neglectus magis quam expeditus; non pretiosis et albentibus adiutus vestimentis, sed communibus: ut honestati vel necessitati nihil desit, nihil accedat nitori*. Ergo in exteriori cultu potest esse virtus et vitium.

RESPONDEO dicendum quod in ipsis rebus exterioribus quibus homo utitur, non est aliquod vitium: sed ex parte hominis qui immoderate utitur eis. Quae quidem immoderantia potest esse dupliciter. Uno quidem modo, per comparationem ad consuetudinem hominum cum quibus aliquis vivit. Unde dicit Augustinus, in III *Confess.*[5]: *Quae contra mores hominum sunt flagitia, pro morum diversitate vitanda sunt: ut pactum inter se civitatis et gentis consuetudine vel lege firmatum, nulla civis aut peregrini libidine violetur. Turpis enim est omnis pars universo suo non congruens*.

Alio modo potest esse immoderatio in usu talium rerum ex inordinato affectu utentis, ex quo quandoque contingit quod homo nimis libidinose talibus utatur, sive secundum consuetudinem eorum cum quibus vivit, sive etiam praeter eorum consuetudinem. Unde Augustinus dicit, in III *de Doct. Christ.*[6]: *In usu rerum abesse oportet libidi-*

cuidado excessivo com a própria aparência não parece vicioso, pois até os sacerdotes e os ministros do altar usam, no ministério sagrado, vestes preciosíssimas. Do mesmo modo, a falta de esmero, nesse caso, também não parece ser viciosa, pois a Carta aos Hebreus, elogiando alguns, diz: "Levaram uma vida errante, vestidos de peles de carneiro ou velos de cabra". Logo, não parece que possa haver virtude e vício nessa questão.

3. ADEMAIS, toda virtude é teologal, moral ou intelectual. Ora, nessa matéria, não existe virtude intelectual, pois esta aperfeiçoa o conhecimento da verdade. Também não há aí nenhuma virtude teologal, cujo objeto é Deus. Nem, finalmente, nenhuma das virtudes morais assinaladas pelo Filósofo. Logo, parece que não pode haver virtude e vício em matéria de vestuário exterior.

EM SENTIDO CONTRÁRIO, a honestidade pertence à virtude. Ora, na apresentação exterior se tem em conta certa honestidade, pois, diz Ambrósio: "Que o ornato do corpo não seja afetado, mas natural; simples e despretensioso, antes que rebuscado; não com roupagens preciosas e deslumbrantes, mas comuns, a fim de que não falte nada do que a honestidade e a necessidade exigem e nada de luxuoso apareça". Portanto, pode haver virtude e vício na apresentação exterior.

RESPONDO. Não é nas coisas exteriores utilizadas pelo homem que se encontra o vício, mas no próprio homem que usa mal delas. E esse mau uso pode acontecer de duas maneiras. Primeiramente, considerando-se o costume das pessoas com quem se vive. Por isso, diz Agostinho: "Os excessos contrários aos costumes humanos devem ser evitados, respeitando suas diversidades. Uma convenção estabelecida numa cidade ou num povo por costume ou por lei não deve ser violada pelo capricho de um cidadão ou de um forasteiro, pois toda parte em desarmonia com o seu todo é uma aberração".

Em segundo lugar, o mau uso dessas coisas da aparência exterior pode vir também de uma descontrolada afeição a elas por parte do usuário, levando-o, por vezes, a utilizá-las de modo sensual demais, esteja ele de acordo ou em desacordo com os costumes locais. Por isso, recomenda Agostinho: "Não se deve usar nada

---

3. *Eth.*, l. II, c. 7: 1107, a, 28-1108, b, 10.
4. C. 19, n. 83: ML 16, 48 B — 49 A.
5. C. 8, n. 15: ML 32, 689.
6. Loc. cit.

nem: quae non solum ipsa eorum inter quos vivit consuetudine nequiter abutitur; sed etiam saepe, fines eius egressa, foeditatem suam, quae inter claustra morum solemnium latitabat, flagitiosissima eruptione manifestat.

Contingit autem ista inordinatio affectus tripliciter, quantum ad superabundantiam. Uno modo, per hoc quod aliquis ex superfluo cultu vestium hominum gloriam quaerit: prout scilicet vestes et alia huiusmodi pertinent ad quendam ornatum. Unde Gregorius dicit, in quadam homilia[7]: *Sunt nonnulli qui cultum subtilium pretiosarumque vestium non putant esse peccatum. Quod videlicet si culpa non esset, nequaquam sermo Dei tam vigilanter exprimeret quod dives qui torquebatur apud inferos, bysso et purpura indutus fuisset. Nemo quippe vestimenta pretiosa*, scilicet excedentia proprium statum, *nisi ad inanem gloriam quaerit.* — Alio modo, secundum quod homo per superfluum cultum vestium quaerit delicias: secundum quod vestis ordinatur ad corporis fomentum. — Tertio modo, secundum quod nimiam sollicitudinem apponit ad exteriorem vestium cultum, etiam si non sit aliqua inordinatio ex parte finis.

Et secundum hoc, Andronicus[8] ponit tres virtutes circa exteriorem cultum. Scilicet, *humilitatem*, quae excludit intentionem gloriae. Unde dicit quod *humilitas est habitus non superabundans in sumptibus et praeparationibus.* — Et *per se sufficientiam*, quae excludit intentionem deliciarum. Unde dicit quod *per se sufficientia est habitus contentus quibus oportet, et determinativa eorum quae ad vivere convenit* (secundum illud Apostoli, 1Ti 6,8: *Habentes alimenta et quibus tegamur, his contenti simus*). — Et *simplicitatem*, quae excludit superfluam sollicitudinem talium. Unde dicit quod *simplicitas est habitus contentus his quae contingunt.*

Ex parte autem defectus similiter potest esse duplex inordinatio secundum affectum. Uno quidem modo, ex negligentia hominis qui non adhibet studium vel laborem ad hoc quod exteriori cultu utatur secundum quod oportet. Unde Philosophus dicit, in VII *Ethic.*[9], quod ad mollitiem pertinet quod *aliquis trahat vestimentum per terram, ut non laboret elevando ipsum.* — Alio modo, ex

com paixão, pois esta não só ofende, perversamente, o costume daqueles entre os quais se vive, como também, ultrapassando-lhes, muita vez, os limites, manifesta, com rompantes escandalosos, um descaramento antes escondido sob o véu de costumes públicos".

Ora, essa afeição desordenada pode manifestar seu exagero de três formas. Primeiro, quando se busca o prestígio social mediante um modo refinado de vestir-se e de enfeitar-se. Por isso, diz Gregório: "Julgam alguns que não é pecado usar um vestuário fino e precioso. Mas se não o fosse, jamais a palavra de Deus teria dito que o rico, atormentado no inferno, estivera vestido de linho fino e de púrpura, pois ninguém traja roupa preciosa, isto é, superior à sua condição, senão por vanglória". — Outra manifestação dessa exagerada preocupação com a roupa acontece quando nisso se buscam os prazeres do corpo, vendo na roupa um atrativo para tais prazeres. — E a terceira manifestação seria a preocupação exagerada com a roupa, ainda que não interfira nenhuma finalidade má.

A essa tríplice desordem Andronico opõe três virtudes relacionadas com a apresentação externa. Uma é a humildade, que exclui a busca da glória e, segundo ele, "não se excede em gastos e enfeites". — Outra virtude é o contentar-se com o suficiente, o que exclui a busca da afetação. "É o hábito de se satisfazer com o necessário e que determina o que é conveniente para se viver", de acordo com a palavra do Apóstolo: "Se temos alimento e vestuário, contentar-nos-emos com isso". — Por fim, tem-se a simplicidade, que exclui a preocupação exagerada com essas coisas, e que ele define como "o hábito pelo qual nos contentamos com o que nos é dado".

Olhando, agora, a questão pelo lado da deficiência, podem-se distinguir duas desordens segundo o afeto. A primeira, por negligência, quando não se tem cuidado nem diligência em se vestir corretamente. Por essa razão, o Filósofo diz que é relaxamento "deixar o manto arrastar-se pelo chão, sem nenhum empenho por levantá-lo". — A segunda é a dos que se vangloriam dessa

---

7. Hom. 40 *in Evang.*, n. 3: ML 76, 1305 A B.
8. *De affectibus*, de Temperantia: inter *Fragm. Phil. Graec.*, ed. G. A. Mullachius, Parisiis 1867-1879, t. III, p. 576.
9. C. 8: 1150, b, 3-16.

eo quod ipsum defectum exterioris cultus ad gloriam ordinant. Unde dicit Augustinus, in libro *de Serm. Dom. in Monte*[10], *non in solo rerum corporearum nitore atque pompa, sed etiam in ipsis sordibus et luctuosis esse posse iactantiam: et eo periculosiorem quod sub nomine servitutis Dei decipit*. Et Philosophus dicit, in IV *Ethic*.[11], quod *superabundantia et inordinatus defectus ad iactantiam pertinet*.

AD PRIMUM ergo dicendum quod, quamvis ipse cultus exterior non sit a natura, tamen ad naturalem rationem pertinet ut exteriorem cultum moderetur. Et secundum hoc, *innati sumus hanc virtutem suscipere*, quae exteriorem cultum moderatur.

AD SECUNDUM dicendum quod illi qui in dignitatibus constituuntur, vel etiam ministri altaris, pretiosioribus vestibus quam ceteri induuntur, non propter sui gloriam, sed ad significandam excellentiam sui ministerii vel cultus divini. Et ideo in eis non est vitiosum. Unde Augustinus dicit, in III *de Doct. Christ.*[12]: *Quisquis sic utitur exterioribus rebus ut metas consuetudinis bonorum inter quos versatur excedat, aut aliquid significat, aut flagitiosus est*: dum scilicet propter delicias vel ostentationem talibus utitur.

Similiter etiam ex parte defectus contingit esse peccatum: non tamen semper qui vilioribus quam ceteri vestibus utitur, peccat. Si enim hoc faciat propter iactantiam vel superbiam, ut se ceteris praeferat, vitium superstitionis est. Si autem hoc faciat propter macerationem carnis vel humiliationem spiritus, ad virtutem temperantiae pertinet. Unde Augustinus dicit, in III *de Doct. Christ.*[13]: *Quisquis restrictius rebus utitur quam se habeant mores eorum cum quibus vivit, aut temperans aut superstitiosus est*. — Praecipue autem competit vilibus vestimentis uti his qui alios verbo et exemplo ad poenitentiam hortantur: sicut fuerunt Prophetae, de quibus Apostolus ibi loquitur. Unde quaedam glossa[14] dicit, Mt 3,4: *Qui poenitentiam praedicat, habitum poenitentiae praetendit*.

AD TERTIUM dicendum quod huiusmodi exterior cultus iudicium quoddam est conditionis humanae. Et ideo excessus et defectus et medium in talibus possunt reduci ad virtutem *veritatis*, quam Philo-

mesma falta de cuidado com a aparência. Por isso, Agostinho diz que "pode haver vaidade não só no brilho e no luxo dos ornatos do corpo, mas até numa apresentação negligente e degradante e tanto mais perigosa quanto procura nos enganar, a pretexto do serviço de Deus". E o Filósofo diz que "tanto o excesso quanto a deficiência dizem respeito à jactância".

QUANTO AO 1º, portanto, deve-se dizer que embora o vestuário não seja algo natural, em si mesmo, contudo é da razão natural moderá-lo. E assim, somos "naturalmente inclinados a assumir essa virtude", que modera nossa apresentação exterior.

QUANTO AO 2º, deve-se dizer que as pessoas revestidas de dignidade como também os ministros do altar usam hábitos mais preciosos que os demais não para glória pessoal, mas para acentuar a excelência do seu cargo ou do culto divino. Nada, portanto, de errado nesse caso. E Agostinho diz: "Todo aquele que, no uso das coisas exteriores, sai fora dos limites habituais das pessoas de sua convivência, ou tem algo a representar, ou quer satisfazer a própria vaidade", pois usa disso para a sensualidade ou para ostentação.

Pode haver também pecado por deficiência, nessa matéria, mas nem sempre peca quem se veste pior que os outros. Cai, certamente, no vício da superstição quem o faz por jactância ou soberba, julgando-se superior aos demais. Se, porém, assim procede para mortificar sua carne ou humilhar seu espírito, praticará a virtude da temperança. Por isso, escreve Agostinho, "quem se serve das coisas exteriores com costumes mais sóbrios que o das pessoas com quem vive, ou é temperante ou é supersticioso". — Usar roupas mais vis é coisa que cabe àqueles que, pelas palavras e pelos exemplos, exortam os outros à penitência, como o fizeram os profetas de quem o Apóstolo está aí falando. Donde o comentário da Glosa ao Evangelho de Mateus: "Quem prega penitência, deve trajar hábito de penitência".

QUANTO AO 3º, deve-se dizer que o esmero no vestir-se é um indicativo da natureza humana. Por isso, o excesso, a falta e o meio-termo, nessa questão, podem se reportar à virtude da "verda-

---

10. L. II, c. 12, n. 41: ML 34, 1287.
11. C. 13: 1127, b, 29-31.
12. Loc. cit., n. 18: ML 34, 73.
13. Ibid., n. 18: ML 34, 73.
14. Ordin.: ML 114, 79 D.

sophus[15] ponit circa facta et dicta quibus aliquid de statu hominis significatur.

Articulus 2
Utrum ornatus mulierum sit sine peccato mortali

AD SECUNDUM SIC PROCEDITUR. Videtur quod ornatus mulierum non sit sine peccato mortali.

1. Omne enim quod est contra praeceptum divinae legis, est peccatum mortale. Sed ornatus mulierum est contra praeceptum divinae legis: dicitur enim 1Pe 3,3: *Quarum*, scilicet mulierum, *sit non extrinsecus capillatura, aut circundatio auri, aut indumenti vestimentorum cultus*. Ubi dicit Glossa[1] Cypriani: *Serico et purpura indutae Christum sincere induere non possunt: auro et margaritis adornatae et monilibus, ornamenta mentis et corporis perdiderunt*. Sed hoc non fit nisi per peccatum mortale. Ergo ornatus mulierum non potest esse sine peccato mortali.

2. PRAETEREA, Cyprianus dicit, in libro *de Habitu Virgin*.[2]: *Non virgines tantum aut viduas, sed et nuptas puto et omnes omnino feminas admonendas, quod opus Dei et facturam eius et plasma adulterare nullo modo debeant, adhibito flavo colore vel nigro pulvere vel rubore, aut quolibet lineamenta nativa corrumpente medicamine*. Et postea subdit: *Manus Deo inferunt, quando illud quod ille formavit, reformare contendunt. Impugnatio ista est divini operis, praevaricatio est veritatis. Deum videre non poteris, quando oculi tibi non sunt quos Deus fecit, sed quos diabolus infecit: de inimico tuo compta, cum illo pariter arsura*. Sed hoc non debetur nisi peccato mortali. Ergo ornatus mulieris non est sine peccato mortali.

3. PRAETEREA, sicut non congruit mulieri quod veste virili utatur, ita etiam ei non competit quod inordinato ornatu utatur. Sed primum est peccatum: dicitur enim Dt 22,5: *Non induatur mulier veste virili, nec vir veste muliebri*. Ergo videtur

Artigo 2
Os adornos das mulheres estão isentos de pecado mortal?

QUANTO AO SEGUNDO, ASSIM SE PROCEDE: parece que os adornos das mulheres **não** estão isentos de pecado mortal.

1. Com efeito, tudo o que vai contra um preceito da lei divina é pecado mortal. Ora, o enfeite feminino vai contra o preceito da lei divina, pois, referindo-se às mulheres, se diz na primeira Carta de Pedro: "Que vosso adorno não seja exterior: cabelos trançados, joias de ouro, vestidos elegantes". Ao que a Glosa de Cipriano acrescenta: "As que se vestem de seda e púrpura não podem, sinceramente, revestir-se de Cristo. As que se adornam de ouro, pérolas e joias, perderam a beleza da alma e do corpo". Ora, isso só acontece pelo pecado mortal. Logo, os adornos femininos não estão isentos de pecado mortal.

2. ALÉM DISSO, diz Cipriano: "Penso que devem ser advertidas não só as virgens ou as viúvas, mas também as casadas e todas as mulheres, sem exceção, para que não adulterem, de modo algum, a obra criada por Deus, usando tinturas loiras, pós escuros ou carmim ou qualquer outro preparado que mude os traços naturais do corpo". E, a seguir, ajunta: "Agem contra Deus, quando se esforçam por reformar o que ele formou. Isso contraria a obra divina. É uma traição à verdade. Não poderás ver a Deus, se teus olhos não são os que Deus fez e sim os que o diabo deformou. Se te deixaste enfeitar pelo inimigo, com ele também arderás". Ora, isso não se dá sem pecado mortal. Logo, os adornos femininos não estão isentos de pecado mortal.

3. ADEMAIS, assim como não convém à mulher usar roupa masculina, assim também não lhe convém ataviar-se desordenadamente. Ora, o primeiro procedimento é pecado, pois, diz o livro do Deuteronômio, "uma mulher não usará vestes de

---

15. *Eth.*, l. IV, c. 13: 1127, a, 23-26; a, 33 — b, 3.
PARALL.: *In Isaiam*, c. 3.
1. CYPRIAN., *De habitu virgin*., c. 13: ML 4, 452 A.
2. Cc. 15, 17: ML 4, 454 A — 455 B, 456 B.

a. Em todo arsenal de virtudes listadas por Aristóteles, é a verdade que é retida aqui. Para Sto. Tomás, nossa aparência exterior deve antes de mais nada ser "verdadeira", segundo a verdade de nossa situação.

quod etiam superfluus ornatus mulierum sit peccatum mortale.

SED CONTRA est quia secundum hoc videretur quod artifices huiusmodi ornamenta praeparantes mortaliter peccarent.

RESPONDEO dicendum quod circa ornatum mulierum sunt eadem attendenda quae supra[3] communiter dicta sunt circa exteriorem cultum: et insuper quiddam aliud speciale, quod scilicet muliebris cultus viros ad lasciviam provocat, secundum illud Pr 7,10: *Ecce, mulier occurrit illi ornatu meretricio praeparata ad decipiendas animas.* Potest tamen mulier licite operam dare ad hoc quod viro suo placeat: ne per eius contemptum in adulterium labatur. Unde dicitur 1Cor 7,34, quod *mulier quae nupta est, cogitat quae sunt mundi, quomodo placeat viro.* Et ideo si mulier coniugata ad hoc se ornet ut viro suo placeat, potest hoc facere absque peccato. Illae autem mulieres quae viros non habent, nec volunt habere, et sunt in statu non habendi, non possunt absque peccato appetere placere virorum aspectibus ad concupiscendum: quia hoc est dare eis incentivum peccandi. Et si quidem hac intentione se ornent ut alios provocent ad concupiscentiam, mortaliter peccant. Si autem ex quadam levitate, vel etiam ex vanitate propter quandam iactantiam, non semper est peccatum mortale, sed quandoque veniale. Et eadem ratio, quantum ad hoc, est de viris. Unde Augustinus dicit, in Epistola *ad Possidium*[4]: *Nolo ut de ornamentis auri vel vestis praeproperam habeas in prohibendo sententiam: nisi in eos qui neque coniugati sunt, neque coniugari cupientes, cogitare debent quomodo placeant Deo. Illi autem cogitant quae sunt mundi, quomodo placeant vel viri uxoribus, vel mulieres maritis: nisi quod capillos nudare feminas, quas etiam caput velare Apostolus iubet, nec maritatas decet.* In quo tamen possent aliquae a peccato excusari, quando hoc non fieret ex aliqua vanitate, sed propter contrariam consuetudinem: quamvis talis consuetudo non sit laudabilis.

homem; um homem não se vestirá com roupas de mulher". Logo, parece que os adornos exagerados das mulheres também são pecado mortal.

EM SENTIDO CONTRÁRIO, nessa ordem de ideias, também pecariam mortalmente os artesãos que fabricam tais ornamentos.

RESPONDO. Em relação aos adornos das mulheres, devem-se fazer as mesmas observações antes feitas, em geral, sobre a apresentação exterior, destacando, porém, algo especial, ou seja, que os adornos femininos despertam a lascívia nos homens, segundo o livro dos Provérbios: "Eis que essa mulher lhe vem ao encontro, trajada qual prostituta, toda insinuação". No entanto, pode a mulher, licitamente, empenhar-se por agradar ao marido, para evitar que ele, desdenhando-a, venha a cair em adultério. Por essa razão, se diz na primeira Carta aos Coríntios: "A mulher casada preocupa-se com as coisas do mundo: ela procura como agradar ao marido". Portanto, se a mulher casada se enfeita para agradar ao marido, pode fazê-lo sem pecado. Mas as que não têm marido nem os querem ter e vivem em celibato, não podem, sem pecado, querer agradar aos olhos dos homens, para lhes excitar a concupiscência, porque isso seria incentivá-los a pecar. Se, pois, se enfeitarem com essa intenção de provocar os outros à concupiscência, pecam mortalmente. Se o fizerem, porém, por leviandade, ou mesmo por um desejo vaidoso de aparecer, nem sempre será pecado mortal, mas às vezes venial. Diga-se o mesmo, aliás, a respeito dos homens[b]. Por isso, escreve Agostinho: "Sugiro-te que não te precipites em proibir enfeites de ouro ou vestes preciosas, a não ser aos que, não sendo casados nem querendo sê-lo, deveriam pensar em como agradar a Deus. Quanto aos outros, eles pensam nas coisas do mundo: os maridos, como agradarão às esposas; as mulheres, como agradarão aos maridos, sempre com a ressalva feita pelo Apóstolo, a saber, nem às mulheres casadas convém trazer os cabelos descobertos". Nesse caso, porém, ainda é possível que algumas mulheres fiquem isentas de pecado, se não agirem por vaidade, mas por um costume contrário, embora não recomendável[c].

---

3. Art. praec.
4. Epist. 245, al. 73, n. 1: ML 33, 1060.

  b. As mesmas regras valem para o coquetismo tanto dos homens como das mulheres. A observação deve ser inserida no dossiê daqueles que acusam Sto. Tomás de misoginia.
  c. Em princípio, Sto. Tomás reconhece a legítima diversidade dos costumes vestimentais. Mas percebemos claramente que sua tolerância não iria muito longe, tanto ele está imbuído da cultura à qual pertence. No seio de uma tradição eclesiástica bastante reservada em relação à ornamentação (pelo menos nas obras de edificação), ele adota uma posição aberta e matizada.

AD PRIMUM ergo dicendum quod, sicut Glossa[5] ibidem dicit, *mulieres eorum qui in tribulatione erant, contemnebant viros, et ut aliis placerent, se pulchre ornabant: quod fieri Apostolus prohibet. In quo etiam casu loquitur Cyprianus*: non autem prohibet mulieribus coniugatis ornari ut placeant viris, ne detur eis occasio peccandi cum aliis. Unde 1Ti 2,9 dicit Apostolus: *Mulieres in habitu ornato, cum verecundia et sobrietate ornantes se: non in tortis crinibus, aut auro aut margaritis aut veste pretiosa*: per quod datur intelligi quod sobrius et moderatus ornatus non prohibetur mulieribus, sed superfluus et inverecundus et impudicus.

AD SECUNDUM dicendum quod mulierum fucatio, de qua Cyprianus loquitur, est quaedam species fictionis, quae non potest esse sine peccato. Unde Augustinus dicit, in Epistola *ad Possidium*[6]: *Fucari figmentis, quo rubicundior vel candidior appareat, adulterina fallacia est, qua non dubito etiam ipsos maritos se nolle decipi, quibus solis permittendae sunt feminae ornari, secundum veniam, non secundum imperium*. Non tamen semper talis fucatio est cum peccato mortali: sed solum quando fit propter lasciviam, vel in Dei contemptum, in quibus casibus loquitur Cyprianus.

Sciendum tamen quod aliud est fingere pulchritudinem non habitam: et aliud est occultare turpitudinem ex aliqua causa provenientem, puta aegritudine vel aliquo huiusmodi. Hoc enim est licitum: quia secundum Apostolum, 1Cor 12,23, *quae putamus ignobiliora esse membra corporis, his honorem abundantiorem circumdamus*.

AD TERTIUM dicendum quod, sicut dictum est[7], cultus exterior debet competere conditioni personae secundum communem consuetudinem. Et ideo de se vitiosum est quod mulier utatur veste virili aut e conversio: et praecipue quia hoc potest esse causa lasciviae. Et specialiter prohibetur in lege, quia gentiles tali mutatione habitus utebantur ad idolatriae superstitionem. — Potest tamen quandoque hoc fieri sine peccato propter aliquam necessitatem: vel causa occultandi ab hostibus, vel propter defectum alterius vestimenti, vel propter aliquid aliud huiusmodi.

QUANTO AO 1º, portanto, deve-se dizer que como diz a Glosa nesse mesmo lugar, "as mulheres dos que passavam tribulação desprezavam os maridos e, para agradarem aos outros, se enfeitavam com capricho e é esse procedimento que o Apóstolo condena". Cipriano fala da mesma coisa, mas não proíbe às mulheres casadas que se arrumem para agradar aos esposos, a fim de não lhes dar ocasião de pecarem com outras. Daí a palavra do Apóstolo: "Quanto às mulheres, tenham um traje decente, adornem-se com pudor e modéstia: sem tranças nem joias de ouro ou pérolas ou vestidos suntuosos". Entende-se, por aí, que o adorno feminino sóbrio e moderado não é proibido, mas o exagerado, despudorado e indecente.

QUANTO AO 2º, deve-se dizer que os disfarces femininos, de que fala Cipriano, são uma espécie de mentira que não podem se esquivar de pecado. Razão por que diz Agostinho: "Pintar-se para parecer mais corada ou mais branca, é falsear a realidade. Tenho certeza de que os próprios maridos não querem se deixar enganar dessa forma e são eles o motivo pelo qual se permite, não se impõe, às mulheres que se enfeitem". Mas enfeitar-se nem sempre constitui pecado mortal, mas só quando é por luxúria ou por desprezo a Deus, razões a que Cipriano se refere.

Importa, contudo, considerar que não é a mesma coisa fingir uma beleza que não se tem e esconder um defeito proveniente de alguma causa, como uma doença ou outra coisa qualquer. Neste caso, nada há de errado, pois, segundo o Apóstolo, "quanto menos decentes são os nossos membros, mais decentemente os tratamos".

QUANTO AO 3º, deve-se dizer que a apresentação exterior deve corresponder à condição da pessoa, segundo o costume geral. Por isso, é, em si mesmo, pecaminoso uma mulher usar trajes masculinos e vice-versa, principalmente porque isso pode levar à lascívia. Trata-se de algo especialmente proibido pela lei, porque os pagãos lançavam mão desse recurso para se entregarem à superstição da idolatria. Pode-se, porém, fazer isso sem pecado, por alguma necessidade, como para ocultar-se dos inimigos, por falta de outras vestes, etc.[d]

---

5. Vide Glossam ordin. super I *Petr*. 3, 3: ML 114, 684 D.
6. Epist. 245, al. 73, n. 1: ML 33, 1060.
7. Art. praec.

d. Sob esse "etc.", os juízes de Joana d'Arc poderiam ter inscrito os motivos que ela dava para conservar suas vestimentas de homem.

AD QUARTUM dicendum quod, si qua ars est ad faciendum aliqua opera quibus homines uti non possunt absque peccato, per consequens artifices talia faciendo peccarent, utpote praebentes directe aliis occasionem peccandi: puta si quis fabricaret idola, vel aliqua ad cultum idololatriae pertinentia. Si qua vero ars sit cuius operibus homines possunt bene et male uti, sicut gladii, sagittae et alia huiusmodi, usus talium artium non est peccatum: et eae solae artes sunt dicendae. Unde Chrysostomus dicit, *super Matth.*[8]: *Eas solas oportet artes vocare quae necessariorum, et eorum quae continent vitam nostram, sunt tributivae et constructivae.* — Si tamen operibus alicuius artis ut pluries aliqui male uterentur, quamvis de se non sint illicitae, sunt tamen per officium principis a civitate extirpandae, secundum documenta Platonis[9].

Quia ergo mulieres licite se possunt ornare, vel ut conservent decentiam sui status, vel etiam aliquid superaddere ut placeant viris; consequens est quod artifices talium ornamentorum non peccant in usu talis artis: nisi forte inveniendo aliqua superflua et curiosa. Unde Chrysostomus dicit, *super Matth.*[10], quod *etiam ab arte calceorum et textorum multa abscindere oportet. Etenim ad luxuriam deduxerunt, necessitatem eius corrumpentes, artem male arti commiscentes.*

QUANTO AO 4º, deve-se dizer que se existir outro modo de produzir certas coisas que os homens não podem usar sem pecado, certamente pecarão os que as fabricarem, porque estarão oferecendo a outros ocasião direta de pecado. Tal seria o caso, por exemplo, de quem fabricasse ídolos ou outros objetos pertencentes a cultos idolátricos. Mas não é pecado o uso de produtos, como espadas, flechas, etc.[e], produtos de cujas artes podemos usar para o bem ou para o mal. Só essas artes, aliás, merecem o nome de artes. Por isso, diz Crisóstomo: "Devemos considerar como artes somente as que fornecem e produzem coisas necessárias e úteis à nossa vida". — No caso, porém, de prevalecer o mau uso delas, embora não sejam ilícitas, devem ser excluídas da sociedade, diz Platão.

Por conseguinte, como as mulheres podem se enfeitar, licitamente, para conservar sua dignidade pessoal, ou também para acrescentar algo mais que agrade ao marido, segue-se que os fabricantes de tais produtos não pecam exercendo esse mister, salvo se vierem a inventar novidades exageradas e estranhas. Por isso, Crisóstomo diz que "também na arte de fabricar calçados e tecidos, muita coisa se deveria eliminar, pois ela vem sendo orientada para a luxúria, desnaturando-a e misturando uma arte com outra, por alguma finalidade má".

---

8. Homil. 49, al. 50, n. 4: MG 58, 501.
9. PLAT., *Civit.*, III, 12: 401 B.
10. Loc. cit.

e. Transcrito em termos modernos: os que participam da fabricação de bombas atômicas podem estar isentos de pecado? Podem-se considerar as bombas atômicas como essas "obras das quais os homens podem fazer um bom ou mau uso, como os gládios e as flechas"? As opiniões se dividem, e não será Sto. Tomás quem acabará com a disputa. Cabe a nós tomarmos nossas próprias responsabilidades em nossos dias.

QUAESTIO CLXX
DE PRAECEPTIS TEMPERANTIAE
in duos articulos divisa

Deinde considerandum est de praeceptis temperantiae.
Et *primo:* de praeceptis ipsius temperantiae.
Secundo: de praeceptis partium eius.

QUESTÃO 170
OS PRECEITOS DA TEMPERANÇA
em dois artigos

Em seguida, devem-se considerar os preceitos da temperança.
1º. Os preceitos da temperança propriamente dita.
2º. Os preceitos de suas partes.

Articulus 1
Utrum praecepta temperantiae convenienter in lege divina tradantur

AD PRIMUM SIC PROCEDITUR. Videtur quod praecepta temperantiae inconvenienter in lege divina tradantur.

1. Fortitudo enim est potior virtus quam temperantia, ut supra[1] dictum est. Sed nullum praeceptum fortitudinis, ponitur inter praecepta decalogi, quae sunt potiora legis praecepta. Ergo inconvenienter inter praecepta decalogi ponitur prohibitio adulterii, quod contrariatur temperantiae, ut ex supra[2] dictis patet.

2. PRAETEREA, temperantia non solum est circa venerea, sed etiam circa delectationem ciborum et potuum. Sed inter praecepta decalogi non prohibetur aliquod vitium pertinens ad delectationem ciborum et potuum: neque etiam pertinens ad aliquam aliam speciem luxuriae. Ergo neque etiam debet poni aliquod praeceptum prohibens adulterium, quod pertinet ad delectationem venereorum.

3. PRAETEREA, principalius est in intentione legislatoris inducere ad virtutes quam vitia prohibere: ad hoc enim vitia prohibentur, ut virtutum impedimenta tollantur. Sed praecepta decalogi sunt principalia in lege divina. Ergo inter praecepta decalogi magis debuit poni praeceptum aliquod affirmativum directe inducens ad virtutem temperantiae, quam praeceptum negativum prohibens adulterium, quod ei directe opponitur.

IN CONTRARIUM est auctoritas Scripturae.

RESPONDEO dicendum quod, sicut Apostolus dicit, 1Ti 1,5, *finis praecepti caritas est*, ad quam duobus praeceptis inducimur pertinentibus ad dilectionem Dei et proximi. Et ideo illa praecepta in decalogo ponuntur quae directius ordinantur ad dilectionem Dei et proximi. Inter vitia autem temperantiae opposita, maxime dilectioni proximi videtur opponi adulterium, per quod aliquis usurpat sibi rem alienam, abutendo scilicet uxore proximi. Et ideo inter praecepta decalogi praecipue prohibetur adulterium, non solum secundum quod opere exercetur, sed etiam secundum quod corde concupiscitur.

Artigo 1
Os preceitos da temperança estão bem indicados na lei divina?

QUANTO AO PRIMEIRO ARTIGO, ASSIM SE PROCEDE: parece que os preceitos da temperança **não** estão bem indicados na lei divina.

1. Com efeito, a fortaleza é uma virtude mais importante que a temperança, como se viu acima. Ora, no decálogo, que encerra os mais importantes preceitos da lei, não figura nenhum preceito sobre a fortaleza. Logo, não está bem afirmada, entre os preceitos do decálogo, a proibição do adultério, que é contrário à temperança, como foi dito antes.

2. ALÉM DISSO, a temperança não só regula a vida sexual, como também os prazeres do comer e do beber. Ora, nos preceitos do decálogo não se proíbe nenhum vício referente a esses prazeres ou a outra espécie de luxúria que não o adultério. Logo, também não deveria haver aí nenhum preceito proibitivo do adultério, relacionado ao prazer sexual.

3. ADEMAIS, na intenção do legislador é mais importante despertar a virtude que proibir os vícios, pois a proibição destes visa suprimir os obstáculos à virtude. Ora, os preceitos do decálogo são os mais importantes na lei divina. Logo, entre esses preceitos deveria existir, antes, um preceito positivo, que induzisse, diretamente, à temperança, do que um preceito negativo, de proibição do adultério, que é diretamente contrário a ela.

EM SENTIDO CONTRÁRIO, está a palavra da Escritura.

RESPONDO. Como diz o Apóstolo, "o objetivo do preceito é a caridade", à qual somos conduzidos pelos dois mandamentos relativos ao amor de Deus e ao amor do próximo. Por essa razão, no decálogo aparecem os preceitos mais diretamente ordenados ao amor de Deus e do próximo. Ora, entre os vícios opostos à temperança, o que parece contrariar, sobremaneira, o amor ao próximo é o adultério, pelo qual se usurpa um bem alheio, ou seja, abusa-se da mulher do próximo. Por isso, entre os dez mandamentos, sobressai a proibição do adultério, não somente quando realizado de fato, mas também quando desejado no coração.

---

1 PARALL.: I-II, q. 100, a. 11, ad 3.

1. Q. 123, a. 12; q. 141, a. 8; I-II, q. 66, a. 4.
2. Q. 154, a. 1, 8.

AD PRIMUM ergo dicendum quod inter species vitiorum quae opponuntur fortitudini, nulla est quae ita directe contrarietur dilectioni proximi sicut adulterium, quod est species luxuriae, quae temperantiae contrariatur. — Et tamen vitium audaciae, quod opponitur fortitudini, quandoque solet esse causa homicidii, quod inter praecepta decalogi prohibetur: dicitur enim Eccli 8,18: *Cum audace non eas in via: ne forte gravet mala sua in te*.

AD SECUNDUM dicendum quod gula directe non opponitur dilectioni proximi, sicut adulterium: neque etiam aliqua alia species luxuriae. Non enim tanta fit iniuria patri per stuprum virginis, quae non est eius connubio deputata, quanta fit iniuria viro per adulterium, cuius corporis potestatem ipse habet, non uxor.

AD TERTIUM dicendum quod praecepta decalogi, ut supra[3] dictum est, sunt quaedam universalia divinae legis principia: unde oportet ea esse communia. Non potuerunt autem aliqua praecepta communia affirmativa de temperantia dari: quia usus eius variatur secundum diversa tempora, sicut Augustinus dicit, in libro de *Bono Coniug*.[4], et secundum diversas hominum leges et consuetudines.

ARTICULUS 2
Utrum convenienter tradantur in divina lege praecepta de virtutibus annexis temperantiae

AD SECUNDUM SIC PROCEDITUR. Videtur quod inconvenienter tradantur in divina lege praecepta de virtutibus annexis temperantiae.

1. Praecepta enim decalogi, ut dictum est[1], sunt quaedam universalia principia totius legis divinae. Sed *superbia est initium omnis peccati*, ut dicitur Eccli 10,15. Ergo inter praecepta decalogi debuit aliquod poni prohibitivum superbiae.

2. PRAETEREA, illa praecepta maxime debent in decalogo poni per quae homines maxime inclinan-

QUANTO AO 1º, portanto, deve-se dizer que entre as espécies de vícios contrários à fortaleza, não há nenhuma que se oponha ao amor do próximo tão diretamente como o adultério, que é uma espécie de luxúria, oposta à temperança. — Não obstante, o vício da audácia, que se opõe à fortaleza, é, às vezes, causa de homicídio, proibido por um dos preceitos do decálogo. É o que se lê no livro do Eclesiástico: "Não viajes com o audacioso, para que não te acabrunhes de males".

QUANTO AO 2º, deve-se dizer que nem a gula nem outras espécies de luxúria se opõem diretamente ao amor do próximo, como o adultério. Na verdade, a injustiça cometida contra um pai por um homem que estupra sua filha virgem, ao qual ela não está destinada em casamento, não é tão grande como a injustiça cometida contra um marido pelo adultério da sua esposa, sobre cujo corpo ele tem poder e não ela.

QUANTO AO 3º, deve-se dizer que os preceitos do decálogo são princípios universais da lei divina. Por isso, são, necessariamente, de ordem geral. Ora, não poderiam ser estabelecidos preceitos gerais e positivos sobre a temperança, porque a prática desta varia conforme a época, segundo ensina Agostinho, e conforme as diferentes leis e costumes[a].

ARTIGO 2
Os preceitos relativos às virtudes anexas à temperança estão bem indicados na lei divina?

QUANTO AO SEGUNDO, ASSIM SE PROCEDE: parece que **não** estão bem indicados na lei divina os preceitos relativos às virtudes anexas à temperança.

1. Com efeito, os preceitos do decálogo, são princípios universais de toda a lei divina. Ora, diz o livro do Eclesiástico, "soberba é o começo de todo pecado". Logo, entre os preceitos do decálogo deveria figurar um que proíbe a soberba.

2. ALÉM DISSO, no decálogo devem aparecer, sobretudo, os preceitos mais aptos a nos incentivar

---

3. Q. 122, a. 1, 4.
4. C. 15: ML 40, 385.

1. A. praec., ad 3.

a. Sto. Tomás tem consciência de que as formas de temperança virtuosa são relativas aos tempos e aos costumes; seria impossível classificá-las. Só, ou quase só, a proibição do adultério pode pretender à universalidade, devido à evidente desordem que ela implica em todos os tempos e em todos os lugares. É sobre isso, de qualquer modo, que incide o preceito do decálogo.

tur ad legis impletionem: quia ista videntur esse principalia. Sed per humilitatem, per quam homo Deo subiicitur, maxime videtur homo disponi ad observantiam divinae legis: unde obedientia inter gradus humilitatis computatur, ut supra[2] habitum est. Et idem etiam videtur esse dicendum de mansuetudine, per quam fit ut homo *divinae Scripturae non contradicat*, ut Augustinus dicit, in II *de Doct. Christ.*[3]. Ergo videtur quod de humilitate et mansuetudine aliqua praecepta in decalogo poni debuerunt.

3. PRAETEREA, dictum est[4] quod adulterium in decalogo prohibetur quia contrariatur dilectioni proximi. Sed etiam inordinatio exteriorum motuum, quae contrariatur modestiae, dilectioni proximi opponitur: unde Augustinus dicit, in *Regula*[5]: *In omnibus motibus vestris nihil fiat quod cuiusquam offendat aspectum*. Ergo videtur quod etiam huiusmodi inordinatio debuit prohiberi per aliquod praeceptum decalogi.

IN CONTRARIUM sufficit auctoritas Scripturae.

RESPONDEO dicendum quod virtutes temperantiae annexae dupliciter considerari possunt: uno modo, secundum se; alio modo, secundum suos effectus. Secundum se quidem, non habent directam habitudinem ad dilectionem Dei vel proximi: sed magis respiciunt quandam moderationem eorum quae ad ipsum hominem pertinent. Quantum autem ad effectus suos, possunt respicere dilectionem Dei vel proximi. Et secundum hoc, aliqua praecepta in decalogo ponuntur pertinentia ad prohibendum effectus vitiorum oppositorum temperantiae partibus: sicut ex ira, quae opponitur mansuetudini, procedit interdum aliquis ad homicidium, quod in decalogo prohibetur, vel ad subtrahendum debitum honorem parentibus. Quod etiam potest ex superbia provenire: ex qua etiam multi transgrediuntur praecepta primae tabulae.

AD PRIMUM ergo dicendum quod superbia est initium peccati, sed latens in corde: cuius etiam inordinatio non perpenditur communiter ab omnibus. Unde eius prohibitio non debuit poni inter praecepta decalogi, quae sunt sicut prima principia per se nota.

AD SECUNDUM dicendum quod praecepta quae inducunt ad observantiam legis, praesupponunt

ao cumprimento da lei, pois esses parecem ser os principais. Ora, a humildade, pela qual o homem se submete a Deus, parece ser a que melhor dispõe o homem a observar a lei divina, sendo, por isso, a obediência computada entre os graus da humildade. E o mesmo, ao que parece, se há de dizer da mansidão, que leva o homem a não se voltar contra a lei divina, como diz Agostinho. Logo, parece que no decálogo deveria constar algum preceito referente à humildade e à mansidão.

3. ADEMAIS, no decálogo se proíbe o adultério, porque contrário ao amor do próximo. Ora, a desordem dos movimentos exteriores, que é contrária à modéstia, também se opõe ao amor do próximo. Daí o conselho de Agostinho: "Em nossos movimentos nada haja que ofenda os olhares de ninguém". Logo, parece que essa desordem também deveria ter sido vetada por um preceito do decálogo.

EM SENTIDO CONTRÁRIO, basta a palavra da Escritura.

RESPONDO. As virtudes anexas à temperança podem ser consideradas de duas maneiras: em si mesmas e nos seus efeitos. Em si mesmas, não estão diretamente relacionadas ao amor de Deus ou do próximo, mas visam antes a certa moderação nas coisas referentes ao homem mesmo. Consideradas, porém, nos seus efeitos, elas podem dizer respeito ao amor de Deus ou ao amor do próximo. E, nesse aspecto, há no decálogo preceitos destinados a impedir os efeitos dos vícios opostos às partes da temperança. Assim, pela ira, que é oposta à mansidão, se passa, às vezes, ao homicídio, que está proibido no decálogo; ou se passa a recusar aos pais a honra devida, o que também pode vir da soberba, pela qual muitos transgridem os preceitos da primeira tábua da lei.

QUANTO AO 1º, portanto, deve-se dizer que a soberba é o começo do pecado, enquanto latente no coração. Sua desordem nem é avaliada da mesma forma por todos. Por isso, não foi necessário pôr a sua proibição entre os dez mandamentos, que são princípios primeiros, evidentes por si mesmos.

QUANTO AO 2º, deve-se dizer que os preceitos que incentivam à observância da lei pressupõem

---

2. Q. 161, a. 6.
3. C. 7, n. 9: ML 34, 39.
4. Art. praec.
5. Epist. 211, al. 109, n. 10: ML 33, 961.

iam legem. Unde non possunt esse prima legis praecepta, ut in decalogo ponantur.

AD TERTIUM dicendum quod inordinatio exteriorum motuum non pertinet ad offensam proximi secundum ipsam speciem actus, sicut homicidium, adulterium et furtum, quae in decalogo prohibentur: sed solum secundum quod sunt signa interioris inordinationis, ut supra[6] dictum est.

a própria lei. Por consequência, não podem ser os primeiros preceitos da lei, para figurar no decálogo[b].

QUANTO AO 3º, deve-se dizer que a desordem dos movimentos exteriores não constitui ofensa ao próximo, pela própria espécie do ato, como o homicídio, o adultério e o furto, que vêm proibidos no decálogo, mas só enquanto são sinais de uma desordem interior, como antes foi dito.

---
6. Q. 168, a. 1, ad 1, 3.
---

b. Esta solução, ao final do tratado, corre o risco de passar desapercebida. Entretanto, é rica em ensinamentos.

O objetante considerava como primordiais as virtudes que são diretamente em benefício da lei como tal: obediência, docilidade. Ele considerava, em acréscimo, que, se existem preceitos fundamentais na vida moral, são aqueles que concernem à submissão à lei. Que eu seja obediente, e eis toda a minha vida moral regulada, graças à lei e ao respeito que tenho por ela.

Esse tipo de moral nos é conhecida: obedece e todo o resto te será dado por acréscimo. Isso se justifica numa ética da lei, mas não em uma moral da virtude, tal como a de Sto. Tomás. Para este, não é razoável exigir obediência à lei antes mesmo que esta exista, o que suporia uma espécie de cheque em branco. É preciso primeiramente que a lei exista como obra da razão; é somente então que intervém o preceito de se submeter a ela. A obediência não é uma fôrma, um recipiente vazio à espera de ser preenchido por uma lei ainda a promulgar. É diante de uma lei existente e fundada na razão que a obediência adquire um caráter virtuoso.

Poucas distinções são tão fundamentais quanto esta na orientação de uma teologia moral. Ora, sabemos muito bem em que sentido a moral católica tendeu a orientar-se nos últimos séculos de sua história. Um retorno a Sto. Tomás sobre esse ponto seria particularmente benéfico.

OS CARISMAS
A SERVIÇO DA REVELAÇÃO

Introdução e notas por Jean-Pierre Torrell

INTRODUÇÃO

Para compreender a intenção à qual responde o grupo de questões que abordamos agora, importa ler atentamente as primeiras linhas da questão 171: "Após haver estudado em detalhe as virtudes e os vícios que pertencem à condição e ao estado de todo homem, resta estudar o que concerne especialmente a certas categorias de pessoas". Uma vez mais, o Autor nos remete a seu plano de conjunto: o que pertence ao estado e à condição de todos é aquilo de que ele tratou até o momento de maneira geral, primeiramente na I-II (primeira seção da segunda Parte), de maneira mais pormenorizada nas questões 1-170 da II-II (segunda seção da segunda Parte). Sobre esse fundo, destacam-se agora certos casos especiais, que correspondem a vocações específicas.

Três grandes considerações sobre o estudo se oferecem para que o projeto de Sto. Tomás esteja terminado: 1. A diversidade dos carismas, isto é, dos dons particulares concedidos a certas pessoas para o bem da comunidade (q. 171-178). 2. A diversidade das formas de vida, isto é, a maneira diferente pela qual homens e mulheres podem se pôr a serviço de Deus: vida ativa ou vida contemplativa (q. 179-182). 3. A diversidade de funções e estados ou, caso se queira, em termos mais atuais, mas segundo as próprias palavras de Sto. Tomás, que retoma as de São Paulo: a diversidade dos ministérios (q. 183-189). Vale a pena notar, Sto. Tomás se inspirou em uma mesma passagem de São Paulo para essa divisão tripartite (ver 1Co 12,4-6); sinal evidente de sua preocupação em manter-se o mais próximo do texto bíblico.

Dessas três considerações, só a primeira nos interessa diretamente nesta introdução. Em sua maior parte, ela consiste em um estudo aprofundado da noção de profecia (q. 171-175), mas engloba igualmente os dons das línguas (q. 176), do discurso (q. 177) e dos milagres (q. 178). Isso, todavia, não nos faz sair do tema da profecia, pois línguas e discurso são dados para a transmissão daquilo que o carisma profético permite conhecer; quanto ao dom dos milagres, ele se destina a confirmar a mensagem, ou seja, a torná-la digna de crédito. Esses diferentes dons, vistos na perspectiva global da comunicação da revelação que Deus faz aos homens, e que se trata de receber, transmitir e confirmar.

Lembrar a maneira pela qual Sto. Tomás insere o estudo da profecia na Suma não tem por efeito apenas salientar o rigor de sua ampla síntese. Permite-nos igualmente compreender a originalidade de seu projeto e explicar-nos que se trata também do ponto de chegada, pelo menos provisório, de pesquisas já iniciadas por seus predecessores. Com uma exceção, talvez, ele é o primeiro a situar essa análise no interior de um estudo bem mais vasto do agir humano em geral, e das diferentes vocações. Até então, os autores teológicos que haviam tratado da profecia haviam-no feito na forma de Questões disputadas; o próprio Sto. Tomás ainda procede assim no *De Veritate* (Questão XII). Apenas Filipe, o Chanceler, o havia abordado no interior de sua *Summa de Bono*, mas cerca de 40 anos antes, quando a reflexão sobre o assunto ainda estava começando. No momento em que Sto. Tomás escreve a Suma, ele dispõe de um conhecimento bem melhor de Aristóteles; ele possui além disso um conhecimento aprofundado dos trabalhos de dois confrades dominicanos, que o precederam nesse domínio: Hugo de Saint-Cher (ligeiramente posterior a Filipe, o Chanceler, em torno de 1230-1235) e Alberto Magno, que foi seu mestre e do qual ele mandou recopiar para seu uso o *De Prophetia*, assim como numerosas outras questões. Sem ceder à tentação de resenhar laureados, à cuja frente conviria situar Sto. Tomás de Aquino, é interessante ver em que ele se distingue de seus antecessores, e quais são os progressos que lhe podem ser atribuídos.

Como todos os seus confrades teólogos, Sto. Tomás deve muito, evidentemente, à teoria dos três tipos de visão que Sto. Agostinho havia elaborado em sua obra *O Gênesis em seu sentido literal* (Livro XII). Mas, enquanto a influência de Agostinho é preponderante em Hugo de Saint-Cher e em Alberto Magno, impedindo que os elementos aristotélicos se desenvolvam de maneira coerente, ela deixa de exercer sua hegemonia na construção de Sto. Tomás. Ele opta de maneira bem mais resoluta pela noética de Aristóteles, e o sinal mais seguro disso é a evocação constante que faz do papel das imagens no conhecimento, mesmo profético. Curiosamente, as citações de Aristóteles são bem menos numerosas em Sto. Tomás do que em Sto. Alberto (10 contra 17,

para um texto duas vezes mais longo), mas a real influência de Aristóteles é bem menor em Sto. Alberto do que em Sto. Tomás.

Seria de esperar que o texto de Sto. Tomás possuísse um teor racionalista mais pronunciado: é antes o contrário que se produz: longe de ceder a uma apresentação unicamente racional da profecia, Sto. Tomás mostra uma extraordinária atenção aos dados da sagrada Escritura concernentes à experiência profética. Uma mera comparação de números fala por si só: 45 citações da Bíblia em Filipe, 68 em Hugo, 40 em Sto. Alberto, 268 em Sto. Tomás. Mesmo se levarmos em conta o fato de que o tratado de Sto. Tomás é duas vezes mais extenso do que o de seus antecessores, obtemos ainda uma cifra claramente superior. Poderia tratar-se ainda de citações puramente ornamentais, sem unidade real, mas este não é o caso: acabamos de dizê-lo a respeito da diversidade dos carismas, dos estados de vida e dos ministérios; pode-se perceber isso novamente lendo o texto. Sto. Tomás dá a maior atenção ao dado bíblico, tanto em sua maneira de recolher as questões que este apresenta ao teólogo, como em sua maneira de responder a elas.

Além desses dois grandes pontos, devemos ainda a Sto. Tomás ter consolidado e talvez introduzido pelo menos outros três grandes progressos decisivos na reflexão teológica sobre nosso tema.
1. Ao referir-se à profecia como um carisma, e não como um hábito algo a que Hugo de Saint-Cher lhe havia preparado o caminho, ele não só enfatizou o caráter efêmero desse dom em sua distinção em relação à graça da fé, mas, ao situar seu estudo no movimento de conjunto da Suma, ele valorizou sua orientação social. 2. Ao abandonar a teoria da "visão no espelho da eternidade" (ver q. 173, a. 1), na qual todos os seus predecessores haviam em maior ou menor medida se firmado (mesmo quando souberam entrever a solução, permaneceram embaraçados pela terminologia obsoleta, que os havia desorientado). Sto. Tomás, com uma nitidez definitiva, distinguiu visão profética e visão beatífica. 3. Foi também o primeiro a ultrapassar a temática demasiado estreita da especificação da profecia pelo conhecimento dos futuros contingentes, ensinando que o "oculto" por excelência a que se refere a profecia é a própria realidade divina (ver q. 171, Prol. e a. 3, Respondo). Ao fazê-lo, ele integra plenamente o carisma profético na história da Revelação; o que não era inteiramente claro à leitura dos desenvolvimentos dos teólogos do século XIII.

Hoje dispomos de trabalhos exegéticos mais numerosos e precisos do que os que Sto. Tomás conhecia; mesmo a reflexão teológica progrediu em numerosos pontos. Mas, pela maneira segundo a qual ele se pôs à escuta dos dados bíblicos e pela qual aproveitou os trabalhos de seus predecessores, Sto. Tomás nos fornece nestas poucas páginas um excelente exemplo de método teológico, e apresenta-nos ao mesmo tempo um modelo sempre válido de abordar o mistério da Revelação.

QUAESTIO CLXXI
DE PROPHETIA
in sex articulos divisa

Postquam dictum est de singulis virtutibus et vitiis quae pertinent ad omnium hominum conditiones et status, nunc considerandum est de his quae specialiter ad aliquos homines pertinent. Invenitur autem differentia inter homines, secundum ea quae ad habitus et actus animae rationalis pertinent, tripliciter. Uno quidem modo secundum diversas gratias gratis datas: quia, ut dicitur 1Cor 12,4 sqq., *divisiones gratiarum sunt*, et *alii datur per Spiritum sermo sapientiae, alii sermo scientiae*, etc. — Alia vero differentia est secundum diversas vitas, activam scilicet et contemplativam, quae accipitur secundum diversa operationum studia. Unde et ibidem [v. 6] dicitur quod *divisiones operationum sunt*. Aliud enim est studium operationis in Martha, quae *sollicita erat et laborabat circa frequens ministerium*, quod pertinet ad vitam activam: aliud autem in Maria, quae, *sedens secus pedes Domini, audiebat verbum illius*, quod pertinet ad contemplativam, ut habetur Lc 10,39 sqq. — Tertio modo, secundum diversitatem officiorum et statuum: prout dicitur Eph 4,11: *Et ipse dedit quosdam quidem apostolos, quosdam autem prophetas, alios vero evangelistas, alios autem pastores et doctores*. Quod pertinet ad diversa ministeria, de quibus dicitur, 1Cor 12,5: *Divisiones ministrationum sunt*.

Est autem attendendum circa gratias gratis datas, de quibus occurrit consideratio prima, quod quaedam eorum pertinent ad cognitionem; quaedam vero ad locutionem; quaedam vero ad operationem. Omnia vero quae ad cognitionem pertinent, sub *prophetia* comprehendi possunt. Nam prophetia revelatio se extendit non solum ad futuros hominum eventus, sed etiam ad res divinas, et quantum ad ea quae proponuntur omnibus

QUESTÃO 171
A ESSÊNCIA DA PROFECIA
em seis artigos

Após haver estudado em detalhe as virtudes e os vícios que pertencem à condição e ao estado de todo homem, resta estudar o que concerne especialmente a certas categorias de pessoas

Ora, há uma tríplice diferença entre os homens no que se refere aos hábitos e aos atos da alma racional.

A primeira, provém das graças grátis dadas[a]; pois, como se diz na primeira Carta aos Coríntios, "há diversidade de graças" e, mais adiante, "a um é dada pelo Espírito a linguagem da sabedoria, a outro a linguagem da ciência" etc.

A segunda diferença decorre das diversas formas de vida, a saber, a ativa e a contemplativa, que se distinguem por suas operações. Por isso, nessa mesma passagem da Escritura se diz que "há diversidade de operações". Pois um era o gênero de ocupações de Maria, que "se afadigava muito na contínua lida da casa": o que é próprio da vida ativa; outra, porém, a maneira de viver de Maria, que, "sentada aos pés do Senhor, ouvia a Sua palavra": o que é próprio da vida contemplativa.

A terceira diferença se toma da diversidade de ofícios e de estados, como se diz na Carta aos Efésios: "Ele [Jesus] a uns constituiu apóstolos, a outros profetas, a outros evangelistas e a outros pastores e doutores". Aí estão os diversos ministérios de que se falava na primeira Carta aos Coríntios: "Há diversidade de ministérios".

Mas deve-se notar, a respeito das graças grátis dadas, das quais se tratará em primeiro lugar, que umas se referem ao conhecimento, outras ao discurso e outras à ação. Todas as que tocam ao conhecimento podem ser compreendidas na "profecia"[b]. Com efeito, a revelação profética se estende não só aos acontecimentos humanos futuros, mas também às coisas divinas. E alcança não só aquelas que se propõem a todos como ma-

---

a. Graças gratis datas ou carismas: "Carisma" é uma palavra bíblica que é estranha à língua de Sto. Tomás, mas esse termo traduz exatamente o que ele entende por graça "concedida gratuitamente" (*gratis data*), isto é, um dom específico que não se destina à santificação pessoal daquele que o recebe, mas que é concedido "em vista do bem de todos" (1Co 12,7). A profecia verifica essa definição em grau eminente, pois está inteiramente a serviço da comunidade, a quem se trata de transmitir a Palavra de Deus.

b. É importante assinalar, desde o início, que Sto. Tomás estende consideravelmente o sentido das palavras que ele utiliza neste contexto. A "profecia" designa em primeiro lugar um ato de conhecimento, mas também o discurso profético e, às vezes, também, o milagre que apoia esse discurso. Quanto aos "Profetas", não são apenas os profetas no sentido habitual do termo (Isaías ou Jeremias, por exemplo), mas igualmente os Sábios que refletiram sobre a mensagem profética, e a seu modo prolongaram a história da revelação; são também os Apóstolos, que foram os últimos elos dessa história; é enfim o próprio Jesus, que verifica em sua pessoa essa qualidade de profeta (embora ele seja bem mais do que um profeta).

credenda, quae pertinent ad *fidem*, et quantum ad altiora mysteria, quae sunt perfectorum, quae pertinent ad *sapientiam*; est etiam prophetica revelatio de his quae pertinent ad spirituales substantias, a quibus vel ad bonum vel ad malum inducimur, quod pertinet ad *discretionem spirituum*; extendit etiam se ad directionem humanorum actuum, quod pertinet ad *scientiam*; ut supra patebit. Et ideo primo occurrit considerandum de prophetia; et de raptu, qui est quidam prophetiae gradus.

De prophetia autem quadruplex consideratio occurrit: quarum prima est de essentia eius; secunda, de causa ipsius; tertia, de modo propheticae cognitionis; quarta, de divisione prophetiae.

Circa primum quaeruntur sex.
Primo: utrum prophetia pertineat ad cognitionem.
Secundo: utrum sit habitus.
Tertio: utrum sit solum futurorum contingentium.
Quarto: utrum propheta cognoscat omnia prophetabilia.
Quinto: utrum propheta discernat ea quae divinitus percipit, ab his quae proprio spiritu videt.
Sexto: utrum prophetiae possit subesse falsum.

ARTICULUS 1
Utrum prophetia pertineat ad cognitionem

AD PRIMUM SIC PROCEDITUR. Videtur quod prophetia non pertineat ad cognitionem.

1. Dicitur enim Eccli 48,14, quod *corpus Elisei mortuum prophetavit*: et infra, 49,18, dicitur de Ioseph quod *ossa ipsius visitata sunt, et post mortem prophetavit*. Sed in corpore vel ossibus post mortem non remanet aliqua cognitio. Ergo prophetia non pertinet ad cognitionem.

2. PRAETEREA, 1Cor 14,3 dicitur: *Qui prophetat, hominibus loquitur ad aedificationem*. Sed locutio est effectus cognitionis, non autem est ipsa cog-

téria de "fé", como a outros mais altos mistérios, que se comunicam aos perfeitos e que são objeto da "sabedoria". Além disso, a revelação profética pode abranger aquilo que diz respeito às substâncias espirituais, pelas quais somos induzidos ao bem e ao mal, e isto pertence ao "discernimento dos espíritos". Finalmente, a profecia se estende também à direção dos atos humanos, o que é próprio da "ciência", como se mostrará a seguir.

Por isso, deve-se tratar primeiro da profecia e do arrebatamento, que é um certo grau de profecia.

Acerca da profecia há quatro considerações a fazer: a primeira, sobre a sua essência; a segunda, sobre a sua causa; a terceira, sobre o modo do conhecimento profético; a quarta, sobre a divisão da profecia.

A respeito da primeira, seis questões:
1. A profecia pertence à ordem do conhecimento?
2. A profecia é um hábito?
3. A profecia só tem por objeto os futuros contingentes?
4. O profeta conhece tudo o que é do domínio da profecia?
5. O profeta distingue o que ele percebe por inspiração divina do que vê por seu próprio espírito?
6. A profecia pode conter erros?

ARTIGO 1
A profecia pertence à ordem do conhecimento?

QUANTO AO PRIMEIRO ARTIGO, ASSIM SE PROCEDE: parece que a profecia **não** pertence à ordem do conhecimento.

1. Com efeito, diz o livro do Eclesiástico que "o corpo de Eliseu depois de morto profetizou"; e, mais adiante, falando de José, diz-se que "seus ossos foram visitados, e depois da sua morte profetizaram". Ora, depois da morte não resta, no corpo ou nos ossos, nenhuma possibilidade de conhecimento. Logo, a profecia não pertence à ordem do conhecimento.

2. ALÉM DISSO, diz-se na primeira Carta aos Coríntios: "o que profetiza, fala aos homens para a sua edificação". Ora, o discurso é antes efeito

---

1 PARALL.: Part. III, q. 7, a. 8; *De Verit.*, q. 12, a. 1; *in Isaiam*, c. 1; I *ad Cor.*, c. 14, lect. 1; *ad Heb.*, c. 11, lect. 7.

nitio. Ergo videtur quod prophetia non pertinet ad cognitionem.

3. PRAETEREA, omnis cognoscitiva perfectio excludit stultitiam et insaniam. Sed haec simul possunt esse cum prophetia: dicitur enim Osee 9,7: *Scitote, Israel, stultum prophetam, insanum*. Ergo prophetia non est cognoscitiva perfectio.

4. PRAETEREA, sicut revelatio pertinet ad intellectum, ita inspiratio videtur, pertinere ad affectum: eo quod importat motionem quandam. Sed prophetia dicitur esse *inspiratio vel revelatio*, secundum Cassiodorum[1]. Ergo videtur quod prophetia non magis pertineat ad intellectum quam ad affectum.

SED CONTRA est quod dicitur 1Reg 9,9: *Qui enim Propheta dicitur hodie, vocabatur olim Videns*. Sed visio pertinet ad cognitionem. Ergo prophetia ad cognitionem pertinet.

RESPONDEO dicendum quod prophetia primo et principaliter consistit in cognitione: quia videlicet cognoscunt quaedam quae sunt procul remota ab hominum cognitione. Unde possunt dici prophetae a *phanos*, quod est apparitio: quia scilicet eis aliqua quae sunt procul, apparent. Et propter hoc, ut Isidorus dicit, in libro *Etymol.*[2], *in veteri Testamento appellabantur Videntes: quia videbant ea quae ceteri non videbant, et prospiciebant quae in mysterio abscondita erant*. Unde et gentilitas eos appellabat *vates, a vi mentis*.

Sed quia, ut dicitur 1Cor 12,7, *unicuique datur manifestatio Spiritus ad utilitatem*; et infra, 14,12, dicitur, *Ad aedificationem Ecclesiae quaerite ut abundetis*: inde est quod prophetia secundario do conhecimento, não o próprio conhecimento. Logo, parece que a profecia não pertence à ordem do conhecimento.

3. ADEMAIS, toda perfeição no plano do conhecimento exclui a insensatez e a loucura. Ora, tanto uma como outra podem coexistir com a profecia, como diz o livro de Oseias: "Saiba, Israel, que o profeta é um louco, um insensato". Logo, a profecia não é uma perfeição no plano do conhecimento.

4. ADEMAIS, assim como a revelação é própria do intelecto, a inspiração parece própria da vontade, pois implica uma certa moção. Ora, segundo Cassiodoro, a profecia é "uma inspiração ou revelação". Logo, parece que a profecia não pertence mais à ordem do conhecimento do que à da vontade.

EM SENTIDO CONTRÁRIO, diz a Escritura: "Aquele que hoje se chama profeta, chamava-se outrora vidente"[c]. Ora, a visão implica um ato de conhecimento. Logo, a profecia pertence à ordem do conhecimento.

RESPONDO. A profecia, em primeiro lugar e principalmente é um ato de conhecimento. De fato, os profetas conhecem as realidades que escapam ao conhecimento comum dos homens. Por conseguinte, pode-se dizer que a palavra "profeta" vem da palavra grega *fanos*, que significa "aparição", pois os profetas veem aparecer as coisas que estão longe[d]. Eis por quê, diz Isidoro: "no Antigo Testamento os profetas se chamavam videntes, porque eles viam coisas que os outros não alcançavam e contemplavam coisas ocultas no mistério". No paganismo, eram chamados de *vates* por causa da força do seu espírito.

A profecia é secundariamente um discurso. Está escrito na primeira Carta aos Coríntios: "A cada um é dada a manifestação do Espírito em vista do bem de todos", e, mais adiante, acrescenta: "Pro-

---

1. Cfr. Glossam ordin., *Prothemata in Psalt.*: ML 113, 842 A; LOMBARDI: ML 191, 58 B.
2. L. VII, c. 8, n. 1: ML 82, 283 B.

---

c. Assinalemos a pertinência da citação: o mais antigo nome do *nabi'* (profeta) bíblico era *ró'éh* ou *hôzéh*, isto é, o *vidente*, ou *visionário*. Os textos proféticos, e em especial os relatos de vocação dos profetas, são repletos de termos que derivam do duplo vocabulário da visão e da audição. Anterior à missão do profeta, há uma experiência que ele viveu com uma intensidade sem igual, durante a qual ele soube o que devia anunciar, e à qual ele retorna sem cessar, pois é aí que se situa a origem divina de sua missão. Jesus, o Profeta por excelência, dirá a Nicodemo: "nós falamos do que sabemos, nós testemunhamos o que vimos" (Jo 3,11).

d. Como ocorre muitas vezes com os empréstimos que ele faz a Isidoro de Sevilha, Tomás propõe aqui uma etimologia fantasista. Na verdade, a palavra grega *prophétès* significa "aquele que fala em nome e no lugar da divindade que o envia"; é o intérprete de Deus. O sentido de "aquele que anuncia o futuro" é secundário em relação a essa primeira significação. Devemos, contudo, dessa ideia de um conhecimento do "que está distante", reter que a iluminação profética possibilita a seu beneficiário vencer a distância que separa o espírito do profeta das realidades que ela lhe dá a conhecer; quer se trate de uma distância no tempo, quer no espaço (o que se pôde chamar de "longínquo profético"; ver Nm 24,17: "Eu o vejo, mas não é para agora; observo-o, mas não de perto"), ou de uma distância qualitativa, quando se trata de coisas divinas.

consistit in locutione, prout prophetae ea quae divinitus edocti cognoscunt, ad aedificationem aliorum annuntiant, secundum illud Is 21,10: *Quae audivi a Domino Exercituum, Deo Israel, annuntiavi vobis*. Et secundum hoc, ut Isidorus dicit, in libro *Etymol*.[3], possunt dici prophetae *quasi prae-fatores, eo quod porro fantur*, idest, a remotis fantur, *et de futuris vera praedicunt*.

Ea autem quae supra humanam cognitionem divinitus revelantur, non possunt confirmari ratione humana, quam excedunt: sed operatione virtutis divinae, secundum illud Marci 16,20: *Praedicaverunt ubique, Domino cooperante et sermonem confirmante sequentibus signis*. Unde tertio ad prophetiam pertinet operatio miraculorum, quasi confirmatio quaedam propheticae annuntiationis. Unde dicitur Dt 34,10-11: *Non surrexit propheta ultra in Israel sicut Moyses, quem nosset Dominus facie ad faciem, in omnibus signis atque portentis*.

AD PRIMUM ergo dicendum quod auctoritates illae loquuntur de prophetia quantum ad hoc tertium, quod assumitur ut prophetiae argumentum.

AD SECUNDUM dicendum quod Apostolus ibi loquitur quantum ad propheticam enuntiationem.

AD TERTIUM dicendum quod illi qui dicuntur prophetae insani et stulti, non sunt veri prophetae, sed falsi: de quibus dicitur Ier 23,16: *Nolite audire verba prophetarum qui prophetant vobis et decipiunt vos: visionem cordis sui loquuntur, non de ore Domini*; et Ez 13,3: *Haec dicit Dominus: Vae prophetis insipientibus, qui sequuntur spiritum suum, et nihil vident*.

AD QUARTUM dicendum quod in prophetia requiritur quod intentio mentis elevetur ad percipienda divina: unde dicitur Ez 2,1: *Fili hominis, sta super pedes tuos, et loquar tecum*. Haec autem elevatio intentionis fit Spiritu Sancto movente: unde ibi [v. 2] subditur: *Et ingressus est in me Spiritus, et statuit me super pedes meos*. Postquam autem intentio mentis elevata est ad superna, percipit divina: unde subditur: *Et audivi loquentem ad me*. Sic igitur ad prophetiam requiritur inspiratio quantum ad mentis elevationem, secundum illud Iob 32,8, *Inspiratio Omnipotentis dat intelligentiam*:

curai possuir os dons espirituais em abundância para que a Igreja se edifique". O que os profetas, instruídos por Deus, conhecem, eles anunciam aos outros, afim de edificá-los, como diz o livro de Isaías: "O que eu ouvi do Senhor dos exércitos, o Deus de Israel, isto vos anuncio". E, sendo assim, segundo Isidoro, podem-se considerar os profetas "como predizentes", porque "dizem de longe", quer dizer, falam de acontecimentos distantes, e "predizem a verdade sobre o futuro".

A profecia implica o milagre, que é quase a sua confirmação. De fato, as coisas superiores ao conhecimento e reveladas por Deus não poderiam ser confirmadas pela razão humana que elas ultrapassam, mas pela ação do poder divino, como se assevera no Evangelho de Marcos: "Os apóstolos pregaram em toda parte, cooperando com eles o Senhor e confirmando a sua pregação com os milagres que a acompanhavam". Lê-se, também, no livro do Deuteronômio: "Não mais surgiu em Israel profeta igual a Moisés, a quem o Senhor conhecia face a face, nem quanto aos sinais e prodígios".

QUANTO AO 1º, portanto, deve-se dizer que o livro do Eclesiástico dá o nome de profecia a estes milagres no sentido de prova: é o terceiro significado da palavra.

QUANTO AO 2º, deve-se dizer que no texto aduzido, o Apóstolo fala do discurso profético: é o segundo sentido da palavra "profecia".

QUANTO AO 3º, deve-se dizer que os profetas que são loucos e insensatos não são verdadeiros, mas falsos profetas. A seu respeito, diz o livro de Jeremias: "Não queirais ouvir as palavras dos profetas, que vos profetizam e vos enganam; contam as visões do seu coração e não o que ouvem da boca do Senhor". Lê-se também no livro de Ezequiel: "Assim fala o Senhor Deus: Ai dos profetas insensatos que seguem o seu próprio espírito, e não veem nada!"

QUANTO AO 4º, deve-se dizer que a profecia requer que a capacidade do espírito humano seja elevada para perceber as coisas divinas. É o que diz Ezequiel: "Filho do homem, põe-te de pé, pois quero falar-te". Ora, esta elevação da capacidade intelectual se faz pela moção do Espírito Santo; por isso, continua Ezequiel: "O espírito entrou em mim e fez com que eu me pusesse de pé". Quando a capacidade do espírito humano é acrescida para lhe fazer atingir realidades superiores, ele percebe os mistérios divinos. Eis por quê, Ezequiel acrescenta: "E eu ouvi aquele que me falava".

---

3. L. VII, c. 8, n. 1: ML 82, 283 B.

revelatio autem, quantum ad ipsam perceptionem divinorum, in quo perficitur prophetia; per ipsam removetur obscuritatis et ignorantiae velamen, secundum illud Iob 12,22: *Qui revelat profunda de tenebris*.

Assim, pois, a profecia exige, por um lado, uma inspiração, quer dizer, uma elevação do espírito: "A inspiração do Todo-Poderoso dá a inteligência", se afirma no livro de Jó. Por outro lado, ela requer uma revelação, isto é, uma percepção das realidades divinas; nisto se completa a profecia, porquanto a revelação faz cair o véu de obscuridade e ignorância[e], segundo a palavra de Jó: "Deus revela as coisas ocultas no fundo das trevas".

Articulus 2
Utrum prophetia sit habitus

AD SECUNDUM SIC PROCEDITUR. Videtur quod prophetia sit habitus.

1. Quia, ut dicitur in II *Ethic.*[1], *tria sunt in anima: potentia, passio et habitus*. Sed prophetia non est potentia: quia sic inesset omnibus hominibus, quibus potentiae animae sunt communes. Similiter etiam non est passio: quia passiones pertinent ad vim appetitivam, ut supra[2] habitum est; prophetia autem pertinet principaliter ad cognitionem, ut dictum est[3]. Ergo prophetia est habitus.

2. PRAETEREA, omnis perfectio animae quae non semper est in actu, est habitus. Sed prophetia est quaedam animae perfectio, non autem semper est in actu: alioquin non diceretur dormiens propheta. Ergo videtur quod prophetia sit habitus.

3. PRAETEREA, prophetia computatur inter gratias gratis datas. Sed gratia est habituale quiddam in anima, ut supra[4] habitum est. Ergo prophetia est habitus.

SED CONTRA, habitus est *quo quis agit cum voluerit*: ut dicit Commentator, in III *de Anima*[5]. Sed aliquis non potest uti prophetia cum voluerit: sicut patet 4Reg 3,15, de Eliseo, *quem cum Iosaphat de futuris requireret, et prophetiae Spiritus*

Artigo 2
A profecia é um hábito?

QUANTO AO SEGUNDO, ASSIM SE PROCEDE: parece que a profecia é um hábito.

1. Com efeito, como diz Aristóteles: "há três coisas na alma: a potência, a paixão e o hábito". Ora, a profecia não é uma potência, pois, nesse caso, existiria em todos os homens, porquanto as potências da alma são comuns a todos. Ela não é, tampouco, uma paixão, pois as paixões pertencem às potências apetitivas, como já se estabeleceu acima; e a profecia pertence, pois, à ordem do conhecimento, como foi dito. Logo, a profecia é um hábito.

2. ALÉM DISSO, toda perfeição da alma, que não está sempre em ato, é um hábito. Ora, a profecia, que é uma perfeição da alma, não está sempre em ato, porque então não se chamaria profeta a um homem que dorme. Logo, parece que a profecia é um hábito.

3. ADEMAIS, a profecia é contada entre as graças grátis dadas. Ora, na alma, a graça é um dom habitual, como se disse acima. A profecia é, pois, um hábito.

EM SENTIDO CONTRÁRIO, o Comentador define o hábito: "Aquilo por que alguém age quando quer". Ora, não se pode fazer uso da profecia quando se quer. Gregório observa, com efeito, a propósito de Eliseu: "Tendo-o Josafá interrogado sobre aconte-

---

2 PARALL.: Infra, q. 176, a. 2, ad 3; I-II, q. 68, a. 3, ad 3; *Cont. Gent.* III, 154; *De Verit.*, q. 12, a. 1; *De Pot.*, q. 6, a. 4; *Quodlib.* XII, q. 17, a. 1; I *ad Cor.*, c. 14, lect. 6.

1. C. 4: 1105, b, 20-21.
2. I-II, q. 22, a. 2.
3. Art. praec.
4. I-II, q. 109, a. 6, 9; q. 110, a. 2.
5. Comment. 18.

---

e. Etimologicamente, *revelare* significa descobrir, desvelar. Importa sobretudo não enganar-se sobre o que é efetivamente desvelado pela revelação. Deus não está em absoluto recoberto por um véu, por mais tênue que seja, o qual ele retiraria para se mostrar ao profeta, um pouco como se descobre uma estátua no dia de sua inauguração. Conceber a revelação desse modo é cair em um grosseiro antropomorfismo. É o espírito do homem que está envolto em ignorância, desatenção às coisas espirituais, incapacidade radical de apreender o divino unicamente com suas forças, e é esse véu metafórico que a iluminação profética derruba, elevando momentaneamente o profeta ao plano das realidades habitualmente inacessíveis ao conhecimento humano normal.

ei deesset, psaltem fecit applicari, ut prophetiae ad hunc Spiritus per laudem psalmodiae descenderet, atque eius animum de venturis repleret, ut Gregorius dicit, *super Ezech*.[6]. Ergo prophetia non est habitus.

RESPONDEO dicendum quod, sicut Apostolus dicit, Eph 5,13, *omne quod manifestatur, lumen est*: quia videlicet, sicut manifestatio corporalis visionis fit per lumen corporale, ita etiam manifestatio visionis intellectualis fit per lumen intellectuale. Oportet ergo ut manifestatio proportionetur lumini per quod fit, sicut effectus proportionatur suae causae. Cum ergo prophetia pertineat ad cognitionem quae supra naturalem rationem existit, ut dictum est[7]; consequens est quod ad prophetiam requiratur quoddam lumen intelligibile excedens lumen naturalis rationis: unde dicitur Mich 7,8: *Cum sedero in tenebris, Dominus lux mea est*. Lumen autem dupliciter alicui inesse potest: uno modo, per modum formae permanentis, sicut lumen corporale est in sole et in igne; alio modo, per modum cuiusdam passionis sive impressionis transeuntis, sicut lumen est in aere. Lumen autem propheticum non inest intellectui prophetae per modum formae permanentis: alias oporteret quod semper prophetae adesset facultas prophetandi, quod patet esse falsum; dicit enim Gregorius, *super Ezech*.[8]: *Aliquando prophetiae Spiritus deest prophetis, nec semper eorum mentibus praesto est: quatenus, cum hunc non habent, se hunc agnoscant ex dono habere cum habent*. Unde Eliseus dixit de muliere Sunamite, 4Reg 4,27: *Anima eius in amaritudine est, et Dominus celavit a me et non indicavit mihi*. Et huius ratio est quia lumen intellectuale in aliquo existens per modum formae permanentis et perfectae, perficit intellectum principaliter ad cognoscendum principium eorum quae per illud lumen manifestantur: sicut per lumen intellectus agentis praecipue intellectus cognoscit prima principia omnium eorum quae naturaliter cognoscuntur. Principium autem eorum quae ad supernaturalem cognitionem pertinent, quae per prophetiam manifestantur, est ipse Deus, qui per essentiam a prophetis non videtur. Videtur autem a beatis in patria, in quibus huiusmodi lumen inest per modum cuiusdam formae permanentis et perfectae: secundum illud Ps 35,10: *In lumine tuo videbimus lumen*.

cimentos futuros e faltando o espírito de profecia a Eliseu, este mandou tocar harpa, para que o espírito de profecia descesse sobre ele, graças à salmodia, e enchesse sua inteligência das realidades futuras". Logo, a profecia não é um hábito.

RESPONDO. Como diz o Apóstolo: "tudo o que é manifestado é luz". Como a manifestação dos corpos se realiza pela luz corporal, assim a manifestação dos objetos intelectuais pela luz do entendimento. Portanto, a manifestação deve necessariamente ser proporcional à luz pela força da qual é feita, como o efeito é proporcional à sua causa. Logo, posto que a profecia consiste em conhecer verdades que estão acima da razão natural, como se disse acima, ela requer uma luz de ordem intelectual, que exceda à luz da razão natural, segundo o livro de Miqueias: "Quando eu estou nas trevas, o Senhor é a minha luz". Ora, a luz pode existir de duas maneiras num sujeito: 1º, no estado de forma permanente, como a luz corporal no sol e no fogo; 2º, à maneira de certa paixão ou impressão passageira, como a luz no ar. Mas a luz profética não está no intelecto do profeta no estado de forma permanente, porque, neste caso, ele teria sempre a faculdade de profetizar, o que é manifestamente falso. Com efeito, Gregório diz, a propósito de Ezequiel: "Às vezes, os profetas carecem do espírito de profecia, e este não está sempre à disposição da sua mente, afim de que eles reconheçam, quando não o têm, que só podem tê-lo por um dom, quando o têm". E é por isso que Eliseu dizia a respeito da Sunamita: "Sua alma está amargurada e o Senhor ocultou-me tudo, nada me revelou". E eis a razão deste modo de ser passageiro: a luz intelectual, que existe num sujeito em estado de forma permanente e perfeita, aperfeiçoa o intelecto, visando especialmente fazê-lo conhecer o princípio de todas as verdades que essa luz manifesta. Assim, pela luz do intelecto agente, o intelecto conhece sobretudo os primeiros princípios de tudo o que ela compreende naturalmente. Ora, o princípio das verdades sobrenaturais que a profecia manifesta é Deus mesmo, e Deus não pode ser conhecido na sua essência pelos profetas. Na pátria celeste, porém, os bem-aventurados, em quem se acha uma luz em estado de forma permanente e perfeita, contemplam, segundo a palavra do Salmo: "É em tua luz que vemos a luz".

---

6. Homil. I, n. 15: ML 76, 793 A.
7. Art. praec.
8. Loc. cit.

Relinquitur ergo quod lumen propheticum insit animae prophetae per modum cuiusdam passionis vel impressionis transeuntis. Et hoc significatur Ex 33,22: *Cumque transibit gloria mea, ponam te in foramine petrae*, etc. Et 3Reg 19,11, dicitur ad Eliam: *Egredere, et sta in monte coram Domino: et ecce, Dominus transit*, etc. Et inde est quod, sicut aer semper indiget nova illuminatione, ita etiam mens prophetae semper indiget nova revelatione: sicut discipulus qui nondum est adeptus principia artis, indiget ut de singulis instruatur. Unde et Isaiae 50,4 dicitur: *Mane erigit mihi aurem, et audiam quasi magistrum*. Et hoc etiam ipse modus loquendi prophetiam designat: secundum quod dicitur quod *locutus est Dominus* ad talem vel talem prophetam, aut quod *factum est verbum Domini*, sive *manus Domini super eum*. — Habitus autem est forma permanens. Unde manifestum est quod prophetia, proprie loquendo, non est habitus.

AD PRIMUM ergo dicendum quod illa divisio Philosophi non comprehendit absolute omnia quae sunt in anima: sed ea quae possunt esse principia moralium actuum, qui quandoque fiunt ex passione, quandoque autem ex habitu, quandoque autem ex potentia nuda, ut patet in his qui ex iudicio rationis aliquid operantur antequam habeant habitum. — Potest tamen prophetia ad passionem reduci: si tamen nomen passionis pro qualibet receptione accipiatur; prout Philosophus dicit, in III *de Anima*[9], quod *intelligere pati quoddam est*. Sicut enim in cognitione naturali intellectus possibilis patitur ex lumine intellectus agentis, ita etiam in cognitione prophetica intellectus humanus patitur ex illustratione divini luminis.

AD SECUNDUM dicendum quod, sicut in rebus corporalibus, abeunte passione, remanet quaedam habilitas ad hoc quod iterum patiatur, sicut lignum semel inflammatum facilius iterum inflammatur; ita etiam in intellectu prophetae, cessante actuali illustratione, remanet quaedam habilitas ad hoc

Donde se conclui que a luz profética existe na alma do profeta a modo de certa paixão ou impressão passageira. É o sentido desta palavra do livro do Êxodo: "Quando a minha glória passar, eu te abrigarei dentro de uma fenda do rochedo" etc.; e daquela do Livro dos Reis, a respeito de Elias: "Sai e fica no monte, diante do Senhor! E eis que o Senhor passou" etc. Daí resulta que, semelhante ao ar que necessita sempre de novas claridades, o espírito do profeta exige constantemente novas revelações; assim como o discípulo que ainda não é iniciado nos princípios da arte, deve ser instruído em cada caso pelo mestre. Por isso, diz o livro de Isaías: "Ele desperta cada manhã meus ouvidos, para eu ouvi-lo como a um mestre". E este modo de falar designa a profecia pela qual se diz: "o Senhor falou" a tal ou tal profeta, ou que lhe "foi dirigida a palavra do Senhor, ou que "pousou sobre ele a mão do Senhor". — O hábito sendo uma forma permanente, é pois evidente que a profecia, não é, propriamente falando, um hábito[f].

QUANTO AO 1º, portanto, deve-se dizer que a divisão dada pelo Filósofo não é completa, pois não inclui tudo o que existe na alma, mas apenas o que pode tornar-se princípio de atos morais. Certas ações, de fato, são feitas por paixão, outras por hábito, outras procedem da simples potência, como fica evidente naqueles que agem em virtude de um juízo da sua razão, antes de terem adquirido um hábito. — Pode-se, entretanto, dizer que a profecia se reduz à paixão, contanto que se entenda por paixão toda e qualquer influência sofrida por um sujeito; neste sentido, o Filósofo disse que "a intelecção é, de certo modo, uma paixão". Como no conhecimento natural o intelecto passivo recebe a luz do intelecto agente, assim também, no conhecimento profético, o intelecto humano recebe a iluminação divina.

QUANTO AO 2º, deve-se dizer que as realidades corporais, quando a paixão desaparece, guardam uma certa aptidão para a receberem de novo, como é o caso da madeira que já pegou fogo uma vez: ela se inflama mais facilmente na segunda. O mesmo acontece com o intelecto do profeta: quando

---

9. C. 4: 429, a, 14-18.

f. Esta questão fornece um belo exemplo da maneira pela qual a técnica teológica se põe a serviço da compreensão da Palavra de Deus. Qualidade permanente de uma força da alma, o hábito permite um agir conatural, fácil e pronto no domínio em que se qualifica; pode-se usar dele à vontade, como se quiser, quando se quiser. Ora, a experiência dos profetas mostra amplamente que o mesmo não vale para o dom da profecia: essa categoria não pode se aplicar a seu caso. Este artigo completa o que foi dito acima sobre a profecia como carisma: se a graça santificante é dada sob a forma de uma qualidade estável, que o sujeito só perde por sua própria falta, o dom e o uso do carisma profético não possuem outra regra senão a boa vontade divina que o concede em vista do bem comum.

quod facilius iterato illustretur. Sicut etiam mens semel ad devotionem excitata, facilius postmodum ad devotionem pristinam revocatur: propter quod Augustinus, in libro *de Orando Deum*[10], dicit esse necessarias crebras orationes, ne concepta devotio totaliter exstinguatur.

Potest tamen dici quod aliquis dicitur propheta etiam cessante actuali prophetica illustratione, ex deputatione divina: secundum illud Ier 1,5: *Et prophetam in gentibus dedi te*.

AD TERTIUM dicendum quod omne donum gratiae hominem elevat ad aliquid quod est supra naturam humanam. Quod quidem potest esse dupliciter. Uno modo, quantum ad substantiam actus: sicut miracula facere, et cognoscere *incerta et occulta divinae sapientiae*. Et ad hos actus non datur homini donum gratiae habituale. — Alio modo est aliquid supra naturam humanam quantum ad modum actus, non autem quantum ad substantiam ipsius: sicut diligere Deum, et cognoscere eum in speculo creaturarum. Et ad hoc datur donum gratiae habituale.

a luz divina cessou de iluminá-la, permanece no profeta uma aptidão a estar mais facilmente de novo sob o influxo divino. Como também a mente, uma vez provocada à devoção, mais facilmente volta depois a ela. Por isso, Agostinho ensina que são necessárias frequentes orações para que não se extinga completamente a devoção adquirida.

Pode-se dizer, porém, que alguém é chamado profeta por sua missão divina, mesmo depois de ter cessado nele a iluminação profética atual, como se vê em Jeremias: "E te estabeleci profeta entre as nações".

QUANTO AO 3º, deve-se dizer que todo dom da graça eleva o homem a um estado superior à natureza humana. E isto pode suceder de dois modos: Primeiro, quanto à substância do ato, como fazer milagres e conhecer as coisas "incertas e ocultas da divina sabedoria". E, para tais atos, não se concede ao homem o dom da graça habitual. — O segundo modo consiste em algo que está acima da natureza humana, não quanto à substância do ato, mas quanto ao seu modo, como amar a Deus e conhecê-lo no espelho das criaturas. E, para isto, é conferido o dom da graça habitual.

ARTICULUS 3
Utrum prophetia sit solum futurorum contingentium

AD TERTIUM SIC PROCEDITUR. Videtur quod prophetia sit solum futurorum contingentium.

1. Dicit enim Cassiodorus[1] quod *prophetia est inspiratio vel revelatio divina rerum eventus immobili veritate denuntians*. Sed *eventus* pertinet ad contingentia futura. Ergo de solis contingentibus futuris fit revelatio prophetica.

2. PRAETEREA, gratia *prophetiae* dividitur contra *sapientiam* et *fidem*, quae sunt de divinis; et *discretionem spirituum*, quae est de spiritibus creatis;

ARTIGO 3
A profecia só tem por objeto os futuros contingentes?

QUANTO AO TERCEIRO, ASSIM SE PROCEDE: parece que a profecia só **tem** por objeto os futuros contingentes.

1. Com efeito, diz Cassiodoro que a "profecia é a inspiração ou revelação divina que anuncia os acontecimentos com uma verdade imutável"[g]. Ora, esses "acontecimentos" constituem os futuros contingentes. Logo, só os futuros contingentes são objeto da revelação profética.

2. ALÉM DISSO, a graça da "profecia" se distingue da "sabedoria" e da "fé", que têm por objeto as realidades divinas; do "discernimento

---

10. Epist. 130, al. 121, c. 9: ML 33, 501.

3   PARALL.: *Cont. Gent.* III, 154; *De Verit*., q. 12, a. 2; *in Psalm*. 50; *in Isaiam*, c. 1; *ad Rom*., c. 12, lect. 2.

1. Cfr. Glossam ordin., *Prothemata in Psalt*.: ML 113, 842 A; LOMBARDI: ML 191, 58 B; CASSIODOR., *Expos. in Psalt*., c. 1: ML 70, 12 B.

g. Recebida de Cassiodoro (século VI) e revista por Pedro Lombardo (século XII), esta fórmula imprecisa, que confunde inspiração e revelação, e faz do anúncio o ato mesmo da revelação, embaraçou gerações de escolásticos; ela chegou mesmo a desorientá-los, restringindo o objeto da profecia aos futuros contingentes. Tomás só utiliza essa definição em sua problemática, e retém apenas o que lhe convém: ora a aspiração, ora a revelação, ora, como aqui, os futuros contingentes. Deve-se observar, porém, como ele amplia a definição de Cassiodoro e a estende às "verdades que superam universalmente o conhecimento de todos os homens", isto é, ao próprio mistério de Deus.

et *scientiam*, quae est de rebus humanis; ut patet 1Cor 12,8 sqq. Habitus autem et actus distinguuntur secundum obiecta: ut patet per ea quae supra[2] dicta sunt. Ergo videtur quod de nullo pertinente ad aliquod horum sit prophetia. Relinquitur ergo quod sit solum de futuris contingentibus.

3. PRAETEREA, diversitas obiecti causat diversitatem speciei: ut ex supra[3] dictis patet. Si ergo prophetia quaedam sit de futuris contingentibus, quaedam autem de quibusdam aliis rebus, videtur sequi quod non sit eadem species prophetiae.

SED CONTRA est quod Gregorius dicit, *super Ezech*.[4], quod prophetia quaedam est *de futuro*, sicut id quod dicitur Is 7,14, *Ecce, virgo concipiet et pariet filium*; quaedam *de praeterito*, sicut id quod dicitur Gn 1,1, *In principio creavit Deus caelum et terram*; quaedam *de praesenti*, sicut id quod dicitur 1Cor 14,24-25, *Si omnes prophetent, intret autem quis infidelis, occulta cordis eius manifesta fiunt*. Non ergo est prophetia solum de contingentibus futuris.

RESPONDEO dicendum quod manifestatio quae fit per aliquod lumen, ad omnia illa se extendere potest quae illi lumini subiiciuntur: sicut visio corporalis se extendit ad omnes colores, et cognitio naturalis animae se extendit ad omnia illa quae subduntur lumini intellectus agentis. Cognitio autem prophetica est per lumen divinum, quo possunt omnia cognosci, tam divina quam humana, tam spiritualia quam corporalia. Et ideo revelatio prophetica ad omnia huiusmodi se extendit. Sicut de his quae pertinent ad Dei excellentiam et angelorum, spirituum ministerio revelatio prophetica facta est: ut Is 6,1, ubi dicitur: *Vidi Dominum sedentem super solium excelsum et elevatum*. Eius etiam prophetia continet ea quae pertinent ad corpora naturalia: secundum illud Is 40,12: *Quis mensus est pugillo aquas*, etc.? Continet etiam ea quae ad mores hominum pertinent: secundum illud Is 58,7: *Frange esurienti panem tuum*, etc. Continet etiam ea quae pertinent ad futuros eventus: secundum illud Is 47,9: *Venient tibi subito haec duo in die una, sterilitas et viduitas*.

Considerandum tamen quod, quia prophetia est de his quae procul a nostra cognitione sunt, tanto

dos espíritos", que trata dos espíritos criados; e da "ciência", que se ocupa dos atos humanos, como fica patente na primeira Carta aos Coríntios. Ora, tanto os atos como os hábitos se distinguem pelos seus objetos, segundo se vê pelo que ficou estabelecido acima. Logo, parece que a profecia não se refere a nenhum dos objetos mencionados e, por conseguinte, ela só concerne aos futuros contingentes.

3. ADEMAIS, a diversidade dos objetos causa uma diversidade específica, como se provou acima. Se, pois, uma profecia tem por objeto os futuros contingentes e outra, outros objetos, parece que há espécies diferentes de profecias.

EM SENTIDO CONTRÁRIO, diz Gregório que certas profecias se referem ao "futuro", como a de Isaías: "Uma virgem conceberá e dará à luz um filho"; outras, ao "passado", como a que se encontra no livro do Gênesis: "No princípio, Deus criou o céu e a terra"; outras, ao "presente", como a da primeira Carta aos Coríntios: "Se todos profetizam, e entra um infiel (...), os segredos do seu coração são manifestados". Logo, a profecia não tem por objeto só os futuros contingentes.

RESPONDO. A manifestação que se faz por meio de uma certa luz, pode estender-se a tudo o que essa luz alcança. Assim, a visão corporal se estende a todas as cores, e o conhecimento natural da alma alcança tudo o que cai sob a luz do intelecto agente. Ora, o conhecimento profético se realiza mediante a luz divina, que nos permite conhecer todas as coisas, tanto divinas quanto humanas, as espirituais como as corporais. E, assim, a todas se estende a revelação profética. Pelo ministério dos espíritos celestiais foi feita a revelação sobre a excelência de Deus e dos anjos, como diz o livro de Isaías: "Vi o Senhor sentado sobre um trono alto e elevado". O mesmo profeta fala do que diz respeito aos corpos naturais; por exemplo: "Quem mediu na palma da sua mão a água do mar?"; do que trata dos costumes dos homens "Reparte o teu pão com o que tem fome"; e, finalmente, do que concerne aos acontecimentos futuros "Sobre ti cairão estes dois males de um só golpe, num só dia: a esterilidades e a viuvez".

Deve-se, porém, observar que o objeto da profecia, sendo aquilo que é distante do nosso co-

---

2. I-II, q. 18, a. 5; q. 54, a. 2.
3. Ibid.
4. Hom. 1, n. 1: ML 76, 786 B — 787 A.

aliqua magis proprie ad prophetiam pertinent, quanto longius a cognitione humana existunt. Horum autem est triplex gradus. Quorum unus est eorum quae sunt procul a cognitione huius hominis, sive secundum sensum sive secundum intellectum, non autem a cognitione omnium hominum. Sicut sensu cognoscit aliquis homo quae sunt sibi praesentia secundum locum, quae tamen alius humano sensu, utpote sibi absentia, non cognoscit: et sic Eliseus prophetice cognovit quae Giezi, discipulus eius, in absentia fecerat, ut habetur 4Reg 5,26. Et similiter cogitationes cordis unius alteri prophetice manifestantur: ut dicitur 1Cor 14. Et per hunc modum etiam ea quae unus scit demonstrative, alii possunt prophetice revelari.

Secundus autem gradus est eorum quae excedunt universaliter cognitionem omnium hominum, non quia secundum se non sint cognoscibilia, sed propter defectum cognitionis humanae: sicut mysterium Trinitatis. Quod revelatum est per Seraphim dicentia: *Sanctus, Sanctus, Sanctus*, etc., ut habetur Is 6,3.

Ultimus autem gradus est eorum quae sunt procul ab omnium hominum cognitione quia in seipsis non sunt cognoscibilia: ut contingentia futura, quorum veritas non est determinata. Et quia quod est universaliter et secundum se, potius est eo quod est particulariter et per aliud; ideo ad prophetiam propriissime pertinet revelatio eventuum futurorum, unde et nomen *prophetiae* sumi videtur. Unde Gregorius dicit, *super Ezech.*[5], quod, *cum ideo prophetia dicta sit quod futura praedicat, quando de praeterito vel praesenti loquitur, rationem sui nominis amittit.*

AD PRIMUM ergo dicendum quod prophetia ibi definitur secundum id quod proprie significatur nomine prophetiae.

Et per hunc etiam modum prophetia dividitur contra alias gratias gratis datas. Unde patet responsio AD SECUNDUM.

Quamvis possit dici quod omnia quae sub prophetia cadunt, conveniunt in hac ratione quod non sunt ab homine cognoscibilia nisi per revelationem divinam. Ea vero quae pertinent ad *sapientiam* et *scientiam* et *interpretationem sermonum*, possunt

nhecimento, quanto mais uma realidade escapa ao conhecimento humano, tanto mais será objeto de profecia. Ora, essas realidades compreendem três graus. O primeiro, é o daquelas que ultrapassam o conhecimento sensível ou intelectual de um determinado homem, mas não o de todos eles. Assim, uma pessoa conhece pelos sentidos os objetos que lhe são localmente presentes, ao passo que uma outra as ignora porque lhes estão ausentes. Deste modo, Eliseu conhece profeticamente o que seu discípulo Giesi havia feito em sua ausência, como se lê no segundo livro dos Reis. Igualmente, os pensamentos ocultos de uma pessoa são manifestados profeticamente a outra, como se diz na primeira Carta aos Coríntios. E, desta maneira, também, o que um conhece por demonstração, pode ser revelado a outro profeticamente.

O segundo grau compreende as verdades que ultrapassam universalmente o conhecimento de todos os homens, não por não serem elas, em si mesmas, cognoscíveis, mas por deficiência do conhecimento humano. Por exemplo, o mistério da Santíssima Trindade, que foi revelado pelos Serafins, como diz Isaías, que clamavam "Santo, Santo, Santo".

O último grau compõe-se das realidades que excedem o conhecimento de todos os homens, porque, por si mesmas, não são cognoscíveis, por exemplo, os futuros contingentes, cuja verdade ainda não está determinada. Ora, o que é "universal por si" tem prioridade sobre o que é "particular e por outro". Eis por quê, a revelação dos futuros contingentes pertence da maneira mais rigorosa à profecia, donde parece ter-se derivado o nome de *profecia*. Por isso, Gregório disse: "Sendo a profecia assim chamada porque prediz o futuro, ela perde a razão do seu nome, quando fala do passado ou do presente".

QUANTO AO 1º, portanto, deve-se dizer que a profecia é aí definida segundo o significado próprio desse termo.

QUANTO AO 2º, deve-se dizer que assim, também, a profecia se distingue das outras graças gratis dadas. Com isso, se responde à segunda OBJEÇÃO.

Embora se possa dizer que todas as realidades que são objeto de *profecia*, têm em comum a razão de serem conhecidas pelo homem só por revelação divina; ao passo que as realidades que são objeto da "sabedoria", da "ciência" e da "interpretação

---

5. Loc. cit., n. 1: ML 76, 786 A.

naturali ratione ab homine cognosci, sed altiori modo manifestantur per illustrationem divini luminis. *Fides* autem etsi sit de invisibilibus homini, tamen ad ipsam non pertinet eorum cognitio quae creduntur: sed quod homo per certitudinem assentiat his quae sunt ab aliis cognita.

AD TERTIUM dicendum quod formale in cognitione prophetica est lumen divinum, a cuius unitate prophetia habet unitatem speciei, licet sint diversa quae per lumen divinum prophetice manifestantur.

ARTICULUS 4
Utrum propheta per divinam inspirationem cognoscat omnia quae possunt prophetice cognosci

AD QUARTUM SIC PROCEDITUR. Videtur quod propheta per divinam inspirationem cognoscat omnia quae possunt prophetice cognosci.

1. Dicitur enim Am 3,7: *Non faciet Dominus Deus verbum, nisi revelaverit secretum suum ad servos suos prophetas*. Sed omnia quae prophetice revelantur, sunt verba divinitus facta. Nihil ergo eorum est quod non reveletur prophetae.

2. PRAETEREA, *Dei perfecta sunt opera*, ut dicitur Dt 32,4. Sed prophetia est *divina revelatio*, ut dictum est[1]. Ergo est perfecta. Quod non esset nisi omnia prophetabilia prophetae revelarentur: quia perfectum est *cui nihil deest*, ut dicitur in III *Physic.*[2]. Ergo prophetae omnia prophetabilia revelantur.

3. PRAETEREA, lumen divinum, quod causat prophetiam, est potentius quam lumen naturalis rationis, ex quo causatur humana scientia. Sed homo qui habet aliquam scientiam, cognoscit omnia quae ad illam scientiam pertinent: sicut grammaticus cognoscit omnia grammaticalia. Ergo videtur quod propheta cognoscat omnia prophetabilia.

das línguas" podem ser conhecidas pela razão natural, ainda que a claridade da luz divina lhes confira uma evidência superior. Quanto à "fé", apesar de ter por objeto as realidades invisíveis para o homem, não lhe cabe conhecer aquilo em que crê; mas ela permite aderir com certeza ao que é conhecido pelos outros[h].

QUANTO AO 3º, deve-se dizer que o elemento formal no conhecimento profético é a luz divina, de cuja unidade a profecia recebe sua unidade específica, malgrado a diversidade dos objetos que essa luz divina manifesta ao profeta.

ARTIGO 4
O profeta conhece por inspiração divina tudo o que se pode conhecer profeticamente?

QUANTO AO QUARTO, ASSIM SE PROCEDE: parece que o profeta **conhece** por inspiração divina tudo o que se pode conhecer profeticamente.

1. Com efeito, lê-se no profeta Amós: "O Senhor não faz coisa nenhuma sem revelar seu segredo aos profetas seus servidores". Ora, todas as verdades que são reveladas proficamente são palavras divinas. Logo, nenhuma delas deixa de ser revelada ao profeta.

2. ALÉM DISSO, "as obras de Deus são perfeitas", diz o livro do Deuteronômio. Ora, a profecia é uma revelação divina, como foi dito acima. Por isso, é perfeita. O que não ocorreria, se não fosse revelado ao profeta tudo o que pode ser profetizado; pois, perfeito é aquilo "a que nada falta", como explica Aristóteles. Logo, ao profeta é revelado tudo o que pode ser profetizado.

3. ADEMAIS, a luz divina, que é causa da profecia, é mais poderosa que a luz da razão natural, que gera a ciência humana. Ora, o homem que possui uma ciência, conhece tudo o que é objeto dessa ciência, como o gramático conhece tudo o que se refere à gramática. Logo, parece que o profeta conhece tudo o que pode ser profetizado.

---

4 PARALL.: *De Verit.*, q. 12, a. 1, ad 5, 6; *ad Rom.*, c. 15, lect. 3.

1. A. 1, 4 a; a. 3, 1 a.
2. C. 6: 207, a, 9-10.

h. É preciso compreender bem essa distinção entre fé e profecia. É verdade que o profeta *vê*, e que o destinatário de sua mensagem *crê*, isto é, dá o seu assentimento sem ver. Mas não é a mesma realidade que é vista e na qual se crê em um caso e no outro e, em seu plano, o crente não creria se não visse que é preciso crer. O profeta vê uma realidade que significa uma outra: o ramo de amendoeira (= "o vigia") visto por Jeremias (1,11-12) significa que Deus "vigia" a realização de sua Palavra. O profeta vê isso com uma evidência da qual não pode duvidar; quanto à realização do plano divino em Israel, ele só pode crê-lo. O dom da fé e o da profecia não são da mesma natureza, e não incidem sobre a mesma realidade. O profeta é ele próprio um crente, o primeiro destinatário levado à fé pela mensagem que ele recebeu e que deve transmitir.

SED CONTRA est quod Gregorius dicit, *super Ezech.*³, quod *aliquando spiritus prophetiae ex praesenti tangit animum prophetantis, et ex futuro nequaquam tangit: aliquando autem ex praesenti non tangit, et ex futuro tangit.* Non ergo propheta cognoscit omnia prophetabilia.

RESPONDEO dicendum quod diversa non est necesse esse simul nisi propter aliquid unum in quo connectuntur et a quo dependent: sicut supra⁴ habitum est quod virtutes omnes necesse est esse simul propter prudentiam vel caritatem. Omnia autem quae per aliquod principium cognoscuntur, connectuntur in illo principio et ab eo dependent. Et ideo qui cognoscit perfecte principium secundum totam eius virtutem, simul cognoscit omnia quae per illud principium cognoscuntur. Ignoratio autem communi principio, vel communiter apprehenso, nulla necessitas est simul omnia cognoscendi, sed unumquodque eorum per se oportet manifestari: et per consequens aliqua eorum possunt cognosci, et alia non cognosci. Principium autem eorum quae divino lumine prophetice manifestantur, est ipsa veritas prima, quam prophetae in seipsa non vident. Et ideo non oportet quod omnia prophetabilia cognoscant: sed quilibet eorum cognoscit ex eis aliqua, secundum specialem revelationem huius vel illius rei.

AD PRIMUM ergo dicendum quod Dominus omnia quae sunt necessaria ad instructionem fidelis populi, revelat prophetis: non tamen omnia omnibus, sed quaedam uni, quaedam alii.

AD SECUNDUM dicendum quod prophetia est sicut quidam imperfectum in genere divinae revelationis: unde dicitur 1Cor 13,8-9 quod *prophetiae evacuabuntur*, et quod *ex parte prophetamus*, idest imperfecte. Perfectio autem divinae revelationis erit in patria: unde subditur [v. 10]: *Cum venerit quod perfectum est, evacuabitur quod ex parte est.* Unde non oportet quod propheticae revelationi nihil desit: sed quod nihil desit eorum ad quae prophetia ordinatur.

EM SENTIDO CONTRÁRIO, Gregório diz que "às vezes o espírito de profecia faz o profeta revelar o presente, sem lhe dar a conhecer o futuro; outras vezes o faz revelar o futuro, sem lhe conceder o conhecimento do presente". Logo, o profeta não conhece tudo o que pode ser profetizado.

RESPONDO. Realidades diversas não estão necessariamente unidas, a menos que haja um elemento que a todas reúna e do qual cada uma depende: assim, todas as virtudes devem necessariamente estar juntas por causa da prudência ou da caridade. Ora, as realidades que são conhecidas mediante um princípio, ligam-se entre si nesse princípio e dele dependem. Eis por quê, quem conhecer perfeitamente esse princípio segundo toda a sua virtualidade, conhece ao mesmo tempo tudo o que se conhece por seu intermédio. Mas quem ignora o princípio comum, ou só o conhece em geral, não apreende necessariamente todas as verdades que dependem dele; antes, cada coisa lhe deverá ser demonstrada por ela mesma e, por conseguinte, poderá conhecer umas e ignorar outras. Ora, o princípio pelo qual se dão a conhecer as realidades que são manifestadas pela luz divina é a própria Verdade Primeira, que os profetas não podem ver em si mesma. Por isso, não é necessário que eles conheçam todas as verdades que se podem alcançar com a profecia; mas cada profeta conhece algumas delas, segundo a revelação especial que lhe é feita.

QUANTO AO 1º, portanto, deve-se dizer que o Senhor revela aos seus profetas todas as coisas que são necessárias para a instrução do povo fiel. Contudo, não revela todas a todos, mas umas coisas a este profeta, outras a outro.

QUANTO AO 2º, deve-se dizer que a profecia é algo de imperfeito no gênero da revelação divina[i]. Eis por quê, se diz na primeira Carta aos Coríntios, "as profecias vão desaparecer" e que "em parte profetizamos", isto é, imperfeitamente. Mas a perfeição da revelação divina se realizará no céu; por isso, se acrescenta: "quando vier o que é perfeito, desaparecerá o que é imperfeito". De maneira que não é necessário que falte alguma coisa à revelação profética, mas somente que não lhe falte nada daquilo a que ela está ordenada.

---

3. Homil. 1, n. 4: ML 76, 788 B.
4. I-II, q. 65, a. 1, 2.

i. Deus falou outrora a nossos Pais "de muitas maneiras e sob muitas formas"; nestes tempos que são os últimos, ele nos falou também em seu Filho (ver Hb 1,1-2). No entanto, estamos ainda na expectativa de sua total epifania, por ocasião da qual poderemos enfim conhecê-lo como nós somos conhecidos. A revelação é uma realidade escatológica, cuja amostra nos é dada pela profecia, mas que só encontrará sua perfeita realização na visão face a face.

AD TERTIUM dicendum quod ille qui habet aliquam scientiam, cognoscit principia illius scientiae, ex quibus omnia quae sunt illius scientiae dependent. Et ideo qui perfecte habet habitum alicuius scientiae, scit omnia quae ad illam scientiam pertinent. Sed per prophetiam non cognoscitur in seipso principium propheticalium cognitionum, quod est Deus. Unde non est similis ratio.

QUANTO AO 3º, deve-se dizer que quem possui uma ciência, conhece os princípios da mesma e, por eles, todas as realidades que essa ciência abrange. Por isso, quem possui com perfeição o hábitus de uma ciência, sabe tudo o que a ela pertence. Mas pela profecia não se conhece em si mesmo o princípio do conhecimento profético, pois esse princípio é Deus. Logo, a comparação entre o profeta e o sábio não procede.

ARTICULUS 5
Utrum propheta discernat semper quid dicat per spiritum proprium, et quid per spiritum prophetiae

AD QUINTUM SIC PROCEDITUR. Videtur quod propheta discernat semper quid dicat per spiritum proprium, et quid per spiritum prophetiae.

1. Dicit enim Augustinus, in VI *Confess*.[1], quod mater sua *dicebat discernere se, nescio quo sapore, quem verbis explicare non poterat, quid interesset inter Deum revelantem et inter animam suam somniantem*. Sed prophetia est *revelatio divina*, ut dictum est[2]. Ergo propheta semper discernit id quod dicit per spiritum prophetiae, ab eo quod loquitur spiritu proprio.

2. PRAETEREA, *Deus non praecipit aliquid impossibile*, sicut Hieronymus[3] dicit. Praecipitur autem prophetis, Ier 23,28: *Propheta qui habet somnium, narret somnium: et qui habet sermonem meum, loquatur sermonem meum vere*. Ergo propheta potest discernere quid habeat per spiritum prophetiae, ab eo quod aliter videt.

3. PRAETEREA, maior est certitudo quae est per divinum lumen, quam quae est per lumen rationis naturalis. Sed per lumen rationis naturalis ille qui habet scientiam, pro certo scit se habere. Ergo ille qui habet prophetiam per lumen divinum, multo magis certus est se habere.

ARTIGO 5
O profeta distingue sempre o que ele diz por inspiração divina do que diz por seu próprio espírito?[j]

QUANTO AO QUINTO, ASSIM SE PROCEDE: parece que o profeta **distingue** sempre o que ele diz por inspiração divina do que diz por seu próprio espírito.

1. Com efeito, Agostinho narra nas suas *Confissões* que "sua mãe dizia distinguir, por não sei que sabor, que ela não conseguia explicar com palavras, a diferença entre as revelações que Deus lhe fazia e os sonhos da sua própria alma". Ora, a profecia é uma revelação divina. Logo, o profeta sempre discerne o que ele diz por espírito de profecia, do que diz por seu próprio espírito.

2. ALÉM DISSO, "Deus não ordena nada impossível", diz Jerônimo. Mas ordenou aos profetas, como se lê em Jeremias: "O profeta que tem um sonho, que ele conte o seu sonho; e o que tem uma palavra minha, que ele diga fielmente minha palavra". Logo, o profeta pode distinguir o que ele recebe por espírito de profecia daquilo que entrevê de uma outra maneira.

3. ADEMAIS, a certeza oriunda da luz divina é maior que a proveniente da luz da razão natural. Ora, aquele que, pela luz da razão natural, adquiriu uma ciência, sabe com certeza que a tem. Logo, quem recebeu a profecia pela luz divina, com maior razão está certo de possuí-la.

5 PARALL.: *Cont. Gent.* III, 154.
1. C. 13: ML 32, 731.
2. A. 1, 4 a; a. 3, 1 a.
3. Cfr. PELAGIUM, *Libell. fidei ad Innocent.*, n. 10: ML 45, 1718; epist. 1 *ad Demetriad.*, c. 16: ML 30, 30 D — 31 A.

j. Mais uma vez este artigo ilustra o respeito de Sto. Tomás pelos dados bíblicos. Se há casos em que os homens de Deus têm absoluta certeza do que anunciam, outros há em que sua certeza é bem menor. O condicionamento humano da revelação aqui transparece com toda a sua força. Humanamente falando, os destinatários não têm outro recurso senão aguardar a confirmação da profecia através de sua realização, ou por outros sinais eventuais (milagres), ou ainda verificar de que maneira determinada mensagem se insere no que já faz parte da fé do povo de Deus. Em última análise, o assentimento à palavra do profeta será ele próprio o fruto de uma outra intervenção divina no íntimo dos ouvintes. Quando Deus revela, ele não ilumina apenas o profeta, mas também os destinatários da mensagem.

SED CONTRA est quod Gregorius dicit, *super Ezech.*⁴: *Sciendum est quod aliquando prophetae sancti, dum consuluntur, ex magno usu prophetandi quaedam ex suo spiritu proferunt, et se haec ex prophetiae spiritu dicere suspicantur.*

RESPONDEO dicendum quod mens prophetae dupliciter a Deo instruitur: uno modo, per expressam revelationem; alio modo, *per quendam instinctum, quem interdum etiam nescientes humanae mentes patiuntur*, ut Augustinus dicit, II *super Gen. ad litt.*⁵. De his ergo quae expresse per spiritum prophetiae propheta cognoscit, maximam certitudinem habet, et pro certo habet quod haec sibi sunt divinitus revelata. Unde dicitur Ier 26,15: *In veritate misit me Dominus ad vos, ut loquerer in aures vestras omnia verba haec*. Alioquin, si de hoc ipse certitudinem non haberet, fides, quae dictis prophetarum innititur, certa non esset. Et signum propheticae certitudinis accipere possumus ex hoc quod Abraham, admonitus in prophetica visione, se praeparavit ad filium unigenitum immolandum: quod nullatenus fecisset nisi de divina revelatione fuisset certissimus.

Sed ad ea quae cognoscit per instinctum, aliquando sic se habet ut non plene discernere possit utrum hoc cogitaverit aliquo divino instinctu, vel per spiritum proprium. Non autem omnia quae cognoscimus divino instinctu, sub certitudine prophetica nobis manifestantur: talis enim instinctus est quiddam imperfectum in genere prophetiae. Et hoc modo intelligendum est verbum Gregorii⁶. Ne tamen ex hoc error possit accidere, *per Spiritum Sanctum citius correcti, ab eo quae vera sunt audiunt et semetipsos, quia falsa dixerint, reprehendunt*: ut ibidem Gregorius subdit.

Primae autem rationes procedunt quantum ad ea quae prophetico spiritu revelantur. Unde patet responsio AD OMNIA OBIECTA.

EM SENTIDO CONTRÁRIO, Gregório declara, no seu comentário a Ezequiel: "Convém lembrar que algumas vezes, os santos profetas, quando são consultados, por causa do frequente exercício do seu ministério, embora falem por seu próprio espírito, imaginam fazê-lo por espírito de profecia".

RESPONDO. A mente do profeta é ilustrada por Deus de duas maneiras: por expressa revelação, ou, como diz Agostinho, "por um certo instinto que os homens recebem, às vezes até mesmo sem o saber". Ora, o profeta tem a máxima certeza e sabe com segurança que as coisas que recebe por expressa revelação lhes foram reveladas por Deus. Por isso, diz Jeremias: "O Senhor realmente me mandou proclamar aos vossos ouvidos todas estas palavras". Do contrário, se dessas coisas o profeta não tivesse certeza, a fé que se apoia sobre suas palavras seria incerta. E o sinal dessa certeza que diz respeito à profecia podemos encontrar no fato de Abraão, advertido por uma visão profética, ter-se preparado para imolar seu filho unigênito, o que não faria de modo algum se não estivesse certíssimo da revelação divina.

Mas, das coisas que conhece por instinto, o profeta às vezes fica sem saber se o que pensa lhe vem de algum instinto divino ou do seu próprio espírito. Pois, nem tudo o que conhecemos por instinto divino se manifesta a nós por uma certeza profética; posto que tal instinto é algo imperfeito na ordem da profecia. E é neste sentido que se devem entender as palavras de Gregório citadas acima. Contudo, para que, nesse caso, não se produza erro algum, "os profetas, acrescenta Gregório mais adiante, são logo corrigidos pelo Espírito Santo, que os faz entender a verdade; e eles a si mesmos se repreendem por terem dito coisas falsas".

As primeiras dificuldades se referem ao que é revelado por espírito profético. Donde, é clara a resposta a TODAS AS OBJEÇÕES.

---

4. Homil. 1, n. 16: ML 76, 793 C.
5. C. 17, n. 37: ML 34, 278.
6. Arg. *sed c.*

ARTICULUS 6
Utrum ea quae prophetice cognoscuntur vel annuntiantur, possint esse falsa

AD SEXTUM SIC PROCEDITUR. Videtur quod ea quae prophetice cognoscuntur vel annuntiantur, possint esse falsa.

1. Prophetia enim est de futuris contingentibus, ut dictum est[1]. Sed futura contingentia possunt non evenire: alioquin ex necessitate contingerent. Ergo prophetiae potest subesse falsum.

2. PRAETEREA, Isaias prophetice praenuntiavit Ezechiae dicens, *Dispone domui tuae: quia morieris tu, et non vives*: et tamen additi sunt vitae eius postea quindecim anni, ut habetur 4Reg 20,6, et Is 38,5. Similiter etiam Ier 18,7-8, Dominus dicit: *Repente loquar adversum gentem et adversum regnum, ut eradicem et destruam et disperdam illud. Si poenitentiam egerit gens illa a malo suo quod locutus sum adversus eam, agam et ego poenitentiam super malo quod cogitavi ut facerem ei*. Et hoc apparet per exemplum Ninivitarum: secundum illud Ion 3,10: *Misertus est Dominus super malitiam quam dixit ut faceret eis, et non fecit*. Ergo prophetiae potest subesse falsum.

3. PRAETEREA, omnis conditionalis cuius antecedens est necessarium absolute, consequens est necessarium absolute: quia ita se habet consequens in conditionali ad antecedens, sicut conclusio ad praemissas in syllogismo; ex necessariis autem nunquam contingit syllogizare nisi necessarium, ut probatur in I *Posteriorum*[2]. Sed si prophetiae non potest subesse falsum, oportet hanc conditionalem esse veram: *Si aliquid est prophetatum, erit*. Huius autem conditionalis antecedens est necessarium absolute: cum sit de praeterito. Ergo et consequens erit necessarium absolute. Quod est inconveniens: quia sic prophetia non esset contingentium. Falsum est ergo quod prophetiae non possit subesse falsum.

ARTIGO 6
Pode ser falso o que é conhecido ou anunciado profeticamente?

QUANTO AO SEXTO, ASSIM SE PROCEDE: parece que o que é conhecido ou anunciado profeticamente **pode** ser falso.

1. Com efeito, a profecia tem por objeto os futuros contingentes, como se disse acima. Ora, os futuros contingentes podem não se realizar; do contrário, aconteceriam necessariamente. Logo, a profecia pode ser falsa.

2. ALÉM DISSO, Isaías advertiu profeticamente a Ezequias, dizendo: "Põe em ordem a tua casa, porque vais morrer e não mais viverás.". E, no entanto, foram-lhe concedidos mais quinze anos de vida, como se lê no segundo livro dos Reis e em Isaías. Assim também, disse o Senhor a Jeremias: "De repente falarei contra um povo e contra um reino, para o desarraigar, destruir e arruinar. Mas, se tal povo se arrepender do seu mal, de que o tenho condenado, também eu me arrependerei do mal, que tinha pensado contra ele." E isto se manifesta no exemplo dos Ninivitas, como se vê no livro de Jonas: "Deus se arrependeu do mal com que os tinha ameaçado, e não o realizou". Logo, a profecia pode conter erros.

3. ADEMAIS, em toda proposição condicional, se o antecedente é absolutamente necessário, o consequente o é também; porque, numa oração condicional, o consequente está para o antecedente, como, num silogismo, a conclusão está para as premissas; o Filósofo prova que, de premissas necessárias, só se pode deduzir uma conclusão necessária. Mas, se a profecia não está sujeita a erro, será verdadeira esta condicional: "O que foi profetizado, sucederá". Ora, o antecedente desta condicional é absolutamente necessário, pois se trata de uma coisa passada. Logo, o consequente será também absolutamente necessário. O que é inadmissível, porque então a profecia não teria como objeto os contingentes. Logo, é falso que a profecia não seja susceptível de erro[k].

---

6 PARALL.: Infra, q. 172, a. 5, ad 3; a. 6, ad 2; *Cont. Gent.* III, 154; *De Verit.*, q. 12, a. 10, ad 7.
1. Art. 3.
2. C. 6: 75, a, 4-11.

k. Essa proposição só vale evidentemente para a profecia tal como entendida aqui: comunicação obtida por revelação divina, a qual não poderia ser mentirosa ou sujeita a erro. As profecias de ameaças que não se realizaram (destruição de Nínive, por exemplo) constituem um problema específico. É fácil resolvê-lo lembrando que essas profecias são condicionadas pela situação que elas visam. A conversão dos ninivitas impediu que a ameaça se realizasse, mas era e continua verdade que seus pecados invocavam o castigo anunciado por Jonas.

SED CONTRA est quod Cassiodorus dicit[3], quod *prophetia est inspiratio vel revelatio divina, rerum eventus immobili veritate denuntians*. Non autem esset immobilis veritas prophetiae si posset ei falsum subesse. Ergo non potest ei subesse falsum.

RESPONDEO dicendum quod, sicut ex dictis[4] patet, prophetia est quaedam cognitio intellectui prophetae impressa ex revelatione divina per modum cuiusdam doctrinae. Veritas autem eadem est cognitionis in discipulo et in docente: quia cognitio addiscentis est similitudo cognitionis docentis; sicut et in rebus naturalibus forma generati est similitudo quaedam formae generantis. Et per hunc etiam modum Hieronymus dicit quod prophetia est quoddam *signum divinae praescientiae*[5]. Oportet igitur eandem esse veritatem propheticae cognitionis et enuntiationis quae est cognitionis divinae, cui impossibile est subesse falsum, ut in Primo[6] habitum est. Unde prophetiae non potest subesse falsum.

AD PRIMUM ergo dicendum quod, sicut in Primo[7] dictum est, certitudo divinae praescientiae non excludit contingentiam singularium futurorum: quia fertur in ea secundum quod sunt praesentia et iam determinata ad unum. Et ideo etiam prophetia, quae est *divinae praescientiae* similitudo impressa vel *signum*, sua immobili veritate futurorum contingentiam non excludit.

AD SECUNDUM dicendum quod divina praescientia respicit futura secundum duo: scilicet secundum quod sunt in seipsis, inquantum scilicet ipsa praesentialiter intuetur; et secundum quod sunt in suis causis, inquantum scilicet videt ordinem causarum ad effectus. Et quamvis contingentia futura, prout sunt in seipsis, sint determinata ad unum; tamen prout sunt in suis causis, non sunt determinata, quin possint aliter evenire. Et quamvis ista duplex cognitio semper in intellectu divino coniungatur, non tamen semper coniungitur in revelatione prophetica: quia impressio agentis non semper adaequat eius virtutem. Unde quandoque revelatio prophetica est impressa quaedam similitudo divinae praescientiae prout inspicit ipsa futura contingentia in seipsis. Et talia sic eveniunt sicut prophetantur: sicut illud Is 7,14: *Ecce, virgo*

EM SENTIDO CONTRÁRIO, Cassioduro diz que "a profecia é uma inspiração ou uma revelação divina, que anuncia as coisas que acontecem com uma verdade imutável". Ora, a verdade da profecia não seria imutável, se pudesse conter algum erro. Logo, não pode ser falsa.

RESPONDO. A profecia é um conhecimento impresso no intelecto do profeta, mediante uma revelação divina, à maneira de um ensinamento. Ora, a verdade do conhecimento é a mesma no discípulo e no mestre. De fato, o conhecimento daquele que aprende é a semelhança do conhecimento de quem ensina; assim como nas realidades materiais, a forma do que é gerado é uma semelhança da forma do que gera. Por isso, diz Jerônimo, a profecia é como um "sinal da divina presciência". É necessário, pois, que a verdade do conhecimento e da enunciação profética, seja a mesma do conhecimento divino, que não pode estar sujeito a erro de modo algum, como se provou na I Parte. Logo, a profecia não pode ser falsa.

QUANTO AO 1º, portanto, deve-se dizer que, como foi dito na I Parte, a certeza da presciência divina não exclui a contingência de cada um dos acontecimentos particulares futuros, porque ela os trata como presentes e já determinados na sua realização. Por isso, a profecia, que é uma semelhança impressa na mente do profeta ou "um sinal da presciência divina", também não exclui, na sua imutável verdade, os futuros contingentes.

QUANTO AO 2º, deve-se dizer que a presciência divina considera os eventos futuros de duas maneiras: 1º neles mesmos, isto é, vendo-os como presentes; 2º nas suas causas, isto é, vendo-os como efeitos em relação às suas causas. Embora os futuros contingentes sejam, em si mesmos, sujeitos a uma única determinação, contudo, considerados em relação às suas causas, não são assim determinados, de tal modo que não possam produzir-se de outra maneira. E, não obstante esse duplo conhecimento estar sempre conjugado na inteligência divina, nem sempre o está na revelação profética, porque a impressão do agente nem sempre é adequada à capacidade dele. De modo que, às vezes, a revelação profética impressa na mente do profeta é uma semelhança da presciência divina, enquanto considera os futuros contingentes

---

3. CASSIODOR., *Expos. in Psalt.*, c. 1: ML 70, 12 B.
4. Art. 2.
5. HIERON., *Comment. in Dan.*, super 2, 10: ML 25, 499 C.
6. Q. 16, a. 8.
7. Q. 14, a. 13.

concipiet. — Quandoque vero prophetica revelatio est impressa similitudo divinae praescientiae prout cognoscit ordinem causarum ad effectus. Et tunc quandoque aliter evenit quam prophetetur. Nec tamen prophetiae subest falsum: nam sensus prophetiae est quod inferiorum causarum dispositio, sive naturalium sive humanorum actuum, hoc habet ut talis effectus eveniat. Et secundum hoc intelligitur verbum Isaiae dicentis, *Morieris, et non vives*, idest, *Dispositio corporis tui ad mortem ordinatur*; et quod dicitur Io 3,4, *Adhuc quadraginta dies, et Ninive subvertetur*, idest, *Hoc merita eius exigunt, ut subvertatur*. Dicitur autem Deus *poenitere* metaphorice, inquantum ad modum poenitentis se habet: prout scilicet *mutat sententiam, etsi non mutet consilium*.

AD TERTIUM dicendum quod, quia eadem est veritas prophetiae et divinae praescientiae, ut dictum est[8], hoc modo ista conditionalis est vera, *Si aliquid est prophetatum, erit*, sicut ista, *Si aliquid est praescitum, erit*. In utraque enim antecedens est impossibile non esse. Unde et consequens est necessarium, non secundum quod est futurum respectu nostri, sed ut consideratur in suo praesenti, prout subiicitur praescientiae divinae, ut in Primo[9] dictum est.

em si mesmos, que então se realizam como foram profetizados, como na profecia de Isaías "Eis que uma Virgem conceberá". — Outras vezes, porém, a revelação profética é uma semelhança da presciência divina, enquanto conhece a relação das causas a seus efeitos; e, então, os acontecimentos se realizam diferentemente do que tinham sido profetizados. Nem por isso a profecia está sujeita a erro, pois o sentido dela é que a disposição das causas inferiores, ou naturais, ou dos atos humanos é tal que por elas pode acontecer o que foi anunciado. E assim se deverá entender a predição de Isaías: "morrerás", e "não viverás"; isto é, "a disposição do teu corpo te levará à morte". E o das palavras de Jonas: "Ainda quarenta dias, e Nínive será destruída"; quer dizer, "Os méritos de Nínive exigem que seja destruída". E também se diz, metaforicamente, que Deus se arrepende, porque procede como quem se arrepende; vale dizer, "porque muda a sentença, embora não mude o conselho".

QUANTO AO 3º, deve-se dizer que a verdade da profecia é a mesma que a verdade da presciência divina, como foi dito. Assim sendo, esta proposição condicional: "O que foi profetizado, acontecerá" é verdadeira; como esta outra: "O que foi conhecido de antemão, acontecerá". Pois, em ambas é impossível que o antecedente não se produza. Portanto, o consequente é necessário; não enquanto futuro em relação a nós, mas se o considerarmos na sua realização presente, tal como submetido à presciência divina, segundo se tratou na I parte.

---
8. In corp.
9. Q. 14, a. 13, ad 2.

QUAESTIO CLXXII
DE CAUSA PROPHETIAE
in sex articulos divisa
Deinde considerandum est de causa prophetiae.

Et circa hoc quaeruntur sex.
Primo: utrum prophetia sit naturalis.
Secundo: utrum sit a Deo mediantibus angelis.

QUESTÃO 172
A CAUSA DA PROFECIA[a]
em seis artigos
Em seguida, deve-se tratar da causa da profecia.
A esse respeito, seis questões:
1. A profecia é natural?
2. Vem de Deus por intermédio dos anjos?

---
a. Nesta questão, Tomás repetirá com insistência e de diversas formas que, propriamente falando, só pode haver profecia divina. Para provar que só Deus pode ser a sua causa, ele se empenha em limpar o terreno de todas as objeções que se poderiam fazer em sentido contrário.

Tertio: utrum ad prophetiam requiratur dispositio naturalis.
Quarto: utrum requiratur bonitas morum.
Quinto: utrum sit aliqua prophetia a daemonibus.
Sexto: utrum prophetae daemonum aliquando dicant verum.

3. Requer disposições naturais?
4. Requer pureza de costumes?
5. Pode vir dos demônios?
6. Os profetas do demônio falam, às vezes, a verdade?

Articulus 1
Utrum prophetia possit esse naturalis

AD PRIMUM SIC PROCEDITUR. Videtur quod prophetia possit esse naturalis.
1. Dicit enim Gregorius, in IV *Dialog.*¹, quod *ipsa aliquando animarum vis sua subtilitate aliquid praevidet.* Et Augustinus dicit, in XII *super Gen. ad litt.*², quod animae humanae, secundum quod a sensibus corporis abstrahitur, competit futura praevidere. Hoc autem pertinet ad prophetiam. Ergo anima naturaliter potest assequi prophetiam.
2. PRAETEREA, cognitio animae humanae magis viget in vigilando quam in dormiendo. Sed in dormiendo quidam naturaliter praevident quaedam futura: ut patet per Philosophum, in libro *de Sommo et Vigil.*³. Ergo multo magis potest homo naturaliter futura praecognoscere.
3. PRAETEREA, homo secundum suam naturam est perfectior animalibus brutis. Sed quaedam animalia bruta habent praecognitionem futurorum ad se pertinentium: sicut formicae praecognoscunt pluvias futuras, quod patet ex hoc quod ante pluviam incipiunt grana in foramen reponere; et similiter etiam pisces praecognoscunt tempestates futuras, ut perpenditur ex eorum motu, dum loca tempestuosa declinant. Ergo multo magis homines naturaliter praecognoscere possunt futura ad se pertinentia, de quibus est prophetia. Est ergo prophetia a natura.

4. PRAETEREA, Pr 29,18 dicitur: *Cum prophetia defecerit, dissipabitur populus*: et sic patet quod prophetia necessaria est ad hominum conservationem. Sed *natura non deficit in necessariis.* Ergo videtur quod prophetia sit a natura.

Artigo 1
A profecia pode ser natural?

QUANTO AO PRIMEIRO ARTIGO, ASSIM SE PROCEDE: parece que a profecia **pode** ser natural.
1. Com efeito, Gregório diz que, "às vezes, as almas, pela força da sua sutileza, preveem certos acontecimentos". E Agostinho declara também que a alma humana, quando separada dos sentidos do corpo, está apta a desvendar o futuro. Ora, este é o papel da profecia. Logo, a alma pode chegar naturalmente a profetizar.

2. ALÉM DISSO, o conhecimento da alma humana é mais poderoso no estado de vigília que no sono. Ora, como ensina o Filósofo, há certas pessoas que preveem, dormindo, certos acontecimentos futuros. Logo, com maior razão, o homem pode, de antemão e naturalmente, conhecer o futuro.
3. ADEMAIS, o homem, por sua natureza, é mais perfeito que os animais. Ora, certos animais possuem um conhecimento antecipado de coisas futuras que lhes concernem. Por exemplo, as formigas percebem com antecedência que vai chover: o que se deduz do fato de começarem, antes da chuva, a guardar grãos nas suas covas. Assim, também, os peixes pressentem as tempestades que se avizinham: o que se conclui do seu movimento para se desviar dos lugares atingidos por elas. Logo, com maior razão, os homens podem conhecer naturalmente as coisas futuras que lhes dizem respeito e que são objeto da profecia. Logo, há uma profecia natural.

4. ADEMAIS, lê-se no livro dos Provérbios: "Quando faltar a profecia, o povo se dissipará". Daí se segue que a profecia é necessária à conservação dos homens. Ora, "a natureza não falta nas coisas necessárias". Logo, tudo leva a crer que a profecia provenha da natureza.

---

1   PARALL.: Part. I, q. 86, a. 4; *Cont. Gent.* III, 154; *De Verit.*, q. 12, a. 3.

1. C. 26: ML 77, 357 C.
2. C. 13, n. 27: ML 34, 464.
3. *De divin. per somn.*, c. 2: 464, a, 17-19.

SED CONTRA est quod dicitur 2Pe 1,21: *Non enim voluntate humana allata est aliquando prophetia: sed Spiritu Sancto inspirante, locuti sunt sancti Dei homines.* Ergo prophetia non est a natura, sed ex dono Spiritus Sancti.

RESPONDEO dicendum quod, sicut supra[4] dictum est, prophetica praecognitio potest esse de futuris dupliciter: uno modo, secundum quod sunt in seipsis; alio modo, secundum quod sunt in suis causis. Praecognoscere autem futura secundum quod sunt in seipsis, est proprium divini intellectus, cuius aeternitati sunt omnia praesentia, ut in Primo[5] dictum est. Et ideo talis praecognitio futurorum non potest esse a natura, sed solum ex revelatione divina.

Futura vero in suis causis possunt praecognosci naturali cognitione etiam ab homine: sicut medicus praecognoscit sanitatem vel mortem futuram in aliquibus causis, quarum ordinem ad tales effectus experimento praecognoverunt. Et talis praecognitio futurorum potest inteliigi esse in homine a natura dupliciter. Uno modo, sic quod statim anima, ex eo quod in seipsa habet, possit futura praecognoscere. Et sic, sicut Augustinus dicit, XII *super Gen. ad litt.*[6], *quidam voluerunt animam humanam habere quandam vim divinationis in seipsa.* Et hoc videtur esse secundum opinionem Platonis, qui posuit[7] quod animae habent omnium rerum cognitionem per participationem idearum, sed ista cognitio obnubilatur in eis per coniunctionem corporis: in quibusdam tamen plus, in quibusdam vero minus, secundum corporis puritatem diversam. Et secundum hoc, posset dici quod homines habentes animas non multum obtenebratas ex corporum unione, possunt talia futura praecognoscere secundum propriam scientiam. — Contra hoc autem obiicit[8] Augustinus: *Cur non semper potest*, scilicet vim divinationis habere anima, *cum semper velit?*

Sed quia verius esse videtur quod anima ex sensibilibus cognitionem acquirat, secundum sententiam Aristotelis, ut in Primo[9] dictum est; ideo melius est dicendum alio modo, quod praecognitionem talium futurorum homines non habent, sed

EM SENTIDO CONTRÁRIO, Pedro escreve: "De uma vontade humana jamais veio a profecia; mas, sim, homens movidos pelo Espírito Santo é que falaram da parte de Deus". Logo, a profecia não provém da natureza, mas é um dom do Espírito Santo.

RESPONDO. O conhecimento profético das coisas futuras pode ser de dois modos: ou das coisas em si mesmas, ou enquanto existem nas suas causas. Conhecer as coisas futuras em si mesmas, é próprio da inteligência divina, em cuja eternidade tudo está presente, como se disse na I Parte. De maneira que tal conhecimento dos acontecimentos futuros não pode provir da natureza, mas somente de uma revelação divina.

Os acontecimentos futuros podem ser previstos nas suas causas, mesmo pelo homem, em virtude de um conhecimento natural. É assim que o médico prevê a saúde ou a morte futura em algumas causas, cuja ordem a determinados efeitos ele conhece por experiência. E este conhecimento dos acontecimentos futuros que o homem tem por sua natureza, pode ser compreendido de dois modos: um deles consiste em que a alma seria imediatamente capaz de conhecer o futuro, em virtude do que ela possui em si mesma. E, assim diz Agostinho: "alguns pretenderam que a alma humana tem nela mesma um poder de adivinhação." E isto parece coincidir com a opinião de Platão, que afirmava que as almas têm um conhecimento de todas as coisas pela participação das ideias; mas este conhecimento se obscurece nelas por causa da sua união a um corpo, união maior ou menor, segundo seus corpos são mais ou menos puros. E, assim, se poderia dizer que os homens, cuja alma é pouco obscurecida pela união com o corpo, podem prever o futuro em virtude da sua própria ciência. — Contra tal opinião, Agostinho faz esta objeção: "Por que a alma não pode ter sempre a faculdade de adivinhar, posto que ela sempre o deseja?"

Contudo, parece mais verdadeira a opinião de Aristóteles, segundo a qual a alma adquire o conhecimento mediante coisas sensíveis, como foi dito na I Parte; e, assim, se dirá melhor de outro modo: que os homens não possuem o prévio

---

4. Q. 171, a. 6, ad 2.
5. Q. 14, a. 13; q. 57, a. 3; q. 86, a. 4.
6. Loc. cit.
7. *Phaed.*, c. 27: 79 C.
8. Loc. cit.
9. Q. 84, a. 6.

acquirere possunt per viam experimentalem: in qua iuvantur per naturalem dispositionem secundum quam in homine invenitur perfectio virtutis imaginativae et claritas intelligentiae.

Et tamen haec praecognitio futurorum differt a prima, quae habetur ex revelatione divina, dupliciter. Primo quidem, quia prima potest esse quorumcumque eventuum, et infallibiliter. Haec autem praecognitio quae naturaliter haberi potest, est circa quosdam effectus ad quos se potest extendere experientia humana. — Secundo, quia prima prophetia est secundum *immobilem veritatem*: non autem secunda, sed potest ei subesse falsum.

Prima autem praecognitio proprie pertinet ad prophetiam, non secunda: quia, sicut supra dictum est, prophetica cognitio est eorum quae excedunt universaliter humanam cognitionem. Et ideo dicendum est quod prophetia simpliciter dicta non potest esse a natura, sed solum ex revelatione divina.

AD PRIMUM ergo dicendum quod anima, quando abstrahitur a corporalibus, aptior redditur ad percipiendum influxum spiritualium substantiarum: et etiam ad percipiendum subtiles motus qui ex impressionibus causarum naturalium in imaginatione humana relinquuntur, a quibus percipiendis anima impeditur cum fuerit circa sensibilia occupata. Et ideo Gregorius dicit[10] quod anima, quando appropinquat ad mortem, *praecognoscit quaedam futura subtilitate suae naturae*, prout scilicet percipit etiam modicas impressiones. — Aut etiam cognoscit futura revelatione angelica. Non autem propria virtute. Quia, ut Augustinus dicit, XII *super Gen. ad litt.*[11], si hoc esset, tunc haberet quandocumque vellet, in sua potestate futura praecognoscere: quod patet esse falsum.

AD SECUNDUM dicendum quod praecognitio futurorum quae fit in somnis, est aut ex revelatione substantiarum spiritualium, aut ex causa corporali, ut dictum est[12] cum de divinationibus ageretur. Utrumque autem melius potest fieri in

conhecimento desses acontecimentos futuros, mas podem adquiri-los por via experimental, no que são ajudados pela disposição natural, na medida em que sua potência imaginativa é mais perfeita e sua inteligência mais lúcida.

Todavia, esse conhecimento dos acontecimentos futuros difere daquele que se obtém pela revelação divina de dois modos: 1º porque por revelação divina se pode prever quaisquer acontecimentos e infalivelmente; ao contrário, o conhecimento adquirido naturalmente só atinge alguns efeitos, aqueles que a experiência humana alcança. — 2º A profecia sobrenatural possui uma "verdade imutável"; a segunda, ao contrário, pode estar sujeita a erro.

O primeiro tipo de conhecimento constitui propriamente a profecia, mas não o segundo[b], porque o conhecimento profético tem por objeto o que ultrapassa naturalmente o conhecimento humano. Por isso deve-se dizer que a profecia propriamente dita não pode provir da natureza, mas só da revelação divina.

QUANTO AO 1º, portanto, deve-se dizer que a alma, quando separada das realidades corporais, torna-se mais apta a receber o influxo das substâncias espirituais, e também a perceber os movimentos sutis que deixam na imaginação humana as impressões das causas naturais, de cuja percepção ela está impedida, quando dominada pelas coisas sensíveis. Por isso, diz Gregório, que a alma, ao aproximar-se da morte, "prevê certos acontecimentos futuros graças à sutileza da sua natureza", isto é, porque a alma percebe então até as menores impressões. — Ela pode, ainda, conhecer os acontecimentos futuros por uma revelação angélica. Mas não por sua própria potência; pois, se assim fosse, observa Agostinho, estaria sempre em seu poder desvendar o futuro quando quisesse; o que é evidentemente falso.

QUANTO AO 2º, deve-se dizer que o conhecimento prévio de acontecimentos futuros que se tem nos sonhos provém ou de uma revelação das substâncias espirituais, ou de uma causa corporal, como foi dito, ao tratar da adivinhação. Em

---

10. Loc. cit. in arg.: ML 77, 357 D.
11. Loc. cit.
12. Q. 95, a. 6.

b. No *De Veritate*, q. 12, a. 3, Tomás ainda aceitava falar de profecia natural para qualificar o conhecimento conjectural dos eventos futuros, obtido a partir de dados experimentais, como os da medicina ou da astrologia. Daí por diante ele não mais o aceita, pois empregar o termo profecia em um domínio no qual as disposições naturais da inteligência e da imaginação são suficientes, só pode contribuir para perpetuar o equívoco. Só Deus pode pôr o espírito do profeta à altura das realidades que ultrapassam absolutamente o conhecimento humano.

dormientibus quam in vigilantibus: quia anima vigilantis est occupata circa exteriora sensibilia, unde minus potest percipere subtiles impressiones vel spiritualium substantiarum vel etiam causarum naturalium. Quantum tamen ad perfectionem iudicii, plus viget ratio in vigilando quam in dormiendo.

AD TERTIUM dicendum quod bruta etiam animalia non habent praecognitionem futurorum effectuum nisi secundum quod ex suis causis praecognoscuntur, ex quibus eorum phantasiae moventur. Et magis quam hominum: quia phantasiae hominum, maxime in vigilando, disponuntur magis secundum rationem quam secundum impressionem naturalium causarum. Ratio autem facit in homine multo abundantius id quod in brutis facit impressio causarum naturalium. Et adhuc magis adiuvat hominem divina gratia prophetas inspirans.

AD QUARTUM dicendum quod lumen propheticum se extendit etiam ad directiones humanorum actuum. Et secundum hoc, prophetia necessaria est ad populi gubernationem. Et praecipue in ordine ad cultum divinum, ad quem natura non sufficit, sed requiritur gratia.

um e outro caso, ele se realiza melhor durante o sono que na vigília; pois a alma daquele que está acordado está ocupada pelas realidades exteriores e sensíveis e, com isso, é menos apta a perceber as impressões sutis das substâncias espirituais e até mesmo das causas naturais. Quanto à perfeição do juízo, a razão tem maior vigor na vigília que no sono.

QUANTO AO 3º, deve-se dizer que os próprios animais não preveem os acontecimentos futuros, senão enquanto estes podem ser conhecidos nas suas causas, que impressionam a imaginação deles. E impressionam mais que aos homens, posto que a imaginação dos homens, sobretudo no estado de vigília, age mais sob a influência da razão do que pela impressão das causas naturais. Ora, no homem, a razão exerce uma ação muito mais fecunda que a impressão das causas naturais do animal. Mas, a graça divina, que inspira os profetas, é, para o homem, uma ajuda ainda muito maior.

QUANTO AO 4º, deve-se dizer que a luz profética se estende também aos atos humanos e, neste sentido, a profecia é necessária ao governo do povo, sobretudo no que diz respeito ao culto divino. Ora, para isso, a natureza não é suficiente: é indispensável a graça.

ARTICULUS 2
Utrum prophetica
revelatio fiat per angelos

AD SECUNDUM SIC PROCEDITUR. Videtur quod prophetica revelatio non fiat per angelos.

1. Dicitur enim Sap 7,27, quod Sapientia Dei *in animas sanctas se transfert, et amicos Dei et prophetas constituit*. Sed amicos Dei constituit immediate. Ergo etiam prophetas facit immediate, non mediantibus angelis.

2. PRAETEREA, prophetia ponitur inter gratias gratis datas. Sed gratiae gratis datae sunt a Spiritu Sancto: secundum illud: *Divisiones gratiarum sunt: idem autem Spiritus*. Non ergo prophetica revelatio fit angelo mediante.

3. PRAETEREA, Cassiodorus[1] dicit quod prophetia est *divina revelatio*. Si autem fieret per angelos,

ARTIGO 2
A revelação profética se realiza
por intermédio dos anjos?

QUANTO AO SEGUNDO, ASSIM SE PROCEDE: parece que a revelação profética **não** se realiza por intermédio dos anjos.

1. Com efeito, diz o livro da Sabedoria, que a Sabedoria de Deus "transfunde-se nas almas santas e forma os amigos de Deus e os profetas". Ora, ela faz amigos de Deus agindo imediatamente. Logo, também forma os profetas imediatamente e não mediante os anjos.

2. ALÉM DISSO, a profecia se situa entre as graças grátis dadas. Ora, estas procedem do Espírito Santo, como diz o Apóstolo: "São vários os dons espirituais, mas o Espírito é o mesmo". Logo, a revelação profética não se realiza mediante os anjos.

3. ADEMAIS, Cassiodoro diz que a profecia é "uma revelação divina". Ora, se esta se realizasse

---

2 PARALL.: *Cont. Gent.* III, 154; *De Verit.*, q. 12, a. 8; *in Isaiam*, c. 6; *in Matth.*, c. 2.

1. CASSIOD., *Expos. in Psalt.*, c. 1: ML 70, 12 B.

diceretur angelica revelatio. Non ergo prophetia fit per angelos.
SED CONTRA est quod Dionysius dicit, 4 cap. *Cael. Hier.*[2]: *Divinas visiones gloriosi Patres nostri adepti sunt per medias caelestes virtutes*. Loquitur autem ibi de visionibus propheticis. Ergo revelatio prophetica fit angelis mediantibus.
RESPONDEO dicendum quod, sicut Apostolus dicit, Rm 13,1, *quae a Deo sunt, ordinata sunt*. Habet autem *hoc divinitatis ordo*, sicut Dionysius dicit[3], *ut infima per media disponat*. Angeli autem medii sunt inter Deum et homines, utpote plus participantes de perfectione divinae bonitatis quam homines. Et ideo illuminationes et revelationes divinae a Deo ad homines per angelos deferuntur. Prophetica autem cognitio fit secundum illuminationem et revelationem divinam. Unde manifestum est quod fiat per angelos.

AD PRIMUM ergo dicendum quod caritas, secundum quam fit homo amicus Dei, est perfectio voluntatis, in quam solus Deus imprimere potest. Sed prophetia est perfectio intellectus, in quem etiam angelus potest imprimere, ut in Primo[4] dictum est. Et ideo non est similis ratio de utroque.
AD SECUNDUM dicendum quod gratiae gratis datae attribuuntur Spiritui Sancto sicut primo principio: qui tamen operatur huiusmodi gratias in hominibus mediante ministerio angelorum.
AD TERTIUM dicendum quod operatio instrumenti attribuitur principali agenti, in cuius virtute instrumentum agit. Et quia minister est sicut instrumentum, idcirco prophetica revelatio, quae fit ministerio angelorum, dicitur esse divina.

por meio dos anjos, se diria "revelação angélica". Logo, ela não é feita pelos anjos.
EM SENTIDO CONTRÁRIO, diz Dionísio: "Nossos gloriosos pais receberam as visões divinas pela mediação das virtudes celestes". Ora, ele se refere às visões proféticas. Logo, a revelação profética se faz mediante os anjos.
RESPONDO. Como diz o Apóstolo: "Deus dispôs com ordem tudo quanto existe". E, ensina Dionísio, que "a ordem da divindade é governar os inferiores pelos intermediários"[c]. Ora, os anjos ocupam um lugar intermédio entre Deus e os homens, pois participam mais do que estes da perfeição da divina bondade. E é por isso que as iluminações e as revelações divinas são levadas de Deus aos homens por meio dos anjos. Por outro lado, o conhecimento profético depende da iluminação e da revelação divinas. Logo, é claro que ele se faz por intermédio dos anjos.

QUANTO AO 1º, portanto, deve-se dizer que a caridade, que torna o homem amigo de Deus, é uma perfeição da vontade, sobre a qual só Deus pode agir. Mas a profecia é uma perfeição do intelecto, e sobre este o anjo também pode atuar, como foi dito na I Parte. Portanto, a razão não é a mesma.
QUANTO AO 2º, deve-se dizer que as graças grátis dadas são atribuídas ao Espírito Santo enquanto princípio primeiro, o qual comunica esta graça aos homens mediante o ministério dos anjos.
QUANTO AO 3º, deve-se dizer que a ação de um instrumento se atribui à causa principal, por virtude da qual o instrumento age. Ora, o ministro é, de certo modo, um instrumento. Por isso, se diz divina a revelação profética realizada pelos anjos.

ARTICULUS 3
Utrum ad prophetiam requiratur dispositio naturalis

AD TERTIUM SIC PROCEDITUR. Videtur quod ad prophetiam requiratur dispositio naturalis.

ARTIGO 3
A profecia requer disposições naturais?

QUANTO AO TERCEIRO, ASSIM SE PROCEDE: parece que a profecia **requer** disposições naturais.

2. MG 3, 180 C.
3. *De Cael. Hier.*, c. 4: *De Eccl. Hier.*, c. 5: MG 3, 181 A, 504 C.
4. Q. 111, a. 1.

3 PARALL.: *De Verit.*, q. 12, a. 4.

c. É tanto por fidelidade à Escritura (ver At 7,53; Gl 3,19; Hb 2,2) quanto por apego à visão hierarquizada do universo que ele herdou do Pseudo-Dionísio, que Tomás afirma de maneira constante o papel dos anjos como mediadores da revelação. Para maiores detalhes sobre a maneira pela qual os espíritos angélicos podem agir sobre a inteligência humana, podemos apenas remeter, como o faz o próprio autor, à primeira parte da Suma (q. 111, a. 1). Quanto ao ponto que nos interessa diretamente na presente questão, retenhamos que, os anjos intervindo aqui a título meramente instrumental, Deus permanece sendo a única causa explicativa da profecia.

1. Prophetia enim recipitur in propheta secundum dispositionem recipientis. Quia super illud Am 1,2, *Dominus de Sion rugiet*, dicit glossa[1] Hieronymi: *Naturale est ut omnes qui volunt rem rei comparare, ex eis rebus sumant comparationes quas sunt experti et in quibus sunt nutriti: verbi gratia, nautae suos inimicos ventis, damnum naufragio comparant. Sic et Amos, qui fuit pastor pecorum, timorem Dei rugitui leonis assimilat.* Sed quod recipitur in aliquo secundum modum recipientis, requirit naturalem dispositionem. Ergo prophetia requirit naturalem dispositionem.

2. Praeterea, speculatio prophetiae est altior quam scientiae acquisitae. Sed indispositio naturalis impedit speculationem scientiae acquisitae: multi enim, ex indispositione naturali, pertingere non possunt ad scientiarum speculamina capienda. Multo ergo magis requiritur ad contemplationem propheticam.

3. Praeterea, indispositio naturalis magis impedit aliquem quam impedimentum accidentale. Sed per aliquid accidentale superveniens impeditur speculatio prophetiae: dicit enim Hieronymus, *super Matth.*[2], quod *tempore illo quo coniugales actus geruntur, praesentia Spiritus Sancti non dabitur: etiam si propheta esse videatur qui officio generationis obsequitur*. Ergo multo magis indispositio naturalis impedit prophetiam. Et sic videtur quod bona dispositio naturalis ad prophetiam requiratur.

Sed contra est quod Gregorius dicit, in Homilia Pentecostes[3]: *Implet*, scilicet Spiritus Sanctus, *citharaedum puerum, et psalmistam facit: pastorem armentorum sycomoros vellicantem, et prophetam facit*. Non ergo requiritur aliqua praecedens dispositio ad prophetiam, sed dependet ex sola voluntate Spiritus Sancti, de quo dicitur, 1Cor 12,11: *Haec omnia operatur unus atque idem Spiritus, dividens singulis prout vult*.

1. Com efeito, a profecia se acomoda às disposições do profeta que a recebe. Pois, sobre as palavras de Amós "O Senhor rugirá sobre Sião", a Glosa de Jerônimo escreve: É natural que os que querem comparar uma coisa com outra tomem os seus termos das coisas de que têm experiência e em meio às quais foram criados; por exemplo, os marinheiros comparam seus inimigos a ventos contrários e os prejuízos sofridos a um naufrágio. Assim também, Amós, que foi pastor de rebanhos, compara a cólera de Deus ao rugido do leão". Ora, o que é recebido num sujeito segundo o modo de quem recebe, requer que haja nele uma disposição natural. Logo, a profecia supõe uma disposição natural.

2. Além disso, a visão profética é mais alta que a ciência. Ora, a indisposição natural é um impedimento para o saber científico, pois muitos, por alguma indisposição natural, não podem possuir as ciências especulativas. Logo, com maior razão, se requerem disposições naturais para a contemplação profética.

3. Ademais, más disposições naturais são maior impedimento que um obstáculo acidental. Ora, a especulação profética de alguém pode ser impedida até por algo acidental. Assim, diz Jerônimo: "No tempo em que se exerce o ato conjugal, não se dá a presença do Espírito Santo, mesmo que pareça profeta quem pratique tal ato"[d]. Logo, com maior razão, uma indisposição natural impede a profecia. Assim parece que se requer boa disposição natural para a profecia.

Em sentido contrário, declara Gregório, numa homilia: "O Espírito Santo inspira um menino que toca cítara e faz dele um salmista"; inflama um pastor de rebanhos, que cuida de sicômoros, e faz dele um profeta". Logo, para o exercício da profecia não se requer nenhuma disposição; mas isso depende unicamente da vontade do Espírito Santo, do qual se diz na primeira Carta aos Coríntios: "É o único e mesmo Espírito que realiza isto tudo, distribuindo a cada um como quer".

---

1. Vide Hieron., *In Amos*, l. I, super 1, 2: ML 25, 993 AB.
2. Cfr. epist. 22 *ad Eustochium*, nn. 22-23: ML 22, 409.
3. Al. hom. 30 *in Evang.*, n. 8: ML 76, 1225 D.

d. Essa citação, atribuída a São Jerônimo (mas que vem na verdade de Orígenes), é encontrada em todos os autores do século XIII que trataram da profecia antes de Sto. Tomás. Alberto Magno talvez tenha sido aquele que melhor enfatizou que a incompatibilidade entre o ato conjugal e o espírito da profecia não provém de modo algum do pretenso caráter pecaminoso do primeiro. Deve-se simplesmente ao fato de que, as forças da alma estando tão estreitamente ligadas entre si, a intensidade do deleite carnal implicada na relação sexual torna a alma momentaneamente indisponível para o arrebatamento intelectual à luz divina, no qual se realiza a revelação profética.

RESPONDEO dicendum quod, sicut dictum est[4], prophetia vere et simpliciter dicta est ex inspiratione divina: quae autem est ex causa naturali, non dicitur prophetia nisi secundum quid. Est autem considerandum quod, sicut Deus, quia est causa universalis in agendo, non praeexigit materiam, nec aliquam materiae dispositionem, in corporalibus effectibus, sed simul potest et materiam et dispositionem et formam inducere; ita etiam in effectibus spiritualibus non praeexigit aliquam dispositionem, sed potest simul cum effectu spirituali inducere dispositionem convenientem, qualis requireretur secundum ordinem naturae. Et ulterius posset etiam simul per creationem producere ipsum subiectum: ut scilicet animam in ipsa sui creatione disponeret ad prophetiam, et daret ei gratiam prophetalem.

AD PRIMUM ergo dicendum quod indifferens est ad prophetiam quibuscumque similitudinibus res prophetica exprimatur. Et ideo hoc ex operatione divina non immutatur circa prophetam. Removetur autem divina virtute, si quid prophetiae repugnat.

AD SECUNDUM dicendum quod speculatio scientiae fit ex causa naturali. Natura autem non potest operari nisi dispositione praecedente in materia. Quod non est dicendum de Deo, qui est prophetiae causa.

AD TERTIUM dicendum quod aliqua naturalis indispositio, si non removeretur, impedire posset prophetalem revelationem: puta si aliquis esset totaliter sensu naturali destitutus. Sicut etiam impeditur aliquis ab actu prophetandi per aliquam vehementem passionem vel irae vel concupiscentiae, qualis est in coitu, vel per quamcumque aliam passionem. Sed talem indispositionem naturalem removet virtus divina, quae est prophetiae causa.

RESPONDO. A profecia, verdadeira e absolutamente falando, procede da inspiração divina; a profecia que depende de uma causa natural, não se chama profecia a não ser relativamente. Ora, deve-se considerar que Deus, que é a causa universal, na ordem da ação, não tem necessidade de qualquer matéria preexistente para produzir um efeito corporal; antes, pode produzir ao mesmo tempo a matéria, a forma e a disposição para ela. Assim, para os efeitos espirituais, Deus não exige nenhuma disposição anterior, mas pode também causar, com o efeito espiritual, a disposição conveniente, requerida segundo a ordem natural. Bem mais, Ele poderia até mesmo produzir, por criação, o próprio sujeito, de maneira que, na própria criação, dotasse a alma das disposições necessárias à profecia e lhe desse a graça profética[e].

QUANTO AO 1º, portanto, deve-se dizer que é indiferente à profecia que a realidade profética seja expressa com estas ou outras comparações. Por isso, a operação divina não causa nenhuma mudança no profeta. O poder de Deus dele afasta só o que repugna à profecia.

QUANTO AO 2º, deve-se dizer que o saber científico se realiza por uma causa natural. Ora, a natureza não pode agir senão por uma disposição preexistente na matéria. O que não se pode dizer de Deus, que é a causa da profecia.

QUANTO AO 3º, deve-se dizer que se uma indisposição natural não for removida, poderá impedir a revelação profética. Tal é o caso de quem fosse inteiramente desprovido dos sentido. Assim também pode alguém ser impedido do ato de profetizar por uma paixão veemente, seja de ira, de cólera ou de concupiscência, como acontece na união carnal. Porém, a força divina, que é a causa da profecia, remove essa indisposição natural.

---

4. Art. 1.

e. A questão aqui levantada é complementar àquela tratada no artigo 1. Seguindo Avicena, Tomás lembrava que o conhecimento conjectural do futuro (chamado por alguns de profecia em sentido amplo) depende da perfeição da faculdade imaginativa daquele que faz tal tentativa, assim como de sua acuidade. Neste artigo 3, ele não nega a utilidade dessas disposições naturais, mas tampouco afirma sua necessidade: Deus poderia provê-lo, caso fosse necessário. Lembre-se apenas o exemplo de Moisés, que tenta se recusar a isso pretextando sua inabilidade em falar; Deus o possibilita de outra forma, dando-lhe Aarão como seu porta-voz (Ex 4,13-16; ver também o exemplo um pouco diferente de Jr 1,6 e ss.).

Articulus 4
Utrum bonitas morum requiratur ad prophetiam

AD QUARTUM SIC PROCEDITUR. Videtur quod bonitas morum requiratur ad prophetiam.

1. Dicitur enim Sap 7,27, quod Sapientia Dei *per nationes in animas sanctas se transfert, et amicos Dei et prophetas constituit.* Sed sanctitas non potest esse sine bonitate morum et sine gratia gratum faciente. Ergo prophetia non potest esse sine bonitate morum et gratia gratum faciente.

2. PRAETEREA, secreta non revelantur nisi amicis: secundum illud Io 15,15: *Vos autem dixi amicos: quia omnia quaecumque audivi a Patre meo, nota feci vobis.* Sed *prophetis Deus sua secreta revelat,* ut dicitur Am 3,7. Ergo videtur quod prophetae sint Dei amici. Quod non potest esse sine caritate. Ergo videtur quod prophetia non possit esse sine caritate, quae non est sine gratia gratum faciente.

3. PRAETEREA, Mt 7,15 dicitur: *Attendite a falsis prophetis, qui veniunt ad vos in vestimentis ovium, intrinsecus autem sunt lupi rapaces.* Sed quicumque sunt sine gratia interius, videntur esse lupi rapaces. Ergo omnes sunt falsi prophetae. Nullus est ergo verus propheta nisi bonus per gratiam.

4. PRAETEREA, Philosophus dicit, in libro *de Somn. et Vigil.*[1], quod, *si divinatio somniorum est a Deo, inconveniens est eam immittere quibuslibet, et non optimis viris.* Sed constat donum prophetiae esse a Deo. Ergo donum prophetiae non datur nisi optimis viris.

SED CONTRA est quod Mt 7,22-23, his qui dixerant, *Domine nonne in nomine tuo prophetavimus?* respondetur: *Nunquam novi vos. Novit autem Dominus eos qui sunt eius,* ut dicitur 2Ti 2,19. Ergo prophetia potest esse in his qui non sunt Dei per gratiam.

Artigo 4
A profecia requer a pureza de costumes?

QUANTO AO QUARTO, ASSIM SE PROCEDE: parece que a profecia **requer** a pureza dos costumes.

1. Com efeito, diz o livro da Sabedoria: "A sabedoria de Deus passa, através dos séculos, para as almas santas, fazendo-as amigos de Deus e profetas". Ora, a santidade não pode existir sem a pureza de costumes e a graça santificante. Logo, o mesmo se dá com a profecia.

2. ALÉM DISSO, os segredos só se revelam aos amigos, como se lê em João: "Eu vos chamo de amigos porque vos dei a conhecer tudo quanto ouvi de meu Pai". Ora, "Deus revela seus segredos aos profetas", como diz Amós. Logo, parece que os profetas são amigos de Deus, o que não é possível sem a caridade. Esta, por sua vez, supõe a graça santificante.

3. ADEMAIS, declara-se no Evangelho de Mateus: "Tomai cuidado com os falsos profetas. São os que chegam perto de vós sob a aparência de ovelhas, mas por dentro são lobos vorazes". Ora, quem quer que seja desprovido de graça interior, parece ser um lobo voraz. Logo, todos são falsos profetas. Por conseguinte, só pode ser um verdadeiro profeta, aquele que a graça tornou bom.

4. ADEMAIS, o Filósofo diz: "Se a adivinhação dos sonhos vem de Deus, não é conveniente que ela seja concedida a qualquer um, mas só aos melhores". Ora, o dom da profecia provém de Deus. Logo, o dom da profecia não se concede senão aos melhores homens.

EM SENTIDO CONTRÁRIO, lê-se em Mateus, que aos que perguntavam "Senhor, não profetizamos em teu nome?", Jesus respondeu: "Nunca vos conheci!" Mas, "o Senhor conhece os que são seus", como se diz na segunda Carta a Timóteo. Logo, a profecia pode existir naqueles que não são de Deus pela graça[f].

---

4 PARALL.: *De Verit.*, q. 12, a. 5; *in Ioan.*, c. 11, lect. 7.

1. C. 1: 462, b, 20-22.

f. Essa conclusão, desenvolvida nas linhas que seguem, já estava implícita na definição da profecia como carisma: ela pode coexistir com a graça, mas não está necessariamente ligada a ela. Os exemplos bíblicos de Balaam e de Caifás, que gozaram momentaneamente do dom de profecia, são sua melhor ilustração. Pode-se reler a propósito uma passagem do *De Veritate* (q. 12, a. 5, resp. 6), na qual Sto. Tomás se explica de modo mais detalhado: "A aptidão a receber a profecia não se deve à bondade do beneficiário. Certos homens que são privados de caridade, possuem o espírito mais apto a perceber as realidades espirituais, pois são desprovidos dos desejos carnais e das preocupações terrestres, e dotados de uma lucidez natural da inteligência; pelo contrário, outros que possuem a caridade estão envolvidos nos assuntos deste mundo, ou nas alegrias legítimas da carne, e não possuem a inteligência naturalmente perspicaz. Às vezes o dom da profecia é conferido a pecadores e recusado a bons".

RESPONDEO dicendum quod bonitas morum potest attendi secundum duo: uno quidem modo, secundum interiorem eius radicem, quae est gratia gratum faciens; alio autem modo, quantum ad interiores animae passiones et exteriores actiones. Gratia autem gratum faciens ad hoc principaliter datur ut anima hominis Deo per caritatem coniungatur: unde Augustinus dicit, in XV *de Trin.*[2]: *Nisi impertiatur cuique Spiritus Sanctus, ut eum Dei et proximi faciat amatorem, ille a sinistra non transfertur ad dexteram*. Unde quidquid potest esse sine caritate, potest esse sine gratia gratum faciente, et per consequens sine bonitate morum. Prophetia autem potest esse sine caritate. Quod apparet ex duobus. Primo quidem, ex actu utriusque: nam prophetia pertinet ad intellectum, cuius actus praecedit actum voluntatis, quam perficit caritas. Unde Apostolus, 1Cor 13,1-2, prophetiam connumerat aliis ad intellectum pertinentibus quae possunt sine caritate haberi. Secundo, ex fine utriusque: datur enim prophetia ad utilitatem Ecclesiae, sicut et aliae gratiae gratis datae, secundum illud Apostoli, 1Cor 12,7, *Unicuique datur manifestatio Spiritus ad utilitatem*; non autem ordinatur directe ad hoc quod affectus ipsius prophetae coniungatur Deo, ad quod ordinatur caritas. Et ideo prophetia potest esse sine bonitate morum, quantum ad primam radicem huius bonitatis.

Si vero consideremus bonitatem morum secundum passiones animae et actiones exteriores, secundum hoc impeditur aliquis a prophetia per morum malitiam. Nam ad prophetiam requiritur maxima mentis elevatio ad spiritualium contemplationem, quae quidem impeditur per vehementiam passionum, et per inordinatam occupationem rerum exteriorum. Unde et de *filiis prophetarum* legitur, 4Reg 4,38, quod *simul habitabant cum Eliseo*; quasi solitariam vitam ducentes, ne mundanis occupationibus impedirentur a dono prophetiae.

AD PRIMUM ergo dicendum quod donum prophetiae aliquando datur homini et propter utilitatem aliorum, et propter propriae mentis illustrationem. Et hi sunt in quorum animas Sapientia divina per gratiam gratum facientem *se transferens, amicos Dei et prophetas eos constituit*. — Quidam vero consequuntur donum prophetiae solum ad utilitatem aliorum. Qui sunt quasi instrumenta

RESPONDO. A pureza de costumes pode ser considerada de duas maneiras: 1º Na sua raiz interior, que é a graça santificante; 2º Em relação às paixões interiores da alma e aos atos exteriores. Ora, a graça santificante é dada principalmente para que a alma do homem se una a Deus mediante a caridade. Por isso, Agostinho escreve: "Ninguém será transladado da esquerda para a direita [no juízo final], a não ser que lhe seja concedido o Espírito Santo, que o faça amar a Deus e ao próximo". De maneira que, tudo o que pode existir sem a caridade, também o pode sem a graça santificante e, por conseguinte, sem a pureza de costumes. Ora, a profecia pode existir sem a caridade, o que se demonstra por duas razões. A primeira é tirada dos atos de ambas, pois a profecia concerne ao intelecto, cujo ato é anterior ao da vontade, que a caridade aperfeiçoa. Por isso, o Apóstolo enumera a profecia entre os dons que se referem ao intelecto e que podem existir sem a caridade. A segunda razão é tirada dos seus fins, pois a profecia é dada, como as outras graças grátis dadas, para a utilidade da Igreja, segundo as palavras do Apóstolo na mesma Carta: "A cada um é dada a manifestação do Espírito para utilidade (comum)". Mas a profecia não visa diretamente unir a Deus a vontade do profeta, o que é o fim da caridade. Eis por quê, a profecia pode existir sem a pureza de costumes, se se considera a raiz primeira desta pureza.

Se, ao contrário, se considera a pureza de costumes em sua relação com as paixões da alma e com os atos exteriores, a malícia moral é um obstáculo à profecia. Pois esta exige grande elevação da mente para a contemplação das coisas espirituais, e é impedida pela veemência das paixões ou pela preocupação desordenada com as coisas exteriores. Por isso, lê-se no livro dos Reis, a respeito dos "filhos dos profetas" que "habitavam com Eliseu; como se dissesse que, levando assim uma vida solitária, não seriam impedidos pelas ocupações mundanas de receber o dom da profecia.

QUANTO AO 1º, portanto, deve-se dizer que o dom da profecia é, às vezes, concedido aos homens, tanto para a utilidade dos outros como para a ilustração da própria mente. E estes são aqueles a cuja mente se comunica a Sabedoria divina pela graça santificante, "convertendo-os em amigos de Deus e profetas". Há, porém, os que só recebem o dom de profecia para a utilidade dos outros, e

---

2. C. 18: ML 42, 1082.

divinae operationis. Unde Hieronymus dicit, *super Matth.*³: *Prophetare, vel virtutes facere et daemonia eiicere, interdum non est eius meriti qui operatur: sed vel invocatio nominis Christi hoc agit; vel ob condemnationem eorum qui invocant, vel utilitatem eorum qui vident et audiunt, conceditur.*

AD SECUNDUM dicendum quod Gregorius⁴, exponens illud, dicit: *Dum audita superna caelestia amamus, amata iam novimus: quia amor ipse notitia est. Omnia ergo eis nota fecerat: quia, a terrenis desideriis immutati, amoris summi facibus ardebant.* Et hoc modo non revelantur semper secreta divina prophetis.

AD TERTIUM dicendum quod non omnes mali sunt lupi rapaces, sed solum illi qui intendunt aliis nocere: dicit enim Chrysostomus, *super Matth.*⁵, quod *Catholici doctores, etsi fuerint peccatores, servi quidem carnis dicuntur, non tamen lupi rapaces: quia non habent propositum perdere Christianos.* Et quia prophetia ordinatur ad utilitatem aliorum, manifestum est tales esse falsos prophetas: quia ad hoc non mittuntur a Deo.

AD QUARTUM dicendum quod dona divina non semper dantur optimis simpliciter, sed quandoque illis qui sunt optimi quantum ad talis doni perceptionem. Et sic Deus donum prophetiae illis dat quibus optimum iudicat dare.

são como que instrumentos da ação divinaᵍ. Por isso, explica Jerônimo: "Profetizar, fazer milagres, expulsar demônios, nem sempre implica em algum mérito naquele que assim age; mas é a invocação do nome de Cristo que o realiza, ou então é para a condenação dos que o invocam e utilidade dos que veem e ouvem que esse dom lhe é concedido."

QUANTO AO 2º, deve-se dizer com Gregório: "Amando os dons celestiais de que ouvimos falar, já os conhecemos, porque o próprio amor é um conhecimento. Assim, Jesus lhes havia feito conhecer todas as coisas, porque, libertados dos desejos terrestres, eles ardiam no fogo do sumo amor". E, deste modo, nem sempre os segredos divinos são revelados aos profetas.

QUANTO AO 3º, deve-se dizer que nem todos os maus são lobos vorazes, mas só os que visam fazer mal aos outros. De fato, diz Crisóstomo: "Os doutores católicos, mesmo quando são pecadores, são chamados escravos da carne, mas não lobos vorazes, porque não têm o propósito de perder os cristãos". E, como a profecia se destina ao bem dos outros, é claro que esses tais são falsos profetas, porque não é para isso que foram enviados por Deus.

QUANTO AO 4º, deve-se dizer que os dons divinos nem sempre são dados aos melhores, no sentido absoluto do termo; mas, às vezes, somente àqueles que são os mais aptos para recebê-los. E é assim que Deus confere o dom de profecia àqueles que Ele julga melhor concedê-lo.

ARTICULUS 5
Utrum aliqua prophetia sit a daemonibus

AD QUINTUM SIC PROCEDITUR. Videtur quod nulla prophetia sit a daemonibus.
1. Prophetia enim est *divina revelatio*, ut Cassiodorus¹ dicit. Sed illud quod fit a daemone, non est divinum. Ergo nulla prophetia potest esse a daemone.

ARTIGO 5
A profecia pode vir dos demônios?

QUANTO AO QUINTO, ASSIM SE PROCEDE: parece que a profecia **não** pode vir dos demônios.
1. Com efeito, a profecia é uma "revelação divina", como diz Cassiodoro. Ora, o que é realizado pelo demônio não é divino. Logo, nenhuma profecia pode proceder do demônio.

---

3. L. I, super 7, 27: ML 26, 49 B.
4. Homil. 27 *in Evang.*, n. 4: ML 76, 1207 A.
5. *Opus imperf. in Matth.*, homil. 19, super 7, 15; MG 56, 738.
5 PARALL.: *Cont. Gent.* III, 154; *in Isaiam*, c. 3.
1. CASSIOD., *Expos. in Psalt.*, c. 1: ML 70, 12 B.

g. A qualificação de instrumento será aplicada ao profeta uma segunda vez na próxima questão (q. 173, a. 4); encontraremos ali algumas explicações sobre como se deve entender esse termo.

2. PRAETEREA, ad propheticam cognitionem requiritur aliqua illuminatio, ut supra[2] dictum est. Sed daemones non illuminant intellectum humanum, ut supra dictum est in Primo[3]. Ergo nulla prophetia potest esse a daemonibus.

2. PRAETEREA, non est efficax signum quod etiam ad contraria se habet. Sed prophetia est signum confirmationis fidei: unde super illud Rm 12,6, *Sive prophetiam secundum rationem fidei*, dicit Glossa[4]: *Nota quod in numeratione gratiarum a prophetia incipit, quae est prima probatio quod fides nostra sit rationabilis: quia credentes, accepto Spiritu, prophetabant*. Non ergo prophetia a daemonibus dari potest.

SED CONTRA est quod dicitur 3Reg 18,19: *Congrega ad me universum Israel in monte Carmeli, et prophetas Baal trecentos quinquaginta, prophetasque lucorum quadringentos, qui comedunt de mensa Iezabel*. Sed tales erant daemonum cultores. Ergo videtur quod etiam a daemonibus sit aliqua prophetia.

RESPONDEO dicendum quod, sicut supra[5] dictum est, prophetia importat cognitionem quandam procul existentem a cognitionem humana. Manifestum est autem quod intellectus superioris ordinis aliqua cognoscere potest quae sunt remota a cognitione intellectus inferioris. Supra intellectum autem humanum est non solum intellectus divinus, sed etiam intellectus angelorum bonorum et malorum, secundum naturae ordinem. Et ideo quaedam cognoscunt daemones, etiam sua naturali cognitione, quae sunt remota ab hominum cognitione, quae possunt hominibus revelare. Simpliciter autem et maxime remota sunt quae solus Deus cognoscit. Et ideo prophetia proprie et simpliciter dicta fit solum per revelationem divinam. Sed et ipsa revelatio facta per daemones, potest secundum quid dici prophetia. Unde illi quibus aliquid per daemones revelatur, non dicuntur in Scripturis prophetae simpliciter, sed cum aliqua additione, puta, *prophetae falsi*, vel, *prophetae idolorum*. Unde Augustinus, XII *super Gen. ad litt*.[6]: *Cum malus spiritus arripit hominem in haec*, scilicet visa, *aut daemoniacos facit, aut arreptitios, aut falsos prophetas*.

2. ALÉM DISSO, o conhecimento profético requer alguma iluminação da mente, como se disse. Ora, os demônios não podem iluminar o intelecto humano, conforme foi estabelecido na I Parte. Logo, nenhuma profecia pode vir dos demônios.

3. ADEMAIS, não é eficaz o sinal que serve para indicar coisas contrárias. Ora, a profecia é sinal para confirmar a fé. Por isso, sobre aquela palavra da Carta aos Romanos: "Ou a profecia, segundo a medida da fé", diz a Glosa: "Nota que, na enumeração das graças, começa pela profecia, que é a primeira prova de que a nossa fé é verdadeira; porque os crentes que tinham recebido o Espírito Santo profetizavam". Logo, a profecia não pode vir dos demônios.

EM SENTIDO CONTRÁRIO, diz a Escritura: "Faze reunir todo Israel junto de mim, no monte Carmelo, e os trezentos e cinquenta profetas de Baal e os quatrocentos profetas de Astarte que comem à mesa de Jezabel". Ora, todos estes eram adoradores dos demônios. Logo, parece que certas profecias também podem proceder dos demônios.

RESPONDO. A profecia implica um certo conhecimento de realidades que são distantes do conhecimento humano. Ora, é evidente que um intelecto de ordem superior pode alcançar certas coisas inacessíveis ao conhecimento de um intelecto inferior. Acima do intelecto humano, acha-se não só o divino, como também, segundo a ordem da sua natureza, o dos anjos bons e maus. Assim, os demônios conhecem, mesmo pelo conhecimento natural, certas realidades distantes do conhecimento humano e que eles podem revelar aos homens. Mas, as coisas que são absolutamente distantes, só Deus as conhece. E é por esta razão que a profecia propriamente dita só pode provir da revelação divina. Contudo, a revelação feita pelos demônios também pode, em certo sentido, chamar-se profecia. Por conseguinte, aqueles aos quais os demônios fizeram alguma revelação, não são chamados propriamente de profetas na Escritura, mas acrescenta-se algum qualificativo; por exemplo, "falsos profetas" ou "profetas dos ídolos". Por isso, diz Agostinho: "Quando o espírito mau arrebata certos homens por meio destas coisas, isto é, destas visões, faz deles endemoninhados, possessos ou falsos profetas".

---

2. Q. 171, a. 2, 3.
3. Q. 109, a. 3.
4. LOMBARDI: ML 191, 1500 A; cfr. Ordin.: ML 114, 511 B.
5. Q. 171, a. 1.
6. C. 19: ML 34, 470.

AD PRIMUM ergo dicendum quod Cassiodorus ibi definit prophetiam proprie et simpliciter dictam.

AD SECUNDUM dicendum quod daemones ea quae sciunt hominibus manifestant, non quidem per illuminationem intellectus, sed per aliquam imaginariam visionem, aut etiam sensibiliter colloquendo. Et in hoc deficit haec prophetia a vera.

AD TERTIUM dicendum quod aliquibus signis, etiam exterioribus, discerni potest prophetia daemonum a prophetia divina. Unde dicit Chrysostomus, *super Matth.*[7], quod *quidam prophetant in spiritu diaboli, quales sunt divinatores: sed sic discernuntur, quoniam diabolus interdum falsa dicit, Spiritus Sanctus nunquam*. Unde dicitur Dt 18,21-22: *Si tacita cogitatione responderis: Quomodo possum intelligere verbum quod non est locutus Dominus? hoc habebis signum: Quod in nomine Domini propheta ille praedixerit, et non evenerit, hoc Dominus non est locutus*.

QUANTO AO 1º, portanto, deve-se dizer que Cassiodoro, naquela passagem, define a profecia em seu sentido próprio e absoluto.

QUANTO AO 2º, deve-se dizer que os demônios manifestam aos homens o que conhecem, não por iluminação intelectual, mas por alguma visão imaginária ou mesmo falando-lhes de maneira sensível. E, sobre este ponto, sua profecia é inferior à verdadeira.

QUANTO AO 3º, deve-se dizer que pode-se discernir a profecia dos demônios da profecia divina por alguns sinais, até mesmo exteriores. Por isso, explica Crisóstomo: "Há os que profetizam pelo espírito do diabo, e são os adivinhos. Mas podem ser reconhecidos, pois o espírito do diabo diz às vezes coisas falsas; o Espírito Santo nunca". De fato, lê-se no livro do Deuteronômio: "Se tu dizes em teu coração: Como posso conhecer a palavra que o Senhor não disse? Este será o sinal: se aquilo que o profeta predisser no nome do Senhor não acontecer, isso o Senhor não falou"[h].

ARTICULUS 6
Utrum prophetae daemonum aliquando vera praedicant

AD SEXTUM SIC PROCEDITUR. Videtur quod prophetae daemonum nunquam vera praedicant.
1. Dicit enim Ambrosius[1] quod *omne verum, a quocumque dicatur, a Spiritu Sancto est*. Sed prophetae daemonum non loquuntur a Spiritu Sancto: quia *non est conventio Christi ad Belial*, ut dicitur 2Cor 6,15. Ergo videtur quod tales nunquam vera praenuntiant.

2. PRAETEREA, sicut veri prophetae inspirantur a Spiritu veritatis, ita prophetae daemonum inspirantur a spiritu mendacii: secundum illud 3Reg 22,22: *Egrediar, et ero spiritus mendax in ore omnium prophetarum eius*. Sed prophetae inspirati a Spiritu Sancto nunquam loquuntur falsum, ut

ARTIGO 6
Os profetas dos demônios falam, às vezes, a verdade?

QUANTO AO SEXTO, ASSIM SE PROCEDE: parece que os profetas do demônio **nunca** falam a verdade.
1. Com efeito, Ambrósio declara que "toda verdade, seja dita por quem for, procede do Espírito Santo". Ora, os profetas dos demônios não falam inspirados pelo Espírito Santo, porque "não existe concórdia entre Cristo e Belial", como diz o Apóstolo. Logo, parece que esses profetas nunca predizem coisas verdadeiras.

2. ALÉM DISSO, assim como os verdadeiros profetas são inspirados pelo Espírito da verdade, os profetas dos demônios o são por um espírito de mentira, como se lê no livro dos Reis: "Irei e me tornarei espírito mentiroso na boca de todos os seus profetas". Ora, os profetas inspirados

---

7. *Opus imperf. in Matth.*, hom. 19, super 7, 22: MG 56, 742.
PARALL.: Infra, q. 174, a. 5, ad 4; *Cont. Gent.* III, 154.
1. HILAR. DIAG., *Comment. in I Cor.*, super 12, 3: ML 17, 245 B.

h. Assim como admite a mediação dos anjos no processo da profecia de origem divina, Tomás admite igualmente a existência de uma contrafação dessa profecia devida à intervenção de demônios. Existem porém três diferenças principais entre a verdadeira profecia e sua forma transvestida: 1º A primeira diz respeito a realidades que são conhecidas apenas de Deus, enquanto que a segunda não poderia estender-se além da inteligência demoníaca; 2º só a profecia de origem divina comporta uma iluminação da inteligência, enquanto que os demônios podem intervir apenas no nível da imaginação; 3º a profecia que provém de Deus é invariavelmente verdadeira, a que provém do demônio não tem a mesma garantia.

supra² habitum est. Ergo prophetae daemonum nunquam loquuntur verum.

3. Praeterea, Io 8,44 dicitur de diabolo quod, *cum loquitur mendacium, ex propriis loquitur: quia diabolus est mendax, et pater eius*, idest mendacii. Sed inspirando prophetas suos diabolus non loquitur nisi ex propriis: non enim instituitur minister Dei ad veritatem enuntiandam, quia *non est conventio lucis ad tenebras*, ut dicitur 2Cor 6,14. Ergo prophetae daemonum nunquam vera praedicunt.

Sed contra est quod, Nm 22,14, dicit quaedam glossa³ quod *Balaam divinus erat: daemonum scilicet ministerio, et arte magica, nonnunquam futura praenoscebat*. Sed ipse multa praenuntiavit vera: sicut est id quod habetur Nm 24,17: *Orietur stella ex Iacob, et consurget virga de Israel*. Ergo etiam prophetae daemonum praenuntiant vera.

Respondeo dicendum quod sicut se habet bonum in rebus, ita verum in cognitione. Impossibile est autem inveniri aliquid in rebus quod totaliter bono privetur. Unde etiam impossibile est esse aliquam cognitionem quae totaliter sit falsa, absque admixtione alicuius veritatis. Unde et Beda dicit⁴ quod *nulla falsa est doctrina quae non aliquando aliqua vera falsis intermisceat*. Unde et ipsa doctrina daemonum, qua suos prophetas instruunt, aliqua vera continet, per quae receptibilis redditur: sic enim intellectus ad falsum deducitur per apparentiam veritatis, sicut voluntas ad malum per apparentiam bonitatis. Unde et Chrysostomus dicit, *super Matth.*⁵: *Concessum est diabolo interdum vera dicere, ut mendacium suum rara veritate commendet*.

Ad primum ergo dicendum quod prophetae daemonum non semper loquuntur ex demonum revelatione, sed interdum ex inspiratione divina: sicut manifeste legitur de Balaam, cui dicitur Dominus esse locutus, Nm 22,8 sqq., licet esset propheta daemonum. Quia Deus utitur etiam malis ad utilitatem bonorum. Unde et per prophetas daemonum aliqua vera praenuntiat: tum ut credibilior fiat veritas, quae etiam ex adversariis

pelo Espírito Santo nunca mentem, como foi dito acima. Logo, os profetas dos demônios nunca falam a verdade.

3. Ademais, declara-se no Evangelho que o diabo, "quando mente, faz o que lhe é próprio; ele é mentiroso e pai da mentira". Ora, quando inspira seus profetas, o diabo não fala senão do que lhe é próprio; pois não foi constituído ministro de Deus para dizer a verdade, porque "nada há de comum entre a luz e as trevas", como diz a segunda Carta aos Coríntios. Logo, os profetas dos demônios nunca anunciam a verdade.

Em sentido contrário, diz certa Glosa sobre o livro dos Números que "Balaão era adivinho; pelo ministério dos demônios e a arte da magia, ele conhecia às vezes as realidades futuras". Ora, Balaão anunciou muitas coisas verdadeiras, como consta no livro dos Números: "Nascerá uma estrela de Jacó e se levantará uma vara de Israel". Logo, também os profetas dos demônios às vezes predizem a verdade.

Respondo. O que se dá com o bem, em relação às coisas, dá-se com a verdade, em relação ao conhecimento. Ora, como é impossível achar nas coisas algo totalmente privado de bem, também é impossível que o conhecimento seja totalmente falso, sem nenhuma mescla de verdade. Por isso, diz Beda que "não há doutrina tão falsa, que não tenha alguma verdade de mistura com o erro". Assim, a própria doutrina dos demônios, com que eles instruem os seus profetas, contém alguma verdade, pela qual se faz aceitável; pois, desta maneira, o intelecto é induzido ao erro pela aparência da verdade, como a vontade ao mal, pela aparência do bem. Por isso, esclarece Crisóstomo: "Ao diabo é às vezes permitido dizer a verdade, para recomendar, com essa verdade esporádica, as suas mentiras".

Quanto ao 1º, portanto, deve-se dizer que os profetas dos demônios nem sempre falam por revelação destes; às vezes, falam por revelação divina, como manifestamente se lê de Balaão, a quem, segundo o livro dos Números, Deus falou, embora ele fosse profeta dos demônios. Pois Deus se serve até mesmo dos maus para utilidade dos bons. E, assim, anuncia coisas boas pelos profetas dos demônios, seja para dar mais crédito à ver-

---

2. A. 5, ad 3; q. 171, a. 6.
3. Ordin.: ML 113, 420 B.
4. *Comment. in Luc.*, l. V, super 17, 12: ML 92, 542 B.
5. *Opus imperf. in Matth.*, hom. 19, super 7, 22: MG 56, 742.

testimonium habet; tum etiam quia, dum homines talibus credunt, per eorum dicta magis ad veritatem inducuntur. Unde etiam Sibyllae multa vera praedixerunt de Christo.

Sed et quando prophetae daemonum a daemonibus instruuntur, aliqua vera praedicunt: quandoque quidem virtute propriae naturae, cuius auctor est Spiritus Sanctus; quandoque etiam revelatione bonorum spirituum, ut patet per Augustinum, XII *super Gen. ad. litt.*[6]. Et sic etiam illud verum quod daemones enuntiant, a Spiritu Sancto est.

AD SECUNDUM dicendum quod verus propheta semper inspiratur a Spiritu veritatis, in quo nihil est falsitatis: et ideo nunquam dicit falsum. Propheta autem falsitatis non semper instruitur a spiritu falsitatis, sed quandoque etiam inspiratur a Spiritu veritatis. Ipse etiam spiritus falsitatis quandoque enuntiat vera, quandoque falsa, ut dictum est[7].

AD TERTIUM dicendum quod propria daemonum esse dicuntur illa quae habent a seipsis, scilicet mendacia et peccata. Quae autem pertinent ad propriam naturam, non habent a seipsis, sed a Deo. Per virtutem autem propriae naturae quandoque vera praenuntiant, ut dictum est[8]. Utitur etiam eis Deus ad veritatis manifestationem per ipsos fiendam, dum divina mysteria eis per angelos revelantur, ut dictum est[9].

dade, porque ela recebe um testemunho até dos adversários; seja também porque, crendo nesses oráculos, os homens são mais facilmente levados por eles à verdade. E essa é também a razão pela qual até as Sibilas fizeram muitas predições verdadeiras a respeito de Cristo.

Mas, ainda quando os profetas dos demônios são instruídos por eles, mesmo assim predizem às vezes certas verdades, ora em virtude da sua própria natureza, cujo autor é o Espírito Santo; ora, também, pela revelação dos bons espíritos, como diz Agostinho. De modo que, até as verdades anunciadas pelos demônios procedem do Espírito Santo[i].

QUANTO AO 2º, deve-se dizer que o verdadeiro profeta é sempre inspirado pelo Espírito Santo, no qual não existe nenhuma falsidade; e, por isso, nunca diz coisas falsas. Ao contrário, o profeta de falsidades nem sempre é instruído pelo espírito de falsidade, mas, às vezes, é inspirado até pelo Espírito de verdade. E o próprio espírito de falsidade anuncia muitas vezes a verdade, outras a mentira, como foi dito.

QUANTO AO 3º, deve-se dizer que chama-se próprio dos demônios o que eles possuem por si mesmos, isto é, a mentira e o pecado. Mas o que se refere à sua natureza não lhes vem deles mesmos, mas de Deus. Ora, em virtude da sua própria natureza, anunciam às vezes a verdade, como foi dito. E, também, Deus se serve deles para manifestar a verdade por seu intermédio, revelando-lhes pelos anjos os mistérios divinos, como acima foi dito.

---

6. C. 19: ML 34, 470.
7. In corp. et ad 1.
8. Ad 1.
9. Ibid.; I, q. 109, a. 4, ad 1.

i. Neste artigo, Tomás retorna à terceira conclusão do artigo precedente: se o demônio diz "às vezes" coisas falsas, ele também diz "às vezes" coisas verdadeiras. Além das autoridades bíblicas e patrísticas nas quais ele se apoia, Tomás também se serve de uma robusta confiança na bondade fundamental da criação divina; não existe realidade alguma que seja totalmente privada de bem, nenhuma completamente falsa, sem alguma mescla de verdade. Até mesmo o demônio pode ser utilizado por Deus a serviço de seu plano de salvação; com mais forte razão, os seus profetas eventuais podem ser instrumentos escolhidos para anunciar certas verdades. Nesse caso, porém, remonta-se em última análise ao Espírito santo, de quem vem tudo o que é verdadeiro, dito por quem quer que seja (Cf. I-II, 109, a. 1, obj. e resp. 1.).

QUAESTIO CLXXIII
DE MODO COGNITIONIS PROPHETICAE
in quatuor articulos divisa

Deinde considerandum est de modo cognitionis propheticae.

Et circa hoc quaeruntur quatuor.

Primo: utrum prophetae videant ipsam Dei essentiam.
Secundo: utrum revelatio prophetica fiat per influentiam aliquarum specierum, vel per solam influentiam luminis.
Tertio: utrum prophetica revelatio semper sit cum alienatione a sensibus.
Quarto: utrum prophetia semper sit cum cognitione eorum quae prophetantur.

ARTICULUS 1
Utrum prophetae ipsam Dei essentiam videant

AD PRIMUM SIC PROCEDITUR. Videtur quod prophetae ipsam Dei essentiam videant.

1. Quia super illud Is 38,1, *Dispone domui tuae* etc., dicit Glossa[1]: *Prophetae in ipso libro praescientiae Dei, in quo omnia scripta sunt, legere possunt.* Sed praescientia Dei est ipsa eius essentia. Ergo prophetae vident ipsam Dei essentiam.

2. PRAETEREA, Augustinus dicit, in IX *de Trin.*[2], quod *in illa aeterna veritate, ex qua temporalia facta sunt omnia, formam secundum quam sumus, et secundum quam operamur, visu mentis aspicimus*. Sed prophetae altissimam inter omnes homines habent divinorum cognitionem. Ergo ipsi maxime divinam essentiam vident.

QUESTÃO 173
O MODO DO CONHECIMENTO PROFÉTICO[a]
em quatro artigos

Em seguida, deve-se tratar do modo do conhecimento profético.

A esse respeito, quatro questões:

1. Os profetas veem a essência de Deus?
2. A revelação divina se realiza mediante algumas imagens inteligíveis ou apenas por influência da luz divina?
3. A revelação profética se realiza sempre com alienação dos sentidos?
4. Os profetas conhecem sempre o que profetizam?

ARTIGO 1
Os profetas veem a própria essência de Deus?[b]

QUANTO AO PRIMEIRO ARTIGO, ASSIM SE PROCEDE: parece que os profetas **veem** a própria essência de Deus.

1. Com efeito, sobre aquela passagem de Isaías: "Põe em ordem a tua casa etc.", diz a Glosa: "Os profetas podem ler no próprio livro da presciência de Deus, no qual estão escritas todas as coisas". Ora, a presciência de Deus é a sua essência mesma. Logo, os profetas veem a própria essência de Deus.

2. ALÉM DISSO, Agostinho expõe que "naquela eterna verdade, segundo a qual foram feitas todas as coisas temporais, vemos pelo olhar da mente a forma pela qual existimos e agimos". Ora, entre todos os homens, são os profetas que têm o mais alto conhecimento das coisas divinas. Logo, são eles sobretudo que veem a essência divina.

---

1 PARALL.: *De Verit.*, q. 12, a. 6; *in Isaiam*, c. 1, 6.

1. Ordin.: ML 113, 1279 B.
2. C. 7, n. 12: ML 42, 967.

a. Com esta questão chegamos ao núcleo da reflexão teológica sobre a noção de profecia. Após ter descartado uma hipótese inadmissível (a. 1), Tomás analisa o que se pode chamar de mecanismo psicológico do conhecimento profético (a. 2), depois examina a questão do êxtase profético (a. 3), antes de concluir lembrando que, em relação à mensagem da qual ele é encarregado, o profeta se comporta como um instrumento deficiente movido por Deus (a. 4).

b. Voltamos a encontrar neste artigo o vocabulário imagético utilizado pelos teólogos desde o início do século XIII: "livro da presciência divina" e "espelho eterno". Úteis em certo plano, essas metáforas tinham no entanto orientado a reflexão teológica numa falsa pista, pois, partindo do princípio de que não há em Deus nada que não seja Deus, os autores identificavam esse "espelho" ou esse "livro" à própria essência divina. Resultava que o conhecimento do profeta, que supostamente lia nesse livro ou via nesse espelho, implicava um conhecimento mais ou menos indireto da essência divina. Desse modo, o conhecimento profético era em maior ou menor medida confundido com o conhecimento dos bem-aventurados ou dos anjos. Iniciada pelos maiores predecessores de Sto. Tomás, a evolução que leva a distinguir claramente os planos se completa neste artigo.

3. Praeterea, futura contingentia praecognoscuntur a prophetis secundum *immobilem veritatem*. Sic autem non sunt nisi in ipso Deo. Ergo prophetae ipsum Deum vident.

Sed contra est quod visio divinae essentiae non evacuatur in patria. *Prophetia* autem *evacuatur*: ut habetur 1Cor 13,8 sqq. Ergo prophetia non fit per visionem divinae essentiae.

Respondeo dicendum quod prophetia importat cognitionem divinam ut procul existentem: unde et de prophetis dicitur, Hb 11,13, quod erant *a longe aspicientes*. Illi autem qui sunt in patria, in statu beatitudinis existentes, non vident ut a remotis, sed quasi ex propinquo: secundum illud Ps 139,14: *Habitabunt recti cum vultu tuo*. Unde manifestum est quod cognitio prophetica alia est a cognitione perfecta, quae erit in patria. Unde et distinguitur ab ea sicut imperfectum a perfecto, et ea adveniente evacuatur: ut patet per Apostolum, 1Cor 13.

Fuerunt autem quidam qui, cognitionem propheticam a cognitione beatorum distinguere volentes, dixerunt quod prophetae viderunt ipsam divinam essentiam, quam vocant *speculum aeternitatis*, non tamen secundum quod est obiectum beatorum, sed secundum quod sunt in ea rationes futurorum eventuum. — Quod quidem est omnino impossibile. Deus enim est obiectum beatitudinis secundum ipsam sui essentiam: secundum id quod Augustinus dicit, in V *Confess.*[3]: *Beatus est qui te scit, etiam si illa*, idest creaturas, *nesciat*. Non est autem possibile quod aliquis videat rationes creaturarum in ipsa divina essentia, ita quod eam non videat. Tum quia ipsa divina essentia est ratio omnium quae fiunt: ratio autem idealis non addit super divinam essentiam nisi respectum ad creaturam. Tum etiam quia prius est cognoscere aliquid in se, quod est cognoscere Deum ut est obiectum beatitudinis, quam cognoscere illud per comparationem ad alterum, quod est cognoscere Deum secundum rationes rerum in ipso existentes. Et ideo non potest esse quod prophetae videant Deum secundum rationes creaturarum, et non prout est obiectum beatitudinis.

3. Ademais, os futuros contingentes são previamente conhecidos pelos profetas segundo "a imutável verdade". Ora, eles não existem desta maneira a não ser no próprio Deus. Logo, os profetas veem o próprio Deus.

Em sentido contrário, a visão da essência divina não desaparece na pátria celeste. Ora, "a profecia desaparecerá", como se lê na primeira Carta aos Coríntios. Logo, a profecia não se realiza pela visão da essência divina.

Respondo. A profecia comporta um conhecimento divino que é como distante de nós. Por isso, lê-se na Carta aos Hebreus, a propósito dos profetas, que eles "olhavam de longe". Ora, os que estão na pátria celeste, tendo alcançado a bem-aventurança eterna, já não veem de longe, mas por assim dizer de perto, como diz o Salmo: "Os retos hão de habitar em tua presença". É, pois, evidente que o conhecimento profético se diferencia muito do conhecimento perfeito da pátria celeste. Eles se distinguem um do outro, como o imperfeito do perfeito e aquele cessará, quando este começar, como se vê claramente no que diz o Apóstolo na primeira Carta aos Coríntios.

Desejando distinguir o conhecimento profético do conhecimento dos bem-aventurados, houve quem dissesse que os profetas viam a essência divina, que chamam "espelho da eternidade", não enquanto ela é objeto da visão dos bem-aventurados, mas enquanto nela existem as razões de acontecimentos futuros. — Ora, isto é absolutamente impossível. Pois a essência mesma de Deus é o objeto da bem-aventurança, conforme ensina Agostinho: "Bem-aventurado aquele que te conhece, ainda que as ignore", isto é, as criaturas. Não é, pois, possível que alguém veja as razões das criaturas na própria essência divina, sem ver essa mesma essência. Com efeito, por um lado, a essência divina é a razão de tudo o que se faz; ora, a razão ideal só acrescenta à essência divina uma relação às criaturas. Por outro lado, conhece-se primeiro uma realidade em si, o que corresponde a conhecer a Deus como objeto da bem-aventurança, antes de conhecê-la por comparação com outra coisa, o que corresponde a conhecê-lo segundo as razões das coisas que existem n'Ele. Por conseguinte, não é possível que os profetas vejam a Deus segundo as razões das criaturas, sem o verem enquanto objeto de bem-aventurança.

---

3. C. 4: ML 32, 708.

Et ideo dicendum est quod visio prophetica non est visio ipsius divinae essentiae: nec in ipsa divina essentia vident ea quae vident, sed in quibusdam similitudinibus, secundum illustrationem divini luminis. Unde Dionysius dicit, 4 cap. *Cael. Hier.*[4], de visionibus propheticis loquens, quod *sapiens theologus visionem illam dicit esse divinam quae fit per similitudinem rerum forma corporali carentium, ex reductione videntium in divina*. Et huiusmodi similitudines divino lumine illustratae magis habent rationem speculi quam Dei essentia. Nam in speculo resultant species ab aliis rebus: quod non potest dici de Deo. Sed huiusmodi illustratio mentis prophetice potest dici speculum, inquantum resultat ibi similitudo veritatis divinae praescientiae. Et propter hoc dicitur *speculum aeternitatis*, quasi repraesentans Dei praescientiam, qui in sua aeternitate omnia praesentialiter videt, ut dictum est[5].

AD PRIMUM ergo dicendum quod prophetae dicuntur inspicere in libro praescientiae Dei, inquantum ex ipsa Dei praescientia resultat veritas in mentem prophetae.

AD SECUNDUM dicendum quod in prima veritate dicitur homo videre propriam formam, qua existit, inquantum primae veritatis similitudo refulget in mente humana, ex quo anima habet quod seipsam cognoscat.

AD TERTIUM dicendum quod ex hoc ipso quod in Deo futura contingentia sunt secundum immobilem veritatem, potest imprimere menti prophetae similem cognitionem, absque eo quod prophetae Deum per essentiam videant.

Deve-se, pois, concluir que a visão profética não é a visão da essência divina, nem que é nessa essência divina que os profetas contemplam o que eles veem, porém o fazem em certas imagens iluminadas pela luz divina. E, por isso, diz Dionísio, falando das visões proféticas, que o "teólogo sábio chama divina aquela visão que se realiza mediante as semelhanças das realidades que carecem de forma corpórea e que elevam os videntes às coisas divinas". E são tais semelhanças, iluminadas pela luz divina, que mais merecem o nome de espelho do que a essência divina. Pois, no espelho, se refletem as imagens das outras coisas, o que não se pode dizer de Deus; ao passo que, essa iluminação da mente de maneira profética pode ser chamada de espelho, enquanto aí se reflete a semelhança da verdade contida na presciência divina. Por isso, se chama "espelho da eternidade", como se representasse a presciência de Deus, que, na sua eternidade, contempla todas as coisas como presentes, tal como foi dito acima.

QUANTO AO 1º, portanto, deve-se dizer que os profetas contemplam no livro da presciência de Deus, enquanto, da presciência de Deus, dimana a verdade que se reflete na mente do profeta.

QUANTO AO 2º, deve-se dizer que o homem vê na verdade primeira a própria forma, na medida em que a semelhança dessa verdade primeira resplandece na mente humana, e daí lhe vem o poder de se conhecer a si mesma.

QUANTO AO 3º, deve-se dizer que pelo fato mesmo de existirem em Deus os futuros contingentes em uma verdade imutável, Deus pode imprimir na mente dos profetas um conhecimento semelhante, sem que, por isso, eles vejam a Deus por essência.

ARTICULUS 2

Utrum in prophetica revelatione imprimantur divinitus menti prophetae novae rerum species, vel solum novum lumen

AD SECUNDUM SIC PROCEDITUR. Videtur quod in prophetica revelatione non imprimantur divinitus menti prophetae novae rerum species, sed solum novum lumen.

ARTIGO 2

Na revelação profética, pela ação divina, se imprimem na mente do profeta novas imagens inteligíveis das coisas ou só uma nova luz?

QUANTO AO SEGUNDO, ASSIM SE PROCEDE: parece que na revelação profética **não** se imprimem divinamente no espírito do profeta novas imagens, mas somente uma nova luz.

---

4. MG 3, 180 C.
5. Q. 172, a. 1.

PARALL.: *De Verit.*, q. 12, a. 7; *in Isaiam*, c. 1; I *ad Cor.*, c. 14, lect. 1.

1. Quia sicut dicit glossa[1] Hieronymi, Am 1,2, prophetae utuntur similitudinibus rerum in quibus conversati sunt. Sed si visio prophetica fieret per aliquas species de novo impressas, nihil operaretur ibi praecedens conversatio. Ergo non imprimuntur aliquae species de novo in animam prophetae, sed solum propheticum lumen.

2. Praeterea, sicut Augustinus dicit, XII *super Gen. ad litt.*[2], visio imaginaria non facit prophetam, sed solum visio intellectualis: unde etiam Dn 10,1 dicitur quod *intelligentia opus est in visione*. Sed visio intellectualis, sicut in eodem libro dicitur, non fit per aliquas similitudines, sed per ipsam rerum veritatem. Ergo videtur quod prophetica revelatio non fiat per impressionem aliquarum specierum.

3. Praeterea, per donum prophetiae Spiritus Sanctus exhibet homini id quod est supra facultatem naturae. Sed formare quascumque rerum species potest homo ex facultate naturali. Ergo videtur quod in prophetica revelatione non infundantur aliquae species rerum, sed solum intelligibile lumen.

Sed contra est quod dicitur Os 12,10: *Ego visiones multiplicavi eis, et in manibus prophetarum assimilatus sum*. Sed multiplicatio visionum non fit secundum lumen intelligibile, quod est commune in omni prophetica visione: sed solum secundum diversitatem specierum, secundum quas etiam est assimilatio. Ergo videtur quod in prophetica revelatione imprimuntur novae species rerum, et non solum intelligibile lumen.

Respondeo dicendum quod, sicut Augustinus dicit, XII *super Gen. ad litt.*[3], *cognitio prophetica maxime ad mentem pertinet*. Circa cognitionem autem humanae mentis duo oportet considerare: scilicet acceptionem, sive repraesentationem rerum; et iudicium de rebus praesentatis. Repraesentantur autem menti humanae res aliquae secundum aliquas species: et secundum naturae ordinem, primo oportet quod species praesententur sensui; secundo, imaginationi; tertio, intellectui possibili, qui immutatur a speciebus phantasmatum secundum illustrationem intellectus agentis.

1. Com efeito, diz uma glosa de Jerônimo, que os profetas usam de imagens tomadas das coisas no meio das quais foram criados. Ora, se a visão profética se fizessem mediante novas imagens, de novo impressas o profeta, o meio em que ele viveu anteriormente de nada lhe serviria. Logo, não são impressas imagens novas na alma do profeta, mas apenas a luz profética.

2. Além disso, segundo Agostinho, a visão imaginativa não faz o profeta, mas somente a visão intelectual. Por isso, se diz também no livro de Daniel que "é necessário que haja compreensão das visões". Ora, a visão intelectual, como Agostinho diz no mesmo livro, não se realiza por algumas semelhanças, porém pela verdade mesma das realidades. Logo, parece que a revelação profética não se realiza pela impressão de novas imagens.

3. Ademais, pelo dom da profecia, o Espírito Santo mostra aos homens aquilo que supera suas faculdades naturais. Ora, o homem pode, por suas faculdades naturais, formar qualquer imagem das coisas. Logo, parece que na revelação profética não se infundem quaisquer imagens novas das coisas, porém só a luz inteligível.

Em sentido contrário, o Senhor diz no livro de Oseias: "Eu mesmo multipliquei as visões, e pelo ministério dos profetas mostrei minha semelhança". Ora, a multiplicação das visões não se faz pela luz inteligível, que é comum a toda visão profética; mas só pela diversidade das imagens, segundo as quais também se realiza a semelhança. Logo, parece que, na revelação profética, são impressas novas imagens das coisas e não apenas a luz inteligível.

Respondo. Segundo Agostinho, "o conhecimento profético é principalmente próprio da mente". Ora, a respeito da mente humana, há duas coisas a considerar: a percepção ou a representação das realidades e o julgamento sobre as realidades representadas. Estas são representadas à mente humana mediante algumas imagens. E, segundo a ordem natural, normalmente, estas imagens deverão ser representadas primeiro aos sentidos; em seguida, à imaginação; e, por fim, ao intelecto possível, que é modificado pelas representações imaginárias por influência da iluminação do intelecto agente[c]. Ora, a imaginação

---

1. Vide Hieron., *In Amos*, l. I, super 1, 2: ML 25, 993 AB.
2. C. 9: ML 34, 461.
3. C. 9: ML 34, 461.

---

c. Pode-se reconhecer nessa descrição esquemática uma evocação da teoria do conhecimento segundo Aristóteles. Deve reter-se especialmente que a intervenção divina, que assegura a revelação profética, não modifica estruturalmente as leis do

In imaginatione autem non solum sunt formae rerum sensibilium secundum quod accipiuntur a sensu, sed transmutantur diversimode: vel propter aliquam transmutationem corporalem, sicut accidit in dormientibus et furiosis; vel etiam secundum imperium rationis disponuntur phantasmata in ordine ad id quod est intelligendum. Sicut enim ex diversa ordinatione earundem litterarum accipiuntur diversi intellectus, ita etiam secundum diversam dispositionem phantasmatum resultant in intellectu diversae species intelligibiles. — Iudicium autem humanae mentis fit secundum vim intellectualis luminis.

Per donum autem propheticae confertur aliquid humanae menti supra id quod pertinet ad naturalem facultatem, quantum ad utrumque: scilicet et quantum ad iudicium, per influxum intellectualis luminis; et quantum ad acceptionem seu repraesentationem rerum, quae fit per aliquas species. Et quantum ad hoc secundum, potest assimilari doctrina humana revelationi propheticae, non autem quantum ad primum: homo enim suo discipulo repraesentat aliquas res per signa locutionum, non autem potest interius illuminare, sicut facit Deus. Horum autem duorum primum principalius est in prophetia: quia iudicium est completivum cognitionis. Et ideo, si cui fiat divinitus repraesentatio aliquarum rerum per similitudines imaginarias, ut Pharaoni et Nabuchodonosor; aut etiam per similitudines corporales, sicut Baltassar: non est talis consendus propheta, nisi illuminetur eius mens ad iudicandum; sed talis apparitio est quidam imperfectum in genere prophetiae, unde a quibusdam vocatur *casus prophetiae*, sicut et divinatio somniorum. Erit autem propheta si solummodo intellectus eius illuminetur ad diiudicandum etiam ea quae ab aliis imaginarie visa sunt: ut patet de Ioseph, qui exposuit somnium Pharaonis. Sed sicut Augustinus dicit, XII *super Gen. ad litt.*[4], *maxime propheta est qui utroque praecellit: ut videat in*

não só inclui as formas das coisas sensíveis, tais como elas foram recebidas dos sentidos, porque estas formas se transformam diversamente, seja mediante alguma transformação corpórea, como sucede no sono ou na loucura; seja também pelo império da razão, que cria novas representações em vista do que deve ser compreendido. Pois, como da diversa ordenação das mesmas letras duma palavra resultam sentidos diferentes, assim, da diversa disposição das representações, resultam no entendimento diversas imagens inteligíveis. — Quanto ao juízo da mente humana, ele se realiza conforme a força da luz intelectual.

Ora, pelo dom da profecia, confere-se à mente humana algo que supera a faculdade natural em ambos os casos: a saber, no juízo, pelo influxo da luz intelectual e, na recepção ou representação das coisas, que se realiza por meio de algumas imagens. E é só quanto a este último ponto, que o ensinamento humano se assemelha à revelação profética; não quanto ao primeiro. O mestre, de fato, apresenta as coisas aos seus discípulos por meio de sinais da linguagem; porém, não os pode iluminar interiormente, como Deus faz[d]. Ora, destes dois pontos assinalados, o mais importante na profecia é o primeiro, pois é no juízo que se completa o conhecimento. Eis por quê, se alguém tiver a representação de algumas coisas mediante semelhanças imaginárias, como o Faraó e Nabucodonosor, ou mesmo por semelhanças corpóreas, como Baltasar, não pode ser considerado um profeta, a menos que sua mente seja iluminada para julgar. Mas, esta aparição é algo imperfeito no gênero profecia; assim, há quem a chame "uma profecia casual", como é a adivinhação dos sonhos. Pelo contrário, será profeta somente aquele cujo intelecto for iluminado para julgar mesmo aquilo que os outros veem imaginariamente, como foi o caso de José, que explicou o sonho do Faraó. Todavia, como observa Agostinho, "é

---

4. C. 9: ML 34, 461.

espírito humano. Mesmo profético, o conhecimento supõe um dado, e a inteligência do homem deve nele ocupar um papel inalienável. De entrada, Tomás nos situa no oposto da concepção combatida pelos modernistas, segundo a qual Deus se comporta como um agente exterior ao homem, o qual, intervindo de fora, "planta" sua revelação em um sujeito puramente passivo. Na verdade, o profeta é um agente ativo no processo da revelação, e pode-se dizer que a revelação consiste precisamente numa descoberta ativa do espírito humano à luz do Espírito divino.

d. A analogia entre o mestre humano que ensina e Deus que revela é manejada aqui com uma fineza que os teólogos posteriores nem sempre respeitaram. A analogia sugere uma semelhança sob um aspecto determinado, mas enfatiza igualmente que a realidade profunda é pura e simplesmente diversa. Ao lembrar que só Deus pode iluminar o espírito do profeta, e que é nisto que reside o essencial da profecia, Tomás traz a comparação que ele acaba de utilizar à sua justa proporção: Deus é infinitamente mais, ou melhor, do que um mestre que ensina. Revelar-se, para Deus, não é só se dar a conhecer, é também se dar, dar os meios de conhecê-lo, é dirigir-se aos homens como a amigos, conversar com eles, convidá-los à comunhão com ele e recebê-los na mesma (ver Vaticano II, *Dei Verbum*, n. 2).

spiritu corporalium rerum significativas similitudines; et eas vivacitate mentis intelligat.

Repraesentantur autem divinitus menti prophetae quandoque quidem mediante sensu exterius, quaedam formae sensibiles: sicut Daniel vidit scripturam parietis, ut legitur Dn 5,17 sqq. Quandoque autem per formas imaginarias: sive omnino divinitus impressas, non per sensum acceptas, puta si alicui caeco nato imprimerentur in imaginatione colorum similitudines; vel etiam divinitus ordinatas ex his quae a sensibus sunt acceptae, sicut Ieremias *vidit ollam succensam a facie Aquilonis*, ut habetur Ier 1,13. Sive etiam imprimendo species intelligibiles ipsi menti: sicut patet de his qui accipiunt scientiam vel sapientiam infusam, sicut Salomon et Apostoli.

Lumen autem intelligibile quandoque quidem imprimitur menti humanae divinitus ad diiudicandum ea quae ab aliis visa sunt: sicut dictum est de Ioseph; et sicut patet de Apostolus, quibus Dominus *aperuit sensum ut intelligerent Scripturas*, ut dicitur Lc 24,45; et ad hoc pertinet *interpretatio sermonum*. Sive etiam ad diiudicandum secundum divinam veritatem ea quae cursu naturali homo apprehendit. Sive etiam ad diiudicandum veraciter et efficaciter ea quae agenda sunt: secundum illud Is 63,14: *Spiritus Domini ductor eius fuit.*

Sic igitur patet quod prophetica revelatio quandoque quidem fit per solam luminis influentiam: quandoque autem per species de novo impressas, vel aliter ordinatas.

profeta por excelência quem se distingue tanto em ver em espírito as semelhanças significativas das coisas corpóreas, quanto em entendê-las com a vivacidade da sua mente"[e].

Ora, por influxo divino, às vezes são representadas à mente do profeta, mediante os sentidos externos, certas formas sensíveis; e isto aconteceu com Daniel, que viu inscrições sobre a muralha, como se narra no livro de Daniel. Outras vezes, porém, isso se realiza por formas imaginárias, quer Deus as imprima diretamente, sem que sejam recebidas pelos sentidos; como seria o caso de um cego de nascença, em cuja imaginação se imprimissem as imagens das cores; quer ainda essas formas sejam impressas por Deus a partir das coisas recebidas pelos sentidos, como no exemplo de Jeremias, que "viu uma panela ferver que vinha da banda do Setentrião"; quer, enfim, Deus o faça, imprimindo na própria mente imagens inteligíveis; como se vê naqueles que recebem a ciência ou a sabedoria infusas, como Salomão ou os apóstolos.

Quanto à luz inteligível, ela é, às vezes, divinamente impressa na alma humana, seja para julgar o que foi visto pelos outros, como se pode ler a respeito de José e se vê claramente no que aconteceu com os apóstolos, aos quais o Senhor "abriu o entendimento para que compreendessem as Escrituras", segundo se lê em Lucas, e a este dom pertence a "interpretação das palavras"; seja, também, para julgar, segundo a verdade divina, as coisas que o homem apreende naturalmente; seja, enfim, para julgar, com verdade e eficácia, o que deve ser feito, como se lê em Isaías: "O Espírito do Senhor foi seu guia".

Donde se conclui que a revelação profética se realiza, ora só por influência da luz divina, ora pelas imagens de novo impressas, ou ordenadas de outro modo[f].

---

e. A iluminação concedida por Deus ao profeta para que este possa compreender o que ele vê é a única coisa verdadeiramente decisiva para que haja revelação profética. Essa afirmação corresponde perfeitamente ao que nos ensinam os escritos bíblicos; é ela que possibilita a Tomás estender o conceito de profecia bem além da acepção habitualmente admitida. No limite, e parece que esse limite seja atingido com mais frequência do que o pensa Tomás, o dado com base no qual se exerce o julgamento do profeta poderia ser puramente natural; basta que o julgamento seja iluminado e elevado pela luz divina para que haja de fato profecia.

f. De acordo com os teólogos que o precederam, e que faziam eco à Bíblia, mas também a Avicena, Tomás enfatiza constantemente o papel das imagens no conhecimento profético. Sejam elas de origem sensível ou sobrenatural, essas imagens são a matéria mais frequente sobre a qual se exerce o julgamento do profeta, para dela extrair, à luz divina, a verdade que Deus quer comunicar. Mesmo que admita que Deus possa fornecer representações puramente intelectuais, imprimindo-as diretamente no espírito do profeta, Tomás, mais consequente do que seus predecessores em relação à teoria do conhecimento de Aristóteles, pensa que, mesmo nesse caso, o recurso às imagens é indispensável para que o profeta possa, após o evento, pensar o que lhe foi revelado.

AD PRIMUM ergo dicendum quod, sicut dictum est[5], quando in prophetica revelatione divinitus ordinantur species imaginariae praeacceptae a sensu secundum congruentiam ad veritatem revelandam, tunc conversatio praecedens aliquid operatur ad ipsas similitudines: non autem quando totaliter ab extrinseco imprimuntur.

AD SECUNDUM dicendum quod visio intellectualis non fit secundum aliquas similitudines corporales et individuales, fit tamen secundum aliquam similitudinem intelligibilem: unde Augustinus dicit, IX *de Trin.*[6], quod *habet animus nonnullam speciei notae similitudinem*. Quae quidem similitudo intelligibilis in revelatione prophetica aliquando immediate a Deo imprimitur: aliquando autem ex formis imaginatis resultat secundum adiutorium prophetici luminis; quia ex eisdem formis imaginatis subtilior conspicitur veritas secundum illustrationem altioris luminis.

AD TERTIUM dicendum quod quascumque formas imaginatas naturali virtute homo potest formare, absolute huiusmodi formas considerando: non tamen ut sint ordinatae ad repraesentandas intelligibiles veritates quae hominis intellectum excedunt, sed ad hoc necessarium est auxilium supernaturalis luminis.

QUANTO AO 1º, portanto, deve-se dizer que quando, na revelação profética, são divinamente combinadas as representações imaginárias recebidas anteriormente pelos sentidos, segundo convêm à verdade a ser revelada, então a vida anterior do profeta contribui em parte para a formação dessas imagens; mas, não quando elas são impressas do exterior.

QUANTO AO 2º, deve-se dizer que a visão intelectual não se realiza com imagens corpóreas e individuais, senão mediante semelhanças inteligíveis. Por isso, diz Agostinho que "a alma possui alguma semelhança da espécie conhecida". Pois esta semelhança inteligível, na revelação profética, é, às vezes, imediatamente impressa por Deus. Outras vezes, ela procede das formas imaginárias, com o auxílio da luz profética, porque, sob essas formas, o espírito descobre uma verdade tanto mais sutil quanto mais alta for a ilustração da luz divina.

QUANTO AO 3º, deve-se dizer que o homem, por sua faculdade natural, pode formar quaisquer formas imaginárias, se as consideramos de maneira absoluta; porém, não pode fazer com que elas sejam ordenadas a representar verdades que excedem a sua faculdade intelectual: para isso, é necessário o auxílio da luz sobrenatural.

ARTICULUS 3
Utrum visio prophetica semper fiat cum abstractione a sensibus

AD TERTIUM SIC PROCEDITUR. Videtur quod visio prophetica semper fiat cum abstractione a sensibus.
1. Dicitur enim Nm 12,6: *Si quis fuerit inter vos propheta Domini, in visione apparebo ei, vel per somnium loquar ad illum*. Sed sicut Glossa[1] dicit, in principio Psalterii, *visio quae est per somnia et visiones, est per ea quae videntur dici vel fieri*. Cum autem aliqua videntur dici vel fieri quae non dicuntur vel fiunt, est alienatio a sensibus. Ergo prophetia semper fit cum alienatione a sensibus.

ARTIGO 3
A visão profética se realiza sempre com alienação dos sentidos?

QUANTO AO TERCEIRO, ASSIM SE PROCEDE: parece que a visão profética se **realiza** sempre com alienação dos sentidos.
1. Com efeito, diz o livro dos Números: "Se entre vós se achar algum profeta do Senhor, eu lhe aparecerei em visão ou lhe falarei em sonhos". Ora, como diz a Glosa, no princípio do Saltério: "A visão realizada por meio dos sonhos ou de visões exprime coisas aparentemente ditas ou feitas". Ora, quando algumas coisas parecem dizer-se ou fazer-se, mas na realidade nem se dizem nem se fazem, há alienação dos sentidos. Logo, a profecia é sempre acompanhada pela alienação dos sentidos.

---

5. In corp.
6. C. 11: ML 42, 969.
PARALL.: *De Verit.*, q. 12, a. 9.
1. LOMBARDI: ML 191, 58 B; Ordin.: ML 113, 842 B.

2. PRAETEREA, quando una virtus multum intenditur in sua operatione, alia potentia abstrahitur a suo actu: sicut illi qui vehementer intendunt ad aliquid audiendum, non percipiunt visu ea quae coram ipsis fiunt. Sed in visione prophetica maxime intellectus elevatur et intenditur in suo actu. Ergo videtur quod semper fiat cum abstractione a sensibus.

3. PRAETEREA, impossibile est idem simul ad oppositas partes converti. Sed in visione prophetica mens convertitur ad accipiendum a superiori. Ergo non potest simul converti ad sensibilia. Necessarium ergo videtur quod revelatio prophetica semper fit cum abstractione a sensibus.

SED CONTRA est quod dicitur 1Cor 14,32: *Spiritus prophetarum prophetis subiecti sunt*. Sed hoc esse non potest, si propheta non esset sui compos, a sensibus alienatus existens. Ergo videtur quod prophetica visio non fiat cum alienatione a sensibus.

RESPONDEO dicendum quod, sicut dictum est[2], prophetica revelatio fit secundum quatuor: scilicet secundum influxum intelligibilis luminis, secundum immissionem intelligibilium specierum, secundum impressionem vel ordinationem imaginabilium formarum, et secundum expressionem formarum sensibilium. Manifestum est autem quod non fit abstractio a sensibus quando aliquid repraesentatur menti prophetae per species sensibiles: sive ad hoc specialiter formatas, divinitus, sicut rubus ostensus Moysi, et scriptura ostensa Danieli; sive etiam per alias causas productas, ita tamen quod secundum divinam providentiam ad aliquid prophetice significandum ordinetur, sicut per arcam Noe significabatur Ecclesia.

Similiter etiam non est necesse ut fiat alienatio ab exterioribus sensibus per hoc quod mens prophetae illustratur intelligibili lumine, aut formatur intelligibilibus speciebus: quia in nobis perfectum

2. ALÉM DISSO, quando uma potência se aplica com grande intensidade, outra potência é impedida em seu ato; por exemplo, os que aplicam demasiadamente a atenção para ouvir algo, não percebem o que se passa diante dos seus olhos. Ora, na visão profética, o intelecto se eleva a um ponto máximo e se aplica com suprema intensidade a seu ato. Logo, parece que há sempre alienação dos sentidos.

3. ADEMAIS, é impossível que alguém se volte, ao mesmo tempo, para direções opostas. Ora, na visão profética, a mente se volta para receber algo de quem está acima dela. Logo, não pode voltar-se, ao mesmo tempo, para realidades sensíveis. Portanto, parece necessário que a revelação profética se realize sempre com alienação dos sentidos.

EM SENTIDO CONTRÁRIO, está escrito na primeira Carta aos Coríntios: "O espírito dos profetas está sujeito aos profetas". Ora, isto não aconteceria se o profeta não fosse senhor de si, por estar alienado dos sentidos. Logo, parece que a visão profética não é acompanhada de alienação dos sentidos[g].

RESPONDO. A revelação profética se realiza mediante quatro influências, a saber: 1) pelo influxo de uma luz inteligível; 2) pela impressão de imagens inteligíveis; 3) por impressão ou nova combinação de formas imaginárias e 4) pela representação de formas sensíveis. Ora, é evidente que não há alienação dos sentidos quando a coisa é representada à mente do profeta por meio de imagens sensíveis, quer estas tenham sido expressamente formadas por Deus para tal fim, como no caso da sarça mostrada a Moisés e da escrita, a Daniel; quer tenham sido produzidas por outras causas, mas de maneira a que sejam ordenadas pela divina providência a alguma significação profética, como a arca de Noé para simbolizar a Igreja.

Não é necessário, tampouco, que haja alienação dos sentidos externos quando a mente do profeta é ilustrada com a luz inteligível ou informada por imagens inteligíveis, porque em nós se realiza o

---

2. Art. praec.

g. Essa conclusão traduz uma reserva constante na história da Igreja em relação aos iluminados de todos os tipos. Desde as contendas de São Paulo com os carismáticos de Corinto até os videntes contemporâneos de aparições duvidosas, passando pela crise do montanismo e muitas outras, as autoridades eclesiásticas tiveram bastante razão em lembrar a prudência face a todos que se apresentam como profetas. Tomás não repudia essa atitude, mas empenha-se em distinguir: se existem casos nos quais o profeta não necessita estar em êxtase para perceber o objeto de sua mensagem, outros há em que isso é indispensável. De qualquer modo, esse êxtase não é o efeito de uma desordem, mental ou outra, mas a consequência da intervenção divina. Quanto ao anúncio daquilo que o profeta viu em visão extática, não pode ser o efeito de um espírito perturbado e, longe de poder realizar-se na abstração dos sentidos, supõe pelo contrário o uso dos sentidos. É nesse sentido que se pode compreender a frase de São Paulo: "O profeta é senhor do espírito profético que o anima" (1Co 14,32).

iudicium intellectus habetur per conversionem ad sensibilia, quae sunt prima nostrae cognitionis principia, ut in Primo[3] habitum est.

Sed quando fit revelatio prophetica secundum formas imaginarias, necesse est fieri abstractionem a sensibus, ut talis apparitio phantasmatum non referatur ad ea quae exterius sentiuntur. Sed abstractio a sensibus quandoque fit perfecte: ut scilicet nihil homo sensibus percipiat. Quandoque autem imperfecte, ut scilicet aliquid percipiat sensibus, non tamen plene discernat ea quae exterius percipit ab his quae imaginabiliter videt: unde Augustinus dicit, XII *super Gen. ad litt.*[4]: *Sic videntur quae in spiritu fiunt imagines corporum, quemadmodum corpora per corpus, ita ut simul cernatur et homo aliquis praesens, et absens alius spiritu, tanquam oculis*. Talis tamen alienatio a sensibus non fit in prophetis cum aliqua inordinatione naturae, sicut in arreptitiis vel furiosis: sed per aliquam causam ordinatam, vel naturalem, sicut per somnum; vel animalem, sicut per vehementiam contemplationis, sicut de Petro legitur, Act 10,9-10, quod, cum oraret in caenaculo, *factus est in excessu mentis*; vel virtute divina rapiente, secundum illud Ez 1,3: *Facta est super eum manus Domini*.

AD PRIMUM ergo dicendum quod auctoritas illa loquitur de prophetis quibus imprimebantur vel ordinabantur imaginariae formae, vel in dormiendo, quod significatur per *somnium*: vel ia vigilando, quod significatur per *visionem*.

AD SECUNDUM dicendum quod quando mens intenditur in suo actu circa absentia, quae sunt a sensibus remota, tunc propter vehementiam intentionis sequitur alienatio a sensibus. Sed quando mens intenditur in suo actu circa dispositionem vel iudicium sensibilium, non oportet quod a sensibus abstrahatur.

AD TERTIUM dicendum quod motus mentis prophetice non est secundum virtutem propriam, sed secundum virtutem superioris influxus. Et ideo, quando ex superiori influxu mens prophetae inclinatur ad iudicandum vel disponendum aliquid circa sensibilia, non fit alienatio a sensibus: sed solum quando elevatur mens ad contemplandum aliqua sublimiora.

juízo perfeito do entendimento pela conversão às realidades sensíveis, que são os primeiros princípios do nosso conhecimento, como se disse na I Parte.

Mas, quando a revelação profética se realiza mediante formas imaginárias, é necessária a alienação dos sentidos, para que tal aparição das imagens sensíveis não se refira às coisas exteriores percebidas pelos sentidos. E essa alienação dos sentidos é, às vezes, perfeita, a ponto de não se perceber nada por meio deles. Outras vezes, é imperfeita e, então, se percebe algo com os sentidos, embora não se possa distinguir plenamente o que se percebe exteriormente daquilo que se vê pela imaginação. Por isso, Agostinho escreve: "As imagens dos corpos, que se formam no espírito, se veem como os corpos são vistos pelo corpo; de maneira que se percebe, simultaneamente, um homem presente, como se o víssemos com os olhos, e outro ausente, como se o víssemos com o espírito". Contudo, essa alienação dos sentidos não implica nos profetas nenhuma desordem da natureza, como nos possessos ou nos loucos. Ao contrário, ela é o resultado de uma causa ordenada, seja natural, como no sonho; seja psíquica, como na veemência da contemplação, tal o caso de Pedro, que "entrou em êxtase" quando rezava no terraço; seja divina, segundo esta palavra de Ezequiel: "A mão do Senhor pesou sobre ele".

QUANTO AO 1º, portanto, deve-se dizer que aquela autoridade fala dos profetas, nos quais se imprimiam formas imaginárias e aos quais elas eram ordenadas, quer durante o sono, o que é significado pela palavra "sonho", quer durante a vigília, o que se exprime pelo termo "visão".

QUANTO AO 2º, deve-se dizer que quando a mente, em seu ato, aplica a sua atenção às realidades ausentes, que estão distantes dos sentidos, então a veemência desta aplicação produz uma alienação dos sentidos. Mas, quando a mente em seus atos se aplica a combinar ou a julgar as realidades sensíveis, não é necessária essa abstração dos sentidos.

QUANTO AO 3º, deve-se dizer que o movimento da mente na profecia não provém da sua própria virtude, mas da força de um influxo superior. Por isso, quando esse influxo superior inclina a alma a algum juízo ou disposição em relação às realidades sensíveis, não há alienação dos sentidos, que só acontece quando o espírito do profeta é elevado para contemplar realidades muitíssimo mais altas.

---

3. Q. 84, a. 6.
4. C. 12, n. 25: ML 34, 463.

AD QUARTUM dicendum quod spiritus prophetarum dicuntur esse subiecti prophetis, quantum ad propheticam enuntiationem, de qua ibi Apostolus loquitur: quia scilicet ex proprio sensu loquuntur ea quae viderunt, non mente perturbata, sicut arreptitii, ut dixerunt Priscilla et Montanus[5]. Sed in ipsa prophetica revelatione potius ipsi subiiciuntur spiritui prophetiae, idest dono prophetico.

QUANTO AO 4º, deve-se dizer que o Apóstolo, ao dizer que o espírito dos profetas lhes está sujeito, está se referindo à enunciação profética; porque os profetas falam daquilo que eles viram com um pleno sentido e não com a mente perturbada como os possessos, segundo ensinavam Priscila e Montano. Na própria revelação profética, os profetas são antes submetidos ao espírito de profecia, isto é, ao dom profético.

ARTICULUS 4
Utrum prophetae semper cognoscant ea quae prophetant

AD QUARTUM SIC PROCEDITUR. Videtur quod prophetae semper cognoscant ea quae prophetant.

1. Quia, ut Augustinus dicit, XII *super Gen. ad litt.*[1], *quibus signa per aliquas rerum corporalium similitudines demonstrabantur in spiritu, nisi accessisset mentis officium ut etiam intelligerentur, nondum erat prophetia.* Sed ea quae intelliguntur, non possunt esse incognita. Ergo propheta non ignorat ea quae prophetat.
2. PRAETEREA, lumen prophetiae est excellentius quam lumen rationis naturalis. Sed quicumque lumine naturali habet scientiam, non ignorat ea quae scit. Ergo quicumque lumine prophetico aliqua enuntiat, non potest ea ignorare.
3. PRAETEREA, prophetia ordinatur ad hominum illuminationem: unde dicitur 2Pe 1,19: *Habetis propheticum sermonem, cui bene facitis attendentes quasi lucernae lucenti in caliginoso loco.* Sed nihil potest alios illuminare nisi in se sit illuminatum. Ergo videtur quod propheta prius illuminatur ad cognoscendum ea quae aliis enuntiat.

SED CONTRA est quod dicitur Io 11,51: *Hoc autem a semetipso Caiphas non dixit: sed, cum esset Pontifex anni illius, prophetavit quia Iesus moriturus erat pro gente*, etc. Sed hoc Caiphas non cognovit. Ergo non omnis qui prophetat cognoscit ea quae prophetat.

RESPONDEO dicendum quod in revelatione prophetica movetur mens prophetae a Spiritu Sancto sicut instrumentum deficiens respectu principalis

ARTIGO 4
Os profetas conhecem sempre o que profetizam?

QUANTO AO QUARTO, ASSIM SE PROCEDE: parece que os profetas **conhecem** sempre o que profetizam.

1. Com efeito, Agostinho diz que "aqueles aos quais se mostravam sinais em espírito, por algumas semelhanças corporais, se a estes sinais não se juntava o ato da mente para que os entendessem, não eram profetas". Ora, o que é compreendido, não pode ser desconhecido. Logo, o profeta não ignora o que profetiza.
2. ALÉM DISSO, a luz da profecia é mais excelente do que a da razão natural. Ora, quem pela luz natural possui a ciência, não ignora aquilo que conhece. Logo, aquele que enuncia algo por meio da luz profética, também não pode ignorá-lo.
3. ADEMAIS, a profecia tem por fim iluminar o homem. Por isso diz a Carta de Pedro: "Tendes a palavra dos profetas. Fazeis bem em fixar nela vossos olhares, pois é igual a uma lâmpada que brilha em lugar escuro". Ora, ninguém poderá iluminar os outros a menos que esteja em si iluminado. Logo, parece que o profeta há de ser primeiro iluminado para conhecer aquilo que anuncia aos outros.

EM SENTIDO CONTRÁRIO, diz o Evangelho de João: "Caifás não falou isto por si mesmo, mas, sendo o Sumo Sacerdote daquele ano, profetizou que Jesus haveria de morrer por toda a nação". Ora, Caifás não o sabia. Logo, nem todo profeta conhece aquilo que profetiza.

RESPONDO. Na revelação profética a mente do profeta é movida pelo Espírito Santo como um instrumento deficiente em relação ao agente

---

5. Cfr. HIERON., *In Isaiam*, prol.: ML 24, 19 B.

PARALL.: *De Verit*, q. 12, a. 1, ad 16; *in Ioan.*, c. 11, lect. 7; *ad Heb.*, c. 11, lect. 7.

1. C. 9: ML 34, 461.

agentis. Movetur autem mens prophetae non solum ad aliquid apprehendendum, sed etiam ad aliquid loquendum vel ad aliquid faciendum: et quandoque quidem ad omnia tria simul, quandoque autem ad duo horum, quandoque vero ad unum tantum. Et quodlibet horum contingit esse cum aliquo cognitionis defectu. Nam cum mens prophetae movetur ad aliquid aestimandum vel apprehendendum, quandoque quidem inducitur ad hoc quod solum apprehendat rem illam: quandoque autem ulterius ad hoc quod cognoscat haec sibi esse divinitus revelata. Similiter etiam quandoque movetur mens prophetae ad aliquid loquendum, ita quod intelligat id quod per haec verba Spiritus Sanctus intendit, sicut David, qui dicebat, 2Reg 23,2: *Spiritus Domini locutus est per me*: quandoque autem ille cuius mens movetur ad aliqua verba depromenda, non intelligit quid Spiritus Sanctus per haec verba intendat, sicut patet de Caipha, Io 11. Similiter etiam cum Spiritus Sanctus movet mentem alicuius ad aliquid faciendum, quandoque quidem intelligit quid hoc significet, sicut patet de Ieremia quia abscondit lumbare in Euphraten, ut habetur Ier 13,5-9 sqq.: quandoque vero non intelligunt, sicut milites dividentes vestimenta Christi non intelligebant quid significaret. Cum ergo aliquis cognoscit se moveri a Spiritu Sancto ad aliquid aestimandum verbo vel facto, hoc proprie ad prophetiam pertinet. Cum autem movetur, sed non cognoscit, non est perfecta prophetia, sed quidam instinctus propheticus.

Sciendum tamen quod, quia mens prophetae est instrumentum deficiens, sicut dictum est, et veri prophetae non omnia cognoscunt quae in eorum visis aut verbis aut etiam factis Spiritus Sanctus intendit.

Et per hoc patet responsio ad obiecta. Nam primae rationes loquuntur de veris prophetis, quorum mens divinitus illustratur perfecte.

principal. E é movida não só para apreender, mas também para falar ou fazer algo; seja para realizar todos esses atos simultaneamente; seja apenas, dois deles; seja, enfim, para realizar um só. E pode acontecer que, em cada caso, haja no profeta um defeito de conhecimento. Assim, quando a mente do profeta é movida para julgar ou apreender alguma coisa, pode acontecer umas vezes que ela seja induzida tão somente à sua apreensão; outras, vai mais adiante e, além disso, conhece que tal coisa lhe foi revelada por Deus. Igualmente, a mente do profeta é, às vezes, movida a falar algo de modo a entender o que o Espírito Santo afirma por sua boca, como se deu com Davi, que dizia: "O Espírito do Senhor falou por mim". Outras vezes, porém, aquele, cuja mente é movida a proferir algumas palavras, não alcança o que o Espírito Santo intenta expressar por meio delas, como se vê em Caifás. Do mesmo modo, quando o Espírito Santo move a alma de alguém para fazer algo, às vezes essa pessoa compreende o que faz, como se deu com Jeremias, quando escondeu o cinto no Eufrates. Outras, não, como os soldados, quando partilhavam as vestes de Cristo, sem entender o que aquilo significava. Quando, portanto, há em alguém consciência de que é movido pelo Espírito Santo, seja para julgar, seja para exprimir algo por meio de palavras ou de ações, temos propriamente a profecia. Mas, quando é movido e não tem consciência disso, não há profecia perfeita, mas um certo instinto profético.

Deve-se, contudo, saber que a mente do profeta é um instrumento deficiente[h], como foi dito acima, e que nem mesmo os verdadeiros profetas conhecem tudo o que o Espírito Santo pretende por meio das suas visões, das suas palavras e até mesmo dos seus atos.

E, pelo que foi dito, fica evidente a resposta às objeções, pois as primeiras falam dos verdadeiros profetas, cuja mente é perfeitamente iluminada por Deus.

---

[h]. A qualificação de instrumento aplicada ao profeta não deve induzir em erro. Não é no próprio ato de conhecimento profético que o profeta se comporta como instrumento. Para assimilar pessoalmente e exprimir na forma do conceito mental que ele recebeu, o profeta não pode deixar de ser a causa principal, embora segunda; é uma das exigências do ato de conhecimento como ato imanente. O caso não é o mesmo, quando se trata de transmitir. O profeta é o autor da formulação humana da mensagem, e é nesse sentido que sua mensagem é uma palavra *de homem*, mas há nela mais do que o profeta pode perceber pois, em virtude de sua origem divina, essa mensagem é também palavra *de Deus*. Enquanto tal, a mensagem profética é irredutível à mera palavra humana e só se explica em definitivo pela causalidade divina, que se serve do profeta para transmitir uma mensagem que vai além do que este compreende. Contudo, seguindo a lei da instrumentalidade, o homem aqui utilizado como instrumento confere à mensagem sua marca própria, a de seu tempo, de seu lugar, em suma, todo um condicionamento humano. Para decodificar e encontrar sob esse envoltório a mensagem divina, não será demais valer-nos de todos os recursos de uma hermenêutica guiada pela fé.

QUAESTIO CLXXIV
DE DIVISIONE PROPHETIAE

in sex articulos divisa

Deinde considerandum est de divisione prophetiae.
Et circa hoc quaeruntur sex.
Primo: de divisione prophetiae in suas species.
Secundo: utrum sit altior prophetia quae est sine imaginaria visione.
Tertio: de diversitate graduum prophetiae.
Quarto: utrum Moyses fuit eximius prophetarum.
Quinto: utrum aliquis comprehensor possit esse propheta.
Sexto: utrum prophetia creverit per temporis processum.

Articulus 1
Utrum convenienter dividatur prophetia in prophetiam praedestinationis, praescientiae, et comminationis

AD PRIMUM SIC PROCEDITUR. Videtur quod inconvenienter dividatur prophetia in Glossa[1] super Mt 1,23, *Ecce virgo in utero habebit*, ubi dicitur quod *prophetia alia est ex praedestinatione Dei, quam necesse est omnibus modis evenire, ut sine nostro impleatur arbitrio, ut haec de qua hic agitur; alia est ex praescientia Dei, cui nostrum admiscetur arbitrium; alia est quae comminatio dicitur, quae fit ob signum divinae animadversionis.*

1. Illud enim quod consequitur omnem prophetiam, non debet poni ut membrum dividens prophetiam. Sed omnis prophetia est secundum praescientiam divinam: quia *prophetae legunt in libro praescientiae*, ut dicit Glossa[2], Is 38,1. Ergo videtur quod non debeat poni una species prophetiae quae est secundum praescientiam.
2. PRAETEREA, sicuti aliquid prophetatur secundum comminationem, ita etiam secundum promissionem: et utraque variatur. Dicitur enim Ier 18,7-8: *Repente loquar adversum gentem et*

QUESTÃO 174
AS DIVISÕES DA PROFECIA[a]

em seis artigos

Em seguida, deve-se tratar da divisão da profecia.
A esse respeito, seis questões:
1. Quais são as espécies de profecia?
2. A profecia mais alta se produz sem visão imaginária?
3. Quais são os diversos graus de profecia?
4. Moisés foi o maior dos profetas?
5. Quem goza da visão de Deus pode ser profeta?
6. A profecia cresceu ao longo dos tempos?

Artigo 1
É conveniente dividir a profecia em profecia de predestinação, de presciência e de ameaça?

QUANTO AO PRIMEIRO ARTIGO, ASSIM SE PROCEDE: parece que a Glosa sobre o Evangelho de Mateus: "Eis que a Virgem conceberá" etc., **não** divide convenientemente a profecia. Lê-se aí que "há uma profecia procedente da predestinação de Deus, que se deve cumprir necessariamente sem intervenção do nosso arbítrio; e é dessa profecia que se trata no texto de Mateus. Outra é a profecia procedente da presciência de Deus, na qual intervém o nosso arbítrio; a terceira é chamada cominação e é um sinal de admoestação divina".

1. Com efeito, o que é comum a toda profecia, não deve ser considerado como uma de suas espécies. Ora, toda profecia se funda na presciência de Deus, pois, como diz a Glosa: "Os profetas leem no livro da presciência". Logo, parece que não se deve considerar como uma espécie de profecia aquela que se funda na presciência divina.
2. ALÉM DISSO, assim como há profecias de ameaça, há também as de promessa; e em umas e outras há diferenças. Pois diz o livro de Jeremias: "Ora ameaço arrancar, destruir e aniquilar uma

---

1 PARALL.: *De Verit.*, q. 12, a. 10; *in Ierem.*, c. 18; *in Matth.*, c. 1.

1. Ordin.: ML 114, 71 D — 72 A.
2. Ordin.: ML 113, 1279 B.

a. Esta longa questão reúne e ordena diferentes temas que se encontravam mais ou menos esparsos em diversos tratados da profecia da época. Fiel à intenção da Suma, Tomás classifica e aprecia, mas tem plena consciência do empirismo de seu método, e limita-se muitas vezes a assinalar as vantagens respectivas de posições em aparência opostas.

adversum regnum, ut eradicem et destruam et disperdam illud: si poenitentiam egerit gens illa a malo suo, agam et ego poenitentiam: et hoc pertinet ad prophetiam comminationis. Et postea [vv. 9-10] subdit de prophetia promissionis: *Subito loquar de gente et de regro, ut aedificem et plantem illud: si fecerit malum in oculis meis, poenitentiam agam super bono quod locutus sum ut facerem ei.* Ergo, sicut ponitur prophetia comminationis, ita debet poni prophetia *promissionis*.

3. PRAETEREA, Isidorus dicit, in libro *Etymol.*[3]: *Prophetiae genera sunt septem. Primum genus, extasis, quod est mentis excessus: sicut vidit Petrus vas submissum de caelo cum variis animalibus. Secundum genus, visio: sicut apud Isaiam dicentem, "Vidi Dominum sedentem*, etc.". *Tertium genus est somnium: sicut Iacob scalam dormiens vidit. Quartum genus est per nubem: sicut ad Moysen loquitur Deus. Quintum genus, vox de caelo: sicut ad Abraham sonuit dicens, "Ne mittas manum in puerum". Sextum genus, accepta parabola: sicut apud Balaam. Septimum genus, repletio Spiritus Sancti: sicut pene apud omnes prophetas*. Ponit etiam tria genera visionum: *unum, secundum oculos corporis; alterum, secundum spiritum imaginarium; tertium, per intuitum mentis*. Sed haec non exprimuntur in prius dicta divisione. Ergo est insufficiens.

SED CONTRA est auctoritas Hieronymi, cuius dicitur esse glossa.

RESPONDEO dicendum quod species habituum et actuum in moralibus distinguuntur secundum obiecta. Obiectum autem prophetiae est id quod est in cognitione divina supra humanam facultatem existens. Et ideo secundum horum differentiam distinguitur prophetia in diversas species, secundum prius dictam divisionem. Dictum est autem supra[4] quod futurum est in divina cognitione dupliciter. Uno modo, prout est in sua causa. Et sic accipitur prophetia comminationis: quae non semper impletur, sed per eam praenuntiatur ordo causae ad effectus, qui quandoque, aliis supervenientibus, impeditur. — Alio modo, praecognoscit Deus aliqua in seipsis. Vel ut fienda ab ipso. Et horum est prophetia praedestinationis: quia, secundum

nação e um reino; mas se esta nação contra a qual falei se converter de sua maldade, também me arrependo da calamidade que tencionava infligir-lhe". E isto pertence à profecia de ameaça. E, em seguida, se acrescenta, como profecia de promessa: "E ora eu prometo edificar e plantar, falando de um povo e de um reino; todavia, se praticar o que me desagrada, não escutando minha voz, arrependo-me do bem que lhe havia prometido". Logo, como se admite uma profecia de ameaça, também se deve admitir a de promessa.

3. ADEMAIS, Isidoro diz no livro das Etimologias: "Há sete gêneros de profecias: O primeiro é o êxtase, que é um arrebatamento do espírito; como quando Pedro viu um vaso descendo do céu, cheio de animais. O segundo é a visão, como a de Isaías, que disse: "Eu vi o Senhor sentado" etc. O terceiro é o sonho; como no exemplo de Jacó, que viu uma escada quando dormia. O quarto é o que se realiza por meio de uma nuvem, como aquela em que Deus falou a Moisés. O quinto é o da voz celeste, como a que falou a Abraão, dizendo-lhe "Não estendas a mão sobre o menino". O sexto é por parábolas, como no caso de Balaão. O sétimo, enfim, é o da plenitude do Espírito Santo, como se dá com quase todos os profetas". E o mesmo Isidoro distingue também três gêneros de visões: "O primeiro segundo os olhos do corpo; o outro segundo o espírito imaginário, e o terceiro pelo olhar da mente". Esses gêneros não estão incluídos na divisão da Glosa. Logo, é insuficiente.

EM SENTIDO CONTRÁRIO, está a palavra de Jerônimo, a quem se atribui a Glosa.

RESPONDO. Na ordem moral, as espécies dos hábitos e dos atos se distinguem pelos seus objetos. Ora, o objeto da profecia é aquilo que, no conhecimento divino, sobrepassa a faculdade humana. Por isso, divide-se a profecia segundo a diferença desses objetos em diversas espécies, de acordo com a divisão dada anteriormente. Pois o futuro é objeto do conhecimento divino de dois modos: 1º, considerado em sua causa. E assim se entende a profecia de ameaça, que nem sempre se cumpre mas que anuncia de antemão a relação da causa a seus efeitos, os quais às vezes não se realizam porque sobrevêm certos acontecimentos que o impedem. — 2º, Outro é o futuro que Deus conhece em si mesmo, seja para ser executado por

---

3. L. VII, c. 8, nn. 33-36; ML 82, 286 BC.
4. Q. 171, a. 6, ad 2.

Damascenum[5], *Deus praedestinat ea quae non sunt in nobis.* — Vel ut fienda per liberum arbitrium hominis. Et sic est prophetia praescientiae. Quae potest esse bonorum et malorum: quod non contingit de prophetia praedestinationis, quae est bonorum tantum.

Et quia praedestinatio sub praescientia comprehenditur, ideo in Glossa[6], in principio Psalterii ponitur tantum duplex prophetiae species: scilicet *secundum praescientiam*, et *secundum comminationem.*

AD PRIMUM ergo dicendum quod praescientia proprie dicitur praecognitio futurorum eventuum prout in seipsis sunt: et secundum hoc ponitur species prophetiae. Prout autem dicitur respectu futurorum eventuum sive secundum quod in seipsis sunt sive secundum quod sunt in causis suis, communiter se habet ad omnem speciem prophetiae.

AD SECUNDUM dicendum quod prophetia *promissionis* comprehenditur sub prophetia *comminationis*: quia eadem ratio est veritatis in utraque. Denominatur tamen magis a comminatione, quia Deus pronior est ad relaxandum poenam quam ad subtrahendum promissa beneficia.

AD TERTIUM dicendum quod Isidorus distinguit prophetiam secundum modum prophetandi. Qui quidem potest distingui vel secundum potentias cognoscitivas in homine, quae sunt sensus, imaginatio et intellectus. Et sic sumitur triplex visio, quam ponit tam ipse quam Augustinus, XII *super Gen. ad litt.*[7]

Vel potest sumi secundum differentiam prophetici influxus. Quo quidem, quantum ad illustrationem intellectus, significatur per *repletionem Spiritus Sancti*, quam septimo loco ponit. — Quantum vero ad impressionem formarum imaginabilium, ponit tria: scilicet *somnium*, quod ponit tertio loco; et *visionem*, quae fit in vigilando respectu quorumcumque communium, quam ponit in secundo loco; et *extasim*, quae fit per elevationem

Ele próprio, e temos então a profecia de "predestinação", pois, segundo Damasceno, "Deus predestinou o que não está em nós". — Seja para ser realizado pelo livre-arbítrio do homem, e temos então a profecia de "presciência", cujo objeto pode ser tanto o bem quanto o mal, o que não se dá com a profecia de predestinação, que só tem por objeto o bem.

E, como a predestinação está compreendida na presciência, por isso, diz a Glosa, no princípio do Saltério são indicadas apenas duas espécies de profecia, a saber: a de "presciência" e a de "ameaça"[b].

QUANTO AO 1º, portanto, deve-se dizer que dá-se propriamente o nome de presciência ao conhecimento dos acontecimentos futuros considerados em si mesmos; é neste sentido que ela é uma espécie de profecia. Mas enquanto a presciência abrange os acontecimentos futuros, quer em si mesmos, quer em suas causas, ela compreende então todas as espécies de profecia.

QUANTO AO 2º, deve-se dizer que a profecia de "promessa" está compreendida na de "ameaça", porque o fundamento da verdade é o mesmo em ambas. Contudo, ela é com mais frequência denominada de "ameaça", porque Deus é mais propenso a perdoar a pena do que a retirar os benefícios prometidos.

QUANTO AO 3º, deve-se dizer que Isidoro divide a profecia de acordo com os modos de profetizar. Pode-se distingui-los segundo as potências cognitivas do homem, que são os sentidos, a imaginação e o intelecto. E daí resultam as três espécies de visões enumeradas tanto por Isidoro como por Agostinho.

A diferença pode ainda ser tomada da diversidade do influxo profético. Quanto à ilustração do intelecto, a profecia se caracteriza pela *plenitude do Espírito Santo* (sétima espécie na classificação de Isidoro). — Quanto, porém, à impressão das formas imaginárias, Isidoro enumera três modos: o *sonho*, que põe em terceiro lugar; a *visão*, que se produz durante a vigília e compreende todas as coisas comuns, o que ele põe em segundo lugar; e

---

5. *De fide orth.*, l. II, c. 30: MG 94, 972 A.
6. Ordin.: ML 113, 843 B; LOMBARDI: ML 191, 59 A.
7. Cc. 6, 7: ML 34, 458-460.

b. Tomás se ocupa aqui do problema surgido da oposição entre as duas divisões da profecia propostas por duas autoridades de peso igual. Se ele considera legítimo falar de várias espécies de profecia que se baseiam na diversidade de objetos aos quais se aplicam, ele não tem de renunciar por isso à unidade da profecia, que se baseia na unicidade de seu elemento formal, a luz divina (ver Q. 171, a. 3, r. 3). Desse ponto de vista, a profecia de presciência é a única espécie de profecia, mas se exerce sobre objetos diferentes na medida em que reflete tal ou qual aspecto do conhecimento divino.

mentis in aliqua altiora, quam ponit primo loco.
— Quantum vero ad sensibilia signa, ponit tria. Quia sensibile signum aut est aliqua res corporea exterius apparens visui: sicut *nubes*, quam ponit quarto loco. Aut est *vox* exterius formata ad auditum hominis delata: quam ponit quinto loco. Aut est vox per hominem formata cum similitudine alicuius rei: quod pertinet ad *parabolam*, quam ponit sexto loco.

o *êxtase*, que se realiza pela elevação da mente a certas verdades muito altas, o que ele coloca em primeiro lugar. — Quanto aos sinais sensíveis, o nosso autor admite três: o sinal sensível é ou uma realidade corpórea, que aparece à vista, como a *nuvem*, que é a quarta espécie; ou uma *voz* formada exteriormente para ser ouvida pelo homem, que é a quinta espécie; ou, enfim, é a voz formada pelo homem à semelhança de alguma coisa, e pertence à *parábola*, colocada em sexto lugar.

ARTICULUS 2
Utrum excellentior sit prophetia quae habet visionem intellectualem et imaginariam, quam ea quae habet visionem intellectualem tantum

ARTIGO 2
A profecia que comporta uma visão intelectual e imaginária é mais excelente do que aquela que comporta apenas uma visão intelectual?

AD SECUNDUM SIC PROCEDITUR. Videtur quod excellentior sit prophetia quae habet visionem intellectualem et imaginariam, quam ea quae habet visionem intellectualem tantum.

1. Dicit enim Augustinus, XII *super Gen. ad litt.*[1], et habetur in Glossa[2], 1Cor 14, super illud [v. 2], *Spiritus autem loquitur mysteria: Minus est propheta qui rerum significatarum solo spiritu videt imagines; et magis, est propheta qui solo earum intellectu est praeditus; sed maxime propheta est qui in utroque praecellit.* Hoc autem pertinet ad prophetam qui simul habet intellectualem et imaginariam visionem. Ergo huiusmodi prophetia est altior.

2. PRAETEREA, quanto virtus alicuius rei est maior, tanto ad magis distantia se extendit. Sed lumen propheticum principaliter ad mentem pertinet, ut ex dictis[3] patet. Ergo perfectior videtur esse prophetia quae derivatur usque ad imaginationem, quam illa quae existit in solo intellectu.

3. PRAETEREA, Hieronymus, in Prologo libri *Regum*[4], distinguit *Prophetas* contra *Hagiographos*. Omnes autem illi quos prophetas nominat, puta Isaias, Ieremias et alii huiusmodi, simul cum intellectuali visione imaginariam habuerunt: non autem illi qui dicuntur hagiographi, sicut ex inspiratione Spiritus Sancti scribentes, sicut Iob, David, Salomon et huiusmodi. Ergo videtur quod

QUANTO AO SEGUNDO, ASSIM SE PROCEDE: parece que é mais excelente a profecia que comporta uma visão intelectual e imaginária, do que a que comporta apenas uma visão intelectual.

1. Com efeito, sobre o texto da primeira Carta aos Coríntios, "O Espírito fala coisas misteriosas", a Glosa cita esta opinião de Agostinho: "É menos profeta quem só vê em espírito as imagens das coisas significadas; é mais profeta aquele que só é dotado da compreensão delas; mas a ambos ultrapassa quem se distingue numa coisa e na outra". Ora, neste último caso, trata-se do profeta que tem simultaneamente a visão intelectual e a imaginária. Logo, esta forma de profecia é mais elevada.

2. ALÉM DISSO, quanto maior é o poder de uma coisa, tanto mais extensa a sua ação. Ora, a luz profética se refere principalmente à mente, como se disse acima. Logo, parece mais perfeita a profecia que se estende até a imaginação, do que aquela que se limita ao intelecto.

3. ADEMAIS, Jerônimo distingue os "profetas" dos "hagiógrafos". Assim, todos os que chama de profetas, como Isaías, Jeremias e outros semelhantes, foram dotados de visão da imaginação juntamente com a intelectual. Ora, o mesmo não se dá com aqueles a quem dá o nome de hagiógrafos, como os que escreveram por inspiração do Espírito Santo, como Jó, Davi, Salomão e outros

---

2 PARALL.: Infra, a. 3; Part. III, q. 30, a. 3, ad 1; *De Verit.*, q. 12, a. 12.

1. C. 9: ML 34, 461.
2. LOMBARDI: ML 191, 1664 B C.
3. Q. 173, a. 2.
4. ML 28, 554 A.

magis proprie dicuntur prophetae illi qui habent simul visionem imaginariam cum intellectuali, quam illi qui habent intellectualem tantum.

4. PRAETEREA, Dionysius dicit, 1 cap. *Cael. Hier.*[5], quod *impossibile est nobis superlucere divinum radium, nisi varietate sacrorum velaminum circumvelatum.* Sed prophetica revelatio fit per immissionem divini radii. Ergo videtur quod non possit esse absque phantasmatum velaminibus.

SED CONTRA est quod Glossa[6] dicit, in principio Psalterii, quod *ille modus prophetiae ceteris est dignior, quando scilicet ex sola Spiritus Sancti inspiratione, remoto omni exteriori adminiculo facti vel dicti vel visionis vel somnii, prophetatur.*

RESPONDEO dicendum quod dignitas eorum quae sunt ad finem, praecipue consideratur ex fine. Finis autem prophetiae est manifestatio alicuius veritatis supra hominem existentis. Unde quanto huiusmodi manifestatio est potior, tanto prophetia est dignior. Manifestum est autem quod manifestatio veritatis divinae quae fit secundum nudam contemplationem ipsius veritatis, potior est quam illa quae fit sub similitudine corporalium rerum: magis enim appropinquat ad visionem patriae, secundum quam in essentia Dei veritas conspicitur. Et inde est quod prophetia per quam aliqua supernaturalis veritas conspicitur nude secundum intellectualem veritatem, est dignior quam illa in qua veritas supernaturalis manifestatur per similitudinem corporalium rerum secundum imaginariam visionem.

Et ex hoc etiam ostenditur mens prophetae sublimior: sicut in doctrina humana auditor ostenditur esse melioris intellectus qui veritatem intelligibilem a magistro nude prolatam capere potest, quam ille qui indiget sensibilibus exemplis ad hoc manuduci. Unde in commendationem prophetiae David dicitur, 2Reg 23,3: *Mihi locutus est Fortis Israel*; et postea [v. 4] subdit: *Sicut lux aurorae, oriente sole, mane absque nubibus rutilat.*

AD PRIMUM ergo dicendum quod quando aliqua supernaturalis veritas revelanda est per mais. Logo, parece que devam ser chamados mais propriamente de profetas os que têm simultaneamente a visão imaginária e a intelectual, do que aqueles que só têm a intelectual.

4. ADEMAIS, segundo Dionísio, "é impossível que brilhe sobre nós um raio divino se não estiver envolto na variedade dos sagrados véus". Ora, a revelação profética se faz pela emissão de um raio divino. Logo, parece que esta não pode realizar-se sem as representações imaginárias sensíveis.

EM SENTIDO CONTRÁRIO, diz a Glosa, no início do Saltério: "O modo de profecia mais excelente é aquele que se realiza só pela inspiração do Espírito Santo, sem auxílio exterior de nenhum fato, dito, visão ou sonho".

RESPONDO. A dignidade das coisas que se ordenam a um fim, deve ser considerada principalmente a partir do fim. Ora, o fim da profecia é a manifestação de alguma verdade que não está ao alcance do homem. Donde, quanto mais alta é a manifestação, tanto mais digna é a profecia. Ora, é claro que a manifestação da verdade divina, que se realiza pela simples contemplação dessa mesma verdade, é superior àquela que se realiza mediante imagens das coisas corpóreas, pois mais se aproxima da visão da pátria celeste, na qual a verdade divina é contemplada na essência de Deus. Daí resulta que a profecia, em virtude da qual a verdade sobrenatural é considerada na sua nudez, numa visão intelectual, é mais excelente que aquela outra na qual essa verdade sobrenatural se manifesta mediante uma semelhança de coisas corpóreas, por visão da imaginação.

Com isso, fica claro também que a mente do profeta é mais elevada, do mesmo modo que, no plano do ensinamento humano, revela ter melhor compreensão o discípulo capaz de apreender a verdade inteligível proposta nuamente pelo mestre, do que aquele que necessita ser conduzido a ela por exemplos das coisas sensíveis. Por isso se diz, em louvor à profecia de Davi: "O Forte de Israel me falou", acrescentando em seguida: "será como a luz da aurora que, ao sair o sol, resplandece numa manhã sem nuvens"[c].

QUANTO AO 1º, portanto, deve-se dizer que quando uma verdade sobrenatural deve ser re-

---

5. MG 3, 121 B.
6. LOMBARDI: ML 191, 58 C D.

c. A tese do artigo está em conformidade tanto com o intelectualismo de Sto. Tomás quanto com sua teoria do primado da luz divina no processo da profecia. Isto, no entanto, não prejulga nada a respeito da frequência de realização da visão intelectual pura na história concreta da revelação.

similitudines corporales, tunc magis est propheta qui utrumque habet, scilicet lumen intellectuale et imaginariam visionem, quam ille qui habet alterum tantum: quia perfectior est prophetia. Et quantum ad hoc loquitur Augustinus. Sed illa prophetia in qua revelatur nude intelligibilis veritas, est omnibus potior.

AD SECUNDUM dicendum quod aliud est iudicium de his quae propter se quaeruntur: et de his quae quaeruntur propter aliud. In his enim quae propter se quaeruntur, quanto virtus agentis ad plura et remotiora se extendit, tanto potior est: sicut medicus reputatur melior qui potest plures, et magis a sanitate distantes sanare. In his autem quae non quaeruntur nisi propter aliud, quanto agens potest ex paucioribus et propinquioribus ad suum intentum pervenire, tanto videtur esse maioris virtutis: sicut magis laudatur medicus qui per pauciora et leviora potest sanare infirmum. Visio autem imaginaria in cognitione prophetica non requiritur propter se, sed propter manifestationem intelligibilis veritatis. Et ideo tanto potior est prophetia, quanto minus ea indiget.

AD TERTIUM dicendum quod nihil prohibet aliquid esse simpliciter melius, quod tamen minus proprie recipit alicuius praedicationem: sicut cognitio patriae est nobilior quam cognitio viae, quae tamen magis proprie dicitur fides, eo quod nomen fidei importat imperfectionem cognitionis. Similiter autem prophetia importat quandam obscuritatem et remotionem ab intelligibili veritate. Et ideo magis proprie dicuntur prophetae qui vident per imaginariam visionem, quamvis illa prophetia sit nobilior quae est per intellectualem visionem: dum tamen sit eadem veritas utrobique revelata. Si vero lumen intellectuale alicui divinitus infundatur non ad cognoscendum aliqua supernaturalia, sed ad iudicandum secundum certitudinem veritatis divinae ea quae humana ratione cognosci possunt; sic talis prophetia intellectualis est infra illam quae est cum imaginaria visione ducente in supernaturalem veritatem; cuiusmodi prophetiam habuerunt omnes illi qui numerantur in ordine Prophetarum. Qui etiam ex hoc specialiter dicuntur prophetae, quia prophetico officio fungebantur: unde et ex persona Domini loquebantur, dicentes ad populum, *Haec dicit Dominus*; quod non faciebant illi qui hagiographa conscripserunt, quorum plures

velada por meio de imagens corpóreas, então o profeta, que tem ambas as coisas, a saber, a luz intelectual e a visão da imaginação, é maior do que aquele que tem somente uma delas; de fato, sua profecia é mais perfeita. É neste sentido que fala Agostinho. Mas a profecia em que se revela a verdade inteligível é maior do que todas.

QUANTO AO 2º, deve-se dizer que é diferente o juízo a respeito das coisas que buscamos por elas mesmas, do que aquele sobre as que se buscam em vista de outras. Nas primeiras, quanto mais a virtude do agente se estende a realidades numerosas e difíceis, tanto mais forte é ela; assim, é considerado melhor médico aquele que é capaz de curar mais enfermos e em estado de maior gravidade. Mas, naquelas coisas que se buscam em razão de outras, parece que, quanto mais o agente pode conseguir seu intento com meios menos numerosos e mais imediatos, tanto maior é o seu poder, como é digno de maior louvor o médico que, para curar um enfermo, emprega menos remédios e mais brandos. Ora, no conhecimento profético, não se requer a visão da imaginação por si mesma, mas somente para manifestar a verdade inteligível e, assim, é tanto mais excelente a profecia quanto menos necessita dessa visão da imaginação.

QUANTO AO 3º, deve-se dizer que nada impede que uma realidade seja melhor absolutamente falando e, no entanto, receba uma qualificação menos própria. Assim, o conhecimento dos bem-aventurados, na pátria, é mais nobre do que o dos que ainda estão a caminho, nesta vida, o qual se chama propriamente fé, porque o nome de fé implica imperfeição de conhecimento. Do mesmo modo, a profecia importa certa obscuridade e uma distância da verdade inteligível. Por isso, chamam-se mais propriamente profetas os que veem mediante visões da imaginação, embora seja mais perfeita a profecia por visão intelectual, não obstante seja a mesma a verdade revelada em ambas. Deus pode infundir em alguém a luz intelectual, não para conhecer realidades sobrenaturais, mas para julgar, com a certeza da verdade divina, realidades que estão ao alcance da razão humana. Então, essa profecia intelectual é inferior àquela que, mediante visão da imaginação, nos conduz às verdades sobrenaturais. Desta espécie de profecia foram dotados todos os que se contam na ordem dos profetas, que, por isso, se chamam especialmente profetas, porque exerciam o ministério profético e falavam em nome do Senhor,

loquebantur frequentius de his quae humana ratione cognosci possunt, non quasi ex persona Dei, sed ex persona propria, cum adiutorio tamen divini luminis.

AD QUARTUM dicendum quod illustratio divini radii in vita praesenti non fit sine velaminibus phantasmatum qualiumcumque: quia connaturale est homini, secundum statum praesentis vitae, ut non intelligat sine phantasmate. Quandoque tamen sufficiunt phantasmata quae communi modo a sensibus abstrahuntur, nec exigitur aliqua visio imaginaria divinitus procurata. Et sic dicitur revelatio prophetica fieri sine imaginaria visione.

dizendo: "Isto diz o Senhor". O que não faziam os hagiógrafos, alguns dos quais falavam mais frequentemente de coisas acessíveis à razão humana, não em nome de Deus, mas em seu próprio nome, embora com o auxílio da luz divina.

QUANTO AO 4º, deve-se dizer que os raios divinos não nos iluminam na vida presente sem o véu de certas representações imaginárias, posto que é conatural ao homem, enquanto vive neste mundo, nada conhecer sem elas. Contudo, às vezes são suficientes essas imagens abstraídas pelos sentidos pelo modo comum, sem necessidade de nenhuma visão imaginária conferida por Deus. É nesse sentido que se diz que a revelação profética se realiza sem a visão imaginária.

ARTICULUS 3
Utrum gradus prophetiae possint distingui secundum visionem imaginariam

AD TERTIUM SIC PROCEDITUR. Videtur quod gradus prophetiae non possint distingui secundum visionem imaginariam.

1. Gradus enim alicuius rei non attenditur secundum id quod est propter aliud, sed secundum id quod est propter se. In prophetia autem propter se quaeritur visio intellectualis, propter aliud autem visio imaginaria, ut supra[1] dictum est. Ergo videtur quod gradus prophetiae non distinguantur secundum imaginariam visionem, sed solum secundum intellectualem.

2. PRAETEREA, unius prophetae videtur esse unus gradus prophetiae. Sed uni prophetae fit revelatio secundum diversas imaginarias visiones. Ergo diversitas imaginariae visionis non diversificat gradus prophetiae.

3. PRAETEREA, secundum Glossa[2], in principio Psalterii, prophetia consistit *in dictis et factis, somnio et visione*. Non ergo debet prophetiae gradus magis distingui secundum imaginariam visionem, ad quam pertinet visio et somnium, quam secundum dicta et facta.

SED CONTRA est quod medium diversificat gradus cognitionis: sicut scientia *propter quid* est altior, eo quod est per nobilius medium, quam scientia *quia* vel etiam quam opinio. Sed visio imaginaria in cognitione prophetica est sicut quo-

ARTIGO 3
Podem-se distinguir graus de profecia pela visão imaginária?

QUANTO AO TERCEIRO, ASSIM SE PROCEDE: parece que pela visão imaginária **não** se podem distinguir graus de profecia.

1. Com efeito, os graus de uma realidade se fundam na mesma realidade considerada em si mesma, e não desta considerada em relação a outra. Ora, na profecia, o que se busca por si é a visão intelectual, e a visão imaginária por sua relação a outra coisa, como foi dito acima. Logo, parece que os graus da profecia não se distinguem pela visão imaginária, mas só pela intelectual.

2. ALÉM DISSO, em cada profeta parece que não deve haver mais que um grau de profecia. Ora, a um mesmo profeta a revelação é feita segundo diversas visões imaginárias. Logo, a diversidade dessas visões não diversifica os graus de profecia.

3. ADEMAIS, segundo a Glosa, no princípio do Saltério, a profecia consiste "em palavras e obras, no sonho e na visão". Logo, não se devem distinguir os graus da profecia mais em razão da visão imaginária, na qual se incluem a *visão* e o *sonho*, do que em razão das *palavras* e das *obras*.

EM SENTIDO CONTRÁRIO, o meio diversifica os graus de conhecimento, como a ciência ("propter quid") é mais nobre, porque usa um meio mais nobre, (uma causa próxima e própria) do que a ciência "quia" (pelos efeitos ou por uma causa

---

3 PARALL.: IV *Sent.*, dist. 49, q. 2, a. 7, ad 2; *De Verit.*, q. 12, a. 13; I *ad Cor.*, c. 13, lect. 4.

1. A. praec., ad 2.
2. LOMBARDI: ML 191, 58 D; Ordin.: ML 113, 842 B.

ddam medium. Ergo gradus prophetiae distingui debent secundum imaginariam visionem.

Respondeo dicendum quod, sicut dictum est[3], prophetia in qua per lumen intelligibile revelatur aliqua supernaturalis veritas per imaginariam visionem, medium gradum tenet inter illam prophetiam in qua revelatur supernaturalis veritas absque imaginaria visione, et illam in qua per lumen intelligibile absque imaginaria visione dirigitur homo ad ea cognoscenda vel agenda quae pertinent ad humanam conversationem. Magis autem est proprium prophetiae cognitio quam operatio. Et ideo infirmus gradus prophetiae est cum aliquis ex interiori instinctu movetur ad aliqua exterius facienda: sicut de Samsone dicitur, Idc 15,14, quod *irruit Spiritus Domini in eum: et sicut solent ad ardorem ignis ligna consumi, ita et vincula quibus ligatus erat, dissipata sunt et soluta*. — Secundus autem gradus prophetiae est cum aliquis ex interiori lumine illustratur ad cognoscendum aliqua quae tamen non excedunt limites naturalis cognitionis: sicut dicitur de Salomone, 3Reg 4,32-33, quod *locutus est parabolas, et disputavit super lignis, a cedro quae est in Libano usque ad hyssopum quae egreditur de pariete, et disseruit de iumentis et volucribus et reptilibus et piscibus*. Et hoc totum fuit ex divina inspiratione: nam praemittitur [v. 29]: *Dedit Deus sapientiam Salomoni, et prudentiam multam nimis*. — Hi tamen duo gradus sunt infra prophetiam proprie dictam: quia non attingunt ad supernaturalem veritatem.

Illa autem prophetia in qua manifestatur supernaturalis veritas per imaginariam visionem, diversificatur primo, secundum differentiam *somnii*, quod fit in dormiendo; et *visionis*, quae fit in vigilando. Quae pertinet ad altiorem gradum prophetiae: quia maior vis prophetici luminis esse videtur quae animam occupatam circa sensibilia in vigilando abstrahit ad supernaturalia, quam illa quae animam hominis abstractam a sensibilibus invenit in dormiendo. — Secundo autem diversificantur gradus prophetiae quantum ad expressionem signorum imaginabilium quibus veritas intelligibilis exprimitur. Et quia signa maxime expressa intelligibilis veritatis sunt verba, ideo altior gradus prophetiae videtur quando propheta audit verba experimentia intelligibilem veritatem,

comum e remota), ou mesmo que a opinião. Mas a visão da imaginação no conhecimento profético é como um meio de conhecer. Logo, os graus da profecia devem distinguir-se por essa visão.

Respondo. A profecia na qual uma verdade sobrenatural é revelada por meio de uma visão imaginária, ocupa uma posição mediana entre a profecia em que a verdade sobrenatural é revelada sem visão imaginária, e aquela em que, pela luz inteligível, sem visão imaginária, o homem é levado a conhecer ou a fazer o que concerne à conduta humana. Ora, o conhecimento é mais próprio da profecia do que a ação. Por isso, o grau ínfimo da profecia é aquele em que alguém é movido por um instinto interior a fazer atos exteriores, como se diz de Sansão no livro dos Juízes: "Apoderou-se dele o Espírito do Senhor, e como o lenho costuma consumir-se ao ardor do fogo, assim as cordas com que estava ligado, foram quebradas e desfeitas". — O segundo grau da profecia é aquele em que alguém é iluminado com luz interior para conhecer realidades que não excedem os limites do conhecimento natural, como se diz a respeito de Salomão, que "propôs parábolas e tratou de todas as árvores, desde o cedro que há no Líbano, até o hissopo, que brota na parede, e tratou dos animais e das aves, dos répteis e dos peixes". E tudo isto foi por inspiração divina, antes estava escrito: "Deus deu a Salomão uma sabedoria e prudência incomparáveis". — Todavia, estes dois graus são inferiores à profecia propriamente dita, pois não alcançam uma verdade sobrenatural.

Aquela profecia em que se manifesta uma verdade sobrenatural por meio da visão da imaginação, assim se diversifica: 1º Pela diferença entre o "sonho", que se tem dormindo, e a "visão", que se exerce durante a vigília. Esta última constitui um grau mais elevado da profecia, pois, ao que parece, a luz profética deve ter mais força para abstrair a alma ocupada durante a vigília com realidades sensíveis e voltá-la para realidades sobrenaturais, do que para instruir a alma humana já abstraída dos objetos sensíveis pelo sono. — 2º Pela expressão dos sinais imaginários com que se exprime a verdade inteligível. E, como os sinais mais expressivos da verdade inteligível são as palavras, parece ser mais alto o grau de profecia em que o profeta ouve as palavras que expressam

---

3. A. praec., ad 3.

sive in vigilando sive in dormiendo, quam quando videt aliquas res significativas veritatis, sicut *septem spicae plenae* significant *septem annos ubertatis*. In quibus etiam signis tanto videtur prophetia esse altior, quanto signa sunt magis expressa: sicut quod Ieremias vidit incendium civitatis sub similitudine *ollae succensae*, sicut dicitur Ier 1,13. — Tertio autem ostenditur esse altior gradus prophetiae quando propheta non solum videt signa verborum vel factorum, sed etiam videt, in vigilando vel in dormiendo, aliquem sibi colloquentem aut aliquid demonstrantem: quia per hoc ostenditur quod mens prophetae magis appropinquat ad causam revelantem. — Quarto autem potest attendi altitudo gradus prophetalis ex conditione eius qui videtur. Nam altior gradus prophetiae est si ille qui loquitur vel demonstrat, videatur, in vigilando vel dormiendo, in specie angeli, quam si videatur in specie hominis. Et adhuc altior si videatur, in dormiendo vel vigilando, in specie Dei: secundum illud Is 6,1: *Vidi Dominum sedentem*.

Super omnes autem hos gradus est tertium genus prophetiae, in quo intelligibilis veritas et supernaturalis absque imaginaria visione ostenditur. Quae tamen excedit rationem prophetiae proprie dictae, ut dictum est[4]. Et ideo consequens est quod gradus prophetiae proprie dictae distinguantur secundum imaginariam visionem.

AD PRIMUM ergo dicendum quod discretio luminis intelligibilis non potest a nobis cognosci nisi secundum quod iudicatur per aliqua signa imaginaria vel sensibilia. Et ideo ex diversitate imaginatorum perpenditur diversitas intellectualis luminis.

AD SECUNDUM dicendum quod, sicut supra[5] dictum est, prophetia non est per modum habitus immanentis, sed magis per modum passionis transeuntis. Unde non est inconveniens quod uni et eidem prophetae fiat revelatio prophetica diversis vicibus secundum diversos gradus.

AD TERTIUM dicendum quod dicta et facta de quibus ibi fit mentio, non pertinent ad revelationem prophetiae, sed ad denuntiationem: quae fit secundum dispositionem eorum quibus denuntiatur id quod prophetae revelatum est; et hoc fit quandoque per dicta, quandoque per facta. Denuntiatio

a verdade inteligível, quer acordado quer dormindo, do que quando vê certas coisas significativas da verdade, como as "sete espigas cheias", que significavam os "sete anos de fartura". E essa profecia, que se manifesta por esse sinais, é tanto mais elevada quanto mais expressivos forem eles, como é o caso de Jeremias, que viu o incêndio da cidade sob a imagem de uma "panela no fogo". — 3º Pela diferença entre ver um objeto e ver uma pessoa. De fato, mostra ser um grau mais elevado de profecia aquele em que o profeta não só vê os sinais das palavras e dos fatos, mas vê também, em vigília ou em sonho, aquele que lhe fala ou lhe mostra alguma coisa, porque isto significa que a mente do profeta está mais próxima da causa reveladora. — 4º Pela condição daquele que o profeta vê. Pois será mais alto o grau da profecia quando quem fala ou mostra algo, durante a vigília ou o sonho, tem as aparências de um anjo, do que quando se deixa ver em forma de homem. E ainda mais alto será se, tanto na vigília quanto no sonho, fosse visto em forma de Deus, como no caso de Isaías, que disse: "Eu vi o Senhor sentado".

Todavia, acima de todos esses graus, está o terceiro gênero de profecia, em que a verdade inteligível e sobrenatural é mostrada sem visão da imaginação. Mas este gênero supera a noção de profecia propriamente dita, como foi dito acima. Por conseguinte, os graus da profecia como tal se distinguem segundo a visão da imaginação.

QUANTO AO 1º, portanto, deve-se dizer que não se pode distinguir os graus da luz inteligível a não ser mediante alguns sinais imaginários e sensíveis. E, assim, é segundo as visões imaginárias que se distingue a diversidade da luz intelectual.

QUANTO AO 2º, deve-se dizer que a profecia não se recebe sob forma de hábito, mas a modo de moção transitória. Por isso, não é impossível que um mesmo profeta receba a revelação profética diversas vezes e segundo diferentes graus.

QUANTO AO 3º, deve-se dizer que as palavras e as obras mencionadas não pertencem à revelação profética, mas a seu anúncio que é feito em conformidade com a disposição daqueles aos quais se anuncia o que foi revelado ao profeta. E isto se faz ora por palavras, ora por ações. Mas o anúncio

---

4. A. 2, ad 3.
5. Q. 171, a. 2.

autem et operatio miraculorum consequenter se habent ad prophetiam, ut supra⁶ dictum est.

ARTICULUS 4
Utrum Moyses fuerit excellentior omnibus prophetis

AD QUARTUM SIC PROCEDITUR. Videtur quod Moyses non fuerit excellentior omnibus Prophetis.
1. Dicit enim Glossa¹, in principio Psalterii, quod *David dicitur Propheta per excellentiam.* Non ergo Moyses fuit excellentissimus omnium.

2. PRAETEREA, maiora miracula facta sunt per Iosue, qui fecit stare solem et lunam, ut habetur Ios 10,12-13, et per Isaiam, qui fecit retrocedere solem, ut habetur Is 38,8, quam per Moysen, qui divisit mare rubrum. Similiter etiam per Eliam, de quo dicitur, Eccli 48,4-5: *Quis poterit tibi similiter gloriari, qui sustulisti mortuum ab inferis?* Non ergo Moyses fuit excellentissimus prophetarum.

3. PRAETEREA, Mt 11,11 dicitur quod *inter natos mulierum non surrexit maior Ioanne Baptista.* Non ergo Moyses fuit excellentior omnibus Prophetis.

SED CONTRA est quod dicitur Dt 34,10: *Non surrexit propheta ultra in Israel sicut Moyses.*

RESPONDEO dicendum quod, licet quantum ad aliquid aliquis alius Prophetarum fuerit maior Moyse, simpliciter tamen Moyses fuit omnibus maior. In prophetia enim, sicut ex praedictis patet, consideratur et cognitio, tam secundum visionem intellectualem quam secundum visionem imaginariam; et denuntiatio; et confirmatio per miracula. Moyses ergo fuit aliis excellentior, primo quidem, quantum ad visionem intellectualem: eo quod vidit ipsam Dei essentiam, sicut Paulus in raptu; sicut Augustinus dicit, XII *super Gen. ad litt.*². Unde dicitur, Nm 12,8, quod *palam, non per aenigmata Deum videt.*

Secundo, quantum ad imaginariam visionem: quam quasi ad nutum habebat, non solum audiens verba, sed etiam videns loquentem, etiam in specie Dei, non solum in dormiendo, sed etiam in vigilando. Unde dicitur Ex 33,11, quod *loquebatur ei*

e a realização dos milagres são consequências da profecia, como foi dito acima.

ARTIGO 4
Moisés foi o maior dos profetas?

QUANTO AO QUARTO, ASSIM SE PROCEDE: parece que Moisés **não** foi o maior dos profetas.
1. Com efeito, a Glosa diz, no início do Saltério, que "Davi é chamado profeta por excelência". Logo, Moisés não foi o mais excelente dos profetas.

2. ALÉM DISSO, maiores milagres foram realizados por Josué, que fez parar o sol e a lua, e por Isaías, que fez o sol retroceder, do que por Moisés que dividiu o Mar Vermelho. E até por Elias, de quem o livro do Eclesiástico diz: "Quem pode gloriar-se como tu, que fizeste sair um morto do sepulcro?". Logo, Moisés não foi o mais excelente dos profetas.

3. ADEMAIS, o Senhor diz, no Evangelho de Mateus, que "entre os nascidos de mulher, não surgiu nenhum maior que João Batista". Logo, Moisés não foi o mais excelente dos profetas.

EM SENTIDO CONTRÁRIO, lemos no livro do Deuteronômio: "Não mais surgiu em Israel profeta igual a Moisés".

RESPONDO. Embora, sob certos aspectos, houvesse profetas maiores do que Moisés, absolutamente falando, ele foi o maior de todos. Com efeito, na profecia cumpre considerar o conhecimento, tanto segundo a visão intelectual quanto segundo a visão imaginária, o anúncio e a confirmação por milagres. Ora, Moisés foi mais excelente do que os outros profetas. 1º Na visão intelectual, pois viu a própria essência de Deus, como Paulo quando foi arrebatado, segundo observa Agostinho. Por isso, diz o livro dos Números, a seu respeito, que "ele vê o Senhor claramente e não sob enigmas".

2º Quanto à visão da imaginação, de que gozava quase quando queria, não só ouvindo as palavras, mas ainda vendo Aquele que lhe falava, mesmo sob a forma de Deus, e isto não só dormindo, mas também acordado. Por isso, diz o

---

6. Ibid., a. 1.

PARALL.: *De Verit.*, q. 12, a. 9, ad 1; a. 14; *in Isaiam*, c. 6.

1. LOMBARDI: ML 191, 57 D.
2. C. 27: ML 34, 477; c. 28 ML 34, 478.

Dominus facie ad faciem, sicut homo solet loqui cum amico suo.

Tertio, quantum ad denuntiationem: quia loquebatur toti populo fidelium ex persona Dei quasi de novo legem proponens; alii vero Prophetae loquebantur ad populum in persona Dei quasi inducentes ad observantiam legis Moysi, secundum illud Mal 4,4: *Mementote legis Moysi, servi mei.*

Quarto, quantum ad operationem miraculorum: quae fecit toti uni populo infidelium. Unde dicitur Dt 34,10-11: *Non surrexit ultra propheta in Israel sicut Moyses, quem nosset Dominus facie ad faciem, in omnibus signis atque portentis quae per eum misit ut faceret in terra Aegypti, Pharaoni et omnibus servis eius, universaeque terrae illius.*

AD PRIMUM ergo dicendum quod prophetia David ex propinquo attingit visionem Moysi quantum ad visionem intellectualem: quia uterque accepit revelationem intelligibilis et supernaturalis veritatis absque imaginaria visione. Visio tamen Moysi fuit excellentior quantum ad cognitionem divinitatis: sed David plenius cognovit et expressit mysteria incarnationis Christi.

AD SECUNDUM dicendum quod illa signa illorum Prophetarum fuerunt maiora secundum substantiam facti: sed tamen miracula Moysi fuerunt maiora secundum modum faciendi, quia sunt facta toti populo.

AD TERTIUM dicendum quod Ioannes pertinet ad novum Testamentum, cuius ministri praeferuntur etiam ipsi Moysi, quasi magis *revelate speculantes*: ut habetur 2Cor 3,7 sqq.

livro do Êxodo, que "o Senhor falava a Moisés face a face, como um homem costuma falar com o seu amigo".

3º Quanto ao anúncio profético, pois falava a todo o povo dos fiéis, da parte de Deus, como se promulgasse de novo a lei; ao passo que os outros profetas falavam ao povo em nome de Deus, para induzi-lo à observância da lei de Moisés, como se lê no livro de Malaquias: "Lembrai-vos da lei de Moisés, meus servos".

4º Quanto à realização dos milagres, ele os fez em favor de todo o povo fiel. Por isso, se lê no livro do Deuteronômio: "Não mais surgiu em Israel profeta igual a Moisés a quem o Senhor conhecia face a face, nem quanto a todos os prodígios e milagres que o Senhor o mandou fazer na terra do Egito contra o Faraó, contra todos os seus servos e todo o seu país".

QUANTO AO 1º, portanto, deve-se dizer que a profecia de Davi se aproximou mais da visão de Moisés quanto à visão intelectual, pois ambos receberam a revelação da verdade inteligível e sobrenatural sem visão imaginária. Contudo, a visão de Moisés foi mais excelente no conhecimento da divindade; ao passo que Davi conheceu e explicou melhor os mistérios da encarnação de Cristo.

QUANTO AO 2º, deve-se dizer que os milagres dos outros profetas foram maiores quanto à substância da ação; mas os milagres de Moisés foram maiores quanto ao modo de realizá-lo, pois foram feitos em benefício de todo o povo.

QUANTO AO 3º, deve-se dizer que João Batista pertence ao Novo Testamento, cujos ministros são superiores ao próprio Moisés, pois eles "contemplavam a descoberto"[d], como se diz na segunda Carta aos Coríntios.

ARTICULUS 5
Utrum etiam aliquis gradus prophetiae sit in beatis

AD QUINTUM SIC PROCEDITUR. Videtur quod etiam aliquis gradus prophetiae est in beatis.

ARTIGO 5
Existe nos bem-aventurados algum grau de profecia?

QUANTO AO QUINTO, ASSIM SE PROCEDE: parece que nos bem-aventurados **existe** algum grau de profecia.

---

5 PARALL.: Supra, q. 173, a. 1; Part. III, q. 7, a. 8; I *ad Cor.*, c. 13, lect. 3.

d. Moisés foi o maior profeta da antiga aliança, não só em função da intimidade das relações que Deus estabelecera com ele, mas ainda por sua missão efetivamente excepcional de guia do Povo de Deus nesse maravilhoso Êxodo, cuja celebração renovada de tempos em tempos devia fundar a consciência que Israel tem de si mesma. Se João Batista e os Apóstolos do Novo Testamento são maiores do que Moisés, é menos a título pessoal do que por pertencerem à nova economia da graça, que supera a antiga, tanto mais que Jesus, o novo Moisés, prevalece sobre o primeiro.

1. Moyses enim, ut dictum est¹, vidit divinam essentiam. Qui tamen propheta dicitur. Ergo, pari ratione, beati possunt dici prophetae.

2. PRAETEREA, prophetia est *divina revelatio*. Sed divinae revelationes fiunt etiam angelis beatis. Ergo etiam angeli beati possunt dici prophetae.

3. PRAETEREA, Christus ab instanti conceptionis fuit comprehensor. Et tamen ipse prophetam se nominat, Mt 13,57, ubi dicit: *Non est propheta sine honore nisi in patria sua*. Ergo etiam comprehensores et beati possunt dici prophetae.

4. PRAETEREA, de Samuele dicitur, Eccli 46,23: *Exaltavit vocem eius de terra in prophetia, delere impietatem gentis*. Ergo, eadem ratione, alii sancti post mortem possunt dici prophetae.

SED CONTRA est quod 2Pe 1,19, *sermo propheticus* comparatur *lucernae lucenti in caliginoso loco*. Sed in beatis nulla est caligo. Ergo non possunt dici prophetae.

RESPONDEO dicendum quod prophetia importat visionem quandam alicuius supernaturalis veritatis ut procul existentis. Quod quidem contingit esse dupliciter. Uno modo, ex parte ipsius cognitionis: quia videlicet veritas supernaturalis non cognoscitur in seipsa, sed in aliquibus suis effectibus. Et adhuc erit magis procul si hoc fit per figuras corporalium rerum, quam per intelligibiles effectus. Et talis maxime est visio prophetica quae fit per similitudines corporalium rerum. Alio modo visio est procul ex parte ipsius videntis, qui scilicet non est totaliter in ultimam perfectionem adductus: secundum illud 2Cor 5,6: *Quandiu in corpore sumus, peregrinamur a Domino*. Neutro autem modo beati sunt procul. Unde non possunt dici prophetae.

1. Com efeito, Moisés viu a essência divina. E, não obstante, é chamado profeta. Logo, pela mesma razão, os bem-aventurados podem ser chamados profetas.

2. ALÉM DISSO, a profecia é uma "revelação divina". Ora, as revelações divinas se comunicam também aos anjos bem-aventurados. Logo, estes também podem ser chamados profetas.

3. ADEMAIS, Cristo contemplou a essência divina desde o instante da sua concepção. Contudo, ele se chama a si mesmo profeta, quando diz, no Evangelho de Mateus: "Não há profeta sem honra senão na sua pátria". Logo, os bem-aventurados e os que contemplam a essência divina podem ser chamados profetas.

4. ADEMAIS, o livro do Eclesiástico diz de Samuel, que ele "levantou a sua voz de debaixo da terra, profetizando, para destruir a impiedade do povo". Pela mesma razão, os outros santos, depois da morte, podem ser chamados profetas.

EM SENTIDO CONTRÁRIO, na segunda Carta de Pedro, se compara a "palavra profética" a "uma tocha que alumia num lugar escuro". Ora, nos bem-aventurados não há obscuridade alguma. Logo, eles não podem ser chamados profetas.

RESPONDO. A profecia supõe certa visão de alguma verdade sobrenatural distante de nós. Isto pode se dar de duas maneiras: 1º por parte do próprio conhecimento, quando a verdade sobrenatural não é conhecida em si mesma, mas em alguns de seus efeitos. Além disso, tanto mais afastada estará, se esse conhecimento se faz por meio de figuras de coisas corpóreas, do que por efeitos inteligíveis. E tal é sobretudo a visão profética que se realiza por meio de imagens de realidades corpóreas. 2º por parte do próprio vidente, que ainda não chegou à última perfeição, como lembra a segunda Carta aos Coríntios: "Enquanto estamos no corpo, caminhamos longe do Senhor". Ora, os bem-aventurados não se encontram em nenhum desses dois modos. Logo, não podem ser chamados de profetas[e].

---

1. Art. 4.

e. Essa conclusão confirma o ensinamento já passado acima (q. 173, a. 1): a profecia é diferente da visão beatífica, não permite ao profeta ver a essência divina. Podemos aproveitar para especificar a relação e a distinção que existem entre profecia, fé e visão bem-aventurada. Trata-se a cada vez de uma mesma luz divina, mas nós a denominamos a partir de seus diferentes efeitos em seus beneficiários. A profecia permite ver certas realidades, sinais das realidades sobrenaturais que ela propõe à fé. A fé não permite ver nem esses sinais nem essas realidades, mas nos permite crer, isto é, aderir a essas realidades. Ao fazê-lo, a fé inaugura, sob um modo misterioso mas real, um tipo de conhecimento das coisas divinas que desabrochará na visão beatífica. Aparece claramente, assim, o papel instrumental do carisma profético em relação ao conhecimento de fé, assim como em relação à visão bem-aventurada.

AD PRIMUM ergo dicendum quod visio illa Moysi fuit raptim, per modum passionis, non autem permanens, per modum beatitudinis. Unde adhuc videns erat procul. Propter hoc, non totaliter talis visio amittit rationem prophetiae.

AD SECUNDUM dicendum quod angelis fit revelatio divina non sicut procul existentibus, sed sicut iam totaliter Deo coniunctis. Unde talis revelatio non habet rationem prophetiae.

AD TERTIUM dicendum quod Christus simul erat comprehensor et viator. Inquantum ergo erat comprehensor, non competit sibi ratio prophetiae: sed solum inquantum erat viator.

AD QUARTUM dicendum quod etiam Samuel nondum pervenerat ad statum beatitudinis. Unde et, si voluntate Dei ipsa anima Samuelis Sauli eventum belli praenuntiavit, Deo sibi hoc revelante, pertinet ad rationem prophetiae. Non est autem eadem ratio de sanctis qui sunt modo in patria. — Nec obstat quod arte daemonum hoc dicitur factum. Quia etsi daemones animam alicuius sancti evocare non possunt, neque cogere ad aliquid agendum; potest tamen hoc fieri divina virtute ut, dum daemon consulitur, ipse Deus per suum nuntium veritatem enuntiat: sicut per Eliam veritatem respondit nuntiis regis qui mittebantur ad consulendum Deum Accaron, ut habetur 4Reg 1,2 sqq.

Quamvis etiam dici possit quod non fuerit anima Samuelis, sed daemon ex persona eius loquens: quem Sapiens Samuelem nominat, et eius praenuntiationem prophetiam, secundum opinionem Saulis et adstantium, qui ita opinabantur.

QUANTO AO 1º, portanto, deve-se dizer que aquela visão de Moisés foi passageira, a modo de um efeito recebido, e não permanente como a da bem-aventurança. De maneira que Moisés era um vidente que via de longe. E, por isso, semelhante visão não se afasta totalmente da razão de profecia.

QUANTO AO 2º, deve-se dizer que a revelação divina não é feita aos anjos como a quem está longe, mas como a quem está totalmente unido a Deus. Assim, essa revelação não tem o caráter de profecia.

QUANTO AO 3º, deve-se dizer que Cristo, ao mesmo tempo, vivia neste mundo e contemplava a essência divina. Ora, enquanto a contemplava não podia ser profeta; mas só enquanto vivia neste mundo[f].

QUANTO AO 4º, deve-se dizer que o próprio Samuel não havia ainda chegado ao estado de bem-aventurança. Donde, se, pela vontade de Deus, a própria alma de Samuel anunciou a Saul o resultado da guerra que Deus lhe havia revelado, isso tem a ver com a razão de profecia. Mas o mesmo não se pode dizer a respeito dos santos que já vivem na pátria celestial. — Também não há inconveniente em dizer que isso sucedeu por arte do demônio. Pois, embora os demônios não possam invocar a alma de nenhum santo, nem obrigá-los a fazer coisa alguma, isso pode suceder por uma força divina, de forma que, quando o diabo é consultado, o próprio Deus comunica a verdade por um mensageiro seu. É assim que Deus fez por meio de Elias, que respondeu aos mensageiros do rei, enviados a consultar o deus Acaron, como se lê no livro dos Reis.

Embora também se possa dizer que não foi a alma de Samuel, mas o demônio que falou em nome dela. E é por isso que o sábio lhe dá o nome de Samuel e trata o seu anúncio de profecia, segundo a opinião de Saul e dos que o rodeavam[g].

---

f. A qualidade de profeta é sem qualquer dúvida possível atribuída a Cristo pelo Novo Testamento; os teólogos se interrogam apenas sobre como compreender nele a existência desse carisma e sua compatibilidade com seus dons de Filho de Deus. Isso aflora difíceis questões de cristologia, e podemos apenas remeter à passagem na qual Tomás fala expressamente a respeito (III, q. 7, a. 8). Observemos todavia que a presente resposta acentua enfaticamente a opção da conclusão principal: uma vez que a profecia é incompatível com o estado de bem-aventurado, é em sua qualidade de "viajor", isto é, de homem que ainda não está de posse da beatitude, que Cristo pode ser considerado profeta (ver igualmente nesta parte q. 175, a. 4, r. 2).

g. O episódio da necromante de En-Dor (1Sm 28, 6-25), ao qual alude o versículo do Eclesiástico (46,20), já foi mencionado duas vezes por Sto. Tomás na Suma (I, q. 89, a. 8, r. 2; II-II, q. 95, a. 4, r. 2). Como no presente artigo, ele examina duas possibilidades para explicar a aparição de Samuel a Saul: *verdadeira*, ele pode ter ocorrido com a permissão divina; *ilusória*, foi o demônio quem realmente apareceu na forma de Samuel; em ambos os casos, esse episódio perturbador se encaixa na teoria geral enunciada acima (q. 172, 5-6).

Articulus 6
Utrum gradus prophetiae varientur secundum temporis processum

AD SEXTUM SIC PROCEDITUR. Videtur quod gradus prophetiae varientur secundum temporis processum.

1. Prophetia enim ordinatur ad cognitionem divinorum, ut ex dictis[1] patet. Sed sicut Gregorius dicit[2], *per successiones temporum crevit divinae cognitionis augmentum*. Ergo et gradus prophetiae secundum processum temporum debent distingui.

2. PRAETEREA, revelatio prophetica fit per modum divinae allocutionis ad hominem: a prophetis autem ea quae sunt eis revelata denuntiatur et verbo et scripto. Dicitur autem 1Reg 3,1, quod ante Samuelem, *sermo Domini erat pretiosus*, idest rarus: qui tamen postea ad multos factus est. Similiter etiam non inveniuntur libri Prophetarum esse conscripti ante tempus Isaiae, cui dictum est: *Sume tibi librum grandem et scribe in eo stylo hominis*, ut patet Is 8,1: post quod tempus plures Prophetae suas prophetias conscripserunt. Ergo videtur quod secundum processum temporum profecerit prophetiae gradus.

3. PRAETEREA, Dominus dicit, Mt 11,13: *Lex et Prophetae usque ad Ioannem prophetaverunt*. Postmodum autem fuit donum prophetiae in discipulis Christi multo excellentius quam fuerit in antiquis prophetis: secundum illud Eph 3,5: *Aliis generationibus non est agnitum filiis hominum*, scilicet mysterium Christi, *sicut nunc revelatum est sanctis Apostolis eius et prophetis in Spiritu*. Ergo videtur quod secundum processum temporis creverit prophetiae gradus.

Artigo 6
Os graus de profecia variam ao longo dos tempos?[h]

QUANTO AO SEXTO, ASSIM SE PROCEDE: parece que os graus de profecia **variam** no decurso do tempo.

1. Com efeito, a profecia se ordena ao conhecimento das coisas divinas, como se declarou acima. Ora, segundo Gregório, "à medida que passaram os tempos, aumentou o conhecimento das coisas divinas". Logo, também os graus da profecia devem distinguir-se em relação ao decurso dos tempos.

2. ALÉM DISSO, a revelação divina se verifica à maneira de um discurso de Deus dirigido ao homem; enquanto que os profetas anunciam, pela palavra e pelos escritos, o que lhes é revelado. Ora, diz o livro dos Reis, que, antes de Samuel, "a palavra do Senhor era preciosa", quer dizer, rara; contudo, depois, Deus a comunicou a muitos. Do mesmo modo, não se conhecem livros dos Profetas escritos antes do tempo de Isaías, a quem foi dito: "Toma um livro grande e escreve nele com estilete de homem". Mas, depois desse tempo, muitos profetas escreveram as suas profecias. Logo, parece que a profecia fez progressos com o tempo.

3. ADEMAIS, o Senhor diz no Evangelho de Mateus: "Todos os Profetas e a Lei, até João [Batista] profetizaram". Mas, depois, o dom da profecia nos discípulos de Cristo foi muito mais excelente do que nos antigos profetas, como diz a Carta aos Efésios: o mistério de Cristo "não foi conhecido nas outras gerações pelos filhos dos homens, como agora foi revelado aos seus santos Apóstolos e profetas pelo Espírito". Logo, parece que, ao longo dos tempos, cresceram os graus da profecia.

---

6 PARALL.: Part. I, q. 57, a. 5, ad 3; *De Verit.*, q. 12, a. 14, ad 1.
1. Art. 2.
2. Homil. 16 *in Ezech.*, al. l. II, hom. 4, n. 12: ML 76, 980 B.

h. Ver-se-á neste belo artigo que o pensamento de Sto. Tomás é mais histórico do que se diz em geral. Tomás se insere na longa linhagem patrística que distinguiu três épocas na história da salvação e da revelação: a época de Abrahão e dos patriarcas, a de Moisés e dos profetas, a Lei, e finalmente a da graça, inaugurada por Jesus. Isso seria bem pouco original se não houvesse a afirmação de que "em cada um desses períodos, o primeiro em data das revelações foi o mais alto". Isso parece surpreendente à primeira vista; após reflexão, no entanto, essa tese possui mais verdade histórica do que parece: pense-se somente o quanto demorou a implantação da revelação do monoteísmo, apesar de feita a Moisés séculos antes; lembre-se ainda as dificuldades com as quais se depararam as primeiras gerações cristãs para conciliar o monoteísmo judaico e a Trindade das pessoas divinas revelada por Jesus. Tudo se passou como se a verdade revelada a Moisés ou por Jesus fosse demasiado extraordinária para poder ser aceita sem um longo tempo de maturação das consciências.

EM SENTIDO CONTRÁRIO, Moisés foi o mais excelente dos profetas, como foi dito; e, no entanto, ele precedeu os demais. Logo, os graus da profecia não progrediram com o tempo.

RESPONDO. A profecia se ordena ao conhecimento da verdade divina; e, pela contemplação dessa verdade, não somente somos instruídos na fé, mas também dirigidos em nossa atividade, conforme se lê num Salmo: "Envia-me tua luz e tua Verdade; elas vão me guiar". Ora, nossa fé consiste principalmente em duas coisas: 1º no verdadeiro conhecimento de Deus, pois, segundo a Carta aos Hebreus, "Aquele que se aproxima de Deus, deve crer que Ele existe". 2º no mistério da encarnação de Cristo, como nos diz o Senhor no Evangelho de João: "Credes em Deus, crede também em mim". Se, pois, tratamos da profecia enquanto ordenada à fé em Deus, então ela aumentou segundo três tempos distintos, a saber: antes da Lei, sob a Lei e sob a graça. Pois, antes da Lei, Abraão e os outros Pais foram instruídos, mediante a profecia, sobre o que diz respeito à fé em Deus. Por isso, são chamados profetas, como se lê no Salmo: "Não maltrateis aos meus profetas", palavras estas que visam especialmente Abraão e Isaac. — No regime da Lei, a revelação profética teve por objeto a fé em Deus de modo mais excelente do que antes, porque já não se tratava de instruir algumas pessoas ou famílias, mas a todo o povo. Por isso, o Senhor disse a Moisés: "Eu sou o Senhor, que apareci a Abraão, a Isaac e a Jacó como o Deus onipotente; mas não lhes revelei o meu nome Adonai". E isso porque os patriarcas anteriores a eles foram instruídos, de maneira geral, na fé na onipotência de um Deus único; enquanto que, depois, Moisés o foi mais plenamente sobre a simplicidade da essência divina, quando lhe foi dito: "Eu sou Aquele que sou". É esse nome que os judeus substituíram pelo nome Adonai, por causa da veneração que têm por aquele nome inefável. — Mais tarde, no tempo da graça, o mistério da Trindade foi-nos revelado pelo próprio Filho de Deus, como se lê no Evangelho de Mateus: "Ide, ensinai a todas as nações, batizando-as em nome do Pai, do Filho e do Espírito Santo".

SED CONTRA est quia Moyses fuit excellentissimus prophetarum, ut dictum est[3], qui tamen alios prophetas praecessit. Ergo gradus prophetiae non profecit secundum temporis processum.

RESPONDEO dicendum quod, sicut dictum est[4], prophetia ordinatur ad cognitionem divinae veritatis: per cuius contemplationem non solum in fide instruimur, sed etiam in nostris operibus gubernamur, secundum illud Ps 42,3: *Emitte lucem tuam et veritatem tuam: ipsa me deduxerunt*. Fides autem nostra in duobus principaliter consistit: primo quidem, in vera Dei cognitione, secundum illud Hb 11,6: *Accedentem ad Deum oportet credere quia est*; secundo, in mysterio incarnationis Christi, secundum illud Io 14,1: *Creditis in Deum: et in me credite*. Si ergo de prophetia loquamur inquantum ordinatur ad fidem deitatis, sic quidem crevit secundum tres temporum distinctiones: scilicet ante legem, sub lege, et sub gratia. Nam ante legem, Abraham et alii Patres prophetice sunt instructi de his quae pertinent ad fidem deitatis. Unde et prophetae nominantur: secundum illud Ps 104,15: *In prophetis meis nolite malignari*, quod specialiter dicitur propter Abraham et Isaac. — Sub lege autem, facta est revelatio prophetica de his quae pertinent ad fidem deitatis excellentius quam ante: quia iam oportebat circa hoc instrui non solum speciales personas aut quasdam familias, sed totum populum. Unde Dominus dicit Moysi, Ex 6,2-3: *Ego Dominus, qui apparui Abraham, Isaac et Iacob in Deo omnipotente, et nomen meum Adonai non indicavi eis*: quia scilicet praecedentes Patres fuerunt instructi in communi de omnipotentia unius Dei; sed Moyses postea plenius fuit instructus de simplicitate divinae essentiae, cum dictum est ei, Ex 3,14: *Ego sum qui sum*; quod quidem nomen significatur a Iudaeis per hoc nomen *Adonai*, propter venerationem illius ineffabilis nominis. — Postmodum vero, tempore gratiae, ab ipso Filio Dei revelatum est mysterium Trinitatis: secundum illud Mt 28,19: *Euntes, docete omnes gentes, baptizantes eos in nomine Patris et Filii et Spiritus Sancti*.

In singulis tamen statibus prima revelatio excellentior fuit. Prima autem revelatio ante legem facta est Abrahae, cuius tempore coeperunt

Ora, em cada uma dessas etapas, a primeira revelação foi a mais excelente. Antes da Lei, foi feita a Abraão, em cujo tempo os homens come-

---

3. Art. 4.
4. Art. 2.

homines a fide unius Dei deviare, ad idololatriam declinando: ante autem non erat necessaria talis revelatio, omnibus in cultu unius Dei persistentibus. Isaac vero facta est inferior revelatio, quasi fundata super revelatione facta Abrahae: unde dictum est ei, Gn 26,24: *Ego sum Deus patris tui Abraham.* Et similiter ad Iacob dictum, Gn 28,13: *Ego sum Deus Abraham, patris tui, et Deus Isaac.* — Similiter etiam in statu legis, prima revelatio facta Moysi fuit excellentior: supra quam fundatur omnis alia Prophetarum revelatio. — Ita etiam in tempore gratiae, super revelatione facta Apostolis de fide unitatis et trinitatis fundatur tota fides Ecclesiae: secundum illud Mt 16,18: *Super hanc petram*, scilicet confessionis tuae, *aedificabo Ecclesiam meam.*

Quantum vero ad fidem incarnationis Christi, manifestum est quod quanto fuerunt Christo propinquiores, sive ante sive post, ut plurimum, plenius de hoc instructi fuerunt. Post tamen plenius quam ante: ut Apostolus dicit, Eph 3,5.

Quantum vero ad directionem humanorum actuum, prophetica revelatio diversificata est, non secundum temporis processum, sed secundum conditionem negotiorum: quia, ut dicitur Pr 29,18, *cum defecerit prophetia, dissipabitur populus.* Et ideo quolibet tempore instructi sunt homines divinitus de agendis, secundum quod erat expediens ad salutem electorum.

AD PRIMUM ergo dicendum quod dictum Gregorii est intelligendum de tempore ante Christi incarnationem, quantum ad cognitionem huius mysterii.

AD SECUNDUM dicendum quod, sicut Augustinus dicit, XVIII *de Civ. Dei*[5], *quemadmodum regni Assyriorum primo tempore extitit Abraham, cui promissiones apertissimae fierent; ita in occidentalis Babylonis*, idest Romanae urbis,

çaram a se desviar da fé num só Deus, descambando para a idolatria. Ao passo que, antes, não era necessária essa revelação, porque todos eram fiéis ao culto de um só Deus. A revelação feita a Isaac foi inferior, pois era como que fundada sobre a de Abraão. Por isso foi-lhe dito, como se lê no livro do Gênesis: "Eu sou o Deus de Abraão, teu pai". E o mesmo foi dito a Jacó: "Eu sou o Deus de Abraão, teu pai, e o Deus de Isaac". — Do mesmo modo, no tempo da Lei, a primeira revelação, feita a Moisés, foi mais excelente, e sobre ela se funda toda a revelação dos profetas. — E, assim, também, no tempo da graça, toda a fé da Igreja se apoia na revelação feita aos Apóstolos, sobre a fé na unidade e na trindade, como se vê nestas palavras do Senhor: "Sobre esta pedra", isto é, sobre a tua confissão de fé, "edificarei a minha Igreja".

Quanto à fé na encarnação de Cristo, é manifesto que os que estiveram mais próximos dele foram, em geral, quer antes, quer depois, mais instruídos sobre esse mistério. Contudo, os que vieram depois, o foram mais, como diz o Apóstolo aos Efésios.

Quanto à direção da atividade humana, o segundo fim da revelação profética, esta se diferenciou, não segundo o curso dos tempos, mas segundo as necessidades das circunstâncias, pois se diz no livro dos Provérbios: "Quando faltar a profecia, o povo ficará desnorteado". Por isso, em todos os tempos, os homens foram instruídos por Deus a respeito do que deviam praticar, conforme o que convinha à salvação dos eleitos[i].

QUANTO AO 1º, portanto, deve-se dizer que as palavras de Gregório devem entender-se do tempo que precedeu a encarnação de Cristo e do que diz respeito ao conhecimento deste mistério.

QUANTO AO 2º, deve-se dizer que Agostinho diz: "Assim como, nos primeiros anos do império da Assíria, apareceu Abraão, depositário das promessas mais explícitas, assim também, desde os começos da Babilônia do Ocidente", quer dizer, da cidade de

---

5. C. 27: ML 41, 584.

i. Tomás disse diversas vezes que a profecia também tem por objeto "a direção dos atos humanos" (q. 171, Prol.), ou ainda "os costumes dos homens" (q. 171, a. 3); ele repete no início da resposta deste artigo que, se ela deve "iluminar nossa fé", ela deve também "dirigir nossa atividade". Contrariamente ao que se passou com a revelação, que teve uma história, a profecia não conhece evolução significativa na sequência dos tempos no que concerne a esse segundo objeto. Os profetas não desapareceram com o fim da revelação: eles não acrescentam algo novo às verdades reveladas, mas Deus continua a enviar mensageiros a seu povo. Eles lhe recordam as exigências de amor divino, ou ensinam-lhe como se comportar em tal ou qual circunstância (r. 3). É necessário pôr à prova os profetas, para verificar se eles vêm de Deus, mas não se deve esquecer a recomendação do Apóstolo: "Não extingais o Espírito, não desprezeis as palavras dos profetas. Examinai tudo com discernimento: conservai o que é bom." (1Ts 5,19-21).

exordio, qua imperante fuerat Christus venturus, in quo implerentur illa promissa, oracula Prophetarum, non solum loquentium verum etiam scribentium, in tantae rei futurae testimonium, solverentur, scilicet promissiones Abrahae factae. *Cum enim prophetae nunquam fere defuissent populo Israel ex quo ibi reges esse coeperunt, in usum tantummodo eorum fuere, non gentium. Quando autem Scriptura manifestius prophetica condebatur, quae gentibus quandoque prodesset, tunc condebatur haec civitas*, scilicet Romana, *quae gentibus imperaret.* Ideo autem maxime tempore Regum oportuit prophetas in illo populo abundare, quia tunc populus non opprimebatur ab alienigenis, sed proprium regem habebat: et ideo oportebat per prophetas eum instrui de agendis, quasi libertatem habentem.

AD TERTIUM dicendum quod prophetae praenuntiantes Christi adventum non potuerunt durare nisi *usque ad Ioannem*, qui praesentialiter Christum digito demonstravit. Et tamen, ut Hieronymus ibidem[6] dicit, *non hoc dicitur ut post Ioannem excludat prophetas: legimus enim in Actibus Apostolorum et Agabum prophetasse, et quatuor virgines filias Philippi*. Ioannes etiam librum propheticum conscripsit de fine Ecclesiae. Et singulis temporibus non defuerunt aliqui prophetiae spiritum habentes, non quidem ad novam doctrinam fidei depromendam, sed ad humanorum actuum directionem: sicut Augustinus refert, V *de Civ. Dei*[7], quod Theodosius Augustus *ad Ioannem in Aegypti eremo constitutum, quem prophetandi spiritu praeditum fama crebrescente didicerat, misit, et ab eo nuntium victoriae certissimum accepit*.

Roma, "cujo império devia ver o advento de Cristo realizador dessas promessas, soltaram-se as línguas dos profetas para testemunhar, falando e mesmo escrevendo, a respeito desse grande acontecimento futuro, a saber, das promessas feitas por Abraão. Por certo, raramente faltaram profetas ao povo de Israel, desde o tempo dos Reis; contudo, estes não surgiram senão para servir o povo, e não às nações. Mas, quando abriu-se a era da Escritura mais manifestamente profética, que um dia seria útil às nações, convinha que ela começasse no tempo em que foi fundada esta cidade", quer dizer, Roma, "que havia de imperar sobre as nações". Por isso, foi sobretudo na época dos Reis que houve maior número de profetas no meio daquele povo, porque este não estava então oprimido pelos estrangeiros, mas tinha seu próprio rei. E, assim, convinha que fosse instruído pelos profetas sobre como devia proceder, porque ele gozava de liberdade.

QUANTO AO 3º, deve-se dizer que os profetas que predisseram a vinda de Cristo só puderam existir "até João", que mostrou com o dedo o Cristo presente. Jerônimo escreve a respeito dessa passagem: "Isto não significa que depois de João não haveria mais profetas; pois lemos nos Atos dos Apóstolos que Agabo profetizou, bem como as quatro virgens filhas de Filipe". E, também, João escreveu um livro profético sobre o fim da Igreja. E, em cada época, não faltou ninguém dotado do espírito de profecia, não para ensinar uma nova doutrina sobre a fé, mas para dirigir a atividade humana. Assim, Agostinho relata que o imperador Teodósio "mandou consultar no deserto do Egito um eremita chamado João, porque ouvira falar na reputação crescente do seu dom de profecia, e recebeu dele o anúncio de uma vitória absolutamente certa".

---

6. *Comment. in Matth.*, l. II, super 11, 13: ML 26, 72 B.
7. C. 26, n. 1: ML 41, 172.

QUAESTIO CLXXV
DE RAPTU
in sex articulos divisa
Deinde considerandum est de raptu.
Et circa hoc quaeruntur sex.

QUESTÃO 175
O ARREBATAMENTO[a]
em seis artigos
Em seguida, deve-se tratar do arrebatamento.
A esse respeito, seis questões:

---

a. Eis um novo exemplo de questão posta à teologia pela leitura da santa Escritura; trata-se de explicar a experiência relatada por São Paulo: "Conheço um homem em Cristo que foi arrebatado ao terceiro céu". (ver 2Co 12,2). Apesar do caráter extraordinário dessa experiência, Tomás a considera como podendo ser plenamente inserido no presente estudo: "O arrebatamento é um grau especial da profecia" (ver q. 171, Prol.).

Primo: utrum anima hominis rapiatur ad divina.
Secundo: utrum raptus pertineat ad vim cognoscitivam vel appetitivam.
Tertio: utrum Paulus in raptu viderit Dei essentiam.
Quarto: utrum fuerit alienatus a sensibus.
Quinto: utrum totaliter fuerit anima a corpore separata in statu illo.
Sexto: quid circa hoc scivit, et quid ignoravit.

1. A alma humana é arrebatada às coisas divinas?
2. O arrebatamento pertence à potência cognoscitiva ou apetitiva?
3. Paulo, quando foi arrebatado, viu a essência de Deus?
4. Esteve ele alienado dos sentidos?
5. Neste estado, sua alma esteve totalmente separada do corpo?
6. O que o Apóstolo soube ou ignorou a esse respeito?

Articulus 1
Utrum anima hominis rapiatur ad divina

AD PRIMUM SIC PROCEDITUR. Videtur quod anima hominis non rapiatur ad divina.

1. Definitur enim a quibusdam raptus: *Ab eo quod est secundum naturam, in id quod est supra naturam, vi superioris naturae elevatio.* Est autem secundum naturam hominis ut ad divina elevetur: dicit enim Augustinus, in I *Confess.*[1]: *Fecisti nos, Domine, ad te: et inquietum est cor nostrum donec requiescat in te.* Non ergo hominis anima rapitur ad divina.

2. PRAETEREA, Dionysius dicit, 8 cap. *de Div. Nom.*[2], quod *iustitia Dei in hoc attenditur, quod omnibus rebus distribuit secundum suum modum et dignitatem.* Sed quod aliquis elevetur supra id quod est secundum naturam, non pertinet ad modum hominis vel dignitatem. Ergo videtur quod non rapiatur mens hominis a Deo in divina.

3. PRAETEREA, raptus quandam violentiam importat. Sed Deus non regit nos per violentiam et coacte, ut Damascenus dicit[3]. Non ergo mens hominis rapitur ad divina.

SED CONTRA est quod, 2Cor 12,2, dicit Apostolus: *Scio hominem in Christo raptum usque ad tertium caelum:* ubi dicit Glossa[4]: *raptum, idest, contra naturam elevatum.*

Artigo 1
A alma humana é arrebatada às coisas divinas?

QUANTO AO PRIMEIRO ARTIGO, ASSIM SE PROCEDE: parece que a alma humana **não** é arrebatada às coisas divinas.

1. Com efeito, alguns definem o arrebatamento: "Elevação do que é segundo a natureza àquilo que ultrapassa a natureza, pela força de uma natureza superior". Ora, está de acordo com a natureza do homem ser elevada até as realidades divinas, como diz Agostinho: "Tu nos fizeste, Senhor, para ti; e o nosso coração está inquieto até que descanse em ti". Logo, a alma do homem não é arrebatada às realidades divinas.

2. ALÉM DISSO, Dionísio disse que "nisto está a justiça de Deus: em dar a cada um segundo o seu modo e dignidade". Ora, não é próprio do modo ou da dignidade do homem ser elevado acima da sua natureza. Logo, parece que a mente do homem não é arrebatada às realidades divinas.

3. ALÉM DISSO, o arrebatamento comporta certa violência. Ora, como diz Damasceno, Deus não nos governa pela violência e coação. Logo, parece que a mente do homem não é arrebatada às coisas divinas.

EM SENTIDO CONTRÁRIO, se diz na segunda Carta aos Coríntios: "Conheço um homem em Cristo que foi arrebatado até o terceiro céu", e a Glosa comenta: "Arrebatado, isto é, elevado contra a sua natureza".

---

1 PARALL.: *De Verit.*, q. 13, a. 1; a. 2, ad 9; II *ad Cor.*, c. 12, lect. 1.
 1. C. 1: ML 32, 661.
 2. MG 3, 893 D.
 3. *De fide orth.*, l. II, c. 30: MG 94, 972 A.
 4. Ordin.: ML 114, 568 B; LOMBARDI: ML 192, 80 A.

RESPONDEO dicendum quod raptus violentiam quandam importat, ut dictum est[5]. *Violentum autem dicitur, cuius principium est extra, nil conferente eo qui vim patitur*: ut dicitur in III *Ethic.*[6]. Confert autem unumquodque ad id in quod tendit secundum propriam inclinationem, vel voluntariam vel naturalem. Et ideo oportet quod ille qui rapitur ab aliquo exteriori, rapiatur in aliquid quod est diversum ab eo in quod eius inclinatio tendit. Quae quidem diversitas potest attendi dupliciter. Uno quidem modo, quantum ad finem inclinationis: puta si lapis, qui naturaliter inclinatur ad hoc quod feratur deorsum, proiiciatur sursum. Alio modo, quantum ad modum tendendi: puta si lapis velocius proiiciatur deorsum quam sit motus eius naturalis.

Sic igitur et anima hominis dicitur rapi in id quod est praeter naturam, uno modo, quantum ad terminum raptus: puta quando rapitur ad poenas, secundum illud Ps 49,22: *Ne quando rapiat, et non sit qui eripiat.* — Alio modo, quantum ad modum homini connaturalem, qui est ut per sensibilia intelligat veritatem. Et ideo, quando abstrahitur a sensibilium apprehensione, dicitur rapi, etiam si elevetur ad ea ad quae naturaliter ordinatur: dum tamen hoc non fiat ex propria intentione; sicut accidit in somno, qui est secundum naturam, unde non potest proprie raptus dici.

Huiusmodi autem abstractio, ad quaecumque fiat, potest ex triplici causa contingere. Uno modo, ex causa corporali: sicut patet in his qui propter aliquam infirmitatem alienationem patiuntur. — Secundo modo, ex virtute daemonum: sicut patet in arreptitiis. — Tertio, ex virtute divina. Et sic loquimur nunc de raptu: prout scilicet aliquis spiritu divino elevatur ad aliqua supernaturalia, cum abstractione a sensibus; secundum illud Ez 8,3: *Spiritus elevavit me inter terram et caelum, et adduxit me in Ierusalem, in visionibus Dei.*

Sciendum tamen quod rapi quandoque dicitur aliquis non solum propter alienationem a sensibus, sed etiam propter alienationem ab his quibus intendebat, sicut cum aliquis patitur evagationem mentis praeter propositum. Sed hoc non ita proprie dicitur.

RESPONDO. O arrebatamento implica em certa violência. Ora, Aristóteles chama "violento, aquilo cujo princípio é exterior, sem que para ele coopere o que sofre violência". Mas cada coisa coopera para o fim a que tende, conforme a sua inclinação própria, voluntária ou natural. E, assim, é necessário que aquele que é arrebatado por uma força exterior, o seja para algo diferente do que aquilo a que tende a sua inclinação. Esta diferença pode ser considerada de duas maneiras: 1º quanto ao fim da inclinação; por exemplo, se a pedra, que naturalmente tende para baixo, fosse atirada para cima; 2º quanto ao modo da tendência; por exemplo, se a pedra fosse atirada para baixo com maior rapidez do que aquela com que naturalmente cairia.

Assim, pois, se diz que a alma humana é arrebatada ao que está fora da sua natureza: 1º quanto ao termo do arrebatamento; a saber, quando é arrebatada a sofrer uma pena, segundo esta palavra do Salmo: "Não suceda que nos arrebate e não haja quem nos livre". — 2º quanto ao modo conatural ao homem, que consiste em entender a verdade por meio das realidades sensíveis. E, por isso, quando ele é abstraído das realidades sensíveis, diz-se que é arrebatado, mesmo se for elevado às coisas a que está naturalmente ordenado. Contanto que isso não se realize por intenção própria, como acontece no sono, que é natural e, por isso, não se pode propriamente chamar de arrebatamento.

Ora, essa abstração, seja qual for o seu termo, pode provir de três causas: 1º de uma causa corporal, como sucede com aqueles que, por alguma enfermidade, sofrem a alienação dos sentidos; — 2º do poder dos demônios, como no caso dos possessos; — 3º do poder divino. E é neste sentido que falamos aqui do arrebatamento, isto é, quando alguém, pela ação do Espírito Santo, é elevado a certas realidades sobrenaturais com abstração dos sentidos, como se lê no livro de Ezequiel: "O Espírito me levantou entre o céu e a terra e me levou a Jerusalém em visão de Deus".

Contudo, convém advertir que às vezes se diz que alguém é arrebatado, não só quando é alienado dos seus sentidos, mas também quando é alienado das coisas com que se ocupava, como é o caso de alguém que padece distração da mente sem querer. Mas isto não se chama propriamente arrebatamento.

---

5. Arg. 3.
6. C. 1: 1110, a, 1-4; b, 15-17.

AD PRIMUM ergo dicendum quod naturale est homini ut in divina tendat per sensibilium apprehensionem: secundum illud Rm 1,20: *Invisibilia Dei per ea quae facta sunt conspiciuntur.* Sed iste modus quod aliquis elevetur ad divina cum abstractione a sensibus, non est homini naturalis.

AD SECUNDUM dicendum quod ad modum et dignitatem hominis pertinet quod ad divina elevetur, ex hoc ipso quod *homo factus est ad imaginem Dei.* Et quia bonum divinum in infinitum excedit humanam facultatem, indiget homo ut supernaturaliter ad illud bonum capessendum adiuvetur: quod fit per quodcumque beneficium gratiae. Unde quod sic elevetur mens a Deo per raptum, non est contra naturam, sed supra facultatem naturae.

AD TERTIUM dicendum quod verbum Damasceni est intelligendum quantum ad ea quae sunt per hominem facienda. Quantum vero ad ea quae excedunt liberi arbitrii facultatem, necesse est quod homo quadam fortiori operatione elevetur. Quae quidem quantum ad aliquid potest dici coactio, si scilicet attendatur modus operationis: non autem si attendatur terminus operationis, in quem natura hominis et eius intentio ordinatur.

QUANTO AO 1º, portanto, deve-se dizer que é natural ao homem tender às coisas divinas por meio das sensíveis, como se diz em na Carta aos Romanos: "As coisas invisíveis de Deus se contemplam mediante as coisas criadas". Mas não é natural ao homem ser elevado às coisas divinas com abstração dos sentidos.

QUANTO AO 2º, deve-se dizer que pertence à condição e à dignidade do homem ser elevado às realidades divinas, porque o "homem foi feito à imagem de Deus". E, como o bem divino excede infinitamente a capacidade humana, o homem necessita ser ajudado para alcançar sobrenaturalmente esse bem, o que se realiza pelo benefício da graça. De maneira que, o fato de ser elevado para Deus, por meio de um arrebatamento, não lhe contraria a natureza, mas só excede a sua capacidade.

QUANTO AO 3º, deve-se dizer que as palavras de Damasceno devem entender-se das coisas que o homem deve fazer. Mas, para aquilo que ultrapassa a faculdade do livre-arbítrio, é necessário que o homem seja elevado por uma força mais poderosa. Esta operação pode, de certa maneira, ser chamada coação, se consideramos o seu modo de realizar-se; mas não, se se considera o termo da operação, ao qual se ordenam tanto a natureza do homem como a sua inclinação.

ARTICULUS 2
Utrum raptus magis pertineat ad vim appetitivam quam ad vim cognoscitivam

AD SECUNDUM SIC PROCEDITUR. Videtur quod raptus magis pertineat ad vim appetitivam quam ad cognoscitivam.

1. Dicit enim Dionysius, 4 cap. *de Div. Nom.*[1]: *Est autem extasim faciens divinus amor.* Sed amor pertinet ad vim appetitivam. Ergo et extasis sive raptus.

2. PRAETEREA, Gregorius dicit, in II *Dialog.*[2], quod *ille qui porcos pavit, vagatione mentis et immunditiae sub semetipso cecidit: Petrus vero, quem angelus solvit eiusque mentem in extasi rapuit, extra se quidem, sed supra semetipsum fuit.* Sed ille filius prodigus per affectum in inferiora dilapsus est. Ergo etiam et illi qui rapiuntur in superiora, per affectum hoc patiuntur.

ARTIGO 2
O arrebatamento pertence mais à potência apetitiva que à cognoscitiva?

QUANTO AO SEGUNDO, ASSIM SE PROCEDE: parece que o arrebatamento **pertence** mais à potência apetitiva que à cognoscitiva.

1. Com efeito, diz Dionísio: "É o amor divino que causa o êxtase". Ora, o amor pertence à potência apetitiva. Logo, também o êxtase ou arrebatamento.

2. ALÉM DISSO, segundo Gregório, "aquele que apascentava porcos se degradou pela dissipação da mente e da impudicícia. Ao passo que Pedro, que o anjo libertou e cuja mente arrebatou em êxtase, esteve fora de si, mas elevado acima de si". Ora, o filho pródigo caiu abaixo de si mesmo pelo afeto. Logo, também, os que são arrebatados para o alto, experimentam isso pelo afeto.

---

2 PARALL.: I-II, q. 28, a. 3; II *ad Cor.*, c. 12, lect. 1.
 1. MG 3, 712 A.
 2. C. 3: ML 66, 138 B.

3. PRAETEREA, super illud Ps 30, *In te, Domine, speravi, non confundar in aeternum*, dicit Glossa³, in expositione tituli: *Extasis graece, latine dicitur excessus mentis: qui fit duobus modis, vel pavore terrenorum, vel mente rapta ad superna et inferiorum oblita*. Sed pavor terrenorum ad affectum pertinet. Ergo etiam raptus mentis ad superna, qui ex opposito ponitur, pertinet ad affectum.

SED CONTRA est quod super illud Ps 115,2, *Ego dixi in excessu meo: Omnis homo mendax*, dicit Glossa⁴: *Dicitur hic extasis, cum mens non pavore alienatur, sed aliqua inspiratione revelationis sursum assumitur*. Sed revelatio pertinet ad vim intellectivam. Ergo extasis sive raptus.

RESPONDEO dicendum quod de raptu dupliciter loqui possumus. Uno modo, quantum ad id in quod aliquis rapitur. Et sic, proprie loquendo, raptus non potest pertinere ad vim appetitivam, sed solum ad cognoscitivam. Dictum est enim⁵ quod raptus est praeter propriam inclinationem eius quod raptur. Ipse autem motus appetitivae virtutis est quaedam inclinatio in bonum appetibile. Unde, proprie loquendo, ex hoc quod homo appetit aliquid, non rapitur, sed per se movetur.

Alio modo potest considerari raptus quantum ad suam causam. Et sic potest habere causam ex parte appetitivae virtutis. Ex hoc enim ipso quod appetitus ad aliquid vehementer afficitur, potest contingere quod ex violentia affectus homo ab omnibus aliis alienetur.

Habet etiam effectum in appetitiva virtute: cum scilicet aliquis delectatur in his ad quae rapitur. Unde et Apostolus dixit se raptum, non solum *ad tertium caelum*, quod pertinet ad contemplationem intellectus: sed etiam *in Paradisum*, quod pertinet ad affectum.

AD PRIMUM ergo dicendum quod raptus addit aliquid supra extasim. Nam extasis importat simpliciter excessum a seipso, secundum quem

3. ADEMAIS, sobre aquele Salmo: "Em ti, Senhor, esperei; não permitas que eu seja confundido para sempre", diz a Glosa: "Êxtase, em grego, significa, em latim, saída da mente; a qual acontece de duas maneiras: ou por medo dos males terrenos, ou porque a mente é arrebatada para as coisas do alto e esquece as realidades inferiores". Ora, o temor das coisas terrenas diz respeito ao afeto. Logo, o mesmo acontece com o seu contrário, o arrebatamento da mente para as coisas do alto.

EM SENTIDO CONTRÁRIO, a respeito destas palavras do Salmo "Eu disse no meu êxtase: todo homem é mentiroso", diz a Glosa: "Fala-se aqui de êxtase não porque a mente esteja fora de si pelo medo, mas porque é elevada por alguma revelação inspirada". Ora, a revelação diz respeito à potência intelectiva. Logo, também o êxtase ou arrebatamento.

RESPONDO. Pode-se falar de arrebatamento de duas maneiras: 1º em relação àquilo a que alguém é arrebatado. Assim considerado, o arrebatamento, propriamente falando, não pode concernir à potência apetitiva, mas só à cognoscitiva. Pois, como foi dito, o arrebatamento está além da inclinação natural daquele que é arrebatado. Ora, o movimento da potência apetitiva é certa inclinação para o bem desejável. E, assim, propriamente falando, o homem que deseja um bem não é arrebatado para ele, mas move-se por si mesmo.

2º em relação à sua causa. E, sob este aspecto, pode achar-se na potência apetitiva. Pois, se o apetite se apega com força a uma coisa, pode acontecer que, pela violência desse amor, o homem fique alheio a tudo o mais.

O arrebatamento tem também seu efeito na potência apetitiva, quando alguém se deleita naquilo mesmo a que foi arrebatado. Por isso, o Apóstolo disse ter sido arrebatado não só ao "terceiro céu", o que diz respeito à contemplação intelectual; mas também ao "paraíso", o que se refere ao afeto[b].

QUANTO AO 1º, portanto, deve-se dizer que o arrebatamento acrescenta algo ao êxtase, pois o "êxtase" implica só uma saída de si mesmo, em

---

3. LOMBARDI: ML 191, 299 A.
4. Ordin.: ML 113, 1038 A; LOMBARDI: ML 191, 1030 B.
5. Art. praec.

b. Esse artigo é precioso para compreender não só o êxtase ou o arrebatamento, mas a experiência profética em geral. Fiel a sua opção intelectualista, Tomás sustenta que ela comporta um elemento irredutível de conhecimento, mas lembra bem oportunamente o papel da afetividade. Todas as forças do profeta estão envolvidas nessa experiência. O caso do arrebatamento volta a pôr em primeiro plano o primado do amor nesta vida: é ele que leva o espírito a sair de seus limites, e vai mais longe do que a inteligência na apreensão de seu objeto.

scilicet aliquis extra suam ordinationem ponitur: sed raptus supra hoc addit violentiam quandam. Potest igitur extasis ad vim appetitivam pertinere: puta cum alicuius appetitus tendit in ea quae extra ipsum sunt. Et secundum hoc Dionysius dicit quod *divinus amor facit extasim*: inquantum scilicet facit appetitum hominis tendere in res amatas. Unde postea subdit[6] quod *etiam ipse Deus, qui est omnium causa, per abundantiam amativae bonitatis extra seipsum fit per providentiam ad omnia existentia*. — Quamvis etiam si expresse hoc diceretur de raptu, non designaretur nisi quod amor esset causa raptus.

AD SECUNDUM dicendum quod in homine est duplex appetitus: scilicet intellectivus, qui dicitur voluntas; et sensitivus, qui dicitur sensualitas. Est autem proprium homini ut appetitus inferior subdatur appetitui superiori, et superior moveat inferiorem. Dupliciter ergo homo secundum appetitum potest fieri extra seipsum. Uno modo, quando appetitus intellectivus totaliter in divina tendit, praetermissis his in quae inclinat appetitus sensitivus. Et sic dicit Dionysius, 4 cap. *de Div. Nom.*[7], quod *Paulus ex virtute divini amoris extasim faciente, dixit: Vivo ego, iam non ego, vivit vero in me Christus*.

Alio modo, quando, praetermisso appetitu superiori, homo totaliter fertur in ea quae pertinent ad appetitum inferiorem. Et sic *ille qui porcos pavit, sub semetipso cecidit*. Et iste excessus vel extasis plus appropinquat ad rationem raptus quam primus: quia scilicet appetitus superior est magis homini proprius; unde, quando homo ex violentia appetitus inferioris abstrahitur a motu appetitus superioris, magis abstrahitur ab eo quod est sibi proprium. Quia tamen non est sibi violentia, quia voluntas potest resistere passioni, deficit a vera ratione raptus: nisi forte tam vehemens sit passio quod usum rationis totaliter tollat, sicut contingit in his qui propter vehementiam irae vel amoris insaniunt.

Considerandum tamen quod uterque excessus secundum appetitum existens, potest causare excessum cognoscitivae virtutis: vel quia mens ad quaedam intelligibilia rapiatur alienata a sensibus; vel quia rapiatur ad aliquam imaginariam visionem seu phantasticam apparitionem.

virtude da qual alguém se põe fora da sua ordem natural; enquanto que o arrebatamento acrescenta uma certa violência. O êxtase pode, pois, pertencer à potência apetitiva; por exemplo, quando o apetite de alguém tende para o que lhe é exterior. E é neste sentido que Dionísio diz que "o amor divino é causa do êxtase", porquanto o amor faz com que o apetite do homem tenda para as coisas amadas. Por isso, logo acrescenta que "até o próprio Deus, que é causa de todas as coisas, pela abundância da sua bondade amorosa, sai de si mesmo e se faz providência de tudo quanto existe". — E, mesmo que se dissesse tal coisa expressamente do arrebatamento, isto só significaria que o amor é causa do arrebatamento.

QUANTO AO 2º, deve-se dizer que há no homem um duplo apetite: o intelectivo, ou vontade, e o sensitivo, ou sensualidade. É próprio do homem que o apetite inferior esteja subordinado ao superior e que este mova aquele. Segundo o apetite, o homem pode, pois, sair de si mesmo de dois modos: 1º quando o apetite intelectivo tende totalmente às coisas divinas, deixando de lado aquelas a que tende o apetite sensitivo. E, nesse sentido, diz Dionísio que "Paulo, pela força do amor divino, que é causa do êxtase, disse: "Eu vivo, mas não sou eu que vivo, é Cristo quem vive em mim".

2º quando, sem fazer caso do apetite superior, o homem se deixa levar totalmente pelo apetite inferior. Assim, "aquele que apascentava porcos, caiu em si mesmo". E esse alheamento de si ou êxtase aproxima-se mais da razão de arrebatamento que o primeiro, pois o apetite superior é mais próprio do homem e, por isso, quando este, pela violência do apetite inferior, abstrai do movimento do apetite superior, mais se separa do que lhe é próprio. Mas, como não há aí violência, porque a vontade pode resistir às paixões, falta-lhe a razão de arrebatamento propriamente dito; salvo se a paixão for tão violenta a ponto de privar totalmente do uso da razão, como acontece com os que perdem o juízo por causa da veemência da ira ou do amor.

Não obstante, convém considerar que ambos os excessos do apetite podem causar o excesso da potência cognoscitiva, quer porque a mente, alienada dos sentidos, é arrebatada para certas realidades inteligíveis, quer porque é arrastada para alguma visão ou aparição imaginária.

---

6. MG 3, 712 A B.
7. MG 3, 712 A.

AD TERTIUM dicendum quod, sicut amor est motus appetitus respectu boni, ita timor motus appetitus respectu mali. Unde eadem ratione ex utroque potest causari excessus mentis: praesertim cum timor ex amore causetur, sicut Augustinus dicit, XIV *de Civ. Dei*[8].

QUANTO AO 3º, deve-se dizer que como o amor é um movimento do apetite que tende para o bem, assim o temor é movimento do apetite em relação ao mal. Por conseguinte, tanto um como o outro pode causar o excesso da mente, sobretudo se se considera que o temor é causado pelo amor, como diz Agostinho.

ARTICULUS 3
Utrum Paulus in raptu viderit Dei essentiam

AD TERTIUM SIC PROCEDITUR. Videtur quod Paulus in raptu non viderit Dei essentiam.

1. Sicut enim de Paulo legitur quod *est raptus usque ad tertium caelum*, ita et de Petro legitur, Act 10,10, quod *cecidit super eum mentis excessus*. Sed Petrus in suo excessu non vidit Dei essentiam, sed quandam imaginariam visionem. Ergo videtur quod nec Paulus Dei essentiam viderit.

2. PRAETEREA, visio Dei facit hominem beatum. Sed Paulus in illo raptu non fuit beatus: alioquin nunquam ad vitae huius miseriam rediisset, sed corpus eius fuisset per redundantiam ab anima glorificatum, sicut erit in sanctis post resurrectionem; quod patet esse falsum. Ergo Paulus in raptu non vidit Dei essentiam.

3. PRAETEREA, fides et spes esse non possunt simul cum visione divinae essentiae: ut habetur 1Cor 13,8 sqq. Sed Paulus in statu illo habuit fidem et spem. Ergo non vidit Dei essentiam.

4. PRAETEREA, sicut Augustinus dicit, XII *super Gen. ad litt.*[1], secundum visionem imaginariam quaedam *similitudines corporum* videntur. Sed Paulus videtur in raptu quasdam similitudines vidisse, puta *tertii caeli* et *Paradisi*: ut habetur 2Cor 12,2-4. Ergo videtur esse raptus ad imaginariam visionem, magis quam ad visionem divinae essentiae.

SED CONTRA est quod Augustinus determinat, in libro *de Videndo Deum ad Paulinam*[2], quod *ipsa Dei substantia a quibusdam videri potuit in hac vita positis: sicut a Moyse, et Paulo, qui raptus audivit ineffabilia verba, quae non licet homini loqui*.

ARTIGO 3
Paulo, quando foi arrebatado, viu a essência de Deus?

QUANTO AO TERCEIRO, ASSIM SE PROCEDE: parece que Paulo, quando foi arrebatado, **não** viu a essência de Deus.

1. Com efeito, assim como se lê que Paulo "foi arrebatado até o terceiro céu", lê-se também que Pedro "caiu em êxtase". Ora, Pedro, nesse êxtase, não viu a essência de Deus, mas uma certa visão imaginária. Logo, parece que tampouco Paulo viu a essência divina.

2. ALÉM DISSO, a visão de Deus torna a pessoa bem-aventurada. Ora, Paulo, durante seu arrebatamento não foi bem-aventurado; do contrário, não teria jamais voltado às misérias desta vida, e seu corpo teria sido glorificado pela redundância da glória da alma, o que sucederá com os santos depois da ressurreição, o que evidentemente é falso. Logo, Paulo, quando foi arrebatado, não viu a essência de Deus.

3. ADEMAIS, a fé e a esperança não podem coexistir com a visão da essência divina, como diz a primeira Carta aos Coríntios. Ora, Paulo, naquele estado, teve a fé e a esperança. Logo, não viu a essência de Deus.

4. ADEMAIS, segundo Agostinho, na visão imaginária se veem certas "imagens dos corpos". Ora, durante o arrebatamento, Paulo parece ter visto certas imagens, a saber, do "terceiro céu" e do "paraíso", como ele narra. Logo, parece que foi arrebatado antes a uma visão imaginária que à visão da essência divina.

EM SENTIDO CONTRÁRIO, Agostinho afirma que "a própria essência de Deus pôde ser vista por certos homens durante esta vida; como, por exemplo, Moisés e Paulo, que, durante o arrebatamento 'ouviu palavras inefáveis que ao homem não é permitido pronunciar'".

---

8. C. 7, n. 2: ML 41, 410.

3 PARALL.: Part. I, q. 12, a. 11, ad 2; IV *Sent.*, dist. 49, q. 2, a. 7, ad 5; *De Verit.*, q. 13, a. 2; II *ad Cor.*, c. 12, lect. 1, 2.

1. C. 24, n. 51: ML 34, 474.
2. Epist. 147, al. 12, c. 13, n. 31: ML 33, 610.

RESPONDEO dicendum quod quidam dixerunt Paulum in raptu non vidisse ipsam Dei essentiam, sed quandam refulgentiam claritatis ipsius. Sed contrarium manifeste Augustinus determinat, non solum in libro *de Videndo Deum*[3], sed etiam XII super Gen. ad litt.[4]: et habetur in Glossa[5], 2Cor 12,2. Et hoc etiam ipsa verba Apostoli designant. Dicit enim *se audisse ineffabilia verba, quae non licet homini loqui*: huiusmodi autem videntur ea quae pertinent ad visionem beatorum, quae excedit statum viae, secundum illud Is 64,4: *Oculus non vidit, Deus, absque te, quae praeparasti diligentibus te*. Et ideo convenientius dicitur quod Deum per essentiam vidit.

AD PRIMUM ergo dicendum quod mens humana divinitus rapitur ad contemplandam veritatem divinam, tripliciter. Uno modo, ut contempletur eam per similitudines quasdam imaginarias. Et talis fuit excessus mentis qui cecidit supra Petrum. — Alio modo ut contempletur veritatem divinam per intelligibiles effectus: sicut fuit excessus David dicentis: *Ego dixi in excessu meo: Omnis homo mendax*. — Tertio, ut contempletur eam in sua essentia. Et talis fuit raptus Pauli: et etiam Moysi. Et satis congruenter: nam sicut Moyses fuit primus Doctor Iudaeorum, ita Paulus fuit primus *Doctor Gentium*.

AD SECUNDUM dicendum quod divina essentia videri ab intellectu creato non potest nisi per lumen gloriae, de quo dicitur in Ps 35,10: *In lumine tuo videbimus lumen*. Quod tamen dupliciter participari potest. Uno modo, per modum formae immanentis: et sic beatos facit sanctos in patria. Alio modo, per modum cuiusdam passionis transeuntis: sicut dictum est[6] de lumine prophetiae. Et hoc modo lumen illud fuit in Paulo, quando raptus fuit. Et ideo ex tali visione non fuit simpliciter beatus, ut fieret redundantia ad corpus: sed solum secundum quid. Et ideo talis raptus aliquo modo ad prophetiam pertinet.

AD TERTIUM dicendum quod quia Paulus in raptu non fuit beatus habitualiter, sed solum habuit

RESPONDO. Alguns disseram que Paulo, durante o seu arrebatamento, não viu a própria essência de Deus, mas um certo reflexo da sua claridade. Contudo, Agostinho professa manifestamente a opinião contrária, não só no livro *Da Visão de Deus*, como também em seu *Comentário literal sobre o Gênese*. E essa opinião se encontra igualmente na Glosa sobre a segunda Carta aos Coríntios. E as próprias palavras do Apóstolo o declaram, pois diz ter ouvido "palavras inefáveis que ao homem não é permitido pronunciar". Ora, o mesmo parece se dar com a visão dos bem-aventurados, que excede a condição da vida presente, segundo diz o livro de Isaías: "O olho não viu, exceto tu, ó Deus, o que tens preparado para os que te amam". Por isso, parece mais conveniente dizer que Paulo viu a Deus na sua essência[c].

QUANTO AO 1º, portanto, deve-se dizer que a mente humana é arrebatada por Deus à contemplação da verdade divina de três modos: 1º por meio de certas imagens da imaginação e tal foi o arrebatamento que sucedeu a Pedro. — 2º por alguns efeitos inteligíveis, como o êxtase de Davi, quando diz: "Eu disse em meu êxtase: todo homem é mentiroso". — 3º na sua essência, e tal foi o arrebatamento de Paulo, como o de Moisés. E isto é muito razoável, pois, como Moisés foi o primeiro Doutor dos Judeus, Paulo foi o primeiro "Doutor dos Gentios".

QUANTO AO 2º, deve-se dizer que a divina essência não pode ser vista pelo entendimento criado a não ser mediante a luz da glória, da qual diz o Salmo: "Em tua luz veremos a luz". O que pode acontecer de duas maneiras: 1º a modo de forma permanente, e assim ocorre com os bem-aventurados na pátria celestial; 2º a modo de uma paixão transitória, como se disse da luz profética. E deste gênero foi aquela luz em Paulo, quando foi arrebatado, e, por isso, ele não foi plenamente bem-aventurado, de maneira que redundasse a glória no seu corpo, mas apenas parcialmente. Eis por quê, o seu arrebatamento pertence de certo modo à profecia.

QUANTO AO 3º, deve-se dizer que Paulo não foi bem-aventurado de um modo habitual, mas

---

3. Loc. cit.
4. C. 28: ML 34, 478.
5. Ordin.: ML 114, 568 B; LOMBARDI: ML 192, 80 C.
6. Q. 171, a. 2.

c. Excessivamente confiante na autoridade de Sto. Agostinho, Sto. Tomás propõe aqui uma conclusão que as palavras de São Paulo não exigem nem garantem, e que outros Padres da Igreja recusaram. O exemplo de Moisés invocado em apoio dessa interpretação não permite tampouco ir tão longe. É melhor permanecer com o que é a doutrina constante de Tomás: só os bem-aventurados veem a essência divina. Deve-se observar igualmente que Tomás só concede esse privilégio a São Paulo mediante um certo número de restrições (ver aqui mesmo r. 2 e, adiante, a. 6, r. 3).

actum beatorum; consequens est ut simul tunc in eo non fuerit actus fidei, fuit tamen in eo simul fidei habitus.

AD QUARTUM dicendum quod nomine *tertii caeli* potest uno modo intelligi aliquid corporeum. Et sic tertium caelum est caelum empyreum quod dicitur *tertium* respectu caeli aerei et caeli siderei; vel potius respectu caeli siderei et respectu caeli aquei sive crystallini. Et dicitur *raptus ad tertium caelum*, non quia raptus sit ad videndum similitudinem alicuius rei corporeae: sed propter hoc quod locus ille est contemplationis beatorum. Unde Glossa[7] dicit, 2Cor 12,2, quod *tertium est spirituale caelum, ubi angeli et sanctae animae fruuntur Dei contemplatione. Ad quod cum dicit se raptum, significat quod Deus ostendit ei vitam in qua videndus est in aeternum.*

Alio modo per tertium caelum potest intelligi aliqua visio supermundana. Quae potest dici tertium caelum triplici ratione. Uno modo, secundum ordinem potentiarum cognoscitivarum: ut primum caelum dicatur visio supermundana corporalis, quae fit per sensum, sicut visa est manus scribentis in pariete, Dn 5,5; secundum autem caelum sit visio imaginaria, puta quam vidit Is 6,1, et Ioannes in Ap 4,2 sqq.; tertium vero caelum dicatur visio intellectualis, ut Augustinus exponit, XII *super Gen. ad litt.*[8]. — Secundo modo potest dici tertium caelum secundum ordinem cognoscibilium: ut *primum caelum dicatur cognitio caelestium corporum; secundum, cognitio caelestium spirituum; tertium, cognitio ipsius Dei.* — Tertio potest dici tertium caelum contemplatio Dei secundum gradus cognitionis qua Deus videtur: quorum primus pertinet ad angelos infimae hierarchiae, secundus ad angelos mediae, tertius ad angelos supremae, ut dicit Glossa[9], 2Cor 12,2.

Et quia visio Dei non potest esse sine delectatione, propterea non solum se dicit raptum *ad tertium caelum*, ratione contemplationis: sed etiam *in Paradisum*, ratione delectationis consequentis.

exerceu somente um ato dos bem-aventurados. Por conseguinte, não houve então simultaneamente nele um ato de fé, embora possuísse essa virtude no estado de hábito.

QUANTO AO 4º, deve-se dizer que a expressão "terceiro céu" pode significar algo corpóreo. E, então, significa o céu empíreo, que é chamado terceiro em relação ao céu aéreo e o sideral; ou melhor, ao céu sideral e ao céu aquoso ou cristalino. E diz-se que ele foi "arrebatado ao terceiro céu", não porque tenha sido arrebatado para ver a semelhança de alguma coisa corpórea, mas porque aquele lugar é o da contemplação dos bem-aventurados. Por isso, diz a Glosa, sobre essa passagem da segunda Carta aos Coríntios: "O terceiro céu é o céu espiritual, onde os anjos e as almas santas gozam da contemplação de Deus. Quando ele diz que foi arrebatado, isto significa que Deus lhe mostrou a vida na qual será visto por toda a eternidade".

De outro modo pode-se entender por terceiro céu alguma visão sobrenatural[d], a qual pode chamar-se assim por três razões: 1ª Segundo a ordem das potências cognoscitivas, de maneira que o primeiro céu seria uma visão corporal e extraordinária verificada pelos sentidos, como foi vista a mão daquele que escrevia na parede. O segundo céu seria a visão imaginativa, como a que tiveram Isaías e João. O terceiro céu seria a visão intelectual, segundo expõe Agostinho. — 2ª Pode-se chamar terceiro céu em razão da ordem das coisas cognoscíveis, "de maneira que o primeiro céu seria o conhecimento dos corpos celestes; o segundo, o conhecimento dos espíritos celestiais, e o terceiro, o conhecimento do próprio Deus". — 3ª, pode-se dizer terceiro céu a contemplação de Deus segundo os graus de conhecimento de Deus, dos quais o primeiro é o dos anjos das hierarquias inferiores; o segundo, dos anjos das hierarquias médias, e o terceiro, o dos anjos da hierarquia suprema, como diz a Glosa.

E como a visão de Deus não pode deixar de ser acompanhada de prazer, por isso o Apóstolo disse que não só foi arrebatado ao "terceiro céu", em razão da contemplação, mas também ao "paraíso", por causa do prazer consequente.

---

7. Ordin.: ML 114, 568 B; LOMBARDI: ML 192, 80 B.
8. C. 26: ML 34, 476; c. 28: ML 34, 478; c. 34, n. 67: ML 34, 483.
9. Cfr. Glossam LOMBARDI: ML 192, 82 D.

d. A multiplicidade de interpretações propostas por Tomás ilustra provavelmente o seu embaraço diante desse terceiro céu, mas recorda também as divergências de seus predecessores. Uma vez que os exegetas contemporâneos não são mais precisos, é melhor ater-se ao sentido geral das palavras de Paulo, e ver nessa linguagem a expressão em imagens da experiência mística bastante elevada da qual ele foi o beneficiário.

ARTICULUS 4
Utrum Paulus in raptu fuerit alienatus a sensibus

AD QUARTUM SIC PROCEDITUR. Videtur quod Paulus in raptu non fuerit alienatus a sensibus.

1. Dicit enim Augustinus, XII *super Gen. ad litt.*[1]: *Cur non credamus quod tanto Apostolo, Doctori Gentium, rapto usque ad ipsam excellentissimam visionem, voluerit Deus demonstrare vitam in qua, post hanc vitam, vivendum est in aeternum?* Sed in illa vita futura sancti, post resurrectionem, videbunt Dei essentiam absque hoc quod fiat abstractio a sensibus corporis. Ergo nec in Paulo fuit huiusmodi abstractio facta.

2. PRAETEREA, Christus vere viator fuit, et continue visione divinae essentiae fruebatur, nec tamen fiebat abstractio a sensibus. Ergo nec fuit necessarium quod in Paulo fieret abstractio a sensibus, ad hoc quod Dei essentiam videret.

3. PRAETEREA, Paulus, postquam Deum per essentiam viderat, memor fuit illorum quae in illa visione conspexerat: unde dicebat, 2Cor 12,4: *Audivi arcana verba, quae non licet homini loqui.* Sed memoria ad partem sensitivam pertinet: ut patet per Philosophum, in libro *de Mem. et Remin.*[2]. Ergo videtur quod et Paulus, videndo Dei essentiam, non fuit alienatus a sensibus.

SED CONTRA est quod Augustinus dicit, XII *super Gen. ad litt.*[3]: *Nisi ab hac vita quisque quodammodo moriatur, sive omnino exiens de corpore, sive aversus et alienatus a corporeis sensibus, in illam non subvehitur visionem.*

RESPONDEO dicendum quod divina essentia non potest ab homine videri per aliam vim cognoscitivam quam per intellectum. Intellectus autem humanus non convertitur ad sensibilia nisi mediantibus phantasmatibus, per quae species intelligibiles a sensibilibus accipit, et in quibus considerans de sensibilibus iudicat et ea disponit. Et ideo in omni operatione qua intellectus noster abstrahitur a phantasmatibus, necesse est quod abstrahatur a sensibus. Intellectus autem hominis, in statu viae, necesse est quod a phantasmatibus abstrahatur, si videat Dei essentiam. Non enim

ARTIGO 4
Paulo, quando foi arrebatado, esteve alienado dos sentidos?

QUANTO AO QUARTO, ASSIM SE PROCEDE: parece que quando Paulo foi arrebatado, **não** esteve alienado dos sentidos.

1. Com efeito, Agostinho disse: "Por que não havemos de acreditar que a tão grande Apóstolo e Doutor dos gentios, arrebatado até a mais alta visão, Deus não tenha querido mostrar a vida que, depois desta vida, havemos de viver eternamente?" Ora, nessa vida futura, os santos, depois da ressurreição, verão a essência de Deus sem com isso sofrerem a abstração dos sentidos corporais. Logo, tampouco Paulo experimentou essa abstração.

2. ALÉM DISSO, Cristo foi verdadeiro mortal e gozava da contínua visão da essência divina sem experimentar a abstração dos sentidos. Logo, também Paulo não teve necessidade de experimentá-la para poder ver a essência de Deus.

3. ADEMAIS, Paulo, depois de haver visto a Deus em sua essência, recordava-se das coisas que havia contemplado naquela visão, e por isso, dizia: "Ouvi palavras inefáveis que ao homem não é permitido pronunciar". Ora, a memória pertence à parte sensitiva, como o Filósofo demonstra. Logo, parece que Paulo, vendo a essência de Deus, não experimentou a alienação dos sentidos.

EM SENTIDO CONTRÁRIO, diz Agostinho: "Quem não morrer de algum modo a esta vida, quer abandonando totalmente o corpo, quer por separar-se e alhear-se dos sentidos, não pode ser elevado à visão celestial".

RESPONDO. O homem não pode ver a essência divina por outra potência cognoscitiva que o intelecto. Mas o intelecto humano não se converte às coisas sensíveis senão mediante as representações imaginárias por meio das quais recebe as imagens inteligíveis das coisas sensíveis e, pela consideração dessas imagens, julga as coisas sensíveis e as ordena. Por isso, em toda operação em que nosso intelecto prescinde das representações imaginárias, é necessário que ele se abstraia dos sentidos. Ora, o intelecto do homem na vida presente necessariamente tem que se abstrair das representações imaginárias para ver

---

4 PARALL.: Infra, q. 180, a. 5; IV *Sent.*, dist. 49, q. 2, a. 7, ad 4; *De Verit.*, q. 10, a. 11; q. 13, a. 3; *Quodlib.* I, q. 1; *in Ioan.*, c. 1, lect. 11; II *ad Cor.*, c. 12, lect. 1.

1. C. 28: ML 34, 478.
2. C. 1: 450, a, 12-14.
3. C. 27: ML 34, 477-478.

per aliquod phantasma potest Dei essentia videri; quinimmo nec per aliquam speciem intelligibilem creatam: quia essentia Dei in infinitum excedit non solum omnia corpora, quorum sunt phantasmata, sed etiam omnem intelligibilem creaturam. Oportet autem, cum intellectus hominis elevatur ad altissimam Dei essentiae visionem, ut tota mentis intentio illuc advocetur: ita scilicet quod nihil intelligat aliud ex phantasmatibus, sed totaliter feratur in Deum. Unde impossibile est quod homo in statu viae videat Deum per essentiam sine abstractione a sensibus.

AD PRIMUM ergo dicendum quod, sicut dictum est[4], post resurrectionem in beatis Dei essentiam videntibus fiet redundantia ab intellectu ad inferiores vires, et usque ad corpus. Unde, secundum ipsam regulam divinae visionis, anima intendet et phantasmatibus et sensibilibus. Talis autem redundantia non fit in is qui rapiuntur, sicut dictum est[5]. Et ideo non est similis ratio.

AD SECUNDUM dicendum quod intellectus animae Christi erat glorificatus per habituale lumen gloriae, quo divinam essentiam videbat multo amplius quam aliquis angelus vel homo. Erat autem viator propter corporis passibilitatem, secundum quam *paulo minus ab angelis minorabatur*, ut dicitur Hb 2,7-9, dispensative, et non propter aliquem defectum ex parte intellectus. Unde non est similis ratio de eo et de aliis viatoribus.

AD TERTIUM dicendum quod Paulus, postquam cessavit videre Deum per essentiam, memor fuit illorum quae in illa visione cognoverat, per aliquas species intelligibiles habitualiter ex hoc in eius intellectu relictas, sicut etiam, abeunte sensibili, remanent aliquae impressiones in anima: quas postea convertens ad phantasmata, memorabatur. Unde nec totam illam cognitionem aut cogitare poterat, aut verbis exprimere.

a essência de Deus, pois não pode vê-la mediante nenhuma representação imaginária. Mais ainda: nem mediante qualquer imagem inteligível criada, porque a essência de Deus excede infinitamente, não só a todos os corpos, dos quais são as representações imaginárias, como também a toda criatura inteligível. É, pois, indispensável, quando o intelecto humano se eleva à altíssima visão da essência de Deus, que toda intenção da mente nela se concentre, de maneira a não ter nenhum outro pensamento que lhe viria das representações imaginárias, mas que fique totalmente elevado em Deus. Por isso, é impossível que o homem na presente vida veja a essência de Deus sem abstração dos sentidos.

QUANTO AO 1º, portanto, deve-se dizer que depois da ressurreição, nos bem-aventurados que veem a essência de Deus, a glória redunda do intelecto nas potências inferiores, e até no corpo. Por isso, em virtude da mesma regra da visão divina, a alma se aplica às representações e às coisas sensíveis. Mas tal redundância não se verifica naqueles que experimentam o arrebatamento. Assim, o argumento não é a mesmo.

QUANTO AO 2º, deve-se dizer que o intelecto da alma de Cristo se achava glorificado pela luz habitual da glória, com a qual via a essência divina muito mais perfeitamente do que qualquer anjo ou homem. Mas, ao mesmo tempo, era mortal por causa da passibilidade do seu corpo, segundo a qual "se fazia pouco menor que os anjos", como se diz na Carta aos Hebreus, por dispensação divina[e] e não por algum defeito intelectual. De maneira que o mesmo argumento não vale para ele e para os outros mortais.

QUANTO AO 3º, deve-se dizer que Paulo, logo que cessou de ver a Deus em sua essência, recordava-se das coisas que havia conhecido naquela visão, por algumas imagens inteligíveis que, desde então, lhe haviam ficado como um hábito no seu intelecto, assim como, ao desaparecerem da vista as coisas sensíveis, permanecem em nossa alma algumas impressões, de que depois lembra, relacionando-as com as suas imagens[f]. Eis por quê, o Apóstolo não podia pensar ou exprimir por meio de palavras todo esse conhecimento.

---

4. A. 3, 2 a.
5. Ibid., ad 2.

e. Sobre essa "disposição de Deus" que regia o exercício das faculdades humanas em Cristo, Tomás se explicou diversas vezes na terceira parte da Suma (ver q. 14, a. 1, r. 2; q. 15, a. 5, r. 3; a. 9, r. 3; etc.); ver também acima, nota 6 à q. 174.

f. Essa resposta deve ser lida à luz do que já foi deduzido acima na q. 173: a intervenção divina conforta, bem mais do que impede, o jogo normal das forças humanas. Se ocorre, no êxtase, ou no arrebatamento, que esse jogo normal seja momentaneamente suspenso, é para que o profeta não seja distraído por nada mais do objeto de sua visão (ver o artigo seguinte),

Articulus 5
Utrum anima Pauli in statu illo fuerit totaliter a corpore separata

AD QUINTUM SIC PROCEDITUR. Videtur quod anima Pauli in statu illo fuerit totaliter a corpore separata.

1. Dicit enim Apostolus, 2Cor 5,6-7: *Quandiu sumus in corpore, peregrinamur a Domino: per fidem enim ambulamus, et non per speciem*. Sed Paulus in statu illo non peregrinabatur a Domino: quia videbat Deum per speciem, ut dictum est[1]. Ergo non erat in corpore.

2. PRAETEREA, potentia animae non potest elevari supra eius essentiam, in qua radicatur. Sed intellectus, qui est potentia animae, in raptu fuit a corporalibus abstractus per elevationem ad divinam contemplationem. Ergo multo magis essentia animae fuit separata a corpore.

3. PRAETEREA, vires animae vegetabilis sunt magis materiales quam vires animae sensitivae. Sed oportebat intellectum abstrahi a viribus animae sensitivae, ut dictum est[2], ad hoc quod rapiatur ad videndum divinam essentiam. Ergo multo magis oportebat quod abstraheretur a viribus animae vegetabilis. Quarum operatione cessante, iam nullo modo anima remanet corpori coniuncta. Ergo videtur quod oportuit in raptu Pauli animam totaliter a corpore esse separatam.

SED CONTRA est quod Augustinus dicit, in Epistola *ad Paulinam de Videndo Deum*[3]: *Non est incredibile, sic quibusdam sanctis nondum ita defunctis ut sepelienda eorum cadavera remanerent, istam excellentiam revelationis fuisse concessam*, ut scilicet viderent Deum per essentiam. Non igitur fuit necessarium ut in raptu Pauli anima eius totaliter separaretur a corpore.

RESPONDEO dicendum quod, sicut supra[4] dictum est, in raptu de quo nunc loquimur, virtute divina elevatur homo *ab eo quod est secundum naturam in id quod est supra naturam*. Et ideo duo con-

Artigo 5
Neste estado, a alma de Paulo esteve totalmente separada do corpo?

QUANTO AO QUINTO, ASSIM SE PROCEDE: parece que neste estado, a alma de Paulo **esteve** totalmente separada do corpo.

1. Com efeito, o próprio Apóstolo diz "Enquanto habitamos neste corpo, estamos longe do Senhor, pois caminhamos pela fé e não pela visão". Ora, Paulo, quando naquele estado, não estava longe do Senhor, porque o via face a face. Logo, não estava no corpo.

2. ALÉM DISSO, nenhuma potência da alma pode elevar-se acima da sua essência, na qual está fundada. Ora, o intelecto, que é uma potência da alma, se achava, no arrebatamento, abstraído das coisas corpóreas pela elevação à contemplação divina. Logo, muito mais a essência da alma estaria separada do corpo.

3. ADEMAIS, as potências da alma vegetativa são mais materiais do que as da alma sensitiva. Ora, era preciso que o intelecto se achasse abstraído das forças da alma sensitiva para ser arrebatado à visão da essência divina. Logo, muito mais necessário seria que estivesse abstraído das forças da alma vegetativa. Mas, quando estas cessam de agir, a alma não permanece unida ao corpo de maneira alguma. Portanto, parece que, durante o arrebatamento, a alma de Paulo deveria estar totalmente separada do corpo.

EM SENTIDO CONTRÁRIO, Agostinho diz: "Não é incrível que alguns santos tenham tido essa sublime revelação", isto é, de ver a Deus em essência, "sem terem sido privados da vida a ponto de se poder sepultar-lhes os cadáveres". Logo, não foi necessário que, durante o arrebatamento, a alma de Paulo se achasse totalmente separada do corpo.

RESPONDO. No arrebatamento, de que agora tratamos, o homem é elevado, pela virtude divina, "do que lhe é natural àquilo que está acima da natureza". Por isso, convém considerar duas

---

5 PARALL.: Infra, q. 180, a. 5; Part. I, q. 12, a. 11; *De Verit.*, q. 10, a. 11; q. 13, a. 4; *Quodlib.* I, q. 1; *in Ioan.*, c. 1, lect. 11; II *ad Cor.*, c. 12, lect. 1.

1. Art. 3.
2. Art. 4.
3. Epist. 147, al. 112, c. 13, n. 31: ML 33, 610.
4. A. 1, 1 a.

mas deve obrigatoriamente recorrer a ele para "pensar" sob modo humano o que ele contemplou em êxtase. O papel das imagens é aqui indispensável para que seja possível tanto a compreensão da mensagem quanto sua transmissão.

siderare oportet: primo quidem, quid sit homini secundum naturam; secundo, quid divina virtute sit in homine fiendum supra naturam. Ex hoc autem quod anima corpori unitur tanquam naturalis forma ipsius, convenit animae naturalis habitudo ad hoc quod per conversionem ad phantasmata intelligat. Quod ab ea non aufertur divina virtute in raptu: quia non mutatur status eius, ut dictum est[5]. Manente autem hoc statu, aufertur ab anima actualis conversio ad phantasmata et sensibilia, ne impediatur eius elevatio in id quod excedit omnia phantasmata, ut dictum est[6]. Et ideo in raptu non fuit necessarium quod anima sic separaretur a corpore ut ei non uniretur quasi forma: fuit autem necessarium intellectum eius abstrahi a phantasmatibus et sensibilium perceptione.

AD PRIMUM ergo dicendum quod Paulus in raptu illo peregrinabatur a Domino quantum ad statum, quia adhuc erat in statu viatoris: non autem quoad actum, quo videbat Deum per speciem, ut ex supra[7] dictis patet.

AD SECUNDUM dicendum quod potentia animae virtute naturali non elevatur supra modum convenientem essentiae eius. Virtute tamen divina potest in aliquid altius elevari: sicut corpus per violentiam fortioris virtutis elevatur supra locum convenientem sibi secundum speciem suae naturae.

AD TERTIUM dicendum quod vires animae vegetabilis non operantur ex intentione animae, sicut vires sensitivae, sed per modum naturae. Et ideo non requiritur ad raptum abstractio ab eis, sicut a potentiis sensitivis, per quarum operationes minueretur intentio animae circa intellectivam cognitionem.

ARTICULUS 6
Utrum Paulus ignoraverit an eius anima fuerit a corpore separata

AD SEXTUM SIC PROCEDITUR. Videtur quod Paulus non ignoraverit an eius anima fuerit a corpore separata.
1. Dicit enim ipse, 2Cor 12,2: *Scio hominem in Christo raptum usque ad tertium caelum.* Sed

coisas: 1º o que é natural ao homem; 2º o que, por virtude divina, deve se realizar no homem, para que seja acima da sua natureza. Porque a alma se une ao corpo como sua forma natural, cabe à alma naturalmente conhecer, mediante a conversão às representações imaginárias. E disso não a priva a essência divina, durante o arrebatamento, porque não muda seu estado. Contudo, enquanto esse estado permanece, a alma fica privada da atual conversão a essas representações e às coisas sensíveis, a fim de que não impeçam a elevação ao que excede toda representação imaginária, como foi dito acima. Assim sendo, não foi necessário que, no arrebatamento, a alma do Apóstolo se separasse do corpo, a ponto de não lhe ficar mais unida como forma. Mas foi necessário que o intelecto se abstraísse das representações e da percepção das coisas sensíveis.

QUANTO AO 1º, portanto, deve-se dizer que naquele arrebatamento, Paulo estava longe do Senhor, pelo seu estado, pois vivia ainda neste mundo; mas não quanto ao ato com o qual via a Deus face a face.

QUANTO AO 2º, deve-se dizer que a potência da alma não se eleva por seu poder natural acima do modo de ser conatural à sua essência. Mas, pelo poder divino pode ser elevada a um estado mais alto, como um corpo, por uma força maior, eleva-se acima do lugar que lhe corresponde, segundo sua natureza específica.

QUANTO AO 3º, deve-se dizer que as potências da alma vegetativa, como as potências sensitivas, não agem por influência da alma, mas por uma operação natural. Por isso, não se requer para o arrebatamento a alienação das mesmas, como das potências sensitivas, cujas ações diminuiriam a atenção da alma ao conhecimento intelectual.

ARTIGO 6
Paulo ignorou se sua alma esteve separada do corpo?

QUANTO AO SEXTO, ASSIM SE PROCEDE: parece que Paulo **não** ignorou se sua alma esteve separada do corpo.
1. Com efeito, o próprio Apóstolo disse: "Conheço um homem em Cristo, que foi arrebatado

---
5. A. 3, ad 2, 3.
6. Art. 4.
7. A. 3, ad 2, 3.

PARALL.: *De Verit.*, q. 13, a. 5; II *ad Cor.*, c. 12, lect. 1.

homo nominat compositum ex anima et corpore: *raptus* etiam differt a morte. Videtur ergo quod ipse sciverit animam non fuisse per mortem a corpore separatam: praesertim quia hoc communiter a Doctoribus ponitur.

2. PRAETEREA, ex eisdem Apostoli verbis patet quod ipse scivit quo raptus fuerit: quia *in tertium caelum*. Sed ex hoc sequitur quod scivit utrum fuerit in corpore vel non. Quia si scivit tertium caelum esse aliquid corporeum, consequens est quod sciverit animam suam non esse a corpore separatam: quia visio rei corporeae non potest fieri nisi per corpus. Ergo videtur quod non ignoraverint an anima fuerit a corpore separata.

3. PRAETEREA, sicut Augustinus dicit, XII *super Gen. ad litt.*[1], ipse in raptu vidit illa visione Deum qua vident sancti in patria. Sed sancti, ex hoc ipso quod vident Deum, sciunt an animae eorum sint a corporibus separatae. Ergo et Paulus hoc scivit.

SED CONTRA est quod dicitur 2Cor 12,2-3: *Sive in corpore sive extra corpus, nescio: Deus scit*.

RESPONDEO dicendum quod huius quaestionis veritatem accipere oportet ex ipsis Apostoli verbis: quibus dicit se aliquid scire, scilicet se *raptum esse usque ad tertium caelum*; et aliquid nescire, scilicet *utrum in corpore aut extra corpus*. Quod quidem potest dupliciter intelligi. Uno modo, ut hoc quod dicitur, *sive in corpore sive extra corpus*, non referatur ad ipsum esse hominis rapti, quasi ignoraverit an anima eius esset in corpore vel non: sed ad modum raptus, ut scilicet ignoraverit an corpus eius fuerit simul raptum cum anima in tertium caelum, vel non, sed solum anima, sicut Ez 8, dicitur quod *adductus est in visionibus Dei in Ierusalem*. Et hunc intellectum fuisse cuiusdam Iudaei, exprimit Hieronymus, in *Prologo super Danielem*, ubi dicit[2]: *Denique et Apostolum nostrum*, scilicet dicebat Iudaeus, *non fuisse ausum affirmare se in corpore raptum, sed dixisse: Sive in corpore sive extra corpus, nescio*.
Sed hunc sensum improbat Augustinus, XII *super Gen. ad litt.*[3], per hoc quod Apostolus dicit se scivisse se esse raptum usque in tertium caelum. Sciebat ergo verum esse tertium caelum illud in

até o terceiro céu". Ora, "homem" designa um composto de alma e corpo; "arrebatamento" se diferencia também de "morte". Logo, parece que ele sabia que sua alma não tinha estado separada do corpo pela morte; tanto mais que esta é a opinião comum dos doutores.

2. ALÉM DISSO, das próprias palavras do Apóstolo está claro que ele sabia para onde foi arrebatado, isto é, "ao terceiro céu". Ora, daí se conclui que ele sabia se sua alma continuava unida ao corpo ou não. Porque, se soube que o terceiro céu é algo corpóreo, sabia, por consequência, que sua alma não estava separada do corpo, pois a visão das coisas corporais não pode realizar-se senão por meio do corpo. Logo, parece que o Apóstolo não ignorou se sua alma esteve separada do corpo.

3. ADEMAIS, Agostinho diz que Paulo, durante o arrebatamento, viu a Deus pela visão com que os santos o contemplam na pátria. Ora, os santos, pelo fato mesmo de verem a Deus, conhecem que suas almas estão separadas dos corpos. Logo, Paulo também o soube.

EM SENTIDO CONTRÁRIO, o próprio Apóstolo o diz: "Se no corpo, se fora do corpo, não sei; Deus o sabe".

RESPONDO. A verdade desta questão, devemos buscá-la nas próprias palavras do Apóstolo, quando diz que sabia "ter sido arrebatado ao terceiro céu", e que ignorava "se foi no corpo ou fora do corpo". Isto pode ser entendido de duas maneiras. 1º Estas palavras "se foi no corpo ou fora do corpo" não se referem ao próprio ser do homem arrebatado, como se ele ignorasse se sua alma estava no corpo ou não, mas ao modo do arrebatamento, isto é, que ele ignorava se seu corpo tinha sido arrebatado junto com a alma ao terceiro céu, ou se foi só a alma; assim como se lê no livro de Ezequiel que "foi levado a Jerusalém em visão de Deus". E esta interpretação foi a de um certo judeu, segundo Jerônimo: "Finalmente", escreve ele, referindo o que dizia o judeu, "o nosso Apóstolo não se atreveu a afirmar que tinha sido arrebatado no corpo, mas disse 'Se no corpo, se fora do corpo, não sei'".

Agostinho refuta essa interpretação, fundado no que diz o Apóstolo, isto é, que sabia ter sido arrebatado ao terceiro céu. Portanto, sabia ser verdadeiramente o terceiro céu aquele a que foi

---
1. C. 28: ML 34, 478.
2. ML 28, 1294 A.
3. C. 3: ML 34, 456.

quod raptus fuit, et non similitudinem imaginariam tertii caeli: alioquin, si tertium caelum nominavit phantasma tertii caeli, pari ratione dicere potuit se in corpore raptum, nominans corpus proprii corporis phantasma, quale apparet in somniis. Si autem sciebat esse vere tertium caelum, sciebat ergo utrum esset aliquid spirituale et incorporeum, et sic non poterat corpus eius illuc rapi: aut esset aliquid corporeum, et sic anima non posset illuc sine corpore rapi, nisi separaretur a corpore.

Et ideo oportet secundum alium sensum intelligere: ut scilicet Apostolus sciverit quod fuit raptus secundum animam et non secundum corpus; nesciverit tamen qualiter se haberet anima ad corpus, utrum scilicet fuerit sine corpore vel non.
Sed circa hoc diversimode aliqui loquuntur. Quidam enim dicunt quod Apostolus scivit quod anima sua erat corpori unita ut forma: sed nescivit utrum esset passus alienationem a sensibus; vel etiam utrum esset facta abstractio ab operibus animae vegetabilis. — Sed quod fuerit facta abstractio a sensibus, hoc non potuit ignorare, ex quo scivit se raptum. Quod autem fuerit facta abstractio ab operibus animae vegetabilis, non erat tantum aliquid ut de hoc oporteret tam sollicitam fieri mentionem. Unde relinquitur quod nescivit Apostolus utrum anima eius fuerit coniuncta corpori ut forma, vel a corpore separata per mortem.

Quidam autem, hoc concedentes, dicunt quod Apostolus tunc non perpendit quando rapiebatur, quia tota eius intentio conversa erat in Deum: sed postmodum percepit, considerans ea quae viderat. — Sed hoc etiam contrariatur verbis Apostoli, qui distinguit in verbis suis praeteritum a futuro. Dicit enim in praesenti se *scire* quod fuit raptus *ante annos quatuordecim*: et se in praesenti *nescire utrum in corpore fuerit vel extra corpus*.

Et ideo dicendum est quod et prius et postea nescivit utrum eius anima fuerit a corpore separata. Unde Augustinus dicit, XII *super Gen. ad litt.*[4], post longam inquisitionem concludens: *Restat ergo fortasse ut hoc ipsum eum ignorasse intelligamus: utrum, quando in tertium caelum raptus est, in corpore fuerit anima, quomodo est*

arrebatado, e não uma semelhança imaginária do terceiro céu. Do contrário, se tivesse chamado terceiro céu a uma representação imaginária do terceiro céu, pela mesma razão podia dizer que havia sido arrebatado no corpo, chamando corpo a uma representação imaginária do seu próprio corpo, tal como ela aparece nos sonhos. Se, porém, sabia que aquele era verdadeiramente o terceiro céu, logo sabia também se este era espiritual e incorpóreo; e, neste caso, seu corpo não podia ter sido arrebatado até ele; ou se era algo corpóreo, e então a alma não poderia ter sido arrebatada até ele sem o corpo, a não ser que se separasse dele.
Portanto, devem-se entender estas palavras num outro sentido, a saber, que o Apóstolo sabia que tinha sido arrebatado na alma e não no corpo, mas ignorava a situação da alma em relação ao corpo, isto é, se estava no corpo ou não.
Mas, neste ponto variam as opiniões. a) Uns dizem que o Apóstolo conhecia que sua alma estava unida ao corpo como forma, mas que ignorava se tinha padecido alienação dos sentidos, ou também se havia sido com abstração das operações da vida vegetativa. — Mas que houve abstração dos sentidos, ele não podia ignorar, uma vez que conheceu que havia sido arrebatado. Mas, que tivesse sido com abstração das operações da alma vegetativa, não era coisa de tanta importância que merecesse ser mencionada explicitamente. Donde se conclui que o Apóstolo ignorou se sua alma esteve unida ao corpo como forma ou separada do corpo pela morte.
b) Outros, porém, embora o concedam, afirmam que o Apóstolo, ao ser arrebatado, não se preocupou com isso, porque toda a sua atenção estava voltada para Deus; mas que ele o compreendeu depois, refletindo sobre o que tinha visto. — Esta opinião também é contrária às palavras do Apóstolo, que distingue o passado do futuro, pois ele diz, no presente, que ele *"sabe"* ter sido arrebatado fazia quatorze anos, e no presente, ainda, que *"ignora* se foi no corpo ou fora do corpo".
Por isso, deve-se dizer que, antes e depois, ignorou se sua alma esteve separada do corpo. E, assim, Agostinho, depois de ampla investigação, conclui "Resta, pois, que entendamos que ele talvez tenha ignorado se, quando foi arrebatado ao terceiro céu, sua alma estava no corpo, da maneira como ela está quando se diz que o corpo vive, quer

---

4. C. 5, n. 14: ML 34, 458.

anima in corpore cum corpus vivere dicitur, sive vigilantis sive dormientis sive in extasi a sensibus corporis alienati; an omnino de corpore exierit, ut mortuum corpus iaceret.

AD PRIMUM ergo dicendum quod per synecdochen quandoque pars hominis homo nominatur: et praecipue anima, quae est pars hominis eminentior. Quamvis etiam possit intelligi eum quem raptum dicit, non tunc fuisse hominem quando raptus fuit, sed *post annos quatuordecim*: unde dicit, *Scio hominem*; non dicit, *Scio raptum hominem*. — Nihil etiam prohiberet mortem divinitus procuratam raptum dici. Et sicut Augustinus dicit, XII *super Gen. ad litt.*[5], *dubitante inde Apostolo, quis nostrum inde certus esse potuit?* Unde qui super hoc loquuntur, magis coniecturaliter quam per certitudinem loquuntur.

AD SECUNDUM dicendum quod Apostolus scivit vel illud caelum esse quid incorporeum, vel aliquid incorporeum a se visum in illo caelo: tamen hoc poterat fieri per intellectum eius, etiam si anima eius non esset a corpore separata.

AD TERTIUM dicendum quod visio Pauli in raptu quantum ad aliquid fuit similis visioni beatorum, scilicet quantum ad id quod videbatur: et quantum ad aliquid dissimilis, scilicet quantum ad modum videndi, quia non ita perfecte vidit sicut sancti qui sunt in patria. Unde Augustinus dicit, XII *super Gen. ad litt.*[6]: *Apostolo arrepto a carnis sensibus in tertium caelum, hoc defuit ad plenam perfectamque cognitionem rerum quae angelis inest, quod sive in corpore sive extra corpus esset, nesciebat. Hoc itaque non deerit cum, receptis corporibus in resurrectione mortuorum, cum corruptibile hoc induerit incorruptionem.*

esteja a pessoa acordada, quer dormindo, quer em êxtase, alienada dos sentidos corpóreos, ou se de todo tivesse abandonado o corpo, a ponto deste ficar como um cadáver"[g].

QUANTO AO 1º, portanto, deve-se dizer que por sinédoque, às vezes uma parte do homem se chama homem, e sobretudo a alma que é a parte principal do homem. Embora, também se possa entender que aquele que diz ter sido arrebatado, não era homem quando foi arrebatado, mas só o foi "depois de quatorze anos". E, por isso, diz, "Conheço um homem", e não "Conheço um homem que foi arrebatado". — Tampouco haveria inconveniente em afirmar que o Apóstolo chama arrebatamento a morte produzida por Deus. E, como diz Agostinho, "Se o Apóstolo duvidava, quem de nós ousará dizer que tem certeza?". Por isso, todos quantos falam deste assunto o fazem mais por conjecturas do que por estarem certos do que dizem.

QUANTO AO 2º, deve-se dizer que o Apóstolo sabia, ou que aquele céu era algo incorpóreo, ou que nele viu algo incorpóreo, porquanto isso lhe era acessível pelo intelecto, mesmo que sua alma não estivesse separada do corpo.

QUANTO AO 3º, deve-se dizer que a visão de Paulo durante o arrebatamento foi em parte semelhante à visão dos bem-aventurados, isto é, quanto ao que ele viu; e em parte diferente, a saber, quanto ao modo de ver, pois não via tão perfeitamente como os santos que estão na pátria celestial. Por isso, diz Agostinho: "Quando o Apóstolo foi arrebatado ao terceiro céu, alheio aos sentidos do corpo, não teve um pleno e perfeito conhecimento das coisas como têm os anjos, pois ignorava se estava no corpo ou fora dele. Mas isto não faltará quando, ao receber os corpos na ressurreição dos mortos, o corruptível se revestir do incorruptível".

---

5. C. 3, n. 8: ML 34, 456.
6. C. 36: ML 34, 484.

g. As múltiplas interpretações propostas nesta resposta, assim como sua complexidade, demonstram ao mesmo tempo a informação de Sto. Tomás e a dificuldade da questão; mas a conclusão de Sto. Agostinho, à qual se associa, não se impõe mais do que antes (ver acima a. 3). Paulo podia saber-se no "terceiro céu", e todavia ignorar, em virtude mesmo da excelência de sua visão, em que estado exatamente ele se encontrava, e qual era a natureza do lugar para onde ele havia sido arrebatado.

QUAESTIO CLXXVI
DE GRATIA LINGUARUM

in duos articulos divisa

Deinde considerandum est de gratiis gratis datis quae pertinent ad locutionem. Et primo, de gratia linguarum; secundo, de gratia sermonis sapientiae seu scientiae.

Circa primum quaeruntur duo.

Primo: utrum per gratiam linguarum homo adipisceretur scientiam omnium linguarum.

Secundo: de comparatione huius doni ad gratiam prophetiae.

Articulus 1
Utrum illi qui consequebantur donum linguarum, loquebantur omnibus linguis

AD PRIMUM SIC PROCEDITUR. Videtur quod illi qui consequebantur donum linguarum, non loquebantur omnibus linguis.

1. Illud enim quod divina virtute aliquibus conceditur, optimum est in suo genere: sicut Dominus aquam convertit in vinum bonum, sicut dicitur Io 2,10. Sed illi qui habuerunt donum linguarum, melius loquebantur in propria lingua: dicit enim Glossa, Hb 1[1], *non esse mirandum quod Epistola ad Hebraeos maiore relucet facundia quam aliae: cum naturale sit unicuique plus in sua quam in aliena lingua valere. Ceteras enim Epistolas Apostolus peregrino, idest graeco sermone composuit: hanc autem scripsit hebraica lingua.* Non ergo per gratiam gratis datam Apostoli acceperunt scientiam omnium linguarum.

2. PRAETEREA, natura non facit per multa quod potest fieri per unum: et multo minus Deus, qui ordinatius quam natura operatur. Sed poterat Deus facere quod, unam linguam loquentes, eius discipuli ab omnibus intelligerentur: unde super illud Act 2,6, *Audiebat unusquisque linguam suam illos loquentes,* dicit Glossa[2]: *Quia linguis*

QUESTÃO 176
O DOM DAS LÍNGUAS

em dois artigos

Deve-se tratar, agora, das graças grátis dadas que se referem à linguagem em geral: 1º o dom das línguas, e 2º a graça do discurso de sabedoria ou de ciência[a].

A respeito do primeiro, duas questões:

1. Pelo dom das línguas o homem obtém o conhecimento de todas as línguas?
2. A comparação deste dom com o de profecia.

Artigo 1
Os que possuíam o dom das línguas falavam todas as línguas?

QUANTO AO PRIMEIRO ARTIGO, ASSIM SE PROCEDE: parece que os que possuíam o dom das línguas, **não** falavam todas as línguas.

1. Com efeito, o que é concedido pelo poder de Deus é o melhor em seu gênero; assim, a água que o Senhor converteu em bom vinho, como narra o Evangelho de João. Ora, os que tinham recebido o dom das línguas exprimiam-se melhor em sua própria língua, como diz a Glosa: "Não é de admirar que a Carta aos Hebreus se distinga das outras por sua eloquência, pois é natural que cada um se exprima melhor na sua própria língua que numa língua estrangeira. As outras Cartas, o Apóstolo as escreveu numa língua estrangeira, isto é, em grego, ao passo que escreveu esta em hebraico". Logo, os Apóstolos não receberam, por graça grátis dada, o conhecimento de todas as línguas.

2. ALÉM DISSO, a natureza não faz por muitos meios o que pode fazer por um só; e muito menos Deus, que opera mais ordenadamente que a natureza. Ora, Deus podia fazer com que seus discípulos fossem entendidos por todos, falando numa só língua. Por isso, a respeito daquelas palavras dos Atos dos Apóstolos "cada qual os

---

1 PARALL.: *Cont. Gent.* III, 154; I *ad Cor.*, c. 14, lect. 1.

1. LOMBARDI: ML 192, 400 C.
2. Cfr. BEDAM, super v. 4: ML 92, 947 C.

a. Estes dois pontos serão tratados sucessivamente nas duas questões seguintes. Sua situação no tratado dos carismas é evidente: depois dos dons gratuitos que derivam do conhecimento, vêm aqueles que pertencem à transmissão desse conhecimento. Tomás é bem explícito a esse respeito: "Os dons gratuitos são dados em vista da utilidade comum... Ora, o conhecimento que recebemos de Deus não poderia servir para outrem senão por meio do discurso. E como o Espírito Santo não omite nada do que é útil à Igreja, ele também assiste os seus membros em seus discursos, não só para que eles sejam compreendidos por todos, o que cabe ao dom das línguas. mas ainda para que eles falem com eficácia, o que deriva da graça do discurso".

omnibus loquebantur: vel sua, idest hebraica lingua loquentes, ab omnibus intelligebantur, ac si propriis singulorum loquerentur. Ergo videtur quod non habuerunt scientiam loquendi omnibus linguis.

3. PRAETEREA, omnes gratiae derivantur a Christo in corpus eius, *quod est Ecclesia*: secundum illud Io 1,16: *De plenitudine eius omnes accepimus.* Sed Christus non legitur fuisse locutus nisi una lingua. Nec etiam nunc fideles singuli nisi una lingua loquuntur. Ergo videtur quod discipuli Christi non acceperunt ad hoc gratiam, ut omnibus linguis loquerentur.

SED CONTRA est quod dicitur Act 2,4, quod *repleti sunt omnes Spiritu Sancto, et coeperunt loqui variis linguis, prout Spiritus Sanctus dabat eloqui illis*: ubi dicit glossa³ Gregorii quod *Spiritus Sanctus super discipulos in igneis linguis apparuit, et eis omnium linguarum scientiam dedit.*

RESPONDEO dicendum quod primi discipuli Christi ad hoc fuerunt ab ipso electi ut, per universum orbem discurrentes, fidem eius ubique praedicarent: secundum illud Mt 28,19: *Euntes, docete omnes gentes.* Non autem erat conveniens ut qui mittebantur ad alios instruendos, indigerent ab aliis instrui qualiter aliis loquerentur, vel qualiter quae alii loquebantur intelligerent. Praesertim quia isti qui mittebantur erant unius gentis, scilicet Iudaeae: secundum illud Is 27,6: *Qui egredientur impetu a Iacob, implebunt faciem orbis semine.* Illi etiam qui mittebantur pauperes et impotentes erant, nec de facili a principio reperissent qui eorum verba aliis fideliter interpretarentur, vel verba aliorum eis exponerent: maxime quia ad infideles mittebantur. Et ideo necessarium fuit ut super hoc eis divinitus provideretur per donum linguarum: ut sicut, gentibus ad idololatriam declinantibus, introducta est diversitas linguarum, sicut dicitur Gn 11,7 sqq.; ita etiam, quando erant gentes ad cultum unius Dei revocandae, contra huiusmodi diversitatem remedium adhiberetur per donum linguarum.

ouvia falar em sua própria língua", diz a Glosa: "Porque falavam as línguas de todos ou, falando a sua própria, isto é, a hebraica, eram entendidos de todos como se falassem na própria língua de cada um dos ouvintes". Logo, parece que não tiveram a ciência de falar todas as línguas.

3. ADEMAIS, todas as graças derivam de Cristo para o seu corpo, "que é a Igreja", conforme se diz no Evangelho de João: "De sua plenitude todos recebemos". Ora, Cristo falou uma só língua; e os fiéis não falam agora mais do que uma língua. Logo, parece que os discípulos de Cristo não receberam o dom das línguas para falar em todas elas.

EM SENTIDO CONTRÁRIO, diz-se nos Atos dos Apóstolos: "Todos ficaram cheios do Espírito Santo e começaram a falar em outras línguas, conforme o Espírito os impelia a que se exprimissem". Uma Glosa de Gregório assim comenta: "O Espírito Santo apareceu sobre os discípulos em línguas de fogo e lhes deu o conhecimento de todas as línguas".

RESPONDO. Os primeiros discípulos de Cristo foram escolhidos para percorrerem o mundo pregando a sua fé a todos, como se lê no Evangelho de Mateus: "Ide e ensinai a todos os povos". Ora, não era conveniente que aqueles que eram enviados para instruir os outros, precisassem ser instruídos por eles sobre a maneira de lhes falar ou de compreender sua linguagem. Sobretudo porque estes enviados eram da mesma nação, da Judeia, como o havia predito Isaías: "Aqueles que sairão impetuosamente de Jacó, encherão com sua raça a face da terra". Além disso, os discípulos enviados eram pobres e sem poder; eles não teriam encontrado facilmente, desde o começo, intérpretes fiéis para traduzir suas palavras ou lhes explicar as dos outros, principalmente por terem sido enviados a povos infiéis. Por esta razão, era necessário que Deus lhes viesse em socorro com o dom das línguas, a fim de que, como se havia introduzido a diversidade de línguas, quando os homens começaram a dar-se à idolatria, como se lê no livro do Gênesis, assim se desse o remédio a essa diversidade, quando tivessem que ser convertidos ao culto de um só Deus[b].

---

3. Cfr. GREG., *In Evang.*, l. II, hom. 30, n. 4: ML 76, 1222 C.

b. Tomás examina aqui o dom feito aos Apóstolos no dia de Pentecostes, de poder exprimir-se em línguas estrangeiras para serem compreendidos pelos diversos povos aos quais eles eram enviados. Seguindo uma imagem preferida pelos Padres da Igreja, ele faz do evento de Pentecostes o paralelo invertido do que se produzira no momento da construção da torre de Babel:

AD PRIMUM ergo dicendum quod, sicut dicitur 1Cor 12,7, *manifestatio Spiritus datur ad utilitatem*. Et ideo sufficienter et Paulus et alii Apostoli fuerunt instructi divinitus in linguis omnium gentium, quantum requirebatur ad fidei doctrinam. Sed quantum ad quaedam quae superadduntur humana arte ad ornatum et elegantiam locutionis. Apostolus instructus erat in propria lingua, non autem in aliena. Sicut etiam et in sapientia et scientia fuerunt sufficienter instructi quantum requirebat doctrina fidei: non autem quantum ad omnia quae per scientiam acquisitam cognoscuntur, puta de conclusionibus arithmeticae vel geometriae.

AD SECUNDUM dicendum quod, quamvis utrumque fieri potuisset, scilicet quod per unam linguam loquentes ab omnibus intelligerentur, aut quod omnibus loquerentur; tamen convenientius fuit quod ipsi omnibus linguis loquerentur: quia hoc pertinebat ad perfectionem scientiae ipsorum, per quam non solum loqui, sed intelligere poterant quae ab aliis dicebantur. Si autem omnes unam eorum linguam intellexissent, hoc vel fuisset per scientiam illorum qui eos loquentes intelligerent: vel fuisset quasi quaedam illusio, dum aliorum verba aliter ad aliorum aures perferrentur quam ipsi ea proferrent. Et ideo Glossa[4] dicit, Act 2,4, quod *maiori miraculo factum est quod ipsi omnium linguarum generibus loquerentur*. Et Paulus dicit, 1Cor 14,18: *Gratias Deo, quod omnium vestrum lingua loquor*.

AD TERTIUM dicendum quod Christus in propria persona uni soli genti praedicaturus erat, scilicet Iudaeis. Et ideo, quamvis ipse absque dubio perfectissime haberet scientiam omnium linguarum, non tamen oportuit quod omnibus linguis loqueretur.

Ideo autem, ut Augustinus dicit, *super Ioan*.[5], *cum et modo Spiritus Sanctus accipiatur, nemo loquitur linguis omnium gentium, quia iam ipsa Ecclesia linguis omnium gentium loquitur, in qua qui non est, non accipit Spiritum Sanctum*.

QUANTO AO 1º, portanto, deve-se dizer que na Carta aos Coríntios "a manifestação do Espírito se dá para a utilidade da Igreja". Por isso, tanto Paulo como os outros Apóstolos foram instruídos por Deus nas línguas de todas gentes, segundo o requeria o ensinamento da fé. Quanto a certas particularidades que se adquirem por esforço humano, como beleza e elegância de expressão, o Apóstolo fora instruído na sua própria língua, e não numa língua estrangeira. Assim também, quanto à sabedoria e a ciência, os Apóstolos foram instruídos por Deus tanto quanto requeria o ensinamento da fé, mas não em todas as coisas que se adquirem pelo estudo, como, por exemplo, as conclusões da aritmética ou da geometria.

QUANTO AO 2º, deve-se dizer que, embora uma e outra coisa pudesse acontecer, a saber: ou que, falando uma só língua, fossem compreendidos de todos, ou que eles falassem as línguas de todos. Contudo, era mais conveniente esta segunda solução, porque tocava à perfeição da sua ciência, pois eles não só podiam falar, como também entender o que os outros diziam. Se todos entendessem a única língua dos pregadores, isto seria, ou pela ciência dos ouvintes, que podiam entender aos que falavam, ou seria uma ilusão, pois percebiam com seus ouvidos palavras muito diferentes daquelas que proferiam os que lhes falavam. Por isso, diz a Glosa sobre: "Maior milagre foi que eles falassem as línguas de todos". E Paulo diz: "Dou graças ao meu Deus porque falo as línguas que todos vós falais".

QUANTO AO 3º, deve-se dizer que Cristo só pregou pessoalmente a uma única nação, a dos judeus, e, embora possuísse sem dúvida perfeitissimamente a ciência de todas as línguas, não convinha que fizesse uso de todas elas.

Por isso, diz Agostinho: "Atualmente, todos recebem o Espírito Santo e, não obstante, não falam as línguas de todos, porque a Igreja já fala as língua de todos os povos, e aquele que não pertence à Igreja, não recebe o Espírito Santo".

---

4. Cfr. BEDAM, super v. 4: ML 92, 947 A.
5. Tract. 32, n. 7, super 7, 39: ML 35, 1645.

o pecado dos homens acarretou a dispersão e a impossibilidade de se compreender, mas a vinda do Espírito de amor permite doravante superar esse obstáculo.

Articulus 2
Utrum donum linguarum sit excellentius quam gratia prophetiae

AD SECUNDUM SIC PROCEDITUR. Videtur quod donum linguarum sit excellentius quam gratia prophetiae.
1. *Quae* enim *sunt melioribus propria, videntur esse meliora*: secundum Philosophum, in III *Topic.*[1]. Sed donum linguarum est proprium novi Testamenti: unde cantatur in Sequentia Pentecostes: *Ipse hodie Apostolos Christi donans munere insolito et cunctis inaudito saeculis*. Prophetia autem magis competit veteri Testamento: secundum illud Hb 1,1: *Multifariam multisque modis olim Deus loquens Patribus in Prophetis*. Ergo videtur quod donum linguarum sit excellentius quam donum prophetiae.

2. PRAETEREA, illud per quod ordinamur ad Deum, videtur excellentius esse eo per quod ordinamur ad homines. Sed per donum linguarum homo ordinatur ad Deum, per prophetiam autem ad homines: dicitur enim 1Cor 14,2-3: *Qui loquitur lingua, non hominibus loquitur, sed Deo: qui autem prophetat, hominibus loquitur ad aedificationem*. Ergo videtur quod donum linguarum sit excellentius quam donum prophetiae.

3. PRAETEREA, donum linguarum habitualiter permanet in habente ipsum, et habet homo in potestate *uti eo cum voluerit*: unde dicitur 1Cor 14,18: *Gratias ago Deo meo quod omnium vestrum lingua loquor*. Non autem sic est de dono prophetiae, ut supra[2] dictum est. Ergo donum linguarum videtur esse excellentius quam donum prophetiae.

4. PRAETEREA, *interpretatio sermonum* videtur contineri sub prophetia: quia Scripturae eodem Spiritu exponuntur quo sunt editae. Sed interpretatio sermonum, 1Cor 12,28, ponitur post *genera linguarum*. Ergo videtur quod donum linguarum sit excellentius quam donum prophetiae, maxime quantum ad aliquam eius partem.

Artigo 2
O dom das línguas é mais excelente do que a graça da profecia?

QUANTO AO SEGUNDO, ASSIM SE PROCEDE: parece que o dom das línguas é mais excelente do que a graça da profecia.
1. Com efeito, "as coisas que são próprias dos melhores, devem ser consideradas como melhores", segundo o Filósofo. Ora, o dom das línguas é próprio do Novo Testamento; por isso, se canta na Sequência de Pentecostes: "Ele mesmo concede hoje aos Apóstolos de Cristo um dom insólito e inaudito em todos os séculos". Ora, a profecia convém antes ao Antigo Testamento, segundo se diz na Carta aos Hebreus: "Muitas vezes e de modos diversos falou Deus, outrora, aos Pais pelos profetas". Logo, parece que o dom das línguas é mais excelente que o dom de profecia.

2. ALÉM DISSO, aquilo que nos ordena para Deus parece ser mais excelente do que aquilo que nos ordena para os homens. Ora, pelo dom das línguas o homem se ordena para Deus; pelo de profecia, para os homens. Diz-se, de fato, na primeira aos Coríntios: "Aquele que fala em línguas, não fala aos homens, senão a Deus; mas o que profetiza fala aos homens para a sua edificação". Logo, parece que o dom das línguas é mais excelente que o dom de profecia.

3. ADEMAIS, o dom das línguas permanece habitualmente em quem o possui, que pode "usar dele quando quiser". Por isso, diz o Apóstolo: "Dou graças ao meu Deus porque falo as línguas de todos vós". Ora, o mesmo não ocorre com o dom da profecia. Logo, parece que o dom das línguas é mais excelente que o dom de profecia.

4. ADEMAIS, "a interpretação dos discursos" parece estar contida na profecia, pois as Escrituras devem ser explicadas pelo mesmo Espírito que as produziu. Ora, o Apóstolo afirma a "interpretação dos discursos", na primeira Carta aos Coríntios, depois do "dom de falar diversas línguas". Logo, parece que o dom das línguas, sobretudo em relação a uma das suas partes, é mais excelente que o dom da profecia.

---

2 PARALL.: I *ad Cor.*, c. 14, lect. 1 sqq.

1. C. 1: 116, b, 12.
2. Q. 171, a. 2.

SED CONTRA est quod Apostolus dicit, 1Cor 14,5: *Maior est qui prophetat quam qui loquitur linguis.*
RESPONDEO dicendum quod donum prophetiae excedit donum linguarum tripliciter. Primo quidem, quia donum linguarum refertur ad diversas voces proferendas, quae sunt signa alicuius intelligibilis veritatis: cuius etiam signa sunt quaedam ipsa phantasmata quae secundum imaginariam visionem apparent; unde et Augustinus, XII *super Gen. ad litt.*[3], comparat donum linguarum visioni imaginariae. Dictum est autem supra[4] quod donum prophetiae consistit in ipsa illuminatione mentis ad cognoscendum intelligibilem veritatem. Unde sicut prophetica illuminatio excellentior est quam imaginaria visio, ut supra[5] habitum est; ita etiam excellentior est prophetia quam donum linguarum secundum se consideratum.

Secundo, quia donum prophetiae pertinet ad rerum notitiam: quae est nobilior quam notitia vocum, ad quam pertinet donum linguarum.

Tertio, quia donum prophetiae est utilius. Et hoc quidem probat Apostolus, 1Cor 14, tripliciter. Primo quidem [v. 5 sqq.], quia prophetia est utilior ad aedificationem Ecclesiae: ad quam qui loquitur linguis nihil prodest, nisi expositio subsequatur. — Secundo [v. 14 sqq.], quantum ab ipsum loquentem: qui si acciperet ut loqueretur diversis linguis sine hoc quod intelligeret (quod pertinet ad propheticum donum), mens eius non aedificaretur. — Tertio [21 sqq.], quantum ad infideles, propter quos praecipue videtur esse datum donum linguarum: qui quidem forte eos qui loquerentur linguis reputarent insanos; sicut et Iudaei reputaverunt ebrios Apostolos linguis loquentes, ut dicitur Act 2,13. Per prophetias autem infidelis convinceretur, manifestatis absconditis cordis eius.

AD PRIMUM ergo dicendum quod, sicut supra[6] dictum est, ad excellentiam prophetiae pertinet

EM SENTIDO CONTRÁRIO, o Apóstolo diz: "Maior é o que profetiza do que o que fala diversas línguas".
RESPONDO. O dom de profecia é mais excelente que o dom das línguas de três maneiras[c]: 1º porque o dom das línguas se refere às diversas vozes ou sinais com que se profere uma verdade inteligível; mas estes sinais são certas imagens sensíveis representadas em visão imaginária. Por isso, Agostinho compara o dom das línguas a essa forma de visão. Pois, como foi dito acima, o dom de profecia consiste na própria iluminação da mente para que ela conheça a verdade inteligível. Portanto, assim como a iluminação profética é mais excelente que a visão imaginária, assim também a profecia é mais excelente que o dom de línguas considerado em si mesmo.

2º porque o dom de profecia nos dá a conhecer as próprias realidades, o que é mais nobre do que conhecer apenas as palavras, como é o caso do dom de línguas.

3º porque o dom de profecia é mais útil. O que o Apóstolo prova por três razões: a) porque a profecia é mais útil para a edificação da Igreja, à qual em nada contribui quem fala em línguas, a menos que ele explique o que está dizendo. — b) porque, se aquele mesmo que recebeu o dom de falar em várias línguas não compreender o que está dizendo (o que pertence ao dom da profecia), isso nada adiantaria para sua edificação espiritual. — c) quanto aos infiéis, por causa dos quais sobretudo parece ter sido concedido o dom das línguas, uma vez que poderiam considerar loucos aqueles que as falassem; por exemplo, os judeus achavam que os Apóstolos estavam embriagados, porque estes falavam em línguas, segundo narram os Atos dos Apóstolos. Ao passo que, pelas profecias, os infiéis ficam convencidos, pois lhes são revelados os segredos dos seus corações.

QUANTO AO 1º, portanto, deve-se dizer que a excelência da profecia consiste em que o profeta,

---

3. C. 8: ML 34, 460.
4. Q. 173, a. 2.
5. Q. 174, a. 2.
6. Q. 174, a. 2, ad 1.

c. Observe-se que o dom das línguas ao qual se refere aqui Sto. Tomás não é mais o mesmo que aquele ao qual se referira no artigo anterior. Trata-se aqui do fenômeno que os exegetas chamam de glossolalia: discursos mais ou menos coerentes, entrecortados por palavras estranhas e não só estrangeiras, pronunciados durante êxtases de qualidade duvidosa. Paulo esforçou-se em pôr em ordem esses fenômenos mal controlados e que provavelmente reproduziam práticas pagãs. Ele acentua a superioridade do dom de profecia em relação a eles (ver 1Co 12-14).

quod aliquis non solum illuminetur intelligibili lumine, sed etiam percipiat imaginariam visionem. Ita etiam ad perfectionem operationis Spiritus Sancti pertinet quod non solum impleat mentem lumine prophetico et phantasiam imaginaria visione, sicut erat in veteri Testamento: sed etiam exterius linguam erudiat ad varia signa locutionum proferenda. Quod totum fit in novo Testamento: secundum illud 1Cor 14,26: *Unusquisque vestrum psalmum habet, doctrinam habet, linguam habet, apocalypsim*, idest propheticam revelationem, habet.

AD SECUNDUM dicendum quod per donum prophetiae homo ordinatur ad Deum secundum mentem: quod est nobilius quam ordinari ad eum secundum linguam. Dicitur autem quod ille qui loquitur lingua *non loquitur hominibus*, idest, ad intellectum hominum vel utilitatem eorum: sed ad intellectum solius Dei et ad laudem eius. Sed per prophetiam ordinatur aliquis et ad Deum et ad proximum. Unde est perfectius donum.

AD TERTIUM dicendum quod revelatio prophetica se extendit ad omnia supernaturalia cognoscenda. Unde ex eius perfectione contingit quod in statu imperfectionis huius vitae non potest haberi perfecte per modum habitus, sed imperfecte per modum passionis cuiusdam. Sed donum linguarum se extendit ad cognitionem quandam particularem, scilicet vocum humanarum. Et ideo non repugnat imperfectioni huius vitae quod perfecte et habitualiter habeatur.

AD QUARTUM dicendum quod interpretatio sermonum potest reduci ad donum prophetiae: inquantum scilicet mens illuminatur ad intelligendum et exponendum quaecumque sunt in sermonibus obscura, sive propter difficultatem rerum significatarum, sive etiam propter ipsas voces ignotas quae proferuntur, sive etiam propter similitudines rerum adhibitas; secundum illud Dn 5,16: *Audivi de te quod possis obscura interpretari et ligata dissolvere*. Unde interpretatio sermonum est potior quam donum linguarum: ut patet per id quod Apostolus dicit, 1Cor 14,5: *Maior est qui prophetat quam qui loquitur linguis, nisi forte interpretetur*. Postponitur autem interpretatio sermonum dono linguarum, quia etiam ad interpretandum diversa linguarum genera interpretatio sermonum se extendit.

não só seja iluminado pela luz inteligível, mas que perceba a visão da imaginação. Assim, também faz parte da ação do Espírito Santo não só encher a mente do profeta com a luz profética e a fantasia da visão imaginária, como acontecia no Antigo Testamento, mas ainda dispor, exteriormente, a língua do profeta a proferir os diferentes sinais da linguagem. Tudo isto se cumpre no Novo Testamento, segundo se lê na primeira Carta aos Coríntios: "Cada um de vós tem seu salmo, seu ensinamento, seu discurso em línguas ou seu apocalipse, quer dizer, sua revelação profética."

QUANTO AO 2º, deve-se dizer que pelo dom de profecia, o homem se ordena a Deus segundo o espírito, o que é mais nobre do que ordenar-se a Ele segundo a linguagem. Pois, de quem fala em línguas se diz que "não fala aos homens", isto é, ao seu intelecto ou para a sua utilidade, mas só para o intelecto de Deus e para a sua glória. Ora, pela profecia o homem se ordena a Deus e ao proveito do próximo; portanto, ela é um dom mais perfeito.

QUANTO AO 3º, deve-se dizer que a revelação profética se estende ao conhecimento de todas as realidades sobrenaturais. Donde se segue que, em virtude de sua própria perfeição, no estado de imperfeição desta vida, não se possa recebê-la perfeitamente como um hábito, mas somente de maneira imperfeita, como uma paixão. Ao contrário, o dom das línguas só se estende ao conhecimento de uma realidade particular, a saber, a linguagem dos homens. Por isso, não é incompatível com a imperfeição desta vida que ele seja possuído perfeitamente e como um hábito.

QUANTO AO 4º, deve-se dizer que a interpretação dos discursos se pode reduzir ao dom de profecia na medida em que a mente é iluminada para entender e expor tudo aquilo que for obscuro nos discursos, seja por causa da dificuldade das coisas significadas, seja por causa das palavras desconhecidas que são empregadas, ou ainda das semelhanças de que se faz uso, segundo estas palavras do livro de Daniel: "Ouvi dizer de ti que podes interpretar as coisas obscuras e resolver as intrincadas". Por isso, a interpretação dos discursos é superior ao dom das línguas, como é patente nas palavras do Apóstolo: "Maior é o que profetiza que o que fala em línguas, a menos que este também interprete". Não obstante, o Apóstolo coloca a interpretação dos discursos depois do dom das línguas, porque ela se estende também à interpretação dos diversos gêneros de línguas.

QUAESTIO CLXXVII
DE GRATIA GRATIS DATA QUAE CONSISTIT IN SERMONE
in duos articulos divisa

Deinde considerandum est de gratia gratis data quae consistit in sermone, de qua dicitur 1Cor 12,8: *Alii datur per Spiritum sermo sapientiae, alii sermo scientiae.*
Et circa hoc quaeruntur duo.
Primo: utrum in sermone consistat aliqua gratia gratias data.
Secundo: quibus haec gratia competit.

ARTICULUS 1
Utrum in sermone consistat aliqua gratia gratis data

AD PRIMUM SIC PROCEDITUR. Videtur quod in sermone non consistat aliqua gratia gratis data.

1. Gratia enim datur ad id quod excedit facultatem naturae. Sed ex naturali ratione adinventa est ars rhetorica, per quam aliquis potest *sic dicere ut doceat, ut delectet, ut flectat*: sicut Augustinus dicit, in IV *de Doct. Christ.*[1]. Hoc autem pertinet ad gratiam sermonis. Ergo videtur quod gratia sermonis non sit gratia gratis data.
2. PRAETEREA, omnis gratia ad regnum Dei pertinet. Sed Apostolus dicit, 1Cor 4,20: *Non in sermone est regnum Dei, sed in virtute.* Ergo in sermone non consistit aliqua gratia gratis data.

3. PRAETEREA, nulla gratia datur ex meritis: quia *si ex operibus, iam non est gratia,* ut dicitur Rm 11,6. Sed sermo datur alicui ex meritis: dicit enim Gregorius[2], exponens illud Ps 118,43, *Ne auferas de ore meo verbum veritatis*, quod *verbum veritatis omnipotens Deus facientibus tribuit, et non facientibus tollit.* Ergo videtur quod donum sermonis non sit gratia gratis data.

4. PRAETEREA, sicut necesse est quod homo per sermonem pronuntiet ea quae pertinent ad donum sapientiae vel scientiae, ita etiam ea quae pertinent ad virtutem fidei. Ergo, si ponitur *sermo sapientiae* et *sermo scientiae* gratia gratis data,

QUESTÃO 177
A GRAÇA GRÁTIS DADA DA PALAVRA
em dois artigos

Em seguida, deve-se tratar da graça grátis dada da palavra, à qual se refere o Apóstolo: "A um o Espírito dá a palavra da sabedoria; a outro, a palavra da ciência".
A respeito disso, duas questões:
1. A palavra é uma graça grátis dada?
2. A quem cabe esta graça?

ARTIGO 1
Na palavra há uma graça grátis dada?

QUANTO AO PRIMEIRO ARTIGO, ASSIM SE PROCEDE: parece que na palavra **não** há uma graça grátis dada.

1. Com efeito, a graça é dada para aquilo que excede a capacidade da natureza. Mas, foi a razão natural que inventou a arte da retórica, pela qual se é capaz "de falar de maneira a ensinar, a deleitar e a convencer", como declara Agostinho. Ora, isto constitui a graça da palavra. Logo, parece que a graça da palavra não é uma graça grátis dada.
2. ALÉM DISSO, toda graça tem relação com o Reino de Deus. Ora, o Apóstolo afirma: "O Reino de Deus não consiste em palavras, mas em poder". Logo, a graça da palavra não constitui nenhuma graça grátis dada.
3. ADEMAIS, nenhuma graça é dada por causa dos méritos da pessoa que a recebe, porque, "se é por graça, não é pelas obras", lê-se em Paulo. Ora, a palavra se concede a alguns por mérito. De fato, comentando o Salmo: "Não retireis de minha boca a palavra da verdade", Gregório escreve: "O Deus onipotente concede a palavra da verdade àqueles que a põem em prática, e a retira daqueles que não o fazem". Logo, parece que o dom da palavra não é uma graça grátis dada.
4. ADEMAIS, como é necessário que o homem expresse pela palavra o que pertence ao dom de sabedoria ou de ciência, também o é para o que toca à virtude da fé. Logo, se se considera "palavra de sabedoria" e "palavra de ciência" como graças

---

1 PARALL.: *Cont. Gent.* III, 154; I *ad Cor.*, c. 12, lect. 2.

1. C. 12, n. 27: ML 34, 101.
2. *Moral.*, l. XI, c. 15, al. 9, n. 23: ML 75, 964 B.

pari ratione deberet poni *sermo fidei* inter gratias gratis datas.

SED IN CONTRARIUM est quod dicitur Eccli 6,5: *Lingua eucharis*, idest gratiosa, *in bono homine abundabit*. Sed bonitas hominis est ex gratia. Ergo etiam et gratiositas sermonis.

RESPONDEO dicendum quod gratiae gratis datae dantur ad utilitatem aliorum, ut supra[3] dictum est. Cognitio autem quam aliquis a Deo accipit, in utilitatem alterius converti non posset nisi mediante locutione. Et quia Spiritus Sanctus non deficit in aliquo quod pertineat ad Ecclesiae utilitatem, etiam providet membris Ecclesiae in locutione: non solum ut aliquis sic loquatur ut a diversis possit intelligi, quod pertinet ad donum linguarum; sed etiam quod efficaciter loquatur, quod pertinet ad gratiam *sermonis*. Et hoc tripliciter. Primo quidem, ad instruendum intellectum: quod fit dum aliquis sic loquitur quod *doceat*. — Secundo, ad movendum affectum, ut scilicet libenter audiat verbum Dei: quod fit dum aliquis sic loquitur quod auditores *delectet*. Quod non debet aliquis quaerere propter favorem suum: sed ut homines alliciantur ad audiendum verbum Dei. — Tertio, ad hoc quod aliquis amet ea quae verbis significantur, et velit ea implere: quod fit dum aliquis sic loquitur quod auditorem *flectat*. Ad quod quidem efficiendum Spiritus Sanctus utitur lingua hominis quasi quodam instrumento: ipse autem est qui perficit operationem interius. Unde Gregorius dicit, in Homilia Pentecostes[4]: *Nisi corda auditorum Spiritus Sanctus repleat, ad aures corporis vox docentium incassum sonat*.

AD PRIMUM ergo dicendum quod, sicut miraculose Deus quandoque operatur quodam excellentiori modo etiam ea quae natura potest operari, ita etiam Spiritus Sanctus excellentius operatur per gratiam sermonis id quod potest ars operari inferiori modo.

AD SECUNDUM dicendum quod Apostolus ibi loquitur de sermone qui innititur humanae eloquentiae, absque virtute Spiritus Sancti. Unde praemisit [v. 19]: *Cognoscam, non sermonem eorum qui*

grátis dadas, pela mesma razão deve-se situar "a palavra da fé" entre elas.

EM SENTIDO CONTRÁRIO, diz o livro do Eclesiástico: "A palavra graciosa abundará para o homem bom". Ora, a bondade do homem provém da graça. Logo, também a graça da palavra.

RESPONDO. As graças grátis dadas são concedidas em vista da utilidade dos outros. Ora, o conhecimento que alguém recebe de Deus para a utilidade do próximo só poderá servir a esse fim mediante a palavra pronunciada. E, como o Espírito Santo não falta em coisa alguma que é útil para a Igreja, provê também seus membros com o dom da palavra, não só para que eles sejam compreendidos de todos, o que constitui o dom das línguas, mas também para que falem com eficácia, o que constitui o "dom da palavra".

E isto se faz de três maneiras: 1º. Para instruir o intelecto; o que se dá quando alguém fala para "ensinar". — 2º. Para mover o afeto, de maneira que se faça escutar com gosto a palavra de Deus; o que sucede quando alguém fala tão bem que "deleita" os ouvintes. Mas isto não se deve buscar para a sua própria vantagem, mas para atrair os homens a ouvirem a palavra de Deus. — 3º. Para que os ouvintes amem o que as palavras significam e o queiram realizar; o que sucede quando alguém fala de tal modo que dobre os ouvintes. Para o conseguir, o Espírito Santo serve-se da língua do homem como de um instrumento; mas é ele mesmo quem acaba interiormente a obra. Por isso, diz Gregório: "Se o Espírito Santo não encher os corações dos ouvintes, é em vão que a voz de quem os ensina ressoa aos seus ouvidos."[a]

QUANTO AO 1º, portanto, deve-se dizer que Deus às vezes faz miraculosamente, e de um modo mais excelente, as coisas que a natureza também pode realizar. Assim, o Espírito Santo faz, pelo dom da palavra, de maneira mais perfeita, o que a arte é capaz de realizar imperfeitamente.

QUANTO AO 2º, deve-se dizer que no texto citado, o Apóstolo fala da palavra que se apoia na eloquência humana, sem a graça do Espírito Santo. Por isso, disse antes: "Tomarei conhecimento não

---

3. I-II, q. 111, a. 1, 4.
4. Al. Hom. 30 *in Evang.*, n. 3: ML 76, 1222 A.

a. Essa citação de São Gregório, que reproduz um dos axiomas favoritos de Sto. Agostinho, explica com felicidade a diferença inerente entre o discurso movido pelo Espírito e aquele que deriva apenas de uma sabedoria humana. Exteriormente, ambos os discursos podem assemelhar-se bastante, mas sua origem e seu fim os distinguem radicalmente: enviado pelo Espírito de verdade que concede a sua palavra uma fecundidade sobrenatural, o orador dotado desse carisma não busca sua própria glória, mas a edificação do Corpo de Cristo. Por eloquente que seja, não pode executar sozinho essa tarefa.

inflati sunt, sed virtutem. Et de seipso praemiserat supra, 2,4: *Sermo meus et praedicatio mea non fuit in persuasibilibus humanae sapientiae verbis: sed in ostensione Spiritus et virtutis*.

AD TERTIUM dicendum quod, sicut dictum est, gratia sermonis datur alicui ad utilittatem aliorum. Unde quandoque subtrahitur propter auditoris culpam: quandoque autem propter culpam ipsius loquentis. Bona autem opera utriusque non merentur directe hanc gratiam, sed solum impediunt huius gratiae impedimenta. Nam etiam gratia gratum faciens subtrahitur propter culpam: non tamen eam meretur aliquis per bona opera, per quae tamen tollitur gratiae impedimentum.

AD QUARTUM dicendum quod, sicut dictum est, gratia sermonis ordinatur ad utilitatem aliorum. Quod autem aliquis fidem suam aliis communicet, fit per sermonem scientiae seu sapientiae: unde Augustinus dicit, XIV *de Trin*.[5], quod *scire quemadmodum fides et piis opituletur et contra impios defendatur, videtur Apostolus scientiam appellare*. Et ideo non oportuit quod poneret sermonem fidei: sed suffecit ponere sermonem scientiae et sapientiae.

das palavras dos orgulhosos, mas do seu poder". E de si mesmo já havia dito: "Minha palavra e minha pregação nada tinham da persuasiva linguagem da sabedoria, mas eram uma demonstração de Espírito e poder".

QUANTO AO 3º, deve-se dizer que o dom da palavra é concedido a alguém para a utilidade dos outros. Por isso, às vezes, Deus a retira por culpa dos ouvintes, outras por culpa de quem fala. As boas obras de uns e de outros não merecem diretamente este dom, mas só removem os obstáculos para que seja concedido. O mesmo se dá com a graça santificante, pois ela é retirada por causa da culpa; mas ninguém a merece pelas suas boas obras, embora estas removam os obstáculos que a ela se opõem.

QUANTO AO 4º, deve-se dizer que o dom da palavra se ordena à utilidade dos outros. Ora, pela palavra da sabedoria ou da ciência é que se comunica a nossa fé aos outros. Eis por quê diz Agostinho: "Saber os meios que a fé emprega para socorrer as almas piedosas e para se defender contra os ímpios, eis o que o Apóstolo parece chamar de ciência". Por isso, o Apóstolo não tinha que mencionar a palavra da fé, mas bastava que se referisse à da ciência e da sabedoria.

ARTICULUS 2
Utrum gratia sermonis sapientiae et scientiae pertineat etiam ad mulieres

AD SECUNDUM SIC PROCEDITUR. Videtur quod gratia sermonis sapientiae et scientiae pertineat etiam ad mulieres.
1. Ad huiusmodi enim gratiam pertinet doctrina, sicut dictum est[1]. Sed docere competit mulieri: dicitur enim Pr 4,3-4: *Unigenitus fui coram matre mea, et docebat me*. Ergo haec gratia competit mulieribus.
2. PRAETEREA, maior est gratia prophetiae quam gratia sermonis: sicut maior est contemplatio veritatis quam eius enuntiatio. Sed prophetia conceditur mulieribus: sicut legitur Idc 4,4 de Debbora; et 4Reg 22,14, de *Holda, prophetissa, uxore Sellum*; et Act 21,9, de quatuor filiabus Philippi. Apostolus etiam dicit, 1Cor 11,5: *Omnis mulier orans aut prophetans*, etc. Ergo videtur quod multo magis gratia sermonis competit mulieri.

ARTIGO 2
A graça da palavra de sabedoria e de ciência diz respeito, também, às mulheres?

QUANTO AO SEGUNDO, ASSIM SE PROCEDE: parece que a graça da palavra de sabedoria e de ciência **diz** respeito também às mulheres.
1. Com efeito, esta graça compreende também o ensino. Ora, compete às mulheres ensinar, pois diz o livro dos Provérbios: "Filho único, estava diante de minha mãe e ela me ensinava". Logo, esta graça compete às mulheres.
2. ALÉM DISSO, maior é a graça da profecia do que a da palavra, assim como contemplar a verdade é mais do que anunciá-la. Ora, as mulheres podem receber a graça da profecia, como se lê no livro dos Juízes a respeito de Débora; no segundo livro dos Reis, a propósito de Hulda, profetisa, mulher de Shalum, e nos Atos dos Apóstolos, das quatro filhas de Filipe. Além disso, o próprio Apóstolo diz: "Toda mulher que reza ou profetiza"

---

5. C. 1, n. 3: ML 42, 1037.
PARALL.: Part. III, q. 55, a. 1, ad 3; I *ad Cor*., c. 14, lect. 7; I *ad Tim*., c. 2, lect. 3; *ad Tit*., c. 2, lect. 1.
1. Art. praec.

3. PRAETEREA, 1Pe 4,10 dicitur: *Unusquisque, sicut accepit gratiam, in alterutrum illam administrantes*. Sed quaedam mulieres accipiunt gratiam sapientiae et scientiae, quam non possunt aliis administrare nisi per gratiam sermonis. Ergo gratia sermonis competit mulieribus.

SED CONTRA est quod Apostolus dicit, 1Cor 14,34: *Mulieres in ecclesiis taceant*; et 1Ti 2,12: *Docere mulieri non permitto*. Hoc autem praecipue pertinet ad gratiam sermonis. Ergo gratia sermonis non competit mulieribus.

RESPONDEO dicendum quod sermone potest aliquis uti dupliciter. Uno modo, private ad unum vel paucos, familiariter colloquendo. Et quantum ad hoc, gratia sermonis potest competere mulieribus. — Alio modo, publice alloquendo totam Ecclesiam. Et hoc mulieri non conceditur. Primo quidem, et principaliter, propter conditionem feminei sexus, qui debet esse subditus viro, ut patet Gn 3,16. Docere autem et persuadere publice in Ecclesia non pertinet ad subditos, sed ad praelatos. Magis tamen viri subditi ex commissione possunt exequi: quia non habent huiusmodi subiectionem ex naturali sexu, sicut mulieres, sed ex aliquo accidentaliter supervenienti. — Secundo, ne animi hominum alliciantur ad libidinem. Dicitur enim Eccli 9,11: *Colloquium illius quasi ignis exardescit*. — Tertio, quia, ut communiter, mulieres non sunt in sapientia perfectae, ut eis possit convenienter publica doctrina committi.

AD PRIMUM ergo dicendum quod illa auctoritas loquitur de doctrina privata, qua mater filium erudit.

AD SECUNDUM dicendum quod gratia prophetiae attenditur secundum mentem illuminatam a Deo, ex qua parte non est in hominibus sexuum differentia: secundum illud Cl 3,10: *Induentes novum hominem, qui renovatur secundum imaginem eius* etc. Logo, parece que, com maior razão, a graça da palavra também compete às mulheres.

3. ADEMAIS, lê-se na primeira Carta de Pedro: "Cada um, segundo o dom que recebeu, comunique-o aos outros". Ora, certas mulheres recebem a graça da sabedoria e da ciência, que não podem dispensar aos outros senão pela graça da palavra. Logo, a graça da palavra cabe também à mulher.

EM SENTIDO CONTRÁRIO, o Apóstolo diz, na primeira Carta aos Coríntios: "Que as mulheres se calem nas assembleias". E a Timóteo: "Eu não permito que a mulher ensine". Ora, ensinar constitui o essencial da graça da palavra. Logo, esta graça não compete às mulheres.

RESPONDO. Pode-se fazer uso da palavra de dois modos: 1. Um, privado, quando se fala familiarmente com uma ou poucas pessoas. Nesse caso, a graça da palavra pode convir às mulheres. — 2. O outro, público, quando se fala a toda a assembleia. E isto não se concede às mulheres porque: Em primeiro lugar e principalmente, por sua condição de mulher, ela deve ser submissa ao homem, como fica claro no livro do Gênesis. Ora, ensinar e persuadir publicamente, na assembleia, convém, não aos súditos mas aos prelados. Contudo, se homens que não são prelados mas súditos, podem cumprir este ofício, é por delegação que o fazem. E isto lhes convém mais que às mulheres, porque a sujeição deles ao superior não se funda naturalmente no sexo, mas em alguma circunstância acidental que lhes sobrevém. — Em segundo lugar, para que não se desperte a concupiscência do homem, pois diz o livro do Eclesiástico que "a conversação [das mulheres] queima como fogo". — Em terceiro lugar, porque geralmente as mulheres não alcançam a perfeição da sabedoria, para que seja possível confiar-lhes convenientemente o ensino em público[b].

QUANTO AO 1º, portanto, deve-se dizer que essa passagem da Escritura se refere ao ensino privado, pelo qual a mãe instrui o seu filho.

QUANTO AO 2º, deve-se dizer que na graça de profecia, é a mente que é iluminada por Deus. Ora, desse ponto de vista não há, entre os seres humanos, diferenças segundo o sexo, como se vê por esta passagem da Carta aos Colossenses: "Vós

---

b. É claro que podemos distinguir nesse artigo o costume da Igreja (*consuetudo ecclesiae*) lembrado por Tomás, segundo o qual não é permitido às mulheres ensinar com autoridade na Igreja, e as razões sobre as quais ele apoia esse costume. Este último tem a seu favor o peso de uma prática eclesial de vinte séculos, enquanto que as razões aqui enunciadas por Tomás são evidentemente bem mais discutíveis. Não se deve inferir qualquer inferioridade da mulher como ser humano ou como filha de Deus; a resposta 2 desse mesmo artigo lembra imediatamente a verdade sobre esse ponto.

qui creavit eum: ibi non est masculus et femina. Sed gratia sermonis pertinet ad instructionem hominum, inter quos differentia sexuum invenitur. Unde non est similis ratio de utroque.

AD TERTIUM dicendum quod gratia divinitus acceptam diversimode aliqui administrant, secundum diversitatem conditionis ipsorum. Unde mulieres, si gratiam sapientiae aut scientiae habeant, possunt eam administrare secundum privatam doctrinam, non autem secundum publicam.

vos revestistes do homem novo, que se renova (...) segundo a imagem daquele que o criou; onde não há diferença de homem e de mulher". Mas a graça da palavra é dada para a instrução dos seres humanos; e, segundo este outro ponto de vista, há diferença entre os sexos. Logo, a razão não é a mesma num e noutro caso.

QUANTO AO 3º, deve-se dizer que a graça recebida de Deus pode ser diversamente administrada, segundo a diversidade de condições de quem a possui. Por isso, as mulheres que receberam a graça de sabedoria e de ciência podem fazer uso delas para o ensino privado, mas não para o ensino público.

QUAESTIO CLXXVIII
DE GRATIA MIRACULORUM
in duos articulos divisa
Deinde considerandum est de gratia miraculorum. Et circa hoc quaeruntur duo.
Primo: utrum sit aliqua gratia gratis data faciendi miracula.
Secundo: quibus conveniat.

QUESTÃO 178
A GRAÇA DOS MILAGRES[a]
em dois artigos
Deve-se tratar agora da graça dos milagres.
A esse respeito, são duas as questões:
1. Existe alguma graça grátis dada de realizar milagres?
2. A quem é dada essa graça?

ARTICULUS 1
Utrum aliqua gratia gratis data ordinetur ad miracula facienda

AD PRIMUM SIC PROCEDITUR. Videtur quod nulla gratia gratis data ordinetur ad miracula facienda.

1. Omnis enim gratia ponit aliquid in eo cui datur. Sed operatio miraculorum non ponit aliquid in anima hominis cui datur: quia etiam ad tactum corporis mortui miracula fiunt; sicut legitur 4Reg 13,21, quod *quidam proiecerunt cadaver in sepulcro Elisei, quod cum tetigisset ossa Elisei, revixit homo et stetit super pedes suos.* Ergo operatio miraculorum non pertinet ad gratiam gratis datam.

ARTIGO 1
Alguma graça grátis dada se ordena a realizar milagres?

QUANTO AO PRIMEIRO ARTIGO, ASSIM SE PROCEDE: parece que **nenhuma** graça grátis dada se ordena a realizar milagres.

1. Com efeito, toda graça acrescenta alguma coisa naquele a quem é concedida. Ora, realizar milagres nada acrescenta à alma daquele a quem é conferida, pois até o contato de um corpo morto opera milagres, como se lê no segundo livro dos Reis: que "lançaram o cadáver no sepulcro de Eliseu, e logo que ele tocou os ossos de Eliseu, o homem reviveu e levantou-se sobre os seus pés". Logo, realizar milagres não constitui nenhuma graça grátis dada.

1 PARALL.: I-II, q. 111, a. 4; *Cont. Gent.*, III, 154; *De Pot.*, q. 6, a. 4; a. 9, ad 1.

a. Não se deve buscar nesta questão uma exposição completa sobre os milagres; Tomás só os menciona aqui sob o aspecto da diversidade dos carismas: alguns dizem respeito ao conhecimento, outros ao discurso, outros ainda à ação (ver q. 171, Prol.). Nessa perspectiva, o milagre é visto como acompanhando os discursos dos enviados de Deus para conferir-lhes sua plena credibilidade. Doutrina que é exatamente a de numerosas passagens escriturárias: "Deus confirmava o testemunho deles com sinais e prodígios, milagres de toda sorte, e por dons do Espírito Santo distribuídos segundo sua vontade" (Hb 2,4).

2. PRAETEREA, gratiae gratis datae sunt a Spiritu Sancto: secundum illud 1Cor 12,4: *Divisiones gratiarum sunt: idem autem Spiritus*. Sed operatio miraculorum fit etiam a spiritu immundo: secundum illud Mt 24,24: *Surgent pseudochristi et pseudoprophetae, et dabunt signa et prodigia magna*. Ergo videtur quod operatio miraculorum non pertineat ad gratiam gratis datam.

3. PRAETEREA, miracula distinguuntur per *signa*, et *prodigia* sive *portenta*, et per *virtutes*. Inconvenienter ergo ponitur *operatio virtutum* potius gratia gratis data quam *operatio prodigiorum* sive *signorum*.

4. PRAETEREA, miraculosa reparatio sanitatis per divinam virtutem fit. Ergo non debet distingui *gratia sanitatum* ab operatione virtutum.

5. PRAETEREA, operatio miraculorum consequitur fidem: vel facientis, secundum illud 1Cor 13,2, *Si habuero omnem fidem, ita ut montes transferam*; sive etiam aliorum, propter quos miracula fiunt, unde dicitur Mt 13,58: *Et non fecit ibi virtutes multas, propter incredulitatem illorum*. Si ergo *fides* ponitur gratia gratis data, superfluum est praeter hoc ponere aliam gratiam gratis datam operationem signorum.

SED CONTRA est quod Apostolus, 1Cor 12,9-10, inter alias gratias gratis datas, dicit: *Alii* datur *gratia sanitatum, alii operatio virtutum*.

RESPONDEO dicendum quod, sicut supra[1] dictum est, Spiritus Sanctus sufficienter providet Ecclesiae in his quae sunt utilia ad salutem, ad quod ordinantur gratiae gratis datae. Sicut autem oportet quod notitia quam quis divinitus accipit, in notitiam aliorum deducatur per donum linguarum et per gratiam sermonis; ita necesse est quod sermo prolatus confirmetur, ad hoc quod credibilis fiat. Hoc autem fit per operationem miraculorum: secundum illud Marci 16,20: *Et sermonem confirmante sequentibus signis*. Et hoc rationabiliter. Naturale enim est homini ut veritatem intelligibilem per sensibiles effectus deprehendat. Unde sicut ductu naturalis rationis homo pervenire potest in aliquam Dei notitiam per effectus naturales, ita per aliquos supernaturales effectus, qui miracula dicuntur, in aliquam

2. ALÉM DISSO, as graças grátis dadas procedem do Espírito Santo, conforme a palavra do Apóstolo: "Há diversidade de dons, mas o Espírito é o mesmo". Ora, os milagres também podem ser feitos pelo espírito imundo, segundo esta palavra do Senhor: "Porque se levantarão falsos cristos e falsos profetas e farão milagres e prodígios". Logo, parece que o realizar milagres não faz parte das graças grátis dadas.

3. ADEMAIS, os milagres se dividem em *sinais* e *prodígios* ou *portentos* e *virtudes*. Logo, não se pode colocar a "operação das virtudes" entre as graças grátis dadas, mais do que a "operação dos prodígios" ou "dos sinais".

4. ADEMAIS, a recuperação miraculosa da saúde é obra do poder divino. Logo, não há por que distinguir a "graça das curas" da operação das virtudes.

5. ADEMAIS, a operação dos milagres vem da fé: seja da fé de quem os realiza, como se vê nesta palavra da primeira Carta aos Coríntios: "Se eu tivesse toda a fé, ao ponto de transplantar montanhas"; seja da fé dos beneficiários dos milagres, como se lê no Evangelho de Mateus: "E [Jesus] não fez ali muitos milagres por causa da incredulidade deles". Logo, se a *fé* é considerada uma graça grátis dada, é supérfluo acrescentar-se a ela uma outra graça grátis dada para operar milagres.

EM SENTIDO CONTRÁRIO, Paulo a enumera entre as graças grátis dadas: "A outro [o Espírito] concede a graça das curas; a outro, a operação das virtudes".

RESPONDO. O Espírito Santo provê suficientemente a Igreja de tudo o que é útil à salvação, à qual se ordenam as graças grátis dadas. Assim como é necessário que a ciência que alguém recebeu de Deus chegue ao conhecimento dos outros, por meio do dom das línguas e pela graça da palavra, assim também é necessário que a palavra proferida seja confirmada para ser acreditada. Ora, tal coisa se realiza pela operação dos milagres, segundo se lê no Evangelho de Marcos: "Confirmando a sua pregação com os milagres que a acompanhavam". E isto é muito razoável, pois é natural ao homem apreender as verdades inteligíveis por meio dos efeitos sensíveis. E, assim como o homem, guiado pela razão natural, pode chegar a um certo conhecimento de Deus por meio dos efeitos naturais, assim também, por meio de certos

---

1. Q. 177, a. 1.

supernaturalem cognitionem credendorum homo adducitur. Et ideo operatio miraculorum pertinet ad gratiam gratis datam.

AD PRIMUM ergo dicendum quod, sicut prophetia se extendit ad omnia quae supernaturaliter cognosci possunt, ita operatio virtutum se extendit ad omnia quae supernaturaliter fieri possunt. Quorum quidem causa est divina omnipotentia, quae nulli creaturae communicari potest. Et ideo impossibile est quod principium operandi miracula sit aliqua qualitas habitualiter manens in anima.

Sed tamen hoc potest contingere, quod sicut mens prophetae movetur ex inspiratione divina ad aliquid supernaturaliter cognoscendum, ita etiam mens miracula facientis moveatur ad faciendum aliquid ad quod sequitur effectus miraculi, quod Deus sua virtute facit. Quod quandoque quidem fit praecedente oratione, sicut cum Petrus Tabitham mortuam suscitavit, ut habetur Act 9,40: quandoque etiam non praecedente manifesta oratione, sed Deo ad nutum hominis operante, sicut Petrus Ananiam et Saphiram mentientes morti increpando tradidit, ut dicitur Act 5,3 sqq. Unde Gregorius dicit, in II *Dialog.*[2], quod *sancti aliquando ex potestate, aliquando exhibent miracula ex postulatione*. Utrolibet tamen modo Deus principaliter operatur, qui utitur instrumentaliter vel interiori motu hominis, vel eius locutione, vel etiam aliquo exteriori actu, seu etiam aliquo contactu corporali corporis, etiam mortui. Unde Ios 10,12, cum Iosue dixisset, quasi ex potestate, *Sol, contra Gabaon non movearis*, subditur postea [v. 14]: *Non fuit antea et post tam longa dies, obediente Deo voci hominis.*

AD SECUNDUM dicendum quod ibi loquitur Dominus de miraculis quae fienda sunt tempore Antichristi: de quibus Apostolus dicit, 2Thess 2,9, quod *adventus* Antichristi *erit secundum operationem Satanae, in omni virtute et signis et prodigiis mendacibus*. Et sicut Augustinus dicit, XX *de Civ. Dei*[3], *ambigi solet utrum propterea dicta sint signa et prodigia mendacii, quoniam mortales sensus per phantasmata decepturus est, ut quod non facit, facere videatur: an quia illa, etiam si erunt vera prodigia, ad mendacium pertrahent.*

efeitos sobrenaturais, chamados milagres, ele será levado a um certo conhecimento sobrenatural das coisas da fé. Eis por quê, a operação dos milagres constitui uma graça grátis dada.

QUANTO AO 1º, portanto, deve-se dizer que como a profecia se estende a tudo o que pode ser conhecido sobrenaturalmente, a operação dos milagres tem por objeto tudo o que pode ser feito sobrenaturalmente. Ora, a causa dos milagres é a onipotência divina, que não pode ser comunicada a nenhuma criatura. Por isso, é impossível que o princípio de realizar milagres seja alguma qualidade que permaneça habitualmente numa alma.

Contudo, pode acontecer que, como a mente do profeta é movida por inspiração divina a um conhecimento sobrenatural, assim também a mente do taumaturgo pode ser levada a praticar um ato do qual resulta um efeito miraculoso, que Deus realiza por Seu poder. E, isto, por vezes acontece depois de uma oração, como foi o caso de Pedro ao ressuscitar Tabita morta, narrado nos Atos dos Apóstolos; outras vezes, sem que preceda uma oração manifesta, mas porque Deus age segundo a vontade do homem. Isto aconteceu quando Pedro, censurando a Ananias e Safira a sua mentira, entregou-os à morte, como se lê no mesmo livro. Por isso, diz Gregório que "Os santos fazem milagres, seja por seu poder; seja, por meio dos seus pedidos". Ora, num e noutro caso, é Deus o autor principal e que se serve, como de um instrumento, do movimento interior do homem, ou da sua palavra, ou de algum dos seus atos externos, ou ainda de qualquer contato corporal, até mesmo de um corpo morto. Por isso, depois de Josué ter ordenado, como que por seu próprio poder, "Sol, detém-te sobre Gabaon", o texto acrescenta: "Não houve nem antes nem depois um dia tão longo, obedecendo o Senhor à voz de um homem".

QUANTO AO 2º, deve-se dizer que o Senhor fala aqui dos milagres que se produzirão no tempo do Anticristo, dos quais fala o Apóstolo: "A vinda do anticristo é por obra de Satanás, com todo o poder e com sinais e prodígios mentirosos". Sobre eles escreve Agostinho: "Costuma-se pôr em dúvida se se chamam sinais e prodígios mentirosos porque os sentidos dos mortais haverão de ser enganados por representações imaginárias, de sorte que pareça fazer o que na realidade não faz; ou porque esses sinais, mesmo sendo verdadeiros

---

2. C. 30: ML 66, 188 C.
3. C. 19, n. 4: ML 41, 687.

Vera autem dicuntur, quia ipsae res verae erunt: sicut magi Pharaonis fecerunt veras ranas et veros serpentes. Non autem habebunt veram rationem miraculi: quia fient virtute naturalium causarum, sicut in Prima Parte dictum est. Sed operatio miraculorum quae attribuitur gratiae gratis datae, fit virtute divina, ad hominum utilitatem.

AD TERTIUM dicendum quod in miraculis duo possunt attendi. Unum quidem est id quod fit: quod quidem est aliquid excedens facultatem naturae. Et secundum hoc, miracula dicuntur *virtutes*. — Aliud est id propter quod miracula fiunt: scilicet ad manifestandum aliquid supernaturale. Et secundum hoc, communiter dicuntur *signa*: propter excellentiam autem, dicuntur *portenta* vel *prodigia*, quasi procul aliquid ostendentia.

AD QUARTUM dicendum quod *gratia sanitatum* commemoratur seorsum, quia per eam confertur homini aliquod beneficium, scilicet corporalis sanitatis, praeter beneficium commune quod exhibetur in omnibus miraculis, ut scilicet homines adducantur in Dei notitiam.

AD QUINTUM dicendum quod operatio miraculorum attribuitur fidei propter duo. Primo quidem, quia ordinatur ad fidei confirmationem. Secundo, quia procedit ex Dei omnipotentia, cui fides innititur. Et tamen, sicut praeter gratiam fidei necessaria est gratia sermonis ad fidei instructionem, ita etiam necessaria est operatio miraculorum ad fidei confirmationem.

ARTICULUS 2
Utrum mali possint miracula facere

AD SECUNDUM SIC PROCEDITUR. Videtur quod mali non possint facere miracula.

prodígios, iludirão os que neles acreditarem". São chamados verdadeiros porque as coisas em si são verdadeiras; como aconteceu com os magos do Faraó, que produziram verdadeiras rãs e verdadeiras serpentes. Contudo, não serão verdadeiros milagres, porque serão realizados em virtude de causas naturais, como foi dito na I Parte. Ao contrário, a operação dos milagres, atribuída à graça grátis dada, verifica-se pelo poder divino e visa a utilidade dos homens[b].

QUANTO AO 3º, deve-se dizer que nos milagres, podem-se considerar duas coisas: Uma, a obra que se realiza, que certamente é algo que excede às forças naturais. Neste sentido, os milagres se chamam "virtudes". — A outra, é o motivo pelo qual os milagres se realizam, que é a manifestação de alguma realidade sobrenatural. E, neste sentido, se chamam comumente "sinais". Mas, por causa da sua existência, se denomina "portentos" ou "prodígios", enquanto eles mostram algo como de longe.

QUANTO AO 4º, deve-se dizer que a "graça das curas" é mencionada à parte porque, por ela, se confere ao homem o benefício da saúde corporal, além do benefício comum a todos os milagres, que é de levar os homens ao conhecimento de Deus.

QUANTO AO 5º, deve-se dizer que a operação dos milagres é atribuída à fé por duas razões: 1º porque se ordena à confirmação da fé. 2º porque procede da onipotência de Deus, sobre a qual a fé se apoia. Contudo, assim como, além da graça da fé, é necessária a graça da palavra para instruir na fé, assim também é necessária a operação dos milagres para confirmar na mesma fé.

ARTIGO 2
Os maus podem fazer milagres?

QUANTO AO SEGUNDO, ASSIM SE PROCEDE: parece que os maus **não** podem fazer milagres.

---

2   PARALL.: Part. I, q. 110, a. 4, ad 2; *De Pot*., q. 6, a. 5, ad 9; a. 9, ad 5; *Quodlib*. II, q. 4, a. 1, ad 4; *in Matth*., c. 7; I *ad Cor*., c. 12, lect. 2; c. 13, lect. 1; II *ad Thess*., c. 2, lect. 2.

b. As duas características enunciadas ao final desta resposta 2 são decisivos para a definição teológica do milagre: por um lado, irredutível a qualquer causalidade natural que seja a não ser instrumental, o milagre só pode ter Deus como autor principal; por outro lado, a sua finalidade é a utilidade dos homens o que deve ser entendido no sentido mais forte. Se o primeiro desses pontos é às vezes difícil de discernir, e não pode servir de critério prático, o segundo, pelo contrário, é bem mais facilmente utilizável: o taumaturgo não busca sua vantagem ou glória, mas a salvação dos filhos de Deus. O fato maravilhoso não tem sua finalidade em si mesmo; é o sinal desse Reino a vir no qual os cegos, mancos, estropiados de todo tipo, gozarão enfim da plenitude divina, da qual o milagre lhes terá dado um antegosto.

1. Miracula enim perpetrantur per orationem, sicut dictum est[1]. Sed oratio peccatoris non est exaudibilis: secundum illud Io 9,31: *Scimus quia peccatores Deus non audit.* Et Pr 28,9 dicitur: *Qui declinat aurem suam ne audiat legem, oratio sua erit execrabilis.* Ergo videtur quod mali miracula facere non possint.

2. PRAETEREA, miracula attribuuntur fidei: secundum illud Mt 17,19: *Si habueritis fidem sicut granum sinapis, dicetis monti huic, Transi hinc, et transibit. Fides* autem *sine operibus mortua est,* ut dicitur Iac 2,20: et sic non videtur quod habeat propriam operationem. Ergo videtur quod mali, qui non sunt bonorum operum, miracula facere non possunt.

3. PRAETEREA, miracula sunt quaedam divina testimonia: secundum illud Hb 2,4: *Contestante Deo signis et portentis et variis virtutibus.* Unde et in Ecclesia aliqui canonizantur per testimonia miraculorum. Sed Deus non potest esse testis falsitatis. Ergo videtur quod mali homines non possint miracula facere.

4. PRAETEREA, boni sunt Deo coniunctiores quam mali. Sed non omnes boni faciunt miracula. Ergo multo minus mali faciunt.

SED CONTRA est quod Apostolus dicit, 1Cor 13,2: *Si habuero omnem fidem, ita ut montes transferam, caritatem autem non habuero, nihil sum.* Sed quicumque non habet caritatem, est malus: quia *hoc solum donum Spiritus Sancti est quod dividit inter filios Regni et filios perditionis,* ut Augustinus dicit, XV *de Trin.*[2]. Ergo videtur quod etiam mali possunt miracula facere.

RESPONDEO dicendum quod miraculorum aliqua quidem non sunt vera, sed phantastica facta, quibus scilicet ludificatur homo, ut videatur ei aliquid quod non est. Quaedam vero sunt vera facta, sed non vere habent rationem miraculi, quae fiunt virtute aliquarum naturalium causarum. Et haec duo possunt fieri per daemones, ut supra[3] dictum est.

1. Com efeito, os milagres se obtêm pela oração. Ora, a oração do pecador não merece ser ouvida, conforme diz o Evangelho de João: "Nós sabemos que Deus não ouve os pecadores", e no livro dos Provérbios: "Quem desvia os seus ouvidos para não ouvir a Lei, até a sua oração será execrável". Logo, parece que os maus não podem fazer milagres.

2. ALÉM DISSO, os milagres se atribuem à fé, segundo afirma o Senhor: "Se tiverdes fé como um grão de mostarda direis a este monte: Transporta-te daqui para lá, e ele se transportará". Ora, "a fé sem obras é morta", diz a Carta de Tiago; assim, ela não parece ter uma operação própria. Logo, parece que os maus, que não praticam boas obras, não podem fazer milagres.

3. ADEMAIS, os milagres são testemunhos divinos, pois se lê na Carta aos Hebreus: "comprovando Deus o seu testemunho por meio de sinais e maravilhas e vários milagres". Eis por quê, na Igreja, alguns são canonizados pelo testemunho dos milagres. Ora, Deus não pode ser testemunha do erro. Logo, parece que os maus não podem fazer milagres.

4. ADEMAIS, os bons estão mais unidos a Deus que os maus. Ora, nem todos os bons fazem milagres. Logo, muito menos os maus.

EM SENTIDO CONTRÁRIO, o Apóstolo escreve na primeira Carta aos Coríntios: "Ainda que eu tivesse toda a fé, a ponto de transportar montanhas, se não tiver caridade, não sou nada". Ora, todo aquele que não tem caridade é mau; como escreve Agostinho: "É só este dom do Espírito Santo que distingue os filhos do Reino dos filhos da perdição". Logo, parece que até os maus podem fazer milagres.

RESPONDO. Entre os milagres, há os que não são verdadeiros, mas fatos imaginários, que enganam o homem, fazendo-o ver o que não existe. Outros, são fatos reais, embora não mereçam verdadeiramente o nome de milagres, pois são produzidos por certas causas naturais. Ora, essas duas categorias de milagres podem ser feitas pelos demônios[c].

---

1. Art. praec.
2. C. 18: ML 42, 1082.
3. Art. praec., ad 2.

c. A primeira metade dessa resposta confirma a ambiguidade do fato milagroso por si só. A sequência irá recordar que os verdadeiros milagres originam-se exclusivamente na potência divina, e que podem ser reconhecidos por sua "utilidade". Destinam-se a confirmar a verdade da mensagem, ou a santidade do mensageiro. Observe-se contudo a resposta 4, evitando concluir que são santos apenas os que fazem milagres; a santidade oculta não merece menos consideração do que essas outras aparentes.

Sed vera miracula non possunt fieri nisi virtute divina: operatur enim ea Deus ad hominum utilitatem. Et hoc dupliciter: uno quidem modo, ad veritatis praedicatae confirmationem; alio modo, ad demonstrationem sanctitatis alicuius quem Deus vult hominibus proponere in exemplum virtutis. Primo autem modo, miracula possunt fieri per quemcumque qui veram fidem praedicat et nomen Christi invocat: quod etiam interdum per malos fit. Et secundum hunc modum, etiam mali possunt miracula facere. Unde super illud Mt 7,22, *Nonne in nomine tuo prophetavimus* etc., dicit Hieronymus[4]: *Prophetare, vel virtutes facere et daemonia eiicere, interdum non est eius meriti qui operatur: sed invocatio nominis Christi hoc agit, ut homines Deum honorent, ad cuius invocationem fiunt tanta miracula.*

Secundo autem modo, non fiunt miracula nisi a sanctis: ad quorum sanctitatem demonstrandam miracula fiunt vel in vita eorum vel etiam post mortem, sive per eos sive per alios. Legitur enim Act 19,11-12, quod *Deus faciebat virtutes per manus Pauli: et etiam desuper languidos deferebantur a corpore eius sudaria, et recedebant ab eis languores.* Et sic etiam nihil prohibet per aliquem peccatorem miracula fieri ad invocationem alicuius Sancti. Quae tamen miracula non dicitur ille facere: sed ille ad cuius sanctitatem demonstrandam haec fierent.

AD PRIMUM ergo dicendum quod, sicut supra[5] dictum est, cum de oratione agereretur, oratio in impetrando non innititur merito, sed divinae misericordiae, quae etiam ad malos se extendit. Et ideo etiam quandoque peccatorum oratio a Deo exauditur. Unde Augustinus dicit, *super Ioan.*[6], quod *illud verbum caecus locutus est quasi adhuc inunctus*, idest nondum perfecte illuminatus: *nam peccatores exaudit Deus.* — Quod autem dicitur quod *oratio non audientis legem est execrabilis*, intelligendum est quantum est ex merito peccatoris. Sed interdum impetrat ex misericordia Dei: vel propter salutem eius qui orat, sicut auditus est publicanus, ut dicitur Lc 18,13-14; vel etiam propter salutem aliorum et gloriam Dei.

Os verdadeiros milagres não podem ser realizados senão pelo poder divino, pois Deus os produz para a utilidade do homem. E isto de dois modos: Primeiro, para confirmar a verdade pregada. Segundo, para manifestar a santidade de alguém, que Deus quer propor como exemplo de santidade. Ora, no primeiro caso, os milagres podem ser realizados por todos os que pregam a verdadeira fé e invocam o nome de Cristo, o que, às vezes, pode ser feito pelos próprios maus. Por isso, a respeito das palavras de Mateus "acaso não profetizamos em teu nome?" etc., diz Jerônimo: "Profetizar ou fazer milagres e expulsar demônios, às vezes não vem do mérito de quem o faz; mas é a invocação do nome de Cristo que o faz para que os homens honrem a Deus, por cuja invocação se realizam tantos milagres".

No segundo caso, só se realizam milagres pelos santos, para manifestação da sua santidade, seja durante a sua vida, seja depois da sua morte, tanto por si mesmos, como por meio de outros. Assim, lemos nos Atos dos Apóstolos: "Deus fazia milagres por mão de Paulo; de tal modo que, até quando se aplicavam aos enfermos os lençóis que tinham tocado o seu corpo, saíam deles as doenças". E, deste modo, também nada impede que algum pecador faça milagres por invocação de algum santo. Porém, tais milagres não deverão ser atribuídos ao pecador, mas àquele cuja santidade Deus pretende manifestar por meio deles.

QUANTO AO 1º, portanto, deve-se dizer que, ao tratar da oração de súplica, se ela é atendida não o é por causa do mérito de quem a faz, mas da misericórdia divina, que se estende até os maus. Por isso, às vezes Deus ouve também a oração dos pecadores. A esse respeito, diz Agostinho: "O cego pronunciou aquelas palavras antes de ser ungido", isto é, antes de ter sido perfeitamente iluminado, "pois Deus ouve os pecadores". — O que diz o livro dos Provérbios, a saber, "a oração do que não ouve a Lei é execrável", é preciso entendê-lo referindo-se ao mérito do pecador. Contudo, essa oração às vezes alcança a misericórdia de Deus, quer para a salvação daquele que ora, como aconteceu com o publicano de que fala Lucas;

---

4. *Comment. in Matth.*, l. I: ML 26, 49 B.
5. Q. 83, a. 16.
6. Tract. 44, n. 13, super 9, 32: ML 35, 1718.

Bem pelo contrário, é ela que finaliza os milagres os quais, em definitivo, só possuem valor porque estão a serviço da vida da graça no coração dos justos.

AD SECUNDUM dicendum quod fides sine operibus dicitur esse mortua quantum ad ipsum credentem, qui per eam non vivit vita gratiae. Nihil autem prohibet quod res viva operetur per instrumentum mortuum: sicut homo operatur per baculum. Et hoc modo Deus operatur per fidem hominis peccatoris instrumentaliter.

AD TERTIUM dicendum quod miracula semper sunt vera testimonia eius ad quod inducuntur. Unde a malis qui falsam doctrinam enuntiant, nunquam fiunt vera miracula ad confirmationem suae doctrinae: quamvis quandoque fieri possint ad commendationem nominis Christi, quod invocant, et virtute sacramentorum quae exhibent. Ab his autem qui veram doctrinam enuntiant, fiunt quandoque vera miracula ad confirmationem doctrinae, non autem ad testificationem sanctitatis. Unde Augustinus dicit, in libro *Octoginta trium Quaest.*[7]: *Aliter magi faciunt miracula, aliter boni Christiani, aliter mali: magi per privatos contractus cum daemonibus, boni Christiani per publicam iustitiam, mali Christiani per signa publicae iustitiae.*

AD QUARTUM dicendum quod, sicut Augustinus ibidem dicit, *ideo non omnibus sanctis ista attribuuntur, ne perniciosissimo errore decipiantur infirmi, aestimantes in talibus factis esse maiora dona quam in operibus iustitiae, quibus vita aeterna comparatur.*

quer também para a salvação dos outros e para a glória de Deus.

QUANTO AO 2º, deve-se dizer que a fé sem as obras é morta, quando aquele que crê não vive por ela a vida da graça. Mas, nada impede que um vivo opere por um instrumento morto, como um homem quando age por meio de um bastão. E é assim que Deus utiliza como instrumento a fé do pecador.

QUANTO AO 3º, deve-se dizer que os milagres são sempre verdadeiros testemunhos daquilo que eles confirmam. Por isso, os maus que ensinam falsas doutrinas não poderiam jamais fazer verdadeiros milagres para confirmar seu ensinamento, embora, às vezes, eles possam realizá-los em nome de Cristo, que eles invocam, e pela virtude dos sacramentos que administram. Mas aqueles que anunciam doutrinas verdadeiras, fazem às vezes verdadeiros milagres, para confirmá-las, mas não para atestar sua santidade. Por isso, Agostinho observa: "Há uma grande diferença entre os milagres dos magos, os dos bons cristãos e os dos maus cristãos: os magos os fazem por pactos particulares com os demônios; os bons cristãos, em virtude da justiça pública; os maus cristãos, por sinais desta justiça".

QUANTO AO 4º, deve-se dizer como Agostinho o faz: "Não se concede a todos os santos realizar milagres, para que os fracos não caiam no erro perniciosíssimo de pensarem que em tais fatos haja dons maiores do que nas obras de justiça, com que se ganha a vida eterna".

---

7. Q. 79: ML 40, 92.

ESTADOS E FORMAS DE VIDA

Introdução e notas por Albert Raulin

INTRODUÇÃO

A introdução geral destas últimas questões da segunda Parte se situa no início do tratado da Profecia (q. 171). A profecia foi confiada nesta edição a um especialista. É suficiente completarmos sua introdução geral com algumas anotações, pois as questões 171 a 189 formam um todo segundo o plano de Sto. Tomás.

Se precisarmos chamar a atenção para alguns pontos no limiar destas onze últimas questões, escolheremos os seguintes.

1) Os temas retidos por Sto. Tomás constituem uma parte muito pequena do que ele poderia ter abordado nestes capítulos sobre os estados de vida e os ministérios. Aquilo de que ele trata, portanto, era-lhe bastante caro: vida ativa e vida contemplativa, estado religioso, dignidade do episcopado.

2) O estudo da vida religiosa fornece a Sto. Tomás a ocasião para valorizar a renovação da vida religiosa no século XIII, em especial na Ordem da qual ele fazia parte, e cuja originalidade é flagrante em relação às Ordens antigas.

3) Estas questões fornecem a Sto. Tomás o contexto no qual aplicar um certo número de elementos tradicionais da espiritualidade cristã, especialmente a respeito da vida contemplativa.

Essas observações feitas, o leitor não terá dificuldade alguma em abordar o texto propriamente dito.

QUAESTIO CLXXIX
DE DIVISIONE VITAE PER ACTIVAM ET CONTEMPLATIVAM
in duos articulos divisa

Consequenter considerandum est de vita activa et contemplativa. Ubi quadruplex consideratio occurrit: quarum prima est de divisione vitae per activam et contemplativam; secunda, de vita contemplativa; tertia, de vita activa; quarta, de comparatione vitae activae ad contemplativam.

Circa primum quaeruntur duo.
Primo: utrum vita convenienter dividatur per activam et contemplativam.
Secundo: utrum divisio sit sufficiens.

ARTICULUS 1
Utrum vita convenienter dividatur per activam et contemplativam

AD PRIMUM SIC PROCEDITUR. Videtur quod vita non convenienter dividatur per activam et contemplativam.
1. Anima enim est principium vitae per suam essentiam: dicit enim Philosophus, in II *de Anima*[1], quod *vivere viventibus est esse*. Actionis autem et contemplationis principium est anima per suas potentias. Ergo videtur quod vita non convenienter dividatur per activam et contemplativam.

QUESTÃO 179
A DIVISÃO DA VIDA EM ATIVA E CONTEMPLATIVA
em dois artigos

A seguir, deve-se tratar da vida ativa e da vida contemplativa[a].
Nessa matéria, vamos abordar quatro questões: 1. da divisão da vida em ativa e contemplativa; 2. da vida contemplativa; 3. da vida ativa; 4. da comparação entre a vida ativa e a vida contemplativa.
Sobre o primeiro ponto, duas questões:
1. É correto dividir a vida em ativa e contemplativa?
2. Esta divisão é suficiente?

ARTIGO 1
A divisão da vida em ativa e contemplativa é correta?

QUANTO AO PRIMEIRO ARTIGO, ASSIM SE PROCEDE: parece que a divisão da vida em ativa e contemplativa **não** é correta.
1. Com efeito, a alma é o princípio da vida por sua própria essência; diz o Filósofo: "Para os viventes, ser é viver". Ora, a alma é o princípio da ação e da contemplação pelas suas potências. Logo, não parece correta a divisão da vida em ativa e contemplativa.

---

1 PARALL.: III *Sent.*, dist. 35, q. 1, a. 1; I *Ethic.*, lect. 5.
1. C. 4: 415, b, 13-14.

a. É preciso consultar o prólogo da questão 171 para situar este estudo no interior da última seção (q. 171-189) da II-II (segundo volume da segunda Parte). Toda a segunda Parte da Suma (ver prólogo da II-II, q. 1) progride do geral ao particular. Mesmo tratados de modo detalhado (II-II, q. 1-170), as virtudes e os vícios continuam sendo comuns a todos os homens. O que não é o caso de toda realidade concernente à moral. No caminho de seu retorno a Deus, os seres humanos constituem grupos cujos direitos e deveres são específicos. Daí a necessidade de um estudo categorial.
De forma algo artificial, mas bastante esclarecedora, Sto. Tomás se refere a um texto de São Paulo aos Coríntios (1Co 12,4-6): "Há diversidade de dons da graça, mas o Espírito é o mesmo; diversidade de ministérios, mas é o mesmo Senhor; diversos modos de ação, mas é o mesmo Deus que realiza tudo em todos".
Na perspectiva de Paulo, parece que há uma evocação trinitária: os dons provêm do Espírito, os ministérios se associam à obra do Senhor Jesus, os modos de ação decorrem do Deus Criador e Pai.
Sem excluir de todo esse ponto de vista, Sto. Tomás observa que os homens diferem por seus carismas (os dons), seus cargos e ofícios (os ministérios), seu gênero de vida (os modos de ação).
O conjunto das q. 171-189 constitui portanto três pequenos capítulos, e abordamos agora o segundo, que, na ordem seguida por Sto. Tomás, diz respeito aos dois gêneros de vida tradicionais: vida ativa e vida contemplativa. Esse estudo dá sequência ao do carisma (profecia, dom das línguas, milagres, etc.).
Dado o fundo trinitário manifesto em São Paulo, sem querer separar o que está unido na Trindade, podemos dizer que o tratado da profecia se orientava para o Espírito, o que será afirmado mais tarde a respeito dos bispos e religiosos será relacionado a Cristo, chefe da Igreja. O que é afirmado aqui sobre as vidas ativa e contemplativa deriva da ordem da criação, e portanto em última instância do Pai.
Embora estas quatro questões (179-182) estejam impregnadas de sabedoria cristã, elas estabelecem entre os dois gêneros de vida uma distinção que se deve à própria natureza do homem, a qual os filósofos puderam conhecer um pouco.

2. PRAETEREA, inconvenienter dividitur prius per differentias posterioris. Activum autem et contemplativum, sive *speculativum* et *practicum*, sunt differentiae intellectus: ut patet in III *de Anima*[2]. Vivere autem est prius quam intelligere: nam vivere inest viventibus primo secundum animam vegetabilem, ut patet per Philosophum, in II *de Anima*[3]. Ergo inconvenienter dividitur vita per activam et contemplativam.

3. PRAETEREA, nomen vitae importat motum: ut patet per Dionysium, 6 cap. *de Div. Nom.*[4]. Sed contemplatio consistit magis in quiete: secundum illud Sap 8,16: *Intrans in domun meam, conquiescam cum illa.* Ergo videtur quod vita non convenienter dividatur per activam et contemplativam.

SED CONTRA est quod Gregorius, *super Ezech.*[5], dicit: *Duae sunt vitae in quibus nos omnipotens Deus per sacrum eloquium erudit: activa videlicet et contemplativa.*

RESPONDEO dicendum quod illa proprie dicuntur viventia quae ex seipsis moventur seu operantur. Illud autem maxime convenit alicui secundum seipsum quod est proprium ei, et ad quod maxime inclinatur. Et ideo unumquodque vivens ostenditur vivere ex operatione sibi maxime propria, ad quam maxime inclinatur: sicut plantarum vita dicitur in hoc consistere quod nutriuntur et generant; animalium vero in hoc quod sentiunt et moventur; hominum vero in hoc quod intelligunt et secundum rationem agunt. Unde etiam et in hominibus vita uniuscuiusque hominis videtur esse id in quo maxime delectatur, et cui maxime intendit: et in hoc praecipue vult quilibet *convivere amico*, ut dicitur in IX *Ethic.*[6]. Quia ergo quidam homines praecipue intendunt contemplationi veritatis, quidam principaliter intendunt exterioribus actionibus, inde est quod vita hominis convenienter dividitur per activam et contemplativam.

AD PRIMUM ergo dicendum quod propria forma uniuscuiusque faciens ipsum esse in actu, est principium propriae operationis ipsius. Et ideo vivere dicitur esse viventium ex eo quod viventia per hoc quod habent esse per suam formam, tali modo operantur.

2. ALÉM DISSO, não é correto dividir o que é anterior por diferenças do que é posterior. Ora, o ativo e o contemplativo, ou o "especulativo" e o "prático" são diferenças do intelecto, claramente o diz o Filósofo. Ora, viver é anterior a compreender; pois, como prova o mesmo Filósofo, a vida aparece nos viventes primeiro sob a forma de vida vegetativa. Logo, não procede a divisão da vida em ativa e contemplativa.

3. ADEMAIS, a palavra vida implica movimento, observa Dionísio. Ora, a contemplação consiste antes em repouso, como diz o livro da Sabedoria: "Entrando em minha casa, repousarei na (...) companhia [da Sabedoria]". Logo, não parece correta a divisão da vida em ativa e contemplativa.

EM SENTIDO CONTRÁRIO, Gregório declara: "Duas são as formas de vida, nas quais Deus todo-poderoso nos instrui por sua santa palavra, a saber, vida ativa e contemplativa".

RESPONDO. Chamam-se propriamente seres vivos aos que se movem e agem por si mesmos. Mas, o que convém acima de tudo a um ser considerado em si mesmo, é aquilo que lhe é próprio e a que se inclina acima de tudo. Assim cada ser vivente manifesta que está vivo pela ação que lhe é maximamente própria e para a qual se inclina de modo especial, como se diz que a vida das plantas consiste em se nutrir e gerar seres da mesma natureza; a dos animais, em sentir e se mover; a dos homens, em compreender e agir conforme a razão. Por isso, se pode dizer que a vida de cada homem parece ser aquilo em que se compraz de modo supremo, e para o qual se orienta principalmente. E neste ponto, cada um deseja conviver com o amigo, como diz o Filósofo. Como alguns homens se orientam principalmente para a contemplação da verdade, e outros para ações exteriores, pode se afirmar que a vida do homem se divide, convenientemente, em ativa e contemplativo.

QUANTO AO 1º, portanto, deve-se dizer que a própria forma de cada um, pela qual o ser existe em ato, é o princípio de sua própria ação. Por isso se diz que viver é próprio dos seres vivos pelo fato de que, tendo o existir por sua forma, agem de acordo com essa forma.

---

2. C. 10: 433, a, 14-17.
3. C. 4: 415, a, 24-26.
4. MG 3, 856 B.
5. Hom. 14; al. l. II, hom. 2, n. 7: ML 76, 952 D.
6. C. 12: 1172, a, 5-8.

AD SECUNDUM dicendum quod vita universaliter sumpta non dividitur per activam et contemplativam: sed vita hominis, qui speciem sortitur ex hoc quod habet intellectum. Et ideo eadem est divisio intellectus et vitae humanae.

AD TERTIUM dicendum quod contemplatio habet quidem quietem ab exterioribus motibus: nihilominus tamen ipsum contemplari est quidam motus intellectus, prout quaelibet operatio dicitur motus; secundum quod Philosophus dicit, in III de Anima[7], quod sentire et intelligere sunt motus quidam, prout motus dicitur *actus perfecti*. Et hoc modo Dionysius, 4 cap. *de Div. Nom.*[8], ponit tres motus animae contemplantis: scilicet *rectum, circularem* et *obliquum*.

QUANTO AO 2º, deve-se dizer que a vida, tomada em toda a sua extensão não se divide em ativa e contemplativa; mas sim a vida do homem, que tem sua espécie pelo fato de possuir o intelecto. Portanto, a divisão do intelecto e da vida humana é a mesma.

QUANTO AO 3º, é pecado dizer que a contemplação exige o afastamento de movimentos exteriores. Contudo, o próprio contemplar é um certo movimento do intelecto, na medida em que toda ação é denominada movimento. Diz Aristóteles que sentir e compreender são um tipo de movimento na medida em que o movimento é ato de um ser perfeito. Assim Dionísio determina três movimentos de uma alma contemplativa: reto, circular e oblíquo.

ARTICULUS 2
Utrum vita sufficienter dividatur per activam et contemplativam

AD SECUNDUM SIC PROCEDITUR. Videtur quod vita non sufficienter dividatur per activam et contemplativam.
1. Philosophus enim, in I *Ethic*.[1], dicit quod tres sunt vitae maxime excellentes, scilicet *voluptuosa, civilis*, quae videtur esse eadem activae, et *contemplativa*. Insufficienter ergo dividitur vita per activam et contemplativam.
2. PRAETEREA, Augustinus, XIX *de Civ. Dei*[2], ponit tria vitae genera: scilicet *otiosum*, quod pertinet ad contemplationem; *actuosum*, quod pertinet ad vitam activam; et addit tertium *ex utroque compositum*. Ergo videtur quod insufficienter dividatur vita per activam et contemplativam.
3. PRAETEREA, vita hominis diversificatur secundum quod homines diversis actionibus student. Sed plura quam duo sunt humanarum actionum studia. Ergo videtur quod vita debeat in plura membra dividi quam in activum et contemplativum.
SED CONTRA est quod istae duae vitae significantur per duas uxores Iacob, activa quidem per Liam, contemplativa vero per Rachelem; et per duas mulieres quae Dominum hospitio receperunt, contemplativa quidem per Mariam, activa vero per

ARTIGO 2
A divisão da vida em ativa e contemplativa é suficiente?

QUANTO AO SEGUNDO, ASSIM SE PROCEDE: parece **não** ser suficiente a divisão da vida em ativa e contemplativa.
1. O Filósofo diz que são três os tipos principais de vida, a saber: voluptuosa, civil, que parece identificar-se com ativa e contemplativa. Logo, é insuficiente a divisão da vida em dois tipos.

2. ALÉM DISSO, Agostinho afirma três gêneros de vida: *ociosa*, referente à contemplação, *atuosa*, referente à vida ativa; *mista*, composta pelos dois gêneros anteriores. Logo, parece ser insuficiente a divisão da vida em ativa e contemplativa.

3. ADEMAIS, a vida do homem se diversifica de acordo com as ações às quais se aplica. Ora, estas ações são mais do que duas. Logo, parece que a vida deva dividir-se em mais de dois membros e não só em ativa e contemplativa.
EM SENTIDO CONTRÁRIO, estas duas formas de vida foram simbolizadas pelas duas esposas de Jacó: a vida ativa por Lia e a contemplativa por Raquel. E pelas duas mulheres que deram hospitalidade ao Senhor: a vida contemplativa

---

7. C. 7: 431, a, 4.
8. MG 3, 704 D — 705 B.

2 PARALL.: III *Sent*., dist. 35, q. 1, a. 1; I *Ethic*., lect. 5.

1. C. 3: 1095, b, 17-19.
2. Cc. 2, 3, 19: ML 41, 624, 627, 647.

Martham; ut Gregorius dicit, in VI *Moral*.³. Non autem esset haec congrua significatio si essent plures quam duas vitae. Ergo sufficienter dividitur vita per activam et contemplativam.

Respondeo dicendum quod, sicut dictum est⁴, divisio ista datur de vita humana, quae quidem attenditur secundum intellectum. Intellectus autem dividitur per activum et contemplativum: quia finis intellectivae cognitionis vel est ipsa cognitio veritatis, quod pertinet ad intellectum contemplativum; vel est aliqua exterior actio, quod pertinet ad intellectum practicum sive activum. Et ideo vita etiam sufficienter dividitur per activam et contemplativam.

Ad primum ergo dicendum quod vita voluptuosa ponit fidem in delectatione corporali, quae communis est nobis et brutis. Unde, sicut Philosophus ibidem⁵ dicit, est vita *bestialis*. Propter quod, non comprehenditur sub praesenti divisione, prout vita humana dividitur in activam et contemplativam.

Ad secundum dicendum quod media conficiuntur ex extremis, et ideo virtute continentur in eis: sicut tepidum in calido et frigido, et pallidum in albo et nigro. Et similiter sub activo et contemplativo comprehenditur id quod est ex utroque compositum. Et tamen, sicut in quolibet mixto praedominatur aliquod simplicium, ita etiam in medio genere vitae superabundat quandoque quidem contemplativum, quandoque vero activum.

Ad tertium dicendum quod omnia studia humanarum actionum, si ordinentur ad necessitatem praesentis vitae secundum rationem rectam, pertinent ad vitam activam, quae per ordinatas actiones consulit necessitati vitae praesentis. Si autem deserviant concupiscentiae cuicumque, pertinent ad vitam voluptuosam, quae non continetur sub vita activa. Humana vero studia quae ordinantur ad considerationem veritatis, pertinent ad vitam contemplativam.

figurada por Maria e a ativa, por Marta, como ensina Gregório. Ora, esse simbolismo não seria adequado se houvesse mais de duas formas de vida. Logo, é suficiente a divisão da vida em ativa e contemplativa.

Respondo. Esta divisão concerne à vida humana, que se define segundo o intelecto. Ora, o intelecto se divide em ativo e contemplativo, pois o fim da atividade intelectual ou é o próprio conhecimento da verdade, o que diz respeito ao intelecto contemplativo; ou é alguma ação exterior e, então, se refere ao intelecto prático ou ativo. Logo, também se divide adequadamente a vida em ativa e contemplativa.

Quanto ao 1º, portanto, deve-se dizer que a vida voluptuosa põe o seu fim no deleite corporal, que nos é comum com os animais. Por isso, o Filósofo a qualifica de "vida animal". Assim, ela não está compreendida nesta divisão, onde se trata da vida humana, que é ativa ou contemplativa.

Quanto ao 2º, deve-se dizer que todo meio-termo é feito da combinação dos extremos e, por isso, já está virtualmente contido neles. Por exemplo, o morno está contido no quente e no frio, o cinza no branco e no preto. Assim, também, a vida composta de ambas está contida na vida ativa e na contemplativa. Contudo, assim como num composto predomina geralmente um dos elementos, assim também, nesse gênero médio de vida, prevalece umas vezes a contemplação, outras a ação.

Quanto ao 3º, deve-se dizer que todas as atividades humanas, ordenadas a atender às necessidades da vida presente segundo a reta razão, pertencem à vida ativa, cujo papel é de prover a essas necessidades por meio das ações adequadas. Ao passo que, quando são postas a serviço de qualquer concupiscência, se enquadram na vida voluptuosa, que não faz parte da vida ativa. Mas as atividades humanas ordenadas à contemplação da verdade, pertencem à vida contemplativa.

---

3. C. 37, al. 18, in vet. 28, n. 61: ML 75, 764 B — 765 A.
4. A. 1, ad 2.
5. C. 3: 1095, b, 20.

QUAESTIO CLXXX
DE VITA CONTEMPLATIVA
in octo articulos divisa

Deinde considerandum est de vita contemplativa.

Et circa hoc quaeruntur octo.

Primo: utrum vita contemplativa pertineat tantum ad intellectum, an consistat etiam in affectu.
Secundo: utrum ad vitam contemplativam pertineant virtutes morales.
Tertio: utrum vita contemplativa consistat solum in uno actu, aut in pluribus.
Quarto: utrum ad vitam contemplativam pertineat consideratio cuiuscumque veritatis.
Quinto: utrum vita contemplativa hominis in hoc statu possit elevari usque ad Dei visionem.
Sexto: de motibus contemplationis quos Dionysius assignat, quarto capitulo *de Divinis Nominibus*.
Septimo: de delectatione contemplationis.
Octavo: de duratione contemplationis.

Articulus 1
Utrum vita contemplativa nihil habeat in affectu, sed totum in intellectu

Ad primum sic proceditur. Videtur quod vita contemplativa nihil habeat in affectu, sed totum in intellectu.

1. Dicit enim Philosophus, in II *Metaphys*.[1], quod *finis contemplationis est veritas*. Veritas autem pertinet ad intellectum totaliter. Ergo videtur quod vita contemplativa totaliter in intellectu consistat.

QUESTÃO 180
A VIDA CONTEMPLATIVA
em oito artigos

Em seguida, deve-se tratar da vida contemplativa.

E, a esse respeito, são oito as questões:
1. A vida contemplativa pertence só ao intelecto ou consiste também na vontade?
2. A ela pertencem as virtudes morais?
3. Ela consiste num só ou em vários atos?
4. Compete a ela a consideração de qualquer verdade?
5. A vida contemplativa do homem, no presente estado, pode ser elevada até à visão de Deus?
6. O que representam os movimentos da contemplação, mencionados por Dionísio no capítulo 4 dos "Nomes Divinos"?
7. Há prazer na contemplação?
8. Qual a duração da contemplação?

Artigo 1
A vida contemplativa nada tem com a vontade, mas só com o intelecto?[a]

Quanto ao primeiro artigo, assim se procede: parece que a vida contemplativa **nada** tem com a vontade, mas só com o intelecto.

1. Com efeito, segundo o Filósofo, "o fim da contemplação é a verdade". Ora, a verdade pertence totalmente ao intelecto. Logo, parece que a vida contemplativa também.

---

1 Parall.: Infra, q. 2, ad 1; a. 7, ad 1; III *Sent*., dist. 35, q. 1, a. 2, q.la 1.

1. C. 1: 993, b, 20-24.

a. Quem examinasse em detalhes nossa tradução deste artigo, não deixaria de observar que a palavra "vontade" é empregada diversas vezes a começar pelo título do artigo em passagens nas quais o termo latino correspondente (*voluntas*) está ausente do texto original, que traz mais comumente *affectus*, *vis affectiva* ou *vis appetitiva*. Esses termos latinos não seriam intraduzíveis, e nossa tradução utiliza ocasionalmente tanto o termo "afetividade" quanto a expressão "força ou potência apetitiva".

A tradução por "vontade" não deixa de ser perfeitamente correta, pois se trata de afetividade e de potência apetitiva no nível racional e intelectual, isto é, segundo o uso constante de Sto. Tomás, de vontade. Por duas vezes, aliás, neste mesmo artigo, Sto. Tomás utiliza *voluntas*. E reconheçamos que o artigo se lê bem melhor, em nossa tradução, se é o termo vontade, no sentido tomista do termo, que é utilizado.

Vale a pena enfatizar, no entanto, que, pelo emprego de uma palavra que não exclui a sensibilidade, mas a conota, a saber *affectus*, Sto. Tomás sugere que a vida contemplativa mobiliza a totalidade do ser humano, e que ela possui um sabor que repercute em toda a pessoa, incluindo a sensibilidade. É nesse espírito que leremos este artigo.

2. PRAETEREA, Gregorius dicit, in VI *Moral.*[2], quod *Rachel, quae interpretatur "visum principium", vitam contemplativam significat.* Sed visio principii pertinet proprie ad intellectum. Ergo vita contemplativa proprie ad intellectum pertinet.

3. PRAETEREA, Gregorius dicit, *super Ezech.*[3], quod ad vitam contemplativam pertinet *ab exteriori actione quiescere.* Sed vis affectiva sive appetitiva inclinat ad exteriores actiones. Ergo videtur quod vita contemplativa non pertineat aliquo modo ad vim appetitivam.

SED CONTRA est quod Gregorius ibidem dicit, quod *contemplativa vita est caritatem Dei et proximi tota mente retinere, et soli desiderio. Conditoris inhaerere.* Sed desiderium et amor ad vim affectivam sive appetitivam pertinet, ut supra[4] habitum est. Ergo etiam vita contemplativa habet aliquid in vi affectiva sive appetitiva.

RESPONDEO dicendum quod, sicut dictum est[5], vita contemplativa illorum esse dicitur qui principaliter intendunt ad contemplationem veritatis. Intentio autem est actus voluntatis, ut supra[6] habitum est: quia intentio est de fine, qui est voluntatis obiectum. Et ideo vita contemplativa, quantum ad ipsam essentiam actionis, pertinet ad intellectum: quantum autem ad id quod movet ad exercendum talem operationem, pertinet ad voluntatem, quae movet omnes alias potentias, et etiam intellectum, ad suum actum, ut supra[7] dictum est.

Movet autem vis appetitiva ad aliquid inspiciendum, vel sensibiliter vel intelligibiliter, quandoque quidem propter amorem rei visae, quia, ut dicitur Mt 6,21, *ubi est thesaurus tuus, ibi est et cor tuum*: quandoque autem propter amorem ipsius cognitionis quam quis ex inspectione consequitur. Et propter hoc Gregorius[8] constituit vitam contemplativam in *caritate Dei*: inquantum scilicet aliquis ex dilectione Dei inardescit ad eius pulchritudinem conspiciendam. Et quia unusquisque delectatur cum adeptus fuerit id quod amat, ideo vita contemplativa terminatur ad delectationem, quae est in affectu: ex qua etiam amor intenditur.

2. ALÉM DISSO, Gregório diz que "Raquel, que significa *princípio visto*, é figura da vida contemplativa". Ora, a visão do princípio corresponde, com toda propriedade, ao intelecto. Logo, a vida contemplativa propriamente pertence ao intelecto.

3. ADEMAIS, afirma ainda Gregório que a vida contemplativa consiste em "abster-se da ação exterior". Ora, a potência afetiva ou apetitiva inclina para as ações exteriores. Logo, parece que a vida contemplativa não pertença de modo algum a essa potência.

EM SENTIDO CONTRÁRIO, o mesmo Gregório escreve também que "a vida contemplativa consiste em guardar com toda a alma a caridade para com Deus e o próximo e a entregar-se completamente só ao desejo do Criador". Ora, o desejo e o amor pertencem à potência afetiva ou apetitiva. Logo, a vida contemplativa tem alguma relação com essa potência.

RESPONDO. Chama-se vida contemplativa a vida daqueles que se aplicam principalmente à contemplação da verdade. Ora, essa aplicação é ato da vontade, posto que se refere ao fim, que é o objeto desta potência. Logo, a vida contemplativa, pela essência mesma da sua ação, pertence ao intelecto; mas, quanto ao impulso para exercer tal operação, pertence à vontade, que move todas as outras faculdades, inclusive o intelecto, para os seus atos.

Pois bem, a vontade nos move à consideração de um objeto, seja mediante os sentidos, seja pelo intelecto; umas vezes, pelo amor da coisa conhecida, porque "onde está o teu tesouro aí está também teu coração"; outras, pelo amor do próprio conhecimento, que se adquire na contemplação desse objeto. Eis por quê, Gregório faz consistir a vida contemplativa na "caridade por Deus", porque esse amor nos faz arder no desejo de contemplar Sua beleza. E, como cada um se deleita quando alcança o objeto amado, o termo da vida contemplativa é o deleite, que brota da vontade. E é o que faz com que o próprio amor se torne mais intenso.

---

2. C. 37, al. 18, in vet. 28, n. 61: ML 75, 764 B.
3. Hom. 14; al. l. II, hom. 2, n. 8: ML 76, 953 A.
4. I-II, q. 25, a. 2; q. 26, a. 2.
5. Q. 179, a. 1.
6. I-II, q. 12, a. 1.
7. I, q. 82, a. 4; I-II, q. 9, a. 1.
8. Cfr. arg. *sed c*.

AD PRIMUM ergo dicendum quod ex hoc ipso quod veritas est finis contemplationis, habet rationem boni appetibilis et amabilis et delectantis. Et secundum hoc pertinet ad vim appetitivam.

AD SECUNDUM dicendum quod ad ipsam visionem primi principii, scilicet Dei, incitat amor ipsius. Unde Gregorius dicit, *super Ezech.*[9], quod *vita contemplativa, calcatis curis omnibus, ad videndam faciem sui Creatoris inardescit*.

AD TERTIUM dicendum quod vis appetitiva movet non solum membra corporalia ad exteriores actiones exercendas, sed etiam intellectum ad exercendum operationem contemplationis, ut dictum est.

QUANTO AO 1º, portanto, deve-se dizer que pelo fato mesmo de ser a verdade o fim da contemplação, ela adquire o valor de bem apetecível, amável e deleitável. E é por esse aspecto que ela tem relação com a verdade.

QUANTO AO 2º, deve-se dizer que a essa mesma visão do primeiro princípio, isto é, de Deus, incita o amor por Ele. Por isso, Gregório disse que "a vida contemplativa, menosprezando todas as preocupações, arde de desejo de ver a face do Criador".

QUANTO AO 3º, deve-se dizer que a vontade não só move os membros corporais a exercer suas ações exteriores, como também o intelecto a realizar o ato da contemplação.

ARTICULUS 2
Utrum virtutes morales pertineant ad vitam contemplativam

AD SECUNDUM SIC PROCEDITUR. Videtur quod virtutes morales pertineant ad vitam contemplativam.

1. Dicit enim Gregorius, *super Ezech.*[1], quod *contemplativa vita est caritatem quidem Dei et proximi tota mente retinere*. Sed omnes virtutes morales, de quarum actibus dantur praecepta legis, reducuntur ad dilectionem Dei et proximi: quia *plenitudo legis est dilectio*, ut dicitur Rm 13,10. Ergo videtur quod virtutes morales pertineant ad vitam contemplativam.

2. PRAETEREA, contemplativa vita praecipue ordinatur ad Dei contemplationem: dicit enim Gregorius, *super Ezech.*[2], quod, *calcatis curis omnibus, ad videndam faciem sui Creatoris inardescit*. Sed ad hoc nullus potest pervenire nisi per munditiam, quam causat virtus moralis: dicitur enim Mt 5,8: *Beati mundo corde, quoniam ipsi Deum videbunt*; et Hb 12,14: *Pacem sequimini*

ARTIGO 2
As virtudes morais pertencem à vida contemplativa?

QUANTO AO SEGUNDO, ASSIM SE PROCEDE: parece que as virtudes morais **pertencem** à vida contemplativa[b].

1. Com efeito, Gregório diz que "a vida contemplativa consiste em guardar com toda a alma a caridade para Deus e o próximo". Ora, todas as virtudes morais, cujos atos são prescritos pelos mandamentos da lei, se reduzem ao amor de Deus e do próximo, pois, como diz o Apóstolo, "a caridade é a plenitude da lei". Logo, parece que as virtudes morais pertencem à vida contemplativa.

2. ALÉM DISSO, a vida contemplativa se ordena principalmente à contemplação de Deus. Assim, escreveu Gregório que, "menosprezando todas as preocupações, a alma arde de desejo de ver a face do Criador". Ora, a isso ninguém pode chegar sem a pureza de coração, fruto das virtudes morais. Com efeito, diz o Evangelho de Mateus: "Bem-aventurados os puros de coração,

---

9. Loc. cit.: ML 76, 953 B.

2 PARALL.: Infra, q. 181, a. 1, ad 3; q. 182, a. 3; III *Sent.*, dist. 35, q. 1, a. 3, q.la 3; *Cont. retrahent. ab ingress. Relig.*, c. 7, ad 7.

1. Hom. 14; al. l. II, hom. 2, n. 8: ML 76, 953 A.
2. Loc. cit.: ML 76, 953 B.

b. Se é verdade que Sto. Tomás tem o costume, em sua resposta, de defender a posição contrária à das objeções que ele formula inicialmente, a direção tomada desde o início deste artigo tem de que surpreender. A tese do artigo seria que as virtude morais não pertencem à vida contemplativa? De fato, é.
Sto. Tomás reconhece a enorme importância das virtudes morais como disposições à vida contemplativa, a ponto que não poderíamos de modo algum fazer economia das mesmas. Ma Sto. Tomás insiste em outro ponto. Pretende mais do que tudo preservar a natureza integralmente contemplativa da vida que traz esse nome. E daí o acento posto sobre o fato de que as virtudes morais são essencialmente diferentes da vida contemplativa, e nem sequer fazem parte dela. São do âmbito da vida ativa.

cum omnibus, et sanctimoniam, sine qua nemo videbit Deum. Ergo videtur quod virtutes morales pertineant ad vitam contemplativam.

3. PRAETEREA, Gregorius dicit, *super Ezech*.³, quod *contemplativa vita speciosa est in animo*: unde significatur per Rachelem, de qua dicitur, Gn 29,17, quod *erat pulchra facie*. Sed pulchritudo animi attenditur secundum virtutes morales, et praecipue secundum temperantiam: ut Ambrosius dicit, in I *de Offic*.⁴. Ergo videtur quod virtutes morales pertineant ad vitam contemplativam.

SED CONTRA est quod virtutes morales ordinantur ad exteriores actiones. Sed Gregorius dicit, in VI *Moral*.⁵, quod ad contemplativam vitam pertinet *ab exteriori actione quiescere*. Ergo virtutes morales non pertinent ad vitam contemplativam.

RESPONDEO dicendum quod ad vitam contemplativam potest aliquid pertinere dupliciter: uno modo, essentialiter; alio modo, dispositive. Essentialiter quidem virtutes morales non pertinent ad vitam contemplativam. Quia finis contemplativae vitae est consideratio veritatis. Ad virtutes autem morales *scire quidem*, quod pertinet ad considerationem veritatis, *parvam potestatem habet*: ut Philosophus dicit, in II *Ethic*.⁶. Unde et ipse, in X *Ethic*.⁷, virtutes morales dicit pertinere ad felicitatem activam, non autem ad contemplativam.

Dispositive autem virtutes morales pertinent ad vitam contemplativam. Impeditur enim actus contemplationis, in quo essentialiter consistit vita contemplativa, et per vehementiam passionum, per quam abstrahitur intentio animae ab intelligibilibus ad sensibilia; et per tumultus exteriores. Virtutes autem morales impediunt vehementiam passionum, et sedant exteriorum occupationum tumultus. Et ideo virtutes morales dispositive ad vitam contemplativam pertinent.

AD PRIMUM ergo dicendum quod, sicut dictum est⁸, vita contemplativa habet motivum ex parte affectus: et secundum hoc dilectio Dei et proximi requiritur ad vitam contemplativam. Causae autem moventes non intrant essentiam rei, sed disponunt et perficiunt rem. Unde non sequitur

porque verão a Deus"; e a Carta aos Hebreus: "Procurai estar em paz com todos e também a santidade, sem a qual ninguém verá a Deus". Logo, parece que as virtudes morais pertencem à vida contemplativa.

3. ADEMAIS, Gregório declara que "a vida contemplativa é bela na alma"; e, por isso, é figurada por Raquel, da qual se disse que "era formosa de rosto". Ora, a formosura da alma lhe vem das virtudes morais e sobretudo da temperança, segundo Ambrósio. Logo, parece que as virtudes morais pertencem à vida contemplativa.

EM SENTIDO CONTRÁRIO, as virtudes morais se ordenam às ações exteriores. Ora, Gregório diz que a vida contemplativa consiste "na cessação de toda ação exterior". Logo, as virtudes morais não pertencem à vida contemplativa.

RESPONDO. Há dois modos de pertencer à vida contemplativa: como elemento essencial ou como disposição prévia. Essencialmente, as virtudes morais não pertencem à vida contemplativa, cujo fim é a contemplação da verdade. Ora, ensina o Filósofo, "o saber, que se refere à consideração da verdade, tem muito pouca importância quando se trata de exercer as virtudes morais". E, por isso, ele mesmo acrescenta, as virtudes morais pertencem à felicidade ativa, não à contemplativa.

Mas, como disposição prévia, as virtudes morais pertencem à vida contemplativa. Pois o ato da contemplação, em que consiste essencialmente a vida contemplativa, fica impedido tanto pela veemência das paixões, que desviam a orientação da alma do inteligível para o sensível, quanto pelas agitações exteriores. Ora, as virtudes morais refreiam as paixões e acalmam o tumulto das ocupações exteriores. Logo, as virtudes morais pertencem à vida contemplativa a modo de disposição.

QUANTO AO 1º, portanto, deve-se dizer que a vida contemplativa tem o seu motivo na vontade e, segundo esse aspecto, ela supõe o amor de Deus e do próximo. Ora, as causas motoras não fazem parte da própria essência de uma coisa, mas unicamente a preparam e aperfeiçoam. Por

---

3. Loc. cit., n. 10: ML 76, 954 C.
4. Cap. 46, n. 209: ML 16, 86 B.
5. *In Ezech*., loc. cit., n. 8: ML 76, 953 A; cfr. a. praec., 3 a.
6. C. 3: 1105, b, 2-5.
7. C. 8: 1178, a, 9-23.
8. Art. 1.

quod virtutes morales essentialiter pertineant ad vitam contemplativam.

AD SECUNDUM dicendum quod sanctimonia, idest munditia, causatur ex virtutibus quae sunt circa passiones impedientes puritatem rationis. Pax autem causatur ex iustitia, quae est circa operationes, secundum illud Is 32,17, *Opus iustitiae pax*: inquantum scilicet ille qui ab iniuriis aliorum abstinet, subtrahit litigiorum et tumultuum occasiones. Et sic virtutes morales disponunt ad vitam contemplativam, inquantum causant pacem et munditiam.

AD TERTIUM dicendum quod pulchritudo, sicut supra[9] dictum est, consistit in quadam claritate et debita proportione. Utrumque autem horum radicaliter in ratione invenitur, ad quam pertinet et lumen manifestans, et proportionem debitam in aliis ordinare. Et ideo in vita contemplativa, quae consistit in actu rationis, per se et essentialiter invenitur pulchritudo. Unde Sap 8,2 de contemplatione sapientiae dicitur: *Amator factus sum formae illius*.

In virtutibus autem moralibus invenitur pulchritudo participative, inquantum scilicet participant ordinem rationis: et praecipue in temperantia, quae reprimit concupiscentias maxime lumen rationis obscurantes. Et inde est quod virtus castitatis maxime reddit hominem aptum ad contemplationem: inquantum delectationes venereae maxime deprimunt mentem ad sensibilia, ut Augustinus dicit, in libro *Soliloquiorum*[10].

conseguinte, não se pode concluir que as virtudes morais pertençam essencialmente à vida contemplativa.

QUANTO AO 2º, deve-se dizer que a santidade, no sentido de pureza, é o fruto das virtudes, cuja função é moderar as paixões que perturbam a pureza da razão. Ao passo que a paz é fruto da justiça, que se refere às ações, pois, segundo Isaías: "A obra da justiça é a paz"; isto é, enquanto aquele que se abstém de prejudicar os outros, suprime as ocasiões de litígios e perturbações. E é nesse sentido, enquanto causa a paz e a pureza, que as virtudes morais são disposições para a vida contempativa.

QUANTO AO 3º, deve-se dizer que a beleza, consiste num certo esplendor e proporção devida. Ora, tanto um quanto outra encontram-se radicalmente na razão, à qual incumbe fazer brilhar a luz e ordenar à justa proporção das coisas. Eis por quê, a beleza se encontra, por si mesma e essencialmente, na vida contemplativa, que consiste num ato da razão. Assim, lê-se no livro da Sabedoria a respeito da contemplação da sabedoria: "Fiquei enamorado da sua formosura".

Nas virtudes morais encontra-se a beleza de modo participativo, isto é, enquanto elas participam da ordem da razão. E sobretudo a temperança, que reprime as concupiscências que mais obscurecem a luz da razão. Por isso, a virtude da castidade é a que torna o homem particularmente apto à contemplação, pois são os prazeres carnais os que mais lhe submergem a alma nas coisas sensíveis, como diz Agostinho.

ARTICULUS 3
Utrum ad vitam contemplativam pertineant diversi actus

AD TERTIUM SIC PROCEDITUR. Videtur quod ad vitam contemplativam pertineant diversi actus.

1. Richardus enim de Sancto Victore[1] distinguit inter *contemplationem, meditationem* et *cogitationem*. Sed omnia ista videntur ad vitam contemplativam pertinere. Ergo videtur quod vitae contemplativae sint diversi actus.

ARTIGO 3
A vida contemplativa consiste em vários atos?

QUANTO AO TERCEIRO, ASSIM SE PROCEDE: parece que a vida contemplativa **consiste** em vários atos.

1. Com efeito, Ricardo de São Vítor distingue entre "contemplação, meditação e cogitação". Ora, parece que todas elas pertencem à vida contemplativa. Logo, esta consiste em vários atos.

---

9. Q. 145, a. 2.
10. L. I, c. 10: ML 32, 878.

PARALL.: III *Sent.*, dist. 35, q. 1, a. 2, q.la 2; IV, dist. 15, q. 4, a. 1, q.la 2, ad 1; a. 2, q.la 1, ad 2.
1. *De gratia contempl.*, l. I, cc. 3-4: ML 196, 66 C — 68 C.

2. Praeterea, Apostolus, 2Cor 3,18, dicit: *Nos autem, revelata facie gloriam Domini speculantes, transformamur in eandem claritatem.* Sed hoc pertinet ad vitam contemplativam. Ergo, praeter tria praedicta, etiam *speculatio* ad vitam contemplativam pertinet.

3. Praeterea, Bernardus dicit, in libro *de Consid.*[2], quod *prima et maxima contemplatio est admiratio maiestatis.* Sed admiratio, secundum Damascenum[3], ponitur species timoris. Ergo videtur quod plures actus ad vitam contemplativam requirantur.

4. Praeterea, ad vitam contemplativam pertinere dicuntur *oratio, lectio* et *meditatio.* Pertinet etiam ad vitam contemplativam *auditus*: nam de Maria, per quam vita contemplativa significatur, dicitur, Lc 10,39, quod *sedens secus pedes Domini, audiebat verba illius.* Ergo videtur quod plures actus ad vitam contemplativam requirantur.

Sed contra est quod vita hic dicitur operatio cui homo principaliter intendit. Si igitur sunt plures operationes vitae contemplativae, non erit una vita contemplativa, sed plures.

Respondeo dicendum quod de vita contemplativa nunc loquimur secundum quod ad hominem pertinet. Haec est autem differentia inter hominem et angelum, ut patet per Dionysium, 7 cap. *de Div. Nom.*[4], quod angelus simplici apprehensione veritatem intuetur, homo autem quodam processu ex multis pertingit ad intuitum simplicis veritatis. Sic igitur vita contemplativa unum quidem actum habet in quo finaliter perficitur, scilicet contemplationem veritatis, a quo habet unitatem: habet autem multos actus quibus pervenit ad hunc actum finalem. Quorum quidam pertinent ad acceptionem principiorum, ex quibus procedit ad contemplationem veritatis; alii autem pertinent ad deductionem principiorum in veritatem, cuius cognitio inquiritur; ultimus autem completivus actus est ipsa contemplatio veritatis.

Ad primum ergo dicendum quod *cogitatio,* secundum Richardum de Sancto Victore[5], pertinere

2. Além disso, "Nós, diz o Apóstolo, *"considerando de rosto descoberto, como num espelho, a glória do Senhor, somos transformados na mesma claridade".* Ora, isso é próprio da vida contemplativa. Logo, além dos três atos acima referidos, a *consideração* ou *especulação* também pertence à vida contemplativa.

3. Ademais, Bernardo escreve que "a primeira e a mais alta contemplação é a admiração da majestade". Ora, segundo Damasceno, a admiração é uma espécie de temor. Logo, parece que a vida contemplativa requer vários atos.

4. Ademais, diz-se que à vida contemplativa pertencem "a oração, a leitura e a meditação". A ela pertence também o *ouvir*, pois de Maria, que representa a vida contemplativa, se disse que "sentada aos pés do Senhor, ouvia as Suas palavras". Logo, parece que a vida contemplativa exige muitos atos.

Em sentido contrário, a vida se define aqui como a ação a que o homem se consagra principalmente. Portanto, se a vida contemplativa consistisse em várias ações, não haveria uma só vida contemplativa, mas várias.

Respondo. Falamos aqui de vida contemplativa tal como ela é conveniente ao homem. Ora, como prova Dionísio, entre o homem e o anjo há a seguinte diferença: o anjo vê a verdade por uma simples apreensão, enquanto que o homem só chega a essa intuição da simples verdade progressivamente e mediante muitos atos. Assim, pois, a vida contemplativa consiste em um único ato, no qual ela se consuma finalmente, a saber, a contemplação da verdade, do qual recebe sua unidade. Mas ela comporta muitos atos, que a preparam a esse ato supremo[c]. E, desses atos, uns se referem à aquisição dos princípios, pelos quais se encaminha à contemplação da verdade; outros, à aplicação dos princípios à verdade daquilo cujo conhecimento se busca; e, enfim, o ato que consuma tudo, que é a própria contemplação da verdade.

Quanto ao 1º, portanto, deve-se dizer que a *cogitação,* segundo Ricardo de São Vítor, parece

---

2. L. V, c. 14, n. 32: ML 182, 806 C.
3. *De fide orth.*, l. II, c. 15: MG 94, 932 C.
4. MG 3, 868 BC.
5. Loc. cit. in arg.: ML 196, 67 D.

---

c. A vida contemplativa, tal como pode ser vivida por um ser humano, é ao mesmo tempo una e complexa: una por seu termo, complexa pelos meios a empregar para alcançá-la. A disposição do artigo manifesta que é a unidade que Sto. Tomás quer frisar. A vida contemplativa é em si unificante, a complexidade se deve ao caráter imperfeito que assume no homem.

videtur ad multorum inspectionem, ex quibus aliquis colligere intendit unam simplicem veritatem. Unde sub cogitatione comprehendi possunt et perceptiones sensuum, ad cognoscendum aliquos effectus; et imaginationes; et discursus rationis circa diversa signa, vel quaecumque perducentia in cognitionem veritatis intentae. Quamvis secundum Augustinum, XIV *de Trin.*[6], cogitatio dici possit omnis actualis operatio intellectus. — *Meditatio* vero pertinere videtur ad processum rationis ex principiis aliquibus pertingentibus ad veritatis alicuius contemplationem. Et ad idem pertinet *consideratio*, secundum Bernardum[7]. Quamvis secundum Philosophum, in II *de Anima*[8], omnis operatio intellectus *consideratio* dicatur. — Sed *contemplatio* pertinet ad ipsum simplicem intuitum veritatis.

Unde idem Richardus dicit[9] quod *contemplatio est perspicax et liber animi contuitus in res perspiciendo; meditatio autem est intuitus animi in veritatis inquisitione occupatus; cogitatio autem est animi respectus ad evagationem pronus.*

AD SECUNDUM dicendum quod, sicut dicit glossa Augustini[10] ibidem, *speculantes dicit a speculo, non a specula.* Videre autem aliquid per speculum est videre causam per effectum, in quo eius similitudo relucet. Unde *speculatio* ad meditationem reduci videtur.

AD TERTIUM dicendum quod admiratio est species timoris consequens apprehensionem alicuius rei excedentis nostram facultatem. Unde *admiratio* est actus consequens contemplationem sublimis veritatis. Dictum est enim[11] quod contemplatio in affectu terminatur.

AD QUARTUM dicendum quod homo ad cognitionem veritatis pertingit dupliciter. Uno modo, per ea quae ab alio accipit. Et sic quidem, quantum ad ea quae homo a Deo accipit, necessaria est *oratio*: secundum illud Sap 7,7: *Invocavi, et venit in me spiritus sapientiae.* Quantum vero ad ea quae accipit ab homine, necessarius est *auditus*, secundum quod accipit ex voce loquentis; et *lectio*, secundum quod accipit ex eo quod per scripturam est traditum. — Alio modo, necessa-

consistir no exame dos muitos elementos dos quais se pretende extrair uma verdade simples. Por isso, esse termo pode compreender não só as percepções sensíveis destinadas a nos fazer conhecer certos efeitos; como as imaginações; o discurso da razão acerca dos sinais diversos, ou ainda tudo o que nos possa encaminhar ao conhecimento da verdade procurada. Embora Agostinho tenha dito que se pode chamar cogitação toda operação atual do intelecto. — Por outro lado, a *meditação* parece referir-se ao processo da razão, que, partindo de certos princípios, chega à contemplação de uma determinada verdade. Segundo Bernardo o termo *consideração* teria o mesmo sentido. Embora, segundo o Filósofo, qualquer operação do intelecto pode ser chamada consideração. — Mas a "contemplação" diz respeito à simples intuição da verdade.

Por isso, o mesmo Ricardo diz que "A contemplação é a intuição penetrante e livre que o espírito tem das coisas que considera; a meditação é o olhar do espírito todo ocupado em busca da verdade; e a cogitação é a reflexão do espírito, ainda susceptível de divagação".

2. ALÉM DISSO, "especulação", segundo a Glosa de Agostinho, vem de "speculum" (espelho) e não de "specula" (mirante). Ora, ver um objeto num espelho significa ver a causa pelo efeito, onde se reflete sua imagem. Por isso, pode-se reduzir a "especulação" à meditação.

QUANTO AO 3º, deve-se dizer que a "admiração" é uma espécie de temor, resultante da apreensão do que excede a nossa capacidade. Por isso, a admiração é consequência da contemplação de uma verdade sublime, pois já foi dito que a contemplação se consuma na vontade.

QUANTO AO 4º, deve-se dizer que o homem chega à contemplação da verdade de dois modos: Primeiro, mediante o que recebe de outro; e, neste sentido, é necessária a "oração", quando se trata do que o homem recebe de Deus, como está no livro da Sabedoria: "Invoquei o Senhor e veio a mim o espírito de sabedoria". Para aquilo que ele recebe dos homens, é necessária a "audição", se se trata de um ensinamento oral, e a "leitura", se é por escrito que lhe vem esse ensinamento. — O

---

6. C. 7: ML 42, 1042. Cfr. I-II, q. 109, a. 1, ad 3.
7. *De consid.*, l. II, c. 2, n. 5; ML 182, 745 B.
8. C. 1: 412, a, 11.
9. Loc. cit., cc. 3, 4: ML 196, 66 D, 67 D.
10. Glossa ordin.: ML 114, 555 D; LOMBARDI: ML 192, 28 A.
11. Art. 1.

rium est quod adhibeat proprium studium. Et sic requiritur *meditatio*.

ARTICULUS 4
Utrum vita contemplativa solum consistat in contemplatione Dei, an etiam in consideratione cuiuscumque veritatis

AD QUARTUM SIC PROCEDITUR. Videtur quod vita contemplativa non solum consistat in contemplatione Dei, sed etiam in consideratione cuiuscumque veritatis.

1. Dicitur enim in Ps 138,14: *Mirabilia opera tua: et anima mea cognoscet nimis*. Sed cognitio divinorum operum fit per aliquam veritatis contemplationem. Ergo videtur quod ad vitam contemplativam pertineat non solum divinam veritatem, sed etiam quamlibet aliam contemplari.

2. PRAETEREA, Bernardus, in libro *de Consid*.[1], dicit quod *prima contemplatio est admiratio maiestatis; secunda est iudiciorum Dei; tertia est beneficiorum ipsius; quarta est promissorum*. Sed inter haec quatuor solum primum pertinet ad divinam veritatem, alia vero tria pertinent ad effectus ipsius. Ergo vita contemplativa non solum consistit in consideratione divinae veritatis, sed etiam in consideratione veritatis circa divinos effectus.

3. PRAETEREA, Richardus de Sancto Victore distinguit[2] sex species contemplationum: quarum prima est *secundum solam imaginationem*, dum attendimus res corporales; secunda autem est *in imaginatione secundum rationem*, prout scilicet sensibilium ordinem et dispositionem cosideramus: tertia est *in ratione secundum imaginationem*, quando scilicet per inspectionem rerum visibilium ad invisibilia sublevamur; quarta autem est *in ratione secundum rationem*, quando scilicet animus intendit invisibilibus, quae imaginatio non movit; quinta autem est *supra rationem*, quanto ex divina revelatione cognoscimus quae humana ratione comprehendi non possunt; sexta autem est *supra rationem et praeter rationem*, quanto

ARTIGO 4
A vida contemplativa consiste só na contemplação de Deus ou também na consideração de qualquer verdade?

QUANTO AO QUARTO, ASSIM SE PROCEDE: parece que a vida contemplativa não consiste simplesmente na contemplação de Deus, mas na consideração de qualquer verdade.

1. Com efeito, está escrito no Salmo: "Maravilhosas são as tuas obras e minha alma as conhecerá perfeitamente". Ora, o conhecimento das obras divinas se realiza pela contemplação da verdade. Logo, parece que o objeto da vida contemplativa não é só a verdade divina, mas qualquer outra.

2. ALÉM DISSO, Bernardo diz[d]: "A primeira contemplação é a admiração da majestade; a segunda, a dos juízos de Deus; a terceira, a dos seus benefícios e a quarta, a das suas promessas". Ora, dessas quatro só a primeira se refere à verdade divina; as outras três têm por objeto seus efeitos. Logo, a vida contemplativa não consiste só na contemplação da verdade divina, mas também na consideração da verdade sobre os divinos efeitos.

3. ADEMAIS, Ricardo de São Vítor distingue seis espécies de contemplação: A primeira "só fundada na imaginação", pela qual consideramos as coisas corporais. A segunda ainda se funda "na imaginação, mas segundo a razão", enquanto consideramos a ordem e a disposição das coisas sensíveis. A terceira se realiza "na razão segundo a imaginação", quando pelo exame das coisas visíveis nos elevamos às invisíveis. A quarta consiste "na razão segundo a razão", quando se consideram as coisas invisíveis a que não se chegou pela imaginação. A quinta já está "acima da razão", quando conhecemos, por revelação divina, as coisas que a razão humana não pode compreender. E a sexta, enfim, está "acima da razão e fora

---

4 PARALL.: III *Sent.*, dist. 35, q. 1, a. 2, q.la 3.

1. L. V, c. 14, n. 32: ML 182, 806 C D.
2. *De grat. contempl.*, l. I, c. 6: ML 196, 70 B.

d. Mesmo que a divisão entre vida ativa e vida contemplativa seja da ordem da criação, perceptível para um pagão como Aristóteles, são numerosos os textos cristãos que se apresentam ao espírito de Sto. Tomás quando ele trata da contemplação de Deus e das vias que conduzem até ele.
Só neste artigo, sem falar das citações bíblicas, apela-se a São Bernardo, Richardo de S. Victor, São Gregório e Sto. Agostinho. Quando não se trata mais de contemplação em geral, mas da contemplação do Deus vivo, estamos em ambiente cristão.

scilicet ex divina illuminatione cognoscimus ea quae humanae rationi repugnare videntur, sicut ea quae dicuntur de mysterio Trinitatis. Sed solum ultimum videtur ad divinam veritatem pertinere. Ergo contemplatio non solum respicit divinam veritatem, sed etiam eam quae in creaturis consideratur.

4. PRAETEREA, in vita contemplativa quaeritur contemplatio veritatis inquantum est perfectio hominis. Sed quaelibet veritas est perfectio humani intellectus. Ergo in qualibet contemplatione veritatis consistit vita contemplativa.

SED CONTRA est quod Gregorius dicit, in VI *Moral.*[3], quod *in contemplatione principium, quod Deus est, quaeritur.*

RESPONDEO dicendum quod, sicut iam[4] dictum est, ad vitam contemplativam pertinet aliquid dupliciter: uno modo, principaliter; alio modo, secundario vel dispositive. Principaliter quidem ad vitam contemplativam pertinet contemplatio divinae veritatis: quia huiusmodi contemplatio est finis totius humanae vitae. Unde Augustinus dicit, in I *de Trin.*[5], quod *contemplatio Dei promittitur nobis actionum omnium finis, atque aeterna perfectio gaudiorum.* Quae quidem in futura vita erit perfecta, quando videbimus eum *facie ad faciem*: unde et perfecte beatos faciet. Nunc autem contemplatio divinae veritatis competit nobis imperfecte, videlicet *per speculum et in aenigmate*: unde per eam fit nobis quaedam inchoatio beatitudinis, quae hic incipit ut in futuro terminetur. Unde et Philosophus, in X *Ethic.*[6], in contemplatione optimi intelligibilis ponit ultimam felicitatem hominis.

Sed quia per divinos effectus in Dei contemplationem manuducimur, secundum illud Rm 1,20, *Invisibilia Dei per ea quae facta sunt, intellecta, conspiciuntur*: inde est quod etiam contemplatio divinorum effectuum secundario ad vitam contemplativam pertinet, prout scilicet ex hoc manuducitur homo in Dei cognitionem. Unde Augustinus dicit, in libro *de Vera Relig.*[7], quod *in creaturarum consideratione non vana et peritura curiositas est exercenda, sed gradus ad immortalia et semper manentia faciendus.*

do seu alcance", quando, por iluminação divina, conhecemos verdades que parecem contraditórias à razão humana, como o mistério da Trindade. Ora, só a última espécie tem por objeto a verdade divina. Logo, a contemplação não só se refere à verdade divina, mas também àquela que se pode considerar nas criaturas.

4. ADEMAIS, na vida contemplativa se busca a contemplação da verdade enquanto é perfeição do homem. Ora, qualquer verdade é perfeição do intelecto humano. Logo, a vida contemplativa consiste na contemplação de qualquer verdade.

EM SENTIDO CONTRÁRIO, Gregório disse: "Na contemplação se busca o princípio, que é Deus".

RESPONDO. Há duas maneiras de pertencer à vida contemplativa: na qualidade de elemento principal e na qualidade de elemento secundário ou de disposição. O elemento principal da vida contemplativa é a contemplação da Verdade divina, posto que este é o fim da vida humana. Por isso, escreve Agostinho: "A contemplação de Deus nos é prometida como o fim de todas as nossas ações e a eterna perfeição das nossas alegrias". Essa contemplação será perfeita na vida futura, quando virmos Deus "face a face"; e, então, ela nos fará perfeitamente bem-aventurados. Agora, porém, a nossa contemplação da verdade divina é imperfeita, como "por um espelho, em enigmas". E isso nos dá apenas um começo de bem-aventurança, que, iniciada nesta vida, só será perfeita na outra. Eis por quê, o Filósofo põe a felicidade última do homem na contemplação do supremo bem inteligível.

Mas, pelos efeitos divinos somos levados à contemplação de Deus, segundo as palavras do Apóstolo: "A realidade invisível de Deus pode ser conhecida por meio das coisas criadas". Daí resulta que também a contemplação dos efeitos divinos pertence secundariamente à vida contemplativa, enquanto por ela o homem é levado ao conhecimento de Deus. Por isso, diz Agostinho que "a consideração das criaturas não deve ser para nós o exercício de uma vã e estéril curiosidade, mas um meio de nos elevar ao que é imortal e permanente".

---

3. C. 37, al. 18, in vet. 28, n. 61: ML 75, 764 B.
4. Art. 2.
5. C. 8, n. 17: ML 42, 831.
6. C. 7: 1177, a, 17-21.
7. C. 29, n. 52: ML 34, 145.

Sic igitur ex praemissis patet quod ordine quodam quatuor ad vitam contemplativam pertinent: primo quidem, virtutes morales: secundo autem, alii actus praeter contemplationem; tertio vero, contemplatio divinorum effectuum; quartum vero contemplativam est ipsa contemplatio divinae veritatis.

AD PRIMUM ergo dicendum quod David cognitionem operum Dei quaerebat ut ex hoc manuduceretur in Deum. Unde alibi dicit: *Meditabor in omnibus operibus tuis, et in factis manuum tuarum meditabor: expandi manus meas ad te*.

AD SECUNDUM dicendum quod ex consideratione divinorum iudiciorum manuducitur homo in contemplationem divinae iustitiae, ex consideratione autem divinorum beneficiorum et promissorum manuducitur homo in cognitionem divinae misericordiae seu bonitatis, quasi per effectus exhibitos vel exhibendos.

AD TERTIUM dicendum quod per illa sex designantur gradus quibus per creaturas in Dei contemplationem ascenditur. Nam in primo gradu ponitur perceptio ipsorum sensibilium; in secundo vero gradu ponitur progressus a sensibilibus ad intelligibilia; in tertio vero gradu ponitur diiudicatio sensibilium secundum intelligibilia; in quarto vero gradu ponitur absoluta consideratio intelligibilium in quae per sensibilia pervenitur; in quinto vero gradu ponitur contemplatio intelligibilium quae per sensibilia inveniri non possunt, sed per rationem capi possunt; in sexto gradu ponitur consideratio intelligibilium quae ratio nec invenire nec capere potest, quae scilicet pertinet ad sublimem contemplationem divinae veritatis, in qua finaliter contemplatio perficitur.

Ad quartum dicendum quod ultima perfectio humani intellectus est veritas divina: aliae autem veritates perficiunt intellectum in ordine ad veritatem divinam.

Assim, pois, fica claro que a vida contemplativa abrange, em uma certa ordem, quatro coisas: primeiro, as virtudes morais; segundo, outros atos, além da própria contemplação; terceiro, a contemplação das obras divinas; e, quarto, o que é contemplativo, a própria contemplação da Verdade divina.

QUANTO AO 1º, portanto, deve-se dizer que Davi buscava o conhecimento das obras de Deus, para ser levado por elas ao conhecimento do mesmo Deus. Por isso, diz em outro lugar: "Medito em tudo o que Tu fizeste, reflito sobre o que tuas mãos operaram; em direção a Ti minhas mãos estendo".

QUANTO AO 2º, deve-se dizer que da consideração dos juízos de Deus, o homem é levado à contemplação da justiça divina; da consideração dos benefícios e promessas divinos é levado ao conhecimento da misericórdia ou bondade de Deus, como por efeitos produzidos ou que o serão.

QUANTO AO 3º, deve-se dizer que essas seis espécies de contemplação representam como que degraus, pelos quais, por meio das criaturas, se sobe à contemplação de Deus. Assim, no primeiro degrau, se dá a percepção das coisas sensíveis; no segundo, se passa das coisas sensíveis às inteligíveis; no terceiro, se julgam as coisas sensíveis mediante as inteligíveis; no quarto, está a consideração das próprias realidades inteligíveis, a partir das sensíveis; no quinto, a contemplação das coisas inteligíveis que não poderiam descobrir-se por meio das sensíveis, mas que podem ser compreendidas pela razão; e no sexto, a consideração das realidades inteligíveis, que a razão não pode nem descobrir nem compreender, mas que pertencem à sublime contemplação da Verdade divina, na qual se consuma finalmente a contemplação.

Quanto ao 4º, deve-se dizer que a perfeição última do intelecto humano é a Verdade divina; ao passo que as outras verdades o aperfeiçoam em vista da verdade divina.

Articulus 5
Utrum vita contemplativa, secundum statum huius vitae, possit pertingere ad visionem divinae essentie

AD QUINTUM SIC PROCEDITUR. Videtur quod vita contemplativa, secundum statum huius vitae, possit pertingere ad visionem divinae essentiae.
1. Quia, ut habetur Gn 32,30, Iacob dixit: *Vidi Deum facie ad faciem, et salva facta est anima mea*. Sed visio faciei est visio divinae essentiae. Ergo videtur quod aliquis per contemplationem in praesenti vita possit se extendere ad videndum Deum per essentiam.
2. PRAETEREA, Gregorius dicit, in VI *Moral*.[1], quod viri contemplativi *ad semetipsos introrsus redeunt, in eo quod spiritualia rimantur, et nequaquam secum rerum corporalium umbras trahunt, vel fortasse tractas manu discretionis abigunt: sed incircumscriptum lumen videre cupientes, cunctas circumscriptionis suae imagines deprimunt, et in eo quod super se contingere appetunt, vincunt quod sunt*. Sed homo non impeditur a visione divinae essentiae, quae est lumen incircumscriptum, nisi per hoc quod necesse habet intendere corporalibus phantasmatibus. Ergo videtur quod contemplatio praesentis vitae potest se extendere ad videndum incircumscriptum lumen per essentiam.
3. PRAETEREA, Gregorius, in II *Dialog*.[2], dicit: *Animae videnti Creatorem angusta est omni creatura. Vir ergo Dei*, scilicet beatus Benedictus, *qui in turri globum igneum, angelos quoque ad caelos redeuntes videbat, haec procul dubio cernere non nisi in Dei lumine poterat*. Sed beatus Benedictus adhuc praesenti vita vivebat. Ergo contemplatio praesentis vitae potest se extendere ad videndam Dei essentiam.
SED CONTRA est quod Gregorius dicit, *super Ezech*.[3]: *Quandiu in hac mortali carne vivitur, nullus ita in contemplationis virtute proficit ut in ipso incircumscripti luminis radio mentis oculos infigat*.
RESPONDEO dicendum quod, sicut Augustinus dicit, XII *super Gen. ad litt*.[4], *nemo videns*

Artigo 5
A vida contemplativa, no estado da vida presente, pode chegar à visão da essência divina?

QUANTO AO QUINTO, ASSIM SE PROCEDE: parece que a vida contemplativa, no estado da vida presente, **pode** chegar à visão da essência divina.
1. Com efeito, como se lê no livro do Gênesis, Jacó dizia: "Eu vi a Deus face a face, e a minha vida foi salva". Ora, a visão da face de Deus é a visão da essência divina. Logo, parece que é possível, ainda na vida presente, chegar pela contemplação a ver a essência de Deus.
2. ALÉM DISSO, Gregório escreveu que os contemplativos "voltam-se para o interior de si mesmos, quando meditam as coisas espirituais e não carregam consigo as sombras das coisas corpóreas, ou, se por acaso as carregam, afastam-nas com a mão da discreção. E, posto que anseiam por verem a luz ilimitada, repelem todas as imagens da sua limitação e, pelo esforço de se elevarem acima de si mesmos, triunfam da própria natureza". Ora, o único obstáculo que o homem encontra para chegar à visão da essência divina, que é a luz ilimitada, é a necessidade de conhecer mediante imagens corporais. Logo, parece que a contemplação da vida presente possa atingir até a visão da luz ilimitada na sua própria essência.
3. ADEMAIS, Gregório escreve ainda: "Para a alma que vê o Criador, toda criatura é mesquinha. Ora, o homem de Deus, isto é, São Bento, que na sua torre via um globo de fogo e anjos voltando para o céu, certamente não podia ver tais coisas senão na luz divina". Ora, São Bento ainda vivia neste mundo. Logo, a contemplação da vida presente pode chegar a ver a essência de Deus.

EM SENTIDO CONTRÁRIO, Gregório escreve: "Enquanto se vive nesta carne mortal, ninguém progride tanto na virtude da contemplação, a ponto de fixar o olhar da alma no próprio resplendor da luz ilimitada".
RESPONDO. Agostinho diz: "Ninguém que veja a Deus, vive nesta vida mortal sujeito aos senti-

---

5 PARALL.: Supra, q. 175, a. 4, 5; Part. I, q. 12, a. 11; III *Sent*., dist. 27, q. 3, a. 1; dist. 35, q. 2, a. 2, q.la 2; IV, dist. 49, q. 2, a. 7; *Cont. Gent*. III, 47; *De Verit*., q. 10, a. 11; q. 13, a. 4; *Quodlib*. I, q. 1; *in Ioan*., c. 1, lect. 11; II *ad Cor*., c. 12, lect. 1.

1. C. 37, al. 17, in vet. 27, n. 59: ML 75, 763 C.
2. C. 35: ML 66, 200 A B.
3. Hom. 14; al. l. II, hom. 2, n. 14: ML 76, 956 A B.
4. C. 27: ML 34, 477-478.

Deum vivit ista vita qua mortaliter vivitur in istis sensibus corporis: sed nisi ab hac vita quisque quodammodo moriatur, sive omnino exiens de corpore sive alienatus a carnalibus sensibus, in illam non subvehitur visionem. Quae supra diligentius pertractata sunt, ubi dictum est de raptu; et in Primo, ubi actum est de Dei visione[5]. Sic igitur dicendum est quod in hac vita potest esse aliquis dupliciter. Uno modo, secundum actum: inquantum scilicet actualiter utitur sensibus corporis. Et sic nullo modo contemplatio praesentis vitae potest pertingere ad videndum Dei essentiam. — Alio modo potest esse aliquis in hac vita potentialiter, et non secundum actum: inquantum scilicet anima eius est corpori mortali coniuncta ut forma, ita tamen quod non utatur corporis sensibus, aut etiam imaginatione, sicut accidit in raptu. Et sic potest contemplatio huius vitae pertingere ad visionem divinae essentiae. Unde supremus gradus contemplationis praesentis vitae est qualem habuit Paulus in raptu, secundum quem fuit medio modo se habens inter statum praesentis vitae et futurae.

AD PRIMUM ergo dicendum quod, sicut Dionysius, in Epistola *ad Caium Monachum*[6], dicit, *si aliquis videns Deum intellexit quod vidit, non ipsum vidit, sed aliquid eorum quae sunt eius*. Et Gregorius dicit, *super Ezech.*[7], quod *nequaquam omnipotens Deus iam in sua claritate conspicitur: sed quiddam sub illa speculatur anima, unde recta proficiat, et post ad visionis eius gloriam pertingat.* Per hoc ergo quod Iacob dixit, *Vidi Deum facie ad faciem*, non est intelligendum quod Dei essentiam viderit: sed quod formam, scilicet imaginariam, vidit in qua Deus locutus est ei. — Vel, *quia per faciem quemlibet agnoscimus, cognitionem Dei faciem eius vocavit*: sicut glossa[8] Gregorii ibidem dicit.

AD SECUNDUM dicendum quod contemplatio humana, secundum statum praesentis vitae, non potest esse absque phantasmatibus: quia connaturale est homini ut species intelligibiles in phantasmatibus videat, sicut Philosophus dicit, in III *de Anima*[9]. Sed tamen intellectualis cognitio non sistit

dos do corpo. Pois, a menos que morra de algum modo a esta vida, quer separando-se totalmente do corpo, quer prescindindo dos sentidos carnais, nunca será elevado àquela visão". Já se tratou disto mais detalhadamente, ao falar do arrebatamento e, na I Parte, a propósito da visão de Deus[e]. Assim, deve-se concluir que alguém pode estar na vida presente de dois modos: Primeiro, de modo atual, isto é, quando faz o uso atual dos sentidos corporais. E, nestas condições, de maneira nenhuma a contemplação da vida presente pode atingir a visão da essência de Deus. — Segundo, alguém pode estar na vida presente de modo simplesmente potencial e não atual, enquanto que, apesar da sua alma estar unida ao seu corpo mortal como forma, não se serve dos sentidos corporais nem mesmo da imaginação, como sucede no arrebatamento. E, neste caso, a contemplação desta vida pode atingir a visão da essência divina. Por conseguinte, o supremo grau de contemplação da vida presente é aquele que Paulo experimentou no arrebatamento, achando-se, por ele, num estado entre a vida presente e a futura.

QUANTO AO 1º, portanto, deve-se dizer com Dionísio: "Quem viu a Deus e compreendeu o que viu, não viu ao próprio Deus, mas alguma coisa que lhe pertence". E Gregório, por sua vez, assim se exprime: "É impossível ver agora a Deus todo-poderoso na Sua claridade; mas a alma pode entrever algo inferior a essa luz, que lhe permita progredir retamente, até chegar, depois, à visão da Sua glória". Assim, pois, o que Jacó disse: "Eu via a Deus face a face", não se deve entender da visão da essência de Deus, mas de uma forma, ou imagem, na qual Deus lhe falou. — Ou, como o próprio Gregório comenta: "Chamou visão face a face o conhecimento de Deus, porque conhecemos uma pessoa pela face".

QUANTO AO 2º, deve-se dizer que a contemplação humana, no estado da vida presente, não pode deixar de ser acompanhada de representações imaginárias, posto que é natural ao homem ver as imagens inteligíveis nas representações, como ensina o Filósofo. Contudo, o conhecimento in-

---

5. Q. 12, a. 11.
6. MG 3, 1065 A.
7. Loc. cit.: ML 76, 956 B.
8. Ordin. super *Gen.* 32, 30: ML 113, 160 A. Vide GREG., *Moral.*, l. XXIV, c. 6, n. 12: ML 76, 293 A.
9. C. 7: 431, a, 16-17.

e. Sto. Tomás tem o cuidado de indicar-nos que esse tema já foi tratado por ele na Suma. Pode-se consultar esses textos. As boas edições da Suma teológica indicam além disso os textos paralelos em outras obras de Sto. Tomás. A questão era clássica na Idade Média.

in ipsis phantasmatibus, sed in eis contemplatur puritatem intelligibilis veritatis. Et hoc non solum in cognitione naturali, sed etiam in eis quae per revelationem cognoscimus: dicit enim Dionysius, 1 cap. *Cael. Hier.*[10], quod *angelorum hierarchias manifestant nobis divina claritas in quibusdam symbolis figuratis*; ex cuius virtute restituimur *in simplum radium*, idest in simplicem cognitionem intelligibilis veritatis. Et sic intelligendum est quod Gregorius dicit, quod contemplantes *corporalium rerum umbras non secum trahunt*: quia videlicet in eis non sistit eorum contemplatio, sed potius in consideratione intelligibilis veritatis.

AD TERTIUM dicendum quod ex verbis illis Gregorii non datur intelligi quod beatus Benedictus Deum in illa visione per essentiam viderit: sed vult ostendere quod, *quia videnti Creatorem angusta est omnis creatura*, consequens est quod per illustrationem divini luminis de facili possint quaecumque videri. Unde subdit: *Quamlibet enim parum de luce Creatoris aspexerit, breve ei fit omne quod creatum est*.

telectual não tem por objeto as próprias representações; o que nelas se contempla é a pureza da verdade inteligível. E isto não se dá somente no conhecimento natural, mas também no que conhecemos pela revelação. Pois, disse Dionísio, "a luz divina nos manifesta as hierarquias dos anjos por meio de símbolos e figuras", mediante os quais chegamos "ao simples resplendor", quer dizer, ao simples conhecimento da verdade inteligível. É neste sentido que devemos interpretar Gregório, quando fala a respeito dos contemplativos, dizendo "que não carregam consigo as imagens das coisas corporais", isto é, que sua contemplação não para nelas, mas vai até a consideração da verdade inteligível.

QUANTO AO 3º, deve-se dizer que não se pode concluir das palavras de Gregório que São Bento tenha visto a essência de Deus. Mas ele quis mostrar que "toda criatura parecendo mesquinha àquele que viu a Deus", qualquer coisa pode ser vista com facilidade mediante a luz divina. E, por isso, acrescenta: "Por pouco que contemple a luz do Criador, doravante todo o criado lhe parece nada".

ARTICULUS 6
Utrum operatio contemplationis convenienter distinguatur per tres motus, circularem, rectum et obliquum

AD SEXTUM SIC PROCEDITUR. Videtur quod inconvenienter operatio contemplationis distinguatur per tres motus, *circularem, rectum* et *obliquum*, 4 cap. *de Div. Nom.*[1].

1. Contemplatio enim ad quietem pertinet: secundum illud Sap 8,16: *Intrans in domum meam, conquiescam cum illa*. Sed motus quieti opponitur. Non ergo operationes contemplativae vitae per motus designari debent.

2. PRAETEREA, actio contemplativae vitae ad intellectum pertinet, secundum quem homo cum angelis convenit. Sed in angelis aliter assignat Dionysius hos motus quam in anima. Dicit enim[2] motum circularem angeli esse secundum *illuminationes pulchri et boni*. Motum autem circularem animae secundum plura determinat. Quorum

ARTIGO 6
É conveniente distinguir no ato da contemplação um tríplice movimento: "circular, retilíneo e espiral"?

QUANTO AO SEXTO, ASSIM SE PROCEDE: parece que **não** é conveniente distinguir no ato da contemplação um tríplice movimento, afirmado por Dionísio.

1. Com efeito, a contemplação consiste no repouso, segundo o autor do livro da Sabedoria, que disse: "Entrando em minha casa, repousarei na sua companhia" [da Sabedoria]. Ora, o movimento se opõe ao repouso. Logo, não devem chamar-se movimentos os atos da vida contemplativa.

2. ALÉM DISSO, o ato da vida contemplativa é um ato do intelecto, pelo qual o homem se assemelha aos anjos. Ora, Dionísio atribui esses movimentos aos anjos de maneira diferente do que atribui à alma. E, assim, chama movimento circular no anjo "às iluminações acerca do belo e do bem". Ao passo que para ele, o movimento

---

10. MG 3, 121 A B.

1. MG 3, 704 D.
2. MG 3, 704 D — 705 B.

PARALL.: I *Sent*., dist. 37, q. 4, a. 1; *De Verit*., q. 8, a. 15, ad 3; *in Psalm*. 26; in Dionys., *de Div. Nom*., c. 4, lect. 7.

primum est *introitus animae ab exterioribus ad seipsam*; secundum est quaedam *convolutio virtutum ipsius*, per quam anima liberatur ab *errore* et ab *exteriori occupatione*; tertium autem est *unio ad ea quae supra se sunt*. — Similiter etiam differenter describit motum rectum utriusque. Nam rectum motum angeli dicit esse secundum quod *procedit ad subiectorum providentiam*. Motum autem rectum animae ponit in duobus: primo quidem, in hoc quod *progreditur ad ea quae sunt circa ipsum*; secundo autem, in hoc quod *ab exterioribus ad simplices contemplationes elevatur*. — Sed et motum obliquum diversimode in utrisque determinat. Nam obliquum motum in angelis assignat ex hoc quod, *providendo minus habentibus, manent in identitate circa Deum*. Obliquum autem motum animae assignat ex eo quod *anima illuminatur divinis cognitionibus rationabiliter et diffuse*. — Non ergo videntur convenienter assignari operationes contemplationis per modos praedictos.

3. PRAETEREA, Richardus de Sancto Victore, in libro *de Contempl.*[3], ponit multas alias differentias motuum, ad similitudinem volatilium caeli. Quarum *quaedam nunc ad altiora se attollunt, nunc autem in inferiora demerguntur, et hoc saepius repetere videntur; aliae vero dextrorsum vel sinistrorsum divertunt multoties; quaedam vero moventur in anteriora vel posteriora frequenter; aliae vero quasi in gyrum vertuntur, secundum latiores vel contractiores circuitus, quaedam vero quasi immobiliter suspensae in uno loco manent*. Ergo videtur quod non sint solum tres motus contemplationis.

IN CONTRARIUM est auctoritas Dionysii.

RESPONDEO dicendum quod, sicut supra[4] dictum est, operatio intellectus, in qua contemplatio essentialiter consistit, motus dicitur secundum quod motus est *actus perfecti*, ut Philosophus dicit, in

circular da alma consiste em vários elementos: primeiro, "o movimento da alma retirando-se das coisas exteriores e entrando em si mesma"; segundo, uma especial "concentração das suas potências", pela qual a alma se vê livre do erro" e "das ocupações exteriores"; e, terceiro, "a união ao que lhe é superior". — Também descreve de modo distinto o movimento retilíneo de ambos, fazendo consistir o do anjo na "providência dos seres a ele sujeitos". Enquanto que o movimento retilíneo da alma comportaria duas coisas, a saber: primeiro, uma "aplicação aos seres que estão à sua volta"; segundo "a elevação às simples contemplações a partir das coisas exteriores". — E, ainda, distingue em ambos o movimento espiral: nos anjos, faz consistir esse movimento em "que, provendo aos seres inferiores, permanecem no mesmo estado em relação a Deus". Contudo, a razão do movimento espiral na alma é "que ela é iluminada pelo conhecimento de Deus de modo racional e difuso". — Logo, não parece conveniente distinguir as operações da contemplação pelos modos acima referidos.

3. ADEMAIS, Ricardo de São Vítor propõe muitas outras formas de movimento, à imagem do voo das aves do céu: "Certas aves, diz ele, elevam-se às regiões mais altas, para logo se precipitarem para baixo, e isto muitas e muitas vezes; outras vôam repetidamente para a esquerda e para a direita; algumas o fazem para diante e para trás; outras dão voltas em círculos mais ou menos amplos; outras, enfim, permanecem como que imóveis e suspensas no mesmo lugar". Logo, parece que não há só três movimentos na contemplação.

EM SENTIDO CONTRÁRIO, está a autoridade de Dionísio[f].

RESPONDO. A operação do intelecto, na qual consiste essencialmente a contemplação, é considerada movimento no sentido em que este é o *ato de um ser perfeito*, segundo o Filósofo. Assim, como

---

3. *De grat. contempl.*, l. I, c. 5: ML 196, 68 D — 69 A.
4. Q. 179, a. 1, ad 3.

f. Dionísio deve ter tido grande influência sobre Sto. Tomás, para que baste invocá-lo para que sejam contrabalançadas as importantes objeções deste artigo.
Dionísio, suposto teólogo da época apostólica, tinha de fato essa autoridade. A nota consagrada a esse autor no Índice dos autores citados (t. I, p. [130]) informa-nos sobre esse ponto, e remetemos a ele.
O presente artigo ilustra bem: a) o estilo de Dionísio; b) a estima que nutre por ele Sto. Tomás e c) o estilo bem mais sóbrio pelo qual Sto. Tomás exprime as mesmas intuições e a mesma doutrina, transpondo para o modo explicativo o que Dionísio exprimia no modo lírico.

III *de Anima*[5]. Quia enim per sensibilia in cognitionem intelligibilium devenimus, operationis autem sensibiles sine motu non fiunt, inde est quod etiam operationes intelligibiles quasi motus quidam describuntur, et secundum similitudinem diversorum motuum earum differentia assignatur. In motibus autem corporalibus perfectiores et primi sunt locales, ut probatur in VIII *Physic*.[6]. Et ideo sub eorum similitudine potissime operationes intelligibiles describuntur. Quorum quidem sunt tres differentiae: nam quidam est *circularis*, secundum quem aliquid movetur uniformiter circa idem centrum; alius autem est *rectus*, secundum quem aliquid procedit ab uno in aliud; tertius autem est *obliquus*, quasi compositus ex utroque. Et ideo in operationibus intelligibilibus id quod simpliciter habet uniformitatem, attribuitur motui circulari; operatio autem intelligibilis secundum quam proceditur de uno in aliud, attribuitur motui recto; operatio autem intelligibilis habens aliquid uniformitatis simul cum processu ad diversa, attribuitur motui obliquo.

AD PRIMUM ergo dicendum quod motus corporales exteriores opponuntur quieti contemplationis, quae intelligitur esse ab exterioribus occupationibus. Sed motus intelligiblium operationum ad ipsam quietem contemplationis pertinent.

AD SECUNDUM dicendum quod homo convenit in intellectu cum angelis in genere, sed vis intellectiva est multo altior in angelo quam in homine. Et ideo alio modo oportet hos motus in animabus et in angelis assignare, secundum quod diversimode se habent ad uniformitatem. Intellectus enim angeli habet cognitionem uniformem secundum duo: primo quidem, quia non acquirit intelligibilem veritatem ex varietate rerum compositarum; secundo, quia non intelligit veritatem intelligibilem discursive, sed simplici intuitu. Intellectus vero animae a sensibilibus rebus accipit intelligibilem veritatem; et cum quodam discursu rationis eam intelligit.

Et ideo Dionysius motum circularem in angelis assignat inquantum uniformiter et indesinenter, absque principio et fine, intuentur Deum: sicut motus circularis, carens principio et fine, uniformiter est circa idem centrum. — In anima vero,

chegamos ao conhecimento dos inteligíveis por meio dos sensíveis, e as operações dos sentidos implicam movimento, por isso se descrevem as operações inteligíveis como se fossem movimentos e se distinguem segundo as semelhanças que tenham com os diversos movimentos. Ora, entre os movimentos dos corpos o primeiro e o mais perfeito é o local, como prova o Filósofo. Por isso, é sobretudo em referência a ele que se descrevem as operações intelectuais. Ora, há três formas de movimento local: o *circular*, quando um corpo se desloca uniformemente em torno do mesmo centro; o *retilíneo*, quando vai diretamente de um ponto a outro; e o terceiro, o *oblíquo*, quando combina os dois precedentes. Donde, as operações intelectuais em que se observa uma constante uniformidade se comparam a um movimento circular; se passam de uma verdade para outra, comparam-se ao movimento retilíneo; aquelas, enfim, em que se combina uma certa uniformidade com algum progresso para termos sucessivos, comparam-se ao movimento oblíquo.

QUANTO AO 1º, portanto, deve-se dizer que os movimentos corporais exteriores se opõem certamente ao repouso da contemplação, que consiste precisamente na ausência de ocupações externas. Mas o movimento das operações intelectuais pertencem ao próprio repouso da contemplação.

QUANTO AO 2º, deve-se dizer que o homem e o anjo se assemelham pelo intelecto, mas só genericamente, pois a força intelectual é muito maior no anjo do que no homem. Por conseguinte, é preciso descrever de modo diferente os movimentos nos anjos e nos homens, enquanto realizam diversamente a uniformidade. Pois a inteligência angélica possui o conhecimento uniforme de duas maneiras. Em primeiro lugar, porque não extrai a verdade inteligível da diversidade das coisas compostas. Em segundo lugar, porque não apreende a verdade inteligível de maneira discursiva, mas por uma simples intuição. O intelecto da alma, ao contrário, extrai a verdade inteligível das coisas sensíveis e a entende através de certo discurso da razão.

Eis por quê, Dionísio atribui o movimento circular aos anjos, por eles contemplarem a Deus de maneira uniforme e ininterrupta, pois o movimento circular, sem princípio nem fim, se refere sempre uniformemente ao mesmo centro. — Ao

---

5. C. 7: 431, a, 4-7.
6. C. 7: 260, a, 26 — b, 7.

antequam ad istam uniformitatem perveniantur, exigitur quod duplex eius difformitas amoveatur. Primo quidem, illa quae est ex diversitate exteriorum rerum: prout scilicet relinquit exteriora. Et hoc est quod primo ponit in motu circulari animae *introitum ipsius ab exterioribus ad seipsam.* — Secundo autem oportet quod removeatur secunda difformitas, quae est per discursum rationis. Et hoc idem contingit secundum quod omnes operationes animae reducuntur ad simplicem contemplationem intelligibilis veritatis. Et hoc est quod secundo dicit, quod necessaria est *uniformis convolutio intellectualium virtutum ipsius*: ut scilicet, cessante discursu, figatur eius intuitus in contemplatione unius simplicis veritatis. Et in hac operatione animae non est error: sicut patet quod circa intellectum primorum principiorum non erratur, quae simplici intuitu cognoscimus. — Et tunc, istis duobus praemissis, tertio ponitur uniformitas conformis angelis, secundum quod, praetermissis omnibus, in sola Dei contemplatione persistit. Et hoc est quod dicit: *Deinde, sicut uniformis facta, unite*, idest conformiter, *unitis virtutibus, ad pulchrum et bonum manuducitur.*

Modus autem rectus in angelis accipi non potest secundum hoc quod in considerando procedat ab uno in aliud: sed solum secundum ordinem suae providentiae, secundum scilicet quod angelus superior inferiores illuminat per medios. Et hoc est quod dicit, quod *in directum* moventur angeli *quando procedunt ad subiectorum providentiam, recta omnia transeuntes*, idest, secundum ea quae secundum rectum ordinem disponuntur. — Sed rectum motum ponit in anima secundum hoc quod ab exterioribus sensibilibus procedit ad intelligibilium cognitionem.

Obliquum autem motum ponit in angelo, compositum ex recto et circulari, inquantum secundum contemplationem Dei inferioribus provident. — In anima autem ponit motum obliquum, similiter ex recto et circulari compositum, prout illuminationibus divinis ratiocinando utitur.

AD TERTIUM dicendum quod ille diversitates motuum quae accipiuntur secundum differentiam eius quod est sursum of deorsum, dextrorsum et sinistrorsum, ante et retro, et secundum diversos circuitus, omnes continentur sub motu recto vel

passo que a alma, antes de chegar a essa uniformidade, deve vencer dois obstáculos: Primeiro, o que provém da diversidade das coisas exteriores, o que ela consegue afastando-se delas. Por isso, Dionísio põe em primeiro lugar no movimento circular da alma "o separar-se das coisas exteriores e recolher-se em si mesma". — O segundo obstáculo provém do discurso da razão. E, isto, ela alcança reduzindo todas as operações da alma à simples contemplação da verdade inteligível. Por isso, diz, em segundo lugar, que "é necessária a uniforme concentração das forças intelectuais": de modo que, cessando o discurso, fixe seu olhar na contemplação de uma só e absoluta verdade. E nesta operação da alma não há erro, como o demonstra o fato de que não erra quando se trata da intelecção dos primeiros princípios, que conhecemos por simples intuição. — E, então, vencidos esses dois obstáculos, Dionísio afirma em terceiro lugar a uniformidade própria dos anjos, que consiste em que, esquecendo tudo o mais, a alma permanece unicamente na contemplação de Deus. Por isso, diz: "Depois, tornada de certo modo toda ela uniforme, de maneira unida (isto é, conforme), com as potências unificadas, ela [a alma] se encaminha ao belo e ao bem".

Quanto ao movimento retilíneo, não pode ser atribuído aos anjos, como se eles conhecessem passando de uma verdade a outra, mas só em relação à sua providência, enquanto o anjo mais elevado ilumina os anjos inferiores por meio dos intermediários. Por isso, Dionísio diz que "os anjos se movem em linha reta quando exercem a sua providência para com os seus inferiores, atravessando tudo o que se acha diante deles", isto é, conforme exige uma reta disposição. — Ao passo que atribui o movimento retilíneo à alma, enquanto ela procede das coisas exteriores sensíveis ao conhecimento das coisas inteligíveis.

Finalmente, o movimento oblíquo do anjo, composto do retilíneo e do circular, segundo ele, consiste na providência dos superiores para com os inferiores, por meio da contemplação de Deus. — À alma, porém, ele atribui o movimento, composto igualmente do circular e do retilíneo, enquanto ela, raciocinando, se serve da iluminação divina.

QUANTO AO 3º, deve-se dizer que todas essas formas de movimento, seja para cima ou para baixo, para a frente ou para trás, à direita ou à esquerda e segundo diversos círculos, podem ser classificados sob o movimento retilíneo ou

obliquo. Nam per omnes designatur discursus rationis. Qui quidem si sit a genere ad speciem, vel a toto ad partem, erit, ut ipse exponit, secundum sursum et deorsum. Si vero sit ab uno oppositorum in aliud, erit secundum dextrorsum et sinistrorsum. Si vero sit a causis in effectus, erit ante et retro. Si vero sit secundum accidentia quae circumstant rem, propinqua vel remota, erit circuitus. Discursus autem rationis, quando est a sensibilibus ad intelligibilia secundum ordinem naturalis rationis, pertinet ad motum rectum; quando autem est secundum illuminationes divinas, pertinet ad motum obliquum; ut ex dictis patet.
— Sola autem immobilitas quam ponit, pertinet ad motum circularem.

Unde patet quod Dionysius multo sufficientius et subtilius motus contemplationis describit.

oblíquo, dado que todos designam o discurso da razão. Aquele que vai do gênero à espécie, do todo à parte, corresponde, como o próprio autor explica, ao movimento para cima e para baixo. Se vai de um a outro dos opostos, ao movimento para a direita ou para a esquerda. O que parte das causas para os efeitos, ao movimento para a frente ou para trás. Se for segundo os acidentes mais próximos da essência, ao movimento circular. Mas, quando o discurso da razão passa das coisas sensíveis para as inteligíveis, conforme a ordem natural, temos o movimento retilíneo. Mas, quando se processar segundo as iluminações divinas, temos o movimento oblíquo, como acima se disse. — Só a imobilidade, de que ele faz menção, pertence ao movimento circular.

É evidente, portanto, que Dionísio descreve de uma maneira muito mais completa e sutil os movimentos da contemplação.

Articulus 7
Utrum contemplatio delectationem habeat

Ad septimum sic proceditur. Videtur quod contemplatio delectationem non habeat.
1. Delectatio enim ad vim appetitivam pertinet. Sed contemplatio principaliter consistit in intellectu. Ergo videtur quod delectatio non pertineat ad contemplationem.
2. Praeterea, omnis contentio et omne certamen impedit delectationem. Sed in contemplatione est contentio et certamen: dicit enim Gregorius, *super Ezech.*[1], quod *anima, cum contemplari Deum nititur, velut in quodam certamine posita, modo quasi exsuperat, quia, intelligendo et sentiendo, de incircumscripto lumine aliquid degustat: modo succumbit, quia degustando iterum deficit.* Ergo vita contemplativa non habet delectationem.
3. Praeterea, delectatio sequitur operationem perfectam, ut dicitur in X *Ethic.*[2]. Sed contemplatio viae est imperfecta: secundum illud 1Cor 13,12: *Videmus nunc per speculum in aenigmate.* Ergo videtur quod vita contemplativa delectationem non habeat.
4. Praeterea, laesio corporalis delectationem impedit. Sed contemplatio inducit laesionem corporalem: unde Gn 32,30 sqq. dicitur quod

Artigo 7
Há prazer na contemplação?

Quanto ao septimum, assim se procede: parece que na contemplação **não** há prazer.
1. Com efeito, o prazer diz respeito à potência apetitiva. Ora, a contemplação reside sobretudo no intelecto. Logo, parece que o prazer não pertença à contemplação.
2. Além disso, qualquer esforço ou luta impede o prazer. Ora, a contemplação implica esforço e luta. De fato, diz Gregório: "A alma, quando se esforça por contemplar a Deus, travando uma espécie de combate, ora triunfa e, pela inteligência e a vontade, goza algo da luz infinita; ora sucumbe, porque desfalece depois de tê-lo experimentado". Logo, na vida contemplativa não há prazer.
3. Ademais, o prazer é consequência de uma operação perfeita, como ensina Aristóteles. Ora, nesta vida a contemplação é imperfeita, pois, segundo diz Paulo: "Nós agora vemos como por um espelho, em enigma". Logo, parece que na vida contemplativa não há prazer.
4. Ademais, as lesões corporais impedem o prazer. Ora, a contemplação pode produzir uma lesão corporal. No livro do Gênesis se diz que

---

7 Parall.: I-II, q. 3, a. 5; q. 38, a. 4; *De Hebdom.*, Prolog.; X *Ethic.*, lect. 10, 11.

1. Hom. 14; al. l. II, hom. 2, n. 12: ML 76, 955 B C.
2. C. 4: 1174, b, 19-26.

Iacob, postquam dixerat, *"Vidi Dominum facie ad faciem"*, *claudicabat pede, eo quod tetigerit nervum femoris eius et obstupuerit*. Ergo videtur quod in vita contemplativa non sit delectatio.

SED CONTRA est quod de contemplatione sapientiae dicitur, Sap 8,16: *Non habet amaritudinem conversatio illius, nec taedium convictus eius: sed laetitiam et gaudium*. Et Gregorius dicit, *super Ezech*.³, quod *contemplativa vita amabilis valde dulcedo est*.

RESPONDEO dicendum quod aliqua contemplatio potest esse delectabilis dupliciter. Uno modo, ratione ipsius operationis: quia unicuique delectabilis est operatio sibi conveniens secundum propriam naturam vel habitum. Contemplatio autem veritatis competit homini secundum suam naturam, prout est animal rationale. Ex quo contingit quod *omnes homines ex natura scire desiderant*: et per consequens in cognitione veritatis delectantur. Et adhuc magis fit hoc delectabile habenti habitum sapientiae et scientiae, ex quo accidit quod sine difficultate aliquis contemplatur.

Alio modo contemplatio redditur delectabilis ex parte obiecti, inquantum scilicet aliquis rem amatam contemplatur: sicut etiam accidit in visione corporali quod delectabilis redditur non solum ex eo quod ipsum videre est delectabile, sed ex eo etiam quod videt quis personam amatam. Quia ergo vita contemplativa praecipue consistit in contemplatione Dei, ad quam movet caritas, ut dictum est⁴; inde est quod in vita contemplativa non solum est delectatio ratione ipsius contemplationis, sed ratione ipsius divini amoris.

Et quantum ad utrumque eius delectatio omnem delectationem humanam excedit. Nam et delectatio spiritualis potior est quam carnalis, ut supra⁵ habitum est, cum de passionibus ageretur: et ipse amor quo ex caritate Deus diligitur, omnem amorem excedit. Unde et in Ps 33,9 dicitur: *Gustate, et videte quoniam suavis est Dominus*.

AD PRIMUM ergo dicendum quod vita contemplativa, licet essentialiter consistat in intellectu, principium tamen habet in affectu: inquantum videlicet aliquis ex caritate ad Dei contemplationem incitatur. Et quia finis respondet principio, inde est quod etiam terminus et finis contemplativae vitae habetur in affectu: dum scilicet aliquis in

Jacó, depois de ter dito "Eu vi a Deus face a face", "coxeava de um pé", porque o anjo "tocou o nervo da sua coxa e este secou". Logo, parece não haver prazer na vida contemplativa.

EM SENTIDO CONTRÁRIO, a Escritura diz, a respeito da contemplação da Sabedoria: "Não é amarga a sua conversação nem dolorosa a sua convivência, mas tudo nela é satisfação e prazer". E Gregório, no mesmo sentido: "A vida contemplativa, toda amável, é cheia de doçura".

RESPONDO. A contemplação pode ser deleitável de dois modos: Primeiro, em razão da própria operação. Pois, a cada um é deleitável a operação que lhe convém segundo a natureza própria ou o hábito. Ora, a contemplação da verdade é própria ao homem segundo a sua natureza, enquanto animal racional. Donde vem que "todos os homens por natureza desejam saber" e, por conseguinte, se deleitam no conhecimento da verdade. O que é mais deleitável ainda para aquele que, possuindo o hábito da sabedoria ou da ciência, pode contemplar sem dificuldade.

De outro modo, a contemplação se torna deleitável em razão do objeto, quando se contempla uma coisa amada; como sucede também na visão corpórea, que se torna deleitável não só porque o ato mesmo de ver é deleitável, mas ainda por se ver uma pessoa a quem se ama. Ora, a vida contemplativa consiste principalmente na contemplação de Deus, à qual move a caridade, como foi dito. Por conseguinte, ela é deleitável em razão não só da contemplação mesma, como do próprio amor de Deus.

E sob esse duplo aspecto o prazer da contemplação excede qualquer prazer humano, pois, de um lado, o prazer espiritual é superior ao carnal, com foi demonstrado quando se tratou das paixões. E, de outro, o próprio amor com que Deus é amado pela caridade, excede a todo outro amor. Donde a palavra do Salmo: "Provai e vede quão suave é o Senhor".

QUANTO AO 1º, portanto, deve-se dizer que embora a vida contemplativa resida essencialmente no intelecto, tem, contudo, o seu princípio na vontade, enquanto a caridade impulsiona à contemplação de Deus. E, como o fim corresponde ao princípio, daí vem que a vida contemplativa termina e se consuma na vontade. Pois, enquanto

---

3. Loc. cit., n. 13: ML 76, 956 A.
4. A. 1; a. 2, ad 1.
5. I-II, q. 31, a. 5.

visione rei amatae delectatur, et ipsa delectatio rei visae amplius excitat amorem. Unde Gregorius dicit, *super Ezech.*[6], quod *cum quis ipsum quem amat viderit, in amorem ipsius amplius ignescit.* Et haec est ultima perfectio contemplativae vitae: ut scilicet non solum divina veritas videatur, sed etiam ut ametur.

AD SECUNDUM dicendum quod contentio vel certamen quod provenit ex contrarietate exterioris rei, impedit illius rei delectationem: non enim aliquis delectatur in re contra quam pugnat. Sed in re pro qua quis pugnat, cum eam homo adeptus fuerit, ceteris paribus, magis in ea delectatur: sicut Augustinus dicit, in VIII *Confess.*[7], quod *quanto fuit maius periculum in praelio, tanto maius est gaudium in triumpho.* Non est autem in contemplatione contentio et certamen ex contrarietate veritatis quam contemplamur: sed ex defectu nostri intellectus, et ex corruptibili corpore, quod nos ad inferiora retrahit, secundum illud Sap 9,15: *Corpus, quod corrumpitur, aggravat animam: et deprimit terrena inhabitatio sensum multa cogitantem.* Et inde est quod quando homo pertingit ad contemplationem veritatis, ardentius eam amat: sed magis odit proprium defectum a gravitate corruptibilis corporis, ut dicat cum Apostolo: *Infelix ego homo! Quis me liberabit de corpore mortis huius?* Unde et Gregorius dicit, *super Ezech.*[8]: *Cum Deus iam per desiderium et intellectum cognoscitur, omnem voluptatem carnis arefacit.*

AD TERTIUM dicendum quod contemplatio Dei in hac vita imperfecta est respectu contemplationis patriae: et similiter delectatio contemplationis viae est imperfecta respectu delectationis contemplationis patriae, de qua dicitur in Ps 35,9: *De torrente voluptatis tuae potabis eos.* Sed contemplatio divinorum quae habetur in via, etsi sit imperfecta, est tamen delectabilior omni alia contemplatione quantumcumque perfecta, propter excellentiam rei contemplatae. Unde Philosophus dicit, in I *de Partibus Animal.*[9]: *Accidit circa illas honorabiles existentes et divinas substantias, minores nobis existere theorias: Sed etsi secundum modicum attingamus eas, tamen, propter honorabilitatem cognoscendi, delectabilius aliquid habent quam quae apud nos omnia.* Et hoc est etiam quod

alguém se deleita na visão da coisa amada, o mesmo prazer causado pela coisa vista provoca ainda mais o amor. É o que diz Gregório: "Vendo aquele mesmo a quem amamos, mais se inflama por ele o nosso amor". E esta é a perfeição última da vida contemplativa, que consiste não simplesmente em ver, mas também em amar a Verdade divina.

QUANTO AO 2º, deve-se dizer que o esforço e a luta, que provêm da contrariedade de uma coisa exterior, impedem de nela haver prazer, pois ninguém se compraz com aquilo contra o que luta. Mas, quando, em igualdade de circunstâncias, alcançamos aquilo por que lutamos, isso nos dá maior prazer. Pois, como escreve Agostinho: "Quanto maior for o perigo na luta, tanto maior é o prazer no triunfo". Ora, na contemplação não há esforço ou luta pela oposição da verdade que contemplamos; mas pela imperfeição da nossa inteligência e da corruptibilidade do nosso corpo, que nos arrasta para as coisas inferiores, como se lê no livro da Sabedoria: "O corpo corruptível torna pesada a alma, e a tenda terrestre abate a mente pensativa". Donde vem que, quando o homem chega à contemplação da verdade, mais ardentemente a ama, e odeia ainda mais a própria deficiência e o peso do seu corpo corruptível, a ponto de dizer com o Apóstolo: "Infeliz de mim! Quem me livrará deste corpo de morte?". Pela mesma razão, afirma Gregório: "Quando Deus é conhecido pelo desejo e pelo intelecto, Ele faz secar todo prazer da carne".

3. ADEMAIS, a contemplação de Deus nesta vida é imperfeita, comparada com a contemplação da pátria celeste; e é igualmente imperfeito o prazer oriundo da contemplação desta vida em compensação com o prazer sentido na contemplação na pátria, da qual se disse no Salmo: "Tu o fazes beber na torrente das tuas delícias". Mas, embora seja imperfeita a contemplação que agora se pode ter das coisas de Deus, é contudo mais deleitável que qualquer outra contemplação, por mais perfeita que seja, por causa da excelência do objeto contemplado. Por isso, diz o Filósofo: "Sucede ter um conhecimento mais imperfeito acerca dessas substâncias mais nobres e divinas. Mas, embora o que delas conheçamos seja pouco; contudo, só a honra de conhecê-las nos dá maior prazer do que

---

6. Loc. cit., n. 9: ML 76, 954 A.
7. C. 3, n. 7: ML 32, 752.
8. Loc. cit., n. 13: ML 76, 955 C.
9. C. 5: 644, b, 24-31.

Gregorius dicit, *super Ezech.*[10]: *Contemplativa vita amabilis valde dulcedo est, quae super semetipsam animam rapit, caelestia aperit, spiritualia mentis oculis patefacit.*

AD QUARTUM dicendum quod Iacob post contemplationem uno pede claudicabat, quia *necesse est ut, debilitato amore saeculi, convalescat aliquis ad amorem Dei*, ut Gregorius dicit, *super Ezech.*[11]: *et ideo, post agnitionem suavitatis Dei, unus in nobis sanus pes remanet, atque alius claudicat. Omnis enim qui uno pede claudicat, solum illi pedi innititur quem sanum habet.*

tudo o mais que está ao nosso alcance". E é também o que ensina Gregório: "A vida contemplativa é de uma doçura tão atraente que arrebata a alma acima dela mesma, abre-lhe o céu e oferece aos olhos da alma as realidades espirituais".

4. ADEMAIS, Jacó coxeava de um pé depois da visão, porque, como disse Gregório: "É preciso que se enfraqueça o amor do século, para que possa ganhar força o amor de Deus. Por conseguinte, depois de termos conhecido a suavidade de Deus, continua são um dos nossos pés, enquanto que o outro claudica. Porque, aquele que manca de um pé, se apoia no outro que conserva são".

ARTICULUS 8
Utrum vita contemplativa sit diuturna

AD OCTAVUM SIC PROCEDITUR. Videtur quod vita contemplativa non sit diuturna.

1. Vita enim contemplativa essentialiter consistit in his quae ad intellectum pertinet. Sed omnes intellectivae perfectiones huius vitae evacuantur: secundum illud 1Cor 13,8: *Sive prophetiae evacuabuntur, sive linguae cessabunt, sive scientia destruetur.* Ergo vita contemplativa evacuatur.

2. PRAETEREA, dulcedinem contemplationis aliquis homo raptim et pertranseunter degustat. Unde Augustinus dicit, in X *Confess.*[1]: *Intromittis me in affectum multum inusitatum introrsus ad nescio quam dulcedinem, sed redeo in haec aerumnosis ponderibus.* Gregorius etiam dicit, in V *Moral.*[2], exponens illud Iob 4,15, *Cum spiritus me praesente transiret: In suavitate*, inquit, *contemplationis intimae non diu mens figitur: quia ad semetipsam, ipsa immensitate luminis reverberata, revocatur.* Ergo vita contemplativa non est diuturna.

3. PRAETEREA, illud quod non est homini connaturale, non potest esse diuturnum. Vita autem contemplativa est *melior quam secundum hominem*: ut Philosophus dicit, in X *Ethic.*[3]. Ergo videtur quod vita contemplativa non sit diuturna.

SED CONTRA est quod Dominus dicit, Lc 10,42: *Maria optimam partem elegit, quae non auferetur*

ARTIGO 8
A vida contemplativa dura sempre?

QUANTO AO OITAVO, ASSIM SE PROCEDE: parece que a vida contemplativa **não** dura sempre.

1. Com efeito, a vida contemplativa consiste essencialmente numa atividade de ordem intelectual. Ora, todas as perfeições de ordem intelectual desta vida terão um fim, segundo o Apóstolo: "As profecias passarão, as línguas cessarão e a ciência será abolida". Logo, a vida contemplativa também desaparecerá.

2. ALÉM DISSO, o homem goza a doçura da contemplação momentânea e passageiramente. Por isso, diz Agostinho: "Vós me submergis em devoção interior deveras extraordinária, que me transporta a uma inexplicável doçura; mas caio em baixezas cujo peso me acabrunha". E Gregório, por sua vez, comentando a frase de Jó "Ao passar diante de mim um espírito"..., declara: "O espírito não se fixa por muito tempo na suavidade da íntima contemplação, porque, ofuscado pela própria intensidade da luz divina, é chamado a si mesmo". Logo, a vida contemplativa não é duradoura.

3. ADEMAIS, não pode ser duradouro o que não é conatural ao homem. Ora, a vida contemplativa "é superior à capacidade humana", como diz o Filósofo. Logo, parece que ela não é duradoura.

EM SENTIDO CONTRÁRIO, diz o Senhor: "Maria escolheu a melhor parte, que não lhe será tirada".

---

10. Loc. cit., n. 13: ML 76, 956 A.
11. Ibid., n. 13: ML 76, 955 C D.

8 PARALL.: III *Sent.*, dist. 35, q. 1, a. 4, q.la 3; *Cont. Gent.* III, 63; X *Ethic.*, lect. 10.

1. C. 40: ML 32, 807.
2. C. 33, in vet. 23, n. 58: ML 75, 711 C.
3. C. 7: 1177, b, 26-31.

ab ea. Quia, ut Gregorius dicit, *super Ezech.*⁴, contemplativa hic incipitur, ut in caelesti patria perficiatur.

RESPONDEO dicendum quod aliquid potest dici diuturnum dupliciter: uno modo, secundum suam naturam; alio modo, quoad nos. Secundum se quidem manifestum est quod vita contemplativa diuturna est, dupliciter. Uno modo, eo quod versatur circa incorruptibilia et immobilia. Alio modo, quia non habet contrarietatem: *delectationi* enim *quae est in considerando, nihil est contrarium*, ut dicitur in I *Topic.*⁵.

Sed quoad nos etiam vita contemplativa diuturna est. Tum quia competit nobis secundum actionem incorruptibilis patris animae, scilicet secundum intellectum: unde potest post hanc vitam durare. Alio modo, quia in operibus contemplativae corporaliter non laboramus: unde magis in huiusmodi operibus continue persistere possumus, sicut Philosophus dicit, in X *Ethic.*⁶.

AD PRIMUM ergo dicendum quod modus contemplandi non est idem hic et in patria; sed vita contemplativa dicitur manere ratione caritatis, in qua habet et principium et finem. Et hoc est quod Gregorius dicit, *super Ezech.*⁷: *Contemplativa hic incipit, ut in caelesti patria perficiatur: quia amoris ignis, qui hic ardere inchoat, cum ipsum quem amat viderit, in amore ipsius amplius ignescit.*

AD SECUNDUM dicendum dicendum quod nulla actio potest diu durare in sui summo. Summum autem contemplationis est ut attingat ad uniformitatem divinae contemplationis, ut dicit Dionysius, sicut supra⁸ positum est. Unde etsi quantum ad hoc contemplatio diu durare non possit, tamen quantum ad alios contemplationis actus potest diu durare.

AD TERTIUM dicendum quod Philosophus dicit vitam contemplativam esse supra hominem, quia competit nobis *secundum hoc quod aliquid divinum est in nobis*, scilicet intellectus. Qui est incorruptibilis et impassibilis secundum se: et ideo actio eius potest esse diuturnior.

Pois, segundo Gregório, "a vida contemplativa começa aqui neste mundo e se consuma na pátria celestial".

RESPONDO. Uma coisa é duradoura de duas maneiras: pela sua própria natureza e em relação a nós. Ora, é evidente que a vida contemplativa é duradoura em si mesma. E por duas razões: primeiro, porque seu objeto é incorruptível e imutável. Segundo, porque nada lhe é contrário; pois, como ensina o Filósofo, "nada é contrário ao prazer da contemplação".

Também em relação a nós a vida contemplativa é duradoura. Primeiramente, porque, sendo-nos própria pela ação da parte incorruptível da alma, que é o conhecimento, pode permanecer após esta vida. Depois, porque as obras da vida contemplativa não implicam um trabalho corporal e, por isso, podemos persistir nelas mais continuamente, como disse o Filósofo.

QUANTO AO 1º, portanto, deve-se dizer que o modo da contemplação não é o mesmo nesta vida e na pátria celestial. Mas, dizemos que a vida contemplativa permanece em razão da caridade, que é o seu princípio e seu fim. É o que diz Gregório: "A vida contemplativa começa neste mundo e se consuma na pátria celestial. Porque o fogo do amor que aqui começa a arder, ao contemplar Aquele a quem ama, mais se acenderá no amor que lhe tem".

QUANTO AO 2º, deve-se dizer que nenhuma ação pode durar sempre quando atingir seu ponto máximo. Ora, o sumo grau da contemplação é atingir a uniformidade da contemplação divina, segundo a doutrina de Dionísio. Por conseguinte, embora a contemplação não possa, quanto a isso, durar sempre, contudo o pode quanto aos seus outros atos.

QUANTO AO 3º, deve-se dizer que se a vida contemplativa, segundo o Filósofo, está acima da condição humana, é porque nos é própria "em razão de algo divino que trazemos em nós", a saber, o intelecto, que é em si incorruptível e impassível. Portanto, sua ação pode ser mais duradoura.

---

4. Homil. 14; al. l. II, hom. 2, n. 9: ML 76, 954 A.
5. C. 15: 106, a, 38 — b, 1.
6. C. 7: 1177, a, 21-22.
7. Loc. cit. in arg. *sed c.*
8. A. 6, ad 2. Cfr. *Cael. Hier.*, c. 3: MG 3, 165 A.

QUAESTIO CLXXXI
DE VITA ACTIVA
in quatuor articulos divisa

Deinde considerandum est de vita activa. Et circa hoc quaeruntur quatuor.
Primo: utrum omnia opera virtutum moralium pertineant ad vitam activam.
Secundo: utrum prudentia pertineat ad vitam activam.
Tertio: utrum doctrina pertineat ad vitam activam.
Quarto: de diuturnitate vitae activae.

Articulus 1
Utrum omnes actus virtutum moralium pertineant ad vitam activam

Ad primum sic proceditur. Videtur quod non omnes actus virtutum moralium pertineant ad vitam activam.

1. Vita enim activa videtur consistere solum in his quae sunt ad alterum: dicit enim Gregorius, *super Ezech.*[1], *quod activa vita est panem esurienti tribuere:* et in fine, multis enumeratis quae ad alterum pertinent, subdit: *et quae singulis quibusque expediunt dispensare.* Sed non per omnes actus virtutum moralium ordinamur ad alios, sed solum secundum iustitiam et partes eius: ut ex supra[2] dictis patet. Non ergo actus omnium virtutum moralium pertinent ad vitam activam.

2. Praeterea, Gregorius dicit, *super Ezech.*[3] quod per Liam, quae fuit lippa sed fecunda, significatur vita activa: quae, *dum occupatur in opere, minus videt; sed dum modo per verbum, modo per exemplum ad imitationem suam proximos accendit, multos in bono opere filios generat.* Hoc autem magis videtur pertinere ad caritatem, per quam diligimus proximum, quam ad virtutes morales. Ergo videtur quod actus virtutum moralium non pertineant ad vitam activam.

QUESTÃO 181
A VIDA ATIVA[a]
em quatro artigos

Deve-se tratar agora da vida ativa. A esse respeito, são quatro as questões:
1. Todos os atos das virtudes morais pertencem à vida ativa?
2. A prudência pertence à vida ativa?
3. O ensino pertence à vida ativa?
4. E qual a duração da vida ativa?

Artigo 1
Todos os atos das virtudes morais pertencem à vida ativa?

Quanto ao primeiro artigo, assim se procede: parece que todos os atos das virtudes morais **não** pertencem à vida ativa.

1. Com efeito, a vida ativa parece consistir unicamente na vida de relações com os outros, pois diz Gregório que "a vida ativa consiste em dar pão a quem tem fome"; e, no fim, depois de haver enumerado muitos atos relativos ao próximo, acrescenta: "E dar a cada um o que lhe convém". Ora, não nos ordenamos aos outros por todos os atos das virtudes morais, mas só pelos da justiça e das suas partes. Logo, a vida ativa não abrange os atos de todas as virtudes morais.

2. Além disso, Gregório escreve que Lia, míope mas fecunda, representa a vida ativa, a qual, enquanto "está ocupada em agir, vê menos; mas, exortando o próximo a imitá-la, quer por palavras, quer pelo exemplo, engendra muitos filhos pelas suas boas obras". Ora, isto se refere mais à caridade, pela qual amamos o próximo, do que às virtudes morais. Logo, tudo indica que os atos das virtudes morais não pertencem à vida ativa.

---

1 Parall.: Supra, q. 180, a. 2; III *Sent.*, dist. 35, q. 1, a. 3, q.la 1; *Cont. retrahent. ab ingress. Relig.*, c. 7, ad 7; X *Ethic.*, lect. 12.

1. Homil. 14; al. 1. II, hom. 2, n. 8: ML 76, 953 A.
2. Q. 58, a. 2, 8; I-II, q. 60, a. 2, 3.
3. Loc. cit., n. 10: ML 76, 954 C.

a. Esta questão é mais sucinta do que a precedente. No entanto, os ativos são bem mais numerosos do que os contemplativos. Essa brevidade se deve à preferência que a tradição sempre concedeu à vida contemplativa. Marta tem muitas coisas a fazer, e muitos êmulos. No entanto, os autores cristãos sempre se interessaram menos por seu papel do que pelo de Maria, sua irmã. Sto. Tomás é tributário dessa tradição.

3. Praeterea, sicut supra[4] dictum est, virtutes morales disponunt ad vitam contemplativam. Sed dispositio et perfectio pertinent ad idem. Ergo videtur quod virtutes morales non pertineant ad vitam activam.

Sed contra est quod Isidorus dicit, in libro *de Summo Bono*[5]: *In activa vita prius per exercitium boni operis cuncta exhaurienda sunt vitia: ut in contemplativa iam pura mentis acie ad contemplandum Deum quisque pertranseat*. Sed cuncta vitia non exhauriuntur nisi per actus virtutum moralium. Ergo actus virtutum moralium ad vitam activam pertinent.

Respondeo dicendum quod, sicut supra[6] dictum est, vita activa et contemplativa distinguuntur secundum diversa studia hominum intendentium ad diversos fines, quorum unum est consideratio veritatis, quae est finis vitae contemplativae, aliud autem est exterior operatio, ad quam ordinatur vita activa. Manifestum est autem quod in virtutibus moralibus non principaliter quaeritur contemplatio veritatis, sed ordinantur ad operandum: unde Philosopllus dicit, in II *Ethic*.[7], quod *ad virtutem scire quidem parum aut nihil prodest*. Unde manifestum est quod virtutes morales pertinent essentialiter ad vitam activam. Unde et Philosophus, in X *Ethic*.[8], virtutes morales ordinat ad felicitatem activam.

Ad primum ergo dicendum quod inter virtutes morales praecipua est iustitia, qua aliquis ad alterum ordinatur: ut Philosophus probat, in V *Ethic*.[9]. Unde vita activa describitur per ea quae ad alterum ordinantur, non quia in his solum, sed quia in his principalius consistit.

Ad secundum dicendum quod per actus omnium vittutum moralium potest aliquis proximos suo exemplo dirigere ad bonum, quod Gregorius ibidem attribuit vitae activae.

Ad tertium dicendum quod, sicut virtus quae ordinatur in finem alterius virtutis, transit quodammodo in speciem eius; ita etiam quando aliquis utitur his quae sunt vitae activae solum prout disponunt ad contemplationem, comprehenduntur sub vita contemplativa. In his autem qui operibus virtutum moralium intendunt tanquam secundum se bonis, non autem tanquam disponentibus ad vitam contemplativam, virtutes morales pertinent ad

3. Ademais, os atos das virtudes morais dispõem para a vida contemplativa. Ora, disposição e perfeição dizem respeito ao mesmo objeto. Logo, parece que a vida ativa não abrange as virtudes morais.

Em sentido contrário, Isidoro escreve: "É preciso primeiro extirpar a totalidade dos vícios pelo exercício das boas obras, na vida ativa, para depois passarmos à contemplação de Deus, na vida contemplativa, com a alma já bem purificada". Ora, não se extirparão todos os vícios a não ser pelos atos das virtudes morais. Logo, a vida ativa implica os atos dessas virtudes.

Respondo. A vida ativa e a contemplativa se distinguem entre si segundo as distintas ocupações e os fins aos quais os homens se aplicam, a saber, a consideração da verdade, que é o fim da vida contemplativa, e a atividade exterior, que é o fim da vida ativa. Ora, é manifesto que as virtudes morais não buscam principalmente a contemplação da verdade, mas se ordenam à ação. Por isso, diz o Filósofo: "Para a prática da virtude, nada ou pouco adianta o saber". Por conseguinte, é evidente que as virtudes morais pertencem essencialmente à vida ativa. Por essa razão, o Filósofo ordena as virtudes morais à felicidade da vida ativa.

Quanto ao 1º, portanto, deve-se dizer que a mais importante das virtudes morais é a justiça, que nos ordena ao próximo, como prova o Filósofo. Por isso, se define a vida ativa pelas ações em relação ao próximo, em que ela consiste principalmente embora não exclusivamente.

Quanto ao 2º, deve-se dizer que este privilégio de levar o próximo para o bem pelo exemplo, que Gregório atribui à vida ativa, vale para todos os atos das virtudes morais.

Quanto ao 3º, deve-se dizer que assim como a virtude que se ordena ao fim de outra virtude passa, de algum modo, à sua espécie, assim também aquele que utiliza as obras próprias da vida ativa somente enquanto dispõem para a contemplação, as incorpora à vida contemplativa. Ao passo que, naqueles que se dedicam às obras das virtudes morais como obras boas em si mesmas e não como disposição para a vida contemplativa, as virtudes

---

4. Q. 180, a. 2.
5. Al. *Sentent*., l. III, c. 15, n. 3: ML 83, 690 A.
6. Q. 179, a. 1.
7. C. 3: 1105, b, 2-5.
8. C. 8: 1178, a, 9.
9. C. 3: 1129, b, 27-29.

vitam activam. — Quamvis etiam dici possit quod vita activa dispositio sit ad contemplativam.

Articulus 2
Utrum prudentia pertineat ad vitam activam

AD SECUNDUM SIC PROCEDITUR. Videtur quod prudentia non pertineat ad vitam activam.

1. Sicut enim vita contemplativa pertinet ad vim cognitivam, ita activa ad vim appetitivam. Prudentia autem non pertinet ad vim appetitivam, sed magis ad cognitivam. Ergo prudentia non pertinet ad vitam activam.

2. PRAETEREA, Gregorius dicit, *super Ezech*.[1], quod *activa vita, dum occupatur in opere, miuus videt*: unde significatur per Liam, quae lippos oculos habebat. Prudentia autem requirit claros oculos, ut recte iudicet homo de agendis. Ergo videtur quod prudentia non pertineat ad vitam activam.

3. PRAETEREA, prudentia media est inter virtutes morales et intellectuales. Sed sicut virtutes morales pertinent ad vitam activam, ut dictum est[2], ita intellectuales ad contemplativam. Ergo videtur quod prudentia pertineat neque ad vitam activam neque ad contemplativam, sed ad medium vivendi genus quod Augustinus ponit, XIX *de Civ. Dei*[3].

SED CONTRA est quod Philosophus, in X *Ethic*.[4], prudentiam pertinere dicit ad felicitatem activam, ad quam pertinent virtutes morales.

RESPONDEO dicendum quod, sicut supra[5] dictum est, id quod ordinatur ad aliud sicut ad finem, praecipue in moralibus, trahitur in speciem eius ad quod ordinatur: sicut *ille qui moechatur ut furetur, magis dicitur fur quam moechus,* secundum Philosophum, in V *Ethic*.[6]. Manifestum est autem quod cognitio prudentiae ordinatur ad operationes virtutum moralium sicut ad finem: est enim *recta ratio agibiliunt,* ut dicitur in VI *Ethic*.[7]. Unde et fines virtutum moralium sunt *principia prudentiae:* sicut in eodem libro Philosophus dicit. Sicut

morais pertencem à vida ativa. — Não obstante, pode-se dizer que a vida ativa é disposição para a contemplativa.

Artigo 2
A prudência pertence à vida ativa?

QUANTO AO SEGUNDO, ASSIM SE PROCEDE: parece que a prudência **não** pertence à vida ativa.

1. Com efeito, assim como a vida contemplativa se refere ao intelecto, a vida ativa se refere à vontade. Ora, a prudência pertence à faculdade cognoscitiva, e não à apetitiva. Logo, a prudência não pertence à vida ativa.

2. ALÉM DISSO, Gregório escreve: "A vida ativa, ocupada com as obras exteriores, vê menos". Por isso, é simbolizada por Lia, que tinha os olhos enfermos. Ora, a prudência exige olhos de clara visão, para que o homem julgue retamente sobre o que deve fazer. Logo, parece que a prudência não pertence à vida ativa.

3. ADEMAIS, a prudência ocupa um meio-termo entre as virtudes morais e as intelectuais. Ora, assim como as virtudes morais pertencem à vida ativa, assim as intelectuais pertencem à contemplativa. Logo, parece que a prudência não pertence nem à vida ativa nem à contemplativa, mas constitui um gênero médio de vida, de que fala Agostinho.

EM SENTIDO CONTRÁRIO, o Filósofo afirma que a prudência diz respeito à felicidade da vida ativa, à qual pertencem as virtudes morais.

RESPONDO. O que se ordena a outra coisa como a seu fim, sobretudo em matéria de moral, passa a pertencer à espécie daquilo para que se ordena. Por exemplo, segundo o Filósofo, "quem comete adultério para roubar, merece mais ser chamado de ladrão do que de adúltero". Ora, é manifesto que o conhecimento da prudência se ordena às operações das virtudes morais como a um fim. Pois, segundo o Filósofo, ela é "a reta razão do que se deve fazer". Eis por quê, os fins das virtudes morais são os "princípios da prudência", como ensina

---

2 PARALL.: III *Sent*., dist. 35, q. 1, a. 3, q.la 2; X *Ethic*., lect. 12.

1. Homil. 14; al. l. II, hom. 2, n. 10: ML 76, 954 C.
2. Art. praec.
3. Cc. 2, 3, 19: ML 41, 624, 625-626, 647.
4. C. 8: 1178, a, 16-23; a, 9.
5. A. 1, ad 3; I-II, q. 18, a. 6.
6. C. 4: 1130, a, 24-28.
7. C. 5: 1140, b, 20-21.

ergo dictum est[8] quod virtutes morales in eo qui ordinat eas ad quietem contemplationis, pertinent ad vitam contemplativam; ita cognitio prudentiae, quae de se ordinatur ad operationes virtutum moralium, directe pertinet ad vitam activam. Si tamen prudentia proprie sumatur, secundum quod de ea Philosophus loquitur. — Si autem sumatur communius, prout scilicet comprehendit qualemcumque humanam cognitionem, sic prudentia quantum ad aliquam sui partem pertineret ad vitam contemplativam: secundum quod Tullius dicit, in I de Offic.[9], quod *qui acutissime et celerrime potest et videre verum et explicare rationem, is prudentissintus et sapientissimus rite haberi solet.*

AD PRIMUM ergo dicendum quod operationes morales specificantur ex fine, ut supra[10] habitum est. Et ideo ad vitam contemplativam illa cognitio pertinet quae finem habet in ipsa cognitione veritatis: cognitio autem prudentiae, quae magis habet finem in actu appetitivae virtutis, pertinet ad vitam activam.

AD SECUNDUM dicendum quod occupatio exterior facit hominem minus videre in rebus intelligibilibus, quae sunt separatae a sensibilibus, in quibus operationes activae vitae consistunt. Sed tamen occupatio exterior activae vitae facit hominem magis clare videre in iudicio agibilium, quod pertinet ad prudentiam. Tum propter experientiam. Tum propter mentis attentionem: quia, *ubi intenderis, ibi ingeninm valet,* ut Sallustius dieit[11].

AD TERTIUM dicendum quod prudentia dicitur esse media inter virtutes intellectuales et morales quantum ad hoc, quod in subiecto convenit cum virtutibus intellectualibus, in materia autem totaliter convenit cum moralibus. Illud autem tertium genus vivendi medium est inter activam vitam et contemplativam quantum ad ea circa quae occupatur: quia quandoque occupatur in contemplatione veritatis, quandoque autem occupatur circa exteriora.

o Filósofo. Ora, as virtudes morais, quando se ordenam à quietude da contemplação, pertencem à vida contemplativa. Assim, o conhecimento da prudência, que por si mesma se ordena aos atos das virtudes morais, pertence diretamente à vida ativa, contanto que a prudência seja considerada no seu sentido próprio, em que o Filósofo a toma. — Tomada, porém, num sentido mais amplo, em que abrange qualquer conhecimento humano, então a prudência pertence em parte à vida contemplativa. E é nessa acepção que Túlio a toma, quando escreve: "Quem puder, com penetração e rapidez, descobrir a verdade e explicar-lhe a razão, será tido justamente como prudentíssimo e sapientíssimo".

QUANTO AO 1º, portanto, deve-se dizer que as operações morais se especificam pelo fim. Por conseguinte, o conhecimento próprio à vida contemplativa é aquele cujo fim é o próprio conhecimento da verdade. Ao passo que o conhecimento da prudência, cujo fim é antes um ato da vontade, pertence à vida ativa.

QUANTO AO 2º, deve-se dizer que a ocupação com as coisas exteriores torna o homem menos apto a ver na esfera das coisas inteligíveis, que se acham separadas das realidades sensíveis, objeto dos atos da vida ativa. Ao passo que, as ocupações exteriores da vida ativa fazem o homem ver mais claro no discernimento do que lhe convém fazer, que é objeto da prudência. E isto, quer pela experiência, quer pela atenção do espírito, pois, como diz Salústio, "Onde aplicas a tua atenção, teu espírito se fortalecerá".

QUANTO AO 3º, deve-se dizer que a prudência é considerada como um meio termo entre as virtudes intelectuais e as morais, enquanto ela tem o mesmo sujeito que as virtudes intelectuais e exatamente a mesma matéria que as virtudes morais. Quanto a esse terceiro gênero intermédio de vida, ele só é intermediário entre a vida ativa e a contemplativa por causa das coisas de que se ocupa, pois, ora se entrega à contemplação da verdade, ora se ocupa com as coisas exteriores.

---

8. A. 1, ad 3.
9. Cap. 5: ed. C. F. W. Mueller, Lipsiae 1890, p. 7, ll. 25-27.
10. I-II, q. 18, a. 4, 6.
11. *Bell. Catilin.*, c. 51: ed. A. Eussner, Lipsiae 1912, p. 29, 3.

Articulus 3
Utrum docere sit actua vitae activae, an contemplativae

AD TERTIUM SIC PROCEDITUR. Videtur quod docere non sit actus vitae activae, sed contemplativae.

1. Dicit enim Gregorius, *super Ezech.*[1], quod *viri perfecti bona caelestia quae contemplari potuerunt, fratribus denuntiant, eorumque animos in amorem intimae claritatis accendunt*. Sed hoc pertinet ad doctrinam. Ergo docere est actus vitae contemplativae.

2. PRAETEREA, ad idem genus vitae videtur reduci actus et habitus. Sed docere est actus sapientiae: dicit enim Philosophus, in principio *Metaphys.*[2], quod *signum scientis est posse docere*. Cum ergo sapientia vel scientia pertineat ad vitam contemplativam, videtur quod etiam doctrina ad vitam contemplativam pertineat.

3. PRAETEREA, sicut contemplatio est actua vitae contemplativae, ita et oratio. Sed oratio qua quis orat pro alio, nihilominus pertinet ad vitam contemplativam. Ergo quod aliquis veritatem meditatam in alterius notitiam per doctrinam deducat, videtur ad vitam contemplativam pertinere.

SED CONTRA est quod Gregorius dicit, *super Ezech.*[3]: *Activa vita est panem esurienti tribuere, verbo sapientiae nescientem docere*.

RESPONDEO dicendum quod actus doctrinae habet duplex obiectum: fit enim doctrina per locutionem; locutio autem est signum audibile interioris conceptus. Est igitur unum obiectum doctrinae id quod est materia sive obiectum interioris conceptionis. Et quantum ad hoc obiectum, quandoque doctrina pertinet ad vitam activam, quandoque ad contemplativam: ad activam quidem, quando homo interius concipit aliquam veritatem ut per eam in exteriori actione dirigatur; ad contemplativam autem, quando homo interius concipit aliquam veritatem intelligibilem in cuius consideratione et amore delectatur. Unde Augustinus dicit, in libro *de Verbis Dom.*[4]: *Eligant sibi partem meliorem*, scilicet vitae contemplativae; *vacent verbo, inhient doctrinae dulcedini, occupentur circa scientiam salutarem*: ubi manifeste dicit doctrinam ad vitam contemplativam pertinere.

Artigo 3
O ato de ensinar pertence à vida ativa?

QUANTO AO TERCEIRO, ASSIM SE PROCEDE: parece que o ato de ensinar **não** pertence à vida ativa.

1. Com efeito, Gregório escreveu: "Os homens perfeitos comunicam aos seus irmãos os bens celestiais que lhes foi dado contemplar, e acendem no coração deles o amor da luz interior". Ora, nisto consiste o ensino. Logo, ensinar é um ato da vida contemplativa.

2. ALÉM DISSO, parece que se deva reduzir ao mesmo gênero de vida os atos e os hábitos. Ora, ensinar é um ato da sabedoria, pois, como observa o Filósofo: "O sinal de que se sabe é poder ensinar". Logo, posto que a sabedoria ou a ciência pertencem à vida contemplativa, parece que também a ela deva pertencer o ensino.

3. ADEMAIS, como a contemplação, a oração também é um ato da vida contemplativa. Ora, a oração, ainda que feita em favor dos outros, não deixa de pertencer à vida contemplativa. Logo, o ato de comunicar a outro a verdade meditada, parece que pertence à vida contemplativa.

EM SENTIDO CONTRÁRIO, Gregório escreveu: "A vida ativa consiste em dar pão a quem tem fome e, pela palavra da sabedoria, ensinar o ignorante".

RESPONDO. O ato de ensinar tem duplo objeto, já que se realiza por meio da palavra, sinal audível do conceito interior. O ensino tem por primeiro objeto a matéria ou o objeto do conceito interior. E, segundo este objeto, o ensino pertence ora à vida ativa, ora à contemplativa. À ativa, quando o homem concebe interiormente alguma verdade, para, por meio dela, dirigir sua ação exterior. E pertence à contemplativa, quando o homem pensa interiormente uma verdade inteligível, em cuja consideração e em cujo amor se deleita. Por isso, admoesta Agostinho: "Que escolham para si a melhor parte", isto é, a vida contemplativa; "dediquem-se à palavra, aspirem à doçura da verdade, apliquem-se à ciência que salva". Diz, pois, manifestamente, que o ensino pertence à vida contemplativa.

---

3 PARALL.: III *Sent.*, dist. 35, q. 1, a. 3, q.la 1, ad 3; *De Verit.*, q. 11, a. 4; *Cont. retrahent. ab ingress. Relig.*, c. 7, ad 7.
 1. L. I, hom. 5, n. 13: ML 76, 827 A.
 2. L. I, c. 1; 981, b, 7-9.
 3. Homil. 14; al. l. II, hom. 2, n. 8: ML 76, 953 A.
 4. Serm. 104, al. 27, c. 1: ML 38, 616.

Aliud vero obiectum doctrinae est ex parte sermonis audibilis. Et sic obiectum doctrinae est ipse audiens. Et quantum ad hoc obiectum, omnis doctrina pertinet ad vitam activam, ad quam pertinent exteriores actiones.

AD PRITNUM ergo dicendum quod auctoritas illa expresse loquitur de doctrina quantum ad materiam, prout versatur circa considerationem et amorem veritatis.

AD SECUNDUM dicendum quod habitus et actus communicant in obiecto. Et ideo manifeste illa ratio procedit ex parte materiae interioris conceptus. In tantum enim ad sapientem vel scientem pertinet posse docere, in quantum potest interiorem conceptum verbis exprimere, ad hoc quod possit alium adducere ad intellectum veritatis.

AD TERTIUM dicendum quod ille qui orat pro alio, nihil agit erga illum pro quo orat, sed solum erga Deum, qui est intelligibilis veritas. Sed ille qui alium docet, aliquid circa eum agit exteriori actione. Unde non est similis ratio de utroque.

O outro objeto da doutrina se refere à palavra audível. E, então, o objeto da doutrina é a própria pessoa que ouve. E, quanto a este objeto, todo ensino pertence à vida ativa, por ser uma ação exterior.

QUANTO AO 1º, portanto, deve-se dizer que essa citação de Gregório se refere expressamente ao ensino considerado do ponto de vista da matéria ensinada. E, neste aspecto, o ensino versa sobre a consideração da verdade e o amor a ela.

QUANTO AO 2º, deve-se dizer que os atos e os hábitos versam sobre o mesmo objeto. Donde, é claro que a dificuldade procede da matéria do conceito interior. Pois o que é dotado de sabedoria ou de ciência tem competência para ensinar, na medida em que ele pode exprimir por palavras o conceito interior, de modo a conduzir os outros ao conhecimento da verdade.

QUANTO AO 3º, deve-se dizer que quem ora por outro, nada faz em relação a ele, mas unicamente em relação a Deus, que é a verdade inteligível. Ao passo que aquele que ensina a outro, exerce a seu respeito uma ação exterior. Logo, não procede a equiparação desses dois atos[b].

ARTICULUS 4
Utrum vita activa maneat post hanc vitam

AD QUARTUM SIC PROCEDITUR. Videtur quod vita activa maneat post hanc vitam.
1. Ad vitam enim activam pertinent actus virtutum moralium, ut dictum est[1]. Sed virtutes morales permanent post hanc vitam: ut Augustinus dicit, XIV de Trin.[2]. Ergo vita activa permanet post hanc vitam.
2. PRAETEREA, docere alios pertinet ad vitam activam, ut dictum est[3]. Sed in futura vita, in qua *similes erimus angelis*, poterit esse doctrina: sicut et in angelis esse videtur, quorum unus alium

ARTIGO 4
A vida ativa permanece após esta vida?

QUANTO AO QUARTO, ASSIM SE PROCEDE: parece que a vida ativa **permanece** após esta vida.
1. Com efeito, à vida ativa pertencem os atos das virtudes morais. Ora, segundo Agostinho, as virtudes morais permanecem após esta vida. Logo, a vida ativa também permanecerá.
2. ALÉM DISSO, o ato de ensinar a outros pertence à vida ativa. Ora, na vida futura, em que "seremos semelhantes aos anjos", poderá ter lugar o ensino, como parece que ele existe entre os an-

---

4 PARALL.: I-II, q. 67, a. 1, ad 2; q. 68, a. 6, ad 3; III *Sent.*, dist. 35, q. 1, a. 4, q.la 3; *Cont. Gent.* III, 63; *De Verit.*, q. 11, a. 4, ad 1.

1. Art. 1.
2. C. 9: ML 42, 1046.
3. Art. 3.

---

b. Sto. Tomás é realista. Ele quer que um ensinamento seja eficaz, ele que não só é um homem de prece e de estudo, mas também um professor. Como homem de prece, ele pode se refugiar na contemplação e assim mesmo agir para o advento do Reino, pois o movimento próprio da prece é o de passar por Deus. Como homem de estudo, pode igualmente comportar-se como um sábio, absorvido pela consideração da verdade. Mas como ensinante, a menos que permaneça um sonhador e um veleitário, precisa aceitar as obrigações da vida ativa. Os pedagogos farão bem em não esquecê-lo, mesmo quando é a religião que ensinam. Trata-se de transmitir uma doutrina ao discípulo; e, diferentemente da prece, o ensinamento não transita por Deus.
Não obstante, o ensino da fé se alimentará de prece e de contemplação.

illuminat; purgat et perficit, quod refertur ad *scientiae assumptionem*, ut patet per Dionysium, 7 cap. *Cael. Hier.*[4]. Ergo videtur quod vita activa remanet post hanc vitam.

3. PRAETEREA, illud quod de se est durabilius, magis videtur posse post hanc vitam remanere. Sed vita activa videtur esse de se durabilior: dicit enicn Gregorius, *super Ezech.*[5], quod *in vitu activa fixi permanere possumus, in contemplativa autem intenta mente manere nullo modo valemus*. Ergo multo magis vita activa potest manere post hanc vitam quarn contemplativa.

SED CONTRA est quod Gregorius dicit, *super Ezech.*[6]: *Cum praesenti saeculo vita aufertur activa: contemplativa autem hic incipitur ut in caelesti patria perficiatur*.

RESPONDEO dicendum quod, sicut dictum est[7], activa vita habet finem in exterioribus actibus: qui si referuntur ad quietem contemplationis, iam pertinent ad vitam contemplativarn. In futura autem vita beatorum cessabit occupatio exteriorum actuum: et si qui actus exteriores sint, referentur ad finem contemplationis. Ut enim Augustinus dicit, in fine *de Civ. Dei*[8], *ibi vacabimus et videbimus; videbimus et amabimus; amabimus et laudabimus*. Et in eodem libro praemittit quod Deus ibi *sine fine videbitur, sine fastidio amabitur, sine fatigatione laudabitur. Hoc munus, hic affectus, hic actus erit omnibus*.

AD PRIMUM ergo dicendum quod, sicut supra[9] dictum est, virtutes morales manebunt non secundum actus quos habent circa ea quae sunt ad finem, sed secundum actus quos habent circa finem. Huitsmodi autem actus sunt secundum quod constituunt quietem contemplationis. Quam Augustinus in praemissis verbis significat per *vacationem*: quae est intelligenda non solum ab exterioribus tumultibus, sed etiam ab interiori perturbatione passionum.

jos, pois "uns iluminam, purificam e aperfeiçoam os outros", o que implica na "comunicação da ciência", como demonstra Dionísio. Logo, tudo leva a crer que a vida ativa permanece depois desta vida.

3. ADEMAIS, o que em si mesmo é mais duradouro, parece mais capaz de durar depois desta vida. Ora, parece que a vida ativa é mais duradoura em si mesma, pois diz Gregório que "podemos permanecer fixos na vida ativa; ao passo que, na vida contemplativa não podemos, de modo algum, estar muito tempo com o espírito intensamente atento. Logo, muito mais que a contemplativa, a vida ativa pode permanecer depois desta vida.

EM SENTIDO CONTRÁRIO, Gregório diz: "Com o século presente, passará a vida ativa. A vida contemplativa, ao contrário, começa aqui, para consumar-se na pátria celestial".

RESPONDO. O fim da vida ativa consiste nos atos exteriores, os quais, quando se ordenam ao repouso da contemplação, já pertencem à vida contemplativa. Ora, na vida futura dos bem-aventurados cessará toda prática de atos exteriores; e, se alguns deles subsistem, serão todos referidos ao fim da contemplação[c]. Pois, como escreveu Agostinho: "Lá descansaremos e veremos; veremos e amaremos; amaremos e louvaremos". E na mesma obra já tinha dito que "lá, Deus será visto sem fim, amado sem tédio, louvado sem fadiga. Esta será a função, esse o prazer, essa a ocupação de todos".

QUANTO AO 1º, portanto, deve-se dizer que as virtudes morais permanecerão, não pelos atos que têm por objeto os meios para atingir o fim, mas por aqueles que se referem ao próprio fim. Ora, é precisamente por esses atos relativos ao fim que elas criam o repouso propício à contemplação. E é o que Agostinho, no texto citado, chama de "descanso", que se há de entender não só como ausência de toda agitação exterior, mas também da perturbação interior das paixões.

---

4. MG 3, 209 C.
5. L. I, hom. 5, n. 12: ML 76, 825 D — 826 A.
6. Homil. 14; al. l. II, hom. 2, n. 9: ML 76, 954 A.
7. Art. 1.
8. L. XXII, c. 30, n. 5: ML 41, 804.
9. Q. 186, a. 1, ad 1.

c. Este pequeno fragmento de frase "e se alguns deles subsistem..." restabelece um pouco o equilíbrio do artigo. Teríamos dificuldade em ver toda atividade excluída da vida bem-aventurada. Em contrapartida, devemos estar prontos a aceitar que as atividades exercidas no Reino dos bem-aventurados se deem num intenso contexto contemplativo.
A vida ativa desaparecerá como vida autônoma, mas pode-se dizer também que ela será assumida, transfigurada e que terá se tornado mais rica do que nunca.

AD SECUNDUM dicendum quod vita contemplativa, sicut supra[10] dictum est, praecipue consistit in contemplatione Dei. Et quantum ad hoc, unus angelus alium non docet: quia, ut dicitur Mt 18,10 de *angelis pusillorum,* qui sunt inferioris ordinis, quod *semper vident faciem Patris.* Et sic etiam in futura vita nullus hominum alium docebit de Deo, sed omnes *videbimus eum sicuti est,* ut habet 1Io 3,2. Et hoc est quod dicitur Ier 31,34: *Non docebit ultra vir proximum summ, dicens, Cognosce Dominum: omnes enim cognoscent me, a mínimo eorum usque ad maximum.*

Sed de his quae pertinent ad *dispensationem ministeriorum Dei*, unus angelus docet alium, purgando, illuminando et perficiendo. Et secundum hoc, aliquid habent de vita activa quandiu mundus durat, ex hoc quod administrationi inferioris creaturae intendunt. Quod significatur per hoc quod Iacob vidit angelos in scala *ascendentes,* quod pertinet ad contemplationem, et *descendentes,* quod pertinet ad actionem. Sed sicut dicit Gregorius, II *Moral.*[11], *non sic a divina visione foris exeunt ut internae contemplationis gaudiis priventur.* Et ideo in eis non distinguitur vita activa a contemplativa, sicut in nobis, qui per opera activa impedimur a contemplatione.

Non autem promittitur nobis similitudo angelorum quantum ad administrationem inferioris creaturae, quae nobis non competit secundum ordinem naturae nostrae, sicut competit angelis: sed secundum visionem Dei.

AD TERTIUM dicendum quod durabilitas vitae activae in statu praesenti excedens durabilitatem vitae contemplativae, non provenit ex proprietate utriusque vitae secundum se consideratae, sed ex defectu nostro, qui ex corporis gravitate retrahimur ab altitudine contemplationis. Unde ibidem subdit Gregorius quod *ipsa sua infirmitate ab immensitate tantae celsitudinis repulsus animus in semetipso relabitur.*

QUANTO AO 2º, deve-se dizer que a vida contemplativa consiste primordialmente na contemplação de Deus. Ora, a esse respeito, um anjo não pode ensinar a outro, pois se diz no Evangelho, a respeito dos anjos dos pequeninos", os quais são da ordem menos elevada, que eles "veem continuamente a face do Pai!". Assim, também, na vida futura nenhum homem ensinará nada a outro a respeito de Deus, mas "todos o veremos tal como Ele é", como está na primeira Carta de João. E é o que também afirma Jeremias: "Ninguém ensinará mais ao seu próximo dizendo: 'Conhece o Senhor', porque todos me conhecerão, desde o mais pequeno ao maior".

Mas, no que se refere à "dispensação dos mistérios de Deus", um anjo ensinará um outro, purificando-o, iluminando-o e aperfeiçoando-o. E, fazendo isto, estarão praticando certos atos da vida ativa, enquanto durar o mundo presente, por se aplicarem ao governo das criaturas que lhes são inferiores. É o sentido da visão de Jacó: da escada por onde *subiam* os anjos, expressão da vida contemplativa, e por onde *desciam*, expressão da vida ativa. Mas, como disse Gregório: "Eles não saem da visão de Deus de modo a ficarem privados das alegrias da contemplação interior". Eis por quê neles não se distingue a vida ativa da contemplativa, como em nós, que, pelas obras ativas, somos impedidos de contemplar.

Contudo, não nos é prometida a semelhança com os anjos quanto ao governo das criaturas inferiores, pois isto não nos compete segundo a ordem da nossa natureza, como cabe aos anjos. O que nos é prometido é que seremos semelhantes a eles na visão de Deus.

QUANTO AO 3º, deve-se dizer que na vida presente, a vida ativa ser mais duradoura que a contemplativa, não é propriedade de uma ou de outra dessas formas de vida consideradas em si mesmas. Mas isso vem da nossa deficiência, posto que o peso do nosso corpo impede que nos elevemos à contemplação. Por isso, Gregório acrescenta: "Arrastado pela sua própria fraqueza, da imensidade de tal elevação, o espírito recai sobre si mesmo".

---

10. Q. 180, a. 4.
11. C. 3, al. 2, n. 3: ML 75, 556 C.

QUAESTIO CLXXXII
DE COMPARATIONE VITAE ACTIVAE AD CONTEMPLATIVAM
in quatuor articulus divisa

Deinde considerandum est de comparatione vitae activae ad contemplativam.
Et circa hoc quaeruntur quatuor.
Primo: quae sit potior sive dignior.
Secundo: quae sit maioris meriti.
Tertio: utrum vita contemplativa impediatur per activam.
Quarto: de ordine utriusque.

Articulus 1
Utrum vita activa sit potior quam contemplativa

AD PRIMUM SIC PROCEDITUR. Videtur quod vita activa sit potior quam contemplativa.

1. *Quod* enim *est meliorum, videtur esse melius,* ut Philosophus dicit, in III *Topic.*[1]. Sed vita activa pertinet ad maiores, scilicet ad praelatos, qui sunt in honore et potestate constituti: unde Augustinus dicit, XIX *de Civ. Dei*[2], quod *in actione non amandus est honor in hac vita, sive potentia.* Ergo videtur quod vita activa sit potior quam contemplativa.

2. PRAETEREA, in omnibus habitibus et actibus praecipere pertinet ad potiorem: sicut militaris, tanquam potior, praecipit frenorum factrici. Sed ad vitam activam pertinet disponere et praecipere de contemplativa: ut patet per id quod dicitur Moysi, Ex 19,21: *Descende, et contestare populum, ne forte velit transcendere propositos terminos ad videndum Deum.* Ergo vita activa est potior quam contemplativa.

3. PRAETEREA, nullus debet abstrahi a maiori ut applicetur minoribus: Apostolus enim dicit, 1Cor 12,31: *Aemulamini charismata meliora.* Sed aliqui abstrahuntur a statu vitae contemplativae et occupantur circa vitam activam: ut patet de illis qui

QUESTÃO 182
COMPARAÇÃO ENTRE A VIDA ATIVA E A CONTEMPLATIVA
em quatro artigos

Em seguida, deve-se tratar da comparação entre a vida ativa e a contemplativa.
A esse respeito, quatro questões:
1. Qual é a principal e a mais digna?
2. Qual é a mais meritória?
3. A vida ativa é obstáculo para a contemplativa?
4. Qual é a ordem entre ambas?

Artigo 1
A vida ativa é mais excelente que a contemplativa?

QUANTO AO PRIMEIRO ARTIGO, ASSIM SE PROCEDE: parece que a vida ativa é mais excelente que a contemplativa.

1. Com efeito, "o que é próprio dos melhores, parece ser melhor e mais digno de honra", diz o Filósofo. Ora, a vida ativa é própria dos superiores, isto é, dos prelados, constituídos em honra e poder. E, por isso, escreveu Agostinho que "na ação, o que se deve amar não são nem as honras do mundo nem o poder". Logo, parece que a vida ativa é mais excelente que a contemplativa.

2. ALÉM DISSO, em todos os hábitos e em todos os atos, mandar compete ao mais excelente. É assim que a arte militar, sendo mais excelente, comanda a de fazer freios. Ora, à vida ativa compete dispor e comandar a contemplativa, como é claro pelas palavras de Moisés: "Desce e adverte solenemente o povo que não ultrapasse os limites fixados para ver a Deus". Logo, a vida ativa é mais excelente que a contemplativa.

3. ADEMAIS, ninguém deve deixar o mais importante, para se dedicar ao menos importante, pois diz o Apóstolo "Aspirai aos melhores dons". Ora, alguns são arrancados da vida contemplativa para que se dediquem à vida ativa, como, por exemplo,

---

1 PARALL.: Supra, q. 152, a. 2; infra, q. 188, a. 6; III *Sent.*, dist. 35, q. 1, a. 4, q.la 1; *Cont. Gent.* III, 63, 133; *De Virtut.*, q. 1, a. 12, ad 24; X *Ethic.*, lect. 10, 11, 12.

1. C. 1: 116, b, 12-13.
2. C. 19: ML 41, 647.

transferuntur ad statum praelationis. Ergo videtur quod vita activa sit potior quam contemplativa.

SED CONTRA est quod Dominus dicit, Lc 10,42: *Maria optimam partem elegit, quae non auferetur ab ea*. Per Mariam autem significatur vita contemplativa. Ergo contemplativa vita potior est quam activa.

RESPONDEO dicendum quod nihil prohibet aliquid secundum se esse excellentius quod tamen secundum aliquid ab alio superatur. Dicendum est ergo quod vita contemplativa simpliciter melior est quam activa. Quod Philosophus, in X *Ethic*.[3], probat octo rationibus. Quarum *prima* est, quia vita contemplativa convenit homini secundum illud quod est optimum in ipso, scilicet secundum intellectum, et respectu propriorum obiectorum, scilicet intelligibilium: vita autem activa occupatur circa exteriora. Unde Rachel, per quam significatur vita contemplativa, interpretatur *visum principium*: vita autem activa significatur per Liam, quae erat *lippis oculis*, ut Gregorius dicit, VI *Moral*.[4]. — *Secundo*, quia vita contemplativa potest esse magis continua, licet non quantum ad summum contemplationis gradum: sicut supra[5] dictum est. Unde et Maria, per quam significatur vila contemplativa, describitur *secus pedes Domini* assidue *sedens*. — *Tertio*, quia maior est delectatio vitae contemplativae quam activae. Unde Augustinus dicit, in *libro de Verbis Dom*.[6], quod *Martha turbabatur, Maria epulabatur*. — *Quarto*, quia in vita contemplativa est homo magis sibi sufficiens: quia paucioribus ad eam indiget. Unde dicitur Lc 10,41: *Martha, Martha, sollicita es et turbaris erga plurima*. — *Quinto*, quia vita contemplativa magis propter se diligitur: vita autem activa ad aliud ordinatur. Unde in Psalmo [Ps. 26,4] dicitur: *Unam petii a Domino, hanc requiram: ut inhabitem in domo Domini omnibus*

os que são nomeados superiores[a]. Logo, tem-se a impressão de que é mais excelente a vida ativa que a contemplativa.

EM SENTIDO CONTRÁRIO, diz o Senhor: "Maria escolheu a melhor parte, que não lhe será tirada". Ora, Maria simboliza a vida contemplativa. Logo, a vida contemplativa é mais excelente que a ativa.

RESPONDO. Nada impede que uma coisa, mais excelente em si mesma, seja inferior a outra sob algum aspecto. Ora, deve-se dizer que a vida contemplativa é, absolutamente falando, superior à vida ativa[b]. O que o Filósofo prova por oito razões: 1º porque a vida contemplativa convém aos homens por causa do que nele há de mais excelente, que é o intelecto, e em relação ao objeto próprio do intelecto, isto é, os inteligíveis. A vida ativa porém, ocupa-se das coisas exteriores. E é o motivo pelo qual Raquel, significa a vida contemplativa, e é interpretada "princípio visto"; ao passo que, segundo Gregório, a vida ativa é figurada por Lia, a de "olhos enfermos". — 2º porque a vida contemplativa pode ser mais contínua, embora nem sempre no grau mais elevado de contemplação. Por isso, Maria, símbolo da vida contemplativa, nos é apresentada "continuamente sentada aos pés do Senhor". — 3º porque há maior alegria na vida contemplativa que na vida ativa. Assim, diz Agostinho: "Marta se agitava; Maria se deleitava". — 4º porque na vida contemplativa o homem basta-se mais a si mesmo, pois muito poucas coisas lhe são necessárias. Donde esta palavra do Evangelho: "Marta, Marta, tu te inquietas e te agitas por muitas coisas." — 5º porque a vida contemplativa é mais amada por ela mesma, ao passo que a vida ativa é ordenada a outra coisa. E, assim, diz o Salmo: "Uma só coisa pedi ao Senhor e esta solicito: é que eu habite na casa do Senhor todos os dias da minha vida, para ver a

---

3. C. 7: 1177, a, 12-1178, a, 9.
4. C. 37, al. 18, in vet. 28, n. 61: ML 75, 764 B.
5. Q. 180, a. 8; q. 181, a. 4, ad 3.
6. Serm. 103, al. 26, c. 2: ML 38, 614.

a. Eis um fato da Igreja bastante impressionante: a pressão exercida pelas autoridades eclesiásticas sobre os contemplativos para confiar-lhes cargos pastorais quando se tem necessidade deles. Não implica isto que se atribui um preço maior à vida ativa do que à vida contemplativa? Pode-se pensar isso.
É verdade que, em sua resposta (r. 3, mas ver também r. 1), Sto. Tomás sustenta que o prelado "subtraído à vida contemplativa" não deve por isso abandonar toda contemplação; deve juntar-lhe a ação. Mas o desejo corre o risco de permanecer platônico, pois é preciso levar em conta pelo menos em nossa época as enormes obrigações de uma vasta responsabilidade pastoral.
b. É curioso constatar que cada uma das razões *aristotélicas* aqui expostas seja acompanhada de uma imagem *bíblica*. Estamos habituados ao uso conjunto que Sto. Tomás faz de suas fontes pagãs e cristãs. Assim mesmo, é raro que o procedimento seja tão sistemático quanto neste artigo.

diebus vitae meae, ut videam voluntatem Domini. — *Sexto,* quia vita contemplativa consistit in quadam vacatione et quiete: secundum illud Ps 45,11: *Vacate, vt videte quoniam ego suor Deus.* — *Septimo,* quia vita contemplativa est secundum divina: vita autem activa secundum humana. Unde Augustinus dieit, in libro *de Verbis Dom.*[7]: *"In principio erat Verburn": ecce quod Maria audiebat. "Verbum caro factum est": ecce cui Martha ministrabat.* — *Octavo,* quia vita contemplativa est secundum id quod est magis proprium homini, idest secundum intellectum: in operationibus autem vitae activae communicant etiam inferiores vires, quae sunt nobis et brutis communes. Unde in Psalmo [Ps 35], postquam dictum est [v. 7], *Homines et iumenta salvabis, Domine,* subditur [v. 10] id quod est hominibus speciale: *In lumine tuo videbimus lumen.* — *Nonam* rationem addit Dominus, Lc 10,42, cum dicit: *Optimam partem elegit Maria, quae non auferetur ab ea.* Quod exponens Augustinus, in libro *de Verbis Dom.*[8], dicit: *Non tu malam: sed illa meliorem. Audi unde meliorem: quia non auferetur ab ea. A te auferetur aliquando onus necessitatis: aeterna est dulcedo veritatis.*

Secundum quid tamen, et in casu, magis est eligenda vita activa, propter necessitatem praesentis vitae. Sicut etiam Philosophus dicit, in III *Topic.*[9], quod *philosophari est melius quam ditari, sed ditari melius est necessitatem palienti.*

AD PRIMUM ergo dicendum quod ad prae latos non solum pertinet vita activa, sed etiam debent esse excellentes in vita contemplativa. Unde Gregorius dicit, in *Pastorali*[10]: *Sit rector actione praecipuus, prae cunctis in contemplalione suspensus.*

AD SECUNDUM dicendum quod vita contemplativa in quadam animi libertate consistit. Dicit enim Gregorius, *super Ezech.*[11], quod vita contemplativa ad *quandam mentis libertatem transit, temporalia non cogitans, sed aeterna.* Et Boetius dicit, in V *de Consolat.*[12]: *Humanas animas liberiores esse necesse est cum se in mentis divinae speculatione*

vontade do Senhor". — 6º porque a vida contemplativa consiste em certo repouso e tranquilidade, segundo o Salmo: "Descansai e vede que eu sou Deus". — 7º porque a vida contemplativa se entrega às coisas de Deus, ao passo que a vida ativa se aplica às coisas humanas. Por isso, diz Agostinho: "No princípio era o Verbo: eis o que Maria ouvia. E o Verbo se fez carne: eis a quem Maria servia" — 8º porque a vida contemplativa é conforme ao que há de propriamente humano no homem, isto é, o intelecto. Enquanto que, nos atos da vida ativa tomam parte também as potências inferiores, comuns a nós e aos animais. Assim, depois de estar dito no Salmo "Salvarás, Senhor, aos homens e aos animais", acrescenta-se o que é próprio do homem: "Na tua luz veremos a luz". — 9º o Senhor acrescenta: "Maria escolheu a melhor parte, que não lhe será tirada". Palavras que Agostinho comenta: "Não que a tua parte seja má; mas é ela que escolheu a melhor. E, ouve: a melhor porque não lhe será tirada. Tu, um dia, serás libertada do peso da necessidade; a doçura da verdade é eterna".

Entretanto, sob algum aspecto e em casos determinados, é preferível escolher a vida ativa, por causa das necessidades da vida presente. Até o Filósofo o reconhece, quando afirma: "Filosofar é melhor do que ganhar dinheiro. Mas, para quem passa necessidade, ganhar dinheiro é preferível".

QUANTO AO 1º, portanto, deve-se dizer que os prelados não devem se dedicar somente à vida ativa, mas ainda ser excelentes na vida contemplativa. Por isso, diz Gregório: "O superior seja o primeiro na ação e, mais do que ninguém, esteja absorvido na contemplação".

QUANTO AO 2º, deve-se dizer que a vida contemplativa consiste numa certa liberdade da alma, pois, como escreve Gregório: "A vida contemplativa, por ser aplicada não às coisas temporais mas às eternas, produz uma certa liberdade de espírito". E, Boécio, por sua vez: "As almas humanas tornam-se necessariamente

---

7. Serm. 104, al. 27, c. 2: ML 38, 617.
8. Serm. 103, al. 26, c. 4: ML 38, 615.
9. C. 2: 118, a, 10-11.
10. P. II, c. 1: ML 77, 26 D — 27 A.
11. L. I, hom. 3, n. 13: ML 76, 812 A.
12. Prosa 2: ML 63, 836 A.

conservant: minus vero, cum dilabuntur ad corpora. Unde patet quod vita activa non directe praecipit vitae contemplativae: sed, disponendo ad vitam contemplativam, praecipit quaedam opera vitae activae; in quo magis servit contemplativae vitae quam dominetur. Et hoc est quod Gregorius dicit, *super Ezech.*[13], quod *activa vita servitus, contemplativa autem libertas vocatur.*

AD TERTIUM dicendum quod ad opera vitae activae interdum aliquis a contemplatione avocatur propter aliquam necessitatem praesentis vitae: non tamen hoc modo quod cogatur aliquis totaliter contemplationem deserere. Unde Augustinus dicit, XIX *de Civ. Dei*[14]: *Otium sanctum quaerit caritas veritatis: negotium iustum*, scilicet vitae activae, *suscipit necessitas caritatis. Quam sarcinam si nullus imponit, percipiendae atque intuendae vacandum est veritati. Si autem imponitur, suscipienda est, propter caritatis necessitatem. Sed nec sic onmino veritatis delectatio deserenda est: ne subtrahatur illa suavitas, et opprimat ista necessitas.* Et sic patet quod, cum aliquis a contemplativa vita ad activam vocatur, non hoc fit per modum subtractionis, sed per modum additionis.

mais livres, quando se mantêm na contemplação do pensamento divino; menos livres, ao contrário, quando recaem no mundo dos corpos". Por conseguinte, é claro que a vida ativa não comanda diretamente a vida contemplativa. Mas, dispondo para a vida contemplativa, ela ordena a prática de certas obras da vida ativa. O que é, antes, servir à vida contemplativa do que comandá-la. E é o que diz Gregório: "A vida ativa é chamada serviço; a contemplativa, liberdade".

QUANTO AO 3º, deve-se dizer que às vezes, alguém tem que abandonar a contemplação para se entregar às obras de vida ativa, por alguma necessidade da vida presente; mas nunca de modo que tenha de desistir totalmente dela. Por isto, disse Agostinho: "O amor da verdade busca um santo repouso. Mas as necessidades da caridade impõem o justo trabalho, isto é, o da vida ativa. Contudo, se ninguém nos impuser esse fardo, entreguemo-nos ao estudo e à contemplação da verdade. Mas, se nos impõem, devemos aceitá-lo pelas exigências da caridade. Mas, nem por isso devemos abandonar de todo a alegria da verdade, para que não aconteça que, privados daquela suavidade, sejamos esmagados por esta necessidade". É evidente, pois, que, quando alguém é chamado a deixar a vida contemplativa para dedicar-se à ativa, não se trata de tirar-lhe a contemplação, mas de acrescentar a ação.

ARTICULUS 2
Utrum vita activa sit maioris meriti quam contemplativa

AD SECUNDUM SIC PROCEDITUR. Videtur quod vita activa sit maioris meriti quam contemplativa.

1. Meritum enim dicitur respectu mercedis. Merces autem debetur labori: secundum illud 1Cor 3,8: *Unusquisque propriam mercedem accipiet secundunt suum laborem.* Sed vitae activae attribuitur labor, contemplativae vero quies: dicit enim Gregorius, *super, Ezech.*[1]: *Omnis qui ad Deum convertitur, prius necesse est ut desudet in labore, idest Liam accipiat, ut post ad videndum principium in Rachel amplexibus*

ARTIGO 2
A vida ativa é mais meritória que a contemplativa?

QUANTO AO SEGUNDO, ASSIM SE PROCEDE: parece que a vida ativa é mais meritória que a contemplativa.

1. Com efeito, o mérito diz respeito à recompensa. A recompensa é devida ao trabalho, pois, segundo o Apóstolo: "Cada um receberá a sua recompensa segundo o seu trabalho". Ora, o trabalho é próprio da vida ativa, como o repouso é próprio da contemplativa. É o que disse Gregório: "Todo aquele que se converte a Deus há de primeiro suar no trabalho, isto é, receber Lia; para depois descansar nos braços de Raquel, na contemplação

---

13. Loc. prox. cit., n. 9: ML 76, 809 C.
14. C. 19: ML 41, 647-648.

PARALL.: III *Sent.*, dist. 30, a. 4, ad 2; dist. 35, q. 1, a. 4, q.la 2; *Quodlib.* I, q. 7, a. 2; III, q. 6, a. 3, ad 6.

1. Homil. 14; al. l. II, hom. 2, n. 10: ML 76, 954 B.

requiescat. Ergo vita activa est maioris meriti quam contemplativa.

2. PRAETEREA, vita contemplativa est quaedam inchoatio futurae felicitatis. Unde super illud Io 21,22, *Sic eum volo manere donec veniam*, dicit Augustinus[2]: *Hoc apertius dici potest: Perfecta me sequatur actio, informata meae passionis exemplo: inchoata vero contemplalio maneat donec venio, perficienda cum venero.* Et Gregorius dicit, *super Ezech.*[3], quod *contemplativa vila hic incipitur, ut in caelesti patria perficiatur.* Sed in illa futura vita non erit status merendi, sed recipiendi pro meritis. Ergo vita contemplativa minus videtur habere de ratione meriti quam vita activa: sed plus habet de ratione praemii.

3. PRAETEREA, Gregorius dicit, *super Ezech.*[4], quod *nullum sacrificium est Deo magis acceptum quam zelus animarum.* Sed per zelum animarum aliquis se convertit ad studia activae vitae. Ergo videtur quod vita contemplativa non sit maioris meriti quam activa.

SED CONTRA est quod Gregorius dicit, in VI *Moral.*[5]: *Magna sunt activae vitae merita: sed contemplativae potiora.*

RESPONDEO dicendum quod radix merendi est caritas, sicut supra[6] habitum est. Cum autem caritas consistat in dilectione Dei et proximi, sicut supra[7] habitum est, diligere Deum secundum se est magis meritorium quam diligere proximum, ut ex supra[8] dictis patet. Et ideo illud quod directius pertinet ad dilectionem Dei, magis est meritorium ex suo genere quam id quod directe pertinet ad dilectionem proximi propter Deum. Vita autem contemplativa directe et immediate pertinet ad dilectionem Dei: dicit enim Augustinus, XIX *de Civ. Dei*[9], quod *otium sanctum*, scilicet contemplativae vitae, *quaerit caritas veritatis*, scilicet divinae; cui potissime vita contemplativa insistit, sicut dictum est[10]. Vita autem activa ordinatur directius ad dilectionem proximi: quia *satagit circa frequens ministerium*, ut dicitur Lc 10,40. Et ideo

do princípio". Logo, a vida ativa é mais meritória que a contemplativa.

2. ALÉM DISSO, a vida contemplativa é já um começo da felicidade futura. Por isso, a propósito das palavras de João "Quero que ele permaneça assim, até que eu venha", Agostinho comenta: "Mais claramente quer dizer: que a ação perfeita me siga, já formada segundo o exemplo da minha paixão; mas que a contemplação, ainda que imperfeita, permaneça até que eu venha, e será, então, levada à perfeição". E Gregório, por sua vez, diz que "a vida contemplativa começa nesta vida e se consuma na pátria celestial". Ora, a vida futura já não será tempo de merecer, mas de receber o prêmio pelos méritos adquiridos. Logo, a vida contemplativa parece menos meritória, embora seu prêmio seja maior.

3. ADEMAIS, Gregório disse: "Nenhum sacrifício é mais agradável a Deus que o zelo pelas almas". Ora, o zelo pelas almas obriga a dedicar-se à vida ativa. Logo, parece que a vida contemplativa não é mais meritória que a ativa.

EM SENTIDO CONTRÁRIO, Gregório escreveu: "Grandes são os méritos da vida ativa, mas são maiores os da contemplativa".

RESPONDO. A raiz do mérito é a caridade. Por outro lado, como a caridade consiste no amor de Deus e do próximo, amar a Deus é, em si mesmo, mais meritório que amar o próximo, como se conclui do que foi dito atrás. Por conseguinte, o que mais diretamente se relaciona com o amor de Deus é, por si mesmo, mais meritório do que aquilo que diz respeito diretamente ao amor ao próximo por amor de Deus. Ora, a vida contemplativa se refere direta e imediatamente ao amor de Deus, pois, diz Agostinho, "o amor da verdade busca o santo repouso", ou seja, o da vida contemplativa. Ao passo que, a vida ativa se ordena mais diretamente ao amor do próximo, pois, "está sempre ocupada na contínua lida da casa", como está escrito no Evangelho de Lucas. Por conseguinte, a vida contemplativa é, em si

---

2. *In Ioan.*, tract. 24, n. 5: ML 35, 1974.
3. Loc. cit., n. 9: ML 76, 954 A.
4. L. I, hom. 12, n. 30: ML 76, 932 C.
5. C. 37, al. 18, in vet. 28, n. 61: ML 75, 764 D.
6. Q. 83, a. 15; I-II, q. 114, a. 4.
7. Q. 25, a. 1.
8. Q. 27, a. 8.
9. C. 19: ML 41, 647.
10. Q. 180, a. 4; q. 181, a. 4, ad 2.

ex suo genere contemplativa vita est maioris meriti quain activa. Et hoc est quod Gregorius dicit, in III Homil. *Ezech.*[11]: *Contemplativa est maior merito quam activa: quia haec in usu praesentis operis laborat*, in quo scilicet necesse est proximis subvenire; *illa vero sapore intimo venturam iam requiem degustat*, scilicet in contemplatione Dei.

Potest tamen contingere quod aliquis in operibus vitae activae plus meretur quam alius in operibus vitae contemplativae: puta si propter abundantiam divini amoris, ut eius voluntas impleatur propter ipsius gloriam, interdum sustinet a dulcedine divinae contemplationis ad tempus separari. Sicut Apostolus dicebat, Rm 9,3: *Optabam ego ipse anathema esse a Christo pro fratribus meis*: quod exponens Chrysostomus, in libro *de Compunct.*[12], dicit: *Ita totam mentem eius demerserat amor Christi, ut etiam hoc quod ei prae ceteris omnibus amabilius erat, esse cum Christo, rursus idipsum, quia ita placeret Christo, contemneret.*

AD PRIMUM ergo dicendum quod labor exterior operatur ad augmentum praemii accidentalis: sed augmentum meriti respectu praemii essentialis consistit principaliter in caritate. Cuius quoddam signum est labor exterior toleratus propter Christum: sed muito expressius eius signum est quod aliquis, praetermissis omnibus quae ad hanc vitam pertinent, soli divinae contemplationi vacare delectetur.

AD SECUNDUM dicendum quod in statu felicitatis futurae homo pervenit ad perfectum: et ideo non relinquitur locus proficiendi per meritum. Si tamen relinqueretur, esset efficacius meritum, propter caritatem maiorem. Sed contemplatio praesentis vitae cum quadam imperfectione est, et adhuc habet quo proficiat. Et ideo non tollit rationem merendi, sed augmentum meriti facit, propter maius exercitium caritatis divinae.

AD TERTIUM dicendum quod sacrificium spiritualiter Deo offertur cum aliquid ei exhibetur. Inter omnia autem bona hominis, Deus maxime acceptat bonum humanae animae, ut hoc sibi in sacrificium offeratur. Offerre autem debet aliquis Deo, primo quidem, animam suam, secundum illud Eccli 30,24, *Miserere animae tuae placens Deo*: secundo autem, animas aliorum, secundum illud Ap 22,17, *Qui audit, dicat, Veni*. Quanto au-

mesma, mais meritória que a ativa. E é a doutrina de Gregório: "A vida contemplativa é mais meritória que a ativa, porque esta se consagra às obras da vida presente", em que é necessário socorrer ao próximo, ao passo que "aquela goza desde já, com um prazer íntimo, do descanso futuro", isto é, na contemplação de Deus.

Contudo, pode acontecer que uma pessoa mereça mais quando dedicada às obras da vida ativa, do que outra consagrada às da vida contemplativa. Por exemplo, se alguém, levado por seu grande amor a Deus, suporta às vezes ser privado por um tempo da doçura da divina contemplação, para que se cumpra a vontade de Deus em vista da Sua maior glória. Assim, o Apóstolo dizia "Eu mesmo desejaria ser anátema por Cristo por amor de meus irmãos". O que Crisóstomo comenta, dizendo: "De tal modo o amor de Cristo havia embebido sua alma, que, até aquilo que ele mais amava, o estar com Cristo, por amor a Cristo desprezava".

QUANTO AO 1º, portanto, deve-se dizer que o trabalho exterior conta para o aumento da recompensa acidental; mas, quanto à recompensa essencial, o mérito aumenta principalmente em proporção da caridade. Ora, um sinal desta caridade é o trabalho exterior suportado por amor a Cristo. Mas, sinal muito mais eloquente é, após ter renunciado a tudo o que diz respeito a esta vida, dedicar-se somente à divina contemplação.

QUANTO AO 2º, deve-se dizer que no estado da felicidade futura o homem chega à perfeição. Por isso, já não há lugar para o progresso pelo mérito. Contudo, se houvesse, o mérito seria tanto maior quanto maior fosse a caridade. Ora, a contemplação da vida presente, por ser acompanhada de imperfeição, deixa ainda lugar para o progresso. Por isso, não exclui a capacidade de merecer, porque torna maior o mérito com o exercício mais intenso da caridade divina.

QUANTO AO 3º, deve-se dizer que se oferece um sacrifício espiritual a Deus, quando se lhe consagra alguma coisa. Ora, entre todos os bens do homem, o que mais agrada a Deus como sacrifício é o bem da alma humana. Assim, deve-se oferecer a Deus, primeiro, a própria alma, conforme o livro do Eclesiástico: "Tem piedade da tua alma, agradando a Deus." Em segundo lugar, a alma dos outros, como se lê no Apocalipse: "O que

---

11. L. I, n. 9: ML 76, 809 B.
12. *Ad Demetrium.*, l. I, n. 7: MG 47, 405.

tem homo animam suam vel alterius propinquius Deo coniungit, tanto sacrificium est Deo magis acceptum. Unde magis acceptum est Deo quod aliquis animam suam et aliorum applicet contemplationi, quam actioni. Per hoc ergo quod dicitur quod *nullum sacrificium est Deo magis acceptum quem zelus animarum*, non praefertur meritum vitae activae merito vitae contemplativae: sed ostenditur magis esse meritorium si quis offerat Deo animam suam et aliorum, quam quaecumque alia exteriora dona.

ouve, diga: vem!" E, quanto mais estreitamente alguém une a Deus a sua alma ou a dos outros, tanto mais agradável a Deus é o sacrifício. Logo, é mais agradável a Deus que alguém aplique a sua alma e a dos outros à contemplação do que à ação. Quando se diz que "nenhum sacrifício é mais agradável a Deus do que o zelo pelas almas", não se antepõe o mérito da vida ativa à contemplativa. Mas, isto significa que é mais meritório se alguém oferece a Deus a sua alma e a dos outros, do que qualquer outro bem exterior.

Articulus 3
Utrum vita contemplativa impediatur per activam

AD TERTIUM SIC PROCEDITUR. Videtur quod vita contemplativa impediatur per activam.

1. Ad vitam enim contemplativam necessaria est quaedam vacatio mentis: secundum illud Ps 45,11: *Vacate, et videte quoniam ego sum Deus*. Sed vita activa habet inquietudinem: secundum illud Lc 10,41: *Martha, Martha, sollicita es et turbaris erga plurinra*. Ergo vita activa contemplativam impedit.

2. PRAETEREA, ad vitam contemplativam requiritur claritas visionis. Sed vita activa impedit visionis claritatem: dicit enim Gregorius, *super Ezech.*[1], quod *lippa est et fecunda, quia, dum occupatur in opere, minus videt*. Ergo vita activa impedit contemplativam.

3. PRAETEREA, unum contrariorum impeditur per aliud. Sed vita activa et contemplativa videntur contrarietatem habere ad invicem, quia vita activa occupatur circa plurima, vita autem contemplativa insistit ad contemplandum unum: unde et ex opposito dividuntur. Ergo videtur quod vita contemplativa impediatur per activam.

SED CONTRA est quod Gregorius dicit, in VI *Moral.*[2]: *Qui contemplationis arcem tenere desiderant, prius se in campo per exercitium operis probent*.

RESPONDEO dicendum quod vita activa potest considerari quantum ad duo. Uno modo, quantum ad ipsum studium et exercitium exteriorum actionum. Et sic manifestum est quod vita activa impedit contemplativam: inquantum impossibile

Artigo 3
A vida ativa é um obstáculo para a contemplativa?

QUANTO AO TERCEIRO, ASSIM SE PROCEDE: parece que a vida ativa é um obstáculo para a contemplativa.

1. Com efeito, a vida contemplativa requer um certo descanso da alma, conforme o Salmo: "Descansai e vede que eu sou Deus". Ora, a vida ativa é cheia de preocupações, pois diz o Senhor: "Marta, Marta, tu te inquietas e te afliges por muitas coisas". Logo, a vida ativa impede a contemplativa.

2. ALÉM DISSO, a vida contemplativa exige uma visão clara. Ora, a vida ativa impede a clareza de visão, pois, diz Gregório que "é míope e fecunda porque, preocupada com as obras, vê menos". Logo, a vida ativa é obstáculo para a contemplativa.

3. ADEMAIS, um contrário impede o outro. Ora, parece que a vida ativa e a contemplativa são contrárias entre si, pois a ativa se ocupa com muitas coisas, ao passo que a contemplativa se aplica à contemplação de uma só. Por conseguinte, se distinguem como termos opostos. Logo, parece que a vida contemplativa é dificultada pela ativa.

EM SENTIDO CONTRÁRIO, Gregório escreve: "Quem deseja conservar a cidadela da contemplação, prove-se antes no campo pela prática das obras".

RESPONDO. A vida ativa pode ser considerada sob dois aspectos. Primeiro, quanto à própria aplicação às obras exteriores e à sua prática. Tomada neste sentido, é evidente que a vida ativa impede a contemplativa, já que é impossível que alguém

---

3 PARALL.: Part. I, q. 112, a. 1, ad 3.

1. Hom. 14; al. l. II, hom. 2, n. 10: ML 76, 954 C.
2. C. 37, al. 17, in vet. 27, n. 59: ML 75, 763 C.

est quod aliquis simul occupetur circa exteriores actiones, et divinae contemplationi vacet.

Alio modo potest considerari vita activa quantum ad hoc quod interiores animae passiones componit et ordinat. Et quantum ad hoc, vita activa adiuvat ad contemplationem, quae impeditur per inordinationem interiorum passionum. Unde Gregorius dicit, in VI *Moral.*[3]: *Cum contemplationis arcem aliqui tenere desiderant, prius se in campo per exercitium operis probent: ut sollicite sciant si nulla iam mala proximis irrogant, si irrogata a proximis aequanimiter portant, si obiectis bonis temporalibus nequaquam mens laetitia solvitur, si subtractis non nimio maerore sauciantur. Ac deinde perpendant si, cum ad semetipsos introrsus redeunt, in eo quod spiritualia rimantur, nequaquam secum rerum corporalium umbras trahunt, vel fortasse tractas manu discretionis abigunt.* Ex hoc ergo exercitium vitae activae confert ad contemplativam, quod quietat interiores passiones, ex quibus phantasmata proveniunt, per quae contemplatio impeditur.

Et per hoc patet responsio AD OBIECTA. Nam rationes illae procedunt quantum ad ipsam occupationem exteriorum actuum: non autem quantum ad effectum, qui est moderatio passionum.

se ocupe das obras exteriores e, ao mesmo tempo, se dedique à divina contemplação.

Segundo, pode-se considerar a vida ativa enquanto ela dirige e ordena as paixões interiores da alma. E, sob este aspecto, favorece a contemplação, pois esta é impedida pelas paixões internas desordenadas. Por isso, escreveu Gregório: "Quem deseja conservar a cidadela da contemplação, prove-se antes no campo pela prática das obras, para que examine com maior cuidado se já não faz mal algum ao próximo; se suporta pacientemente o mal que lhe fazem; se, renunciando aos bens exteriores, não se entrega a uma alegria desordenada e, se, ao perdê-los, não cai numa tristeza excessiva. Deve certificar-se também se, ao se concentrar em si mesmo para meditar nas coisas espirituais, não leva consigo as imagens das coisas corporais, ou, se por acaso as traz consigo, sabe afastá-las com mão discreta". Pois, assim, o exercício da vida ativa ajuda à contemplativa, porque acalma as paixões interiores, donde provêm as representações imaginárias que são obstáculo para a contemplação.

Deve-se dizer que com isso se responde a todas AS OBJEÇÕES. Elas procedem do que diz respeito à aplicação às obras exteriores. Mas não valem para o efeito da vida ativa, que é a moderação das paixões.

ARTICULUS 4
Utrum vita activa sit prior quam contemplativa

AD QUARTUM SIC PROCEDITUR. Videtur quod vita activa non sit prior quam contemplativa.

1. Vita enim contemplativa directe pertinet ad dilectionem Dei, vita autem activa ad dilectionern proximi. Sed dilectio Dei praecedit dilectionem proximi, inquantum proximus propter Deum diligitur. Ergo videtur quod etiam vita contemplativa sit prior quam activa.
2. PRAETEREA, Gregorius dicit, *super Ezech.*[1]: *Sciendum est quod, sicut bonus ordo vivendi est ut ab activa in contemplativam tendatur, ita plerumque utiliter a contemplativa animus ad activam*

ARTIGO 4
A vida ativa tem prioridade sobre a contemplativa?

QUANTO AO QUARTO, ASSIM SE PROCEDE: parece que a vida ativa **não** tem prioridade sobre a contemplativa.

1. Com efeito, a vida contemplativa se refere diretamente ao amor de Deus e a ativa ao amor do próximo. Ora, o amor de Deus precede o amor do próximo, pois amamos a este por amor de Deus. Logo, parece que também a vida contemplativa precede a vida ativa.
2. ALÉM DISSO, Gregório disse: "É preciso saber que, assim como a boa ordem da vida consiste em tender da vida ativa para a contemplativa, assim, de ordinário, é igualmente útil para o espírito re-

---

3. Ibid.
PARALL.: *De Verit.*, q. 11, a. 4, ad 2; *Cont. retrahent. ab ingress. Relig.*, c. 7, ad 7.
1. Homil. 14; al. l. II, hom. 2, n. 11: ML 76, 954 D-955 A.

reflectitur. Non ergo simpliciter vita activa est prior quam contemplativa.

3. PRAETEREA, ea quae diversis competunt, non videntur ex necessitate ordinem habere. Sed vita activa et contemplativa diversis competunt: dicit enim Gregorius, in VI *Moral*.[2]: *Saepe qui contemplari Deum quieti poterant, occupationibus pressi ceciderunt: et saepe qui occupati bene humanis usibus viverent, gladio suae quietis extincti sunt*. Non ergo vita activa prior est quam contemplativa.

SED CONTRA est quod Gregorius dicit, in III Homil. *Ezech*.[3]: *Activa vita prior est tempore quam contemplativa: quia ex bono opere tenditur ad contemplationem*.

RESPONDEO dicendum quod aliquid dicitur esse prius dupliciter. Uno modo, secundum suam naturam. Et hoc modo vita contemplativa est prior quam activa, inquantum prioribus et melioribus insistit. Unde et activam vitam movet et dirigit: ratio enim superior, quae contemplationi deputatur, comparatur ad inferiorem, quae deputatur actioni, sicut vir ad mulierem, quae est per virum regenda, ut Augustinus dicit, XII *de Trin*.[4].

Alio modo est aliquid prius quoad nos: quod scilicet est prius in via generationis. Et hoc modo vita activa est prior quam contemplativa: quia disponit ad contemplativam, ut ex supra[5] dictis patet. Dispositio enim in via generationis praecedit formam, quae simpliciter et secundum naturam est prior.

AD PRIMUM ergo dicendum quod vita contemplativa non ordinatur ad qualemcumque Dei dilectionem, sed ad perfectam. Sed vita activa necessaria est ad dilectionem proximi qualemcumque. Unde Gregorius dicit. in III Homil. *Ezech*.[6]: *Sine contemplativa vita intrare possunt ad caelestem patriam qui bona quae possunt, operari non negligunt: sine activa autem intrare **non** possunt, si negligunt bona operari quae possunt*. Ex quo etiam patet quod vita activa praecedit contemplativam, sicut id quod est commune

tornar da vida contemplativa para a ativa". Logo, a vida ativa não tem, absolutamente falando, prioridade sobre a contemplativa.

3. ADEMAIS, o que é próprio de sujeitos distintos não parece comportar necessariamente uma ordem entre si. Ora, a vida ativa e a contemplativa são próprias de sujeitos distintos, pois, diz Gregório: "Muitas vezes, os que podem contemplar a Deus em paz, caíram vencidos pelas ocupações exteriores; e, também, com frequência, os que, ocupados com as coisas humanas, podendo viver bem, pereceram sob a espada do seu repouso". Logo, a vida ativa não tem prioridade sobre a vida contemplativa.

EM SENTIDO CONTRÁRIO, Gregório escreveu: "A vida ativa tem uma prioridade de tempo sobre a vida contemplativa, pois é pelas boas obras que tendemos à contemplação".

RESPONDO. Uma coisa tem prioridade sobre outra de duas maneiras: Primeiro, por sua natureza. E, sob este aspecto, a vida contemplativa tem prioridade sobre a ativa, porque se aplica a um objeto superior e melhor. Por isso, move e dirige a vida ativa; pois a razão superior, cuja função é contemplar, está para a razão inferior, aplicada à ação, como o homem está para a mulher, que deve ser governada por ele, como se lê em Agostinho.

De outra maneira, relativamente a nós, isto é, a que se funda na ordem da geração. Neste aspecto, a vida ativa tem prioridade sobre a contemplativa, pois nos dispõe para ela. Ora, na ordem da geração, a disposição precede a forma, embora a forma lhe seja anterior, por uma prioridade absoluta e de natureza.

QUANTO AO 1º, portanto, deve-se dizer que a vida contemplativa não se ordena a qualquer amor de Deus, mas ao amor perfeito. Ao passo que a vida ativa é necessária a qualquer amor do próximo. Por isso, diz Gregório: "Sem a vida contemplativa podem entrar na pátria celeste os que não deixam de fazer o bem que podem; mas, sem a ativa, nela não podem entrar se descuidam de realizar as boas obras que estão ao seu alcance". Donde, também se conclui que a vida ativa tem precedência sobre a contemplativa, assim como

---

2. C. 37, al. 17, in vet. 26, n. 57: ML 75, 761 D.
3. L. I, n. 9: ML 76, 809 B.
4. Cc. 3, 7, 12: ML 42, 999, 1003, 1007-1008. Cfr. I, q. 79, a. 9.
5. A. praec.; q. 181, a. 1, ad 3.
6. L. I, n. 10: ML 76, 809 D.

omnium, praecedit in via generationis id quod est proprium perfectorum.

AD SECUNDUM dicendum quod a vita activa proceditur ad vitam contemplativam secundum ordinem generationis: a vita autem contemplativa reditur ad vitam activam per viam directionis, ut scilicet vita activa per contemplationem dirigatur. Sicut etiam per operationes acquiritur habitus, et per habitum acquisitum perfectius aliquis operatur, ut dicitur in II *Ethic*.[7].

AD TERTIUM dicendum quod illi qui sunt proni ad passiones propter eorum impetum ad agendum, sunt similiter magis apti ad vitam activam propter spiritus inquietudinem. Unde dicit Gregorius, in VI *Moral*.[8], quod *nonnulli ita inquieti sunt ut, si vacationem laboris habuerint, gravius laborent: quia tanto deteriores cordis tumultus tolerant, quanto eis licentius ad cogitationes vacat.* — Quidam vero habent naturaliter animi puritatem et quietem, per quam ad contemplationem sunt apti: qui si totaliter actionibus deputentur, detrimentum sustinebunt. Unde Gregorius dicit, in VI *Moral*.[9], quod *quorundam hominum ita otiosae mentes sunt ut, si eos labor occupationis excipiat, in ipsa operationis inchoatione succumbant.*

Sed, sicut ipse postea subdit, *saepe et pigras mentes amor ad opus excitat; et inquietas in contemplatione timor refrenat*. Unde et illi qui sunt magis apti ad activam vitam, possunt per exercitium activae ad contemplativam praeparari: et illi nihilominus qui sunt magis ad contemplativam apti, possunt exercitia vitae activae subire, ut per hoc ad contemplationem paratiores reddantur.

o que é comum a todos precede, na ordem de geração, ao que é próprio dos perfeitos.

QUANTO AO 2º, deve-se dizer que se passa da vida ativa para a contemplativa segundo a ordem de geração. Mas volta-se da vida contemplativa à vida ativa pela ordem da direção, ou seja, para que a vida ativa seja dirigida pela contemplativa. Assim como pelas ações se adquire um hábito, assim, uma vez adquirido o hábito, age-se com maior perfeição, observa o Filósofo.

QUANTO AO 3º, deve-se dizer que os que estão mais inclinados às paixões em consequência do seu ímpeto para agir, são igualmente mais aptos para a vida ativa por causa do seu espírito sempre irrequieto. Por isso, escreve Gregório: "Certas pessoas têm o espírito tão inquieto que, se lhes falta trabalho, isso se faz um trabalho mais pesado para eles, porque tanto mais dificilmente suportam a agitação do seu coração, quanto mais liberdade têm para entregar-se aos seus pensamentos". — Outros, ao contrário, têm o espírito naturalmente simples e tranquilo, que os tornam aptos à contemplação. Se eles tivessem que entregar-se totalmente à ação, sofreriam um grande dano. Por isso, Gregório disse: "Há homens de alma tão inclinada ao repouso, que, se fossem obrigados a trabalhar, já no começo sucumbiriam".

Acrescenta ele pouco depois: "Muitas vezes o amor incita espíritos preguiçosos ao trabalho, e o temor obriga à contemplação espíritos agitados. Por conseguinte, os que são mais aptos para a vida ativa, podem, exercendo a atividade, preparar-se à contemplativa. E, por outro lado, os mais inclinados à vida contemplativa podem suportar as obras da vida ativa, afim de preparar-se melhor para a contemplação".

---

7. C. 1: 1103, a, 14-18; b, 26-31; 1105, a, 17-21.
8. Loc. cit., n. 57: ML 75, 761 C.
9. Ibid.

QUAESTIO CLXXXIII
DE OFFICIIS ET STATIBUS HOMINUM IN GENERALI

in quatuor articulos divisa

Consequenter considerandum est de diversitate statuum et officiorum humanorum. Et primo considerandum est de officiis et stalibus hominum in generali; secundo, specialiter de statu perfectorum.

Circa primum quaeruntur quatuor.

Primo: quid faciat in hominibus statum.

Secundo: utrum in hominibus debeant esse diversi status, sive diversa oficia.

Tertio: de differentia officiorum.

Quarto: de differentia statuum.

Articulus 1
Utrum status in sui ratione importet conditionem libertatis vel servitutis

AD PRIMUM SIC PROCEDITUR. Videtur quod status in sui ratione non importet conditionem libertatis vel servitutis.

1. *Status* enim a *stando* dicitur. Sed stare dicitur aliquis ratione rectitudinis: unde dicitur Ez 2,1: *Fili hominis, sta super pedes tuos*; et Gregorius dicit, in VII *Moral*.[1]: *Ab omni statu rectitudinis dispereunt qui per noxia verba dilabuntur*. Sed rectitudinem spiritualem acquirit homo per hoc quod subiicit suam voluntatem Deo: unde super illud Ps 32,1, *Rectos decet collaudatio*, dicit Glossa[2]: *Recti sunt qui dirigunt cor suum secundum voluntatem Dei*. Ergo videtur quod sola obedientia divinorum mandatorum suffficiat ad rationem status.

QUESTÃO 183
OS OFÍCIOS E OS ESTADOS DOS HOMENS EM GERAL[a]

em quatro artigos

Em seguida, deve-se tratar da diversidade dos estados e dos ofícios dos homens. Primeiro, em geral. Depois, especialmente do estado dos perfeitos.

A respeito do primeiro, são quatro as questões:

1. O que é preciso para constituir um estado entre os homens?
2. Deve haver entre os homens diversidade de estado ou de ofícios?
3. Como se diferenciam os ofícios?
4. Como se diferenciam os estados?

Artigo 1
A razão de estado implica por si a condição de liberdade ou de servidão?

QUANTO AO PRIMEIRO ARTIGO, ASSIM SE PROCEDE: parece que a razão de estado **não** implica por si a condição de liberdade ou de servidão[b].

1. Com efeito, o estado evoca a ideia de estar de pé. E esta, por sua vez, implica a ideia de retidão. Por isso, lê-se em Ezequiel: "Filho do homem ergue-te sobre os teus pés". E em Gregório: "Decaem totalmente do seu estado de retidão, os que se deixam levar por palavras pecaminosas". Ora, o homem adquire a retidão espiritual submetendo a sua vontade a Deus. Por isso, sobre a palavra do Salmo "O louvor convém aos homens retos", a Glosa comenta: "São retos os que governam seu coração segundo a vontade de Deus". Logo,

---

1 PARALL.: *Quodlib.* III, q. 6, a. 3; *De Perf. Vitae Spir.*, c. 23, ad 2.

1. C. 37, in vet. 25, n. 59: ML 75, 800 C.
2. Ordin.: ML 113, 888 B; LOMBARDI: ML 191, 325 D.

a. No conjunto formado pelas questões de 171 a 189, abordamos a terceira e última parte. Depois dos carismas e dos gêneros de vida, Sto. Tomás trata dos cargos e ofícios na Igreja.
É um novo assunto, mas tem algo em comum com a questão dos carismas e dos gêneros de vida: diferentemente das virtudes e dos vícios, não concerne a todos. A perspectiva é categorial.
Precisaremos examinar o sentido exato de termos como estados, cargos, ofícios, situá-los em relação ao que chamamos de "ministérios", tema que está na ordem do dia. Mas, em lugar de tentar uma síntese *a priori*, sempre contendo algo de arbitrário, traremos as especificações necessárias à medida em que o próprio Sto. Tomás o fizer. Trata-se menos aqui do que em outros lugares de verdades abstratas e atemporais. O ângulo de ataque de cada artigo é revelador da eclesiologia e da mentalidade de uma época.

b. A palavra latina aqui traduzida por "estado de vida" é *status*. Esperávamos ver Sto. Tomás se orientar para um estudo dos ministérios, e eis que ele nos retém na Idade Média com suas categorias sociológicas de escravo e homem livre. Dada a inatualidade dessas considerações, seríamos tentados a passar de largo. Mas confiemos e aguardemos.

2. Praeterea, nomen *status* immobilitatem importare videtur: secundum illud 1Cor 15,58: *Stabiles estote et immobiles*. Unde Gregorius dicit, *super Ezech*.³: *Lapis quadrus est, et quasi ex omni latere statum habet, qui casum in aliqua permutatione non habet*. Sed virtus est quae facit *immobiliter operari*, ut dicitur in II *Ethic*.⁴. Ergo videtur quod ex omni operatione virtuosa aliquis statum nanciscatur.

3. Praeterea, nomen *status* videtur ad quandam altitudinem pertinere: nam ex hoc aliquis stat quod in altum erigitur. Sed per diversa officia aliquis fit altior altero. Similiter etiam per gradus vel ordines diversos diversimode homines in quadam altitudine constituuntur. Ergo sola diversitas graduum vel ordinum vel officiorum sufficit ad diversificandum statum.

Sed contra est quod in Decretis, Caus. II, qu. 6⁵, dicitur: *Si quando in causa capitali vel causa status interpellatum fuerit, non per exploratores, sed per seipsos est agendum*: ubi *causa status* appellatur pertinens ad libertatem vel ad servitutem. Ergo videtur quod non variet statum hominis nisi id quod pertinet ad libertatem vel servitutem.

Respondeo dicendum quod *status*, proprie loquendo, significat quandam positionis differentiam secundum quam aliquis disponitur secundum modum suae naturae, cum quadam immobilitate. Est enim naturale homini ut caput eius in superiora tendat, et pedes in terra firmentur, et cetera membra media convenienti ordine disponantur: quod quidem non accidit si homo iaceat vel sedeat vel accumbat, sed solum quando erectus stat. Nec rursus stare dicitur si moveatur: sed quando

parece que a obediência aos mandamentos divinos basta para distinguir os estados.

2. Além disso, a ideia de "estado" parece importar imobilidade, segundo o que diz o Apóstolo: "Sede estáveis e imóveis". Por isso, escreve Gregório "Quem não cai por qualquer mudança de posição é como uma pedra ajustada e estável em todas as suas faces". Ora, afirma o Filósofo, a virtude é que nos faz "agir de maneira imóvel". Logo, parece que por qualquer ato de virtude se alcança um estadoᶜ.

3. Ademais, o conceito de "estado" parece referir-se a uma determinada elevação, pois, quem está de pé, se eleva em altura. Ora, a diversidade dos ofícios faz com que uns sejam mais elevados que outros. Igualmente, pelos diversos graus ou ordens, os homens são constituídos em situações diversamente elevadas. Logo, a diferença de graus, ordens e ofícios basta para criar a diversidade de estadosᵈ.

Em sentido contrário, lemos nas *Decretais*ᵉ: "Quem for interpelado numa causa capital ou de questão de estado, não deve agir por procuradores mas por si mesmo". E por uma "questão de estado" o direito entende a relação à liberdade ou à servidão. Logo, parece que não varia o estado de um homem senão no que diz respeito à liberdade ou à servidão.

Respondo. "Estado", propriamente falando, significa uma posição particular conforme a natureza e com certa imobilidade. Ora, é natural ao homem ter a cabeça erguida para o alto, os pés apoiados no solo e os membros intermediários em sua ordem conveniente. O que não se verifica se o homem está deitado, sentado ou recostado, mas só quando está de pé. E tampouco se diz que ele está de pé, se caminha, mas se está em repouso. Por isso, de modo semelhante no campo

---

3. Homil. 21; al. l. II, hom. 9, n. 5: ML 76, 1044 D.
4. C. 3: 1105, a, 32 — b, 5.
5. Gratianus, *Decretum*, P. II, causa 2, q. 6, can. 40: ed. Richter-Friedberg, t. I, p. 481.

c. As duas primeiras objeções se situam no terreno ético e espiritual, a despeito da abertura inicial do artigo para categorias sociais. As objeções estão visivelmente à busca de uma noção de estado de vida que seja de ordem teológica. O estado de vida, no contexto eclesial, poderia ser reconhecido pela obediência do sujeito à vontade de Deus, e por sua prática da virtude. Nessa perspectiva, este artigo estaria mal situado, o estudo dos estados de vida deixando de ser categorial. Todo homem, com efeito, é chamado a escolher bem, obedecer a Deus e a praticar a virtude. Podemos esperar, portanto, que Sto. Tomás não se deixe convencer por essas objeções.

d. Diferentemente das anteriores, esta terceira objeção respeita o caráter categorial do estado de vida. Busca precisar a noção no sentido de uma teologia dos ministérios. O tipo de ministério na Igreja será determinante para o estado de vida de cada um.

e. O argumento em sentido contrário é de natureza estritamente jurídica, apoia-se numa citação de direito canônico. Sto. Tomás volta a seu ponto de partida, que ele preza visivelmente: a noção de estado de vida só é plenamente realizada quando a livre disposição que o sujeito tem de si mesmo é institucionalmente confirmada ou excluída.

quiescit. Et inde est quod etiam in ipsis humanis actionibus dicitur negotium aliquem statum habere secundum ordinem propriae dispositionis, cum quadam immobilitate seu quiete. Unde et circa homines, ea quae de facili circa eos variantur et extrinseca sunt, non constituunt statum, puta quod aliquis sit dives vel pauper, in dignitate constitutus vel plebeius, vel si quid aliud est huiusmodi: unde et in iure civili dicitur quod ei qui a senatu amovetur, magis dignitas quam status aufertur. Sed solum illud videtur ad statum hominis pertinere quod respicit obligationem personae hominis: prout scilicet aliquis est sui iuris vel alieni, et hoc non ex aliqua causa levi vel de facili mutabili, sed ex aliquo permanente. Et hoc est quod pertinet ad rationem libertatis vel servitutis. Unde status pertinet proprie ad libertatem vel servitutem, sive in spiritualibus sive in civilibus.

AD PRIMUM ergo dicendum quod rectitudo, inquantum huiusmodi, non pertinet ad rationem status: sed solum inquantum est connaturalis homini, simul addita quadam quiete. Unde in aliis animalibus non requiritur rectitudo ad hoc quod stare dicantur. Nec etiam homines stare dicuntur, quantumcumque sint recti, nisi quiescant.

AD SECUNDUM dicendutn quod immobilitas non sufficit ad rationem status. Nam etiam sedens et iacens quiescunt: qui tamen non dicuntur stare.

AD TERTIUM dicendum quod officium dicitur per comparationem ad actum; gradus autem dicitur secundum ordinem superioritatis et inferioritatis; sed ad statum requiritur immobilitas in eo quod pertinet ad conditionem personae.

das ações humanas se diz de qualquer negócio que está estabilizado, levando em conta a ordem da própria disposição e, ao mesmo tempo, quando possui uma certa imobilidade ou um certo repouso. Por conseguinte, o que entre os homens varia facilmente ou lhes é exterior não constitui um estado. Por exemplo, o fato de alguém ser rico ou pobre, constituído em dignidade ou de condição humilde, ou coisa semelhante. É por isso que o Direito civil determina que quem for excluído do senado é privado de uma dignidade, mas não de um estado. Parece, pois, que só faz parte do estado do homem o que se refere à obrigação da própria pessoa, enquanto é dona de si mesma ou depende de outra. Mais ainda, se requer que dependa não de uma causa leve ou facilmente mutável e, sim, de algo permanente. Ora, isto se refere à razão de liberdade ou de servidão. O estado, portanto, se refere propriamente a liberdade ou à servidão, tanto na ordem espiritual, quanto na ordem civil[f].

QUANTO AO 1º, portanto, deve-se dizer que a posição ereta não pertence, enquanto tal, à razão de estado, mas só enquanto é posição natural ao homem quando acompanhada de repouso. Por isso, nos outros animais não é necessário que estejam nessa posição ereta, para que se possa dizer que estão de pé. E não se diz, tampouco, dos homens que estão de pé, embora se achem em posição ereta, a não ser que estejam parados.

QUANTO AO 2º, deve-se dizer que a imobilidade por si só não basta para a razão de estado. O homem sentado ou deitado, embora em repouso, nem por isso se diz que está de pé.

QUANTO AO 3º, deve-se dizer que o ofício é assim chamado em relação ao ato; ao passo que o grau supõe a ordem de superioridade ou inferioridade. O estado, porém, requer a imobilidade no que se refere à condição da pessoa[g].

---

f. Sto. Tomás se recusa a tornar a noção teológica ou eclesial, como requeriam as duas primeiras objeções. O estado de vida é concebido por ele à luz da servidão de sua época. Entre os análogos do conceito, Sto. Tomás escolhe deliberadamente o mais radical.

Novamente, poderíamos ser tentados a passar direto, mas um inciso do texto nos retém: "O estado, portanto, se refere propriamente à liberdade ou à servidão, *seja na ordem espiritual*, seja na ordem civil". O raciocínio é analógico e Sto. Tomás não perdeu de vista que fala enquanto teólogo.

g. Três noções interessam nosso estudo. São aqui bem distinguidas. O grau é "hierárquico" (no exército, seria uma questão de divisas); o ofício se vincula a uma tarefa, isto é, a uma responsabilidade; o estado fixa uma pessoa, em princípio, definitivamente numa condição de autonomia radical ou de dependência igualmente radical.

Articulus 2
Utrum in Ecclesia debeat esse diversitas officiorum vel statuum

AD SECUNDUM SIC PROCEDITUR. Videtur quod in Ecclesia non debeat esse diversitas officiorum vel statuum.
1. Diversitas enim unitati repugnat. Sed fideles Christi ad unitatem vocantur: secundum illud Io 17,21-22: *Ut sint unum in nobis, sicut et nos unum sumus*. Ergo in Ecclesia non debet esse diversitas officiorum vel statuum.

2. PRAETEREA, natura non facit per multa quod potest per unum facere. Sed operatio gratiae est multo ordinatior quam operatio naturae. Ergo convenientius esset quod ea quae pertinent ad actus gratiae, per eosdem homines administrarentur, ita ut non esset in Ecclesia diversitas officiorum et statuum.

3. PRAETEREA, bonum Ecclesiae maxime videtur in pace consistere: secundum illud Ps 147,3: *Qui posuit fines tuos pacem*. Et 2Cor 13,11 dicitur: *Pacem habete: et Deus pacis erit vobiscum*. Sed diversitas est impeditiva pacis, quam similitudo causare videtur: secundum illud Eccli 13,19: *Omne animal diligit simile sibi*. Et Philosophus dicit, in VII *Polit*.[1], quod modica differentia facit in civitate dissidium. Ergo videtur quod non oporteat in Ecclesia esse diversitatem statuum et officiorum.

SED CONTRA est quod in Ps 44,10 in laudem Ecclesiae dicitur quod est *circumamicta varietate*: ubi dicit Glossa[2] quod *doctrina apostolorum, et confessione martyrum, et puritate virginum, et lamento poenitentium, ornatur Regina*, idest Ecclesia.

Artigo 2
Deve haver na Igreja diversidade de ofícios ou de estados?

QUANTO AO SEGUNDO, ASSIM SE PROCEDE: parece que na Igreja **não** deve haver diversidade de ofícios ou de estados[h].
1. Com efeito, a diversidade se opõe à unidade. Ora, os fiéis do Cristo são chamados à unidade, segundo o Evangelho de João: "Para que eles sejam um em nós como nós somos um". Logo, na Igreja não deve haver diversidade de ofícios ou de estados.

2. ALÉM DISSO, a natureza não emprega vários meios quando basta um só. Ora, a ação da graça é muito mais ordenada que a da natureza. Logo, seria mais conveniente que tudo o que se refere às operações da graça fosse administrado pelas mesmas pessoas, de modo que não houvesse na Igreja diversidade de ofícios ou de estados.

3. ADEMAIS, o bem da Igreja parece consistir sobretudo na paz, como se lê no Salmo: "O que estabeleceu a paz nas tuas fronteiras". E o que diz o Apóstolo: "Conservai a paz e o Deus da paz estará convosco". Ora, a diversidade é um obstáculo para a paz, que parece ser causada pela semelhança, pois afirma o livro do Eclesiástico "Todo animal ama o seu semelhante". E o Filósofo declara que uma pequena diferença basta para criar dissensão na cidade. Logo, parece que não é oportuno que haja diversidade de estados e de ofícios na Igreja[i].

EM SENTIDO CONTRÁRIO, está escrito em louvor da Igreja que ela "está vestida de variedade"; o que a Glosa comenta: "A rainha, isto é, a Igreja, está adornada com a doutrina dos apóstolos, a confissão dos mártires, a pureza das virgens e o pranto dos penitentes".

2
1. Cfr. l. V, c. 3: 1303, b, 14-17.
2. Ordin.: ML 113, 910 D; LOMBARDI: ML 191, 444 A.

h. Apesar das especificações que indicamos na nota precedente, Sto. Tomás parece novamente assimilar as duas noções de estado e de ofício ("diversidade de estados *ou* de ofícios"). Não é sua intenção. Do ponto de vista da questão precisa suscitada por este artigo (unidade ou uniformidade na Igreja), a distinção é supérflua. É com efeito pelos mesmos motivos que os defensores da uniformidade na Igreja militam contra a diversidade de ofícios e de estados de vida. E seria pelos mesmos motivos que Sto. Tomás, nos traços de São Paulo, argumentará a favor da diversidade de uns e de outros.

i. As três objeções se completam e tendem ao mesmo objetivo: reduzir a diversidade na Igreja, e promover a uniformidade. Mas elas divergem quanto ao ponto de vista. A primeira é mística: não comprometamos a unidade querida por Cristo, e que é à imagem da Trindade. A segunda é centralizadora: confia todos os teus problemas à administração central, é ela que possui mais elementos para resolvê-los. A terceira é de ordem pragmática: a diversidade é fonte de conflitos, compromete a paz interna da Igreja.

RESPONDEO dicendum quod diversitas statuum et officiorum in Ecclesia ad tria pertinet. Primo quidem, ad perfectionem ipsius Ecclesiae. Sicut enim in rerum naturalium ordine perfectio, quae in Deo simpliciter et uniformiter invenitur, in universitate creaturarum inveniri non potuit nisi difformiter et multipliciter; ita etiam plenitudo gratiae, quae in Chiristo sicut in capite adunatur, ad membra eius diversimode redundat, ad hoc quod corpus Ecclesiae sit perfectum. Et hoc est quod Apostolus dicit, Eph 4,11-12: *Ipse dedit quosdam quidem apostolos, quosdam autem prophetas, alios vero evangelistas, alios autem pastores et doctores, ad consumutationem sanctorum.*

Secundo autem pertinet ad necessitatem actionum quae sunt in Ecclesia necessariae. Oportet autem ad diversas actiones diversos homines deputari, ad hoc quod expeditius et sine confusione omnia peragantur. Et hoc est quod Apostolus dicit, Rm 12,4-5: *Sicut in uno corpore multa membra habemus, omnia autem membra non eundem actum habent: ita multi unum corpus sumus in Christo.*

Tertio hoc pertinet ad dignitatem et pulchritudinem Ecclesiae, quae in quodam ordine consistit. Unde dicitur 3Reg. 10,4-5, quod *videns Regina Saba omnem sapientiam Salomonis, et habitacula servorum et ordines ministrantium, non habebat ultra spiritum.* Unde et Apostolus dicit, 2Ti 2,20, quod *in magna domo non solum sunt vasa aurea et argentea, sed et lignea et fictilia.*

AD PRIMUM ergo dicendum quod diversitas statuum et officiorum non impedit Ecclesiae unitatem, quae perficitur per unitatem fidei et caritatis et mutuae subministrationis: secundum illud Apostoli, Eph 4,16: *Ex quo totum corpus est compactum,* scilicet per fidem, *et connexum,* scilicet per caritatem, *per omnem iuncturam subministrationis,* dum scilicet unus alii servit.

AD SECUNDUM dicendum quod sicut natura non facit per multa quod potest facere per unum, ita etiam non coarctat in unum id ad quod multa requiruntur: secundum illud Apostoli, 1Cor 12,17: *Si totum corpus oculus, ubi auditus?* Unde et in

RESPONDO. A diversidade dos estados e dos ofícios na Igreja se explica por três razões: Primeiro, para a perfeição da própria Igreja. Na ordem natural, a perfeição, que em Deus se encontra de maneira absoluta e uniforme, não pode realizar-se nas criaturas senão de formas diversas e múltiplas. Assim também a plenitude da graça, que está unificada em Cristo como na cabeça, se reparte diversamente em seus membros, para que o corpo da Igreja seja perfeito. E, por isso, disse o Apóstolo[j]: "Ele a uns constituiu apóstolos, a outros profetas, a outros evangelistas, a outros pastores e doutores, para levar os santos à perfeição".

Segundo, para a realização das atividades necessárias à Igreja. Pois, ações diversas hão de ser praticadas por pessoas diferentes, para que tudo se faça o melhor possível e sem confusão. E é o que escreveu o Apóstolo: "Assim como num só corpo temos muitos membros e nem todos os membros têm a mesma função, assim, embora sejamos muitos, somos um só corpo em Cristo".

Terceiro, porque essa diversidade é exigida pela dignidade e a beleza da Igreja, que consiste numa ordem. É o que significa esta palavra do livro dos Reis: "Vendo a rainha de Sabá toda a sabedoria de Salomão, os aposentos dos seus oficiais e as diversas classes dos que o serviam, ficou fora de si". E o Apóstolo diz: "Numa grande casa não há somente vasos de ouro e de prata; há também de madeira e de barro".

QUANTO AO 1º, portanto, deve-se dizer que a diversidade dos estados e dos ofícios não impede a unidade da Igreja, que se consuma pela unidade da fé, da caridade, do auxílio mútuo. O Apóstolo disse: "Por Ele todo corpo está coordenado, mediante a fé, e unido, pela caridade, por meio dos órgãos de serviços", isto é, pelo serviço mútuo.

QUANTO AO 2º, deve-se dizer que a natureza não faz por muitos meios o que pode fazer por um só; tampouco se limita a um, quando são necessários muitos. "Se o corpo todo fosse olho onde estaria o ouvido?", escreve o Apóstolo. Eis por quê, na

---

j. É ao Apóstolo Paulo que Sto. Tomás toma o seu elogio da diversidade na unidade. A doutrina remonta portanto ao Novo Testamento.
Nem o argumento místico, nem o argumento pragmático, nem, *a fortiori*, o argumento centralizador poderia prevalecer contra uma eclesiologia aberta a todas as riquezas multiformes da humanidade.
Na verdade, haveria mais unidade, mais paz mais eficácia se cada membro do corpo tivesse a possibilidade de exprimir-se segundo o seu ser profundo, seu estado e sua responsabilidade. É uma convicção importante para quem quer fundar uma teologia "católica" dos ministérios.

Ecclesia, *quae est corpus Christi*, oportuit membra diversificari secundum diversa officia, status et gradus.

AD TERTIUM dicendum quod sicut in corpore naturali membra diversa continentur in unitate per virtutem spiritus vivificantis, quo abscedente membra corporis separantur; ita etiam in corpore Ecclesiae conservatur pax diversorum membrorum virtute Spiritus Sancti, qui corpos Ecclesiae vivificat, ut habetur Io 6,64. Unde Apostolus dicit, Eph 4,3: *Solliciti servare unitatem Spiritus in vinculo pacis*. Discedit autem aliquis ab hac unitate Spiritus dum quaerit quae sibi sunt propria: sicut etiam in terrena civitate pax tollitur ex hoc quod cives singuli *quae sua sunt quaerunt*. Alioquin, per officiorum et statuum distinctionem tam mentis quam in civitate terrena magis pax conservatur: inquantum per haec plures sunt qui communicant actibus publicis. Unde et Apostolus dicit, 1Cor 12,24-25, quod *Deus sic temperavit ut non sit schisma in corpore, sed pro invicem sollicita sint membra*.

Igreja, "que é o corpo de Cristo", foi necessário diversificar os membros segundo os distintos ofícios, estados e graus.

QUANTO AO 3º, deve-se dizer que assim como no corpo físico os membros distintos são unificados pela ação do espírito, que é princípio de vida e cuja ausência provoca a separação dos membros do corpo, assim também, no corpo da Igreja conserva-se a paz entre os diversos membros por virtude do Espírito Santo que o vivifica, como diz o Evangelho de João. Por isso, diz o Apóstolo: "Sede solícitos em guardar a unidade do Espírito pelo vínculo da paz". Aquele que busca seu bem próprio, se exclui dessa unidade do Espírito; assim como a paz desapareceria da cidade terrena se cada cidadão só cuidasse dos seus interesses particulares. Ao contrário, a distinção dos ofícios e dos estados favorece tanto mais a paz da alma e da cidade, quanto ela obriga um maior número de pessoas a participarem das atividades públicas. Diz o Apóstolo: "Deus organizou de tal forma que não haja divisão no corpo, mas que os membros sejam solícitos uns pelos outros.

ARTICULUS 3
Utrum officia distinguantur per actus

AD TERTIUM SIC PROCEDITUR. Videtur quod officia non distinguantur per actus.

1. Sunt enim infinitae diversitates humanorum actuum, tam in spiritualibus quam in temporalibus. Sed infinitorum non potest esse certa distinctio. Ergo per diversitates actuum non potest esse humanorum offciorum certa distinctio.

2. PRAETEREA, vita activa et contemplativa secundum actus distinguuntur, ut dictum est[1]. Sed alia videtur esse distinctio officiorum a distinctione vitarum. Non ergo officia distinguuntur per actus.

3. PRAETEREA, ordines etiam ecclesiastici et status et gradus per actus distingui videntur. Si ergo officia distinguantur per actus, videtur sequi quod eadem sit distinctio officiorum, graduum et statuum. Hoc autem est falsum: quia diversimode in suas partes dividuntur. Non ergo videtur quod officia distinguantur per actus.

ARTIGO 3
Os ofícios se distinguem por seus atos?

QUANTO AO TERCEIRO, ASSIM SE PROCEDE: parece que os ofícios **não** se distinguem por seus atos.

1. Com efeito, a diversidade dos atos humanos é infinita, tanto na ordem espiritual como na temporal. Ora, o infinito não se presta a distinções precisas. Logo, a diversidade dos atos não pode fundar uma distinção precisa dos ofícios humanos.

2. ALÉM DISSO, a vida ativa se distingue da contemplativa pelos respectivos atos, como foi dito acima. Ora, parece que a distinção entre ofícios é diferente da que existe entre as vidas. Logo, os ofícios não se distinguem pelos atos.

3. ADEMAIS, parece que também as ordens eclesiásticas, os estados e os graus se distinguem por seus atos. Se, pois, os ofícios se distinguem pelos atos parece resultar que é idêntica a distinção dos ofícios, dos graus e dos estados. Ora, isto não é verdade porque eles se dividem de modo diverso em suas partes. Logo, não parece que os ofícios se distinguem por seus atos.

3

1. Q. 179, a. 1.

SED CONTRA est quod Isidorus dicit, in libro *Etymol.*[2] quod *officium ab efficiendo est dictum, quasi efficium, propter decorem sermonis una mutata littera.* Sed efficere pertinet ad actionem. Ergo officia per actus distinguuntur.

RESPONDEO dicendum quod, sicut dictum est[3], diversitas in membris Ecclesiae ad tria ordinatur: scilicet ad perfectionem, actionem et decorem. Et secundum haec tria triplex distinctio diversitatis fidelium accipi potest. Una quidem, per respectum ad perfectionem. Et secundum hoc accipitur differentia statuum, prout quidam sunt aliis perfectiores. — Alia vero distinctio accipitur per respectum ad actionem. Et haec est distinctio officiorum: dicuntur enim in diversis officiis esse qui sunt ad diversas actiones deputati. — Alia autem, per respectum ad ordinem pulchritudinis ecclesiasticae. Et secundum hoc accipitur differentia graduum: prout scilicet, etiam in eodem statu vel officio, unus est alio superior. Unde et in Ps 47,4 dicitur, secundum aliam litteram: *Deus in gradibus eius cognoscetur.*

AD PRIMUM ergo dicendum quod materialis diversitas humanorum actuum est infinita. Et secundum hanc non distinguuntur officia: sed secundum formalem diversitatem, quae accipitur secundum diversas species actuum; secundum quam actus hominis non sunt infiniti.

AD SECUNDUM dicendum quod vita dicitur absolute. Et ideo diversitas vitarum accipitur secundum diversos actus qui conveniunt homini secundum seipsum. Sed efficientia, a qua sumitur nomen *officii*, ut dictum est[4], importat actionem tendentem in aliud, ut dicitur in IX *Metaphys.*[5]. Et ideo officia distinguuntur proprie secundum actus qui referuntur ad alios: sicut dicitur doctor habere officium, vel iudex, et sic de aliis. Et

EM SENTIDO CONTRÁRIO, Isidoro escreveu: "A palavra ofício deriva de *efficiendo* (fazer, obrar), como se ofício viesse de *efficium*, com a mudança de uma só letra por eufonia". Mas, a eficiência pertence à ação. Logo, os ofícios se distinguem por seus atos.

RESPONDO. A diversidade dos membros da Igreja está ordenada à sua perfeição, a ação e ao decoro. Em função desses três elementos, pode-se reconhecer entre os fiéis uma tríplice diversidade[k]. A primeira é relativa à perfeição. É o que faz a diferença dos estados, por serem uns mais perfeitos do que outros. — A segunda se refere à ação, e é a diversidade que há nos ofícios, pois se diz que desempenham ofícios distintos os que são destinados a atividades diversas. — A terceira diz respeito à beleza da Igreja. E é a dos graus, segundo a qual, num mesmo estado ou no mesmo ofício, se encontram superiores e inferiores. Por isso, diz uma versão do Salmo: "Deus será conhecido nos seus graus".

QUANTO AO 1º, portanto, deve-se dizer que a diversidade material dos atos humanos é infinita, efetivamente. Mas, não é isso que distingue os ofícios, é a diversidade formal, fundada nas diversas espécies de atos. E, sob este aspecto, os atos humanos não são infinitos.

QUANTO AO 2º, deve-se dizer que a palavra "vida" é um termo absoluto. Por isso, a diversidade das vidas se funda nos diversos atos que convêm ao homem considerado em si mesmo. Mas a eficiência, donde deriva a palavra "ofício", como foi dito, implica uma ação que tende a um outro termo, segundo observa o Filósofo. Portanto, os ofícios se distinguem propriamente por atos relativos a outra pessoa. Neste sentido, se diz que o doutor

---

2. L. VI, c. 19, n. 1: ML 82, 252 A.
3. Art. 2.
4. Arg. *sed c*.
5. C. 8: 1050, a, 30 — b, 2.

k. Do seu ponto de vista, o artigo precedente podia argumentar tão bem a respeito dos estados quanto dos ofícios. Mas precisamos agora restabelecer o vínculo com as distinções feitas anteriormente (a. 1, r. 3) entre estados, graus e ofícios.
Sto. Tomás parece ser bastante sistemático em sua classificação, como se toda diversidade não fosse simultaneamente proveitosa para a perfeição da Igreja, para sua beleza e para sua eficácia. Mas reconheçamos que essa sistematização se associa a articulações fundamentais da realidade.
Uma coisa é ser elevado na hierarquia, outra assumir uma responsabilidade (não vemos prelados serem promovidos a bispos no momento mesmo em que ficam livres de toda responsabilidade?). Uma coisa é entrar na religião (estado de vida), outra receber uma tarefa ou um grau hierárquico. Mas é verdade (r. 3 deste artigo) que o mesmo indivíduo pode adquirir simultaneamente uma função e um grau e ver-se por isso mesmo comprometido num novo estado de vida. Esse devia ser sempre o caso do bispo.

ideo Isidorus dicit⁶ quod officium est *ut quisque illa agat quae nulli officiant*, id est noceant, *sed prosint omnibus*.

AD TERTIUM dicendum quod diversitas statuum, officiorum et graduum secundum diversa sumitur, ut dictum est⁷. Contingit tamen quod ista tria in eodem concurrant: puta, cum aliquis deputatur ad aliquem actum altiorem, simul ex hoc habet et officium et gradum; et ulterius quandoque perfectionis statum, propter actus sublimitatem, sicut patet de episcopo. Ordines autem ecclesiastici specialiter distinguuntur secundum officia divina: dicit enim Isidorus, in libro *Etymol*.⁸: *Officiorum plurima genera sunt: sed praecipuum illud est quod in sacris divinisque rebus habetur*.

tem o seu ofício, o juiz o seu e assim por diante. Por isso, Isidoro ensina que o ofício consiste em "fazer aquilo que não prejudica ninguém, isto é, não causa dano, mas é útil a todos".

QUANTO AO 3º, deve-se dizer que a distinção dos estados, dos ofícios e dos graus é considerada a partir de pontos de vista diferentes. Contudo, pode acontecer o caso em que essa tríplice distinção se realize no mesmo indivíduo. Por exemplo, quando alguém é chamado a uma atividade mais eminente, adquire, assim, ao mesmo tempo, um ofício e um grau. E pode, além disso, alcançar um estado de perfeição, se essa atividade é mais excelente, como sucede com o bispo. Quanto às ordens eclesiásticas, elas se distinguem especialmente em função dos ofícios divinos. Por isso, diz Isidoro: "Há muitos gêneros de ofícios, mas o principal é o que tem por objeto as coisas sagradas e divinas".

ARTICULUS 4
Utrum differentia statuum attendatur secundum incipientes, proficientes et perfectos

AD QUARTUM SIC PROCEDITUR. Videtur quod differentia statuum non attendatur secundum incipientes, proficientes et perfectos.

1. *Diversorum* enim *diversae sunt species et differentiae*. Sed secundum hanc differentiam inchoationis, profectus et perfectionis, dividuntur gradus caritatis: ut supra¹ habitum est, cum de caritate ageretur. Ergo videtur quod secundum hoc non sit accipienda differentia statuum.

2. PRAETEREA, status, sicut dictum est² respicit conditionem servitutis vel libertatis. Ad quam non videtur pertinere praedicta differentia incipientium, proficientium et perfectorum. Ergo inconvenienter status per ista dividitur.

3. PRAETEREA, incipientes, proficientes et perfecti distingui videntur secundum magis et minus: quod videtur magis pertinere ad rationem gradus. Sed alia est divisio graduum et statuum, ut supra³

ARTIGO 4
A distinção entre principiantes, avançados e perfeitos faz uma diferença de estados?

QUANTO AO QUARTO, ASSIM SE PROCEDE: parece que a distinção entre principiantes, avançados e perfeitos **não** faz uma diferença de estados.

1. Com efeito, "quando se trata de realidades distintas, são distintas também suas espécies e diferenças". Ora, o começo, o progresso e a perfeição representam os diferentes graus de caridade, como foi dito acima, ao tratar da caridade. Logo, parece que não se deve fazer diferença dos estados segundo esse critério.

2. ALÉM DISSO, o estado, como se disse, refere-se à condição de servidão ou de liberdade. Ora, parece que isto não tem relação alguma com a diferença que há entre principiantes, avançados e perfeitos. Logo, esse critério é insuficiente para diferenciar os estados.

3. ADEMAIS, entre principiantes, avançados e perfeitos parece haver apenas uma distinção de mais ou menos, isto é, de grau. Ora, como já foi dito, não é a mesma a distinção de graus e a de

---

6. Loc. cit.
7. In corp.
8. Loc. cit.

PARALL.: *In Ioan.*, c. 8, lect. 4; *ad Galat.*, c. 5, lect. 3.

1. Q. 24, a. 9.
2. Art. 1.
3. Art. 3.

dictum est. Non ergo convenienter dividitur status secundum incipientes, proficientes et perfectos.

SED CONTRA est quod Gregorius dicit, in *Moral.*[4]: *Tres sunt modi conversorum: inchoatio, medietas atque perfectio.* Et *super Ezech.*[5] dicit quod *alia sunt virtutis exordia, aliud profectus, aliud perfectio.*

RESPONDEO dicendum quod, sicut supra[6] dictum est, status libertatem respicit vel servitutem. Invenitur autem in rebus spiritualibus duplex servitus et duplex libertas. Una quidem est servitus peccati, altera vero est servitus iustitiae; similiter etiam est duplex libertas, una quidem a peccato, alia vero a iustitia; ut patet per Apostolum, qui dicit, Rm 6,20-22: *Cum servi essetis peccati, liberi fuistis iustitiae: nunc autem, liberati a peccato, servi estis facti Deo.* Est autem servitus peccati vel iustitiae, cum aliquis vel ex habitu peccati ad malum inclinatur, vel ex habitu iustitiae ad bonum. Similiter etiam libertas a peccato est cum aliquis ab inclinatione peccati non superatur: libertas autem a iustitia est cum aliquis propter amorem iustitiae non retardatur a malo. Veruntamen, quia homo secundum naturalem rationem ad iustitiam inclinatur, peccatum autem est contra naturalem rationem, consequens est quod libertas a peccato sit vera libertas, quae coniungitur servituti iustitiae: quia per utrumque tendit homo in id quod est conveniens sibi. Et similiter vera servitus est servitus peccati, cui coniungitur libertas a iustitia: quia scilicet per hoc homo impeditur ab eo quod est proprium sibi. Hoc autem quod homo efficiatur servus iustitiae vel peccati, contingit per humanum studium: sicut Apostolus ibidem [v. 16] dicit: *Cui exhibetis vos servos ad obediendum, servi eius estis cui obedistis: sive peccati, ad mortem; sive obeditionis, ad iustitiam.* In omni autem humano studio est accipere principium, medium et terminum. Et ideo consequens est quod status spiritualis servitutis et libertatis secundum tria distinguatur: scilicet secundum principium, ad quod pertinet status incipientium; et medium, ad

estados. Logo, não é conveniente dividir-se os estados pela diferença de graus.

EM SENTIDO CONTRÁRIO, Gregório disse: "Três são os tipos de convertidos, os do começo, do meio e do fim". E, comentando a Escritura, escreve: "Uma coisa é o princípio da virtude, outra o progresso e outra a perfeição".

RESPONDO. O estado diz respeito à liberdade ou à servidão[1]. Ora, na ordem espiritual há uma dupla liberdade e uma dupla servidão. Uma é a servidão do pecado e outra a da justiça. Do mesmo modo, dupla liberdade, a do pecado e a da justiça, conforme diz o Apóstolo: "Quando éreis escravos do pecado, estáveis livres em relação à justiça. Mas, agora, libertos do pecado, fostes feitos servos de Deus". Há servidão do pecado ou da justiça sempre que uma pessoa se acha inclinada pelo hábito do pecado ao mal, ou ao bem pelo hábito da justiça. Da mesma maneira, há liberdade em relação ao pecado quando não se é dominado pela inclinação a ele, e liberdade em relação à justiça, quando não se foge do mal por amor a ela. Contudo, o homem por natureza está inclinado à justiça, enquanto que o pecado vai contra essa inclinação natural; consequentemente, estar livre em relação ao pecado é a verdadeira liberdade, que vai unida à servidão da justiça. Pois, por uma e por outra o homem tende ao bem conforme à sua natureza. Do mesmo modo, a verdadeira servidão é a servidão do pecado, que vai unida à liberdade em relação à justiça, já que ambas impedem o homem de alcançar o bem que lhe é próprio. Ora, o homem tornar-se servo da justiça ou do pecado depende da sua maneira de agir, como escreve o Apóstolo, no mesmo texto: "Oferecendo-vos a alguém como escravos para obedecer, vos tornais escravos daquele a quem obedeceis, seja do pecado, para a morte, seja da obediência, para a justiça". Mas em toda atividade humana deve-se distinguir o princípio, o meio e o fim. Por conseguinte, o estado espiritual de servidão ou de liberdade se distingue também segundo

---

4. L. XXIV, c. 11, al. 7, in vet. 13, n. 28: ML 76, 302 A.
5. Hom. 15; al. l. II, hom. 3, n. 4: ML 76, 960 A.
6. Art. 1.

1. O que importa aqui a Sto. Tomás e que ele havia preparado desde o primeiro artigo da questão, ao falar da liberdade e da servidão, é passar a doutrina de São Paulo sobre a verdadeira liberdade, a liberdade do cristão. Cada vez que nos liberamos da servidão do pecado, para entrar mais adiante na servidão da justiça, construímos um novo estado de vida. Mas a obra só é realizada quando somos atingidos no mais profundo de nosso ser e de uma maneira particularmente estável e definitiva. Em caso contrário, as metáforas de escravo e de homem livre perderiam seu significado.

O estudo do estado de perfeição que iremos abordar agora nos ajudará a tirar as conclusões desse primeiro apanhado do que é um estado de vida para Sto. Tomás.

quod pertinet status proficientium; et terminum, ad quem pertinet status perfectorum.

AD PRIMUM ergo dicendum quod libertas a peccato fit per caritatem, quae *diffunditur in cordibus nostris per Spiritum Sanctum,* ut dicitur Rm 5,5: et inde est quod dicitur 2Cor 3,17: *Ubi Spiritus Domini, ibi libertas.* Et ideo eadem est divisio caritatis, et statuum pertinentium ad spiritualem libertatem.

AD SECUNDUM dicendum quod incipientes, proficientes et perfecti, secundum quod per hoc status diversi distinguuntur, dicuntur homines non secundum quodcumque studium: sed secundum studium eorum quae pertinent ad spiritualem libertatem vel servitutem, ut dictum est.

AD TERTIUM dicendum quod, sicut prius[7] dictum est, nihil prohibet in idem concurrere gradum et statum. Nam et in rebus mundanis illi qui sunt liberi non solum sunt alterius status quam servi, sed etiam sunt altioris gradus.

7. A. 3, ad 3.

três graus: segundo o princípio, do qual pertence o estado dos principiantes; segundo o meio, ao qual pertence o estado dos adiantados; e segundo o fim, ao qual pertence o estado dos perfeitos.

QUANTO AO 1º, portanto, deve-se dizer que a libertação do pecado se realiza pela caridade, que é "derramada em nossos corações, pelo Espírito Santo que nos foi dado", como diz o Apóstolo. Por isso, ele mesmo acrescenta em outro lugar: "Onde está o Espírito do Senhor, aí está a liberdade". Eis por quê, a divisão dos estados relativos à liberdade espiritual é a mesma que a da caridade.

QUANTO AO 2º, deve-se dizer que os principiantes, adiantados e perfeitos, em relação aos quais se diferenciam os estados, não recebem esse nome em razão de uma ocupação qualquer. Trata-se, porém, da busca das coisas que interessam à liberdade e à servidão espirituais, como foi dito acima.

QUANTO AO 3º, deve-se dizer que nada impede que no mesmo indivíduo coexistam grau e estado. Pois, também nas coisas deste mundo, aqueles que são livres se distinguem dos escravos não só pelo estado mas ainda pelo grau.

QUAESTIO CLXXXIV
DE STATU PERFECTIONIS IN COMMUNI
in octo articulos divisa

Deinde considerandum est de his quae pertinent ad statum perfectionis, ad quem alii status ordinantur. Nam consideratio officiorum, quantum quidem ad alios actus, pertinet ad legispositores; quantum autem ad sacra ministeria, pertinet ad considerationem ordinum, de quibus in Tertia Parte agetur.

Circa statum autem perfectorum triplex consideratio occurrit: primo quidem, de statu perfectionis in communi; secundo, de his quae pertinent

QUESTÃO 184
O ESTADO DE PERFEIÇÃO EM GERAL
em oito artigos

Em seguida, deve-se tratar do estado de perfeição, ao qual se ordenam os outros estados. Pois o estudo dos ofícios, no que diz respeito aos demais atos, é da alçada dos juristas[a]; e, no que se refere aos sagrados ministérios, pertence ao tratado da Ordem, que se fará na III Parte.

Acerca dos estados de perfeição, ocorre uma tríplice consideração: primeira, do estado de perfeição em geral; a segunda, dos elementos que

a. Se Sto. Tomás examinasse agora, de modo detalhado, todos os ofícios e graus da Igreja, e além disso os diversos estados de vida (iniciantes, em progresso e perfeitos), estaríamos longe de terminar a segunda Parte da Suma teológica. Opera-se aqui uma redução.
Algumas matérias teológicas são tratadas em outros lugares (os ministérios ordenados). Outros temas são da esfera do direito, mais do que da teologia. Os ofícios se veem assim postos de lado. Quanto aos estados de vida, eles se ligam ao dos perfeitos. Só temos de nos ocupar agora, por conseguinte, do estado de perfeição, o qual irá por sua vez se subdividir: os bispos e os religiosos.

ad perfectionem episcoporum; tertio, de his quae pertinent ad perfectionem religiosorum.

Circa primum quaeruntur octo.
Primo: utrum perfectio attendatur secundum caritatem.
Secundo: utrum aliquis possit esse perfectus in hac vita.
Tertio: utrum perfectio huius vitae consistat principaliter in consiliis, vel in praeceptis.
Quarto: utrum quicumque est perfectus, sit in statu perfectionis.
Quinto: utrum praelati et religiosi specialiter sint in statu perfectionis.
Sexto: utrum omnes praelati sint in statu perfectionis.
Septimo: quis status sit perfectior, utrum religiosorum vel episcoporum.
Octavo: de comparatione religiosorum ad plebanos et archidiaconos.

Articulus 1
Utrum perfectio Christianae vitae attendatur specialiter secundum caritatem

AD PRIMUM SIC PROCEDITUR. Videtur quod perfectio Christianae vitae non attendatur specialiter secundum caritatem.

1. Dicit enim Apostolus, 1Cor 14,20: *Malitia autem parvuli estote, sensibus autem perfecti*. Sed caritas non pertinet ad sensum, sed magis ad affectum. Ergo videtur quod perfectio Christianae vitae non consistat principaliter in caritate.

2. PRAETEREA, Eph 6,13 dicitur: *Accipite armaturam Dei, ut possitis resistere in die malo et in omnibus perfecti stare*. De armatura autem Dei subiungit [vv. 14,16] dicens: *State succincti lumbos vestros in veritate, et indulte loricam iustitiae, in omnibus sumentes scutum fidei*. Ergo perfectio Christianae vitae non solum attenditur secundum caritatem, sed etiam secundum alias virtutes.

3. PRAETEREA, virtutes specificantur per actus: sicut et alii habitus. Sed Iac 1,4 dicitur quod *patientia opus perfectum habet*. Ergo videtur quod status perfectionis attendatur magis secundum patientiam.

constituem o estado de perfeição dos bispos; a terceira, dos que constituem o estado de perfeição dos religiosos.
A respeito do primero, são oito as perguntas:
1. A perfeição se define especialmente pela caridade?
2. Pode-se alcançar a perfeição nesta vida?
3. A perfeição desta vida consiste principalmente na observância dos conselhos ou dos preceitos?
4. Todo aquele que é perfeito vive no estado de perfeição?
5. Os prelados e os religiosos estão de maneira especial no estado de perfeição?
6. Todos os prelados estão no estado de perfeição?
7. Qual dos estados é o mais perfeito, o religioso ou o episcopal?
8. Sobre a comparação dos religiosos com os párocos e arcediagos.

Artigo 1
A perfeição da vida cristã se define principalmente pela caridade?

QUANTO AO PRIMEIRO ARTIGO, ASSIM SE PROCEDE: parece que a perfeição da vida cristã **não** se define principalmente pela caridade.

1. Com efeito, o Apóstolo diz: "Quanto à malícia, sede crianças; mas, quanto ao modo de julgar; sede perfeitos". Ora, a caridade não concerne ao juízo, mas antes ao afeto. Logo, parece que a perfeição da vida cristã não consiste principalmente na caridade.

2. ALÉM DISSO, diz também: "Tomai a armadura de Deus para que possais resistir no dia mau e serdes em tudo perfeitos". E, a propósito dessa armadura de Deus, acrescenta: "Estai firmes, tendo cingido os vossos rins com a verdade, e vestidos com a couraça da justiça; sobretudo, tomai o escudo da fé". Logo, a perfeição da vida cristã não consiste unicamente na caridade, mas também nas outras virtudes.

3. ADEMAIS, como todos os hábitos, as virtudes se especificam pelos atos. Ora, está escrito que "a paciência faz obras perfeitas". Logo, parece que o estado de perfeição consiste sobretudo na paciência.

---

1 PARALL.: Infra, a. 3; *Quodlib.* I, q. 7, a. 2, ad 2; III, q. 6, a. 3; *Cont. retrahent. ab ingress. Relig.*, c. 6; *De Perf. Vitae Spir.*, c. 1; *in Matth.*, c. 19; *ad Philipp.*, c. 3, lect. 2; *ad Coloss.*, c. 3, lect. 3.

SED CONTRA est quod dicitur Cl 3,14: *Super omnia, caritatem habete, quae est vinculum perfectionis*: quia scilicet omnes alias virtutes quodammodo ligat in unitatem perfectam.

RESPONDEO dicendum quod unumquodque dicitur esse perfectum inquantum attingit proprium finem, qui est ultima rei perfectio. Caritas autem est quae unit nos Deo, qui est ultimus finis humanae mentis: quia qui *manet in caritate, in Deo manet, et Deus in eo*, ut dicitur 1Io 4,16. Et ideo secundum caritatem specialiter attenditur perfectio vitae Christianae.

AD PRIMUM ergo dicendum quod perfectio humanorum sensuum praecipue in hoc videtur consistere ut in unitatem veritatis conveniant: secundum illud 1Cor 1,10: *Sitis perfecti in eodem sensu et in eadem scientia*. Hoc autem fit per caritatem, quae consensum in hominibus operatur. Et ideo etiam perfectio sensuum radicaliter in perfectione caritatis radicatur.

AD SECUNDUM dicendum quod dupliciter potest dici aliquis perfectus. Uno modo, simpliciter: quae quidem perfectio attenditur secundum id quod pertinet ad ipsam rei naturam; puta si dicatur animal perfectum quando nihil ei deficit ex dispositione membrorum, et aliis huiusmodi quae requiruntur ad vitam animalis. Alio modo dicitur aliquid perfectum secundum quid: quae quidem perfectio attenditur secundum aliquid exterius adiacens, puta in albedine vel nigredine, vel aliquo huiusmodi. Vita autem Christiana specialiter in caritate consistit, per quam anima Deo coniungitur: unde dicitur 1Io 3,14: *Qui non diligit, manet in morte*. Et ideo secundum caritatem simpliciter attenditur perfectio Christianae vitae, sed secundum alias virtutes secundum quid. Et quia id quod est simpliciter est principium et maximum respectu aliorum, inde est quod perfectio caritatis est principium respectu perfectionis quae attenditur secundum alias virtutes.

AD TERTIUM dicendum quod patientia dicitur habere opus perfectum in ordine ad caritatem: inquantum scilicet ex abundantia caritatis provenit quod aliquis patienter toleret adversa, secundum illud Rm 8,35: *Quis nos separabit a caritate Dei? Tribulatio? an angustia?* etc.

EM SENTIDO CONTRÁRIO, se diz: "Sobretudo tende caridade que é o vínculo da perfeição". E isto quer dizer que ela liga, de certo modo, todas as outras virtudes numa unidade perfeita.

RESPONDO. Cada um é considerado perfeito quando atinge seu fim próprio, que é a sua última perfeição. Ora, pela caridade nós nos unimos a Deus, fim último da alma humana, pois "aquele que permanece na caridade, permanece em Deus e Deus nele", como se diz na primeira Carta de João. Logo, é especialmente pela caridade que se define a perfeição da vida cristã[b].

QUANTO AO 1º, portanto, deve-se dizer que a perfeição dos juízos humanos parece residir principalmente em sua unificação na verdade, como declara Paulo: "Sede perfeitos no mesmo sentir e no mesmo pensar". Ora, isto se realiza pela caridade, que faz com que os homens tenham os mesmos sentimentos. Logo, até a perfeição dos juízos se radica na perfeição da caridade.

QUANTO AO 2º, deve-se dizer que algo pode ser considerado perfeito de dois modos: Primeiro, em sentido absoluto. E, neste caso, a perfeição se refere aos elementos próprios da natureza dessa coisa. É assim que um animal é considerado perfeito porque nada lhe falta na disposição dos seus membros e em outros elementos que a vida animal requer. Segundo, em sentido relativo. E, neste caso, a perfeição se refere a algum atributo exterior. Por exemplo, na brancura, negrura, ou algo semelhante. Ora, a vida cristã consiste especialmente na caridade, pela qual se une a alma a Deus, daí a palavra de João: "Quem não ama permanece na morte". Por isso, a perfeição da vida cristã, entendida no sentido absoluto, se define pela caridade e, no sentido relativo, pelas outras virtudes. Ora, como o que existe de modo absoluto tem valor de princípio em relação a tudo o mais, a perfeição da caridade é o princípio dessa perfeição que se define pelas outras virtudes.

QUANTO AO 3º, deve-se dizer que se a paciência faz obra perfeita, é por causa da sua ligação com a caridade. É da abundância da caridade que provém a paciência com que se suportam as adversidades, segundo a palavra de Paulo: "Quem nos separará do amor de Deus? A tribulação?, a angústia?"... etc.

---

b. A doutrina deste artigo prescinde de comentário, de tal modo é clássica e tradicional no cristianismo. No entanto, a sua riqueza é inesgotável, pois todo teologia da santidade dela deriva.

Articulus 2
Utrum aliquis in hac vita possit esse perfectus

AD SECUNDUM SIC PROCEDILUR. Videtur quod nullus in hac vita possit esse perfectus.

1. Dicit enim Apostolus, 1Cor 13,10: *Cum venerit quod perfectum est, evacuabitur quod ex parte est.* Sed in hac vita non evacuatur quod ex parte est: manet enim in hac vita fides et spes, quae sunt ex parte. Ergo nullus in hac vita est perfectus.

2. PRAETEREA, *perfectum est cui nihil deest,* ut dicitur in III *Physic.*[1]. Sed nullus est in hac vita cui non desit aliquid: dicitur enim Iac 3,2: *In multis offendimus omnes*: et in Ps. 138,16 dicitur: *Imperfectum meum viderunt oculi tui.* Ergo nullus est in hac vita perfectus.

3. PRAETEREA, perfectio vitae Christianae, sicut dictum est[2], attenditur secundum caritatem: quae sub se comprehendit dilectionem Dei et proximi. Sed quantum ad dilectionem Dei, non potest aliquis perfectam caritatem in hac vita habere: quia, ut Gregorius dicit, *super Ezech.*[3], *amoris ignis, qui hic ardere inchoat, cum ipsum quem amat viderit, in amorem ipsius amplius ignescit.* Neque etiam quantum ad dilectionem proximi: quia non possumus in hac vita omnes proximos actualiter diligere, etsi habitualiter eos diligamus; dilectio autem habitualis imperfecta est. Ergo videtur quod nullus in hac vita possit esse perfectus.

SED CONTRA est quia lex divina non inducit ad impossibile. Inducit autem ad perfectionem: secundum illud Mt 5,48: *Estote perfecti, sicut et Pater vester caelestis perfectus est.* Ergo videtur quod aliquis in hac vita possit esse perfectus.

RESPONDEO dicendum quod, sicut dictum est[4], perfectio Christianae vitae in caritate consistit. Importat autem perfectio quandam universalitatem: quia, ut dicitur in III *Physic.*[5], *perfectum est cui nihil deest.* Potest ergo triplex perfectio considerari. Una quidem absoluta: quae attenditur non solum secundum totalitatem ex parte diligentis, sed etiam ex parte diligibilis, prout scilicet Deus tantum diligitur quantum diligibilis est. Et talis

Artigo 2
Alguém pode ser perfeito nesta vida?

QUANTO AO SEGUNDO, ASSIM SE PROCEDE: parece que **ninguém** pode ser perfeito nesta vida.

1. Com efeito, o Apóstolo escreveu: "Quando vier o que é perfeito, desaparecerá o que é imperfeito". Ora, nesta vida, o que é imperfeito não será abolido, pois a fé e a esperança, que são imperfeitas, permanecem sempre. Logo, ninguém é perfeito nesta vida.

2. ALÉM DISSO, "perfeito é aquele a quem nada falta", disse o Filósofo. Ora, não há ninguém nesta vida a quem não falte alguma coisa, como se lê em Tiago: "Todos caímos em muitas faltas". E num Salmo: "Teus olhos viram minha imperfeição". Logo, ninguém é perfeito nesta vida.

3. ADEMAIS, a perfeição da vida cristã, como foi dito, se define pela caridade, que compreende o amor de Deus e do próximo. Ora, quanto ao amor de Deus, ninguém pode possuir nesta vida uma caridade perfeita, pois, como diz Gregório: "O fogo do amor que começa a arder nesta vida, quando vir aquele a quem se ama, se inflamará ainda mais". Nem, tampouco, no que se refere ao amor do próximo, já que nesta vida somos incapazes de amar a todos os próximos de maneira atual, embora os amemos de maneira habitual. Mas o amor habitual é imperfeito. Logo, parece que ninguém pode ser perfeito nesta vida.

EM SENTIDO CONTRÁRIO, a Lei divina não nos convida ao impossível. Convida-nos, contudo, à perfeição, por estas palavras: "Sede perfeitos como vosso Pai do céu é perfeito". Logo, parece que é possível alcançar a perfeição nesta vida.

RESPONDO. A perfeição da vida cristã consiste na caridade. Ora, a ideia de perfeição implica uma certa universalidade, porquanto, como diz o Filósofo: "Perfeito é aquele a quem nada falta". Por conseguinte, pode-se distinguir uma tríplice perfeição: Primeiramente, uma perfeição absoluta, na qual a caridade é total, não só da parte de quem ama, mas também da parte do objeto amado. Neste caso, Deus é amado na medida em

---

2 PARALL.: Supra, q. 24, a. 8; q. 44, a. 4, ad 2, 3; III *Sent.*, dist. 27, q. 3, a. 4; *De Virtut.*, q. 2, a. 10, 11; *De Perf. Vitae Spir.*, c. 3 sqq.; *ad Ephes.*, c. 6, lect. 4; *ad Philipp.*, c. 3, lect. 2, 3.

1. C. 6: 207, a, 8-10.
2. Art. praec.
3. Homil. 14; al. l. II, hom. 2, n. 9: ML 76, 954 A.
4. Art. praec.
5. Loc. cit. 2 a.

perfectio non est possibilis alicui creaturae, sed competit soli Deo, in quo bonum integraliter et essentialiter invenitur.

Alia autem est perfectio quae attenditur secundum totalitatem absolutam ex parte diligentis: prout scilicet affectus secundum totum suum posse semper actualiter tendit in Deum. Et talis perfectio non est possibilis in via, sed erit in patria.

Tertia autem perfectio est quae neque attenditur secundum totalitatem ex parte diligibilis, neque secundum totalitatem ex parte diligentis quantum ad hoc quod semper actu feratur in Deum: sed quantum ad hoc quod excludantur ea quae repugnant motui dilectionis in Deum; sicut Augustinus dicit, in libro *Octoginta trium Quaest*.[6], quod *venenum caritatis est cupiditas, perfectio nulla cupiditas*. Et talis perfectio potest in hac vita haberi. Et hoc dupliciter. Uno modo, inquantum ab affectu hominis excluditur omne illud quod caritati contrariatur, sicut est peccatum mortale. Et sine tala perfectione caritas esse non potest. Unde est de necessitate salutis. — Alio modo, inquantum ab affectu hominis excluditur non solum illud quod est caritati contrarium, sed etiam omne illud quod impedit ne affectus mentis totaliter dirigatur ad Deum. Sine qua perfectione caritas esse potest: puta in incipientibus et proficientibus.

AD PRIMUM ergo dicendum quod Apostolus ibi loquitur de perfectione patriae, quae non est in via possibilis.

AD SECUNDUM dicendum quod illi qui sunt in hac vita perfecti, in multas dicuntur offendere secundum peccata venialia, quae consequuntur ex infirmitate praesentis vitae. Et quantum ad hoc etiam habent aliquid imperfectum, per comparationem ad perfectionem patriae.

AD TERTIUM dicendum quod sicut modus praesentis vitae non patitur ut homo semper actu feratur in Deum, ita etiam non patitur quod actu feratur in omnes proximos singillatim: sed sufficit quod feratur communiter in omnes in universali, et in singulos habitualiter et secundum animi praeparationem.

Potest autem etiam circa dilectionem proximi duplex perfectio attendi, sicut et circa dilectionem Dei. Una quidem, sine qua caritas esse non potest: ut scilicet homo nihil habeat in affectu quod sit contrarium dilectioni proximi.

que é digno de amor. E tal perfeição não está ao alcance de nenhuma criatura, mas é privilégio exclusivo de Deus, em quem se acha, integral e essencialmente, o bem.

Há outra perfeição, que responde a toda a capacidade de quem ama, isto é, enquanto seu amor se dirige a Deus com todas as suas forças e de modo sempre atual. Esta perfeição, reservada ao céu, não é possível nesta vida.

Há uma terceira perfeição, que não é total, nem por parte do ser amado nem daquele que ama, pela qual este buscaria a Deus sempre e atualmente, embora o seja no sentido de excluir tudo o que é contrário ao amor de Deus. A ela faz alusão Agostinho, quando escreve: "O veneno da caridade é o desejo desordenado; sua perfeição, a ausência de toda cobiça". Tal perfeição é possível na vida presente, e de duas maneiras: Primeiro, quando a vontade do homem rechaça tudo o que contraria a caridade, como é o pecado mortal. Sem essa perfeição, não pode existir caridade. Portanto, ela é necessária para a salvação. — Segundo, excluindo da nossa vontade não só o que é contrário à caridade, mas também tudo o que impede o afeto da alma de se dirigir totalmente para Deus. E a caridade pode existir sem essa perfeição, por exemplo, nos principiantes e adiantados.

QUANTO AO 1º, portanto, deve-se dizer que o Apóstolo, no lugar citado, refere-se à perfeição da pátria celeste, o que não é possível nesta vida.

QUANTO AO 2º, deve-se dizer que caem em muitas faltas os que nesta vida são perfeitos, em referência aos pecados veniais, consequência da nossa fraqueza na vida presente. E, neste sentido, são de certo modo imperfeitos, em comparação com a perfeição do céu.

QUANTO AO 3º, deve-se dizer que como o modo da vida presente não permite que o homem se refira, sempre e atualmente, a Deus, assim tampouco permite que se refira atualmente a todos os próximos, individualmente. Basta, porém, que se refira de maneira comum a todos juntos e a cada um de maneira habitual e segundo a preparação do espírito.

De resto, o amor do próximo comporta uma dupla perfeição, como o amor de Deus. Uma delas, é a que não pode existir sem a caridade, e consiste em não ter nada no coração que seja contrário ao amor do próximo.

---

6. Q. 36, n. 1: ML 40, 25.

Alia autem, sine qua caritas inveniri potest: quae quidem attenditur tripliciter. Primo quidem, secundum extensionem dilectionis: ut scilicet aliquis non solum diligat amicos et notos, sed etiam extraneos, et ulterius inimicos. Hoc enim, ut Augustinus dicit, in *Enchirid*.[7], est *perfectorum filiorum Dei*. — Secundo, secundum intensionem: quae ostenditur ex his quae homo propter proximum contemnit; ut scilicet homo non solum contemnat exteriora bona propter proximum, sed etiam afflictiones corporales, et ulterius mortem, secundum illud Io 15,13: *Maiorem dilectionem nemo habet quam ut animam suam ponat quis pro amicis suis*. — Tertio, quantum ad effectum dilectionis: ut scilicet homo proximis impendat non solum temporalia beneficia, sed etiam spiritualia, et ulterius seipsum, secundum illud Apostoli, 2Cor 12,15: *Ego autem libentissime impendam, et superimpendar ipse pro animabus vestris*.

A outra, sem a qual pode existir a caridade. E se compreende de três maneiras: 1º Perfeição quanto à extensão do amor, que consiste em amar não somente os amigos e os conhecidos, mas também os estranhos e até os inimigos. O que "é próprio dos perfeitos filhos de Deus", como escreveu Agostinho. — 2º Perfeição quanto à intensidade, e se manifesta naquilo que se despreza por amor ao próximo. O homem chega a desprezar pelo próximo não só os bens exteriores, mas ainda os sofrimentos do corpo e até mesmo a própria morte, segundo a expressão de João: "Ninguém tem maior amor do que aquele que dá a vida por seus amigos. — 3º Perfeição quanto ao efeito do amor, de modo que se dê generosamente ao próximo não só os benefícios temporais, mas também os espirituais, e, ademais, a si mesmo, como diz o Apóstolo: "Eu de muito boa vontade darei o que é meu e me darei a mim mesmo pelas vossas almas".

ARTICULUS 3

Utrum perfectio viae consistat in praeceptis, an in consiliis

AD TERTIUM SIC PROCEDITUR. Videtur quod perfectio viae non consistat in praeceptis, sed in consiliis.
1. Dicit enim Dominus, Mt 19,21: *Si vis perfectus esse, vade et vende omnia quae habes et da pauperibus, et veni, sequere me*. Sed istud est consilium. Ergo perfectio attenditur secundum consilia, et non secundum praecepta.
2. PRAETEREA, ad observantiam praeceptorum omnes tenentur: cum sint de necessitate salutis. Si ergo perfectio Christianae vitae consistat in praeceptis, sequitur quod perfectio sit de necessitate salutis, et quod omnes ad eam teneantur. Quod patet esse falsum.

3. PRAETEREA, perfectio Christianae vitae attenditur secundum caritatem, ut dictum est[1]. Sed perfectio caritatis non videtur consistere in observantia praeceptorum: quia perfectionem caritatis praecedit et augmentum et inchoatio ipsius, ut patet per Augustinum, *super Canonicam Ioan*.[2];

ARTIGO 3

A perfeição da vida presente consiste na observância dos preceitos ou dos conselhos?

QUANTO AO TERCEIRO, ASSIM SE PROCEDE: parece que a perfeição da vida presente **não** consiste na observância dos preceitos, mas dos conselhos.
1. Com efeito, diz o Senhor: "Se queres ser perfeito, vai, vende tudo o que tens e dá aos pobres; depois, vem e segue-me". Ora, isto é um conselho. Logo, a perfeição se alcança pela observância dos conselhos e não dos preceitos.
2. ALÉM DISSO, todos estão obrigados à observância dos preceitos, pois são absolutamente necessários à salvação. Por conseguinte, se a perfeição da vida cristã consistisse na observância dos preceitos, resultaria que a perfeição seria absolutamente necessária à salvação. O que é evidentemente falso.
3. ADEMAIS, a perfeição da vida cristã se funda na caridade. Ora, a perfeição da caridade não parece consistir na observância dos preceitos, pois, antes desta perfeição há o aumento e o começo da caridade, como observa Agostinho. Ora, não pode haver caridade antes que se cumpram os

---

7. C. 73: ML 40, 266.

3 PARALL.: *Cont. Gent.* III, 130; *De Virtut*., q. 2, a. 11, ad 5; *Quodlib*. IV, q. 12, a. 2, ad 2; *Cont. retrahent. ab ingress. Relig*., c. 6; *in Matth*., c. 19; *ad Hebr*., c. 6, lect. 1.

1. Art. 1.
2. Tract. 9, n. 4: ML 35, 2047.

non autem potest caritas inchoari ante observationem praeceptorum, quia, ut dicitur Io 14,23: *Si quis diligit me, sermonem meu servabit.* Ergo perfectio vitae non attenditur secundum praecepta, sed secundum consilia.

SED CONTRA est quod dicitur Dt 6,5: *Diliges Dominum Deum tuum ex toto corde tuo.* Et Lv 19,18 dicitur: *Diliges proximum tuum sicut teipsum.* Haec autem sunt duo praecepta de quibus Dominus dicit, Mt 22,40: *In his duobus praeceptis pendet Lex et Prophetae,* Perfectio autem caritatis, secundum quam dicitur vita Christiana esse perfecta, attenditur secundum hoc quod Deum ex toto corde diligamus et proximum sicut nos ipsos. Ergo videtur quod perfectio consistat in observantia praeceptorum.

RESPONDEO dicendum quod perfectio dicitur in aliquo consistere dupliciter: uno modo, per se et essentialiter; alio modo, secundario et accidentaliter. Per se quidem et essentialiter consistit perfectio Christianae vitae in caritate: principaliter quidem secundum dilectionem Dei, secundario autem secundum dilectionem proximi, de quibus dantur praecepta principalia divinae legis, ut dictum est. Non autem dilectio Dei et proximi cadit sub praecepto secundum aliquam mensuram, ita quod id quod est plus sub consilio remaneat: ut patet ex ipsa forma praecepti, quae perfectionem demonstrat, ut cum dicitur, *Diliges Dominum Deum tuum ex toto corde tuo,* — *totum* enim *et perfectum idem sunt,* secundum Philosophum, in III *Physic.*[3]; et cum dicitur, *Diliges proximum tuum sicut teipsum,* unusquisque enim seipsum maxime diligit. Et hoc ideo est quia *finis praecepti caritas est,* ut Apostolus dicit, 1Ti 1,5: in fine autem non adhibetur aliqua mensura, sed solum in his quae sunt ad finem, ut Philosophus dicit, in I *Polit.*[4]; sicut medicus non adhibet mensuram quantum sanet, sed quanta medicina vel diaeta utatur ad sanandum. Et sic patet quod perfectio essentialiter consistit in praeceptis. Unde Augustinus dicit, in libro *de Perfectione Iustitiae*[5]: *Cur ergo non praeciperetur homini ista perfectio, quamvis eam in hac vita nemo habeat?*

preceitos, porque, como se diz: "Se alguém me ama, guardará minha palavra". Logo, a perfeição da vida não se funda na observância dos preceitos, mas dos conselhos.

EM SENTIDO CONTRÁRIO, está escrito: "Amarás ao Senhor teu Deus de todo o coração". E, noutro lugar: "Amarás a teu próximo como a ti mesmo". Destes dois preceitos, diz o Senhor, "dependem toda a Lei e os Profetas". Ora, a perfeição da caridade, que faz a perfeição da vida cristã, consiste em amarmos a Deus de todo o coração e ao próximo como a nós mesmos. Logo, parece que a perfeição consiste na observância dos preceitos.

RESPONDO. Pode-se entender em dois sentidos que a perfeição consiste em tal coisa: por si mesma e essencialmente, ou de modo secundário e acidentalmente. Por si mesma e essencialmente, a perfeição da vida cristã consiste na caridade: primordialmente no amor de Deus e, depois, secundariamente, no amor do próximo, que são objeto dos principais preceitos da lei divina. Mas o amor de Deus e do próximo não constituem objeto de preceito segundo uma medida limitada apenas, de modo que o que excede essa medida seria matéria de conselho. Isso está claro pela própria fórmula do preceito que exprime a ideia de perfeição: "Amarás ao Senhor teu Deus de todo o coração". Segundo o Filósofo: "Todo e perfeito se equivalem". E "Amarás a teu próximo como a ti mesmo". É a si mesmo que cada um mais ama. E assim acontece porque "O fim do preceito é a caridade", como disse o Apóstolo. Ora, ensina o Filósofo, o fim não está sujeito a nenhuma medida, mas só o que diz respeito aos meios. De fato, o médico não mede a saúde, quando quer curar; ao passo que usa de medida nos medicamentos e na dieta que prescreve para obter a cura. Portanto, é claro que a perfeição consiste essencialmente na observância dos preceitos[c]. Por isso, escreve Agostinho: "Por que não se imporia ao homem essa perfeição, embora ninguém a realize nesta vida?"

---

3. C. 6: 207, a, 13-14.
4. C. 9: 1257, b, 26-30.
5. C. 8, n. 19: ML 44, 301.

c. Seria bastante desejável que os cristãos absorvessem a fundo essa doutrina. Ora, estamos longe disso. A maioria dos católicos daria sem hesitar razão aos objetantes deste artigo. Também eles diriam: só alguns são chamados a seguir os conselhos evangélicos, e é precisamente a eles que se dirige o "Se queres ser perfeito..."; a perfeição não poderia ser requerida para ser salvo, ela é superrogatória; uma caridade que se atém aos preceitos é apenas uma primeira etapa, e a vocação à perfeição só sobrevém após.

Secundario autem et instrumentaliter perfectio consistit in consiliis. Quae omnia, sicut et praecepta, ordinantur ad caritatem: sed aliter et aliter. Nam praecepta alia ordinantur ad removendum ea quae sunt caritati contraria, cum quibus scilicet caritas esse non potest: consilia autem ordinantur ad removendum impedimenta actus caritatis, quae tamen caritati non contrariantur, sicut est matrimonium, occupatio negotiorum saecularium, et alia huiusmodi. Unde Augustinus dicit, in *Enchirid.*[6]: *Quaecumque mandat Deus, ex quibus unum est, Non moechaberis; et quaecumque non iubentur, sed speciali consilio monentur, ex quibus unum est, Bonum est homini mulierem non tangere: tunc recte fiunt cum referuntur ad diligendum Deum et proximum propter Deum, et in hoc saeculo et in futuro.* Et inde est quod in Collationibus Patrum[7] dicit Abbas Moyses: *Ieiunia, vigiliae, meditatio Scripturarum, nuditas ac privatio omnium facultatum, non perfectio, sed perfectionis instrumenta sunt: quia non in ipsis consistit disciplinae illius finis, sed per illa pervenitur ad finem.* Et supra[8] praemisit quod *ad perfectionem caritatis istis gradibus conscendere nitimur.*

AD PRIMUM ergo dicendum quod in illis verbis Domini aliquid ponitur quasi via ad perfectionem, hoc scilicet quod dicitur, *Vade et vende omnia quae habes et da pauperibus*: aliud autem subditur in quo perfectio consistit, scilicet quod dicit, *et sequere me*. Unde Hieronymus dicit, *super Matth.*[9], quod *quia non sufficit tantum relinquere, Petrus iungit quod perfectum est*, idest, *Secuti sumus te*. Ambrosius autem, super illud Lc 5,27[10], *Sequere me*, dicit: *Sequi iubet non corporis gressu, sed mentis affectu*, quod fit per caritatem. Et ideo ex ipso modo loquendi apparet quod consilia sunt

Secundaria e instrumentalmente, porém, a perfeição reside na observância dos conselhos. Tal como os preceitos, os conselhos se ordenam todos para a caridade, mas de maneira diferente. Os preceitos que não os da caridade, se ordenam a afastar as coisas que são contrárias à caridade, isto é, com as quais ela não pode subsistir. Ao passo que os conselhos se ordenam a remover os obstáculos ao ato de caridade, embora eles não a contrariem, como o matrimônio, a ocupação com os negócios seculares e coisas semelhantes. É o que afirma Agostinho: "Tudo o que Deus manda, por exemplo, 'Não cometerás adultério'; e tudo o que não é ordenado, mas objeto de um conselho especial, como 'É bom para o homem não tocar em mulher', tudo isso se cumpre retamente quando o referimos ao amor de Deus e do próximo por causa de Deus, tanto neste mundo quanto no outro". E é também o que diz o Abade Moisés: "Os jejuns, as vigílias, a meditação da Escritura, a nudez e a privação de todos os bens não são a perfeição mas meios de atingi-la; pois não é neles que reside o fim dessa forma de vida, porém é por eles que se chega ao fim". E, antes, ele havia dito: "Nós nos esforçamos por chegar à perfeição da caridade, subindo por esses degraus".

QUANTO AO 1º, portanto, deve-se dizer que nessas palavras do Senhor é preciso distinguir uma parte que se apresenta como o caminho para a perfeição, expresso nas palavras "Vai, vende tudo o que tens e dá aos pobres", e outra, que mostra em que consiste a perfeição, "E segue-me". Por isso Jerônimo escreve: "Porque não basta deixar tudo, Pedro acrescenta o que constitui a própria perfeição: 'E nós te seguimos'". E comentando essa mesma passagem do Evangelho "segue-me", Ambrósio diz: "Manda segui-lo, não pelos passos do corpo, mas pelo afeto da alma", isto é, pela

---

6. C. 121: ML 40, 288.
7. Collat. 1, c. 7: ML 49, 490 A.
8. Ibid.
9. *Comment.*, l. II, super 19, 27: ML 26, 138 C.
10. *Comment.*, l. V, n. 16, super 5, 27: ML 15, 1640 A.

Tudo isso está nos antípodas das convicções profundas de Sto. Tomás e de uma sadia teologia espiritual. O primeiro e maior dos mandamentos é total em sua ordem, e já antecipa a bem-aventurança. Esse mandamento não se dá a si mesmo nenhum limite. É verdade que podemos participar em maior ou menor medida da perfeição visada pelo preceito, mas não temos de buscar em outro lugar a perfeição à qual somos chamados.

O que dizer dos conselhos, então? Eles possuem um valor instrumental. Indicam-nos um caminho para pôr em prática o preceito de amar a Deus e ao próximo. É somente de maneira derivada, portanto, que a perfeição consiste nos conselhos.

O que é o mesmo que dizer que não poderia haver méritos superrogatórios, no sentido de que teríamos realizado o preceito, o que nos permitiria, ao seguir os conselhos, fazer mais do que o que somos obrigados. Isto não é evidente, infelizmente, para um catolicismo indevidamente qualificado de tradicional.

quaedam instrumenta perveniendi ad perfectionem, dum dicitur, *Si vis perfectus esse, vade et vende* etc.: quasi dicat: *Hoc faciendo ad hunc finem pervenies.*

AD SECUNDUM dicendum quod, sicut Augustinus dicit, in libro *de Perfect. Iustit.*[11], perfectio caritatis homini in hac vita praecipitur, quia *recte non curritur si quo currendum est nesciatur. Quomodo autem sciretur, si nullis praeceptis ostenderetur?* Cum autem id quod cadit sub praecepto diversimode possit impleri, non efficitur transgressor praecepti aliquis ex hoc quod non optimo modo implet: sed sufficit quod quocumque modo impleat illud. Perfectio autem divinae dilectionis universaliter quidem cadit sub praecepto, ita quod etiam perfectio patriae non excluditur ab illo praecepto, ut Augustinus dicit[12]: sed transgressionem praecepti evadit qui quocumque modo perfectionem divinae dilectionis attingit. Est autem infimus divinae dilectionis gradus ut nihil supra eum, aut contra eum, aut aequaliter ei diligatur: a quo gradu perfectionis qui deficit, nullo modo implet praeceptum. Est autem aliquis gradus perfectae dilectionis qui non potest impleri in via, ut dictum est[13]: a quo qui deficit, manifestum est quod non est transgressor praecepti. Et similiter non est transgressor praecepti qui non attingit ad medios perfectionis gradus, dummodo attingat ad infimum.

AD TERTIUM dicendum quod, sicut homo habet quandam perfectionem suae naturae statim cum nascitur, quae pertinet ad rationem speciei, est autem alia perfectio ad quam per augmentum adducitur: ita etiam est quaedam perfectio caritatis pertinens ad ipsam speciem caritatis, ut scilicet Deus super omnia diligatur et niliil contra eum ametur; est autem alia perfectio caritatis, etiam in hac vita, ad quam aliquis per aliquod spirituale augmentum pervenit, ut puta cum homo etiam a rebus licitis abstinet, ut liberius divinis obsequiis vacet.

caridade. E, assim, do próprio modo de falar se deduz que os conselhos são certos meios para chegar à perfeição. Pois, dizendo: "Se queres ser perfeito, vai, vende tudo o que tens" etc., é como se dissesse: "Fazendo isto, chegarás a este fim".

QUANTO AO 2º, deve-se dizer que "a perfeição da caridade, observa Agostinho, é ordenada ao homem, nesta vida, porque é impossível correr bem se não se sabe para onde. E, como se saberia, se preceito algum o mostrasse?" Mas há várias maneiras de observar um preceito. Por isso, não transgride um preceito quem não o cumpre do melhor modo possível: basta que o cumpra de alguma maneira. Até a perfeição do amor divino cai universalmente sob o preceito, de modo que dele não fica excluída a perfeição da pátria, como diz Agostinho. Mas, quem, de alguma maneira atinge a perfeição desse amor, escapa à acusação de ter transgredido o preceito. Ora, grau inferior de amor a Deus consiste em nada amarmos acima de Deus, ou contra ele, ou tanto quanto a ele. Quem não atinge esse grau de perfeição, de maneira alguma cumpre o preceito. Há um outro grau do perfeito amor, que é impossível atingir nesta vida. E é manifesto que, quem não o atinge, não transgride o preceito. Nem tampouco o transgride, quem não atinge os graus intermediários de perfeição, contanto que atinja o mais baixo deles.

QUANTO AO 3º, deve-se dizer que o homem tem, desde o nascimento, uma certa perfeição natural, que diz respeito à razão da espécie, e uma outra perfeição que lhe advém pelo crescimento. Assim, também, existe uma perfeição específica da caridade, sem a qual ela não subsistiria, que nos leva a amar a Deus sobre todas as coisas e a nada contra ele. E há, ainda, mesmo nesta vida, outra perfeição da caridade, à qual se chega pelo crescimento espiritual, como, por exemplo, quando o homem se abstém até das coisas lícitas para entregar-se mais livremente ao serviço de Deus.

---

11. C. 8, n. 19: ML 44, 301.
12. Ibid.
13. Art. 2.

Articulus 4
Utrum quicumque est perfectus, sit in statu perfectionis

AD QUARTUM SIC PROCEDITUR. Videtur quod quicumque est perfectus, sit in statu perfectionis.

1. Sicut enim per augmentum corporale pervenitur ad perfectionem corporalem, ita per augmentum spirituale pervenitur ad perfectionem spiritualem, ut dictum est[1]. Sed post augmentum corporale aliquis dicitur esse in statu perfectae aetatis. Ergo etiam videtur quod post augmentum spirituale, cum quis iam adeptus est perfectionem, sit in statu perfectionis.

2. PRAETEREA, eadem ratione qua aliquid movetur *de contrario in contrarium*, movetur etiam aliquid *de minori ad maius*, ut dicitur in V *Physic*.[2]. Sed quando aliquis transmutatur de peccato ad gratiam, dicitur mutare statum, prout distinguitur status culpae et status gratiae. Ergo videtur quod, pari ratione, cum aliquis proficit de minori gratia ad maiorem quousque perveniat ad perfectum, quod adipiscatur perfectionis statum.

3. PRAETEREA, statum adipiscitur aliquis ex hoc quod a servitute liberatur. Sed per caritatem aliquis liberatur a servitute peccati: quia *universa delicta operit caritas*, ut dicitur Pr 10,12. Sed perfectus dicitur aliquis secundum caritatem, ut dictum est[3]. Ergo videtur quod quicumque habeat perfectionem, ex hoc ipso habeat perfectionis statum.

SED CONTRA est quod aliqui sunt in statu perfectionis qui omnino caritate et gratia carent: sicut inali episcopi aut mali religiosi. Ergo videtur quod e contrario aliqui habent perfectionem vitae qui tamen non habent perfectionis statum.

RESPONDEO dicendum quod, sicut supra[4] dictum est, status proprie pertinet ad conditionem libertatis vel servitutis. Spiritualis autem libertas aut servitus potest in homine attendi dupliciter: uno modo, secundum id quod interius agitur; alio modo, secundum id quod agitur exterius. Et quia, ut dicitur 1Reg 16,7, *homines vident*

Artigo 4
Todo aquele que é perfeito se acha no estado de perfeição?

QUANTO AO QUARTO, ASSIM SE PROCEDE: parece que todo aquele que é perfeito **se acha** no estado de perfeição.

1. Com efeito, como pelo crescimento corporal se chega à perfeição do corpo, assim, pelo crescimento espiritual se chega à perfeição espiritual. Ora, diz-se que chegou ao estado da idade perfeita quem terminou seu crescimento corporal. Logo, parece também que se deva dizer daquele cujo crescimento espiritual alcançou a perfeição, que se acha no estado de perfeição.

2. ALÉM DISSO, pela mesma razão segundo a qual uma coisa se move "do contrário ao contrário", move-se também "do menor ao maior", diz o livro V da *Física*. Ora, quando alguém passa do pecado à graça, diz-se que mudou de estado, que passou do estado de pecado ao estado de graça. Logo, parece que, pela mesma razão, quando alguém progride de uma graça menor para outra maior até chegar à perfeição, adquire o estado de perfeição.

3. ADEMAIS, alguém adquire um estado pelo fato de libertar-se da servidão. É pela caridade que alguém se livra da escravidão do pecado, pois, diz a Escritura: "A caridade cobre todas as faltas". Ora, é a caridade que torna o homem perfeito, como foi dito acima. Logo, parece que todo aquele que é perfeito, por isso mesmo, vive no estado de perfeição.

EM SENTIDO CONTRÁRIO, há aqueles que, embora se achem no estado de perfeição, carecem por completo da caridade e da graça, como os maus bispos ou os maus religiosos. Logo, parece que, ao contrário, outros podem ter uma vida perfeita, sem por isso achar-se no estado de perfeição.

RESPONDO. O estado propriamente implica a condição de liberdade ou de servidão. Ora, no homem, a liberdade e a servidão espiritual podem ser consideradas de dois modos: quanto à ação interior e quanto à ação exterior. E, como se diz na Escritura: "Os homens veem o que aparece, mas Deus vê o coração". Portanto, a disposição

---

4 PARALL.: *Quodlib*. I, q. 7, a. 2, ad 2; III, q. 6, a. 3; *De Perf. Vitae Spir.*, c. 15; c. 23, ad 5; *in Matth.*, c. 19.
1. A. 3, ad 3.
2. C. 2: 226, b, 1-8.
3. Art. 1.
4. Q. 183, a. 1.

ea quae parent, sed Deus intuetur cor, inde est quod secundum interiorem hominis dispositionem accipitur conditio spiritualis status in homine per comparationem ad iudicium divinum: secundum autem ea quae exterius aguntur, accipitur spiritualis status in homine per comparationem ad Ecclesiam. Et sic nunc de statibus loquimur: prout scilicet ex diversitate statuum quaedam Ecclesiae pulchritudo consurgit.

Est autem considerandum quod, quantum ad homines, ad hoc quod aliquis adipiscatur statum libertatis vel servitutis, requiritur, primo quidem, aliqua obligatio vel absolutio. Non enim ex hoc quod aliquis servit alicui, efficitur servus: quia etiam libera serviunt, secundum illud Gl 5,13: *Per caritatem spiritus servite invicent*. Neque etiam ex hoc quod aliquis desinit servire, efficitur liber: sicut patet de servis fugitivis. Sed ille proprie est servus qui obligatur ad serviendum: et ille est liber qui a servitute absolvitur. — Secundo requiritur quod obligatio praedicta cum aliqua solemnitate fiat: sicut et ceteris quae inter homines obtinent perpetuam firmitatem, quaedam solemnitas adhibetur.

Sic igitur et in statu perfectionis proprie dicitur esse aliquis, non ex hoc quod habet actum dilectionis perfectae, sed ex hoc quod obligat se perpetuo, cum aliqua solemnitate, ad ea quae sunt perfectionis. Contingit etiam quod aliqui se obligant qui non servant, et aliqui implent ad quod non se obligaverunt: ut patet Mt 21,28 sqq. de duobus filiis, quorum unus patri dicenti, *Operare in vinea*, respondit Nolo: *postea abiit*; alter autem respondens ait, *Eo: et non ivit*. Et ideo nihil prohibet aliquos esse perfectos qui non sunt in statu perfectionis: et aliquos esse in statu perfectionis qui non sunt perfecti.

AD PRIMAM ergo dicendum quod per augmentum corporale aliquis proficit in his quae pertinent ad naturam, et ideo adipiscitur naturae statum:

interior do homem determina um estado espiritual em relação ao julgamento de Deus; ao passo que dos seus atos exteriores resulta um estado espiritual em relação à Igreja. E é neste último sentido que tratamos agora dos estados, a saber, enquanto por sua diversidade a Igreja adquire uma certa beleza.

Deve-se considerar, por outro lado, que, para adquirir entre os homens um estado de liberdade ou de servidão, é necessário primeiramente que intervenha algum ato pelo qual alguém seja obrigado ou livre. Pois, o simples fato de servir a alguém, não torna escravo, porquanto até os homens livres podem servir, segundo a palavra: "Servi-vos uns aos outros pela caridade do espírito". Nem alguém se torna livre porque deixa de servir, como é o caso dos escravos fugitivos. É servo, propriamente, quem está obrigado a servir, e livre quem está isento da escravidão. — Em segundo lugar, é necessário que a referida obrigação revista uma certa solenidade, como acontece entre os homens quando se trata do que deve ter para eles uma duração perpétua.

Assim, pois, diz-se propriamente que alguém se acha no estado de perfeição, não porque exerce um ato de caridade perfeita, mas por obrigar-se para sempre e com certa solenidade às coisas que dizem respeito à perfeição. Acontece, porém, que, depois de ter prometido, uns não cumprem sua promessa; ao passo que outros fazem aquilo que não prometeram. Por exemplo, aqueles dois filhos de que se fala em Mateus: um dos dois, ao seu pai, que lhe dizia "Trabalha na minha vinha", respondeu: "Não quero, mas depois foi"; ao passo que o outro respondeu "Eu vou, e não foi". Portanto, nada impede de que alguns sejam perfeitos, sem estarem no estado de perfeição, e que outros estejam no estado de perfeição, sem serem perfeitos[d].

QUANTO AO 1º, portanto, deve-se dizer que pelo crescimento corporal, se progride no que diz respeito à natureza e, assim, se alcança o estado

---

d. É apenas ao final deste artigo 4 que a noção de estado de perfeição é totalmente elaborada por Sto. Tomás. Não se trata de foro interno, mas externo. O que está em causa não é a beleza conferida à Igreja pelas almas em estado de graça, mas uma beleza por assim dizer institucional.

A perfeição da caridade é geral, não se limita a certas categorias de cristãos. Ora, nossa consideração é aqui categorial. O estado de perfeição, segundo Sto. Tomás, é visível, notável, identificável, com a inevitável conclusão de que alguns estarão no estado de perfeição mesmo estando longe de serem perfeitos.

O estado de perfeição supõe portanto um ato exterior e solene, que marca aos olhos de todos a libertação em relação à escravidão do pecado, e uma obrigação durável de perfeição. Assim se define o *status*, o estado de vida.

praesertim quia *quod est secundam naturam*, quodammodo *immutabile est*, inquantum natura determinatur ad unum. Et similiter per augmentum spirituale interius aliquis adipiscitur perfectionis statum quantum ad divinum iudicium. Sed quantum ad distinctiones ecclesiasticorum statuum, non adipiscitur aliquis statum perfectionis nisi per augmentum in his quae exterius aguntur.

AD SEEUNDUM dicendum quod illa etiam ratio procedit quantum ad interiorem statum. Et tamen, cum aliquis transit de peccato ad gratiam, transit de servitute ad libertatem: quod non contingit per simplicem profectum gratiae, nisi cum aliquis se obligat ad ea quae sunt gratiae.

AD TERTIUM dicendum quod illa etiam ratio procedit quantum ad interiorem statum. Et tamen, licet caritas variet conditionem spiritualis servitutis et libertatis, hoc tamen non facit caritatis augmentum.

ARTICULUS 5
Utrum praelati et religiosi sint in statu perfectionis

AD QUINTUM SIC PROCEDITUR. Videtur quod praelati et religiosi non sint in statu perfectionis.

1. Status enim perfectionis distinguitur contra statum incipientium et proficientium. Sed non sunt aliqua genera hominum deputata specialiter statui proficientium vel incipientium. Ergo videtur quod nec etiam debeant esse aliqua genera hominum deputata statui perfectionis.
2. PRAETEREA, status exterior debet interiori statui respondere: alioquin incurritur mendacium, quod *non solum est in falsas verbis, sed etiam in simulatis operibus*, ut Ambrosius dicit, in quodam Sermone[1]. Sed multi sunt praelati vel religiosi qui non habent interiorem perfectionem caritatis. Si ergo omnes religiosi et praelati sunt in statu perfectionis, sequeretur quod quicumque eorum non sunt perfecti, sint in peccato mortali, tanquam simulatores et mendaces.

reclamado por ela. A razão principal é que "o que é conforme à natureza é", de certo modo, "imutável", pois a natureza é determinada a ser una. Assim também, pelo crescimento espiritual interior, chega-se ao estado de perfeição relativamente ao julgamento divino. Mas, quanto às distinções dos estados eclesiásticos, ninguém alcança o estado de perfeição a não ser por um progresso na sua maneira exterior de agir.

QUANTO AO 2º, deve-se dizer que essa objeção se refere também ao estado interior. Contudo, quando alguém passa do pecado à graça, passa da servidão à liberdade. E isto não se dá pelo simples progresso na graça, a não ser quando alguém se obriga às coisas da graça[e].

QUANTO AO 3º, deve-se dizer que essa dificuldade se refere ainda ao estado interior. Embora a caridade mude a condição de servidão e de liberdade espirituais, isso não faz o progresso na caridade.

ARTIGO 5
Os prelados e os religiosos estão no estado de perfeição?

QUANTO AO QUINTO, ASSIM SE PROCEDE: parece que os prelados e os religiosos **não** estão no estado de perfeição.
1. Com efeito, o estado de perfeição se distingue do estado dos principiantes e dos adiantados. Ora, não há estado especial que corresponda aos principiantes e adiantados. Logo, não parece que deva haver a espécie de homens destinados ao estado de perfeição.
2. ALÉM DISSO, o estado exterior deve corresponder ao estado interior. Do contrário, se incorreria em mentira, que "não consiste somente em palavras falsas, mas também em obras simuladas", como ensina Ambrósio. Ora, há muitos prelados e religiosos que não têm a perfeição interior da caridade. Logo, se todos os religiosos e prelados estão no estado de perfeição, resulta que, qualquer um dentre eles que não fosse perfeito, estaria em estado de pecado mortal, como hipócrita e mentiroso.

---

5 PARALL.: *Quodlib.* I, q. 7, a. 2, ad 2; III, q. 6, a. 3; *De Perf. Vitae Spirit.*, c. 16; *in Matth.*, c. 19.

1. Serm. 30, al. 44, *de Temp.*, n. 3: ML 17, 666 B.

e. Ter-se-á notado o paradoxo. É impondo-se obrigações que se atinge um estado de liberdade. A *liberdade* efetiva resulta então da *obrigação*. Um simples progresso no estado de graça não constitui uma passagem de um estado de servidão a um estado de liberdade.

3. Praeterea, perfectio secundam caritatem attenditur, ut supra[2] habitam est. Sed perfectissima caritas videtur esse in martyribus: secundum illud Io 15,13: *Maiorem dilectionem nemo habet quam ut animam suam ponat quis pro amicis suis.* Et super illud Hb 12,14, *Nondum enim usque ad sanguinem* etc., dicit Glossa[3]: *Perfectior in hac vila dilectio nulla est ea ad quam sancti martyres pervenerunt, qui contra peccatum usque ad sanguinem certaverunt.* Ergo videtur quod magis debeat attribui perfectionis status martyribus quam religiosis et episcopis.

Sed contra est quod Dionysius, in 5 cap *Eccles. Hier.*[4], attribuit perfectionem episcopis tanquam *perfectoribus.* Et in 6 cap. eiusdem libri, attribuit perfectionem religiosis, quos vocat *monachos* vel *therapeutas,* idest, *Deo famulantes,* tanquam *perfectis.*

Respondeo dicendum quod, sicut dictum est[5], ad statum perfectionis requiritur obligatio perpetua ad ea quae sunt perfectionis, cum aliqua solemnitate. Utrumque autem horum competit et religiosis et episcopis. Religiosi enim voto se adstringunt ad hoc quod a rebus saecularibus abstineant quibus licite uti poterant, ad hoc quod liberius Deo vacent: in quo consistit perfectio praesentis vitae. Unde Dionysius dicit, 6 cap. *Eccles. Hier.*[6], de religiosis loquens: Alii *quidem therapeutas,* idest famulos, *ex Dei puro servitio et famulatu: alii vero monachos ipsos nominant, ex indivisibili et singulari vita uniente ipsos, indivisibilium sanctis convolutionibus,* idest contemplationibus, *ad deiformem unitatem et amabilem Deo perfectionem.* Horum etiam obligatio fit cum quadam solemnitate professionis et benedictionis. Unde et ibidem subdit Dionysius: *Propter quod, perfectam ipsis donans gratiam, sancta legislatio quadam ipsos dignata est sanctificativa invocatione.*

Similiter etiam et episcopi obligant se ad ea quae sunt perfectionis, pastorale assumentes officium, ad quod pertinet ut *animam suam ponat pastor pro ovibus suis,* sicut dicitur Io 10,11. Unde Apostolus dicit, 1Ti 6,12: *Confessus es bonam*

3. Ademais, a perfeição se funda na caridade. Ora, parece que a caridade mais perfeita é a dos mártires, conforme o Evangelho de João: "Ninguém tem maior amor que o daquele que dá a sua vida por seus amigos". E, sobre esta outra passagem: "Vós ainda não resististes até o sangue", a Glosa comenta: "Não há nesta vida amor mais perfeito do que aquele a que chegaram os mártires, que lutaram contra o pecado até derramar seu sangue". Logo, parece que o estado de perfeição deve ser atribuído antes aos mártires que aos religiosos e aos bispos.

Em sentido contrário, Dionísio atribui a perfeição aos bispos como a "mais perfeitos". E, aos religiosos, por ele chamados "monges" ou "terapeutas", isto é, servos de Deus, ele a atribui como a "perfeitos".

Respondo. Como dissemos, o estado de perfeição requer a obrigação perpétua às coisas que dizem respeito à perfeição, acompanhada de certa solenidade. Ora, uma e outra condição se verifica no caso dos religiosos e dos bispos. Os religiosos se obrigam a abster-se das coisas seculares, que poderiam licitamente usar, para entregar-se com mais liberdade a Deus[f]. E nisso consiste a perfeição da vida presente. Donde estas palavras de Dionísio sobre os religiosos: "Há quem os chame terapeutas", isto é, servos, "porque se consagraram ao culto e serviço de Deus. Outros os chamam monges, por causa da vida indivisível e separada que os une, pelos santos envolvimentos das coisas indivisíveis", a saber, pelas contemplações, "à deiforme unidade e à amável perfeição de Deus". Por outro lado, a obrigação que eles assumem vai acompanhada de certa solenidade de profissão e bênção. Por isso, acrescenta Dionísio: "Eis por quê, a santa legislação, ao conceder-lhes uma graça perfeita, os honra com uma invocação santificadora".

Do mesmo modo, os bispos também se obrigam a uma vida de perfeição, ao assumir o ofício pastoral, pois isso implica em que "o pastor dê sua vida por suas ovelhas". É o que faz dizer ao Apóstolo: "Fizeste a bela profissão diante de

---

2. Art. 1.
3. Lombardi: ML 192, 501 D.
4. MG 3, 505 C, 508 C.
5. Art. praec.
6. MG 3, 532 D — 533 A.

f. É praticamente uma definição teológica do estado religioso que nos é oferecida aqui por Sto. Tomás.

confessionem coram multis testibus, idest *in tua ordinatione* ut Glossa[7] ibidem dicit. Adhibetur etiam quaedam solemnitas consecrationis simul cum professione praedicta: secundum illud 2Ti 1,6, *Resuscites gratiam Dei quae est in te per impositionem manuum mearem,* quod Glossa exponit de *gratia episcopali.* Et Dionysius dicit, 5 cap. *Eccles. Hier.*[8], quod *summus sacerdos,* idest episcopus, *in sua ordinatione habet eloquiorum super caput sanctissimam superpositionem, ut significetur quod ipse est participativus integre totius hierarchiae virtutis, et quod ipse non solum sit illuminativus onmium quae pertinent ad sanctas locutiones et actiones, sed quod etiam haec aliis tradat.*

AD PRIMUM ergo dicendum quod inchoatio et augmentum non quaeritur propter se, sed propter perfectionem. Et ideo ad solum perfectionis statum aliqui homines cum quadam obligatione et solemnitate assumuntur.

AD SECUNDUM dicendum quod homines statum perfectionis assumunt, non quasi profitentes se esse perfectos, sed quasi profitentes se ad perfectionem tendere. Unde et Apostolus dicit, Philp 3,12: *Non quod iam comprehenderim, aut perfectus sim: sequor autem, si quo modo comprehendam.* Et postea [v. 15] subdit: *Quicumque ergo perfecti sumus, hoc sentiamus.* Unde non committit aliquis mendacium vel simulationem ex hoc quod non est perfectus qui statum perfectionis assumit: sed ex eo quod ab intentione perfectionis animum revocat.

AD TERTIUM dicendum quod martyrium in actu perfectissimo caritatis consistit. Actus autem perfectionis non sufficit ad statum faciendum, ut dictum est[9].

um grande número de testemunhas", quer dizer, segundo a Glosa, "por ocasião da tua ordenação". E a essa perfeição acrescenta-se a solenidade da consagração, como diz o Apóstolo: "Reaviva o dom de Deus que há em ti pela imposição das minhas mãos", o que a Glosa interpreta como se referindo à "graça episcopal". E Dionísio, por seu lado, diz que "o sumo sacerdote", ou seja, o bispo, "recebe na sua ordenação o livro da santa Palavra, que é colocado sobre sua cabeça, para significar que ele recebe a plenitude do poder hierárquico, e que lhe cabe não somente iluminar a todos com palavras e ações santas, mas ainda transmiti-lo a outros.

QUANTO AO 1º, portanto, deve-se dizer que não se buscam o princípio e o crescimento por si mesmos, mas em vista da perfeição. Por isso, é só ao estado de perfeição que certas pessoas são promovidas com certa obrigação e solenidade.

QUANTO AO 2º, deve-se dizer que os homens que abraçam o estado de perfeição não fazem profissão de ser perfeitos mas de tender à perfeição. Por isso, diz o Apóstolo: "Não que já tenha alcançado, ou que já seja perfeito; mas eu prossigo para ver se de algum modo poderei alcançar." E acrescenta: "Portanto, todos nós que somos "perfeitos" tenhamos este sentimento". Por conseguinte, aquele que, não sendo perfeito, abraça o estado de perfeição, não é nem mentiroso nem hipócrita. Mas só se ele renunciar à sua intenção de buscar a perfeição.

QUANTO AO 3º, deve-se dizer que o martírio representa o ato supremo da caridade. Mas, como foi dito, um ato de perfeição não basta para criar um estado.

ARTICULUS 6

Utrum omnes praelati ecclesiastici sint in statu perfectionis

AD SEXTUM SIC PROCEDITUR. Videtur quod omnes praelati ecclesiastici sint in statu perfectionis.

1. Dict enim Hieronymus, *super Epist. ad Tit.*[1]: *Olim idem presbyter qui et episcopus*: et postea

ARTIGO 6

Todos os prelados eclesiásticos estão no estado de perfeição?

QUANTO AO SEXTO, ASSIM SE PROCEDE: parece que todos os prelados eclesiásticos **estão** no estado de perfeição.

1. Com efeito, diz Jerônimo: "Outrora, presbítero e bispo não se distinguiam". E acrescenta: "Por

---

7. Interl.; LOMBARDI: ML 192, 360 B.
8. MG 3, 513 CD.
9. Art. 4.

PARALL.: *Quodlib.* I, q. 7, a. 2, ad 2; III, q. 6, a. 3; *De Perf. Vitae Spirit.*, c. 21 sqq.; *in Matth.*, cap. 19.
1. C. 1, v. 5: ML 26, 562 C.

subdit: *Sicut ergo presbyteri sciunt se Ecclesiae consuetudine ei qui sibi praepositus fuerit, esse subiectos; ita episcopi noverint se magis consuetudine quam dispensationis Dominicae veritate presbyteris esse maiores, et in communi debere Ecclesiam regere.* Sed episcopi sunt in statu perfectionis. Ergo et presbyteri habentes curam animarum.

2. PRAETEREA, sicut episcopi suscipiunt curam animarum cum consecratione, ita etiam et presbyteri curati: et etiam archidiaconi, de quibus, super illud Act 6,3, *Considerate, fratres, viros boni testimonii septem* etc., dicit Glossa[2]: *Hic decernebant Apostoli per Ecclesiam constitui septem diaconos, qui essent sublimioris gradus, et quasi columnae proximi circa aram.* Ergo videtur quod ipsi etiam sint in statu perfectionis.

3. PRAETEREA, sicut episcopi obligantur ad hoc quod *animam suam ponant pro ovibus suis*, ita et presbyteri curati et archidiaconi. Sed hoc pertinet ad perfectionem caritatis, ut dictum est[3]. Ergo videtur quod etiam presbyteri curati et archidiaconi sint in statu perfectionis.

SED CONTRA est quod dicit Dionysius, 5 cap. *Eccles. Hier.*[4]: *Pontificum quidem ordo consummativus est et perfectivus; sacerdotum autem illuminativus et lucidativus; ministrantium vero purgativus et discretivus.* Ex quo patet quod perfectio solis episcopis attribuitur.

RESPONDEO dicendum quod in presbyteris et diaconibus habentibus curam animarum, duo possunt considerari: scilicet ordo, et cura. Ordo autem ipse ordinatur ad quendam actum in divinis officiis: unde supra[5] dictum est quod distinctio ordinum sob distinctione officiorum continetur. Unde per hoc quod aliqui accipiunt sacrum ordinem, accipiunt potestatem quosdam sacros actus perficiendi: non autem obligantur ex hoc ipso ad ea quae sunt perfectionis, nisi quatenus, apud Occidentalem Ecclesiam, in susceptione sacri ordinis emittitur continentiae votum, quod est unum eorum quae ad perfectionem pertinent, ut infra dicetur. Unde patet quod ex hoc quod aliquis accipit sacrum ordinem, non ponitur simpliciter in statu perfectionis:

conseguinte, assim como os presbíteros sabem que, por costume da Igreja, são submissos àquele que é seu superior saibam também os bispos que, mais por costume que por disposição do Senhor, são superiores dos presbíteros, e que devem governar a Igreja em união com eles". Ora, os bispos estão no estado de perfeição. Logo, também os presbíteros que têm cura de almas.

2. ALÉM DISSO, como os bispos, os párocos recebem a cura de almas com a consagração, e assim igualmente os arcediagos. Destes diz a Glosa, comentando a palavra da Escritura: "Procurai, irmãos, entre vós, sete homens de boa reputação" etc.: "Os Apóstolos, por essas palavras, determinavam que a Igreja designasse sete diáconos, chamados a ocupar um grau mais elevado e que seriam como colunas em torno do altar". Logo, parece que também eles estão no estado de perfeição.

3. ADEMAIS, assim como os bispos, os presbíteros com cura de almas e os arcediagos também são obrigados a "dar a vida por suas ovelhas". Ora, isto constitui a perfeição da caridade, como foi dito acima. Logo, parece que também os presbíteros com cura de almas e os arcediagos estão no estado de perfeição.

EM SENTIDO CONTRÁRIO, Dionísio escreve: "A ordem dos pontífices tem a missão de consumar a perfeição e de conduzir a ela; a dos sacerdotes a de iluminar e esclarecer; a dos diáconos a de purificar e discernir". Por isso, é claro que só aos bispos se atribui a perfeição.

RESPONDO. Nos presbíteros e diáconos com cura de almas, podemos considerar duas coisas: a ordem e a cura de almas. A ordem se refere a um ato particular na esfera dos ofícios divinos. Por isso, a distinção das ordens está contida na divisão dos ofícios. E, assim, quem recebe uma ordem sacra, recebe o poder de exercer certos atos sacros. Nem por isso, porém, está obrigado às coisas que dizem respeito à perfeição, excetuando-se que, na Igreja ocidental, a recepção das ordens sacras implica a emissão do voto de castidade, que é um dos elementos requeridos pela perfeição, como se verá em seguida. Portanto, é evidente que o simples fato de receber uma ordem sacra não põe propriamente ninguém no estado de perfeição,

---

2. Ordin.: ML 114, 439 D.
3. A. 2, ad 3; a. 5.
4. MG 3, 508 C. Cfr. ibid., 505 C-508 A.
5. Q. 183, a. 3, ad 3.

quamvis interior perfectio ad hoc requiratur quod aliquis digne huiusmodi actus exerceat.

Similiter etiam nec ex parte curae quam suscipiunt, ponuntur in statu perfectionis. Non enim obligantur ex hoc ipso vinculo perpetui voti ad hoc quod curam animarum retineant, sed possunt eam deserere: vel transeundo ad religionem, etiam absque licentia episcopi, ut habetur in Decretis, XIX Caus., qu. 2[6]; — et etiam, cum licentia episcopi, potest aliquis archidiaconatum vel parochiam dimittere et simplicem praebendam accipere sine cura. Quod nullo modo liceret si esset in statu perfectionis: *nemo* enim *mittens manum ad aratrum et aspiciens retro, aptus est regno Dei*, ut dicitur Lc 9,62. Episcopi autem, quia sunt in statu perfectionis, non nisi auctoritate Summi Pontificis, ad quem etiam pertinet in votis perpetuis dispensare, possunt episcopalem curam deserere, et ex certis causis, ut infra dicetur.

Unde manifestum est quod non omnes praelati sunt in statu perfectionis, sed soli episcopi.

AD PRIMUM ergo dicendum quod de presbytero et episcopo dupliciter loqui possumus. Uno modo, quantum ad nomen. Et sic olim non distinguebantur episcopi et presbyteri. Nam episcopi dicuntur ex eo quod *superintendunt,* sicut Augustinus dicit, XIX *de Civ. Dei*[7]: presbyteri autem in graeco dicuntur quasi *seniores*. Unde et Apostolus communiter utitur nomine *presbyterorum* quantum ad utrosque, cum dicit, 1Ti 5,17: *Qui bene praesunt presbyteri, duplici honore digni habeantur*. Et similiter etiam nomine *episcoporum*: unde dicit, Act 20,28, presbyteris Ecclesiae Ephesinae loquens: *Attendite vobis et universo gregi, in quo vos Spiritus Sanctus posuit episcopos regere Ecclesiant Dei*.

Sed secundum rem, semper inter eos fuit distinctio, etiam tempore Apostolorum: ut patet per Dionysium, 5 cap. *Eccles. Hier.*[8]. Et Lc 10, super illud [v. 1], *Post haec autem designavit Dominus* etc., dicit Glossa[9]: *Sicut in Apostolis forma est episcoporum, sic in septuagintaduobus discipulis forma est presbyterorum secundi ordinis*.

embora seja necessária a perfeição interior para se exercer dignamente tais atos[g].

Assim também, nem a cura de almas que eles assumem, coloca-os no estado de perfeição. Pois o vínculo do voto perpétuo não obriga, por si mesmo, ao exercício da cura de almas. Ao contrário, podem abandoná-la, entrando em religião, mesmo sem licença do bispo como especificam as *Decretais*; ou, então, com licença do bispo, qualquer arquidiácono pode abandonar o arquidiaconato ou a paróquia para receber uma simples prebenda sem cura de almas. O que, de nenhum modo, lhes seria permitido se estivessem no estado de perfeição, pois "Quem põe a mão no arado e olha para trás não é apto para o Reino de Deus", como se lê no Evangelho de Lucas. Mas os bispos, que estão no estado de perfeição, só podem abandonar o cargo episcopal com a autorização do Sumo Pontífice, ao qual compete exclusivamente dispensar em matéria de votos perpétuos, e isto por determinadas causas, como depois se dirá.

Portanto, é evidente que nem todos os prelados estão no estado de perfeição, mas só os bispos.

QUANTO AO 1º, portanto, deve-se dizer que podemos falar de presbítero ou de bispo, de duas maneiras. Primeiro, quanto ao nome, e é verdade que, antigamente, não se distinguia presbítero de bispo. Pois se chamam bispos por serem "superintendentes", como explica Agostinho, e presbítero em grego significa "ancião". Por isso, o Apóstolo usa geralmente o nome de "presbíteros" nas duas acepções, quando diz: "Os presbíteros que exercem bem a presidência são dignos de uma dupla honra". E, no mesmo sentido, emprega o termo "bispo", pois assim se dirige ele aos presbíteros da igreja de Éfeso: "Olhai por vós e por todo o rebanho, no qual o Espírito Santo vos estabeleceu como bispos para governar a Igreja de Deus".

Mas, realmente, houve sempre entre eles uma distinção, mesmo no tempo dos Apóstolos, como se vê pelo que escreve Dionísio. E, a respeito da passagem do Evangelho "E depois disto designou ainda o Senhor" etc., diz a Glosa: "Assim como nos Apóstolos está a forma dos bispos, nos setenta e dois discípulos está a forma dos presbíteros de segunda ordem".

---

6. GRATIANUS, *Decretum*, P. II, causa 19, q. 2, can. 2: ed. Richter-Friedberg, t. I, p. 839.
7. C. 19: ML 41, 647.
8. MG 3, 500 D.
9. Ordin.: ML 114, 284 A.

g. Esse parágrafo constitui uma contribuição significativa para a teologia do sacramento da Ordem segundo Sto. Tomás.

Postmodum tamen, ad schisma vitandum, necessarium fuit ut etiam nomina distinguerentur: ut scilicet maiores dicerentur episcopi. Minores autem dicuntur presbyteri.

Dicere autem presbyteros non differre ab episcopis, inter dogmata haeretica numerat Augustinus, in libro *de Haeres*.[10], ubi dicit quod Aeriani dicebant *presbyterum ab episcopo nulla differentia debere discerni*.

AD SECUNDUM dicendum quod episcopi principaliter habent curam omnium suae dioecesis: presbyteri autem curati et archidiaconi habent aliquas subministrationes sub episcopis. Unde super illud 1Cor 12,28, *Alii opitulationes, alii gubernationes*, dicit Glossa[11]: *"Opitulationes", idest, eos qui maioribus ferunt opem, ut Titus Apostolo, vel archidiaconi episcopis. "Gubernationes", scilicet minorum personarum praelationes, ut presbyteri sunt, qui plebi documento sunt*. Et Dionysius dicit, 5 cap. *Eccles. Hier.*[12], quod *sicut universam hierarchiam videmus in Iesu terminatam, ita unamquamque in proprio divino hierarcha*, idest episcopo. Et XVI, qu. 1[13], dicitur: *Omnibus presbyteris et diaconibus attendendum est ut nihil absque proprii episcopi licentia agant*. Ex quo patet quod ita se habent ad episcopum sicut ballivi vel praepositi ad regem. Et propter hoc, sicut in mundanis potestatibus solus rex solemnem benedictionem accipit, alii vero per simplicem commissionem instituuntur; ita etiam in Ecclesia cura episcopalis cum solemnitate consecrationis committitur, cura autem archidiaconatus vel plebanatus cum simplici iniunctione. — Consecrantur tamen in susceptione ordinis, etiam antequam curam habeant.

Contudo, mais tarde, para evitar o cisma, foi necessário distinguir também os nomes, de modo que os maiores foram chamados bispos e os menores, presbíteros.

Dizer, pois, que os presbíteros não diferem dos bispos é um erro, que Agostinho enumera entre as doutrinas heréticas, quando fala desta afirmação dos arianos "o presbítero não se deve distinguir do bispo por nenhuma diferença"[h].

QUANTO AO 2º, deve-se dizer que é aos bispos que compete principalmente o cuidado das ovelhas da sua diocese; enquanto que os presbíteros com cura de almas e os arquidiáconos exercem os ministérios menores que lhes são confiados sob a autoridade dos bispos. Por isso, comentando a frase: "A uns a assistência, a outros o governo", diz a Glosa: "A assistência" é a função daqueles que desempenham o papel de auxiliares junto aos superiores, como Tito para o Apóstolo, ou os arquidiáconos para os bispos". "O governo, isto é, a autoridade de que gozam as pessoas de posição inferior, como são os presbíteros, encarregados de ensinar o povo". E Dionísio diz: "Assim como vemos toda a hierarquia culminar em Jesus, assim cada uma das hierarquias particulares culmina no divino hierarca que lhe é próprio", isto é, no bispo. E se lê numa *Decretal*: "Todos os presbíteros e diáconos devem procurar não fazer coisa alguma sem licença do próprio bispo". Donde é claro que eles são em relação ao bispo o que são os ministros ou prefeitos em relação ao rei. E, por isso, como na ordem do poder temporal, só o rei recebe a bênção solene, sendo os demais instituídos por simples comissão, assim também na Igreja o cargo episcopal é conferido mediante uma solene consagração, enquanto que os cargos do arquidiácono e do pároco por simples injunção. — Contudo, antes mesmo de ter esse cargo, arquidiáconos e párocos são consagrados ao receber a ordem.

---

10. Haer. 53: ML 42, 40.
11. Interl.; LOMBARDI: ML 191, 1657 C D.
12. G 3, 505 A B.
13. GRATIANUS, *op. cit.*, P. II, causa 16, q. 1, can. 41: ed. cit., t. I, p. 773.

h. A Igreja conservou a memória de uma época na qual os termos "padre" e "bispo" eram empregados indistintamente, mas ela faz questão de manter a distinção radical entre os dois ofícios. Infelizmente, Dionísio, que é apenas *pseudo*apostólico (Índice dos autores citados, p. 19), é uma testemunha falaciosa à qual Sto. Tomás, de boa fé, concede um crédito não merecido.

Até o Concílio Vaticano II, a tendência era valorizar o sacerdócio e apresentá-lo sob a aparência de um estado de perfeição. O Concílio, conforme a tese tradicional apresentada por Sto. Tomás, acentuou as prerrogativas próprias do episcopado (Const. dogm. *Lumen Gentium*, cap. 3). Mas, mesmo depois do último Concílio, a assimilação entre bispo e padre, do ponto de vista do estado de perfeição, é bem mais nítida do que na Idade Média. E não é uma mera questão de celibato.

AD TERTIUM dicendum quod sicut plebani et archidiaconi non habent principaliter curam, sed administrationem quandam secundum quod eis ab episcopo committitur; ita etiam ad eos non pertinet principaliter pastorale officium, nec obligatio ponendi animam pro ovibus, sed inquantum participant de cura. Unde magis habent quoddam officium ad perfectionem pertinens, quam obtineant perfectionis statum.

QUANTO AO 3º, deve-se dizer que não tendo cura de almas como missão principal, mas uma certa administração a eles confiada pelo bispo, os párocos e os arquidiáconos não exercem principalmente o ofício pastoral, nem têm a obrigação de dar sua vida por suas ovelhas, senão na medida em que participam do cargo. Por conseguinte, no seu caso, trata-se antes de exercer um ofício relacionado com a perfeição, do que achar-se num estado de perfeição.

ARTICULUS 7
Utrum status religiosorum sit perfectior quam atatus praelatorum

AD SEPTIMUM SIC PROCEDITUR. Videtur quod status religiosorum sit perfectior quam status praelatorum.
1. Dominus enim dicit, Mt 19,21: *Si vis perfectus esse, vade et vende omnia quae habes et da pauperibus*: quod faciunt religiosi. Non autem ad hoc tenentur episcopi: dicitur enim XII, qu. 1[1]: *Episcopi de rebus propriis vel acquisitis, vel quidquid de proprio habent, heredibus suis derelinquant*. Ergo religiosi sunt in perfectiori statu quam episcopi.

2. PRAETEREA, perfectio principalius consistit in dilectione Dei quam in dilectione proximi. Sed status religiosorum directe ordinatur ad dilectionem Dei: unde et *ex Dei servitio et famulatu nominantur*, ut Dionysius dicit, 6 cap. *Eccles. Hier.*[2] Status autem episcoporum videtur ordinari ad dilectionem proximi, cuius curae *superintendunt*: unde et nominantur, ut patet per Augustinum, XIX *de Civ. Dei*[3]. Ergo videtur quod status religiosorum sit perfectior quam status episcoporum.

3. PRAETEREA, status religiosorum ordinatur ad vitam contemplativam, quae potior est quam vita activa, ad quam ordinatur status episcoporum: dicit enim Gregorius, in *Pastoral*.[4], quod *per activam vitam prodesse proximis cupiens Isaias officium praedicationis appetiit: per contemplationem vero Ieremias, amori Conditoris sedulo inhaerere desiderans, ne mitti ad praedicandum debeat, con-

ARTIGO 7
O estado religioso é mais perfeito que o estado episcopal?

QUANTO AO SÉTIMO, ASSIM SE PROCEDE: parece que o estado religioso é mais perfeito que o estado episcopal.
1. Com efeito, diz o Senhor: "Se queres ser perfeito, vai, vende tudo o que tens e dá aos pobres". É o que fazem os religiosos. Os bispos, porém, não estão obrigados a isso, pois se lê numa Decretal: "Os bispos, se o quiserem, podem deixar aos seus herdeiros os seus bens próprios, adquiridos ou que lhes pertençam pessoalmente". Logo, os religiosos estão num estado mais perfeito que os bispos.

2. ALÉM DISSO, a perfeição consiste mais no amor de Deus que no amor do próximo. Ora, o estado dos religiosos se ordena diretamente ao amor de Deus; por isso, segundo Dionísio, "recebem seu nome do culto e do serviço a Deus". Ao passo que o estado episcopal parece ordenar-se ao amor do próximo, de que estão encarregados como "superintendentes", donde lhes vem o nome, segundo a observação de Agostinho. Logo, parece que o estado religioso é mais perfeito que o episcopal.

3. ADEMAIS, o estado religioso é ordenado à vida contemplativa, que é mais excelente que a vida ativa, a que se ordena o estado episcopal. Assim, diz Gregório: "Isaías, querendo ser útil ao próximo na vida ativa, aspirava ao ofício da pregação; enquanto que Jeremias, querendo dedicar-se mais intensamente ao amor do Criador pela contemplação, procurava eximir-se da missão

---

7 PARALL.: *De Perf. Vitae Spirit.*, c. 17, 18; *in Matth.*, c. 19.
1. GRATIANUS, *Decretum*, P. II, causa 12, q. 1, can. 19: ed. Richter-Friedberg, t. I, p. 684.
2. MG 3, 533 A.
3. C. 19: ML 41, 647.
4. P. I, c. 7: ML 77, 20 B.

tradicit. Ergo videtur quod status religiosorum sit perfectior quam status episcoporum.

SED CONTRA, nulli licet a maiori statu ad minorem transire: hoc enim esset *retro aspicere.* Sed potest aliquis a statu religionis transire ad statum episcopalem: dicitur enim XVIII, qu. 1[5], quod *sacra ordinatio de monacho episcopum facit.* Ergo status episcoporum est perfectior quam religiosorum.

RESPONDEO dicendum quod, sicut Augustinus dicit, XII *super Gen. ad litt.*[6], *semper agens praestantius est patiente.* In genere autem perfectionis, episcopi, secundum Dionysium[7] se habent ut *perfectores,* religiosi autem ut *perfecti*: quorum unum pertinet ad actionem, alterum autem ad passionem. Unde manifestum est quod status perfectionis potius est in episcopis quam in religiosis.

AD PRIMUM ergo dicendum quod abrenuntiatio propriarum facultatum dupliciter considerari potest. Uno modo, secundum quod est in actu. Et sic in ea non consistit essentialiter perfectio, sed est quoddam perfectionis instrumentum, sicut supra[8] dictum est. Et ideo nihil prohibet statum perfectionis esse sine abrenuntiatione propriorum. Sic etiam dicendum est de aliis exterioribus observantiis.

Alio modo potest considerari secundum praeparationem animi: ut scilicet homo sit paratus, si opus fuerit, omnia dimittere vel distribuere. Et hoc pertinet directe ad perfectionem. Unde Augustinus dicit, in libro *de Quaest. Evang.*[9]: *Ostendit Dominus filios sapientiae intelligere non in abstinendo nec in manducando esse iustitiam: sed in aequanimitate tolerandi inopiam.* Unde et Apostolus dicit: *Scio abundare et penuriam pati.* Ad hoc autem maxime tenentur episcopi, quod omnia sua pro honore Dei et salute sui gregis contemnant, cum opus fuerit, vel pauperibus sui gregis largiendo, vel *rapinam bonorum suorum cum gaudio sustinendo.*

AD SECUNDUM dicendum quod hoc ipsum quod episcopi intendunt his quae pertinent ad proximorum dilectionem, provenit ex abundantia dilectionis divinae. Unde Dominus primo a Petro quaesivit an eum diligeret, et postea ei gregis curam commisit. Et Gregorius dicit, in

de pregar". Logo, parece que o estado religioso é mais perfeito que o estado episcopal.

EM SENTIDO CONTRÁRIO, ninguém pode passar de um estado mais digno para outro menos digno. Porque seria "olhar para trás". Ora, é possível passar do estado religioso para o estado episcopal, pois se lê no Decreto que "A ordenação sagrada faz do monge um bispo". Logo, é mais perfeito o estado episcopal que o estado religioso.

RESPONDO. "O agente, diz Agostinho, é sempre superior ao paciente". Ora, na ordem da perfeição, segundo Dionísio, os bispos exercem a função de "aperfeiçoadores" e os religiosos de "aperfeiçoados". Ora, a primeira evoca a ideia de atividade, a outra a de passividade. Logo, é manifesto que o estado de perfeição é mais excelente nos bispos que nos religiosos.

QUANTO AO 1º, portanto, deve-se dizer que a renúncia dos bens próprios pode assumir duas formas. Primeiro, a renúncia atual. Assim considerada, ela não é a própria perfeição, mas um simples meio de perfeição. Portanto, nada impede que exista um estado de perfeição sem essa renúncia. E o mesmo se pode dizer das outras observâncias exteriores.

Uma segunda forma, como disposição interior. Assim, a perfeição pode ser considerada como a disposição do homem a abandonar e distribuir tudo, se fosse preciso. E isto pertence diretamente à perfeição. Por isso, escreve Agostinho: "O Senhor mostra que os filhos da sabedoria compreendem que a justiça não consiste nem em jejuar nem em comer, mas em suportar a indigência com ânimo tranquilo". E o Apóstolo: "Sei viver na necessidade e na fartura". Ora, os bispos são obrigados, mais do que ninguém, quando necessário, para a glória de Deus e a salvação do seu rebanho, a desprezar todos os seus bens, seja distribuindo-os aos pobres, seja "aceitando com alegria a expoliação dos seus bens".

QUANTO AO 2º, deve-se dizer que o próprio fato de os bispos se aplicarem às coisas que se referem ao amor do próximo, provém da abundância do seu amor por Deus. Por isso, o Senhor perguntou primeiro a Pedro se o amava e só depois confiou-lhe o seu rebanho. E Gregório escreve: "Se o

---

5. GRATIANUS, *op. cit.*, P. II, causa 18, q. 1, can. 1: ed. cit., t. I, p. 828.
6. C. 16, n. 33: ML 34, 467.
7. *Cael. Hier.*, cc. 5, 6: MG 3, 505 B C, 532 C D.
8. Art. 3.
9. L. II, q. 11: ML 35, 1337.

Pastoral.¹⁰: *Si dilectionis est testimonium cura pastoris, quisquis, virtutibus pollens, gregem Dei renuit pascere, Pastorem Summum convincitur non amare*. Hoc autem est maioris dilectionis signum, ut homo propter amicum etiam alii serviat, quam etiam si soli amico velit servire.

AD TERTIUM dicendum quod, sicut Gregorius dicit, in *Pastoral*.¹¹: *Sit praesul actione praecipuus, prae cunctis contemplatione suspensus:* quia ad ipsos pertinet non solum propter seipsos, sed etiam propter instructionem aliorum contemplari. Unde Gregorius dicit, *super Ezech*.¹², quod *de perfectis viris post contemplationem suam redeuntibus dicitur: Memoriam suavitatis tuae eructabunt*.

encargo pastoral é uma prova de amor, todo aquele que, possuindo as virtudes necessárias, se recusa a apascentar o rebanho do Senhor, demonstra que não ama o Pastor supremo". Ora, é sinal de maior amor servir também a um terceiro por causa de um amigo, do que querer servir somente a esse amigo[i].

QUANTO AO 3º, deve-se dizer que "seja o bispo, escreve Gregório, o primeiro na ação e esteja, mais do que ninguém, absorvido na contemplação", porque tem o dever de contemplar não só em benefício próprio, mas também para poder instruir aos outros. Por isso, acrescenta: "Aos homens perfeitos que voltam da contemplação é que se aplica a frase da Escritura: 'Farão sentir o gosto da tua doçura'".

ARTICULUS 8
Utrum presbyteri curati et archidiaconi sint maioris perfectionis quam religiosi

AD OCTAVUM SIC PROCEDITUR. Videtur quod etiam presbyteri curati et archidiaconi sint maioris perfectionis quam religiosi.

1. Dicit enim Chrysostomus, in suo *Dialogo*¹: *Si talem mihi aliquem adducas monachum qualis, ut secundum exaggerationem dicam, Elias fuit: non tamen illi comparandus est qui, traditus populis et multorum peccata ferre compulsus, immobilis perseverat et fortis*. Et parum post dicit: *Si quis mihi proponeret optionem ubi mallem placere, in officio sacerdotali an in solitudine monachorum: sine comparatione eligerem illud quod prius dixi*. Et in eodem libro dicit: *Si quis bene administrato sacerdotio illius propositi*, scilicet monachalis, *sudores conferat, tantum eos distare reperiet quantum inter privatum distat et regem*. Ergo videtur quod sacerdotes habentes curam animarum sint perfectiores religiosis.

ARTIGO 8
Os presbíteros com cura de almas e os arquidiáconos têm maior perfeição que os religiosos?[j]

QUANTO AO OITAVO, ASSIM SE PROCEDE: parece que os presbíteros com cura de almas e os arquidiáconos **têm** maior perfeição que os religiosos.

1. Com efeito, diz Crisóstomo: "Ainda que me apresentes um monge do qual se possa dizer, exagerando bem, que seja um outro Elias, contudo, ele não é comparável àquele que, entregue ao povo e obrigado a levar sobre si os pecados de muitos, persevera imutável e forte". E, pouco depois, acrescenta: "Se me fosse dado escolher entre agradar a Deus no ofício sacerdotal ou na solidão do mosteiro, sem duvidar um só instante, escolheria o primeiro". E, no mesmo livro, escreve: "Se se comparam ao sacerdócio bem administrado os suores da vida monástica, se achará entre eles a mesma distância que separa um rei de um simples súdito". Logo, parece que os sacerdotes com cura de almas são mais perfeitos que os religiosos.

---

10. P. I, c. 5: ML 77, 19 A.
11. P. II, c. 1: ML 77, 26 D — 27 A.
12. L. I, hom. 5, n. 12: ML 76, 826 B.

8 PARALL.: *Quodlib*. III, q. 6, a. 3; *De Perf. Vitae Spir*., c. 20 sqq.; *in Matth*., c. 19.

1. Al. *De Sacerdotio*, l. VI, nn. 4, 7: MG 48, 681, 683.

i. A objeção era sedutora: ao religioso, o amor a Deus, ao pastor, o amor ao próximo, logo, um amor menos diretamente teologal. A resposta é perfeitamente esclarecedora: "É o sinal de um amor maior aceitar por seu amigo servir a um terceiro do que querer servir a esse amigo exclusivamente". Tal é a vocação do pastor na Igreja de Cristo.

j. A extensão deste artigo surpreende. A comparação entre cura (arquidiácono) e religioso possui tal importância? Deve-se crer que o era para Sto. Tomás, pois lhe consagrou outros estudos, em especial em seu opúsculo sobre a perfeição da vida espiritual (*De perfectione vitae spiritualis*). É que, no século XIII, os religiosos, e em particular os irmãos mendicantes, precisavam lutar para assegurar-se um lugar ao sol. Foi uma das querelas nas quais Sto. Tomás se envolveu.

2. Praeterea, Augustinus dicit, in epistola *ad Valerium*[2]: *Cogitet religiosa prudentia tua nihil esse in hac vita, maxime hoc tempore, difficilius, laboriosius, periculosius episcopi aut presbyteri aut diaconi officio: sed apud Deum nihil beatius, si eo modo militetur quo noster Imperator iubet.* Non ergo religiosi sunt perfectiores presbyteris aut diaconibus.

3. Praeterea, Augustinus dicit, ad Aurelium[3]: *Nimis dolendum est, si ad tam ruinosam superbiam monachos subrigimus, et tam gravi contumelia clericos dignos putamus,* ut scilicet dicatur quod "malus monachus bonus clericus est": *cum aliquando bonus etiam monachus vix bonum clericum faciat.* Et paulo ante praemittit, *non esse viam dandam servis Dei,* idest monachis, *ut se facilius putent eligi ad aliquid melius,* scilicet clericatum, *si facti fuerint deteriores,* scilicet abiecto monachatu. Ergo videtur quod illi qui sunt in statu clericali, sint perfectiores religiosis.

4. Praeterea, non licet de statu maiori ad minorem transire. Sed de statu monastico transire licet ad officium presbyteri curam habentis: ut patet XVI, qu. 1[4], ex decreto Gelasii Papae, qui dicit: *Si quis monachus fuerit qui, venerabilis vitae merito, sacerdotio dignus praevideatur; et abbas sub cuius imperio Regi Christo militat, illum fieri presbyterum petierit: ab episcopo debet eligi, et in loco quo iudicaverit ordinari.* Et Hieronymus dicit, *ad Rusticum Monachum*[5]: *Sic vive in monasterio ut clericus esse merearis.* Ergo presbyteri curati et archidiaconi sunt perfectiores religiosis.

5. Praeterea, episcopi sunt in statu perfectiori quam religiosi, ut ex supra[6] dictis patet. Sed presbyteri curati et archidiaconi, ex eo quod habent curam animarum, similiores sunt episcopis quam religiosi. Ergo sunt maioris perfectionis.

6. Praeterea, *virtus consistit circa difficile et bonum,* ut dicitur in II *Ethic*.[7]. Sed difficilius est quod aliquis bene vivat in officio presbyteri curati vel archidiaconi quam in statu religionis. Ergo

2. Além disso, Agostinho diz: "Considere tua religiosa prudência que nada há mais difícil na vida, e sobretudo em nossos dias, nem mais laborioso nem mais perigoso, que o ofício do bispo, do presbítero ou do diácono. Mas, diante de Deus, nada traz maior felicidade, se se combate como manda o nosso Imperador". Logo, os religiosos não são mais perfeitos que os presbíteros ou os diáconos.

3. Ademais, Agostinho escreveu: "Triste seria expor os monges a uma tão perniciosa soberba e considerar os clérigos dignos de tão grave afronta, como é dizer que um mau monge faz um bom clérigo; quando a verdade é que, às vezes, mesmo um bom monge, apenas poderia dar um bom clérigo". E, um pouco antes, dissera: "Não se dê ocasião aos servos de Deus", isto é, aos monges, "de pensar que serão mais facilmente escolhidos para algo melhor", isto é, a clericatura, "fazendo-se piores", quer dizer, abandonando a vida monástica. Logo, parece que os que estão no estado clerical são mais perfeitos que os religiosos.

4. Ademais, não é lícito passar de um estado superior a um estado inferior. Mas pode-se passar do estado monástico para o ofício de presbítero com cura de almas, como prova este decreto do Papa Gelásio: "Se houver um monge, venerável pelo mérito da sua vida, que for julgado digno do sacerdócio, e se o abade, sob o comando do qual ele combate por Cristo, pedir que seja ordenado sacerdote, o bispo deverá escolhê-lo e ordená-lo no lugar em que achar conveniente". E Jerônimo, por sua vez, disse: "Vive no teu mosteiro de tal maneira que mereças ser ordenado clérigo". Logo, os presbíteros com cura de almas e os arquidiáconos são mais perfeitos que os religiosos.

5. Ademais, os bispos estão num estado mais perfeito que os religiosos. Ora, os presbíteros com cura de almas e os arcediagos, pelo próprio fato de exercerem a cura de almas, assemelham-se mais aos bispos que os religiosos. Logo, são mais perfeitos.

6. Ademais, "o objeto da virtude é o bem árduo", diz o Filósofo. Ora, é mais difícil viver bem no ofício de presbítero com cura de almas e de arcediago do que no estado religioso. Logo, a

---

2. Epist. 21, al. 148, n. 1: ML 33, 88.
3. Epist. 60, al. 76, n. 1: ML 33, 228.
4. Gratianus, *Decretum,* P. II, causa 16, q. 1, can. 28: ed. Richter-Friedberg, t. I, p. 768.
5. Epist. 125, al. 4, n. 17: ML 22, 1082.
6. Art. 7.
7. C. 2: 1105, a, 9-13.

presbyteri curati vel archidiaconi sunt perfectioris virtutis quam religiosi.

SED CONTRA est quod dicitur XIX, qu. 2, cap. *Duae*[8]: *Si quis in ecclesia sua sob episcopo populum retinet et saeculariter vivit, si affatus Spiritu Sancto, in aliquo monasterio vel regulari canonica salvari se voluerit: quia lege privata ducitur, nulla ratio exigit ut publica constringatur.* Sed non ducitur aliquis a lege Spiritus Sancti, quae ibi dicitur *lex privata*, nisi in aliquid perfectius. Ergo videtur quod religiosi sint perfectiores quam archidiaconi vel presbyteri curati.

RESPONDEO dicendum quod comparatio supereminentiae non habet locum inter aliquos ex ea parte in qua conveniunt, sed ex ea parte in qua differunt. In presbyteris autem curatis et archidiaconis tria est considerare: scilicet statum, ordinem et officium. Ad statum pertinet quod saeculares sunt; ad ordinem, quod sunt sacerdotes vel diaconi; ad officium, quod curam animarum habent sibi commissam.

Si igitur ex alia parte ponamus statu religiosum, ordine diaconum vel sacerdotem, officio curam animarum habentem, sicut plerique monachi et canonici regulares habent: in primo quidem excellit, in aliis, autem par erit. — Si autem differat secundus a primo statu et officio, conveniat autem ordine, sicut sunt religiosi sacerdotes et diaconi curam animarum non habentes: manifestum est quod secundus primo erit statu quidem excellentior, officio autem minor, ordine vero aequalis. — Est ergo considerandum quae praeeminentia potior sit: utrum status, vel officii.

Circa quod duo attendenda videntur: scilicet bonitas et dificultas. Si ergo fiat comparatio secundum bonitatem, sic praefertur status religionis officio presbyteri curati vel archidiaconi: quia religiosus totam vitam suam obligat ad perfectionis studium; presbyter autem curatus vel archidiaconus non obligat totam vitam suam ad curam animarum, sicut episcopus; nec etiam ei competit principalem curam subditorum habere, sicut episcopis; sed quaedam particularia circa curam animarum eorum officio committuntur, ut ex dictis[9] patet. Et ideo comparatio status religionis ad eorum officium est sicut universalis ad particulare: et sicut holocausti ad sacrificium,

virtude dos párocos e dos arquidiáconos é mais perfeita que a dos religiosos.

EM SENTIDO CONTRÁRIO, lê-se nas Decretais: "Se alguém governa o povo da sua igreja sob a autoridade do bispo e que, vivendo secularmente, deseja, inspirado pelo Espírito Santo, ir assegurar a sua salvação em algum mosteiro ou entre os cônegos regulares, a esse nenhuma lei pública pode impedir de agir assim, pois procede de acordo com uma lei particular". Ora, ninguém é levado pela lei do Espírito Santo, aqui chamada "lei particular", senão para um bem mais perfeito. Logo, parece que os religiosos são mais perfeitos que os arcediagos ou presbíteros com cura de almas.

RESPONDO. Não há superioridade na comparação de duas coisas com respeito aos elementos que elas têm em comum, mas pelo que diferem. Ora, nos párocos e nos arcediagos podemos considerar três elementos: o estado, a ordem e o ofício. Quanto ao estado, são seculares; quanto à ordem, sacerdotes e diáconos; quanto ao ofício, têm a cura de almas que lhes é confiada.

Se, portanto, colocamos de um lado o religioso (estado de vida) com o diácono ou o sacerdote (ordem), vemos que, quanto ao primeiro elemento, são superiores e, quanto aos outros, são iguais. — Se porém um difere de outro pelo estado e o ofício e é semelhante quanto à ordem, como é o caso dos religiosos sacerdotes ou diáconos sem cura de almas, então é evidente que os religiosos lhes são superiores pelo estado, inferiores pelo ofício e iguais pela ordem. — Portanto, deve-se considerar qual dessas preeminências é a mais importante, a do estado ou a do ofício.

A esse respeito, devem-se levar em conta duas coisas, a saber, a bondade e a dificuldade. Se a comparação se refere à bondade, o estado religioso deve ser colocado acima do ofício de pároco ou de arcediago, porque o religioso se compromete por toda a sua vida a alcançar a perfeição, enquanto que o pároco e o arcediago não obrigam, como o fazem os bispos, à cura de almas por toda a vida. Nem lhes cabe exercer o cuidado principal dos súditos: isto cabe ao bispo. A eles se confiam, por ofício, alguns atos determinados da cura de almas, como já se viu. Por conseguinte, o estado religioso está para o ofício destes como o universal para o particular, e o holocausto para

---

8. GRATIANUS, *op. cit.*, P. II, causa 19, q. 2, can. 2: ed. cit., t. I, p. 839.
9. A. 6, ad 2, 3.

quod est minus holocausto, ut patet per Gregorium, *super Ezech.*[10]. Unde et XIX, qu. 1[11], dicitur: *Clericis qui monachorum propositum appetunt, quia meliorem vitam sequi cupiunt, liberos eis ab episcopo in monasteriis oportet largiri ingressus.* — Sed haec comparatio intelligenda est secundum genus operis. Nam secundum caritatem operantis, contingit quandoque quod opus ex genere suo minus existens, magis est meritorium, si ex maiori caritate fiat.

Si vero attendatur difficultas bene conversandi in religione, et in officio habentis curam animarum, sic difficilius est bene conversari cum cura animarum, propter exteriora pericula: quamvis conversatio religionis sit difficilior quantum ad ipsum genus operis, propter arctitudinem observantiae regularis.

Si vero religiosus etiam ordine careat, sicut patet de conversis religionum, sic manifestum est excellere praeeminentiam ordinis quantum ad dignitatem: quia per sacrum ordinem aliquis deputatur ad dignissima ministeria, quibus ipsi Christo servitur in sacramento Altaris, ad quod requiritur maior sanctitas interior quam requirat etiam religionis status; quia, sicut Dionysius dicit, 6 cap. *Eccles. Hier.*[12], *monasticus ordo debet sequi sacerdotales ordines, et ad eorum imitationem in divina ascendere*. Unde gravius peccat, ceteris paribus, clericus in sacris ordinibus constitutus, si aliquid contrarium sanctitati agat, quam aliquis religiosus qui non habet ordinem sacrum: quamvis laicus religiosus teneatur ad observantias regulares, ad quas illi qui sunt in sacras ordinibus non tenentur.

AD PRIMUM ergo dicendum quod ad illas auctoritates Chirysostomi breviter responderi posset quod non loquitur de sacerdote curato minoris ordinis, sed de episcopo, qui dicitur *summus sacerdos*. Et hoc convenit intentioni illius libri, in quo consolatur se et Basilium de hoc quod erant in episcopos electi.

Sed hoc praetermisso, dicendum est quod loquitur quantum ad difficultatem. Praemittit enim: *Cum fuerit gubernator in mediis fluctibus et de tempestate navem liberare potuerit, tunc merito testimonium perfecti gubernatoris ab omnibus promeretur*. Et post concludit quod supra positum

o sacrifício, como está claro em Gregório. Por isso, se lê numa Decretal: "O bispo deve conceder liberdade para entrar no mosteiro aos clérigos que desejam se fazer monges, pois querem seguir uma vida melhor". — Mas, essa comparação se refere aos dois gêneros de vida considerados em si mesmo. Pois, conforme a caridade do agente, pode acontecer às vezes que uma obra, por si mesma inferior, seja mais meritória quando feita com maior caridade.

Se, porém, se levar em conta a dificuldade de viver bem a vida no estado religioso e no ofício de quem tem a cura de almas, então é mais difícil viver bem no ofício de cura de almas, por causa dos perigos exteriores. Pois, no que diz respeito à dificuldade da própria obra a realizar, a vida religiosa é a mais difícil em razão do rigor da observância regular.

Mas, se o religioso não tem ordem alguma, como é o caso dos irmãos conversos, então é evidente que a ordem tem preeminência por sua dignidade. Pela ordem sacra, o clérigo é consagrado aos ministérios mais dignos que existem, nos quais ele serve o Cristo no Sacramento do altar, o que exige uma santidade interior muito maior do que a exigida no estado religioso. Por isso, diz Dionísio: "A ordem monástica deve seguir-se às ordens sacerdotais e, imitando-as, elevar-se às coisas divinas". Portanto, em igualdade de circunstâncias, peca mais gravemente o clérigo constituído nas ordens sacras, quando faz algo contra a santidade, do que o religioso sem ordens sacras. Ainda assim, contudo, o religioso leigo está obrigado às observâncias regulares, a que não estão os que receberam as ordens sacras.

QUANTO AO 1º, portanto, deve-se dizer que se poderia responder brevemente às palavras de Crisóstomo que não fala do sacerdote com cura de almas, de ordens menores, mas do bispo, a quem chama "sumo sacerdote". Isso corresponde à intenção desse livro no qual se consola a si mesmo e a Basílio de terem sido eleitos bispos.

Mas, deixando isso de lado, deve-se dizer que ele fala do ponto de vista da dificuldade, pois havia dito antes: "Quando o piloto estiver no meio das ondas e tiver conseguido salvar seu navio da tempestade, é com razão que todo o mundo, reconhecendo seu mérito, lhe dará o tí-

---

10. Homil. 20; al. l. II, hom. 8, n. 16: ML 76, 1037 C D.
11. GRATIANUS, *op. cit.*, P. II, causa 19, q. 1, can. 1: ed. cit., t. I, p. 839.
12. MG 3, 533 C.

est de monacho, qui *non est comparandus illi qui, traditus populis, immobilis perseverat*: et subdit causam: quia *sicut in tranquillitate, ita in tempestate gubernavit seipsum*. Ex quo nihil aliud ostendi potest nisi quod periculosior est status habentis curam animarum quam monachi: in maiori autem periculo innocentem se servare est maioris virtutis indicium. Sed hoc etiam ad magnitudinem virtutis pertinet, quod aliquis vitet pericula religionem intrando. Unde non dicit quod *mallet esse in oficio sacerdotali quam in solitudine monachorum*: sed quod *mallet placere* in hoc quam in illo, quia hoc est maioris virtutis argumentum.

AD SECUNDUM dicendum quod etiam illa auctoritas Augustini manifeste loquitur quantum ad difficultatem, quae ostendit magnitudinem virtutis in his qui bene conversantur, sicut dictum est.

AD TERTIUM dicendum quod Augustinus ibi comparat monachos clericis quantum ad distantiam ordinis: non quantum ad distantiam religionis et saecularis vitae.

AD QUARTUM dicendum quod illi qui a statu religionis assumuntur ad curam animarum, cum prius essent in sacris ordinibus constituti, assequuntur aliquid quod prius non habebant, scilicet officium curae: non autem deponunt quod prius habebant, scilicet religionis statum; diciti enim in Decretis, XVI Causa, qu. 1[13]: *De monachis qui, diu morantes in monasteriis, si postea ad clericatus ordines pervenerint, statuimus non debere eos a priori proposito discedere*. Sed presbyteri curati vel archidiaconi, quando religionem ingrediuntur, curam deponunt ut adipiscantur perfectionem status. Unde ex hoc ipso excellentia ex parte religionis ostenditur.

In hoc autem quod religiosi laici assumuntur ad clericatum et sacros ordines, manifeste promoventur ad melius, sicut supra dictum est. Et hoc ostenditur ex ipso modo loquendi, cum Hieronymus dicit: *Sic in monasterio vive ut clericus esse merearis*.

AD QUINTUM dicendum quod presbyteri curati et archidiaconi sunt similiores episcopis quam religiosi quantum ad aliquid: scilicet quantum

tulo de perfeito piloto". E, depois, conclui com o que foi afirmado, a respeito do monge, que "não pode ser comparado àquele que, entregue ao povo, permanece imóvel e firme". E, em seguida, diz a causa: porque "soube governar a si mesmo na tempestade como em tempo sereno". Ora, tudo isto prova unicamente que é mais perigoso o estado de quem exerce a cura de almas que o do monge. E conservar-se puro em meio a maiores perigos, é sinal de uma virtude superior. Mas também mostra uma virtude superior o que evita o perigo, entrando em religião. Por isso, não disse que "preferirira estar no ofício sacerdotal a estar na solidão da vida monástica", mas que preferiria agradar mais a Deus naquele estado do que neste, o que é prova de maior virtude.

QUANTO AO 2º, deve-se dizer que a citação de Agostinho também se refere à dificuldade que revela a grandeza da virtude naqueles que vivem bem a vida religiosa, como se disse.

QUANTO AO 3º, deve-se dizer que Agostinho compara neste lugar os monges aos clérigos quanto à distância que a ordem põe entre eles, e não quanto ao valor respectivo da vida religiosa e da vida secular.

QUANTO AO 4º, deve-se dizer que aqueles que são escolhidos da vida religiosa para serem consagrados à cura de almas, e já se achavam constituídos nas ordens sacras, adquirem o que antes não tinham, a saber, o ofício da cura de almas; mas, nem por isso, abandonam o que já possuíam, isto é, o estado religioso. As Decretais o dizem expressamente: "Determinamos que não devem abandonar o seu primeiro propósito os monges que, depois de terem vivido longamente no mosteiro, chegassem à clericatura". Os presbíteros com cura de almas ou os arcediagos, ao contrário, ao entrar na vida religiosa, abandonam o cargo para adquirir a perfeição do estado. O que, por si mesmo, mostra a superioridade da vida religiosa.

Quando os religiosos leigos são eleitos para a clericatura e as ordens sacras, manifestamente são promovidos a algo melhor. Isso se depreende da maneira de falar de Jerônimo: "Vive no mosteiro de tal maneira que mereças ser ordenado clérigo".

QUANTO AO 5º, deve-se dizer que os presbíteros com cura das almas e os arcediagos são mais semelhantes aos bispos que os religiosos, sobre

---

13. GRATIANUS, *op. cit.*, P. II, causa 16, q. 1, can. 3: ed. cit., t. I, p. 762.

ad curam animarum, quam secundario habent. Se quantum ad perpetuam obligationem, quae requiritur ad statum perfectionis, similiores sunt episcopo religiosi, ut ex supra[14] dictis patet.

AD SEXTUM dicendum quod difficultas qua est ex arduitate operis, addit ad perfectionem virtutis. Diflicultas autem quae provenit ex exterioribus impedimentis, quandoque quidem diminuit perfectionem virtutis: puta cum aliquis non tantum virtutem amat ut impedimenta virtuti declinare velit, secundum illud Apostoli, 1Cor 9,25, *Omnis qui in agone contendit, ab omnibus se abstinet*. Quandoque vero est signum perfectionis virtutis: puta cum alicui ex inopinato vel ex necessaria causa impedimenta virtutis occurrunt, propter quae tamen a virtute non declinat. In statu autem religionis est maior dificultas ex arduitate operum: sed in his qui in saeculo vivunt qualitercumque, est maior difficultas ex impedimentis virtutis, quae religiosi provide vitaverunt.

um ponto, a saber, quanto à cura de almas que exercem secundariamente. Mas quanto à perpétua obrigação, exigida pelo estado de perfeição, os religiosos se aproximam mais dos bispos, como se vê pelo que foi dito acima.

QUANTO AO 6º, deve-se dizer que a dificuldade que provém do caráter árduo da própria obra acrescenta algo à perfeição da virtude. Mas, quanto àquela que provém de obstáculos externos, é diferente. Ora a dificuldade diminui a perfeição da virtude; no caso, por exemplo, daquele que não estima bastante a virtude para evitar os obstáculos a ela, segundo as palavras do Apóstolo: "Todos aqueles que combatem na arena se abstêm de tudo". Ora a dificuldade é sinal da perfeição da virtude; no caso, por exemplo, daquele diante de quem surgem, de repente ou com consequência de uma causa necessária, obstáculos à virtude, mas que não chegam a desviá-lo do caminho dela. Assim, no estado religioso é maior a dificuldade que provém do caráter árduo das obras mesmas. Mas, para aqueles que, de uma maneira qualquer, vivem no século, é maior a dificuldade que nasce dos obstáculos contra a virtude, que os religiosos sabiamente evitaram.

---

14. Art. 5, 6.

QUAESTIO CLXXXV
DE HIS QUAE PERTINENT AD STATUM EPISCOPORUM
in octo articulos divisa

Deinde considerandum est de his quae pertinent ad statum episcoporum.
Et circa hoc quaeruntur octo.
Primo: utrum liceat episcopatum appetere.
Secundo: utrum liceat episcopatum finaliter recusare.
Tertio: utrum oporteat ad episcopatum eligere meliorem.
Quarto: utrum episcopus possit ad religionem transire.
Quinto: utrum liceat ei corporaliter suos subditos deserere.
Sexto: utrum possit habere proprium.
Septimo: utrum peccet mortaliter bona ecclesiastica pauperibus non erogando.

QUESTÃO 185
O ESTADO EPISCOPAL
em oito artigos

Em seguida, deve-se tratar do estado episcopal.
A esse respeito, oito questões:
1. É lícito desejar o episcopado?
2. É lícito recusar terminantemente o episcopado?
3. É preciso eleger como bispo o melhor?
4. O bispo pode entrar no estado religioso?
5. O bispo pode abandonar corporalmente o seu rebanho?
6. O bispo pode ter bens próprios?
7. O bispo peca mortalmente não distribuindo aos pobres os bens eclesiásticos?

Octavo: utrum religiosi qui ad episcopatum assumuntur, teneantur ad observantias regulares.

8. Os religiosos elevados ao episcopado continuam obrigados às observâncias regulares?[a]

ARTICULUS 1
Utrum liceat episcopatum appetere

ARTIGO 1
É lícito desejar o episcopado?

AD PRIMUM SIC PROCEDITUR. Videtur quod liceat episcopatum appetere.
1. Dicit enim Apostolus, 1Ti 3,1: *Qui episcopatum desiderat, bonum opus desiderat.* Sed licitum et laudabile est bonum opus desiderare. Ergo etiam laudabile est desiderare episcopatum.
2. PRAETEREA, status episcoporum est perfectior quam status religiosorum, ut supra[1] habitum est. Sed laudabile est quod aliquis desideret ad statum religionis transire. Ergo etiam laudabile est quod aliquis appetat ad episcopatum promoveri.
3. PRAETEREA, Pr 11,26 dicitur: *Qui abscondit frumenta, maledicetur in populis: benedictio autem super caput vendentium.* Sed ille qui est idoneus et vita et scientia ad episcopatum, videtur frumenta spiritualia abscondere si se ab episcopatu subtrahat: per hoc autem quod episcopatum accipit, ponitur in statu frumenta spiritualia dispensandi. Ergo videtur quod laudabile sit episcopatum appetere, et vituperabile ipsum refugere.
4. PRAETEREA, facta sanctorum quae in Scriptura narrantur, proponuntur nobis in exemplum: secundum illud Rm 15,4: *Quaecumque scripta sunt, ad nostram doctrinam scripta sunt.* Sed legitur Is 6,8, quod Isaias se obtulit ad officium praedicationis: quae praecipue competit episcopis. Ergo videtur quod appetere episcopatum sit laudabile.
SED CONTRA est quod Augustinus dicit, XIX *de Civ. Dei*[2]: *Locus superior, sine quo populus regi non potest, etsi administretur ut decet, tamen indecenter appetitur.*
RESPONDEO dicendum quod in episcopatu tria possunt considerari. Quorum unum est principale et finale: scilicet episcopalis operatio, per quam

QUANTO AO PRIMEIRO ARTIGO, ASSIM SE PROCEDE: parece **lícito** desejar o episcopado.
1. Com efeito, diz o Apóstolo: "Quem deseja o episcopado deseja uma boa obra"[b]. Ora, é lícito e louvável desejar uma boa obra. Logo, é também louvável desejar o episcopado.
2. ALÉM DISSO, o estado episcopal é mais perfeito que o estado religioso. Ora, é louvável querer passar ao estado religioso. Logo, é também louvável desejar ser eleito bispo.
3. ADEMAIS, diz o livro dos Provérbios: "Quem esconde o trigo será amaldiçoado entre os povos; a bênção virá sobre a cabeça dos que o vendem". Ora, o que é apto para o episcopado pela vida e pela ciência, parece esconder o trigo espiritual quando recusa o episcopado; ao passo que, aceitando-o, se põe em situação de distribuí-lo. Logo, parece louvável desejar o episcopado e censurável recusá-lo.
4. ADEMAIS, os atos dos santos narrados nas Escrituras nos são propostos como exemplos, segundo o Apóstolo: "Tudo o que está escrito, para nosso ensino está escrito". Ora, lê-se na Escritura que Isaías se ofereceu para realizar o ofício da pregação, que cabe principalmente aos bispos. Logo, parece louvável desejar o episcopado.
EM SENTIDO CONTRÁRIO, escreve Agostinho: "Não se deve desejar, embora se creia poder desempenhá-la bem, uma função superior, sem a qual o povo não pode ser governado".
RESPONDO. Há no episcopado três coisas a considerar: A primeira é principal e tem valor de fim, é o ministério episcopal, mediante o

---

1 PARALL.: *Quodlib.* II, q. 6, a. 1; III, q. 4, a. 1; V, q. 11, a. 2; XII, q. 11, a. 3; *De Perf. Vitae Spir.*, c. 19; I *ad Tim.*, c. 3, lect. 1.

1. Q. 184, a. 7.
2. C. 19: ML 41, 647.

a. O enunciado das questões orienta para um casuística do estado episcopal, mais do que para uma teologia do episcopado como estado de vida. Entretanto, descobrimos ao longo das questões concretas toda uma espiritualidade tradicional e venerável.
b. Esse texto célebre de São Paulo está evidentemente na origem do artigo, mas a questão se teria posto de qualquer modo para a consciência cristã.

utilitati proximorum intendit, secundum illud Io 21,17: *Pasce oves meas*. — Aliud autem est altitudo gradus: quia episcopus super alios constituitur, secundum illud Mt 24,45: *Fidelis servus et prudens, quem constituit dominus super familiam suam*. — Tertium autem est quod consequenter se habet ad ista: scilicet reverentia et honor, et sufficienta temporalium, secundum illud 1Ti 5,17: *Qui bene praesunt presbyteri, duplici honore digni habeantur*.

Appetere igitur episcopatum ratione huiusmodi circumstantium bonorum, manifestum est quod est illicitum, et pertinet ad cupiditatem vel ambitionem. Unde contra Pharisaeos Dominus dicit, Mt 23,6-7: *Amant primos accubitus in cenis et primas cathedras in synagogis, salutationes in foro, et vocari ab hominibus, Rabbi*.

Quantum autem ad secundum, scilicet ad celsitudinem gradus, appetere episcopatum est praesumptuosum. Unde Dominus, Mt 20,25, arguit discipulos primatum quaerentes, dicens: *Scitis quia principes gentium dominantur eorum*: ubi Chrysostomus dicit[3] quod per hoc *ostendit quod gentile est primatus cupere; et sic gentium comparatione eorum animam aestuantem convertit*.

Sed appetere proximis prodesse est secundum se laudabile et virtuosum. Verum quia, prout est episcopalis actus, habet annexam gradus celsitudinem, praesumptuosum videtur quod aliquis praeesse appetat ad hoc quod subditis prosit, nisi manifesta necessitate imminente: sicut Gregorius dicit, in *Pastoral*.[4], quod *tunc laudabile erat episcopatum quaerere, quando per hunc quemque dubium non erat ad supplicia graviora pervenire*, unde non de facili inveniebatur qui hoc onus assumeret; praesertim cum aliquis caritatis zelo divinitus ad hoc incitatur, sicut Gregorius dicit, in *Pastoral*.[5], quod *Isaias, prodesse proximis cupiens, laudabiliter officium praedicationis appetiit*. — Potest tamen absque praesumptione quilibet appetere talia opera facere, si eum contingeret in tali officio esse; vel etiam se esse dignum ad talia opera exequenda: ita quod opus bonum cadat sub desiderio, non autem primatus dignitatis. Unde Chrysostomus dicit, *super Matth*.[6]: *Opus quidem desiderare bonum, bonum est: primatum autem*

qual se busca a utilidade do próximo, segundo o Evangelho: "Apascenta as minhas ovelhas". — A segunda é a excelência do grau, pois o bispo se acha colocado acima dos demais, segundo o Evangelho de Mateus: "O servo fiel e prudente a quem o Senhor pôs sobre a sua família". — A terceira, consequência dessas duas, é a reverência, a honra, a abundância dos bens temporais, de que fala o Apóstolo: "Os presbíteros que exercem bem a presidência são dignos de uma dupla honra".

Desejar, pois, o episcopado em razão desses bens que o acompanham é manifestamente ilícito e provém da cupidez ou da ambição. É o que o Senhor reprovava aos fariseus: "Gostam do lugar de honra nos banquetes, dos primeiros assentos nas sinagogas, de receber as saudações nas praças públicas e de que os homens lhes chamem 'Rabi'".

Desejar o episcopado pela posição elevada, é presunção. Por isso, o Senhor repreende os discípulos que queriam o primeiro lugar: "Sabeis que os príncipes das nações as dominam". E, a esse respeito, Crisóstomo observa: "Ele lhes fez ver que ambicionar os primeiros lugares é próprio dos gentios, e, assim, por essa comparação, muda seus espíritos ansiosos".

Mas, desejar ser útil ao próximo é, por si, louvável e virtuoso. Contudo, como o exercício do episcopado implica uma posição elevada, parece presunção, salvo em caso de manifesta necessidade, aspirar a essa situação preeminente para ser útil a seus inferiores. Assim, escreve Gregório, que "era louvável desejar o episcopado quando levava certamente o bispo aos mais duros suplícios"; o que era motivo de que não se encontrava quem assumisse facilmente esse cargo. Esse desejo é louvável sobretudo quando se é divinamente impulsionado pelo zelo das almas. Por isso, diz Gregório: "Isaías, desejoso de ser útil ao próximo, ambicionou justamente o ofício de pregador".

Entretanto, o que alguém pode almejar sem presunção é fazer tais obras, se acontece estar nesse ofício, ou ainda querer ser digno de praticá-las, de modo que se deseje a obra boa e não a honra da primazia. Assim, escreve Crisóstomo: "É bom desejar uma boa obra. Mas é vaidade ambicionar a

---

3. Homil. 65, al. 66, *in Matth*.: MG 58, 622.
4. P. I, c. 8: ML 77, 21 B.
5. Ibid., c. 7: ML 77, 20 B.
6. *Opus imperf. in Matth*., hom. 35, super 20, 24: MG 56, 829.

honoris concupiscere vanitas est. Primatus enim fugientem se desiderat, desiderantem se horret.
AD PRIMUM ergo dicendum quod, sicut Gregorius dicit, in *Pastoral.*[7], *illo tempore hoc dixit Apostolus quo ille qui plebibus praeerat, primus ad martyrii tormenta ducebatur*: et sic nihil aliud erat quod in episcopatu appeti posset nisi bonum opus. Unde Augustinus dicit, XIX *de Civ. Dei*[8], quod Apostolus dicens, *"Qui episcopatum desiderat, bonum opus desiderat", exponere voluit quid sit episcopatus: quia nomen operis est, non honoris. "Scopos" quidem intentio est. Ergo "episcopein", si velimus latine "superintendere" possumus dicere: ut intelligat non se esse episcopum qui praeesse dilexerit, non prodesse. In actione enim*, ut parum ante praemittit, *non amandus est honor in hac vita sive potentia, quoniam omnia vana sunt sub sole: sed opus ipsum quod per eundem honorem vel potentiam fit.* — Et tamen, ut Gregorius dicit, in *Pastoral.*[9], *laudans desiderium*, scilicet boni operis, *in pavorem vertit protinus quod laudavit, cum subiungit, "Oportet autem episcopum irreprehensibilem esse": quasi dicat: "Laudo quod quaeritis, sed discite quid quaeratis".*

AD SECUNDUM dicendum quod non est eadem ratio de statu religionis et statu episcopali, propter duo. Primo quidem, quia ad statum episcopalem praeexigitur vitae perfectio: ut patet per hoc quod Dominus a Petro exquisivit si plus eum ceteris diligeret, antequam ei committeret pastorale officium. Sed ad statum religionis non praeexigitur perfectio, sed est via in perfectionem: unde et Dominus, Mt 19,21, non dixit, *Si es perfectus, vade et vende omnia quae habes*: sed, *Si vis esse perfectus*. Et huius differentiae ratio est quia, secundum Dionysium[10], perfectio pertinet active ad episcopum, sicut ad *perfectorem*: ad monachum autem passive, sicut ad *perfectum*. Requiritur autem quod sit perfectus aliquis ad hoc quod possit alios ad perfectionem adducere: quod non praeexigitur ab eo qui debet ad perfectionem adduci. Est autem praesumptuosum quod aliquis perfectum se reputet: non autem quod aliquis ad perfectionem tendat.

honra da primazia; pois a primazia busca a quem dela foge e foge de quem a busca".

QUANTO AO 1º, portanto, deve-se dizer que, como diz Gregório: "O Apóstolo dizia isto num tempo em que o chefe das igrejas era o primeiro a sofrer os tormentos do martírio". Nesse caso, o episcopado nada oferecia que se pudesse desejar a não ser a obra boa. Assim, nota Agostinho, que "o Apóstolo, ao escrever 'Quem deseja o episcopado, deseja uma obra boa', quer ensinar o que é o episcopado, posto que este é o nome de um trabalho, não de uma honraria. Pois a palavra grega *scopos* significa intendência. Logo, *episcopein* pode-se traduzir por administrar a intendência ["superintendere" em latim], a fim de que ele compreenda bem que não é bispo quem se compraz na preeminência e não no serviço". Pouco antes, havia dito: "Nas atividades nesta vida não se deve amar as honras e o poder, pois tudo é vão debaixo do sol; mas sim amar a obra mesma que se há de fazer por meio dessa honra e desse poder". — Contudo, Gregório diz: "O Apóstolo, 'louvando o desejo', isto é, da obra boa, muda em objeto de temor aquilo que acabava de louvar, quando acrescenta: 'É preciso, porém, que o bispo seja irrepreensível'. É como se dissesse: 'Louvo o que desejais, mas primeiro procurai compreender bem o que desejais'".

QUANTO AO 2º, deve-se dizer que não é a mesma coisa desejar o estado religioso ou desejar o estado episcopal. E isto por duas razões. Primeiro, porque o estado episcopal supõe uma vida perfeita; o que bem se vê pelo fato do Senhor ter perguntado a Pedro se o amava mais que os outros antes de lhe confiar o ofício pastoral. Ao passo que o estado religioso não pressupõe a perfeição, mas é um caminho que conduz a ela. Por isso, o Senhor não disse: "Se és perfeito, vai, vende tudo o que tens", mas "Se queres ser perfeito". E a razão dessa diferença, é que, segundo Dionísio, a perfeição é própria do bispo no sentido ativo e como "daquele que aperfeiçoa"; mas, ao monge, ela convém no sentido passivo, como "àquele que é aperfeiçoado". Ora, para que alguém possa conduzir os outros à perfeição é preciso que seja perfeito. O que não se exige daquele que deve ser conduzido à perfeição. Por outro lado, é presunçoso quem se julga perfeito; não o é, quem tende para a perfeição.

---

7. P. I, c. 8: ML 77, 21 B.
8. Loc. cit.
9. Loc. prox. cit.: ML 77, 21 A B.
10. *Eccles. Hier.*, c. 6: MG 3, 532 C D.

Secundo, quia ille qui statum religionis assumit, se aliis subiicit ad spiritualia capienda: et hoc cuilibet licet. Unde Augustinus dicit, XIX *de Civ. Dei*[11]: *A studio cognoscendae veritatis nemo prohibetur, quod ad laudabile pertinet otium.* Sed ille qui transit ad statum episcopalem, sublimatur ad hoc quod aliis provideat. Et hanc sublimationem nullus debet sibi assumere: secundum illud Hb 5,4: *Nemo assumit sibi honorem, sed qui vocatur a Deo.* Et Chrysostomus dicit, *super Matth.*[12]: *Primatum Ecclesiae concupiscere neque iustum est neque utile. Quis enim sapiens vult ultro se subiicere servituti et periculo tali ut det rationem pro omni Ecclesia: nisi forte qui non timet Dei iudicium, abutens primatu ecclesiastico saeculariter, ut* scilicet *convertat ipsum in saecularem?*

AD TERTIUM dicendum quod dispensatio spiritualium frumentorum non est facienda secundum arbitrium cuiuslibet: sed principaliter quidem secundum arbitrium et dispositionem Dei; secundario autem secundum arbitrium superiorum praelatorum, ex quorum persona dicitur, 1Cor 4,1: *Sic nos existimet homo ut ministros Christi, et dispensatores mysteriorum Dei.* Et ideo non intelligitur ille abscondere frumenta spiritualia cui non competit ex officio, nec ei a superiori iniungitur, si ab aliorum correctione aut gubernatione desistat: sed solum tunc intelligitur abscondere, si dispensationem negligat cum ei ex officio incumbat, vel si officium, cum ei iniungitur, pertinaciter recipere renuat. Unde Augustinus dicit, XIX *de Civ. Dei*[13]: *Otium sanctum quaerit caritas veritatis: negotium iustum suscipit necessitas caritatis. Quam sarcinam si nullus imponit, percipiendae atque intuendae vacandum est veritati. Si autem imponitur, suscipienda est, propter caritatis necessitatem.*

AD QUARTUM dicendum quod, sicut Gregorius dicit, in *Pastoral.*[14], *Isaias, qui mitti voluit, ante se per altaris calculum purgatum vidit: ne non purgatus adire quisque sacra ministeria audeat. Quia ergo valde difficile est purgatum se quemlibet posse cognoscere, praedicationis officium tutius declinatur.*

Segundo, porque quem abraça o estado religioso se submete a outro para receber bens espirituais, o que é lícito a todos. Por isso, diz Agostinho: "A ninguém se proíbe dedicar-se a conhecer a verdade, o que é próprio do louvável repouso". Mas aquele que sobe ao estado episcopal, é elevado para que possa prover às necessidades dos outros. Ora, ninguém deve pretender obter para si tal elevação, segundo está escrito: "Ninguém se atribua esta honra, senão o que foi chamado por Deus". E Crisóstomo observa: "Não é útil nem justo ambicionar o primado na Igreja. Qual é o sábio que queira sujeitar-se espontaneamente a tal servidão e a tal perigo de ter que prestar contas de toda a Igreja? Seria preciso não temer o julgamento de Deus, abusando da dignidade eclesiástica como de uma vantagem secular, isto é, convertendo-se a si mesmo em secular."

QUANTO AO 3º, deve-se dizer que a dispensação do trigo espiritual não deve ser feita ao arbítrio de cada um. Cabe a Deus em primeiro lugar julgar e decidir e, em segundo lugar, aos prelados eclesiásticos, aos quais a Escritura atribui estas palavras: "Que os homens nos considerem como ministros de Cristo, e administradores dos mistérios de Deus". Portanto, não se pode dizer que esconda o trigo espiritual aquele que, não tendo por obrigação ou por mandato dos superiores corrigir e governar os outros, não o faz. Mas só se pode dizer que o esconde, se por ofício compete reparti-lo e por negligência não o faz; ou se, com pertinácia, se recusa a aceitar o encargo quando lhe é imposto. Por isso, a palavra de Agostinho: "O amor da verdade aspira ao santo repouso; a necessidade da caridade se submete ao justo trabalho. Se ninguém impõe esse fardo, deve-se dedicar à investigação e à contemplação da verdade. Se é imposto, deve-se submeter por necessidade da caridade".

QUANTO AO 4º, deve-se dizer com Gregório: "Isaías, que quis ser enviado, viu seus lábios purificados pelo carvão do altar para que ninguém ouse entregar-se aos sacros ministérios sem purificar-se antes. Mas como é extremamente difícil saber se alguém está purificado, é mais seguro recusar o ofício da pregação".

---

11. Loc. cit.
12. *Op. imperf. in Matth.*, homil. 35, super 20, 26: MG 56, 830.
13. Loc. cit.: ML 41, 647-648.
14. P. I, c. 7: ML 77, 20 C.

ARTICULUS 2
Utrum liceat episcopatum iniunctum omnino recusare

AD SECUNDUM SIC PROCEDITUR. Videtur quod liceat episcopatum iniunctum omnino recusare.
1. Ut enim Gregorius dicit, in *Pastoral.*[1], *per activam vitam prodesse proximis cupiens Isaias, officium praedicationis appetit: per contemplationem vero Ieremias amori Conditoris sedulo inhaerere desiderans, ne mitti ad praedicandum debeat, contradicit.* Nullus autem peccat si meliora nolit deserere ut minus bonis inhaereat. Cum ergo amor Dei praeemineat dilectioni proximi, et vita contemplativa praeferatur vitae activae, ut ex supra[2] dictis patet: videtur quod non peccat ille qui omnino episcopatum recusat.

2. PRAETEREA, sicut Gregorius dicit[3], *valde difficile est ut aliquis se purgatum possit cognoscere: nec debet aliquis non purgatus sacra ministeria adire.* Si ergo aliquis se non sentiat esse purgatum, quantumcumque sibi episcopale iniungatur officium, non debet illud suscipere.

3. PRAETEREA, de beato Marco Hieronymus dicit, in prologo *super Marcum*[4], quod *amputasse sibi post fidem pollicem dicitur, ut sacerdotio reprobus haberetur.* Et similiter aliqui votum emittunt ut nunquam episcopatum accipiant. Sed eiusdem rationis est ponere impedimentum ad aliquid, et omnino recusare illud. Ergo videtur quod absque peccato possit aliquis omnino episcopatum recusare.

SED CONTRA est quod dicit Augustinus, *ad Eudoxium*[5]: *Si qua opera vestra mater Ecclesia desideraverit, nec elatione avida suscipiatis, nec blandiente desidia respuatis.* Postea subdit: *Neque otium vestrum necessitatibus Ecclesiae praeponatis: cui parturienti si nulli boni ministrare vellent, quomodo nasceremini non inveniretis.*

ARTIGO 2
É lícito recusar terminantemente o episcopado imposto?[c]

QUANTO AO SEGUNDO, ASSIM SE PROCEDE: parece lícito recusar terminantemente o episcopado.
1. Com efeito, escreve Gregório: "Isaías, querendo ser útil ao próximo, pela vida ativa, desejou o ofício da pregação; enquanto que Jeremias, desejando unir-se estreitamente ao amor do Criador, não quis ser enviado a pregar". Ora, ninguém peca por não querer deixar o melhor para apegar-se ao menos bom. Logo, como o amor de Deus tem preeminência sobre o amor do próximo e a vida contemplativa sobre a vida ativa, como acima ficou provado, parece não pecar quem obstinadamente recusa o episcopado.

2. ALÉM DISSO, Gregório diz ainda: "É extremamente difícil para alguém saber com certeza que está purificado; e ninguém deve, se não o está, desempenhar ministérios sagrados". Logo, se alguém não tem essa certeza, de modo algum deve aceitar o episcopado, ainda que lhe seja imposto.

3. ADEMAIS, Jerônimo, no prólogo ao Evangelho de Marcos, diz a respeito do seu autor, que ele, "segundo se conta, cortou o dedo mínimo, depois de abraçar a fé, para fazer-se inapto ao sacerdócio". E assim também outros fazem voto de nunca aceitar o sacerdócio. Ora, pôr obstáculo a alguma coisa é o mesmo que recusá-la. Logo, parece que se pode recusar absolutamente o episcopado sem pecar.

EM SENTIDO CONTRÁRIO, Agostinho escreveu: "Se a Mãe Igreja desejar em alguma coisa a vossa cooperação, não deveis acolher seu pedido com solícita arrogância nem recusá-lo por amor da indolência". E acrescenta: "Não ponhais vosso descanso acima das necessidades da Igreja. Se nenhum dos bons consentisse em assisti-la no seu parto, vós mesmos não teríeis nascido".

---

2 PARALL.: III *Sent.*, dist. 39, a. 3, q.la 1, ad 3; IV, dist. 29, a. 4, ad 4; *Quodlib.* V, q. 11, a. 2.
1. P. I, c. 7: ML 77, 20 B.
2. Q. 26, a. 2; q. 182, a. 1.
3. Loc. cit.: ML 77, 20 C.
4. Agitur de *Prologo "Monarchiano" in Marcum*, inepte Hieronymo tributo.
5. Epist. 48, al. 81, n. 2: ML 33, 188.

c. Nenhum texto escriturário está na origem deste artigo. Trata-se de um caso de consciência que não deixou de apresentar-se na Igreja, e que nossa época poderia ver multiplicar-se, considerando-se os laços aos quais se encontra submetida a função episcopal no mundo contemporâneo.

RESPONDEO dicendum quod in assumptione episcopatus duo sunt consideranda: primo quidem, quid deceat hominem appetere secundum propriam voluntatem; secundo, quid hominem deceat facere ad voluntatem alterius. Quantum igitur ad propriam voluntatem, convenit homini principaliter insistere propriae saluti: sed quod aliorum saluti intendat, hoc convenit homini ex dispositione alterius potestatem habentis, sicut ex supra[6] dictis patet. Unde sicut ad inordinationem voluntatis pertinet quod aliquis proprio motu feratur in hoc quod aliorum gubernationi praeficiatur; ita etiam ad inordinationem voluntatis pertinet quod aliquis omnino, contra superioris iniunctionem, praedictum gubernationis officium finaliter recuset, propter duo. Primo quidem, quia hoc repugnat caritati proximorum, quorum utilitati se aliquis debet exponere pro loco et tempore. Unde Augustinus dicit, XIX *de Civ. Dei*[7], quod *negotium iustum suscipit necessitas caritatis*. — Secundo, quia hoc repugnat humilitati, per quam aliquis superiorum mandatis se subiicit. Unde Gregorius dicit, in *Pastoral.*[8], quod *tunc ante Dei oculos vera est humilitas, cum ad respuendum hoc quod utiliter subire praecipitur, pertinax non est.*

AD PRIMUM ergo dicendum quod quamvis, simpliciter et absolute loquendo, vita contemplativa potior sit quam activa, et amor Dei quam dilectio proximi; tamen ex alia parte bonum multitudinis praeferendum est bono unius. Unde Augustinus dicit, in verbis praemissis: *Neque otium vestrum necessitatibus Ecclesiae praeponatis*. Praesertim quia et hoc ipsum ad dilectionem Dei pertinet quod aliquis ovibus Christi curam pastoralem impendat. Unde super illud Io 21,17, *Pasce oves meas*, dicit Augustinus[9]: *Sit amoris officium pascere Dominicum gregem: sicut fuit timoris indicium negare Pastorem.* — Similiter etiam praelati non sic transferuntur ad vitam activam ut contemplativam deserant. Unde Augustinus dicit, XIX *de Civ. Dei*[10], quod, *si imponatur sarcina pastoralis officii, nec sic deserenda est delectatio veritatis*, quae scilicet in contemplatione habetur.

RESPONDO. Duas coisas devem ser consideradas na aceitação do episcopado: em primeiro lugar, o que convém ao homem desejar seguindo a própria vontade; em segundo lugar, em que convém submeter-se à vontade de outrem. Quanto à própria vontade, o homem deve sobretudo aplicá-la à própria salvação. Dedicar-se à salvação dos outros, porém, depende da decisão da autoridade, como já foi dito. É, pois, prova de vontade desordenada procurar por si mesmo ser eleito para governar os outros e recusar obstinadamente esse governo, a despeito da ordem dos superiores. E isto por duas razões: Esta recusa vai, em primeiro lugar, contra a caridade para com o próximo, em benefício do qual deve-se consentir em se expor, conforme as exigências de lugar e tempo. Por isso, diz Agostinho que "a necessidade da caridade se submete ao justo trabalho". — Em segundo lugar, ela vai contra a humildade, que faz com que alguém se sujeite às ordens dos superiores. Donde a palavra de Gregório: "A humildade é verdadeira aos olhos de Deus quando não se obstina em rejeitar o que nos é ordenado em vista do bem dos outros".

QUANTO AO 1º, portanto, deve-se dizer que para falar de modo absoluto, a vida contemplativa é mais excelente que a vida ativa e o amor de Deus que o amor do próximo. Contudo, o bem comum, por outro lado, é superior ao bem particular. Por isso, disse Agostinho, na passagem citada: "Não ponhais vosso descanso acima das necessidades da Igreja". Tanto mais que faz parte também do próprio amor a Deus que se aceite o encargo pastoral de cuidar das ovelhas de Cristo. Agostinho, comentando as palavras do Evangelho de João "Apascenta as minhas ovelhas", escreveu: "Que seja um serviço de amor apascentar o rebanho do Senhor, como foi um sinal de temor renegar o Pastor". — Além disso, os prelados também não se consagram à vida ativa a ponto de abandonar a vida contemplativa. É o que dizia Agostinho: "Se o fardo do ofício pastoral nos é imposto, isso não é motivo para abandonar o gosto pela verdade", que se satisfaz na contemplação.

---

6. A. 1, ad 3.
7. C. 19: ML 41, 647.
8. P. I, c. 6: ML 77, 19 D — 20 A.
9. *In Ioan. Evang.*, tract. 123, n. 5: ML 35, 1967.
10. Loc. cit.: ML 41, 648.

AD SECUNDUM dicendum quod nullus tenetur obedire praelato ad aliquod illicitum: sicut patet ex his quae supra[11] dicta sunt de obedientia. Potest ergo contingere quod ille cui iniungitur praelationis officium, in se aliquid sentiat per quod non liceat ei praelationem accipere. Hoc autem impedimentum quandoque quidem removeri potest per ipsummet cui pastoralis cura iniungitur: puta si habeat peccandi propositum, quod potest deserere. Et propter hoc non excusatur quin finaliter teneatur obedire praelato iniungenti.

Quandoque vero impedimentum ex quo fit ei illicitum pastorale officium, non potest ipse removere, sed praelatus qui iniungit: puta si sit irregularis vel excommunicatus. Et tunc debet defectum suum praelato iniungenti ostendere: qui si impedimentum removere voluerit, tenetur humiliter obedire. Unde Ex 4, cum Moyses dixisset [v. 10], *Obsecro, Domine: non sum eloquens ab heri et nudius tertius*, Dominus respondit [v. 12] ad eum: *Ego ero in ore tuo, doceboque te quid loquaris*.

Quandoque vero non potest removeri impedimentum nec per iniungentem nec per eum cui iniungitur: sicut si archiepiscopus non possit super irregularitate dispensare. Unde subditus non tenetur ei obedire ad suscipiendum episcopatum, vel etiam sacros ordines, si sit irregularis.

AD TERTIUM dicendum quod accipere episcopatum non est de se necessarium ad salutem, sed fit necessarium ex superioris praecepto. His autem quae sic sunt necessaria ad salutem, potest aliquis impedimentum licite apponere antequam fiat praeceptum: alioquin, non liceret alicui transire ad secundas nuptias, ne per hoc impediretur a susceptione episcopatus vel sacri ordinis. Non autem hoc liceret in his quae per se sunt de necessitate salutis. Unde beatus Marcus non contra praeceptum egit sibi digitum amputando: quamvis credibile sit ex instinctu Spiritus Sancti hoc fecisse, sine quo non licet alicui sibi manus iniicere.

Qui autem votum emittit de non suscipiendo episcopatum, si per hoc intendat se obligare ad

QUANTO AO 2º, deve-se dizer que ninguém está obrigado a obedecer ao superior que lhe ordena uma coisa ilícita, como resulta do que foi dito a respeito da obediência. Portanto, pode suceder que aquele a quem se quer impor o episcopado sinta em si algo que não lhe permite aceitá-lo. Esse obstáculo às vezes pode ser afastado por aquele mesmo a quem se impõe o ofício pastoral, quando se trata, por exemplo, de alguma intenção culposa, que ele pode abandonar. Isto não o excusa de finalmente obedecer à ordem que lhe impõe o prelado.

Outras vezes, ele mesmo não pode remover esse impedimento que o impede de aceitar o ofício pastoral, mas o pode o prelado que lho impõe. Como é o caso, por exemplo, em que ele é irregular ou excomungado. Deve então revelar seu estado ao prelado que lhe deu a ordem e, se este quiser remover o impedimento, ele deve obedecer humildemente. Por isso, a Moisés que dizia "Ah! Senhor, eu não tenho facilidade de palavra! Não a tive ontem nem anteontem", o Senhor respondeu: "Eu estarei na tua boca e te ensinarei o que deverás falar".

Finalmente, pode acontecer que o obstáculo não possa ser removido nem pelo prelado que comanda nem por aquele a quem ele comanda, como, por exemplo, quando o arcebispo não tem o poder de dispensar de uma irregularidade. Neste caso, o súdito é obrigado a lhe obedecer e aceitar o episcopado, ou mesmo receber as ordens sacras, se vive em estado irregular.

QUANTO AO 3º, deve-se dizer que aceitar o episcopado não é, por si mesmo, necessário para a salvação, mas pode tornar-se necessário pelo fato de que um superior o comanda. Ora, às coisas que são necessárias à salvação, é lícito pôr um obstáculo, enquanto não há preceito. Se assim não fosse, a ninguém seria lícito casar-se uma segunda vez para não ficar impedido de receber o episcopado ou as ordens sacras. Isso não é permitido fazer quando se trata de coisas que, por si mesmas, são necessárias à salvação. Por conseguinte, Marcos não agiu contra nenhum preceito ao cortar o seu próprio dedo. Embora se deva crer que o tenha feito por inspiração do Espírito Santo, sem o que a ninguém é permitido atentar contra o próprio corpo.

Quanto àquele que fez o voto de não aceitar o episcopado e deseja assim subtrair-se à obediência

---

11. Q. 104, a. 5.

hoc quod nec per obedientiam superioris praelati accipiat, illicite vovet. Si autem intendit ad hoc se obligare ut, quantum est de se, episcopatum non quaerat; nec suscipiat, nisi necessitate imminente: licitum est votum, quia vovet se facturum id quod hominem facere decet.

Articulus 3
Utrum oporteat eum qui ad episcopatum assumitur, esse ceteris meliorem

Ad tertium sic proceditur. Videtur quod oporteat eum qui ad episcopatum assumitur, esse ceteris meliorem.

1. Dominus enim Petrum, cui commissurus erat pastorale officium, examinavit si se diligeret plus ceteris. Sed ex hoc aliquis melior est quod Deum plus diligit. Ergo videtur quod ad episcopatum non sit assumendus nisi ille qui est ceteris melior.

2. Praeterea, Symmachus Papa dicit[1]: *Vilissimus computandus est, nisi scientia et sanctitate praecellat, qui est dignitate praestantior.* Sed ille qui praecellit scientia et sanctitate, est melior. Ergo non debet aliquis ad episcopatum assumi nisi sit ceteris melior.

3. Praeterea, in quolibet genere minora per maiora reguntur: sicut corporalia reguntur per spiritualia, et inferiora corpora per superiora, ut Augustinus dicit, in III *de Trin.*[2]. Sed episcopus assumitur ad regimen aliorum. Ergo debet esse ceteris melior.

Sed contra est quod Decretalis[3] dicit quod sufficit eligere bonum, nec oportet eligere meliorem.

Respondeo dicendum quod circa assumptionem alicuius ad episcopatum, aliquid est considerandum ex parte eius qui assumitur, et aliquid ex parte eius qui assumit. Ex parte enim eius qui assumit, vel eligendo vel providendo, requiritur quod fideliter divina ministeria dispenset. Quae quidem dispensari debent ad utilitatem Ecclesiae, secundum illud 1Cor 14,12, *Ad aedificationem Ecclesiae quaerite ut abundetis*: non autem ministeria divina hominibus committuntur propter eorum remunerationem, quam expectare debent in futuro. Et ideo ille qui debet aliquem eligere

do superior, faz um voto ilícito. Se sua intenção é de se obrigar a não buscar ou aceitar o episcopado, no que depende dele, a não ser em caso de necessidade, seu voto é lícito, já que ele se obriga a fazer algo que convém ao homem.

Artigo 3
O que é escolhido para o episcopado deve ser melhor que os outros?

Quanto ao terceiro, assim se procede: parece que o que é escolhido **deve** ser melhor que os outros.

1. Com efeito, o Senhor perguntou a Pedro, a quem ia confiar o ofício pastoral, se o amava mais que os outros. Ora, é melhor quem mais ama a Deus. Logo, parece que não deve ser escolhido para o episcopado aquele que não é melhor que os outros.

2. Além disso, o Papa Símaco escreveu: "Aquele que está numa elevada dignidade, se não for mais excelente pela ciência e pela santidade, deve ser considerada o mais vil." Logo, ninguém deve ser promovido ao episcopado, se não é melhor que os demais.

3. Ademais, em qualquer gênero de coisas, o menor é dirigido pelo maior. Assim, os seres corporais são governados pelos espirituais e os corpos inferiores pelos superiores, como observa Agostinho. Ora, o bispo é eleito para governar os outros. Logo, deve ser o melhor deles.

Em sentido contrário, uma Decretal diz que basta escolher um bom candidato; não é necessário escolher o melhor.

Respondo. Na escolha de alguém para o episcopado, deve-se levar em conta a pessoa escolhida e quem a escolhe. Quanto a quem escolhe, seja por eleição, seja por provisão, exige-se dele que administre fielmente os divinos ministérios, os quais devem ser administrados para a utilidade da Igreja, pois escreve Paulo: "Procurai ter em abundância os dons espirituais para a edificação da Igreja". Com efeito, os divinos ministérios não são concedidos aos homens a título de recompensa, mas esta é reservada para a vida futura. Logo, quem deve eleger ou nomear um bispo, não é obrigado

---

3   Parall.: *Quodlib.* IV, q. 12, a. 1, ad 12; VIII, q. 4, a. 1; *in Ioan.*, c. 21, lect. 3.

1. Cfr. Gratianum, *Decretum*, P. II, causa 1, q. 1, can. 45: ed. Richter-Friedberg, t. I, p. 376.
2. C. 4, n. 9: ML 42, 873.
3. *Decretal. Greg. IX*, l. I, tit. 6, c. 32: ed. Richter-Friedberg, t. II, p. 78.

in episcopum, vel de eo providere, non tenetur assumere meliorem simpliciter, quod est secundum caritatem: sed meliorem quoad regimen ecclesiae, qui scilicet possit ecclesiam et instruere et defendere et pacifice gubernare. Unde contra quosdam Hieronymus dicit[4] quod *quidam non quaerunt eos in Ecclesia columnas erigere quos plus cognoscant Ecclesiae prodesse: sed quos vel ipsi amant, vel quorum sunt obsequiis deliniti, vel pro quibus maiorum quispiam rogaverit, et, ut deteriora taceam, qui ut clerici fierent muneribus impetrarunt.* Hoc autem pertinet ad acceptionem personarum: quae in talibus est grave peccatum. Unde super illud Iac 2,1, *Fratres mei, nolite in personarum acceptione* etc., dicit Glossa[5] Augustini: *Si hanc distantiam sedendi et standi ad honores ecclesiasticos referamus, non est putandum leve esse peccatum in personarum acceptione habere fidem Domini gloriae. Quis enim ferat eligi divitem ad sedem honoris Ecclesiae, contempto paupere instructiore et sanctiore?*

Ex parte autem eius qui assumitur, non requiritur quod reputet se aliis meliorem, hoc enim esset superbum et praesumptuosum: sed sufficit quod nihil in se inveniat per quod illicitum ei reddatur assumere praelationis officium. Unde licet Petrus interrogatus esset an Dominum plus ceteris diligeret, in sua responsione non se praetulit ceteris, sed respondit simpliciter quod Christum amaret.

AD PRIMUM ergo dicendum quod Dominus in Petro sciebat ex suo munere esse idoneitatem etiam quantum ad alia, Ecclesiam gubernandi. Et ideo eum de ampliori dilectione examinavit ad ostendendum quod, ubi alias invenitur homo idoneus ad Ecclesiae regimen, praecipue attendi debet in ipso eminentia divinae dilectionis.

AD SECUNDUM dicendum quod auctoritas illa est intelligenda quantum ad studium illius qui in dignitate est constitutus: debet enim ad hoc intendere ut talem se exhibeat ut ceteros et scientia et sanctitate praecellat. Unde Gregorius dicit, in *Pastoral.*[6]: *Tantum debet actionem populi actio*

a escolher o melhor absolutamente falando, isto é, levando em conta o grau de caridade, mas o melhor para o governo da Igreja, quer dizer, aquele que seja capaz de instruí-la, defendê-la e governá-la pacificamente[d]. Por isso, Jerônimo lança contra certas pessoas esta acusação: "Alguns não se preocupam em estabelecer como colunas da Igreja aqueles que sabem ser mais capazes de lhe ser útil, mas a quem eles amam mais, ou a quem estão obrigados por seus obséquios, ou que foram recomendados por alguma pessoa importante, e para calar coisas piores, os que obtiveram, por meio de presentes, serem promovidos à clericatura". Essa conduta provém da acepção de pessoas, que, nessa matéria, é um pecado grave. Por isso, a respeito da palavra de Tiago "Meus irmãos, a vossa fé não deve admitir acepção de pessoas", diz a Glosa de Agostinho: "Se aplicamos às honras eclesiásticas esta diferença entre estar sentado ou de pé, que não se pense que seja um pecado leve fazer acepção de pessoas na administração do que se refere à glória de Deus. Pois quem suportaria ver escolher um rico para ocupar na Igreja um posto de honra, sendo preferido a um pobre mais instruído e mais santo?"

Quanto ao escolhido, não se exige que se considere melhor que os outros, pois isto seria soberba e presunção. Basta que não descubra em si nada que lhe torne ilícita a aceitação do ofício episcopal. Por isso, embora fosse-lhe perguntado se amava ao Senhor mais que aos outros, Pedro, na sua resposta, não se colocou acima deles, mas respondeu de modo absoluto que amava a Cristo.

QUANTO AO 1º, portanto, deve-se dizer que por tê-la dado ele mesmo a Pedro, o Senhor sabia da sua aptidão para governar a Igreja e mais ainda. Por isso lhe perguntou se o amava mais, para mostrar que, quando um homem é por si apto para governar a Igreja, deve-se antes de tudo exigir dele um amor eminente de Deus.

QUANTO AO 2º, deve-se dizer que essa palavra deve ser interpretada no sentido do zelo daquele que foi constituído em dignidade. Ele deve esforçar-se em superar os demais em ciência e santidade. Por isso, escreve Gregório: "A conduta do bispo deve sobressair sobre a do povo,

---

4. *Comment. in Epist. ad Tit.*, super 1, 5: ML 26, 562 B C.
5. Ordin.: ML 114, 673 C.
6. P. II, c. 1: ML 77, 25 D.

d. Questão de bom senso! A falta de dons naturais não impedindo os homens de adquirir uma grande caridade, deve-se admitir que a presença de uma grande caridade não garante a existência desses dons naturais, essenciais a um chefe da Igreja.

transcendere praesulis, quantum distare solet a grege vita pastoris. Non autem sibi imputandum est si ante praelationem excellentior non fuit, ut ex hoc debeat vilissimus reputari.

AD TERTIUM dicendum quod, sicut dicitur 1Cor 12,4sqq., *divisiones gratiarum et ministrationum et operationum sunt.* Unde nihil prohibet aliquem esse magis idoneum ad officium regiminis qui tamen non excellit in gratia sanctitatis. Secus autem est in regimine ordinis naturalis, in quo id quod est superius naturae ordine, ex hoc ipso habet maiorem idoneitatem ad hoc quod inferiora disponat.

ARTICULUS 4
Utrum episcopus possit licite curam episcopalem deserere, ut ad religionem se transferat

AD QUARTUM SIC PROCEDITUR. Videtur quod episcopus non possit licite curam episcopalem deserere, ut ad religionem se transferat.

1. Nulli enim de statu perfectiori licet ad minus perfectum statum transire: hoc enim est *respicere retro*, quod est damnabile, secundum Domini sententiam dicentis, Lc 9,62: *Nemo mittens manum ad aratrum et aspiciens retro, aptus est regno Dei.* Sed status episcopalis est perfectior quam status religionis, ut supra[1] habitum est. Ergo, sicut non licet de statu religionis redire ad saeculum, ita non licet de statu episcopali ad religionem transire.

2. PRAETEREA, ordo gratiae est decentior quam ordo naturae. Sed secundum naturam, non movetur idem ad contraria: puta, si lapis naturaliter deorsum movetur, non potest naturaliter a deorsum redire in sursum. Sed secundum ordinem gratiae, licet transire de statu religionis ad statum episcopalem. Ergo non licet e converso de statu episcopali redire ad statum religionis.

3. PRAETEREA, nihil in operibus gratiae debet esse otiosum. Sed ille qui est semel in episcopum consecratus, perpetuo retinet spiritualem potestatem conferendi ordines, et alia huiusmodi faciendi quae ad episcopale officium pertinent:

tanto quanto a vida do pastor costuma diferir da vida do rebanho". Mas não há razão para que se o acuse de que antes de ser eleito não era mais excelente, para que, por isso, seja agora considerado desprezível.

QUANTO AO 3º, deve-se dizer que como disse o Apóstolo: "Há diversidade de graças, de ministérios e de operações". Logo, nada impede que alguém seja mais apto para o ofício de governar, sem que sobressaia pela graça da santidade. Mas é diferente no governo da ordem natural, onde os seres naturalmente mais perfeitos têm, por isso mesmo, maior capacidade de governar os inferiores.

ARTIGO 4
O bispo pode abandonar o dever episcopal para entrar na vida religiosa?

QUANTO AO QUARTO, ASSIM SE PROCEDE: parece que o bispo **não** pode licitamente abandonar os seus deveres episcopais para entrar na vida religiosa.

1. Com efeito, não é lícito a ninguém passar de um estado superior a um estado menos perfeito, porque seria *olhar para trás*; o que é condenável, como diz o Senhor: "Quem põe a mão no arado e olha para trás não é apto para o Reino de Deus". Ora, o estado episcopal é superior ao estado religioso. Logo, assim como não é lícito deixar o estado religioso para voltar à vida secular, também não é permitido passar do estado episcopal ao estado religioso.

2. ALÉM DISSO, a ordem da graça é melhor regulada do que a da natureza. Ora, na ordem natural o mesmo ser não se move em direções opostas. Por exemplo, se a pedra se move naturalmente para baixo, não pode naturalmente mover-se de baixo para cima. Ora, na ordem da graça é lícito passar do estado religioso ao estado episcopal. Logo, não é lícito, no sentido contrário, passar do estado episcopal ao estado religioso.

3. ADEMAIS, não pode haver nada de inútil nas obras da graça. Ora, aquele que foi promovido ao episcopado conserva para sempre o poder de conferir as ordens e executar os outros atos próprios do ofício episcopal. Este poder ficaria paralizado

---

4 PARALL.: Infra, q. 189, a. 7; *De Perf. Vitae Spir.*, cap. 25.

1. Q. 184, a. 7.

quae quidem potestas otiosa remanere videtur in eo qui curam episcopalem dimittit. Ergo videtur quod episcopus non possit curam episcopalem dimittere et ad religionem transire.

SED CONTRA, nullus cogitur ad id quod est secundum se illicitum. Sed illi qui petunt cessionem a cura episcopali, ad cedendum compelluntur: ut patet Extra, *de Renunt.*, cap. *Quidam*[2]. Ergo videtur quod deserere curam episcopalem non sit illicitum.

RESPONDEO dicendum quod perfectio episcopalis status in hoc consistit quod aliquis ex divina dilectione se obligat ad hoc quod saluti proximorum insistat. Et ideo tandiu obligatur ad hoc quod curam pastoralem retineat, quandiu potest subditis sibi commissis proficere ad salutem. Quam quidem negligere non debet, neque propter divinae contemplationis quietem: cum Apostolus propter necessitatem subditorum etiam a contemplatione futurae vitae se differri patienter toleraret; secundum illud Philp 1,22sqq., *Ecce, quid eligam ignoro. Coarctor enim e duobus: desiderium habens dissolvi et esse cum Christo, multo magis melius est; permanere autem in carne est necessarium propter vos. Et hoc confidens, scio quia manebo.* Neque etiam propter quaecumque adversa vitanda vel lucra conquirenda: quia, sicut dicitur Io 10,11, *bonus pastor animam suam ponit pro ovibus suis.*

Contingit tamen quandoque quod episcopus impeditur procurare subditorum salutem, multipliciter. Quandoque quidem propter proprium defectum: vel conscientiae, sicut si sit homicida vel simoniacus; vel etiam corporis, puta si sit senex vel infirmus; vel etiam scientiae quae sufficiat ad curam regiminis; vel etiam irregularitatis, puta si sit bigamus. — Quandoque autem propter defectum subditorum, in quibus non potest proficere. Unde Gregorius dicit, in II *Dialog.*[3]: *Ibi aequanimiter portandi sunt mali, ubi inveniuntur aliqui qui adiuventur boni. Ubi autem omnimodo fructus de bonis deest, fit aliquando de malis labor supervacuus. Unde saepe agitur in animo perfectorum quod, cum laborem suum sine fructu esse considerant, in loco alio ad laborem cum fructu migrant.* — Quandoque autem contingit ex parte aliorum: puta cum de praelatione alicuius grave scandalum suscitatur. Nam, ut Apostolus dicit,

naquele que abandona o ofício. Logo, parece que o bispo não tem o direito de abandonar o cargo episcopal para entrar na vida religiosa.

EM SENTIDO CONTRÁRIO, ninguém está obrigado ao que é por si mesmo ilícito. Ora, os que pedem para se retirar do cargo episcopal são obrigados a abandoná-lo, conforme determinam as Decretais. Logo, não é ilícito abandonar o ofício episcopal.

RESPONDO. A perfeição do estado episcopal consiste em que um homem se obriga, por amor a Deus, a se consagrar à salvação do próximo. Portanto, fica obrigado a conservar o cargo episcopal todo o tempo em que lhe é possível contribuir para a salvação dos súditos a ele confiados. Ele não deve negligenciar essa tarefa ainda que seja para gozar do repouso da contemplação. Assim, o Apóstolo suportava com paciência até o adiamento da contemplação da vida futura, pelo bem dos que lhe tinham sido confiados, segundo o que está na Carta aos Filipenses: "Não sei bem o que escolher. Sinto-me num dilema: o meu desejo é partir e ir estar com Cristo, pois isto me é muito melhor; mas o permanecer na carne é mais necessário por vossa causa. Convencido disso, sei que ficarei". Nem deve o bispo deixar seu ofício para evitar qualquer adversidade, ou obter algum lucro, pois, como diz o Evangelho: "O bom pastor dá sua vida por suas ovelhas".

Contudo, pode acontecer que o bispo seja impedido de procurar o bem dos seus súditos por diversas razões. Às vezes, por defeito pessoal, que pode ser de consciência, como o homicídio ou a simonia; do corpo, como a velhice ou a enfermidade; de conhecimento, de modo a que não o tenha suficiente para governar; ou de irregularidade, por exemplo, se foi casado duas vezes antes de ser promovido. — Outras vezes, o defeito se acha nos súditos, aos quais ele não consegue fazer um bem qualquer. Por isso, escreve Gregório: "É preciso suportar com paciência os maus entre os quais há alguns bons a quem se pode ser útil. Mas, não havendo nenhum fruto a colher da parte dos bons, o trabalho com os maus é frequentemente inútil. Donde vem que, muitas vezes, vendo a esterilidade dos seus esforços, alguns pensam em buscar um outro lugar onde possam trabalhar melhor". Às vezes, esses obstáculos podem vir

---

2. *Decretal. Greg. IX*, l. I, tit. 5, c. 12: ed. Richter-Friedberg, t. II, p. 113.
3. C. 3: ML 66, 138 C — 139 A.

1Cor 8,13: *Si esca scandalizat fratrem meum, non manducabo carnes in aeternum*. Dum tamen scandalum non oriatur ex malitia aliquorum volentium fidem aut iustitiam Ecclesiae conculcare. Propter huiusmodi enim scandalum non est cura pastoralis dimittenda: secundum illud Mt 15,14: *Sinite illos*, scilicet qui scandalizabantur de veritate doctrinae Christi: *caeci sunt duces caecorum*.

Oportet tamen quod, sicut curam regiminis assumit aliquis per providentiam superioris praelati, ita etiam per eius auctoritatem, ex causis praedictis, deserat susceptam. Unde Extra, *de Renunt*.[4], dicit Innocentius III: *Si pennas habeas quibus satagas in solitudinem avolare, ita tamen adstrictae sunt nexibus praeceptorum ut liberum non habeas, absque nostra permissione, volatum*. Soli enim Papae licet dispensare in voto perpetuo, quo quis se ad curam subditorum adstrinxit episcopatum suscipiens.

AD PRIMUM ergo dicendum quod perfectio religiosorum et episcoporum secundum diversa attenditur. Nam ad perfectionem religionis pertinet studium quod quis adhibet ad propriam salutem. Ad perfectionem autem episcopalis status pertinet adhibere studium ad proximorum salutem. Et ideo, quandiu potest esse aliquis utilis proximorum saluti, retrocederet si ad statum religionis vellet transire, ut solum suae saluti insisteret, qui se obligavit ad hoc quod non solum suam salutem, sed etiam aliorum procuraret. Unde Innocentius III dicit, in Decretali praedicta[5], quod *facilius indulgetur ut monachus ad praesulatum ascendat, quam praesul ad monachatum descendat: sed si salutem aliorum procurare non possit, conveniens est ut suae saluti intendat*.

AD SECUNDUM dicendum quod propter nullum impedimentum debet homo praetermittere studium suae salutis, quod pertinet ad religionis statum. Potest autem esse aliquod impedimentum procurandae salutis alienae. Et ideo monachus potest ad statum episcopatus assumi, in quo etiam suae salutis curam agere potest. Potest etiam episcopus, si impedimentum alienae salutis procurandae interveniat, ad religionem transire. Et impediment cessante, potest iterato ad episcopatum assumi:

das outras pessoas, quando, por exemplo, tal promoção ao episcopado é causa de grave escândalo para elas. Assim, diz o Apóstolo: "Se um alimento é ocasião de escândalo para meu irmão, nunca mais comerei carne". A não ser que esse escândalo provenha da malícia de certas pessoas que querem pisotear a fé ou a santidade da Igreja. Por causa desse tipo de escândalo não se deve abandonar o ofício pastoral, pois é preciso ter em mente o que Cristo dizia dos que se escandalizavam da verdade da sua doutrina: "Deixai-os: são cegos e guias de cegos".

É necessário, todavia, para abandonar um cargo de governo, a permissão do superior que o impõe, mesmo quando se tenham justas razões. Assim, afirma Inocêncio III: "Se tens asas e queres voar para a solidão, elas estariam tão presas pelos laços dos preceitos, que não terias a liberdade de alçar voo sem a nossa permissão". Pois só o Papa pode dispensar do voto perpétuo pelo qual o bispo se obrigou ao cuidado dos seus súditos, quando assumiu o episcopado.

QUANTO AO 1º, portanto, deve-se dizer que a perfeição dos religiosos e dos bispos deve ser analisada de diferentes ângulos. A perfeição da vida religiosa consiste na aplicação de cada um à sua própria salvação. A perfeição do estado episcopal, porém, consiste no cuidado pela salvação do próximo. Portanto, seria voltar atrás se, enquanto pudesse ser útil, entrasse para a vida religiosa para se dedicar unicamente à sua própria salvação, aquele que se obrigou a procurar não só a sua mas também a salvação do próximo. Por isso, diz Inocêncio III: "É mais fácil conceder a um monge a permissão de ascender ao episcopado, do que a um bispo de descer à vida monástica. Contudo, se ele não pode trabalhar pela salvação dos outros, convém que se dedique à sua própria".

QUANTO AO 2º, deve-se dizer que nenhum obstáculo pode impedir que o homem se dedique à sua própria salvação, que é o fim do estado religioso. Mas pode surgir algum obstáculo que impeça de procurar o bem dos outros. Eis porque o monge pode ser eleito bispo, cargo que não o impede de buscar a própria salvação. O bispo tem também o direito de entrar para a vida religiosa se surgir um obstáculo que o impeça de procurar a salvação do próximo. E pode, uma vez desaparecido o

---

4. *Decretal. Greg. IX*, l. I, tit. 9, c. 10, § 12: ed. cit., t. II, p. 112.
5. Ibid., § 11: ed. cit., t. II, p. 111.

puta per correctionem subditorum vel per sedationem scandali, vel per curationem infirmitatis, aut depulsa ignorantia per instructionem sufficientem. Vel etiam, si simoniace sit promotus eo ignorante, si se ad regularem vitam, episcopatu dimisso, transtulerit, poterit iterato ad alium episcopatum promoveri. — Si vero aliquis propter culpam sit ab episcopatu depositus, et in monasterio detrusus ad poenitentiam peragendam, non potest iterato ad episcopatum revocari. Unde dicitur VII, qu. 1[6]: *Praecipit sancta Synodus ut quicumque de pontificali dignitate ad monachorum vitam et poenitentiae descenderit locum, nequaquam ad pontificatum resurgat.*

AD TERTIUM dicendum quod etiam in rebus naturalibus, propter impedimentum superveniens potentia remanet absque actu: sicut propter infirmitatem oculi cessat actus visionis. Et ita etiam non est inconveniens si, propter exterius impedimentum superveniens, potestas episcopalis remaneat absque actu.

obstáculo, assumir novamente o episcopado, por exemplo, se corrigiu os súditos, amainou o escândalo, recuperou a saúde ou superou a ignorância adquirindo uma ciência suficiente. Ou ainda, se foi eleito, sem o saber, por simonia, tenha-se demitido para entrar na vida religiosa, ele pode novamente ser nomeado para um outro bispado. — Ao passo que, quando um bispo foi deposto em punição de uma falta cometida e relegado a um mosteiro para ali fazer penitência, não poderá ser de novo chamado ao episcopado. Por isso, lê-se nas Decretais: "O Santo Sínodo ordena que quem decair da dignidade episcopal à vida monástica e ao regime da penitência, não seja mais elevado ao episcopado".

QUANTO AO 3º, deve-se dizer que mesmo na ordem natural, acontece que uma potência se ache impedida de agir, sem por isso desaparecer. Por exemplo: o olho deixa de ver por causa de uma enfermidade. Não há pois inconveniente a que não se possa exercer o poder episcopal por causa de um obstáculo externo que sobrevenha.

ARTICULUS 5

Utrum liceat episcopo, propter aliquam persecutionem, corporaliter deserere gregem sibi commissum

AD QUINTUM SIC PROCEDITUR. Videtur quod non liceat episcopo, propter aliquam persecutionem, corporaliter deserere gregem sibi commissum.
1. Dicit enim Dominus, Io 10,12, quod ille est *mercenarius, et non vere pastor, qui videt lupum venientem, et dimittit oves et fugit*. Dicit autem Gregorius, in Homilia[1], quod *lupus super oves venit, cum quilibet iniustus et raptor fideles quosque atque humiles opprimit*. Si ergo propter persecutionem alicuius tyranni, episcopus gregem sibi commissum corporaliter deserat, videtur quod sit *mercenarius, et non pastor.*
2. PRAETEREA, Pr 6,1 dicitur: *Fili, si spoponderis pro amico tuo, defixisti apud extraneum manum tuam*: et postea [v. 3] subdit: *Discurre, festina, suscita amicum tuum*. Quod exponens Gregorius, in

ARTIGO 5

Um bispo pode abandonar materialmente o rebanho a ele confiado por causa de alguma perseguição?[e]

QUANTO AO QUINTO, ASSIM SE PROCEDE: parece que **não** é permitido ao bispo abandonar materialmente o seu rebanho por causa de uma perseguição.
1. Com efeito, diz o Senhor no Evangelho: Aquele que "vê o lobo aproximar-se, abandona as ovelhas e foge, é mercenário e não verdadeiro pastor". Ora, escreve Gregório que "o lobo vem contra as ovelhas quando algum injusto ou ladrão oprime os fiéis e os humildes". Logo, se o bispo abandona materialmente o rebanho a ele confiado, por causa da perseguição de algum tirano, parece que age como mercenário e não como pastor.
2. ALÉM DISSO, está escrito no livro dos Provérbios: "Meu filho, se fores fiador do teu amigo, deste por ele a tua mão a um estranho". E mais adiante: "Corre, apressa-te, desperta o teu amigo".

---

6. GRATIANUS, *Decretum*, P. II, causa 7, q. 1, can. 45: ed. cit., t. I, p. 585.

PARALL.: *De Perf. Vitae Spir.*, c. 16; *in Ioan.*, c. 10, lect. 3; II *ad Cor.*, c. 11, lect. 6.

1. Homil. 14 *in Evang.*, n. 2: ML 76, 1128 B.

e. O enunciado do artigo é bastante geral, um bispo podendo ter múltiplas razões de se afastar fisicamente de seu rebanho. Mas o problema de fundo, que invoca a autoridade da Escritura e põe em jogo a reputação de alguns grandes bispos, é a de saber se o bispo pode basear-se na perseguição para se autorizar a afastar-se. Tal é o verdadeiro objeto do artigo.

Pastoral.², dicit: *Spondere pro amico est animam alienam in periculo suae conversationis accipere. Quisquis autem ad vivendum aliis in exemplum praeponitur, non solum ut ipse vigilet, sed etiam ut amicum suscitet, admonetur*. Sed hoc non potest facere si corporaliter deserat gregem. Ergo videtur quod episcopus non debeat, causa persecutionis, corporaliter suum gregem deserere.

3. PRAETEREA, ad perfectionem episcopalis status pertinet quod proximis curam impendat. Sed non licet ei qui est statum perfectionis professus, ut omnino deserat ea quae sunt perfectionis. Ergo videtur quod non licet episcopo se corporaliter subtrahere ab executione sui officii: nisi forte ut operibus perfectionis in monasterio vacet.

SED CONTRA est quod Dominus Apostolis, quorum successores sunt episcopi, mandavit, Mt 10,23: *Si vos persecuti fuerint in una civitate, fugite in aliam*.

RESPONDEO dicendum quod in qualibet obligatione praecipue attendi debet obligationis finis. Obligant autem se episcopi ad exequendum pastorale officium propter subditorum salutem. Et ideo, ubi subditorum salus exigit personae pastoris praesentiam, non debet pastor personaliter suum gregem deserere, neque propter aliquod commodum temporale, neque etiam propter aliquod personale periculum imminens: cum *bonus pastor animam suam ponere* teneatur *pro ovibus suis*. Si vero subditorum saluti possit sufficienter in absentia pastoris per alium provideri, tunc licet pastori, vel propter aliquod ecclesiae commodum, vel propter personae periculum, corporaliter gregem deserere. Unde Augustinus dicit, in Epistola *ad Honoratum*³: *Fugiant de civitate in civitatem servi Christi, quando eorum quisque specialiter a persecutoribus quaeritur: ut ab aliis, qui non ita quaeruntur, non deseratur ecclesia. Cum autem omnium est commune periculum, hi qui aliis indigent, non deserantur ab his quibus indigent. Si enim perniciosum est nautam in tranquillitate navem deserere, quanto magis in fluctibus*: ut dicit Nicolaus Papa, et habetur VII, qu. 1⁴.

Gregório comenta assim estas palavras: "Ser fiador de um amigo é vir em socorro à alma em perigo. Pois quem é preposto aos outros como exemplo de vida, deve não somente velar por si mesmo, mas também ajudar o amigo". Ora, não pode fazer isto quem materialmente abandona o seu rebanho. Logo, parece que o bispo não deve, por causa de uma perseguição, abandonar materialmente o seu rebanho.

3. ADEMAIS, a perfeição do estado episcopal exige que o bispo se consagre ao bem do próximo. Ora, aquele que faz profissão do estado de perfeição não pode abandonar inteiramente as coisas relativas à perfeição. Logo, parece que o bispo não possa subtrair-se materialmente ao exercício do seu cargo, salvo para dedicar-se às obras de perfeição num mosteiro.

EM SENTIDO CONTRÁRIO, diz o Evangelho de Mateus que o Senhor deu uma ordem aos Apóstolos, de quem os bispos são sucessores: "Quando vos perseguirem numa cidade, fugi para outra".

RESPONDO. Em toda obrigação é preciso, antes de tudo, considerar o fim que se tem em vista. Ora, os bispos se obrigam a desempenhar o ofício pastoral para a salvação dos seus fiéis. Por conseguinte, sempre que a salvação do rebanho exige a presença pessoal do pastor, ele não deve abandonar pessoalmente o seu rebanho, nem mesmo por causa de algum perigo pessoal iminente, posto que "o bom pastor deve dar a sua vida por suas ovelhas". Se, porém, na ausência do pastor, for possível prover suficientemente, por meio de um outro, à salvação dos fiéis, então, nesse caso, é lícito ao pastor se afastar do seu rebanho, seja para obter alguma vantagem para a sua igreja, seja para escapar a algum perigo que o ameaça pessoalmente. Por isso, diz Agostinho: "Fujam os servos de Cristo de cidade em cidade, quando algum deles for especialmente procurado pelos perseguidores, contanto que a Igreja não seja abandonada por aqueles que não forem assim perseguidos. Quando o perigo for comum a todos, aqueles que têm necessidade dos outros não devem ser abandonados pelas pessoas que os devem socorrer". Se, pois, escreve o Papa Nicolau, "é condenável que o piloto abandone o navio quando o mar está tranquilo, quanto mais na tempestade?"

---

2. P. III, c. 4, al. 28, admon. 5: ML 77, 54 C — 55 A.
3. Epist. 228, al. 180, n. 2: ML 33, 1014.
4. GRATIANUS, *Decretum*, P. II, causa 7, q. 1, can. 47: ed. Richter-Friedberg, t. I, p. 586.

AD PRIMUM ergo dicendum quod ille tanquam mercenarius fugit qui commodum temporale, vel etiam salutem corporalem, spirituali saluti proximorum praeponit. Unde Gregorius dicit, in Homilia[5]: *Stare in periculo ovium non potest qui in eo quod ovibus praeest, non oves diligit, sed lucrum terrenum quaerit*, et ideo *opponere se contra periculum trepidat, ne hoc quod diligit amittat*. Ille autem qui ad evitandum periculum recedit absque detrimento gregis, non tanquam mercenarius fugit.

AD SECUNDUM dicendum quod ille qui spondet pro aliquo, si per se implere non possit, sufficit ut per alium impleat. Unde praelatus, si habet impedimentum propter quod non possit personaliter curae subditorum intendere, suae sponsioni satisfacit si per alium provideat.

AD TERTIUM dicendum quod ille qui ad episcopatum assumitur, assumit statum perfectionis secundum aliquod perfectionis genus: a quo si impediatur, ad aliud genus perfectionis non tenetur, ut scilicet necesse sit eum ad statum religionis transire. Imminet tamen sibi necessitas ut animum retineat intendendi proximorum saluti si opportunitas adsit et necessitas requirat.

QUANTO AO 1º, portanto, deve-se dizer que foge como mercenário o que põe uma vantagem temporal, ou mesmo sua vida corporal, acima da salvação do próximo. Por isso, escreve Gregório: "Aquele que, no cuidado das suas ovelhas, não lhes tem amor algum, mas busca lucros temporais, é incapaz de permanecer em seu posto se um perigo as ameaça; pois teme enfrentá-lo para não perder o que ama". Mas aquele que se afasta do perigo sem detrimento para o seu rebanho, não foge como um mercenário.

QUANTO AO 2º, deve-se dizer que àquele que é fiador de alguém, se não pode por si mesmo cumprir o prometido, basta que o faça por meio de outra pessoa. Por conseguinte, o prelado que se acha impedido de cuidar pessoalmente dos seus súditos, satisfaz seus compromissos se os cumprir por um outro.

QUANTO AO 3º, deve-se dizer que quem é elevado ao episcopado, assume o estado de perfeição, mas de uma determinada perfeição. De modo que, se encontra obstáculos para realizar essa perfeição, não está obrigado a uma outra, isto é, como se fosse necessário, por exemplo, que entrasse no estado religioso. Entretanto, ele tem a obrigação de manter a intenção de velar pela salvação do próximo, se a oportunidade se oferecer e a necessidade o exigir.

ARTICULUS 6
Utrum episcopo liceat aliquid proprium possidere

AD SEXTUM SIC PROCEDITUR. Videtur quod episcopo non liceat aliquid proprium possidere.

1. Dominus enim dicit, Mt 19,21: *Si vis perfectus esse, vade et vende omnia quae habes et da pauperibus, et veni, sequere me*: ex quo videtur quod voluntaria paupertas ad perfectionem requiratur. Sed episcopi assumuntur ad statum perfectionis. Ergo videtur quod non liceat eis proprium possidere.

2. PRAETEREA, episcopi in Ecclesia tenent locum Apostolorum, ut dicit Glossa[1], Lc 10,1. Sed Apostolis Dominus praecepit ut nihil proprium possiderent: secundum illud Mt 10,9: *Nolite possidere aurum neque argentum, neque pecuniam*

ARTIGO 6
O bispo pode ter bens próprios?

QUANTO AO SEXTO, ASSIM SE PROCEDE: parece que o bispo **não** pode possuir nada de próprio.

1. Com efeito, disse o Senhor: "Se queres ser perfeito, vai vende tudo o que tens, dá aos pobres; depois, vem e segue-me". Parece, pois, que a perfeição requer a pobreza voluntária. Ora, os bispos são elevados a um estado de perfeição. Logo, parece que não lhes é lícito possuir algo de próprio.

2. ALÉM DISSO, os bispos ocupam na Igreja o lugar dos Apóstolos, como diz a Glosa. Ora, o Senhor mandou que os Apóstolos nada possuíssem de seu, como se lê no Evangelho de Mateus: "Não possuais nem ouro nem prata, nem leveis dinheiro

---

5. Cit. in arg., n. 3: ML 76, 1129 A.
PARALL.: Infra, q. 186, a. 3, ad 5; *De Perf. Vitae Spir.*, c. 18; *in Matth.*, c. 19.
1. Ordin.: ML 114, 284 A.

in zonis vestris. Unde et Petrus, pro se et pro aliis Apostolis, dicit: *Ecce, nos reliquimus omnia et secuti sumus te*, Mt 19,27. Ergo videtur quod episcopi teneantur ad huius mandati observantiam, ut nihil proprium possideant.

3. PRAETEREA, Hieronymus dicit, *ad Nepotianum*[2]: *Cleros graece, latine sors appellatur. Propterea clerici dicuntur, quia de sorte Domini sunt: vel quia ipse Dominus sors, idest pars, clericorum est. Qui autem Dominum possidet, nihil extra Deum habere potest. Si autem aurum, si argentum, si possessiones, si variam supellectilem habet, cum istis partibus non dignatur Dominus fieri pars eius.* Ergo videtur quod non solum episcopi, sed etiam clerici debeant proprio carere.

SED CONTRA est quod dicitur XII, qu. 1[3]: *Episcopus de rebus propriis vel acquisitis, vel quidquid de proprio habet, heredibus suis derelinquat.*

RESPONDEO dicendum quod ad ea quae sunt supererogationis nullus tenetur, nisi se specialiter ad illud voto adstringat. Unde Augustinus dicit, in Epistola *ad Paulinam et Armentarium*[4]: *Quia iam vovisti, iam te obstrinxisti, aliud tibi facere non licet. Priusquam esses voti reus, liberum fuit quod esses inferior.* Manifestum est autem quod vivere absque proprio supererogationis est: non enim cadit sub praecepto, sed sub consilio. Unde cum, Mt 19,17, dixisset Dominus adolescenti, *Si vis ad vitam ingredi, serva mandata*, postea [v. 21] superaddendo subdidit: *Si vis perfectus esse, vade et vende omnia quae habes et da pauperibus.* Non autem episcopi in sua ordinatione ad hoc se obligant ut absque proprio vivant: nec etiam vivere absque proprio ex necessitate requiritur ad pastorale officium, ad quod se obligant. Et ideo non tenentur episcopi ad hoc quod sine proprio vivant.

AD PRIMUM ergo dicendum quod, sicut supra[5] habitum est, perfectio Christianae vitae non consistit essentialiter in voluntaria paupertate, sed voluntaria paupertas instrumentaliter operatur ad perfectionem vitae. Unde non oportet quod ubi est maior paupertas, ibi sit maior perfectio. Quinimmo

nos vossos cintos". Por isso, Pedro disse, em seu nome e no dos Apóstolos: "Eis que nós deixamos tudo e te seguimos". Logo, parece que os bispos estão obrigados a cumprir esse preceito de nada possuir que lhes seja próprio.

3. ADEMAIS, Jerônimo escreveu, no mesmo sentido: "A palavra grega *klèros* se traduz em latim *sors*, isto é, quinhão, parte duma herança. Por isso, se chamam "clérigos" os que são o *quinhão* do Senhor; ou porque o próprio Senhor é o quinhão, isto é, a parte dos clérigos. Pois aquele a quem o Senhor coube como parte da herança, nada mais pode possuir além dele. Se ele tem ouro, prata, bens, mobiliário variado, o Senhor não se presta a ser uma parte da sua herança entre outras partes. Logo, parece que não só os bispos mas também os clérigos não devem ter nada que lhes seja próprio.

EM SENTIDO CONTRÁRIO, lê-se nas Decretais: "Os bispos deixarão aos seus herdeiros os bens próprios, seja os adquiridos, seja os que possuam de outro modo".

RESPONDO. Ninguém está obrigado às obras de supererrogação, a não ser que a elas se obrigue por um voto especial. Esta é a doutrina de Agostinho: "Já que fizeste voto, estás obrigado e não te é lícito proceder de outro modo. Mas antes de te teres ligado pelo voto, tinhas a liberdade de ser inferior". Ora, é evidente que viver sem possuir nada é uma obra de supererrogação; pois não é matéria de preceito, mas de conselho. Por isso, o Senhor, depois de ter dito ao jovem, "Se queres entrar na vida, guarda os mandamentos", acrescentou algo mais: "Se queres ser perfeito, vai, vende tudo o que possuis e dá aos pobres". Ora, os bispos não se obrigam, na sua ordenação, a viver sem nada de próprio; nem, tampouco, isso é exigido pelo ofício pastoral ao qual se obrigam. Por conseguinte, os bispos não estão obrigados a viver sem propriedade alguma.

QUANTO AO 1º, portanto, deve-se dizer que a perfeição da vida cristã não consiste essencialmente na pobreza voluntária; mas a pobreza voluntária é um simples meio para adquirir a perfeição. Não se segue daí, que deva haver necessariamente maior perfeição onde há maior pobreza[f]. Ao

---

2. Epist. 52, al. 2, n. 5: ML 22, 531.
3. GRATIANUS, *Decretum*, P. II, causa 12, q. 1, can. 19: ed. Richter-Friedberg, t. I, p. 684.
4. Epist. 127, al. 45, n. 8: ML 33, 487.
5. Q. 184, a. 3, ad 1.

f. O caráter relativo e instrumental da pobreza voluntária é enfaticamente acentuado, o que é constante em Sto. Tomás.

potest esse summa perfectio cum magna opulentia: nam Abraham, cui dictum est, Gn 17,1, *Ambula coram me et esto perfectus*, legitur dives fuisse.

AD SECUNDUM dicendum quod verba illa Domini tripliciter possunt intelligi. Uno modo, mystice: ut non possideamus aurum neque argentum, idest, ut praedicatores non innitantur principaliter sapientiae et eloquentiae temporali; ut Hieronymus exponit[6].

Alio modo, sicut Augustinus exponit, in libro *de Consensu Evangelist.*[7], ut intelligatur hoc Dominum non praecipiendo, sed magis permittendo dixisse. Permisit enim eis ut absque auro et argento et aliis sumptibus ad praedicandum irent, accepturi sumptus vitae ab his quibus praedicabant. Unde subdit [v. 10]: *Dignus est enim operarius cibo suo*. Ita tamen quod, si aliquis propriis sumptibus uteretur in praedicatione Evangelii, ad supererogationem pertineret: sicut Paulus de seipso dicit, 1Cor 9,12-15.

Tertio modo, secundum quod Chrysostomus exponit[8], ut intelligatur illa Dominum discipulis praecepisse quantum ad illam missionem qua mittebantur ad praedicandum Iudaeis, ut per hoc exercerentur ad confidendum de virtute ipsius, qui eis absque sumptibus provideret. Ex quo tamen non obligabantur ipsi, vel successores eorum, ut absque propriis sumptibus Evangelium praedicarent. Nam et de Paulo legitur, 2Cor 11,8, quod ab aliis ecclesiis stipendium accipiebat ad praedicandum Corinthiis: et sic patet quod aliquid possidebat ab aliis sibi missum. Stultum autem videtur dicere quod tot sancti pontifices, sicut Athanasius, Ambrosius, Augustinus, illa praecepta transgressi fuissent, si ad ea observanda se crederent obligari.

AD TERTIUM dicendum quod omnis pars est minor toto. Ille ergo cum Deo alias partes habet, cuius studium diminuitur circa ea quae sunt Dei, dum intendit his quae sunt mundi. Sic autem non debent nec episcopi nec clerici proprium posside-

contrário, a suma perfeição pode coexistir com a opulência. Assim, Abraão, a quem se disse: "Anda em minha presença e sê perfeito", como se lê era rico.

QUANTO AO 2º, deve-se dizer que essas palavras do Senhor podem ser entendidas de três maneiras. Uma primeira, de ordem mística, segundo a qual não possuir nem ouro nem prata significaria que os pregadores não devem apoiar-se principalmente sobre a sabedoria e a eloquência humanas, como explica Jerônimo.

A segunda é de Agostinho. Para ele não se trata de uma ordem do Senhor, mas antes de uma permissão sua. Ele lhes permitiu que, sem ouro, prata ou outros meios, fossem pregar, pois as pessoas a quem pregavam proveriam às suas necessidades. Por isso, acrescenta: "Pois o trabalhador é digno do seu alimento". Com esta ressalva, contudo, que, se alguém vive dos seus próprios bens quando prega o Evangelho, pratica uma obra supererrogatória, como diz Paulo, falando de si mesmo[g].

A terceira foi proposta por Crisóstomo. Para ele, as palavras do Senhor visavam aquela missão particular entre os judeus; queria com elas exercitar os discípulos na confiança no poder d'Aquele que proveria às suas necessidades, sem que tivessem que dispender coisa alguma. Nem por isso, no entanto, ficavam eles e seus sucessores obrigados a pregar o Evangelho sem quaisquer recursos pessoais. Assim, lê-se na Escritura que Paulo recebia uma ajuda de outras igrejas para pregar aos Coríntios; o que prova que possuía certos bens que lhe foram enviados por outras pessoas. De resto, seria uma insensatez dizer que tantos bispos santos como Atanásio, Ambrósio, Agostinho, tenham transgredido aquele preceito, se eles se tivessem considerado obrigados a observá-lo.

QUANTO AO 3º, deve-se dizer que toda parte é menor que o todo. Portanto, possui, além de Deus, outras partes, aquele que diminui sua aplicação às coisas de Deus, porque se aplica às coisas do mundo. Nem os bispos nem os clérigos devem

---

6. *Comment. in Matth.*, l. I, super 10, 10: ML 26, 63 B C.
7. L. II, c. 30, n. 73: ML 34, 1114.
8. Homil. II *in Rom.*, 16, 3, n. 2: MG 51, 197.

g. O exemplo de São Paulo é importante, e favorece os que consideram como mais evangélico ganhar sua vida ao mesmo tempo em que evangelizam do que viver da mendicância. A questão não perdeu em nada sua atualidade; está no centro da busca de novas formas de vida religiosa.

re, ut, dum curant propria, defectum faciant in his quae pertinent ad cultum divinum.

Articulus 7
Utrum episcopi mortaliter peccent si bona ecclesiastica quae procurant, pauperibus non largiantur

AD SEPTIMUM SIC PROCEDITUR. Videtur quod episcopi mortaliter peccent si bona ecclesiastica quae procurant, pauperibus non largiantur.

1. Dicit enim Ambrosius[1], exponens illud Lc 12,16, *"Hominis cuiusdam divitis uberes fructus ager attulit"*: *Nemo proprium dicat quod est commune: plus quam sufficiat sumptui, violenter obtentum est.* Et postea subdit: *Neque minus est criminis habenti tollere quam, cum possis et abundas, denegare indigentibus.* Sed violenter tollere alienum est peccatum mortale. Ergo episcopi mortaliter peccant si ea quae eis supersunt, pauperibus non largiantur.

2. PRAETEREA, Is 3, super illud [v. 14], *Rapina pauperum in domo vestra*, dicit Glossa[2] Hieronymi quod bona ecclesiastica sunt pauperum. Sed quicumque id quod est alterius sibi reservat aut aliis dat, peccat mortaliter et tenetur ad restitutionem. Ergo, si episcopi bona ecclesiastica quae eis superfluunt, sibi retineant vel consanguineis vel amicis largiantur, videtur quod teneantur ad restitutionem.

3. PRAETEREA, multo magis aliquis potest de rebus ecclesiae ea quae sunt sibi necessaria accipere, quam superflua congregare. Sed Hieronymus dicit, in Epistola *ad Damasum Papam*[3]: *Clericos illos convenit Ecclesiae stipendiis sustentari quibus parentum et propinquorum nulli suffragantur: qui autem bonis parentum et opibus sustentari possunt, si quod pauperum est accipiunt, sacrilegium incurrunt.* Unde et Apostolus dicit, 1Ti 5,16: *Si quis fidelis habet viduas, subministret illis, et non gravetur Ecclesia: ut his quae vere viduae sunt sufficiat.* Ergo multo magis episcopi

Artigo 7
O bispo peca mortalmente quando não distribui aos pobres os bens eclesiásticos que administra?

QUANTO AO SÉTIMO, ASSIM SE PROCEDE: parece que **pecam** mortalmente os bispos que não distribuem aos pobres os bens eclesiásticos que administram.

1. Com efeito, comentando a passagem da Escritura "O campo de um homem rico tinha dado abundantes frutos", Ambrósio escreve: "Ninguém considere próprio o que é comum; apropriar-se de mais que o necessário para viver é praticar uma violência". E, em seguida, acrescenta: "Não é um menor delito despojar alguém do que é seu, que negar ajuda ao necessitado quando se pode e se está na abundância". Ora, tomar à força o que pertence a outro é pecado mortal. Logo, pecam mortalmente os bispos quando não dão aos pobres o que lhes sobra.

2. ALÉM DISSO, sobre a palavra de Isaías "os despojos dos pobres enchem a vossa casa", diz a Glosa de Jerônimo que "os bens eclesiásticos são dos pobres". Ora, quem guarda para si o bem alheio ou o dá aos outros peca mortalmente e está obrigado a restituir. Logo, se os bispos guardam para si ou dão aos parentes ou aos amigos os bens eclesiásticos que lhes sobram, parece que estão obrigados à restituição.

3. ADEMAIS, usar dos bens da Igreja para prover às próprias necessidades é muito mais normal do que fazer para si uma reserva com o seu supérfluo. Ora, Jerônimo declara: "Os clérigos que nada recebem dos pais ou dos parentes podem viver dos subsídios da Igreja. Quanto àqueles que podem viver do seu patrimônio de família, cometem um sacrilégio se aceitam o que pertence aos pobres". Por isso, disse o Apóstolo: "Se algum fiel tem viúvas em sua família, socorra-as; não se onere a Igreja, a fim de que ela possa ajudar aquelas que são verdadeiramente viúvas". Logo, com muito

---

7 PARALL.: *Quodlib.* VI, q. 7.

1. *Sermones*, serm. 81 sive 64, Dom. VIII post Pent.: ML 17, 593-594.
2. Vide HIERONYMUM, *In Isaiam*, l. II, super 3, 14: ML 24, 68 B.
3. Cfr. GRATIANUM, *op. cit.*, P. II, causa 1, q. 2, can. 6: ed. cit., t. I, p. 409; causa 16, q. 1, can. 68: ed. cit., t. I, p. 785.

mortaliter peccant si ea quae eis superfluunt de bonis ecclesiasticis, pauperibus non largiantur.

SED CONTRA est quod plures episcopi ea quae supersunt non largiuntur pauperibus, sed expendere videntur laudabiliter ad reditus ecclesiae ampliandos.

RESPONDEO dicendum quod aliter est dicendum de propriis bonis, quae episcopi possidere possunt, et de bonis ecclesiasticis. Nam propriorum bonorum verum dominium habent. Unde ex ipsa rerum conditione non obligantur ut eas aliis conferant: sed possunt vel sibi retinere, vel aliis pro libitu elargiri. Possunt tamen in earum dispensatione peccare, vel propter inordinationem affectus, per quam contingit quod vel sibi plura conferant quam oportet; vel etiam aliis non subveniant secundum quod requirit debitum caritatis. Non tamen tenetur ad restitutionem: quia huiusmodi res sunt eius dominio deputatae.

Sed ecclesiasticorum bonorum sunt dispensatores vel procuratores: dicit enim Augustinus, *ad Bonifacium*[4]: *Si privatum possidemus quod nobis sufficiat, non illa nostra sunt, sed illorum quorum procurationem gerimus: non proprietatem nobis usurpatione damnabili vindicemus*. Ad dispensatorem autem requiritur bona fides: secundum illud 1Cor 4,2: *Hic iam quaeritur inter dispensatores ut fidelis quis inveniatur*.

Sunt autem bona ecclesiastica non solum in usus pauperum, sed etiam ad cultum divinum et necessitates ministrorum expendenda. Unde dicitur XII, qu. 2[5]: *De reditibus ecclesiae vel oblatione fidelium, sola episcopo ex his una portio emittatur; duae ecclesiasticis fabricis et erogationi pauperum profuturae a presbytero, sub periculo sui ordinis, ministrentur; ultima clericis, pro singulorum meritis, dividatur*.

Si ergo distincta sint bona quae debent in usum episcopi cedere, ab his quae sunt pauperibus et ministris et cultui ecclesiae eroganda; et aliquid sibi retinuerit episcopus de his quae sunt pauperibus eroganda, vel in usum ministrorum aut in cultum divinum expendenda: non est dubium quod contra fidem dispensationis agit, et mortaliter peccat, et ad restitutionem tenetur. — De his autem quae sunt specialiter suo usui deputata, videtur esse

maior razão pecam mortalmente os bispos se não distribuem aos pobres os bens eclesiásticos que sobrarem.

EM SENTIDO CONTRÁRIO, muitos bispos não distribuem aos pobres o supérfluo dos bens eclesiásticos, mas o empregam para aumentar os recursos da Igreja. E, ao que parece, a sua conduta é louvável.

RESPONDO. Devemos distinguir entre os bens pessoais que os bispos podem possuir e os bens eclesiásticos. Sobre os seus bens pessoais os bispos têm verdadeiro domínio e, por isso, não estão obrigados a dá-los aos outros, mas podem conservá-los ou distribuí-los a quem lhes aprouver. Contudo, podem pecar no uso que fazem deles, quer pelo excessivo apego, reservando para si mais do que necessitam; quer por não socorrerem às necessidades do próximo, segundo exige a caridade. Todavia, não estão obrigados à restituição, pois têm sobre esses bens um verdadeiro domínio.

Eles são os dispensadores ou administradores dos bens eclesiásticos. Assim, diz Agostinho: "Se temos bens próprios que nos bastam, esses outros bens não nos pertencem, mas àqueles de quem recebemos procuração. Não reivindiquemos para nós sua propriedade por uma condenável usurpação". Ora, para ser um bom administrador é necessária a fidelidade; segundo o Apóstolo, "o que se requer dos administradores é que sejam fiéis".

Os bens eclesiásticos são destinados não só ao socorro dos pobres mas também ao culto divino e a prover às necessidades dos ministros. Por isso, se lê nas Decretais: "Das rendas da Igreja ou das oferendas dos fiéis, seja dada ao bispo só uma parte; duas outras devem ser repartidas pelo presbítero, sob pena de deposição, entre os pobres e a conservação dos edifícios eclesiásticos; a última seja dividida entre os clérigos, levando em conta os méritos de cada um".

Por conseguinte, se os bens destinados ao bispo são distintos daqueles que devem ser empregados em benefício dos pobres ou do sustento dos ministros e do culto divino, o bispo que se apropriasse de algum desses bens destinados aos pobres, aos ministros ou ao culto divino agiria, sem dúvida alguma, contra a fidelidade, pecaria mortalmente e seria obrigado à restituição. — Quanto aos bens destinados a seu uso, estão subordinados à mesma

---

4. Ep. 185, al. 50, c. 9, n. 35: ML 33, 809.
5. GRATIANUS, *op. cit.*, P. II, causa 12, q. 2, can. 28: ed. cit., t. I, p. 697.

eadem ratio quae est de propriis bonis: ut scilicet propter immoderatum affectum et usum peccet quidem, si immoderata sibi retineat, et aliis non subveniat sicut requirit debitum caritatis.

Si vero non sint praedicta bona distincta, eorum distributio fidei eius committitur. Et si quidem in modico deficiat vel superabundet, potest hoc fieri absque bonae fidei detrimento: quia non potest homo in talibus punctualiter accipere illud quod fieri oportet. Si vero sit multus excessus, non potest latere: unde videtur bonae fidei repugnare. Et ideo non est absque peccato mortali: dicitur enim Mt 24,48sqq., quod, *si dixerit malus servus in corde suo, Moram facit Dominus meus venire,* quod pertinet ad divini iudicii contemptum; *et coeperit percutere conservos suos,* quod pertinet ad superbiam; *manducet autem et bibat cum ebriosis,* quod pertinet ad luxuriam: *veniet Dominus servi illius in die qua non sperat, et dividet eum,* scilicet a societate bonorum, *et partem eius ponet cum hypocritis,* scilicet in inferno.

AD PRIMUM ergo dicendum quod verbum illud Ambrosii non solum est referendum ad dispensationem ecclesiasticarum rerum, sed quorumcumque bonorum ex quibus tenetur aliquis, debito caritatis, providere necessitatem patientibus. Non tamen potest determinari quando sit ista necessitas quae ad peccatum mortale obliget: sicut nec cetera particularia quae in humanis actibus considerantur. Horum enim determinatio relinquitur humanae prudentiae.

AD SECUNDUM dicendum quod bona ecclesiarum non sunt solum expendenda in usus pauperum, sed etiam in alios usus, ut dictum est. Et ideo si de eo quod usui episcopi vel alicuius clerici est deputatum, velit aliquis sibi subtrahere et consanguineis vel aliis dare, non peccat: dummodo id faciat moderate, idest, ut non indigeant, non autem ut ditiores inde fiant. Unde Ambrosius dicit, in libro *de Offic.*[6]: *Est approbanda liberalitas, ut proximos seminis tui ne despicias, si egere cognoscas: non tamen ut illi ditiores fieri velint ex eo quod tu potes conferre inopibus.*

AD TERTIUM dicendum quod non omnia bona ecclesiarum sunt pauperibus largienda: nisi forte in articulo necessitatis, in quo etiam, pro redemptione

regra a que estão os bens próprios: o bispo peca por apego imoderado, reservando-se mais do que o necessário e não ajudando os outros, conforme as exigências da caridade.

Se os bens mencionados acima não forem distintos, a sua distribuição fica entregue à fidelidade do bispo. Se este se afasta da regra para mais ou para menos apenas um pouco, nem por isso a sua boa fé está em jogo, pois nessa matéria é difícil para o homem medir exatamente o que deve fazer. Contudo, se o excesso for muito grande, ele não poderá deixar de perceber. Neste caso, será difícil admitir boa fé. E não será sem pecado mortal, como se lê no Evangelho: "Se aquele mau servo disser em seu coração: 'meu senhor tarda por vir'", o que é desprezo pelo juízo divino; "e começar a espancar os seus companheiros", o que constitui soberba; "a comer e a beber em companhia dos bebedores", e isto é luxúria; "o senhor daquele servo virá em dia imprevisto e em hora ignorada e o separará", isto é, da companhia dos bons, "e lhe dará um lugar entre os hipócritas", isto é, no inferno.

QUANTO AO 1º, portanto, deve-se dizer que essas palavras de Ambrósio não se referem só à dispensação dos bens eclesiásticos, mas a quaisquer bens com os quais alguém seja obrigado, por débito de caridade, a socorrer os necessitados. Mas é impossível determinar quando essa necessidade obrigue sob pena de pecado mortal. Assim, tampouco é possível determinar de antemão as demais particularidades que podem se apresentar os atos humanos. Tal determinação cabe à prudência humana.

QUANTO AO 2º, deve-se dizer que os bens eclesiásticos não devem ser gastos só em benefício dos pobres, mas são destinados também a outros usos. Por isso, o bispo ou os eclesiásticos que quisessem reservar para si ou para dá-lo aos parentes ou a outros, algum bem a eles destinados não pecariam, contanto que o fizessem com moderação, isto é, para socorrer às suas necessidades e não para enriquecê-los. Este é o pensamento de Ambrósio: "É uma liberalidade digna de aprovação se vê teus parentes na necessidade e não os abandonas; não, porém, a ponto de desejarem enriquecer-se com aquilo que poderias dar aos pobres".

QUANTO AO 3º, deve-se dizer que nem todos os bens eclesiásticos devem ser dados aos pobres, salvo em caso de necessidade, em que, segundo

---

6. L. I, c. 30, n. 150: ML 16, 67 A.

captivorum et aliis necessitatibus pauperum, vasa cultui divino dicata distrahuntur, ut Ambrosius dicit[7]. Et in tali necessitate peccaret clericus si vellet de rebus ecclesiae vivere, dummodo haberet patrimonialia bona, de quibus vivere possit.

AD QUARTUM dicendum quod bona ecclesiarum usibus pauperum deservire debent. Et ideo si quis, necessitate non imminente providendi pauperibus, de his quae superfluunt ex proventibus ecclesiae possessiones emat, vel in thesauro reponat in futurum utilitati ecclesiae et necessitatibus pauperum, laudabiliter facit. Si vero necessitas immineat pauperibus erogandi, superflua cura est et inordinata ut aliquis in futurum conservet: quod Dominus prohibet, Mt 6,34, dicens: *Nolite solliciti esse in crastinum.*

Ambrósio até se podem vender os vasos consagrados ao culto divino para redimir cativos ou socorrer a outras necessidades dos pobres. E em necessidades como essas, pecaria o clérigo que, tendo bens patrimoniais suficientes, quisesse viver dos bens da Igreja.

QUANTO AO 4º, deve-se dizer que os bens eclesiásticos devem ser destinados ao uso dos pobres. Por conseguinte, é louvável a conduta daquele que, não havendo necessidade iminente de socorrer aos pobres, emprega o que sobra dos rendimentos eclesiásticos na aquisição de bens, ou coloca esse supérfluo no tesouro em vista de uma posterior utilidade da Igreja, ou para prover às necessidades dos pobres. Mas, se houvesse urgência em assistir os pobres, seria uma preocupação inútil e desordenada guardar os bens para o futuro. E o Senhor o reprova, quando diz: "Não vos preocupeis como dia de amanhã"[h].

ARTICULUS 8

Utrum religiosi qui promoventur in episcopos, teneantur ad observantias regulares

AD OCTAVUM SIC PROCEDITUR. Videtur quod religiosi qui promoventur in episcopos, non teneantur ad observantias regulares.

1. Dicitur enim XVIII, qu. 1[1], quod *monachum canonica electio a iugo regulae monasticae professionis absolvit, et sacra ordinatio de monacho episcopum facit.* Sed observantiae regulares pertinent ad iugum regulae. Ergo religiosi qui in episcopum assumuntur, non tenentur ad observantias regulares.

2. PRAETEREA, ille qui ab inferiori ad superiorem gradum ascendit, non videtur teneri ad ea quae sunt inferioris gradus: sicut supra[2] dictum est quod religiosus non tenetur ad observanda vota quae in saeculo fecit. Sed religiosus qui assumitur ad episcopatum, ascendit ad aliquid maius, ut supra[3] habitum est. Ergo videtur quod non obligetur

ARTIGO 8

Os religiosos elevados ao episcopado ficam obrigados às observâncias regulares?

QUANTO AO OITAVO, ASSIM SE PROCEDE: parece que os religiosos elevados ao episcopado **não** continuam obrigados às observâncias regulares.

1. Com efeito, lê-se, com efeito, nas Decretais: "A eleição canônica desobriga o monge do jugo da regra monástica; e a ordenação sagrada faz do monge um bispo". Ora, as observâncias regulares fazem parte do jugo da regra. Logo, os religiosos elevados ao episcopado não são, doravante, obrigados a cumprir as observâncias regulares.

2. ALÉM DISSO, aquele que sobe de um grau inferior a um superior não parece ser obrigado a cumprir os deveres do grau inferior; é assim que o religioso não é obrigado a observar os votos que ele pôde fazer no século. Ora, o religioso promovido ao episcopado ascende a um grau superior. Logo, parece que o bispo não seja mais

---

7. Ibid., l. II, c. 28, n. 136: ML 16, 140 A.

8 PARALL.: Supra, q. 88, a. 11, ad 4; IV *Sent.*, dist. 38, q. 1, a. 4, q.la 1, ad 5.

1. GRATIANUS, *Decretum*, P. II, causa 18, q. 1, can. 1: ed. Richter-Friedberg, t. I, p. 828.
2. Q. 88, a. 12, ad 1.
3. Q. 184, a. 7.

---

h. Essa quarta solução, quando havia apenas três objeções, prova que o argumento *em sentido contrário* exige certas correções. É normal, de fato, que um bispo não distribua aos pobres o supérfluo dos rendimentos eclesiásticos, pois é seu dever aumentar os recursos de sua Igreja... mas é sob condição que não haja urgência em assistir aos pobres; pois, nesse caso, o espírito evangélico, o famoso "dever de imprevidência" faria valer os seus direitos.

episcopus ad ea quae tenebatur observare in statu religionis.

3. PRAETEREA, maxime religiosi obligari videntur ad obedientiam, et ad hoc quod sine proprio vivant. Sed religiosi qui assumuntur ad episcopatum, non tenentur obedire praelatis suarum religionum: quia sunt eis superiores. Nec etiam videntur teneri ad paupertatem: quia, sicut in Decreto supra[4] inducto dicitur, *quem sacra ordinatio de monacho episcopum facit, velut legitimus heres, paternam sibi hereditatem iure vindicandi potestatem habeat*. Interdum etiam conceditur eis testamenta conficere. Ergo multo minus tenentur ad alias observantias regulares.

SED CONTRA est quod dicitur in Decretis, XVI, qu. 1[5]: *De monachis qui diu morantes in monasteriis, si postea ad clericatus ordines pervenerint, statuimus non debere eos a priori proposito discedere*.

RESPONDEO dicendum quod, sicut supra[6] dictum est, status religionis ad perfectionem pertinet quasi quaedam via in perfectionem tendendi, status autem episcopalis ad perfectionem pertinet tanquam quoddam perfectionis magisterium. Unde status religionis comparatur ad statum episcopalem sicut disciplina ad magisterium, et dispositio ad perfectionem. Dispositio autem non tollitur, perfectione adveniente: nisi forte quantum ad id in quo perfectioni repugnat; quantum autem ad id quod perfectioni congruit, magis confirmatur. Sicut discipulo, cum ad magisterium pervenerit, non congruit quod sit auditor: congruit tamen sibi quod legat et meditetur, etiam magis quam ante.

Sic igitur dicendum est quod, si qua sunt in regularibus observantiis quae non impediant pontificale officium, sed magis valeant ad perfectionis custodiam, sicut est continentia, paupertas et alia huiusmodi: ad haec remanet religiosus, etiam factus episcopus, obligatus; et per consequens, ad portandum habitum suae religionis, qui est huius obligationis signum.

Si qua vero sunt in observantiis regularibus quae officio pontificali repugnent, sicut est solitudo, silentium, et aliquae abstinentiae vel vigiliae graves, ex quibus impotens corpore redderetur ad

obrigado às observâncias que lhe impunha o estado religioso.

3. ADEMAIS, parece que as obrigações maiores do religioso sejam a obediência e a renúncia aos bens próprios. Ora, os religiosos promovidos ao episcopado não são obrigados a obedecer aos superiores da sua ordem, pois são agora seus superiores. Nem tampouco são obrigados a ser pobres. A Decretal citada acima diz claramente: "O monge, cuja ordenação sagrada fez bispo, tem o direito de reivindicar, como legítimo herdeiro, a herança paterna". Além disso, lhes é concedida a faculdade de fazer testamento. Logo, com maior razão, são desobrigados das outras observâncias regulares.

EM SENTIDO CONTRÁRIO, dizem as Decretais: "Com respeito aos monges que, depois de terem vivido muito tempo nos mosteiros, são promovidos às ordens da clericatura, determinamos que não devem abandonar sua primeira vocação".

RESPONDO. O estado religioso é um estado de perfeição no sentido de via pela qual se tende à perfeição. Ao passo que o estado episcopal é um estado de perfeição na qualidade de magistério da perfeição. Por conseguinte, o estado religioso está para o estado episcopal como o de discípulo para o de mestre, ou a disposição para a própria perfeição. Ora, a disposição não desaparece quando chega a perfeição. Salvo naquilo que, na disposição, pode ser incompatível com a perfeição. Mas, quanto àquilo que se harmoniza com a perfeição, a disposição é confirmada. Como ao discípulo que, ao chegar ao magistério, não cabe mais ser ouvinte; mas cabe-lhe sempre ler e meditar, ainda mais do que antes.

Assim, deve-se também dizer que, se há entre as observâncias religiosas algumas que não são incompatíveis com o ofício pontifical, mas que contribuem à salvaguarda da perfeição, como a continência, a pobreza e outras semelhantes, o religioso continua obrigado a elas até depois de ser feito bispo. E, por conseguinte, a trazer o hábito da sua ordem, que é o sinal dessa obrigação.

Se há, porém, entre as observâncias religiosas as que são incompatíveis com o ofício pontifical, como a solidão, o silêncio, algumas abstinências e vigílias rigorosas, que o tornariam fisicamente

---

4. Arg. 1.
5. GRATIANUS, *op. cit.*, P. II, causa 16, q. 1, can. 3: ed. cit., t. I, p. 762.
6. A. 1, ad 2.

exequendum pontificale officium: ad huiusmodi observanda non tenetur.

In aliis tamen potest dispensatione uti, secundum quod requirit necessitas personae vel officii, vel conditio hominum cum quibus vivit, per modum quo etiam praelati religionum in talibus secum dispensant.

AD PRIMUM ergo dicendum quod ille qui fit de monacho episcopus, absolvitur a iugo monasticae professionis, non quantum ad omnia, sed quantum ad illa quae officio pontificali repugnant, ut dictum est.

AD SECUNDUM dicendum quod vota saecularis vitae se habent ad vota religionis sicut particulare ad universale, ut supra habitum est. Sed vota religionis se habent ad pontificalem dignitatem sicut dispositio ad perfectionem. Particulare autem superfluit, habito universali: sed dispositio adhuc necessaria est, perfectione obtenta.

AD TERTIUM dicendum quod hoc est per accidens quod episcopi religiosi obedire praelatis suarum religionum non tenentur, quia sibi subditi esse desierunt: sicut et ipsi praelati religionum. Manet tamen adhuc obligatio voti virtualiter: ita scilicet quod, si eis legitime aliquis praeficeretur, obedire tenerentur, inquantum tenentur obedire statutis regulae per modum praedictum, et suis superioribus, si quos habent.

Proprium autem nullo modo habere possunt. Non enim hereditatem paternam vindicant quasi propriam: sed quasi ecclesiae debitam. Unde ibidem subditur quod, *postquam episcopus ordinatur, ad altare ad quod sanctificatur, quod acquirere potuit restituat.*

Testamentum autem nullo modo facere potest: quia sola dispensatio ei committitur rerum ecclesiasticarum, quae morte finitur, ex qua incipit testamentum valere, ut Apostolus dicit, Hb 9,16-17. Si tamen ex concessione Papae testamentum faciat, non intelligitur ex proprio facere testamentum: sed Apostolica auctoritate intelligitur esse ampliata potestas suae dispensationis, ut eius dispensatio possit valere post mortem.

incapaz de exercer o ofício, aquele religioso não é obrigado a praticá-las.

Contudo, com respeito às outras observâncias, ele pode usar de dispensas, levando em conta as necessidades pessoais, os deveres do seu cargo ou a condição das pessoas com quem vive; da mesma maneira que os prelados religiosos se dispensam em tais casos.

QUANTO AO 1º, portanto, deve-se dizer que aquele que de monge se torna bispo fica livre do jugo da profissão monástica não totalmente, mas naquilo que é incompatível com o ofício pontifical.

QUANTO AO 2º, deve-se dizer que os votos da vida secular, comparados com os votos religiosos, acham-se na situação do particular em relação ao universal. Os votos religiosos, ao contrário, comparados com a dignidade pontifical, são como a disposição em relação à perfeição. O particular torna-se supérfluo em presença do universal; ao passo que a disposição continua necessária, mesmo depois de alcançada a perfeição.

QUANTO AO 3º, deve-se dizer que é mero acidente se os bispos religiosos não são mais obrigados a obedecer aos prelados das suas Ordens, por que deixaram de ser seus súditos assim como os próprios superiores religiosos. Virtualmente, a obrigação decorrente do voto subsiste sempre. De modo que, se lhes fosse dado legitimamente um superior, eles seriam obrigados a obedecer-lhe; como são obrigados a observar as prescrições da regra e a obedecer a seus superiores, se os tiverem.

Mas não podem, de modo algum, ter bens próprios. Eles não reivindicam a herança paterna como sua, mas como devida à Igreja. Por isso, a Decretal acrescenta: "Uma vez ordenado bispo, deve restituir tudo o que possa adquirir ao altar, para o qual foi consagrado".

Tampouco pode, de modo algum, fazer testamento, pois só lhe foi concedida a administração dos bens eclesiásticos, que termina com a morte. E só depois da morte começa a valer o testamento, como diz o Apóstolo. Mas, se por concessão do Papa, fizer testamento, entenda-se que não o faz como se dispusesse de propriedades suas. Essa permissão nada mais representa do que uma extensão, pela autoridade apostólica, do seu poder de administração, que se acha prolongado até além da morte.

QUAESTIO CLXXXVI
DE HIS IN QUIBUS PRINCIPALITER CONSISTIT RELIGIONIS STATUS

in decem articulos divisa

Deinde considerandum est de his quae pertinent ad statum religionis. Circa quod occurrit quadruplex consideratio: quarum prima est de his in quibus principaliter consistit religionis status; secunda, de his quae religiosis licite convenire possunt; tertia, de distinctione religionum; quarta, de religionis ingressu.

Circa primum quaeruntur decem.

Primo: utrum religiosorum status sit perfectus.
Secundo: utrum religiosi teneantur ad omnia consilia.
Tertio: utrum voluntaria paupertas requiratur ad religionem.
Quarto: utrum requiratur continentia.
Quinto: utrum requiratur obedientia.
Sexto: utrum requiratur quod haec cadant sub voto.
Septimo: de sufficientia horum votorum.
Octavo: de comparatione eorum ad invicem.
Nono: utrum religiosus semper mortaliter peccet quando transgreditur statutum suae regulae.
Decimo: utrum, ceteris paribus, in eodem genere peccati plus peccet religiosus quam saecularis.

Articulus 1
Utrum religio importet statum perfectionis

Ad primum sic proceditur. Videtur quod religio non importet statum perfectionis.

1. Illud enim quod est de necessitate salutis, non videtur ad statum perfectionis pertinere. Sed religio est de necessitate salutis: quia per eam *uni vero Deo religamur*, sicut Augustinus dicit in libro *de Vera Relig.*¹; vel religio dicitur ex eo quod *Deum relegimus, quem amiseramus negligentes*, ut Augustinus dicit in X *de Civ. Dei*². Ergo videtur quod religio non nominet perfectionis statum.

QUESTÃO 186
OS ELEMENTOS PRINCIPAIS DO ESTADO RELIGIOSO

em dez artigos

Em seguida, deve-se tratar do estado religioso. A esse respeito ocorrem quatro considerações: 1º em que consiste principalmente o estado religioso; 2º o que pode convir licitamente aos religiosos; 3º como se distinguem as vidas religiosas; 4º como se entra na vida religiosa.

A respeito do primeiro ponto, são dez as questões:

1. O estado religioso é perfeito?
2. Os religiosos são obrigados a cumprir todos os conselhos?
3. A vida religiosa exige a pobreza voluntária?
4. Exige a continência?
5. Exige a obediência?
6. É necessário que a pobreza, a continência e a obediência sejam matéria de voto?
7. Bastam esses três votos?
8. Qual é a relação entre eles?
9. Peca sempre mortalmente o religioso que transgride o estabelecido em sua regra?
10. Em igualdade de condições e no mesmo gênero de pecado, o religioso peca mais que o secular?

Artigo 1
A vida religiosa é um estado de perfeição?

Quanto ao primeiro artigo, assim se procede: parece que o estado religioso **não** é um estado de perfeição.

1. Com efeito, o que é necessário à salvação não pertence ao estado de perfeição. Ora, a vida religiosa é necessária à salvação, posto que, por ela, "nós nos unimos ao verdadeiro Deus", como disse Agostinho. Ou, ainda segundo ele, recebe o nome de religião porque "nós escolhemos de novo (*re-elegemos*) a Deus, que por nossa negligência tínhamos perdido". Logo, parece que a vida religiosa não designa um estado de perfeição.

---

1 Parall.: Supra, q. 184, a. 5; *Cont. Gent.* III, 130; *De Perf. Vitae Spir.*, c. 11, 16; *Quodlib.* I, q. 7, a. 2, ad 2; III, q. 6, a. 3; *in Matth.*, c. 19.

1. C. 55, n. 113: ML 34, 172.
2. C. 3, n. 2: ML 41, 280.

2. PRAETEREA, religio, secundum Tullium[3], est quae *naturae divinae cultum et caeremoniam affert*. Sed afferre Deo cultum et caeremoniam magis videtur pertinere ad ministeria sacrorum ordinum quam ad diversitatem statuum: ut ex supra[4] dictis patet. Ergo videtur quod religio non nominet perfectionis statum.

3. PRAETEREA, status perfectionis distinguitur contra statum incipientium et proficientium. Sed etiam in religione sunt aliqui incipientes et aliqui proficientes. Ergo religio non nominat perfectionis statum.

4. PRAETEREA, religio videtur esse poenitentiae locus: dicitur enim in Decretis, VII, qu. 1[5]: *Praecipit sancta Synodus ut quicumque de pontificali dignitate ad monachorum vitam et poenitentiae descenderit locum, nunquam ad pontificatum resurgat*. Sed locus poenitentiae opponitur statui perfectionis: unde Dionysius, 6 cap. *Eccles. Hier.*[6], ponit poenitentes in infimo loco, scilicet inter *purgandos*. Ergo videtur quod religio non sit status perfectionis.

SED CONTRA est quod in *Collationibus Patrum*[7], dicit Abbas Moyses, de religiosis loquens: *Ieiuniorum inediam, vigilias, labores, corporis nuditatem, lectionem, ceterasque virtutes debere nos suscipere noverimus, ut ad perfectionem caritatis istis gradibus possimus conscendere*. Sed ea quae ad humanos actus pertinent, ab intentione finis speciem et nomen recipiunt. Ergo religiosi pertinent ad statum perfectionis.

Dionysius etiam, 6 cap. *Eccles. Hier.*[8], dicit *eos qui nominantur Dei famuli, ex Dei puro servitio et famulatu uniri ad amabilem perfectionem*.

RESPONDEO dicendum quod, sicut ex supra[9] dictis patet, id quod communiter multis convenit, antonomastice attribuitur ei cui per excellentiam convenit: sicut nomen *fortitudinis* vindicat sibi illa virtus quae circa difficillima firmitatem animi servat, et *temperantiae* nomen vindicat sibi illa virtus quae temperat maximas delectationes. Religio autem, ut supra[10] habitum est, est quaedam virtus per quam aliquis ad Dei servitium et cultum

2. ALÉM DISSO, a vida religiosa, segundo Cícero, "rende culto e homenagem à natureza divina". Ora, prestar culto a Deus e as cerimônias referem-se antes aos ministros das ordens sacras do que à diversidade dos estados. Logo, parece que vida religiosa não designa estado de perfeição.

3. ADEMAIS, o estado de perfeição se distingue do estado dos principiantes e dos adiantados. Ora, também há na vida religiosa principiantes e adiantados. Logo, a vida religiosa não designa estado de perfeição.

4. ADEMAIS, a vida religiosa parece ser um regime de penitência, pois se lê nas Decretais: "O santo Sínodo ordena que todo aquele que descer da dignidade episcopal à vida monástica e ao regime da penitência, jamais poderá voltar ao episcopado". Ora, o regime de penitência se opõe ao estado de perfeição. Por isso, Dionísio coloca os penitentes no último lugar, isto é, entre os que se purificam. Logo, parece que a vida religiosa não é um estado de perfeição.

EM SENTIDO CONTRÁRIO, o abade Moisés, falando dos religiosos, escreveu: "É importante compreender que devemos abraçar as mortificações, os jejuns, as vigílias, os trabalhos, a nudez corporal, a leitura e as outras virtudes para podermos subir, por meio desses degraus, à perfeição da caridade". Mas, o que pertence ao domínio dos atos humanos se especifica e recebe o seu nome pelo fim a que tendem. Logo, os religiosos pertencem ao estado de perfeição.

Diz também Dionísio: "Aqueles que chamamos servos de Deus se unem à amável perfeição por meio do culto sincero e do serviço divino".

RESPONDO. Quando uma coisa é comum a muitos, atribui-se por antonomásia a quem a possui em maior grau. Assim, o nome de "fortaleza" se reserva à virtude que nos faz conservar a firmeza de alma diante das coisas mais difíceis; e o de "temperança", à virtude que modera os deleites mais intensos. Ora, a religião é uma virtude graças à qual prestamos a Deus serviço e culto. Assim, se chamarão por antonomásia "religiosos" os que se

---
3. *De invent. rhet.*, l. II, c. 53: ed. G. Friedrich, Lipsiae 1893, p. 230, ll. 20-22.
4. Q. 40, a. 2; q. 183, a. 3.
5. GRATIANUS, *Decretum*, P. II, causa 7, q. 1, can. 45: ed. Richter-Friedberg, t. I, p. 585.
6. P. I: MG 3, 532 A.
7. Collat. 1, c. 7: ML 49, 489 A.
8. MG 3, 533 A.
9. Q. 141, a. 2.
10. Q. 81, a. 2; a. 3, ad 2.

aliquid exhibet. Et ideo antonomastice *religiosi* dicuntur illi qui se totaliter mancipant divino servitio, quasi holocaustum Deo offerentes. Unde Gregorius dicit, *super Ezech*.[11]: *Sunt quidam qui nihil sibimetipsis reservant: sed sensum, linguam, vitam atque substantiam quam perceperunt, omnipotenti Deo immolant.* In hoc autem perfectio hominis consistit quod totaliter Deo inhaereat: sicut ex supra[12] dictis patet. Et secundum hoc, religio perfectionis statum nominat.

AD PRIMUM ergo dicendum quod exhibere aliqua ad cultum Dei est de necessitate salutis: sed quod aliquis totaliter se et sua divino cultui deputet, ad perfectionem pertinet.

AD SECUNDUM dicendum quod, sicut supra[13] dictum est, cum de virtute religionis ageretur, ad religionem pertinent non solum oblationes sacrificiorum et alia huiusmodi quae sunt religioni propria: sed etiam actus omnium virtutum, secundum quod referuntur ad Dei servitium et honorem, efficiuntur actus religionis. Et secundum hoc, si aliquis totam vitam suam divino servitio deputet, tota vita sua ad religionem pertinebit. Et secundum hoc, ex vita religiosa quam ducunt, religiosi dicuntur qui sunt in statu perfectionis.

AD TERTIUM dicendum quod, sicut dictum est, religio nominat statum perfectionis ex intentione finis. Unde non oportet quod quicumque est in religione, iam sit perfectus: sed quod ad perfectionem tendat. Unde super illud Mt 19,21, *Si vis perfectus esse* etc., dicit Origenes[14] quod *ille qui mutavit pro divitiis paupertatem ut fiat perfectus, non in ipso tempore quo tradiderit bona sua pauperibus, fiet omnino perfectus: sed ex illa die incipiet speculatio Dei adducere eum ad omnes virtutes*. Et hoc modo in religione non omnes sunt perfecti, sed quidam incipientes, quidam proficientes.

consagram totalmente ao serviço de Deus e que, por assim dizer, se oferecem em holocausto a Ele[a]. É o que leva Gregório a dizer: "Há pessoas que nada reservam para si, mas imolam a Deus todo-poderoso seu pensamento, sua língua, sua vida e todos os bens que possam ter". Ora, a perfeição do homem consiste em unir-se totalmente a Deus. Assim sendo, a vida religiosa designa um estado de perfeição.

QUANTO AO 1º, portanto, deve-se dizer que é necessário para a salvação dar alguma coisa ao culto de Deus. Mas, consagrar-se totalmente, a si e aos seus bens, ao culto divino é próprio da perfeição.

QUANTO AO 2º, deve-se dizer que não só pertencem a esta virtude a oblação dos sacrifícios e coisas semelhantes que são próprias a ela, mas também os atos de todas as virtudes, enquanto as ordenamos ao serviço e à honra de Deus. E é por isso que, se alguém consagra toda a sua vida ao serviço divino, toda ela será um ato de religião. Assim, por causa da vida religiosa que levam, chamam-se religiosos os que estão no estado de perfeição.

QUANTO AO 3º, deve-se dizer que é por causa do fim perseguido que a vida religiosa designa um estado de perfeição. Por isso, não se exige que todos os religiosos já sejam perfeitos, mas que tendam à perfeição. Assim, a respeito daquela palavra do Evangelho "se queres ser perfeito" etc., disse Orígenes: "Quem trocou as riquezas pela pobreza para tornar-se perfeito, não se tornou perfeito desde o momento em que distribuiu seus bens aos pobres. Mas, a partir de então, a contemplação de Deus começa a encaminhá-lo a todas as virtudes". Por conseguinte, nem todos os que vivem na vida religiosa são perfeitos; mas, uns são principiantes e outros, adiantados.

---

11. Homil. 20; al. 1. II, homil. 8, n. 16: ML 76, 1037.
12. Q. 184, a. 2.
13. Q. 81, a. 1, ad 1; a. 4, ad 1, 2; q. 85, a. 3.
14. Tract. 8 *in Matth.*, n. 16: MG 13, 1301 A.

a. Os substantivos "um religioso", "uma religiosa" e expressões como "vida religiosa", "comunidade religiosa", conservaram o sentido que lhes conferia Sto. Tomás. Em contrapartida, se muitos de nossos contemporâneos se interessam pela religião (estudam-lhe a história, a sociologia, a filosofia, etc.), bem poucos apreendem o sentido preciso do que Sto. Tomás chama de "virtude de religião". Ora, neste artigo, é a partir da noção de religião como virtude que Sto. Tomás estabelece que o estado religioso é um estado de perfeição. Em sua perspectiva, era ir do conhecido ao desconhecido.

Em nossos dias, definir o estado religioso a partir da virtude de religião permanece possível, mas supõe o que não é evidente, que o leitor esteja familiarizado com o tratado de Sto. Tomás sobre a religião (II-II, q. 81-100).

AD QUARTUM dicendum quod religionis status principaliter est institutus ad perfectionem adipiscendam per quaedam exercitia quibus tolluntur impedimenta perfectae caritatis. Sublatis autem impedimentis perfectae caritatis, multo magis exciduntur occasiones peccati, per quod totaliter tollitur caritas. Unde, cum ad poenitentem pertineat causas peccatorum excidere, ex consequenti status religionis est convenientissimus poenitentiae locus. Unde in Decretis, XXXIII, qu. 2, cap. *Admonere*[15], consulitur cuidam qui uxorem occiderat, ut potius monasterium ingrediatur, quod dicit esse *melius et levius*, quam poenitentiam publicam agat remanendo in saeculo.

QUANTO AO 4º, deve-se dizer que o estado religioso foi instituído principalmente para se alcançar a perfeição, por meio de certos exercícios, graças aos quais se eliminam os obstáculos à caridade perfeita. E, eliminados os impedimentos à perfeita caridade, cortam-se muito mais profundamente as ocasiões de pecado, que acarretariam a perda total da caridade. E, posto que é função da penitência eliminar as causas do pecado, o estado religioso é o lugar mais adequado para ela. É por isso que as Decretais aconselham um homem, que matara sua mulher, a entrar para um mosteiro, por considerá-lo um meio *melhor e mais fácil*, do que fazer penitência pública, permanecendo no século.

ARTICULUS 2
Utrum quilibet religiosus teneatur ad omnia consilia

AD SECUNDUM SIC PROCEDITUR. Videtur quod quilibet religiosus teneatur ad omnia consilia.

1. Quicumque enim profitetur statum aliquem, tenetur ad ea quae illi statui conveniunt. Sed quilibet religiosus profitetur statum perfectionis. Ergo quilibet religiosus tenetur ad omnia consilia, quae ad perfectionis statum pertinent.

2. PRAETEREA, Gregorius dicit, *super Ezech.*[1] quod *ille qui praesens saeculum deserit et agit bona quae valet, quasi iam Aegypto derelicto, sacrificium praebet in eremo.* Sed deserere saeculum specialiter pertinet ad religiosos. Ergo etiam eorum est agere omnia bona quae valent. Et ita videtur quod quilibet eorum teneatur ad omnia consilia implenda.

3. PRAETEREA, si non requiritur ad statum perfectionis quod aliquis omnia consilia impleat, sufficiens esse videtur si quaedam consilia impleat. Sed hoc falsum est: quia multi in saeculari vita existentes aliqua consilia implent, ut patet de his qui continentiam servant. Ergo videtur quod

ARTIGO 2
Todo religioso está obrigado à prática de todos os conselhos?

QUANTO AO SEGUNDO, ASSIM SE PROCEDE: parece que todo religioso **está** obrigado à prática de todos os conselhos[b].

1. Com efeito, quem faz profissão de um estado de vida é obrigado a observar tudo o que convém a esse estado. Ora, todo religioso professa o estado de perfeição. Logo, todo religioso está obrigado a todos os conselhos que são próprios do estado de perfeição.

2. ALÉM DISSO, segundo Gregório, "quem abandona o século presente e pratica todo o bem de que é capaz, oferece um sacrifício no deserto, como se houvesse saído do Egito". Ora, abandonar o século é precisamente o que fazem os religiosos. Logo, todos eles também são obrigados a praticar todo bem de que são capazes. E, portanto, parece que todos estão obrigados à prática de todos os conselhos.

3. ADEMAIS, se não se exige no estado de perfeição a prática de todos os conselhos, parece que é suficiente observar alguns. Ora, isto é falso, pois muitos dos que vivem a vida secular praticam certos conselhos, como mostra o exemplo dos que guardam continência. Logo, parece que todo

---

15. GRATIANUS, *op. cit.*, P. II, causa 33, q. 2, can. 8: ed. cit. t. I, p. 1152.

2   PARALL.: III *Sent.*, dist. 29, a. 8, q.la 3; *De Virtut.*, q. 2, a. 11, ad 12; *Quodlib.* I, q. 7, a. 2; *Cont. impugn. Relig.*, c. 2.

1. Homil. 20; al. l. II, hom. 8, n. 16: ML 76, 1038.

b. Resulta do artigo, em especial da r. 3, que "todos os conselhos" não significa, aqui: a totalidade dos três conselhos clássicos. Estes últimos são requeridos para toda vida religiosa. Mas há muitos outros conselhos capazes de se tornar instrumentos de perfeição.
Sto. Tomás estima que, sobre esse ponto, o melhor seria contrário ao bem; não se trata de "fazer o mais possível". Que os religiosos se deixem guiar por sua regra e por sua discrição!

quilibet religiosus, qui est in statu perfectionis, teneatur ad omnia quae sunt perfectionis. Huiusmodi autem sunt omnia consilia.

SED CONTRA, ad ea quae sunt supererogationis non tenetur aliquis nisi ex propria obligatione. Sed quilibet religiosus obligat se ad aliqua determinata: quidam ad haec, quidam ad illa. Non ergo omnes tenentur ad omnia.

RESPONDEO dicendum quod ad perfectionem aliquid pertinet tripliciter. Uno modo, essentialiter. Et sic, sicut supra[2] dictum est, ad perfectionem pertinet perfecta observantia praeceptorum caritatis. — Alio modo ad perfectionem pertinet aliquid consequenter, sicut illa quae consequuntur ex perfectione caritatis: puta quod aliquis maledicenti benedicat et alia huiusmodi impleat, quae, etsi secundum praeparationem animi sint in praecepto, ut scilicet impleantur quando necessitas requirit, tamen ex superabundantia caritatis procedit quod etiam extra necessitatem quandoque talia impleantur. — Tertio modo pertinet aliquid ad perfectionem instrumentaliter et dispositive: sicut paupertas, continentia, abstinentia et alia huiusmodi.

Dictum est autem quod ipsa perfectio caritatis est finis status religionis: status autem religionis est quaedam disciplina vel exercitium ad perfectionem perveniendi. Ad quam quidem aliqui pervenire nituntur exercitiis diversis: sicut etiam medicus ad sanandum uti potest diversis medicamentis. Manifestum est autem quod illi qui operatur ad finem, non ex necessitate convenit quod iam assecutus sit finem: sed requiritur quod per aliquam viam tendat in finem. Et ideo ille qui statum religionis assumit, non tenetur habere perfectam caritatem, sed tenetur ad hoc tendere et operam dare ut habeat caritatem perfectam. — Et eadem ratione, non tenetur ad hoc quod illa impleat quae perfectionem caritatis consequuntur: tenetur autem ut ad ea implenda intendat. Contra quod facit contemnens. Unde non peccat si ea praetermittat: sed si ea contemnat. — Similiter etiam non tenetur ad omnia exercitia quibus ad perfectionem pervenitur: sed ad illa determinate quae sunt ei taxata secundum regulam quam professus est.

AD PRIMUM ergo dicendum quod ille qui transit ad religionem, non profitetur se esse perfectum, sed profitetur se adhibere studium ad perfectionem consequendam: sicut etiam ille qui intrat scholas,

religioso, por estar em estado de perfeição, deva praticar tudo o que diz respeito à perfeição como são os conselhos.

EM SENTIDO CONTRÁRIO, ninguém está obrigado às obras supererogatórias senão quando se comprometeu. Ora, todo religioso se obriga a determinadas obras; uns a umas, outros a outras. Logo, não estão todos obrigados a todas.

RESPONDO. Algo pode ser próprio da perfeição de três maneiras: 1º *essencialmente*, e é o caso do perfeito cumprimento dos preceitos da caridade. — 2º *como consequência*. É o caso de tudo o que se apresenta como fruto da caridade perfeita; por exemplo, abençoar quem nos amaldiçoa e outras práticas semelhantes. O preceito exige que a alma esteja disposta a cumprir estas coisas, se as circunstâncias o pedirem. Contudo, é por uma caridade superabundante que somos levados, às vezes, a praticá-las, embora não sejam obrigatórias. — 3º, como *meio* e *disposição*. É o caso da pobreza, da continência, da abstinência etc.

A perfeição da caridade é o fim do estado religioso. Ora, o estado religioso é uma certa disciplina ou exercício para alcançar a perfeição. A ela se pode chegar mediante exercícios diversos; assim como, para curar, o médico pode usar diversos remédios. Ora, é evidente que aquele que se esforça em alcançar um fim não é obrigado a já tê-lo obtido. O que se exige é que se esforce, de um modo ou de outro, por alcançá-lo. Por conseguinte, aquele que assume o estado religioso não está obrigado a já possuir a caridade perfeita, mas de tender a ela e trabalhar para alcançá-la. — E, pela mesma razão, não está obrigado a cumprir o que é uma consequência de uma caridade perfeita, mas deve ter a intenção de observá-la. A isso se opõe quem despreza fazê-lo. E pecará por desprezá-lo, não por deixar de cumpri-lo. — Assim também, não está obrigado a todos os exercícios pelos quais se chega à perfeição, mas só àqueles que, precisamente, lhe são prescritos pela regra em que professou.

QUANTO AO 1º, portanto, deve-se dizer que quem entra na vida religiosa não faz profissão de ser perfeito, mas de esforçar-se por chegar à perfeição. Assim como quem ingressa numa escola, não

---

2. Q. 184, a. 3.

non profitetur se scientem, sed profitetur se studentem ad scientiam acquirendam. Unde sicut Augustinus dicit, VIII *de Civ. Dei*[3], Pythagoras noluit profiteri se sapientem, sed *sapientiae amatorem*. Et ideo religiosus non est transgressor professionis si non sit perfectus: sed solum si contemnat ad perfectionem tendere.

AD SECUNDUM dicendum quod, sicut diligere Deum ex toto corde tenentur omnes, est tamen aliqua perfectionis totalitas quae sine peccato praetermitti non potest, aliqua autem quae sine peccato praetermittitur, dum tamen desit contemptus, ut supra dictum est: ita etiam omnes, tam religiosi quam saeculares, tenentur aliqualiter facere quidquid boni possunt, omnibus enim communiter dicitur, Eccle 9,10: *Quidquid potest manus tua, instanter operare*; est tamen aliquis modus hoc praeceptum implendi quo peccatum vitatur, si scilicet homo faciat quod potest secundum quod requirit conditio sui status; dummodo contemptus non adsit agendi meliora, per quem animus obfirmatur contra spiritualem profectum.

AD TERTIUM dicendum quod quaedam consilia sunt quae si praetermitterentur, tota vita hominis implicaretur negotiis saecularibus: puta si aliquis haberet proprium, vel matrimonio uteretur, aut aliquid huiusmodi faceret quod pertinet ad essentialia religionis vota. Et ideo ad omnia talia consilia observanda religiosi tenentur. Sunt autem quaedam consilia de quibusdam particularibus melioribus actibus, quae praetermitti possunt absque hoc quod vita hominis saecularibus actibus implicetur. Unde non oportet quod ad omnia talia religiosi teneantur.

faz profissão de ser sábio, mas de estudar para adquirir a ciência. Por isso, escreve Agostinho, que Pitágoras não queria ser chamado sábio, mas de *amante da sabedoria*. Assim, o religioso não transgride a sua profissão por não ser perfeito, mas somente se desdenha tender à perfeição.

QUANTO AO 2º, deve-se dizer que todos estão obrigados a amar a Deus com todo o seu coração. Todavia, há nessa totalidade uma perfeição que não pode deixar de ser atingida sob pena de incorrer em pecado e uma outra que se pode deixar de atingir, contanto que seja sem desprezo. Assim, também, todos, religiosos e seculares, estão, de certo modo, obrigados a fazer todo o bem possível, pois é a todos que se dirige a palavra da Escritura: "Faze com presteza tudo quanto pode fazer a tua mão". Há, porém, uma maneira de cumprir esse preceito pela qual evitamos o pecado, e é que cada um faça o que puder, conforme o que exige a condição do seu estado. Contanto que não se tenha, para com as obras melhores, esse desprezo que indisporia a alma contra o progresso espiritual.

QUANTO AO 3º, deve-se dizer que há conselhos que, se não forem observados, a vida do homem se enredaria totalmente nos negócios seculares, como seria ter bens próprios, usar do matrimônio ou de coisas semelhantes contrárias aos votos essenciais da vida religiosa. Por conseguinte, os religiosos estão obrigados a observar esses conselhos. Há, porém, outros, relativos a certas ações melhores mais especiais, que podem não ser observados, sem que isto signifique enredar-se com os negócios seculares. Assim, não é necessário que os religiosos observem todos os conselhos.

ARTICULUS 3

Utrum paupertas requiratur ad perfectionem religionis

AD TERTIUM SIC PROCEDITUR. Videtur quod paupertas non requiratur ad perfectionem religionis.

ARTIGO 3

A perfeição da vida religiosa exige a pobreza?[c]

QUANTO AO TERCEIRO, ASSIM SE PROCEDE: parece que a perfeição da vida religiosa **não** exige a pobreza.

---

3. C. 2: ML 41, 225.

3 PARALL.: *Cont. Gent.* III, 130, 131, 133, 134; *Cont. retrahent. ab ingress. Relig.*, c. 15; *De Perf. Vitae Spir.*, c. 7, 8; *Cont. impugn. Relig.*, c. 1, 6; *in Matth.*, c. 19.

c. O artigo sobre a pobreza é bem mais substancial do que os seguintes, sobre a continência e a obediência. Sinal indubitável da atualidade do problema da pobreza no século de Francisco de Assis e de Domingos.

Faríamos mal em subestimar o peso dos seis argumentos alinhados contra a tese do artigo. A pobreza não é evidente por si. Concluímos que ela é sabedoria de Deus, mas isso implica que os homens têm fortes motivos para considerá-la como uma loucura.

1. Non enim videtur ad statum perfectionis pertinere illud quod illicite fit. Sed quod homo omnia sua relinquat, videtur esse illicitum: Apostolus enim, 2Cor 8, dat formam fidelibus eleemosynas faciendi, dicens [v. 12]: *Si voluntas prompta est, secundum id quod habet, accepta est, — idest, ut necessaria retineatis*; et postea subdit [v. 13]: *Non ut aliis sit remissio, vobis autem tribulatio*: Glossa[1], *idest, paupertas*. Et super illud 1Ti 6,8, *Habentes alimenta et quibus tegamur*, dicit Glossa[2]: *Etsi nihil intulerimus vel ablaturi simus, non tamen omnino abiicienda sunt haec temporalia.* Ergo videtur quod voluntaria paupertas non requiratur ad perfectionem religionis.

2. PRAETEREA, quicumque se exponit periculo, peccat. Sed ille qui, omnibus suis relictis, voluntariam paupertatem sectatur, exponit se periculo: et spirituali, secundum illud Pr 30,9, *Ne forte, egestate compulsus, furer et periurem nomen Dei mei*, et Eccli 27,1, *Propter inopiam multi perierunt*; et etiam corporali, dicitur enim Eccle 7,13: *Sicut protegit sapientia, sic protegit et pecunia*. Et Philosophus dicit, in IV *Ethic*.[3], quod *videtur quaedam perditio ipsius hominis esse corruptio divitiarum, quia per has homo vivit*. Ergo videtur quod voluntaria paupertas non requiratur ad perfectionem religiosae vitae.

3. PRAETEREA, *virtus in medio consistit*: ut dicitur in II *Ethic*.[4]. Sed ille qui omnia dimittit per voluntariam paupertatem, non videtur in medio consistere, sed magis in extremo. Ergo non agit virtuose. Et ita hoc non pertinet ad vitae perfectionem.

4. PRAETEREA, ultima perfectio hominis in beatitudine consistit. Sed divitiae conferunt ad beatitudinem: dicitur enim Eccli 31,8: *Beatus est dives qui inventus est sine macula*. Et Philosophus dicit, in I *Ethic*.[5], quod divitiae *organice* deserviunt ad felicitatem. Ergo voluntaria paupertas non requiritur ad perfectionem religionis.

1. Com efeito, o que é ilícito não pode fazer parte do estado de perfeição. Ora, que um homem abandone todos os seus bens parece ser ilícito, pois o Apóstolo formula nestes termos a regra que os fiéis devem seguir ao dar esmolas: "Se a vontade está pronta, é aceita segundo aquilo que tem". E acrescenta: "Não desejamos que o alívio dos outros seja para vós causa de aflição", "quer dizer, de pobreza", segundo a Glosa. E, acerca de uma outra frase do Apóstolo, "Tendo os alimentos necessários e com que nos cobrirmos", a Glosa observa: "Embora nada tenhamos trazido a este mundo e nada tenhamos que levar dele, nem por isso devemos rejeitar completamente os bens temporais". Logo, parece que a pobreza voluntária não é necessária para a perfeição da vida religiosa.

2. ALÉM DISSO, todo aquele que se expõe ao perigo, peca. Ora, quem abandona todos os seus bens e abraça a pobreza voluntária se expõe ao perigo. Primeiro, ao perigo espiritual, como diz a Escritura: "Para que não suceda que, constrangido pela indigência, me ponha a roubar e renegue o nome do meu Deus", e noutro lugar "Muitos pecaram por causa da pobreza". Segundo, ao perigo corporal, ainda segundo a Escritura "Assim como a sabedoria protege, assim também protege o dinheiro". Ou como disse o Filósofo: "A perda das riquezas parece ser a perda do próprio homem, pois lhe asseguram a existência". Logo, ao que parece, a pobreza voluntária não é necessária para a perfeição da vida religiosa.

3. ADEMAIS, "A virtude consiste no meio-termo", afirma o Filósofo. Ora, quem abandona tudo pela pobreza voluntária não dá a impressão de se achar no meio-termo, mas antes num extremo. Logo, não age virtuosamente e, portanto, isto não é próprio da perfeição da vida.

4. ADEMAIS, a perfeição última do homem consiste na bem-aventurança. Ora, as riquezas contribuem para a bem-aventurança, pois se lê na Escritura "Bem-aventurado o rico que foi achado sem mancha". E o Filósofo declara que as riquezas são meios úteis para alcançar a felicidade. Logo, a pobreza voluntária não é necessária para a perfeição da vida religiosa.

---

1. Interl.; LOMBARDI: ML 192, 58 D.
2. LOMBARDI: ML 192, 358 D.
3. C. 1: 1120, a, 2-4.
4. C. 6: 1106, b, 36-1107, a, 2.
5. C. 9: 1099, b, 1-7.

5. PRAETEREA, status episcoporum est perfectior quam status religionis. Sed episcopi possunt proprium habere, ut supra[6] habitum est. Ergo et religiosi.

6. PRAETEREA, dare eleemosynam est opus maxime Deo acceptum: et, sicut Chrysostomus dicit[7], *medicamentum quod maxime in poenitentia operatur*. Sed paupertas excludit eleemosynarum largitionem. Ergo videtur quod paupertas ad perfectionem religionis non pertineat.

SED CONTRA est quod Gregorius dicit, VIII *Moral*.[8]: *Sunt nonnulli iustorum qui, ad comprehendendum culmen perfectionis accincti, dum altiora interius appetunt, exterius cuncta derelinquunt*. Sed accingi ad comprehendendum culmen perfectionis proprie pertinet ad religiosos, ut dictum est. Ergo eis competit ut per voluntariam paupertatem cuncta exterius derelinquant.

RESPONDEO dicendum quod, sicut supra dictum est, status religionis est quoddam exercitium et disciplina per quam pervenitur ad perfectionem caritatis. Ad quod quidem necessarium est quod aliquis affectum suum totaliter abstrahat a rebus mundanis: dicit enim Augustinus, in X *Confess*.[9], ad Deum loquens: *Minus te amat qui tecum aliquid amat quod non propter te amat*. Unde et in libro *Octoginta trium Quaest*.[10], dicit Augustinus quod *nutrimentum caritatis est imminutio cupiditatis: perfectio, nulla cupiditas*. Ex hoc autem quod aliquis res mundanas possidet, allicitur animus eius ad earum amorem. Unde Augustinus dicit, in Epistola *ad Paulinum et Therasiam*[11], quod *terrena diliguntur arctius adepta quam concupita. Nam unde iuvenis ille tristis discessit, nisi quia magnas habebat divitias? Aliud est enim nolle incorporare quae desunt, aliud iam incorporata divellere: illa enim velut extranea repudiantur; ista velut membra praeciduntur*. Et Chrysostomus dicit, *super Matth*.[12], quod *appositio divitiarum maiorem accendit flammam, et vehementior fit cupido*. Et inde est quod ad perfectionem caritatis acquirendam, primum fundamentum est voluntaria paupertas, ut aliquis absque proprio vivat: dicente

5. ADEMAIS, o estado episcopal é mais perfeito que o estado religioso. Ora, os bispos podem possuir bens próprios. Logo, os religiosos também.

6. ADEMAIS, dar esmolas é uma obra sumamente agradável a Deus e, segundo Crisóstomo, "o remédio mais eficaz como penitência". Ora, a pobreza exclui a possibilidade de dar esmolas. Logo, parece que não é própria da perfeição da vida religiosa.

EM SENTIDO CONTRÁRIO, Gregório escreveu: "Há justos que, dispostos a subir ao cume da perfeição, abandonam todos os bens exteriores, por desejarem bens interiores mais excelentes". Ora, esforçar-se por atingir o cimo da perfeição é próprio dos religiosos, como se disse. Logo, também lhes é próprio abandonar todos os bens exteriores mediante a pobreza voluntária.

RESPONDO. O estado religioso é um aprendizado e um exercício para alcançar a perfeição da caridade. Para isso é necessário eliminar totalmente o apego às coisas do mundo, pois, diz Agostinho, dirigindo-se a Deus: "Ama-te menos quem ama fora de ti algo que não ama por tua causa". E diz também: "A diminuição da cobiça é o alimento da caridade; sua perfeição, não ter cobiça alguma". Ora, o fato de possuirmos bens terrenos leva nosso coração a amá-los. Donde esta palavra de Agostinho: "Os bens da terra são mais amados quando possuídos, do que quando somente desejados. Pois, por que aquele jovem foi embora triste, senão porque tinha grandes bens? Uma coisa é não consentir em incorporar o que não se tem; outra muito diferente é abandonar o que já foi incorporado. No primeiro caso, se repudia algo que não faz parte de nós; no segundo, parece que nos arrancam um membro". E Crisóstomo falou, no mesmo sentido: "O aumento das riquezas atiça a chama e torna a cobiça mais veemente". Por isso, para alcançar a perfeição da caridade, o fundamento primeiro é a pobreza voluntária, de modo que se viva sem nada possuir. O próprio Senhor o disse: "Se queres ser perfeito,

---

6. Q. 185, a. 6.
7. Homil. 9 *in epist. ad Hebr*., n. 4: MG 63, 81.
8. C. 26, al. 15, in vet. 19: ML 75, 829 B.
9. C. 29: ML 32, 796.
10. Q. 36, n. 1: ML 40, 25.
11. Epist. 31, al. 34, n. 5: ML 33, 124.
12. Homil. 63, al. 64, n. 2: MG 58, 605.

Domino, Mt 19,21: *Si vis perfectus esse, vade et vende omnia quae habes et da pauperibus, et veni, sequere me.*

AD PRIMUM ergo dicendum quod, sicut Glossa[13] ibidem subdit, *non ideo dixit Apostolus* (scilicet, *ut vobis non sit tribulatio, idest paupertas), quin melius esset: sed infirmis timet, quos sic dare monet ut egestatem non patiantur.* — Unde similiter etiam ex glossa alia non est intelligendum quod non liceat omnia temporalia abiicere: sed quod hoc non ex necessitate requiritur.

Unde et Ambrosius dicit, in I *de Offic.*[14]: *Dominus non vult,* scilicet ex necessitate praecepti, *simul effundi opes, sed dispensari: nisi forte ut Eliseus boves suos occidit et pavit pauperes ex eo quod habuit, ut nulla cura teneretur domestica.*

AD SECUNDUM dicendum quod ille qui omnia sua dimittit propter Christum, non exponit se periculo, neque spirituali neque corporali. Spirituale enim periculum ex paupertate provenit quando non est voluntaria: quia ex affectu aggregandi pecunias, quem patiuntur illi qui involuntarie sunt pauperes, incidit homo in multa peccata; secundum illud 1Ti 6,9: *Qui volunt divites fieri, incidunt in tentationem et in laqueum diaboli.* Iste autem affectus deponitur ab his qui voluntariam paupertatem sequuntur: magis autem dominatur in his qui divitias possident, ut ex dictis patet.

Corporale etiam periculum non imminet illis qui, intentione sequendi Christum, omnia sua relinquunt, divinae providentiae se committentes. Unde Augustinus dicit, in libro *de Serm. Dom. in Monte*[15]: *Quaerentibus regnum Dei et iustitiam eius non debet subesse sollicitudo ne necessaria desint.*

AD TERTIUM dicendum quod medium virtutis, secundum Philosophum, in II *Ethic.*[16], accipitur *secundum rationem rectam,* non secundum quantitatem rei. Et ideo quidquid potest fieri secundum

vai, vende os teus bens e dá aos pobres. Depois, vem e segue-me"[d].

QUANTO AO 1º, portanto, deve-se dizer que a Glosa, sobre essa passagem do Apóstolo ("não seja para vós causa de aflição, isto é, de pobreza"), acrescenta: "(Ele) não quis dizer que não é melhor dar tudo; mas que teme pelos fracos, aos quais aconselha a darem esmola com moderação de maneira a evitar a pobreza". — Por conseguinte, não se deve também entender a outra Glosa citada, como se significasse que não é lícito despojar-se de todos os bens temporais. Ela quer dizer simplesmente que não é indispensável fazê-lo.

É o que diz Ambrósio; "O Senhor não quer, isto é, não ordenou que distribuamos os nossos bens de uma vez por todas, mas que os distribuamos moderadamente. A não ser num caso como o de Eliseu, que matou os seus bois e alimentou os pobres com o que tinha, para livrar-se de toda preocupação doméstica".

QUANTO AO 2º, deve-se dizer que quem abandona todos os seus bens pelo Cristo[e] não se expõe a nenhum perigo, nem corporal nem espiritual. A pobreza pode tornar-se um perigo espiritual, quando não é voluntária, porque o desejo de acumular riquezas, que atormenta aqueles cuja pobreza é involuntária, pode levá-los a muitos pecados. Assim, segundo o Apóstolo "Os que querem se enriquecer caem na tentação e no laço do demônio". Mas os que abraçam a pobreza voluntária se livram desse desejo, que é mais ardente nos que possuem riquezas.

Tampouco existe perigo corporal aos que abandonam tudo para seguir a Cristo, confiando-se à divina providência. Por isso, declara Agostinho: "Os que buscam o reino de Deus e sua justiça não devem temer que lhes falte o necessário".

QUANTO AO 3º, deve-se dizer que o meio-termo da virtude deve ser considerado, segundo o Filósofo, "segundo a reta razão" e não a quantidade da coisa. Portanto, nada do que a reta razão aprova

---

13. LOMBARDI: ML 192, 58 D.
14. C. 30, n. 149: ML 16, 67 A.
15. L. II, c. 17, n. 56: ML 34, 1293.
16. Loc. cit. in arg.

---

d. Sob condição de que seja voluntária e portanto de acordo com o apelo de Cristo, a pobreza é qualificada como fundamento *primeiro* para a aquisição da perfeita caridade. Não é pouco.

e. A objeção 2 tinha uma certa força. Mas só se apoiava nos livros de sabedoria da antiga lei, e sobre uma reflexão de Aristóteles. Sto. Tomás não nega os perigos indicados, mas contesta sua efetividade quando a intenção é de seguir o Cristo pobre. Não existe perigo nem espiritual nem temporal em abraçar a pobreza evangélica.

rationem rectam, non est vitiosum ex magnitudine quantitatis, sed magis virtuosum. Esset autem praeter rationem rectam si quis omnia sua consumeret in intemperantiam, vel absque utilitate. Est autem secundum rationem rectam quod aliquis divitias abiiciat ut contemplationi sapientiae vacet: quod etiam philosophi quidam fecisse leguntur. Dicit enim Hieronymus, in Epistola ad *Paulinum*[17]: *Crates ille Thebanus, homo quondam ditissimus, cum ad philosophandum Athenas pergeret, magnum auri pondus abiecit: nec putavit se posse simul divitias et virtutes possidere.* Unde multo magis secundum rationem rectam est ut homo omnia sua relinquat ad hoc quod Christum perfecte sequatur. Unde Hieronymus dicit, in Epistola *ad Rusticum Monachum*[18]: *Nudum Christum nudus sequere.*

AD QUARTUM dicendum quod duplex est beatitudo sive felicitas: una quidem perfecta, quam expectamus in futura vita; alia autem imperfecta, secundum quam aliqui dicuntur in hac vita beati. Praesentis autem vitae felicitas est duplex: una quidem secundum vitam activam, alia vero secundum vitam contemplativam, ut patet per Philosophum, in X *Ethic*.[19] Ad felicitatem igitur vitae activae, quae consistit in exterioribus operationibus, divitiae instrumentaliter coadiuvant: quia, ut Philosophus dicit, in I *Ethic*.[20], *multa operamur per amicos, per divitias et per civilem potentiam, sicut per quaedam organa.* Ad felicitatem autem contemplativae vitae non multum operantur: sed magis impediunt, inquantum sua sollicitudine impediunt animi quietem, quae maxime necessaria est contemplanti. Et hoc est quod Philosophus dicit, in X *Ethic*.[21], quod *ad actiones multis opus est: speculanti vero nullo talium*, scilicet exteriorum bonorum, *ad operationem necessitas, sed impedimenta sunt ad speculationem.*

Ad futuram vero beatitudinem ordinatur aliquis per caritatem. Et quia voluntaria paupertas est efficax exercitium perveniendi ad perfectam caritatem, ideo multum valet ad caelestem beatitudinem

poderia ser considerado vicioso, por maior que fosse a quantidade. Ao contrário, essa quantidade torna o ato mais virtuoso. Iria, pois, contra a reta razão quem gastasse todos os seus bens por intemperança ou sem utilidade. Procede, porém, de acordo com a reta razão quem se despoja das suas riquezas para entregar-se à contemplação da sabedoria. Foi o que, segundo se conta, até certos filósofos fizeram. Por exemplo, narra Jerônimo: "Crates de Tebas, que era um homem riquíssimo, quando chegou a Atenas para se dedicar à filosofia, se desfez de uma grande quantidade de ouro, porque pensava não ser possível possuir ao mesmo tempo virtudes e riquezas". Por conseguinte, está muito mais de acordo com a reta razão abandonar tudo para seguir perfeitamente a Cristo. Donde o conselho de Jerônimo: "Segue nu a Cristo nu".

QUANTO AO 4º, deve-se dizer que há uma dupla espécie de bem-aventurança[f]: a perfeita, que esperamos para a vida futura, e a imperfeita, segundo a qual chamamos bem-aventuradas já nesta vida a algumas pessoas. Todavia, a felicidade da vida presente também é dupla: a da vida ativa e a da vida contemplativa, como prova o Filósofo. Pois bem, para a felicidade da vida ativa, que consiste nas ações exteriores, as riquezas contribuem como instrumento. De fato, observa o Filósofo: "Realizamos muitas coisas por meio dos nossos amigos, da riqueza e do poder público, que são como que instrumentos pelos quais agimos". Em compensação, não contribuem muito para a felicidade da vida contemplativa; antes, são um obstáculo a ela, na medida em que a preocupação a seu respeito prejudica a tranquilidade da alma, necessária mais que tudo para aquele que contempla. Por isso, diz o Filósofo: "Muitas coisas são necessárias para a ação. O homem que contempla não precisa de nada disso, a saber, de bens exteriores; pois, indispensáveis para a ação, eles são um obstáculo para a contemplação".

Quanto à bem-aventurança futura, o homem se ordena a ela pela caridade. E, como a pobreza voluntária é um exercício eficaz para alcançar a caridade perfeita, ela é um meio poderoso para

---

17. Epist. 58, al. 13, n. 2: ML 22, 580.
18. Epist. 125, al. 4, n. 20: ML 22, 1085.
19. C. 7: 1177, a, 12-1178, a, 9.
20. C. 9: 1099, a, 33 — b, 7.
21. C. 8: 1178, b, 1-7.

f. Essa solução é uma ampla resposta, e bem vinda, à questão da objeção 4: as riquezas não contribuem para a betitude? O assunto já era tratado na I-II, q. 2, a. 1, mas de maneira mais filosófica.

consequendam: unde et Dominus, Mt 19,21, dicit: *Vade et vende omnia quae habes et da pauperibus, et habebis thesaurum in caelo*. Divitiae autem habitae per se quidem natae sunt perfectionem caritatis impedire, principaliter alliciendo animum et distrahendo: unde dicitur, Mt 13,22, quod *sollicitudo saeculi et fallacia divitiarum suffocat verbum* Dei; quia, ut Gregorius dicit[22], *dum bonum desiderium ad cor intrare non sinunt, quasi aditum flatus vitalis necant*. Et ideo difficile est caritatem inter divitias conservare. Unde Dominus dicit, Mt 19,23, quod *dives difficile intrabit in regnum caelorum*. Quod quidem intelligendum est de eo qui actu habet divitias: nam de eo qui affectum in divitiis ponit, dicit hoc esse impossibile, secundum expositionem Chrysostomi[23], cum subdit [v. 24]: *Facilius est camelum per foramen acus transire quam divitem intrare in regnum caelorum*.

Et ideo non simpliciter dives dicitur esse beatus: sed, *qui inventus est sine macula et post aurum non abiit*. Et hoc, quia rem difficilem fecit: unde subditur [v. 9]: *Quis est hic, et laudabimus eum? Fecit enim mirabilia in vita sua*, ut scilicet, inter divitias positus, divitias non amaret.

AD QUINTUM dicendum quod status episcopalis non ordinatur ad perfectionem adipiscendam, sed potius ut ex perfectione quam quis habet, alios gubernet, non solum ministrando spiritualia, sed etiam temporalia. Quod pertinet ad vitam activam, in qua multa operanda occurrunt instrumentaliter per divitias, ut dictum est. Et ideo ab episcopis, qui profitentur gubernationem gregis Christi, non exigitur quod proprio careant, sicut exigitur a religiosis, qui profitentur disciplinam perfectionis acquirendae.

AD SEXTUM dicendum quod abrenuntiatio propriarum divitiarum comparatur ad eleemosynarum largitionem sicut universale ad particulare, et holocaustum ad sacrificium. Unde Gregorius dicit, *super Ezech*.[24], quod *illi qui ex possessis rebus subsidia egentibus ministrant, in bonis quae faciunt sacrificium offerunt, quia aliquid Deo immolant, et aliquid sibi reservant: qui vero nihil sibi reservant, offerunt holocaustum, quod*

se chegar à bem-aventurança do céu. Assim, diz o Senhor: "Vai, vende tudo o que tens e dá aos pobres e terás um tesouro no céu". A posse das riquezas, ao contrário, é, por natureza, obstáculo à perfeição da caridade; principalmente porque atrai o coração e o distrai. É o que se lê no Evangelho: "Os cuidados do mundo e a sedução da riqueza sufocam a Palavra de Deus". Pois, como adverte Gregório: "Fechando o acesso do coração aos bons desejos, extingue, por assim dizer, o sopro vital". Por conseguinte, é difícil conservar a caridade no meio das riquezas. O Senhor disse: "Um rico dificilmente entrará no Reino dos Céus". O que devemos entender daquele que possui simplesmente riquezas, pois, em relação àquele que põe nelas o seu coração, ele declara que é impossível entrar no reino, como entende Crisóstomo das palavras seguintes: "É mais fácil um camelo passar pelo buraco de uma agulha do que um rico entrar no reino dos Céus".

Por isso não se chama de modo absoluto ao rico de bem-aventurado, mas "àquele que foi achado sem mancha e não andou em busca do ouro". E isto, porque fez uma coisa difícil, por isso se acrescenta: "Quem é este, para que o louvemos? Pois fez prodígios em sua vida", quando, vivendo no meio das riquezas, não as amou.

QUANTO AO 5º, deve-se dizer que o estado episcopal não tem por fim alcançar a perfeição, mas pela perfeição que alguém tem, governar os outros pela dispensação tanto dos bens espirituais, quanto dos temporais. E isto é tarefa própria da vida ativa, na qual muitos atos são realizados mediante o auxílio das riquezas. Eis porque não se exige dos bispos, que fazem profissão de governar o rebanho de Cristo, que renunciem a todos os seus bens, como se exige dos religiosos que professam uma forma de vida destinada a alcançar a perfeição.

QUANTO AO 6º, deve-se dizer que a renúncia aos próprios bens está para a esmola, como o universal para o particular e o holocausto para o sacrifício. Por isso, diz Gregório: "Aqueles que, com seus próprios bens assistem os indigentes, oferecem um sacrifício, isto é, imolam uma parte a Deus e reservam a outra para si mesmos. Aqueles que nada reservam para si, oferecem um holocausto, que é mais que um sacrifício". Jerônimo diz algo

---

22. Homil. 15 *in Evang*., n. 3: ML 76, 1133.
23. Homil. 63, al. 64, *in Matth*., n. 2: MG 58, 605.
24. Homil. 20; al. l. II, hom. 8, n. 16: ML 76, 1037 D.

est maius sacrificio. Unde etiam Hieronymus, *contra Vigilant.*[25], dicit: *Quod autem asserit eos melius facere qui utantur rebus suis et paulatim fructus possessionum pauperibus dividant: non a me eis, sed a Deo respondetur: Si vis perfectus esse,* etc. Et postea subdit: *Iste quem tu laudas, secundus et tertius gradus est: quem et nos recipimus, dummodo sciamus prima secundis et tertiis praeferenda.* Et ideo, ad excludendum errorem Vigilantii, dicitur in libro *de Ecclesiasticis Dogmatibus*[26]: *Bonum est facultates cum dispensatione pauperibus erogare: melius est, pro intentione sequendi Dominum, insimul donare, et, absolutum sollicitudine, egere cum Christo.*

semelhante: "Quando tu afirmas que agem melhor os que usam de seus bens e repartem pouco a pouco o fruto das suas riquezas com os pobres, não cabe a mim responder mas ao Senhor: 'Se queres ser perfeito etc.'". E depois acrescenta: "Esse modo de agir que tu louvas não está senão em segundo e terceiro plano. Eu também o aprovo, mas com a condição de reservar o primeiro a quem o merece". Ainda contra o erro de Vigilâncio diz o livro dos Dogmas Eclesiásticos: "É bom distribuir pouco a pouco os bens aos pobres; mas é melhor, com a intenção de seguir a Cristo, dá-los todos de uma vez e, livre de todos os cuidados, partilhar a pobreza de Cristo".

Articulus 4
Utrum perpetua continentia requiratur ad perfectionem religionis

Ad quartum sic proceditur. Videtur quod perpetua continentia non requiratur ad perfectionem religionis.

1. Omnis enim Christianae vitae perfectio ab Apostolis Christi coepit. Sed Apostoli continentiam non videntur servasse: ut patet de Petro, qui socrum legitur habuisse, Mt 8,14. Ergo videtur quod ad perfectionem religionis non requiratur perpetua continentia.

2. Praeterea, primum perfectionis exemplar nobis in Abraham ostenditur, cui Dominus dixit, Gn 17,1, *Ambula coram me, et esto perfectus.* Sed exemplatum non oportet quod excedat exemplar. Ergo non requiritur ad perfectionem religionis perpetua continentia.

3. Praeterea, illud quod requiritur ad perfectionem religionis, in omni religione invenitur. Sunt autem aliqui religiosi qui uxoribus utuntur. Non ergo religionis perfectio exigit perpetuam continentiam.

Sed contra est quod Apostolus dicit, 2Cor 7,1: *Mundemus nos ab omni inquinamento carnis et spiritus, perficientes sanctificationem nostram in timore Dei.* Sed munditia carnis et spiritus conservatur per continentiam: dicitur enim 1Cor 7,34: *Mulier innupta et virgo cogitat quae Domini sunt, ut sit sancta corpore et spiritu.* Ergo perfectio religionis requirit continentiam.

Artigo 4
A perfeição da vida religiosa exige a continência perpétua?

Quanto ao quarto, assim se procede: parece que a perfeição da vida religiosa **não** exige a continência perpétua.

1. Com efeito, a perfeição da vida cristã teve seu início e plena realização nos Apóstolos de Cristo. Ora, parece que os Apóstolos não praticaram a continência, pois consta no Evangelho que Pedro tinha sogra. Logo, parece que a perfeição da vida religiosa não exige continência perpétua.

2. Além disso, o primeiro modelo de perfeição que nos é apresentado é Abraão, a quem o Senhor disse: "Anda na minha presença e sê perfeito". Ora, a cópia não deve suplantar o modelo. Logo, a continência perpétua não é necessária ao estado religioso.

3. Ademais, o que é exigido para a perfeição da vida religiosa deve achar-se em toda vida religiosa. Ora, há religiosos que vivem a vida conjugal. Logo, a perfeição da vida religiosa não exige a continência perpétua.

Em sentido contrário, o Apóstolo disse: "Purifiquemo-nos de toda mancha da carne e do espírito. E levemos a termo a nossa santificação no temor de Deus". Ora, a pureza da carne e do espírito se conserva pela continência. Com efeito, está escrito: "A mulher não casada e a virgem cuidam das coisas do Senhor, a fim de serem santas de corpo e de espírito". Logo, a perfeição da vida religiosa exige a continência.

---

25. Num. 14: ML 23, 350 D — 351 A.
26. Gennadii, c. 38, al. 71: ML 58, 997 A.

Parall.: Supra, q. 88, a. 11; *Cont. Gent.* III, 130, 136; *De Perf. Vitae Spir.*, c. 8; *Cont. impugn. Relig.*, c. 1; Exposit. Prolog. Hieron. *super Ioan.*

RESPONDEO dicendum quod ad statum religionis requiritur subtractio eorum per quae homo impeditur ne totaliter feratur ad Dei servitium. Usus autem carnalis copulae retrahit animum ne totaliter feratur in Dei servitium, dupliciter. Uno modo, propter vehementiam delectationis: ex cuius frequenti experientia augetur concupiscentia, ut etiam Philosophus dicit, in III *Ethic*.[1]. Et inde est quod usus venereorum retrahit animam ab illa perfecta intentione tendendi in Deum. Et hoc est quod Augustinus dicit, in I *Soliloq*.[2]: *Nihil esse sentio quod magis ex arce deiiciat animum virilem quam blandimenta feminae, corporumque ille contactus sine quo uxor haberi non potest.*

Alio modo, propter sollicitudinem quam ingerit homini de gubernatione uxoris et filiorum, et rerum temporalium quae ad eorum sustentationem sufficiant. Unde Apostolus dicit quod *qui sine uxore est, sollicitus est quae sunt Domini, quomodo placeat Deo: qui autem cum uxore est, sollicitus est quae sunt mundi, quomodo placeat uxori.*

Et ideo continentia perpetua requiritur ad perfectionem religionis, sicut et voluntaria paupertas. Unde sicut damnatus est Vigilantius[3], qui adaequavit divitias paupertati; ita damnatus est Iovinianus[4], qui adaequavit matrimonium virginitati.

AD PRIMUM ergo dicendum quod perfectio non solum paupertatis, sed etiam continentiae, introducta est per Christum, qui dicit, Mt 19,12: *Sunt eunuchi qui castraverunt seipsos propter regnum caelorum*: et postea subdit: *Qui potest capere, capiat.* Et ne alicui spes perveniendi ad perfectionem tolleretur, assumpsit ad perfectionis statum etiam illos quos invenit matrimonio iunctos. Non autem poterat absque iniuria fieri quod viri uxores desererent: sicut absque iniuria fiebat quod homines divitias relinquerent. Et ideo Petrum, quem invenit matrimonio iunctum, non separavit ab uxore. Ioannem tamen *nubere volentem a nuptiis revocavit.*

AD SECUNDUM dicendum quod, sicut Augustinus dicit, in libro *de Bono Coniug*.[5], *melior est castitas caelibum quam castitas nuptiarum: quarum*

RESPONDO. O estado religioso requer o afastamento de tudo o que impede a vontade humana de entregar-se totalmente ao serviço de Deus. Ora, a conjunção carnal impede a alma de se consagrar toda a esse serviço. E isto de dois modos: Primeiro, por causa da intensidade do prazer, cuja experiência frequente aumenta a concupiscência, como observa Aristóteles. Donde se segue que o uso da vida sexual afasta a alma dessa perfeita intenção de tender a Deus. E é isso que diz Agostinho: "Não conheço nada mais capaz de precipitar da sua torre a alma do homem do que as seduções da mulher e esse contato dos corpos, sem o qual não haveria relações conjugais".

Segundo, por causa das preocupações impostas ao homem pelo governo da mulher e dos filhos, e dos bens temporais para o seu sustento. Por isso, diz o Apóstolo: "Quem não tem esposa cuida das coisas do Senhor e do modo de agradar ao Senhor. Quem tem esposa, cuida das coisas do mundo e do modo de agradar à esposa".

Por isso, tanto quanto a pobreza voluntária, a continência perpétua é exigida para a perfeição da vida religiosa. E, assim como a Igreja condenou Vigilâncio, que igualou a riqueza à pobreza, condenou também a Jovianiano, que equiparou o matrimônio à virgindade.

QUANTO AO 1º, portanto, deve-se dizer que não só a pobreza, mas também a continência, foi consagrada por Cristo como elemento da perfeição, quando disse: "Há eunucos que se fizeram eunucos por causa do Reino dos Céus", e acrescentou: "Quem pode compreender isto, compreenda". Contudo, para não tirar a ninguém a esperança de chegar à perfeição, chamou ao estado de perfeição até aqueles que encontrou no matrimônio. E porque seria injusto que os casados abandonassem as suas mulheres, o que aconteceria se abandonassem as riquezas, não separou Pedro da sua mulher, pois estava casado[g]. Mas "a João, que desejava casar-se, dissuadiu que o fizesse".

QUANTO AO 2º, deve-se dizer que a castidade do celibato, escreve Agostinho, vale mais que a do matrimônio. Abraão observou a segunda efe-

---

1. C. 15: 1119, b, 9-10.
2. C. 10: ML 32, 878.
3. Vide HIERON., *Contra Vigilant*., n. 1: ML 23, 340 A.
4. Vide SIRICIUM, epist. 7: ML 13, 1168 C.
5. C. 22: ML 40, 392.

g. Essas considerações sobre o apóstolo Pedro, seus laços matrimoniais, seu apelo a seguir Cristo e sua perseverança no estado conjugal merecem nossa atenção. Não se faz mal a ninguém ao se abandonar a própria fortuna, mas é violar os direitos de uma esposa abandoná-la, mesmo que fosse para seguir Cristo. Estão em causa a mulher e os direitos da pessoa.

Abraham unam habebat in usu, ambas in habitu. Caste quippe coniugaliter vixit, esse autem castus sine coniugio potuit: sed tunc non oportuit. Nec tamen quia antiqui Patres perfectionem animi simul cum divitiis et matrimonio habuerunt, quod ad magnitudinem virtutis pertinebat, propter hoc infirmiores quique debent praesumere se tantae virtutis esse ut cum divitiis et matrimonio possint ad perfectionem pervenire: sicut nec aliquis praesumit hostes inermis invadere quia Samson cum mandibula asini multos hostium peremit. Nam illi Patres, si tempus fuisset continentiae et paupertatis servandae, studiosius hoc implessent.

AD TERTIUM dicendum quod illi modi vivendi secundum quos homines matrimonio utuntur, non sunt simpliciter et absolute loquendo religiones: sed secundum quid, inquantum scilicet in aliquo participant quaedam quae ad statum religionis pertinent.

tivamente, e a ambas como disposição da alma. Pois viveu castamente no matrimônio e podia observar a castidade do celibato. Naquele tempo, porém, não era oportuno fazê-lo". E não é porque os antigos Patriarcas alcançaram a perfeição da alma nas riquezas e no matrimônio, o que é prova de grande virtude, que os mais fracos devam presumir tanto da sua virtude que se achem capazes de chegar à perfeição em meio a riquezas e no matrimônio. Assim como um homem desarmado não terá a presunção de poder atacar os inimigos, porque Sansão matou a muitos com uma queixada de burro. De resto, se esses Patriarcas tivessem vivido num tempo em que se deviam observar a continência e a pobreza, o teriam feito com o maior zelo.

QUANTO AO 3º, deve-se dizer que esses gêneros de vida em que se permite usar do matrimônio não são, falando simples e absolutamente, formas de vida religiosa. Mas, o são de certo modo, enquanto possuem alguns elementos do estado religioso[h].

ARTICULUS 5
Utrum obedientia pertineat ad perfectionem religionis

AD QUINTUM SIC PROCEDITUR. Videtur quod obedientia non pertineat ad perfectionem religionis.

1. Illa enim videntur ad perfectionem religionis pertinere quae sunt supererogationis, ad quae non omnes tenentur. Sed ad obediendum praelatis suis omnes tenentur: secundum illud Apostoli, Hb 13,17: *Obedite praepositis vestris, et subiacete eis.* Ergo videtur quod obedientia non pertineat ad perfectionem religionis.

2. PRAETEREA, obedientia proprie pertinere videtur ad eos qui debent regi sensu alieno, quod est indiscretorum. Sed Apostolus dicit, Hb 5,14, quod *perfectorum est solidus cibus, qui pro consuetudine exercitatos habent sensus ad discretionem boni et mali.* Ergo videtur quod obedientia non pertineat ad statum perfectorum.

ARTIGO 5
A obediência pertence à perfeição da vida religiosa?

QUANTO AO QUINTO, ASSIM SE PROCEDE: parece que a obediência **não** pertence à perfeição da vida religiosa.

1. Com efeito, parece que a perfeição da vida religiosa requer as obras superrogatórias, a que nem todos estão obrigados. Ora, a obedecer os prelados estão todos obrigados, segundo o Apóstolo: "Obedecei a vossos prepósitos e sêde-lhes sujeitos". Logo, parece que a obediência não se refere à perfeição da vida religiosa.

2. ALÉM DISSO, parece que a obediência se refere propriamente aos que devem se submeter à direção de outrem; e isso é próprio dos que não discernem. Ora, o Apóstolo diz: "O alimento sólido é dos perfeitos, daqueles que pelo costume têm os sentidos exercitados para discernir o bem e o mal". Logo, parece que a obediência não pertence ao estado dos perfeitos.

---

5 PARALL.: *Cont. Gent.* III, 130; *De Perf. Vitae Spir.*, c. 10; *Cont. impugn. Relig.*, c. 1.

h. Existiam portanto, na época de Sto. Tomás, formas de vida mais ou menos assimiladas ao estado religioso na opinião pública, embora não excluíssem uma certa vida conjugal.

3. Praeterea, si obedientia requireretur ad perfectionem religionis, oporteret quod omnibus religiosis conveniret. Non autem omnibus convenit: sunt enim quidam religiosi solitariam vitam agentes, qui non habent superiores, quibus obediant. Praelati etiam religionum ad obedientiam non videntur teneri. Ergo obedientia non videtur pertinere ad perfectionem religionis.

4. Praeterea, si votum obedientiae ad religionem requireretur, consequens esset quod religiosi tenerentur praelatis suis in omnibus obedire: sicut et per votum continentiae tenentur ab omnibus venereis abstinere. Sed non tenentur obedire in omnibus: ut supra[1] habitum est, cum de virtute obedientiae ageretur. Ergo votum obedientiae non requiritur ad religionem.

5. Praeterea, illa servitia sunt Deo maxime accepta quae liberaliter et non ex necessitate fiunt: secundum illud 2Cor 9,7: *Non ex tristitia aut ex necessitate*. Sed illa quae ex obedientia fiunt, fiunt ex necessitate praecepti. Ergo laudabilius fiunt bona opera quae quis propria sponte facit. Votum ergo obedientiae non competit religioni, per quam homines quaerunt ad meliora promoveri.

Sed contra, perfectio religionis maxime consistit in imitatione Christi: secundum illud Mt 19,21: *Si vis perfectus esse, vade et vende omnia quae habes et da pauperibus, et veni, sequere me*. Sed in Christo maxime commendatur obedientia: secundum illud Philp 2,8: *Factus est obediens usque ad mortem*. Ergo videtur quod obedientia pertineat ad perfectionem religionis.

Respondeo dicendum quod, sicut supra dictum est, status religionis est quaedam disciplina vel exercitium tendendi in perfectionem. Quicumque autem instruuntur vel exercitantur ut perveniant ad aliquem finem, oportet quod directionem alicuius sequantur, secundum cuius arbitrium instruantur vel exercitentur, quasi discipuli sub magistro. Et ideo oportet quod religiosi, in his quae pertinent ad religiosam vitam, alicuius instructioni et imperio subdantur. Unde et VII, qu. 1[2], dicitur: *Monachorum vita subiectionis habet verbum et discipulatus*. Imperio autem et instructioni alterius subiicitur homo per obedientiam. Et ideo obedientia requiritur ad religionis perfectionem.

3. Ademais, se a perfeição religiosa exigisse a obediência, necessariamente conviria a todos os religiosos. Ora, não convém a todos; pois, alguns levam uma vida solitária, sem superiores a que obedeçam; e também os prelados das religiões parece não estarem obrigados à obediência. Logo, parece que a obediência não se refere à perfeição da vida religiosa.

4. Ademais, se a vida religiosa exigisse o voto de obediência, consequentemente os religiosos estariam obrigados a obedecer em tudo aos seus superiores, assim como pelo voto de continência estão obrigados a se abster de todo ato sexual. Ora, não estão obrigados a obedecer em tudo, como se estabeleceu, quando se tratou da virtude da obediência. Logo, o voto de obediência não é exigido para a vida religiosa.

5. Ademais, os serviços mais aceitos por Deus são os que alguém lhe presta livre e não necessariamente, segundo o Apóstolo: "Não com tristeza nem por necessidade". Ora, o que se faz por obediência, se faz por necessidade de preceito. Logo, são mais louváveis as boas obras que alguém faz voluntariamente. Portanto, o voto de obediência não é próprio da vida religiosa, por meio da qual se busca uma vida superior.

Em sentido contrário, a perfeição da vida religiosa consiste sobretudo na imitação de Cristo, segundo o Evangelho de Mateus: "Se queres ser perfeito, vai, vende o que tens e dá-o aos pobres; depois vem e segue-me". Ora, o que sobretudo se louva em Cristo é a sua obediência, segundo aquilo do Apóstolo: "Fez-se obediente até a morte". Logo, parece que a obediência diz respeito à perfeição da vida religiosa.

Respondo. O estado religioso é uma disciplina ou um exercício para atingir a perfeição. Ora, quem se instrui ou se exerce para chegar a um determinado fim, deve seguir a direção de alguém, por cujo juízo seja instruído e dirigido, como um discípulo sob a direção do mestre. Por isso, é necessário que os religiosos, no que se refere à vida religiosa, se sujeitem à instrução e às ordens de alguém. Daí a Decretal: "A vida dos monges significa sujeição e discipulado". Ora, é pela obediência que o homem se sujeita às ordens e às instruções de outro. Logo, a perfeição da vida religiosa requer a obediência.

---

1. Q. 104, a. 5.
2. Gratianus, *Decretum*, P. II, causa 7, q. 1, can. 45: ed. Richter-Friedberg, t. I, p. 585.

AD PRIMUM ergo dicendum quod obedire praelatis in his quae pertinent ad necessitatem virtutis, non est supererogationis, sed omnibus commune: sed obedire in his quae pertinent ad exercitium perfectionis, pertinet proprie ad religiosos. Et comparatur ista obedientia ad aliam sicut universale ad particulare. Illi enim qui in saeculo vivunt, aliquid sibi retinent et aliquid Deo largiuntur: et secundum hoc obedientiae praelatorum subduntur. Illi vero qui vivunt in religione, totaliter se et sua tribuunt Deo, ut ex supra dictis patet. Unde obedientia eorum est universalis.

AD SECUNDUM dicendum quod, sicut Philosophus dicit, in II *Ethic*.[3], homines exercitantes se in operibus perveniunt ad aliquos habitus, quos cum acquisierint, eosdem actus maxime possunt operari. Sic igitur obediendo illi qui non sunt perfectionem adepti, ad perfectionem perveniunt. Illi autem qui iam sunt perfectionem adepti, maxime prompti sunt ad obediendum: non quasi indigentes dirigi ad perfectionem acquirendam; sed quasi per hoc se conservantes in eo quod ad perfectionem pertinet.

AD TERTIUM dicendum quod subiectio religiosorum principaliter attenditur ad episcopos, qui comparantur ad eos sicut perfectores ad perfectos, ut patet per Dionysium, 6 cap. *Eccles. Hier*.[4]: ubi etiam dicit quod *monachorum ordo pontificum consummativis virtutibus mancipatur, et divinis eorum illuminationibus edocetur*. Unde ab episcoporum obedientia nec eremitae, nec etiam praelati religionum excusantur. Et si a dioecesanis episcopis totaliter vel in parte sunt exempti, obligantur tamen ad obediendum Summo Pontifici, non solum in his quae sunt communia aliis, sed etiam in his quae specialiter pertinent ad disciplinam religionis.

AD QUARTUM dicendum quod votum obedientiae ad religionem pertinens se extendit ad dispositionem totius humanae vitae. Et secundum hoc, votum obedientiae habet quandam universalitatem: licet non se extendat ad omnes particulares actus; quorum quidam ad religionem non pertinent, quia non sunt de rebus pertinentibus ad dilectionem Dei et proximi, sicut confricatio barbae vel levatio festucae de terra et similia, quae non cadunt

QUANTO AO 1º, portanto, deve-se dizer que obedecer aos prelados naquilo que é necessário para a virtude, não é obra supererrogatória, mas comum a todos; mas, obedecer, naquilo que diz respeito ao exercício da perfeição, compete propriamente aos religiosos. E esta obediência está para aquela como o universal, para o particular. Pois, os que vivem no século reservam parte para si e dão parte para Deus; é assim que se sujeitam à obediência dos prelados. Mas, os que vivem na vida religiosa consagram a "Deus a si mesmos com tudo o que têm. Portanto, a obediência deles é universal.

QUANTO AO 2º, deve-se dizer com o Filósofo que os que se exercitam em atividades adquirem alguns hábitos com os quais, uma vez adquiridos, podem facilmente exercer as mesmas atividades. Assim também os que não alcançaram a perfeição chegam a ela pela obediência. E os que já a alcançaram estão mais dispostos à obediência[i], não porque precisem ser dirigidos para adquirirem a perfeição, mas, como se desse modo, se mantêm no que diz respeito à perfeição.

QUANTO AO 3º, deve-se dizer que a sujeição dos religiosos se refere principalmente aos bispos, que estão para eles como os que aperfeiçoam estão para os perfeitos. Claramente Dionísio diz: "A ordem dos monges está sujeita às virtudes aperfeiçoadoras dos pontífices e é instruída por suas iluminações divinas". Por isso, da obediência aos bispos não se excluem nem os eremitas nem mesmo os prelados das religiões. E se forem total ou parcialmente isentos dela pelos bispos diocesanos, ficam ainda assim obrigados a obedecer ao Sumo Pontífice, não somente no que é comum a todos, mas também no que especialmente respeita à disciplina da religião.

QUANTO AO 4º, deve-se dizer que o voto de obediência próprio da vida religiosa se estende à disposição de toda a vida humana. Nesse sentido, o voto de obediência tem uma certa universalidade, embora não se estenda a todos os atos particulares. Pois, alguns destes atos não pertencem à vida religiosa, porque não implicam matéria do amor de Deus e do próximo, como o ato de puxar a barba, ou o de levantar uma varinha do solo e

---

3. Cc. 1, 2: 1103, a, 14-18; b, 26-31.
4. MG 3, 532 C D.

i. É o paradoxo da obediência religiosa: num primeiro momento, poder-se-ia pensar (obj. 2) que, quanto mais se é perfeito, mais se tem discernimento, o que dispensaria a obediência; mas a experiência de uma obediência equilibrada e livremente consentida (ver r. 5) prova que se tem cada vez mais necessidade dela à medida que se progride.

sub voto vel sub obedientia; quidam vero etiam contrariantur religioni. Nec est simile de voto continentiae, per quam excluduntur actus omnino perfectioni religionis contrarii.

AD QUINTUM dicendum quod necessitas coactionis facit involuntarium, et ideo excludit rationem laudis et meriti. Sed necessitas consequens obedientiam non est necessitas coactionis, sed liberae voluntatis, inquantum homo vult obedire: licet forte non vellet illud quod mandatur, secundum se consideratum, implere. Et ideo, quia necessitati aliqua faciendi quae secundum se non placent, per votum obedientiae homo se subiicit propter Deum; ex hoc ipso ea quae facit sunt Deo magis accepta, etiam si sint minora: quia nihil maius homo potest Deo dare quam quod propriam voluntatem propter ipsum alterius voluntati subiiciat. Unde in *Collationibus Patrum*[5] dicitur *deterrimum genus monachorum esse Sarabaitas, qui, suas necessitates curantes, absoluti a seniorum iugo, habent libertatem agendi quod libitum fuerit: et tamen magis quam hi qui in coenobiis degunt, in operibus diebus ac noctibus consumuntur.*

outros semelhantes, que não constituem matéria de voto nem de obediência. Mas, alguns atos são contrários à vida religiosa. Nem há semelhança com o voto de continência, pelo qual são excluídos todos os atos contrários à perfeição da vida religiosa.

QUANTO AO 5º, deve-se dizer que a necessidade que procede da coação causa o involuntário, e por isso exclui a razão de louvor ou de mérito. Ora, a necessidade consequente à obediência não procede da coação, mas da vontade livre, pela qual alguém quer obedecer, embora talvez não queira cumprir o que se ordena, em si mesmo considerado. Desse modo, sujeita-se pelo voto de obediência e por amor de Deus, à necessidade de praticar certos atos, que em si mesmos não agradam, e por isso torna esses atos mais agradáveis a Deus, mesmo se forem pequenos. Porque não pode o homem dar nada maior a Deus do que, por amor dele, sujeitar a própria vontade à vontade de outro. Por isso foi dito que o "pior gênero de monges é o dos Sarabaitas que, tratando dos seus interesses e inteiramente livres do jugo dos mais velhos, têm a liberdade de fazer o que bem lhes aprouver; e contudo, mais do que aqueles que vivem nos cenóbios, consomem-se no trabalho dia e noite".

ARTICULUS 6
Utrum requiratur ad perfectionem religionis quod paupertas, continentia et obedientia cadant sub voto

AD SEXTUM SIC PROCEDITUR. Videtur quod non requiratur ad perfectionem religionis quod praedicta tria, scilicet paupertas, continentia et obedientia, cadant sub voto.

1. Disciplina enim perfectionis assumendae ex traditione Domini est accepta. Sed Dominus, dans formam perfectionis, Mt 19,21, dixit: *Si vis perfectus esse, vade et vende omnia quae habes et da pauperibus*, nulla mentione facta de voto. Ergo videtur quod votum non requiratur ad disciplinam religionis.
2. PRAETEREA, votum consistit in quadam promissione Deo facta: unde Eccle 5,3, cum dixisset Sapiens, *Si quid vovisti Deo, ne moreris reddere*, statim subdit: *Displicet enim ei infidelis et stulta*

ARTIGO 6
A perfeição da vida religiosa requer os votos de pobreza, continência e obediência?

Quanto ao sexto, assim se procede: parece que a perfeição da vida religiosa **não** requer os votos de pobreza, continência e obediência.

1. Com efeito, a disciplina reguladora da perfeição foi dada pelo Senhor. Ora, o Senhor, ao dar a forma da perfeição, disse: "Se queres ser perfeito, vai, vende o que tens e dá-o aos pobres", sem mencionar voto. Logo, parece que o voto não é exigido para a disciplina da vida religiosa.
2. ALÉM DISSO, o voto consiste numa certa promessa feita a Deus; por isso na Escritura o Sábio, depois de ter dito: "Se fizeste algum voto a Deus, trata de o cumprir logo", acrescenta: "Porque lhe

---

5. Collat. 18, c. 7: ML 49, 1102 B, 1103 A, 1105 B C.
PARALL.: *De Perf. Vitae Spir.*, c. 12, 15; *Cont. impugn. Relig.*, c. 1.

promissio. Sed ubi est exhibitio rei, non requiritur promissio. Ergo sufficit ad perfectionem religionis quod aliquis servet paupertatem, continentiam et obedientiam, absque voto.

3. PRAETEREA, Augustinus dicit, *ad Pollentium, de Adulterin. Coniug.*[1]: *Ea sunt in nostris officiis gratiora quae, cum liceret nobis etiam non impendere, tamen causa dilectionis impendimus*. Sed ea quae fiunt sine voto, licet non impendere: quod non licet de his quae fiunt cum voto. Ergo videtur gratius esse Deo si quis paupertatem, continentiam et obedientiam absque voto servaret. Non ergo votum requiritur ad perfectionem religionis.

SED CONTRA est quod in veteri lege Nazaraei cum voto sanctificabantur: secundum illud Nm 6,2: *Vir sive mulier cum fecerit votum ut sanctificetur, et se voluerit Domino consecrare*, etc. Per eos autem significantur illi qui *ad perfectionis summam pertingunt*, ut dicit Glossa[2] Gregorii ibidem. Ergo votum requiritur ad statum perfectionis.

RESPONDEO dicendum quod ad religiosos pertinet quod sint in statu perfectionis, sicut ex supra[3] dictis patet. Ad statum autem perfectionis requiritur obligatio ad ea quae sunt perfectionis. Quae quidem Deo fit per votum. Manifestum est autem ex praemissis quod ad perfectionem Christianae vitae pertinet paupertas, continentia et obedientia. Et ideo religionis status requirit ut ad haec tria aliquis voto obligetur. Unde Gregorius dicit, *super Ezech.*[4]: *Cum quis omne quod habet, omne quod vivit, omne quod sapit, omnipotenti Deo voverit, holocaustum est*: quod quidem pertinere postea dicit ad eos *qui praesens saeculum deserunt*.

AD PRIMUM ergo dicendum quod ad perfectionem vitae Dominus pertinere dixit quod aliquis eum sequatur, non qualitercumque, sed ut ulterius retro non abiret: unde ipse dicit, Lc 9,62: *Nemo mittens manum ad aratrum et respiciens retro, aptus est regno Dei*. Et quamvis quidam de discipulis eius retrorsum abierint, tamen Petrus, loco aliorum, Domino interroganti, *Nunquid et vos vultis abire? Respondit: Domine, ad quem ibimus?* Unde et Augustinus dicit, in libro *de Consensu Evangelist.*[5], quod, *sicut Matthaeus et Marcus*

desagrada a promessa infiel e imprudente". Ora, quando se oferece alguma coisa não é preciso a promessa. Logo, basta à perfeição da vida religiosa que alguém pratique a pobreza, a continência e a obediência, sem voto.

3. ADEMAIS, Agostinho diz: "O que há de mais grato nos nossos deveres é dar por amor o que tínhamos a liberdade de não dar". Ora, o que se faz, sem voto, pode-se não fazer; o que não é possível quando o fazemos por voto. Logo, parece mais grato a Deus praticar a pobreza, a continência e a obediência, sem voto. Portanto, a perfeição da vida religiosa não requer o voto.

EM SENTIDO CONTRÁRIO, na Lei antiga os nazarenos se santificavam com o voto, segundo a Escritura: "Quando um homem ou uma mulher fizerem voto de se santificar e se quiserem consagrar ao Senhor etc." Os quais significam, como o diz a Glosa de Gregório, "os que chegam ao último grau da perfeição". Logo, o voto é exigido pelo estado de perfeição.

RESPONDO. Aos religiosos pertence estar no estado de perfeição. Ora, o estado de perfeição exige que se esteja obrigado às coisas que dizem respeito à perfeição. E esta obrigação se contrai com Deus pelo voto. É manifesto que à perfeição da vida cristã pertencem a pobreza, a continência e a obediência. Por isso, o estado religioso requer que alguém se obrigue a essas três. Por isso diz Gregório: "Dar tudo o que se tem, toda a vida e todos os prazeres a Deus onipotente, por meio de um voto, é fazer um holocausto"; e em seguida diz que isso pertence aos que "abandonaram o século presente".

QUANTO AO 1º, portanto, deve-se dizer que o Senhor disse que pertence à perfeição da vida que alguém o siga, não de qualquer modo, mas de modo a não voltar atrás. Por isso disse: "Nenhum que mete a sua mão ao arado e olha para trás é apto para o reino de Deus". E embora um de seus discípulos voltasse atrás, contudo Pedro, quando o Senhor perguntou: "Quereis vós também retirar-vos"? respondeu pelos outros: "Senhor, para quem havemos de ir?" O que comenta Agostinho: "Como Mateus e Marcos dizem, Pedro e André,

---

1. L. I, c. 14: ML 40, 459.
2. Ordin., super 6, 18: ML 113, 392 D.
3. Q. 184, a. 5.
4. Homil. 20; al. l. II, hom. 8, n. 16: ML 76, 1037 C.
5. L. II, c. 17, n. 41: ML 34, 1097.

narrant, Petrus et Andreas, non subductis ad terram navibus, tanquam causa redeundi, secuti sunt eum: sed tanquam iubentem ut sequerentur. Haec autem immobilitas sequelae Christi firmatur per votum. Et ideo votum requiritur ad perfectionem religionis.

AD SECUNDUM dicendum quod perfectio religionis requirit, sicut Gregorius dicit[6], ut aliquis *omne quod vivit* Deo exhibeat. Sed homo non potest totam vitam suam actu Deo exhibere: quia non est tota simul, sed successive agitur. Unde non aliter homo potest totam vitam Deo exhibere nisi per voti obligationem.

AD TERTIUM dicendum quod inter alia quae licet nobis non impendere, est etiam propria libertas, quam homo ceteris rebus cariorem habet. Unde cum aliquis propria sponte voto sibi adimit libertatem abstinendi ab his quae ad Dei servitium pertinent, hoc fit Deo acceptissimum. Unde Augustinus dicit, in Epistola *ad Armentarium et Paulinam*[7]: *Non te vovisse poeniteat: immo gaude iam tibi non licere quod cum tuo detrimento licuisset. Felix necessitas quae in meliora compellit.*

sem puxarem suas barcas para terra, como se tivessem de voltar a elas, seguiram-no como se segue a quem ordena". Ora, essa constância em seguir a Cristo firma-a o voto. Por isso, a perfeição[j] da vida religiosa requer o voto.

QUANTO AO 2º, deve-se dizer que a perfeição da vida religiosa exige, como diz Gregório, que se entregue a Deus toda a vida. Ora, o homem não pode consagrar a Deus toda a sua vida, efetivamente[k], pois não existe ela toda ao mesmo tempo, mas sucessivamente. Por isso, o homem não pode consagrar toda a sua vida a Deus senão pela obrigação do voto.

QUANTO AO 3º, deve-se dizer que entre as outras coisas que não nos é lícito empenhar, está também a liberdade, que é o que o homem tem de mais valioso. Portanto, quando alguém espontaneamente e por um voto renuncia à liberdade de se abster das coisas, que, dizem respeito ao serviço divino, pratica um ato agradabilíssimo a Deus. Por isso, diz Agostinho: "Não te arrependas de ter feito um voto; ao contrário, alegra-te por já não te ser lícito o que em teu detrimento te teria sido. Feliz necessidade, que obriga ao melhor".

ARTICULUS 7
Utrum convenienter dicatur in his tribus votis consistere religionis perfectionem

AD SEPTIMUM SIC PROCEDITUR. Videtur quod inconvenienter dicatur in his tribus votis consistere religionis perfectionem.

1. Perfectio enim vitae magis consistit in interioribus quam in exterioribus actibus: secundum illud Rm 14,17: *Non est regnum Dei esca et potus: sed iustitia et pax et gaudium in Spiritu Sancto.*

ARTIGO 7
É conveniente afirmar que nestes três votos consiste a perfeição da vida religiosa?

Quanto ao sétimo, assim se procede: parece que **não** é conveniente afirmar que a perfeição da vida religiosa consiste nestes três votos.

1. Com efeito, a perfeição da vida consiste, mais, em atos interiores que exteriores, segundo o Apóstolo: "O reino de Deus não é comida nem bebida, mas justiça e paz e gozo no Espírito

---

6. Loc. cit. in c.
7. Epist. 127, al. 45: ML 33, 487.

7 PARALL.: I-II, q. 108, a. 4; *Cont. Gent.* III, 130; *De Perf. Vitae Spir.*, c. 11; *Cont. impugn. Relig.*, cap. 1.

j. Encontramo-nos na presença de uma série de equivalências: estado de perfeição = obrigação de perfeição = obrigação em relação a Deus = voto. Mesmo alicerçada na autoridade de Sto. Agostinho (r. 3), essa série nos parece demasiado rápida e sumária para afastar a perspectiva de uma vida oferecida dia após dia sem intervenção do voto. No entanto, a prática do voto tinha fortes raízes na tradição e no uso, e isso desde o Antigo Testamento. O que impressiona a Sto. Tomás, que estudou o voto como ato da virtude de religião, na questão 88 (doze artigos!) da II-II. Remetemos a essa questão sobre o voto. É bastante esclarecedora.

k. A palavra latina *actu* é traduzida por "efetivamente", mas é na verdade intraduzível. De onde a necessidade de uma breve explicação.

Em *actu*, existe instantaneidade. O sentido é portanto de dar toda sua vida a Deus de uma vez só, sem demora a não ser para a realização do projeto; a vida seria como um único feixe já amarrado. Só o voto pode responder a esse desejo, pois somente ele reúne todo o futuro e o atualiza tanto quanto possível.

A nosso ver, resta a questão de saber se essa simultaneidade é necessária para que toda a vida seja de fato dada.

Sed per votum religionis aliquis obligatur ad ea quae sunt perfectionis. Ergo magis deberent ad religionem pertinere vota interiorum actuum, puta contemplationis, dilectionis Dei et proximi, et aliorum huiusmodi, quam votum paupertatis, continentiae et obedientiae, quae pertinent ad exteriores actus.

2. PRAETEREA, praedicta tria cadunt sub voto religionis inquantum pertinent ad quoddam exercitium tendendi in perfectionem. Sed multa alia sunt in quibus religiosi exercitantur: sicut abstinentia, vigiliae et alia huiusmodi. Ergo videtur quod inconvenienter ista tria vota dicantur essentialiter ad statum perfectionis pertinere.

3. PRAETEREA, per votum obedientiae aliquis obligatur ad omnia implenda, secundum praeceptum superioris, quae ad exercitium perfectionis pertinent. Ergo sufficit votum obedientiae, absque aliis duobus votis.

4. PRAETEREA, ad exteriora bona pertinent non solum divitiae, sed etiam honores. Si ergo per votum paupertatis religiosi terrenas divitias abdicant, debet esse etiam aliud votum per quod honores mundanos contemnant.

SED CONTRA est quod dicitur Extra, *de Statu Monachorum*[1], quod *custodia castitatis et abdicatio proprietatis sunt annexa regulae monachali*.

RESPONDEO dicendum quod religionis status potest considerari tripliciter: uno modo, secundum quod est quoddam exercitium tendendi in perfectionem caritatis; alio modo, secundum quod quietat humanum animum ab exterioribus sollicitudinibus, secundum illud 1Cor 7,32, *Volo vos sine sollicitudine esse*; tertio modo, secundum quod est quoddam holocaustum, per quod aliquis totaliter se et sua offert Deo. Et secundum hoc, ex his tribus votis integratur religionis status.

Primo enim, quantum ad exercitium perfectionis, requiritur quod aliquis a se removeat illa per quae posset impediri ne totaliter eius affectus tendat in Deum, in quo consistit perfectio caritatis. Huiusmodi autem sunt tria. Primo quidem, cupiditas exteriorum bonorum. Quae tollitur per votum paupertatis. — Secundum autem est concupiscentia sensibilium delectationum: inter quas praecellunt delectationes venereae. Quae excluduntur per votum continentiae. — Tertium autem est inordinatio voluntatis humanae. Quae excluditur per votum obedientiae.

Santo". Ora, o voto da vida religiosa obriga às obras de perfeição. Logo, deveria antes pertencer à vida religiosa o voto dos atos interiores, por exemplo, o da contemplação, do amor de Deus e do próximo e outros semelhantes, do que o voto de pobreza, de continência e de obediência, que dizem respeito a atos exteriores.

2. ALÉM DISSO, os três votos incluem-se no voto de religião, porque dizem respeito a um certo exercício para atingir a perfeição. Ora, os religiosos se exercitam em muitas outras coisas, como a abstinência, vigília e outras semelhantes. Logo, não parece correto dizer que estes três votos pertencem essencialmente ao estado de perfeição.

3. ADEMAIS, o voto de obediência obriga a fazer tudo o que diz respeito ao exercício da perfeição, conforme o preceito do superior. Logo, é suficiente o voto de obediência, sem os outros dois.

4. ADEMAIS, dizem respeito aos bens exteriores não somente as riquezas, mas também as honras. Se, pois, pelo voto de pobreza os religiosos renunciam às riquezas da terra, deveria haver outro voto pelo qual renunciassem às honras do mundo.

EM SENTIDO CONTRÁRIO, está escrito: "A guarda da castidade e a renúncia da propriedade estão incluídas nas regras monacais".

RESPONDO. O estado religioso pode ser considerado de três modos. Primeiro, como um exercício para atingir a perfeição da caridade. Segundo, enquanto dá à alma humana a tranquilidade, com respeito às solicitações exteriores, segundo o Apóstolo: "Quero que vós vivais sem inquietação". Terceiro, enquanto é um certo holocausto, pelo qual alguém se oferece totalmente a Deus com os seus bens. Neste sentido, o estado religioso é integrado por esses três votos.

Primeiramente, o exercício da perfeição requer que alguém renuncie ao que poderia impedir-lhe o afeto de tender totalmente para Deus, no que consiste a perfeição da caridade. Ora, esses impedimentos são três. Primeiro, a cobiça dos bens exteriores, que é eliminada pelo voto de pobreza. — Segundo, a concupiscência dos prazeres sensíveis, entre os quais predominam os prazeres venéreos, que são excluídos pelo voto de continência. — Terceiro, a desordem da vontade humana, que é excluída pelo voto de obediência.

---

1. *Decretal. Greg. IX*, l. III, tit. 35, c. 6: ed. Richter-Friedberg, t. II, p. 599.

Similiter autem sollicitudinis saecularis inquietudo praecipue ingeritur homini circa tria. Primo quidem, circa dispensationem exteriorum rerum. Et haec sollicitudo per votum paupertatis homini aufertur. — Secundo, circa gubernationem uxoris et filiorum. Quae amputatur per votum continentiae. — Tertio, circa dispositionem propriorum actuum. Quae amputatur per votum obedientiae, quo aliquis se alterius dispositioni committit.

Similiter etiam *holocaustum est cum aliquis totum quod habet, offert Deo*, ut Gregorius dicit, *super Ezech*.². Habet autem homo triplex bonum, secundum Philosophum, in I *Ethic*.³. Primo quidem, exteriorum rerum. Quas quidem totaliter aliquis Deo offert per votum voluntariae paupertatis. — Secundo autem, bonum proprii corporis. Quod aliquis praecipue offert Deo per votum continentiae, quo abrenuntiat maximis delectationibus corporis. — Tertium autem bonum est animae. Quod aliquis totaliter Deo offert per obedientiam, qua aliquis offert Deo propriam voluntatem, per quam homo utitur omnibus potentiis et habitibus animae.

Et ideo convenienter ex tribus votis status religionis integratur.

AD PRIMUM ergo dicendum quod, sicut supra dictum est, status religionis ordinatur sicut ad finem ad perfectionem caritatis, ad quam pertinent omnes interiores actus virtutum, quarum mater est caritas, secundum illud 1Cor 13,4sqq.: *Caritas patiens est, benigna est*, etc. Et ideo interiores actus virtutum, puta humilitatis, patientiae et huiusmodi, non cadunt sub voto religionis, quod ordinatur ad ipsos sicut ad finem.

AD SECUNDUM dicendum quod omnes aliae religionum observantiae ordinantur ad praedicta tria principalia vota. Nam si qua sunt instituta in religionibus ad procurandum victum, puta labor, mendicitas vel alia huiusmodi, referuntur ad paupertatem, ad cuius conservationem religiosi per hos modos victum suum procurant. — Alia vero, quibus corpus maceratur, sicut vigiliae, ieiunia et si qua sunt huiusmodi, directe ordinantur ad votum continentiae observandum. — Si qua vero sunt in religionibus instituta pertinentia ad humanos actus, quibus aliquis ordinatur ad religionis finem, scilicet ad dilectionem Dei et proximi, puta lectio, oratio, visitatio infirmorum, vel si

Semelhantemente, a inquietação com as solicitações do mundo atingem o homem sobretudo em três circunstâncias. Primeiro, na dispensação dos bens materiais. E essas solicitações desaparecem com o voto de pobreza. — Segundo, no governo da mulher e dos filhos. E essas são supressas pelo voto de continência. — Terceiro, na disposição dos próprios atos. E essas são supressas pelo voto de obediência, pelo qual se entrega à disposição de outro.

Do mesmo modo, "há holocausto quando alguém oferece a Deus tudo o que tem", como diz Gregório. Ora, o homem tem três bens, segundo o Filósofo. Primeiro: as coisas exteriores, que totalmente oferece a Deus pelo voto da pobreza voluntária. — Segundo, o bem do próprio corpo, que oferece a Deus sobretudo pelo voto de continência, pelo qual renuncia aos maiores prazeres sensíveis. — Terceiro, o bem a alma, que se oferece totalmente a Deus pela obediência, pela qual se oferece a Deus a própria vontade. Por esta o homem se utiliza de todas as potências e de todos os hábitos da alma.

Portanto, o estado religioso é integrado, convenientemente, pelos três votos.

QUANTO AO 1º, portanto, deve-se dizer que o estado religioso tem como fim a perfeição da caridade, à qual pertencem todos os atos internos das virtudes, dos quais é a caridade a mãe, segundo o Apóstolo: "A caridade é paciente, é benigna etc." Por isso, os atos interiores de virtude, por exemplo, os da humildade, da paciência e outros, não caem sob o voto da vida religiosa, que se ordena para eles como para o fim.

QUANTO AO 2º, deve-se dizer que todos os atos das observâncias das vidas religiosas se ordenam aos três votos principais. Pois, se algumas foram instituídas com o fim de obter o alimento, como o trabalho, a mendicância e outros semelhantes, essas se referem à pobreza, para cuja observância os religiosos buscam o seu alimento, por esses modos. — Outras, com que maceram o corpo, como as vigílias, os jejuns e outras semelhantes, diretamente se ordenam à observância do voto de continência. — Outras ainda, relativas aos atos humanos, que ordenam o religioso ao fim da vida religiosa, isto é, ao amor de Deus e do próximo, por exemplo, a leitura, a oração, a visita aos doen-

---

2. Hom. 20; al. l. II, hom. 8, n. 16: ML 76, 1037 C.
3. C. 8: 1098, b, 12-18.

quid aliud est huiusmodi, comprehenduntur sub voto obedientiae, quod pertinet ad voluntatem, quae secundum dispositionem alterius suos actus ordinat in finem. — Determinatio autem habitus pertinet ad omnia tria vota, tanquam signum obligationis. Unde habitus regularis simul datur, vel benedicitur, cum professione.

AD TERTIUM dicendum quod per obedientiam aliquis offert Deo suam voluntatem, cui etsi subiiciantur omnia humana, quaedam tamen sunt quae specialiter sibi tantum subduntur, scilicet actiones humanae: nam passiones pertinent etiam ad appetitum sensitivum. Et ideo ad cohibendum passiones carnalium delectationum et exteriorum appetibilium impedientes perfectionem vitae, necessarium fuit votum continentiae et paupertatis: sed ad disponendum actiones proprias secundum quod requirit perfectionis status, requiritur votum obedientiae.

AD QUARTUM dicendum quod, sicut Philosophus dicit, in IV *Ethic.*[4], honor proprie et secundum veritatem non debetur nisi virtuti: sed quia exteriora bona instrumentaliter deserviunt ad quosdam actus virtutum, ex consequenti etiam eorum excellentiae honor aliquis exhibetur; et praecipue a vulgo, quod solam excellentiam exteriorem recognoscit. Honorem igitur qui a Deo et sanctis viris hominibus exhibetur propter virtutem, prout dicitur in Ps 138,17, *Mihi autem nimis honorati sunt amici tui, Deus*, non competit religiosis abrenuntiare, qui ad perfectionem virtutis tendunt. Honori autem qui exhibetur exteriori excellentiae, abrenuntiant ex hoc ipso quod saecularem vitam derelinquunt. Unde ad hoc non requiritur speciale votum.

tes e outras semelhantes, comprendem-se no voto de obediência, que diz respeito à vontade, pela qual ordena os seus atos para o fim, conforme a disposição de outro. — A vestição do hábito diz respeito aos três votos, como o sinal da obrigação. Por isso, o hábito regular é dado ou bento simultaneamente com a profissão[l].

QUANTO AO 3º, deve-se dizer que pela obediência alguém oferece a Deus a sua vontade, à qual, embora estejam sujeitas todas as coisas humanas, algumas, como os nossos atos, lhe estão só a ela especialmente sujeitos; pois, as paixões pertencem também ao apetite sensitivo. Por isso, afim de coibir as paixões dos prazeres carnais e dos desejos das coisas exteriores, que impedem a perfeição da vida, foram necessários os votos de continência e de pobreza. Mas, para dispor as ações, conforme o requer a perfeição do estado, é necessário o voto de obediência[m].

QUANTO AO 4º, deve-se dizer que, como diz o Filósofo, própria e verdadeiramente, a honra não é devida senão à virtude. Mas, como os bens externos servem de instrumento a certos atos virtuosos, por consequência também se honra a excelência deles; e sobretudo povo simples, que reconhece apenas a excelência exterior. Portanto, os religiosos, que buscam a perfeição da virtude não podem renunciar à honra, que Deus e os varões santos prestam à virtude, como diz a Escritura: "Para mim têm sido singularmente honrados os teus amigos, ó Deus". Mas, renunciam à honra atribuída à excelência exterior, pelo fato de que abandonaram a vida secular. Portanto, não é necessário para isso um voto especial.

ARTICULUS 8
Utrum votum obedientiae sit potissimum inter tria vota religionis

AD OCTAVUM SIC PROCEDITUR. Videtur quod votum obedientiae non sit potissimum inter tria vota religionis.

ARTIGO 8
O voto de obediência é o mais importante dos três votos da vida religiosa?

QUANTO AO OITAVO, ASSIM SE PROCEDE: parece que o voto de obediência **não** é o mais importante dos três votos da vida religiosa.

---

4. C. 7: 1123, b, 35-1124, a, 1.

8 PARALL.: *De Perf. Vitae Spir.*, c. 11.

l. Sto. Tomás sabe que o hábito não faz o monge. Nem por isso ele deixa de lhe atribuir um grande valor simbólico. Ligado a confissão religiosa, é o seu sinal exterior: aquele que veste esse hábito está comprometido segundo os três votos de religião. O hábito é importante porque o estado religioso é notório e público.

m. Sto. Tomás não afirma que só o voto de obediência seja expresso na confissão feita pelos Frades Pregadores, dos quais ele fazia parte. Essa breve formulação engloba toda a realidade do engajamento religioso. Mas parece que Sto. Tomás é favorável ao uso que se impôs na Igreja de exprimir os três votos na fórmula de profissão.

1. Perfectio enim religiosae vitae a Christo sumpsit exordium. Sed Christus specialiter dedit consilium de paupertate: non autem invenitur dedisse consilium de obedientia. Ergo votum paupertatis est potius quam votum obedientiae.

2. Praeterea, Eccli 26,20 dicitur quod *omnis ponderatio non est digna animae continentis.* Sed votum dignioris rei est eminentius. Ergo votum continentiae est eminentius quam votum obedientiae.

3. Praeterea, quanto aliquod votum est potius, tanto videtur esse magis indispensabile. Sed vota paupertatis et continentiae *sunt adeo annexa regulae monachali ut contra ea nec Summus Pontifex possit licentiam indulgere*, sicut dicit quaedam Decretalis, *de Statu Monachorum*[1]: qui tamen potest indulgere ut religiosus non obediat suo praelato. Ergo videtur quod votum obedientiae sit minus voto paupertatis et continentiae.

Sed contra est quod Gregorius dicit, XXXV *Moral.*[2]: *Obedientia victimis iure praeponitur: quia per victimas aliena caro, per obedientiam vero voluntas propria mactatur.* Sed vota religionis sunt quaedam holocausta, sicut supra dictum est. Ergo votum obedientiae est praecipuum inter omnia religionis vota.

Respondeo dicendum quod votum obedientiae est praecipuum inter tria vota religionis. Et hoc, triplici ratione. Primo quidem, quia per votum obedientiae aliquid maius homo offert Deo: scilicet ipsam voluntatem, quae est potior quam corpus proprium, quod offert homo Deo per continentiam; et quam res exteriores, quas offert homo Deo per votum paupertatis. Unde illud quod fit ex obedientia, est magis Deo acceptum quam id quod fit per propriam voluntatem: secundum quod Hieronymus dicit, *ad Rusticum Monachum*[3]: *Ad illud tendit oratio, ut doceam te non tuo arbitrio dimittendum*; et post pauca: *Non facias quod vis: comedas quod iuberis, habeas quantum acceperis, vestiaris quod datur.* Unde et ieiunium non redditur Deo acceptum cum propria voluntate: secundum illud Is 58,3: *Ecce, in diebus ieiunii vestri invenitur voluntas vestra.*

Secundo, quia votum obedientiae continet sub se alia vota: sed non convertitur. Nam religiosus etsi teneatur ex voto continentiam servare et pau-

1. Com efeito, a perfeição da vida religiosa começou com Cristo. Ora, Cristo especialmente aconselhou a pobreza e não consta que tenha aconselhado a obediência. Logo, o voto de pobreza é mais importante que o de obediência.

2. Além disso, a Escritura diz: "Nenhum preço é digno de uma alma continente". Ora, o voto que tem um objeto mais digno é mais importante. Logo, o voto de continência é mais importante que o voto de obediência.

3. Ademais, quanto mais importante é um voto tanto mais indispensável é, segundo parece. Ora, os votos de pobreza e de continência são tão ligadas às regras monacais, que nem o Sumo Pontífice pode dispensar deles, como diz uma Decretal; e pode contudo dispensar um religioso da obediência ao seu prelado. Logo, parece que o voto de obediência é menos importante que o da pobreza e da continência.

Em sentido contrário, diz Gregório: "Por direito, a obediência é preferível às vítimas, porque pelas vítimas sacrifica-se a carne alheia, ao passo que pela obediência, sacrifica-se a própria vontade". Ora, os votos da vida religiosa são, de certo modo, um holocausto. Logo, o voto de obediência é o mais importante entre todos os votos da vida religiosa.

Respondo. O voto de obediência é o mais importante entre os três votos da vida religiosa. E isto por três razões. Primeiro, porque pelo voto de obediência o homem oferece a Deus algo maior, a saber, a vontade que é maior que o corpo, que o homem oferece a Deus pela continência, e que as coisas exteriores, que o homem oferece a Deus pelo voto de pobreza. Por isso, o que se faz por obediência é mais aceito de Deus que o que se faz pela vontade própria, conforme o diz Jerônimo: "O fim do meu discurso é ensinar-te a não te referires ao teu arbítrio". E logo depois acrescenta: "Não faças o que queres, come o que te mandam, recebe o que te derem, veste o que te deixarem". E por isso também o jejum não é agradável a Deus quando se faz pela própria vontade, segundo a Escritura: "Nos dias do vosso jejum encontra-se a vossa vontade".

Segundo, porque o voto de obediência contém em si os outros votos, mas não o contrário. Pois, o religioso está obrigado a observar o voto de

---

1. *Decretal. Greg. IX*, l. III, tit. 35, c. 6: ed. Richter-Friedberg, t. II, p. 599.
2. C. 14, al. 10, in vet. 12, n. 28: ML 76, 765 B.
3. Epist. 125, al. 4, n. 15: ML 22, 1080-181.

pertatem, tamen haec etiam sub obedientia cadunt: ad quam pertinent multa alia praeter continentiam et paupertatem.

Tertio, quia votum obedientiae proprie se extendit ad actus propinquos fini religionis. Quanto autem aliquid propinquius est fini, tanto melius est. Et inde etiam est quod votum obedientiae est religioni essentialius. Si enim aliquis, absque voto obedientiae, voluntariam paupertatem et continentiam etiam voto servet, non propter hoc pertinet ad statum religionis: qui praefertur etiam ipsi virginitati ex voto observatae; dicit enim Augustinus, in libro *de Virginitat.*[4]: *Nemo, quantum puto, ausus fuerit virginitatem praeferre monasterio.*

AD PRIMUM ergo dicendum quod consilium obedientiae includitur in ipsa Christi sequela: qui enim obedit, sequitur alterius voluntatem. Et ideo magis pertinet ad perfectionem quam votum paupertatis: quia, ut Hieronymus dicit, *super Matth.*[5], *id quod perfectionis est addidit Petrus*, cum dixit, *Et secuti sumus te.*

AD SECUNDUM dicendum quod ex verbo illo non habetur quod continentia praeferatur omnibus aliis actibus virtuosis: sed coniugali castitati; vel etiam exterioribus divitiis auri et argenti, quae pondere mensurantur. — Vel per continentiam intelligitur universaliter abstinentia ab omni malo, ut supra[6] habitum est.

AD TERTIUM dicendum quod Papa in voto obedientiae non potest sic cum religioso dispensare ut nulli praelato teneatur obedire in his quae ad perfectionem vitae pertinent: non enim potest eum a sua obedientia eximere. Potest tamen eum eximere ab inferioris praelati subiectione. Quod non est in voto obedientiae dispensare.

continência e o de pobreza, e também estes caem sob a obediência, que abrange muitas outras coisas além da continência e da pobreza.

Terceiro, porque o voto de obediência propriamente se estende aos atos próximos ao fim da vida religiosa. Ora, quanto mais uma coisa é próxima do fim tanto melhor é. Daí também que o voto de obediência seja o mais essencial à vida religiosa. Quem, pois, sem o voto de obediência, observa com voto a pobreza voluntária e a continência, nem por isso pertence ao estado religioso, o qual se antepõe também à virgindade observada por voto. Diz Agostinho: "Ninguém, que eu saiba, ousou antepor a virgindade à vida monástica"[n].

QUANTO AO 1º, portanto, deve-se dizer que o conselho da obediência se inclui no seguimento de Cristo, pois, quem obedece segue a vontade de outrem. Por isso, pertence mais à perfeição que o voto de pobreza; pois, como diz Jerônimo, "Pedro acrescentou o que é próprio da perfeição quando disse: e te seguimos"[o].

QUANTO AO 2º, deve-se dizer que da palavra citada não se depreende, que a continência se anteponha a todos os outros atos virtuosos, mas à castidade conjugal, ou ainda às riquezas exteriores do ouro e da prata, que se calculam pelo peso.
— Ou, pela continência se entende, em geral, a abstenção de todo mal, como já foi dito.

QUANTO AO 3º, deve-se dizer que o Papa não pode dispensar o religioso do voto de obediência de tal modo que não tenha de obedecer ao prelado naquelas coisas que se referem à perfeição da vida; pois, não pode eximi-lo da sua obediência. Pode, porém, eximi-lo da sujeição a um prelado inferior, o que não é dispensar do voto de obediência.

---

4. C. 46, n. 47: ML 40, 424.
5. *Comment.*, l. III, c. 19, v. 27: ML 26, 138 C.
6. Q. 155, a. 4, ad 1.

n. Essa leitura do texto de Sto. Agostinho não é com certeza a melhor; deve-se ler "martírio", e não "vida monástica". Ver a nota 7 relativa à q. 152 da II-II (no tratado da temperança). Mas tudo leva a pensar que Sto. Tomás não necessita da autoridade de Sto. Agostinho para ver no estado religioso um estado mais perfeito, porque mais completo, do que só a virgindade, mesmo que seja consagrada por um voto.

o. Esta é um resposta à teoria segundo a qual Cristo não teria jamais dado o conselho de obediência.

ARTIGO 9
O religioso sempre peca mortalmente quando transgride as prescrições da sua regra?

QUANTO AO NONO, ASSIM SE PROCEDE: parece que o religioso **sempre** peca mortalmente quando transgride as prescrições da sua regra.

1. Com efeito, proceder contra o voto é pecado mortal, segundo o Apóstolo; quando diz que as viúvas que "querem casar merecem condenação, porque tornaram nula a primeira fé". Ora, os religiosos, pela profissão do voto, ficam obrigados à regra. Logo, pecam mortalmente, transgredindo as suas prescrições.

2. ALÉM DISSO, a regra é imposta ao religioso como uma lei. Ora, quem transgride os preceitos da lei peca mortalmente. Logo, parece que o monge que transgride as prescrições da regra, peca mortalmente.

3. ADEMAIS, o desprezo conduz ao pecado mortal. Ora, quem repete frequentemente o que não deve fazer, parece pecar por desprezo. Logo, parece que o religioso que transgride a regra frequentemente, peca mortalmente.

EM SENTIDO CONTRÁRIO, o estado religioso é mais seguro que o da vida secular; por isso Gregório compara a vida secular ao mar tumultuoso e a vida de religião, a um porto tranquilo. Ora, se qualquer transgressão das prescrições da regra obrigasse o religioso sob pecado mortal, o estado de religião seria perigosíssimo devido a multidão de observâncias. Logo, qualquer transgressão da regra não é pecado mortal.

RESPONDO. Uma coisa pode estar na regra de dois modos. Primeiro, como fim da regra, por exemplo, o que diz respeito aos atos de virtude. E a transgressão destas, naquilo que constitui matéria geral de preceito, obrigam sob pecado mortal. Mas, quanto àquelas coisas que excedem à necessidade geral do preceito, não obrigam sob pecado, a não ser que haja desprezo. Pois, como se disse, o religioso não está obrigado a ser perfeito, mas a tender à perfeição, ao que se opõe o desprezo da perfeição.

---

9 PARALL.: *Quodlib*. I, q. 9, a. 4.

1. Epist. missoria, *ad Leandrum*, c. 1: ML 75, 511 A.

Alio modo continetur aliquid in regula pertinens ad exterius exercitium: sicut sunt omnes exteriores observantiae. Inter quas sunt quaedam ad quas obligatur religiosus ex voto professionis. Votum autem professionis respicit principaliter tria praedicta, scilicet paupertatem, continentiam et obedientiam: alia vero omnia ad haec ordinantur. Et ideo transgressio horum trium obligat ad mortale. Aliorum autem transgressio non obligat ad mortale, nisi vel propter contemptum regulae, quia hoc directe contrariaretur professioni, per quam aliquis vovit regularem vitam: vel propter praeceptum, sive oretenus a praelato factum sive in regula expressum, quia hoc esset facere contra obedientiae votum.

AD PRIMUM ergo dicendum quod ille qui profitetur regulam, non vovet servare omnia quae sunt in regula: sed vovet regularem vitam quae essentialiter consistit in tribus praedictis. Unde et in quibusdam religionibus cautius aliqui profitentur, non quidem regulam, sed, *vivere secundum regulam*: idest, tendere ad hoc quod aliquis mores suos informet secundum regulam sicut secundum quoddam exemplar. Et hoc tollitur per contemptum.

In quibusdam autem religionibus, adhuc cautius profitentur *obedientiam secundum regulam*: ita quod professioni non contrariatur nisi id quod est contra praeceptum regulae. Transgressio vero vel omissio aliorum obligat solum ad peccatum veniale. Quia, sicut dictum est, huiusmodi sunt dispositiones ad principalia vota: peccatum autem veniale est dispositio ad mortale, ut supra² dictum est, inquantum impedit ea quibus aliquis disponitur ad observanda principalia praecepta legis Christi, quae sunt praecepta caritatis.

In aliqua tamen religione, scilicet Ordinis Fratrum Praedicatorum, transgressio talis vel omissio ex suo genere non obligat ad culpam neque mortalem neque venialem, sed solum ad poenam taxatam sustinendam: quia per hunc modum ad talia observanda obligantur. Qui tamen possent venialiter vel mortaliter peccare ex negligentia vel libidine, seu contemptu.

AD SECUNDUM dicendum quod non omnia quae continentur in lege traduntur per modum praecepti,

Segundo, como um exercício exterior, por exemplo: todas as observâncias exteriores. E entre elas há algumas a que o religioso está obrigado pelo voto da profissão. Ora, o voto da profissão diz respeito sobretudo sobre aos três citados, a saber, à pobreza, à continência e à obediência, às quais todas as outras coisas se ordenam. Por isso, a transgressão desses três votos obriga sob pecado mortal. A das outras prescrições não obrigam sob pecado mortal a não ser por causa do desprezo pela regra, o que diretamente se opõe à profissão, pela qual o religioso fez voto de uma vida regular; ou se havia um preceito verbalmente dado pelo prelado ou expresso na regra, porque isso seria agir contra o voto de obediência.

QUANTO AO 1º, portanto, deve-se dizer que quem professa uma regra não faz voto de observar todas as coisas que estão na regra; mas, faz voto de uma vida regular, nos três votos referidos. Por isso, em algumas vidas religiosas, mais cautamente, professam, não a regra, mas "viver segundo a regra", isto é, procurar informar os seus atos pela regra, como por um modelo. E isso é eliminado pelo desprezo. — Outras vidas religiosas, ainda mais cautamente, professam a "obediência segundo a regra", de modo que não contraria à profissão senão o que vai contra o preceito da regra. Quanto à transgressão ou à omissão das outras coisas, obriga apenas sob pecado venial. Porque essas são umas disposições para os votos principais; ora, o pecado venial é uma disposição para o mortal, porque impede o religioso de dispor-se a observar os preceitos principais da lei de Cristo, que são os preceitos da caridade.

Mas, há uma religião, a da Ordem dos Irmãos Pregadores, em que essa transgressão ou omissão por sua natureza, não obriga sob culpa, nem mortal nem venial, mas só a cumprir a pena determinada; pois, deste modo são obrigados a tais observâncias. Contudo, podem pecar venial ou mortalmente por negligência, ou concupiscência ou desprezoᵖ.

QUANTO AO 2º, deve-se dizer que nem tudo o que a lei contém é dado como preceito. Mas

---

2. I-II, q. 88, a. 3.

p. Não há dúvida de que Sto. Tomás aprova a benignidade da Ordem dos Pregadores sobre esse ponto. As disposições tomadas por São Domingos são as mais bem adaptadas ao objetivo da vida religiosa, que é conduzir o religioso à perfeição da caridade, de modo seguro e sem armadilhas à sua consciência. Uma regra rica em observâncias e obrigando sob pena de pecado tornaria o estado religioso infinitamente perigoso (argumento *em sentido contrário*).

sed quaedam proponuntur per modum ordinationis cuiusdam, vel statuti obligantis ad certam poenam: sicut in lege civili non facit semper dignum poena mortis corporalis transgressio legalis statuti. Ita nec in lege Ecclesiae omnes ordinationes vel statuta obligant ad mortale. Et similiter nec omnia statuta regulae.

AD TERTIUM dicendum quod tunc committit aliquis vel transgreditur ex contemptu, quando voluntas eius renuit subiici ordinationi legis vel regulae, et ex hoc procedit ad faciendum contra legem vel regulam. Quando autem e converso, propter aliquam particularem causam, puta concupiscentiam vel iram, inducitur ad aliquid faciendum contra statuta legis vel regulae, non peccat ex contemptu, sed ex aliqua alia causa: etiam si frequenter ex eadem causa, vel alia simili, peccatum iteret. Sicut etiam Augustinus dicit, in libro *de Natura et Grat*.[3], quod non omnia peccata committuntur ex contemptu superbiae. Frequentia tamen peccati dispositive inducit ad contemptum: secundum illud Pr 18,3: *Impius, cum in profundum venerit, contemnit*.

algumas coisas são propostas como ordens ou determinações que obrigam sob alguma pena. Assim como na lei civil não se considera sempre digno da pena de morte a transgressão do preceito legal. Do mesmo modo na lei da Igreja não obrigam sob pena de pecado mortal todas as ordens ou prescrições. E igualmente, nem todos os preceitos da regra.

QUANTO AO 3º, deve-se dizer que pratica um ato ou uma transgressão por desprezo quem voluntariamente se recusa a obedecer à ordem da lei ou da regra, e por isso procede contra a lei ou a regra. Mas quando, pelo contrário, por alguma causa particular, por exemplo, pela concupiscência ou pela ira, é levado a fazer algo contra a lei ou a regra, não peca por desprezo mas, por uma outra causa; ainda que frequentemente e pela mesma causa ou outra semelhante reitere o pecado. Assim, diz Agostinho, nem todos os pecados se cometem pelo desprezo da soberba. Mas, a frequência do pecado induz, dispositivamente, ao desprezo, segundo a Escritura: "O ímpio quando chegar ao fundo dos pecados, despreza".

ARTICULUS 10
Utrum religiosus eodem genere peccati gravius peccet quam saecularis

AD DECIMUM SIC PROCEDITUR. Videtur quod religiosus eodem genere peccati non gravius peccet quam saecularis.

1. Dicitur enim 2Par 30,18-19: *Dominus bonus propitiabitur cunctis qui in toto corde requirunt Dominum Deum patrum suorum, et non imputabitur eis quod minus sanctificati sunt*. Sed magis videntur religiosi ex toto corde Dominum Deum patrum suorum sequi quam saeculares, qui ex parte se et sua Deo dant et ex parte sibi reservant, ut Gregorius dicit, *super Ezech*.[1]. Ergo videtur quod minus imputetur eis si in aliquo a sanctificatione deficiant.

2. PRAETEREA, ex hoc quod aliquis bona opera facit, minus contra peccata eius Deus irascitur: dicitur enim 2Par 19,2-3: *Impio praebes auxilium, et his qui oderunt Dominum amicitia iungeris, et idcirco iram quidem Domini merebaris: sed*

ARTIGO 10
O religioso, num mesmo gênero de pecado, peca mais gravemente que o secular?

QUANTO AO DÉCIMO, ASSIM SE PROCEDE: parece que o religioso, num mesmo gênero de pecado, **não** peca mais gravemente que o secular.

1. Com efeito, diz a Escritura: "O Senhor que é bom será propício para todos os que buscam de todo o seu coração o Senhor Deus de seus pais, e ele não lhes imputará não estarem suficientemente purificados". Ora, parece que os religiosos buscam de todo o coração o Senhor Deus de seus pais mais que os seculares, os quais dão uma parte de si e de seus bens a Deus e reservam outra para si, como diz Gregório. Logo, parece que menos lhes será imputado se faltam à santidade em algo.

2. ALÉM DISSO, pelo fato de alguém praticar boas obras, Deus se encoleriza menos contra seus pecados. Diz a Escritura: "Socorreste o ímpio e és amigo dos que odiaram a Deus, por isso merecerias a ira do Senhor, mas em ti foram

---

3. C. 29: ML 44, 263.

PARALL.: Supra, q. 184, a. 8; *ad Heb*., c. 10, lect. 3.

1. Homil. 20; al. l. II, hom. 8, n. 16: ML 76, 1037 D.

bona opera inventa sunt in te. Religiosi autem plura bona opera faciunt quam saeculares. Ergo, si aliqua peccata faciunt, minus contra eos Deus irascitur.

3. PRAETEREA, praesens vita sine peccato non transigitur: secundum illud Iac 3,2: *In multis offendimus omnes.* Si ergo peccata religiosorum essent graviora peccatis saecularium, sequeretur quod religiosi essent peioris conditionis quam saeculares. Et sic non esset sanum consilium ad religionem transire.

SED CONTRA est quod de maiori malo magis esset dolendum. Sed de peccatis eorum qui sunt in statu sanctitatis et perfectionis, maxime videtur esse dolendum: dicitur enim Ier 23,9: *Contritum est cor meum in medio mei*; et postea [v. 11] subdit: *Propheta namque et sacerdos polluti sunt, et in domo mea vidi malum eorum.* Ergo religiosi, et alii qui sunt in statu perfectionis, ceteris paribus, gravius peccant.

RESPONDEO dicendum quod peccatum quod a religiosis committitur, potest esse gravius peccato saecularium eiusdem speciei, tripliciter. Uno modo, si sit contra votum religionis, puta si religiosus fornicetur vel furetur: quia fornicando facit contra votum continentiae, et furando facit contra votum paupertatis, et non solum contra praeceptum divinae legis. — Secundo, si ex contemptu peccet: quia ex hoc videtur esse magis ingratus divinis beneficiis, quibus est sublimatus ad statum perfectionis. Sicut Apostolus dicit, Hb 10,29, quod fidelis *graviora meretur supplicia,* ex hoc quod, peccando, *Filium Dei conculcat* per contemptum. Unde et Dominus conqueritur, Ier 11,15: *Quid est quod dilectus meus in domo mea facit scelera multa?* — Tertio modo, peccatum religiosi potest esse maius propter scandalum: quia ad vitam eius plures respiciunt. Unde dicitur Ier 23,14: *In prophetis Ierusalem vidi similitudinem adulterii et iter mendacii: et confortaverunt manus pessimorum, ut non converteretur unusquisque a malitia sua.*

Si vero religiosus non ex contemptu, sed ex infirmitate vel ignorantia, aliquod peccatum quod non est contra votum suae professionis, committit absque scandalo, puta in occulto, levius peccat eodem genere peccati quam saecularis. Quia peccatum eius, si sit leve, quasi absorbetur ex multis bonis operibus quae facit. Et si sit mortale, facilius ab eo resurgit. Primo quidem, propter intentionem quam habet erectam ad Deum: quae, etsi ad horam

encontradas boas obras". Ora, os religiosos fazem mais boas obras que os seculares. Logo, se cometerem alguns pecados, Deus se encolerizará menos contra eles.

3. ADEMAIS, não se passa a vida presente sem pecado, conforme a Escritura: "Todos nós tropeçamos em muitas coisas". Se, pois, os pecados dos religiosos fossem mais graves que os dos seculares, resultaria que a condição deles seria pior à destes, e então, não seria de bom conselho entrar na vida religiosa.

EM SENTIDO CONTRÁRIO, um maior mal mais se deve lamentar. Ora, parece que os pecados dos que vivem no estado de santidade e de perfeição devem ser lamentados ao máximo. Diz a Escritura: "Contrito está o meu coração em mim"; e depois acrescenta: "O profeta e o sacerdote se corromperam e na minha casa vi as suas maldades". Logo, os religiosos e outros que vivem no estado de perfeição, em igualdade de condição, pecam mais gravemente.

RESPONDO. O pecado da mesma espécie cometido pelos religiosos pode ser mais grave que o dos seculares, de três modos. Primeiro, se é contra o voto da vida religiosa, por exemplo, fornicar ou roubar; pois, fornicando, age contra o voto de continência e, roubando, contra o de pobreza, e não somente contra o mandamento da lei divina. — Segundo, se peca por desprezo, porque então é mais ingrato para com os divinos benefícios, que o elevaram ao estado de perfeição. Diz o Apóstolo: "Maiores tormentos merece" o fiel que, pecando, "por desprezo pisa aos pés o Filho de Deus". Daí o lamento do Senhor, na Escritura: "Porque aquele que eu amo comete tantos crimes na minha casa?" — Terceiro, por causa do escândalo, porque muitos olham para a vida dele. Donde o dizer a Escritura: "Nos profetas de Jerusalém vi semelhanças de adúlteros e caminhos de mentira; e fortificaram as mãos dos piores para que se não convertesse cada um da sua malícia".

Se o religioso, porém, não por desprezo, mas por fraqueza ou ignorância cometer um pecado não contrário ao voto da sua profissão, e sem escândalo, por exemplo, às ocultas, peca, num mesmo gênero de pecado, mais levemente que o secular. Porque o seu pecado, se é leve, é como que absorvido pelas muitas boas obras que faz, e, se é mortal, mais facilmente dele se levanta. Primeiro, pela intenção, que traz elevada para

intercipiatur, de facili ad pristina reparatur. Unde super illud Ps 36,24, *Cum ceciderit non collidetur*, dicit Origenes[2]: *Iniustus si peccaverit, non poenitet, et peccatum suum emendare nescit. Iustus autem scit emendare, scit corrigere: sicut ille qui dixerat, "Nescio hominem", paulo post, cum respectus fuisset a Domino, flere coepit amarissime; et ille qui de tecto mulierem viderat et concupierat eam, dicere novit, "Peccavi et malum coram te feci"*. — Iuvatur etiam sociis ad resurgendum: secundum illud Eccle 4,10, *Si unus ceciderit, ab altero fulcietur. Vae soli: quia, si ceciderit, non habet sublevantem.*

AD PRIMUM ergo dicendum quod auctoritas illa loquitur de his quae per infirmitatem vel ignorantiam committuntur: non autem de his quae committuntur per contemptum.

AD SECUNDUM dicendum quod Iosaphat etiam, cui verba illa dicuntur, non ex malitia, sed ex quadam infirmitate humanae affectionis peccavit.

AD TERTIUM dicendum quod iusti non de facili peccant ex contemptu: sed quandoque labuntur in aliquod peccatum ex ignorantia vel infirmitate, a quo de facili relevantur. Si autem ad hoc perveniant quod ex contemptu peccent, efficiuntur pessimi et maxime incorrigibiles: secundum illud Ier 2,20: *Confregisti iugum, diripuisti vincula, dixisti, "Non serviam". In omni colle sublimi, et sub omni ligno frondoso, tu prosternebaris meretrix*. Unde Augustinus dicit, in Epistola *ad Plebem Hipponens*.[3]: Ex quo Deo servire coepi, quomodo difficile sum expertus meliores quam qui in monasteriis profecerunt, ita non sum expertus peiores quam qui in monasteriis ceciderunt.

Deus e que, embora por momentos seja interrompida, volta facilmente ao que era. Por isso, àquilo da Escritura: "Quando cair não se ferirá", diz Orígenes: "O ímpio, se pecar, não se arrepende e não sabe emendar o seu pecado. Ao contrário, o justo sabe emendar, sabe corrigir. Assim, aquele que disse: 'não conheço esse homem', pouco depois, quando foi visto pelo Senhor, começou chorar amargamente. E aquele que desde o teto, vira uma mulher e a desejara, soube dizer: 'Pequei e fiz o mal na tua presença'". — Além disso, é ajudado pelos companheiros a levantar-se, conforme a Escritura: "Se um cair, o outro o susterá. Ai! do que está só, porque quando cair não tem quem o levante".

QUANTO AO 1º, portanto, deve-se dizer que as palavras citadas se referem aos pecados cometidos por fraqueza ou ignorância; mas não aos cometidos por desprezo.

QUANTO AO 2º, deve-se dizer que também Josafá, a quem foram dirigidas aquelas palavras, pecou, não por malícia, mas por uma fraqueza do afeto humano.

Quanto ao 3º, deve-se dizer que os justos não pecam facilmente por desprezo; mas às vezes caem em algum pecado, por ignorância ou fraqueza, e dele facilmente se levantam. Mas se vierem a pecar por desprezo, tornam-se os piores e os mais incorrigíveis, segundo a Escritura: "Tu quebraste o jugo, rompeste os laços e disseste, não servirei. Como uma meretriz, te prostituías em todo o outeiro elevado e abaixo de toda árvore frondosa". Donde dizer Agostinho: "Desde que comecei a servir a Deus, dificilmente achei homens melhores que os que o progrediram nos mosteiros; mas também não achei piores que os que nos mosteiros caíram".

---

2. Homil. 4 *in Psalm*. 36, n. 2: MG 12, 1351 CD.
3. Epist. 78, al. 137, n. 9: ML 33, 272.

QUAESTIO CLXXXVII
DE HIS QUAE COMPETUNT RELIGIOSIS

in sex articulos divisa

Deinde considerandum est de his quae competunt religiosis.

Et circa hoc quaeruntur sex.

Primo: utrum liceat eis docere, praedicare, et alia huiusmodi facere.
Secundo: utrum liceat eis de negotiis saecularibus se intromittere.
Tertio: utrum teneantur manibus operari.
Quarto: utrum liceat eis de eleemosynis vivere.
Quinto: utrum liceat eis mendicare.
Sexto: utrum liceat eis vestimenta ceteris viliora deferre.

Articulus 1
Utrum religiosis liceat docere, praedicare, et alia huiusmodi facere

AD PRIMUM SIC PROCEDITUR. Videtur quod religiosis non liceat docere, praedicare, et alia huiusmodi facere.

1. Dicitur enim VII, qu. 1[1], in quodam statuto Constantinopolitanae Synodi[2]: *Monachorum vita subiectionis habet verbum et discipulatus: non docendi, vel praesidendi, vel pascendi alios.* Hieronymus etiam dicit, *ad Riparium et Desiderium*[3]: *Monachus non doctoris, sed plangentis habet officium.* Leo etiam Papa dicit, ut habetur XVI, qu. 1[4]: *Praeter Domini sacerdotes, nullus audeat praedicare, sive monachus sive laicus ille sit qui cuiuslibet scientiae nomine gloriatur.* Sed non licet transgredi proprium officium et statutum Ecclesiae. Ergo videtur quod religiosis non liceat docere, praedicare, et alia huiusmodi facere.

2. PRAETEREA, in statuto Nicaenae Synodi, quod ponitur XVI, qu. 1[5], sic dicitur: *Firmiter et indissolubiliter omnibus praecipimus, ut aliquis mona-*

QUESTÃO 187
OFÍCIOS QUE CONVÊM AOS RELIGIOSOS

em seis artigos

Em seguida, devem-se considerar aquelas coisas que concernem aos religiosos.

Sobre isso, são seis as questões:

1. Eles podem ensinar, pregar e exercer ofícios semelhantes?
2. Podem ocupar-se de negócios seculares?
3. Estão obrigados ao trabalho manual?
4. Podem viver de esmolas?
5. Mendigar?
6. Vestir-se de roupas mais grosseiras que os outros?

Artigo 1
Os religiosos podem ensinar, pregar e exercer outros ofícios semelhantes?[a]

QUANTO AO PRIMEIRO ARTIGO, ASSIM SE PROCEDE: parece que os religiosos **não** podem ensinar, pregar e exercer outros ofícios semelhantes.

1. Com efeito, está nas Decretais: "A vida monástica significa sujeição e aprendizagem; não ofício de ensinar, de exercer a presidência, de apascentar os outros". O mesmo diz Jerônimo: "O ofício de monge não é de ensinar, mas de fazer penitência". E o papa Leão: "Além dos sacerdotes do Senhor, ninguém, monge ou leigo, ouse pregar, seja qual for a fama da sua ciência". Ora, não é lícito transgredir o ofício próprio e estatuto da Igreja. Logo, parece que os religiosos não podem ensinar, pregar e fazer coisas semelhantes.

2. ALÉM DISSO, o concílio de Niceia determina: "Ordenamos firme e imutavelmente que nenhum monge conceda a penitência a ninguém, a não

---

1 PARALL.: IV *Sent.*, dist. 17, q. 3, a. 3, q.la 4, ad 1; *De Perf. Vitae Spir.*, c. 26; *Cont. impugn. Relig.*, cap. 2, 4.

1. GRATIANUS, *Decretum*, P. II, causa 7, q. 1, can. 45: ed. Richter-Friedberg, t. I, p. 585.
2. Pseudosynodi Photianae, a. 879.
3. *Contra Vigilant.*, n. 15: ML 23, 351 B.
4. GRATIANUS, *op. cit.*, loc. cit., can. 19: ed. cit., t. I, p. 765.
5. GRATIANUS, *op. cit.*, loc. cit., can. 1: ed. cit., t. I, p. 761.

a. Encontramos aqui o eco das vivas polêmicas suscitadas pela aparição das ordens mendicantes. Sto. Tomás está diretamente envolvido com o tema, e podemos senti-lo ao longo do artigo. Para saber mais a respeito da luta que ele conduziu nessa vanguarda, deve-se consultar os opúsculos nos quais ele trata especificamente do assunto: *Contra impugnantes Dei cultum* (1257), *De perfectione vitae spiritualis* (1269) e *Contra retrahentes a religionis ingressu* (1270).

chus poenitentiam nemini tribuat, nisi invicem sibi, ut iustum est. Mortuum non sepeliat, nisi monachum secum in monasterio commorantem, vel si fortuito quemcumque advenientium fratrum ibi mori contigerit. Sed sicut ista pertinent ad officium clericorum, ita etiam praedicare et docere. Ergo, cum *alia sit causa monachi, et alia clerici*, sicut Hieronymus dicit, *ad Heliodorum*[6]; videtur quod non liceat religiosis praedicare et docere, et alia huiusmodi facere.

3. PRAETEREA, Gregorius dicit, in *Regist.*[7]: *Nemo potest ecclesiasticis obsequiis deservire, et in monastica regula ordinate persistere*: et habetur XVI, qu. 1[8]. Sed monachi tenentur in monastica regula ordinate persistere. Ergo videtur quod non possint ecclesiasticis obsequiis deservire. Docere autem et praedicare pertinent ad ecclesiastica obsequia. Ergo videtur quod non liceat eis praedicare aut docere, aut aliquid huiusmodi facere.

SED CONTRA est quod Gregorius dicit, et habetur causa et quaestione eadem: *Ex auctoritate huius decreti, quod Apostolico moderamine et pietatis officio a nobis est constitutum, sacerdotibus monachis, Apostolorum figuram tenentibus, liceat praedicare, baptizare, communionem dare, pro peccatoribus orare, poenitentiam imponere, atque peccata solvere.*

RESPONDEO dicendum quod aliquid dicitur non licere alicui dupliciter. Uno modo, quia habet in se quod contrariatur ei quod dicitur non licere: sicut nulli homini licet peccare, quia habet in se quilibet homo rationem et obligationem ad legem Dei, quibus contrariatur peccatum. Et hoc modo dicitur alicui non licere praedicare vel docere, vel aliquid huiusmodi facere, quia habet in se aliquid quod his repugnat: vel ratione praecepti, sicut his qui sunt irregulares, ex statuto Ecclesiae, non licet ascendere ad sacros ordines; vel propter peccatum, secundum illud Ps 49,16: *Peccatori autem dixit Deus: Quare tu enarras iustitias meas?*

Hoc autem modo, non est illicitum religiosis praedicare, docere, et alia huiusmodi facere. Tum quia ex voto vel praecepto regulae non obligantur ad hoc quod ab his abstineant. — Tum etiam quia non redduntur ad haec minus idonei ex aliquo

ser um ao outro, como é justo, que não enterrem senão monges do próprio mosteiro, ou de algum irmão recebido como hóspede, se acaso aí venha a morrer". Ora, como estes ofícios pertencem aos clérigos, assim também pregar e ensinar. Logo, como são distintas, segundo Jerônimo, "as situações do monge e do clérigo", parece que os religiosos não podem pregar, ensinar e praticar outros atos semelhantes.

3. ADEMAIS, Gregório escreve: "Ninguém pode prestar serviços eclesiásticos e, ao mesmo tempo, viver ordenadamente sob a regra monástica". Ora, os monges são obrigados a observar ordenadamente a regra monástica. Logo, parece que não podem prestar serviços eclesiásticos, como ensinar e pregar. Portanto, os monges não podem pregar, ensinar ou praticar atos semelhantes.

EM SENTIDO CONTRÁRIO, Gregório diz no mesmo lugar: "Em virtude deste decreto, que damos pela nossa autoridade apostólica e para o bem da religião, seja permitido aos sacerdotes monges, que representam os Apóstolos, pregar, batizar, dar a comunhão, orar pelos pecadores, impor penitências e perdoar os pecados".

RESPONDO. Diz-se que uma coisa não é permitida a alguém, de dois modos. Primeiro, porque há nessa pessoa algo contrário àquela coisa que se diz não lhe ser permitida. Assim, a nenhum homem é permitido pecar, porque ele tem em si mesmo a razão e a obrigação de obedecer à lei de Deus, à qual se opõe o pecado. No mesmo sentido, diz-se que alguém não pode pregar ou ensinar ou exercer qualquer outro ofício semelhante, porque há nele alguma coisa que se opõe a isso, quer em razão de algum preceito, como nos que são irregulares e que, por decisão da Igreja, não podem ser admitidos às ordens sacras, quer por causa do pecado, conforme diz o Salmo: "Deus falou ao pecador: 'Por que recitas minhas leis?'".

Neste sentido, os religiosos podem pregar, ensinar e exercer outros ofícios semelhantes. Seja porque nem seu voto nem sua regra os obrigam a se absterem de tais atos. — Ou ainda porque não se tornaram para isso menos idôneos por

---

6. Epist. 14, al. 1, n. 8: ML 22, 352.
7. L. V, al. l. IV, epist. 1: ML 77, 722 C.
8. GRATIANUS, *op. cit.*, loc. cit., can. 2: ed. cit., t. I, p. 761.

peccato commisso: sed magis idonei, ex exercitio sanctitatis quod assumpserunt.

Stultum autem est dicere ut per hoc quod aliquis in sanctitate promovetur, efficiatur minus idoneus ad spiritualia officia exercenda. Et ideo stulta est quorundam opinio dicentium quod ipse status religionis impedimentum affert talia exequendi. Quorum errorem Bonifacius Papa rationibus supra dictis excludit, dicens, ut habetur XVI, qu. 1[9]: *Sunt nonnulli, nullo dogmate fulti, audacissimo quidem zelo magis amaritudinis quam dilectionis inflammati, asserentes monachos, quia mundo mortui sunt et Deo vivunt, sacerdotalis officii potentia indignos. Sed omnino labuntur.* Quod ostendit, primo quidem, quia non contrariatur regulae: subdit enim: *Neque enim beatus Benedictus, monachorum praeceptor almificus, huiuscemodi rei aliquo modo fuit interdictor.* Et similiter nec in aliis regulis hoc prohibetur. — Secundo improbat praedictum errorem ex idoneitate monachorum, cum in fine capituli subdit: *Quanto quisque est excellentior, tanto et in illis*, scilicet spiritualibus operibus, *potentior.*

Alio modo dicitur aliquid non licere alicui, non propter contrarium quod habeat, sed propter hoc quod ei deficit unde illud possit: sicut diacono non licet missam celebrare, quia non habet ordinem sacerdotalem; et presbytero non licet sententiam ferre, quia non habet episcopalem auctoritatem. In quibus tamen est distinguendum. Quia ea quae sunt ordinis, committi non possunt nisi ei qui ordinem habet: sicut diacono non potest committi quod celebret missam, nisi fiat sacerdos. Ea vero quae sunt iurisdictionis, committi possunt eis qui non habent ordinariam iurisdictionem: sicut prolatio sententiae committitur ab episcopo simplici sacerdoti.

Et hoc modo dicitur non licere monachis et aliis religiosis praedicare, docere, et alia huiusmodi facere: quia status religionis non dat eis potestatem haec faciendi. Possunt tamen ista facere si ordinem accipiant vel ordinariam iurisdictionem: aut etiam si eis committantur ea quae sunt iurisdictionis.

AD PRIMUM ergo dicendum quod ex verbis illis habetur quod monachi, ex hoc quod sunt monachi, non nanciscuntur potestatem talia faciendi: non

algum pecado que tenham cometido, ao contrário, mais idôneos, pela aplicação à santidade que eles assumiram.

É um absurdo afirmar que o fato de alguém ser promovido em santidade o torna menos idôneo para exercer ofícios espirituais. Portanto, é absurda a opinião de alguns que dizem que o próprio estado religioso é um obstáculo para o exercício de tais coisas. O papa Bonifácio, pelas razões acima, reprova essa opinião: "Há pessoas que, sem apoiar-se em nenhum argumento, inflamados de um zelo excessivo, não por amor mas por despeito, afirmam que os monges não são dignos de exercer dignamente o ministério sacerdotal porque morreram para o mundo e vivem para Deus. Mas se enganam totalmente". O que ele prova, primeiro, porque não é contra a regra; e acrescenta: "Nem São Bento, o mestre benfeitor dos monges, o proíbe de modo algum". Nem as outras regras tampouco o proíbem. — Segundo, condena tal erro pela idoneidade dos monges, quando, no fim do capítulo, acrescenta: "Quanto mais um homem é perfeito, tanto maior é o seu poder naquelas coisas, isto é, nas obras espirituais".

Segundo, não porque tenha algo contrário, mas por lhe faltar o que é necessário para poder realizá-la. Assim, o diácono não pode celebrar missa, porque não possui a ordem sacerdotal; nem o sacerdote pode pronunciar uma sentença, porque não tem a autoridade episcopal. Nessas coisas, entretanto, deve-se distinguir. O que é próprio de uma ordem não pode ser confiado senão a quem possui tal ordem. Assim, não pode o diácono celebrar missa, a não ser que se ordene sacerdote. Os atos de jurisdição, porém, podem ser delegados aos que não têm jurisdição ordinária. Por exemplo, o bispo pode delegar a um simples sacerdote a pronúncia de uma sentença.

E, neste sentido, diz-se que os monges e demais religiosos não podem pregar, ensinar e exercer outras funções semelhantes, porque o estado religioso não lhes confere este poder. Podem fazê-lo se receberem a ordem, ou a jurisdição ordinária, ou então se lhes forem delegados os atos de jurisdição.

QUANTO AO 1º, portanto, deve-se dizer que aquelas palavras significam que os monges, só pelo fato de o serem, não estão investidos do

---

9. GRATIANUS, *op. cit.*, loc. cit., can. 25: ed. cit., t. I, p. 767.

autem quod ex hoc quod sunt monachi, habeant aliquid contrarium executioni talium actuum.

AD SECUNDUM dicendum quod illud etiam statutum Nicaeni Concilii praecipit ut monachi non usurpent sibi, ex hoc quod sunt monachi, potestatem huiusmodi actus exercendi. Non autem prohibet quin ista possint eis committi.

AD TERTIUM dicendum quod ista duo se non compatiuntur, quod aliquis ordinariam curam ecclesiasticorum officiorum habeat, et monasticam regulam in monasterio servet. Per hoc tamen non excluditur quin monachi et alii religiosi possint interdum circa ecclesiastica officia occupari ex commissione praelatorum qui ordinariam curam habent: et praecipue illi quorum religiones ad hoc sunt specialiter institutae, ut infra dicetur.

poder de praticar tais atos, nem que pelo fato de serem monges tenham algo contrário à execução de tais atos[b].

QUANTO AO 2º, deve-se dizer que o decreto do Concílio de Niceia prescreve também que os monges não usurpem, porque são monges, o poder de exercer tais atos. Mas não proíbe que lhes possam ser conferidos.

QUANTO AO 3º, deve-se dizer que esses dois ofícios não são incompatíveis, isto é, que alguém cuide do ministério eclesiástico e observe a regra monástica no mosteiro. Mas isso não impede que os monges e os outros religiosos possam, de vez em quando, ocupar-se dos ministérios eclesiásticos por comissão dos prelados que têm o cuidado ordinário. Sobretudo aqueles que pertencem a vidas religiosas especialmente instituídas para esse fim, como se dirá mais adiante.

ARTICULUS 2
Utrum religiosis liceat saecularia negotia tractare

AD SECUNDUM SIC PROCEDITUR. Videtur quod religiosis non liceat saecularia negotia tractare.

1. Dicitur enim in praedicto[1] decreto Bonifacii Papae quod *beatus Benedictus eos saecularium negotiorum edixit expertes fore. Quod quidem apostolicis documentis, et omnium sanctorum Patrum institutis, non solum monachis, sed etiam canonicis omnibus imperatur*: secundum illud 2Ti 2,4, *Nemo militans Deo implicat se saecularibus negotiis*. Sed omnibus religiosis imminet quod militent Deo. Ergo non licet eis saecularia negotia exercere.

2. PRAETEREA, 1Thess 4,11, dicit Apostolus: *Operam detis ut quieti sitis, et ut negotium vestrum agatis*: Glossa[2]: *Dimissis alienis: quod vobis utile est in emendationem vitae*. Sed religiosi specialiter assumunt studium emendationis vitae. Ergo non debent saecularia negotia exercere.

3. PRAETEREA, super illud Mt 11,8, *Ecce qui mollibus vestiuntur in domibus regum sunt*, dicit

ARTIGO 2
Os religiosos podem ocupar-se com negócios seculares?

QUANTO AO SEGUNDO, ASSIM SE PROCEDE: parece que os religiosos **não** podem ocupar-se com negócios seculares.

1. Com efeito, lê-se no decreto já citado do papa Bonifácio que "São Bento determina que os seus monges não tomem parte nos negócios seculares. O que é ordenado nos documentos apostólicos e nas instituições de todos os santos Padres, não só aos monges mas a todos os cônegos", conforme o conselho de Paulo: "Ninguém que se alistou na milícia de Deus, se embarace com negócios do século". Ora, cabe a todos os religiosos servir a Deus. Logo, não podem ocupar-se com negócios seculares.

2. ALÉM DISSO, o Apóstolo escreve: "Empenhai-vos em viver em paz e ocupar-vos dos vossos negócios". E a Glosa comenta: "Evitando os alheios; o que vos é útil para emendar a vida". Ora, os religiosos assumem especialmente o empenho em emendar a vida. Logo, não devem se ocupar com negócios seculares.

3. ADEMAIS, a propósito da frase do Evangelho: "Os que vestem roupas delicadas, encontram-se

---

2 PARALL.: *Cont. impugn. Relig.*, c. 9; *ad Rom.*, c. 16, lect. 1; II *ad Tim.*, c. 2, lect. 1.
   1. Art. 1 c.
   2. Interl.; LOMBARDI: ML 192, 300 C.

b. Essa resposta à primeira objeção resume perfeitamente a posição de Sto. Tomás. Não só é equilibrada, como é confirmada pelas lições da história. Conserva toda sua atualidade.

Hieronymus[3]: *Ex hoc ostendit rigidam vitam et austeram praedicationem vitare debere aulas regum, et mollium hominum palatia declinare.* Sed necessitas saecularium negotiorum ingerit hominem ad frequentandum regum palatia. Ergo non licet religiosis aliqua negotia saecularia pertractare.

SED CONTRA est quod apostolus dicit, Rm 16,1: *Commendo vobis Phoeben, sororem nostram*: et postea [v. 2] subdit: *Et assistatis ei in quocumque negotio vestri indiguerit.*

RESPONDEO dicendum quod, sicut supra[4] dictum est, status religionis est ordinatus ad perfectionem caritatis consequendam. Ad quam quidem principaliter pertinet Dei dilectio, secundario autem dilectio proximi. Et ideo religiosi praecipue et propter se debent intendere ad hoc quod Deo vacent. Si autem necessitas proximis immineat, eorum negotia ex caritate agere debent, secundum illud Gl 6,2, *Alter alterius onera portate, et sic adimplebitis legem Christi*: quia et in hoc ipso quod proximis serviunt propter Deum, dilectioni divinae obsequuntur. Unde dicitur Iac 1,27: *Religio munda et immaculata apud Deum et Patrem haec est, visitare pupillos et viduas in tribulatione eorum*: Glossa[5]: *idest, succurrere eis qui carent praesidio in tempore necessitatis.*

Est ergo dicendum quod causa cupiditatis saecularia negotia gerere nec monachis nec clericis licet. Causa vero caritatis se negotiis saecularibus, cum debita moderatione, ingerere possunt, secundum superioris licentiam, et ministrando et dirigendo. Unde dicitur in Decretis, dist. LXXXVIII[6]: *Decrevit sancta Synodus nullum deinceps clericum aut possessiones conducere, aut negotiis saecularibus se permiscere, nisi propter curam pupillorum aut orphanorum aut viduarum: aut si forte episcopus civitatis ecclesiasticarum rerum sollicitudinem eum habere praecipiat.* Eadem autem ratio est de religiosis et clericis: quia utrisque similiter negotia saecularia interdicuntur, ut dictum est.

AD PRIMUM ergo dicendum quod monachis interdicuntur tractare saecularia negotia propter cupiditatem: non autem propter caritatem.

AD SECUNDUM dicendum quod non est curiositas, sed caritas, si propter necessitatem aliquis se negotiis immisceat.

nos palácios dos reis", Jerônimo comenta: "Isto mostra que a vida exigente e a pregação austera devem evitar a corte dos reis e afastar-se dos palácios dos homens que vivem delicadamente". Ora, o cuidado dos negócios seculares leva a frequentar os palácios dos reis. Logo, não podem os religiosos tratar de negócios seculares.

EM SENTIDO CONTRÁRIO, o Apóstolo disse: "Recomendo-vos Febe, nossa irmã". E acrescenta: "E a assistais em todo negócio em que necessite de vós".

RESPONDO. O estado religioso é ordenado a alcançar a perfeição da caridade, que consiste principalmente no amor de Deus e secundariamente no amor do próximo. Por isso, os religiosos devem sobretudo e em razão do seu estado ter em vista estar livres para Deus. Se a necessidade do próximo o exigir, devem por caridade ocupar-se com os seus negócios, segundo o Apóstolo: "Carregai os fardos uns dos outros e assim cumprireis a lei de Cristo", porque, pelo fato mesmo de servir ao próximo, cumprem o amor de Deus. Por isso, diz a Carta de Tiago: "A religião pura e sem mácula diante de Deus, nosso Pai, é esta: assistir os órfãos e as viúvas em suas tribulações"; isto é, segundo a Glosa, "socorrer aos que carecem de ajuda, no tempo da necessidade".

Deve-se dizer, portanto, que nem os monges nem os clérigos por cobiça, podem ocupar-se com os negócios seculares; mas, por caridade, eles podem, com a permissão dos superiores, ocupar-se de negócios seculares, como administradores, e também como conselheiros, e com a devida moderação. Por isso se lê nas Decretais: "O santo Sínodo decreta que nenhum clérigo poderá doravante administrar propriedades ou imiscuir-se em negócios seculares, salvo para o serviço de crianças, órfãos ou viúvas, ou se porventura o bispo da cidade o tiver encarregado de zelar pelos bens eclesiásticos". O que se diz dos clérigos se aplica aos religiosos, pois, como foi dito, a ambos são igualmente proibidos os negócios seculares.

QUANTO AO 1º, portanto, deve-se dizer que os monges estão proibidos de tratar de negócios seculares por cobiça, mas não por caridade.

QUANTO AO 2º, deve-se dizer que não é curiosidade, mas caridade, ocupar-se de negócios quando a necessidade o pede.

---

3. *Comment.*, l. II: ML 26, 71 B.
4. Q. 186, a. 1, *sed c*; a. 7, ad 1.
5. Interl.
6. GRATIANUS, *Decretum*, P. I, dist. 88, can. 1: ed. Richter-Friedberg, t. I, p. 306.

AD TERTIUM dicendum quod frequentare palatia regum propter delicias vel gloriam vel cupiditatem, non competit religiosis: sed ea adire propter pias causas competit eis. Unde dicitur 4Reg 4,13, quod Eliseus dixit ad mulierem: *Nunquid habes negotium, et vis ut loquar regi vel principi militiae?* Similiter etiam convenit religiosis adire regum palatia ad eos arguendos et dirigendos: sicut Ioannes Baptista arguebat Herodem, ut dicitur Mt 14,4.

QUANTO AO 3º, deve-se dizer que não é próprio dos religiosos frequentar o palácio dos reis pelos prazeres, a glória ou a cobiça; mas é-lhes permitido fazê-lo por alguma causa piedosa. Assim, se lê no livro dos Reis que Eliseu disse à mulher: "Acaso tens algum problema e queres que fale dele ao rei ou ao general do exército?" Do mesmo modo, podem os religiosos ir aos palácios dos reis para corrigi-los ou aconselhá-los. Lembremo-nos de João Batista e de suas admoestações a Herodes.

ARTICULUS 3
Utrum religiosi manibus operari teneantur

AD TERTIUM SIC PROCEDITUR. Videtur quod religiosi manibus operari teneantur.

1. Non enim excusantur religiosi ab observantia praeceptorum. Sed operari manibus est in praecepto: secundum illud 1Thess 4,11: *Operemini manibus vestris, sicut praecepimus vobis.* Unde et Augustinus, in libro de *Operibus Monach.*[1], dicit: *Ceterum quis ferat homines contumaces*, idest religiosos non operantes, de quibus ibi loquitur, *saluberrimis Apostoli monitis resistentes, non sicut infirmiores tolerari, sed sicut sanctiores praedicari?* Ergo videtur quod religiosi teneantur manibus operari.

2. PRAETEREA, 2Thess 3, super illud [v. 10], *Si quis non vult operari, nec manducet*, dicit Glossa[2]: *Dicunt quidam de operibus spiritualibus hoc Apostolum praecepisse, non de opere corporali, in quo agricolae vel opifices laborant;* et infra: *Sed superfluo conantur et sibi et ceteris caliginem adducere, ut quod utiliter caritas monet, non solum facere nolint, sed nec etiam intelligere*; et infra: *Vult servos Dei corporaliter operari unde vivant.* Sed praecipue religiosi *servi Dei* nominantur, utpote se totaliter divino servitio mancipantes: sicut patet per Dionysium, 4 cap. *Eccles. Hier.*[3]. Ergo videtur quod teneantur manibus operari.

ARTIGO 3
Os religiosos são obrigados ao trabalho manual?[c]

QUANTO AO TERCEIRO, ASSIM SE PROCEDE: parece que os religiosos **são** obrigados ao trabalho manual.

1. Com efeito, os religiosos não estão dispensados de observar os mandamentos. Ora, o trabalho manual é de preceito, conforme a palavra do Apóstolo: "Trabalhai com vossas mãos, como vos ordenamos". Por isso, diz Agostinho: "Quem suportará ver religiosos contumases (isto é, que não queiram trabalhar), que resistem aos salutares conselhos do Apóstolo, não tolerados como enfermos, mas louvados como mais santos que os outros?" Logo, parece que os religiosos estão obrigados ao trabalho manual.

2. ALÉM DISSO, sobre o texto "Quem não quer trabalhar, também não deve comer", a Glosa comenta: "Alguns pretendem que o Apóstolo se refere ao trabalho espiritual e não ao corporal, ao qual se dedicam os lavradores e os artífices". E acrescenta: "Mas se esforçam em vão em fechar seus olhos e os dos outros, não só para não cumprir esse conselho da caridade, mas também para sequer compreendê-lo". E mais adiante: "Quer que os servos de Deus ganhem seu sustento com o trabalho manual". Ora, esse nome "servos de Deus" se aplica especialmente aos monges, que se consagram inteiramente ao serviço de Deus,

---

3 PARALL.: *Cont. Gent.* III, 135; *Cont. retrahent. ab ingress. Relig.*, c. 16; *Cont. impugn. Relig.*, c. 5, 6; *Quodlib.* VII, q. 7, a. 1, ad 4 *in contr.*, art. 2; *in Ioan.*, c. 6, lect. 3.

1. C. 30, n. 38: ML 40, 577-578.
2. Ordin.: ML 114, 624 A; LOMBARDI: ML 192, 324.
3. MG 3, 532 D — 533 A.

c. Este artigo reterá nossa atenção não só em função das especificações que traz a respeito da vida religiosa, mas ainda porque constitui um pequeno tratado de "teologia do trabalho", como diríamos hoje. Deve ser lido nessa perspectiva, e é de se apreciar o fato de que Sto. Tomás tenha dado a esse tema um desenvolvimento raro para um único artigo.

3. PRAETEREA, Augustinus dicit, in libro *de Operibus Monach.*⁴: *Quid agant qui operari corporaliter nolunt, scire desidero. Orationibus, inquiunt, et psalmis, et lectionibus et verbo Dei.* Sed quod per ista non excusentur, ostendit per singula. Nam primo, de oratione dicit: *Citius exauditur una obedientis oratio quam decem millia contemptoris*: illos contemptores intelligens et indignos exaudiri, qui manibus non operantur. Secundo, de divinis laudibus subdit: *Cantica vero divina cantare etiam manibus operantes facile possunt.* Tertio, subiungit de lectione: *Qui autem se dicunt vacare lectioni, nonne illic inveniunt quod praecipit Apostolus? Quae est ergo ista perversitas, lectioni nolle obtemperare, dum vult ei vacare?* Quarto, subiungit de praedicatione: *Si autem alicui sermo erogandus est, et ita occupat ut manibus operari non vacet: nunquid hoc omnes in monasterio possunt? Quando ergo non omnes possunt, cur sub hoc obtentu omnes vacare volunt? Quanquam, si omnes possent, vicissitudine facere deberent: non solum ut ceteri necessariis operibus occuparentur, sed etiam quia sufficit ut multis audientibus unus loquatur.* Ergo videtur quod religiosi non debent cessare ab opere manuali propter huiusmodi opera spiritualia quibus vacant.

4. PRAETEREA, Lc 12, super illud [v. 33], *Vendite quae possidetis* etc., dicit Glossa⁵: *Non tantum cibos vestros communicate pauperibus, sed etiam vendite possessiones vestras, ut, omnibus vestris semel pro Domino spretis, postea labore manuum operemini unde vivatis vel eleemosynam faciatis.* Sed ad religiosos pertinet proprie omnia sua relinquere. Ergo videtur quod etiam eorum sit de labore manuum suarum vivere et eleemosynas facere.

5. PRAETEREA, religiosi praecipue videntur teneri Apostolorum vitam imitari: quia statum perfectionis profitentur. Sed Apostoli manibus propriis laborabant: secundum illud 1Cor 4,12: *Laboramus*

como demonstra Dionísio. Logo, parece que estão obrigados ao trabalho manual.

3. ADEMAIS, Agostinho disse: "Quisera saber o que fazem os que não querem trabalhar manualmente. Nós nos entregamos, respondem eles, às orações, à salmodia, à leitura, à pregação". Mas que nenhuma dessas atividades os escusa de fazê-lo, ele o demonstra, tomando uma por uma. Primeiro a oração: "Mais depressa é ouvida uma só oração do obediente, do que dez mil do desprezador". E entende por *desprezadores* e indignos de serem ouvidos os que não se dedicam ao trabalho manual. Segundo, a respeito dos louvores divinos, acrescenta: "Quanto a cantar cânticos divinos também o podem sem dificuldade os que trabalham com as mãos". Em terceiro lugar, a respeito da leitura: "Os que dizem dedicar-se à leitura, nunca leram a ordem do Apóstolo? Que perversidade é essa de ler e de não pôr em prática o que se lê?" Finalmente, a respeito da pregação: "Se alguém deve fazer um sermão e se ocupa dele de tal maneira que não lhe sobra tempo para o trabalho manual, acaso todos os monges do mosteiro podem proceder assim? E se nem todos são capazes disso, por que, sob pretexto de pregar, todos querem se isentar do trabalho manual? E, ainda que todos o pudessem, deveria fazê-lo cada um por sua vez, não só para que os outros se ocupassem com as obras necessárias, mas porque basta que um só fale para um grande número de ouvintes". Parece, pois, que os religiosos não devem abandonar o trabalho manual por causa dessas obras espirituais a que devem dedicar-se.

QUANTO AO 4º, deve-se dizer que sobre a passagem do Evangelho de Lucas: "Vendei o que possuis, etc.", diz a Glosa: "Não é só o vosso pão que é preciso partilhar com os pobres, são vossos bens que é preciso vender. Assim, tendo desprezado todas as coisas pelo Senhor, ganhareis vosso sustento com o trabalho de vossas mãos, para terdes com que viver e dar esmolas". Ora, é próprio dos religiosos abandonar todas as coisas. Logo, parece que também lhes cabe viver do trabalho de suas mãos e dar esmolas.

QUANTO AO 5º, deve-se dizer que parece que os religiosos sejam, mais do que ninguém, obrigados a imitar os Apóstolos, pois professam o estado de perfeição. Ora, os Apóstolos trabalhavam ma-

---

4. C. 17: ML 40, 564-565.
5. Ordin.: ML 114, 297 D.

operantes manibus nostris. Ergo videtur quod religiosi teneantur manibus operari.

SED CONTRA, ad praecepta observanda quae communiter omnibus proponuntur, eodem modo tenentur religiosi et saeculares. Sed praeceptum de opere manuali communiter omnibus proponitur: ut patet 2Thess 3,6: *Subtrahatis vos ab omni fratre ambulante inordinate*, etc. (fratrem autem nominat quemlibet Christianum, sicut et 1Cor 7,12, *Si quis frater habet uxorem infidelem*, etc.); et ibidem [10] dicitur: *Si quis non vult operari, nec manducet*. Non ergo religiosi magis tenentur manibus operari quam saeculares.

RESPONDEO dicendum quod labor manualis ad quatuor ordinatur. Primo quidem, et principaliter, ad victum quaerendum. Unde primo homini dictum est: *In sudore vultus tui vesceris pane tuo*. Et in Ps 127,2: *Labores manuum tuarum quia manducabis*, etc. — Secundo, ordinatur ad tollendum otium, ex quo multa mala oriuntur. Unde dicitur Eccli 33,28-29: *Mittes servum in operationem, ne vacet: multam enim malitiam docuit otiositas*. — Tertio, ordinatur ad concupiscentiae refrenationem, inquantum per hoc maceratur corpus. Unde 2Cor 6,5-6 dicitur: *In laboribus, in ieiuniis, in vigiliis, in castitate*. — Quarto autem, ordinatur ad eleemosynas faciendas. Unde dicitur, Eph 4,28: *Qui furabatur, iam non furetur: magis autem laboret, operando manibus suis quod bonum est, ut habeat unde tribuat necessitatem patienti*.

Secundum ergo quod labor manualis ordinatur ad victum quaerendum, cadit sub necessitate praecepti prout est necessarium ad talem finem: quod enim ordinatur ad finem, a fine necessitatem habet; ut scilicet in tantum sit necessarium in quantum sine eo finis esse non potest. Et ideo qui non habet aliunde unde possit vivere, tenetur manibus operari, cuiuscumque sit conditionis. Et hoc significat verba Apostoli dicentis, *Qui non vult operari, nec manducet*: quasi diceret: *Ea necessitate tenetur aliquis ad manibus operandum, qua tenetur ad manducandum*. Unde si quis absque manducatione posset vitam transigere, non teneretur manibus operari. Et eadem ratio est de illis qui habent alias unde licite vivere possint. Non enim intelligitur aliquis posse facere quod non licite facere potest. Unde et Apostolus non invenitur opus manuum praecepisse nisi ad exclu-

nualmente, como se lê em Paulo: "Fatigamo-nos trabalhando com as nossas mãos". Logo, parece que os religiosos estão obrigados ao trabalho manual.

EM SENTIDO CONTRÁRIO, os preceitos comuns a todos devem ser observados, pela mesma razão, pelos religiosos e pelos seculares. Ora, o preceito do trabalho manual foi dado a todos sem distinção, como diz claramente o Apóstolo: "Nós vos ordenamos que vos afasteis de todo irmão que leva vida desordenada, etc." (Ele chama *irmão* a qualquer cristão, como nesta outra passagem: "Se algum irmão tem esposa não cristã etc."). Por outro lado, diz-se no mesmo lugar: "Quem não quer trabalhar, também não há de comer". Logo, os religiosos não estão mais obrigados ao trabalho manual do que os seculares.

RESPONDO. O trabalho manual tem um quádruplo fim. O primeiro e principal é assegurar a subsistência. Por isso, foi dito ao primeiro homem: "Comerás o teu pão com o suor do teu rosto". E no Salmo: "Comerás do trabalho das tuas mãos etc." — O segundo, é suprimir a ociosidade, de que provêm tantos males. Eis porque está escrito: "Manda o servo para o trabalho, afim de que não seja ocioso; porque a ociosidade ensina muita malícia". — O terceiro é de refrear os maus desejos, mortificando o corpo. Por isso, diz o Apóstolo: "Nos trabalhos, nas vigílias, nos jejuns, com a castidade". — O quarto, é de dar esmolas. É o que se lê na carta aos Efésios: "Aquele que furtava não furte mais, mas, antes ocupe-se com as mãos em qualquer coisa honesta, a fim de ter o que dar ao que está em necessidade".

Ora, enquanto representa um meio de ganhar a vida, ele é obrigatório na medida em que é necessário; pois, o que é ordenado a um fim toma dele a sua necessidade, de modo que será necessário na medida em que esse fim exigir. Portanto, quem não tem outro meio de ganhar a vida deve trabalhar manualmente, seja qual for a sua condição. É o que significam as palavras do Apóstolo: "Quem não quer trabalhar, também não deve comer". É como se dissesse: "A necessidade que têm alguns de trabalhar com as mãos, é tão importante para eles quanto a necessidade de comer. Logo, quem pudesse passar a vida sem comer, não estaria obrigado ao trabalho manual. O mesmo se deve dizer daqueles que têm outro meio de viver honestamente, pois entende-se que não se pode fazer o que não se pode fazer licitamente. Por isso não se vê que o Apóstolo tenha prescrito o trabalho

dendum peccatum eorum qui illicite victum acquirebant. Nam primo quidem praecepit Apostolus opus manuale ad evitandum furtum: ut patet ad Eph 4,28: *Qui furabatur, iam non furetur: magis autem laboret operando manibus suis.* Secundo, ad vitandum cupiditatem alienarum rerum: unde dicit, 1Thess 4,11: *Operemini manibus vestris, sicut praecepimus vobis: ut honeste ambuletis ad illos qui foris sunt.* Tertio, ad evitandum turpia negotia, ex quibus aliqui victum acquirunt: unde 2Thess 3,10sqq., dicit: *Cum essemus apud vos, hoc denuntiabamus vobis, quoniam si quis non vult operari, non manducet. Audivimus enim quosdam inter vos ambulare inquiete, nihil operantes, sed curiose agentes*: — Glossa[6]: *Qui foeda cura necessaria sibi provident. His autem qui huiusmodi sunt, denuntiamus et obsecramus ut cum silentio operantes panem suum manducent.* Unde Hieronymus dicit, *super Epist. ad Galat.*[7], quod Apostolus hoc dixit *non tam officio docentis quam vitio gentis*. — Sciendum tamen quod sub opere manuali intelliguntur omnia humana officia ex quibus homines licite victum lucrantur, sive manibus, sive pedibus, sive lingua fiant: vigiles enim et cursores, et alia huiusmodi de suo labore viventes, intelliguntur de operibus manuum vivere. Quia enim manus est *organum organorum*, per opus manuum omnis operatio intelligitur de qua aliquis potest licite victum lucrari.

Secundum autem quod opus manuale ordinatur ad otium tollendum, vel ad corporis macerationem, non cadit sub necessitate praecepti secundum se consideratum: quia multis aliis modis potest vel caro macerari, vel etiam otium tolli, quam per opus manuale. Maceratur enim caro per ieiunia et vigilias. Et otium tollitur per meditationes sanctarum Scripturarum et laudes divinas: unde super illud Ps 118,82, *Defecerunt oculi mei in eloquium tuum*, dicit Glossa[8]: *Non est otiosus qui verbo Dei tantum studet: nec pluris est qui extra operatur quam qui studium cognoscendae veritatis exercet.* Et ideo propter has causas religiosi non tenentur ad opera manualia, sicut nec saeculares: nisi forte ad haec per statuta sui ordinis obligentur; sicut Hieronymus dicit, in Epistola *ad Rusticum*

manual senão para evitar o pecado daqueles que adquiriam o alimento por meios ilícitos. Com efeito, ele impõe o trabalho manual, primeiro, para evitar o roubo: "O que furtava, não furte mais, mas, antes ocupe-se com as mãos". — Segundo, para evitar a cobiça dos bens alheios: "Procurai (...) trabalhar com vossas mãos, como vos ordenamos, e procedei honestamente com os que estão fora". — Terceiro, para evitar negócios escusos com que alguns adquirem o alimento: "Quando ainda estávamos convosco, vos declarávamos que, se alguém não quer trabalhar, também não coma. Porquanto ouvimos dizer que alguns dentre vós andam inquietos, nada fazendo, mas ocupando-se de coisas vãs. A Glosa diz: "as pessoas que buscam o necessário por meios vergonhosos". A estes, pois, que assim procedem, ordenamos e rogamos no Senhor Jesus Cristo que comam o seu pão, trabalhando pacificamente". Por isso Jerônimo diz que o Apóstolo assim o determinou "não tanto pelo dever de ensinar, como pelo vício do povo". — Contudo, é preciso notar que se deve entender por trabalho manual todos os ofícios humanos pelos quais os homens podem ganhar sua vida licitamente, quer o façam com as mãos, com os pés ou com a língua. As sentinelas, os correios e outras pessoas vivendo do seu trabalho, entende-se que vivam do trabalho das suas mãos, pois a mão sendo o órgão dos órgãos, o trabalho das mãos passou a designar toda atividade pela qual se pode honestamente ganhar a vida.

Se tomamos o trabalho manual como remédio contra a ociosidade, ou como meio para a mortificação do corpo, considerado em si mesmo, ele não é um preceito. Pois, há muitos outros modos de mortificar a carne ou de combater a ociosidade do que pelo trabalho manual. Assim, os jejuns e as vigílias são uma mortificação da carne; a meditação das Sagradas Escrituras e os louvores de Deus, um meio contra a ociosidade. Por isso, sobre a passagem de um Salmo "Meus olhos desfalecem, ansiando pela tua palavra", diz a Glosa: "Não está ocioso quem se consagra ao estudo da Palavra de Deus; nem faz mais o que se entrega ao trabalho manual do que aquele que se aplica ao conhecimento da verdade". Eis porque os religiosos não estão mais obrigados ao traba-

---

6. Ordin.: ML 114, 624 C; LOMBARDI: ML 192, 325 C.
7. *Comment.*, l. II, prooem.: ML 26, 356 B.
8. Ordin.: ML 113, 1041 D; LOMBARDI: ML 191, 1085 B.

Monachum[9]: *Aegyptiorum monasteria hunc tenent morem, ut nullum absque opere aut labore suscipiant: non tam propter victus necessitatem quam propter animae salutem, ne vagentur perniciosis cogitationibus.*

Inquantum vero opus manuale ordinatur ad eleemosynas faciendas, non cadit sub necessitate praecepti: nisi forte in aliquo casu in quo ex necessitate aliquis eleemosynas facere teneretur, et non posset alias habere unde pauperibus subveniret. In quo casu obligarentur similiter religiosi et saeculares ad opera manualia exequenda.

AD PRIMUM ergo dicendum quod illud praeceptum quod ab Apostolo proponitur, est de iure naturali. Unde super illud 2Thess 3,6, *Ut subtrahatis vos ab omni fratre inordinate ambulante*, dicit Glossa[10]: *aliter quam ordo naturae exigit*: loquitur autem ibi de his qui ab opere manuali cessabant. Unde et natura manus homini dedit loco armorum et tegumentorum, quae aliis animalibus tribuit: ut scilicet per manus haec et omnia necessaria conquirant. Ex quo patet quod communiter ad hoc praeceptum tenentur et religiosi et saeculares: sicut ad omnia alia legis naturalis praecepta.

Non tamen peccant quicumque manibus non operantur. Quia ad illa praecepta legis naturae quae pertinent ad bonum multorum, non tenentur singuli, sed sufficit quod unus vacet huic officio, alius alii: puta quod quidam sint opifices, quidam agricolae, quidam iudices, quidam doctores, et sic de aliis; secundum illud Apostoli, 1Cor 12,17: *Si totum corpus oculus, ubi auditus? Et si totum auditus, ubi odoratus?*

AD SECUNDUM dicendum quod glossa illa sumitur ab Augustino, in libro de *Operibus Monach.*[11], in quo loquitur contra monachos quosdam qui dicebant non esse licitum servis Dei manibus operari, propter hoc quod Dominus dicit, Mt 6,25: *Nolite solliciti esse animae vestrae, quid manducetis.* Nec tamen per haec verba inducitur necessitas religiosis manibus operandi, si habent

lho manual do que os seculares, a não ser que os obriguem os estatutos da sua Ordem.

É a isto que se refere Jerônimo, ao dizer: "Os mosteiros egípcios observam o costume de não receber ninguém sem lhe impor ocupações e trabalhos, não tanto para assegurar seu sustento material, quanto para o bem da sua alma, impedindo que se entregue a pensamentos perniciosos".

O trabalho manual, considerado como meio de fazer esmolas, não pode tampouco obrigar sob preceito, a não ser no caso em que alguém se encontrasse na necessidade de dar esmola e não tivesse outro meio ajudar os pobres. Neste caso, tanto os religiosos quanto os seculares estariam obrigados a trabalhar manualmente.

QUANTO AO 1º, portanto, deve-se dizer que esse preceito formulado pelo Apóstolo é de direito natural. Por isso, sobre aquela passagem: "Nós vos ordenamos que vos aparteis de todo irmão que vive de maneira desordenada", diz a Glosa: "não conforme ao que exige a ordem da natureza". Trata-se aqui daqueles que abandonavam o trabalho manual. Com efeito, a natureza deu mãos ao homem em lugar de armas ou dos revestimentos protetores com que dotou os animais. Sua intenção é que, por suas mãos, o homem conquiste essas coisas e tudo o que lhe é necessário. Donde se segue que este preceito, como todos os preceitos da lei natural, obriga tanto os religiosos quanto os seculares.

Entretanto, nem todos pecam por não trabalhar manualmente, pois cada indivíduo em particular não está obrigado a cumprir aqueles preceitos da lei natural que se referem ao bem comum. Basta que uns se dediquem a um ofício e outros a outros; por exemplo, que uns sejam artesãos, outros agricultores, outros juízes, outros mestres, e assim por diante, conforme as palavras do Apóstolo: "Se o corpo fosse todo olho, onde estaria o ouvido? Se fosse todo ouvido, onde estaria o olfato?" etc.

QUANTO AO 2º, deve-se dizer que a referida Glosa foi tirada de Agostinho e vai contra alguns monges que declaravam que o trabalho manual é ilícito para os servos de Deus, pelo fato do Senhor ter dito: "Não vos preocupeis com a vossa vida, quanto ao que haveis de comer". Além disso, dessas palavras de Agostinho não se pode concluir que é necessário aos religiosos se consagrarem

---

9. Epist. 125, al. 4, n. 11: ML 22, 1079.
10. Interl.; LOMBARDI: ML 192, 324 A.
11. Cc. 1, 2, 3: ML 40, 549, 550, 55(??).

aliunde unde vivere possint. Quod patet per hoc quod subdit: *Vult servos Dei corporaliter operari unde vivant*. Hoc autem non magis pertinet ad religiosos quam ad saeculares. Quod patet ex duobus. Primo quidem, ex ipso modo loquendi quo Apostolus utitur, dicens *Subtrahatis vos ab omni fratre ambulante inordinate*. Fratres enim omnes Christianos vocat: nondum enim erant tunc temporis religiones institutae. — Secundo, quia religiosi non tenentur ad alia quam saeculares nisi propter regulae professionem. Et ideo, si in statutis regulae non contineatur aliquid de opere manuali, non tenentur aliter ad operandum manibus religiosi quam saeculares.

AD TERTIUM dicendum quod illis operibus spiritualibus quae ibi tangit Augustinus, potest aliquis vacare dupliciter: uno modo, quasi deserviens utilitati communi; alio modo, quasi insistens utilitati privatae. Illi ergo qui praedictis spiritualibus operibus publice vacant, excusantur per huiusmodi opera spiritualia ab opere manuali, duplici ratione. Primo quidem, quia oportet eos totaliter esse occupatos circa huiusmodi opera. — Secundo, quia huiusmodi opera exercentibus debetur subministratio victus ab his quorum utilitati deserviunt.

Illi vero qui praedictis operibus non quasi publicis, sed quasi privatis vacant, nec oportet quod per huiusmodi opera a manualibus operibus abstrahantur: nec etiam fit eis debitum ut de stipendiis fidelium vivant. Et de talibus loquitur Augustinus. Quod enim dicit, *Cantica divina decantare manibus operantes possunt*, exemplo opificum, *qui fabulis linguas dant cum tamen manus ab opere non recedant*: manifestum est quod non potest intelligi de his qui horas canonicas in ecclesia decantant; sed intelligitur de his qui psalmos vel hymnos dicunt quasi privatas orationes. — Similiter quod dicit de lectione et oratione, referendum est ad orationes et lectiones privatas, quas etiam laici interdum faciunt: non autem ad illos qui publicas orationes in ecclesia faciunt, vel etiam publicas lectiones in scholis legunt. Unde non dicit, *Qui dicunt se vacare doctrinae vel instructioni*: sed, *Qui dicunt se vacare lectioni*. — Similiter autem de praedicatione loquitur, non quae fit publice ad populum: sed quae specialiter fit ad unum vel paucos per modum privatae admonitionis. Unde signanter dicit, *Si alicui sermo erogandus est*:

ao trabalho manual, se eles podem assegurar sua subsistência por outros meios. A Glosa mesma diz mais adiante: "Ele quer que os servos de Deus busquem seu sustento pelo trabalho manual". Esta regra não se aplica menos aos religiosos que aos seculares. E isto por duas razões: A primeira se deduz dos próprios termos que o Apóstolo emprega ao dizer: "Que vos aparteis de todo o irmão que leva uma vida desordenada". Ele chama irmãos a todos os cristãos, pois ainda não havia vidas religiosas naquele tempo. — Depois, os religiosos não têm mais obrigações que os seculares, a não ser as da regra que professam. Por conseguinte, se as prescrições da sua regra nada dizem acerca do trabalho manual, os religiosos têm, sob este ponto, as mesmas obrigações que os seculares.

QUANTO AO 3º, deve-se dizer que alguém pode consagrar-se àquelas obras espirituais de que fala Agostinho de duas maneiras: seja para a utilidade comum, seja para a utilidade pessoal. Os que se consagram a essas obras espirituais por um motivo de ordem pública, ficam dispensados de trabalho manual, por duas razões: 1º porque devem entregar-se totalmente a elas; e 2º porque os que as exercem têm o direito de receber seu sustento daqueles em favor dos quais trabalham.

Mas, os que se dedicam a essas obras, não para o bem público mas para a utilidade pessoal, não são, por causa delas, nem dispensados do trabalho manual nem têm direito de viver à custa dos fiéis. E é deles que fala Agostinho, quando diz "que se podem cantar cânticos divinos enquanto se trabalha com as mãos, como mostra o exemplo dos artesãos, que não param de contar histórias sem tirar suas mãos do trabalho". É claro que isto não se refere aos que cantam na Igreja as horas canônicas, mas aos que dizem salmos ou hinos em particular. — Igualmente, o que diz da leitura e da oração refere-se às orações e às leituras privadas, que até os leigos fazem às vezes. E não aos que fazem orações públicas nas igrejas nem aos que dão lições públicas nas escolas. Por isso, não diz "os que dizem entregar-se ao ensino ou à instrução", mas "os que pretendem entregar-se à leitura". — No mesmo sentido, fala da pregação: não se trata da que se faz publicamente ao povo, mas de uma pregação que se dirige a um só ou a um pequeno grupo, e que tem o caráter de advertência privada. — Por isso, diz claramente:

nam, sicut Glossa[12] dicit, 1Cor 2,4, *sermo est qui privatim fit, praedicatio quae fit in communi.*

AD QUARTUM dicendum quod illi qui omnia propter Deum spernunt, tenentur manibus operari quando non habent alias unde vivant, vel unde eleemosynas faciant in casu in quo facere eleemosynam cadit sub praecepto: non autem aliter, ut dictum est. Et secundum hoc loquitur glossa inducta.

AD QUINTUM dicendum quod hoc quod Apostoli manibus laboraverunt, quandoque quidem fuit necessitatis, quandoque vero supererogationis. Necessitatis quidem, quando ab aliis victum invenire non poterant: unde super illud 1Cor 4,12, *Laboramus operantes manibus nostris,* dicit Glossa[13]: *Quia nemo dat nobis.* Supererogationis autem, ut patet per id quod habetur 1Cor 9,4,12,14 ubi dicit Apostolus quod *non usus est potestate quam habebat vivendi de Evangelio.*

Hac autem supererogatione utebatur Apostolus tribus de causis. Primo quidem, ut occasionem praedicandi auferret pseudoapostolis, qui propter sola temporalia praedicabant. Unde dicit, 2Cor 11,12: *Quod autem facio, et faciam, ut amputem eorum occasionem,* etc. — Secundo, ad evitandum gravamen eorum quibus praedicabat. Unde dicit, 2Cor 12,13: *Quid minus habuistis prae ceteris ecclesiis, nisi quod ego ipse non gravavi vos?* — Tertio, ad dandum exemplum operandi otiosis. Unde 2Thess 3,8-9, dicit: *Nocte et die operantes, ut formam daremus vobis ad imitandum nos.* — Quod tamen Apostolus non faciebat in locis in quibus habebat facultatem quotidie praedicandi, sicut Athenis: ut Augustinus dicit, in libro de *Operibus Monachorum*[14].

Non autem propter hoc religiosi tenentur Apostolum in hoc imitari: cum non teneantur ad omnes supererogationes. Unde nec alii apostoli manibus operabantur.

ARTICULUS 4
Utrum religiosis liceat de eleemosynis vivere

AD QUARTUM SIC PROCEDITUR. Videtur quod religiosis non liceat de eleemosynis vivere.

"Se alguém deve fazer um *sermão*"; e a Glosa comenta: "o *sermão* se faz em particular; a *pregação*, em público".

QUANTO AO 4º, deve-se dizer que os que desprezam tudo pelo amor de Deus são obrigados ao trabalho manual quando não têm outros meios de vida ou com que dar esmola, no caso em que a isto fossem obrigados, e não de outro modo, como foi dito acima. E é nesse sentido que se interpreta a Glosa citada.

QUANTO AO 5º, deve-se dizer que se os Apóstolos trabalhavam manualmente, foi umas vezes por necessidade e outras como obra supererrogatória. Por necessidade, quando não podiam receber dos outros o sustento. Por isso, escreveu o Apóstolo: "Fatigamo-nos trabalhando com as nossas próprias mãos", e a Glosa explica: "Porque ninguém nos dá". Como obra supererrogatória, como se deduz das palavras do mesmo Apóstolo, lembrando que ele "não usou do direito de viver do Evangelho".

E o Apóstolo agia assim por três razões: Primeiro, para tirar aos falsos apóstolos a ocasião de pregar, a eles que só buscavam o bem temporal. Por isso, diz: "O que faço, continuarei a fazê-lo a fim de tirar todo pretexto etc.". — Depois, para não ser um peso para aqueles a quem pregava. Como ele disse: "Que tivestes a menos do que as outras Igrejas senão o fato de que não vos fui pesado?" — Por fim, para dar, com seu trabalho, um exemplo aos ociosos. E assim escreve: "De noite e de dia, trabalhamos para vos dar exemplo a ser imitado". Contudo, o Apóstolo não fazia isto onde tinha a facilidade de pregar todos os dias, como em Atenas, conforme observa Agostinho. Mas, nem por isso os religiosos são obrigados a imitar o Apóstolo, porquanto não são obrigados a todas as obras superrogatórias. Os outros Apóstolos também não trabalhavam manualmente.

ARTIGO 4
Os religiosos têm o direito de viver de esmolas?

QUANTO AO QUARTO, ASSIM SE PROCEDE: parece que os religiosos **não** têm o direito de viver de esmolas.

---

12. Interl.; LOMBARDI: ML 191, 1548 A.
13. Interl.; LOMBARDI: ML 191, 1569 A.
14. C. 18: ML 40, 566.

PARALL.: *Cont. Gent.* III, 135; *Cont. impugn. Relig.*, c. 7.

1. Apostolus enim, 1Ti 5,16, praecipit ut viduae quae possunt aliunde sustentari, non vivant de eleemosynis ecclesiae, *ut ecclesia sufficiat illis quae vere viduae sunt*. Et Hieronymus dicit, *ad Damasum Papam*[1], quod *qui bonis parentum et opibus sustentari possunt, si quod pauperum est accipiunt, sacrilegium profecto committunt, et per abusionem talium iudicium sibi manducant et bibunt*. Sed religiosi possunt de labore manuum sustentari, si sint validi. Ergo videtur quod peccent eleemosynas pauperum comedendo.

2. Praeterea, vivere de sumptibus fidelium est merces deputata praedicantibus Evangelium pro suo labore vel opere: secundum illud Mt 10,10: *Dignus est operarius cibo suo*. Sed praedicare Evangelium non pertinet ad religiosos, sed maxime ad praelatos, qui sunt pastores et doctores. Ergo religiosi non possunt licite vivere de eleemosynis fidelium.

3. Praeterea, religiosi sunt in statu perfectionis. Sed perfectius est dare eleemosynas quam accipere: dicitur enim Act 20,35: *Beatius est magis dare quam accipere*. Ergo non debent de eleemosynis vivere, sed magis ex operibus manuum suarum eleemosynas dare.

4. Praeterea, ad religiosos pertinet impedimenta virtutis et occasiones peccati vitare. Sed acceptio eleemosynarum praebet occasionem peccati, et impedit virtutis actum. Unde super illud 2Thess 3,9, *Ut nosmetipsos formam daremus vobis* etc., dicit Glossa[2]: *Qui frequenter ad alienam mensam comedit otio deditus, aduletur necesse est pascenti se*. Dicitur etiam Ex 23,8: *Ne accipias munera, quae excaecant prudentes et mutant verba iustorum*. Et Pr 22,7 dicitur: *Qui accipit mutuum, servus est faenerantis*, quod est religioni contrarium: unde super illud 2Thess 3,9, *Ut nosmetipsos formam daremus* etc., dicit Glossa[3]: *Religio nostra ad libertatem homines advocat*. Ergo videtur quod religiosi non debeant de eleemosynis vivere.

1. Com efeito, o Apóstolo proíbe às viúvas de viverem de esmolas da Igreja, se elas podem sustentar-se de outro modo, "afim de que (a Igreja) possa ajudar aquelas que são verdadeiramente viúvas". E Jerônimo, por sua vez, escreve: "Os que podem viver dos bens paternos e dos seus recursos cometem um sacrilégio quando recebem o que pertence aos pobres e, pelo abuso que fazem desses bens, comem e bebem sua própria condenação". Ora, os religiosos, se são válidos, podem sustentar-se com o trabalho das suas mãos. Logo, parece que pecam vivendo das esmolas destinadas aos pobres.

2. Além disso, viver às custas dos fiéis é o salário reservado, em compensação do seu trabalho e da sua obra, aos pregadores do Evangelho segundo aquela palavra "O operário é digno do seu sustento". Ora, pregar o Evangelho não é obrigação dos religiosos, mas sobretudo dos prelados, que são pastores e doutores. Logo, os religiosos não podem licitamente viver das esmolas dos fiéis.

3. Ademais, os religiosos estão no estado de perfeição. Ora, é mais perfeito dar que receber esmolas, pois está escrito: "Há mais felicidade em dar que em receber". Logo, não devem viver de esmolas; mas, ao contrário, trabalhar para poder dá-las.

4. Ademais, os religiosos devem evitar os obstáculos à virtude e as ocasiões de pecado. Ora, o fato de receber esmolas dá ocasião ao pecado e impede o exercício da virtude. Eis porque, a propósito das palavras do Apóstolo: "Para vos dar em nós mesmos um exemplo a imitar etc.", diz a Glosa: "Quem, entregue à ociosidade, tem por costume sentar-se à mesa alheia, necessariamente chegará a adular quem o alimenta". Está escrito também: "Não aceitarás presentes, que cegam os prudentes e subvertem as palavras dos justos". E, em outro lugar: "O que toma emprestado torna-se escravo do que lhe empresta"[d], o que é contrário à religião. Por isso, continua a Glosa citada: "Nossa religião chama os homens à liberdade". Logo, parece que os religiosos não devem viver de esmolas.

---

1. Cfr. Gratianum, *Decretum*, P. II, causa 1, q. 2, can. 6; causa 16, q. 1, can. 68: ed. Richter-Friedberg, t. I, pp. 409, 785.
2. Lombardi: ML 192, 324 D.
3. Lombardi: ML 192, 324 D.

d. Cada uma das objeções deste artigo faz refletir. Se nos detemos sobre a quarta, é porque Sto. Tomás, a nosso ver, não a refuta no que ela tem de mais incisivo.
Quer o queira ou não, que o beneficiário o deseje ou não, o benfeitor, aquele que detém os cordões da bolsa, adquire uma autoridade moral sobre o seu protegido. Quando os ricos pagam, é bem difícil afastar-se deles, e a contestação evangélica sofre com isso. Historicamente, é inegável.

5. PRAETEREA, religiosi praecipue tenentur imitari Apostolorum perfectionem: unde Apostolus dicit, Philp 3,15: *Quicumque perfecti sumus, hoc sentiamus*. Sed Apostolus nolebat vivere de sumptibus fidelium, ut occasionem auferret pseudoapostolis, sicut ipse dicit, 2Cor 11,12-13: et ne scandalum poneretur infirmis, ut patet 1Cor 9,12. Ergo videtur quod propter easdem causas religiosi debeant abstinere ne de eleemosynis vivant. Unde et Augustinus dicit, in libro de *Operibus Monach.*[4]: *Amputetis occasionem turpium nundinarum, quibus existimatio vestra laeditur et infirmis offendiculum ponitur: et ostendite hominibus non vos in otio facilem victum, sed per angustam et arctam viam regnum Dei quaerere*.

SED CONTRA est quod, sicut Gregorius dicit, in libro *Dialog.*[5], beatus Benedictus tribus annis, in specu permanens, de his quae a Romano monacho ministrabantur, refectus est, postquam domum parentesque reliquerat. Et tamen, validus corpore existens, non legitur de labore manuum victum quaesivisse. Ergo religiosi licite possunt de eleemosynis vivere.

RESPONDEO dicendum quod unicuique licet vivere de eo quod suum est vel sibi debitum. Fit autem aliquid alicuius ex liberalitate donantis. Et ideo religiosi et clerici quorum monasteriis vel ecclesiis, ex munificentia principum vel quorumcumque fidelium, sunt facultates collatae ex quibus sustententur, possunt de eis vivere licite, absque hoc quod manibus laborent. Et tamen certum est eos de eleemosynis vivere. Unde et similiter, si aliqua mobilia religiosis a fidelibus conferantur, possunt de eis licite vivere: stultum est enim dicere quod aliquis in eleemosynam possit accipere magnas possessiones, non autem panem vel parvam pecuniam. — Sed quia huiusmodi beneficia religiosis videntur esse collata ad hoc quod liberius religiosis actibus insistere possint, quorum cupiunt se fore participes qui temporalia subministrant, redderetur eis usus praedictorum donorum illicitus si ab actibus religiosis desisterent: quia sic, quantum est de se, defraudarent intentionem eorum qui talia beneficia contulerunt.

Debitum autem est aliquid alicui dupliciter. Uno modo, propter necessitatem, quae facit omnia communia, ut Ambrosius dicit[6]. Et ideo,

5. ADEMAIS, os religiosos estão sobretudo obrigados a imitar a perfeição dos Apóstolos, por isso diz o Apóstolo: "Todos os que somos perfeitos tenhamos esse sentimento". Mas ele não queria viver às expensas dos fiéis, para admitir, como ele mesmo disse, que os falsos apóstolos tivessem ocasião de fazê-lo, e para não escandalizar os fracos. Logo, parece que, pelas mesmas razões, os religiosos devem abster-se de viver de esmolas. Assim, diz Agostinho: "Suprimi as ocasiões de negócios vergonhosos, que ferem a vossa reputação e causam escândalo aos fracos. Mostrai aos homens que não buscais na ociosidade um fácil sustento, mas o reino de Deus pelo caminho difícil e estreito".

EM SENTIDO CONTRÁRIO, Gregório disse que São Bento, depois de ter abandonado sua casa e sua família, esteve três anos numa gruta, alimentando-se do que lhe dava o monge Romano. E, embora gozasse de boa saúde, não consta que vivesse do trabalho de suas mãos. Logo, os religiosos podem licitamente viver de esmolas.

RESPONDO. Cada um tem o direito de viver do que é seu ou do que lhe é devido. E uma coisa passa a lhe pertencer pela liberalidade do doador. Eis porque os religiosos e os clérigos, cujos mosteiros ou igrejas foram dotados pela munificência dos príncipes ou de quaisquer fiéis, de modo que assegurem seu sustento, podem legitimamente viver desses bens sem exercer trabalhos manuais. E, contudo, é certo que vivem de esmolas. Igualmente, se os religiosos recebem dos fiéis bens imóveis, eles têm o direito de viver deles, pois seria uma tolice afirmar que alguém pudesse receber como esmola grandes propriedades, mas não o pão ou uma pequena quantidade de dinheiro. — Mas, como parece que esses benefícios sejam feitos aos religiosos para que estes possam mais livremente entregar-se às obras da sua vida religiosa, de que desejam participar os que os ajudam com bens temporais, o uso desses bens se tornaria ilícito se deixassem de aplicar-se aos atos da vida religiosa. Pois, agindo assim, eles frustrariam, no que lhes diz respeito, a intenção daqueles que lhes conferiram tais benefícios.

Mas uma coisa pode ser devida a alguém de dois modos. Primeiro, pela necessidade, que, no dizer de Ambrósio, faz todas as coisas comuns.

---

4. C. 28: ML 40, 576.
5. L. II, c. 1: ML 66, 128 D.
6. SERMONES, serm. 81 (sive 64), Dom. VIII post Pent., super Luc. 12, 18: ML 17, 594.

si religiosi necessitatem patiantur, licite possunt de eleemosynis vivere. Quae quidem necessitas potest esse, primo quidem, propter corporis infirmitatem, ex qua contingit quod non possint sibi labore manuum victum quaerere. — Secundo, si illud quod ex opere manuali conquirunt, eis ad victum non sufficiat. Unde Augustinus dicit, in libro *de Operibus Monach*.[7], quod *bona opera fidelium subsidio supplendorum necessariorum deesse non debent illis servis Dei qui manibus operantur, ut horae quibus ad expediendum animum ita vacatur ut illa corporalia opera geri non possint, non opprimant egestate*. — Tertio, propter pristinam conversationem eorum qui non consueverunt manibus laborare. Unde Augustinus dicit, in libro *de Operibus Monach*.[8], quod *si habebant aliquid in saeculo quo facile sine opificio sustentarent istam vitam, quod, conversi ad Deum, indigentibus dispertiti sunt; et credenda est eorum infirmitas, et ferenda. Solent enim tales, languidius educati, laborem operum corporalium sustinere non posse*.

Alio modo efficitur aliquid alicui debitum ex eo quod ipse exhibet, sive sit aliquid temporale sive spirituale: secundum illud 1Cor 9,11: *Si nos vobis spiritualia seminavimus, non magnum est si carnalia vestra metamus*. Et secundum hoc, quadrupliciter possunt religiosi de eleemosynis vivere quasi sibi debitis. Primo, si praedicent auctoritate praelatorum. — Secundo, si sint ministri altaris. Quia, ut dicitur 1Cor 9,13-14, *qui altari deserviunt, cum altari participantur: ita et Dominus ordinavit his qui Evangelium denuntiant, de Evangelio vivere*. Et Augustinus dicit, in libro *de Operibus Monach*.[9]: *Si evangelistae sunt, fateor, habent* (potestatem vivendi de sumptibus fidelium): *si ministri altaris, dispensatores sacramentorum, bene sibi istam non arrogant, sed plane vindicant potestatem*. Et hoc ideo, quia sacramentum altaris, ubicumque agatur, commune est toti populo fidelium. — Tertio, si insistant studio sacrae Scripturae ad communem utilitatem totius Ecclesiae. Unde Hieronymus dicit, *contra Vigilantium*[10]: *Haec in iudaea usque hodie perseverat consuetudo, non solum apud nos sed etiam apud Hebraeos, ut qui in lege Domini meditantur die ac nocte, et patrem non habent in terra nisi*

Portanto, se os religiosos sofrem necessidade, podem licitamente viver de esmolas. E essa necessidade pode ter várias causas: 1º A enfermidade corporal, por exemplo, que os impede de ganhar a vida trabalhando manualmente. — 2º Ou se o que o religioso ganha com o trabalho de suas mãos não basta para o seu sustento. Por isso, diz Agostinho: "As esmolas dos fiéis não devem faltar aos servos de Deus que trabalham com as mãos, afim de que a indigência não os oprima nas horas em que, para dar à sua alma a liberdade indispensável, se vejam obrigados a interromper seu trabalho" — 3º Ou ainda, da condição de vida anterior dos que não estão acostumados ao trabalho manual. Agostinho escreve: "Se no século eles tinham bens suficientes para viverem sem exercer nenhum ofício e os distribuíram entre os pobres, quando se converteram a Deus, creia-se em sua falta de forças e sejam socorridos. Pode acontecer que essas pessoas, de educação mais delicada, não possam suportar as fadigas do trabalho corporal".

Segundo, uma coisa pode ser devida a alguém que deu por ela um bem temporal ou espiritual, segundo esta palavra do Apóstolo: "Se semeamos em vosso favor os bens espirituais, será excessivo que colhamos os vossos bens materiais?" E, nesse sentido, os religiosos podem viver de esmolas como algo que lhes é devido, nos quatro casos seguintes: Primeiro, se pregam com a autorização dos prelados. — Segundo, se são ministros do altar; pois, segundo o Apóstolo: "Aqueles que servem o altar têm parte no que é oferecido sobre o altar. Da mesma forma, o Senhor ordenou àqueles que anunciam o evangelho, que vivam do evangelho". E Agostinho diz: "Se são pregadores do Evangelho, confesso que têm o direito de viver a expensas dos fiéis; se são ministros do altar, dispensadores dos sacramentos, não usurpam essa faculdade, mas podem reivindicá-la com toda a razão". E isto porque o sacramento do altar, em qualquer lugar que se realize, é para o bem de todo o povo fiel. — Terceiro, se eles se dedicarem ao estudo da Sagrada Escritura para a comum utilidade de toda a Igreja. Por isso, escreve Jerônimo: "Na Judeia persevera até hoje o costume, não só entre nós mas entre os judeus, que os que

---

7. C. 17: ML 40, 565.
8. C. 21, n. 25: ML 40, 567-568.
9. C. 21, n. 24: ML 40, 567.
10. N. 13: ML 23, 350 B.

solum Deum, totius orbis foveantur ministeriis.
— Quarto, si bona temporalia quae habebant monasterio largiuntur, possunt de eleemosynis monasterio factis vivere. Unde Augustinus dicit, in libro *de Operibus Monach.*[11], quod *his qui, relicta vel distributa sive ampla sive qualicumque opulentia, inter pauperes Christi pia et salubri humilitate numerari volunt, vicem sustentandae vitae eorum res ipsa communis et fraterna caritas debet. Qui laudabiliter agunt si manibus operentur. Quod si nolint, quis audeat eos cogere? Nec est attendendum* ut ibidem subditur, *in quibus monasteriis vel in quo loco indigentibus fratribus quisquis hoc quod habebat impenderit: omnium enim Christianorum una respublica est.*

Si vero aliqui sint religiosi qui absque necessitate et utilitate quam afferant, velint otiosi de eleemosynis quae dantur pauperibus vivere, hoc est eis illicitum. Unde Augustinus dicit, in libro *de Operibus Monach.*[12]: *Plerumque ad professionem servitutis Dei ex conditione servili aliqui veniunt, et ex vita rusticana, et ex opificum exercitatione et plebeio labore: de quibus non apparet utrum ex proposito servitutis Dei venerint, an, vitam inopem et laboriosam fugientes, vacui pasci atque vestiri velint, et insuper honorari a quibus contemni conterique consueverunt. Tales ergo sa, quominus operentur, de infirmitate corporis excusare non possunt: praeteritae quippe vitae consuetudine convincuntur.* Et postea subdit: *Si nolunt operari, nec manducent. Neque propterea ad pietatem divites humiliantur, ut pauperes ad superbiam extollantur: nullo enim modo decet ut in ea vita ubi senatores fiunt laboriosi, fiant opifices otiosi; et quo veniunt, relictis deliciis suis, qui fuerunt praediorum domini, ibi sint rustici delicati.*

meditam dia e noite na Lei do Senhor, e não têm na terra outro bem a não ser Deus, se beneficiem da assistência do mundo inteiro." — Quarto, se fizeram doação ao mosteiro dos bens temporais que tinham, podem viver das esmolas feitas ao mosteiro. É o que diz Agostinho: "Aqueles que, depois de ter abandonado ou distribuído sua fortuna, grande ou pequena, por uma piedosa e salutar humildade, entre os pobres de Cristo, têm o direito de ser sustentados pelos bens da comunidade e pela caridade fraterna. Serão dignos de louvor se trabalharem com suas mãos; mas, se não o quiserem, quem ousará obrigá-los a isso?" E acrescenta: "E pouco importa em que mosteiro ou em que lugar entregou o que tinha aos irmãos pobres: todos os cristãos formam uma só república".

Contudo, se há religiosos que, sem a desculpa da necessidade ou dos serviços prestados, pretendem viver, ociosos, das esmolas que foram destinadas aos pobres, esses procedem ilicitamente[e]. A esse respeito, lemos em Agostinho: "Acontece frequentemente que se consagram ao serviço de Deus pela profissão religiosa pessoas de condição servil, camponeses, ou artesãos habituados ao trabalho manual. E não é fácil saber se é o serviço de Deus que os atrai, ou antes o desejo de fugir de uma vida pobre e trabalhosa, trocando-a por uma outra, despreocupada, onde terão garantidas a comida e a roupa, e, além disso, onde vão ter a consideração de quem costumavam receber desprezo e maus tratos. Essas pessoas não podem dispensar-se do trabalho, alegando fraqueza corporal; sua condição anterior basta para desmenti-los". E a seguir acrescenta: "Se não querem trabalhar, também não comam; pois não é para que os pobres se ensoberbeçam que os ricos vão se humilhar abraçando a piedade; e não é admissível que numa vida em que senadores se fazem operários, operários se tornem ociosos. E aonde vieram ter, abandonando seus prazeres, proprietários de grandes domínios, os camponeses aí sejam os delicados".

---

11. C. 25, n. 33: ML 40, 572-573.
12. C. 22, n. 25: ML 40, 568.

e. Sto. Tomás considera que essa conduta "inadmissível" existe. Ele não diz: "Se, por impossível que seja, houvesse religiosos que…". Ele diz: "Se existem religiosos…". Tal é a fraqueza humana, ele não se ilude a respeito.
Por mais forte razão, corremos o risco de encontrar religiosos que terão dificuldade em seguir Sto. Tomás no que ele diz (r. 1), a saber, que a miséria dos outros pode ser tão grave que o religioso deve não só recusar as esmolas que lhe são feitas, como ainda desfazer de seus bens, para socorrer os necessitados. Não existem muitos religiosos que tenham chegado a esse ponto!

AD PRIMUM ergo dicendum quod auctoritates illae sunt intelligendae tempore necessitatis, quando scilicet non posset aliter pauperibus subveniri. Tunc enim tenerentur non solum ab eleemosynis accipiendis desistere, sed etiam sua, si qua haberent, largiri ad pauperum sustentationem.

AD SECUNDUM dicendum quod praelatis competit praedicatio ex officio: religiosis autem potest competere ex commissione. Et ita, cum laborent in agro Dominico, possunt exinde vivere: secundum illud 2Ti 2,6: *Laborantem agricolam oportet primum de fructibus percipere*; ubi dicit Glossa[13]: *scilicet praedicatorem, qui in agro Ecclesiae ligone verbi Dei excolit corda auditorum.*

Possunt etiam de eleemosynis vivere qui praedicatoribus ministrant. Unde super illud Rm 15,27, *Si spiritualium eorum participes facti sunt gentiles, debent et in carnalibus ministrare eis*, dicit Glossa[14]: *scilicet Iudaeis, qui miserunt praedicatores ab Hierosolymis.*

Et tamen sunt etiam aliae causae ex quibus alicui debetur ut de sumptibus fidelium vivat, ut dictum est.

AD TERTIUM dicendum quod, ceteris paribus, dare est perfectius quam accipere. Et tamen dare vel relinquere omnia sua pro Christo, et modica accipere ad sustentationem vitae, melius est quam dare particulariter aliqua pauperibus: ut ex supra[15] dictis patet.

AD QUARTUM dicendum quod accipere munera ad divitias augmentandas, vel accipere victum ab alio sibi non debitum absque utilitate et necessitate, praestat occasionem peccati. Quod non habet locum in religiosis, ut ex supra dictis patet.

AD QUINTUM dicendum quod, quando apparet manifesta necessitas et utilitas propter quam aliqui religiosi de eleemosynis vivunt absque opere manuali, non scandalizantur ex hoc infirmi, sed malitiosi, more Pharisaeorum: quorum scandalum contemnendum Dominus docet, Mt 15,14. Sed si non esset evidens necessitas et utilitas, posset exinde generari scandalum infirmis: quod esset vitandum. Idem tamen scandalum imminere potest de his qui facultatibus communibus otiosi utuntur.

QUANTO AO 1º, portanto, deve-se dizer que essas citações se referem a um tempo de escassez, quando não se pode ajudar de outro modo os pobres. Nestes casos, os religiosos seriam obrigados não só a não receber esmolas, mas a dar o que tiverem, se porventura tiverem alguma coisa, para o sustento dos pobres.

QUANTO AO 2º, deve-se dizer que a pregação cabe por ofício aos prelados, mas os religiosos podem pregar por delegação. E, então, por trabalhar no campo do Senhor, têm o direito de viver dele, pois diz o Apóstolo: "O agricultor que trabalha deve ser o primeiro a participar dos frutos". Isso se entende, como a Glosa explica, "do pregador que, no campo da Igreja, lavra os corações dos ouvintes com o arado da Palavra de Deus".

Podem também viver de esmolas os que ajudam os pregadores. A propósito da palavra do Apóstolo: "Se os gentios participaram dos seus bens espirituais, eles devem, por sua vez, servi-los nas coisas espirituais", a Glosa observa que se trata "dos judeus que enviaram pregadores de Jerusalém". — E há ainda outras causas que dão direito a alguém viver às expensas dos fiéis, como foi dito.

QUANTO AO 3º, deve-se dizer que em igualdade de condições, dar é mais perfeito que receber. Mas, é melhor dar ou abandonar por Cristo todos os seus bens e receber o bastante para viver, do que dar esmolas parciais aos pobres.

QUANTO AO 4º, deve-se dizer que receber presentes para aumentar a própria fortuna, ou mesmo receber de um outro alimentos que não lhe são devidos, sem utilidade ou necessidade, oferece ocasião de pecado. Mas, não é o caso dos religiosos.

QUANTO AO 5º, deve-se dizer que quando são manifestas a necessidade e a utilidade de certos religiosos viverem de esmolas sem trabalhar manualmente, não pode haver escândalo dos fracos. São os maldosos, como os fariseus, que se escandalizam; mas o Senhor ensinou que se deve desprezar esse tipo de escândalo. Se não houvesse, porém, necessidade nem utilidade manifestas, aí sim, os fracos poderiam escandalizar-se; o que é preciso evitar. Entretanto, também podem provocar escândalo semelhante os que ociosos se utilizam dos bens da comunidade.

---

13. Ordin.: ML 114, 634 C; LOMBARDI: ML 192, 368.
14. Interl.; LOMBARDI: ML 191, 1526 B.
15. Q. 186, a. 3, ad 6.

Articulus 5
Utrum religiosis liceat mendicare

AD QUINTUM SIC PROCEDITUR. Videtur quod religiosis non liceat mendicare.

1. Dicit enim Augustinus, in libro *de Operibus Monach.*¹: *Tam multos hypocritas sub habitu monachorum usquequaque dispersit callidissimus hostis, circumeuntes provincias*: et postea subdit: *Omnes petunt, omnes exigunt aut sumptus lucrosae egestatis, aut simulatae pretium sanctitatis.* Ergo videtur quod vita religiosorum mendicantium sit reprobanda.

2. PRAETEREA, 1Thess 4,11 dicitur: *Operemini manibus vestris, sicut praecepimus vobis: ut honeste ambuletis ad eos qui foris sunt, et nullius aliquid desideretis*: ubi Glossa² dicit: *Ideo opus est agendum, et non otiandum, quia honestum est, et quasi lux, ad infideles: et non desiderabitis rem alterius, nedum rogetis vel tollatis aliquid.* Et 2Thess 3, super illud [v. 10], *Si quis non vult operari* etc., dicit: *Vult servos Dei corporaliter operari unde vivant, ut non compellantur egestate necessaria petere.* Sed hoc est mendicare. Ergo videtur quod illicitum sit, praetermisso opere manuali, mendicare.

3. PRAETEREA, illud quod est in lege prohibitum et iustitiae contrarium, non competit religiosis. Sed mendicare est prohibitum in lege divina: dicitur enim Dt 15,4: *Omnino indigens et mendicus non erit inter vos*; et in Ps 36,25: *Non vidi iustum derelictum, nec semen eius quaerens panem.* Sed secundum iura civilia punitur validus mendicans: ut habetur Codice, *de Validis Mendicantibus*³. Ergo non competit religiosis mendicare.

4. PRAETEREA, *verecundia est de turpi*, ut Damascenus dicit⁴. Sed Ambrosius dicit, in libro *de Offic.*⁵, quod *verecundia petendi ingenuos prodit natales*. Ergo mendicare est turpe. Non ergo religiosis competit.

Artigo 5
É lícito aos religiosos pedir esmolas?ᶠ

QUANTO AO QUINTO, ASSIM SE PROCEDE: parece que pedir esmolas **não** é lícito aos religiosos.

1. Com efeito, Agostinho escreveu: "O astuto inimigo espalhou por toda a parte um grande número de hipócritas com hábito de monges, que andam perambulando pelas províncias". E acrescenta: "Todos pedem, todos reclamam ou o tributo de uma pobreza lucrativa, ou o preço de uma santidade simulada". Logo, parece que deve ser reprovada a vida dos religiosos mendicantes.

2. ALÉM DISSO, o Apóstolo disse: "Trabalhai com vossas mãos, como vos ordenamos, e procedei honestamente com os que estão fora e não desejai alguma coisa de ninguém". O que a Glosa comenta: "Por conseguinte, é preciso trabalhar e não ficar ociosos, porque é uma conduta honesta e como uma luz para os fiéis. E nem sequer desejeis o bem alheio, nem tampouco o peçais nem o tireis". E sobre aquele outro texto do Apóstolo: "Quem não quer trabalhar" etc., diz a Glosa: "Ele quer que os servos de Deus trabalhem corporalmente para que tenham com que viver e a indigência não os obrigue a pedir o necessário". Ora, isto é mendigar. Logo, mendigar não é próprio dos religiosos.

3. ADEMAIS, uma conduta proibida pela lei e contrária à justiça não poderia convir aos religiosos. Ora, mendigar é proibido pela lei divina, quando diz: "Não haverá entre vós nenhum pobre nem mendigo"; ou, então: "Nunca vi o justo desamparado nem a sua descendência mendigando pão". Além disso, o direito civil pune o mendigo válido, como se lê no Código. Logo, os religiosos não podem mendigar.

4. ADEMAIS, segundo Damasceno: "A vergonha se refere a algo torpe". Ora, diz Ambrósio: "A vergonha de pedir trai um homem bem nascido". Logo, é vergonhoso mendigar e, portanto, não convém a religiosos.

---

5   PARALL.: *Cont. Gent.* III, 135; *Quodlib.* VII, q. 7, a. 2, ad 5; *Cont. impugn. Relig.*, c. 7.
   1. C. 28: ML 40, 575.
   2. Ordin.: 114, 618 B; LOMBARDI: ML 192, 300 D.
   3. *Cod. Iustin.*, l. XI, tit. 26, leg. 1: ed. Krueger, t. II, p. 435 b.
   4. *De fide orth.*, l. II, c. 15: MG 94, 932 C.
   5. L. I, c. 30, n. 150: ML 16, 69 B.

   f. É o irmão mendicante que está aqui em questão, esse irmão que Tomás escolheu ser, em vez de viver a vida monástica tradicional do Monte-Cassino. A sua defesa é em grande parte *pro domo*, portanto.

5. PRAETEREA, maxime de eleemosynis vivere competit praedicantibus Evangelium, secundum Domini statutum, ut supra dictum est. Eis tamen non competit mendicare: quia super illud 2Ti 2,6, *Laborantem agricolam* etc., dicit Glossa[6]: *Vult Apostolus quod evangelista intelligat quod necessaria sumere ab eis in quibus laborat, non est mendicitas, sed potestas.* Ergo videtur quod religiosis non competat mendicare.

SED CONTRA est quod religiosis competit vivere ad imitationem Christi. Sed Christus mendicavit: secundum illud Ps 39,18: *Ego autem mendicus sum et pauper*; ubi dicit Glossa[7]: *Hoc dicit Christus de se ex forma servi*; et infra: *Mendicus est qui ab alio petit, et pauper est qui sibi non sufficit.* Et in alio Ps 69,6: *Ego egenus et pauper sum*: ubi dicit Glossa[8]: *Ego sum egenus, idest petens; et pauper, idest insufficiens mihi, quia mundanas copias non habeo.* Et Hieronymus dicit, in quadam epistola[9]: *Cave ne, Domino tuo mendicante*, scilicet Christo, *alienas divitias congeras.* Ergo conveniens est religiosis mendicare.

RESPONDEO dicendum quod circa mendicitatem duo possunt considerari. Unum quidem ex parte actus ipsius mendicationis, quae habet quandam abiectionem sibi coniunctam: illi enim videntur abiectissimi inter homines esse qui non solum sunt pauperes, sed in tantum sunt egentes quod necesse habent ab aliis victum acquirere. Et secundum hoc, causa humilitatis aliqui laudabiliter mendicant: sicut et alia assumunt quae ad abiectionem quandam pertinent, quasi efficacissimam medicinam contra superbiam, quam vel in seipsis, vel etiam in aliis per exemplum exstinguere volunt. Sicut enim infirmitas quae est ex superexcessu caloris, efficacissime sanatur per ea quae in frigiditate excedunt; ita etiam pronitas ad superbiam efficacissime curatur per ea quae multum abiecta videntur. Et ideo dicitur in Decretis, *de Poenit.*, dist. II, cap. *Si quis semel*[10]: *Exercitia humilitatis sunt, si quis se vilioribus officiis subdat, et ministeriis*

5. ADEMAIS, segundo o que o Senhor determinou, são os pregadores do Evangelho que devem viver de esmolas. E, contudo, não devem mendigar, pois sobre a palavra já citada "O lavrador que trabalha" etc., diz a Glosa: "O Apóstolo quer que o evangelista compreenda que pedir o necessário àqueles entre os quais trabalha não é, da sua parte, mendicância mas um direito". Logo, parece que os religiosos não devem mendigar.

EM SENTIDO CONTRÁRIO, os religiosos devem viver imitando a Cristo. Ora, Cristo mendigou, como se vê na Escritura[g]: "Eu sou mendigo e pobre". E a Glosa observa: "Cristo disse isto de si mesmo, referindo-se à forma de escravo que havia tomado". E, mais adiante: "Mendigo é quem pede aos outros e pobre quem não se basta a si mesmo". De resto, lemos num outro Salmo: "Eu sou indigente e pobre". O que a Glosa comenta: "Indigente, isto é, um homem que pede; pobre, quer dizer, incapaz de se bastar, porque não possui bens temporais". E Jerônimo, numa de suas cartas: "Toma cuidado em não acumulares riquezas alheias, quando o teu Senhor, o Cristo, mendiga". Logo, é lícito aos religiosos mendigar.

RESPONDO. A respeito da mendicância podem-se fazer duas considerações. Uma, relativa ao próprio ato de mendigar, que traz consigo uma certa humilhação. Pois os mais miseráveis entre os homens parecem ser os que não apenas são pobres, mas que se acham tão necessitados que precisam receber dos outros o sustento. Neste sentido, são dignos de louvor os que mendigam por humildade; do mesmo modo que praticam outros atos que implicam uma certa humilhação, como remédio eficacíssimo contra o orgulho, que se quer destruir em si mesmo, ou, pelo exemplo, nos outros. Pois, assim como a enfermidade que provém de um excesso de calor cura-se com remédios extremamente frios, assim também a inclinação ao orgulho se cura eficazmente com a prática de atos considerados os mais humilhantes. Por isso, se lê nas Decretais: "O exercício da humildade consiste em que alguém se sujeite aos

---

6. Ordin.: ML 114, 634 C; LOMBARDI: ML 192, 368 CD.
7. LOMBARDI: ML 191, 406 B; Ordin.: ML 113, 903 C.
8. Interl.; LOMBARDI: ML 191, 645 A.
9. Cfr. epist. 58, *ad Paulinum*, nn. 6-7: ML 22, 584.
10. GRATIANUS, *Decretum*, P. II, causa 33, q. 3, dist. 2, can. 1: ed. Richter-Friedberg, t. I, p. 1190.

---

g. Que um salmo do Antigo Testamento seja invocado para dizer-nos como de fato Jesus viveu, na mendicidade, tem de que nos surpreender. O mesmo não ocorria com os medievais, para quem o caráter profético da antiga lei era entendido literalmente: o salmo se exprimia sobre o Cristo histórico.

indignioribus tradat: ita namque arrogantiae et humanae gloriae vitium curari poterit. Unde Hieronymus, in Epistola *ad Oceanum*[11], commendat Fabiolam de hoc quod *optabat ut, suis divitiis pariter effusis pro Christo, stipes acciperet*. Quod etiam beatus Alexius perfecit, qui, omnibus suis propter Christum dimissis, gaudebat se etiam a servis suis eleemosynas accepisse. Et de beato Arsenio legitur, in *Vitis Patrum*[12], quod gratias egit de hoc quod, necessitate cogente, oportuit eum eleemosynam petere. Unde et in poenitentiam pro gravibus culpis iniungitur aliquibus ut peregrinentur mendicantes. — Sed quia humilitas, sicut et ceterae virtutes, absque discretione esse non debet, ita oportet discrete mendicitatem ad humiliationem assumere, ut ex hoc homo notam cupiditatis non incurrat, vel cuiuscumque alterius indecentis.

Alio modo potest considerari mendicitas ex parte eius quod quis mendicando acquirit. Et sic ad mendicandum potest homo ex duobus induci. Uno modo, ex cupiditate habendi divitias vel victum otiosum. Et talis mendicitas est illicita. — Alio modo, ex necessitate vel utilitate. Ex necessitate quidem, sicut cum aliquis non potest aliunde habere unde vivat, nisi mendicet. Ex utilitate autem, sicut cum aliquis intendit ad aliquid utile perficiendum quod sine eleemosynis fidelium facere non potest: sicut petuntur eleemosynae pro constructione pontis vel ecclesiae, vel quibuscumque aliis operibus quae vergunt in utilitatem communem; sicut scholares, ut possint vacare studio sapientiae. Et hoc modo mendicitas est licita, sicut saecularibus, ita et religiosis.

AD PRIMUM ergo dicendum quod Augustinus ibi loquitur expresse de his qui ex cupiditate mendicant.

AD SECUNDUM dicendum quod prima glossa loquitur de petitione quae fit ex cupiditate: ut patet ex verbis Apostoli. — Secuna autem glossa loquitur de illis qui absque omni utilitate quam faciant, necessaria petunt ut otiosi vivant. Non autem otiose vivit qui qualitercumque utiliter vivit.

AD TERTIUM dicendum quod ex illo praecepto legis divinae non prohibetur alicui mendicare: sed

ofícios mais vis e preste os serviços mais baixos; pois assim se poderá curar o vício da arrogância e da glória humana". Pela mesma razão, Jerônimo elogia Fabíola, que, depois de ter distribuído seus bens por Cristo, desejou viver de esmolas. É o que também fez Aleixo: renunciando a todos os seus bens por Cristo, alegrava-se em receber esmolas dos seus próprios servos. Lemos ainda na Vida dos Padres que Sto. Arsênio dava graças por estar em tal necessidade que fora obrigado a pedir esmolas. Eis porque se impõe a alguns como penitência por faltas muito graves fazer alguma peregrinação pedindo esmolas. — Contudo, como todas as outras virtudes, a humildade não pode existir sem discernimento. Por conseguinte, convém exercer com discernimento a mendicância como humilhação, para não cair na acusação de cobiça ou de qualquer outro vício.

A segunda consideração sobre a mendicância se refere àquilo que se adquire por meio dela. E, sob esse aspecto, o homem pode ser levado a mendigar por dois motivos: o primeiro, por desejo de se enriquecer ou de ter o sustento sem trabalhar. E essa mendicância é ilícita. — O outro motivo, por necessidade ou utilidade. Por necessidade, quando não pode ter um outro meio de vida senão mendigando. Por utilidade, quando quer fazer alguma obra útil, que não se poderia realizar sem as esmolas dos fiéis. Assim, pedem-se esmolas para construir uma ponte, uma igreja ou qualquer outra obra que seja para a utilidade comum, como também é o caso do sustento de alunos para que possam entregar-se ao estudo da sabedoria[h]. E essa mendicância é permitida tanto aos religiosos quanto aos seculares.

QUANTO AO 1º, portanto, deve-se dizer que nessa passagem, Agostinho visa expressamente os que mendigam por cobiça.

QUANTO AO 2º, deve-se dizer que a primeira Glosa fala da mendicância por cobiça, como provam as palavras do Apóstolo. — A segunda, se refere àqueles que, sem prestar qualquer serviço, pedem o necessário, para poderem viver na ociosidade. Mas não vivem na ociosidade os que, de alguma forma, realizam algo útil.

QUANTO AO 3º, deve-se dizer que esse preceito da lei divina não proíbe a ninguém mendigar. Proí-

---

11. Epist. 77, al. 30, n. 9: ML 22, 696.
12. L. V, libell. 6, n. 3: ML 73, 888 D.

h. Eis algo capaz de confortar as ordens religiosas, que apelam para a generosidade dos fiéis para financiar a formação intelectual e espiritual de seus jovens estudantes, ainda improdutivos.

prohibetur divitibus ne tam tenaces sint ut propter hoc aliqui egestate mendicare cogantur. — Lex autem civilis imponit poenam validis mendicantibus qui non propter utilitatem vel necessitatem mendicant.

AD QUARTUM dicendum quod duplex est turpitudo: una inhonestatis; alia exterioris defectus, sicut turpe est homini esse infirmum vel pauperem. Et talem turpitudinem habet mendicitas. Unde non pertinet ad culpam: sed ad humilitatem pertinere potest, ut dictum est.

AD QUINTUM dicendum quod praedicantibus ex debito debetur victus ab his quibus praedicant. Si tamen non quasi sibi debitum, sed quasi gratis dandum mendicando petere velint, ad maiorem utilitatem pertinet.

be, sim, aos ricos de serem de uma tal avareza, que outros se vejam obrigados a mendigar por lhes faltar o necessário. — E a lei civil castiga os mendigos válidos, que nem por utilidade nem por necessidade mendigam.

QUANTO AO 4º, deve-se dizer que há duas sortes de vergonha: uma que se refere à desonestidade e outra que tem por motivo alguma deficiência exterior. Por exemplo, alguém se envergonha por estar doente ou ser pobre. E é neste sentido que a mendicância causa vergonha. Por isso, ela nada tem a ver com o pecado, mas com a humildade, como foi dito.

QUANTO AO 5º, deve-se dizer que os pregadores têm o direito de receber o sustento daqueles para os quais pregam. Todavia, será de maior utilidade, se quiserem mendigar, pedindo, como se fosse um dom gratuito, aquilo que lhes é devido.

ARTICULUS 6
Utrum liceat religiosis vilioribus vestibus uti quam ceteris

AD SEXTUM SIC PROCEDITUR. Videtur quod non liceat religiosis vilioribus vestibus uti quam ceteris.
1. Quia secundum apostolum, 1Thess 5,22, *ab omni specie mala abstinere* debemus. Sed vilitas vestium habet speciem mali. Dicit enim Dominus, Mt 7,15: *Attendite a falsis prophetis, qui veniunt ad vos in vestimentis ovium*. Et super illud Ap 6,8, *Ecce equus pallidus* etc., dicit Glossa[1]: *Videns diabolus nec per apertas tribulationes nec per apertas haereses se posse proficere, praemittit falsos fratres, qui sub habitu religionis obtinent naturam nigri et rufi equi, pervertendo fidem*. Ergo videtur quod religiosi non debeant vilibus vestibus uti.

2. PRAETEREA, Hieronymus dicit, *ad Nepotianum*[2]: *Vestes pullas*, idest nigras, *aeque vita ut candidas. Ornatus et sordes pari modo fugiendi sunt: quia alterum delicias, alterum gloriam redolet*. Ergo videtur quod, cum inanis gloria sit gravius peccatum quam deliciarum usus, quod religiosi, qui debent ad perfectiora tendere, magis debent vitare vestes viles quam pretiosas.

ARTIGO 6
Os religiosos podem usar roupas piores que os demais?

QUANTO AO SEXTO, ASSIM SE PROCEDE: parece que os religiosos **não** podem usar roupas piores que os demais.
1. Com efeito, segundo o Apóstolo "devemos evitar toda má aparência". Ora, roupas grosseiras têm má aparência. Com efeito, diz o Senhor: "Guardai-vos dos falsos profetas que vêm a vós com vestes de ovelhas". E sobre aquela passagem do Apocalipse "E eis um cavalo de cor esmaecida" etc., a Glosa comenta: "Vendo o diabo que nada ganha por meio de tribulações declaradas nem de heresias manifestas, envia falsos irmãos, que, sob o hábito religioso, assumem o aspecto desse cavalo de uma cor entre o negro e o ruivo, para perverter a fé". Logo, parece que os religiosos não devem usar roupas grosseiras.

2. ALÉM DISSO, Jerônimo escreveu: "Evita igualmente os hábitos escuros, isto é, negros, e os brancos; foge tanto dos adornos, quanto da sujeira: aqueles denotam luxo, esta cheira a vanglória". Ora, como a vanglória é um pecado mais grave que o luxo, os religiosos, que devem tender à perfeição, devem evitar antes o uso de trajes grosseiros que o de roupas luxuosas.

---

6 PARALL.: Supra, q. 169, a. 1, ad 2; *Cont. impugn. Relig.*, c. 8.
1. Ordin.: ML 114, 722 B.
2. Epist. 52, al. 2, n. 9: ML 22, 535.

3. PRAETEREA, religiosi maxime intendere debent operibus poenitentiae. Sed in operibus poenitentiae non est utendum exterioribus signis tristitiae, sed magis signis laetitiae: dicit enim Dominus, Mt 6,16: *Cum ieiunatis, nolite fieri, sicut hypocritae, tristes*; et postea [v. 17] subdit: *Tu autem cum ieiunas, unge caput tuum et faciem tuam lava.* Quod exponens Augustinus, in libro *de Serm. Dom. in Monte*[3], dicit: *In hoc capitulo maxime animadvertendum est non in solo rerum corporearum nitore atque pompa, sed etiam in ipsis sordibus luctuosis esse posse iactantiam: et eo periculosiorem, quo sub nomine servitutis Dei decipit.* Ergo videtur quod religiosi non debeant vilioribus vestibus indui.

SED CONTRA est quod, Hb 11,37, Apostolus dicit: *Circuierunt in melotis, in pellibus caprinis*: Glossa[4]: *ut Elias et alii*. Et in Decretis, XXI, qu. 4[5], dicitur: *Si inventi fuerint deridentes eos qui vilibus et religiosis vestibus amicti sunt, corrigantur. Priscis enim temporibus omnis sacratus vir cum mediocri ac vili veste conversabatur.*

RESPONDEO dicendum quod, sicut Augustinus dicit, in III *de Doct. Christ.*[6], in omnibus exterioribus rebus *non usus rerum, sed libido utentis in culpa est*. Ad quam discernendam, attendendum est quod habitus vilis vel incultus dupliciter potest considerari. Uno modo, prout est signum quoddam dispositionis vel status humani: quia, ut dicitur Eccli 19,27, *amictus hominis annuntiat de eo*. Et secundum hoc, vilitas habitus est quandoque signum tristitiae. Unde et homines in tristitia existentes solent vilioribus vestibus uti: sicut e contrario in tempore solemnitatis et gaudii utuntur cultioribus

3. ADEMAIS, os religiosos devem entregar-se mais que tudo a obras de penitência. Ora, quem faz penitência não deve dar sinais exteriores de tristeza, mas, antes, de alegria. Pois, disse o Senhor: "Quando jejuardes, não tomeis um ar triste como fazem os hipócritas". E, mais adiante acrescenta: "Tu, porém, quando jejuardes, unge a cabeça e lava o rosto". Ao comentar estas palavras, diz Agostinho: "Ao ler este capítulo, deve-se sobretudo levar em conta que a jactância pode se achar não só na limpeza e no brilho corporal, mas na própria sujeira e nos hábitos de luto. E esta é a jactância mais perigosa, porque engana sob a parência do serviço de Deus". Logo, parece que os religiosos não devem usar roupas mais grosseiras.

EM SENTIDO CONTRÁRIO, disse o Apóstolo: "Andaram errantes, cobertos de peles de ovelhas e de cabras", e a Glosa acrescenta: "como Elias e outros". E lemos nas Decretais: "Os que forem apanhados ridicularizando quem anda vestido com hábitos religiosos grosseiros, sejam punidos. Pois, nos tempos antigos, toda pessoa consagrada usava vestes pobres e grosseiras".

RESPONDO[i]. Como observa Agostinho, "quando se trata de coisas exteriores, não é o uso mas a paixão de quem as usa que constitui pecado". E, para bem discerni-lo, deve-se levar em conta que pode-se considerar de duas maneiras um hábito pobre e grosseiro. 1º Ele pode ser o sinal de uma disposição ou de um estado da pessoa. E, assim, lemos que "A roupa... do homem dá a conhecer o que ele é". E, desse ponto de vista, a condição humilde do hábito é às vezes sinal de tristeza. Por isso, costuma usar vestes mais grosseiras os que estão tristes. Ao passo que, ao contrário, em

---

3. L. II, c. 12, n. 41: ML 34, 1287.
4. Interl.; LOMBARDI: ML 192, 499 C.
5. GRATIANUS, *Decretum*, P. II, causa 21, q. 4, can. 1: ed. Richter-Friedberg, t. I, p. 857.
6. Cap. 12, n. 18: ML 34, 75.

---

i. A estrutura desta resposta é, se não confusa, pelo menos complexa. É necessário, por conseguinte, apresentar suas articulações. Após uma introdução de algumas linhas, é-nos dito que um hábito rude e grosseiro pode ser visto de duas maneiras diferentes. Pode ser sinal de uma disposição ou de um estado (I), e pode denunciar a avareza ou a negligência (II). O ponto II é tratado em algumas linhas no final da resposta. O corpo do artigo é consagrado principalmente à vestimenta grosseira como sinal de uma situação ou de um estado. Desse ponto de vista, contém duas análises diferentes. A primeira (1) nos indica que o hábito grosseiro é usual seja de tristeza (a), seja de desprezo pelas riquezas e pelo luxo (b). A segunda análise, que é em certo sentido estranha à estrutura da resposta, explica-nos por que motivos certas pessoas *fazem questão de mostrar* o caráter grosseiro de suas vestimentas, e esses motivos são em número de três: humilhação (a), exemplo (b), vanglória (c).

O exame crítico de cada uma das pequenas seções dá o seguinte resultado:
I-1-a e I-1-b são louváveis: a vestimenta grosseira é um sinal adequado do estado religioso.
I-2-a e I-2-b são louváveis: é bom exibir o seu hábito grosseiro para humilhar-se ou dar o exemplo.
I-2-c é mau, pois é sinal de avareza ou de negligência.
O quadro é o mais completo possível.

vestimentis. Unde et poenitentes vilibus vestibus induuntur: ut patet Ionae 3,6, de rege, qui *indutus est sacco*; et 3Reg 21,27, de Achab, qui *operuit cilicio carnem suam*. — Quandoque vero est signum contemptus divitiarum et mundani fastus. Unde Hieronymus dicit, *ad Rusticum Monachum*[7]: *Sordes vestium candidae mentis indicia sunt: vilis tunica contemptum saeculi probat. Ita dumtaxat ne animus tumeat, ne habitus sermoque dissentiant*. — Et secundum utrumque horum, competit religiosis vilitas vestium: quia religio est status poenitentiae et contemptus mundanae gloriae.

Sed quod aliquis velit hoc aliis significare, contingit propter tria. Uno modo, ad sui humiliationem: sicut enim ex splendore vestium animus hominis elevatur, ita ex humilitate vestium humiliatur. Unde de Achab, qui *carnem suam cilicio induit*, dixit Dominus ad Eliam: *Nonne vidisti Achab humiliatum coram me*, ut habetur 3Reg 21,29. — Alio modo, propter exemplum aliorum. Unde super illud Mt 3,4, *Habebat vestimentum de pilis camelorum* etc., dicit Glossa[8]: *Qui poenitentiam praedicat, habitum poenitentiae praetendit*. — Tertio modo, propter inanem gloriam: sicut Augustinus dicit[9] quod *in ipsis sordibus luctuosis potest esse iactantia*. — Duobus ergo primis modis, laudabile est abiectis vestibus uti: tertio vero modo, est vitiosum.

Alio autem modo potest considerari habitus vilis et incultus secundum quod procedit ex avaritia vel ex negligentia. Et sic etiam ad vitium pertinet.

AD PRIMUM ergo dicendum quod vilitas vestium de se non habet speciem mali: immo potius speciem boni, scilicet contemptus mundanae gloriae. Et inde est quod mali sub vilitate vestium suam malitiam occultant. Unde Augustinus dicit, in libro *de Serm. Dom. in Monte*[10], quod *non ideo debent oves odisse vestimentum suum, quod plerumque illo se occultant lupi*.

AD SECUNDUM dicendum quod Hieronymus ibi loquitur de vestibus vilibus quae deferuntur propter humanam gloriam.

tempo de festa e de alegria, trazem vestimentas mais cuidadas. Por isso, os penitentes se vestem com roupas grosseiras, como se vê no caso do rei de Nínive, "que se vestiu de saco", ou no de Acab, "que cobriu a sua carne de um cilício". — Outras vezes, porém, é sinal de desprezo das riquezas e das pompas mundanas. Assim, dizia Jerônimo a um monge: "A roupa suja é sinal de uma alma limpa; uma túnica vil prova o desprezo do século. Com a condição, todavia, que a alma não se encha de orgulho e que o hábito e a linguagem não estejam em desacordo". — E segundo esses dois sentidos é próprio dos religiosos vestir roupas de aspecto grosseiro, pois a vida religiosa é um estado de penitência e de desprezo da glória humana.

Contudo, pode-se ter três motivos para manifestar isso aos outros. Primeiro, para sua própria humilhação. Pois, assim como uma roupa esplêndida enche de orgulho o espírito do homem, uma roupa grosseira o humilha. Por isso, a respeito de Acab, que "cobriu a sua carne de um cilício", disse o Senhor a Elias: "Não viste Acab humilhado diante de mim?" — Segundo, para dar exemplo aos outros. Assim, sobre a passagem "usava uma roupa de pelos de camelo" etc., diz a Glosa: "Quem prega a penitência, se apresenta com um hábito de penitência". — Finalmente, por um motivo de vanglória, no sentido em que afirma Agostinho que "nos próprios hábitos grosseiros e de luto se pode achar jactância". — Ora, usar roupas grosseiras pelos dois primeiros motivos, é louvável; mas, pelo terceiro, é vicioso.

2º Um hábito grosseiro e descuidado pode ser considerado, em segundo lugar, como efeito da avareza ou da negligência. E, nesse caso também, é vicioso.

QUANTO AO 1º, portanto, deve-se dizer que a qualidade inferior de uma roupa não manifesta por si mesma uma coisa má. Ela mostra, antes, algo de bom, isto é, o desprezo da glória humana. É por isso que os maus ocultam sua malícia sob roupas grosseiras. Assim, diz Agostinho que "as ovelhas não devem detestar sua vestimenta só porque os lobos muitas vezes se disfarçam com elas".

QUANTO AO 2º, deve-se dizer que nessa passagem Jerônimo fala de vestes grosseiras que se usam por vanglória.

---

7. Epist. 125, al. 4, n. 7: ML 22, 1075.
8. Ordin.: ML 114, 79 D.
9. Cfr. 3 a.
10. L. II, c. 24, n. 80: ML 34, 1306.

AD TERTIUM dicendum quod, secundum doctrinam Domini, in operibus sanctitatis nihil homines facere debent propter apparentiam. Quod praecipue contingit quando aliquis aliquid novum facit. Unde Chrysostomus dicit, *super Matth.*[11]: *Orans nihil novum faciat quod aspiciant homines, vel clamando, vel pectus percutiendo, vel manus expandendo*: quia scilicet ex ipsa novitate homines reddunt intentos ad considerandum. Nec tamen omnis novitas intentos faciens homines ad considerandum, reprehensibilis est. Potest enim et bene et male fieri. Unde Augustinus dicit, in libro *de Serm. Dom. in Monte*[12], quod *qui in professione Christianitatis inusitato squalore ac sordibus intentos in se oculos hominum facit, cum id voluntate faciat, non necessitate patiatur, ceteris eius operibus potest cognosci utrum hoc contemptu superflui cultus, an ambitione aliqua faciat*. Maxime autem videntur hoc non ex ambitione facere religiosi, qui habitum vilem deferunt quasi signum suae professionis, qua contemptum mundi profitentur.

QUANTO AO 3º, deve-se dizer que segundo o ensinamento do Senhor, quando se trata de obras santas, os homens nada devem fazer só pela aparência. O que ocorre, sobretudo, quando se faz algo novo. É por isso que Crisóstomo escreve: "Aquele que reza não faça nada insólito, que atraia o olhar dos outros, como gritar, bater no peito ou levantar os braços", porque a novidade faz com que os homens deem atenção. Mas, nem toda novidade que desperta a atenção dos outros é repreensível, pois pode ser bem ou mal feita. Por essa razão, escreve Agostinho: "Quem, na profissão do cristianismo, atrai sobre si o olhar dos homens por vestes sórdidas e por uma sujidade insólita, se o faz por escolha e não por necessidade, podemos conhecer por suas outras obras se isso é, da sua parte, desprezo do fausto supérfluo ou se ele foi levado por alguma ambição". Com respeito aos religiosos, parece que não o fazem por ambição, pois o hábito grosseiro que trazem é sinal da sua profissão, que consiste no desprezo do mundo.

---

11. *Opus imperf. in Matth.*, hom. 13: MG 56, 709.
12. L. II, c. 12, n. 41: ML 34, 1287.

QUAESTIO CLXXXVIII
DE DIFFERENTIA RELIGIONUM

in octo articulos divisa

Deinde considerandum est de differentia religionum.
Et circa hoc quaeruntur octo.
Primo: utrum sint diversae religiones, vel una tantum.
Secundo: utrum aliqua religio institui possit ad opera vitae activae.
Tertio: utrum aliqua religio institui possit ad bella gerenda.
Quarto: utrum possit institui aliqua religio ad praedicandum, et huiusmodi opera exercenda.
Quinto: utrum possit aliqua religio institui ad studium scientiae.

QUESTÃO 188
A DIVERSIDADE DE VIDAS RELIGIOSAS

em oito artigos

Em seguida, deve-se considerar a diversidade de vidas religiosas.
Sobre isso, são oito as questões:
1. São diversas as vidas religiosas ou uma só?
2. Pode-se fundar uma vida religiosa para obras da vida ativa?
3. Para fazer a guerra?
4. Para a pregação e obras análogas?
5. Para o estudo da ciência?

Sexto: utrum religio quae ordinatur ad vitam contemplativam, sit potior ea quae ordinatur ad vitam activam.
Septimo: utrum habere aliquid in communi diminuat de perfectione religionis.
Octavo: utrum religio solitariorum sit praeferenda religioni in societate viventium.

6. Uma vida religiosa dedicada à vida contemplativa é superior à que é dedicada à vida ativa?
7. Possuir alguma coisa em comum diminui a perfeição da vida religiosa?
8. Deve-se preferir a vida religiosa solitária à vida em comunidade?

Articulus 1
Utrum sit una tantum religio

AD PRIMUM SIC PROCEDITUR. Videtur quod non sit nisi una tantum religio.
1. In eo enim quod totaliter et perfecte habetur, diversitas esse non potest: propter quod, non potest esse nisi unum primum summum bonum, ut in Primo[1] habitum est. Sed sicut Gregorius dicit, *super Ezech.*[2], *cum quis omne quod habet, omne quod vivit, omne quod sapit, omnipotenti Deo voverit, holocaustum est*: sine quo religio esse non dicitur. Ergo videtur quod non sint multae religiones, sed una tantum.
2. PRAETEREA, ea quae in essentialibus conveniunt, non diversificantur nisi per accidens. Sed sine tribus votis essentialibus religioni non est aliqua religio, ut supra[3] habitum est. Ergo videtur quod religiones specie non diversificentur, sed solum per accidens.
3. PRAETEREA, status perfectionis competit et religiosis et episcopis, ut supra[4] habitum est. Sed episcopatus non diversificatur specie, sed est ubique unus: unde Hieronymus dicit, *ad Evandrum Episcopum*[5]: *Ubicumque fuerit episcopus, sive Romae sive Eugubio sive Constantinopoli sive Rhegio, eiusdem meriti est, eiusdem et sacerdotii*. Ergo, pari ratione, una sola est religio.
4. PRAETEREA, ab Ecclesia tollendum est omne id quod confusionem inducere potest. Sed ex diversitate religionis videtur quaedam confusio posse induci in populo Christiano: ut Decretalis quaedam dicit, quae habetur *de Statu Monachorum et Canonicorum Regularium*[6]. Ergo videtur quod non debeant esse diversae religiones.

Artigo 1
Há uma só vida religiosa?

QUANTO AO PRIMEIRO ARTIGO, ASSIM SE PROCEDE: parece que **há** somente uma vida religiosa.
1. Com efeito, não há diversidade possível naquilo que se tem total e perfeitamente. É por isso que não pode existir senão um só Bem supremo e primeiro, como se estabeleceu na I Parte. Ora, Gregório disse: "Se alguém oferece ao Deus Todo-poderoso tudo o que tem, toda a sua vida e tudo o que ama, realiza um holocausto". E sem isso não pode haver vida religiosa. Logo, parece que não há várias vidas religiosas, mas uma só.
2. ALÉM DISSO, as coisas que coincidem no essencial, não se diversificam senão acidentalmente. Ora, não existe nenhuma vida religiosa sem os três votos essenciais. Logo, parece que as vidas religiosas não se diversificam especificamente, mas só acidentalmente.
3. ADEMAIS, o estado de perfeição é próprio tanto dos religiosos quanto dos bispos. Ora, o episcopado não se diversifica especificamente, mas em todo lugar é um só. Por isso, escreveu Jerônimo: "Onde quer que esteja o bispo, em Roma ou em Gúbio, em Constantinopla ou em Régio, tem o mesmo mérito e o mesmo sacerdócio". Logo, pela mesma razão, há uma só vida religiosa.
4. ADEMAIS, é preciso livrar a Igreja de tudo quanto possa causar confusão. Ora, parece que a diversidade de vida religiosa pode induzir a alguma confusão no povo cristão, como diz uma Decretal relativa ao estado dos monges e cônegos regulares. Logo, parece que não devem existir diversas vidas religiosas.

---

1 PARALL.: *Cont. impugn. Relig.*, c. 1.

1. Q. 11, a. 3.
2. Hom. 20; al. l. II, hom. 8, n. 16: ML 76, 1037 C.
3. Q. 186, a. 6, 7.
4. Q. 184, a. 5.
5. *Ad Evangelum*, epist. 146, al. 85, n. 1: ML 22, 1194.
6. *Decretal. Greg. IX*, l. III, tit. 36, c. 9: ed. Richter-Friedberg, t. II, p. 607.

SED CONTRA est quod in Ps 44,10-15 describitur ad ornatum Reginae pertinere quod sit *circumamicta varietate*.

RESPONDEO dicendum quod, sicut ex supra[7] dictis patet, status religionis est quoddam exercitium quo aliquis exercetur ad perfectionem caritatis. Sunt autem diversa caritatis opera quibus homo vacare potest: sunt etiam diversi modi exercitiorum. Et ideo religiones distingui possunt dupliciter. Uno modo, secundum diversitatem eorum ad quae ordinantur: sicut si una religio ordinetur ad peregrinos hospitio suscipiendos, et alia ad visitandos vel redimendos captivos. Alio modo, potest esse diversitas religionum secundum diversitatem exercitiorum: puta quod in una religione castigatur corpus per abstinentias ciborum, in alia per exercitium operum manualium, vel per nuditatem, vel per aliquid aliud huiusmodi. Sed quia *finis est potissimum in unoquoque*, maior est religionum diversitas quae attenditur secundum diversos fines ad quos religiones ordinantur, quam quae attenditur secundum diversa exercitia.

AD PRIMUM ergo dicendum quod hoc est commune in omni religione, quod aliquis totaliter se debet praebere ad serviendum Deo. Unde ex hac parte non est diversitas inter religiones: ut scilicet in una religione aliquis retineat aliquid sui, et in alia aliud. Est autem diversitas secundum diversa in quibus homo potest Deo servire: et secundum quod ad hoc se potest homo diversimode disponere.

AD SECUNDUM dicendum quod tria essentialia vota religionis pertinent ad exercitium religionis sicut quaedam principalia ad quae omnia alia reducuntur, ut supra[8] dictum est. Ad observandum autem unumquodque eorum diversimode aliquis se disponere potest: puta ad votum continentiae servandum se disponit aliquis per loci solitudinem, per abstinentiam, per mutuam societatem, et per multa alia huiusmodi. Et secundum hoc patet quod communitas essentialium votorum compatitur diversitatem religionis: tum propter diversas dispositiones; tum etiam propter diversos fines, ut ex supra dictis patet.

EM SENTIDO CONTRÁRIO, um Salmo descreve como próprio do adorno da rainha ser ela "cercada de variedade".

RESPONDO. O estado religioso é um certo exercício pelo qual alguém é conduzido à perfeição da caridade. Ora, várias são as obras de caridade às quais o homem pode consagrar-se, como diversas são as maneiras. Por conseguinte, pode-se distinguir a vida religiosa de dois modos. Primeiro, em função da diversidade de fins a que elas se ordenam. Assim, uma vida religiosa dedica-se a hospedar peregrinos, outra a visitar ou resgatar cativos. — Segundo, em função da diversidade dos exercícios, por exemplo, numa se mortifica o corpo pela abstinência de alimentos, noutra pelo exercício do trabalho manual ou pela nudez ou práticas semelhantes[a]. Ora, "como o fim é principal em tudo", é mais importante a diversidade que se toma segundo os diversos fins a que elas se ordenam, do que aquela que se toma segundo diversidade dos exercícios.

QUANTO AO 1º, portanto, deve-se dizer que o que é comum em todas as vidas religiosas é que alguém se deve dar inteiramente ao serviço de Deus. Por conseguinte, não vem daí a diversidade entre elas, como se numa o religioso pudesse reter uma coisa para si e, numa outra, outra coisa. Há diversidade segundo as maneiras diversas pelas quais se pode servir a Deus e segundo essas maneiras pode alguém dispor-se a esse serviço diversamente.

QUANTO AO 2º, deve-se dizer que os três votos essenciais da vida religiosa pertencem ao exercício dela como elementos principais, a que se reduzem todo os outros. Contudo, pode ser distinta a disposição de cada um para observar os votos. Assim, para cumprir o voto de castidade, alguém pode se dispor buscando um lugar solitário, a prática da abstinência, a ajuda mútua da vida comum, e muitos outros meios semelhantes. Nesse sentido, fica claro que a prática comum dos votos essenciais admite a diversidade de vidas religiosas, quer por causa da diversidade das disposições, quer em razão dos diversos fins, como foi dito.

---

7. Q. 186, a. 7; q. 187, a. 2.
8. Q. 186, a. 7, ad 2.

a. O latim é aqui claramente mais audacioso do que a tradução proposta. Não se trata de mera pobreza na vestimenta, rata-se de nudez (*nuditas*). Certas regras exortam de fato a "seguir nu ao Cristo nu". Mas sem dúvida era preciso evitar passar a impressão de um religião "nudista". A tradução "despojamento", que teria sido possível, tinha o inconveniente de puxar para o lado da interpretação moralista e espiritualista.

AD TERTIUM dicendum quod in his quae ad perfectionem pertinent, episcopus se habet per modum agentis, religiosi autem per modum patientis, ut supra⁹ dictum est. Agens autem, etiam in naturalibus, quanto est superius, tanto est magis unum: ea vero quae patiuntur, sunt diversa. Unde rationabiliter est unus episcopalis status, religiones vero diversae.

AD QUARTUM dicendum quod confusio opponitur distinctioni et ordini. Sic ergo ex multitudine religionum induceretur confusio, si ad idem et eodem modo diversae religiones essent, absque utilitate et necessitate. Unde, ut hoc non fiat, salubriter institutum est ne nova religio, nisi auctoritate Summi Pontificis, instituatur.

QUANTO AO 3º, deve-se dizer que o bispo, nas coisas relativas à perfeição, se comporta como agente e o religioso como paciente. Mas, mesmo na ordem natural, quanto mais elevado é o agente, tanto mais ele é uno; ao passo que os elementos passivos são múltiplos. Por isso, é normal que haja um só estado episcopal e diversas vidas religiosas.

QUANTO AO 4º, deve-se dizer que a confusão se opõe à distinção e à ordem. Ora, a multidão das vidas religiosas levaria a confusão se elas buscassem o mesmo fim pelos mesmos meios, sem utilidade nem necessidade. E, para que isso não aconteça, foi bem estabelecido: que nenhuma vida religiosa nova seja instituída sem a autorização do Sumo Pontífice[b].

ARTICULUS 2
Utrum aliqua religio institui debeat ad opera activae vitae

AD SECUNDUM SIC PROCEDITUR. Videtur quod nulla religio institui debeat ad opera activae vitae.

1. Omnis enim religio pertinet ad perfectionis statum, ut ex supra¹ dictis patet. Sed perfectio religiosi status consistit in contemplatione divinorum: dicit enim Dionysius, 6 cap. *Eccles. Hier.*², quod *nominantur ex Dei puro servitio et famulatu, et indivisibili et singulari vita uniente eos indivisibilium sanctis convolutionibus*, idest contemplationibus, *ad deiformem unitatem et amabilem Deo perfectionem*. Ergo videtur quod nulla religio institui possit ad opera activae vitae.

2. PRAETEREA, *idem iudicium videtur esse de monachis et de canonicis regularibus*, ut habe-

ARTIGO 2
Deve-se fundar uma vida religiosa para as obras da vida ativa?

QUANTO AO SEGUNDO, ASSIM SE PROCEDE: parece que **não** se deve fundar uma vida religiosa para as obras da vida ativa.

1. Com efeito, toda vida religiosa se refere ao estado de perfeição. Ora, a perfeição do religioso consiste na contemplação das coisas divinas. Segundo Dionísio "são chamados assim pelo puro culto e serviço a Deus e pela vida indivisível e singular que os une nas santas circunvoluções das coisas indivisíveis, isto é, nas contemplações, para alcançarem a unidade deiforme e a perfeição agradável a Deus". Logo, parece que não se possa fundar nenhuma vida religiosa para as obras da vida ativa.

2. ALÉM DISSO, parece que "se deve fazer o mesmo juízo tanto dos monges como dos cô-

---

9. Q. 184, a. 7.

2   PARALL.: *Cont. impugn. Relig.*, c. 1.

1. Q. 184, a. 5; q. 186, a. 1.
2. P. I: MG 3, 533 A.

b. Em 1215, de modo paradoxal, no momento em que Francisco e Domingos fundavam suas novíssimas ordens, o Concílio de Latrão obrigara as novas fundações a escolher uma regra entre as que já existiam. A questão levantada por Sto. Tomás era atual no início do seu século.
Cabe ao bispo de Roma assegurar a unidade essencial da instituição religiosa, favorecendo ao mesmo tempo uma diversidade orgânica e legítima. Na época moderna, o papa é assistido para tanto pela congregação dos religiosos. Ela não existia evidentemente na época de Sto. Tomás.
A história nos ensina que muitas fundações foram aprovadas, mesmo que se consagrassem à mesma função. O fenômeno se produz cada vez que existe uma pletora de vocações. É quando o recrutamento se rarefaz que há inquietação quanto a esse excesso. Donde, as tentativas de fusão às quais temos assistido desde a Segunda Guerra Mundial.
Nas Igrejas orientais, a instituição monástica é bem menos diversificada. A unidade essencial é nitidamente mais acentuada.

tur Extra, *de Postulando, Ex parte*[3]: et *de Statu Monach., Quod Dei timorem*[4], dicitur quod *a sanctorum monachorum consortio non putantur seiuncti*. Et eadem ratio videtur esse de omnibus aliis religiosis. Sed monachorum religio est instituta ad vitam contemplativam: unde Hieronymus dicit, *ad Paulinum*[5]: *Si cupis esse quod diceris, "monachus"*, idest "solus", *quid facis in urbibus?* Et idem habetur Extra, *de Renunt., Nisi cum pridem*[6]; et *de Regularibus, Licet quibusdam*[7]. Ergo videtur quod omnis religio ordinetur ad vitam contemplativam, et nulla ad activam.

3. Praeterea, vita activa ad praesens saeculum pertinet. Sed omnes religiosi saeculum deserere dicuntur: unde Gregorius dicit, *super Ezech.*[8]: *Qui praesens saeculum deserit et agit bona quae valet, quasi iam Aegypto derelicto, sacrificium praebet in eremo.* Ergo videtur quod nulla religio possit ordinari ad vitam activam.

Sed contra est quod dicitur Iac 1,27: *Religio munda et immaculata apud Deum et Patrem haec est: visitare pupillos et viduas in tribulatione eorum.* Sed hoc pertinet ad vitam activam. Ergo convenienter religio potest ordinari ad vitam activam.

Respondeo dicendum quod, sicut supra[9] dictum est, religionis status ordinatur ad perfectionem caritatis, quae se extendit ad dilectionem Dei et proximi. Ad dilectionem autem Dei directe pertinet vita contemplativa, quae soli Deo vacare desiderat: ad dilectionem autem proximi pertinet vita activa, quae deservit necessitatibus proximorum. Et sicut ex caritate diligitur proximus propter Deum, ita etiam obsequium delatum in proximos redundat in Deum: secundum illud Mt 25,40: *Quod uni ex minimis meis fecistis, mihi fecistis.* Unde et huiusmodi obsequia proximis facta, inquantum ad Deum referuntur, dicuntur esse sacrificia quaedam: secundum illud Hb 13,16: *Beneficentiae et communionis nolite oblivisci: talibus enim hostiis promeretur Deus.* Et quia ad religionem proprie pertinet sacrificium Deo offerre, ut supra[10] habitum est, consequens est

negos regulares", segundo uma Decretal. E em uma outra se lê que os cônegos regulares "não são considerados como separados da sociedade dos santos monges". E a mesma razão vale para todos os outros religiosos. Ora, a vida monástica foi instituída para a vida contemplativa. Por isso, diz Jerônimo: "Se queres ser o que o teu nome indica, "monge", isto é, "só", o que fazes nas cidades?" O mesmo se encontra nas Decretais. Logo, parece que toda vida religiosa está ordenada à contemplação e nenhuma à ação.

3. Ademais, a vida ativa pertence ao século presente. Ora, todos os religiosos pretendem abandonar o século. É o que diz Gregório: "Quem abandona o século presente e faz o bem que pode, como se já tivesse abandonado o Egito, oferece um sacrifício no deserto". Logo, parece que nenhuma vida religiosa pode ordenar-se para a vida ativa.

Em sentido contrário, diz o Apóstolo Tiago: "A religião pura e sem mácula diante de Deus, nosso Pai, consiste nisto: em assistir os órfãos e as viúvas em suas tribulações". Ora, isto faz parte da vida ativa. Logo, a vida religiosa pode se ordenar, licitamente, à vida ativa.

Respondo. O estado religioso se ordena à perfeição da caridade, que compreende o amor de Deus e o amor do próximo. Ao amor de Deus está diretamente ordenada a vida contemplativa, que só a Deus deseja entregar-se. Ao amor do próximo está ordenada a vida ativa, que se põe a serviço das necessidades do próximo. E, assim como pela caridade se ama o próximo por causa de Deus, assim também o serviço prestado ao próximo redunda em serviço a Deus, conforme o Evangelho: "O que fizestes a um dos meus mais pequeninos, a mim o fizestes". Por isso, esses serviços prestados ao próximo, enquanto se referem a Deus, são chamados de certo modo sacrifícios, como faz a Carta aos Hebreus: "Não vos esqueçais da beneficência e da comunhão, pois Deus se compraz com tais sacrifícios". E, posto que é próprio da vida religiosa oferecer sacrifícios

---

3. *Decretal. Greg. IX*, l. I, tit. 37, c. 2: ed. Richter-Friedberg, t. II, p. 211.
4. *Decretal. Greg. IX*, l. III, tit. 35, c. 5: ed. cit., t. II, p. 599.
5. Epist. 58, al. 13, n. 5: ML 22, 583.
6. *Decretal. Greg. IX*, l. I, tit. 9, c. 10: ed. cit., t. II, p. 107.
7. *Decretal. Greg. IX*, l. III, tit. 31, c. 18: ed. cit., t. II, p. 575.
8. Homil. 20; al. l. II, hom. 8, n. 16: ML 76, 1038 A.
9. Q. 187, a. 2.
10. Q. 81, a. 1, ad 1; q. 85, a. 3.

quod convenienter religiones quaedam ad opera vitae activae ordinantur. Unde et in *Collationibus Patrum*[11], Abbas Nesteros, distinguens diversa religionum studia, dicit: *Quidam summam intentionis suae erga eremi secreta et cordis constituunt puritatem; quidam erga institutionem fratrum et coenobiorum curam; quosdam xenodochii*, idest hospitalitatis, *delectat obsequium.*

AD PRIMUM ergo dicendum quod *Dei servitium et famulatus* salvatur etiam in operibus vitae activae, quibus aliquis servit proximo propter Deum, sicut dictum est. In quibus etiam salvatur *singularitas vitae*: non quantum ad hoc quod homo cum hominibus non conversetur; sed quantum ad hoc quod homo singulariter his intendat quae ad divinum obsequium spectant. Et dum religiosi operibus vitae activae insistunt intuitu Dei, consequens est quod in eis actio ex contemplatione divinorum derivetur. Unde non privantur omnino fructu contemplativae vitae.

AD SECUNDUM dicendum quod eadem est ratio de monachis et omnibus aliis religiosis quantum ad ea quae sunt communia omni religioni: puta quod totaliter se dedicent divinis obsequiis, et quod essentialia religionis vota observent, et quod a saecularibus negotiis se abstineant. Sed non oportet similitudinem esse quantum ad alia quae sunt propria monasticae professioni, quae specialiter ad vitam contemplativam ordinantur. Unde in praeinducta Decretali *de Postulando*[12] non dicitur simpliciter quod *sit idem iudicium de canonicis regularibus quod de monachis*: sed, *quantum ad supradicta*, scilicet quod *in forensibus causis officio advocationis non utantur*. Et in Decretali inducta de *Statu Monachorum*[13], postquam praemiserat quod *non putantur a consortio monachorum seiuncti canonici regulares*, subditur: *Regulae tamen inserviunt laxiori*. Ex quo patet quod non ad omnia tenentur ad quae monachi.

AD TERTIUM dicendum quod dupliciter aliquis potest esse in saeculo: uno modo, per praesentiam corporalem; alio modo, per mentis affectum. Unde et discipulis suis Dominus dicit: *Ego elegi vos de mundo*: de quibus tamen ad Patrem loquitur

a Deus, resulta que algumas vidas religiosas se ordenam perfeitamente às obras da vida ativa. Por isso o abade Néstero, distinguindo as obrigações das diversas vidas religiosas, disse: "Uns concentram a sua atenção na solidão do deserto e em conservar a pureza de coração; outros, se dedicam à formação dos irmãos e ao cuidado dos mosteiros; outros, ainda, encontram sua alegria no serviço da hospitalidade".

QUANTO AO 1º, portanto, deve-se dizer que o culto e o serviço de Deus subsiste também nas obras da vida ativa, por meio das quais alguém serve o próximo por causa de Deus. Também fica a salvo a vida solitária. Não no sentido em que nela não se tem nenhuma convivência com os homens, mas enquanto o homem se aplica unicamente a tudo o que se refere ao serviço divino. E se os religiosos se entregam às obras da vida ativa por amor de Deus, resulta que neles a ação deriva da contemplação das coisas divinas. Por isso, eles não ficam de modo algum privados dos frutos da vida contemplativa.

QUANTO AO 2º, deve-se dizer que os monges e todos os outros religiosos estão na mesma condição no que diz respeito às coisas que são comuns a todas as vidas religiosas, isto é, todos devem entregar-se totalmente ao serviço de Deus, observar os votos essenciais da vida religiosa e manter-se afastados dos negócios seculares. Mas não é necessário haver semelhança quando se trata dos outros elementos próprios à profissão monástica, e que especialmente se ordenam à vida contemplativa. Assim a Decretal citada não diz absolutamente que "é preciso aplicar aos cônegos regulares a mesma regra que aos monges", mas "em relação ao que ela se referia", a saber, que eles "não devem exercer o ofício de advogado nas causas judiciais". Quanto à segunda Decretal, depois de ter dito que os cônegos regulares "não são considerados como algo distinto da sociedade dos monges", acrescenta: "Contudo, eles seguem uma regra mais larga". Portanto, é evidente que não são sujeitos a todas as obrigações dos monges.

QUANTO AO 3º, deve-se dizer que alguém pode estar no século de duas maneiras: pela presença corporal ou pelo apego do espírito. Assim, disse o Senhor aos seus discípulos: "Eu vos escolhi do mundo". E, no entanto, falando deles ao Pai,

---

11. Collat. 14, c. 4: ML 49, 957 A, 958 A.
12. *Decretal. Greg. IX*, l. I, tit. 37, c. 2: ed. cit., t. II, p. 211.
13. *Decretal. Greg. IX*, l. III, tit. 35, c. 5: ed. cit., t. II, p. 599.

dicens: *Hi in mundo sunt, et ego ad te venio.* Quamvis igitur religiosi qui circa opera activae vitae occupantur, sint in saeculo secundum praesentiam corporalem, non tamen sunt in saeculo quantum ad mentis affectum: quia in exterioribus occupantur non quasi quaerentes aliquid in mundo, sed solum propter divinum obsequium; *utuntur* enim *hoc mundo tanquam non utentes*, ut dicitur 1Cor 7,31. Unde et Iac 1, postquam dictum est quod *religio munda et immaculata est visitare pupillos et viduas*, subditur: *et immaculatum se custodire ab hoc saeculo*, ut scilicet affectu in rebus saeculi non detineatur.

dizia: "Eles estão no mundo e eu vou para ti". Logo, embora os religiosos ocupados em obras da vida ativa estejam no mundo por seu corpo, aí não estão pelo espírito. Pois, eles se ocupam com as coisas exteriores, mas não buscam algum bem do mundo, mas unicamente pelo serviço de Deus. "Usam deste mundo como se não usassem", como diz o Apóstolo. Por isso, depois de ter dito "A religião pura e sem mácula (...) consiste em visitar os órfãos e as viúvas nas suas tribulações", Tiago acrescenta: "E em conservar-se puro da corrupção deste mundo", ou seja, não deixar que o afeto se apegue às coisas do mundo.

ARTICULUS 3

Utrum aliqua religio ordinari possit ad militandum

AD TERTIUM SIC PROCEDITUR. Videtur quod nulla religio ordinari possit ad militandum.

1. Omnis enim religio pertinet ad statum perfectionis. Sed ad perfectionem vitae Christianae pertinet quod Dominus dicit, Mt 5,39: *Ego dico vobis, non resistere malo: sed si quis percusserit te in unam maxillam, praebe ei et alteram*: quod repugnat officio militari. Ergo nulla religio potest institui ad militandum.

2. PRAETEREA, gravior est compugnatio corporalium praeliorum quam concertationes verborum quae in advocationibus fiunt. Sed religiosis interdicitur officio advocationis uti: ut patet in Decretali *de Postulando* supra[1] inducta. Ergo videtur quod multo minus aliqua religio possit institui ad militandum.

3. PRAETEREA, status religionis est status poenitentiae, ut supra[2] dictum est. Sed poenitentibus, secundum iura, interdicitur militia: dicitur enim in Decretis, *de Poenit.*, dist. V[3]: *Contrarium omnino est ecclesiasticis regulis, post poenitentiae actionem, redire ad militiam saecularem.* Ergo nulla religio congrue institui potest ad militandum.

4. PRAETEREA, nulla religio institui potest ad aliquid iniustum. Sed sicut Isidorus dicit, in libro *Etymol.*[4], *iustum bellum est quod ex edicto impe-*

ARTIGO 3

Uma vida religiosa pode ter como fim a vida militar?

QUANTO AO TERCEIRO, ASSIM SE PROCEDE: parece que **nenhuma** vida religiosa pode ter como fim a vida militar.

1. Com efeito, toda vida religiosa se refere ao estado de perfeição. Ora, a perfeição da vida cristã implica no que o Senhor dizia: "Eu vos digo não resistais ao mal; antes, àquele que te fere na face direita, oferece-lhe também a esquerda", o que se opõe ao dever militar. Logo, não se pode fundar uma vida religiosa para a vida militar.

2. ALÉM DISSO, a luta corpo a corpo nos combates é mais grave que as disputas verbais dos advogados. Ora, o ofício de advogado é proibido aos religiosos, como o determina a Decretal já citada. Logo, com maior razão, parece que nenhuma vida religiosa pode ser fundada para vida militar.

3. ADEMAIS, o estado religioso é um estado de penitência, como se disse. Ora, o direito proíbe a vida militar aos penitentes, como se lê numa Decretal: "É absolutamente contrário às regras eclesiásticas voltar à milícia secular, depois de haver-se entregue à penitência". Logo, nenhuma vida religiosa pode ser fundada licitamente para a vida militar.

4. ADEMAIS, nenhuma vida religiosa pode ser instituída para um fim injusto. Ora, segundo Isidoro "guerra justa é aquela que se empreende

---

3 PARALL.: Infra, a. 4, ad 2, 5.

  1. A. 2, 2 a.
  2. Q. 186, a. 1, ad 4; q. 187, a. 6.
  3. GRATIANUS, *Decretum*, P. II, causa 33, q. 3, dist. 5, can. 3: ed. Richter-Friedberg, t. I, p. 1240.
  4. L. XVIII, c. 1, n. 2: ML 82, 639 B.

riali geritur. Cum igitur religiosi sint quaedam privatae personae, videtur quod non liceat eis bellum gerere. Et ita ad hoc non potest institui aliqua religio.

SED CONTRA est quod Augustinus dicit, *ad Bonifacium*[5]: *Noli existimare neminem Deo placere posse qui armis bellicis ministrat. In his erat sanctus David, cui Dominus magnum testimonium perhibuit.* Sed ad hoc sunt institutae religiones ut homines Deo placeant. Ergo nihil prohibet aliquam religionem institui ad militandum.

RESPONDEO dicendum quod, sicut dictum est[6], religio institui potest non solum ad opera contemplativae vitae, sed etiam ad opera vitae activae, inquantum pertinent ad subventionem proximorum et obsequium Dei: non autem inquantum pertinent ad aliquid mundanum tenendum. Potest autem officium militare ordinari ad subventionem proximorum, non solum quantum ad privatas personas, sed etiam quantum ad totius reipublicae defensionem: unde de Iuda Machabaeo dicitur, 1Mac 3,2-3, quod *praeliabatur praelium Israel cum laetitia, et dilatavit gloriam populo suo*. Ordinari etiam potest ad conservationem divini cultus: unde ibidem [v. 21] subditur Iudam dixisse: *Nos pugnabimus pro animabus nostris et legibus nostris*; et infra, 13,3, dicit Simon: *Vos scitis quanta ego et fratres mei et domus patris mei fecimus pro legibus et pro sanctis praelia*. Unde convenienter institui potest aliqua religio ad militandum, non quidem propter aliquid mundanum, sed propter defensionem divini cultus et publicae salutis; vel etiam pauperum et oppressorum, secundum illud Ps 81,4: *Eripite pauperem, et egenum de manu peccatoris liberate.*

AD PRIMUM ergo dicendum quod aliquis potest non resistere malo dupliciter. Uno modo, condonando propriam iniuriam. Et sic potest ad perfectionem pertinere, quando ita fieri expedit em virtude de um edito imperial". Ora, sendo os religiosos pessoas particulares, parece que não lhes seja permitido fazer a guerra. Logo, não se pode fundar uma vida religiosa para esse fim.

EM SENTIDO CONTRÁRIO, Agostinho escreveu: "Não creias que possa deixar de agradar a Deus alguém que se dedica à vida das armas. Entre eles estava o santo Davi, do qual Deus deu um belo testemunho". Ora, as vidas religiosas foram fundadas para que os homens se tornassem agradáveis a Deus. Logo, nada impede que se funde uma vida religiosa para a vida militar.

RESPONDO. Uma vida religiosa pode ser fundada não só em vista das obras da vida contemplativa, como das da vida ativa na medida em que dizem respeito ao serviço do próximo e amor de Deus, e não aos negócios mundanos. Ora, o ofício militar pode ser ordenado ao serviço do próximo; e não apenas para o bem das pessoas privadas, mas também para a defesa do bem comum de todo o estado[c]. Por isso, se diz a respeito de Judas Macabeu que "combateu com alegria na guerra de Israel e ampliou a glória de seu povo". Além disso, pode ser ordenado à conservação do culto divino. Assim, no mesmo capítulo, conta-se que Judas tenha dito: "Nós lutamos em defesa de nossa vida e de nossas leis". E, mais adiante, lê-se a palavra de Simão: "Vós sabeis quanto eu, meus irmãos e a casa de meu pai combatemos pelas nossas leis e nossas coisas santas". Logo, é permitido e conveniente fundar uma vida religiosa para fins militares; não, é claro, em vista de algum interesse temporal, mas para a defesa do culto divino e a salvação pública. Ou, ainda, para a defesa dos pobres e dos oprimidos, pois está escrito: "Salvai o pobre, livrai o indigente das mãos do pecador".

QUANTO AO 1º, portanto, deve-se dizer que há duas maneiras de não resistir ao mal. A primeira consiste em perdoar uma injúria pessoal. E isto pode se referir à perfeição, quando esta ação con-

---

5. Epist. 189, al. 205, n. 4: ML 33, 855.
6. Art. praec.

c. Não é preciso dizer que o interesse de Sto. Tomás pelas ordens militares não se explica apenas pelo contexto histórico. Essas ordens existiam no século XIII e podiam apresentar suas credenciais. Mas deve notar-se que, quando existem referências bíblicas, é preciso buscá-las na história dos macabeus, e isto nos ajuda a compreender o sentido das ordens militares. Deve-se recordar a ameaça que pesava sobre Israel no tempo dos macabeus! Em tais circunstâncias, a resistência armada se apresenta como uma obra de beneficência.

O artigo 4 pode ser completado com as últimas linhas (r. 5) do artigo seguinte: "Pela falta de príncipes cristãos capazes de resistir aos infiéis…". Com exceção de certos arroubos de entusiasmo, os príncipes seculares não se apressavam tanto em proteger a cristandade contra a ameaça do Islão. Uma milícia religiosa, obrigada por votos, podia parecer indispensável para assegurar a continuidade e a eficácia na defesa do Ocidente. Os príncipes cristãos deixando de cumprir com seu dever, impunha-se suprir-lhes a falha, e é por isso que se destinavam religiosos ao ofício das armas.

ad salutem aliorum. — Alio modo, tolerando patienter iniurias aliorum. Et hoc ad imperfectionem pertinet, vel etiam ad vitium, si aliquis potest convenienter iniurianti resistere. Unde Ambrosius dicit, in libro *de Offic*.[7]: *Fortitudo quae bello tuetur a barbaris patriam, vel domi defendit infirmos, vel a latronibus socios, plena iustitia est*. Sicut etiam ibidem dicit Dominus: *Quae tua sunt, ne repetas*: et tamen, si aliquis non repeteret ea quae sunt aliorum, si ad eum pertineat, peccaret. Homo enim laudabiliter donat sua, non autem aliena. Et multo minus ea quae sunt Dei, non sunt negligenda: quia, ut Chrysostomus dicit, *super Matth*.[8], *iniurias Dei dissimulare nimis est impium*.

AD SECUNDUM dicendum quod exercere advocationis officium propter aliquid mundanum, repugnat omni religioni: non autem si hoc aliquis exerceat, secundum dispositionem sui praelati, pro monasterio suo, ut in eadem Decretali subditur. Neque etiam pro defensione pauperum aut viduarum: unde in Decretis, dist. LXXXVIII[9], dicitur: *Decrevit sancta Synodus nullum deinceps clericum aut possessiones conducere, aut negotiis saecularibus se permiscere, nisi propter curam pupillorum*, etc. Et similiter militare propter aliquid mundanum est omni religioni contrarium: non autem militare propter obsequium Dei.

AD TERTIUM dicendum quod militia saecularis interdicitur poenitentibus: sed militia quae est propter Dei obsequium, imponitur alicui in poenitentiam; sicut patet de his quibus iniungitur ut militent in subsidium Terrae Sanctae.

AD QUARTUM dicendum quod religio non sic instituitur ad militandum quod religiosis propria auctoritate liceat bella gerere: sed solum auctoritate principum vel Ecclesiae.

ARTICULUS 4
Utrum aliqua religio possit institui ad praedicandum vel confessiones audiendum

AD QUARTUM SIC PROCEDITUR. Videtur quod nulla religio possit institui ad praedicandum vel confessiones audiendum.

tribui para a salvação de outros. — A segunda, consiste em sofrer pacientemente as injúrias feitas a outros. E isto é imperfeição ou até um vício, se se pode resistir eficazmente àquele que injúria. Por isso, Ambrósio escreveu: "Essa coragem, que na guerra protege a pátria contra os bárbaros, ou em sua casa defende os fracos ou os familiares contra os ladrões, é uma perfeita justiça". E o mesmo diz o Senhor: "Não tornes a pedir o que é teu". Contudo, pecaria quem não reivindicasse o que é dos outros, se isso lhe dissesse respeito. Pois é louvável dar o que é seu, e não o que é dos outros. E muito menos não deve ser descurado o que é de Deus. Como diz Crisóstomo: "É demasiada impiedade dissimular as injúrias feitas a Deus".

QUANTO AO 2º, deve-se dizer que exercer o ofício de advogado por um interesse temporal é contrário a toda vida religiosa, mas não quando alguém o exerce a favor do seu mosteiro, por ordem do seu superior, como observa a mesma Decretal. Nem tampouco a favor dos pobres e das viúvas. Assim, uma Decretal determina: "O santo sínodo decidiu que nenhum clérigo poderá doravante encarregar-se da administração de propriedades, ou imiscuir-se em negócios temporais, a não ser para o serviço dos órfãos e das viúvas", etc. Igualmente, exercer o ofício das armas por interesses temporais é contrário a toda vida religiosa, mas não pelo serviço de Deus.

QUANTO AO 3º, deve-se dizer que o serviço militar secular é proibido aos penitentes. Mas o serviço militar pela causa de Deus pode ser imposto, às vezes, como penitência, como é o caso daqueles que são obrigados a pegar em armas em ajuda à Terra Santa.

QUANTO AO 4º, deve-se dizer que não se funda a vida religiosa para fins militares de tal modo que os religiosos possam fazer a guerra por sua própria autoridade, mas só pela autoridade dos príncipes ou da Igreja.

ARTIGO 4
A vida religiosa pode ser fundada para pregar ou para ouvir confissões?

QUANTO AO QUARTO, ASSIM SE PROCEDE: parece que uma vida religiosa **não** pode ser fundada para pregar ou para ouvir confissões.

---

7. L. I, c. 27, n. 129: ML 16, 61 B.
8. *Opus imperf. in Matth.*, hom. 5: MG 56, 668.
9. GRATIANUS, *op. cit.*, P. I, dist. 88, can. 1: ed. cit., t. I, p. 306.
4 PARALL.: *Cont. impugn. Relig.*, c. 4.

1. Dicitur enim VII, qu. 1¹: *Monachorum vita subiectionis habet verbum et discipulatus, non docendi vel praesidendi vel pascendi alios*: et eadem ratio esse videtur de aliis religiosis. Sed praedicare et confessiones audire est pascere vel docere alios. Non ergo ad hoc aliqua religio potest institui.

2. PRAETEREA, illud ad quod religio instituitur, videtur esse maxime proprium religioni, ut supra dictum est. Sed praedicti actus non sunt proprii religiosorum, sed potius praelatorum. Non ergo ad huiusmodi actus potest aliqua religio institui.

3. PRAETEREA, inconveniens videtur quod auctoritas praedicandi et confessiones audiendi infinitis hominibus committatur. Sed non est certus numerus eorum qui in religione aliqua recipiuntur. Ergo inconveniens est quod aliqua religio instituatur ad actus praedictos.

4. PRAETEREA, praedicatoribus debetur victus a fidelibus Christi: ut patet 1Cor 9. Si ergo committitur praedicationis officium alicui religioni ad hoc institutae, sequetur quod fideles Christi teneantur ad exhibendum sumptus infinitis personis: quod cedit in magnum eorum gravamen. Non ergo debet aliqua religio institui ad huiusmodi actus exercendos.

5. PRAETEREA, institutio Ecclesiae debet sequi institutionem Christi. Sed Christus primo misit ad praedicandum duodecim Apostolos, ut habetur Lc 9,1-2; et postea misit septuagintaduos discipulos, ut habetur Lc 10,1; et sicut Glossa² ibidem dicit, *Apostolorum formam tenent episcopi, septuagintaduorum discipulorum minores presbyteri*, scilicet curati. Ergo, praeter episcopos et presbyteros parochiales, non debet aliqua religio institui ad praedicandum vel ad confessiones audiendum.

SED CONTRA est quod in *Collationibus Patrum*³, Abbas Nesteros, de diversitate religionum loquens, dicit: *Quidam eligentes aegrotantium curam, alii intercessionem quae pro miseris atque oppressis impenditur exequentes, aut doctrinae instantes, aut eleemosynas pauperibus largientes, inter magnos ac summos viros, pro affectu suo ac pietate, viguerunt*. Ergo, sicut ad aegrotantium curam aliqua religio potest institui, ita etiam ad docendum populum per praedicationem et alia huiusmodi opera.

1. Com efeito, dizem as Decretais: "A vida dos monges significa sujeição e discipulado. Não lhes cabe ensinar, presidir ou apascentar os outros". E parece que se pode dizer o mesmo dos outros religiosos. Ora, pregar e ouvir confissões é apascentar ou ensinar os outros. Logo, nenhuma vida religiosa pode ser instituída para isso.

2. ALÉM DISSO, o fim para o qual se funda uma vida religiosa parece ser o mais próprio dela. Ora, os atos mencionados não são próprios dos religiosos, mas antes dos prelados. Logo, não se pode fundar uma vida religiosa para tais atos.

3. ADEMAIS, parece que não é conveniente conferir o direito de pregar e de ouvir confissões a um número infinito de pessoas. Ora, o número dos que são recebidos numa vida religiosa não é determinado. Logo, não é conveniente que uma vida religiosa seja fundada para essas atividades.

4. ADEMAIS, os fiéis de Cristo devem aos pregadores a sua subsistência, como disse o Apóstolo. Ora, se a pregação fosse confiada a uma vida religiosa fundada para esse fim, segue-se que os fiéis de Cristo estariam obrigados a sustentar um número infinito de pessoas, o que seria para eles um peso muito grande. Logo, não se deve fundar uma vida religiosa para exercer essas atividades.

5. ADEMAIS, a instituição da Igreja deve seguir a instituição de Cristo. Ora, Cristo mandou pregar, primeiro os doze Apóstolos e, depois, os setenta e dois discípulos. E a Glosa comenta: "Os bispos ocupam o lugar dos Apóstolos e os presbíteros menores, isto é, os párocos, o dos setenta e dois discípulos". Logo, não se deve fundar uma vida religiosa para pregar ou confessar, já existindo os bispos e os párocos.

EM SENTIDO CONTRÁRIO, falando da diversidade das vidas religiosas, o abade Néstero diz: "Uns escolhendo tratar dos doentes, outros se aplicando à proteção dos infelizes e dos oprimidos, outros se consagrando ao ensino, outros, enfim, ao alívio dos pobres pelas esmolas, todos eles sobressaíram por sua bondade e piedade, entre os homens mais ilustres". Logo, assim como se pode fundar uma religião para cuidar dos doentes, também para ensinar o povo pela pregação e atividades análogas.

---

1. GRATIANUS, *Decretum*, P. II, causa 7, can. 45: ed. Richter-Friedberg, t. I, p. 585. — Cfr. q. 187, a. 1, 1 a.
2. Ordin.: ML 114, 284 A.
3. Collat. 14, c. 4: ML 49, 959 A.

RESPONDEO dicendum quod, sicut dictum est[4], convenienter religio institui potest ad opera vitae activae, secundum quod ordinantur ad utilitatem proximorum, et ad obsequium Dei, et conservationem divini cultus. Magis autem procuratur utilitas proximorum per ea quae pertinent ad spiritualem animae salutem, quam per ea quae pertinent ad subveniendum corporali necessitati, quanto spiritualia corporalibus sunt potiora: unde supra[5] dictum est quod eleemosynae spirituales sunt corporalibus potiores. Hoc etiam magis pertinet ad obsequium Dei, cui *nullum sacrificium est magis acceptum quam zelus animarum*, ut Gregorius dicit, *super Ezech*.[6]. Maius etiam est spiritualibus armis contra errores haereticorum et tentationes daemonum fideles defendere, quam corporalibus armis populum fidelem tueri. Et ideo convenientissimum est ad praedicandum, et ad alia quae pertinent ad salutem animarum, aliquam religionem institui.

AD PRIMUM ergo dicendum quod ille qui operatur ex virtute alterius, agit per modum instrumenti. Minister autem est sicut *instrumentum animatum*: ut Philosophus dicit, in I *Polit*.[7]. Unde quod aliquis auctoritate praelatorum praedicet, vel alia huiusmodi faciat, non supergreditur *discipulatus* vel *subiectionis* gradum, qui competit religiosis.

AD SECUNDUM dicendum quod, sicut religiones aliquae instituuntur ad militandum, non quidem ut militent auctoritate propria, sed auctoritate principum vel Ecclesiae, quibus ex officio competit, sicut dictum est[8]; ita etiam religiones instituuntur ad praedicandum et confessiones audiendum, non quidem propria auctoritate, sed auctoritate praelatorum superiorum et inferiorum, ad quos ex officio pertinet. Et ita subvenire praelatis in tali ministerio est huiusmodi religionis proprium.

AD TERTIUM dicendum quod a praelatis non conceditur talibus religiosis ut quilibet indifferenter possit praedicare vel confessiones audire: sed secundum moderationem eorum qui huiusmodi

RESPONDO. Pode-se fundar muito bem uma vida religiosa dedicada às obras da vida ativa, enquanto estas se ordenam à utilidade do próximo, ao serviço de Deus e à conservação do culto divino. Ora, os atos que se referem à salvação espiritual da alma são mais úteis ao próximo que os que se referem à ajuda de uma necessidade corporal, ao bem corporal, tanto mais que o espiritual é superior ao corporal. Por isso, as esmolas espirituais são superiores às esmolas materiais. Ademais, esses atos dizem mais respeito ao serviço de Deus, "a quem nenhum sacrifício é mais agradável que o zelo das almas", como disse Gregório. Assim, é uma obra mais excelente defender os fiéis com as armas espirituais contra os erros dos hereges e contra as tentações dos demônios, do que proteger o povo cristão com as armas materiais[d]. Por conseguinte, é sumamente conveniente fundar uma vida religiosa para a pregação e outros ministérios úteis para a salvação das almas.

QUANTO AO 1º, portanto, deve-se dizer que quem age por virtude de um outro, age como instrumento. Ora, o ministro, segundo o Filósofo, é como "um instrumento vivo". Portanto, pregar ou exercer outra função semelhante pela autoridade dos prelados, não extrapola o grau de discípulo ou de sujeito, que lhes é próprio.

QUANTO AO 2º, deve-se dizer que assim como as vidas religiosas fundadas para exercer o ofício das armas, não o fazem por autoridade própria, mas pela do príncipe ou da Igreja que têm competência para isso, assim, também, as vidas religiosas são instituídas para pregar e confessar por delegação dos prelados superiores ou subalternos, a quem isso compete por ofício, e não por sua própria autoridade. Desse modo, é próprio dessas religiões ajudar os prelados nesses ministérios.

QUANTO AO 3º, deve-se dizer que os prelados não concedem a tais religiosos que cada um indiferentemente possa pregar, ou ouvir confissão, mas segundo o juízo daqueles que presidem a

---

4. Art. 2.
5. Q. 32, a. 3.
6. Hom. 12, n. 30: ML 76, 932 C.
7. C. 3: 1253, b, 20-23.
8. A. 3, ad 4.

d. A suspeição lançada por Sto. Tomás sobre as ordens predicantes ou ensinantes parece paralela à que ele lançava no artigo anterior sobre as ordens militares. Há objeções contra umas e contra outras. Já para nós, trata-se de problemáticas totalmente distintas.
Sto. Tomás sabe bem disso, e propõe uma raciocínio *a fortiori*: se podem existir ordens militares, por mais forte razão é desejável que os religiosos se consagrem à evangelização do povo cristão.

religionibus praeficiuntur; vel secundum taxationem ipsorum praelatorum.

AD QUARTUM dicendum quod plebs fidelis non tenetur ex debito iuris ad sumptus ministrandos nisi ordinariis praelatis, qui propter hoc decimas et oblationes fidelium recipiunt et alios ecclesiasticos reditus. Sed si aliqui gratis in huiusmodi actibus velint fidelibus ministrare, non potestative ab eis sumptus exigentes, non propter hoc gravantur fideles: quia et ipsi possunt liberaliter recompensare temporalem subventionem, ad quam, etsi non teneantur ex debito iuris, tenentur tamen ex debito caritatis; non autem ita quod *eis sit tribulatio, aliis autem remissio*, ut dicitur 2Cor 8,13. — Si tamen non invenirentur qui gratis se huiusmodi obsequiis manciparent, tenerentur ordinarii praelati, si ipsi non sufficerent, alios ad hoc idoneos quaerere, quibus sumptus ipsi ministrarent.

AD QUINTUM dicendum quod formam septuagintaduorum discipulorum non solum tenent presbyteri curati, sed quicumque alii minoris ordinis episcopis in eorum officio subserviant. Non enim legitur quod septuagintaduobus discipulis Dominus aliquas determinatas parochias assignaret: sed quod *mittebat eos ante faciem suam in omnem civitatem et locum quo erat ipse venturus*. Opportunum autem fuit ut, praeter ordinarios praelatos, alii assumerentur ad huiusmodi officia: propter multitudinem fidelis populi, et difficultatem inveniendi sufficientes personas distribuendas singulis plebibus. Sicut etiam et religiones ad militandum necesse fuit institui, propter defectum saecularium principum ad resistendum infidelibus in aliquibus terris.

ARTICULUS 5
Utrum sit instituenda aliqua religio ad studendum

AD QUINTUM SIC PROCEDITUR. Videtur quod non sit instituenda aliqua religio ad studendum.

essas religiões, ou segundo um número fixado pelos mesmos prelados[e].

QUANTO AO 4º, deve-se dizer que o povo cristão só está obrigado, por dever de justiça, a assegurar o sustento dos prelados ordinários, que por isso recebem os dízimos e oblações dos fiéis e outros rendimentos eclesiásticos. Mas se alguns quiserem servir gratuitamente os fiéis nestes ministérios, sem exigir deles retribuição como um direito, não são um peso para os fiéis. Mas estes podem, por liberalidade, recompensá-los com subsídios temporais, aos quais, embora não estejam obrigados por dever de justiça, estão obrigados por um dever de caridade. Não, todavia, de tal maneira que "uns fiquem na aflição, e os outros tenham alívio", como diz o Apóstolo. — Se, porém, não se encontrasse quem se dispusesse a prestar esses serviços gratuitamente, os prelados ordinários estariam obrigados, se eles próprios não fossem suficientes, a procurar auxiliares capazes, aos quais eles mesmos sustentariam.

QUANTO AO 5º, deve-se dizer que os setenta e dois discípulos não representam só os párocos, mas todos aqueles que, inferiores aos bispos, servem-nos em suas funções. Pois o Evangelho não diz que aos setenta e dois discípulos o Senhor tenha confiado determinadas paróquias, mas que "Enviou-os à sua frente a toda cidade e lugar aonde ele próprio devia ir". Ora, foi necessário associar outras pessoas a esse ministério, além dos prelados ordinários, por causa da grande quantidade do povo fiel e da dificuldade de se encontrar pessoas suficientes para distribuí-las a cada grupo. Assim também foi necessário fundar vidas religiosas destinadas à vida militar, pela falta de príncipes cristãos capazes de resistir aos infiéis em algumas regiões.

ARTIGO 5
Uma vida religiosa deve ser fundada para o estudo?[f]

QUANTO AO QUINTO, ASSIM SE PROCEDE: parece que uma vida religiosa **não** deve ser fundada para o estudo.

---

5 PARALL.: *Cont. impugn. Relig.*, c. 11.

e. Outra época, outros costumes! Na Idade Média, temia-se a multiplicação intempestiva dos clérigos no domínio pastoral. E os bispos cerravam os freios. Hoje, os bispos têm de que regozijar-se se as ordens religiosas lhes fornecem um clero suficiente, sob condição de que seja qualificado e cooperante.
A solução 4 de nosso artigo trata das consequências econômicas da participação dos religiosos no domínio pastoral. Os princípios propostos por Sto. Tomás continuam válidos.
f. Sob a pena de Sto. Tomás, este artigo só podia ser um elogio do estudo a serviço da contemplação e do ensino. A tradição dos Pregadortes é aqui perfeitamente coerente. Entre os Menores, discípulos de São Francisco, a questão estava destinada a

1. Dicitur enim in Ps 70,15-16: *Quoniam non cognovi litteraturam, introibo in potentias Domini*: Glossa[1]: *idest, in virtutem Christianam*. Sed perfectio Christianae virtutis maxime videtur ad religiosos pertinere. Ergo eorum non est studio litterarum insistere.

2. PRAETEREA, illud quod est dissensionis principium, religiosis non competit, qui in unitatem pacis congregantur. Sed studium dissensionem inducit: unde et in philosophis subsecuta est diversitas sectarum. Unde et Hieronymus, *super Epist. ad Tit.*[2], dicit: *Antequam, diaboli instinctu, studia in religione fierent, et diceretur in populis, Ego sum Pauli, Ego Apollo, Ego Cephae*, etc. Ergo videtur quod nulla religio debeat institui ad studendum.

3. PRAETEREA, professio Christianae religionis differre debet a professione gentilium. Sed apud gentiles aliqui philosophiam profitebantur. Et nunc etiam aliqui saeculares dicuntur aliquarum scientiarum professores. Non ergo religiosis competit studium litterarum.

SED CONTRA est quod Hieronymus, in epistola *ad Paulinum*[3], invitat eum ad discendum in statu monastico, dicens: *Discamus in terris quorum scientia nobis perseverat in caelis*. Et infra: *Quidquid quaesieris, tecum scire conabor*.

RESPONDEO dicendum quod, sicut dictum est[4], religio potest ordinari ad vitam activam, et ad vitam contemplativam. Inter opera autem vitae activae, principaliora sunt illa quae ordinantur directe ad salutem animarum, sicut praedicare et alia huiusmodi. Competit ergo studium litterarum religioni tripliciter. Primo quidem, quantum ad id quod est proprium contemplativae vitae. Ad quam studium litterarum dupliciter adiuvat. Uno modo, directe coadiuvando ad contemplandum: illuminando scilicet intellectum. Vita enim contemplativa de qua nunc loquimur, principaliter ordinatur ad considerationem divinorum, ut supra[5] habitum est, in qua dirigitur homo ad considerandum divina. Unde in laudem viri iusti dicitur in Ps 1,2,

1. Com efeito, diz o Salmo: "Porque não conheci a literatura, entrarei nas potências do Senhor", ou seja, "na virtude cristã", como explica a Glosa. Ora, a perfeição da virtude cristã parece dizer respeito sobretudo aos religiosos. Logo, não cabe a eles dedicar-se ao estudo das letras.

2. ALÉM DISSO, o que é um princípio de dissenção não é próprio dos religiosos, que se reúnem em vista da unidade da paz. Ora, o estudo leva a dissenções, por isso a diversidade de escolas surgidas entre os filósofos, Jerônimo escreveu: "Antes que, por instigação do diabo, se fizessem estudos na vida religiosa, de modo que se viesse a dizer entre o povo 'Eu sou de Paulo', 'eu de Apolo', 'eu de Cefas'" etc. Logo, parece que não se deve fundar nenhuma vida religiosa dedicada ao estudo.

3. ADEMAIS, a profissão da religião cristã deve distinguir-se da profissão dos pagãos. Ora, entre os pagãos alguns faziam profissão de filosofia. E, ainda hoje, alguns seculares se dizem professores de certas ciências. Logo, o estudo das letras não convém aos religiosos.

EM SENTIDO CONTRÁRIO, Jerônimo escreve a Paulino e o convida a consagrar-se ao estudo no estado monástico, dizendo: "Aprendamos na terra a ciência daquilo que vai perdurar no céu". E, mais adiante: "Tudo o que pesquisares, eu me esforçarei por saber contigo".

RESPONDO. A vida religiosa pode ordenar-se à vida ativa e à vida contemplativa. Ora, entre as obras da vida ativa as mais importantes são as que se ordenam para a salvação das almas, como a pregação e outras semelhantes. Logo, o estudo das letras convém à vida religiosa por três razões. — Primeiro, quanto ao que é próprio da vida contemplativa, à qual o estudo das letras ajuda de duas maneiras: 1º Diretamente, a saber, iluminando o espírito. Pois a vida contemplativa de que estamos tratando agora é principalmente ordenada à contemplação das coisas divinas, na qual o homem é dirigido a considerar as coisas divinas. Por isso, em louvor do homem justo, diz o Salmo que "Ele medita dia e noite na lei do

---
1. Interl.; LOMBARDI: ML 191, 653 A.
2. Super 1, 5: ML 26, 562 C.
3. Epist. 53, al. 103, n. 9: ML 22, 549.
4. Art. 2, 3.
5. Q. 180, a. 4.

---
permanecer em aberto, e eles a retomaram diversas vezes. Não fôra em função do estudo que sua ordem fora instituída, mesmo que um grande número de franciscanos tenham se ilustrado no estudo e no ensino.

quod *in lege Domini meditabitur die ac nocte*. Et Eccli 39,1 dicitur: *Sapientiam antiquorum exquiret sapiens, et in prophetis vacabit*. — Alio modo, studium litterarum iuvat contemplativam vitam indirecte removendo contemplationis pericula, scilicet errores, qui in contemplatione divinorum frequenter accidunt his qui Scripturas ignorant: sicut in *Collationibus Patrum*[6] legitur quod Abbas Serapion, propter simplicitatem, incidit in errorem Anthropomorphitarum, idest eorum qui Deum habere humanam formam arbitrantur. Unde dicit Gregorius, in VI *Moral.*[7], quod *nonnulli, dum plus exquirunt contemplando quam capiunt, usque ad perversa dogmata erumpunt: et dum veritatis esse discipuli humiliter negligunt, magistri errorum fiunt*. Et propter hoc dicitur Eccle 2,3: *Cogitavi in corde meo abstrahere a vino carnem meam, ut animum meum transferrem ad sapientiam, devitaremque stultitiam*.

Secundo, necessarium est studium litterarum religioni institutae ad praedicandum et ad alia huiusmodi exercendum. Unde Apostolus dicit, Tt 1,9, de episcopo, ad cuius officium huiusmodi actus pertinent: *Amplectentem eum qui secundum doctrinam est fidelem sermonem: ut potens sit exhortari in doctrina sana, et eos qui contradicunt arguere*. — Nec obstat quod Apostoli absque studio litterarum ad praedicandum sunt missi: quia, ut Hieronymus dicit, in Epistola *ad Paulinum*[8], *quidquid aliis exercitatio et quotidiana in lege meditatio tribuere solet, illis Spiritus Sanctus suggerebat*.

Tertio, studium litterarum religioni congruit quantum ad id quod est omni religioni commune. Valet enim ad vitandum carnis lasciviam. Unde Hieronymus dicit, *ad Rusticum Monachum*[9]: *Ama scripturarum studia, et carnis vitia non amabis. Avertit enim animum a cogitatione lasciviae: et carnem macerat, propter studii laborem*, secundum illud Eccli 31,1: *Vigilia honestatis tabefaciet carnes*. — Valet etiam ad auferendum cupiditatem divitiarum. Unde Sap 7,8 dicitur: *Divitias nihil esse dixi in comparatione illius*. Et 1Mac 12,9 dicitur: *Nos autem nullo horum indiguimus*, scilicet exteriorum subsidiorum, *habentes solatio sanctos libros qui in manibus nostris sunt*. — Valet etiam ad obedientiae documentum. Unde Augustinus

Senhor". E em outro lugar: "O sábio perscrutará a sabedoria dos antigos e entregar-se-á aos profetas". — 2º Indiretamente, a saber, removendo os erros da contemplação, a saber, aqueles em que frequentemente caem, na contemplação das coisas divinas, os que ignoram as Escrituras. Assim, lê-se que o abade Serapião, por simplicidade, caiu no erro dos antropomorfitas, isto é, daqueles que atribuam a Deus uma forma humana. A esse respeito, observa Gregório: "Alguns, procurando na contemplação ir além da sua capacidade, acabam caindo em dogmas perversos e, desdenhando ser discípulos humildes da verdade, tornam-se mestres de erros". Por isso se lê na Escritura: "Resolvi dentro do meu coração apartar do vinho a minha carne, a fim de dedicar meu ânimo à sabedoria e evitar a insensatez".

Segundo, o estudo das letras é necessário às vidas religiosas fundadas em vista da pregação e dos ministérios análogos. Por isso, o Apóstolo escreve a respeito do bispo, cujo ofício comporta esses ministérios: "Que ele seja apegado à verdadeira doutrina, conforme o ensinamento recebido, para que seja capaz de exortar segundo a sã doutrina e refutar os que a contradizem". — Nem obsta o fato de os Apóstolos terem sido enviados a pregar sem o estudo das letras. Pois, como diz Jerônimo: "O Espírito Santo lhes sugeria tudo o que o estudo e a meditação quotidiana da lei de Deus podem dar".

Terceiro, o estudo das letras convém às vidas religiosas em função do que é comum a todas elas. — Ajuda a frear a concupiscência da carne. Donde dizer Jerônimo: "Ama o estudo das Escrituras, e não amarás os vícios da carne". Com efeito, ele desvia o espírito desses pensamentos lascivos e mortifica a carne pelo trabalho que impõe, como ensina a Escritura "As vigílias da honestidade debilitam a carne". — Contribui, também, para abolir a cobiça das riquezas. Por isso, está escrito: "Comparadas a ela, julguei as riquezas sem valor algum". E em outro lugar: "Nós não tínhamos necessidade alguma destas coisas", isto é, do auxílio exterior, "tendo para nossa consolação os santos livros que estão entre nossas mãos". — Contri-

---

6. Collat. 10, c. 3: ML 49, 823 A.
7. C. 37, al. 17, in vet. 26, n. 57: ML 75, 761 D.
8. Epist. 53, al. 103, n. 3: ML 22, 543.
9. Epist. 125, al. 4, n. 11: ML 22, 1078.

dicit, in libro *de Operibus Monach*.[10]: *Quae est ista perversitas, lectioni nolle obtemperare, dum vult ei vacare?*

Et ideo manifestum est quod congrue potest institui religio ad studium litterarum.

AD PRIMUM ergo dicendum quod Glossa[11] ibi exponit de littera veteris legis: de qua Apostolus dicit, 2Cor 3,6: *Littera occidit.* Unde *non cognoscere litteraturam* est non approbare litteralem circumcisionem et ceteras carnales observantias.

AD SECUNDUM dicendum quod studium ad scientiam ordinatur: quae sine caritate *inflat*, et per consequens dissensiones facit, secundum illud Pr 13,10, *Inter superbos semper sunt iurgia*; sed cum caritate *aedificat*, et concordiam parit. Unde 1Cor 1,5, Apostolus, cum dixisset, *Divites facti estis in omni verbo et in omni scientia*, postmodum [10] subdit: *Idipsum dicatis omnes, et non sint in vobis schismata.* — Hieronymus tamen non loquitur ibi de studiis litterarum: sed de studiis dissensionum, quae per haereticos et schismaticos intraverunt in religione Christiana.

AD TERTIUM dicendum quod philosophi profitebantur studia litterarum quantum ad saeculares doctrinas. Sed religiosis competit principaliter intendere studio litterarum pertinentium ad *doctrinam quae secundum pietatem est*, ut dicitur Tt 1,1. Aliis autem doctrinis intendere non pertinet ad religiosos, quorum tota vita divinis obsequiis mancipatur, nisi inquantum ordinantur ad sacram doctrinam. Unde Augustinus dicit, in fine *Musicae*[12]: *Nos, dum negligendos esse non aestimamus quos haeretici rationum et scientiae fallaci pollicitatione decipiunt, tardius incedimus consideratione ipsarum viarum. Quod tamen facere non auderemus, nisi multos pios Ecclesiae filios, eadem refellendorum haereticorum necessitate, fecisse videremus.*

bui, enfim, para formar na obediência, pois disse Agostinho: "Que contradição é essa: não querer obedecer àquilo que lê, embora queira dedicar-se à leitura?"

É, pois, manifesto que se pode propriamente fundar uma vida religiosa dedicada ao estudo das letras.

QUANTO AO 1º, portanto, deve-se dizer que a Glosa trata aí da letra da lei antiga, da qual o Apóstolo diz: "A letra mata". Logo, "não conhecer a literatura" significa não aprovar a circuncisão no sentido literal, e as outras observâncias carnais.

QUANTO AO 2º, deve-se dizer que o estudo se ordena à ciência e esta, sem a caridade, "incha"; e, por conseguinte, causa dissenções, como diz o livro dos Provérbios: "Entre os soberbos, há sempre contendas". Acompanhada, porém, de caridade "edifica" e gera a concórdia. Por isso, o Apóstolo, depois de ter dito "Fostes enriquecidos em toda a palavra e em toda a ciência", acrescenta: "Todos digais uma mesma coisa e não haja divisões entre vós". — Todavia, Jerônimo, nesse lugar, não fala do estudo das letras, mas desse gosto de disputar que os heréticos e cismáticos introduziram na religião cristã.

QUANTO AO 3º, deve-se dizer que os filósofos professavam o estudo das letras no que diz respeito às ciências humanas. Mas aos religiosos compete principalmente dedicar-se ao estudo das letras que se referem à "doutrina que é segundo a piedade", como diz o Apóstolo. Dedicar-se, porém, ao estudo das outras doutrinas não é próprio dos religiosos, que consagraram toda a sua vida ao ministério divino, a não ser na medida em que elas são ordenadas à teologia. Por isso, disse Agostinho: "Quanto a nós, estimando que não podemos desinteressar-nos daqueles que os herejes enganam com a falsa promessa de dar as razões e a ciência das coisas, nós nos detemos em considerar os seus caminhos. E não o ousaríamos fazer, se não tivéssemos constatado que muitos piedosos filhos da Igreja fizeram o mesmo e pela mesma necessidade de refutar os hereges".

---

10. Cap. 17: ML 40, 565.
11. Loc. cit.
12. L. VI, c. 17, n. 59: ML 32, 1194.

Articulus 6
Utrum religio quae vacat vitae contemplativae, sit potior ea quae vacat operationibus vitae activae

AD SEXTUM SIC PROCEDITUR. Videtur quod religio quae vacat vitae contemplativae, non sit potior ea quae vacat operationibus vitae activae.
1. Dicitur enim Extra, *de Regularibus et transeunt. ad Relig.*, cap. *Licet*[1]: *Sicut maius bonum minori bono praeponitur, ita communis utilitas speciali utilitati praefertur: et in hoc casu recte praeponitur doctrina silentio, sollicitudo contemplationi, et labor quieti.* Sed religio est melior quae ad maius bonum ordinatur. Ergo videtur quod religiones quae ordinantur ad vitam activam, sint potiores illis quae ordinantur ad vitam contemplativam.
2. PRAETEREA, omnis religio ordinatur ad perfectionem caritatis, ut supra[2] habitum est. Sed super illud Hb 12,4, *Nondum usque ad sanguinem restitistis*, dicit Glossa[3]: *Perfectior in hac vita dilectio nulla est ea ad quam sancti martyres pervenerunt, qui contra peccatum usque ad sanguinem certaverunt*. Certare autem usque ad sanguinem competit religionibus quae ad militiam ordinantur, quae tamen pertinent ad vitam activam. Ergo videtur quod huiusmodi religiones sint potissimae.
3. PRAETEREA, tanto videtur esse aliqua religio perfectior, quanto est arctior. Sed nihil prohibet aliquas religiones ad vitam activam ordinatas esse arctioris observantiae quam illae quae ordinantur ad vitam contemplativam. Ergo sunt potiores.

SED CONTRA est quod Dominus, Lc 10,42, dicit *optimam partem* esse Mariae, per quam vita contemplativa significatur.

RESPONDEO dicendum quod, sicut supra[4] dictum est, differentia unius religionis ad aliam principaliter quidem attenditur ex parte finis, secundario autem ex parte exercitii. Et quia non potest aliquid dici altero potius nisi secundum id in quo ab eo differt, ideo excellentia unius religionis super aliam principaliter quidem attenditur secundum religionis finem, secundario autem secundum

Artigo 6
A vida religiosa dedicada à vida contemplativa é superior àquela dedicada à vida ativa?[g]

QUANTO AO SEXTO, ASSIM SE PROCEDE: parece que uma vida religiosa dedicada à vida contemplativa **não** é superior àquela dedicada à vida ativa.
1. Com efeito, lemos numa Decretal: "Assim como um bem maior é preferível a um bem menor, assim também a utilidade comum é preferível à utilidade particular. E, neste caso, é justo preferir o ensino ao silêncio, a solicitude à contemplação e o trabalho ao repouso". Ora, a vida religiosa ordenada a um maior bem é a melhor. Logo, parece que as vidas religiosas dedicadas à vida ativa são superiores às que se ordenam à vida contemplativa.
2. ALÉM DISSO, todas as vidas religiosas são ordenadas à perfeição da caridade. Mas, sobre o texto "Ainda não resististes até o sangue", diz a Glosa: "Não há nesta vida caridade mais perfeita que a alcançada pelos santos mártires, que lutaram contra o pecado até o sangue". Ora, lutar contra o pecado até o sangue é próprio das vidas religiosas militares, que são dedicadas à vida ativa. Logo, parece que essas religiões são as mais excelentes.
3. ADEMAIS, uma vida religiosa é tanto mais perfeita quanto mais estritas são as suas observâncias. Ora, nada impede que algumas vidas religiosas dedicadas à vida ativa tenham uma observância mais rigorosa do que as que se ordenam à vida contemplativa. Logo, elas lhes são superiores.

EM SENTIDO CONTRÁRIO, o Senhor disse que "a melhor parte pertence a Maria", que é figura da vida contemplativa.

RESPONDO. Uma vida religiosa difere de outra principalmente pelo fim, secundariamente pelos exercícios. Ora, como não se pode dizer uma coisa superior a outra a não ser pelo que difere desta, a superioridade de uma vida religiosa sobre outra se determina principalmente pelos fins respectivos, e secundariamente pelos seus exercícios. Contudo, a comparação pelo fim e pelo exercício se entende

---

6 PARALL.: *Cont. impugn. Relig.*, c. 1.

1. *Decretal. Greg. IX*, l. III, tit. 31, c. 18: ed. Richter-Friedberg, t. II, p. 575.
2. A. 1, 2; q. 186, a. 7; q. 187, a. 2.
3. LOMBARDI: ML 192, 501 D.
4. Art. 1.

g. Nova ocasião aproveitada por Sto. Tomás para exprimir o amor que ele dedica à Ordem dos Pregadores.

exercitium. Diversimode tamen secundum utrumque comparatio attenditur: nam comparatio quae est secundum finem est absoluta, eo quod finis propter se quaeritur; comparatio autem quae est secundum exercitium, est respectiva, quia exercitium non quaeritur propter se, sed propter finem. Et ideo illa religio alteri praefertur quae ordinatur ad finem absolute potiorem: vel quia est maius bonum; vel quia ad plura bona ordinatur. Si vero sit finis idem, secundario attenditur praeeminentia religionis, non secundum quantitatem exercitii, sed secundum proportionem eius ad finem intentum. Unde et in *Collationibus Patrum*[5] introducitur sententia beati Antonii, qui praetulit discretionem, per quam aliquis omnia moderatur, et ieiuniis et vigiliis et omnibus huiusmodi observantiis.

Sic ergo dicendum est quod opus vitae activae est duplex. Unum quidem quod ex plenitudine contemplationis derivatur: sicut doctrina et praedicatio. Unde et Gregorius dicit, in V homil. *super Ezech.*[6], quod *de perfectis viris post contemplationem suam redeuntibus dicitur: Memoriam suavitatis tuae eructabunt.* Et hoc praefertur simplici contemplationi. Sicut enim maius est illuminare quam lucere solum, ita maius est contemplata aliis tradere quam solum contemplari. — Aliud autem est opus activae vitae quod totaliter consistit in occupatione exteriori: sicut eleemosynas dare, hospites recipere, et alia huiusmodi. Quae sunt minora operibus contemplationis, nisi forte in casu necessitatis: ut ex supra[7] dictis patet.

Sic ergo summum gradum in religionibus tenent quae ordinantur ad docendum et praedicandum. Quae et propinquissimae sunt perfectioni episcoporum: sicut et in aliis rebus *fines primorum coniunguntur principiis secundorum*, ut Dionysius dicit, 7 cap. *de Div. Nom.*[8]. — Secundum autem gradum tenent illae quae ordinantur ad contemplationem. — Tertius est earum quae occupantur circa exteriores actiones.

In singulis autem horum graduum potest attendi praeeminentia secundum quod una religio ordinatur ad altiorem actum in eodem genere: sicut inter opera activae, potius est redimere captivos quam

de diversas maneiras se entende. A comparação pelo fim é absoluta, porquanto o fim se busca por si mesmo. A comparação pelo exercício é relativa, porque o exercício não é buscado por si mesmo, mas enquanto conduz a um fim. Por conseguinte, uma vida religiosa será julgada superior a outra se ela se ordena a um fim absolutamente superior, seja porque é um bem maior, seja porque é ordenado a um maior número de bens. Mas, se duas vidas religiosas têm o mesmo fim, a superioridade de uma se considera de outro modo, a saber, não pela quantidade dos exercícios, mas pela adequação ao fim procurado. Eis porque se lê nas *Conferências dos Padres* a resposta de Santo Antão, dizendo preferir o discernimento, que regula tudo, aos jejuns, às vigílias e a todas as observâncias semelhantes.

Assim, deve-se concluir que a obra da vida ativa é dupla. — Uma, que procede da plenitude da contemplação, como o ensino e a pregação. Por isso, Gregório ensina que é "dos homens perfeitos, quando saem da sua contemplação, que a Escritura diz: 'Eles saboreiam ainda a lembrança da tua suavidade'". E isto é preferido à simples contemplação. Pois, assim como é mais perfeito iluminar do que apenas brilhar, assim também é mais perfeito comunicar aos outros o que se contemplou do que somente contemplar. — Mas há uma outra ação da vida ativa que consiste inteiramente em ações exteriores, como dar esmolas, exercer a hospitalidade e outras semelhantes. Essas obras são inferiores às obras da contemplação, salvo em caso de necessidade.

Por conseguinte, entre as vidas religiosas ocupam o lugar mais alto as que se ordenam ao ensino e à pregação. E são elas, de todas, as mais próximas da perfeição dos bispos, pois aqui, como em tudo, diz Dionísio: "O mínimo no que é primeiro encontra-se com o máximo no que é segundo. — O segundo lugar pertence às vidas religiosas dedicadas à contemplação. — No terceiro lugar estão aquelas que se ocupam de atividades exteriores.

Em cada um desses graus, a preeminência pode ser considerada pela ordenação de uma vida religiosa ao ato mais elevado no mesmo gênero. Assim, entre os atos de vida ativa, é mais elevado

---

5. Collat. 2, c. 2: ML 49, 525 B — 526 C.
6. L. II, hom. 5, n. 12: ML 76, 826 B.
7. Q. 182, a. 1.
8. MG 3, 872 B.

recipere hospites; et in operibus contemplativae, potior est oratio quam lectio. Potest etiam attendi praeeminentia, si una earum ad plura horum ordinetur quam alia: vel si convenientiora statuta habeat ad finem propositum consequendum.

AD PRIMUM ergo dicendum quod Decretalis illa loquitur de vita activa prout ordinatur ad salutem animarum.

AD SECUNDUM dicendum quod religiones quae instituuntur propter militiam, directius ordinantur ad hoc quod effundant sanguinem hostium, quam ad hoc quod eorum sanguis fundatur, quod proprie martyribus competit. Nihil tamen prohibet huiusmodi religiosos in aliquo casu meritum martyrii consequi, et in hoc praeferri aliis religiosis: sicut et opera activa interdum in aliquo casu praeferuntur contemplationi.

AD TERTIUM dicendum quod arctitudo observantiarum non est id quod praecipue in religione commendatur, ut beatus Antonius dicit. Et Is 58,5 dicitur: *Nunquid hoc est ieiunium quod elegi, per diem affligere animam suam?* Assumitur tamen in religione ut necessaria ad carnis macerationem: quae, si sine discretione fit, periculum deficiendi habet annexum, sicut beatus Antonius dicit⁹. Et ideo non est potior religio ex hoc quod habet arctiores observantias: sed ex hoc quod ex maiori discretione sunt eius observantiae ordinatae ad finem religionis. Sicut ad continentiam efficacius ordinatur maceratio carnis per abstinentiam cibi et potus, quae pertinent ad famem et sitim, quam per subtractionem vestium, quae pertinent ad frigus et nuditatem; et quam per corporalem laborem.

redimir cativos que receber hóspedes; e, na vida contemplativa, a oração é mais elevada que a leitura. Pode-se também considerar a preeminência se uma delas se ordena a um maior número desses atos, ou se os estatutos são mais adaptados ao fim que ela busca.

QUANTO AO 1º, portanto, deve-se dizer que a Decretal citada se refere à vida ativa enquanto se ordena à salvação das almas.

QUANTO AO 2º, deve-se dizer que as vidas religiosas militares ordenam-se mais diretamente a derramar o sangue dos inimigos do que o seu próprio sangue, o que compete propriamente aos mártires. Mas nada impede, de resto, que esses religiosos, num determinado caso, consigam o mérito do martírio, e, com isso, sejam preferidos aos outros religiosos. Assim como, às vezes, as obras da vida ativa, num determinado caso, sejam preferíveis à contemplação.

QUANTO AO 3º, deve-se dizer que o rigor das observâncias não é o que principalmente dá valor a uma vida religiosa como observa Santo Antão. E lê-se no livro de Isaías: "Acaso o jejum que eu aprecio consiste em afligir um homem a sua alma por um dia?". Contudo, é necessário esse rigor na vida religiosa para a mortificação da carne. Mas, como ensina Santo Antão, a mortificação da carne, quando praticada sem discernimento, traz consigo o perigo de enfraquecer. Por isso, uma vida religiosa não é superior a outra por ter observâncias mais rigorosas, mas porque suas observâncias são mais discretamente ordenadas ao seu fim. Assim, quanto à continência, a mortificação da carne ordena-se mais eficazmente pela abstinência da comida e da bebida, ou seja, pela fome e pela sede, do que pela privação da roupa, quer dizer, pelo frio e a nudez, ou pelo trabalho corporal.

ARTICULUS 7
Utrum habere aliquid in communi diminuat perfectionem religionis

AD SEPTIMUM SIC PROCEDITUR. Videtur quod habere aliquid in communi diminuat perfectionem religionis.

ARTIGO 7
Possuir alguma coisa em comum diminui a perfeição da vida religiosa?ʰ

QUANTO AO SÉTIMO, ASSIM SE PROCEDE: parece que possuir alguma coisa em comum **diminui** a perfeição da vida religiosa.

---

9. Loc. cit. in c: ML 49, 526 B.

7 PARALL.: *Cont. Gent.* III, 135; *Cont. retrahent. ab ingress. Relig.*, c. 15, 16.

h. A questão da pobreza, tão real para a comunidade como para seus membros individuais, havia sido posto na ordem do dia por São Francisco de Assis. Não deve surpreender que Sto. Tomás se demore sobre o tema. Não deve surpreender tampouco que ele acentue a ponderação, e a subordinação dos meios aos fins.

1. Dicit enim Dominus, Mt 19,21: *Si vis perfectus esse, vade et vende omnia quae habes et da pauperibus*: ex quo patet quod carere mundanis divitiis pertineat ad perfectionem vitae Christianae. Sed illi qui habent aliquid in communi, non carent mundanis divitiis. Ergo videtur quod non attingant omnino ad perfectionem Christianae vitae.

2. Praeterea, ad perfectionem consiliorum pertinet ut homo mundana sollicitudine careat: unde et Apostolus, 1Cor 7,32, dans consilium de virginitate, dicit: *Volo vos sine sollicitudine esse*. Sed ad sollicitudinem praesentis vitae pertinet quod aliqui reservent sibi aliquid in futurum: quam quidem sollicitudinem Dominus discipulis prohibet, Mt 6,34, dicens: *Nolite solliciti esse in crastinum*. Ergo videtur quod habere aliquid in communi diminuat perfectionem Christianae vitae.

3. Praeterea, divitiae communes quodammodo pertinent ad singulos qui sunt in communitate: unde Hieronymus, *ad Heliodorum Episcopum*[1], dicit de quibusdam: *Sunt ditiores monachi quam fuerant saeculares; possident opes sub Christo paupere, quas sub locuplete diabolo non habuerant; suspirat eos Ecclesia divites, quos tenuit mundus ante mendicos*. Sed quod aliquis habeat divitias proprias derogat perfectioni religionis. Ergo etiam perfectioni religionis derogat quod aliquid in communi habeatur.

4. Praeterea, Gregorius narrat, in III *Dialog.*[2], de quodam sanctissimo viro Isaac, quod, *cum ei discipuli humiliter innuerent ut pro usu monasterii possessiones quae offerebantur acciperet, ille, sollicitus suae paupertatis custos, fortem sententiam tenebat, dicens: "Monachus qui in terra possessiones quaerit, monachus non est"*. Quod intelligitur de communibus possessionibus, quae pro communi usu monasterii ei offerebantur. Ergo videtur quod habere aliquid in communi tollat perfectionem religionis.

5. Praeterea, Dominus, perfectionem religionis discipulis tradens, Mt 10,9-10 dicit: *Nolite possidere aurum neque argentum, neque pecuniam in zonis vestris, non peram in via*: per quod, ut Hieronymus dicit[3], *arguit philosophos qui vulgo appellantur Bactroperitae: quod, contemptores saeculi et omnia pro nihilo ducentes, cellarium secum vehant*. Ergo videtur quod reservare ali-

1. Com efeito, disse o Senhor "Se queres ser perfeito, vai, vende os teus bens e dá aos pobres". Isso mostra que é próprio da perfeição da vida cristã privar-se dos bens terrenos. Ora, aqueles que possuem alguma coisa em comum não carecem de bens terrenos. Logo, parece que não alcançam de modo nenhum a perfeição da vida cristã.

2. Além disso, a perfeição dos conselhos exige que o homem seja livre das preocupações terrenas. É o que o Apóstolo diz, quando aconselha a virgindade "Eu quisera que estivésseis isentos de preocupações". Ora, reservar-se algo para o futuro manifesta preocupação pela vida presente, preocupação esta que o Senhor proíbe aos discípulos: "Não vos preocupeis com o dia de amanhã". Logo, parece que a posse em comum de algo diminui a perfeição da vida cristã.

3. Ademais, numa comunidade, os bens comuns pertencem de algum modo a cada um dos seus membros. Por isso, falando de algumas pessoas, Jerônimo escreve: "São mais ricos os monges do que eram quando seculares; sob o Cristo pobre, possuem bens que jamais tiveram sob o diabo rico. A Igreja geme por ver ricos aos que o mundo tinha outrora por mendigos". Ora, a posse privada de bens é um obstáculo para a perfeição da vida religiosa. Logo, também sua posse em comum.

4. Ademais, a propósito de um santo homem chamado Isaac, Gregório conta o seguinte: "Suplicando-lhe humildemente seus discípulos, que aceitasse, para uso do mosteiro, os bens que lhe ofereciam, ele, guarda solícito de sua pobreza, manteve seu enérgico propósito: O monge que busca bens da terra, não é monge". Ora, tratava-se de propriedades comuns, que lhe ofereciam para o uso comum do mosteiro. Logo, parece que a posse de bens em comum destrói a perfeição da vida religiosa.

5. Ademais, ensinando aos discípulos a perfeição religiosa, o Senhor dizia "Não possuais ouro nem prata, nem moeda nos vossos cintos, nem alforge para o caminho". Como diz Jerônimo, "era condenar esses filósofos que o povo chamava bactroperitas (porta-alforges), os quais, dizendo-se desprezadores do século e tendo todas as coisas por nada, levavam sua dispensa con-

---

1. Epist. 60, al. 3, n. 11: ML 22, 596.
2. Cap. 14: ML 77, 245 A.
3. *Comment.*, l. I, super 10, 9-10: ML 26, 63 A.

quid, sive in proprio sive in communi, diminuat perfectionem religionis.

SED CONTRA est quod Prosper[4] dicit, in libro de *Vita Contempl.*[5], et habetur XII, qu. 1[6]: *Satis ostenditur et propria debere propter perfectionem contemni: et sine impedimento perfectionis, ecclesiae posse facultates, quae sunt profecto communia, possidere.*

RESPONDEO dicendum quod, sicut supra[7] dictum est, perfectio non consistit essentialiter in paupertate, sed in Christi sequela, secundum illud Hieronymi *super Matth.*[8]: *Quia non sufficit omnia relinquere, addidit Petrus quod perfectum est*, idest, *Secuti sumus te*: paupertas autem est sicut instrumentum vel exercitium perveniendi ad perfectionem. Unde in *Collationibus Patrum*[9], Abbas Moyses dicit: *Ieiunia, vigiliae, meditatio Scripturarum, nuditas, ac privatio omnium facultatum, non perfectio, sed perfectionis instrumenta sunt.*

Est autem privatio omnium facultatum, sive paupertas, perfectionis instrumentum, inquantum per remotionem divitiarum tolluntur quaedam caritatis impedimenta. Quae sunt praecipue tria. Quorum primum est sollicitudo, quam secum divitiae afferunt. Unde dominus dicit, Mt 13,22: *Qui autem est seminatus in spinis, hic est qui verbum audit, et sollicitudo saeculi istius et fallacia divitiarum suffocat verbum.* — Secundum autem est divitiarum amor, qui ex divitiis possessis augetur. Unde Hieronymus dicit, *super Matth.*[10], quod *quia divitiae habitae difficile contemnuntur, non dixit Dominus*, Mt 19,23, *"Impossibile est divitem intrare in regnum caelorum", sed, "difficile".* — Tertium autem est inanis gloria vel elatio, quae ex divitiis nascitur: secundum illud Ps 48,7: *Qui confidunt in virtute sua, et in multitudine divitiarum suarum gloriantur.*

Horum ergo trium primum a divitiis separari non potest totaliter, sive sint magnae sive parvae: necesse est enim hominem aliqualiter sollicitari de acquirendis vel conservandis exterioribus rebus. Sed si res exteriores non quaerantur vel habeantur nisi in modica quantitate, quantum sufficiunt ad simplicem victum, talis sollicitudo non multum

sigo". Logo, parece que reservar algo, quer em particular, quer em comum, diminui a perfeição da vida religiosa.

EM SENTIDO CONTRÁRIO, nas Decretais está esta máxima de Próspero: "É bem claro que a perfeição exige o abandono dos bens próprios, mas ela é compatível com a posse dos bens da Igreja, que são manifestamente bens comuns".

RESPONDO. A perfeição não consiste essencialmente na pobreza, mas no seguimento de Cristo, como diz Jerônimo: "Porque não basta abandonar tudo, Pedro acrescenta o que constitui a perfeição: 'Nós te seguimos'". A pobreza é como um instrumento ou exercício para alcançar a perfeição. Assim, o Abade Moisés diz: "Os jejuns, as vigílias, a meditação das Escrituras, a nudez, a privação de todos os recursos não são a perfeição, mas os instrumentos da perfeição".

Ora, a privação de todos os recursos, ou pobreza, é um instrumento de perfeição enquanto o abandono das riquezas afasta certos obstáculos à caridade. E estes são sobretudo três: O primeiro é a preocupação que a riqueza traz consigo: "O que foi semeado entre os espinhos, disse o Senhor, é aquele que ouve a Palavra de Deus, mas os cuidados do mundo e a sedução da riqueza sufocam a Palavra". — O segundo é o amor das riquezas, que aumenta com as riquezas possuídas. Donde a palavra de Jerônimo: "Porque é difícil desprezar as riquezas possuídas, o Senhor não disse 'é impossível os ricos entrarem no reino dos Céus', mas 'é difícil'". — O terceiro obstáculo é a vanglória e o orgulho, que nascem da riqueza, segundo o Salmo "Os que confiam na sua força e se gloriam da sua riqueza imensa".

Ora, desses três obstáculos o primeiro não pode separar-se totalmente das riquezas, sejam grandes ou pequenas. Pois o homem terá necessariamente alguma preocupação em adquirir ou conservar os bens exteriores. Mas, se não se buscam ou possuem esses bens senão em pequena quantidade e na medida necessária para uma vida modesta,

---

4. IULIANUS POMERIUS.
5. L. II, c. 9, n. 1: ML 59, 453 BC.
6. GRATIANUS, *Decretum*, P. II, causa 12, q. 1, can. 13: ed. Richter-Friedberg, t. I, p. 681.
7. Q. 184, a. 3, ad 1; q. 185, a. 6, ad 1.
8. C. 19, v. 27; *Comment.*, l. III: ML 26, 138 C.
9. Collat. 1, c. 7: ML 49, 490 A.
10. C. 19, v. 23; *Comment.*, l. III: ML 26, 138 A.

impedit hominem. Unde nec perfectioni repugnat Christianae vitae. Non enim omnis sollicitudo a Domino interdicitur, sed superflua et nociva: unde super illud Mt 6,25, *Nolite solliciti esse animae vestrae, quid manducetis*, etc., dicit Augustinus, in libro *de Serm. Dom. in Monte*[11]: *Non hoc dicit, ut ista non procurent quantum necessitatis est: sed ut non ista intueantur, et propter ista faciant quidquid in Evangelii praedicatione facere iubentur*. Sed abundans divitiarum possessio abundantiorem sollicitudinem ingerit, per quam animus hominis multum distrahitur et impeditur, ne totaliter feratur in Dei obsequium. — Alia vero duo, scilicet amor divitiarum et elatio seu gloriatio de divitiis, non consequuntur nisi abundantes divitias.

Differt tamen circa hoc utrum divitiae, abundantes vel moderatae, in proprio vel in communi habeantur. Nam sollicitudo quae circa proprias divitias adhibetur, pertinet ad amorem privatum, quo quis se temporaliter amat: sed sollicitudo quae adhibetur circa res communes, pertinet ad amorem caritatis, quae *non quaerit quae sua sunt*, sed communibus intendit. Et quia religio ad perfectionem caritatis ordinatur, quam perficit *amor Dei usque ad contemptum sui*; habere aliquid proprium repugnat perfectioni religionis. Sed sollicitudo quae adhibetur circa bona communia, pertinere potest ad caritatem: licet etiam per hoc impediri possit aliquis altior caritatis actus, puta contemplationis divinae aut instructionis proximorum.

Ex quo patet quod habere superabundantes divitias in communi, sive in rebus mobilibus sive immobilibus, est impedimentum perfectionis: licet non totaliter excludat eam. Habere autem de rebus exterioribus in communi, sive mobilibus sive immobilibus, quantum sufficit ad simplicem victum, perfectionem religionis non impedit: si consideretur paupertas in comparatione ad communem finem religionum, qui est vacare divinis obsequiis.

Si autem consideretur per comparationem ad speciales fines religionum, sic, praesupposito tali fine, paupertas maior vel minor est religioni accommoda: et tanto erit unaquaeque religio secundum paupertatem perfectior, quanto habet paupertatem magis proportionatam suo fini. Manifestum est enim quod ad exteriora et corporalia

tal preocupação não é um grande obstáculo. Eis porque não é contrária à perfeição da vida cristã. O Senhor não proíbe toda solicitude, mas a excessiva e prejudicial. Por isso, sobre o texto "Não vos preocupeis com a vossa vida, quanto ao que haveis de comer", Agostinho comenta: "Com essas palavras, não proíbe buscar esses bens, na medida do necessário, mas que se fixem neles, e manda que façam tudo o que na pregação do Evangelho se diz a esse respeito". Mas a posse de grandes riquezas traz consigo grandes cuidados, e absorvem demasiado o espírito do homem e o impedem de entregar-se totalmente ao serviço de Deus. — Quanto aos outros dois obstáculos, ou seja, o amor das riquezas e o orgulho ou a vanglória por elas, só se encontram pessoas muito ricas.

Contudo, há diferença quando se trata de riquezas, moderadas ou consideráveis, possuídas individualmente ou em comum. Pois o cuidado que cada um tem com seus bens pessoais procede do amor particular com que alguém se ama; enquanto que a solicitude pelas coisas comuns provém do amor de caridade, que "não busca seus próprios interesses", mas a utilidade comum. E como a vida religiosa se ordena à perfeição da caridade, que se consuma no "amor de Deus até o desprezo de si mesmo", a posse de bens particulares se opõe à perfeição da vida religiosa. Mas, o cuidado que se tem pelos bens da comunidade pode se referir à caridade, embora isso também possa ser obstáculo para obras de caridade mais elevadas, como seriam a contemplação divina ou a instrução do próximo.

Donde se segue que a posse comum de bens superabundantes, móveis ou imóveis, é um obstáculo à perfeição, embora não a exclua totalmente. Mas a posse comum de bens mobiliários ou imobiliários, em quantidade simplesmente suficiente para a subsistência, não impede a perfeição da vida religiosa, se consideramos a pobreza em relação ao fim comum de toda vida religiosa, que é dedicar-se ao serviço de Deus.

Mas, se se considera em relação aos fins particulares das vidas religiosas, então pressuposto um determinado fim, a pobreza será maior ou menor de acordo com a vida religiosa. Assim, uma vida religiosa é perfeita em relação à pobreza, na medida em que pratica uma pobreza mais adequada ao seu fim. Ora, é evidente que as obras exteriores

---

11. *De op. mon.*, c. 26, n. 34: ML 40, 573.

opera vitae activae indiget homo copia exteriorum rerum: ad contemplationem autem pauca requiruntur. Unde Philosophus dicit, in X *Ethic.*[12], quod *ad actiones multis opus est, et quanto utique maiores sunt et meliores, pluribus: speculanti autem nullo talium ad operationem necessitas*, sed solis necessariis indiget; alia vero *impedimenta sunt ad speculationem*. Sic igitur patet quod religio quae ordinatur ad actiones corporales activae vitae, puta ad militandum vel ad hospitalitatem sectandam, imperfecta esset si communibus careret divitiis. Religiones autem quae ad contemplativam vitam ordinantur, tanto perfectiores sunt, quanto eorum paupertas minorem eis sollicitudinem temporalium ingerit. Tanto autem sollicitudo temporalium rerum magis impedit religionem, quanto sollicitudo spiritualium maior ad religionem requiritur. Manifestum est autem quod maiorem sollicitudinem spiritualium requirit religio quae est instituta ad contemplandum et contemplata aliis tradendum per doctrinam et praedicationem, quam illa quae est instituta ad contemplandum tantum. Unde talem religionem decet paupertas talis quae minimam sollicitudinem ingerat.

Manifestum est autem quod minimam sollicitudinem ingerit conservare res usui hominum necessarias, tempore congruo procuratas. Et ideo tribus gradibus religionum supra positis triplex gradus paupertatis competit. Nam illis religionibus quae ordinantur ad corporales actiones activae vitae, competit habere abundantiam divitiarum communium. — Illis autem religionibus quae sunt ordinatae ad contemplandum, magis competit habere possessiones moderatas: nisi simul oporteat tales religiosos, per se vel per alios, hospitalitatem tenere et pauperibus subvenire. — Illis autem quae ordinantur ad contemplata aliis tradendum, competit vitam habere maxime ab exterioribus sollicitudinibus expeditam. Quod quidem fit dum modica quae sunt necessaria vitae, congruo tempore procurata, conservantur.

Et hoc dominus, paupertatis institutor, docuit suo exemplo: habebat enim *loculos*, Iudae commissos, in quibus recondebantur ei oblata, ut habetur Io 12,6. — Nec obstat quod Hieronymus dicit, *super Matth.*[13]: *Si quis obiicere voluerit,*

e corporais da vida ativa exigem recursos mais abundantes; a contemplação, ao contrário, precisa de pouco. Por isso, diz o Filósofo que "para a ação são necessárias muitas coisas", e tanto mais quanto mais elevada e melhor for a ação. Mas o contemplativo não necessita de nenhuma dessas coisas", mas só carece do necessário: tudo o mais lhe seria "obstáculo para a contemplação". Por conseguinte, as vidas religiosas dedicadas às obras de vida ativa, por exemplo, ao ofício das armas, ao exercício da hospitalidade etc., seriam imperfeitas se não possuíssem em comum os recursos necessários. Ao contrário, as vidas religiosas que se ordenam à vida contemplativa são tanto mais perfeitas, quanto mais a sua pobreza lhes diminuir o cuidado com as coisas temporais. Quanto maior for a solicitude pelas coisas espirituais que uma vida religiosa requer de seus membros, tanto mais lhe será de obstáculo a preocupação com os bens materiais. Ora, é evidente que uma vida religiosa dedicada à contemplação e à comunicação aos outros pelo ensino e a pregação da verdade contemplada, exige dos seus membros maior solicitude com as coisas espirituais do que as que exclusivamente foram fundadas para a contemplação. Logo, essas vidas religiosas pedem uma pobreza tal que reduza ao mínimo as preocupações.

Ora, é manifesto que o que dá o mínimo de preocupação é conservar os bens necessários ao uso, reunidos em tempo oportuno. Por conseguinte, aos três graus de vidas religiosas de que se falou, correspondem três graus de pobreza. — As que se ordenam às obras corporais da vida ativa podem possuir uma certa abundância de riquezas comuns. — As que se ordenam à vida contemplativa devem, antes, possuir moderadamente, a não ser que seus membros se dediquem direta ou indiretamente a exercer a hospitalidade ou assistir os pobres. — Enfim, as que se ordenam a comunicar aos outros o fruto da contemplação, devem ter uma vida mais desembaraçada das preocupações exteriores. Isto se realiza quando se conserva o pouco que é necessário à sua subsistência, tendo-o conseguido em tempo oportuno.

É isto que o Senhor, que instituiu a pobreza, ensinou com seu exemplo, pois ele tinha uma bolsa, confiada a Judas, na qual se guardava o que lhe ofereciam. — Nem se opõe o que Jerônimo diz: "Alguém poderia objetar: 'Como é que Judas leva-

---

12. C. 8: 1178, b, 1-7.
13. C. 17, v. 26; *Comment.*, l. III: ML 26, 128 A.

Quomodo Iudas in loculis pecuniam portabat? respondebimus, quia rem pauperum in usus suos convertere nefas putavit, scilicet solvendo tributum: — quia inter illos pauperes praecipui erant eius discipuli, in quorum necessitates pecunia loculorum Christi expendebatur. Dicitur enim Io 4,8, quod *discipuli abierant in civitatem ut cibos emerent*: et Io 13,29 dicitur quod discipuli *putabant, quia loculos habebat Iudas, quod dixisset ei Iesus: Eme ea quae opus sunt nobis ad diem festum; aut ut egenis aliquid daret*.

Ex quo patet quod conservare pecuniam, aut quascumque alias res communes, ad sustentationem religiosorum congregationis eiusdem, vel quorumcumque aliorum pauperum, est conforme perfectioni, quam Christus docuit suo exemplo. Sed et discipuli, post Resurrectionem, a quibus omnis religio sumpsit originem, pretia praediorum conservabant, et *distribuebant unicuique prout cuique opus erat*.

AD PRIMUM ergo dicendum quod, sicut dictum est[14], ex illo verbo Domini non intelligitur quod ipsa paupertas sit perfectio, sed perfectionis instrumentum: et, sicut ostensum est, minimum inter tria principalia instrumenta perfectionis; nam votum continentiae praeeminet voto paupertatis, et votum obedientiae praefertur utrique. Quia vero instrumentum non propter se quaeritur, sed propter finem, non tanto aliquid fit melius quanto maius est instrumentum, sed quanto magis est fini proportionatum: sicut medicus non tanto magis sanat quanto maiorem dat medicinam, sed quanto medicina est magis proportionata morbo. Sic igitur non oportet quod religio tanto sit perfectior quanto maiorem habet paupertatem: sed quanto eius paupertas est magis proportionata communi fini et speciali.

Et si daretur quod excessus paupertatis faceret religionem perfectiorem secundum hoc quod est pauperior, non tamen faceret eam perfectiorem simpliciter. Posset enim esse quod alia religio excederet in his quae pertinent ad continentiam et obedientiam, et sic esset simpliciter perfectior: quia quod in melioribus excedit, est simpliciter melius.

AD SECUNDUM dicendum quod per hoc quod Dominus dicit, *Nolite solliciti esse in crastinum*, non intelligitur quod nihil reservetur in futurum. Hoc enim periculosum esse beatus Antonius, in *Collationibus Patrum*[15], ostendit, dicens quod *pri-*

va dinheiro em sua bolsa?' Eu responderei: Porque Jesus não quis usar em seu proveito", isto é, para pagar o tributo, "o que pertencia aos pobres". Pois, entre esses pobres ocupavam o primeiro lugar os discípulos, para cujo sustento Cristo gastava o dinheiro da bolsa. Com efeito, está escrito: "Os discípulos tinham ido à cidade comprar alimentos". E em outro lugar diz-se que, "como era Judas quem guardava a bolsa, os discípulos pensavam que Jesus lhe dissera 'Compra o necessário para a festa', ou que desse algo aos pobres".

Isso nos mostra que conservar o dinheiro ou outros bens comuns, para assegurar o sustento dos religiosos da mesma comunidade ou o dos pobres, é conforme à perfeição que Cristo ensinou com seu exemplo. Os discípulos, depois da ressurreição, que foram a origem de toda vida religiosa, conservavam o produto dos bens vendidos e "o distribuíam entre todos, segundo as necessidades de cada um".

QUANTO AO 1º, portanto, deve-se dizer que desta palavra do Senhor não se pode deduzir que, em si mesma, a pobreza seja uma perfeição, e sim um instrumento de perfeição. É, até, o menor dos três principais instrumentos de perfeição; pois o voto de continência é superior ao de pobreza, e o voto de obediência superior aos outros dois. Ora, como o instrumento não é empregado por si mesmo, mas para um fim, não é melhor pelo que vale em si mesmo, mas por sua adequação ao fim. Assim, o médico não cura na medida em que prescreve um medicamento mais forte, mas na medida em que o remédio é adequado à doença. Portanto, não é necessário que uma vida religiosa seja tanto mais perfeita quanto maior for a sua pobreza; e, sim, ela o será quanto mais proporcionada for a sua pobreza ao seu fim comum e particular.

E, ainda que se conceda que uma pobreza maior tornasse mais perfeita uma vida religiosa, entretanto, isto não a faria absolutamente mais perfeita. Uma outra vida religiosa poderia sobrepujá-la no que diz respeito à continência e à obediência, e seria, absolutamente, mais perfeita. Pois o que é superior no melhor é absolutamente melhor.

QUANTO AO 2º, deve-se dizer que aquela palavra do Senhor "Não vos preocupeis com o dia de amanhã" não significa que não se deva guardar nada em vista do futuro. Santo Antão demonstra que isso seria perigoso, ao dizer: "Aqueles que

---

14. Q. 184, a. 3, ad 1.
15. Collat. 2, c. 2: ML 49, 526 AB.

vationem omnium facultatum ita sectantes ut ex ipsis nec unius quidem diei victum sibimet, unumve denarium superesse paterentur, et alia huiusmodi facientes, *ita vidimus repente deceptos ut arreptum opus non potuerint congruo exitu terminare*. Et ut Augustinus dicit, in libro *de Operibus Monach*.[16], si hoc verbum Domini, *Nolite solliciti esse in crastinum*, ita intelligatur ut nihil in crastinum reponatur, *non poterunt ista servare qui se per multos dies a conspectu hominum separatos includunt, viventes in magna intentione orationum*. Et postea subdit: *An forte, quo sunt sanctiores, eo sunt volucribus dissimiliores?* Et postea subdit: *Si enim urgeantur ex Evangelio ut nihil reponant in crastinum, respondent: Cur ergo ipse Dominus loculos habuit, ubi pecuniam collectam reponeret? Cur tanto ante, fame imminente, frumenta sanctis Patribus missa sunt? Cur Apostoli indigentiae sanctorum necessaria procurarunt?*

Quod ergo dicitur, *Nolite solliciti esse in crastinum*, secundum Hieronymum[17], sic exponitur: *Sufficit nobis praesentis temporis cogitatio: futura, quae incerta sunt, Deo relinquamus*. — Secundum Chrysostomum[18], sic: *Sufficit labor quem pateris propter necessaria: noli de superfluis laborare*. — Secundum Augustinum[19], sic: *Cum aliquid boni operamur, non temporalia, quae significantur per crastinum, sed aeterna cogitemus*.

AD TERTIUM dicendum quod verbum Hieronymi habet locum ubi sunt superabundantes divitiae quae habentur quasi propriae: vel per quarum abusum etiam singuli de communitate superbiunt et lasciviunt. Non autem habet locum in divitiis moderatis communiter conservatis ad solam sustentationem vitae, qua singuli indigent: eadem enim est ratio quod singuli utantur his quae pertinent ad necessaria vitae, et quod communiter conserventur.

AD QUARTUM dicendum quod Isaac possessiones renuebat recipere, quia timebat ne per hoc ad superfluas divitias veniretur, per quarum abusum impediretur religionis perfectio. Unde Gregorius

querem levar o despojamento a ponto de não guardar para si o sustento de um só dia, nem consentir em conservar uma única moeda que lhes sobrou", e fazem coisas semelhantes, "esses, nós os vimos tão rapidamente enganados que foram incapazes de levar a bom termo a obra começada". E Agostinho diz que, se essa palavra do Senhor "Não vos preocupeis com o dia de amanhã" tivesse que ser compreendida como uma proibição de guardar qualquer coisa para o dia seguinte, "não poderiam observá-la aqueles que, durante muitos dias se conservam reclusos, longe da vista dos homens, vivendo numa prática intensa de oração". E logo acrescenta: "Ou porventura quanto mais santos forem, menos se devem parecer com os pássaros?" E mais adiante: "Se queremos obrigá-los, em nome do Evangelho, a não fazer nenhuma provisão para o dia seguinte, responderão muito acertadamente: Por que, então, o próprio Senhor tinha uma bolsa na qual se guardava o dinheiro recebido? Por que, muito tempo antes, estando iminente a fome, enviou-se trigo ao Santos Patriarcas? Por que os Apóstolos proveram com o necessário os santos na indigência?"

Assim, pois, a frase "Não vos preocupeis com o dia de amanhã", Jerônimo assim expõe: "Basta-nos pensar no tempo presente; entreguemos a Deus o futuro, que é incerto". E segundo Crisóstomo: "Basta o trabalho que tens para conseguir o necessário; não te fatigues pelo supérfluo". — E segundo Agostinho: "Quando fizermos algum bem, não pensemos no amanhã, isto é, no interesse temporal, mas pensemos nos bens eternos".

QUANTO AO 3º, deve-se dizer que as palavras de Jerônimo se aplicam ao caso de riquezas superabundantes, que se têm como próprias, ou cujo uso abusivo leva os membros da comunidade à intemperança e ao orgulho. Mas não se aplicam quando se trata de recursos moderados, conservados em comum, em vista das necessidades de cada um, pois a mesma razão pela qual cada um usa do que é necessário para a vida justifica a conservação em comum.

QUANTO AO 4º, deve-se dizer que Isaac se recusava a aceitar bens porque temia chegar por esse caminho a riquezas supérfluas, cujo abuso seria um obstáculo à perfeição da vida religiosa.

---

16. Cap. 23, n. 29: ML 40, 570.
17. *Comment. in Matth.*, l. I: ML 26, 46 B.
18. *Opus imperf. in Matth.*, hom. 16, super 6, 34: MG 56, 724.
19. *De serm. Dom. in monte*, l. II, c. 17, n. 56: ML 34, 1294.

ibidem subdit[20]: *Sic metuebat paupertatem suae securitatis perdere, sicut avari divites solent perituras divitias custodire.* Non autem legitur quod renuerit recipere aliqua necessaria ad vitae sustentationem communiter conservanda.

AD QUINTUM dicendum quod Philosophus, in I *Polit.*[21], dicit panem et vinum et alia huiusmodi esse divitias naturales, pecunias vero divitias artificiales. Et inde est quod quidam philosophi nolebant uti pecunia, sed aliis rebus, quasi secundum naturam viventes. Et ideo Hieronymus, ibidem, per sententiam Domini, qui similiter utrumque interdicit, ostendit quod in idem redit habere pecuniam, et alias res necessarias vitae. — Et tamen, licet Dominus huiusmodi non portari in via ab his qui ad praedicandum mittebantur, ordinaverit: non tamen ea in communi conservari prohibuit.

Qualiter tamen illa verba Domini sint intelligenda, supra[22] ostensum est.

ARTICULUS 8
Utrum perfectior sit religio in societate viventium quam agentium solitariam vitam

AD OCTAVUM SIC PROCEDITUR. Videtur quod perfectior sit religio in societate viventium quam agentium solitariam vitam.

1. Dicitur enim Eccle 4,9: *Melius est duos esse quam unum: habent enim emolumentum societatis suae.* Ergo videtur perfectior esse religio in societate viventium.

2. PRAETEREA, Mt 18,20 dicitur: *Ubi fuerint duo vel tres congregati in nomine meo, ibi sum ego in medio eorum.* Sed nihil potest esse melius quam Christi societas. Ergo videtur quod vivere in congregatione sit melius quam ducere solitariam vitam.

3. PRAETEREA, inter alia religionis vota, votum obedientiae excellentius est: et humilitas est

Por isso, Gregório acrescenta: "Ele temia perder a segurança da sua pobreza, tanto como os ricos avarentos costumam proteger suas riquezas perecíveis". Mas não se lê que ele tenha recusado receber e conservar em comum o necessário para o sustento da vida.

QUANTO AO 5º, deve-se dizer que o Filósofo diz que o pão, o vinho e coisas semelhantes são riquezas naturais; ao passo que o dinheiro é uma riqueza artificial. Por isso, alguns filósofos rechaçavam o uso do dinheiro, mas usavam as outras coisas para viver segundo a natureza. Por isso, Jerônimo, na passagem citada, referindo-se à sentença do Senhor que condena do mesmo modo as duas riquezas, mostra que vem a ser o mesmo ter dinheiro ou ter os outros bens necessários à vida. — Entretanto, embora o Senhor tivesse ordenado aos que eram enviados a pregar que não levassem consigo nenhum desses bens, não proibiu conservá-los em comum.

Mostrou-se acima em que sentido devem ser compreendidas essas palavras do Senhor.

ARTIGO 8
A vida religiosa em comunidade é mais perfeita que a vida solitária?

QUANTO AO OITAVO, ASSIM SE PROCEDE: parece que a vida religiosa em comunidade é mais perfeita que a vida solitária[i].

1. Com efeito, está escrito "É melhor serem dois que um só, pois têm a vantagem da vida em comum". Logo, parece mais perfeita a vida religiosa dos que vivem em comunidade.

2. ALÉM DISSO, lê-se no Evangelho de Mateus que "Onde se acham dois ou três reunidos em meu nome, ali estarei no meio deles". Ora, não pode haver nada melhor que a companhia de Cristo. Logo, parece que viver em comunidade seja melhor que levar uma vida solitária.

3. ADEMAIS, o mais excelente dos votos religiosos é o da obediência, e a humildade é o que mais

---

20. Loc. cit. in arg.: ML 77, 245 B.
21. C. 9: 1257, a, 25 — b, 17.
22. Q. 185, a. 6, ad 2; I-II, q. 108, a. 2, ad 3.

i. A disposição do artigo, com as objeções por ele apresentadas, dá a entender que a vida eremítica deve ser preferida. A tese é confirmada por Sto. Tomás, mas seriamente reequilibrada. A solidão não convém, a não ser temporariamente, às ordens religiosas que se dedicam às obras da vida ativa, nem mesmo aos que servem ao interesse espiritual do próximo... não convém portanto às ordens que Sto. Tomás mais preza. Além disso, a solidão não pode ser mais do que um meio, jamais um fim.
A doutrina tradicional é integrada, mas graças a precisões importantes.

maxime Deo accepta. Sed obedientia et humilitas magis observatur in communi conversatione quam in solitudine. Dicit enim Hieronymus, in Epistola *ad Rusticum Monachum*[1]: *In solitudine cito subrepit superbia: dormit quando voluerit, facit quod voluerit.* E contrario autem ipse docet eum qui in societate vivit, dicens: *Non facias quod vis: comedas quod iuberis, habeas quantum acceperis, subiiciaris cui non vis, servias fratribus, praepositum monasterii timeas ut Deum, diligas ut parentem.* Ergo videtur quod religio viventium in societate sit perfectior ea quae solitariam vitam agit.

4. Praeterea, Dominus dicit, Lc 11,33: *Nemo accendit lucernam et in abscondito ponit, neque sub modio.* Sed illi qui solitariam vitam agunt, videntur esse in abscondito positi, nihil utilitatis hominibus afferentes. Ergo videtur quod eorum religio non sit perfectior.

5. Praeterea, id quod est contra naturam hominis, non videtur ad perfectionem virtutis pertinere. Sed *homo naturaliter est animal sociale*: ut Philosophus dicit, in I *Polit.*[2]. Ergo videtur quod agere solitariam vitam non sit perfectius quam agere vitam socialem.

Sed contra est quod Augustinus, in libro *de Operibus Monach.*[3], illos *sanctiores* esse dicit qui, *a conspectu hominum separati, nulli ad se praebent accessum, viventes in magna intentione orationum*.

Respondeo dicendum quod solitudo, sicut et paupertas, non est ipsa essentia perfectionis, sed perfectionis instrumentum: unde in *Collationibus Patrum*[4], dicit Abbas Moyses quod *pro puritate cordis, solitudo sectanda est*, sicut et ieiunia et alia huiusmodi. Manifestum est autem quod solitudo non est instrumentum congruum actioni, sed contemplationi: secundum illud Os 2,14: *Ducam eam in solitudinem, et loquar ad cor eius.* Unde non congruit religionibus quae sunt ordinatae ad opera vitae activae, sive corporalia sive spiritualia: nisi forte ad tempus, exemplo Christi, qui, ut dicitur Lc 6,12, *exiit in montem orare et erat pernoctans in oratione Dei.* Competit autem religionibus quae sunt ad contemplationem ordinatae.

Considerandum tamen est quod id quod est solitarium, debet esse sibi per se sufficiens. Hoc autem est *cui nihil deest*: quod pertinet ad

agrada a Deus. Ora, a obediência e a humildade se praticam melhor na vida comum que no deserto. Disse Jerônimo: "No deserto o orgulho nos apanha de surpresa, dormimos quanto queremos, fazemos o que queremos". Ao contrário, ele mesmo ensina aos que vivem em comunidade, dizendo: "Não faças o que queres; come o que te dão, contente-te com o que te oferecem, obedece a quem não escolherias, serve aos teus irmãos, teme o superior do mosteiro como ao próprio Deus, ama-o como a um pai". Logo, parece que a vida religiosa dos que vivem em comunidade é mais perfeita que a dos que levam uma vida solitária.

4. Ademais, disse o Senhor: "Ninguém acende uma lâmpada e a põe num lugar escondido ou debaixo do alqueire". Ora, os que levam vida solitária parece que vivem escondidos, não trazendo nenhuma utilidade para os homens. Logo, parece que a sua vida religiosa não é a mais perfeita.

5. Ademais, o que é contra a natureza do homem, não pode ser próprio da perfeição da virtude. Ora, o homem é, por natureza, um animal social", diz o Filósofo. Logo, parece que levar uma vida solitária não é mais perfeito que viver em sociedade.

Em sentido contrário, Agostinho considera "mais santos aqueles que, afastados do convívio humano, a ninguém permitem que se acerque deles e vivem totalmente entregues à oração".

Respondo. O deserto, como a pobreza, não é essência da perfeição, mas um instrumento. Por isso, diz o abade Moisés que, "em vista da pureza do coração, devemos buscar o deserto", assim como os jejuns e outras práticas semelhantes. E é evidente que o deserto não é um instrumento apto para a ação, mas para a contemplação, segundo as palavras de Oseias: "Eu vou conduzi-la ao deserto e falar-lhe ao coração". Por isso, ela não convém às vidas religiosas ordenadas às obras corporais ou espirituais da vida ativa, a não ser por um tempo, conforme o exemplo de Cristo, de quem Lucas disse: "Ele foi à montanha para orar e passou a noite inteira em oração a Deus". Convém às vidas religiosas ordenadas à contemplação.

Contudo, é preciso considerar que o solitário deve ser capaz de bastar-se a si mesmo. Isso supõe que "nada lhe falta", o que é da razão do

---

1. Epist. 125, al. 4, n. 9: ML 22, 1077.
2. C. 2: 1253, a, 2-4.
3. Cap. 23, n. 29: ML 40, 570.
4. Collat. 1, c. 7: ML 49, 489 AB.

rationem perfecti. Et ideo solitudo competit contemplanti qui iam ad perfectum pervenit. Quod quidem contingit dupliciter. Uno modo, ex solo divino munere: sicut patet de Ioanne Baptista, qui fuit *repletus Spiritu Sancto adhuc ex utero matris suae*; unde et cum adhuc puer esset, *erat in desertis*, ut dicitur Lc 1,15-80. — Alio modo, per exercitium virtuosi actus: secundum illud Hb 5,14: *Perfectorum est solidus cibus: eorum qui pro consuetudine exercitatos habent sensus ad discretionem boni et mali*. Ad exercitium autem huiusmodi iuvatur homo ex aliorum societate, dupliciter. Uno modo, quantum ad intellectum, ut instruatur in his quae sunt contemplanda: unde Hieronymus dicit, *ad Rusticum Monachum*[5]: *Mihi placet ut habeas sacrum contubernium, nec ipse te doceas*. Secundo, quantum ad affectum, ut scilicet noxiae affectiones hominis reprimantur exemplo et correctione aliorum: quia ut dicit Gregorius, XXX *Moral.*[6], super illud, *Cui dedi in solitudine domum*: *Quid prodest solitudo corporis, si solitudo defuerit cordis?* Et ideo vita socialis necessaria est ad exercitium perfectionis: solitudo autem competit iam perfectis. Unde Hieronymus dicit, *ad Rusticum Monachum*[7]: *Solitariam vitam comprehendimus minime, quam semper laudabimus: sed de ludo monasteriorum huiusmodi volumus egredi milites quos rudimenta non terreant, qui specimen conversationis suae multo tempore dederint*.

Sicut igitur id quod iam perfectum est, praeeminet ei quod ad perfectionem exercetur; ita vita solitariorum, si debite assumatur, praeeminet vitae sociali. Si autem absque praecedenti exercitio talis vita assumatur, est periculosissima: nisi per divinam gratiam suppleatur quod in aliis per exercitium acquiritur, sicut patet de beatis Antonio[8] et Benedicto[9].

AD PRIMUM ergo dicendum quod Salomon ostendit melius esse quod sint duo simul quam unus, propter auxilium quod unus habet ab alio, vel ad *sublevandum* vel ad *fovendum* vel ad spiritualiter *calefaciendum*. Quo quidem auxilio iam non indigent qui sunt perfectionem assecuti.

perfeito. Por conseguinte, o deserto convém ao contemplativo que já atingiu a perfeição. O que pode acontecer de duas maneiras: Ou por um simples dom divino, e é o caso de João Batista, que foi "cheio do Espírito Santo ainda no seio de sua mãe" e, por isso, como se lê no mesmo Evangelho, desde menino "habitava nos desertos". — Ou, então, pelo exercício de atos virtuosos, pois, diz a Carta aos Hebreus "O alimento sólido é para os perfeitos, para aqueles que pelo hábito têm os sentidos exercitados para discernir o bem e o mal". Ora, para esse exercício da vida virtuosa, o homem é ajudado em sociedade com os outros de duas maneiras: Primeiro, quanto ao intelecto, para que seja instruído a respeito do objeto da contemplação. Como diz Jerônimo: "Agrada-me que tenhas uma santa companhia e que não te ensines a ti mesmo". — Segundo, quanto à vontade, para que as afeições nocivas sejam reprimidas pelo exemplo e a correção dados pelos outros. Com efeito, sobre o texto "Dei-lhes uma casa no deserto", escreve Gregório: "De que serve a solidão do corpo, se falta a solidão do coração?" Por isso a vida em sociedade é necessária para o exercício da perfeição, enquanto que o deserto convém àqueles que já são perfeitos. Por isso, diz Jerônimo: "Pouca parte tomamos na vida solitária, que nunca deixaremos de elogiar. Mas queremos que o exercício desses mosteiros forme combatentes, que os rudimentos não amedrontam, porque já fizeram por muito tempo suas provas".

Assim como a perfeição adquirida é superior ao aprendizado da perfeição, assim também a vida solitária, se é assumida como deve ser, é superior à vida social. Mas, esse gênero de vida é extremamente perigoso para quem o assume sem se ter previamente exercitado. A menos que a graça divina venha suprir o que se adquire pelo exercício, como no caso dos Santos Antão e Bento.

QUANTO AO 1º, portanto, deve-se dizer que Salomão considera a vida a dois melhor que a vida solitária, pelo auxílio que se podem prestar mutuamente, seja para se reerguerem, seja para se encorajarem, ou ainda para incentivarem seu ardor espiritual. Mas, os que já alcançaram a perfeição, não necessitam desse auxílio.

---

5. Epist. 125, al. 4, n. 9: ML 22, 1077.
6. C. 16, al. 12, in vet. 23, n. 52: ML 76, 553 A.
7. Loc. prox. cit.
8. Cfr. ATHAN., *Vita S. Ant.*, n. 3: MG 26, 844 A.
9. Cfr. GREG., *Dial.*, l. II, c. 1: ML 66, 128 C sqq.

AD SECUNDUM dicendum quod, sicut dicitur 1Io 4,16, *qui manet in caritate, in Deo manet, et Deus in eo*. Sicut ergo Christus est in medio eorum qui sibi invicem per dilectionem proximi sociantur, ita *habitat in corde* eius qui divinae contemplationi insistit per dilectionem Dei.

AD TERTIUM dicendum quod actu obedire est necessarium his qui indigent exerceri secundum directionem aliorum ad perfectionem capiendam. Sed illi qui iam perfecti sunt, *Spiritu Dei* sufficienter *aguntur*, ut non indigeant actu aliis obedire. Habent tamen obedientiam in praeparatione animi.

AD QUARTUM dicendum quod, sicut Augustinus dicit, in XIX *de civ. Dei*[10], *a studio cognoscendae veritatis nemo prohibetur, quod ad laudabile pertinet otium*. Quod autem aliquis *super candelabrum ponatur*, non pertinet ad ipsum, sed ad eius superiores. *Quae sarcina si non imponatur*, ut Augustinus ibidem subdit, *contemplandae veritati vacandum est*, ad quam plurimum valet solitudo.

Et tamen illi qui solitariam vitam agunt, multum utiles sunt generi humano. Unde Augustinus dicit, in libro *de Moribus Ecclesiae*[11], de his loquens: *Pane solo, qui eis per certa intervalla temporum affertur, et aqua contenti, desertissimas terras incolunt, perfruentes colloquio Dei, cui puris mentibus inhaeserunt. Videntur autem nonnullis res humanas plus quam oporteret deseruisse, non intelligentibus quantum nobis eorum animus in orationibus prosit, et vita ad exemplum, quorum corpora videre non sinimur.*

AD QUINTUM dicendum quod homo potest solitarius vivere dupliciter. Uno modo, quasi societatem humanam non ferens propter animi saevitiam: et hoc est bestiale. Alio modo, per hoc quod totaliter divinis rebus inhaeret: et hoc est supra hominem. Et ideo Philosophus dicit, in I *Polit.*[12], quod *ille qui aliis non communicat, est bestia aut deus*, idest divinus vir.

QUANTO AO 2º, deve-se dizer que com o Evangelho de João: "Aquele que permanece na caridade, permanece em Deus e Deus nele". Assim, pois, como ele está no meio daqueles que o amor do próximo reúne em sociedade, Cristo também "habita no coração" daquele que se entrega à contemplação por amor de Deus.

QUANTO AO 3º, deve-se dizer que a obediência é necessária para aqueles que necessitam se exercitar sob a direção de um outro para chegar à perfeição. Mas os que já são perfeitos, são suficientemente "conduzidos pelo espírito de Deus", de modo que não precisam obedecer a outros. Contudo, têm sempre o espírito disposto a obedecer.

QUANTO AO 4º, deve-se dizer com Agostinho: "Ninguém é impedido de se dedicar ao conhecimento da verdade, e isso é um louvável repouso". Quanto a ser "colocado sobre o candelabro", não compete a ele, mas aos seus superiores. "Se esse fardo não lhe é imposto, acrescenta Agostinho, deve-se dedicar à contemplação da verdade", para a qual a solidão é muito útil.

Contudo, os que levam uma vida solitária são muito úteis ao gênero humano. Referindo-se a eles, escreve Agostinho: "Contentando-se de pão, que lhes é trazido a horas determinadas, e de água, vivem em áridos desertos, gozando do colóquio com Deus, ao qual se entregaram de alma pura. Alguns creem que eles se desinteressam demasiado pelas coisas humanas, mas não compreendem a que ponto sua alma que reza nos é útil, e proveitoso o exemplo da sua vida, embora não possamos ver seus corpos".

QUANTO AO 5º, deve-se dizer que o homem pode buscar o deserto por dois motivos. Ou porque não suporta o convívio dos homens, por causa da crueldade de seu ânimo, e isto é animalesco. Ou pode buscá-la para se entregar totalmente às coisas divinas, e isto está acima do homem. Por isso, diz o Filósofo: "Quem foge do convívio com os outros, ou é um animal selvagem, ou é um deus", isto é, um homem divino.

---

10. Cap. 19: ML 41, 647-648.
11. Cap. 31, n. 66: ML 32, 1337-1338.
12. C. 2: 1253, a, 27-30.

QUAESTIO CLXXXIX
DE INGRESSU RELIGIONIS

in decem articulos divisa

Deinde considerandum est de ingressu religionis.

Et circa hoc quaeruntur decem.

Primo: utrum illi qui non sunt exercitati in observantia praeceptorum, debeant religionem ingredi.

Secundo: utrum liceat aliquos voto obligare ad religionis ingressum.

Tertio: utrum illi qui voto obligantur ad religionis ingressum, teneantur votum implere.

Quarto: utrum illi qui vovent religionem intrare, teneantur ibi perpetuo remanere.

Quinto: utrum pueri sint recipiendi in religione.

Sexto: utrum propter parentum obsequium aliqui debeant retrahi a religionis ingressu.

Septimo: utrum presbyteri curati vel archidiaconi possint ad religionem transire.

Octavo: utrum de una religione possit aliquis transire ad aliam.

Nono: utrum aliquis debeat alios inducere ad religionis ingressum.

Decimo: utrum requiratur magna deliberatio cum consanguineis et amicis ad religionis ingressum.

QUESTÃO 189
A ENTRADA NA VIDA RELIGIOSA

em dez artigos

Em seguida, deve-se considerar a entrada na vida religiosa.

Sobre isso, são dez as perguntas:

1. Devem entrar na vida religiosa aqueles que não se exercitaram na observância dos preceitos?
2. Pode alguém obrigar-se por voto a entrar na vida religiosa?
3. Quem se obrigou por voto a entrar na vida religiosa é obrigado a cumprir o voto?
4. Os que fizeram voto de entrar na vida religiosa estão obrigados a permanecer nela perpetuamente?
5. Os menores podem ser recebidos na vida religiosa?
6. Em razão da assistência aos pais deve alguém dissuadir-se de entrar na vida religiosa?
7. Os presbíteros com curato ou os arquidiáconos podem passar à vida religiosa?
8. Alguém pode passar de uma vida religiosa para outra?
9. Alguém deve induzir outros a entrarem na vida religiosa?
10. É necessária uma grande deliberação com os parentes e os amigos para o ingresso na vida religiosa?

Articulus 1
Utrum non debeant religionem ingredi nisi qui sunt in praeceptis exercitati

AD PRIMUM SIC PROCEDITUR. Videtur quod non debeant religionem ingredi nisi qui sunt in praeceptis exercitati.

1. Dominus enim consilium perfectionis dedit adolescenti qui dixerat se praecepta *a iuventute servasse.* Sed a Christo sumpsit initium omnis religio. Ergo videtur quod non sunt ad religionem admittendi nisi qui sunt in praeceptis exercitati.

2. PRAETEREA, Gregorius dicit, *super Ezech.*[1]: *Nemo repente fit summus: sed in bona conversatione a minimis quis inchoat, ut ad magna perveniat.* Sed *magna* sunt consilia, quae pertinent ad

Artigo 1
Não devem entrar na vida religiosa senão os exercitados na observância dos preceitos?

QUANTO AO PRIMEIRO ARTIGO, ASSIM SE PROCEDE: parece que **não** devem entrar na vida religiosa senão os exercitados na observância dos preceitos.

1. Com efeito, o Senhor deu o conselho de perfeição ao adolescente que disse ter observado os preceitos desde a sua juventude. Ora, toda vida religiosa toma de Cristo o início. Logo, parece que não devem ser admitidos na vida religiosa senão os exercitados nos preceitos.

2. ALÉM DISSO, Gregório diz: "Ninguém se torna de repente o maior; mas, no comum da vida, começa-se pelas pequenas coisas para se chegar às grandes". Ora, as grandes são os "conselhos",

---

1 PARALL.: *Quodlib.* IV, q. 12, a. 1; *Cont. retrahent. ab ingress. Relig.*, c. 2 sqq.

1. Homil. 15; al. l. II, hom. 3, n. 3: ML 76, 959 C.

perfectionem vitae: *minora* autem sunt praecepta, quae pertinent ad communem iustitiam. Ergo videtur quod non debent aliqui, ad observantiam consiliorum, religionem intrare, nisi prius fuerint in praeceptis exercitati.

3. PRAETEREA, sicut sacri ordines habent quandam excellentiam in Ecclesia, ita et status religionis. Sed sicut Gregorius scribit Siagrio Episcopo[2], et habetur in Decretis, dist. XLVIII[3]: *Ordinate ad ordines accedendum est: nam casum appetit qui ad summi loci fastigia, postpositis gradibus, per abrupta quaerit ascensum. Scimus enim quod aedificati parietes non prius tignorum pondus accipiunt, nisi a novitatis suae humore siccentur: ne, si ante pondera quam solidentur accipiant, cunctam simul fabricam deponant.* Ergo videtur quod non debent aliqui ad religionem transire nisi in praeceptis exercitati.

4. PRAETEREA, super illud Ps 130,2, al. 4, *Sicut ablactatus super matre sua,* dicit Glossa[4]: *In utero matris Ecclesiae primo concipimur, dum fidei rudimentis instruimur; deinde in lucem edimur, dum per baptismum regeneramur; deinde quasi manibus Ecclesiae portamur et lacte nutrimur, cum post baptismum bonis operibus informamur et lacte spiritualis doctrinae nutrimur, proficiendo donec, iam grandiusculi, a lacte matris accedamus ad mensam patris; idest, a simplici doctrina, ubi praedicatur Verbum caro factum, accedamus ad Verbum Patris in principio apud Deum.* Et postea subdit quod *nuper baptizati in Sabbato Sancto, quasi manibus Ecclesiae gestantur et lacte nutriuntur usque ad Pentecosten, quo tempore nulla difficilia indicuntur, non ieiunatur, non media nocte surgitur: postea, Spiritu Paraclito confirmati, quasi ablactati, incipiunt ieiunare et alia difficilia servare. Multi vero hunc ordinem pervertunt, ut haeretici et schismatici, se ante tempus a lacte separantes: unde exstinguuntur.* Sed hunc ordinem pervertere videntur illi qui religionem intrant, vel alios ad intrandum inducunt, antequam sint in faciliori observantia praeceptorum exercitati. Ergo videtur quod sint haeretici vel schismatici.

que se referem à perfeição; as "menores" são os preceitos, que se referem à justiça comum. Logo, parece que ninguém deve entrar na vida religiosa, para praticar os conselhos, se não for antes exercitado nos preceitos.

3. ADEMAIS, assim como as ordens sagradas têm uma certa excelência na Igreja, assim também o estado religioso. Ora, Gregório escreve ao bispo Siágrio e está nas Decretais: "A elevação às ordens obedece a uma certa ordem; pois, expõe-se à queda quem pretende subir abruptamente ao sumo fastígio, prescindindo dos degraus. Porque, como sabemos, quando se levantam as paredes de uma casa, deixa-se-lhes secar bem a umidade do material nelas empregado, antes de se lhe sobrepor o peso das traves; do contrário, se antes de solidificadas, receberem a carga da construção, ruirá simultaneamente toda a fábrica". Logo, parece que ninguém deve entrar na vida religiosa sem estar exercitado nos preceitos.

4. ADEMAIS, àquilo da Escritura: "Como o menino desmamado do seio da mãe", diz a Glosa: "Somos concebidos no ventre da Igreja primeiro quando somos instruídos nos rudimentos da fé; depois, somos dados à luz quando regenerados pelo batismo; em seguida somos como que levados pelas mãos da Igreja e amamentados com o leite, quando, após o batismo, somos informados pelas boas obras e alimentados com o leite da doutrina espiritual, progredindo até que, já crescidos, deixemos o leite materno pela mesa paterna; isto é, da doutrina simples, em que se ensina que o Verbo se fez carne, subamos ao Verbo do Pai existente desde o princípio em Deus". E em seguida acrescenta: "Ainda há pouco batizados no Sábado Santo, somos como que levados pelas mãos da Igreja e amamentados com o leite até Pentecostes; neste tempo nenhum dever penoso é imposto, não se jejua, não se levanta à meia noite". Depois, "confirmados pelo Espírito Santo, como que desmamados, começam a jejuar e a observar outras práticas difíceis. Mas, muitos pervertem esta ordem, como os heréticos e os cismáticos, que se privam do leite antes do tempo; e por isso perecem". Ora, parece perverterem essa ordem os que entram na vida religiosa ou induzem outros a fazê-lo, antes de exercitados na observância mais fácil dos preceitos. Logo, parece que são heréticos ou cismáticos.

---

2. *Epistol.*, l. IX, ep. 106; al. l. VII, cp. 112: ML 77, 1031 B.
3. GRATIANUS, *Decretum*, P. I, dist. 48, can. 2: ed. Richter-Friedberg, t. I, p. 174.
4. Ordin.: ML 113, 1050 B; LOMBARDI: ML 191, 1172 A.

5. Praeterea, a prioribus ad posteriora est transeundum. Sed praecepta sunt priora consiliis, quia sunt communiora, utpote *a quibus non convertitur consequentia essendi*: quicumque enim servat consilia, servat praecepta, sed non convertitur. Congruus autem ordo est ut a prioribus ad posteriora transeatur. Ergo non debet aliquis transire ad observantiam consiliorum in religione, nisi prius sit exercitatus in praeceptis.

Sed contra est quod Dominus Matthaeum publicanum, qui in observantia praeceptorum exercitatus non erat, advocavit ad consiliorum observantiam: dicitur enim Lc 5,28, quod, *relictis omnibus, secutus est eum*. Ergo non est necessarium quod ante aliquis exerceatur in observantia praeceptorum quam transeat ad perfectionem consiliorum.

Respondeo dicendum quod, sicut ex supra[5] dictis patet, status religionis est quoddam spirituale exercitium ad consequendum perfectionem caritatis: quod quidem fit inquantum per religionis observantias auferuntur impedimenta perfectae caritatis. Haec autem sunt quae implicant affectum hominis ad terrena. Per hoc autem quod affectus hominis implicatur ad terrena, non solum impeditur perfectio caritatis, sed interdum etiam ipsa caritas perditur, dum per inordinatam conversionem ad bona temporalia homo avertitur ab incommutabili bono mortaliter peccando. Unde patet quod religionis observantiae, sicut tollunt impedimenta perfectae caritatis, ita etiam tollunt occasiones peccandi: sicut patet quod per ieiunium et vigilias et obedientiam, et alia huiusmodi, retrahitur homo a peccatis gulae et luxuriae, et a quibuscumque aliis peccatis. Et ideo ingredi religionem non solum expedit his qui sunt exercitati in praeceptis, ut ad maiorem perfectionem perveniant: sed etiam his qui non sunt exercitati, ut facilius peccata vitent et perfectionem assequantur.

Ad primum ergo dicendum quod Hieronymus dicit, *super Matth.*[6]: *Mentitus est adolescens dicens, "Haec omnia servavi a iuventute mea". Si enim quod positum est in mandatis, "Diliges proximum tuum sicut teipsum", opere complesset, quomodo postea, audiens, "Vade et vende omnia quae habes et da pauperibus", tristis recessit?*

Sed intelligendum est eum mentitum esse quantum ad perfectam observantiam huius praecepti.

5. Ademais, deve-se passar do anterior para o posterior. Ora, os preceitos vêm antes dos conselhos, porque são mais gerais, "uma vez que não se inverte a ordem do existir"; pois, quem quer que observe os conselhos observa também os preceitos, mas não ao inverso. Ora, a ordem natural é que se passa do anterior para o posterior. Logo, ninguém deve passar à observância dos conselhos, na vida religiosa, antes de haver-se exercitado nos preceitos.

Em sentido contrário, o Senhor chamou à observância dos conselhos ao publicano Mateus, ainda não exercitado na observância dos preceitos. Assim diz o Evangelho: "Ele, deixando tudo, o seguiu". Logo, não é necessário que alguém se exercite nos preceitos antes de passar à perfeição dos conselhos.

Respondo. O estado religioso é um certo exercício espiritual para se alcançar a perfeição da caridade; e isso se consegue por meio das observâncias religiosas, que afastam os obstáculos da perfeita caridade. E estes são aqueles que enredam o afeto do homem nas coisas terrenas. Ora, enredar-se o afeto humano nas coisas terrenas não só impede a perfeição da caridade mas, às vezes, também se perde a caridade, quando o homem, apegando-se desordenadamente aos bens temporais, afasta-se do bem eterno pelo pecado mortal. Por isso, é claro que as observâncias da vida religiosa, assim como tiram os impedimentos à caridade perfeita, também tiram as ocasiões de pecar. Pois, é claro que o jejum, as vigílias, a obediência e práticas semelhantes afastam o homem dos pecados da gula, da luxúria e de muitos outros. Portanto, podem entrar na vida religiosa não somente os exercitados nos preceitos, para chegarem a uma perfeição maior, mas também os que não estão exercitados, para mais facilmente evitarem o pecado e alcançarem a perfeição.

Quanto ao 1º, portanto, deve-se dizer com Jerônimo: "O adolescente mentiu quando afirmou: 'eu tenho guardado tudo isso desde a minha mocidade'. Se, pois, a ordem do mandamento: 'amarás ao teu próximo como a ti mesmo' ele a tivesse realmente cumprido, como se foi embora triste depois de ter ouvido: 'Vai, vende tudo o que tens e dá-o aos pobres?'"

Deve-se entender que ele mentiu, relativamente à perfeita observância do referido preceito. Por

---

5. Q. 186, a. 1, ad 4; a. 2, 7; q. 188, a. 1.
6. *Comment.*, l. III, super 19, 20: ML 26, 137 B.

Unde Orígenes, *super Matth*.⁷, dicit quod *scriptum est in Evangelio secundum Hebraeos, quod cum Dominus dixisset ei, "Vade et vende omnia quae habes", coepit dives scalpere caput suum. Et dixit ad eum Dominus: "Quomodo dicis, Feci legem et Prophetas? Est in lege, Diliges proximum tuum sicut teipsum: et ecce, multi fratres tui, filii Abrahae, amicti sunt stercore, morientes prae fame; et domus tua plena est multis bonis, et non egreditur aliquid omnino ex ea ad eos". Itaque Dominus, redarguens eum, dicit: "Si vis perfectus esse"*, etc. *Impossibile est enim implere mandatum quod dicit, "Diliges proximum tuum sicut teipsum", et esse divitem: et maxime, tantas possessiones habere.* — Quod est intelligendum de perfecta impletione huius praecepti. Imperfecte autem et communi modo verum est eum observasse praecepta. Perfectio enim principaliter in observantia praeceptorum caritatis consistit, ut supra⁸ habitum est.

Ut ergo Dominus ostenderet perfectionem consiliorum utilem esse et innocentibus et peccatoribus, non solum vocavit adolescentem innocentem, sed etiam Matthaeum peccatorem. Et tamen Matthaeus secutus est vocantem, non autem adolescens: quia facilius convertuntur ad religionem peccatores quam illi qui de sua innocentia praesumunt, quibus dicit Dominus, Mt 21,31: *Publicani et meretrices praecedunt vos in regnum Dei*.

AD SECUNDUM dicendum quod summum et infimum tripliciter accipi potest. Uno modo, in eodem statu et in eodem homine. Et sic manifestum est quod *nemo repente fit summus*: quia unusquisque recte vivens toto tempore vitae suae proficit, ut ad summum perveniat. — Alio modo, per comparationem ad diversos status. Et sic non oportet ut quicumque vult ad superiorem statum pervenire, a minori incipiat: sicut non oportet ut qui vult esse clericus, prius in laicali vita exerceatur. — Tertio modo, quantum ad diversas personas. Et sic manifestum est quod unus statim incipit, non solum ab altiori statu, sed etiam ab altiori gradu sanctitatis quam sit summum ad quod alius pervenit per totam vitam suam. Unde Gregorius dicit, in II *Dialog*.⁹: *Omnes cognoscant, Benedictus puer conversationis gratiam a quanta perfectione coepisset*.

isso, Orígenes diz: "Está escrito no Evangelho segundo Mateus, que, quando o Senhor lhe disse: 'vai, vende tudo o que tens', o rico começou a arrancar os cabelos. E o Senhor lhe tornou: Como dizes: 'cumpri a lei e os profetas', pois que está escrito na lei: 'amarás ao teu próximo como a ti mesmo?'" E eis que muitos dos teus irmãos, filhos de Abraão, estão cobertos de podridão, morrendo de fome, enquanto na tua casa há abundância de bens e nada sai dela para eles. E por isso o Senhor, increpando-o, disse: Se queres ser perfeito, vai etc. Pois, é impossível cumprir o mandamento que ordena: 'amarás ao teu próximo como a ti mesmo' e ser rico e sobretudo ser dono de tantas propriedades". — Isso se deve entender do perfeito cumprimento desse preceito. Pois, de modo imperfeito e comum, é verdade que ele observava os preceitos. Mas, a perfeição consiste principalmente na observância dos preceitos da caridade, como se estabeleceu.

Por isso o Senhor, para mostrar a perfeição dos conselhos como útil tanto a inocentes como a pecadores, não somente chamou o adolescente inocente, mas também o pecador Mateus. Mateus seguiu a quem o chamava, não, porém, o adolescente; porque mais facilmente se convertem à religião os pecadores, que os presumidos da sua inocência; e dos primeiros diz o Senhor: "os publicanos e as meretrizes vos precederão no reino de Deus".

QUANTO AO 2º, deve-se dizer que o sumo e o ínfimo podem ser entendidos de três modos. — Primeiro, em relação ao mesmo estado e ao mesmo homem. E então é claro que ninguém se torna sumo de repente; pois, cada um, vivendo retamente, progride durante toda a vida, para chegar à sumidade. — Segundo, em comparação com os diversos estados. E então, não é necessário que quem quer chegar ao estado superior comece pelo inferior; como não é necessário que quem quer ser clérigo primeiro se exerça na vida de leigo. — Terceiro, quanto a pessoas diversas. E então, é claro que um imediatamente pode começar, não somente do estado mais alto, mas ainda do mais alto grau de santidade, que será o sumo grau a que outro chegará ao termo da vida. Por isso Gregório diz: "Saibam todos com que eminente perfeição o menino Bento começou a vida da graça".

---

7. Tract. 8 in h. l: MG 13, 1294-1295.
8. Q. 184, a. 3.
9. Cap. 1: ML 66, 128 B.

AD TERTIUM dicendum quod, sicut supra dictum est, sacri ordines praeexigunt sanctitatem: sed status religionis est exercitium quoddam ad sanctitatem assequendam. Unde pondus ordinum imponendum est parietibus iam per sanctitatem desiccatis: sed pondus religionis desiccat parietes, idest homines, ab humore vitiorum.

AD QUARTUM dicendum quod, sicut manifeste ex verbis illius glossae apparet, principaliter loquitur de ordine doctrinae, prout transeundum est a facilioribus ad difficiliora. Unde quod dicit haereticos et schismaticos hunc ordinem pervertere, manifestum est ex sequentibus ad ordinem doctrinae pertinere. Sequitur enim[10]: *Hic vero se servasse*, scilicet praedictum ordinem, *dicit, constringens se maledicto, sic, quasi: "Non modo in aliis fui humilis, sed etiam in scientia. Quia humiliter sentiebam: prius nutritus lacte, quod est Verbum caro factum, ut sic crescerem ad panem angelorum, idest ad Verbum quod est in principio apud Deum"*.

Exemplum autem quod in medio interponitur, quod noviter baptizatis non indicitur ieiunium usque ad Pentecosten, ostendit quod non sunt ex necessitate ad difficilia cogendi antequam per Spiritum Sanctum interius ad hoc instigentur ut difficilia propria voluntate assumant. Unde et post Pentecosten, post receptionem Spiritus Sancti, ieiunium celebrat Ecclesia. Spiritus autem Sanctus, sicut Ambrosius dicit, *super Luc.*[11], *non arcetur aetatibus, non finitur morte, non excluditur alvo*. Et Gregorius dicit, in Homilia Pentecostes[12]: *Implet citharaedum puerum, et psalmistam facit: implet puerum abstinentem, et iudicem senum facit*. Et postea subdit: *Nulla ad discendum mora agitur: omne quod voluerit, mox ut tetigerit mentem, docet*. Et sicut dicitur Eccle 8,8, *non est in hominis ditione prohibere Spiritum*. Et Apostolus, 1Thess 5,19, monet: *Spiritum nolite extinguere*. Et Act 7,51, contra quosdam dicitur: *Vos semper Spiritui Sancto restitistis*.

AD QUINTUM dicendum quod praeceptorum quaedam sunt principalia, quae sunt fines et praeceptorum et consiliorum: scilicet praecepta caritatis.

QUANTO AO 3º, deve-se dizer que as ordens sagradas preexigem a santidade; mas, o estado religioso é um certo exercício para se alcançar a santidade. Por isso, o peso das ordens deve se apoiar em paredes já ressecadas pela santidade; mas o peso da vida religiosa resseca as paredes, isto é, os homens, do humor dos vícios[a].

QUANTO AO 4º, deve-se dizer que, como aparece claramente das palavras da Glosa citada, elas sobretudo falam da ordem da doutrina, na qual se deve passar do mais fácil para o mais difícil. Por isso, quando diz que os heréticos e os cismáticos pervertem essa ordem, é claro pelo que se segue que se trata da ordem da doutrina. Pois, continua: "Este declara ter observado" a referida ordem, "e sob pena de maldição, como se dissesse: 'não somente fui humilde em todas as mais coisas, mas também na ciência'. Porque meus sentimentos eram humildes: primeiro, fui nutrido com o leite, que é o Verbo feito carne; e assim cresci até poder comer o pão dos anjos, isto é, o Verbo que desde o princípio estava em Deus".

Quanto ao exemplo interposto, que aos recém-batizados, não se impõe o jejum até Pentecostes, mostra que não devem necessariamente ser obrigados ao que é difícil, antes de receberem para isso a inspiração interior do Espírito Santo, afim de assumirem o que é difícil por vontade própria. Por isso, depois de Pentecostes, após ter recebido o Espírito Santo, a Igreja celebra o jejum. O Espírito Santo, no dizer de Ambrósio, "não é repelido pela idade, não acaba com a morte, não é excluído do ventre materno". E Gregório diz: "Enche de inspiração um pequeno citarista e dele faz um Salmista; enche de inspiração uma criança abstinente e fá-la juiz dos anciãos". Depois acrescenta: "Não se emprega tempo para aprender, ensina tudo o que quer apenas tocando a alma". E, a Escritura, "não está no poder do homem impedir o espírito". E o Apóstolo: "Não extingais o espírito". E enfim, a Escritura contra alguns: "Vós sempre resistis ao Espírito Santo".

QUANTO AO 5º, deve-se dizer que há uns preceitos principais, que são os fins dos preceitos e dos conselhos, a saber, os da caridade. A eles se

---

10. Gl. ordin.: ML 113, 1050 B; LOMBARDI: ML 191, 1172 C.
11. L. I, super 1, 15, n. 33: ML 15, 1547 B.
12. Homil. 30 *in Evang.*, n. 8: ML 76, 1225 D.

a. O fato de exercer o ministério que decorre de uma ordem sagrada (a título de diácono, padre etc.) não promove por si a santidade, diferentemente da prática da vida religiosa.

A linguagem de Sto. Tomás raramente se utiliza de imagens. Uma vez, aqui, não só ele emprega uma metáfora que não é habitual, mas ainda a desenvolve por conta própria.

Ad quae consilia ordinantur, non ita quod sine consiliis servari non possint, sed ut per consilia perfectius observentur. Alia vero sunt praecepta secundaria, quae ordinantur ad praecepta caritatis ut sine quibus caritatis praecepta observari non possunt omnino.

Sic igitur perfecta observantia praeceptorum caritatis praecedit intentione consilia, sed interdum tempore sequitur. Hic est enim ordo finis respectu eorum quae sunt ad finem. — Observantia vero praeceptorum caritatis secundum communem modum, et similiter alia praecepta, comparantur ad consilia sicut commune ad proprium: quia observantia praeceptorum potest esse sine consiliis, sed non convertitur. Sic ergo observantia praeceptorum communiter sumpta, praecedit naturae ordine consilia: non tamen oportet quod tempore, quia non est aliquid prius in genere quam sit in aliqua specierum. — Observantia vero praeceptorum sine consiliis ordinatur ad observantiam praeceptorum cum consiliis sicut species imperfecta ad perfectam, sicut animal irrationale ad rationale. Perfectum autem est naturaliter prius imperfecto: *natura* enim, ut Boetius dicit[13], *a perfectis sumit initium.* Nec tamen oportet quod prius observentur praecepta sine consiliis, et postea cum consiliis: sicut non oportet quod aliquis prius sit asinus quam sit homo, vel quod prius sit coniugatus quam sit virgo. Et similiter non oportet quod aliquis prius servet praecepta in saeculo quam transeat ad religionem: praesertim quia conversatio saecularis non disponit ad perfectionem religionis, sed magis impedit.

ordenam os conselhos; não que sem os conselhos não se possam observar os preceitos, mas para que, por meio dos conselhos, sejam mais perfeitamente observados. Outros porém são preceitos secundários, ordenados aos preceitos da caridade, de modo que sem eles os preceitos da caridade de nenhum modo se podem observar.

Assim, a perfeita observância dos preceitos da caridade precede, na intenção, os conselhos, mas às vezes os seguem, no tempo. Esta é a ordem do fim relativamente aos meios. — Mas, a observância dos preceitos da caridade conforme a maneira comum e, semelhantemente os outros preceitos, está para os conselhos como o comum para o próprio; porque a observância dos preceitos pode dar-se sem a dos conselhos, mas não o contrário. Portanto, a observância dos preceitos, comumente considerada, precede a dos conselhos na ordem da natureza; mas não é necessário que a preceda na ordem do tempo, pois, nada existe em um gênero antes de existir em algumas das espécies. — Quanto à observância dos preceitos sem os conselhos, ela se ordena à observância dos preceitos com os conselhos, como a espécie imperfeita, à perfeita; assim, o animal irracional, para o racional. O perfeito é naturalmente anterior ao imperfeito; porque "a natureza", como diz Boécio, "começa pelo perfeito". Mas não é necessário que se observem antes os preceitos sem os conselhos, e depois, com os conselhos; assim como não é necessário que alguém seja asno antes de ser homem, ou antes casado, que virgem. Semelhantemente, não é necessário que alguém antes observe os preceitos no século depois entre na vida religiosa; principalmente porque a vida secular não dispõe para a perfeição da vida religiosa, mas antes, a impede[b].

Articulus 2
Utrum debeant aliqui voto obligari ad religionis ingressum

AD SECUNDUM SIC PROCEDITUR. Videtur quod non debeant aliqui voto obligari ad religionis ingressum.

Artigo 2
Alguém deve obrigar-se por voto a entrar na vida religiosa?[c]

QUANTO AO SEGUNDO, ASSIM SE PROCEDE: parece que **ninguém** deve obrigar-se por voto a entrar na vida religiosa.

---

13. *De consol. phil.*, l. III, prosa 10: ML 63, 765 A.

PARALL.: Supra, q. 88, a. 9; *Quodlib.* III, q. 5, a. 1; IV, q. 12, a. 1; *Cont. retrahent. ab ingress. Relig.*, c. 11, 12, 13.

---

b. Percebemos a tendência, que se anuncia e que marcará esta questão: nunca é demasiado cedo para orientar-se para a vida religiosa, não é requerida maturidade alguma para se iniciar nela.
   Fica evidente a defasagem entre a mentalidade da cristandade e a da época atual. Veremos outros exemplos nos próximos artigos.
   c. Este artigo não deve ser separado do seguinte, que lhe acrescenta matizes importantes. Mas, mesmo com esses matizes, não nos sentimos à vontade com um engajamento que se faz sem provação prévia, e que, apesar de tudo, obriga tão gravemente

1. Per professionem enim aliquis voto religioni adstringitur. Sed ante professionem conceditur annus probationis, secundum regulam beati Benedicti[1], et secundum statutum Innocentii IV[2]: qui etiam prohibuit, ante annum probationis completum, eos per professionem religioni adstringi. Ergo videtur quod multo minus adhuc in saeculo existentes debeant voto ad religionem obligari.

2. PRAETEREA, Gregorius dicit, in *Registro*, et habetur in Decretis, dist. XLV[3], quod Iudaei, *non vi, sed libera voluntate ut convertantur suadendi sunt*. Sed implere id quod vovetur, necessitatis est. Ergo non sunt aliqui obligandi ad religionis ingressum.

3. PRAETEREA, nullus debet alteri praebere occasionem ruinae: unde Ex 21,33-34 dicitur: *Si quis aperuerit cisternam, cecideritque bos vel asinus in eam, dominus cisternae reddet pretium iumentorum*. Sed ex hoc quod aliqui obligantur ad religionem per votum, frequenter aliqui ruunt in desperationem et in diversa peccata. Ergo videtur quod non sint aliqui ad religionis ingressum voto obligandi.

SED CONTRA est quod in Ps 75,12 dicitur: *Vovete, et reddite Domino Deo vestro*: ubi dicit Glossa[4] quod *quaedam sunt vota propria singulorum, ut castitas, virginitas et huiusmodi: ad haec ergo vovenda nos invitat*. Sed Scriptura sacra non invitat nisi ad id quod est melius. Ergo melius est quod aliquis voto se obliget ad religionis ingressum.

RESPONDEO dicendum quod, sicut supra[5] dictum est, cum de voto ageretur, unum et idem opus ex voto factum est laudabilius quam si sine voto fiat. Tum quia vovere est actus religionis, quae habet quandam excellentiam inter virtutes. Tum quia per votum firmatur voluntas hominis ad bonum faciendum: et sicut peccatum est gravius ex hoc quod procedit ex voluntate obstinata in malum, ita bonum opus est laudabilius ex hoc quod procedit ex voluntate confirmata in bonum per votum. Et ideo obligari voto ad religionis ingressum est secundum se laudabile.

1. Com efeito, pela profissão alguém se une, por voto, a uma vida religiosa. Ora, antes da profissão concede-se um ano de provação, segundo a regra de São Bento e segundo o estatuído por Inocêncio IV, que também proibiu que alguém se unisse, pela profissão, a uma vida religiosa, antes de completar o ano de prova. Logo, parece que, muito menos, os que ainda vivem no século devem se obrigar por voto a entrar na vida religiosa.

2. ALÉM DISSO, Gregório diz, que os judeus "devem ser persuadidos a se converterem, não pela força, mas por livre vontade". Ora, é necessário que se cumpra um voto. Logo, ninguém deve ser obrigado a entrar na vida religiosa.

3. ADEMAIS, ninguém deve dar a outrem ocasião de cair e por isso a Escritura diz: "Se alguém abrir uma cisterna e nela cair um boi ou um jumento, o dono da cisterna pagará o valor dos animais". Ora, pelo fato de se obrigarem por voto a entrar na vida religiosa, frequentemente alguns caem em desespero e em diversos pecados. Logo, parece que ninguém deve obrigar-se por voto a entrar na vida religiosa.

EM SENTIDO CONTRÁRIO, àquilo da Escritura: "Fazei votos ao Senhor vosso Deus e cumpri-os", diz a Glosa: "Há votos próprios de cada indivíduo em particular, como o de castidade, de virgindade e outros; e a fazê-los nos convida". Ora, a Sagrada Escritura não convida senão ao que é melhor. Logo, é melhor que alguns se obriguem por voto a entrar na vida religiosa.

RESPONDO. Quando se trata do voto, uma e mesma obra feita por voto é melhor do que feita sem ele. Quer porque votar é um ato de religião, a qual tem uma certa excelência entre as virtudes; quer porque o voto confirma a vontade do homem na prática do bem. E assim como um pecado é mais grave porque procede da vontade obstinada no mal, assim a boa obra é mais louvável porque procede da vontade confirmada no bem pelo voto. Por isso, obrigar-se por voto a entrar na vida religiosa é, em si mesmo, louvável.

---

1. Cap. 58: ML 66, 803 C sqq.
2. Vide *Bullar. Ord. Praed.*, Innocent. IV, diplom. 74, a. 1244, die 17 iunii: ed. A. Bremond, Romae 1729-1740, t. I, p. 144.
3. GRATIANUS, *Decretum*, P. I, dist. 45, can. 5: ed. Richter-Friedberg, t. I, p. 162.
4. Ordin.: ML 113, 964 C.
5. Q. 88, a. 6.

em consciência. Não esqueçamos porém que, para ser um ato humano e virtuoso, independentemente das regras canônicas, o voto deve submeter-se ao controle de pelo menos duas virtudes: a religião e a prudência. Isso é óbvio para Sto. Tomás, e é sem dúvida mais importante do que a obrigação legal de passar por um tempo de provação. Sto. Tomás não aprovaria jamais um voto feito de modo inconsiderado.

AD PRIMUM ergo dicendum quod duplex est religionis votum. Unum solemne, quod hominem facit monachum vel alterius religionis fratrem: quod vocatur professio. Et tale votum debet praecedere annus probationis, ut probat obiectio. — Aliud autem est votum simplex, ex quo aliquis non fit monachus vel religiosus, sed solum obligatus ad religionis ingressum. Et ante tale votum non oportet praecedere probationis annum.

AD SECUNDUM dicendum quod auctoritas illa Gregorii intelligitur de violentia absoluta. Necessitas autem quae ex obligatione voti requiritur, non est necessitas absoluta, sed necessitas ex fine: quia scilicet, post votum, non potest aliquis finem salutis consequi nisi impleat votum. Talis autem necessitas non est vitanda: quinimmo, ut Augustinus dicit, *ad Armentarium et Paulinam*[6], *felix est necessitas quae ad meliora transmittit*.

AD TERTIUM dicendum quod vovere religionis ingressum est quaedam confirmatio voluntatis ad meliora. Et ideo, quantum est de se, non dat homini occasionem ruinae, sed magis subtrahit. Sed si aliquis voti transgressor gravius ruat, hoc non derogat bonitati voti: sicut nec derogat bonitati baptismi quod aliqui post baptismum gravius peccant.

QUANTO AO 1º, portanto, deve-se dizer que são dois os votos de religião. — Um, o voto solene, que torna quem o faz monge, ou irmão em outra vida religiosa, e isso se chama profissão. Este voto deve ser precedido pelo ano de prova, como afirma a objeção. — O outro é o voto simples, que não torna alguém monge ou religioso, mas só obrigado a entrar na vida religiosa. Não é necessário que o ano de prova proceda esse voto.

QUANTO AO 2º, deve-se dizer que o texto de Gregório se entende da violência absoluta. A necessidade exigida pela obrigação do voto não é uma necessidade absoluta, mas de fim; porque, depois do voto, não se pode alcançar o fim da salvação, se não o cumprir. Ora, não se deve evitar essa necessidade; pelo contrário, como diz Agostinho, "feliz necessidade a que nos eleva a coisas melhores".

QUANTO AO 3º, deve-se dizer que fazer voto de entrar na vida religiosa é uma confirmação da vontade para algo melhor. E por isso, em si mesmo, não dá à pessoa ocasião de queda, mas, antes, livra dela. Nem anula a bondade do voto a queda grave de quem o transgrediu; assim como não anula a bondade do batismo o fato de alguns pecarem mais gravemente depois de batizados.

ARTICULUS 3
Utrum ille qui obligatus est voto ad religionis ingressum, teneatur intrare

AD TERTIUM SIC PROCEDITUR. Videtur quod ille qui obligatus est voto ad religionis ingressum, non teneatur intrare.

1. Dicitur enim in Decretis, XVII, qu. 2[1]: *Consaldus presbyter, quondam infirmitatis passione pressus, monachum se fieri promisit, non tamen monasterio aut abbati se tradidit, nec promissionem scripsit, sed beneficium ecclesiae in manu advocati refutavit: ac postquam convaluit, monachum se negavit fieri*. Et postea subdit: *Iudicamus ut praefatus presbyter beneficium et altaria recipiat et quiete retineat*. Hoc autem non esset, si teneretur religionem intrare. Ergo videtur quod non teneatur aliquis implere votum quo se ad religionis ingressum obligavit.

ARTIGO 3
Quem se comprometeu por voto a entrar na vida religiosa está obrigado a entrar?

QUANTO AO TERCEIRO, ASSIM SE PROCEDE: parece que quem se comprometeu por voto a entrar em religião **não** está obrigado a entrar.

1. Com efeito, diz uma Decretal: "Consaldo presbítero, influenciado pelo sofrimento da doença, prometeu fazer-se monge; mas, não se apresentou ao abade do mosteiro, nem escreveu a promessa, mas renunciou ao benefício eclesiástico nas mãos de um advogado. Depois de restabelecido recusou fazer-se monge". E acrescentou: "Julgamos que o referido sacerdote receba o seu benefício e a igreja e os retenha em paz". Ora, isto não poderia ser, se estivesse obrigado a entrar na vida religiosa. Logo, parece que quem se comprometeu por voto a entrar na vida religiosa não está obrigado a cumpri-lo.

---

6. Epist. 127, al. 45, n. 8: ML 33, 487.

PARALL.: Supra, q. 88, a. 3, ad 2; IV *Sent.*, dist. 38, q. 1, a. 4, q.la 1, ad 6; *Quodlib.* III, q. 5, a. 2.

1. GRATIANUS, *Decretum*, P. II, causa 17, q. 2, can. 1: ed. Richter-Friedberg, t. I, p. 813.

2. PRAETEREA, nullus tenetur facere id quod non est in sua potestate. Sed quod aliquis religionem ingrediatur, non est in potestate ipsius, sed requiritur ad hoc assensus eorum ad quos debet transire. Ergo videtur quod non teneatur aliquis implere votum quo se ad religionis ingressum obligavit.

3. PRAETEREA, per votum minus utile non potest derogari voto magis utili. Sed per impletionem voti religionis impediri posset impletio voti Crucis in subsidium Terrae Sanctae: quod videtur esse utilius, quia per hoc votum consequitur homo remissionem peccatorum. Ergo videtur quod votum quo quis se obligavit ad religionis ingressum, non sit ex necessitate implendum.

SED CONTRA est quod dicitur Eccle 5,3: *Si quid vovisti Deo, ne moreris reddere: displicet enim Deo infidelis et stulta promissio.* Et super illud Ps 75,12, *Vovete et reddite Domino Deo vestro*, dicit Glossa[2]: *Vovere voluntati consulitur: sed post voti promissionem, redditio necessario exigitur.*

RESPONDEO dicendum quod, sicut supra[3] dictum est, cum de voto ageretur, votum est promissio Deo facta de his quae ad Deum pertinent. Ut autem Gregorius dicit, in Epistola *ad Bonifacium*[4], *si inter homines solent bonae fidei contractus nulla ratione dissolvi, quanto magis ista pollicitatio quam cum Deo pepigit, solvi sine vindicta non poterit?* Et ideo ad implendum id quod homo vovit, ex necessitate tenetur, dummodo sit aliquid quod ad Deum pertineat. Manifestum est autem quod ingressus religionis maxime ad Deum pertinet: quia per hoc homo totaliter se mancipat divinis obsequiis, ut ex supra[5] dictis patet. Unde relinquitur quod ille qui se obligat ad religionis ingressum, teneatur religionem ingredi, secundum quod se voto obligare intendit: ita scilicet quod, si intendit se absolute obligare, tenetur quam citius poterit ingredi, legitimo impedimento cessante; si autem ad certum tempus, vel sub certa conditione, tenetur religionem ingredi tempore adveniente, vel conditione existente.

AD PRIMUM ergo dicendum quod ille presbyter non fecerat votum solemne, sed simplex. Unde non erat monachus effectus, ut cogi deberet de iure in monasterio remanere et ecclesiam dimittere.

2. ALÉM DISSO, ninguém está obrigado ao que está além do seu poder. Ora, entrar alguém na vida religiosa não está no seu poder; pois, para isso requer-se o assentimento daqueles com os quais deve viver. Logo, parece que quem se comprometeu a entrar na vida religiosa não está obrigado a cumprir o voto.

3. ADEMAIS, por um voto menos útil não pode ser revogado outro mais útil. Ora, o cumprimento do voto de entrar na vida religiosa impediria o voto de ser cruzado, na defesa da Terra Santa, o qual parece ser mais útil, pois quem faz esse voto alcança a remissão dos pecados. Logo, parece que o voto pelo qual alguém se compromete a entrar na vida religiosa não deve ser necessariamente cumprido.

EM SENTIDO CONTRÁRIO, a Escritura: "Se fizeste algum voto a Deus, não demores em cumpri-lo, porque lhe desagrada a promessa infiel e imprudente". E àquela passagem: "Fazei votos ao Senhor vosso Deus e cumpri-os", diz a Glosa: "Fazer voto é um ato da vontade; mas, uma vez feito, deve-se necessariamente cumpri-lo".

RESPONDO. O voto é uma promessa feita a Deus sobre algo que lhe concerne. Ora, Gregório diz: "Se entre homens de boa fé por nenhum motivo se podem romper os contratos, com maior razão a promessa, pela qual se fez um pacto com Deus, não pode ser rompida sem um castigo". Por isso, quem fez um voto está obrigado a cumpri-lo necessariamente contanto que se trate de algo concernente a Deus. Ora, é manifesto que a entrada na vida religiosa diz respeito muitíssimo a Deus, porque quem assim procede totalmente se consagra ao serviço divino. Donde se conclui, que quem se compromete a entrar na vida religiosa está obrigado a cumpri-lo, na medida de sua intenção de obrigar-se pelo voto. De modo que, se propôs comprometer-se absolutamente, está obrigado a entrar logo que seja possível, uma vez cessado o impedimento legítimo. Se, porém, para um determinado tempo ou condição, está obrigado a entrar na vida religiosa no tempo previsto ou quando existam as condições.

QUANTO AO 1º, portanto, deve-se dizer que o referido presbítero não fez voto solene mas, simples. Por isso não se tornou monge, que devesse, por direito, ser coagido a permanecer no

---

2. LOMBARDI: ML 191, 709 A.
3. Q. 88, a. 1.
4. Cfr. GRATIANUM, *op. cit.*, P. II, causa 27, q. 1, can. 2: ed. cit., t. I, p. 1048.
5. Q. 186, a. 1.

Tamen in foro conscientiae esset sibi consulendum quod, omnibus dimissis, religionem intraret. Unde Extra, *de Voto et Voti redempt.*, cap. *Per tuas*[6], consulitur episcopo Gratianopolitano, qui post votum religionis episcopatum assumpserat, voto non impleto, ut, *si suam sanare desideraret conscientiam, regimen ecclesiae resignaret, et redderet Altissimo vota sua.*

AD SECUNDUM dicendum quod, sicut supra[7] dictum est, cum de voto ageretur, ille qui se voto obligavit ad certae religionis ingressum, tenetur facere quantum in se est ut in illa religione recipiatur. Et si quidem intendit se simpliciter ad religionem obligare, si non recipitur in una religione, tenetur ire ad aliam. Si vero intendit se obligare specialiter ad unam solum, non tenetur nisi secundum modum suae obligationis.

AD TERTIUM dicendum quod votum religionis, cum sit perpetuum, est maius quam votum peregrinationis Terrae Sanctae, quod est temporale. Et sicut Alexander III dicit, et habetur Extra, *de Voto et Voti redempt.*[8], *reus fracti voti aliquatenus non habetur qui temporale obsequium in perpetuam noscitur religionis observantiam commutare.*

Rationabiliter autem dici potest quod etiam per ingressum religionis aliquis consequatur remissionem omnium peccatorum. Si enim aliquibus eleemosynis factis homo potest statim satisfacere de peccatis suis, secundum illud Dn 4,24, *Peccata tua eleemosynis redime*; multo magis in satisfactionem pro omnibus peccatis sufficit quod aliquis se totaliter divinis obsequiis mancipet per religionis ingressum, quae excedit omne genus satisfactionis, etiam publicae poenitentiae, ut habetur in Decretis, XXXIII caus., qu. 2, cap. *Admonere*[9]; sicut etiam holocaustum excedit sacrificium, ut Gregorius dicit, *super Ezech.*[10]. Unde in *Vitis Patrum*[11] legitur quod eandem gratiam consequuntur religionem ingredientes quam consequuntur baptizati.

Si tamen non absolverentur per hoc ab omni reatu poenae, nihilominus ingressus religionis utilior est quam peregrinatio Terrae Sanctae quantum

mosteiro e abandonar a igreja. Contudo, no foro da consciência, deveria ser aconselhado a entrar na vida religiosa, deixando tudo. Por isso, em uma Decretal se aconselha ao bispo de Grenoble, que assumira o episcopado depois de ter feito voto de entrar na vida religiosa, sem tê-lo cumprido, que "se quisesse viver em paz com a sua consciência, resignasse o governo da igreja e fizesse ao Altíssimo os seus votos".

QUANTO AO 2º, deve-se dizer que quem se obrigou por voto a entrar em uma vida religiosa, deve fazer todo o possível para ser nela recebido. E se teve a intenção de se comprometer de modo absoluto, a entrar na vida religiosa, se não foi recebido em uma, está obrigado a ir a outra[d]. Mas, se teve a intenção de se comprometer especialmente a uma só vida religiosa, não está obrigado senão pelo modo de seu compromisso.

QUANTO AO 3º, deve-se dizer que o voto religioso, sendo perpétuo, é maior que o de peregrinação à Terra Santa, que é temporal. E Alexandre III diz: "Não é considerado réu de ter quebrado o voto quem resolveu comutar o voto de um serviço temporal no voto de perpétua observância na vida religiosa".

Pode-se justamente dizer que também se consegue a remissão de todos os pecados pelo ingresso na vida religiosa. Pois, por umas esmolas, pode um homem desde logo satisfazer pelos seus pecados, conforme a Escritura: "redime os teus pecados com esmola", com muito maior razão, para satisfação de todos eles basta consagrar-se totalmente ao serviço divino, ingressando na vida religiosa, pois isso excede todo gênero de satisfação, mesmo o da penitência pública, como se lê numa Decretal; assim como também o holocausto excede o sacrifício, diz Gregório. Por isso se lê na "Vida dos Padres", que alcançam a mesma graça os que entram na vida religiosa, que os batizados.

Se, porém, não fossem por isso absolvidos de todo reato da pena, não obstante o ingresso na vida religiosa seria mais útil que a peregrinação

---

6. *Decretal. Greg. IX*, l. III, tit. 34, c. 10: ed. cit., t. II, p. 595.
7. Q. 88, a. 3, ad 2.
8. *Decretal. Greg. IX*, l. III, tit. 34, c. 4: ed. cit., t. II, p. 590.
9. GRATIANUS, *op. cit.*, P. II, causa 33, q. 2, can. 8: ed. cit., t. I, p. 1152.
10. Homil. 20; al. l. II, hom. 8, n. 16: ML 76, 1038 A.
11. L. VI, libell. 1, n. 9: ML 73, 994 B.

d. A obstinação em buscar a todo preço uma ordem ou uma congregação que aceite receber o postulante, obrigado por seu voto privado, seria seriamente desaconselhada em nossos dias.

ad promotionem in bonum: quae praeponderat absolutioni a poena.

Articulus 4
Utrum ille qui vovet religionem ingredi, teneatur perpetuo in religione permanere

Ad quartum sic proceditur. Videtur quod ille qui vovet religionem ingredi, teneatur perpetuo in religione permanere.

1. Melius est enim religionem non ingredi quam post ingressum exire: secundum illud 2Pe 2,21: *Melius erat illis veritatem non cognoscere quam post agnitam retroire.* Et Lc 9,62, dicitur: *Nemo mittens manum ad aratrum et aspiciens retro, aptus est regno Dei.* Sed ille qui voto se obligavit ad religionis ingressum, tenetur ingredi, ut dictum est. Ergo etiam tenetur perpetuo remanere.

2. Praeterea, quilibet debet vitare id ex quo scandalum sequitur et aliis datur malum exemplum. Sed ex hoc quod aliquis, post religionis ingressum, egreditur et ad saeculum redit, malum exemplum et scandalum aliis generatur, qui retrahuntur ab ingressu et provocantur ad exitum. Ergo videtur quod ille qui ingreditur religionem ut votum impleat quod prius fecit, teneatur ibi perpetuo remanere.

3. Praeterea, votum religionis reputatur votum perpetuum, et ideo temporalibus votis praefertur, ut dictum est. Hoc autem non esset, si aliquis, voto religionis emisso, ingrederetur cum proposito exeundi. Videtur ergo quod ille qui vovet religionis ingressum, teneatur in religione etiam perpetuo remanere.

Sed contra est, quia votum professionis, propter hoc quod obligat hominem ad hoc quod perpetuo in religione remaneat, praeexigit annum probationis: qui non praeexigitur ad votum simplex quo aliquis se obligat ad religionis ingressum. Ergo videtur quod ille qui vovet religionem intrare, propter hoc non teneatur ibi perpetuo remanere.

Respondeo dicendum quod obligatio voti ex voluntate procedit: nam *vovere voluntatis est*, ut

à Terra Santa, enquanto crescimento no bem, que prevalece sobre a absolvição da pena.

Artigo 4
Quem fez voto de entrar na vida religiosa está obrigado a nela permanecer perpetuamente?

Quanto ao quarto, assim se procede: parece que quem fez voto de entrar na vida religiosa **está obrigado** a nela permanecer perpetuamente.

1. Com efeito, é melhor não entrar na vida religiosa que, depois de ingressar, sair, segundo a Escritura: "Melhor lhes era não conhecer a verdade, do que, depois de conhecida, voltar para trás". E, no Evangelho de Lucas: "Ninguém que põe a mão no arado e olha para trás é apto para o reino de Deus". Ora, quem se comprometeu por voto a entrar na vida religiosa está obrigado a nela entrar. Logo, também está obrigado a permanecer perpetuamente.

2. Além disso, todos devem evitar aquilo de que resulta o escândalo e que dá mau exemplo aos outros. Ora, quem sai da vida religiosa em que entrou e volta ao século dá mau exemplo e escândalo para os outros, que se dissuadem de entrar e são estimulados a sair[e]. Logo, parece que quem ingressou na vida religiosa para cumprir um voto que anteriormente fez, está obrigado a nela permanecer perpetuamente.

3. Ademais, o voto religioso é considerado um voto perpétuo e, por isso, tem precedência sobre os votos temporais. Ora, não seria assim, se alguém, depois de ter feito o voto de religião, nela entrasse com o propósito de sair. Logo, parece que quem faz o voto de entrar na vida religiosa, também está obrigado a permanecer nela perpetuamente.

Em sentido contrário, o voto de profissão, porque compromete a permanecer perpetuamente na vida religiosa, exige um ano de prova, o que não exige o voto simples, pelo qual alguém se obriga a entrar na vida religiosa. Logo, parece que quem fez o voto de entrar na vida religiosa não está por isso obrigado a permanecer nela perpetuamente.

Respondo. A obrigação do voto procede da vontade. Pois, "é a vontade que faz votos", dis

---

e. Infelizmente, foi somente em nossa época que o fato de não perseverar na vida consagrada, por motivos legítimos e em conformidade com o direito, deixou de ser motivo de escândalo, e de ser considerado como um mau exemplo. Sto. Tomás é testemunha do que se pensava em sua época.

Augustinus dicit[1]. In tantum ergo fertur obligatio voti in quantum se extendit voluntas et intentio voventis. Si igitur vovens intendit se obligare non solum ad ingressum religionis, sed ad perpetuo remanendum, tenetur perpetuo remanere. — Si autem intendit se obligare ad ingressum religionis causa experiendi, cum libertate remanendi vel non remanendi: manifestum est quod remanere non tenetur. — Si vero in vovendo simpliciter de ingressu religionis cogitavit, absque hoc quod cogitaret de libertate exitus vel de perpetuitate remanendi: videtur obligari ad ingressum secundum formam iuris communis, quae est ut ingredientibus detur probationis annus. Unde non tenetur perpetuo in religione remanere.

AD PRIMUM ergo dicendum quod melius est intrare religionem animo probandi, quam penitus non intrare: quia per hoc disponitur ad perpetuo remanendum. Nec tamen intelligitur aliquis retro ire vel aspicere, nisi quando praetermittit id ad quod se obligavit. Alioquin quicumque per aliquod tempus facit aliquod bonum opus, si non semper id faciat, esset ineptus regno Dei: quod patet esse falsum.

AD SECUNDUM dicendum quod ille qui religionem ingreditur, si exeat, praesertim ex aliqua rationabili causa, non generat scandalum nec dat malum exemplum. Et si alius scandalizatur, erit scandalum passivum ex parte eius, non autem scandalum activum ex parte exeuntis: quia fecit quod licitum erat ei facere, et quod expediebat propter rationabilem causam, puta infirmitatem aut debilitatem aut aliquid huiusmodi.

AD TERTIUM dicendum quod ille qui intrat ut statim exeat, non videtur satisfacere voto suo: quia ipse in vovendo hoc non intendit. Et ideo tenetur mutare propositum, ut saltem velit experiri an ei expediat in religione remanere. Non autem tenetur ad perpetuo remanendum.

Agostinho. Portanto, a obrigação do voto se estende até onde se estende a vontade e a intenção de quem fez o voto. Se pois, quem fez o voto tinha a intenção de comprometer-se, não só a entrar na vida religiosa, mas também a nela permanecer perpetuamente, está obrigado a perpetuamente permanecer. — Mas, se tinha a intenção de se comprometer a entrar na vida religiosa como experiência, mantendo a liberdade de permanecer ou não, é claro que não está obrigado a permanecer. — Se porém, ao fazer o voto, pensou só em entrar, e não na liberdade de sair ou de permanecer perpetuamente, parece que se comprometeu a entrar na forma do direito comum, o qual dá a quem entra na vida religiosa um ano de prova[f]. Portanto, não está obrigado a nela permanecer perpetuamente.

QUANTO AO 1º, portanto, deve-se dizer que é melhor entrar na vida religiosa com o ânimo de experimentar, que não entrar de nenhum modo; pois, daquele modo dispõe-se a permanecer perpetuamente. Contudo, só se entende que alguém voltou ou olhou para trás, quando faltou àquilo a que se comprometeu. Do contrário, todo aquele que, durante algum tempo praticou uma boa obra, se não a praticasse sempre, não seria apto para o reino de Deus, o que evidentemente é falso.

QUANTO AO 2º, deve-se dizer que quem sair da vida religiosa, sobretudo por uma causa justa, não escandaliza nem dá mau exemplo. E quem disso se escandalizar, o seu escândalo será passivo, mas não ativo por parte do que saiu, porque fez o que lhe era lícito fazer e o que convinha, por uma causa justa, por exemplo, por doença, por fraqueza ou por qualquer outra causa semelhante.

QUANTO AO 3º, deve-se dizer que quem entra e logo sai, não parece cumprir o seu voto, porque ao fazê-lo não teve essa intenção. Portanto, está obrigado a mudar de propósito, de modo que pelo menos queira provar se lhe convém nela permanecer. Não está obrigado a permanecer perpetuamente.

---

1. Cfr. LOMBARDI: 191, 709 A.

   f. Essa frase é a mais ponderada de todas nos três artigos consagrados ao voto de ingresso em religião: deve-se presumir que o sujeito se obrigue "conforme ao direito comum", esse direito que sempre levou em conta uma provação necessária, e o qual, por outro lado, evolui em função dos costumes de cada época. Não se está sempre obrigado a perseverar na vida religiosa, mesmo que se tenha feito o voto de nela ingressar.

Articulus 5
Utrum pueri sint recipiendi in religione

Ad quintum sic proceditur. Videtur quod pueri non sint recipiendi in religione.

1. Quia Extra, *de Regularibus et transeunt. ad Relig.*[1], dicitur: *Nullus tondeatur, nisi legitima aetate et spontanea voluntate*. Sed pueri non videntur habere legitimam aetatem nec spontaneam voluntatem: quia non habent perfecte usum rationis. Ergo videtur quod non sint in religione recipiendi.
2. Praeterea, status religionis videtur esse status poenitentiae: unde et religio dicitur a *religando* vel *reeligendo*, ut Augustinus dicit, X *de Civ. Dei*[2]. Sed pueris non convenit poenitentia. Ergo videtur quod non debeant religionem intrare.
3. Praeterea, sicut aliquis obligatur iuramento, ita et voto. Sed pueri, ante annos quatuordecim, non debent obligari iuramento: ut habetur in Decretis, XXII caus., qu. 5, cap. *Pueri*, et cap. *Honestum*[3]. Ergo videtur quod nec etiam sint voto obligandi.
4. Praeterea, illicitum videtur esse obligare aliquem tali obligatione quae posset iuste irritari. Sed si aliqui impuberes obligant se religioni, possunt retrahi a parentibus vel tutoribus: dicitur enim in Decretis, XX caus., qu. 2[4], quod *puella si ante duodecim aetatis annos sponte sua sacrum velamen assumpserit, possunt statim parentes eius vel tutores id factum irritum facere, si voluerint*. Illicitum est ergo pueros, praesertim ante pubertatis annos, ad religionem recipere vel obligare.

Sed contra est quod Dominus, Mt 19,14, dicit: *Sinite parvulos, et nolite eos prohibere venire ad me*. Quod exponens Origenes, *super Matth.*[5], dicit quod *discipuli Iesu, priusquam discant rationem iustitiae, reprehendunt eos qui pueros et infantes offerunt Christo: Dominus autem exhortatur discipulos suos condescendere utilitatibus puerorum. Hoc ergo attendere debemus, ne, aestimatione sapientiae excellentioris, contemnamus, quasi magni, pusillos Ecclesiae, prohibentes pueros venire ad Iesum*.

Artigo 5
As crianças devem ser recebidas na religião?

Quanto ao quinto, assim se procede: parece que as crianças **não** devem ser recebidas na vida religiosa.

1. Com efeito, uma Decretal diz: "Ninguém seja tonsurado senão na idade legítima e de espontânea vontade". Ora, as crianças não têm idade legítima nem espontânea vontade, porque não têm o perfeito uso da razão. Logo, parece que não devem ser recebidas na vida religiosa.
2. Além disso, parece que o estado religioso é um estado de penitência; porisso religião deriva de "religar", ou de "reeleger", como diz Agostinho. Ora, as crianças não precisam fazer penitência. Logo, parece que não devem entrar na vida religiosa.
3. Ademais, como o juramento, também o voto compromete. Ora, os menores de quatorze anos não devem comprometer-se por juramento, como dispõe uma Decretal. Logo, parece que também não devem comprometer-se por voto.
4. Ademais, parece ilícito impor a alguém um compromisso que possa ser justamente anulado. Ora, o impúbere, que se compromete a entrar na vida religiosa, pode ser impedido pelos pais ou pelos tutores. Assim, uma Decretal determina: "A menina que, antes dos doze anos, espontaneamente receber o véu da vida religiosa, pode ter o seu ato anulado imediatamente pelos pais ou pelos tutores, se o quiserem". Logo, é ilícito que as crianças, sobretudo antes da idade de puberdade, sejam recebidas na vida religiosa ou obrigadas a entrar.

Em sentido contrário, o Senhor diz no Evangelho: "Deixai as crianças e não impeçais que eles venham a mim". Diz Orígenes: "Os discípulos de Jesus, antes de terem aprendido o senso da justiça, repreendem os que oferecem os filhos e as crianças a Cristo. Mas o Senhor exorta os seus discípulos a condescenderem com as necessidades dessas crianças. Devemos, pois, ter atenção para não desprezar, levados pela presunção de grandeza e uma sabedoria mais excelente, os pequenos na Igreja, proibindo-os de se achegarem a Jesus".

---

5 Parall.: Supra, q. 88, a. 8, ad 2; a. 9; *Quodlib.* III, q. 5, a. 1; *Quodlib.* IV, q. 12, a. 1; *Cont. retrahent. ab ingress. Relig.*, c. 3.

1. *Decretal. Greg. IX*, l. III, tit. 31, c. 1: ed. Richter-Friedberg, t. II, p. 569.
2. Cap. 3, n. 2: ML 41, 280; *De vera Rel.*, c. 55, n. 113: ML 34, 172.
3. Gratianus, *Decretum*, P. II, causa 22, q. 5, cann. 15, 16: ed. cit., t. I, p. 887.
4. Gratianus, *op. cit.*, P. II, causa 20, q. 2, can. 2: ed. cit., t. I, p. 847.
5. *Comment.*, tract. 7, 8: MG 13, 1272 C, 1273 A, 1276 A.

RESPONDEO dicendum quod, sicut supra[6] dictum est, duplex est religionis votum. Unum simplex, quod consistit in sola promissione Deo facta, quae ex interiori mentis deliberatione procedit. Et hoc votum habet efficaciam ex iure divino. Quae tamen dupliciter tolli potest. Uno modo, per defectum deliberationis: ut patet in furiosis, quorum vota non sunt obligatoria, ut habetur Extra, *de Regularibus et transeunt. ad Relig.*, cap. *Sicut tenor*[7]. Et eadem est ratio de pueris qui nondum habent debitum usum rationis, per quem sunt doli capaces: quem quidem pueri habent, ut frequentius, circa quartumdecimum annum, puellae vero circa duodecimum, qui dicuntur *anni pubertatis*. In quibusdam tamen anticipatur, et in quibusdam tardatur, secundum diversam dispositionem naturae. — Alio modo impeditur efficacia simplicis voti, si aliquis Deo voveat quod non est propriae potestatis: puta si servus, etiam usum rationis habens, voveat se religionem intrare, aut etiam ordinetur, ignorante domino; potest enim hoc dominus revocare, ut habetur in Decretis, dist. LIV, cap. *Si servus*[8]. Et quia puer vel puella, infra pubertatis annos, naturaliter sunt in potestate patris quantum ad dispositionem suae vitae, poterit pater votum eorum revocare vel acceptare, si sibi placuerit: ut expresse dicitur de muliere, Nm 30,4sqq.

Sic igitur si puer, ante annos pubertatis, simplex votum emittat, antequam habeat plenum usum rationis, non obligatur ex voto. — Si autem habeat usum rationis ante annos pubertatis, obligatur quidem quantum in se est, ex suo voto: tamen potest obligatio removeri per auctoritatem patris, in cuius potestate adhuc existit; quia ordinatio legis, qua unus homo subditur alteri, respicit id quod in pluribus accidit. — Si vero annos pubertatis excedat, non potest revocari auctoritate parentum; si tamen nondum haberet plenum usum rationis, non obligaretur quoad Deum.

Aliud autem est votum solemne, quod facit monachum vel religiosum. Quod quidem subditur ordinationi Ecclesiae, propter solemnitatem quam habet annexam. Et quia Ecclesia respicit id quod in pluribus est, professio ante tempus pubertatis facta, quantumcumque aliquis habeat usum rationis plenum, ut sit doli capax, non habet suum effectum, ut faciat profitentem esse iam religiosum.

RESPONDO. São dois os votos religiosos. Um, o voto simples que consiste só na promessa feita a Deus, a qual procede da deliberação interior da alma. E esse voto tem eficácia por direito divino. Pode, porém ser impedido de dois modos. Primeiro, por falta de deliberação, como se dá com os loucos, cujos votos não comprometem. A mesma razão vale para as crianças, que ainda não têm o uso completo da razão, que os torna capazes de dolo. Os meninos o têm, geralmente, pelos quatorze anos, e as meninas pelos doze, os chamados anos da puberdade. Em alguns, porém, se adiantam e, em outros, conforme as disposições diversas da natureza. — Segundo, a eficácia do voto simples é impedida, quando alguém faz voto de algo que não está sob o seu poder. Por exemplo, o escravo que, embora tendo o uso da razão, faz voto de entrar na vida religiosa ou de se ordenar, ignorando o seu senhor. Pode este anular o voto, como consta em uma Decretal. Ora, como os meninos e as meninas antes da puberdade, estão naturalmente sob o pátrio poder quanto à disposição de suas vidas, pode o pai revogar-lhes o voto ou aceitá-lo, se lhe aprouver, como expressamente o diz a Escritura, da mulher.

Assim, pois, se um menino, antes da puberdade, emitir um voto simples, antes de ter o uso pleno da razão, não se compromete por esse voto. — Se, porém, tiver o uso da razão, antes da puberdade, se compromete, por si, pelo seu voto; contudo, esse compromisso pode ser anulado pela autoridade do pai, sob cujo poder ainda vive. Porque a disposição da lei, pela qual um homem está sujeito a outro, tem em conta o que geralmente acontece. — Se, porém, excede os anos da puberdade, não pode ser anulado pela autoridade paterna. Se, ainda não tivesse o pleno uso da razão, não estaria comprometido perante Deus.

O outro é o voto solene, que faz o monge ou o religioso. Este voto está sujeito à ordenação da Igreja, por causa da solenidade que o acompanha. E como a Igreja considera o que acontece em geral, a profissão feita antes da puberdade, embora alguém tenha o pleno uso da razão ou seja capaz de dolo, não produz o efeito de fazer a quem professa desde logo religioso.

---

6. A. 2, ad 1.
7. *Decretal. Greg. IX*, l. III, tit. 31, c. 15: ed. cit., t. II, p. 574.
8. GRATIANUS, *op. cit.*, P. I, dist. 54, can. 20: ed. cit., t. I, p. 213.

Et tamen, licet ante annos pubertatis profiteri non possint, possunt tamen, cum voluntate parentum, in religione recipi ut nutriantur ibidem: sicut de Ioanne Baptista legitur, Lc 1,80, quod *puer crescebat, et confortabatur spiritu, et erat in desertis*. Unde, sicut Gregorius dicit, in II *Dialog.*[9], beato Benedicto *Romani nobiles suos filios omnipotenti Deo nutriendos dare coeperunt*. Quod est valde expediens: secundum illud Lm 3,27: *Bonum est viro cum portaverit iugum ab adolescentia sua*. Unde ex communi consuetudine pueri applicantur illis officiis vel artibus in quibus sunt vitam acturi.

AD PRIMUM ergo dicendum quod legitima aetas ad hoc quod aliquis tondeatur cum voto solemni religionis, est tempus pubertatis, in quo homo potest uti spontanea voluntate. Sed ante annos pubertatis potest esse legitima aetas ad hoc quod aliquis tondeatur in religione nutriendus.

AD SECUNDUM dicendum quod religionis status principaliter ordinatur ad perfectionem consequendam, ut supra[10] habitum est. Et secundum hoc, convenit pueris, qui de facili imbuuntur. Ex consequenti autem dicitur esse status poenitentiae, inquantum per observantiam religionis peccatorum occasiones tolluntur, ut supra[11] dictum est.

AD TERTIUM dicendum quod pueri, sicut non coguntur ad iurandum, ut canon dicit, ita non coguntur ad vovendum. Si tamen voto vel iuramento se adstrinxerint ad aliquid faciendum, obligantur quoad Deum, si habeant usum rationis: licet non obligentur quoad Ecclesiam ante quatuordecim annos.

AD QUARTUM dicendum quod Nm 30 non reprehenditur mulier in puellari aetate constituta, si voveat absque consensu parentum: potest tamen revocari a parentibus. Ex quo patet quod non peccat vovendo: sed intelligitur se voto obligare quantum in se est, absque praeiudicio auctoritatis paternae.

Embora não se possa professar antes da idade de puberdade, pode um, com a autorização dos pais, ser recebido numa vida religiosa para aí educar-se[g]. Assim, o Evangelho diz, de João Batista, que "o menino crescia e se fortificava nos desertos". Por isso, como diz Gregório, os nobres romanos começaram a entregar os filhos a São Bento afim de serem educados para Deus onipotente. O que é muito conveniente, segundo aquilo da Escritura: "Bom é para o varão o ter levado o jugo desde a sua mocidade". De acordo com o costume geral, os meninos são aplicados àqueles ofícios ou artes, as quais praticarão da vontade livre durante a vida.

QUANTO AO 1º, portanto, deve-se dizer que a idade legítima para a tonsura, com o voto solene de religião, é a idade de puberdade, em que o homem pode se utilizar da vontade livre. Os anos anteriores à puberdade podem ser a idade legítima para a tonsura de quem deve ser educado na vida religiosa.

QUANTO AO 2º, deve-se dizer que o estado da religião principalmente se ordena a alcançar a perfeição. E por isso é conveniente para os meninos, que facilmente se educam. Diz-se que é um estado de penitência, por consequência, porque a observância da vida religiosa elimina as ocasiões de pecado.

QUANTO AO 3º, deve-se dizer que os meninos, assim como não são coagidos a jurar, como diz o Direito, também não o são a fazer voto. Contudo, se se obrigaram por voto ou por juramento a alguma coisa, estão obrigados perante Deus, se tiverem o uso da razão; embora não estejam obrigados perante a Igreja, antes dos quatorze anos.

QUANTO AO 4º, deve-se dizer que a Escritura não repreende a mulher, em sua puberdade, faz votos sem o consentimento dos pais. Esse voto eles poderão anular. Daí fica claro que não peca fazendo um voto. Entende-se, entretanto, que se compromete pelo voto, pelo que lhe diz respeito, sem prejuízo da autoridade paterna.

---

9. Cap. 3: ML 66, 140 C.
10. Q. 186, a. 1, ad 4.
11. Ibid.

g. Sto. Tomás aprova seus pais de tê-lo posto desde jovem na abadia de Monte-Cassino. Ele reconhece o valor da formação monástica, e não exclui a possibilidade de que ela se dê tendo em vista uma futura profissão, uma vez que ele acrescenta que é "a prática comum aplicar as crianças às profissões e aos ofícios em que deverão viver".

ARTICULUS 6
Utrum propter obsequium parentum debeant aliqui retrahi ab ingressu religionis

AD SEXTUM SIC PROCEDITUR. Videtur quod propter obsequium parentum debeant aliqui retrahi ab ingressu religionis.

1. Non enim licet praetermittere id quod est necessitatis, ut fiat id quod est liberum voluntati. Sed obsequi parentibus cadit sub necessitate praecepti quod datur de honoratione parentum, Ex 20,12: unde et Apostolus dicit, 1Ti 5,4: *Si qua vidua filios aut nepotes habet, discat primum domum suam regere, et mutuam vicem reddere parentibus*. Ingredi autem religionem est liberum voluntati. Ergo videtur quod non debeat aliquis praetermittere parentum obsequium propter religionis ingressum.

2. PRAETEREA, maior videtur esse subiectio filii ad parentes quam servi ad dominum: quia filiatio est naturalis; servitus autem ex maledictione peccati, ut patet Gn 9,22sqq. Sed servus non potest praetermittere obsequium domini sui ut religionem ingrediatur aut sacrum ordinem assumat: sicut habetur in Decretis, dist. LIV, *Si servus*[1]. Ergo multo minus filius potest obsequium patris praetermittere ut ingrediatur religionem.

3. PRAETEREA, maiori debito obligatur aliquis parentibus quam his quibus debet pecuniam. Sed illi qui debent pecuniam aliquibus, non possunt religionem ingredi: dicit enim Gregorius, in *Regist.*[2], et habetur in Decretis, dist. LIII[3], quod *si hi qui sunt rationibus publicis obligati, quandoque monasterium petunt, nullo modo suscipiendi sunt, nisi prius a negotiis publicis fuerint absoluti*. Ergo videtur quod multo minus filii possunt religionem ingredi, praetermisso paterno obsequio.

SED CONTRA est quod Mt 4,22 dicitur quod Iacobus et Ioannes, *relictis retibus et patre, secuti sunt Dominum*. Ex quo, ut Hilarius dicit[4], *docemur, Christum secuturi, et saecularis vitae sollicitudine et paternae domus consuetudine non teneri*.

ARTIGO 6
Deve-se desistir de entrar na vida religiosa em razão da assistência aos pais?

QUANTO AO SEXTO, ASSIM SE PROCEDE: parece que **se deve** desistir de entrar na vida religiosa em razão da assistência aos pais.

1. Com efeito, não é lícito eximir-se o que é obrigatório para fazer o que é facultativo. Ora, a assistência aos pais cai sob a necessidade do preceito, que ordena honrar pai e mãe. Por isso, diz o Apóstolo "Se alguma viúva tem filhos ou netos aprenda primeiro a governar a sua casa e a retribuir aos pais os cuidados recebidos". E entrar na vida religiosa é um ato facultativo. Logo, parece que alguém não deve, para entrar na vida religiosa, eximir-se da assistência aos pais.

2. ALÉM DISSO, a dependência dos filhos em relação aos pais parece maior do que a do escravo para com seu senhor, pois a filiação é algo natural, ao passo que a escravidão provém da maldição do pecado, como se vê no livro do Gênesis. Ora, o escravo não pode eximir-se da assistência ao seu senhor para entrar na vida religiosa ou para receber uma ordem sacra, como se diz nas Decretais. Logo, muito menos pode o filho eximir-se da assistência aos pais para ingressar na vida religiosa.

3. ADEMAIS, a dívida de um filho para com os pais é mais sagrada que a de quem deve dinheiro a outro. Ora, quem deve a outro não pode entrar na vida religiosa. É o que diz Gregório e se acha numa Decretal: "Aqueles que têm obrigações com as leis, se porventura procuram um mosteiro, não devem ser de modo algum recebidos, enquanto não forem absolvidos". Logo, parece que muito menos os filhos podem entrar na vida religiosa, eximindo-se da assistência aos seus pais.

EM SENTIDO CONTRÁRIO, diz-se no Evangelho que Tiago e João "deixando as redes e o pai, o seguiram". A esse respeito, Hilário diz: "Isso nos ensina que os que seguirão a Cristo não se deterão, pelas preocupações da vida secular e o apego à casa paterna".

---

6   PARALL.: Supra, q. 101, a. 4, ad 4; IV *Sent.*, dist. 38, q. 2, a. 4, q.la 2, ad 2; *Quodlib.* III, q. 6, a. 2; *Quodlib.* X, q. 5, a. 1; *in Matth.*, c. 4.

1. GRATIANUS, *Decretum*, P. I, dist. 54, can. 20: ed. Richter-Friedberg, t. I, p. 213.
2. L. VIII, epist. 5, al. 11: ML 77, 910 A.
3. GRATIANUS, *op. cit.*, P. I, dist. 53, can. 1: ed. cit., t. I, p. 206.
4. *Comment. in Matth.*, c. 3, n. 6: ML 9, 931 B.

RESPONDEO dicendum quod, sicut supra⁵ dictum est, cum de pietate ageretur, parentes habent rationem principii, inquantum huiusmodi: et ideo per se eis convenit ut filiorum curam habeant. Et propter hoc, non liceret alicui filios habenti religionem ingredi, omnino praetermissa cura filiorum, idest, non proviso qualiter educari possint: dicitur enim 1Ti 5,8, quod *si quis suorum curam non habet, fidem negavit, et est infideli deterior.* Per accidens tamen parentibus convenit ut a filiis adiuventur: inquantum scilicet sunt in necessitate aliqua constituti.

Et ideo dicendum est quod, parentibus in necessitate existentibus ita quod eis commode aliter quam per obsequium filiorum subveniri non possit, non licet filiis, praetermisso parentum obsequio, religionem intrare. Si vero non sint in tali necessitate ut filiorum obsequio multum indigeant, possunt, praetermisso parentum obsequio, filii religionem intrare, etiam contra praeceptum parentum: quia post annos pubertatis, quilibet ingenuus libertatem habet quantum ad ea quae pertinent ad dispositionem sui status, praesertim in his quae sunt divini obsequii; et *magis est obtemperandum Patri spirituum, ut vivamus, quam parentibus carnis,* ut Apostolus, Hb 12,9, dicit. Unde Dominus, ut legitur Mt 8,21-22 et Lc 9,59-60, reprehendit discipulum qui nolebat eum statim sequi intuitu paternae sepulturae: *erant enim alii per quos illud opus impleri poterat,* ut Chrysostomus dicit⁶.

AD PRIMUM ergo dicendum quod praeceptum de honoratione parentum non solum se extendit ad corporalia obsequia, sed etiam ad spiritualia, et ad reverentiam exhibendam. Et ideo etiam illi qui sunt in religione implere possunt praeceptum de honoratione parentum, pro eis orando, et eis reverentiam et auxilium impendendo, secundum quod religiosos decet. Quia etiam illi qui in saeculo vivunt, diversimode parentes honorant, secundum eorum conditionem.

AD SECUNDUM dicendum quod, quia servitus est in poenam peccati inducta, ideo per servitutem aliquid adimitur homini quod alias ei competeret, ne scilicet libere de sua persona possit disponere: *servus enim id quod est, domini est.* Sed filius non patitur detrimentum ex hoc quod subiectus est patri, quin possit de sua persona libere disponere transferendo se ad obsequium Dei: quod maxime pertinet ad hominis bonum.

RESPONDO. Os pais têm, como tais, a razão de princípios. Por isso compete-lhes por si cuidar dos seus filhos. Por essa razão, não seria permitido a alguém, que tivesse filhos, entrar na vida religiosa, eximindo-se totalmente do cuidado deles, isto é, sem providenciar como serão educados. De fato, está escrito que "se alguém não cuida dos seus, renegou a fé e é pior que um infiel". Entretanto, casualmente, cabe aos filhos, ajudarem os pais, a saber, quando estiverem em alguma necessidade.

Por conseguinte, se os pais estiverem em tal necessidade que não possam ser socorridos convenientemente a não ser pela assistência dos filhos, estes não têm o direito de eximir-se da assistência, para entrar na vida religiosa. Se, porém, estes não estiverem em tal necessidade que precisem muito dessa assistência dos filhos, estes podem eximir-se da assistência e ingressar na vida religiosa, mesmo contra a vontade deles. Porque, após a puberdade, quem é livre, tem a liberdade de dispor da sua vida, sobretudo no que diz respeito ao serviço de Deus. "Diz o Apóstolo, havemos de ser muito mais submissos ao Pai dos espíritos, a fim de vivermos, do que aos nossos pais segundo a carne". Por isso, lê-se nos Evangelhos que o Senhor repreendeu o discípulo que não queria segui-lo imediatamente com a intenção de dar sepultura a seu pai, "pois havia outras pessoas capazes de cumprir essa obrigação", observa Crisóstomo.

QUANTO AO 1º, portanto, deve-se dizer que o preceito de honrar pai e mãe não se estende somente à assistência corporal, mas ainda à espiritual e às manifestações de respeito. Por isso, os que se acham na vida religiosa também podem cumprir este preceito rezando pelos pais, manifestando-lhes respeito e dando-lhes assistência, segundo convém a um religioso. Porque os que vivem no século honram seus pais de diferentes maneiras, conforme a condição de cada um.

QUANTO AO 2º, deve-se dizer que, uma vez que a escravidão é um castigo do pecado, por ela o homem se priva de algo que, de outro modo, lhe pertenceria, a saber, poder dispor livremente da sua pessoa, já que "o escravo, em tudo o que ele é, pertence ao seu senhor". Mas o filho não sofre prejuízo por estar sujeito ao pai, de modo que não possa dispor livremente da sua pessoa, entregando-se ao serviço de Deus, o que, ao máximo, diz respeito ao bem do homem.

---

5. Q. 101, a. 2, ad 2.
6. Homil. 27, al. 28, *in Matth.*, n. 3: MG 57, 347.

AD TERTIUM dicendum quod ille qui est obligatus ad aliquid certum, non potest illud licite praetermittere, facultate exstante. Et ideo si aliquis sit obligatus ut alicui rationem ponat, vel ut certum debitum reddat, non potest hoc licite praetermittere ut religionem ingrediatur. Si tamen debeat aliquam pecuniam et non habeat unde reddat, tenetur facere quod potest: ut scilicet cedat bonis suis creditori. Propter pecuniam autem persona liberi hominis, secundum iura civilia, non obligatur, sed solum res: quia persona liberi hominis *superat omnem aestimationem pecuniae*. Unde potest licite, exhibitis rebus suis, religionem intrare, nec tenetur in saeculo remanere ut procuret unde debitum reddat. — Filius autem non tenetur ad aliquod speciale debitum patri: nisi forte in casu necessitatis, ut dictum est.

QUANTO AO 3º, deve-se dizer que quem se comprometeu a algo determinado não pode licitamente se eximir dela, se tem possibilidade de cumpri-la. Portanto, quem se acha obrigado a prestar contas a alguém ou a pagar uma certa dívida, não pode eximir-se disso licitamente para entrar na vida religiosa. Se, porém, deve uma soma de dinheiro e não tem com que pagá-la, está obrigado a fazer o possível, como ceder seus bens aos credores. Segundo o direito civil, um homem livre responde por suas dívidas com seus bens, mas não com sua própria pessoa, porque a pessoa do homem livre "eleva-se acima de todo preço". Portanto, tendo entregue os seus bens, pode licitamente entrar na vida religiosa, e não está obrigado a permanecer no mundo para buscar com que pagar a dívida. — Contudo, o filho não tem para com seu pai uma dívida especial, salvo em caso de necessidade.

ARTICULUS 7

Utrum presbyteri curati possint licite religionem ingredi

AD SEPTIMUM SIC PROCEDITUR. Videtur quod presbyteri curati non possunt licite religionem ingredi.
1. Dicit enim Gregorius, in *Pastoral.*[1], quod ille qui curam animarum suscipit, *terribiliter admonetur cum dicitur: Fili mi, si spoponderis pro amico tuo, defixisti apud extraneum manum tuam*. Et subdit: *Spondere namque pro amico est animam alienam in periculo suae conversationis accipere*. Sed ille qui obligatur homini pro aliquo debito, non potest intrare religionem nisi solvat id quod debet, si possit. Cum ergo sacerdos possit curam animarum agere, ad quam se obligavit in periculo animae suae, videtur quod non liceat ei, praetermissa cura animarum, religionem intrare.

2. PRAETEREA, quod uni licet, pari ratione omnibus similibus licet. Sed si omnes presbyteri habentes curam animarum religionem intrarent, remanerent plebes absque cura pastorum: quod esset inconveniens. Ergo videtur quod presbyteri curati non possint licite religionem intrare.

3. PRAETEREA, inter actus ad quos religiones ordinantur, praecipui sunt illi quibus aliquis contemplata aliis tradit. Huiusmodi autem actus competunt presbyteris curatis et archidiaconis, qui-

ARTIGO 7

Os párocos podem licitamente entrar na vida religiosa?

QUANTO AO SÉTIMO, ASSIM SE PROCEDE: parece que os párocos **não** podem licitamente entrar na vida religiosa.
1. Com efeito, diz Gregório que aquele que assumiu a cura de almas "é terrivelmente advertido por estas palavras: 'Meu filho, ao ficares fiador de um amigo, deste a tua mão em penhor a um estranho'". E acrescenta: "Ser fiador de um amigo é aceitar o outro com o risco de sua amizade". Ora, quem está comprometido com um outro por uma dívida, não pode entrar na vida religiosa, sem antes pagar o que deve, podendo fazê-lo. Logo, como o sacerdote pode exercer a cura de almas, a que se comprometeu com o risco da salvação da sua alma, parece que não lhe é lícito eximir-se da cura de almas para entrar na vida religiosa.

2. ALÉM DISSO, o que é permitido a um, será permitido, pela mesma razão, a todos os que são semelhantes. Ora, se todos os presbíteros com cura de almas entrassem na vida religiosa, o povo ficaria sem pastores, o que é inadmissível. Logo, parece que os párocos não podem licitamente entrar na vida religiosa.

3. ADEMAIS, entre os atos aos quais estão ordenados os religiosos, o principal é o de comunicar aos outros o fruto da contemplação. Ora, esses atos cabem aos párocos e arcediagos, a quem compete

---

7 PARALL.: Supra, q. 184, a. 6; *De Perf. Vitae Spir.*, c. 25.

1. P. III, c. 4, admon. 5: ML 77, 54 CD.

bus ex officio competit praedicare et confessiones audire. Ergo videtur quod non liceat presbytero curato vel archidiacono transire ad religionem.

SED CONTRA est quod in Decretis, XIX caus., qu. 2, cap. *Duae sunt leges*[2], dicitur: *Si quis clericorum in ecclesia sua sub episcopo populum retinet et saeculariter vivit, si, afflatus Spiritu Sancto, in aliquo monasterio vel regulari canonica salvari se voluerit, etiam episcopo suo contradicente, eat liber, nostra auctoritate.*

RESPONDEO dicendum quod, sicut supra[3] dictum est, obligatio voti perpetui praefertur omni alii obligationi. Obligari autem voto perpetuo et solemni ad vacandum divinis obsequiis, competit proprie episcopis et religiosis. Presbyteri autem curati et archidiaconi non obligantur voto perpetuo et solemni ad curam animarum retinendam, sicut ad hoc obligantur episcopi. Unde episcopi *praesulatum non possunt deserere quacumque occasione, absque auctoritate Romani Pontificis*, ut habetur Extra, *de Regularibus et transeuntib. ad Relig.*, cap. *Licet.*[4]: archidiaconi autem et presbyteri curati possunt libere abrenuntiare episcopo curam eis commissam, absque speciali licentia Papae, qui solus potest in votis perpetuis dispensare. Unde manifestum est quod archidiaconis et presbyteris curatis licet ad religionem transire.

AD PRIMUM ergo dicendum quod presbyteri curati et archidiaconi obligaverunt se ad curam agendam subditorum quandiu retinent archidiaconatum vel parochiam. Non autem obligaverunt se ad hoc quod perpetuo archidiaconatum vel parochiam teneant.

AD SECUNDUM dicendum quod, sicut Hieronymus dicit, *contra Vigilantium*[5]: *Quamvis a te linguae vipereae morsus saevissimos patiantur*, scilicet religiosi, *quibus argumentaris, et dicis: Si omnes se clauserint et fuerint in solitudine, quis celebrabit ecclesias? Quis saeculares homines lucrifaciet? Quis peccantes ad virtutes poterit exhortari? Hoc enim modo, si omnes tecum fatui sint, sapiens esse quis poterit? Et virginitas non erit approbanda: si enim virgines omnes fuerint et nuptiae non erunt, interibit genus humanum. Rara est virtus, nec a pluribus appetitur.* Patet ergo quod hic timor stultus est: puta, sicut si aliquis timeret haurire aquam, ne flumen deficeret.

por ofício pregar e ouvir confissões. Logo, parece que não é lícito ao pároco ou arcediago passar para a vida religiosa.

EM SENTIDO CONTRÁRIO, está nos Decretos: "O clérigo que, sob a autoridade do bispo, governa a sua igreja e vive como secular, quiser, inspirado pelo Espírito Santo, realizar a sua salvação em algum mosteiro ou entre os cônegos regulares, que ele vá livremente, por nossa autoridade, ainda que o bispo se oponha".

RESPONDO. O compromisso do voto perpétuo antepõe-se qualquer outro. Ora, comprometer-se por voto perpétuo e solene a entregar-se ao serviço de Deus, compete propriamente aos bispos e aos religiosos. Os párocos e os arcediagos não se comprometem, por voto perpétuo e solene, a manter a cura de almas como os bispos. Por isso, segundo uma Decretal, os bispos "não podem abandonar o episcopado em nenhuma ocasião, sem a autorização do Pontífice Romano". Ao contrário, os párocos e os arcediagos podem livremente devolver aos bispos a cura de almas a eles entregue, sem licença especial do Papa, que é o único que pode dispensar dos votos perpétuos. É, pois, evidente que os arcediagos e os párocos podem transferir-se para a vida religiosa.

QUANTO AO 1º, portanto, deve-se dizer que os párocos e os arcediagos se comprometem a cuidar dos seus súditos enquanto conservarem o cargo. Mas não se comprometeram a conservá-lo sempre.

QUANTO AO 2º, deve-se dizer que como diz Jerônimo: "Embora os religiosos sofram a cruel mordida da tua língua de víbora, quando lhes dizes: 'Se todos se enclausurassem na solidão, quem desempenharia o serviço das igrejas? Quem ganharia os homens do mundo? Quem exortaria os pecadores à virtude?' Pensando assim, quem poderia ser sábio, se todos se deixassem levar pela tua loucura? Pois nem a virgindade poderia ser recomendada, posto que se todos a praticassem e não houvesse casamentos, desapareceria o gênero humano. Mas a virtude é rara e não são muitos os que a desejam". É, pois, evidente que esse temor é insensato, como o de alguém que temesse tirar água de um rio para que ele não viesse a secar.

---

2. GRATIANUS, *Decretum*, P. II, causa 19, q. 2, can. 2: ed. Richter-Friedberg, t. I, p. 840.
3. A. 3, ad 3; q. 88, a. 12, ad 1.
4. *Decretal. Greg. IX*, l. III, tit. 31, c. 18: ed. cit., t. II, p. 576.
5. Num. 15: ML 23, 351 AB.

ARTICULUS 8
Utrum liceat de una religione transire ad aliam

AD OCTAVUM SIC PROCEDITUR. Videtur quod non liceat de una religione transire ad aliam, etiam arctiorem.

1. Dicit enim Apostolus, Hb 10,25: *Neque deserentes collectionem nostram, sicut est consuetudinis quibusdam*: Glossa[1]: *Qui scilicet vel timore persecutionis cedunt, vel propria praesumptione a peccatoribus vel imperfectis, ut iusti videantur, recedunt*. Sed hoc videntur facere qui de una religione transeunt ad aliam perfectiorem. Ergo videtur hoc esse illicitum.

2. PRAETEREA, professio monachorum est arctior quam professio regularium canonicorum: ut habetur Extra, *de Statu Monach. et Canonic. Regul.*, cap. *Quod Dei timorem*[2]. Sed non licet alicui transire de statu canonicorum regularium ad statum monachorum: dicitur enim in Decretis, XIX caus., qu. 3[3]: *Mandamus, et universaliter interdicimus, ne quis canonicus regulariter professus, nisi, quod absit, publice lapsus fuerit, monachus efficiatur*. Ergo videtur quod non liceat alicui transire de una religione ad aliam maiorem.

3. PRAETEREA, tandiu aliquis obligatur ad implendum quod vovit, quandiu potest licite illud implere: sicut, si aliquis vovit continentiam servare, etiam post contractum matrimonium per verba de praesenti, ante carnalem copulam, tenetur implere votum, quia hoc potest facere religionem intrando. Si ergo aliquis licite potest de una religione transire ad aliam, tenebitur hoc facere, si ante hoc voverit existens in saeculo. Quod videtur esse inconveniens: quia ex hoc plerumque scandalum generari posset. Ergo non potest aliquis religiosus de una religione transire ad aliam arctiorem.

SED CONTRA est quod dicitur in Decretis, XX caus., qu. 4[4]: *Virgines sacrae si, pro lucro animae suae, propter districtiorem vitam, ad aliud monasterium pergere disposuerunt, ibique commanere decreverunt, Synodus concedit*. Et eadem ratio videtur esse de quibuscumque religiosis. Ergo

ARTIGO 8
Pode-se passar de uma vida religiosa para outra?

QUANTO AO OITAVO, ASSIM SE PROCEDE: parece que **não** se pode passar de uma vida religiosa para outra, ainda que seja mais rigorosa.

1. Com efeito, diz o Apóstolo: "Não abandonemos a nossa assembleia como é costume de alguns". E a Glosa comenta: "É o caso dos que cedem ao temor da perseguição ou que, por presunção, se afastam dos pecadores e dos imperfeitos afim de parecerem justos". Ora, parece que fazem o mesmo os que passam de uma vida religiosa para outra mais perfeita. Logo, parece que isso não é lícito.

2. ALÉM DISSO, a profissão dos monges é mais rigorosa que a dos cônegos regulares, declara uma Decretal. Ora, não é permitido a ninguém passar do estado de cônego regular para o de monge, pois um Decreto diz: "Mandamos e proibimos a quem quer que tenha feito profissão de cônego regular que se faça monge, a não ser que, Deus não o permita!, tenha caído numa falta pública". Logo, parece que a ninguém é permitido passar de uma vida religiosa para outra mais perfeita.

3. ADEMAIS, cada um se comprometeu a cumprir o que professou, enquanto puder licitamente fazê-lo. E, assim, se alguém fez voto de continência, mesmo depois de ter contraído matrimônio legalmente e antes de se unir carnalmente à esposa, é obrigado a cumprir o voto, porque o pode fazer entrando na vida religiosa. Se alguém, portanto, pode licitamente passar de uma vida religiosa para outra, está obrigado a isso, se se fez esse voto, quando ainda vivia no século. O que parece não ser admissível: porque isso poderia causar escândalo. Logo, nenhum religioso pode passar de uma vida religiosa para outra mais rigorosa.

EM SENTIDO CONTRÁRIO, lê-se nos Decretos: "Se as virgens consagradas, em vista da salvação da sua alma e a fim de levar uma vida mais austera, quiserem transferir-se para outro mosteiro e permanecer nele, o Concílio o permite". Parece que a mesma razão vale para todos os religiosos.

---

8 PARALL.: IV *Sent*., dist. 27, q. 1, a. 3, q.la 1, ad 3; dist. 38, q. 1, a. 4, q.la 3, ad 2.
1. Interl.; LOMBARDI: ML 192, 484 C.
2. *Decretal. Greg. IX*, l. III, tit. 35, c. 5: ed. Richter-Friedberg, t. II, p. 599.
3. GRATIANUS, *Decretum*, P. II, causa 19, q. 3, can. 2: ed. cit., t. I, p. 840.
4. GRATIANUS, *op. cit*., P. II, causa 20, q. 4, can. 1: ed. cit., t. I, p. 851.

potest aliquis licite transire de una religione ad aliam.

RESPONDEO dicendum quod transire de religione ad religionem, nisi propter magnam utilitatem vel necessitatem, non est laudabile. Tum quia ex hoc plerumque scandalizantur illi qui relinquuntur. — Tum etiam quia facilius proficit aliquis in religione quam consuevit, quam in illa quam non consuevit, ceteris paribus. Unde in *Collationibus Patrum*[5] Abbas Nesteros dicit: *Unicuique utile est ut secundum propositum quod elegit, summo studio ac diligentia ad operis arrepti perfectionem pervenire festinet, et nequaquam a sua, quam semel elegit, professione discedat.* Et postea, rationem assignans, subdit: *Impossibile namque est unum eumdemque hominem simul universis fulciri virtutibus. Quas si quis voluerit pariter attentare, in id incidere eum necesse est ut, dum omnem sequitur, nullam integre consequatur.* Diversae enim religiones praeeminent secundum diversa virtutum opera.

Potest tamen aliquis laudabiliter de una religione transire ad aliam, triplici ex causa. Primo quidem, zelo perfectioris religionis. Quae quidem excellentia, ut supra[6] dictum est, non attenditur secundum solam arctitudinem: sed principaliter secundum id ad quod religio ordinatur; secundario vero secundum discretionem observantiarum debito fini proportionatarum. — Secundo, propter declinationem religionis a debita perfectione. Puta, si in aliqua religione altiori incipiunt religiosi remissius vivere, laudabiliter transit aliquis ad religionem etiam minorem, si melius observetur: sicut in *Collationibus Patrum*[7] dicit Abbas Ioannes de seipso quod a vita solitaria, in qua professus fuerat, transiit ad minorem, scilicet eorum qui vivunt in societate, propter hoc quod vita eremitica coeperat declinare et laxius observari. — Tertio, propter infirmitatem vel debilitatem, ex qua interdum provenit quod non potest aliquis arctioris religionis statuta servare, posset autem observare statuta religionis laxioris.

Sed in his tribus casibus est differentia. Nam in primo casu, debet quidem, propter humilitatem, licentiam petere: quae tamen ei negari non potest, dummodo constet illam religionem esse altiorem; *si vero de hoc probabiliter dubitetur, est in hoc*

Logo, pode-se licitamente passar de uma vida religiosa para outra.

RESPONDO. Não é louvável passar de uma vida religiosa para outra, a não ser em caso de grande utilidade e necessidade. Quer porque isso é geralmente motivo de escândalo para os que ficam; — quer ainda porque, em igualdade de condições, é mais fácil progredir numa vida religiosa a que se está acostumado, do que numa outra a que não se está. É o que diz o abade Néstero: "É útil que cada um persevere no propósito que escolheu e, com grande aplicação e diligência, se empenhe em levar à perfeição a obra que empreendeu; e que jamais abandone a profissão que abraçou". E dá a razão, acrescentando: "É impossível que um mesmo homem se sobressaia igualmente em todas as virtudes. E quem quisesse tentá-lo, se condenaria fatalmente a não conseguir a perfeição em nenhuma delas, por ter querido praticar todas na sua integridade". Ora, as diversas vidas religiosas se sobressaem segundo obras virtuosas diversas.

Pode acontecer que seja louvável passar de uma vida religiosa para uma outra, por três motivos: Primeiro, pelo desejo de uma vida religiosa mais perfeita. Ora, essa excelência não se mede só pelo rigor; mas, principalmente, pelo fim a que se ordena, e secundariamente pela criteriosa adequação de suas observâncias ao fim proposto. — Segundo, pelo relaxamento da vida religiosa com respeito à perfeição devida. Por exemplo, se numa vida religiosa mais perfeita os religiosos começam a levar uma vida mais relaxada, é louvável passar para uma menos perfeita, na qual a observância é melhor. É o que diz de si mesmo o abade João, que passou da vida eremítica, na qual havia professado, para uma vida menos perfeita, a saber, dos que vivem em comunidade, porque a vida eremítica tinha começado a declinar e a ser mais negligentemente observada. — Terceiro, por enfermidade ou saúde delicada. Por isso, às vezes, o religioso não pode observar a regra de uma vida religiosa mais austera, mas pode observar as regras de uma menos exigente.

Entretanto, há uma diferença entre esses três casos. No primeiro, o religioso deve, por humildade, pedir licença, que não lhe poderá ser negada, se a vida religiosa para a qual se transfere for reconhecidamente mais perfeita. E uma De-

---

5. Collat. 14, c. 5: ML 49, 959 A.
6. Q. 188, a. 6.
7. Collat. 19, c. 3: ML 49, 1129 B; c. 5: ML 49, 1131 B.

superioris iudicium requirendum; ut habetur Extra, *de Regular. et transeunt. ad Relig.*, cap. *Licet*⁸. — Similiter requiritur superioris iudicium in secundo casu. — In tertio vero casu est etiam dispensatio necessaria.

AD PRIMUM ergo dicendum quod illi qui ad altiorem religionem transeunt, non faciunt hoc praesumptuose, ut iusti videantur: sed devote, ut iustiores fiant.

AD SECUNDUM dicendum quod utraque religio, scilicet monachorum et canonicorum regularium, ordinatur ad opera vitae contemplativae. Inter quae praecipua sunt ea quae aguntur in divinis mysteriis, ad quae ordinatur directe ordo canonicorum regularium, quibus per se competit ut sint clerici religiosi. Sed ad religionem monachorum non per se competit quod sint clerici, ut habetur in Decretis, XVI, qu. 1⁹. Et ideo, quamvis ordo monachorum sit arctioris observantiae, si monachi essent laici, liceret transire ab ordine monachorum ad ordinem canonicorum regularium, secundum illud Hieronymi, *ad Rusticum Monachum*¹⁰, *Sic vive in monasterio ut clericus esse merearis*: non autem e converso, ut habetur in Decretis, XIX caus., qu. 3, in decreto inducto¹¹. Sed si monachi sint clerici sacris mysteriis obsequentes, habent id quod est canonicorum regularium cum maiori arctitudine. Et ideo transire licitum erit de ordine canonicorum regularium ad ordinem monachorum, petita tamen superioris licentia: ut dicitur XIX, qu. 3, cap. *Statuimus*¹².

AD TERTIUM dicendum quod votum solemne quo quis obligatur minori religioni, est fortius quam votum simplex quo quis adstringitur maiori religioni: post votum enim simplex, si contraheret aliquis matrimonium, non dirimeretur, sicut post votum solemne. Et ideo ille qui iam professus est in minori religione, non tenetur implere votum simplex quod emisit de intrando maiorem religionem.

cretal determina: "Se houver dúvida provável, é necessário recorrer ao juízo do superior". — No segundo caso se requer, igualmente, o juízo do superior. — E no terceiro, é, além disso, necessária a dispensa.

QUANTO AO 1º, portanto, deve-se dizer que os que passam para uma vida religiosa mais perfeita, não o fazem por presunção, para parecerem santos, mas por devoção, para se tornarem mais santos.

QUANTO AO 2º, deve-se dizer que ambas as formas de vida religiosa, a dos monges e a dos cônegos regulares, ordenam-se às obras da vida contemplativa. E, entre estas obras, as principais consistem na celebração dos mistérios divinos, celebração à qual é diretamente ordenada a ordem dos cônegos regulares, que são propriamente religiosos clérigos. Os monges, ao contrário, não são necessariamente clérigos, como se vê nos Decretos. Portanto, embora a ordem monástica seja de mais estrita observância, os monges leigos teriam o direito de passar para a ordem dos cônegos regulares. É o que diz Jerônimo: "Vive de tal maneira no mosteiro, que mereças ser feito clérigo". Mas, não o contrário, como está nos Decretos. Mas, se os monges são clérigos dedicados aos santos mistérios, possuem o que constitui o cônego regular, com maior rigor. E, por isso, será lícito aos cônegos regulares passarem para a ordem monástica, depois de ter pedido a licença ao seu superior, como ordenam os Decretos.

QUANTO AO 3º, deve-se dizer que o voto solene, pelo qual o alguém se compromete com uma vida religiosa menos perfeita, é mais forte que o voto simples pelo qual alguém se obriga a uma vida religiosa mais perfeita. Assim, quem contraísse matrimônio depois de ter feito voto simples, esse matrimônio não seria anulado, como o seria depois de um voto solene. Portanto, quem professou numa vida religiosa menos perfeita, não é obrigado a cumprir o voto simples que fez de entrar em uma mais perfeitaʰ.

---

8. *Decretal. Greg. IX*, l. III, tit. 31, c. 18: ed. cit., t. II, p. 576.
9. GRATIANUS, *op. cit.*, P. II, causa 16, q. 1, can. 6: ed. cit., t. I, p. 762.
10. Epist. 125, al. 4, n. 17: ML 22, 1082.
11. In arg.
12. GRATIANUS, *op. cit.*, P. II, causa 19, q. 3, can. 3: ed. cit., t. I, p. 840.

h. O caso examinado aqui é o seguinte. No século, comprometi-me a ingressar numa ordem severa. Na verdade, não cumpri esse voto, e tornei-me professo solene de uma ordem menos perfeita. Sou obrigado a cumprir o meu voto privado, mudando de ordem?
A resposta de Sto. Tomás é que não. É o voto solene que prevalece. E Sto. Tomás traz uma prova em apoio: se me tivesse casado, o meu voto solene teria tornado meu casamento inválido; ele é portanto mais forte do que o meu voto privado anterior, que apenas teria tornado o casamento ilícito.

Articulus 9
Utrum aliquis debeat alios inducere ad religionem intrandum

Ad nonum sic proceditur. Videtur quod nullus debeat alios inducere ad religionem intrandum.

1. Mandat enim beatus Benedictus, in Regula sua[1], quod *venientibus ad religionem non sit facilis praebendus ingressus: sed probandum est an spiritus a Deo sint*. Et hoc etiam docet Cassianus, in IV lib. *de Institutis Coenob.*[2]. Multo ergo minus licet aliquem ad religionem inducere.

2. Praeterea, Mt 23,15, Dominus dicit: *Vae vobis! qui circuitis mare et aridam ut faciatis unum proselytum, et, cum factus fuerit, facitis eum filium gehennae duplo quam vos*. Sed hoc videtur facere qui homines ad religionem inducunt. Ergo videtur hoc esse vituperabile.

3. Praeterea, nullus debet inducere aliquem ad id quod pertinet ad eius detrimentum. Sed ille qui inducit aliquem ad religionem, quandoque ex hoc incurrit detrimentum: quia quandoque sunt obligati ad maiorem religionem. Ergo videtur quod non sit laudabile inducere aliquos ad religionem.

Sed contra est quod dicitur Ex 26,3: *Cortina cortinam trahat*. Debet ergo unus homo alium trahere ad Dei obsequium.

Respondeo dicendum quod inducentes alios ad religionem non solum non peccant, sed magnum praemium merentur: dicitur enim Iac 5,20: *Qui converti fecerit peccatorem ab errore viae suae, liberat animam eius a morte, et operit multitudinem peccatorum*; et Dn 12,3 dicitur: *Qui ad iustitiam erudiunt plurimos, quasi stellae in perpetuas aeternitates*.

Posset tamen contingere circa huiusmodi inductionem triplex inordinatio. Primo quidem, si violenter aliquis alium ad religionem cogeret:

Artigo 9
Deve-se induzir os outros a entrar na vida religiosa?

Quanto ao nono, assim se procede: parece que **não** se deve induzir os outros a entrar na vida religiosa.

1. Com efeito, São Bento manda na sua Regra que "não se admita com facilidade os que pedem para entrar na vida religiosa; é preciso provar se a moção é de Deus". E o mesmo ensina Cassiano. Logo, muito menos lícito será induzir alguém a entrar na vida religiosa.

2. Além disso, o Senhor disse: "Ai de vós, que percorreis o mar e a terra para fazer um prosélito, mas quando conseguis conquistá-lo, vós o tornais duas vezes mais digno da geena do que vós!" Ora, parece que é o que fazem os que induzem outras pessoas a entrar na vida religiosa. Logo, isso parece condenável.

3. Ademais, ninguém pode induzir um outro a fazer o que lhe é prejudicial. Ora, quem induz alguém a entrar numa ordem religiosa, às vezes, causa esse dano, porque ele poderia ter-se obrigado a entrar em uma mais perfeita. Logo, não parece louvável induzir alguém a entrar na vida religiosa.

Em sentido contrário, está escrito: "Uma cortina esteja unida à outra". Logo, um homem deve levar um outro ao serviço de Deus.

Respondo. Os que induzem os outros a entrar na vida religiosa, não só não pecam mas merecem um grande prêmio. Com efeito, está escrito: "Aquele que reconduz um pecador desencaminhado, salvará uma alma da morte e cobrirá uma multidão de pecados". E também: "Os que tiverem ensinado a muitos o caminho da justiça serão como estrelas por toda a eternidade".

Três desordens poderiam ocorrer nessa indução: Primeiro, se coagisse alguém a entrar na vida religiosa usando de violência, o que está proibido nas

---

9 Parall.: Supra, q. 100, a. 3, ad 4; *Quodlib.* III, q. 5, a. 1, ad 5; *Quodlib.* III, q. 5, a. 1, ad 5; *Quodlib.* IV, q. 12, a. 1; *Cont. retrahent. ab ingress. Relig.*, a. 13, ad 7.

1. Cap. 58: ML 66, 803 C.
2. Cap. 3: ML 49, 154 A-156 A.

Como a analogia do casamento é utilizada tanto na objeção como na resposta, importa ver que a comparação não tem o mesmo papel em ambas. Na resposta, leva-se em conta o efeito jurídico diferente do voto privado e do voto solene. Na objeção, aludia-se a um problema bem distinto. Na Idade Média, o casamento só era definitivo quando era consumado, o que significa que um voto, mesmo privado, continuava a obrigar além da troca de consentimentos, até a consumação do casamento.

Em seu *Comentário*, o cardeal Cajetano acrescenta que mesmo o casamento consumado apenas suspenderia a realização do voto de entrar em religião. Tornado viúvo, aquele que tivesse emitido um tal voto seria obrigado a cumpri-lo. Tais são os elementos canônicos empregados nesta objeção e na solução que lhe é dada.

quod prohibetur, in Decretis, XX, qu. 3³. — Secundo, si aliquis simoniace alium ad religionem trahat, muneribus datis: ut prohibetur in Decretis, qu. 2, cap. *Quam pio*⁴. Nec tamen ad hoc pertinet si aliquis alicui pauperi necessaria ministret in saeculo, nutriens eum ad religionem: vel si, sine pacto, aliqua munuscula tribuat ad familiaritatem captandam. — Tertio, si mendaciis eum alliciat. Imminet enim sic inducto periculum ne, cum se deceptum invenerit, retrocedat; et sic *fiant novissima hominis illius peiora prioribus*, ut dicitur Mt 12,45.

AD PRIMUM ergo dicendum quod illis qui ad religionem inducuntur, nihilominus reservatur probationis tempus, in quo difficultates religionis experiuntur. Et sic non facilis aditus eis datur ad religionis ingressum.

AD SECUNDUM dicendum quod, secundum Hilarium⁵, verbum illud Domini praenuntiativum fuit perversi studii Iudaeorum quo, post Christi praedicationem, gentiles vel etiam Christianos ad Iudaicum ritum trahendo, faciunt dupliciter gehennae filios: quia scilicet et peccata pristina quae commiserunt, eis in Iudaismo non dimittuntur, et nihilominus incurrunt Iudaicae perfidiae reatum. Et secundum hoc, non facit ad propositum.

Secundum Hieronymum autem⁶, hoc refertur ad Iudaeos etiam pro statu illo in quo legalia observari licebat: quantum ad hoc quod illi qui ab eis ad Iudaismum convertebatur, *dum esset gentilis, simpliciter errabat; videns autem magistrorum vitia, revertitur ad vomitum suum, et, gentilis factus, quasi praevaricator, maiori poena fit dignus.* Ex quo patet quod trahere alios ad cultum Dei, vel ad religionem, non vituperatur: sed hoc solum quod aliquis ei quem convertit det malum exemplum, unde peior efficiatur.

AD TERTIUM dicendum quod in maiori includitur minus. Et ideo ille qui est obligatus voto vel iuramento ad ingressum minoris religionis, potest licite induci ad hoc quod ad maiorem religionem transeat: nisi sit aliquid speciale quod impediat, puta infirmitas, vel spes maioris profectus in minori religione. Ille vero qui est obligatus voto

Decretais. — Segundo, se atraísse alguém para a vida religiosa por meio de presentes, o que é simonia, também proibida nas Decretais. Não se trata de simonia, quando se dá o necessário a um pobre, no século, preparando-o para entrar na vida religiosa, ou no caso de alguém que, sem qualquer acordo, fizesse pequenos presentes para captar a amizade de um outro. — Terceiro, se usassem mentiras para aliciar alguém; pois se poderia expô-lo ao perigo de que, vendo-se enganado, voltasse atrás e "o estado final desse homem se tornasse pior do que o primeiro", como diz o Evangelho de Mateus.

QUANTO AO 1º, portanto, deve-se dizer que os que são induzidos a entrar na vida religiosa não deixarão de ter um tempo de provação, em que poderão experimentar as suas dificuldades. Não se lhes dá, portanto, uma entrada fácil para o ingresso na vida religiosa.

QUANTO AO 2º, deve-se dizer que segundo Hilário, estas palavras do Senhor se referem ao perverso zelo dos judeus, que, depois da pregação de Cristo, atraem para o culto judaico os pagãos e até mesmo os cristãos. Com isso, eles os tornam duas vezes filhos da geena, pois, além de não lhes serem perdoados no judaísmo os pecados cometidos anteriormente, incorrem ademais no reato da perfídia judaica. Neste sentido, a objeção não vem ao caso.

Segundo Jerônimo, porém, essa palavra se refere aos próprios judeus anteriores a Cristo, quando a prática das observâncias legais era permitida. Mas, com respeito àquele que por meio deles se convertia ao judaísmo "se fosse gentio, estava simplesmente no erro; mas, vendo os vícios de seus mestres, retornava ao seu vômito e, tornando-se de novo pagão, ei-lo prevaricador e digno de uma pena mais severa". Logo, é claro que atrair a outros ao culto de Deus ou à vida religiosa, não é condenável. Mas o seria, se desse mau exemplo ao convertido, tornando-o pior.

QUANTO AO 3º, deve-se dizer que o menos está incluído no mais. Portanto, quem se obrigou, por voto ou por juramento, a entrar numa vida religiosa menos perfeita, pode ser induzido a passar para uma vida religiosa mais perfeita, a não ser que haja algo especial que impeça, como uma enfermidade, ou a esperança de maior progresso

---

3. GRATIANUS, *Decretum*, P. II, causa 20, q. 3, can. 4: ed. Richter-Friedberg, t. I, p. 850.
4. GRATIANUS, *op. cit.*, P. II, causa 1, q. 2, can. 2; ed. cit., t. I, p. 408.
5. *Comment. in Matth.*, c. 24, n. 5: ML 9, 1049 C.
6. *Comment. in Matth.*, l. IV, super 23, 15: ML 26, 170 AB.

vel iuramento ad ingressum maioris religionis, non potest licite induci ad minorem religionem: nisi ex aliqua speciali causa evidenti, et hoc cum dispensatione superioris.

numa ordem menos perfeita. Quem, porém, se obrigou, por voto ou por juramento, a ingressar numa vida religiosa mais perfeita, não pode ser licitamente induzido a passar para uma menos perfeita, salvo se houver alguma causa especial e evidente, e com a dispensa do superior.

Articulus 10
Utrum sit laudabile quod aliquis religionem ingrediatur absque multorum consilio, et diuturna deliberatione praecedente

Artigo 10
É louvável entrar na vida religiosa sem o conselho de muitos e sem uma deliberação precedente diuturna?

Ad decimum sic proceditur. Videtur quod non sit laudabile quod aliquis religionem ingrediatur absque multorum consilio, et diuturna deliberatione praecedente.

1. Dicitur enim 1Io 4,1: *Nolite credere omni spiritui: sed probate spiritus, si ex Deo sunt*. Sed quandoque propositum religionis intrandae non est ex Deo: cum frequenter per exitum religionis dissolvatur; dicitur autem Act 5,38-39: *Si est ex Deo consilium hoc aut opus, non poteritis dissolvere illud*. Ergo videtur quod, magna examinatione praecedente, debeant aliqui religionem intrare.

2. Praeterea, Pr 25,9 dicitur: *Causam tuam tracta cum amico tuo*. Sed maxime videtur hominis esse causa quae pertinet ad mutationem status. Ergo videtur quod non debeat aliquis religionem intrare, nisi prius cum amicis suis tractet.

3. Praeterea, Dominus, Lc 14,28sqq., inducit similitudinem de *homine qui vult turrim aedificare*, quod *prius sedens computat sumptus qui sunt ei necessarii, si habeat ad perficiendum*: ne insultetur ei: *Quia hic homo incoepit aedificare, et non potuit consummare*. Sumptus autem ad turrim aedificandam, ut Augustinus dicit, in Epistola ad *Laetum*[1], *nihil est aliud quam ut renuntiet unusquisque omnibus quae sunt eius*. Contingit autem quandoque quod hoc multi non possunt, et similiter alias religionis observantias portare: in cuius figura, 1Reg 17,39 dicitur quod David non poterat incedere cum armis Saulis, quia non habebat usum. Ergo videtur quod non debeat aliquis religionem intrare, nisi diuturna deliberatione praemissa, et multorum consilio habito.

Sed contra est quod dicitur Mt 4,20, quod ad vocationem Domini, Petrus et Andreas, *continuo*,

Quanto ao décimo, assim se procede: parece que **não** é louvável entrar na vida religiosa, sem o conselho de muitos e sem uma deliberação precedente diuturna.

1. Com efeito, João diz: "Não acrediteis em qualquer espírito, mas provai os espíritos se são de Deus". Ora, às vezes, o propósito de entrar na vida religiosa não vem de Deus, posto que frequentemente se desfaz pela saída da vida religiosa. Dizem os Atos: "Se esta ideia ou esta obra vem de Deus não a podereis desfazer". Logo, parece que é depois de um profundo exame que alguém deve entrar na vida religiosa.

2. Além disso, "examina o teu negócio com teu amigo", dizem os Provérbios. Ora, parece que o negócio maior para o homem diz respeito à mudança de estado. Logo, parece que ninguém deve entrar na vida religiosa sem antes tratar com os amigos.

3. Ademais, o Senhor narra a parábola do homem "que quis construir uma torre e senta-se primeiro para calcular as despesas e ver se tem meios com que terminar", para que não zombem dele: "Este homem começou a construir e não pôde acabar". Os recursos para edificar uma torre, diz Agostinho, "nada mais são do que renunciar cada um a todos os seus bens". Ora, acontece que muitos não são capazes dessa renúncia, nem de suportar as outras observâncias religiosas. E como figura deles, diz-se que "Davi não podia andar com a armadura de Saul porque não estava acostumado". Logo, parece que ninguém deve entrar na vida religiosa antes de ter deliberado longamente e pedido conselho a muitos.

Em sentido contrário, está escrito que, ao chamado do Senhor, Pedro e André, "deixando

---

10 Parall.: *Cont. retrahent. ab ingress. Relig.*, c. 8, 9, 10.
1. Epist. 243, al. 38, n. 3: ML 33, 1055.

relictis retibus, secuti sunt eum. Ubi Chrysostomus dicit, *super Matth.*[2]: *Talem obedientiam Christus quaerit a nobis ut neque instanti tempore remoremur.*

RESPONDEO dicendum quod diuturna deliberatio et multorum consilia requiruntur in magnis et dubiis, ut Philosophus dicit, in III *Ethic.*[3]: in his autem quae sunt certa et determinata, non requiritur consilium. Circa ingressum autem religionis tria possunt considerari. Primo quidem, ipse religionis ingressus secundum se. Et sic certum est quod ingressus religionis est melius bonum: et qui de hoc dubitat, quantum est in se, derogat Christo, qui hoc consilium dedit. Unde Augustinus dicit, in libro *de Verb. Dom.*[4]: *Vocat te Oriens,* idest Christus, *et tu attendis occidentem,* idest ad hominem mortalem et errare potentem.

Alio modo potest considerari religionis ingressus per comparationem ad vires eius qui est religionem ingressurus. Et sic etiam non est locus dubitationis de ingressu religionis: quia illi qui religionem ingrediuntur, non confidunt sua virtute se posse subsistere, sed auxilio virtutis divinae; secundum illud Is 40,31: *Qui sperant in Domino, mutabunt fortitudinem: assument pennas sicut aquilae, current et non laborabunt, ambulabunt et non deficient.* — Si tamen sit aliquod speciale impedimentum, puta infirmitas corporalis vel onera debitorum, vel aliqua huiusmodi, in his requiritur deliberatio, et consilium cum his de quibus speratur quod prosint et non impediant. Unde dicitur Eccli 37,12: *Cum viro irreligioso tracta de sanctitate, et cum iniusto de iustitia*: quasi dicat, *Non.* Unde sequitur [vv. 14-15]: *Non attendas his in omni consilio: sed cum viro sancto assiduus esto.* In quibus tamen non est diuturna deliberatio habenda. Unde Hieronymus dicit, in Epistola *ad Paulinum*[5]: *Festina, quaeso, te: et haerenti in salo naviculae funem magis praecide quam solve.*

Tertio autem potest considerari modus religionem intrandi, et quam religionem aliquis ingredi debeat. Et de talibus potest etiam haberi consilium cum his qui non impediant.

AD PRIMUM ergo dicendum quod, cum dicitur, *Probate spiritus si ex Deo sunt,* locum habet in his quae dubia sunt utrum spiritus Dei sit. Sicut dubium potest esse his qui iam sunt in religione, utrum ille qui religioni se offert, Spiritu Dei

imediatamente as redes, o seguiram". Crisóstomo comenta: "Cristo nos pede uma obediência tal, que não demoremos nem um instante".

RESPONDO. Assuntos grandes e duvidosos, diz o Filósofo, requerem longa deliberação e conselhos de muitos. Mas, o que é certo e determinado não requer conselhos. Ora, no tocante à entrada na vida religiosa, podem-se considerar três coisas: 1º A própria entrada na vida religiosa como tal. E é evidente que ela representa um bem superior. Quem disso duvidar, contradiz a Cristo que deu esse conselho. Diz Agostinho: "Chamam-te do Oriente", isto é, Cristo, "e tu olhas para o Ocidente", quer dizer, para o homem mortal e falível.

2º As forças de quem se dispõe a realizá-la. Nesse sentido, há lugar para dúvida sobre a entrada na vida religiosa, pois quem entra não confia na sua própria virtude para perseverar, mas no auxílio do poder divino. Segundo Isaías: "Os que esperam no Senhor, adquirem sempre novas forças, alçam voo como as águias, correm e não se cansam, andam e não desfalecem". — Todavia, se há algum impedimento especial, como enfermidade, dívidas a pagar ou algo semelhante, será então preciso deliberar e aconselhar-se com pessoas de quem se espera ajuda e não oposição. Pois está escrito: "Trata de santidade com um homem sem religião e de justiça, com um injusto", como se dissesse: "não o faças". Pois diz em seguida: "Não te apoies sobre essas pessoas para nenhum conselho, mas frequenta assiduamente o homem santo". Contudo, essas questões não requerem longas deliberações. Como diz Jerônimo: "Apressa-te, eu te peço; tua barca está presa no mar; corta a amarra, antes que desatá-la".

3º O modo de entrar na vida religiosa e em qual se deva entrar. A esse respeito, pode-se também tomar conselho com aqueles que não impeçam.

QUANTO AO 1º, portanto, deve-se dizer que as palavras: "Provai os espíritos se são de Deus", têm lugar quando se pode duvidar se é o espírito de Deus. Pode ser duvidoso, para os que estão na vida religiosa, se aqueles que se apresentam para

---
2. Homil. 14, n. 2: MG 57, 219.
3. C. 5: 1112, b, 8-11.
4. Serm. 100, al. 7, c. 2, n. 3: ML 38, 604.
5. Epist. 53, al. 103, n. 10: ML 22, 549.

ducatur, an simulate accedat: et ideo debent accedentem probare, utrum divino spiritu moveatur. Sed illi qui ad religionem accedit, non potest esse dubium an propositum de ingressu religionis in corde eius exortum sit a Spiritu Dei, cuius est *ducere hominem in terram rectam*.

Nec propter hoc ostenditur non esse ex Deo, quod aliqui retrocedunt. Non enim omne quod est a Deo, est incorruptibile: alioquin, creaturae corruptibiles non essent ex Deo, ut Manichaei dicunt[6]; neque etiam aliqui qui habent a Deo gratiam, possent illam amittere, quod etiam est haereticum. Sed *consilium Dei* est indissolubile, quo etiam corruptibilia et mutabilia facit: secundum illud Is 46,10: *Consilium meum stabit, et omnis voluntas mea fiet*. Et ideo propositum de ingressu religionis non indiget probatione utrum sit a Deo: quia *certa discussione non egent*, ut dicit Glossa[7], super illud 1Thess 5,21 *Omnia probate*.

AD SECUNDUM dicendum quod, sicut *caro concupiscit adversus spiritum*, ut dicitur Gl 5,17; ita etiam frequenter amici carnales adversantur profectui spirituali: secundum illud Mich 7,6: *Inimici hominis domestici eius*. Unde Cyrillus[8], exponens illud Lc 9,61, *Permitte me renuntiare his qui domi sunt*, dicit: *Quaerere renuntiare his qui domi sunt, ostendit quod utcumque divisus sit: nam communicare proximis, et consulere nolentes aequa sapere, indicat adhuc utcumque languentem et recedentem*. Propter quod, audit a Domino [v. 62]: *"Nemo, cum posuerit manum ad aratrum et aspexerit retro, habilis est ad regnum Dei"*. Aspicit enim retro qui dilationem quaerit occasione redeundi domum et cum propinquis conferendi.

AD TERTIUM dicendum quod per aedificationem turris significatur perfectio Christianae vitae. Abrenuntiatio autem propriorum est sumptus ad aedificandam turrim. Nullus autem dubitat vel

entrar são levados pelo Espírito de Deus, ou por simulação. É por isso que eles devem provar o postulante se é movido pelo Espírito divino. Mas aquele que se acerca à vida religiosa não pode ter dúvida de que o propósito que lhe nasceu no coração venha do Espírito de Deus: é próprio de Deus "conduzir o homem à terra da verdade".

Que alguns voltem atrás não prova que o propósito não veio de Deus. Pois nem tudo o que vem de Deus é incorruptível; do contrário, as criaturas corruptíveis não seriam obra de Deus, como dizem os maniqueus. Nem, tampouco, os que têm a graça de Deus poderiam perdê-la, o que também é herético. O que é indissolúvel é o conselho de Deus; por ele cria os seres corruptíveis e mutáveis, segundo a palavra de Isaías: "Meu conselho subsistirá e toda a minha vontade se executará". Portanto, o propósito de entrar na vida religiosa não precisa da prova se vem de Deus[i], pois "as coisas certas não necessitam de discussão", como diz a Glosa a respeito do texto do Apóstolo: "Provai tudo".

QUANTO AO 2º, deve-se dizer que assim como "a carne tem desejos contrários ao espírito", como diz o Apóstolo, assim também os amigos carnais se opõem frequentemente ao progresso espiritual, segundo o profeta Miqueias: "Inimigos do homem são os seus domésticos". Por isso, Cirilo, diz sobre o texto do Evangelho: "Permite-me despedir-me dos que estão em minha casa", disse: "Esta preocupação de despedir-se dos de casa mostra que se está dividido de certo modo, pois informar os parentes e consultar os que não querem saber o que é justo, indica alguém ainda vacilante e capaz de voltar atrás. Por isso, ouve o Senhor: 'Ninguém que põe a mão no arado e olha para trás é apto para o reino de Deus'. Olha para trás quem busca o adiamento, com o pretexto de retornar à casa e consultar os parentes".

QUANTO AO 3º, deve-se dizer que a edificação da torre significa a perfeição da vida cristã. E a despesa necessária é a renúncia aos próprios bens. Ora, ninguém duvida ou delibera se quer

---

6. Cfr. AUG., *De haeres*., c. 46: ML 42, 34-39.
7. Interl.; LOMBARDI: ML 192, 309 C.
8. *Comment. in Luc*., super 9, 59: MG 72, 664 B.

i. Todo este artigo surpreende pela maneira pela qual ele exprime o amor apaixonado de Sto. Tomás pelo estado religioso, e a confiança que nele depositava. A frase à qual se prende esta nota é significativa. O propósito de entrar em religião seria tão evidentemente louvável que não caberia examinar se ele provém de Deus; isso já é pressuposto.

O amor que os religiosos têm por seu estado incita-os hoje a precaver-se bastante no discernimento das vocações, e a convidar o candidato a bem estudar o seu próprio caso. À prudência necessária vem juntar-se a consideração de que os leigos não são, em relação aos religiosos, cristãos de segunda categoria, e que também eles são "chamados", mesmo que seja de modo diferente.

deliberat an velit habere sumptus, vel an possit turrim aedificare si sumptus habeat: sed hoc sub deliberatione ponitur, an aliquis sumptus habeat. Similiter sub deliberatione cadere non oportet utrum aliquis debeat abrenuntiare omnibus quae possidet: vel si, hoc faciendo, ad perfectionem pervenire possit. Sed hoc cadit sub deliberatione, utrum hoc quod facit, sit *abrenuntiare omnibus quae possidet*: quia nisi abrenuntiaverit, quod est sumptus habere, *non potest*, ut ibidem subditur, *Christi esse discipulus*, quod est turrim aedificare.

Timor autem eorum qui trepidant an per religionis ingressum possint ad perfectionem pervenire, est irrationabilis; et multorum exemplo convincitur. Unde Augustinus dicit, VIII *Confess.*[9]: *Aperiebatur ab ea parte qua intenderam faciem, et quo transire trepidabam, casta dignitas continentiae, honeste blandiens ut venirem neque dubitarem, et extendens ad me suscipiendum et amplectendum pias manus plenas gregibus bonorum exemplorum. Ibi tot pueri et puellae; ibi iuventus multa et omnis aetas, et graves viduae et virgines anus. Irridebat me irrisione exhortatoria, quasi diceret: Tu non poteris quod isti et istae? An isti et istae in semetipsis possunt, et non in Domino Deo suo? Quid in te stas: et non stas? Proiice te in eum. Noli metuere: non se subtrahet, ut cadas. Proiice te securus, et excipiet te et sanabit te.*

Exemplum autem illud quod inducitur de David, non facit ad propositum. Quia arma Saulis, sicut Glossa[10] dicit, sunt *legis sacramenta, tanquam onerantia*. Religio autem est *suave iugum Christi*: quia, ut Gregorius dicit, in IV *Moral.*[11]: Quid grave mentis nostrae cervicibus imponit qui vitare omne desiderium quod perturbat praecipit, qui declinari laboriosa mundi huius itinera monet?

Quod quidem suave iugum super se tollentibus refectionem divinae fruitionis repromittit, et sempiternam requiem animarum. Ad quam nos perducat ipse qui promisit, Iesus Christus, Dominus noster, qui est super omnia Deus benedictus in saecula. Amen.

ter os recursos ou, se os tem, se pode construir a Torre. O que cai sob deliberação é se alguém possui os recursos. Igualmente, se deve renunciar a tudo o que se possui, ou se, tendo renunciado, se poderá chegar à perfeição. Portanto, isso cai sob deliberação: se o que essa pessoa faz é "renunciar a tudo o que possui", porque, sem essa renúncia (isto é ter os recursos), ela *não pode*, como aí mesmo se diz, *ser discípulo de Cristo* (isto é, edificar a torre).

O temor daqueles que duvidam de que, entrando na vida religiosa, poderão chegar à perfeição, não é razoável e é refutado pelo exemplo de muitos. Diz Agostinho: "Do lado para onde voltava o rosto e por onde tremia passar, abria-se a casta dignidade da continência, acariciando-me honestamente para que viesse sem receios. E estendia, para me receber e abraçar, suas piedosas mãos cheias de rebanhos de boas obras. Junto dela, quantos meninos, donzelas, numerosa juventude e de todas as idades, graves viúvas e virgens encanecidas! Ria-se de mim com ironia animadora, como que a dizer: 'Não poderás fazer o que estes e estas fizeram? É por si mesmos que estes e estas o podem fazer e não em seu Deus e Senhor? Por que te apoias em ti, ficando assim instável? Lança-te n'Ele! Não temas! Ele não fugirá de ti e tu não cairás. Lança-te confiadamente e Ele te receberá e te curará'".

Quanto ao alegado exemplo de Davi, não vem a propósito. Porque as armas de Saul, como diz a Glosa, "são os sacramentos da Lei, que eram um pesado fardo". Ora, a vida religiosa é "o suave jugo de Cristo", porque diz Gregório: "Que carga põe sobre os ombros da nossa alma quem ensina evitar todo desejo que perturba, e aconselha desviar-se de todos os caminhos penosos deste mundo?"

E aos que tomam sobre si este jugo suave, promete, para se refazer, o gozo de Deus e o eterno repouso da alma. A isso nos conduza aquele mesmo que prometeu, Jesus Cristo Nosso Senhor, que é sobre todas as coisas, Deus bendito pelos séculos. Amém.

---

9. Cap. 11, n. 27: ML 32, 761
10. Interl.
11. C. 33, al. 30, in vet. 39, n. 66: ML 75, 673 B.

ÍNDICE DO VOLUME 7 DA SUMA TEOLÓGICA
II Seção da II Parte – Questões 123 a 189

Siglas e Abreviaturas	9
Autores e obras citados por Sto. Tomás na II Seção da II Parte – Questões 123 a 189	11
Fontes usadas por Sto. Tomás na II Seção da II Parte – Questões 123 a 189	29

A FORTALEZA

INTRODUÇÃO E NOTAS POR ALBERT RAULIN		41
Introdução		43
Questão 123	**A fortaleza**	45
Artigo 1	A fortaleza é uma virtude?	45
Artigo 2	A fortaleza é uma virtude especial?	48
Artigo 3	A fortaleza tem por objeto o medo e a audácia?	50
Artigo 4	A fortaleza tem por objeto apenas o medo da morte?	52
Artigo 5	O objeto próprio da fortaleza é o medo de morrer em combate? ...	53
Artigo 6	Resistir, será o ato principal da fortaleza?	55
Artigo 7	O forte age em vista de seu próprio bem?	57
Artigo 8	O forte encontra prazer no seu ato?	58
Artigo 9	A fortaleza se manifesta principalmente nos casos repentinos?	60
Artigo 10	O forte emprega a ira em seu ato?	62
Artigo 11	A fortaleza é uma virtude cardeal?	64
Artigo 12	A fortaleza é a mais excelente de todas as virtudes?	66
Questão 124	**O martírio**	68
Artigo 1	O martírio é um ato de virtude?	68
Artigo 2	O martírio é um ato da fortaleza?	70
Artigo 3	O martírio é um ato de perfeição máxima?	72
Artigo 4	A morte pertence à razão de martírio?	74
Artigo 5	Só a fé é causa do martírio?	77
Questão 125	**O temor**	79
Artigo 1	O temor é pecado?	79
Artigo 2	O pecado de temor se opõe à fortaleza?	81
Artigo 3	O temor é pecado mortal?	82
Artigo 4	O temor escusa o pecado?	84
Questão 126	**A intrepidez**	86
Artigo 1	A intrepidez é pecado?	86
Artigo 2	A intrepidez se opõe à fortaleza?	88
Questão 127	**A audácia**	89
Artigo 1	A audácia é pecado?	90
Artigo 2	A audácia é contrária à fortaleza?	91
Questão 128	**As partes da fortaleza**	92
Artigo único	As partes da fortaleza são convenientemente enumeradas?	93
Questão 129	**A magnanimidade**	98
Artigo 1	A magnanimidade tem as honras como objeto?	98
Artigo 2	A razão da magnanimidade tem por objeto as honras consideráveis? ...	100
Artigo 3	A magnanimidade é uma virtude?	103
Artigo 4	A magnanimidade é uma virtude especial?	107

Artigo 5	A magnanimidade é parte da fortaleza?...	108
Artigo 6	A confiança pertence à magnanimidade?..	111
Artigo 7	A segurança diz respeito à magnanimidade?..	113
Artigo 8	As riquezas contribuem para a magnanimidade?...................................	115

Questão 130 A presunção 116
Artigo 1	A presunção é pecado?...	117
Artigo 2	A presunção se opõe à magnanimidade por excesso?...........................	119

Questão 131 A ambição 121
Artigo 1	A ambição é pecado?..	121
Artigo 2	A ambição se opõe à magnanimidade por excesso?..............................	124

Questão 132 A vanglória 125
Artigo 1	O desejo da glória é pecado?...	125
Artigo 2	A vanglória se opõe à magnanimidade?..	128
Artigo 3	A vanglória é pecado mortal?...	130
Artigo 4	A vanglória é um vício capital?...	133
Artigo 5	É correta a enumeração das filhas da vanglória?....................................	134

Questão 133 A pusilanimidade 136
Artigo 1	A pusilanimidade é pecado?...	136
Artigo 2	A pusilanimidade se opõe à magnanimidade?..	138

Questão 134 A magnificência 141
Artigo 1	A magnificência é uma virtude?..	141
Artigo 2	A magnificência é uma virtude especial?...	143
Artigo 3	A matéria da magnificência são as grandes despesas?........................	145
Artigo 4	A magnificência faz parte da fortaleza?...	147

Questão 135 Vícios opostos à magnificência 149
Artigo 1	A parcimônia é um vício?..	149
Artigo 2	Algum vício se opõe à parcimônia?...	151

Questão 136 A paciência 153
Artigo 1	A paciência é uma virtude?..	153
Artigo 2	A paciência é a maior das virtudes?..	155
Artigo 3	É possível ter a paciência sem a graça?..	157
Artigo 4	A paciência faz parte da fortaleza?..	158
Artigo 5	A paciência é a mesma coisa que a longanimidade?.............................	160

Questão 137 A perseverança 163
Artigo 1	A perseverança é uma virtude?..	163
Artigo 2	A perseverança é parte da fortaleza?...	166
Artigo 3	A constância pertence à perseverança?..	168
Artigo 4	A perseverança precisa do auxílio da graça?..	169

Questão 138 Os vícios opostos à perseverança 171
Artigo 1	A moleza se opõe à perseverança?...	171
Artigo 2	A teimosia se opõe à perseverança?...	173

Questão 139 O dom da fortaleza 175
Artigo 1	A fortaleza é um dom?..	175
Artigo 2	A quarta bem-aventurança, bem-aventurados os que têm fome e sede de justiça, corresponde ao dom da fortaleza?............	176

Questão 140 Os preceitos da fortaleza 178
Artigo 1	Na lei divina os preceitos da fortaleza estão apresentados de modo conveniente?......	178
Artigo 2	Os preceitos concernentes às partes da fortaleza são apresentados de modo conveniente na lei divina?.............................	180

A TEMPERANÇA

INTRODUÇÃO E NOTAS POR ALBERT RAULIN 183
Introdução 185

Questão 141 A temperança 187
    Artigo 1 A temperança é uma virtude? 187
    Artigo 2 A temperança é uma virtude especial?.. 189
    Artigo 3 A temperança envolve somente os desejos e prazeres? 191
    Artigo 4 A temperança ocupa-se somente com os desejos e os prazeres do tato? 193
    Artigo 5 A temperança ocupa-se com os prazeres próprios do gosto? 196
    Artigo 6 A temperança deve nortear-se pelas necessidades da vida presente?... 198
    Artigo 7 A temperança é uma virtude cardeal? 200
    Artigo 8 A temperança é a maior das virtudes? 201

Questão 142 Os vícios contrários à temperança 203
    Artigo 1 A insensibilidade é um vício?.. 203
    Artigo 2 A intemperança é um pecado infantil?.. 205
    Artigo 3 A timidez é vício maior que a intemperança?....................................... 207
    Artigo 4 O pecado da intemperança é o mais reprovável?.................................. 210

Questão 143 As partes da temperança em geral 212
    Artigo único As partes da temperança foram estabelecidas de modo correto?... 212

Questão 144 A vergonha 215
    Artigo 1 A vergonha é uma virtude?.. 215
    Artigo 2 O ato desonesto é o objeto da vergonha?.. 218
    Artigo 3 O homem envergonha-se mais das pessoas que lhe são mais próximas?... 221
    Artigo 4 A vergonha pode existir também nos virtuosos? 223

Questão 145 A honestidade 225
    Artigo 1 A honestidade e a virtude são a mesma coisa?..................................... 225
    Artigo 2 O honesto é o mesmo que o belo? 228
    Artigo 3 O honesto difere do útil e deleitável? 229
    Artigo 4 A honestidade deve ser considerada como parte da temperança?........ 231

Questão 146 A abstinência 232
    Artigo 1 A abstinência é uma virtude?.. 233
    Artigo 2 A abstinência é uma virtude especial?.. 235

Questão 147 O jejum 236
    Artigo 1 O jejum é ato de virtude?... 237
    Artigo 2 O jejum é ato de abstinência? 239
    Artigo 3 O jejum é objeto de preceito?.. 240
    Artigo 4 Os jejuns prescritos pela Igreja obrigam a todos? 242
    Artigo 5 Os tempos do jejum da Igreja estão convenientemente determinados?..... 245
    Artigo 6 O jejum exige que se coma uma só vez?.. 249
    Artigo 7 A hora nona para a refeição de quem jejua está convenientemente fixada?.... 250
    Artigo 8 A abstinência de carne, ovos e laticínios para os que jejuam está
            convenientemente indicada? 252

Questão 148 A gula 253
    Artigo 1 A gula é um pecado?.. 254
    Artigo 2 A gula é pecado mortal? 255
    Artigo 3 A gula é o maior dos pecados? 257
    Artigo 4 As espécies da gula se distinguem convenientemente? 258
    Artigo 5 A gula é um vício capital? 260
    Artigo 6 Cinco filhas são convenientemente atribuídas à gula? 261

Questão 149	**A sobriedade**	264
Artigo 1	A bebida é a matéria própria da sobriedade?	264
Artigo 2	A sobriedade, é, em si mesma, uma virtude especial?	266
Artigo 3	O uso do vinho é totalmente ilícito?	267
Artigo 4	A sobriedade é mais necessária nas pessoas mais dignas?	268
Questão 150	**A embriaguez**	270
Artigo 1	A embriaguez é um pecado?	270
Artigo 2	A embriaguez é pecado mortal?	272
Artigo 3	A embriaguez é o maior dos pecados?	274
Artigo 4	A embriaguez exime de pecado?	275
Questão 151	**A castidade**	276
Artigo 1	A castidade é uma virtude?	277
Artigo 2	A castidade é uma virtude geral?	278
Artigo 3	A castidade é uma virtude distinta da abstinência?	280
Artigo 4	A pudicícia pertence de um modo especial à castidade?	282
Questão 152	**A virgindade**	283
Artigo 1	A virgindade consiste na integridade física?	283
Artigo 2	A virgindade é ilícita?	286
Artigo 3	A virgindade é uma virtude?	289
Artigo 4	A virgindade é superior ao matrimônio?	292
Artigo 5	A virgindade é a maior das virtudes?	294
Questão 153	**O vício da luxúria**	296
Artigo 1	A matéria da luxúria são apenas os desejos e os prazeres sexuais?	296
Artigo 2	O ato sexual pode existir sem pecado?	297
Artigo 3	A luxúria, que se ocupa com os atos sexuais, pode ser pecado?	300
Artigo 4	A luxúria é um vício capital?	301
Artigo 5	As filhas da luxúria estão corretamente enumeradas?	303
Questão 154	**As espécies da luxúria**	306
Artigo 1	A divisão da luxúria em seis espécies é correta?	306
Artigo 2	A simples fornicação é um pecado mortal?	309
Artigo 3	A fornicação é o mais grave dos pecados?	313
Artigo 4	Nos toques e beijos há pecado mortal?	315
Artigo 5	A polução noturna é pecado?	317
Artigo 6	O estupro deve ser afirmado como uma espécie de luxúria?	320
Artigo 7	O rapto é uma espécie de luxúria distinta do estupro?	322
Artigo 8	O adultério é uma espécie determinada de luxúria, distinta das outras?	324
Artigo 9	O incesto é uma espécie determinada de luxúria?	326
Artigo 10	O sacrilégio pode ser uma espécie de luxúria?	329
Artigo 11	O pecado contra a natureza é uma espécie de luxúria?	331
Artigo 12	O vício contra a natureza é o pecado maior nas espécies de luxúria?	332
Questão 155	**A continência**	335
Artigo 1	A continência é uma virtude?	335
Artigo 2	A matéria da continência são os desejos dos prazeres do tato?	337
Artigo 3	O sujeito da continência é a potência concupiscível?	340
Artigo 4	A continência é superior à temperança?	342
Questão 156	**A incontinência**	344
Artigo 1	A incontinência pertence à alma ou ao corpo?	344
Artigo 2	A incontinência é um pecado?	346
Artigo 3	O pecado do incontinente é mais grave que o do intemperante?	348

Artigo 4	O incontinente pela ira é pior do que o incontinente pela concupiscência?.................................	351
Questão 157	**A clemência e a mansidão**	353
Artigo 1	Clemência e mansidão são, exatamente, a mesma coisa?...............	353
Artigo 2	A clemência e a mansidão são virtudes?.....................................	355
Artigo 3	A clemência e a mansidão são partes da temperança?...................	357
Artigo 4	A clemência e a mansidão são as virtudes mais importantes?.........	359
Questão 158	**A ira**	361
Artigo 1	Pode ser lícito irar-se?..	362
Artigo 2	A ira é pecado?...	365
Artigo 3	Toda ira é pecado mortal?...	367
Artigo 4	A ira é o pecado mais grave?...	368
Artigo 5	As espécies de ira foram convenientemente definidas pelo Filósofo?.........	370
Artigo 6	A ira deve figurar entre os vícios capitais?.................................	373
Artigo 7	Seis filhas são convenientemente atribuídas à ira?.......................	374
Artigo 8	Algum vício oposto à ira é proveniente da falta de ira?.................	375
Questão 159	**A crueldade**	377
Artigo 1	A crueldade opõe-se à clemência?..	377
Artigo 2	A crueldade distingue-se da sevícia ou ferocidade?.....................	378
Questão 160	**A modéstia**	380
Artigo 1	A modéstia é parte da temperança?..	380
Artigo 2	O objeto da modéstia são apenas as ações exteriores?..................	382
Questão 161	**A humildade**	383
Artigo 1	A humildade é uma virtude?..	384
Artigo 2	A humildade está no apetite?...	387
Artigo 3	O homem deve, por humildade, sujeitar-se a todos?....................	389
Artigo 4	A humildade é parte da modéstia ou da temperança?...................	392
Artigo 5	A humildade é a mais importante das virtudes?..........................	394
Artigo 6	É correta a classificação da humildade nos doze graus discriminados na Regra de S. Bento?.....................................	396
Questão 162	**A soberba**	400
Artigo 1	A soberba é um pecado?...	400
Artigo 2	A soberba é um pecado especial?...	403
Artigo 3	A soberba tem como sujeito o irascível?....................................	405
Artigo 4	Estão corretamente apontadas as quatro espécies de soberba, propostas por Gregório?...	408
Artigo 5	A soberba é um pecado mortal?...	411
Artigo 6	A soberba é o mais grave dos pecados?.....................................	413
Artigo 7	A soberba é o primeiro de todos os pecados?.............................	416
Artigo 8	A soberba deve ser considerada como vício capital?...................	418
Questão 163	**O pecado do primeiro homem**	420
Artigo 1	A soberba foi o pecado do primeiro homem?.............................	420
Artigo 2	A soberba do primeiro homem consistiu no desejo de ser semelhante a Deus?..........	422
Artigo 3	O pecado dos primeiros pais foi mais grave que os outros?..........	425
Artigo 4	O pecado de Adão foi mais grave que o de Eva?.........................	426
Questão 164	**A pena do primeiro pecado**	428
Artigo 1	A morte é a pena do pecado dos primeiros pais?.........................	429
Artigo 2	As penas particulares dos primeiros pais estão convenientemente indicadas na Escritura?	433

Questão 165	**A tentação dos primeiros pais**	439
Artigo 1	Foi conveniente o homem ter sido tentado pelo diabo?	439
Artigo 2	O modo e a ordem da primeira tentação foram corretos?	441
Questão 166	**A estudiosidade**	444
Artigo 1	A matéria da estudiosidade é propriamente o conhecimento?	444
Artigo 2	A estudiosidade é parte da temperança?	445
Questão 167	**A curiosidade**	448
Artigo 1	A curiosidade pode existir no conhecimento intelectual?	448
Artigo 2	O objeto do vício da curiosidade é o conhecimento sensível?	452
Questão 168	**A modéstia nos movimentos exteriores do corpo**	454
Artigo 1	Há alguma virtude nos movimentos exteriores do corpo?	454
Artigo 2	Pode haver alguma virtude nas atividades lúdicas?	457
Artigo 3	Pode haver pecado no divertimento excessivo?	461
Artigo 4	Pode ser pecado a falta de atividade lúdica?	463
Questão 169	**A modéstia na apresentação exterior**	465
Artigo 1	Pode haver virtude e vício na apresentação exterior?	465
Artigo 2	Os adornos das mulheres estão isentos de pecado mortal?	469
Questão 170	**Os preceitos da temperança**	472
Artigo 1	Os preceitos da temperança estão bem indicados na lei divina?	473
Artigo 2	Os preceitos relativos às virtudes anexas à temperança estão bem indicados na lei divina?	474

OS CARISMAS A SERVIÇO DA REVELAÇÃO

INTRODUÇÃO E NOTAS POR JEAN-PIERRE TORRELL		477
Introdução		479
Questão 171	**A essência da profecia**	481
Artigo 1	A profecia pertence à ordem do conhecimento?	482
Artigo 2	A profecia é um hábito?	485
Artigo 3	A profecia só tem por objeto os futuros contingentes?	488
Artigo 4	O profeta conhece por inspiração divina tudo o que se pode conhecer profeticamente?	491
Artigo 5	O profeta distingue sempre o que ele diz por inspiração divina do que diz por seu próprio espírito?	493
Artigo 6	Pode ser falso o que é conhecido ou anunciado profeticamente?	495
Questão 172	**A causa da profecia**	497
Artigo 1	A profecia pode ser natural?	498
Artigo 2	A revelação profética se realiza por intermédio dos anjos?	501
Artigo 3	A profecia requer disposições naturais?	502
Artigo 4	A profecia requer a pureza de costumes?	505
Artigo 5	A profecia pode vir dos demônios?	507
Artigo 6	Os profetas dos demônios falam, às vezes, a verdade?	509
Questão 173	**O modo do conhecimento profético**	512
Artigo 1	Os profetas veem a própria essência de Deus?	512
Artigo 2	Na revelação profética, pela ação divina, se imprimem na mente do profeta novas imagens inteligíveis das coisas ou só uma nova luz?	514
Artigo 3	A visão profética se realiza sempre com alienação dos sentidos?	518
Artigo 4	Os profetas conhecem sempre o que profetizam?	521
Questão 174	**As divisões da profecia**	523
Artigo 1	É conveniente dividir a profecia em profecia de predestinação, de presciência e de ameaça?	523

Artigo 2	A profecia que comporta uma visão intelectual e imaginária é mais excelente do que aquela que comporta apenas uma visão intelectual?........	526
Artigo 3	Podem-se distinguir graus de profecia pela visão imaginária?..........	529
Artigo 4	Moisés foi o maior dos profetas?............	532
Artigo 5	Existe nos bem-aventurados algum grau de profecia?........	533
Artigo 6	Os graus de profecia variam ao longo dos tempos?........	536
Questão 175	**O arrebatamento**	539
Artigo 1	A alma humana é arrebatada às coisas divinas?.........	540
Artigo 2	O arrebatamento pertence mais à potência apetitiva que à cognoscitiva?......	542
Artigo 3	Paulo, quando foi arrebatado, viu a essência de Deus?.........	545
Artigo 4	Paulo, quando foi arrebatado, esteve alienado dos sentidos?.........	548
Artigo 5	Neste estado, a alma de Paulo esteve totalmente separada do corpo?......	550
Artigo 6	Paulo ignorou se sua alma esteve separada do corpo?.........	551
Questão 176	**O dom das línguas**	555
Artigo 1	Os que possuíam o dom das línguas falavam todas as línguas?.........	555
Artigo 2	O dom das línguas é mais excelente do que a graça da profecia?......	558
Questão 177	**A graça grátis dada da palavra**	561
Artigo 1	Na palavra há uma graça grátis dada?.........	561
Artigo 2	A graça da palavra de sabedoria e de ciência diz respeito, também, às mulheres?.....	563
Questão 178	**A graça dos milagres**	565
Artigo 1	Alguma graça grátis dada se ordena a realizar milagres?.........	565
Artigo 2	Os maus podem fazer milagres?.........	568

ESTADOS E FORMAS DE VIDA

INTRODUÇÃO E NOTAS POR ALBERT RAULIN		573
Introdução		575
Questão 179	**A divisão da vida em ativa e contemplativa**	577
Artigo 1	A divisão da vida em ativa e contemplativa é correta?.........	577
Artigo 2	A divisão da vida em ativa e contemplativa é suficiente?.........	579
Questão 180	**A vida contemplativa**	581
Artigo 1	A vida contemplativa nada tem com a vontade, mas só com o intelecto?......	581
Artigo 2	As virtudes morais pertencem à vida contemplativa?.........	583
Artigo 3	A vida contemplativa consiste em vários atos?.........	585
Artigo 4	A vida contemplativa consiste só na contemplação de Deus ou também na consideração de qualquer verdade?.........	588
Artigo 5	A vida contemplativa, no estado da vida presente, pode chegar à visão da essência divina?.........	591
Artigo 6	É conveniente distinguir no ato da contemplação um tríplice movimento: "circular, retilíneo e espiral"?.........	593
Artigo 7	Há prazer na contemplação?.........	597
Artigo 8	A vida contemplativa dura sempre?.........	600
Questão 181	**A vida ativa**	602
Artigo 1	Todos os atos das virtudes morais pertencem à vida ativa?.........	602
Artigo 2	A prudência pertence à vida ativa?.........	604
Artigo 3	O ato de ensinar pertence à vida ativa?.........	606
Artigo 4	A vida ativa permanece após esta vida?.........	607
Questão 182	**Comparação entre a vida ativa e a contemplativa**	610
Artigo 1	A vida ativa é mais excelente que a contemplativa?.........	610
Artigo 2	A vida ativa é mais meritória que a contemplativa?.........	613

Artigo 3	A vida ativa é um obstáculo para a contemplativa?..	616
Artigo 4	A vida ativa tem prioridade sobre a contemplativa?...	617
Questão 183	**Os ofícios e os estados dos homens em geral**	**620**
Artigo 1	A razão de estado implica por si a condição de liberdade ou de servidão?................	620
Artigo 2	Deve haver na Igreja diversidade de ofícios ou de estados?.....................................	623
Artigo 3	Os ofícios se distinguem por seus atos?...	625
Artigo 4	A distinção entre principiantes, avançados e perfeitos faz uma diferença de estados?	627
Questão 184	**O estado de perfeição em geral**	**629**
Artigo 1	A perfeição da vida cristã se define principalmente pela caridade?...........................	630
Artigo 2	Alguém pode ser perfeito nesta vida?...	632
Artigo 3	A perfeição da vida presente consiste na observância dos preceitos ou dos conselhos?.	634
Artigo 4	Todo aquele que é perfeito se acha no estado de perfeição?....................................	638
Artigo 5	Os prelados e os religiosos estão no estado de perfeição?.......................................	640
Artigo 6	Todos os prelados eclesiásticos estão no estado de perfeição?.................................	642
Artigo 7	O estado religioso é mais perfeito que o estado episcopal?.....................................	646
Artigo 8	Os presbíteros com cura de almas e os arquidiáconos têm maior perfeição que os religiosos?...	648
Questão 185	**O estado episcopal**	**653**
Artigo 1	É lícito desejar o episcopado?..	654
Artigo 2	É lícito recusar terminantemente o episcopado imposto?..	658
Artigo 3	O que é escolhido para o episcopado deve ser melhor que os outros?.....................	661
Artigo 4	O bispo pode abandonar o dever episcopal para entrar na vida religiosa?................	663
Artigo 5	Um bispo pode abandonar materialmente o rebanho a ele confiado por causa de alguma perseguição?..	666
Artigo 6	O bispo pode ter bens próprios?..	668
Artigo 7	O bispo peca mortalmente quando não distribui aos pobres os bens eclesiásticos que administra?...	671
Artigo 8	Os religiosos elevados ao episcopado ficam obrigados às observâncias regulares?......	674
Questão 186	**Os elementos principais do estado religioso**	**677**
Artigo 1	A vida religiosa é um estado de perfeição?...	677
Artigo 2	Todo religioso está obrigado à prática de todos os conselhos?................................	680
Artigo 3	A perfeição da vida religiosa exige a pobreza?..	682
Artigo 4	A perfeição da vida religiosa exige a continência perpétua?.....................................	688
Artigo 5	A obediência pertence à perfeição da vida religiosa?..	690
Artigo 6	A perfeição da vida religiosa requer os votos de pobreza, continência e obediência?...	693
Artigo 7	É conveniente afirmar que nestes três votos consiste a perfeição da vida religiosa?...	695
Artigo 8	O voto de obediência é o mais importante dos três votos da vida religiosa?............	698
Artigo 9	O religioso sempre peca mortalmente quando transgride as prescrições da sua regra?	701
Artigo 10	O religioso, num mesmo gênero de pecado, peca mais gravemente que o secular?....	703
Questão 187	**Ofícios que convêm aos religiosos**	**706**
Artigo 1	Os religiosos podem ensinar, pregar e exercer outros ofícios semelhantes?..............	706
Artigo 2	Os religiosos podem ocupar-se com negócios seculares?...	709
Artigo 3	Os religiosos são obrigados ao trabalho manual?..	711
Artigo 4	Os religiosos têm o direito de viver de esmolas?..	717
Artigo 5	É lícito aos religiosos pedir esmolas?..	723
Artigo 6	Os religiosos podem usar roupas piores que os demais?...	726
Questão 188	**A diversidade de vidas religiosas**	**729**
Artigo 1	Há uma só vida religiosa?..	730

Artigo 2	Deve-se fundar uma vida religiosa para as obras da vida ativa?............................	732
Artigo 3	Uma vida religiosa pode ter como fim a vida militar?..	735
Artigo 4	A vida religiosa pode ser fundada para pregar ou para ouvir confissões?...........	737
Artigo 5	Uma vida religiosa deve ser fundada para o estudo?...	740
Artigo 6	A vida religiosa dedicada à vida contemplativa é superior àquela dedicada à vida ativa?...	744
Artigo 7	Possuir alguma coisa em comum diminui a perfeição da vida religiosa?............	746
Artigo 8	A vida religiosa em comunidade é mais perfeita que a vida solitária?.................	753
Questão 189	**A entrada na vida religiosa**	757
Artigo 1	Não devem entrar na vida religiosa senão os exercitados na observância dos preceitos?.	757
Artigo 2	Alguém deve obrigar-se por voto a entrar na vida religiosa?................................	762
Artigo 3	Quem se comprometeu por voto a entrar na vida religiosa está obrigado a entrar?....	764
Artigo 4	Quem fez voto de entrar na vida religiosa está obrigado a nela permanecer perpetuamente?..	767
Artigo 5	As crianças devem ser recebidas na religião?..	769
Artigo 6	Deve-se desistir de entrar na vida religiosa em razão da assistência aos pais?............	772
Artigo 7	Os párocos podem licitamente entrar na vida religiosa?.......................................	774
Artigo 8	Pode-se passar de uma vida religiosa para outra?...	776
Artigo 9	Deve-se induzir os outros a entrar na vida religiosa?...	779
Artigo 10	É louvável entrar na vida religiosa sem o conselho de muitos e sem uma deliberação precedente diuturna?...................................	781

Edições Loyola é uma obra da Companhia de Jesus do Brasil e foi fundada em 1958. De inspiração cristã, tem como maior objetivo o desenvolvimento integral do ser humano. Atua como editora de livros e revistas e também como gráfica, que atende às demandas internas e externas. Por meio de suas publicações, promove fé, justiça e cultura.

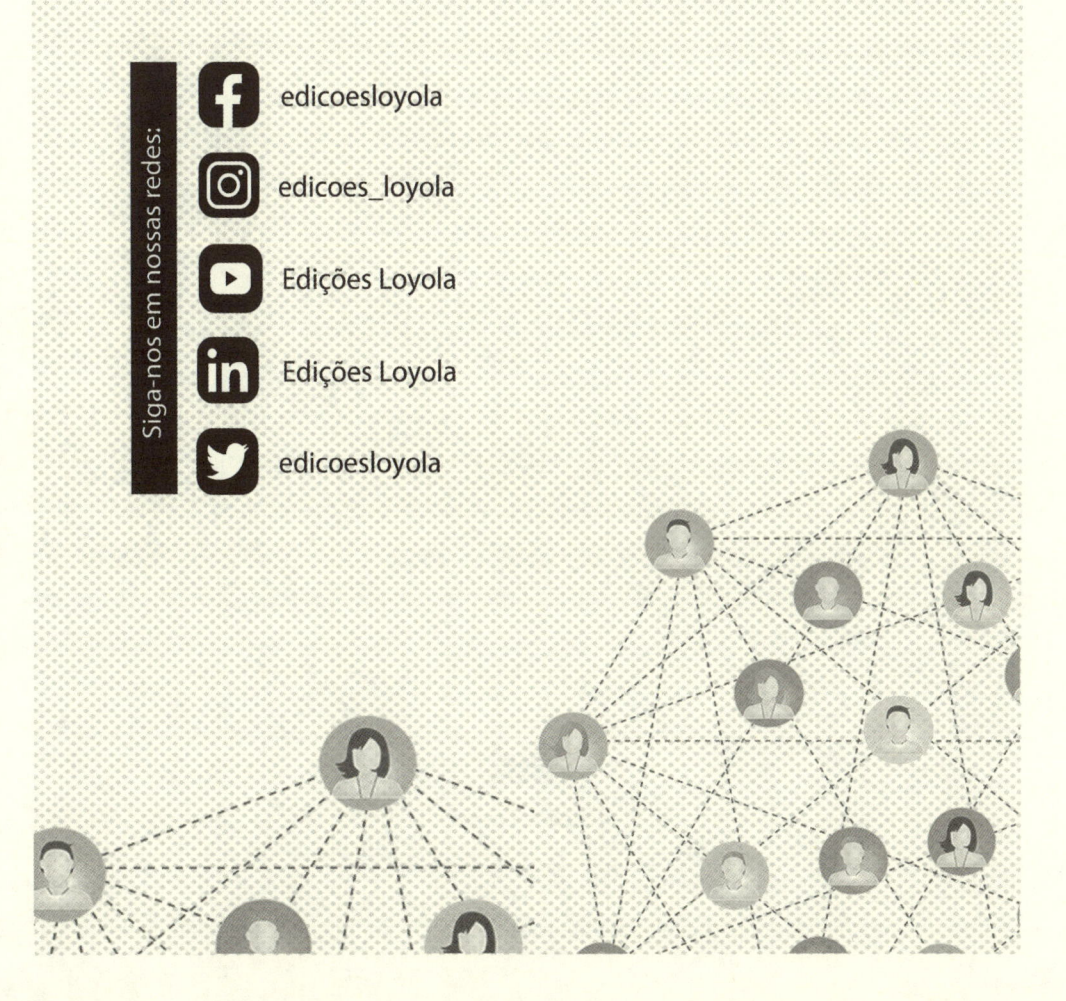

Siga-nos em nossas redes:

- edicoesloyola
- edicoes_loyola
- Edições Loyola
- Edições Loyola
- edicoesloyola

Edições Loyola

editoração impressão acabamento
rua 1822 n° 341
04216-000 são paulo sp
T 55 11 3385 8500/8501 · 2063 4275
www.loyola.com.br